P9-EMM-588

UBERREICHT VON DER

DEUTSCHEN

FORSCHUNGSGEMEINSCHAFT

DISCARD
BETHANY
COLLEGE
LIBRARY

Die Auswärtige Politik der Bundesrepublik Deutschland

Die Auswärtige Politik der Bundesrepublik Deutschland

Herausgegeben vom
Auswärtigen Amt
unter Mitwirkung eines
wissenschaftlichen Beirats

Verlag Wissenschaft
und Politik · Köln

Bildnachweis
Auswärtiges Amt (6), Bundesbaudirektion (1),
Bundesministerium der Verteidigung (1),
Presse- und Informationsamt der Bundesregierung (22),
Josef A. Slominski (1), Paul Swiridoff (1)

© 1972 bei Verlag Wissenschaft und Politik
Berend von Nottbeck, Köln
Umschlaggestaltung Rolf Bünermann
Gesamtherstellung Mohndruck
Reinhard Mohn OHG, Gütersloh
Printed in Germany
ISBN 3-8046-8443-2

Inhaltsverzeichnis

327.43
G317a

Vorwort

Dieses Buch dient einem politischen Zweck. Es enthält nicht nur eine viele Aspekte umfassende Dokumentation unserer Außenpolitik seit 1949, sondern vor allem auch eine Selbstdarstellung der Tätigkeit des Auswärtigen Amts.

Ich halte diesen Versuch aus außenpolitischen und aus innenpolitischen Gründen für notwendig. Wir leben heute in einer Epoche, die – mehr als andere – um Bestimmung des eigenen Standortes bemüht sein muß. Wir befinden uns in einer Welt, in der andere Gesellschaftsordnungen mit der unseren in Konkurrenz liegen. Auch wenn wir deren Vorstellungen nicht teilen, so sind wir – bei allem Willen zur Bewahrung unserer freiheitlich-demokratischen Lebensauffassung – doch darauf angewiesen, zu einem friedlichen Nebeneinander zu gelangen. Dies geht nicht ohne Kenntnis der Ausgangspunkte und Bedingungen unserer Außenpolitik.

Als Bundesaußenminister habe ich in den Debatten des innenpolitischen Alltags oft mit Bedauern festgestellt, daß das Verständnis für das besondere Wesen der Außenpolitik unter den innenpolitischen Frontstellungen und Auseinandersetzungen leidet. Die Frage lag nahe, was das Auswärtige Amt hiergegen unternehmen kann. Diese Veröffentlichung ist der Versuch einer Antwort auf diese Frage.

In diesem Sinne möchte ich der Publikation über »Die Auswärtige Politik der Bundesrepublik Deutschland« voranstellen, daß für sie das gleiche gilt, was für die Auswärtige Politik der Bundesrepublik Deutschland selbst zu gelten hat. Diese sollte bemüht sein, nicht Differenzen zu schaffen oder zu vertiefen. Sie sollte Brücken bauen und festigen – wo dies vertretbar und wo dies möglich ist, im Bereich der auswärtigen Beziehungen selbst und auch in dem der Innenpolitik. Immer war es so, daß die außenpolitische Aktionsfähigkeit eines freiheitlich-demokratischen Staates auch von der innenpolitischen Übereinstimmung abhängt, die die Außenpolitik trägt – mitunter leider auch von ihrem Fehlen. Diese Tendenz hat sich verstärkt, wie überhaupt die Wechselwirkung von Innen- und von Außenpolitik gerade in unserer Zeit beträchtlich zugenommen hat. Mir geht es also auch um den Abbau unnötiger Konfrontationen.

So soll dieses Buch dazu beitragen, daß wir uns bei der Betrachtung der außenpolitischen Verhältnisse und bei der Beurteilung unserer außenpolitischen Möglichkeiten den Sinn für die richtigen Proportionen erhalten. Wenn »Die Auswärtige Politik der Bundesrepublik Deutschland« als ein solcher Beitrag verstanden wird, dann ist der Zweck dieser Veröffentlichung erreicht.

Walter Scheel

BUNDESMINISTER DES AUSWÄRTIGEN

Einführung

Die hiermit vorgelegte Veröffentlichung des Auswärtigen Amts »Die Auswärtige Politik der Bundesrepublik Deutschland« erhebt nicht den Anspruch, eine geschichtliche Darstellung deutscher Außenpolitik seit 1949 zu sein. Zu einer solchen Darstellung würde sowohl eine umfassende Auswertung der Quellen als auch eine kritische Wertung der Vorgänge und handelnden Personen gehören. Beides war im vorliegenden Fall aus verständlichen Gründen nicht möglich. Der behandelte Zeitabschnitt liegt der Gegenwart zu nahe; in vieler Hinsicht ist er sogar Teil der Gegenwart.

Diese Publikation, die im Auswärtigen Amt bearbeitet wurde, verfolgt eine andere Absicht. Durch die Darstellung und Dokumentierung der Grundlagen, Ereignisse und Ergebnisse unserer Außenpolitik soll veranschaulicht werden, welche Probleme seit 1949 auf die verantwortlichen Träger dieser Außenpolitik zukamen und welche Grundsätze und Vorstellungen ihr Handeln bestimmten. Insofern wird hier der Versuch unternommen, am Beispiel der Bundesrepublik einen Beitrag zur Vertiefung des Verständnisses für die besondere Problematik des »Außenpolitischen« und damit einen Beitrag für das Selbstverständnis dieses deutschen Staates zu leisten.

Diese Veröffentlichung ist ein Experiment. Sicher ist es nicht möglich, auf relativ beschränktem Raum alles zu berücksichtigen, was gewesen ist – von dem, »wie es eigentlich gewesen ist«, ganz zu schweigen. Aus einer kaum noch überschaubaren Fülle von Problemen konnte nur eine begrenzte Auswahl getroffen werden. Eine Auswahl ist stets ein Wagnis. Der Eindruck des gewollt Einseitigen kann nur allzu leicht entstehen. Nichts lag dem Auswärtigen Amt bei der Vorbereitung dieses Bandes ferner als diese Absicht.

Um dem Ziel der Objektivität möglichst nahezukommen, wurde die Überprüfung der Gesamtpublikation unter wissenschaftlichen Gesichtspunkten und insbesondere die Mitwirkung bei der Auswahl der Dokumente einem wissenschaftlichen Beirat anvertraut, der insoweit in eigener Verantwortung tätig wurde. Dies gilt auch für die Auswahl zahlreicher Dokumente, die bisher nicht publiziert worden sind, deren Veröffentlichung aber zum besseren Verständnis der größeren Zusammenhänge unerläßlich erschien. Es ist selbstverständlich, daß bei der Herausgabe dieser Dokumente diejenigen Rücksichten genommen wurden, die außen- und innenpolitisch geboten waren.

Das Auswärtige Amt hofft, daß die Dokumentation das gibt, was sie geben soll: ein breitangelegtes, dabei unkonventionelles Spektrum der Vorgänge, denen sich die Außenpolitik der Bundesrepublik Deutschland zu stellen hatte, der Sorgen, die die Träger dieser Außenpolitik belasteten, und der Entscheidungen, die sie im Zusammenwirken mit den gesetzgebenden Körperschaften zu treffen hatten. Eine einführende Darstellung, deren wissenschaftlich verifizierbare Aussagen ebenfalls von dem wissenschaftlichen Beirat überprüft wurden, soll es erleichtern, auf systematischer Grundlage den Weg durch die zeitlich konsekutiv angelegte Dokumentation zu finden. Gerade bei ihr kam es darauf an, auf eine politisch unzweckmäßige Wertung von Personen und Aktionen zu verzichten.

Auf e i n e Wertung glaubte das Auswärtige Amt freilich nicht verzichten zu können: die Hervorhebung jener die Grundlagen unseres Staates bestimmenden Werte, die sowohl von den Politikern unseres Landes, die in der Verantwortung standen und stehen, als auch von der überwiegenden Mehrheit unseres Volkes anerkannt werden – Grundlagen, die etwas »Gemeinsames« darstellen. Die Leitvorstellungen unserer Außenpolitik sind in diesem Punkte systematisch herausgestellt worden, schon weil sie die Ansatzpunkte für ein Selbstverständnis der Bundesrepublik Deutschland erkennen lassen. Wer das Element des Kontinuierlichen in dieser Außenpolitik spürt, wird einen Anhaltspunkt dafür gefunden haben, welche Ziele die Bundesrepublik Deutschland in Zukunft verfolgen wird.

Aufgrund der hier vorgelegten Dokumente, Zeittafeln, Statistiken und Karten sollte es jedenfalls möglich sein, Verständnis für die Vielfalt und Vielzahl großer und kleiner Aufgaben zu gewinnen, die die Außenpolitik der Bundesrepublik Deutschland und die Angehörigen ihres Auswärtigen Dienstes in über zwei Jahrzehnten beschäftigten, wobei – jeder verantwortliche Angehörige des Auswärtigen Amts kann dies aus eigener Erfahrung nur bestätigen – der Arbeit im Detail letzten Endes stets die gleiche Bedeutung zukam wie der Entwicklung und Durchführung großangelegter Konzeptionen. Die Beherrschung des Details war immer die Voraussetzung für die Bewältigung von Aufgaben der großen Politik im klassischen Sinn.

Auch dieser Band ist unter anderem das Resultat solcher Kleinarbeit, aber nicht nur der Kleinarbeit allein. Bestimmend für diejenigen, die stellvertretend für das gesamte Auswärtige Amt bei der Herausgabe mitwirkten, war dabei nicht die dienstliche Routine, sondern jenes dienstliche Engagement, das die deutsche Öffentlichkeit gerade heute von einem Auswärtigen Dienst, der sich stets dem »Ganzen« verpflichtet fühlt, als selbstverständlich erwarten darf. Insofern soll diese Publikation nicht nur das Verständnis für die Problematik des »Außenpolitischen«, sondern auch für die Arbeitsbedingungen des Auswärtigen Amts vertiefen, von dem das unerläßliche Zusammenwirken von Öffentlichkeit und Auswärtigem Amt als nüchternem und selbstlosem Hüter unserer außenpolitischen Interessen abhängt.

Der vorliegende Band wurde im Planungsstab des Auswärtigen Amts unter der Leitung von Ministerialdirektor Dr. Oncken konzipiert, vorbereitet und geschrieben. Die operativen Abteilungen und Referate des Hauses sowie eine Reihe freier Mitarbeiter waren beteiligt. Die Mitglieder des wissenschaftlichen Beirats, die Herren Professoren Hans Buchheim, Hans-Adolf Jacobsen, Boris Meissner und Carl-Christoph Schweitzer, die durch eigene Beiträge den Abschluß dieser Arbeit förderten, haben sich mit dem Ziel der Veröffentlichung identifiziert: durch eine Darstellung der Grundlagen unserer Außenpolitik das politische Selbstverständnis in unserem Teil Deutschlands zu fördern und zu vertiefen.

Allen Beteiligten gebührt der Dank des Auswärtigen Amts.

DR. PAUL FRANK
STAATSSEKRETÄR DES AUSWÄRTIGEN AMTS

Die Auswärtige Politik der Bundesrepublik Deutschland im Überblick

»Nicht erst unsere Generation muß sich
mit der Frage auseinandersetzen, was der
Deutschen Vaterland sei und welche innere
und äußere politische Gestalt es findet.
Die deutsche Nation lebt. Es gab sie lange
vor dem 18. Januar 1871. Es gibt sie auch
heute, obwohl auf dem Boden des Bismarck-Reiches nun zwei Staaten existieren.
Und sie wird weiterleben trotz aller Versuche, eine zweite deutsche Nation zu proklamieren. Das Grundgesetz ruft uns auf,
die Einheit und Freiheit Deutschlands in
freier Selbstbestimmung zu vollenden.«

BUNDESKANZLER BRANDT
18. Januar 1971

I. Überwindung des Zusammenbruchs

1. Ausgangslage

Vor 22 Jahren, am 7. September 1949, konstituierte sich der erste Deutsche Bundestag. Damit trat die Bundesrepublik Deutschland in das politische Leben. Mit dem neuen Parlament war zum ersten Male seit 1933 auf nationaler Ebene wieder eine demokratische Basis geschaffen worden, um die Interessen des deutschen Volkes wahrzunehmen und einen deutschen Beitrag zum Aufbau einer europäischen Ordnung in Frieden und Freiheit zu leisten. Dem entsprachen die der Außenpolitik der Bundesrepublik Deutschland gesetzten Ziele und Grundsätze. Sie sind auch heute gültig. Bindende Elemente waren von Anfang an das Wiederaufleben der vollen Souveränität des deutschen Staates, der Gewinn außenpolitischer Bewegungsfreiheit durch Wiederherstellung des in Vorkriegs- und Kriegszeiten zerstörten Vertrauens zu Deutschland, die Sicherung des Friedens, die Sicherheit der neu geschaffenen freiheitlich-demokratischen und rechtsstaatlichen Grundordnung, das Bemühen um die Zusammenführung Europas und dasjenige um die Erhaltung der Einheit Deutschlands. Alle diese Ziele sind in den außenpolitisch bedeutsamen Bestimmungen des Grundgesetzes (Dok. 1*) verankert.

Die Bundesrepublik Deutschland, obgleich beschränkt auf einen Teil des 1945 besiegten Deutschen Reiches (Tabelle 1), hat mit ihrem Namen zum Ausdruck gebracht, daß sie sich ihrem Selbstverständnis nach der ganzen Nation verbunden und verpflichtet fühlt. Dieses Selbstverständnis geht davon aus, daß kein Staatswesen auf die Kräfte bewährter Tradition verzichten kann. Es fordert von den Deutschen der Bundesrepublik, sich in der Auseinandersetzung über den Weg der Nation in die Zukunft einen realistischen Sinn für das Mögliche zu erhalten. Es verpflichtet jede Bundesregierung, über der Sicherung des eigenen freien Staatswesens hinaus das »Ganze« nicht aus dem Auge zu verlieren.

Dem Ablauf außenpolitischer Geschehnisse liegt niemals ein »ausgeklügelt Buch« zugrunde. Auch die Geschichte trägt in sich den Widerspruch, auch sie kennt einen dialektischen Entwicklungsprozeß. Wenn die politischen Prinzipien einer Epoche nur einer sehr allmählichen Wandlung unterworfen sind, so nicht die Methoden oder Mittel zu ihrer Verwirklichung. Sie haben sich den Gegebenheiten anzupassen. Sie suchen das »Richtige« zu tun und das »Mögliche« zu verwirklichen. Manche Schritte und Positionen, die in der deutschen Außenpolitik der 50er Jahre zweckmäßig zu sein schienen oder erforderlich waren, mögen nach den Vorstellungen der 70er Jahre weniger bedeuten. Manches, was in den 70er Jahren realisierbar scheint, konnte

---

* Die Nummer des Dokumentes bezieht sich auf die Texte der Dokumentensammlung. Durch Quellenangabe nicht belegte Dokumente und Zitate stammen aus Quellen des Auswärtigen Amts.

in der politischen Gesamtsituation der 50er Jahre unrealistisch sein. Ständig verschieben sich die Akzente. E i n Orientierungspunkt war immer gegeben: Sicherung des Friedens durch Erhaltung des Kräftegleichgewichts und durch Gewaltverzicht.

2. Die Besatzungsmächte

Am Anfang einer neuen deutschen Außenpolitik stand der Zwang, aus politischen Trümmern neu aufzubauen. Das Dritte Reich hatte in Deutschland ein Chaos hinterlassen. Der Krieg hatte Millionen Tote gefordert. Millionen von Vertriebenen (Dok. 139, Tabelle 3), bis auf den Grund zerstörte Dörfer und Städte, Hunger und Armut machten die Sicherung des physischen Überlebens der Nation nach der bedingungslosen Kapitulation der deutschen Streitkräfte am 8. Mai 1945 zur vorrangigen Aufgabe aller Regierungstätigkeit, die zunächst von den vier Besatzungsmächten ausgeübt wurde, wenn auch die praktischen Alltagsaufgaben von deutschen Instanzen zu bewältigen waren.

Grundlegend für die Besatzungsgewalt und die Verantwortung der Vier Mächte in Deutschland waren
– die Vereinbarungen der interalliierten »Europäischen Beratenden Kommission« vom 12. September (in der Fassung vom 26. Juli 1945) und vom 14. November 1944 (in der Fassung vom 1. Mai 1945);
– die am 7./8. Mai 1945 in Reims und Karlshorst unterzeichneten Urkunden der militärischen Kapitulation Deutschlands;
– die alliierte »Deklaration in Anbetracht der Niederlage Deutschlands und der Übernahme der obersten Regierungsgewalt hinsichtlich Deutschlands« vom 5. Juni 1945.

In der Präambel der »Deklaration« wurde betont, daß die Übernahme der obersten Regierungsgewalt durch die Vier Mächte keine Annexion Deutschlands bewirke. Der Fortbestand des deutschen Gesamtstaates (in den Grenzen vom 31. Dezember 1937) wurde von den siegreichen Großmächten nicht in Frage gestellt. Sie behielten sich lediglich vor, »die Grenzen Deutschlands oder irgendeines Teiles Deutschlands und die rechtliche Stellung Deutschlands oder irgendeines Gebietes, das gegenwärtig einen Teil deutschen Gebietes bildet«, später gemeinsam festzulegen. Die originäre Staatsgewalt des deutschen Volkes wurde somit durch die Besatzungsgewalt der Vier Mächte nur überlagert. Ihre Bestätigung fand diese Auffassung in der Tatsache, daß sich das deutsche Volk in den westlichen Besatzungszonen in den Jahren 1948/49 eine Verfassung, das Grundgesetz, geben konnte, obgleich die Besatzungsgewalt noch voll bestand.

Auf der »Potsdamer Konferenz« der Regierungschefs der USA, Großbritanniens und der Sowjetunion vom 17. Juli bis 2. August 1945 wurden die Grundsätze für die Besatzungspolitik festgelegt, wobei gleichzeitig, ausgehend von Deutschlands Grenzen am 31. Dezember 1937, Nord-Ostpreußen der sowjetischen Verwaltung und das südliche Ostpreußen sowie die Gebiete ostwärts der Oder-Neiße-Linie der polnischen Verwaltung unterstellt wurden (Karte 1 – das westlich der Oder gelegene Gebiet von Stettin – ca. 455 qkm – wurde erst am 19. November 1945 polnischer

Verwaltung unterstellt; durch Verschiebungen der Grenzlinie ist es bis 1950 um weitere 303 qkm vergrößert worden). Im Schlußprotokoll der Konferenz, dem sogenannten »Potsdamer Abkommen«, wurde bezüglich Deutschlands folgendes erklärt:

Es sei nicht die Absicht der Alliierten,

> »das deutsche Volk zu vernichten oder zu versklaven. Die Alliierten wollen dem deutschen Volk die Möglichkeit geben, sich darauf vorzubereiten, sein Leben auf einer demokratischen und friedlichen Grundlage von neuem wiederaufzubauen...«

Es solle vorläufig keine deutsche Zentralregierung gebildet werden.

> »Jedoch werden einige wichtige zentrale deutsche Verwaltungsabteilungen errichtet werden, an deren Spitze Staatssekretäre, und zwar auf den Gebieten des Finanzwesens, des Transportwesens, des Verkehrswesens, des Außenhandels und der Industrie. Diese Abteilungen werden unter der Leitung des Kontrollrates tätig sein.«

Während der Besatzungszeit solle Deutschland als wirtschaftliche Einheit behandelt werden.

> »Mit diesem Ziel sind gemeinsame Richtlinien aufzustellen hinsichtlich:
> a) der Erzeugung und der Verteilung der Produkte der Bergbau- und der verarbeitenden Industrie;
> b) der Landwirtschaft, Forstwirtschaft und der Fischerei;
> c) der Löhne, der Preise und der Rationierung;
> d) des Import- und Exportprogramms für Deutschland als Ganzes;
> e) der Währung und des Bankwesens, der zentralen Besteuerung und der Zölle;
> f) der Reparationen und der Beseitigung des militärischen Industriepotentials;
> g) des Transport- und Verkehrswesens.«

Ein »Rat der Außenminister« solle Vorschläge zur Regelung der ungelösten territorialen Fragen, die in Verbindung mit der Beendigung des Krieges in Europa entstehen, ausarbeiten.

> »Der Rat wird zur Vorbereitung einer friedlichen Regelung für Deutschland benutzt werden, damit das entsprechende Dokument durch die für diesen Zweck geeignete Regierung Deutschlands angenommen werden kann, nachdem eine solche Regierung gebildet sein wird *.«

Es stellte sich freilich bald heraus, daß die Sowjetunion und die Westmächte – Frankreich trat dem Abkommen am 7. August unter Vorbehalten bei – sehr unterschiedliche Vorstellungen von der Verwirklichung der gemeinsam erklärten Besatzungsziele hatten. So bewegten sich die »Vier« in ihrer Deutschland-Politik auseinander, die zunächst noch ganz im Zeichen des tiefen, bei den Franzosen am stärksten ausgeprägten Mißtrauens gegenüber einer wiederauflebenden deutschen Großmachtstellung gestanden hatte.

Bei den Verhandlungen des Alliierten Kontrollrats, der von den vier Siegermächten als Träger der Obersten Gewalt in Deutschland für die Zeit der Besetzung konstituiert worden war und der seine Beschlüsse einstimmig zu fassen hatte, war bald zu erkennen, daß es in Anbetracht der unterschiedlichen Grundkonzeption von O s t

---

* Zitate entnommen aus: Heinrich Siegler, Dokumentation zur Deutschlandfrage. Von der Atlantik-Charta 1941 bis zur Genfer Außenministerkonferenz 1959. Hauptband: Chronik der Ereignisse, Bonn 1961, S. 35 ff.

15

und West nicht möglich war, die im Potsdamer Abkommen vorgesehene politische und wirtschaftliche Einheit Deutschlands zu gewährleisten. Dem Aufbau einer freiheitlich-demokratischen Grundordnung in den Westzonen stand die tiefgreifende Umstrukturierung der Ostzone nach dem Vorbild des sowjetischen Herrschaftsmodells gegenüber. Seit der Zwangsfusion der Sozialdemokratischen Partei Deutschlands (SPD) mit der Kommunistischen Partei Deutschlands (KPD) zur Sozialistischen Einheitspartei Deutschlands (SED), die am 21. April 1946 gegen den erklärten Willen der SPD, insbesondere des späteren Parteivorsitzenden Dr. Kurt Schumacher, für den Bereich der sowjetisch besetzten Zone erfolgte, konnte öffentlich sichtbar nur noch aus der Christlich Demokratischen Union (CDU) und aus der Liberal-Demokratischen Partei (LDP) heraus versucht werden, für freiheitlich-demokratische Grundsätze in der Ostzone einzutreten. Dann wurde auch ihnen die Aktionsfreiheit genommen und unter anderem die Verwirklichung des Vorschlags einer »nationalen Repräsentation« Deutschlands unmöglich gemacht, der von Jakob Kaiser, dem ersten Vorsitzenden der Ost-CDU, Anfang 1947 entwickelt worden war. In diesen Vorgängen manifestierte sich weithin sichtbar die Spaltung Deutschlands.

3. Das deutsche Dilemma

Diese Entwicklung setzte in ihrer Folge auch der Kooperation und dem Kriegsbündnis zwischen den Westmächten und der Sowjetunion ein Ende. Nicht nur die Art und Weise, wie die Sowjetunion ihr nach dem Kriege besonders ausgeprägtes Sicherheitsinteresse wahrnahm, nicht nur das Vorgehen der sowjetischen Besatzungsmacht in Deutschland, sondern auch die Ziele, die Stalin 1945 und 1946 gegenüber Griechenland, der Türkei und dem Iran verfolgte, beschleunigten die neue Orientierung der amerikanischen Außenpolitik. Sie kam in der programmatischen Rede des amerikanischen Außenministers Byrnes am 6. September 1946 in Stuttgart unüberhörbar zum Ausdruck. Am 12. März 1947 sah sich der amerikanische Präsident Truman veranlaßt zu erklären, daß überall dort, wo die »freien Institutionen« und die nationale »Integrität freier Völker« durch kommunistische Regime angetastet würden, die elementaren Lebensinteressen der USA tangiert seien. Der Umsturz in Prag (Februar 1948) ist das letzte Glied in einer Kette von Vorgängen gewesen, die eine grundlegende Revision der westlichen Politik gegenüber der Sowjetunion auch in Deutschland ausgelöst haben.

Dabei gingen die Westmächte von dem Tatbestand aus, daß die Sowjetunion den westlichen Verbündeten keinerlei Einfluß auf die eigene Besatzungszone einräumte, jedoch unter Berufung auf die Potsdamer Beschlüsse Mitbestimmung bei den Angelegenheiten der von den drei Westmächten besetzten Zonen forderte. So verlangte die Sowjetunion, an der Vier-Mächte-Kontrolle über das Ruhrgebiet beteiligt zu werden; sie forderte, daß in ganz Deutschland eine radikale Bodenreform durchgeführt und Industrien und Banken verstaatlicht werden sollten. Sie erkannte ihre Kriegsbeute und alle materiellen Güter der unter sowjetische und polnische Verwaltung gestellten deutschen Ostgebiete nicht als Reparationsleistungen an. Sie hielt sich nicht an die in Potsdam getroffene Vereinbarung, wonach sie für $^3/_5$ der an sie zu liefernden 25 % der Reparationsgüter, die in den Westzonen aufgebracht wurden,

Professor Dr. Theodor Heuss
Bundespräsident 1949–1959

Dr. h. c. Heinrich Lübke
Bundespräsident 1959–1969

Dr. Dr. Gustav W. Heinemann
Bundespräsident seit dem 1. 7. 1969

Dr. Konrad Adenauer
Bundeskanzler 1949–1963
Bundesminister des Auswärtigen 1951–1955

Nahrungsmittel und Grundstoffe zur Versorgung der dortigen Bevölkerung liefern sollte.

Alles in allem sahen sich die Westmächte durch die sowjetische Politik bald vor die Alternative gestellt, entweder am äußeren Schein einer Vier-Mächte-Verwaltung festzuhalten, dabei aber Westdeutschland verelenden zu lassen, oder aber zur Ausschaltung der sowjetischen Widerstände eine, wie man damals glaubte, vorübergehende Teilung Deutschlands in Kauf nehmen zu müssen. Der spätere erste Präsident des Bundesverfassungsgerichts, Hermann Höpker-Aschoff, schilderte das Dilemma dieser Situation:

»Was sollen die Deutschen tun? Wir sind in einer fürchterlichen Lage, wir müssen fürchten, daß die Kluft zwischen den Westzonen und der Ostzone zunächst noch vertieft wird, und klammern uns an die deutsche Einheit, aber wir müssen gleichwohl erkennen, daß, wenn nichts geschieht, die Verelendung des deutschen Volkes nicht mehr abzuwenden ist... Uns bleibt keine Wahl: Wir müssen handeln, d. h. im Einvernehmen mit den Besatzungsmächten alles tun, um den Zerfall der Westzonen aufzuhalten, ein öffentliches Rechtsgebilde zu schaffen, das die erforderliche Rechts- und Wirtschaftseinheit verbürgt, ohne die es keine Lebensmöglichkeit für uns gibt *.«

Dieses Dilemma hat die deutsche Nachkriegsgeschichte wesentlich bestimmt.

4. Sicherung der Existenz

Vor diesem Hintergrund sind die Bemühungen zur Sicherung der Lebensfähigkeit der von westlicher Seite besetzten Teile Deutschlands zu sehen. Im Frühjahr 1946 schlug der amerikanische Außenminister Byrnes in Paris zur Überwindung des wirtschaftlichen Chaos in Deutschland den Zusammenschluß der vier Besatzungszonen vor. Die Sowjetunion lehnte diesen und weitere Vorschläge der USA ab, Deutschland als Wirtschaftseinheit zu behandeln. Auch 1947 verhandelten die vier Außenminister vergeblich über die gemeinsame Lösung der Deutschland-Frage. Die Vereinigten Staaten sahen darauf keinen anderen Ausweg, als die Gründung eines die amerikanische und britische Zone umfassenden vereinigten Wirtschaftsgebiets, der sogenannten Bizone, zu betreiben und Deutschland in das für den Wiederaufbau Europas konzipierte Programm einer großangelegten wirtschaftlichen Aufbauhilfe, den Marshall-Plan (European Recovery Program = ERP), einzubeziehen. Zudem wurde im Frühjahr 1948 der erneute Versuch einer gemeinsamen Aktion der Vier durch den westlichen Vorschlag einer gesamtdeutschen Währungsreform unternommen.

Als auch diese Initiative nach dem Auszug des sowjetischen Vertreters aus dem Alliierten Kontrollrat scheiterte, einigten sich die drei Westmächte nach Zustimmung der Repräsentanten der westdeutschen Länder über die Errichtung eines selbständigen deutschen Staates und führten in den zu einem »Vereinigten Wirtschaftsgebiet« zusammengefaßten Westzonen (sogenannte Trizone) – einschließlich der westlichen Sektoren Berlins – am 21. Juni 1948 eine Währungsreform durch. Sie schuf

---

* Hermann Höpker-Aschoff: Die Wirtschaftsverwaltung in Frankfurt und das deutsche Finanzwesen. Bielefeld 1948, S. 7.

die Voraussetzungen für die sprunghafte Verbesserung der wirtschaftlichen Lage im Westen Deutschlands und damit die Grundlagen für eine lebensfähige freiheitlich-demokratische Bundesrepublik Deutschland.

Zuvor galt es, die erste große weltpolitische Krise um Berlin zu überwinden. Die Währungsreform lieferte der Sowjetunion den Anlaß, Berlin zu teilen und die Blockade des westlichen Berlin zu verhängen mit dem Ziel, die ehemalige Reichshauptstadt ganz in ihren Machtbereich einzubeziehen (Karte 4). Die entschiedene Politik der Alliierten und der Selbstbehauptungswille der Berliner Bevölkerung veranlaßten die Sowjetunion zu einer Änderung ihrer Haltung. Im Rahmen der Vereinten Nationen kam am 4. Mai 1949 ein Abkommen zustande, das die Blockade beendete. Einige Monate später wurde nach Annahme des Grundgesetzes in der verfassunggebenden Versammlung, dem Parlamentarischen Rat, und nach freien Wahlen zum ersten Deutschen Bundestag (14. August 1949) die Bundesrepublik Deutschland konstituiert (zu den Bundestagswahlen seit 1949 vgl. Tabelle 5).

Die Reaktion des Ostens ließ nicht auf sich warten. Aus der Bildung eines Volkskongresses, der ursprünglich zur gesellschaftlichen und politischen Gleichschaltung der Ostzone und zur Beeinflussung der drei Westzonen geschaffen worden war, entstand – ohne Legitimierung durch freie Wahlen – die Deutsche Demokratische Republik. Das Ergebnis dieser Entwicklung war die De-Facto-Spaltung Deutschlands und die Einbeziehung beider Teile in den Bereich der Machtblöcke von Ost und West. Seitdem zählt das Deutschland-Problem, d. h. in erster Linie das Problem der deutschen Teilung, zu einem festen Bestandteil der Weltpolitik.

Im Bewußtsein der deutschen Öffentlichkeit konnte diese Teilung nur einen vorübergehenden Charakter haben. Die Bundesrepublik Deutschland sollte nicht ein Provisorium, sondern, wie Bundespräsident Heuß es formuliert hat*, ein Transitorium sein, eine Übergangsregelung, die die Vorstufe einer endgültigen gesamtdeutschen Ordnung zu bilden hatte. Die Präambel des Grundgesetzes vom 23. Mai 1949 entsprach dieser Auffassung mit der Feststellung, das deutsche Volk in den Ländern der Bundesrepublik habe dem staatlichen Leben eine neue Ordnung gegeben und dabei auch für jene Deutschen gehandelt, denen mitzuwirken versagt sei. Die Präambel enthält den Auftrag des Verfassunggebers an alle auf dieser Grundlage politisch Handelnden; sie bezeichnete damit auch Ziele und Leitlinien der deutschen Außenpolitik: die nationale und staatliche Einheit zu wahren, in freier Selbstbestimmung die Einheit und Freiheit Deutschlands zu vollenden und – aus der leidvollen Erfahrung des durch die Exzesse eines nationalistischen Egoismus zerrissenen und zerstörten Europa – »als gleichberechtigtes Glied in einem vereinten Europa dem Frieden der Welt zu dienen«.

---

* Vgl. auch Dok. 89.

II. Auf dem Wege zur Souveränität

1. Die Anfänge der Bundesrepublik

Am 7. September 1949 wurde der erste Bundestag von seinem Alterspräsidenten, dem Abgeordneten der Sozialdemokratischen Partei Deutschlands und früheren Präsidenten des Deutschen Reichstages, Paul Löbe, eröffnet. Am 12. September 1949 wurde der Vorsitzende der Freien Demokratischen Partei, Theodor Heuß, zum Bundespräsidenten gewählt. Am 15. September 1949 folgte die Wahl des Vorsitzenden der Christlich-Demokratischen Union, Konrad Adenauer, zum Bundeskanzler.

Am Tage nach der Konstituierung des ersten Kabinetts Adenauer, am 21. September 1949, trat das Besatzungsstatut in Kraft. Es begrenzte und modifizierte die bis dahin von den drei Militärgouverneuren ausgeübte, fast unbeschränkte Besatzungsgewalt, indem es der nach wie vor grundsätzlich aufrechterhaltenen obersten Gewalt der Drei Mächte die Form einer rechtsverbindlich geregelten zivilen Kontrolle durch eine Alliierte Hohe Kommission gab. Im Rahmen genau definierter Beschränkungen und alliierter Vorbehalte konnten Bund und Länder die ihnen nach dem Grundgesetz zustehenden Kompetenzen der gesetzgebenden, vollziehenden und rechtsprechenden Gewalt ausüben. Allerdings umfaßten die Vorbehaltsrechte, »um die Verwirklichung der Grundziele der Besetzung sicherzustellen«, zunächst insbesondere die auswärtigen Angelegenheiten des Bundes sowie eine umfassende Kontrolle der deutschen Wirtschaft, des Außenhandels und der inneren Verwaltung aller Zweige. In Anbetracht dieser Beschränkungen waren diejenigen Stellen, die in Bundesregierung und Bundestag * die außenpolitische Linie bestimmten, bestrebt:
– dem deutschen Volk Vertrauen wiederzugewinnen;
– für Deutschland die Gleichberechtigung zurückzuerringen;
– für das westdeutsche Territorium militärische und politische Sicherheitsgarantien der Alliierten zu erhalten und
– die Voraussetzungen dafür zu schaffen, daß die Teilung der Nation überwunden werden konnte.
Damit ist bereits angedeutet, daß ein Schwerpunkt dieser von der Zustimmung des ganz überwiegenden Teils der Öffentlichkeit getragenen Politik der Bundesrepublik Deutschland vom ersten Tage ihrer Konstituierung an im außenpolitischen Bereich liegen mußte. Schon weil letztlich die Gestaltung der Verhältnisse innerhalb der Bundesrepublik die Beziehungen zu den Drei Mächten berührte, schloß jede größere deutsche Aktivität auch ein Tätigwerden nach außen, nämlich gegenüber den Drei Mächten, ein. Selten hat es in der deutschen Geschichte einen solchen zwangsläufigen Primat der Außenpolitik gegeben wie in dieser Situation einer staatlichen Existenz, in der die eigene außenpolitische Handlungsfreiheit äußerst beschränkt war (Dok. 2).

* Zur Zusammensetzung des Auswärtigen Ausschusses des Bundestages seit 1949 vgl. die Tabellen 7 und 8.

2. Das außenpolitische Instrumentarium

Die Wahrnehmung außenpolitischer Interessen setzte die Bildung eines geeigneten Instrumentariums voraus. Die Bundesregierung baute dabei auf verschiedenen Einrichtungen auf, die als Vorläufer des heutigen Auswärtigen Amts bezeichnet werden können:
- auf dem »Deutschen Büro für Friedensfragen« in Stuttgart, das die vier Länder der amerikanischen Besatzungszone am 15. April 1947 im Zusammenhang mit der Moskauer Tagung des Außenministerrates der Vier Mächte gegründet hatten;
- auf der Hauptabteilung V »Außenhandel« der bizonalen Verwaltung für Wirtschaft in Frankfurt, die – ebenfalls im Jahre 1947 errichtet – Kompetenzen der Wirtschaftsabteilung des ehemaligen Auswärtigen Amts des Deutschen Reiches übernommen hatte, nachdem durch das »Frankfurter Statut« vom 9. Februar 1948 die Kontrolle des deutschen Außenhandels in die Hände des Wirtschaftsrates gelegt worden war.

Mitte November 1949 forderte der Bundeskanzler das »Deutsche Büro für Friedensfragen« auf, seinen Sitz nach Bonn zu verlegen und mit einem ähnlichen Aufgabenkreis als Sachverständigenstab für Friedensfragen in den Dienst der Bundesregierung zu treten. Am 20. November 1949 wurde im Rahmen des Bundeskanzleramtes die »Verbindungsstelle zur Alliierten Hohen Kommission« geschaffen. Am 22. November 1949 erhielt die Bundesregierung im Petersberger Abkommen (Dok. 4) die Ermächtigung zur Errichtung konsularischer und Handelsvertretungen. Ende November konnte Bundeskanzler Adenauer die Errichtung eines »Organisationsbüros für die konsularisch-wirtschaftlichen Vertretungen« anordnen.

Im Januar 1950 wurde der Organisationsplan für eine Dienststelle für konsularisch-wirtschaftliche Angelegenheiten vorgelegt, wonach die verschiedenen im Bundeskanzleramt bestehenden Arbeitsgruppen in fünf Abteilungen zusammengefaßt werden sollten. Auf der Grundlage dieses Planes wurde am 7. Juni 1950 angeordnet,
»daß unter der Bezeichnung:
Bundeskanzleramt
Dienststelle für Auswärtige Angelegenheiten (DfAA)
die Arbeitsgruppen

Organisationsbüro für die konsularisch- wirtschaftlichen Vertretungen im Ausland	als Abt. I (Organisation, Personal, Verwaltung)
Verbindungsstelle zur AHK	als Abt. II
die am 5. Juni ins Leben tretende Konsular- abteilung	als Abt. III, und zwar Abt. III a als Rechtsabt. Abt. III b als Länderabt.
sowie das Protokoll	als Protokoll

mit sofortiger Wirkung zusammengefaßt werden *«.

---

* Aus den Akten des Auswärtigen Amts.

20

Als erste Auslandsdienststelle der Bundesrepublik konnte am 16. Juni 1950 das Generalkonsulat London eröffnet werden. Im gleichen Jahr folgten die Generalkonsulate in New York, Paris, Istanbul, Amsterdam, Brüssel, Rom und Athen. Mit der Entscheidung des »Rates der Alliierten Hohen Kommission« vom 6. März 1951 erhielt die Bundesregierung die Ermächtigung, die bestehende »Dienststelle für Auswärtige Angelegenheiten« in eine selbständige oberste Bundesbehörde, das »Auswärtige Amt«, umzuwandeln. Auch jetzt behielten sich die Westmächte die Befugnisse auf dem Gebiet »Auswärtige Angelegenheiten einschließlich der von Deutschland oder in seinem Namen geschlossenen internationalen Abkommen« vor. Sie fanden sich jedoch bereit, der Bundesrepublik die »Pflege der Beziehungen mit anderen Ländern im vollen Umfang« insoweit zu ermöglichen, als dies mit den Erfordernissen der Sicherheit, mit den anderen vorbehaltenen Befugnissen und den Verpflichtungen der Besatzungsmächte in bezug auf Deutschland vereinbart werden konnte.

Bundespräsident Heuß ernannte am 15. März 1951 Bundeskanzler Adenauer zum ersten Bundesminister des Auswärtigen; erster Staatssekretär des Auswärtigen Amts wurde Professor Dr. Hallstein. Die Bundesrepublik Deutschland konnte fortan nach vorheriger Zustimmung der Alliierten Hohen Kommission zu dritten Staaten diplomatische und konsularische Beziehungen aufnehmen. Das Auswärtige Amt konnte dementsprechend die bestehenden konsularischen Vertretungen in diplomatische Vertretungen umwandeln (Dok. 21, Karte 16). Ausgenommen hiervon waren nur Frankreich, Großbritannien und die Vereinigten Staaten. Der gesamte amtliche Verkehr mit diesen Staaten wurde weiterhin über die Hohe Kommission geleitet; doch wurden die deutschen Generalkonsuln in London und Paris am 13. Juni 1951 als Geschäftsträger mit diplomatischem Rang beglaubigt und eine diplomatische Vertretung in Washington unter Leitung eines Geschäftsträgers errichtet. Gleichzeitig erhielt die Bundesrepublik die Befugnis, ausländische Vertretungen bei sich zu empfangen. Die ausländischen Mächte konnten daraufhin anstelle ihrer zur Hohen Kommission entsandten Vertreter Botschafter und Gesandte beim Bundespräsidenten bestellen*.

Die noch verbleibenden letzten Vorbehalte auf dem Gebiet der auswärtigen Beziehungen fielen dann am 5. Mai 1955 fort. Aufbau und Ausbau des Auswärtigen Dienstes gingen weiter zügig voran. Etwa zu Beginn der 60er Jahre erreichte der Auswärtige Dienst der Bundesrepublik seinen heutigen Umfang (Tabellen 10–15, Organisationsplan, Karte 17).

3. Rückkehr in die Staatengemeinschaft

Das Ziel, aus Gründen der Sicherheit und der Sicherung der Freiheit des deutschen Volkes im Bundesgebiet die Zusammenarbeit mit dem Westen zu suchen, traf mit den alliierten Interessen zusammen. Schon in der Zeit des verfassungspolitischen Interregnums zwischen 1945 und 1949 hatte es sich gezeigt, daß es sich die westlichen Mächte nicht leisten konnten, bei ihrer Politik das deutsche Potential außer

---

* Ausländische Missionen und konsularische Vertretungen in der Bundesrepublik (Stand 1971) vgl. Tab. 22 und 23.

acht zu lassen. Die westeuropäischen Länder hätten schwer zu normalen Verhältnissen zurückkehren können, wenn ein großes Gebiet mit künstlich aufrechterhaltenem Ausnahmezustand in ihrer Mitte verblieben wäre. Die Lebensfähigkeit des westlichen Deutschland erwies sich sehr bald als eine wesentliche Voraussetzung für die Lebensfähigkeit des freien Europa.

Winston Churchill hatte in diesem Sinne bereits am 19. September 1946 in Zürich die Vision einer Art von »Vereinigten Staaten von Europa« skizziert, die durch Zusammenfassung Deutschlands und Frankreichs mit den anderen europäischen Nationen das wirtschaftliche und politische Potential Deutschlands wieder uneingeschränkt effektiv und damit Europa lebensfähig machen sollten. Dieses von britischer Seite zuerst vertretene Konzept einer Einbeziehung Deutschlands in die europäische Völkergemeinschaft ist ein Ansatzpunkt für die Bemühungen um Integration der Bundesrepublik und schließlich auch – was in der größeren Perspektive nicht übersehen werden sollte – Ausgangspunkt für die späteren deutschen Bemühungen gewesen, das Heimatland Churchills, Großbritannien, in die Europäische Gemeinschaft einzubeziehen.

Die Europapolitik der neuen Bundesregierung ließ sich somit – über das Ziel einer überstaatlichen Zusammenarbeit hinaus – auch auf die Formel »Wiedererlangung der Souveränität durch Bereitschaft zur Aufgabe von Souveränitätsrechten« bringen (Dok. 2). Um das Vertrauen der westlichen Alliierten und vor allem der westeuropäischen Nationen zurückzugewinnen, war es unter diesen Umständen vertretbar, bei den ersten Schritten zur europäischen Zusammenarbeit besondere Leistungen zu erbringen. Alliierte Leistung und deutsche Gegenleistung standen sich gegenüber.

Die Leistung der Alliierten waren die am 22. November 1949 getroffenen »Abmachungen zwischen den Alliierten Hohen Kommissaren und dem deutschen Bundeskanzler«, das »Petersberger Abkommen« (Dok. 4). Das Abkommen revidierte das Besatzungsstatut; es gab der Bundesrepublik das Recht, internationalen, insbesondere europäischen Organisationen beizutreten; die Bundesrepublik konnte, wie bereits erwähnt, Konsular- und Handelsbeziehungen zu den westlichen Ländern aufnehmen; die Bestimmungen über Dekartellisierung und die Beschränkungen des Schiffbaus wurden gelockert, eine Reihe wichtiger Industrieanlagen wurde von der Demontageliste gestrichen.

Die deutsche Gegenleistung bestand darin, daß die Bundesregierung der Internationalen Ruhr-Behörde beitrat, obwohl sie damit eine fortbestehende alliierte Kontrolle über die Ruhr-Industrie anerkannte (Karte 2); sie nahm einen Status minderen Rechts für den deutschen Delegierten in der Ruhr-Behörde in Kauf, der ihr bei Abrüstungs- und Sanktionsmaßnahmen kein Stimmrecht einräumte.

Der nächste Schritt folgte am 15. Dezember 1949. Durch Unterzeichnung des ERP-Abkommens mit den USA wurde die Bundesrepublik als 17. Mitgliedstaat gleichberechtigt in die Organisation für Europäische Wirtschaftliche Zusammenarbeit (OEEC) aufgenommen, die aufgrund des Marshall-Plans »eine gesunde europäische Wirtschaft durch wirtschaftliche Zusammenarbeit ihrer Mitglieder« mit dem Ziel aufbauen sollte, einen befriedigenden Stand wirtschaftlicher Betätigung ohne außergewöhnliche Hilfe von außen zu erreichen und aufrechtzuerhalten. Mit den wirtschaftlichen wurden fast gleichzeitig die abgerissenen politischen Verbindungen wiederhergestellt. Im Anschluß an die Pariser Außenministerkonferenz vom 9./10. November 1949, die sich mit der Neuordnung der alliierten Politik in Deutschland befaßt hatte, wurde Bundeskanzler Adenauer darüber unterrichtet, daß ein deutscher Beitritt zum Europarat als Ausdruck einer Bereitschaft der Bundesrepublik zur europäischen Zusammenarbeit und als Schlüssel einer Eingliederung Deutschlands in Westeuropa angesehen werde. Im Sommer 1950 trat die Bundesrepublik Deutschland dem Europarat bei (Dok. 5) – zunächst als assoziiertes Mitglied, wobei die Bundesregierung freilich hinzunehmen hatte, daß das Saargebiet, das 1945 aus dem deutschen Staatsverband herausgelöst worden war, gleichzeitig eine eigene assoziierte Mitgliedschaft erhielt.

Es war für diese Anfangsjahre zunächst charakteristisch, daß beginnende Integration und Restbestände der Diskriminierung nebeneinander fortbestanden. Um dem politischen Vorgehen der ersten Bundesregierung gerecht zu werden, sollte dieser Zustand auch heute in der richtigen Größenordnung gesehen werden, wie er sich im übrigen auch in der Fortführung der Demontage, die auf Zerstörung des deutschen Kriegspotentials abgestellt war, und dem Beginn eines Wiederaufbaus der deutschen Industrie zur wirtschaftlichen Stabilisierung Westeuropas und Westdeutschlands widerspiegelte. Solche Widersprüche stießen in der deutschen Öffentlichkeit auf heftige und verständliche Kritik. Bundeskanzler Adenauer ging in dieser Zeit – wie sich später zeigte: mit Recht – davon aus, daß die Alliierten die Diskriminierungen nur für eine relativ kurze Übergangszeit aufrechterhalten wollten. So wurde das Ruhr-Statut bereits am 25. Juli 1952 im Zuge der Errichtung der Montan-Union wieder aufgehoben.

Mit dem Stichwort »Montan-Union« sind die Vorstellungen berührt, die Churchill 1946 in Zürich entwickelt hatte. Sie entsprachen weitgehend auch den Überlegungen des Bundeskanzlers. Dieser setzte sich im Unterschied zu Kreisen der deutschen Öffentlichkeit, die eine gleichzeitige Politik der Integration und der Wiedervereinigung für nicht realisierbar hielten, von Anfang an für das Ziel eines europäischen Zusammenschlusses ein. Bei einer seiner ersten Amtshandlungen – anläßlich der Vorstellung der Kabinettsmitglieder bei den Hohen Kommissaren – hatte er sich zu der Idee einer europäischen Föderation bekannt; sie besitze nur Lebenskraft, wenn sie auf einer engen wirtschaftlichen Zusammenarbeit der Völker beruhe. Es kam daher den Vorstellungen des Bundeskanzlers entgegen, als der französische Außenminister Robert Schuman in einem an ihn gerichteten Brief ein Zusammengehen zwischen Frankreich und Deutschland anregte und zugleich vorschlug, die gesamte französisch-deutsche Kohle- und Stahlerzeugung unter eine gemeinsame oberste Autorität innerhalb einer Organisation zu stellen, die der Mitwirkung der anderen Staaten offenstehe und an deren Entscheidungen Frankreich, Deutschland und die ihr beitretenden Länder gebunden seien.

Durch die Zusammenfassung der Grundproduktion und die Errichtung einer Hohen Behörde sollten die ersten festen Grundlagen für eine Europäische Föderation geschaffen werden. Bundeskanzler Adenauer stimmte zu. Einstimmig billigte das Bundeskabinett den Schuman-Plan. Am 12. April 1951 begannen in Paris die abschließenden Beratungen der Außenminister der Beneluxländer, Frankreichs,

Italiens. Erstmalig nahm ein Vertreter Deutschlands wieder gleichberechtigt an einer internationalen Außenministerkonferenz teil. Am 18. April 1951 wurde der Vertrag (Dok. 12 und 13) im Uhrensaal des Quai d'Orsay unterzeichnet, am 11. Januar 1952 ratifizierte der Deutsche Bundestag mit 232 gegen 143 Stimmen den Vertrag über die Gründung der Montan-Union (Europäische Gemeinschaft für Kohle und Stahl = EGKS). Mit supranationalen Befugnissen ausgestattet, sollte diese Organisation nach den Vorstellungen der Bundesregierung der Ausgangspunkt einer Politischen Union Europas werden.

4. Wirtschaftliche Wettbewerbsfähigkeit

Wenn die Europapolitik der Bundesregierung unter anderem als Ringen um den Wiedergewinn der Souveränität zu kennzeichnen ist, so ihre Außenhandelspolitik als Ringen um die Wiedererlangung einer stabilen Wettbewerbsposition auf den Auslandsmärkten.

Schon in seiner ersten Regierungserklärung, am 20. September 1949, hatte Bundeskanzler Adenauer erklärt:

»Nur wenn es uns gelingt, uns durch Leistungen auf dem Weltmarkt auszuzeichnen, wird es uns möglich sein, auf ihm zu bestehen... Der Pflege und der Freiheit des Außenhandels gilt unsere besondere Aufmerksamkeit«.

Mit dem Abbau der wirtschaftlichen Servituten, denen die Bundesrepublik unterworfen war, vermochte sie ihre Außenhandelsbeziehungen wieder in das Gefüge der Weltwirtschaft einzuordnen.

Die Sorge, die das Konzept der Außenhandelspolitik zunächst bestimmte, war die Deckung des hohen Importbedarfs, einer natürlichen Folge der Hungerjahre und des Wiederaufbaus der zerstörten Produktionsstätten. Hohe Defizite der Zahlungsbilanz kennzeichneten diese Jahre. Die Förderung des Exports bei gleichzeitiger allmählicher Lösung aus dem strengen Bilateralismus, d. h. aus dem Zwang zum Ausgleich der Handelsbilanz mit jedem einzelnen Partnerland, waren vordringliche Ziele einer Politik, die schon damals eindeutig auf fortschreitende Liberalisierung und Nichtdiskriminierung gerichtet war. Die 1950 im Rahmen der OEEC geschaffene Europäische Zahlungsunion (EZU), der die Bundesrepublik beigetreten war (Dok. 8), leitete eine neue Ära der außenwirtschaftlichen Beziehungen im europäischen Raum ein. Das Clearing-System der EZU war ein erster Meilenstein auf dem Wege zur freien Konvertibilität der Währungen und damit zur fortschreitenden Multilateralisierung des Handelsverkehrs in Europa.

In ihren Liberalisierungsbemühungen ging die damalige Bundesregierung bewußt bis an die äußerste Grenze des Möglichen (Dok. 10). Dabei gab es natürlich auch Rückschläge. Die deutsche Kreditquote war bereits wenige Monate nach der Gründung der EZU erschöpft. Die Liberalisierung der Einfuhr mußte vorübergehend aufgehoben werden. Im Jahre 1950 erreichte das Handelsbilanzdefizit der Bundesrepublik 3,1 Milliarden DM.

Die folgenden Jahre führten dann zur Erholung und zur vollen Eingliederung der Bundesrepublik Deutschland in die Weltwirtschaft, die sichtbaren Ausdruck in ihrem Beitritt zum Abkommen von Bretton Woods (Dok. 32), in der Teilnahme an der

Zollkonferenz von Torquay und in dem Beitritt zum Allgemeinen Zoll- und Handelsabkommen (GATT) am 10. August 1951 fand.

Die deutsche Außenhandelspolitik, die bald eine erfolgreiche Bilanz aufzuweisen hatte (Dok. 61), stand weiterhin im Zeichen der Liberalität. Am 23. September 1953 beschrieb der Bundesminister für Wirtschaft, Professor Erhard, den deutschen Außenhandel als den »Niederschlag einer großen Konzeption freiheitlicher Verbundenheit«. Hinter dieser geistigen Ausrichtung stehe nicht mehr die Scheindynamik des wirtschaftlichen Nationalismus, sondern das Bewußtsein, den nationalen Interessen um so besser zu dienen, je internationaler wir dächten und unsere Wirtschaft gestalteten. Die Bundesrepublik sei zu einem Stein des Aufbaus statt des Anstoßes im Welthandel geworden. Wenige Tage vor dieser Rede hatte der damalige Vizekanzler Blücher im Handelsdirektorium der OEEC in Paris bekanntgegeben, daß die Bundesrepublik die Liberalisierung ihrer (gewerblichen) Einfuhren, die bis dahin schon in mehreren Etappen auf 84,4 v. H. angestiegen war, auf über 90 v. H. erhöhen würde.

Der Handel mit den Ländern außerhalb des europäischen Bereichs wurde demgegenüber fast ausschließlich auf der Grundlage bilateraler Handels- und Zahlungsabkommen abgewickelt. Hierauf nahm der Bundeskanzler Bezug, als er in seiner Regierungserklärung vom 20. Oktober 1953 sagte:

»Die weitere Entwicklung unseres Außenhandels stößt allenthalben auf Grenzen, und wir sind uns bewußt, daß wir auf die Schwierigkeiten und unterschiedlichen Verhältnisse in anderen Ländern Rücksicht nehmen müssen.«

Die alten klassischen Handelsverträge, die den freien Handel voraussetzten und vor allem das freie Niederlassungsrecht garantierten, konnten nur in besonders gelagerten Ausnahmefällen an die Stelle der üblichen Warenabkommen treten. Ein entscheidender Durchbruch in die bewährte Richtung wurde erst erzielt, als am 29. Oktober 1954 ein neuer deutsch-amerikanischer Freundschafts-, Handels- und Schiffahrtsvertrag von Außenminister Dulles und Bundeskanzler Adenauer in Washington unterzeichnet wurde (vgl. auch Dok. 40).

5. Um die Sicherheit

Analysiert man die politischen Geschehnisse, die zur allmählichen Revision des Besatzungsstatuts und zum Beitritt der Bundesrepublik zur Ruhrbehörde, zum Europarat und zur Montan-Union führten, so ist diese Politik der Integration auf der Basis der Gleichberechtigung im eigentlichen Sinne Sicherheitspolitik gewesen. Gewiß lag der Bereitwilligkeit der westeuropäischen Nachbarn, der Bundesrepublik den Weg zur europäischen Zusammenarbeit zu ebnen, auch das Motiv der Sicherheit v o r Deutschland zugrunde. Den Vorrang aber hatte das Ziel, die Sicherheit der freien Welt und ihrer Einrichtungen zu gewährleisten. Europa- und Sicherheitskonzeption waren deshalb in ihren Ausgangspunkten kaum voneinander zu trennen. Niemand kann bestreiten, daß neben den bedrückenden Erfahrungen des Zweiten Weltkrieges, die die Überwindung innereuropäischer Trennungslinien und nationalstaatlichen Denkens nahelegten, auch die Sorge vor den Konsequenzen des militärischen Ungleichgewichts stand, das sich nach dem überstürzten Abbau der Streitkräfte der westlichen Länder in den ersten Nachkriegsjahren im Verhältnis zum Osten ergeben hatte. Erste Sicherheitsmaßnahmen auf westeuropäischer Ebene waren 1947 mit dem französisch-britischen Beistandspakt von Dünkirchen eingeleitet worden, der ein Jahr später zum Brüsseler Fünf-Mächte-Pakt erweitert wurde, den auch Belgien, Luxemburg und die Niederlande unterzeichneten; er sicherte jedem angegriffenen Mitglied automatische Hilfe der übrigen Vertragspartner zu.

Lag die eigentliche Zielsetzung des Vertrages zunächst in der Verhinderung möglicher deutscher Revanchebestrebungen, so stand doch außer Frage, daß die Besorgnisse der westeuropäischen Regierungen über die letzten Ziele der östlichen Politik unter den gegebenen Verhältnissen zunehmend in den Vordergrund rückten. Eine Sicherung des westlichen Bereiches war allerdings nur mit amerikanischer Unterstützung möglich.

Dies ist im NATO-Bündnis geschehen. Auf der Höhe der Berlin-Krise von 1948/49 gab der Senat der Vereinigten Staaten seine Zustimmung zu einem Bündnis zwischen den USA und Westeuropa. Am 4. April 1949 unterzeichneten die Mitglieder des Brüsseler Paktes, Dänemark, Island, Norwegen, die USA und Kanada den Nordatlantikvertrag. Der Artikel 6 des Vertrages, wonach auch ein bewaffneter Angriff auf die Besatzungsstreitkräfte irgendeines Teilnehmers in Europa als ein Angriff gegen alle Partner zu verstehen sei, verdeutlicht, daß indirekt auch das westliche Deutschland und West-Berlin unter den Schirm des Bündnisses gestellt waren.

Wegen der Ausweitung des Vertrages auf deutsches Gebiet und angesichts des Übergewichts der konventionellen sowjetischen Streitkräfte war es nur konsequent, daß Ende 1949 erste westliche Stimmen eine aktive deutsche Beteiligung an den Verteidigungsanstrengungen forderten. Sie riefen freilich zunächst — angesichts des noch lebendigen Mißtrauens gegen Deutschland — heftigen Widerstand im westlichen Lager hervor. Der kommunistische Angriff auf Südkorea am 25. Juni 1950, der die weltweiten Konturen des Ost-West-Konfliktes und die Möglichkeiten einer akuten Gefahr auch in Europa offenbar werden ließ, hat schließlich den entscheidenden Wandel herbeigeführt.

Die Initiative zu dem Vorschlag eines deutschen Verteidigungsbeitrages ging vor allem von den Amerikanern aus. Sie wünschten, daß sich die westeuropäischen Staaten möglichst stark an der eigenen militärischen Sicherung beteiligen sollten. Auch die Bundesrepublik Deutschland sollte dafür herangezogen werden; den psychologisch nachteiligen Effekt einer deutschen Wiederbewaffnung gedachte man dadurch auszugleichen, daß man sich darauf beschränken wollte, deutsche Arbeitsbataillone aufzustellen oder kleine bewaffnete Einheiten im Rahmen der alliierten Verbände zu verwenden.

Die Frage einer deutschen Wiederbewaffnung wurde damit für die deutsche Öffentlichkeit, die das Problem mit Leidenschaft erörterte, nicht attraktiver. Der zunächst vorhandenen Tendenz zum »Ohne mich«, zur Ablehnung eines deutschen Verteidigungsbeitrages, stand freilich die wachsende Einsicht gegenüber, daß die Bundesrepublik zur Sicherung ihrer freiheitlich-demokratischen Gesellschaftsordnung einen Beitrag zu leisten habe. Hierzu trug auch der alarmierende Aufbau bewaffneter Kräfte in der DDR bei, seit 1948 in Form einer zunächst »Kasernierte Volkspolizei« genannten Nationalen Volksarmee. Die Bundesregierung hatte ferner zu berücksichtigen, daß sich kaum ein Konfliktfall vorstellen ließ, in dem das Territorium der Bundesrepublik als Vorfeld des übrigen Westeuropa nicht zum Schauplatz der Kampfhandlungen werden würde. Sie hatte also – lag ihr an Integration und Sicherheit – kaum die Wahl, ob sich die Bundesrepublik Deutschland an den Verteidigungsanstrengungen beteiligen wollte oder nicht; es konnte nur darum gehen, den schwer vermeidbaren Beitrag unter annehmbaren, ja unter möglichst günstigen Bedingungen zu leisten. Die Bundesregierung stellte daher unter Berücksichtigung der Tatsache, daß der Aufbau eines eigenen nationalen militärischen Potentials auch nach ihrer Vorstellung auf keinen Fall in Frage kommen konnte, zwei Forderungen:

- Die Alliierten sollten der Bundesrepublik Deutschland die volle politische Gleichberechtigung zuerkennen;
- die Alliierten sollten eine formelle Sicherheitsgarantie für Westdeutschland geben, ihre Truppen nicht nur in Deutschland stationiert zu lassen, sondern noch zu verstärken.

Diese Forderungen fanden ihren Niederschlag in zwei Memoranden, die der Bundeskanzler im Hinblick auf die für Mitte September 1950 einberufene New Yorker Konferenz der drei alliierten Außenminister am 29. August 1950 dem geschäftsführenden Vorsitzenden der Alliierten Hohen Kommission, John McCloy, übergab. Das eine war das bekannte Memorandum betreffend die Sicherung des Bundesgebietes nach innen und außen, das zweite das nicht minder wichtige »Memorandum zur Frage der Neuordnung der Beziehungen der Bundesrepublik zu den Besatzungsmächten« (Dok. 6). Beide Memoranden, formuliert unter dem Eindruck der Invasion Südkoreas und unter dem eines sich in der DDR vergrößernden militärischen Potentials, kennzeichnen den Beginn einer Politik, die zu Verhandlungen mit den drei Westmächten über Sicherheitsfragen und über die gesamte Deutschland-Frage führte (Dok. 25). Diese Verhandlungen haben ihren Niederschlag in dem Vertrag über die Europäische Verteidigungsgemeinschaft (EVG) und dem Deutschland-Vertrag vom Mai 1952 gefunden (Dok. 30, 31).

Der Inhalt beider Verträge entsprach in vollem Umfang dem politischen Konzept der Bundesregierung. Durch den Deutschland-Vertrag erlangte die Bundesrepublik die Verfügung eines souveränen Staates über die Wahrnehmung seiner äußeren Angelegenheiten; bei den Alliierten verblieben nur diejenigen Vorbehaltsrechte, an denen sie wegen ihrer fortbestehenden Verantwortung für Deutschland als Ganzes einschließlich Berlins und für die Herbeiführung einer friedensvertraglichen Regelung festhalten mußten. Durch den EVG-Vertrag sollte ein deutscher Wehrbeitrag auf der Grundlage der Gleichberechtigung ermöglicht und ein wesentlicher Fortschritt auf dem Wege zum politischen Zusammenschluß Europas erzielt werden. Entscheidend war folgendes: Die Alliierten verpflichteten sich – und dies war eine für die gesamte deutsche Politik grundlegend wichtige Bestimmung –, mit der Bundesrepublik Deutschland zusammenzuwirken,

»um mit friedlichen Mitteln ihr gemeinsames Ziel zu verwirklichen: Ein wiedervereinigtes Deutschland, das eine freiheitlich-demokratische Verfassung, ähnlich wie die Bundesrepublik, besitzt und das in die Europäische Gemeinschaft integriert ist« (Art. VII, Abs. 2 des Deutschland-Vertrages).

27

6. Wiedervereinigung in Frieden und Freiheit

Die Sowjetunion hat immer wieder versucht, diesen Prozeß der Konsolidierung und Westintegration der Bundesrepublik aufzuhalten. All diesen Versuchen – über sie wird noch zu berichten sein – lag letzten Endes e i n Ziel zugrunde: Deutschland aus dem sich anbahnenden Bündnis mit dem Westen herauszuhalten und eine Art sowjetischer Mitbestimmung in westdeutschen Fragen praktisch durchzusetzen. Die deutsche Öffentlichkeit und auch die Bundesregierung sahen sich vor das bekannte und damals immer wieder erörterte Dilemma gestellt: entweder Sicherung einer geordneten Zukunft vorläufig im engeren Bereich des westlichen Deutschland oder Offenhaltung einer gesamtdeutschen Perspektive mit freilich sehr ungewissen Aussichten für die Sicherung der freiheitlich-demokratischen Einrichtungen und der Errungenschaften der jungen Bundesrepublik vor allem auf wirtschaftspolitischem Gebiet. In e i n e m Punkt stimmten alle Deutschen mit Ausnahme der Kommunisten überein: Die Wiederherstellung der staatlichen Einheit Deutschlands dürfe nicht um den Preis der Freiheit erfolgen.

Unter lebhaftem Beifall des ganzen Hauses hatte Bundeskanzler Adenauer vor dem Parlament bereits in seiner Regierungserklärung vom 21. Oktober 1949 festgestellt, in der Sowjetzone gebe

>»es keinen freien Willen der deutschen Bevölkerung. Das, was jetzt dort geschieht, wird nicht von der Bevölkerung getragen und damit legitimiert. Die Bundesrepublik Deutschland stützt sich dagegen auf die Anerkennung durch den frei bekundeten Willen von rund 23 Millionen stimmberechtigter Deutscher. Die Bundesrepublik Deutschland ist somit bis zur Erreichung der deutschen Einheit insgesamt die alleinige legitimierte staatliche Organisation des deutschen Volkes« (Dok. 3).

Allgemein verbreitet war allerdings auch die Überzeugung, daß man sich, wenn man an der Bedingung der Freiheit festhielt, für die Wiederherstellung der staatlichen Einheit möglicherweise auf lange Fristen einstellen müsse. Aus diesem Zusammenhang erklärte sich das ständige Bemühen, die westlichen Alliierten auf das Ziel der Wiedervereinigung zu verpflichten und schließlich alles zu vermeiden, was zu einer rechtlichen Sanktionierung des Status quo beitragen konnte.

Die Bündnis- und Europa-Politik ist somit nicht nur Sicherheitspolitik gewesen; sie war im gleichen Maße auch Deutschland-Politik. Nur auf der Grundlage eines Vertrauensverhältnisses zum Westen schien damals Aussicht für eine langfristige Lösung der Deutschland-Frage zu bestehen. Das Leitmotiv dieser Politik: Wiedervereinigung in Frieden und Freiheit auf der Grundlage gesamtdeutscher Wahlen.

Aus der Verantwortung heraus, die ihr der Auftrag des Grundgesetzes, Deutschlands Einheit und Freiheit zu vollenden, auferlegte, forderte die Bundesregierung am 22. März 1950 unter Zustimmung des Bundestages freie gesamtdeutsche Wahlen zu einer verfassunggebenden Nationalversammlung. Die vier Besatzungsmächte sollten zu diesem Zweck ein Wahlgesetz erlassen, das in allen vier Zonen persönliche Bewegungsfreiheit und freie politische Betätigung garantierte. Wie Bundesregierung und Bundestag wiederholt betonten, daß sie sich nicht mit einer einseitigen Abtrennung der Ostgebiete durch die Sowjetunion und Polen abfinden würden (Dok. 3, 7), so brachten sie mit ihrer den anderen Aspekt der Deutschland-Frage berührenden Forderung nach freien Wahlen die Überzeugung des ganz überwiegenden Teils der deutschen Bevölkerung zum Ausdruck, daß ein legitimer gesamtdeutscher Staat nur aufgrund freier Willensentscheidung des ganzen Volkes geschaffen werden könne (Dok. 7).

Ostberlin lehnte diese Initiative mit der immerhin bemerkenswerten Begründung ab, es sei nicht mehr notwendig, eine Verfassung für ganz Deutschland auszuarbeiten, weil diese in Gestalt der Verfassung der DDR »gemeinsam mit demokratischen Kräften aus der Bundesrepublik« geschaffen worden sei. Der Ministerpräsident der DDR, Grotewohl, reagierte auf das Verlangen nach freien Wahlen am 30. November 1950 mit dem von der Sowjetunion auf der Prager Ostblockkonferenz gemachten Vorschlag, einen »gesamtdeutschen konstituierenden Rat unter paritätischer Zusammensetzung aus Vertretern Ost- und Westdeutschlands« zu bilden. Unter der Parole »Deutsche an einen Tisch« wollte die DDR-Regierung, obwohl nach Auffassung des Bundestages (Dok. 7) ohne demokratische Legitimation, als gleichberechtigter Partner mit der Bundesregierung über den weiteren Weg Deutschlands verhandeln.

Grotewohl fand in Bonn wenig Gegenliebe. Mehr Substanz wies der von sowjetischer Seite gebilligte Vorschlag Grotewohls vom 15. September 1951 auf, in dem er sich für die Konstituierung einer paritätisch zusammengesetzten »gesamtdeutschen Beratung« zwecks Durchführung allgemeiner demokratischer Wahlen in ganz Deutschland aussprach. Der Bundestag antwortete auf diesen Vorstoß mit einer gemeinsamen Entschließung der Regierungskoalition und der SPD vom 27. September 1951, in der die Ausarbeitung einer Wahlordnung in Übereinstimmung mit den von der Bundesregierung vorgeschlagenen Grundsätzen (Dok. 15, 16) vorgesehen wurde. Gleichzeitig wurde die Prüfung der Voraussetzungen freier Wahlen in der Sowjetzone durch die Vereinten Nationen angeregt.

Daraufhin schlug DDR-Präsident Wilhelm Pieck in einem Brief an Bundespräsident Theodor Heuß vom 2. November 1951 eine Zusammenkunft vor, um den Vorschlag einer gesamtdeutschen Beratung zu erörtern. Heuß antwortete am 7. November u. a.: Die friedliche Einigung Deutschlands werde sich nicht durch ein Gespräch mit ungewissen Voraussetzungen anbahnen; sie werde sich als ein Akt der nationalen Selbst- und Neugestaltung vollziehen, »wenn frei gewählte Vertreter des gesamten Volkes in freier Selbstverantwortung zu Rat und Beschluß zusammentreten« (Dok. 18).

Auf Initiative von Bundestag und Bundesregierung setzte die Vollversammlung der Vereinten Nationen am 20. Dezember 1951 eine Kommission ein, die in ganz Deutschland prüfen sollte, ob überall die Voraussetzungen für tatsächliche freie und geheime Wahlen gegeben seien. Während der Bundestag ein »Gesetz zur Sicherung und Erleichterung der Aufgaben der Kommission der Vereinten Nationen in Deutschland« (Dok. 22–24, 28) beschloß, verweigerte die DDR der Kommission im März 1952 die Einreise und jegliche Zusammenarbeit. Damit war der erste und bisher letzte Versuch der Vereinten Nationen, in der Deutschland-Frage und für Deutschland tätig zu werden, entgegen den Wünschen der Bundesregierung ergebnislos verlaufen. Der genannten VN-Kommission blieb nichts anderes übrig, als sich »sine die« zu vertagen (5. August 1952).

Die Bedeutung dieses Vorgangs läßt sich dann leichter ermessen, wenn die Verweigerung der Einreise im Zusammenhang mit der fast gleichzeitig erfolgten Absendung der vieldiskutierten sowjetischen Note vom 10. März 1952 gesehen wird, in der die Sowjetregierung – der Note war der Entwurf von Grundsätzen eines Friedensvertrages mit Deutschland beigefügt – den Abschluß eines Friedensvertrages unter unmittelbarer Beteiligung einer gesamtdeutschen Regierung auf der Grundlage der bewaffneten Neutralität vorgeschlagen hatte (eine zweite Note vom 9. April 1952 schlug die Erörterung der Frage freier gesamtdeutscher Wahlen vor).

Auch in Anbetracht der verhinderten Einreise der VN-Kommission reagierte die Bundesregierung skeptisch (Dok. 27, 29). Entscheidend war freilich, daß die Alliierten ebenso wie der Bundeskanzler in der Notenoffensive des Frühjahrs 1952 nur einen neuen Versuch Moskaus erblickten, die Einigung Westeuropas zu verhindern und die USA aus Europa hinauszudrängen. Überdies bestand für den Bundeskanzler kein Zweifel, daß die Westmächte, an die die sowjetische Note vom 10. März 1952 gerichtet war, keine Lösung im Sinne dieser Note zulassen würden. Ein Drängen Bonns, die »Offerte« der Sowjetunion näher zu prüfen, hätte daher nach der später umstrittenen Auffassung des Bundeskanzlers den kaum zugeschütteten Graben zum Westen nur neu aufgerissen und eben erst gewonnenes Vertrauen zu Deutschland erschüttert (siehe auch Dok. 59).

Ihren markantesten Ausdruck fand die gemeinsame deutsch-alliierte Politik in dem Vorschlag für die Wiedervereinigung Deutschlands, den der britische Außenminister Anthony Eden am 29. Januar 1954 auf der Berliner Konferenz der vier Außenminister vorlegte. Auch diesem Vorschlag, dem »Eden-Plan« (Dok. 46), lag der Gedanke zugrunde, daß am Anfang des Wiedervereinigungsprozesses freie Wahlen in Deutschland stehen müßten. Während nach Auffassung der Sowjetunion unter Berücksichtigung des sowjetischen Sicherheitsinteresses zuerst mit Deutschland ein Friedensvertrag geschlossen werden sollte, der den militärischen und politischen Status eines wiedervereinigten Deutschlands noch vor Bildung einer gesamtdeutschen Regierung festlegte, bestanden die drei Westmächte und die Bundesregierung auf der umgekehrten Reihenfolge: Ein Friedensvertrag solle erst unterzeichnet werden, wenn eine aus freien Wahlen hervorgegangene gesamtdeutsche Regierung gebildet worden sei.

Nachdem es der Sowjetunion während der Berliner Konferenz nicht gelungen war, die Westmächte bereits von Anfang an auf ein neutralisiertes Deutschland festzulegen, verlieh sie der DDR durch einseitige Erklärung am 25. März 1954 formal die Souveränität. Damit war letztlich die Frage aufgeworfen, welche Seite den legitimen Anspruch besaß, Deutschland als Ganzes und damit auch die gesamtdeutsche Tradition mit ihren entsprechenden Perspektiven zugleich zu repräsentieren (Dok. 48).

7. Bundesrepublik Deutschland und DDR

Der Alleinvertretungsanspruch der Bundesrepublik Deutschland, der von den Alliierten – erstmalig in der Erklärung der New Yorker Außenministerkonferenz vom 18. September 1950 – unterstützt wurde, ist bei der Ostberliner Regierung und im sowjetischen Machtbereich von Anbeginn an auf erbitterten Widerstand gestoßen. Die Bundesregierung hatte den Alleinvertretungsanspruch ursprünglich politisch begründet. Als allein demokratisch legitimierte Regierung sei nur sie befugt, Deutschland gegenüber dritten Staaten zu vertreten.

Erst später trat der andere, eher moralische Aspekt in den Vordergrund, daß Bundestag und Bundesregierung auch für die Menschen in der DDR sprechen müßten, solange diese nicht in der Lage seien, selbst ihre Meinung kundzutun. Den aller Welt sichtbaren Beweis hierfür bot der Volksaufstand in Ostberlin und Mitteldeutschland am 17. Juni 1953. Aus einer Protestdemonstration von Ostberliner Bauarbeitern gegen die Erhöhung der Arbeitsnormen wurde ein Aufstand, der das ganze Land erfaßte und nur durch das Eingreifen sowjetischer Truppen niedergeschlagen werden konnte (Dok. 43, 44). Die Bundesregierung, die sich im eigenen Bereich mit dem Antrag auf Verbot der Sozialistischen Reichspartei (SRP) und der Kommunistischen Partei Deutschlands (KPD) von Anfang an entschlossen mit den radikalen Gegnern der Freiheit auseinandergesetzt hatte (Dok. 19, 45), sah es unter diesen Umständen als ihre Pflicht an, sich dafür einzusetzen, daß auch ein wiedervereinigtes Deutschland nicht anders als nach den Grundsätzen der politischen Freiheit konstituiert werde.

So war es in erster Linie auch das Bewußtsein dieser Verpflichtung, das die Bundesregierung nach der »Souveränitätserklärung« der DDR vom 25. März 1954 veranlaßte zu erklären:

»... Die sowjetische Erklärung vermag jedoch nichts gegen die Tatsache, daß es nur einen deutschen Staat gibt, gegeben hat oder geben wird – und daß es einzig und allein die Organe der Bundesrepublik Deutschland sind, die heute diesen niemals untergegangenen deutschen Staat vertreten. Daran ändert auch die schmerzliche Wirklichkeit nichts, daß die deutsche Staatsgewalt heute nicht einheitlich in allen Teilen Deutschlands ausgeübt werden kann...

Die Bundesrepublik war und ist daher berechtigt, auch für jene achtzehn Millionen Deutsche zu handeln und zu sprechen, denen schon 1949 versagt war, bei der Schaffung des Grundgesetzes mitzuwirken und die bis zum heutigen Tage nicht die Freiheit haben, ihren politischen Willen zum Ausdruck zu bringen« (Dok. 48).

Die Deutschlandpolitik der Bundesregierung suchte somit von Anfang an konkrete Beiträge zur Erleichterung des Schicksals der Deutschen zu leisten, die im östlichen Teil Deutschlands und in Berlin an dem Aufbau einer freiheitlich-demokratischen Grundordnung nicht teilnehmen konnten. Damit klingt die bereits erwähnte humanitäre Zielsetzung in der Deutschlandpolitik an. Es ist nur zu selbstverständlich, daß sich humanitär orientierte und nationalistische Außenpolitik gegenseitig ausschließen mußten. In diesem Sinne forderte der Bundeskanzler bei zahlreichen Gelegenheiten, so am 6. April 1954 vor der Auslandspresse, die Bevölkerung auf, sich angesichts »ungeklärter nationaler deutscher Belange« nicht zu nationalistischen Emotionen verleiten zu lassen, und stellte hierzu grundsätzlich fest: Der Nationalismus verführe »die Völker dazu zu vergessen, daß alle Völker ein Recht auf ihre Existenz haben und daß allein ein harmonisches Zusammenleben der Völker auch den Interessen des eigenen Volkes am besten dient« (Dok. 47).

8. Die Saarfrage

Die Zurückweisung nationalistischer Ideen bedeutete selbstverständlich nicht, daß die Bundesrepublik auf die Wahrung wesentlicher nationaler Interessen des deutschen Volkes zu verzichten hatte. Hierzu gehörte nach dem Willen von Bundesregierung und Bundestag auch, im Rahmen des Möglichen Deutschland diejenigen Gebietsteile zu erhalten, die nach wie vor zu Deutschland gehörten, nach dem Kriege aber der deutschen Verwaltung entzogen worden waren.

Am Beginn dieser Politik einer Wiederherstellung der territorialen Integrität standen der Rückgewinn Helgolands und der badischen Stadt Kehl. Die Insel Helgoland, deren Bewohner 1945 evakuiert worden waren und die seither der Royal Air Force als Zielgebiet für Bombenflugzeuge gedient hatte, wurde gemäß Mitteilung des Britischen Hohen Kommissars an den Bundeskanzler vom 28. Februar 1952 am 1. März 1952 freigegeben (Dok. 26).

Als neues Übungsziel stellte die Bundesregierung der britischen Luftwaffe am 9. September 1952 den Großen Knechtsand – er hat als solches bis zum 3. Mai 1958 gedient – zur Verfügung (Karte 6).

Gleichzeitig lief der komplizierte Freigabeprozeß für die Stadt Kehl, die seit 1945 der deutschen Verwaltung entzogen worden war. Das Washingtoner Abkommen der Außenminister Frankreichs, Großbritanniens und der Vereinigten Staaten vom 8. April 1949 hatte Frankreich verpflichtet, die Stadt in deutsche Verwaltung zurückzugeben. Dies geschah in 42 Etappen in der Zeit zwischen dem 29. Juli 1949 und dem 8. April 1953 (Karte 8). Wichtigstes Datum war der 1. Januar 1952, der Zeitpunkt, zu dem auch der Kehler Hafen wieder deutscher Hoheitsgewalt unterstellt wurde.

Zur Frage der Rückgabe Kehls, aber nicht nur zu dieser allein, erklärte Staatssekretär Hallstein am 24. Oktober 1951 im Bundestag: Stadt und Hafen Kehl seien leider nicht die einzigen Gebiete an der deutschen Westgrenze, die aus wirtschaftlichen Interessen der Nachbarn vorbehaltlich einer endgültigen Regelung durch den Friedensvertrag der Bundesrepublik entzogen worden seien. Jedoch hätten wir im Falle von Kehl den Nachweis erbracht,

»daß es möglich ist, bei einem vernünftigen Eingehen auf die wirtschaftlichen Gesichtspunkte der Gegenseite das zu retten, worauf es uns ankommt: die politische Unversehrtheit unseres deutschen Territoriums« (Dok. 17).

Mit diesen Hinweisen hatte der Staatssekretär indirekt das schwierigste Problem der Westgrenze und gleichzeitig dasjenige Problem angesprochen, das mehr als alles andere in diesen Jahren das deutsch-französische Verhältnis belastete: die Saarfrage.

Das Saar-Problem war ein Erbe nicht nur der totalen Niederlage von 1945, sondern auch der Niederlage im Ersten Weltkrieg (Karte 9). Die französische Regierung knüpfte an Überlegungen an, die die Politik Frankreichs bereits nach dem Ersten Weltkrieg bestimmt hatten, als sie zunächst am 31. Juli 1945 in dem zu ihrer Besatzungszone gehörenden Saargebiet ein unabhängiges Regierungspräsidium bilden ließ. Am 12. Februar 1946 forderte sie, daß dieses Gebiet mit sofortiger Wirkung aus der Zuständigkeit des Alliierten Kontrollrates auszuscheiden habe und wirtschaftlich mit Frankreich verbunden werden müsse. Nachdem Frankreich sich mit dieser Forderung durchgesetzt hatte, wurde aufgrund der Landtagswahlen vom 5. Oktober 1947 am 15. Dezember 1947 die erste saarländische Regierung unter Johannes Hoffmann gebildet.

Im Laufe der folgenden Jahre wurde das gegenüber der Zeit der ersten Saar-Abstimmung 1935 nicht unerheblich, nämlich um 642 qkm vergrößerte Saargebiet durch Maßnahmen wie Einführung der französischen Währung, Verstaatlichung der Gruben und schließlich die 12 Saarkonventionen vom 3. März 1950 eng mit Frankreich verbunden. Allerdings geschah dies in der völkerrechtlichen Form der Autonomie, die eine Herauslösung aus dem deutschen Staatsverband bewirkte, ohne eine rechtliche Zugehörigkeit zu Frankreich zu begründen. Frankreich mußte sich auch mit Rücksicht auf die amerikanische und britische Haltung in dieser Frage zunächst damit begnügen, einen autonomen Status der Saar aufrechtzuerhalten. Vor einem Friedensvertrag – darin stimmten alle Beteiligten überein – herrschte ein Interimszustand, der der Bundesregierung Gelegenheit bot, auf dem Wege geduldiger Verhandlungen den deutschen Rechtsstandpunkt zur Geltung zu bringen (Dok. 11). Sie tat dies, indem sie sich an folgende Linie hielt:

– Sie vermied eine Lösung unter für Deutschland noch ungünstigen Umständen. Je weiter die Verhandlungen über den Zusammenschluß der westeuropäischen Staaten fortschritten und die Gleichberechtigung der Bundesrepublik Deutschland wieder allgemein anerkannt wurde, desto eher bestand Aussicht, die Saarfrage in einem für Deutschland günstigen Sinne zu regeln.
– Vorübergehende Benachteiligungen des deutschen Interesses waren in Kauf zu nehmen, da die politische Gesamtentwicklung zu einer vollen Gleichberechtigung der Bundesrepublik Deutschland tendierte.
– Die Bundesregierung war entschlossen, einer Eingliederung der Saar in den französischen Staatsverband nicht zuzustimmen.
– Solange Hoffnung bestand, daß im Zusammenhang mit der EVG eine Europäische Politische Union geschaffen würde, war sie bereit, die Saar zum Kernland eines politisch geeinigten Westeuropa zu machen.
– Die Bundesregierung betrachtete als unabdingbare Voraussetzung jeder Regelung, daß die Deutschen an der Saar in freier Abstimmung das letzte Wort haben müßten, was immer auch zwischen den Regierungen ausgehandelt würde.

Wesentliche Ziele der Bundesregierung waren also das Offenhalten der Optionen und das Festhalten an dem Prinzip der freien politischen Meinungsäußerung an der Saar (Dok. 36). Vor diesem Hintergrund entwickelte sich die deutsch-französische Diskussion über die Saar wie folgt: Mehrfach erhob die Bundesregierung gegenüber Frankreich heftigen Protest gegen die Einschränkung der demokratischen Freiheiten an der Saar, vor allem in dem Memorandum an den Europarat vom 2. März 1952, das auf die Europäische Konvention zum Schutz der Menschenrechte und Grundfreiheit Bezug nahm (Dok. 9). Am 23. Juli 1952 schlug Robert Schuman ein europäisches Statut für die Saar – die Regierung der Saar hatte den Montan-Union-Vertrag nicht mitunterzeichnet – vor; Saarbrücken sollte Sitz der Hohen Behörde und anderer europäischer Institutionen werden. Die Bundesregierung stimmte diesem Plan unter der Bedingung zu, daß zu dem aus der Saar zu bildenden europäischen Territorium auch ein Stück lothringischen Gebiets geschlagen und die Wirtschaftsunion der Saar mit Frankreich aufgelöst würde. Die deutsch-französischen Verhandlungen wurden auf der Grundlage eines im September 1953 vorgelegten Planes des Europarates geführt; dieser sah vor, daß die Saar im Zeitpunkt der Errichtung einer europäischen Gemeinschaft europäisiert werden sollte, die ihrerseits als Basis einer politischen Vereinigung Westeuropas vorgesehen war.

Wenn auch die Ansätze zu einer Europäischen Politischen Gemeinschaft mit der Ablehnung der EVG durch das französische Parlament – worüber noch zu berichten sein wird – scheiterten, so war durch das deutsch-französische Gespräch über die Saarfrage immerhin eine psychologische Basis geschaffen, die der weiteren Erörterung des Saar-Problems zugute kam. Auf dieser Grundlage gelang am 23. Oktober 1954 in Paris der Abschluß eines neuen deutsch-französischen Abkommens über die Saar (Dok. 55). Es sah vor, daß die Saar im Rahmen der Westeuropäischen Union einen europäischen Status erhalten sollte. Voraussetzung war wiederum die Zustimmung der Deutschen an der Saar.

Als auch dieser Versuch scheiterte – die Saarländer lehnten am 23. Oktober 1955 das Statut mit über Zweidrittel-Mehrheit ab (Dok. 75) –, leiteten die französische Regierung und die Bundesregierung Verhandlungen ein, um das Problem endgültig zu bereinigen. Das Ergebnis der Verhandlungen (Dok. 79), die dem Willen der Saarbevölkerung und den wirtschaftlichen Interessen Frankreichs gleichzeitig gerecht zu werden hatten, war der am 27. Oktober 1956 in Luxemburg unterzeichnete Vertrag zur Regelung der Saarfrage. Er bestimmte, daß das Saargebiet (1957: 2 567,4 qkm mit 1 019 144 Einwohnern) am 1. Januar 1957 in den Geltungsbereich des Grundgesetzes eingegliedert werden solle (Dok. 87, Karte 7). Gleichzeitig wurden Verträge über die Schiffbarmachung der Mosel, den Ausbau des Oberrheins zwischen Basel und Straßburg, ein Warenzeichen- und ein Niederlassungsabkommen geschlossen. Damit gab es im deutsch-französischen Verhältnis mit Ausnahme des Mundatwald-Problems* keine konkreten territorialen Differenzen mehr. An der Saar fanden sich schließlich beide Länder und legten gemeinsam eine beispielhafte Grundlage für die Zukunft der europäischen Entwicklung und für die Sicherung des Friedens.

Diese Regelung ist einer der Grundsteine der deutsch-französischen Freundschaft.

9. Schuldenregelung und Wiedergutmachung

Wie ein roter Faden zieht sich durch die Außenpolitik der Bundesrepublik Deutschland dieser Jahre das Bemühen um Integrierung und Rehabilitierung zugleich. Beide Ziele sind nicht voneinander zu trennen. Beide waren die Voraussetzung für die Sicherung des Anspruchs, das eigentliche Deutschland und mit dem eigentlichen Deutschland das ganze Deutschland zu verkörpern. Mit diesem Anspruch erlegte sich die Bundesrepublik die Verpflichtung auf, für die Vorkriegsschulden des Deutschen Reiches aufzukommen und für die vor und während des Krieges im deutschen Namen begangenen Unrechtstaten Wiedergutmachung zu leisten (Dok. 14).

Ein Beginn wurde in dem Vertrag zur Regelung aus Krieg und Besatzung entstandener Fragen (Überleitungsvertrag) vom 26. Mai 1952 gemacht. In diesem Vertrag, der eine Ergänzung zum Deutschland-Vertrag bildete, trafen die Bundesrepublik und die drei Westmächte ins einzelne gehende Vereinbarungen über die Wiedergutmachung nationalsozialistischen Unrechts. Es ging zunächst um die Entschädigung für die Opfer der nationalsozialistischen Verfolgung, dann um die Rück-

---

* Am 31. Juli 1962 wurde ein deutsch-französisches Abkommen abgeschlossen, das den Verbleib des am 22. März 1949 in französische Auftragsverwaltung genommenen ca. 7 qkm großen Mundatwaldes (in der Nähe von Weißenburg, Karte 10) bei Frankreich vorsah. Das Abkommen ist von deutscher Seite noch nicht ratifiziert worden.

erstattung (Restitution) feststellbarer Vermögenswerte, die den verfolgten Personen und bestimmten im Dritten Reich aufgelösten Organisationen (Gewerkschaften, Logen, karitativen Vereinigungen usw.) weggenommen worden waren, wobei zwischen Innerer und Äußerer Restitution unterschieden wurde, je nachdem, ob es sich um Werte handelte, die im Gebiet des Deutschen Reiches oder in von Deutschland besetzten Gebieten konfisziert worden waren.

Der zweite Schritt wurde gegenüber Israel getan. Angesichts des ungeheuren Ausmaßes nationalsozialistischer Unrechtstaten gegenüber den Juden kam der Wiedergutmachung der Bundesrepublik in diesem Falle die moralisch entscheidende Bedeutung zu. Die israelische Regierung hatte am 12. März 1951 in Noten an die Regierungen der Vier Mächte Wiedergutmachungsansprüche für Verluste unterbreitet, für die Deutschland die Verantwortung trage, ohne daß jedoch die deutschen Gesetze über individuelle Wiedergutmachung dafür in Anspruch genommen werden konnten. In diesem Zusammenhang forderte Israel praktisch 1,5 Milliarden Dollar, die benötigt würden, um rd. 500 000 Juden, die als Verfolgte des NS-Regimes nach Israel geflüchtet waren, einzugliedern.

Der Bundeskanzler erklärte darauf am 27. September 1951 im Bundestag, die Bundesregierung sei bereit, gemeinsam mit Vertretern des Judentums und des Staates Israel »eine Lösung des materiellen Wiedergutmachungsproblems herbeizuführen, um damit den Weg zur seelischen Bereinigung unendlichen Leides zu erleichtern«. Am 6. Dezember 1951 teilte der Bundeskanzler dem Vorsitzenden der Jewish Claims Conference und Vertrauensmann der israelischen Regierung, Dr. Nahum Goldmann, mit, daß die Bundesregierung bereit sei, die von Israel am 12. März 1951 gestellten Ansprüche zur Grundlage von Verhandlungen zu machen. Sie sähe in dem Problem der Wiedergutmachung vor allem auch eine moralische Verpflichtung und halte es für eine Ehrenpflicht des deutschen Volkes, das Möglichste zu tun, um das an dem jüdischen Volk begangene Unrecht wiedergutzumachen. Im Hinblick auf die Verhandlungen, die am 21. März 1952 in Wassenaar (Niederlande) begannen (deutscher Delegationsleiter Professor Franz Böhm), schrieb Adenauer am 29. Februar 1952 an Bundesfinanzminister Schäffer:

»Ich gebe dem Wunsche Ausdruck, daß die Verhandlungen unter weitgehender Hintanstellung aller Bedenken, die in einem anderen Fall sehr verständlich wären, in einem Geiste vorbereitet und durchgeführt werden, der dem moralischen und politischen Gewicht und der Einmaligkeit unserer Verpflichtung entspricht.«

Wenn es unter diesen Umständen überhaupt Schwierigkeiten bei den Verhandlungen mit Israel gab, dann nicht aus Gründen fehlender deutscher Gesprächsbereitschaft. Sie ergaben sich aus einem anderen Verhandlungsbereich, der nicht der unmittelbaren deutschen Beeinflussung unterlag – den Verhandlungen der seit dem 28. Februar 1952 in London tagenden Schuldenkonferenz, auf der die Bundesregierung in Anerkennung der Vorkriegsschulden des Deutschen Reiches (6. März 1951) und im Interesse der Kreditfähigkeit der Bundesrepublik die ausländischen Gläubiger zufriedenzustellen suchte. Bei diesen Verhandlungen in London, die für die Bundesrepublik der Bankier Hermann Josef Abs führte, zeigte sich, daß die 15 Gläubigerstaaten zunächst wenig geneigt waren, die Erfüllung ihrer Rechtsansprüche um Israels willen zeitlich hinausschieben zu lassen. Immerhin konnten die politischen und finanzwirtschaftlichen Schwierigkeiten schließlich gemeistert werden und beide Abkommen, das Schuldenabkommen und das Israelabkommen, abgeschlossen werden.

Die Londoner Schuldenkonferenz endete am 8. August 1952 mit der einstimmigen Annahme eines Berichts, in dem es u. a. hieß:

»Im Interesse der Wiederherstellung des deutschen Auslandskredits und im Interesse der Gläubiger, deren Ansprüche seit vielen Jahren ungeregelt geblieben sind, sollen sich die beteiligten Regierungen unverzüglich mit den in dem vorliegenden Bericht niedergelegten Empfehlungen befassen mit dem Ziele, ein Regierungsabkommen zu schließen, um dem Schuldenregelungsplan internationale Geltung zu verleihen und gleichzeitig die Schulden der Bundesrepublik aus der Nachkriegswirtschaftshilfe zu regeln.«

Das Schuldenabkommen selbst, unterzeichnet am 27. Februar 1953, setzte die Vorkriegsverbindlichkeiten der öffentlichen Hand sowie die Verbindlichkeiten aus der wirtschaftlichen Nachkriegshilfe auf 14,3 Milliarden DM fest (Dok. 37, 41). An dem Abkommen beteiligt waren Belgien, Ceylon, Dänemark, Frankreich, Griechenland, Großbritannien, der Iran, Irland, Italien, Jugoslawien, Kanada, Liechtenstein, Luxemburg, Norwegen, Pakistan, Schweden, die Schweiz, Spanien, Südafrika und USA. Später kamen hinzu Argentinien, Australien, Chile, Finnland, Israel, Kambodscha, Neuseeland, die Niederlande, Österreich, Peru, Syrien und Thailand.

Einen Monat nach Abschluß der Schuldenkonferenz folgte der Abschluß des deutsch-israelischen Wiedergutmachungsabkommens, das am 10. September 1952 in Luxemburg vom Bundeskanzler und dem israelischen Außenminister Moshe Sharett unterzeichnet wurde; das Abkommen, das eine Normalisierung der Beziehungen ausklammerte, trat am 27. März 1953 in Kraft (Dok. 34). Deutschland verpflichtete sich, dem Staat Israel innerhalb von 12 Jahren 3 Milliarden DM zu zahlen, mit denen die Eingliederung von 500 000 jüdischen Flüchtlingen finanziert werden sollte. 450 Millionen DM erhielt die Jewish Claims Conference für vom Nationalsozialismus verfolgte Juden, die außerhalb Israels in Not lebten [*].

10. Die Pariser Verträge

Das Maß an Aufgaben, das in diesen Anfangsjahren von der Bundesrepublik zu bewältigen war, ist der heutigen Generation vielfach nicht mehr bewußt. Es galt nicht nur, den inneren Aufbau abzuschließen (Dok. 20), physisch und psychisch mit der Niederlage fertig zu werden und die Millionen zu integrieren, die das Schicksal der Flucht, der Vertreibung und der Aussiedlung auf sich nehmen mußten (Tabellen 2–4). In der Nachkriegsgeschichte hat es kaum eine Phase gegeben, in der in so kurzer Zeit so viele grundlegende Vertragsabschlüsse erfolgen mußten. In jeder Hinsicht wurden in diesen Jahren die Weichen gestellt und eine Linie konsequent auch dann weiterverfolgt, wenn sich Krisen entwickelten.

Die schwierigste Krise leitete die Ablehnung ein, die der EVG-Vertrag am 30. August 1954 in der französischen Nationalversammlung erfuhr. Der Tod Stalins und

---

[*] Einzelheiten über die gesamten von der Bundesrepublik Deutschland seit 1949 erbrachten Wiedergutmachungsleistungen — bisher über 40 Milliarden DM — ergeben sich aus Tabelle 35.

der Waffenstillstand in Korea (März bzw. Juni 1953) hatten ganz allgemein zu einer geringeren Einschätzung der Bedrohung aus dem Osten geführt. Mit der Ablehnung des EVG-Vertrages, der auch in Deutschland langwierige innenpolitische Auseinandersetzungen ausgelöst hatte, war gleichzeitig der andere Teil des Vertragswerkes, der Deutschland-Vertrag, und damit die Perspektive des baldigen Wiedergewinns der Souveränität gefährdet. Gleichwertige Ersatzlösungen waren zu finden.

Auf britische Initiative wurde eine Konferenz der Neun Mächte, Belgien, Bundesrepublik Deutschland, Frankreich, Großbritannien, Italien, Kanada, Luxemburg, die Niederlande, USA, nach London einberufen. Sie trat in der Zeit vom 28. September bis 3. Oktober 1954 zusammen und fand die Lösung, in dem sie die Deutschland-Frage zusammen mit der Verteidigungsfrage in neuer Form aufgriff (Dok. 50, 51).
– Das Protokoll über die Beendigung des Besatzungsregimes, das am 23. Oktober 1954 in Paris von Frankreich, Großbritannien und den USA unterzeichnet wurde, enthielt den gegenüber der 1952 unterzeichneten Fassung modifizierten Deutschland-Vertrag (Dok. 53, 54), der die Beziehungen zwischen der Bundesrepublik und den Drei Mächten regelte, sowie Verträge über den Aufenthalt ausländischer Streitkräfte in der Bundesrepublik, die sogenannten Truppen-, Finanz- und Steuerverträge, ferner den Überleitungsvertrag zur Regelung aus Krieg und Besatzung entstandener Fragen.
– Gleichzeitig trat die Bundesrepublik der NATO und dem zur »Westeuropäischen Union« (WEU) ausgebauten Brüsseler Pakt bei. Die NATO verpflichtete Deutschland zu einem bestimmten Minimum an Truppenstärke (12 Divisionen mit einer zunächst vorgesehenen Mannschaftsstärke von 500 000 Mann); die WEU setzte eine obere Grenze und organisierte eine Rüstungskontrolle, die jedenfalls der juristischen Form nach die Bundesrepublik Deutschland nicht diskriminierte. Im Zusammenhang mit den Londoner Verhandlungen gab der Bundeskanzler eine formelle Gewaltverzichtserklärung ab; das Protokoll III zur Änderung und Ergänzung des Brüsseler Vertrages enthielt zudem wichtige Bestimmungen über eine freiwillige deutsche Rüstungsbeschränkung (Verzicht auf ABC-Waffen und auf bestimmte Kategorien von schweren Waffen, Kriegsschiffen und -flugzeugen; Dok. 56).
Vorangegangen war der grundsätzliche Gewaltverzicht der Bundesrepublik Deutschland. Die Bundesrepublik erklärte sich am 3. Oktober 1954 in London bereit,
»ihre Politik in Übereinstimmung mit den Grundsätzen der Satzung der Vereinten Nationen zu gestalten, und nimmt die in Artikel 2 dieser Satzung enthaltenen Verpflichtungen an ... Insbesondere verpflichtet sich die Bundesrepublik Deutschland, die Wiedervereinigung Deutschlands oder die Änderung der gegenwärtigen Grenzen der Bundesrepublik Deutschland niemals mit gewaltsamen Mitteln herbeizuführen und alle zwischen der Bundesrepublik und anderen Staaten gegebenenfalls entstehenden Streitfragen mit friedlichen Mitteln zu lösen.«
Die Sowjetunion versuchte im Januar 1955 nochmals, die Entscheidung der Bundesregierung, sich dem Westen politisch anzuschließen, in ihrem Sinne zu beeinflussen (Dok. 58). Die Opposition wies auf die schicksalsschwere Bedeutung einer Annahme der Verträge für die Zukunft des ganzen deutschen Volkes hin (Dok. 59). Der Bundeskanzler hielt demgegenüber an seiner Linie fest, es bestehe andernfalls Gefahr,

daß sich Deutschland, wie so oft in den letzten Jahrzehnten, ohne Freunde zwischen sämtliche Stühle gesetzt habe (Dok. 59). Die Verträge wurden am 27. Februar 1955 vom Bundestag mit 314 gegen 157 Stimmen bei 2 Stimmenthaltungen ratifiziert.

Dem Wiederaufleben einer deutschen Souveränität stand nichts mehr im Wege. Am 5. Mai 1955 trat das gesamte Vertragswerk in Kraft (Dok. 62, 63). Gesichert durch und eingefügt in die westliche Allianz, boten sich der Bundesrepublik Deutschland größere Möglichkeiten der außenpolitischen Bewegung als bisher. Wenn die Souveränität unter anderem durch gewisse Vorbehalte der Alliierten »in bezug auf Berlin und auf Deutschland als Ganzes einschließlich der Wiedervereinigung Deutschlands und einer friedensvertraglichen Regelung« noch eingeengt blieb, so kam hier doch auch der Fortbestand des Gedankens eines Gesamtdeutschland und die Tatsache der Sicherung der Lebensfähigkeit Berlins durch Fortdauer der alliierten Präsenz zum Ausdruck.

In diesem historischen Augenblick übertrug Bundeskanzler und Bundesaußenminister Adenauer am 7. Juni 1955 die Leitung des Auswärtigen Amts dem Bundestagsabgeordneten Heinrich von Brentano.

III. Von der Souveränitätserklärung zum sowjetischen Berlin-Ultimatum 1958

1. Die Römischen Verträge

Die Jahre zwischen der Wiederherstellung der Souveränität und dem Berlin-Ultimatum der Sowjetunion sind mit Ausnahme der Ungarnkrise und der Suezkrise des Spätherbstes 1956 für die Bundesrepublik Jahre verhältnismäßiger Ruhe gewesen. Eine solide außenpolitische Basis gewährleistete größere Sicherheit und größeren Handlungsspielraum. Wichtigste Aufgabe der Bundesregierung war zunächst der Ausbau der westeuropäischen Zusammenarbeit, wobei sie das große Ziel einer Lösung des Deutschland-Problems nicht aus dem Auge verlor.

Nachdem die Projekte der Europäischen Verteidigungsgemeinschaft und der Europäischen Politischen Gemeinschaft gescheitert waren, war es für die Bundesrepublik auch im Interesse der Sicherung ihrer wirtschaftlichen Lebensfähigkeit (Dok. 67) fast eine Selbstverständlichkeit, daß sich die Bemühungen dorthin zurückverlagerten, wo sie zu einem ersten Erfolg geführt hatten, auf das wirtschaftspolitische Gebiet (Dok. 66). In diesem Punkt waren sich alle Gemeinschaftsländer einig. Am 1./2. Juni 1955 entwickelten die Außenminister der »Sechs« in Messina ein umfassendes Programm. Sie beschlossen, eine »neue Phase auf dem Wege zum Bau Europas« einzuleiten, und zwar durch die Schaffung eines gemeinsamen Marktes und durch die gemeinsame Entwicklung der Atomenergie für friedliche Zwecke. Großbritannien sollte als Mitglied der Westeuropäischen Union und assoziiertes Mitglied der Montan-Union zur Beteiligung an der Vorbereitung eingeladen werden. Um den auf deutscher Seite zu leistenden Vorarbeiten den notwendigen Nachdruck zu geben, erließ Bundeskanzler Adenauer im Januar 1956 eine Richtlinienanweisung an alle Bundesminister: Der Beschluß von Messina, der nicht allein eine technische Kooperation, sondern eine Gemeinschaft mit gleicher Richtung des politischen Willens und Handelns herbeiführen solle, müsse entschlossen und unverfälscht durchgeführt werden. Die Integration sei zunächst unter den Sechs mit allen in Betracht kommenden Methoden zu fördern (Dok. 78).

Entsprechend wurde verfahren. Am 29./30. Mai 1956 konnte den in Venedig zusammengetretenen Außenministern der »Sechs« ein zusammenfassender Bericht vorgelegt werden, der dann als Verhandlungsgrundlage zur Ausarbeitung von Verträgen für einen gemeinsamen Markt und für die Schaffung einer europäischen Organisation der Kernenergie diente.

Am 25. März 1957 folgte in Rom die Unterzeichnung der Verträge zur Gründung der Europäischen Wirtschaftsgemeinschaft und der Europäischen Atomgemeinschaft (EWG und EURATOM –, Dok. 94).

Auch der innerdeutsche Ratifizierungsprozeß vollzog sich ohne besondere Schwierigkeiten (Dok. 93). Bereits Anfang Mai behandelten Bundesrat und Bundestag die

Europaverträge in erster Lesung. Als sie am 5. Juli 1957 mit den Stimmen der Regierungskoalition und der SPD endgültig verabschiedet wurden, sprach der Bundestag seine Erwartung aus, daß der Beitritt weiterer Mitglieder erleichtert, die Assoziierung anderer Staaten in Form einer Freihandelszone mit Nachdruck betrieben und der Handelsverkehr mit der übrigen Welt stetig entwickelt werde. Am 1. Januar 1958 traten die Römischen Verträge in Kraft. Zu Beginn der Konstituierung der Organe der Gemeinschaft ernannten die Außenminister der »Sechs« Staatssekretär Hallstein zum ersten Präsidenten der EWG-Kommission. Damit war ein »Europa« ins Leben getreten, das für den Außenstehenden manche technokratischen Züge tragen mochte, das seiner Bestimmung nach freilich alles andere als ein technokratisch-wirtschaftlicher Staatenverein sein sollte.

Weniger befriedigend hatte der Kontakt der Gemeinschaftsländer zu dem Vereinigten Königreich begonnen. Zwar hatte die britische Regierung — und damit der Aufforderung der »Sechs« folgend — einen Beobachter zu dem Regierungskomitee der Montan-Union-Staaten entsandt. Sie hatte aber gleichzeitig erklärt, an einem Abkommen über den Gemeinsamen Markt nicht teilnehmen zu können, und statt dessen später, am 7. Februar 1957, den Mitgliedstaaten der OEEC die »Errichtung einer europäischen industriellen Freihandelszone« vorgeschlagen. Wenn die Bundesregierung den britischen Vorschlag mit dem Hinweis unterstützte, es sei notwendig, so bald wie möglich eine Freihandelszone als Ergänzung zum Gemeinsamen Markt zu errichten (Abschluß-Kommuniqué Macmillan-Besuch, 10. Mai 1957), so sah sie sich im November 1958 mit der Tatsache konfrontiert, daß eine volle Entfaltung der nunmehr ins Leben getretenen EWG den Vorrang vor Vereinbarungen über die vorgesehene Freihandelszone haben mußte, da Frankreich den Beitritt zu einem Handelssystem, in dem es gleiche Risiken wie in der EWG, aber nicht die Sicherungen des EWG-Vertrages haben würde, ablehnte.

Die innerhalb der OEEC laufenden Verhandlungen wurden daraufhin abgebrochen. Die Bundesregierung stand mit ihrem Bedauern über diese Entwicklung in der Gemeinschaft nicht allein. Auf sie kam in diesen Jahren die schwierige Aufgabe zu, einerseits aktiv auf das Entstehen einer festen und lebensfähigen Gemeinschaft der »Sechs« hinzuwirken, andererseits einem Auseinanderfallen der OEEC-Länder in zwei Wirtschaftsgruppierungen entgegenzuwirken, das für die Bundesrepublik wegen ihrer weltweiten Handelsbeziehungen unerträglich gewesen wäre. Dieses Dilemma wurde in der Folgezeit akzentuiert, als die Bundesrepublik der Unterstützung des gesamten Westens zur Abwehr der seit Chruschtschows Berlin-Ultimatum vom November 1958 bestehenden akuten Bedrohung Berlins und der Bundesrepublik bedurfte. Ihr politischer Bewegungsspielraum in der Europa-Politik blieb entsprechend beschränkt.

Demgegenüber ergaben sich aus der Integration zusätzliche außenwirtschaftliche Impulse. In der zweiten Hälfte der 50er Jahre haben sich jene deutschen Exportüberschüsse entwickelt, die bis heute – von einigen kürzeren Zäsuren abgesehen – das Bild des deutschen Außenhandels beherrschen (Tabelle 27); sie ermöglichten den schrittweisen Abbau der Devisenbewirtschaftung. So konnte am 29. Dezember 1958, sechs Jahre nach dem Beitritt der Bundesregierung zum Internationalen Währungsfonds, die volle Konvertibilität der DM eingeführt werden. Die damit begründete und bis heute erhaltene starke Stellung der DM begünstigte die Verflechtung der deutschen Wirtschaft mit den Volkswirtschaften der westlichen Welt. Der Kapitalverkehr des Auslandes mit der Bundesrepublik, vor allem derjenige der Vereinigten Staaten, nahm in beiden Richtungen einen sprunghaften Aufschwung, wobei das Interesse des Auslandes an langfristigen Investitionen — ein Beweis des Vertrauens in die Stabilität der Verhältnisse in der Bundesrepublik — deutlich wurde.

2. Regelung westlicher Grenzfragen

Hand in Hand mit dem Bemühen um den Aufbau eines wirtschaftlich integrierten Europa — als der Vorstufe einer politischen Einigung — liefen die deutschen Bestrebungen, die bilateralen Beziehungen zu den verbündeten und befreundeten Ländern durch Pflege der politischen und persönlichen Kontakte auszubauen (vgl. u. a. Dok. 108). Gleichzeitig wurden die noch offenen Fragen im Verhältnis zu diesen Staaten abschließend geklärt. An erster Stelle stand die Regelung von Wiedergutmachungsansprüchen, daneben das Ziel des Abschlusses bilateraler Vereinbarungen, die eine möglichst freizügige Gestaltung des Wirtschaftsverkehrs gewährleisteten, so im Falle Italiens (Dok. 100). Wichtig und notwendig war auch die Regelung von Grenzfragen, wie sie sich vor allem aus der am 22. März 1949 erfolgten Unterstellung deutschen Hoheitsgebietes unter belgische, französische, luxemburgische und niederländische Auftragsverwaltung (sogenannte Auftragsgebiete) ergeben hatten. Dieses Aushandeln von Verträgen über sehr kontroverse Einzelfragen, von denen einige zu anderer Zeit und zwischen weniger verständnisvollen Partnern durchaus geeignet gewesen wären, politische Emotionen zu wecken, hat — von der bereits erwähnten Regelung der Saar-Frage abgesehen — in der Öffentlichkeit verhältnismäßig wenig Beachtung gefunden, hat aber — ebenso wie die deutsch-französische Generalbereinigung von 1956 — viel zur Bestätigung und Festigung des Geistes der Verständigung beigetragen, der seinen Niederschlag bereits in den großen westeuropäischen Vertragswerken gefunden hatte.

Im einzelnen wurden folgende Vereinbarungen getroffen:

Belgien
Gelegentlich eines Staatsbesuches des Bundeskanzlers in Brüssel unterzeichneten der deutsche und belgische Außenminister am 24. September 1956 ein Kulturabkommen und einen Vertrag über Berichtigungen der deutsch-belgischen Grenze, der die 1949 abgetrennten Gebiete, soweit sie von Deutschen bewohnt waren, durchweg an die Bundesrepublik zurückgab (Karte 12), ferner Verträge über Fragen der Doppelbesteuerung und Hilfe bei der Aufklärung des Schicksals während des Krieges deportierter Belgier (Dok. 86). Ein Wiedergutmachungsabkommen folgte am 28. September 1960.

Dänemark
Bei einem Besuch des dänischen Ministerpräsidenten in Bonn gab die Bundesregierung am 29. März 1955 eine verbindliche Erklärung über den Schutz der dänischen Minderheit in Schleswig-Holstein ab; unter anderem wurde die dänische Volks-

gruppe von den 5 %-Klauseln des Bundes- und des schleswig-holsteinischen Landeswahlgesetzes ausgenommen (Dok. 60). Entsprechende Zusicherungen gab die dänische Regierung für die deutsche Minderheit in Dänemark. Die Nord- und Süd-
schleswig-Frage, über ein Jahrhundert lang mitunter kaum überwindbarer bitterer
Streitpunkt im Verhältnis beider Völker zueinander, wurde damit zu den Akten
gelegt. Die Beziehungen zwischen beiden Ländern nahmen seither eine sehr zufriedenstellende Entwicklung (Dok. 168). Ein Wiedergutmachungsvertrag wurde zwischen Deutschland und Dänemark am 24. August 1959 geschlossen (Dok. 121).

Griechenland

Deutschland und Griechenland schlossen am 18. März 1960 einen Wiedergutmachungsvertrag und einen Niederlassungs- und Schiffahrtsvertrag.

Großbritannien

Ein Wiedergutmachungsabkommen mit Großbritannien wurde am 9. Juni 1964
unterzeichnet.

Luxemburg

Am 11. Juli 1959 wurde in Luxemburg ein deutsch-luxemburgischer Vertrag zur
Lösung der zwischen den beiden Ländern noch offenstehenden Fragen aus Kriegs-
und Nachkriegszeit unterzeichnet (Dok. 118). Dazu gehörten die Wiedergutmachung
für luxemburgische Opfer des Nationalsozialismus, Fragen der Sozialversicherung
und die Wiederherstellung der Vorkriegsgrenzen im Gebiet des Kammerwaldes
(Rückgabe des Zollpostens Roth; Karte 11).

Niederlande

In Den Haag unterzeichneten nach längeren Verhandlungen die Außenminister
Luns und von Brentano am 8. April 1960 einen umfassenden Ausgleichsvertrag.
Dieser betraf Fragen der Wiedergutmachung (Dok. 125), der Staatsgrenze im Gebiet
von Elten und Selfkant sowie im Bereich der Emsmündung und im Dollart, der
Grenzgewässer und des grenzüberschreitenden Landverkehrs (Dok. 124). 68 Qua-
dratkilometer wurden mit ungefähr 10 000 Einwohnern Deutschland zurückgegeben
(Karte 13).

Norwegen

Ein Wiedergutmachungsvertrag mit Norwegen wurde am 7. August 1959 in Oslo
geschlossen (Dok. 120).

Österreich

Normale und geregelte Beziehungen zu Österreich wurden gelegentlich eines Besuches des österreichischen Außenministers Gruber in Bonn am 19./20. Mai 1953
hergestellt (Dok. 42). Während eines Besuches Bundeskanzler Adenauers in Wien
wurde am 15. Juni 1957 ein Vertrag über die Regelung der vermögensrechtlichen
Beziehungen zwischen den beiden Staaten unterzeichnet. Der Bundeskanzler bestätigte die Anerkennung der österreichischen Souveränität, Unabhängigkeit und Neu-

tralität. Diese Erklärung bildet die Grundlage, auf der sich ein besonderes Freund-schaftsverhältnis zwischen Deutschland und Österreich fortentwickelte. Am 27. November 1961 folgte ein Wiedergutmachungsvertrag.

Schweiz
Mit der Schweiz wurde ein Wiedergutmachungsabkommen am 29. Juni 1961 unter-zeichnet. Am 23. November 1964 wurde ein Vertrag über die Bereinigung der Grenze im Abschnitt Konstanz-Neuhausen/Rhein und über die Einbeziehung der Gemeinde Büsingen in das schweizerische Zollgebiet geschlossen (Dok. 192, Karte 14).

Weitere Wiedergutmachungsverträge schloß die Bundesrepublik mit Frankreich am 15. Juli 1960 (Dok. 127), mit Italien am 2. Juni 1961 und mit Schweden am 3. August 1964 ab.
Diese Politik des bilateralen Ausgleichs führte zu einer Rückkehr fast aller Auf-tragsgebiete (ca. 92 km² von ca. 100 km²), die vom deutschen Staatsgebiet 1949 ab-getrennt worden waren.

3. Der deutsche Verteidigungsbeitrag

Bei dem Konzept der Annäherung und Verständigung, das die Bundesregierung — ganz gleich, ob bilateral oder multilateral — gegenüber den freiheitlich-demokrati-schen Nachbarstaaten in Europa zu verwirklichen suchte, ging es letztlich auch darum, der Möglichkeit vorzubeugen, daß die Siegermächte in Ost und West sich über Deutschland in einer Weise einigten, die das Land einer fremden Kontrolle unter-worfen oder eine völkerrechtlich sanktionierte Teilung mit sich gebracht hätte. Die Pariser Verträge und insbesondere der Artikel 7 des Deutschland-Vertrages (Dok. 53) hatten die Bundesrepublik von diesem Alptraum befreit. Wenn diese Sorge nunmehr in den Hintergrund trat, so freilich nicht die Befürchtung, in Fragen der Deutschland-Politik aufgrund von Veränderungen der Weltlage eines Tages isoliert dazustehen.
Im Frühjahr 1955 schien sich erstmalig eine Situation abzuzeichnen, daß sich die großen Mächte in einer Weise verständigen konnten, die auch nachteilige Wirkun-gen für die deutschen Interessen hatte. Ausgelöst wurde diese Entwicklung durch das »atomare Patt« beider Supermächte, das den Ost-West-Konflikt in Europa an der einen oder anderen Stelle zu überlagern begann. Die bereits in unmittelbarer Nach-kriegszeit eingeleiteten Bemühungen der Amerikaner, mit der Sowjetunion ein weltweites System der Rüstungskontrolle und internationalen Sicherheit auszu-handeln, mußten an Dringlichkeit gewinnen, als im Frühjahr 1955 die Existenz der sowjetischen Wasserstoffbombe bekannt wurde und man gleichzeitig annahm, daß die Sowjets auch in der Entwicklung von Trägerraketen weit fortgeschritten seien.
Wenn die hierdurch ausgelöste Neigung, die Grundlagen der westlichen Sicher-heitspolitik zu überdenken, zunächst keine praktische Auswirkung auf die konkrete Gestaltung des Ost-West-Verhältnisses hatte, so ergaben sich doch für die euro-päische Szene aus der neuen Situation bestimmte Konsequenzen: Die militärischen

Sicherheitsfragen in Europa drohten zunehmend zu einer nachgeordneten Funktion der nuklearen Sicherheitsprobleme der Sowjetunion und der USA zu werden. Dies war eine Perspektive, die für die Wahrnehmung der eigentlich europäischen Interessen nicht unbedingt vorteilhaft sein mußte.

Dem stand — kürzerfristig gesehen — freilich eine andere Konsequenz gegenüber, die zumindest dem Aufbau der Bundeswehr zugute kam. Sie ergab sich aus der Verteidigungsstrategie des Bündnisses, die nur so lange auf die »Massive Vergeltung« * gegründet werden konnte, als die Amerikaner das thermonukleare Übergewicht besaßen. Je mehr die USA nuklear verletzbar wurden, desto mehr mußte die »Massive Vergeltung« im Ernstfall an Glaubwürdigkeit verlieren und desto stärker mußte das Bestreben werden, das konventionelle Potential des Westens im Rahmen des Möglichen zu verstärken.

Auch auf diese Überlegungen gründete sich der Ausbau gerade der deutsch-amerikanischen Kooperation, die in diesen Jahren ihren Niederschlag in einer Reihe wichtiger Vereinbarungen fand (Dok. 65, 97). Aus der Problematik des konventionellen Ungleichgewichts ergab sich vor allem auch die besondere Funktion der Bundeswehr. Ihr Aufbau war unerläßlich, wenn sich der Westen der fatalen Situation entziehen wollte, wegen eines unzureichenden konventionellen Potentials im Krisenfall zwischen der apokalyptischen Alternative eines nuklearen Krieges oder einer unvermeidbaren Niederlage wählen zu müssen. Indem der Aufbau der Bundeswehr dem Abbau dieser Alternative diente, kam ihm letzten Endes eine entspannende Funktion zu.

Unmittelbarer und eigentlicher Ausgangspunkt ihrer Aufstellung und Zielpunkt ihres Auftrages war freilich nach wie vor der sehr verständliche Wunsch, materiell und vor allem auch psychologisch dem erdrückenden konventionellen Übergewicht des Ostens im engeren deutschen Bereich ein konventionelles Gegengewicht entgegenzusetzen. Als es sich 1957/58 als notwendig erwies, die Bundeswehr für eine taktisch-nukleare Kriegführung auszurüsten (die nuklearen Sprengkörper blieben unter amerikanischem Verschluß), behielt sie den Charakter einer konventionellen Armee. Etwas anderes sollte sie nicht sein.

Mit diesem Auftrag schritt als Antwort auf die Aufstellung der umfangreichen militärischen Verbände in der DDR (Dok. 77) die Aufstellung westdeutscher Streitkräfte seit dem Inkrafttreten der Pariser Verträge rasch voran. Am 6. Juni 1955 wurde das Bundesverteidigungsministerium gebildet. Am 12. November 1955 konnten die ersten Soldaten einrücken. Eine zwölfmonatige Wehrpflicht wurde 1956 eingeführt. Am 1. April 1957 wurden erstmals Wehrpflichtige eingezogen. Am 1. Juli erreichte die Bundeswehr die Stärke von 100 000 Mann. Ihrer damit im Bündnis sich abzeichnenden Bedeutung entsprechend wurde General Dr. Speidel am 6. Februar 1957 der Oberbefehl über die Landstreitkräfte im NATO-Bereich Europa-Mitte übertragen.

Überblickt man diese Entwicklung im größeren Zusammenhang, so hatte der Aufbau der westdeutschen Streitkräfte ganz ohne Zweifel gewichtige und im Ergebnis auch friedenssichernde Auswirkungen gehabt:

---

* »Massive Vergeltung« (Massive Retaliation) = Kurzbezeichnung der NATO-Strategie. Danach war der sofortige, umfassende nukleare Gegenschlag auch für den Fall eines nur konventionellen Angriffs vorgesehen.

– das Gewicht der Bundesrepublik innerhalb der Allianz mußte wachsen;
– die westliche Sicherheit wurde größer;
– der Zwang, zur Sicherung der Freiheit die nukleare Selbstzerstörung in Kauf
  nehmen zu müssen, rückte langsam in den Hintergrund.

4. Sicherheit und Abrüstung

Zu den charakteristischen Zügen der Entwicklung seit Mitte der 50er Jahre gehörte
es, daß der Zusammenhang von Sicherheits- und Abrüstungsfragen einerseits und
der allgemeinen politischen Probleme andererseits immer enger wurde. Die Bundesregierung suchte in dieser Situation, die Forderung nach Wiedervereinigung in einen
möglichst günstigen Zusammenhang mit dem jeweiligen Stand der Diskussion der
Sicherheitsfragen oder der Abrüstungsfrage zu bringen (Dok. 64). Dieses Bemühen
wurde dadurch erschwert, daß zwischen dem Erfordernis einer allgemeinen
Rüstungskontrolle und dem Interesse an der Wiederherstellung der staatlichen Einheit Deutschlands eine prozedurale Antinomie bestand, die Frage nämlich, ob der
Entspannung – d. h. auch einer Lösung des Deutschland-Problems – die Abrüstung
oder der Abrüstung die Entspannung vorauszugehen habe. Ähnliches galt unter
Umständen für den Zusammenhang Wiedervereinigung und Sicherheit.

Im Verlauf der Genfer Gipfelkonferenz (18. bis 23. Juli 1955) wurde dieses
Dilemma offenkundig. Die von der Sowjetunion vorgeschlagenen Sicherheitsvereinbarungen klammerten Konzessionen bezüglich der Wiedervereinigung Deutschlands aus. Wenn sich die Sowjetunion in der »Genfer Direktive« der vier Regierungschefs vom 23. Juli 1955 noch zu der Unterschrift unter den Satz
»Die Regierungschefs, im Bewußtsein ihrer gemeinsamen Verantwortung für die
   Lösung des deutschen Problems und die Wiedervereinigung Deutschlands, sind
   übereingekommen, daß die deutsche Frage und die Frage der Wiedervereinigung
   Deutschlands durch freie Wahlen im Einklang mit den nationalen Interessen des
   deutschen Volkes als auch im Interesse der europäischen Sicherheit gelöst werden
   sollen«
verstand, so führte sie doch gleichzeitig die Unterscheidung zwischen »Wiedervereinigung« und »Lösung der deutschen Frage« ein und deutete damit bereits an, daß
eine Lösung des deutschen Problems auch anders als auf dem Weg der Wiedervereinigung möglich sein könne. Die westlichen Regierungschefs ihrerseits fanden sich
während der Beratungen bereit, der These zuzustimmen, daß Sicherheits- und
Deutschland-Frage gleichzeitig zu verhandeln seien.

Die Bundesregierung suchte der sich hier abzeichnenden Problematik durch Beweglichkeit Herr zu werden (Dok. 68). Als sich 1957 im Laufe der Verhandlungen
der VN-Unterkommission für Abrüstungsfragen die Auffassung durchsetzte, daß
Abrüstungsmaßnahmen auch ohne Fortschritte in der Deutschland-Frage vereinbart
werden könnten, machte sich die Bundesregierung diese Ansicht ausdrücklich zu eigen
und betonte bei verschiedenen Gelegenheiten, daß die notwendigen Fortschritte in
der Abrüstung keinesfalls durch eine Belastung mit den deutschen Problemen gehemmt werden dürften; auf der Basis vorliegender Abrüstungsvereinbarungen werde
sich die Deutschland-Frage leichter lösen lassen (Dok. 102).

Indem die Bundesregierung mit der Entwicklung ging und sich seither immer wieder für eine kontrollierte weltweite Abrüstung einsetzte (Dok. 136, 155), suchte sie unter anderem auch einer Isolierung zuvorzukommen. In dieser Situation konnte es für die Bundesregierung weniger darum gehen, eine Wiedervereinigungspolitik im Detail zu planen. Um das bescheidenere, auf absehbare Zeit aber allein realistische Ziel der Sicherung von Ausgangspositionen zu erreichen, schien es zweckmäßiger, die deutschen Probleme in der Auseinandersetzung zwischen Ost und West nicht zur Diskussion zu stellen, sondern sie im Hintergrund zu halten, bis sich günstigere Voraussetzungen ergaben.

Zu diesen Voraussetzungen gehörte ein offizieller Kontakt mit Moskau, um so den deutschen Handlungsspielraum zu erweitern.

5. Verhandlungen mit Moskau

Die Bundesregierung hatte seit ihrem Bestehen Wert darauf gelegt, ihre Politik der Integration im Westen durch die Möglichkeit direkter Gespräche mit der Sowjetunion zu ergänzen. Schon bei den ersten Verhandlungen mit den Hohen Kommissaren auf dem Petersberg hatte der Bundeskanzler im Jahre 1949 darauf hingewiesen, daß sich die Bundesrepublik das Recht vorbehalten müsse, zu gegebener Zeit mit den Sowjets direkt zu verhandeln. Es lag in dieser Linie, wenn der Bundeskanzler bei den Verhandlungen über den Deutschland-Vertrag darauf Wert legte, daß keine Formulierungen angenommen wurden, die es ausschlossen, daß Deutschland in der Wiedervereinigungsfrage — unbeschadet der Vier-Mächte-Verantwortung — eigene Initiativen ergriff.

Die Aufnahme diplomatischer Beziehungen zwischen der Sowjetunion und der Bundesrepublik Deutschland stand somit der persönlichen Konzeption des Bundeskanzlers nicht entgegen. Als die sowjetische Regierung am 7. Juni 1955 die Herstellung direkter diplomatischer, wirtschaftlicher und kultureller Beziehungen zwischen beiden Ländern vorschlug, ging die Bundesregierung hierauf ein. Der Bundeskanzler entschloß sich, nach Konsultation mit den Verbündeten, den Weg nach Moskau zu gehen. Dort fanden Verhandlungen über die Aufnahme von Beziehungen vom 9. bis zum 13. September 1955 statt.

Die Verhandlungsführung Bundeskanzlers Adenauers (Dok. 69–73) hat es in zeitweise dramatischen Auseinandersetzungen ermöglicht, daß die Bundesrepublik ihren Rechtsstandpunkt und den Anspruch auf nationale Selbstbestimmung mit völkerrechtlichen Vorbehalten zu wahren vermochte, die den Alleinvertretungsanspruch der Bundesregierung sowie die Nichtanerkennung aller Gebietsänderungen betrafen, die im ost- und mitteleuropäischen, d. h. vor allem auch im deutschen Bereich vollzogen worden waren. In gleichlautenden Schreiben erklärten Bundeskanzler Adenauer und Ministerpräsident Bulganin, jede Seite gehe davon aus,

»daß die Herstellung und Entwicklung normaler Beziehungen zwischen der Bundesrepublik Deutschland und der Sowjetunion zur Lösung der ungeklärten Fragen, die das ganze Deutschland betreffen, beitragen wird und damit auch zur Lösung des gesamten nationalen Hauptproblems des deutschen Volkes — der Wiederherstellung der Einheit eines deutschen demokratischen Staates — verhelfen wird«.

Am 22. September 1955 begründete der Bundeskanzler ausführlich diese Vorbehalte im Bundestag und legte dabei besonderen Wert auf die Feststellung, daß sie auch die »Nichtanerkennung der sogenannten ›DDR‹« einschlössen:

»Auch dritten Staaten gegenüber halten wir unseren bisherigen Standpunkt bezüglich der sogenannten ›DDR‹ aufrecht. Ich muß unzweideutig feststellen, daß die Bundesregierung auch künftig die Aufnahme diplomatischer Beziehungen mit der ›DDR‹ durch dritte Staaten, mit denen sie offizielle Beziehungen unterhält, als einen unfreundlichen Akt ansehen würde, da er geeignet wäre, die Spaltung Deutschlands zu vertiefen« (Dok. 74).

Der Bundestag billigte am nächsten Tag einstimmig die Ergebnisse der Moskauer Verhandlungen. Ganz allgemein wurde in der Öffentlichkeit die Herstellung diplomatischer Beziehungen zur Sowjetunion positiv beurteilt. Außer Frage stand als Vorteil, daß er die noch fehlende Verbindung zu der vierten Macht herstellte, die mit der Übernahme der obersten Regierungsgewalt aufgrund der Alliierten Drei- und Viermächte-Vereinbarungen von 1944/45 eine besondere Verantwortung für Deutschland in den Grenzen vom 31. Dezember 1937 übernommen hatte; darüber hinaus konnte dadurch die Atmosphäre zwischen den beteiligten Völkern wenigstens etwas entspannt werden. Menschlich am bedeutsamsten war die Tatsache, daß eine mündliche Vereinbarung des Bundeskanzlers mit Bulganin und Chruschtschow 10 000 deutschen Kriegsgefangenen über zehn Jahre nach Kriegsende den Weg aus sowjetischen Gefangenenlagern öffnete und die Ausgangsbasis für die Repatriierung der deutschen Zivilinternierten schuf (Dok. 72).

Mit der Aufnahme diplomatischer Beziehungen war die Herstellung wirtschaftlicher, kultureller und konsularischer Beziehungen zwischen der Sowjetunion und der Bundesrepublik verknüpft. Weitere Verhandlungen, die 1957 in Moskau geführt wurden, verliefen vor allem wegen der Repatriierungsfrage außerordentlich zähflüssig und konnten erst am 25. April 1958, nachdem eine mündliche Vereinbarung über die Rückkehr der deutschen Zivilinternierten vorlag, mit der Unterzeichnung eines langfristigen Abkommens über allgemeine Fragen des Handels und der Schiffahrt sowie eines Konsularvertrages abgeschlossen werden (Dok. 104).

Damit war der institutionelle Rahmen für die Entwicklung deutsch-sowjetischer Beziehungen geschaffen.

6. Die Bundesrepublik und Osteuropa

Schwieriger als die formale Regelung der Beziehungen zur Sowjetunion gestaltete sich die Entwicklung der Beziehungen zu den anderen osteuropäischen Ländern. Es ist von Anfang an eine nicht leichte, zudem dornenvolle Aufgabe gewesen, belastet für alle Beteiligten mit schwerwiegenden Hypotheken politischer, völkerrechtlicher und vor allem psychologischer Natur. Entsprechend ließen die Fortschritte lange Zeit auf sich warten, zumal die Aufnahme von Beziehungen zu diesen Ländern von vornherein einer größeren Skepsis der Sowjetunion begegnete und mit dem Alleinvertretungsanspruch der Bundesrepublik Deutschland kollidierte.

Die vom Bundestag einstimmig gebilligte Regierungserklärung vom 22. September 1955 schloß zwar die Aufnahme diplomatischer Beziehungen zu den übrigen Ostblockländern — immer unter der Voraussetzung der in Moskau gemachten Vorbehalte – nicht aus; sie bezeichnete als »unfreundlichen Akt« nur die Herstellung diplomatischer Beziehungen mit der DDR durch jene dritten Staaten, mit denen die Bundesrepublik bereits offizielle Beziehungen unterhielt. Dieser Tatbestand war im Fall der osteuropäischen Alliierten der Sowjetunion nicht gegeben. Gleichwohl kam die Überlegung, auch in den übrigen osteuropäischen Ländern könnten und sollten diplomatische Vertretungen eingerichtet werden, noch nicht zum Zuge. Der damalige Leiter der Politischen Abteilung des Auswärtigen Amtes, Professor Grewe, stellte hierzu auf einer Konferenz der deutschen Botschafter in Bonn am 11. Dezember 1955 fest:

> »Wenn wir die Beziehungen mit Moskau aufgenommen haben, obgleich solche Beziehungen zur ›DDR‹ bestehen, so doch nur mit der Maßgabe, die ja auch in dem Notenwechsel mit Moskau ihren Ausdruck gefunden hat, daß diese diplomatischen Beziehungen ein Mittel sein sollen auf dem Wege zur Überwindung der Spaltung und zur Wiederherstellung der Einheit Deutschlands. Dazu können uns aber diplomatische Beziehungen mit Polen, Ungarn, Rumänien und anderen kommunistischen Staaten nicht verhelfen. Das ist der große Unterschied« (Dok. 76).

Am 28. Juni 1956 formulierte Bundesaußenminister von Brentano diese »politische Maxime, die aus sehr nüchternen und praktischen Überlegungen erwachsen ist«, abschließend vor dem Bundestag; er wies aber gleichzeitig darauf hin, daß die Bundesregierung an der Herstellung normaler Beziehungen zu diesen Staaten nicht uninteressiert wäre (Dok. 81).

Auch aus diesen Überlegungen hat sich die nach dem damaligen Staatssekretär des Auswärtigen Amtes genannte »Hallstein-Doktrin« entwickelt. Diese Doktrin, auch als »gesamtdeutsche Doktrin« bezeichnet, ließ völlig offen, welche Konsequenzen die Bundesregierung bei einem »unfreundlichen Akt« im konkreten Einzelfall ziehen würde. Nur eines stand fest: daß Konsequenzen gezogen würden. Die weitreichendste Maßnahme bestand im Abbruch der diplomatischen Beziehungen; er ist im Fall Jugoslawiens, zu dem am 19. Oktober 1957 nach Aufnahme diplomatischer Beziehungen zwischen Belgrad und Ostberlin die diplomatischen Beziehungen abgebrochen wurden (Dok. 99), und später, 1963, im Fall Kubas erfolgt, das den gleichen Schritt unternommen hatte (Dok. 163).

Entsprechend übte Bonn die Praxis, mit keinem Staat Botschafter auszutauschen, der die DDR als selbständigen zweiten deutschen Staat anerkannt hatte. Gleichwohl ließ diese Praxis unterhalb der Ebene diplomatischer Beziehungen einigen Spielraum für ostpolitische Initiativen. Was das durch die Grenzfrage besonders belastete deutsch-polnische Verhältnis anbetraf, so war die Bundesregierung schon Ende 1956, unter dem Eindruck der Ungarnkrise und des polnischen Oktober, in einer Erklärung Außenminister von Brentanos bereit, Polen zu garantieren, daß sie an keine Gewaltanwendung denke (Dok. 90, 91). In Washington fanden 1957/58 unverbindliche Gespräche zwischen polnischen Vertretern und dem hiermit beauftragten Gesandten an der Botschaft Washington, Albrecht von Kessel, statt. Es entsprach einer in der Bundesrepublik bestehenden Grundstimmung, wenn der Vorsitzende des Auswärtigen Ausschusses des Bundestages, der Abgeordnete Kiesinger, im Bundestag am 23. Januar 1958 anläßlich einer Diskussion des polnischen Vorschlages auf Herstellung atomwaffenfreier Zonen in Mitteleuropa (Rapacki-Plan) erklärte:

Professor Dr. Ludwig Erhard
Bundeskanzler 1963–1966

Dr. Kurt Georg Kiesinger
Bundeskanzler 1966–1969

Willy Brandt
Bundeskanzler seit dem 21. 10. 1969
Bundesminister des Auswärtigen 1966–1969

Dr. Heinrich von Brentano
Bundesminister des Auswärtigen 1955–1961

»Wenn Herr Rapacki seinen Vorschlag in der Sorge um das zukünftige deutsch-polnische Verhältnis gemacht hat, dann will ich nicht über seinen Plan gesprochen haben, ohne von dieser Stelle aus dem polnischen Volk und auch seiner gegenwärtigen Regierung zu versichern, daß auch uns an der Herstellung des Verhältnisses guter Nachbarschaft zwischen dem deutschen Volk und dem polnischen Volk liegt.

Ich darf das polnische Volk und Herrn Rapacki darauf aufmerksam machen, daß die Bundesregierung einen entscheidenden Schritt, ja vielleicht den entscheidenden Schritt im Aufbau dieses Verhältnisses schon getan hat, daß sie sich nämlich trotz der Aufrechterhaltung der deutschen Ansprüche auf die deutschen Ostgebiete verpflichtet hat, auf Gewalt zur Wiedergewinnung dieser Gebiete zu verzichten. Ich glaube, daß man drüben in Polen verstehen sollte, was das bedeutet.«

Am Rande der Genfer Außenministerkonferenz wurden im Juli 1959 Meldungen vermerkt, daß die Bundesregierung erwäge, Polen und der Tschechoslowakei trotz Ablehnung diplomatischer Beziehungen den Abschluß von Gewaltverzichtsverträgen anzubieten. Der im Auswärtigen Amt vorbereitete Entwurf eines solchen Gewaltverzichtsvertrages, dessen Existenz Bundesaußenminister von Brentano einem deutschen Journalistenkreis in Genf bereits zur Kenntnis gebracht hatte, war zuvor im Kabinett erörtert worden (vgl. das erstmals publizierte Dok. 119). Der Plan ist schließlich aus Gründen der innenpolitischen Konstellation nicht weiter verfolgt worden. Entscheidend bleibt in der historischen Perspektive, daß die in dem deutschen Memorandum vom 2. September 1956 ausgesprochene Bereitschaft (Dok. 85), den Gewaltverzicht »auch gegenüber der Sowjetunion und anderen östlichen Nachbarländern in bindender Form zu wiederholen«, im Verhältnis zu den unmittelbaren Nachbarn Deutschlands erneut zum Ausdruck gekommen war. Dies zeigt, daß die Bedeutung des Gewaltverzichts von der Bundesregierung bei ihrem Streben nach einer Normalisierung der Beziehungen zu den Oststaaten frühzeitig erkannt wurde.

Wenn diese Bemühungen Episode blieben, dann schließlich auch, weil die Beziehungen Bonns zu Moskau nicht derart waren, um auf realer Grundlage beruhende Beziehungen Bonns zu Warschau oder Prag zu ermöglichen. Das Verhältnis der Bundesrepublik zur Sowjetunion hatte sich, trotz deutscher Bemühungen, in diesen Jahren nicht so entwickelt, daß die Sowjetunion bereit gewesen wäre, auf ihre Zielsetzung in Deutschland zu verzichten. Es war schon damals eine nicht zu übersehende Tatsache, daß der Weg der Bundesrepublik nach Warschau und Prag nicht an Moskau vorbeiführen konnte. Und der Ausbau der Beziehungen zu Moskau, das für sich weiterhin eine Sonderrolle in Deutschland beanspruchte und sich entsprechend verhielt (Dok. 84), war blockiert.

Es darf schließlich nicht vergessen werden, wie oft die Bundesregierung — durch Memoranden (so das Memorandum vom 2. September 1956, Dok. 85), durch den Austausch von Briefen zwischen Bundeskanzler Adenauer und Ministerpräsident Bulganin (Dok. 92) — in den Jahren, die der Aufnahme der Beziehungen folgten, das Eis zu brechen suchte, wie sie immer wieder die sowjetische Ablehnung der Wiedervereinigung durch in deutscher Sicht entgegenkommende und konstruktive Vorschläge zu überwinden bemüht war (Dok. 96, 106) und wie sie noch darüber hinausging. Es ist Bundeskanzler Adenauer gewesen, der am 19. März 1958 den sowjetischen Botschafter Smirnow direkt fragte, ob die Sowjetunion bereit sei, der DDR einen

Status zu geben, wie ihn Österreich besitze*. All dies erfuhr von sowjetischer Seite, wie sich das unter anderem bei einem Ansprachenduell zwischen dem Bundesaußenminister und dem sowjetischen Ersten Stellvertretenden Ministerpräsidenten Mikojan (Bonn, 25. April 1958, Dok. 105) zeigte, wenig Ermutigung.

Vor dem Hintergrund dieses Standes deutsch-sowjetischer Beziehungen blieb zunächst nicht allzuviel Spielraum für ostpolitische Auflockerungsaktionen, die an eine andere Adresse als die der sowjetischen Supermacht gerichtet waren.

7. Beziehungen zur Dritten Welt

Im allgemeinen zufriedenstellend entwickelten sich die Beziehungen zur außereuropäischen Welt. Der Zweite Weltkrieg und der Zusammenbruch Deutschlands hatten die Beziehungen zu den Nationen Afrikas, Asiens und Lateinamerikas unterbrochen. Bald nach der Gründung der Bundesrepublik wurden durch Aufnahme der Handelsbeziehungen wieder Kontakte hergestellt. 1950 unterzeichnete die Bundesrepublik mit Indien, Argentinien und Mexiko Handels- und Zahlungsabkommen. Die politischen Beziehungen folgten den Handelskontakten. Als erster ehemaliger Feindstaat erklärte Indien am 1. Januar 1951 den Kriegszustand mit Deutschland für beendet. Schritt für Schritt wurden nach Errichtung des Auswärtigen Amtes im März 1951 diplomatische und konsularische Vertretungen der Bundesrepublik in der Dritten Welt eröffnet. Am raschesten normalisierten sich die Beziehungen zu den lateinamerikanischen Staaten; in der überwiegenden Mehrzahl dieser Staaten bestanden bereits im Frühjahr 1952 diplomatische Vertretungen der Bundesrepublik.

Im Verhältnis zu den traditionell befreundeten Staaten des Nahen Ostens konzentrierte die Bundesregierung ihre Bemühungen zunächst auf Ägypten, das seit dem Regimewechsel in Kairo (1952) in der Arabischen Liga und der gesamten islamischen Welt eine hervorragende Rolle spielte. Dabei erwies sich der israelisch-arabische Konflikt zunehmend als ein Faktor, der das vorbehaltsfreie deutsche Bemühen um Herstellung guter Beziehungen zu allen Ländern des nahöstlichen Bereiches erschwerte. Die aus der moralischen Verpflichtung Deutschlands gegenüber Israel selbstverständliche Bereitschaft der Bundesregierung zur Wiedergutmachung mußte in arabischer Sicht die Gestaltung deutsch-arabischer Kontakte überschatten, obwohl sich die Bundesregierung von Anbeginn an — und sicher nicht ohne Erfolg — bemüht hat, die in den arabischen Ländern vorhandenen Befürchtungen wegen der Leistungen an Israel zu beseitigen. Immerhin bleibt es ein Faktum, daß 1952 das deutsch-israelische Wiedergutmachungsabkommen unterzeichnet wurde und gleichzeitig die Aufnahme diplomatischer Beziehungen mit Ägypten und Syrien gelang, denen bis 1956 die Länder Libanon, Irak, Jordanien, Saudi-Arabien und der Sudan folgten. Einzelheiten über die Anfänge deutscher Fühlungnahmen mit den arabischen Ländern ergeben sich aus der Dokumentation (Dok. 33, 35, 39).

Vor eine neue Situation sah sich die Bundesregierung gestellt, als Ägypten im Juli 1956 den Suezkanal nationalisierte. Sie ließ keinen Zweifel daran, daß sie die ägyptische Souveränität über den Kanal vorbehaltlos anerkannte. In ihrer Eigenschaft als

---

* Konrad Adenauer, Erinnerungen 1955–1959, Stuttgart 1967, S. 377 f.

Rechtsnachfolger des Deutschen Reiches, das ein Mitsignatar der Suez-Kanal-Konvention von 1888 war, versuchte die Bundesrepublik, zu einer friedlichen Regelung des Konfliktes beizutragen und dabei gleichzeitig die eigenen umfangreichen Wirtschaftsinteressen zu wahren (Dok. 83). Auf der Londoner Suez-Kanal-Konferenz vom August 1956, an der die Bundesrepublik teilnahm, erklärte Bundesaußenminister von Brentano:

»Wir alle wünschen die Anerkennung des in der Konvention von 1888 festgelegten Rechts auf freie Durchfahrt durch den Kanal für die Schiffe aller Nationen und zu allen Zeiten. Dieser gemeinsame Wunsch begegnet sich mit wiederholten Erklärungen, die der ägyptische Präsident Nasser abgegeben hat. Die Erkenntnis der gemeinsamen Interessenlage hat darüber hinaus zu einer Fortentwicklung der in der Konvention von 1888 entwickelten Gedanken geführt. Darum gehen auch beide Vorschläge davon aus, daß auch die Unterhaltung sowie ein etwaiger Ausbau des Kanals und die Frage der Benutzungsgebühr in gemeinsamen Vereinbarungen geregelt werden sollen.«

Als Ende Oktober, auf dem Höhepunkt der Ungarnkrise, ein akuter Nahost-Konflikt ausbrach, hatte die über die osteuropäische Entwicklung sehr besorgte Bundesregierung allen Anlaß, nach allen Seiten beruhigend einzuwirken; sie suchte in diesem Sinn ihren Einfluß, wo immer möglich, geltend zu machen (Dok. 88).

Außerhalb des nahöstlichen Bereichs gestalteten sich die Beziehungen in jeder Hinsicht reibungsfrei. Das gilt für das Verhältnis zum Kaiserreich Iran; die Staatsoberhäupter der beiden freundschaftlich verbundenen Länder tauschten Besuche aus. Das gilt für das traditionell gute Verhältnis zu den südasiatischen Ländern wie Pakistan, Indien (Dok. 82, 138) oder Indonesien (Dok. 80) ebenso wie vor allem auch für die freundschaftlichen Beziehungen zu Japan, dessen politische und wirtschaftliche Situation einige Parallelen zur Bundesrepublik aufwies: das Bündnis mit den Vereinigten Staaten, die feste Verbindung zur nichtkommunistischen Welt, ein hohes Industriepotential. 1952 nahmen beide Staaten diplomatische Beziehungen auf; in den folgenden beiden Jahren besuchten der japanische Kronprinz Akihito und Ministerpräsident Yoshida die Bundesrepublik. Vorweggenommen sei, daß beide Regierungen anläßlich des Staatsbesuches von Bundespräsident Lübke 1963 jährliche Außenminister-Konsultationen über aktuelle Fragen der Weltpolitik und der gegenseitigen Beziehungen vereinbarten (Dok. 177).

Neben den Staaten, zu denen immer schon ein gutes Verhältnis bestand, rückte seit Mitte der 50er Jahre auch Afrika im Prozeß der Emanzipation bisher abhängiger Gebiete ins Blickfeld der deutschen Politik. Auf Initiative des Auswärtigen Amtes und privater Kreise wurde 1956 in Bonn die Deutsche Afrika-Gesellschaft gegründet. Der SPD-Abgeordnete Professor Carlo Schmid schlug im Oktober 1956 einen europäischen Marshall-Plan vor, durch welchen die afrikanischen Gebiete erschlossen werden sollten. Bundesaußenminister von Brentano griff den Plan auf. In der Schaffung des Ersten Europäischen Entwicklungsfonds der EWG im Jahre 1958 fand der Vorschlag in erweiterter Form seine Verwirklichung.

Ganz allgemein kam in Vorgängen dieser Art zum Ausdruck, daß die Entwicklungshilfe als neue Dimension außenpolitischer Betätigung in den deutschen Gesichtskreis zu rücken begann. Die Bundesrepublik, die schon seit 1952 über die Weltbank und das technische Hilfsprogramm der Vereinten Nationen multilaterale Entwicklungshilfe leistete, hat sich diesen Aufgaben, auf die im Detail noch näher einzugehen sein wird, nicht entzogen: In den Jahren 1956/57 trat sie der als Tochterinstitut der Weltbank gegründeten »International Finance Corporation« (IFC) und der »Beratenden Gruppe für Probleme der Entwicklungsländer« der OEEC bei. Bei den regionalen VN-Wirtschaftskommissionen für Lateinamerika (ECLA) und für Asien und Fernost (ECAFE) sowie im VN-Komitee für Technische Hilfeleistung an Entwicklungsländer (TAC) erhielt sie den Status eines offiziellen Beobachters. Seit 1956 gab es eine bilaterale deutsche Entwicklungshilfe. Das Auswärtige Amt sah in seinem Haushalt den Betrag von 50 Millionen DM für Projekte der technischen Hilfe vor, die im Geiste echter Partnerschaft eingesetzt werden sollten (Dok. 103).

Der zunehmenden Bedeutung Asiens, Afrikas und Lateinamerikas und damit auch der Entwicklungshilfe für die dortigen Staaten trug die Regierungserklärung des dritten Kabinetts Adenauer Rechnung:

»Wir sind uns dabei der Verpflichtung voll bewußt, den entwicklungsfähigen Ländern überall dort materielle und kulturelle Hilfe zu leisten, wo der Wille zur Freiheit und Selbständigkeit lebendig ist. Wir müssen uns darüber klar sein, daß wir für diese Politik Opfer zu bringen haben, die sich vielleicht erst in einer ferneren Zukunft als fruchtbar erweisen, die aber notwendig sind, weil nur die Hebung des Lebensstandards auf der ganzen Welt das Fundament für ein friedliches Miteinanderleben der Völker bildet.«

Damit zeichnete sich neben den Schwerpunkten Wiedervereinigung, Sicherheit und europäische Einigung in der Entwicklungshilfe ein vierter Schwerpunkt deutscher Außenpolitik ab.

IV. Im Zeichen der Berlin-Krise 1958–1962

1. Das sowjetische Berlin-Ultimatum

Im Sportpalast von Moskau kündigte Ministerpräsident Chruschtschow am 10. November 1958 das Ultimatum für Berlin an, das vier Jahre der politischen Spannung um Berlin einleitete und die weltpolitische Entwicklung, bestimmt aber die Entwicklung in Deutschland entscheidend beeinflußt hat (Dok. 109, 110). Mit der dieses Ultimatum enthaltenden Note, die die Sowjetregierung am 27. November 1958 an die drei Westmächte richtete, rückte die Bundesrepublik in den Mittelpunkt des Weltgeschehens. Die sowjetische Forderung, West-Berlin solle eine entmilitarisierte »Freie Stadt« werden, rüttelte psychologisch und materiell an der Existenz des freien Berlin und an den Grundlagen der westlichen Allianz. Der ultimative Charakter der Forderung Moskaus tat hierzu ein übriges: Für den Fall, daß binnen 6 Monaten keine neue Übereinkunft bezüglich Berlins getroffen würde, werde die Sowjetunion ihre Befugnisse in der Stadt und an deren Zugängen an die Regierung der DDR abtreten; Berlin liege auf dem Territorium der DDR; es sei eine »selbständige politische Einheit«, für die grundsätzlich keine Zuständigkeit der Bundesrepublik gegeben sei.

Die ehemalige Reichshauptstadt ist auch nach dem Verlust der Hauptstadtfunktion für die deutsche Öffentlichkeit die deutsche Hauptstadt geblieben (Dok. 89, 101, 256). Als solche hat sie der Bundestag 1957 ausdrücklich erwähnt; als solche haben die drei Westmächte gemeinsam mit der Bundesrepublik Berlin in der »Berliner Deklaration« vom 29. Juli 1957 bezeichnet (Dok. 98). Die Bundesrepublik und ihre Verbündeten trugen damit der Tatsache Rechnung, daß schon aus dem Protokoll der »Europäischen Beratenden Kommission« über die Aufteilung Deutschlands in Besatzungszonen und die Verwaltung von Groß-Berlin vom 12. September 1944 unwiderleglich hervorging, daß Groß-Berlin — eben weil es die Reichshauptstadt war — von Anbeginn an nicht einen Teil der sowjetischen Besatzungszone bilden sollte.

»Das Berliner Gebiet (unter welchem Ausdruck das Territorium Groß-Berlins, wie im Gesetz vom 27. April 1920 definiert, zu verstehen ist) wird gemeinsam von den bewaffneten Streitkräften der USA, des UK und der UdSSR, die durch die entsprechenden Oberkommandierenden dazu bestimmt werden, besetzt« (Karte 4). Dementsprechend hieß es bei der Definition der sowjetischen Besatzungszone Deutschlands, sie werde von den bewaffneten Streitkräften der Sowjetunion besetzt »mit Ausnahme des Berliner Gebietes, für das ein besonderes Besatzungssystem weiter unten vorgesehen ist«. Aufgrund dessen wurden die Berliner Westsektoren im Sommer 1945 bei gleichzeitiger Räumung westlich besetzter Gebietsteile der heutigen DDR von Truppen der »Drei« besetzt* und das gesamte Berliner Gebiet einer

---

* Die Amerikaner und Briten räumten ca. 40 000 qkm in Mecklenburg, der Prov. Sachsen, in Thüringen und Sachsen und übernahmen gemeinsam mit den Franzosen in Berlin 481 qkm (Karte 1).

gemeinsamen Verwaltung der »Vier« unterstellt (Karte 3 und 4). Daß mit der rechtlich klaren Regelung der Besetzung der Reichshauptstadt auch der Zugang der westlichen Besatzungstruppen garantiert war, hielten die Westmächte aus der Natur der Sache heraus für gegeben; sie trafen deshalb darüber keine förmlichen Vereinbarungen mit der Sowjetregierung.

Die erste und eindrucksvollste Bewährungsprobe bestanden die Drei Mächte, als Stalin 1948 die Anordnung zur Blockierung der Zufahrtswege zum freien Teil Groß-Berlins gab und die Westmächte diese völkerrechtswidrige Maßnahme durch die Bildung einer alliierten Luftbrücke beantworteten. In dieser Zeit der »Luftbrücke«, die bis zum Ende der Blockade am 12. Mai 1949 währte, wurde nicht nur die Grundlage für die Sicherheit der Berliner, sondern auch eine Grundlage für jenes enge Vertrauensverhältnis gelegt, das sich in der Folgezeit zwischen den drei Westmächten und der deutschen Bevölkerung in Berlin und in der Bundesrepublik Deutschland entwickelt hat.

Diese besondere Beziehung wurde auch dadurch nicht beeinträchtigt, daß sich die Westmächte veranlaßt sahen, gegen diejenigen Teile des Grundgesetzes von 1949 und der Berliner Verfassung von 1950, die Berlin als Land der Bundesrepublik Deutschland bezeichneten, Vorbehalte geltend zu machen. Gemäß Artikel 23 GG erstreckte sich sein Geltungsbereich auch auf das Gebiet des Landes Berlin, das gemäß Artikel 127 in vollem Umfange in die Organisation der Bundesrepublik einbezogen sein sollte. Ebenso stellte die Berliner Verfassung vom 1. September 1950 in Artikel 1 Ziffer 2 fest: »Berlin ist ein Land der Bundesrepublik Deutschland.«

Beide Äußerungen deutscher Verfassunggeber, die vor allem auch dem Willen der Berliner entsprachen, wurden aus Gründen, denen man sich auf deutscher Seite nicht verschlossen hat, von den Drei Mächten suspendiert. Die Alliierten wollten den Vier-Mächte-Status Berlins nicht durch eine volle Eingliederung der Stadt in die Bundesrepublik Deutschland gefährden. Die von ihnen besetzten Sektoren Berlins blieben daher der Besatzungshoheit der drei Westmächte unterworfen, die mit der rechtlich fortbestehenden Vier-Mächte-Zuständigkeit für Gesamt-Berlin korrespondierte. Demzufolge durfte Berlin trotz einer Präsenz des Bundes, der die Westmächte zustimmten, nicht vom Bund regiert werden. Die Bundesgesetze erlangten freilich dort insoweit Geltung, wie dies das Berliner Abgeordnetenhaus durch entsprechende Übernahmegesetze ausdrücklich beschloß (was durchweg geschah) und wie die drei Alliierten dem zustimmten (was fast immer geschah). Im übrigen wurde der Bundesregierung in gewissen Grenzen die außenpolitische Vertretungsbefugnis für Berlin von den Drei Mächten übertragen (23. Oktober 1954, Dok. 57).

2. Die »Lebensfähigkeit« Berlins

Wenn in Berlin in der Zeit der Blockade entscheidende Grundlagen für das deutsch-alliierte Vertrauensverhältnis gelegt wurden, so konnte dieses Vertrauensverhältnis hier auch an der Wurzel getroffen werden. Auch hierauf zielte der Vorstoß Chruschtschows gegen die Freiheit West-Berlins ab. Man wird dabei davon ausgehen dürfen, daß der Sowjetregierung gewisse unvermeidbare Unterschiede in der alliierten und in der deutschen Berlin-Position wohlbekannt waren. Besonders den USA, als

der führenden Macht des Westens, mußte in erster Linie daran liegen, vor der Weltöffentlichkeit den Nachweis zu führen, daß sie die Freiheit der sich zum Westen be-
kennenden Völker zu schützen in der Lage sei, wo immer diese Freiheit bedroht sein
würde. Hier lag das elementare Interesse der Alliierten. Das deutsche elementare
Interesse an Berlin ging darüber hinaus. Es konzentrierte sich auch auf die Sicherung
der Zusammengehörigkeit Berlin/Bund und damit auf die Sicherung einer gesamtdeutschen Perspektive für die Bundesrepublik Deutschland, die sich in der Aufrechterhaltung der politischen Bindungen zwischen Berlin und Bonn stets am deutlichsten
manifestiert hat.

Auf die Profilierung dieser Interessendifferenz zielte die sowjetische Politik ab. Sie
stellte den drei Westmächten eine völkerrechtliche Garantie ihrer Anwesenheit und
des ungestörten Zugangs zur Stadt unter der Voraussetzung in Aussicht, daß die
DDR im Interesse einer Beeinträchtigung gesamtdeutscher Perspektiven gleichberechtigt an einer derartigen Vereinbarung beteiligt würde.

Diese Taktik erbrachte nicht das erhoffte Resultat. Als Bindeglied zwischen dem
alliierten Interesse — Recht auf Anwesenheit in Berlin — und der deutschen Konzeption — Bindung West-Berlins an den Bund — erwies sich die Übereinstimmung von
Deutschen und Alliierten, daß der Sicherung der Lebensfähigkeit West-Berlins langfristig vorrangige Bedeutung zukommen müsse. Eine Gefährdung der Lebensfähigkeit mußte auch die alliierte Position »austrocknen«; ohne Aufrechterhaltung der
gewachsenen Bindungen zur Bundesrepublik Deutschland war wiederum die Lebensfähigkeit nicht zu erhalten. Die Zusammengehörigkeit von Berlin und Bund und die
Wahrung der alliierten Vorbehaltsrechte schlossen einander also nur theoretisch aus;
in Wirklichkeit ergänzten sie sich. Im Wissen um diese grundlegende Tatsache hat
Präsident Kennedy nach Überwindung der Krise bei seinem Besuch in Berlin am
26. Juni 1963 neben der »Anwesenheit« und dem »Zugang« die »Lebensfähigkeit«
erneut als »essential« der westlichen Berlin-Politik bezeichnet.

Vor dem Hintergrund dieser Ausgangslage ist der Ablauf der westlichen Bemühungen um Sicherung des Friedens und der Freiheit der Berliner zugleich zu sehen. Es
handelte sich in der politischen Sprache der Gegenwart um den ersten gemeinsamen
Versuch eines »Crisis management«, einer Krisenbewältigung, wie sie im Rahmen
der Allianz zu diesem Zeitpunkt in ähnlicher Größenordnung noch nicht praktiziert
worden war und bis zur Stunde nicht wieder praktiziert zu werden brauchte.

3. Vom Ultimatum zur Konferenz

Vor dem Berliner Abgeordnetenhaus nahm der Regierende Bürgermeister von Berlin,
Willy Brandt, am 20. November 1958 zu den sowjetischen Berlin-Forderungen Stellung:

»Lassen Sie es mich von dieser Stelle aus der ganzen Welt noch einmal sagen:
Hier leben 3$^{1}/_{2}$ Millionen Berliner, 2$^{1}/_{4}$ Millionen Westberliner, die nichts weiter
wollen, als in Freiheit zu leben und zu arbeiten und ihr friedliches Aufbauwerk zu
vollenden. Wir haben keine Waffen, aber wir haben ein Recht zu leben, und wir
haben gute Nerven. Auf unseren Nerven wird vermutlich noch etwas herumgetram-
pelt werden, aber das wird uns weder beirren noch verwirren können. Berlin hat

nicht zur ›DDR‹ gehört, es gehört nicht dazu und es wird nicht dazu gehören. Berlin war, ist und bleibt vielmehr die Hauptstadt Deutschlands.

Das freie Berlin gehört zum freien Westen. Wir Berliner lassen uns nicht von unseren Freunden trennen, so wenig, wie unsere Freunde sich von Berlin trennen lassen werden.«

Der Regierende Bürgermeister hatte für die Berliner gesprochen. Am 7. Dezember sprachen die Berliner selbst. Bei den an diesem Tag durchgeführten Wahlen für das Berliner Abgeordnetenhaus erhielt diejenige Partei, die sich als einzige hinter die sowjetischen Forderungen stellte, die Sozialistische Einheitspartei Westberlin (SEW), insgesamt 1,9 % der abgegebenen Stimmen. Diese Volksabstimmung über die östlichen Berlin-Pläne fiel für die Urheber dieser Pläne vernichtend aus. Sie konnten jedenfalls die Attraktion ihrer Politik für Deutschland leicht bei einem Vergleich etwa der Stimmen feststellen, die bei freien Wahlen im Jahre 1932 vor der Machtübernahme Hitlers, bei freien Wahlen im Jahre 1946 nach dem Zusammenbruch des Deutschen Reichs und bei den freien Wahlen an diesem 7. Dezember 1958 z. B. in dem Berliner Bezirk Wedding, einem Arbeiterviertel, für die Kommunistische Partei und später für die SED und SEW abgegeben wurden. Die Zahlen lauten: November 1932 47,05, 1946 23,47 %, 1958 2,80 % *.

Am 14. Dezember 1958 lehnte die Pariser Konferenz der drei Westalliierten und der Bundesrepublik eine Aufkündigung des Berlin-Status und die Ersetzung der auf den Berlin-Zugängen tätigen Organe der Sowjetunion durch Behörden der DDR ab (Dok. 111). Diese Erklärung wurde auf der Ministertagung der NATO vom 16. Dezember 1958 indossiert (Dok. 112).

Mit Note vom 5. Januar 1959 legte die Bundesregierung ihren Standpunkt in Beantwortung der Sowjetnote vom 27. November 1958 dar (Dok. 113). Am 10. Januar 1959 folgte der nächste Zug der sowjetischen Berlin-Offensive. Der an diesem Tage übermittelte sowjetische Entwurf eines Friedensvertrages mit Deutschland entwickelte das sowjetische Deutschland-Programm bis hin zu finanziellen Fragen – Reparationen z. B. wurden ausdrücklich nicht gefordert –; ein gangbarer Weg zur staatlichen Einheit Deutschlands wurde nicht aufgezeigt, statt dessen nur die theoretische Möglichkeit einer innerdeutschen Verständigung auf der Grundlage der Konföderation angedeutet.

Die Bundesregierung leitete gleichwohl eine eingehende Prüfung der sowjetischen Vorschläge ein (Dok. 114). Am 16. Februar 1959 stellte sie in einer Note (Dok. 115) an die Sowjetregierung fest, daß es unerläßlich sei, »einen umfassenden Gedankenaustausch zwischen den vier für die Lösung der Deutschland-Frage verantwortlichen Mächten über alle damit im Zusammenhang stehenden Probleme herbeizuführen«.

---

* In West-Berlin (d. h. in den 12 Verwaltungsbezirken des heutigen West-Berlin) lauten die Prozentsätze der KPD bzw. SED:
  a) zum Reichstag
     am 6. November 1932   28,22 %
     am 5. März 1933   22,11 %

  b) zur Stadtverordnetenversammlung bzw. zum Abgeordnetenhaus
     am 20. Oktober 1946   13,70 %
     am 5. Dezember 1954   2,70 %
     am 7. Dezember 1958   1,90 %

Auch die deutschen Oppositionsparteien meldeten sich mit konkreten Vorschlägen zur Lösung der Krise zu Worte. Am 18. März 1959 entwickelte die SPD, von der Ausgangslage

»Das deutsche Volk steht vor einer furchtbaren Gefahr. Wenn sich die vier Großmächte nicht über Berlin verständigen, droht Krieg. Wenn sie sich nur über Berlin verständigen, droht die Teilung Deutschlands endgültig zu werden«

ausgehend, für eine Konferenz der »Vier« einen Stufenplan zur Wiedervereinigung. Am 20. März folgte die FDP ihrerseits mit Vorschlägen, die sich ebenfalls an dem Konferenzprojekt orientierten.

Daß die Konferenzidee im Zuge des sowjetisch-westlichen Meinungsaustausches dieser Wochen Gestalt gewann, war der entschlossenen Haltung des Westens zu verdanken, der sich der Tragweite bewußt war, die die Preisgabe westlicher Berlin-Positionen für die weltpolitische Gesamtstellung der Allianz haben mußte. Der sowjetische Ministerpräsident zog hieraus am 19. März 1959 eine erste Folgerung; er erkannte die Berlin-Rechte der Westmächte an; er erklärte, daß die Auslegung der sowjetischen Berlin-Vorschläge als Ultimatum falsch sei.

4. Außenministerkonferenz in Genf

Die Vorbereitung des westlichen Konferenzkonzepts wurde der seit März 1957 bestehenden Vier-Mächte-Arbeitsgruppe für die Wiedervereinigung Deutschlands übertragen. Zusammengesetzt aus Beamten der vier Außenministerien, erhielt sie den Auftrag, westliche Vorschläge für die Regelung der Deutschland-Frage im Rahmen einer umfassenden Sicherheits- und Friedensregelung zu entwickeln und zu formulieren. In zahlreichen Begegnungen der Arbeitsgruppe gewann dieses Konzept Form in dem w e s t l i c h e n Friedensplan oder Herter-Plan, genannt nach dem amerikanischen Außenminister Herter, der den Plan am 15. Mai auf der Genfer Außenministerkonferenz der Vier Mächte für die »Drei« und die Bundesrepublik Deutschland unterbreitete (Dok. 116).

Der wegen seines Stufencharakters kompliziert wirkende Plan sollte in seiner politischen Bedeutung nicht unterschätzt werden. In vielen Punkten enthielt er eine Korrektur der bisherigen westlichen Haltung, in zahlreichen auch ein Entgegenkommen gegenüber östlichen Auffassungen. So erklärte sich die Bundesregierung einverstanden mit der Bildung eines gemischten deutschen Ausschusses, zusammengesetzt aus 25 Mitgliedern der Bundesrepublik (damalige Bevölkerung über 53 Millionen) und 10 Mitgliedern aus der DDR (damalige Bevölkerung unter 17 Millionen), der seine Entscheidungen mit $3/4$-Mehrheit treffen sollte: Das heißt, die Ostmitglieder konnten nicht überstimmt werden. Der Entwurf sah ferner vor, daß in Deutschland bei Bildung einer gesamtdeutschen Regierung eine »Zone« gebildet werden sollte,

»die Gebiete vergleichbarer Größe, Tiefe und Bedeutung beiderseits einer im gegenseitigen Einvernehmen festzulegenden Linie umfaßt«;

in dieser Zone sollten vereinbarte Höchstgrenzen für einheimische und fremde Streitkräfte gelten. Schließlich wurde in dem Entwurf gegenüber den osteuropäischen Ländern das Thema eines allgemeinen Gewaltverzichts aufgenommen.

Die Genfer Außenministerkonferenz, auf der neben den »Vier« je eine Berater-delegation der Bundesrepublik und der DDR vertreten war, verlief gleichwohl ohne greifbares Resultat. Obwohl der westliche »Friedensplan« in den genannten und anderen Punkten die spezifische Interessenlage Moskaus zu berücksichtigen suchte, fand er bei den sowjetischen Unterhändlern keine Gegenliebe. Auch die Bereitschaft der drei Westmächte, das Berlin-Thema allein zu behandeln, führte zu keinen Ergebnissen.

Die Ende Juli erfolgte Ankündigung einer Reise des amerikanischen Vizepräsidenten Nixon nach Moskau und die Ankündigung eines Besuchs Chruschtschows in den Vereinigten Staaten ließen erkennen, daß die Sowjetführung sich entschlossen hatte, ihre außenpolitischen Ziele auf anderer Ebene, mit anderen Methoden und an anderem Orte weiterzuverfolgen. Mit der Vertagung der Konferenz am 5. August 1959 schien zunächst auch die Krise vertagt zu sein.

5. Berliner Mauer – Kuba-Krise

Auch die neue Gesprächsrunde, die im Zeichen des direkten amerikanisch-sowjetischen Kontaktes stand, erbrachte kein Ergebnis. Zwar einigten sich Präsident Eisenhower und Ministerpräsident Chruschtschow in Camp David im September 1959 auf die Einberufung einer Gipfelkonferenz der »Vier«. Als diese dann im Mai 1960 in Paris zusammentrat, sah die Sowjetführung ihren Wert in einem anderen Licht. Der als U-2-Zwischenfall bekanntgewordene Abschuß eines amerikanischen Aufklärungsflugzeuges über der Sowjetunion gab Chruschtschow Anlaß, die weitere Teilnahme an den Verhandlungen zu verweigern (Dok. 126).

Wenn so die Berlin-Frage einer Klärung nicht näherkam, so verlor die Bundesrepublik deshalb doch nicht den bilateralen Kontakt zur Sowjetunion aus dem Auge (Dok. 130). Noch während der ersten Krisenzeit kam am 30. Mai 1959 in Bonn eine deutsch-sowjetische Vereinbarung über den kulturellen und technischen Austausch zustande (Dok. 117). Ende 1960 wurden zwischen beiden Ländern Wirtschaftsverhandlungen geführt, am 31. Dezember 1960 ein Handelsabkommen abgeschlossen (Dok. 132) – was auf der anderen Seite wiederum nicht verhinderte, daß Schikanen auf den Berliner Zugängen die Bundesrepublik im letzten Viertel des gleichen Jahres zwangen, das Interzonenhandels-Abkommen mit der DDR vorübergehend außer Kraft zu setzen (Dok. 128, 131).

Der in den letzten Monaten der Präsidentschaft Eisenhowers ausgesetzte Berlin-Dialog der USA und Sowjetunion wurde nach dem Regierungsantritt Präsident Kennedys (20. Januar 1961) erneut aufgenommen. Spektakulärstes Ereignis war das Treffen des amerikanischen und des sowjetischen Regierungschefs in Wien am 3./4. Juni 1961. Es wurde zur Einleitung einer neuen Machtprobe, begleitet von militärischen Übungen im Warschauer Pakt und von der Drohung, die sowjetische Regierung werde notfalls einseitig einen separaten Friedensvertrag mit der DDR abschließen, der durch »Aufhebung des Besatzungsregimes in Westberlin mit allen sich hieraus ergebenden Folgen« * West-Berlin in eine »Freie Stadt« umwandeln sollte.

* So das Memorandum, das der sowjetische Ministerpräsident am 4. Juni 1961 Präsident Kennedy übergab.

Alle diese Vorgänge trugen dazu bei, daß die Bevölkerung der Bundesrepublik, vor allem aber auch die der DDR, nicht zur Ruhe kam (Dok. 141). Die »Abstimmung mit den Füßen«, die Entwicklung der Fluchtbewegung nach West-Berlin in diesem Sommer 1961 offenbarte ein sich rasch ausbreitendes Gefühl großer Unsicherheit (Tabelle 4). Die Antwort, die von östlicher Seite am 13. August 1961 mit dem Bau der Mauer gegeben wurde, bedarf an dieser Stelle hinsichtlich der Auswirkungen im menschlichen Bereich keiner Qualifikation.

Die nichtkommunistische Welt hat den Bau dieser Mauer und die Folgeerscheinungen des Mauerbaus als Eingeständnis des Versagens kommunistischer Herrschaftsmethoden in der DDR gewertet. Die Allianz sah noch ein anderes; sie war vor allem über die Entschlossenheit der DDR-Behörden beunruhigt, durch Abschneiden der Kommunikationsmöglichkeiten der Deutschen in Berlin die Lebensfähigkeit des westlichen Teils der Stadt in Frage zu stellen (Dok. 145). Die neue Phase der Berlin-Politik des Ostblocks lief somit auf nichts anderes als eine langfristig angelegte Fortführung der 1948/49 praktizierten Politik der Blockade mit anderen Mitteln hinaus.

Der Westen reagierte behutsam in einer Lage, die Leidenschaften erregte und erregen konnte. Die Bundesregierung suchte einer weiteren Zuspitzung der Krise vorzubeugen. Der Berliner Senat war Interpret der großen Sorgen der sich unmittelbar bedroht fühlenden Berliner (Dok. 144). Die drei westlichen Stadtkommandanten protestierten in Schreiben an den sowjetischen Kommandanten gegen die Sperrmaßnahmen; am 17. August verlangten die Regierungen der drei Westmächte die Aufhebung der Absperrung, und wenige Tage darauf besuchte der amerikanische Vizepräsident Lyndon B. Johnson Berlin, um die amerikanische Sicherheitsgarantie für die Stadt zu erneuern. Die USA machten deutlich, daß sie ein Eingreifen der Sowjetunion in das westliche Gebiet nicht zulassen würden; dies war das eine Politikum. Sie machten freilich auch deutlich, daß sie Mauer und Sektorengrenze als Grenze des westlichen Interessengebietes betrachteten (Karte 5); dies war das andere.

In einer neuen Phase westlicher Versuche zur Krisenbewältigung trafen die Außenminister der Drei und Bundesaußenminister von Brentano im September 1961 in Washington zusammen. Zur Sicherung Berlins wurde beschlossen, eine umfangreiche Eventualfall-Planung vorzubereiten, die in der Folgezeit realisiert worden ist und die alle Möglichkeiten etwaiger östlicher Störversuche auf den Zugängen nach und in Berlin und die darauf einzuleitenden westlichen Gegenmaßnahmen zu erfassen suchte.

Gleichzeitig setzten die Außenminister Rusk und Gromyko in New York die zwischen Kennedy und Chruschtschow begonnenen zweiseitigen Gespräche fort, ab Januar 1962 folgten in Moskau Gespräche zwischen dem US-Botschafter und Gromyko. Es war freilich ein Trugschluß, wenn weite Kreise der Öffentlichkeit wieder einmal unter dem Eindruck standen, die Berlin-Krise sei im Abflauen begriffen. In Wirklichkeit stand sie vor einem neuen Höhepunkt. Sie hat ihn in den Ereignissen um Kuba im Oktober 1962 erreicht (Dok. 160).

Wann einmal die Dokumente einzusehen sind, die den Zusammenhang von Berlin-Krise und sowjetischer Kuba-Politik erkennen lassen, weiß heute niemand. Fest steht, daß von TASS am 11. September 1962 verlautbarte, man werde das Berlin-Thema gegenüber den USA nach den amerikanischen Wahlen, die für Anfang November 1962 anberaumt waren, wiederaufnehmen. Fest steht außerdem, daß sich die sowjetischen Schiffe in den gleichen Septemberwochen auf den Weg machten, um sowjetische Mittelstreckenraketen nach Kuba zu transportieren. Ein sowjetischer Erfolg bei dem Aufbau von Raketenbasen in Kuba hätte eine unmittelbare Bedrohung des amerikanischen Mutterlandes zur Folge gehabt; er hätte es der Sowjetunion leichter gemacht, in der Berlin-Frage Druck auf die USA auszuüben.

Der amerikanische Erfolg in Kuba hat es unter anderem verhindert, daß sowjetische Positionen auf der Insel – Kuba – zu einem Tauschpfand für westliche Positionen in der Inselstadt – Berlin – wurden. Er sicherte damit einen Modus vivendi für das freie Berlin, der in der Folgezeit Bestand hatte.

Die zweite akute Berlin-Krise nach der Blockade der Jahre 1948/49 war Anfang November 1962 gemeistert. Der begeisterte Empfang, den die Berliner ein gutes halbes Jahr später, am 26. Juni 1963, dem amerikanischen Präsidenten Kennedy zuteil werden ließen, war gleichzeitig Ausdruck eines überall im Westen verbreiteten Empfindens, eine schwere Probe erfolgreich bestanden zu haben (Dok. 172).

V. Die 60er Jahre: Die Bundesrepublik und der Osten

1. Der Ruf nach Entspannung

Der Verlauf der Krisen um Berlin und um Kuba hat in dem ständigen Wechsel zwischen anscheinender Beruhigung und plötzlicher Dramatisierung für die weitere internationale Entwicklung weitreichende Folgen, vor allem auch psychologischer Natur, gehabt. Es steht außer Frage, daß es der Sowjetunion in beiden Fällen nicht gelungen war, die erstrebten Ziele zu erreichen; in beiden Fällen hatte der Westen und vor allem die USA einen politischen Abwehrerfolg geschichtlichen Ausmaßes errungen. Dennoch hat sich das politische Kräfteverhältnis zwischen Ost und West nicht verschoben. Hierzu trugen verschiedene Faktoren bei. Zunächst war deutlich geworden, daß die Spannung in Permanenz die Spannkraft aller beteiligten Länder und ihrer Öffentlichkeit über das normale Maß hinaus beansprucht hatte: Aus der Strapazierung dieser Spannkraft ergab sich jener Ruf nach Entspannung und jene Politik der Entspannung, die entscheidende Kennzeichen der seitherigen Entwicklung geworden sind. Dem kalten Krieg ohne Kriegszustand folgte ein kühler Friede ohne Friedensschluß verbunden mit einem vertieften Friedensbedürfnis aller Beteiligten. Die akuten Erscheinungsformen des Ost-West-Gegensatzes traten dabei mehr in den Hintergrund.

Hierzu haben der stürmisch vor sich gehende Emanzipationsprozeß der »Dritten Welt« und vor allem die Entwicklung polyzentristischer Tendenzen sowohl im kommunistischen als auch im westlichen Bereich beigetragen. Sie komplizierten die Außenpolitik der Bundesrepublik. Wenn es in den 50er Jahren verhältnismäßig leicht war, sich am und im Gegeneinander der großen Blöcke weltpolitisch zu orientieren, so vergrößerte sich nunmehr für alle die Zahl der weltpolitischen Orientierungspunkte und damit die Zahl der außenpolitischen »Unbekannten«.

Im Zuge dieses Wandlungsprozesses und bei gleichzeitiger Verlagerung der großen Konflikte in andere Zonen (Vietnam; Nahost) setzte sich die Auffassung durch, daß eine für den Westen positive Änderung des Ost-West-Verhältnisses nicht durch eine unmittelbare Konfrontation von Ost und West, zumal nicht unter den Bedingungen des »nuklearen Patts«, zu erwarten sei, sondern eher von anderen Vorgängen außerhalb des unmittelbaren europäischen Konfrontationsbereichs.

Es wurde eine immer unübersichtlichere Situation, in die die Bundesrepublik geriet. Der Prozeß des inneren Aufbaus und des Gewinns äußerer Sicherheit durch Integration in den Westen war abgeschlossen. Die Bundesrepublik stand seit 1960 an dritter Stelle im Welthandel; ihr Außenhandelsumsatz hatte sich gegenüber 1950 mehr als vervierfacht (Tabelle 27). Die Bundeswehr war in raschem Aufbau begriffen. Ein weit ausgebreitetes Netz deutscher Auslandskontakte hatte sich entwickelt, das der Bundesrepublik bei der Wahrnehmung ihrer politischen Interessen zur Verfügung

stand – aber die Erfahrung wurde bestätigt, daß die Bundesrepublik ihre außenpolitischen Interessen zumindest gegenüber dem Osten nur in dem Umfang geltend
machen konnte, in dem ihre Alliierten bereit waren, sich mit Ziel und Methode der
deutschen Politik zu identifizieren.

Und wenn sich der Zwang immer stärker erwies, der vielgestaltiger gewordenen
politischen Probleme mit differenzierter Methode Herr zu werden, so bestand in
e i n e m Punkt die typische Situation der 5oer Jahre fort: in der Bipolarität der beiden Weltmächte, die gezwungen waren, angesichts immer dringlicher werdender
innerer Aufgaben in ihren Ländern eine uferlose Ausweitung ihrer Verteidigungs-
budgets zu verhindern und diesem Ziel zunehmend Priorität einzuräumen.

Die Rücksichtnahme auf das sich hieraus ergebende Bedürfnis Washingtons und
Moskaus nach Verständigung zumindest im nuklearen Bereich ist in der Folgezeit zu
einer wichtigen Koordinate der deutschen Außenpolitik geworden, die sich praktisch
mit dem Problem erstmals bei Abschluß des Abkommens über das Teilverbot von
Kernwaffenversuchen am 5. August 1963 auseinanderzusetzen hatte (Dok. 174).

2. Prozeß des Umdenkens

Diese Gesamtentwicklung wirkte, zunächst kaum merklich, auf die innere Situation
in der Bundesrepublik ein. Hier wuchs gleichzeitig eine Generation heran, für die die
Erinnerung an die Unterdrückung der Freiheit im Dritten Reich und die Erinnerung
an die Gefährdung der Sicherheit in der Nachkriegszeit verblaßte – eine Generation,
für die die Sicherheit eine Selbstverständlichkeit war und die zunehmend begann,
neuen Zielen, vor allem dem Ziel einer weltweiten Beseitigung sozialer und politischer Ungerechtigkeiten, nachzustreben. Ein Prozeß des Umdenkens setzte ein, der in
vielen Fällen den schmerzlich empfundenen Verzicht auf liebgewordene, sehr verständliche und historisch fest begründete politische Vorstellungen mit sich brachte.
Der Zweifel an den Erfolgsmöglichkeiten einer vielfach undifferenziert gesehenen
»Politik der Stärke« drängte sich auf. Die Frage wurde gestellt, ob es richtig sei, sich
politisch zu einseitig auf die Sicherheitsinteressen zu konzentrieren. Gleichzeitig
tauchte die Sorge auf, daß einzelne Verbündete bereit sein könnten, eine Entspannung gegebenenfalls auf Kosten der Bundesrepublik zu verwirklichen. Die Öffentlichkeit begann, sich mit der Frage auseinanderzusetzen, ob man sich nicht neuer
Methoden bedienen müsse, um das Verhältnis auch zu Osteuropa befriedigender zu
gestalten.

Die Kirchen befaßten sich mit der Frage der Beziehungen zu den osteuropäischen
Ländern, vor allem zu Polen. Aufsehen erregten die Gedanken, die am 15. Juli 1963
der damalige Leiter des Presse- und Informationsamtes im Berliner Senat, Egon Bahr,
zur Frage des Verhältnisses der Bundesrepublik Deutschland zur DDR in einer Rede
vor der Evangelischen Akademie Tutzing äußerte. Das Postulat dieser Ausführungen
»Wandel durch Annäherung« empfahl eine Regelung des innerdeutschen Verhältnisses »unterhalb der juristischen Anerkennung« und sprach sich gegen eine Politik des
»Alles oder nichts« gegenüber der DDR aus. Der Ruf nach »neuen Initiativen« zur
Lösung der deutschen Probleme wurde fester Bestandteil der innerdeutschen öffentlichen Diskussion.

3. Anfänge einer neuen Ostpolitik

Eine Korrektur des außenpolitischen Kurses, d. h. im wesentlichen eine Änderung der Mittel, mit denen die unveränderten Ziele nach Maßgabe einer sich wandelnden Situation verfolgt werden, pflegt sich in der Außenpolitik eines demokratischen Staates im allgemeinen langsam und nur selten spektakulär zu vollziehen. Auch in der deutschen Außenpolitik der 60er Jahre trat eine Verschiebung in der Akzentsetzung nur sehr allmählich und vielfach nur für den Eingeweihten erkennbar in Erscheinung. Alte und den neuen Verhältnissen mehr angepaßte Methoden wurden gleichzeitig angewandt, um eine Verbesserung der Beziehungen zum Osten und die Wahrnehmung der deutschen Interessen in diesem Zusammenhang auf verschiedenen Kanälen zu erreichen.

Die bis dahin praktizierte Methode, entwickelt in der Zeit nach der Blockade 1949 und in der Zeit der gemeinsamen westlichen Bewältigung der Berlin-Krise bis 1962, war die der konzertierten Aktion des Westens gewesen. Auch in den 60er Jahren wurde weiter versucht, auf dieser Grundlage auf die Gesprächsbereitschaft Moskaus einzuwirken (Dok. 159). Die Bundesregierung suchte hierzu auch ihrerseits konstruktive Beiträge zu leisten, so in dem Memorandum, das am 9. August 1963 den drei Westmächten übergeben wurde und das auf der Grundlage früherer deutsch-alliierter Studien, unter anderem des Herter-Planes, als Basis für etwaige Gespräche auf der Ebene der »Vier« über die Deutschland- und Sicherheitsfrage dienen sollte. Eine gemeinsame Erklärung der drei Westmächte zur Deutschland-Frage legte am 12. Mai 1965 dar, daß die von den Westmächten und der Bundesrepublik verfolgten gemeinsamen Ziele auch im Rahmen einer gesamteuropäischen Konzeption zu erreichen seien; eine wirkliche Lösung des deutschen Problems könne nur auf friedlichem Wege und unter Gegebenheiten erreicht werden, zu denen eine allgemeine Übereinkunft zur Gewährleistung der Sicherheit aller europäischen Staaten gehöre (Dok. 203).

Erklärungen dieser Art wirkten mehr als Proklamation, wenn sie nicht sogar den Eindruck hervorriefen, sie hätten nur deklamatorischen Charakter. Die Sowjetunion war zu einer kompromißfreudigeren Haltung in der Deutschland-Frage um so weniger bereit, als ihr die innerwestlichen Auseinandersetzungen über gewisse Aspekte der gemeinsamen Europa- und NATO-Politik nur zu gut bekannt waren. Das Mittel gemeinsamer Deutschland-Aktionen der Westmächte und der Bundesrepublik trat wegen der vorauszusehenden Ineffizienz fortan stärker in den Hintergrund.

Diese Entwicklung hat es nahegelegt, andere Wege zu suchen, um mit den östlichen Nachbarn zu einer Normalisierung der Beziehungen und schließlich zum Ausgleich zu gelangen.

Der Natur der Sache nach war diese Absicht nicht leicht. Der Weg nach Osteuropa schien nach wie vor wegen der Erinnerung an die deutsche Besetzung aus psychologischen Gründen und wegen der Entwicklung der Nachkriegszeit aus sicherheitspolitischen sowie anderen Gründen, die sich aus dem Schicksal der Vertriebenen ergaben (Dok. 139), nur schwer begehbar. Besonders im Falle des Verhältnisses zu Polen zeigte sich immer wieder, daß die vor allem auch im emotionalen Bereich liegenden Widerstände kaum zu überwinden waren (Dok. 122, 123, 135, 235, 264). Es ist immerhin für den deutschen Willen zur Überwindung dieser Hindernisse kennzeichnend, daß der Bundestag während der Berlin-Krise, zwei Monate vor dem Bau der Mauer, am 14. Juni 1961, die Bundesregierung einstimmig aufforderte:

»gemeinsam mit ihren Verbündeten eine Ostpolitik zu führen, deren Ziel die Wiederherstellung eines freien Gesamtdeutschland ist, das auch mit der Sowjetunion und allen osteuropäischen Staaten friedliche und gedeihliche Beziehungen unterhält. Zu diesem Ziel soll die Bundesregierung jede sich bietende Möglichkeit ergreifen, um ohne Preisgabe lebenswichtiger deutscher Interessen zu einer Normalisierung der Beziehungen zwischen der Bundesrepublik und den osteuropäischen Staaten zu gelangen, den weiteren Ausbau der bestehenden Beziehungen zu diesen Staaten auf wirtschaftlichem, humanitärem, geistigem und kulturellem Gebiet anstreben, bei der Gestaltung der Beziehungen zu Polen den besonderen psychologischen Belastungen des deutsch-polnischen Verhältnisses Rechnung tragen und gegenüber solchen Ländern, die deutsche Bevölkerungsteile deportiert oder deutsches Gebiet unter vorläufiger Verwaltung haben, bei der etwaigen Herstellung amtlicher Kontakte die jeweils erforderlichen völkerrechtlichen Vorbehalte geltend machen.«

Die Bundesregierung machte sich diese Aufforderung (Dok. 140) zu eigen und zu einem bedeutsamen Orientierungspunkt des außenpolitischen Kurses, den sie nach der Berufung des bisherigen Bundesinnenministers Gerhard Schröder zum Bundesaußenminister (November 1961) zunächst vorsichtig tastend, bald auch nach außen sichtbar zielstrebig gegenüber den osteuropäischen Ländern einzuschlagen begann (Dok. 205). Was hier noch unter der Bundeskanzlerschaft Adenauers einsetzte, wurde später unter Bundeskanzler Erhard fortgeführt. In seiner ersten Regierungserklärung betonte der neue Kanzler am 18. Oktober 1963, die Bundesregierung sei bereit, mit jedem der osteuropäischen Staaten Schritt für Schritt zu prüfen, »wie man auf beiden Seiten Vorurteile abbauen und vorhandenen Sorgen und Befürchtungen den Boden entziehen kann« (Dok. 176).

Diese politische Zielsetzung legte es Bundesaußenminister Schröder nahe, den Ausbau westdeutscher Handelsvertretungen in den fraglichen Ländern – diese unterhielten ihrerseits bereits eigene Handelsmissionen ohne offiziell geregelten Status in der Bundesrepublik – so lange in den Mittelpunkt einer Politik der Kontakte zu stellen, als die »Hallstein-Doktrin« aus grundsätzlichen Erwägungen noch auf die Staaten des Warschauer Paktes angewandt wurde (Dok. 183).

Daß die Erweiterung der wirtschaftlichen Beziehungen und die Vorbereitung kultureller Beziehungen politisch von Nutzen sein konnten, lag auf der Hand. Dies war ein Kernstück der Konzeption Bundesaußenminister Schröders (Dok. 173). Ende November 1962 begannen in Warschau deutsch-polnische Verhandlungen über einen langfristigen Handelsvertrag. Nachdem das komplizierte Problem der Einbeziehung Berlins in den Vertrag befriedigend gelöst worden war, konnten die Verhandlungen am 7. März 1963 erfolgreich mit einer Vereinbarung abgeschlossen werden, deren Kernstück die Errichtung beiderseitiger amtlicher Handelsvertretungen mit genau umrissenen Aufgaben und einem geregelten Status vorsah (Dok. 167). Die damit vereinbarte Errichtung einer deutschen Handelsvertretung in Warschau war ein erster wichtiger Schritt zu einer verstärkten politischen Präsenz der Bundesrepublik in Osteuropa. Rasch folgten Vereinbarungen über die Errichtung von Handelsvertretungen in Bukarest (17. Oktober 1963; Dok. 175) und Budapest (9. November 1963; Dok. 178); in Sofia konnte eine Handelsvertretung aufgrund einer Vereinbarung vom 6. März 1964 errichtet werden (Dok. 182).

Nur im Falle der Tschechoslowakei ergaben sich Schwierigkeiten. Das Problem der Gültigkeit des Münchener Abkommens, d. h. die Frage der Ungültigkeit vom Zeitpunkt des Abschlusses oder erst von einem späteren Zeitpunkt an (ex tunc – ex nunc), erwies sich als schwer überwindbares Hindernis. Auch die ausdrückliche Erklärung Bundeskanzler Erhards, daß die Bundesrepublik gegenüber der Tschechoslowakei keinerlei territoriale Forderungen erhebe (vgl. auch Dok. 184), konnte hieran zunächst nichts ändern. Die Feststellung des Bundeskanzlers hatte freilich erneut gezeigt, daß die Behauptung, die Bundesrepublik verfolge gegenüber der Tschechoslowakei eine revisionistische oder gar revanchistische Politik, jeder Grundlage entbehrte.

4. Das Verhältnis zur Sowjetunion

Der wichtigste Adressat der Bemühungen, Kontakte zu den osteuropäischen Ländern herzustellen, war die Sowjetunion. Nach Lage der Dinge konnte es nicht anders sein. Eine entscheidende Hypothek für eine Entspannung im Ost-West-Verhältnis ergab sich nun einmal aus dem Fortbestand der Konfrontation der Bundesrepublik mit der Sowjetunion in der Deutschland-Frage. Die Frage mußte lauten, ob und welche Möglichkeiten bestanden, um diesen Zustand der dauernden Konfrontation abzubauen. Der Verlauf der Berlin-Krise und ihr bedrückendster Begleitumstand – die Mauer (Dok. 154) – hatten es nicht erleichtert, substantiellere Kontakte mit Moskau herzustellen. Die sowjetische Forderung, d. h. die Aufforderung, die Teilung Deutschlands als Realität anzuerkennen, schien weder zumutbar noch akzeptabel (Dok. 181). Bundeskanzler Erhard stellte am 18. Oktober 1963 fest: Auch eine Krankheit oder Unrecht seien Realitäten, und doch werde es niemandem einfallen, den zu tadeln, der sie zu heilen bzw. zu beseitigen suche (Dok. 176).

Zu den Realitäten, mit denen sich die Bundesregierung abzufinden hatte, gehörte freilich auch die Art der sowjetischen Reaktion auf die ostpolitischen Schritte der Bundesrepublik. Die Sowjetführung war mißtrauisch; die Kontaktversuche der Bundesrepublik mit den Warschauer-Pakt-Staaten wurden in Moskau als eine Belastungsprobe für den Zusammenhalt des sowjetischen Machtbereichs empfunden. Nichts legte das Wesen der damaligen sowjetischen Westpolitik offener als eben solche Reaktionen. Dabei hatte die Sowjetführung schon seit Jahren Gelegenheit gehabt, eine grundsätzliche Bereitschaft der Bundesregierung zu Konzessionen zu registrieren.

Es war Bundeskanzler Adenauer, der vier Jahre nach dem Angebot einer »Österreich«-Lösung für die DDR (vgl. S. 49 f.) der Sowjetunion das Angebot eines »Burgfriedens« unterbreitete (vgl. das erstmalig veröffentlichte Dok. 153). Man könne vereinbaren, daß die DDR 10 Jahre lang keinesfalls den Anschluß an die Bundesrepublik vollziehen werde –, daß aber die Bevölkerung ihre inneren Angelegenheiten in freier Selbstbestimmung gestalten dürfe. Es war dieses im damaligen Bewußtsein der deutschen Öffentlichkeit sehr entgegenkommende Angebot, auf das der Kanzler anspielte, als er am 9. Oktober 1962 vor dem Bundestag erklärte, die Bundesregierung sei bereit,

»über vieles mit sich reden zu lassen, wenn unsere Brüder in der Zone ihr Leben so einrichten können, wie sie es wollen. Überlegungen der Menschlichkeit spielen hier für uns eine noch größere Rolle als nationale Überlegungen« (Dok. 157).

Adenauer hat dann selbst vor seinem Rücktritt in einem Fernsehinterview die Schleier vor der Episode des Burgfrieden-Angebots gelüftet. Wenn dieses Angebot, weil nach sowjetischer Auffassung immer noch nicht ausreichend, nicht angenommen wurde, dann mußte sich damals für den Beobachter die Frage aufdrängen, ob überhaupt eine Möglichkeit bestand, die Sowjetunion ohne Selbstaufgabe der Bundesrepublik zufriedenzustellen.

Vor diesem Hintergrund muß die Entwicklung des in den 60er Jahren zunächst in jeder Hinsicht schwankenden Verhältnisses Bonns und Moskaus zueinander gesehen werden. Aufgrund von Verpflichtungen gegenüber ihren NATO-Verbündeten (NATO-Empfehlung vom 21. November 1962) traf die Bundesregierung im Dezember 1962 die Entscheidung, der Durchführung eines Großgeschäfts von Röhrenlieferungen der Firma Mannesmann in die Sowjetunion die Zustimmung zu versagen*. Der in der deutschen Öffentlichkeit umstrittene Entschluß ging von einem Vorrang des Sicherheitsgesichtspunkts vor dem des wirtschaftlichen Vorteils aus.

Die Sowjetunion ihrerseits war bemüht, mit den verschiedensten Mitteln die Herauslösung Berlins aus dem gewachsenen Verhältnis zur Bundesrepublik voranzutreiben – sei es durch Nichtanerkennung der außenpolitischen Zuständigkeit der Bundesregierung für Berlin, durch Nichtanerkennung oder Minimalisierung der sog. Berlin-Klauseln in Verträgen der Ostblockländer mit der Bundesrepublik – sei es durch ständige Versuche, die handelspolitische Variante der Berlin-Klauseln, den Hinweis auf die Gültigkeit von handelspolitischen Vereinbarungen für das gesamte »Währungsgebiet DM/West« abzubauen oder zu reduzieren. Dem gleichen Ziel diente der mit sowjetischer Billigung erfolgte Vorstoß der DDR, den Berliner Senat im Dezember 1963 und dann in den Jahren bis 1966 durch das Angebot von Passierscheinen für den Besuch von Westberlinern in Ostberlin mehrfach zu selbständigen Verhandlungen mit Ostberlin zu veranlassen. Bundesregierung und Senat hatten bei dem Abschluß der Passierscheinabkommen** aus Gründen der Fürsorge für die Westberliner bis zur äußersten Grenze jener Vorbehalte entgegenzukommen, die aufrechterhalten werden mußten, wenn die Grundlagen der politischen Zusammengehörigkeit Berlin/Bund nicht obsolet werden sollten (Dok. 180, 190). Schließlich schloß die Sowjetunion am 12. Juni 1964 mit der DDR einen zwanzigjährigen Beistandspakt, der die Maximalziele der sowjetischen Deutschland-Politik fest verankerte.

Freilich ging die Sowjetunion gleichzeitig dazu über, andere »Fronten« als die westliche in das eigene Kalkül einzubeziehen, indem sie eine atmosphärische Modifizierung der Kontakte nicht nur zum Westen, sondern auch zur Bundesrepublik in

---

* Vergleiche hierzu die Dokumentation in »Internationales Recht und Diplomatie« 1969, S. 146–147, 151–152.
** In acht Besuchszeiträumen zwischen Weihnachten 1963 und Pfingsten 1966 konnten Westberliner die Genehmigung zum Besuch Ostberlins erhalten (höchste Besuchszahl Weihnachten 1963: 1 318 519 genehmigte Besuche). Seit Pfingsten 1966 wurden Passierscheinabkommen nicht mehr abgeschlossen. Besuchsgenehmigungen durch die zuständigen DDR-Behörden erfolgten nur noch in Ausnahmefällen.

Aussicht nahm. Die differenzierter werdende politische Szenerie wurde spürbar, als der sowjetische Partei- und Regierungschef am Tage des Abschlusses des Beistandspaktes mit der DDR eine Einladung der Bundesregierung zum Besuch der Bundesrepublik annahm (vgl. auch Dok. 188); – als Nachrichten von in Bern geführten Gesprächen über die Vorbereitung von Handelsabmachungen zwischen der Bundesrepublik Deutschland und der VR China durchsickerten; – als Chruschtschow im Juli 1964 seinen Schwiegersohn, den »Izvestija«-Chefredakteur Adschubej, in die Bundesrepublik entsandte (Dok. 187) und als sich im September die sowjetisch-chinesische Spannung in aufsehenerregenden Pekinger Artikeln über das Problem der mit China abgeschlossenen »ungleichen« Verträge der russischen Zarenzeit entlud.

Es war nicht auf ein Versäumnis der Bundesregierung zurückzuführen, daß der vorgesehene Besuch des sowjetischen Partei- und Regierungschefs schließlich nicht zustande kam. Daß es in Moskau unterschiedliche Auffassungen von der Gestaltung der sowjetischen Beziehungen zur Bundesrepublik Deutschland gab, war der Bundesregierung bekannt, ist ihr auch manifestiert worden. Entscheidend war schließlich der Sturz Chruschtschows am 14. Oktober 1964, der den Wunsch der Bundesregierung, mit einem führenden Vertreter der Sowjetunion ernsthaft und konstruktiv über die Lösung oder Regelung der beide Länder betreffenden Probleme zu sprechen, zu diesem Zeitpunkt scheitern ließ.

Am 15. Oktober 1964 erklärte sich die Bundesregierung zur Fortführung eines deutsch-sowjetischen Meinungsaustausches bereit. Entsprechend setzte sie ihre Bemühungen fort; im September 1965 hielt sich der Staatssekretär des Auswärtigen Amtes, Professor Dr. Karl Carstens, – während der Internationalen Chemie-Ausstellung – in Moskau auf (Dok. 206) und führte dort Gespräche.

5. Gewaltverzichtsangebot

Am Anfang der Außenpolitik der Bundesregierung Deutschland steht das freiwillige Bekenntnis zum Prinzip des Gewaltverzichts. Die Bundesrepublik hatte sich gegenüber den westlichen Alliierten in den Pariser Verträgen vom Oktober 1954 und gegenüber der Sowjetunion in dem Memorandum vom 2. September 1956 vorbehaltlos zu diesem Prinzip bekannt. Die Frage des Gewaltverzichts war Gegenstand der Vorschläge des westlichen Friedensplans vom 14. Mai 1959 und gleichzeitiger interner Überlegungen Bonns (vgl. S. 49) gewesen.

Diese Politik des Gewaltverzichts war freilich nicht in einer politischen Einbahnrichtung konzipiert worden. Die Bundesrepublik, an der Nahtstelle des Ost-West-Konflikts gelegen und zumindest in den Anfangsjahren ihrer Existenz offenliegendes Objekt für mögliche Übergriffe aus dem Osten, hatte von Anbeginn an ein elementares Interesse an einem Gewaltverzicht auch ihrer östlichen Nachbarn. Sie hatte ihrerseits nie aus dem Auge verloren, welche entscheidende politische Bedeutung die Erinnerung an die deutsche Okkupation der Jahre 1939 bis 1945 im Bewußtsein der Nachbarstaaten Deutschlands, besonders der östlichen Nachbarstaaten, spielte. Es lag nahe, daß die Demonstration eines Willens zum Gewaltverzicht einer Entspannung in Europa und vielleicht auch in Deutschland nur zugute kommen konnte – trotz der Erfahrungen, die gerade auf humanitärem Gebiet immer wieder gemacht werden mußten *. Damit rückte das Motiv des Gewaltverzichts als Mittel, um für die Zukunft einer Isolierung der Bundesrepublik vorzubeugen, an eine zentrale Stelle der deutschen Politik.

Am 25. März 1966 unterbreitete die Bundesregierung allen Staaten, mit denen sie diplomatische Beziehungen unterhielt, eine im Auswärtigen Amt entworfene Note, die ihre »Friedenspolitik« zusammenhängend darstellte und »eigene Vorschläge zur Abrüstung, Rüstungskontrolle und europäischen Sicherheit« enthielt. Die Bundesregierung schlug hier vor,

»auch mit den Regierungen der Sowjetunion, Polens, der Tschechoslowakei und jedes anderen osteuropäischen Staates, der dies wünscht, förmliche Erklärungen auszutauschen, in denen jede Seite gegenüber dem anderen Volk auf die Anwendung von Gewalt zur Regelung internationaler Streitkräfte verzichtet«.

Die Bundesregierung sprach sich dafür aus, keine Kernwaffen unter die nationale Kontrolle bisher nichtnuklearer Länder zu stellen, die Zahl der Atomwaffen in Europa stufenweise zu verringern und konstruktiv an einer Weltabrüstungskonferenz mitzuarbeiten. Das deutsche Volk wolle in Frieden und Freiheit leben, doch sei die Bundesregierung entschlossen, sich im Verein mit ihren Verbündeten gegen jeden Angriff auf ihre Freiheit zu verteidigen. »Guten Willen und redliche Absichten auf jeder Seite vorausgesetzt«, könnten auch die schwierigsten Probleme zwischen den Völkern auf friedliche und gerechte Weise gelöst werden (Dok. 211).

Dieses umfassende Programm, formuliert unter Bundeskanzler Erhard und Bundesaußenminister Schröder in einer komplizierter gewordenen weltpolitischen Situation (vgl. hierzu auch das folgende Kapitel über die deutschen Westbeziehungen), wurde von der am 1. Dezember 1966 gebildeten Großen Koalition – Bundeskanzler Kiesinger und Bundesaußenminister Brandt – übernommen und fortentwickelt. Der neue Bundeskanzler stellte in seiner Regierungserklärung vom 13. Dezember 1966 ausdrücklich fest, daß in das Gewaltverzichtsangebot auch das ungelöste Problem der deutschen Teilung einbezogen sei. Die neue Bundesregierung erklärte den Willen zum Frieden zum eigentlichen Gegenstand und zum »Grundanliegen der Außenpolitik dieser Regierung«. Mit allen Völkern sollten Beziehungen unterhalten werden, die auf Verständigung, gegenseitiges Vertrauen und auf den Willen zur Zusammenarbeit zu gründen seien: »Dies gilt auch für unser Verhältnis zur Sowjetunion.« Auch in der für unser Volk so entscheidend wichtigen Frage der Wiedervereinigung gehe es der Bundesregierung um Frieden und um Verständigung. Sie wolle »entkrampfen und nicht verhärten, Gräben überwinden und nicht vertiefen«. Deshalb wolle die Bundesregierung auch die menschlichen, wirtschaftlichen und geistigen Beziehungen zu unseren Landsleuten im anderen Teil Deutschlands mit allen Kräften fördern, allerdings in einer Art und Weise, daß in der Weltmeinung nicht der Eindruck erweckt werde, als rücke die Bundesregierung von ihrem Rechtsstandpunkt ab (Dok. 216, vgl. zu diesem Komplex auch Dok. 220).

Bundesaußenminister Brandt entwickelte dieses Konzept fort, unter anderem am 24. Januar 1967 vor der Beratenden Versammlung des Europarates (Dok. 221), am 18. März 1968 auf dem SPD-Parteitag in Nürnberg, dann im April 1968 in der ame-

---

* Am 1. Februar 1966 wurde bekannt, daß die Bundesregierung bis Januar 1966 rund 2 600 politische Häftlinge in der DDR durch Warenlieferungen im Werte von 97 Millionen DM ausgelöst hatte.

rikanischen Zeitschrift »Foreign Affairs« (Dok. 241): Europa als Ganzes bewege sich in eine Verwandlung historischen Ausmaßes hinein, in der alte Gemeinsamkeiten entdeckt und neue gefunden würden. In die politisch-propagandistischen Monologe mischten sich zunehmend Dialoge. In dieser Entwicklung wolle die deutsche Politik kein Hindernis bilden. Dem gleichen Empfinden verlieh der Bundeskanzler am 17. Juni 1967 Ausdruck:

> »Wir alle – im Osten wie im Westen – stehen vor einer weltpolitischen Situation, für die es kein Vorbild, keine Präzedenzfälle gibt. Wenn je das Wort ›historia vitae magistra‹ einmal gelten konnte – heute läßt uns die Geschichte als Lehrmeisterin im Stich; ja, es könnte sein, daß sie uns gar den Blick auf die Zukunft verstellt, die ganz neue Gedanken, neue Entwürfe, neuen unbefangenen Wagemut von allen Beteiligten fordert« (Dok. 229).

6. Die osteuropäischen Länder und die Bundesrepublik

Gewaltverzicht im Verhältnis zur Sowjetunion und ihren Verbündeten, Ausbau der Kontakte zu den osteuropäischen Ländern, Modifizierung der »Hallstein-Doktrin« dort, wo diese solche Kontakte erschweren konnte – dies sind die Schwerpunkte der sich nun stärker entfaltenden Ostpolitik gewesen.

Auf Einladung des Bundesministers des Auswärtigen stattete der Außenminister der Sozialistischen Republik Rumänien, Corneliu Manescu, der Bundesrepublik vom 30. Januar bis 3. Februar 1967 einen offiziellen Besuch ab; bei den gemeinsamen Verhandlungen kamen die Regierungen beider Staaten überein, diplomatische Beziehungen aufzunehmen (Dok. 222). Am 3. August 1967 teilte das Auswärtige Amt mit, daß die seit dem 20. Juli laufenden deutsch-tschechoslowakischen Verhandlungen in Prag mit der Unterzeichnung eines Abkommens über die Errichtung von Handelsvertretungen abgeschlossen worden seien. Ein Jahr nach der Herstellung diplomatischer Beziehungen mit Rumänien, am 31. Januar 1968, nahm die Bundesrepublik die Beziehungen zu Jugoslawien wieder auf (Dok. 236). Osteuropa außerhalb der Sowjetunion war damit für den Auswärtigen Dienst der Bundesrepublik Deutschland nicht mehr diplomatisches Niemandsland.

Nicht nur in dieser Hinsicht wurden neue Wege eingeschlagen. In den Fällen Rumänien und Jugoslawien – beide Länder unterhielten diplomatische Beziehungen zur DDR – wich die Bundesregierung von der bisherigen Handhabung der »Hallstein-Doktrin« ab in der Erwägung, daß sich die Gefahr einer Besiegelung der Teilung Deutschlands in dem Maße reduziere, in dem sich bei allen europäischen Nationen ein gemeinsames Streben durchsetzte, die Spaltung Europas zu überwinden.

Gleichzeitig wurden die Bemühungen um eine Entspannung des Verhältnisses zur Sowjetunion auf dem Wege von Gewaltverzichtsvereinbarungen intensiviert. Die Sowjetunion nahm die von der neuen Bundesregierung eingeleitete Gewaltverzichtsinitiative (Dok. 224) auf. Am 12. Oktober und am 21. November 1967 legte sie zwei Entwürfe vor, die freilich der Bundesrepublik nicht nur den Gewaltverzicht, sondern auch bestimmte materielle Zusagen abverlangten; sie sollte
- die Unantastbarkeit der in Europa bestehenden Grenzen anerkennen;
- den Status West-Berlins als einer besonderen politischen Einheit achten;

- das Münchener Abkommen von Anfang an für ungültig erklären;
- Maßnahmen treffen,
  »um die Entwicklung des Militarismus und Nazismus im Hoheitsgebiet der Bundesrepublik nicht zuzulassen, weil sie eine Gefahr für den Frieden und für die Sicherheit in Europa darstellen«;
- den Atomsperrvertrag unterzeichnen.

Als Gegenleistung für dieses über das Gewaltverzichtsthema weit hinausreichende Programm wollte die Sowjetunion den Verzicht auf Gewalt zusichern, mit der Einschränkung allerdings, daß bis Abschluß eines Friedensvertrages diejenigen Rechte der Sowjetunion unberührt bleiben sollten, die sich aus dem Potsdamer Abkommen und aus anderen Vereinbarungen der alliierten Mächte ergaben. Bedenklich war, daß die Sowjetunion ihrerseits sich nicht bereit zeigte, auf ihre aus den Feindstaaten-Artikeln 53 und 107 VN-Charta hergeleiteten Interventionsansprüche zu verzichten, die sie mit der Begründung, die DDR habe das Potsdamer Abkommen voll erfüllt, ausschließlich auf die Bundesrepublik bezog (zu diesem Komplex Dok. 233, 234, 242, 265).

Mit der sowjetischen Forderung einer Unantastbarkeit der in Europa bestehenden Grenzen waren für die Bundesregierung unter anderem das Verhältnis zur DDR und die Frage der Zukunft der deutschen Nation berührt. Nachdem schon die Regierung Erhard im Frühsommer 1966 einem Redneraustausch zwischen SPD und SED zugestimmt hatte – die SED entzog sich freilich der Durchführung des von ihr angeregten Austausches (Dok. 214) –, lag es für die Regierung Kiesinger nur nahe, auch hier ergänzende Akzente zu setzen (Dok. 226). Zwischen dem DDR-Ministerpräsidenten Stoph und dem Bundeskanzler fand ein Briefwechsel statt (Dok. 228), der erste Meinungsaustausch zwischen führenden Repräsentanten der beiden Teile Deutschlands seit dem Briefwechsel des Jahres 1951 zwischen Bundespräsident Heuß und dem DDR-Präsidenten Pieck (Dok. 18). Bundesaußenminister Brandt forderte auf dem SPD-Parteitag 1968, im Hinblick auf die Fortdauer der Spaltung Europas
»alles Erdenkliche zu tun, um das Nebeneinander und Miteinander der beiden
Teile Deutschlands zu organisieren, im Interesse der Menschen und des Friedens«.
Am 24. Juni 1968 erklärte sich der Bundesaußenminister auf der NATO-Ministerkonferenz in Reykjavik bereit, einen innerdeutschen Gewaltverzicht im direkten Verhältnis der beiden Teile Deutschlands zu bestätigen. Dabei sollten sich diese verpflichten, keinen Versuch zu unternehmen, die gesellschaftliche Struktur im jeweils anderen Teil Deutschlands gewaltsam zu ändern.

Trotz aller dieser Feststellungen, trotz der mehrfachen Beteuerungen der Bundesregierung, daß sie mit ihrer Entspannungspolitik weder die osteuropäischen Staaten gegeneinander ausspielen noch die DDR isolieren wolle, war den Bemühungen, mit der Sowjetunion einen zweiseitigen Gewaltverzicht zu vereinbaren, kein Erfolg beschieden.

Für den Abschluß umfassenderer Gewaltverzichtsvereinbarungen mit der Sowjetunion und mit anderen osteuropäischen Staaten war der Zeitpunkt noch nicht gekommen, zumal die Politik der Entspannung durch die sich anbahnende Krise in der Tschechoslowakei und auch durch die bekannten Truppenbewegungen innerhalb des

Ostblocks seit Mai 1968 einen schweren Rückschlag erlitten hatte (Dok. 249). Als am 21. August 1968 Prag besetzt wurde, bedauerte es die Bundesregierung vor allem, daß erstmalig nach Ende des Zweiten Weltkrieges deutsche Truppen – Streitkräfte der DDR – unaufgefordert in ein anderes Land einmarschierten. Diese Entwicklung mußte die Bundesrepublik als Nachbarn der Tschechoslowakei aufs höchste beunruhigen (Dok. 250, 252, 253).

Entsprechend reagierte die deutsche Öffentlichkeit. Im Hinblick auf die mit dem Namen des sowjetischen Parteichefs Breshnew verbundene These von der beschränkten Souveränität und dem beschränkten Selbstbestimmungsrecht der sozialistischen Staaten führte der Bundesminister für gesamtdeutsche Fragen, Wehner, am 18. Oktober 1968 vor dem Bundestag aus, die Völker der Welt seien in Anbetracht der »Moskauer Doktrin« vor die Frage gestellt, ob sie es hinnehmen wollten, daß die kommunistisch regierten Länder im unmittelbaren Moskauer Einflußbereich einem Sonderrecht unterlägen und daß derjenige Staat zum Feind des Friedens erklärt werde, der mit jenen Ländern andere Beziehungen anbahne, als Moskau sie zulasse (Dok. 255).

Es war verständlich, daß sich die Bundesregierung die Frage vorzulegen hatte, welche Zukunftschancen ihre Gewaltverzichtspolitik haben konnte.

VI. Die 60er Jahre: Die Bundesrepublik und der Westen

1. Europa: Intergouvernemental oder supranational?

Neben dem Übergang von der Krise um Berlin zu einer Phase größerer Bewegung im Ost-West-Verhältnis steht im innerwestlichen Verhältnis der 60er Jahre der Übergang zu einer Phase des Stagnierens, bis sich gegen Ende des Jahrzehnts ein hellerer Silberstreifen am Horizont der europäischen Einigung abzeichnete. Die Fragen: Europa der Vaterländer oder Integration, intergouvernemental oder supranational, Absage an die Blockpolitik oder Verstärkung der atlantischen Interdependenz wurden zu bestimmenden Motiven der Diskussion innerhalb der westlichen Staatengemeinschaft. Sie wurden dies um so mehr, als sich nach dem Abflauen der Berlin- und Kuba-Krisen die Europäer auf eine politische Bestandsaufnahme und die Amerikaner im Zeichen des sich ausweitenden Vietnam-Konflikts immer stärker auf Südostasien konzentrierten.

Die Atlantische Allianz hatte in den Berlin-Krisen der Jahre 1958/59 und 1961/62 eine Bewährungsprobe bestanden. Ein Klima der Zusammengehörigkeit war entstanden, das es – um nur ein Symptom zu erwähnen – erleichterte, die deutschen Soldaten auch psychologisch in das gemeinsame Verteidigungssystem zu integrieren. Seit dem 3. November 1960 konnten Bundeswehreinheiten auf französischen Truppenübungsplätzen (Dok. 129), seit dem 9. September 1961 auch auf britischen Truppenübungsplätzen ausgebildet werden – ein Vorgang, der wenige Jahre zuvor nicht vorstellbar gewesen wäre.

Hinzu kam ein weiterer Sachverhalt, dem gerade die Bundesregierung gleichbleibende Bedeutung beimaß: der Zusammenhang zwischen Zusammenarbeit im europäischen und atlantischen Bereich.

In dem Bemühen um Gewährleistung und Ausbau dieser Zusammenarbeit erblickte die Bundesregierung einen spezifisch deutschen Beitrag, der für die Konsolidierung des Westens zu leisten war. Hieran orientierte sich ihre Allianz-Politik, hieran orientierte sich ihre Europa-Politik.

Die Politik der Einigung Europas ist eine der großen Aufgaben, die Staatsmänner und Völker in unserer Zeit in Angriff genommen haben. Eben weil es um die Überwindung von Rivalitäten, Grenzen, historischen Hypotheken, um die Sicherung und Gestaltung des Friedens für die lebende und für kommende Generationen ging, vermochte der europäische Gedanke zu Beginn der 50er Jahre die Phantasie vor allem der nach neuem Lebensinhalt suchenden Jugend anzuregen. Je mehr die europäische Zusammenarbeit Tatsache wurde, desto mehr war sie freilich auch den Gesetzen des politischen Alltags unterworfen. Statistiken, Marktforschungen, Expertengespräche vermittelten nur zu leicht die Gedankenassoziation des Nüchternen und Ernüchternden. Die europäische Entwicklung seit Beginn der 60er Jahre zeigte, daß eine gemeinsame europäische Politik erst dann eine Chance hatte, wenn ideale Zielvorstellung und nüchterne Gestaltung der Wirklichkeit einander nicht ausschlossen.

2. Konsolidierung der Gemeinschaft

Während das Jahr 1960 wegen der Berlin-Krise ein Jahr der schleichenden Ost-West-Konfrontation war, so war es für das integrationswillige Europa ein Jahr der Konsolidierung. Nach nur zweijährigen Vorarbeiten wurde der gemeinsame Außenzolltarif festgelegt, mit dessen Billigung am 13. Februar 1960 die in den Römischen Verträgen vorgesehene Zollunion der »Sechs« Gestalt anzunehmen begann. Der damit Hand in Hand gehende Abbau der Handelsbeschränkungen für Industrieerzeugnisse entsprach in vollem Umfang den deutschen Ausfuhrinteressen und vor allem auch den außenhandelspolitischen Vorstellungen der Bundesregierung und ihrem Wunsch, die Prinzipien des freien Wettbewerbs im Außenwirtschaftsverkehr wo immer möglich angewandt zu sehen: Diese Zielsetzung fand 1961 ihren Niederschlag unter anderem im Außenwirtschaftsgesetz, dessen erster Paragraph mit folgendem Satz beginnt:
>»Der Waren-, Dienstleistungs-, Kapital-, Zahlungs- und sonstige Wirtschaftsverkehr mit fremden Wirtschaftsgebieten sowie der Verkehr mit Auslandswerten und Gold zwischen Gebietsansässigen (Außenwirtschaftsverkehr) ist grundsätzlich frei.«
In der Folgezeit trat das Problem des gemeinsamen Agrarmarktes in den Vordergrund. Gemäß EWG-Vertrag hatte der Ministerrat vier Jahre nach Inkrafttreten, also Ende 1961, die Entscheidung über den Übergang von der ersten zur zweiten Stufe der auf zwölf Jahre festgesetzten Übergangszeit zu treffen. Frankreich forderte im Hinblick auf seine bedeutenden Agrarinteressen am 6. Juni 1961 eine Einigung über den unwiderruflichen Beginn einer gemeinsamen Agrarpolitik bis zum Ende 1961 als Bedingung für die Einleitung der zweiten Stufe der Übergangszeit überhaupt. Die Bundesregierung war in dieser Phase, die mit einer neuerlichen Zuspitzung der Berlin-Krise – am 13. August 1961 der Mauerbau – zusammenfiel, bereit, im Interesse der Integration nationale Sonderinteressen bis zur vertretbaren Grenze zurückzustellen. Im November 1961 begannen die Verhandlungen. Am 14. Januar 1962 fiel die Entscheidung über die ersten gemeinsamen Marktregelungen, durch die einzelstaatliche Marktordnungen abgelöst wurden. Die Grundlage für eine gemeinsame Landwirtschaftspolitik in der EWG war geschaffen.

Wenn die erste Stufe der Übergangszeit zum Gemeinsamen Markt durch Fortschritte auf dem Wege zu einer Zollunion gekennzeichnet war, so die zweite Stufe durch die fortschreitende Verwirklichung des freien Warenverkehrs für Agrarerzeugnisse (Dok. 147). Bundeskanzler Adenauer bezeichnete im Bundestag am 17. Januar 1962 den Eintritt in die zweite Stufe der Übergangszeit als »eines der wichtigsten Ereignisse in der europäischen Geschichte in den letzten Jahrhunderten«. In einer einstimmig gefaßten Entschließung, mit der die Beschlüsse des EWG-Ministerrats gebilligt wurden, gab der Bundestag der Erwartung Ausdruck, daß die Kommission die ihr übertragenen Zuständigkeiten in echter gemeinschaftlicher Solidarität handhaben werde.

3. Um die Politische Union

Die Schwierigkeiten, die sich in der Folgezeit für die Verwirklichung eines politisch geeinten Europa ergaben, resultierten aus dem Bemühen, das Mögliche zum Ausbau der Gemeinschaft zu tun und das Notwendige zu ihrer Erweiterung nicht zu unterlassen. Die Problematik, daß eine forcierte Integration nicht eine spätere Mitgliedschaft des Vereinigten Königreichs in der Gemeinschaft verhindern dürfe, hat die Verhandlungen über den Ausbau der Gemeinschaft in den 6oer Jahren ständig überschattet. Nicht zuletzt an ihr scheiterte auch der erste größere Versuch, auf dem Wege zu einer politischen Zusammenarbeit Fortschritte zu machen.

Auf französische Initiative war auf einer Tagung der Staats- und Regierungschefs sowie der Außenminister am 10./11. Februar 1961 eine Kommission aus leitenden Beamten der sechs Außenministerien unter dem Vorsitz des französischen Delegationschefs Fouchet beauftragt worden, auf der nächsten Konferenz

»konkrete Vorschläge für die Konferenzen der Staats- oder Regierungschefs und der Außenminister sowie für alle anderen Konferenzen vorzulegen, die als wünschenswert erscheinen könnten«.

Auf dieser zweiten Konferenz der Staats- und Regierungschefs, die am 18. Juli 1961 in Bonn unter dem Vorsitz von Bundeskanzler Adenauer stattfand, war in der »Bonner Erklärung« der »Sechs« beschlossen worden,

– regelmäßige Zusammenkünfte zu dem Zweck abzuhalten, ihre Ansichten zu vergleichen, ihre Politik miteinander abzustimmen und zu gemeinsamen Auffassungen zu gelangen, um die politische Einigung Europas zu fördern und so das atlantische Bündnis zu stärken,

– die Zusammenarbeit auf die Bereiche des Unterrichtswesens, der Kultur und der Forschung auszudehnen und

– ihre Kommission zu beauftragen, ein Statut für eine Europäische Politische Union auszuarbeiten (Dok. 142).

Die Bundesregierung war im folgenden Jahr durchaus entschlossen, den in der Regierungskommission darauf von französischer Seite vorgelegten Vertragsentwurf (Fouchet I) für die Bildung eines unauflöslichen Staatenbundes zu diskutieren (Dok. 151), dessen Ziel sein sollte, »in Fragen, die für die Mitgliedstaaten von gemeinsamem Interesse sind, zur Annahme einer gemeinsamen Außenpolitik zu gelangen«, eine enge Zusammenarbeit auf dem Gebiet der Wissenschaft und Kultur herzustellen und »im Zusammenwirken mit den anderen freien Nationen durch Annahme einer gemeinsamen Verteidigungspolitik die Sicherheit der Mitgliedstaaten gegen jeden Angriff zu verstärken«.

Die durch den britischen Premierminister Macmillan am 31. Juli 1961 abgegebene Erklärung, Großbritannien sei bereit, der Gemeinschaft beizutreten, hat in ihrer Auswirkung eine neue Lage geschaffen. Die Frage tauchte auf, wie die britische Regierung an den Kommissionsberatungen der »Sechs« beteiligt werden könne. Als der britische Lordsiegelbewahrer Heath am 10. April 1962 im WEU-Ministerrat zu den laufenden Arbeiten der »Sechs« eine Erklärung abgab, die mit der Frage endete, »ob es vielleicht von Nutzen wäre, wenn wir – als baldiges Mitglied der EWG – uns jetzt in ihre Diskussionen über den künftigen politischen Rahmen Europas einschalteten«, faßten die niederländische und die belgische Regierung diese Bemerkung als Antrag auf Beteiligung auf und erklärten auf der nächsten Außenministerkonferenz der »Sechs« am 17. April 1962, daß man vor der Entscheidung über den endgültigen Vertragstext abwarten müsse, ob Großbritannien beitreten werde oder nicht. Eine Einigung kam angesichts dieser Widerstände nicht zustande.

Die Regierungskommission trat nicht mehr zusammen. Das Thema einer Politischen Union verschwand für lange Zeit von der Traktandenliste der Europapolitik.

4. Deutschland und Frankreich

An die Stelle des Themas »Integration« trat zunächst dasjenige des britischen Beitritts zum Gemeinsamen Markt und das der besonderen Beziehungen zwischen Deutschland und Frankreich. Die im Jahre 1971 geführten erfolgreichen Verhandlungen über den Beitritt Großbritanniens lassen rückblickend die seinerzeitigen allianzinternen Kontroversen jener Jahre weniger bedeutsam erscheinen. Die Bundesregierung stand damals, auch aufgrund der Erfahrungen der Berliner Krise, vor der sie verpflichtenden Aufgabe, das Ihre zur Vertiefung und Erweiterung der europäischen Zusammenarbeit zu tun.

Nach ihren Kräften versuchte sie, die Verhandlungen, die im Herbst 1961 über den gerade von deutscher Seite geforderten Beitritt des Vereinigten Königreichs begannen, zu fördern (Dok. 152); sie war hierum um so mehr bemüht, als die Gespräche sich an den Fragen der britischen Beziehung zum Commonwealth und des britischen Landwirtschaftssystems festzuziehen drohten. Gleichzeitig war es freilich ein Anliegen des Bundeskanzlers, beharrlich zur Pflege und Vertiefung des deutschfranzösischen Vertrauensverhältnisses beizutragen, das zweifellos eines der erfreulichsten Ergebnisse deutscher Politik in der Nachkriegszeit darstellte.

Das deutsch-französische Vertragswerk vom 27. Oktober 1956 hatte in jeder Hinsicht Voraussetzungen für eine Weiterentwicklung der Beziehungen zwischen Bonn und Paris geschaffen. Auf dieser Grundlage entwickelte sich dann seit 1958 jene enge persönliche Kooperation des Bundeskanzlers und des französischen Ministerpräsidenten, seit 1959 Staatspräsidenten de Gaulle (Dok. 107), die anläßlich des Staatsbesuches de Gaulles in der Bundesrepublik vom 4. bis 9. September 1962 die spontane Akklamation durch die deutsche Öffentlichkeit erhielt (Dok. 156).

Präsident und Bundeskanzler beschlossen damals auch unter dem Eindruck des Scheiterns der Verhandlungen über die Politische Union der »Sechs«, die Beziehungen zwischen beiden Völkern weiter auszubauen und zu entwickeln und »praktische Maßnahmen zu ergreifen, um die Bande wirksam zu verstärken, die bereits auf zahlreichen Gebieten bestehen«. In diesem Sinn wurden am 16. Dezember 1962 Verhandlungen über einen Vertrag über die Zusammenarbeit beider Länder eingeleitet. Am 22. Januar 1963 kam es zum Vertragsabschluß. Worum es ging, veranschaulichte die »Gemeinsame Erklärung« Adenauers und de Gaulles und ihr Hinweis auf

> die Überzeugung, »daß die Versöhnung zwischen dem deutschen und dem französischen Volk, die eine jahrhundertealte Rivalität beendet, ein geschichtliches Ereignis darstellt, das das Verhältnis der beiden Völker zueinander von Grund auf neu gestaltet«,

- das Bewußtsein, »daß eine enge Solidarität die beiden Völker sowohl hinsichtlich ihrer Sicherheit als auch hinsichtlich ihrer wirtschaftlichen und kulturellen Entwicklung miteinander verbindet«,
- die Erkenntnis, »daß die Verstärkung der Zusammenarbeit zwischen den beiden Ländern einen unerläßlichen Schritt auf dem Wege zu dem vereinigten Europa bedeutet, welches das Ziel beider Völker ist«.

Der Vertrag sah außenpolitische Konsultationen beider Regierungen vor. In regelmäßigen Abständen sollten sich – was seither auch geschehen ist – die Regierungschefs, Außen- und Verteidigungsminister und die für Erziehungs- und Jugendfragen zuständigen Minister der beiden Staaten treffen. Die »leitenden Beamten der beiden Außenministerien, denen die politischen, wirtschaftlichen und kulturellen Angelegenheiten obliegen«, sollten allmonatlich zusammentreten, »um die Zusammenkunft der Minister vorzubereiten und den Stand der vorliegenden Fragen festzustellen«. Der Vertrag verstärkte die Zusammenarbeit in der Verteidigungspolitik sowie in Erziehungs- und Jugendfragen (Dok. 324), deren Bedeutung vor allem im Hinblick auf die Begegnung der deutschen und französischen Jugend nicht unterschätzt werden darf. Auf der Grundlage des 1963 errichteten deutsch-französischen Jugendwerkes erreichte der Austausch zwischen Frankreich und der Bundesrepublik 1970 die Zahl von 196 352 Jugendlichen (83 785 Franzosen und 112 567 Deutsche).

5. Um den britischen Beitritt zur EWG

Die Diskussion über die Politische Union und der britische Beitritt zur EWG einerseits, der deutsch-französische Vertrag andererseits standen in einem nicht teilbaren Zusammenhang, der in seiner letzten Bedeutung erst erfaßt wird, wenn er im Zusammenhang mit den Bemühungen in der NATO um die Regelung des Problems der nuklearen Teilhabe gesehen wird. Während den Franzosen noch eine französisch-britische Zusammenarbeit auf nuklearem Gebiet vorgeschwebt hatte, war es Präsident Kennedy bei einem Zusammentreffen mit dem britischen Premierminister Macmillan auf den Bahamas (18.–21. Dezember 1962) gelungen, diesen grundsätzlich für das amerikanische Projekt einer Multilateral Nuclear Force (MLF) zu gewinnen, das die Aufstellung einer gemeinsam bemannten, gemeinsam finanzierten und mit Mittelstreckenraketen ausgerüsteten NATO-Flotte voraussetzte. Die in diesem Zusammenhang in Aussicht genommene amerikanisch-britische nukleare Zusammenarbeit veranlaßte den französischen Präsidenten, am 14. Januar 1963 auf einer Pressekonferenz die folgenden Fragen Frankreichs zum britischen EWG-Beitritt (und diesen damit in Frage) zu stellen: Ob Großbritannien sich mit dem Kontinent einem gemeinsamen Außenzolltarif unterwerfen, auf alle Präferenzen bezüglich des Commonwealth verzichten, die Privilegierung seiner Landwirtschaft preisgeben und die Verpflichtungen, die es gegenüber den EFTA-Ländern eingegangen sei, hinfällig machen könne.

Die Umstände, unter denen sich die deutschen und französischen Unterschriften unter den Elysée-Vertrag vollzogen, müssen vor diesem Hintergrund gesehen werden. Bundeskanzler Adenauer sah gleichzeitig das eine Lebensziel – die deutsch-französische Aussöhnung – verwirklicht, das andere – ein geschlossen auftretendes freies Europa – in Frage gestellt. Vergeblich bemühte er sich, den französischen Staatspräsidenten zur Rücknahme seines Einspruchs gegen den britischen Eintritt in die EWG zu veranlassen. Als der Leiter der die Beitrittsverhandlungen führenden Verhandlungskonferenz am 29. Januar 1963 erklärte, die Mitgliedstaaten seien an einer Fortsetzung der Verhandlungen gehindert, konnte das Bundeskabinett diesen vorläufigen Ausgang der Verhandlungen nur mit Bedauern zur Kenntnis nehmen.

Um den Vertrag nicht Mißdeutungen auszusetzen, wurden am 15. Juni 1963 in dem Bundesgesetz zu der Gemeinsamen Erklärung und zu dem deutsch-französischen Vertrag vom 22. Januar 1963 die politischen Zielpunkte ausdrücklich angesprochen, denen sich die Bundesregierung und der Bundestag in bezug auf die Allianz und Europa verpflichtet fühlten:

»die gemeinsame Verteidigung im Rahmen des Nordatlantischen Bündnisses und die Integrierung der Streitkräfte der in diesem Bündnis zusammengeschlossenen Staaten,

die Einigung Europas auf dem durch die Schaffung der Europäischen Gemeinschaften begonnenen Wege unter Einbeziehung Großbritanniens und anderer zum Beitritt gewillter Staaten und die weitere Stärkung dieser Gemeinschaften« (Dok. 170).

6. Die nukleare Teilhabe und die Allianz

Präsident de Gaulle hatte sein Veto gegen den britischen Beitritt zur Europäischen Gemeinschaft (und damit seinen Einspruch gegen die Nassauer Absprachen Präsident Kennedys und Premierminister Macmillans) an dem gleichen Tage eingelegt, als sich der amerikanische Unterstaatssekretär Ball in Bonn aufhielt, um die deutsche Zustimmung zu dem MLF-Projekt einzuholen, am 14. Januar 1963 (Dok. 162). Die Tatsache, daß die deutsche Zustimmung mit der französischen Stellungnahme gegen die britisch-amerikanische nukleare Zusammenarbeit zusammenfiel, mußte die Diskussion innerhalb der Allianz über die Zukunft der Allianz komplizieren. Anstelle eines Elements der Integration drohte die Verwirklichung des MLF-Projektes aus Gründen, die außerhalb der Beeinflussungsmöglichkeiten der Bundesrepublik lagen, eher ein Element der Desintegration zu werden. Für die Bundesregierung ergab sich aus dieser Entwicklung des Frühjahrs 1963 eine erhebliche Belastung, die ihre Aktionsmöglichkeiten später, vor allem in der letzten Zeit der Kanzlerschaft Bundeskanzler Erhards, zunehmend beeinträchtigte (Dok. 215). Die Bundesrepublik war allen drei Westmächten, die in bezug auf Deutschland besondere Rechte und Verpflichtungen hatten, freundschaftlich verbunden. Während sie in der europäischen Integrationsfrage vor die Wahl zwischen Großbritannien und Frankreich gestellt zu sein schien, sah sie sich in der Atlantischen Integrationsfrage mehr als einmal vor die Entscheidung Frankreich oder Vereinigte Staaten gestellt, die sich ihrerseits wiederum aus politischen Gründen voll hinter das Ziel der europäischen Integration stellten. Die Bundesregierung hat in dieser Lage nur ein Ziel gekannt: als »ehrlicher Makler« das mögliche für den Zusammenhalt des Westens zu tun – nicht weil ihr nichts anderes übrigblieb, sondern weil diese Linie die einzig richtige unter den gegebenen Umständen war.

Den amerikanischen Initiatoren der MLF-Politik hatten militärische und politische Ziele vorgeschwebt. Einerseits sollte die Einführung der Mittelstreckenraketen-Streitmacht bei finanzieller Entlastung der USA eine Abdeckung des entsprechenden sowjetischen Potentials ermöglichen. Andererseits sollte eine besonders enge Verknüpfung des Schicksals der exponierten europäischen Nichtnuklearmächte mit der nuklearen Abschreckung der Amerikaner die Wirkung dieser Abschreckung in einer Weise stabilisieren, die eine Art Mitsprache der nichtnuklearen Partner ermöglichte und damit – dies war ein für die Bundesregierung wesentlicher Gesichtspunkt (Dok. 208) – die Gleichberechtigung aller Mitglieder des Bündnisses unterstrich. Sowohl Präsident Kennedy als auch Präsident Johnson behandelten das Thema bei ihren Begegnungen mit den Bundeskanzlern Adenauer und Erhard (Dok. 171, 185).

Wenn es schließlich nicht zu der zunächst auch von Belgien, Griechenland, Italien, den Niederlanden und der Türkei unterstützten MLF-Lösung kam, dann vor allem wegen der Tatsache, daß man auf amerikanischer Seite bei der Konzipierung des Projekts seine Konsequenz noch nicht voll erfaßt hatte. Eingehende Studien der NATO ergaben, daß die vorgesehene »physische Lösung« weder mit den Erfordernissen der Abschreckung (Vetomöglichkeit jedes Miteigentümers) noch mit dem Interesse der USA an voller Kontrolle über den Einsatz ihrer Atomwaffen vereinbar war. Dabei war auch in Rechnung zu stellen, daß sich die Amerikaner in der Mitte der sechziger Jahre zunehmend dem Problem der Nichtverbreitung von Kernwaffen zuwandten. Unter diesen Umständen lief sich das von der Sowjetunion naturgemäß besonders bekämpfte MLF-Projekt im Laufe des Jahres 1965 fest.

Was blieb, war die Entschlossenheit der an der nuklearen Zusammenarbeit interessierten Allianzmitglieder, in der Frage des nuklearen Planungs- und Entscheidungsprozesses einander näherzurücken. Dies ist im Dezember 1966 durch die Gründung der Nuklearen Planungsgruppe (NPG) geschehen, die es ihren Teilnehmern in der NATO möglich machen sollte, ihre Stimme in demjenigen Planungs- und Entscheidungsstadium zur Geltung zu bringen, das für den möglichen Einsatz nuklearer Waffen ausschlaggebend sein konnte. Die Bundesrepublik Deutschland wurde ständiges Mitglied dieses der Teilnehmerzahl nach beschränkten Gremiums.

Darin kam unter anderem zum Ausdruck, daß die Bundesrepublik als geographisch besonders exponiertes Land von einer krisenhaften Entwicklung stark betroffen sein würde. Berücksichtigt wurde zugleich die Bedeutung ihres Verteidigungsbeitrages für die Sicherheit der Allianz (Dok. 133, 148, 150). Am 1. April 1961 hatte erstmalig ein deutscher Offizier, General Heusinger, den Vorsitz in dem Military Committee der NATO übernommen. Am 10. April 1965 wurde mit der NATO-Assignierung der letzten (12.) Division, d. h. mit ihrer Unterstellung unter internationale Verfügungsgewalt, der Aufbau der deutschen Landstreitkräfte im wesentlichen abgeschlossen (Dok. 202). Die Bundeswehr hatte eine Stärke von rund 440 000 Mann erreicht. Es wurde zur Regel, daß das Oberkommando der Landstreitkräfte, ab 1966 der Gesamtstreitkräfte Europa-Mitte der NATO jeweils Deutschen (1963 General Graf Kielmansegg, 1968 General Bennecke) unterstellt wurde.

Es war unvermeidlich, daß die deutsch-französische Zusammenarbeit in dieser Zeit der Auseinandersetzung über das Problem der nuklearen Teilhabe vor einer Bewährungsprobe stand. Frankreich, das in der Europa-Frage ein »Europa der Vaterländer«

als Ziel proklamiert hatte, suchte sich auch im Rahmen des Bündnisses ein Höchst-maß an Eigenständigkeit zu sichern, indem es im März 1966 die NATO-Partner von seiner Entscheidung unterrichtete, sich mit Ablauf des 30. Juni 1966 aus den integrier-ten militärischen Bereichen des Bündnisses zurückzuziehen. Für die Bundesregierung ergab sich eine schwierige Situation. Sie ließ sich gleichwohl nicht dazu verleiten, ihre Politik der Unterstützung der Allianz u n d der Pflege der deutsch-französischen An-näherung als sich gegenseitig ausschließende Alternativen zu betrachten. Sie erklärte zwar am 17. März 1966, daß sie auch ohne Beteiligung Frankreichs am Prinzip der Integrierung der Verteidigungsvorkehrungen der NATO festhalten werde (Dok. 210); sie verschloß sich auch in der Folge nicht der Notwendigkeit, den Sitz des NATO-Rats und des Generalsekretariats des Bündnisses aus Frankreich zu verlegen (Ratsbeschluß vom 26. Oktober 1966).

Gleichzeitig erklärte sie sich aber mit dem Verbleib der französischen Streitkräfte in Deutschland und ihrer weiteren Einbeziehung in die gemeinsame Verteidigung auf einer neuen Rechtsgrundlage einverstanden (6. April – Dok. 213 – und 30. Juni 1966). Vereinbarungen über den künftigen Status dieser Truppen und ihrer Verteidi-gungsaufgaben, denen spätere koordinierende Absprachen zwischen SACEUR und dem französischen Oberbefehlshaber folgten, wurden mit einem deutsch-französi-schen Briefwechsel am 21. Dezember 1966 (Dok. 217) abgeschlossen. Das enge deutsch-französische Verhältnis, das sich ganz allgemein herausgebildet hatte (vgl. Dok. 219), kam in diesem Fall der gesamten Allianz zugute.

7. Krise der Gemeinschaft

In gleicher Weise ist es der westlichen Gemeinschaft möglich gewesen, allmählich den Schock zu überwinden, der sich Anfang 1963 aus dem Fehlschlag der Verhandlungen über den britischen EWG-Beitritt ergeben hatte. Es ist im Grunde nur natürlich ge-wesen, daß sich die wirtschaftlichen Ziele verschiedener Staaten nicht von einem Jahr zum anderen auf einen Nenner bringen ließen. Jede Volkswirtschaft kennt divergie-rende Interessen. Erst recht sind divergierende Wirtschaftsinteressen in einer Staaten-gemeinschaft verständlich. Sie waren, wie sich bereits während der ersten Jahre der Existenz der Gemeinschaft zeigte, von ganz erheblicher Stärke. Stärker als das zentri-fugale Element war freilich stets der Wille der Gemeinschaft und, je mehr diese Ge-stalt annahm, der Zwang, das einmal Begonnene fortzusetzen. Hier zeigte sich in fast exemplarischer Weise, daß Wirtschafts- und Außenhandelspolitik von der eigent-lichen Außenpolitik nicht getrennt werden können, ja, daß der Erfolg der Wirtschafts-politik, der Außenhandelspolitik und der Außenpolitik sich gegenseitig bedingen (hierzu auch Dok. 209).

Die Beitrittskrise war letzten Endes eine Vertrauenskrise gewesen. Zu ihrer Über-windung legte Bundesaußenminister Schröder dem Ministerrat der EWG am 1. April 1963 ein Arbeitsprogramm vor, das einen Zusammenhang zwischen den Maßnahmen zum inneren Ausbau der Gemeinschaft (Zollabbau, Fusion der europäischen Exeku-tiven, Stärkung des europäischen Parlaments) und der Gestaltung seiner äußeren Beziehungen (Kennedy-Runde im GATT, Konsultationen mit Großbritannien u. a) herstellte. Auf Vorschlag Dr. Schröders beschloß der Ministerrat, der britischen Regierung vierteljährlich Kontakte im Rahmen der WEU vorzuschlagen, um außer politischen Fragen auch die wirtschaftliche Lage in Europa zu erörtern.

Bundeskanzler Professor Erhard setzte nach dem Rücktritt Adenauers fort, was unter diesem eingeleitet worden war (Dok. 176). Nach gründlichen Sondierungen und nach Prüfung aller vorangegangenen Europa-Pläne legte die Bundesregierung am 13. November 1964 den Gemeinschaftsstaaten einen neuen Europa-Plan vor. Dieser bestand unter anderem aus Vorschlägen für ein Regierungsübereinkommen über eine versuchsweise intergouvernementale Zusammenarbeit auf Regierungschef- und Ministerebene für die Gebiete der Außenpolitik, Verteidigungspolitik und Kulturpolitik.

Die Vorschläge der Bundesregierung wurden von der italienischen Regierung unterstützt. Ihr Vorschlag, für den 10. Mai 1965 in Venedig eine Außenministerkonferenz der »Sechs« einzuberufen, fand jedoch nicht die Zustimmung Frankreichs, das vor Konferenzbeginn die für den 30. Juni anstehenden finanziellen Entscheidungen auf dem Agrarsektor herbeigeführt sehen wollte. Es bezog sich dabei auf eine im Januar 1962 beschlossene Verordnung über die Finanzierung der gemeinsamen Agrarpolitik, die vorsah, daß ab 1. Juli 1965 neue Beschlüsse über die Finanzierung des Europäischen Ausrichtungs- und Garantiefonds vom Ministerrat bis zum Ende der Übergangszeit gefaßt werden mußten*.

Mit der genannten Beschlußfassung war die für Frankreich bedeutsame Frage eines gemeinsamen Getreidepreises ab 1. Juli 1967 verbunden. Die Bundesregierung hatte seiner Einführung am 1. Dezember 1964 zugestimmt, da außer Frage stand, daß er das Schlüsselproblem jeden Fortschritts in der Integration darstellte (Dok. 196). Realen Wert bekam ihre Zustimmung aber erst bei Zustandekommen des Beschlusses über die Finanzierung des Ausgleichsfonds, eines Beschlusses, bei dem sich die Problematik der Befugnisse der Kommission, der Mehrheitsentscheidungen des Ministerrates und der Haushaltsbefugnisse des Europäischen Parlaments stellte. Als es auf der Ministerratssitzung am 30. Juni/1. Juli 1965 zu unterschiedlichen Interpretationen der Finanzierungsbeschlüsse des Januar 1962 kam, sah die französische Regierung eine schwere Krise als gegeben. Außenminister Couve de Murville erklärte als Vorsitzender des Ministerrats, die endgültige Agrarmarktfinanzierung, die bis zum 30. Juni geregelt sein sollte, sei nicht zustande gekommen; Frankreich zog seinen ständigen Vertreter aus Brüssel zurück.

Die Bundesregierung hat in der Folgezeit hinsichtlich der konstitutionellen Fragen eine konsequente Haltung eingenommen. Der Bundesaußenminister erklärte im Bundestag am 27. Januar 1966, die Möglichkeit, Mehrheitsentscheidungen zu treffen, sei »ein entscheidendes Verfassungselement des Vertrages« und fördere »kommunautäres Verhalten«. Die Kommission müsse ihren »Charakter als unabhängiges Gemeinschaftsorgan« behalten. Ihre Schwächung würde eine »Gefahr für die Zukunft der Gemeinschaft« sein. Gleichzeitig liefen aber die Bemühungen um Überwindung der Differenz mit Frankreich fort (Dok. 207). Nach einer außerordentlichen Tagung der Minister am 17./18. Januar 1966 in Luxemburg fand sich schließlich ein Weg, der Frankreich an den Tisch der Gemeinschaft zurückführte, indem dieses nicht auf dem

* Finanzielle Leistungen der Bundesrepublik (allgemein) an die Europäischen Gemeinschaften 1958–1970 vgl. Tab. 30.

von ihm geforderten Vetorecht bestand, dafür aber für die Zukunft eine vorsichtigere Handhabung des Prinzips der im Vertrag vorgesehenen Mehrheitsentscheidungen erwirkte.

Nach Überwindung der Verfassungskrise konnten dann in der Folgezeit bedeutende Fortschritte erzielt werden:

– der 1. Juli 1968 wurde als Datum für die Vollendung der Zollunion endgültig festgelegt, d. h. Beseitigung der Binnenzölle und Inkrafttreten eines gemeinsamen Außenzolltarifs (Dok. 248);
– der Aufbau einer gemeinsamen Agrarpolitik wurde weitgehend abgeschlossen, die nach Produkten verschieden ebenfalls bis 1. Juli 1968 in Kraft treten sollte;
– die Kommission erhielt Richtlinien für ihre Verhandlungen in der Kennedy-Runde.

Der Weg in die dritte Stufe der Übergangszeit von 1966 bis 1970, in der binnenmarktähnliche Verhältnisse im Gemeinsamen Markt hergestellt werden sollten, begann ermutigend.

8. Von der Stagnation zur Bewegung

Dieser europäischen Lage sah sich die Regierung der Großen Koalition gegenüber, als sie im Dezember 1966 die Geschäfte übernahm. In der ersten Regierungserklärung am 13. Dezember 1966 und in nachfolgenden Erklärungen unterstrich sie die Bedeutung des konsequenten Ausbaus der Europäischen Wirtschaftsgemeinschaft und ihrer Institutionen sowie der Teilnahme Großbritanniens und anderer EFTA-Länder an den Europäischen Gemeinschaften.

Das Hauptproblem blieb weiterhin die Frage der Einbeziehung Großbritanniens. In den anderen Fragen, denen des Ausbaus der Gemeinschaft, gelang der Übergang von der Stagnation zur Bewegung (Dok. 232).

Institutionell wurde als Auftakt zur Verschmelzung der drei Gemeinschaften der bereits am 8. April 1965 unterzeichnete Vertrag zur Einsetzung eines Gemeinsamen Rates und einer Gemeinsamen Kommission verwirklicht. Bundesaußenminister Brandt hatte dies im EWG-Ministerrat am 10. April 1967 gefordert. Am 30. Mai 1967 einigten sich die Staats- und Regierungschefs auf die Fusion der Exekutiven von Montan-Union, Gemeinsamem Markt und EURATOM. Im Interesse der Sache akzeptierte es die Bundesregierung, daß Professor Hallstein auf eine erneute Nominierung – Frankreich widersprach – verzichtete; im Interesse der Sache stimmte sie der Kandidatur des Belgiers Jean Rey zu. Unter ihm begann die neu fusionierte Kommission ihre Tätigkeit am 6. Juli 1967.

Zur Substanz hatte Bundesaußenminister Brandt am 10. April 1967 vorgeschlagen, die EWG vom Status einer Zoll- und Agrarunion zur Wirtschaftsunion fortzubilden. Der Ministerrat stärkte die währungs- und finanzpolitische Zusammenarbeit der Mitgliedstaaten durch Schaffung eines Rates der Zentralbankgouverneure sowie eines haushaltspolitischen Ausschusses.

Im Hinblick auf das immer noch ungelöste britische Beitrittsproblem entwickelte die Bundesregierung das Konzept eines »handelspolitischen Arrangements« zur Verstärkung der handelspolitischen und technologischen Zusammenarbeit zwischen den »Sechs« und den beitrittswilligen Ländern. Mit diesem »Arrangement«

sollte pragmatisch ein Durchgangsstadium in Erwartung eines späteren Beitritts geschaffen werden. Wenn dieses in erster Linie wirtschaftliche Projekt wegen des Fehlens einer politischen Komponente auf amerikanische Vorbehalte stieß, so nicht auf solche der Franzosen. Es wurde aktuell, nachdem die britische Regierung am 10. Mai 1967 nach Sondierungsgesprächen mit den Regierungen der EWG-Staaten erneut einen Antrag auf Mitgliedschaft in der EWG und parallele Anträge auf Mitgliedschaft in der EGKS und EURATOM gestellt hatte, ein Vorgehen, dem sich Irland, Dänemark und Norwegen anschlossen.

Als bei einem ersten Meinungsaustausch über die Beitrittsfrage im Ministerrat am 23./24. Oktober 1967 wiederum Differenzen drohten – Frankreich erklärte sich gegen Verhandlungen vor Herstellung eines Gleichgewichts in der britischen Zahlungsbilanz und vor Lösung des Problems des Sterling als Reservewährung –, unterbreitete die Bundesregierung im März 1968 in der Frage des »Arrangements« Vorschläge, die unter dem Eindruck des sowjetischen Eingreifens in der Tschechoslowakei im September ergänzt wurden. Die Beneluxstaaten und Italien stimmten der deutschen Initiative als Minimallösung zu. Ihre Prüfung wurde im Rat beschlossen.

Fast gleichzeitig liefen seit Oktober 1968 im Rahmen der Westeuropäischen Union Bemühungen, Großbritannien zu einer verstärkten europäischen Zusammenarbeit auf allen von den Römischen Verträgen nicht erfaßten Bereichen hinzuführen. Auf einer Ratstagung in Luxemburg am 6. und 7. Februar 1969 schien es, als setzte sich eine allgemeine Bereitschaft zur Verstärkung der außenpolitischen Konsultationen in der WEU durch. Gleichwohl kam es wenige Tage später, am 14. Februar, wegen einer von Großbritannien beantragten und von Frankreich abgelehnten Konsultation des Nahostproblems erneut zu Differenzen und zu einem vorübergehenden Fernbleiben Frankreichs von den weiteren Tagungen des WEU-Rates.

So enthielt das Bild, das die europäische Zusammenarbeit bei dem unvorhergesehenen Rücktritt des französischen Staatspräsidenten de Gaulle im April 1969 bot, keine einheitlichen Züge: Die Jahre 1967/68 hatten manche Positiva erbracht, so die Verwirklichung der Zollunion, die Herstellung des freien Warenverkehrs für die meisten Agrarerzeugnisse, die ersten Zollsenkungen des gemeinsamen Außenzolltarifs und die Freizügigkeit der Arbeitnehmer, von der Tatsache zu schweigen, daß die Kommission 1967 für die Gemeinschaft im Rahmen der Kennedy-Runde erfolgreich Zollverhandlungen im GATT geführt hatte. Ungeklärt war aber nach wie vor das Verhältnis zu Großbritannien.

Eben weil sich die ungelöste Beitrittsfrage immer wieder als störende Hypothek nicht nur für das Verhältnis EG/UK, sondern auch für den inneren Zusammenhalt der Gemeinschaft herausgestellt hatte, erwies sich die Lösung der Beitrittsfrage als die entscheidende Aufgabe für ein Europa, das gewillt war, sich seiner politischen Identität bewußt zu werden. Nicht nur in diesem Sinne, aber besonders in diesem Sinne hatte jede Bundesregierung europäisch empfunden. In diesem Geiste weiterzuwirken war ihr zentraler Auftrag.

VII. Die Bundesrepublik und die Dritte Welt

1. Die Emanzipation der Dritten Welt

Als die Bundesrepublik 1949 gegründet wurde, gab es in Afrika, Asien, in Mittel-
und Südamerika 48 unabhängige Staaten, 1955 gab es 53, 1960 76, im Jahre 1971
105 Staaten. Zwei Vorgänge spiegeln sich in diesen Zahlen wider: die Entkolonialisierung und die Einschaltung der Dritten Welt in die Weltpolitik. Die Zahlen veranschaulichen das größere politische Gewicht, das der Dritten Welt seit der zweiten
Hälfte der 50er Jahre zukommen mußte. Sie machen auch verständlich, warum sich
die deutsche Außenpolitik in rasch wachsendem Umfang mit den Problemen der Dritten Welt auseinanderzusetzen hatte. Ihre wichtigste Aufgabe war in diesem Zusammenhang, rechtzeitig die richtigen Folgerungen aus dem Phänomen des Sozialgefälles
zu ziehen, das zwischen den Industrie- und den Entwicklungsländern bestand und das
sich unaufhaltsam zu vergrößern drohte.

Die Bundesregierung hat sich unter diesen Umständen entschlossen, das System
ihrer Entwicklungspolitik beschleunigt auszubauen (Dok. 134). So folgte den ersten
Maßnahmen der 50er Jahre das Entwicklungshilfegesetz von 1960. Im Mai 1961 fand
im Bundestag die erste große Aussprache über die Entwicklungspolitik statt (Dok.
137). Im vierten Kabinett Adenauer wurde 1961 ein »Ministerium für wirtschaftliche
Zusammenarbeit« unter Leitung von Bundesminister Scheel gegründet (Dok. 146).

Zur Abgrenzung von Entwicklungspolitik und Außenpolitik (Dok. 191) – die Zuständigkeit für die politischen Fragen der Entwicklungshilfe verblieb beim Auswärtigen Amt – erklärte Bundesminister Scheel am 11. November 1965, es werde

»oft gesagt, die Ziele der Entwicklungshilfe seien langfristiger, die der Außenpolitik kurzfristiger Art ... Die Ziele der deutschen Außenpolitik erscheinen mir keinesfalls nur kurzfristig. Freunde in der Welt zu haben, das deutsche Ansehen im
Ausland zu mehren und falsche Vorstellungen über Deutschland zu korrigieren,
das sind langfristige außenpolitische Ziele, die durch die Entwicklungshilfe ... gefördert werden können ...«

Mit den Zielen der deutschen Entwicklungs- und Außenpolitik waren die vielfältigen Motive dieser Politik angesprochen, unter denen der spätere Staatssekretär des
Auswärtigen Amtes, Harkort, damals Leiter der Handelspolitischen Abteilung, am
9. Dezember 1965 in Loccum die folgenden als die wesentlichen herausstellte:
– humanitäre Motive, um das in vielen Ländern herrschende Elend zu lindern;
– wirtschaftliche Motive, da nur wirtschaftlich kräftige Länder lohnende Absatzmärkte seien, nachgefragte Waren liefern könnten und Investitionschancen böten;
– schließlich nationalpolitische Motive (Dok. 209).

Diesen Aspekt der Beziehungen zu den Entwicklungsländern hatte Bundeskanzler
Erhard in der Regierungserklärung vom 18. Oktober 1963 definiert: Die Bundes-

regierung hoffe und vertraue darauf, daß die Länder, die in Anwendung des Selbstbestimmungsrechts der Völker ihre nationale Selbständigkeit erlangt hätten, auch für
die deutsche Forderung, nämlich die Gewährung eben dieses Selbstbestimmungsrechts
für das deutsche Volk, Verständnis aufbrächten.

Damit war angedeutet, daß sich der Entwicklungsaspekt und der bilaterale Aspekt
der deutschen Beziehungen zu Ländern Afrikas, Asiens sowie Mittel- und Südamerikas begegnen, ja überschneiden konnten. Beide Bereiche waren eng miteinander
verbunden und mitunter schwer voneinander zu trennen.

2. Der Nahe Osten

Die Bundesrepublik Deutschland ist, wie bereits dargestellt, mit dem bilateralen
Aspekt des Verhältnisses zur Dritten Welt vor allem im Nahen Osten konfrontiert
worden. Zwei Orientierungspunkte blieben für ihre Nahost-Politik maßgebend, die
Verpflichtung zur Wiedergutmachung gegenüber den rassisch Verfolgten (damit war
das Verhältnis zu Israel berührt) und der Wunsch, das Guthaben traditionell freundschaftlicher Beziehungen zu erhalten, das zwischen Deutschland und der arabischen
Welt bestanden hatte. Es war unter diesen Umständen eine in der Bundesrepublik als
bedrückend empfundene Entwicklung, daß der Nahe Osten − sieht man von Europa
ab − diejenige Region wurde, in der sich die Bundesregierung am meisten mit den
außenpolitischen Rückwirkungen der nationalsozialistischen Rassenpolitik auseinanderzusetzen hatte. Auch die nur langsam abflauende Gefühlsverwirrung im deutsch-
arabischen Verhältnis ist letztlich Konsequenz der Politik des Dritten Reiches gewesen.

Wenn es in den 50er Jahren nach und trotz Abschluß des Israel-Vertrages möglich
war, das amtliche Verhältnis zu den arabischen Ländern in erfreulicher Weise auszubauen, so war doch nicht zu verkennen, daß die Außenpolitik der Bundesrepublik in
der arabischen Welt um so mehr Mißdeutungen ausgesetzt war, als es ihr seit der
Suez-Krise von 1956 immer schwerer fiel, sich den Konsequenzen der westlich-sowje-
tischen Konfrontation im Mittelmeerbereich und im Nahen Osten zu entziehen. Die
Bundesregierung suchte dem zu entgehen, indem sie der Pflege der kulturellen und
vor allem der wirtschaftlichen Beziehungen zur arabischen Welt im Rahmen ihrer
Möglichkeiten die ihnen zukommende Aufmerksamkeit schenkte. So ist es die VAR
(Syrien) gewesen, die im März 1961 die größte von der Bundesrepublik gegebene
Zusicherung eines Kredits erhielt: 500 Millionen DM für den Bau des Euphrat-Dammes (Dok. 164). (Die Zusicherung überdauerte auch die Auflösung der VAR, kam
jedoch nach umfangreichem Projektstudium wegen des 1965 erfolgten Abbruchs der
diplomatischen Beziehungen Syriens zur Bundesrepublik nicht mehr zur Ausführung.)

Ohne daß amtliche Beziehungen bestanden, blieb freilich das Verhältnis zu Israel
die zentrale Beziehung der Bundesrepublik zu einem nahöstlichen Land. Zum Zeitpunkt der Unterzeichnung des deutsch-israelischen Wiedergutmachungsvertrages
hatte Israel Zurückhaltung in der Frage der Herstellung diplomatischer Beziehungen
geübt. Wenn die Bundesregierung von sich aus darauf verzichtete, auf solche Beziehungen zu drängen, so auch deshalb, weil sie sich in dieser Haltung im Einklang mit
den westlichen Verbündeten wußte, die eine möglichst umfassende Präsenz der Bundesrepublik im arabischen Bereich für nützlich hielten. Um so größer war der in Krei-

sen der internationalen Öffentlichkeit auf Bonn ausgeübte Druck, durch Sicherung des infolge östlicher Waffenlieferungen an die VAR gestörten Gleichgewichts im Nahen Osten zur Sicherheit derjenigen Menschen beizutragen, die nach Jahren der Verfolgung und Lebensgefahr in Israel Asyl und politische Heimat gefunden hatten. Anfang der 60er Jahre wurde in Bonn entschieden, daß außerhalb des Wiedergutmachungsvertrages im Umfang beschränkte militärische Lieferungen für Israel in Betracht gezogen werden sollten.

Diese Maßnahmen – eingeleitet zur Sicherung von Gleichgewicht und Frieden im Nahen Osten – wurden Ende 1964 bekannt und führten zu einer erheblichen Beunruhigung in den arabischen Ländern. Der ägyptische Präsident Nasser, der Ende November 1964 zu einem Besuch in die Bundesrepublik eingeladen worden war (Dok. 193), entschloß sich, seinerseits den Staatsratsvorsitzenden der DDR, Ulbricht, trotz fehlender diplomatischer Beziehungen zu Ostberlin zu einem offiziellen Besuch in die VAR einzuladen.

Als diese Aktion wiederum Beunruhigung in weiten Teilen der deutschen Öffentlichkeit hervorrief (Dok. 200), ging Bundeskanzler Erhard am 17. Februar 1965 vor dem Bundestag ohne Umschweife auf die Faktoren ein, die die deutsche Nahost-Politik bestimmten: das deutsche Verhältnis zu Israel, die Spaltung Deutschlands und die zunehmende Zerklüftung der Welt, die »die deutsche Politik vor noch schwierigere Aufgaben als in der Vergangenheit« stelle (Dok. 198).

Um jedes Mißverständnis über die Orientierung ihrer Nahost-Politik auszuschließen und ein positives Beispiel in der Frage von Waffenlieferungen zu geben, nahm die Bundesregierung gleichzeitig in Aussicht, keine Waffen mehr in Spannungsgebiete zu liefern (Dok. 197). Den Israelis sollten statt dessen Ersatzlieferungen angeboten werden. Nachdem damit in der Waffenfrage eine paritätische Behandlung der nahöstlichen Kontrahenten gewährleistet war, stand nach den Regeln der Vernunft nichts mehr einer Politik im Wege, die auf eine ausgewogene Behandlung aller nahöstlichen Staaten in der Frage diplomatischer Beziehungen abzielte.

Die Bundesregierung hielt an dieser Linie trotz arabischer und israelischer Proteste fest: Zahlreiche arabische Staaten drohten für den Fall der Aufnahme diplomatischer Beziehungen zu Israel mit dem Abbruch der Beziehungen zur Bundesrepublik; Israel nahm an der Einstellung der Waffenlieferungen Anstoß, es vermutete ein zu starkes deutsches Entgegenkommen gegenüber arabischem Druck und verknüpfte seine diesbezüglichen Schritte mit der Demonstration eines verständlichen Interesses an der in Bonn zur Entscheidung anstehenden Frage einer Verjährung von Straftaten, die in der Zeit des Dritten Reiches begangen worden waren (Dok. 194, 199).

In dieser Lage entschloß sich die Bundesregierung, der Wahrnehmung der eigenen Interessen den Vorrang einzuräumen. An der Einstellung von Waffenlieferungen in Spannungsgebiete wurde festgehalten; das Gesetz über die Verfolgung der genannten Straftaten wurde um fünf Jahre verlängert; der Abgeordnete Birrenbach wurde nach Israel gesandt, um die Aufnahme diplomatischer Beziehungen zu Israel anzubieten und vorzubereiten (Dok. 201). Zu dem Ergebnis der Mission Birrenbachs erklärte die Bundesregierung am 12. Mai 1965:

»Deutschland und Israel haben am 12. Mai 1965 diplomatische Beziehungen aufgenommen. Damit wurde ein seit langem nach einer Regelung drängendes

Problem der deutschen Politik gelöst und ein wichtiger Schritt auf dem Wege zu einer Normalisierung der Verhältnisse im Nahen Osten getan. Den letzten Ausschlag hat nicht eine Verkettung äußerer Umstände, sondern die Überzeugung gegeben, daß es sich um ein Sache handelt, die um ihrer selbst willen getan werden muß. Die Bundesregierung ist überzeugt, mit der Entscheidung des Bundeskanzlers der Sache des Friedens einen Dienst erwiesen zu haben. Die Aufnahme diplomatischer Beziehungen zwischen der Bundesrepublik und Israel richtet sich gegen niemanden und schadet keinem, insbesondere nicht den Völkern der arabischen Staaten, denen das deutsche Volk sich in Freundschaft verbunden weiß« (Dok. 204).

Nachdem die Beziehungen zwischen der Bundesrepublik und Israel aufgenommen waren, brachen zehn arabische Staaten die Beziehungen zur Bundesrepublik ab. Marokko, Libyen und Tunesien sahen hiervon ab.

Die Bundesregierung bedauerte diese Entwicklung. Sie brachte in der Folgezeit zum Ausdruck, daß ihr daran lag, die Beziehungen — wohlgemerkt bedingungslos — wiederaufzunehmen, so in der Erklärung Bundeskanzler Kiesingers vom 13. Dezember 1966, »daß die traditionell gute Zusammenarbeit im beiderseitigen Interesse bald wiederaufgenommen und fortentwickelt werden kann« (Dok. 216). Im Falle Jordaniens gelang dies im Februar 1967, im Falle der Republik Jemen im Juli 1969 (Dok. 271). In anderen Fällen wurde dieses Bemühen durch die Tatsache erschwert, daß die Deutschland-Politik einiger arabischer Länder infolge des Sechs-Tage-Krieges im Juni 1967 mehr denn je eine Funktion ihrer Israel-Politik wurde. Die Bundesregierung selbst sah sich in dieser Lage und angesichts der nahöstlichen Dauerkrise nur in der Richtigkeit ihrer Entscheidung bestätigt, Waffenlieferungen in Spannungsgebiete einzustellen (Dok. 227, 230). Sie brachte ihr Interesse an einer Regelung des Nahost-Konfliktes unter Berücksichtigung der einschlägigen VN-Beschlüsse und ihr Interesse an einem guten und bedingungsfreien Verhältnis zu allen Staaten des Nahen Ostens bei verschiedenen Gelegenheiten zum Ausdruck (Dok. 231, 238); sie hielt an dieser Linie auch dann fest, als einige arabische Staaten 1969 und 1970 mit der DDR diplomatische Beziehungen aufnahmen (Dok. 267).

Wenn sich das Verhältnis zu den arabischen Ländern in der zweiten Hälfte der 60er Jahre nicht so befriedigend entwickelte, wie dies die Bundesrepublik wünschte, so war es ihr im wesentlichen doch gelungen, eine Alternative »Israel oder Araber« zu vermeiden (Dok. 295, 331). Sie war hieran auch im Hinblick auf die Sicherung der seit 1967 zunehmend gefährdeten NATO-Südflanke, d. h. die Sicherung der westlichen Mittelmeerpositionen, interessiert. Die wechselseitige Abhängigkeit der Ölexport- und -importinteressen von Westeuropa und Mittlerem Osten stellte einen zusätzlich bedeutsamen Faktor in den wechselseitigen Beziehungen dar. Schließlich war davon auszugehen, daß der nahöstliche und der Mittelmeerbereich das Europa und der Bundesrepublik nächstgelegene Entwicklungsgebiet war. Dies berührte sowohl die Mittelmeerpolitik der Bundesrepublik als auch die der Europäischen Gemeinschaft, die sich seit November 1970 in politischen Konsultationen eingehend mit der Nahost-Frage befaßte.

Alle diese Faktoren führten 1971 eine fühlbare Entspannung im Verhältnis der arabischen Welt zur Bundesrepublik herbei, deren Bemühen um Ausgleich und deren Rücksichtnahme auf die arabische Solidarität nicht übersehen wurde (Dok. 320, 331).

3. Südostasien und Ostasien

Im Nahen Osten und Südostasien haben politische Konflikte in der Gegenwart zu kriegerischer Auseinandersetzung geführt. Die Bundesregierung war nicht nur im Hinblick auf die Möglichkeit einer Ausdehnung dieser Konflikte auf den europäischen Bereich daran interessiert, daß Regelungen gefunden wurden, die die Interessen der von den kriegerischen Auseinandersetzungen unmittelbar betroffenen Völker berücksichtigten. Im Falle Südostasiens hatte sie auch der sehr verständlichen Tatsache Rechnung zu tragen, daß die deutsche Öffentlichkeit – selbst noch unter dem Eindruck des Zweiten Weltkrieges stehend – tiefstes Mitgefühl für die Leiden der Völker und Menschen hatte, die vor allem in Vietnam ohne Rücksicht auf politischen Standort und nationale Herkunft – vgl. die Ermordung des deutschen Diplomaten Rüdt von Collenberg im Mai 1968 (Dok. 244) – in den Teufelskreis von Vernichtung und Vergeltung hineingezogen wurden.

Der damalige Bundesaußenminister Brandt brachte, auch mit Blickrichtung auf den amerikanischen Verbündeten, im März 1968 in Nürnberg diese Empfindungen zum Ausdruck:

»Wenn es um den Frieden geht, ist jeder kompetent, der um das Wohl der Menschheit besorgt ist.

Aber wir sollten es uns nicht leicht machen, und zwar nicht nur aus moralischen Gründen. Ich will mich hier nicht mit landläufigen Auffassungen über die Moral in der Politik auseinandersetzen. Ein Bemühen um Verständnis für die Vielschichtigkeit und Schwierigkeit des Problems steht uns gut zu Gesicht. Dabei vergesse ich nicht, daß die Vereinigten Staaten Verständnis für uns hatten, als wir es bitter brauchten.«

Was die Bundesregierung unter diesen Umständen von sich aus zur Linderung der größten Not unternehmen konnte, das geschah. Im Rahmen der Katastrophen- und humanitären Hilfe, die die Bundesrepublik anderen Ländern, vor allem solchen der Dritten Welt, zuteil werden ließ, stand Vietnam mit an erster Stelle (vgl. Tabellen 36–38). Zahlreiche Abmachungen über humanitäre Unterstützung wurden getroffen (Dok. 239). Das deutsche Lazarettschiff »Helgoland« wurde in südvietnamesischen Häfen stationiert (Dok. 212) *. Vor ähnliche Aufgaben sah sich die Bundesrepublik gestellt, als im Frühjahr 1971 bürgerkriegsähnliche Unruhen in Ostpakistan ausbrachen, die eine Flüchtlingsbewegung kaum vorstellbaren Ausmaßes und im weiteren Verlauf eine schwere Belastung des pakistanisch-indischen Verhältnisses auslösten.

Bei all diesen Handlungen hatte die Bundesregierung zu berücksichtigen, daß die deutsche Asien-Politik in erster Linie an wirtschaftlichen Zielen orientiert war und daß es im übergeordneten Interesse einer weltweiten Entspannung liegen mußte, die wirtschaftliche und soziale Entwicklung der Staaten dieser wichtigen Weltregion zu fördern und so zu ihrer Stabilisierung und ihrem Frieden beizutragen. In diesem Zusammenhang fügten sich die Beziehungen der Bundesrepublik zu den asiatischen Ländern lückenlos ein, denen die Bundesrepublik Deutschland freundschaftlich verbunden war.

---

* Die »Helgoland« wird Anfang 1972 zurückkehren. Ihre Aufgaben übernimmt ein Krankenhaus des Malteser Hilfsdienstes.

Was das Verhältnis zur Volksrepublik China und insbesondere die Frage formalisierter amtlicher Kontakte betraf, sah sich die Bundesrepublik veranlaßt, eine dem chinesischen Verhalten entsprechende Politik der Zurückhaltung zu verfolgen. Immerhin wurde nicht aus dem Auge verloren, daß es dem Ostausschuß der deutschen Wirtschaft am 27. September 1957 gelungen war, in Peking ein Handelsabkommen mit dem China Committee for the Promotion of International Trade (CPIT) zu schließen. Dieses nicht offizielle Handelsabkommen, das nur für ein Jahr galt, enthielt insofern ein für die Bundesrepublik interessantes Politikum, als der chinesische Partner in bezug auf den Geltungsbereich des Abkommens in der Situation des Jahres 1957 ausdrücklich erklärte, seine Bestandteile bezögen sich auch auf Geschäfte, »die von Außenhandelsunternehmungen in Berlin durchgeführt werden«.

Die erwähnte Zurückhaltung schien darüber hinaus auch mit Rücksicht auf das Taiwan-Problem geboten. Dies schloß amtliche Begegnungen zwischen der Bundesrepublik und der Volksrepublik China in keiner Weise aus, wie sie im Sommer 1964 in Bern stattfanden. Ihr Ergebnis blieb freilich offen, da sich im Verlauf der Gespräche herausstellte, daß sie in der damaligen Lage für beide Staaten letzten Endes Funktion ihres Verhältnisses zu anderen Mächten waren, für die Bundesregierung zu den USA und für China, im Zeichen der Auseinandersetzung mit Moskau, zur Sowjetunion.

In der Regierungserklärung vom 28. Oktober 1969, in der sich die Bundesregierung zur »Zusammenarbeit mit den Ländern Afrikas, Lateinamerikas und Asiens im Geiste der Partnerschaft« bekannte, unterstrich sie gegenüber a l l e n Staaten die

> »grundsätzliche Bereitschaft, mit allen Staaten der Welt, die unseren Wunsch nach friedlicher Zusammenarbeit teilen, diplomatische Beziehungen zu unterhalten und die bestehenden Handelsbeziehungen zu verstärken«.

Diese Bereitschaft bestimmte weiterhin die Haltung der Bundesregierung (Dok. 325).

4. Zur Nord-Süd-Problematik

Es war verständlich, daß die jungen Staaten in Afrika und in Asien, eben weil sie gerade in die Staatengemeinschaft aufgenommen waren, vielfach Gegenstand besonderer politischer Aufmerksamkeit wurden (Dok. 179, 186). Ebenso stand es fest, daß die sehr freundschaftlichen Beziehungen zu denjenigen Völkern, die – wie in Mittel- und Südamerika – bereits zu Beginn des 19. Jahrhunderts ihre äußere Freiheit errungen hatten, nicht zu kurz kommen durften (Dok. 169, 287, 311). Dabei war auch zu berücksichtigen, daß es gerade die lateinamerikanischen Staaten waren, die die Bundesrepublik in internationalen Gremien insbesondere dann unterstützt hatten, wenn die Teilung Deutschlands mittelbar oder unmittelbar zur Diskussion stand (Ausnahme Kuba, zu dem im Januar 1963 die diplomatischen Beziehungen abgebrochen worden waren, Dok. 163). Es gab keinen Erdteil, mit dem auf kulturellem Gebiet engere Beziehungen bestanden. In diesem Sinn brachte Bundesaußenminister Brandt nach einem Besuch mehrerer lateinamerikanischer Staaten im Oktober 1968 zum Ausdruck, daß die freundschaftlichen Beziehungen zu den teilweise vor schwierigsten Sozialfragen stehenden Ländern Mittel- und Südamerikas weiter auszubauen seien *.

---

* Bundesaußenminister Brandt in der Zeitschrift »Moderne Welt«, November 1968: »Nach einer Reise durch Lateinamerika«.

Ganz allgemein war das Verhältnis zu Asien, Afrika, Mittel- und Südamerika durch eine Realität bestimmt: durch die Tatsache, daß sich die Bundesrepublik als Staat ohne Führungsanspruch bei ihrem Bemühen um einen Ausgleich der Wohlstandskluft zwischen der nördlichen und der südlichen Hemisphäre allein von der Überlegung leiten lassen konnte, wo und wann ihre Hilfe für die Entwicklung des Empfängerlandes und für die künftigen bilateralen Beziehungen den größten Erfolg versprach. Sie brachte ihr Verständnis für die Dritte Welt anläßlich der Konferenzen blockfreier Staaten in Belgrad (1961) und Kairo (1964) zum Ausdruck (vgl. Dok. 189). Sie setzte sich immer wieder für einen weltweiten Schutz und eine weltweite Sicherung der Menschenrechte ein, so auf der Teheraner VN-Konferenz aus Anlaß des »Jahres der Menschenrechte 1968« (Dok. 243). Wenn es in diesem Zusammenhang eine besondere moralische Verpflichtung für die Bundesrepublik gab, dann die große Aufgabe, den Tendenzen territorialer Aufsplitterung (vgl. den Fall Kongo, Dok. 166), vor allem aber dem Rassenkampf und der unterschiedlichen Behandlung der Rassen entgegenzuwirken (Dok. 274).

Dabei war auch davon auszugehen, daß die Tatsache des Handels mit bestimmten Gebieten Afrikas mitunter Probleme aufwarf und auf mangelndes Verständnis stieß. Im Falle Südrhodesiens folgte die Bundesrepublik den Embargo-Beschlüssen des Weltsicherheitsrates (1966 und 1968; Dok. 258). Zu der grundsätzlichen Problematik stellte Bundesaußenminister Brandt am 16. Mai 1968 mit Blick auf die Wirtschaftsbeziehungen zu Südafrika und zu den portugiesischen Gebieten fest: Diese Beziehungen hätten eine lange Tradition.

»Als ein auf Export angewiesener Industriestaat müssen wir auch die Interessen unserer Wirtschaft wahren ... Wir haben außerdem seit langem die Erfahrung gewonnen, daß man Handel und Politik nicht ohne Not koppeln soll. Deshalb sind wir für den Ausbau der Wirtschaftsbeziehungen selbst zu solchen Staaten, mit denen wir erhebliche politische Kontroversen haben« (Dok. 245).

Schließlich durfte bei der Entwicklung solcher Wirtschaftsbeziehungen nicht übersehen werden, daß sie den Infrastrukturen bestimmter kolonialer Bereiche zugute kam (Dok. 299), deren Fehlen in anderen Fällen von der einheimischen Bevölkerung der betroffenen Gebiete bitter beklagt worden war. Unabhängig davon lehnte die Bundesregierung stets, wie das auch Bundeskanzler Brandt in seiner ersten Regierungserklärung vom 28. Oktober 1969 tat,

»jede Form von Diskriminierung, Unterdrückung und fremder Beherrschung ab, die das friedliche Zusammenleben der Völker in unseren Tagen immer wieder von neuem gefährden«.

Der Pflege der bilateralen Beziehungen zu den Staaten dieser Kontinente dienten vor allem die Besuche führender Politiker der Bundesrepublik *, dann aber auch die Besuche von Staats- und Regierungschefs aus diesen Ländern in der Bundesrepublik **. Viel trug der zweite deutsche Bundespräsident, Dr. Heinrich Lübke, während seiner Amtszeit von 1959 bis 1969 dazu bei, daß sich die bilateralen Beziehungen enger gestalteten und bei den von ihm besuchten Völkern und Regierungen das Verständnis für die Bundesrepublik wuchs (Dok. 161).

* Zur Auslandsreisetätigkeit der Bundespräsidenten und Bundeskanzler vgl. die Tabellen 18 und 19.
** Staatsbesuche ausländischer Staatsoberhäupter in der Bundesrepublik, vgl. Tabelle 20.

Entscheidend blieb die Art und Weise, wie die Bundesrepublik die Probleme des Sozialgefälles Nord/Süd zu behandeln wußte. Dabei mußten Prioritäten gesetzt werden; dies hatte nicht nur unter dem Aspekt des gezeigten Verständnisses für die aus der deutschen Teilung herrührenden Probleme zu geschehen. Die Handhabung der Entwicklungspolitik war von Anbeginn an auch die Handhabung der Kunst des finanziell Möglichen. Zu dieser Problematik nahm der Parlamentarische Staatssekretär im Auswärtigen Amt, Gerhard Jahn, in einem Vortrag am 10. Juli 1968 Stellung: Wer wolle Schwerpunkte setzen, einer Region vor der anderen den Vorzug geben? Regionale Schwerpunktbildung bedeute,

>innerhalb der Regionen Prioritäten zu setzen, unsere Bemühungen ... zu begrenzen auf die wichtigsten, für die Zukunft ihres Kontinents entscheidenden Zentren der Entwicklung, ohne die anderen dabei völlig zu vernachlässigen«.

Die Tabellen 31 bis 34, ferner die Karte 20 geben Auskunft darüber, was seit Mitte der 50er Jahre auf dem Gebiet der deutschen Hilfe für die Entwicklungsländer geschehen ist. Aus Tabelle 26 gehen die finanziellen Leistungen der Bundesrepublik für die Vereinten Nationen hervor, die in den meisten Fällen einer Besserung der Verhältnisse in der Dritten Welt zugute kommen. Hilfe wurde auch in multilateraler Zusammenarbeit mit anderen Organisationen und im Rahmen anderer Organisationen gegeben. Seit 1960, dem Gründungsjahr der internationalen Entwicklungsorganisation (IDA), einem Tochterinstitut der Weltbank, war die Bundesrepublik Deutschland mit einem erheblichen Einsatz am Grundkapital dieser Organisation – gegenwärtig fast 10 % – beteiligt. In dem 1960 gegründeten Entwicklungsausschuß der OECD, der zum Zentrum der Koordination zwischen den westlichen Geberländern geworden ist, wirkte die Bundesrepublik seit Beginn mit. Im Rahmen der EWG trat sie für eine Assoziierung afrikanischer und anderer Staaten ein, so für die der frankophonen Länder Afrikas in den Abkommen von Jaunde vom 20. Juli 1963 und vom 29. Juli 1969 (Dok. 272), für eine Assoziierung Kenias, Tansanias und Ugandas im Abkommen von Arusha vom 24. September 1969 (Dok. 276), für die Assoziierung Marokkos und Tunesiens durch Abschluß solcher Abkommen am 1. September 1969 (Liste aller Assoziierungs- und Präferenz-Abkommen der Europäischen Gemeinschaft: siehe Anmerkung zu Dok. 272).

5. Aktive Entwicklungspolitik

Wenn es einen Bereich der Außenpolitik der Bundesrepublik gibt, dessen künftige Umrisse sich bereits heute vorausahnen lassen, dann der des Zusammenhangs von Außen- und Entwicklungspolitik (Dok. 261). Bundesaußenminister Brandt hat noch vor seiner Wahl zum Bundeskanzler in einer Rede vor der Friedrich-Ebert-Stiftung in Bad Godesberg am 26. Juni 1969 unter Anspielung auf die Nord-Süd-Problematik, die die bestehenden Ost-West-Spannungen teilweise zu überlagern und zu verschieben beginne, die neuen und umfassenden Aufgaben der deutschen Außenpolitik in bezug auf die Entwicklungspolitik wie folgt näher umrissen:
– Die Entwicklungspolitik könne und müsse einen Beitrag zum weltweiten Bemühen um den Abbau von Spannungen leisten.

- Die Entwicklungspolitik müsse sich bemühen, die wirtschaftliche Situation und die soziale Struktur der Entwicklungsländer so zu verbessern, daß es ihnen aus eigener Kraft möglich sei, den Anschluß an die Industrienationen zu finden.
- Die Entwicklungspolitik beeinflusse auch das Deutschlandbild, das in der Welt entstehe. Unser Verhalten als Partner präge sowohl in den jungen Nationen als auch in den anderen Ländern die Vorstellungen über unser Land.
- Die Entwicklungspolitik trage natürlich auch dazu bei, Handelspartner zu gewinnen. Die Länder der Dritten Welt seien unsere »Partner von morgen«. Zu Recht werde deshalb darauf hingewiesen, daß unsere eigene wirtschaftliche Stabilität und die Sicherheit unserer Arbeitsplätze von einer langfristig erfolgreichen Entwicklungspolitik abhingen.

Diese Hinweise konnten sich unter anderem auch auf die Tatsache beziehen, daß die Bundesrepublik bereits im Jahre 1967 das von der Ersten Welthandelskonferenz 1964 in Genf gesteckte Ziel, jährlich ein Prozent ihres Volkseinkommens als Nettoleistung aus öffentlichen und privaten Quellen an die Entwicklungsländer zu geben, erreicht hatte. Auf der Zweiten Welthandelskonferenz in New Delhi (Februar/März 1968) sprach sich die Bundesrepublik als einer der ersten Staaten für eine Aufforderung an die Industrieländer aus, ein allgemeines Zollpräferenzsystem zugunsten der Entwicklungsländer zu schaffen (Dok. 237). In den Jahren 1968 und 1969 überschritten ihre Nettoleistungen das auf dieser Konferenz neugesetzte Ziel von 1 % des Bruttosozialproduktes.

Am 20. Februar 1969 berief der Präsident der VN-Vollversammlung daher die Bundesrepublik Deutschland mit gutem Grund – gegen Widerstände aus dem Ostblock – in den »Vorbereitenden Ausschuß der VN für die zweite Entwicklungsdekade«, der von April 1969 bis Juni 1970 eine Planung für die zweite Entwicklungsdekade ausarbeitete (Dok. 289). Zu ihrem Beginn erklärte die Bundesregierung, sie werde

»zu einer gemeinsamen Strategie der Entwicklungslasten beitragen ... Die Bundesregierung wird sich bemühen, das dort vorgesehene Ziel für die öffentlichen Leistungen an der Entwicklungshilfe durch eine Steigerungsrate von durchschnittlich 11 % im Jahr zu erreichen ... Ebenso wollen wir den Handel der Entwicklungsländer fördern.«

Wenn in diesen Äußerungen gewissermaßen die Konzeption einer »Sozialen Außenpolitik«, d. h. die in erster Linie soziale Zielsetzung der deutschen Außenpolitik gegenüber der Dritten Welt, zum Ausdruck kam, dann in der Erkenntnis, daß der Frieden künftig in der letzten Konsequenz nur durch den Abbau sozialer Spannungen in der Welt gewährleistet werden könne.

Gewiß ergaben sich auch Schwierigkeiten im Zuge der Verwirklichung dieser Konzeption, die – wie es ein Kabinettsbeschluß vom 11. Februar 1971 feststellte – als Teil der Gesamtpolitik nach wie vor »mit anderen Zielsetzungen der Bundesregierung abgestimmt werden« muß (Dok. 314). Im Zuge der noch darzustellenden innerdeutschen Gespräche der Jahre 1970 und 1971, die auch von einem Zusammenhang zwischen einer Aufwertung der DDR und z. B. der Schaffung humanitärer Erleichterungen im innerdeutschen Verkehr ausgingen, konnte es nicht ausbleiben, daß eine Aufwertung der DDR durch dritte Staaten v o r erfolgreichem Abschluß der innerdeutschen Gespräche das Verhältnis dieser Staaten zur Bundesrepublik belastete (Dok. 323).

Unter ihnen stellte Guinea – vgl. Dok. 309 – wegen der besonders unerfreulichen Begleitumstände des später erfolgten Abbruches der Beziehungen durch Präsident Sékou Touré im Januar 1971 einen extremen Sonderfall dar. In all diesen Fällen nahm die Bundesregierung folgende Haltung ein:

– sie brach von sich aus die diplomatischen Beziehungen nicht ab;
– sie erklärte sich unter Ablehnung und Zurückstellung neuer Zusagen weiterhin bereit, eingegangene Verpflichtungen in der Entwicklungshilfe zu erfüllen;
– die deutschen Botschafter wurden nicht mehr automatisch abberufen, da die Bundesregierung sich je nach ihrer Interessenlage die Entscheidung im Einzelfall vorbehielt.

Auch in dieser Praxis drückte sich die selbst auferlegte Verpflichtung der Bundesrepublik zu verantwortungsbewußtem Handeln in einer Epoche sich grundlegend wandelnder gesellschaftspolitischer Verhältnisse in der Welt aus *.

Überhaupt konnte die sich seit Mitte der 60er Jahre immer deutlicher abzeichnende Erscheinung weltweiter sozialpolitischer Unruhen in ihrer konkreten Bedeutung für die Außenpolitik der Staaten nicht frühzeitig genug erkannt und die Behebung der Ursachen dieser Unruhe nicht rechtzeitig genug in Angriff genommen werden. Neben anderem hat auch die Besorgnis über die möglichen Folgen dieser gesellschaftspolitischen Unsicherheiten bewirkt, daß sich die Bundesrepublik mit wachsendem Nachdruck für den Schutz der Rechte des Individuums, für den Schutz der Menschenrechte einsetzte und, wo immer dies nötig und möglich war, gegen eklatante Beispiele der Rassendiskriminierung Stellung nahm, nachdem sie den entsprechenden internationalen Vereinbarungen schon frühzeitig beigetreten war (Dok. 49). Bestimmte Vorgänge in der Dritten Welt, die – hervorgerufen durch gesellschaftspolitische Spannungsverhältnisse – z. B. in Lateinamerika Angehörige des Auswärtigen Dienstes der Bundesrepublik in tragische Situationen brachten (Dok. 297) und zur Ermordung des deutschen Botschafters in Guatemala, Graf von Spreti, führten, sprachen ihre eigene Sprache (Dok. 292).

Insofern war eine verständnisvolle Politik gegenüber der Dritten Welt und überhaupt eine den humanitären Verpflichtungen aufgeschlossene politische Praxis die beste Politik, die die Bundesregierung im Interesse einer langfristigen Gewährleistung der eigenen Sicherheit durchführen konnte.

---

* Die Zentralafrikanische Republik, die am 18. April 1970 diplomatische Beziehungen zur DDR aufgenommen hatte, suspendierte am 10. Jahrestag des Mauerbaus, am 13. August 1971, diese Beziehungen bis zu dem Zeitpunkt, zu dem die DDR ihre Probleme mit der Bundesrepublik Deutschland geklärt habe.

VIII. Auswärtige Kulturpolitik

1. Humanisierung der Politik

Gerade dieses Auftauchen neuer politischer Aufgaben bei der Pflege der Beziehungen zu den Entwicklungsländern zeigte, daß eine Außenpolitik, die sich lediglich in der Gestaltung zwischenstaatlicher Beziehungen erschöpfte, auf lange Sicht keine gute, weil menschlich und politisch unvollständige Außenpolitik sein konnte. In einer Zeit, die im Zeichen einer Kompetition der Gesellschaftssysteme steht und die in jeder Hinsicht einem raschen Wandel unterworfen ist, wird die Hilfestellung bei der Pflege menschlicher Beziehungen fester Bestandteil des politischen Auftrags jeder Regierung. Indem sich die Bundesregierung entsprechend verhielt, trug sie auch einer in der deutschen Öffentlichkeit, vor allem in der Jugend, weitverbreiteten Grundstimmung Rechnung. Bundesaußenminister Brandt sah sich durch die Begleitumstände des Bürgerkrieges in Nigeria am 26. September 1968 veranlaßt, vor dem Deutschen Bundestag auf diese politisch sehr bedeutsame Problematik einzugehen. Dieser Krieg in Nigeria/Biafra erfülle weite Kreise des deutschen Volkes mit tiefer Sorge und lasse sie in besonderem Maße empfinden,

>»wieweit wir noch von einer gesitteten Weltordnung entfernt sind, wie sehr wir die Grenzen unseres eigenen unmittelbaren Einflusses erkennen müssen und wie leicht es ist – ich sage es noch einmal –, einem Gefühl der Ohnmacht und der Verzweiflung zu erliegen.

Nun hat es ja an der Bereitschaft zu humanitärer Hilfe bei uns in der Bundesrepublik nicht gefehlt, und daran soll es auch weiterhin nicht fehlen. Die Bundesregierung hat das Ihre getan, und sie wird das weiterhin tun, aber wir sind auch – und das ist draußen nicht genügend bekannt – politisch nicht untätig geblieben. Und doch hat es uns bedrückt, daß die Formel von der Nichteinmischung, wenn man sie richtig versteht, sogar als Gleichgültigkeit mißverstanden werden konnte, daß unser Schweigen zur Mitschuld werden konnte, zur Mitschuld daran, daß aus sogenannten vitalen Interessen der Mächtigen die Todesursache der Schwachen wird, daß Hunderttausende Frauen und Kinder mit ihrem Leben bezahlen müssen, wo die ostwestliche Interessenpolitik in die Irre führt und wo internationale Organisationen versagen.«

Gerade aus solchen Überlegungen ergab sich die Notwendigkeit, ja der Zwang zu dem Versuch einer »Humanisierung des Politischen«, der sich ganz allgemein im Bereich einer Pflege der internationalen Zusammenarbeit widerspiegelte (Dok. 315). Besonders sichtbar wurde dieses Bemühen auch in dem Zusammenwirken von Kirche und Staat bei der Auseinandersetzung mit den politischen und sozialen Spannungen der Zeit (Dok. 158, 298), dann in der intensiven Pflege internationaler kultureller Beziehungen. Hier entwickelte sich jene Tendenz, die das »Kulturpolitische« zu einer wesentlichen Komponente auch der deutschen Außenpolitik werden ließ. Alle Bundesregierungen haben sich bemüht, der auswärtigen Kulturpolitik im Rahmen einer Wahrnehmung der außenpolitischen Gesamtinteressen den ihr zukommenden Platz einzuräumen (Tabelle 39).

In der auswärtigen Kulturpolitik waren seit der Gründung der Bundesrepublik drei Phasen der Entwicklung festzustellen. In der ersten Phase des Neuanfangs nach der Katastrophe konzentrierte sie sich darauf, die durch Diktatur und Krieg abgeschnittenen kulturellen Kontakte zur Welt neu zu knüpfen und die Förderung der deutschen Sprache wiederaufzunehmen, vor allem aber den früheren Kriegsgegnern zu zeigen, daß das andere und bessere Deutschland Goethes und Thomas Manns in der Bundesrepublik Deutschland weiterlebte. Die zweite Phase, die etwa gegen Ende der 50er Jahre begann, war – bei stark wachsendem Einsatz finanzieller Mittel – gekennzeichnet durch das Bemühen, die kulturelle Präsenz der Bundesrepublik in aller Welt, nicht zuletzt in den unabhängig werdenden Ländern Afrikas und Asiens herzustellen und zu stärken. Auch in dieser Phase stand die Selbstdarstellung im Vordergrund, genauer gesagt die Verbreitung eines Deutschlandbildes, das im Sinne der Deutschlandpolitik der Bundesrepublik wirksam werden sollte. So sagte Bundeskanzler Erhard in seiner Regierungserklärung vom 10. November 1965:

> »Unsere auswärtige Kulturpolitik fördert das Verständnis für Deutschland, indem sie von den Leistungen unserer Zivilisation, der Größe ihrer Tradition, der Lebendigkeit ihrer Gegenwart Kunde gibt ... Wir wollen das Bild Deutschlands, das als Handels- und Industrienation der Welt geläufig ist, durch jene Züge ergänzen, die zum Bild Deutschlands gehören: die Züge des Geistes und der menschlichen Gesinnung.«

Neue Akzente für eine dritte Phase setzte die Regierung Brandt/Scheel zum einen durch eine entschiedene Erweiterung des Kulturbegriffes, zum anderen durch den Entschluß,

> »anderen Völkern neben den unvergänglichen Leistungen der Vergangenheit ein Bild dessen zu vermitteln, was in dieser Zeit des Überganges auch in Deutschland an geistiger Auseinandersetzung und fruchtbarer Unruhe tägliche Wirklichkeit ist« (Regierungserklärung vom 28. Oktober 1969).

2. Kulturelle Zusammenarbeit

Auch in der Kulturpolitik stand zu Beginn neben der Wiederaufnahme bilateraler Beziehungen der Aufbau einer kulturellen Zusammenarbeit auf multilateraler Ebene. Bereits 1951, kurz nach der Neugründung des Auswärtigen Amts, wurde die Bundesrepublik Mitglied der UNESCO als der wichtigsten internationalen Organisation für erzieherische, wissenschaftliche und kulturelle Zusammenarbeit. Nach der geistigen und künstlerischen Isolierung Deutschlands in der Zeit der nationalsozialistischen Gewaltherrschaft eröffnete diese Mitgliedschaft nicht nur die Verbindung und den Austausch mit anderen Nationen; sie erleichterte es vor allem auch der Bundesrepublik, neben dem politischen insbesondere das kulturelle Ansehen wiederzugewinnen.

Die Bundesrepublik Deutschland arbeitet seit diesem Zeitpunkt intensiv in der UNESCO (Dok. 257). Ihrem Exekutivrat hat seit 1956 wiederholt ein deutsches Mitglied angehört. 1959 wurde der Deutschen Botschaft in Paris ein ständiger Delegierter bei der UNESCO zugeteilt. Zu den herausragenden deutschen Beiträgen zur Arbeit der UNESCO zählten nach dem Bau des Assuan-Dammes die Mitarbeit an der Rettung der von dem Assuan-Stausee bedrohten nubischen Kunstdenkmäler von Abu Simbel und der Wiederaufbau des ebenfalls am Nil gelegenen Tempels von Kalabscha.

Neben der Zusammenarbeit auf weltweiter Ebene in der UNESCO wirkte die Bundesrepublik auf regionaler Ebene aktiv im Rat für kulturelle Zusammenarbeit des Europarats und im Wissenschaftsausschuß der NATO mit.

Bilaterale Ansatzpunkte für eine aktive Kulturarbeit wurden erstmalig 1953 geschaffen. Die ersten Kulturreferenten gingen an die Auslandsvertretungen der Bundesrepublik Deutschland; im gleichen Jahre wurde mit den USA das erste Kulturabkommen geschlossen. Von erheblicher politischer Bedeutung war das am 27. Februar 1953 abgeschlossene Kulturabkommen mit Italien, durch das Italien gehörende und in der Bundesrepublik befindliche Kunstwerke zurückgegeben wurden; gleichzeitig ermöglichte das Abkommen den deutschen wissenschaftlichen Instituten in Italien die Wiederaufnahme der in der letzten Kriegszeit abgebrochenen Tätigkeit (Dok. 38). 1955 folgten Kulturabkommen mit Frankreich und Spanien. 1959 kam die bereits erwähnte Vereinbarung über kulturellen, technischen und wirtschaftlichen Austausch mit der Sowjetunion zustande (Dok. 117); sie lief freilich 1961 aus, da sich die Sowjetunion weigerte, West-Berlin in den Geltungsbereich der Vereinbarung einzubeziehen. Gegenwärtig bestehen mit rund dreißig Staaten Kulturabkommen, die die gegenseitigen kulturellen Beziehungen auf eine feste rechtliche Basis stellen (als Beispiel Dok. 311; ferner Tabelle 40).

Auch in anderer Hinsicht wurde das Jahr 1953 für die auswärtige Kulturpolitik der Bundesrepublik bedeutsam, im Bereich des Ausbaus wissenschaftlicher Kontakte vor allem auch jüngerer Wissenschaftler (wie überhaupt dem internationalen Jugendaustausch im weiteren Sinne große Unterstützung zuteil wurde): Erstmalig konnte das Auswärtige Amt damals Wissenschaftlern die Teilnahme an Auslandstagungen und Studienreisen ins Ausland ermöglichen und ausländischen Studenten Stipendien für ein Studium in Deutschland gewähren. 1953 wurde das für die deutsch-amerikanischen Wissenschaftsbeziehungen besonders wichtige Fulbright-Abkommen abgeschlossen, das Austauschmöglichkeiten von Studenten und Wissenschaftlern zwischen beiden Ländern eröffnete.

Vor allem wurde in Bonn die Alexander-von-Humboldt-Stiftung wieder errichtet (1. April 1953), die mit Mitteln des Auswärtigen Amtes jungen ausländischen Wissenschaftlern Studienaufenthalte an Hochschulen der Bundesrepublik Deutschland ermöglichen sollte. Bereits zehn Jahre später vergab die Stiftung 401 Stipendien; der ebenfalls vom Auswärtigen Amt finanzierte Deutsche Akademische Austauschdienst (DAAD) stellte für 1 809 ausländische Studenten Stipendien zur Verfügung. Im gleichen Jahre 1963 gingen finanzielle Zuwendungen an 1 400 ausländische Professoren für einen Studienaufenthalt in der Bundesrepublik. 500 deutsche Professoren konnten an Kongressen im Ausland teilnehmen. 1970 betrug die Zahl der Humboldt-Stipendien 663, die der Stipendiaten des DAAD 3 958.

3. Institutionen – Institute

Im Jahre 1953 wurde schließlich eine Reihe von Forschungsinstituten in deutsche Hände – damals in die Zuständigkeit des Bundesministeriums des Innern – zurückgegeben und damit eine Wiederaufnahme ihrer Arbeit ermöglicht. Diese Einrichtungen, unter anderem das Deutsche Archäologische Institut und seine Zweigstellen im Ausland (1971 in die Zuständigkeit des Auswärtigen Amts übergegangen – vgl. Dok. 317), das Kunsthistorische Institut in Florenz sowie die Biblioteca Hertziana und das Historische Institut in Rom, sind nicht nur im besten Sinne Repräsentanten deutschen kulturellen Lebens, sie sind zugleich Stätten schöpferischer, wissenschaftlicher Tätigkeit und ein Beweis dafür, daß sich kulturelle Auslandsarbeit nicht in kulturpolitischer Administration zu erschöpfen braucht.

Wenn bei diesen Forschungsinstituten der Auftrag wissenschaftlicher Forschung im Mittelpunkt der Bemühungen stand, so bei den Kulturinstituten, die seit 1955 durch das Auswärtige Amt als bundeseigene Institute errichtet wurden, die Begegnung zwischen deutschem Geistesleben und dem Geistesleben des Partnerlandes. Um das Auswärtige Amt zu entlasten, wurden diese Kulturinstitute später dem Goethe-Institut zur Pflege deutscher Sprache und Kultur e. V. in München als Zweigstellen angegliedert (Dok. 273), das in enger Zusammenarbeit mit dem Auswärtigen Amt zum wichtigsten Träger kulturpolitischer Kontaktpflege im Ausland wurde. Das Goethe-Institut unterhält zur Zeit 119 Zweigstellen in aller Welt, die jährlich etwa 70 000 erwachsenen Ausländern deutsche Sprachkenntnisse vermitteln.

Die deutschen Auslandsschulen sollen gleichfalls der Verbreitung deutscher Sprache und deutschen Geistesgutes im Ausland dienen. Manche hatten den Krieg überdauert, vielerorts gründeten ansässige Deutsche von neuem Deutschklassen. Sie alle nahmen nach der Gründung des Auswärtigen Amtes und seiner Kulturabteilung wieder die Verbindung zu Deutschland auf. 1953 bestand bereits Kontakt mit fünfzig deutschen Auslandsschulen. Aus ihnen wurden 1963 128 Anstalten mit 1 023 Lehrkräften und 54 000 Schülern. Für 1971 lauten die Zahlen 250 Schulen, 1 450 entsandte Lehrkräfte, 75 000 Schüler.

Als institutionelle Mittler der deutschen Sprache standen somit Institute und Schulen an erster Stelle. Der Blick auf die Karte zeigt, welche Bedeutung der weltweiten Präsenz der Zweigstellen des Goethe-Instituts und der deutschen Auslandsschulen für die Verbreitung der Kenntnis der deutschen Sprache und der Vertrautheit mit dem deutschen kulturellen Leben zukommt (Karten 18 und 19).

4. Kulturelle Selbstdarstellung

Ein weiterer Schwerpunkt kultureller Auslandsarbeit lag im Bereich der unmittelbaren Darstellung des deutschen Kulturlebens durch Buch, Kunst und künstlerische Darbietung. 1953 begann das Auswärtige Amt mit der Verbreitung deutschsprachiger Bücher im Ausland, veranstaltete Buchausstellungen in Madrid, Kopenhagen und Mailand und stellte deutsche Bücher ausländischen Institutionen kostenlos zur Verfügung. 1963 ging es dazu über, deutsche Literatur auch in fremdsprachigen Übersetzungen zu verbreiten. Die Werbung durch und für das deutschsprachige Buch wurde

Dr. Gerhard Schröder
Bundesminister des Auswärtigen 1961–1966

Walter Scheel
Bundesminister des Auswärtigen
seit dem 22. 10. 1969

im großen Umfang Organisationen übertragen, an der Spitze Inter Nationes, dem Goethe-Institut, der Martin-Behaim-Gesellschaft, der Deutschen Forschungsgemeinschaft und dem Institut für Auslandsbeziehungen. 1970 förderte das Auswärtige Amt 14 repräsentative und 18 kleinere Buchausstellungen in 42 Städten des Auslandes.

Um ein möglichst wirklichkeitsgetreues, umfassendes Bild des deutschen Kulturlebens dem Ausland zu vermitteln, wurden darüber hinaus die darstellenden Künste als Mittel auswärtiger Kulturpolitik eingesetzt. Schon 1953 finanzierte das Auswärtige Amt Gastspiele der »Deutschen Oper Berlin« in Rio de Janeiro und der Berliner Philharmoniker in England. Seither reisten amtlich unterstützte Ensembles der Bundesrepublik in alle Erdteile: so das Hamburger Schauspielhaus und das Stuttgarter Ballett nach den USA, der Münchener Bach-Chor nach Japan, das Münchener Kammerorchester nach Südafrika, zahlreiche andere Ensembles in viele Staaten in und außerhalb Europas. Unabhängig hiervon war das Auswärtige Amt interessiert, auch Künstlern aus Entwicklungsländern die Möglichkeit zu geben, in der Bundesrepublik aufzutreten und damit Verbindungen mit Deutschen anzuknüpfen; so kamen 1962 erstmals Tanzgruppen aus Guinea und Ghana in die Bundesrepublik. Deutsche Filme wurden in großer Zahl in den Gastländern aufgeführt; die deutschen Beiträge zu Filmfestspielen – sie erreichten 1969 mit 44 Festspielen ihren Höhepunkt – erhielten amtliche Unterstützung.

Als besonders attraktiv erwiesen sich die allgemeinen Kunstausstellungen. Als Beispiele seien genannt: 1953 eine Ausstellung moderner Kunst in Indien, eine Architektur-Ausstellung in Nord- und Südamerika; »Das Bauhaus« in Sao Paulo 1957 und 1962, in Europa und den USA 1969, »Blauer Reiter« in London 1960, »Ernst Barlach« in den USA 1963, »Deutsches Kunsthandwerk« in Kanada 1964, »Impressionisten« in Frankreich, Skandinavien und USA 1967, »Alexander von Humboldt« in Nord- und Südamerika 1969, »Paul Klee« in Belgrad, Prag, Bukarest 1969, »Deutsche Architektur« in Madrid und Tokio 1969.

5. Kulturpolitik im Wandel

Neben die Pflege der deutschen Sprache, die Förderung der deutschen Auslandsschulen und die Unterstützung des internationalen Austauschs von Wissenschaft, Kunst und Literatur trat seit den 60er Jahren zunehmend die kulturelle Zusammenarbeit auf neuen Gebieten. Während das 1961 gegründete Bundesministerium für wirtschaftliche Zusammenarbeit unter Beteiligung des Auswärtigen Amtes Maßnahmen auf dem Gebiet der Bildungshilfe für Entwicklungsländer förderte, konzentrierte sich das Auswärtige Amt vor allem auf den Ausbau der Zusammenarbeit gesellschaftlich wichtiger Gruppen und Medien. Der staatlich geförderte Austausch von Jugend- und Studentengruppen über die Grenzen hinweg wuchs in beachtliche Dimensionen. Neben die Unterstützung kirchlicher Arbeit im Ausland trat die internationale Kooperation in der Erwachsenenbildung. Vor allem über die politischen Stiftungen – Konrad-Adenauer-Stiftung, Friedrich-Ebert-Stiftung, Friedrich-Naumann-Stiftung – entwickelte sich zunehmend ein reger Austausch zwischen den großen politischen und gesellschaftlichen Gruppen: von den Parteien über Gewerkschaften und Genossenschaften bis zu den Trägern der Erwachsenenbildung und der Frauenverbände.

Der internationale Sportverkehr gewann – vor allem auch nach der Wahl München zum Veranstaltungsort der XX. Olympischen Spiele von 1972 (Dok. 291) – rasch an politischer und kultureller Bedeutung. Durch gezielten Einsatz der an sich bescheidenen finanziellen Beiträge widmete sich das Auswärtige Amt erfolgreich der Förderung dieses wichtigen Bereichs des internationalen Kulturaustausches.

So konnte Bundesaußenminister Brandt im Jahresbericht der Kulturabteilung für 1966 mit Recht erklären, daß die auswärtige Kulturpolitik neben der auswärtigen Politik im engeren Sinne und der Außenwirtschaftspolitik zu einem der drei tragenden Pfeiler einer modernen Außenpolitik geworden sei; er nannte dabei die internationale technologische Zusammenarbeit, die Bildungshilfe für Entwicklungsländer und den internationalen Jugendaustausch als besondere Beispiele, die gleichzeitig die enge Verzahnung zwischen der auswärtigen Kulturpolitik und den anderen Bereichen der Außenpolitik deutlich machen.

Will man diese Bemühungen auf einen gemeinsamen Nenner bringen, so war die Bundesrepublik Deutschland im Bereich ihrer auswärtigen Kulturpolitik bemüht, nach Möglichkeit alle Länder der Welt, zu denen sie Beziehungen unterhält, mit deutscher Kultur in ihrer mannigfachen Form in Berührung zu bringen. Gewiß zwang die Begrenztheit der zur Verfügung stehenden Kräfte und finanziellen Mittel zu Schwerpunktbildungen, aber es gab doch wenige Staaten, in denen die Bundesrepublik auf kulturellem Gebiet nicht in Erscheinung getreten wäre.

Der Wunsch, begründeter sachlicher Kritik Rechnung zu tragen und auswärtige Kulturpolitik so zu gestalten, wie es der fortschreitenden Änderung der politischen und gesellschaftlichen Verhältnisse in der Bundesrepublik Deutschland selbst und in den Zielländern entsprach, machte die stete Überprüfung von Grundsätzen und Methoden notwendig.

In den »Leitsätzen für die Auswärtige Kulturpolitik« der Bundesregierung ist dies geschehen (Dok. 307). Ausgehend von einem gegenüber früher erweiterten Kulturbegriff – »Kultur ist heute nicht mehr ein Privileg elitärer Gruppen, sondern ein Angebot an alle« –, definierten die Leitsätze die Grundlinien und Maßnahmen der auswärtigen Kulturpolitik: Auswärtige Kulturpolitik müsse sich künftig »intensiver als bisher mit den kulturellen und zivilisatorischen Gegenwartsproblemen befassen«, müsse neben den Künsten und der Literatur auch Wissenschaft, Gesellschaft und Technik einschließen und statt einseitiger Selbstdarstellung auf kulturellen Austausch zwischen Deutschland und seinen Partnerländern abzielen: Auf dieser Basis solle sie – und damit wurde ihr der eigentliche Auftrag gestellt – in Richtung auf ihr Ziel wirken, im Gesamtrahmen der Außenpolitik der Bundesregierung

»der Verständigung zwischen den Menschen und so der Sicherung des Friedens zu dienen«.

IX. Außenpolitik in der Gegenwart

1. Ziele der Friedenspolitik

Die Außenpolitik der Bundesregierung ist seit Formulierung der Friedensnote vom 25. März 1966 und seit Bildung der Großen Koalition 1966, vor allem seit Bildung der SPD/FDP-Koalition 1969 betont als Friedenspolitik definiert worden *.

Friedenspolitik sucht insbesondere auch Politik der Regelung und Lösung von Konflikten zu sein. Die Liquidation der Folgen des Zweiten Weltkrieges, die Lösung der Konflikte, die die Bundesrepublik Deutschland als Erbe des Dritten Reiches vorgefunden hatte, war eine Hauptaufgabe aller Bundesregierungen. Der Auftrag konnte im Verhältnis zu den westlichen Ländern erfolgreich erfüllt werden. Vor allem die Vertragswerke der 50er Jahre und der deutsch-französische Vertrag vom 22. Januar 1963 waren als solche auch Ergebnisse einer Politik der Konfliktregelung. Wenn sich die Bundesregierung nochmals solchen Aufgaben zu stellen hatte, dann im Verhältnis zu den östlichen Nachbarn; hinzu kam freilich auch die Notwendigkeit, allianzinterne Probleme zu lösen, die im Falle einer unzureichenden Bewältigung den Anstoß zu einer Isolierung der Bundesrepublik geben konnten. Die nächstliegende Aufgabe der Bundesregierung war es, dieses Risiko nicht entstehen zu lassen in der Erkenntnis, daß ihre Bewegungsfreiheit um so größer sein mußte, je weniger die westliche Allianz vor unbewältigten Europa- und Bündnisproblemen stand.

Ungelöste Fragen im bilateralen Verhältnis zum Westen, d. h. ungelöste Fragen im klassischen Sinn, waren nicht mehr zu verzeichnen. Durch die Verabschiedung der Notstandsgesetzgebung am 30. Mai 1968 wurde es möglich, bestimmte Vorbehalte der Drei Mächte, die sich aus dem Interesse an der Sicherheit der alliierten Truppen in der Bundesrepublik ergaben (Dok. 218), abzubauen; damit wurde auch in diesem Bereich die deutsche Souveränität hergestellt. Der dritte Bundespräsident, Gustav Heinemann, suchte seit 1969 bei seinen Reisen in die deutschen Nachbarländer besonders auch das psychologische Klima zu verbessern (vgl. z. B. Dok. 280). Die Bundesrepublik Deutschland war darüber hinaus um die Pflege der Kontakte in allen den Fällen bemüht, wo – wie im Falle Spaniens, dessen Außenminister Lopez Bravo im Dezember 1970 die Bundeshauptstadt besuchte – eine im eigentlichen Sinne des Wortes traditionelle Verbindung bestand. Schließlich hatte sie alle westlichen Grenzfragen in den vergangenen Jahrzehnten erfolgreich gelöst. Eine letzte Komplikation, die sich aus der weltweiten Tendenz, die Hoheitsgrenzen auch im küstennahen Meeresbereich zu definieren, in der zweiten Hälfte der 60er Jahre ergeben hatte – die Frage der Abgrenzung des Festlandsockels unter der Nordsee –, wurde nach einem vorangegangenen Grundsatzurteil des Haager Gerichtshofes im Wege von Verhandlungen mit den Nachbarländern Dänemark und den Niederlanden am 28. Januar 1971

---

* (u. a. Dok. 263, 266, 278).

durch die Unterzeichnung von Verträgen über die Abgrenzung des um etwa 12 000 qkm erweiterten deutschen Anteils bereinigt (Dok. 195, 312, Karte 15).

Andere Probleme, die insbesondere auch für das Verhältnis zur öffentlichen Meinung im Westen relevant waren, ergaben sich aus der innenpolitischen Entwicklung der Bundesrepublik. Das vorübergehende Anwachsen der Nationaldemokratischen Partei (NPD) in der zweiten Hälfte der 60er Jahre sowie die innerdeutsche Diskussion, die sich mit der Problematik der auslaufenden Gesetzgebung in der Frage der Verjährung nationalsozialistischer Straftaten auseinandersetzte, hatten auch außenpolitische Rückwirkungen (Dok. 262, 268). Diese Problematik gehörte der Vergangenheit an, als am 4. August 1969 von der Regierung der Großen Koalition bestimmte Straftaten aus der Verjährung herausgenommen wurden und der NPD im September 1969 der Einzug in den neuen Bundestag nicht gelang (Tab. 5 und 6).

Komplexer waren die Probleme, die aus der Anwesenheit in Deutschland von über zwei Millionen Gastarbeitern * aus etwa 30 Ländern, vor allem aus dem europäischen Süden (an erster Stelle Italien, Spanien, Jugoslawien, Griechenland, Türkei), und von Tausenden ausländischer Studenten, insbesondere auch aus den Entwicklungsländern, z. B. aus dem Iran, resultieren konnten **. Die von diesen Gruppen gelegentlich importierten ungelösten Probleme ihrer Heimat haben wiederholt dazu geführt, daß die Beziehungen der Bundesrepublik zu den jeweiligen Heimatländern aufgrund innerdeutscher Vorkommnisse, an denen in einigen Fällen auch sympathisierende deutsche Kreise beteiligt waren, belastet wurden. Immer wieder hatte sich die Bundesregierung mit dieser Problematik auseinanderzusetzen (Dok. 254).

Aber auch diese Probleme wogen letzten Endes nicht zu schwer neben denjenigen Aufgaben, die sich aus dem unbefriedigenden Verhältnis der osteuropäischen Staaten zur Bundesrepublik ergaben, wie es sich vor allem immer wieder an dem neuralgischen Punkt Berlin manifestierte – so in der Unterbrechung der Passierscheinbesuche in Ostberlin seit Pfingsten 1966, dann im Juni 1968 nach der Einführung eines Paß- und Sichtvermerkzwanges der DDR für den gesamten Landverkehr zwischen der Bundesrepublik und West-Berlin (Dok. 246) und im Februar/März 1969 anläßlich der Wahl des Bundespräsidenten in Berlin durch die Bundesversammlung (5. März 1969), die dorthin wie 1954, 1959 und 1964 einberufen worden war (Dok. 259, 260). In jedem dieser und ähnlichen Fällen mußte sich der Bundesregierung die Frage aufdrängen, welche Beiträge die Bundesrepublik für eine Entwicklung der Beziehungen zwischen Ost und West leisten konnte, die die Bezeichnung »Entspannung« verdiente und zu einer Überwindung der Spaltung Deutschlands beitrug. Vor diesem Hintergrund ist die deutsche Behandlung der Fragen »Abrüstung« und »Gewaltverzicht« in dieser Phase zu werten.

2. Nichtverbreitung von Kernwaffen und Gewaltverzicht

In der zweiten Hälfte der 60er Jahre war die Diskussion der Abrüstungsfrage nahezu identisch mit derjenigen des Problems der Nichtverbreitung von Kernwaffen (Dok. 223). Was die Bundesrepublik selbst anging, so hatte sie bereits mit dem im WEU-

* Am 30. Juni 1971 2 168 700 Gastarbeiter (mit Familienangehörigen rund 3 Millionen Ausländer).
** Gesamtzahl der an Hochschulen der Bundesrepublik studierenden Ausländer am 31. Dezember 1970: 24 763.

Vertrag von 1954 ausgesprochenen Verzicht auf die Herstellung von nuklearen, biologischen und chemischen Waffen einen konstruktiven Beitrag zur Eindämmung der Gefahren geleistet, die von der fortdauernden Existenz der Massenvernichtungswaffen für die Menschheit ausgingen. Von der gleichen Zielvorstellung war ihre Politik in der Nichtverbreitungsfrage bestimmt (Dok. 225). In diesem Geist nutzte die Bundesregierung die Möglichkeit, auf die Verhandlungen, die teils auf der Genfer Abrüstungskonferenz, teils direkt zwischen den Vereinigten Staaten und der Sowjetunion geführt wurden, im bilateralen Gespräch mit ihren Verbündeten und im Rahmen der NATO-Konsultationen einzuwirken. Sie wünschte, wie dies Bundesaußenminister Brandt am 27. April 1967 ausführte, vor allem vier Grundsätze in einem weltweit akzeptablen Nichtverbreitungsvertrag berücksichtigt zu sehen:

- Der Vertrag solle die friedliche Nutzung der Kernenergie fördern; er dürfe kein Monopol der Kernwaffenstaaten im friedlichen Bereich begünstigen.
- Der Vertrag solle eine nukleare Abrüstung auch der Kernwaffenmächte vorbereiten und damit der Entspannung dienen.
- Der Vertrag dürfe keine Handhabe bieten, die zukünftige Einigung Europas zu stören.
- Der Vertrag dürfe die Sicherheitsinteressen der Nichtnuklearmächte und insbesondere ihr Recht auf kollektive Selbstverteidigung nicht beeinträchtigen.

Bei der Frage der Kontrollbestimmungen ging es der Bundesregierung vor allem darum, die nicht diskriminierende EURATOM-Kontrolle zu erhalten.

Der Vertragstext, der am 1. Juli 1968 unterzeichnet wurde, trug weitgehend diesen Gesichtspunkten Rechnung. Dennoch war eine Reihe von Fragen offengeblieben. Die Bundesregierung hielt es unter diesen Umständen für richtig, ihren Standpunkt in der Non-Proliferationsfrage auch auf der Konferenz der Nichtkernwaffenstaaten (Genf, September 1968) vorzutragen. Bundesaußenminister Brandt unterstrich am 3. September 1968, daß die Bundesrepublik bereit und willens sei, einen konstruktiven Beitrag zur nuklearen Abrüstung und zur internationalen Sicherheit zu leisten (Dok. 251).

Auf Initiative der Bundesrepublik verabschiedete die Konferenz eine Resolution, in der die Unteilbarkeit des Gewaltverbots der VN-Charta, das Recht eines jeden Staates auf Gleichheit, Souveränität, territoriale Unversehrtheit, Nichteinmischung in innere Angelegenheiten und Selbstbestimmung sowie das Recht auf individuelle und kollektive Selbstverteidigung bekräftigt und die Nuklearmächte ersucht wurden, auch ihrerseits diese Grundsätze zu bekräftigen. Die deutsche Delegation legte schließlich am 13. September – in den Abschlußresolutionen später berücksichtigte – Vorschläge über Sicherungsmaßnahmen vor, die insbesondere das Prinzip einer Spaltstoff-Flußkontrolle an strategischen Punkten betrafen, mit der eine rationelle und wirksame Kontrolle ermöglicht, gleichzeitig aber die Wettbewerbsfähigkeit der deutschen Wirtschaft geschützt werden sollte.

Darüber hinaus war die Bundesregierung mehrfach bemüht, in den für sie wesentlichen Punkten des Vertrages befriedigende Klarstellungen herbeizuführen. Wichtig war in diesem Zusammenhang, daß es bei ihrer letzten Initiative im August 1969 gelang, eine amerikanische und später auch eine britische Erklärung herbeizuführen, daß der Vertrag die Sicherheitsvorkehrungen der Atlantischen Allianz nicht berühre und mit den Zielen der europäischen Einigung vereinbar sei.

Die neue Bundesregierung Brandt – Bundesaußenminister der frühere Bundesminister für wirtschaftliche Zusammenarbeit Scheel – stellte unter diesen Umständen in Beantwortung einer Großen Anfrage der CDU/CSU-Bundestagsfraktion am 12. November 1969 fest, daß ein deutscher Beitrag zum Nichtverbreitungsvertrag die Voraussetzung dafür schaffe, in Verhandlungen mit der International Atomic Energy Organization (IAEO) eine annehmbare Verifikationsregelung zu erreichen. Hinsichtlich anderer Punkte sei es nicht realistisch und nicht klug, über die von den Verbündeten gegebenen Interpretationen hinaus Zusicherungen zu fordern; insbesondere könne die (in der Großen Anfrage angesprochene) Problematik der sogenannten Feindstaatenklauseln der VN-Charta nicht im Zusammenhang mit dem NV-Vertrag, sondern nur im Rahmen eines Gewaltverzichts geregelt werden.

Am 28. November 1969 unterzeichnete daher die Bundesregierung in London, Moskau und Washington den Vertrag, wobei sie gleichzeitig festhielt, daß mit der Unterzeichnung des Vertrages keine völkerrechtliche Anerkennung der DDR verbunden sei. In einer den Depositarregierungen übermittelten Note und Erklärung wies sie darauf hin, sie gehe bei der Unterzeichnung davon aus,

»daß der Vertrag der Bundesrepublik Deutschland gegenüber so ausgelegt und angewendet wird wie gegenüber den anderen Vertragsparteien,

daß die Sicherheit der Bundesrepublik Deutschland und ihrer Verbündeten weiterhin durch die NATO oder ein entsprechendes Sicherheitssystem gewährleistet bleibt,

daß die Resolution Nr. 255* des Sicherheitsrats der Vereinten Nationen sowie die dieser zugrunde liegenden Absichtserklärungen der Vereinigten Staaten, der Sowjetunion und Großbritanniens uneingeschränkt auch für die Bundesrepublik Deutschland gelten,

daß der Vertrag den Zusammenschluß der europäischen Staaten nicht behindert,

daß die Vertragsparteien die im Vertrag vorgesehenen Abrüstungsverhandlungen, insbesondere auf dem Gebiet der nuklearen Waffen, alsbald aufnehmen werden«
(Dok. 281).

Zum Termin der Ratifizierung des Vertrages, dessen Bestimmungen vom Zeitpunkt der Unterzeichnung an angewandt wurden, stellte die Bundesregierung in Abstimmung mit ihren EURATOM-Partnern gleichzeitig fest, daß sie – wie diese auch – den Vertrag erst dann ratifizieren werde, wenn ein befriedigendes Verifikationsabkommen zwischen EURATOM und der IAEO zustande gekommen sei.

In der Folgezeit bemühte sich die Bundesregierung im EG-Ministerrat darum, die Voraussetzungen für ein gemeinsames Verhandlungsmandat der EURATOM-Staaten an die Kommission zur Aufnahme dieser Verhandlungen mit der IAEO zu schaffen. Ein entsprechendes Mandat wurde am 20. September 1971 verabschiedet. Gleichzeitig beteiligte sich die Bundesregierung aktiv an der Ausarbeitung des

---

* In Resolution 255 erklärt der VN-Sicherheitsrat am 19. Juni 1968, daß bei einem Atomwaffenangriff gegen einen Atomwaffen nicht besitzenden Staat der Sicherheitsrat und seine Mitgliedsatommächte sofort Gegenmaßnahmen gemäß der VN-Charta ergreifen werden. Der Sicherheitsrat begrüßt außerdem die Absichtserklärung gewisser Staaten, jedem angegriffenen Unterzeichnerstaat des Nichtverbreitungsvertrages sofort Beistand zu leisten.

Musterabkommens der IAEO für den Abschluß der Verifikationsabkommen, das bereits im April 1971 vom Gouverneursrat gebilligt wurde und den von deutscher Seite vorgetragenen Gesichtspunkten weitgehend Rechnung trug. Das Abkommen sollte gleichzeitig als Grundlage für das Verifikationsabkommen zwischen EURATOM und der IAEO dienen, von dessen Abschluß die Ratifikation des NV-Vertrages abhing.

Die Einwirkung auf die Formulierungen des Nichtverbreitungsvertrages war e i n e Richtung, in der sich eine deutsche Politik der Entspannung bewegte; die andere ergab sich aus dem Programm des Gewaltverzichts.

Die Aufnahme diplomatischer Beziehungen zu Rumänien und die Einrichtung von Handelsmissionen der Bundesrepublik in osteuropäischen Ländern hatten sich, wie bereits aus der Darstellung der deutschen Ostpolitik in den 60er Jahren hervorging, nicht als ausreichende Pfeiler für grundlegende Ausgleichsverhandlungen erwiesen. Was unter gegebenen Umständen realisierbar war, lag einerseits im Bereich einer Verbesserung der Beziehungen zwischen den Blöcken, andererseits im Bereich einer Normalisierung der bilateralen Beziehungen, wo dies möglich war. An dieser Überlegung orientierte sich die westliche Allianz, die trotz der bestürzenden Vorgänge, die sich Ende August 1968 in der Tschechoslowakei abgespielt hatten, erkennen ließ, daß die Grundsätze ihrer Entspannungspolitik nicht aufgegeben seien, die mit dem Harmel-Bericht (Brüssel, 14. Dezember 1967) und dem am 25. Juni 1968 gegebenen »Signal von Reykjavik« (NATO-Angebot einer beiderseitigen ausgewogenen Reduzierung der Streitkräfte in Europa: Multilateral Balanced Reduction of Forces = MBFR; vgl. Dok. 247) eingeleitet worden war.

Hatte der MBFR-Vorschlag das Entspannungsproblem auf multilateraler Ebene berührt, so die Gewaltverzichtsvorschläge der neuen Bundesregierung das Entspannungsproblem auf bilateraler Ebene. Das Werk der Versöhnung sei ein Prozeß, sagte Bundeskanzler Brandt in seiner Regierungserklärung am 28. Oktober 1969, und es sei an der Zeit, diesen Prozeß voranzubringen. In diesem Sinne umriß er einen der entscheidenden Grundgedanken der Außenpolitik der neuen Regierung: Diese erstrebe in der Fortsetzung der Politik ihrer Vorgängerin

»gleichmäßig verbindliche Abkommen über den gegenseitigen Verzicht auf Anwendung oder Drohung von Gewalt. Die Bereitschaft dazu gilt ... auch gegenüber der DDR. Ebenso unmißverständlich will ich sagen, daß wir gegenüber der uns unmittelbar benachbarten Tschechoslowakei zu den Abmachungen bereit sind, die über die Vergangenheit hinausführen.

Die Politik des Gewaltverzichts, die die territoriale Integrität des jeweiligen Partners berücksichtigt, ist nach der festen Überzeugung der Bundesregierung ein entscheidender Beitrag zu einer Entspannung in Europa. Gewaltverzichte würden eine Atmosphäre schaffen, die weitere Schritte möglich macht.«

3. Gipfel in Den Haag

Die bei gleicher Gelegenheit abgegebene Erklärung des Bundeskanzlers
»unser nationales Interesse erlaubt es nicht, zwischen dem Westen und dem Osten zu stehen: die Bundesrepublik braucht die Zusammenarbeit und Abstimmung mit dem Westen und die Verständigung mit dem Osten«

deutete bereits an, daß die natürlich gewachsene und im eigentlichen Sinne des Wortes »erlebte« Westorientierung die unerläßliche Voraussetzung einer aktiven Ostpolitik, ja gewissermaßen die eigentliche Garantie für ihren Erfolg war. Die Bundesregierung konnte diesem entscheidenden Orientierungspunkt ihrer Außenpolitik um so größere Bedeutung beimessen, als sie aus den letzten Monaten der Großen Koalition eine positivere Entwicklung in der Europa-Politik übernommen hatte.

Am 22./23. Juli 1969, zwei Monate nach Amtsantritt des neuen französischen Staatspräsidenten Pompidou, hatte die französische Regierung die turnusmäßige Ratstagung der Gemeinschaft mit dem Vorschlag eingeleitet, vor dem Ende der Übergangszeit zum Gemeinsamen Markt, also vor Jahresende, eine Bilanz der zwölf vergangenen Jahre auf höchster politischer Ebene zu ziehen und eine Konferenz der Staats- und Regierungschefs nach Den Haag einzuberufen.

Damit zeichnete sich für die Zukunft der europäischen Zusammenarbeit, auch für die Lösung der britischen Beitrittsfrage eine bessere Aussicht ab. Die Regierungserklärung vom 28. Oktober 1969 wies mit gutem Recht auf die große Bedeutung der bevorstehenden Konferenz der »Sechs« hin. Die Konferenz könne darüber entscheiden, ob

> »Europa in den sachlich miteinander verknüpften Themen, des inneren Ausbaus, der Vertiefung und der Erweiterung der Gemeinschaft, einen mutigen Schritt nach vorn tut oder in eine gefährliche Krise gerät«.

Am 1./2. Dezember 1969 traten die Regierungschefs in der niederländischen Hauptstadt zusammen. Bundeskanzler Brandt umriß die Ziele der deutschen Europa-Politik:

> »Ich halte es für erwünscht, daß wir uns für die außenpolitische Zusammenarbeit zu einem neuen Versuch entschließen. Dies müßte mehr bedeuten, als bloß den Meinungsaustausch innerhalb der WEU wiederaufzunehmen und weiterzuführen... Meine Regierung ist gewillt, den Weg zur Wirtschafts- und Währungsunion zu gehen ... Wir sollten versuchen, uns ein zeitliches Ziel zu setzen für die Errichtung einer Wirtschafts- und Währungsunion im Sinne einer weltoffenen Stabilitätsgemeinschaft« (Dok. 282).

Das Abschlußkommuniqué stellte eine Art Charta für die Endphase der Gemeinschaften dar (Dok. 283). Die Staats- und Regierungschefs bekräftigten die politischen Zielsetzungen, die »der Gemeinschaft ihren ganzen Sinn und ihre Tragweite verleihen...«. Unter den getroffenen Entscheidungen stand für die Bundesregierung an hervorragender Stelle die Zustimmung aller Staats- und Regierungschefs, Verhandlungen zwischen der Gemeinschaft und den beitrittswilligen Staaten zu eröffnen, »soweit sie die Verträge und deren politische Zielsetzung, das seit Vertragsbeginn eingetretene Folgerecht und die hinsichtlich des Ausbaus getroffenen Optionen akzeptieren«. Hinsichtlich der Vollendung der Gemeinschaften wurde beschlossen, Ende 1969 die endgültige Finanzregelung, insbesondere zur Finanzierung der gemeinsamen Agrarpolitik, festzulegen, wobei die Finanzbeiträge der Mitgliedstaaten schrittweise durch eigene Einnahmen der Gemeinschaft ersetzt werden sollten. Durch den gleichzeitigen Ausbau der Haushaltsbefugnisse des Europäischen Parlaments wurde ein ins Auge fallender Ansatzpunkt für eine Integration geschaffen, die nun auch den parlamentarischen Bereich stärker zu erfassen begann.

Zum weiteren inneren Ausbau der Gemeinschaften kamen die Staats- und Regierungschefs überein, im Laufe des Jahres 1970 einen Stufenplan für die Errichtung einer Wirtschafts- und Währungsunion auszuarbeiten und die Möglichkeit eines europäischen Reservefonds prüfen zu lassen. Schließlich wurden die Außenminister, nicht zuletzt auf deutsche Anregung, von den Staats- und Regierungschefs beauftragt zu prüfen, wie in der Perspektive der Erweiterung am besten Fortschritte auf dem Gebiet der außenpolitischen Zusammenarbeit erzielt werden könnten (der auch im Hinblick auf die Gestaltung des Verhältnisses der Gemeinschaft zu Osteuropa zunehmende Bedeutung zukam).

Damit war die Konferenz von Den Haag am Ende der zwölfjährigen Übergangszeit der Gemeinschaft ein vielversprechender Neubeginn, mit dem eine verstärkte Koordinierung und Harmonisierung der Wirtschafts-, Handels- und Währungspolitik der Mitgliedstaaten nach einheitlichen Grundsätzen eingeleitet wurde. Erfreulich war, daß fast gleichzeitig auch auf dem Gebiet der europäischen Zusammenarbeit bei der friedlichen Nutzung der Kernenergie ein größerer Fortschritt erzielt werden konnte.

Am 18. Dezember 1969 schlossen die Bundesrepublik, Großbritannien und die Niederlande ein Abkommen über die Entwicklung und Nutzung des Gaszentrifugenverfahrens für die Urananreicherung und erklärten ihre Bereitschaft, mit anderen Ländern zusammenzuarbeiten (Dok. 285). Auch in diesem Zusammenhang einer Kooperation auf technologisch-wissenschaftlichem Gebiet gewannen die Vorschläge zur Fortentwicklung der Gemeinschaft zu einer Wirtschafts- und Währungsunion ihr eigenes Gewicht, und zwar gerade im Hinblick auf eine Verschmelzung der nationalen Volkswirtschaften in eine europäische binnenmarktgleiche Wirtschaftseinheit. Die Bundesregierung ging dabei davon aus, daß dieses Ziel nur erreicht werden könne, wenn die Wirtschafts- und Währungsunion eine Gemeinschaft der Stabilität und des Wachstums sein werde. Die Bundesregierung setzte auch in der Folgezeit Verständnis für ihren Standpunkt voraus, daß die beste Gewähr für die wirtschaftliche Sicherung der westlichen Gemeinschaft darin liege, eine liberale Wirtschafts- und Währungspolitik zu befolgen.

4. Verhandlungen mit Moskau und Warschau

Eine Woche nach der Konferenz von Den Haag, am 8. Dezember 1969, wurde das deutsch-sowjetische Gewaltverzichtsgespräch erneut aufgenommen (Dok. 284). Nichts konnte Ziel und Orientierung dieser Außenpolitik, in deren Rahmen West- und Ostpolitik ein Ganzes bildeten (Dok. 310), deutlicher und auch überzeugender veranschaulichen als dieser zeitliche Zusammenfall west- und ostpolitischer Aktionen. Indem die Bundesregierung die Initiative gegenüber Moskau unter den selbstverständlichen Vorbehalten des Verbleibens der Bundesrepublik in der Allianz, des Fortgangs der europäischen Einigung und des deutschen Rechts auf Selbstbestimmung einleitete, demonstrierte sie die Geschlossenheit ihrer politischen Konzeption.

Was die Durchführung ihrer auf diese Weise abgesicherten Ostpolitik betraf, war die Bundesregierung entschlossen, der Gestaltung der Beziehungen zu Moskau eine Priorität einzuräumen. Nächstrangiges Ziel war die Verbesserung der Beziehungen zu den anderen osteuropäischen Staaten; dabei kam einer deutsch-polnischen Abmachung schon im Hinblick auf das Grenzproblem besondere Bedeutung zu. Die dritte Ebene, auf der versucht wurde, einen Wandel zu erreichen, betraf die innerdeutschen Beziehungen. Daß in dieser Frage die Verhältnisse anders als im Falle der Sowjetunion oder Polens lagen, stand von vornherein fest. Bundeskanzler Brandt hatte hierzu schon als Bundesminister des Auswärtigen in Nürnberg am 18. März 1968 in Anspielung auf Äußerungen Ulbrichts über die völkerrechtliche Verbindlichkeit des Gewaltverzichts seinen Standpunkt unmißverständlich zum Ausdruck gebracht; dieser müsse

> »ebenso verbindlich sein in der Sache wie der Gewaltverzicht, den wir mit Polen, mit der Sowjetunion, mit jedem anderen Staat des Warschauer Paktes vereinbaren wollen. Aber er hätte keinen Völkerrechtscharakter, denn zum Unterschied zu Polen, der Sowjetunion und der Tschechoslowakei ist die DDR eben kein Ausland, und sie kann es für uns nicht werden.
> Diese Zusagen bedeuten doch nicht, eine verschrobene oder blutleere juristische Position zu bieten, sondern dies ist doch eine der berühmten Realitäten, auf die andere sich so gern berufen. Mailand und Leipzig haben gemeinsam, daß es in beiden Städten eine Messe gibt. Aber Hamburg und Nürnberg und Stuttgart haben mit Leipzig gemeinsam, daß in allen diesen Städten Deutsche leben.«

Damit waren die Linie für die innerdeutschen Gespräche und auch der neue Kurs der im Oktober 1969 gebildeten Bundesregierung vorgezeichnet. Sie wahrte – wie dies sowohl Bundeskanzler Brandt als auch Bundesaußenminister Scheel wiederholt zum Ausdruck brachten – die Kontinuität, was die großen Linien der deutschen Außenpolitik (Dok. 278, 279) und insbesondere die Leitvorstellung einer »Einheit der Nation« (Dok. 286) betraf. Sie entwickelte die Politik der letzten Bundesregierung fort (Dok. 269), indem sie Versuche einleitete, mit der DDR, deren Eigenschaft als deutscher Teilstaat seit dem 28. Oktober 1969 nicht mehr bestritten wurde, über eine Zwischenstufe des »geregelten Nebeneinander« zu einem »Miteinander« und »vertraglich vereinbarter Zusammenarbeit« zu gelangen, in der »beide deutsche Staaten auch noch gemeinsame Aufgaben und gemeinsame Verantwortung für den Frieden in Europa« haben sollten. Ergänzt wurde diese Initiative durch die drei Westmächte, die – auch auf deutschen Vorschlag und in engster Konsultation mit der Bundesregierung – bereits im Sommer 1969 Verhandlungen ihrer Bonner Botschafter mit dem Ostberliner Sowjetbotschafter über Berlin in Aussicht genommen und die westliche Gesprächsbereitschaft der Sowjetregierung am 6. und 7. August 1969 mitgeteilt hatten.

Das Jahr 1970 ist für die Bundesregierung ein bewegtes Jahr gewesen. Dies galt vor allem für ihre Politik des Ausgleichs mit dem Osten, deren einzelne Stationen wegen der unvermeidlichen Erinnerung an Krieg, Heimat und Vertreibung und wegen der Tragweite des Geschehens von der deutschen Öffentlichkeit mit häufig leidenschaftlicher Anteilnahme miterlebt wurden (Dok. 301). Am 30. Januar 1970 fand nach drei Vorgesprächen des Botschafters in Moskau, Allardt, das erste Gespräch zwischen dem hiermit beauftragten Staatssekretär des Bundeskanzleramts Egon Bahr und dem sowjetischen Außenminister Gromyko in Moskau statt, dem bis zum 22. Mai 1970 13 weitere folgten (zu den Richtlinien für die Verhandlungen siehe Dok. 296). Am 4. Februar 1970 begegneten sich in Warschau erstmalig die polnische und die deutsche Delegation (letztere unter Leitung von Staatssekretär G. F. Duckwitz). Am 19. März 1970 trafen sich Bundeskanzler Brandt und Ministerpräsident Stoph in Erfurt (Dok. 290). Am 26. März folgte das erste offizielle Gespräch der »Vier« über Berlin, am 21. Mai ein zweites Treffen Brandt/Stoph in Kassel (Dok. 293). Am 7. August 1970 wurden die Moskauer Verhandlungen mit der Paraphierung eines Gewaltverzichtsabkommens durch die beiden Außenminister Scheel und Gromyko beendet. Am 12. August 1970 folgte die Unterzeichnung des Moskauer Vertrages durch Bundeskanzler Brandt und Ministerpräsident Kossygin in Gegenwart des Generalsekretärs der KPdSU, Breshnew (Dok. 300). Am 18. November 1970 wurden nach insgesamt 6 Gesprächsrunden die deutsch-polnischen Verhandlungen mit der Paraphierung eines Vertrages beendet. Am 7. Dezember fand schließlich in Warschau die Unterzeichnung des Vertrages statt (Dok. 306).

Der Moskauer Vertrag vom 12. August 1970 war das Kernstück dieser Politik. Er war von der Bundesregierung in dem Bestreben geschlossen worden, in vertraglicher Form zur Verbesserung und Erweiterung der Zusammenarbeit zwischen der Bundesrepublik und der Sowjetunion beizutragen. Das Problem des Gewaltverzichts wurde nach Auffassung beider Verhandlungspartner befriedigend gelöst, das Bestreben bekundet, die Lage in Europa zu normalisieren und die Entwicklung friedlicher Beziehungen zwischen allen europäischen Staaten zu fördern. Ein Anfang dazu wurde mit der Vereinbarung gemacht, die Grenzen aller Staaten in Europa als unverletzlich zu betrachten.

Der Vertrag von Warschau vom 7. Dezember 1970 stand in engem Zusammenhang mit dem Moskauer Vertrag. Die Bundesrepublik und Polen stellten fest, daß die bestehende Grenzlinie,

»deren Verlauf im Kapitel IX der Beschlüsse der Potsdamer Konferenz vom 2. August 1945 von der Ostsee unmittelbar westlich von Swinemünde und von dort die Oder entlang bis zur Einmündung der Lausitzer Neiße und die Lausitzer Neiße entlang bis zur Grenze mit der Tschechoslowakei festgelegt worden ist, die westliche Staatsgrenze der Volksrepublik Polen bildet«.

Zwischen beiden Vertragspartnern wurden ein ausdrücklicher Gewaltverzicht sowie weitere Schritte »zur umfassenden Entwicklung ihrer gegenseitigen Beziehungen« vereinbart. Außerhalb des Vertrages wurden über die Zusammenführung seit Kriegsende getrennter Familien gewisse polnische Zusagen erreicht.

Beide Vertragswerke, das von Moskau und das von Warschau, stellten eines unmißverständlich heraus, daß sie nämlich früher geschlossene Vereinbarungen der Vertragspartner (so die Pariser Verträge vom Oktober 1954) nicht berührten, frühere Absprachen (so die Ergebnisse der Gespräche Adenauer–Bulganin–Chruschtschow vom September 1955) nicht ersetzten und auf deutscher Seite nur die Bundesrepublik Deutschland banden, nicht jedoch ein wiedervereinigtes Deutschland. Die Vorbehaltsrechte der Vier Mächte, insbesondere auch die der drei Westmächte, in bezug auf Deutschland als Ganzes und auf Berlin wurden ausdrücklich aufrechterhalten. Unrechtstatbestände wurden nicht anerkannt.

Es lag in der Absicht der Bundesregierung, daß den Verträgen von Moskau und Warschau eine ähnliche Bedeutung wie den mit dem Westen geschlossenen Verträgen der 50er Jahre zukommen sollte, die als Verträge der Versöhnung gewissermaßen die Grundlage der deutschen Außenpolitik darstellten. Die Bundesregierung suchte in den Verträgen auch gegenüber dem Osten einen Strich unter die Vergangenheit zu ziehen. Zumindest hatte sie mit der Respektierung der bestehenden »wirklichen Lage« Folgerungen gezogen, die sie in Anbetracht der weltpolitischen Konstellation des Jahres 1970 als unvermeidbar erachtete. Sie hatte bestimmten, hier nicht zu bewertenden Gegebenheiten Rechnung getragen und war bereit, dies auch weiter zu tun, so im Falle der Tschechoslowakei, mit der erste Sondierungsgespräche Ende März 1971 von Staatssekretär Dr. Paul Frank eingeleitet wurden (Dok. 321) *.

Vor dem Hintergrund der deutschen Geschichte mit all ihren Höhen und Niederungen war es die Bundesrepublik Deutschland, die zunächst einmal guten Willen bewies. Indem sie bestimmte Realitäten zur Kenntnis nahm, hatte sie freilich auch ihrerseits Anspruch, daß ihre Gesprächspartner diejenigen Realitäten respektierten, die sich aus dem Willen der deutschen Bevölkerung und aus dem im Grundgesetz vorgezeichneten Auftrag jeder Bundesregierung ergaben: die Sicherung des Fortbestandes der deutschen Nation und die Sicherung der Freiheit und der Lebensfähigkeit eines der Bundesrepublik politisch verbundenen West-Berlin. Hierüber wurde von Bundeskanzler und Bundesaußenminister bei den Verhandlungen in Moskau und auch später kein Zweifel gelassen.

Die Probe auf das Exempel, von der die Erfolgsaussichten dieser Politik abhingen, mußte im Rahmen der Berlin-Verhandlungen der Bonner Botschafter der drei Westmächte und des Ostberliner Sowjetbotschafters sowie bei den Gesprächen erfolgen, die seit dem 27. November 1970 zwischen der Bundesrepublik und der DDR auf Staatssekretärsebene über gemeinsam interessierende, sogenannte technische Fragen geführt wurden.

5. Berlin und das innerdeutsche Gespräch

Dieses innerdeutsche Gespräch, ausgehend von den Begegnungen Bundeskanzler Brandts mit dem DDR-Ministerpräsidenten in Erfurt und Kassel, stand zunächst ganz unter dem Zeichen von Versuchen der SED, durch die Entwicklung einer »Abgrenzungstheorie« und durch Forderung nach völkerrechtlicher Anerkennung Ostberlins auch durch Bonn den Graben zwischen den beiden deutschen Staaten zu institutionalisieren. Während die Bundesregierung, wie bereits dargestellt, auf eine völkerrechtliche Anerkennung der DDR durch dritte Staaten nicht mehr mit einem Abbruch diplomatischer Beziehungen antwortete und sich für diesen Fall lediglich ihre volle Entscheidungsfreiheit vorbehielt – hierin übrigens ihrer Vorgängerin folgend (vgl. Dok. 267 über den Fall Kambodscha im Mai 1969) –, standen völkerrechtliche Beziehungen zur DDR für sie nicht zur Diskussion. Entsprechend hatte sie in den von ihr in Kassel vorgelegten 20 Punkten für die Regelung der Beziehungen zwischen beiden deutschen Staaten festgestellt, daß diese Beziehungen auf der Grundlage der Menschenrechte, der Gleichberechtigung, des friedlichen Zusammenlebens und der Nichtdiskriminierung geordnet werden sollten. Obgleich die Deutschen in zwei Staa-

* Zur Problematik vgl. S. 65.

ten lebten, sollten sie sich als Angehörige e i n e r Nation verstehen. Freizügigkeit und Zusammenarbeit zwischen den beiden Staaten sollten angestrebt werden. Jede der beiden Regierungen sollte einen Bevollmächtigten im Ministerrang am Sitz der jeweils anderen Regierung ernennen; auch sollten sie ihre Mitgliedschaft in internationalen Organisationen regeln, unter selbstverständlicher Respektierung der Vier-Mächte-Vereinbarungen über Berlin und Deutschland sowie der Bindungen, die zwischen West-Berlin und der Bundesrepublik bestanden.

In der Logik dieser Politik lag es, daß die Bundesregierung daran interessiert war, an einem faktischen Zusammenhang zwischen dem Stand des innerdeutschen Gespräches und dem Stand der internationalen Aufwertung der DDR festzuhalten. Vor allem war es ihre Pflicht, durch eine geeignete Verhandlungspraxis den Fortbestand der zwischen Berlin und Bund gewachsenen Bindungen zu sichern. Sie trug dem Rechnung, indem sie die Ratifikation der Verträge von Moskau und Warschau von einer befriedigenden Berlin-Regelung abhängig machte – in diesem Sinne auch Bundesminister Scheel vor dem Bundestag am 9. Oktober 1970 (Dok. 302) – und erklärte, über West-Berlin betreffende Probleme nicht eher mit der DDR zu sprechen, als eine diesbezügliche Grundsatzvereinbarung der Vier Mächte zustande gekommen sei.

Am 23. August 1971, 17 Monate nach Beginn der Gespräche, einigten sich die Botschafter der drei Westmächte und der sowjetische Botschafter in Ostberlin auf ihrer 35. Sitzung über diese Grundsatzvereinbarung. Am 3. September 1971 folgte die Unterzeichnung des Abkommens (Dok. 333). Während der Verhandlungen hatte es wiederholt Phasen gegeben, in denen östliche Stimmen den Zusammenhang zwischen Berlinregelung und Vertragsratifizierung nicht ohne Kritik registrierten. Gerade diese Äußerungen boten der Bundesregierung, die über den Konsultationsmechanismus der Bonner Vierer-Gruppe engste Fühlung mit den Verbündeten hielt, eine Gelegenheit klarzustellen, daß sie nicht unter Zeitdruck stand. Zu dem Zustandekommen der Grundsatzvereinbarung trug das Interesse der Mächte bei, im Zuge eines sich weltweit beweglicher entfaltenden Spiels der politischen Kräfte ihre Positionen allgemein zu überprüfen. Außer Frage stand, daß sich nach Unterzeichnung des Moskauer Vertrages eine atmosphärische Verbesserung im deutsch-sowjetischen Verhältnis abzeichnete, die in der Begegnung des Bundeskanzlers mit dem sowjetischen Parteichef Breshnew vom 16. bis 18. September 1971 auf der Krim ihren in der Öffentlichkeit sehr aufmerksam registrierten Ausdruck fand (Dok. 334).

Das Abkommen der »Vier« brachte eine Regelung des Berlin-Problems, nicht seine Lösung. Aber indem es »regelte«, enthielt es eine praktische Verbesserung der Lage in Berlin. Insbesondere unterstrich es die Tatsache der bestehenden und zu entwickkelnden Zusammengehörigkeit West-Berlins mit dem Bund, wenn auch die drei Verbündeten ausdrücklich an der Suspendierung der Artikel 23 GG und 1 Absatz 2 der Berliner Verfassung (vgl. S. 54) festhielten und direkte Regierungshandlungen der staatlichen Organe der Bundesrepublik Deutschland in Berlin ausschlossen. Wesentlich war, daß die auswärtige Vertretungsbefugnis Bonns für West-Berlin nunmehr auch durch die Sowjetunion anerkannt wurde (hierzu auch Dok. 335).

Darüber hinaus setzte das Abkommen den Rahmen für eine bessere Sicherung der Zugangswege nach Berlin und öffnete vor allem Ost-Berlin und die DDR für die

Besucher aus West-Berlin. Alles in allem stand eine Besserung der Lebensverhältnisse der Berliner in Aussicht und damit eine Besserung der materiellen Lebensfähigkeit der Stadt, die die politische Lebensfähigkeit der Stadt verstärken und die politische Zusammengehörigkeit der 2,1 Millionen Deutschen in West-Berlin und 61,2 Millionen Deutschen in der Bundesrepublik sichern soll.

Eine erste Teilstufe der angestrebten, alle Vertragsparteien bindenden Berlinregelung war realisiert, die durch das innerdeutsche Gespräch auszufüllen und durch ein Schlußprotokoll der Vier Mächte zu vervollständigen war. Damit lag es an der DDR, im Zuge des nunmehr intensiver geführten innerdeutschen Gesprächs den Nachweis zu führen, daß auch sie bereit war, zu einer Entspannung beizutragen. Die Verhandlungen, die insbesondere die Regelung des Zugangsverkehrs nach Berlin und darüber hinaus auch eine Regelung des innerstädtischen Verkehrs betrafen, liefen zähflüssig an. Die Verhandlungen berührten unvermeidlich auch die bereits behandelte Frage, wie das Verhältnis zwischen der Bundesrepublik und der DDR gestaltet werden solle.

Eine Übereinkunft über diese Fragen stand zum Zeitpunkt der Drucklegung dieser Einführung aus. Erst sie kann eine vollständige Berlin-Vereinbarung ermöglichen, von der wiederum die Einleitung der Ratifizierung des Moskauer und des Warschauer Vertrages abhängt. Bei der Prüfung dieser Verträge werden die Ergebnisse der Verhandlungen über Berlin in ihrem Verhältnis zu dem Vertragswerk abschließend zu bewerten sein.

Ein Eindruck drängte sich freilich bereits bei dem Bekanntwerden des Vier-Mächte-Abkommens Ende August 1971 auf: Nachdem Berlin als Thema der großen Politik zweimal das Objekt weltpolitischer Krisen, d. h. Ausdruck eines weltpolitischen Spannungsverhältnisses, gewesen war, so war es 1971 als Gegenstand einer Ost-West-Vereinbarung Symbol einer Entspannungssituation, welche auch im Einzelfall die Motive der an dieser Politik beteiligten Mächte sein mochten. Nach Jahren ständiger Unsicherheit, wie sie sich seit der Teilung der deutschen Hauptstadt im Juni 1948 ergeben hatte, war es möglich geworden, die Position der Bundesrepublik in West-Berlin und den Status der Westsektoren Berlins klar zu umreißen. Zumindest sollte für die Berliner an die Stelle der Unsicherheit in Permanenz größere rechtliche Sicherheit treten, die – und darauf zielte die Deutschland-Politik der Bundesregierung ab – einer Beruhigung des allgemeinen politischen Klimas und damit einer Überwindung von Spaltung und Mauer zugute kommen konnte.

6. Sicherheit und Rüstungskontrolle

In der Berlin-Frage ging es nicht nur darum, der Bundesrepublik, etwa durch Sicherung der Zusammengehörigkeit von Berlin und Bund, eine gesamtdeutsche Perspektive zu erhalten. Vor allem sollte auch das Recht der Berliner auf Selbstbestimmung im Sinne eines Bekenntnisses zur Freiheit erhalten und garantiert werden. Die Sicherung der Freiheit war von Anfang an die »Raison d'être« eines neuen Deutschland, als das sich die Bundesrepublik Deutschland zu verstehen suchte. Die Sicherung der Freiheit war Ausgangspunkt der Bemühungen um Deutschland, sie war Ausgangspunkt auch aller Bemühungen für die Allianz und Europa.

In diesem Sinne richteten sich die deutschen Anstrengungen unter anderem darauf, den Anforderungen der neuen Verteidigungsstrategie des westlichen Bündnisses durch Verbesserung der Reaktionsfähigkeit und Schlagfertigkeit der konventionellen Streitkräfte gerecht zu werden (Dok. 319). Die Bundeswehr – Ist-Stärke am 1. März 1971 463 244 Mann – trat damit in eine Phase der Modernisierung von Rüstung, Organisation und innerer Struktur ein, über die das am 20. Mai 1970 veröffentlichte Weißbuch der Bundesregierung »Zur Sicherheit der Bundesrepublik Deutschland und zur Lage der Bundeswehr« einen kritischen Überblick gibt.

Das Ziel dieser Bemühungen war die Erhöhung der Leistungsfähigkeit des Westens auf dem Gebiet der gemeinsamen Verteidigung. Eben aus diesem Grunde begrüßte die Bundesregierung auch die sich immer deutlicher abzeichnende Tendenz, das Zusammenwirken der europäischen Staaten auch im Verteidigungsbereich zu verstärken. Die verteidigungspolitische Kooperation einer Reihe europäischer NATO-Staaten hatte sich innerhalb der NATO seit 1969 um die sogenannte Euro-Gruppe* herauskristallisiert. Bereits 1970 konnte sich diese Zusammenarbeit bewähren, als es darum ging, die unerläßliche militärische Präsenz der Amerikaner in Europa nicht nur durch Entlastung des Defizits in der amerikanischen Zahlungsbilanz (z. B. aufgrund deutsch-amerikanischer Devisenhilfeabkommen, Dok. 270), sondern auch durch Erhöhung der europäischen Verteidigungsanstrengungen zu sichern. Am 2. Dezember 1970 wurde das European Defence Improvement Program (EDIP) in Brüssel durch die Verteidigungsminister der Euro-Gruppe verabschiedet, zu dessen Erfolg die Bundesregierung durch Übernahme eines Betrages von 40 Prozent der anfallenden Kosten beisteuerte (Dok. 305). Mit diesen im Interesse einer Erhaltung des Kräftegleichgewichts getroffenen Maßnahmen wurde unter anderem die Tatsache berücksichtigt, daß sich die Rüstungsanstrengungen der Sowjetunion auf allen Gebieten fortsetzten und zum Teil – vor allem in der strategischen nuklearen Rüstung, im Flottenbau und in dem Ausbau einer weltweiten maritimen Präsenz – geradezu sprunghaft steigerten. Die Maßnahmen berücksichtigten gleichzeitig die Notwendigkeit, ein Streitkräfteniveau zu halten (Dok. 288), das es der Allianz trotz der zahlenmäßigen Überlegenheit der Streitkräfte des Warschauer Pakts erlaubte, an der am 12. Dezember 1967 gebilligten NATO-Strategie der »Vorne-Verteidigung« durch flexible und adäquate Antwort festzuhalten.

Die NATO verband mit der Stärkung des militärischen Unterbaus zugleich eine Erneuerung des »Signals von Reykjavik« (vgl. S. 103). Mit seiner Wiederholung begegnete sie den sowjetischen Versuchen, den NATO-Vorschlägen für eine a u s g e - w o g e n e Truppenverminderung verstärkt das Konzept einer »Europäischen Sicherheitskonferenz« gegenüberzustellen: Inhalt und Ziel dieses Konzepts waren infolge unterschiedlicher Interpretation durch die Warschauer-Pakt-Staaten vage geblieben; insbesondere fehlte ihnen das Element eines Abbaus der militärischen Konfrontation. Der Warschauer Pakt beschränkte sich in Budapest im Juni 1970 auf die Andeutung seiner Bereitschaft, auf einer Sicherheitskonferenz ein besonderes Organ zu gründen, in dem lediglich die Verringerung ausländischer Truppen in Europa diskutiert werden sollte, und war erst ab Frühjahr 1971 bereit, sich über seine Vorstellungen klarer

---

* Mitglieder: Bundesrepublik Deutschland, Belgien, Dänemark, Griechenland, Italien, Luxemburg, Niederlande, Norwegen, Türkei, Vereinigtes Königreich.

auszusprechen. Am 30. März 1971 schlug Breshnew auf dem XXIV. Parteitag der KPdSU vor, Truppenverminderungen vor allem in Mitteleuropa vorzunehmen. Er präzisierte später seine Überlegungen dahin, daß auch einheimische Streitkräfte Gegenstand von Verhandlungen werden könnten.

Der Ministerrat der NATO begrüßte am 4. Juni 1971 die Reaktion Breshnews (Dok. 327). Zur Klärung der sowjetischen Vorstellungen leitete er verstärkt bilaterale Explorationen ein, denen eine Phase der Erkundung durch einen NATO-Beauftragten folgen sollte. Gründliche Sondierungen und Vorbereitungen waren vor allem auch nach deutscher Auffassung erforderlich, um bei einem eventuellen Mißerfolg der Gespräche nachteilige Konsequenzen zu vermeiden. Der Besuch, den Bundeskanzler Brandt dem sowjetischen Parteichef Breshnew auf der Krim abstattete, diente auch diesem Zweck der Sondierung. Beide Seiten legten ihre Auffassungen zur Frage der Verminderung von Truppen und Rüstung in Europa »ohne Nachteile für die Beteiligten« dar (Dok. 334).

Im einzelnen ging das deutsche MBFR-Konzept von folgenden Überlegungen aus:
- Die sicherheitspolitische Stabilität in Europa müsse gewahrt bleiben, dies setze eine ausreichende amerikanische Präsenz voraus;
- sowohl stationierte als auch einheimische Streitkräfte sollten reduziert werden;
- ein Reduzierungsprogramm müsse im Osten außer der DDR mindestens Polen und die Tschechoslowakei einbeziehen und dürfe im Westen nicht auf die Bundesrepublik begrenzt bleiben;
- eine Beschränkung der Verbringung von Truppen und Waffen in den MBFR-Raum hinein solle dazu beitragen, daß dem geographischen Ungleichgewicht zwischen den USA und der Sowjetunion entgegengewirkt werde.

In einer Situation weltpolitischer Veränderungen, die sich im Zuge der sowjetisch-amerikanischen Gespräche zur Beschränkung der strategischen Kernwaffen (Strategic Armament Limitation Talks = SALT) und einer Modifizierung des amerikanisch-chinesischen Verhältnisses im Sommer 1971 abzeichneten, lag der Bundesrepublik an einer Politik konkreter Maßnahmen, wie sie mit dem Ziel der Entspannung bei den verschiedensten Gelegenheiten praktiziert wurde. Eben diese Vorstellung von einer pragmatischen Außenpolitik diktierte das deutsche Vorgehen in der MBFR-Frage, das den Erfordernissen eines gesicherten Gleichgewichts und einer wirksamen Rüstungskontrolle, d. h. dem Ziel der Sicherheit und Entspannung zugleich in realistischer Weise gerecht zu werden suchte (hierzu Dok. 303, 322).

In diesem Rahmen einer nüchternen Politik der Sicherheit und Entspannung ordnete sich auch das Verhalten der Bundesregierung in der Frage der amerikanisch-sowjetischen SALT-Gespräche ein, die am 17. November 1969 in Übereinstimmung mit Artikel VI des NV-Vertrages in Helsinki aufgenommen worden waren. Die Bundesregierung setzte sich – wie auch die anderen Nichtkernwaffenstaaten – dafür ein, daß der Vertrag zur Nicht-Verbreitung von Kernwaffen unter allen Umständen durch konkrete Schritte zur Nicht-Vermehrung der Kernwaffen ergänzt werden müsse.

Hinsichtlich anderer Massenvernichtungswaffen begrüßte es die Bundesregierung, daß sich im Rahmen der Verhandlungen der Genfer Konferenz des Abrüstungsausschusses eine Einigung über das Verbot von B-Waffen abzeichnete und die Bemühungen um eine C-Waffen-Regelung fortgesetzt wurden (hierzu siehe Dok. 275). In einer Erklärung vom 23. Februar 1971 zur Wiedereröffnung der Genfer Konferenz des Abrüstungsausschusses (CCD) bekräftigte sie erneut und ausdrücklich ihre Bereitschaft, durch praktische Beiträge an einer internationalen Verbotsregelung für Massenvernichtungswaffen mitzuarbeiten (Dok. 316). Unabhängig von dieser Diskussion eines Verbots der Massenvernichtungswaffen, aber in ähnlichem Sinn sah sich die Bundesregierung im Juni 1971 veranlaßt, die Bestimmungen für die Waffenausfuhr aus dem Bundesgebiet schärfer zu präzisieren (Dok. 328).

7. Ausbau und Erweiterung der Gemeinschaft

Faßt man die allianzinterne Entwicklung seit Mitte 1969 zusammen, so stand eine Konsolidierung außer Zweifel. Das galt vor allem auch für die Europäische Gemeinschaft. Ihre wirtschaftliche Lebensfähigkeit war von Anbeginn an gesichert gewesen (Tabellen 28 und 29). Neben diese trat nun der Erfolg auch auf politischem Gebiet. Das bedeutsamste Ereignis waren die Schritte, die in Ausführung der Beschlüsse von Den Haag in Richtung auf die Vertiefung und die Erweiterung der Europäischen Gemeinschaft unternommen wurden. Unter der Präsidentschaft von Bundesaußenminister Scheel und dann unter französischer Präsidentschaft konnten im zweiten Halbjahr 1970 und im ersten Halbjahr 1971 wesentliche Fortschritte auf dem Wege zu einer politischen Integration Europas erzielt werden, die als Ziel jeder Bundesregierung seit Beginn einer aktiven Europa-Politik im Jahre 1951 und seit Abschluß der Römischen Verträge 1957 vorgeschwebt hatte:
– am 27. Oktober 1970 die Einigung über die Durchführung politischer Konsultationen unter den EG-Mitgliedstaaten: sie fanden erstmalig am 19. November 1970 statt (Dok. 304) und führten in der Frage der Beurteilung der Lage im Nahen Osten im Frühjahr 1971 zu konkreten Ergebnissen (Dok. 331);
– am 9. Februar 1971 die Einigung über eine stufenweise zu errichtende Europäische Wirtschafts- und Währungsunion: ihr Aufbau soll in zehn Jahren abgeschlossen sein (Dok. 313);
– am 23. Juni 1971 die grundsätzliche Einigung über den Beitritt Großbritanniens zum Gemeinsamen Markt: er soll im Falle der britischen Zustimmung – zugleich mit einem Beitritt Dänemarks, Irlands und Norwegens – am 1. Januar 1973 Wirklichkeit werden (Dok. 329); gleichzeitig wurde die Diskussion über die Regelung des Verhältnisses der erweiterten Gemeinschaft zu den anderen nicht beitretenden EFTA-Staaten eingeleitet.

Vor allem dem Beschluß über den Beitritt Großbritanniens waren zähe und auch hart geführte Verhandlungen vorausgegangen. Wie in der Vergangenheit waren die deutschen Unterhändler bemüht gewesen, einen Ausgleich zwischen den widerstreitenden Interessen der an dem Verhandlungstisch versammelten Partner herbeizuführen und insbesondere auch die wirtschaftlichen Verpflichtungen Großbritanniens gegenüber einzelnen Commonwealth-Staaten zu berücksichtigen.

Daß am 23. Juni 1971 ein neues Blatt in der Geschichte der europäischen Kooperation aufgeschlagen war, zeigte sich bereits in den folgenden Wochen. Bei der Bewältigung der sehr komplexen Währungsprobleme, die sich seit Frühjahr 1971 und dann am 15. August 1971 aus den durchgreifenden Maßnahmen Washingtons zur Bekämpfung der schleichenden Dollarkrise ergaben (Dok. 326, 332), waren die Gemeinschaftsländer und die Beitrittskandidaten darauf angewiesen, praktisch zusammenzuwirken. Unter Berücksichtigung des fundamentalen deutschen Interesses an einem ungestörten Verhältnis zu den USA* traf die Bundesregierung in den Währungsfragen diejenigen Entscheidungen, die ihr im Hinblick auf eine langfristige Sicherung der deutschen Wettbewerbsfähigkeit auf den Weltmärkten und im Interesse einer Gewährleistung der wirtschaftlichen Zusammenarbeit innerhalb der Europäischen und innerhalb der größeren Atlantischen Gemeinschaft zweckmäßig schienen. Daß die westliche Welt vor einer neuen großen Bewährungsprobe stand, vor der Aufgabe, die Lasten im Bündnis neu zu verteilen – darüber konnte kein Zweifel herrschen. Der 15. August, erklärte der Bundesminister für Wirtschaft und Finanzen, Karl Schiller, am 19. Oktober 1971 im Bundestag, habe die Welt gründlich verändert, sie werde

>nicht wieder das werden, was sie vor diesem Tag war. Wir alle sollten uns dieser Herausforderung und auch dieser Chance stellen«.

In diesem Sinne zeichnete sich allmählich eine Annäherung der Standpunkte der wichtigsten Währungsländer ab. Alle die sehr unterschiedlichen Auffassungen, die sich bei dem Bemühen um Wiederherstellung eines ausgewogenen internationalen Währungsgefüges begegneten, schienen in die richtige Dimension gerückt, als das britische Unterhaus am 28. Oktober 1971 dem Eintritt des Vereinigten Königreiches in den Gemeinsamen Markt zustimmte. Unvermeidlich gab dieses geschichtliche Ereignis dem sich entwickelnden europäischen Selbstgefühl neuen Auftrieb – eines Selbstgefühls, das der gemeinsamen Politik der Staaten des Nordatlantik-Paktes nur zugute kommen kann.

So steht die Zusammenarbeit der Allianz, in die die Politik der Bundesrepublik Deutschland fest eingebettet ist, im Begriff, sich den Erfordernissen der 70er Jahre anzupassen. Alles in allem zeichnen sich mit der Erörterung der Neuverteilung der Aufgaben innerhalb des Bündnisses und mit der Erweiterung der Europäischen Gemeinschaft nicht nur für die Gemeinschaftsstaaten – z. B. im Verhältnis zu Osteuropa –, sondern auch für die Außenpolitik der Bundesrepublik Deutschland neue und sehr weitreichende Perspektiven ab. Ihre genauen Umrisse lassen sich heute erst erahnen.

Die Zielsetzung dieser Außenpolitik steht freilich fest. Sie sucht vor allem, dem Frieden zu dienen. Als das norwegische Parlament am 20. Oktober 1971 Bundeskanzler Brandt den Friedens-Nobelpreis verlieh, wurde hierdurch erneut anerkannt, daß die Politik der Bundesrepublik Deutschland Friedenspolitik ist.

Dies ist die Situation der Außenpolitik der Bundesrepublik Deutschland bei Abschluß dieser Darstellung.

---

* Vgl. Dok. 330: Die Bundesrepublik war am 30. Juni 1971 in der Lage, die amerikanische Nachkriegswirtschaftshilfe vollständig zu tilgen.

X. Ausblick

Über zwei Jahrzehnte sind seit Gründung der Bundesrepublik Deutschland vergangen. Wer die Wegstrecke ermessen will, die sie in dieser Zeitspanne zurückgelegt hat, tut gut, einige Gegebenheiten von gestern und von heute miteinander zu vergleichen:

- 1949 trat die Bundesrepublik in eine Staatengemeinschaft ein, deren geistig-politische Grundhaltung nach den Erschütterungen des Zweiten Weltkrieges durch ein elementares Bedürfnis nach Ruhe und Stabilität bestimmt war; heute sieht sie sich einer Umwelt gegenüber, für die die politische Stabilität in Europa zu einem fast zu selbstverständlichen Besitz geworden ist und die dazu neigt, bei der Bewertung politischer und gesellschaftlicher Verhältnisse neue Maßstäbe anzulegen.
- 1949 war die Bundesrepublik ein politisches Fragment und wurde von der Öffentlichkeit als solches und als Provisorium zugleich empfunden; heute ist sie bei entschlossenem Festhalten an der Einheit der Nation in Erkenntnis ihrer Grenzen und Möglichkeiten im Begriff, sich zu dem politischen Selbstverständnis eines größeren mittleren Staates, »weder Zwerg noch Riese«, durchzuringen.
- 1949 stand die Bundesrepublik in Nachfolge des Vereinigten Wirtschaftsgebietes vor der Aufgabe, alle wirtschaftlichen Kräfte frei zu machen, um endgültig das wirtschaftliche Chaos der unmittelbaren Nachkriegszeit hinter sich zu lassen; heute steht sie an zweiter Stelle im Welthandel (Tabelle 27) und kann die materielle Hilfe, die dem deutschen Volk in Jahren der Not aus dem Ausland zuteil wurde, durch materielle Hilfe für andere Völker mittelbar zurückerstatten.
- 1949 war der Bundesrepublik das Recht vorenthalten, auswärtige Politik zu betreiben; heute ist sie in fast allen Staaten amtlich vertreten (Tabelle 24, Karte 17), sie unterhält mit der großen Mehrzahl der übrigen Staaten wirtschaftliche und auch kulturelle Kontakte und ist Mitglied von vielen internationalen staatlichen Organisationen (Tabelle 25). Ihre internationale Gleichberechtigung ist seit langem verwirklicht, sie besitzt einen bestimmten Handlungsspielraum. Ihre Sicherheit im Rahmen von Allianz und Integration ist nach menschlichem Ermessen gewährleistet. Natürlich gab es im Laufe der Jahre auch im Verhältnis zu den befreundeten Staaten Spannungen. Fast immer konnten sie bewältigt und meist durch die Bereitschaft zum Kompromiß beseitigt werden. Ausgangspunkt des politischen Handelns der Bundesrepublik war dabei stets der Primat der Sicherheitspolitik, der ein feststehender Pol ihrer Außenpolitik ist.

Nicht überall konnten die gesteckten Ziele erreicht werden. Der Weg zum Selbstverständnis eines Landes, das geteilt ist und sich dennoch der Idee der einen und nicht teilbaren Nation verpflichtet weiß, ist nicht leicht. Vor allem die Wiederherstellung der Einheit Deutschlands ist seit Gründung der Bundesrepublik Deutschland nicht

nähergerückt. »Im Interesse der Wahrhaftigkeit«, erklärte Bundesaußenminister
Brandt im März 1968,

> »bemühen wir uns, nicht so zu tun, als glaubten wir, das Selbstbestimmungsrecht
> für unser Volk in absehbarer Zeit zu erhalten oder den Weg dahin abgesteckt vor
> uns zu sehen ... Ich muß das so sagen, wie ich es sehe. Das bedeutet, daß wir
> überhaupt erst die Voraussetzungen schaffen müssen, damit aus diesem Ziel wie-
> der eine, wenn auch anders als früher zu sehende Aufgabe der Politik wird.«

* * *

Neue politische Situationen erfordern oft neue politische Methoden. Auch in der
deutschen Außenpolitik hat sich eine solche Überprüfung mehr als einmal als zweckmäßig erwiesen. Die Anwendung neuer außenpolitischer Methoden bedeutet keine
Abkehr von den politischen Grundlagen der Bundesrepublik. Die verantwortlichen
und verantwortungsbewußten Träger ihrer Politik bekennen sich durchweg zu den
Werten, die am Anfang der Außenpolitik der Bundesrepublik Deutschland standen
und die sie auch heute bestimmen: Freiheit, Frieden, Einheit der Nation. Diese
Grundwerte stehen fest.

Wenn die heutige Außenpolitik der Bundesrepublik Deutschland somit auf die
Fortführung und Fortentwicklung der 1949 eingeleiteten Außenpolitik mit anderen,
der Gegenwart angepaßten Mitteln hinausläuft, so ist dies ein natürlicher Vorgang.
Niemand wird bestreiten, daß eine im Zeichen des technischen Fortschritts kleiner
gewordene Welt im Begriff steht, in ein neues Zeitalter einzutreten. Dem dadurch
bedingten ständigen Wechsel der politischen Szenerie jederzeit gewachsen zu sein
ist gegenwärtig die wichtigste Aufgabe der Außenpolitik der Bundesrepublik
Deutschland; es ist eine Hauptaufgabe ihres Auswärtigen Dienstes. Diese Aufgabe
ist nicht leicht. Ein Blick in die Anlagen dieses Bandes zeigt, wie die Zahl der Handelnden, die Zahl der Vorgänge und die Zahl der zu bewältigenden Probleme wächst.
Ein entscheidendes und in seiner Tragweite nicht immer erkanntes Problem liegt in
der Beantwortung der Frage, ob und wie die Führungsapparate der Gegenwart auf
die Dauer ihrem Lande und ihrem Volke erfolgreich zu dienen vermögen, ohne der
immer höher ansteigenden Aufgabenflut zu' erliegen. Dieses Problem kann sich
zu einem Politikum ersten Ranges auswachsen (hierzu die Tabellen 13–17, 20, 21, 25).

Die zunehmende Verflechtung internationaler Interessen und die Intensivierung
der internationalen Kommunikation bedingen, daß sich die Wahrnehmung außenpolitischer Interessen nicht mehr allein im Bereich des Verkehrs von Regierung zu
Regierung abspielt. Mehr und mehr gehen diese dazu über, alle politisch wirksamen
Kräfte und gesellschaftlichen Gruppierungen einzubeziehen. Überall, mitunter in großer Entfernung, findet heute das außenpolitische Interesse der Öffentlichkeit den politisch »Nächsten«. Dies bedingt neue Organisationsformen des außenpolitischen
Instrumentariums und einen neuen Stil außenpolitischen Verhaltens (Dok. 277,
318). Er bildet sich allmählich heraus, ohne unnötigen Bruch mit der Tradition, ohne
Bruch mit dem, was wertvoll war an und in der Vergangenheit, immer im Hinblick
auf die Gewährleistung des Prinzips der Freiheit (Dok. 143, 294, 336).

* * *

Eines bleibt gewiß: daß Außenpolitik, wenn sie erfolgreich sein soll, auch in Zukunft bestimmten, mehr oder weniger festen Gesetzen unterworfen ist. »Normale diplomatische und Handelsbeziehungen mit allen Nationen sind ungeachtet der Regierungssysteme und der gesellschaftlichen Struktur unerläßlich ... Das bedeutet ..., daß eine realistische Außenpolitik losgelöst von Sympathien und Antipathien für ein bestimmtes Gesellschaftssystem zu erfolgen hat. Das gilt für den Westen, für den Osten, für die Dritte Welt« (Bundesaußenminister Brandt am 18. März 1968 in Nürnberg). »Eine Außenpolitik, die sich nur innenpolitisch orientierte oder gar von Parteiinteressen bestimmt würde, verdient die Bezeichnung Außenpolitik nicht« (Bundesaußenminister Scheel am 9. Oktober 1970 vor dem Bundestag). Eine Außenpolitik ohne Unterstützung aus der Öffentlichkeit und ohne Verständnis der Öffentlichkeit für die nicht immer leicht erfaßbaren Gegebenheiten des »Außenpolitischen« steht vor schwer lösbaren Aufgaben.

Fest steht schließlich auch, daß in einer dem geistig-politischen Wandel unterworfenen Umwelt auf bestimmte Leitvorstellungen – soll die Orientierung erhalten bleiben – nicht verzichtet werden kann. Das Grundgesetz weist hier den Weg. Es setzt die Kontinuität in der Außenpolitik, indem es den Rahmen für die Entwicklung unserer Staats- und Gesellschaftsordnung setzt. In der Sicherung dieser Ordnung in der Bundesrepublik Deutschland und in Berlin, in dem Ringen um einen gerechten Frieden, in der Bewahrung eigener Bewegungsfreiheit, in dem Wirken für ein geeintes und freies Europa, in dem Bemühen um die Überwindung der Teilung des Kontinents und vor allem Deutschlands liegen die zentralen Aufgaben einer deutschen Außenpolitik.

Indem sie diese Aufgaben zu erfüllen sucht, leistet sie ihren Beitrag zur Beantwortung der Frage, die dieser Einführung vorangestellt ist:

»was der Deutschen Vaterland sei und welche innere und äußere Gestalt es findet«.

(Abgeschlossen am 15. November 1971)

Dokumentation

Dokumentation

Die Dokumentation enthält nur solche amtlichen Texte, die sich auf die Außenpolitik der Bundesrepublik Deutschland seit Verkündung des Grundgesetzes am 23. Mai 1949 beziehen. Hierzu gehört im gegebenen Fall auch die Berichterstattung von Vorsitzenden der in außenpolitischen Fragen tätig werdenden Ausschüsse des Deutschen Bundestages. Von der Wiedergabe anderer Äußerungen wurde aus grundsätzlichen editorischen Erwägungen abgesehen. Einige wenige Ansprachen oder Schreiben deutscher und ausländischer Politiker, ohne deren Kenntnis bestimmte amtliche Verlautbarungen nicht verständlich wären, sind in Anmerkungen wiedergegeben.

Dokumentenübersicht

(3) Dieser Vertrag und die Zusatzverträge werden
in den Archiven der Regierung der Bundesrepublik Deutschland hinterlegt; diese wird jedem Unterzeichnerstaat
beglaubigte Ausfertigungen übermitteln und jeden
Unterzeichnerstaat vom Zeitpunkt des Inkrafttretens
dieses Vertrages und der Zusatzverträge in Kenntnis
setzen.

ZU URKUND DESSEN haben die unterzeichneten von
ihren Regierungen gehörig beglaubigten Vertreter diesen
Vertrag unterschrieben.

Geschehen zu Bonn am sechsundzwanzigsten Tage
des Monats Mai 1952 in deutscher, englischer und
französischer Sprache, wobei alle drei Fassungen
gleichermassen authentisch sind.

ür die Bundesrepublik   Für die Vereinigten Staaten
eutschland: von Amerika:

ür das Vereinigte Königreich vo   Für die Französische
roßbritannien und Nordirland: Republik:

Deutschlandvertrag 1952

Geschehen zu Paris am 22. Januar 1963
in zwei Urschriften, jede in deutscher
und französischer Sprache, wobei jeder
Wortlaut gleichermassen verbindlich ist.

Der Bundeskanzler
der Bundesrepublik
Deutschland

Der Präsident
der Französischen Republik

Der Bundesminister
des Auswärtigen der
Bundesrepublik Deutschlan

Der französische
Premierminister

Der französische
Aussenminister

Deutsch-französischer Vertrag 1963

A r t i k e l   5

Dieser Vertrag bedarf der Ratifikation und tritt
am Tage des Austausches der Ratifikationsurkunden
in Kraft, der in   Bonn   stattfinden soll.

GESCHEHEN zu Moskau
am 12. August   1970 in zwei Urschriften,
jede in deutscher und russischer Sprache, wobei
jeder Wortlaut gleichermassen verbindlich ist.

Für die Bundesrepublik Deutschland	Für die Union der Sozialistischen Sowjetrepubliken

Deutsch-sowjetischer Vertrag 1970

Unterzeichnung der Pariser Verträge am 23. 10. 1954 in Paris
(Sitzend v. l. n. r.: Bundeskanzler Dr. Konrad Adenauer;
Außenminister John Forster Dulles, USA;
Ministerpräsident Pierre Mendès-France, Frankreich;
Außenminister Anthony Eden, Großbritannien)

131

137

139

Dokumente

Grundgesetz für die Bundesrepublik Deutschland vom 23. Mai 1949 mit den Änderungen von 1954 und 1968 (Auszüge)

Der Parlamentarische Rat hat am 23. Mai 1949 in Bonn am Rhein in öffentlicher Sitzung festgestellt, daß das am 8. Mai des Jahres 1949 vom Parlamentarischen Rat beschlossene Grundgesetz für die Bundesrepublik Deutschland in der Woche vom 16.–22. Mai 1949 durch die Volksvertretungen von mehr als zwei Dritteln der beteiligten deutschen Länder angenommen worden ist.

Auf Grund dieser Feststellung hat der Parlamentarische Rat, vertreten durch seine Präsidenten, das Grundgesetz ausgefertigt und verkündet.

Das Grundgesetz wird hiermit gemäß Artikel 145 Absatz 3 im Bundesgesetzblatt veröffentlicht:

Präambel

Im Bewußtsein seiner Verantwortung vor Gott und den Menschen,
von dem Willen beseelt, seine nationale und staatliche Einheit zu wahren und als gleichberechtigtes Glied in einem vereinten Europa dem Frieden der Welt zu dienen, hat das Deutsche Volk
in den Ländern Baden, Bayern, Bremen, Hamburg, Hessen, Niedersachsen, Nordrhein-Westfalen, Rheinland-Pfalz, Schleswig-Holstein, Württemberg-Baden und Württemberg-Hohenzollern,
um dem staatlichen Leben für eine Übergangszeit eine neue Ordnung zu geben,
kraft seiner verfassungsgebenden Gewalt dieses Grundgesetz der Bundesrepublik Deutschland beschlossen.
Es hat auch für jene Deutschen gehandelt, denen mitzuwirken versagt war.
Das gesamte Deutsche Volk bleibt aufgefordert, in freier Selbstbestimmung die Einheit und Freiheit Deutschlands zu vollenden.

I. Die Grundrechte

Artikel 1

(1) Die Würde des Menschen ist unantastbar. Sie zu achten und zu schützen ist Verpflichtung aller staatlichen Gewalt.

(2) Das Deutsche Volk bekennt sich darum zu unverletzlichen und unveräußerlichen Menschenrechten als Grundlage jeder menschlichen Gemeinschaft, des Friedens und der Gerechtigkeit in der Welt.

(3) Die nachfolgenden Grundrechte binden Gesetzgebung, Verwaltung und Rechtsprechung als unmittelbar geltendes Recht.

Artikel 2

(1) Jeder hat das Recht auf die freie Entfaltung seiner Persönlichkeit, soweit er nicht die Rechte anderer verletzt und nicht gegen die verfassungsmäßige Ordnung oder das Sittengesetz verstößt.

(2) Jeder hat das Recht auf Leben und körperliche Unversehrtheit. Die Freiheit der Person ist unverletzlich. In diese Rechte darf nur auf Grund eines Gesetzes eingegriffen werden.

Artikel 3

(1) Alle Menschen sind vor dem Gesetz gleich.

(2) Männer und Frauen sind gleichberechtigt.

(3) Niemand darf wegen seines Geschlechtes, seiner Abstammung, seiner Rasse, seiner Sprache, seiner Heimat und Herkunft, seines Glaubens, seiner religiösen oder politischen Anschauungen benachteiligt oder bevorzugt werden.

Artikel 4

(1) Die Freiheit des Glaubens, des Gewissens und die Freiheit des religiösen und weltanschaulichen Bekenntnisses sind unverletzlich.

(2) Die ungestörte Religionsausübung wird gewährleistet.

(3) Niemand darf gegen sein Gewissen zum Kriegsdienst mit der Waffe gezwungen werden. Das Nähere regelt ein Bundesgesetz.

Artikel 5

(1) Jeder hat das Recht, seine Meinung in Wort, Schrift und Bild frei zu äußern und zu verbreiten und sich aus allgemein zugänglichen Quellen ungehindert zu unterrichten. Die Pressefreiheit und die Freiheit der Berichterstattung durch Rundfunk und Film werden gewährleistet. Eine Zensur findet nicht statt.

(2) Diese Rechte finden ihre Schranken in den Vorschriften der allgemeinen Gesetze, den gesetzlichen Bestimmungen zum Schutze der Jugend und in dem Recht der persönlichen Ehre.

(3) Kunst und Wissenschaft, Forschung und Lehre sind frei. Die Freiheit der Lehre entbindet nicht von der Treue zur Verfassung.

. . .

Artikel 23

Dieses Grundgesetz gilt zunächst im Gebiete der Länder Baden, Bayern, Bremen, Groß-Berlin, Hamburg, Hessen, Niedersachsen, Nordrhein-Westfalen, Rheinland-Pfalz, Schleswig-Holstein, Württemberg-Baden und Württemberg-Hohenzollern. In anderen Teilen Deutschlands ist es nach deren Beitritt in Kraft zu setzen.

Artikel 24

(1) Der Bund kann durch Gesetz Hoheitsrechte auf zwischenstaatliche Einrichtungen übertragen.

(2) Der Bund kann sich zur Wahrung des Friedens einem System gegenseitiger kollektiver Sicherheit einordnen; er wird hierbei in die Beschränkungen seiner Hoheitsrechte einwilligen, die eine friedliche und dauerhafte Ordnung in Europa und zwischen den Völkern der Welt herbeiführen und sichern.

(3) Zur Regelung zwischenstaatlicher Streitigkeiten wird der Bund Vereinbarungen über eine allgemeine, umfassende, obligatorische, internationale Schiedsgerichtsbarkeit beitreten.

Artikel 25
Die allgemeinen Regeln des Völkerrechtes sind Bestandteil des Bundesrechtes. Sie gehen den Gesetzen vor und erzeugen Rechte und Pflichten unmittelbar für die Bewohner des Bundesgebietes.

Artikel 26
(1) Handlungen, die geeignet sind und in der Absicht vorgenommen werden, das friedliche Zusammenleben der Völker zu stören, insbesondere die Führung eines Angriffskrieges vorzubereiten, sind verfassungswidrig. Sie sind unter Strafe zu stellen.
(2) Zur Kriegführung bestimmte Waffen dürfen nur mit Genehmigung der Bundesregierung hergestellt, befördert und in Verkehr gebracht werden. Das Nähere regelt ein Bundesgesetz.
. . .

Artikel 32
(1) Die Pflege der Beziehungen zu auswärtigen Staaten ist Sache des Bundes.
(2) Vor dem Abschlusse eines Vertrages, der die besonderen Verhältnisse eines Landes berührt, ist das Land rechtzeitig zu hören.
(3) Soweit die Länder für die Gesetzgebung zuständig sind, können sie mit Zustimmung der Bundesregierung mit auswärtigen Staaten Verträge abschließen.
. . .

Artikel 59
(1) Der Bundespräsident vertritt den Bund völkerrechtlich. Er schließt im Namen des Bundes die Verträge mit auswärtigen Staaten. Er beglaubigt und empfängt die Gesandten.
(2) Verträge, welche die politischen Beziehungen des Bundes regeln oder sich auf Gegenstände der Bundesgesetzgebung beziehen, bedürfen der Zustimmung oder der Mitwirkung der jeweils für die Bundesgesetzgebung zuständigen Körperschaften in der Form eines Bundesgesetzes. Für Verwaltungsabkommen gelten die Vorschriften über die Bundesverwaltung entsprechend.
. . .

Artikel 73
Der Bund hat ausschließliche Gesetzgebung über:
1. die auswärtigen Angelegenheiten sowie die Verteidigung einschließlich der Wehrpflicht für Männer vom vollendeten achtzehnten Lebensjahr an und des Schutzes der Zivilbevölkerung [1].
. . .

Artikel 79
(1) Das Grundgesetz kann nur durch ein Gesetz geändert werden, das den Wortlaut des Grundgesetzes ausdrücklich ändert oder ergänzt. Bei völkerrechtlichen Verträgen, die eine Friedensregelung, die Vorbereitung einer Friedensregelung oder den Abbau einer besatzungsrechtlichen Ordnung zum Gegenstand haben oder der Verteidigung der Bundesrepublik zu dienen bestimmt sind, genügt zur Klarstellung, daß die Bestimmungen des Grundgesetzes dem Abschluß und dem Inkraftsetzen der Verträge nicht entgegenstehen, eine Ergänzung des Wortlautes des Grundgesetzes, die sich auf diese Klarstellung beschränkt [2].
(2) Ein solches Gesetz bedarf der Zustimmung von zwei Dritteln der Mitglieder des Bundestages und zwei Dritteln der Stimmen des Bundesrates.
(3) Eine Änderung dieses Grundgesetzes, durch welche die Gliederung des Bundes in

Länder, die grundsätzliche Mitwirkung der Länder bei der Gesetzgebung oder die in den Artikeln 1 und 20 niedergelegten Grundsätze berührt werden, ist unzulässig.

...

Artikel 80 a [3]

(1) Ist in diesem Grundgesetz oder in einem Bundesgesetz über die Verteidigung einschließlich des Schutzes der Zivilbevölkerung bestimmt, daß Rechtsvorschriften nur nach Maßgabe dieses Artikels angewandt werden dürfen, so ist die Anwendung außer im Verteidigungsfalle nur zulässig, wenn der Bundestag den Eintritt des Spannungsfalles festgestellt oder wenn er der Anwendung besonders zugestimmt hat. Die Feststellung des Spannungsfalles und die besondere Zustimmung in den Fällen des Artikels 12 a Abs. 5 Satz 1 und Abs. 6 Satz 2 bedürfen einer Mehrheit von zwei Dritteln der abgegebenen Stimmen.

(2) Maßnahmen auf Grund von Rechtsvorschriften nach Absatz 1 sind aufzuheben, wenn der Bundestag es verlangt.

(3) Abweichend von Absatz 1 ist die Anwendung solcher Rechtsvorschriften auch auf der Grundlage und nach Maßgabe eines Beschlusses zulässig, der von einem internationalen Organ im Rahmen eines Bündnisvertrages mit Zustimmung der Bundesregierung gefaßt wird. Maßnahmen nach diesem Absatz sind aufzuheben, wenn der Bundestag es mit der Mehrheit seiner Mitglieder verlangt.

...

Artikel 87 a [4]

(1) Der Bund stellt Streitkräfte zur Verteidigung auf. Ihre zahlenmäßige Stärke und die Grundzüge ihrer Organisation müssen sich aus dem Haushaltsplan ergeben.

(2) Außer zur Verteidigung dürfen die Streitkräfte nur eingesetzt werden, soweit dieses Grundgesetz es ausdrücklich zuläßt.

...

X a. Verteidigungsfall

Artikel 115 a [5]

(1) Die Feststellung, daß das Bundesgebiet mit Waffengewalt angegriffen wird oder ein solcher Angriff unmittelbar droht (Verteidigungsfall), trifft der Bundestag mit Zustimmung des Bundesrates. Die Feststellung erfolgt auf Antrag der Bundesregierung und bedarf einer Mehrheit von zwei Dritteln der abgegebenen Stimmen, mindestens der Mehrheit der Mitglieder des Bundestages.

(2) Erfordert die Lage unabweisbar ein sofortiges Handeln und stehen einem rechtzeitigen Zusammentritt des Bundestages unüberwindliche Hindernisse entgegen oder ist er nicht beschlußfähig, so trifft der Gemeinsame Ausschuß diese Feststellung mit einer Mehrheit von zwei Dritteln der abgegebenen Stimmen, mindestens der Mehrheit seiner Mitglieder.

(3) Die Feststellung wird vom Bundespräsidenten gemäß Artikel 82 im Bundesgesetzblatte verkündet. Ist dies nicht rechtzeitig möglich, so erfolgt die Verkündung in anderer Weise; sie ist im Bundesgesetzblatte nachzuholen, sobald die Umstände es zulassen.

(4) Wird das Bundesgebiet mit Waffengewalt angegriffen und sind die zuständigen Bundesorgane außerstande, sofort die Feststellung nach Absatz 1 Satz 1 zu treffen, so gilt diese Feststellung als getroffen und als zu dem Zeitpunkt verkündet, in dem der Angriff begonnen hat. Der Bundespräsident gibt diesen Zeitpunkt bekannt, sobald die Umstände es zulassen.

(5) Ist die Feststellung des Verteidigungsfalles verkündet und wird das Bundesgebiet mit Waffengewalt angegriffen, so kann der Bundespräsident völkerrechtliche Erklärungen über das Bestehen des Verteidigungsfalles mit Zustimmung des Bundestages abgeben. Unter den Voraussetzungen des Absatzes 2 tritt an die Stelle des Bundestages der Gemeinsame Ausschuß.

. . .

XI. *Übergangs- und Schlußbestimmungen*

Artikel 116

(1) Deutscher im Sinne dieses Grundgesetzes ist vorbehaltlich anderweitiger gesetzlicher Regelung, wer die deutsche Staatsangehörigkeit besitzt oder als Flüchtling oder Vertriebener deutscher Volkszugehörigkeit oder als dessen Ehegatte oder Abkömmling in dem Gebiete des Deutschen Reiches nach dem Stande vom 31. Dezember 1937 Aufnahme gefunden hat.

(2) Frühere deutsche Staatsangehörige, denen zwischen dem 30. Januar 1933 und dem 8. Mai 1945 die Staatsangehörigkeit aus politischen, rassischen oder religiösen Gründen entzogen worden ist, und ihre Abkömmlinge sind auf Antrag wieder einzubürgern. Sie gelten als nicht ausgebürgert, sofern sie nach dem 8. Mai 1945 ihren Wohnsitz in Deutschland genommen haben und nicht einen entgegengesetzten Willen zum Ausdruck gebracht haben.

. . .

Artikel 142 a [6]

Die Bestimmungen dieses Grundgesetzes stehen dem Abschluß und dem Inkraftsetzen der am 26. und 27. Mai 1952 in Bonn und Paris unterzeichneten Verträge (Vertrag über die Beziehungen zwischen der Bundesrepublik Deutschland und den Drei Mächten und Vertrag über die Gründung der Europäischen Verteidigungsgemeinschaft) mit ihren Zusatz- und Nebenabkommen, insbesondere dem Protokoll vom 26. Mai 1952, nicht entgegen.

. . .

Artikel 146

Dieses Grundgesetz verliert seine Gültigkeit an dem Tage, an dem eine Verfassung in Kraft tritt, die von dem deutschen Volke in freier Entscheidung beschlossen worden ist.

[1] Fassung vom 26. 3. 1954, BGBl. 1954, I, S. 45
[2] Einfügung Abs. 1, Satz 2 vom 26. 3. 1954, BGBl. 1954, I, S. 45
[3] Einfügung vom 24. 6. 1968, BGBl. 1968, I, S. 711
[4] Neufassung und Einfügung Abs. 2 vom 24. 6. 1968, BGBl. 1968, I, S. 711
[5] Einfügung vom 24. 6. 1968, BGBl. 1968, I, S. 711
[6] Einfügung vom 26. 3. 1954, BGBl. 1954, I, S. 45

Quelle: BGBl. 1949, I, S. 1–19

2   Ausgangslage der Bundesrepublik

Erste Regierungserklärung des Bundeskanzlers Dr. Konrad Adenauer vor dem Deutschen Bundestag vom 20. September 1949 (Auszüge)

Meine Damen und meine Herren! Das Werden des neuen Deutschlands hat sich nach den langen Verhandlungen im Parlamentarischen Rat und den Wahlen zum Bundestag am 14. August mit großer Schnelligkeit vollzogen. Am 7. September haben sich der Bundestag und der Bundesrat konstituiert; am 12. September hat der Bundestag den Bundespräsidenten gewählt, am 15. September den Bundeskanzler. Der Bundespräsident hat mich daraufhin am gleichen Tage zum Bundeskanzler ernannt. Heute, am 20. September, hat er auf meinen Vorschlag die Bundesminister ernannt.

Mit der Konstituierung der Bundesregierung, die am heutigen Tage erfolgt ist, ist auch das Besatzungsstatut in Kraft getreten. Wenn auch die Zuständigkeit des Bundestags und der Bundesregierung durch das Besatzungsstatut beschränkt ist, so darf uns doch diese Entwicklung, dieses Werden des deutschen Kernstaates mit Freude erfüllen.

Der Fortschritt gegenüber den Verhältnissen, die seit 1945 bei uns bestanden, auch gegenüber den Zuständen des nationalsozialistischen Reichs, ist groß. Zwar müssen wir uns immer bewußt sein, daß Deutschland und das deutsche Volk noch nicht frei sind, daß es noch nicht gleichberechtigt neben den anderen Völkern steht, daß es – und das ist besonders schmerzlich – in zwei Teile zerrissen ist. Aber wir erfreuen uns doch einer wenigstens relativen staatlichen Freiheit. Unsere Wirtschaft ist im Aufstieg. Wir haben vor allem aber wieder den Schutz der Persönlichkeitsrechte. Niemand kann bei uns, wie das im nationalsozialistischen Reich der Fall war und wie es jetzt noch in weiten Teilen Deutschlands, in der Ostzone, zu unserem Bedauern der Fall ist, durch Geheime Staatspolizei oder ähnliche Einrichtungen der Freiheit und des Lebens beraubt werden. Diese Güter: Rechtsschutz, Schutz der persönlichen Freiheit, die wir lange Jahre nicht besaßen, sind so kostbar, daß wir trotz allem, was uns noch fehlt, uns darüber freuen müssen, daß wir diese Persönlichkeitsrechte wieder besitzen...

Unter den Bundesministerien fehlt ein Außenministerium. Ich habe auch nicht den an mich herangetragenen Wünschen stattgegeben, ein Ministerium für zwischenstaatliche Beziehungen einzurichten. Ich habe das deshalb nicht getan, weil nach dem Besatzungsstatut die auswärtigen Angelegenheiten unter Einschluß internationaler Abkommen, die von Deutschland oder im Namen Deutschlands abgeschlossen werden, Sache der Alliierten Hohen Kommission für die drei Zonen sind. Wenn wir demnach auch kein Ministerium des Auswärtigen haben, so bedeutet das keineswegs, daß wir damit auf jede Betätigung auf diesem Gebiete Verzicht leisten. Das Paradoxe unserer Lage ist ja, daß, obgleich die auswärtigen Angelegenheiten Deutschlands von der Hohen Alliierten Kommission wahrgenommen werden, jede Tätigkeit der Bundesregierung oder des Bundesparlaments auch in inneren Angelegenheiten Deutschlands irgendwie eine ausländische Beziehung in sich schließt. Deutschland ist infolge Besatzung, Ruhrstatut, Marshall-Plan usw. enger mit dem Ausland verflochten als jemals zuvor.

(Abg. Renner: »Verflochten« ist gut!)

Diese Angelegenheiten werden in einem im Bundeskanzleramt zu errichtenden Staatssekretariat zusammengefaßt werden. Davon abgesehen glaube ich, daß die Hohen Kommissare infolge der großen Verantwortung, die sie tragen, keine wichtige Entscheidung in deutschen ausländischen Angelegenheiten treffen werden, ohne mit der Bundesregierung vorher Fühlung genommen zu haben. Die Erfahrung, die ich in den wenigen Tagen meiner Amtstätigkeit gemacht habe, berechtigt mich durchaus zu dieser Annahme...

Der Pflege und der Freiheit des Außenhandels gilt unsere besondere Aufmerksamkeit. Lassen Sie mich in diesem Zusammenhang einige Ausführungen über die Herabsetzung des Umrechnungskurses des englischen Pfundes und die Folgen machen, die dadurch für uns eintreten. Die Änderung des Pfundwertes wird voraussichtlich auch eine Änderung des Umrechnungskurses der D-Mark gegenüber dem Dollar mit sich bringen. Wir bedauern diese uns durch die internationalen Ereignisse aufgezwungene Maßnahme um so mehr, als die innere Stabilität der D-Mark zu irgendwelchen Manipulationen dieser Art keinerlei Anlaß bieten konnte. Die Wirtschafts- und die Geldpolitik der letzten 15 Monate haben unsere Währung auch im Ansehen und in der Wertung des Auslands von Tag zu Tag mehr gefestigt, so daß die jetzt notwendig werdende Anpassung – genau wie das in anderen

europäischen Ländern der Fall sein wird – lediglich eine Folgewirkung der englischen Maßnahme ist. Ohne eine derartig gleichgerichtete Maßnahme würde die deutsche Exportwirt-
schaft ihre Wettbewerbsfähigkeit auf den Weltmärkten verlieren und damit unserem wirtschaftlichen und sozialen Leben die Grundlage entzogen werden. Die Bundesregierung ist
entschlossen, mit den für das deutsche Geldwesen verantwortlichen Stellen bei den zu
treffenden Maßnahmen die wirtschaftlichen und sozialen Folgewirkungen zu einem gerechten organischen Ausgleich zu bringen.

Die allenthalben angestellten Mutmaßungen über die möglichen Auswirkungen der
bevorstehenden geldpolitischen Maßnahmen gehen weit über das sachlich berechtigte Maß
hinaus. Es besteht keinerlei Grund zur Beunruhigung, da die zu erwartenden Veränderungen auf dem Gebiete von Preisen und Löhnen im ganzen nur zu relativ geringfügigen Verschiebungen führen werden.

(Hört! Hört! bei der KPD. – Abg. Renner: Nur »geringfügigen«!)

Gerade in dieser Beziehung aber wird es die Regierung als vornehmste Pflicht ansehen,
soziale Ungerechtigkeiten und Spannungen zu verhüten und spekulativen Einflüssen keinen
Raum zu geben.

Die Frage der Demontage unserer industriellen Anlagen bewegt das gesamte deutsche
Volk. Es gibt wohl kaum jemanden in Deutschland, der sich gegen die Demontage wirklich
kriegswichtiger Industrien irgendwie wendet. Aber die Vernichtung großer wirtschaftlicher
Werte ist eine Angelegenheit, die man im Ausland nicht damit abtun sollte, daß es einmal
so beschlossen ist. *(Sehr gut! in der Mitte.)*

Die letzte Änderung der Liste der zu demontierenden Werke war zwar, rein äußerlich
betrachtet, ein großes Entgegenkommen gegenüber den deutschen Wünschen; sachlich,
der Produktionskapazität und dem Werte nach gesehen, sind aber die deutschen Wünsche
nur zu etwa 10 % erfüllt worden.

(Hört! Hört! rechts.)

Die Demontagefrage ist auch eine Frage von großer psychologischer Bedeutung. Man
versteht in den weitesten Kreisen des deutschen Volkes nicht, daß man mit der einen Hand
ihm wirtschaftliche Hilfe gibt und mit der anderen Hand wirtschaftliche Werte zerstört.

(Sehr richtig! in der Mitte und rechts.)

Man glaubt im deutschen Volke, daß damit die auch von ausländischen Staatsmännern
wiederholt abgegebene Erklärung schwer zu vereinbaren ist, daß Deutschland zum Wiederaufbau Europas notwendig ist. Zur Zeit sind die maßgebenden Staatsmänner der Vereinigten Staaten, Englands und Frankreichs in Washington versammelt. Das deutsche Volk
würde sich herzlich freuen, wenn diese Zusammenkunft dazu benützt würde, um das
deutsche Demontageproblem einer Nachprüfung im Sinne einer Berücksichtigung der deutschen Wünsche zu unterziehen. Ich glaube, wenn auch mit aller Vorsicht, sagen zu können,
daß man die Hoffnung hegen darf, daß dies in Washington geschieht ...

Unsere besondere Fürsorge auf wirtschaftlichem Gebiet gilt der Stadt Berlin. Seit der
Währungsreform sind bis zum 10. September 1949, also in rund 15 Monaten, aus dem
Haushalt des Vereinigten Wirtschaftsgebiets 414 Millionen DM an den Magistrat der Stadt
Berlin geflossen.

(Zuruf von der KPD: Für den kalten Krieg!)

Dazu hat Berlin aus dem GARIOA-Fonds bis zum 13. September 1949 688 Millionen
DM erhalten. Die im Haushalt der bizonalen Verwaltung 1949 für die Zeit bis zum
31. Dezember 1949 eingesetzten Mittel werden schon im Oktober erschöpft sein. Es ist
unbedingt notwendig, da wir unter keinen Umständen Berlin im Stiche lassen dürfen,
beschleunigt über den Fortgang und Umfang der Hilfsmaßnahmen für Berlin, und zwar
nicht ausschließlich durch Gewährung von finanziellen Zuschüssen, zu beraten und zu
beschließen ...

Meine Damen und Herren! Ich komme zu einem besonders ernsten und wichtigen Kapitel. Deutschland wird nunmehr durch seine staatliche Neugestaltung in die Lage versetzt, sich der Frage der deutschen Kriegsgefangenen und Verschleppten mit größerer Stärke anzunehmen als bisher. In Rußland werden noch Millionen von Kriegsgefangenen zurückgehalten. *(Zuruf rechts: Herr Renner, hören Sie!)*

Wir wissen nicht, wohin die 1,5 bis 2 Millionen deutscher Kriegsgefangener gekommen sind,

(Abg. Renner: Fragen Sie Hitler – Lachen und Zurufe rechts)

die aus den russischen Heeresberichten über die jetzt von Rußland angegebene Zahl der Kriegsgefangenen hinaus errechnet werden konnten.

(Zuruf des Abg. Renner.)

Das gleiche gilt in ähnlicher Weise für Jugoslawien.

(Zuruf von der KPD: Und Indochina! – Zuruf rechts: Tschechei!)

Das Geschick dieser Millionen Deutscher, die jetzt schon seit Jahren das bittere Los der Gefangenschaft getragen haben, ist so schwer, das Leid ihrer Angehörigen in Deutschland so groß, daß alle Völker mithelfen müssen, diese Gefangenen und Verschleppten endlich ihrer Heimat und ihrer Familie zurückzugeben ...

Meine Damen und Herren! Es ist mir eine liebe Pflicht, für die weitreichende Hilfe, die unseren Kriegsgefangenen zuteil geworden ist, zu danken, in erster Linie dem Internationalen Komitee vom Roten Kreuz in Genf,

(Bravo-Rufe und Händeklatschen in der Mitte und rechts)

das unseren deutschen Kriegsgefangenen unendlich viel Gutes getan hat. Wir danken auch dem Vatikan und dem gegenwärtigen Papst, der nach dem Kriege der erste war, der den Ruf nach baldiger Entlassung der deutschen Kriegsgefangenen erhob

(Lebhafter Beifall in der Mitte und rechts)

und der das Schicksal der deutschen Gefangenen durch großzügige Schenkungen und Gaben, zu denen er die Welt veranlaßte, zu mildern versuchte. Der Arbeit der Ökumene in Genf danken wir in gleicher Weise von ganzem Herzen.

(Erneuter lebhafter Beifall in der Mitte und rechts.)

Sie hat insbesondere in der angelsächsischen Welt die Kräfte der Liebe evangelischen Glaubens mobilisiert. Ich hebe auch die internationale Organisation der Christlichen Vereine junger Männer hervor, die durch ihren hervorragenden Gefangenendienst unseren Brüdern in allen Ländern große Hilfe gewährt haben.

(Bravo! und Händeklatschen in der Mitte und rechts.)

Auch dem Evangelischen Hilfswerk unter der Führung von Dr. Gerstenmaier und der Caritas-Kriegsgefangenenhilfe unter der Leitung des verstorbenen Prälaten Kreutz danken wir herzlichst.

Die Arbeit der Bundesregierung wird weiter den etwa 200 000 Deutschen gelten müssen, die sich in dem ehemaligen Ostpreußen und Schlesien sowie in der Tschechoslowakei befinden, die als Facharbeiter oder als politisch mehr oder minder Belastete zurückgehalten werden. Darunter befinden sich viele Frauen, die in der ersten Schockwirkung der Niederlage und in der Hoffnung auf Rückkehr ihrer noch in Gefangenschaft befindlichen Männer für Polen optiert haben, deren Männer aber in der Zwischenzeit nach Westdeutschland entlassen worden sind. Das Internationale Rote Kreuz hat es übernommen, mit den Westalliierten einerseits und mit Warschau und Prag andererseits über die Umsiedlung dieser bedeutenden Restbevölkerung zu verhandeln. Die Verhandlungen sind später überraschend – soviel den deutschen Stellen bekanntgeworden ist, durch die britische Militärregierung – abgebrochen worden

(Hört! Hört! in der Mitte und rechts)

mit der damals gegebenen Begründung, man müsse erst die Bundesregierung abwarten.

Die Bundesregierung wird sich auch um die 300 000 freien Arbeiter bemühen müssen, die, um aus der Kriegsgefangenschaft herauszukommen, in Frankreich, Belgien und England Verträge als freie Arbeiter geschlossen haben. Endlich werden wir die Forderung erheben müssen, daß gegen diejenigen Deutschen, die in den alliierten Ländern wegen behaupteter Kriegsverbrechen zurückgehalten werden, die Gerichtsverhandlungen unter Wahrung aller rechtlichen Formen schnell zu Ende geführt werden.

(Abg. Dr. Richter: Man soll einmal internationale Gerichte gegen die Kriegsverbrecher auf der anderen Seite einsetzen! – Gegenruf links: Sind wir schon wieder so weit?)

Das Los der Vertriebenen, meine Damen und Herren, ist besonders hart. Die Frage ihres zukünftigen Schicksals kann nicht von Deutschland allein gelöst werden.

(Sehr richtig! rechts.)

Es handelt sich um eine Frage, die nur auf internationalem Wege ihrer Lösung näher-gebracht werden kann. Man muß sie aber lösen, wenn man nicht Westdeutschland für lange Zeit hinaus zu einem Herd politischer und wirtschaftlicher Unruhe werden lassen will.

Lassen Sie mich nun zu Fragen übergehen, die uns in Deutschland außerordentlich am Herzen liegen und die für unser gesamtes Volk Lebensfragen sind. Es handelt sich um die Abkommen von Jalta und Potsdam und die Oder-Neiße-Linie. Im Potsdamer Abkommen heißt es ausdrücklich:

Die Chefs der drei Regierungen
– das sind die Vereinigten Staaten, England und Sowjetrußland –
haben ihre Ansicht bekräftigt, daß die endgültige Bestimmung der polnischen West-grenze bis zur Friedenskonferenz vertagt werden muß. *(Hört! Hört! rechts.)*

Wir können uns daher unter keinen Umständen mit einer von Sowjetrußland und Polen später einseitig vorgenommenen Abtrennung dieser Gebiete abfinden.

(Sehr richtig! und lebhafter Beifall rechts, in der Mitte und bei der SPD.)

Diese Abtrennung widerspricht nicht nur dem Potsdamer Abkommen, sie widerspricht auch der Atlantik-Charta vom Jahre 1941, der sich die Sowjet-Union ausdrücklich an-geschlossen hat. *(Erneute Zustimmung in der Mitte und rechts.)*

Die Bestimmungen der Atlantik-Charta sind ganz eindeutig und klar. Die General-versammlung der Vereinten Nationen hat durch Beschluß vom 3. November 1948 die Großmächte aufgefordert, nach diesen Prinzipien baldmöglichst Friedensverträge abzu-schließen. Wir werden nicht aufhören, in einem geordneten Rechtsgang unsere Ansprüche auf diese Gebiete weiter zu verfolgen.

(Lebhafter Beifall in der Mitte und rechts. – Abg. Dr. Richter: Bitte auch das Sudetenland dabei nicht vergessen, Herr Bundeskanzler!)

Ich weise darauf hin, daß die Austreibung der Vertriebenen in vollem Gegensatz zu den Bestimmungen des Potsdamer Abkommens vorgenommen worden ist.

(Sehr richtig! rechts.)

In diesem Potsdamer Abkommen ist nur von einer Umsiedlung der in Polen, der Tsche-choslowakei und Ungarn verbliebenen deutschen Bevölkerung die Rede, und es war verein-bart worden, daß jede stattfindende Umsiedlung auf organisierte und humane Weise vor-genommen werden sollte. Es fällt mir sehr schwer, meine Damen und Herren, wenn ich an das Schicksal der Vertriebenen denke, die in Millionen umgekommen sind,

(Zuruf in der Mitte: 5 Millionen!)

mit der notwendigen leidenschaftslosen Zurückhaltung zu sprechen. Ich darf aber darauf hinweisen, daß kein Geringerer als Winston Churchill bereits im August 1945 im britischen Unterhaus öffentlich und feierlich nicht nur gegen das Ausmaß der von Polen angestreb-ten Gebietserweiterung, sondern auch gegen die Praxis der Massenaustreibung Protest eingelegt hat.

(Abg. Dr. Schmid: Er hat mit unterschrieben!)

Die Massenaustreibung nannte Churchill eine »Tragödie unvorstellbaren Ausmaßes«, und er deutete an, daß eine unerhört große Zahl von diesen Vertriebenen einfach verschwunden sei. Am 10. Oktober 1945 stellte der britische Außenminister Bevin fest, daß Großbritannien in keiner Weise verpflichtet sei, die Ansprüche Polens auf die Oder-Neiße-Linie zu unterstützen. Die gleiche Feststellung traf der frühere amerikanische Außenminister Byrnes am 6. September 1946 in seiner bekannten Rede in Stuttgart. Die Bundesregierung wird allen diesen Fragen die größte Aufmerksamkeit widmen und sich dafür einsetzen, daß auch das uns zustehende Recht geachtet wird.
(Lebhafte Zustimmung in der Mitte und rechts.)

Sie wird das ganze Rechts- und Tatsachenmaterial in einer Denkschrift, die veröffentlicht und den alliierten Regierungen überreicht werden wird, zusammenfassen.

Meine Damen und Herren! Wenn ich eingangs gesagt habe, daß unsere auswärtigen Beziehungen von den Hohen Kommissaren wahrgenommen werden, so habe ich doch gleichzeitig festgestellt, daß wir zu allen uns umgebenden Staaten in engen Zusammenhängen – seien es gute, seien es weniger gute – stehen. Ich würde daher eine Lücke in dieser Regierungserklärung lassen, wenn ich nicht auf unser Verhältnis zu diesen Ländern einginge.
(Abg. Renner: Vergessen Sie aber das Saargebiet nicht!)

– Lassen Sie mich zunächst Sowjet-Rußland nicht vergessen!
(Heiterkeit in der Mitte und rechts. – Zurufe links.)

– Und deswegen werde ich mit Sowjet-Rußland beginnen.
(Abg. Renner: Diesen Teil Ihrer Rede hat Ihnen ein Fachmann aufgesetzt!)

– Sie sind ein neidischer Mann, Herr Renner!
(Heiterkeit. – Abg. Renner: Die Fragebogen von den Leuten müßte man kennen!)

Meine Damen und Herren! Wir sind durchaus bereit, mit unsern östlichen Nachbarn, insbesondere mit Sowjet-Rußland und mit Polen, in Frieden zu leben. Wir haben den dringendsten Wunsch, daß die gegenwärtig bestehenden Spannungen zwischen Sowjet-Rußland und den Westalliierten ihre Lösung im Laufe der Zeit auf friedlichem Wege finden. Aber wenn ich ausspreche, daß wir den Wunsch haben, in Frieden mit Sowjet-Rußland zu leben, so gehen wir davon aus, daß auch Sowjet-Rußland und Polen uns unser Recht lassen und unsere deutschen Landsleute auch in der Ostzone und in dem ihnen unterstehenden Teil von Berlin das Leben in Freiheit führen lassen, das deutschem Herkommen, deutscher Erziehung und deutscher Überzeugung entspricht. *(Lebhafter Beifall in der Mitte und rechts.)*

Ich habe an einer anderen Stelle schon ausgeführt, daß das Besatzungsstatut zwar ein Fortschritt, sogar ein erheblicher Fortschritt gegenüber dem bisherigen Zustand ist. Es wird aber ganz darauf ankommen, ob es in dem Geist gehandhabt wird, der aus dem Begleitschreiben der Außenminister von England, Frankreich und den Vereinigten Staaten vom April dieses Jahres an den Präsidenten des Parlamentarischen Rats sprach. »Die Außenminister betonen«, so heißt es in der Note, »daß es das höchste Ziel der drei Alliierten Regierungen ist, den festen Einbau des deutschen Volkes in einem demokratischen Bundesstaat in den Rahmen eines europäischen Zusammenschlusses zum beiderseitigen Besten zu ermutigen und zu fördern.« Wir sind überzeugt davon, daß, wenn das Besatzungsstatut in diesem Sinne gehandhabt wird, es uns ein eigenes starkes Leben und weitere Fortschritte ermöglichen wird.
(Abg. Renner: Sie nannten es einmal Kolonialstatut!)

Ich bin überzeugt: Wenn, wie es in dem Besatzungsstatut vorgesehen ist, nach 12 Monaten und auf jeden Fall innerhalb von 18 Monaten nach Inkrafttreten des Statuts die Besatzungsmächte seine Bestimmungen im Lichte der Erfahrungen prüfen, die sie inzwischen gemacht haben, werden die Mächte sicher zu dem Ergebnis kommen, daß es möglich sein wird, die Zuständigkeit der deutschen Behörden auf den Gebieten der Legislative, der Exekutive und der Justiz weiter auszudehnen.

Und nun, meine Damen und Herren, lassen Sie mich ein Wort über unsere Stellung zum Besatzungsstatut sagen! Das Besatzungsstatut ist alles andere als ein Ideal. Es ist ein Fortschritt gegenüber dem rechtlosen Zustand, in dem wir bis zum Inkrafttreten des Besatzungsstatuts gelebt haben. Es gibt aber keinen andern Weg für das deutsche Volk, wieder zur Freiheit und Gleichberechtigung zu kommen,

(Abg. Renner: Friedensvertrag!)

als indem es dafür sorgt, daß wir nach dem völligen Zusammenbruch, den uns der Nationalsozialismus beschert hat, mit den Alliierten zusammen wieder den Weg in die Höhe gehen. Der einzige Weg zur Freiheit ist der, daß wir im Einvernehmen mit der Hohen Alliierten Kommission unsere Freiheiten und unsere Zuständigkeiten Stück für Stück zu erweitern versuchen.

(Sehr richtig!)

Es besteht für uns kein Zweifel, daß wir nach unserer Herkunft und nach unserer Gesinnung zur westeuropäischen Welt gehören. Wir wollen zu allen Ländern gute Beziehungen, auch solche persönlicher Art, unterhalten, insbesondere aber zu unsern Nachbarländern, den Benelux-Staaten, Frankreich, Italien, England und den nordischen Staaten. Der deutsch-französische Gegensatz, der Hunderte von Jahren die europäische Politik beherrscht und zu so manchen Kriegen, zu Zerstörungen und Blutvergießen Anlaß gegeben hat, muß endgültig aus der Welt geschafft werden.

(Lebhafter Beifall.)

Ich hoffe, ja, ich sage: ich glaube, daß das Saargebiet nicht zu einem Hindernis auf diesem Weg werden wird.

(Aha! und Hört! Hört!)

Am Saargebiet hat Frankreich – das ist ohne weiteres anzuerkennen – wirtschaftliche Interessen. Deutschland hat dort wirtschaftliche und nationale Interessen.

(Sehr richtig! – Zuruf: Sind das nur Interessen?)

Schließlich aber haben die Saarbewohner selbst den begründeten Wunsch, daß ihre eigenen wirtschaftlichen und nationalen Interessen berücksichtigt werden.

(Zuruf von der KPD: Vielleicht sagen Sie auch etwas über die Ausweisungen aus dem Saargebiet!)

Alle diese Interessen sollen in eine Ordnung und Übereinstimmung gebracht werden, die sich im Rahmen der Europäischen Union, deren Mitglied wir möglichst bald zu werden wünschen, finden lassen wird.

Mit aufrichtiger Genugtuung und Freude, meine Damen und Herren, denke ich daran, daß Außenminister Bevin mir in einer persönlichen Unterredung im Sommer dieses Jahres erklärt hat: der Krieg zwischen unseren beiden Völkern ist zu Ende, unsere beiden Völker müssen Freunde sein.

Ich habe eben gesagt, wir wünschen möglichst bald in die Europäische Union aufgenommen zu werden. Wir werden gerne und freudig an dem großen Ziel dieser Union mitarbeiten. Ich weise darauf hin, daß wir in unserer Bonner Verfassung im Artikel 24 für den Bund die Möglichkeit vorgesehen haben, Hoheitsrechte auf zwischenstaatliche Einrichtungen zu übertragen und sich zur Wahrung des Friedens im System gegenseitiger kollektiver Sicherheit einzuordnen. Es heißt dann in diesem Artikel weiter:

»Der Bund wird hierbei in die Beschränkungen seiner Hoheitsrechte einwilligen, die eine friedliche und dauerhafte Ordnung in Europa und zwischen den Völkern der Welt herbeiführen und sichern.«

Ich glaube, daß unser Grundgesetz damit die fortschrittlichste aller Verfassungen ist.

(Sehr richtig!)

Wir sind entschlossen, alles zu tun, was in unserer Kraft steht, um den in diesem Artikel vorgezeichneten Weg zur Sicherung des Friedens in Europa und in der Welt zu gehen.

Wenn ich vom Frieden in der Welt und in Europa spreche, dann, meine Damen und Herren, muß ich auf die Teilung Deutschlands zurückkommen. Die Teilung Deutschlands wird eines Tages – das ist unsere feste Überzeugung – wieder verschwinden.
(Lebhafter Beifall.)
Ich fürchte, daß, wenn sie nicht verschwindet, in Europa keine Ruhe eintreten wird.
(Sehr richtig!)
Diese Teilung Deutschlands ist durch Spannungen herbeigeführt worden, die zwischen den Siegermächten entstanden sind. Auch diese Spannungen werden vorübergehen. Wir hoffen, daß dann der Wiedervereinigung mit unseren Brüdern und Schwestern in der Ostzone und in Berlin nichts mehr im Wege steht.
(Abg. Dr. Richter: Auch mit den Sudetendeutschen!)
Die Vertreter Groß-Berlins nehmen einstweilen nur mit beratender Stimme an den Arbeiten dieses Hauses und des Bundesrats teil. Ihre Stimmen haben aber deswegen nicht weniger Gewicht, weil sie kein Stimmrecht haben. Wenn auch der Eiserne Vorhang, der quer durch Deutschland geht, noch so dicht ist – er kann nichts an der geistigen Verbundenheit zwischen den deutschen Menschen diesseits und jenseits des Eisernen Vorhangs ändern.
(Lebhafter Beifall rechts, in der Mitte und bei der SPD.)
Lassen Sie mich, meine Damen und Herren, in dieser Stunde mit besonderem Dank der Vereinigten Staaten von Nordamerika gedenken.
(Bravo!)
Ich glaube nicht, daß jemals in der Geschichte ein siegreiches Land es versucht hat, dem besiegten Land in der Weise zu helfen und zu seinem Wiederaufbau und seiner Erholung beizutragen, wie das die Vereinigten Staaten gegenüber Deutschland getan haben und tun.
(Bravo! rechts, in der Mitte und bei Teilen der SPD.)
Wir glauben, meine Damen und Herren, daß eine spätere Geschichtsschreibung dieses Verhalten der Vereinigten Staaten als eine größere Tat bezeichnen wird als seine Anstrengungen im Kriege.
(Sehr richtig! – Lachen bei der KPD.)
Ich weiß, daß unzählige Amerikaner aus echter, persönlicher Teilnahme und Nächstenliebe uns Deutschen in unserer schwersten Not, als hier Hunger und Mangel herrschten, in rührender Weise geholfen haben. Das deutsche Volk wird das dem amerikanischen Volk niemals vergessen dürfen, und es wird das auch nicht vergessen.
(Lebhafter Beifall rechts, in der Mitte und bei der SPD.)
Meine Damen und Herren! Die kulturellen Angelegenheiten gehören nach dem Grundgesetz zu der Zuständigkeit der Länder. Aber im Namen der gesamten Bundesregierung kann ich folgendes sagen: unsere ganze Arbeit wird getragen sein von dem Geist christlichabendländischer Kultur und von der Achtung vor dem Recht und vor der Würde des Menschen.
(Bravo!)
Wir hoffen – das ist unser Ziel –, daß es uns mit Gottes Hilfe gelingen wird, das deutsche Volk aufwärtszuführen und beizutragen zum Frieden in Europa und in der Welt.
(Anhaltender lebhafter Beifall.)

Quelle: Verhandlungen des 1. Deutschen Bundestages (im folgenden zitiert als »Deutscher Bundestag«), 5. Sitzung vom 20. 9. 1949, S. 22–30

Erklärung des Bundeskanzlers Dr. Konrad Adenauer vor dem Deutschen Bundestag am 21. Oktober 1949

Ihnen, meine Damen und Herren vom Deutschen Bundestag, als den legitimierten Vertretern des deutschen Volkes habe ich folgende *Erklärung* abzugeben.

Die jüngsten Vorgänge in der Ostzone und in Berlin sind kennzeichnend für den tragischen Weg des deutschen Volkes seit 1933. Sie unterstreichen mit aller Klarheit und Deutlichkeit noch einmal die Zerreißung des deutschen Gebiets in zwei Teile, in einen östlichen Teil, bewohnt von rund 18 Millionen Deutscher, die in der Unfreiheit sowjetischer Satellitenstaaten dahinleben, und einen westlichen Teil mit 45 Millionen Einwohnern, der sich zwar noch nicht im vollen Besitz der Freiheit befindet, in dem aber die Souveränitätsrechte eines demokratischen Staates immer mehr in deutsche Hände gelegt werden und in dem – ich hebe das auf das nachdrücklichste hervor – die Menschen sich der persönlichen Freiheit und Sicherheit erfreuen, ohne die ein menschenwürdiges Dasein für uns nicht denkbar ist.

(Beifall.)

Ich habe von dem Schicksalsweg des deutschen Volkes seit 1933 gesprochen. Um der historischen Wahrheit willen muß man davon sprechen, daß die Tragik des deutschen Volkes nicht erst 1945 mit der Kapitulation, die bedingungslos die gesamte militärische und staatliche Macht den Siegern übergab, begann, sondern 1933 mit der Machtergreifung Hitlers.

(Sehr richtig! in der Mitte und bei der SPD.)

Man kann und darf die Periode von 1933 bis 1945 nicht trennen von dem, was sich seit 1945 ereignet hat.

(Sehr gut! bei der SPD.)

Beide Epochen hängen eng zusammen. Um der Verantwortung willen, die wir vor dem deutschen Volk übernommen haben, und um dem deutschen Volk und dem Ausland ein klares Bild von dem zu geben, was jetzt ist, ist eine kurze Zusammenfassung der Ereignisse seit 1945 nötig.

Entgegen dem Potsdamer Abkommen vom 2. August 1945, in dem beschlossen wurde, Deutschland während der Besetzungszeit als eine politische und wirtschaftliche Einheit zu betrachten, trat schon sehr bald eine verschiedene Auffassung über die Deutschland gegenüber zu beobachtende Haltung unter den Alliierten zutage. In der Sowjetzone wurden schon im Jahre 1945 im Gegensatz zu den drei anderen Zonen Zentralverwaltungen eingerichtet, die den unverkennbaren Zweck hatten, die ganze sowjetische Zone staatlich einheitlich zu organisieren. Diese Bestrebungen wurden aufs nachdrücklichste gefördert durch die am 12. Juni 1947 erfolgte Bildung einer Wirtschaftskommission. Die wirtschaftliche und die politische Trennung der Sowjetzone von dem übrigen Deutschland wurde weiter gefördert durch die Einsetzung des sogenannten Ersten Volkskongresses am 6. Dezember 1947, die Einberufung des Zweiten Volkskongresses am 18. März 1948, die Schaffung eines Volksrats am gleichen Tag, die Erteilung des Auftrags an den Volksrat, eine Verfassung auszuarbeiten, und schließlich durch die Verabschiedung dieser Verfassung durch den Volksrat am 19. März 1949.

Diese Volkskongresse sind nicht aus Wahlen, das heißt aus freien Wahlen, an denen sich jeder hätte frei beteiligen können, hervorgegangen. Für den Dritten Volkskongreß durfte nur eine Einheitsliste aufgestellt werden. Die in der vom Volksrat beschlossenen Verfassung vom 19. März 1949 vorgesehenen Wahlen für eine Volkskammer wurden nicht abgehalten. Der Volksrat etablierte sich am 7. Oktober 1949 im Widerspruch mit der von ihm selbst beschlossenen Verfassung als provisorische Volkskammer. Gleichzeitig wurde erklärt, daß Wahlen, die schon mehrfach in Aussicht gestellt waren, bis zum 15. Oktober 1950 verschoben würden. Nach dem völligen Zusammenbruch aller staatlichen Organisation in Deutschland mit der bedingungslosen Kapitulation kann aber eine Organisation in Deutschland nur dann den Anspruch darauf erheben, ein legitimer Staat zu sein, wenn sie auf dem freien Willen der Bevölkerung beruht.

(Lebhafte Zustimmung.)

Es wird niemand behaupten können, daß die nunmehr geschaffene Organisation der Sowjetzone auf dem freien Willen der Bevölkerung dieser Zone beruht.

(Sehr richtig!)

Sie ist zustande gekommen auf Befehl Sowjetrußlands und unter Mitwirkung einer kleinen Minderheit ihm ergebener Deutscher.

Im Gegensatz zu der Sowjetzone trat in den drei Westzonen bei den westlichen Alliierten das Bestreben, eine einheitliche staatliche Organisation für diese drei Zonen zu schaffen, erst auf der Londoner Konferenz der sechs Mächte – England, Frankreich, USA, Beneluxstaaten –, die vom Februar bis Juni 1948 abgehalten wurde, zutage.

(Abg. Rische: Bereits 1946!)

Dieses Bestreben zeigte sich also erst, als die Entwicklung in der Ostzone, die ich eben geschildert habe, schon weit fortgeschritten war, als der Erste und der Zweite Volkskongreß und der Volksrat schon geschaffen waren. Auf Grund der Empfehlungen der Londoner Konferenz wurde der Parlamentarische Rat zum 1. September 1948 einberufen. Das von ihm beschlossene Grundgesetz trat nach der Ratifizierung durch die Landtage am 23. Mai 1949 in Kraft.

(Abg. Rische: Ohne Wahlen!)

Die Wahlen zum ersten Bundestag wurden am 14. August 1949 abgehalten. An ihnen beteiligten sich rund 25 Millionen von 31 Millionen stimmberechtigter Deutscher. Nur die 1,5 Millionen kommunistischer Stimmen, die abgegeben wurden, kann man als gegen die staatliche Neuordnung abgegeben bezeichnen,

(Sehr gut!)

so daß rund 23 Millionen Wähler bei dieser Wahl bestätigten, daß sie die staatliche Neuordnung der drei Westzonen, die Schaffung der Bundesrepublik Deutschland billigten.

(Abg. Rische: Wann hat das Volk über das Grundgesetz abgestimmt?)

Ich stelle folgendes fest. In der Sowjetzone gibt es keinen freien Willen der deutschen Bevölkerung.

(Lebhafte Zustimmung rechts, in der Mitte und bei der SPD.)

Das, was jetzt dort geschieht, wird nicht von der Bevölkerung getragen und damit legitimiert.

(Sehr gut!)

Die Bundesrepublik Deutschland stützt sich dagegen auf die Anerkennung durch den frei bekundeten Willen von rund 23 Millionen stimmberechtigter Deutscher. Die Bundesrepublik Deutschland ist somit bis zur Erreichung der deutschen Einheit insgesamt die alleinige legitimierte staatliche Organisation des deutschen Volkes.

(Lebhafter Beifall und Händeklatschen rechts, in der Mitte und bei der SPD.)

Hieraus ergeben sich innerpolitisch und außenpolitisch Folgerungen, die ich im einzelnen wiederzugeben mir heute versagen muß.

Die Bundesrepublik Deutschland fühlt sich auch verantwortlich für das Schicksal der 18 Millionen Deutschen, die in der Sowjetzone leben.

(Lebhafte Zustimmung rechts, in der Mitte und bei der SPD.)

Sie versichert sie ihrer Treue und ihrer Sorge.

(Erneuter Beifall.)

Die Bundesrepublik Deutschland ist allein befugt, für das deutsche Volk zu sprechen.
(Sehr gut! – Abg. Renner: Ich denke, die Hohen Kommissare!)
Sie erkennt Erklärungen der Sowjetzone nicht als verbindlich für das deutsche Volk an.
(Zustimmung rechts, in der Mitte und bei der SPD.)
Das gilt insbesondere auch für die Erklärungen, die in der Sowjetzone über die Oder-Neiße-Linie abgegeben worden sind.
(Stürmischer Beifall rechts, in der Mitte und bei der SPD.)
Ich stelle diese Tatsache mit allem Nachdruck vor dem deutschen Volk und der gesamten Weltöffentlichkeit fest.
(Bravo!)
Zur Frage Berlin habe ich folgendes zu erklären. Die Lage Berlins wird durch die Entwicklung in der Sowjetzone besonders kritisch. Berlin ragt in die Sowjetzone hinein als Vorposten und Bollwerk des demokratischen westlichen Teils Deutschlands,
(Bravo!)
ja mehr als das, als Bollwerk des demokratischen Westeuropas.
(Bravo! – Zuruf von der KPD: Amerikanischer Imperialismus!)
Berlin hat die Blockade dank der bewunderungswürdigen Stärke und Zähigkeit seiner Bewohner und dank der Hilfe der Westalliierten überstanden; aber es leidet schwer unter ihren Nachwirkungen.
In Artikel 23 des Grundgesetzes ist niedergelegt, daß Groß-Berlin als zwölftes Land zur Bundesrepublik Deutschland gehören soll. Wenn auch die internationale Lage bei der Genehmigung des Grundgesetzes die Verwirklichung dieses Beschlusses zunächst unmöglich gemacht hat
(Zuruf von der KPD: Ihre souveräne Regierung!)
und wenn die fortdauernde internationale Spannung auch jetzt noch die Durchführung des Artikel 23, vielleicht auch im Interesse Berlins selbst, nicht gestattet, so bleibt der Beschluß des Parlamentarischen Rates, wie er im Artikel 23 niedergelegt ist, nur suspendiert. Der Artikel 23 wird in Wirksamkeit treten, sobald die internationale Lage es gestattet.
(Abg. Renner: Und die Kommissare!)
Bis dahin will Berlin seine Gesetze den Bundesgesetzen anpassen, um so schon jetzt eine de-facto-Zugehörigkeit Berlins zum Bund herbeizuführen.
(Beifall.)
Wir begrüßen diese Absicht Berlins.
Über die notwendige finanzielle und wirtschaftliche Hilfe für Berlin haben zwischen Vertretern des Berliner Magistrats sowie der Berliner Wirtschaft und Mitgliedern der Bundesregierung in den letzten Tagen sehr ausführliche und eingehende Verhandlungen stattgefunden. Diese Verhandlungen haben zu einem positiven Ergebnis geführt. Die Einzelheiten darüber wird Ihnen der zuständige Bundesminister, Herr Schäffer, vortragen. Er wird zugleich im Namen des Bundeswirtschaftsministers sprechen. Ich erkläre namens der Bundesregierung nachdrücklichst, daß wir alles, was in unseren Kräften steht, tun werden, um die Berliner Wirtschaft und damit auch die Finanzen der Stadt Berlin wieder gesund zu machen und gesund zu erhalten. Wir werden Berlin nicht im Stiche lassen.
(Bravorufe.)
Meine Damen und Herren! Die Menschheit lebt seit Jahrzehnten in einer Epoche staatlicher und sozialer Wirren. Das deutsche Volk ist infolge seiner sprunghaften Entwicklung und infolge seiner zentralen Lage ein Mittelpunkt dieser Wirren geworden. Die Bundesrepublik Deutschland erholt sich dank der Hilfe der Westalliierten, dank auch des Fleißes und der Ausdauer ihrer Bewohner langsam, aber stetig. Die Bundesrepublik Deutschland fühlt um so mehr die Verpflichtung in sich, den Bewohnern der Sowjetzone und der Stadt Berlin zu helfen. Sie wird diese Pflicht erfüllen. Wir sind davon überzeugt, daß unsere oft

so trostlos aussehende Epoche schließlich doch zu fruchtbaren Neubildungen staatlicher und überstaatlicher Ordnungen führt, von Ordnungen, die erwachsen sind auf dem Boden des gleichen Rechts für alle. Unser vornehmstes Ziel wird sein, ganz Deutschland auf dem Boden des Rechts und der Freiheit zu einen und es in eine europäische Ordnung hineinzuführen.

(Lang anhaltender, lebhafter Beifall rechts, in der Mitte und bei der SPD.)

Quelle: 1. Deutscher Bundestag, 13. Sitzung vom 21. 10. 1949, S. 307–309

4   Das Petersberger Abkommen

Abkommen zwischen den Alliierten Hohen Kommissaren und dem Deutschen Bundeskanzler auf dem Petersberg am 22. November 1949, Niederschrift vom 23. November 1949

Im Anschluß an die Konferenz der drei Außenminister in Paris am 9. und 10. November sind die Hohen Kommissare des Vereinigten Königreiches, Frankreichs und der Vereinigten Staaten bevollmächtigt worden, mit dem Bundeskanzler die Noten zu erörtern, die er über eine endgültige Regelung der Demontagefrage an die Hohen Kommissare gerichtet hatte. Die Hohen Kommissare sind darüber hinaus beauftragt worden, mit dem Bundeskanzler weitere Punkte zu prüfen, die in eine Gesamtregelung einbezogen werden können. Entsprechende Verhandlungen fanden am 15., 17. und 22. November auf dem Petersberg statt.

Die Besprechungen waren getragen von dem Wunsch und der Entschlossenheit beider Parteien, ihre Beziehungen auf der Grundlage gegenseitigen Vertrauens fortschreitend zu entwickeln. Zunächst ist es ihr vordringlichstes Ziel, die Bundesrepublik als friedliebendes Mitglied in die europäische Gemeinschaft einzugliedern. Zu diesem Zweck soll die Zusammenarbeit Deutschlands mit den westeuropäischen Ländern auf allen Gebieten durch den Beitritt der Bundesrepublik zu allen in Frage kommenden internationalen Körperschaften und durch den Austausch von Handels- und Konsularvertretungen mit anderen Ländern ausdrücklich gefördert werden. Sowohl die Hohen Kommissare als auch der Bundeskanzler sind der Auffassung, daß Fortschritte auf diesem Wege auf der Wiederherstellung eines echten Sicherheitsgefühls in Westeuropa beruhen müssen; auf dieses Ziel vor allem waren ihre Bemühungen gerichtet. Dabei wurden sie bestärkt durch eine weitgehende Gemeinsamkeit der Anschauungen und Absichten. Im einzelnen wurde Übereinstimmung in folgenden Punkten erzielt:

I. Die Hohe Kommission und die Bundesregierung sind übereingekommen, die Teilnahme Deutschlands an allen den internationalen Organisationen herbeizuführen, in denen deutsche Sachkenntnis und Mitarbeit zum allgemeinen Wohl beitragen können.

Sie bringen ihre Genugtuung über die in dieser Richtung bereits unternommenen verschiedenen Schritte zum Ausdruck, wie die Teilnahme der Bundesrepublik an der Organisation für europäische wirtschaftliche Zusammenarbeit (OEEC), den von beiden Seiten ausgesprochenen Wunsch, daß die Bundesrepublik demnächst als assoziiertes Mitglied in den Europarat aufgenommen werden soll, und die beabsichtigte Unterzeichnung eines zweiseitigen Abkommens mit der Regierung der Vereinigten Staaten von Amerika über die Marshallplanhilfe.

II. In der Überzeugung, daß die möglichst enge Mitarbeit Deutschlands zu dem Wiederaufbau der westeuropäischen Wirtschaft wünschenswert ist, erklärt die Bundesregierung ihre Absicht, der internationalen Ruhrbehörde, in der sie derzeit nur durch einen Beobachter vertreten ist, als Mitglied beizutreten. Zwischen beiden Parteien besteht Einverständnis darüber, daß der deutsche Beitritt zum Ruhrabkommen keinen besonderen Bedingungen aus Artikel 31 dieses Abkommens unterworfen ist.

III. Die Bundesregierung erklärt ferner ihre feste Entschlossenheit, die Entmilitarisierung des Bundesgebiets aufrechtzuerhalten und mit allen ihr zur Verfügung stehenden Mitteln die Neubildung irgendwelcher Streitkräfte zu verhindern. Zu diesem Zweck wird die Bundesregierung mit der Hohen Kommission auf dem Gebiet des Militärischen Sicherheitsamts eng zusammenarbeiten.

IV. Die Hohe Kommission und die Bundesregierung sind übereingekommen, daß die Bundesregierung nunmehr die schrittweise Wiederaufnahme von konsularischen und Handelsbeziehungen mit den Ländern in Angriff nehmen wird, mit denen derartige Beziehungen als vorteilhaft erscheinen.

V. Die Bundesregierung, die aus freien demokratischen Wahlen hervorgegangen ist, bekräftigt ihren Entschluß, den Grundsätzen der Freiheit, Toleranz und Menschlichkeit, die die westeuropäischen Nationen verbinden, rückhaltlos Achtung zu verschaffen und sich in ihrem Handeln von diesen Grundsätzen leiten zu lassen. Die Bundesregierung ist fest entschlossen, alle Spuren der nationalsozialistischen Gewaltherrschaft aus dem deutschen Leben und seinen Einrichtungen auszutilgen und das Wiederaufleben totalitärer Bestrebungen welcher Art auch immer zu verhindern. Sie wird bemüht sein, den Aufbau der Regierung freiheitlich zu gestalten und autoritäre Methoden auszuschalten.

VI. Auf dem Gebiet der Dekartellisierung und zur Beseitigung monopolistischer Tendenzen wird die Bundesregierung gesetzgeberische Maßnahmen treffen, die den von der Hohen Kommission auf Grund des Artikel 2 (b) des Besatzungsstatuts erlassenen Entscheidungen entsprechen.

VII. Die Hohe Kommission hat dem Bundeskanzler die Bestimmungen eines zwischen den drei Mächten getroffenen Abkommens über die Lockerung der dem deutschen Schiffsbau derzeit auferlegten Beschränkungen mitgeteilt. Die wesentlichen jetzt vereinbarten Bestimmungen sehen folgendes vor:

a) Der Bau von Hochseeschiffen, mit Ausnahme von solchen Schiffen, die in erster Linie für die Beförderung von Passagieren bestimmt sind, und der Bau von Tankern bis zu 7 200 Tonnen, von Fischereifahrzeugen bis zu 650 Tonnen und von Küstenfahrzeugen bis zu 2 700 Tonnen mit einer Verkehrsgeschwindigkeit von 12 Knoten kann nunmehr aufgenommen werden. Die Zahl derartiger Schiffsbauten ist nicht beschränkt.

b) Die Bundesregierung kann mit Zustimmung der Hohen Kommission bis zum 31. Dezember 1950 sechs Spezialschiffe ankaufen oder bauen, deren Tonnage und Geschwindigkeit diese Beschränkungen überschreiten. Weitere Einzelheiten über diesen Punkt sind dem Kanzler mitgeteilt worden.

Der Bundeskanzler hat die Frage des Baues und der Reparatur von Schiffen auf deutschen Werften für Exportzwecke zur Sprache gebracht. Die Hohen Kommissare haben ihn davon unterrichtet, daß diese Frage in dem Sachverständigenausschuß nicht erörtert worden sei und daß sie deshalb nicht in der Lage seien, ihm eine endgültige Entscheidung mitzuteilen. Sie werden indessen deutsche Werften einstweilen zum Bau von Schiffen für Exportzwecke ermächtigen, jedoch unter Beschränkung auf die Typen und die Zahlen, die für den Bau von Schiffen für die deutsche Wirtschaft gelten; die Reparatur ausländischer Schiffe werden sie ohne Einschränkung genehmigen.

VIII. Die Hohe Kommission hat die Frage der Demontage angesichts der von der Bundesregierung gegebenen Zusicherungen erneut überprüft und folgenden Änderungen des Demontageplans zugestimmt:

Die nachstehend aufgeführten Werke werden von der Reparationsliste gestrichen, und die Demontage ihrer Einrichtungen wird sofort eingestellt:

a) *Synthetische Treibstoff- und Gummiwerke*
Farbenfabriken Bayer, Leverkusen [1]
Chemische Werke, Hüls [1]
Gelsenberg Benzin A.G., Gelsenkirchen
Hydrierwerke Scholven A.G., Gelsenkirchen-Buer
Ruhröl G.m.b.H., Bottrop
Ruhrchemie A.G., Oberhausen-Holten
Gewerkschaft Viktor, Castrop-Rauxel
Krupp-Treibstoff-Werke, Wanne-Eickel
Steinkohlenbergwerk Rheinpreußen, Moers
Dortmunder Paraffin-Werke, Dortmund
Chemische Werke, Essener Steinkohle, Bergkamen
b) *Stahlwerke*
August Thyssen Hütte, Duisburg-Hamborn
Hüttenwerke Siegerland A.G., Charlottenhütte, Niederschelden
Deutsche Edelstahlwerke, Krefeld
Hüttenwerk Niederrhein AG, Duisburg
Klöckner-Werke AG, Düsseldorf
Ruhrstahl AG, Henrichshütte Hattingen
Bochumer Verein AG, Gußstahlwerke, Bochum

Die Demontage oder der Abbruch solcher Elektroöfen, die für die Aufrechterhaltung des Betriebes dieser Werke nicht notwendig sind, wird weiterhin durchgeführt.

c) Die Demontage in den IG-Farben-Werken Ludwigshafen-Oppau wird eingestellt mit Ausnahme der Einrichtungen für die Herstellung von synthetischem Ammoniak und Methanol, soweit deren Entfernung im Reparationsplan vorgesehen ist.

d) In Berlin wird jegliche Demontage eingestellt, und die Arbeit in den betroffenen Werken wird wieder ermöglicht.

Bereits demontierte Einrichtungen werden, mit Ausnahme der in Berlin in Frage kommenden Einrichtungen, der I.A.R.A. zur Verfügung gestellt. Durch die vorstehenden Änderungen der Reparationsliste werden die bestehenden Produktionsverbote und -beschränkungen für bestimmte Erzeugnisse nicht berührt. Demontierte Werke dürfen nur mit Genehmigung des Militärischen Sicherheitsamtes wieder aufgebaut oder wieder eingerichtet werden. Werke, bei denen die Demontage eingestellt ist, unterstehen einer geeigneten Kontrolle, um sicherzustellen, daß die Begrenzung der Stahlerzeugung (11,1 Millionen Tonnen pro Jahr) nicht überschritten wird.

IX. Die Frage der Beendigung des Kriegszustandes ist erörtert worden. Obwohl die Beendigung des Kriegszustandes im Einklang mit dem Geist dieser Abmachungen stehen würde, bietet doch die Frage erhebliche juristische und praktische Schwierigkeiten, die noch der Prüfung bedürfen.

X. Die Hohen Kommissare und der Bundeskanzler haben diese Niederschrift unterzeichnet in der gemeinsamen Entschlossenheit, die in der Präambel aufgestellten Absichten zu verwirklichen, und in der Hoffnung, daß ihre Abmachungen einen bedeutsamen Beitrag zur Einordnung Deutschlands in eine friedliche und dauerhafte Gemeinschaft der europäischen Nationen darstellen.

gez. B. H. Robertson
gez. K. Adenauer
gez. A. François-Poncet
gez. J. J. McCloy

[1] Mit Ausnahme bestimmter Einrichtungen für Forschungszwecke, die unter dem Gesichtspunkt der Sicherheit Bedeutung besitzen
Quelle: Aus den Akten des Auswärtigen Amts

1954: Das neue Dienstgebäude des Auswärtigen Amts in Bonn

Deutschlandvertrag
Unterzeichnung des Vertrages über die Beziehungen der Bundesrepublik Deutschland
und den drei Mächten mit Zusatzverträgen am 26. 5. 1952 in Bonn
(Stehend v. l. n. r.: Außenminister Anthony Eden, Großbritannien;
Außenminister Robert Schuman, Frankreich; Außenminister Dean Acheson, USA;
Bundeskanzler Dr. Konrad Adenauer)

*Gesetz über den Beitritt der Bundesrepublik Deutschland zum Europarat vom 8. Juli 1950
und Auszug aus der Satzung des Europarates*

Der Bundestag hat das folgende Gesetz beschlossen:

Artikel I
  Dem Beitritt der Bundesrepublik Deutschland zum Europarat wird zugestimmt.

Artikel II
  (1) Die Satzung wird nachstehend veröffentlicht.
  (2) Der Tag, an dem der Beitritt gemäß Artikel 5 der Satzung in Kraft tritt, ist im
Bundesgesetzblatt bekanntzugeben.

Artikel III
  Dieses Gesetz tritt am Tage nach der Verkündung in Kraft.

Das vorstehende Gesetz wird, nachdem der Bundesrat von seinem Recht nach Artikel 77
Absatz 2 des Grundgesetzes keinen Gebrauch gemacht hat, hiermit verkündet.

Bonn, den 3. 7. 1950.   Der Bundespräsident
                                                     Theodor Heuss

                                                     Der Bundeskanzler
                                                     Konrad Adenauer

---

Auszug aus der Satzung des Europarates in der Fassung vom 30. November 1954:

Kapitel I. Aufgabe des Europarates

Artikel 1
  a) Der Europarat hat zur Aufgabe, eine engere Verbindung zwischen seinen
Mitgliedern zum Schutze und zur Förderung der Ideale und Grundsätze, die ihr gemeinsames Erbe bilden, herzustellen und ihren wirtschaftlichen und sozialen Fortschritt zu
fördern.
  b) Diese Aufgabe wird von den Organen des Rates erfüllt durch Beratung von Fragen
von gemeinsamem Interesse, durch den Abschluß von Abkommen und durch gemein-
schaftliches Vorgehen auf wirtschaftlichem, sozialem, kulturellem und wissenschaftlichem
Gebiet und auf den Gebieten des Rechts und der Verwaltung sowie durch den Schutz und
die Fortentwicklung der Menschenrechte und Grundfreiheiten.
  c) Die Beteiligung der Mitglieder an den Arbeiten des Europarates darf ihre Mitwirkung
am Werk der Vereinten Nationen und der anderen internationalen Organisationen oder
Vereinigungen, denen sie angehören, nicht beeinträchtigen.
  d) Fragen der nationalen Verteidigung gehören nicht zur Zuständigkeit des Europarates.
. . .

Quelle: Bundesgesetzblatt (im folgenden zitiert als »BGBl.«) 1950, I, S. 263 und BGBl. 1954, II, S. 1126

Memorandum zur Frage der Neuordnung der Beziehungen der Bundesrepublik zu den Besatzungsmächten vom 29. August 1950

I.

Das gegenwärtige Besatzungsregime beruht auf einem Statut, das vor eineinhalb Jahren unter politischen Voraussetzungen geschaffen wurde, die heute zum wesentlichen Teil nicht mehr bestehen. Die Bundesrepublik hat sich seit ihrem Bestehen auf staatlichem und wirtschaftlichem Gebiet zunehmend gefestigt. Sie hat das öffentliche Leben auf demokratischer Grundlage freiheitlich gestaltet und sich als Partner in die wirtschaftliche Zusammenarbeit Europas eingeordnet.

Die Außenminister der Besatzungsmächte haben bereits in der Londoner Schlußverlautbarung vom 13. Mai 1950 ihre Bereitschaft ausgedrückt, dem »natürlichen Wunsch des deutschen Volkes nach Erleichterung der Kontrollen und Wiederherstellung der Souveränität« Rechnung zu tragen.

Seitdem hat die Wiedereingliederung Deutschlands in die europäische Gemeinschaft durch den Beitritt zum Europarat und die Verhandlungen über den Schuman-Plan weitere Fortschritte gemacht. Darüber hinaus ist in jüngster Zeit die Beteiligung der Bundesrepublik an der gemeinsamen Verteidigung Westeuropas in den alliierten Ländern in zunehmendem Maß erörtert worden.

II.

Wenn die deutsche Bevölkerung die Pflichten erfüllen soll, die ihr im Rahmen der europäischen Gemeinschaft aus der gegenwärtigen Lage und ihren besonderen Gefahren erwachsen, muß sie innerlich hierzu instand versetzt werden. Es muß ihr ein Maß von Handlungsfreiheit und Verantwortlichkeit gegeben werden, das ihr die Erfüllung dieser Pflichten sinnvoll erscheinen läßt. Wenn der deutsche Mensch Opfer jeder Art bringen soll, so muß ihm wie allen anderen westeuropäischen Völkern der Weg zur Freiheit offen sein.

III.

Die Bundesregierung hält es daher für notwendig, daß die Beziehungen Deutschlands zu den Besatzungsmächten auf neue Grundlagen gestellt werden. Die Bundesregierung bittet die alliierten Außenminister, auf der kommenden Konferenz in New York etwa die folgenden Erklärungen abzugeben:

1. Der Kriegszustand zwischen den alliierten Mächten und Deutschland wird beendet.
2. Der Zweck der Besatzung ist in Zukunft die Sicherung gegen äußere Gefahr.
3. Die Beziehungen zwischen den Besatzungsmächten und der Bundesrepublik werden fortschreitend durch ein System vertraglicher Abmachungen geregelt.

Solche Erklärungen würden im gegenwärtigen Augenblick innerhalb der deutschen Bevölkerung eine ganz besonders starke Resonanz haben.

IV.

Die Verwirklichung dieser Grundsätze erfordert eine umfassende Umgestaltung des gegenwärtigen Rechtszustandes. Die Bundesregierung schlägt vor, mit deren Vorbereitung eine Kommission zu beauftragen, in der alliierte und deutsche Sachverständige zusammenwirken.

Bonn, den 29. August 1950.

Quelle: Konrad Adenauer, Erinnerungen 1945–1953, Stuttgart 1965, S. 358 f.

162

Bericht des Vorsitzenden des Ausschusses für gesamtdeutsche Fragen, Herbert Wehner
(SPD), und Entschließung des Deutschen Bundestages zur nationalen Einheit, 14. September
1950

Meine sehr verehrten Damen und Herren! Im Namen der Fraktionen der Christlich-Demokratischen Union, der Christlich-Sozialen Union, der Sozialdemokratischen Partei Deutschlands, der Freien Demokratischen Partei, der Deutschen Partei, der Bayernpartei, der Wirtschaftlichen Aufbauvereinigung und des Zentrums habe ich die Ehre, zu erklären:

Mit den Mitteln des Terrors, der Fälschung und der Lüge wollen sich die kommunistische
SED und ihre Satellitengruppen am 15. Oktober die Vollmacht erpressen, ihre Politik der
Bolschewisierung der sowjetischen Besatzungszone fortzuführen und mittels der kommunistisch gelenkten »Nationalen Front« auf das übrige Deutschland auszudehnen. Im Namen
der ihrer Freiheit beraubten Menschen in der sowjetischen Besatzungszone und im Namen
des ganzen deutschen Volkes erklärt der Deutsche Bundestag:

Die kommunistischen Machthaber in der sowjetischen Besatzungszone haben den Vorschlag der Bundesrepublik Deutschland zur Abhaltung freier, allgemeiner, gleicher, geheimer und direkter Wahlen für eine gesamtdeutsche Nationalversammlung abgelehnt. Die
Bevölkerung der sowjetischen Besatzungszone hat keine freie Presse, keinen freien Rundfunk. Sie hat nicht das Recht, in freier Rede und durch freie politische Parteien ihre wirkliche Meinung über den kommunistischen Diktaturstaat zu äußern. Die Freiheit des Geistes
und des Glaubens wird unterdrückt. Jetzt soll die Bevölkerung durch die herrschende Clique
unter Bruch sogar der vom kommunistischen »Volkskongreß« aufgezwungenen »Verfassung« am 15. Oktober in der Form einer öffentlichen Wahldemonstration« gezwungen werden, diesem Regime und seinem Unterfangen, ganz Deutschland an Sowjetrußland auszuliefern, ihre Zustimmung zu geben. Die Vorbereitungen zum 15. Oktober lassen klar erkennen,
daß die mit allen Mitteln zu den Wahllokalen getriebene Bevölkerung diesmal gezwungen
werden soll, die sogenannten Stimmzettel offen abzugeben. Es wird ihr die Möglichkeit genommen, nein zu sagen oder auch nur den Wahlzettel ungültig zu machen. So werden die
Menschen gepreßt, ihre Überzeugung zu verleugnen und Kandidaten zu wählen, die sie
hassen und verachten.
(Lebhafter Beifall rechts, in der Mitte und bei der SPD.)

Diese Terrorwahlen können in keiner Weise als Ausdruck des wahren Willens des deutschen Volkes in der sowjetischen Besatzungszone betrachtet werden. Alle rechtlichen und
politischen Schlußfolgerungen, die die kommunistischen Machthaber oder die sowjetische
Besatzungsmacht aus ihnen ziehen, sind null und nichtig.
(Zustimmung bei der SPD, in der Mitte und rechts.)

Der Deutsche Bundestag unterbreitet der Organisation der Vereinten Nationen diesen
ungeheuerlichen Rechtsbruch und den verbrecherischen Mißbrauch, den ein Mitgliedstaat
der Vereinten Nationen mit dem deutschen Volke treibt. Der Deutsche Bundestag bittet die
Vereinten Nationen, den Rechtsbruch zu verurteilen und dadurch den Glauben des deutschen
Volkes an die Geltung von Recht und Freiheit in der Welt zu stärken.
(Allseitiger Beifall mit Ausnahme der KPD.)

Von der Bundesregierung erwartet der Bundestag, daß sie im Sinne der vom Herrn
Bundeskanzler am 21. Oktober 1949 ausgesprochenen Erklärung handelt: »Die Bundes-
republik Deutschland fühlt sich auch verantwortlich für das Schicksal der 18 Millionen
Deutschen, die in der Sowjetzone leben.«

Der Bundestag beschließt:

Die Bundesregierung wird aufgefordert,

1. das deutsche Volk und die Welt über die Zustände der Rechtlosigkeit unter der kommunistischen Diktatur in der sowjetischen Besatzungszone in stetiger Folge nachhaltig zu unterrichten,

2. die Besatzungsmächte in aller Form zu bitten, in allen vier Besatzungszonen freie, allgemeine, gleiche, geheime und direkte Wahlen zu einem gesamtdeutschen Parlament unter internationaler Kontrolle vornehmen zu lassen,

(Bravo!)

3. gegen alle Personen, die an den Verbrechen gegen die Menschlichkeit in der sowjetischen Besatzungszone beteiligt sind, im Gebiet der Bundesrepublik Deutschland Strafverfolgung einzuleiten,

(lebhafter Beifall bei allen Fraktionen von der SPD bis zur BP)

4. gegen alle Personen vorzugehen, die im Auftrag und im Sinne der auf Gewalthandlungen abzielenden Beschlüsse des III. Parteitags der kommunistischen SED und des »Nationalkongresses« wirken,

(Sehr gut! bei der SPD, in der Mitte und rechts)

5. den Widerstand Berlins gegen die kommunistische Diktatur mit allen wirtschaftlichen und politischen Mitteln zu stärken als Beweis für den Ernst und die Beharrlichkeit des Willens der Bundesrepublik zur Wiedervereinigung Deutschlands in einem freien Rechtsstaat.

(Lebhafter Beifall bei allen Fraktionen von der SPD bis zur DP.)

Der Deutsche Bundestag erklärt den unerschütterlichen Willen des ganzen deutschen Volkes zu seiner nationalen Einheit. Er stellt fest, daß kein Terror den Freiheitswillen der Menschen in der sowjetischen Besatzungszone hat brechen können.

(Erneuter lebhafter Beifall.)

Die kommunistische Zwangsherrschaft bestünde nicht ohne die sowjetische Besatzungsmacht.

(Zustimmung bei der SPD, in der Mitte und rechts.)

Ihre Handlanger vergehen sich stündlich an Deutschland und der Menschheit.

(Wiederholter Beifall.)

Das deutsche Volk sieht in der Anerkennung der Oder-Neiße-Linie, in der Verteidigung der unmenschlichen Behandlung deutscher Kriegsgefangener und Verschleppter, in der Mißachtung des Schicksals und des Heimatrechts der Vertriebenen Verbrechen an Deutschland und gegen die Menschlichkeit.

(Lebhafter Beifall bei der SPD, in der Mitte und rechts.)

Der Deutsche Bundestag spricht allen, die für diese Verbrechen verantwortlich sind und die die Einverleibung Deutschlands in das Fremdherrschaftssystem betreiben, das Recht ab, im Namen des deutschen Volkes zu handeln.

(Lebhafte Zustimmung.)

Das kommunistische System bedeutet Vernichtung der Menschenrechte, Versklavung der arbeitenden Menschen, Verewigung von Hunger, Elend und Ausbeutung. Die kommunistischen Machthaber sind die wahren Kriegshetzer gegen das eigene Volk.

(Stürmischer Beifall von der SPD bis zur BP.)

Das deutsche Volk will den Frieden in der Freiheit nach innen und außen, den Frieden in der Gemeinschaft freier Völker.

(Beifall.)

Der Deutsche Bundestag appelliert an die Demokratien der Welt, dem deutschen Volk in diesem Kampf beizustehen.

(Lang anhaltender stürmischer Beifall im ganzen Hause außer bei der KPD und bei der DRP.)

Quelle: 1. Deutscher Bundestag, 85. Sitzung vom 14. 9. 1950, S. 3187 f.

Entwurf eines Gesetzes betreffend das Abkommen über die Gründung einer Europäischen Zahlungsunion vom 19. September 1950 sowie Begründung des Gesetzes

Der Bundestag hat das folgende Gesetz [1] beschlossen:

Artikel I
   Dem am 19. September 1950 in Paris unterzeichneten Abkommen über die Gründung einer Europäischen Zahlungsunion wird zugestimmt.

Artikel II
   Das Abkommen wird nachstehend mit Gesetzeskraft veröffentlicht.
   Der Tag, an dem es in Kraft tritt, ist im Bundesgesetzblatt bekanntzugeben.

Artikel III
   Das Gesetz tritt mit dem Tage der Unterzeichnung des Protokolls über die vorläufige Anwendung des Abkommens über die Gründung einer Europäischen Zahlungsunion (19. September 1950) in Kraft.
   Die verfassungsmäßigen Rechte des Bundesrates sind gewahrt.

Begründung

Deutschland ist im Oktober 1949 dem Abkommen über die Organisation für europäische wirtschaftliche Zusammenarbeit (OEEC) beigetreten. Die OEEC setzt sich zum Ziel, durch eine enge wirtschaftliche Zusammenarbeit der europäischen Marshallplanländer diese bis zum Jahre 1952 von einer unmittelbaren amerikanischen Hilfe unabhängig zu machen. Im Rahmen dieser wirtschaftlichen Zusammenarbeit wurden die Schranken, die in Gestalt von Einfuhr-Kontingentierungen einem ungehinderten Handel unter den Teilnehmerländern im Wege standen, schrittweise abgebaut. Diese Liberalisierung des Handels kann jedoch den erstrebten freien Warenaustausch zwischen den europäischen Ländern nur dann ermöglichen, wenn sie begleitet wird von einem Zahlungssystem, das die Währungen der europäischen Länder wieder untereinander austauschbar macht. Zu einem solchen Zahlungssystem vereinigten sich die Teilnehmerländer in dem Abkommen über die Gründung einer Europäischen Zahlungsunion, das am 19. September 1950 in Paris unterzeichnet wurde. Gleichzeitig mit dem Abkommen wurde ein besonderes Protokoll unterzeichnet, in welchem die vorläufige Anwendung des Abkommens mit der Maßgabe vereinbart wurde, daß die Unterzeichner-Staaten es als seit dem 1. Juli 1950 wirksam betrachten. Die Bundesrepublik hat das Abkommen und das Zusatz-Protokoll durch ihren bevollmächtigten Vertreter unterzeichnet.
   Das Abkommen stellt einen Vertrag aller Mitgliedstaaten dar, durch den diese sich verpflichten, ihre Zahlungsverbindlichkeiten untereinander multilateral zu verrechnen und die Defizite und Überschüsse durch Kreditgewährungen und Geldzahlungen auszugleichen. Die Tätigkeit der Union wird nach den Weisungen und unter der Aufsicht des Rates der OEEC durch ein Direktorium und durch die Bank für Internationalen Zahlungsausgleich ausgeübt. Dem Direktorium, das aus höchstens sieben Mitgliedern besteht, wird auch ein deutscher Vertreter angehören. Es hat nach dem Abkommen weitgehende Entscheidungsbefugnisse hinsichtlich der technischen Durchführung des Verrechnungssystems. Hieraus und aus Einzelbestimmungen des Abkommens wird sich für jeden Unterzeichner-Staat und

damit auch für die Bundesrepublik unter Umständen die Verpflichtung ergeben, besondere gesetzgeberische Maßnahmen zur innerstaatlichen Durchführung des Abkommens zu treffen.

Das vorliegende Ratifizierungsgesetz enthält die üblichen Bestimmungen, die auch in anderen, ähnlich gelagerten Fällen des deutschen Beitritts zu mehrseitigen zwischenstaatlichen Abkommen (Beitritt zum Europarat, Beitritt zum Weltweizenabkommen) in die Gesetzesvorlagen gemäß Artikel 59 Absatz 2 Grundgesetz aufgenommen wurden. Eine abweichende Regelung ist lediglich in Artikel III der Vorlage getroffen, die sich auf das Inkrafttreten des Gesetzes bezieht (siehe unten).

Zu den einzelnen Bestimmungen des Gesetzes ist folgendes auszuführen:

Artikel I des Gesetzentwurfes bringt zum Ausdruck, daß der Bundestag dem Abkommen zustimmt. Diese Zustimmung ist gemäß Artikel 59 Absatz 2 des Grundgesetzes erforderlich, weil das Abkommen politische Beziehungen des Bundes regelt. Es handelt sich bei dem Abkommen nicht nur um ein Zahlungsabkommen, wie es im allgemeinen zwischen zwei Ländern abgeschlossen wird, es liegt vielmehr eine multilaterale Vereinbarung vor, die dadurch, daß sie mit der Liberalisierung des europäischen Handels in engstem Zusammenhang steht, für die handelspolitischen Beziehungen zu sämtlichen Mitgliederstaaten Bedeutung hat. Die Handelspolitik des Bundes gegenüber der Mehrzahl der europäischen Länder wird in einer bestimmten Richtung festgelegt. Diese Festlegung eines großen Ausschnittes der Handelspolitik des Bundes ist als eine politische Entscheidung zu werten.

Artikel II des Gesetzentwurfes bestimmt, daß das Abkommen in innerstaatliches Recht umgewandelt und mit Gesetzeskraft veröffentlicht wird. Der Tag, an dem das Abkommen als solches in Kraft tritt, richtet sich nach den Bestimmungen des Abkommens. In Artikel 31 c heißt es, daß das Abkommen in Kraft tritt, sobald die Ratifikationsurkunden für alle Unterzeichner hinterlegt sind. Eine Ratifikation des Abkommens durch den Bundespräsidenten ist also erforderlich. Das Verfahren bei der Ratifikation in den übrigen Teilnehmerstaaten richtet sich nach deren Verfassungsrecht. Der Tag des Inkrafttretens wird später im Bundesgesetzblatt bekanntgegeben werden.

Artikel III enthält die Bestimmung, daß das Gesetz schon mit dem Tage der Unterzeichnung des Protokolls über die vorläufige Anwendung des Abkommens in Kraft tritt. Würde das Gesetz, wie es in der Regel vorgesehen wird, mit dem Tag nach der Verkündung in Kraft treten, so würde es an einer innerstaatlichen Rechtsgrundlage für die vorläufige Anwendung des Abkommens fehlen. Durch die Fassung des Artikels III wird erreicht, daß die Anwendung des Abkommens nicht nur in bezug auf den Zeitabschnitt, der sich noch vom Tage nach der Verkündung bis zum Datum des allgemeinen Inkrafttretens des Abkommens erstreckt, sondern auch für die Zeitspanne von den gesetzgebenden Körperschaften gebilligt wird, die von dem Tage der Verkündung bis zum Unterzeichnungsdatum zurückreicht.

Die Zustimmung des Bundesrates zu dem Gesetz ist nicht erforderlich. In der Schlußformel wird daher zum Ausdruck gebracht, daß die verfassungsmäßigen Rechte des Bundesrates gewahrt sind.

---

[1] Das Gesetz wurde am 24. 1. 1951 im Bundestag verabschiedet

Quelle: 1. Deutscher Bundestag, Drucksache Nr. 1655, S. 2 f.

Der Wortlaut der Konvention zum Schutze der Menschenrechte und Grundfreiheiten vom 4. November 1950 (Auszüge)

In Erwägung der Universellen Erklärung der Menschenrechte, die von der Allgemeinen Versammlung der Vereinten Nationen am 10. Dezember 1948 verkündet wurde;

in der Erwägung, daß diese Erklärung bezweckt, die universelle und wirksame Anerkennung und Einhaltung der darin erklärten Rechte zu gewährleisten;

in der Erwägung, daß das Ziel des Europarates die Herbeiführung einer größeren Einigkeit unter seinen Mitgliedern ist und daß eines der Mittel zur Erreichung dieses Zieles in der Wahrung und in der Entwicklung der Menschenrechte und Grundfreiheiten besteht;

unter erneuter Bekräftigung ihres tiefen Glaubens an diese Grundfreiheiten, welche die Grundlage der Gerechtigkeit und des Friedens in der Welt bilden und deren Aufrechterhaltung wesentlich auf einem wahrhaft demokratischen politischen Regime einerseits und auf einer gemeinsamen Auffassung und Achtung der Menschenrechte andererseits beruht, von denen sie sich herleiten;

entschlossen, als Regierungen europäischer Staaten, die vom gleichen Geiste beseelt sind und ein gemeinsames Erbe an geistigen Gütern, politischen Überlieferungen, Achtung der Freiheit und Vorherrschaft des Gesetzes besitzen, die ersten Schritte auf dem Wege zu einer kollektiven Garantie gewisser in der Universellen Erklärung verkündeter Rechte zu unternehmen;

vereinbaren die unterzeichneten Regierungen und Mitglieder des Europarates folgendes:

Artikel 1
Die Hohen Vertragschließenden Teile sichern allen ihrer Herrschaftsgewalt unterstehenden Personen die in Abschnitt I dieser Konvention niedergelegten Rechte und Freiheiten zu.

Abschnitt I

Artikel 2
(1) Das Recht jedes Menschen auf das Leben wird gesetzlich geschützt.
. . .

Artikel 3
Niemand darf der Folter oder unmenschlicher oder erniedrigender Strafe oder Behandlung unterworfen werden.

Artikel 4
(1) Niemand darf in Sklaverei oder Leibeigenschaft gehalten werden.
(2) Niemand darf gezwungen werden, Zwangs- oder Pflichtarbeit zu verrichten.
. . .

Artikel 5
(1) Jeder Mensch hat ein Recht auf Freiheit und Sicherheit. Die Freiheit darf einem Menschen nur in den folgenden Fällen und nur auf dem gesetzlich vorgeschriebenen Wege entzogen werden:
a) wenn er rechtmäßig nach Verurteilung durch ein zuständiges Gericht in Haft gehalten wird;
b) wenn er rechtmäßig festgenommen worden ist oder in Haft gehalten wird wegen

Nichtbefolgung eines rechtmäßigen Gerichtsbeschlusses oder zur Erzwingung der Erfüllung einer durch das Gesetz vorgeschriebenen Verpflichtung;

c) wenn er rechtmäßig festgenommen worden ist oder in Haft gehalten wird zum Zwecke seiner Vorführung vor die zuständige Gerichtsbehörde, sofern hinreichender Verdacht dafür besteht, daß der Betreffende eine strafbare Handlung begangen hat, oder begründeter Anlaß zu der Annahme besteht, daß es notwendig ist, den Betreffenden an der Begehung einer strafbaren Handlung oder an der Flucht nach Begehung einer solchen zu verhindern;

d) wenn es sich um die rechtmäßige Haft eines Minderjährigen handelt, die zum Zwecke überwachter Erziehung angeordnet ist, oder um die rechtmäßige Haft eines solchen, die zwecks Vorführung vor die zuständige Behörde verhängt ist;

e) wenn er sich in rechtmäßiger Haft befindet, weil er eine Gefahrenquelle für die Ausbreitung ansteckender Krankheiten bildet oder weil er geisteskrank, Alkoholiker, rauschgiftsüchtig oder Landstreicher ist.

f) wenn er rechtmäßig festgenommen worden ist oder in Haft gehalten wird, weil er daran gehindert werden soll, unberechtigt in das Staatsgebiet einzudringen, oder weil er von einem gegen ihn schwebendes Ausweisungs- oder Auslieferungsverfahren betroffen ist.

(2) Jeder Festgenommene muß unverzüglich und in einer ihm verständlichen Sprache über die Gründe seiner Festnahme und über die gegen ihn erhobenen Beschuldigungen unterrichtet werden.

(3) Jede nach der Vorschrift des Absatzes 1(c) dieses Artikels festgenommene oder in Haft gehaltene Person muß unverzüglich einem Richter oder einem anderen, gesetzlich zur Ausübung richterlicher Funktionen ermächtigten Beamten vorgeführt werden. Er hat Anspruch auf Aburteilung innerhalb einer angemessenen Frist oder auf Haftentlassung während des Verfahrens. Die Freilassung kann von der Leistung einer Sicherheit für das Erscheinen vor Gericht abhängig gemacht werden.

(4) Jeder, der seiner Freiheit durch Festnahme oder Haft beraubt ist, hat das Recht, ein Verfahren zu beantragen, in dem von einem Gericht unverzüglich über die Rechtmäßigkeit der Haft entschieden wird und im Falle der Widerrechtlichkeit seine Entlassung angeordnet wird.

(5) Jeder, der entgegen den Bestimmungen dieses Artikels von Festnahme oder Haft betroffen worden ist, hat Anspruch auf Schadenersatz.

Artikel 6

(1) Jedermann hat Anspruch darauf, daß seine Sache in billiger Weise öffentlich und innerhalb einer angemessenen Frist gehört wird, und zwar von einem unabhängigen und unparteiischen, auf Gesetz beruhenden Gericht, das über zivilrechtliche Ansprüche und Verpflichtungen oder über die Stichhaltigkeit der gegen ihn erhobenen strafrechtlichen Anklage zu entscheiden hat. Das Urteil muß öffentlich verkündet werden, jedoch kann die Presse und die Öffentlichkeit während der gesamten Verhandlung oder eines Teils derselben im Interesse der Sittlichkeit, der öffentlichen Ordnung oder der nationalen Sicherheit in einem demokratischen Staat ausgeschlossen werden, oder wenn die Interessen von Jugendlichen oder der Schutz des Privatlebens der Prozeßparteien es verlangen oder, und zwar unter besonderen Umständen, wenn die öffentliche Verhandlung die Interessen der Gerechtigkeit beeinträchtigen würde, in diesem Falle jedoch nur in dem nach Auffassung des Gerichts erforderlichen Umfang.

(2) Bis zum gesetzlichen Nachweis seiner Schuld wird vermutet, daß der wegen einer strafbaren Handlung Angeklagte unschuldig ist.

(3) Jeder Angeklagte hat mindestens (englischer Text) insbesondere (französischer Text) die folgenden Rechte:

a) unverzüglich in einer für ihn verständlichen Sprache in allen Einzelheiten über die Art und den Grund der gegen ihn erhobenen Beschuldigungen in Kenntnis gesetzt zu werden;

b) über ausreichende Zeit und Gelegenheit zur Vorbereitung seiner Verteidigung zu verfügen;

c) sich selbst zu verteidigen oder den Beistand eines Verteidigers seiner Wahl zu erhalten und, falls er nicht über die Mittel zur Bezahlung eines Verteidigers verfügt, unentgeltlich den Beistand eines Pflichtverteidigers zu erhalten, wenn dies im Interesse der Rechtspflege erforderlich ist;

d) Fragen an die Belastungszeugen zu stellen oder stellen zu lassen und die Ladung und Vernehmung der Entlastungszeugen unter denselben Bedingungen wie die der Belastungszeugen zu erwirken;

e) die unentgeltliche Beiziehung eines Dolmetschers zu verlangen, wenn er (der Angeklagte) die Verhandlungssprache des Gerichts nicht versteht oder sich nicht darin ausdrücken kann.

Artikel 7

(1) Niemand kann wegen einer Handlung oder Unterlassung verurteilt werden, die zur Zeit ihrer Begehung nach inländischem oder internationalem Recht nicht strafbar war. Ebenso darf keine höhere Strafe als die im Zeitpunkt der Begehung der strafbaren Handlung angedrohte Strafe verhängt werden.

(2) Durch diesen Artikel darf die Verurteilung oder Bestrafung einer Person nicht ausgeschlossen werden, die sich einer Handlung oder Unterlassung schuldig gemacht hat, welche im Zeitpunkt ihrer Begehung nach den allgemeinen, von den zivilisierten Völkern anerkannten Rechtsgrundsätzen strafbar war.

Artikel 8

(1) Jedermann hat Anspruch auf Achtung seines Privat- und Familienlebens, seiner Wohnung und seines Briefverkehrs.

(2) Der Eingriff einer öffentlichen Behörde in die Ausübung dieses Rechts ist nur statthaft, insoweit dieser Eingriff gesetzlich vorgesehen ist und eine Maßnahme darstellt, die in einer demokratischen Gesellschaft für die nationale Sicherheit, die öffentliche Ruhe und Ordnung, das wirtschaftliche Wohl des Landes, die Verteidigung der Ordnung und zur Verhinderung von strafbaren Handlungen, zum Schutz der Gesundheit und der Moral oder zum Schutz der Rechte und Freiheiten anderer notwendig ist.

Artikel 9

(1) Jedermann hat Anspruch auf Gedanken-, Gewissens- und Religionsfreiheit; dieses Recht umfaßt die Freiheit des einzelnen zum Wechsel der Religion oder der Weltanschauung sowie die Freiheit, seine Religion oder Weltanschauung einzeln oder in Gemeinschaft mit anderen öffentlich oder privat, durch Gottesdienst, Unterricht, durch die Ausübung und Beachtung religiöser Gebräuche auszuüben.

(2) Die Religions- und Bekenntnisfreiheit darf nicht Gegenstand anderer als vom Gesetz vorgesehener Beschränkungen sein, die in einer demokratischen Gesellschaft notwendige Maßnahmen im Interesse der öffentlichen Sicherheit, der öffentlichen Ordnung, Gesundheit und Moral oder für den Schutz der Rechte und Freiheiten anderer sind.

Artikel 10

(1) Jeder hat Anspruch auf freie Meinungsäußerung. Dieses Recht schließt die Freiheit der Meinung und die Freiheit zum Empfang und zur Mitteilung von Nachrichten oder

Ideen ohne Eingriffe öffentlicher Behörden und ohne Rücksicht auf Landesgrenzen ein. Dieser Artikel schließt nicht aus, daß die Staaten Rundfunk-, Lichtspiel- oder Fernsehunternehmen einem Genehmigungsverfahren unterwerfen.

(2) Da die Ausübung dieser Freiheiten Pflichten und Verantwortung mit sich bringt, kann sie bestimmten, vom Gesetz vorgesehenen Formvorschriften, Bedingungen, Einschränkungen oder Strafdrohungen unterworfen werden, wie sie vom Gesetz vorgeschrieben und in einer demokratischen Gesellschaft im Interesse der nationalen Sicherheit, der territorialen Unversehrtheit oder der öffentlichen Sicherheit, der Aufrechterhaltung der Ordnung und der Verbrechensverhütung, des Schutzes der Gesundheit und der Moral, des Schutzes des guten Rufes oder der Rechte anderer, um die Verbreitung von vertraulichen Nachrichten zu verhindern oder das Ansehen und die Unparteilichkeit der Rechtsprechung zu gewährleisten, unentbehrlich sind.

Artikel 11

(1) Alle Menschen haben das Recht, sich friedlich zu versammeln und sich frei mit anderen zusammenzuschließen, einschließlich des Rechts, zum Schutze ihrer Interessen Gewerkschaften zu bilden und diesen beizutreten.

(2) Die Ausübung dieser Rechte darf keinen anderen Einschränkungen unterworfen werden als den vom Gesetz vorgesehenen, die in einer demokratischen Gesellschaft im Interesse der äußeren und inneren Sicherheit, zur Aufrechterhaltung der Ordnung und zur Verbrechensverhütung, zum Schutze der Gesundheit und der Moral oder zum Schutze der Rechte und Freiheiten anderer notwendig sind. Dieser Artikel verbietet nicht, daß die Ausübung dieser Rechte für Mitglieder der Streitkräfte, der Polizei oder der Staatsverwaltung gesetzlichen Einschränkungen unterworfen wird.

Artikel 12

Mit Erreichung des Heiratsalters haben Männer und Frauen das Recht, eine Ehe einzugehen und eine Familie nach den nationalen Gesetzen, die die Ausübung dieses Rechts regeln, zu gründen.

Artikel 13

Sind die in der vorliegenden Konvention festgelegten Rechte und Freiheiten verletzt worden, so hat der Verletzte das Recht, eine wirksame Beschwerde bei einer nationalen Instanz einzulegen, selbst wenn die Verletzung von Personen begangen worden ist, die in amtlicher Eigenschaft gehandelt haben.

Artikel 14

Der Genuß der in der vorliegenden Konvention festgelegten Rechte und Freiheiten muß ohne Unterschied des Geschlechts, der Rasse, Hautfarbe, Sprache, Religion, politischen oder sonstigen Anschauungen, nationaler oder sozialer Herkunft, Zugehörigkeit zu einer nationalen Minderheit, des Vermögens, der Geburt oder des sonstigen Status gewährleistet werden.

Artikel 15

(1) Im Falle eines Krieges oder eines anderen öffentlichen Notstandes, der das Leben der Nation bedroht, kann jeder der Hohen Vertragschließenden Teile Maßnahmen ergreifen, welche die in dieser Konvention vorgesehenen Verpflichtungen in dem Umfang, den die Lage unbedingt erfordert, und unter der Bedingung außer Kraft setzen, daß diese Maßnahmen nicht in Widerspruch zu den sonstigen völkerrechtlichen Verpflichtungen stehen.

(2) Die vorstehende Bestimmung gestattet kein Außerkraftsetzen des Artikels 2 außer

bei Todesfällen, die auf rechtmäßige Kriegshandlungen zurückzuführen sind, oder der Artikel 3, 4 (Absatz 1) und 7.

(3) Jeder Hohe Vertragschließende Teil, der dieses Recht der Außerkraftsetzung ausübt, hat den Generalsekretär des Europarats eingehend über die getroffenen Maßnahmen und deren Gründe zu unterrichten. Er muß den Generalsekretär des Europarats auch über den Zeitpunkt in Kenntnis setzen, in dem diese Maßnahmen außer Kraft getreten sind und die Vorschriften der Konvention wieder volle Anwendung finden.

. . .

Artikel 17

Keine Bestimmung dieser Konvention darf dahin ausgelegt werden, daß sie für einen Staat, eine Gruppe oder eine Person das Recht begründet, eine Tätigkeit auszuüben oder eine Handlung zu begehen, die auf die Abschaffung der in der vorliegenden Konvention festgelegten Rechte und Freiheiten oder auf weitergehende Beschränkungen dieser Rechte und Freiheiten, als in der Konvention vorgesehen, hinzielt.

. . .

Abschnitt II

Artikel 19

Um die Einhaltung der Verpflichtungen, welche die Hohen Vertragschließenden Teile in dieser Konvention übernommen haben, sicherzustellen, werden errichtet:

a) eine Europäische Kommission für Menschenrechte, im folgenden »Kommission« genannt;

b) ein Europäischer Gerichtshof für Menschenrechte, im folgenden »Gerichtshof« genannt.

. . .

Geschehen zu Rom am 4. November 1950 in englischer und französischer Sprache, wobei die beiden Texte in gleicher Weise maßgebend sind, in einer einzigen Ausfertigung, die in den Archiven des Europarats verwahrt wird. Der Generalsekretär wird allen Unterzeichnern beglaubigte Abdrucke übermitteln.

Für die Regierung des Königreichs Belgien, Paul van Zeeland
Für die Regierung des Königreichs Dänemark, O. C. Mohr
Für die Regierung der Französischen Republik, Schuman
Für die Regierung der Bundesrepublik Deutschland, Walter Hallstein
Für die Regierung der Republik Island, Petur Benediktsson
Für die Regierung der Republik Irland, Sean MacBride
Für die Regierung der Republik Italien, Sforza
Für die Regierung des Großherzogtums Luxemburg, Jos. Bech
Für die Regierung des Königreichs der Niederlande, Stikker
Für die Regierung des Königreichs Norwegen, Halvard M. Lange
Für die Regierung der Saar, E. Hector
Für die Regierung der Türkischen Republik, F. Köprülü
Für die Regierung des Vereinigten Königreichs von Großbritannien und Nordirland, Ernest Davies

Quelle: Bulletin des Presse- und Informationsamtes der Bundesregierung (im folgenden zitiert als »Bulletin«) vom 6. 8. 1952, Nr. 106, S. 1022–1026

Ansprache des Bundeswirtschaftsministers Professor Dr. Ludwig Erhard bei der Eröffnung
der Internationalen Frankfurter Messe am 11. März 1951 (Auszüge)
. . .

Wir haben ... nicht nur den Krieg verloren mit all seinen Konsequenzen, die sich aus
dem Zusammenbruch ergaben, sondern es hat sich auch die ökonomische und damit die
soziale und politische Struktur unseres Landes vollkommen gewandelt. Wir haben nicht
nur die Hälfte unserer Agrargebiete verloren, sondern in diese an sich schon industriell
überfüllten Gebiete des Westens, über die eine Welle der Zerstörung hinwegraste, sind
ungefähr noch zehn Millionen Menschen neu eingeströmt, die nur im gewerblichen Sektor
Beschäftigung, Arbeit und Brot finden konnten.

Es war selbstverständlich, daß etwas getan werden mußte, und das hatte mich auch schon
im Jahre 1945 zu einer handelspolitischen Aktivität mit einem allerdings kümmerlichen
Ergebnis veranlaßt. Der Wille war jedenfalls vorhanden. Daraus ergab sich die Notwendigkeit, daß Deutschland eine Politik treiben mußte, die es zu einem größeren Belgien machen
sollte.

Wir befanden uns und befinden uns in der sklavischen – wenn Sie wollen: tödlichen –
Abhängigkeit vom Weltmarkt, denn sowohl die Sicherung unserer Ernährung als auch die
Gewährleistung einer ausreichenden Rohstoffgrundlage für 50 Millionen Menschen (zehn
Millionen mehr als vor dem Kriege) konnte nur gelingen, wenn es uns möglich war, deut-
schen Waren und Leistungen den Weg in die übrige Welt zu öffnen. Für jeden klar Denken-
den ist es wohl verständlich, daß ein solcher Prozeß, vielfach immer wieder gestört durch
politische Strömungen, nicht völlig reibungslos vor sich gehen konnte. Aber es wurde dadurch auch deutlich gemacht, warum Deutschland und die deutsche Wirtschaftspolitik jede
Maßnahme begrüßten und bereit waren voranzugehen, wenn es sich darum handelte, die
Volkswirtschaft aus der Isolierung, der Autarkie und dem Protektionismus herauszu-
führen.

Es kann nicht geleugnet werden, daß dieses Übel nicht nur etwa in Deutschland vorherr-
schend war. Isolierung und Protektionismus waren das Kennzeichen der europäischen
Handelspolitik durch viele Jahre – ich möchte meinen, zehn Jahre waren es ganz bestimmt.
Und gerade, weil wir erkannten, daß der deutschen Wirtschaft hier eine Chance winkte und
daß wir keine Aussicht hatten, die drängenden sozialen Probleme zu lösen, wenn nicht das
Problem des größeren europäischen Marktes erfolgreich in Angriff genommen wurde,
mußten wir handeln. Man mag natürlich sagen – und ich setze mich hier gar nicht zur
Wehr –, daß wir vielleicht besonders mutig mit dem System der Liberalisierung vorangegangen sind, aber dann möchte ich Ihnen doch auch sagen – ich muß das wiederholen,
denn ich habe es schon oft gesagt –: Uns hat nicht Großmannssucht geleitet oder Übermut
oder Leichtsinn, sondern umgekehrt die drängende Sorge, ob es uns gelingen wird, die auf
uns lastenden sozialen Aufgaben in einer politisch relevanten Zeit zu lösen. Denn wenn Sie
an die zehn Millionen Flüchtlinge denken und an die vielen Arbeitslosen, dann nützte es
nichts zu sagen: Jawohl, wir werden euch nicht vergessen, wir werden versuchen, schrittweise aus der isolierten deutschen Volkswirtschaft den Weg in die größere Gemeinschaft
zu finden. Die Bereitschaft der anderen Länder, die nicht unter einem gleich starken Druck
standen, war aber offenbar nicht in der gleichen Aufgeschlossenheit vorhanden, und es
mußte schon eine starke dynamische Kraft am Werke sein, um die Dämme zu durchbrechen ...

Es gibt tatsächlich nur einen Weg, einen sinnvollen und fruchtbaren: Das ist die Ermöglichung größerer Freiheit und Freizügigkeit im Außenhandel. Es ist unmöglich, auf der
politischen Ebene davon zu sprechen: Wir wollen die größeren Einheiten schaffen, wir wollen

die Völker zusammenführen, wenn man dann auf der anderen Seite auf der wirtschaftlichen Ebene im nationalen Egoismus und in der protektionistischen Verkrampfung auf dem augenblicklichen Stand verharren will.

In den vergangenen fünf Jahren haben wir immerhin schon sehr viel erreicht. Und doch besteht in gewisser Hinsicht immer noch eine Primitivität der Austauschbeziehungen, die mehr an die Postkutschenzeit als an das Atomzeitalter erinnert. Die Technik ist weit vorangeschritten. Aus der Sorge, aus der Angst vor der Technik wird dem Fortschritt oft noch Widerstand geleistet. Und wenn dieser Widerstand mit nationalem Egoismus gepaart ist, dann können die Dinge natürlich nicht gedeihen. Darum möchte ich trotz Beschränkung der Liberalisierung, trotzdem es so scheinen mag, als ob Deutschland heute einen anderen Weg einschlagen wollte, würde oder müßte, hier vor Ihnen eindeutig bekennen:

Nein, wir wollen unter allen Umständen den Weg der freiheitlichen und freizügigen Verbindung mit allen Ländern, insbesondere mit unseren europäischen Partnern, im Rahmen der Europäischen Zahlungsunion gehen. Für mich ist Europa nicht ein letzter Begriff, sondern nur eine Integrationsform wirtschaftlicher oder politischer Art. Das Ziel geht darüber hinaus, denn wenn wir daran denken, daß wir unsere demokratische Welt zu verteidigen haben, dann müssen wir daraus eine Nutzanwendung ziehen. Wir dürfen nicht in die Isolierung zurückfallen und nicht durch technische, konstruierte oder Verwaltungsmaßnahmen wieder zu größerer Abschnürung kommen. Vielmehr hätten wir, weiß Gott, nichts Dringenderes notwendig, als uns immer enger zusammenzufinden und zusammenzuschließen. Denn darüber kann es keinen Zweifel geben: Die Effizienz der menschlichen Arbeit, die Steigerung der Leistung aller Menschen in der Welt erfährt eine fruchtbare Bereicherung dadurch, daß in einer sehr weit gezogenen internationalen Arbeitsteilung, durch Zusammenfügung des Reichtums aller Nationen in einem möglichst freien Austausch der Güter ein Maximum an Ertrag erreicht wird. Wenn wir schon in dieser unserer demokratischen Welt bereit sein müssen, uns zu verteidigen und dafür Opfer tragen wollen und müssen, dann sollten wir auch aus der gleichen geistigen und sittlichen Haltung heraus bereit sein, alles, was uns durch technische Modifikationen behindern und trennen mag, so schnell wie möglich zu überwinden und alles, was an Mißtrauen vielleicht noch schwelen könnte, so schnell als möglich zu vergessen. Denn wir werden reicher, wir werden leistungsfähiger, wir werden lebenskräftiger, wenn wir uns zusammenfinden, um ein Leben in Freiheit zu verteidigen.

Quelle: Ansprachen anläßlich der Internationalen Frankfurter Messe, 11. bis 16. März 1951, Archiv des Bundesministeriums für Wirtschaft, IP

11   Der Status an der Saar

Briefwechsel zwischen der Regierung der Bundesrepublik Deutschland und der Regierung der Französischen Republik über die Saar vom 18. April 1951

Seiner Exzellenz   z. Z. Paris, den 18. April 1951
Herrn Präsidenten Robert Schuman
Minister des Auswärtigen
  Paris

Herr Präsident!

Die Vertreter der Bundesregierung haben bei den Verhandlungen über die Europäische Gemeinschaft für Kohle und Stahl wiederholt die Erklärung abgegeben, daß die endgültige Regelung des Status der Saar nur durch den Friedensvertrag oder einen gleichartigen Vertrag erfolgen kann. Sie haben ferner bei den Verhandlungen die Erklärung abgegeben, daß die Bundesregierung durch die Unterzeichnung des Vertrages keine Anerkennung des gegenwärtigen Status an der Saar ausspricht.

Ich wiederhole diese Erklärung und bitte, mir zu bestätigen, daß die Französische Regierung mit der Bundesregierung darüber übereinstimmt, daß die endgültige Regelung des Status der Saar nur durch den Friedensvertrag oder einen gleichartigen Vertrag erfolgt und daß die Französische Regierung in der Unterzeichnung des Vertrages über die Europäische Gemeinschaft für Kohle und Stahl durch die Bundesregierung keine Anerkennung des gegenwärtigen Status an der Saar durch die Bundesregierung erblickt.

Genehmigen Sie, Herr Präsident, den Ausdruck meiner ausgezeichnetsten Hochachtung.

gez. Adenauer

Quelle: Vertrag über die Gründung der Europäischen Gemeinschaft für Kohle und Stahl, veröffentlicht im Auftrag des Auswärtigen Amts, Bonn, 18. 4. 1951 (Deutscher Bundesverlag), S. 90

12 Gründung der Montanunion

Vertrag über die Gründung der Europäischen Gemeinschaft für Kohle und Stahl vom 18. April 1951 (Auszüge)

Der Präsident der Bundesrepublik Deutschland, Seine Königliche Hoheit der Kronprinz von Belgien, der Präsident der Französischen Republik, der Präsident der Italienischen Republik, Ihre Königliche Hoheit die Großherzogin von Luxemburg, Ihre Majestät die Königin der Niederlande,

in der Erwägung, daß der Weltfriede nur durch schöpferische, den drohenden Gefahren angemessene Anstrengungen gesichert werden kann,

in der Überzeugung, daß der Beitrag, den ein organisiertes und lebendiges Europa für die Zivilisation leisten kann, zur Aufrechterhaltung friedlicher Beziehungen unerläßlich ist,

in dem Bewußtsein, daß Europa nur durch konkrete Leistungen, die zunächst eine tatsächliche Verbundenheit schaffen, und durch die Errichtung gemeinsamer Grundlagen für die wirtschaftliche Entwicklung aufgebaut werden kann,

in dem Bemühen, durch die Ausweitung ihrer Grundproduktionen zur Hebung des Lebensstandards und zum Fortschritt der Werke des Friedens beizutragen,

entschlossen, an die Stelle der jahrhundertealten Rivalitäten einen Zusammenschluß ihrer wesentlichen Interessen zu setzen, durch die Errichtung einer wirtschaftlichen Gemeinschaft den ersten Grundstein für eine weitere und vertiefte Gemeinschaft unter Völkern zu legen, die lange Zeit durch blutige Auseinandersetzungen entzweit waren, und die institutionellen Grundlagen zu schaffen, die einem nunmehr allen gemeinsamen Schicksal die Richtung weisen können,

haben beschlossen, eine Europäische Gemeinschaft für Kohle und Stahl zu gründen, und zu diesem Zweck als Bevollmächtigte bestellt:

Der Präsident der Bundesrepublik Deutschland:
Herrn Dr. Konrad Adenauer, Bundeskanzler und Bundesminister des Auswärtigen;

Seine Königliche Hoheit der Kronprinz von Belgien:
Herrn Paul van Zeeland, Minister für Auswärtige Angelegenheiten;
Herrn Joseph Meurice, Minister für den Außenhandel;

Der Präsident der Französischen Republik:
Herrn Robert Schuman, Minister für Auswärtige Angelegenheiten;

Der Präsident der Italienischen Republik:
Herrn Carlo Sforza, Minister für Auswärtige Angelegenheiten;

Ihre Königliche Hoheit die Großherzogin von Luxemburg:
Herrn Josef Bech, Minister für Auswärtige Angelegenheiten;

Ihre Majestät die Königin der Niederlande:
Herrn Dirk Udo Stikker, Minister für Auswärtige Angelegenheiten,
Herrn Johannes Roelof Maria van den Brink, Wirtschaftsminister;

die nach Austausch ihrer als gut und gehörig befundenen Vollmachten die folgenden Bestimmungen vereinbart haben.

ERSTER TITEL

Die Europäische Gemeinschaft für Kohle und Stahl

Artikel 1
Durch diesen Vertrag begründen die Hohen Vertragschließenden Teile unter sich eine Europäische Gemeinschaft für Kohle und Stahl; sie beruht auf einem gemeinsamen Markt, verfolgt gemeinsame Ziele und hat gemeinsame Organe.

Artikel 2
Die Europäische Gemeinschaft für Kohle und Stahl ist dazu berufen, im Einklang mit der Gesamtwirtschaft der Mitgliedstaaten und auf der Grundlage eines gemeinsamen Marktes, wie er in Artikel 4 näher bestimmt ist, zur Ausweitung der Wirtschaft, zur Steigerung der Beschäftigung und zur Hebung der Lebenshaltung in den Mitgliedstaaten beizutragen.

Die Gemeinschaft hat in fortschreitender Entwicklung die Voraussetzungen zu schaffen, die von sich aus die rationellste Verteilung der Erzeugung auf dem höchsten Leistungsstande sichern; sie hat hierbei dafür zu sorgen, daß keine Unterbrechung in der Beschäftigung eintritt, und zu vermeiden, daß im Wirtschaftsleben der Mitgliedstaaten tiefgreifende und anhaltende Störungen hervorgerufen werden.
. . .

Artikel 97
Dieser Vertrag gilt für die Dauer von fünfzig Jahren vom Zeitpunkt seines Inkrafttretens an.

Artikel 98
Jeder europäische Staat kann einen Antrag auf Beitritt zu diesem Vertrag stellen. Der Antrag ist an den Rat zu richten, der nach Stellungnahme der Hohen Behörde einstimmig Beschluß faßt und ebenfalls einstimmig die Bedingungen für den Beitritt festsetzt. Der Beitritt wird mit dem Tage des Eingangs der Beitrittsurkunde bei der Regierung wirksam, bei welcher der Vertrag hinterlegt ist.
. . .

Quelle: BGBl. 1952, II, S. 448–475

175

Rede des Bundeskanzlers Dr. Konrad Adenauer vor dem Deutschen Bundestag am 12. Juli 1951 zum Gesetzentwurf betreffend den Vertrag über die Gründung der Europäischen Gemeinschaft für Kohle und Stahl (Auszüge)

Herr Präsident! Meine Damen und Herren! Das Gesetz, das Ihnen zur Beratung und zur Beschlußfassung vorgelegt wird, ist sehr kurz; aber seine Bedeutung ist im Hinblick auf die ihm beigefügte Anlage außerordentlich groß. Ich glaube, ich kann ohne zu übertreiben sagen, daß sich der Bundestag bisher noch mit keinem Gesetzentwurf hat beschäftigen können, der an Bedeutung diesen Gesetzentwurf übertrifft.

Wenn Ihnen dieser Gesetzentwurf mit dem Antrage vorgelegt wird, der Ratifikation des Schumanplans, des Vertrags über die Montanunion zuzustimmen, so lassen Sie mich einige allgemeine Bemerkungen formell-rechtlicher Natur vorausschicken. Dieser Vertrag ist nach monatelanger Beratung durch Delegationen von sechs europäischen Ländern zustande gekommen, die sich ihrerseits wieder mit einer ganzen Anzahl von Sachverständigen laufend beraten haben. Es sind von diesen Delegationen eine Reihe von Punkten bis zu einer Konferenz der Außenminister der sechs Länder zurückgestellt worden. In dieser Außenministerkonferenz, die sich ebenfalls über eine Reihe von Tagen erstreckt hat, ist eine Einigung erzielt worden, die Ihnen nunmehr vorliegt.

Es ist wohl ohne weiteres klar, daß eine solche Verständigung unter sechs europäischen Ländern, die verschiedene Interessen und verschiedene Ansichten haben, erst nach sehr langen Beratungen und auf dem Wege eines gegenseitigen Ausgleichs, einer gegenseitigen Angleichung der Interessen und auf dem Wege der Überzeugung zustande kommt. Bei einem solchen Vertragswerk liegt es in der Natur der Sache, daß keiner der Beteiligten seine Ansicht allein hundertprozentig durchsetzen kann. Er darf auch gar nicht davon ausgehen, daß nur seine Ansichten hundertprozentig durchgesetzt werden müßten. Wie jeder Vertrag, so ist dieser Vertrag unter sechs Teilnehmern im Ergebnis ein Kompromiß. Keiner derjenigen, die an den Verhandlungen teilgenommen haben, wird behaupten wollen oder behaupten können, daß das Ergebnis der Verhandlungen hundertprozentig richtig sei und ihn hundertprozentig befriedige. Man darf bei einem solchen Vertragswerk nicht die Einzelheiten zu sehr für sich betrachten, sondern man muß den zugrunde liegenden Gedanken, den Zweck, der mit dem ganzen Vertragswerk verfolgt wird, betrachten und muß dann untersuchen, ob die konstruktive Anlage des Ganzen geeignet erscheint, diesen Zweck – wenn man ihn bejaht – zu erreichen.

Meine Damen und Herren, ich glaubte diese Bemerkungen voranschicken zu können, um Ihnen und mit Ihnen der deutschen Öffentlichkeit klarzulegen, warum es bei solchen Verträgen nicht möglich ist, Abänderungsanträge zu diesem oder jenem Artikel oder zu diesem oder jenem Absatz anzubringen. Ich bitte, sich doch vorzustellen, daß in den sechs Parlamenten der beteiligten sechs europäischen Länder vielleicht zu anderen Punkten, aber ebenfalls genau, wie das hier der Fall sein wird, Beanstandungen zu diesem oder jenem kommen werden. Wenn auf Grund dieser Beanstandungen die Ratifizierung in der vorgesehenen Frist unterbleiben würde, würde das ganze Vertragswerk nicht nur gefährdet, sondern höchstwahrscheinlich völlig erledigt sein.

Genau wie Sie, meine Damen und Herren, genau wie dieses Hohe Haus stehen die anderen Parlamente vor der gleichen, vielleicht für Europa schicksalhaften Frage: Sollen wir unter Zurückstellung dieser oder jener Bedenken zustimmen, oder aber – meine Damen und Herren, das ist nach meiner Meinung die Entscheidung, die Sie zu fällen haben – sollen und können wir die Verantwortung dafür auf uns nehmen, daß dieses Werk scheitert. Ich bitte Sie, von vornherein unter diesem Gesichtspunkt an Ihre ganze Arbeit heranzutreten. Ich bitte Sie weiter, davon überzeugt zu sein, daß die Delegationen und die verschiedenen Organisationen, mit denen die Delegationen aller Länder – aber ich spreche jetzt vornehmlich für die deutsche Delegation – Fühlung genommen haben, während der ganzen Monate den größten Ernst und die größte Gewissenhaftigkeit auf ihre Arbeit verwendet haben. Es liegt mir daran, allen diesen deutschen Stellen, deren Hingabe an die Aufgabe jedes Lob verdient, auch von der Tribüne dieses Hauses den herzlichsten Dank auszusprechen.

(Beifall bei den Regierungsparteien.)

Es liegt mir weiter daran, beim Eintritt in die Verhandlungen dem bisherigen französischen Außenminister, Herrn Schuman, zu danken, weil er im Mai 1950 die Kühnheit gehabt hat, mit diesem Vorschlag an Deutschland und an die europäische Öffentlichkeit heranzutreten.

(Erneuter Beifall bei den Regierungsparteien.)

Wenn ich sage: die Kühnheit gehabt hat, so habe ich diesen Ausdruck wohlüberlegt gebraucht. Man vergißt nur zu schnell in dieser Zeit, die fast jeden Tag große Veränderungen bringt, wie der Zustand, wie das Ansehen Deutschlands in der Welt noch im Mai des Jahres 1950 gewesen ist. Ich bitte, in Ihre Erinnerung zurückrufen zu dürfen, daß der damalige Vorschlag Herrn Schumans nicht nur in der Welt das größte Aufsehen erregt hat, sondern daß er auch in Deutschland fast uneingeschränkt mit der lebhaftesten Genugtuung begrüßt worden ist.

(Beifall bei der CDU und bei einem Teil der FDP.)

Es liegt mir auch daran, beim Eintritt in diese Verhandlungen den anderen beteiligten Ländern gegenüber eine Dankespflicht zu erfüllen. Denn die Vertreter der Bundesrepublik sind bei diesen ganzen Verhandlungen in absolut fairer Weise als Gleichberechtigte behandelt worden.

(Beifall bei der CDU.)

Das, meine Damen und Herren, war im Jahre 1950 noch nicht eine solche Selbstverständlichkeit, mit der wir es heutzutage zu betrachten gewohnt sind.

(Abg. Rische: Heute muß man Deutschland für den Krieg haben!)

Wer sich in den Vertrag vertieft – und es gehört Vertiefung dazu –, der wird erkennen, daß der Aufbau des ganzen Werkes wohlüberlegt und in konstruktiver Weise erfolgt ist, daß man bei dem Aufbau nicht lediglich daran gedacht hat, eine Union für Kohle, Eisen und Stahl zu schaffen, sondern daß man daran gedacht hat, hier auch ein Vorbild für etwaige zukünftige weitere Integrationsverhandlungen in Europa zu geben.

(Zuruf von der KPD: Landwirtschaft!)

Überall finden Sie in den einzelnen Artikeln durchscheinend den Antrieb zur Weiterentwicklung, zur Weiterentwicklung auch, was den Kreis der beteiligten Länder angeht. Alle Unterzeichner dieses Vertrages – das ist wiederholt und in sehr nachdrücklicher Weise zum Ausdruck gekommen – würden es begrüßen, wenn auch Großbritannien sich in irgendeiner Form diesem Vertragswerk anschließen würde. Ich bin auch davon überzeugt, daß Großbritannien das tun wird. Ich kann Ihnen sagen, daß mir schon vor längerer Zeit von der britischen Regierung die offizielle Mitteilung gemacht worden ist, daß sie der Montanunion mit größtem Wohlwollen gegenüberstehe und daß sie, sobald der Vertrag ratifiziert sei, untersuchen werde, in welcher Form es für Großbritannien möglich sein würde, mit dieser Montanunion zusammenzuarbeiten.

Die dynamische Natur des ganzen Vertragswerkes bitte ich nicht zu übersehen. Es handelt sich – ich kann das nur nochmals betonen – um eine Konstruktion von dynamischer Natur, die bestimmt ist, über den unmittelbaren Kreis des Teiles der Wirtschaft, der hier geordnet ist, hinauszuwirken. Man ging davon aus, daß, wenn diese sechs europäischen Länder erst einmal gelernt hätten, auf einem so außerordentlich wichtigen wirtschaftlichen Gebiet zusammenzuarbeiten, dann aus dieser gemeinsamen Arbeit sich der Antrieb von selbst ergeben würde, auch auf weiteren Gebieten der Wirtschaft eine Zusammenarbeit herbeizuführen ...

Ich bin der Auffassung und des Glaubens, daß die Parlamente der sechs europäischen Länder, die sich mit dieser Montanunion zu beschäftigen haben werden, genau erkennen, worum es sich handelt, daß sie insbesondere auch erkennen, daß der politische Zweck, die politische Bedeutung der Montanunion noch unendlich viel größer ist als der wirtschaftliche Zweck.

(Sehr richtig! bei der CDU.)

Sosehr ich auch die wirtschaftliche Bedeutung bejahe, sosehr ich es als gut empfinde, daß für Kohle, Eisen und Stahl in einem Gebiete, das von 167 Millionen Menschen bewohnt wird, ein freier Markt geschaffen wird, sosehr ich es begrüße, daß auf dem Gebiete, das die Montanunion in sich schließt, die Zollschranken fallen, sosehr ich der Auffassung bin, daß dadurch ein wirtschaftlicher Impuls allerersten Ranges und von größter Kraft ausgehen wird – über alles dies scheint mir die politische Bedeutung noch unendlich viel größer zu sein.

(Zustimmung bei den Regierungsparteien.)

Als im Mai des Jahres 1950 Herr Schuman diesen Vorschlag machte,

(Zuruf von der KPD: Washington machte ihn!)

ging es ihm in erster Linie darum, die althergebrachten Gegensätze zwischen Frankreich und Deutschland dadurch aus der Welt zu schaffen, daß auf dem Gebiete der Grundstoffindustrien gemeinsam gearbeitet und daß dadurch jeder Gedanke, einer wolle gegen den andern rüsten, unmöglich würde. Es handelte sich auch darum, psychologisch zu wirken. Wir müssen uns darüber klar sein, daß französische Bevölkerungskreise vielfach noch immer in dem Gedanken leben, daß Deutschland ein eventueller zukünftiger Gegner sein würde. Die psychologische Bedeutung, die Frage der Beruhigung solcher Befürchtungen im eigenen Lande und die Erweckung des Gefühls der Zusammengehörigkeit zwischen Deutschland und Frankreich waren die politischen Gründe, die Herrn Schuman damals geleitet haben. Aber wie bei wirklich konstruktiven Gedanken hat sich im Laufe der Entwicklung gezeigt, daß in diesem Vorschlag eine solche lebendige Kraft lag, daß man über den ursprünglichen Zweck jetzt schon weit hinausgekommen ist. Man hat seit dem Mai 1950 erkannt, daß die Integration Europas für alle europäischen Länder eine absolute Notwendigkeit ist, wenn sie überhaupt am Leben bleiben wollen.

(Beifall bei den Regierungsparteien.)

Man hat weiter erkannt, daß man die Integration Europas nicht mit Reden, mit Erklärungen herbeiführen kann, sondern daß man sie nur herbeiführen kann

(Zuruf von der KPD: Durch Panzerdivisionen!)

durch gemeinsame Interessen und durch gemeinsames Handeln.

(Zustimmung bei den Regierungsparteien.)

Darin liegt die ganz große Bedeutung dieses Vertrages. Dieser Vertrag nötigt die europäischen Länder, die ihm angehören, zusammen zu handeln.

Etwas weiteres hat sich im Laufe der Verhandlungen ergeben. Ich glaube, daß wohl zum erstenmal in der Geschichte, sicher der Geschichte der letzten Jahrhunderte, Länder freiwillig und ohne Zwang auf einen Teil ihrer Souveränität verzichten wollen,

(Zuruf von der KPD: An die Rüstungsherren!)

um die Souveränität einem supranationalen Gebilde zu übertragen.

(Zuruf von der KPD: Den Amerikanern unterstellt werden! – Zurufe in der Mitte: Ruhig! – Gegenrufe von der KPD: Das gefällt Ihnen nicht!)

Das ist – ich betone das nachdrücklich –, wie mir scheint, ein Vorgang von welthistorischer Bedeutung, ein Vorgang, der das Ende des Nationalismus in all diesen Ländern bedeutet.

(Beifall bei den Regierungsparteien.)

Ich bin der festen Überzeugung, daß, wenn dieser Anfang einmal gemacht worden ist, wenn hier sechs europäische Länder, wie ich nochmals betone: freiwillig und ohne Zwang einen Teil ihrer Souveränität
(Zuruf von der KPD: Wer lacht denn da?)
auf ein übergeordnetes Organ übertragen, man dann auch auf anderen Gebieten diesem Vorgang folgen wird und daß damit wirklich der Nationalismus, der Krebsschaden Europas, einen tödlichen Stoß bekommen wird.
. . .
Ein Wort lassen Sie mich noch zum Ruhrstatut und all dem sagen. Es ist eine absolute Selbstverständlichkeit, daß dieser Vertrag nicht ratifiziert wird, ehe bindende Erklärungen der beteiligten Länder – jetzt meine ich nicht die Länder, die den Vertrag unterschrieben haben, sondern überhaupt die am Londoner Abkommen beteiligten Länder – vorliegen, die der Bundesrepublik dieselbe Möglichkeit geben, frei in diese Montanunion einzutreten, wie den anderen.
(Beifall in der Mitte und rechts.)
Das ist eine absolute Selbstverständlichkeit. Ich möchte hier betonen, daß bei den Verhandlungen der Außenministerkonferenz in Paris Frankreich und ebenfalls die anderen Länder, die dort vertreten waren, diese Forderung als berechtigt anerkannt haben und daß die beiden Länder, die auch noch zur Aufhebung dieser Beschränkungen zustimmen müssen, Großbritannien und die Vereinigten Staaten, mir sofort nach meiner Rückkehr von der Pariser Außenministerkonferenz die Mitteilung haben zugehen lassen, daß sie durchaus für unsere Forderung seien. Die Verhandlungen unter diesen Ländern haben in der Zwischenzeit begonnen. Wir werden von dem Fortgang der Verhandlungen dauernd unterrichtet.
Ich betone nochmals, meine Damen und Herren: Verwenden Sie auf diese Frage nicht zuviel Zeit, denn es ist eine absolute Selbstverständlichkeit, daß ohne Erfüllung dieser Forderung der Vertrag von der Bundesregierung, dem Herrn Bundespräsidenten nicht unterschrieben werden wird.
(Bravo! bei der FDP.)
Vorläufig möchte ich damit schließen. Ich möchte mich nicht zu sehr in Einzelheiten hineinbegeben, weil ich den Blick der Öffentlichkeit und dieses Hauses nicht von dem großen Ziel, von dem großen Zweck, der mit diesem Vertrag verfolgt wird, ablenken möchte: von dem Ziel der Schaffung eines einheitlichen Europas.
(Anhaltender Beifall bei den Regierungsparteien und bei der BP.)

Quelle: 1. Deutscher Bundestag, 161. Sitzung vom 12. 7. 1951, S. 6499–6502

14   Vom Geist menschlicher und religiöser Toleranz

Erklärung des Bundeskanzlers Dr. Konrad Adenauer vom 27. September 1951 vor dem Deutschen Bundestag über die Haltung der Bundesrepublik gegenüber den Juden

Ich habe die Ehre, gegenüber dem Hohen Hause im Auftrag der Bundesregierung folgende Erklärung abzugeben.
In letzter Zeit hat sich die Weltöffentlichkeit verschiedentlich mit der Haltung der Bundesrepublik gegenüber den Juden befaßt. Hier und da sind Zweifel laut geworden, ob das neue Staatswesen in dieser bedeutsamen Frage von Prinzipien geleitet werde, die den furchtbaren Verbrechen einer vergangenen Epoche Rechnung tragen und das Verhältnis der Juden zum deutschen Volke auf eine neue und gesunde Grundlage stellen.

Die Einstellung der Bundesrepublik zu ihren jüdischen Staatsbürgern ist durch das Grundgesetz eindeutig festgelegt. Art. 3 des Grundgesetzes bestimmt, daß alle Menschen vor dem Gesetz gleich sind und daß niemand wegen seines Geschlechtes, seiner Abstammung, seiner Rasse, seiner Sprache, seiner Heimat und Herkunft, seines Glaubens, seiner religiösen oder politischen Anschauungen benachteiligt oder bevorzugt werden darf. Ferner bestimmt Art. 1 des Grundgesetzes:

Die Würde des Menschen ist unantastbar. Sie zu achten und zu schützen ist Verpflichtung aller staatlichen Gewalt.

(Zuruf von der KPD.)

Das deutsche Volk bekennt sich darum zu unverletzlichen und unveräußerlichen Menschenrechten als Grundlage jeder menschlichen Gemeinschaft, des Friedens und der Gerechtigkeit in der Welt.

Diese Rechtsnormen sind unmittelbar geltendes Recht und verpflichten jeden deutschen Staatsbürger – und insbesondere jeden Staatsbeamten –, jede Form rassischer Diskriminierung von sich zu weisen. In demselben Geiste hat die Bundesregierung auch die vom Europarat entworfene Menschenrechtskonvention unterzeichnet und sich zur Verwirklichung der darin festgelegten Rechtsgedanken verpflichtet.

Diese Normen können aber nur wirksam werden, wenn die Gesinnung, aus der sie geboren wurden, zum Gemeingut des gesamten Volkes wird. Hier handelt es sich somit in erster Linie um ein Problem der Erziehung. Die Bundesregierung hält es für dringend erforderlich, daß die Kirchen und die Erziehungsverwaltungen der Länder in ihrem Bereich alles daransetzen, damit der Geist menschlicher und religiöser Toleranz im ganzen deutschen Volk, besonders aber unter der deutschen Jugend, nicht nur formale Anerkennung findet, sondern in der seelischen Haltung und praktischen Tat Wirklichkeit wird. Hier liegt eine wesenhafte Aufgabe der zur Erziehung berufenen Instanzen vor, die aber freilich der Ergänzung durch das Beispiel der Erwachsenen bedarf.

Damit diese erzieherische Arbeit nicht gestört und der innere Friede in der Bundesrepublik gewahrt werde, hat die Bundesregierung sich entschlossen, die Kreise, die noch immer antisemitische Hetze treiben, durch unnachsichtige Strafverfolgung zu bekämpfen. Dem Bundestag liegen Vorschläge zu einer Ergänzung des Strafgesetzes vor, auf Grund deren unter anderm auch rassenhetzerische Propaganda mit schwerer Strafe belegt wird. Die Bundesregierung wird diese Bestimmungen, sobald sie in Kraft getreten sind, mit aller Entschlossenheit anwenden.

Die Bundesregierung und mit ihr die große Mehrheit des deutschen Volkes sind sich des unermeßlichen Leides bewußt, das in der Zeit des Nationalsozialismus über die Juden in Deutschland und in den besetzten Gebieten gebracht wurde. Das deutsche Volk hat in seiner überwiegenden Mehrheit die an den Juden begangenen Verbrechen verabscheut und hat sich an ihnen nicht beteiligt. Es hat in der Zeit des Nationalsozialismus im deutschen Volke viele gegeben, die mit eigener Gefährdung aus religiösen Gründen, aus Gewissensnot, aus Scham über die Schändung des deutschen Namens ihren jüdischen Mitbürgern Hilfsbereitschaft gezeigt haben. Im Namen des deutschen Volkes sind aber unsagbare Verbrechen begangen worden, die zur moralischen und materiellen Wiedergutmachung verpflichten, sowohl hinsichtlich der individuellen Schäden, die Juden erlitten haben, als auch des jüdischen Eigentums, für das heute individuell Berechtigte nicht mehr vorhanden sind. Auf diesem Gebiet sind erste Schritte getan. Sehr vieles bleibt aber noch zu tun. Die Bundesregierung wird für den baldigen Abschluß der Wiedergutmachungsgesetzgebung und ihre gerechte Durchführung Sorge tragen. Ein Teil des identifizierbaren jüdischen Eigentums ist zurückerstattet worden; weitere Rückerstattungen werden folgen.

Hinsichtlich des Umfangs der Wiedergutmachung – in Anbetracht der ungeheuren Zerstörung jüdischer Werte durch den Nationalsozialismus ein sehr bedeutsames Problem –

müssen die Grenzen berücksichtigt werden, die der deutschen Leistungsfähigkeit durch die bittere Notwendigkeit der Versorgung der zahllosen Kriegsopfer und der Fürsorge für die Flüchtlinge und Vertriebenen gezogen sind. Die Bundesregierung ist bereit, gemeinsam mit Vertretern des Judentums und des Staates Israel, der so viele heimatlose jüdische Flüchtlinge aufgenommen hat, eine Lösung des materiellen Wiedergutmachungsproblems herbeizuführen, um damit den Weg zur seelischen Bereinigung unendlichen Leides zu erleichtern. Sie ist tief davon durchdrungen, daß der Geist wahrer Menschlichkeit wieder lebendig und fruchtbar werden muß. Diesem Geist mit aller Kraft zu dienen, betrachtet die Bundesregierung als die vornehmste Pflicht des deutschen Volkes.
(Lebhafter Beifall im ganzen Hause außer bei der KPD und auf der äußersten Rechten.)

Quelle: 1. Deutscher Bundestag, 165. Sitzung vom 27. 9. 1951, S. 6697 f.

15 Freie Wahlen in ganz Deutschland

Erklärung der Bundesregierung vor dem Deutschen Bundestag über eine Wahlordnung für freie gesamtdeutsche Wahlen, 27. September 1951

Dr. Adenauer, Bundeskanzler: Dem Hohen Hause habe ich im Namen der Bundesregierung folgende Erklärung abzugeben:

Das oberste Ziel der Politik der Bundesregierung ist und bleibt die Wiederherstellung der deutschen Einheit in einem freien und geeinten Europa.
(Beifall im ganzen Hause außer bei der KPD und auf der äußersten Rechten.)

Diese Einheit muß aus der freien Entscheidung des gesamten deutschen Volkes kommen.

Die Bundesregierung hat deshalb wiederholt, zuletzt in ihrer Erklärung vom 9. März 1951, die Abhaltung freier, allgemeiner, gleicher, geheimer und direkter Wahlen in ganz Deutschland zu einer verfassunggebenden Nationalversammlung vorgeschlagen. Dabei hat sie gleichzeitig die unerläßlichen Voraussetzungen für die Durchführung freier Wahlen festgelegt.

Auf alle diese Vorschläge der Bundesregierung ist eine Antwort der sowjetischen Besatzungsmacht nicht erfolgt. Die Behörden der Sowjetzone haben sie zurückgewiesen.

Nunmehr hat Herr Grotewohl am 15. September vor der Volkskammer Erklärungen abgegeben, die sich den Vorschlägen der Bundesregierung zu nähern scheinen. Die Bundesregierung hat diese Erklärungen aufmerksam geprüft. Senat und Abgeordnetenhaus von Berlin haben sofort freie Wahlen für ganz Berlin vorgeschlagen, die leider abgelehnt worden sind.
(Hört! Hört! in der Mitte und bei der SPD.)

Herr Grotewohl beharrt auf Beratungen über gesamtdeutsche Wahlen. Was bedeuten Beratungen mit Kommunisten?
(Sehr gut! in der Mitte.)

Die Welt weiß aus vielfachen bitteren Erfahrungen, daß Repräsentanten des Kommunismus, wenn sie von Beratungen sprechen, entweder Diktat oder endlose Verzögerungen wollen.
(Sehr wahr! und Sehr gut! in der Mitte und bei der SPD.)

Anders wäre es, wenn wir es mit frei gewählten Vertretern der Bevölkerung der Sowjetzone zu tun hätten.
(Sehr gut! in der Mitte und bei der SPD.)

Mit ihnen könnten wir uns sofort einigen.
(Beifall im ganzen Hause außer bei der KPD und auf der äußersten Rechten.)

Um nichts unversucht zu lassen, wird die Bundesregierung eine Wahlordnung für freie gesamtdeutsche Wahlen vorlegen. Diese Wahlordnung wird im wesentlichen folgende Grundsätze enthalten:

1. Das Gebiet der Wahl bildet einen einheitlichen Wahlkreis; jede Partei reicht einen Wahlvorschlag für das gesamte Wahlgebiet ein.

2. Die Freiheit der politischen Betätigung zur Vorbereitung und Durchführung der Wahl wird gewährleistet.

3. Alle Beschränkungen im Personenverkehr zwischen den Besatzungszonen einschließlich Groß-Berlin werden spätestens drei Monate vor der Wahl aufgehoben.

4. Jedem ordnungsgemäß vorgeschlagenen Bewerber um einen Sitz in der Nationalversammlung wird bis zum Zusammentritt der Nationalversammlung im gesamten Wahlgebiet die unbedingte persönliche Freiheit gewährleistet. Er darf weder verhaftet, vorläufig festgenommen noch gerichtlich oder dienstlich verfolgt, aus seinem Dienst- oder Arbeitsverhältnis entlassen oder sonst zur Verantwortung gezogen oder in seiner Bewegungsfreiheit behindert werden. Ihm ist der zur Vorbereitung der Wahl erforderliche Urlaub zu gewähren.

5. Niemand darf vor, während und nach der Wahl wegen seiner politischen Haltung verhaftet, vorläufig festgenommen, gerichtlich oder dienstlich verfolgt, aus seinem Dienstoder Arbeitsverhältnis entlassen oder sonst zur Verantwortung gezogen oder benachteiligt werden.

6. Öffentliche Versammlungen der Parteien, die einen ordnungsmäßigen Wahlvorschlag eingereicht haben, und ihrer Bewerber sind unbeschränkt zugelassen und unter öffentlichen Schutz zu stellen.

7. Die Verbreitung von Zeitungen, Zeitschriften und sonstigen Druckschriften, die in einem deutschen Lande erscheinen, und der Empfang von Rundfunksendungen dürfen im ganzen Wahlgebiet nicht behindert werden.

8. Das Wahlgeheimnis wird gewährleistet.

9. Die Wahlzettel und ihre Umschläge sind für alle Wahlberechtigten gleich und dürfen mit keinen Merkmalen versehen sein, die die Person des Wählers erkennen lassen. Die Kennzeichnung des Wahlzettels durch den Wähler erfolgt in einem der Beobachtung durch andere Personen entzogenen Teil des Wahllokals. Vor den Augen des Wahlvorstandes legt der Wähler seinen Wahlzettel in einem Umschlag in die Wahlurne.

10. Ein Verzicht auf diese Vorschriften ist unzulässig. Jeder Verstoß macht den gesamten Wahlakt des Stimmbezirks ungültig.

11. Die Auszählung der Stimmen findet öffentlich durch den aus Vertretern verschiedener Parteien gebildeten Wahlvorstand statt.

12. Vorbereitung und Durchführung der Wahl stehen unter internationalem Schutz und internationaler Kontrolle.

13. Der Schutz ist in allen Teilen des Wahlgebiets gleichmäßig internationalen Kontrollorganen anvertraut. Die deutschen Behörden haben den Weisungen dieser Kontrollorgane Folge zu leisten.

14. Die Kontrollorgane gewährleisten die aus diesen Bestimmungen sich ergebenden Rechte und Freiheiten der Bevölkerung. Jeder Deutsche hat das Recht, die Kontrollorgane anzurufen.

Die Bundesregierung wird diese Wahlordnung nach Annahme durch den Deutschen Bundestag den Vereinten Nationen, den vier Besatzungsmächten und den sowjetzonalen Behörden zur Stellungnahme zuleiten. Sie wird dabei vorschlagen, daß die internationalen Kontrollorgane von Vertretern neutraler Mächte gebildet werden.

Echte freie Wahlen sind aber nur möglich, wenn in der Sowjetzone tatsächliche Voraussetzungen für einen freien Ausdruck des Volkswillens gegeben sind. Bis heute sind die

gesamten Verhältnisse in der Sowjetzone von jenem Zustand der Freiheit weit entfernt. Noch heute leiden Zehntausende unschuldiger Häftlinge in Zuchthäusern und Gefängnissen. Die Hunderte von Flüchtlingen, die unter Aufgabe von Hab und Gut täglich die Zonengrenze nach Westen überschreiten und in der Bundesrepublik Zuflucht suchen, sind ein erschütternder Beweis für die Rechtlosigkeit und die Unfreiheit in der Sowjetzone.
(Sehr wahr! rechts.)

Diese Menschen treibt die quälende Unsicherheit, die Angst vor dem Staatssicherheitsdienst, der Volkspolizei, dem Konzentrationslager und der Zwangsarbeit.

Die Bundesregierung fühlt sich verpflichtet, alles zu tun, um Gewißheit zu schaffen, daß die tatsächlichen Voraussetzungen für die Abhaltung der von ihr vorgeschlagenen gesamtdeutschen Wahlen gegeben sind. Das kann vor der Weltöffentlichkeit nur dadurch geschehen, daß eine neutrale internationale Kommission unter der Kontrolle der Vereinten Nationen in der Sowjetzone und auf dem Gebiet der Bundesrepublik untersucht, inwieweit die bestehenden Verhältnisse die Abhaltung freier Wahlen ermöglichen. Die Bundesregierung wird für das Bundesgebiet eine entsprechende internationale Untersuchung sofort beantragen. Es liegt bei den Behörden der Sowjetzone, dasselbe für ihr Gebiet zu tun.
(Beifall in der Mitte und rechts.)

Die Vereinigung des Gebietes der Sowjetzone mit der Bundesrepublik wird der erste Schritt zur Wiedervereinigung Deutschlands sein. Das ist von schicksalhafter Bedeutung für das deutsche Volk und für den Frieden der Welt.
(Lebhafter Beifall in der Mitte und rechts sowie bei einzelnen Abgeordneten der SPD.)

Quelle: 1. Deutscher Bundestag, 165. Sitzung vom 27. 9. 1951, S. 6700 f.

16   Alliierte für gesamtdeutsche Wahlen

Erklärung des Bundeskanzlers Dr. Konrad Adenauer vor dem Deutschen Bundestag zu den Konsultationen mit den Alliierten über gesamtdeutsche Wahlen, 16. Oktober 1951

Herr Präsident! Meine Damen und Herren! Der Bundestag hat in seiner Sitzung vom 27. September dieses Jahres beschlossen, daß die Bundesregierung ihm bis zum 15. Oktober über den Erfolg der von ihr bei den Alliierten wegen der gesamtdeutschen Wahlen unternommenen Schritte berichten soll. Ich habe Ihnen dazu entsprechend diesem Beschlusse folgende *Regierungserklärung* abzugeben:

Die Bundesregierung hat an die Hohen Kommissare der Vereinigten Staaten von Amerika, Großbritannien und Frankreich als Vertreter ihrer Regierungen den Antrag gestellt, dem deutschen Volk baldmöglichst Gelegenheit zu geben, durch freie Wahlen unter internatio naler Kontrolle eine Nationalversammlung für das Gebiet der vier Besatzungszonen und Berlin zu wählen. Um sicherzustellen, daß die für freie Wahlen notwendigen Voraussetzungen gegeben sind, hat die Bundesregierung vorgeschlagen, eine internationale Untersuchung durch eine von den Vereinten Nationen einzusetzende Kommission in allen vier Zonen baldmöglichst stattfinden zu lassen.

Die Bundesregierung hat auf diese Note gestern abend spät folgende Antwort erhalten:

Ihr Schreiben vom 4. Oktober wurde an die drei in der Alliierten Hohen Kommission vertretenen Regierungen weitergeleitet und wurde von ihnen einer Prüfung unterzogen. In Ihrem Schreiben wiederholten Sie die von der Bundesregierung am 22. März und 14. September 1950 sowie am 9. März 1951 gemachten Vorschläge für die Abhaltung freier, allgemeiner, gleicher, geheimer und direkter Wahlen in ganz Deutschland. Sie baten auch die

Regierungen der vier Besatzungsmächte, dem deutschen Volk so bald wie möglich Gelegenheit zu geben, unter internationaler Kontrolle sowie unter den rechtlichen und psychologischen Voraussetzungen, die in den verschiedenen Vorschlägen der Bundesregierung im einzelnen dargelegt sind, eine verfassung- und gesetzgebende Nationalversammlung zu wählen.

Die drei Regierungen, die stets die Wiedervereinigung Deutschlands unterstützt haben und unterstützen werden, sobald sie nach demokratischen Grundsätzen stattfinden kann, welche die Schaffung eines freien Deutschlands sichern, das imstande ist, seine Rolle bei der friedlichen Vereinigung freier europäischer Nationen zu spielen, unterstützen nunmehr von neuem den Gedanken einer Wahl unter den Sicherheitsbedingungen, die im einzelnen als notwendig bezeichnet wurden, um die individuellen und nationalen Freiheiten des deutschen Volkes zu schützen.

Die drei Regierungen beziehen sich u. a. auf die Schreiben, die von den Hohen Kommissaren des Vereinigten Königreichs, Frankreichs und der Vereinigten Staaten in Deutschland am 26. Mai 1950 und am 10. Oktober 1950 an General Tschuikow gerichtet wurden, auf die Erklärungen, die von den Außenministern des Vereinigten Königreichs, Frankreichs und der Vereinigten Staaten am 14. Mai 1950 in London und am 19. September 1950 in New York abgegeben wurden, sowie auf die Vorschläge, die am 5. März 1951 von den Stellvertretern der Außenminister der drei Mächte auf der Pariser Viermächtekonferenz gemacht wurden.

In Ihrem jüngsten Schreiben haben Sie einen weiteren Vorschlag gemacht. Sie schrieben:
»Die Bundesregierung fühlt sich verpflichtet, alles zu tun, um Gewißheit zu schaffen, daß die tatsächlichen Voraussetzungen für die Abhaltung der von ihr vorgeschlagenen gesamtdeutschen Wahlen gegeben sind. Das kann vor der Weltöffentlichkeit nur dadurch geschehen, daß eine neutrale internationale Kommission unter der Kontrolle der Vereinigten Nationen in der Sowjetzone und auf dem Gebiet der Bundesrepublik untersucht, inwieweit die bestehenden Verhältnisse die Abhaltung freier Wahlen ermöglichen.

Die Bundesregierung beantragt, eine entsprechende internationale Untersuchung für das Bundesgebiet unverzüglich durchzuführen, und bittet die in der Alliierten Hohen Kommission vertretenen Regierungen, die Bildung einer solchen Kommission möglichst bald bei den Vereinigten Nationen in Vorschlag zu bringen.

Die Bundesregierung wird einer solchen Kommission die Durchführung ihrer Aufgabe in jeder Weise erleichtern, ihr insbesondere Zugang zu allen Stellen der Bundes- und Länderverwaltungen und Einsicht in alle amtlichen Akten und Dokumente geben, deren sie zur Erfüllung ihres Auftrages bedarf.«

Die drei Regierungen begrüßen wärmstens den konstruktiven Schritt, den Sie unternommen haben, indem Sie den Vorschlag unterbreiteten, daß eine Kommission der Vereinigten Nationen untersuchen soll, inwieweit die bestehenden Verhältnisse die Abhaltung freier Wahlen in der Bundesrepublik und in der Sowjetzone Deutschlands gestatten.

Die drei Regierungen haben mit Aufmerksamkeit von dem Wunsche der Bundesregierung Kenntnis genommen, daß eine solche Untersuchung im Bundesgebiet unverzüglich stattfinden soll.

Die drei Regierungen hegen den Wunsch, Ihnen mitzuteilen, daß sie bei der ersten sich bietenden Gelegenheit
(Lachen bei der KPD)
Ihre Auffassung den Vereinigten Nationen unterbreiten und den Antrag stellen werden, daß die Vereinigten Nationen gemäß der in Ihrem Schreiben enthaltenen Anregung eine Untersuchung durchführen, die sich auf das ganze deutsche Gebiet erstreckt.
(Beifall bei den Regierungsparteien.)
Die drei Regierungen sind zu der Auffassung gelangt, daß nur durch solche Maßnahmen

zweckmäßig und zufriedenstellend festgestellt werden kann, ob im Gesamtgebiet Deutschlands Voraussetzungen vorliegen, welche die Abhaltung allgemeiner Wahlen als praktisch durchführbar erscheinen lassen.

Meine Damen und Herren! In der Sitzung des Bundestages vom 27. September 1951 ist außerdem der Antrag auf Ausarbeitung eines Gesetzesvorschlages für ein Wahlgesetz gestellt worden. Die Bundesregierung hat einen solchen Gesetzesvorschlag zur Zeit in Bearbeitung. Er wird dem Bundesrat und dem Bundestag vorgelegt werden.

Was die Erklärung des Herrn Grotewohl vom 10. Oktober 1951 angeht, so hat Herr Grotewohl zu keinem einzelnen Punkt der Erklärung der Bundesregierung und des Beschlusses des Bundestages positiv Stellung genommen. Von den 14 Punkten sagt er, daß eine Mehrzahl annehmbar sei. Mit welchen Punkten er sich einverstanden erklärt und mit welchen nicht, hat er nicht gesagt. Zu dem Verlangen nach einem Untersuchungsausschuß der Vereinigten Nationen hat er geschwiegen. Er hat jedoch die Forderung erhoben, daß der Bundestag den Verhandlungen der Bundesregierung mit den Westalliierten über den künftigen Status der Bundesrepublik Einhalt gebieten solle. Herr Grotewohl geht also nicht auf unsere positiven Vorschläge ein, weil er sich dabei auch zu der Frage wahrhaft freier Wahlen äußern müßte. Vor dieser Frage weicht er aus, indem er auf die schon früher von ihm vorgeschlagenen gesamtdeutschen Beratungen zurückkommt, die am 15. Januar 1951 von Bundesregierung und Bundestag mit dem Hinweis abgelehnt worden waren, daß nur mit denjenigen in Besprechungen über die Wiedervereinigung Deutschlands eingetreten werden könne, die willens seien, eine rechtsstaatliche Ordnung, eine freiheitliche Regierungsform, den Schutz der Menschenrechte und die Wahrung des Friedens vorbehaltlos anzuerkennen und zu garantieren. Augenscheinlich hat Herr Grotewohl diese Forderung jetzt gestellt, um die Verhandlungen der Bundesregierung mit den Westalliierten zu stören, Verhandlungen, die das Endziel haben, die Freiheit für Gesamtdeutschland zu erwirken.
(Beifall bei den Regierungsparteien. – Lachen bei der KPD.)

Meine Damen und Herren! Lassen Sie mich ganz wenige Sätze zu der Note der drei Regierungen sagen. Ich unterstreiche zunächst nochmals: Es handelt sich nicht um Erklärungen der drei Hohen Kommissare, sondern es handelt sich um Erklärungen der Regierungen der Vereinigten Staaten, Großbritanniens und Frankreichs. In dieser Note ist wiederum in feierlicher Form erklärt, daß diese drei Regierungen die Wiedervereinigung Deutschlands erstreben. Mit besonderem Dank und mit besonderer Wärme müssen wir aber auch die Erklärung entgegennehmen, daß diese drei Regierungen bei der UNO den Antrag stellen werden, eine Kommission einzusetzen, die die Verhältnisse in ganz Deutschland daraufhin untersucht, ob freie Wahlen durchführbar sind.
(Bravo! bei den Regierungsparteien.)

Der UNO, meine Damen und Herren, gehört auch Sowjetrußland an. Sie wisssen, daß die eigentlichen Herren der Sowjetzone nicht die Herren Grotewohl, Pieck und Ulbricht sind, sondern daß die eigentlichen Herren der Sowjetzone in Moskau sitzen.
(Abg. Renner: Wer ist denn Ihr Herr? Mr. McCloy?)

Meine Damen und Herren, es wird nunmehr Sowjetrußland vor der UNO Gelegenheit geboten werden, zu zeigen, ob es die Durchführung geheimer, freier und direkter Wahlen in ganz Deutschland will oder ob es sie nicht will.
(Sehr richtig! bei den Regierungsparteien. – Zurufe von der KPD.)

Bei diesen Verhandlungen vor der UNO wird Klarheit darüber geschaffen werden, ob die Einheit Deutschlands in Freiheit auch von Sowjetrußland herbeigeführt werden will oder ob Sowjetrußland diese Vereinigung hindern wird.
(Lebhafter Beifall bei den Regierungsparteien.)

Quelle: 1. Deutscher Bundestag, 168. Sitzung vom 16. 10. 1951, S. 6892 f.

Rede des Staatssekretärs des Auswärtigen Amts, Professor Dr. Walter Hallstein, vor dem Deutschen Bundestag am 24. Oktober 1951 über das Kehler Hafenabkommen (Auszüge)

Herr Präsident! Meine Damen und Herren!

Gegenstand der Interpellation ist die Zustimmung der Bundesregierung zu dem Abkommen über die Organisation der Verwaltung des Hafens Kehl. Dieses Abkommen ist vom Lande Baden mit einer französischen Körperschaft des öffentlichen Rechts verhandelt und abgeschlossen worden, nämlich der autonomen Hafenverwaltung von Straßburg. Die Bundesregierung hat die Zustimmung dazu erteilt . . .

Die Beteiligung der Bundesregierung hat sich indessen nicht auf diesen formalen Schlußakt beschränkt, der sich in einem Ja oder Nein zu dem Vertrage ausdrücken muß. Die Landesregierung hat über die Frage des Kehler Hafens bereits zu einem Zeitpunkt mit den französischen Besatzungsbehörden verhandelt, als die Bundesregierung noch nicht gebildet war. Sie hat nach diesem Zeitpunkt mit der Bundesregierung, d. h. mit den an der Frage ressortmäßig interessierten Bundesministerien, die im Zuge der Verhandlungen aufgetretenen Fragen eingehend erörtert. Insofern war die Bundesregierung an den Verhandlungen zwar nicht direkt, wohl aber indirekt beteiligt . . .

Ich möchte zum Schluß noch auf einen grundsätzlichen Punkt hinweisen.

Stadt und Hafen Kehl sind leider nicht die einzigen Gebiete an der deutschen Westgrenze, die infolge des Krieges der Verfügungsgewalt der Bundesrepublik vorbehaltlich einer endgültigen Lösung im Friedensvertrag entzogen wurden. Diese Beschneidungen unseres Territoriums wurde nicht nur im Falle von Kehl, sondern auch sonstwo mit wirtschaftlichen Gesichtspunkten begründet, sei es, weil solche Gesichtspunkte in der Tat eine Rolle spielten, sei es, weil sie den Vorwand zu einer kamouflierten Annexion oder jedenfalls zu einer Abtretung der betreffenden Gebiete von Deutschland geben sollten. Im Falle von Kehl haben wir den Nachweis erbracht, daß es bei einem vernünftigen Eingehen auf die wirtschaftlichen Gesichtspunkte der Gegenseite möglich ist, das zu retten, worauf es uns ankommt: die politische Unversehrtheit unseres deutschen Territoriums!

Aus diesem Grunde glaube ich, daß der Vertrag in dem Punkt, der für die Bundesregierung entscheidend ist, gut und vernünftig ist, und ich möchte hoffen, daß sich das Hohe Haus dieser Auffassung anschließt.

Quelle: 1. Deutscher Bundestag, 170. Sitzung vom 24. Oktober 1951, S. 7003–7005

Schreiben des Bundespräsidenten Professor Dr. Theodor Heuss an Wilhelm Pieck vom 7. November 1951

An den Herrn Präsidenten Wilhelm Pieck
Berlin-Niederschönhausen

Sehr geehrter Herr Präsident,
Ihr Schreiben [1] vom 2. November 1951 habe ich erhalten und möchte Ihnen in Übereinstimmung mit der Bundesregierung, der von Ihren Mitteilungen Kenntnis gegeben wurde, folgendes erwidern:

Die Angriffe und Vorwürfe, die Sie in Ihrem Schreiben gegen die Bundesregierung und den Bundestag richten, sind unberechtigt und werden von mir entschieden zurückgewiesen. Die von Ihnen aus diesem Anlaß gebrauchten Formeln sind uns aus der Presse der Ostzone vertraut genug. Es ist unrichtig, daß Bundesregierung und Bundestag in Bonn durch ihre Stellungnahme »jede Verständigung zwischen Ost- und Westdeutschland zu verhindern« beabsichtigen; sie haben vielmehr durch ihre positiven und konstruktiven Vorschläge das Gegenteil klar bewiesen. Beide erkennen in der Wiedervereinigung der deutschen Nation das zentrale Problem des Volksschicksals; und wollte dies je einer vergessen, so würde die Anwesenheit der Millionen von Vertriebenen und politischen Flüchtlingen aus den deutschen Ostgebieten eine drängende Mahnung bleiben.

Ihre Beurteilung der gegenwärtigen Situation und die Tonlage, in der diese durch Ihre Worte zum Ausdruck gebracht wird, muß die Möglichkeit des von Ihnen angeregten Gesprächs von Anbeginn fragwürdig machen. Ihre Polemik gegen Bundesregierung und Bundestag ist von der Art, die die Ernsthaftigkeit Ihres Vorschlages erschüttert. Auf dieser Ebene ist eine Aussprache im Elementaren nutzlos und würde nur zu einer Quelle neuer Enttäuschungen werden. Ich fürchte auch, daß die Bemühung scheitern müßte, etwa für das von Ihnen gebrauchte Tagesschlagwort »Remilitarisierung« oder für den Begriff des »Demokratischen« die gemeinsame Basis der Umgrenzung zu finden.

Sie verwerfen, was die Voraussetzungen zur Durchführung freier Wahlen betrifft, den Vorschlag von Bundesregierung und Bundestag, mit der Überprüfung eine neutrale Kommission der »Vereinten Nationen« zu beauftragen. Sie regen im Einverständnis mit Ihrer Regierung an, daß zu solchen Verfahren »eine aus Ost- und Westdeutschland zusammengesetzte Kommission unter Viermächtekontrolle der UdSSR, der USA, Englands und Frankreichs« bestellt werde. Ich halte diesen Vorschlag, der im Grunde eine Neubelebung des »Kontrollrats« bedeutet, unter dem gesamtdeutschen Aspekt des Weges zur staatlichen Unabhängigkeit für einen Rückschritt.

Die »friedliche Einigung Deutschlands« wird sich nicht durch ein Gespräch mit ungewissen Voraussetzungen anbahnen, sondern wird sich als ein Akt der nationalen Selbst- und Neugestaltung vollziehen, wenn frei gewählte Vertreter des gesamten Volkes in freier Selbstverantwortung zu Rat und Beschluß zusammentreten.

Bonn, den 7. November 1951. Mit vorzüglicher Hochachtung
Theodor Heuss

[1] An den
Präsidenten der Bundesrepublik
Herrn Prof. Dr. Heuss
Bad Godesberg, Viktorshöhe

Sehr geehrter Herr Präsident!

In einer für unser Volk überaus entscheidungsschweren Zeit wende ich mich an Sie. Die Entscheidungen der Regierung Adenauer in diesen Tagen und Wochen beeinflussen das Schicksal der deutschen Nation in der verhängnisvollsten Weise. Sie führen dazu, die Spaltung Deutschlands noch weiter zu vertiefen. Mit der durch die Washingtoner Beschlüsse beabsichtigten Eingliederung der Bundesrepublik in den aggressiven Atlantikpakt und der Remilitarisierung wächst die Gefahr, daß Deutschland zum Schauplatz eines unvorstellbaren verheerenden Krieges gemacht und das ganze deutsche Volk sein Opfer wird.

Aus diesen Erwägungen heraus hat die Volkskammer der Deutschen Demokratischen Republik dem Bundestag vorgeschlagen, eine gesamtdeutsche Beratung abzuhalten, um die Durchführung freier, gesamtdeutscher Wahlen mit dem Ziel der Bildung eines einheitlichen, demokratischen und friedliebenden Deutschland und die dringend notwendige Beschleunigung des Abschlusses eines Friedensvertrages mit Deutschland zu erörtern.

Die Ablehnung aller Vorschläge der Regierung und der Volkskammer der Deutschen Demokratischen Republik durch die Regierung Adenauer und die Mehrheit des Bundestages läßt die Absicht erkennen, jede Verständigung zwischen Ost- und Westdeutschland zu verhindern.

Daraus erwächst den Präsidenten beider Teile Deutschlands entsprechend ihrer hohen Verantwortung gegenüber dem Volke die Pflicht, dafür zu sorgen, daß nicht fremde Entscheidungen über die Schicksalsfragen Deutschlands angerufen werden, sondern in erster Linie eine Verständigung der Deutschen untereinander erfolgt.

Ich mache Ihnen daher den Vorschlag zu einer Zusammenkunft, in der wir erörtern, wie der Weg gebahnt werden kann zur Einberufung einer gesamtdeutschen Beratung, um eine friedliche Einigung Deutschlands herbeizuführen und den zwingend notwendigen Abschluß eines Friedensvertrages mit Deutschland zu beschleunigen.

Was die Überprüfung der Voraussetzungen für die Durchführung freier Wahlen betrifft, so teile ich Ihnen mit, daß die Regierung der Deutschen Demokratischen Republik mit der Überprüfung in allen Teilen Deutschlands einverstanden ist. Sie ist aber der Meinung, daß eine solche Überprüfung am besten von den Deutschen selbst durchgeführt werden könnte durch eine aus Vertretern Ost- und Westdeutschlands zusammengesetzte Kommission unter der Viermächtekontrolle von Vertretern der UdSSR, der USA, Englands und Frankreichs.

Ich habe die Hoffnung, daß meine Beweggründe auch für Sie, Herr Präsident, maßgebend sein werden. Als Ort der Zusammenkunft schlage ich Ihnen Berlin, die Hauptstadt Deutschlands, vor. Ich wäre Ihnen sehr dankbar, wenn Sie mir einen möglichst kurzfristigen Termin für die Zusammenkunft mitteilen würden.

Berlin-Niederschönhausen, den 2. November 1951.

Mit vorzüglicher Hochachtung
Wilhelm Pieck

Quelle: Die Bemühungen der Bundesrepublik um Wiederherstellung der Einheit Deutschlands durch gesamtdeutsche Wahlen. Dokumente und Akten, hrsg. vom Bundesministerium für gesamtdeutsche Fragen, I. Teil, 4., erw. Aufl. 1959, S. 56–58

19   Um den Schutz der Verfassung

Die Begründung der Anträge auf Feststellung der Verfassungswidrigkeit der SRP und der KPD gemäß Art. 21 GG, die aufgrund eines Kabinettsbeschlusses beim Bundesverfassungsgericht eingereicht wurden, 16. November 1951

I. Der Antrag gegen die SRP

1. Die SRP erweist sich nach ihrer Entstehungsgeschichte, nach ihren führenden Persönlichkeiten, nach ihrer inneren Organisation, nach ihrem Programm, nach ihrer Propaganda und nach dem Verhalten ihrer Anhänger als eine Nachfolgeorganisation der NSDAP. Einer ihrer Hauptredner hat ausdrücklich erklärt, die SRP habe die gleiche Blutgruppe wie die NSDAP.

2. Die SRP geht nach ihrem Charakter als Nachfolgeorganisation der NSDAP sowie auch nach ihrer ganzen Zielsetzung und dem Verhalten ihrer Anhänger darauf aus, die freiheitliche demokratische Grundordnung in der Bundesrepublik zu beeinträchtigen.

a) Die SRP bestreitet der Bundesrepublik die staatsrechtlichen Grundlagen und bekennt sich zur Regierung Dönitz.

b) Die Tätigkeit der demokratischen Parteien wird aufs schwerste diffamiert. Es wird behauptet, sie hätten ihre Lizenzierung nur wegen der Denunziation ehemaliger Parteigenossen erhalten.

c) Die Bundesregierung, die demokratischen Abgeordneten des Bundestages und die sonstigen demokratischen Politiker werden des Landesverrats und des Hochverrats bezichtigt. Ihnen wird jedes Ehrgefühl abgesprochen. Sie werden als Falschmünzer und Falschspieler bezeichnet.

3. In Zusammenhang mit den Ereignissen des 20. Juli 1944 wird eine neue Dolchstoßlüge erfunden und verbreitet.

4. Es wird angedroht, daß jeder, der mit den Alliierten verhandelt habe, später mit einem gerichtlichen Verfahren zu rechnen habe.

5. Andererseits werden die gesetzlichen und verfassungsmäßigen Maßnahmen gegen die Auswüchse der SRP-Betätigung als Terror bezeichnet, der mit Terror vergolten werde.

6. Die gesamtpolitische Lage der Bundesrepublik hat durch das Auftreten der SRP schwere Rückschläge erlitten. Im Inneren sind weite Kreise unseres Volkes zutiefst darüber

beunruhigt, daß erneut eine politische Richtung totalitären Charakters das Haupt erhebt. Im Ausland hat das Vertrauen auf eine stetige demokratische Entwicklung des deutschen Volkes einen schweren Stoß erlitten. Diese Gesamtsituation legt der Bundesregierung die Verpflichtung auf, mit allen verfassungsmäßigen Mitteln gegen die SRP einzuschreiten.

II. Gegen die KPD

1. Die KPD handelt im Rahmen eines von den Machthabern in der Sowjetzone entworfenen und seit Jahr und Tag durchgeführten Angriffsplanes, in dem die KPD das Rückgrat der inneren Aggression darstellt.

2. Die Organisationsprinzipien der KPD – Diffamierung aller Andersdenkenden, Ablehnung jeder »Fraktionsmacherei«, schärfster Druck durch die Parteikontrollkommissionen – erweisen die KPD als eine durch und durch undemokratische Organisation.

3. Die KPD erstrebt mit allen Mitteln – auch durch die »gewaltsame Zertrümmerung der bürgerlichen Staatsmaschine« – die »Diktatur des Proletariats«, d. h. die Alleinherrschaft dieser Partei.

4. Nahziel der KPD ist es, die Einigung Deutschlands »auf der festen Basis der Deutschen Demokratischen Republik« herbeizuführen und die dort herrschende Ordnung auf die Bundesrepublik zu übertragen.

Die von der SED inzwischen geforderte »Gesamtdeutsche Beratung« ist lediglich ein Schachzug, um die Eingliederung der Bundesrepublik in das europäische Verteidigungssystem zu vereiteln. Ernsthafte Bemühungen zur Wiedervereinigung Deutschlands in Frieden und Freiheit werden durch ein Verbot der KPD in der Bundesrepublik nicht berührt.

5. Der von den sowjetzonalen Politikern in der Form des sogen. »nationalen Widerstands« entworfene Angriffsplan gegen die Bundesrepublik wird von der KPD im Bundesgebiet propagiert und aktiviert.

Hierzu gehört die systematische Untergrabung des Vertrauens der Bevölkerung der Bundesrepublik zu ihren verfassungsmäßigen Organen und zu den Politikern der Koalition und der demokratischen Opposition.

Hierzu gehört insbesondere auch die Aufforderung zum Widerstand, zu wildem Streik und zu Ungehorsam gegen die Gesetze.

6. Eine Hauptaufgabe der KPD ist die Unterstützung von rund 50 Organisationen, die Bestandteil der aus der Sowjetzone gesteuerten sogen. »Nationalen Front« sind.

7. Die KPD ist die Hauptträgerin der sogen. »Volksbefragungsaktion gegen die Remilitarisierung«. Diese ist nach der Entschließung des Weimarer Parteitages 1951 der KPD »dazu bestimmt, in den vordersten Reihen der patriotischen Bewegung der Nationalen Front des demokratischen Deutschlands gegen die Spalter der Nation und für die Schaffung eines einheitlichen demokratischen Deutschlands zu kämpfen, dessen feste Basis die Deutsche Demokratische Republik ist«.

8. Die KPD ist daher in höchstem Maße verfassungsfeindlich und muß von der weiteren Beteiligung an der politischen Willensbildung in der Bundesrepublik ausgeschlossen werden.

Quelle: Bulletin vom 17. 11. 1951, Nr. 10, S. 61

Rede des Bundeskanzlers Dr. Konrad Adenauer im Chatham-House (Kgl. Institut für Internationale Beziehungen), London, anläßlich seines offiziellen Besuches in Großbritannien, 6. Dezember 1951 (Auszüge)

Herr Vorsitzender, meine Damen und Herren,

I.

Als das Programm meines Besuches in London festgelegt wurde, hat es mich besonders gefreut, daß ich dabei Gelegenheit haben sollte, in Chatham House zu sprechen. Ich bin mir bewußt, daß in unserer verwirrten und gefahrvollen Zeit jedes Land seine eigenen Probleme hat und vollauf mit ihnen beschäftigt ist. Trotzdem möchte ich die Gelegenheit, vor Ihnen sprechen zu können, dazu benutzen, um Ihnen die Lage Deutschlands und die Politik der Bundesregierung nicht unter dem wechselnden Licht der Tagesfragen, sondern im Zusammenhang mit den allgemeinen Problemen unserer Zeit zu schildern. Schon wegen der Lage Deutschlands inmitten Europas, zwischen Ost und West, ist ja die deutsche Entwicklung von großer Bedeutung für die Entwicklung in Europa und damit in der Welt ...

II.

Eine dauerhafte Grundlage kann die Demokratie nur in der freiwilligen Zustimmung des einzelnen finden. Die Werte der europäischen Kultur können in der deutschen Demokratie nur dann lebendig sein, wenn jeder einzelne an ihren geistigen und materiellen Gaben vollen Anteil hat.

Der Begriff der Freiheit hat in unserer Zeit einen erweiterten Inhalt bekommen. Er umschließt neben der politischen und religiösen Freiheit auch die soziale Freiheit, ich meine damit die Freiheit von Hunger und Not, die Freiheit zu persönlicher und wirtschaftlicher Entfaltung. Die Verwirklichung dieser sozialen Freiheit ist auch eines der wesentlichen Ziele unserer Demokratie. Gemessen an den gegenwärtigen wirtschaftlichen Möglichkeiten ist diese Aufgabe ungeheuer schwierig.

Die Zerstörung der Wirtschaft und die Folgen des Krieges haben furchtbare Spuren in Deutschland hinterlassen. Noch kann unsere Wirtschaft nicht allen Arbeitsfähigen Beschäftigung gewähren. Wir haben über 1 200 000 Arbeitslose. Die Zahl der Kriegsbeschädigten und der Hinterbliebenen der Gefallenen, die nicht aus eigenen Kräften ihren Lebensunterhalt verdienen können, beträgt 4 Millionen. 9 Millionen Vertriebene sind aus dem Osten in das schon übervölkerte Gebiet der Bundesrepublik hineingeströmt. Ein nicht unerheblicher Teil von ihnen hat eine neue Existenz gefunden, aber einem großen Teil konnten wir noch keine wirtschaftliche Existenz verschaffen. Ein erheblicher Prozentsatz ist arbeitsunfähig. Insgesamt müssen etwa 40 Prozent unseres Haushalts für soziale Leistungen aufgewendet werden.

Durch die Zerstörung des Krieges und den Flüchtlingsstrom war das Wohnungselend in Deutschland so groß geworden, daß die Familie als Bestandteil unserer Gesellschaftsordnung in Gefahr war, weitgehend zerstört zu werden. Damit wurde das Problem des sozialen Wohnungsbaues, ein vorwiegend ethisches Problem, vordringlich. Seit dem Zusammenbruch sind auf dem Gebiet der Bundesrepublik schätzungsweise 1 500 000 Wohnungen gebaut worden. Es müssen aber noch etwa 2 500 000 Wohnungen hergestellt werden, bis der dringendsten Not abgeholfen ist.

Die finanzielle Last unserer sozialen Aufgaben können wir nur tragen, wenn die Kapazität unserer Wirtschaft voll ausgenutzt wird. Wir haben uns in Deutschland für die soziale Marktwirtschaft entschieden, weil wir glauben, daß wir damit schnelle und gute Erfolge erzielen können.

In einer wirksamen Erhöhung des Sozialproduktes liegt für das deutsche Volk die Möglichkeit zur Verbesserung seiner Lebensbedingungen.

Seit der Zeit der Währungsreform, d. h. seit drei Jahren, ist die Zahl der Beschäftigten in der Bundesrepublik um 1,5 Millionen gestiegen. Die Produktion hat sich seit dieser Zeit nahezu verdoppelt. In diesen wenigen Jahren sind in der Bundesrepublik viele Trümmer weggeräumt worden, und es ist viel für den Aufbau der Demokratie geschehen.

Meine Damen und Herren, die Bundesregierung betrachtet die Lösung dieser brennenden sozialen Probleme als einen entscheidenden Beitrag zur Sicherung des Westens. Denn nur, wenn es uns gelingt, Deutschland, dieses wichtige Grenzgebiet der atlantischen Welt, gegen den nicht nachlassenden Druck des Ostens und der von ihm angewandten subversiven Methoden auch auf sozialem Gebiet immun zu machen, sind Verteidigung und Sicherheit Europas gewährleistet. Soldaten und Waffen allein reichen zur Sicherheit nicht aus.

III.

Nach dem Sturz der totalitären Idole und den Leiden des Krieges stand das deutsche Volk an einem Abgrund. Damals ist es aber auch deutlich geworden, daß das Bewußtsein der abendländischen christlichen Werte in ihm nicht erloschen war. Die Katastrophe brachte das deutsche Volk zu der Einsicht, daß der Friede in der Vergangenheit jeweils an einem übersteigerten Nationalismus zerbrochen war. Daraus erwuchs die Erkenntnis, daß unsere Existenz ebenso wie die aller anderen europäischen Völker nur innerhalb einer über die nationalen Grenzen hinaus wirkenden Gemeinschaft erhalten werden kann. Ausdruck dieser Überzeugung ist Artikel 24 unseres Grundgesetzes vom Jahre 1949. Danach ist die Bundesrepublik bereit, durch Gesetz Hoheitsrechte auf zwischenstaatliche Einrichtungen zu übertragen und in die Beschränkungen ihrer Hoheitsrechte einzuwilligen, die eine friedliche und dauerhafte Ordnung in Europa und zwischen den Völkern der Welt herbeiführen und sichern.

Aus dieser Einstellung heraus hat die Bundesregierung mit größter Bereitschaft bei zwei Vertragswerken mitgewirkt, von denen das eine bereits abgeschlossen ist und der Ratifizierung harrt und das andere, wie ich hoffe, vor seinem Abschluß steht. Ich meine damit den Vertrag über die Europäische Gemeinschaft für Kohle und Stahl und den Vertrag über die europäische Verteidigungsgemeinschaft.

Der erste dient der Schaffung eines gemeinsamen Marktes für die beiden Rohstoffe, von denen die nationale Produktion abhängig ist. Indem der Vertrag die Verfügung über diese Rohstoffe der Gewalt der einzelnen Staaten entzieht, schließt er die Gefahr einer kriegerischen Auseinandersetzung zwischen den Vertragspartnern ein für allemal aus. Damit ist der entscheidende Schritt zu einer dauerhaften Lösung auch des deutsch-französischen Problems getan und, wie wir mit heißem Herzen hoffen, der Schlußstrich unter eine jahrhundertealte Gegnerschaft gezogen, die über Europa namenloses Leid gebracht hat.

Dem gleichen Ziel dient der Plan der europäischen Verteidigungsgemeinschaft, der an die Stelle früherer Koalitionsarmeen eine europäische Armee übernationalen Charakters setzen will. Nichts dient wohl besser der Entwicklung eines gemeinsamen europäischen Bewußtseins als das Zusammenwirken der europäischen Völker bei der Verteidigung der gemeinsamen europäischen Heimat und des gemeinsamen europäischen Erbes.

Diese beiden Vertragswerke sind Meilensteine einer Entwicklung, die Ihr Premierminister vor Augen hatte, als er in Zürich vor der akademischen Jugend der Welt vor einigen Jahren die Erneuerung der europäischen Familie forderte und ein Zusammenwirken zwischen Deutschland und Frankreich als ersten Schritt hierzu bezeichnete.

Großbritannien ist ein Partner im Europarat, ein Partner im Commonwealth und ein Partner in der Verteidigungsgemeinschaft, die den Atlantik überspannt. Es kann deshalb, wie vor kurzem ein prominentes Mitglied der britischen Regierung vor dem Unterhaus erklärte, die Rolle Großbritanniens sein, diese drei Gemeinschaften durch seine gleichzeitige Partnerschaft in ihnen zu einer höheren Einheit zu verschmelzen.

Die Übereinstimmung, die vor wenigen Tagen in Paris zwischen den Außenministern der drei Westmächte und der Bundesrepublik für den Generalvertrag über den Status der Bundesrepublik erzielt wurde, bildet die Voraussetzung dafür, die Bundesrepublik auf der Grundlage der Gleichberechtigung in eine europäische Gemeinschaft einzugliedern, die ihrerseits in die atlantische Gemeinschaft eingefügt ist.

Die Partnerschaft der Bundesrepublik in der europäischen Gemeinschaft, und damit in den anderen Zusammenschlüssen der freien Welt, wird die Grundlage unserer Politik bilden. Eine Aufgabe, die uns vor allem am Herzen liegt, ist die Wiedervereinigung Deutschlands. Wir betrachten die Integration der Bundesrepublik in Europa als eine Vorbedingung, diese Einigung auf friedlichem Wege unter der freiwilligen Zustimmung aller Teile des deutschen Volkes herzustellen.

Wir erblicken in dieser europäischen Gemeinschaft die unserer großen abendländischen Vergangenheit gemäße Lebensform, die allein der Demokratie auf die Dauer Bestand verleihen und Frieden und Sicherheit der europäischen Staaten erhalten kann.

Quelle: Presse- und Informationsamt der Bundesregierung, Mitteilung an die Presse Nr. 1111/51 vom 7. 12. 1951

21   Der Ausbau des Auswärtigen Dienstes

Staatssekretär Professor Dr. Walter Hallstein vor dem Deutschen Bundestag zum Haushaltsplan des Auswärtigen Amts, 16. Januar 1952

Das Auswärtige Amt hat im Gegensatz zu allen anderen obersten Bundesbehörden zum erstenmal im Jahr 1950 einen selbständigen Haushaltsplan erhalten. Dieser Haushaltsplan ist aber erst am 30. Juni 1951 in Kraft getreten, so daß mit der Einweisung der Beamten und Angestellten in die in diesem Haushalt vorgesehenen Planstellen erst in der zweiten Hälfte 1951 begonnen werden konnte. Bis zu diesem Zeitpunkt gab es nur einen provisorischen Haushalt der Dienststelle für Auswärtige Angelegenheiten, und dieser Haushalt sah für das Inland 25 Beamtenplanstellen des höheren und 44 Beamtenplanstellen des mittleren und gehobenen Dienstes vor. Diese 69 Beamtenplanstellen sind heute ohne Ausnahme besetzt.

Erst der am 30. Juni 1951 in Kraft getretene Haushalt des Auswärtigen Amtes brachte eine Vermehrung der Planstellen im Inland für den höheren Dienst von 25 auf 129, für den übrigen Dienst von 44 auf 201. Von den 129 Planstellen des höheren Dienstes sind zur Zeit 105 Planstellen tatsächlich besetzt oder verwaltet. 40 Beamte des höheren Dienstes sind inzwischen in ihre Planstellen übernommen worden; bei 25 weiteren läuft das Ernennungsverfahren, so daß noch bis zum Ende dieses Monats mehr als die Hälfte der im Haushalt 1950 bewilligten Planstellen des höheren Dienstes ordnungsgemäß besetzt sein werden.

Bei den übrigen 40 Beamten oder Angestellten des höheren Dienstes handelt es sich im wesentlichen um kommissarische Beamte oder um Angestellte, deren Bewährung zunächst abgewartet werden muß. Einer sofortigen endgültigen Übernahme dieser Beamten und Angestellten stehen die Bestimmungen des Beamtengesetzes entgegen, nach denen ein kommissarischer Beamter erst mindestens ein Jahr bei einer obersten Bundesbehörde tätig gewesen sein soll, bevor er endgültig übernommen werden kann, während die Probezeit bei Angestellten im allgemeinen drei Jahre betragen soll.

Bei den Beamten des gehobenen, mittleren und unteren Dienstes ist das Verhältnis von endgültig übernommenen zu kommissarisch tätigen Beamten und Angestellten noch wesentlich günstiger. Von den insgesamt für das Inland bewilligten 201 Planstellen waren am 15. Januar dieses Jahres 104 planmäßig besetzt, während für rund 30 weitere Beamte das Ernennungsverfahren läuft. Hier ergibt sich also das Bild, das heute, d. h. also sechs Monate nach Inkrafttreten des Haushaltsplans, über 50 % der Stellen planmäßig besetzt sind.

Eingerichtet und arbeitsfähig sind die Botschaften in Athen, Belgrad, Brüssel, Buenos Aires, den Haag, Kopenhagen, Ottawa, Rio de Janeiro, Rom und Santiago. Diesen Botschaften zuzurechnen sind die drei diplomatischen Vertretungen in London, Paris und Washington, so daß wir insgesamt auf eine Anzahl von 13 Botschaften kommen. Es sind ferner eingerichtet und arbeitsfähig die Gesandtschaften in Dublin, Luxemburg, Montevideo, Oslo, Pretoria, Stockholm, die Generalkonsulate in Amsterdam, Basel, Bombay, Chicago, Istanbul, Mailand, Marseille, New York, San Franzisko, Zürich, die Konsulate in Atlanta und New Orleans.

Für die nächsten Monate ist die Eröffnung einer großen Anzahl von weiteren Auslandsvertretungen vorgesehen. Eine Anzahl davon wird im Monat März oder April ihre Tätigkeit aufnehmen können. Auch die Vorbereitungen für die Einrichtung von Gesandtschaften in Südamerika, nämlich in Caracas, Bogota, Quito, Lima, La Paz, Asunción, und in Mittelamerika sind so weit gediehen, daß die Mehrzahl dieser Gesandtschaften noch im Frühjahr 1952 eröffnet werden kann. Mit Ägypten, Australien und Japan sind Besprechungen über die Form der gegenseitig zu errichtenden Vertretungen im Gange.

Insgesamt hat der Haushaltsausschuß dieses Hohen Hauses im Dezember 1951 der Errichtung von 107 deutschen Auslandsvertretungen, darunter 35 Konsulaten, zugestimmt. Es ist das Ziel des Auswärtigen Amtes, diese sämtlichen 107 Vertretungen noch im Laufe des Jahres 1952 einzurichten.

Quelle: Bulletin vom 19. 1. 1952, Nr. 8, S. 78

---

22 Wahl eines gesamtdeutschen Parlamentes

Gesetzesentwurf der Bundesregierung aufgrund eines Beschlusses des Deutschen Bundestages über die freie Wahl einer verfassunggebenden deutschen Nationalversammlung zur Vorlage bei der Kommission der Vereinten Nationen, 5. Februar 1952

Der Bundesminister   Bonn, den 5. Februar 1952
für gesamtdeutsche Fragen
I/2 – 307

An den Herrn
Präsidenten des Deutschen Bundestages

Betr.: Beschluß des Deutschen Bundestages vom 27. September 1951 zum Antrag der Fraktion der SPD – Nr. 2596 der Drucksachen –

Die Bundesregierung beabsichtigt, den Besatzungsmächten und der durch Beschluß vom 20. Dezember 1951 eingesetzten Kommission der Vereinten Nationen den nachstehenden *Entwurf eines Gesetzes über die Grundsätze für die Freie Wahl einer Verfassunggebenden Deutschen Nationalversammlung* zu übermitteln.

Sobald festgestellt ist, daß freie Wahlen auch in der sowjetischen Besatzungszone durchführbar sind und eine gesamtdeutsche Nationalversammlung ihre Aufgaben erfüllen kann, sollen Wahlen gemäß den nachfolgenden Grundsätzen erfolgen:

Artikel 1

(1) In den vier Besatzungszonen Deutschlands und in Berlin finden am .... freie, geheime, allgemeine, gleiche und unmittelbare Wahlen zu einer Verfassunggebenden Deutschen Nationalversammlung nach den Grundsätzen der Verhältniswahl statt.

(2) Die Wahl wird nach den Vorschriften einer Wahlordnung durchgeführt, die folgende Bestimmungen zu enthalten hat:

§ 1

(1) Wahlberechtigt sind alle Deutschen, die am Tage der Wahl das 20. Lebensjahr vollendet haben, soweit sie nicht entmündigt sind, unter vorläufiger Vormundschaft oder unter Pflegschaft stehen oder wegen Geisteskrankheit oder Geistesschwäche in einer Heil- und Pflegeanstalt untergebracht sind. Wählbar sind alle Wahlberechtigten, die am Tage der Wahl das 25. Lebensjahr vollendet haben.

(2) Deutscher im Sinne dieses Gesetzes ist, wer die deutsche Staatsangehörigkeit besitzt oder als Flüchtling oder Vertriebener deutscher Volkszugehörigkeit oder als dessen Ehegatte oder Abkömmling im Gebiete der Wahl seinen ständigen Aufenthalt hat.

§ 2

(1) Das Gebiet der Wahl bildet einen einheitlichen Wahlkreis. Jede Partei reicht einen Wahlvorschlag für das gesamte Wahlgebiet ein.

(2) Jeder Wahlvorschlag muß von mindestens 10 000 Wahlberechtigten unterzeichnet sein. Wahlvorschläge von Parteien, die beim Inkrafttreten dieses Gesetzes bereits bestehen und in der Wahlordnung aufzuführen sind, bedürfen nur der Unterschrift von zehn Personen.

§ 3

(1) Auf je 75 000 Stimmen entfällt ein Abgeordneter. Ein Rest von mehr als 37 500 Stimmen wird vollen 75 000 gleichgeachtet.

(2) Ein Wahlvorschlag, der nicht mindestens in einem deutschen Lande 5 % der dort abgegebenen Stimmen erreicht, bleibt unberücksichtigt.

§ 4

(1) Die Freiheit der politischen Betätigung zur Vorbereitung und Durchführung der Wahl wird gewährleistet.

(2) Alle Beschränkungen im Personenverkehr zwischen den Besatzungszonen einschließlich Berlin werden spätestens drei Monate vor der Wahl aufgehoben.

(3) Jedem ordnungsgemäß vorgeschlagenen Bewerber um einen Sitz in der Nationalversammlung wird bis zum Zusammentritt der Nationalversammlung im gesamten Wahlgebiet die unbedingte persönliche Freiheit gewährleistet. Er darf ohne Zustimmung der internationalen Kontrollorgane (Artikel 2) weder verhaftet, vorläufig festgenommen noch gerichtlich oder dienstlich verfolgt, aus seinem Dienst- oder Arbeitsverhältnis entlassen oder sonst zur Verantwortung gezogen oder in seiner Bewegungsfreiheit behindert werden. Ihm ist der zur Vorbereitung der Wahl erforderliche Urlaub zu gewähren.

(4) Niemand darf wegen seiner vor und während der Wahl eingenommenen politischen Haltung verhaftet, vorläufig festgenommen, gerichtlich oder dienstlich verfolgt, aus seinem Dienst- oder Arbeitsverhältnis entlassen oder sonst zur Verantwortung gezogen oder benachteiligt werden.

§ 5

(1) Öffentliche Versammlungen der Parteien, die einen ordnungsmäßigen Wahlvorschlag eingebracht haben, und ihrer Bewerber sind unbeschränkt zugelassen und unter öffentlichen Schutz zu stellen.

(2) Die Verbreitung von Zeitungen, Zeitschriften und sonstigen Druckschriften, die in einem deutschen Lande erscheinen, und der Empfang von Rundfunksendungen dürfen im ganzen Wahlgebiet nicht behindert werden.

§ 6

(1) Das Wahlgeheimnis wird gewährleistet.

(2) Die Wahlzettel und ihre Umschläge sind für alle Wahlberechtigten gleich und dürfen mit keinen Merkmalen versehen sein, die die Person des Wählers erkennen lassen. Die Kennzeichnung des Wahlzettels durch den Wähler erfolgt in einem der Beobachtung durch andere Personen entzogenen Teil des Wahllokals. Vor den Augen des Wahlvorstandes legt der Wähler seinen Wahlzettel in einem Umschlag in die Wahlurne.

(3) Die Auszählung der Stimmen findet öffentlich durch den Wahlvorstand statt. Der Wahlvorstand ist unter gerechter Berücksichtigung der Parteien aus den Wahlberechtigten des Stimmbezirkes zu bilden.

(4) Ein Verzicht auf die Vorschriften der Absätze 1 bis 3 ist unzulässig. Die internationalen Kontrollorgane können bei einem Verstoß gegen diese Vorschriften den gesamten Wahlakt des Stimmbezirks für ungültig erklären und die Wiederholung der Wahl anordnen.

Artikel 2

(1) Vorbereitung und Durchführung der Wahl stehen unter internationalem Schutz und internationaler Kontrolle.

(2) Der Schutz ist in allen Teilen des Wahlgebietes gleichmäßig internationalen Kontrollorganen anvertraut. Die deutschen Behörden haben den Weisungen dieser Kontrollorgane Folge zu leisten.

(3) Die Kontrollorgane gewährleisten die aus diesem Gesetz sich ergebenden Rechte und Freiheiten der Bevölkerung. Jeder Deutsche hat das Recht, die Kontrollorgane anzurufen.

(4) Das oberste internationale Kontrollorgan erläßt, soweit erforderlich, die näheren Bestimmungen über Schutz und Kontrolle der Wahl.

Artikel 3

(1) Die Nationalversammlung tritt am 30. Tage nach der Wahl in Berlin zusammen.

(2) Das an Lebensjahren älteste Mitglied eröffnet die Nationalversammlung und führt alsbald die Wahl des Präsidenten herbei. Gewählt ist, wer die meisten Stimmen erhält.

(3) Die Wahlprüfung obliegt einem Wahlprüfungsgericht, das von der Nationalversammlung gewählt wird.

(4) Den Abgeordneten der Nationalversammlung bleibt die persönliche Freiheit und der Schutz vor Verfolgung weiterhin gewährleistet, bis die Nationalversammlung Endgültiges durch Gesetz bestimmt.

Artikel 4

(1) Die Nationalversammlung beschließt die Verfassung.

(2) Sie hat diejenige Gewalt, die erforderlich ist, um bis zum Inkrafttreten der gesamtdeutschen Verfassung die freiheitliche, rechtsstaatliche, demokratische und föderative Ordnung herbeizuführen und zu sichern.

gez. Kaiser

Quelle: 1. Deutscher Bundestag, Nr. 3063, S. 1–3

Erklärung des Bundeskanzlers Dr. Konrad Adenauer über die Einsetzung einer VN-Sonderkommission und zum Gesetzesentwurf für gesamtdeutsche Wahlen, 6. Februar 1952

Dr. Adenauer, Bundeskanzler: Herr Präsident! Meine Damen und meine Herren! Die Bundesregierung nimmt gern die Gelegenheit wahr, dem Bundestag über die Verhandlungen der Vereinten Nationen zu berichten, die sich auf die Einsetzung eines internationalen Untersuchungsausschusses zur Prüfung der Voraussetzungen für gesamtdeutsche Wahlen beziehen.

Die Bundesregierung hat am 27. September 1951 vor dem Bundestag eine Erklärung abgegeben, in der sie in 14 Punkten die Grundsätze einer Wahlordnung für gesamtdeutsche Wahlen niedergelegt hat. Da jedoch ernsthafte Zweifel bestehen, ob bei den gegenwärtigen Verhältnissen in dem sowjetrussischen Sektor Berlins und in der sowjetischen Zone freie Wahlen überhaupt möglich sind, *(Räuspern bei der KPD)* hat die Bundesregierung in derselben Erklärung den Wunsch ausgesprochen, daß eine neutrale internationale Kommission unter der Kontrolle der Vereinten Nationen untersuchen soll, ob in der sowjetischen Zone, in Ost-Berlin, in Berlin und in der Bundesrepublik die Voraussetzungen für die Abhaltung freier Wahlen gegeben sind. Diese Regierungserklärung hat die so gut wie einmütige Zustimmung des Bundestages gefunden. Die Bundesregierung hat daraufhin am 4. Oktober in einer an die Alliierte Hohe Kommission gerichteten Note die Regierungen der drei Westmächte gebeten, die Bildung einer solchen Untersuchungskommission möglichst bald bei den Vereinten Nationen vorzuschlagen. In der Note ist u. a. erklärt worden, daß die Bundesregierung einer solchen Kommission die Durchführung ihrer Aufgabe in jeder Weise erleichtern wird, ihr insbesondere Zugang zu allen Stellen der Bundes- und Länderverwaltungen gewähren und Einsicht in alle amtlichen Akten und Dokumente geben wird,
(Abg. Rische: Nach dem Muster von Lehr!)
deren sie zur Erfüllung ihres Auftrages bedarf. Die Bundesregierung hat ferner beantragt, eine entsprechende internationale Untersuchung für das Bundesgebiet unverzüglich durchzuführen.

Die drei westalliierten Regierungen haben diesen Vorschlag in dankenswerter Weise aufgegriffen und am 5. November in gleichlautenden Noten den Generalsekretär der Vereinten Nationen gebeten, in die Tagesordnung der am nächsten Tage beginnenden 6. ordentlichen Vollversammlung der UNO folgenden Punkt aufzunehmen:

Einrichtung einer internationalen, unparteiischen Kommission unter der Kontrolle der Vereinten Nationen, die den Auftrag hat, in der Bundesrepublik Deutschland, in Berlin und in der sowjetischen Zone Deutschlands eine gleichzeitige Untersuchung vorzunehmen, um festzustellen, ob in allen diesen Gebieten die obwaltenden Zustände die Abhaltung wahrhaft freier Wahlen zulassen.

Daraufhin hat die Vollversammlung der UNO in ihrer Sitzung vom 13. November mit 47 Stimmen gegen 6 Stimmen bei 2 Enthaltungen beschlossen, dem Antrag der Westmächte zu entsprechen. Die Nein-Stimmen waren von Sowjetrußland, der Ukraine, Weißrußland, der Tschechoslowakei, Polen und Israel abgegeben; enthalten haben sich bei der Abstimmung Guatemala und Burma.

Damit ist zum ersten Male die höchste politische Weltinstanz mit der Frage gesamtdeutscher Wahlen befaßt worden. Das ist um so bedeutsamer, als der Sowjetblock alle Anstrengungen gemacht hat, die Vollversammlung unter Hinweis auf Art. 107 der Charta der Vereinten Nationen davon abzuhalten, in die Beratung einer Deutschland betreffenden Frage einzutreten. Der Art. 107 dieser Charta bestimmt wörtlich:

Keine Bestimmung dieser Satzung soll Maßnahmen in bezug auf einen Staat, der während des Zweiten Weltkrieges Feind irgendeines Unterzeichners dieser Satzung gewesen ist, ungültig machen oder ausschließen, die von den für solche Maßnahmen verantwortlichen Regierungen als Ergebnis jenes Krieges ergriffen oder genehmigt werden.

Durch die Entschließung vom 13. November hat die Vollversammlung der UNO mit überwältigender Mehrheit entschieden, daß diese Bestimmung, die als Übergangsregelung gedacht war, der Behandlung von Deutschland betreffenden Fragen durch die UNO auf die Dauer nicht im Wege stehen dürfe.

(Hört! Hört! in der Mitte.)

Der Politische Sonderausschuß der Vereinten Nationen, an den die Frage gesamtdeutscher Wahlen durch Beschluß der Vollversammlung zur weiteren Beratung überwiesen worden war, hat sich im Laufe von 12 Sitzungen vom 4. bis 19. Dezember mit diesem Thema befaßt. In dem Ausschuß waren alle 60 Mitgliedstaaten der Vereinten Nationen vertreten. Zu Beginn der Ausschußverhandlungen legte der Vertreter Großbritanniens im Namen der drei Westmächte einen Entschließungsentwurf vor, in dem die künftigen Aufgaben der Untersuchungskommission näher umrissen wurden. Hiernach sollte die Kommission insbesondere untersuchen, ob in dem gesamtdeutschen Staatsgebiet der Staatsbürger tatsächlich Redefreiheit, Organisationsfreiheit, Pressefreiheit, Freizügigkeit und Sicherung vor willkürlicher Verhaftung besitzt.

(Abg. Paul [Düsseldorf]: Das haben wir gesehen! Das wird heute praktiziert! – Abg. Niebergall: Alles, was hier ja nicht ist!)

Der Entschließungsentwurf forderte ferner die Bundesregierung, die sowjetzonalen Behörden und die Behörden Berlins auf, der Kommission freien Zugang zu allen Personen, Plätzen und Dokumenten zu gewähren, die für die Erfüllung ihrer Aufgaben von Bedeutung sind.

Im Sonderausschuß wurde alsbald der Wunsch der großen Mehrzahl der Delegationen deutlich, Vertreter der Bundesrepublik, Berlins und der sowjetzonalen Behörden zu diesem Thema zu hören, damit die Mitglieder des Ausschusses sich ein besseres Bild von der tatsächlichen Lage in Deutschland machen können. Auf Antrag von Pakistan beschloß der Ausschuß gegen den heftigen Widerstand des Sowjetblocks mit 50 gegen 6 Stimmen bei einer Stimmenthaltung die Hinzuziehung deutscher Sprecher.

(Zuruf von der KPD: Na, na, na!)

Die Bundesregierung teilte dem Generalsekretär am 6. Dezember mit, daß sie die Einladung für sich selbst und für Berlin annehme und die Bundestagsabgeordneten von Brentano und Schäfer sowie den Regierenden Bürgermeister von Berlin, Professor Reuter, als Delegierte entsenden werde.

Die Vertreter der Bundesrepublik gaben am 8. Dezember vor dem Sonderausschuß ihre mit großem Interesse erwarteten Erklärungen ab. Herr von Brentano schilderte ausführlich die in der Sowjetzone herrschenden Zustände,

(Zuruf von der KPD: Der weiß das auch!)

auf Grund deren die Bundesregierung ernstliche Zweifel hegen müsse, ob freie Wahlen in jenem Teile Deutschlands zur Zeit möglich seien. Herr von Brentano wiederholte gleichzeitig die von der Bundesregierung mehrmals ausgedrückte Bereitwilligkeit, der beantragten Untersuchungskommission im Bundesgebiet jede erdenkliche Unterstützung zuteil werden zu lassen.

Der Regierende Bürgermeister von Berlin, Professor Reuter, schilderte die besondere Lage Berlins und bestätigte die von Herrn von Brentano gemachten Aussagen hinsichtlich der Sowjetzone. Er betonte, daß die geplante Untersuchungskommission gerade für die Bevölkerung Berlins und der Sowjetzone von größter Bedeutung sei.

Die von der deutschen Delegation abgegebenen Erklärungen wurden von den Mitgliedern des Ausschusses mit Zustimmung aufgenommen. Der Beschluß des Komitees, deutsche Vertreter einzuladen, hatte offensichtlich den Sowjetblock in große Verlegenheit gebracht; denn erst nachdem die Delegation der Bundesrepublik vor dem Sonderausschuß ihre Erklärung abgegeben hatte, entschlossen sich die sowjetzonalen Behörden, die Einladung des Generalsekretärs ebenfalls anzunehmen.

Die sowjetzonale Delegation, bestehend aus den Herren Bolz, Nuschke, Ebert und Ackermann, sagte am 11. Dezember vor dem Sonderausschuß aus, wobei Herr Bolz für die Sowjetzone und Herr Ebert für Ost-Berlin sprachen. Die Ausführungen beider Redner waren in dem üblichen Stil kommunistischer Propaganda gehalten

(Zuruf von der KPD: Das ist ja ein Witz!)

und gingen nur am Rande auf das Thema der Untersuchungskommission ein. Die überwältigende Mehrheit der Ausschußmitglieder durchschaute die mangelnde Aufrichtigkeit der Argumentation,

(Zuruf von der KPD: Na, na!)

die durch die glatte Weigerung der sowjetzonalen Vertreter, der vorgeschlagenen Untersuchungskommission irgendwelche Unterstützung angedeihen zu lassen, verdeutlicht wurde.

(Abg. Rische: Sie traten für das Selbstbestimmungsrecht des deutschen Volkes ein; das vergessen Sie, Herr Bundeskanzler! – Zurufe: Ruhe! – Weiter! – Glocke des Präsidenten.)

Im Verlauf der weiteren Ausschußverhandlungen brachte der schwedische Außenminister Undén einen Antrag ein, der darauf abzielte, statt der geplanten Untersuchungskommission Viermächtebesprechungen über gesamtdeutsche Wahlen einzuleiten und die daraus resultierenden Wahlen unter der Kontrolle der Vereinten Nationen durchzuführen. Dieser Vorschlag, der die Unterstützung von nur wenigen Staaten fand, wurde kurz vor der Abstimmung wieder zurückgezogen.

Dagegen wurden verschiedene andere Zusatzanträge zu dem ursprünglichen Entschließungsentwurf der Westmächte ganz oder teilweise angenommen. Unter anderem sollte die Kommission ermächtigt werden, nicht nur die in den verschiedenen Teilen Deutschlands herrschenden Zustände zu untersuchen, sondern auch positive Vorschläge für eine Verbesserung dieser Zustände zu machen. Weiterhin sollten die Vereinten Nationen sich bereit erklären, gesamtdeutsche Wahlen, sobald sie sich auf Grund der vorzunehmenden Untersuchungen als möglich erwiesen, durch Organe der Vereinten Nationen zu überwachen, um auf diese Weise die Freiheit des Wahlganges zu gewährleisten. Die Kommission soll zunächst einen Bericht darüber erstatten, ob und in welchem Umfang sie angesichts der Haltung der verschiedenen deutschen Behörden die ihr gestellten Aufgaben zu erfüllen vermag. Spätestens am 1. September soll sie dem Generalsekretär ihren Schlußbericht überreichen.

In dieser veränderten und verbesserten Form wurde der Entschließungsentwurf der drei Westmächte sodann am 19. Dezember im Sonderausschuß zur Abstimmung gebracht, wobei 45 Stimmen dafür und 6 Stimmen dagegen bei 8 Stimmenthaltungen abgegeben wurden. Die sechs gegnerischen Stimmen waren die des Ostblocks und Israels, die acht Stimmenthaltungen betrafen Schweden, Jugoslawien, Argentinien, Indien, Indonesien, Burma, Afghanistan und Yemen.

(Abg. Rische: Die kennen etwas von solchen Wahlen unter Kontrolle!)

Zu Mitgliedern der Untersuchungskommission wurden die Niederlande, Brasilien, Island, Pakistan und Polen gewählt. Der Vertreter Polens im Sonderausschuß lehnte die Teilnahme seines Landes sofort in scharfer Form ab.

(Abg. Rische: Sagen Sie auch, warum er das getan hat! – Gegenrufe: Ruhe!)

Bereits am 20. Dezember fand die Abstimmung der Vollversammlung statt, wobei sich wieder dasselbe Stimmenverhältnis ergab. Die Vertreter des Sowjetblocks machten nochmals den Versuch unter Hinweis auf Art. 107 der Charta, die Behandlung deutscher Fragen durch die Vereinten Nationen als unzulässig zu erklären. Dieser Versuch wurde jedoch wiederum abgewiesen.

Der Generalsekretär der Vereinten Nationen ist nunmehr bemüht, die von der Vollversammlung beschlossene Untersuchungskommission zusammenzustellen. Er hat sich zu diesem Zweck an die in der Kommission vertretenen Staaten gewandt und sie um die Benennung geeigneter Vertreter gebeten.

(Abg. Paul [Düsseldorf]: Griechenland!)

Es steht zu erwarten, daß sich die Kommission in Kürze konstituieren wird.

Zusammenfassend darf ich die folgenden Ergebnisse der Verhandlung vor der UNO hervorheben:

1. Die von der Bundesregierung beantragte Untersuchungskommission ist mit überwältigender Mehrheit aller Nationen beschlossen worden und wird binnen kurzem aktionsfähig sein.

(Bravo! in der Mitte.)

Die Bundesregierung und Berlin werden dieser Kommission jede nur erdenkliche Unterstützung zuteil werden lassen.

(Beifall bei den Regierungsparteien.)

Es liegt nunmehr an den Behörden der Sowjetzone und Ost-Berlins, das gleiche zu tun.

(Sehr richtig!)

Ich kann namens der Bundesregierung erklären, daß wir den lebhaften und dringenden Wunsch haben, daß die Behörden der Sowjetzone und Ost-Berlins unserem Beispiel folgen mögen.

(Erneuter Beifall bei den Regierungsparteien.)

Sollten sie sich aber jetzt weiterhin weigern, die Kommission in den von ihnen verwalteten Gebieten tätig werden zu lassen

(Abg. Rische: Dann kommt Herr Lehr mit der Polizei!)

– ich kann nur nochmals betonen, ich würde das außerordentlich bedauern –,

(Abg. Rische: Wieso? Das ist aber harmlos! Das macht der Herr Lehr! – Gegenrufe von der Mitte: Ruhe!)

so beweisen sie damit, daß sie eine Wiedervereinigung Deutschlands in Frieden und Freiheit tatsächlich nicht wollen

(Sehr richtig! bei den Regierungsparteien und bei der SPD)

und daß ihre Vorschläge auf gesamtdeutsche Wahlen nicht ernst gemeint waren.

(Erneute Zustimmung in der Mitte. – Abg. Rische: Wir werden darüber noch sprechen!)

2. Auch wenn sich die sowjetzonalen Behörden weiterhin weigern sollten, der Untersuchungskommission eine freie Tätigkeit in der Sowjetzone zu ermöglichen,

(Abg. Rische: Dann kommt der Blank als Kommissar!)

so wird die Kommission trotzdem weiterbestehen, um ein wachsames Auge

(Zuruf von der KPD: Spionage!)

auf die dortigen Zustände werfen zu können.

(Abg. Rische: Holzauge, sei wachsam!)

Die Frage gesamtdeutscher Wahlen wird infolgedessen mit Wahrscheinlichkeit auch auf der nächsten Vollversammlung der Vereinten Nationen wieder Gegenstand der Beratungen sein.

3. Die überwältigende Mehrheit aller Mitgliedstaaten der Vereinten Nationen hat sich in aller Form auf den Standpunkt gestellt, daß die dem Art. 107 der Charta der Vereinten Nationen durch den Sowjetblock gegebene Interpretation, wonach Deutschland betreffende Fragen nicht zur Zuständigkeit der UNO gehören, falsch ist.

4. Auf Grund der Initiative der Bundesregierung haben sich die Vertreter der sechzig in den Vereinten Nationen vertretenen Staaten zum erstenmal seit Kriegsende eingehend mit

dem Problem der deutschen Einheit befaßt. Bei dieser Gelegenheit hat eine große Anzahl von Delegierten – darunter besonders viele Vertreter Lateinamerikas und des nahen, mittleren und fernen Ostens – vor aller Welt ihre Sympathien mit den Einheitsbestrebungen des deutschen Volkes bekundet und dem Wunsch Ausdruck gegeben, daß ein geeintes und freies Deutschland alsbald wieder ein vollberechtigtes Mitglied der Völkergemeinschaft werden möge.

(Abg. Rische: Darum schließen Sie den Generalvertrag ab, was?!)

Ich möchte nicht versäumen, bei dieser Gelegenheit den Staaten, die sich in dieser freundschaftlichen Weise über Deutschland geäußert haben, den herzlichen Dank der Bundesregierung auszusprechen.

(Lebhafter Beifall bei den Regierungsparteien.)

Quelle: 1. Deutscher Bundestag, 189. Sitzung vom 6. 2. 1952, S. 8032–8036

24 Abstimmung im Bundestag

Der zur Abstimmung eingereichte Antrag der Fraktionen über gesamtdeutsche Wahlen und das Abstimmungsergebnis, 6. Februar 1952

Antrag der Fraktionen der CDU/CSU, SPD, FDP, DP
Betr.: Gesamtdeutsche Wahlen

Der Bundestag wolle beschließen:
Der Bundestag nimmt Kenntnis von der Erklärung der Bundesregierung und stimmt dem von ihr vorgelegten Entwurf eines Gesetzes über die Grundsätze für die Freie Wahl einer Verfassunggebenden Deutschen Nationalversammlung zu.

Bonn, den 6. Februar 1952.   Dr. von Brentano und Fraktion
                                                Ollenhauer und Fraktion
                                                Euler und Fraktion
                                                Dr. Mühlenfeld und Fraktion

Präsident Dr. Ehlers: ... Ich gebe das vorläufige [1] Ergebnis der Abstimmung über den Antrag der Fraktionen der CDU/CSU, SPD, FDP und DP bekannt. An der Abstimmung haben sich 347 Abgeordnete beteiligt, außerdem 17 Abgeordnete aus Berlin, die kein Stimmrecht haben. Mit Ja haben 293 Abgeordnete gestimmt, mit Nein 29; enthalten haben sich 25 Abgeordnete, ungültige Stimmen keine. Die Berliner Abgeordneten, deren Stimmen nicht ausdrücklich mitgezählt werden, haben 17 Ja-Stimmen abgegeben, keine Nein-Stimme; keine Enthaltungen, keine ungültige Stimme. Ich darf das Ergebnis dieser Abstimmung als den Willen der ganz überwiegenden Mehrheit dieses Hauses verstehen, daß zur Wiederherstellung der deutschen Einheit kein demonstrativer, sondern ein echter Beitrag geleistet wird.

[1] Das endgültige Ergebnis lautete: Abgegebene Stimmen 346, davon Ja 292, Nein 29, Stimmenthaltung 25, S. 8053 f.
Quelle: 1. Deutscher Bundestag, Drucksache Nr. 3067, und 1. Deutscher Bundestag, 189. Sitzung vom 6. 2. 1952, S. 8053 f.

Entschließungen des Deutschen Bundestages über den Friedensbeitrag der Bundesrepublik,
8. Februar 1952

1. Entschließung
(Friede und Freiheit)
  Der Deutsche Bundestag hat am 26. Juli 1950 mit überwältigender Mehrheit seine Bereitschaft zum Abschluß eines europäischen Bundespaktes und zur Schaffung einer übernationalen Bundesgewalt bekundet. Wir bekennen uns erneut zur Vereinigung Europas in einem Bund, der alle freien europäischen Völker mit gleichen Rechten und Pflichten zusammenschließt.
  Angesichts der Weltlage kann sich die werdende europäische Gemeinschaft der Pflicht nicht entziehen, in Zusammenarbeit mit den anderen Völkern der freien Welt die Grundrechte der Freiheit und der Demokratie zu verteidigen. Ausschließliches Ziel der gemeinsamen Anstrengungen muß es sein, den Frieden zu sichern und jede Bedrohung dieses Friedens abzuwehren. An dieser Aufgabe wird Deutschland als gleichberechtigter Partner mitwirken in der Erkenntnis, daß es gegenüber den Feinden der Freiheit keine Neutralität gibt. In Frieden und in Freiheit wollen wir das ganze Deutschland wieder vereinigen.

2. Entschließung
(»Kriegsverbrechen«)
  Der Bundestag betrachtet es als notwendig, daß die Deutschen, die unter der Beschuldigung des Kriegsverbrechens entweder von alliierten Gerichten bereits verurteilt oder noch ohne Urteil festgehalten sind, freigelassen werden, soweit es sich nicht um von den einzelnen zu verantwortende Verbrechen im hergebrachten Sinne des Wortes handelt. Eine objektive Prüfung der Einzelfälle hat unverzüglich zu erfolgen.

3. Entschließung
(Die Saarfrage)
  Dem am 18. April 1951 in Paris unterzeichneten Vertrag über die Montan-Union ist als Bestandteil ein Schriftwechsel zwischen dem Bundeskanzler und dem französischen Außenminister beigefügt, nach dem die französische Regierung zugesichert hat, daß über das politische Schicksal der Saar erst durch den Friedensvertrag entschieden werden soll. Der Deutsche Bundestag sieht in der Ernennung eines französischen Botschafters im Saarland und in der gleichzeitig bekanntgewordenen französischen Absicht, französischen Auslandsmissionen saarländische Vertreter beizugeben, mit ernstem Bedauern eine Maßnahme, die mit dieser Zusage nicht im Einklang steht.
  Das französische Interesse an der Belieferung mit Kohle und Stahl von der Saar ist durch die Montan-Union bereits befriedigt. Deshalb wendet sich der Bundestag mit Entschiedenheit gegen den Versuch der französischen Regierung, vor Abschluß eines Friedensvertrages die Entscheidung über das politische Schicksal der deutschen Saarbevölkerung vorwegzunehmen. Vor allem erwartet er von der Bundesregierung, daß sie alles tut, damit die Bevölkerung der Saar ihre politischen Freiheiten entsprechend der Charta der Vereinten Nationen endlich zurückerhält.

4. Entschließung
(Deutsche Sonderbelastung)
  Der Bundestag bittet die Bundesregierung, in den Verhandlungen über den finanziellen Verteidigungsbeitrag dafür einzutreten, daß die Bundesrepublik bei der Einschätzung ihrer

finanziellen Leistungsfähigkeit nach den gleichen Maßstäben behandelt wird wie die übrigen Staaten der westlichen Verteidigungsgemeinschaft. Die deutschen Sonderbelastungen müssen dabei hinreichend berücksichtigt werden. Die soziale und wirtschaftliche Ordnung als der beste Schutz gegen den Bolschewismus darf nicht erschüttert werden. Die gegenwärtige deutsche Steuerbelastung ist bereits die höchste aller europäischen Länder. Ein Versuch zu ihrer weiteren Steigerung würde mit Sicherheit den gegenteiligen Erfolg, nämlich Zurückgehen von Arbeitsleistungen und Produktivität, haben und damit einen deutschen Verteidigungsbeitrag gefährden.

5. Entschließung
(Rechtsstellung der Alliierten)

1. Das Besatzungsregime muß beendet werden. Die in Deutschland verbleibenden alliierten Truppen können nur noch die Aufgabe haben, zur gemeinsamen Verteidigung Europas und der freien Welt beizutragen. Ihre Rechtsstellung muß dieser Aufgabe angepaßt werden und muß sich im Rahmen dessen halten, was in vergleichbaren Lagen international üblich ist. Jede hierüber hinausgehende Überlassung von Befugnissen ist mit dem Prinzip gleicher Rechte und Pflichten nicht vereinbar.

(Deutsche Souveränität)

2. Die Souveränität der Bundesrepublik, die sich auf ihre inneren und äußeren Angelegenheiten erstreckt, darf, wenn überhaupt, nur insoweit und so lange beeinträchtigt werden, als die Besonderheiten der gegenwärtigen internationalen Lage Deutschlands, insbesondere die Trennung zwischen den westlichen und östlichen Teilen Deutschlands und die gefährdete Lage Berlins, es auch im deutschen Interesse zwingend erfordern.

(Gesetzgebungshoheit)

3. Damit ist – abgesehen von technischen Abwicklungsregelungen – nicht vereinbar die Aufrechterhaltung und »Versteinerung« von Teilen des bisherigen Besatzungsrechts und von alliierten Interventionsbefugnissen. Die Bundesrepublik muß ihre volle Gesetzgebungshoheit zurückerlangen und muß grundsätzlich frei darüber entscheiden können, welche während der Besatzungszeit erlassenen Vorschriften und Akte aufrechterhalten bleiben sollen.

(Künftiger Friedensvertrag)

4. Damit wäre ferner nicht vereinbar, wenn die Verträge in irgendeiner Weise die Stellung der Bundesrepublik bei einem künftigen Friedensvertrag erschweren würden.

(Diskriminierung)

5. Mit dem Geiste freier und gleichberechtigter Partnerschaft, auf dem die Verteidigungsgemeinschaft der Völker Europas und der freien Welt aufgebaut sein muß, sind alle einseitig diskriminierenden Beschränkungen auf den Gebieten der industriellen Produktion und der Forschung unvereinbar. Kontrollorgane besatzungsrechtlichen Charakters, wie das militärische Sicherheitsamt, müssen aufgelöst werden und ihre Tätigkeit einstellen.

(Lastenverteilung)

6. Es kann sowohl in militärischer wie in finanzieller Hinsicht nur einen einheitlichen deutschen Verteidigungsbeitrag geben. Dienstgruppen im Dienste der alliierten Streitkräfte sind daher in angemessener Frist aufzulösen. Die Gesamtsumme des deutschen finanziellen Verteidigungsbeitrags muß nach Maßgabe der wirtschaftlichen Leistungsfähigkeit der Bundesrepublik unter angemessener Berücksichtigung der Lasten erfolgen, die sie für die Für-

sorge für die neun Millionen Vertriebenen zu tragen hat. Aus diesem Gesamtbetrag müssen die Kosten für Berlin und der Beitrag an die europäische Verteidigungsgemeinschaft gedeckt werden, aus letzterem die Kosten für die im Gebiet der Bundesrepublik stationierten Truppen.

(Schiedsgericht)

7. Alle Meinungsverschiedenheiten, die sich aus den vertraglichen Beziehungen der Bundesrepublik zu den drei Mächten und insbesondere aus dem Aufenthalt alliierter Streitkräfte im Bundesgebiet ergeben, sind durch unparteiische und paritätisch besetzte Schiedsgerichte zu schlichten. Revisionsmöglichkeiten sind für alle Verträge vorzusehen.

(Berlin)

8. Die Bundesregierung wird ersucht, darauf hinzuwirken, daß hinsichtlich Berlins die Einheit und Gleichheit der Rechtsordnung mit der Bundesrepublik baldmöglichst hergestellt, die Selbstregierung Berlins in jeder Weise gestärkt und inzwischen sichergestellt wird, daß die Stadt Berlin und die Berliner Bevölkerung im Ausland durch die Organe der Bundesrepublik vertreten werden.

Quelle: Bulletin vom 12. 2. 1952, Nr. 18, S. 170

26 Freigabe Helgolands

Rede des Bundeskanzlers Dr. Konrad Adenauer über den NWDR am 28. Februar 1952 anläßlich der Rückgabe Helgolands in die deutsche Verwaltung

In der Nacht vom 29. Februar zum 1. März wird nach einer offiziellen Mitteilung der britischen Regierung Helgoland freigegeben. Am 1. März wird der Ministerpräsident von Schleswig-Holstein die Insel Helgoland, die fast sieben Jahre von den britischen Militärbehörden in Anspruch genommen wurde, wieder in deutsche Verwaltung übernehmen. Helgoland wird somit wieder frei sein. Das bedeutet, daß unserem Volke endlich ein Stück Erde zurückgegeben wird, an dem wir Deutsche, ganz gleich, ob wir diesseits oder jenseits des Eisernen Vorhanges leben, mit ganz besonderer Liebe hängen. Ich bin mit allen unseren Landsleuten glücklich darüber, daß nunmehr endlich die Bemühungen der Bundesregierung diesen Erfolg herbeigeführt haben. Ich begrüße besonders, daß die von ganz Deutschland ersehnte und erstrebte Freigabe Helgolands durch eine freie Vereinbarung zwischen der Bundesrepublik und dem Königreich Großbritannien zustande gekommen ist. Möge dieser Vorgang eine beispielhafte Bedeutung für die Lösung aller noch in Europa strittigen Probleme gewinnen.

Wenn ich hiermit feststelle, daß nunmehr die Leidensrolle, die die Insel in den letzten Jahren spielte, der Vergangenheit angehört, so weilen in dieser Stunde meine Gedanken in erster Linie bei den Helgoländern, bei jenen mutigen Frauen und Männern, für die dieses felsige Eiland vor der Nordküste Deutschlands die geliebte Heimat bedeutet. Ich danke ihnen allen, die in den Kriegs- und Nachkriegsjahren so Schweres auf sich nehmen mußten und die zu keiner Stunde ihren Glauben an ihre Rückkehr verloren haben. Unser Herrgott hat sie erhört, Helgoland wird ihnen wieder Heimat werden. Freilich, jenes Helgoland, das in ihrer Erinnerung lebt, besteht heute nicht mehr. Noch ist diese Insel eine einzige große Trümmerwüste. Es wird Jahre dauern, bevor die Spuren der Zerstörung beseitigt sein werden. Aber das ist kein Grund, den Kopf hängen zu lassen. Der Wiederaufbau Helgolands wird mit der gleichen Entschlossenheit angepackt werden, und alle Deutschen werden dazu beitragen, daß dieses Eiland wieder sein altes schönes Gesicht erhält.

Der Aufbau Helgolands ist eine Herzenssache des ganzen deutschen Volkes. Ohne Verzug werden Ingenieure und Techniker jetzt an die Arbeit gehen und den Boden für das kommende Aufbauwerk vorbereiten. Für eine geraume Zeit freilich wird zum Schutze der Bevölkerung und im wohl verständlichen Interesse des Wiederaufbaues durch ein Bundesgesetz bestimmt werden müssen, daß die Insel nur mit besonderer Erlaubnis betreten werden darf. Schon die Gefährdung durch Blindgänger, mit denen Helgoland übersät ist, gebietet eine solche Einschränkung für die Zeit des Überganges. Aber allen Helgoländern möchte ich sagen, es wird keine Zeit unnütz vertan werden. Helgoland, das im Zeitabschnitt des Auseinanderfallens der europäischen Nationen zu einer Seefestung ausgestattet wurde, wird in Zukunft sich friedlichen Aufgaben widmen können. Wir alle haben die Überzeugung in uns, daß die Zeit der Selbstzerfleischung der Völker der westlichen Welt ein für allemal der Vergangenheit angehören muß.

Das friedliche Helgoland, im Meere zwischen Deutschland und England gelegen, wird in Zukunft Wahrzeichen für den Friedens- und Freundschaftswillen beider Nationen sein. Wir werden fortan in dem gleichen Geiste handeln, der vor 62 Jahren durch eine freundschaftliche Vereinbarung zwischen dem damaligen Deutschen Reich und Großbritannien gegen den Austausch deutscher Rechte und Ansprüche in Afrika Helgoland zu einem Fleck deutscher Erde machte. Wieviel Elend wäre der Welt erspart geblieben, wenn diese Politik der gegenseitigen Anerkennung und des gegenseitigen Ausgleichs von Ansprüchen zum Grundsatz in der Behandlung europäischer Probleme erhoben worden wäre. Noch ist es aber nicht zu spät, auf diesem Wege fortzuschreiten. Lassen Sie mich schließen mit dem Wunsche, daß in absehbarer Zeit die Farben Helgolands ihre alte Sinndeutung wiedererhalten. Rot die Kant, grün das Land, weiß der Sand, das sind die Farben von Helgoland.

Quelle: Bulletin vom 1. 3. 1952, Nr. 25, S. 239

27   Stufenfolgen zu einem deutschen Friedensvertrag

Rundfunkansprache des Bundesministers für gesamtdeutsche Fragen, Jakob Kaiser, zu den sowjetischen Vorschlägen über einen Friedensvertrag mit Deutschland, 12. März 1952

In der Situation, in der sich Deutschland heute zwischen Ost und West befindet, scheinen mir allzu hastige Meinungsäußerungen zu wichtigen politischen Ereignissen nicht von Nutzen zu sein. Aber niemand wird in Abrede stellen können, daß es sich bei den Vorschlägen der Sowjetunion für einen Friedensvertrag mit Deutschland um ein gewichtiges politisches Ereignis der letzten Monate handelt. Das muß auch bei vorsichtigster Zurückhaltung dem Inhalt und der Absicht der Note gegenüber anerkannt werden.

Die Bedeutung der Note liegt zunächst in der Tatsache, daß sich die Sowjetunion nunmehr selbst zu Wort gemeldet hat. Damit hat die Sowjetunion die Haltung der Bundesregierung gerechtfertigt, daß man sich nicht auf die Auslassungen und Vorschläge Grotewohls einlassen solle, sondern daß sich die Sowjetunion selbst äußern müsse.

Die Sowjetunion hat weiter die propagandistischen Behauptungen des heutigen Regimes in der Sowjetzone widerlegt, daß die Wiederherstellung der deutschen Einheit und ihre Vorbedingungen – nämlich freie Wahlen für die Bildung einer Nationalversammlung und einer gesamtdeutschen Regierung – eine rein deutsche Angelegenheit seien. Daß das nicht der Fall ist, geht aus folgenden Sätzen der Note hervor: »... Es versteht sich, daß ein solcher Friedensvertrag unter unmittelbarer Beteiligung Deutschlands in Gestalt einer gesamtdeutschen Regierung ausgearbeitet werden muß. Hieraus folgt, daß die Sowjetunion, die Vereinigten Staaten, Großbritannien und Frankreich, die in Deutschland Kontrollfunktionen ausüben, auch die Frage der Bedingungen prüfen müssen, die der möglichst baldigen Bildung einer gesamtdeutschen Regierung förderlich sind, die den Willen des deutschen Volkes zum Ausdruck bringt.« Mit diesen Worten der Note sind die Behauptungen, mit denen Grotewohl das deutsche Volk zu verwirren suchte, wohl ein für allemal erledigt.

Was den übrigen Inhalt der Note angeht, so stellen wir fest: Am 22. Februar hat die Bundesregierung in ihrer Erklärung zu dem Briefwechsel zwischen Grotewohl und der Sowjetunion darauf hingewiesen, daß Deutschland als gleichberechtigter Partner an einer Friedenskonferenz teilnehmen muß, also kein Diktatfrieden, sondern ein Verhandlungsfrieden.

Dieser Verhandlungsfrieden ist uns von den Westmächten bereits zugesagt. In der Note der Sowjetunion vermissen wir diese Zusicherung. Verhandlungsfrieden bedeutet, daß Deutschland auf der Friedenskonferenz klare und präzise Vorschläge machen kann. Deutschland muß das Lebensinteresse des eigenen Volkes mit Nachdruck zur Geltung bringen können. Dazu bedarf es der gesamtdeutschen Regierung.

Ein Optimist könnte den Vorschlag der Sowjetunion, eine Viermächteverständigung über die Bildung einer gesamtdeutschen Regierung herbeizuführen, als Anerkennung der Verhandlungsaufgabe der kommenden deutschen Regierung deuten. Ein Optimist könnte darin sogar eine Zustimmung zu der von uns geforderten ersten Stufe auf dem Wege zu einem Friedensvertrag sehen. Allerdings fehlt in der Note die präzise Zusage zu freien Wahlen.

Stellen wir deshalb die Stufenfolge noch einmal fest:

1. Viermächteverständigung über die Abhaltung von freien Wahlen in Gesamtdeutschland.
2. Freie Wahlen unter internationaler Kontrolle zur Bildung der Nationalversammlung und, daraus hervorgehend, die gesamtdeutsche Regierung.
3. Die Friedenskonferenz, auf der Gesamtdeutschland durch seine aus freien Wahlen hervorgegangene Regierung vertreten wird.
4. Der Frieden selbst, der aus der Verhandlung gleichberechtigter Partner hervorgeht.

In den Grundsätzen für einen Friedensvertrag mit Deutschland, die der sowjetischen Note beigefügt sind, findet sich eine Reihe von politischen, militärischen und wirtschaftlichen Vorschlägen, die genauester Klärung bedürfen. Es wäre verfrüht, auf Einzelheiten einzugehen. Nur eines muß gesagt werden: Deutschland kann auf unbestreitbar deutsche Gebiete nicht Verzicht leisten. Wir haben ja schließlich auch die klare Bestätigung der Westmächte, daß in Potsdam keine endgültigen Beschlüsse über die künftigen Grenzen gefaßt wurden. Die Festlegung der deutschen Grenzen wird mit die wichtigste Aufgabe der Friedenskonferenz sein.

Ganz Deutschland fragt heute, ob der Vorschlag der Sowjetunion an die Westmächte verstärkte Hoffnung bedeutet. Darauf kann man nur antworten: Das wird die Erfahrung lehren. Deutschland und die Westmächte werden jedenfalls sorgsam zu prüfen haben, ob sich wirklich im Verhältnis zwischen Ost und West ein Wendepunkt andeutet.

Für uns bleiben zwei Gesichtspunkte maßgebend: Im Aufbau Deutschlands und in der Stärkung der freien Welt darf nicht nachgelassen werden. Ebenso darf keine Möglichkeit versäumt werden, Deutschland zur Einheit in Freiheit und zu endgültigem Frieden zu führen.

Quelle: Bulletin vom 13. 3. 1952, Nr. 30, S. 305

Memorandum der Bundesregierung an die Kommission der Vereinten Nationen zur Unter-
suchung der Voraussetzungen für freie Wahlen in Deutschland, 18. März 1952

Die Bundesregierung beehrt sich, der Kommission der Vereinten Nationen zur Untersuchung
der Voraussetzungen für freie Wahlen in Deutschland in Beantwortung des Memorandums
vom 17. März 1952 folgendes zu erklären:

I. Die Bundesregierung ist, wie sie wiederholt zum Ausdruck gebracht hat, bereit und
willens, der Kommission bei ihrer Tätigkeit jede mögliche Unterstützung und Erleichterung
zuteil werden zu lassen.

Die Bundesregierung stimmt daher den von der Kommission in ihrem Memorandum
zum Ausdruck gebrachten Wünschen zu und erklärt folgendes:

1. Die der Kommission angehörenden Delegationen, deren Personal und das der Kommission beigegebene Sekretariat der Vereinten Nationen haben das Recht, die Gebiete,
die den Behörden der Bundesrepublik unterstehen, zu betreten, sich in ihnen aufzuhalten
und sich frei darin zu bewegen.

2. Den Delegationen der Kommission, ihrem Personal und dem der Kommission beigegebenen Sekretariat der Vereinten Nationen werden die vollen diplomatischen Vorrechte
und Immunitäten, die durch das Völkerrecht anerkannt sind, gewährt werden.

3. Die Delegationen der Kommission, ihr Personal und das der Kommission beigegebene Sekretariat der Vereinten Nationen haben das Recht des freien Zutritts zu allen Personen, Orten und einschlägigen Dokumenten, bezüglich derer es die Kommission gegebenenfalls im Verlauf der Ausführung ihres Auftrages für erforderlich hält.

4. Die Kommission hat das Recht, Zeugen vorzuladen, die sie gegebenenfalls zu vernehmen oder deren Aussagen sie gegebenenfalls zu erhalten wünscht.

5. Die Kommission erhält die besondere Zusicherung, daß diejenigen Personen, welche
die Kommission gegebenenfalls zu befragen oder zu vernehmen wünscht und von denen
sie gegebenenfalls mündliche oder schriftliche Aussagen zu erhalten wünscht, in keiner
Weise daran gehindert werden, mit der Kommission zusammenzutreffen, und daß solche
Personen oder deren Angehörige in keiner Weise und zu keiner Zeit benachteiligt, bestraft
oder diskriminiert werden, weil sie mit der Kommission zusammengetroffen sind oder vor
ihr Aussagen gemacht haben, und daß solche Personen in keiner Weise und zu keiner Zeit
gezwungen werden, den Inhalt ihrer Aussagen bekanntzugeben.

6. Die Delegationen der Kommission, ihr Personal und das der Kommission beigegebene
Sekretariat der Vereinten Nationen erhalten das Recht und die Möglichkeit, durch alle
amtlichen und nichtamtlichen Nachrichtenmittel ungehindert mit der Bevölkerung der
Bundesrepublik Deutschland Verbindung aufzunehmen und sich an diese zu wenden, soweit
dies die Kommission im Zusammenhang mit der Ausführung ihres Auftrages anordnet.

7. Die Kommission erhält die besondere Zusicherung, daß Mitteilungen an Delegationen
der Kommission, an ihr Personal und an das der Kommission beigegebene Sekretariat der
Vereinten Nationen und Mitteilungen, die von diesen Organen ausgehen, gegen Prüfung,
Zensur, Verzögerung oder Unterdrückung geschützt sind.

8. Die Kommission erhält die besondere Zusicherung, daß die Personen, an welche die
Kommission oder ihre Delegationen, ihr Personal und das der Kommission beigegebene
Sekretariat der Vereinten Nationen Nachrichten senden oder von denen diese Organe
Nachrichten erhalten, und die Personen, die mit der Übermittlung solcher Nachrichten zu
tun haben, oder die Verwandten der vorstehend aufgeführten Personen in keiner Weise und
zu keiner Zeit benachteiligt, bestraft oder diskriminiert werden, weil sie diese Verbindung

aufgenommen haben, und daß diese Personen in keiner Weise und zu keiner Zeit gezwungen werden, den Inhalt solcher Nachrichten bekanntzugeben.

9. Die Kommission wird die Möglichkeit erhalten, mit den Behörden der Bundesrepublik diejenigen weiteren Abmachungen zu treffen, die sie zu gegebener Zeit für erforderlich hält, damit ihr die Durchführung ihres Auftrages ermöglicht wird.

II. Um diese Zusicherungen zu erfüllen, wird die Bundesregierung unverzüglich diejenigen gesetzgeberischen Maßnahmen einleiten, die erforderlich sind,

1. um den Delegationen der Kommission und deren Personal und dem der Kommission beigegebenen Sekretariat der Vereinten Nationen die vollen diplomatischen Vorrechte und Immunitäten zu gewähren, die durch das Völkerrecht anerkannt sind,

2. um den Mitgliedern und dem Generalsekretär der Kommission den erforderlichen strafrechtlichen Schutz zu gewähren,

3. um in Ausführung von I Ziffer 5 und 8 sicherzustellen, daß die dort genannten Personen in keiner Weise und zu keiner Zeit gezwungen werden, den Inhalt ihrer Aussagen oder der in I Ziffer 8 bezeichneten Nachrichten bekanntzugeben, und um sicherzustellen, daß keine Aussage, die eine Person vor der Kommission gemacht hat, zur Grundlage eines Verfahrens gegen sie gemacht oder in einem gerichtlichen oder behördlichen Verfahren zu ihren Ungunsten verwendet wird.

Der Stellvertreter des Bundeskanzlers
gez. Blücher

Quelle: Aus den Akten des Auswärtigen Amts

---

29   Ziel deutscher Politik: Einheit in Freiheit

Wortlaut der vom Deutschen Bundestag mit großer Mehrheit angenommenen Anträge der Fraktionen zur deutschen Einheit, 3. April 1952

Antrag der Fraktionen der CDU/CSU, FDP und DP

»Der Bundestag erklärt erneut in Übereinstimmung mit der Erklärung der Bundesregierung vom 27. September 1951 die Wiederherstellung der deutschen Einheit in einem freien und geeinten Europa als das oberste Ziel der deutschen Politik:

Der Bundestag erblickt in dem Notenaustausch zwischen der Sowjetunion und den drei Westmächten vom 10. und 25. März 1952 einen wichtigen Beitrag zur Klärung der Voraussetzungen für die Verwirklichung dieses Zieles und eine Bestätigung der Zweckmäßigkeit der Bemühungen der Bundesregierung zur Wiederherstellung eines gesamtdeutschen demokratischen Rechtsstaates.

Der Bundestag ersucht die Bundesregierung, erneut bei den Besatzungsmächten darauf hinzuwirken, daß freie Wahlen zu einer gesamtdeutschen Nationalversammlung unter Zugrundelegung der vom Bundestag am 6. Februar 1952 gebilligten Wahlordnung und unter internationaler Garantie durchgeführt werden und daß für die auf Grund dieser Wahlen zu bildenden Staatsorgane innen- und außenpolitische Entscheidungsfreiheit sichergestellt wird.

Der Bundestag gibt der Erwartung Ausdruck, daß die Verhandlungen der Bundesregierung mit den westlichen Besatzungsmächten über die Ablösung des Besatzungsstatuts und über den Sicherheitspakt fortgesetzt und die Ergebnisse dem Bundestag zugeleitet werden.

Die Bundesregierung wird ersucht, dem Bundestag eine Zusammenstellung aller Unterlagen vorzulegen, die zur Unterstützung des deutschen Standpunktes bei den internationalen Verhandlungen über die Wiederherstellung der deutschen Einheit und den Abschluß eines Friedensvertrages geeignet sind.«

Antrag der Fraktion der SPD

»Ohne ein in Freiheit geeintes Deutschland kann eine dauerhafte, auf umfassende und enge Zusammenarbeit der Völker gegründete Friedensordnung in Europa nicht geschaffen werden. Die Wiederherstellung der Einheit Deutschlands ist daher ein europäisches Anliegen und das vornehmste politische Ziel der Bundesrepublik.

Der Bundestag ersucht darum die Bundesregierung, nur solche Abkommen zu unterzeichnen, die der Bundesrepublik rechtlich und tatsächlich die Möglichkeit sichern, jederzeit und von sich aus auf die Einleitung von Verhandlungen der vier Besatzungsmächte über die friedliche Wiedervereinigung Deutschlands hinzuwirken.«

Quelle: Bulletin vom 5. 4. 1952, Nr. 40, S. 413 und 1. Deutscher Bundestag, Drucksache Nr. 3278

30 Deutschlandvertrag

Vertrag über die Beziehungen zwischen der Bundesrepublik Deutschland und den Drei Mächten (Deutschlandvertrag) vom 26. Mai 1952 [1]

DIE BUNDESREPUBLIK DEUTSCHLAND
einerseits und
DIE VEREINIGTEN STAATEN VON AMERIKA,
DAS VEREINIGTE KÖNIGREICH VON GROSSBRITANNIEN UND NORDIRLAND
und
DIE FRANZÖSISCHE REPUBLIK
andererseits

haben in der Erwägung,
    daß eine friedliche und blühende europäische Völkergemeinschaft, die durch ihr Bekenntnis zu den Grundsätzen der Satzung der Vereinigten Nationen mit den anderen freien Völkern der Welt fest verbunden ist, nur durch vereinte Förderung und Verteidigung der gemeinsamen Freiheit und des gemeinsamen Erbes verwirklicht werden kann;
    daß es das gemeinsame Ziel der Unterzeichnerstaaten ist, die Bundesrepublik Deutschland auf der Grundlage der Gleichberechtigung in die europäische Gemeinschaft zu integrieren, die selbst in die sich entwickelnde atlantische Gemeinschaft eingefügt ist;
    daß die Wiederherstellung eines völlig freien und vereinigten Deutschlands auf friedlichem Wege und die Herbeiführung einer frei vereinbarten friedensvertraglichen Regelung – mögen auch gegenwärtig außerhalb ihrer Macht liegende Maßnahmen entgegenstehen – ein grundlegendes und gemeinsames Ziel der Unterzeichnerstaaten bleibt;
    daß die Aufrechterhaltung des Besatzungsstatuts mit den darin vorgesehenen Eingriffsbefugnissen in die eigenen Angelegenheiten der Bundesrepublik mit dem Zweck der Integration der Bundesrepublik in die europäische Gemeinschaft unvereinbar ist;
    daß die Vereinigten Staaten von Amerika, das Vereinigte Königreich von Großbritannien und Nordirland und die Französische Republik (im folgenden als »die Drei Mächte« bezeich-

net) daher entschlossen sind, nur die besonderen Rechte aufrechtzuerhalten, deren Beibehaltung im Hinblick auf die Besonderheiten der internationalen Lage Deutschlands im gemeinsamen Interesse der Unterzeichnerstaaten erforderlich ist;

daß die Bundesrepublik auf Freiheit und Verantwortlichkeit gegründete politische Einrichtungen geschaffen hat und entschlossen ist, die in ihrem Grundgesetz verankerte freiheitlich-demokratische und bundesstaatliche Verfassung aufrechtzuerhalten, welche die Menschenrechte gewährleistet;

daß die Bundesrepublik und die Drei Mächte sowohl die neuen Beziehungen, die durch diesen Vertrag und seine Zusatzverträge geschaffen werden, als auch die Verträge zur Bildung einer integrierten europäischen Gemeinschaft, insbesondere den Vertrag über die Gründung der Europäischen Gemeinschaft für Kohle und Stahl und den Vertrag über die Gründung der Europäischen Verteidigungsgemeinschaft, als wesentliche Schritte zur Verwirklichung ihres gemeinsamen Strebens nach einem wiedervereinigten Deutschland anerkennen, das in die europäische Gemeinschaft integriert ist;

zur Festlegung der Grundlagen ihres neuen Verhältnisses den folgenden Vertrag geschlossen:

Artikel 1

(1) Die Bundesrepublik hat volle Macht über ihre inneren und äußeren Angelegenheiten, vorbehaltlich der Bestimmungen dieses Vertrages.

(2) Mit dem Inkrafttreten dieses Vertrages und der in Artikel 8 aufgeführten Verträge (in diesem Vertrag als »Zusatzverträge« bezeichnet) werden die Drei Mächte das Besatzungsstatut aufheben und die Alliierte Hohe Kommission sowie die Dienststellen der Landeskommissare auflösen.

(3) Die Drei Mächte werden künftig ihre Beziehungen mit der Bundesrepublik durch Botschafter unterhalten, die in Angelegenheiten gemeinsam tätig werden, welche die Drei Mächte nach diesem Vertrage und den Zusatzverträgen als sie gemeinsam betreffend ansehen.

Artikel 2

(1) Die Drei Mächte behalten im Hinblick auf die internationale Lage die bisher von ihnen ausgeübten oder innegehabten Rechte in bezug auf (a) die Stationierung von Streitkräften in Deutschland und den Schutz von deren Sicherheit, (b) Berlin und (c) Deutschland als Ganzes einschließlich der Wiedervereinigung Deutschlands und einer friedensvertraglichen Regelung.

(2) Die Bundesrepublik wird sich ihrerseits jeder Maßnahme enthalten, welche diese Rechte beeinträchtigt, und wird mit den Drei Mächten zusammenwirken, um ihnen die Ausübung dieser Rechte zu erleichtern.

Artikel 3

(1) Die Bundesrepublik wird ihre Politik in Einklang mit den Prinzipien der Satzung der Vereinigten Nationen und mit den im Statut des Europarates aufgestellten Zielen halten.

(2) Die Bundesrepublik bekräftigt ihre Absicht, sich durch ihre Mitgliedschaft in internationalen Organisationen, die zur Erreichung der gemeinsamen Ziele der freien Welt beitragen, mit der Gemeinschaft der freien Nationen völlig zu verbinden. Die Drei Mächte werden zu gegebener Zeit Anträge der Bundesrepublik unterstützen, die Mitgliedschaft in solchen Organisationen zu erlangen.

(3) Bei Verhandlungen mit Staaten, mit denen die Bundesrepublik keine Beziehungen

unterhält, werden die Drei Mächte die Bundesrepublik in Fragen konsultieren, die deren politische Interessen unmittelbar berühren.

(4) Auf Ersuchen der Bundesregierung werden die Drei Mächte die erforderlichen Vorkehrungen treffen, die Interessen der Bundesrepublik in ihren Beziehungen zu anderen Staaten und in gewissen internationalen Organisationen oder Konferenzen zu vertreten, soweit die Bundesrepublik dazu nicht selbst in der Lage ist.

Artikel 4

(1) Die Aufgabe der von den Drei Mächten im Bundesgebiet stationierten Streitkräfte wird die Verteidigung der freien Welt sein, zu der die Bundesrepublik und Berlin gehören.

(2) In bezug auf die Stationierung dieser Streitkräfte im Bundesgebiet werden die Drei Mächte die Bundesrepublik konsultieren, soweit es die militärische Lage erlaubt. Die Bundesrepublik wird, nach Maßgabe dieses Vertrages und der Zusatzverträge, in vollem Umfang mitwirken, um diesen Streitkräften ihre Aufgabe zu erleichtern.

(3) Die Drei Mächte werden nur nach vorheriger Einwilligung der Bundesrepublik Truppen eines Staates, der zur Zeit keine Kontingente stellt, als Teil ihrer Streitkräfte im Bundesgebiet stationieren. Jedoch dürfen solche Kontingente im Falle eines Angriffs oder unmittelbar drohenden Angriffs ohne Einwilligung der Bundesrepublik in das Bundesgebiet gebracht werden, dürfen dagegen nach Beseitigung der Gefahr nur mit Einwilligung der Bundesrepublik dort verbleiben.

(4) Die Bundesrepublik wird sich an der Europäischen Verteidigungsgemeinschaft beteiligen, um zur gemeinsamen Verteidigung der freien Welt beizutragen.

Artikel 5

(1) Die Drei Mächte werden bei der Ausübung ihres Rechtes, die Sicherheit der in dem Bundesgebiet stationierten Streitkräfte zu schützen, die Bestimmungen der folgenden Absätze dieses Artikels einhalten.

(2) Wenn die Bundesrepublik und die Europäische Verteidigungsgemeinschaft außer Stande sind, einer Lage Herr zu werden, die entstanden ist

durch einen Angriff auf die Bundesrepublik oder Berlin,

durch eine umstürzlerische Störung der freiheitlich-demokratischen Grundordnung,

durch eine schwere Störung der öffentlichen Sicherheit und Ordnung oder

durch den ernstlich drohenden Eintritt eines dieser Ereignisse

und die nach der Auffassung der Drei Mächte die Sicherheit ihrer Streitkräfte gefährdet, können die Drei Mächte, nachdem sie die Bundesregierung im weitestmöglichen Ausmaß konsultiert haben, in der gesamten Bundesrepublik oder in einem Teil der Bundesrepublik einen Notstand erklären.

(3) Nach Erklärung des Notstandes können die Drei Mächte diejenigen Maßnahmen ergreifen, die erforderlich sind, um die Ordnung aufrechtzuerhalten oder wiederherzustellen und die Sicherheit der Streitkräfte zu gewährleisten.

(4) Die Erklärung wird ihr Anwendungsgebiet genau bezeichnen. Die Erklärung des Notstandes darf nicht länger aufrechterhalten werden, als zur Behebung der Notlage erforlerlich ist.

(5) Während der Dauer eines Notstandes werden die Drei Mächte die Bundesregierung im weitestmöglichen Ausmaß konsultieren. Sie werden sich im gleichen Ausmaß der Unterstützung der Bundesregierung und der zuständigen deutschen Behörden bedienen.

(6) Heben die Drei Mächte die Erklärung des Notstandes nicht innerhalb von dreißig Tagen auf, nachdem die Bundesregierung darum ersucht hat, so kann die Bundesregierung den Rat der Nordatlantikpaktorganisation ersuchen, die Lage zu überprüfen und zu erwägen, ob der Notstand beendet werden soll. Gelangt der Rat zu dem Ergebnis, daß die

Aufrechterhaltung des Notstandes nicht länger gerechtfertigt ist, so werden die Drei Mächte den Normalzustand so schnell wie möglich wiederherstellen.

(7) Abgesehen vom Falle eines Notstandes ist jeder Militärbefehlshaber berechtigt, im Falle einer unmittelbaren Bedrohung seiner Streitkräfte die angemessenen Schutzmaßnahmen (einschließlich des Gebrauchs von Waffengewalt) unmittelbar zu ergreifen, die erforderlich sind, um die Gefahr zu beseitigen.

(8) In jeder anderen Hinsicht bestimmt sich der Schutz der Sicherheit dieser Streitkräfte nach den Vorschriften des in Artikel 8 genannten Vertrages über die Rechte und Pflichten ausländischer Streitkräfte und ihrer Mitglieder in der Bundesrepublik Deutschland.

Artikel 6
(1) Die Drei Mächte werden die Bundesrepublik hinsichtlich der Ausübung ihrer Rechte in bezug auf Berlin konsultieren.

(2) Die Bundesrepublik ihrerseits wird mit den Drei Mächten zusammenwirken, um es ihnen zu erleichtern, ihren Verantwortlichkeiten in bezug auf Berlin zu genügen. Die Bundesrepublik wird ihre Hilfeleistung für den politischen, kulturellen, wirtschaftlichen und finanziellen Wiederaufbau von Berlin fortsetzen; sie wird Berlin insbesondere die Unterstützung gewähren, die in der anliegenden Erklärung der Bundesrepublik (Anhang A dieses Vertrages) umschrieben ist.

Artikel 7
(1) Die Bundesrepublik und die Drei Mächte sind darüber einig, daß ein wesentliches Ziel ihrer gemeinsamen Politik eine zwischen Deutschland und seinen ehemaligen Gegnern frei vereinbarte friedensvertragliche Regelung für ganz Deutschland ist, welche die Grundlage für einen dauerhaften Frieden bilden soll. Sie sind weiterhin darüber einig, daß die endgültige Festlegung der Grenzen Deutschlands bis zu dieser Regelung aufgeschoben werden muß.

(2) Bis zum Abschluß der friedensvertraglichen Regelung werden die Bundesrepublik und die Drei Mächte zusammenwirken, um mit friedlichen Mitteln ihr gemeinsames Ziel zu verwirklichen: ein wiedervereinigtes Deutschland, das eine freiheitlich-demokratische Verfassung ähnlich wie die Bundesrepublik besitzt und das in die europäische Gemeinschaft integriert ist.

(3) Im Falle der Wiedervereinigung Deutschlands – vorbehaltlich einer zu vereinbarenden Anpassung – werden die Drei Mächte die Rechte, welche der Bundesrepublik auf Grund dieses Vertrages und der Zusatzverträge zustehen, auf ein wiedervereinigtes Deutschland erstrecken und werden ihrerseits darin einwilligen, daß die Rechte auf Grund der Verträge über die Bildung einer integrierten europäischen Gemeinschaft in gleicher Weise erstreckt werden, wenn ein wiedervereinigtes Deutschland die Verpflichtungen der Bundesrepublik gegenüber den Drei Mächten oder einer von ihnen auf Grund der genannten Verträge übernimmt. Soweit nicht alle Unterzeichnerstaaten ihre gemeinsame Zustimmung erteilen, wird die Bundesrepublik kein Abkommen abschließen noch einer Abmachung beitreten, welche die Rechte der Drei Mächte auf Grund der genannten Verträge beeinträchtigen oder die Verpflichtungen der Bundesrepublik auf Grund dieser Verträge mindern würden.

(4) Die Drei Mächte werden die Bundesrepublik in allen anderen Angelegenheiten konsultieren, welche die Ausübung ihrer Rechte in bezug auf Deutschland als Ganzes berühren.

Artikel 8
(1) Die Bundesrepublik und die Drei Mächte haben die folgenden Zusatzverträge geschlossen, die gleichzeitig mit diesem Vertrag in Kraft treten:

Vertrag über die Rechte und Pflichten ausländischer Streitkräfte und ihrer Mitglieder in der Bundesrepublik Deutschland;

Finanzvertrag;

Vertrag zur Regelung aus Krieg und Besatzung entstandener Fragen.

(2) Während der in Absatz (4) des Artikels 6 des Ersten Teiles des Vertrages zur Regelung aus Krieg und Besatzung entstandener Fragen vorgesehenen Übergangszeit gelten die in jenem Absatz bezeichneten Befugnisse der Drei Mächte als in den Vorbehalt einbezogen, der in Absatz (1) des Artikels 1 dieses Vertrages ausgesprochen ist.

Artikel 9

(1) Hiermit wird ein Schiedsgericht errichtet, das gemäß den Bestimmungen der beigefügten Satzung (Anhang B dieses Vertrages) tätig werden wird.

(2) Das Schiedsgericht ist ausschließlich zuständig für alle Streitigkeiten, die sich zwischen der Bundesrepublik und den Drei Mächten aus den Bestimmungen dieses Vertrages, der Satzung des Schiedsgerichts oder eines der Zusatzverträge ergeben, und welche die Parteien nicht durch Verhandlungen beizulegen vermögen, soweit sich nicht aus Absatz (3) dieses Artikels, der Satzung des Schiedsgerichts oder den Zusatzverträgen etwas anderes ergibt.

(3) Streitigkeiten, welche die in Artikel 2 angeführten Rechte der Drei Mächte oder Maßnahmen auf Grund dieser Rechte oder die Bestimmungen der Absätze (1) bis (7) des Artikels 5 berühren, unterliegen nicht der Gerichtsbarkeit des Schiedsgerichts oder eines anderen Gerichts.

Artikel 10

Die Bundesrepublik und die Drei Mächte werden die Bestimmungen dieses Vertrages und der Zusatzverträge überprüfen:

(a) auf Ersuchen eines der Unterzeichnerstaaten im Falle der Wiedervereinigung Deutschlands oder der Bildung einer europäischen Föderation;

(b) oder bei Eintritt irgendeines anderen Ereignisses, das nach Auffassung aller Unterzeichnerstaaten von ähnlich grundlegendem Charakter ist.

Hierauf werden sie in gegenseitigem Einvernehmen diesen Vertrag und die Zusatzverträge in dem Umfang ändern, der durch die grundlegende Änderung der Lage erforderlich oder ratsam geworden ist.

Artikel 11

(1) Dieser Vertrag und die Zusatzverträge sind von den Unterzeichnerstaaten in Übereinstimmung mit ihren verfassungsmäßigen Verfahren zu ratifizieren oder zu genehmigen. Die Ratifikationsurkunden sind von den Unterzeichnerstaaten bei der Regierung der Bundesrepublik Deutschland zu hinterlegen.

(2) Dieser Vertrag tritt unmittelbar in Kraft, sobald

(a) alle Unterzeichnerstaaten die Ratifikationsurkunden dieses Vertrages und der in Artikel 8 angeführten Verträge hinterlegt haben und

(b) der Vertrag über die Gründung der Europäischen Verteidigungsgemeinschaft in Kraft tritt.

(3) Dieser Vertrag und die Zusatzverträge werden in den Archiven der Regierung der Bundesrepublik Deutschland hinterlegt; diese wird jedem Unterzeichnerstaat beglaubigte Ausfertigungen übermitteln und jeden Unterzeichnerstaat vom Zeitpunkt des Inkrafttretens dieses Vertrages und der Zusatzverträge in Kenntnis setzen.

Zu Urkund dessen haben die unterzeichneten von ihren Regierungen gehörig beglaubigten Vertreter diesen Vertrag unterschrieben.

Geschehen zu Bonn am sechsundzwanzigsten Tage des Monats Mai 1952 in deutscher, englischer und französischer Sprache, wobei alle drei Fassungen gleichermaßen authentisch sind.

Für die Bundesrepublik Deutschland:
Adenauer
Für die Vereinigten Staaten von
Amerika:
Dean Acheson
Für das Vereinigte Königreich von
Großbritannien und Nordirland:
Anthony Eden
Für die Französische Republik:
Robert Schuman

[1] Zur Neufassung des Deutschlandvertrages vgl. 23. Oktober 1954
Quelle: Vertrag über die Beziehungen zwischen der Bundesrepublik Deutschland und den Drei Mächten, hrsg. vom Presse- und Informationsamt der Bundesregierung, Bonn 1952, S. 3–7

31   Der EVG-Vertrag

Die Begründung der Bundesregierung zum Vertrag über die Gründung der Europäischen Verteidigungsgemeinschaft und zum Vertrag zwischen dem Vereinigten Königreich und den Mitgliedstaaten der Europäischen Verteidigungsgemeinschaft vom 27. Mai 1952 (Auszüge) [1]

I. VORGESCHICHTE

Maßgebende Überlegungen

Die Verhandlungen, die zum Abschluß des Vertrages über die Verteidigungsgemeinschaft geführt haben, gehen auf zwei Erwägungen zurück, auf eine militär-politische und eine allgemein-politische.

Die militär-politische Erwägung war die Überlegung, daß es notwendig sei, die Verteidigung der westlichen Welt zu sichern und hierzu auch die deutsche Verteidigungskraft einzubeziehen. Die allgemein-politische Erwägung entsprang den Bemühungen um eine Integration Europas, die es nahelegten, die Verteidigungsbestrebungen als Element in die Bemühungen um die Herbeiführung einer solchen Integration einzubeziehen.

Vorverhandlungen

Der erste Anstoß kam aus militärischen Überlegungen.

Die Ereignisse in Korea im Jahre 1950 ließen die Notwendigkeit einer gemeinschaftlichen Organisation der Verteidigung des Westens erkennen. An dieser Verteidigung sollte sich nach allgemeiner Ansicht auch die Bundesrepublik Deutschland beteiligen können.

In diesem Sinne ergingen zunächst die Empfehlungen der Versammlung des Europarates vom 11. August 1950 und die Beschlüsse der New Yorker Außenministerkonferenz vom September 1950, in denen die Notwendigkeit betont wurde, die Verteidigungsfront soweit wie möglich nach Osten hin zu sichern. Am 24. Oktober 1950 stellte der französische Ministerpräsident in einer Rede Grundsätze für die Bildung einer europäischen Armee auf. Die gleichen Fragen behandelte der französische Außenminister Schuman am 24. November 1950 in Straßburg.

Im Dezember 1950 forderte der Nordatlantikrat auf seiner Brüsseler Tagung die in Frage kommenden Länder zur Bildung einer engeren Verteidigungsgemeinschaft auf, als dies bereits im Rahmen des Nordatlantikpaktes der Fall war; hierbei sollte Deutschland einbezogen werden. Der vom Europarat mit dem Studium der Verteidigungsfrage beauftragte Abgeordnete Duncan Sandys legte am 3. Februar 1951 seinen Plan vor, der sich insbesondere durch seine Forderung nach schlagkräftigeren, größeren Einheiten von den französischen Plänen unterschied.

Am 26. Januar 1951 erging seitens der Regierung der Französischen Republik eine Einladung zu einer Konferenz in Paris über die Gründung einer europäischen Verteidigungsorganisation an alle Signatarstaaten des Nordatlantikpaktes und an die Bundesrepublik Deutschland. Der Einladung leisteten alle Unterzeichnerstaaten des Schumanplans bis auf Holland, das erst ab 9. Oktober 1951 endgültig teilnahm, Folge. Die Unterzeichnerstaaten des Nordatlantikpaktes, insbesondere das Vereinigte Königreich und die Vereinigten Staaten, ließen sich durch Beobachter vertreten; in derselben Form nahm auch das Oberste Hauptquartier der Alliierten Streitkräfte in Europa (SHAPE) an den Verhandlungen teil; später war auch das Sekretariat des Nordatlantikpaktrates vertreten. Die Konferenz wurde am 15. Februar 1952 eröffnet.

Beginn der Verhandlungen

Vorangegangen waren Besprechungen, die bereits im Januar 1951 zwischen der Bundesregierung und den drei Hohen Kommissaren über den Verteidigungsbeitrag stattgefunden hatten. Diese Besprechungen dienten dazu, Informationen auszutauschen, wurden im Juni 1951 beendet und mündeten in die Pariser Verhandlungen ein.

Diese hatten sich inzwischen im Sinne einer Annäherung der Beteiligten fortentwickelt.

Die erste Denkschrift der französischen Regierung war noch wesentlich von den militärischen Bedürfnissen des Augenblicks bestimmt. Sie war auf ein Übergangsstadium abgestellt, in dem, insbesondere in Deutschland, europäische Streitkräfte erst herangebildet werden sollten. Der volle europäische Charakter sämtlicher Streitkräfte der Gemeinschaft sollte erst später eintreten. Die endgültige europäische Organisation, wie überhaupt die Verknüpfung mit der europäischen Integration im ganzen, war noch undeutlich.

Die weiteren Verhandlungen führten dazu, die ursprünglichen Pläne in immer stärkerem Maße nach Maßgabe der allgemeinen Integrationsgesichtspunkte auszugestalten, und so wurde demzufolge im weiteren Verlauf der Verhandlungen, unter voller Anerkennung der Verschiedenheit, der Schumanplan zur Analogie herangezogen. Als Folgerung aus dem allgemeinen Integrationsgedanken wurde anerkannt, daß von vornherein keinerlei Diskriminierung zwischen den Mitgliedstaaten bestehen dürfe und daß alle Truppen von vornherein europäischen Charakter haben sollten. Auch wurde geklärt, daß die nationale Grundeinheit, aus der sich die Streitkräfte aufbauen, Divisionsstärke haben muß.

Weiterer Verlauf

Am 24. Juli 1951 gaben die Delegationen einen gemeinsamen Zwischenbericht an ihre Regierungen. In diesem kam die erzielte Annäherung in gewissem Umfang bereits zum Ausdruck. Insbesondere wurde hervorgehoben:

a) die Notwendigkeit der Schaffung von Grundeinheiten mit größtmöglicher Kampfkraft, womit implicite von den ursprünglichen französischen Vorschlägen bereits abgewichen war;

b) die Notwendigkeit, allen Truppen der Gemeinschaft von vornherein europäischen Charakter zu geben;

c) der Grundsatz der Gleichberechtigung;

d) die Notwendigkeit besonderer Verhandlungen über die Verbindung zwischen der

Nordatlantikpakt-Organisation und der Verteidigungsgemeinschaft, um der besonderen Stellung der Bundesrepublik gerecht zu werden.

Dieser Zwischenbericht fand allgemeinen Beifall; insbesondere entsprach er den Auffassungen der Nordatlantikpakt-Mächte, vor allem der Vereinigten Staaten von Amerika, welche die auf die europäische Integration gerichteten Bestrebungen und das Werden der Verteidigungsgemeinschaft mit besonderer Teilnahme verfolgt haben.

Auf der Grundlage dieses Berichts setzte die Konferenz ihre Arbeiten fort. Die darin enthaltenen Grundsätze wurden ergänzt und in vertieften Verhandlungen mit ihren Folgerungen entwickelt. Eine Reihe wichtiger Fragen wurde in Außenministerkonferenzen in Straßburg und Paris am 11./12. Dezember und 17./20. Dezember 1951 und 26./27. Januar 1952 geklärt. Der Nordatlantikrat wurde auf seinen Sitzungen in Rom am 24./28. November 1951 und in Lissabon am 20./25. Februar 1952 unterrichtet.

Die fertiggestellten Vertragstexte wurden am 9. Mai 1952 paraphiert. Die Unterzeichnung erfolgte, nachdem eine letzte Außenministerkonferenz in Paris vom 19. bis 21. Mai und in Straßburg am 23. Mai noch einige offenstehende Fragen geklärt hatte, am 27. Mai 1952 in Paris.

. . .

2. Grundgehalt

a) Verfassung

Die überstaatliche Gemeinschaft

Die Europäische Verteidigungsgemeinschaft ist, ebenso wie die Europäische Montangemeinschaft, eine mit eigenen Hoheitsbefugnissen ausgestattete überstaatliche Gemeinschaft.

Auch dem Aufbau der Verteidigungsgemeinschaft liegt die Überzeugung zugrunde, daß die angestrebten Ziele nicht mit den hergebrachten Mitteln zwischenstaatlicher Verknüpfung, sondern nur durch eine solche überstaatliche Gemeinschaft verwirklicht werden können. Der Vertrag regelt nicht, wie frühere Militärbündnisse, Rechte und Pflichten der Staaten zu militärischem Beistand und Zusammenwirken, sondern er schafft auf dem Gebiet der Verteidigung, in ähnlicher Weise, wie es die Montangemeinschaft auf dem Gebiet der Grundstoffindustrien getan hat, ein europäisches Gebilde mit eigenen Organen, eigenen Streitkräften und eigenem Haushalt.

Insbesondere sind die Streitkräfte europäisch, nicht national. Die Verteidigungsgemeinschaft steht damit im Gegensatz zu den Koalitionsarmeen alten Stils. Bei diesen verbleiben die Truppen im nationalen Status, sie sind nach wie vor Truppen der Einzelstaaten, nur unter gemeinsamem Oberbefehl. Demgegenüber gibt es bei der integrierten Armee der Verteidigungsgemeinschaft eine grundsätzliche neue Lösung. Es gibt bei ihr keine nationalen Truppen mehr; nicht nur der Oberbefehl ist gemeinsam, sondern die gesamte Armee mit sämtlichen Kontingenten hat europäischen Status.

Die Europäische Verteidigungsgemeinschaft zeigt hiernach, ähnlich wie die Montangemeinschaft, starke Ähnlichkeit mit bundesstaatlichen Begriffen und Einrichtungen. Sie ist aufgebaut auf der unbedingten Gleichstellung aller Mitgliedstaaten, und ihre Normen binden nicht nur die beteiligten Staaten, sondern unmittelbar die Bürger dieser Staaten.

Hierbei greift die Verteidigungsgemeinschaft weit stärker als die Montangemeinschaft in die nationalen Hoheitsrechte ein. Eines der wesentlichsten Hoheitsrechte, das Recht der Selbstverteidigung, geht mit ihrer Errichtung der Ausübung nach auf die Gemeinschaft über. Das wirkt weit über das Militärische hinaus auf die Finanz- und Wirtschaftspolitik.

So drängt die Verteidigungsgemeinschaft überall zur politischen Föderation Europas. Sie ist nicht nur die Vorbereitung einer solchen Föderation, sondern schon ein entscheidender Teil davon.

Demgemäß ist der Versammlung der Verteidigungsgemeinschaft die Aufgabe anvertraut, gleich nach ihrem Zusammentritt die Vollendung dieser politischen Föderation Europas in die Wege zu leiten. Und schon jetzt sind die Vorschriften des Vertrages darauf abgestellt, diese Föderation zu ermöglichen.

Die Organe der Gemeinschaft

Dies gilt insbesondere vom Aufbau der Organe der Gemeinschaft und ihren Aufgaben.

Dieser Aufbau entspricht dem der Montangemeinschaft. Auch hier bestehen, wie dort, vier Hauptorgane:

1. ein oberstes Exekutivorgan – ein Kommissariat – ähnlich der Hohen Behörde der Montangemeinschaft;

2. ein parlamentarisches Organ – wie die Gemeinsame Versammlung der Montangemeinschaft;

3. ein föderatives Organ – ein Ministerrat, wie er auch in der Montangemeinschaft vorgesehen ist;

4. ein Gerichtshof als Organ der richterlichen Gewalt.

Der Beratende Ausschuß der Montangemeinschaft ist auch in der Verteidigungsgemeinschaft vorgesehen, jedoch seiner Natur entsprechend auf die wirtschaftlichen Aufgaben beschränkt. Andererseits sind, entsprechend der großen Bedeutung der Finanzfragen in der Verteidigungsgemeinschaft, weitere Hilfsorgane der Gemeinschaft, nämlich ein Rechnungshof und ein Rechnungsprüfer, vorgesehen.

Darüber hinaus hat die in der Natur der Dinge liegende Forderung, die Zahl der überstaatlichen Organe nicht unnütz zu vermehren, dazu geführt, nicht nur die Gleichheit der Strukturelemente der Verteidigungsgemeinschaft und der Montangemeinschaft vorzusehen, sondern soweit wie möglich auch ihre volle Identität. Das ist bei dem parlamentarischen Organ, der Gemeinsamen Versammlung, im wesentlichen möglich gewesen und hat sich beim Gerichtshof voll durchführen lassen; beide sind mit den entsprechenden Organen der Montangemeinschaft grundsätzlich identisch.

Gesetzgebung

Sämtliche Organe werden wie in der Montangemeinschaft nach dem Grundsatz der Gewaltenteilung tätig.

Die gesetzgeberischen Maßnahmen der Gemeinschaft sind tunlichst vorweggenommen und im Vertragstext selbst niedergelegt. Doch erforderte die Anpassung an wechselnde Verhältnisse darüber hinaus Vorsorge. Das ist auf verschiedene Weise geschehen.

Einerseits übt das Kommissariat eine beschränkte Verordnungsgewalt aus. Sie ist in allen bedeutsameren Fällen an die Zustimmung des Ministerrats gebunden und erfolgt bei wichtigen Sachen mit Zwei-Drittel-Mehrheit, bei sehr wichtigen Sachen mit Einstimmigkeit.

Eine weiterreichende Verordnungsgewalt hat der Ministerrat. Er kann insbesondere die Bestimmung über den Aufbau und die Organisation der Streitkräfte durch einstimmigen Beschluß ändern. Ferner kann er durch einstimmigen Beschluß bindende Richtlinien für das Kommissariat erlassen.

Kommissariat und Ministerrat haben sich hierbei auf ein Mindestmaß von Eingriffen zu beschränken, die staatsbürgerlichen Rechte und Grundrechte des einzelnen zu achten und den Interessen der Einzelstaaten, wo immer möglich, Rechnung zu tragen. Die Innehaltung dieser Bestimmung unterliegt der Rechtskontrolle durch den Gerichtshof.

Die vertragschließenden Staaten waren jedoch einig, daß diese Lösung nur vorübergehend sein kann und daß auf die Dauer die volle Mitwirkung eines unmittelbar gewählten Parlaments bei der Gesetzgebung erforderlich ist. Der Vertrag bestimmt daher, daß die Versammlung der Verteidigungsgemeinschaft sofort nach ihrem Zusammentreten in kurzer Frist Vorschläge ausarbeiten soll, die unter anderem diesem Gesichtspunkt Rechnung tragen und im Rahmen der in Aussicht genommenen europäischen Föderation auch diese Frage endgültig regeln.

. . .

Verfassungsänderung
Der Vertrag über die Errichtung der Europäischen Verteidigungsgemeinschaft gilt wie der Vertrag über die Montangemeinschaft für 50 Jahre.
. . .

b) Materiellrechtliche Vorschriften

Die materiellrechtlichen Vorschriften umfassen militärische, finanzielle und wirtschaftliche Bestimmungen.

Die gemeinsamen Streitkräfte
Im Mittelpunkt der Vorschriften steht die Gestaltung der gemeinsamen Streitkräfte.
Grundsatz ist, daß die europäische Verteidigung nur von Streitkräften der Gemeinschaft vorgenommen wird. Diese europäische Verteidigung hat den Vorrang vor allen anderen militärischen Aufgaben. Nur in begrenzten Ausnahmefällen können die Mitgliedstaaten sonst noch bewaffnete Streitkräfte unterhalten, und auch diese nur, soweit dadurch der europäischen Verteidigung kein Abbruch geschieht. Die Ausnahmen betreffen die Kolonialtruppen, gewisse Seestreitkräfte, Kontingente zur Abwicklung gewisser internationaler Aufgaben, insbesondere in Berlin, Österreich und Korea, und das Wachregiment der Staatsoberhäupter. Auch besteht ausnahmsweise, wie früher in Deutschland zugunsten der Bundesstaaten, für die Mitgliedstaaten die Möglichkeit, vorübergehend Truppen der Europäischen Streitkräfte für ihre lebenswichtigen Aufgaben, d. h. im Falle eines Notstandes in ihrem europäischen oder Kolonialgebiet, in Anspruch zu nehmen. Darüber hinaus können ausnahmsweise den Mitgliedstaaten Kontingente für künftige internationale Aufgaben zur Verfügung gestellt werden; doch bedarf es hierzu der Zustimmung des nordatlantischen Oberbefehlshabers und der Genehmigung des Rats mit Zwei-Drittel-Mehrheit.

Aufbau der Truppen
Der Aufbau der Truppen wird von zwei Grundsätzen beherrscht: dem politischen Grundsatz, entsprechend dem leitenden Gedanken der überstaatlichen Gemeinschaft, eine weitgehende Verschmelzung vorzunehmen, und dem militärischen Grundsatz, die nationalen Einheiten so groß zu halten, daß hierbei die Schlagkraft nicht gefährdet wird.
Hiernach findet in den oberen Verbänden vom Armeekorps ab eine Integrierung, d. h. eine Mischung aus verschiedenen nationalen Bestandteilen, statt, wobei jeder Staat nach dem Grundsatz der Nichtdiskriminierung in den Kommandostellen usw. gleichmäßig vertreten ist. Demgegenüber sind die Grundeinheiten, die Divisionen entsprechen, national geschlossen. Kommando und Verwaltung der aktiven Truppen sind, ungeachtet der verschiedenen Formen der Zusammensetzung, dem Charakter nach europäisch; hingegen ist die Rekrutierung im wesentlichen national.

. . .

c) Zwischenstaatliche Beziehungen

Zusammenhalt nach innen

Der korporative Charakter der Gemeinschaft zeigt sich auch im internationalen Verkehr.

Auf 50 Jahre begründet, hat sie ein festes staatsähnliches Gefüge, welches es ausschließt, daß Mitgliedstaaten, soweit das Gebiet der Gemeinschaft reicht, anderweitigen zwischenstaatlichen Bindungen unterliegen. Die Mitgliedstaaten sind nach dem Vertrage verpflichtet, keinerlei internationale Verpflichtungen einzugehen, die mit dem Vertrag über die Gemeinschaft in Widerspruch stehen. Sie sind ebenso verpflichtet, alle Meinungsverschiedenheiten, die sie untereinander bezüglich der Gemeinschaft haben, nur mit Mitteln auszutragen, welche der Vertrag über die Gemeinschaft für die Schlichtung derartiger Meinungsverschiedenheiten vorsieht; eine Anrufung außerhalb stehender Instanzen ist ausgeschlossen. Im Falle eines Angriffes greifen sowohl die Streitkräfte der Gemeinschaft als auch alle Mitgliedstaaten mit allen ihnen zu Gebote stehenden Kräften automatisch ein. Eine Notstandsklausel stellt sicher, daß in diesem Fall durch einstimmigen Beschluß des Ministerrats die Organisation der Gemeinschaft vereinfacht und den Erfordernissen der Lage angepaßt werden kann.

Verhältnis zum Nordatlantikpakt

Auch der Organisation des Nordatlantikpaktes tritt die Gemeinschaft als Einheit gegenüber. Sie fügt sich, soweit es sich um operative Fragen handelt, dieser Organisation als Glied ein. Insoweit ist einerseits den zuständigen militärischen Stellen der Nordatlantikpakt-Organisation hinsichtlich der Beaufsichtigung und der militärischen Leitung die erforderliche Einflußnahme eingeräumt; andererseits ist vorgesehen, daß die Dienststellen der Gemeinschaft mit den Dienststellen der Nordatlantikpakt-Organisation auf zivilem wie auf militärischem Gebiete durch Austausch von Informationen und in persönlichem Kontakt eng zusammenarbeiten und daß bei den militärischen Kommandostellen eine entsprechende Vertretung der Verteidigungsgemeinschaft stattfindet. Diese Vertretung ist personell nach dem Grundsatz der Nichtdiskriminierung entsprechend der Zusammensetzung der Streitkräfte zusammengesetzt.

Internationale Beistandsverpflichtungen

Abgesehen von diesen organisatorischen Verknüpfungen wird die Gemeinschaft durch ein Gefüge internationaler Beistandsverpflichtungen sichergestellt, welche die Gewähr geben, daß sie bei einem gegen sie erfolgenden Angriff die militärische Unterstützung der gesamten westlichen Welt hat.

Sämtliche Teilnehmerstaaten des Nordatlantikpakts haben gegenüber der Gemeinschaft und ihren Mitgliedstaaten, also auch Deutschland, die Verpflichtung übernommen, einen Angriff auf diese Gemeinschaft und ihre Mitglieder als einen Angriff auf sich selbst zu betrachten und sich ihnen gegenüber ebenso zu verhalten, wie wenn der Angriff auf ein anderes Mitglied des Nordatlantikpaktes erfolgt wäre. Die Frage, ob ein Angriff vorliegt und mit welchen Mitteln einzugreifen ist, unterliegt zwar an sich, wie im Nordatlantikpakt überhaupt, der Beurteilung der einzelnen Staaten; doch sind sie verpflichtet, hierbei ein redliches Urteil (honest judgement) walten zu lassen. Darüber hinaus stellt das Vorhandensein einer unter einheitlichem Oberbefehl stehenden Streitkraft der Nordatlantikpakt-Mächte sicher, daß der Beistand prompt und schlagkräftig geleistet wird.

Eine noch engere Bindung besteht zwischen der Verteidigungsgemeinschaft und ihren Mitgliedstaaten einerseits und Großbritannien andererseits. Diese sind in ihrem wechselseitigen Verhältnis automatisch zum Beistand mit allen ihnen zu Gebote stehenden Mitteln verpflichtet. Der Brüsseler Pakt vom 17. März 1948, der eine solche automatische Beistandsverpflichtung zwischen Großbritannien, Frankreich und den Beneluxstaaten vorsah, aber noch mit einer Bedrohung durch Deutschland rechnete, verliert damit seine Spitze gegen Deutschland, ja erfährt praktisch eine Ausdehnung auf Italien. Großbritannien ist, wenn auch nicht in organisatorischer Beziehung, so doch hinsichtlich der Beistandsverpflichtungen der Verteidigungsgemeinschaft assoziiert.

. . .

Quelle: 1. Deutscher Bundestag, Anlage 2 zur Drucksache Nr. 3501, S. 1–38

32   Beitritt zum Abkommen von Bretton Woods

Erklärung der Bundesregierung über die Annahme der Bestimmungen des Abkommens über die Internationale Bank für Wiederaufbau und Entwicklung vom 2. August 1952 und Bekanntmachung über den Beitritt vom 26. August 1952

Annahmeerklärung

In Anbetracht dessen, daß die Regierung der Bundesrepublik Deutschland das auf der Währungs- und Finanzkonferenz der Vereinten Nationen in Bretton Woods, New Hampshire, am 22. Juli 1944 niedergelegte Abkommen sowie den Beschluß Nr. 69 vom 28. Mai 1952 des Rats der Gouverneure der Internationalen Bank für Wiederaufbau und Entwicklung betreffend die Aufnahme der Bundesrepublik als Mitglied der Bank geprüft und ihnen zugestimmt hat,
erklärt die Regierung der Bundesrepublik Deutschland hiermit, daß sie gemäß dem Recht der Bundesrepublik und des Landes Berlin (West) das Abkommen über die Internationale Bank für Wiederaufbau und Entwicklung sowie alle in dem vorerwähnten Beschluß vorgeschriebenen Bestimmungen und Bedingungen annimmt und daß sie alle erforderlichen Schritte unternommen hat, um ihr die Erfüllung aller ihrer Verpflichtungen gemäß dem erwähnten Abkommen und dem erwähnten Beschluß zu ermöglichen.

Der Bundesminister des Auswärtigen
In Vertretung
gez. Hallstein

Bekanntmachung

Auf Grund des Artikels 5 Absatz 2 des Gesetzes über den Beitritt der Bundesrepublik Deutschland zu den Abkommen über den Internationalen Währungsfonds (International Monetary Fund) und über die Internationale Bank für Wiederaufbau und Entwicklung (International Bank for Reconstruction and Development) vom 28. Juli 1952 (Bundesgesetzbl. II S. 637) wird hiermit bekanntgemacht, daß der Bevollmächtigte der Bundesrepublik Deutschland die beiden Abkommen, deren Wortlaut als Anlage zum Gesetz veröffentlicht ist, am 14. August 1952 in Washington unterzeichnet und bei der Regierung der Vereinigten Staaten von Amerika die Urkunden hinterlegt hat, in denen erklärt wird, daß die Bundesregierung die Abkommen annimmt und alle erforderlichen Schritte unternommen hat, um alle ihr gemäß diesen Abkommen obliegenden Verpflichtungen erfüllen zu können.

Das Abkommen über den Internationalen Währungsfonds ist demnach nach seinem Artikel XX Abschnitt 2(b) und das Abkommen über die Internationale Bank für Wiederaufbau und Entwicklung nach seinem Artikel XI Abschnitt 2(b) am 14. August 1952 für das Gebiet der Bundesrepublik Deutschland in Kraft getreten.

Bonn, den 26. August 1952

Der Bundesminister des Auswärtigen
In Vertretung
gez. Hallstein

Quelle: Aus den Akten des Auswärtigen Amts, Verträge Nr. 415

33 Vertretungen in den arabischen Ländern

Beantwortung einer Anfrage durch den Staatssekretär des Auswärtigen Amts hinsichtlich der Vertretung der Bundesrepublik Deutschland in den arabischen Ländern, 4. September 1952

Wegen der hervorragenden Rolle, die Ägypten in der Arabischen Liga und in der islamischen Welt spielt, war zunächst beabsichtigt, mit den übrigen arabischen Ländern erst diplomatische Beziehungen aufzunehmen, wenn diese mit Ägypten bestehen. Die Aufnahme diplomatischer Beziehungen mit Ägypten ist jedoch dadurch, daß der ägyptische König den Titel eines »Königs von Sudan« angenommen hat, zu einer politischen Frage geworden, die nur in größerem Zusammenhang gesehen werden kann. Es konnten daher die normalen diplomatischen Beziehungen mit Ägypten bisher nicht aufgenommen werden. In welcher anderen Form die deutschen Interessen in Ägypten amtlich wahrzunehmen sind, ist Gegenstand von Besprechungen mit der ägyptischen Regierung. Inzwischen wurde schon im Frühjahr d. J. bei den arabischen Staaten Libanon, Syrien, Irak und Jordanien angefragt, ob sie bereit seien, die diplomatischen Beziehungen zur Bundesrepublik aufzunehmen. Von Syrien liegt eine zustimmende Antwort vor, auch ist bereits das Agrément für den nach Damaskus zu entsendenden Gesandten erteilt worden. Mit der Eröffnung einer Gesandtschaft der Bundesrepublik in Damaskus ist daher in Kürze zu rechnen. Antworten von Libanon, Irak und Jordanien werden erwartet. Nach ihrem Eintreffen werden auch bei diesen Staaten Agréments eingeholt und die jeweiligen Vertretungen errichtet werden. Trotz Nichtbestehens diplomatischer Beziehungen haben mit den genannten Regierungen Handelsvertragsverhandlungen sowie Besprechungen in Gemischten Regierungsausschüssen stattgefunden. Es erfolgten ferner Interventionen zugunsten der deutschen wirtschaftlichen Interessen bei den in der Bundesrepublik oder in Westeuropa vorhandenen arabischen Vertretungen. Diese Maßnahmen werden bis zur Herstellung normaler diplomatischer Beziehungen fortgesetzt werden. Auf diese Weise wird im Rahmen des Möglichen verhindert, daß Schaden für die deutsche Wirtschaft entsteht.

Quelle: Bulletin vom 4. 9. 1952, Nr. 127, S. 1183

34 Wiedergutmachungsabkommen mit Israel

Kommuniqué aus Anlaß der Unterzeichnung des Wiedergutmachungsabkommens zwischen der Bundesrepublik Deutschland und dem Staate Israel vom 10. September 1952

Heute, am 10. September 1952, 8.00 Uhr, ist in Luxemburg das Abkommen zwischen der Bundesrepublik Deutschland und dem Staate Israel unterzeichnet worden, durch das die Bundesrepublik, in der Absicht, in den Grenzen ihrer Leistungsfähigkeit den materiellen

Schaden der nationalsozialistischen Verfolgungsmaßnahmen gegen das jüdische Volk wiedergutzumachen, dem Staate Israel auf Grund der von diesem geltend gemachten Forderung
die Erstattung von Eingliederungskosten zusichert, die Israel durch die Aufnahme jüdischer
Flüchtlinge aus Deutschland und den ehemals unter deutscher Herrschaft stehenden Gebieten erwachsen sind. Die Unterzeichnung wurde durch Bundeskanzler Dr. Adenauer und
durch den israelischen Außenminister, Herrn Moshe Sharett, vorgenommen.

Ferner wurden durch Bundeskanzler Dr. Adenauer und das Mitglied des Präsidiums der
Conference on Jewish Material Claims against Germany, Herrn Dr. Nahum Goldmann,
zwei Protokolle unterzeichnet. Das erste dieser Protokolle legt Grundsätze zur Verbesserung
der geltenden Wiedergutmachungsgesetzgebung in der Bundesrepublik Deutschland fest,
deren Durchführung die Bundesregierung in die Wege leiten wird. In dem zweiten Protokoll sagt die Regierung der Bundesrepublik Deutschland zu, eine Globalzahlung zugunsten
der Conference on Jewish Material Claims against Germany zu leisten. Diese Globalzahlung wird von den in der Claims Conference zusammengeschlossenen jüdischen Verbänden
zur Unterstützung, Eingliederung und Ansiedlung jüdischer Opfer der nationalsozialistischen Verfolgung in verschiedenen Ländern verwendet werden.

Mit der Unterzeichnung des Vertrages und der beiden Protokolle haben die Verhandlungen, die seit dem 21. März 1952 in Den Haag zwischen Vertretern der Bundesrepublik
Deutschland, Vertretern des Staates Israel und Beauftragten der in der Claims Conference
zusammengeschlossenen jüdischen Weltverbände geführt worden sind, ihren erfolgreichen
Abschluß gefunden.

Der Unterzeichnung wohnten deutscherseits Staatssekretär Prof. Hallstein, Ministerial-
direktor Blankenhorn, der Leiter der deutschen Verhandlungsdelegation, Prof. Dr. Franz
Boehm, sowie einige weitere Mitglieder der deutschen Delegation bei. Der israelische
Außenminister war von den Leitern der israelischen Delegation, Herrn Dr. Josephthal und
Herrn Dr. Shinnar, sowie von Herrn Avner und weiteren Delegationsmitgliedern beglei-
tet. Der Leiter der Verhandlungsdelegation der Claims Conference, Mr. Lewitt, war durch
Krankheit verhindert, am Unterzeichnungsakt teilzunehmen.

Quelle: Bulletin vom 11. 9. 1952, Nr. 132, S. 1225

35   An die Adresse der arabischen Staaten

*Artikel der »Diplomatischen Korrespondenz« zu den Auseinandersetzungen zwischen der
Bundesrepublik Deutschland und den arabischen Staaten, 12. November 1952*

Seit Wochen schon wird die deutsche und die internationale Öffentlichkeit mit der Auseinandersetzung beschäftigt, die zwischen der Bundesrepublik und den arabischen Staaten
über das deutsch-israelische Wiedergutmachungsabkommen entstanden ist. Vor allem durch
den Besuch einer arabischen Delegation, der bisher trotz beiderseits in freundschaftlichem
Geiste geführten Gespräche zu keinem vollständigen Ausgleich der Standpunkte geführt
hat, wurde der ganze Problemkreis aktualisiert. Von der Presse der arabischen Länder sind
ziemlich weitgehende wirtschaftliche und sogar politische Gegenmaßnahmen angekündigt
worden. In Kairo trat in den letzten Tagen der politische Ausschuß der Arabischen Liga zusammen, um über die Auswirkungen des deutsch-israelischen Abkommens zu beraten.
Angesichts dieser Lage erscheint ein kurzer Überblick über Gegenstand und Zusammenhang
der Auseinandersetzung geboten.

Am 27. September 1951 gab der Bundeskanzler vor dem Bundestag die Erklärung ab, daß sich die Bundesregierung verpflichtet fühle, einen Beitrag zur Wiedergutmachung des von dem nationalsozialistischen Regime den Juden zugefügten Unrechts zu leisten. Die Bundesregierung ist in diesem ihrem Entschluß von der überwältigenden Mehrheit des Bundestages bestärkt worden. Mit dieser Legitimation des Bundestages konnte die Bundesregierung Verhandlungen mit Vertretern des Staates Israel und der jüdischen Weltverbände einleiten, die am 10. September 1952 in Luxemburg zur Unterzeichnung von entsprechenden Abkommen führten. Das Abkommen mit dem Staate Israel ist also ebenso wie das mit den jüdischen Weltorganisationen ausschließlich aus der moralischen Verpflichtung und keineswegs aus irgendwelchen politischen oder wirtschaftlichen Absichten gegenüber dem Staate Israel entstanden.

Zu den gegenwärtig von den arabischen Staaten vorgebrachten Protesten und ihren Motivierungen ist vor allem folgendes zu sagen:

Die vorgesehenen Warenlieferungen an Israel stellen keinerlei Neutralitätsverletzungen dar, denn selbst formal gesehen ist nach dem Völkerrecht die Belieferung eines kriegführenden Staats kein Bruch der Neutralität. Hinzu kommt, daß Israel sich mit den arabischen Ländern zwar noch im Kriegszustand befindet, die Kampfhandlungen aber bereits seit langem eingestellt sind. Außerdem handelt es sich bei den zur Lieferung vorgesehenen Warengruppen um rüstungsfremde Güter.

Man kann im vorliegenden Fall auch nicht von Subventionen an die israelische Regierung sprechen, denn die deutschen Leistungen sind ausschließlich als ein teilweiser Schadenersatz für das den jüdischen Flüchtlingen durch das nationalsozialistische Regime zugefügte Unrecht gedacht. Der Staat Israel hat diese Flüchtlinge in großer Zahl aufgenommen und erhebliche Aufwendungen gemacht, um ihnen eine notdürftige Existenz zu ermöglichen.

Von arabischer Seite wird auch vorgebracht, daß für den Staat Israel die Möglichkeit bestehe, die deutschen Waren wieder auszuführen, sich dadurch in den Besitz harter Währung zu bringen und mit dieser Kriegsmaterial einzukaufen. Demgegenüber ist festzuhalten, daß das Abkommen selbst die Wiederausfuhr ausschließt und Verstöße dagegen mit hohen Konventionalstrafen belegt.

Man darf nach Auffassung erfahrener Beobachter in Bonn wohl auch annehmen, daß die Bundesregierung – die Einwilligung des Staates Israel vorausgesetzt – bereit wäre, weiteren Kontrollen durch dazu geeignete Körperschaften zuzustimmen. Die Bundesregierung soll den arabischen Staaten gegenüber auch ihre Bereitschaft erklärt haben, weitgehende deutsche Beiträge zur wirtschaftlichen Erstarkung dieser Länder auf kommerzieller Basis zu sichern.

Es besteht ausreichend Zeit, in Verhandlungen mit den arabischen Staaten über dieses Thema einzutreten, um bis zu dem mutmaßlichen Termin der Ratifizierung des Wiedergutmachungsabkommens die Mißverständnisse zwischen der Bundesrepublik und den arabischen Ländern aufzuklären und die nach deutscher Auffassung unbegründeten arabischen Befürchtungen zu zerstreuen. Dann sollten auch die angekündigten Vergeltungsmaßnahmen gegen den deutschen Handel gegenstandslos werden.

Zweifellos wird der Konflikt zwischen der uns von unserer jüngsten unglücklichen Vergangenheit auferlegten moralischen Verpflichtung und den Wünschen unserer arabischen Freunde, die zu den ältesten und beständigsten gehören, die wir in der Welt haben, von ganz Deutschland zutiefst empfunden. Diese Empfindung sollte eine Garantie dafür sein, daß der Konflikt gelöst werden kann. Voraussetzung ist allerdings auch, daß die arabische Welt zu einer sachlichen Würdigung der deutschen Beweggründe bereit ist.

Quelle: Bulletin vom 12. 11. 1952, Nr. 176, S. 1559

Erklärung der Bundesregierung vor dem Deutschen Bundestag zur Saarfrage am 18. November 1952 (Auszüge)

Dr. Adenauer, Bundeskanzler: Herr Präsident! Meine Damen und meine Herren! Eine Erklärung zu den an der Saar für den 30. November dieses Jahres auf Betreiben des Ministerpräsidenten Hoffmann angesetzten Landtagswahlen kann nicht abgegeben werden ohne gleichzeitiges Eingehen auf die zwischen der Bundesrepublik und der französischen Regierung geführten, die Saar betreffenden Verhandlungen.
(Abg. Renner: Und auf die Schuman-Erklärung!)

Auf der Konferenz der vier Außenminister – Großbritanniens, der Vereinigten Staaten, Frankreichs und Deutschlands –, die im Februar dieses Jahres in London stattfand, regten die Außenminister Acheson und Eden unmittelbare Verhandlungen zwischen Frankreich und Deutschland zwecks Beilegung der nach ihrer Auffassung einen Gefahrenherd für die Föderierung Europas bildenden Saarschwierigkeiten an. Darauf fand in London ein erster Meinungsaustausch zwischen Herrn Präsidenten Schuman und mir statt, der in Paris fortgesetzt wurde, aber dann wegen der zutage getretenen Meinungsverschiedenheiten über die Zukunft der zwischen Frankreich und der Saar bestehenden Wirtschaftskonventionen ins Stocken geriet.

Auf der Konferenz der sechs Außenminister der Montan-Union im Juli dieses Jahres erklärte Herr Präsident Schuman, die französische Regierung sei bereit, für Saarbrücken als Sitz der Organe der Montan-Union zu stimmen unter der Voraussetzung einer Europäisierung der Saar.

In der Folge fanden mehrere, teils mündliche, teils schriftliche Verhandlungen statt. Dabei wurde zwischen Frankreich und uns eine Einigung über folgende Punkte erzielt.

Erstens: Man war sich darin einig, daß die jetzt zu treffende Einigung keine endgültige Regelung sein sollte, sondern daß die endgültige Regelung dem Friedensvertrag vorbehalten bleiben müsse.

Zweitens: In politischer Hinsicht war man sich darüber einig, daß bis dahin die Saar politische Selbstverwaltung unter einem frei gewählten Landtag und einer von diesem zu bestellenden Regierung haben solle. Die Oberaufsicht über die Saar und deren außenpolitische Vertretung sollte ein europäisches Organ, etwa der Ministerrat der Montan-Union, erhalten.

In wirtschaftlicher Hinsicht ist bisher eine Einigung zwischen Frankreich und der Bundesrepublik nicht erreicht. Sie wissen, meine Damen und Herren, daß durch die Wirtschaftskonventionen, die seinerzeit zwischen Frankreich und der Saar geschlossen worden sind, Frankreich die Saar wirtschaftlich völlig beherrscht. Frankreich wollte diese wirtschaftlichen Konventionen beibehalten und sie allmählich der fortschreitenden europäischen Integration anpassen.

Der deutsche Standpunkt war der folgende. Ein Gebiet von der Größe und der wirtschaftlichen Struktur der Saar ist, wenn es wirtschaftlich von Frankreich völlig abhängig ist, auch politisch von Frankreich abhängig. Wenn dem Saargebiet in politischer Hinsicht ein europäischer Status gegeben werden soll, so würde das nicht möglich sein, solange die wirtschaftliche Beherrschung durch Frankreich andauert. Es ist nicht zu verkennen, daß Frankreich besondere wirtschaftliche Interessen an der Saar hat. Das gilt bezüglich des Bezuges von Saarkohle und von dem Bezug landwirtschaftlicher lothringischer Produkte durch die Saarbevölkerung. Die Interessen Frankreichs auf diesen Gebieten sind in erster Linie von der Devisenfrage bestimmt.

Auch Deutschland – und das gilt namentlich für Süddeutschland – hat besondere wirtschaftliche Interessen an der Saarkohle. Und schließlich hat die Saarbevölkerung selbst ebenfalls ihre eigenen wirtschaftlichen Interessen. Es wurde deshalb von deutscher Seite vorgeschlagen, daß die Wirtschaftskonventionen mit der Errichtung eines europäischen Status wegfallen sollten, daß an deren Stelle zwischen Frankreich, Deutschland und der Saar zu vereinbarende Regelungen auf wirtschaftlichem Gebiet treten sollten.

Den von mir vorstehend skizzierten politischen und wirtschaftlichen Vorschlägen hatten die Vertreter der nicht zugelassenen Parteien an der Saar zugestimmt.

Ich habe schließlich in einem Brief an Herrn Außenminister Schuman vom 16. Oktober vorgeschlagen, man solle auf beiden Seiten Sachverständige ernennen, die eine Untersuchung der wirtschaftlichen Interessen sowohl Frankreichs wie der Bundesrepublik wie der Saar selbst vornehmen sollten, um nach Feststellung des Tatbestandes eine Regelung zu suchen. Eine Antwort auf diesen Brief ist mir von Herrn Präsident Schuman nach seiner Rückkehr aus Amerika angekündigt.

Die französische Regierung und wir waren uns darin einig, daß die Saar selbst, vertreten durch einen frei gewählten Landtag, dem Status zustimmen müßte. Inzwischen war der Zeitpunkt der Beendigung der Legislaturperiode des Saarlandtags näher gekommen, und die Frage, ob nunmehr neue Wahlen ohne Zulassung der neuen Parteien stattfinden sollten oder ob nicht zweckmäßigerweise, um die Verschlechterung der allgemeinen Atmosphäre durch solche Wahlen zu verhindern, eine Verlängerung der Legislaturperiode durch einen Beschluß des Saarlandtags herbeigeführt werden sollte, mußte entschieden werden. Ich wiederhole: Beide Teile, sowohl Frankreich wie wir, waren sich darüber klar, daß eine Neuwahl unter diesen Umständen eine Verschlechterung der Atmosphäre und damit neue Schwierigkeiten für die Herbeiführung einer Einigung zur Folge haben werde. Die französische Regierung war mit der Saarregierung wegen der Verschiebung des Termins der Landtagswahl in Verbindung getreten. Herr Hoffmann hatte eine gemeinsame Erklärung Frankreichs und der Bundesrepublik, die erkennen lasse, daß die Verhandlungen zwischen der französischen Regierung und uns Aussicht auf Erfolg versprächen – nicht etwa auf Erfolg bis zu dem Termin der Landtagswahlen –, als Begründung für einen von ihm beim Saarlandtag zu stellenden Antrag auf Verschiebung der Wahlen verlangt. Offenbar auf Verlangen des Herrn Hoffmann war in der von Frankreich formulierten Erklärung ein Satz aufgenommen worden, der dem von uns bezüglich der Wirtschaftskonventionen vertretenen Standpunkt nicht gerecht wurde, der aber eine Anerkennung des französischen Standpunkts enthielt. Nach meiner Meinung war dieser Satz völlig überflüssig. An diesem Satz ist die Abgabe einer gemeinsamen Erklärung gescheitert. Ich habe erklärt, daß ich nicht in der Lage sei, einer solchen Erklärung zuzustimmen. Dann hat der Saarlandtag das Wahlgesetz verabschiedet. Es wurde eine Wahlordnung erlassen, und der Wahltermin wurde auf den 30. November festgelegt. Die bisher nicht zugelassenen Parteien wurden auch jetzt nicht zugelassen...

Was nun die Wahlen an der Saar angeht, so können wir diese nicht als freie, auf demokratischen Grundsätzen beruhende Wahlen anerkennen und auch die nach dem Ausfall dieser Wahlen gebildete Regierung nicht als eine legitimierte Vertretung der Saarbevölkerung betrachten.

(Sehr richtig! in der Mitte.)

Diese Wahlen vollziehen sich in dem Zustand politischer Unfreiheit, der im Saargebiet schon seit Jahren herrscht und der der Bundesregierung und dem Bundestag schon so oft Anlaß zu Kritik und Protest gegeben hat. Die Leute an der Saar leben unter einem Regime, das ihnen im Jahre 1947 auferlegt wurde. Grundlage dieses Regimes ist die Präambel der saarländischen Verfassung, in der ausdrücklich ausgesprochen ist, daß das Saargebiet politisch von Deutschland unabhängig und wirtschaftlich an Frankreich angeschlossen sein soll. Der Inhalt dieses Regimes hat in den französisch-saarländischen Konventionen einen genaueren

Ausdruck gefunden, die so gut wie alle Gebiete des politischen und wirtschaftlichen Lebens an der Saar in einer ganz bestimmten einseitigen Weise regeln. Das Wesentliche ist, daß es den Menschen an der Saar verboten ist, sich zur Frage der Aufrechterhaltung dieses Zustandes politisch wirksam zu äußern.

(Zuruf von der KPD: Genau wie hier!)

Denn was bedeutet das an der Saar erlassene Parteiengesetz anderes als eine einseitige Ausrichtung der politischen Willensbildung in Richtung auf eine Anerkennung des gegenwärtigen Zustandes! Und dieses Verbot, meine Damen und Herren, sich über eine Änderung des jetzigen politischen und wirtschaftlichen Status der Saar durch Wahlen in politisch wirksamem Sinne zu äußern, wird aufrechterhalten, während die französische und die Bundesregierung – jedenfalls mit Kenntnis der Saarregierung – über eine Änderung verhandeln. Gibt es etwas Widersinnigeres, als heute noch politische Parteien an der Saar nur deshalb zu verbieten, weil sie sich nicht für die Beibehaltung des gegenwärtigen Zustandes einsetzen,

(Abg. Rische: Wie ist das hier?! Fragen Sie Herrn Dr. Lehr! – Weitere Zurufe von der KPD)

obwohl Herr Hoffmann selbst wiederholt erklärt hat, daß eine Europäisierung der Saar und eine Abänderung der Konventionen

(Abg. Rische: So wie mit dem Generalvertrag!)

von ihm für richtig gehalten werden?

(Abg. Reimann: Sie sitzen ja in einem Glaskasten! Schmeißen Sie nicht mit Steinen, Herr Adenauer! – Glocke des Präsidenten.)

Es ist ein sehr billiges Mittel, diese Parteien als Verfechter einer einseitigen »Heim-ins-Reich«-Bewegung darstellen zu wollen. Ich habe mit den Vertretern der nicht zugelassenen Parteien über die Herbeiführung einer Lösung bis zum Friedensvertrag verhandelt, und ich betone nochmals, was ich eben gesagt habe, sie sind mit der von mir der französischen Regierung vorgeschlagenen Lösung einverstanden.

(Abg. Reimann: Armer Unschuldsengel!)

Unter solchen Voraussetzungen müssen die Leute an der Saar am 30. November zur Wahl gehen. Abgesehen von der Kommunistischen Partei wird keine Partei Kandidaten aufstellen können, die sich nicht auf die Aufrechterhaltung des gegenwärtigen Zustandes festgelegt hat.

(Abg. Reimann: Die KPD tut das auch nicht!)

Die Bestimmungen des am 29. Oktober erlassenen Gesetzes über die Wahlen zum Saarländischen Landtag legen das noch einmal eindeutig fest. Sie übertragen überdies die Lenkung des Wahlkampfes dem Innenminister, der bereits in einer Polizeiverordnung vom 5. November einschneidende Maßnahmen verfügt hat.

(Abg. Müller [Frankfurt]: Hat er von Lehr gelernt! – Glocke des Präsidenten. – Weitere Zurufe von der KPD. – Abg. Reimann: Er reckt sich schon auf der Tribüne, dieser Polizeibüttel!)

Zur Abhaltung von Wahlversammlungen

(Erneute Zurufe von der KPD)

sind nur die politischen Parteien berechtigt, die Wahlvorschläge einreichen durften. Während des Wahlkampfes dürfen öffentliche Versammlungen überhaupt nur mit Genehmigung der Kreispolizeibehörden stattfinden. Selbst das Anschlagen von Plakaten politischen Inhalts ist stark einschränkenden Vorschriften unterworfen,

(Zuruf von der KPD: Genau wie hier! – Weitere Zurufe von der KPD)

die es verhindern sollen, daß Andersdenkende ihrer politischen Meinung Ausdruck verleihen.

(Abg. Reimann: Sie halten sich ja einen Spiegel vor! – Abg. Renner: Der ist aber blind!)

Meine Damen und Herren! Die Bundesregierung hat in den vergangenen Jahren immer wieder darauf aufmerksam gemacht, daß die demokratischen Freiheiten im Saargebiet nicht gewährleistet sind.

(Zuruf von der KPD: Sorgen Sie dafür, daß wir sie selber hier haben!)

In einer Note an die Alliierte Hohe Kommission vom 29. Mai 1951 hat sie das Verbot der demokratischen Partei zum Anlaß genommen, eindringlich auf den politischen Druck hinzuweisen, unter dem die Saarbevölkerung steht. Sie hat die Alliierte Hohe Kommission gebeten, die geeigneten Schritte zu unternehmen, damit im Saargebiet die uneingeschränkte Freiheit der Meinungsäußerung und Willensbildung hinsichtlich der Fragen hergestellt werde, die im Friedensvertrag ihre endgültige Regelung finden sollen.

(Abg. Rische: Das heißt, den Teufel mit dem Beelzebub austreiben!)

Obwohl die Alliierte Hohe Kommission in ihrer Antwortnote vom 2. August 1951 zum Ausdruck brachte, »die drei westlichen Regierungen unterstützen selbstverständlich die Entwicklung demokratischer Einrichtungen und die Wahrung der individuellen Freiheiten an der Saar«, fühlte sich die Saarregierung nicht zu einer Änderung ihrer Haltung bewogen.

(Abg. Renner: Dafür unterstützen sie hier die Partisanenverbände!)

Die Bundesregierung wird nicht aufhören, für die Saar freie Wahlen zu fordern.

(Bravo! bei den Regierungsparteien. – Zuruf von der KPD: Erst mal hier!)

Die Saar wird dann frei wählen, wenn jeder dort seine Meinung über das endgültige Schicksal seiner Heimat in Wort und Schrift frei bekunden kann.

(Lebhafter Beifall bei den Regierungsparteien. – Abg. Renner: Die Saar wird frei, wenn wir frei sind!)

Wir schreiben dem Bewohner des Saargebietes keine Meinung vor. Er mag sich entscheiden, wie er will. Aber wir können nicht zulassen, daß der Wille der Bevölkerung an der Saar dadurch verfälscht wird, daß einem Teil des Volkes, und zwar einem sehr erheblichen, die Möglichkeit genommen wird, seinen politischen Willen zum Ausdruck zu bringen.

(Sehr gut! bei der CDU.)

Da Wahrheit und Gerechtigkeit sich letzten Endes immer durchsetzen, zweifle ich nicht daran, daß der Sieg denen gehören wird, die in diesem Kampf gegen den Zwang Mut zeigen.

(Lebhafter Beifall bei den Regierungsparteien und bei der BP.)

Quelle: 1. Deutscher Bundestag, 237. Sitzung vom 18. 11. 1952, S. 10922–10924

37   Das Londoner Schuldenabkommen

Gesetz betreffend das Abkommen vom 27. Februar 1953 über deutsche Auslandsschulden, vom 24. August 1953 sowie das Abkommen (Auszüge)

Der Bundestag hat das folgende Gesetz beschlossen:

Artikel I

Dem am 27. Februar 1953 in London von der Bundesrepublik Deutschland, Frankreich, Großbritannien, den Vereinigten Staaten von Amerika, Belgien, Ceylon, Dänemark, Griechenland, Irland, Jugoslawien, Kanada, Liechtenstein, Luxemburg, Norwegen, Pakistan, Schweden, der Schweiz, Spanien und der Südafrikanischen Union unterzeichneten Abkommen über deutsche Auslandsschulden einschließlich seiner dazugehörigen Anhänge und Anlagen wird zugestimmt[1].

Artikel II

(1) Das Abkommen sowie die dazugehörigen Anhänge und Anlagen werden nachstehend mit Gesetzeskraft veröffentlicht.

(2) Der Tag, an dem sie in Kraft treten, ist im Bundesgesetzblatt bekanntzugeben.

Artikel III

Dieses Gesetz gilt auch im Lande Berlin, sobald das Land Berlin seine Anwendung durch Gesetz festgestellt hat.

Artikel IV

Dieses Gesetz tritt am Tage seiner Verkündung in Kraft.

Die verfassungsmäßigen Rechte des Bundesrates sind gewahrt.

Das vorstehende Gesetz wird hiermit verkündet.

Bonn, den 24. August 1953

Der Bundespräsident
Theodor Heuss

Der Bundeskanzler
und Bundesminister des Auswärtigen
Adenauer

Der Bundesminister der Finanzen
Schäffer

Das Abkommen vom 27. Februar 1953 über deutsche Auslandsschulden (Auszüge)

Artikel 1
Billigung der Regelungsbedingungen und der Verfahren

Die Parteien dieses Abkommens betrachten die Bestimmungen des Abkommens und seiner Anlagen als angemessen im Hinblick auf die allgemeine Lage der Bundesrepublik Deutschland sowie als befriedigend und gerecht für die beteiligten Interessen. Sie billigen die in seinen Anlagen niedergelegten Regelungsbedingungen und Verfahren.

Artikel 2
Durchführung des Abkommens durch die Bundesrepublik Deutschland

Die Bundesrepublik Deutschland wird die Rechtsvorschriften erlassen und die Verwaltungsmaßnahmen treffen, die zur Durchführung dieses Abkommens und seiner Anlagen erforderlich sind; sie wird auch die Rechtsvorschriften und die Verwaltungsmaßnahmen ändern oder aufheben, die mit diesem Abkommen und seinen Anlagen unvereinbar sind.

. . .

Artikel 4
Zu regelnde Schulden

(1) Die gemäß diesem Abkommen und seinen Anlagen zu regelnden Schulden sind
a) nichtvertragliche Geldverbindlichkeiten, die der Höhe nach vor dem 8. Mai 1945 festgestellt und fällig waren;

227

b) Geldverbindlichkeiten aus Anleihe- und Kreditverträgen, die vor dem 8. Mai 1945 abgeschlossen wurden;

c) Geldverbindlichkeiten aus anderen Verträgen als Anleihe- oder Kreditverträgen, sofern diese Verbindlichkeiten vor dem 8. Mai 1945 fällig waren.

(2) Voraussetzung ist, daß die Schulden

a) unter die Bestimmungen der Anlage I dieses Abkommens fallen oder

b) von einer Person als Hauptschuldner oder in anderer Weise als ursprünglichem Schuldner oder als Rechtsnachfolger geschuldet werden, die im Währungsgebiet der Deutschen Mark (West) jeweils in dem Zeitpunkt ansässig ist, in dem gemäß diesem Abkommen und seinen Anlagen vom Schuldner ein Regelungsvorschlag gemacht oder vom Gläubiger oder gegebenenfalls bei verbrieften Schulden von der Gläubigervertretung eine Regelung verlangt wird.

(3) Voraussetzung ist ferner, daß die Schulden

a) entweder gegenüber der Regierung eines Gläubigerstaates bestehen oder

b) gegenüber einer Person bestehen, die jeweils in demjenigen Zeitpunkt in einem Gläubigerstaat ansässig ist oder dessen Staatsangehörigkeit besitzt, in dem gemäß diesem Abkommen und seinen Anlagen vom Schuldner ein Regelungsvorschlag gemacht oder vom Gläubiger eine Regelung verlangt wird, oder

c) aus marktfähigen Wertpapieren herrühren, die in einem Gläubigerstaat zahlbar sind.

Artikel 5
Nicht unter das Abkommen fallende Forderungen

(1) Eine Prüfung der aus dem Ersten Weltkriege herrührenden Regierungsforderungen gegen Deutschland wird bis zu einer endgültigen allgemeinen Regelung dieser Angelegenheit zurückgestellt.

(2) Eine Prüfung der aus dem Zweiten Weltkriege herrührenden Forderungen von Staaten, die sich mit Deutschland im Kriegszustand befanden oder deren Gebiet von Deutschland besetzt war, und von Staatsangehörigen dieser Staaten gegen das Reich und im Auftrage des Reichs handelnde Stellen oder Personen, einschließlich der Kosten der deutschen Besatzung, der während der Besetzung auf Verrechnungskonten erworbenen Guthaben sowie der Forderungen gegen die Reichskreditkassen wird bis zu der endgültigen Regelung der Reparationsfrage zurückgestellt.

(3) Eine Prüfung der während des Zweiten Weltkrieges entstandenen Forderungen von Staaten, die sich während dieses Krieges mit Deutschland nicht im Kriegszustand befanden oder deren Gebiet nicht von Deutschland besetzt war, und von Staatsangehörigen dieser Staaten gegen das Reich und im Auftrage des Reichs handelnde Stellen oder Personen, einschließlich der auf Verrechnungskonten erworbenen Guthaben, wird zurückgestellt, bis die Regelung dieser Forderungen im Zusammenhang mit der Regelung der in Absatz 2 dieses Artikels bezeichneten Forderungen behandelt werden kann (soweit nicht diese Forderungen auf der Grundlage von oder im Zusammenhang mit Abkommen geregelt werden, die von den Regierungen der Französischen Republik, des Vereinigten Königreichs von Großbritannien und Nordirland und der Vereinigten Staaten von Amerika sowie der Regierung eines solchen Staates unterzeichnet worden sind).

(4) Die gegen Deutschland oder deutsche Staatsangehörige gerichteten Forderungen von Staaten, die vor dem 1. September 1939 in das Reich eingegliedert oder am oder nach dem 1. September 1939 mit dem Reich verbündet waren, und von Staatsangehörigen dieser Staaten aus Verpflichtungen, die zwischen dem Zeitpunkt der Eingliederung (bei mit dem Reich verbündet gewesenen Staaten dem 1. September 1939) und dem 8. Mai 1945 eingegangen worden sind, oder aus Rechten, die in dem genannten Zeitraum erworben worden sind,

werden gemäß den Bestimmungen behandelt, die in den einschlägigen Verträgen getroffen worden sind oder noch getroffen werden. Soweit gemäß den Bestimmungen dieser Verträge solche Schulden geregelt werden können, finden die Bestimmungen dieses Abkommens Anwendung.

(5) Die Regelung der Schulden der Stadt Berlin und der im Besitz von Berlin befindlichen oder von Berlin maßgebend beeinflußten öffentlichen Versorgungsbetriebe, soweit sie in Berlin liegen, wird bis zu dem Zeitpunkt zurückgestellt, in dem Verhandlungen über die Regelung dieser Schulden von der Regierung der Bundesrepublik Deutschland und dem Senat der Stadt Berlin sowie von den Regierungen der Französischen Republik, des Vereinigten Königreichs von Großbritannien und Nordirland und der Vereinigten Staaten von Amerika für tunlich angesehen werden.

. . .

[1] Später treten Argentinien (1958), Australien (1954), Chile (1963), Finnland (1955), Israel (1956), Kambodscha (1953), Neuseeland (1955), die Niederlande (1958), Österreich (1958), Peru (1958), Syrien (1960) und Thailand (1958) bei.

Quelle: BGBl. 1953, II, S. 331 ff.

38 Kulturabkommen mit Italien

Deutsche Noten über die Rückgabe von italienischen Kunstwerken und die Wiederaufnahme der Tätigkeit der deutschen wissenschaftlichen Institute in Italien, 27. Februar 1953

Rom, den 27. Februar 1953

Herr Ministerpräsident,

ich beehre mich, Eurer Exzellenz den Empfang Ihres Schreibens vom 27. Februar 1953 über die Wiederaufnahme der Tätigkeit der deutschen wissenschaftlichen Institute in Italien zu bestätigen, dessen Text in deutscher Übersetzung folgendermaßen lautet:

»Unter Bezugnahme auf unsere heutige Besprechung und in Anbetracht des gemeinsamen Wunsches, die kulturelle Zusammenarbeit zwischen unseren beiden Ländern und den entsprechenden wissenschaftlichen Instituten fortzusetzen und zu vertiefen, beehre ich mich, Ew. Exzellenz die Vereinbarung mitzuteilen, die zwischen unseren beiden Regierungen über die folgenden Punkte erzielt worden ist:

I. Die italienische Regierung erklärt sich damit einverstanden, daß die folgenden deutschen Institute ihre Tätigkeit wiederaufnehmen:

1. Deutsches Archäologisches Institut in Rom
2. Deutsches Historisches Institut in Rom
3. Biblioteca Hertziana (Max-Planck-Institut) in Rom
4. Deutsches Kunsthistorisches Institut in Florenz

II. Die Regierung der Bundesrepublik Deutschland verpflichtet sich, die vorgenannten Institute und deren Bibliotheken nicht von ihren Sitzen in Rom und Florenz zu entfernen.

III. Die Bundesregierung wird darauf hinwirken, daß diesen Instituten eine selbständige Leitung gegeben wird und verpflichtet sich, sie wieder in Betrieb zu setzen, eventuelle Lücken, die durch die Entfernung entstanden sind, auszufüllen und für ihr regelmäßiges Funktionieren Sorge zu tragen, wobei folgende besondere Verpflichtungen zu beachten sind:

a) Allen Studierenden italienischer oder anderer nichtdeutscher Nationalität soll die gleiche Behandlung wie den deutschen Studierenden garantiert werden, wobei sie auf keinen Fall unter schlechteren Bedingungen arbeiten sollen, als sie in Italien üblich sind.

b) Je nach den Bedürfnissen der Studierenden soll – wie es in der Vergangenheit üblich war – die italienische Sprache mit der deutschen gleichberechtigt behandelt werden.

c) Es soll gestattet sein – unter den nötigen Vorsichtsmaßnahmen und ausschließlich zum Zwecke des Studiums –, von den Originalen, die sich in den Bibliotheken befinden, durch fotografische oder andere Verfahren Reproduktionen zu machen.

d) Der gegenseitige Austausch von Büchern mit den italienischen Staatsbibliotheken soll gestattet sein, und zwar auf Grund einer Regelung, die in gegenseitigem Einvernehmen aufgestellt wird.

IV. Die Regierung der Republik Italien verpflichtet sich, innerhalb der Grenzen der geltenden Gesetze den obengenannten Instituten die gleichen Vergünstigungen einzuräumen, die ihnen in der Vergangenheit gewährt wurden.

V. Diese Vereinbarung tritt gleichzeitig mit dem vorgesehenen Abkommen für die Rückgabe der obengenannten Institute in Kraft.

VI. Angesichts der unmittelbar bevorstehenden Unterzeichnung des deutsch-italienischen Kulturabkommens wird die dort vorgesehene gemischte italienisch-deutsche Kommission für alle Fragen zuständig sein, die sich für die Ausführung und Auslegung der vorliegenden Vereinbarung ergeben.

Ich darf Eure Exzellenz bitten, Ihr Einverständnis mit dieser Vereinbarung zu bestätigen.«

Ich erkläre mich mit dieser Vereinbarung einverstanden, und benütze die Gelegenheit, Euer Exzellenz den Ausdruck meiner vorzüglichsten Hochachtung zu übermitteln.

Konrad Adenauer

Seiner Exzellenz Alcide de Gasperi
Ministerpräsident und Minister des Äußern
der Italienischen Republik, Rom

Rom, den 27. Februar 1953

Herr Ministerpräsident,

im Anschluß an unsere heutigen Gespräche, im Laufe welcher die Frage der Rückgabe der italienischen Kunstwerke berührt wurde, beehre ich mich, Ew. Exzellenz folgendes mitzuteilen:

Wie schon in einem Schreiben des Botschafters der Bundesrepublik vom 23. 1. 1953 festgelegt, ist die Bundesrepublik Deutschland damit einverstanden, daß eine gemischte deutsch-italienische Kommission von Fachleuten gebildet wird, die sich mit den obengenannten Fragen beschäftigen soll.

Die Zuständigkeit für die Restitution der Kunstwerke liegt noch ganz in den Händen der Alliierten. Trotzdem erklärt sich die Bundesrepublik bereit, soweit es in ihrer Macht steht, die Arbeiten dieser Kommission zu erleichtern und zu beschleunigen und alles zu tun, um die Rückgabe der schon aufgefundenen oder noch aufzufindenden Kunstwerke und bibliographischen Materialien zu ermöglichen, die während der nationalsozialistischen Regierung zu Unrecht aus Italien entfernt wurden.

Genehmigen Sie, Herr Ministerpräsident, den Ausdruck meiner vorzüglichsten Hochachtung.

Konrad Adenauer

Seiner Exzellenz Alcide de Gasperi
Ministerpräsident und Minister des Äußern
der Italienischen Republik, Rom

Quelle: Aus den Akten des Auswärtigen Amts

Bekanntmachung des Auswärtigen Amts vom 20. März 1953 über die Wiederaufnahme
von Wirtschaftsverhandlungen zwischen der Bundesrepublik Deutschland und Ägypten

Nachdem die bisherigen Verhandlungen zwischen der Bundesregierung und den arabischen
Ländern gezeigt haben, daß beiderseits der feste und aufrichtige Wunsch besteht, die freundschaftlichen Beziehungen zu vertiefen, die zwischen unseren Völkern immer bestanden
haben, sind die Bundesregierung und die ägyptische Regierung übereingekommen, die von
der Delegation des Staatssekretärs Dr. Westrick begonnenen Besprechungen fortzuführen.
Im Zuge dieser Besprechungen hat sich eine deutsche Studienkommission nach Ägypten
begeben, die den Auftrag hat, im Rahmen einer Intensivierung der deutsch-ägyptischen
Wirtschaftsbeziehungen gemeinsam mit den Experten der ägyptischen Regierung die technischen und kaufmännischen Voraussetzungen für die Errichtung eines neuen Nil-Stau-
dammes bei Assuan zu prüfen. Wenn, wie erwartet werden darf, Einvernehmen über die
Ausführung dieses Assuanprojektes, eines der größten Talsperrenvorhaben, die je in Angriff genommen worden sind, erzielt wird, ist ein weiterer Schritt auf diesem Wege getan.

Im Verlauf der Verhandlungen sind alle einschlägigen Fragen auf beiden Seiten mit dem
Freimut erörtert worden, der die Besprechungen mit der ägyptischen Regierung von Anfang an ausgezeichnet hat. Hinsichtlich der Durchführung des Israel-Vertrages hat sich
die Bundesregierung im Prinzip mit der Einsetzung eines Treuhänders einverstanden erklärt, dessen Person für alle Teile annehmbar ist. Im übrigen hat die Bundesregierung
erklärt, daß sie den Wunsch hat, auch mit allen anderen arabischen Staaten Verhandlungen
über einen Ausbau der wirtschaftlichen Zusammenarbeit zu führen. Sie ist daher bereit, in
alle Staaten, die sich ihrerseits diesem Wunsche anschließen, Delegationen zu entsenden.
Mit der Republik Libanon steht sie darüber bereits in Verbindung.

Das stets bewiesene staatsmännische Verständnis der führenden arabischen Politiker
bestärkt die Bundesregierung in der Zuversicht, daß Deutsche und Araber in gemeinsamer Arbeit und gemeinsamem Aufbau ihren Teil zur Befriedung der Welt beitragen
werden.

Quelle: Bulletin vom 20. 3. 1953, Nr. 54, S. 456

Kommuniqué nach Abschluß der Besprechungen zwischen Bundeskanzler Dr. Konrad
Adenauer und Präsident Eisenhower in Washington am 9. April 1953

Der Präsident der Vereinigten Staaten, der Außenminister und andere Kabinettsmitglieder
sind in den letzten drei Tagen mit dem Kanzler der Bundesrepublik Deutschland zusammengekommen. Sie hatten einen umfassenden und offenen Meinungsaustausch über die Lage
in der Welt im allgemeinen und über die amerikanisch-deutschen Beziehungen im besonderen.

Die Besprechungen erfolgten im Geiste der Freundschaft und Zusammenarbeit und ließen
eine weitreichende Übereinstimmung der Ansichten und Ziele erkennen.

Der Präsident und der Kanzler erörterten die Auswirkungen, die die letzten Entwicklungen im sowjetischen Bereich auf den Ost-West-Konflikt haben könnten. Sie stimmten
darin überein, daß keine Gelegenheit versäumt werden sollte, um eine allgemeine Entspannung zu erreichen, daß aber die freien Völker des Westens weder in ihrer Wachsamkeit

nachlassen noch in ihren Einheitsbestrebungen und ihrer gemeinsamen Kraftentfaltung erlahmen dürfen.

Sie stimmten ferner darin überein, daß die sowjetischen Machthaber, wenn sie wirklich am Frieden und an der Zusammenarbeit aller Völker interessiert sind, keinen besseren Beweis ihres guten Willens geben könnten als durch die Genehmigung wirklich freier Wahlen in der sowjetischen Besatzungszone Deutschlands und durch die Freilassung der Hunderttausende von deportierten deutschen Zivilisten und Kriegsgefangenen, die sich noch in sowjetischen Händen befinden.

Sie bekräftigen weiter ihre gemeinsame Überzeugung, daß eine dauernde Lösung des deutschen Problems nur dann erfolgen kann, wenn die Wiedervereinigung Deutschlands mit friedlichen Mitteln auf freier demokratischer Grundlage erfolgt. Die Erreichung dieses Ziels erfordert ständige gemeinsame Bemühungen der Unterzeichnermächte der Verträge, die im vergangenen Jahre in Bonn abgeschlossen wurden.

Es bestand Übereinstimmung darüber, daß alle Beteiligten unbeirrt die Einigung Europas durch eine baldige Ratifizierung des Vertrages über die Europäische Verteidigungsgemeinschaft fördern sollen. Die Erreichung dieses Ziels geht Hand in Hand mit der Wiederherstellung der deutschen Unabhängigkeit und Souveränität auf Grund der Bonner Verträge.

Der Kanzler erklärte, daß die Bundesrepublik Deutschland bereit und gewillt sei, auf der Grundlage der Gleichberechtigung und Partnerschaft mit allen freien Nationen des Westens bei der Stärkung der Verteidigung der freien Welt mitzuarbeiten. Der Kanzler erhielt die Zusicherung, daß die Vereinigten Staaten der Europäischen Verteidigungsgemeinschaft militärische Ausrüstungsgegenstände liefern werden, um damit nach der Ratifikation des Vertrages bei der Ausrüstung der deutschen Kontingente mitzuhelfen.

Das Saarproblem wurde erörtert und Übereinstimmung erzielt, daß im gemeinsamen Interesse eine baldige Lösung gesucht werden müsse.

Die besondere Lage Berlins wurde geprüft und der politischen Festigkeit und dem Mut seiner Bewohner Anerkennung gezollt. Man kam überein, daß die moralische und materielle Unterstützung zur Aufrechterhaltung der Kräfte der Stadt ein Gegenstand von hervorragender Bedeutung ist. Der Kanzler wies darauf hin, daß er weitere Maßnahmen zur Erhöhung der Produktion und Verminderung der Arbeitslosigkeit anstrebe. Der Außenminister erklärte, daß die amerikanische Regierung jetzt Hilfsmaßnahmen erwäge, darunter ein Investitionsprogramm und andere Programme zur Verbesserung der wirtschaftlichen Lage in Berlin.

Der Kanzler wies auf die großen Schwierigkeiten hin, denen sich die Bundesrepublik aus der Notwendigkeit gegenübersieht, nicht nur die Millionen Ausgewiesener einzugliedern, die schon früher aus den östlichen Gebieten kamen, sondern auch den erneuten Strom der Flüchtlinge aus der Sowjetzone und weiter her. Der Präsident und der Außenminister erkannten die großen Bemühungen an, die die Bundesregierung unternimmt, um diese heimatlosen Menschen zu versorgen und die wirtschaftliche und soziale Stabilität zu erhalten.

Die Aussprache stellte die Möglichkeit in Rechnung, daß die Bundesrepublik und Berlin nicht fähig seien, diese Last allein zu tragen. Der Leiter des Amtes für gegenseitige Sicherheit erklärte, daß diese Frage bei der Ausarbeitung des Programms für gegenseitige Sicherheit für das am 1. Juli beginnende Jahr eingehend geprüft werden würde.

Der Bundeskanzler brachte die Frage der Kriegsverbrecher zur Sprache. Die Zukunft der Kriegsverbrecher, die sich gegenwärtig in den Händen der USA befinden, wurde besprochen. Der Vertreter der Vereinigten Staaten erklärte, daß seine Regierung den Status dieser Gefangenen überprüfen würde. Außerdem sehe seine Regierung dem Zeitpunkt entgegen, da möglicherweise neue Prüfungsmethoden unter deutscher Beteiligung angenommen werden würden, sobald die deutsche Ratifizierung der Verträge abgeschlossen sei.

Die Vertreter beider Regierungen tauschten ihre Ansichten über die freiheitliche Gestaltung und Erweiterung des Welthandels und die Erreichung einer Konvertierbarkeit der Währungen aus. Die deutschen Vertreter brachten hauptsächlich ihr Interesse an einer Herabsetzung der Zoll- und Tarifschranken sowie der verwaltungsmäßigen Barrieren zum Ausdruck. Die Vertreter der Vereinigten Staaten verwiesen ihrerseits auf die Erklärung Präsident Eisenhowers vom 7. April, in der es heißt, »die Welt muß auf eine Erweiterung des Handels hinarbeiten, der in den Spitzen ausgeglichen wird und jeder Nation die Möglichkeit geben soll, ihren vollen Beitrag zum Fortschritt der Wirtschaft der freien Welt zu leisten und Anteil zu haben an dem Nutzen dieses Fortschritts«.

Die Vertreter der beiden Regierungen diskutierten eine Reihe spezieller Probleme, die mit der Normalisierung der kommerziellen Beziehungen zwischen den Vereinigten Staaten und Deutschland zusammenhängen einschließlich der Möglichkeiten einer gesteigerten Benutzung der Warenzeichen im deutschen Export, die deutschen Staatsbürgern vor dem Zweiten Weltkrieg gehörten. Es wird vermerkt, daß bereits beträchtliche Fortschritte in den Bemühungen erzielt worden sind, diese Warenzeichen den ehem. deutschen Eignern wieder zuzustellen, und daß die zukünftigen Fortschritte in dieser Richtung von den Vereinigten Staaten in wohlwollende Erwägung gezogen werden.

Der Bundeskanzler und der Außenminister kamen überein, daß ein neuer Freundschafts-, Handels- und Schiffahrtsvertrag zwischen den Vereinigten Staaten und der Bundesrepublik zum Wohle beider Länder wäre und daß Verhandlungen für einen solchen Vertrag so bald wie möglich beginnen sollten. In der Zwischenzeit, als eine vorläufige Maßnahme, werden die beiden Regierungen unter Berücksichtigung der gegenseitigen Lage über ein Abkommen verhandeln, das den Freundschafts-, Handels- und Konsularvertrag von 1923 wiederherstellen soll, der vor dem Ausbruch des Krieges bestand. Dieses zwischenzeitliche Übereinkommen wird, nachdem es ratifiziert ist, neben anderen Dingen die Grundlage wiederherstellen, auf der die Geschäftsleute beider Länder in der Lage sind, ihren Wohnsitz in einem der beiden Länder zu nehmen, um dort ihre Geschäfte zu betreiben.

Die deutschen Vertreter haben ihr Interesse an der Vergebung von Off-shore-Beschaffungsaufträgen an Deutschland zum Ausdruck gebracht. Sie sind darüber unterrichtet worden, daß, sobald der Vertrag über die Europäische Verteidigungsgemeinschaft in Kraft getreten ist, die gleichen Kriterien bei der Vergabe solcher Aufträge nach Deutschland innerhalb des Rahmens der Europäischen Verteidigungsgemeinschaft angewandt werden, wie sie hinsichtlich der Vergabe an andere europäische Länder zum Zuge kommen.

Zur Begünstigung einer engeren kulturellen Zusammenarbeit zwischen Deutschland und den Vereinigten Staaten und zur Förderung des gegenseitigen Verständnisses zwischen den beiden Völkern erfolgt ein Notenwechsel.

Die beiden Regierungen bekräftigten ihr gemeinsames Interesse, zusammen mit anderen Nationen der freien Welt die Lieferung von strategischen Materialien an Nationen zu kontrollieren, deren Politik den Frieden und die Sicherheit der freien Welt gefährden. Die beiden Regierungen werden diese Maßnahmen weiterführen und dabei besonders die Listen der Waren ständig überprüfen, deren Lieferung nach dem kommunistischen China zeitweilig unterbunden werden könnte. Die Vertreter der Bundesrepublik teilen die Absicht ihrer Regierung mit, zusammen mit anderen handeltreibenden und seefahrenden Nationen zusätzliche Maßnahmen wie Transportkontrollen gegen Verletzungen oder eine Umgehung der bestehenden militärischen Kontrollen zu treffen.

In den Hauptstädten beider Länder wird gleichzeitig eine Erklärung herausgegeben, die die Rückgabe von etwa 350 früher deutschen Schiffen an die deutsche Bundesregierung bekanntgibt. Die Einzelheiten für die Überführung dieser Schiffe in die Hände der deutschen Behörden werden von dem amerikanischen Hochkommissar in Deutschland getroffen.

Der Präsident und der Bundeskanzler sind überzeugt, daß die Unterredungen, die jetzt abgeschlossen wurden, einen wesentlichen Beitrag für die Erreichung der gemeinsamen Ziele der beiden Länder darstellen, die Bande der Freundschaft, die jetzt glücklicherweise wieder angeknüpft sind, verstärken und die Ziele und die Stärke der freien Welt konsolidieren.

Quelle: Bulletin vom 11. 4. 1953, Nr. 68, S. 581 f.

41 Regelung der deutschen Auslandsschulden

Rede des Bundeskanzlers Dr. Konrad Adenauer zur Begründung der dem Bundestag vorgelegten Gesetzesentwürfe über die Regelung der deutschen Auslandsschulden am 29. April 1953 (Auszüge)

Herr Präsident! Meine Damen und Herren! Die Abkommen zur Regelung der deutschen Auslandsschulden aus der Vor- und Nachkriegszeit, die Ihnen heute zur Zustimmung vorliegen, fügen sich in ihrer Gesamtheit als ein wesentlicher Bestandteil in die allgemeinen Bemühungen der Bundesregierung und der beteiligten anderen Regierungen ein, die deutschen finanziellen und wirtschaftlichen Beziehungen zum Ausland zu ordnen und in normale Bahnen zu lenken. Dieses Ordnungswerk mußte in Angriff genommen werden, um auch auf dem finanziellen Gebiete die Voraussetzungen für eine vertrauensvolle Zusammenarbeit mit dem Ausland wieder zu schaffen.

Als die deutsche Leistungsfähigkeit bis zu einem gewissen Grade wiederhergestellt war, konnten insbesondere die privaten Auslandsgläubiger mit Recht erwarten, daß ihre Forderungen aus der Vorkriegszeit, die teils seit Jahrzehnten unerfüllt geblieben waren, einer Regelung zugeführt wurden. Ohne einen sichtbaren Beweis dafür, daß der deutsche Schuldner es mit der Erfüllung seiner alten Verpflichtungen ernst nimmt, kann das Vertrauen des Auslandes in die gesamte deutsche Wirtschaft nicht wieder erweckt werden. Dieses Vertrauen ist die wirkliche Grundlage für die Anknüpfung neuer finanzieller Beziehungen. Ich bitte Sie deshalb, die Ihnen vorliegenden Abkommen in dem Geist zu behandeln, in dem sie in London ausgearbeitet worden sind. Die nüchterne Betrachtung und Beurteilung der aus der Vergangenheit gegebenen Tatsachen muß sich dabei mit wirtschaftlicher Vernunft, zugleich aber auch mit der Zuversicht verbinden, die das Vertrauen in unseren guten Willen stützt ...

Seinen Hauptteil bildet das Abkommen über deutsche Auslandsschulden, das sich mit der Regelung der deutschen Verbindlichkeiten öffentlicher und privater Natur aus der Vorkriegszeit befaßt. Skeptiker im In- und Ausland hatten bei Beginn der Verhandlungen über dieses Abkommen behauptet, daß eine so umfangreiche und weitverzweigte Materie kaum in einem einheitlichen und umfassenden Plan behandelt werden könnte. Der Plan ist in langer und mühsamer Arbeit dennoch fertig geworden. Daß er in seinem Aufbau und seinen einzelnen Bestimmungen kompliziert ist, liegt im Wesen der Materie begründet, die er behandelt ...

Meine Damen und Herren, die Schuldenerklärung vom 6. März 1951, die Ihnen als Anhang des Hauptabkommens auch heute vorliegt, bildete einen Bestandteil der damaligen ersten Revision des Besatzungsstatuts. Erst heute kann man auf der Grundlage der vorliegenden Abkommenstexte auch die wirtschaftliche und finanzielle Tragweite jenes Schriftwechsels klar erkennen. In diesem Sinne hat die Bundesregierung schon auf die Kleine Anfrage der Fraktion der Sozialdemokratischen Partei vom 20. März 1953 mit einem Schreiben vom 8. April geantwortet, enthalten in Drucksache Nr. 4252.

Ich möchte gleich an dieser Stelle, um jeden Zweifel auszuräumen, hervorheben, daß es sich in London nicht um die Übernahme neuer Verpflichtungen, auch nicht zu Lasten der privaten Schuldner gehandelt hat, sondern um den Abschluß einer Rahmenvereinbarung, die den Schuldner auf Grund noch zu treffender Absprache mit seinem Gläubiger in die Lage versetzen soll, die Verzinsung und Tilgung seiner alten Verbindlichkeiten aus der Vorkriegszeit wiederaufzunehmen. In dieser Rahmenvereinbarung haben die Gläubiger-vertreter mit Rücksicht auf die beschränkte Leistungsfähigkeit des Bundes und der deut-schen Wirtschaft auf ihr Recht verzichtet, eine volle und sofortige Abtragung dieser längst fälligen Schulden zu verlangen. Sie haben vielmehr sowohl in bezug auf die Höhe der Schulden als auch auf den Zeitraum für ihre Abtragung erhebliche Zugeständnisse ge-macht.

Im Zusammenhang mit den Schuldenverhandlungen wurde ferner oft die Frage erörtert, ob es nicht möglich sei, die deutschen Vermögenswerte im Ausland zur Schuldendeckung zu verwenden. Was die Behandlung der deutschen Vermögenswerte im Ausland betrifft, so kann ich dem Deutschen Bundestag erneut versichern, daß die Bundesregierung und auch ich selbst in meinen Verhandlungen mit ehemals feindlichen Regierungen nichts unversucht lassen, um den schweren Verlust, den wir als Kriegsfolge erlitten haben, zu mildern. Mit den Londoner Schuldenverhandlungen allerdings konnten die Probleme des Auslands-vermögens nur in mittelbaren Zusammenhang gebracht werden. Bei der Bemessung der deutschen Leistungsfähigkeit sind in London neben den anderen aus dem Krieg herrühren-den Schäden die schweren Einbußen aus dem Verlust des deutschen Auslandsvermögens berücksichtigt worden.

Bei den Erwägungen über die Regelung der deutschen Auslandsschulden trat natürlich auch zugleich das Reparationsproblem in Erscheinung. Art. 5 des Abkommens bestätigt, daß dieses Problem zurückgestellt wird. Hier im Schuldenabkommen bedeutet dies eine Zurückstellung nicht nur im Einvernehmen mit den drei Hauptmächten wie im Deutschland-Vertrag, sondern im Einvernehmen mit allen Staaten, die das Schuldenabkommen unter-zeichnet haben oder die ihm beitreten werden. Dieses Einvernehmen ist ein Schutz für uns im Hinblick auf die Tatsache, daß 18 Regierungen schon unterzeichnet haben und 55 weitere Regierungen zum Beitritt eingeladen sind, die sich zu einem großen Teil mit dem Deutschen Reich im Kriegszustand befunden haben. Ich glaube sagen zu können, daß die alliierten Hauptmächte – obgleich ein offizieller Verzicht nicht ausgesprochen worden ist – nicht be-absichtigen, gegen alle Regeln wirtschaftlicher Vernunft noch Reparationsforderungen gel-tend zu machen. Im übrigen hat die deutsche Delegation den Verhandlungspartnern keine Zweifel darüber gelassen, daß der in London vorgesehene Schuldendienst angesichts der beschränkten Leistungsfähigkeit Deutschlands nicht erfüllt werden könnte, wenn erneut Reparationsforderungen gestellt werden sollten.

Was das Verhältnis des Schuldenabkommens zu dem sechsten und dem achten Teil des Überleitungsvertrags zum Deutschland-Vertrag betrifft, so bestehen hier, wie ich aus-geführt habe, zwar sachliche Beziehungen, eine juristische Abhängigkeit beider Vertrags-werke voneinander besteht jedoch nicht. Das Abkommen über deutsche Auslandsschulden stellt schon wegen des weiteren Kreises der Beteiligten ein selbständiges Vertragswerk dar.

In der öffentlichen Diskussion über das Abkommen ist zum Teil kritisiert worden, daß hier eine Regelung der Auslandsschulden des Reichs erfolgt, während eine Regelung seiner Inlandsschulden noch aussteht. Ich darf dazu folgendes sagen: Ohne vorangegangene Re-gelung der Auslandsschulden ist eine Regelung der Inlandsschulden überhaupt nicht mög-lich. *(Sehr richtig! bei den Regierungsparteien.)*

Ich kann aber weiter hinzufügen, daß sich die Bundesregierung der Bedeutung auch dieses Problems voll bewußt ist und daß die Vorarbeiten zur Regelung auch dieses Fragenkom-plexes in Angriff genommen sind.

Den Londoner Verhandlungen haben ausführliche Untersuchungen der deutschen Transferfähigkeit zugrunde gelegen. Gerade in diesem Zusammenhang wurde die Beschränkung des Gebietes der Bundesrepublik berücksichtigt, die im Vergleich zum Deutschen Reich nur über eine stark verminderte volkswirtschaftliche Substanz verfügt. Bei der Beurteilung der künftigen Entwicklung der deutschen Transfermöglichkeiten bitte ich Sie zu bedenken, daß die in London vorgesehenen Leistungen in den ersten fünf Jahren nicht ganz 4 % des gesamten deutschen Ausfuhrvolumens ausmachen.

(Abg. Dr. Schröder [Düsseldorf]: Hört! Hört!)

Nach dem Stand der bisherigen Entwicklung der Zahlungsbilanz der Bundesrepublik ist zu erwarten, daß dieser Schuldendienst sowohl im europäischen Raum als auch im Dollar-Raum erfüllt werden kann.

(Abg. Dr. Bucerius: Hört! Hört!)

Es wurde aber auf deutscher Seite Wert darauf gelegt, daß, falls trotz unseres ernsten Bemühens, die Verpflichtungen aus dem Abkommen zu erfüllen, Transferschwierigkeiten auftreten sollten, rechtzeitig neue Beratungen aufgenommen werden. Sie finden die entsprechende Konsultationsklausel in dem Art. 34 des Abkommens. Ich glaube auch erklären zu können, daß die von den einzelnen privaten Schuldnern zu erfüllenden Verpflichtungen mit Rücksicht auf die vereinbarten Erleichterungen getragen werden können.

Ich habe eingangs das Abkommen über deutsche Auslandsschulden als den Hauptteil der gesamten Schuldenregelung bezeichnet. Den zweiseitigen Abkommen zur Regelung der Nachkriegsverbindlichkeiten aus der Wirtschaftshilfe, die uns vom Ausland geleistet worden ist, kommt wirtschaftlich und politisch keine geringere Bedeutung zu. Eine vernünftige Regelung der Vorkriegsschulden, wie sie in dem vorliegenden Hauptabkommen enthalten ist, bildet nach Ansicht der drei Hauptmächte die Voraussetzung für die Konzessionen, die sie uns bei den Nachkriegsschulden zu gewähren bereit sind. Mit Rücksicht auf diese Verknüpfung der beiden Probleme mußte in London über die Vor- und über die Nachkriegsschulden gleichzeitig verhandelt werden. Aus demselben Grunde wurde das Hauptabkommen an dem gleichen Tage unterzeichnet wie die verschiedenen zweiseitigen Abkommen, die Ihnen heute mit den Entwürfen der entsprechenden Zustimmungsgesetze ebenfalls vorliegen. Es ist verständlich, daß die drei Hauptmächte ihre Ansprüche aus der Nachkriegswirtschaftshilfe gleichzeitig mit den Vorkriegsschulden geregelt und nicht ungünstiger als die übrigen deutschen Auslandsschulden behandelt sehen wollen. Ohne die großzügige Hilfe insbesondere von seiten der Vereinigten Staaten wäre eine wirtschaftliche Erholung der Bundesrepublik und somit eine Regelung der deutschen Auslandsschulden nicht möglich gewesen.

Bei der Behandlung der zweiseitigen Abkommen möchte ich mich auf einige leitende Gedanken beschränken. Die wesentlichste Hilfe, aber auch die größte Herabsetzung des Rückzahlungsanspruchs haben wir von den Vereinigten Staaten erfahren. Sie haben Deutschland bis Mitte 1951 eine Hilfe von 3,2 Milliarden Dollar oder 13,5 Milliarden DM geleistet. Die Bundesrepublik soll hierauf im Laufe der Jahre 1,2 Milliarden Dollar, also rund ein Drittel, zurückzahlen. Bei meinem Besuch in den Vereinigten Staaten habe ich den Amerikanern den Dank des deutschen Volkes für diese Hilfe und für das großzügige Angebot zur Regelung der Rückzahlungsverpflichtung überbracht.

(Beifall bei den Regierungsparteien.)

Bei den amerikanischen Lieferungen handelt es sich, wie Sie wissen, nicht allein um die Marshallplan-Hilfe, sondern auch um die umfangreiche sogenannte GARIOA-Hilfe. In den von mir als Rückzahlungsverpflichtung erwähnten 1,2 Milliarden Dollar sind ferner 203 Millionen Dollar enthalten, die auf Grund des vorliegenden Abkommens über die Verbindlichkeiten aus der Lieferung von Überschußgütern der amerikanischen Streitkräfte zu erstatten sein werden.

Aus Gründen, die hauptsächlich im amerikanischen Haushaltsrecht liegen, wurde der Nachlaß von zwei Milliarden Dollar ausschließlich für Marshallplan-, GARIOA-Hilfe gewährt. Aus diesem Grunde verblieb es im StEG-Abkommen bei dem errechneten Schuldbetrag von 203 Millionen Dollar.

Angesichts des Umfangs der amerikanischen Unterstützung ist es der Öffentlichkeit weniger zum Bewußtsein gekommen, daß auch andere Staaten Deutschland nach dem Kriege Hilfe geleistet haben, an erster Stelle Großbritannien, das sich selbst erheblich verschulden mußte, um seine Wirtschaft wieder in Gang zu bringen.

(Abg. Dr. Bucerius: Hört! Hört!)

In dem vorliegenden deutsch-britischen Abkommen wird von einer britischen Hilfeleistung von rund 202 Millionen Pfund Sterling oder 2,4 Milliarden DM ausgegangen. Hierauf wird die Bundesrepublik 150 Millionen Pfund Sterling, also rund drei Viertel, zurückzuzahlen haben. Dabei muß anerkannt werden, daß Großbritannien seine Forderung schon aus eigener Initiative von rund 244 Millionen auf rund 202 Millionen Pfund Sterling in dem Bestreben herabgesetzt hatte, der Bundesrepublik nur solche Leistungen in Anrechnung zu bringen, die der deutschen Wirtschaft und der deutschen Bevölkerung unmittelbar zugute gekommen sind.

(Abg. Dr. Bucerius: Hört! Hört!)

Die französische Forderung von rund 16 Millionen Dollar wurde auf rund 12 Millionen Dollar herabgesetzt.

Schließlich möchte ich hier das deutsch-dänische Abkommen über die Flüchtlingshilfe erwähnen und diese Gelegenheit benutzen, Dänemark für die Hilfe zu danken, die es deutschen Flüchtlingen von 1945 bis 1949 gewährt hat.

(Beifall bei den Regierungsparteien und bei Abgeordneten der SPD.)

Wir kennen das schwere Schicksal der Flüchtlinge aus dem Osten, und es liegt uns am Herzen. Wir verkennen jedoch auch nicht, was es für Dänemark bedeutete, die Betreuung von 200 000 deutschen Heimatvertriebenen zu übernehmen, nachdem es gerade von der deutschen Besatzung befreit worden war.

(Sehr richtig! in der Mitte.)

Obgleich Dänemark nicht zu den eigentlichen Nachkriegsgläubigern gehört, hat es sich mit einer Regelung seiner Forderungen nach dem Beispiel der drei Hauptmächte einverstanden erklärt und in entgegenkommender Weise seine Ansprüche von 430 Millionen dänischer Kronen auf 160 Millionen dänische Kronen herabgesetzt.

(Beifall bei den Regierungsparteien und bei Abgeordneten der SPD.)

Bei diesen Nachkriegsforderungen haben die Gläubigerregierungen mit Ausnahme der amerikanischen auf eine Verzinsung der geschuldeten Beträge verzichtet und sich – einschließlich der amerikanischen Regierung – mit einer sehr langfristigen Abtragung dieser Verbindlichkeiten einverstanden erklärt.

Die Nachkriegsschulden stellen eine bedeutende finanzielle Last dar. Es darf aber nicht übersehen werden, daß andere Staaten für Hilfeleistungen weit größere Rückzahlungsverpflichtungen übernehmen mußten. Die übrigen europäischen Staaten, denen Hilfe aus dem Marshallplan oder ähnlichen amerikanischen Programmen zuteil wurde, haben durchschnittlich 45 % zurückzuzahlen, während die deutsche Rückzahlungsverpflichtung sich aus 37 % der amerikanischen Hilfeleistung errechnet. Im übrigen ist diese finanzielle Last auf viele Jahre verteilt, und der Schuldendienst wird erst im fünften Jahr auf seine volle Höhe ansteigen. Gewiß wird unsere Dollarlage durch die Leistungen an die Vereinigten Staaten beeinträchtigt. Es ist jedoch in dem deutsch-amerikanischen Abkommen vorgesehen, gemeinsam eine Lösung zu suchen, falls sich hieraus Schwierigkeiten ergeben sollten.

Ich möchte Ihnen nun in großen Zügen einen Überblick über die finanzielle Tragweite der Verpflichtungen geben, die mit der Schuldenregelung im ganzen übernommen werden. Die zu regelnde Vorkriegsverschuldung einschließlich der rückständigen Zinsen machte unter Berücksichtigung der in den einzelnen Verträgen enthaltenen Goldklauseln rund 13,5 Milliarden DM aus. In London wurde eine Herabsetzung auf rund 7,3 Milliarden DM erreicht. An Stelle einer sofortigen Rückzahlung dieser, wie ich nochmals betonen möchte, seit langer Zeit fälligen Schulden wurde eine langfristige Fundierung vorgesehen.

Die Nachkriegsschulden, die in London verhandelt wurden, sind von den Gläubigerregierungen von dem ursprünglichen Gesamtbetrag von rund 16 Milliarden DM auf 7 Milliarden DM herabgesetzt worden. Diesen Gesamtbeträgen soll nun ein zu transferierender Schuldendienst entsprechen, der in den ersten fünf Jahren jährlich rund 340 Millionen DM für Vorkriegsschulden und rund 227 Millionen DM für Nachkriegsschulden, also insgesamt jährlich 567 Millionen DM, beträgt. Diese Leistungen wachsen nach fünf Jahren durch stärkere Amortisationszahlungen auf den Gesamtbetrag von rund 765 Millionen DM an.

Es wurde erreicht, daß der Maßstab der Leistungen der Schuldner, sei es nun öffentlicher oder privater Hand, sich auf die Transferfähigkeit der Bundesrepublik beschränkt. In keinem Fall und bei keiner Schuldenkategorie werden also neben den zu transferierenden Zinsen und Amortisationsbeträgen noch ergänzende Leistungen in DM auf Sperrkonto zu erbringen sein. Wenn das Abkommen somit eine Anhäufung von Sperrguthaben vermeidet und zu einer langfristigen Konsolidierung der Schulden führt, so bildet es zugleich auch einen wesentlichen Beitrag zu der von der Bundesregierung angestrebten Wiederherstellung der Konvertibilität der Deutschen Mark und des Übergangs zu freieren Wirtschaftsformen. Die gegenwärtig noch beschränkte deutsche Devisenhoheit wird mit dem Inkrafttreten des Abkommens wiederhergestellt werden...

Ich bitte Sie, meine Damen und Herren, bei der Diskussion der vorliegenden Zustimmungsgesetze sich stets bewußt zu bleiben, daß es gerade im Zusammenhang mit der Regelung alter finanzieller Verpflichtungen entscheidend darauf ankommt, das Vertrauen des Auslandes in die deutsche Vertragstreue zu festigen. Eine wirtschaftliche und eine politische Erholung Deutschlands ist nicht möglich ohne das Vertrauen des Auslandes in das deutsche Volk in politischer und wirtschaftlicher Hinsicht. Zahlungen zu leisten fällt jedem schwer. Aber, meine Damen und Herren: Einmal besteht eine rechtliche Verpflichtung, zu bezahlen; und weiter, meine Damen und Herren: Wir können unsere Wirtschaft nicht weiter aufbauen, wir können keine weitere Förderung unserer Wirtschaft vom Ausland, auf die wir absolut angewiesen sind, erwarten, wenn wir nicht vorher alles tun, was in unserer Kraft steht, um die alten Schulden im Rahmen unserer Leistungsmöglichkeit zu begleichen.

(Beifall bei den Regierungsparteien.)

Quelle: 1. Deutscher Bundestag, 262. Sitzung vom 29. 4. 1953, S. 12749–12752

42 Die deutsch-österreichischen Beziehungen

Besuch des österreichischen Außenministers Dr. Karl Gruber in Bonn. Tischrede des Bundeskanzlers Dr. Konrad Adenauer (Auszug) und Kommuniqué, 19. bis 20. Mai 1953

... Regierungen und Vertreter der Regierungen haben es schwerer als die Völker. Sie müssen Rücksichten nehmen, Rücksichten auf Gewalten, die sie nicht in der Hand haben, während die Völker sehr viel freier ihren Gefühlen Ausdruck geben können. So haben Sie gestern, verehrter Herr Kollege Gruber, als Sie in Bonn ankamen, an dem Willkommensgruß der Bonner Bevölkerung gesehen, daß die Deutschen in der Bundesrepublik Ihre Ankunft hier in Bonn und Ihren Besuch in der Bundesrepublik von Herzen begrüßt haben.

Das Schicksal Ihres Landes und das Schicksal unseres Landes sind seit vielen, vielen Jahrhunderten auf besondere Weise miteinander verknüpft. Ich freue mich, daß Sie gekommen sind und dadurch einen Strich unter die Vergangenheit ziehen. Wir in Deutschland begrüßen das, und wir danken Ihnen dafür. Ich bitte, auch Ihrer Regierung und Ihrem Kanzler unseren herzlichen Dank auszusprechen.

Wenn ich eben gesagt habe, daß in der Vergangenheit das Geschick Ihres Landes und das Geschick Deutschlands immer miteinander verknüpft waren, so gilt das auch für die Zukunft. Entweder wir beide, Österreich und Deutschland, gehen ein in die schützenden Arme eines geeinten Europas, oder Ihr Land und unser Land gehen einer sehr schweren Zukunft entgegen. Ihr Land und unser Land haben eine lange, lange Geschichte, und wir wissen, wohin letztlich alles das führt, was jetzt die europäische Menschheit scheidet und entzweit. Ich denke, Ihrer Gesinnung zu entsprechen, wenn ich nochmals den Wunsch ausspreche, daß es uns vergönnt sein möge, möglichst bald Seite an Seite für dieses neue gemeinsame Europa zu arbeiten, das allein den europäischen Völkern zu ihrer alten Bedeutung verhelfen kann.

Kommuniqué

Am 19. und 20. Mai waren der Bundesminister für die Auswärtigen Angelegenheiten der Republik Österreich, Dr. Karl Gruber, und Staatssekretär Dr. Bruno Kreisky Gäste der Bundesregierung. Die österreichischen Gäste wurden auch von dem Bundespräsidenten empfangen.

Der österreichische Außenminister und seine Begleitung hatten einen freimütigen und eingehenden Gedankenaustausch mit Bundeskanzler Dr. Adenauer und Mitgliedern des Kabinetts. Die Aussprache erstreckte sich auf den gesamten Bereich der Beziehungen zwischen Österreich und der Bundesrepublik. Bundeskanzler Dr. Adenauer und Außenminister Dr. Gruber stimmten darin überein, daß die glückliche Zukunft beider Länder nur in einem freien und friedlichen Europa gewährleistet ist. Die Gespräche waren von der Überzeugung getragen, daß die Beziehungen zwischen den beiden Ländern auf der Grundlage gegenseitiger Achtung und Freundschaft beruhen. In diesem Sinne wird sich die österreichische Regierung weiter bemühen, gemäß Art. 7 des Kontrollabkommens über Österreich die notwendige alliierte Zustimmung zur Errichtung einer diplomatischen Vertretungsbehörde der Bundesrepublik Deutschland in Österreich zu erlangen. In der Zwischenzeit wird die Bundesrepublik Deutschland in Wien eine Handelsvertretung errichten, der die Aufgabe obliegen wird, die wirtschaftlichen Beziehungen zu fördern.

Ein wesentlicher Gegenstand der Gespräche waren wirtschaftliche Fragen. Die Zunahme des gegenseitigen Warenaustausches wurde mit Befriedigung festgestellt, und es wurden Wege besprochen, um diese Entwicklung zu unterstützen. In diesem Zusammenhang konnte die deutsche Seite darauf hinweisen, daß die Beschränkungen des deutschen Reiseverkehrs nach Österreich erheblich gelockert worden sind.

Über die Frage des deutschen Eigentums in Österreich und des österreichischen Eigentums in der Bundesrepublik Deutschland fanden informatorische Gespräche statt. Besprochen wurden ferner Fragen der deutschen und österreichischen Staatsangehörigkeit und der Erleichterung des deutsch-österreichischen Grenzverkehrs. Es wurde eine grundsätzliche Einigung über die noch offenen Fragen eines Abkommens erzielt, das den Straßendurchgangsverkehr Salzburg–Reichenhall–Lofer regelt. Von österreichischer Seite wurden schließlich

Informationen über das Schicksal der Österreicher eingeholt, die sich in Deutschland in alliiertem Gewahrsam befinden.

Der Besuch bildet einen guten Ausgangspunkt für eine von freundschaftlichem Geiste getragene Weiterentwicklung der Beziehungen zwischen den beiden Ländern.

Quelle: Bulletin vom 21. 5. 1953, Nr. 94, S. 797 und vom 22. 5. 1953, Nr. 95, S. 809

43 17. Juni 1953

Erklärung des Bundeskanzlers Dr. Konrad Adenauer vor dem Deutschen Bundestag und Aufruf des Bundesministers für gesamtdeutsche Fragen, Jakob Kaiser, an die Deutschen in der Sowjetzone aus Anlaß der Ereignisse am 17. Juni 1953

Die Ereignisse in Berlin haben in der deutschen Öffentlichkeit und darüber hinaus in der Welt starken Widerhall gefunden. Die Bundesregierung erklärt zu den Vorgängen:

Wie auch die Demonstrationen der Ostberliner Arbeiter in ihren Anfängen beurteilt werden mögen, sie sind zu einer großen Bekundung des Freiheitswillens des deutschen Volkes in der Sowjetzone und Berlin geworden. Die Bundesregierung empfindet mit den Männern und Frauen, die heute in Berlin Befreiung von Unterdrückung und Not verlangen. Wir versichern ihnen, daß wir in innerster Verbundenheit zu ihnen stehen. Wir hoffen, daß sie sich nicht durch Provokationen zu unbedachten Handlungen hinreißen lassen, die ihr Leben und die Freiheit gefährden könnten.

Eine wirkliche Änderung des Lebens der Deutschen in der Sowjetzone und in Berlin kann nur durch die Wiederherstellung der deutschen Einheit in Freiheit erreicht werden. Der Weg hierzu ist, wie der Bundestag in seinem Beschluß vom 10. Juni erneut bekräftigt hat

1. die Abhaltung freier Wahlen in ganz Deutschland;
2. die Bildung einer freien Regierung für ganz Deutschland;
3. der Abschluß eines mit dieser Regierung frei zu vereinbarenden Friedensvertrages;
4. die Regelung aller noch offenen territorialen Fragen in diesem Friedensvertrag;
5. die Sicherung der Handlungsfreiheit für ein gesamtdeutsches Parlament und eine gesamtdeutsche Regierung im Rahmen der Grundsätze und der Ziele der Vereinten Nationen.

Die Bundesregierung wird nach diesen Grundsätzen handeln und sich darüber hinaus bemühen, daß bald wirksame Erleichterungen im Interzonenverkehr und in der Verbindung zwischen Berlin und der Bundesrepublik verwirklicht werden, die der wiedererstehenden Einheit den Weg bahnen.

Die Bundesregierung verfolgt die Entwicklung der Ereignisse mit größter Aufmerksamkeit; sie steht mit den Vertretern der Westmächte in ständiger enger Verbindung.

In dieser bedeutsamen Stunde wollen wir alle ohne Unterschied politischer Auffassungen für das große gemeinsame Ziel zusammenstehen.

Mahnung zur Besonnenheit

Der Bundesminister für gesamtdeutsche Fragen gibt bekannt: Die Demonstrationen der Bevölkerung in Ost-Berlin können niemanden überraschen, der die unhaltbaren Zustände des sowjetzonalen Regimes kennt. Trotzdem richte ich an jeden einzelnen Ostberliner und an jeden Bewohner der Sowjetzone die Mahnung, sich weder durch Not noch durch Provokationen zu unbedachten Handlungen hinreißen zu lassen. Niemand soll sich selbst und seine Umgebung in Gefahr bringen.

Die grundlegende Änderung Eures Daseins kann und wird nur durch die Wiederherstellung der deutschen Einheit und Freiheit erreicht werden. Gerade in diesem Augenblick, da die Politik um die Wiedervereinigung immerhin in Bewegung geraten ist, sollte sich niemand zu gefahrvollen Aktionen verleiten lassen. Denkt daran, daß wir uns unserer Verpflichtung für Euch in jedem Augenblick bewußt sind. Wir werden den großen Mächten die Dringlichkeit einer raschen Lösung der deutschen Frage gerade mit besonderem Nachdruck vor Augen führen.

Dabei brauche ich nicht zu betonen, daß sich jedermann in der Bundesrepublik und in der ganzen freien Welt mit Euch in Solidarität verbunden weiß. Wir wissen den Sinn und den Mut Eurer Demonstrationen zu würdigen; wir bitten Euch aber, im Vertrauen auf unsere Solidarität Besonnenheit zu wahren.

Quelle: Bulletin vom 18. 6. 1953, Nr. 112, S. 949

44 Bekenntnis zur Einheit Deutschlands

Entschließung des Deutschen Bundestages zur Wiedervereinigung aus Anlaß des Aufstandes in Ost-Berlin und in der Sowjetzone, 1. Juli 1953

Alle Fraktionen des Deutschen Bundestags, mit Ausnahme der Gruppe der KPD, nahmen am 1. Juli 1953 mit 342 gegen 14 Stimmen nachstehende Entschließung an, die von den Koalitionsparteien und der Föderalistischen Union eingebracht worden war:

I. Die jüngsten Ereignisse in Berlin und der Sowjetzone haben der ganzen Welt unwiderleglich dargetan, daß die Grundvoraussetzung für die Wiederherstellung der deutschen Einheit die Aufhebung der Gewaltherrschaft ist. Die gesamte freie Welt hat durch ihre Anteilnahme an diesen Ereignissen klar erkennen lassen, daß sie mit dieser Auffassung übereinstimmt. Der Bundestag erinnert an die von ihm immer wieder, zuletzt in der Entschließung vom 10. Juni, feierlich niedergelegten Forderungen für die deutsche Wiedervereinigung in Frieden und Freiheit. Beim Ablauf seiner ersten Wahlperiode stellt der Bundestag noch einmal fest, daß die Freilassung aller im Zusammenhang mit den Kriegsereignissen ihrer Freiheit beraubten Deutschen ein wesentlicher Schritt zur Wiederherstellung der Vertrauensbasis ist, die für die Lösung der großen Weltprobleme und damit der Wiedervereinigung Deutschlands die unerläßliche Voraussetzung bildet.

II. Die Bundesregierung wird ersucht, dafür Sorge zu tragen,

a) daß alle Maßnahmen ergriffen werden, um die Notlage der Bevölkerung in der sowjetisch besetzten Zone zu lindern,

b) daß auf jedem geeigneten Weg Verhandlungen mit dem Ziel eingeleitet werden, den Verkehr von Menschen und Gütern zwischen der Bundesrepublik und der sowjetisch besetzten Zone zu normalisieren.

III. Die Bundesregierung wird ersucht, den Auswärtigen Ausschuß und den Ausschuß für gesamtdeutsche Fragen des Deutschen Bundestages über die im Sinne dieses Beschlusses getroffenen Maßnahmen laufend zu unterrichten.

Quelle: Bulletin vom 3. 7. 1953, Nr. 123, S. 1041

*Auszüge aus der Regierungserklärung des Bundeskanzlers Dr. Konrad Adenauer vor dem
Deutschen Bundestag vom 20. Oktober 1953*

Herr Präsident! Meine Damen und meine Herren! Im Namen der Bundesregierung habe
ich folgende Erklärung abzugeben:

Die Bundestagswahlen haben eine klare und eindeutige Entscheidung der deutschen
Wähler gebracht. Ihren unmittelbaren Niederschlag hat diese Entscheidung in der Zusammensetzung des Bundestags gefunden, die sich erheblich von der Zusammensetzung des
alten Bundestages unterscheidet. Während dem 1. Deutschen Bundestag die Vertreter von
zwölf Parteien und eine Reihe parteiloser Abgeordneter angehörten, ist es bei diesen Wahlen
trotz des nicht unbedeutenden Anstiegs der wahlberechtigten Bevölkerung gegenüber 1949
nur noch sechs Parteien gelungen, Mandate zu erringen. Parteilose Kandidaten haben sich
überhaupt nicht durchzusetzen vermocht. Es ist also eine starke Konzentration des politischen Willens des deutschen Volkes zu verzeichnen.

Ein besonders hervorstechendes Merkmal der Bundestagswahlen ist die Niederlage der
links- und rechtsradikalen Parteien. Sie sind in diesen Bundestag nicht mehr zurückgekehrt.
Bei den Wahlen zum 1. Deutschen Bundestag 1949 hatte die Kommunistische Partei noch
1 361 706 Stimmen erhalten. Das entsprach einem prozentualen Stimmenanteil von 5,7 %.
1953 dagegen hat es die Kommunistische Partei nur noch auf 607 413 Stimmen, das sind
2,2 %, gebracht. Auf die DRP und die mit ihr verbündete Deutsche Konservative Partei
waren 1949 429 031 Stimmen, gleich 1,8 %, entfallen. Jetzt ist sie auf 295 618 Stimmen,
gleich 1,1 %, zurückgegangen. Eine zweite rechtsradikale Gruppe, die Nationale Sammlung,
hat lediglich 71 032 Stimmen, gleich 0,3 %, auf sich vereinigen können.

Auf dieses Ergebnis, meine Damen und Herren, kann das deutsche Volk stolz sein. Es
hat damit die in gewissen Kreisen vertretene Auffassung, Deutschland neige zu extremen
politischen Anschauungen, nachdrücklich widerlegt. Der weitere sehr erhebliche Rückgang
der kommunistischen Stimmen hat sich seit langem angekündigt. Die Erfahrungen, die das
deutsche Volk mit der kommunistischen Wirklichkeit gemacht hat, haben ihre Wirkung
getan. Besonders erfreulich ist es aber, daß auch die rechtsradikalen, mehr oder weniger
auf die Wiederbelebung der nationalsozialistischen Ideologie gerichteten Parteien keine
Erfolge beim deutschen Volk gehabt haben . . .

Nun, meine Damen und Herren, lassen Sie mich zu außenpolitischen Ausführungen
übergehen. Die Außenpolitik der Bundesrepublik wird sich auch weiterhin mit den folgenden zentralen Problemen zu beschäftigen haben: der Herstellung ihrer eigenen Unabhängigkeit, der Wiedervereinigung Deutschlands, dem Zusammenschluß des freien Europas und
der Integration Deutschlands in die europäische Gemeinschaft. Voraussetzung für die
Herstellung der völkerrechtlichen Unabhängigkeit der Bundesrepublik ist das Inkrafttreten
des Deutschland-Vertrages. Die Bedeutung dieses Vertrages liegt in der Beendigung des
Besatzungsregimes, der grundsätzlichen Wiedererlangung der deutschen Souveränität, der
vertraglichen Verpflichtung der Westmächte, an der Wiedervereinigung Deutschlands mitzuwirken unter Ausschaltung der Möglichkeit einer Einigung der Westalliierten mit der
Sowjetunion auf Kosten Deutschlands.

Mit Befriedigung darf ich feststellen, daß unser Verhältnis zur Alliierten Hohen Kommission schon jetzt nicht mehr unter dem Zeichen der Kontrolle und der Bevormundung steht,
sondern durch eine vertrauensvolle positive Zusammenarbeit gekennzeichnet ist. Des deutschen Volkes, das in den Bundestagswahlen vom 6. September ein so eindeutiges und un-
umschränktes Bekenntnis zur bisherigen Außenpolitik der Bundesregierung, insbesondere
zu den europäischen Integrationsverträgen, abgelegt hat, würde sich aber eine tiefe Ent-

täuschung bemächtigen, wenn das Zustandekommen des gesamten Vertragswerks, zu dem ja auch der Deutschland-Vertrag gehört, immer weiter hinausgezögert würde. Nachdem das deutsche Volk alles getan hat, um den Weg für die Ratifizierung frei zu machen, würde es es nicht verstehen, wenn es nicht endlich auch in den Genuß des Status der Unabhängigkeit kommen würde.

(Beifall bei den Regierungsparteien.)

Ich hoffe, daß man im Ausland für diese Empfindungen des deutschen Volkes Verständnis aufbringt und ihnen Rechnung trägt. *(Bravo! in der Mitte.)*

Das oberste Ziel der Bundesregierung bleibt weiterhin die Wiedervereinigung Deutschlands in Frieden und Freiheit.

(Erneuter Beifall bei den Regierungsparteien.)

Sie hat deshalb auch das in ihren Kräften Stehende dazu beigetragen, daß eine Viererkonferenz zustande kommt und uns diesem Ziel näher bringt. Dabei ist sich die Bundesregierung durchaus bewußt, daß die deutsche Frage nur ein Teilproblem der großen Spannung zwischen dem Ostblock und den Staaten der freien Welt ist. Die Sowjetnote vom 28. September muß uns mit tiefer Enttäuschung erfüllen; denn sie läßt nicht erkennen, daß die Sowjetregierung an einer baldigen Lösung der Deutschland-Frage interessiert ist. Wir wollen trotzdem die Hoffnung nicht verlieren, daß sich Sowjetrußland doch noch bereit finden wird, auf einer Viererkonferenz die Frage freier gesamtdeutscher Wahlen und den Status einer gesamtdeutschen Regierung zu erörtern. Mit der Erörterung dieser beiden Fragen muß begonnen werden; denn nur wenn hierüber eine Einigung erzielt wird, die die demokratischen Grund- und Freiheitsrechte des gesamten deutschen Volkes garantiert, ist der Weg zur Wiedervereinigung in Frieden und Freiheit freigegeben.

Unsere Sorge muß unterdessen weiterhin der Bevölkerung der sowjetischen Besatzungszone gelten, die am 17. Juni so überzeugend bewiesen hat, daß ihr Freiheitsbegriff mit dem unsrigen und nicht mit dem der dortigen Machthaber identisch ist.

(Beifall bei den Regierungsparteien.)

Die materielle Hilfe für unsere Brüder im Osten bleibt eine vordringliche Aufgabe. Durch die Anfang Oktober abgeschlossene Spendenaktion, bei der über fünf Millionen Pakete zur Verteilung gelangten, konnte die dort herrschende Not wesentlich gemildert werden. Es gilt aber, im Hinblick auf den bevorstehenden Winter den mit der alltäglichen Not nach wie vor schwer ringenden Deutschen in der Sowjetzone weiter zu helfen. Die Bundesregierung richtet daher an die Bevölkerung der Bundesrepublik den dringenden Appell, in ihrer Hilfsbereitschaft für die Sowjetzone nicht zu erlahmen und besonders die Liebeswerke der Kirchen und der karitativen Organisationen zu unterstützen. Die Bundesregierung wird von sich aus alles tun, um diese Hilfe des deutschen Volkes so wirksam wie möglich zu gestalten.

Entsprechend den zahlreichen Erklärungen des Bundestags und der Bundesregierung wird das deutsche Volk die sogenannte Oder-Neiße-Grenze niemals anerkennen.

(Anhaltender Beifall bei den Regierungsparteien.)

Lassen Sie mich aber eines hier mit allem Nachdruck betonen: Die mit der Oder-Neiße-Linie zusammenhängenden Probleme sollen nicht mit Gewalt, sondern ausschließlich auf friedlichem Wege gelöst werden.

(Erneuter Beifall bei den Regierungsparteien.)

Mit großer Genugtuung und mit Freude begrüßt die Bundesregierung die in letzter Zeit erfolgte Entlassung von 5371 deutschen Gefangenen aus der Sowjetunion. Sie weiß sich mit allen Deutschen in der Hoffnung einig, daß nun endlich auch die vielen Tausende noch in der Sowjetunion verbleibender Gefangenen den Weg in die Freiheit finden und in ihre Heimat zurückkehren können.

(Beifall bei den Regierungsparteien und vereinzelt bei der SPD.)

Mit Ungeduld warten wir auch auf Regungen der Menschlichkeit in der Sowjetzone. Tausende und aber Tausende Unschuldiger werden zum Teil nun schon seit Jahren in Gefängnissen, Zuchthäusern und Lagern festgehalten. Wir appellieren an die Machthaber in der Zone, die Unschuldigen freizugeben.

(Beifall bei den Regierungsparteien und vereinzelt bei der SPD.)

In meinen Ausführungen habe ich wiederholt Fragen der europäischen Integration anklingen lassen. Die Politik der Bundesregierung bleibt weiter auf diese Integration ausgerichtet. Die schmerzlichen Erfahrungen, die wir aus der Geschichte Europas in den letzten Jahrhunderten gesammelt haben, haben uns die Gewißheit gebracht, daß der Nationalismus, der die Ursache so vieler Katastrophen gewesen ist, überwunden werden muß. Wir müssen das Leben der europäischen Völker auf wahrhaft neue Grundlagen der Zusammenarbeit an großen praktischen Aufgaben stellen, um den Frieden zu sichern, um Europa wieder zu einem Faktor in Politik und Wirtschaft zu machen. Auf dem Weg zum Zusammenschluß des freien Europas sind bereits wesentliche Schritte getan worden. Die Europäische Gemeinschaft für Kohle und Stahl lebt. Durch die Errichtung des gemeinsamen Marktes für Kohle und Stahl wurde ein wichtiger Schritt zur Beseitigung der Zollschranken und sonstiger nationalstaatlicher Beschränkungen der Wirtschaft getan. Die Hohe Behörde hat es verstanden, in kurzer Zeit die ihr übertragene Stellung einer ersten überstaatlichen Behörde mit Leben und Autorität zu erfüllen. Ein echter Fortschritt im Interesse Europas ist hier erzielt worden.

Die Vorarbeiten für die Schaffung einer europäischen politischen Gemeinschaft schreiten kräftig voran. Die Konferenz der Außenminister-Stellvertreter in Rom in der Zeit vom 22. September bis 10. Oktober hat in wichtigen Fragen eine große Annäherung der Standpunkte erzielt. In anderen bedeutsamen Fragen hat der Meinungsaustausch zu einer Klärung geführt, die, wie ich hoffe, die Beschlüsse der bevorstehenden Konferenz der Außenminister im Haag am 26. November beschleunigen und erleichtern wird. Die Europäische Verteidigungsgemeinschaft nimmt bei den europäischen Integrationsbestrebungen eine besondere Schlüsselstellung ein. Sie ist nicht nur die unerläßliche Voraussetzung für den Frieden in Europa, für den wirkungsvollen Schutz des werdenden Europas, sondern sie ist gleichzeitig auch ein Prüfstein für das Vertrauen der Partner dieser Gemeinschaft untereinander. Ich hege die feste Zuversicht, daß die Ratifizierung des Vertrages über die Europäische Verteidigungsgemeinschaft, der wegen seiner großen Bedeutung und seiner Auswirkungen auf das innerstaatliche Leben der einzelnen Partner des Vertrages naturgemäß eine umfassende Erörterung aller mit ihm zusammenhängenden Probleme erfordert hat, in den kommenden Monaten erfolgt. Das Inkrafttreten dieses Vertrages wird eine Phase engster Zusammenarbeit der Völker der sechs Vertragsstaaten an der lebensentscheidenden Aufgabe der gemeinsamen Verteidigung einleiten. Seien wir uns klar darüber, daß es sich hier nicht nur um den militärischen Schutz, sondern zugleich um ein hervorragendes Mittel der Erziehung zum Europäer handelt.

(Sehr richtig! in der Mitte.)

So wichtig der Bundesregierung auch in Zukunft der Schutz und die Sicherung der Freiheit des deutschen Volkes sein wird und sosehr sie entschlossen ist, den dafür erforderlichen und dem deutschen Volke gerechterweise zumutbaren Verteidigungsbeitrag zu leisten, so entschieden wird sie sich auch im Rahmen der europäischen Integration für die Sicherung der sozialen und wirtschaftlichen Existenz aller Schichten der Bevölkerung einsetzen. Sie wird deshalb der europäischen Zusammenarbeit nicht nur im allgemeinpolitischen, sondern auch im besonderen sozialen Bereich jede Unterstützung zuteil werden lassen, und sie wird auch bei der Entwicklung neuer Wege und Methoden zu diesem Ziel ihre Hilfe leihen; denn die Bundesregierung sieht in der europäischen Gemeinschaft nicht nur eine unerläßliche rechtsstaatliche Form des zukünftigen Zusammenlebens der europäischen Völker, sie erblickt darin auch nicht nur den Rahmen für ihre militärische Sicherheit und ihre allgemeine wirtschaftliche Entwicklung, sondern sie sieht in der europäischen Vereinigung auch die Voraussetzung für die Herstellung eines dauerhaften sozialen Niveaus, das die Existenzbedingungen von Millionen Menschen entscheidend verbessert.

(Beifall in der Mitte.)

Daß die Bestrebungen zur europäischen Integration, wie sie in der EVG und in der Montan-Union ihren Ausdruck finden, in keinem Widerspruch zur Politik der Wiedervereinigung Deutschlands stehen, habe ich schon wiederholt ausgeführt. Es ist eine Verkennung der realen Möglichkeiten und Gegebenheiten, wenn man einen Gegensatz zwischen der Politik der Wiedervereinigung in Frieden und Freiheit und der europäischen Integration konstruieren will.

(Sehr richtig! bei den Regierungsparteien.)

Frieden und Freiheit sind nicht möglich ohne Sicherheit.

(Sehr gut! in der Mitte.)

Noch niemand, meine Damen und Herren, der behauptet, zwischen Wiedervereinigung in Frieden und Freiheit und europäischer Integration bestehe ein unlösbarer Widerspruch, hat sein Geheimnis verraten, auf welche Weise und wodurch die Wiedervereinigung in Frieden und Freiheit zustande kommen und gesichert werden soll als auf dem Wege über die europäische Integration.

(Beifall bei den Regierungsparteien.)

Es gibt auch keinen anderen Weg zur Wiedervereinigung als diesen durch die europäische Integration, es sei denn, man wäre bereit, auf die Freiheit zu verzichten und ganz Deutschland in die Hände der Sowjetunion zu geben.

(Sehr richtig! in der Mitte. – Widerspruch bei der SPD.)

Meine Damen und Herren! Es kann kein Zweifel daran bestehen, daß erst der sich anbahnende Zusammenschluß der freien Völker auch die Voraussetzungen dafür geschaffen hat, daß die Sowjets sich überhaupt zu Verhandlungen über die Frage der Wiedervereinigung bereit finden.

(Sehr richtig! in der Mitte.)

Gerade die Deutschen aus der sowjetisch besetzten Zone haben uns in dieser Auffassung der Sachlage immer wieder bestärkt. In der europäischen Integration sehen wir eine echte Garantie für die Erhaltung des Friedens. Der EVG-Vertrag schließt einseitige Angriffskriege aus, und zwar nicht nur der Partner untereinander, sondern auch gegenüber dritten, an dem Vertragssystem nicht unmittelbar beteiligten Staaten. Das Vertragssystem der Europäischen Verteidigungsgemeinschaft legt den Partnern eine Beschränkung ihrer Mannschaftsstärke, ihrer Rüstung und ihres Rüstungspotentials auf. Damit ist in diesem System der Ansatzpunkt für ein System der Rüstungsbeschränkung gegeben, wie es Präsident Eisenhower in seiner Rede vom 16. April dieses Jahres vorgeschlagen hat. Wenn die Sowjetregierung guten Willens ist und wirklich den Frieden will, dann können ihr auf der Grundlage dieses Vertragssystems Sicherheitsgarantien geboten werden, die sie etwa noch für nötig halten würde. Die Bereitwilligkeit, an einem solchen Sicherheitssystem mitzuwirken, ist von der Bundesregierung mehrfach erklärt worden. Diese Bereitwilligkeit bleibt weiterhin bestehen.

Die europäische Integration wird zur Zeit getragen von den Vertragswerken, die die sechs Staaten der Montan-Union und der Europäischen Verteidigungsgemeinschaft verbinden. Das bedeutet nicht, meine Damen und Herren, daß wir die sogenannte kleineuropäische Lösung als Endziel anstreben. Es ist von allen Beteiligten wiederholt zum Ausdruck gebracht worden und in den Verträgen selbst ausdrücklich festgelegt, daß jeder europäische Staat beitreten kann. Wir sind uns klar darüber, daß Staaten, deren Beitritt wir sehnlich wünschen, durch andere Verpflichtungen vorläufig an diesem Schritt gehindert werden. Ich möchte aber hier nicht versäumen, die positive Haltung der britischen Regierung gegenüber dem europäischen Einigungswerk besonders hervorzuheben. Vor sieben Jahren hat Sir Winston Churchill in seiner historischen Züricher Rede Frankreich und Deutschland aufgefordert, sich als Mitglieder der europäischen Familie die Hand zu reichen. Der Glaube an ein vereintes Europa hat seitdem in vielen Herzen Wurzel geschlagen. Großbritannien selbst hat sich an der Arbeit verschiedener europäischer Organisationen intensiv beteiligt, und es besteht begründete Hoffnung, daß es über die bereits mit den EVG-Staaten abgeschlossenen Verteidigungsverträge hinaus durch weitgehende Assoziierung in ein noch engeres Verhältnis zum europäischen Integrationswerk treten wird.

Die Beziehungen der Bundesrepublik, meine Damen und Herren, zu allen freien Völkern der Welt haben sich fortlaufend normalisiert und verbessert. Der Kriegszustand ist auch formal mit fast allen Völkern der westlichen Welt beendet. Mit nahezu allen ihren Regierungen unterhalten wir heute diplomatische Beziehungen.

Ich brauche nicht zu betonen, daß die Beziehungen zu den einzelnen Partnerstaaten der Integrationsverträge, zu Frankreich, Italien, Belgien, Niederlande und Luxemburg sich in den letzten Jahren besonders intensiviert haben. Es mußten hierbei, und es müssen noch schwere Hypotheken abgetragen werden, die uns die Vergangenheit auferlegt hat.

Das gilt besonders für unser Verhältnis zu Frankreich. Eine Gemeinschaft der europäischen Völker kann nur auf der Grundlage gesunder deutsch-französischer Beziehungen aufgebaut werden; ihnen wird die Bundesregierung weiterhin ihre besondere Aufmerksamkeit widmen. Die unmittelbare Aussprache mit der französischen Regierung in Verbindung mit einer gründlichen Vorbearbeitung der schwebenden Probleme auf diplomatischem Wege wird schon in Kürze aufgenommen werden. Die Bundesregierung hofft dabei zuversichtlich, daß es in nicht zu ferner Zeit gelingen wird, auch in der Saarfrage im Geiste der europäischen Zusammenarbeit eine annehmbare Regelung zu finden.

In ganz besonderem Maße haben sich unsere Beziehungen zu den Vereinigten Staaten intensiviert. Wie alle Völker der freien Welt schulden wir den Vereinigten Staaten Dank dafür, daß sie, ihrer großen Aufgabe bewußt, alles in ihren Kräften Stehende tun, um mit den großen Machtmitteln, die sie besitzen, unsere Freiheit zu schützen und überall in der Welt die Kräfte zu stärken, die mit unseren Auffassungen von Demokratie und Recht übereinstimmen. Wir schulden den Vereinigten Staaten aber auch Dank für die große Hilfsbereitschaft, die sie in Vergangenheit und Gegenwart dem deutschen Volk und nicht zuletzt unseren tapferen Brüdern und Schwestern in der Ostzone erwiesen haben.
(Lebhafter Beifall bei den Regierungsparteien.)

Dieser Dank gilt auch der britischen Regierung, die in den letzten Jahren für die deutschen Probleme so viel Verständnis gezeigt hat und durch ihre positive Haltung einen wirksamen Beitrag zum Aufbau Europas leistet.
(Erneuter Beifall bei den Regierungsparteien.)

Ich komme zum Schluß, meine Damen und Herren. Die Außenpolitik der Bundesregierung ist in allen ihren Bestrebungen ausschließlich darauf gerichtet, für die vielen Probleme, die uns Gegenwart und Zukunft stellen, Lösungen zu suchen, die dem friedlichen Ausgleich dienen. Meines Erachtens gibt es kein Problem, und sei es noch so kompliziert und schwer, für das nicht mit den Mitteln der Verhandlung eine weitaus dauerhaftere Regelung erreicht werden könnte als mit den Mitteln der Gewalt,
(Beifall bei den Regierungsparteien)
aus der, wie uns die Vergangenheit lehrt, nur immer neue Konflikte geboren werden. Dies gilt in erster Linie für den großen Ost-West-Konflikt. Deutschland wird alles in seinen Kräften Stehende tun, um zusammen mit allen denen, die guten Willens sind, an einer Entspannung und friedlichen Bereinigung mitzuwirken. Denn, meine Damen und Herren, ich

glaube, ich kann sagen, wir alle sind fest davon überzeugt, daß die Menschen dieser Erde, seien es nun Deutsche, Amerikaner, Engländer, Franzosen oder Russen, nichts heißer ersehnen als einen dauerhaften Frieden.
(Anhaltender starker Beifall bei den Regierungsparteien.)

Quelle: 2. Deutscher Bundestag, 3. Sitzung vom 20. 10. 1953, S. 11–22

46 — Stellungnahme zur Berliner Konferenz der »Vier«

Auszüge aus der Regierungserklärung des Bundeskanzlers Dr. Konrad Adenauer hinsichtlich der Berliner Konferenz der vier Außenminister und Entschließung des Deutschen Bundestages vom 25. Februar 1954

Herr Präsident, meine Damen und Herren! Bei der großen Bedeutung der Berliner Konferenz für Deutschland erscheint eine ausführliche Darstellung des Verlaufs der Konferenz und eine Analyse der auf ihr gemachten Vorschläge notwendig.

Die Teilung Deutschlands beruht nicht auf einem innerdeutschen Zwist, sondern auf dem Konflikt der vier Großmächte. Infolgedessen hat Deutschland ein vitales Interesse daran, daß der Ost-West-Konflikt entspannt und die Wiederherstellung der deutschen Einheit auf Grund einer Übereinkunft der vier Großmächte ermöglicht wird.

Nach dem Tode Stalins deuteten vielleicht einige Anzeichen darauf hin, daß die Sowjetunion ihre starre außenpolitische Haltung, die zum Scheitern der bisherigen Versuche zur Lösung der deutschen Frage geführt hatte, aufgeben und an einer Entspannung ihrer Beziehungen mit der freien Welt interessiert sein könnte. Die Bundesregierung und mit ihr die drei alliierten Mächte vertraten deshalb die Auffassung, daß der Zeitpunkt gekommen war, eine neue Konferenz der vier Mächte einzuberufen und zu versuchen, die Spaltung Deutschlands neun Jahre nach Abschluß des Krieges endlich zu beseitigen.

Die Sowjetunion hat sich dem Ansuchen der drei Mächte um eine Konferenz nicht entzogen. Dem Notenwechsel, der der Berliner Konferenz voranging, war allerdings deutlich zu entnehmen, daß es der Sowjetunion weniger an einer Entspannung und Normalisierung der Verhältnisse in Europa als vielmehr an einer Veränderung der gegenwärtigen Situation in Ostasien gelegen war. Das Motiv dieser sowjetischen Einstellung lag wohl in der Erkenntnis, daß die Westmächte, Deutschland und Österreich sich darin einig waren, die Voraussetzung für jede Entspannung in Europa müsse der sowjetische Verzicht auf die Unterwerfung freier Völker sein. Die Sowjetunion sollte damit auf die Rolle einer normalen Besatzungsmacht zurückverwiesen werden, die sich der Wiederherstellung des natürlichen Rechts der Völker auf ihre innere und äußere Selbstbestimmung nicht widersetzt. Deshalb stand die Forderung nach freien Wahlen in ganz Deutschland schon im Mittelpunkt der alliierten Noten. Der Sowjetunion war diese Forderung unbequem, und sie hoffte, bei der Behandlung asiatischer Themen einen leichteren Stand zu haben. Hier glaubte sie, mit einer Aufspaltung der drei Westmächte rechnen zu können. Sie wußte, daß die alliierten Auffassungen hinsichtlich der gegenüber der chinesischen Volksrepublik zu vertretenden Politik sich nicht immer deckten, und sie zählte gewiß auch darauf, daß die sozialrevolutionären Bestrebungen in den Völkern Ostasiens ihren eigenen Zielen dienstbar gemacht werden könnten. Schließlich mußte ihr die Aufnahme Rotchinas in das Konzert der Großmächte dringend angelegen sein. Einmal, weil die rotchinesische Führung energisch verlangte, die wirtschaftliche und politische Isolierung, die das Ergebnis ihrer Freundschaft mit der Sowjetunion ist, zu durchbrechen. Zum anderen, weil der Eintritt Rotchinas in die

Gruppe der anerkannten Großmächte auch die Sowjetunion selbst aus der weltpolitischen Vereinsamung herausführen und ihre krasse Minderheitsposition in den Vereinten Nationen durch den Aufbau eines Weltsystems der fünf Mächte ablösen sollte.

Zu Beginn der Berliner Konferenz war denn auch festzustellen, daß der sowjetische Außenminister versuchte, der Behandlung der deutschen und der österreichischen Frage solange wie nur irgend möglich auszuweichen und dagegen die asiatischen Probleme in den Vordergrund zu stellen. Alle sowjetischen Vorschläge waren darauf gerichtet,

1. die UNO auszuhöhlen und
2. an ihre Stelle ein mehr oder weniger ständiges Direktorium der Großmächte zu setzen, dem in jedem Falle die chinesische Volksrepublik angehören sollte.

Das gilt sowohl für Molotows Plan einer Fünfer-Konferenz als auch für seinen Vorschlag einer Weltabrüstungs-Konferenz sowie selbst für seine handelspolitischen Angebote.

Die Außenminister der drei Westmächte ... haben von Anbeginn bei der Wahl des Konferenzortes, der Frage des Vorsitzes, ja selbst bei der Festsetzung der Tagesordnung eine Reihe von zum Teil keineswegs nebensächlichen Zugeständnissen gemacht, weil sie ihrem sowjetischen Partner keine Möglichkeit zur Verzögerung geben, sondern zur Sache, zu ihrer und zu unserer Sache kommen wollten.

Nachdem Molotow vergeblich versucht hatte, dem Sowjetzonen-Regime zu einer Art de facto-Anerkennung durch die Großmächte zu verhelfen, indem seine Vertreter neben Vertretern der Bundesrepublik auf der Konferenz gehört werden sollten, gelang es dem britischen Außenminister Eden, unverzüglich den Plan der drei Mächte für die Wiedervereinigung Deutschlands zur Sprache zu bringen.

Der Eden-Plan beruht im wesentlichen auf den mit deutschen Sachverständigen durchgeführten Vorarbeiten der Alliierten und lehnt sich eng an die Beschlüsse des Bundestages vom 10. Juni 1953 an. Er beruht auf dem Grundgedanken, daß freie Wahlen die Grundlage und den ersten Schritt zur Wiedervereinigung Deutschlands bilden müssen. Nur aus freien Wahlen kann eine Nationalversammlung hervorgehen, die legitimiert ist, eine Verfassung auszuarbeiten und auf der Grundlage dieser Verfassung eine gesamtdeutsche Regierung zu bilden, die dann in der Lage wäre, Friedensverhandlungen zu führen und mit verbindlicher Wirkung für ganz Deutschland abzuschließen. Unter den Bedingungen, die heute in der Sowjetzone Deutschlands herrschen, kann die Freiheit der Wahlen jedoch nur als gesichert gelten, wenn ihre Durchführung von unparteiischen Organen überwacht wird, die dafür sorgen, daß bestimmte Freiheitsrechte vor, während und nach der Wahl garantiert sind. Der Eden-Plan schlug daher eine Überwachungskommission vor, die sich aus Vertretern der vier Mächte mit oder ohne Teilnahme Neutraler zusammensetzen sollte. Ein von den vier Mächten zu erlassendes Wahlgesetz sollte die Einzelheiten des Wahlverfahrens regeln und es der Bundesrepublik ersparen, Wahlrechtsfragen mit Vertretern des SED-Regimes verhandeln zu müssen. Eine von der Nationalversammlung bestellte vorläufige gesamtdeutsche Behörde sollte schon frühzeitig ins Leben treten, die Nationalversammlung bei der Ausarbeitung der Verfassung unterstützen und gegebenenfalls Vorbereitungen für Friedensverhandlungen treffen. Der Nationalversammlung sollte es obliegen zu bestimmen, wie die Befugnisse der Bundesregierung und der sowjetzonalen Behörden auf die gesamtdeutsche Regierung übertragen und die bisherigen Teilgewalten aufgelöst werden sollten. Die gesamtdeutsche Regierung sollte befugt sein, vertragliche Rechte und Pflichten der Bundesrepublik und der Sowjetzone zu übernehmen und neue Verträge zu schließen. In der Zeit bis zum Inkrafttreten des Friedensvertrages sollten die Kontrollbefugnisse der Besatzungsmächte auf diejenigen Vorbehaltsrechte beschränkt werden, die auch im Deutschlandvertrag vorgesehen waren.

Der Aufbau des Eden-Plans zeigt, daß es das gemeinsame Bestreben der Alliierten und der Bundesregierung gewesen ist, ihren Plan zur Wiedervereinigung Deutschlands von jeder für die Sowjetunion unzumutbaren Forderung freizuhalten. Er enthielt, vor allem, was den Zeitabschnitt vom Tage der freien Wahlen bis zum Abschluß des Friedensvertrages angeht, nicht unbeträchtliche Risiken. Wir waren der Meinung, daß wir ein Wagnis eingehen mußten und auch durften, nicht zuletzt deshalb, weil wir uns auf die demokratische, freiheitliche Gesinnung aller Deutschen in Ost und West fest verlassen können.

Molotow hat den alliierten Vorschlag zunächst damit kritisiert, er sei nicht großzügig genug und lasse Deutschland nicht genug Freiheit. Er legte seinerseits im Laufe der zweiten Konferenzwoche den Entwurf eines Friedensvertrages und einen Plan für die Bildung einer provisorischen gesamtdeutschen Regierung und die Durchführung gesamtdeutscher Wahlen vor. Obgleich dieser letzte Plan von »freien« Wahlen spricht, will er nur solche Wahlen zulassen, die mit den bekannten Mitteln totalitärer Staaten zu dem gewünschten Erfolge – in diesem Falle zu einem kommunistischen Siege – führen würden. Zu diesem Zwecke lehnte Molotows Plan jede Form unparteiischer Überwachung der Wahlen ab, forderte volle Betätigungsfreiheit für alle sogenannten demokratischen Organisationen und auf der anderen Seite das Verbot solcher Organisationen, die von den Kommunisten als »faschistisch«, »militaristisch«, »antidemokratisch« oder »friedensfeindlich« bezeichnet werden. Ohne das Ergebnis der Wahlen abzuwarten, sollte schon vorher eine provisorische gesamtdeutsche Regierung durch den Bundestag und die Volkskammer gebildet werden – ein Versuch, den Herren Pieck, Grotewohl und Ulbricht eine Legitimation zu verschaffen, die sie sich aus eigener Kraft bisher nicht erringen konnten; zugleich ein Versuch, ein Trojanisches Pferd in den gesamtdeutschen Staat hineinzuführen. Der Plan gipfelte in der unter dem Vorwand der Ausschaltung fremder Einmischung erhobenen Forderung, daß die Besatzungstruppen (mit Ausnahme beschränkter »Kontrollkontingente«) noch vor den Wahlen aus ganz Deutschland zurückgezogen werden sollten.

In diesem Punkte berührte sich der Plan mit dem Kerngedanken des sowjetischen Friedensvertragsentwurfes, der sich auf den bereits im März des Jahres 1952 bekanntgegebenen sowjetischen Vorschlägen aufbaute, diese aber nicht unerheblich ergänzte und verschärfte. Den Kernpunkt dieses Entwurfes bildete nach wie vor die Bestimmung, daß Deutschland keinerlei Koalitionen oder Militärbündnisse eingehen dürfe, die sich gegen irgendeinen Staat richten, der mit seinen Streitkräften am Krieg gegen Deutschland teilgenommen hat. Diese auf die Zwangsneutralisierung Deutschlands gerichtete Bestimmung wurde noch verstärkt. Neben dem Abzug der Besatzungstruppen wurde nach wie vor die Beseitigung aller ausländischen Militärstützpunkte auf deutschem Gebiet verlangt. Die eigenen nationalen Streitkräfte, die der Entwurf vom März 1952 Deutschland zubilligte, wurden nunmehr in der Weise beschränkt, daß sie nur noch inneren Ordnungsaufgaben, der lokalen Grenzverteidigung und dem Luftschutz dienen sollten ...

Die drei alliierten Außenminister haben in der sowjetischen Konzeption mit Recht den Ausdruck einer unverhüllten Machtpolitik gesehen. Sie haben diese Politik als überholt, reaktionär und friedensgefährdend gebrandmarkt. Sie haben dem Geist von Versailles, von Jalta und Potsdam eine Konzeption gegenübergestellt, die eine Frucht der bitteren Erfahrungen ist, die die Menschheit zweimal in der kurzen Spanne einer Generation machen mußte. Diese Konzeption ist entstanden aus dem Gedanken der Völkergemeinschaft, die zustande kommt, weil die einzelnen Völker in Souveränitätsbeschränkungen einwilligen, aber nicht unter Zwang, sondern aus freien Stücken. Diese Handlungsfreiheit kann allein Grundlage von Vertragstreue sein; sie macht auch diskriminierende Kontrollen überflüssig, die nur Keime zu neuen Konflikten sind.

Die Alliierten haben in zäher Verhandlung versucht, Molotow zu überzeugen, daß nur eine auf Recht und Vertrauen gegründete Ordnung den Frieden gewährleisten kann. Sie sind ihm entgegengekommen, indem sie jeden Zweifel über die völlige Handlungsfreiheit der gesamtdeutschen Regierung im Hinblick auf von der Bundesregierung geschlossene Abkommen beseitigten, sie haben in der Frage der Wahlkontrolle und des Wahlgesetzes Zugeständnisse gemacht. Statt einer aus Vertretern der vier Mächte (mit oder ohne Neutrale) zusammengesetzten Überwachungsorganisation erklärten sie sich bereit, einer Überwachung durch Kommissionen zuzustimmen, die sich aus je einem Vertreter der Bundesregierung und der Sowjetzone und einem Neutralen zusammensetzen. Ebenso erklärten sie sich bereit, auf der Grundlage des Weimarer Wahlgesetzes zu verhandeln, für das sich der sowjetische Außenminister ausgesprochen hatte. Sie haben schließlich ihre eigenen Vorstellungen von einem System kollektiver Sicherheit entwickelt und darüber hinaus die Gültigkeit der bestehenden alliierten Verträge mit der Sowjetunion bekräftigt sowie ihre Verlängerung angeboten. Die Mitglieder der alliierten Delegationen haben immer wieder in persönlichen Gesprächen mit sowjetischen Persönlichkeiten zu erkunden versucht, ob Ansatzpunkte für einen Kompromiß bestanden, die in einer Geheimsitzung zu behandeln sich gelohnt hätte. Die sowjetische Reaktion war immer die gleiche und verriet absolute Unbeweglichkeit. Entgegen manchen Erwartungen waren die Sowjets nicht bereit, irgendeinen Preis für die Wiedervereinigung Deutschlands in Freiheit zu nennen, auch nicht die EVG ...

Ich möchte zusammenfassend feststellen, daß in Europa die sowjetische Politik von dem Gedanken beherrscht ist, den Status quo hinsichtlich der Besatzung, hinsichtlich der politischen Stellung aller unter ihrer Kontrolle befindlichen Gebiete aufrechtzuerhalten. Ihre Pläne lassen aber befürchten, daß die Sowjetunion den Status quo zu gegebener Zeit zur Basis eines weiteren Vordringens in Westeuropa machen wird. Das letzte Ziel der Sowjetunion ist die sowjetische Vorherrschaft in Europa ...

Ich möchte die Darstellung des Konferenzverlaufs nicht abschließen, ohne den drei westlichen Außenministern herzlich zu danken für die ausgezeichnete und sehr eindrucksvolle Art, in der sie die Sache der Wiedervereinigung Deutschlands in Frieden und Freiheit auf der Berliner Konferenz vertreten haben.

Die Bundesregierung zieht aus dem Verlauf der Berliner Konferenz die folgenden Schlüsse:

Erstens:

Um dem sowjetischen Streben nach einer Vorherrschaft in Europa entgegenzutreten, besteht mehr denn je die Notwendigkeit, Europa zu einen und seine Kräfte zusammenzufassen. Dazu gehört auch, daß die Europäische Verteidigungsgemeinschaft Wirklichkeit wird.

Zweitens:

Die Bundesrepublik muß ihre auf Freiheit und Recht gegründete innere Struktur festigen und die geistige und materielle Kraft entwickeln, die notwendig ist, um jeden Versuch, ganz Deutschland zu sowjetisieren, vereiteln zu können.

Drittens:

Die Bundesregierung muß durch Worte und Taten klarmachen, daß die Deutschen sich niemals mit der Spaltung Deutschlands abfinden und niemals die Existenz zweier deutscher Staaten hinnehmen werden.

Viertens:

Die Berliner Konferenz hat gezeigt, daß die Deutschlandfrage nicht für sich allein gelöst werden kann. Die Bundesregierung begrüßt es daher, wenn der Versuch gemacht wird, Konfliktstoffe in anderen Teilen der Welt zu beseitigen, weil sich die dadurch erzielte Entspannung auch auf die deutsche Frage auswirkt. Die Bundesregierung wird sich bemühen, auch von sich aus zu einer allgemeinen Entspannung beizutragen, die neue Verhandlungen über Deutschland möglich macht. Sie wird insbesondere für den Aufbau eines auf der freien Zustimmung und der Gleichberechtigung aller Mitglieder beruhenden Systems kollektiver Sicherheit eintreten, das die Sowjetunion veranlassen kann, die sowjetisch besetzte Zone aus ihrem Machtbereich zu entlassen.

Fünftens:
Die Bundesregierung wird alle in ihrer Macht stehenden Maßnahmen ergreifen, um den Deutschen in Berlin und in der sowjetisch besetzten Zone ihr schweres Los zu erleichtern. Sie appelliert an das Hohe Haus und an die Bevölkerung der Bundesrepublik, sie dabei mit Rat und Tat zu unterstützen.

Meine Damen und Herren: Die Wiedervereinigung Deutschlands ist zunächst an der Haltung der Sowjetunion gescheitert. Das ist die bittere Wahrheit. Wir werden aber in unseren Bemühungen nicht nachlassen, neue Mittel und Wege für die Wiedervereinigung Deutschlands zu finden. Die Sowjetunion muß wissen, daß der Westen immer bereit ist zu konstruktiven Verhandlungen. Wir wollen hoffen, daß Fortschritte in anderen Fragen, die Ost und West trennen, die Sowjetunion auch zu einer Revision ihrer Politik in Europa bringen werden.
Die Bundesregierung sieht in der Tatsache, daß die Berliner Konferenz die Solidarität des Westens eindeutig bewiesen hat, ein positives Resultat der Konferenz. Die Sowjetunion muß sich jetzt darüber im klaren sein, daß ihre Annahme, die westlichen Mächte würden sich untereinander entzweien, eine Annahme, auf der ihre ganze jetzige Politik beruht, falsch ist. So kann die Berliner Konferenz zum Ausgangspunkt einer neuen Phase der russischen Politik werden, die durch eine richtigere Einschätzung der Realitäten gekennzeichnet ist.
Die schmerzliche Enttäuschung über den Verlauf der Berliner Konferenz wird durch die Gewißheit gemildert, daß die Wiedervereinigung Deutschlands zu einem Anliegen der ganzen freien Welt geworden ist. Wir dürfen der Hilfe und Unterstützung der Westalliierten gewiß sein ...
Inzwischen gilt es, die deutsche Einheit zu erhalten mit der Kraft des Geistes, des Opfers und der Liebe. Es gibt nur ein einziges deutsches Vaterland. Wir werden nicht ruhen und rasten, bis es seine Einheit wiedergefunden hat, in Frieden und in Freiheit.

Einstimmige Entschließung des Bundestages

Der Regierungserklärung folgte eine ausgedehnte Debatte, die von dem Vertreter der Opposition, dem Abg. Ollenhauer, eröffnet wurde. Am Schluß der Aussprache, bei der alle Parteien durch ihre Fraktionsführer zur Außenpolitik der Bundesregierung und zu den Argumenten der Opposition Stellung nahmen, wurde folgender Antrag sämtlicher Fraktionen einstimmig angenommen:
Der Deutsche Bundestag bedauert auf das tiefste, daß die Berliner Konferenz keine Lösung der Deutschlandfrage gebracht hat. Aus den Stellungnahmen des sowjetischen Außenministers geht eindeutig hervor, daß die Sowjetunion heute nicht willens ist, die Wiedervereinigung Deutschlands in Freiheit zuzulassen.
Der Deutsche Bundestag dankt den Außenministern der Westmächte, daß sie sich mit großer Entschiedenheit für die Wiedervereinigung Deutschlands in Freiheit eingesetzt haben.

Der Deutsche Bundestag verpflichtet sich von neuem, als die einzige in Freiheit gewählte Vertretung des deutschen Volkes alles, was in seiner Macht ist, zu tun, um den in Unfreiheit lebenden Deutschen beizustehen und die Wiedervereinigung mit ihnen in Frieden und Freiheit herbeizuführen.

Der Deutsche Bundestag begrüßt es, daß die Berliner Konferenz die Voraussetzungen für weitere Verhandlungen geschaffen hat. Er hofft, daß diese Verhandlungen zu einer allgemeinen Entspannung führen und damit neue Möglichkeiten zur Wiedervereinigung Deutschlands eröffnen.

Der Deutsche Bundestag ist willens, dieses Ziel in der Gemeinschaft der freien Welt und in unverbrüchlicher Solidarität mit den anderen freien Völkern Europas zu verfolgen.

Quelle: Bulletin vom 26. 2. 1954, Nr. 39, S. 313–316

47   Absage an den Nationalismus

Äußerungen des Bundeskanzlers Dr. Konrad Adenauer vor der Auslandspresse in Bonn über den Nationalismus, 6. April 1954 (Auszug)

... Im Lärm der ständig sich jagenden Ereignisse dürfen wir alle die große Frage nicht überhören, die die Zeit uns stellt. Wir müssen auch eine große Antwort finden, die unserer würdig ist. Man muß in dieser denkwürdigen Zeit, in der wir leben, immer wieder versuchen, sich nicht durch die Ereignisse des Tages oder der Woche beeindrucken zu lassen, man muß bemüht bleiben, tiefer zu sehen und den Entwicklungsstrom zu erkennen. Der heutige Zustand der Welt birgt große Gefahren in sich. Die Menschen sind voller Unruhe und Ängste. Das Mißtrauen der Völker gegeneinander ist nicht verschwunden. Es hat sich in einzelnen Gebieten der Erde gemildert, in anderen aber auch gesteigert.

Meiner Meinung nach ist die Entartung des Gedankens des Nationalstaates, das Abgleiten in die nationalistische Denkungsweise bei allen Völkern der Ausgangspunkt und die Ursache dafür gewesen, daß sie unfähig waren, das Notwendige zu erkennen und das Richtige zu tun. Der Nationalismus verführt die Völker dazu zu vergessen, daß alle Völker ein Recht auf ihre Existenz haben und daß allein ein harmonisches Zusammenleben der Völker auch den Interessen des eigenen Volkes am besten dient. Wir können daher nur zu einem Zeitalter der Entspannung, der Zusammenarbeit und des Friedens kommen, wenn die nationalistische Idee aus der Politik der Völker ausgeschaltet wird. Hier in Europa haben wir einen Anfang gemacht, indem wir den Weg, der zur europäischen Einheit führen wird, beschritten und die ersten Etappen zurückgelegt haben. Die Zeit selbst, die Entwicklung der modernen Technik und der modernen Gesellschaft zwingt uns, Mauern, die früher zwischen den Völkern bestanden, niederzulegen. Ich appelliere an die Einsicht und den Friedenswillen aller Europäer. Wir müssen entschieden Schluß machen mit nationalistischen Ideen, mit überholten Vorstellungen der Vergangenheit, wir müssen entschlossen und kühn das Tor zu einer neuen Ära des Zusammenlebens der Völker aufstoßen.

Quelle: Bulletin vom 8. 4. 1954, Nr. 67, S. 578 f.

Erklärung der Bundesregierung und Entschließung des Deutschen Bundestages über die
Nichtanerkennung der »Souveränität« der Sowjetzonenregierung, 7. April 1954

Die Regierung der Sowjetunion hat am 25. März erklärt, daß sie mit der sogenannten Deutschen Demokratischen Republik die gleichen Beziehungen aufnehme wie mit anderen souveränen Staaten. Die DDR werde die Freiheit besitzen, nach eigenem Ermessen über ihre inneren und äußeren Angelegenheiten einschließlich der Beziehungen zu Westdeutschland zu entscheiden.

Mit dieser Erklärung sucht die Sowjetregierung den Anschein zu erwecken, daß der von ihr besetzte Teil Deutschlands ein selbständiges, souveränen Staaten gleichgestelltes Staatswesen geworden sei.

Die sowjetische Erklärung vermag jedoch nichts gegen die Tatsache, daß es nur einen deutschen Staat gibt, gegeben hat und geben wird und daß es einzig und allein die Organe der Bundesrepublik Deutschland sind, die heute diesen niemals untergegangenen deutschen Staat vertreten. Daran ändert auch die schmerzliche Wirklichkeit nichts, daß die deutsche Staatsgewalt heute nicht einheitlich in allen Teilen Deutschlands ausgeübt werden kann.

In jenen Teilen Deutschlands, in denen heute das Grundgesetz der Bundesrepublik Deutschland gilt, konnten die Organe des deutschen Staates nach 1945 auf rechtmäßigem Wege – d. h. durch freie Wahlen, die den unverfälschten Willen des deutschen Volkes zum Ausdruck brachten – wiedergeschaffen werden. In allen Ländern der heutigen Bundesrepublik haben nach 1945 freie Wahlen stattgefunden, aus denen Volksvertretungen und verfassungsmäßig geordnete, verantwortliche Regierungen hervorgegangen sind. Vertreter der frei gewählten Landtage haben sich zu einer verfassunggebenden Versammlung zusammengefunden und haben im Grundgesetz der Bundesrepublik Deutschland eine freiheitlich-demokratische Verfassung geschaffen, die von den Volksvertretungen der Länder geprüft und angenommen worden ist. In den Bundestagswahlen von 1949 und 1953 hat sich das deutsche Volk unmittelbar zu dieser neuen verfassungsmäßigen Ordnung Deutschlands bekannt. Schon 1949 bei einer Wahlbeteiligung von 78,5 % erhielten die Kommunisten nur 1,5 von 25 Millionen Stimmen, also 6 %, 1953 erhielten sie bei der sehr starken Wahlbeteiligung von 86,2 % nur noch etwas über 600 000 von 28 Millionen Stimmen, d. h. nur noch 2,2 %. Diese Zahlen beweisen, wie das deutsche Volk über ein kommunistisches Regime denkt, das nicht wagen kann, in der von ihm beherrschten Zone freie Wahlen abzuhalten, das die Länder mit ihren Volksvertretungen unter Bruch der eigenen Verfassung beseitigt hat und dessen »Volkskammer« die willenlose Unterwürfigkeit des Hitlerschen Reichstages noch überbietet – ein Regime, dessen einzige entscheidende Partei eine verhaßte Minderheit bildet und das sich am 17. Juni 1953 nur mit brutaler Anwendung von Waffengewalt gegen die Empörung und Verzweiflung der gesamten Bevölkerung am Ruder halten konnte.

Die Bundesrepublik war und ist daher berechtigt, auch für jene 18 Millionen Deutschen zu handeln und zu sprechen, denen schon 1949 versagt war, bei der Schaffung des Grundgesetzes mitzuwirken und die bis zum heutigen Tage nicht die Freiheit haben, ihren politischen Willen zum Ausdruck zu bringen. Die Bundesregierung fühlt sich deshalb nach wie vor verpflichtet, alle Anstrengungen zu unternehmen, um die Verbindung zu den Deutschen in der sowjetisch besetzten Zone offenzuhalten. Sie wird alles in ihrer Macht Stehende tun, um die tragischen Folgen der Teilung Deutschlands zu überwinden.

Niemals werden wir anerkennen, daß die durch List, Betrug und Gewalt zur Herrschaft gelangten Machthaber der Sowjetzone befugt sind, deutsche Staatsgewalt auszuüben. Wir würden uns selbst entehren und alle Opfer der kommunistischen Gewaltherrschaft beleidigen, wenn wir jene Machthaber als Partner beim Werke der Wiedervereinigung Deutschlands anerkennen würden. Ein freies Deutschland könnte aus der Zusammenarbeit mit ihnen nicht hervorgehen. Niemals werden wir uns mit der Spaltung Deutschlands abfinden und die Existenz zweier deutscher Staaten hinnehmen.

Diese Spaltung, die das Ergebnis einer durch Jahre hindurch konsequent betriebenen Abschnürungspolitik der Sowjets ist, steht im Widerspruch zu den allgemeinen Grundsätzen des Völkerrechts sowohl wie auch zu den vertraglichen Verpflichtungen, welche die vier Besatzungsmächte 1945 untereinander eingegangen sind. Eine Besatzungsmacht hat nicht das Recht, ihre Besatzungsgewalt zur politischen Zerreißung Deutschlands zu mißbrauchen. Deutschland als Ganzes ist im Jahre 1945 der alliierten Besetzung unterstellt worden, und nur durch einen frei verhandelten Friedensvertrag der Besatzungsmächte mit Deutschland kann über seine Grenzen entschieden werden. Die sowjetische Erklärung vom 25. März vertieft nicht nur die schon bestehende Spaltung Deutschlands, sondern zielt offenkundig darauf ab, aus einem nur tatsächlichen und vorläufigen einen völkerrechtlich und politisch endgültigen Zustand zu machen.

Der trügerische Schein von Souveränität, den die sowjetische Erklärung vom 25. März diesem Regime verliehen hat, wird die Nationen der freien Welt nicht irreführen. Die westlichen Großmächte haben bereits anläßlich der New Yorker Konferenz vom 19. September 1950 und seither wiederholt erklärt, daß nur die Bundesregierung legitimiert ist, als einzige frei gewählte Regierung des deutschen Volkes für alle Deutschen zu sprechen. Sie haben damit zugleich zu erkennen gegeben, daß sie eine zweite deutsche Regierung, die sich nicht auf den frei zum Ausdruck gebrachten Willen des deutschen Volkes stützen kann, nicht anerkennen. Keine Nation, die die freie politische Selbstbestimmung jedes Volkes über seine Regierungsform achtet und die gewaltsame Gleichschaltung, Unterwerfung und Beherrschung politisch mündiger Völker und Volksteile ablehnt, wird dieses kommunistische Regime der deutschen Sowjetzone als Regierung eines souveränen Staates anerkennen können.

Die sogenannte Souveränität des Sowjetzonenregimes wird – dessen sind wir gewiß – ebenso vergehen wie die sowjetische Fremdherrschaft und der kommunistische Terror. Bestehen bleiben wird die unzerstörbare Souveränität des freien deutschen Volkes.

Entschließung des Deutschen Bundestages

In seiner 23. Sitzung vom 7. April 1954 nahm der Deutsche Bundestag nachstehenden Entschließungsantrag einstimmig an:

Der Deutsche Bundestag erklärt, daß das deutsche Volk sich niemals mit der Spaltung abfinden und die Existenz zweier deutscher Staaten hinnehmen wird. Er wiederholt die Feststellung, daß das kommunistische Regime in der sowjetisch besetzten Zone Deutschlands nur durch Gewalt existiert und keine Vertretung des deutschen Volkes ist. Die Bundesregierung als die einzige demokratisch und frei gewählte deutsche Regierung ist allein berechtigt, für alle Deutschen zu sprechen. An dieser oft bekundeten Stellungnahme hat sich durch die Erklärung der Regierung der Sowjetunion vom 25. März 1954 nichts geändert.

Quelle: Die Bemühungen der Bundesrepublik um Wiederherstellung der Einheit Deutschlands durch gesamtdeutsche Wahlen. Dokumente und Akten, II. Teil, hrsg. vom Bundesministerium für gesamtdeutsche Fragen, Bonn 1958, S. 92–94.

Auszüge aus dem Gesetz über den Beitritt der Bundesrepublik Deutschland zu der Konvention vom 9. Dezember 1948 über die Verhütung und Bestrafung des Völkermords vom 9. August 1954 und Wortlaut der Konvention im Auszug

Der Bundestag hat das folgende Gesetz beschlossen:

Artikel 1
Dem Beitritt der Bundesrepublik Deutschland zu der am 9. Dezember 1948 von der Generalversammlung der Vereinten Nationen angenommenen Konvention über die Verhütung und Bestrafung des Völkermordes wird zugestimmt.

Artikel 2
Nach § 220 des Strafgesetzbuchs wird folgende Vorschrift eingefügt:

»§ 220 a
(1) Wer in der Absicht, eine nationale, rassische, religiöse oder durch ihr Volkstum bestimmte Gruppe als solche ganz oder teilweise zu zerstören, vorsätzlich
  1. Mitglieder der Gruppe tötet,
  2. Mitgliedern der Gruppe schwere körperliche oder seelische Schäden, insbesondere der in § 224 bezeichneten Art, zufügt,
  3. die Gruppe unter Lebensbedingungen stellt, die geeignet sind, deren körperliche Zerstörung ganz oder teilweise herbeizuführen,
  4. Maßregeln verhängt, die Geburten innerhalb der Gruppe verhindern sollen,
  5. Kinder der Gruppe in eine andere Gruppe gewaltsam überführt,
wird wegen Völkermordes mit lebenslangem Zuchthaus bestraft.
(2) Sind in den Fällen des Absatzes 1 Nummern 2 bis 5 mildernde Umstände vorhanden, so ist die Strafe Zuchthaus nicht unter fünf Jahren.«
. . .

Artikel 5
(1) Die Konvention wird nachstehend mit Gesetzeskraft veröffentlicht.
. . .

Der Wortlaut der Konvention (Auszug)

Nach Erwägung der Erklärung, die von der Generalversammlung der Vereinten Nationen in ihrer Resolution 96 (1) vom 11. Dezember 1946 abgegeben wurde, daß Völkermord ein Verbrechen gemäß internationalem Recht ist, das dem Geist und den Zielen der Vereinten Nationen zuwiderläuft und von der zivilisierten Welt verurteilt wird,
  in Anerkennung der Tatsache, daß der Völkermord der Menschheit in allen Zeiten der Geschichte große Verluste zugefügt hat, und
  in der Überzeugung, daß zur Befreiung der Menschheit von einer solch verabscheuungswürdigen Geißel internationale Zusammenarbeit erforderlich ist,
  sind die Vertragschließenden Parteien hiermit wie folgt übereingekommen:

Artikel I
Die Vertragschließenden Parteien bestätigen, daß Völkermord, ob im Frieden oder im Krieg begangen, ein Verbrechen gemäß internationalem Recht ist, zu dessen Verhütung und Bestrafung sie sich verpflichten.

Artikel II
In dieser Konvention bedeutet Völkermord eine der folgenden Handlungen, die in der Absicht begangen wird, eine nationale, ethnische, rassische oder religiöse Gruppe als solche ganz oder teilweise zu zerstören:
a) Tötung von Mitgliedern der Gruppe;
b) Verursachung von schwerem körperlichem oder seelischem Schaden an Mitgliedern der Gruppe;
c) vorsätzliche Auferlegung von Lebensbedingungen für die Gruppe, die geeignet sind, ihre körperliche Zerstörung ganz oder teilweise herbeizuführen;
d) Verhängung von Maßnahmen, die auf die Geburtenverhinderung innerhalb der Gruppe gerichtet sind;
e) gewaltsame Überführung von Kindern der Gruppe in eine andere Gruppe.

Artikel III
Die folgenden Handlungen sind zu bestrafen:
a) Völkermord,
b) Verschwörung zur Begehung von Völkermord,
c) unmittelbare und öffentliche Anreizung zur Begehung von Völkermord,
d) Versuch, Völkermord zu begehen,
e) Teilnahme am Völkermord.

Artikel IV
Personen, die Völkermord oder eine der sonstigen in Artikel III aufgeführten Handlungen begehen, sind zu bestrafen, gleichviel, ob sie regierende Personen, öffentliche Beamte oder private Einzelpersonen sind.

Artikel V
Die Vertragschließenden Parteien verpflichten sich, in Übereinstimmung mit ihren jeweiligen Verfassungen die notwendigen gesetzgeberischen Maßnahmen zu ergreifen, um die Anwendung der Bestimmungen dieser Konvention sicherzustellen und insbesondere wirksame Strafen für Personen vorzusehen, die sich des Völkermordes oder einer der sonstigen in Artikel III aufgeführten Handlungen schuldig machen.
. . .

Quelle: BGBl. 1954, II, S. 729–731

---

50   Die Londoner Neun-Mächte-Konferenz

Auszüge aus der Schlußakte der Londoner Neun-Mächte-Konferenz über die Aufnahme der Bundesrepublik Deutschland in das westliche Verteidigungssystem, 3. Oktober 1954

Die Konferenz der neun Mächte, Belgien, Kanada, Frankreich, Bundesrepublik Deutschland, Italien, Luxemburg, Niederlande, Vereinigtes Königreich von Großbritannien und Nordirland und die Vereinigten Staaten, tagte von Dienstag, dem 28. September, bis Sonntag, dem 3. Oktober. Sie behandelte die wichtigsten Probleme der westlichen Welt, Sicherheit und europäische Integration im Rahmen einer dem Frieden und der Freiheit ergebenen atlantischen Gemeinschaft, die im Entstehen begriffen ist. In diesem Zusammenhang prüfte die Konferenz die Frage, wie die volle Assoziierung der Bundesrepublik Deutschland mit dem Westen sowie der deutsche Verteidigungsbeitrag gewährleistet werden könnten.

Belgien war vertreten durch Seine Exzellenz Herrn P. H. Spaak. Kanada war vertreten durch Seine Exzellenz Herrn L. B. Pearson. Frankreich war vertreten durch Seine Exzellenz Herrn P. Mendès-France. Die Bundesrepublik Deutschland war vertreten durch Seine Exzellenz Dr. K. Adenauer. Italien war vertreten durch Seine Exzellenz Professor G. Martino. Luxemburg war vertreten durch Seine Exzellenz Herrn J. Bech. Die Niederlande waren vertreten durch Seine Exzellenz Herrn J. W. Beyen. Das Vereinigte Königreich von Großbritannien und Nordirland war vertreten durch Seine Exzellenz Herrn A. Eden. M. P., M. C. Die Vereinigten Staaten von Amerika waren vertreten durch Seine Exzellenz Herrn J. F. Dulles.

Alle Beschlüsse der Konferenz bildeten Teile einer allgemeinen Regelung, die unmittelbar oder mittelbar alle NATO-Mächte angeht und die daher dem Nordatlantikrat zur Kenntnisnahme oder zur Beschlußfassung vorgelegt werden wird.

I. Deutschland

Die Regierungen Frankreichs, des Vereinten Königreichs und der Vereinigten Staaten erklären, daß sie die Politik verfolgen, das Besatzungsregime in der Bundesrepublik so bald wie möglich zu beenden, das Besatzungsstatut aufzuheben und die Alliierte Hohe Kommission abzuschaffen. Die drei Regierungen werden weiterhin bestimmte Verantwortlichkeiten in Deutschland wahrnehmen, die sich aus der internationalen Lage ergeben.

Es ist beabsichtigt, sobald die erforderlichen parlamentarischen Verfahren beendet sind, die entsprechenden vertraglichen Vereinbarungen für diese Zwecke abzuschließen und in Kraft zu setzen. Ein allgemeines Einvernehmen über den Inhalt dieser Vereinbarungen wurde bereits erzielt, und Vertreter der vier Regierungen werden in allernächster Zeit zusammenkommen, um die endgültigen Texte fertigzustellen. Die vereinbarten Abmachungen können entweder vor den Abmachungen über den deutschen Verteidigungsbeitrag oder gleichzeitig damit in Kraft gesetzt werden.

Da etwas Zeit erforderlich sein wird, um diese Abmachungen fertigzustellen, haben die drei Regierungen inzwischen folgende Grundsatzerklärung abgegeben:

»In der Überzeugung, daß dieses große Land nicht länger der Rechte beraubt bleiben darf, wie sie einem freien und demokratischen Volk von Rechts wegen zustehen, und

in dem Wunsche, die Bundesrepublik Deutschland als gleichberechtigten Partner mit ihren Bemühungen um Frieden und Sicherheit zu assoziieren,

wünschen die Regierungen Frankreichs, des Vereinigten Königreichs und der Vereinigten Staaten von Amerika das Besatzungsregime sobald wie möglich zu beenden.

Die Erfüllung dieser Politik erfordert die Regelung von Einzelfragen, um mit der Vergangenheit abzuschließen und die Zukunft vorzubereiten, und erfordert den Abschluß entsprechender parlamentarischer Verfahren.

In der Zwischenzeit weisen die drei Regierungen ihre Hohen Kommissare an, unverzüglich im Geiste dieser Politik zu handeln. Insbesondere werden die Hohen Kommissare keinen Gebrauch von den Befugnissen machen, die aufgegeben werden sollen, es sei denn im Einvernehmen mit der Bundesregierung, ausgenommen auf den Gebieten der Abrüstung und Entmilitarisierung und in Fällen, in denen die Bundesregierung aus rechtlichen Gründen nicht in der Lage ist, die Maßnahmen zu treffen oder die Verpflichtungen zu übernehmen, die in den vereinbarten Abmachungen vorgesehen sind.«

II. Brüsseler Vertrag

Der Brüsseler Vertrag wird verstärkt und ausgebaut, um ihn zu einem wirksameren Kern der europäischen Integration zu gestalten. Zu diesem Zwecke sind folgende Abmachungen vereinbart worden:

a) Die Bundesrepublik Deutschland und Italien werden aufgefordert werden, dem Vertrag beizutreten, der in geeigneter Weise geändert wird, um dem Ziel der europäischen Einheit Nachdruck zu verleihen; die beiden Staaten haben sich zu diesem Beitritt bereiterklärt. Das System der gegenseitigen automatischen Beistandsleistung im Angriffsfalle wird damit auf die Bundesrepublik Deutschland und Italien ausgedehnt.

b) Die Struktur des Brüsseler Vertrages wird verstärkt werden. Insbesondere wird der in dem Vertrag vorgesehene Konsultativrat ein Rat mit Entscheidungsbefugnissen werden.

c) Der Aufgabenbereich der Brüsseler Vertragsorganisation wird erweitert, um weitere wichtige Funktionen einzuschließen:

– Der Umfang und die allgemeine Beschaffenheit des deutschen Verteidigungsbeitrags werden dem für die EVG festgesetzten Beitrag entsprechen.

– Der maximale Verteidigungsbeitrag, den alle Mitglieder der Brüsseler Vertragsorganisation zur NATO leisten, wird durch ein besonderes Abkommen festgesetzt, das die zahlenmäßigen Stärken bestimmt, welche nur mit einstimmiger Zustimmung erhöht werden können.

– Die Stärke und Bewaffnung der Heimatverteidigungsstreitkräfte und der Polizei auf dem Kontinent der Mitgliedstaaten der Brüsseler Vertragsorganisation werden durch Abmachungen innerhalb dieser Organisation bestimmt unter Berücksichtigung ihrer eigentlichen Aufgabe und auf der Grundlage der bestehenden Stärke und des Bedarfs.

Die Mächte des Brüsseler Vertrages vereinbaren, als Teil der Organisation des Brüsseler Vertrages eine Dienststelle für die Kontrolle der auf dem europäischen Kontinent befindlichen Waffen der kontinentalen Mitglieder der Organisation des Brüsseler Vertrages zu errichten.

Die Bestimmungen lauteten im einzelnen wie folgt:

1. Die Dienststelle hat folgende Aufgaben:

a) dafür Sorge zu tragen, daß das Verbot der Herstellung bestimmter Waffentypen, wie es zwischen den Brüsseler Mächten vereinbart wurde, eingehalten wird;

b) die Lagerbestände zu kontrollieren, die von jedem Staat auf dem Kontinent von den im nachstehenden Absatz erwähnten Waffentypen unterhalten werden. Diese Kontrolle erstreckt sich auf die Erzeugung und Einfuhr in dem Maße, das erforderlich ist, um die Kontrolle der Lagerbestände wirksam zu gestalten.

2. Die nach Absatz 1 (b) zu kontrollierenden Waffentypen sind:

a) Waffen der Kategorien römisch I, römisch II und römisch III in Anlage römisch II zu Artikel 107 des EVG-Vertrages;

b) Waffen der anderen Kategorien, wie sie in Anlage römisch II zu Artikel 107 des EVG-Vertrages aufgeführt sind;

c) eine Liste schwerer Waffen aus der Anlage römisch I zu demselben Artikel, die später von einer Gruppe von Sachverständigen aufgestellt werden soll.

Es werden Maßnahmen getroffen, um von der Kontrolle Rohstoffe und Fertigerzeugnisse der obenerwähnten Listen für den Zivilverbrauch auszuschließen.

3. Was die in Absatz 2 (a) erwähnten Waffen betrifft, so wird, sobald die Staaten, die das Recht zur Erzeugung dieser Waffen nicht aufgegeben haben, das Versuchsstadium abgeschlossen haben und zur eigentlichen Erzeugung dieser Waffen übergegangen sind, die Höhe der Lagerbestände, welche sie auf dem Kontinent unterhalten dürfen, vom Rat des Brüsseler Vertrages mit Mehrheitsbeschluß festgelegt.

4. Die kontinentalen Mitglieder der Organisation des Brüsseler Vertrages vereinbaren, keine Läger anzulegen oder die in Absatz 2 (b) und (c) genannten Waffen über die Grenzen hinaus zu erzeugen, die erforderlich sind,

a) für die Ausrüstung ihrer Streitkräfte unter Berücksichtigung aller Einfuhren unter Einschluß der Außenhilfe und

b) für die Ausfuhr.

5. Der Bedarf für ihre NATO-Streitkräfte wird auf der Grundlage der Ergebnisse der Jahreserhebung und der Empfehlungen der militärischen Behörden der NATO festgelegt.

6. Für Streitkräfte, die unter nationaler Kontrolle verbleiben, muß die Höhe der Lagerbestände der Stärke und der Aufgabe dieser Streitkräfte entsprechen. Diese Höhe ist der Dienststelle zu melden.

7. Alle Ein- und Ausfuhren der kontrollierten Waffen sind der Dienststelle zu melden.

8. Die Dienststelle wird tätig durch Sammlung und Prüfung statistischer und haushaltstechnischer Angaben. Sie macht Stichproben und führt diejenigen Besichtigungen und Inspektionen aus, die gegebenenfalls erforderlich sind, damit sie ihre Aufgaben nach Absatz 1 erfüllen kann.

9. Die Verfahrensordnung für die Dienststelle ist in ihren Grundzügen in einem Protokoll zu dem Brüsseler Vertrag niederzulegen.

10. Stellt die Dienststelle fest, daß die Verbote nicht eingehalten werden oder daß die angemessene Höhe der Lagerbestände überschritten wird, so unterrichtet sie den Brüsseler Rat entsprechend.

11. Die Dienststelle berichtet dem Brüsseler Rat, dem gegenüber sie verantwortlich ist; dieser trifft seine Entscheidungen über ihm von der Dienststelle vorgelegte Fragen durch Mehrheitsbeschluß.

12. Der Brüsseler Rat erstattet den Delegierten der Brüsseler Vertragsmächte bei der Beratenden Versammlung des Europarats einen Jahresbericht über seine Tätigkeit in bezug auf die Rüstungskontrolle.

13. Die Regierungen der Vereinigten Staaten von Amerika und Kanadas werden die Organisation des Brüsseler Vertrages von der militärischen Hilfe in Kenntnis setzen, die an die kontinentalen Mitglieder dieser Organisation verteilt wird. Die Organisation kann dazu schriftlich Stellung nehmen.

14. Der Brüsseler Rat wird eine Arbeitsgruppe bilden, um den von der französischen Regierung vorgelegten Entwurf einer Direktive und sonstige Dokumente zu prüfen, die gegebenenfalls zur Frage der Rüstungsproduktion und -normung vorgelegt werden.

15. Die Brüsseler Vertragsmächte haben die nachstehende Erklärung des Bundeskanzlers der Bundesrepublik Deutschland zur Kenntnis genommen und bekunden ihr Einverständnis damit:

Der Bundeskanzler erklärt, daß sich die Bundesrepublik verpflichtet, auf ihrem Gebiet keine Atomwaffen, chemische Waffen oder biologische Waffen herzustellen, wie sie in der beigefügten Liste unter römisch I, römisch II und römisch III näher beschrieben sind; daß sie sich ferner verpflichtet, auf ihrem Gebiet diejenigen Waffen nicht herzustellen, wie sie in der beigefügten Liste unter römisch IV, römisch V und römisch VI näher beschrieben sind. Eine Änderung oder Aufhebung des Inhalts der Ziffern römisch IV, römisch V und römisch VI kann auf Antrag der Bundesrepublik durch einen Beschluß des Brüsseler Ministerrats mit Zweidrittel-Mehrheit erfolgen, wenn ein entsprechender Vorschlag durch den zuständigen Obersten militärischen Befehlshaber der NATO gemacht wird; daß die Bundesrepublik damit einverstanden ist, die Einhaltung dieser Verpflichtungen durch die zuständige Behörde der Brüsseler Vertragsorganisation überwachen zu lassen.

Quelle: Bulletin vom 6. 10. 1954, Nr. 188, S. 1663–1666

Erklärung des Bundeskanzlers Dr. Konrad Adenauer vom 5. Oktober 1954 vor dem Deutschen Bundestag zum Abschluß der Londoner Neun-Mächte-Konferenz (Auszüge)

Die Bundesregierung hat den Wunsch, das Hohe Haus unmittelbar nach dem Abschluß der Londoner Konferenz über den Verlauf und die Ergebnisse der Verhandlungen zwischen der Bundesrepublik Deutschland und den weiteren acht an der Konferenz beteiligten Mächten zu unterrichten ...

Zusammenfassend können wir feststellen:

Das Bonner Vertragswerk wird also überprüft und umgeformt. Diejenigen Vertragsteile, die überholt oder der neuen Situation nicht mehr angemessen sind, werden gestrichen. Es ist nicht daran gedacht, alle Gegenstände neu zu verhandeln. Es wird in aller Deutlichkeit klargestellt werden können, daß die Bundesrepublik die volle Macht eines souveränen Staates über ihre inneren und äußeren Angelegenheiten haben wird. Die Notstandsklausel entfällt. Bis zu dem Augenblick, in dem sich die Bundesrepublik aus eigenem Recht die Möglichkeit schafft, bei einem Notstand die erforderlichen Maßnahmen zu treffen, können die drei Regierungen noch eigene Maßnahmen für den Schutz ihrer Truppen treffen – auch dies jedoch nur unter der Voraussetzung, daß auch die Bundesregierung solche Maßnahmen für erforderlich hält. Ein neuer Truppenvertrag nach dem Modell des NATO-Truppenstatuts wird ausgehandelt werden, um den Truppenvertrag des Bonner Vertragswerks abzulösen.

Auf finanziellem Gebiet ist es gelungen, zu einer Gesamtvereinbarung zu kommen, die das Auslaufen des Besatzungskostenrechts, die Stationierungsverhältnisse während der Interimszeit und gewisse Finanzfragen für die Zeit nach dem NATO-Eintritt regelt. Die Bundesrepublik wird schnell auch finanziell den Status aller übrigen NATO-Staaten erhalten. Es ist Sorge getragen, daß über alle Verpflichtungen neu verhandelt wird, wenn der Eintritt in die NATO nicht bis zum 30. Juni 1955 vollzogen sein sollte ...

Das Ergebnis von London erfüllt uns mit Genugtuung und Hoffnung. Die Tatsache, daß unsere Außenpolitik eine Zeit schwerer Erschütterungen überwinden konnte, scheint mir ein sicherer Beweis dafür zu sein, daß ihre Grundkonzeption richtig war und ist. Ich halte es für notwendig, daß wir uns in dieser Stunde noch einmal vergegenwärtigen, welche Ziele unser außenpolitisches Handeln in den letzten Jahren bestimmt haben.

Als die Bundesregierung ihre Arbeit aufnahm, ergaben sich folgende zentrale Probleme:

1. Die Herstellung der Unabhängigkeit und Selbstbestimmung der Bundesrepublik.
2. Die Wiedervereinigung Deutschlands.
3. Der Zusammenschluß des freien Europas und die Eingliederung Deutschlands in die europäische Gemeinschaft.

So ungewiß es damals war, ob es gelingen würde, diese Ziele in naher, ja selbst in ferner Zukunft zu erreichen, so sicher war es, daß nur ein gangbarer Weg zu ihnen führen würde, nämlich die Zusammenarbeit Deutschlands mit den freien Nationen. Die Politik der Zusammenarbeit konnte deshalb zu einem bestimmenden Faktor für das Verhalten der Bundesregierung werden, weil in allen Kreisen und Schichten des deutschen Volkes nach den Leiden zweier Kriege die Überzeugung tief Wurzel geschlagen hatte, daß nur die Einigung der europäischen Nationen Deutschland und Europa eine Zukunft sichern würde, in der ein Leben in Freiheit und Würde möglich war. Diese Einsicht ist der beste Besitz, den die Europäer aus den Erfahrungen der Vergangenheit gewonnen haben. Wenn diese Einsicht verlorengeht oder abnimmt, wachsen die Gefahren, die eine noch immer unruhige und unsichere Welt für Deutschland und Europa in sich birgt. Der europäische Gedanke hat unser nationales Leben tiefgehend und in der glücklichsten Weise beeinflußt. Die Deutschen haben dem reaktionären Nationalismus abgesagt. Sie haben in vielen Wahlen die extremen politischen Auffassungen zur Bedeutungslosigkeit verurteilt. Das deutsche Volk ist auch der Bundesregierung gefolgt, als sie sich mit aller Kraft für das Zustandekommen der EVG eingesetzt hat. Es gibt dafür keinen besseren Beweis als das Wahlergebnis vom 3. September 1953. Die EVG sollte durch die Übertragung souveräner Rechte auf eine supranationale Gemeinschaft die europäischen Völker zu einer Einheit zusammenfügen. Wenn wir Europa wirklich wollen, muß diese Einheit unser Ziel bleiben. Ich wiederhole deshalb die Erklärung, die ich den neun Mächten gegenüber abgegeben habe, daß die Bundesregierung bereit ist, ihre Streitkräfte in eine integrierte europäische Organisation zu überführen, sobald eine solche geschaffen wird.

Es erfüllt uns mit Genugtuung, daß auch der Brüsseler Pakt eine Reihe von Ansätzen zur supranationalen Weiterentwicklung enthält. Auch wenn die Form in diesem oder jenem wechselt, die Einheit Europas bleibt unser unverrückbares Ziel. Ich hoffe, daß es uns gelingen wird, die Organisation des Brüsseler Pakts durch den Beitritt weiterer Staaten auszudehnen und sie tatsächlich, wie es in der Londoner Schlußakte heißt, zu einem Kernpunkt der europäischen Integration zu machen.

Am 23. Juli 1950 faßte der Deutsche Bundestag den Beschluß, für die Bildung eines europäischen Bundespaktes einzutreten. Er beschloß damals wie folgt: »In der Überzeugung, daß die gegenwärtige Zersplitterung Europas in souveräne Einzelstaaten die europäischen Völker von Tag zu Tag mehr in Elend und Unfreiheit führen muß, tritt der in freien Wahlen berufene Bundestag der Bundesrepublik Deutschland für einen europäischen Bundespakt ein, wie ihn die Präambel und der Artikel 24 des Grundgesetzes für die Bundesrepublik Deutschland vorsehen.«

Diese Überzeugung hat das Handeln der Bundesregierung in den vergangenen Jahren geleitet und bestimmt es unverändert auch heute. Dieses geistige und politische Klima hat der Bundesregierung erlaubt, überzeugend eine Politik der europäischen und atlantischen Solidarität zu führen. Damit konnte die Bundesrepublik ein in dieser Zeit großer internationaler Spannungen ungewöhnliches Maß an Vertrauen erringen.

Diese Politik der Solidarität hat eine Verkörperung gefunden in den Londoner Abkommen. Die Bundesregierung sieht in diesem Abkommen mehr als die diplomatischen und juristischen Instrumente zur Erledigung zwischenstaatlicher und internationaler Geschäfte. Sie sieht in ihnen ein Symbol für die Partnerschaft Deutschlands mit einer weltweiten Gemeinschaft freier und mächtiger Staaten, denen wir uns durch gleiche Ideale und Interessen verbunden fühlen ...

Quelle: Bulletin vom 6. 10. 1954, Nr. 188, S. 1657–1662

52 Beendigung des Besatzungsregimes

Zum Protokoll vom 23. Oktober 1954 über die Beendigung des Besatzungsregimes in der Bundesrepublik Deutschland

Gemäß Artikel 3 des Gesetzes vom 24. März 1955 betreffend das Protokoll vom 23. Oktober 1954 über die Beendigung des Besatzungsregimes in der Bundesrepublik Deutschland (Bundesgesetzbl. II S. 213) werden nachstehend die durch das Protokoll vom 23. Oktober

1954 über die Beendigung des Besatzungsregimes in der Bundesrepublik Deutschland geänderten Abmachungen vom 26. Mai 1952 zwischen der Bundesrepublik Deutschland, den Vereinigten Staaten von Amerika, dem Vereinigten Königreich von Großbritannien und Nordirland und der Französischen Republik [1] nebst ergänzenden Dokumenten in der nunmehrigen Fassung veröffentlicht [2].

Bonn, den 30. März 1955   Der Bundesminister des Auswärtigen
In Vertretung
Hallstein

[1] Vgl. Dok. 30 (»Deutschlandvertrag«)
[2] Die Bekanntmachung wurde am 30. 3. 1955 veröffentlicht.

Quelle: BGBl. 1955, II, S. 301

53   Neufassung des Deutschlandvertrages

Vertrag über die Beziehungen zwischen der Bundesrepublik Deutschland und den Drei Mächten (Deutschlandvertrag) in der geänderten Fassung vom 23. Oktober 1954

DIE BUNDESREPUBLIK DEUTSCHLAND,
DIE VEREINIGTEN STAATEN VON AMERIKA,
DAS VEREINIGTE KÖNIGREICH VON GROSSBRITANNIEN UND NORDIRLAND
und
DIE FRANZÖSISCHE REPUBLIK

haben zur Festlegung der Grundlagen ihres neuen Verhältnisses den folgenden Vertrag geschlossen:

Artikel 1
(1) Mit dem Inkrafttreten dieses Vertrags werden die Vereinigten Staaten von Amerika, das Vereinigte Königreich von Großbritannien und Nordirland und die Französische Republik (in diesem Vertrag und in den Zusatzverträgen auch als »Drei Mächte« bezeichnet) das Besatzungsregime in der Bundesrepublik beenden, das Besatzungsstatut aufheben und die Alliierte Hohe Kommission sowie die Dienststellen der Landeskommissare in der Bundesrepublik auflösen.
(2) Die Bundesrepublik wird demgemäß die volle Macht eines souveränen Staates über ihre inneren und äußeren Angelegenheiten haben.

Artikel 2
Im Hinblick auf die internationale Lage, die bisher die Wiedervereinigung Deutschlands und den Abschluß eines Friedensvertrags verhindert hat, behalten die Drei Mächte die bisher von ihnen ausgeübten oder innegehabten Rechte und Verantwortlichkeiten in bezug auf Berlin und auf Deutschland als Ganzes einschließlich der Wiedervereinigung Deutschlands und einer friedensvertraglichen Regelung. Die von den Drei Mächten beibehaltenen Rechte und Verantwortlichkeiten in bezug auf die Stationierung von Streitkräften in Deutschland und der Schutz der Sicherheit dieser Streitkräfte bestimmen sich nach den Artikeln 4 und 5 dieses Vertrags.

Artikel 3

(1) Die Bundesrepublik wird ihre Politik in Einklang mit den Prinzipien der Satzung der Vereinten Nationen und mit den im Statut des Europarates aufgestellen Zielen halten.

(2) Die Bundesrepublik bekräftigt ihre Absicht, sich durch ihre Mitgliedschaft in internationalen Organisationen, die zur Erreichung der gemeinsamen Ziele der freien Welt beitragen, mit der Gemeinschaft der freien Nationen völlig zu verbinden. Die Drei Mächte werden zu gegebener Zeit Anträge der Bundesrepublik unterstützen, die Mitgliedschaft in solchen Organisationen zu erlangen.

(3) Bei Verhandlungen mit Staaten, mit denen die Bundesrepublik keine Beziehungen unterhält, werden die Drei Mächte die Bundesrepublik in Fragen konsultieren, die deren politische Interessen unmittelbar berühren.

(4) Auf Ersuchen der Bundesregierung werden die Drei Mächte die erforderlichen Vorkehrungen treffen, die Interessen der Bundesrepublik in ihren Beziehungen zu anderen Staaten und in gewissen internationalen Organisationen oder Konferenzen zu vertreten, soweit die Bundesrepublik dazu nicht selbst in der Lage ist.

Artikel 4

(1) Bis zum Inkrafttreten der Abmachungen über den deutschen Verteidigungsbeitrag behalten die Drei Mächte weiterhin ihre bisher ausgeübten oder innegehabten Rechte in bezug auf die Stationierung von Streitkräften in der Bundesrepublik. Die Aufgabe dieser Streitkräfte wird die Verteidigung der freien Welt sein, zu der die Bundesrepublik und Berlin gehören. Vorbehaltlich der Bestimmungen des Artikels 5 Absatz (2) dieses Vertrags bestimmen sich die Rechte und Pflichten dieser Streitkräfte nach dem Vertrag über die Rechte und Pflichten ausländischer Streitkräfte und ihrer Mitglieder in der Bundesrepublik Deutschland (im folgenden als »Truppenvertrag« bezeichnet), auf den in Artikel 8 Absatz (1) dieses Vertrags Bezug genommen ist.

(2) Die von den Drei Mächten bisher ausgeübten oder innegehabten und weiterhin beizubehaltenden Rechte in bezug auf die Stationierung von Streitkräften in Deutschland werden von den Bestimmungen dieses Artikels nicht berührt, soweit sie für die Ausübung der im ersten Satz des Artikels 2 dieses Vertrags genannten Rechte erforderlich sind. Die Bundesrepublik ist damit einverstanden, daß vom Inkrafttreten der Abmachungen über den deutschen Verteidigungsbeitrag an Streitkräfte der gleichen Nationalität und Effektivstärke wie zur Zeit dieses Inkrafttretens in der Bundesrepublik stationiert werden dürfen. Im Hinblick auf die in Artikel 1 Absatz (2) dieses Vertrags umschriebene Rechtsstellung der Bundesrepublik und im Hinblick darauf, daß die Drei Mächte gewillt sind, ihre Rechte betreffend die Stationierung von Streitkräften in der Bundesrepublik, soweit diese betroffen ist, nur in vollem Einvernehmen mit der Bundesrepublik auszuüben, wird diese Frage in einem besonderen Vertrag geregelt.

Artikel 5

(1) Für die in der Bundesrepublik stationierten Streitkräfte gelten bis zum Inkrafttreten der Abmachungen über den deutschen Verteidigungsbeitrag die folgenden Bestimmungen:

a) Die Drei Mächte werden die Bundesregierung in allen die Stationierung dieser Streitkräfte betreffenden Fragen konsultieren, soweit es die militärische Lage erlaubt. Die Bundesrepublik wird nach Maßgabe dieses Vertrags und der Zusatzverträge im Rahmen ihres Grundgesetzes mitwirken, um diesen Streitkräften ihre Aufgabe zu erleichtern.

b) Die Drei Mächte werden nur nach vorheriger Einwilligung der Bundesrepublik Truppen eines Staates, der zur Zeit keine Kontingente stellt, als Teil ihrer Streitkräfte im Bundesgebiet stationieren. Jedoch dürfen solche Kontingente im Falle eines Angriffs oder unmittelbar drohenden Angriffs ohne Einwilligung der Bundesrepublik in das Bundesgebiet gebracht werden, dürfen dagegen nach Beseitigung der Gefahr nur mit Einwilligung der Bundesrepublik dort verbleiben.

(2) Die von den Drei Mächten bisher innegehabten oder ausgeübten Rechte in bezug auf den Schutz der Sicherheit von in der Bundesrepublik stationierten Streitkräften, die zeitweilig von den Drei Mächten beibehalten werden, erlöschen, sobald die zuständigen deutschen Behörden entsprechende Vollmachten durch die deutsche Gesetzgebung erhalten haben und dadurch in Stand gesetzt sind, wirksame Maßnahmen zum Schutz der Sicherheit dieser Streitkräfte zu treffen, einschließlich der Fähigkeit, einer ernstlichen Störung der öffentlichen Sicherheit und Ordnung zu begegnen. Soweit diese Rechte weiterhin ausgeübt werden können, werden sie nur nach Konsultation mit der Bundesregierung ausgeübt werden, soweit die militärische Lage eine solche Konsultation nicht ausschließt, und wenn die Bundesregierung darin übereinstimmt, daß die Umstände die Ausübung derartiger Rechte erfordern. Im übrigen bestimmt sich der Schutz der Sicherheit dieser Streitkräfte nach den Vorschriften des Truppenvertrags oder den Vorschriften des Vertrags, welcher den Truppenvertrag ersetzt, und nach deutschem Recht, soweit nicht in einem anwendbaren Vertrag etwas anderes bestimmt ist.

Artikel 6

(1) Die Drei Mächte werden die Bundesrepublik hinsichtlich der Ausübung ihrer Rechte in bezug auf Berlin konsultieren.

(2) Die Bundesrepublik ihrerseits wird mit den Drei Mächten zusammenwirken, um es ihnen zu erleichtern, ihren Verantwortlichkeiten in bezug auf Berlin zu genügen.

Artikel 7

(1) Die Unterzeichnerstaaten sind darüber einig, daß ein wesentliches Ziel ihrer gemeinsamen Politik eine zwischen Deutschland und seinen ehemaligen Gegnern frei vereinbarte friedensvertragliche Regelung für ganz Deutschland ist, welche die Grundlage für einen dauerhaften Frieden bilden soll. Sie sind weiterhin darüber einig, daß die endgültige Festlegung der Grenzen Deutschlands bis zu dieser Regelung aufgeschoben werden muß.

(2) Bis zum Abschluß der friedensvertraglichen Regelung werden die Unterzeichnerstaaten zusammenwirken, um mit friedlichen Mitteln ihr gemeinsames Ziel zu verwirklichen: Ein wiedervereinigtes Deutschland, das eine freiheitlich-demokratische Verfassung, ähnlich wie die Bundesrepublik, besitzt und das in die europäische Gemeinschaft integriert ist.

(3) (gestrichen)

(4) Die Drei Mächte werden die Bundesrepublik in allen Angelegenheiten konsultieren, welche die Ausübung ihrer Rechte in bezug auf Deutschland als Ganzes berühren.

Artikel 8

(1) a) Die Unterzeichnerstaaten haben die folgenden Zusatzverträge geschlossen:

Vertrag über die Rechte und Pflichten ausländischer Streitkräfte und ihrer Mitglieder in der Bundesrepublik Deutschland;

Finanzvertrag;

Vertrag zur Regelung aus Krieg und Besatzung entstandener Fragen.

b) Der Vertrag über die Rechte und Pflichten ausländischer Streitkräfte und ihrer Mitglieder in der Bundesrepublik Deutschland und das am 26. Mai 1952 in Bonn unterzeichnete Abkommen über die steuerliche Behandlung der Streitkräfte und ihrer Mitglieder in der durch das Protokoll vom 26. Juli 1952 abgeänderten Fassung bleiben bis zum Inkrafttreten neuer Vereinbarungen über die Rechte und Pflichten der Streitkräfte der Drei Mächte und sonstiger Staaten, die Truppen auf dem Gebiet der Bundesrepublik unterhalten, in Kraft.

Die neuen Vereinbarungen werden auf der Grundlage des in London am 19. Juni 1951 zwischen den Parteien des Nordatlantikpakts über den Status ihrer Streitkräfte unterzeichneten Abkommens getroffen, ergänzt durch diejenigen Bestimmungen, die im Hinblick auf die besonderen Verhältnisse in bezug auf die in der Bundesrepublik stationierten Streitkräfte erforderlich sind.

c) Der Finanzvertrag bleibt bis zum Inkrafttreten neuer Vereinbarungen in Kraft, über die gemäß Artikel 4 Absatz (4) jenes Vertrags mit anderen Mitgliedstaaten der Nordatlantikpakt-Organisation verhandelt wird, die Truppen im Bundesgebiet stationiert haben.

(2) Während der in Artikel 6 Absatz (4) des Ersten Teils des Vertrags zur Regelung aus Krieg und Besatzung entstandener Fragen vorgesehenen Übergangszeit bleiben die in jenem Absatz erwähnten Rechte der drei Unterzeichnerstaaten erhalten.

Artikel 9

(1) Es wird ein Schiedsgericht errichtet werden, das gemäß den Bestimmungen der beigefügten Satzung tätig werden wird.

(2) Das Schiedsgericht ist ausschließlich zuständig für alle Streitigkeiten, die sich zwischen der Bundesrepublik und den Drei Mächten aus den Bestimmungen dieses Vertrags oder der beigefügten Satzung oder eines der Zusatzverträge ergeben und welche die Parteien nicht durch Verhandlungen oder auf eine andere zwischen allen Unterzeichnerstaaten vereinbarte Weise beizulegen vermögen, soweit sich nicht aus Absatz (3) dieses Artikels oder aus der beigefügten Satzung oder aus den Zusatzverträgen etwas anderes ergibt.

(3) Streitigkeiten, welche die in Artikel 2, den ersten beiden Sätzen des Absatzes (1) des Artikels 4, dem ersten Satz des Absatzes (2) des Artikels 4 und den ersten beiden Sätzen des Absatzes (2) des Artikels 5 angeführten Rechte der Drei Mächte oder Maßnahmen auf Grund der Rechte berühren, unterliegen nicht der Gerichtsbarkeit des Schiedsgerichtes oder eines anderen Gerichtes.

Artikel 10

Die Unterzeichnerstaaten überprüfen die Bestimmungen dieses Vertrags und der Zusatzverträge:

a) auf Ersuchen eines von ihnen im Falle der Wiedervereinigung Deutschlands oder einer unter Beteiligung oder mit Zustimmung der Staaten, die Mitglieder dieses Vertrags sind, erzielten internationalen Verständigung über Maßnahmen zur Herbeiführung der Wiedervereinigung Deutschlands oder der Bildung einer europäischen Föderation, oder

b) in jeder Lage, die nach Auffassung aller Unterzeichnerstaaten aus einer Änderung grundlegenden Charakters in den zur Zeit des Inkrafttretens des Vertrags bestehenden Verhältnissen entstanden ist.

In beiden Fällen werden sie in gegenseitigem Einvernehmen diesen Vertrag und die Zusatzverträge in dem Umfang ändern, der durch die grundlegende Änderung der Lage erforderlich oder ratsam geworden ist.

Artikel 11

(1) (gestrichen)

(2) (gestrichen)

(3) Dieser Vertrag und die Zusatzverträge werden in den Archiven der Regierung der Bundesrepublik Deutschland hinterlegt; diese wird jedem Unterzeichnerstaat beglaubigte Ausfertigungen übermitteln und jeden Unterzeichnerstaat vom Zeitpunkt des Inkrafttretens dieses Vertrags und der Zusatzverträge in Kenntnis setzen.

Zu Urkund dessen haben die unterzeichneten von ihren Regierungen gehörig beglaubigten Vertreter diesen Vertrag unterschrieben.

Geschehen zu Bonn am sechsundzwanzigsten Tage des Monats Mai 1952 in deutscher, englischer und französischer Sprache, wobei alle drei Fassungen gleichermaßen authentisch sind.

Für die Bundesrepublik Deutschland
gezeichnet:
Adenauer

Für das Vereinigte Königreich
von Großbritannien und Nordirland
gezeichnet:
Anthony Eden

Für die Vereinigten Staaten
von Amerika
gezeichnet:
Dean Acheson

Für die Französische Republik
gezeichnet:
Robert Schuman

Quelle: BGBl. 1955, II, S. 306–320

Begründung der geänderten Fassung des Vertrages über die Beziehungen zwischen der Bundesrepublik Deutschland und den Drei Mächten (Deutschlandvertrag), 10. Dezember 1954 (Auszug)

. . .

II.

Das von den Außenministern der Bundesrepublik, Frankreichs, Großbritanniens und der Vereinigten Staaten von Amerika am 23. Oktober 1954 in Paris unterzeichnete Vertragswerk besteht – soweit es die künftige völkerrechtliche Stellung der Bundesrepublik betrifft – aus dem »Protokoll über die Beendigung des Besatzungsregimes in der Bundesrepublik Deutschland« (Protokoll) nebst den Listen I–V über die vereinbarten Änderungen der Bonner Verträge und einer Reihe von Briefen und Briefwechseln.

Nach Artikel 1 des Protokolls werden der Deutschlandvertrag, der Truppenvertrag, der Finanzvertrag, der Überleitungsvertrag, das Steuerabkommen und das Berichtigungsprotokoll zu den Bonner Verträgen nach Maßgabe der fünf Listen geändert und in der neuen Fassung (zusammen mit den vereinbarten ergänzenden Dokumenten) gleichzeitig mit dem Protokoll in Kraft treten. Während der Deutschlandvertrag und der Überleitungsvertrag auf unbegrenzte Zeit abgeschlossen werden, werden der Truppenvertrag und das Steuerabkommen sowie der Finanzvertrag nur für eine Übergangszeit bis zum Inkrafttreten neuer Vereinbarungen in Kraft bleiben.

Über den Aufenthalt fremder Streitkräfte in der Bundesrepublik ist mit Frankreich, Großbritannien und den Vereinigten Staaten von Amerika ein besonderer »Vertrag über den Aufenthalt ausländischer Streitkräfte in der Bundesrepublik Deutschland« geschlossen worden, der auch dritten Staaten zum Beitritt offen steht und der mit dem Inkrafttreten der Abmachungen über den deutschen Verteidigungsbeitrag in Kraft tritt.

III.

Die neuen Vereinbarungen stellen einen erheblichen Fortschritt gegenüber den im Jahre 1952 getroffenen Regelungen dar. Das gesamte Vertragswerk ist einer weitgehenden Überprüfung unterzogen worden, die zu einer wesentlichen Kürzung und Umformung geführt hat. Es handelt sich dabei nicht nur um Textänderungen, wie sie im Hinblick auf abgelaufene Fristen oder gegenstandslos gewordene Bezugnahmen auf den EVG-Vertrag ohnehin erforderlich waren. Es ist vielmehr über diese textlichen Änderungen und Anpassungen hinaus eine Reihe wichtiger Verbesserungen erzielt worden. Das im Jahre 1952 zwischen den Bonner Verträgen und dem deutschen Verteidigungsbeitrag getroffene Junktim ist gelöst worden. In klarer und völlig eindeutiger Weise wird nunmehr ausgesprochen, daß die Bundesrepublik mit der Beendigung des Besatzungsregimes ein souveräner Staat mit voller Macht über seine inneren und äußeren Angelegenheiten wird. Demgemäß wird sich auch die Anwesenheit der alliierten Truppen im Verhältnis zwischen der Bundesrepublik und den Drei Mächten künftig auf vertragliche Abmachungen gründen. Lästige Souveränitätsbeschränkungen, wie z. B. die Notstandsklausel und die weitgehenden Eingriffsrechte des Schiedsgerichts in die deutsche Gesetzgebung, Rechtsprechung und Verwaltung, werden wegfallen. Einen wesentlichen Fortschritt stellt auch die Änderung der Revisionsklausel des Deutschlandvertrages dar, die die Möglichkeiten einer Überprüfung des Vertragswerkes mit dem Ziele einer Anpassung oder Abänderung – insbesondere im Hinblick auf die deutsche Wiedervereinigung – erweitert. Demgegenüber haben sich materielle Änderungen des Überleitungsvertrages nur in begrenztem Umfange erreichen lassen.

IV.

Da bis zum Inkrafttreten des Protokolls und der geänderten Bonner Verträge noch eine gewisse Zeit vergehen wird, haben die Außenminister Frankreichs, Großbritanniens und der Vereinigten Staaten von Amerika in der Londoner Schlußakte vom 3. Oktober 1954 im Einvernehmen mit dem Bundeskanzler eine Grundsatzerklärung (Declaration of Intent) über die Ausübung der Besatzungsgewalt in der Übergangszeit bis zum Inkrafttreten der neuen Abmachungen abgegeben (s. Anlage A unter I). Nach dieser Erklärung werden die Hohen Kommissare in Zukunft keine Besatzungsbefugnisse mehr ohne Zustimmung der Bundesregierung ausüben, soweit diese Befugnisse nach den Vereinbarungen über die Beendigung des Besatzungsregimes und die Wiederherstellung der Souveränität der Bundesrepublik fortfallen werden. Eine Ausnahme gilt für das Gebiet der Abrüstung und Entmilitarisierung und für die Fälle, in denen die Bundesregierung aus rechtlichen Gründen z. Z. nicht in der Lage ist, die vorgesehenen Maßnahmen zu treffen oder die vorgesehenen Verpflichtungen zu übernehmen. Der Umfang der sich hieraus für die Bundesrepublik ergebenden Handlungsfreiheit bestimmt sich nach den Bonner Verträgen mit den aus den Pariser Vereinbarungen sich ergebenden Erweiterungen. Die Bundesrepublik hat also bereits jetzt in diesem Ausmaß de facto Handlungsfreiheit, die nur noch durch die bestehenbleibenden Rechte der Drei Mächte in bezug auf Berlin und Deutschland als Ganzes einschließlich der Wiedervereinigung und einer friedensvertraglichen Regelung eingeschränkt wird. Mit dem Inkrafttreten des Protokolls und der geänderten Bonner Verträge wird die Grundsatzerklärung gegenstandslos werden.

. . .

Quelle: 2. Deutscher Bundestag, Drucksache Nr. 1000, S. 36 f.

Wortlaut des Abkommens zwischen der Regierung der Bundesrepublik Deutschland und der Regierung der Französischen Republik über das Statut der Saar; Briefe des Bundeskanzlers Dr. Konrad Adenauer an den französischen Ministerpräsidenten Pierre Mendès-France, 23. Oktober 1954

Die Regierung der Bundesrepublik Deutschland
und
Die Regierung der Französischen Republik,

die letztere, nachdem sie die Saarländische Regierung konsultiert und nachdem sie deren Zustimmung erlangt hat,
sind in dem Bestreben, die saarländische Wirtschaft in weitestem Umfang zu entwickeln und jeden Anlaß zu Streitigkeiten in den gegenseitigen Beziehungen zu beseitigen, über folgende Grundsätze einig geworden, die die Grundlage einer Lösung der Saarfrage bilden werden.

I.
Ziel der ins Auge gefaßten Lösung ist es, der Saar im Rahmen der Westeuropäischen Union ein europäisches Statut zu geben. Nachdem dieses Statut im Wege der Volksabstimmung gebilligt worden ist, kann es bis zum Abschluß eines Friedensvertrages nicht mehr in Frage gestellt werden.

II.
Ein europäischer Kommissar nimmt die Vertretung der Saarinteressen auf dem Gebiet der auswärtigen Angelegenheiten und der Landesverteidigung wahr. Der Kommissar überwacht die Beachtung des Statuts. Der Kommissar wird vom Ministerrat der Westeuropäischen Union ernannt. Er ist diesem Rat verantwortlich. Der Kommissar darf weder Franzose noch Deutscher noch Saarländer sein. Bei der Mehrheit, mit der er ernannt wird, müssen sich die Stimmen Frankreichs und der Bundesrepublik Deutschland befinden, auch die Zustimmung der Saar ist erforderlich. Der Kommissar unterbreitet jährlich dem Ministerrat einen Rechenschaftsbericht, der von diesem der Versammlung der Westeuropäischen Union zugeleitet wird.
Soweit der Ministerrat in bezug auf das Saarstatut Aufgaben zu erfüllen hat, entscheidet er mit einfacher Mehrheit.

III.
Die beiden Regierungen werden den anderen beteiligten europäischen Regierungen vorschlagen, die Wahrnehmung der Interessen der Saar bei den europäischen Organisationen folgendermaßen zu regeln:

a) Europarat:
    1. Ministerkomitee: Der Kommissar nimmt an den Sitzungen mit beratender Stimme teil.
    2. Beratende Versammlung: Saarländische Vertretung unverändert.
b) Montan-Gemeinschaft:
    1. Besonderer Ministerrat:
        a – wenn die Außenminister tagen, wird die Saar durch den Kommissar vertreten;
        b – wenn andere Minister tagen, wird die Saar mit Stimmrecht durch ihren zuständigen Minister vertreten.
    2. Gemeinsame Versammlung: Drei Abgeordnete werden vom Saarlandtag gewählt. Die französische Vertretung bleibt zahlenmäßig den Vertretungen Italiens und der Bun-

desrepublik Deutschland gleich, wie es in Artikel 21 des Vertrages über die Gründung der Montan-Gemeinschaft vorgesehen ist.

c) Westeuropäische Union:
   1. Ministerrat: Der Kommissar nimmt an den Sitzungen mit beratender Stimme teil.
   2. Parlamentarische Vertretung: Die Versammlung der Westeuropäischen Union umfaßt die saarländischen Delegierten zur Beratenden Versammlung des Europarates.

IV.

Die beiden Regierungen werden vorschlagen, daß die Teilnahme der Saar an der europäischen Verteidigung in einem Vertrag im Rahmen der Westeuropäischen Union festgelegt wird, und daß in Fragen, die die Saar betreffen, SACEUR stets in enger Zusammenarbeit mit dem Kommissar handelt.

V.

Auf allen Gebieten, auf denen das Statut nicht ausdrücklich die Zuständigkeit des Kommissars vorsieht, sind die Regierung und die Organe der Saar ausschließlich zuständig.

VI.

Die politischen Parteien, die Vereine, die Zeitungen und die öffentlichen Versammlungen werden einer Genehmigung nicht unterworfen.

Sobald das europäische Statut durch Volksabstimmung gebilligt ist, kann es bis zum Abschluß eines Friedensvertrages nicht in Frage gestellt werden.

Jede von außen kommende Einmischung, die zum Ziele hat, auf die öffentliche Meinung an der Saar einzuwirken, insbesondere in Form der Beihilfe oder der Unterstützung für politische Parteien, für Vereinigungen oder die Presse, wird untersagt.

VII.

Nimmt die Saarbevölkerung das gegenwärtige Statut durch Volksabstimmung an, so hat dies nachstehende Verpflichtungen für die Saar zur Folge:
   a) die Saarregierung muß die Bestimmungen des Statuts einhalten;
   b) es muß alles Erforderliche geschehen, damit die verfassungsmäßigen Organe der Saar an der saarländischen Verfassung die durch die Annahme des europäischen Statuts notwendig gewordenen Änderungen vornehmen;
   c) die Saarregierung hat innerhalb von drei Monaten die Wahl eines neuen Landtags herbeizuführen.

VIII.

Die Regierungen der Bundesrepublik Deutschland und Frankreichs verpflichten sich, das Statut der Saar bis zum Abschluß eines Friedensvertrages aufrechtzuerhalten und zu garantieren.

Die beiden Regierungen werden die Regierungen des Vereinigten Königreichs und der Vereinigten Staaten von Amerika bitten, die gleiche Verpflichtung einzugehen.

IX.

Bestimmungen im Friedensvertrag über die Saar unterliegen im Wege der Volksbefragung der Billigung durch die Saarbevölkerung; sie muß sich hierbei ohne irgendwelche Beschränkungen aussprechen können.

X.

Die in Artikel I vorgesehene Volksabstimmung findet drei Monate nach Inkrafttreten der Bestimmungen, die im ersten Absatz von Artikel VI vorgesehen sind, statt.

XI.

Die beiden Regierungen werden gemeinsam alle Anstrengungen machen, die notwendig sind, um der saarländischen Wirtschaft Entwicklungsmöglichkeiten im weitesten Umfange zu geben.

XII.

A – Die Grundsätze, auf denen die französisch-saarländische Wirtschaftsunion gegenwärtig beruht, werden in ein Abkommen über wirtschaftliche Zusammenarbeit aufgenommen, das zwischen Frankreich und der Saar abgeschlossen wird und den folgenden Bestimmungen Rechnung trägt.

B – Bezüglich der wirtschaftlichen Beziehungen zwischen der Bundesrepublik Deutschland und der Saar ist das Ziel zu erreichen, gleichartige Beziehungen zu schaffen, wie sie zwischen Frankreich und der Saar bestehen. Dieses Ziel ist fortschreitend in der Blickrichtung auf die sich ständig ausweitende deutsch-französische und europäische wirtschaftliche Zusammenarbeit zu verwirklichen. Auf dem Währungsgebiet bleibt die derzeitige Regelung bis zur Schaffung einer Währung europäischen Charakters in Kraft.

Die fortschreitende Erweiterung der wirtschaftlichen Beziehungen zwischen der Bundesrepublik Deutschland und der Saar darf die französisch-saarländische Währungsunion und die Durchführung der französisch-saarländischen Konvention über die wirtschaftliche Zusammenarbeit nicht in Gefahr bringen.

Dabei ist so vorzugehen, daß die Errichtung einer Zollgrenze zwischen Frankreich und der Saar nicht erforderlich wird. Der etwaigen Notwendigkeit, bestimmte Zweige der Saarindustrie zu schützen, ist Rechnung zu tragen.

C – In nächster Zeit werden Maßnahmen zur Erweiterung des Wirtschaftsverkehrs zwischen der Bundesrepublik Deutschland und der Saar getroffen, um dem Bedarf beider Länder an den Erzeugnissen des anderen Landes Rechnung zu tragen.

D – Zwischen Frankreich, der Bundesrepublik Deutschland und der Saar werden Abkommen geschlossen, um die in den Absätzen B und C niedergelegten Grundsätze zu verwirklichen. In diesem Abkommen ist der Notwendigkeit Rechnung zu tragen, daß die Zahlungsbilanz zwischen dem Gebiet des französischen Franken und der Bundesrepublik Deutschland nicht schwer beeinträchtigt wird; hierbei sind jedoch die Gegebenheiten des Wirtschaftsverkehrs zwischen der Bundesrepublik Deutschland und der Saar zu berücksichtigen.

E – Die Saar wird für die Verwaltung sämtlicher Kohlenvorkommen der Saar einschließlich des Warndt sowie der von den Saarbergwerken verwalteten Grubenanlagen Sorge tragen.

XIII.

Die beiden Regierungen werden den übrigen Mitgliedstaaten der Europäischen Gemeinschaft für Kohle und Stahl empfehlen, den Sitz dieser Gemeinschaft nach Saarbrücken zu legen.

XIV.

Das vorliegende Abkommen wird dem Ministerrat der Westeuropäischen Union übermittelt, damit dieser es zur Kenntnis nehmen kann.

Die beiden Regierungen werden die anderen Mitgliedsregierungen der Westeuropäischen Union bitten, diejenigen Bestimmungen des vorliegenden Abkommens zu billigen, die ihrer Zustimmung bedürfen.

*

An den Ministerpräsidenten und   Paris, den 23. Oktober 1954
Minister des Auswärtigen
der Französischen Republik
Herrn Pierre Mendès-France
Paris

Herr Präsident,
Ich habe die Ehre, Ihnen den Empfang Ihres heutigen Schreibens mit folgendem Inhalt zu bestätigen:
»Im Laufe der Besprechungen, die wir über die Regelung der Saarfrage geführt haben, haben Sie die Frage der Zulassung von Filialen deutscher Banken und von deutschen Versicherungsgesellschaften an der Saar angeschnitten.
Ich habe die Ehre, Ihnen mitzuteilen, daß die für die Zulassung solcher Unternehmungen zuständigen französischen Behörden die Anweisung erhalten werden, etwaige Anträge der deutschen Banken und Versicherungsgesellschaften in einem Geiste der Zusammenarbeit zu prüfen.«
Genehmigen Sie, Herr Präsident, den Ausdruck meiner ausgezeichneten Hochachtung.

                                  gez. Adenauer

An den Ministerpräsidenten und   Paris, den 23. Oktober 1954
Minister des Auswärtigen
der Französischen Republik
Herrn Pierre Mendès-France
Paris

Herr Präsident,
Ich habe die Ehre, Ihnen den Empfang Ihres heutigen Schreibens mit folgendem Inhalt zu bestätigen:
»Im Laufe der Besprechungen, die wir über die Regelung der Saarfrage geführt haben, haben Sie die Frage der in der Saar noch bestehenden Sequester angeschnitten.
Ich habe die Ehre, Ihnen mitzuteilen, daß diese Sequester vor der Volksabstimmung über das europäische Statut der Saar aufgehoben werden.«
Genehmigen Sie, Herr Präsident, den Ausdruck meiner ausgezeichneten Hochachtung.

                                  gez. Adenauer

Quelle: Bulletin vom 27. 10. 1954, Nr. 203, S. 1808 f.

56   Beitrag zur Rüstungsbeschränkung

Auszüge aus dem Protokoll Nr. III vom 23. Oktober 1954 über die Rüstungskontrolle

ANLAGE I

Der Bundeskanzler erklärt:
daß sich die Bundesrepublik verpflichtet, die in dem beiliegenden Verzeichnis [1] in den Absätzen 1, 2 und 3 aufgeführten Atomwaffen, chemischen und biologischen Waffen in ihrem Gebiet nicht herzustellen,

daß sich die Bundesrepublik ferner verpflichtet, die in dem beiliegenden Verzeichnis [2] in den Absätzen 4, 5 und 6 aufgeführten Waffen in ihrem Gebiet nicht herzustellen. Eine Änderung der Aufhebung des Inhalts der Absätze 4, 5 und 6 kann auf Antrag der Bundesrepublik durch Beschluß des Brüsseler Ministerrats mit Zweidrittelmehrheit erfolgen, wenn der zuständige Oberbefehlshaber der Organisation des Nordatlantikvertrags auf Grund des Bedarfs der Streitkräfte dies beantragt,

daß die Bundesrepublik damit einverstanden ist, die Einhaltung dieser Verpflichtungen durch die zuständige Stelle der Organisation des Brüsseler Vertrags überwachen zu lassen.

ANLAGE II

Diese Liste umfaßt die nachstehend in den Absätzen I bis III definierten Waffen und die ausschließlich für ihre Produktion bestimmten Einrichtungen. Von dieser Definition sind alle Vorrichtungen, Teile, Geräte, Einrichtungen, Substanzen und Organismen ausgenommen, die für zivile Zwecke verwandt werden oder der Forschung für wissenschaftliche, medizinische und industrielle Zwecke auf den Gebieten der reinen und angewandten Wissenschaft dienen.

I. Atomwaffen

(a) Als Atomwaffe gilt jede Waffe, die Kernbrennstoff oder radioaktive Isotope enthält oder eigens dazu bestimmt ist, solche aufzunehmen oder zu verwenden und welche – durch Explosion oder andere unkontrollierte Kernumwandlung des Kernbrennstoffes oder durch Radioaktivität des Kernbrennstoffes oder der radioaktiven Isotope – Massenzerstörungen, Massenschäden oder Massenvergiftungen hervorrufen kann.

(b) Als Atomwaffe gilt ferner jeder Teil, jede Vorrichtung, jede Baugruppe oder Substanz, welche eigens für eine unter (a) aufgeführte Waffe bestimmt oder für sie wesentlich ist.

(c) Als Kernbrennstoff gemäß der vorangehenden Definition gilt Plutonium, Uran 233, Uran 235 (einschließlich Uran 235, welches in Uran enthalten ist, das mit mehr als 2,1 Gewichtsprozent Uran 235 angereichert wurde) sowie jede andere Substanz, welche geeignet ist, beträchtliche Mengen Atomenergie durch Kernspaltung oder -vereinigung oder eine andere Kernreaktion der Substanz frei zu machen. Die vorstehenden Substanzen werden als Kernbrennstoff angesehen, einerlei in welchem chemischen oder physikalischen Zustand sie sich befinden.

II. Chemische Waffen

(a) Als chemische Waffen gelten alle Einrichtungen oder Geräte, die eigens dazu bestimmt sind, die erstickenden, toxischen, reizerregenden, lähmenden, wachstumsregelnden, die Schmierwirkung zerstörenden und katalytischen Eigenschaften irgendeiner chemischen Substanz für militärische Zwecke auszunutzen.

(b) Vorbehaltlich der unter (c) getroffenen Regelung sind chemische Substanzen, die derartige Eigenschaften besitzen und für die Verwendung in Einrichtungen und Geräten gemäß (a) in Frage kommen, in dieser Definition einbegriffen.

(c) Von dieser Definition gelten als ausgenommen die unter (a) und (b) genannten Geräte und die Mengen von chemischen Substanzen, die nicht über den zivilen Friedensbedarf hinausgehen.

III. Biologische Waffen

(a) Als biologische Waffen gelten alle Einrichtungen oder Geräte, die eigens dazu bestimmt sind, schädliche Insekten oder andere lebende oder tote Organismen oder deren toxische Produkte für militärische Zwecke zu verwenden.

(b) Vorbehaltlich der unter (c) getroffenen Regelung sind in dieser Definition Insekten, Organismen und ihre toxischen Produkte eingeschlossen, soweit sie nach Art und Menge für die Verwendung in den unter (a) genannten Einrichtungen oder Geräten in Frage kommen.

(c) Von dieser Definition gelten als ausgenommen die unter (a) und (b) aufgeführten Einrichtungen und Geräte sowie die Mengen von Insekten, Organismen und ihren toxischen Produkten, die über den zivilen Friedensbedarf nicht hinausgehen.

Anlage III

Diese Liste umfaßt die nachstehend in den Absätzen 4 bis 6 definierten Waffen und die ausschließlich für ihre Produktion bestimmten Einrichtungen. Von dieser Definition sind alle Vorrichtungen, Teile, Geräte, Einrichtungen, Substanzen und Organismen ausgenommen, die für zivile Zwecke verwandt werden oder der Forschung für wissenschaftliche, medizinische und industrielle Zwecke auf den Gebieten der reinen und angewandten Wissenschaft dienen.

IV. Weitreichende Geschosse, gelenkte Geschosse und Influenzminen

(a) Vorbehaltlich der unter (d) getroffenen Regelung gelten als weitreichende Geschosse und gelenkte Geschosse alle Geschosse, die so beschaffen sind, daß die Geschwindigkeit oder die Bewegungsrichtung nach dem Augenblick des Abschusses durch eine Vorrichtung oder einen Mechanismus innerhalb oder außerhalb des Geschosses beeinflußt werden kann; hierin sind die Waffen der V-Bauart, die während des letzten Krieges entwickelt wurden, und ihre späteren Abarten eingeschlossen. Der Verbrennungsantrieb wird als ein Mechanismus betrachtet, der in der Lage ist, die Geschwindigkeit zu beeinflussen.

(b) Vorbehaltlich der unter (d) getroffenen Regelung gelten als Influenzminen die Seeminen, deren Explosion selbsttätig durch ausschließlich von außen kommende Einflüsse ausgelöst werden kann; hierin sind Influenzminen, die während des letzten Krieges entwickelt wurden, und ihre späteren Abarten eingeschlossen.

(c) Als in diese Definition eingeschlossen gelten Teile, Vorrichtungen oder Baugruppen, die eigens für die Verwendung in oder zusammen mit den unter (a) und (b) aufgeführten Waffen bestimmt sind.

(d) Von dieser Definition gelten als ausgenommen die Annäherungszünder und gelenkten Geschosse mit kurzer Reichweite für die Luftabwehr, deren Merkmale folgende Höchstwerte nicht überschreiten:

Länge	2 m	Reichweite, horizontal	32 km
Durchmesser	30 cm	Gewicht des Sprengkopfes	22,5 kg
Geschwindigkeit	660 m/sec		

V. Kriegsschiffe mit Ausnahme von kleineren Schiffen für Verteidigungszwecke

Als Kriegsschiffe mit Ausnahme von kleineren Schiffen für Verteidigungszwecke gelten:

(a) Kriegsschiffe mit mehr als 3 000 t Wasserverdrängung;

(b) Unterseeboote mit mehr als 350 t Wasserverdrängung;

(c) alle Kriegsschiffe, die in anderer Weise als durch Dampfmaschinen, Diesel- oder Benzinmotoren, Gasturbinen oder Strahltriebwerke angetrieben werden.

VI. Bombenflugzeuge für strategische Zwecke

Verzeichnis der der Kontrolle unterliegenden Rüstungstypen
1. (a) Atomwaffen;
    (b) Biologische Waffen;
    (c) Chemische Waffen.

In Übereinstimmung mit den vom Rat der Westeuropäischen Union gemäß Artikel 1 dieses Protokolls zu billigenden Definitionen.

2. Alle Kanonen, Haubitzen und Granatwerfer jeder Art und für jeden Verwendungszweck mit einem Kaliber von mehr als 90 mm einschließlich des folgenden Bestandteiles für diese Waffen: Rohr mit Verschluß.

3. Alle gelenkten Geschosse.

Definition: Gelenkte Geschosse sind solche, deren Geschwindigkeit oder Bewegungsrichtung nach dem Augenblick des Abschusses durch eine Vorrichtung oder einen Mechanismus innerhalb oder außerhalb des Geschosses beeinflußt werden können. Hierzu gehören die Waffen der V-Bauart, die während des letzten Krieges entwickelt wurden, sowie ihre späteren Abarten. Der Verbrennungsantrieb wird als ein Mechanismus betrachtet, der in der Lage ist, die Geschwindigkeit zu beeinflussen.

4. Sonstige Geschosse mit Eigenantrieb von mehr als 15 kg Gewicht in abschußbereitem Zustand.

5. Minen aller Art mit Ausnahme von Panzerabwehr- und Schützenminen.

6. Panzer einschließlich folgender Bestandteile für die Panzer:
    (a) Geschützrohr mit Verschluß;
    (b) Gußstahl-Panzerung des Turmes und/oder Panzerplatten-Baugruppen.

7. Sonstige gepanzerte Kampffahrzeuge mit einem Gesamtgewicht von mehr als 10 metrischen Tonnen.

8. (a) Kriegsschiffe mit mehr als 1500 t Wasserverdrängung;
    (b) Unterseeboote;
    (c) alle Kriegsschiffe, die in anderer Weise als durch Dampfmaschinen, Diesel- oder Benzinmotoren oder Gasturbinen angetrieben werden;
    (d) kleine Wasserfahrzeuge mit einer Geschwindigkeit von mehr als 30 Knoten, die mit Offensivwaffen bestückt sind.

9. Fliegerbomben mit einem Gewicht von mehr als 1000 kg.

10. Munition für die in vorstehendem Absatz beschriebenen Waffen.

11. (a) Vollständige Militärflugzeuge, ausgenommen:
    (i) alle Schulflugzeuge mit Ausnahme von Einsatzflugzeugen, die zu Ausbildungszwecken verwendet werden;
    (ii) Militär-Transportflugzeuge und Verbindungsflugzeuge;
    (iii) Hubschrauber;
    (b) Flugzeugzellen, die eigens und ausschließlich für Militärflugzeuge mit Ausnahme der zu (i), (ii) und (iii) erwähnten bestimmt sind;
    (c) Strahl-, Propellerturbinen- und Raketen-Triebwerk, sofern sie als Hauptantrieb dienen.

---

[1] siehe Anlage II
[2] siehe Anlage III

Quelle: Bulletin vom 26. 10. 1954, Nr. 202, S. 1794 f.

Bestätigung von Briefen, die im Jahre 1952 ausgetauscht worden sind (darunter Berlin-
Erklärungen). Schreiben des Bundeskanzlers Dr. Konrad Adenauer vom 23. Oktober 1954

Seiner Exzellenz   Paris, den 23. Oktober 1954
dem Herrn Minister des Auswärtigen
der Vereinigten Staaten von Amerika

bzw. Seiner Exzellenz
dem Herrn Minister des Auswärtigen
des Vereinigten Königreichs
von Großbritannien und Nordirland

bzw. Seiner Exzellenz
dem Herrn Ministerpräsidenten und
Außenminister der Französischen Republik

Herr Minister,
    im Verlauf der Verhandlungen betreffend das Protokoll über die Beendigung des Be-
satzungsregimes in der Bundesrepublik Deutschland, das heute unterzeichnet wurde, wurden die verschiedenen Schreiben berücksichtigt, die im Mai 1952 im Zusammenhang mit der
Unterzeichnung des Vertrages über die Beziehungen zwischen der Bundesrepublik und den
Drei Mächten und der Zusatzverträge ausgetauscht worden sind. Der Wortlaut dieser
Schreiben ist im Bundesgesetzblatt 1954, Teil II, Nr. 3, Seite 242–320, abgedruckt.
    Im Namen der Regierung der Bundesrepublik Deutschland beehre ich mich, Ihnen mitzu-
teilen, daß die Bundesrepublik ihrerseits die in diesem Schreiben gegebenen Zusicherungen
und übernommenen Verpflichtungen bestätigt, mit der Ausnahme, daß sie die Schreiben
Nr. 3, 5, 13, 14, 15 und 19 als nicht mehr anwendbar betrachtet und daß die in der diesem
Briefe beigefügten Liste bezeichneten Schreiben als den Bestimmungen jener Liste gemäß
abgeändert gelten. Ich wäre Ihnen für eine Mitteilung darüber dankbar, ob die Regierung
der Vereinigten Staaten von Amerika bzw. das Vereinigte Königreich von Großbritannien
und Nordirland bzw. die Französische Republik ihrerseits die von ihr in diesen Schreiben
gegebenen Zusicherungen und übernommenen Verpflichtungen bestätigt.

Liste der Änderungen
Schreiben   Bundesgesetzblatt 1954 Teil II Nr. 3   Änderungen

Nr. 1 Absatz 3 Seite 242
Zu ersetzen durch:
»Sie haben deshalb beschlossen, ihr Recht in bezug auf Berlin in einer Weise auszuüben,
welche der Bundesrepublik die Erfüllung ihrer in Abschrift angeschlossenen Erklärung betreffend Hilfeleistungen für Berlin erleichtert und den Bundesbehörden gestattet, die Vertretung Berlins und der Berliner Bevölkerung nach außen sicherzustellen.«
    Hinzuzufügen ist:
»Erklärung der Bundesrepublik betreffend Hilfeleistungen für Berlin
    Im Hinblick auf die besondere Rolle, die Berlin für die Selbstbehauptung der freien Welt
gespielt hat und ferner zu spielen berufen ist,
    im Bewußtsein der Verbundenheit der Bundesrepublik mit Berlin als der vorgesehenen
Hauptstadt eines freien wiedervereinigten Deutschlands,
    in dem Willen, diese Verbundenheit im Rahmen des Status Berlins zu festigen,
    in dem Willen, ihre Hilfeleistungen für den politischen, kulturellen, wirtschaftlichen und
finanziellen Wiederaufbau Berlins fortzusetzen, und

in dem Bestreben, die Stellung Berlins auf allen Gebieten zu festigen und zu stärken und insbesondere, soweit möglich, eine Verbesserung in der wirtschaftlichen und finanziellen Lage Berlins, einschließlich seiner Produktionskapazität und seines Beschäftigungsstandes, herbeizuführen,

erklärt die Bundesrepublik

(a) daß sie das ihrerseits Erforderliche tun wird, um durch geeignete Unterstützungsmaßnahmen die Aufrechterhaltung eines ausgeglichenen Haushalts in Berlin zu gewährleisten;

(b) daß sie die geeigneten Maßnahmen für eine angemessene und gerechte Behandlung Berlins bei der Kontrolle und Zuteilung von knappen Rohstoffen und Bedarfsgegenständen treffen wird;

(c) daß sie geeignete Maßnahmen treffen wird, um die der Bundesrepublik aus auswärtigen Quellen zur Verfügung stehenden Mittel auch Berlin für seinen notwendigen weiteren wirtschaftlichen Aufbau zugute kommen zu lassen;

(d) daß sie alle geeigneten Maßnahmen treffen wird, die zur Förderung der Erteilung von öffentlichen und privaten Aufträgen an die Berliner Wirtschaft beitragen;

(e) daß sie die Entwicklung des Berliner Außenhandels fördern und Berlin in allen handelspolitischen Fragen so günstig behandeln wird, wie es die Umstände gestatten, und daß sie Berlin im Rahmen des Möglichen und in Anbetracht der Einbeziehung Berlins in die Devisenbewirtschaftung der Bundesrepublik mit den erforderlichen Devisen ausstatten wird;

(f) daß sie die ihrerseits erforderlichen Maßnahmen ergreifen wird, um zu gewährleisten, daß Berlin im Währungsgebiet der Deutschen Mark (West) bleibt und daß eine angemessene Geldversorgung in der Stadt aufrechterhalten wird;

(g) daß sie an der Aufrechterhaltung einer ausreichenden Bevorratung Berlins für Notfälle mithelfen wird;

(h) daß sie sich nach besten Kräften bemühen wird, die Handelsverbindungen sowie die Verkehrsverbindungen und -einrichtungen zwischen Berlin und dem Gebiet der Bundesrepublik aufrechtzuerhalten und zu verbessern und an dem Schutz oder der Wiederherstellung dieser Verbindungen und Einrichtungen nach Maßgabe der ihr zur Verfügung stehenden Mittel mitzuwirken;

(i) daß sie bemüht bleiben wird, die durch die Aufnahme von Flüchtlingen entstehende überdurchschnittliche Belastung Berlins wie bisher auszugleichen;

(j) daß sie die Vertretung Berlins und der Berliner Bevölkerung nach außen sicherstellen und die Einbeziehung Berlins in die von der Bundesrepublik abgeschlossenen internationalen Abkommen erleichtern wird, soweit dies nicht nach der Natur der betreffenden Abkommen ausgeschlossen ist.

gez. Adenauer«

Quelle: Bulletin vom 30. 10. 1954, Nr. 206, S. 1841

58   Absage an die sowjetische Deutschlandpolitik

Rundfunkansprache des Bundeskanzlers Dr. Konrad Adenauer vom 22. Januar 1955 über die von der sowjetischen Regierung abgegebene »Erklärung zur deutschen Frage« (Auszug)

... Aus der Erklärung der Sowjetregierung vom 15. Januar 1955 geht folgendes hervor: Die Sowjetunion will nicht freie Wahlen in unserem, im demokratischen Sinne zugestehen. Sie erklärt ausdrücklich, daß jeder demokratischen Partei und Organisation – ich wiederhole Organisation – Freiheit der Wahlagitation und Freiheit der Nominierung von Kandidaten garantiert sein müsse. Damit ist völlig unverblümt und deutlich gesagt, daß das in der sowjetisch besetzten Zone geltende Wahlgesetz auch in der Bundesrepublik entscheidend mit berücksichtigt werden soll. Dieses Wahlgesetz der Deutschen Demokratischen Republik ist kein Gesetz, das freie und demokratische Wahlen verbürgt. Die auf Grund dieses Wahlgesetzes am 17. Oktober 1954 vorgenommene sogenannte Wahl haben die Deutschen in der sowjetisch besetzten Zone als die erniedrigendste Vergewaltigung ihrer Freiheit betrachtet, die ihnen jemals widerfahren ist.

Nun spricht die Sowjet-Erklärung von einer internationalen Kontrolle solcher Wahlen. Immerhin bleibt wichtig, daß erstmalig der Kontrollgedanke überhaupt von der Sowjetunion angenommen wurde. Wichtiger ist allerdings die Frage, welche Art von Wahlen kontrolliert werden soll, denn es ist offensichtlich, daß es für uns völlig uninteressant wäre, wenn die Kontrolle sich auf nicht wirklich freie Wahlen erstreckt.

Nun zu den Endzielen der Verlautbarung. Jetzt zitiere ich wörtlich: »Die Sowjetunion steht in guten Beziehungen zur DDR. Die Sowjetregierung ist bereit, auch die Beziehungen zwischen der UdSSR und der Deutschen Bundesrepublik zu normalisieren. Unter den derzeitigen Umständen könnte die Normalisierung der Beziehungen zwischen der Sowjetunion und der Deutschen Bundesrepublik zugleich zur besseren Verständigung und zum Streben nach erfolgreichen Wegen zur Lösung der Aufgabe der Wiederherstellung der Einheit Deutschlands beitragen.« Soweit die Erklärung wörtlich. Das heißt also, es bleibt auf unbestimmte Zeit bei der bisherigen Teilung Deutschlands, und die Sowjetunion läßt es völlig ungewiß, wann und wie die Wiederherstellung der Einheit Deutschlands erfolgen soll.

Wie kann man unter diesen Umständen überhaupt von aussichtsreichen Verhandlungen und einem Entgegenkommen der Sowjetunion sprechen?

Die Sowjets wissen, daß wir freie gesamtdeutsche Wahlen unter internationaler Kontrolle fordern. Sie wissen, daß aus diesen Wahlen eine deutsche Nationalversammlung und eine gesamtdeutsche Regierung hervorgehen sollen, die souverän, also frei von jeder fremden Einmischung, die Verfassung beschließen und die Richtung der künftigen deutschen Innen- und Außenpolitik bestimmen kann. Sie wissen, daß wir niemals die Existenz zweier gleichberechtigter deutscher Staaten anerkennen werden. Wir werden uns an keinem Abkommen militärischer, wirtschaftlicher oder politischer Art mit der Sowjetunion beteiligen, das stillschweigend oder erklärtermaßen die Fortdauer der Teilung Deutschlands sanktioniert. In der Verlautbarung der Sowjetunion wird uns das auf unbestimmte Zeit zugemutet. Da gibt es nichts zu fragen und nichts zu erläutern, der Wortlaut ist ganz klar und eindeutig, und wir machen das nicht mit. Wir wollen kein zweigeteiltes Deutschland, wir wollen ein Deutschland.

Ich glaube nicht, daß die Sowjets uns für so dumm oder leichtfertig halten, die Verträge, die uns in die Gemeinschaft der freien Nationen als gleichberechtigten Partner einführen, die uns Freiheit, Wohlfahrt und Sicherheit garantieren, aufzugeben gegen die Ankündigung einiger unsicherer und fragwürdiger Vorbereitungen im Hinblick auf eine Wiedervereinigung, die uns in die direkte oder indirekte Abhängigkeit Moskaus bringt.

Ich möchte noch in diesem Zusammenhang auf ein weiteres sogenanntes »Angebot« in der Erklärung der Sowjetunion zu sprechen kommen: Anscheinend soll das wiedervereinigte Deutschland, nicht etwa die Bundesrepublik, in dem Friedensvertrag das Recht bekommen, »eigene nationale Streitkräfte zu besitzen, die für die Gewährleistung der Sicherheit Deutschlands und seiner Grenzen notwendig sind«.

Es bleibt ihm aber verboten, Bündnisse oder dergleichen zu schließen. Deutschland ist überhaupt nicht in der Lage, weder wirtschaftlich noch technisch, die nationalen Streitkräfte aufzustellen, die für die Gewährleistung der Sicherheit Deutschlands und seiner Grenzen notwendig sind. Dabei bedeutet das Wort »notwendig« klar die Forderung auf Kontrolle, und zwar auch durch die Sowjetunion.

In der gegnerischen Presse sagt man gern, wir betrieben eine Politik der Stärke. Das ist einfach lächerlich. Der Besitz von zwölf deutschen Divisionen macht wirklich in der heutigen Zeit Deutschland nicht stark. Aber was wir erstreben, ist der Zusammenschluß der freien Völker des Westens einschließlich Deutschlands, weil wir überzeugt sind, daß alsdann mit Sowjetrußland aussichtsreiche und vernünftige Verhandlungen gepflegt werden können. Das ist das ganz klare und für jeden verständliche Ziel unserer Politik. Wer glaubt, die Bundesrepublik könne in diesem Stadium, in dem sie sich jetzt befindet, d. h. besetzt, unfrei und machtlos, mit Sowjetrußland erfolgreiche Verhandlungen über die Wiedervereinigung Deutschlands in Frieden und Freiheit führen, der hat keinen Blick für die Realitäten in der Politik. Eine derartige Politik würde Deutschland in kurzer Zeit in die gleiche Unfreiheit bringen, in der sich die anderen Satellitenvölker Rußlands befinden. Wer nicht die Augen verschließt gegenüber der Geschichte der Satellitenvölker seit 1945, der muß die von der Bundesregierung und der Regierungskoalition betriebene Politik als die einzig aussichtsreiche ansehen.

Die Verschiebung der 2. und 3. Lesung der Pariser Abkommen um 12 Tage, die an sich bedauerlich ist, ist verursacht worden durch die Notwendigkeit, die Verträge eingehend zu prüfen und darüber im Plenum eingehender zu berichten. Ich glaube, Sie, meine Zuhörerinnen und Zuhörerinnen, werden das verstehen. An der Entscheidung selbst wird durch die Verschiebung nichts geändert.

Ich bedaure sehr, daß sich in der Frage der Pariser Verträge, in einer für das deutsche Volk so lebenswichtigen Frage, keine Politik zusammen mit der Opposition treiben läßt. Die Pariser Verträge sichern uns nämlich in der Frage der Wiedervereinigung Deutschlands die Unterstützung aller Mitgliedstaaten des Nordatlantikpaktes zu.

Diese haben feierlich die Wiederherstellung eines völlig freien und vereinigten Deutschland zu einem grundlegenden Ziel ihrer Politik gemacht, und zwar ohne Umschweife und ohne gefährliche Zusätze. Sie wollen die einzige, die wahre Wiedervereinigung Deutschlands, die Wiedervereinigung in Frieden und Freiheit. Die Opposition will eingehen auf die Verlautbarung der Sowjetunion, aber sie will nicht die Pariser Verträge. Sie erklärt jeden Tag, daß sie diese Verträge ablehne. Wie ich ausgeführt habe, ist das Ziel der Sowjetregierung das Nebeneinanderbestehen der sog. Deutschen Demokratischen Republik, das ist die Sowjetzone, als selbständiger Staat neben der Bundesrepublik Deutschland, und zwar auf unbestimmte Zeit. Demgegenüber sichern uns die 14 Länder des Atlantikpaktes feierlich ihre Unterstützung in der Frage der Wiederherstellung eines völlig freien und vereinigten Deutschland zu.

Diese Zielsetzung Sowjetrußlands und die Zielsetzung der Nordatlantikpaktstaaten muß man sich immer wieder vor Augen halten. Die Verlautbarung der Sowjetunion ist im Ton etwas anders als die bisherigen Noten. Am Ziel der sowjetrussischen Politik hat sich, wenn man sie sorgfältig prüft, nichts geändert. Wir sind nicht so töricht, die Hilfe der Atlantikpaktstaaten bei der Wiedervereinigung durch eine Ablehnung oder eine dieser in ihrem Wirken gleichkommenden Vertagung der Pariser Verträge auf Grund einer solchen Verlautbarung Sowjetrußlands preiszugeben. Wir wollen nicht das Nebeneinander zweier selbständiger deutscher Staaten, wir wollen die Wiedervereinigung Deutschlands in Frieden und Freiheit.

Quelle: Bulletin vom 25. 1. 1955, Nr. 16, S. 130

*Antwortbrief des Bundeskanzlers Dr. Konrad Adenauer an den Vorsitzenden der Sozial-
demokratischen Partei Deutschlands, Erich Ollenhauer, vom 25. Januar 1955*

Sehr geehrter Herr Ollenhauer!

Nach Erhalt Ihres Briefes [1] vom 23. Januar 1955 bin ich in eine nochmalige Prüfung der
Frage, die Regierungen der Vereinigten Staaten, Großbritanniens und Frankreichs zu ersuchen, mit der Sowjetregierung über deren Vorschläge in der Erklärung vom 15. Januar
1955 noch vor der Ratifizierung der Pariser Verträge zu verhandeln, eingetreten; ich habe
diese Prüfung nach meiner Rückkehr von Bühlerhöhe mit meinen Herren und Vertretern
der Regierungsparteien fortgesetzt und zum Abschluß gebracht. Das Ergebnis teile ich in
Nachstehendem mit; ich hoffe, daß Sie dieser Brief noch rechtzeitig vor der Versammlung in
der Paulskirche in Frankfurt erreicht.

Ich brauche nicht besonders zu betonen, daß der Bundesregierung ebenso wie allen
Schichten und Ständen des deutschen Volkes die Wiedervereinigung Deutschlands in Frieden und Freiheit das vordringlichste Ziel ist. Ich bin überzeugt, daß, wenn beide Teile
Deutschlands frei in ihrem Handeln wären, diese Vereinigung sich in kürzester Zeit und
ohne jede Schwierigkeit vollziehen würde.

Aber wir sind nicht frei. Unser Land ist als Folge des verlorenen Krieges von vier Mächten besetzt. Wir müssen, wenn wir richtig handeln wollen, vor allem unsere eigene Lage
richtig beurteilen. Wie Sie in Ihrem Brief richtig schreiben, kann die Wiedervereinigung nur
durch die Einigung der vier Besatzungsmächte erfolgen. Es genügt nicht, sich mit der
Sowjetunion zu einigen; wir brauchen auch die Zustimmung der drei Westmächte, um zu
einem befriedigenden Ergebnis zu kommen. Es ist in dem Pariser Vertragswerk gelungen,
die drei Westmächte für eine Form der Wiederherstellung der deutschen Einheit zu gewinnen, die unseren Auffassungen entspricht, nämlich für eine Wiedervereinigung in Frieden und Freiheit. Allerdings ist die Verpflichtung der Westmächte, gemeinsam mit uns die
Wiedervereinigung in Frieden und Freiheit herbeizuführen, nicht bedingungslos eingegangen worden; sie ist an die Ratifizierung der Pariser Verträge geknüpft. Es kommt jetzt
darauf an, die Sowjetunion zu einer Änderung ihrer bisher völlig negativen Haltung in der
deutschen Frage zu bewegen.

Ihre Auffassung, daß man es 1952 versäumt habe, die Ernsthaftigkeit des sowjetischen
Angebotes zu erproben, ist nicht zutreffend. Dieses sowjetische Angebot wurde von den
Westmächten im Einvernehmen mit uns sorgfältig geprüft und mit Gegenvorschlägen be-
antwortet; die Sowjetunion brach jedoch im September 1952 den Notenwechsel mit den
Westmächten ab.

Auf meine Veranlassung haben die Westmächte am 15. Juli 1953 der Sowjetregierung
erneut eine Konferenz über die Deutschlandfrage vorgeschlagen. Sie wissen, daß ein mehr-
monatiger Notenwechsel erforderlich war, um ein Einverständnis der Sowjetregierung zur
Abhaltung dieser Konferenz zu erreichen. Trotz der geduldigen Bemühungen der Westmächte war das Ergebnis der Berliner Konferenz, die vor genau einem Jahr stattfand, in der
Frage der Wiedervereinigung in jeder Hinsicht negativ.

Ungeachtet dieser enttäuschenden Erfahrungen haben die Westmächte im Notenwechsel
des vergangenen Jahres einer neuen Deutschlandkonferenz grundsätzlich zugestimmt und
in ihrer Note vom 29. November die Sowjetregierung um klare Antwort auf präzise formulierte Fragen als Vorbereitung einer neuen Konferenz gebeten. Die Sowjetregierung hat
diese Fragen bis zum heutigen Tage nicht beantwortet.

Die Sowjetunion hat ferner niemals, auch nicht in ihrer Erklärung vom 15. Januar d. J., klar dem vom Deutschen Bundestag wiederholt beschlossenen und von uns gegenüber den vier Mächten geforderten Programm der Wiedervereinigung zugestimmt, nämlich

1. Abhaltung freier Wahlen in ganz Deutschland;
2. Bildung einer freien Regierung für ganz Deutschland;
3. Abschluß eines mit dieser Regierung frei vereinbarten Friedensvertrages;
4. Regelung aller noch offenen territorialen Fragen in diesem Friedensvertrag;
5. Sicherung der Handlungsfreiheit für ein gesamtdeutsches Parlament und eine gesamtdeutsche Regierung im Rahmen der Grundsätze und der Ziele der Vereinten Nationen.

Die Sowjetregierung hat in der nicht an die drei Westmächte gerichteten, sondern gegenüber der Presse abgegebenen Erklärung vom 15. Januar nur gesagt, daß sie unter gewissen Bedingungen zu Verhandlungen über freie Wahlen bereit sei. Dabei fällt auf, daß im russischen Text nicht das Wort »Kontrolle« für diese Wahlen gebraucht wird, sondern, obwohl dieses eindeutige Wort Kontrolle in der russischen Sprache existiert, ein weniger präzises Wort, das auch im Sinne von »Beobachtung« verstanden werden kann. Über unsere anderen Verlangen hat sie entweder geschwiegen oder zu erkennen gegeben, daß sie bis auf weiteres das Nebeneinanderbestehen der Bundesrepublik und der DDR anstrebt.

Sie vertreten die Auffassung, daß wir trotzdem vor der Ratifizierung des Pariser Vertragswerkes uns bemühen sollten, eine Viererkonferenz herbeizuführen. Ich muß Ihnen leider sagen, daß ich ein derartiges Vorgehen für nicht vereinbar mit den deutschen Interessen halte. Halten Sie sich doch bitte immer wieder die Situation vor Augen, wie sie ist: Die Sowjetunion hat bisher unserem Programm der Wiedervereinigung nicht zugestimmt. Im Gegenteil, sie hält offenbar, wie ihr Verlangen der Bündnislosigkeit des zukünftigen Deutschlands zeigt, an ihrer für uns unannehmbaren bisherigen Konzeption des zukünftigen Status Deutschlands fest. Die drei Westmächte haben sich zwar verpflichtet, für den von uns, d. i. dem Bundestage, immer wieder geforderten Status einzutreten, aber unter der Bedingung der Ratifizierung der bisher noch nicht von allen in Frage kommenden Staaten ratifizierten Verträge.

Dazu kommt, daß die Westmächte es aus berechtigten Gründen ablehnen, zur Zeit, d. i. vor der Ratifizierung der Pariser Verträge, eine Viererkonferenz vorzuschlagen, daß sie aber nach der Ratifizierung dazu bereit sind. Wenn wir jetzt trotzdem die drei Westmächte ersuchen, an die Sowjetunion heranzutreten, werden diese das Ersuchen unter Hinweis auf ihre von Sowjetrußland nicht beantwortete Note vom 29. November 1954 ablehnen. Wir laufen dann Gefahr, daß die Ratifizierung der Pariser Verträge nicht erfolgt, daß also die Verpflichtung der drei Westmächte, mit uns zusammen die Wiedervereinigung in Frieden und Freiheit zu betreiben, nicht zustande kommt, daß andererseits die Sowjetunion ebenfalls keine solche Verpflichtung übernimmt, kurz, daß sich Deutschland, wie so oft in den letzten Jahrzehnten, ohne Freunde zwischen sämtliche Stühle gesetzt hat. Wir bleiben dann im Zustand der Unfreiheit, bis sich die vier Siegermächte geeinigt haben. Unsere Wirtschaft, die auf Ein- und Ausfuhr angewiesen ist, erhält dann einen vernichtenden, alle Volksschichten treffenden Schlag, da sie auf dem Vertrauen der anderen Länder in die Stetigkeit unserer politischen Entwicklung beruht.

Über alles, was die Sowjetunion in den letzten Tagen und Wochen zur deutschen Frage geäußert hat, läßt sich nach der Ratifizierung genau so gut verhandeln wie vorher. Natürlich kommt es darauf an, zu erforschen, ob die Sowjetunion durch internationale Verhandlungen auf dem Gebiete der Sicherheit und des Handels bewogen werden kann, der Wiedervereinigung Deutschlands in Freiheit zuzustimmen. Eine derartige Bereinigung der politischen Verhältnisse in Europa würde auch der Sowjetunion erhebliche Vorteile bringen. Ich bin zuversichtlich, daß es uns im Verein mit den Westmächten gelingen wird, die sowjetische

Führung von unseren und der Westmächte friedlichen und konstruktiven Absichten zu überzeugen, so daß sie auch nach der Ratifizierung der Pariser Abkommen zu aussichtsreichen
Verhandlungen bereit sind.

Mit vorzüglicher Hochachtung
Ihr sehr ergebener
gez. Adenauer

[1] Der Vorsitzende der SPD, Erich Ollenhauer, richtete am 23. Januar 1955 an Bundeskanzler Adenauer ein Schreiben,
in dem er zu dessen Rundfunkrede zur Deutschlanderklärung der Sowjetunion wie folgt Stellung nahm:
Sehr geehrter Herr Bundeskanzler!
Das deutsche Volk steht an einem entscheidenden Punkt der Geschichte der Nachkriegszeit.
Die Abstimmung der gesetzgebenden Körperschaften der Bundesrepublik über das Pariser Vertragswerk, dessen
Kernstück die Aufstellung deutscher Streitkräfte im Rahmen der Westeuropäischen Union und der NATO ist, ist von
schicksalsschwerer Bedeutung für die Zukunft des ganzen deutschen Volkes. Die Annahme des Vertragswerkes führt
nach unserer Überzeugung zu einer verhängnisvollen Verhärtung der Spaltung Deutschlands.
Der Deutsche Bundestag dagegen hat wiederholt einstimmig beschlossen, die Wiederherstellung der Einheit
Deutschlands als die vordringlichste Aufgabe der deutschen Politik zu behandeln.
Die Wiederherstellung der Einheit Deutschlands ist nur möglich auf dem Wege von Verhandlungen zwischen den
vier Besatzungsmächten.
Die Haltung der Sowjetunion läßt erkennen, daß nach der Ratifizierung der Pariser Verträge Verhandlungen über
die deutsche Einheit nicht mehr möglich sein werden.
Dies bedeutet: Die Bundesrepublik und die sogenannte »Deutsche Demokratische Republik« bleiben gegen den
Willen des deutschen Volkes nebeneinander bestehen. Zugleich werden dadurch die Spannungen zwischen West
und Ost verschärft, deren schwerste Last vom ganzen deutschen Volk diesseits und jenseits des Eisernen Vorhangs
zu tragen wäre.
Diese Lage erfordert nach Auffassung weitester Kreise des deutschen Volkes jede mögliche Anstrengung der
Bundesrepublik, eine solche Entwicklung um der Einheit, der Freiheit und des Friedens unseres Volkes willen
zu verhindern. Ohne eine solche Anstrengung bleibt im Ausland der Irrtum bestehen, als ob man in Deutschland
die Wiedervereinigung in Freiheit nicht als das vordringlichste Ziel betrachtet.
Die deutsche Frage kann nicht allein durch die Regierung der Bundesrepublik gelöst werden. Sie ist auch nicht zu
lösen durch Verhandlungen der Bundesregierung mit Pankow.
Die deutsche Einheit kommt weder durch Versprechungen nur des Westens oder nur des Ostens. Wirklichkeit kann
sie nur dadurch werden, daß die Mächte des Westens als auch des Ostens sich über die Einheit in Freiheit einigen
und ohne Verzögerung alle praktischen Schritte tun, um diese Einigung in die Tat umzusetzen.
Eine solche Politik entspricht auch der von den Besatzungsmächten selbst übernommenen Verpflichtung, für die
Wiederherstellung der deutschen Einheit zu wirken.
Die Sozialdemokratische Partei Deutschlands ist der Überzeugung, daß noch nicht alle Möglichkeiten erschöpft sind,
um vor der Ratifizierung der Pariser Verträge endlich einen ernsthaften Versuch zu unternehmen, auf dem Wege
von Vier-Mächte-Verhandlungen die Einheit Deutschlands in Freiheit wiederherzustellen. Die Erklärung der Sowjet-
regierung vom 15. Januar 1955 enthält hinsichtlich der in allen vier Zonen Deutschlands und Berlins durchzuführenden
Wahlen Vorschläge, die Verhandlungen über diesen Punkt aussichtsreicher machen als während der Berliner
Konferenz im Januar 1954. Die Sowjetunion hat in ihrer Erklärung außerdem zum erstenmal dem Gedanken einer
internationalen Kontrolle der Wahlen zugestimmt.
Die Sowjetunion behauptet jetzt also, zu freien und international beaufsichtigten Wahlen bereit zu sein. Ob die
Sowjetunion zu diesem Angebot steht und ob mit ihr Vereinbarungen über ein Wahlgesetz getroffen werden
können, das in unserem Sinne freiheitlich ist, darf nicht vorweg beurteilt, sondern kann nur in Verhandlungen
selbst geklärt werden. Man muß die Sowjetunion jetzt beim Wort nehmen.
Man hat es 1952 versäumt, die Ernsthaftigkeit der damaligen Angebote der Sowjetunion zu erproben. Uns jetzt
der gleichen Unterlassung schuldig zu machen, würde vor dem deutschen Volk nicht verantwortet werden können.
Die Sozialdemokratische Partei Deutschlands richtet daher an Sie, sehr geehrter Herr Bundeskanzler, die dringende
Bitte, sofort folgende Schritte zu unternehmen:
1. Die Regierungen der Vereinigten Staaten von Amerika, Großbritannien und Frankreich zu bitten, mit der
Regierung der Sowjetunion über deren Vorschläge in der Erklärung vom 15. Januar 1955 zu verhandeln.
2. Mit dieser Bitte an die Regierungen den Wunsch zu verbinden, daß solche Verhandlungen noch vor der Rati-
fizierung der Pariser Verträge eingeleitet werden.
Die Sozialdemokratische Partei Deutschlands ist bei diesem Anliegen von dem einzigen Wunsch geleitet, jede
Möglichkeit zu nutzen, das ganze deutsche Volk in den vier Besatzungszonen und in Berlin in einem freiheitlich
demokratischen Staatswesen zu vereinen.
Gelingt dieser Versuch, dann werden auch die 18 Millionen Deutsche, die jetzt hinter dem Eisernen Vorhang aus-
harren, als Menschen in Freiheit und Recht leben. Nicht nur dem deutschen Volke wäre dann ein großer Teil der
Sorge um den Frieden und die Freiheit der Welt abgenommen.
Sehr geehrter Herr Bundeskanzler, Sie wissen wie ich, daß die Millionenzahl von Menschen in unserem Volke
wächst, die mit steigender Unruhe sich wegen der Fortdauer der Spaltung Deutschlands Sorgen macht. Das deutsche
Volk wird seine Spaltung niemals hinnehmen.
Millionen Menschen erfaßt auch ein Grauen davor, daß unter diesen Umständen durch die Wiederaufrüstung die
persönliche Gewissensnot und die politische Zerklüftung in der Bundesrepublik vertieft werden.
Ich halte es für unmöglich, daß die Bundesrepublik Deutschland den Weg der Wiederaufrüstung mit einem so
tiefen Zwiespalt in unserem Volke gehen kann. Verteidigung und Sicherheit eines Landes müssen auf der Gemein-

samkeit des Willens im Volk begründet sein. Sie ist nur zu erreichen, wenn wir in dieser schweren Stunde dem ernsthaften Versuch den Vorrang geben, zur Wiederherstellung der Einheit unseres Volkes zu kommen.

Diese Empfindungen und Überlegungen sind die Grundlage unserer Vorschläge, und ich bin sicher, daß Sie dem heißen Wunsch und der festen Überzeugung aller Schichten unseres Volkes entsprechen, wenn Sie unserem Vorschlag folgen. (Quelle: Sozialdemokratischer Pressedienst vom 24. 1. 1955)

Quelle: Bulletin vom 1. 2. 1955, Nr. 21, S. 169 f.

Ergebnis der deutsch-dänischen Besprechungen über die Rechte der Minderheiten und Erklärung der Regierung der Bundesrepublik Deutschland, 28. und 29. März 1955

I.

Die deutsche Delegation wird der Bundesregierung folgendes bezüglich der dänischen Minderheit vorschlagen:

1. Die Bundesregierung legt dem Bundestag die als Anlage 1 beigefügte Erklärung über die allgemeinen Rechte der dänischen Minderheit zur Billigung vor.

2. Die Bundesregierung setzt sich dafür ein, daß die im Bundeswahlgesetz vom 8. 7. 1953 (BGBl. I, S. 470) in § 9 Abs. 5 zu Gunsten der nationalen Minderheiten getroffene Regelung in das künftige Bundeswahlrecht übernommen wird.

3. Die Landesregierung Schleswig-Holstein hat die Bundesregierung davon unterrichtet, daß sie bereit ist:

a) darauf hinzuwirken, daß der Schleswig-Holsteinische Landtag eine Ausnahmebestimmung von der 5 %-Klausel in § 3 des Schleswig-Holsteinischen Landeswahlgesetzes zu Gunsten der dänischen Minderheit baldmöglichst beschließt;

b) die Zuschüsse für die Schulen der dänischen Minderheit in Zukunft wieder auf 80 % der laufenden persönlichen und sachlichen Aufwendungen für einen Schüler der öffentlichen Volksschulen im Lande Schleswig-Holstein zu bemessen;

c) gemäß Ziffer XI des Erlasses des Landesministers für Volksbildung vom 7. 3. 1950 über die Regelung des Schulwesens der dänischen Minderheit auf Antrag die Errichtung von weiterführenden allgemeinbildenden Schulen der dänischen Minderheit mit der Möglichkeit anerkannter Examina unter der Voraussetzung der Angleichung dieser Schulen an das deutsche Schulwesen zu gewähren.

4. Die Bundesregierung gibt im Einvernehmen mit der Schleswig-Holsteinischen Landesregierung der Erwartung Ausdruck, daß alle beteiligten Stellen sich bemühen werden, die Rechte der Minderheit im Geiste der in Ziffer 1 genannten Erklärung zu achten und zu wahren.

II.

Die Dänische Delegation wird der Dänischen Regierung folgendes bezüglich der deutschen Minderheit vorschlagen:

1. Die Dänische Regierung legt dem Folketing die als Anlage 2 beigefügte Erklärung über die allgemeinen Rechte der deutschen Minderheit zur Billigung vor.

2. Die Dänische Regierung wird darauf hinwirken, daß § 4 des Gesetzes Nr. 412 vom 12. Juli 1946, wie durch Gesetz Nr. 214 vom 7. Juni 1952 geändert, baldmöglichst aufgehoben wird. Die Dänische Regierung ist bereit, auf Antrag die Errichtung von weiterführenden allgemeinbildenden Schulen der deutschen Minderheit mit der Möglichkeit anerkannter Examina unter der Voraussetzung der Angleichung dieser Schulen an das dänische Schulwesen zu gewähren.

3. Die Dänische Regierung gibt der Erwartung Ausdruck, daß alle beteiligten Stellen sich bemühen werden, die Rechte der Minderheit im Geiste der in Ziffer 1 genannten Erklärung zu achten und zu wahren.

Bonn, den 28. März 1955

gez. Wilhelm Nöldecke
gez. Nils Svenningsen

Erklärung der Regierung der Bundesrepublik Deutschland

In dem Wunsche, das friedliche Zusammenleben der Bevölkerung beiderseits der deutsch-dänischen Grenze und damit auch die Entwicklung freundschaftlicher Beziehungen zwischen der Bundesrepublik Deutschland und dem Königreich Dänemark allgemein zu fördern, und

eingedenk der völkerrechtlichen Verpflichtung, welche die Bundesrepublik durch ihre Mitgliedschaft in der Europäischen Konvention für Menschenrechte hinsichtlich der Verpflichtung zur Nichtdiskriminierung nationaler Minderheiten (Artikel 14) übernommen hat,

erklärt die Regierung der Bundesrepublik Deutschland im Sinne der auch im Grundgesetz der Bundesrepublik Deutschland festgelegten Grundsätze, auf welche die Schleswig-Holsteinische Landesregierung in ihrer Erklärung vom 26. 9. 1949 Bezug genommen hatte, folgendes:

I.

Die Angehörigen der Minderheit genießen wie alle Staatsbürger die im Grundgesetz der Bundesrepublik Deutschland vom 23. Mai 1949 garantierten Rechte. Insbesondere haben sie im Rahmen des Grundgesetzes folgende Rechte:

1. Das Recht auf die Unverletzlichkeit der persönlichen Freiheit,
2. die Gleichheit vor dem Gesetz,
3. die Glaubens- und Gewissensfreiheit,
4. das Recht der freien Meinungsäußerung und die Pressefreiheit,
5. die Versammlungs- und Vereinsfreiheit,
6. das Recht, den Beruf und den Arbeitsplatz frei zu wählen,
7. die Unverletzlichkeit der Wohnung,
8. die freie Gründung der politischen Parteien,
9. den gleichen Zugang zu jedem öffentlichen Amt nach Eignung, Befähigung und fachlicher Leistung; bei den Beamten, Angestellten und Arbeitern des öffentlichen Dienstes darf zwischen Angehörigen der dänischen Minderheit und anderen Staatsbürgern kein Unterschied gemacht werden,
10. das allgemeine, unmittelbare, freie, gleiche und geheime Wahlrecht, das auch für die Landes- und Kommunalwahlen gilt,
11. das Recht, bei Verletzung von Rechten durch die öffentliche Gewalt den Schutz der Gerichte anzurufen,
12. das Recht auf gleiche Behandlung, nach dem niemand wegen seiner Abstammung, seiner Sprache, seiner Herkunft oder seiner politischen Anschauung benachteiligt oder bevorzugt werden darf.

II.

In Ausführung dieser Rechtsgrundsätze wird hiermit festgestellt:

1. Das Bekenntnis zum dänischen Volkstum und zur dänischen Kultur ist frei und darf von Amts wegen nicht bestritten oder nachgeprüft werden.

2. Angehörige der dänischen Minderheit und ihre Organisationen dürfen am Gebrauch der gewünschten Sprache in Wort und Schrift nicht behindert werden.

Der Gebrauch der dänischen Sprache vor den Gerichten und Verwaltungsbehörden bestimmt sich nach den diesbezüglichen gesetzlichen Vorschriften.

3. Bei Unterstützungen und sonstigen Leistungen aus öffentlichen Mitteln, über die im Rahmen des Ermessens entschieden wird, dürfen Angehörige der dänischen Minderheit gegenüber anderen Staatsbürgern nicht unterschiedlich behandelt werden.

4. Das besondere Interesse der dänischen Minderheit, ihre religiösen, kulturellen und fachlichen Verbindungen mit Dänemark zu pflegen, wird anerkannt.

III.

Die Bundesregierung gibt zur Kenntnis, daß die Landesregierung Schleswig-Holstein ihr mitgeteilt hat:

1. Da das Verhältniswahlverfahren gemäß der Kommunalgesetzgebung bei der Einsetzung von Ausschüssen in den kommunalen Vertretungskörperschaften Anwendung findet, werden die Vertreter der dänischen Minderheit zur Ausschußarbeit im Verhältnis zu ihrer Anzahl herangezogen.

2. Die Landesregierung empfiehlt, daß die dänische Minderheit im Rahmen der jeweils geltenden Regeln für die Benutzung des Rundfunks angemessen berücksichtigt wird.

3. Bei öffentlichen Bekanntmachungen sollen die Zeitungen der dänischen Minderheit angemessen berücksichtigt werden.

4. Im Lande Schleswig-Holstein können allgemeinbildende Schulen und Volkshochschulen (auch solche mit fachlicher Ausrichtung) sowie Kindergärten von der dänischen Minderheit nach Maßgabe der Gesetze errichtet werden. In Schulen mit dänischer Unterrichtssprache ist ein zureichender Unterricht in deutscher Sprache zu erteilen. Eltern und Erziehungsberechtigte können frei entscheiden, ob ihre Kinder Schulen mit dänischer Unterrichtssprache besuchen sollen.

Bonn, den 29. März 1955   gez. Adenauer

Quelle: Aus den Akten des Auswärtigen Amts, Verträge, Dänemark, Nr. 396

---

61   Fünf Jahre deutscher Handelspolitik

Bestandsaufnahme und Plädoyer für eine liberale Handelspolitik von Botschafter Dr. Frhr. v. Maltzan, 30. April 1955 (Auszüge)

Niemals ist ein hochindustrialisiertes Land so vollständig und so lange aus der wirtschaftlichen Verflechtung mit der übrigen Welt herausgelöst gewesen wie Deutschland nach der Kapitulation von 1945. Zwar gingen auch in den ersten Nachkriegsjahren Güter über die Grenzen der späteren Bundesrepublik. Aber dieser Außenhandel war seinem Umfang nach ganz geringfügig – noch 1947 betrug die Einfuhr nach alliierten Aufzeichnungen nur 843 Mill. $, die Ausfuhr 315 Mill. $ –, und seine Zusammensetzung läßt sich in den zwei Sätzen charakterisieren: Die Einfuhr bestand (1947) zu fast drei Vierteln aus Lebensmitteln, Kraftstoffen und Medikamenten, »zur Verhinderung von Unruhen und Seuchen« vom amerikanischen und britischen Steuerzahler finanziert; und von der Ausfuhr entfiel der größte Teil auf die Zwangsexporte von Kohle und Holz. In den folgenden beiden Jahren nahm der Außenhandel prozentual erheblich zu, erreichte 1949 aber erst 7,8 Mrd. DM bei der Einfuhr und 4,1 Mrd. DM bei der Ausfuhr. In diesem Jahr wurde beinahe die Hälfte der Einfuhr durch amerikanische Mittel finanziert, und die Fertigwarenausfuhr betrug weniger als die Hälfte der Gesamtausfuhr, gegen mehr als drei Viertel in der Vorkriegszeit. Die Handelsbilanz wies ein Defizit von 3,7 Mrd. DM aus.

Wiederbeginn einer deutschen Handelspolitik

Der Außenhandel war zunächst gesetzlich und faktisch ausschließlich Angelegenheit der Besatzungsmächte. Zwar wurde bereits im Sommer 1946 beim Länderrat für die amerikanische Zone in Stuttgart ein deutscher Beauftragter für Interzonen- und Außenhandel eingesetzt, und in der zentralen Wirtschaftsbehörde der britisch-amerikanischen Zone, erst dem Verwaltungsamt für Wirtschaft in Minden, später der Verwaltung für Wirtschaft in Frankfurt-Hoechst, bestand von Anfang an eine Abteilung für Außen- und Interzonenhandel. Diese mit dem Außenhandel befaßten deutschen Stellen bemühten sich, nicht ohne Erfolg, um die Klarstellung der deutschen Bedürfnisse und die Durchsetzung der deutschen Wünsche. Aber die Entscheidung in allen wichtigen und unwichtigen Außenhandelsfragen, zunächst auch die Durchführung von Einfuhr und Ausfuhr selbst, lag bei den alliierten Militärregierungen und ihren Außenhandelsorganisationen, der »JEIA« in der Bizone und dem »Officomex« in der französischen Zone. Nur ganz allmählich gaben sie ihre Befugnisse an die deutschen Behörden ab. Es mußte erst das Besatzungsstatut in Kraft treten und die Bundesrepublik errichtet werden, bevor die wesentlichsten handelspolitischen Funktionen wieder in deutsche Hände übergingen. Erst am 28. November 1949 erhielt die Bundesrepublik das Recht zur selbständigen Führung von Wirtschaftsverhandlungen und zum Abschluß von Handels- und Zahlungsabkommen. Am 15. Dezember 1949 schloß sie ihren ersten internationalen Vertrag ab, das Abkommen über wirtschaftliche Zusammenarbeit zwischen der Bundesrepublik und den Vereinigten Staaten zur Durchführung des Marshallplans. Gewisse Vorbehaltsrechte blieben noch bestehen und wurden erst im Laufe der folgenden Jahre aufgehoben. Indessen – seit Ende 1949 gibt es wieder eine deutsche Handelspolitik.

Außenhandel 1950–1954

Nicht viel mehr als fünf Jahre sind seitdem vergangen. In diesem Jahrfünft hat Deutschland seine Rückkehr in die Weltwirtschaft vollzogen und die in ihr wiedergewonnene Stellung konsolidiert. Es genügen wenige Zahlen, um die Entwicklung von 1949 bis 1954 in die Erinnerung zurückzurufen.

Die Einfuhr stieg von 7,8 auf 19,3 Mrd. DM oder um 147 %.

Die Ausfuhr nahm zu von 4,1 auf 22,0 Mrd. DM oder um 437 %.

Der Einfuhrüberschuß von 3,7 Mrd. DM verwandelte sich in einen Ausfuhrüberschuß von 2,7 Mrd. DM.

Der Anteil der aus Mitteln der amerikanischen Steuerzahler finanzierten Einfuhr sank von 42,7 % auf 1,5 %.

Der Anteil des Dollarraums an der Einfuhr sank von 41,4 % auf 21,1 %, während sein Anteil an der Ausfuhr von 6,7 % auf 14,6 % zunahm. Die »Dollarlücke« im Warenverkehr mit diesem Raum betrug 1954 nur noch 64 Mill. DM.

Die industrielle Produktion stieg um 96 %, der Außenhandelsumsatz (Einfuhr und Ausfuhr zusammen) um 245 %. Ausgedrückt in Prozent des Bruttosozialprodukts, stieg der Außenhandelsumsatz von 15 % auf rd. 28 %, die Ausfuhr für sich allein von 5 % auf rd. 15 %.

Der Anteil der Bundesrepublik an der Welteinfuhr wuchs von 3,8 % auf 5,8 %, der Anteil an der Weltausfuhr von 2,2 % auf 6,8 % (für 1954 vorläufige Zahlen).

Vom fünften Platz in der Welteinfuhr und vom zehnten Platz in der Weltausfuhr rückte die Bundesrepublik bei Einfuhr und Ausfuhr an die dritte Stelle hinter den Vereinigten Staaten und Großbritannien.

Der Bestand der Bank deutscher Länder an Gold und Dollars betrug Anfang 1950 0,6 Mrd. DM, Ende 1954 8,1 Mrd. DM, ihr Bestand an Devisen insgesamt stieg in der gleichen Zeit von 1,1 Mrd. DM auf 10,9 Mrd. DM.

Wechselnde Methoden – gleiches Ziel

Aber Statistiken, so eindrucksvoll sie sein mögen, lassen nicht die Fülle und Vielfalt der Probleme erkennen, die sich der deutschen Handelspolitik in diesen fünf Jahren stellten, nicht den Wechsel der zu meisternden Situationen und den Wandel der Verfahren und Mittel zu ihrer Meisterung. Handelspolitik im Zeichen der »Dollarlücke« während der ersten Hälfte des Jahrfünfts; Handelspolitik im Zeichen wachsender Aktivsalden in seiner zweiten Hälfte. Entliberalisierung unter den Nachwirkungen des Kriegsausbruchs in Korea; Liberalisierung gegenüber der EZU von über 90 % und Liberalisierung von 60 bis 65 % gegenüber dem Dollarraum im Jahre 1954. Strenger Bilateralismus des Zahlungsverkehrs zu Beginn; schnelle Annäherung an die Konvertibilität später. Das Maß an Flexibilität, dessen die deutsche Handelspolitik in so unterschiedlichen, ja entgegengesetzten Situationen bedurfte, kann nicht leicht überschätzt werden. Indessen flexibel war sie nur in den Mitteln. Ihre Grundeinstellung und ihre Zielsetzung sind von Anbeginn unverändert geblieben.

Die politische Grundeinstellung eines Landes spiegelt sich auch in seiner Handelspolitik wider. Politisch bekennt sich die Bundesrepublik zum freien Europa und zur freien Welt. Handelspolitisch bekennt sie sich zur europäischen wirtschaftlichen Integration und zur weitestgehenden Verflechtung ihrer Volkswirtschaft mit der freien Weltwirtschaft. An diesen beiden Leitgedanken hat die Bundesregierung ihre Maßnahmen auf dem Gebiet der Außenwirtschaftspolitik ständig ausgerichtet. Die für die deutsche Handelspolitik Verantwortlichen sind stets jeder autarkistischen und wirtschaftsnationalistischen Tendenz entgegengetreten und haben mit aller Kraft eine europäische, weltwirtschaftlich ausgerichtete, liberale Außenwirtschaftspolitik verfolgt – auch gegen gelegentliche Widerstände, die verständlich sein mögen, jedoch im Interesse der politischen und wirtschaftlichen Zukunft Deutschlands überwunden werden müssen. Niemand kann angesichts der Entwicklung unseres Außenhandels in den vergangenen fünf Jahren behaupten, die Bundesrepublik habe, einer politischen Konzeption sich fügend oder einer ökonomischen Theorie zuliebe, eine ihren eigenen wirtschaftlichen Bedürfnissen nicht entsprechende Handelspolitik getrieben. Es ist vielmehr sicher, daß jede andere Handelspolitik die Rückkehr Deutschlands zum Weltmarkt verzögert und damit den schnellen Wiederaufbau unseres Produktionsapparats und die Hebung unseres Lebensstandards verhindert hätte. Die deutsche Volkswirtschaft kann nur gedeihen als Glied einer freien arbeitsteiligen Weltwirtschaft, in der sie, möglichst frei von handels- und devisenpolitischen Hemmnissen, auf den günstigsten Märkten kaufen und verkaufen kann, und in der sie – unter einem heilsamen Wettbewerbsdruck stehend – zu ständiger Produktivitätssteigerung gezwungen ist.

Ausfuhr bleibt notwendig

Während in den ersten Jahren der Dollarlücke und der Einfuhrüberschüsse die volkswirtschaftliche Notwendigkeit der Ausfuhrsteigerung nicht bestritten wurde, konnte man

286

später, als die großen Ausfuhrüberschüsse entstanden und wuchsen, die Ansicht hören, die deutsche Handelspolitik lege ein unter den veränderten Umständen unangemessen großes Gewicht auf die weitere Zunahme der Ausfuhr. Die Bundesregierung hat sich dieser Ansicht nie angeschlossen. Zwar hat sie sich bereit gefunden, gewisse steuerliche Exportförderungsmaßnahmen, die nun nicht mehr zu rechtfertigen waren, abzubauen. Aber sie hat immer betont, daß die deutsche Produktionsstruktur eine weitere gesunde Zunahme der Ausfuhr unabdingbar fordere. Ihr Bestreben war stets, das übergroße Ungleichgewicht in der Handels- und Zahlungsbilanz auf andere Weise als durch Bremsung der Ausfuhr zu vermindern, insbesondere durch Steigerung der Einfuhr, durch Lockerung der Transferverbote oder -hemmnisse für Kapitalerträge, Kapitalien, Unterstützungszahlungen, durch reichlichere Zuteilung von Reisedevisen usw. Der Erfolg dieser Politik ist seit einigen Monaten sichtbar geworden.

Auf der anderen Seite kann es freilich nicht Ziel der deutschen Handelspolitik sein, die Erhaltung des in einem bestimmten Zeitpunkt erreichten Standes der Ausfuhr in jedes einzelne Land oder von jeder einzelnen Ware um jeden Preis zu garantieren, auch um den Preis einer Verlangsamung des Wachstums des Gesamtaußenhandels. Gewisse Positionen, die unter dem Schutz bilateraler Handels- und Zahlungsabkommen gewonnen werden konnten, werden zweifellos durch den fortschreitenden Abbau des Bilateralismus bedroht. Es muß alles versucht werden, sie zu halten. Das darf aber nicht geschehen durch eine Verewigung der bilateralen Maßnahmen, noch weniger durch eine Rückkehr zu ihnen, nachdem man schon einmal auf sie verzichtet hatte. Soll sich unser Gesamtaußenhandel günstig weiterentwickeln, so muß die bisher verfolgte Linie der Beseitigung aller Bilateralismen unbeirrbar fortgesetzt werden. Das liegt nicht nur im Gesamtinteresse der deutschen Volkswirtschaft, sondern auf die Dauer auch im Interesse derjenigen Kreise, für welche sich die Verschiebungen des deutschen »pattern of trade«, die mit dem Übergang zu Multilateralismus und Konvertibilität unvermeidlich verbunden sind, zunächst ungünstig auswirken.

Handelsabkommen und Handelsverträge

Die ersten Handels- und Zahlungsabkommen der Nachkriegszeit sind von den alliierten Behörden abgeschlossen worden. Das erste Abkommen dieser Art, das die Bundesrepublik in eigener Zuständigkeit vereinbarte, war das Handelsabkommen mit Frankreich vom 10. Februar 1950. In den folgenden Jahren ist das Netz der Verträge ständig enger geworden. Ende 1954 waren die wirtschaftlichen Beziehungen mit über 50 Staaten durch Handelsverträge, Waren-, Zahlungs- und Zollabkommen geregelt. Bei allen Verhandlungen wurde Wert darauf gelegt, auch diejenigen Materien in die neuen Vereinbarungen einzubeziehen, die außerhalb der bisherigen Waren- und Zahlungsabkommen liegen, aber der baldigen Regelung bedürfen, wie die Fragen der Patente und Warenzeichen, der Schiffahrt usw. In Übereinstimmung mit der allgemeinen Linie der deutschen Handelspolitik haben alle Bemühungen einer möglichst liberalen Gestaltung der vertraglichen Handels- und Zahlungsbedingungen gegolten. Es ist ein langer Weg zurückgelegt worden, von den Abkommen des Jahres 1950 bis zu denen des Jahres 1954, auch bei den mit »Verrechnungsländern« abgeschlossenen neuen Abkommen, von denen insbesondere das mit Finnland erwähnt sei. Die Liberalisierung gegenüber den OEEC-Ländern, die Gründung der EZU, die Erleichterungen in den deutschen Transferbestimmungen, die Dollarliberalisierung, die Einführung der frei und der beschränkt konvertierbaren D-Mark haben den anfangs streng bilateralen Charakter der Handels- und Zahlungsabkommen fortschreitend aufgelockert. Gleichwohl – die bloße Tatsache, daß die Handels- und Zahlungsbeziehungen mit der großen Mehrzahl unserer Handelspartner noch durch kurzfristige Handels-, Waren- und Zahlungsabkommen geregelt sind, beweist, daß wir die volle Normalisierung noch nicht erreicht haben.

Die Zeit ist gekommen, zu den »klassischen« langfristigen Handelsverträgen zurückzukehren. Nur sie schaffen eine feste dauernde Rechtsgrundlage für die Gesamtheit der Wirtschaftsbeziehungen zu dem jeweiligen Partnerland. Sie sollen den Staatsangehörigen der Partnerländer wechselseitig die Rechtssicherheit und die Garantie der bürgerlichen Freiheiten geben und Schutz vor diskriminierenden fiskalischen und anderen hoheitlichen Eingriffen gewähren. Das altbewährte Prinzip der Meistbegünstigung ist unter den modernen Verhältnissen nicht mehr ausreichend. Es muß ergänzt werden durch den Grundsatz der vertraglich vereinbarten Gleichstellung des Ausländers mit dem Inländer (Inländerbehandlung). Beide Prinzipien in ihren neuen »klassischen« Handelsverträgen zu verwirklichen, ist das Ziel der Bundesregierung. Als erster Vertrag dieser Art ist der Freundschafts-, Handels- und Schiffahrtsvertrag mit den Vereinigten Staaten am 29. Oktober 1954 unterzeichnet worden. Seine Bedeutung erschöpft sich nicht darin, daß er die deutsch-amerikanischen Wirtschaftsbeziehungen freiheitlich, dauerhaft und umfassend regelt. Er ist beispielgebend für die mit anderen Staaten abzuschließenden langfristigen Handelsverträge und eröffnet so eine neue Phase der Handelsvertragspolitik.

Ein langfristiges Abkommen anderer Art wird das deutsch-französische Wirtschaftsabkommen werden, dessen Abschluß bei den Pariser Verhandlungen im Oktober 1954 zwischen dem Bundeskanzler und dem französischen Ministerpräsidenten verabredet worden ist. Es soll der Vertiefung der wirtschaftlichen Zusammenarbeit der beiden Länder dienen u. a. dadurch, daß es der französischen Landwirtschaft langfristig gesicherte Absatzmöglichkeiten in der Bundesrepublik gewährt. Die Verhandlungen über dieses Abkommen sind zur Zeit im Gange.

West-Ost-Handel

Daß der Außenhandel mit den kommunistischen Staaten des Ostens in der Nachkriegszeit ein besonderes Kapitel der deutschen Handelspolitik darstellt, hat viele Gründe. Die Zurückhaltung in der Lieferung von Waren strategischer Bedeutung, welche die Bundesrepublik wie die meisten anderen Staaten des Westens und gemeinsam mit ihnen übt, ist dabei nicht einmal ausschlaggebend. Die eigentliche Grenze für unseren Handel mit dem Ostblock setzt die beschränkte Lieferfähigkeit der kommunistischen Staaten. Durchgreifende Änderungen ihrer Sozial- und Wirtschaftsstruktur haben das Angebot an Waren, das sie uns machen können, schrumpfen lassen, sowohl der Breite wie der Quantität wie der Qualität nach. Was sie uns zu liefern in der Lage wären, können wir vielfach auch aus westlichen Ländern beziehen und müssen es dort beziehen, weil diese Länder uns gegenüber eine passive Handelsbilanz haben. Diese nicht politischen, sondern ökonomischen Grenzen des West-Ost-Handels sind im Laufe der Jahre immer deutlicher geworden.

Zwar war der Außenhandel mit dem Osten in Einfuhr und Ausfuhr 1954 größer als 1949. Aber er hat mit dem Wachstum unseres Gesamtaußenhandels nicht Schritt gehalten. Der Anteil der Einfuhr aus dem Ostblock betrug 1949 4,2 % der Gesamteinfuhr, 1954 2,6 %; für die Ausfuhr waren die Anteilzahlen 3,7 % und 1,9 %. Innerhalb des durch die politischen Notwendigkeiten gesetzten Rahmens wird die Bundesregierung um eine Steigerung des Osthandels über das gegenwärtige niedrige Niveau hinaus bemüht bleiben. Aber über die Möglichkeiten einer schnellen Steigerung kann man sich, auf Grund der Erfahrungen der vergangenen fünf Jahre, keine Illusionen machen.

Besuch einer Regierungsdelegation unter Leitung von Bundeskanzler Dr. Adenauer
vom 8. bis 14. 9. 1955 in Moskau
(Im Bild: Ministerpräsident Bulganin, links, und Bundeskanzler Adenauer
tauschen am 13. 9. gleichlautende Briefe über die Aufnahme diplomatischer Beziehungen
zwischen der UdSSR und der Bundesrepublik Deutschland aus)

»Römische Verträge«
Unterzeichnung der Vertragswerke zur Gründung
der Europäischen Wirtschaftsgemeinschaft (EWG)
und der Europäischen Atomgemeinschaft (EURATOM) am 25. 3. 1957 in Rom
(Am Konferenztisch v. l. n. r. die Bevollmächtigten der sechs Unterzeichnerstaaten:
P. H. Spaak und J. Ch. Snoy et d'Oppuers [Belgien];
Ch. Pineau und M. Faure [Frankreich];
K. Adenauer und W. Hallstein [Bundesrepublik Deutschland];
A. Segni und G. Martino [Italien]; J. Bech [Luxemburg];
J. Luns und J. Linthorst Homan [Niederlande])

Multilaterale Außenwirtschaftspolitik

Charakteristisch für die Nachkriegszeit ist die Vielzahl der internationalen Organisationen, die – nach Tätigkeitsgebiet, Aufbau und Zusammensetzung ihrer Mitgliedschaft sehr unterschiedlich – alle der wirtschaftlichen Kooperation dienen, ohne welche der Wiederaufbau der zerfallenen Weltwirtschaft unmöglich gewesen wäre. Die konstruktive Mitarbeit in diesen Organisationen ist von der deutschen Handelspolitik von Anfang an als eine Notwendigkeit und eine Verpflichtung betrachtet worden.

Vor der Errichtung der Bundesrepublik war Deutschland nur in einer einzigen internationalen Organisation – und zwar durch die westlichen Besatzungsmächte – vertreten, im Europäischen Wirtschaftsrat (OEEC); er war auch die erste Organisation, welcher die Bundesrepublik – im Oktober 1949 – beitrat. Es ist nicht zuviel gesagt, daß unsere Zugehörigkeit zur OEEC und zu der von ihr im Sommer 1950 errichteten Europäischen Zahlungsunion (EZU), zusammen mit der Marshallplan-Hilfe, die Voraussetzungen für unsere Rückkehr in die Weltwirtschaft geschaffen haben. Beide Organisationen sind bis heute für die allgemeine Handelspolitik die wichtigsten Institutionen geblieben. Im November 1950 trat die Bundesrepublik der Landwirtschaftsorganisation der Vereinten Nationen (FAO) bei. Nachdem die Bundesrepublik bereits an der Zollkonferenz in Torquay (Beginn September 1950) teilgenommen hatte, wurde sie am 1. Oktober 1951 Mitglied des Allgemeinen Abkommens über Zölle und Handel (GATT). Im Juli 1952 trat der Vertrag über die Europäische Gemeinschaft für Kohle und Stahl in Kraft, die im Februar 1953 den gemeinsamen Markt der Vertragsstaaten für Kohle, Schrott und Eisenerz eröffnete, im Mai 1953 auch den für Stahl. Im August 1952 erwarb die Bundesrepublik die Mitgliedschaft beim Internationalen Währungsfonds und bei der Internationalen Bank für Wiederaufbau und Entwicklung (Weltbank) in Washington. Damit sind nur die wichtigsten internationalen Organisationen auf wirtschaftlichem Gebiet genannt. Dem Wirtschafts- und Sozialrat der Vereinten Nationen gehört die Bundesrepublik, da nicht Mitglied der Vereinten Nationen, nicht an, auch nicht seiner Regionalorganisation für Europa, der Europäischen Wirtschaftskommission (ECE) in Genf; wohl aber arbeiten deutsche Experten seit langem in den Fachausschüssen dieser Kommission mit.

Seit März 1950 ist die Bundesrepublik Mitglied des Internationalen Weizenrats. Im Jahre 1954 ist sie dem unter ihrer Mitwirkung gegründeten Internationalen Zuckerrat beigetreten. Dagegen hat sie das dritte große internationale Rohstoffabkommen, das Abkommen über die Errichtung eines Internationalen Zinnrats, nicht unterzeichnet.

Selbst diese kurze und unvollständige Übersicht zeigt, wie weit Deutschland die Isolierung der ersten Nachkriegsjahre hinter sich gelassen hat. Unsere Mitgliedschaft bei den erwähnten Organisationen ist nicht nur formal. Sie wird von uns verstanden als Gelegenheit und als Aufgabe, aktiv am Aufbau einer von allen künstlichen Schranken des Handels- und Zahlungsverkehrs möglichst freien, rationellen Weltwirtschaft mitzuwirken. Das Kapital an Verständnis und Vertrauen, das die Bundesrepublik sich durch diese intensive Mitarbeit erworben hat, trägt nicht nur wirtschaftliche Zinsen.

. . .

Außenhandel und Rüstung

Das Ende des ersten Jahrfünfts eigener deutscher Handelspolitik fällt zusammen mit dem Beginn der Vorbereitungen für einen deutschen Verteidigungsbeitrag. Aus diesem Anlaß von dem Beginn einer Phase der Handelspolitik, die unter einem ganz anderen Vorzeichen stehe, von einem Zwang zum Verlassen der bisherigen handelspolitischen Linie zu sprechen

wäre abwegig. Die Bundesregierung ist entschlossen, die bisherige liberale Linie weiterzuverfolgen, und fest davon überzeugt, daß das möglich, ja notwendig ist. Im Gegensatz zu
der Aufrüstung der dreißiger Jahre ist der vorgesehene Rüstungsbeitrag streng begrenzt
und braucht und soll nicht autark durchgeführt werden, sondern in enger wirtschaftlicher
Zusammenarbeit mit der freien Welt. Das heißt, daß, wirtschafts- und handelspolitisch
betrachtet, die Situation vollständig anders ist als vor zwanzig Jahren. Wenn wir auch
selbstverständlich uns der Produktion im eigenen Lande grundsätzlich nicht entziehen, so
werden wir doch zumindest in der ersten Periode die Rüstungsgüter, die wir brauchen, weitgehend importieren. Damit wir aber die Rüstungsgüter im Ausland zusätzlich kaufen
können, müssen wir mehr exportieren, und um dazu in der Lage zu sein, uns den Zugang
zu den billigsten Liefermärkten der Welt erhalten und verbreitern. Wir müssen, mit anderen
Worten, unsere offene, liberale Handelspolitik fortsetzen und noch konsequenter durchführen. Nur dann werden wir die wirtschaftliche Aufgabe, vor die uns der Verteidigungsbeitrag stellt, ohne Beeinträchtigung des Lebensstandards, ohne Verzerrung unserer Produktionsstruktur und ohne Gefährdung unserer freiheitlichen Wirtschaftsordnung bewältigen und hoffentlich die wirtschaftlichen Erfolge bewahren und steigern können, zu
denen die Handelspolitik der vergangenen fünf Jahre ihr Teil beigetragen hat.

Quelle: Bulletin vom 30. 4. 1955, Nr. 81, S. 669–672

62 »Als Freie unter Freien«

Proklamation der Bundesregierung zum Tag der Souveränität und Bekanntgabe vor dem Deutschen Bundestag, 5. Mai 1955

Heute, fast zehn Jahre nach dem militärischen und politischen Zusammenbruch des Nationalsozialismus, endet für die Bundesrepublik die Besatzungszeit. Mit tiefer Genugtuung
kann die Bundesregierung feststellen: Wir sind ein freier und unabhängiger Staat. Was
sich auf der Grundlage wachsenden Vertrauens seit langem vorbereitete, ist nunmehr zur
rechtsgültigen Tatsache geworden: Wir stehen als Freie unter Freien, den bisherigen
Besatzungsmächten in echter Partnerschaft verbunden.

Mit der Bundesregierung gedenken in dieser Stunde fünfzig Millionen freier Bürger der
Bundesrepublik in brüderlicher Verbundenheit der Millionen Deutschen, die gezwungen
sind, getrennt von uns in Unfreiheit und Rechtlosigkeit zu leben. Wir rufen ihnen zu: Ihr
gehört zu uns, wir gehören zu Euch! Die Freude über unsere wiedergewonnene Freiheit ist
so lange getrübt, als diese Freiheit Euch versagt bleibt. Ihr könnt Euch immer auf uns verlassen, denn gemeinsam mit der freien Welt werden wir nicht rasten und ruhen, bis auch
Ihr die Menschenrechte wiedererlangt habt und mit uns friedlich vereint in einem Staate
lebt.

In dieser Stunde gedenken wir der vielen Deutschen, die immer noch das harte Los der
Kriegsgefangenschaft tragen müssen. Wir werden alles daran setzen, daß auch ihnen bald
die Stunde der Befreiung schlägt.

Freiheit verpflichtet. Es gibt für uns im Inneren nur einen Weg: den Weg des Rechtsstaates, der Demokratie und der sozialen Gerechtigkeit. Es gibt für uns in der Welt nur
einen Platz: an der Seite der freien Völker.

Unser Ziel ist: In einem freien und geeinten Europa ein freies und geeintes Deutschland.

In der 80. Sitzung des Deutschen Bundestages am 5. Mai 1955 gab Präsident D. Dr. Gerstenmaier folgendes Schreiben des Bundeskanzlers bekannt:
An den Herrn Präsidenten des Deutschen Bundestages, Bonn.
Sehr geehrter Herr Präsident!
Namens der Bundesregierung mache ich Ihnen, Herr Präsident, und damit dem Deutschen Bundestag folgende Mitteilung:
Die Vertreter der Französischen Republik und des Vereinigten Königreiches haben um 12 Uhr die Urkunden über die Ratifizierung des Deutschland-Vertrages und des Truppenstationierungsvertrages hinterlegt. Da die Vereinigten Staaten und die Bundesrepublik Deutschland die Hinterlegung schon vorher vorgenommen hatten, sind die Verträge in Kraft getreten. Das Besatzungsregime ist damit beendet. Die Bundesrepublik Deutschland ist souverän!

Adenauer, Bundeskanzler

Quelle: Bulletin vom 6. 5. 1955, Nr. 85, S. 701 und 703

63   Die Bundesrepublik in der NATO

Ansprache des Bundeskanzlers Dr. Konrad Adenauer vor dem Rat der Atlantikpakt-Staaten in Paris anläßlich der Aufnahme der Bundesrepublik Deutschland in die NATO, 9. Mai 1955

Herr Vorsitzender, Exzellenzen, die Aufnahme der Bundesrepublik Deutschland in den Nordatlantikpakt ist von Ihnen, Herr Vorsitzender, und von den Repräsentanten der Mitgliedstaaten, die das Wort ergriffen haben, als ein Ereignis von geschichtlicher Tragweite begrüßt worden. Ich danke Ihnen aufrichtig für die Worte des Willkommens, die Sie an die Bundesregierung und an das ganze deutsche Volk gerichtet haben. Alle Ihre Worte waren von der Bedeutung der Stunde und des Ereignisses geprägt. Sie werden verstehen, daß mich dieser Augenblick mit tiefer Bewegung erfüllt.

Die Nordatlantikorganisation ist eine Gemeinschaft freier Nationen, die ihre Entschlossenheit bekundet haben, das gemeinsame Erbe der abendländischen Kultur, die persönliche Freiheit und die Herrschaft des Rechts zu verteidigen.

Angesichts der zunehmenden Bedrohung durch die kommunistisch regierten Staaten des Ostblocks war die Nordatlantikorganisation ihrer Zielsetzung entsprechend gezwungen, eine militärische Streitmacht zum Zwecke der gemeinsamen Verteidigung für die Sicherheit ihrer Mitgliedstaaten und letzten Endes zur Erhaltung des Weltfriedens aufzubauen.

Die Ziele der Nordatlantikpaktorganisation, insbesondere ihre rein defensive Aufgabenstellung, entsprechen angesichts der politischen Spannung in der Welt vollständig den natürlichen Interessen des deutschen Volkes, das sich nach den schrecklichen Erfahrungen zweier Weltkriege wie kaum ein anderes Volk nach Sicherheit und Frieden sehnt.

Das deutsche Volk hat die Untaten, die von einer verblendeten Führung in seinem Namen begangen wurden, mit unendlichen Leiden bezahlt. In diesen Leiden hat sich seine Läuterung und Wandlung vollzogen. Freiheit und Frieden werden – davon darf die Welt überzeugt sein – heute in Deutschland, wie in den besten Zeiten seiner Geschichte, in allen Schichten und Ständen als das höchste Gut empfunden.

Ich sehe in der Verwirklichung der Verträge, die die Bundesrepublik Deutschland mit den Staaten der freien Welt beschlossen hat, ich sehe in dem Eintritt der Bundesrepublik in den Nordatlantikpakt einen Ausdruck der Notwendigkeit, den engen Nationalismus zu über-

291

winden, der in den vergangenen Jahrzehnten die Wurzel unseres Unglücks war. Wir müssen den gesellschaftlichen Fortschritt der technischen Entwicklung anpassen, um die durch diese Entwicklung frei gewordenen Kräfte in eine Ordnung einzufügen und ihnen ihre zerstörende Wirkung zu nehmen. Deshalb kann die Organisation einer gemeinsamen Verteidigung nur eines der Ziele des Nordatlantikpaktes sein. Ich halte es deshalb für eine der wichtigsten Bestimmungen des Nordatlantikpaktes, wenn in Präambel und Artikel 2 des Vertrags zur Förderung der allgemeinen Wohlfahrt der Völker und zur Bewahrung ihres gemeinsamen Kulturerbes zu einer Zusammenarbeit in wirtschaftlichen und kulturellen Fragen aufgefordert wird. Seien Sie versichert, daß es ein besonderes Anliegen der Bundesregierung sein wird, auf diesen Gebieten mit aller Kraft mitzuwirken.

Die Bundesregierung ist entschlossen, gemeinsam mit den anderen Mitgliedstaaten für Frieden und Freiheit einzutreten. Ich weiß, daß das ganze deutsche Volk so fühlt und denkt, auch jene 18 Millionen, denen immer noch versagt ist, sich frei auszusprechen und über ihr Schicksal frei zu bestimmen.

Ich danke im Namen der Bundesregierung und im Namen des deutschen Volkes den im Atlantikrat vereinigten Mächten dafür, daß sie Deutschland auf den Weg in die Gemeinschaft der freien Nationen geleitet haben und daß sie mit uns zusammen sich zum Ziel gesetzt haben, Deutschland in Freiheit und Frieden wieder zu vereinigen.

Deutschland wird in der Gemeinschaft der freien Völker ein fähiger und zuverlässiger Partner sein. In dieser Gemeinschaft wollen wir alle unsere Kräfte darauf verwenden, daß die menschliche Freiheit und die menschliche Würde erhalten bleiben. Diese hohen Ziele werden Deutschland leiten, wenn es von nun an daran geht, zusammen mit den hier vertretenen Völkern seine Verantwortung für die Erhaltung des Friedens in der Welt zu übernehmen.

Quelle: Bulletin vom 10. 5. 1955, Nr. 87, S. 717

64 Neutralisierung Deutschlands unannehmbar

Erklärung des Bundeskanzlers Dr. Konrad Adenauer vom 27. Mai 1955 zu der bevorstehenden Genfer Gipfelkonferenz (Auszug)

... Nach meiner Überzeugung kann nur dadurch in Wahrheit der Frieden in der Welt wiederhergestellt werden, daß die mächtigsten Länder der Welt, die im Besitz dieser die Menschheit bedrohenden Waffen sind, kontrollierte Abrüstungen in einem solchen Grade vereinbaren und vornehmen, daß bei der heutigen territorialen Größe der einander entgegenstehenden Staaten keine Angriffe mehr Aussicht auf Erfolg bieten. Erst auf dieser Grundlage lassen sich Sicherheitssysteme aufbauen. Auch wir begrüßen den Aufbau solcher Sicherheitssysteme, aber diese Sicherheitssysteme werden niemals im Ernstfall Bestand haben, wenn weiter in der Weise gerüstet wird oder gerüstet bleibt, wie jetzt die Welt gerüstet ist.

Nach meiner Überzeugung ist für eine solche Abrüstung der Weltmächte, der die kleinen Länder folgen werden und müssen, ein besonders günstiger Zeitpunkt gekommen. Die Entwicklung der Atomwaffen, die Entwicklung der Wasserstoffbombe macht auch für die in ihrem Besitz befindlichen Mächte jeden Krieg zu einem ungeheuren Wagnis. Höchstwahrscheinlich würde dem Sieger wie dem Besiegten wie auch den übrigen Völkern das gleiche Los durch den Krieg bereitet werden: völliger Untergang. Der Krieg ist durch diese

Entwicklung ad absurdum geführt. Er ist kein Mittel der Politik mehr, er kann keinem Lande mehr eine Vergrößerung seiner Macht bringen, er bedeutet für alle Verderben und Untergang.

Ich bin ferner der Ansicht, daß auch der sowjetrussische Machtblock dringend einer Verminderung seiner Ausgaben für Aufrüstung bedarf, um die sehr großen wirtschaftlichen, kulturellen und sozialen Aufgaben, die sein Dasein bedrohen, erfüllen zu können. Für eine allgemeine kontrollierte Abrüstung in den oben von mir skizzierten Ausmaßen ist, wie ich glaube, die Zeit niemals so günstig gewesen wie jetzt. Man wird hier auf die bisher fruchtlosen Bemühungen innerhalb der UNO, zu einer kontrollierten Abrüstung zu kommen, hinweisen.

Demgegenüber weise ich darauf hin, daß eben die Furchtbarkeit der modernen Waffen von Monat zu Monat wächst und daß das, was vielleicht vor sechs Monaten noch nicht so wie eine absolute Notwendigkeit für alle Länder der Erde erschien, nunmehr eine Notwendigkeit für sie alle ist und auch als solche – glaube ich – erkannt wird. Ich spreche hier diese Meinungen aus, obwohl in der Abrüstungskommission der UNO in London keine Fortschritte von besonderer Bedeutung gemacht worden sind. Ich spreche sie aus, obgleich ein neuer, von der Sowjetunion vorgelegter Abrüstungsplan bei genauer Nachprüfung sich als voller Gefahren erweist.

Wir sind nunmehr ein souveräner Staat geworden, und unser Schicksal ist mit dem Schicksal der ganzen Erde verbunden. Daher glaube ich, sollte der Deutsche Bundestag laut und deutlich seine Stimme erheben und diese Forderungen, die ich Ihnen eben vorgetragen habe, zu seinen eigenen machen.

Und noch ein weiteres: Wir stehen vor einem Zusammentreffen der Chefs der vier Regierungen, in deren Händen das Geschick der Welt liegt. Es wird sich Gelegenheit bieten für eine Aussprache zwischen Eisenhower und Bulganin. Das ist vielleicht eine nicht wiederkehrende Gelegenheit, eine Möglichkeit, die Schicksalsfrage der Menschheit, die Frage der kontrollierten Abrüstung in ihren Grundsätzen zu einer positiven Entscheidung zu bringen, denn diese Aussprache wird sich, wie wir hoffen, vollziehen, gelöst von den Schwierigkeiten und Fesseln, die jede größere Konferenz ihrer Natur nach mit sich bringt.

Auf der bevorstehenden Viererkonferenz muß die Frage der Abrüstung die primäre und entscheidende Frage sein. Ich glaube, daß die Vereinigten Staaten kühn und entschlossen mit einem Vorschlag vorangehen sollten. Sie wären damit der Politik treu, die Präsident Eisenhower im April 1953 in so ausgezeichneter kraftvoller Weise als die Politik der Vereinigten Staaten gekennzeichnet hat. Er hat darin nicht nur eine kontrollierte Abrüstung verlangt, sondern gleichzeitig sich bereit erklärt, das amerikanische Volk aufzufordern, zusammen mit allen Nationen einen wesentlichen Teil der durch die Abrüstung erzielten Ersparnisse einem Fonds für die Unterstützung und den Wiederaufbau der Welt zuzuführen. Ziel dieses großen Werkes würde sein: Beistand für alle Völker bei der Entwicklung der wirtschaftlich zurückgebliebenen Gebiete der Welt. Auf diesen Vorschlag des Präsidenten Eisenhower hat Sowjetrußland mit einem Hinweis auf den Potsdamer Vertrag geantwortet. Das war keine Antwort, die den Vorschlägen des Präsidenten Eisenhower gerecht wird. Ich glaube, auch Sowjetrußland wird den Potsdamer Vertrag nicht mehr als lebenskräftig betrachten. Die USA können als erster Staat einen ähnlichen Vorschlag wie 1953 machen, und sich mit allem Nachdruck für seine Verwirklichung einsetzen, ohne dadurch einen Prestigeverlust fürchten zu müssen.

Die ernsthafte und entschlossene Inangriffnahme dieser Aufgabe wird auch in der weiteren Entwicklung die Wiedervereinigung Deutschlands in Frieden und Freiheit bringen...

Quelle: Bulletin vom 28. 5. 1955, Nr. 99, S. 825

Abkommen zwischen der Bundesrepublik Deutschland und den Vereinigten Staaten von Amerika über gegenseitige Verteidigungshilfe vom 30. Juni 1955 (Auszüge)

Die Bundesrepublik Deutschland
und
die Vereinigten Staaten von Amerika,

als Parteien des am 4. April 1949 in Washington unterzeichneten Nordatlantikvertrags,

in Anbetracht ihrer gemäß Artikel 3 des Nordatlantikvertrags einzeln und gemeinsam mit den anderen Parteien eingegangenen gegenseitigen Verpflichtungen, die eigene und die gemeinsame Widerstandskraft gegen bewaffnete Angriffe durch ständige und wirksame Selbsthilfe und gegenseitige Unterstützung zu erhalten und fortzuentwickeln,

eingedenk des Wunsches, den internationalen Frieden und die internationale Sicherheit durch Maßnahmen zu festigen, welche die Fähigkeit derjenigen Völker fördern, die sich die Ziele und Grundsätze der Satzung der Vereinten Nationen zu eigen gemacht haben, sich in wirksamer Weise an Abmachungen über kollektive Selbstverteidigung zur Unterstützung dieser Ziele und Grundsätze zu beteiligen, und eingedenk der Entschlossenheit, ihre volle Mitarbeit den kollektiven Sicherheitsabmachungen und -maßnahmen sowie den Bemühungen der Vereinten Nationen zur Erzielung eines Einvernehmens über eine allgemeine Regelung und Verminderung der Rüstung unter ausreichenden Garantien gegen einen Verstoß oder eine Umgehung zuteil werden zu lassen,

unter Berücksichtigung der Unterstützung, welche die Regierung der Vereinigten Staaten von Amerika diesen Grundsätzen dadurch zuteil werden ließ, daß sie das Gesetz über gegenseitige Sicherheit von 1954 erlassen hat, das die militärische Hilfeleistung an bestimmte Nationen genehmigt,

in dem Wunsche, die Bedingungen festzulegen, welche für diese Hilfeleistung bestimmend sein werden,

sind wie folgt übereingekommen:

Artikel I

1. Die Regierung der Vereinigten Staaten von Amerika wird der Regierung der Bundesrepublik Deutschland nach Maßgabe der zu vereinbarenden Modalitäten und Bedingungen die Ausrüstung, das Material, die Dienstleistungen oder sonstige Hilfe zur Verfügung stellen, die die Regierung der Vereinigten Staaten von Amerika gegebenenfalls genehmigt. Diese Hilfe, die nach diesem Abkommen gegebenenfalls von der Regierung der Vereinigten Staaten von Amerika gewährt wird, wird auf Grund der Genehmigung und nach Maßgabe aller Modalitäten, Bedingungen und Beendigungsbestimmungen des Gesetzes über die gegenseitige Sicherheit von 1954, der Gesetze zu dessen Änderung und Ergänzung und der Bewilligungsgesetze auf Grund dieses Gesetzes geleistet werden. Die Leistung und Verwendung jeder derartigen Hilfe muß vereinbar sein mit den Grundsätzen der Satzung der Vereinten Nationen und mit den Grundsätzen des Artikels 3 des Nordatlantikvertrags.

2. Die Regierung der Bundesrepublik Deutschland wird die auf Grund dieses Abkommens erhaltene Hilfe wirksam verwenden, um eine integrierte Verteidigung des nordatlantischen Gebiets im Einklang mit den von der Organisation des Nordatlantikvertrags ausgearbeiteten Verteidigungsplänen zu fördern; sie wird diese Hilfe nicht für eine Handlung, die mit dem reinen Verteidigungscharakter des Nordatlantikvertrags unvereinbar ist, oder ohne vorherige Einwilligung der Regierung der Vereinigten Staaten von Amerika für sonstige Zwecke verwenden. Die beiden Regierungen werden miteinander Abmachungen treffen, damit auf Grund dieses Abkommens gelieferte Ausrüstung und Materialien, die

für den Zweck, für den sie geliefert wurden, oder im Einklang mit den Modalitäten und Bedingungen, unter denen sie geliefert wurden, nicht mehr benötigt oder nicht mehr ausschließlich gebraucht werden, der Regierung der Vereinigten Staaten von Amerika zur entsprechenden Verfügung wieder angeboten werden; hiervon ausgenommen sind Ausrüstung und Materialien, die auf Grund des Abschnitts 106 des Gesetzes über die gegenseitige Sicherheit von 1954 entgeltlich überlassen worden sind.

. . .

Artikel II
1. Die Regierung der Bundesrepublik Deutschland wird der Regierung der Vereinigten Staaten von Amerika und denjenigen Regierungen, über die sich die Parteien dieses Abkommens jeweils einigen, die Ausrüstung, Materialien, Dienstleistungen oder sonstige Hilfe, die sie gegebenenfalls genehmigt, im Einklang mit den zwischen den beiden Regierungen zu vereinbarenden Modalitäten und Bedingungen zur Verfügung stellen. Die Lieferung und Verwendung dieser Hilfe muß vereinbar sein mit den Grundsätzen der Satzung der Vereinten Nationen und mit den Verpflichtungen aus Artikel 3 des Nordatlantikvertrags.

. . .

Artikel X
Um die gemeinsamen Interessen und die Hilfsquellen der beiden Regierungen zu sichern, wird die Regierung der Bundesrepublik Deutschland mit der Regierung der Vereinigten Staaten von Amerika bei der Durchführung vereinbarter oder zu vereinbarender Sicherheitskontrollen über die Ausfuhr strategischer Güter zusammenarbeiten.

Artikel XI
1. Dieses Abkommen tritt mit der Hinterlegung der Ratifikationsurkunde durch die Bundesrepublik Deutschland bei der Regierung der Vereinigten Staaten von Amerika in Kraft; es tritt ein Jahr nach dem Eingang einer schriftlichen Mitteilung bei der einen Partei über die Absicht der anderen Partei, es zu beenden, außer Kraft, mit der Einschränkung, daß die Bestimmungen des Artikels I Abs. 2 und 3 und der auf Grund von Artikel I Abs. 2, Artikel III, Artikel IV Abs. 1 und Artikel V vereinbarten Abmachungen weiterhin gültig bleiben, falls die beiden Regierungen nichts anderes vereinbaren.
2. Auf Verlangen einer der beiden Regierungen werden die beiden Regierungen sich in allen Angelegenheiten im Zusammenhang mit der Anwendung oder Änderung dieses Abkommens konsultieren. Bei dieser Konsultierung sind gegebenenfalls Abkommen zu berücksichtigen, die von einer der beiden Regierungen im Zusammenhang mit der Durchführung des Artikels 9 des Nordatlantikvertrags abgeschlossen wurden.
3. Die beiden Regierungen werden jeweils ins einzelne gehende Abmachungen treffen, die zur Durchführung dieses Abkommens erforderlich sind.
4. Dieses Abkommen wird bei dem Sekretariat der Vereinten Nationen registriert.

Geschehen zu Bonn am 30. Juni 1955, in doppelter Urschrift in englischer und deutscher Sprache, wobei der Wortlaut beider Sprachen gleichermaßen verbindlich ist.

Für die
Bundesrepublik Deutschland
von Brentano
Für die
Vereinigten Staaten von Amerika
James Bryant Conant

Quelle: BGBl. 1955, II, Nr. 29, S. 1050–1054

Erklärung des Bundesministers des Auswärtigen, Dr. Heinrich von Brentano, vor dem Europarat in Straßburg am 6. Juli 1955 (Auszug)

Indem ich das Wort ergreife, spreche ich heute von einer anderen Stelle aus, als ich es sonst in Ihrer Mitte zu tun gewohnt war. Aber ich spreche zu Ihnen im gleichen Geiste und im gleichen Sinne wie bisher, heute im Namen der Bundesregierung als der für die Führung der auswärtigen Angelegenheiten verantwortliche Minister sprechend, kann ich – ich bin froh, das sagen zu können – die gleiche Entschlossenheit bekunden, die Einheit Europas zu fördern, alles für die fortschreitende Einigung Europas zu tun, wie früher als Abgeordneter. In diesem Sinne möchte ich insbesondere eine kurze Erklärung zum Beschluß von Messina abgeben, den Herr Minister Beyen soeben erläutert hat. Die Bundesregierung ist mit ihm überzeugt, daß der Zeitpunkt gekommen ist, auf dem Wege der europäischen Einigung einen neuen großen Schritt vorwärts zu tun. Wirtschaftliche Rücksichten drängen dazu. Vor allem aber drängt dazu, und das ist das Entscheidende, die zwingende politische Notwendigkeit.

Wenn Europa seine Stellung in der Welt behalten will, wenn es im großen Spiel der Weltpolitik sein Gewicht in die Waagschale werfen will, so kann es das nur tun, wenn es wirklich einig ist. Diese Einigung herbeizuführen, dazu müssen wir ohne theoretische und dogmatische Voreingenommenheit jedes Mittel ergreifen. Ob die Teilintegration oder die horizontale Integration vorzuziehen ist, ob man in dem Rahmen der 6 oder 7 oder 14 oder wie immer vorgehen will, das ist keine Frage der Dogmatik und der Theorie, das ist eine Frage der Opportunität und der Praxis. Wir müssen an der Stelle und mit denjenigen Mitteln vorgehen, die sich jeweils bieten. Und wie die übrigen Teilnehmer der Konferenz von Messina ist die Bundesregierung überzeugt, daß der Beschluß, der dort gefaßt ist, den Weg bezeichnet, den wir im gegenwärtigen Moment gehen müssen, wenn wir der öffentlichen Meinung unserer Länder, unserer Jugend insbesondere, die enttäuscht ist von Rückschlägen und Verzögerungen, nun wirklich entscheidende Fortschritte bieten wollen. Die Bundesregierung steht daher voll hinter dem Beschluß von Messina, wie er sich aus dem Benelux-Memorandum entwickelt hat. Dieser Beschluß von Messina sieht zunächst einen Fortgang der Teilintegration, der vertikalen Integration – ein schlechter Name, und ich gebrauche ihn nur zögernd – vor.

Er will insbesondere für die friedliche Ausnutzung der Atomenergie, die in den nächsten Jahrzehnten aller Voraussicht nach eine in der Geschichte der Menschheit beispiellose Revolution des technischen und wirtschaftlichen Lebens herbeiführen wird, eine europäische feste Organisation schaffen. In der Tat überschreiten die Probleme schon der Größenordnung nach bei weitem den Rahmen des nationalen Staates. Andererseits wird, wie bereits bei der Zusammenkunft zwischen Herrn Präsident Pinay und dem Herrn Bundeskanzler als gemeinsame Überzeugung festgehalten wurde, eine Einigung auf diesem Gebiet von unabschätzbarer Rückwirkung auf die europäische Solidarität im politischen Sinne sein. Die Bundesregierung ist daher in voller Übereinstimmung mit dem Benelux-Memorandum der Ansicht, daß hier alsbald eine feste europäische Organisation mit entscheidungsbefugten europäischen Behörden geschaffen werden muß, wobei, ich darf dies gerade an dieser Stelle sagen, nach meiner Auffassung die demokratische Kontrolle nicht vergessen werden darf.

Die Bundesregierung ist darüber hinaus der Auffassung, daß hiermit Hand in Hand eine allgemeine wirtschaftliche Integration gehen muß, die auf allen Gebieten danach strebt, einen freien gemeinsamen Markt herbeizuführen. Das betrifft sowohl den Warenaustausch, den Dienstleistungsverkehr, den Kapitalverkehr, wie die Freizügigkeit. Dieser gemeinsame Markt kann sicherlich nicht auf allen Gebieten mit einem Male herbeigeführt werden, aber es ist die Auffassung der Bundesregierung, daß alsbald entscheidende Fortschritte eingeleitet werden müssen. Dazu gehören auch währungs- und handelspolitische Maßnahmen, die ich hier nur summarisch mit den Begriffen der Konvertibilität und der Liberalisierung umschreiben möchte. Die Bundesregierung ist sich dabei im klaren, daß ein solcher gemeinsamer Markt nicht ohne gemeinsame Institutionen bestehen und funktionieren kann. Ihre Haltung ist in diesem Punkte zum Teil mißverstanden worden in dem Sinne, als wolle sie entscheidungsbefugte gemeinsame Behörden mit echten Zuständigkeiten und Aufgaben auf diesem Gebiete grundsätzlich ablehnen. Das ist in keiner Weise der Fall.

Ich glaube, es kann kein Zweifel darüber bestehen, daß ein gemeinsamer Markt, der in der Freiheit des Austausches einem Binnenmarkt ähnlich ist, auch in der Art eines Binnenmarktes Organe besitzen muß, die für dieses freie Funktionieren Sorge tragen und mit Hindernissen fertig werden. Das deutsche Memorandum sah demgemäß von vornherein ein Verfahren vor, das eine stufenweise Entwicklung der erforderlichen Institutionen einleiten sollte. Ich möchte darüber hinaus erklären, daß die Bundesregierung jeder Institution zustimmen wird, die sich als erforderlich erweisen sollte, um einerseits das Funktionieren des freien Marktes sicherzustellen, andererseits aber auch die Eingliederung der wirtschaftlichen Integration in den großen politischen Zusammenhang sicherzustellen, die ein unerläßliches politisches Erfordernis ist.

Schließlich erachtet die Bundesregierung für wesentlich, daß bei den Fragen der Integration den sozialen Problemen eine besondere Aufmerksamkeit zugewandt wird. Sie wissen, daß wir uns auch in Deutschland mit dem Problem beschäftigen, wie hier Fortschritte zu erzielen sind. Vielleicht können wir aus unseren Überlegungen und Erfahrungen auch einiges auf europäischer Ebene beisteuern. In jedem Falle, seien Sie sicher, daß wir auch hier die volle Bedeutung der sozialen Aufgaben erkennen und würdigen werden. Die Wirtschaft ist kein Selbstzweck, sondern soll dem lebendigen Menschen dienen, – die nationale Wirtschaft ebenso wie jede Wirtschaft, die größere Räume umfaßt. Alles ist dies, wie Sie sehen, in Übereinstimmung mit dem großen Zug der europäischen Entwicklung, den mit allen Kräften zu fördern unsere Aufgabe hier im Europarat ist.

Hier im Europarat ist der große umfassende Rahmen für alles, was im Sinne dieser Entwicklung geschieht. Auch der Beschluß von Messina ist Ausdruck und Ergebnis unserer gemeinsamen Bemühungen hier in diesem Hause, in der Beratenden Versammlung ebenso wie in der Gemeinsamen Versammlung der Montanunion. Und, vielleicht unnötig zu sagen, aber ich will es doch hervorheben, daß keiner der Staaten, der aus diesem oder jenem guten Grunde im engeren Kreise von Messina nicht vertreten ist, die Auffassung haben muß, daß er sich dadurch von uns entfernt oder daß wir uns entfernen wollten. Auf vielen Wegen wird Europa, ein geeintes Europa erreicht werden . . .

Quelle: Bulletin vom 9. 7. 1955, Nr. 125, S. 1045 f.

67   Der Außenhandel nach der Souveränitätserklärung

Interview des Bundesministers des Auswärtigen, Dr. Heinrich von Brentano, im Hessischen Rundfunk am 7. Juli 1955 (Auszüge)

H. P. Antes: Herr Minister, der 5. Mai 1955 hat eigentlich auch für die deutsche Handelspolitik eine neue Situation geschaffen – und ich spiele hier nicht nur auf das sowjetrussische Handelsangebot an, das in der Note an den Herrn Bundeskanzler enthalten ist. Haben Sie bitte die Freundlichkeit, unseren Hörern hier einmal kurz zu erläutern, nach welchen Grundsätzen Sie als der Außenminister der Bundesrepublik die handelspolitische Arbeit gestalten werden.

Dr. von Brentano: Ich möchte sagen, Herr Antes, daß sich in der deutschen Handelspolitik seit dem 5. Mai keine großen Veränderungen ergeben haben. Der 5. Mai hat auf dem Gebiete der Handelspolitik vielmehr einen in der Praxis schon erreichten Zustand auch formal bestätigt und sanktioniert. Seit unserem Beitritt zu den großen internationalen handelspolitischen Organisationen – ich erinnere an GATT im Sommer 1951 – war die deutsche Handelspolitik praktisch frei. Den Alliierten verblieben gewisse Rechte in bezug auf unseren Handel mit den Staaten hinter dem Eisernen Vorhang. Diese Rechte sind seit langem kaum mehr ausgeübt worden. Jetzt ist auch der Handel mit den Ostblockstaaten formal frei. Aber nun zum Grundsätzlichen. Das Bestreben unserer auswärtigen Handelspolitik ist es, die deutsche Ausfuhr zu erleichtern und, wenn möglich, noch zu vergrößern. Auf der anderen Seite soll sie zuwege bringen, daß wir unseren eigenen Bedarf an Waren auf den besten Märkten befriedigen können. Die allgemeine Entwicklung geht in Richtung auf eine möglichst umfassende freie Weltwirtschaft, ohne dabei selbstverständlich die Möglichkeiten regionaler Gruppierungen aus den Augen zu verlieren. Ich denke vor allem an die Integration der europäischen Wirtschaft. Aber immerhin, es gilt, behutsam vorzugehen, und wir müssen darauf achten, daß wertvolle bilaterale Verbindungen nicht vorzeitig multilateralen Absprachen geopfert werden. Im allgemeinen, das möchte ich mit Nachdruck sagen, ist auch die Handelspolitik nur ein Teil unserer gesamten politischen, speziell unserer außenpolitischen Tätigkeit. Die Handelspolitik ist ja kein Selbstzweck, sondern sie muß in den Rahmen der Gesamtpolitik gestellt werden. Aus dieser Forderung ergeben sich natürlich gelegentlich konkrete Auswirkungen für die eine oder für die andere handelspolitische Maßnahme.

H. P. Antes: Herr Minister Dr. von Brentano, um eine wirksame und erfolgreiche Handelspolitik zu betreiben, muß das Auswärtige Amt naturgemäß auch in seinen ausländischen Vertretungen, bis herunter zu den Konsulaten, Wirtschaftler haben, die sowohl die Kräfteverhältnisse als auch die Voraussetzungen des Partnerlandes auf wirtschaftlichem Gebiet kennen und zu beurteilen in der Lage sein müssen, also auch das Format haben müssen, die deutschen und ausländischen Außenhandelskaufleute zu beraten. Gerade während der Haushaltsdebatte des Bundestages Mitte Juni ist ja die Personalpolitik des Auswärtigen Amtes in dieser Hinsicht sehr kritisiert worden, weil Ihr Auswärtiges Amt bei der Besetzung der Wirtschaftsstellen seiner Auslandsvertretungen erhebliche und – wie die deutsche Öffentlichkeit meint – im gesamtwirtschaftlichen Sinne gefährliche Einsparungen vornimmt...

Dr. von Brentano: Das Auswärtige Amt hat einen umfassenden handelspolitischen Dienst, der heute die ganze freie Welt umspannt. Dieser Dienst ist, das möchte ich ausdrücklich betonen, durchweg mit Wirtschaftsfachleuten besetzt. Mit der Leitung der größeren Wirtschaftsabteilungen im Ausland bei den diplomatischen Missionen sind Persönlichkeiten betraut worden, die das Format haben, mit den führenden Wirtschaftskreisen in ihrem Gastland einen direkten und fruchtbaren Kontakt zu unterhalten. Aber auch bei der Heranbildung unseres Nachwuchses für den auswärtigen Dienst wird sehr darauf geachtet, und ich werde mich bemühen, daß das in Zukunft auch so bleibt, daß ein kräftiger Zustrom von wirtschaftlich und nationalökonomisch ausgebildeten jungen Leuten nutzbar gemacht wird. Es ist nicht richtig, daß wir daran denken, in ihren Auswirkungen gefährliche Einsparungen vorzunehmen, sondern wir sehen uns im Gegenteil einer gewissen Kritik wegen einer angeblichen Überbesetzung mancher Stellen gegenüber. Diese Kritik ist im Haushaltsausschuß laut geworden, und sie kam auch in einem Gutachten des Bundesrechnungshofes zum

Ausdruck. Jedenfalls, und das ist an sich auch natürlich, ist die Normallage im Haushaltsausschuß nicht die, daß wir kritisiert werden, weil wir zu wenig Stellen anfordern, sondern weil wir nach Meinung des Haushaltsausschusses zu viele Stellen anfordern ...

H. P. Antes: Die weltpolitische Situation, Herr Minister, in der sich die Bundesrepublik befindet, läßt es nach Auffassung der wirtschaftlichen Praxis für unumgänglich erscheinen, daß die Ostabteilungen des Auswärtigen Amtes und des Bundeswirtschaftsministeriums ausgebaut werden, damit diese Abteilungen in der Lage sind, die Handelsbeziehungen mit den Ostblockstaaten entsprechend zu fördern. Sie haben das ja eben schon kurz erwähnt. Werden Sie hierbei die Initiative ergreifen?

Dr. von Brentano: Der Eindruck, als sei der Handel mit den Oststaaten bisher vernachlässigt worden, ist – wie ich glaube – wirklich irrig. Einmal bestehen anscheinend falsche Vorstellungen über das Volumen des Handels in Friedenszeiten mit den Staaten, die heute hinter dem Eisernen Vorhang liegen. Dies Volumen, ich möchte daran erinnern, hat maximal etwa 15, manchmal bis zu 18 % ausgemacht, und auch das nur in einem Zeitabschnitt der allgemeinen Depression auf den übrigen Märkten. Heute haben wir mit allen Staaten des Ostblocks, außer der Sowjetunion, Handelsabsprachen, und auch im Fall der Sowjetunion liegt es ja nicht an uns, daß bislang keine Vereinbarungen zustande kamen. Das Volumen des Handels ist deshalb nicht größer, weil die Leistungsfähigkeit der Ostblockstaaten als unsere Handelspartner außerordentlich begrenzt ist. Es wäre ein verhängnisvoller Irrtum, anzunehmen, daß etwa ein Aufheben der Embargo-Bestimmungen, Bestimmungen, die nicht nur für uns, sondern für alle Staaten der freien Welt gelten, das Volumen beträchtlich erhöhen könnten. Mengen- und wertmäßig spielen die unter das Embargo fallenden Waren keine große Rolle. Beiläufig darf ich vielleicht erwähnen, daß die Bundesrepublik, verglichen mit der übrigen freien Welt, im Handel mit den Ostblockländern an führender Stelle, ja beispielsweise mit China an erster Stelle steht. Einer Ausweitung des Handels mit den Ostblockstaaten sind aber aus den Gründen, die ich schon nannte, enge Grenzen gesetzt. Sie würde übrigens, und das sollte man auch nicht vergessen, nach Lage der Dinge heute nur auf Kosten der Handelsbeziehungen mit anderen Ländern, zum Beispiel mit den südamerikanischen Ländern, gehen, und ich glaube, dieser Erfolg wäre doch höchst problematisch.

H. P. Antes: Nun, Herr Dr. von Brentano, Sie erwähnten die Embargo-Bestimmungen und die Embargo-Politik. Sind wir nach der Wiedergewinnung unserer Souveränität noch so stark an die Embargo-Politik der Westmächte gebunden, daß wir hinsichtlich des Handelsverkehrs mit der Sowjetunion nur bestimmte Wege gehen und unter Umständen die gebotenen Chancen, die ja vielleicht in Moskau auf Sie warten können, nicht ausnutzen könnten?

Dr. von Brentano: Auf diese Frage eine Feststellung: Die Embargo-Bestimmungen, ich sagte es schon, gelten für alle beteiligten Länder. Sie beruhen auf einer freien Vereinbarung freier Nationen. Aber wir müssen uns immer vor Augen halten, daß die Handelspolitik des Ostblocks rein planwirtschaftlich und rein zentral gesteuert und betrieben wird. Um mit einigem Erfolg Handel mit dem Ostblock treiben zu können, ist es deshalb nötig, daß auch auf unserer Seite ein gewisses Minimum an koordinierenden Maßnahmen durchgeführt wird, die nach unseren ganzen politischen und wirtschaftlichen Vorstellungen nur auf der freien Zustimmung der Beteiligten beruhen können. Ich glaube, daß schon aus diesem Grunde beispielsweise der Ostausschuß der freien Wirtschaft auch weiter sehr nützliche Arbeiten leisten wird.

. . .

H. P. Antes: Und hier noch die letzte Frage: Wann etwa wird nach Ihrer Auffassung, Herr Minister Dr. von Brentano, die Bundesrepublik das von ihr angestrebte System langfristiger, das heißt klassischer Handelsverträge aufgebaut haben?

Dr. von Brentano: Hier könnte man fast sagen, je länger die Laufdauer der Verträge sein wird, die wir abschließen wollen, also der großen bilateralen und multilateralen Handelsverträge, um so längere Zeit wird auch ihre Vorbereitung in Anspruch nehmen. Der Aufbau eines Systems langfristiger Verträge ist eine Arbeit, die sich über viele Jahre erstrecken wird. Die Vorteile, die ein derartiges System mit sich bringen würde, nämlich stabile wirtschaftliche Verhältnisse und kontinuierliche Handelsbeziehungen, rechtfertigen aber, wie ich glaube, jede Mühe und auch den Zeitaufwand. Wir können aber letzten Endes, und das darf man nicht vergessen, nur in einer freien Weltwirtschaft voll zur Geltung kommen. Ich sagte eingangs schon, daß dies das Ziel unserer gesamten Außen- und Außenwirtschaftspolitik bleiben muß.

Quelle: Bulletin vom 13. 7. 1955, Nr. 127, S. 1064 f.

Stellungnahme der Bundesregierung zur Genfer Konferenz, 28. Juli 1955

Die Viermächte-Konferenz der Regierungschefs, die in der Zeit vom 18. bis 23. Juli 1955 in Genf getagt hat, sollte nach Auffassung der beteiligten Mächte begrenzten Zielen dienen: Es kam darauf an, in den Erörterungen Klarheit über die großen Spannungsprobleme zu gewinnen und ihre Ursachen und Gründe festzustellen. Darüber hinaus war der Konferenz die Aufgabe gestellt, das Verfahren für die weitere Behandlung dieser Probleme festzulegen. Die Westmächte haben sich mit der Sowjetunion über eine Konferenz der vier Außenminister geeinigt, die im Oktober in Genf stattfinden soll. Dabei ist es gelungen, eine gemeinsame Direktive der Regierungschefs an die vier Außenminister zu vereinbaren, in der die Verknüpfung der Wiedervereinigung mit dem Problem der Sicherheit festgelegt worden ist.

In einem umfassenden Meinungsaustausch sind Gründe und Charakter der Spannungsprobleme geklärt worden. Die Westmächte haben in überzeugender Weise nachgewiesen, daß es keine Sicherheit und damit auch keine friedliche Entwicklung in Europa geben kann, wenn nicht zuvor das Problem der Spaltung Deutschlands und damit Europas überwunden wird. Die Westmächte haben in den Verhandlungen weiter bewiesen, daß für sie die in den Pariser Verträgen übernommene Verpflichtung, mit der Bundesrepublik an der Wiedervereinigung zusammenzuwirken, eine lebendige politische Aufgabe bedeutet. Sie haben schließlich durch vielfältige konstruktive Vorschläge für ein umfassendes Sicherheitssystem außer Zweifel gestellt, daß das vornehmste Ziel des Westens die Herstellung eines dauerhaften Friedens ist. Die Bundesregierung sieht es als ihre Pflicht an, den Regierungen der Vereinigten Staaten, Großbritanniens und Frankreichs für ihre auf der Konferenz eingenommene konsequente Haltung zu danken.

Die Bundesregierung muß andererseits mit schmerzlichem Bedauern feststellen, daß die Kluft zwischen den Auffassungen der Westmächte und denen der Sowjetunion, vor allem hinsichtlich der Überwindung der Spaltung Deutschlands, noch außerordentlich weit ist und daß die Sowjetunion bis jetzt keinen Fortschritt in ihrer auf der Berliner Konferenz eingenommenen Haltung in dieser Frage hat erkennen lassen.

Ein neuer Verhandlungsabschnitt ist nunmehr eröffnet. Es muß mit äußerst schwierigen Verhandlungen gerechnet werden. Es bedarf großer Zähigkeit und großer Geduld, damit der Westen seine Ziele erreicht. Ein gutes Vorzeichen ist die Einmütigkeit, die die Regierungschefs der Vereinigten Staaten, Großbritanniens und Frankreichs auf der soeben beendeten Konferenz in so eindrucksvoller Weise bekundet haben.

Die Bundesregierung wird in der großen Frage der deutschen Wiedervereinigung unbeirrt das Ziel weiterverfolgen, das in den wiederholten Entschließungen und Stellungnahmen des Deutschen Bundestages, insbesondere auch in seiner Sitzung vom 16. Juli dieses Jahres, einmütig kundgetan worden ist: Ein in Frieden und Freiheit wiedervereinigtes Deutschland in einer Welt, in der die Sicherheit aller Völker gewährleistet ist.

Quelle: Bulletin vom 28. 7. 1955, Nr. 138, S. 1165

69 Die Moskauer Konferenz

Grundsatzerklärung des Bundeskanzlers Dr. Konrad Adenauer bei der Eröffnung der Verhandlungen in Moskau am 9. September 1955 (Auszug)

Herr Ministerpräsident!

... Es ist eine Tragik der Weltlage, an der wir teilhaben, daß wir mit unserem neugeformten Staatswesen in eine Welt hineingestellt wurden, der durch die große Problematik des Ost-West-Verhältnisses ihr Gepräge gegeben wird. Wenn wir in dieser Lage vor allem durch die Gründung der Westeuropäischen Union und durch unseren Beitritt zum Nordatlantikpakt Anlehnung an eine größere Organisation von Staaten gefunden haben, so war dafür ausschließlich unser Wunsch, den Frieden zu stärken, maßgebend. Niemals und bei niemand hat dabei der Gedanke eine Rolle gespielt, diese westliche Organisation könne als ein Mittel des Angriffs benutzt werden. Ihrer Struktur nach sind beide Verträge ungeeignet, als Mittel zum Angriff zu dienen. Übrigens enthält der Vertrag, der die Westeuropäische Union begründet, Klauseln, die aggressive Tendenzen mit so wirksamen Sanktionen belegen, daß sie sie praktisch vollkommen ausschließen. Ich halte die Klauseln für so bedeutend, daß ich schon vor Jahren darauf hingewiesen habe, daß hier Elemente eines Sicherheitssystems gegeben sind, die sich vielleicht zur Erstreckung auf umfassendere Verhältnisse eignen und so sehr wohl zum Aufbau eines größeren Sicherheitssystems beitragen können. Ich denke vor allem an den schon erwähnten Gewaltverzicht, an die Verwirklichung von Bündnisrechten gegenüber dem Angegriffenen, aber auch an Rüstungsbegrenzungen und ihre Kontrolle, wie wir sie uns in jenem Vertrag auferlegt haben. Wann immer die Bedingungen erfüllt sein werden, unter denen ein Sicherheitssystem zu schaffen ist, das die Kluft zwischen dem Osten und dem Westen überbrückt – die Bundesrepublik wird ihre Mitwirkung daran nicht versagen. Sie haben, Herr Ministerpräsident, in Ihrer Note vom 7. Juni, die die Einladung an uns enthält, als Ihren Leitgedanken die »Normalisierung der Beziehungen zwischen der Sowjetunion und der Deutschen Bundesrepublik« betont. Ich glaube, daß Sie damit das zusammengefaßt haben, was auch wir uns für die Gestaltung unserer Beziehungen zu den Völkern der Sowjetunion wünschen: Nämlich eben Frieden, Sicherheit, wirtschaftliche Zusammenarbeit und die Vermeidung von Spannungen, und es ist deshalb gewiß richtig, wenn Sie in Ihrer Note sagen, daß »die Interessen des Friedens und der europäischen Sicherheit sowie die nationalen Interessen des sowjetischen und des deutschen Volkes« diese Normalisierung »erfordern«.

Was aber kann man tun, um diese Normalisierung zuwegezubringen? Ich glaube nicht, daß es genügt, den Krieg zu ächten, Sicherheitssysteme zu schaffen und auf gewissermaßen mechanische Weise diplomatische, wirtschaftliche und kulturelle Beziehungen herzustellen. Ich bin vielmehr tief davon überzeugt, daß man zu einer echten Normalisierung nur gelangen kann, wenn man den Ursachen nachgeht, die die gegenwärtige Lage zwischen uns abnorm machen, und wenn man alle Anstrengungen macht, sie zu beseitigen. Ich komme damit zu zwei Fragenkomplexen, die in der Note der Bundesregierung vom 12. August als der Erörterung bedürftig bezeichnet worden sind. Wir haben der Antwort der Sowjetregierung, Herr Ministerpräsident, entnommen, daß sie sich dieser Erörterung nicht entziehen will. Lassen Sie mich mit der Frage der Freilassung derjenigen Deutschen beginnen, die sich gegenwärtig noch im Gebiet oder im Einflußbereich der Sowjetunion in Gewahrsam befinden oder sonst an der Ausreise aus diesem Bereich verhindert sind. Ich stelle dieses Problem absichtlich an die Spitze, weil es sich um eine Frage handelt, von der wohl keine einzige deutsche Familie unberührt ist. Ich wünsche von Herzen, daß Sie recht verstehen, in welchem Geiste ich dieses Problem behandeln will. Es geht mir ausschließlich um die menschliche Seite der Sache. Der Gedanke ist unerträglich, daß mehr als zehn Jahre nach Beendigung der Feindseligkeiten Menschen, die auf die eine oder die andere Weise in den Strudel der kriegerischen Ereignisse gezogen worden sind, ihren Familien, ihrer Heimat, ihrer normalen friedlichen Arbeit ferngehalten werden. Sie dürfen nichts Provozierendes darin finden, wenn ich sage: Es ist nicht denkbar, »normale« Beziehungen zwischen unseren Staaten herzustellen, solange diese Frage ungelöst bleibt. Es ist die Normalisierung selbst, von der ich dabei spreche. Lassen Sie uns unter eine Angelegenheit, die eine tägliche Quelle der Erinnerung an eine leidvolle und trennende Vergangenheit ist, mit Entschlossenheit einen Strich ziehen.

Das andere Problem ist die staatliche Einheit Deutschlands. Wir sind, glaube ich, darin mit Ihnen einig, daß die Teilung Deutschlands eine unerträgliche Lage schafft und daß die Einheit Deutschlands wiederhergestellt werden muß. Ich denke, wir sind auch darin einig, daß die Herstellung dieser Einheit eine Verpflichtung ist, die den vier Mächten, die nach dem Zusammenbruch des nationalsozialistischen Deutschlands die oberste Gewalt in Deutschland übernommen haben, aus ihrer gemeinsamen Verantwortung für Gesamtdeutschland erwächst. Ich berufe mich auf diese Verpflichtung. Ich weiß, daß ich auch und vor allem in dieser Frage für alle Deutschen spreche, nicht nur für die Einwohner der Bundesrepublik, wenn ich Sie bitte, einer raschen Lösung dieses Problems alle Kraft zu widmen. Sie haben sich in Vollzug jener Verantwortung mit den drei Westmächten zur Behandlung auch dieses Problems in Genf verabredet. Es ist nicht meine Absicht, das Verfahren, das zur Einheit führen soll, dadurch zu verwirren, daß ich einen von den Viermächte-Verhandlungen unabhängigen zweiseitigen Verhandlungsweg eröffne. Aber es ist meine zwingende Pflicht, die Gelegenheit dieser Begegnung zu benutzen, Ihnen den ganzen Ernst, den diese Frage hat, eindringlich vor Augen zu führen und mit Ihnen darüber zu sprechen, um Ihre Aufgabe in Genf zu erleichtern und zu fördern. Wenn die vier Mächte den Weg freigemacht haben, wird dem deutschen Volke die Aufgabe zufallen, in freier Selbstbestimmung und im Bewußtsein seiner Verantwortung für die Schaffung gutnachbarlicher Verhältnisse in Europa und für die Festigung des Friedens in der Welt das Haus des gesamtdeutschen Staates nach innen und außen auszustatten.

Auch hier muß ich wiederholen: Ich stelle keine »Vorbedingungen« auf, sondern ich spreche von der Normalisierung selbst. Die Teilung Deutschlands ist abnorm, sie ist gegen göttliches und menschliches Recht und gegen die Natur. Ich kann es auch nicht nützlich finden, mit ihr als einer »Realität« zu argumentieren, denn das Entscheidende, was daran real ist, ist die Überzeugung aller, daß sie nicht von Bestand bleiben kann und darf. Lassen Sie uns versuchen, in der Frage während unserer Gespräche einen Schritt weiterzukommen.

Es besteht sonst die Gefahr, daß im Herzen Europas ein Spannungsherd erster Ordnung bestehen bleibt. Es gibt keine echte Sicherheit in Europa ohne die Wiederherstellung der deutschen Einheit. Wir müssen diesen gefährlichen Krisenherd ausräumen, an dem sich die Leidenschaften leicht entzünden können, und rechtzeitig Vorsorge treffen, daß ein elementares Bedürfnis des deutschen Volkes befriedigt wird. Ich kenne den Einwand, daß ein wiedervereinigtes Deutschland eine Gefahr für die Sowjetunion sein könnte. Lassen Sie mich darauf zunächst antworten, daß es – nach übereinstimmender Auffassung aller Vertragspartner des Deutschland-Vertrages, das sind die Bundesrepublik, die Vereinigten Staaten von Amerika, Großbritannien und Frankreich – Sache einer völlig freien Entscheidung der gesamtdeutschen Regierung und des gesamtdeutschen Parlaments sein muß, ob und welchem Bündnissystem sie sich anschließen: Wenn die Sowjetunion als Folge der Wiedervereinigung Deutschlands eine Beeinträchtigung ihrer Sicherheit erwarten sollte, so sind wir durchaus bereit, das unsrige dazu zu tun, an einem auch diese Besorgnisse ausräumenden Sicherheitssystem mitzuarbeiten. Es erscheint mir richtig, gleichzeitig mit den Beratungen, wie die Einheit Deutschlands wiederhergestellt wird, das Sicherheitssystem für Europa zu überlegen.

Die Einsicht in diese Notwendigkeiten wird uns leiten müssen, wenn wir uns anschicken, die Fragen der Herstellung diplomatischer, wirtschaftlicher und kultureller Beziehungen gemeinsam zu behandeln. Die Bundesregierung teilt die Auffassung, daß die Herstellung solcher Beziehungen für beide Länder und für ihr Verhältnis zueinander von großem Nutzen sein kann. Ein unmittelbarer Kontakt zwischen beiden Regierungen wird sicher dazu beitragen, zu genaueren, die wechselseitigen Realitäten richtig erkennenden und bewertenden Urteilen zu kommen. In den wirtschaftlichen Verhältnissen beider Länder liegen zweifellos Möglichkeiten gegenseitiger Ergänzungen. Auch die Wiederaufnahme eines Austausches kultureller Werte und wissenschaftlicher Arbeiten ist ein begrüßenswertes Ziel. Lassen Sie mich, Herr Ministerpräsident, folgendes als das Wesentliche meiner Gedanken zuammenfassen: Ich begrüße dankbar die Gelegenheit zu einem freimütigen Gespräch. Ich bin mir der Schwierigkeit dieses Gespräches bewußt, das nur ein Anfang sein kann, ich sehe den Sinn dieses Gesprächs darin, die Aufgabe der Normalisierung unserer Beziehungen in dem von mir dargelegten Zusammenhang als ein Ganzes zu behandeln. Ich hoffe und wünsche, daß unsere gegenwärtigen Erörterungen in einer Weise, die wir noch verabreden können, nach Beendigung unseres Aufenthaltes in Moskau eine Fortsetzung finden. Ich bin gewiß, daß, wenn dies geschieht, am Ende unserer Bemühungen ein Ergebnis stehen wird, das nicht nur für die von uns repräsentierten Völker, sondern auch für den Frieden und die Sicherheit der Welt von Nutzen sein wird.

Quelle: Bulletin vom 10. 9. 1955, Nr. 170, S. 1421 f.

70 Adenauer zur politischen Lage

Aufzeichnung über die Besprechung zwischen der deutschen und der sowjetischen Delegation in Moskau am 10. September 1955 nachmittags (Auszüge)

Anwesend von deutscher Seite: der Herr Bundeskanzler, der Herr Bundesminister des Äußeren
Von sowjetischer Seite: Ministerpräsident Bulganin, Herr Chruschtschow, Herr Semjonow
Als Dolmetscher: Prof. Braun und ein sowjetischer Dolmetscher

Nach längerer einleitender Unterhaltung äußerte der Herr Bundeskanzler ausdrücklich den Wunsch, ein offenes Wort zur politischen Lage zu sagen. Er verwies zunächst auf das gegenseitige Mißtrauen, das wohl die Wurzel allen Übels sei. Wenn ein Land wirklich Interesse an der Erhaltung des Friedens hat, dann ist es Deutschland. In Deutschland hat man vom Krieg mehr als genug; die Sowjetunion darf unbedenklich von dieser Überzeugung ausgehen. In der NATO sind ja lauter Länder vereinigt, die bestimmt kein Interesse am Krieg haben und auch nicht imstande sind, Krieg zu führen. Die Sowjetunion ist dagegen ein ungeheuer großes Land, und es würde wohl niemand wagen, an einen Angriff auf die Sowjetunion auch nur zu denken. Zwar sind die Einzelheiten der Entwicklung der letzten Jahre in der Sowjetunion noch nicht genau bekannt, aber jeder weiß, daß eine gewaltige Entwicklung stattgefunden hat und noch im Gang ist. Es ist auch seine innerste Überzeugung, daß die USA ebenfalls keinen Krieg wollen. Gerade Präsident Eisenhower setzt seinen ganzen Stolz darein, den Frieden zu wahren und zu sichern. Die Erfahrung auch der früheren Zeit lehrt, daß gerade die Generale meist keinen Krieg wollen; der Krieg ging immer von blöden Politikern aus ... Die Sowjetunion wiederum hat in den letzten 10 bis 20 Jahren große innere Veränderungen wirtschaftlicher Natur durchgemacht, hat ihr Gebiet vergrößert und hat wohl alle Hände voll zu tun, um den inneren Aufbau durchzuführen ...

Jedenfalls ist die Sowjetunion, ob trotz des Krieges oder infolge des Krieges, eines der mächtigsten Länder der Erde geworden; niemals hat Rußland eine solche Macht besessen wie gerade jetzt. Wenn die Staatsmänner vernünftig sind – und das Gefühl der Verantwortung haben sie doch zweifellos –, so brauchten sie nur mehr Vertrauen zueinander zu haben, um einen Ausweg aus der gegenwärtigen Situation zu finden. Man muß sich darüber klar sein, daß die Atomwaffen das Ende eines jeden Krieges bedeuten. – Frankreich wird bestimmt keinen Krieg beginnen; England hat genug zu tun, um sein eigenes Haus in Ordnung zu halten. Er, der Herr Bundeskanzler, kennt genügend Amerikaner (Eisenhower, Dulles, eine Reihe von Senatoren und viele andere) und kann versichern: Die ganze Aufrüstung erklärt sich doch nur daraus, daß einer immer Angst vor dem anderen hat ...

Der Herr Bundeskanzler verwies dann auf die geplante Wirtschaftsentwicklung der Sowjetunion und der USA; wir in Europa werden bald ohnehin nicht mehr mitkommen. Der europäische Zusammenschluß ist in erster Linie wirtschaftlich und politisch gemeint, da die europäischen Länder eben alle kleine Länder geworden sind. Eden hat im Gespräch mit dem Herrn Bundeskanzler offen zugegeben, daß England keine Großmacht mehr sei. Es handelt sich tatsächlich nur um den Selbsterhaltungstrieb in der Sorge um die Zukunft. Europa muß zusammengefaßt werden, und Europa ist wichtig. Er, der Bundeskanzler, will gar kein Amerikaner werden. Er will Deutscher, Europäer bleiben. Deutschland ist nun mal in einer denkbar schlechten Lage. Es hat den Krieg verloren, das Land ist noch lange nicht in Ordnung; der Wohnungsbau würde noch 10 Jahre schwere Arbeit kosten, wir haben genügend Sorgen mit der Versorgung der Menschen, die unter den Folgen des Krieges zu leiden haben. Und schließlich ist es doch ganz klar, daß Deutschland im Falle eines Krieges in jedem Fall Kriegsschauplatz werden würde, und wir wissen alle nur zu gut, was das in einem modernen Krieg bedeutet ...

Seine, des Herrn Bundeskanzlers, ganze Hoffnung ist, daß die Welt in eine Periode der Konferenz eintritt. Die Genfer Konferenz wird nicht die einzige bleiben. Der augenblickliche Zustand wird bestimmt abgebaut werden können. Die Sowjetunion ist ja längst über die Ausmaße eines Landes hinausgewachsen, mit dem man einen Krieg anfangen kann. Es ist eine gewaltige Macht, die sich auch ständig verstärken wird. Ob sie nun kommunistisch, sozialistisch, oder wie man es nennen will, ist, spielt keine Rolle. Deswegen fängt niemand

mehr einen Krieg an. Abschließend bat der Herr Bundeskanzler die sowjetischen Herren
mit Nachdruck, über alles dies nachzudenken. Das Schicksal hat es ihm ermöglicht, Erfahrungen zu sammeln und zu Schlußfolgerungen zu kommen, die vorzutragen er sich erlaubt
habe...

Quelle: Aus einer Aufzeichnung des Auswärtigen Amts

71 Die Darlegung der Verhandlungsziele

*Aufzeichnung über das Gespräch zwischen Bundeskanzler Dr. Konrad Adenauer und dem
sowjetischen Ministerpräsidenten Bulganin beim Empfang im Kreml am 12. September 1955
(Auszüge)*

Der politische Kern des Gesprächs begann damit, daß Ministerpräsident Bulganin sich ganz
unvermittelt an den Bundeskanzler wandte und die Frage stellte: »Wie wollen wir nun die
Verhandlungen abschließen?«
Der Bundeskanzler verwies daraufhin wiederum – in derselben Weise und teilweise in
denselben Formulierungen wie an den Tagen vorher – auf seinen ebenso festen wie aufrichtigen Willen, den Frieden zu wahren und zu sichern und die Verhandlungen zu diesem
Zweck zu einem guten Ende zu führen...
Der Bundeskanzler erklärte nun, er wolle in der Offenheit und Ehrlichkeit bis zum Letzten
gehen. Er legte dar, daß die Frage der Kriegsgefangenen und der in der Sowjetunion zurückgehaltenen Deutschen nach allem, was das deutsche Volk hat durchmachen müssen, von
außerordentlicher psychologischer Bedeutung ist und daß ohne eine Lösung dieser Frage
eine Normalisierung der Beziehungen der deutschen Öffentlichkeit nicht zugemutet werden
kann. Er bat Bulganin inständig, doch wenigstens einen Schritt in dieser Richtung zu tun,
und erwähnte dann die Tatsache, daß im Laufe der letzten zwei Jahre Briefe von etwa
130 000 Deutschen eingegangen sind, die an der Ausreise aus der Sowjetunion gehindert
werden. Das Material liegt vor, aber »ich wollte die Atmosphäre der Verhandlungen nicht
dadurch stören, daß ich dieses Material auf den Tisch lege«.
Bulganin bot darauf für den Fall einer Aufnahme diplomatischer Beziehungen die Freigabe aller Personen an...
Der Bundeskanzler erwiderte darauf, daß der Ministerpräsident ihn mit diesen Worten
»ganz glücklich gemacht habe«. Bulganin wiederholte im folgenden noch einige Male, daß
die Sowjetregierung ihr Wort gibt und dieses Wort auch halten wird.

Quelle: Aus einer Aufzeichnung des Auswärtigen Amts

72 Die Rückkehr von Deutschen aus der Sowjetunion

*Aufzeichnung über die Besprechung zwischen der deutschen und der sowjetischen Delega-
tion in Moskau am 13. September 1955 vormittags (Auszüge)*

Anwesend von deutscher Seite: der Bundeskanzler, der Bundesminister des Auswärtigen,
der Staatssekretär des Auswärtigen Amts
Von sowjetischer Seite: Ministerpräsident Bulganin, Generalsekretär Chruschtschow, Außenminister Molotow, stellvertretender Außenminister Semjonow
Als Dolmetscher: Professor Braun und ein sowjetischer Dolmetscher

Der Bundeskanzler begründete einleitend seinen Wunsch nach einer Sitzung im kleineren Kreise dadurch, daß er gewisse Dinge behandeln möchte, die nicht geeignet sind, sofort vor den Gesamtdelegationen besprochen zu werden. Er habe das Gespräch vom Vorabend nochmals gründlich durchdacht. Es handelt sich nach seiner Auffassung um drei Fragen, die einer Vorklärung bedürfen: a) Entwurf eines Briefes der Bundesregierung, denn diese muß auf den überreichten Brief der Sowjetregierung antworten; b) Austausch von Schreiben in Verbindung mit dem Gespräch vom Vorabend; c) das Kommuniqué ...

Der Bundeskanzler suchte den Vertretern der Sowjetregierung verständlich zu machen, daß im Hinblick auf die in der Bundesrepublik so bedeutsame öffentliche Meinung die Möglichkeit gegeben sein muß, die bevorstehende Entlassung der Kriegsgefangenen und der zurückgehaltenen Deutschen in irgendeiner Weise zu dokumentieren ... Auch kann die Bundesregierung fest zusichern, daß die Heimkehrer von keiner Stelle befragt werden und daß die Dokumente unveröffentlicht bleiben (»nur ganz unter uns«) ...

Der zweite Komplex betraf die in der Sowjetunion zurückgehaltenen Deutschen *außer* den 9 626 Verurteilten. Die sowjetischen Vertreter erklärten, nichts von der Existenz solcher Personen zu wissen; sie versicherten abwechselnd, daß sie die Zahl von etwa 130 000 »zum ersten Male hörten« ...

Schließlich machte Chruschtschow den Vorschlag, daß die 9 626 Verurteilten entsprechend dem Ehrenwort der Sowjetregierung begnadigt oder den deutschen Gerichten zur weiteren Untersuchung auf Grund der deutschen Gesetze übergeben würden. Die Bundesregierung solle Listen mit Namen und Adressen der außerdem zur Diskussion stehenden Personen vorlegen; die Sowjetregierung werde diese Listen prüfen und dann auch denjenigen, die tatsächlich festzustellen seien, die Ausreise ermöglichen.

Der Bundeskanzler bezeichnete dies als ein »faires Angebot«, dem er persönlich zustimmt. Er bat, dieses Angebot in einer Verhandlungspause der deutschen Delegation vorlegen zu dürfen.

Quelle: Aus einer Aufzeichnung des Auswärtigen Amts

73

Gemeinsames deutsch-sowjetisches Schlußkommuniqué über die Aufnahme diplomatischer Beziehungen. Gleichlautende Schreiben des Bundeskanzlers Dr. Konrad Adenauer und des Vorsitzenden des Ministerrates der UdSSR, N. A. Bulganin, vom 13. September 1955

Vom 9. bis 13. September 1955 fanden in Moskau Besprechungen zwischen den Regierungsdelegationen der Bundesrepublik Deutschland und der Sowjetunion statt.

Im Verlauf der Besprechungen, die von gegenseitigem Verständnis getragen waren, fand ein umfassender und freimütiger Meinungsaustausch über Fragen der gegenseitigen Beziehungen der Bundesrepublik Deutschland und der Sowjetunion statt. Während der Verhandlungen wurden Fragen der Herstellung diplomatischer Beziehungen zwischen der Bundesrepublik Deutschland und der UdSSR erörtert. Es wurde ein Übereinkommen erzielt, das in entsprechenden Briefen, die zwischen beiden Seiten ausgetauscht wurden, seinen Ausdruck findet, und zwar (vorbehaltlich der Zustimmung des Bundeskabinetts und des Bundestages sowie des Präsidiums des Obersten Sowjets) diplomatische Beziehungen zwischen der Bundesrepublik Deutschland und der Sowjetunion aufzunehmen und zu diesem Zweck jeweils Botschaften in Bonn und Moskau zu errichten und diplomatische Vertreter im Range Außerordentlicher und Bevollmächtigter Botschafter auszutauschen. Beide Delegationen stimmten darin überein, daß die Herstellung diplomatischer Beziehungen der Entwicklung des gegenseitigen Verständnisses und der Zusammenarbeit zwischen der Bundesrepublik Deutschland und der Sowjetunion im Interesse des Friedens und der Sicherheit in Europa dienen werden.

Beide Seiten gehen davon aus, daß die Herstellung und Entwicklung normaler Beziehungen zwischen der Bundesrepublik Deutschland und der Sowjetunion zur Lösung der ungeklärten Fragen, die das ganze Deutschland betreffen, beitragen und damit auch zur Lösung des nationalen Hauptproblems des gesamten deutschen Volkes – der Wiederherstellung eines deutschen demokratischen Staates – verhelfen werden.

Zur Bestätigung des erreichten Übereinkommens haben der Bundeskanzler der Bundesrepublik Deutschland und der Vorsitzende des Ministerrates der UdSSR Briefe gewechselt, deren Text nachfolgend veröffentlicht wird.

Beide Seiten einigten sich ferner darüber, daß in nächster Zeit zwischen der Sowjetunion und der Bundesrepublik Deutschland Besprechungen über Fragen der Entwicklung des Handels durchgeführt werden.

Der Brief des Bundeskanzlers an Ministerpräsident Bulganin

Herr Ministerpräsident! Auf Grund der Übereinstimmung, die im Laufe der Verhandlungen zwischen den Regierungsdelegationen der Bundesrepublik Deutschland und der Sowjetunion erzielt wurde, habe ich die Ehre, Ihnen zu bestätigen, daß die Bundesregierung den Beschluß gefaßt hat, diplomatische Beziehungen mit der Regierung der Sowjetunion aufzunehmen und diplomatische Vertreter im Range von Außerordentlichen und Bevollmächtigten Botschaftern auszutauschen.

Die Bundesregierung bringt die Überzeugung zum Ausdruck, daß die nunmehr herzustellenden diplomatischen Beziehungen der Entwicklung des gegenseitigen Verständnisses und der Zusammenarbeit zwischen der Bundesrepublik Deutschland und der Sowjetunion im Interesse des Friedens und der Sicherheit in Europa dienen werden.

Die Bundesregierung geht hierbei davon aus, daß die Herstellung und Entwicklung normaler Beziehungen zwischen der Bundesrepublik Deutschland und der Sowjetunion zur Lösung der ungeklärten Fragen, die das ganze Deutschland betreffen, beitragen wird und damit auch zur Lösung des gesamten nationalen Hauptproblems des deutschen Volkes – der Wiederherstellung der Einheit eines deutschen demokratischen Staates – verhelfen wird. Diese Erklärung tritt in Kraft, sobald das Bundeskabinett und der Deutsche Bundestag sich damit einverstanden erklärt haben.

Genehmigen Sie, Herr Ministerpräsident, den Ausdruck meiner vorzüglichen Hochachtung.

Adenauer

Der Brief Bulganins lautet entsprechend für die Regierung der Sowjetunion und erklärt sinngemäß, daß sich auch der Oberste Sowjet mit der Vereinbarung einverstanden erklären müsse.

Quelle: Bulletin vom 15. 9. 1955, Nr. 173, S. 1445–1447

Erklärung des Bundeskanzlers Dr. Konrad Adenauer am 22. September 1955 vor dem Deutschen Bundestag zu den Vereinbarungen mit der Regierung der UdSSR (Auszug)

... Die Delegation der Bundesrepublik hat in den Gesprächen mit den Vertretern der Sowjetregierung mit großer Klarheit darauf hingewiesen, daß eine Normalisierung der Beziehungen unter keinen Umständen darin bestehen kann, daß man den anomalen Zustand der Teilung Deutschlands legalisiert. Es ist auch darauf hingewiesen worden, daß das Bestehen diplomatischer Beziehungen zwischen zwei Staaten nicht mit einem freundschaftlichen Vertragsverhältnis gleichzusetzen ist, unsere sowjetischen Verhandlungspartner selbst haben erklärt, daß sie diplomatische Beziehungen auch zu Staaten unterhielten, mit denen sie im übrigen erhebliche politische und ideologische Meinungsverschiedenheiten hätten.

Andererseits ist folgendes zu bedenken: Die Sowjetunion ist eine der vier Siegermächte, ohne deren Mitwirkung das vornehmste Anliegen unserer Politik, die Herstellung der Einheit unseres Landes, nicht verwirklicht werden kann. Das Fehlen von Beziehungen zwischen diesen beiden Staaten, die sich daraus für uns ergebende Unmöglichkeit, unsere nationalen Anliegen auch selbst in Moskau zu vertreten, ist eine Anomalie. Würde man uns auch deshalb nicht mit Recht unklug genannt haben, wenn wir das von der Sowjetregierung gemachte Angebot, die Beziehungen aufzunehmen, abgelehnt hätten?

Durch die Aufnahme der diplomatischen Beziehungen wird die Bundesrepublik, deren effektive Hoheitsgewalt drei Viertel unseres Volkes und 80 % seiner produktiven Kräfte umfaßt und hinter deren Politik – das ist unsere Überzeugung – auch mindestens 90 % der Bevölkerung Mitteldeutschlands stehen, nunmehr auch von der Sowjetunion anerkannt. Es besteht schließlich keinerlei Widerspruch zwischen unserem Entschluß, diplomatische Beziehungen aufzunehmen, und der Linie unserer Außenpolitik, die fortzusetzen wir unter allen Umständen entschlossen sind. Die Länder, die die Westeuropäische Union bilden und die dem Nordatlantikpakt angehören, unterhalten gleichfalls diplomatische Beziehungen zur Sowjetunion, ohne daß darum an ihrer Entschlossenheit gezweifelt werden könnte, den Verpflichtungen nachzukommen, die sie durch ihre Zugehörigkeit zu diesen Verträgen eingegangen sind. Was diese Staaten für sich in Anspruch nehmen, können auch wir beanspruchen. Ich möchte betonen, daß die Vertreter der Sowjetunion ihrerseits bei den Verhandlungen in Moskau unsere Zugehörigkeit zu diesen Organisationen als Realität hingenommen und nicht den Versuch gemacht haben, uns zu einem Austritt zu bewegen.

Die Westverträge stehen normalen Beziehungen mit der Sowjetunion nicht nur nicht im Wege. Die Verträge sind vielmehr eine in die Zukunft weisende Möglichkeit einer internationalen Entspannung, die für die Welt den Frieden, für Deutschland die staatliche Einheit in Freiheit bringen soll. An unserer Vertragstreue lassen wir nicht den geringsten Zweifel zu. Deutschlands Zugehörigkeit zum Westen liegt ja auch viel tiefer als in der politischen Konstellation, nämlich in seiner untrennbaren Zugehörigkeit zum christlich-abendländischen Kulturkreis begründet. Ich darf in aller Form für mich, für die Bundesregierung, für das ganze deutsche Volk in West und Ost erklären: Deutschland ist ein Teil des Westens, seiner geistigen und sozialen Struktur, seiner geschichtlichen Tradition und dem Willen seiner Bevölkerung nach. Die Bundesregierung wird in Zukunft in ihren Bemühungen um die europäische Integration und die Verteidigung der Freiheit nicht nachlassen, sie wird sie vielmehr verstärken. Auch an dieser Stelle möchte ich betonen, daß die Bundesregierung in der Integration Europas eine absolute Notwendigkeit sieht. Auf längere Sicht gesehen sind die europäischen Staaten in der Isolierung politisch und wirtschaftlich nicht lebensfähig, und die Lebensfähigkeit Europas entspricht nicht nur ihrem Interesse, sondern auch dem Interesse der ganzen Welt.

Die Aufnahme diplomatischer Beziehungen zwischen der Bundesrepublik und der Sowjetunion widerspricht also nicht den Interessen des Westens. Ich glaube sogar, weitergehen zu dürfen: Sie dient den Interessen des Westens. Indem die Bundesrepublik als eine eindeutig westliche, europäisch orientierte Macht nun ebenfalls einen Vertreter in Moskau haben wird, wird sie dort die Stimme des Westens um eine weitere verstärken.

Die Aufnahme der Beziehungen hat noch eine weitere Bedeutung. Sie leistet einen Beitrag zu der mühsamen Aufgabe der Entspannung der internationalen Lage und damit zum Frieden der Welt. Zur Entspannung bedarf es allerdings bestimmter Voraussetzungen. Die deutsche Delegation hat den Vertretern der Sowjetregierung in aller Deutlichkeit gesagt, daß die Entspannung nur am Ende politischer Entscheidungen stehen kann und nicht an ihrem Anfang. Sie hat mit allem Nachdruck unsere Auffassung unterstrichen, daß eine wirksame Entspannung, die auch wir wünschen, ein echtes Sicherheitssystem voraussetzt, das allen Beteiligten Sicherheit vermittelt. Ein solches Sicherheitssystem ist auf der Basis der Teilung Deutschlands unmöglich. Solange Deutschland geteilt ist, bleibt ein Spannungsherd erster Ordnung bestehen; solange wird die Spannung zwischen Ost und West in einer gefährlichen Weise dadurch verschärft, daß die Berührungsfläche der beiden gegensätzlichen Systeme mitten durch ein und dasselbe Volk und Land geht.

Endlich habe ich selbst bei meinen Gesprächen mit den sowjetischen Führern den aufrichtigen Wunsch empfunden, sie möchten Gelegenheit haben, sich durch einen Botschafter in der Bundesrepublik manche falschen Eindrücke berichtigen zu lassen.

Die Vorgeschichte und der Verhandlungsverlauf haben gezeigt, daß die Sowjetregierung großen Wert auf die Herstellung der diplomatischen Beziehungen legt. Dabei mögen Prestigegründe eine Rolle spielen, vielleicht auch eine gewisse Entspannungsstrategie oder andere Momente, die noch nicht ganz überschaubar sind. Jedenfalls erwies es sich, daß die Vertreter der Sowjetregierung mit großer Empfindlichkeit auf die Möglichkeit reagierten, daß ihr Vorschlag abgelehnt oder die Annahme an Bedingungen geknüpft werde.

Indem ich im Einklang mit der Note der Bundesregierung vom 12. August die Probleme der Wiedervereinigung Deutschlands und der in der Sowjetunion zurückgehaltenen Deutschen von Anfang an als zentrale Fragen in die Besprechungen einführte, habe ich Wert darauf gelegt zu sagen, daß es sich dabei nicht um »Vorbedingungen« für die Aufnahme diplomatischer Beziehungen handelte, sondern um das von der Sowjetregierung gestellte Thema der Normalisierung selbst.

Die Vertreter der Sowjetregierung zeigten sich zunächst von unseren Forderungen auf Freilassung der zurückgehaltenen Personen wenig beeindruckt. Die Verhandlungen über diese Frage nahmen tagelang einen so negativen Verlauf, daß wir allen Ernstes unsere Abreise in Erwägung ziehen mußten. Die Wendung trat ein, als die Herren Bulganin und Chruschtschow nun, nachdem sie zuvor härtesten Widerstand geleistet hatten, am Montag abend das Angebot machten, die Kriegsgefangenen freizulassen, wenn die diplomatischen Beziehungen aufgenommen würden. Die beiden Herren gaben mir darauf ihr Wort, und sie haben es vor den versammelten Delegationen wiederholt. Sie haben diese Zusage auf mein Drängen hin dahin erweitert, daß auch in der Sowjetunion zurückgehaltene Zivilpersonen, die wir ihnen durch Listen nachwiesen, freigelassen werden.

Damit war die deutsche Delegation vor eine Frage gestellt, die auch eine Gewissensfrage war und deren schweren Ernst niemand vergessen wird, der an unseren internen Delegationsbesprechungen teilgenommen hat. Ich möchte betonen: Auch der Politiker darf nicht sagen, bei großen Entscheidungen spielten Menschenschicksale keine Rolle. Das würde nicht richtig gehandelt sein. So hat uns alle bei den ganzen Verhandlungen immer der Gedanke bewegt – und manchmal drückend bewegt: Was wird werden, wenn wir ohne eine Verständigung auseinandergehen, wenn niemand von den Gefangenen der Heimat und seinen Angehörigen zurückgegeben wird?

Nun habe ich soeben gesagt, daß die Russen die Aufnahme von diplomatischen Beziehungen nicht an Bedingungen geknüpft wissen wollten, weil sie sagen: Man nimmt diplomatische Beziehungen miteinander auf, auch wenn man sonst Gegensätze hat. Aber unsererseits mußten wir doch versuchen, gleichzeitig eine Erfüllung des uns so dringend am Herzen liegenden Wunsches – der Freigabe aller dieser Menschen – zu erreichen. Das ist dann durch die ehrenwörtliche Zusage der Herren Bulganin und Chruschtschow geschehen. Ministerpräsident Bulganin versicherte mir wörtlich: Wir fangen mit unseren Maßnahmen an, ehe Sie Bonn auf Ihrem Rückflug erreicht haben.

Das bezog sich zunächst auf die von sowjetischen Gerichten verurteilten annähernd 10 000 Gefangenen. In der Frage der anderen zurückgehaltenen Personen, von denen die Vertreter der Sowjetregierung nichts zu wissen erklärten, wurde vereinbart, daß wir der Sowjetregierung eine Liste dieser Personen mit genauen Angaben geben werden und daß dann von sowjetischer Seite festgestellt wird, wo diese Menschen sind. Sowohl Ministerpräsident Bulganin als auch Herr Chruschtschow haben ihr Wort auch darauf gegeben, daß diese Deutschen genauso behandelt werden würden wie die Kriegsverurteilten. Das ist für uns ein Erfolg, den ich unter keinen Umständen missen möchte.

Wir haben ferner in Moskau nachdrücklich das Anliegen der Wiedervereinigung Deutschlands vorgebracht. Wir mußten uns dabei vor einem hüten: Wir durften – so sagte ich ausdrücklich in meiner ersten Erklärung in Moskau – »das Verfahren, das zur Einheit führen soll, nicht dadurch verwirren, daß wir einen von den Viermächteverhandlungen unabhängig zweiseitigen Verhandlungsweg eröffneten«. Auch nur die Möglichkeit einer Ausklammerung des Problems aus der Genfer Tagesordnung und eines Abschiebens auf zweiseitige deutsch-sowjetische Verhandlungen mußte unter allen Umständen verhütet werden.

Wir haben uns deshalb bewußt damit begnügt, daß auch die Sowjetunion anerkenne, daß die vier Siegermächte verpflichtet seien, die Einheit Deutschlands wiederherzustellen. Ich lege großen Wert auf die Feststellung, daß dieses Anerkenntnis der Sowjetunion in Moskau erfolgt ist. Ministerpräsident Bulganin hat am 10. September 1955 erklärt: »Hier war von den Verpflichtungen die Rede, die die vier Mächte in bezug auf die Lösung des Deutschland-Problems übernommen haben. Dem muß man zustimmen.« Und Außenminister Molotow erklärte am gleichen Tag: »Es wird ganz richtig gesagt, daß in dieser Frage auch die vier Mächte Verpflichtungen haben.« Auch spätere Äußerungen von Herrn Chruschtschow haben diese Auffassung bestätigt. Die sowjetische Delegation war andererseits nicht bereit, einer Wiederherstellung der nationalen Einheit Deutschlands alsbald zuzustimmen. Ich gebe mich daher keinen Illusionen darüber hin, daß zur Wiedervereinigung Deutschlands schwierige Verhandlungen, auch unter den Siegermächten, nötig sein werden. Aber ich betrachte es doch als einen Fortschritt, daß die Sowjetunion die Verpflichtung, die Einheit Deutschlands wiederherzustellen, ausdrücklich anerkannt hat.

Ich glaube daher, daß die Aufnahme diplomatischer Beziehungen zur Sowjetunion in Verbindung mit der geradlinigen Weiterführung unserer Bündnispolitik mit dem Westen in der Frage der Wiedervereinigung fördernd wirken wird. Das ist auch in dem Brief des sowjetischen Ministerpräsidenten ausgesprochen, in dem die Aufnahme diplomatischer Beziehungen angekündigt wird.

Die Aufnahme diplomatischer Beziehungen machte völkerrechtliche Vorbehalte notwendig, um den deutschen Standpunkt in lebenswichtigen Fragen unseres Volkes zu wahren und die Entscheidungsfreiheit einer künftigen gesamtdeutschen Regierung nicht zu präjudizieren. Diese Vorbehalte sollten sicherstellen, daß in der Erklärung über die Aufnahme diplomatischer Beziehungen nicht ein Verzicht auf den bisherigen Rechtsstandpunkt der Bundesregierung bezüglich

1. der Grenzfragen,
2. des Rechts der Bundesregierung, Sprecher des ganzen deutschen Volkes zu sein,
3. der Nichtanerkennung der sogenannten »DDR«

gesehen werden kann. Wir haben mit den Vertretern Sowjetrußlands in offiziellen Verhandlungen sehr offen darüber gesprochen. Sie haben erklärt, sie hätten andere Ansichten, aber wenn wir es für notwendig hielten, völkerrechtlichen Konsequenzen vorzubeugen, so hätten sie nichts dagegen, wenn wir diese Vorbehalte machten, und zwar in einer Weise, die wir wählten, sei es in Form eines Briefes, sei es in einer Erklärung an die Presse. Ich habe infolgedessen am Tage meiner Abreise einen Brief an Ministerpräsident Bulganin gerichtet, der folgenden Wortlaut hat:

»Aus Anlaß der Aufnahme diplomatischer Beziehungen zwischen der Regierung der Bundesrepublik Deutschland und der Regierung der UdSSR erkläre ich:

1. Die Aufnahme der diplomatischen Beziehungen zwischen der Regierung der Bundesrepublik Deutschland und der Regierung der UdSSR stellt keine Anerkennung des derzeitigen beiderseitigen territorialen Besitzstandes dar. Die endgültige Festsetzung der Grenzen Deutschlands bleibt dem Friedensvertrag vorbehalten.

2. Die Aufnahme diplomatischer Beziehungen mit der Regierung der Sowjetunion bedeutet keine Änderung des Rechtsstandpunktes der Bundesregierung in bezug auf ihre Befugnis zur Vertretung des deutschen Volkes in internationalen Angelegenheiten und in bezug auf die politischen Verhältnisse in denjenigen deutschen Gebieten, die gegenwärtig außerhalb ihrer effektiven Hoheitsgewalt liegen.«

Bei den Vorbehalten handelt es sich um eine deutsche Rechts-Verwahrung. Für eine solche ist eine einseitige Erklärung der Bundesregierung ausreichend. Diese Erklärung muß nur der anderen Seite zugegangen sein. Dies ist geschehen, und die deutschen Vorbehalte sind damit völkerrechtlich wirksam geworden. Die Erklärung muß nicht etwa, um völkerrechtlich wirksam zu sein, von der Gegenseite angenommen werden.

Durch diese Vorbehalte ist die Möglichkeit beseitigt worden, daß dritte Staaten unseren Entschluß, diplomatische Beziehungen zur Sowjetunion aufzunehmen, mißverstehen. Alle Staaten, die zu uns diplomatische Beziehungen unterhalten, können nun klar sehen, daß sich der Standpunkt der Bundesregierung gegenüber der sogenannten »DDR« sowie zu den Grenzfragen nicht im geringsten geändert hat. Die sowjetische TASS-Agentur hat am 15. September den sowjetrussischen Standpunkt dargelegt. Die TASS-Erklärung stimmt mit dem überein, was die Sowjets auch bei den Verhandlungen gesagt haben. Was die Frage der deutschen Ostgebiete betrifft, so gehen die Sowjets indessen, wie inzwischen bereits von amerikanischer und britischer Seite festgestellt worden ist, von einer Fehlinterpretation des Potsdamer Dreimächte-Abkommens aus, zu dessen Signatarmächten Deutschland bekanntlich nicht gehört. In dem Potsdamer Abkommen ist die Festlegung der endgültigen Grenzen ausdrücklich dem Friedensvertrag vorbehalten worden. Dieser Grundsatz gilt nicht nur für die unter polnischer, sondern auch für die unter sowjetischer Verwaltung befindlichen deutschen Ostgebiete. Eine völkerrechtlich verbindliche Regelung des Gebietsstandes Deutschlands steht noch immer aus. Eine solche Regelung kann auch nur in einem Friedensvertrag getroffen werden, der mit einer frei gewählten gesamtdeutschen Regierung abgeschlossen wird.

Die Haltung der Bundesregierung gegenüber der Sowjetzonenregierung wird – wie aus dem ersten Vorbehalt hervorgeht – durch die Aufnahme diplomatischer Beziehungen zwischen der Sowjetunion und der Bundesrepublik nicht berührt. Die Regierung der sogenannten »DDR« ist nicht auf Grund wirklich freier Wahlen gebildet worden, sie verfügt daher über kein echtes Mandat des Volkes, ja, sie wird von der überwältigenden Mehrheit der Bevölkerung abgelehnt; es herrschen in der sowjetischen Besatzungszone Rechtsunsicherheit und Unfreiheit, und die Verfassung steht nur auf dem Papier.

Die Bundesregierung ist daher nach wie vor die einzige frei und rechtmäßig gebildete deutsche Regierung, die allein befugt ist, für das ganze Deutschland zu sprechen. Ich brauche bei dieser Gelegenheit kaum daran zu erinnern, daß die Regierungen der sämtlichen Staaten, die Mitglieder der Nordatlantikpakt-Organisationen sind, am 23. Oktober 1954 eine gemeinsame Erklärung abgegeben haben, in der sie diesen Standpunkt übernehmen. Auch alle anderen Staaten der freien Welt, die mit uns diplomatische Beziehungen unterhalten, akzeptieren ausdrücklich oder stillschweigend unseren Anspruch. Wir haben unsere Auffassung, um jeden Zweifel an der Unveränderlichkeit unserer Haltung zu zerstreuen, auch der Sowjetregierung notifiziert, und wenn die Sowjetregierung trotzdem diplomatische Beziehungen mit uns aufnimmt, tut sie dies zwar nicht mit Billigung, aber doch in Kenntnis unseres Standpunktes gegenüber der sogenannten »DDR« und unseres Anspruches, für ganz Deutschland zu sprechen.

Auch dritten Staaten gegenüber halten wir unseren bisherigen Standpunkt bezüglich der sogenannten »DDR« aufrecht. Ich muß unzweideutig feststellen, daß die Bundesregierung auch künftig die Aufnahme diplomatischer Beziehungen mit der »DDR« durch dritte Staaten, mit denen sie offizielle Beziehungen unterhält, als einen unfreundlichen Akt ansehen würde, da er geeignet wäre, die Spaltung Deutschlands zu vertiefen.

In diesem Zusammenhang will ich kurz auf den zwischen der Sowjetunion und der sogenannten »DDR« am 20. September 1955 abgeschlossenen Vertrag nebst dem angeschlossenen Briefwechsel eingehen. Der Vertrag scheint wie die schon am 25. März 1954 veröffentlichte Erklärung der Sowjetregierung den Eindruck hervorrufen zu wollen, daß der sogenannten »Deutschen Demokratischen Republik« die Souveränität gewährt sei. Der erwähnte Vertrag ändert jedoch nichts an dem bestehenden Zustand. Das sowjetzonale Regime, das, wie schon ausgeführt, in keiner Weise demokratisch legitimiert ist, hat keine Souveränität, und seine Anerkennung kommt nicht in Frage.

In dem Briefwechsel, der dem Vertrag vom 20. September angeschlossen ist, wird ferner die Ausübung der Bewachung und Kontrolle der Verbindungswege zwischen der Bundesrepublik und West-Berlin mit Ausnahme des Versorgungsverkehrs für die alliierten Truppen der sogenannten »DDR« übertragen. Der Widerspruch einer solchen Übertragung mit dem Schlußkommuniqué der Pariser Außenministerkonferenz vom 20. Juni 1949 drängt sich auf. Nach diesem Schlußkommuniqué hat die Sowjetregierung bestimmte Verpflichtungen wegen einer reibungslosen Abwicklung des Interzonen- und Berlin-Verkehrs übernommen. In dem Briefwechsel wird dagegen auf eine Zusammenarbeit zwischen den Behörden der Bundesrepublik und der sogenannten »DDR« verwiesen. Das ist ein Versuch, Verpflichtungen der Sowjetunion gegenüber den westlichen Alliierten auf die »DDR« zu übertragen, damit in die Rechtssphäre der Alliierten einzugreifen und schließlich den Interzonen- und Berlin-Verkehr durch die an die Bundesregierung gestellte Zumutung zu behindern, darüber mit einem Staat zu verhandeln, den sie nicht anerkennt.

Die Bundesregierung hat deshalb die drei Westmächte auf diesen Sachverhalt hingewiesen und sie um die erforderlichen Schritte gebeten.

In der Frage der wirtschaftlichen Beziehungen haben wir uns große Zurückhaltung auferlegt. Wir sind in erster Linie nach Moskau gefahren, um die dringendsten politischen Fragen zu erörtern. Handelsbesprechungen sind späteren Gesprächen vorbehalten, wie das auch aus dem Schlußkommuniqué ersichtlich ist. Auch technische Details im Zusammenhang mit der Aufnahme der Beziehungen, zu denen der Umfang der beiderseitigen Botschaften gehört, bedürfen noch der Absprache.

Ich darf zusammenfassen: Als Ergebnis der Reise nach Moskau haben wir beschlossen, mit der Sowjetregierung diplomatische Beziehungen aufzunehmen. Wir haben das Wort der sowjetischen Führer, daß die zurückgehaltenen Personen in der allernächsten Zeit zurückkehren werden. Wir haben das Anerkenntnis der Sowjetregierung, auf Grund des

Viermächteverhältnisses bezüglich Deutschlands zur Wiederherstellung der staatlichen Einheit Deutschlands verpflichtet zu sein. Wir haben die zur Wahrung unseres Rechtsstandpunktes erforderlichen völkerrechtlichen Vorbehalte gemacht, welche die Sowjetregierung zur Kenntnis genommen hat. Wir haben in außerordentlich schwierigen Verhandlungen das im menschlichen und im politischen Bereich Mögliche aus der gegebenen Situation herausgeholt. Die Tragweite der zu treffenden Entscheidungen hat mich bewogen, die Wirksamkeit der Moskauer Vereinbarungen von dem Einverständnis des Bundestages abhängig zu machen. Ich verkenne nicht die in den Moskauer Entscheidungen liegende Problematik. Ohne jedes Risiko werden sich aber die schwierigen politischen Probleme unseres Staates nicht lösen lassen, wird die Einheit Deutschlands nicht zu verwirklichen sein. Ich glaube, Ihnen, meine Damen und Herren, empfehlen zu dürfen, sich mit den Moskauer Ergebnissen einverstanden zu erklären.

Quelle: Bulletin vom 23. 9. 1955, Nr. 179, S. 1493–1496

75   Volksabstimmung über das Saarstatut

Ergebnis der Volksabstimmung über das Saarstatut und die Reaktionen in Bonn und Paris, 23. und 24. Oktober 1955

Am 23. Oktober 1955 fand im Saargebiet die Volksabstimmung über das Saarstatut statt. Wie das Landeswahlamt in Saarbrücken bekanntgibt, ist das vorläufige amtliche Ergebnis folgendes:

Wahlbeteiligung:	96,72 %	
Gültige Stimmen:	625 407	= 97,45 %
Ja-Stimmen:	201 943	= 32,29 %
Nein-Stimmen:	423 434	= 67,71 %

Die Abstimmung verlief ohne Störungen.

Unmittelbar nach der Bekanntgabe des Ergebnisses übertrug der Saarländische Rundfunk eine Erklärung der Regierung Hoffmann, in der diese ihren Rücktritt bekanntgab und mitteilte, bis zur Bildung einer Übergangsregierung werde sie die Regierungsgeschäfte weiterführen.

Das ursprünglich bis Sonntag um Mitternacht befristete Mandat der europäischen Überwachungskommission ist durch den Ministerrat der Westeuropäischen Union (WEU) auf unbestimmte Zeit verlängert worden.

Telegrammwechsel des Bundeskanzlers mit dem französischen Ministerpräsidenten [1]

Bundeskanzler Dr. Adenauer hat an Ministerpräsident Faure, Hotel Matignon, Paris, am 24. Oktober 1955 folgendes Telegramm gesandt:

Nachdem ich soeben die vorläufigen Resultate der Abstimmung an der Saar erfahren habe, möchte ich Eurer Exzellenz unter Wiederholung unserer am 5. Oktober in Luxemburg abgegebenen Erklärungen meine feste Überzeugung zum Ausdruck bringen, daß das Abstimmungsergebnis die guten Beziehungen zwischen unseren Ländern nicht beeinträchtigen darf und wird. Aus dem Bewußtsein, daß beide Regierungen im Geiste europäischer

Solidarität einen Ausgleich gesucht und loyal ihre Verpflichtungen eingehalten haben, ergibt sich mir die Gewißheit, daß sie auch in Zukunft den Weg der Eintracht und der Freundschaft gehen werden.

gez. Adenauer

¹ Der französische Ministerpräsident Edgar Faure richtete an den Bundeskanzler nachstehendes Telegramm:
Ich bleibe wie Sie davon überzeugt, daß die Ergebnisse der Abstimmung an der Saar unsere beiden Regierungen nicht von dem Wege abbringen dürfen, den sie beschritten haben. Die neuen Schwierigkeiten, die auf unserem Wege aufgetreten sind, werden die Erfüllung unserer Aufgaben erschweren. Sie werden indessen nicht unseren gemeinsamen Willen beeinträchtigen, der Sache Europas und der Verständigung zwischen unseren beiden Völkern zu dienen.

gez. Edgar Faure

Stellungnahme des Bundeskabinetts

Das Bundeskabinett hat in seiner Sitzung am 24. Oktober 1955 zum Abstimmungsergebnis an der Saar folgende Stellung eingenommen:

Mit Zustimmung ihrer Parlamente haben sich die Regierungen der Französischen Republik und der Bundesrepublik Deutschland geeinigt, das von ihnen vereinbarte Saarstatut einer freien, unbeeinflußten Abstimmung der Saarbevölkerung zu unterwerfen. Die Saarbevölkerung hat sich mit großer Mehrheit gegen das Statut ausgesprochen.

Damit stellt sich von neuem die Aufgabe, dem im Abstimmungsergebnis ausgedrückten Willen der Saarbevölkerung Rechnung tragend, eine Lösung zu finden, die der deutsch-französischen Zusammenarbeit und dem Ziel der europäischen Gemeinschaft dient.

Quelle: Bulletin vom 25. 10. 1955, Nr. 201, S. 1679

76 Die »Hallstein-Doktrin«

Interview des Leiters der Politischen Abteilung des Auswärtigen Amts, Ministerialdirektor Professor Dr. Grewe, aus Anlaß der Botschafter-Konferenz im Auswärtigen Amt, 11. Dezember 1955 (Auszug)

. . .

Frage:

Ist es richtig, daß auf dieser Botschafter-Konferenz die Politik der Bundesregierung dahingehend definiert worden ist, daß sie die diplomatischen Beziehungen mit jedem Staat abbrechen würde, der etwa Pankow anerkennt?

Antwort:

Man wird zunächst sagen müssen, daß man nicht ganz generell festlegen kann, in welchem Augenblick eine Anerkennung im völkerrechtlichen Sinne vorliegt. Es gibt da eine Reihe von Zwischenstufen, die sowohl in der Staats-Praxis wie im Völkerrecht umstritten sind. Klar ist – und das haben wir oft genug deutlich gemacht –, daß die Intensivierung der Beziehungen mit Pankow von uns als eine unfreundliche Handlung empfunden wird. Auf unfreundliche Akte anderer Staaten kann man mit verschieden gestuften Maßnahmen reagieren, kann entweder seinen Botschafter zunächst einmal zur Berichterstattung zurückberufen, oder man kann auch einen weiteren Abbau einer solchen Mission vornehmen. Kurz, es gibt eine ganze Reihe von Maßnahmen, die noch vor dem Abbruch der diplomatischen Beziehungen liegen. Und es ist klar, daß man einen so schwerwiegenden Schritt wie den Abbruch diplomatischer Beziehungen immer nur nach sehr reiflicher Überlegung und in einer sehr ernsten Situation tun wird. Aber so viel ist klar, daß diese ganze Frage für uns in der Tat eine äußerst ernste Frage ist und daß in dem Augenblick, in dem das Problem der Doppelvertretung Deutschlands bei dritten Staaten auftaucht, wir wahrscheinlich gar nicht anders können, als sehr ernste Konsequenzen daraus zu ziehen.

Frage:
Daß wir jede Anerkennung Pankows als unfreundlichen Akt betrachten würden, haben wir ja auch schon vorher gesagt?

Antwort:
Das ist bereits im Bundestag und bei verschiedenen Gelegenheiten deutlich genug gesagt worden.

Frage:
Nun könnte natürlich jemand einwenden: Warum stellt ihr keine diplomatischen Beziehungen zu Polen, der ČSSR oder den südosteuropäischen Staaten her, nachdem ihr ja solche mit Moskau eingegangen seid?

Antwort:
Ich begrüße es sehr, daß Sie gerade diese Frage stellen, denn diese nach meinem Gefühl falsche Analogie wird in der Tat immer wieder gezogen. Wenn wir in Moskau die Tatsache hinnehmen, daß in Zukunft dort neben unserem Botschafter auch ein Botschafter des Pankow-Regimes sein wird, so nur deswegen, weil die Sowjetunion in ihren Beziehungen zu uns eben eine ganz besondere Stellung einnimmt. Sie gehört zu den ehemaligen vier Besatzungsmächten. Sie gehört zu denjenigen vier Mächten, die die Spaltung Deutschlands durch die Einteilung Deutschlands in militärische Besatzungszonen herbeigeführt haben und die daher auch allein im Zusammenwirken die Einheit Deutschlands wiederherstellen können. Wenn wir die Beziehungen mit Moskau aufgenommen haben, obgleich solche Beziehungen zur »DDR« bestehen, so doch nur mit der Maßgabe, die ja auch in dem Notenwechsel mit Moskau ihren Ausdruck gefunden hat, daß diese diplomatischen Beziehungen ein Mittel sein sollen auf dem Wege zur Überwindung der Spaltung und zur Wiederherstellung der Einheit Deutschlands. Dazu können uns aber diplomatische Beziehungen mit Polen, Ungarn, Rumänien und anderen kommunistischen Staaten nicht verhelfen. Das ist der große Unterschied.

Quelle: Bulletin vom 13. 12. 1955, Nr. 233, S. 1993 f.

77   Die »Nationale Volksarmee«

Stellungnahme der Bundesregierung zum »Gesetz über die Schaffung der Nationalen Volksarmee und des Ministeriums für Nationale Verteidigung«, 18. Januar 1956

Am 18. Januar 1956 erfolgte die Verkündung des sogenannten »Gesetzes über die Schaffung der Nationalen Volksarmee und des Ministeriums für Nationale Verteidigung« durch die »Volkskammer« der Sowjetzone. Diese Tatsache ändert an dem bisher bestehenden Zustand nichts. Es hebt sich lediglich der Vorhang vor der Bühne der sowjetzonalen Aufrüstung, und vor den Augen des mit dem Schauspiel seit 1948 vertrauten Zuschauers läuft der [...] Akt ab, in dem die seit 1948 von sowjetischen Instrukteuren geschulte und seit 1952 in mehr oder weniger unveränderter Stärke vorhandene sowjetzonale Armee ihre bisher dem sowjetischen Vorbild angeglichenen Uniformen in neue Uniformen umtauscht, die dem Schnitt der im Osten sonst so verpönten »militaristischen« deutschen Wehrmacht des Zweiten Weltkrieges entsprechen.

Dieser Einkleidungsvorgang sowie der Übergang zur Firmenwahrheit, d. h. zu der den tatsächlichen Verhältnissen seit langem entsprechenden Umbenennung der im sowjetzonalen Jargon schon häufig versehentlich als »nationale Streitkräfte« bezeichneten Volkspolizei in »Nationale Volksarmee« und die Herauslösung dieser Armee aus der Zuständigkeit des Innenministeriums durch ihre Unterstellung unter ein neu zu gründendes Ministerium für Nationale Verteidigung sind die einzigen Neuerungen, die sich in dem seit Monaten zur Verkündung bereitliegenden Gesetz befinden, das offenbar erst nach großem Zögern die Billigung der östlichen Nachbarstaaten der Sowjetzone gefunden hat. Der Passus des Gesetzes, der sich auf die zahlenmäßige Begrenzung der Stärke der sowjetzonalen Streitkräfte bezieht, dürfte neben der innenpolitisch erzwungenen Rücksicht auf einen durch Einziehungen nicht zu störenden Produktionsablauf eine Konzession des Gesetzgebers an die beiden Partner im Ostblock, Polen und Tschechoslowakei, darstellen, die ein aufschlußreiches Licht auf die gegenseitigen Beziehungen der Teilnehmerstaaten am Warschauer Vertrag wirft.

Der Verzicht auf die Proklamierung der allgemeinen Wehrpflicht ist darüber hinaus in erster Linie ein Beweis dafür, daß die deutsche Bevölkerung nicht gesonnen ist, sich dem Willen der fremden Machthaber zu beugen und in einem Heer zu dienen, dessen zugegebenes Ziel darin besteht, Einrichtungen, sprich »Errungenschaften«, zu schützen, die den Deutschen in der Sowjetzone vernichtungswert erscheinen, und Ziele im westlichen Teil des Vaterlandes bedrohen, die selbst zu erreichen sie von fremder Hand gehindert werden. Den Beweis dieser Haltung hat die Bevölkerung durch den Aufstand des 17. Juni 1953 und die laufende Zonenflucht geliefert. Die rund 130 000 Jugendlichen, die allein im Laufe des Jahres 1955 die Zone verließen, um dem verachteten Dienst an der fremden Waffe zu entgehen, und die 18 000 Volkspolizisten, anderthalb normalstarke Divisionen, die seit 1950 aus den sowjetzonalen Kasernen den Weg in die Freiheit wählten, haben dem Gesetzgeber die Hände gebunden und der Welt die Grenzen der Aufrüstungsmöglichkeiten der Sowjetzone gezeigt.

Der Vorrang, der durch die Beschränkung der Aufrüstung implizite dem Aufbau der sowjetzonalen Industrie gegeben wird, zeigt außerdem deutlich, daß der Ostblock zur Zeit militärisch über ausreichendes Menschen-»Material« verfügt und seine Anstrengungen darauf konzentriert, seinen technisch-militärischen Apparat mit allen Mitteln zu vervollkommnen. Der Stand, den die sowjetzonale Armee bis zum Tage ihrer Deklarierung als Nationale Volksarmee erreicht hat, ist nach vorliegenden Schätzungen der folgende:

I. Kasernierte Volkspolizei

Heer	über	90 000	Mann
Marine	ca.	10 000	Mann
Luftwaffe	ca.	9 000	Mann
	insgesamt rd.	110 000	Mann

II. Kasernierte Verbände des Staatssicherheitsdienstes

Grenzpolizei	32 000	Mann
Transportpolizei	8 000	Mann
Innere Truppen und Bereitschaften ca.	20 000	Mann
insgesamt rd.	60 000	Mann

| III. SED-Kampftruppen | 60 000 bis 80 000 Mann |
| IV. Ausgeschiedene KVP-Angehörige, die als Reserve zu betrachten sind | 45 000 Mann |

Bezüglich der Grundlagen des Wehrsystems und der Truppenerziehung gelten nach wie vor die Ausführungen in der Broschüre »Die Kasernierte Volkspolizei in der sowjetischen Besatzungszone Deutschlands«, die im vergangenen Jahre vom Bundesministerium für gesamtdeutsche Fragen herausgegeben wurde. Aus ihnen geht klar hervor, daß die Behauptung Stophs, es habe bisher in der »DDR« nur Polizeikräfte – d. h. keine Armee – gegeben, unwahr ist, ebenso die Behauptung des Gesetzgebers in § 1 des Gesetzes über die Schaffung der Nationalen Volksarmee: »Es wird eine ›Nationale Volksarmee‹ geschaffen.« Eine sowjetzonale Armee besteht in ihren Anfängen spätestens seit 1948. Ihrer Aufstellung, die einen einseitigen Verstoß gegen die interalliierten Vereinbarungen, insbesondere gegen das Potsdamer Abkommen darstellte, ist von den Westmächten wiederholt widersprochen worden. Es sei in diesem Zusammenhang vor allem an das Kommuniqué der Konferenz der Außenminister der Vereinigten Staaten von Amerika, Großbritanniens und Frankreichs vom 19. September 1950 erinnert, das die Grundlage zu den Gegenmaßnahmen des Westens bildet.

Die Behauptung der sowjetzonalen Machthaber, die Aufstellung der sowjetzonalen Armee sei ein Gegenzug gegen aggressive militärische Maßnahmen des Westens, widerspricht der historischen Wahrheit und wird auch durch ständige Wiederholung des Gegenteils nicht glaubwürdiger. Gegen diese Art der Demagogie ist die deutsche Bevölkerung durch die bitteren Erfahrungen der eigenen Vergangenheit hellhörig geworden und gibt ihr darum nicht mehr Kredit, wenn sie der Festigung eines nur mit anderem Vorzeichen auftretenden Terrorsystems dient.

Quelle: Bulletin vom 21. 1. 1956, Nr. 15, S. 119

78 Europäische Integration als Richtlinie deutscher Politik

Schreiben des Bundeskanzlers Dr. Konrad Adenauer an die Bundesminister vom 19. Januar 1956

Die gegenwärtige außenpolitische Lage enthält außerordentliche Gefahren. Um sie abzuwenden und eine günstige Entwicklung einzuleiten, bedarf es entschlossener Maßnahmen. Dazu gehört vor allem eine klare, positive deutsche Haltung zur europäischen Integration.

In dieser europäischen Integration sehen die entscheidenden Staatsmänner des Westens den Angelpunkt der Entwicklung, wie besonders meine Gespräche mit Pinay und Spaak und sehr bestimmte amerikanische politische Erklärungen gezeigt haben. Diese Auffassung ist zweifellos richtig. Wenn die Integration gelingt, können wir bei den Verhandlungen sowohl über die Sicherheit wie über die Wiedervereinigung als wesentliches neues Moment das Gewicht eines einigen Europas in die Waagschale werfen. Umgekehrt sind ernsthafte Konzessionen der Sowjetunion nicht zu erwarten, solange die Uneinigkeit Europas ihr Hoffnung gibt, diesen oder jenen Staat zu sich herüberzuziehen, dadurch den Zusammenhalt des Westens zu sprengen und die schrittweise Angliederung Europas an das Satellitensystem einzuleiten. Hinzu kommt, daß die dauerhafte Ordnung unseres Verhältnisses zu Frankreich nur auf dem Wege der europäischen Integration möglich ist. Sollte die

Integration durch unser Widerstreben oder unser Zögern scheitern, so wären die Folgen unabsehbar.

Daraus ergibt sich als Richtlinie unserer Politik, daß wir den Beschluß von Messina entschlossen und unverfälscht durchführen müssen. Noch stärker als bisher muß der politische Charakter dieses Beschlusses beachtet werden, der nicht allein eine technische Kooperation aus fachlichen Erwägungen, sondern eine Gemeinschaft herbeiführen soll, die (auch im Interesse der Wiedervereinigung) die gleiche Richtung des politischen Willens und Handelns sichert. Der OEEC-Rahmen genügt dafür nicht. In den Dienst dieser politischen Zielsetzung müssen alle fachlichen Erwägungen treten.

Insbesondere muß für die Durchführung des Programms von Messina folgendes gelten:

1. Die Integration zunächst unter den Sechs ist mit *allen* in Betracht kommenden Methoden zu fördern, also sowohl auf dem Gebiet der allgemeinen (horizontalen) Integration wie bezüglich der geeigneten (vertikalen) Teilintegration.

2. Hierbei ist von vornherein nach Möglichkeit die Schaffung geeigneter gemeinsamer Institutionen anzustreben, um im Sinne der großen politischen Zielsetzung eine feste Bindung der Sechs herbeizuführen.

3. Die recht gut gelaufenen Beratungen über die Herstellung eines gemeinsamen europäischen Marktes – d. h. eines Marktes, der einem Binnenmarkt ähnlich ist – müssen mit Nachdruck zu Ende geführt werden. Dabei müssen europäische Organe mit Entscheidungsbefugnissen geschaffen werden, um das Funktionieren dieses Marktes zu sichern und gleichzeitig die politische Weiterentwicklung zu fördern.

4. Ausgehend von dem Gedanken des Gemeinsamen Marktes muß auch für den Verkehr eine echte Integration der Sechs angestrebt werden. Das gilt insbesondere von der Luftfahrt; eine grundsätzliche Ablehnung oder Verzögerung von Integrationsplänen für die Produktion, das Beschaffungswesen und die Betriebsführung auf diesem Gebiet ist politisch nicht zu verantworten.

5. Das gleiche gilt für die Energie, insbesondere die Kernenergie. Es ist eine zwingende politische Notwendigkeit, jeden Zweifel darüber zu beseitigen, daß wir nach wie vor zu unseren Erklärungen von Messina stehen, wonach eine europäische Atomgemeinschaft mit Entscheidungsbefugnissen, gemeinsamen Organen und gemeinsamen Finanz- und sonstigen Durchführungsmitteln gegründet werden soll. Die Amerikaner sehen, wie sie offiziell erklärt haben, in einer europäischen Atomgemeinschaft, die im Gegensatz zur OEEC eigene Rechte und Verantwortlichkeiten hat, ein entscheidendes Moment der politischen Entwicklung. Sie sind bereit, eine solche Atomgemeinschaft mit allem Nachdruck zu unterstützen.

Andererseits läßt sich nach Auffassung der Weltöffentlichkeit die friedliche Nutzung der Atomenergie von der Möglichkeit der Herstellung von Atombomben praktisch nicht trennen. Der deutsche Versuch einer rein nationalen Atomregelung würde daher vom Ausland mit größtem Mißtrauen aufgenommen werden. Insbesondere können wir, wenngleich selbstverständlich Deutschland nicht diskriminiert werden darf und die deutsche Forschung und Industrie möglichst freien Raum erhalten müssen, eine gemeinsame europäische Bewirtschaftung einzelner Stoffe nicht ablehnen, wenn sie aus Sicherheitsgründen erforderlich ist.

Ich bitte, das vorstehend Dargelegte als Richtlinien der Politik der Bundesregierung (Art. 65 GG) zu betrachten und danach zu verfahren.

gez. Adenauer

Quelle: Aus den Akten des Auswärtigen Amts

Kommuniqué nach Abschluß der Konferenz zwischen Bundeskanzler Dr. Konrad Adenauer
und Ministerpräsident Mollet in Luxemburg vom 5. Juni 1956

Bundeskanzler Dr. Konrad Adenauer und der französische Ministerpräsident Guy Mollet
haben sich in Begleitung des deutschen Außenministers von Brentano und des französischen
Außenministers Pineau sowie der Staatssekretäre Professor Hallstein und Faure, am 4. Juni
in Luxemburg zu einer eingehenden Aussprache über die internationale Lage und die
zwischen beiden Ländern bestehenden Probleme getroffen.

Die Erörterungen ergaben, daß beide Regierungschefs in der Beurteilung der außenpolitischen Lage übereinstimmen. Sie haben bei dieser Gelegenheit erneut ihre Bindung an
die atlantische Allianz bekräftigt und ihre Absichten bekundet, dieses Bündnis so auszubauen, daß es den gemeinsamen Interessen, insbesondere in wirtschaftlicher und politischer
Hinsicht, zum größten Vorteil gereicht. Die beiden Regierungen sind sich völlig darin einig,
daß alle Bemühungen um eine allgemeine, einer internationalen Kontrolle unterworfene
Abrüstung gefördert werden müssen. Sie sind der Ansicht, daß die Durchführung eines
Abrüstungsprogramms von der Lösung der den Weltfrieden bedrohenden politischen Pro-
bleme abhängig ist. In diesem Zusammenhang wurde festgestellt, daß das Problem der
Wiedervereinigung Deutschlands an erster Stelle steht.

Ministerpräsident Mollet und Außenminister Pineau haben ihre deutschen Kollegen
über ihre kürzliche Reise nach Moskau und die Eindrücke unterrichtet, die sie bei ihren
Unterhaltungen mit den leitenden sowjetischen Staatsmännern gewonnen haben. Die deutschen und französischen Minister stimmten darin überein, daß keine Bemühungen unterlassen werden dürfen, um zu einem besseren Verständnis der gegenseitigen Auffassungen
zu gelangen und damit die Lösung der Hauptprobleme zwischen Ost und West zu erleichtern.

Die Minister kamen sodann auf die zur Zeit schwebenden Europaverhandlungen zu
sprechen. Sie gaben ihrer Befriedigung über die Ergebnisse der Konferenz von Venedig Ausdruck und über die Fortschritte, die dort auf dem Wege zur Schaffung der europäischen
Atomgemeinschaft und des gemeinsamen Marktes erzielt worden sind. Sie befaßten sich
ferner mit dem französischen Vorschlag, die Möglichkeit der Ausdehnung des gemeinsamen Marktes auf die überseeischen Gebiete zu prüfen. Sie brachten erneut ihre Entschlossenheit zum Ausdruck, den Wohlstand der europäischen Völker zu fördern und ihren
Lebensstandard zu erhöhen. Sie werden deshalb darauf hinwirken, daß die am 26. Juni
1956 in Brüssel beginnende Regierungskonferenz beschleunigt zu positiven Ergebnissen
gelangt.

Die Minister behandelten sodann die Saarfrage, die Frage der Moselkanalisierung und
des Rhein-Seiten-Kanals. Sie erörterten eingehend die Ergebnisse der wiederholten Verhandlungen zwischen den Staatssekretären und den von diesen geleiteten Delegationen.
Hierbei waren sie sich der Schwierigkeit der zu lösenden Probleme, aber auch der außerordentlichen Bedeutung bewußt, die eine Lösung in vollem Einverständnis für ein gutes
deutsch-französisches Einvernehmen, für die europäische Zusammenarbeit und für die
Solidarität des Westens hat. In diesem Geist haben sich die Minister bemüht, ihre wesentlichen nationalen Interessen miteinander in Einklang zu bringen. So ist es ihnen gelungen,
gemeinsame Direktiven für die Sachverständigen beider Länder zu formulieren, denen die
Ausarbeitung der den Parlamenten vorzulegenden Abkommen obliegt. Einige dieser Abkommen werden die Lösung der Saarfrage enthalten, einige weitere werden den Rhein-
Seiten-Kanal zum Gegenstand haben, andere wieder werden die Moselkanalisierung be-

treffen. Wegen der Kanalisierung der Mosel werden die beiden Regierungen unverzüglich an die luxemburgische Regierung herantreten, um mit ihr als der Regierung eines Anlieger-staates über diese Frage zu beraten und sie um ihre Zustimmung zu ersuchen.

Die umfassenden und eingehenden Gespräche hatten einen sehr offenen und freund-schaftlichen Charakter. Selbst bei den Punkten, in denen die Auffassungen der beiden Regierungen voneinander abwichen, ließen sich die deutschen und französischen Minister vom Geist echter europäischer Zusammenarbeit leiten. Sie konnten mit Genugtuung fest-stellen, daß es ihnen gelungen ist, ihre Auffassung zu allen in der Konferenz behandelten Fragen in Übereinstimmung zu bringen. Sie gaben der Hoffnung Ausdruck, daß sich die deutsch-französischen Beziehungen künftig in einer Atmosphäre enger und vertrauensvoller Zusammenarbeit entwickeln werden, einer Atmosphäre, die am besten geeignet ist, ihr gemeinsames Ziel zu verwirklichen: den Bau Europas.

Quelle: Bulletin vom 6. 6. 1956, Nr. 101, S. 985

Kommuniqué über den Besuch des indonesischen Staatspräsidenten Sukarno in der Bundes-republik, 26. Juni 1956

Der indonesische Staatspräsident, Dr. Sukarno, stattete der Bundesrepublik vom 18. bis 26. Juni 1956 einen Staatsbesuch ab. In seiner Begleitung befanden sich der Minister des Auswärtigen, Herr Roesland Abdulgani, und weitere hohe Regierungsvertreter der Republik Indonesien sowie des indonesischen Parlaments.

Der indonesische Staatspräsident wurde von Bundespräsident Heuss empfangen und unternahm eine einwöchige Reise, die ihn nach Berlin, Hamburg, ins Ruhrgebiet, nach Stuttgart, Heidelberg und Frankfurt führte. Nach seiner Rückkehr fanden in herzlicher und freundschaftlicher Atmosphäre Besprechungen zwischen dem Bundeskanzler, dem Bundes-minister des Auswärtigen, dem Bundesminister für Wirtschaft und dem indonesischen Außenminister und seinen Beratern statt, die erneut bestätigten, daß das politische Ziel beider Länder die Erhaltung des Weltfriedens und die Verminderung der zur Zeit beste-henden Spannungen ist. Ebenso bestand Einverständnis über die Rede des indonesischen Staatspräsidenten vor den Studenten der Universität Heidelberg am 22. Juni, worin unter anderem betont wird, daß künstlich geteilte Staaten eine der wesentlichsten Ursachen dieser Spannungen sind, die Wiedervereinigung Deutschlands einen entscheidenden Beitrag zu ihrer Beseitigung darstellen würde und daß die Zusammenführung der beiden getrennten Teile Deutschlands ein moralisches und ein Problem der Humanität sei, dessen Lösung nicht von der Entwicklung der zwischen den beiden großen Machtblöcken herrschenden Spannun-gen abhängig gemacht werden dürfe.

In wirtschaftlicher Hinsicht wurde vereinbart, daß die zwischen der Bundesrepublik und Indonesien bereits vorhandene gute Zusammenarbeit weiter ausgebaut werden soll. In eingehender Aussprache über die sich dafür ergebenden Möglichkeiten wurde eine Reihe von Vorschlägen erörtert, die von der indonesischen Regierung geprüft und alsdann auf diplomatischem Wege abschließend verhandelt werden sollen. Ebenso soll der kulturelle Austausch beider Länder künftig Gegenstand besonderer Aufmerksamkeit ihrer Regierun-gen sein.

Konferenz des Ministerrats der NATO vom 2. bis 4. 5. 1957 in Bad Godesberg

Begegnung Bundeskanzler Adenauers mit dem französischen Ministerpräsidenten de Gaulle
am 26. 11. 1958 in Bad Kreuznach
(Vordere Reihe v. l. n. r.: Botschafter Blankenhorn, Bundesminister der Finanzen Etzel,
der französische Außenminister Maurice Couve de Murville,
Bundesminister des Auswärtigen v. Brentano,
Ministerpräsident de Gaulle, Bundeskanzler Adenauer,
Vizekanzler und Bundesminister für Wirtschaft Prof. Erhard, Generalsekretär Joxe,
der französische Botschafter François Seydoux de Clausonne)

Durch den Besuch des indonesischen Staatspräsidenten und seiner Begleitung hat die traditionelle Freundschaft des deutschen und des indonesischen Volkes eine erneute Festigung erfahren, die der Wohlfahrt der beiden Völker und dem Frieden der Welt zugute kommen wird.

Quelle: Bulletin vom 27. 6. 1956, Nr. 116, S. 1142

81 Verständigung mit Osteuropa

Bericht über die außenpolitische Lage vom Bundesminister des Auswärtigen, Dr. Heinrich von Brentano, vor dem Deutschen Bundestag am 28. Juni 1956 (Auszug)

... Das deutsche Volk will in einer nach innen und außen gesicherten demokratischen Freiheit und als unlösbarer Bestandteil der freien Welt seine Zukunft gestalten. Es wird aber auch jede europäische oder Weltorganisation unterstützen, die den Frieden sichert und die zu einer aufrichtigen und dauerhaften Koexistenz führt auch mit solchen Staaten und Völkern, die andere Lebensformen in ihrer staatlichen Ordnung für sich wünschen. *(Zustimmung in der Mitte.)*
Daraus ergibt sich auch das Verhältnis zu den sogenannten Satellitenstaaten und zu dem Problem der Ostgrenzen. In der letzten Zeit ist verschiedentlich die Frage erörtert worden, ob es zweckmäßig und möglich sei, Beziehungen zu den östlichen Nachbarstaaten Deutschlands aufzunehmen. Die Bundesregierung hat dieses Problem wiederholt eingehend geprüft, und sie ist zu dem Ergebnis gekommen, daß diplomatische Beziehungen zu diesen Staaten unter den augenblicklichen Umständen nicht aufgenommen werden können. Das bedeutet nicht, daß die Bundesregierung an der Herstellung normaler Beziehungen zu diesen Staaten uninteressiert wäre. Diese Staaten gehen ja doch davon aus, daß die Teilung Deutschlands und die Existenz zweier deutscher Staaten eine Realität sei, die man im internationalen Verkehr anerkennen müsse.
(Abg. Dr. Schmid [Frankfurt]: Die Sowjetunion tut das doch auch!)
– Ich glaube, Herr Kollege Schmid, Sie waren selber in Moskau zugegen und haben ja an den Gesprächen teilgenommen. Sie werden wohl nicht bestreiten, Herr Kollege Schmid, daß es ein legitimes und ehrliches Bedürfnis war, mit der Sowjetunion als dem vierten Staat in Berührung zu kommen, der die Teilung Deutschlands beseitigen kann. Das Verhältnis zu anderen Staaten ergibt sich, glaube ich, auf einer anderen Grundlage.
(Beifall bei den Regierungsparteien. – Abg. Dr. Schmid [Frankfurt]: Es kann also offenbar Gründe für die Aufnahme diplomatischer Beziehungen zu Staaten, die die DDR anerkennen, geben, die stärker sind als die Gründe dagegen! Vielleicht liegen solche Gründe auch gegenüber dem einen oder anderen der Ostblockstaaten vor!)
Und ich darf daran erinnern, Herr Kollege Schmid, daß in der Berichterstattung, die der Herr Bundeskanzler hier im Parlament gegeben hat, und auch in seiner Regierungserklärung vom 2. Dezember sehr wohl – und, ich glaube, auch ohne Widerspruch von Ihnen zu finden – darauf hingewiesen worden ist, welche Gründe es waren, die uns veranlaßt haben, diplomatische Beziehungen zur Sowjetunion aufzunehmen, und daß diese Gründe andere waren als solche, die uns bestimmen könnten, das gleiche mit den Satellitenstaaten zu tun. Ich meine sogar, Herr Kollege Schmid, daß Sie damals der gleichen Auffassung waren. Aber wie gesagt, wir können darüber diskutieren.
Ich darf in diesem Zusammenhang auf die Reaktion verweisen, die ein Interview gefunden hat, das ein Mitglied dieses Hauses vor kurzem einer polnischen Zeitung gegeben hat.

Der Befragte hat in diesem Interview ausdrücklich darauf hingewiesen, daß der Aufnahme diplomatischer Beziehungen zwischen der Bundesrepublik und Polen die Anerkennung des Anspruchs Deutschlands auf seine staatliche Einheit vorangehen müsse. Die Reaktion war unmißverständlich. Die Antwort lautete, das Bestehen zweier deutscher Staaten sei schließlich eine Tatsache.

(Hört! Hört! bei der CDU/CSU.)

Diese Haltung der Staaten des Sowjetblocks zwingt die Bundesregierung zu der klaren Feststellung, daß sie diplomatische Beziehungen zu diesen Ländern nicht aufzunehmen vermag, ohne ihren Anspruch auf die Wiederherstellung der staatlichen Einheit Deutschlands aufzugeben.

Die Bundesregierung hält aber auch ihre klare Einstellung zu der Frage der Grenzziehung im Osten unverändert aufrecht. Ich lege auf diese Feststellung besonderen Wert, da eine Äußerung, die ich auf einer Pressekonferenz in London machte, zu falschen Interpretationen Anlaß gab. Die Bundesregierung hat sich niemals mit der Teilung Deutschlands abgefunden. In voller Übereinstimmung mit dem erklärten Willen des ganzen deutschen Volkes hat sie immer wieder darauf hingewiesen, daß das Deutsche Reich in seinen Grenzen von 1937 fortbesteht und daß einseitige Entscheidungen, die in den Jahren nach dem völligen Zusammenbruch getroffen wurden, vom deutschen Volke nicht anerkannt werden.

(Beifall bei den Regierungsparteien.)

Das Recht auf die Heimat und das Selbstbestimmungsrecht sind unabdingbare Voraussetzungen für die Lösung des Schicksals der in der Vertreibung oder in der Unfreiheit lebenden Menschen und Völker. Darum hat die Bundesregierung auch immer wieder feierlich erklärt, daß die Lösung des Problems der deutschen Ostgrenzen einem Friedensvertrag vorbehalten bleiben muß, zu dessen Abschluß nur eine vom ganzen deutschen Volk demokratisch legitimierte gesamtdeutsche Regierung berechtigt sein kann . . . [1].

---

[1] Zu der Frage einer Normalisierung der Beziehungen zu den osteuropäischen Staaten nahm der Vorsitzende der SPD, Erich Ollenhauer, einen Tag später in der Bundestagsdebatte vom 29. 6. 1956 wie folgt Stellung:
. . . Natürlich gibt es für die deutsche Politik dabei besondere Probleme, die sich aus der Spaltung Deutschlands und aus dem Fehlen einer friedensvertraglichen Regelung der Grenzfragen ergeben. Die Normalisierung der Beziehungen zu den Ostblockstaaten kann und darf keine Anerkennung der Spaltung Deutschlands und keine Anerkennung der vorläufigen Grenzen im Osten Deutschlands bedeuten.
(Zuruf von der CDU/CSU: Theorie!)
Aber, meine Damen und Herren, die Bundesrepublik hat vor dem gleichen Problem bei der Aufnahme diplomatischer Beziehungen mit der Sowjetunion gestanden, und der Herr Bundeskanzler hat uns hier seinerzeit dargelegt, daß diese Schwierigkeiten nach seiner Überzeugung ausgeräumt worden sind durch den besonderen Brief, den er damals der russischen Regierung nach Abschluß der Vereinbarungen übermittelt hat und in dem die Vorbehalte ausdrücklich festgelegt worden sind. Eine solche Regelung wäre auch in den Fällen möglich, in denen wir diese Vorbehalte gegenüber anderen Staaten noch zu machen haben.
Die sozialdemokratische Bundestagsfraktion ist im Gegensatz zu der Auffassung des Herrn Außenministers der Meinung, daß die Normalisierung der Beziehungen zu osteuropäischen Ländern zunächst zu den Ländern in Angriff genommen werden sollte, die wie Polen und die Tschechoslowakei unmittelbar an Deutschland angrenzen. Es ist auch eine Frage von Verhandlungen, in welcher Weise die Normalisierung in Gang gebracht wird. Es gibt hier verschiedene praktisch erprobte Möglichkeiten der gegenseitigen Vertretung, deren Ausnutzung zur Aufnahme voller diplomatischer Beziehungen führen könnte.
Es gibt noch einen anderen Gesichtspunkt, der vom deutschen Standpunkt aus für die Aufnahme solcher Beziehungen spricht. In fast allen Ländern Osteuropas leben noch eine große Zahl von Deutschen, die in der Vergangenheit ihre Existenz unter sehr schweren Bedingungen fristen mußten. Viele von ihnen haben den Wunsch, mit ihren jetzt in der Bundesrepublik lebenden Angehörigen wieder in einen persönlichen Kontakt zu kommen. Die Schaffung deutscher Vertretungen in diesen Ländern würde daher nicht nur die Möglichkeit der Erweiterung der Beziehungen zu diesen Ländern im allgemeinen bieten, sondern sie könnte auch eine Hilfe für diese deutschen Menschen sein . . .
(Quelle: 2. Deutscher Bundestag, 156. Sitzung vom 29. 6. 1956, S. 8514)

Quelle: 2. Deutscher Bundestag, 155. Sitzung vom 28. 6. 1956, S. 8412–8429

*Gemeinsames deutsch-indisches Kommuniqué über den Staatsbesuch des indischen Minister-
präsidenten Nehru in der Bundesrepublik, 17. Juli 1956*

Der indische Ministerpräsident Jawaharlal Nehru besuchte vom 13. bis 17. Juli 1956 in
Begleitung seiner Tochter Shrimati Indira Gandhi und des Generalsekretärs im indischen
Ministerium für Auswärtige Angelegenheiten, Shri Raghavan Pillai, die Bundesrepublik.
Nach einem Aufenthalt von drei Tagen in der Bundeshauptstadt besuchten der Minister-
präsident und seine Begleitung Hamburg.

Während seines Aufenthalts in der Bundesrepublik wurde der Ministerpräsident von
dem Bundespräsidenten empfangen und hatte mehrere Unterredungen mit Bundeskanzler
Dr. Adenauer, dem Bundesminister des Auswärtigen, Dr. von Brentano, dem Bundesmini-
ster für wirtschaftliche Zusammenarbeit, Dr. h. c. Blücher, und dem Bundesminister für
Wirtschaft, Professor Dr. Erhard. Die Besprechungen verliefen in einer Atmosphäre der
Freundschaft und des gegenseitigen Verständnisses.

Im Verlauf der eingehenden und freundschaftlichen Aussprachen zwischen den beiden
Regierungschefs wurden alle politischen Fragen von gemeinsamem Interesse freimütig
erörtert. Beide Regierungschefs bekräftigten ihren Glauben an die auf den Grundsätzen
der persönlichen Freiheit und der Rechtsstaatlichkeit beruhende Demokratie und stellten mit
Befriedigung fest, daß ihre Aussprachen Gleichartigkeit der grundsätzlichen Ziele ergaben,
welche auf die Erhaltung und Förderung des Friedens gerichtet sind. Es herrschte Einverständnis darüber, daß Achtung der nationalen Unabhängigkeit und Souveränität, territoriale Integrität und Nichteinmischung in die internen Angelegenheiten anderer Staaten
die Grundlage für eine freundschaftliche und friedliche Zusammenarbeit aller Länder
bilden.

Die Regierungschefs erörterten die allgemeine internationale Lage unter besonderer
Berücksichtigung der bestehenden Spannungen und der Maßnahmen, die zur Herbeiführung
einer fortschreitenden Besserung getroffen werden könnten. Sie hoffen zuversichtlich, daß
die gegenwärtige Entwicklung sich auf die Minderung dieser Spannungen hin bewegt. Sie
stimmten darin überein, daß ein umfassendes Abrüstungsabkommen, welches geeignete
Inspektions- und Kontrollmaßnahmen zur Voraussetzung hat, für die Sicherung des Weltfriedens und die Förderung des wirtschaftlichen und sozialen Fortschrittes aller Länder
gleichfalls von größter Wichtigkeit ist.

Die beiden Regierungschefs erörterten die deutsche Frage im Zusammenhang mit der
allgemeinen Weltlage. Der indische Ministerpräsident brachte sein Einverständnis und seine
Sympathie für den Wunsch des deutschen Volkes nach friedlicher Herstellung seiner nationalen Einheit zum Ausdruck, die durch eine Verminderung der bestehenden Spannungen
erleichtert würde und selbst wesentlich zu einer Verbesserung der europäischen und allgemeinen internationalen Lage beitragen würde.

Von deutscher Seite wurde das große Interesse der Bundesrepublik am wirtschaftlichen
Aufbau Indiens betont. Die beiden Regierungschefs stellten mit Genugtuung fest, daß die
deutsche Industrie seit mehreren Jahren in beträchtlichem Ausmaß zur Verwirklichung der
großen indischen Entwicklungsvorhaben herangezogen wird und daß sie bereit ist, auch in
Zukunft daran mitzuwirken. Die Bundesregierung setzt unbedingtes Vertrauen in die wirtschaftliche Zukunft Indiens und ist bereit, die in der Bundesrepublik vorhandenen technischen Erfahrungen bei der Verwirklichung der indischen Wirtschaftspläne zur Verfügung
zu stellen, und wird, soweit dies die indische Regierung wünscht, ihre Mitarbeit in Zukunft
noch verstärken.

Die Bundesregierung ist davon überzeugt, daß die Zusammenarbeit von deutschen und indischen Wissenschaftlern, Sachverständigen und Technikern nicht nur – zum gegenseitigen Nutzen beider Länder – der indischen Wirtschaft und der Stärkung der Beziehungen zwischen beiden Ländern dient, sondern daß durch diese Partnerschaft zugleich die menschlichen Beziehungen und das gegenseitige Verstehen beider Völker gefördert werden.

Beide Regierungschefs kamen überein, daß in Zusammenarbeit zwischen den beiden Ländern eine technische Lehranstalt in Indien geschaffen werden soll, für die die Bundesregierung Lehrkräfte und Einrichtungen zur Verfügung stellen wird. Die Bundesregierung wird ferner für eine größere Anzahl von indischen Studenten Freiplätze zum Studium an deutschen Technischen Lehranstalten bereitstellen.

Auch auf kulturellem Gebiet besteht bei beiden Regierungschefs der Wunsch, die alten und engen freundschaftlichen Beziehungen zwischen den beiden Ländern weiter zu pflegen und auszubauen.

Beide Regierungschefs äußerten ihre tiefe Befriedigung darüber, daß sie Gelegenheit zu einem Meinungsaustausch über alle ihnen am Herzen liegenden Probleme hatten, und sind der Meinung, daß sich diese Gespräche segensreich für die Zukunft der beiden Völker und den Frieden der Welt auswirken werden.

Quelle: Die Bemühungen der deutschen Regierung und ihrer Verbündeten um die Einheit Deutschlands 1955–1966, hrsg. vom Auswärtigen Amt, Bonn 1966, S. 159–161

83 Teilnahme an der Suez-Konferenz

Beschluß der Bundesregierung über die Teilnahme an der Suez-Konferenz in London, 8. August 1956

Die Bundesregierung hat beschlossen, die Einladung der Britischen Regierung zu der Konferenz, die am 16. August in London beginnen soll, anzunehmen. Die deutsche Delegation wird durch den Bundesminister des Auswärtigen geführt werden. Die Britische Regierung ist von diesem Beschluß in Kenntnis gesetzt worden. Ebenso ist er den Regierungen aller Staaten mitgeteilt worden, die die gleiche Einladung erhalten haben.

Die Bundesregierung hat sich bei dieser Entscheidung von folgenden Erwägungen bestimmen lassen:

Die Beilegung von Spannungen auf dem Wege von Verhandlungen ist ein politischer Grundsatz, von dem sich die gesamte Außenpolitik der Bundesregierung leiten läßt. Sie betrachtet es daher als ihre Aufgabe, sich an gemeinsamen Bemühungen um die Beilegung von internationalen Konflikten durch eine auf sachlicher Erörterung beruhende Vereinbarung zu beteiligen. Sie glaubt, daß die Konferenz, die die Regierungen der Vereinigten Staaten, Großbritanniens und Frankreichs gemeinsam beschlossen haben, geeignet ist, jenes Prinzip auf einen Fall anzuwenden, der auch nach ihrer Auffassung dringend eine baldige Lösung fordert. Sie hofft, daß es ihr möglich sein wird, zum Gelingen dieser Konferenz einen Beitrag zu leisten.

Darüber hinaus ist sich die Bundesregierung bewußt, daß wichtige politische und wirtschaftliche Interessen Deutschlands auf der Konferenz zur Diskussion stehen. Sie glaubt daher auch, daß diese Interessen die Teilnahme der Bundesrepublik an der Konferenz begründen. Die Bundesregierung spricht die Hoffnung aus, daß auch die anderen Regierungen, denen eine Einladung zugegangen ist, durch eine Teilnahme an der Konferenz zu deren Erfolg beitragen werden.

Quelle: Bulletin vom 8. 8. 1956, Nr. 146, S. 1417

Erklärung der Bundesregierung zu der Stellungnahme der KPdSU gegen das am 17. August 1956 erlassene Verbot der KPD, 1. September 1956

Das Zentralkomitee der Kommunistischen Partei der Sowjetunion hat am 20. August 1956 eine Erklärung zum Verbot der Kommunistischen Partei Deutschlands veröffentlicht. In dieser Erklärung wird der Bundesregierung der Vorwurf gemacht, sie versuche nach dem Muster Hitlers die demokratische Öffentlichkeit Deutschlands mundtot zu machen, um über die Aufrüstung zu einer Wiedervereinigung auf kriegerischem Wege zu gelangen. Dazu wird festgestellt:

1. Die Erklärung des Zentralkomitees der KPdSU stellt eine grobe Einmischung in innerdeutsche Angelegenheiten dar. Die Einmischung ist angesichts der in der Sowjetunion bestehenden engen Verflechtung von Partei und Staat besonders schwerwiegend, weil bekanntlich die Kommunistische Partei der Sowjetunion das Herrschaftsmonopol im sowjetischen Einparteistaat besitzt und die Richtlinien für die sowjetische Regierungspolitik festlegt.

Die Sowjetregierung würde es sicher auch für unangebracht halten, wenn an sie das Ansinnen gestellt würde, die in der Sowjetunion verbotenen Parteien wie die russische Sozialdemokratie, die sozialrevolutionäre Partei, die konstitutionell-demokratische Partei und andere demokratische Parteien Rußlands wieder zuzulassen. Die Bundesrepublik muß ihrerseits die Einmischung der Sowjetführung in ihre inneren Angelegenheiten als unangebracht zurückweisen.

Dieser Auffassung entspricht auch eine Erklärung des sowjetischen Außenministers Schepilow, der am 17. August 1956 auf der Suezkanal-Konferenz in London folgendes ausgeführt hat:

»Die Sowjetregierung ist der Ansicht, daß Versuche als untauglich aufgegeben werden müssen, dem einen oder dem anderen Volk eine innere Einrichtung und solche Zustände aufzuzwingen, die zwar diesen oder jenen fremden Mächten gefallen mögen, jedoch beim Volk selber nicht die notwendige Sympathie und Unterstützung finden. Ein solches Herangehen an internationale Angelegenheiten ist nichts anderes als eine Politik der Einmischung in die inneren Angelegenheiten eines anderen Staates.«

Mit diesen den anerkannten Grundsätzen des Völkerrechts entsprechenden Ausführungen des sowjetischen Außenministers steht die Einmischung des Zentralkomitees der KPdSU in innerdeutsche Angelegenheiten in schärfstem Widerspruch, was um so unverständlicher ist, als der sowjetische Außenminister Schepilow gleichzeitig Sekretär des Zentralkomitees und Kandidat des Präsidiums des Zentralkomitees der KPdSU ist. Diese Einmischung des Zentralkomitees ist unvereinbar mit den allgemeinen Grundsätzen des Völkerrechts, die auch in der Charta der Vereinten Nationen (und ebenso in den Beschlüssen der Bandung-Konferenz) festgelegt sind und die, was insbesondere die Nichteinmischung in innere Angelegenheiten dritter Staaten angeht, vom sowjetischen Ministerpräsidenten Bulganin und vom Ersten Parteisekretär Chruschtschow wiederholt feierlich bekräftigt worden sind.

2. Die Bundesrepublik ist ein freiheitlich-demokratischer Rechtsstaat, der auf dem Prinzip der Gewaltenteilung beruht. Die Rechtsprechung ist unabhängig. Die Kommunistische Partei Deutschlands wurde von einem unabhängigen Gericht für verfassungswidrig erklärt und aufgelöst. Dasselbe Gericht hatte vor der Kommunistischen Partei die neo-nazistische Sozialistische Reichspartei verboten. Dieses Gericht ist nur an die Verfassung der Bundesrepublik Deutschland gebunden. Die Verfassung ist auf die historische Erfahrung der Weimarer Republik gegründet. Durch die Sabotage der demokratischen Ordnung durch Nationalsozialisten und Kommunisten ging die deutsche Demokratie zugrunde.

Hinter der Kommunistischen Partei Deutschlands steht, wie die zahlreichen Wahlen der letzten Jahre bewiesen haben, nicht die deutsche Arbeiterschaft, sondern nur eine kleine Gruppe von Funktionären. Ziel der Kommunistischen Partei Deutschlands war, in ständigem Angriff auf die verfassungsmäßige Ordnung die Demokratie mit Gewalt zu beseitigen und die Diktatur einer verschwindenden Minderheit zu errichten. Die Kommunistische Partei Deutschlands hat sich mit ihrer antideutschen Politik als Vertreterin ausländischer Interessen bloßgestellt und sich damit selbst aus der demokratischen Gemeinschaft des deutchen Volkes ausgeschlossen.

Das Verbot der Kommunistischen Partei Deutschlands in der Bundesrepublik hat, wie übrigens auch das Verfassungsgericht in seinem Urteil ausdrücklich klargestellt hat, mit der Abhaltung gesamtdeutscher Wahlen zur Wiedervereinigung überhaupt nichts zu tun. Es wird Aufgabe des ganzen deutschen Volkes sein, für den gesamtdeutschen Staat eine Verfassung zu schaffen.

Es ist bekannt, daß die Sowjetführung keinen Anlaß gefunden hat, gegen die erzwungene Verschmelzung der SPD mit der KPD in der sowjetischen Besatzungszone Einspruch zu erheben. Die sowjetische Besatzungsmacht hat diese Verschmelzung nicht nur geduldet, sondern erzwungen, ebenso wie sie planmäßig die Aushöhlung der bürgerlichen Parteien der sowjetischen Besatzungszone Deutschlands durch kommunistische Elemente fördert.

3. Die Behauptung, die Bundesrepublik wolle die Wiedervereinigung Deutschlands mit kriegerischen Mitteln erzwingen, ist ebenso phantastisch wie töricht. Die Unterstellung, mit zwölf Divisionen neu aufzustellender Streitkräfte die Millionenarmeen der Sowjetunion und ihrer Verbündeten angreifen zu wollen, ist zu absurd, um der Widerlegung zu bedürfen.

Die deutsche Frage läßt sich nicht mit Parteiparolen lösen. Sie muß jedoch um des Friedens und der Sicherheit in Europa und in der Welt willen gelöst werden. An Stelle unberechtigter Angriffe auf das unabhängige Bundesverfassungsgericht wäre die KPdSU besser beraten, die Konsequenzen zu überdenken, die sich folgerichtig aus der Abschaffung des sogenannten Personenkults für die sowjetische Deutschlandpolitik und für die in der sowjetischen Besatzungszone herrschenden Verhältnisse ergeben.

Dort herrscht noch immer das Kolonialsystem, das unter Stalin diesem Teil des deutschen Volkes auferlegt wurde, während doch die Sowjetführung selbst sich mit Abscheu gegen die stalinistischen Praktiken gewandt hat. Möge die Zeit nicht mehr fern sein, wo die Sowjetführung bereit ist, die außenpolitischen Konsequenzen aus den Erkenntnissen zu ziehen, zu denen sie auf dem XX. Parteitag selbst gekommen ist!

Quelle: Bulletin vom 1. 9. 1956, Nr. 164, S. 1585 f.

85   Die Verpflichtung der Sowjetunion gegenüber Deutschland

Note und Memorandum der Bundesregierung zur Frage der Wiederherstellung der deutschen Einheit vom 2. September 1956

Der Bundesminister des Auswärtigen   Bonn, den 2. September 1956

Seiner Exzellenz
dem Minister des Auswärtigen
der Union der Sozialistischen Sowjetrepubliken
Herrn Dmitrij Trofimowitsch Schepilow
Moskau

Herr Außenminister!

Ich beehre mich, Ihnen als Anlagen eine Note sowie ein Memorandum zu übermitteln und darf diese Dokumente der besonderen Aufmerksamkeit Ihrer Regierung empfehlen.

Genehmigen Sie, Herr Außenminister, die Versicherung meiner ausgezeichnetsten Hochachtung.

gez. von Brentano

Auswärtiges Amt

Die Regierungschefs der Union der Sozialistischen Sowjetrepubliken, der Vereinigten Staaten von Amerika, des Vereinigten Königreichs und Frankreichs waren auf der Ersten Genfer Konferenz im Juli 1955 übereingekommen, »daß die Regelung der deutschen Frage und die Wiedervereinigungsfrage im Wege freier Wahlen im Einklang mit den nationalen Interessen des deutschen Volkes und den Interessen der europäischen Sicherheit erfolgen muß«. Leider ist es auf der Zweiten Genfer Konferenz im Oktober und November 1955 nicht möglich gewesen, Mittel und Wege zu vereinbaren, um diesen Beschluß in die Tat umzusetzen. Nunmehr ist auch das Jahr 1956 bereits mehr als zur Hälfte verstrichen, ohne daß in der Frage Fortschritte erzielt sind.

Die Bundesregierung fühlt sich verpflichtet, die Regierung der Union der Sozialistischen Sowjetrepubliken auf den Ernst dieser Tatsache hinzuweisen.

Alle vier Mächte haben stets die Verantwortlichkeit anerkannt, die sie für die Wiederherstellung der staatlichen Einheit Deutschlands tragen. Dieser Verantwortlichkeit ist nicht damit Genüge getan, daß man dem Grundsatz der Wiedervereinigung zustimmt, ohne jedoch praktische Wege zu ihrer Herbeiführung zu vereinbaren.

Nachdem mehrere Versuche, auf großen Konferenzen eine Vereinbarung hierüber zu erzielen, gescheitert sind, hält es die Bundesregierung nicht für zweckmäßig, die Einberufung einer neuen Konferenz in diesem Augenblick anzuregen. Sie glaubt, daß eine neue Konferenz erst dann einberufen werden sollte, wenn auf normalem diplomatischen Weg eine begründete Aussicht geschaffen ist, daß eine solche Konferenz erfolgreich sein wird.

Die Bundesregierung richtet den dringenden Appell an die Regierung der Union der Sozialistischen Sowjetrepubliken, die Bemühungen um eine solche Förderung der Frage erneut und mit Energie aufzunehmen.

Die Bundesregierung erlaubt sich, einen eigenen Beitrag zu diesen Bemühungen in Gestalt eines Memorandums zu liefern, das sie an die Regierung der Union der Sozialistischen Sowjetrepubliken richtet. Sie hält dieses Verfahren deshalb für zweckmäßig, weil sie mit den Regierungen Frankreichs, des Vereinigten Königreichs und der Vereinigten Staaten von Amerika schon längere Zeit in einem Gedankenaustausch gestanden hat und dabei erfreulicherweise zur Übereinstimmung mit diesen Regierungen gelangt ist. Dagegen hatte sie bisher keine Gelegenheit zu einer eingehenden Erörterung der Wiedervereinigungsfrage mit der Regierung der Union der Sozialistischen Sowjetrepubliken.

Die Bundesregierung erinnert daran, daß der Vorsitzende des Präsidiums des Obersten Sowjets, Marschall Woroschilow, am 12. März dieses Jahres anläßlich der Überreichung des Beglaubigungsschreibens des Botschafters der Bundesrepublik, Herrn Haas, die Überzeugung bekräftigte, daß die Herstellung diplomatischer Beziehungen zwischen beiden Staaten der Lösung der wichtigsten gemeinsamen Frage des deutschen Volkes – der Herstellung der Einheit des deutschen demokratischen Staates – dienlich sein werde. Dies ist auch die Auffassung der Bundesregierung. Die Bundesregierung hofft, daß aus dieser Haltung der Sowjet-Regierung praktische wirksame Schritte zur Wiederherstellung der Einheit Deutschlands folgen werden, die um so dringlicher sind, als die Wiedervereinigungsfrage nicht nur eine Frage von nationaler Bedeutung für das deutsche Volk, sondern von großer Bedeutung für das russische Volk und von allgemeiner Bedeutung für die Sicherheit Europas und den Frieden der Welt ist.

Im Hinblick darauf, daß die Wiedervereinigungsfrage zwar mit Nutzen in einem zweiseitigen Gedankenaustausch behandelt, jedoch ihrer Rechtsnatur wegen nur mit allen vier Regierungen zusammen gelöst werden kann, stellt die Bundesregierung den Text ihres für die Regierung der Union der Sozialistischen Sowjetrepubliken bestimmten Memorandums zugleich den Regierungen Frankreichs, des Vereinigten Königreichs und der Vereinigten Staaten zu.

Bonn, den 2. September 1956

Auswärtiges Amt

Memorandum

1. Im September 1955 ist zwischen den Regierungsdelegationen der Bundesrepublik Deutschland und der Sowjetunion in Moskau der übereinstimmende Entschluß festgestellt worden, diplomatische Beziehungen aufzunehmen. Nachdem dieser Entschluß in die Tat umgesetzt worden ist und die Botschaften in Bonn und Moskau ihre Tätigkeit aufgenommen und sich eingearbeitet haben, hält es die Bundesregierung für an der Zeit, an eine weitere im Zusammenhang damit getroffene Vereinbarung zu erinnern. Sie ist in dem Schreiben des Herrn Ministerpräsidenten Bulganin vom 13. September 1955 an die Regierungsdelegation der Bundesrepublik Deutschland in folgenden Worten zum Ausdruck gebracht worden:

»Die Regierung der Sowjetunion verleiht der Überzeugung Ausdruck, daß die diplomatischen Beziehungen, die nun hergestellt werden, zur Entwicklung der gegenseitigen Verständigung und Zusammenarbeit zwischen der Sowjetunion und der Bundesrepublik Deutschland im Interesse des Friedens und der Sicherheit in Europa beitragen werden.

Hierbei geht die Sowjetregierung davon aus, daß die Herstellung und Entwicklung normaler Beziehungen zwischen der Sowjetunion und der Bundesrepublik Deutschland zur Lösung der ungeklärten Fragen beitragen wird, die das ganze Deutschland betreffen und somit zur Lösung des nationalen Hauptproblems des gesamten deutschen Volkes – der Wiederherstellung der Einheit des deutschen demokratischen Staates – verhelfen wird.«

Die Bundesregierung hat in ihrem Antwortschreiben vom selben Tage diese Vereinbarung bestätigt und in den gleichen Worten zum Ausdruck gebracht.

Die Bundesregierung geht davon aus, daß es der ernste Wille beider Seiten war und auch heute noch ist, diese Vereinbarung zu verwirklichen und ihre Politik demgemäß zu führen.

Im Geiste dieser Vereinbarung erlaubt sich die Bundesregierung, der Regierung der UdSSR ihre Gedanken darüber darzulegen, wie die Wiedervereinigung des deutschen Volkes am besten und raschesten in einer für die zunächst Beteiligten und gleichzeitig für alle Völker befriedigenden Weise gelöst werden kann.

2. Die Regierung der UdSSR hat neuerdings verschiedentlich die Auffassung vertreten, daß die Existenz zweier deutscher Staaten eine Realität sei, der man Rechnung tragen müsse, daß es daher diesen beiden überlassen bleiben müsse, die Wiedervereinigung herbeizuführen. Sie hat mehrmals durchblicken lassen, daß sie die Wiedervereinigung Deutschlands gegenwärtig nicht für dringlich halte. Sie hat demgemäß auch wiederholt vorgeschlagen, daß ein europäisches Sicherheitssystem geschaffen werden sollte, an dem zunächst zwei deutsche Staaten als Mitglieder zu beteiligen seien.

Demgegenüber hat die Sowjetregierung selbst noch vor wenigen Jahren die Lösung des deutschen Problems als eine unaufschiebbare Aufgabe bezeichnet (Note der Sowjetregierung an die Regierungen Frankreichs, des Vereinigten Königreichs und der Vereinigten Staaten vom 28. September 1953). In ihrer Note vom 15. August 1953 an die Regierungen Frankreichs, des Vereinigten Königreichs und der Vereinigten Staaten hat die Sowjetregierung als ihre Auffassung zum Ausdruck gebracht,

»daß die Frage der Wiederherstellung der nationalen Einheit eines demokratischen Deutschlands für das deutsche Volk die Hauptfrage war und bleibt, an deren Lösung die friedliebenden Völker ganz Europas interessiert sind«.

In dieser Note erklärte die Sowjetregierung weiterhin:

»Keinerlei Ausreden können eine weitere Verzögerung dieser Angelegenheiten rechtfertigen, da unter den gegenwärtigen Verhältnissen die Regierungen Frankreichs, Großbritanniens, der Vereinigten Staaten und der UdSSR für diese Lösung die Hauptverantwortung tragen. Auf keinen Fall dürfen solche Maßnahmen aufgeschoben werden, die, sei es auch nur einer allmählichen Lösung, der Frage der Wiedervereinigung Deutschlands, der Bildung einer gesamtdeutschen demokratischen Regierung dienen können«.

Die Bundesregierung vermag keine Gründe zu sehen, die die Sowjetregierung veranlassen könnten, ihre Auffassung über die Dringlichkeit der Wiedervereinigungsfrage zu ändern. Sie ist ihrerseits der Auffassung, daß alle Gründe, welche die Sowjetregierung damals von der Dringlichkeit der Frage überzeugt haben, auch heute noch fortbestehen, ja sich sogar verstärkt haben. Die Sowjetregierung hat es in ihrer Note vom 10. März 1952 an die Regierungen Frankreichs, des Vereinigten Königreichs und der Vereinigten Staaten selbst als einen anomalen Zustand bezeichnet, daß seit Beendigung des Krieges in Europa bereits sieben Jahre vergangen wären und noch immer kein Friedensvertrag mit Deutschland abgeschlossen wurde. Inzwischen dauert dieser anomale Zustand nun schon elf Jahre an. In ihrer Note vom 9. April 1952 an die Regierungen Frankreichs, des Vereinigten Königreichs und der Vereinigten Staaten hat die Sowjetregierung sogar davon gesprochen, daß mit dem Fortbestehen der Teilung Deutschlands die Gefahr eines Krieges in Europa verbunden sei. Die Bundesregierung teilt die von der Sowjetregierung damals ausgesprochene Ansicht, daß die Fortdauer der Spaltung Deutschlands eine schwere internationale Gefahr darstellt. Wenn auch im Vergleich zu den schweren internationalen Spannungen, die noch im Jahre 1952 bestanden, glücklicherweise eine gewisse Besserung der Lage zu verzeichnen ist, so kann es doch keinem Zweifel unterliegen, daß eine dauerhafte Befriedung Europas eine Lösung der deutschen Wiedervereinigungsfrage und damit die Beseitigung der in der Spaltung Deutschlands beschlossenen Gefahren fordert. Wiederholt hat die Sowjetunion erklärt, daß es die aufrichtige Absicht der sowjetischen Politik sei, den Weltfrieden zu sichern und in Europa eine dauerhafte Ordnung herbeizuführen, die allen Völkern Sicherheit, Freiheit und Wohlstand bietet. Es scheint der Bundesregierung unvereinbar mit diesen Absichten zu sein, wenn die Sowjetregierung andererseits die Spaltung Deutschlands unnötigerweise verlängert, indem sie, entgegen der Auffassung der weit überwiegenden Mehrheit der Staaten der ganzen Welt, die Existenz zweier deutscher Staaten behauptet.

3. Über die Rechtslage besteht, wie die Bundesregierung mit Befriedigung feststellt, Übereinstimmung: Mit der Übernahme der Regierungsgewalt bei Beendigung der Feindseligkeiten übernahmen die vier Mächte die Verpflichtung, Deutschland als Ganzes zu erhalten. Sie haben sich in der Folgezeit immer wieder zu dieser rechtlichen Verpflichtung und zu einer moralischen Verantwortlichkeit für die Wiederherstellung der Einheit Deutschlands bekannt. In ausdrücklicher Anerkennung dieser »gemeinsamen Verantwortung für die Regelung der deutschen Frage und die Wiedervereinigung Deutschlands« ist daher zum Beispiel auch die Direktive der vier Regierungschefs an die Außenminister vom 23. Juli 1955 abgefaßt worden.

4. Die internationale Entwicklung der letzten Jahre vermag nach der Auffassung der Bundesregierung keinesfalls eine so tiefgreifende Meinungsänderung zu rechtfertigen, wie

sie aus den neueren Äußerungen der Sowjetregierung hervorzugehen scheint. Die Bundesregierung weiß, daß die Sowjetregierung ihr jetziges Urteil in der deutschen Wiedervereinigungsfrage u. a. damit begründet, daß sich die Bundesrepublik dazu entschlossen hat, eigene Streitkräfte aufzustellen und dem Verteidigungssystem des Nordatlantikpaktes und der Westeuropäischen Union beizutreten. Die Bundesregierung glaubt indessen, daß die sowjetische Bewertung dieser Politik auf irrigen Voraussetzungen und Annahmen beruht, und sie kann nicht die Hoffnung aufgeben, die Sowjetregierung und das sowjetische Volk von der Irrigkeit dieser Annahmen und Voraussetzungen zu überzeugen.

5. Es kann nicht angenommen werden, daß die Aufstellung eigener Streitkräfte durch die Bundesrepublik ernsthafte Befürchtungen der Sowjetregierung für ihre eigene Sicherheit oder die Sicherheit der östlichen Nachbarstaaten Deutschlands hervorruft. Es ist eine unbestreitbare Befugnis jedes souveränen Staates, das Recht der individuellen und kollektiven Selbstverteidigung auszuüben, das im Artikel 51 der Charta der Vereinten Nationen – deren Mitglied die Sowjetunion ist – allen Staaten zugestanden wird. Die Sowjetregierung hat ferner selbst in ihrem Entwurf für einen Friedensvertrag für Deutschland am 10. März 1952 vorgeschlagen, daß es dem wiedervereinigten Deutschland gestattet sein soll, eigene nationale Streitkräfte (Land-, Luft- und Seestreitkräfte) zu haben, die für die Verteidigung des Landes notwendig sind. Die Stärke der Streitkräfte, deren Aufstellung die Bundesrepublik plant, liegt, gemessen an der Bevölkerungszahl der Bundesrepublik, weit unter dem Rüstungsstand, den die meisten anderen Staaten in Europa, insbesondere auch in Ost-Europa, aufweisen. Die von der Bundesrepublik eingeführte allgemeine Wehrpflicht ist eine Form des Militärdienstes, die auch in der Sowjetunion üblich ist. Die Bundesrepublik hat als einziges Land der Welt förmlich auf die eigene Herstellung nicht nur aller Massenvernichtungswaffen (Atomwaffen, biologischer und chemischer Waffen), sondern darüber hinaus zahlreicher schwerer Waffen verzichtet. Schon darin kommt der defensive Charakter ihrer militärischen Maßnahmen eindeutig zum Ausdruck.

6. Zugleich zeigt sich hierin, welche Haltung die Bundesregierung in der Abrüstungsfrage einnimmt. Sie ist an einer allgemeinen Abrüstungsvereinbarung lebhaft interessiert.

Sie ist es zunächst aus dem allgemeinen Grunde der Sicherung des Friedens. Bundeskanzler Adenauer hat in Moskau am 9. September 1955 gesagt:

»Das oberste Gut, das es für alle Deutschen zu wahren gilt, ist Friede. Wir wissen nur zu gut, wie sehr insbesondere das sowjetische und deutsche Volk unter dem letzten Krieg gelitten haben, und ich glaube deshalb, daß ich Verständnis finde, wenn ich sage, daß das Grauen vor den Zerstörungen eines modernen Krieges, vor den millionenfachen Menschenopfern, vor der Vernichtung der Häuser und Arbeitsstätten, vor der Verwüstung von Städten und Landschaften, sich allen tief eingeprägt hat. Auch in Deutschland weiß man zudem, daß die naturwissenschaftlichen und technischen Fortschritte, die seit dem letzten Krieg auf dem Gebiet der Atomspaltung und verwandten Gebieten gemacht worden sind, den Menschen Möglichkeiten der Vernichtung in die Hand geben, an die wir nur mit Schaudern denken können. Schließlich weiß jedermann in Deutschland, daß die geographische Lage unseres Landes uns im Falle eines bewaffneten Konflikts besonders gefährden würde. Sie werden deshalb niemanden in Deutschland finden, nicht nur unter den verantwortlichen Politikern, sondern auch in der gesamten Bevölkerung, der auch nur von ferne mit dem Gedanken spielt, irgendeines der großen politischen Probleme, die der Lösung harren, könne durch das Mittel des Krieges gelöst werden. Die Sehnsucht, die die Menschheit ergriffen hat, daß der Krieg sich durch seine eigene Furchtbarkeit überlebt haben möge, diese Sehnsucht lebt stark und tief auch in den Herzen der Deutschen.«

Das gilt unvermindert noch heute.

Es wäre auch ein Mißverständnis, anzunehmen, die Bundesregierung widerstrebe einer allgemeinen Abrüstung, indem sie sie mit der gleichzeitigen Regelung der deutschen Wiedervereinigungsfrage in Verbindung bringt und indem sie fortfährt, eigene Streitkräfte aufzustellen.

Die Verbindung der Abrüstungsfrage mit der Wiedervereinigungsfrage ist unvermeidlich. Man erweist dem Abrüstungsgedanken einen schlechten Dienst, wenn man ihn von allen politischen Voraussetzungen löst und sozusagen im luftleeren Raum diskutiert. Eine allgemeine Abrüstung kann – realistisch gesehen – nur zustande kommen, wenn die politischen Voraussetzungen dafür vorliegen. Denn die Staaten werden einfach – die Erfahrung lehrt das zur Genüge – so lange nicht ernstlich zu einer effektiven Abrüstung bereit sein, als es schwelende Konflikte gibt, die zu einem gewaltsamen Ausbruch führen können. Daher kommt es darauf an, die Ursachen der heute noch bestehenden Spannungen zu beseitigen, die zu dem gegenwärtigen hohen Stand der Rüstungen in der Welt geführt haben. Die Bundesregierung hat aber immer wieder betont, daß sie es für durchaus möglich hält, die Abrüstungsfrage Hand in Hand mit der Wiedervereinigungsfrage zu lösen. Sie ist also keineswegs der Meinung, daß man mit einem Abrüstungsabkommen warten muß, bis die Wiedervereinigung vollendet ist.

Es liegt auch auf der Hand, daß die Aufstellung eigener Streitkräfte nicht im Widerspruch zu den Abrüstungswünschen der Bundesregierung steht. Ein Abrüstungsabkommen kann nicht in der Weise geschlossen werden, daß ein Staat, der überhaupt keine Soldaten hat, auf diesem Stande stehenbleibt, während ein anderer, der über 100 Divisionen verfügt, davon 20, 40 oder auch 60 Divisionen abbaut. Es muß vielmehr von einem vergleichbaren Stande der Rüstungen ausgegangen werden – ein Grundsatz, der übrigens schon in den langwierigen, aber leider ergebnislosen Abrüstungsbemühungen Anfang der dreißiger Jahre Anerkennung gefunden hat. In keiner Weise schließt also die Aufstellung eigener Streitkräfte die ständige aktive Bemühung der Bundesregierung um das Zustandekommen einer allgemeinen Abrüstungsvereinbarung aus.

7. Auch die Tatsache, daß die Aufstellung der Streitkräfte in Verbindung mit der Zugehörigkeit der Bundesrepublik zum Nordatlantikpakt und der Westeuropäischen Union geschieht, ändert an dieser Beurteilung nichts. Wenn es diese Tatsache ist, die die Sowjetunion beunruhigt, so muß zunächst festgestellt werden, daß alle von sowjetischer Seite in bezug auf die Mitgliedschaft der Bundesrepublik in diesen Organisationen geäußerten Befürchtungen von irrigen Voraussetzungen über deren Wesen ausgehen. Sowohl der Nordatlantikpakt als auch die Westeuropäische Union sind Verbindungen, die ausschließlich dem Zwecke der individuellen und kollektiven Selbstverteidigung dienen. Zudem stellt die Westeuropäische Union zugleich ein wirksames System der Begrenzung und Kontrolle der Rüstungen der Mitgliedstaaten dar. Sie ist ein Beispiel dafür, was auf dem Gebiet der Rüstungsbegrenzung und -kontrolle erreicht werden kann, wenn Völker zum Zwecke der Befriedung und Entspannung zusammenarbeiten.

Die Mitglieder der atlantischen und westeuropäischen Verteidigungsorganisation sind sich in ihrer defensiven Zielsetzung vollkommen einig. Jedes von ihnen hat das größte Interesse daran, daß kein Mitglied in der Verfolgung seiner nationalen politischen Ziele Schritte unternimmt, die zu einer kriegerischen Verwicklung führen könnten. Die Zugehörigkeit zu diesen Organisationen muß daher auf die Politik jedes Mitgliedstaates eine mäßigende Wirkung ausüben. Nur dann kann ein Mitgliedstaat auf die Hilfe seiner Verbündeten rechnen, wenn ein Angriff festgestellt ist.

An dieser Stelle muß noch einmal gesagt werden, daß nach den kriegerischen Verwicklungen und Katastrophen der letzten Jahrzehnte das Verlangen aller Völker, insbesondere der von den beiden Weltkriegen schwer getroffenen Völker Deutschlands und der Sowjetunion, nach einer internationalen Ordnung, die allen Sicherheit und Frieden bietet, zutiefst verständlich ist. Die Bundesregierung ist entschlossen, auch die Wiedervereinigung der getrennten Teile Deutschlands nur mit friedlichen Mitteln zu erstreben. Sie ist jederzeit bereit, diesen den westlichen Völkern gegenüber ausgesprochenen, aber für das Verhältnis zu allen Völkern gültigen Gewaltverzicht auch gegenüber der Sowjetunion und anderen östlichen Nachbarländern in bindender Form zu wiederholen.

8. Es ist ferner ein bedauerliches Mißverständnis, wenn die Sowjetregierung annimmt, von den Westmächten werde die Zugehörigkeit Gesamtdeutschlands zum Nordatlantikpakt und zur Westeuropäischen Union nach der Wiedervereinigung gefordert. Die Regierungen Frankreichs, des Vereinigten Königreichs und der Vereinigten Staaten haben eine solche Bedingung niemals aufgestellt. Vielmehr ist schon auf der Berliner Vier-Mächte-Konferenz von 1954 deutlich ausgesprochen worden, daß es die Politik der drei Westmächte ist, einem wiedervereinigten Deutschland volle Entscheidungsfreiheit für seine Außenpolitik einzuräumen. Auch die Bundesregierung hat stets den Grundsatz vertreten, daß eine künftige gesamtdeutsche Regierung frei darüber müsse entscheiden können, ob es die Sicherheit Gesamtdeutschlands in der Verbindung mit dem Westen, mit dem Osten oder in der Bündnislosigkeit suchen wolle. Sie hat diesen Grundsatz der Entscheidungsfreiheit Gesamtdeutschlands zu einem tragenden Bestandteil ihrer Politik gemacht.

Es ist eine Bestätigung dieser Haltung, wenn die Regierungen Frankreichs, des Vereinigten Königreichs und der Vereinigten Staaten in ihrem Genfer Vorschlag vom 28. Oktober 1955 über »Wiedervereinigung Deutschlands und Sicherheit« der Sowjetunion für den Fall der Wiedervereinigung Deutschlands eine ganze Anzahl von Sicherheitsgarantien angeboten haben, die auch dann in Kraft treten sollten, wenn die gesamtdeutsche Regierung es ablehnen würde, dem westlichen Verteidigungssystem anzugehören. Zusätzliche Sicherheitsgarantien sollten nach diesem Vorschlag für den Fall gewährt werden, daß Gesamtdeutschland sich für eine Mitgliedschaft in der NATO entscheiden würde. Hierzu gehörte die gegenseitige Beistandsleistung, die sich beide Seiten für den Fall eines bewaffneten Angriffs in Europa durch ein NATO-Mitglied auf einen nicht der NATO angehörenden Staat – und umgekehrt – vertraglich versprechen sollten.

Diese Sachlage ist völlig zutreffend von dem britischen Premierminister Eden in seiner Unterhauserklärung vom 23. Juli 1956 noch einmal klargestellt worden.

9. Wenn die Sowjetregierung weiter glauben sollte, der Wiedervereinigung Deutschlands deshalb nicht zustimmen zu können, weil im Falle einer Entscheidung Gesamtdeutschlands für seine Zugehörigkeit zur NATO die Streitkräfte und die militärischen Anlagen der NATO einige hundert Kilometer weiter nach Osten vorrücken würden, so könnte dieser Besorgnis durch geeignete Vorkehrungen begegnet werden. Nachdem der britische Premierminister Eden aus solchen Erwägungen heraus schon am 18. Juli 1955 in Genf die Schaffung einer entmilitarisierten Zone zwischen Ost und West zur Diskussion gestellt hatte, heißt es, aus den gleichen Erwägungen, in Punkt 3 des gemeinsamen Entwurfs Frankreichs, des Vereinigten Königreichs und der Vereinigten Staaten vom 28. Oktober 1955 für einen »Vertrag mit besonderen Garantien bei Wiedervereinigung Deutschlands«:

»In den der Demarkationslinie nächstgelegenen Teilen der Zone könnten besondere Maßnahmen der Verteilung militärischer Verbände und Anlagen getroffen werden.«

Die Bundesregierung bedauert es sehr, daß es bisher nicht zu einer ausführlichen Diskussion dieses bedeutsamen Vorschlags gekommen ist, dem der allgemeine Gedanke zugrundeliegt, daß mit der Wiedervereinigung nicht beabsichtigt ist, die militärische Lage einer Mächtegruppe zu verbessern.

10. Überhaupt hat die Bundesregierung den ernsten Willen, den Sicherheitswünschen der Sowjetunion soweit wie irgend möglich Rechnung zu tragen, obwohl sie nicht zugeben kann, daß objektiv die Sicherheit der Sowjetunion irgendwie durch die Politik der Bundesregierung beeinträchtigt wird. Sie hat es daher begrüßt, daß auf beiden Genfer Konferenzen des Jahres 1955 die Frage der Wiedervereinigung Deutschlands eng mit den Fragen eines europäischen Sicherheitssystems verbunden worden ist. Trotz des für das deutsche Volk

enttäuschenden Endergebnisses der Genfer Verhandlungen ist sie der Meinung, daß die Erörterung der Sicherheits- und Wiedervereinigungsfrage zu gewissen Fortschritten geführt hat und daß eine Reihe von Vorschlägen gemacht worden sind, deren weitere Erörterung fruchtbar sein würde.

Die Bundesregierung befürwortet ein europäisches Sicherheitssystem, das von einem feierlichen Verzicht aller Mitglieder ausgeht, in ihren gegenseitigen Beziehungen Gewalt zur Lösung politischer Streitfragen anzuwenden. Im Rahmen eines solchen Sicherheitssystems sollte sich jeder Mitgliedstaat verpflichten, einem Angreifer jegliche Unterstützung zu verweigern. Die Bundesregierung steht diesen Gedanken grundsätzlich positiv gegenüber. Sie wird sich auch anderen geeigneten Vorschlägen für Elemente eines Sicherheitssystems nicht verschließen. So befürwortet sie auch eine gegenseitige Beistandsverpflichtung aller Mitglieder eines europäischen Sicherheitsvertrages für den Fall eines bewaffneten Angriffs in Europa durch ein NATO-Mitglied auf einen nicht der NATO angehörenden Staat – und umgekehrt. Soweit es Befürchtungen für ihre eigene Sicherheit sein sollten, welche die Sowjetunion veranlassen, ihre Zustimmung zur Wiedervereinigung Deutschlands zu verweigern, steht nichts im Wege, die bisherigen Überlegungen erneut auf ihre Brauchbarkeit zu überprüfen.

11. Die Sowjetregierung hat ihrerseits der Genfer Außenministerkonferenz am 28. Oktober 1955 den Entwurf eines allgemeinen Vertrages über kollektive Sicherheit vorgelegt, der eine Reihe von parallelen Vorschlägen enthielt.

Ein fundamentaler Unterschied des sowjetischen Vorschlages gegenüber dem westlichen bestand jedoch darin, daß er die Mitgliedschaft zweier deutscher Staaten in diesem Vertragssystem vorsah.

Ebenso wie die Regierungen Frankreichs, des Vereinigten Königreichs und der Vereinigten Staaten ist die Bundesregierung der Auffassung, daß ein europäisches Sicherheitssystem unter Beteiligung zweier deutscher Staaten ein in sich widerspruchsvoller und zum Scheitern verurteilter Gedanke ist. Dieser Gedanke steht auch im Widerspruch zu der Direktive der vier Regierungschefs vom 23. Juli 1955, in der ausdrücklich die enge Verbindung zwischen der Wiedervereinigung Deutschlands und dem Problem der europäischen Sicherheit festgestellt und deshalb eine gleichzeitige Behandlung der beiden Fragen vorgesehen wurde. Die Gründe für diesen Zusammenhang sind oft ausgesprochen worden: Die Spaltung Deutschlands ist ein abnormer Zustand. Ein Sicherheitssystem auf der Grundlage dieses Zustandes würde diesen geradezu versteinern, während es doch Aufgabe des Sicherheitssystems sein soll, einen normalen Zustand herbeizuführen und gleichzeitig die angeblichen oder wirklichen Sicherheitsbedürfnisse der mittelbar und unmittelbar Beteiligten zufriedenzustellen. Die Bundesregierung hält es daher für unerläßlich, die Lösung der beiden Fragen so miteinander zu verbinden, daß von vornherein nur ein deutscher Staat, nämlich das wiedervereinigte Gesamtdeutschland, in das europäische Sicherheitssystem eintritt.

12. Diese Forderung führt zu der Frage, auf welchem Wege die Wiedervereinigung Deutschlands vollzogen werden kann.

Noch am 23. Juli 1955 hat der Vorsitzende des Ministerrats der UdSSR, Marschall Bulganin, mit den Regierungschefs von Frankreich, dem Vereinigten Königreich und den Vereinigten Staaten eine Vereinbarung darüber getroffen, daß »die Regelung der Deutschlandfrage und die Wiedervereinigung Deutschlands im Wege freier Wahlen im Einklang mit den nationalen Interessen des deutschen Volkes und den Interessen der europäischen Sicherheit erfolgen muß«. Als diese Vereinbarung am 23. Juli 1955 unterschrieben wurde, waren die Pariser Verträge vom 23. Oktober 1954 längst in Kraft getreten, und die Bundesrepublik gehörte der NATO und der WEU an. Gleichwohl lehnte der sowjetische Außenminister Molotow am 8. November 1955 in Genf den Vorschlag der drei Westmächte, noch im Laufe des Monats September 1955 in ganz Deutschland freie und geheime

Wahlen abzuhalten, mit der Begründung ab, daß sich die Lage seit der Berliner Konferenz von 1954 infolge der Pariser Abkommen ernstlich geändert habe. Im Gegensatz zu der Genfer Direktive der vier Regierungschefs vom 23. Juli 1955 vertrat Außenminister Molotow die Auffassung, daß die Frage der Durchführung freier gesamtdeutscher Wahlen noch nicht reif sei und daß es zunächst einer »Annäherung und Zusammenarbeit« zwischen den nach seiner Meinung existierenden beiden deutschen Staaten bedürfe. Der sowjetische Außenminister hat damit eine neue Bedingung für die Wiedervereinigung Deutschlands gestellt, die praktisch darauf hinausläuft, die Wiedervereinigung Deutschlands für lange Zeit unmöglich zu machen.

Die Sowjetregierung sollte nicht die Augen vor der Tatsache verschließen, daß es dem Regime der sog. »DDR« in langen Jahren nicht gelungen ist, Vertrauen und Zustimmung in der eigenen Bevölkerung zu erringen. Dieses Regime, das für sich in Anspruch nimmt, ein Staat der Werktätigen, insbesondere der Arbeiter und Bauern zu sein, wird gerade von der überwältigenden Mehrheit der Arbeiter und Bauern Mitteldeutschlands abgelehnt. Die Bundesregierung zweifelt nicht daran, daß sich die Sowjetregierung nach dem Volksaufstand in der Sowjetzone am 17. Juni 1953 darüber selbst ernste Gedanken gemacht hat. Leider haben sich die Verhältnisse in Mitteldeutschland seit diesen Ereignissen in keiner Weise gebessert. Vielmehr ergießt sich weiterhin ein ununterbrochener Strom von Flüchtlingen aus der Zone in die Bundesrepublik, der im ersten Halbjahr 1956 auf durchschnittlich 23 712 Menschen im Monat angewachsen ist.

Im Gegensatz zu diesem Bilde, das die Realität der Zone bietet, hat der sowjetische Außenminister Molotow am 8. November 1955 in Genf behauptet, eine »mechanische Verschmelzung der beiden Teile Deutschlands durch sogenannte freie Wahlen werde zur Verletzung der ureigensten Interessen der Werktätigen der DDR« führen. Sie würde in ganz Deutschland die Herrschaft der großen Monopole, Junker und Militaristen wiederherstellen. Die Werktätigen Deutschlands hätten aber zum ersten Male in Gestalt der DDR ihr wahres Vaterland gefunden, einen deutschen Staat, in dem nicht große Monopolherren und Junker, sondern das schaffende Volk selbst Herr seines Landes sei.

Diese Ausführungen verraten, wie wenig der sowjetische Außenminister mit den wirtschaftlichen und sozialen Verhältnissen in Deutschland vertraut war. Jedes Gespräch mit deutschen Arbeitern und Bauern hätte ihn darüber belehren können, daß er ein völlig unzutreffendes Bild der gesellschaftlichen Verhältnisse vor Augen hatte. Alle hätten ihm freilich sagen können, daß es in der Bundesrepublik kein privater Unternehmer wagen kann, ihnen »Arbeitsnormen« aufzuzwingen, wie sie ihnen die Funktionäre der SED und des FDGB zudiktieren.

Die Bundesregierung würde es begrüßen, wenn die Errichtung einer sowjetischen Botschaft in Bonn dazu führen würde, der Sowjetregierung ein wirklichkeitstreues Bild von den politischen und gesellschaftlichen Verhältnissen in der Bundesrepublik zu vermitteln. Die Sowjetregierung würde dann zweifellos ihre Einwände aufgeben müssen, die sie unter Berufung auf die politischen und gesellschaftlichen Zustände in beiden Teilen Deutschlands gegen die Abhaltung freier Wahlen erhebt.

13. Seit ihrem großen Friedensdekret vom November 1917 hat sich die Sowjetregierung stets zum Selbstbestimmungsrecht der Völker bekannt. Dieses auch von der Bundesregierung als grundlegend für das friedliche Zusammenleben der Völker angesehene Prinzip, das auch in der Charta der Vereinten Nationen, in der Atlantik-Charta und vielen anderen entscheidenden Dokumenten seinen Ausdruck gefunden hat, besagt: Jede Nation soll frei über ihre Geschicke selbst bestimmen können. Sie soll selbst entscheiden, in welchem staatlichen Verbande und unter welcher Regierungsform sie leben will; welche gesellschaftliche Ordnung sie bevorzugt; welche Außenpolitik sie führen und mit welchen Staaten sie enger zusammenarbeiten will.

Noch auf der Londoner Suezkanal-Konferenz erklärte Außenminister Schepilow:

»Die Sowjetregierung ist der Ansicht, daß Versuche als untauglich aufgegeben werden müssen, dem einen oder dem anderen Volk eine innere Einrichtung und solche Zustände aufzuzwingen, die zwar diesen oder jenen fremden Mächten gefallen mögen, jedoch beim Volk selbst nicht die notwendige Sympathie und Unterstützung finden.«

Er erinnert mit Recht daran,

»daß eine Einmischung in Angelegenheiten, die wesentlich in der inneren Zuständigkeit eines Staates liegen, nach der Satzung der Organisation der Vereinten Nationen unzulässig ist. Die Satzung fordert, daß die territoriale Unversehrtheit und die politische Unabhängigkeit aller Staaten geachtet wird. Die Grundsätze der gegenseitigen Achtung der territorialen Unversehrtheit und Souveränität und der Nichteinmischung in die inneren Angelegenheiten anderer Staaten sind in der Entschließung der Bandung-Konferenz, an der 29 Länder Asiens und Afrikas teilnahmen, verkündet worden.«

Die Bundesregierung appelliert an die Regierung der UdSSR, diesem von ihr selbst immer wieder proklamierten Prinzip treu zu bleiben. Wenn dem deutschen Volk die Möglichkeit gegeben würde, selbst über sein Schicksal zu entscheiden, so würde es sich ohne jeden Zweifel in allen seinen Teilen gegen die Bildung zweier deutscher Staaten und für die sofortige Wiedervereinigung in einem deutschen Staat aussprechen. Die Tatsache, daß es dabei zwischen verschiedenen Regierungsformen und verschiedenen wirtschaftlich-sozialen Systemen wählen muß, darf kein Hindernis sein, ihm die Gelegenheit zur Wahl in freier Entscheidung einzuräumen.

Vor einem Jahr hat der sowjetische Außenminister Molotow in San Francisco erklärt:

»Was unsere Vorschläge, die Vorschläge der Sowjetunion bezüglich der Wiedervereinigung Deutschlands anbelangt, so stehen wir auf folgendem Standpunkt: Das Regime, das gegenwärtig in Ostdeutschland besteht, soll natürlich nicht auf ein vereinigtes Deutschland ausgedehnt werden, genau so, wie das in Westdeutschland bestehende Regime nicht ausgedehnt werden soll. Welches Regime in einem wiedervereinigten Deutschland bestehen soll und bestehen wird, das ist eine Sache, die das deutsche Volk in gesamtdeutschen freien Wahlen selbst entscheiden soll« (TASS vom 27. Juni 1955).

Die Bundesregierung ist mit dieser Erklärung durchaus einverstanden. Sie ist sich natürlich der Tatsache bewußt, daß die seit vielen Jahren andauernde Teilung Deutschlands zu erheblichen Unterschieden innerhalb Deutschlands geführt hat. Aber es kann nur die Aufgabe einer vom ganzen deutschen Volk gewählten Volksvertretung sein, eine Ordnung zu schaffen, die beide Teile Deutschlands wieder einander annähert und dabei die sozialen Errungenschaften sichert, die vom ganzen deutschen Volke als Fortschritt betrachtet werden. Eine andere Lösung ist schon deswegen unmöglich, weil selbstverständlich die Bevölkerung der Bundesrepublik nicht weniger beanspruchen kann, daß die Wiedervereinigung Deutschlands nicht zu einer Gefährdung ihrer politischen und sozialen Errungenschaften führt.

Mit dieser Auffassung glaubte die Bundesregierung mit mehrfachen früheren Äußerungen der Sowjetregierung übereinzustimmen. In ihrer Note vom 15. August 1953 hat diese z. B. davon gesprochen, daß im Ergebnis gesamtdeutscher freier Wahlen »das deutsche Volk selbst ohne Einmischung ausländischer Staaten die Frage des Gesellschafts- und Staatsaufbaues des demokratischen Deutschland lösen wird«.

Leider ist sich die Bundesregierung infolge gewisser neuerer Äußerungen von sowjetischer Seite dieser Übereinstimmung nicht mehr sicher. Auf der Genfer Konferenz der Außenminister hat der sowjetische Außenminister am 2. November erklärt, die Wiederherstellung der Einheit Deutschlands könne jetzt nicht auf Kosten der politischen und sozialökonomischen Errungenschaften der Werktätigen der DDR erfolgen. Die Bundesregierung glaubt, daß eine vom ganzen deutschen Volk gewählte Nationalversammlung der zuverlässigste Hüter solcher Errungenschaften sein würde, die von allen wirklich als solche angesehen werden. Außenminister Molotow hat jedoch darüber hinaus ausgeführt, daß die Erklärung der Regierung der DDR berücksichtigt werden müsse, daß die DDR ihre demokratischen und sozialen Umgestaltungen nicht antasten lasse.

Es ist allgemein bekannt, was zu den sogenannten »demokratischen Umgestaltungen« in der »DDR« rechnet: die Beseitigung der Sozialdemokratischen Partei Deutschlands, die Gleichschaltung der christlich-demokratischen und liberalen Parteien, die Verhinderung freier Wahlen zur Volkskammer, die Unterdrückung der Meinungs- und Pressefreiheit, die Beseitigung der Koalitionsfreiheit und die Abschaffung des Streikrechts der Arbeiter, die planmäßige Beseitigung des gewerblichen Mittelstandes, die Unterdrückung der religiösen Freiheit, die Praktizierung einer willkürlichen und politisch gelenkten Justiz. Soll ein künftiges gesamtdeutsches Parlament verpflichtet sein, diese Politik fortzusetzen?

Die Bundesregierung würde es begrüßen, wenn die Regierung der UdSSR klarstellte, daß sie nicht beabsichtigt, eine frei gewählte gesamtdeutsche Volksvertretung in ihrer Entscheidungsfreiheit über die grundlegenden Fragen der inneren Ordnung des deutschen Volkes zu beschränken.

14. Die Bundesregierung ist der Überzeugung, daß freie Wahlen in ganz Deutschland, wie sie auch immer ausfallen mögen, nur den Sinn haben dürfen, das deutsche Volk zu einen und nicht zu entzweien. Die Errichtung eines neuen Regierungssystems darf daher in keinem Teile Deutschlands zu einer politischen Verfolgung der Anhänger des alten Systems führen. Aus diesem Grunde sollte nach Auffassung der Bundesregierung dafür Sorge getragen werden, daß nach der Wiedervereinigung Deutschlands niemand wegen seiner politischen Gesinnung oder nur, weil er in Behörden oder politischen Organisationen eines Teils Deutschlands tätig gewesen ist, verfolgt wird.

15. Die Bundesregierung würde eine Antwort der Regierung der UdSSR auf die im Vorstehenden berührten Fragen begrüßen. Sie würde es für nützlich halten, wenn so ein Gedankenaustausch eingeleitet würde, der eine Einigung der Vier Mächte über die Wiedervereinigung fördern würde.

Wer die Lösung der deutschen Wiedervereinigungsfrage auf unabsehbare Zeit verschiebt, lädt eine schwere Verantwortung auf sich. Und zwar nicht nur dem deutschen Volke gegenüber, das auf die Vorenthaltung seines natürlichen und anerkannten Rechts auf Wiedervereinigung nur mit bitterer Enttäuschung reagieren kann. Vielmehr werden wahrer Friede, Entspannung und Sicherheit für ganz Europa, ja für die Welt durch diese Frage berührt. Nicht zuletzt liegt ihre Lösung im tiefsten Interesse des russischen Volkes selbst. Es kann auch für die Sowjetunion auf die Dauer nicht erwünscht sein, daß das ganze deutsche Volk die sowjetische Politik gegenüber Deutschland als eine ständige Einmischung in innerdeutsche Verhältnisse empfindet. Die Herstellung normaler, ja guter nachbarlicher Beziehungen zwischen dem deutschen Volke und dem russischen Volk ist ein Gebot des Interesses beider Nationen. Solange mehr als 70 Millionen Menschen im Herzen des europäischen Kontinents das Gefühl haben, daß die Sowjetunion ihnen willkürlich und gegen jedes Völkerrecht die Wiedervereinigung und die freiheitliche Selbstbestimmung in einer selbstgegebenen staatlichen Ordnung verweigert, so lange wird die Herstellung wirklich normaler Beziehungen zwischen den beiden Völkern unmöglich sein.

Die Bundesregierung möchte die dargelegten Gedankengänge mit einem eindringlichen Hinweis auf den immer unerträglicher werdenden menschlichen Notstand abschließen, in dem sich die 17 Millionen Bewohner der sogenannten »DDR« seit über elf Jahren befinden. Über ein Jahrzehnt geht nunmehr der tiefe Graben quer durch das deutsche Volk, durch viele Tausende von Familien, die durch Gewalt oder Gewissensnot auseinandergerissen wurden, denen das primitivste menschliche Recht vorenthalten wird, zusammen zu leben, ihre Kinder nach eigenen menschlichen, religiösen und kulturellen Überzeugungen zu erziehen. Die politischen, wirtschaftlichen und sozialen Verhältnisse im Gebiet der sogenannten »DDR« geben der Bevölkerung nicht die Möglichkeit, nach ihren eigenen Vorstellungen von Rechtsstaatlichkeit, Menschenwürde und freier Entfaltung der Persönlichkeit zu leben. Gerade diese Vorstellungen werden doch von der Regierung der Sowjetunion als ein Prinzip verkündet und verfochten, das zu den unabdingbaren Voraussetzungen wahrer Humanität gehört; den Deutschen in der sogenannten »DDR« aber bleiben sie noch immer in der Praxis vorenthalten.

Bonn, den 2. September 1956

Quelle: Bulletin vom 8. 9. 1956, Nr. 169, S. 1626–1630

86   Grenzvereinbarungen mit Belgien

Vertrag vom 24. September 1956 zwischen der Bundesrepublik Deutschland und dem Königreich Belgien über eine Berichtigung der deutsch-belgischen Grenze und andere die Beziehungen zwischen beiden Ländern betreffende Fragen vom 6. August 1958 (Auszüge)

Der Präsident der Bundesrepublik Deutschland
einerseits
und
Seine Majestät der König der Belgier
andererseits
    sind übereingekommen, die Abkommen vom 6. November 1922, 7. November 1929 und vom 10. Mai 1935 über die deutsch-belgische Grenze den heutigen Verhältnissen anzupassen, den gegenwärtig bestehenden Grenzverlauf den Bedürfnissen beider Länder entsprechend zu berichtigen und alle zwischen beiden Staaten bestehenden Streitpunkte im Geiste der Pariser Verträge von 1954 zu regeln, um die freundschaftliche Zusammenarbeit zwischen ihnen zu fördern. Sie haben deshalb zu ihren Bevollmächtigten ernannt:
    Der Präsident der Bundesrepublik Deutschland:
    Seine Exzellenz Herrn Dr. Heinrich von Brentano,
    Bundesminister des Auswärtigen;
    Seine Majestät der König der Belgier:
    Seine Exzellenz Herrn Paul-Henri Spaak,
    Minister der Auswärtigen Angelegenheiten,
die nach Austausch ihrer in guter und gehöriger Form befundenen Vollmachten nachstehende Bestimmungen vereinbart haben:

TEIL I
Grenzberichtigungen

Artikel 1
    (1) Um zwischen beiden Ländern einen zweckmäßigen Grenzverlauf herzustellen, der Unregelmäßigkeiten beseitigt und den örtlichen Verhältnissen und den Verkehrsbedürfnissen Rechnung trägt, haben die Hohen Vertragschließenden Teile folgende Grenzberichtigungen vereinbart:

a) Belgien verzichtet auf die Ausübung der Verwaltung in folgenden Gebietsteilen:
    1. die Ortschaft Aachen-Bildchen, und zwar der zwischen den Grenzsteinen 1018 und 980 sowie den vorläufigen Grenzsteinen 980/1 bis 980/36 gelegene Gebietsteil;

337

2. der Abschnitt der Raerener Straße sowie der Wald von Freyen (südlich Lichtenbusch) zwischen den Grenzsteinen 943 und 920 sowie den vorläufigen Grenzsteinen 919/1 und 919/55;

3. die Straßen von Rötgen nach Fringshaus sowie von Fringshaus nach Lammersdorf zwischen den Grenzsteinen 812, 813 bis 776, 775;

4. ein Teil des Weilers Leykoul, und zwar der zwischen den Grenzsteinen 652 und 648 sowie längs des Breitenbachs vom vorläufigen Grenzstein 647/1 und 647/4 bis zum Grenzstein 652 gelegene Gebietsteil;

5. der Teil der Straße L 25 und das zum Büllinger Wald gehörende Walddreieck zwischen den Grenzsteinen 493, 477/476 bis Grenzstein 451 und den vorläufigen Grenzsteinen 404/63, über 404/75 bis 404/115;

6. der Ort Losheim, und zwar der zwischen den Grenzsteinen 451 und 405 sowie den vorläufigen Grenzsteinen 404/1 bis 404/63 gelegene Gebietsteil;

7. der Ortsteil Hemmeres zwischen den Grenzsteinen 161/160 bis Grenzstein 150 sowie den vorläufigen Grenzsteinen 149/1 bis 149/24.

b) Die Bundesrepublik Deutschland tritt folgende von Belgien verwaltete Gebietsteile an Belgien ab:

1. die Straße von Fringshaus nach Konzen zwischen den Grenzsteinen 813 C und 775 D und den Grenzsteinen 761 A und 762;

2. das Waldstück zwischen den Grenzsteinen 624 und 572 sowie den vorläufigen Grenzsteinen 572/1 und 572/32 (Wald von Wahlerscheid);

3. das Dreieck südwestlich der Straße L 25 bei dem Ortsteil Losheimer Graben zwischen den Grenzsteinen 476 bis 451 und einer Linie längs des südwestlichen Randes der Straße L 25 parallel zu den vorläufigen Grenzsteinen 404/63 und 404/75.

c) Belgien tritt den nördlich der Straßen Rötgen–Fringshaus sowie Fringshaus–Lammersdorf gelegenen Gebietsteil (zwischen den Grenzsteinen 812 und 776) bis zum Bahnkörper der Eisenbahnstrecke Raeren–Kalterherberg (zwischen den Grenzsteinen 800 und 787) an die Bundesrepublik Deutschland ab.

(2) Die Grenzberichtigungen sind in den Landkarten, die diesem Vertrage als Anhang 1 a bis h beigefügt sind, im einzelnen dargestellt.

. . .

TEIL II
Aufhebung der Beschlagnahme des grenzdurchschnittenen und grenznahen Grundbesitzes

Artikel 6

(1) Die belgische Regierung erteilt die Ermächtigung zur Rückgabe des von ihr beschlagnahmten grenzdurchschnittenen Grundbesitzes an die deutschen Grenzbauern. Die Rückgabe erfolgt gegen Zahlung des Einheitswertes auf der Grundlage des belgischen Gesetzes über die Kapitalsteuer vom 17. Oktober 1945.

(2) Eine gemischte deutsch-belgische Kommission wird jeden Einzelfall der Beschlagnahme von Grundeigentum, das innerhalb einer 5 km breiten Zone von der Grenze entfernt liegt, einer Prüfung unterziehen. Diese Prüfung wird in liberaler Weise erfolgen. Wenn die Kommission feststellt, daß das betreffende Grundstück als notwendig zur Erhaltung der bäuerlichen oder wirtschaftlichen Existenz des Eigentümers anzusehen ist, ist dieser berechtigt, sich an der öffentlichen Versteigerung zu beteiligen, die zum Zwecke der Liquidation dieser Grundstücke stattfindet.

. . .

338

Artikel 26

(1) Dieser Vertrag soll ratifiziert werden. Die Ratifikationsurkunden sollen so bald als möglich in Bonn ausgetauscht werden.

(2) Er tritt am fünfzehnten Tage nach dem Austausch der Ratifikationsurkunden in Kraft.

Zu Urkund dessen haben die beiderseitigen Bevollmächtigten diesen Vertrag mit ihrer Unterschrift und ihrem Siegel versehen.

Geschehen in Brüssel, am vierundzwanzigsten September 1956, in doppelter Urschrift in deutscher und französischer Sprache, wobei der Wortlaut beider Sprachen gleichermaßen verbindlich ist.

> Für die Bundesrepublik Deutschland
> gezeichnet:
> von Brentano

Schlußprotokoll

Bei der Unterzeichnung dieses Vertrages sind die Regierung der Bundesrepublik Deutschland und die Königlich Belgische Regierung darüber einig, daß die in diesem Vertrage vereinbarte Grenze für die Hohen Vertragschließenden Teile endgültig sein soll.

Geschehen in Brüssel, am vierundzwanzigsten September 1956, in doppelter Urschrift in deutscher und französischer Sprache, wobei der Wortlaut beider Sprachen gleichermaßen verbindlich ist.

> Für die Bundesrepublik Deutschland
> gezeichnet:
> von Brentano

Quelle: Aus den Akten des Auswärtigen Amts, Belgien, Nr. 408

87 Unterzeichnung des Saarvertrages

Gemeinsame deutsch-französische Erklärung anläßlich der Unterzeichnung des Saarvertrages in Luxemburg am 27. Oktober 1956

Die Außenminister der Bundesrepublik Deutschland und der Französischen Republik haben am 27. Oktober 1956 den Vertrag zur Regelung der Saarfrage, den Vertrag über die Schiffbarmachung der Mosel, den Vertrag über den Ausbau des Oberrheins und ein Niederlassungsabkommen unterzeichnet. Dieser Tag ist von geschichtlicher Bedeutung für die deutsch-französischen Beziehungen. Diese Beziehungen haben auf politischem Gebiet ihre Grundlage in den Verträgen vom 23. Oktober 1954 und entwickeln sich zu enger Zusammengehörigkeit. Die wirtschaftlichen Beziehungen zwischen beiden Ländern haben auf Grund der gemeinsamen Zugehörigkeit zum Rat für die Europäische Wirtschaftliche Zusammenarbeit und auf Grund zweiseitiger Handelsabkommen, insbesondere des langfristigen Abkommens von 1955, eine glänzende Entwicklung genommen. Auch die kulturellen

Beziehungen haben einen hohen Stand erreicht. Heute sind die letzten noch offenen Fragen geregelt worden.

Die Verträge, die soeben unterzeichnet worden sind, sind das Ergebnis langer Verhandlungen. Eine Einigung war nur möglich dank beiderseitiger großzügiger Konzessionen und weil beide Länder sich ihrer europäischen Verantwortung bewußt sind. Die Opfer, die gegenseitig gebracht worden sind, zeugen von dem Willen der beiden Regierungen, einen neuen Abschnitt der deutsch-französischen Beziehungen zu beginnen, in dem die beiden Völker gemeinsam einer besseren Zukunft entgegenschreiten wollen. Es soll in Zukunft zwischen beiden Ländern nur noch solche Fragen geben, wie sie sich zwischen guten Nachbarn stellen.

Die beiden Regierungen erblicken in der jetzt gefundenen Regelung ferner die Erfüllung einer wesentlichen Voraussetzung für die Stärkung der freien Welt und die Zukunft Europas. Sie werden ihre gemeinschaftlichen Bemühungen um die Schaffung eines neuen Europas nunmehr in verstärktem Maße fortsetzen.

Quelle: Bulletin vom 30. 10. 1956, Nr. 205, S. 1962

Erklärung des Bundeskanzlers Dr. Konrad Adenauer zur Außenpolitik vor dem Deutschen Bundestag am 8. November 1956 (Auszüge)

... Daß Deutschland gerade an diesen Vorgängen leidenschaftlich Anteil nimmt, wird man in der ganzen Welt verstehen; denn bis zur Stunde sind auch 17 Millionen Deutsche in diesen totalitären Machtblock eingespannt, 17 Millionen Menschen, denen man gegen Recht und Gesetz die Möglichkeit genommen hat, nach dem eigenen Freiheitswillen ihre Anstrengungen mit denen des übrigen deutschen Volkes zu vereinen und als freies Volk in der Gemeinschaft der freien Völker der Welt zu leben. Bis zur Stunde ist es ebensowenig gelungen, einen Friedensvertrag zu schließen und das Problem der Ostgrenzen Deutschlands zu regeln. In Deutschland kam der elementare Wille zur Freiheit an jenem historischen 17. Juni 1953 in der sowjetisch besetzten Zone und in Berlin zum Ausdruck, als deutsche Männer und Frauen, die wehr- und waffenlos waren, gegen den unerträglichen Zwang eines Regierungssystems auftraten, das gegen ihren Willen eingesetzt wurde und ohne ihr Zutun fortdauert.

Dieser elementare Freiheitswille war es auch, der die Vorgänge in Posen auslöste und politische Veränderungen in Polen einleitete, die wir in ihrer vollen Bedeutung noch nicht abzusehen vermögen, schon deshalb nicht, weil wir nicht wissen, ob sie bereits zum Abschluß gekommen sind. Wir hoffen, daß diese Veränderungen einen Schritt auf dem Wege zu einem freien Polen darstellen, mit dem alle strittigen Fragen in friedlicher und fairer Weise zu regeln wir aufrichtig wünschen.

(Beifall bei den Regierungsparteien und Abgeordneten des GB/BHE und der FDP.)

Für eine solche Regelung, meine Damen und Herren, kommt es nicht darauf an, ob in Deutschland und Polen verschiedene Regierungssysteme und verschiedene Wirtschafts- und Sozialordnungen bestehen oder nicht. Unter einem »freien Polen«, mit dem wir zu geordneten Beziehungen und zur Regelung aller Streitfragen zu kommen wünschen, verstehe ich ein Polen, das die volle Verfügungsgewalt eines souveränen Staates über seine inneren und äußeren Angelegenheiten besitzt.

(Zustimmung bei den Regierungsparteien.)

In den letzten Tagen haben nun die Ereignisse in Ungarn dem deutschen Volke und der ganzen freien Welt eine erschütternde Lehre erteilt. Zunächst war es wohl auch dort nur der Wunsch, etwas mehr Freiheit, etwas mehr Menschenrechte und Menschenwürde, etwas mehr Sicherheit zu besitzen, der die innere Unruhe auslöste. Es war dann offensichtlich die unmenschliche Reaktion einer kleinen Minderheit, die die Herrschaft nicht verlieren wollte und sich nicht scheute, zu diesem Zwecke fremde Truppen einzusetzen, die von der Revolte zur Revolution führte und die dem Freiheitswillen des ungarischen Volkes zum elementaren Durchbruch verhalf.

(Beifall bei der CDU/CSU und rechts.)

Ich glaube, daß wir allen Anlaß haben, voller Bewunderung dieses Freiheitskampfes zu gedenken, der noch immer andauert.

(Beifall auf allen Seiten des Hauses.)

Das Wissen darum, daß die ungarische Nation in ihrem Freiheitskampf allein steht, daß sie wohl die moralische Unterstützung aller freien Völker der Welt genießt, aber daß die nackte Gewalt stärker zu sein scheint als die heroischen Anstrengungen dieses Volkes, muß uns in diesen Tagen quälen und sollte niemanden unberührt lassen, für den die Worte »Demokratie« und »Freiheit« mehr bedeuten als ein unverbindliches Lippenbekenntnis.

(Beifall bei der CDU/CSU und rechts.)

Es ist keine unzulässige Einmischung in die inneren Verhältnisse eines anderen Volkes, wenn die Bundesregierung heute und hier an dieser Stelle ihre Bewunderung für diesen Freiheitskampf zum Ausdruck bringt und die moralische Verpflichtung anerkennt, immer auf der Seite derer zu stehen, die für die Freiheit eintreten und die Unterdrückung der Menschenrechte leidenschaftlich bekämpfen.

(Beifall auf allen Seiten des Hauses.)

Wohl aber ist es eine mit der Charta der Vereinten Nationen, aber auch mit den ungeschriebenen völkerrechtlichen Grundsätzen unvereinbare Einmischung in das Selbstbestimmungsrecht und in die Entscheidungsfreiheit eines Volkes, wenn dem Ruf nach Freiheit mit Panzern und Kanonen Schweigen geboten wird.

(Sehr richtig! bei der CDU/CSU.)

Die Sympathiekundgebungen der ganzen freien Welt zeigen, daß es auch da, wo schriftliche Verträge fehlen, noch eine echte Solidarität der freien Menschen gibt. Das Bewußtsein darum wird auch diejenigen innerlich stärken, die den Tag der Befreiung herbeisehnen und mit äußerster Selbstdisziplin und Zurückhaltung, wenn auch vielleicht mit Zähneknirschen auf den Augenblick warten, wo auch ihnen die unveräußerlichen Rechte wiedergegeben werden, die die Grundlage für das Zusammenleben von Menschen schlechthin sein müssen.

(Beifall bei der CDU/CSU und Abgeordneten der anderen Fraktionen.)

Die Bundesregierung kann nicht verschweigen, daß ihre Beziehungen zur Sowjetunion durch die Verhältnisse in der Zone belastet waren und daß sie durch die Vorgänge in Ungarn neuerlich belastet werden. Die Bundesregierung hat die diplomatischen Beziehungen zur Sowjetunion vor Jahresfrist in der Hoffnung aufgenommen, daß der unmittelbare Meinungsaustausch zwischen den beiden Regierungen zu einer Klärung und zu einer Entspannung des gegenseitigen Verhältnisses führen werde. Die Bundesregierung ist auch heute noch davon überzeugt, daß ihr damaliger Entschluß richtig war. Sie wird sich auch weiterhin bemühen, mit der Sowjetunion im Gespräch zu bleiben. Das Memorandum, das die Bundesregierung vor kurzem in Moskau überreichen ließ, war ein Ausdruck dieses Bemühens. Aber es wäre unaufrichtig, wenn die Bundesregierung angesichts der jüngsten Ereignisse verschweige, daß das gesamte deutsche Volk diesseits und jenseits der Zonengrenze ein Bestandteil der freien Welt ist und bleiben will.

(Beifall bei der CDU/CSU und Abgeordneten der anderen Fraktionen.)

Das bedeutet, daß die von uns allen im Interesse einer Sicherung des Weltfriedens erwünschte Normalisierung der Beziehungen zwischen der Sowjetunion und dem deutschen Volke zur Voraussetzung hat, daß allen Deutschen das Recht auf freie Selbstbestimmung gewährt wird.

(Allgemeiner Beifall.)

Es ist die alleinige Aufgabe des deutschen Volkes, seine innere Ordnung zu bestimmen und den politischen Standort zu beziehen, den es nach seiner Überzeugung für den richtigen hält.

(Beifall in der Mitte.)

Die Bundesregierung hat niemals einen Zweifel daran gelassen, daß die Bundesrepublik und das wiedervereinigte Deutschland bereit sein werden, sich in ein großes und wirksames Sicherheitssystem einzuordnen, das allen Nationen das Recht auf freie Entwicklung einräumt und das allen Völkern die Segnungen eines gesicherten Friedens vermittelt.

Gerade die Vorgänge, von denen ich sprach, geben aber auch der Bundesregierung das Recht und die Pflicht, ihre Forderungen nach Wiedervereinigung in Frieden und Freiheit erneut anzumelden und keinen Zweifel daran zu lassen, daß sie nichts unversucht lassen wird, um dieses Ziel – selbstverständlich mit friedlichen Mitteln und auf dem Wege ausgleichender Verhandlungen – zu erreichen.

(Beifall bei den Regierungsparteien.)

Wir sind davon überzeugt, daß die jüngste Entwicklung in Ost- und Südosteuropa auf weite Sicht einen günstigen Einfluß auf die Lösung der deutschen Frage ausüben muß. Die Überzeugung beruht auf dem ernsten Willen des deutschen Volkes, mit allen seinen Nachbarn, im Osten wie im Westen, in Frieden zu leben und zu einer Verständigung in allen strittigen Fragen zu gelangen. Wie ich schon im Hinblick auf Polen festgestellt habe, ist die Unabhängigkeit unserer östlichen Nachbarn dafür eine wesentliche Voraussetzung.

Wie auch immer die Entwicklung in diesem Bereich verlaufen mag, so kann es doch keinen Zweifel darüber geben, daß die Wiederherstellung der staatlichen Einheit Deutschlands nicht ohne die Zustimmung und Mitwirkung der Sowjetunion möglich ist. Wir werden daher nicht aufhören, immer wieder an die Sowjetunion heranzutreten und sie aufzufordern, sich der Mitwirkung an der Lösung dieser Frage nicht zu versagen. Letzten Endes hängt von dieser Mitwirkung der Friede der Welt ab ...

Ich glaube, daß ich die Haltung, die die Bundesregierung in dem Konflikt über den Suezkanal einnimmt, als bekannt voraussetzen kann und daß ich mich auch nicht in völkerrechtliche Analysen zu verlieren brauche. Die Bundesregierung hat an den beiden Londoner Konferenzen teilgenommen, auf denen sich diejenigen Nationen, die an der gesicherten Schiffahrt durch den Suezkanal entscheidend interessiert sind, bemühten, eine Regelung zu finden, die der Souveränität des ägyptischen Volkes ebenso Rechnung tragen sollte wie dem gemeinsamen berechtigten Anliegen, einen lebenswichtigen internationalen Schiffahrtsweg im Interesse aller Beteiligten offenzuhalten. Die Bundesregierung beklagt es aufs tiefste, daß diese Bemühungen ergebnislos blieben. Sie glaubt auch heute noch, daß die Vorschläge, die die erste Londoner Konferenz ausgearbeitet hatte, eine geeignete Verhandlungsgrundlage für eine solche Regelung darstellten.

Es erscheint nicht sehr sinnvoll, Betrachtungen darüber anzustellen, warum es zu einer solchen gegenseitigen Verständigung nicht kam. Die Entwicklung ist weitergegangen, und es kam zu kriegerischen Handlungen, die wir bedauern, da wir überzeugt sind, daß auch legitime Ziele der Politik nicht mit Waffengewalt verwirklicht werden sollen.

(Allgemeiner Beifall.)

Aus dieser Erkenntnis und Überzeugung heraus hat ja auch die Bundesregierung mit voller Zustimmung des Bundestages wiederholt erklärt, daß auch das brennende Problem der deutschen Wiedervereinigung niemals mit Waffengewalt gelöst werden sollte.

Wir dürfen uns jedoch nicht damit begnügen, die im Vordergrunde des Geschehens ste-

342

henden Ereignisse zu sehen. Seit langem bestanden im Nahen Osten latente Spannungen, die weder die beteiligten Mächte noch die Vereinten Nationen auszuräumen vermochten. Völker und Nationen, die auf diesem Gebiet zusammenleben und zusammen leben müssen, begegneten sich mit Angst und Mißtrauen. Kleinere Nationen fürchteten die größeren und schlossen sich zusammen. Sie alle bemühten sich, ihre Existenz zu sichern, und beobachteten die gleichen Anstrengungen ihrer Nachbarn mit einer von Mißtrauen geschärften Wachsamkeit, weil sie sich bedroht fühlten.

Es kam vor kurzem zu der bewaffneten Intervention Israels gegen Ägypten, einer Intervention, die von der einen Seite als Reaktion auf eine vermutete Gefahr, von der anderen Seite als ein vorsätzlicher Schlag gegen die bestehende Ordnung verstanden wurde. Es kam zu einer weiteren Intervention englischer und französischer Streitkräfte. Beide Mächte glaubten offenbar, nur durch diese Maßnahmen einen Konflikt lokalisieren zu können, der andernfalls unabsehbare Folgen auslösen würde.

Die Bundesregierung hat alle aufrichtig und ernst gemeinten Bemühungen, den ausgebrochenen Konflikt beizulegen, unterstützt. Wenn allerdings diejenigen, die mit Panzern und Maschinengewehren in einem fremden Lande die Stimme der Freiheit zum Schweigen bringen, sich in diesem Konflikt zum Anwalt der Freiheit, der nationalen Unabhängigkeit und der Menschenrechte aufwerfen, dann kann die Bundesregierung zu ihrem Bedauern nur feststellen, daß damit die ernsthaften und redlichen Bemühungen anderer diskreditiert werden.

(Lebhafter Beifall bei den Regierungsparteien, bei der FDP und beim GB/BHE.)

Freiheit und Selbstbestimmungsrecht müssen überall gelten und überall anerkannt werden.

(Allgemeiner lebhafter Beifall.)

Es hieße ein System der Willkür anerkennen, wenn man irgendeiner Nation zubilligen würde, diese Begriffe nach ihrem Ermessen auszulegen und diese Rechte nach ihrem Gutdünken anzurufen oder zu mißachten.

(Sehr richtig! bei den Regierungsparteien.)

Mit besonderer Aufmerksamkeit hat die Bundesregierung die Bemühungen der Vereinten Nationen verfolgt, schlichtend und vermittelnd einzuwirken. Auch wenn die Bundesrepublik nicht Mitglied der Vereinten Nationen ist, so wird sie solchen Bestrebungen stets ihre ungeteilte Unterstützung zuteil werden lassen.

(Beifall bei den Regierungsparteien.)

Die Bundesregierung fürchtet allerdings, daß man die Vereinten Nationen überforderte, wenn man von ihnen erwartete, daß sie einen Konflikt dieses Ausmaßes tatsächlich zu lösen vermöchten. Trotz ihrer Charta, deren rechtliche und ethische Normen wir ohne Einschränkung bejahen, ist sie dazu leider noch nicht in der Lage. Sie ist auch nicht ein übergeordneter und unparteiischer Gerichtshof, sondern eine Versammlung von Staaten, die ihre eigenen Interessen, wenn auch im Rahmen der durch die Charta festgelegten Grundsätze, zu vertreten suchen. Das Abstimmungsverfahren im Sicherheitsrat, das den Großmächten ein Vetorecht einräumt, läßt eine echte richterliche Funktion des Rates nicht zu,

(Sehr richtig! in der Mitte)

soweit die Großmächte selbst betroffen sind. Im übrigen verfügt der Rat auch nicht über wirksame Vollzugsorgane. Gerade darum kam es ja – ähnlich wie seinerzeit im Völkerbund – zu regionalen Zusammenschlüssen im Rahmen der Charta der Vereinten Nationen. Sie haben sich gerade in den vergangenen Jahren als unentbehrlich erwiesen.

Die Bundesregierung möchte gleichwohl jenen, die sich im Rahmen der Vereinten Nationen selbstlos und verantwortungsbewußt der Lösung des Konfliktes annehmen, ihre besondere Anerkennung und ihren aufrichtigen Dank aussprechen.

(Beifall bei den Regierungsparteien.)

343

Dieser Dank gilt vor allem dem Generalsekretär der Vereinten Nationen, Herrn Dag Hammarskjöld.
(Beifall im ganzen Hause.)
Er wie andere – ich erwähne etwa den General Burns – haben den Beweis dafür erbracht, welche Bedeutung dem menschlichen Einsatz einer lauteren Persönlichkeit auch im Rahmen einer Organisation zukommt, die auf Grund ihrer Statuten nicht mit der wünschenswerten Durchschlagskraft unmittelbar zu handeln vermag.

Ich möchte nun einige Worte über den Besuch sagen, den ich zusammen mit dem Bundesminister des Auswärtigen vorgestern in Paris in Erwiderung eines Bonner Besuchs des französischen Ministerpräsidenten und des französischen Außenministers abgestattet habe...

Vor dem Besuch wurden Stimmen laut, die sich fragend oder kritisch dahin äußerten, der Besuch sei zum jetzigen Zeitpunkt nicht angebracht. Ich möchte annehmen, meine Damen und Herren, daß der Verlauf des Besuchs klar bewiesen hat, daß diese Befürchtungen nicht begründet waren.
(Beifall bei den Regierungsparteien.)
Ich hatte mich zur Durchführung dieses Besuches entschlossen, um damit das vertrauensvolle Gespräch über alle Fragen, die unsere Völker berühren, fortzusetzen, und ich bedaure es nicht, den Entschluß auch durchgeführt zu haben. Ein offenes Gespräch zwischen Freunden, meine Damen und Herren, ist immer am Platze,
(Beifall bei den Regierungsparteien)
sei es dann, wenn die Auffassungen in den einzelnen Fragen übereinstimmen, sei es aber auch dann, wenn sie vielleicht einmal voneinander abweichen. Wie sollten denn die Völker zu einer echten und dauerhaften Verständigung kommen, wenn sie sich durch jede krisenhafte Entwicklung in der Welt davon abbringen ließen, die gegenseitige Freundschaft und das Verständnis füreinander zu pflegen!
(Beifall bei den Regierungsparteien.)
Ich bin sehr befriedigt von den Gesprächen, die wir in Paris führen konnten und die bestimmt waren von dem Geiste einer rückhaltlosen Offenheit, aber auch von der Überzeugung von einer gemeinsamen Aufgabe. Wir haben unsere Auffassungen ausgetauscht, wir haben Ratschläge erteilt und Ratschläge entgegengenommen und damit die unerschütterliche Entschlossenheit zum Ausdruck gebracht, nie mehr gegeneinander, aber auch nicht nebeneinander zu wirken, sondern miteinander alle Anstrengungen zu unternehmen, unseren Völkern eine friedliche Zukunft zu sichern.
(Lebhafter Beifall bei den Regierungsparteien.)
Ich bin besonders glücklich darüber, meine Damen und Herren, daß ich in den Stunden in Paris war, in denen die Entscheidung fiel, die vorgestern in den Abendstunden bekanntgegeben wurde: die Annahme der Vorschläge der Vereinten Nationen und die Feuereinstellung in dem tragischen Konflikt im Nahen Osten.
(Lebhafter Beifall und Bravo-Rufe bei den Regierungsparteien. – Zurufe von der SPD und dem GB/BHE.)
. . .

Quelle: 2. Deutscher Bundestag, 168. Sitzung vom 8. 11. 1956, S. 9262 ff.

344

Rede des Bundespräsidenten Professor Dr. Theodor Heuss im Berliner Abgeordnetenhaus am 26. November 1956 anläßlich der zehnjährigen Wiederkehr des ersten Zusammentritts der Berliner Stadtverordnetenversammlung (Auszüge)

... In dieser Geschichtsstunde begehen wir die Erinnerung an die Konstituierung des ersten Berliner Nachkriegsparlaments, damals noch ein Gremium, das die Gesamtheit dieses ineinandergewobenen Gemeinwesens umfaßte. Aber es war auf dem Plan der Stadt schon mit dünnen Strichen das eingezeichnet, was man Sektorengrenze, Sektorengrenzen nannte. Diese dünnen Striche auf dem Stadtplan wurden in der Realität tiefe Gräben.

Was einmal in der These als wohl verwaltungsrechtlich höchst komplizierte, aber immerhin funktional denkbare Regelung entworfen war, wurde etwas ganz anderes: eine Trennung in der sozialökonomischen Struktur, in der staatspolitischen, auch in der geistigen Atmosphäre – man braucht nur einmal, was ich bei meinen Berliner Besuchen mit einer gewissen pedantischen Regelmäßigkeit tue, die Spiegelung dieser geistigen Atmosphäre in der Presse von hüben und drüben zu verfolgen. Es ist eine andere Welt, schon vom Sprachvorrat aus, und es sind doch im Elementaren, in der Volkssubstanz hüben und drüben die gleichen Menschen, eben die Berliner. Und da sie sich nun eben doch begegnen, austauschen, sehen, wissen sie das auch. Was drüben geschieht, was hüben geschieht, wird von dem berühmten »Mann auf der Straße« seelisch als einheitliches Schicksal empfunden und als einheitliche Aufgabe begriffen. Und das ist, wenn kein Denunziant im Kreise sich mit herumtreibt, in der Sowjetzone nicht anders als auf dem deutschen Territorium, das sich als Bundesrepublik konstituiert hat.

Vor acht, noch vor sechs Jahren konnte man bei besorgten Besuchern, die man drüben empfing, die man im Süden hatte, die leicht anklagende Frage hören: Hat der Westen uns denn »abgeschrieben«? – ein arges Wort aus mißlicher Buchhalterpraxis. Die Menschen konnten wohl manchmal den Eindruck haben: Die Leute in der Bundesrepublik sind fast nur mit sich beschäftigt. Und dieser Eindruck brauchte nicht falsch zu sein bei der Intensität der ökonomischen und technischen Arbeit in fast allen Schichten des Volkes, einfach den Lebensboden zu sichern. Heute hört man dieses Wort nicht mehr oder nur ganz selten, denn die Kräftigung, die man sich im Westen zurückerarbeitet hat, ist auch zu einer Kräftigung von Berlin geworden, nicht bloß in den Ziffern des sogenannten »Notopfers« abzulesen und festzuhalten, in den finanziellen Leistungen, die nach dem Währungsschnitt, nach dem Ingangkommen des Marshallplanes usf. möglich wurden, sondern in dem Wieder-Eins-Werden der sachlichen und seelischen Kommunikation.

Es ist aber doch auch so, daß von Berlin selber aus jene Kräftigung ins deutsche Bewußtsein wirkte, die mit dem außerordentlichen technischen Abenteuer der sogenannten Luftbrücke verbunden bleibt – ein weltgeschichtliches Experiment, das bestanden wurde, weil die Leistung der fremden Flieger die moralische Haltung einer Millionenbevölkerung hinter sich wußte. Diese moralische Haltung besaß in den vorangegangenen Jahren ihre Sprecherin in Louise Schroeder, die damals ihren Namen mit ruhig klarer Festigkeit in die Geschichte geschrieben hat,
(Beifall)
und gewann ihren willensstarken und phantasiereichen Anwalt in Ernst Reuter, der über die Liebe und Dankbarkeit der Berliner hinaus zu einer Symbolfigur wuchs des tapferen Kampfes um das Freisein des Menschentums, und wurde durch den zähen, auch in harter Belastung nie ermattenden Arbeitseifer der parlamentarischen Gremien – der Stadtverordnetenversammlung, des Abgeordnetenhauses –, der Verwaltungen und der Behörden getragen.

Damals hat Berlin vor dem Wissen der freien Welt, eben wieder des »Mannes auf der Straße«, waffenlos einen Sieg für das deutsche Ansehen in der Welt erkämpft, den Staatsmännern aber Einsicht geschenkt und Verpflichtung abgenötigt, daß in Berlins Schicksal das deutsche, mehr: das europäische Schicksal verschlungen ist. Und das gilt noch heute. Wir glauben das spüren zu dürfen in dem warmen und auch zum Opfer bereiten Verhalten, das wir von den alliierten Feinden von damals und alliierten Verbündeten von heute spüren dürfen: der Regierung, des Volkes der USA zumal. Mir scheint das eine ganz einfache Pflicht des Dankes zu sein – für mich besonders eindrucksvoll durch die Fahrt an diesem Tage: Bibliothek vor dem Halleschen Tor, Bauten der Freien Universität, die werdende Kongreßhalle –, ein Wort der Erinnerung ist nötig.

So ist Berlin einfach durch sein Sein und durch die spannungsreiche Not, in die es durch schlecht durchdachte Fremdbeschlüsse gezwungen war, die geschichtliche Mitte geblieben, immer Deutschlands Hauptstadt, auch wenn Regierung, Parlament, Diplomatie aus der Lage der Dinge heraus, die gerne vergessen werden, einfach unfrei geworden, geographisch an anderer Stelle ihre Herberge aufschlugen, aufschlagen mußten – ein, wie man sagt, provisorischer, ich ziehe das Wort vor: ein transitorischer Vorgang.

Sie wissen alle, daß die Frage auf die Tagesordnung gestellt ist: Macht doch einfach Berlin auch formal, auch tatsächlich zum Sitz von Regierung, Parlament, Diplomatie; nehmt das, was ihr erwartet, vorweg, indem ihr es einfach tut. Viele von Ihnen werden jetzt enttäuscht sein von dem, was ich nun sage, aber ich würde mir vor mir selber unredlich erscheinen – was Sie nicht von mir verlangen werden –, würde ich es nicht sagen. Alles, was etat-politisch und technisch für den Tag X vorbereitet werden kann, soll geschehen, muß geschehen, und niemand würde fröhlicher sein als ich, wenn der Tag da ist, während die Vorbereitungen erst anlaufen. Macht, sage ich, nicht bloß das Bellevue fertig, sondern entscheidet Euch auch für einen Parlamentsbau, veranschlagt im Tempo, was hier, was dort zu leisten ist an Behörden, Anlagen usf.! . . .

Aber das ist keine Terminentscheidung erregter Romantik von heute auf morgen, womöglich heute, oder gar ein Gradmesser für Patriotismus, sondern bei der Undurchsichtigkeit, in die die Weltlage geraten ist, eine Sache, in der die Leidenschaft des Gefühls von der Nüchternheit des Kräfte-Ermessens bei allen – ich sage: bei allen Beteiligten kontrolliert werden muß. Ich weiß gut genug aus der Geschichte: Man kann eine Politik machen, der ein späterer Dichter Balladenmotive entnehmen kann. Wir haben, weiß Gott, Balladen-politik genug erlebt und die schlechten Gedichte gleich nachgeliefert erhalten.
(Beifall.)

Der verhaltene Realismus, eine scharfe Beobachtung und die phrasenlose Bereitschaft ist die gemäße Haltung. Das heißt nicht: Also, wieder einmal »Geduld« – oder rezitiert der Heuss vielleicht aus der Geschichte »Ruhe ist die erste Bürgerpflicht«? Nein, die Unruhe der Seele ist die Begleiterin durch diese Zeit, und immer von Geduld reden, würde dem Redner so langweilig werden wie dem Zuhörer.

Aber es geht darum, Selbsttäuschungen zu vermeiden, indem sie auf eine in Wirren und Verkrampfungen stöhnende Welt blicken, selber erschüttert oder bloß sensationiert oder gar schadenfroh und in der Tiefe enttäuscht, das Maßgefühl für den Stand der eigenen Dinge verlieren, d. h. der eigenen weltpolitischen Ohnmacht. Das kann man auch nicht durch starke Reden ersetzen noch durch lizenzierte Kontaktgespräche mit Geistig-Unbekannt, die dazu noch mit einer entwaffnenden Naivität auf Vorschuß als »politische Aktionen« plakatiert werden, regulieren . . .

Dieses Wissen auch gab mir die Pflicht, gab mir das Recht, manche der aktuellen Fragen mit Ernst und Bedacht nur zu behandeln. Sie mögen das gespürt haben, aber doch auch dies, hoffe ich: Die Liebe zu dieser Stadt, der Herberge sehr reicher Jahre meiner eigenen Entfaltung, die in ihrem steten Geschichtsauftrag, deutsche Mitte zu sein und zu bleiben, in

ihrem erneuten Auftrag, den Deutschen von Mittel- und Ostdeutschland den Geist der Freiheit vorzuleben, in unverwirrter Sicherheit sich selber bestätigen wird.
(Starker Beifall.)

Quelle: Bulletin vom 1. 12. 1956, Nr. 225, S. 2137 f.

90 Gewaltverzicht an der Oder-Neiße-Linie

Antworten des Bundesministers des Auswärtigen, Dr. Heinrich von Brentano, auf einer Pressekonferenz in Berlin (West) zum Oder-Neiße-Problem, 30. November 1956

Frage:

Herr von Brentano, Sie haben gestern im Zusammenhang mit der Oder-Neiße-Frage gesagt, daß Polen sich durch Deutschland nicht bedroht zu fühlen brauche. Wäre die Bundesrepublik bereit, Polen eine entsprechende Garantie zu geben?

Antwort:

Ich glaube, daß ich das unbedenklich bejahen kann, denn ich darf daran erinnern, daß die Bundesregierung mit voller Zustimmung des gesamten Bundestages immer wieder erklärt hat, daß es kein Problem gibt, das die Bundesrepublik mit Waffengewalt lösen wird, und daß wir es als unsere Aufgabe und unser Ziel ansehen, alle diese Fragen im Gespräch, in der Verhandlung und auf dem Wege der Vereinbarung zu lösen.

Frage:

Would the Oder-Neiße-Problem have to be solved completely before West Germany could consider diplomatic relationship with Poland?

Antwort:

Sicherlich nicht, denn ich glaube, daß keine Regierung, weder die Bundesregierung noch die Regierung der sogenannten DDR, das Recht hat, diese Frage zu lösen. Nur eine gesamtdeutsche Regierung wird bei kommenden Friedensvertragsverhandlungen die Zuständigkeit haben, zu dieser Frage Stellung zu nehmen.

Frage:

Glauben Sie nicht, Herr Bundesminister, daß eine vorherige Regelung des Oder-Neiße-Problems die Wiedervereinigung fördern könnte?

Antwort:

Ich kann nur antworten, daß meiner Überzeugung nach eine vorherige endgültige Regelung gar nicht möglich ist, weil jeder, der heute eine Erklärung darüber abgibt, damit rechnen muß, daß er mit Recht von einer späteren gesamtdeutschen Regierung desavouiert wird. Aber ich kann sagen, daß die Bundesregierung jederzeit bereit sein wird, die feierliche Erklärung zu wiederholen, daß wir diese Frage leidenschaftslos und mit dem ganzen Ernst, der ihr zukommt, zu einem späteren Zeitpunkt im Rahmen einer gesamtdeutschen Regierung prüfen werden, daß aber, und die Polen wissen das, das Deutschland von heute und das wiedervereinigte Deutschland von morgen nach unserem Wunsch und nach unserer Vorstellung keine gewaltsame Lösung anstrebt.

Quelle: Dokumentation »Oder-Neiße-Linie«. Urkundentexte und zusätzliche Erklärungen zur Frage der deutschen Ostgebiete vom Potsdamer Abkommen, 2. August 1945 bis April 1959, hrsg. vom Auswärtigen Amt, 2. verb. und erw. Aufl., Bonn 1959, S. 132

Erklärung des Bundesministers des Auswärtigen, Dr. Heinrich von Brentano, in einem Interview mit der Politisch-Sozialen Korrespondenz am 16. Dezember 1956 (Auszug)
. . .
Frage:

Wie beurteilen Sie, Herr Minister, die jüngsten Vorgänge in Osteuropa und vor allem in Polen? Wie weit werden sie die Ostpolitik der Bundesregierung beeinflussen? Erwägt die Bundesregierung z. B. in absehbarer Zeit die Aufnahme von diplomatischen Beziehungen mit Polen und wenn ja, glauben Sie, daß derartige oder ähnliche Beziehungen mit Gomulka sich positiv auf das berechtigte Verlangen des deutschen Volkes nach Wiedervereinigung auswirken werden?

Antwort:

Es kann keinen Zweifel mehr darüber geben, daß die Völker Osteuropas in Bewegung gekommen sind. Was am 17. Juni 1953 in Berlin begann und über die Ereignisse in Posen und Warschau zu dem heftigen Ausbruch des Freiheitswillens des ungarischen Volkes führte, ist nicht mehr aufzuhalten. Die von Gomulka mit der Sowjetunion erzielte Regelung, bei der freilich der so entscheidende polnische Wunsch nach einem Abzug der sowjetischen Truppen keine Erfüllung gefunden hat, liegt im Zuge der allgemeinen Entwicklung in den sowjetischen Randstaaten. Es liegt vielleicht auch in einem gewissen Maße an uns und anderen westeuropäischen Völkern, der Sowjetunion zu der Erkenntnis zu verhelfen, daß es in ihrem eigenen Interesse ist, an ihren Grenzen freie Völker zu wissen, die nicht von Haß gegen sie erfüllt sind. Auf Satelliten dagegen, die nur mit Waffengewalt gehalten werden, ist in kritischer Stunde niemals Verlaß, sondern sie wenden sich gerade dann mit besonderer Leidenschaft gegen ihre Zwingherren. Was die Aufnahme diplomatischer Beziehungen zu den Ostblockstaaten angeht, so ist die Frage zur Zeit noch nicht aktuell. Gewiß hoffen wir auf Möglichkeiten, die seit langer Zeit unterbrochenen Beziehungen zu Osteuropa auf kulturellem, wirtschaftlichem und, wo es möglich ist, auf politischem Gebiet wieder behutsam anzubahnen. Doch müssen wir den Eindruck vermeiden, als versuchten wir, auf innenpolitische Entwicklungen in Osteuropa Einfluß zu nehmen. Ich nehme an, daß die Auflockerungen im Ostblock dazu beitragen werden, ein Klima zu schaffen, das unserer Arbeit für die Wiedervereinigung günstig ist. Auch die Sowjetunion wird eines Tages einsehen müssen, daß ihr die Aufrechterhaltung einer Zwangsherrschaft in der Sowjetzone zu teuer zu stehen kommt. Mit unserem östlichen Nachbarn, Polen, werden wir, wenn es frei entscheiden kann, sicherlich zu einer Regelung im europäischen Geiste kommen . . .

Quelle: Bulletin vom 18. 12. 1956, Nr. 236, S. 2254 f.

92   Hindernisse einer deutsch-sowjetischen Verständigung

Antwortschreiben des Bundeskanzlers Dr. Konrad Adenauer vom 27. Februar 1957 auf eine persönliche Botschaft des sowjetischen Ministerpräsidenten Bulganin vom 5. Februar 1957

Sehr geehrter Herr Ministerpräsident!

Ihren Brief vom 5. Februar 1957, den mir Herr Botschafter Smirnow überbrachte, habe ich seiner Bedeutung entsprechend sehr sorgfältig gelesen, und ich habe seinen Inhalt gewissenhaft geprüft. Ich habe die Niederschrift unserer Verhandlungen in Moskau im September 1955 und unser gemeinsames Schlußkommuniqué wieder durchgesehen. Zur Beurteilung der Entwicklung der deutsch-sowjetischen Beziehungen habe ich auch alle Vorgänge herangezogen, die sich seit den Moskauer Verhandlungen zwischen unseren beiden Regierungen und unseren Botschaften abgespielt haben. Es ist natürlich, daß sich bei der Wiederanknüpfung von diplomatischen Beziehungen, die so tragisch und so lange unterbrochen waren, Differenzen und Schwierigkeiten ergeben. Manche von ihnen sind geringfügiger Art, und ich glaube, wir sollten uns bei ihnen nicht aufhalten.

Was die seit Moskau noch offenen Fragen betrifft, so möchte ich zunächst auf unsere beiderseitigen Handelsbeziehungen eingehen. Sie haben sich nicht ungünstig entwickelt. Die Einfuhr der Bundesrepublik aus der Sowjetunion ist von 93,1 Mill. DM im Jahre 1954 auf 185,8 Mill. DM in den ersten elf Monaten des Jahres 1956 gestiegen. Die Ausfuhr der Bundesrepublik in die Sowjetunion ist im gleichen Zeitabschnitt von 52,8 Mill. DM auf 267,1 Mill. DM angewachsen. Nach diesem Auftakt lassen sich die Handelsbeziehungen noch weiter entwickeln, und ich schlage Ihnen vor, alsbald in Regierungsbesprechungen hierüber einzutreten. Ich teile Ihre Ansicht, daß der Ausbau von Handelsbeziehungen dazu geeignet ist, die politische Atmosphäre zu verbessern.

Aus dem gleichen Grunde schlage ich Ihnen vor, Fragen der wissenschaftlich-technischen Zusammenarbeit zunächst auf diplomatischem Wege behandeln zu lassen.

Schließlich werde ich den deutschen Botschafter in Moskau anweisen, Ihnen Vorschläge über ein Abkommen über konsularische Befugnisse zu unterbreiten.

Sie haben in Ihrem Brief, wie ich mit Genugtuung festgestellt habe, die friedlichen Absichten der Bundesrepublik mit ihrer Regierung nicht in Zweifel gezogen. Um so mehr bedauere ich es, daß Sie das Wesen und die Zielsetzung des Bündnissystems, dem die Bundesrepublik Deutschland angehört, verkennen, indem Sie meinen, daß die Bundesrepublik durch ihre Bündnispartner auf den Weg der Aggression gedrängt werde. Ich darf Sie, sehr geehrter Herr Ministerpräsident, daran erinnern, daß Sie sowohl wie Herr Chruschtschow bei unseren Verhandlungen in Moskau wörtlich zu mir sagten: »Wir haben Ihren Eintritt in die NATO nicht gern gesehen; aber Sie sind in die NATO eingetreten, und wir sind Realisten und nehmen das als Tatsache hin.« Ich würde es begrüßen, wenn Sie diese realistische Betrachtungsweise beibehielten. Vor allem aber möchte ich mit großer Entschiedenheit unterstreichen, daß die Verteidigungsbündnisse, denen die Bundesrepublik angehört, rein defensiver Natur sind. Sie können, das ist ganz offenbar, keinen Zwecken nutzbar gemacht werden, die diesem defensiven Charakter nicht entsprechen. Die Treue, mit der die Bundesrepublik zu ihren Bündnispflichten steht und stehen wird, umfaßt auch die Treue zu dem Prinzip, das diese Bündnisse beherrscht, dem Prinzip der Friedensliebe und der Bereitschaft, sich gemeinsam zu verteidigen.

Sie dürfen überzeugt sein, Herr Ministerpräsident, daß ich für das ganze deutsche Volk gesprochen habe, als ich in Moskau leidenschaftlich vor neuen kriegerischen Verwicklungen gewarnt und an die schweren Folgen erinnert habe, die der letzte Krieg mit sich brachte. Die Bundesregierung hat deshalb ihr Interesse an der Frage der Abrüstung stets besonders betont und wird jederzeit bereit sein, sich an Bemühungen um die Erreichung dieses Ziels zu beteiligen. Ich kann allerdings nicht verschweigen, daß nach der Überzeugung der Bundesregierung Verhandlungen über Abrüstung nur dann Erfolg versprechen, wenn alle daran beteiligten Staaten sich einer uneingeschränkten und wirksamen Kontrolle insbesondere auch der nuklearen Waffen bedingungslos unterwerfen und wenn vor allem die Ursachen der bestehenden Spannungen auf politischem Gebiet beseitigt werden.

Lassen Sie mich nun, Herr Ministerpräsident, zu zwei Tatbeständen übergehen, die in Wahrheit sehr schwere Hindernisse für die von Ihnen gewünschten guten und freundschaftlichen Beziehungen zwischen unseren beiden Ländern darstellen. Es handelt sich um die

Frage der Wiederherstellung der staatlichen Einheit Deutschlands und um die Frage der Rückführung der in der Sowjetunion noch zurückgehaltenen Deutschen.

Sie sprechen in Ihrem Brief davon, daß man von der Tatsache des Bestehens zweier deutscher Staaten ausgehen müsse. Diese Auffassung kann ich, wie Ihnen zur Genüge bekannt ist, nicht teilen. Ich bitte Sie, meine Empfindungen zu verstehen, wenn ich Ihnen mit allem Nachdruck und allem Ernst sage: Sie, Herr Ministerpräsident, und Herr Generalsekretär Chruschtschow haben bei den Moskauer Verhandlungen ausdrücklich anerkannt, daß die Sowjetunion als Besatzungsmacht verpflichtet sei, zusammen mit den drei Westmächten die Einheit Deutschlands wiederherzustellen. Diese Verpflichtung der Sowjetunion besteht, und sie muß erfüllt werden, wenn die auch von uns gewünschte Zusammenarbeit zwischen der Sowjetunion und Deutschland zum Nutzen beider Völker und des Friedens in Europa und der Welt in vollem Umfange wirksam werden soll.

Die drei Westmächte sind zur Lösung der Frage bereit. Die deutsche Bundesregierung wird in ihrer Antwort auf die Note Ihrer Regierung vom 22. Oktober 1956 auf die Frage der Wiederherstellung der staatlichen Einheit Deutschlands in Freiheit ausführlich eingehen. Trotzdem bitte ich Sie, Herr Ministerpräsident, schon in diesem persönlichen Brief ebenso herzlich wie eindringlich, sich der Verpflichtung zur Wiederherstellung der staatlichen Einheit Deutschlands nicht dadurch zu entziehen, daß Sie die Existenz zweier deutscher Staaten betonen und erklären, eine Lösung des deutschen Problems könne nur durch eine Annäherung zwischen der Deutschen Demokratischen Republik und der Bundesrepublik Deutschland gefunden werden. Nichts würde dem deutsch-sowjetischen Verhältnis und dem Frieden in Europa und der Welt mehr dienen als der Beweis echter Achtung vor dem Selbstbestimmungsrecht der Völker, den Sie und Ihre Regierung mit der Zustimmung zur alsbaldigen Vereinigung der beiden Teile Deutschlands auf Grund gesamtdeutscher freier Wahlen erbringen könnten. Geben Sie 17 Millionen Deutsche frei, Herr Ministerpräsident, und Sie werden einer freundschaftlichen Zusammenarbeit unserer beiden Länder einen außerordentlich großen Dienst erweisen.

Lassen Sie mich nunmehr übergehen zum zweiten Tatbestand, der ebenfalls in starkem Maße die Entwicklung gutnachbarlicher Beziehungen zwischen unseren beiden Ländern hemmt. Es handelt sich um die Rückführung der in der Sowjetunion zurückgehaltenen Deutschen. Lassen Sie mich die Aussprache, die wir hierüber in Moskau gehabt haben, in Ihr Gedächtnis zurückrufen. Wir sprachen zuerst von den zurückgehaltenen Kriegsgefangenen, die, wie Sie sagten, zum Teil zu langen Freiheitsstrafen verurteilt waren. Wir einigten uns verhältnismäßig schnell über diese Frage. Wir gingen über zu der Rückführung der deutschen Zivilpersonen. Es stellte sich heraus, daß über die Zahl dieser Personen keine Übereinstimmung zwischen uns bestand. Unsere Ermittlungen und die Ermittlungen des Deutschen Roten Kreuzes hatten eine viel höhere Zahl ergeben, als sie Ihnen von Ihren Organen gemeldet war. Sie erklärten schließlich, die Sowjetunion werde alle deutschen Staatsangehörigen repatriieren, die sich gegen ihren Willen in der Sowjetunion befinden.

Die Rückführung der deutschen Kriegsgefangenen erfolgte dann in so flüssiger und loyaler Weise, daß das deutsche Volk – nicht nur die Angehörigen der Betroffenen – davon sehr stark beeindruckt wurde. Bei der Rückführung von Zivilpersonen hingegen wurden von den Ihnen nachgeordneten Organen von Anfang an Schwierigkeiten bereitet, die immer größere Ausmaße annahmen und schließlich auf eine Nichterfüllung der gegebenen Zusagen hinausliefen. Ich brauche hier nur auf die Ssuchumi-Deutschen zu verweisen. Ich glaube nicht, daß Sie mit der Nichterfüllung der von Ihnen ausdrücklich gemachten Zusagen einverstanden sind, aber ich kann Ihnen nicht verschweigen, daß in weitesten Kreisen des deutschen Volkes Enttäuschung, ja Erbitterung hierüber herrscht. Ich bitte Sie, diesen Schwierigkeiten ein Ende zu bereiten und anzuordnen, daß die Moskauer Vereinbarung entsprechend dem Geiste, in dem sie getroffen wurde, nunmehr durchgeführt wird. Sie wissen, sehr geehrter Herr Ministerpräsident, welch große Bedeutung gerade solche Vorgänge, die das Menschliche berühren, haben, und ich bitte Sie, die Sorge, die auf vielen Familien in Deutschland lastet, von ihnen zu nehmen. Eine solche Entscheidung würde zweifellos einen erheblichen Fortschritt auf dem Wege zur Normalisierung unserer Beziehungen darstellen.

Diesen Brief, den ich unserem Botschafter mitgebe, beende ich, sehr geehrter Herr Ministerpräsident, mit der Versicherung, daß die deutsche Bundesregierung und das deutsche Volk die Bedeutung gutnachbarlich-freundschaftlicher Beziehungen zwischen unseren Völkern wohl zu würdigen wissen. Die Bundesrepublik hat bereits ausgezeichnete freundschaftliche Beziehungen zu allen ihren Nachbarn im Westen, Norden und Süden, und sie wünscht, diese Beziehungen zu pflegen und zu erhalten. Die Bundesregierung und das deutsche Volk würden sich glücklich schätzen, wenn es gelänge, auch nach Osten hin das gleiche gute Verhältnis herzustellen.

Sie haben, Herr Ministerpräsident, an die gute Tradition der deutsch-russischen Beziehungen erinnert. Aber gerade die Erinnerung an diese Tradition, die auf einem geordneten Verhältnis beruhte, das jeden Eingriff des einen Volkes in die Lebensordnung des anderen ausschloß, bringt uns um so schmerzlicher zum Bewußtsein, wieviel Trennendes in den gegenwärtigen Umständen unseres Nebeneinanderlebens liegt. Deshalb möchte ich nochmals unterstreichen, daß die grundsätzliche Klärung unseres beiderseitigen Verhältnisses von der Regelung der großen, bisher ungelösten Fragen, an deren Spitze die Wiederherstellung der staatlichen Einheit Deutschlands steht, nicht zu trennen ist. Wenn es unser Auftrag ist, unseren Völkern eine dauerhafte Friedensordnung zu geben, die den kommenden Generationen mehr Sicherheit gibt, als uns bis heute gegeben war, müssen wir und alle, die dafür Verantwortung tragen, zusammenwirken, damit der Gefahrenherd, der durch die Spaltung Deutschlands entstanden ist, beseitigt wird.

Genehmigen Sie, Herr Ministerpräsident, den Ausdruck meiner ausgezeichnetsten Hochachtung!

gez. Adenauer

Quelle: Bulletin vom 1. 3. 1957, Nr. 42, S. 353 f.

---

93 Die Römischen Verträge

Rede des Staatssekretärs des Auswärtigen Amts, Professor Dr. Hallstein, vor dem Deutschen Bundestag über die bevorstehende Unterzeichnung der Römischen Verträge, 21. März 1957 (Auszüge)

Herr Präsident! Meine Damen und Herren! In Vertretung des Herrn Bundesministers des Auswärtigen darf ich für die Bundesregierung folgendes erklären:

Die Verträge über den Gemeinsamen Markt und Euratom, die am 25. März in Rom unterzeichnet werden sollen, sind das Ergebnis einer langen, beharrlichen Arbeit der sechs Partnerstaaten der europäischen Kohle- und Stahlgemeinschaft. Man kann die Verträge als die direkte Folge des Gemeinsamen Marktes für Kohle und Stahl bezeichnen. Schon bei der Schaffung der Montangemeinschaft im Jahre 1952 nämlich waren sich die Vertragschließenden darin einig, daß die Errichtung eines wirtschaftlich und politisch geeinten Europa fortgesetzt werden müsse durch den Ausbau gemeinsamer Institutionen, die fortschreitende Verschmelzung der nationalen Volkswirtschaften, die Schaffung eines großen gemeinsamen Marktes für alle Güter und die allmähliche Hebung des Lebensstandards.

Über die Notwendigkeit dieses Zusammenschlusses der europäischen Staaten in unserem

Zeitalter, in dem sich politische und wirtschaftliche Macht in einem entscheidenden Maße auf wenige große Weltmächte konzentriert, braucht kaum mehr etwas gesagt zu werden – nach allem, was sich in den letzten Jahren und namentlich in der jüngsten Vergangenheit in der Welt und in Europa im besonderen abgespielt hat. Wir wissen, daß eine enge Vereinigung der alten europäischen Staaten heute für uns die einzige Chance ist, Europa im Konzert der Mächte seine alte Stellung zu wahren oder zurückzugewinnen, ja wahrscheinlich die letzte Chance des Überlebens, die letzte Möglichkeit der Sicherung unseres freiheitlichen Daseins, unseres wirtschaftlichen Gedeihens und unseres sozialen Fortschritts. Und um insbesondere die wirtschaftliche Bedeutung dieses Zusammenschlusses zu unterstreichen, brauche ich nur an zwei oft angeführte Beispiele zu erinnern: Weder eine leistungsfähige Flugzeugindustrie noch eine leistungsfähige Atomindustrie könnten heute in einem der sechs Partnerstaaten allein aufgebaut werden. Die Schaffung dieser für unser Zeitalter symptomatischen Unternehmen setzt größere Wirtschaftsräume voraus.

Der Kern des Vertrages ist die Errichtung der Europäischen Wirtschaftsgemeinschaft als einer mit eigenständigen Befugnissen ausgestatteten Gemeinschaft von Staaten. Der Vertrag regelt nicht wie ein gewöhnliches Wirtschafts- und Handelsabkommen nur Rechte und Pflichten der beteiligten Staaten auf zwischenstaatlicher Grundlage. Eine derartige Regelung hätte weder den politischen noch den wirtschaftlichen Zielen genügt, die die sechs Staaten anstreben. Der Vertrag ruft vielmehr ein europäisches Gebilde mit besonderen organisatorischen Elementen ins Leben. Diese Feststellung weist zugleich auf den eminenten politischen Charakter des Vorgangs, auf die großen in ihm ruhenden politischen Möglichkeiten; sie zeigt die Größe des Entschlusses, den die sechs Staaten mit der Gründung der Gemeinschaft zu verwirklichen sich anschicken. Wichtige Befugnisse, die den Vertragsstaaten auf dem Gebiet der Wirtschaft vorbehalten waren, werden der Europäischen Wirtschaftsgemeinschaft übertragen.

Die tragenden Elemente dieser Gemeinschaft sind ein gemeinsamer Markt und gemeinsame Organe.

Hauptstück des Gemeinsamen Marktes ist die Zollunion, die schrittweise in drei Etappen von jeweils vier Jahren alle unter den sechs Mitgliedern vorhandenen Binnenzölle abbaut und im Endzeitpunkt, spätestens nach 15 Jahren, einen von allen Zollhindernissen freien, durchgehenden Wirtschaftsraum schafft. Dieses Stück allein ist von so umwälzender Tragweite, daß wohl keiner von uns bereits jetzt die volle Wirkung in allen Einzelheiten ermessen kann. Zum Abbau der Zölle tritt als Ergänzung die Beseitigung der mengenmäßigen Beschränkungen im Handel der Mitgliedstaaten untereinander. Außerdem wird ein gemeinsamer Außentarif geschaffen, und es werden Regeln für eine gemeinsame Handelspolitik aufgestellt.

Auch die Landwirtschaft unterliegt grundsätzlich den Regeln des Vertrages, jedoch sind für sie Sonderregelungen getroffen. Praktisch bedeutet das: Die in den einzelnen Mitgliedstaaten bestehenden verschiedenartigen Marktordnungen bleiben bis zur Schaffung einer gemeinschaftlichen Marktordnung erhalten.

Notwendig zum Funktionieren des Gemeinsamen Marktes ist ferner der freie Personen-, Dienstleistungs- und Kapitalverkehr, der bis zum Ende der Übergangszeit hergestellt werden soll. Auch eine Koordinierung der Verkehrsregeln in den Mitgliedstaaten erschien notwendig. Der Vertrag selbst enthält bereits ein besonderes Diskriminierungsverbot für den Verkehr und Vorschriften über Unterstützungstarife, Wettbewerbstarife und Grenzgebühren. Darüber hinaus schließt er die Aussicht in sich, in Zukunft zu weiteren Fortschritten in der Richtung auf notwendige gemeinsame Regeln zu kommen. Der Vertrag enthält ferner Wettbewerbsregeln, fiskalische Bestimmungen und Vorschriften über die Annäherung der Rechtsvorschriften. Im Bereich der Wirtschaftspolitik im besonderen sind Regeln für die Konjunktur- und Handelspolitik sowie für die Zahlungsbilanzpolitik aufgestellt.

Wichtig ist schließlich, daß der Vertrag Grundsätze der Sozialpolitik formuliert und einen europäischen Sozialfonds vorsieht. Eine Verbesserung und Angleichung der Lebens- und Arbeitsbedingungen der Arbeitnehmer wird sowohl als eine natürliche Wirkung des Gemeinsamen Marktes wie auch als Folge der Angleichung der Rechtsvorschriften erwartet. Die Europäische Kommission hat die Aufgabe, eine enge Zusammenarbeit zwischen den Mitgliedstaaten auch in sozialen Fragen zu fördern. Sie berichtet daher der Versammlung jährlich besonders über die Entwicklung der sozialen Lage. Der Sozialfonds dient dazu, die Beschäftigungsmöglichkeiten der Arbeitnehmer zu verbessern und auch damit zur Hebung der Lebenshaltung beizutragen. Er fördert die Arbeitsmöglichkeiten und die örtliche und berufliche Beweglichkeit der Arbeitskräfte. Das gilt besonders dann, wenn die Beschäftigung von Arbeitnehmern infolge der Umstellung von Betrieben auf andere Produktionsziele beeinträchtigt wird; dann kann nämlich der Fonds die Hälfte der Kosten decken, die für eine Umschulung oder Umsiedlung aufgewandt werden. Er kann auch, wenn Arbeitskräfte infolge von Umstellung vorübergehend unbeschäftigt sind, Beihilfen gewähren.

Ich schließe diese Übersicht, meine Damen und Herren, mit einer Skizze der Organisation der Europäischen Wirtschaftsgemeinschaft. Der Vertrag sieht, insoweit dem Vorbild der Kohle- und Stahlgemeinschaft folgend, vier gemeinsame Hauptorgane vor:

Der Ministerrat koordiniert die allgemeine Wirtschaftspolitik der Mitgliedstaaten und trifft die wesentlichen Entscheidungen.

Die Europäische Kommission gewährleistet das ordnungsmäßige Arbeiten und die Entwicklung des Gemeinsamen Marktes. Sie sorgt für die Anwendung des Vertrages und der von den Organen erlassenen Bestimmungen. Die Kommission besteht aus neun Mitgliedern, deren Status im Vertrag im einzelnen geregelt ist. Die Amtszeit beträgt vier Jahre.

Die Versammlung ist das parlamentarische Organ der Gemeinschaft mit Beratungs- und Kontrollbefugnissen. Sie tritt zugleich an die Stelle der Gemeinsamen Versammlung der Montangemeinschaft.

Der Gerichtshof schließlich sichert die Wahrung des Rechts bei der Auslegung und Anwendung des Vertrages und nimmt zugleich die Funktionen des Gerichtshofes der Montangemeinschaft wahr.

Zu diesen vier Hauptorganen kommt als Hilfsorgan ein Wirtschafts- und Sozialausschuß mit beratenden Funktionen, der in bestimmten Fällen von Rat und Kommission gehört wird.

Ich fasse zusammen: Es liegt in der Natur eines so umfassenden Vertragswerkes, daß es zunächst dem Betrachter wenig übersichtlich erscheint, daß vor allen Dingen auch eine Zahl von Ausnahmebestimmungen die Regeln durchkreuzen – ich denke insbesondere an die Schutzklauseln des Vertrages – und damit gewisse Zweifel in bezug auf das einwandfreie Funktionieren des Vertragsorganismus wachrufen. Aber wir haben zu bedenken, daß Perfektionismus – der Perfektionismus des »Alles oder nichts!« – hier fehl am Platze wäre, daß nicht alles in einem Zuge und an einem Tag getan werden kann, daß auch die Staaten nur Schritt für Schritt aufeinander zugehen und dabei nicht die notwendigen eigenen Sicherungen außer acht lassen können. Bei einem solchen Vertrag, wie ihn diese Zollunion darstellt, ist eine Summe von berechtigten schutzbedürftigen Interessen gegeneinander und miteinander abzuwägen; zwischen ihnen muß notwendigerweise ein Kompromiß gefunden werden. Indessen können wir sicher auf eines vertrauen: auf die eigene Dynamik des geschaffenen Werkes, auf die ihm innewohnenden, nach Vervollkommnung strebenden Kräfte, auf die Zunahme des gegenseitigen Verständnisses der Vertragspartner füreinander, die sehr bald ein rechtes Verhältnis aller Teile zueinander herstellen und eine immer wirksamere Verschmelzung des Ganzen herbeiführen werden...

Ich spreche zweitens zum gemeinsamen Außenzoll...

Ich gehe zum vierten Punkt über, der unsere deutsche öffentliche Meinung in den vergangenen Wochen und Tagen in starkem Maße beschäftigt hat: dem Verhältnis der Europäischen Wirtschaftsgemeinschaft zur Wiedervereinigung Deutschlands, zu Berlin und zum Interzonenhandel.

Es ist eine tief beklagenswerte Tatsache, daß Deutschland in die neue europäische Gemeinschaft eingefügt wird, belastet mit der schweren politischen Hypothek unserer erzwungenen Teilung. Aber ebenso wahr ist, daß keine deutsche Bundesregierung, welcher Zusammensetzung auch immer, je ihre Zustimmung zu einer Anerkennung oder zu einer Vertiefung der deutschen Teilung oder zu einer Beeinträchtigung der Stellung des freien Berlin und zu einer Unterbindung oder Erschwerung der Beziehungen geben wird, die uns heute mit unseren Landsleuten in dem anderen, in dem unfreien Teil Deutschlands verknüpfen.

(Beifall bei den Regierungsparteien.)

Die Bundesregierung hat daher bei Abfassung des Vertragswerks ihr ganzes Bestreben darauf gerichtet, alle Möglichkeiten einer Wiedervereinigung Deutschlands offenzuhalten und die künstliche Spaltung nicht zu vertiefen. Sie hat in den Brüsseler Verhandlungen ausdrücklich die Erklärung abgeben lassen – ich zitiere wörtlich –:

Die Bundesregierung geht von der Möglichkeit aus, daß im Fall der Wiedervereinigung Deutschlands eine Überprüfung der Verträge über den Gemeinsamen Markt und Euratom stattfindet.

Die Formulierung »Überprüfung der Verträge« ist absichtlich gewählt, um alle Möglichkeiten zu decken, die sich im Falle der Wiedervereinigung ergeben können. Außer den beiden extremen Möglichkeiten einer Beteiligung oder Nichtbeteiligung des wiedervereinigten Deutschlands an den Verträgen kommt ja eine dritte Möglichkeit in Betracht – und das ist vielleicht die wahrscheinlichste –, nämlich die, daß das wiedervereinigte Deutschland sich an der Gemeinschaft zu beteiligen wünscht, aber eine Anpassung der Verträge an die neu entstandene Lage erbitten muß.

Die Bundesregierung hat damit ihre bekannte Auffassung zum Ausdruck gebracht, daß ein wiedervereinigtes Deutschland volle politische Handlungsfreiheit in bezug auf vorher für einen Teil Deutschlands abgeschlossene völkerrechtliche Verträge haben muß. Das Risiko für unsere politischen Freunde ist wahrhaftig nicht groß, daß ein wiedervereinigtes Deutschland eine mit dem Geist der europäischen Einigung im Widerspruch stehende Haltung einnehmen wird. Wir wollen und können aber dem wiedervereinigten Deutschland keine formellen Bindungen auferlegen.

Ich darf hinzufügen, daß, als der deutsche Delegationsleiter in Brüssel jene Erklärung abgab, dagegen nicht nur keinerlei Widerspruch laut wurde, sondern im Gegenteil von unseren Verhandlungspartnern zum Ausdruck gebracht wurde, daß die deutsche Erklärung etwas ausspreche, was an sich schon selbstverständlich sei.

Unsere Erklärung als ausdrückliche Bestimmung in den Vertrag aufzunehmen bestand in dieser Lage keine Notwendigkeit. Es gibt sogar gute Gründe, die eine solche Vertragsbestimmung nicht als zweckmäßig erscheinen lassen. Wie Sie wissen, stehen nicht nur die Bundesregierung, sondern auch ihre Vertragspartner auf dem Standpunkt, daß ein wiedervereinigtes Deutschland auch in bezug auf andere große politische Verträge, die für die Bundesrepublik geschlossen sind, Handlungsfreiheit hat, und zwar obwohl in diesen Verträgen – außer dem Deutschlandvertrag, der eine Sonderstellung einnimmt – keine besonderen vertraglichen Bestimmungen dieser Art getroffen worden sind. Nehmen wir in den vorliegenden Vertrag, und nur in ihn, eine ausdrückliche Vertragsbestimmung auf, so riskieren wir, was der Jurist ein Argumentum e contrario nennt: daß nämlich das Fehlen dieser Klausel in den anderen Verträgen zu Zweifeln darüber führt, ob auch für sie die Handlungsfreiheit gilt.

Nicht weniger sorgfältig haben wir uns schließlich bemüht, die Stellung Berlins und den

Ablauf des deutschen Interzonenhandels zu schützen. Wir wissen alle, was wir der Stadt Berlin und ihren tapferen Bewohnern schuldig sind, und es liegt uns daran, das von uns entwickelte Instrument des Interzonenhandels nicht nur zu erhalten, sondern weiter auszubauen.

In den Vertrag über den Gemeinsamen Markt ist daher die ausdrückliche Bestimmung aufgenommen worden – ich zitiere –,

daß die Durchführung des Gemeinschaftsvertrags weder eine Änderung der gegenwärtigen Vorschriften für den innerdeutschen Handel noch eine Änderung der gegenwärtigen tatsächlichen Gestaltung dieses Handels mit sich bringt.

Damit ist klargestellt: Die gegenwärtige Regelung, daß nämlich der Interzonenhandel eine innerdeutsche Angelegenheit ist, bleibt bestehen; die Zonengrenze wird ebensowenig wie bisher eine Zollgrenze sein, und die Bundesregierung behält ihre Freiheit in der Gestaltung des Interzonenhandels . . .

Quelle: 2. Deutscher Bundestag, 200. Sitzung vom 21. 3. 1957, S. 11327–11334

94   Die Europäische Wirtschaftsgemeinschaft

Vertrag zur Gründung der Europäischen Wirtschaftsgemeinschaft vom 25. März 1957 (Auszug)

PRÄAMBEL

Seine Majestät der König der Belgier, der Präsident der Bundesrepublik Deutschland, der Präsident der Französischen Republik, der Präsident der Italienischen Republik, Ihre Königliche Hoheit die Großherzogin von Luxemburg, Ihre Majestät die Königin der Niederlande –
in dem festen Willen, die Grundlagen für einen immer engeren Zusammenschluß der europäischen Völker zu schaffen,
entschlossen, durch gemeinsames Handeln den wirtschaftlichen und sozialen Fortschritt ihrer Länder zu sichern, indem sie die Europa trennenden Schranken beseitigen,
in dem Vorsatz, die stetige Besserung der Lebens- und Beschäftigungsbedingungen ihrer Völker als wesentliches Ziel anzustreben,
in der Erkenntnis, daß zur Beseitigung der bestehenden Hindernisse ein einverständliches Vorgehen erforderlich ist, um eine beständige Wirtschaftsausweitung, einen ausgewogenen Handelsverkehr und einen redlichen Wettbewerb zu gewährleisten,
in dem Bestreben, ihre Volkswirtschaften zu einigen und deren harmonische Entwicklung zu fördern, indem sie den Abstand zwischen einzelnen Gebieten und den Rückstand weniger begünstigter Gebiete verringern,
in dem Wunsch, durch eine gemeinsame Handelspolitik zur fortschreitenden Beseitigung der Beschränkungen im zwischenstaatlichen Wirtschaftsverkehr beizutragen,
in der Absicht, die Verbundenheit Europas mit den überseeischen Ländern zu bekräftigen, und in dem Wunsch, entsprechend den Grundsätzen der Satzung der Vereinten Nationen den Wohlstand der überseeischen Länder zu fördern,
entschlossen, durch diesen Zusammenschluß ihrer Wirtschaftskräfte Frieden und Freiheit zu wahren und zu festigen, und mit der Aufforderung an die anderen Völker Europas, die sich zu dem gleichen hohen Ziel bekennen, sich diesen Bestrebungen anzuschließen –

haben beschlossen, eine Europäische Wirtschaftsgemeinschaft zu gründen; sie haben zu diesem Zweck zu ihren Bevollmächtigten ernannt:

Seine Majestät der König der Belgier:
Herrn Paul-Henri Spaak, Minister für Auswärtige Angelegenheiten,
Baron J. Ch. Snoy et d'Oppuers, Generalsekretär des Wirtschaftsministeriums, Leiter der belgischen Delegation bei der Regierungskonferenz;

Der Präsident der Bundesrepublik Deutschland:
Herrn Dr. Konrad Adenauer, Bundeskanzler,
Herrn Professor Dr. Walter Hallstein, Staatssekretär des Auswärtigen Amts;

Der Präsident der Französischen Republik:
Herrn Christian Pineau, Minister für Auswärtige Angelegenheiten,
Herrn Maurice Faure, Staatssekretär für Auswärtige Angelegenheiten;

Der Präsident der Italienischen Republik:
Herrn Antonio Segni, Ministerpräsident, .
Herrn Professor Gaetano Martino, Minister für Auswärtige Angelegenheiten;

Ihre Königliche Hoheit die Großherzogin von Luxemburg:
Herrn Joseph Bech, Staatsminister, Minister für Auswärtige Angelegenheiten,
Herrn Lambert Schaus, Botschafter, Leiter der luxemburgischen Delegation bei der Regierungskonferenz;

Ihre Majestät die Königin der Niederlande:
Herrn Joseph Luns, Minister für Auswärtige Angelegenheiten,
Herrn J. Linthorst Homan, Leiter der niederländischen Delegation bei der Regierungskonferenz;

diese sind nach Austausch ihrer als gut und gehörig befundenen Vollmachten wie folgt übereingekommen:

ERSTER TEIL

Grundsätze

Artikel 1
Durch diesen Vertrag gründen die Hohen Vertragsparteien untereinander eine Europäische Wirtschaftsgemeinschaft.

Artikel 2
Aufgabe der Gemeinschaft ist es, durch die Errichtung eines Gemeinsamen Marktes und die schrittweise Annäherung der Wirtschaftspolitik der Mitgliedstaaten eine harmonische Entwicklung des Wirtschaftslebens innerhalb der Gemeinschaft, eine beständige und ausgewogene Wirtschaftsausweitung, eine größere Stabilität, eine beschleunigte Hebung der Lebenshaltung und engere Beziehungen zwischen den Staaten zu fördern, die in dieser Gemeinschaft zusammengeschlossen sind.

Artikel 3

Die Tätigkeit der Gemeinschaft im Sinne des Artikels 2 umfaßt nach Maßgabe dieses Vertrags und der darin vorgesehenen Zeitfolge

a) die Abschaffung der Zölle und mengenmäßigen Beschränkungen bei der Ein- und Ausfuhr von Waren sowie aller sonstigen Maßnahmen gleicher Wirkung zwischen den Mitgliedstaaten;

b) die Einführung eines Gemeinsamen Zolltarifs und einer gemeinsamen Handelspolitik gegenüber dritten Ländern;

c) die Beseitigung der Hindernisse für den freien Personen-, Dienstleistungs- und Kapitalverkehr zwischen den Mitgliedstaaten;

d) die Einführung einer gemeinsamen Politik auf dem Gebiet der Landwirtschaft;

e) die Einführung einer gemeinsamen Politik auf dem Gebiet des Verkehrs;

f) die Errichtung eines Systems, das den Wettbewerb innerhalb des Gemeinsamen Marktes vor Verfälschungen schützt;

g) die Anwendung von Verfahren, welche die Koordinierung der Wirtschaftspolitik der Mitgliedstaaten und die Behebung von Störungen im Gleichgewicht ihrer Zahlungsbilanzen ermöglichen;

h) die Angleichung der innerstaatlichen Rechtsvorschriften, soweit dies für das ordnungsmäßige Funktionieren des Gemeinsamen Marktes erforderlich ist;

i) die Schaffung eines Europäischen Sozialfonds, um die Beschäftigungsmöglichkeiten der Arbeitnehmer zu verbessern und zur Hebung ihrer Lebenshaltung beizutragen;

j) die Errichtung einer Europäischen Investitionsbank, um durch Erschließung neuer Hilfsquellen die wirtschaftliche Ausweitung in der Gemeinschaft zu erleichtern;

k) die Assoziierung der überseeischen Länder und Hoheitsgebiete, um den Handelsverkehr zu steigern und die wirtschaftliche und soziale Entwicklung durch gemeinsame Bemühungen zu fördern.

Artikel 4

(1) Die der Gemeinschaft zugewiesenen Aufgaben werden durch folgende Organe wahrgenommen:

eine Versammlung,

einen Rat,

eine Kommission,

einen Gerichtshof.

Jedes Organ handelt nach Maßgabe der ihm in diesem Vertrag zugewiesenen Befugnisse.

(2) Der Rat und die Kommission werden von einem Wirtschafts- und Sozialausschuß mit beratender Aufgabe unterstützt.

Artikel 5

Die Mitgliedstaaten treffen alle geeigneten Maßnahmen allgemeiner oder besonderer Art zur Erfüllung der Verpflichtungen, die sich aus diesem Vertrag oder aus Handlungen der Organe der Gemeinschaft ergeben. Sie erleichtern dieser die Erfüllung ihrer Aufgabe.

Sie unterlassen alle Maßnahmen, welche die Verwirklichung der Ziele dieses Vertrags gefährden könnten.

Artikel 6

(1) Die Mitgliedstaaten koordinieren in enger Zusammenarbeit mit den Organen der Gemeinschaft ihre Wirtschaftspolitik, soweit dies zur Erreichung der Ziele dieses Vertrags erforderlich ist.

(2) Die Organe der Gemeinschaft achten darauf, die innere und äußere finanzielle Stabilität der Mitgliedstaaten nicht zu gefährden.

Artikel 7

Unbeschadet besonderer Bestimmungen dieses Vertrags ist in seinem Anwendungsbereich jede Diskriminierung aus Gründen der Staatsangehörigkeit verboten.

Der Rat kann mit qualifizierter Mehrheit auf Vorschlag der Kommission und nach Anhörung der Versammlung Regelungen für das Verbot solcher Diskriminierungen treffen.

Artikel 8

(1) Der Gemeinsame Markt wird während einer Übergangszeit von zwölf Jahren schrittweise verwirklicht.

Die Übergangszeit besteht aus drei Stufen von je vier Jahren; die Dauer jeder Stufe kann nach Maßgabe der folgenden Bestimmungen geändert werden.

(2) Jeder Stufe entspricht eine Gesamtheit von Maßnahmen, die zusammen eingeleitet und durchgeführt werden müssen.

(3) Der Übergang von der ersten zur zweiten Stufe hängt von der Feststellung ab, daß die in diesem Vertrag für die erste Stufe ausdrücklich festgelegten Ziele im wesentlichen tatsächlich erreicht und daß vorbehaltlich der in diesem Vertrag vorgesehenen Ausnahmen und Verfahren die Verpflichtungen eingehalten worden sind.

Diese Feststellung wird vom Rat am Ende des vierten Jahres auf Grund eines Berichts der Kommission einstimmig getroffen. Ein Mitgliedstaat kann die Einstimmigkeit nicht verhindern, indem er sich auf die Nichterfüllung seiner eigenen Verpflichtungen beruft. Kommt keine Einstimmigkeit zustande, so wird die erste Stufe ohne weiteres um ein Jahr verlängert.

Am Ende des fünften Jahres trifft der Rat die Feststellung unter denselben Bedingungen. Kommt keine Einstimmigkeit zustande, so wird die erste Stufe ohne weiteres um ein zusätzliches Jahr verlängert.

Am Ende des sechsten Jahres trifft der Rat die Feststellung mit qualifizierter Mehrheit auf Grund des Berichts der Kommission.

(4) Verbleibt ein Mitgliedstaat in der Minderheit, so kann er binnen einem Monat nach der zuletzt genannten Abstimmung beim Rat die Bestellung einer Schiedsstelle beantragen, deren Entscheidung für alle Mitgliedstaaten und für die Organe der Gemeinschaft verbindlich ist; wird die erforderliche Mehrheit nicht erreicht, so gilt das gleiche für jeden Mitgliedstaat. Die Schiedsstelle besteht aus drei Mitgliedern, die vom Rat einstimmig auf Vorschlag der Kommission bestellt werden.

Kommt die Bestellung durch den Rat binnen einem Monat nach Antragstellung nicht zustande, so werden die Mitglieder der Schiedsstelle innerhalb eines weiteren Monats vom Gerichtshof bestellt.

Die Schiedsstelle wählt ihren Vorsitzenden selbst.

Sie erläßt ihren Schiedsspruch binnen sechs Monaten nach der im letzten Unterabsatz von Absatz (3) genannten Abstimmung des Rates.

(5) Die zweite und die dritte Stufe können nur durch eine einstimmige, vom Rat auf Vorschlag der Kommission erlassene Entscheidung verlängert oder abgekürzt werden.

(6) Die Bestimmungen der vorstehenden Absätze dürfen nicht zur Folge haben, daß die Übergangszeit länger als fünfzehn Jahre, vom Inkrafttreten dieses Vertrags an gerechnet, dauert.

(7) Vorbehaltlich der in diesem Vertrag vorgesehenen Ausnahmen oder Abweichungen ist das Ende der Übergangszeit gleichzeitig der Endtermin für das Inkrafttreten aller vorgesehenen Vorschriften sowie für die Durchführung aller Maßnahmen, die zur Errichtung des Gemeinsamen Marktes gehören.

. . .

Quelle: 2. Deutscher Bundestag, Drucksache Nr. 3434, 1957, Anlage B

Schreiben des Bundeskanzlers Dr. Konrad Adenauer an den Botschafter der UdSSR, Andrej
A. Smirnow, vom 28. April 1957

Herr Botschafter!

Am 25. April hatten wir ein ausgedehntes Gespräch über grundsätzliche Fragen der
Politik der Sowjetunion und der Bundesregierung.

Bei dieser Gelegenheit habe ich Ihnen mit aller Deutlichkeit klargelegt,

1. daß die Bundesregierung keine Atomwaffen irgendwelcher Art besitzt und auch nicht
um Lieferung von Atomwaffen nachgesucht hat;

2. daß ich die nukleare Aufrüstung weiterer Mächte nicht begrüßen könne, weil dadurch
eine kontrollierte atomare Abrüstung erschwert werden würde;

3. daß die Bundesregierung alles tun werde, was in ihrer Macht steht, um eine allgemeine
kontrollierte nukleare Abrüstung zu erreichen.

Ich habe Sie damals ausdrücklich gebeten, diese Erklärungen Ihrer Regierung und insbesondere dem Herrn Ministerpräsidenten Bulganin mitzuteilen.

Nun erhalte ich die Note der Sowjetunion vom 27. April 1957, die meine Erklärungen
vollständig ignoriert. Ich kann mir nicht vorstellen, daß Sie meine Ausführungen falsch
verstanden haben. Ebensowenig halte ich es für denkbar, daß Sie Ihre Regierung nicht sofort vollständig über den Inhalt informiert haben.

Da ich mich unter diesen Umständen wirklich fragen muß, welchen Zweck unsere
Unterredungen haben, wäre ich Ihnen dankbar, wenn Sie mir alsbald eine aufklärende
Mitteilung zukommen lassen könnten.

Genehmigen Sie, Herr Botschafter, die Versicherung meiner ausgezeichnetsten Hochachtung.

gez. Adenauer

Quelle: Bulletin vom 3. 5. 1957, Nr. 81, S. 716

---

96   Verzicht auf Ausdehnung des NATO-Bereichs

Vorschlag des Bundeskanzlers Dr. Konrad Adenauer, im Falle einer Wiedervereinigung
Deutschlands die SBZ zu entmilitarisieren; Auszug aus einer Rede auf dem Bundespartei-
tag der CDU in Hamburg [1] am 14. Mai 1957

. . .

Ich wiederhole nochmals, es ist in großen Balkenüberschriften erklärt worden – und es geht
heute durch eine ganze Reihe von deutschen Zeitungen nach derselben Richtung –, daß
Amerika seinen Kurs geändert habe.

Heute hat der Staatssekretär Dulles in einer Pressekonferenz den Gedanken einer neu-
tralisierten Zone, die eine Teilung Deutschlands bestehen läßt, abgelehnt und erklärt, daß
sich ein Abrüstungsversuch mit der Sowjetunion vielleicht leichter in der Arktis als in
Europa durchführen lasse. Dulles hob hervor, daß die amerikanische Regierung in allen
Abrüstungsfragen aufs engste mit Bundeskanzler Adenauer und der Bundesregierung zusammenarbeiten werde.

Dulles betonte wiederholt, die Vereinigten Staaten zögen im Augenblick keinerlei Pläne
für die Bildung neutralisierter Zonen in Deutschland oder anderswo in Betracht. Er erin-

nerte daran, daß Bundeskanzler Adenauer selbst vor einiger Zeit vorgeschlagen hatte, er werde sich im Falle der deutschen Wiedervereinigung bereit finden, keine Streitkräfte im östlichen Teil Deutschlands zu stationieren. Diese Ansicht des deutschen Regierungschefs, so erklärte Dulles, verdiene sorgfältige und wohlwollende Erwägung.

Ich habe das gesagt, meine Damen und Herren, und ich bleibe bei dem, was ich gesagt habe. Wenn Sowjetrußland behauptet – und das hat es behauptet –, daß durch die Wiedervereinigung Deutschlands unser Potential zu sehr gestärkt würde, nun ja, wenn Rußland auf dem Wege freier Wahlen uns die Zone und die Menschen der Zone wiedergibt, dann würden wir bereit sein, dieses Gebiet nicht in unser Kriegspotential hineinzuziehen. Ich glaube, jeder von Ihnen würde mir darin zustimmen.

[1] Öffentliche Kundgebung in der Ernst-Merck-Halle, Hamburg. Auf einer Pressekonferenz in Hamburg am *15. Mai 1957* erklärte Bundeskanzler Dr. Konrad Adenauer u. a., er würde der Errichtung einer Militärinspektionszone in Kerneuropa gern zustimmen; nicht alle Schritte von Abrüstung und Wiedervereinigung müßten gleichzeitig erfolgen. Eine Inspektionszone könne sich allerdings nicht nur auf die Bundesrepublik beziehen. Die Bundesrepublik habe nichts zu verbergen und könne alle ihre 94 000 Soldaten vorzeigen. Wenn die Luftinspektion auch die 7 400 sowjetischen Panzer in der Zone kontrollieren werde, könne sie durchaus auch in der Bundesrepublik tätig werden.
Auf den Begriff des sogenannten »Junktims« zwischen Abrüstung und Wiedervereinigung angesprochen, erläuterte der Kanzler, daß unter Junktim auch das sogenannte »pari passu« verstanden werden könne, das heißt das Vorgehen Schritt um Schritt, wobei dann nicht unbedingt alle Schritte gleichzeitig erfolgen müßten.
Der Kanzler erklärte sich weiter bereit, im Falle einer Wiedervereinigung das Gebiet der Zone zu entmilitarisieren. Er sagte, daß in diesem Fall in diesem Gebiet weder Truppen der NATO noch deutsche Truppen stationiert sein würden. Wenn gefordert werde, daß in diesem Gebiet auch die Wehrpflicht nicht eingeführt werde, würde er damit einverstanden sein. Er wolle bekunden, daß eine Freigabe der Zone durch den Osten nicht zu einer Stärkung des Potentials des Westens führen werde.
Quelle: Aus den Akten des Auswärtigen Amts

Notenwechsel zwischen der Regierung der Bundesrepublik Deutschland und der Regierung der Vereinigten Staaten von Amerika über gegenseitige Hilfe (Artikel 3 des Nordatlantik-Vertrages) vom 7. Juni 1957

Bonn, den 7. Juni 1957

Exzellenz,
im Laufe der Besprechungen, die zwischen Vertretern unserer beiden Regierungen über die Frage der gegenseitigen Hilfe im Geiste des Artikels 3 des Nordatlantik-Vertrages geführt worden sind, hat die Bundesregierung die Maßnahme geprüft, die sie neben ihren eigenen, in aufsteigender Entwicklung begriffenen Verteidigungsanstrengungen im Verfolg der Ziele des Artikels 3 treffen könnte. Sie hat, von der gegenwärtigen Lage der beiden Länder ausgehend, ihre Bereitschaft erklärt, ohne Präjudiz für die Zukunft einen freiwilligen Beitrag zu den Verteidigungsanstrengungen der Vereinigten Staaten von Amerika zu leisten, und beehrt sich, der Regierung der Vereinigten Staaten von Amerika folgende Vereinbarung vorzuschlagen:
1. Die Bundesregierung wird einen freiwilligen Beitrag in Höhe von 325 Millionen DM zu den Mehrkosten, die sich für die Vereinigten Staaten aus dem Unterhalt ihrer Truppen in der Bundesrepublik ergeben, leisten.
2. Der vorgenannte Betrag wird am Tage des Inkrafttretens dieser Vereinbarung der Regierung der Vereinigten Staaten auf einem Konto bei der Bank deutscher Länder zur Verwendung im Währungsgebiet der DM (West) zur Verfügung gestellt.

3. Sollte diese Vereinbarung nicht bis zum 1. Juni 1957 in Kraft getreten sein, wird die Bundesregierung auf Antrag der Regierung der Vereinigten Staaten und vorbehaltlich der Zustimmung der zuständigen Ausschüsse des Deutschen Bundestags auf den in Ziffer 1 genannten Betrag zugunsten des vorerwähnten Kontos eine Abschlagszahlung bis zur Höhe von 175 Millionen DM leisten.

4. Dieses Abkommen bedarf auf deutscher Seite der Zustimmung der gesetzgebenden Körperschaften. Das Abkommen tritt an dem Tag in Kraft, an dem die Bundesregierung der Regierung der Vereinigten Staaten mitteilt, daß die Zustimmung, wie verfassungsrechtlich vorgesehen, erteilt worden ist.

5. Ich beehre mich vorzuschlagen, daß, wenn sich die Regierung der Vereinigten Staaten mit dem in den Ziffern 1 bis 4 enthaltenen Vorschlag einverstanden erklärt, diese Note zusammen mit Ihrer Antwortnote eine Vereinbarung zwischen unseren beiden Regierungen darstellen soll.

Genehmigen Sie, Exzellenz, den Ausdruck meiner ausgezeichnetsten Hochachtung.

von Brentano

Seiner Exzellenz
dem Botschafter der Vereinigten Staaten
von Amerika
Herrn David Kirkpatrick Este Bruce
Bad Godesberg

Bonn, den 7. Juni 1957

Exzellenz,

Ich beehre mich, auf Ihre Note vom heutigen Tage Bezug zu nehmen, die zunächst die deutsche Note vom 7. Juni 1957 bestätigt und dann in vereinbarter Übersetzung folgenden weiteren Wortlaut hat:

»Die Regierung der Vereinigten Staaten weiß den Geist zu würdigen, der Anlaß für das in Ihrer Note enthaltene Angebot der Bundesrepublik gewesen ist. Die Regierung der Vereinigten Staaten nimmt den im obigen Wortlaut erwähnten Betrag als einen Beitrag zur Unterhaltung der Streitkräfte der Vereinigten Staaten in der Bundesrepublik an. Gleichzeitig sieht sich die Regierung der Vereinigten Staaten genötigt, darauf hinzuweisen, daß der angebotene Betrag nur einen Bruchteil der Kosten in Deutscher Mark decken wird, die für die Unterhaltung von Streitkräften der Vereinigten Staaten in der Bundesrepublik Deutschland, die der NATO zugeteilt sind, und einen noch geringeren Anteil der den Vereinigten Staaten erwachsenden Gesamtkosten für die Unterhaltung dieser Streitkräfte benötigt werden. Indem die Regierung der Vereinigten Staaten dem Vorschlag der Bundesregierung zustimmt, behält sie sich daher das Recht vor, bei der Bundesrepublik die Frage zusätzlicher Unterstützung hinsichtlich der Stationierungskosten dieser Streitkräfte anzuschneiden. Sie schlägt vor, daß die Vereinbarung einer Überprüfung der beiden Regierungen innerhalb des letzten Quartals dieses Jahres unterliegt, wenn die Regierung der Vereinigten Staaten darum nachsucht. Ich würde eine Bestätigung Eurer Exzellenz begrüßen, daß dieser Vorschlag für Ihre Regierung annehmbar ist.«

Die Bundesregierung legt Artikel 3 des Nordatlantik-Vertrages dahin aus, daß jedem Vertragspartner die Möglichkeit gegeben ist, jederzeit mit einem anderen Vertragspartner darüber ein Gespräch aufzunehmen, ob und gegebenenfalls in welchem Umfange eine Hilfeleistung im Sinne dieses Artikels in Betracht zu ziehen ist. Sie ist daher zu einem Gespräch hierüber bereit, falls die Regierung der Vereinigten Staaten es beantragt. Eine etwaige

Vereinbarung, die sich an die Prüfung der vorerwähnten Frage auf Grund der dann gegebenen Lage anschließen würde, bedürfte wiederum der Zustimmung des Deutschen Bundestags.

Genehmigen Sie, Exzellenz, den Ausdruck meiner ausgezeichnetsten Hochachtung.

von Brentano

Seiner Exzellenz
dem Botschafter der Vereinigten Staaten
von Amerika
Herrn David Kirkpatrick Este Bruce
Bad Godesberg

Quelle: BGBl. 1959, II, S. 409–411

98 Berliner Erklärung zur Wiedervereinigung

Wortlaut des von den Botschaftern der drei Westmächte und Bundesaußenminister Dr. Heinrich von Brentano unterzeichneten 12-Punkte-Programms über die gemeinsame Politik der Wiedervereinigung Deutschlands vom 29. Juli 1957

Zwölf Jahre sind seit dem Ende des Krieges vergangen. Die Hoffnungen der Völker der Welt auf einen gerechten und dauerhaften Frieden haben sich jedoch nicht erfüllt. Einer der Hauptgründe dafür, daß es zu keiner Verständigung kam, ist die fortgesetzte Spaltung Deutschlands, die eine schwere Ungerechtigkeit dem deutschen Volk gegenüber und zugleich die Hauptquelle der internationalen Spannung in Europa ist.

Die Regierungen Frankreichs, des Vereinigten Königreichs und der Vereinigten Staaten, die mit der Sowjetunion gemeinsam für die Wiedervereinigung Deutschlands und den Abschluß eines Friedensvertrages verantwortlich sind,
und
die Regierung der Bundesrepublik Deutschland, die als einzige Regierung für das ganze deutsche Volk zu sprechen berechtigt ist,
wünschen ihre Auffassung von diesen Fragen, einschließlich der Frage der europäischen Sicherheit, darzulegen und die Grundsätze zu erläutern, die ihre Politik in diesen Fragen bestimmen.

1. Eine europäische Friedensordnung muß auf Freiheit und Gerechtigkeit aufgebaut sein. Jede Nation hat das Recht, ihre eigene Lebensform frei zu bestimmen, ihr politisches, wirtschaftliches und soziales System selbst zu wählen und unter Berücksichtigung der berechtigten Interessen anderer Nationen für ihre Sicherheit zu sorgen. Die Gerechtigkeit fordert, daß dem deutschen Volk die Möglichkeit gegeben wird, seine nationale Einheit auf der Grundlage dieses Grundrechts wiederherzustellen.

2. Die Wiedervereinigung Deutschlands bleibt gemeinsame Verantwortlichkeit der Vier Mächte, die 1945 die oberste Gewalt in Deutschland übernahmen – eine Verantwortlichkeit, die in der Direktive der vier Regierungschefs in Genf im Juli 1955 erneut bekräftigt wurde. Gleichzeitig erfordert die deutsche Wiedervereinigung die aktive Mitarbeit des gesamten deutschen Volkes unter solchen Bedingungen, die die Freiheit seiner Willensäußerung gewährleisten.

3. Die unnatürliche Teilung Deutschlands und seiner Hauptstadt Berlin ist eine ständige Quelle internationaler Spannung. Solange Deutschland geteilt ist, kann es keinen Friedensvertrag mit Deutschland und keine Stabilität in Europa geben. Die Wiedervereinigung Deutschlands in Freiheit ist nicht nur eine elementare Forderung der Gerechtigkeit für das

deutsche Volk; sie ist darüber hinaus die einzige gesunde Grundlage für eine dauerhafte Friedensordnung in Europa.

4. Nur eine frei gewählte gesamtdeutsche Regierung kann im Namen eines wiedervereinigten Deutschlands Verpflichtungen übernehmen, die anderen Ländern Vertrauen einflößen und die vom deutschen Volk selbst als gerecht und für die Zukunft bindend angesehen werden.

5. Eine solche Regierung kann nur aus freien, in ganz Deutschland durchgeführten Wahlen zu einer gesamtdeutschen Nationalversammlung hervorgehen.

6. Ein wiedervereinigtes Deutschland darf nicht diskriminiert werden. Seine Freiheit und seine Sicherheit dürfen nicht durch eine auferlegte Neutralisierung oder Entmilitarisierung beeinträchtigt werden. Seine Regierung muß frei über seine Außenpolitik und seine internationalen Bindungen bestimmen können. Es muß das in der Satzung der Vereinten Nationen anerkannte Recht aller Völker haben, sich an kollektiven Einrichtungen zur Selbstverteidigung zu beteiligen.

7. Die Wiederherstellung der nationalen Einheit Deutschlands entsprechend dem frei zum Ausdruck gebrachten Willen des deutschen Volkes bedeutet weder eine Bedrohung der Nachbarn Deutschlands noch eine Beeinträchtigung ihrer Sicherheit. Um trotzdem jeder Besorgnis zu begegnen, die andere Regierungen in dieser Hinsicht haben könnten, sollten im Zusammenhang mit der deutschen Wiedervereinigung Vorkehrungen getroffen werden, welche die berechtigten Sicherheitsinteressen aller beteiligten Staaten berücksichtigen. Aus dieser Erwägung schlugen die Westmächte auf der Genfer Außenministerkonferenz einen Zusicherungsvertrag für den Fall der Wiedervereinigung Deutschlands vor.

8. Die Westmächte haben nie verlangt, daß ein wiedervereinigtes Deutschland der Organisation des Nordatlantikvertrages beitreten muß. Die Bevölkerung eines wiedervereinigten Deutschlands wird durch ihre frei gewählte Regierung selbst bestimmen können, ob sie an den Rechten und Pflichten dieses Vertrages teilhaben will.

9. Sollte sich die gesamtdeutsche Regierung in freier Entscheidung für den Beitritt zur NATO entschließen, so sind die Westmächte nach Konsultation der anderen Mitglieder dieser Organisation bereit, der Regierung der Sowjetunion und den Regierungen anderer Staaten Osteuropas, die einem europäischen Sicherheitsabkommen beitreten, auf der Grundlage der Gegenseitigkeit bedeutsame und weitreichende Zusicherungen zu geben. Die Westmächte sind auch bereit, im Rahmen eines für beide Seiten annehmbaren europäischen Sicherheitsabkommens zu gewährleisten, daß sie im Falle des Beitritts eines wiedervereinigten Deutschlands zur NATO keine militärischen Vorteile aus dem Abzug der sowjetischen Streitkräfte ziehen werden.

10. Die Westmächte können jedoch nicht zugeben, daß der Bestand der NATO an sich zum Gegenstand der Verhandlungen gemacht wird.

11. Die Wiedervereinigung Deutschlands in Verbindung mit dem Abschluß von europäischen Sicherheitsvereinbarungen würde das Zustandekommen eines umfassenden Abrüstungsabkommens erleichtern. Umgekehrt könnten die Anfänge einer wirksamen Teilabrüstung dazu beitragen, noch offenstehende wichtige politische Probleme wie die Wiedervereinigung Deutschlands zu regeln. Einleitende Schritte auf dem Gebiet der Abrüstung müssen zu einem umfassenden Abrüstungsabkommen führen, das eine vorherige Lösung der Frage der deutschen Wiedervereinigung voraussetzt. Die Westmächte werden keinem Abrüstungsabkommen beitreten, das der Wiedervereinigung Deutschlands im Wege stehen würde.

12. Alle Abrüstungsmaßnahmen, die auf Europa angewandt werden, müssen die Zustimmung der betroffenen europäischen Nationen erhalten und die Verknüpfung der europäischen Sicherheit mit der deutschen Wiedervereinigung berücksichtigen.

Die vier Regierungen halten an der Hoffnung fest, die Sowjetregierung werde zu der

Einsicht gelangen, daß es nicht in ihrem Interesse liegt, die derzeitige Teilung Deutschlands aufrechtzuerhalten. Die Westmächte sind bereit, mit der Sowjetunion alle diese Fragen zu jedem Zeitpunkt zu besprechen, der begründete Aussicht bietet, Fortschritte zu erzielen. Sobald dieser Zeitpunkt gekommen ist, wird es viele Punkte geben, die sich auf das Verfahren zur Wiedervereinigung und auf die Bestimmungen eines Zusicherungsvertrages beziehen und die in eingehenden Verhandlungen ausgearbeitet werden müssen. Bevor es zu ernstlichen Verhandlungen kommt, können die Westmächte ihre Auffassung zu allen Punkten nicht endgültig festlegen. Auch können sie nicht im voraus die Gewährung von Zugeständnissen erwägen, bei denen gegenwärtig nicht mit einem entsprechenden Entgegenkommen der sowjetischen Seite gerechnet werden kann. Wenn Verhandlungen erfolgreich sein sollen, müssen beide Seiten sie in einem Geiste der Verständigungsbereitschaft und der Beweglichkeit beginnen. Durch diese Erklärung möchten die Westmächte in voller Übereinstimmung mit der Bundesrepublik erneut ihren aufrichtigen Willen bekunden, mit der Sowjetunion zu verhandeln, mit dem Ziel, eine europäische Regelung zu erreichen und zu beweisen, daß das höchste Ziel ihrer Politik die Herbeiführung eines gerechten und dauerhaften Friedens ist.

Berlin, den 29. Juli 1957

Quelle: Bulletin vom 30. 7. 1957, Nr. 137, S. 1301 f.

99   Abbruch der Beziehungen zu Jugoslawien

Note des Bundesministers des Auswärtigen, Dr. Heinrich von Brentano, an den jugoslawischen Botschafter Kveder vom 19. Oktober 1957 über die Beendigung der diplomatischen Beziehungen zu Jugoslawien

Herr Botschafter!

Nachdem die Regierung der Föderativen Volksrepublik Jugoslawien am 14. Oktober durch Sie, Herr Botschafter, in Bonn und am 15. Oktober in einer öffentlichen Verlautbarung ihren Entschluß bekundet hat, diplomatische Beziehungen mit der sogenannten »Deutschen Demokratischen Republik« aufzunehmen, beehrt sich die Regierung der Bundesrepublik Deutschland, der Jugoslawischen Regierung folgendes mitzuteilen:

Die Bundesregierung hat niemals einen Zweifel daran gelassen, daß sie die Aufnahme diplomatischer Beziehungen zu der demokratisch in keiner Weise legitimierten Regierung in Mitteldeutschland durch solche Regierungen, mit denen die Bundesrepublik selbst diplomatische Beziehungen unterhält, als einen gegen die Lebensinteressen des deutschen Volkes gerichteten unfreundlichen Akt betrachten müsse. Ebensowenig hat sie einen Zweifel daran gelassen, daß ein solcher Schritt eine Überprüfung der gegenseitigen Beziehungen durch die Bundesregierung unvermeidlich machen werde.

Die Gründe für diesen Standpunkt sind der Jugoslawischen Regierung bekannt. Die Bundesregierung hat keine Gelegenheit versäumt, sie öffentlich bekanntzumachen und zu erläutern. Der Jugoslawischen Regierung gegenüber ist dies mit besonderer Eindringlichkeit aus Anlaß der Rede des Präsidenten Tito im Dynamo-Stadion in Moskau am 19. Juni 1956 sowie bei den Verhandlungen über den Vertrag über wirtschaftliche Zusammenarbeit im Februar und März 1956 geschehen. Mit besonderem Ernst ließ die Bundesregierung ihren grundsätzlichen Standpunkt durch ihren Botschafter während des Besuchs des Ersten Sekretärs des Zentralkomitees der Polnischen Vereinigten Arbeiterpartei in Belgrad, insbesondere nach der Veröffentlichung des Kommuniqués vom 16. September 1957 darlegen. Auch der jugoslawische Geschäftsträger wurde wiederholt im gleichen Sinne unterrichtet.

Die Jugoslawische Regierung konnte daher nicht im Zweifel darüber sein, daß ihr Entschluß, diplomatische Beziehungen mit der sogenannten »DDR« anzuknüpfen, die Beendigung ihrer diplomatischen Beziehungen zur Bundesrepublik Deutschland zur Folge haben werde. In der Tat haben Sie, Herr Botschafter, in Bonn in Ihrer Unterredung mit dem Staatssekretär des Auswärtigen Amts am 14. Oktober 1957 ausdrücklich bestätigt, daß die Jugoslawische Regierung mit dieser Folge rechnet.

Die Bundesregierung bedauert es auf das tiefste, daß die Jugoslawische Regierung sich offenbar entschlossen hat, sich mit einer solchen Entwicklung abzufinden. Die Bundesregierung hat sich seit Jahren bemüht, ein gutes Verhältnis zwischen den beiden Ländern herzustellen. Mit der Entsendung des verstorbenen Botschafters Pfleiderer, dem die Erreichung dieses Zieles ganz besonders am Herzen lag, hatte sie einen klaren Beweis ihres guten Willens gegeben, der damals von führenden Persönlichkeiten der Jugoslawischen Regierung als solcher bewertet und anerkannt wurde. Sie hat, um dieses Ziel zu erreichen, erhebliche Anstrengungen unternommen, wie u. a. der Vertrag über wirtschaftliche Zusammenarbeit vom 10. März 1956 beweist. Diese Anstrengungen wurden in der der Jugoslawischen Regierung bekannten Erwartung unternommen, daß die jugoslawische Außenpolitik das Recht des deutschen Volkes, ausschließlich durch die frei gewählte Regierung der Bundesrepublik Deutschland repräsentiert zu werden und die staatliche Einheit Deutschlands in freier Selbstbestimmung auf demokratischem Wege herbeizuführen, respektieren werde.

Die Jugoslawische Regierung hat es für richtig gehalten, die Bemühungen der Bundesregierung und ihres Botschafters in einer besonders brüsken Form zu durchkreuzen. Sie hat nicht nur unter Mißachtung des Willens des deutschen Volkes zur Wiederherstellung seiner staatlichen Einheit diplomatische Beziehungen mit der sogenannten »DDR« angeknüpft, sondern sie hat darüber hinaus diesen Schritt ausdrücklich mit dem Bekenntnis zu einer Politik begründet, die eine friedliche Wiedervereinigung Deutschlands nur auf dem Wege der Annäherung zwischen zwei angeblich bestehenden deutschen Staaten und der Verhandlungen zwischen ihnen für möglich erklärt. Die Jugoslawische Regierung schließt sich damit einer Politik an, die die Wiederherstellung der staatlichen Einheit Deutschlands auf demokratischem Wege und auf der Grundlage einer freiheitlichen Verfassung unmöglich macht. Diese Politik stellt nicht, wie die Jugoslawische Regierung behauptet, einen demokratischen Weg zur Lösung der Wiedervereinigungsfrage dar. Sie verletzt vielmehr das demokratische Grundrecht jedes Volkes, über seine innere Ordnung und seine außenpolitische Stellung durch eine frei gewählte Volksvertretung und eine parlamentarisch verantwortliche Regierung selbst zu entscheiden.

Die Bundesregierung kann keinen der zur Begründung dieses Schritts angeführten Gesichtspunkte als zutreffend anerkennen.

Es trifft nicht zu, daß die Unterhaltung diplomatischer Beziehungen sowohl mit der Bundesrepublik als auch mit einem zweiten angeblich bestehenden deutschen Staatswesen eine Konsequenz der von Jugoslawien verfolgten Politik der Nichtzugehörigkeit zu den großen Machtblöcken sei. Das Gegenteil ist richtig. Mit Ausnahme weniger Staaten, die einen der großen Machtblöcke bilden, unterhalten nahezu alle anderen Staaten der Welt diplomatische Beziehungen nur mit der Bundesrepublik Deutschland, nicht aber mit der sogenannten »Deutschen Demokratischen Republik«. Dies gilt gerade auch für diejenigen Staaten, die sich bewußt den großen Bündnissystemen der Welt ferngehalten haben. Mit der nunmehr getroffenen Entscheidung tritt die Jugoslawische Regierung eindeutig an die Seite der erstgenannten Staatengruppe und identifiziert sich mit einer Politik gegenüber dem deutschen Volke, die nur von den Mitgliedern dieser Staatengruppe vertreten wird.

Ebensowenig trifft es zu, daß der von der Jugoslawischen Regierung unternommene

Schritt dem Grundsatz der Nicht-Einmischung in die inneren Angelegenheiten eines anderen Volkes entspreche. Wiederum ist das Gegenteil richtig. Die Existenz der sogenannten »DDR« ist, wie allgemein bekannt, das Ergebnis einer fortgesetzten Einmischung einer fremden Macht in innerdeutsche Angelegenheiten. Ohne diese ständige Intervention gäbe es weder die sogenannte »DDR« noch das Problem der deutschen Wiedervereinigung. Wer die sogenannte »DDR« als Staat anerkennt und mit ihr diplomatische Beziehungen unterhält, beteiligt sich an dieser Politik der Einmischung, die im Widerspruch zu den in der Charta der Vereinten Nationen verankerten Grundsätzen steht.

Unzutreffend ist endlich auch die von der Jugoslawischen Regierung vertretene Ansicht, daß der von ihr unternommene Schritt geeignet sei, zur Verbesserung der internationalen Beziehungen und zur Verminderung der Spannungen zwischen Ost und West beizutragen. Dieses auch von der Bundesregierung erstrebte Ziel wird keineswegs dadurch gefördert, daß die Regierung der Föderativen Volksrepublik Jugoslawien die von dem gesamten deutschen Volk als unerträglich empfundene Spaltung Deutschlands anerkennt. Darüber hinaus trägt die Entscheidung der Jugoslawischen Regierung dazu bei, die von der Bundesregierung aufrichtig gewünschte Entspannung in ihrem Verhältnis zu den Staaten Osteuropas zu erschweren. Die Bundesregierung legt jedoch Wert auf die Feststellung, daß sie ungeachtet der durch den jugoslawischen Schritt geschaffenen Sachlage diese ihre Bemühungen fortsetzen und sich in ihren Entscheidungen durch diese Entwicklung nicht behindern lassen wird.

In der durch die einseitige Entscheidung der Jugoslawischen Regierung geschaffenen Lage sieht sich die Bundesregierung gezwungen, die diplomatischen Beziehungen der Bundesrepublik Deutschland und der Föderativen Volksrepublik Jugoslawien zu beenden.

Schlußformel

gez. von Brentano

Quelle: Bulletin vom 22. 10. 1957, Nr. 197, S. 1805 f.

100 Freizügigkeit zwischen Deutschland und Italien

Freundschafts-, Handels- und Schiffahrtsvertrag zwischen der Bundesrepublik Deutschland und der Italienischen Republik vom 21. November 1957 (Auszüge)

Der Präsident der Bundesrepublik Deutschland
und
der Präsident der Italienischen Republik,

beide von dem Wunsche geleitet, die freundschaftlichen Beziehungen zwischen ihren Staaten weiter zu festigen und den Wirtschaftsverkehr durch möglichst freizügige Gestaltung zu fördern, haben beschlossen, einen Freundschafts-, Handels- und Schiffahrtsvertrag abzuschließen, der im allgemeinen auf den Grundsätzen der gegenseitig gewährten Inländerbehandlung und der unbedingten Meistbegünstigung beruht.

Zu diesem Zwecke haben sie bevollmächtigt:
Der Präsident der Bundesrepublik Deutschland:
den Bundesminister des Auswärtigen, Herrn Dr. Heinrich von Brentano,

Der Präsident der Italienischen Republik:
den Vizepräsidenten des Ministerrats
und Minister des Auswärtigen, Herrn Prof. Giuseppe Pella,

die nach Austausch ihrer in guter und gehöriger Form befundenen Vollmachten die nachstehenden Artikel vereinbart haben:

Artikel 1
1. Jeder Vertragsstaat gewährt den Staatsangehörigen und Gesellschaften des anderen Vertragsstaates, ihrem Vermögen, ihren Unternehmen und allen ihren sonstigen Belangen jederzeit gerechte und billige Behandlung.
2. Zwischen den Gebieten der beiden Vertragsstaaten wird im Rahmen der Bestimmungen dieses Vertrages Freiheit des Handels und der Schiffahrt gewährt.

Artikel 2
1. Die Staatsangehörigen eines Vertragsstaates können unter Beachtung der einschlägigen Gesetzesvorschriften in das Gebiet des anderen Vertragsstaates einreisen, sich darin aufhalten, sich niederlassen, darin reisen und durch das Gebiet durchreisen, es sei denn, daß im Einzelfall Gründe der öffentlichen Ordnung, der öffentlichen Sicherheit, der Volksgesundheit oder der Sittlichkeit dem entgegenstehen. Sie können das Gebiet des anderen Vertragsstaates jederzeit verlassen, sofern keine strafrechtlichen Hinderungsgründe vorliegen.
2. Die Staatsangehörigen des einen Vertragsstaates, die im Gebiet des anderen Vertragsstaates ihren ordnungsmäßigen Aufenthalt haben, dürfen nur ausgewiesen werden, wenn Gründe der Sicherheit des Staates, der öffentlichen Sicherheit und Ordnung oder der Sittlichkeit es erforderlich machen. Nach einem ordnungsmäßigen Aufenthalt von mehr als fünf Jahren ist eine Ausweisung nur noch aus Gründen der Sicherheit des Staates oder dann zulässig, wenn die übrigen obengenannten Gründe besonders schwerwiegend sind.
3. Verfügungen, durch welche die Einreise in das Gebiet eines Vertragsstaates oder der Aufenthalt in ihm verweigert werden, unterliegen den von den Gesetzen dieses Vertragsstaates vorgesehenen Rechtsmitteln. Die Staatsangehörigen des einen Vertragsstaates, die ihren ordnungsmäßigen Aufenthalt im Gebiet des anderen Vertragsstaates haben, dürfen nur ausgewiesen werden, wenn ihnen Gelegenheit gegeben worden ist, Gegenvorstellungen gegen ihre Ausweisung geltend zu machen, Rechtsmittel einzulegen und sich zu diesem Zweck vor einer zuständigen Behörde vertreten zu lassen.
4. Beide Vertragsstaaten gewähren jede nur mögliche Erleichterung für den Reiseverkehr von Touristen und anderen Besuchern hinsichtlich der Einreise, des Aufenthalts und der Ausreise sowie für die Verteilung von Auskunftsmaterial für den Fremdenverkehr.

Artikel 3
1. Den Staatsangehörigen des einen Vertragsstaates wird im Gebiet des anderen Vertragsstaates volle Freiheit der Gedanken, des Gewissens, der Religionsausübung, der Versammlung und Vereinigung sowie der – auch öffentlichen – Ausübung des Gottesdienstes gewährleistet in Übereinstimmung mit den Bestimmungen der Verfassung dieses Vertragsstaates.
Die Staatsangehörigen jedes Vertragsstaates dürfen sich ohne Behinderung – auch in Form von Gesellschaften – unter Beachtung der allgemeinen Gesetze jeder Art von Tätigkeit auf dem Gebiet der Religion, Wissenschaft, Wohlfahrt, des Erziehungswesens, der Kultur, der Erholung, des Sports oder der Geselligkeit widmen und sind ebenso wie diese Gesellschaften befugt, für die genannten Betätigungen sowie für Zwecke der Bestattung Rechtsgeschäfte mit allen natürlichen Personen und Gesellschaften, die im Gebiet des anderen Vertragsstaates ihren Wohnsitz, Sitz oder Aufenthalt haben, abzuschließen. Dies gilt insbesondere für das Recht, Verträge zu schließen, Verbindlichkeiten einzugehen, bewegliches

und unbewegliches Vermögen sowie Rechte und Interessen aller Art innezuhaben, unter Lebenden oder von Todes wegen zu erwerben, zu veräußern oder sonstwie darüber zu verfügen.

Keine Bestimmung dieses Absatzes darf dahin ausgelegt werden, daß sie ein Recht zur politischen Betätigung im Gebiet des anderen Vertragsstaates gewährt oder stillschweigend zugesteht.

2. Beide Vertragsstaaten erkennen die Grundsätze der Pressefreiheit und des freien Nachrichtenaustausches an.

Die Staatsangehörigen des einen Vertragsstaates dürfen unter Beachtung der allgemeinen Gesetze im Gebiet des anderen Vertragsstaates Informationen zur öffentlichen Verbreitung sammeln; es steht ihnen frei, solches Material, das zur Veröffentlichung im Ausland durch Presse, Rundfunk einschließlich Fernsehen, Film und andere Mittel der Verbreitung bestimmt ist, unbehindert zu übermitteln; sie dürfen für den Nachrichtenverkehr mit anderen Personen innerhalb und außerhalb dieses Gebietes die öffentlichen Einrichtungen der Nachrichtenübermittlung unbehindert benutzen.

3. Die Bestimmungen dieses Artikels berühren nicht die Gesetzesvorschriften der beiden Vertragsstaaten zur Aufrechterhaltung der öffentlichen Sicherheit und Ordnung sowie zum Schutze der Sittlichkeit und der Volksgesundheit.

Artikel 4

1. Die Staatsangehörigen des einen Vertragsstaates genießen im Gebiet des anderen Vertragsstaates Schutz und Sicherheit. Die Rechtsordnung des anderen Vertragsstaates darf sie nicht in eine Lage versetzen, die hinsichtlich des Schutzes ihrer Person weniger günstig ist als diejenige, die für die Inländer des anderen Vertragsstaates besteht. In Anwendung dieses Grundsatzes verpflichten sich die beiden Vertragsstaaten, keine Bestimmungen zu erlassen, die besondere Beschränkungen, Auflagen oder Belastungen für die Staatsangehörigen des anderen Vertragsstaates enthalten. Keinesfalls darf ihre Behandlung weniger günstig sein als diejenige, die den auf diesem Gebiet geltenden Grundsätzen des Völkerrechts entspricht.

2. Im Falle von Maßnahmen der Behörden eines der beiden Vertragsstaaten, welche die persönliche Freiheit eines Staatsangehörigen des anderen Vertragsstaates beschränken, muß der betreffende Staatsangehörige innerhalb von 48 Stunden dem Richter überstellt werden, der ihn unter Erörterung der ihm zur Last gelegten Taten sogleich verhören muß. Der verhaftete Staatsangehörige hat das Recht zu verlangen, daß der zuständige Richter unverzüglich eine Entscheidung über die Rechtmäßigkeit und weitere Dauer der Haft trifft. Ferner hat er das Recht zu verlangen, daß über seinen Fall innerhalb einer angemessenen Frist entschieden wird, während deren ihm genügend Zeit zu gewähren ist, um seine Verteidigung in gebührender Weise vorzubereiten. Auch hat er das Recht zu verlangen, daß ihm ein Verteidiger seines Vertrauens zur Seite steht und, wenn er keinen bestellt, das Gesetz aber die Anwesenheit eines Verteidigers vorschreibt, ihm ein Pflichtverteidiger beigeordnet wird. Jede Verfahrenshandlung hat unter Beteiligung eines Dolmetschers stattzufinden, wenn dies erforderlich erscheint. Ein Dolmetscher ist immer hinzuzuziehen, wenn der Beschuldigte es beantragt, und zwar auch bei der Vernehmung durch die Polizeibehörden.

3. Sobald ein Staatsangehöriger eines Vertragsstaates von Behörden des anderen Vertragsstaates festgenommen worden ist, ist der nächste konsularische Vertreter des Landes, dessen Staatsangehöriger der Verhaftete ist, unverzüglich von der Festnahme zu unterrichten. Der konsularische Vertreter hat das Recht, sooft es ihm erforderlich erscheint, den Verhafteten zu besuchen und in brieflicher Verbindung mit ihm zu bleiben. – Die Besuche und der Briefverkehr müssen im Rahmen der für die Haftanstalt geltenden Vorschriften

erfolgen, in der der Staatsangehörige in Gewahrsam gehalten wird. Die beiden Vertragsstaaten sind sich jedoch darin einig, daß derartige Vorschriften dem konsularischen Vertreter angemessene Möglichkeiten des Zuganges zu dem Verhafteten und der Rücksprache mit ihm gewähren müssen.

Artikel 5

1. Die Staatsangehörigen des einen Vertragsstaates unterliegen gegenüber dem anderen Vertragsstaat keiner Wehrdienstpflicht; auch dürfen sie nicht zum Eintritt in bewaffnete oder militarisierte Verbände gezwungen werden, die der andere Vertragsstaat innerhalb oder außerhalb seines Gebietes aufstellt.

2. Die Staatsangehörigen des einen Vertragsstaates sind im Gebiet des anderen Vertragsstaates von allen öffentlichen Dienstleistungspflichten befreit, sofern es sich nicht um allgemeine zivile Dienstleistungen handelt, die zum Schutze der Zivilbevölkerung einschließlich der Abwehr von Naturkatastrophen vorgesehen sind. Die Befreiung erstreckt sich auch auf Zwangsbeiträge, die als Ablösung für persönliche Dienstleistungen auferlegt werden.

3. Den Staatsangehörigen des einen Vertragsstaates wird im Gebiet des anderen Vertragsstaates Inländerbehandlung in bezug auf öffentliche Sachleistungspflichten, wie Requisitionen, zeitweilige Inbesitznahmen und ähnliche Auflagen, gewährt. Sie haben alle Garantien und Rechtsmittel, die den Inländern zustehen, sowie den Anspruch auf die gesetzlich vorgesehene Entschädigung.

4. Den Staatsangehörigen des einen Vertragsstaates stehen im Gebiet des anderen Vertragsstaates alle Hilfszuwendungen zu, die bei Naturkatastrophen oder ähnlichen Katastrophen den eigenen Staatsangehörigen aus hierfür bereitgestellten öffentlichen Mitteln gewährt werden.

5. Die Bestimmungen der Absätze 2, 3 und 4 finden auf Gesellschaften entsprechende Anwendung.

Artikel 6

1. Das Eigentum der Staatsangehörigen und Gesellschaften des einen Vertragsstaates genießt im Gebiet des anderen Vertragsstaates Schutz und Sicherheit.

2. Dieses Eigentum genießt einen nicht geringeren Schutz, als durch die Gesetze des anderen Vertragsstaates dem Eigentum der Inländer gewährt wird. Dies gilt auch für behördliche Maßnahmen, Durchsuchungen, Überprüfungen und alle anderen Eingriffe; diese sind im übrigen so durchzuführen, daß sie die Beteiligten möglichst wenig beschweren.

3. Die beiden Vertragsstaaten verpflichten sich, für die Staatsangehörigen und Gesellschaften des anderen Vertragsstaates keine besonderen Vorschriften zu erlassen oder Maßnahmen zu ergreifen, die deren Behandlung hinsichtlich ihrer Beteiligung an anderen wirtschaftlichen Unternehmen in Form von Geldeinlagen oder in Form von jeder anderen vom Gesetz zugelassenen Einlage verschlechtern.

4. Das Eigentum von Staatsangehörigen und Gesellschaften des einen Vertragsstaates darf im Gebiet des anderen Vertragsstaates nur zum allgemeinen Wohl gegen gerechte Entschädigung enteignet werden. Die Entschädigung muß dem Wert des entzogenen Eigentums entsprechen, tatsächlich verwertbar sein und ohne unnötige Verzögerung geleistet werden. Spätestens im Zeitpunkt der Enteignung muß in geeigneter Weise für die Festsetzung und Leistung der Entschädigung Vorsorge getroffen sein. Die Rechtmäßigkeit der Enteignung und die Höhe der Entschädigung müssen in einem ordentlichen Rechtsverfahren nachgeprüft werden können. Dieselben Rechte können Staatsangehörige und Gesellschaften des einen Vertragsstaates bei der Enteignung von im Gebiet des anderen Vertragsstaates befindlichen Vermögensgegenständen, an denen sie unmittelbar oder mittelbar beteiligt sind, in Anspruch nehmen.

5. Hinsichtlich der in den Absätzen 2 und 4 geregelten Angelegenheiten genießen die Staatsangehörigen des einen Vertragsstaates im Gebiet des anderen Vertragsstaates Meistbegünstigung.

Artikel 7
Den Staatsangehörigen und Gesellschaften des einen Vertragsstaates wird im Gebiet des anderen Vertragsstaates hinsichtlich des Zutritts zu allen Gerichten und Verwaltungsgerichten sowie zu allen Amtsstellen zum Schutze ihrer Rechte und Interessen Inländerbehandlung gewährt.
. . .

Artikel 36
Jeder Vertragsstaat gewährt die Inländerbehandlung im Rahmen dieses Vertrages auf Grund der Tatsache, daß die Inländerbehandlung in den gleichen Angelegenheiten auch von dem anderen Vertragsstaat eingeräumt wird.
. . .

Artikel 38
In allen Fällen, in denen dieser Vertrag gleichzeitig Inländerbehandlung und Meistbegünstigung gewährt, findet die günstigere Behandlung Anwendung.
. . .

Artikel 40
1. Dieser Vertrag soll ratifiziert und die Ratifikationsurkunden sollen so bald wie möglich in Bonn ausgetauscht werden.
2. Dieser Vertrag tritt einen Monat nach Austausch der Ratifikationsurkunden in Kraft. Er bleibt für einen Zeitraum von zehn Jahren in Kraft und verlängert sich auf unbestimmte Zeit, sofern er nicht ein Jahr vor seinem Ablauf von einem der beiden Vertragsstaaten schriftlich gekündigt wird. Nach Ablauf von zehn Jahren kann der Vertrag jederzeit gekündigt werden, bleibt jedoch nach erfolgter Kündigung noch ein Jahr in Kraft.
Zu Urkund dessen haben die beiderseitigen Bevollmächtigten diesen Vertrag unterzeichnet und mit ihren Siegeln versehen.
Geschehen zu Rom am 21. November 1957 in doppelter Urschrift in deutscher und italienischer Sprache, wobei der Wortlaut beider Sprachen verbindlich ist.

Für die Bundesrepublik Deutschland:
von Brentano
Für die Italienische Republik:
Pella

Quelle: BGBl. 1959, II, S. 950—965

---

101   Berlin gehört zur Bundesrepublik

Ansprache des Präsidenten des Bundesrates, des Regierenden Bürgermeisters von Berlin, Willy Brandt, vor der 186. Vollsitzung des Deutschen Bundesrates am 20. Dezember 1957 (Auszüge)

In der 184. Sitzung am 25. Oktober 1957 hat mir das Hohe Haus das Amt des Präsidenten des Bundesrates übertragen. Schon damals habe ich mit einigen kurzen Worten meinen Dank für das Vertrauen ausgesprochen, das Sie mit dieser Wahl dem Lande Berlin und seinem Regierenden Bürgermeister entgegengebracht haben. Sie haben dadurch eindrucksvoll unterstrichen, daß das freie Berlin unbeschadet seiner Sonderlage neben den zehn übrigen Bundesländern ein vollwertiges Glied der Bundesrepublik Deutschland ist. Dem Vertrauen, das Sie mir – der ich im Bundesrat ein Neuling bin und in den ersten beiden Legislaturperioden dem Bundestag angehörte – entgegengebracht haben, möchte ich dadurch gerecht werden, daß ich mich nach besten Kräften bemühe, mein Amt gewissenhaft auszuüben und die Rechte des Bundesrates zu wahren...

Von besonderer Bedeutung für die Gesetzgebungsarbeit war die Mitwirkung des Bundesrates bei denjenigen Gesetzen und Verordnungen, die die Eingliederung des Saarlandes regeln, das zu unserer aller Freude als deutsches Land in die Bundesrepublik aufgenommen werden konnte. Als Sprecher Berlins darf ich betonen, wie sehr gerade wir uns freuen, daß hier begonnen werden konnte, wieder zusammenzufügen, was zusammen gehört...

Wir wissen, daß der Tag der Wiedervereinigung nicht über Nacht kommen wird, sondern daß er nur das Ergebnis eines langen und mühevollen Weges sein kann. Unser aller Aufgabe ist es, diesen Weg, soweit es in unserer Kraft steht, ebnen zu helfen. Da wir überzeugt sind, daß die deutsche Frage nicht isoliert von der weltpolitischen Entwicklung und den Problemen der internationalen Sicherheit gelöst werden kann, wird es noch mehr als bisher darauf ankommen, alle Veränderungen im weltpolitischen Maßstab sorgfältig zu registrieren und sie geistig und politisch zu verarbeiten. Wir müssen, wenn die politische Wirklichkeit nicht mehr mit unseren Vorstellungen von ihr übereinstimmt, auch bereit sein, diese gemeinsam mit unseren westlichen Freunden zu überprüfen, der neuen Wirklichkeit anzupassen und alle sich bietenden Möglichkeiten auszuschöpfen. Eine unvoreingenommene Betrachtung politischer Realitäten wird dazu beitragen können, daß wir unser Ziel, die Einheit Deutschlands in Freiheit, schließlich doch erreichen. Dazu bedarf es freilich auch eines festen Willens in unserer Bevölkerung und eines Gefühls unerschütterlicher Verbundenheit mit unseren Landsleuten jenseits der Zonengrenzen.

Seit der vorigen Woche ist nun durch die Maßnahmen der Machthaber in der Sowjetzone die Spaltung Deutschlands noch zusätzlich vertieft worden. Und ich kann nicht darauf verzichten, auch von dieser Stelle aus – namens des Bundesrates – meine Stimme gegen diese Maßnahmen zu erheben. Mit Gefängnis- und Zuchthausstrafen vernichtet man im anderen Teil Deutschlands das Recht auf Freizügigkeit, das – nebenbei bemerkt – auch in der dortigen Verfassung verankert ist. Ich weiß, daß mit Protesten nicht viel getan ist. Dennoch dürfen wir guten Gewissens sagen, daß letzten Endes alle Versuche scheitern werden, unser Volk auseinanderzureißen. Inzwischen wächst aber unsere Verantwortung für das gesamtdeutsche Schicksal. Dieser Verantwortung wollen wir uns immer bewußt sein, um im kleinen zu helfen, so gut wir es vermögen, und im großen solche Lösungen anzustreben, die unseren Anspruch auf Einheit in Freiheit mit den wohlverstandenen Interessen der europäischen und internationalen Sicherheit auf einen Nenner bringen.

Eine konkrete Aufgabe, die uns in dieser Periode gestellt wird, ist der weitere Ausbau Berlins als Hauptstadt Deutschlands und die Stärkung dieser Stadt als Klammer zwischen den Menschen in den beiden Teilen Deutschlands. Der Bundesrat wird, dessen bin ich gewiß, das Seine zur Lösung dieser Aufgabe beitragen. Er wird in Fortführung der von meinem Herrn Amtsvorgänger gegebenen Richtlinien bestrebt sein, seine Sitzungen so oft wie möglich in der schwer geprüften und dennoch wieder quicklebendigen Hauptstadt abzuhalten.

Quelle: Bulletin vom 21. 12. 1957, Nr. 237, S. 2193–2195

Erklärung des Bundesministers des Auswärtigen, Dr. Heinrich von Brentano, vor dem Deutschen Bundestag am 23. Januar 1958 über die sowjetische Deutschlandpolitik (Auszüge)

... Die Bundesregierung beklagt es auf das tiefste, daß die Ablehnung der westlichen Vorschläge für eine allgemeine kontrollierte Abrüstung auf dem Gebiete aller, auch der atomaren und nuklearen Waffen uns erneut vor die Notwendigkeit gestellt hat, die Fragen der gemeinsamen Verteidigung ernsthaft zu überprüfen.

In dem Abrüstungsunterausschuß haben die Vertreter Kanadas, Frankreichs, Großbritanniens und der Vereinigten Staaten noch am 27. August einen konkreten und detaillierten Abrüstungsvorschlag vorgelegt. Es war nicht eine einseitige Initiative, die etwa die andersgearteten Vorstellungen des fünften Verhandlungspartners, der Sowjetunion, außer acht ließ. Vielmehr stellen diese Vorschläge das Ergebnis monatelanger Verhandlungen dar. Die vier westlichen Staaten haben dabei weitgehend auch die Gegenvorschläge und die Einwendungen der Sowjetunion berücksichtigt ...

Die Bundesregierung bekennt sich auch heute zu den freiwillig übernommenen Beschränkungen auf dem Gebiete der Rüstung. Der Verzicht auf die Herstellung nuklearer Waffen und strategischer Offensivwaffen ist nach wie vor gültig. Angesichts der wachsenden militärischen Macht der Sowjetunion kann die Bundesregierung aber nicht, ohne ihre Pflicht gegenüber dem deutschen Volk zu verletzen, darauf verzichten, die Bundeswehr so auszurüsten, daß sie ihre Verteidigungsaufgaben gemeinsam mit den Bündnispartnern zu erfüllen vermag ...

Die Bundesregierung hätte es begrüßt, wenn wir uns anläßlich der NATO-Konferenz mit einer Herabsetzung der Rüstungen und damit der Verteidigungslasten unserer Völker hätten befassen können. Eine nüchterne und realistische Betrachtung der internationalen Lage gestattet uns dies zur Zeit noch nicht. Wir haben aber damit keineswegs die Hoffnung auf einen grundlegenden Wandel in der Haltung der Sowjetunion aufgegeben. Die ungeheure Verantwortung, die auf allen Regierungen liegt und die sie alle auch vor den eigenen Völkern verpflichtet, an der Aufrechterhaltung des Friedens und an dem Abbau des unerträglichen Spannungsverhältnisses in der Welt mitzuwirken, wird nach der festen Überzeugung der Bundesregierung auch die Sowjetunion veranlassen, die unterbrochenen Verhandlungen, sei es auch in einem anderen Kreise und unter anderen Voraussetzungen, wiederaufzunehmen.

Aus diesem Grund finden Sie in den Schlußerklärungen der Konferenz an erster Stelle und mit besonderer Klarheit auch das Bekenntnis zu den gemeinsamen Grundsätzen, in denen die Mitgliedstaaten der Sehnsucht nach Frieden und dem Wunsche nach Entspannung mit großer Eindringlichkeit Ausdruck verleihen. Die Konferenz der Regierungschefs hat sich zum obersten Ziel der Gemeinschaft bekannt, den Frieden, den Wohlstand und den Fortschritt in der Welt zu fördern.

Wir müssen uns aber über die Absichten und die Vorstellungen der Sowjetunion und ihrer Verbündeten auch im klaren sein. Die Erklärung der 12 kommunistischen Parteien, die im November verabschiedet wurde, klingt keineswegs beruhigend. In dieser Erklärung kommt der feste Wille zum Ausdruck, den Kommunismus in der Welt mit allen zur Verfügung stehenden Mitteln auszubreiten. Wir müssen ihm die feste Entschlossenheit entgegensetzen, uns dieser Drohung nicht zu beugen. Nur solange an dieser Entschlossenheit kein begründeter Zweifel besteht, haben wir eine echte Chance, aussichtsreiche Verhandlungen wiederaufzunehmen. *(Beifall bei den Regierungsparteien.)*

Die Atlantische Gemeinschaft hat aber trotz wiederholter Rückschläge, die der Sache der kontrollierten Abrüstung und damit des Friedens durch die Sowjetunion zugefügt wurden, keine Möglichkeit vorübergehen lassen, die Rüstung innerhalb der durch die Sicherheit bedingten Grenzen einzuschränken. Sie hat weiter die Bereitwilligkeit bekundet, sich für alle Verhandlungen mit der Sowjetunion insbesondere im Rahmen der Vereinten Nationen einzusetzen, die irgendwie Aussicht auf die Durchführung der Abrüstungsvorschläge bieten. Sie ist darüber hinaus bereit – ich zitiere aus der Erklärung –, »jeden Vorschlag aus jeder Quelle für eine allgemeine oder teilweise Abrüstung zu prüfen und darüber hinaus jeden Vorschlag, der zu einem Abkommen über die kontrollierte Begrenzung der Rüstung auf allen Gebieten führen könnte«.

Ich möchte dabei für die Bundesregierung die bereits früher abgegebene Erklärung ausdrücklich hinzufügen, daß sie bereit ist, sich einem im Rahmen der Vereinten Nationen abgeschlossenen Abrüstungsabkommen – die Bundesregierung ist nicht Mitglied dieser Organisation – anzuschließen. Die Bundesregierung ist aber nicht bereit, sich durch irgendwelche auf den ersten Blick anziehend erscheinende Vorschläge von ihrem Ziel allgemeiner und wirksam kontrollierter Abrüstung abbringen zu lassen. Sie ist wohl bereit, mitzuwirken, das Ziel in Stufen zu erreichen, aber alle zu treffenden Maßnahmen müssen uns näher an das Ziel heranbringen.

Gerade das deutsche Volk hat nach den schweren Erfahrungen der Vergangenheit ein leidenschaftliches Interesse daran, die Voraussetzungen für einen dauerhaften Frieden zu gestalten. Niemand kann sehnlicher als wir eine echte Entspannung wünschen, um damit die Grundlage für eine umfassende Verständigung zwischen Ost und West und damit auch zu einer Lösung der deutschen Frage zu schaffen ...

Darum hat es die Bundesregierung auch dankbar begrüßt, daß die Konferenz der Regierungschefs der Atlantischen Gemeinschaft erneut ein Bekenntnis zur Wiederherstellung der Einheit Deutschlands abgelegt und die feierliche Zusage wiederholt hat, den Status der freien Stadt Berlin zu garantieren.

Daraus erklären sich auch die weiteren Entscheidungen der Pariser Konferenz auf dem Gebiete der wissenschaftlichen, der technischen und der wirtschaftlichen Zusammenarbeit. Daraus ergibt sich aber auch die Bereitschaft der Bundesrepublik, gemeinsam mit ihren Partnern die Verteidigungsanstrengungen zu verstärken. Die NATO-Konferenz hat dazu unter anderem folgendes gesagt:

Solange die Sowjetunion bei ihrer ablehnenden Haltung verharrt, solange sie verlangt, daß alle europäischen Nationen mit Ausnahme der Sowjetunion selbst, ohne auf eine allgemeine Abrüstung zu warten, auf Atomwaffen und Flugkörper verzichten und sich mit konventionellen Waffen begnügen sollen, so lange sehen wir keine andere Möglichkeit, als wachsam zu bleiben und auf unsere Verteidigung bedacht zu sein. Wir sind daher entschlossen, der militärischen Verteidigungsstärke der NATO die wirksamste Form zu geben und damit den jüngsten Entwicklungen auf dem Gebiete der Waffentechnik Rechnung zu tragen.

Diesem Ziele dient die Anlage von Lagern mit Atomsprengköpfen; diesem Ziele dient auch die Ausstattung der Alliierten Streitkräfte in Europa mit Mittelstreckenraketen. Eine Entscheidung darüber, ob und wann und wo diese Verteidigungseinrichtungen auch auf deutschem Boden geschaffen werden sollen, wird dann fallen, wenn die militärischen Sachverständigen ihre Überprüfung beendet haben.

Die Bundesregierung wird dann ihre Entscheidung nach pflichtgemäßem Ermessen zu treffen haben. Die Sicherung des Friedens dient der Erhaltung des Friedens,
(Zurufe bei der SPD)
die Stärkung der Abwehrkraft dient der Erhaltung der Freiheit.
(Beifall in der Mitte.)

Auch die Vorschläge des polnischen Außenministers Rapacki vom 13. Dezember, also unmittelbar vor Beginn der Sitzung der Regierungschefs der Atlantischen Gemeinschaft, können uns dieser pflichtgemäßen Entscheidung nicht entheben. Sie zielen auf ein Verbot der Herstellung und Lagerung von Kernwaffen in Polen, der Tschechoslowakei, der Bundesrepublik und der sowjetisch besetzten Zone. Nach der Überzeugung der Bundesregierung würde eine solche isolierte Maßnahme die Spannungen auf der Welt nicht vermindern und die Aussichten auf eine echte umfassende und kontrollierte Abrüstung nicht verstärken. Im Gegenteil:

(Abg. Dr. Mommer: Da helfen wohl nur Raketen?)

Einmal wäre eine solche Maßnahme überhaupt nur durchzuführen auf dem Wege über eine Anerkennung der sowjetisch besetzten Zone als Verhandlungs- und Vertragspartner; und die Vermutung liegt nahe, daß der Vorschlag gerade gemacht wurde, um dieses Ziel zu erreichen, das von der Sowjetunion seit langem hartnäckig verfolgt wird.

(Abg. Wehner: Kein Außenminister, sondern ein Vermuter! – Abg. Welke: Da lassen Sie die Welt untergehen!)

Der Vorschlag ist im übrigen auch nicht neu und überraschend; er war schon in einem Vorschlag enthalten, den die Sowjetregierung am 27. März 1956 der Abrüstungskommission der Vereinten Nationen unterbreitet hat, ein Vorschlag, den sie am 18. März 1957 wiederholt hat. Es ist also schwerlich anzunehmen, daß es sich hierbei um eine eigene Initiative der polnischen Regierung handelt, wobei hinzukommt, meine Damen und Herren, daß die polnische Regierung ja zu den Unterzeichnern des von mir schon erwähnten kommunistischen Manifestes vom November vorigen Jahres gehört, das wahrlich nicht für den Verständigungsgeist und die Friedensbereitschaft seiner Autoren spricht.

(Sehr richtig! in der Mitte.)

Darüber hinaus würde die Annahme eines solchen Vorschlages zwangsläufig – und das ist ja wohl der Sinn des Vorschlages – zu einem Abzug der Truppenkontingente unserer Verbündeten aus Deutschland führen. Ich habe oben schon erwähnt, daß wohl niemand ernstlich annimmt, wir könnten diese Verteidigungskräfte auf deutschem Boden und an der gefährdeten Grenze erhalten, wenn wir ihnen die Ausrüstung mit geeigneten Verteidigungswaffen verbieten wollten. Es kommt weiter hinzu, daß wir durch eine solche Teillösung das Verteidigungspotential des Westens in entscheidender Weise gegenüber dem Angriffspotential des Ostens schwächen würden. Die Sowjetunion, die sich ja rühmt, über Langstreckenraketen zu verfügen, würde durch eine solche Maßnahme am Angriff nicht gehindert, sondern vielleicht dazu ermutigt, weil sie die unmittelbare Reaktion dann weniger zu fürchten hätte. Und das Ganze würde geschehen, ohne daß wir der Entspannung, ohne daß wir einer kontrollierten Abrüstung, ohne daß wir der Lösung der deutschen Frage auch nur um einen Schritt näherkämen. Die Gefahr, den Wirkungen dieser Massenvernichtungsmittel ausgesetzt zu sein, würde aber auch nicht verringert...

Quelle: 3. Deutscher Bundestag, 9. Sitzung vom 23. 1. 1958, S. 299–303

103 Der Entwicklungsfonds des Auswärtigen Amts

Interview des Hessischen Rundfunks mit Ministerialdirigent Harkort vom Auswärtigen Amt über die Entwicklungshilfe der Bundesregierung, 20. März 1958 (Auszüge)

Frage:

In der Öffentlichkeit ist die Befürchtung laut geworden, daß der im vergangenen Haushaltsjahr enthaltene 50-Millionen-Kredit für die Unterstützung der sogenannten Entwicklungsländer für das neue Haushaltsjahr in Wegfall kommt. Was kann man dazu sagen?

Antwort:
Ich habe von diesen Befürchtungen auch gehört, aber erfreulicherweise sind diese Befürchtungen unbegründet. Wir haben in den zwei letzten Haushaltsjahren je 50 Mill. DM für den Entwicklungsfonds gehabt. In dem von der Bundesregierung gebilligten Haushaltsentwurf für das kommende Jahr 1958 sind wiederum 50 Mill. DM vorgesehen, und zwar in der Form einer Bindungsermächtigung. Nach der Bewilligung durch das Parlament kann daraufhin die Bundesregierung den Entwicklungsländern gegenüber Verpflichtungen in der gleichen Höhe wie in den Vorjahren, nämlich in Höhe von 50 Mill. DM, eingehen. Damit wäre, immer vorausgesetzt, daß das Parlament dem Haushaltsvoranschlag zustimmt, die Entwicklungshilfe der Bundesregierung im bisherigen Umfang gesichert.

Frage:
Eine Reihe der großen exportierenden deutschen Unternehmen hat es im Zusammenhang vor allem mit der Hannoverschen Messe übernommen, junge Techniker und Studenten aus diesen Entwicklungsländern unter erheblichem Aufwand auszubilden. Diese Unternehmen haben aus diesem 50-Millionen-Fonds bisher, glaube ich, gewisse Kostenerstattungen beantragen können. Wird dieses ja auch kulturpolitisch so außerordentlich wichtige Wirken fortgesetzt werden können, und welchen Einfluß nimmt das Auswärtige Amt auf diese Maßnahmen?

Antwort:
Wir sind den großen Firmen, und nicht nur den großen Firmen – auch kleinere und mittlere Firmen übernehmen ausländische Praktikanten – für ihre Mitarbeit an dieser wichtigen Aufgabe sehr dankbar, weil diese Vorhaben der Industrie eine wichtige Ergänzung des Ausbildungsprogramms darstellen, das die Bundesregierung mit den Regierungen der verschiedenen Entwicklungsländer vereinbart hat, und bei denen natürlich auch immer die Mitarbeit der Unternehmen notwendig ist. Das Austauschprogramm der Bundesregierung wird etwa so gehandhabt: Es werden Nachwuchskräfte in den Entwicklungsländern ausgesucht und dann nach Deutschland eingeladen, wobei wir großen Wert darauf legen, geeignete, in jeder Weise geeignete junge Ausländer zu bekommen.
. . .

Frage:
... Können die Unternehmen aus diesem Fonds noch Zuschüsse bekommen?

Antwort:
Ja, das können sie. Wir werden, immer die Zustimmung des Bundestags zum Haushalt vorausgesetzt, weiter imstande sein, diese Beihilfen fortzusetzen. In den beiden letzten Haushaltsjahren haben wir insgesamt fast 10 Mill. DM für diesen Zweck des Praktikantenaustausches eingesetzt.

Frage:
Und die anderen Beträge sind eben zur Deckung der Kosten, die mit reinen Entwicklungsvorschlägen und Entwicklungsarbeiten verbunden sind?

Antwort:
Der größte Teil der Mittel, die uns im 50-Millionen-Fonds zur Verfügung stehen, wird zu den ausgesprochenen Entwicklungsvorhaben verwendet, also z. B. Einrichtung einer Lehrwerkstätte in einem bestimmten Land.

Frage:

Oder Planung und Erkundung des Geländes für Staudämme oder Kraftwerke?

Antwort:

Freilich; Entsendung von Experten und Fachleuten, bei denen die Bundesregierung einen Teil oder auch, je nachdem, die ganzen Kosten übernimmt. Ich darf aber vielleicht ein paar Worte zu dem Verfahren sagen, wie diese Hilfe aus dem Entwicklungsfonds gehandhabt wird. Die Regierung des Entwicklungslandes X bittet die Bundesregierung um eine bestimmte Hilfe, z. B. um die Einrichtung einer Lehranstalt. Dann wird die Bitte hier geprüft, es wird mit allen Stellen, die etwas von der Sache verstehen, Fühlung aufgenommen; es werden, je nachdem, Fachleute in das Land entsandt, um an Ort und Stelle die Möglichkeiten zu prüfen. Wenn das geschehen ist, wird mit dem Entwicklungsland eine Vereinbarung abgeschlossen, in der festgelegt wird, wie das ganze Procedere sein soll. Dabei legen wir großen Wert darauf, daß das Entwicklungsland sich an den Kosten solch einer Einrichtung seinerseits beteiligt, meist in der Form, daß Grundstücke und Gebäude oder auch das einfache Hilfspersonal von dem Entwicklungsland selbst gestellt werden, und zwar auf seine eigenen Kosten. Wir glauben, daß der Gedanke der Partnerschaft, der echten Zusammenarbeit ein ganz wesentliches Element dieser Entwicklungsarbeit ist. Weiter sehen wir vor, daß die deutsche Leistung ganz genau umrissen und auch zeitlich genau begrenzt wird.

Frage:

Das wollte ich nämlich fragen, es fehlt nämlich sonst nicht die Gefahr, daß wir eine permanente Haushaltsbelastung erhalten.

Antwort:

Der Gedanke ist immer der: Wir helfen durch Lehrkräfte, Einrichtungsgegenstände, Modelle; verpflichten uns für eine bestimmte Zeit, die Lehrkräfte zu stellen oder das Material zu ergänzen. Dann aber soll das ganze Unternehmen übernommen werden von dem Entwicklungsland und ganz in seinen eigenen Besitz, in seine eigene Verwaltung übergehen.

Frage:

Viele Gremien, die es eigentlich nichts angeht, haben im Hinblick auf diesen Kredit Maßnahmen diskutiert oder Vorschläge ausgearbeitet, die weit über die 50 Millionen hinausgehen. Können Sie uns vielleicht ganz klar sagen, wer zuständig ist, welche Formalitäten noch zu erfüllen sind, um aus diesem Fonds Mittel zu bekommen?

Antwort:

Der Fonds ist ein Titel im Haushalt des Auswärtigen Amtes; infolgedessen steht die Entscheidung über das, was mit dem Fonds gemacht wird, dem Auswärtigen Amt zu. Daß diese Entscheidungen in engster Zusammenarbeit, insbesondere mit den Fachressorts, getroffen werden, versteht sich von selbst. Es ist ebenso sicher, daß jede Art von gutem Rat, jede Übermittlung von Erfahrung, die – von welchen Gremien auch immer – an uns gelangt, sehr dankbar begrüßt wird. Unmöglich kann eine einzige Stelle die Fülle von außerordentlich unterschiedlichen und schwer zu gewinnenden Kenntnissen und Erfahrungen haben, die nötig sind, um solch ein Entwicklungsvorhaben, sagen wir: eine Modellwerkstatt, irgendwo einzurichten. Wir sind deswegen den verschiedenen Gremien, die auf diesem Gebiet tätig sind, für ihren guten Rat in jedem Fall dankbar, und wir streben die allerengste Zusammenarbeit mit ihnen an, was aber freilich nicht heißen kann, daß sie uns die Entscheidungen aus der Hand nehmen können.

Frage:
Ja, daß diese Gremien etwa verbindlich Kredite oder Hilfen zusagen können, ohne Sie gefragt zu haben.

Antwort:
Das ist ganz unmöglich, schon deswegen, weil wir ja kein Vorhaben akzeptieren, das nicht von der Regierung eines Entwicklungslandes gewünscht wird. Wir geben nichts, ohne daß die Regierung formell uns gebeten hat, wir möchten das und das Vorhaben aus dem Fonds finanzieren. Das ist auch ein Teil des Gedankens der echten Partnerschaft, denn wir sind weit davon entfernt, einem Lande irgendwelche Vorhaben, die uns schön scheinen, von denen das betreffende Land aber nichts wissen will, zu oktroyieren.

Quelle: Bulletin vom 28. 3. 1958, Nr. 60, S. 576 f.

---

104 Repatriierung deutscher Zivilisten

Abschlußkommuniqué zu den deutsch-sowjetischen Verhandlungen vom 8. April 1958 (Auszüge) und Repatriierungs-Erklärung

I. Kommuniqué über den Abschluß der Verhandlungen zwischen den Regierungsdelegationen der Bundesrepublik Deutschland und der Union der Sozialistischen Sowjetrepubliken

Die im Jahre 1957 in Moskau zwischen Regierungsdelegationen der Bundesrepublik Deutschland und der Union der Sozialistischen Sowjetrepubliken aufgenommenen Verhandlungen sind im April 1958 abgeschlossen worden.

Diesen Verhandlungen war ein Briefwechsel zwischen dem Bundeskanzler der Bundesrepublik Deutschland und dem Vorsitzenden des Ministerrats der Union der Sozialistischen Sowjetrepubliken vorausgegangen, in dem beide den Wunsch zum Ausdruck gebracht hatten, durch zweiseitige Verhandlungen zur Verbesserung der Beziehungen zwischen der Bundesrepublik Deutschland und der Union der Sozialistischen Sowjetrepubliken zu gelangen. Die bei Aufnahme der Gespräche vereinbarte Tagesordnung sah Verhandlungen über Handels- und Wirtschaftsfragen, mit der Repatriierung zusammenhängende Fragen und die Frage eines Abkommens über die Gewährleistung der Konsularrechte vor.

Für die Bundesrepublik Deutschland verhandelte eine Regierungsdelegation unter Leitung des Außerordentlichen und Bevollmächtigten Botschafters Lahr; sein Vertreter war Vortragender Legationsrat I. Klasse Dr. von Zahn-Stranik. Für die Union der Sozialistischen Sowjetrepubliken verhandelte in den politischen Fragen eine Regierungsdelegation unter Leitung des Stellvertretenden Außenministers Semjonow und in Handels- und Wirtschaftsfragen eine Regierungsdelegation unter Leitung des Stellvertretenden Außenhandelsministers Kumykin.

Die sehr eingehenden Verhandlungen wurden in dem Geiste, der dem gemeinsamen politischen Ziel dieser Verhandlungen entsprach, geführt. Nach Überwindung anfänglicher Schwierigkeiten wurden die Fragen der Tagesordnung zur Zufriedenheit beider Seiten gelöst. Die erzielten Ergebnisse haben ihren Niederschlag in mehreren Verträgen und Vereinbarungen gefunden.

In den Verhandlungen über Wirtschaftsfragen wurden ein »langfristiges Abkommen über den Waren- und Zahlungsverkehr«, ein »Protokoll über den Warenverkehr im Jahre 1958« und ein »Abkommen über allgemeine Fragen des Handels und der Seeschiffahrt« zwischen der Bundesrepublik Deutschland und der Union der Sozialistischen Sowjetrepubliken vereinbart...

Durch das Protokoll über den Warenverkehr im Jahre 1958 werden die präzisierten Listen für das laufende Jahr festgesetzt.

Das Abkommen über allgemeine Fragen des Handels und der Seeschiffahrt legt einige der wichtigsten handelspolitischen und rechtlichen Bedingungen fest, die für die Beziehungen zwischen den beiden Staaten auf dem Gebiet des Handels und der Seeschiffahrt maßgebend sein sollen. Insbesondere sieht das Abkommen vor, daß hinsichtlich der Zölle und einiger anderer mit der Warenein- und -ausfuhr zusammenhängender Fragen gegenseitig die Meistbegünstigung gewährt wird; es regelt ferner Fragen der Seeschiffahrt. Das Abkommen sieht die Errichtung einer Handelsvertretung der Union der Sozialistischen Sowjetrepubliken in der Bundesrepublik Deutschland vor und legt ihre Rechtsstellung fest.

Bei den Verhandlungen über die mit der Ausreise der einzelnen Staatsangehörigen beider Länder zusammenhängenden Fragen wurde vereinbart, daß die sowjetische Seite die praktischen Fragen, die sich im Zusammenhang mit Anträgen deutscher Staatsangehöriger auf Ausreise aus der Union der Sozialistischen Sowjetrepubliken in die Bundesrepublik Deutschland im Einzelfall ergeben, wohlwollend prüfen wird. In der gleichen Weise werden die Behörden der Bundesrepublik Deutschland entsprechende Anträge sowjetischer Staatsangehöriger prüfen, die sich zur Zeit in der Bundesrepublik Deutschland befinden und in die Union der Sozialistischen Sowjetrepubliken auszureisen wünschen.

Beide Seiten haben im Verlauf der Verhandlungen erklärt, daß sie sich zum Prinzip der Zusammenführung von infolge des letzten Krieges getrennten Familien bekennen, wobei sie übereingekommen sind, daß jede der beiden Seiten auf der Grundlage ihrer Gesetzgebung verfahren wird.

Beide Seiten haben sich damit einverstanden erklärt, daß die Zusammenarbeit der Rot-Kreuz-Gesellschaften der beiden Staaten fortgesetzt wird.

Der in den Verhandlungen vereinbarte Konsularvertrag stellt die konsularischen Beziehungen zwischen den beiden Staaten auf eine vertragliche Grundlage und ermöglicht einen wirksamen Schutz der beiderseitigen Staatsangehörigen sowie der Handels- und Schiffahrtsinteressen im Gastlande. Die praktische Bedeutung des Vertrages liegt gegenwärtig in der Regelung der konsularischen Amtsbefugnisse der Konsular-Abteilungen der beiderseitigen Botschaften. Im Falle einer späteren Errichtung von Konsulaten wird der Vertrag die Grundlage für deren Tätigkeit sein.

Die Vereinbarungen wurden in einer abschließenden Vollsitzung der Regierungsdelegationen in Moskau am 8. April 1958 von den Leitern der Regierungsdelegationen paraphiert.

Die Unterzeichnung der Vereinbarungen wird in Kürze gemäß der zwischen den beiden Regierungen getroffenen Absprache in Bonn erfolgen.

Die Bundesregierung hat die Sowjetregierung eingeladen, zu diesem Zweck ein Regierungsmitglied nach Bonn zu entsenden.

II. Repatriierungs-Erklärung [1]

Der Text der sowjetischen mündlichen Erklärung zur Repatriierungsfrage und der Text der deutschen Gegenerklärung, abgegeben am 8. April 1958 in Moskau, lauten wie folgt:

1. Text der sowjetischen Erklärung

Im Verlaufe der Verhandlungen zwischen den Regierungsdelegationen der Union der Sozialistischen Sowjetrepubliken und der Bundesrepublik Deutschland über Fragen der Entwicklung der Beziehungen zwischen den beiden Ländern wurden auch die Fragen erörtert, die einerseits mit der Ausreise von zur Zeit in der Bundesrepublik befindlichen sowjetischen

Staatsangehörigen und andererseits mit der Ausreise deutscher Staatsangehöriger aus der Sowjetunion in die Bundesrepublik im Einzelfall zusammenhängen. Die hinsichtlich dieser Fragen getroffene Vereinbarung findet ihren Ausdruck in dem von den Delegationen vereinbarten, für die Veröffentlichung bestimmten gemeinsamen Kommuniqué über die Ergebnisse der Verhandlungen.

Außerdem ist die sowjetische Delegation ermächtigt, mündlich zu erläutern, daß die sowjetische Seite die praktischen Fragen prüfen und positiv entscheiden wird, die sich im Zusammenhang mit Anträgen deutscher Staatsangehöriger, die die deutsche Staatsangehörigkeit am 21. Juni 1941 besessen haben, soweit sich solche heute noch auf dem Gebiet der Sowjetunion befinden, auf Ausreise mit ihren Ehegatten und Kindern aus der Sowjetunion in die Bundesrepublik im Einzelfall ergeben. Bei diesen Personen kommt es lediglich auf den Besitz der deutschen Staatsangehörigkeit am 21. Juni 1941 an. Diese Vereinbarung erstreckt sich jedoch nicht auf Personen nichtdeutscher Volkszugehörigkeit, die nach 1918 in das Memelgebiet zugewandert sind.

Das oben Gesagte gilt nicht für auf Grund der Abkommen von 1939 bis 1941 nach Deutschland ausgereiste Personen, die Staatsangehörige der Sowjetunion sind. Die sowjetische Seite wird bei der Prüfung der Anträge dieser Personen wie folgt verfahren:

Die sowjetische Seite ist bereit, Anträge dieser Personen auf Ausreise in die Bundesrepublik im individuellen Verfahren und gemäß der sowjetischen Gesetzgebung wohlwollend zu prüfen. Dies gilt für Personen, die ihre Familie oder nahe Angehörige in der Bundesrepublik haben, oder aber für Personen, deren Familien aus Deutschen bestehen. Bei Mischehen wird die Frage der Ausreise solcher Personen von der sowjetischen Seite je nach den konkreten Umständen unter Berücksichtigung der Interessen der Familie wie auch der einzelnen Familienmitglieder entschieden. Die getroffene Vereinbarung erstreckt sich nicht auf Personen, gegen die auf dem Gebiet der Sowjetunion ein Untersuchungsverfahren läuft oder die dort auf Grund eines Gerichtsurteils eine Strafe verbüßen.

Die sowjetische Seite geht davon aus, daß die mit der getroffenen Vereinbarung zusammenhängenden Maßnahmen bis Ende 1959 durchgeführt sein werden.

Die sowjetische Delegation nimmt die im Verlaufe der Verhandlungen von der Delegation der Bundesrepublik Deutschland abgegebene Erklärung zur Kenntnis, daß auch seitens der Bundesrepublik Deutschland der Bereitschaft Ausdruck gegeben wird, die praktischen Fragen, die sich im Zusammenhang mit Anträgen sowjetischer Staatsangehöriger auf Ausreise aus der Bundesrepublik in die Sowjetunion ergeben, zu prüfen und positiv zu entscheiden, und daß sich diese Vereinbarung auf alle sowjetischen Staatsangehörigen, die sich infolge des Krieges auf dem Gebiet der Bundesrepublik befinden, ebenso wie auf deren Ehegatten und Kinder erstreckt.

Beide Seiten haben im Verlaufe der Verhandlungen erklärt, daß sie sich zum Prinzip der Zusammenführung von infolge des letzten Krieges getrennten Familien bekennen, wobei sie übereingekommen sind, daß jede der beiden Seiten auf der Grundlage ihrer Gesetzgebung verfahren wird.

Beide Seiten haben sich damit einverstanden erklärt, daß die Zusammenarbeit der Rotkreuzgesellschaften der beiden Staaten fortgesetzt wird.

2. Text der deutschen Gegenerklärung

Ich habe Ihre heutige mündliche Erklärung, die folgenden Wortlaut hat, zur Kenntnis genommen (Text der sowjetischen Erklärung siehe vorstehend). Meinerseits habe ich folgende Erklärung abzugeben:

Ich nehme Bezug auf das heutige gemeinsame Kommuniqué. Außerdem bin ich ermächtigt, mündlich zu erläutern, daß auch seitens der Bundesrepublik Deutschland die Bereitschaft besteht, die praktischen Fragen, die sich im Zusammenhang mit Anträgen sowjetischer Staatsangehöriger auf Ausreise aus der Bundesrepublik in die Sowjetunion ergeben, zu prüfen und positiv zu entscheiden, und daß sich diese Vereinbarung auf alle sowjetischen Staatsangehörigen, die sich infolge des Krieges auf dem Gebiet der Bundesrepublik befinden, ebenso wie auf deren Ehegatten und Kinder erstreckt.

Beide Seiten haben im Verlaufe der Verhandlungen erklärt, daß sie sich zum Prinzip der Zusammenführung von infolge des letzten Krieges getrennten Familien bekennen, wobei sie übereingekommen sind, daß jede der beiden Seiten auf der Grundlage ihrer Gesetzgebung verfahren wird.

Beide Seiten haben sich damit einverstanden erklärt, daß die Zusammenarbeit der Rotkreuzgesellschaften der beiden Staaten fortgesetzt wird.

[1] Die Repatriierungserklärung wurde in der Sowjetunion nicht veröffentlicht; dagegen wurde die Repatriierungsfrage im Schlußkommuniqué des Mikojan-Besuchs erwähnt (vgl. Hervorhebung). Der Text des Schlußkommuniqués lautet:
Am 25. April 1958 sind in Bonn die Abkommen unterzeichnet worden, die in den jüngsten Verhandlungen zwischen der Bundesrepublik Deutschland und der Union der Sozialistischen Sowjetrepubliken auf den Gebieten der Wirtschaft und des Konsularwesens in Moskau vereinbart worden waren. Es handelt sich dabei um ein »Langfristiges Abkommen über den Waren- und Zahlungsverkehr«, um ein Abkommen über »Allgemeine Fragen des Handels und der Seeschiffahrt« und um ein »Protokoll über den Warenverkehr im Jahre 1958«, ferner um einen Konsularvertrag. Die Verträge und Abkommen wurden für die Bundesrepublik von dem Bundesminister des Auswärtigen, Dr. von Brentano, und von Botschafter Lahr, der für die Bundesregierung die Verhandlungen in Moskau geführt hat, unterzeichnet. Für die Sowjetunion zeichnete der Erste Stellvertretende Ministerpräsident der Union der Sozialistischen Sowjetrepubliken, Herr Mikojan; der Konsularvertrag wurde außerdem von dem Stellvertretenden Außenminister Semjonow und die auf dem Gebiet der Wirtschaft vereinbarten Abkommen von dem Stellvertretenden Außenhandelsminister Kumykin unterzeichnet.
Die sowjetische Delegation hat sich vom 25. bis 28. April 1958 in der Bundesrepublik aufgehalten. In den Gesprächen, die in dieser Zeit zwischen Mitgliedern der Bundesregierung und der sowjetischen Delegation geführt wurden, haben beide Seiten nochmals betont, alles in ihren Kräften Stehende tun zu wollen, um die Erfüllung der unterzeichneten Verträge und Abkommen sowie der mündlichen Vereinbarung bezüglich der mit der Ausreise von Staatsangehörigen beider Länder zusammenhängenden Fragen, von der im Moskauer Schlußkommuniqué vom 8. April 1958 die Rede ist, sicherzustellen. Es wurde vereinbart, daß im Laufe dieses Jahres Verhandlungen mit dem Ziele geführt werden sollen, die kulturellen und wissenschaftlich-technischen Beziehungen zwischen den beiden Ländern auf eine festere Grundlage zu stellen.
In einem Gedankenaustausch zwischen dem Bundeskanzler der Bundesrepublik Deutschland, Dr. Adenauer, dem Bundesminister des Auswärtigen, Dr. von Brentano, dem Bundeswirtschaftsminister, Professor Erhard, und dem Ersten Stellvertretenden Ministerpräsidenten der Union der Sozialistischen Sowjetrepubliken, Herrn Mikojan, an dem der Botschafter der Union der Sozialistischen Sowjetrepubliken in der Bundesrepublik Deutschland, Smirnow, teilnahm, sind auch grundsätzliche Fragen der Beziehungen zwischen den beiden Staaten und der gegenwärtigen weltpolitischen Lage berührt worden. Hierbei wurde von beiden Seiten betont, daß beide Regierungen ihre ganze Kraft dafür einsetzen werden, daß die bestehenden Probleme im Geiste der Verständigung und mit friedlichen Mitteln unter Achtung und Wahrung des Prinzips der Nichteinmischung in die gegenseitigen inneren Angelegenheiten gelöst werden, um Schritt für Schritt zu einer Besserung der Beziehungen zwischen beiden Staaten zu gelangen und auf diese Weise zu einer dauerhaften Sicherung des Friedens beizutragen (Quelle: Bulletin vom 29. 4. 1958, Nr: 79, S. 775).
Quelle: Bulletin vom 9. 4. 1958, Nr. 65, S. 629 f.

105 Mikojan in Bonn

Tischrede des Bundesministers des Auswärtigen, Dr. Heinrich von Brentano, anläßlich des Besuches des Ersten Stellvertretenden Ministerpräsidenten der UdSSR, A. Mikojan, in der Bundesrepublik, 25. April 1958

Heute morgen konnte ich Sie, Herr Stellvertretender Ministerpräsident, Sie, meine Herren Minister, und die anderen Mitglieder der Delegation am Flughafen in Frankfurt begrüßen, die die Regierung der Union der Sozialistischen Sowjetrepubliken in die Bundesrepublik entsandt hat Sie haben, Herr Ministerpräsident, anschließend auf der Fahrt von Frankfurt nach Bonn ein Stück Deutschlands kennengelernt. Und ich hoffe, ja, ich bin überzeugt, daß diese Fahrt Ihnen einen Eindruck von der Schönheit des Landes, aber auch von dem Fleiß und dem Aufbauwillen des Volkes vermittelt hat.

Heute nachmittag haben wir die Verträge unterzeichnet, die vor wenigen Wochen von unseren beiderseitigen Delegationen in Moskau fertiggestellt worden sind. Nun habe ich heute abend die ehrenvolle Aufgabe, Sie und die Herren Ihrer Begleitung namens der Bundesregierung noch einmal ausdrücklich willkommen zu heißen und die tiefe Genugtuung zum Ausdruck zu bringen, die die Bundesregierung über den Abschluß der Verträge empfindet.

In Ihrer Person, Herr Stellvertretender Ministerpräsident, hat Ihre Regierung einen Politiker von besonderem Range zu uns entsandt. Aber Sie werden mir erlauben, neben Ihnen diejenigen Herren Ihrer Begleitung besonders zu begrüßen, die sich um den guten Ausgang der Verhandlungen ein besonderes Verdienst erworben haben: den Herrn Stellvertretenden Außenminister Semjonow und den Herrn Stellvertretenden Außenhandelsminister Kumykin. Ich möchte Ihnen, meine Herren, nochmals meinen Dank für die Mühe und den guten Willen aussprechen, die Sie auf diese Verhandlungen verwandt haben.

Vor zweieinhalb Jahren war ich in Begleitung des Herrn Bundeskanzlers Gast Ihrer Regierung in Moskau. Dort haben wir den ersten entscheidenden Schritt getan, indem wir die Aufnahme diplomatischer Beziehungen beschlossen haben. Ich glaube sagen zu dürfen, daß der Abschluß der heute unterzeichneten Vereinbarungen einen zweiten, nicht minder wichtigen Schritt auf dem Wege des Ausbaues der Beziehungen zwischen unseren beiden Ländern bedeutet.

Unsere wirtschaftlichen Beziehungen sind nun auf eine sichere vertragliche Grundlage gestellt worden, auf der sie sich, davon bin ich überzeugt, zum beiderseitigen Nutzen gut und reibungslos entwickeln können. Die Vereinbarungen haben darüber hinaus zahlreiche Möglichkeiten eröffnet, um diese Beziehungen weiterhin auszubauen. Und so meine ich, daß wir Grund und Anlaß haben, dieses Ergebnis mit lebhafter Befriedigung zu begrüßen.

Lassen Sie mich in diesem Zusammenhang aber auch nochmals unterstreichen, welche große Bedeutung die Bundesregierung den Vereinbarungen beimißt, die die Frage der Repatriierung zum Gegenstand haben. Mehr noch vielleicht als die Durchführung der anderen Abkommen wird die Verwirklichung dieser Vereinbarungen dazu beitragen, das Verhältnis zwischen dem deutschen Volke und den Völkern der Sowjetunion von den Belastungen zu befreien, die eine unselige Vergangenheit vor uns aufgebaut hat. Mit der Lösung dieses Problems, das weniger die politischen oder wirtschaftlichen Beziehungen berührt, aber tief in den menschlichen Bereich vorstößt, werden wir, wie ich glaube, auch die psychologischen Voraussetzungen dafür schaffen, daß wir uns gegenseitig besser verstehen. Und das Gefühl menschlicher Dankbarkeit, das die Verwirklichung dieser Vereinbarung bei Tausenden von Menschen auslösen wird, wird in starkem Maße zu einer Besserung gerade der menschlichen Beziehungen zwischen unseren Völkern beitragen.

Das Konsularabkommen ist auf den ersten Blick vielleicht mehr technischer Art. Aber es enthält eine große Anzahl praktischer Fragen des Alltags, die für beide Länder und für die Bürger beider Länder von Bedeutung sind. Es wird damit auch ein wertvolles Instrument praktischer Zusammenarbeit sein.

Ich möchte mich aber nicht darauf beschränken, die Bedeutung der heute unterzeichneten Vereinbarungen hervorzuheben. Vielmehr scheint mir gerade die Tatsache so wichtig zu sein, daß diese Abkommen abgeschlossen wurden. Sie zeigt, daß einem entschlossenen und aufrichtigen gemeinsamen Bestreben der Erfolg nicht versagt bleibt. Und das berechtigt mich, wie ich glaube, dazu, die Hoffnung und die Erwartung auszudrücken, daß es uns gelingen wird, auch die anderen großen Probleme zu lösen, die im Verhältnis zwischen unseren Völkern noch offen sind. Der Geist, in dem die Verhandlungen in der Vergangenheit geführt wurden, sollte uns, wie ich meine, die Hoffnung, aber auch den Mut geben, die Bemühungen fortzusetzen, an deren Ende ein Vertrag stehen soll, der die Grundlagen eines beständigen gutnachbarlichen Verhältnisses zwischen dem ganzen deutschen Volke und den Völkern der Union der Sozialistischen Sowjetrepubliken schaffen wird.

Seien Sie überzeugt, Herr Stellvertretender Ministerpräsident und meine Herren, daß es der aufrichtige, ja der leidenschaftliche Wunsch des geeinten deutschen Volkes sein wird, in Frieden seiner Arbeit nachzugehen, sein eigenes Leben frei zu gestalten und mit allen Völkern der Welt, ganz besonders aber mit den Völkern, die seine Nachbarn sind, eine Form des Zusammenlebens zu finden, die auf gegenseitiger Achtung und Anerkennung beruht und die es dem deutschen Volke dann ermöglichen wird, einen echten und wertvollen Beitrag zur Erhaltung des Friedens in der Welt zu leisten.

Ich hoffe, daß Sie, Herr Stellvertretender Ministerpräsident, Sie, meine Herren Minister, und alle Mitglieder der Regierungsdelegationen der Sowjetunion den sicheren Eindruck, ja die feste Überzeugung mit nach Hause nehmen werden, daß das deutsche Volk sich der großen Verantwortung bewußt ist, die es gegenüber der eigenen Zukunft, aber auch der Zukunft der anderen Völker empfindet, und daß es entschlossen ist, dazu beizutragen, Besorgnisse und Hemmnisse aus dem Weg zu räumen, die zur Zeit noch den Zugang der Völker zueinander erschweren und das Verständnis für die gemeinsamen Anstrengungen trüben.

Ich erhebe mein Glas, indem ich der Bemühungen aller gedenke, die für den Frieden in der Welt arbeiten. Ich erhebe mein Glas aber auch auf Ihr persönliches Wohl, Herr Stellvertretender Ministerpräsident, und auf das Wohl aller Herren Ihrer Begleitung und auf das Wohl der Regierung der Union der Sozialistischen Sowjetrepubliken.

Der Bundesminister des Auswärtigen sah sich veranlaßt, auf die Tischrede [1] *des Stellvertretenden Ministerpräsidenten der Sowjetunion folgendermaßen zu entgegnen:*

Herr Ministerpräsident!

Sicherlich kann uns niemand den Vorwurf machen, daß wir diese unsere Reden diplomatisch vorbereitet haben!

Sie haben uns, Herr Ministerpräsident, einige bittere Wahrheiten gesagt. Aber ich bin der Ansicht, daß Offenheit die wichtigste Voraussetzung für ein fruchtbares Gespräch ist.

Es ist wahr, daß Angst und Mißtrauen die Beziehungen unserer Völker belasten, gegenseitige Angst und gegenseitiges Mißtrauen. Sie haben Bezug auf die Diskussion genommen, die in letzter Zeit in der Bundesrepublik stattgefunden hat. Ich gebe Ihnen mein Wort und erkläre im Namen der Bundesregierung, für die ich die Ehre habe zu sprechen, und im Namen des gesamten deutschen Volkes, daß wir jeden Schritt und jede Maßnahme begrüßen und unterstützen werden, die dazu angetan sind, Mißtrauen und Angst zwischen den Völkern zu beseitigen und zu einem besseren Verhältnis zwischen ihnen zu führen.

Wir sind jederzeit bereit, alle Waffen aus der Hand zu legen, auch die Atomwaffen, wenn die anderen Staaten dasselbe tun – auch die Sowjetunion.

Ich kann Ihnen versichern, daß die Entscheidung, die die Bundesregierung in ihrer Sorge um die Sicherheit des deutschen Volkes getroffen hat, ihr ebenso schwergefallen ist, wie seinerzeit die gleiche Entscheidung der Sowjetunion schwergefallen sein mag.

Sie haben in Ihrer Rede von dem Saatkorn gesprochen, das reiche Frucht tragen sollte. Tun wir alles, um dieses Saatkorn zu pflegen und aufgehen zu lassen, zum Wohle des Friedens, der gegenseitigen Verständigung, der gegenseitigen Achtung!

Ich gebe der Hoffnung Ausdruck, ja, ich bin der Überzeugung, daß Sie in einigen Tagen, wenn Sie unser Land verlassen, ein besseres Bild von der Politik der Bundesregierung und der Einstellung des deutschen Volkes dem sowjetischen Volk gegenüber haben werden.

Ich erhebe mein Glas auf das Aufgehen der Saat, die wir heute mit der Unterzeichnung der Verträge in die Erde gelegt haben.

Verehrter Herr Minister, meine Herren! Vor einigen Stunden wurden bei der Unterzeichnung der Abkommen bereits Worte der Befriedigung über die erfolgreich abgeschlossenen Verhandlungen zwischen der Sowjetunion und der Bundesrepublik Deutschland ausgesprochen. Ich bin der Meinung, daß wir unsere Aufmerksamkeit jetzt nicht so sehr den bereits erreichten Resultaten, sondern vielmehr demjenigen zuwenden sollten, was noch zu tun bevorsteht für die Entwicklung der Beziehungen zwischen unseren Staaten.

Als die Frage unserer Reise nach Bonn in der Sowjetregierung erörtert wurde, erhielten wir den Auftrag, der Bundesregierung zu übermitteln, daß die sowjetische Seite diese Abkommen als eine erste Voraussetzung für neue Schritte in Richtung einer Entwicklung und Verbesserung der Beziehungen zwischen unseren Staaten betrachtet.

Die Sowjetregierung läßt sich dabei von dem Wunsch leiten, daß es zu einer Wende kommen möge von gegenseitigem Mißtrauen und sogar Feindschaft zu Vertrauen und Freundschaft. Es bedarf keiner Beweise, welch gewaltigen Nutzen unsere beiden Völker aus einer Annäherung und Herstellung freundschaftlicher Zusammenarbeit zwischen der Sowjetunion und der Bundesrepublik Deutschland ziehen würden und welch positive Wirkung dies auf das ganze internationale Leben ausüben würde. Wenn die Bundesrepublik Deutschland gemeinsam mit der Sowjetunion und anderen Staaten alle ihre Anstrengungen auf die Erweiterung der internationalen Zusammenarbeit und auf die Abwendung eines neuen Krieges richtet, dann würde der Frieden auf dem europäischen Kontinent gesichert sein.

Um dieses Zieles willen lohnt es sich, geduldig an der Entfernung aller Hindernisse zu arbeiten, die einer Verbesserung der Beziehungen zwischen der Sowjetunion und der Bundesrepublik Deutschland und der Herstellung des notwendigen Verständnisses zwischen ihnen im Wege stehen. Selbstverständlich kann die gewünschte Wende in den Beziehungen zwischen unseren Staaten unmöglich mit einem Mal, in einem Zuge verwirklicht werden. Aber bei methodischer und zielstrebiger gemeinsamer Arbeit und bei Vorhandensein des aufrichtigen Wunsches auf beiden Seiten kann bereits in nächster Zeit viel erreicht werden.

Offensichtlich halten es beide Seiten bereits jetzt für möglich, Maßnahmen zur Aktivierung des Kulturaustausches und der wissenschaftlich-technischen Zusammenarbeit zu ergreifen und mit diesem Ziele ein entsprechendes Abkommen vorzubereiten. Es gibt auch noch andere Möglichkeiten für die Entwicklung einer nützlichen Zusammenarbeit, z. B. die Regelung der Frage des Luftverkehrs, der Frage des Tourismus, der Kontakte von Geschäftsleuten und andere. In Moskau hat man aufmerksam zur Kenntnis genommen, daß der Bundesaußenminister Herr von Brentano den Wunsch geäußert hat, mit den Vertretern der Sowjetregierung auch politische Fragen zu erörtern. Das entspricht auch unserem Wunsche.

Ich, der ich vor verantwortlichen Vertretern der Bundesrepublik Deutschland spreche, wäre nicht ganz aufrichtig, wollte ich das verständliche Gefühl des Kummers und der Ablehnung verschweigen, welches die immer mehr um sich greifenden Vorbereitungen zum Atomkrieg im Sowjetvolk hervorrufen, Vorbereitungen, in die jetzt auch die Bundesrepublik Deutschland einbezogen wird. Das Sowjetvolk hat allen Grund zu der Annahme, daß die Aufrüstung der Bundeswehr mit Atomwaffen und die Dislozierung von ausländischen Atom- und Raketenbasen auf dem Territorium der Bundesrepublik Deutschland gegen den Frieden und die Sicherheit auf dem europäischen Kontinent gerichtet sind. Man kann es auch unmöglich für einen Zufall halten, daß die Bundesrepublik Deutschland in einem Moment auf den Weg der atomaren Bewaffnung gestoßen wird, da eine Gipfelkonferenz vorbereitet wird mit dem Ziel einer internationalen Entspannung und der Abwendung des Wettrüstens.

Die Sowjetregierung macht mit aller Offenheit aufmerksam auf die verderblichen Folgen einer Atombewaffnung für die Sicherheit der Bundesrepublik Deutschland selbst und für den Frieden in Europa, auf die Unvereinbarkeit dieses Schrittes mit den Interessen der Wiederherstellung der nationalen Einheit Deutschlands. Sollte unglücklicherweise ein Atomkrieg ausbrechen, so würde er allen Völkern größtes Elend bringen, für die Bundesrepublik Deutschland aber würde er eine Katastrophe bedeuten im Hinblick auf ihr dichtbesiedeltes Territorium. Es wäre natürlich ein großer Irrtum, wollte man diese unsere Erklärung für irgendeine Drohung halten. Wenn wir unsere ablehnende Einstellung zu den getroffenen Maßnahmen einer atomaren Bewaffnung immer wieder erläutern, so gehen wir davon aus, daß zwischen den Völkern und Regierungen unserer Staaten im Interesse gemeinsamen Nutzens nichts Unausgesprochenes vorhanden sein und keine Unklarheiten in wichtigen Lebensfragen bestehen würden.

Es ist uns unerklärlich, weshalb sich die Regierung der Bundesrepublik Deutschland gegen die Idee der Schaffung einer atomfreien Zone ausspricht, welche das Territorium der Länder Zentraleuropas einschließlich ganz Deutschlands umfassen würde. Ein solcher Vorschlag entspricht zweifellos vollständig den Interessen des deutschen Volkes. Die Sowjetunion ist bereit zu garantieren, daß sie sich selbst im Falle eines militärischen Konfliktes, an dem die Bundesrepublik Deutschland beteiligt ist, der Anwendung der Kern- und Raketenwaffen auf irgendwelche Objekte in Westdeutschland enthalten wird, wenn das Territorium der Bundesrepublik Deutschland als Ergebnis der Schaffung einer atomfreien Zone in Europa oder als Ergebnis eines einseitigen Beschlusses der Bundesrepublik Deutschland und seiner Vereinbarung mit ihren NATO-Verbündeten von Kern- und Raketenwaffen frei bleiben wird.

Die Außenpolitik der Sowjetunion ist auf Festigung der Freundschaft zwischen den Völkern ausgerichtet. Die Sowjetmenschen haben viel Kummer und Leiden erlebt, welche ihnen der Einbruch der Hitlerarmee gebracht hat. In unserem Lande gibt es wenige Familien, die im vergangenen Kriege nicht Verwandte oder Bekannte verloren hätten. Wir wissen, daß auch die meisten deutschen Familien unwiederbringliche Verluste erlitten haben. Man sollte meinen, daß die tragischen Lehren der jüngsten Vergangenheit dazu verpflichten, nicht Haß zwischen unseren Völkern zu erwecken, wie dies nicht selten in der Bundesrepublik Deutschland geschieht, sondern gegenseitige Achtung, Vertrauen und Friedensliebe.

Gestatten Sie mir, die Frage einfach so zu stellen: Wem nutzen und welche Ziele verfolgen weitverbreitete Äußerungen und Erklärungen, in denen die Sowjetunion als »potentieller Gegner« usw. bezeichnet wird? Ist es nicht klar, daß dies nur zu gegenseitigen Beschuldigungen, zum Aufreißen ungeheiler Wunden, zur Erweckung von Feindschaft führen muß? Sie verstehen wahrscheinlich, daß die Sowjetmenschen mehr Grund haben, mit den Deutschen unzufrieden zu sein, und es nicht schwer wäre, antiwestdeutsche Stimmungen im Sowjetvolk zu unterstützen. Aber bei uns in der Sowjetunion wird dies nicht nur nicht getan, sondern im Gegenteil wird unser Volk im Geiste freundschaftlicher Beziehungen zum ganzen deutschen Volk erzogen. In dieser Hinsicht ist bereits viel erreicht worden. Deshalb dürfen wir mit Recht erwarten, daß die Bundesrepublik Deutschland ebenfalls keine Unfreundlichkeiten gegenüber der Sowjetunion und keine Propaganda zuläßt, die den Interessen einer friedlichen Zusammenarbeit widerspricht.

Meine Worte mögen etwas scharf klingen, denkt man aber aufrichtig über gute Beziehungen und ist man darum besorgt, alles hierfür Hinderliche aus dem Wege zu räumen, dann kommt man nicht ohne Offenheit aus. Die Sowjetregierung war immer davon überzeugt, daß infolge historischer Gründe und der geographischen Situation unserer Länder ein natürlicher Grund vorhanden ist, für eine breite Zusammenarbeit und für freundschaftliche Beziehungen zwischen der Sowjetunion und Deutschland. Es könnte nicht schaden, sich daran zu erinnern, daß die Sowjetunion nach dem Ersten Weltkrieg entschieden gegen den Versailler Friedensvertrag auftrat und daß sie Deutschland im Kampf um die Befreiung vom Joch dieses Vertrages unterstützte. In dieser Periode entwickelten sich zwischen unseren Ländern vielseitige Verbindungen. Bis zur Machtergreifung durch die Hitleristen verstanden wir uns einander nicht schlecht.

Auf dem Höhepunkt des Zweiten Weltkrieges erklärte die Sowjetregierung, daß die Hitler kommen und gehen, das deutsche Volk aber, der deutsche Staat bestehenbleiben wird. Auch nach dem Kriege ließ sich das Sowjetvolk niemals vom Gefühl der Rache gegenüber Deutschland leiten. Unser Ziel besteht darin, unter alles einen Strich zu ziehen, was uns in der Vergangenheit getrennt hat, und gleichzeitig die Erfahrungen der friedlichen Zusammenarbeit zu bewahren und zu mehren, die in den Beziehungen zwischen unseren Ländern angesammelt wurden.

Völlig unbegründet sind hier und da auftauchende Befürchtungen, daß die Sowjetunion eine Verbesserung ihrer Beziehungen zur Bundesrepublik Deutschland auf Kosten einer Verschlechterung der Beziehungen der Bundesrepublik Deutschland zu anderen Ländern, besonders zu den USA, anstrebe. Ebenso möchte die Sowjetunion nicht, daß eine Verbesserung ihrer Beziehungen zur Bundesrepublik Deutschland den Beziehungen der Sowjetunion zu ihr befreundeten Staaten Schaden zufügen würde. Die Sowjetregierung tritt für eine solche Annäherung an die Bundesrepublik Deutschland ein, die der Festigung des Vertrauens zwischen den Staaten und der Sicherung des Friedens einen guten Dienst erweisen würde.

Ich trinke auf die Entwicklung aufrichtiger und freundschaftlicher Beziehungen zwischen der Sowjetunion und der Bundesrepublik Deutschland. Das Samenkorn, das von alters her im Frühling der Erde anvertraut wird, bringt Früchte, an denen viele Menschen Freude und Genuß haben. Mögen die von uns unterzeichneten Abkommen solche Samenkörner sein, die eine gute Ernte bringen und der Festigung des Friedens und der Freundschaft zwischen den Völkern dienen.

Quelle: Bulletin vom 29. 4. 1958, Nr. 79, S. 774–777

Verbalnote und Aide-mémoire an die Vier Mächte über die Bildung eines Gremiums zur Lösung der deutschen Frage, 9. September 1958

Verbalnote

Das Auswärtige Amt beehrt sich, der Botschaft der Vereinigten Staaten von Amerika anliegend den Wortlaut eines Aide-mémoire vom 9. September 1958 mit der Bitte um Weiterleitung an die Regierung der Vereinigten Staaten von Amerika zu übersenden.

Die Botschaft der Union der Sozialistischen Sowjetrepubliken, die Französische Botschaft und die Königlich Britische Botschaft haben eine gleichlautende Verbalnote mit dem Wortlaut des obenerwähnten Aide-mémoire erhalten.

Das Auswärtige Amt benutzt auch diesen Anlaß, die Botschaft der Vereinigten Staaten von Amerika erneut seiner ausgezeichneten Hochachtung zu versichern.

An die   Bonn, den 9. September 1958
Botschaft der Vereinigten Staaten von Amerika
Bad Godesberg

Aide-mémoire

Der Deutsche Bundestag hat in seiner Sitzung vom 2. Juli 1958 einstimmig folgende Entschließung gefaßt, der sich der Deutsche Bundesrat in seiner Sitzung vom 18. Juli 1958 angeschlossen hat:

»Um die Wiederherstellung der deutschen Einheit zu fördern, wird die Bundesregierung beauftragt, sich bei den Vier Mächten, den USA, der UdSSR, dem Vereinigten Königreich und Frankreich, dafür einzusetzen, daß auf einer künftigen internationalen Konferenz (Gipfelkonferenz) oder auch unabhängig davon ein Vier-Mächte-Gremium (mindestens im Range einer Botschafter-Konferenz) mit dem Auftrag gebildet wird, gemeinsame Vorschläge zur Lösung der deutschen Frage zu erarbeiten.«

Die Bundesregierung teilt den in der Entschließung des Bundestags zum Ausdruck gekommenen Wunsch, daß auf einer künftigen internationalen Konferenz (Gipfelkonferenz) oder auch unabhängig davon ein Gremium der für die Lösung der deutschen Frage verantwortlichen Vier Mächte gebildet werde. Sie hofft, daß in diesem Gremium die mit der Wiederherstellung der deutschen Einheit zusammenhängenden Vorschläge erörtert und die für spätere endgültige Verhandlungen nötigen Vorarbeiten geleistet werden können.

In Ausführung des ihr vom Bundestag und Bundesrat erteilten Auftrags und im Hinblick auf die vorbereitenden Gespräche für eine internationale Konferenz (Gipfelkonferenz), die in Moskau zwischen den Vertretern der Vier für die Wiederherstellung der deutschen Einheit verantwortlichen Mächte geführt wurden, erlaubt sich die Bundesregierung, die Aufmerksamkeit der Regierung der Vereinigten Staaten von Amerika auf den in der Entschließung zum Ausdruck gekommenen Wunsch zu lenken.

Bonn, den 9. September 1958

Quelle: Bulletin vom 11. 9. 1958, Nr. 167, S. 1681

107   Enge Zusammenarbeit Deutschland–Frankreich

Kommuniqué nach Abschluß der Gespräche zwischen Bundeskanzler Dr. Konrad Adenauer und General Charles de Gaulle, 14. September 1958

Der Bundeskanzler der Bundesrepublik Deutschland, Dr. Konrad Adenauer, und der Ministerpräsident der Französischen Republik, General Charles de Gaulle, trafen heute, Sonntag, den 14. September 1958, auf dem Landsitz des Ministerpräsidenten in Colombey-les-deux-Églises zusammen und hatten eine eingehende Aussprache über die ihre beiden Länder gemeinsam betreffenden Fragen. Die Unterredung, die mehrere Stunden währte und zu der auch die beiden Außenminister, Heinrich von Brentano und Maurice Couve de Murville, zugezogen wurden, fand in voller Offenheit und im Geiste aufrichtigen Einvernehmens statt.

Nach Beendigung ihrer Gespräche haben der Bundeskanzler und General de Gaulle die folgende Erklärung abgegeben:

Wir haben uns beide lange, offen und herzlich über viele Dinge unterhalten. Wir sind beide von der Wichtigkeit und Bedeutung unseres Treffens zutiefst überzeugt. Wir glauben, daß die vergangene Gegnerschaft ein für allemal überwunden sein muß und daß Franzosen und Deutsche dazu berufen sind, in gutem Einvernehmen zu leben und Seite an Seite zu arbeiten.

Wir sind der Überzeugung, daß die enge Zusammenarbeit zwischen der Bundesrepublik Deutschland und der Französischen Republik die Grundlage jedes konstruktiven Aufbaues in Europa ist. Sie trägt zugleich zur Stärkung des Atlantischen Bündnisses bei und ist unentbehrlich.

Wir glauben, daß diese Zusammenarbeit organisiert werden muß. Zugleich muß sie die anderen westeuropäischen Nationen einschließen, mit denen unsere beiden Länder durch enge Bande verknüpft sind. Es ist unser Wunsch, daß sich diese Zusammenarbeit im Bereich der großen weltpolitischen Fragen zum Nutzen aller Völker auswirkt und daß sie sich auf möglichst viele europäische Staaten erstreckt.

Quelle: Bulletin vom 16. 9. 1958, Nr. 170, S. 1705

---

108 Bundespräsident Heuss in England

Ansprache des Bundespräsidenten Professor Dr. Theodor Heuss im Buckingham-Palast anläßlich seines Staatsbesuches in England, 20. Oktober 1958

Majestät!

Sie haben der Begrüßung, die Sie an mich richteten, eine menschliche Wärme geliehen, die mich rührt und bewegt. Indem ich Ihnen für die Worte der Anerkennung danke, die Sie gefunden haben, so möchte ich sie doch, stellvertretend für zahllose andere, auf alle jene Frauen und Männer bezogen wissen, die nach dem Ende des unheilvollen tragischen Krieges in meinem Vaterlande die Hand anlegten, dem deutschen Volke eine Lebenszukunft zu sichern.

Dies ihr Mühen wäre vergeblich gewesen, hätten sich nicht aus den Leidenschaften, die immer das politisch-militärische Machtringen begleiten, die Einsichten erhoben, daß nach einem Krieg, mit anderen Methoden, auch ein Frieden gewonnen werden müsse. Sie haben, Majestät, davon gesprochen, welchen starken Anteil die Regierung des Vereinigten König-reichs von Großbritannien und Nordirland an dieser Entwicklung genommen hat, nicht die Regierung allein, sondern trotz mancherlei bitterer Erfahrungen auch weite Schichten der Bevölkerung. Ich denke dabei nicht lediglich an die materiellen Hilfen, auf die unser Volk für einen Neubeginn angewiesen war, sondern auch an Stütze und Rat beim Werden einer neuen Staatlichkeit, einer neuen Ordnung des Volkslebens, bei der nicht Brutalität und Willkür, sondern ein freier, sich selbst verantwortender Bürgersinn die zuverlässigen Grundlagen des Gemeinwesens bilden.

Vor jetzt eben zehn Jahren haben wir, im Zusammenwirken mit den westlichen Mächten, begonnen, im sogenannten Parlamentarischen Rat diesen neuen Rechtsboden zu gewinnen. Das Schicksal fügte es, daß ich bei dieser Aufgabe kräftig mitzuwirken hatte. Aber über unserem Optimismus, daß wir das öffentliche, daß wir das sozialwirtschaftliche Leben Deutschlands wieder »in Form« bringen könnten, einem Optimismus, der durch die zuver-lässige Energie gerechtfertigt erscheint, womit seitdem der Fleiß und das Geschick des arbeitenden Menschen viel Not hinter sich gebracht haben, lag doch immer ein Schatten, er liegt heute noch über uns. Denn wir waren damals verdammt, in der Verantwortung vor einer gemeinsamen Staatsgeschichte der Vergangenheit und vor einer gemeinsamen Volks-ordnung der Zukunft nur Stückwerk zu vollbringen: Die Millionen Deutscher in der sowjetisch besetzten Zone, ehedem Nahrungsspender und Quell-Gebiet geistiger wie ge-werblicher deutscher Leistungskraft, sind heute noch gewaltsam aus dem Rhythmus unserer geschichtlichen Fortentwicklung herausgerissen. Diese Millionen werden Ihnen, Majestät, dankbar sein, wie ich es bin, daß Sie ihrer gedacht und die Einheitssehnsucht der Deutschen gewürdigt haben.

Es geht dabei nicht um eine deutsche Sentimentalität, wie achselzuckend wohl auch in diesem Lande der oder jener meinen mag, sondern um ein zentrales europäisches Politikum.

So ist es auch immer, seit 1945, von jeder britischen Regierung gewürdigt worden. Die dauernde Flucht von Tausenden und Tausenden schreibt Tag und Tag einen bedrückenden Geschichtskommentar. Und niemand in Deutschland wird vergessen, daß vor zehn Jahren auch ungezählte britische Piloten halfen, die umklammerte Millionenstadt Berlin vor dem einfachen Verhungern zu retten.

Unsere beiden Staaten sind heute in einer vertraglichen Gemeinschaft so eng verknüpft – im Nordatlantikpakt und in der Westeuropäischen Union –, wie das die Vergangenheit nie kannte. Die Gesinnung unserer Völker bestätigt den politischen Entschluß, denn sie ist sich wieder der beiden gemeinsamen Werte bewußt geworden, die den alten Jahrhunderten ganz deutlich waren, die im freien Geben und Nehmen für beide in schöner Selbstverständlichkeit fruchtbar wurden.

Sie haben selber, Majestät, davon gesprochen, wie glückhaft sich die mannigfachen familiären Beziehungen des Königlichen englischen Hauses zu deutschen Dynastien ausgewirkt haben. Ich könnte mich verführt fühlen, diese Thematik noch ein bißchen auszuspinnen, aber ich stehe ja hier nicht als Geschichtsprofessor. Doch wenn Sie, Majestät, mir die Freude machen, mit Ihrem Königlichen Gemahl, dem Herzog von Edinburgh, Deutschland zu besuchen, dann werden nicht nur Coburg und Hannover, nicht nur Heidelberg, wo der sogenannte »Englische Bau« heute noch an die Huldigung erinnert, die der pfälzische Kurfürst seiner jungen Gattin widmete, eine liebenswürdige Möglichkeit der geschichtlichen Meditation geben. Ich kann Ihnen in meiner engeren Heimat die Burg Teck zeigen, wo die Ahnen Ihrer Frau Großmutter, der Königin Mary, saßen – es fließt auch schwäbisches Blut in Ihren Adern –, nehmen Sie diese Anmerkung im Nebenbei freundlich als eine Huldigung entgegen.

Ich erhebe mein Glas und trinke auf die Gesundheit Euerer Majestät, auf die Gesundheit des Herzogs von Edinburgh und auf das Glück und Gedeihen des britischen Volkes.

Quelle: Bulletin vom 22. 10. 1958, Nr. 196, S. 1947

Erklärung der Bundesregierung zur sowjetischen Berlin-Politik vom 12. November 1958

Die Äußerungen des sowjetischen Ministerpräsidenten Chruschtschow vom 10. November 1958 über den Vier-Mächte-Status Berlins lassen darauf schließen, daß die Sowjetregierung erwägt, sich einseitig von internationalen Abmachungen loszusagen.

Eine solche einseitige Aufsagung völkerrechtlicher Verpflichtungen wäre ein Bruch des geltenden Völkerrechts, der das Vertrauen in den Wert sowjetischer vertraglicher Zusagen ernstlich in Frage stellen müßte.

Die Bundesregierung sieht sich zu der Feststellung veranlaßt, daß ein derartiges Vorgehen das deutsch-sowjetische Verhältnis in Mitleidenschaft ziehen muß. Darüber hinaus würden dadurch die bereits bestehenden weltpolitischen Spannungen in gefährlicher Weise verschärft werden. Die Sowjetunion müßte für eine solche Entwicklung die volle und alleinige Verantwortung tragen.

Die Westmächte haben die Verteidigung Berlins wiederholt zugesichert. Sie haben in Übereinstimmung mit der Bundesregierung immer wieder ihren Willen bekundet, an dem Vier-Mächte-Status von Berlin festzuhalten und notfalls einer Bedrohung Berlins und der Lebensinteressen dieser Stadt, von welcher Seite sie auch kommen möge, zu begegnen.

Die Bundesregierung, die Berliner Bevölkerung, das gesamte deutsche Volk und die ganze freie Welt vertrauen auf diese Erklärungen der Westmächte und auf den wirksamen Schutz, den ihre Garantien dem deutschen Volke gewähren.

Quelle: Bulletin vom 13. 11. 1958, Nr. 211, S. 2093

110   Gespräch Adenauer–Smirnow über Berlin

Aufzeichnung über das Gespräch zwischen Bundeskanzler Dr. Konrad Adenauer und dem sowjetischen Botschafter Smirnow am 20. November 1958 (Auszüge)

Der Herr Bundeskanzler empfing am 20. November 1958 um 10.15 Uhr den sowjetischen Botschafter, Herrn Smirnow, zu einer Unterredung, an der von deutscher Seite der Herr Bundesminister des Auswärtigen, Dr. von Brentano, teilnahm.

Nach einleitenden Worten sagte Botschafter Smirnow, er sei von seiner Regierung beauftragt, mit dem Herrn Bundeskanzler über einige Fragen zu sprechen, die die Berlin-Erklärung Chruschtschows beträfen, und ihm diesbezüglich einige Erläuterungen zu geben.

Anschließend wurde folgender deutscher Text zur Verlesung gebracht: »Es wäre nicht richtig, die Erklärungen des Vorsitzenden des Ministerrats der UdSSR, Chruschtschow, in bezug auf Berlin und auf die Schritte, die die sowjetische Regierung mit dem Ziel der Beseitigung des Besatzungsstatuts von Berlin zu verwirklichen beabsichtigt, als ein Merkmal für Bestrebungen der sowjetischen Regierung auszulegen, die Beziehungen zur Bundesrepublik zu verschlechtern. Wenn die sowjetische Regierung diesen Schritt unternimmt, so geht sie im Gegenteil von dem Bestreben aus, günstige Bedingungen auch für die Entwicklung der Beziehungen zwischen der Sowjetunion und der Bundesrepublik Deutschland zu schaffen, denn die Beseitigung des Besatzungsstatuts würde zugleich die Beseitigung des künstlichen Spannungsherdes in Deutschland bedeuten. Die Regierung der UdSSR bereitet jetzt ein entsprechendes Dokument vor, das auch an die Regierung der Bundesrepublik Deutschland gerichtet werden wird. Ich bin aber angewiesen, Sie jetzt schon darüber zu informieren und bestimmte Erwägungen zum Ausdruck zu bringen. Die sowjetische Regierung äußert die Hoffnung, daß die Regierung der Bundesrepublik Deutschland und der Herr Bundeskanzler persönlich mit allem Ernst zu dem Schritt Stellung nehmen wird, der von der sowjetischen Regierung im Interesse der Verbesserung der Lage in Deutschland und Europa unternommen wird. In Moskau ist man der Meinung, daß die Regierung der Bundesrepublik Deutschland die Lage nüchtern beurteilen und davon ausgehen wird, daß der von der sowjetischen Regierung geplante Schritt, der auf die Beseitigung des Besatzungsstatuts von Berlin gerichtet ist, auch verwirklicht wird und daß entsprechende praktische Maßnahmen zu diesem Zweck durchgeführt werden. Die ganze Frage der Liquidierung der Folgen des Besatzungsregimes in Deutschland in Gestalt des Besatzungsstatuts von Berlin ist keine Frage, die die Zustimmung mehrerer Mächte erfordert. Das ist eine Frage, die von der Sowjetunion einseitig im Einvernehmen mit der Deutschen Demokratischen Republik geregelt werden kann und wird, die als souveräner Staat entsprechende Funktionen übernehmen wird. Die Westmächte – die USA, England und Frankreich – haben schon längst jegliche juristische Grundlage verloren, die Lage auszunutzen, die in Berlin künstlich durch den Fortbestand des Besatzungsregimes aufrechterhalten wird. Sie haben diese Grundlage verloren, weil sie das Potsdamer Abkommen grob verletzt haben und es nicht erfüllen. Mehr noch, sie handeln in einer Richtung, die der im Potsdamer Abkommen vorgesehenen direkt zuwiderläuft. Wenn die Regierung der Bundesrepublik im Zusammenhang mit dieser Erklärung den Wunsch haben sollte, die Regierung der DDR über diese oder jene ihrer Erwägungen in Kenntnis zu setzen, so kann sie die Dienste der sowjetischen Seite in Anspruch nehmen.«

Der Herr Bundeskanzler antwortete, er sei dankbar für diese Information. Er könne jedoch im Hinblick auf die Wichtigkeit des Dokuments nicht sofort eine Erklärung dazu abgeben, sondern er wolle erst alle Einzelheiten prüfen. Ganz allgemein könne er jedoch bereits jetzt sagen, daß durch diese seitens der Sowjetunion geplante Maßnahme eine Verschärfung der Situation zwischen der UdSSR und den drei Westmächten eintreten werde, was er im Interesse des Friedens und der Weltlage sehr bedauere.

Er hoffe jedoch auch jetzt noch, daß man bei den gegenwärtigen Genfer Besprechungen über technische Vereinbarungen hinaus auch zu politischen Absprachen kommen werde. Wenn irgend möglich, sollte Herr Chruschtschow alles unterlassen, was die Spannung in der Welt verstärken könnte. Oberstes Ziel jeglicher Politik müßte es doch sein, eine Entspannung der Weltlage anzustreben. Demgegenüber hätte alles andere zurückzutreten ...

Die Sowjetunion müsse sich darüber im klaren sein, daß die von ihr geplanten Schritte eine ausgesprochen harte Reaktion seitens der deutschen Bevölkerung auslösen würden. Darüber dürfe kein Zweifel bestehen. Ihm lägen auch bereits entsprechende Nachrichten aus Berlin vor.

Er könne einfach nicht verstehen und es sei ihm rätselhaft, warum sich die Sowjetunion gerade jetzt zu einem derartigen Schritt habe entschließen können. Gerade jetzt, wo doch, wie auch Dulles gestern bemerkt habe, sich bei den Genfer Verhandlungen eine gewisse Annäherung der Standpunkte andeute.

Die Sowjetunion möge die Einstellung der Bundesrepublik zu dieser Frage richtig verstehen. Was er vor allen Dingen bedauere, sei die sicherlich unvermeidliche Verschärfung der Weltlage, die durch den beabsichtigten sowjetischen Schritt eintreten werde. Er habe die letzten beiden Weltkriege miterlebt und wisse daher, was Krieg bedeute. Deshalb sei seine gesamte politische Arbeit auf den Frieden ausgerichtet. Die Beschuldigung der Sowjetpresse, wonach ihm ein Machtstreben vorgeworfen werde, entbehrten jeglicher Grundlage. Jedenfalls würde durch die Aufhebung des Besatzungsstatuts eine sehr ernste Situation entstehen.

Quelle: Aus einer Aufzeichnung des Auswärtigen Amts

111   Aufhebung des Berlin-Status unannehmbar

Kommuniqué nach Abschluß der Konferenz der Außenminister Frankreichs, des Vereinigten Königreichs, der Vereinigten Staaten von Amerika und der Bundesrepublik Deutschland in Paris, 14. Dezember 1958

Die Außenminister Frankreichs, der Bundesrepublik Deutschland, des Vereinigten Königreichs und der Vereinigten Staaten traten am 14. Dezember 1958 in Paris zusammen, um die Entwicklung der Berliner Lage während des vergangenen Monats sowie die von der Sowjetunion am 27. November an ihre Regierungen gerichteten Noten zu erörtern. Die Außenminister hatten Gelegenheit, einen mündlichen Vortrag über die Lage Berlins von dem Regierenden Bürgermeister, Herrn Willy Brandt, entgegenzunehmen.

Die Außenminister Frankreichs, des Vereinigten Königreichs und der Vereinigten Staaten bestätigten nochmals die Entschlossenheit ihrer Regierungen, ihre Position und ihre Rechte in bezug auf Berlin und das Recht auf freien Zugang dorthin zu wahren. Sie hielten eine einseitige Aufhebung der gegenüber den Regierungen Frankreichs, des Vereinigten Königreichs und der Vereinigten Staaten mit Bezug auf deren Anwesenheit in Berlin und die Freiheit des Zugangs dorthin bestehenden Verpflichtungen durch die Sowjetunion für unannehmbar. Das gleiche gilt nach ihrer Auffassung für die Ersetzung der Sowjetregierung durch deutsche Behörden der sowjetisch besetzten Zone.

Nach einer weiteren Erörterung der Sowjetnote vom .27. November 1958 waren sich die vier Außenminister über die Grundprobleme einig, die in den Antwortnoten behandelt werden müssen. Bevor sie ihre Antworten formulieren, werden die vier Regierungen ihre Verbündeten im NATO-Rat konsultieren.

Quelle: Bulletin vom 16. 12. 1958, Nr. 232, S. 2301

112

Stellungnahme des NATO-Rates in Paris zur Berlin-Frage, 16. Dezember 1958

1. Der Nordatlantikrat prüfte die Berliner Frage.

2. Der Rat erklärt, daß kein Staat das Recht hat, sich einseitig aus seinen internationalen Abmachungen zu lösen. Er stellt fest, daß die Aufkündigung der interalliierten Vereinbarungen über Berlin durch die Sowjetunion in keiner Weise die anderen Vertragspartner ihrer Rechte berauben oder die Sowjetunion ihrer Verpflichtungen entbinden kann. Solche Methoden zerstören das gegenseitige Vertrauen zwischen den Nationen, das eine der Grundlagen des Friedens ist.

3. Der Rat tritt in vollem Umfange den Auffassungen bei, die hierzu durch die Regierungen der Vereinigten Staaten, des Vereinigten Königreichs, Frankreichs und der Bundesrepublik Deutschland in ihrer Erklärung vom 14. Dezember 1958 zum Ausdruck gebracht wurden (vgl. Bulletin Nr. 232 vom 16. Dezember 1958).

4. Die von der Sowjetunion erhobenen Forderungen haben eine ernste Lage geschaffen, der mit Entschlossenheit begegnet werden muß.

5. Der Rat erinnert an die Verantwortung, die jeder Mitgliedstaat in bezug auf die Sicherheit und Wohlfahrt Berlins und die Aufrechterhaltung der Position der drei Mächte in dieser Stadt übernommen hat. Die Mitgliedstaaten der NATO könnten keine Lösung der Berliner Frage gutheißen, die das Recht der drei Westmächte, so lange in Berlin zu bleiben, wie es ihre Verantwortlichkeiten erfordern, in Frage stellt und die nicht die Freiheit der Verbindungslinien zwischen dieser Stadt und der freien Welt gewährleistet. Die Sowjetunion wäre für jede Handlung verantwortlich, die dazu führen würde, diese freie Verbindung zu behindern oder diese Freiheit zu gefährden. Die zwei Millionen Einwohner West-Berlins haben soeben in freier Wahl mit überwältigender Mehrheit ihre Zustimmung und Unterstützung für diese Position erneut bestätigt.

6. Der Rat ist der Ansicht, daß die Berliner Frage nur im Rahmen eines Abkommens mit der Sowjetunion über die gesamte Deutschlandfrage geregelt werden kann. Er ruft in Erinnerung, daß die Westmächte sich wiederholt bereit erklärt haben, dieses Problem ebenso wie die der europäischen Sicherheit und der Abrüstung zu prüfen. Sie sind zu einer Diskussion aller dieser Fragen nach wie vor bereit.

Quelle: Bulletin vom 18. 12. 1958, Nr. 234, S. 2321

Antwortnote der Bundesregierung vom 5. Januar 1959 auf die Sowjetnote vom 27. November 1958 (Auszüge)

Die Regierung der Bundesrepublik Deutschland bestätigt den Empfang der Note der Regierung der UdSSR vom 27. November 1958, die sich mit dem Status der Stadt Berlin sowie mit der Note der Bundesregierung an die Regierung der Union der Sozialistischen Sowjetrepubliken vom 17. November 1958 befaßt. Nach Prüfung dieser Note beehrt sich die Regierung der Bundesrepublik Deutschland, der Regierung der Union der Sozialistischen Sowjetrepubliken folgendes mitzuteilen:

I.

Die Regierung der Sowjetunion hat in der erwähnten Note die Bundesregierung über ihre Absicht unterrichtet, den Vier-Mächte-Status Berlins einseitig aufzukündigen. Die Bundesregierung, die sich zwar auf Grund der Tatsache, daß sie die einzige frei gewählte Regierung Deutschlands ist, für das Schicksal des gesamten deutschen Volkes verantwortlich fühlt, sieht es nicht als ihre Angelegenheit an, das einseitige Vorgehen der Regierung der Sowjetunion zurückzuweisen, da sie nicht zu den Signatarstaaten der dem Vier-Mächte-Status Berlins zugrunde liegenden völkerrechtlichen Abmachungen gehört.

Die Bundesregierung teilt jedoch die Rechtsauffassung der Regierungen Frankreichs, des Vereinigten Königreichs und der Vereinigten Staaten, daß eine einseitige Aufkündigung der interalliierten Vereinbarungen über Berlin durch die Regierung der Sowjetunion nicht statthaft ist und daß die in den Noten der Regierung der Sowjetunion an die drei genannten Regierungen enthaltenen Mitteilungen in keiner Weise den anderen Vertragspartnern ihre Rechte nehmen oder die Sowjetunion von ihren Verpflichtungen entbinden können. Die Bundesregierung teilt auch die Ansicht, daß die Sowjetunion nicht berechtigt ist, ihre besatzungsrechtlichen Befugnisse, die sich auf die Anwesenheit westlicher Truppen in Berlin und die Freiheit des Zugangs dorthin beziehen, auf Behörden der sogenannten DDR zu übertragen.

Der Feststellung der Sowjetregierung, daß die Lage Berlins allgemeine Befürchtungen auslöse, läßt sich leider im Augenblick nicht widersprechen. In der Beurteilung der Ursachen, die zu diesen Befürchtungen Anlaß geben, ist die Bundesregierung jedoch ganz anderer Ansicht als die Sowjetregierung, die in ihrer Note behauptet, der hauptsächliche Grund für diese Befürchtungen bestehe darin, daß die Regierungen Frankreichs, des Vereinigten Königreichs und der Vereinigten Staaten unter Ausnutzung der durch die alliierten Abkommen über Deutschland eingeräumten Sonderrechte den westlichen Teil Berlins von der DDR isoliert haben, indem sie aus West-Berlin eine Art Staat im Staate schufen. Diese Behauptungen sind der Bundesregierung unverständlich. Jedermann ist in der Lage, an der Zonengrenze bei Helmstedt oder bei Marienborn oder an der Sektorengrenze am Brandenburger Tor oder wo immer es sein mag mit eigenen Augen festzustellen, daß es die Polizei des SED-Regimes ist, die das von ihr kontrollierte Gebiet nach außen absperrt und auf diese Weise dieses Gebiet und seine Bevölkerung isoliert.

Es wird der Sowjetregierung ein leichtes sein, sich durch ihre militärischen Organe darüber unterrichten zu lassen, daß sogenannte Todesstreifen, elektrisch geladene Drähte, mit bewaffneten Posten besetzte Wachttürme und ähnliche Absperrvorrichtungen sich in Deutschland ausschließlich östlich des Eisernen Vorhangs und in Berlin nur auf der Seite des Ostsektors befinden ...

Mit Erstaunen hat die Bundesregierung der sowjetischen Note vom 27. November entnommen, daß die Sowjetregierung zu glauben behauptet, die westlichen Teile Berlins befänden sich in einem Zusand der Zerrüttung und des Niedergangs ihres Wirtschaftslebens – und dies vor allem im Vergleich mit dem Wirtschaftsleben der mitteldeutschen Gebiete.

Man muß sich wundern, daß die Sowjetregierung in aller Öffentlichkeit eine derartige These vertritt, die in Widerspruch zu den Berichten zahlloser Touristen und anderer Besucher Berlins aus allen Teilen der Welt steht, insbesondere soweit diese Gelegenheit hatten, sowohl die westlichen wie auch die östlichen Teile der Stadt zu besichtigen ...

In Übereinstimmung mit der Sowjetregierung bedauert es die Bundesregierung, daß 13 Jahre nach Beendigung des Krieges noch kein Friedensvertrag geschlossen ist, daß Berlin noch unter einem Besatzungsstatut leben muß und daß der unter der Herrschaft der SED stehende Teil Deutschlands nach wie vor von den übrigen Teilen Deutschlands getrennt ist. Im Vergleich zu den schweren Unzuträglichkeiten, die das Fehlen eines Friedensvertrages, die Spaltung Deutschlands und die anomale Lage Berlins mit sich bringen, ist allerdings die Anwesenheit von Truppen befreundeter Staaten in Berlin ein Umstand, der im Hinblick auf die Gefährdung Berlins durch die aggressive Haltung der Behörden der sogenannten DDR von seinen Bewohnern als Schutz gegen Angriffe als notwendig begrüßt wird. Die in West-Berlin stationierten Streitkräfte Frankreichs, Großbritanniens und der Vereinigten Staaten werden seit mehr als zehn Jahren von der Bevölkerung als eine Schutzmacht betrachtet, die ihre Sicherheit und Freiheit garantiert. Dies hat sich in eindrucksvoller Weise bereits während der Blockade 1948/49 gezeigt.

Am 7. Dezember 1958 hat die Bevölkerung von West-Berlin in freier Wahl mit überwältigender Mehrheit für diejenigen Parteien gestimmt, die eindeutig dem gegenwärtigen, auf Besatzungsrecht beruhenden Zustand gegenüber jedem anderen die Spaltung Deutschlands aufrechterhaltenden Zustand den Vorzug geben.

Insgesamt gaben bei einer Wahlbeteiligung von 93,1 % 1 584 436 Berliner (d. h. 98,1 %) ihre Stimme den demokratischen Parteien; dagegen wählten nur 1,9 % (31 529) Berliner die kommunistische SED. Die Bevölkerung dieser Stadt hat damit selbst in eindeutiger Form den Vorschlag zur Schaffung einer angeblich »freien« Stadt zurückgewiesen, den die Sowjetregierung in ihren Noten vom 27. November gemacht hatte. Dieses einwandfreie Votum findet die einhellige Zustimmung des gesamten deutschen Volkes. Die Bundesregierung stellt fest, daß auch die Sowjetregierung in ihrer Note vom 27. November für den Grundsatz eintritt, »daß West-Berlin so existiert, wie dies seine Bevölkerung will«.

Der sowjetische Vorschlag zur Schaffung einer sogenannten »Freien Stadt« West-Berlin ist in der Tat unannehmbar. Er würde Berlin jedes wirksamen Schutzes berauben. Wirtschaftlich und verkehrsmäßig würde er West-Berlin von der Willkür des in der sogenannten DDR herrschenden Regimes abhängig machen, dem die Berliner kein Vertrauen schenken und dem die Bundesregierung die Anerkennung als Staat und als Regierung versagen muß. Im übrigen würde die Errichtung einer »Freien Stadt« West-Berlin und die im Zusammenhang damit geforderte, für sich genommen schon unannehmbare Anerkennung der sogenannten DDR als Staat dazu führen, daß die 1945 unter Vier-Mächte-Kontrolle gestellten Teile Deutschlands nicht nur in zwei, sondern sogar in drei getrennte Staaten aufgelöst würden: die sogenannte »Freie Stadt« wäre der dritte deutsche Staat.

Das deutsche Volk will sich jedoch nicht auf drei Staaten aufteilen lassen. Es würde eine solche staatliche Aufsplitterung als schweren Rückschlag betrachten. Es ist daher fest entschlossen, seine nationale Einheit in einem einzigen Staatsverband zu wahren.

Die Bundesregierung hat der Sowjetregierung bereits mehrfach dargelegt, daß sie den Vorschlag zur Bildung einer deutschen Konföderation – ein Vorschlag, der an der historischen Entwicklung vorbeigeht und sie ungeschehen machen will – nicht als einen Vorschlag zur Wiederherstellung der staatlichen Einheit Deutschlands aufzufassen vermag. Es scheint im Gegenteil die Absicht dieses Vorschlags zu sein, die wirkliche Wiedervereinigung Deutschlands auf unabsehbare Zeit hinauszuzögern. Die Verbindung des Konföderationsvorschlags mit dem Vorschlag zur Errichtung einer Freien Stadt West-Berlin macht beide Vorschläge nicht besser, sondern nur noch bedenklicher.

Die gegenwärtige unnatürliche Lage Berlins läßt sich nach Auffassung der Bundesregierung nur dadurch beheben, daß Berlin wieder seine natürliche und historische Rolle übernimmt: Hauptstadt eines wiedervereinigten deutschen Staates zu sein. Jede Zwischenlösung wäre falsch und verderblich. Die Schaffung sogenannter »freier« oder »internationalisierter« Städte hat auch in der Vergangenheit nur zu Schwierigkeiten, Spannungen und internationalen Krisen geführt. Berlin würde nach Auffassung der Bundesregierung diese Erfahrung nur bestätigen...

Die Sowjetregierung hat in ihrer Note vom 27. November 1958 längere Ausführungen dem Potsdamer Abkommen vom 2. August 1945 gewidmet.

Es ist nicht Sache der Bundesregierung, zur Auslegung oder zu der Frage der rechtlichen Fortgeltung eines Abkommens Stellung zu nehmen, das von Dritten abgeschlossen und unterzeichnet ist und an dem sie selbst nicht als Vertragspartner beteiligt war.

Die Bundesregierung ist jedoch der Ansicht, daß die Berliner Frage keinen Anlaß bietet, in eine juristische Auseinandersetzung über die Fortgeltung des Potsdamer Abkommens einzutreten, da dieses Abkommen offensichtlich nicht die Rechtsgrundlage des Berliner Vier-Mächte-Status bildet.

Die Bundesregierung nimmt davon Kenntnis, daß die Sowjetregierung das Potsdamer Abkommen dahingehend auslegt, daß die Signatarmächte Deutschland – und damit meint die Sowjetregierung in ihrer Note offenbar Deutschland auch über die Besatzungszeit hinaus – als wirtschaftliche Einheit ansehen wollten.

Die Bundesregierung ist ihrerseits, ganz abgesehen von der rechtlichen Tragweite des Potsdamer Abkommens, der Auffassung, daß die Ausmerzung des Militarismus und des Nationalsozialismus und der Aufbau des Staatslebens auf demokratischer und friedlicher Grundlage oberste und verbindliche Grundsätze der Politik der Bundesrepublik – unter welcher Regierung auch immer – sind. Seit der Gründung der Bundesrepublik im Jahre 1949 sind diese Grundsätze unbeirrt befolgt worden. Die Sowjetregierung irrt, wenn sie das Gegenteil behauptet. Die Bundesregierung hat dies bereits zu wiederholten Malen dargelegt. Sie wird nicht müde werden, die Sowjetregierung immer wieder auf die Unrichtigkeit ihrer Behauptungen hinzuweisen, und hält es für erforderlich, erneut folgendes festzustellen: ...

3. Die Behauptung der Sowjetregierung, die Bundesregierung verkünde eine »Politik der Stärke«, kann in Anbetracht des eklatanten Unterschieds zwischen den Streitkräften der Sowjetunion und denen der Bundesrepublik nur als absurd bezeichnet werden. Die Bundesregierung hat im übrigen auf die Anwendung von Gewalt zur Erreichung ihrer politischen Ziele feierlich verzichtet. Natürlich bedeutet dies nicht, daß sie auf die Verteidigung ihrer Rechte und ihrer Freiheit verzichtet.

4. Es ist abwegig, die Bundesregierung oder das deutsche Volk zu bezichtigen, daß es »nach dem Osten giere« oder in ihm ein »Objekt der Eroberungen und Verdienste« sehe, wie dies die sowjetische Note behauptet.

Der oben (unter 3) erwähnte Gewaltverzicht bezieht sich insbesondere auch auf die Frage der deutschen Ostgebiete. Im übrigen hat die Bundesregierung, abgesehen von ihrem berechtigten Wunsch, daß ein künftiger Friedensvertrag eine gerechte und vernünftige Regelung der Frage der deutschen Ostgrenzen treffen möge, keine politischen Ziele im Osten, sie hat nur den Wunsch, ein Verhältnis guter Nachbarschaft zu den Völkern Osteuropas herzustellen.

Gerade aus diesem Grunde erfüllt die Tatsache der seit 1945 erfolgten sowjetischen Ausdehnung nach Westen, die auch als »sowjetischer Drang nach Westen« bezeichnet werden

könnte, das ganze deutsche Volk mit tiefster Sorge für den Fortbestand seiner nationalen Existenz und seiner politischen Freiheit.

5. Es ist unrichtig, daß die Bundesregierung – wie die an die drei Westmächte gerichtete
Note der Sowjetregierung vom 27. November behauptet – systematisch den »kalten Krieg«
entfessele. Richtig ist vielmehr, daß die Bundesrepublik und ihre führenden Staatsmänner
gerade in jüngster Zeit zur Zielscheibe einer offensichtlich systematisch gelenkten haß-
erfüllten Verdächtigungs- und Diffamierungskampagne gemacht worden sind, an der sich
offiziöse sowjetische Zeitungen und sogar leitende Staatsmänner des Ostblocks führend
beteiligt haben.

6. Unzutreffend und irreführend ist die an gleicher Stelle von der Sowjetregierung gebrauchte Formulierung, die von angeblichen »revanchistischen Stimmungen« im deutschen
Volke spricht. Es gibt keine solchen Stimmungen in Deutschland. Das deutsche Volk ist von
den furchtbaren Erlebnissen und den Verwüstungen des letzten Krieges genauso tief beeindruckt, wie dies nach den Ausführungen der sowjetischen Note die Völker der Sowjetunion sind. Es beklagt zutiefst das furchtbare Unglück, das Diktatoren über die Welt
gebracht haben, die über unumschränkte Machtbefugnisse verfügten und durch keine demokratische Kontrolle gezügelt wurden.

Das deutsche Volk empfindet keinerlei Haß- oder Rachegefühle gegen die Völker der
Sowjetunion und insbesondere nicht gegen das russische Volk. Es liest nach wie vor die
Werke der großen russischen Dichter mit Bewunderung. Gleiches Interesse bringt das
deutsche Volk den kulturellen und humanitären Leistungen der Sowjetvölker auf anderen
Gebieten entgegen. Das deutsche Volk wäre froh, wenn der kulturelle Austausch und die
Zusammenarbeit der Nationen nicht immer wieder durch politische Zwistigkeiten erschwert
oder unmöglich gemacht würden ...

Die Bundesrepublik Deutschland hat sich eine Verfassung gegeben, die freiheitlich, demokratisch und auf die Erhaltung des Friedens gerichtet ist. Sie hat sich vertraglich feierlich
verpflichtet, in ihrer auswärtigen Politik die Grundsätze der Charta der Vereinten Nationen
zu beachten – und sie hat dies getan, obgleich sie wegen der Spaltung Deutschlands und des
noch ausstehenden Abschlusses eines Friedensvertrages nicht Mitglied der Vereinten Nationen werden konnte. Sie hat sich in der praktischen Gestaltung ihrer Politik strikt an diese
Grundsätze ihrer Verfassung und der von ihr abgeschlossenen Verträge gehalten.

Zu ihrem Bedauern muß sie, wie schon mehrfach zuvor, feststellen, daß in der sogenannten DDR von einem freiheitlichen demokratischen Verfassungsleben nach wie vor keine
Rede sein kann. Wenn die leitenden Funktionäre des dortigen Regimes ihre Ergebenheit
gegenüber den Forderungen des Potsdamer Abkommens immer wieder beteuern, so werden diese Deklamationen niemanden irreführen können, der die wirklichen Verhältnisse
kennt ...

Die Auffassung der Bundesregierung in der Frage des Abschlusses eines Friedensvertrages bzw. der hierfür erforderlichen Vorarbeiten ist in der Note der Bundesrepublik an die
Regierung der Sowjetunion vom 17. November 1958 behandelt worden. In ihrer Note vom
27. November erwähnt die Sowjetregierung jene Bestimmung des Potsdamer Abkommens,
die »eine friedliche Regelung für Deutschland« vorsieht. Die Sowjetregierung zitiert jedoch
nicht den genauen Wortlaut dieser Bestimmung, der besagt, daß eine solche Friedensregelung durch die Regierung Deutschlands angenommen werden soll, nachdem eine hierfür
geeignete Regierung gebildet worden ist.

Die Annahme eines Friedensvertrages kann jedoch, wenn der Vertrag kein bloßes Diktat
darstellen soll, nicht allein in der Unterzeichnung des Vertragsdokumentes bestehen.

Die Bundesregierung hat daher in ihrer Note vom 17. November 1958 entsprechend der
Anregung des Deutschen Bundestages die Bildung eines Vier-Mächte-Gremiums vorgeschlagen, das sich sowohl mit der Frage der Wiedervereinigung als auch mit den mit der Vor-

bereitung eines deutschen Friedensvertrages zusammenhängenden Fragen befaßt. Indem die Bundesregierung die gleiche Bereitschaft bei der Regierung der Sowjetunion voraussetzt, erklärt sie sich ausdrücklich bereit, auf jegliche negative Begrenzung der Verhandlungsthemen in dem von ihr in der Note vom 17. November vorgeschlagenen Gremium zu verzichten...

Quelle: Die Bemühungen der deutschen Regierung und ihrer Verbündeten um die Einheit Deutschlands 1955–1966, hrsg. vom Auswärtigen Amt, Bonn 1966, S. 291–298

Aufzeichnungen des Bundeskanzlers Dr. Konrad Adenauer für ein Gespräch mit dem amerikanischen Außenminister John Foster Dulles, 30. Januar 1959

1. Zur Lage: Das Ziel der SU ist und bleibt: Beherrschung der Welt durch den Kommunismus unter Führung der SU. In offiziellen sowjetischen Reden werden neuerdings die Worte »sozialistisches Lager« durch die Worte »sozialistisches Weltsystem« ersetzt. Als einzigen beachtlichen Gegner betrachten die Sowjets die USA.

Deutschland ist für sie kein ins Gewicht fallender Gegner. Chruschtschow hat das Lippmann in seinem bekannten Interview vom Oktober 1958 ausdrücklich erklärt.

2. Man muß daher alle Maßnahmen, die gegenüber der SU zu ergreifen sind, auch die Vorschläge, die eventuell demnächst zu den schwebenden Fragen gemacht werden sollen, im Hinblick auf dieses Ziel der sowjetrussischen Politik abstimmen. Die Planmäßigkeit und die Weitsichtigkeit der sowjetrussischen Politik wird in der freien Welt ständig unterschätzt. Die sowjetrussische Regierung hat seit dem letzten Krieg eine sehr zielbewußte Politik der Erringung der Weltherrschaft betrieben. Sie hat nach dem Zusammenbruch Deutschlands als einziges Land nicht abgerüstet, sondern immer weiter aufgerüstet. Die Sowjetunion hat das Anerbieten der USA in den Jahren 1946 ff., alle nuklearen Waffen einer internationalen Kontrolle zu unterstellen, sabotiert, trotzdem sie selbst damals keine nuklearen Waffen besaß. Die Sowjets haben seit 1945 die jetzigen Satellitenstaaten ihrem Machtbereich einverleibt. An den verschiedensten Stellen in der Welt und in der verschiedensten Weise sind sie in den weiteren Jahren politisch und wirtschaftlich tätig geworden. Alle ihre Maßnahmen waren aufeinander abgestimmt, und alle verfolgten nur das eine Ziel: die Ausdehnung der Macht des Kommunismus. Daß der Kommunismus die sogenannten kapitalistischen Staaten ablösen werde, wurde ja auch von den Sowjets und insbesondere von Chruschtschow immer wieder mit aller Deutlichkeit erklärt.

Es ist nicht richtig und wird infolgedessen zu falschen Vorstellungen verleiten, wenn man – wie das insbesondere in den Vereinigten Staaten, aber auch in England geschieht – die gegenwärtig durch die Sowjets herbeigeführte Situation nur unter dem Gesichtspunkt der Teilung Deutschlands beurteilen würde. Die Teilung Deutschlands ist nicht die Ursache, sondern die Folge der schon vor der Teilung entstandenen Spannung zwischen SU und US.

3. Die Verwendung großer nuklearer Waffen ist so lange höchst unwahrscheinlich, als die beiden großen nuklearen Mächte gleichwertig nuklear bewaffnet sind. Die großen nuklearen Waffen in der Hand der US sind als Abschreckung gegenüber SU notwendig bis zu einer kontrollierten Abrüstung. Bei der jetzigen Entwicklung der großen nuklearen Waffen bleibt für die SU als Weg zur Beherrschung der Welt nur übrig, die größte wirtschaftliche und damit auch die größte politische Macht der Welt zu werden. Insbesondere

muß SU danach streben, wirtschaftlich stärker zu werden als US. Alsdann kann SU durch Dumping die amerikanische Wirtschaft in ihren Tiefen erschüttern und dadurch nicht übersehbare politische Folgen herbeiführen.

Chruschtschow hat wiederholt in den letzten Jahren verkündet, daß die SU die US wirtschaftlich überrunden müsse. Es ist im höchsten Grade unwahrscheinlich, daß ihr das aus eigener Kraft gelingt. Die SU wird aber dann zur ersten Weltmacht auf wirtschaftlichem Gebiet, wenn es ihr gelingt, das Wirtschaftspotential der sechs EWG-Länder – das fast dem der Vereinigten Staaten entspricht – und das Arbeitspotential, das in deren 164 Mio. Einwohnern liegt, in ihre Gewalt zu bekommen. Auch wenn die von der SU angegebenen Ziffern über ihr Wirtschaftspotential übertrieben sind, was sicherlich der Fall ist, würde Sowjetrußland ohne Zweifel sein Ziel, die erste Wirtschaftsmacht zu werden, erreichen, wenn es die EWG-Staaten seinem Wirtschaftsbereich einverleiben kann. Das übrige Westeuropa würde dasselbe Schicksal haben wie die EWG-Staaten und das Wirtschafts- und Menschenpotential der SU noch sehr erheblich vergrößern.

4. Meines Erachtens ist das Aufwerfen der Deutschlandfrage gerade zu diesem Zeitpunkt ein äußerst ernst zu nehmender Versuch der SU, zunächst über· die wirtschaftliche Herauslösung der Bundesrepublik aus dem Verband der EWG und ihr späteres Einbeziehen in den sowjetisch dirigierten Wirtschaftsraum die wirtschaftliche Usurpation Westeuropas erfolgreich in die Wege zu leiten. Der sowjetische Entwurf eines sogenannten Friedensvertrages sieht daher logischerweise vor, daß

a) die bereits dem sowjetischen Herrschaftsbereich angehörende sogenannte DDR als deutscher Staat mit voller Souveränität anerkannt und ihr Territorium garantiert werden muß,

b) die Bundesrepublik mit diesem, auf kommunistischen Prinzipien aufgebauten Gebilde eine Konföderation eingehen soll,

c) die Bundesrepublik gezwungen wird, auf alle Integrationsbestrebungen mit dem Westen zu verzichten.

Daß die Bundesrepublik aus dem Vertragssystem der freien Völker herausgelöst werden soll, geht einwandfrei hervor:

aus dem Verbot der Teilnahme an Militärbündnissen, was ein Ausscheiden aus der NATO mit sich bringen würde,

aus den Bestimmungen über die Anerkennung der »vollen Souveränität des deutschen Volkes über Deutschland«, die die Übertragung von Souveränitätsrechten an europäische Organisationen verbieten, und insbesondere aus den Klauseln über die Meistbegünstigung der SU, was ein weiteres Verbleiben der Bundesrepublik auch in der EWG, OEEC und dem GATT unmöglich machen würde.

Dieselben Bedingungen sollten später für den wiedervereinigten deutschen Gesamtstaat gelten.

Die Ausführungen sowohl Ulbrichts als auch Grotewohls sprechen klar und deutlich aus, daß es das Ziel der vorgeschlagenen Konföderation ist, in ganz Deutschland die Herrschaft des Kommunismus zu errichten. Ulbricht sagte in seinem Referat während der IV. Tagung des ZK der SED, daß es an der Zeit sei, »daß die Arbeiterschaft Westdeutschlands die Sache des Friedens und des Kampfes gegen den deutschen Militarismus in ihre eigenen Hände nimmt«. Grotewohl führte am 25. Januar in Peking aus, daß »eines Tages die rote Fahne der Arbeiterklasse über ganz Deutschland wehen wird«.

5. Aus dem Vorgesagten folgt: Es ist unmöglich, irgendeinem Vorschlag, gleichgültig, woher er kommen möge, zuzustimmen, der die Sowjets dem Ziel, die bestimmende wirtschaftliche Macht der Welt zu werden, näherbrächte. Daraus folgt:

a) Unter keinen Umständen darf die Verbreitung des Kommunismus in der Bundesrepublik erleichtert werden.

b) Unter keinen Umständen darf die jetzige bestehende Verbindung der Bundesrepublik mit dem Westen irgendwie geschwächt werden.

6. Die Verhandlungen in Genf mit der Sowjetunion über nukleare Tests und deren Verbieten können nach dem eben Gesagten nur dann sinnvoll sein, wenn sie unter dem Aspekt einer weltweiten Entspannung geführt werden. Die Tatsache, daß die Sowjets durch ihre Berlin-Vorschläge in Deutschland ein gefährliches Feuer angezündet haben, muß sich notwendigerweise in den Genfer Verhandlungen reflektieren. Man muß unbedingt versuchen, die Frage Berlin mit den Verhandlungen in Genf zu koppeln. Da die Gefahr besteht, daß die Sowjets in Genf schon aus propagandistischen Gründen Konzessionen machen und gleichzeitig ihre Drohungen Berlin gegenüber wahrmachen, sollte diese Koppelung so eng wie möglich sein, unter Umständen sogar bis zur Unterbrechung der Genfer Verhandlungen gehen.

7. Anscheinend bereitet Sowjetrußland auch einen außerordentlich folgenreichen Angriff gegen die USA in Indien vor. In Kalkutta finden demnächst Wahlen statt. Die kommunistische Partei wird – natürlich von der SU unterstützt – mit aller Kraft versuchen, bei diesen Wahlen die Mehrheit zu bekommen. Dann würde dieser indische Staat die Gewalt über sehr wichtige Verteidigungsstützpunkte zur See erhalten.

8. Die US werden von SU als gefährlicher Gegner betrachtet, Rotchina als ein sehr unbequemer Nachbar. Wenn SU durch Gewinnung Westeuropas die erste Wirtschaftsmacht der Welt wird und wenn ihre Bevölkerung durch rund 164 bis 250 Mio. Westeuropäer, die fleißige und tüchtige Leute sind, vermehrt wird, hat sie nicht nur gegenüber den Vereinigten Staaten die entscheidende Position gewonnen, sondern auch ihre Stellung gegenüber Rotchina entschieden verbessert. Die Gewinnung des westeuropäischen Wirtschafts- und Menschenpotentials ist daher für die SU in doppelter Hinsicht die Entscheidung für ihre Zukunft.

9. Wenn Westeuropa unter sowjetrussischen Einfluß kommt, ist es auch um Afrika geschehen, weil dann das Mittelmeer kommunistisch beherrscht werden wird.

Schließlich würde der Kommunismus Europa, Asien und Afrika besitzen; dem stünden die Vereinigten Staaten und Kanada sowie Südamerika gegenüber.

10. Es erscheint mir notwendig, die Abrüstungsverhandlungen in der UNO, die seinerzeit in London in der Unterkommission der Abrüstungskommission dicht vor dem Abschluß standen, wiederaufzunehmen und in einen Zusammenhang mit dem sowjetrussischen Vorstoß betreffend Berlin und Deutschland zu bringen.

11. Wenn man die Teilungs Deutschlands als die größte Gefahr unserer Zeit bezeichnet, so lenkt man die öffentliche Aufmerksamkeit von der wirklichen Gefahr, dem Ausdehnungsdrang der SU, ab. Der Verhinderung der Ausdehnung des Kommunismus in der Welt, insbesondere der Ausdehnung der wirtschaftlichen und politischen Macht der SU, muß aber in allererster Linie die Arbeit aller freien Völker gelten.

Wenn die SU sieht, daß sie mit ihrem Streben nach Weltherrschaft nicht weiterkommt, wenn man ihr durch kontrollierte Abrüstung auf dem Gebiete der nuklearen und der konventionellen Waffen ihre Furcht vor einem Angriff nimmt und sie gleichzeitig auf die Möglichkeit einer ungestörten und durch eine weitgehende Abrüstung erleichterten wirtschaftlichen Entwicklung in ihrem eigenen Land hinweist, wird wahrscheinlich eine Entspannung in der Welt eintreten. In einer entspannten Atmosphäre könnten auch andere Fragen, zum Beispiel die Wiedervereinigung Deutschlands, mit Aussicht auf Erfolg verhandelt werden.

Wenn man ständig die Wiedervereinigung Deutschlands als die wichtigste Frage bezeichnet, läuft man Gefahr, in manchen Ländern eine Bewegung dahingehend auszulösen, daß man um der Wiedervereinigung Deutschlands willen die Welt keinen Gefahren aussetzen dürfe. Das würde eine gefährliche Bewegung sein.

Der Westen läuft Gefahr, bei der Verfolgung einer solchen Politik, da die Zeit für die Lösung dieser Frage noch nicht reif ist, zu unterliegen. Er setzt sich der Gefahr aus, eine empfindliche Einbuße an Prestige zu erleiden, und trägt umgekehrt dazu bei, das Ansehen der SU in der Welt zu vermehren.

12. Es ist in den Erklärungen, dem Schriftwechsel und so weiter der Westalliierten öfters die Rede von »europäischer Sicherheit«. Die heutige Waffentechnik – Raketen –, die immer stärkeren Verflechtungen der politischen Verbindungen – namentlich der kommunistischen Staaten mit Sowjetrußland – lassen eine isolierte europäische Sicherheit nicht mehr zu; es gibt nur noch eine Sicherheit, das ist die gemeinsame Sicherheit aller freien Völker.

13. Verhandlungen müssen geführt werden. Bei diesen Verhandlungen könnte man auf Anregung der US in Erwägung ziehen, diplomatische Beziehungen der Bundesrepublik Deutschland zu Polen und der Tschechoslowakei herzustellen, falls die Berlin-Frage entsprechend gelöst wird. Es wäre auch zu überlegen, eine wohlformulierte Erklärung über die Oder-Neiße-Linie, wie schon früher, abzugeben – nicht mit Gewalt, Bewahrung des Rechts auf Heimat –, eventuell auch wirtschaftliche Zusammenarbeit.

14. Es bleibt zu überlegen, ob und wie man die UNO einschalten kann.

15. Hauptziel der Verhandlungen müßte sein, in neue Verhandlungen über eine kontrollierte Abrüstung auf dem Gebiete der nuklearen und konventionellen Waffen zu kommen. Die Kontrolle der Abrüstung macht man sich vielleicht zu schwer. Bei den großen nuklearen Waffen sind die Träger der Bomben, mögen es nun Raketen, Flugzeuge oder U-Boote sein, genauso wichtig wie die Bomben. Die Herstellung der Raketen und ihrer Abschußrampen, die Herstellung der schweren Bomben läßt sich verhältnismäßig leicht kontrollieren. Auch bei der Abrüstung der konventionellen Waffen ist es vielleicht nicht richtig zu sagen, sie ist unmöglich, weil man in einem Lande von der Größe Rußlands die Zahl der Truppen nicht kontrollieren kann. Es kommt weniger darauf an, ob die Zahl der zugebilligten Truppen genau eingehalten wird, sondern darauf, daß die Truppen nicht in den Besitz von schweren konventionellen Waffen und Flugzeugen, Kriegsschiffen und so weiter kommen, die gestatten würden, eine größere Streitmacht zu bewaffnen, als ihnen zugestanden ist. Die Herstellung, die Lagerung der schweren Waffen, Flugzeuge, U-Boote und Munition vor allem läßt sich aber sicherlich kontrollieren.

Falls SU Verhandlungen über eine kontrollierte Abrüstung ablehnt oder sabotiert, sieht alle Welt, wer den Frieden in der Welt nicht will. Das würde in der Sache bedauerlich, für die Propaganda gegen SU ein großer Erfolg sein.

Quelle: Konrad Adenauer, Erinnerungen 1955–1959, Stuttgart 1967, S. 463–468

115

Antwortnote der Bundesregierung auf die sowjetischen Vorschläge über einen Friedens-vertrag mit Deutschland, 16. Februar 1959'

Die Regierung der Bundesrepublik Deutschland hat die Note der Regierung der Union der Sozialistischen Sowjetrepubliken vom 10. Januar 1959 sorgfältig geprüft.

Nach Ansicht der Bundesregierung ist es im Interesse des friedlichen Zusammenlebens der Völker unerläßlich, möglichst bald auf dem Verhandlungswege eine gerechte Regelung der Deutschlandfrage zu finden und damit endlich eine Grundlage für einen dauerhaften Frieden zu legen. Die Bundesregierung ist der Überzeugung, daß ein solcher Friede nur dann gewährleistet ist, wenn er auf der Achtung völkerrechtlicher Verpflichtungen beruht und die nationalen Interessen der betroffenen Völker einschließlich des deutschen Volkes berücksichtigt. Eine Politik der Gewalt und der einseitigen Maßnahmen würde sehr ernste Gefahren heraufbeschwören.

Entsprechend dem aufrichtigen Wunsch des deutschen Volkes nach Frieden und Freiheit hat die Bundesregierung von Anbeginn an jegliche völkerrechtswidrige Form von Gewaltanwendung und eigenmächtigen Vorgehens abgelehnt. Sie bekräftigt dieses Prinzip aufs neue und ist bereit, mit allen Kräften an der Schaffung eines gerechten und dauerhaften Friedens mitzuwirken. Da eine Friedensregelung indessen eine Reihe von schwerwiegenden Problemen aufwirft, ist die Bundesregierung der Ansicht, daß es unerläßlich ist, einen umfassenden Gedankenaustausch zwischen den vier für die Lösung der Deutschlandfrage verantwortlichen Mächten über alle damit im Zusammenhang stehenden Probleme herbeizuführen. In diesem Zusammenhang nimmt die Bundesregierung auf ihre Noten vom 17. November 1958 und 5. Januar 1959 Bezug.

Die Bundesregierung ist daher der Ansicht, daß eine Viermächtekonferenz auf Außenminister-Ebene mit dem Ziel eines solchen Meinungsaustausches einberufen werden sollte. Eine derartige Konferenz hätte sich mit allen Aspekten und Zusammenhängen des Deutschlandproblems zu beschäftigen, wie sie in den jüngsten Notenwechseln zwischen der Bundesrepublik Deutschland, Frankreich, dem Vereinigten Königreich und den Vereinigten Staaten von Amerika einerseits und der Regierung der Sowjetunion andererseits aufgetaucht sind. Ferner sollten die vier Außenminister über die Form einer deutschen Beteiligung entscheiden.

Quelle: Bulletin vom 17. 2. 1959, Nr. 31, S. 281

Erklärung des Botschafters Professor Dr. Grewe, Leiter der Delegation der Bundesrepublik Deutschland bei der Außenministerkonferenz in Genf, zu dem von den Westmächten vorgelegten Friedensplan, 14. Mai 1959

Nachdem am gestrigen Tage die Eröffnungsphase dieser Konferenz mit den Eröffnungserklärungen der vier Außenminister abgeschlossen worden ist und am heutigen Tage durch die Erklärung des Staatssekretärs Herter und die Erklärung der Herren Außenminister Frankreichs und des Vereinigten Königreichs die Diskussion der eigentlichen Konferenzthemen eröffnet worden ist, scheint es mir erlaubt und angebracht, eine Erklärung der Bundesregierung zu dieser Diskussion beizutragen. Zugleich darf ich die Gelegenheit benutzen, den Dank der Bundesregierung dafür zum Ausdruck zu bringen, daß ihr Gelegenheit gegeben wird, in diesem Saale der Stimme des deutschen Volkes Gehör zu verschaffen.

Die Regierungen Frankreichs, des Vereinigten Königreichs und der Vereinigten Staaten haben der Konferenz einen Friedensplan vorgelegt, der Schritt für Schritt die Voraussetzungen für den Abschluß eines Friedensvertrags schaffen will.

Die Bundesregierung begrüßt diesen Plan, der in einer vertrauensvollen Zusammenarbeit mit ihr entstanden ist. Seine Verwirklichung würde entscheidend dazu beitragen, die Last der politischen Spannungen von den Völkern Europas, ja von den Völkern der ganzen Welt zu nehmen und die Voraussetzungen für einen dauerhaften Frieden in Europa zu schaffen. Mit Recht wird man diesen Entwurf daher schon aus diesem Grunde als einen »Friedensplan«

bezeichnen dürfen. Wer aufrichtig den Frieden will, kann an der Tatsache nicht vorübergehen, daß die Wiederherstellung der nationalen Einheit eines großen Volkes, dessen politische Vergangenheit und dessen geographische Lage es mitten in das politische Spannungsfeld von heute hineingestellt haben, eine unerläßliche Voraussetzung für jede dauerhafte und gerechte Friedensregelung sein muß. Eine solche Friedensregelung darf nicht auf einer Grundlage errichtet werden, die in sich selbst ungerecht und unvernünftig ist und deren Fortdauer die Verewigung und Verschärfung der Spannung bedeuten müßte. Die Bundesregierung hat dabei auch die Tatsache zu berücksichtigen, daß eine isolierte Lösung der deutschen Frage nicht denkbar ist, daß diese Frage vielmehr in einem unlösbaren Zusammenhang mit den Fragen der Sicherheit und der Abrüstung steht.

Der vorgelegte Friedensplan trägt diesen Überlegungen Rechnung. Die Bundesregierung macht sich diesen Plan zu eigen. Sie wird alles tun, was in ihrer Macht steht, um dazu beizutragen, daß aus diesem Plan eine politische Wirklichkeit wird, mit anderen Worten: daß er zum Abschluß eines Friedensvertrages führt. Die Bundesregierung hat mit Befriedigung zur Kenntnis genommen, daß sich alle vier Regierungen mehrfach von dem Gedanken eines Diktatfriedens distanziert und daß sie sich zu dem Grundsatz eines freiverhandelten Friedensvertrages bekannt haben. Der Grundsatz eines freiverhandelten Friedensvertrages erfordert notwendigerweise als Verhandlungspartner eine Regierung, die vom Willen des ganzen deutschen Volkes getragen ist und die unbezweifelbar Legitimation besitzt, die schwerwiegenden Entschlüsse zu fassen, die eine umfassende Friedensregelung erfordert.

Es ist daher nur folgerichtig, wenn der westliche Friedensplan, der in seiner Stufe IV den Abschluß eines Friedensvertrages vorsieht, in seinen voraufgehenden Stufen I–III die Voraussetzungen für die Bildung einer solchen Regierung zu schaffen sucht.

Die Bundesregierung ist der Überzeugung, daß dieses der allein realistische und erfolgversprechende Weg zu einem Friedensvertrag ist. Sie ist gewillt, alles in ihrer Macht Liegende zu tun, um eine ernsthafte Verhandlung zu fördern, die diesen Weg verfolgt.

Die für den hier vorgelegten Plan gewählte Bezeichnung »Friedensplan« ist auch aus anderen Gründen gerechtfertigt: Ein dauerhafter Friede ist nur vorstellbar, wenn der anomale Zustand beseitigt wird, der durch die Teilung Deutschlands und seiner Hauptstadt herbeigeführt worden ist. Erst dann haben die Völker Europas, das deutsche Volk ebenso wie seine Nachbarvölker, nicht mehr zu befürchten, eines Tages in den Strudel unvorstellbarer Ereignisse hineingezogen zu werden.

Der sowjetische Außenminister, Herr Gromyko, hat in seiner gestrigen Eröffnungsrede (13. Mai 1959) mit Recht davon gesprochen, daß eine Normalisierung der Lage in Deutschland und in Berlin unerläßlich sei und daß die Spannungen zwischen beiden Teilen Deutschlands behoben werden müßten. Dem kann man nur zustimmen. Was die Bundesregierung erstrebt und was sie von den Vier Mächten an diesem Konferenztisch erwartet, ist genau dies: Normalisierung und Entspannung der Lage in Deutschland und besonders in Berlin und Abschluß eines Friedensvertrages durch eine normale Regierung Deutschlands, nämlich eine freigewählte und daher vom Willen des ganzen deutschen Volkes getragene Regierung, die wieder ihren Sitz in der historischen Hauptstadt Berlin haben würde.

Gerade dieses Ziel macht es der Bundesregierung unmöglich, einer Verewigung des gegenwärtigen Zustandes zuzustimmen. Zwar wird, wie wir alle aus dem Notenwechsel wissen, der dieser Konferenz vorangegangen ist, von der Regierung der Sowjetunion die Auffassung vertreten, daß die Teilung Deutschlands eine politische Realität sei, die man anerkennen und jeder neuen internationalen Friedensregelung zugrunde legen müßte. Diese Auffassung ist nach unserer Meinung nicht begründet. Die Bundesregierung hat ihr widersprochen und wird ihr stets widersprechen. Normal, natürlich und den historischen Bedingungen entsprechend ist es vielmehr, daß das deutsche Volk in einem Staat zusammen lebt und daß es ebenso wie alle anderen Völker das Recht besitzt, frei über die politische und soziale Gestalt dieses Staates zu bestimmen. Das Selbstbestimmungsrecht der Völker gehört zu den in der Charta der Vereinten Nationen anerkannten Grundsätzen. Man kann es nicht mit irgendwelchen Vorwänden einem einzelnen Volk vorenthalten, ohne die Verantwortung auf sich zu laden, daß man einen dauerhaften und gerechten Frieden unmöglich macht.

Auf die Frage, ob ein Volk in Ausübung seines Selbstbestimmungsrechtes sich zur nationalen Einheit bekennen will, kann nur dieses Volk selbst die Antwort geben. Es gibt in einem modernen Millionenstaat keine andere Form der praktischen Ausübung dieses politischen Selbstbestimmungsrechtes als die Form freier, unbeeinflußter, demokratischer Wahlen, an denen teilzunehmen jedem Deutschen offenstehen muß, und die Bildung einer aus solchen Wahlen hervorgehenden Volksvertretung und einer dieser Volksvertretung verantwortlichen Regierung.

Dies alles ist so normal, natürlich und allgemein bekannt, daß es eigentlich kaum ausgesprochen zu werden braucht und daß es ohne viel Worte in aller Welt verstanden wird. Wenn es in der öffentlichen Meinung der Welt eine wachsende Ungeduld gegenüber dem gegenwärtigen Stand der Dinge in Deutschland gibt, wie der sowjetische Außenminister meint, so bezieht sie sich darauf, daß dieses natürliche Recht der politischen Selbstbestimmung dem deutschen Volke immer noch vorenthalten wird.

Die Genfer Konferenz von 1959 ist nicht die erste Konferenz, die sich mit der Überwindung der Spaltung Deutschlands zu befassen hat. Viele mißglückte Versuche sind ihr voraufgegangen, angefangen von den ersten Nachkriegsjahren, in denen die sowjetische Regierung selbst immer wieder den Standpunkt vertrat, daß der Abschluß eines Friedensvertrages die Bildung einer gesamtdeutschen Regierung voraussetze, bis zu den Genfer Konferenzen von 1955, die der gemeinsam beschlossenen Direktive, »daß die Regelung der Deutschlandfrage und die Wiedervereinigung Deutschlands im Wege freier Wahlen im Einklang mit den nationalen Interessen des deutschen Volkes und den Interessen der europäischen Sicherheit erfolgen müsse«, keine praktischen Beschlüsse folgen ließ. Der damals von den Westmächten mit voller Unterstützung der Bundesregierung vorgelegte Plan für eine Wiedervereinigung Deutschlands in Freiheit, der mit bedeutsamen Angeboten und Zusicherungen auf dem Gebiete der europäischen Sicherheit verknüpft war, ist von der sowjetischen Regierung zurückgewiesen worden. Obwohl die Sowjetregierung in der Zwischenzeit diese negative Haltung in der Frage der Wiederherstellung der staatlichen Einheit Deutschlands immer mehr verschärft hat, hat es die Bundesregierung für richtig gehalten, im Rahmen des westlichen Friedensplanes einer Reihe wesentlicher Konzessionen zuzustimmen, die früher vorgebrachten Gesichtspunkten der Sowjetregierung Rechnung trugen. Dies gilt in erster Linie für die Grundgedanken des neuen Planes, der die Wiederherstellung der staatlichen Einheit Deutschlands Schritt für Schritt zu erreichen sucht, den Zeitpunkt für die Abhaltung freier Wahlen hinausrückt und gleichzeitig die Lösung von Fragen der Abrüstung und Sicherheit einleitet.

Nicht ohne gewisse Bedenken hat sich die Bundesregierung für den Gedanken, den Zeitpunkt freier Wahlen hinauszurücken, und für andere neue Vorschläge entschieden. Sie hat dies in der Erwartung getan, daß sich alle Beteiligten bereit finden werden, einander entgegenzukommen. Nur dann kann die Konferenz zu einem positiven Ergebnis führen. Wir wünschen ein positives Ergebnis und würden daher eine gründliche und überlegte Erörterung der hier aufgeworfenen Fragen aufrichtig begrüßen. Wir sind zu einer solchen Diskussion jederzeit bereit, denn wir wissen, daß wir eine gute Sache vertreten. Die uns allen obliegende Verantwortung, an der Erhaltung des Friedens mitzuwirken, verlangt von uns, daß wir gerechte und dauerhafte Lösungen finden. Der vor uns liegende Plan erfüllt diese Voraussetzung.

Quelle: Bulletin vom 16. 5. 1959, Nr. 88, S. 853 f.

Vereinbarung zwischen der Bundesrepublik Deutschland und der Regierung der Union der Sozialistischen Sowjetrepubliken über kulturellen und technisch-wirtschaftlichen Austausch vom 30. Mai 1959 (Auszüge)

Auf Grund der Übereinkunft zwischen der Regierung der Bundesrepublik Deutschland und der Regierung der Union der Sozialistischen Sowjetrepubliken, wie sie in dem Kommuniqué vom 28. April 1958 über die Unterzeichnung der deutsch-sowjetischen Abkommen niedergelegt ist, haben eine Delegation der Bundesrepublik Deutschland unter der Leitung des Gesandten Dr. W. M. Weber und eine Delegation der Union der Sozialistischen Sowjetrepubliken unter der Leitung des Botschafters A. A. Smirnow Verhandlungen über den kulturellen und technisch-wirtschaftlichen Austausch zwischen den beiden Ländern geführt, die am 30. Mai 1959 abgeschlossen wurden.

In der gemeinsamen Überzeugung, daß ein geregelter Austausch auf kulturellem und technisch-wirtschaftlichem Gebiet geeignet sein kann, eine weitere Besserung der Beziehungen zwischen den beiden Ländern herbeizuführen, sind die Regierung der Bundesrepublik Deutschland und die Regierung der Union der Sozialistischen Sowjetrepubliken bei diesen Verhandlungen übereingekommen, einen solchen Austausch für die Jahre 1959 und 1960 vorzusehen.

Die beiden Regierungen werden auf der Grundlage der vollen Gegenseitigkeit und in Übereinstimmung mit den in den beiden Ländern geltenden Rechts- und Verwaltungsvorschriften die Durchführung des in den nachfolgenden Artikeln vorgesehenen konkreten Austauschprogramms sowie der Austauschvorhaben, über die nach Maßgabe der Bestimmungen dieser Vereinbarung zusätzlich Übereinstimmung erzielt wird, nach Kräften fördern.

Artikel I

1. Im Jahre 1959 werden ein deutsches Schauspielensemble mit klassischem Repertoire, ein Kammerorchester, ein Instrumentalensemble (Trio oder Quartett), ein Gastdirigent, ein Instrumental- oder Vokalsolist, ein Tanz- und Unterhaltungsorchester Gastspielreisen in der Union der Sozialistischen Sowjetrepubliken durchführen.

Im Jahre 1959 werden ein sowjetisches Volkskunstensemble, ein Gastdirigent, 4–5 Instrumental- oder Vokalsolisten, ein Puppentheater Gastspielreisen in der Bundesrepublik Deutschland durchführen.

2. Das konkrete Austauschprogramm für das Jahr 1960 wird von der Zentralen Austauschstelle Bonn und dem Staatlichen Komitee für kulturelle Beziehungen mit dem Ausland beim Ministerrat der UdSSR vereinbart werden.

3. Die Zentrale Austauschstelle Bonn und das Ministerium für Kultur der UdSSR werden die Absprachen zur Durchführung der vereinbarten Austauschvorhaben treffen. Diese Absprachen betreffen u. a. die Benennung der Ensembles und Solisten, die Zahl der Vorstellungen und Konzerte sowie die Orte, an denen sie stattfinden.

Im übrigen gelten die Bestimmungen der Anlage 1.

Artikel II

1. Im Jahre 1960 wird die deutsche Seite eine Ausstellung »Moderne Architektur in der Bundesrepublik Deutschland« in die Union der Sozialistischen Sowjetrepubliken entsenden.

In dem gleichen Jahr wird die sowjetische Seite eine Ausstellung »Angewandte Kunst der Völker der Sowjetunion« in die Bundesrepublik Deutschland entsenden.

. . .

Artikel III

1. In den Jahren 1959 und 1960 sollen wechselseitige Reisen von Persönlichkeiten auf den Gebieten der Bildenden Kunst, der Architektur, der Literatur, der Musik, des Theaters, des Schul-, Museums- und Bibliothekswesens, des Rundfunk-, Fernseh- und Filmwesens stattfinden, welche der Aufnahme von Kontakten, dem Austausch von Erfahrungen und dem Studium des kulturellen Lebens des anderen Landes dienen sollen.

. . .

Artikel IV

1. In den Jahren 1959/1960 wird die deutsche Seite eine Buchausstellung unter dem Thema »Technik und exakte Naturwissenschaften« in die Union der Sozialistischen Sowjetrepubliken entsenden.

Im gleichen Zeitraum wird die sowjetische Seite eine Buchausstellung unter dem gleichen Thema in die Bundesrepublik Deutschland entsenden.

. . .

Artikel V

1. In den Jahren 1959 und 1960 werden in der Union der Sozialistischen Sowjetrepubliken je eine Filmpremiere oder eine repräsentative Vorführung von Filmen aus der Bundesrepublik Deutschland stattfinden.

In den gleichen Jahren werden in der Bundesrepublik Deutschland je eine Filmpremiere oder eine repräsentative Vorführung von Filmen aus der Union der Sozialistischen Sowjetrepubliken stattfinden.

. . .

Artikel VI

1. Es ist vorgesehen, daß die Rundfunkanstalten in der Bundesrepublik Deutschland in den Jahren 1959/1960 aus der Union der Sozialistischen Sowjetrepubliken zur Verfügung gestellte Bandaufnahmen über ihr Rundfunknetz senden.

In gleicher Weise ist vorgesehen, daß die Rundfunksender der Union der Sozialistischen Sowjetrepubliken im gleichen Zeitraum aus der Bundesrepublik Deutschland zur Verfügung gestellte Bandaufnahmen über ihr Rundfunknetz senden.

2. Die Seiten stellen einander Bandaufnahmen von Musikwerken sowie Referaten über folgende Themen zur Verfügung: Wissenschaft, Technik, Musik, Theater (klassisches Schauspiel), Sport.

Die Auswahl der Aufnahmen für die Rundfunksendungen trifft die Seite, in deren Land die Sendungen durchgeführt werden.

. . .

Artikel VII

1. Im Laufe der Jahre 1959/1960 wird ein Austausch von je 10 Studenten der Geistes- und Naturwissenschaften sowie der Technik für ein Studienjahr stattfinden.

2. Das Programm für den Studentenaustausch kann im Laufe der Jahre 1959 und 1960 im Einvernehmen zwischen der Zentralen Austauschstelle Bonn und dem Staatlichen Komitee für kulturelle Beziehungen mit dem Ausland beim Ministerrat der UdSSR um zusätzliche Austauschvorhaben ergänzt werden. Insbesondere ist vorgesehen, daß wechselseitige kurzfristige Informationsreisen von Studentengruppen zur Anbahnung von Kontakten und zum Studium der Lehrmethoden an den Hochschulen sowie des öffentlichen und kulturellen Lebens des anderen Landes stattfinden.

. . .

Artikel VIII

1. In den Jahren 1959 und 1960 wird

a) ein langfristiger Austausch von Wissenschaftlern für eine Lehr- oder Forschungstätigkeit;

b) ein kurzfristiger Austausch von Wissenschaftlern zu Studien- und Vortragsreisen nach Maßgabe der Anlage 6 stattfinden.

. . .

Artikel IX

1. In den Jahren 1959 und 1960 kann auf Grund von Vereinbarungen zwischen den entsprechenden Stellen und Organisationen beider Länder ein Austausch von wissenschaftlichem Dokumentationsmaterial stattfinden.

2. In den Jahren 1959 und 1960 ist ein Austausch von Stoff- und Lehrplänen, Lehrbüchern und Lehrfilmen aus dem Bereich des Schul- und Hochschulwesens vorgesehen.

Die Vereinbarungen über Art und Umfang des auszutauschenden Materials treffen der Dokumentations- und Auskunftsdienst der Ständigen Konferenz der Kultusminister der Länder und das Staatliche Komitee für kulturelle Beziehungen mit dem Ausland beim Ministerrat der UdSSR.

Artikel X

1. Zwischen der Bundesrepublik Deutschland und der Union der Sozialistischen Sowjetrepubliken soll in den Jahren 1959 und 1960 ein Austausch von Sachverständigengruppen im Wege von wechselseitigen Informationsreisen von ein- bis dreiwöchiger Dauer nach Maßgabe des in Anlage 7 enthaltenen Verzeichnisses stattfinden.

Dieses Verzeichnis kann um zusätzliche Informationsreisen, die während der Verhandlungen in Bonn Gegenstand der Erörterung waren, ergänzt werden . . .

. . .

Artikel XI

1. Für das Jahr 1959 sind folgende Sportwettkämpfe zwischen Ländermannschaften der Bundesrepublik Deutschland und der Union der Sozialistischen Sowjetrepubliken vorgesehen:

a) in der Leichtathletik in der Union der Sozialistischen Sowjetrepubliken;

b) im Boxen in der Bundesrepublik Deutschland.

2. Außerdem können jeweils nach Zustimmung durch die beiderseitigen Dachverbände in den Jahren 1959 und 1960 weitere Sportwettkämpfe durchgeführt werden.

Artikel XII

Diese Vereinbarung tritt mit dem Tage ihrer Unterzeichnung in Kraft.

Zu Urkund dessen haben der Vertreter der Bundesrepublik Deutschland und der Vertreter der Union der Sozialistischen Sowjetrepubliken diese Vereinbarung unterschrieben und mit ihren Siegeln versehen.

Geschehen zu Bonn am 30. Mai 1959 in zwei Urschriften, jede in deutscher und russischer Sprache, wobei jeder Wortlaut gleichermaßen verbindlich ist.

Für die Regierung der
Bundesrepublik Deutschland
gez. Dr. Weber

Für die Regierung der Union der
Sozialistischen Sowjetrepubliken
gez. A. Smirnow

Quelle: Aus den Akten des Auswärtigen Amts, Verträge, Sowjetunion, Nr. 488

Gemeinsames Kommuniqué, Auszüge aus dem Vertragstext und Verbalnote anläßlich der Unterzeichnung des Vertrages zwischen der Bundesrepublik Deutschland und dem Großherzogtum Luxemburg vom 11. Juli 1959   •

Gemeinsames Kommuniqué

Am 11. Juli 1959 wurde in Luxemburg ein deutsch-luxemburgischer Vertrag zur Lösung der zwischen den beiden Ländern noch offenstehenden Fragen aus der Kriegs- und Nachkriegszeit unterzeichnet. Die Unterzeichnung wurde vollzogen durch Außenminister Eugène Schaus für das Großherzogtum Luxemburg und Außenminister von Brentano für die Bundesrepublik Deutschland. Dieser Vertrag, der durch einen Notenwechsel ergänzt wird, beruht auf dem in Bad Ems am 27. Mai 1959 fertiggestellten Bericht der Gemischten Deutsch-luxemburgischen Kommission.

Die am 11. Juli unterzeichneten Abmachungen betreffen die Fragen der Wiedergutmachung für die Opfer der nationalsozialistischen Verfolgung, die Versorgung der Kriegsopfer, die Wiederherstellung geordneter Beziehungen auf dem Gebiete der Sozialversicherung, einzelne Finanzprobleme, die Anwendung der deutschen Gesetzgebung über den Lastenausgleich, gewisse Fragen auf dem Gebiete des privaten Versicherungswesens sowie den Unterhalt der im Großherzogtum Luxemburg gelegenen deutschen Friedhöfe. Die Luxemburgische Regierung erklärt sich bereit, in dem Gebiet des Kammerwalds die Vorkriegsgrenzen wiederherzustellen, den auf luxemburgischem Territorium gelegenen land-, forst- und weinwirtschaftlichen Grundbesitz der deutschen Grenzbevölkerung freizugeben sowie bei der Behandlung des deutschen Auslandsvermögens im Rahmen der gesetzlichen Möglichkeiten einen wohlwollenden Maßstab anzuwenden. Durch den Vertrag wird eine ständige Deutsch-luxemburgische Gemischte Kommission gebildet mit dem Auftrag, die Durchführung der getroffenen Regelungen zu überwachen.

Zu gleicher Zeit wurde ein zweites Abkommen von dem luxemburgischen Außenminister, Herrn Schaus, einerseits und dem Ministerpräsidenten des Landes Rheinland-Pfalz, Dr. Altmeier, und dem Justizminister des Saarlandes, Dr. von Lautz, andererseits unterzeichnet, das die Beteiligung der beiden Seiten sowohl am Wiederaufbau als auch am Unterhalt der Grenzbrücken vorsieht.

Die vertraglichen Abmachungen bedürfen noch der parlamentarischen Zustimmung und der Ratifikation.

Nach der Unterzeichnung hielten sowohl Außenminister Eugène Schaus wie auch Außenminister von Brentano Ansprachen, in denen sie die Bedeutung der getroffenen Abmachungen würdigten und der Hoffnung Ausdruck gaben, daß diese Regelung eine freundschaftliche und vertrauensvolle Zusammenarbeit der beiden Staaten fördern möge. Diesen Gedankengängen schlossen sich Ministerpräsident Altmeier und Justizminister von Lautz als Sprecher der angrenzenden Bundesländer an.

Außenminister von Brentano, Ministerpräsident Altmeier und Justizminister von Lautz statteten dem luxemburgischen Staatsminister, Pierre Werner, in Begleitung des Botschafters der Bundesrepublik Deutschland, Graf von Spreti, und der beiden Delegationschefs, Gesandter Dr. Boltze und Gesandter Pescatore, einen Besuch ab und folgten dann, zusammen mit den Mitgliedern der deutschen Delegation, einer Einladung des Außenministers Eugène Schaus zum Essen.

Der Präsident
der Bundesrepublik Deutschland
und
Ihre Königliche Hoheit
die Großherzogin von Luxemburg

von dem Wunsche beseelt, die freundschaftliche Zusammenarbeit zwischen den beiden Staaten zu fördern,

sind übereingekommen, unter Berücksichtigung der bestehenden internationalen Abmachungen und unter Zugrundelegung des Berichts der Deusch-luxemburgischen Gemischten Kommission vom 27. Mai 1959 gewisse noch offene Fragen vertraglich zu regeln, und haben hierfür zu ihren Bevollmächtigten ernannt:

Der Präsident der Bundesrepublik Deutschland:
Herrn Dr. Heinrich von Brentano,
Bundesminister des Auswärtigen
der Bundesrepublik Deutschland;

Ihre Königliche Hoheit die Großherzogin von Luxemburg:
Herrn Eugène Schaus,
Minister der Auswärtigen Angelegenheiten
des Großherzogtums Luxemburg,

die nach Austausch ihrer in guter und gehöriger Form befundenen Vollmachten folgendes vereinbart haben:

Teil I
Wiedergutmachung und Versorgung der Kriegsopfer

Artikel 1
(1) Im Hinblick auf die nationalsozialistischen Verfolgungsmaßnahmen leistet die Regierung der Bundesrepublik Deutschland einen Betrag von 18 Millionen DM an die Regierung des Großherzogtums Luxemburg.
(2) Die Zahlung dieser Summe erfolgt in drei gleichen Jahresraten.

Artikel 2
(1) Die Bundesrepublik Deutschland wird unter Anwendung des § 8 des Gesetzes über die Versorgung der Opfer des Krieges für folgende Personengruppen der luxemburgischen Kriegsopfer Versorgung gewähren:
1. .Luxemburgische Staatsangehörige, die zwangsweise militärischen oder militärähnlichen Dienst im Sinne des vorerwähnten Gesetzes geleistet haben, und ihre Hinterbliebenen;
2. luxemburgische Staatsangehörige, die sich zwangsweise in Deutschland oder in einem von der deutschen Wehrmacht besetzten Gebiet aufgehalten und hierbei eine gesundheitliche Schädigung durch unmittelbare Kriegseinwirkungen im Sinne des vorerwähnten Gesetzes erlitten haben, und ihre Hinterbliebenen, soweit sie aus der gleichen Ursache keinen Anspruch gegen einen deutschen oder luxemburgischen Sozialversicherungsträger haben.

(2) Die Vertragsstaaten stimmen darin überein, daß ein Anspruch gegen den luxemburgischen Staat insoweit nicht besteht, als die Bundesrepublik Deutschland Versorgung gewährt.

(3) Die Versorgungsleistungen der Bundesrepublik Deutschland beginnen am 1. Januar 1958. Sie werden nach den an diesem Tage gültigen Vorschriften bemessen und kapitalisiert.

(4) Die Regierungen der Vertragsstaaten werden die Durchführung der Versorgung im einzelnen durch Notenwechsel regeln und dabei auch die Zahlungsmodalitäten festlegen.

. . .

TEIL V
Grenzfragen

Artikel 20

(1) Das Großherzogtum Luxemburg verzichtet auf die ihm nach dem Zweiten Weltkrieg übertragenen Rechte im Gebiet des Kammerwaldes; die Staatsgrenze zwischen dem Großherzogtum Luxemburg und der Bundesrepublik Deutschland wird damit auf ihren vorherigen Stand zurückgebracht.

(2) Die Vertragsparteien verzichten auf die Geltendmachung von Ansprüchen jeder Art, die sich aus der Ausübung der dem Großherzogtum Luxemburg nach dem Zweiten Weltkrieg übertragenen Rechte im Gebiet des Kammerwaldes ergeben könnten.

TEIL VI
Schlußbestimmungen

Artikel 21
Schlußerklärung

Mit den in diesem Vertrag vereinbarten Leistungen der Bundesrepublik Deutschland sind alle Forderungen abgegolten, die in den vorstehenden Bestimmungen Gegenstand einer Regelung sind.

. . .

Artikel 24
Einbeziehung des Landes Berlin

Dieser Vertrag gilt auch für das Land Berlin, sofern nicht die Regierung der Bundesrepublik Deutschland gegenüber der Regierung des Großherzogtums Luxemburg innerhalb von drei Monaten nach dem Inkrafttreten dieses Vertrags eine gegenteilige Erklärung abgibt.

Artikel 25
Ratifikation

(1) Dieser Vertrag bedarf der Ratifizierung. Die Ratifikationsurkunden sollen so bald wie möglich in Bonn ausgetauscht werden.

(2) Der Vertrag tritt einen Monat nach dem Austausch der Ratifikationsurkunden in Kraft.

Zu Urkund dessen haben die beiderseitigen Bevollmächtigten diesen Vertrag unterzeichnet und mit ihren Siegeln versehen.

Geschehen zu Luxemburg am 11. Juli 1959 in zwei Urschriften, in deutscher und französischer Sprache, wobei der Wortlaut beider Sprachen gleichermaßen verbindlich ist.

Für die Bundesrepublik Deutschland
von Brentano
Für das Großherzogtum Luxemburg
E. Schaus

Verbalnote

Die Botschaft der Bundesrepublik Deutschland beehrt sich, dem Großherzoglich Luxemburgischen Ministerium der Auswärtigen Angelegenheiten den Empfang der Verbalnote vom heutigen Tage zu bestätigen, die wie folgt lautet:

»Das Großherzoglich Luxemburgische Ministerium der Auswärtigen Angelegenheiten beehrt sich, der Botschaft der Bundesrepublik Deutschland unter Bezugnahme auf Artikel 20 des heute unterzeichneten Vertrages folgendes vorzuschlagen:

1. In die von den luxemburgischen Behörden bezüglich des in Artikel 20 des Vertrages bezeichneten Gebiets begründeten Rechte und Pflichten tritt das Land Rheinland-Pfalz ein.

2. Die Bewirtschaftung des Staatsforstes durch die luxemburgischen Behörden im vorbezeichneten Gebiet endet mit dem Ablauf des Forstwirtschaftsjahres (30. September), in dem der Vertrag in Kraft tritt.

Falls sich die Regierung der Bundesrepublik Deutschland mit diesem Vorschlag einverstanden erklärt, wird diese Verbalnote zusammen mit der Antwortnote der Botschaft als eine Vereinbarung angesehen werden.«

Die Botschaft darf mitteilen, daß die Regierung der Bundesrepublik Deutschland mit diesem Vorschlag einverstanden ist, und benutzt auch diese Gelegenheit, dem Ministerium der Auswärtigen Angelegenheiten die Versicherung ihrer ausgezeichneten Hochachtung zu erneuern.

Luxemburg, den 11. Juli 1959   L. S.

Quelle: Bulletin vom 14. 7. 1959, Nr. 124, S. 1269; BGBl. 1960, II, S. 2079–2086; aus den Akten des Auswärtigen Amts, Verträge, Luxemburg, Nr. 550

---

119   Gewaltverzicht gegenüber Polen und der ČSSR

Wortlaut einer von der Bundesregierung abzugebenden Erklärung über das Angebot eines Gewaltverzichtsvertrages mit Polen und der Tschechoslowakei, 20. Juli 1959 [1]

Erklärung

Die Bundesregierung hat sich seit ihrem Bestehen bemüht, ihre Beziehungen zu anderen Völkern und Staaten – eingedenk der schrecklichen Erlebnisse des Zweiten Weltkrieges und der aus ihnen gezogenen Lehren – ausschließlich auf den Grundsätzen von Recht und Gerechtigkeit aufzubauen. Die Prinzipien der Charta der Vereinten Nationen waren ihr dabei Vorbild und Richtschnur.

Die Bemühungen der Bundesregierung, ihre Politik in diesem Geiste zu führen, sind zu ihrem Bedauern vielfach mißverstanden oder auch böswillig verdächtigt worden. Selbst das jedem Volk zustehende Recht zur Selbstverteidigung, das in dem Beitritt der Bundesregierung zur NATO und zur WEU ihren Ausdruck gefunden hat, wird ständig Mißdeutungen ausgesetzt, die den defensiven Charakter dieser internationalen Verteidigungsbündnisse in das Gegenteil zu verwandeln suchen. Die Bundesregierung ruft daher ihre Erklärung in Erinnerung, die sie im Zusammenhang mit ihrem Beitritt zur NATO und zur WEU abgegeben hat und die integrierender Bestandteil der Schlußakte der Londoner Neunmächte-Konferenz vom 3. Oktober 1954 wurde:

»Die Bundesregierung Deutschland hat sich bereit erklärt, ihre Politik gemäß den Grundsätzen der Satzung der Vereinten Nationen zu gestalten, und nimmt die in Artikel 2 dieser Satzung enthaltenen Verpflichtungen an.

Nach ihrem Beitritt zum Nordatlantikpakt und zum Brüsseler Vertrag erklärt die Bundesrepublik Deutschland, daß sie sich aller Maßnahmen enthalten wird, die mit dem streng defensiven Charakter dieser beiden Verträge unvereinbar sind. Insbesondere verpflichtet sich die Bundesrepublik Deutschland, die Wiedervereinigung Deutschlands oder die Änderung der gegenwärtigen Grenzen der Bundesrepublik Deutschland niemals mit gewaltsamen Mitteln herbeizuführen und alle zwischen der Bundesrepublik und anderen Staaten gegebenenfalls entstehenden Streitfragen mit friedlichen Mitteln zu lösen.«

Die Bundesregierung weist ferner auf die Regierungserklärung des Herrn Bundeskanzlers vom 20. Oktober 1953 hin, auf den Beschluß des Ausschusses des Deutschen Bundestages für Auswärtige Angelegenheiten vom 24. Juni 1957 und schließlich auf die Regierungserklärungen des Bundesministers des Auswärtigen im Bundestag am 28. Juni 1956 und am 23. Januar 1958. – Der aus diesen Erklärungen ersichtliche aufrichtige Wunsch und Wille der Bundesregierung, die aus der Liquidierung des Zweiten Weltkrieges herrührenden ungelösten Fragen im Geiste friedlicher Verständigung zu behandeln, kommt auch unzweideutig in der Charta der Vertriebenenverbände, die auf ihrer Tagung in Stuttgart am 5. August 1950 angenommen wurde, zum Ausdruck.

Die Bundesregierung verkennt keineswegs die Schwierigkeiten, die einer alsbaldigen Herstellung eines wirklichen Friedenszustandes zwischen den Völkern der Welt entgegenstehen. Dieser Zustand kann nur schrittweise erreicht werden. Manche z. Z. noch unlösbaren Probleme müssen zurückgestellt werden, weil der Zeitpunkt noch nicht gekommen ist, sie im Geiste gegenseitigen achtungsvollen Verständnisses einer endgültigen Lösung zuzuführen.

Diese Erkenntnis kann die Bundesregierung jedoch nicht davon abhalten, ihrerseits alle Vorschläge zu prüfen und vorzulegen, die ihrer Ansicht nach dem Ziel einer friedlichen Verständigung unter den Völkern, der Wiederaufrichtung des Vertrauens und der allgemeinen Entspannung dienen. Sie hat sich daher entschlossen, den Regierungen der Volksrepublik Polen und der tschechoslowakischen Volksrepublik den Abschluß gegenseitiger Gewaltverzichtsverträge vorzuschlagen, die dem Zwecke dienen

– Differenzen aller Art in keinem Fall mit gewaltsamen Mitteln auszutragen,
– sich an keinen Angriffsakten eines dritten Staates zu beteiligen,
– sich jeder Unterstützung eines Angriffsaktes zu enthalten.

Die Einzelheiten eines solchen Vertrages müssen Verhandlungen vorbehalten bleiben, zu denen die Bundesregierung die Regierungen der polnischen und der tschechoslowakischen Volksrepubliken eingeladen hat. Über den Vertragstext hinaus aber erscheint es der Bundesregierung notwendig und wünschenswert, eine dem Geiste eines solchen Vertrages entsprechende wirkliche Verbesserung der Atmosphäre herbeizuführen, die die Zeit des gegenseitigen Mißtrauens und der Verdächtigungen als endgültig der Vergangenheit zugehörig erscheinen läßt. Um diese Aufgabe zu erleichtern und um die von der Bundesregierung vorgeschlagenen Verhandlungen nicht mit gegenwärtig schwer zu lösenden Fragen zu belasten, sollte Einverständnis darüber bestehen, daß diese Verträge nicht die Rechtsverhältnisse und Rechtsauffassungen der Partner in solchen Fragen berühren, die der Vertragstext nicht ausdrücklich erwähnt.

Sollte der in dieser Erklärung zum Ausdruck gebrachte Wunsch der Bundesregierung auf das erhoffte Verständnis stoßen und sollte es gelingen, auf dieser Grundlage zu vertraglichen Vereinbarungen zu kommen, würde die Bundesregierung einen solchen Vertrag als ersten Schritt in der Richtung einer Normalisierung der gegenseitigen Beziehungen begrüßen.

Bundesminister hat sich endgültige Entscheidung über Datum und Formalität der Überreichung der Erklärung noch vorbehalten.

. . .

Duckwitz

Quelle: Aus den Akten des Auswärtigen Amts

120 Wiedergutmachungsleistungen an Norwegen

Vertrag vom 7. August 1959 zwischen der Bundesrepublik Deutschland und dem Königreich Norwegen über Leistungen zugunsten norwegischer Staatsangehöriger, die von nationalsozialistischen Verfolgungsmaßnahmen betroffen worden sind [1]

Die Bundesrepublik Deutschland
und
das Königreich Norwegen
haben folgendes vereinbart:

Artikel I

(1) Die Bundesrepublik Deutschland zahlt an das Königreich Norwegen sechzig Millionen Deutsche Mark zugunsten der aus Gründen der Rasse, des Glaubens oder der Weltanschauung von nationalsozialistischen Verfolgungsmaßnahmen betroffenen norwegischen Staatsangehörigen, die durch diese Verfolgungsmaßnahmen Freiheitsschäden oder Gesundheitsschädigungen erlitten haben, sowie zugunsten der Hinterbliebenen der infolge dieser Verfolgungsmaßnahmen Umgekommenen.

(2) Die Verteilung des Betrages bleibt dem Ermessen der Königlich Norwegischen Regierung überlassen.

Artikel II

Die Bundesrepublik Deutschland stellt dem Königreich Norwegen den vorgenannten Betrag in drei gleichen Raten zur Verfügung, wobei die erste Rate spätestens einen Monat nach Inkrafttreten dieses Vertrages, die zweite Rate spätestens am 1. Mai 1960 und die dritte Rate spätestens am 1. Mai 1961 fällig ist.

Artikel III

Mit der in Artikel I bezeichneten Zahlung sind alle den Gegenstand dieses Vertrages bildenden Fragen im Verhältnis der Bundesrepublik Deutschland zu dem Königreich Norwegen, unbeschadet etwaiger gesetzlicher Ansprüche norwegischer Staatsangehöriger, abschließend geregelt.

Artikel IV

(1) Dieser Vertrag bedarf der Ratifizierung; die Ratifikationsurkunden sollen so bald wie möglich in Bonn ausgetauscht werden.

(2) Dieser Vertrag tritt am Tage nach dem Austausch der Ratifikationsurkunden in Kraft.

Geschehen zu Oslo am 7. August 1959 in zwei Urschriften, in deutscher und norwegischer Sprache, wobei jeder Wortlaut gleichermaßen verbindlich ist.

Für die Bundesrepublik Deutschland
Berger

Für das Königreich Norwegen
Halvard Lange

[1] Die Bundesrepublik Deutschland hat mit den folgenden Staaten Verträge über Wiedergutmachungsleistungen geschlossen: Belgien: Vertrag vom 28. 9. 1960 (BGBl. 1961, II, S. 1037), Dänemark: Vertrag vom 24. 8. 1959 (BGBl. 1960, II, S. 1033), Frankreich: Vertrag vom 15. 7. 1960 (BGBl. 1961, II, S. 1029), Griechenland: Vertrag vom 18. 3. 1960 (BGBl. 1961, II, S. 1596), Großbritannien: Abkommen vom 9. 6. 1964 (BGBl. 1964, II, S. 1032), Israel: Abkommen vom 10. 9. 1952 (BGBl. 1953, II, S. 35), Italien: Vertrag vom 2. 6. 1961 (BGBl. 1963, II, S. 791), Luxemburg: Vertrag vom 11. 7. 1959 (BGBl. 1960, II, S. 2077), Niederlande: Vertrag vom 8. 4. 1960 (BGBl. 1963, II, S. 629), Norwegen: Vertrag vom 7. 8. 1959 (BGBl. 1960, II, S. 1336), Österreich: Vertrag vom 27. 11. 1961 (BGBl. 1962, II, S. 1041), Schweden: Vertrag vom 3. 8. 1964 (BGBl. 1964, II, S. 1402), Schweiz: Vertrag vom 29. 6. 1961 (BGBl. 1963, II, S. 155).
Für die Opfer pseudo-medizinischer Menschenversuche hat die Bundesregierung durch Kabinettsbeschluß vom 26. 7. 1951 eine besondere Regelung geschaffen. Im Rahmen dieser Regelung sind mit Jugoslawien, der Tschechoslowakei und Ungarn Pauschalabkommen abgeschlossen worden.

Quelle: Aus den Akten des Auswärtigen Amts, Verträge, Norwegen, Nr. 578

---

121 Wiedergutmachungsleistungen an Dänemark

Vertrag vom 24. August 1959 zwischen der Bundesrepublik Deutschland und dem Königreich Dänemark über Leistungen zugunsten dänischer Staatsangehöriger, die von nationalsozialistischen Verfolgungsmaßnahmen betroffen worden sind [1]

Die Bundesrepublik Deutschland
und
das Königreich Dänemark
haben folgendes vereinbart:

Artikel I

(1) Die Bundesrepublik Deutschland zahlt an das Königreich Dänemark sechzehn Millionen Deutsche Mark zugunsten der aus Gründen der Rasse, des Glaubens oder der Weltanschauung von nationalsozialistischen Verfolgungsmaßnahmen betroffenen dänischen Staatsangehörigen, die durch diese Verfolgungsmaßnahmen Freiheitsschäden oder Gesundheitsschädigungen erlitten haben, sowie zugunsten der Hinterbliebenen der infolge dieser Verfolgungsmaßnahmen Umgekommenen.

(2) Die Verteilung des Betrages bleibt ausschließlich dem Ermessen der Königlich Dänischen Regierung überlassen.

Artikel II

Die Bundesrepublik Deutschland stellt dem Königreich Dänemark den vorgenannten Betrag in drei Raten zur Verfügung, wobei die erste Rate in Höhe von sechs Millionen Deutsche Mark spätestens einen Monat nach Inkrafttreten dieses Vertrages, der Restbetrag in zwei gleichen Raten von fünf Millionen Deutsche Mark jeweils spätestens am 1. Mai 1960 und am 1. Mai 1961 fällig ist.

Artikel III

Mit der in Artikel I bezeichneten Zahlung sind alle den Gegenstand dieses Vertrages bildenden Fragen im Verhältnis der Bundesrepublik Deutschland zu dem Königreich Dänemark, unbeschadet etwaiger gesetzlicher Ansprüche dänischer Staatsangehöriger, abschließend geregelt.

Artikel IV

(1) Dieser Vertrag bedarf der Ratifizierung; die Ratifikationsurkunden sollen so bald wie möglich in Bonn ausgetauscht werden.

(2) Dieser Vertrag tritt am Tage nach dem Austausch der Ratifikationsurkunden in Kraft.

Geschehen zu Kopenhagen am 24. August 1959 in zwei Urschriften, in deutscher und dänischer Sprache, wobei jeder Wortlaut gleichermaßen verbindlich ist.

Für die Bundesrepublik Deutschland
Berger
Für das Königreich Dänemark
J. O. Krag

¹ Vgl. Anmerkung zum Vertrag mit Norwegen vom 7. 8. 1959
Quelle: Aus den Akten des Auswärtigen Amts, Verträge, Dänemark, Nr. 575

---

122   1. September 1939 – 1. September 1959

Rundfunkansprache des Bundeskanzlers Dr. Konrad Adenauer zum zwanzigsten Jahrestag des Kriegsbeginns, 1. September 1959

Vor zwanzig Jahren, am 1. September 1939, begann der Krieg. Lange Jahre hindurch herrschten in Europa, auf den Meeren, in anderen Erdteilen Schrecken und Gewalt. Die Katastrophe des Schreckens wandelte sich nach Einstellung des Kampfes in eine Periode der Angst, hervorgerufen durch eine Aufrüstung, so furchtbar und schrecklich, wie sie nie zuvor die Menschheit gesehen hat. Ein gesicherter, ein wahrer Friede ist bis jetzt, nach 20 Jahren, auf die Erde nicht zurückgekehrt.

Ich will heute keine politische Rede halten, nur das möchte ich sagen: Die Aufgabe aller Menschen, gleich, welchen Glaubens, gleich, welcher Farbe, gleich, welcher politischen Auffassung, muß sein, den Zustand der Friedlosigkeit und der bewaffneten Angst zu beenden, den gesicherten Frieden in die von Angst erfüllte Welt zurückzuführen, damit sich alle Völker dem wahren inneren und äußeren Fortschritt widmen können.

Ein besonderes Wort aber muß heute dem Volke gelten, das durch den Einfall der Truppen Hitler-Deutschlands und der Sowjetunion das erste Opfer des Krieges geworden ist, ich meine das polnische Volk. Weit länger als ein Jahrhundert hat dieses sympathische Volk, ohne daß es irgendeine Schuld traf, unter den politischen und kriegerischen Auseinandersetzungen in Europa gelitten; dreimal wurde es zerrissen und geteilt, und vor zwanzig Jahren wurde es das erste Opfer dieses letzten Krieges, als Hitler-Deutschland und die Sowjetunion in das Land einfielen und es grausam zerstörten.

Das heutige Deutschland ist ein anderes Deutschland als jenes unter Hitler. Der triumphale Einzug, der vor wenigen Tagen vom deutschen Volke dem siegreichen Heerführer [1] gegen Hitler-Deutschland bereitet worden ist, beweist schlagender, als Worte es können, welch tiefer Gesinnungswechsel gegenüber dem Nationalsozialismus, seiner Doktrin und seinen Taten bei den Deutschen stattgefunden hat. Darum sage ich aus innerer Überzeugung, daß dieses Deutschland, das neue Deutschland einmal ein guter Nachbar Polens werden wird.

Im Konzentrationslager im Zweiten Weltkrieg war ich mit polnischen Soldaten und Offizieren zusammen. Uns verband mehr als die Schicksalsgemeinschaft des Konzentrationslagers, zwischen uns entstand im Lager eine Gemeinschaft, die auf dem Fundament einer tiefen, geistigen Übereinstimmung beruhte.

In den vergangenen zehn Jahren habe ich als Bundeskanzler der Bundesrepublik Deutschland öfter erklärt und wiederhole diese Erklärung heute: Unser Bestreben wird es sein, Verständnis, Achtung und Sympathie zwischen dem heutigen Deutschland und dem polnischen Volk zu begründen, damit auf diesem Boden dereinst eine wahre Freundschaft erwachse.

[1] gemeint ist Präsident Eisenhower
Quelle: Bulletin vom 1. 9. 1959, Nr. 159, S. 1593

123 {Antwort an Gomulka}

123   Antwort an Gomulka

Stellungnahme des Bundeskanzlers Dr. Konrad Adenauer vor dem Verein der Ausländischen Presse in Bad Godesberg am 13. Oktober 1959 (Auszug)

Zum deutsch-polnischen Verhältnis äußerte sich der Bundeskanzler anschließend auf die Frage eines Pressevertreters wie folgt: »Gomulka mahnte am Montag, dem 12. Oktober, in einer Rede vor Mitgliedern der Militärakademie Polens zur Wachsamkeit vor dem deutschen ›Militarismus und Revanchismus‹ und erklärte, die polnische Armee habe die Aufgabe, Überraschungsangriffe zu vereiteln. Das wird ihr sehr leicht fallen, denn es wird niemals ein Überraschungsangriff kommen, und ich meine, man sollte einer Armee eine ernsthaftere Aufgabe stellen, als Überraschungsangriffe, die niemals kommen werden, zu vereiteln.

Ich möchte daran noch ein Wort über Polen und die Bundesrepublik anknüpfen. Das, was ich zum 1. September gesagt habe, ist vom polnischen Ministerpräsidenten sehr grob aufgenommen worden; warum, ist mir völlig schleierhaft. Die Ansprache, die ich damals über den Rundfunk gehalten habe, ist erst nach einer Woche in Polen freigegeben worden. Aber was ich da gesagt habe, entsprach und entspricht meiner inneren Überzeugung: Ich hoffe, daß die Entwicklung in der Welt so werden wird – wann, das kann Ihnen kein Mensch prophezeien –, daß zwischen Deutschland und Polen gute und freundschaftliche Verhältnisse vorhanden sind und von beiden Seiten gepflegt werden ...«

Quelle: Bulletin vom 16. 10. 1959, Nr. 192, S. 1935

Grenzvertrag (geregelte Grenzstrecken) und Ems-Dollart-Vertrag zwischen der Bundes-
republik Deutschland und dem Königreich der Niederlande, beide vom 8. April 1960
(Auszüge)

Grenzvertrag

DIE BUNDESREPUBLIK DEUTSCHLAND
und
DAS KÖNIGREICH DER NIEDERLANDE
haben nachstehende Bestimmungen vereinbart:

KAPITEL 1
Verlauf der Grenze

Artikel 1
  Der Verlauf der Grenze zwischen der Bundesrepublik Deutschland und dem Königreich
der Niederlande bestimmt sich nach den am 26. Juni 1816 in Aachen und am 7. Oktober
1816 in Kleve unterzeichneten Grenzverträgen zwischen dem Königreich Preußen und dem
Königreich der Niederlande, dem am 2. Juli 1824 in Meppen unterzeichneten Grenzvertrag
zwischen dem Königreich Hannover und dem Königreich der Niederlande und den zur
Durchführung, Abänderung und Ergänzung dieser Grenzverträge geschlossenen Vereinbarungen, soweit diese Verträge und Vereinbarungen am 31. Dezember 1937 zwischen dem
Deutschen Reich und dem Königreich der Niederlande gültig waren, und nach den hiervon
abweichenden Regelungen der Anlage A zu diesem Vertrage.
. . .

Anlage A

Verlauf einzelner Strecken der Grenze . . .
  § 5 Vaalserquartier/Vaals . . .
  § 6 Herzogenrath (Neustraße)/Kerkrade (Nieuwstraat) . . .
  § 7 Herzogenrath/Rolduc . . .
  § 8 Rimburg/Eygelshoven . . .
  § 9 Scherpenseel/Waubach . . .
  § 10 Selfkant-Tüddern . . .
  § 11 Regulierter Rodebach bei Mindergangelt/Schinveld . . .
  § 12 Alter Rodebach bei Tüddern/Sittard . . .
  § 13 Regulierter Rodebach nordwestlich Tüddern . . .
  § 14 Isenbruch/Susteren . . .
  § 15 Saeffelen/Koningsbosch . . .
  § 16 Regulierter Rothenbach . . .
  § 17 Straelen/Arcen . . .
  § 18 Walbeck/Arcen . . .
  § 19 Gaesdonk/Siebengewald . . .
  § 20 Boeckelt/Bergen . . .
  § 21 Hommersum/Bergen . . .
  § 22 Grafwegen/Ottersum . . .
  § 23 Wyler/Beek . . .
  § 24 Keeken/Millingen . . .

Ems-Dollart-Vertrag

Artikel 1

Die Vertragsparteien werden in der Emsmündung im Bewußtsein ihrer gemeinsamen Interessen und in Achtung der besonderen Interessen der anderen Vertragspartei nach Maßgabe der nachstehenden Artikel im Geiste guter Nachbarschaft zusammenarbeiten, um eine den jeweiligen Erfordernissen entsprechende seewärtige Verbindung ihrer Häfen zu gewährleisten. Dieses Ziel soll – unter Aufrechterhaltung der beiderseitigen Rechtsstandpunkte über den Verlauf der Staatsgrenze – durch eine praktische Regelung beide Staaten berührender Fragen erreicht werden.

Artikel 2

Die Vertragsparteien nehmen das bestehende Hauptfahrwasser sowie das Emder Fahrwasser und die Südzufahrt vom Hauptfahrwasser zur Bucht von Watum zum Ausgangspunkt und verpflichten sich – nach Maßgabe des Kapitels 2 – alle Maßnahmen zu ergreifen, die erforderlich sind, um diese Fahrwasser offenzuhalten und gegebenenfalls zu verbessern sowie solche Maßnahmen, die von der anderen Vertragspartei getroffen werden, zu unterstützen. Sie verpflichten sich, alle Maßnahmen zu unterlassen, die dem vorbezeichneten Zweck abträglich sind. Diese Verpflichtung gilt gegebenenfalls auch als erfüllt, wenn eine Vertragspartei bei der Durchführung ihrer Arbeiten Einrichtungen herstellt, welche nachteilige Wirkungen auf die Fahrwasser zu den Häfen der anderen Vertragspartei ausschließen.

. . .

Quelle: BGBl. 1963, II, Nr. 18, S. 463–602

125 Wiedergutmachungsleistungen an die Niederlande

Vertrag zwischen der Bundesrepublik Deutschland und dem Königreich der Niederlande über die Regelung finanzieller Fragen und über Leistungen zugunsten niederländischer Opfer der nationalsozialistischen Verfolgung vom 8. April 1960 [1] (Auszüge)

DIE BUNDESREPUBLIK DEUTSCHLAND
und
DAS KÖNIGREICH DER NIEDERLANDE
haben nachstehende Bestimmungen vereinbart:

Artikel 1
(1) Die Bundesrepublik Deutschland zahlt an das Königreich der Niederlande einen Betrag von 280 Millionen DM.
(2) Von dem in Absatz 1 genannten Betrag sind 100 Millionen DM am Tage nach Inkrafttreten dieses Vertrags, 90 Millionen DM ein Jahr und 90 Millionen DM zwei Jahre nach Inkrafttreten dieses Vertrags zu zahlen.

Artikel 2
Die in Artikel 1 genannte Zahlung erfolgt im Hinblick auf:
1. a) die restlichen niederländischen Forderungen aus der durch Notenwechsel vom 19. Mai 1952 in Den Haag zwischen der Regierung der Bundesrepublik Deutschland und der Regierung des Königreichs der Niederlande getroffenen Vereinbarung über die Restitution von deutschen, auf Reichsmark lautenden Wertpapieren;
b) die Aufwendungen, welche niederländische Körperschaften des öffentlichen Rechts und die »N. V. Nederlandsche Spoorwegen« bis zum 31. März 1960 in den in Artikel 4 des heute unterzeichneten Grenzvertrags bezeichneten Gebieten vorgenommen haben;
c) den Beitrag der Bundesrepublik Deutschland zu den Kosten des geplanten Ausbaues der Westerwoldschen Aa (§ 47 der Anlage A zum Grenzvertrag);
2. die zugunsten der aus Gründen der Rasse, des Glaubens oder der Weltanschauung von nationalsozialistischen Verfolgungsmaßnahmen betroffenen niederländischen Staatsangehörigen erhobenen Forderungen;
3. alle in den heute abgeschlossenen Verhandlungen von der Regierung des Königreichs der Niederlande geltend gemachten Ansprüche in bezug auf
a) sämtliche während des Zweiten Weltkrieges aus den Niederlanden verbrachten Wertpapiere deutscher Aussteller, für die nicht bereits in dem deutsch-niederländischen Notenwechsel vom 19. Mai 1952 eine Regelung getroffen worden ist, soweit die Aussteller im Gebiet der Bundesrepublik Deutschland einschließlich des Landes Berlin ansässig sind oder soweit die Wertpapiere der in diesem Gebiet vorgeschriebenen Wertpapierbereinigung unterliegen einschließlich hierüber ausgestellter Zertifikate;
b) Kredite im Zusammenhang mit dem am 11. Mai 1920 in Den Haag unterzeichneten Vertrag zwischen der deutschen und der niederländischen Regierung über Kredit und Steinkohlen (Tredefina-Vertrag);

c) Guthaben, die am 8. Mai 1945 bei deutschen Kreditinstituten auf den Namen von ehemaligen nationalsozialistischen Organisationen in den Niederlanden gehalten wurden;

d) die von der Reichskreditgesellschaft verbürgten Kredite an Unternehmen der deutschen Zellwollindustrie;

e) Guthaben und Gelder, die während des Zweiten Weltkrieges von in den Niederlanden eingesetzten Verwaltern nach Deutschland überwiesen oder verbracht worden sind;

f) das am 14. Dezember 1950 in Niederbreisig unterzeichnete deutsch-niederländische Abkommen zur Regelung der mit der Restitution von Binnenschiffen zusammenhängenden Fragen.

. . .

Artikel 4

Das Königreich der Niederlande überträgt der Bundesrepublik Deutschland am Tage des Inkrafttretens dieses Vertrags das frühere deutsche Gesandtschaftsgebäude in Den Haag, Lange Vijverberg 8 (Gemeente 's-Gravenhage sectie E nr. 812 und 2430), ohne Berechnung von Verwaltungskosten und Gebühren.

Artikel 5

(1) Vermögenswerte, die als deutsches Vermögen kraft des niederländischen »Besluit Vijandelijk Vermogen« in die Verfügungsgewalt des Königreichs der Niederlande übergegangen sind, hinsichtlich derer aber bis zum Tage der Unterzeichnung dieses Vertrags noch keine Schritte von »Het Nederlandse Beheersinstituut« zur Erfassung unternommen wurden und keine sonstigen Verfahren anhängig sind, werden den früheren deutschen Berechtigten oder ihren Rechtsnachfolgern ohne Berechnung von Verwaltungskosten und Gebühren zur Verfügung gestellt, sofern dem nicht schwerwiegende Gründe entgegenstehen.

. . .

Artikel 6

(1) Die Regierung des Königreichs der Niederlande wird in besonders gelagerten Fällen Anträge auf Rückgabe von deutschen Vermögen, die kraft des »Besluit Vijandelijk Vermogen« in die Verfügungsgewalt des Königreichs der Niederlande übergegangen sind, oder von deren Reinerlösen wohlwollend prüfen, sofern die Anträge innerhalb eines Jahres nach Inkrafttreten dieses Vertrags von den deutschen Betroffenen oder ihren Rechtsnachfolgern bei den Ministern der Justiz und der Finanzen des Königreichs der Niederlande eingereicht werden.

(2) Die Regierung des Königreichs der Niederlande kann von dieser Prüfung Fälle ausschließen, die bereits entschieden sind und bei denen keine neuen Gründe für die Rückgabe vorgetragen werden.

. . .

Zu Urkund dessen haben die Bevollmächtigten der Vertragsparteien diesen Vertrag, der Bestandteil des heute unterzeichneten Ausgleichsvertrags ist, unterschrieben.

Geschehen zu Den Haag am 8. April 1960 in zwei Urschriften, jede in deutscher und niederländischer Sprache, wobei jeder Wortlaut gleichermaßen verbindlich ist.

> Für die Bundesrepublik Deutschland
> von Brentano
> Lahr
> Für das Königreich der Niederlande
> J. M. A. H. Luns
> H. R. van Houten

[1] Vgl. Anmerkung zu dem Vertrag mit Norwegen vom 7. 8. 1959
Quelle: BGBl. 1963, II, S. 629 ff.

Erklärung des Bundeskanzlers Dr. Konrad Adenauer vor dem Deutschen Bundestag über
die geplante Ost-West-Gipfelkonferenz in Paris, 24. Mai 1960 (Auszüge)

Herr Präsident, meine Damen und meine Herren! Die Pariser Konferenz der vier Staats-
und Regierungschefs der Vereinigten Staaten, Großbritanniens, Frankreichs und der
Sowjetunion, die am 16. Mai 1960 beginnen sollte, ist gescheitert. Der sowjetrussische
Ministerpräsident, Herr Chruschtschow, ist zwar nach Paris gekommen, aber er hat es
abgelehnt, in eine sachliche Behandlung der Fragen einzutreten, die auf der Tagesordnung
standen.

In den vergangenen Monaten hat die Bundesregierung der Vorbereitung dieser Konferenz
ihre besondere Aufmerksamkeit gewidmet. Arbeitsgruppen, die in Washington, Paris,
London und in Bonn gebildet wurden, haben in einer engen Zusammenarbeit zwischen den
verbündeten Regierungen und der Bundesregierung alles erörtert, was nach der überein-
stimmenden Auffassung der Beteiligten Gegenstand der Verhandlungen hätte werden
können. Ich stelle mit besonderer Befriedigung fest, daß diese Vorarbeiten, die sich über
Monate hin erstreckten, in allen Punkten zu einer völligen Übereinstimmung der Auffassungen führten. Über das Ergebnis dieser Vorbereitungsarbeit haben die beteiligten
Außenminister am 1. Mai in Istanbul die abschließenden Gespräche geführt. Sie haben am
2. Mai dem Ministerrat der Atlantischen Gemeinschaft berichtet, der diese Richtlinien einmütig billigte. Zu einem abschließenden Gespräch sind die drei Außenminister der verbündeten Regierungen mit dem deutschen Außenminister in Paris am 14. Mai letztmals
zusammengetreten.

Ich selbst hatte am 15. Mai Gelegenheit, mit Präsident Eisenhower, Präsident de Gaulle
und Premierminister Macmillan die Aufgaben und Möglichkeiten der bevorstehenden
Gipfelkonferenz zu erörtern. Auch dieses letzte Gespräch führte zur Übereinstimmung. Im
Namen der Bundesregierung möchte ich hier von dieser Stelle aus den verbündeten Regierungen aufrichtig für diese von gegenseitigem Vertrauen und gegenseitigem Verständnis
getragene Vorarbeit danken.
(Beifall bei der CDU/CSU, der FDP und der DP.)

Wir waren uns alle darüber im klaren, daß es auf dieser Gipfelkonferenz unter anderem
darum gehen müsse, die Bedrohung der Freiheit der Stadt Berlin abzuwenden, wie sie in der
Note der Sowjetunion vom 28. November 1958 zum Ausdruck gekommen war. Die Vorarbeiten bestätigten aber auch die gemeinsame Überzeugung, daß die Berlinfrage nur als
Teilproblem der deutschen Frage angesehen und daß die deutsche Frage als solche wie auch
die Frage »Berlin« auf der Grundlage des freien Selbstbestimmungsrechts des deutschen
Volkes gelöst werden müsse.

Über die Vorstellungen und die Ziele der Sowjetunion konnte bei Beginn der Gipfelkonferenz kein Zweifel bestehen. In seinen letzten Reden, die der sowjetrussische Regierungschef in Baku und später vor dem Präsidium des Obersten Sowjets gehalten hatte,
trat erneut eine Auffassung zutage, die ernste Zweifel an der Bereitschaft der Sowjetunion
aufkommen lassen mußte, die politischen Fragen überhaupt zu erörtern und bei ihrer Lösung
mitzuwirken. In voller Übereinstimmung mit ihren Verbündeten hat die Bundesregierung
darum auch den Standpunkt vertreten, daß die Gipfelkonferenz sich in erster Linie mit der
Frage der allgemeinen kontrollierten Abrüstung beschäftigen müsse.

Dazu bestand um so mehr Anlaß, da die Abrüstungsverhandlungen der Zehner-Kom-
mission der Vereinten Nationen offenbar ins Stocken geraten waren. Es bestand aber auch
eine begründete Hoffnung, daß dieses vordringlichste und wichtigste Problem auch von der
Sowjetunion ernster diskutiert werden würde, nachdem der sowjetrussische Ministerpräsi-

dent wiederholt auf die besondere Bedeutung der Abrüstungsfrage hingewiesen und ihrer Behandlung auf der Gipfelkonferenz ausdrücklich zugestimmt hatte.

Das Verhalten des sowjetrussischen Ministerpräsidenten in Paris hat diese Hoffnungen zunichte gemacht. Die hemmungslosen Angriffe, die er gegen seine westlichen Verhandlungspartner und auch gegen die Bundesregierung gerichtet hat, und die maßlosen Forderungen, die er vor Beginn der sachlichen Verhandlungen erhoben hat, haben dazu geführt, daß es zu Verhandlungen über das eigentliche Konferenzthema überhaupt nicht kam ...

Nun hat der sowjetrussische Ministerpräsident in seinen letzten Erklärungen nach dem Scheitern der Konferenz seine Bereitschaft ausgedrückt, zu einem späteren Zeitpunkt die Verhandlungen wiederaufzunehmen. Die Bundesregierung nimmt diese Erklärung zur Kenntnis; aber sie kann nicht verschweigen, daß der Ablauf der Pariser Konferenz einen ernsten Zweifel an der Glaubwürdigkeit dieser Äußerung rechtfertigt.
(Vereinzelt Beifall in der Mitte.)

Die Zukunft wird erweisen müssen, ob die Sowjetunion wirklich bereit sein wird, ihr Wort einzulösen.

Dieser Zweifel wird die Bundesregierung nicht daran hindern, gemeinsam mit ihren Verbündeten auf dem versuchten Wege fortzufahren und an allen Bemühungen teilzunehmen, die auf das Zustandekommen eines internationalen Gesprächs gerichtet sind. Die Bundesregierung weiß sich darin mit ihren Verbündeten einig.

Sie begrüßt es, daß der Ständige NATO-Rat nach dem Scheitern der Pariser Konferenz zusammengetreten ist und in seiner Sitzung erneut die uneingeschränkte Solidarität der Mitgliedstaaten der Allianz bekräftigt hat. In voller Übereinstimmung mit dem Kommuniqué des NATO-Rats erklärt auch die Bundesregierung, daß alle offenen Fragen nicht durch die Anwendung oder Androhung von Gewalt, sondern durch friedliche Mittel auf dem Verhandlungswege geregelt werden sollen, und sie erklärt auch ihrerseits, daß sie bereit ist, in Zukunft derartige Verhandlungen zu fördern.

Das Scheitern der Pariser Konferenz hat der ganzen Welt, vor allem aber auch dem ganzen deutschen Volk, erneut die Gefahren vor Augen geführt, die die weltpolitische Spannung mit sich bringt. Auf der anderen Seite aber ist doch sichtbar geworden, daß der immer wieder vertretene Standpunkt der Bundesregierung richtig war: daß nämlich die widernatürliche Teilung Deutschlands und die Bedrohung der Freiheit Berlins nicht Ursache, sondern Ausdruck und Folge dieser Spannung sind. Diese Spannung zu überwinden, wird nach der festen Überzeugung der Bundesregierung nur möglich sein, wenn die Abrüstungsverhandlungen einen erfolgreichen Fortgang nehmen und damit die Voraussetzungen geschaffen werden, dem ganzen deutschen Volk das Recht zurückzugeben, über sich selbst frei zu bestimmen.
(Beifall bei den Regierungsparteien und bei Abgeordneten der SPD.)

Niemand in der Welt sollte daran zweifeln, daß das deutsche Volk dann bereit sein wird, sich an einer beständigen Friedensordnung zu beteiligen, die jedem Volk das gleiche Maß an Sicherheit und Unabhängigkeit verbürgt, das andere Völker für sich beanspruchen.

Die Bundesregierung möchte aber nicht verschweigen, daß der Weg zu einer solchen auf gegenseitiger Achtung beruhenden Ordnung durch einseitige Handlungen endgültig blockiert werden müßte. Das gilt insbesondere für den Status der Stadt Berlin. Jeder Angriff auf die Freiheit dieser Stadt wäre ein Angriff auf die Freiheit aller derer, die den Schutz Berlins übernommen haben;
(Allgemeiner Beifall)
er würde eine Verneinung des Rechts der Berliner auf Selbstbestimmung sein. Darum hält sich die Bundesregierung auch für verpflichtet, mahnend und warnend darauf hinzuweisen, daß jeder, der von zukünftigen Verhandlungen spricht, die der Entspannung und dem

Weltfrieden dienen sollen, sich klar sein muß, daß die Bedrohung der Freiheit Berlins mit solchen Verhandlungen unvereinbar ist.
(Beifall im ganzen Hause.)

Quelle: 3. Deutscher Bundestag, 117. Sitzung vom 24. 5. 1960, S. 6700–6702

127   Wiedergutmachung an Frankreich

Mitteilung des Auswärtigen Amts über den Wiedergutmachungsvertrag mit Frankreich vom 15. Juli 1960[1]

Am 15. Juli 1960 haben in Bonn der Staatssekretär des Auswärtigen Amts, Dr. van Scherpenberg, und der Botschafter der Französischen Republik, François Seydoux de Clausonne, den am 11. Juni 1960 paraphierten Vertrag über Leistungen zugunsten der von nationalsozialistischen Verfolgungsmaßnahmen betroffenen französischen Staatsangehörigen unterzeichnet. Die Bundesrepublik Deutschland verpflichtet sich in diesem Vertrag, 400 Mill. DM an die Französische Republik zu zahlen. Der Vertrag, der noch der Ratifizierung bedarf, wird unmittelbar nach dem Austausch der Ratifikationsurkunden in Kraft treten.

[1] Vgl. Anmerkung zu dem Vertrag mit Norwegen vom 7. 8. 1959
Quelle: Bulletin vom 19. 7. 1960, Nr. 131, S. 1306

128   Kündigung des Interzonenhandels-Abkommens

Mitteilung des Bulletins vom 4. Oktober 1960 und Bekanntmachung des Bundesministers für Wirtschaft vom 15. Oktober 1960 über die Kündigung des Interzonenhandels-Abkommens

Sehr nachdrücklich ist darauf hingewiesen worden, daß die am 30. September 1960 ausgesprochene vorsorgliche Kündigung der Interzonenhandelsvereinbarungen aus Gründen der politischen Verantwortung erfolgt ist. Die Bundesregierung traf diesen Entschluß im Einvernehmen mit allen politischen Parteien und dem Regierenden Bürgermeister von Berlin und mit Zustimmung ihrer Verbündeten. Ihre Entscheidung, von dem in Artikel 16 der Interzonenhandelsvereinbarungen des Jahres 1951 verankerten Kündigungsrecht Gebrauch zu machen, ist im Zusammenhang zu sehen mit den widerrechtlichen Maßnahmen der Sowjetzonen-Machthaber und ihrer Auftraggeber gegen den Viermächtestatus von Groß-Berlin.

Infolge dieses östlichen Vorgehens hat sich die Geschäftsgrundlage für den innerdeutschen Handel so wesentlich verändert, daß eine die wohlverstandenen Interessen beider Seiten befriedigende Fortsetzung der vertraglichen Beziehungen nur möglich erscheint, wenn rechtlich und tatsächlich gewährleistet wird, daß bis zur Wiedervereinigung Deutschlands in Freiheit an dem festgelegten Viermächtestatus von Groß-Berlin, der dem erklärten Willen der überwiegenden Mehrheit der Berliner Bevölkerung entspricht, einseitig nichts geändert wird.

Mit der Kündigung der Interzonenhandelsvereinbarungen durch die Treuhandstelle für den Interzonenhandel hat die Bundesregierung außerdem deutlich gemacht, daß sie als deutsche Regierung langfristige vertragliche Bindungen nur billigen und erfüllen lassen kann, wenn feststeht, daß der Vertragspartner den Zustand Deutschlands nicht rechtswidrig noch weiter unterhöhlt oder verändert. Die Bundesregierung hat dabei sehr deutlich ihre Bereitschaft zum Ausdruck gebracht, unter diesen Bedingungen für die Fortführung der Verhandlungen zwischen den zuständigen Fachstellen einzutreten in der Hoffnung, daß der Interzonenhandel dann weiterhin in ständig steigendem Umfang ein wesentliches vorläufiges Bindeglied zwischen den getrennten Teilen Deutschlands bis zu seiner Wiedervereinigung bleiben kann.

Der Bundesminister für Wirtschaft
Bekanntmachung über die Kündigung des Interzonenhandels-Abkommens

Am 30. September 1960 ist von dem Leiter der Treuhandstelle für den Interzonenhandel, in Vollmacht der Währungsgebiete der Deutschen Mark (DM-West), das Abkommen über den Handel zwischen den Währungsgebieten der Deutschen Mark (DM-West) und den Währungsgebieten der Deutschen Mark der Deutschen Notenbank (DM-Ost) (Berliner Abkommen) vom 20. September 1951 einschließlich aller Zusatzvereinbarungen gemäß Artikel XVI dieses Abkommens fristgemäß zum 31. Dezember 1960 gegenüber dem Bevollmächtigten der Währungsgebiete der Deutschen Mark der Deutschen Notenbank (DM-Ost) gekündigt worden.

Bonn, den 15. Oktober 1960   Der Bundesminister für Wirtschaft
IV C 7 – 5145/60 –   Im Auftrag
                                                        Dr. Woratz

Quelle: Bulletin vom 4. 10. 1960, Nr. 186, S. 1795, und Bundesanzeiger, Jg. 12, 18. 10. 1960, S. 1

Mitteilung des Auswärtigen Amts zu zwei Abkommen über französische Anlagen, Dienstleistungen und Übungsplätze für deutsche Truppen vom 25. Oktober 1960

Am 25. Oktober 1960 ist auch ein zweites Abkommen im französischen Außenministerium zwischen der französischen Regierung und der deutschen Bundesregierung abgeschlossen worden, wonach Kontingente der deutschen Streikräfte ermächtigt werden, Manöver auf den Übungsplätzen von Sissonne und Mourmelon durchzuführen. Die Anzahl der deutschen Kräfte, die sich anläßlich dieser Manöver in Frankreich aufhalten können, beträgt etwa 2400 Mann. Die Manöver werden innerhalb der Übungsplätze durchgeführt. Sie werden Anfang November beginnen und etwa drei Wochen dauern.

Am 25. Oktober 1960 ist im französischen Außenministerium zwischen der französischen Regierung und der deutschen Bundesregierung ein Abkommen abgeschlossen worden, das die Bedingungen festlegt, unter denen Frankreich zur Unterstützung der deutschen Bundesregierung auf dem Gebiet der Ausbildung und der Logistik bereit ist. Das Abkommen bestimmt die Art der Unterstützung, die Frankreich seinen Verbündeten gewährt: Es werden Anlagen und Dienstleistungen zur Verfügung gestellt, die die Lagerung von Material und Vorräten sowie die Ausbildung und Schulung gewisser Truppenteile der Bundesrepublik ermöglichen. Die Anlagen, um die es sich handelt, gehören zum Militäreigentum des französischen Staates und bleiben unter französischem Befehl. Diesbezügliche Anfragen der Bundesrepublik werden auf diplomatischem Wege übermittelt werden.

Quelle: Bulletin vom 23. 10. 1960, Nr. 204, S. 1969

*Äußerungen des Bundeskanzlers Dr. Konrad Adenauer auf einer Pressekonferenz in Bonn
am 27. Oktober 1960 über die deutsch-sowjetischen Beziehungen (Auszug)*

. . .

Schröder: Herr Bundeskanzler, Ihre Erklärung über den Zwischenfall mit Smirnow[1] vor
der Bundestagsfraktion der CDU/CSU ist uns ja bekannt. Aber war das die ganze Geschichte?

Bundeskanzler: Ich darf nochmals wiederholen, Botschafter Smirnow war, wie das ganze
diplomatische Korps, zu der Versammlung eingeladen. Ich hatte den Ministerpräsidenten
von Kamerun zum Frühstück hier, der auch dagewesen war, und ich hörte, daß Präsident
Gerstenmaier in seiner Eröffnungsrede einige unfreundliche Bemerkungen eingeflochten
habe: Da empfand ich es nach dem, wie die Dinge liegen, und nachdem Smirnow auch am
Ärmel gepackt worden war, als ein einfaches Gebot der Höflichkeit, Smirnow das Bedauern
über den Zwischenfall aussprechen zu lassen. Dabei spielten zwei Gründe eine gewisse
Rolle: einmal die Repatriierungsfrage. Das sind weit über 100 000 Leute – Menschenschicksale –, die zu uns wollen. Das AA kam nicht voran, deswegen mein Brief an
Chruschtschow, der sich nur damit beschäftigte. Dann hat Chruschtschow Kroll in ein
politisches Gespräch verwickelt, das ziemlich lange gedauert hat, und politische Gespräche
– keine Streitgespräche! – zwischen Herrn Chruschtschow und einem Vertreter der Bundesregierung sind ja relativ selten, und deswegen soll man die Atmosphäre nicht trüben. Das
also hat bei meinem Entschluß auch eine Rolle gespielt, Herrn von Merkatz damit zu
beauftragen – Herrn von Merkatz, der übrigens in diesem Augenblick Vertriebenenminister
geworden ist, meine Herren, das ist das Allerneueste. Aber lassen Sie mich zurückkehren zu
Herrn Chruschtschow. Wir haben alle Veranlassung, nicht auch zu schimpfen, wenn er
schimpft. Auch hat jeder seine eigene Art, und er ist von anderer Fasson, wie ich bin. Wir
kennen uns, er kennt mich, er ist nicht gerade freundlich auf mich gesinnt, aber ich glaube,
er hat Verständnis, und das ist ja auch etwas, und ich habe auch ein gewisses Verständnis
für ihn, für seine Situation.

Die Berlinfrage schwebt. Am 8. November ist in Amerika die Präsidentenwahl, aber wir
wissen, daß noch Monate vergehen werden, bis der neue Präsident, wer es auch sei, mit
seiner neuen Administration wirklich die Zügel in der Hand hat. Wir wissen auch, daß
Chruschtschow die Berlinfrage anpacken wird, das hat er auch Herrn Kroll gesagt. Aber
ich würde es schon als gut betrachten, wenn die Berlinfrage – ich hoffe, daß das gelingt –
erst dann wieder von Chruschtschow in Angriff genommen wird, wenn der neue Präsident
der Vereinigten Staaten schon fest in seinem ganzen Apparat sitzt. Da soll man den Mann
jetzt nicht vorher reizen. Ich habe gelesen – wenn das richtig ist, was die Zeitungen berichten –, daß ein Mitglied der russischen Botschaft erklärt hat, er könne keinen Kommentar
darüber geben, ob wir uns irgendwie treffen würden. Darüber kann ich auch keinen Kommentar geben, lassen Sie uns doch einmal abwarten; Herr Chruschtschow könnte ja hier
einen Besuch machen. Aber dann würde sofort in den drei anderen Ländern, in Amerika,
in England und in Frankreich, wieder ein Schütteln des Kopfes losgehen. Also es ist eine
schreckliche Situation, da kommt man nur ganz langsam weiter. Wie sich dann alles entwickeln wird, das weiß der liebe Himmel, ich kann es nicht sagen.

Dr. Rapp: Warum schaltet Chruschtschow von der bisherigen Haltung um?

Bundeskanzler: Was soll man darauf sagen? Ich bin überzeugt, daß Chruschtschow keinen Krieg will. Ich bin aber auch überzeugt, daß Chruschtschow die Gefahren sieht, die die
gegenwärtige Situation bringt. Ich bin der Auffassung, daß das russische Volk – nicht
Chruschtschow selbst – eine gewisse Furcht vor Deutschland hat; das wird mir auch von
Deutschen bestätigt, die Russisch können und die in Rußland gereist sind. Diese Furcht ist

noch gesteigert worden durch den wirtschaftlichen Aufschwung Deutschlands und durch die Schnelligkeit dieses Aufschwungs. Daß Chruschtschow nun einmal vielleicht bei uns anklopft, das ist nicht der richtige Ausdruck, das wäre dummes Zeug, aber daß er zeigt, daß er uns gegenüber auch ein höflicher Mensch sein kann, das ist auch verständlich. Er hat jetzt Herrn Borissow hier, einen Mann von Bedeutung. Die Handelsverhandlungen schweben, und sie werden von uns in sehr honoriger Weise geführt werden. Warum soll man immer auf Hauen und Stechen versuchen, die Dinge durchzubringen ...

[1] Der Bundesminister für Wirtschaft, Prof. Dr. Ludwig Erhard, hatte in der Beethovenhalle in Bonn anläßlich der deutschen Afrika-Woche eine Rede gehalten, in deren Verlauf der sowjetische Botschafter Smirnow wegen einer Äußerung des Bundesministers (». . ., daß es keinen schlimmeren Kolonialismus gibt als den Imperialismus kommunistisch totalitärer Prägung . . .«) unter Protest den Saal verließ. Der Bundesminister für Vertriebene, von Merkatz, sprach daraufhin bei dem Botschafter das Bedauern des Bundeskanzlers aus.
Quelle: Aus den Akten des Auswärtigen Amts

131 Wiederaufnahme des Interzonenhandels

Bekanntmachung des Bundesministers für Wirtschaft vom 30. Dezember 1960 über die Wiederaufnahme des Interzonenhandels

Der Bundesminister für Wirtschaft
Bekanntmachung über den Interzonenhandel

Am 1. Januar 1961 treten das Berliner Abkommen vom 20. September 1951 mit allen Zusatzvereinbarungen und Anlagen sowie die Vereinbarungen zum Berliner Abkommen vom 16. August 1960 in Kraft[1].

Bonn, den 30. Dezember 1960
IV C 7 – 6351/60   Der Bundesminister für Wirtschaft
                                            Im Auftrag
                                            Dr. Woratz

[1] Der Interzonenhandel wurde wiederaufgenommen, nachdem in Verhandlungen ausreichende Möglichkeiten für eine Fortführung der innerdeutschen Wirtschaftsbeziehungen gefunden worden waren.
Quelle: Bundesanzeiger, 12. Jg., 31. 12. 1960, S. 1

132 Deutsch-sowjetisches Handelsabkommen

Bericht der »Diplomatischen Korrespondenz« über die deutsch-sowjetischen Wirtschaftsverhandlungen, 31. Dezember 1960

Die am 31. Dezember 1960 in Bonn durch Botschafter Smirnow für die Sowjetunion und durch den Staatssekretär des Auswärtigen Amts, van Scherpenberg, für die Bundesrepublik vollzogene Unterzeichnung des langfristigen Abkommens über den Waren- und Zahlungsverkehr für die Jahre 1961 bis 1963 sowie eines Protokolls über die Verlängerung des Abkommens über allgemeine Fragen des Handels und der Schiffahrt hat den Schlußpunkt unter Verhandlungen gesetzt, die von der deutschen Delegation am 18. Oktober 1960 mit dem

Willen aufgenommen worden waren, das Ihre zur Erhaltung und Pflege der deutsch-sowjetischen Beziehungen beizutragen.

Es war nie die Absicht der Bundesregierung, in diesen Verhandlungen handelspolitischer Natur ein politisches Problem aufzuwerfen oder lösen zu wollen, das in die Zuständigkeit der Vier Mächte fällt. Aber es mußte Klarheit über den Anwendungsbereich des zu schließenden Abkommens hergestellt und alles vermieden werden, was die rechtliche Situation Berlins in irgendeiner Weise, sei es auch nur durch Schweigen, präjudiziert hätte.

Den gemeinsamen Bemühungen der beiden Vertragspartner ist es im Laufe von zwei Wochen gelungen, die Hindernisse auszuräumen, die sich der bereits für den 12. Dezember 1960 vereinbarten Unterzeichnung des Handelsabkommens zunächst in den Weg gestellt hatten.

Bei der Abwicklung der Vereinbarungen vom Jahre 1958 hatten sich hinsichtlich der Einbeziehung Berlins in den deutsch-sowjetischen Handel nie Schwierigkeiten oder Meinungsverschiedenheiten ergeben, obwohl das Abkommen damals weder eine Berlin-Klausel noch einen förmlichen Berlinvorbehalt enthielt. Nachdem der Status Berlins seit November 1958 von sowjetischer Seite in aller Form in Frage gestellt war, hätte eine bloß stillschweigende Verlängerung dieses Zustands keinerlei Sicherheit geboten, ja im Gegenteil als eine Anerkennung des sowjetischen Standpunkts gedeutet werden können.

Dabei war es von entscheidender Bedeutung, daß die Bundesregierung wenigstens einseitig ihren Standpunkt gegenüber ihrem sowjetischen Partner klarlegen konnte, wonach sie die unveränderte Fortführung der bisherigen Anwendungspraxis als eine Grundlage des Vertrags ansieht.

Einer Bestätigung oder einer Gegenäußerung von sowjetischer Seite bedarf die deutsche Erklärung nicht, da der sowjetische Standpunkt allgemein bekannt ist.

Quelle: Bulletin vom 3. 1. 1961, Nr. 1, S. 3

133 Der deutsche Verteidigungsbeitrag

Rede des Bundesministers für Verteidigung, Franz Josef Strauß, vor dem Economic-Club in New York am 16. Januar 1961 (Auszug)

... **Die** Bundesrepublik hat in den Jahren 1950 bis 1960 insgesamt 19,223 Mrd. Dollar für Verteidigungsleistungen – einschließlich Stationierungskosten – ausgegeben. Wenn Sie die Hilfeleistungen für Berlin hinzurechnen, die angesichts der Lage dieser Stadt ebenfalls als Verteidigungslasten im Kalten Krieg angesehen werden müssen, erhöht sich diese Ziffer auf 21,823 Mrd. Dollar.

Lassen Sie mich an dieser Stelle eine grobe Aufschlüsselung des Bundeshaushalts in den Jahren 1951 und 1961 geben. Im Jahre 1951 belief sich der Etat des Bundes auf 4,9 Mrd. Dollar, wovon etwa 2,0 Mrd. Dollar auf die Soziallasten und etwa 1,9 Mrd. Dollar auf Verteidigungsausgaben (Besatzungskosten und zivile Verteidigung) entfielen. Nach gegenwärtigen Schätzungen wird der Bundeshaushalt für das Jahr 1961 etwa 11 bis 11,5 Mrd. Dollar ausmachen, von denen über 4,0 Mrd. Dollar auf die Soziallasten und rund 3,0 Mrd. Dollar auf Verteidigungsausgaben kommen. Wenn Sie die gesamten öffentlichen Haushalte der Bundesrepublik zusammenrechnen, so ergibt sich, daß über 40 % des Sozialprodukts der Bundesrepublik von der öffentlichen Hand in Anspruch genommen werden.

Ich möchte jetzt kurz erwähnen, was die Bundesrepublik an Zahlungen für die USA geleistet hat. Die Amerikaner dürften an der Gesamtsumme von 69 Mrd. Reichsmark und

D-Mark, die als Stationierungskosten und Folgelasten insgesamt gezahlt worden sind, zu zwei Dritteln beteiligt sein. Die amerikanische Wirtschaft hat bisher Rüstungsaufträge im Werte von 1,31 Mrd. Dollar erhalten. 0,6 Mrd. Dollar sind noch nicht durch Leistungen abgedeckt. Sie liegen auf einem Rüstungskonto in den Vereinigten Staaten.

In den deutsch-amerikanischen Finanzverhandlungen hat die Bundesrepublik sich zu einer Reihe von Maßnahmen bereit gezeigt, die auf eine beträchtliche Erleichterung der amerikanischen Zahlungsbilanz hinwirken. Diese Maßnahmen betreffen: 1. Vorzeitige Rückzahlungen von Nachkriegsschulden; 2. Weitere Vorauszahlungen für Rüstungskäufe; 3. Übernahme amerikanischer Verteidigungshilfen an NATO-Partner durch die Bundesrepublik; 4. Eine günstigere wechselseitige Ausnutzung vorhandener technischer und logistischer Einrichtungen mit dem Ziel, Einsparungen für die Amerikaner zu erreichen; 5. Im Rahmen der Handelspolitik weitere Liberalisierungsmaßnahmen, insbesondere auf den Gebieten, die von den Amerikanern besonders gewünscht werden; 6. Finanzielle Teilnahme der Bundesrepublik an amerikanischen Projekten in der Entwicklungshilfe. Sie sehen daraus, daß die Bundesrepublik bereit ist, über ihre eigenen Verteidigungsleistungen, die von Jahr zu Jahr anwachsen, hinweg den amerikanischen Wünschen entgegenzukommen.

Wir leben in einer großen Auseinandersetzung, die wir bestehen müssen und nur gemeinsam bestehen können. Angesichts der durch die technische Revolution geschaffenen strategischen Verhältnisse hängt heute nicht nur Europa nach wie vor von Amerika ab, sondern hängen auch die nordamerikanischen Länder von dem europäischen Beitrag ab. In der Vergangenheit hat Amerika die gesamte Allianz strategisch gedeckt; aber ist es nicht eine offensichtliche Tatsache, daß in Zukunft Europa ebenso Amerika Deckung gewähren muß, wie Amerika dies für Europa tun muß? Aus der Einbahnstraße wird ganz zwangsläufig eine Straße mit Verkehr in beiden Richtungen – eine Wechselbeziehung. Leider ist der europäische Beitrag nicht so stark, wie er sein könnte, und zwar sein könnte, wenn die aufgewendeten Mittel im Sinne einer gemeinsamen NATO-Strategie verwendet würden, und noch größer, wenn diese Mittel in angemessener Weise erhöht würden.

Wie Sie wissen, wurden die sogenannten Lissaboner Planziele von 1952 nie erreicht. Für die NATO insgesamt waren 90 Divisionen und für den Bereich Europa-Mitte 52 Divisionen vorgesehen. Der in der MC-70 im Jahre 1958 festgelegte Mindestbedarf an Streitkräften wird mit 30 Divisionen in Europa-Mitte und den entsprechenden Luftwaffen- und Marineverbänden beziffert. Bisher stehen nur 21 dieser Divisionen mit verschiedener Kampfkraft zur Verfügung. Von dieser Gesamtzahl hat die Bundesrepublik Deutschland allein acht Heeresdivisionen zur Verfügung gestellt.

Von der Bundesrepublik hat die NATO als Beitrag für die gemeinschaftliche Verteidigung 12 Divisionen, 28 Luftwaffengeschwader und 22 Marinegeschwader gefordert. Davon haben wir in fünf Jahren acht Divisionen, sechs Luftwaffengeschwader und zehn Marinegeschwader der NATO einsatzfähig zur Verfügung gestellt. Bis 1963 wird die Aufstellung der Bundeswehr im wesentlichen beendet sein. Dann wird die Bundesrepublik mit 350 000 Soldaten einen angemessenen Beitrag für die gemeinsame Verteidigung leisten. Dazu kommen noch Einheiten der Territorialverteidigung und die Basisorganisation für Logistik; mit anderen Worten, das gesamte Versorgungssystem hinter den Divisionen und Korps, da die Bundesrepublik die Bewegungsfreiheit aller NATO-Streitkräfte auf deutschem Boden sicherstellen muß.

Es kommt aber nicht nur auf Zahlen an, sondern auch auf die Tatsache, daß ohne die Leistungen der Bundesrepublik es nicht möglich ist, die Strategie der abgestuften Abschreckung in Europa durchzuführen. Politische Diskretionen und militärische Geheimhaltung hindern mich, hier nähere Einzelheiten zu sagen.

Lassen Sie mich bitte schließlich einige politische Bemerkungen machen. Die Politik, die Adenauer gegen zahlreiche innenpolitische Widerstände im letzten Jahrzehnt betrieben hat,

hat die Bundesrepublik zum Mitglied in allen großen europäischen Organisationen politischer, wirtschaftlicher und technischer Art gemacht. Diese Politik hat Deutschland zum Mitglied der Atlantischen Organisation gemacht. Die Bundesregierung arbeitet dafür, eine engere politische Verbindung innerhalb Europas herbeizuführen und die Bindungen zwischen Europa und Nordamerika auf allen Gebieten zu verstärken.

Von der Frage aber, ob die politische Führung in Deutschland diese Erkenntnis ihrer Verantwortung für Europa und für die freie Welt behalten wird, hängt das Schicksal Deutschlands und Europas in der nächsten Generation ab.

Die historische Antwort auf die Herausforderung des Kommunismus muß die Einheit des atlantischen Westens gegenüber dem vom Bolschewismus regierten Osten sein. Diese Einheit ist stark genug, das Gleichgewicht auf der Welt zu halten. Aber das erfordert auch die aktive Mitarbeit des freien Teils der deutschen Nation, während die Hoffnung des unfreien Teils der Nation dem Erfolg dieser Politik gilt, weil sie die Voraussetzung ist für eine Wiedervereinigung in Frieden und Freiheit und für die Erhaltung der Freiheit West-Berlins ...

Quelle: Bulletin vom 18. 1. 1961, Nr. 12, S. 107–109

134 Unterstützung der VN-Entwicklungspolitik

Erklärung des Ministerialdirektors Dr. Harkort, Leiter der deutschen Beobachterdelegation bei der 3. Jahrestagung der Wirtschaftskommission für Afrika der Vereinten Nationen (ECA) in Addis Abeba, 10. Februar 1961 (Auszug)

Pflicht eines Beobachters, so will mir scheinen, ist es, zu beobachten und zu schweigen. Wenn ich Sie, Herr Vorsitzender, dennoch um die Erlaubnis gebeten habe, einige Worte zu sagen, so deshalb, weil dies das erste Mal ist, daß eine deutsche Delegation den Vorzug hat, einer Jahreskonferenz der Wirtschaftskommission der Vereinten Nationen für Afrika beizuwohnen. Ich nehme daher diese Gelegenheit mit besonderer Freude zum Anlaß, um Ihnen zu versichern, daß meine Regierung den Mitgliedern der Kommission sehr dankbar für die freundliche Unterstützung ist, die sie uns im vergangenen Jahr haben angedeihen lassen, als auf der Konferenz der Kommission in Tanger und später auf der Sitzung des ECOSOC in Genf die Frage des deutschen Beobachterstatus in der ECA erörtert wurde.

Wir haben die Tätigkeit der Kommission seit ihrer Errichtung mit regem Interesse verfolgt. Wir sind uns voll bewußt, welche großen Schwierigkeiten die Kommission und alle ihre Mitglieder und assoziierten Mitglieder zu überwinden haben werden, um ihrem Bemühen, den Lebensstandard der Völker in Afrika zu heben, zum Erfolg zu verhelfen. Auf lange Zeit hinaus wird die Erreichung dieses Ziels die erste und wichtigste Sorge aller alten und neuen Länder dieses großen Kontinents sein. Die Vertreter der Bundesrepublik, die vor kurzem an den Unabhängigkeitsfeiern in den Hauptstädten der neuen Länder teilgenommen haben, waren tief beeindruckt von dem festen Willen der betreffenden Regierungen, ihre Völker vorwärtszuführen zu einem besseren Leben in Freiheit, und von ihrer Überzeugung, daß die schwierigen politischen, wirtschaftlichen und sozialen Probleme, denen sie sich gegenübersehen, bewältigt werden müssen und bewältigt werden können. Daß dies nicht nur alle Energien der afrikanischen Staaten selbst, sondern auch den technischen Rat und die finanzielle Unterstützung anderer Länder erfordern wird, wird überall in der Welt anerkannt.

Aus verschiedenen Gründen sind unsere Wirtschaftsbeziehungen zu manchen afrikanischen Ländern noch etwas unterentwickelt. Nur 6 % unserer Einfuhr kommen aus Afrika, und nur 5 % unserer Ausfuhr gehen in diesen Erdteil. Wir importieren im übrigen mehr aus Afrika, als wir dorthin ausführen. Ich bin sicher, daß die wirtschaftlichen Wechselbeziehungen zwischen den afrikanischen Ländern und der Bundesrepublik sich in raschem Tempo verstärken werden. Durch eigene Bemühungen wie als Mitglied der Europäischen Wirtschaftsgemeinschaft wird meine Regierung alles daransetzen, um dieses Wachstum zu beschleunigen.

Nach dem letzten Weltkrieg hat die Bundesrepublik Deutschland aus dem Ausland sehr großzügige Hilfe erhalten. Seit ihre eigene Wirtschaft sich wieder erholt hat, ist sie ihrerseits bereit, ihren Beitrag zu den verschiedenen multilateralen Hilfsprogrammen der Organisationen der Vereinten Nationen zu leisten und diese Hilfe durch bilaterale Abmachungen mit den Entwicklungsländern zu ergänzen. Ich möchte Sie nicht mit Zahlen langweilen. Es genügt vielleicht, wenn ich erwähne, daß wir hohe Beträge zu dem Fonds beisteuern, den die Europäische Wirtschaftsgemeinschaft den assoziierten Ländern zur Verfügung gestellt hat. Was die Beiträge zur Weltbank, zu der neugegründeten Internationalen Entwicklungsorganisation und zum Internationalen Währungsfonds angeht, so steht die Bundesrepublik, zusammen mit Frankreich, unter den Mitgliedern an dritter Stelle. Darüber hinaus stammten 40 % der in den letzten zwei Jahren von der Weltbank neu aufgenommenen Kredite von der Deutschen Bundesbank. Ferner hat meine Regierung im letzten November eine beträchtliche Erhöhung ihrer Beiträge zum Sonderfonds und zum Erweiterten Technischen Hilfsprogramm der Vereinten Nationen angekündigt und wird eine weitere Erhöhung in diesem Jahr in Erwägung ziehen, falls beide Fonds aufgestockt werden sollten.

Meine Regierung begrüßt den Gedanken der Vereinten Nationen, den Ausdruck »Technische Hilfe« durch die Bezeichnung »Technische Zusammenarbeit« zu ersetzen. Zusammenarbeit sowohl auf diesem wie auf anderen Gebieten ist in der Tat das, was am meisten not tut. Unser bilaterales Programm für technische Zusammenarbeit beruht uneingeschränkt auf dem Grundsatz echter Partnerschaft. Zwischen einem Viertel und einem Drittel der Mittel unseres bilateralen Fonds für technische Hilfe sind im übrigen für Programme in Afrika ausgegeben oder fest zugesagt worden. Nach Ansicht meiner Regierung haben auch Privatinvestitionen bei der Entwicklung vieler noch wenig industrialisierter Länder eine wichtige Aufgabe zu erfüllen. Ein System von Regierungsbürgschaften für die mit Auslands-Investitionen verbundenen Risiken besteht in der Bundesrepublik seit dem vergangenen Jahr. Es wird wahrscheinlich in Kürze durch besondere Steuervergünstigungen für Investitionen in Entwicklungsländern ergänzt werden. Wir hoffen mit Bestimmtheit, daß diese Maßnahmen zu einer Zunahme der privaten Geschäftspartnerschaften in denjenigen Ländern und Wirtschaftszweigen führen werden, wo diese Art der geschäftlichen Zusammenarbeit von der jeweiligen Regierung gewünscht wird.

Herr Vorsitzender: Selbstverständlich gibt es zahlreiche Entwicklungsvorhaben in nicht-industrialisierten Ländern, deren Durchführung außerhalb der Möglichkeiten privater Investoren liegt und bei denen die technische Zusammenarbeit nur ein Teilproblem darstellt. In solchen Fällen können Beiträge zu den Kosten derartiger Vorhaben nur aus öffentlichen Mitteln geleistet werden. Die Bundesregierung ist deshalb im Begriff, ein Programm aufzustellen, auf Grund dessen im Jahre 1961 mehrere hundert Millionen Dollar für diese Zwecke zur Verfügung stehen werden. Kredite aus diesem Fonds sollen grundsätzlich für gesunde Investierungsvorhaben und ohne Bindung an Beschaffungen in der Bundesrepublik gegeben werden. Meine Regierung beabsichtigt, derartige Vorhaben ebenfalls auf der Grundlage der Partnerschaft durchzuführen ...

Quelle: Bulletin vom 1. 3. 1961, Nr. 41, S. 368 f.

Stellungnahme des Bundeskanzlers Dr. Konrad Adenauer zum Verhältnis zu Polen auf einer Pressekonferenz in Bonn am 10. März 1961 (Auszug)

... Polen kann man, glaube ich, nicht ohne weiteres mit den anderen östlichen Staaten gleichstellen. Polen ist ein besonderer Fall, und zwar sowohl was die Polen, die polnische Bevölkerung selbst, angeht als auch, was das Verhältnis Deutschlands zu Polen angeht. Ganz allgemein ausgesprochen habe ich den Wunsch, daß das Verhältnis zwischen der Bundesrepublik Deutschland und Polen im Laufe der Zeit ein gutes Verhältnis wird. Ich habe weiter, namentlich aus den Schilderungen von zurückkehrenden Kriegsgefangenen, den Eindruck gewonnen, daß dieser Wunsch auch in der polnischen Bevölkerung geteilt wird. Das Verhalten der Bevölkerung gegenüber den zurückkehrenden deutschen Kriegsgefangenen war ausgezeichnet. Ich glaube, wir Deutsche sollten, ganz gleichgültig, wann das möglich sein wird, auch wenn es noch längere Zeit dauern wird, meinetwegen noch Jahre dauern wird, immer im Auge behalten, ein gutes Verhältnis zu Polen herzustellen. Dann ist nach Verhandlungen gefragt worden. Verhandlungen kann man es eigentlich nicht nennen. Die Sache ruht einstweilen, und ich möchte darauf noch keine weitere Antwort erteilen.

Auf eine Frage, ob man ohne Wiederaufnahme der diplomatischen Beziehungen zu einer Art Nichtangriffspakt oder so etwas kommen könne, um polnische Befürchtungen über einen angeblichen deutschen Revanchismus auslöschen zu können, erfolgte die Antwort: Ich halte das für sehr gut denkbar.

Zu einer Frage, ob diplomatische Beziehungen zwischen der Bundesrepublik und Polen überhaupt möglich seien, solange Deutschland noch geteilt bleibt, antwortete der Bundeskanzler: Ich glaube nicht, daß Polen auf Herstellung diplomatischer Beziehungen Wert legt ...

Quelle: Bulletin vom 14. 3. 1961, Nr. 50, S. 458

Erklärung des Bundeskanzlers Dr. Konrad Adenauer vor dem Deutschen Bundestag über seinen Besuch in den Vereinigten Staaten, 21. April 1961 (Auszüge)

... Eine wichtige Rolle hat in unseren Gesprächen das Problem der kontrollierten Abrüstung gespielt. Wir waren uns einig, daß das Ziel unserer Besprechungen und unserer Arbeit ein allgemeiner vollständiger Friede ist. Die kontrollierte Abrüstung bildet einen wichtigen Meilenstein auf dem Wege zu diesem Ziel. Die Ausführungen des Präsidenten und seiner Berater haben mich davon überzeugt, daß die Vereinigten Staaten mit aller Kraft an der Lösung dieses Problems arbeiten und zu einer Verständigung mit der Sowjetunion zu kommen versuchen. Sie sind allerdings nicht bereit, solchen Lösungen zuzustimmen, die die vereinbarten Maßnahmen von vornherein als zwecklos erscheinen lassen würden. Dies gilt insbesondere von Lösungen, in denen keine oder nur eine ungenügende Kontrolle vorgesehen ist.

Der Weg zu einer allgemeinen und kontrollierten Abrüstung ist lang und mühevoll. Viele gescheiterte Pläne und Verhandlungen zeigen, wie schwierig die Lösung dieser Aufgabe ist.

Aber dennoch gibt es in der gegenwärtigen Lage in der Welt kein anderes Mittel, um die Menschheit von der ständigen Bedrohung, unter der sie lebt, zu befreien und dem Ziel eines vollständigen und allgemeinen Friedens näherzukommen, als die kontrollierte Abrüstung. Ich bin gewiß, daß die Vereinigten Staaten dieser Frage, von der auch für uns und das Schicksal unseres Landes soviel abhängt, weiterhin ihre ganzen Anstrengungen widmen werden...

Hervorheben möchte ich folgendes. Die besondere Sorge gilt einem lebendigen und guten Funktionieren der NATO und ihrer Ausdehnung auf politische Angelegenheiten und das wirtschaftliche Gebiet. Ferner einer ausgedehnten Konsultation, weil nur rechtzeitige Konsultation die Gemeinsamkeit des Wollens schafft, die für ein gutes Funktionieren des NATO-Bündnisses Voraussetzung ist...

Quelle: Bulletin vom 22. 4. 1961, Nr. 76, S. 718

137   Grundsätze der deutschen Entwicklungshilfe

Beantwortung einer Großen Anfrage der SPD-Fraktion durch den Bundesminister für Wirtschaft, Professor Dr. Ludwig Erhard, vor dem Deutschen Bundestag, verlesen durch den Staatssekretär Dr. Westrick, 5. Mai 1961 (Auszüge)

... Herr Minister von Brentano hat Ihnen bereits ausgeführt, welche großen Aufgaben die Not und der Hunger in den Entwicklungsländern uns allen stellen. Ein dauerhafter Erfolg wird sich nur dann einstellen, wenn sich die politisch begründeten Maßnahmen langfristig auch als wirtschaftlich vernünftig erweisen. Hilfen, die gegeben werden, ohne wirtschaftlich durchdacht zu sein, haben ihren Zweck verfehlt. Je schneller und je nachhaltiger es uns gelingt, den Menschen in den Entwicklungsländern zu einem angemessenen Wohlstand und zu einem Mindestmaß an sozialer Sicherheit und Freiheit zu verhelfen, desto mehr werden sie auch für die menschlichen Werte ansprechbar sein, zu denen wir uns bekennen. Ich denke hier besonders an den Wert der Freiheit, die in weiten Teilen der Welt noch keineswegs gesichert ist.

Wir dürfen die Probleme der Entwicklungshilfe auch nicht nur in der engen Zielsetzung des Aufbaus der nationalen Volkswirtschaften in den Entwicklungsländern betrachten, sondern müssen die Aufgabe in weltwirtschaftlichen Zusammenhängen sehen. Die weltwirtschaftliche Lage ist seit einiger Zeit in einem grundsätzlichen Strukturwandel begriffen. Die bisherige Arbeitsteilung zwischen den Industrieländern einerseits und den Rohstoffländern andererseits wird noch einen gewissen Zeitraum fortdauern. Dieses Verhältnis wird aber in der nächsten Zukunft einer grundlegenden Wandlung unterworfen sein. Nachdem zahlreiche Entwicklungsländer ihre politische Selbständigkeit erlangt haben und nunmehr auch zur wirtschaftlichen Unabhängigkeit drängen, geht es nach unserer Überzeugung darum, eine neue Gestaltung der Weltwirtschaft zu suchen.

Gewiß werden die Länder, die in der Vergangenheit ihre Rohstoffe in den Industrieländern absetzten, auch in Zukunft hier ihren Markt finden. Die Bundesregierung wird, um das zu erleichtern, ihre liberale Einfuhrpolitik gegenüber den Entwicklungsländern auch in der Zukunft fortsetzen. Sie wird hierbei mit Rücksicht auf die eigene Wirtschaft zwar behutsam vorgehen; durch die steigende Einfuhr von Produkten aus den Entwicklungsländern wird trotzdem möglicherweise die eigene Wirtschaft zu gewissen Anpassungen genötigt werden. Hierdurch werden die Voraussetzungen dafür geschaffen, daß die Erzeugnisse der Entwicklungsländer in steigendem Umfang Zugang zum deutschen Markt finden.

Ich möchte eine Bemerkung hinsichtlich der Stabilisierung der Rohstoffpreise an den Herrn Abgeordneten Kalbitzer richten. Das ist ein sehr ernstes, aber sehr kompliziertes Problem, das international geprüft wird, und zwar wahrscheinlich bei einer besonderen Gruppe in der OECD. Die Stabilisierung der Rohstoffpreise hätte ja nur dann einen vernünftigen Sinn, wenn eine Absatzgarantie für die Mengen der Rohstoffe gegeben würde. Eine Garantie des Absatzes zu hohen Preisen würde ganz gewiß nicht im Interesse der Entwicklungsländer liegen, weil dann der Absatz selber wahrscheinlich sinkende Tendenz zeigen würde. Dagegen entspräche eine Garantie des Absatzes zu niedrigen Preisen noch weniger den Wünschen der Industrieländer. Ich bitte den Herrn Abgeordneten Kalbitzer, versichert zu sein, daß wir diese Angelegenheit auch international mit der Sorgfalt, die ihr gebührt, studieren werden.

Über den Wunsch hinaus, den Absatz der Produkte der Entwicklungsländer in den Industrieländern zu sichern, muß angestrebt werden, daß sich in den Entwicklungsländern selbst auch eine gesunde verarbeitende Wirtschaft entfaltet, die diese Völker in den Stand versetzt, sich selbst zu helfen und für die dort lebenden Menschen möglichst bald einen menschenwürdigen Lebensstandard zu erreichen.

Die entwickelten Industriestaaten der freien Welt tragen eine gemeinsame Verantwortung gegenüber den Entwicklungsländern. Die Hilfe ist daher eine gemeinsam zu erfüllende Aufgabe, und nur durch gemeinsame Bemühungen wird es auch gelingen, diesen Ländern die Überzeugung zu vermitteln, daß ihre Probleme mit Unterstützung der Länder der freien Welt gelöst werden können. Auf der jüngsten Londoner Tagung der Development Assistance Group wurde dieser Grundsatz allgemein anerkannt. Die Mitglieder dieses Koordinierungsgremiums haben beschlossen, es sich zum gemeinsamen Ziel zu machen, eine Ausweitung des Gesamtvolumens der Entwicklungshilfe zu sichern und die Wirksamkeit der Hilfe zu verbessern.

Die Probleme der Entwicklungsländer werden uns noch Jahre, vielleicht Jahrzehnte vor die Aufgabe stellen, nach besten Kräften zu helfen. Schnelle, vor allen Dingen aber spektakuläre Erfolge werden nicht zu erwarten sein.

(Abg. Kalbitzer: Sehr wahr!)

Es bedarf vielmehr einer gesicherten Grundlage für die Aufbringung der erforderlichen Mittel auf längere Zeit und unserer kontinuierlichen emsigen Bemühungen, um dieser großen Aufgabe gerecht zu werden.

Die Hilfe muß dort eingesetzt werden, wo der nachhaltigste Effekt für die Gesamtentwicklung eines Empfängerlandes erzielt werden kann. Es sollen also nicht Nationaldenkmäler – wie Professor Erhard es mehrfach genannt hat – in Form von Mammutunternehmen entstehen, für die die wirtschaftliche Basis in den betreffenden Ländern fehlt und bei denen von vornherein feststeht, daß sie im weltweiten Rahmen nicht konkurrenzfähig sein können. Sicher mag es in manchen Fällen notwendig und unvermeidlich sein, einem Volk den Glauben an seine Kraft und an ein fruchtbares Beginnen des Aufbaus zu vermitteln. Aus diesem Grunde mag es sich in einzelnen Fällen nicht vermeiden lassen, Vorhaben in Angriff zu nehmen, die nach den Grundsätzen einer rationalen Wirtschaft vielleicht zu mancher berechtigten Kritik Anlaß geben könnten. Der psychologische Effekt auf die Bevölkerung eines Entwicklungslandes aber ist nun einmal auch ein Faktor, dem eine gewisse Bedeutung zukommt.

Im allgemeinen ist jedoch nur eine Hilfe sinnvoll, die auf einer möglichst breiten Basis ansetzt und organisch auf dem Vorhandenen aufbaut. Die Wirtschaft muß von unten nach oben entwickelt werden. Kein Volk kann von den einfachsten Formen der Technik gleich zu den kompliziertesten Anwendungsbereichen von Atomkraft, Elektronik usw. übergehen, auch aus psychologischen und aus soziologischen Gründen nicht. Es würde nicht nur die Kenntnisse und rationalen Fähigkeiten eines Volkes überfordern, es würde auch die Herzen und die Seelen überfordern, wenn es sozusagen aus dem Nichts in die modernste Technik gesetzt würde...

... Die Bundesregierung hat vorbehaltlich der Genehmigung durch den Bundestag Vorkehrungen getroffen für die Bereitstellung von Mitteln bis zu 5 Milliarden DM, die bis Ende 1962 für langfristige öffentliche Kredite und unentgeltliche Zuwendungen zur Auszahlung gelangen können. In diesem Betrag sind weder private Kapitalausfuhren noch die 1961 zu zahlenden Teile der langfristigen Anleihe der Deutschen Bundesbank an die Weltbank eingerechnet.

Zu diesem Programm tragen die verschiedenen Quellen etwa wie folgt bei:

Bundeshaushalt einschließlich Industrieanleihe	3 000 Millionen DM
ERP-Wirtschaftsplan	900 Millionen DM
Haushalte der Bundesländer	500 Millionen DM
Kreditanstalt für Wiederaufbau	600 Millionen DM.

Das sind zusammen etwa 5 Milliarden.

In den vergangenen Monaten ist, wie Sie alle wissen, in der in- und ausländischen Presse viel davon die Rede gewesen, daß die Bundesregierung 1961 rund 4 Milliarden DM für die Zwecke der Entwicklungshilfe bereitstellt. Hierzu einige klarstellende Bemerkungen: In der Tat ist dem Kap. 6007 Tit. 570 des Haushaltsplans 1961 eine Übersicht der öffentlichen Entwicklungshilfeleistungen angefügt, die mit einem Betrag von 4,135 Milliarden DM abschließt. Diese Übersicht enthält aber nicht nur die im Jahre 1961 bar aufkommenden Mittel, sondern zusätzlich auch Bindungsermächtigungen über 615 Millionen DM. Diese Bindungsermächtigungen sind in dem neuen Aufbringungsplan, den ich Ihnen soeben vorgetragen habe, nicht enthalten, weil sie, jedenfalls im Jahre 1961, zu keiner Aufbringung in bar führen. Außerdem war es erforderlich, einigen inzwischen eingetretenen tatsächlichen Veränderungen Rechnung zu tragen. So ist die Entwicklungsanleihe der deutschen Wirtschaft bisher nicht – wie ursprünglich vorgesehen – in Höhe von 1,5 Milliarden, sondern nur in Höhe von ungefähr 1,2 Milliarden gezeichnet worden. Die Bundesländer werden von den zugesagten 500 Millionen DM Entwicklungshilfebeitrag im Jahre 1961 nur 250 Millionen und die restlichen 250 Millionen erst im Jahre 1962 zur Verfügung stellen. Von dem alten Aufbringungsplan über 4,135 Milliarden sind daher die 615 Millionen DM Bindungsermächtigungen und die 550 Millionen DM zu hoch veranschlagte Einnahmen abzusetzen, woraus sich für 1961 ein Betrag von 3 Milliarden aus öffentlichen Mitteln ergibt.

Zur Form der Mittelverwendung ist folgendes zu sagen. Der überwiegende Teil der bereitgestellten Gesamtsumme von rund 5 Milliarden wird für bilaterale Entwicklungshilfe verwendet, und zwar insgesamt 4¼ Milliarden. Hiervon sind 300 Millionen für Ausbildung und Beratung und 3,950 Milliarden für langfristige Finanzierungen in Entwicklungsländern bestimmt. Die restlichen 750 Millionen DM werden für die multilaterale Entwicklungshilfe der Bundesregierung verwendet, also für die Beiträge zum erweiterten Technischen Hilfsprogramm der Vereinten Nationen und zu deren Sonderfonds, für Beiträge zu Sonderorganisationen der Vereinten Nationen, für Beiträge zum EWG-Entwicklungsfonds für die überseeischen Länder und Hoheitsgebiete sowie für die Leistungen der Bundesrepublik auf ihren erhöhten Kapitalanteil an der Weltbank.

Nachdem die Grundsätze für die Vergabe von Entwicklungskrediten aufgestellt und auch die Voraussetzungen für eine Projektprüfung gegeben sind, rechnet die Bundesregierung damit, daß die bereitgestellten rund 5 Milliarden DM in den Jahren 1961 und 1962 zum überwiegenden Teil auch tatsächlich verausgabt werden. Natürlich kann die endgültige Höhe der Auszahlungen nicht genau vorhergesagt werden, weil hier eine Reihe von verschiedenen Faktoren, wie die Darbietung von Projekten durch die Entwicklungsländer selbst und anderes mehr, zu berücksichtigen sind.

Dieses Zweijahresprogramm der Bundesregierung stellt natürlich nur einen Teil der gesamten Entwicklungshilfe der Bundesrepublik dar, denn zu diesen Mitteln werden auch weiterhin bundesverbürgte Kredite der privaten Wirtschaft an Entwicklungsländer in einer erheblichen Größenordnung treten. Außerdem rechnet die Bundesregierung mit einem weiteren Ansteigen der privaten Kapitalinvestitionen in diesen Ländern. Ich habe bereits darauf hingewiesen, daß der Weltbank von der Deutschen Bundesbank im Jahre 1961 ein weiterer namhafter Betrag, nämlich 900 Millionen DM, aus dem im Sommer 1960 zugesagten Betrag von 1 Milliarde DM zur Verfügung gestellt wird.

Zu der Entwicklungshilfe von 5 Milliarden DM treten also erhebliche weitere Leistungen an Entwicklungsländer, die nach vorsichtiger Schätzung allein im Jahre 1961 einen Betrag von rund 2 Milliarden ausmachen dürften, hinzu. Diese Leistungen müssen hinzugerechnet werden, wenn man die Gesamtleistung der deutschen Volkswirtschaft für den Aufbau der Entwicklungsländer zutreffend würdigen will ...

Quelle: 3. Deutscher Bundestag, 159. Sitzung vom 5. 5. 1961, S. 9225–9230

138

Bericht der »Diplomatischen Korrespondenz« über die Verhandlungen des Indien-Konsortiums im Rahmen der Weltbanktagung, 2. Juni 1961

Am 2. Juni 1961 sind die Verhandlungen des Indien-Konsortiums im Rahmen der Weltbanktagung in einer entspannten und verständnisvollen Atmosphäre abgeschlossen worden. Das Ergebnis ist in jeder Hinsicht befriedigend. Die Zusagen und Auszahlungen für den indischen Fünfjahrplan decken Indiens Erfordernisse im ersten Planjahr nahezu vollständig, im zweiten Planjahr zu einem erheblichen Teil.

Die Indien-Konferenz hat zu Gesamtzusagen in Höhe von 2286 Mill. Dollar geführt. Darin sind folgende Erhöhungen gegenüber dem ersten Konferenzabschnitt enthalten: Bundesrepublik Deutschland 94 Mill. Dollar; Großbritannien 46 Mill. Dollar; Frankreich als neues Mitglied 30 Mill. Dollar; Kanada 20 Mill. Dollar. Die Zusagen der einzelnen Konsorten betragen daher jetzt: USA 1045 Mill. Dollar; Bundesrepublik Deutschland 425 Mill. Dollar; Weltbank und LDA 400 Mill. Dollar; Großbritannien 250 Mill. Dollar; Japan 80 Mill. Dollar; Kanada 56 Mill. Dollar; Frankreich 30 Mill. Dollar.

Alle Zusagen erreichten somit fast 90 % des auf indischen Angaben beruhenden und von einer US-Delegation errechneten und der Konferenz zur Deckung vorgeschlagenen Finanzierungsbedarfs (Zahlungsbilanzlücke plus Neuaufträge) für die ersten beiden Planjahre (2590 Mill. Dollar). Für die nach Abzug von Privatinvestitionen (300 Mill. Dollar) und von Ostblockkrediten (800 Mill. Dollar) verbleibende Finanzierungslücke für die gesamte Plandauer in Höhe von 4400 Mill. Dollar konnten also durch das Konsortium bereits im ersten Anlauf und schon drei Monate nach Beginn des Plans mehr als die Hälfte an Deckungsmitteln fest zugesagt werden. Die Höhe dieser Finanzierungsversprechen kann die freie Welt mit Stolz, die indische Regierung mit großer Zuversicht erfüllen.

Mit gleicher Zuversicht kann die indische Regierung die Bewältigung der Zahlungsbilanzschwierigkeiten in beiden ersten Planjahren erwarten, da folgende Auszahlungen vorgesehen sind: 1961/62: 526 Mill. Dollar; 1962/63: 743 Mill. Dollar; 1963/64 bis 1965/66:

1017 Mill. Dollar. Sie decken zusammen mit anderen Möglichkeiten, die Indien zur Verfügung stehen (IMF), das geschätzte Zahlungsbilanzdefizit 1961/62 von 684 Mill. Dollar zu mehr als 95 % und das für 1962/63 in Höhe von 884 Mill. Dollar bereits zu annähernd 85 %.

Die Mitglieder des Konsortiums bestätigen erneut ihr anhaltendes Interesse an dem indischen Wirtschaftsaufbau, was bedeutet, daß Indien zu gegebener Zeit mit weiterer Hilfe der Konsorten rechnen kann. Das Ergebnis der Konferenz ist daher sowohl im Hinblick auf die Devisenerfordernisse des ganzen Plans als auch auf die ersten beiden Planjahre ausgezeichnet.

Die Bundesrepublik Deutschland hat daran erheblichen Anteil. Sie hat jetzt ihre Zusagen gegenüber April fast um den gleichen Betrag erhöht, um den die übrigen Konsorten zusammen ihre Beiträge erhöhten. Der deutsche Beitrag ist nach dem der USA der größte und größer als der aller anderen Länder zusammengenommen. Die Bundesrepublik ist neben der Weltbank der einzige Kreditgeber, der Indien grundsätzlich frei verwendbare Finanzkredite gewährt (Ausnahme Rourkela-Komplex). Die deutschen Kreditbedingungen wurden erleichtert. In der Erwägung, daß ein Teil der Kredite der Finanzierung von Infrastrukturvorhaben dienen wird, werden der Zinssatz für ein Drittel der Auszahlung in den ersten beiden Jahren von $5^{1/2}$ auf 3 % gesenkt und die Freijahre von 5 auf 7 erhöht. Obwohl die Laufzeit der deutschen Kredite zur Zeit nicht auf mehr als 20 Jahre ausgedehnt werden kann, sind die deutschen Bedingungen nach denen, die die USA gewähren will, für Indien am günstigsten.

Die Bundesregierung hat die Bedeutung wesentlicher Hilfe an Indien voll erkannt. Sie ist in ihren Zusagen an Indien nun bis an die äußerste Grenze dessen gegangen, was sie im Hinblick auf die verfügbaren Mittel und auf die drängenden Wünsche so vieler anderer Entwicklungsländer tun konnte.

Quelle: Bulletin vom 6. 6. 1961, Nr. 101, S. 971

---

139   Das Schicksal der Deutschen im Osten

Bericht des Bundestagsabgeordneten Wenzel Jaksch vom 9. Juni 1961

Ergänzung zum schriftlichen Bericht des Ausschusses für auswärtige Angelegenheiten (Drucksache 2740) über den Antrag der Fraktionen der SPD und FDP zur Beratung der Großen Anfrage der Fraktion der FDP betr. Haltung der Bundesregierung auf der NATO-Konferenz am 16. Dezember 1957
und über den Antrag der Fraktion der SPD zur Großen Anfrage der Fraktion der SPD betr. die internationale Lage, die Sicherung Berlins und die Wiedervereinigung Deutschlands.

Die Schicksale der deutschen Bevölkerungen in Osteuropa und der Sowjetunion seit 1939

Der Ausschuß für auswärtige Angelegenheiten hatte in seinem Bericht – Drucksache 2740 – vom 31. Mai 1961, der sich mit den politischen und völkerrechtlichen Aspekten des Problems der Beziehungen zu den osteuropäischen Staaten und den damit verbundenen Problemen, wie z. B. den offenen Territorialfragen, heimatrechtlichen Erwägungen, wirtschaftlichen, kulturellen, humanitären und sozialen Problemen, befaßt, die einmütige Überzeugung hervorgehoben, daß auch das Schicksal der in den Vertreibungsgebieten zurückgebliebenen Deutschen in Betracht gezogen werden muß, wenn die Frage der Beziehungen zu den osteuropäischen Ländern objektiv beurteilt werden soll.

Der Ausschuß hat daher beschlossen, die ihm bei Anhörung der Vertreter von 20 Landsmannschaften und des zuständigen Sachbearbeiters des Deutschen Roten Kreuzes in der 8. Sitzung seiner Arbeitsgruppe am 9. Februar 1961 zugänglich gewordenen Materialien über die Schicksale der deutschen Bevölkerungen in Osteuropa und der Sowjetunion seit 1939 in der folgenden Berichterstattung gesondert vorzulegen.

Mit dem Zweiten Weltkrieg war in Osteuropa eine Völkerwanderung von gewaltigen Ausmaßen verbunden. Die Probleme der Beziehungen zwischen dem deutschen Volke und den Völkern Osteuropas müssen daher innerhalb des Gesamtbildes dieser beiden Katastrophen gesehen werden. Die ersten Schritte der Annäherung sollten der Bereinigung menschlicher Notstände gelten, die Krieg und Vertreibung hinterlassen haben. Aus dieser Erwägung heraus erfolgte durch die Arbeitsgruppe des Ausschusses für auswärtige Angelegenheiten über osteuropäische Fragen eine Anhörung von Vertretern der Landsmannschaften vertriebener Deutscher sowie der Suchdienstleitstelle des Deutschen Roten Kreuzes. Die in diesem Bericht festgehaltenen Bekundungen bedürfen einiger einleitender Hinweise. Vor allem muß die Ausgangsposition in Erinnerung gebracht werden.

Über die zahlenmäßige Stärke der deutschen Volkszugehörigkeit in den einzelnen Staaten Ost- und Südosteuropas sowie in den deutschen Ostgebieten geben die beiden statistischen Übersichten Auskunft. Aus ihnen geht hervor, daß dort bis zum Zweiten Weltkrieg eine seit Jahrhunderten beheimatete, also bodenständige deutsche Bevölkerung von insgesamt 18,3 Millionen lebte. Hiervon entfielen auf die deutschen Ostgebiete in den Grenzen von 1937 9,5 Millionen und auf Südost- und Osteuropa 8,8 Millionen.

Übersicht 1
Deutsche Bevölkerungen in den einzelnen Staaten Ost- und Südosteuropas vor dem Zweiten Weltkrieg

(1. September 1939)

Staat	deutsche Volksangehörige
Sowjetunion	1 423 000
Estland	17 000
Lettland	63 000
Litauen	52 000
Memelgebiet	118 000
Danzig	380 000
Polen	963 000 *
Tschechoslowakei	3 477 000
Ungarn	623 000
Rumänien	786 000
Jugoslawien	537 000
Bulgarien	5 000
Zusammen	8 852 000

* außerdem 408 000 Zweisprachige

Quelle: Die deutschen Vertreibungsverluste, herausgegeben vom Statistischen Bundesamt, Wiesbaden-Stuttgart 1959 (Beitrag über Polen von Prof. Dr. W. Kuhn)

Übersicht 2
Die Bevölkerung der deutschen Ostgebiete in den Grenzen von 1937 *

(Ergebnisse der Volkszählung vom 17. Mai 1939)

Gebiet	Gesamtbevölkerung Personen	davon waren	
		deutscher	nichtdeutscher
		Volkszugehörigkeit	
Ostpreußen	2 488 122	2 473 000	15 122
Ostpommern	1 895 230	1 883 700	11 530
Ostbrandenburg	644 834	642 000	2 834
Schlesien **	4 592 641	4 576 499	16 142
deutsche Ostgebiete	9 620 827	9 575 199	45 628

* Die Besiedlungsverhältnisse in den deutschen Ostgebieten werden nach dem Ersten Weltkriege durch die unter internationaler Kontrolle durchgeführten Volksabstimmungen in Ost- und Westpreußen sowie in Oberschlesien festgestellt und durch Volkszählungen vor der nationalsozialistischen Machtübernahme bestätigt. Für Deutschland stimmten in den Abstimmungsgebieten von

    Masuren (Allenstein) am 11. Juli 1920   97,8 v. H.
    Westpreußen (Marienwerder)
        am 11. Juli 1920   92,4 v. H.
    Oberschlesien am 20. März 1921   58,3 v. H.

Im Zuge der Teilung Oberschlesiens verblieben die west-oberschlesischen Gebiete beim Deutschen Reich, in denen sich 71,2 v. H. der Stimmberechtigten für Deutschland und 28,8 v. H. für Polen erklärt hatten (Journal Officiel de la Haute Silésie Nr. 21 vom 7. Mai 1939). Anläßlich der Volkszählung des Jahres 1925 wurden in Deutsch-Oberschlesien 11 v. H. polnischsprachige und 27 v. H. doppelsprachige Einwohner gezählt. Bei den letzten freien Wahlen in den deutschen Ostgebieten (am 6. November 1932 zum Deutschen Reichstag) wurden 0,37 v. H. aller gültigen Stimmen für die polnischen Listen abgegeben.

** Nieder- und Oberschlesien — soweit ostwärts der Oder-Neiße-Linie — und Ostteil des sächsischen Stadt- und Landkreises Zittau

Quelle: Mitteilungen des Statistischen Bundesamtes vom 21. Februar 1959

Diese Zahlen lassen erkennen, daß das deutsche Volk bis zum Zweiten Weltkrieg breite menschliche Berührungsflächen mit fast allen Völkern Osteuropas aufzuweisen hatte. Sie zeigen ferner, daß in den deutschen Ostgebieten eine kompakte deutsche Bevölkerung von fast 10 Millionen Menschen wohnte.

Das deutsch-sowjetische Abkommen vom 23. August 1939 leitete tiefgehende strukturelle Veränderungen in Osteuropa ein. Es war der Ausgangspunkt einer Reihe von Verträgen zwischen dem Deutschen Reich einerseits, der Sowjetunion und den baltischen Staaten andererseits über die Umsiedlung deutscher Volksgruppen. Im Zuge der Durchführung dieser Verträge wurden die deutschen Volksgruppen aus den baltischen Ländern, aus Ostpolen (Wolhynien, Bukowina und Dobrudscha) umgesiedelt. Ähnliche Umsiedlungen fanden aus den ehemals österreichischen Teilen Jugoslawiens (Bosnien und Gottscheer Sprachinsel) statt. Insgesamt betrafen diese Maßnahmen etwa 800 000 Volksdeutsche, die zum Teil in besetzten polnischen Staatsgebieten angesiedelt, zum anderen Teil mit dem Versprechen einer späteren Ansiedlung in die Kriegswirtschaft des Dritten Reichs eingegliedert wurden. Dazu kamen noch weitere Gruppen deutscher Kolonisten aus der Sowjetunion, zusammen rund 300 000 Personen, die im Anschluß an die deutsche Besetzung Südrußlands nach Deutschland evakuiert wurden. Diese Umsiedler aus der Sowjetunion und aus verschiedenen osteuropäischen Ländern erhielten im Dritten Reich die deutsche Staatsangehörigkeit. Die wehrfähigen Männer dieser Bevölkerungsteile wurden damit automatisch zum Dienst in der deutschen Wehrmacht verpflichtet.

Ungeachtet des überwiegend vertragsmäßigen Ausgangspunktes dieser Umsiedlungen hat die Sowjetunion nach dem Kriege die Deutschen aus den baltischen Ländern und aus altsowjetischen Gebieten wieder als Sowjetbürger reklamiert. Dies war der Ursprung zahlreicher humanitärer Probleme, die durch die Herstellung diplomatischer Beziehungen zwischen der Bundesrepublik und der Sowjetunion 1955 erneut aufgeworfen wurden und die bisher nur in geringem Umfange bereinigt werden konnten. Vielfach sind diese Umsiedler in ihren neuen Wohnsitzen von den vordringenden sowjetischen Armeen überrollt worden. Soweit sich solche Umsiedler nach dem Kriege in den westlichen Besatzungszonen befanden, wurden sie in vielen Fällen von den Westmächten an sowjetische Behörden ausgeliefert und nach Rußland zurückgebracht. Sie teilten dort das Schicksal der Wolgadeutschen und anderer Teile der europäischen und kaukasischen Rußlanddeutschen, die während des Krieges von der Sowjetregierung deportiert und in Internierungslagern und Sondersiedlungen festgehalten wurden. Unter der Beschuldigung, während des Krieges die Okkupanten unterstützt und einen Aufstand vorbereitet zu haben, wurden sie diesen kollektiven Strafmaßnahmen unterworfen.

Nach der sowjetischen Volkszählung von 1959 beträgt die Zahl der heute in der Sowjetunion lebenden deutschen Volkszugehörigen 1,62 Millionen, doch befinden sich darunter mindestens 400 000 Deutsche, die aus Gebieten stammen, die nicht zur Sowjetunion in den Grenzen von 1937 gehören [1].

Mit dieser Tragödie der Volksdeutschen, welche Hitler den Eroberungszielen seiner Ostpolitik opferte, ist das spätere Schicksal der Ostdeutschen, Sudetendeutschen, Ungarn-, Rumänien- und Jugoslawiendeutschen eng verbunden. Aus den Begleitumständen der Kriegsbeendigung ergeben sich weitere Zusammenhänge. Die Schlußphase des Zweiten Weltkrieges und das unmittelbar darauf folgende Geschehen vor den Ostgrenzen Deutschlands und in Ost- und Mitteldeutschland haben im Weltbewußtsein nur geringe Spuren hinterlassen. Die Überrollung des östlichen und mittleren Deutschland durch sowjetische Armeen, das Schicksal der Zivilbevölkerung von Ostpreußen, Danzig, Pommern, Ostbrandenburg und Schlesien, die Haß- und Vergeltungswellen gegen die Deutschen des »Protektorats Böhmen und Mähren«, Polens und Jugoslawiens sind historische Vorgänge, die bis in die Gegenwart nachwirken. Zu den Millionen von Zivilpersonen, die zuvor aus brennenden Städten oder vor den herannahenden Armeen geflüchtet waren, gesellten sich nach dem Waffenstillstand die Elendszüge von Sudetendeutschen und Ostdeutschen, die z. T. vor den Potsdamer Beschlüssen aus ihren angestammten Wohnsitzen wahllos vertrieben worden waren. Das alles hat seinerzeit Winston Churchill als ein »Drama von ungeheuren Ausmaßen« bezeichnet. Bis heute jedoch werden diese Vorgänge von der Weltöffentlichkeit kaum gesehen und gewertet. Das Weltgewissen hat weder die Schreckenszahl von 2,1 Millionen deutschen Vertreibungstoten registriert noch das Schicksal von 800 000 deutschen Zivilverschleppten, die nach dem Kriege vom Balkan bis Mitteldeutschland zur Zwangsarbeit in die Sowjetunion geschafft wurden. Kein lebendiges Rechtsgefühl wandte sich den mehr als zwei Millionen Deutschen zu, die in den Vertreibungsgebieten als Menschen ohne Menschenrechte zurückblieben. Im Bewußtsein der Völker haben sich die nationalsozialistischen Verletzungen der Menschenrechte viel stärker eingeprägt als das Vertreibungsdrama nach dem Kriege. Das ist angesichts der furchtbaren Verbrechen des Hitlerregimes verständlich, aber die Gerechtigkeit verlangt, daß wenigstens anderthalb Jahrzehnte später auch die andere Seite gesehen und gewertet wird.

Eine objektive Beurteilung der schwierigen Aufgaben der deutschen Demokratie bei der Vorbereitung eines dauerhaften Friedens mit den Völkern Osteuropas erfordert es, auch die Summe der Leiden zu sehen, die die Verbrechen Hitlers dem deutschen Volke selbst zugefügt haben. Die Zusammenfassung der Berichte der einzelnen Landsmannschaften, die der Arbeitsgruppe des Ausschusses für auswärtige Angelegenheiten unterbreitet wurden, erfolgt nicht zum Zwecke einer sinnlosen »Aufrechnung« von Kriegs- und Nachkriegsverbrechen, sondern im Streben nach Gerechtigkeit und Menschlichkeit.

1. Die Lage der deutschen Bevölkerung in den unter polnischer Verwaltung stehenden deutschen Ostgebieten

In den polnisch verwalteten deutschen Ostgebieten leben gegenwärtig noch immer mehr als 1,2 Millionen Menschen, die von den Polen als Autochthone bezeichnet werden, da sie dort bodenständig und seit alters her beheimatet sind. Es handelt sich hier um Angehörige des ehemaligen Deutschen Reichs, die immer noch die deutsche Staatsangehörigkeit besitzen und sich zum weit überwiegenden Teil zum Deutschtum bekennen. Nach deutschem Recht sind sie deutsche Staatsbürger. Hiervon leben im südlichen Teil Ostpreußens über 100 000 (Deutsche und deutsch gesinnte Masuren), in Ostpommern mindestens 60 000 und in Ostbrandenburg etwa 5 000 Personen. Obwohl in den Jahren 1950 bis 1960 allein etwa 75 000 Deutsche aus Niederschlesien in die Bundesrepublik Deutschland ausgesiedelt wurden, dürften sich auch dort noch mehrere tausend Deutsche befinden.

Hingegen stellt die Lage in Oberschlesien ein Sonderproblem dar, das in diesem Bericht noch erörtert werden wird.

Diese zurückgehaltenen deutschen Volksteile leben unter außerordentlich schwierigen Umständen. Der Druck der staatlich gelenkten Entnationalisierung und die Verweigerung des bescheidensten kulturellen Eigenlebens werden als schwere Belastung empfunden. Für die Kinder der »Autochthonen« gibt es keine Ausbildungsmöglichkeit in ihrer Muttersprache. Seit zwei Jahren ist nicht einmal die Zusendung von deutschen Fibeln und anderen Lehrbehelfen mehr zugelassen. Auch die kirchliche Betreuung der deutschen Bevölkerungsteile ist bis auf Gefälligkeitsdienste des polnischen Klerus unterbunden.

Obwohl Polen in den letzten Jahren in den Fragen der Familienzusammenführung und der Aussiedlung Deutscher das größte Entgegenkommen unter allen Ostblockstaaten gezeigt hat, sind noch immer zahlreiche unerfüllte Wünsche und menschliche Notstände zu verzeichnen, 195 000 Anträge auf Familienzusammenführung und Auswanderung sind zur Zeit unerledigt. Darunter befinden sich die Fälle von 2200 Ehefrauen, die seit dem Kriege von ihren Männern getrennt sind. 11 000 seinerzeit zurückgelassene Kinder, die Eltern oder Angehörige in der Bundesrepublik haben, warten ebenfalls noch auf die Ausreisebewilligung. Die diesbezüglichen Vereinbarungen zwischen dem Polnischen und dem Deutschen Roten Kreuz können nicht zügig durchgeführt werden, weil die polnischen Behörden seit Anfang 1960 nur 500 bis 700 Personen monatlich die Ausreise gestatten.

In den ersten drei Monaten des Jahres 1961 sind aus den polnisch besetzten deutschen Ostgebieten wieder 1 706 Deutsche in das Bundesgebiet gekommen; im Jahre 1960 waren es im ganzen 6 126 Deutsche. Schon diese Tatsachen beweisen, daß die amtlichen polnischen Angaben über die in den deutschen Ostgebieten zurückgebliebene deutsche Bevölkerung – 1959 wurde behauptet, daß sich im gesamten polnischen Staats- und Verwaltungsbereich nur noch 3 000 Deutsche befunden hätten – nicht der Wahrheit entsprechen können.

Die Auswahl der Fälle erfolgt seit dem Abschluß der größeren Umsiedlertransporte durch die regionalen Milizbehörden, wodurch die Berücksichtigung krasser menschlicher Notstände dem Zufall der örtlichen Einsichten überlassen wird. Nach den vorliegenden Informationen würde die Zahl der Anmeldungen zur Auswanderung Deutscher aus den polnisch verwalteten Gebieten mindestens das Dreifache der vorliegenden 195 000 Anträge betragen, wenn die bloße Antragstellung nicht mit der Gefahr des Verlustes des bisherigen Arbeitsplatzes verbunden wäre. Hingegen scheint der in zurückliegenden Jahren sehr fühlbar gewesene Mangel an Medikamenten in Polen weitgehend behoben zu sein.

Ein offenes Problem stellt eine auf mindestens 80 000 Menschen geschätzte Anzahl von Kriegsversehrten und Kriegshinterbliebenen dar, die nach deutschem Recht Anspruch auf Kriegsopferversorgung haben. Besonders schwere Härtefälle, die sich aus dem Mangel an

Prothesen ergaben, konnten durch karitative Hilfsmaßnahmen gelindert werden. Lebhafte Beschwerde wird über die Zwangseinbürgerungen geführt, durch die junge Deutsche zum Wehrdienst in der polnischen Armee gezwungen werden. Insgesamt ist mit etwa 800 000 strittigen Staatsbürgerschaftsfällen zu rechnen, in denen nach deutschem Recht ein Anspruch auf die Ausstellung deutscher Pässe besteht.

Deutsche, die sich zur Auswanderung in die Bundesrepublik gemeldet haben, sind Objekt der Propaganda des konsularischen Personals des SBZ-Regimes, das Pässe für Reisen in die sowjetische Besatzungszone anbietet. Zu diesem Zwecke werden von SBZ-Vertretern Sprechstunden in den einzelnen Dörfern abgehalten. Es besteht unter der verbliebenen deutschen Bevölkerung daher ein lebhaftes Bedürfnis nach konsularischer Betreuung durch die Bundesrepublik.

Als besondere Härte wird die Erschwerung des Paketverkehrs aus der Bundesrepublik verzeichnet. Vielfach können die Adressaten wegen der hohen Zollgebühren die Pakete nicht in Empfang nehmen. Deutsche Paketempfänger werden auch von kommunistischen Funktionären in ihren Wohnungen aufgesucht, um sie zu einem Verzicht auf weitere Hilfssendungen zu bewegen. Im Januar 1961 ist eine 34jährige deutsche Einwohnerin von Stolp in Pommern, Frau E. Spadeck, zu zweieinhalb Jahren Gefängnis verurteilt worden, weil sie Briefe »ins Ausland« (wahrscheinlich in die Bundesrepublik) gesandt hat, in denen sie um Zusendung von gebrauchten Kleidungsstücken bat. Es wurde ihr bei der Gerichtsverhandlung vorgeworfen, daß sie in diesen Briefen von Arbeitslosigkeit und Wohnungsnot berichtete und damit »die Volksregierung geschmäht« habe. Die Arbeitsgruppe des Ausschusses für auswärtige Angelegenheiten wurde auch auf eine Artikelserie in der Danziger Tageszeitung »Glos Wybrzeza« vom November 1960 hingewiesen, worin der Journalist Stanislaw Mejewski unter dem Titel »Paketaktion« eine Kampagne gegen die Empfänger von Paketen aus der Bundesrepublik führte. In diesen Artikeln wurde sogar die Briefstelle einer Paketempfängerin kritisiert, die in einem Dankbrief an die Absender geschrieben hatte: »Vor Freude habe ich geweint.« Es liegen hier unzweifelhaft diskriminierende Maßnahmen und Handlungen gegen die deutsche Bevölkerung vor, zumal die Anzahl von jährlich etwa 60 000 Paketen aus der Bundesrepublik gegenüber den 600 000 bis 800 000 Paketsendungen aus USA an Nationalpolen nicht ins Gewicht fällt. Von den ostdeutschen Landsmannschaften wird darauf hingewiesen, daß die geschilderten Notstände eine durch nichts gerechtfertigte Erschwerung des Schicksals der in der Heimat verbliebenen deutschen Bevölkerung bedeuten. Ihre Angehörigen in der Bundesrepublik sind in ihrer Hilfeleistung behindert. Die Lösung solcher humanitärer Probleme würde dem Gedanken der Völkerverständigung und der Normalisierung der Beziehungen zwischen Polen und der Bundesrepublik Deutschland dienen. Sie entspräche außerdem dem Geist und Wortlaut der von den Vereinten Nationen beschlossenen Konvention der Menschenrechte.

2. Die Situation in Oberschlesien

In der Provinz Oberschlesien in den Grenzen von 1937 ist die Mehrheit der alteingesessenen Bevölkerung nach der Besetzung zurückgeblieben. Ihre Zahl hat seither, besonders durch die Familienzusammenführung, abgenommen, dürfte aber noch an 700 000 Menschen betragen. Der Vergleich der deutschen und der polnischen Volkszählungsergebnisse für die Provinz Oberschlesien ergibt, daß trotz des relativ hohen natürlichen Zuwachses der dortigen bodenständigen Bevölkerung die Einwohnerzahl seit der Vorkriegszeit stationär geblieben ist. Die einschlägigen Zahlen sind im Hinblick auf die gegenwärtige Aufgliederung der Bevölkerung aufschlußreich.

Die Bevölkerungszahl in der Provinz Oberschlesien in den Grenzen von 1937
Deutsche Volkszählung vom 17. Mai 1939   1 563 925 Einwohner
Polnische Zahlen nach dem Stande vom 31. Dezember 1957   1 418 307 Einwohner
(Fortschreibungen)

Einen Maßstab für den Anteil der deutschen Bevölkerung bietet die Unterscheidung der
polnischen Volkszählung vom Dezember 1950 zwischen »Autochthonen« und zugezogener
Bevölkerung. Unter den »Autochthonen« versteht die polnische Statistik die am 1. September 1939 bereits ansässig gewesene Bevölkerung einschließlich ihrer direkten Nachkommen.
Daneben wurden 1950 noch »Umsiedler« aus Innerpolen und »Repatrianten« aus den an
die Sowjetunion abgetretenen Gebieten und aus der Sowjetunion gesondert gezählt. Daraus
ergab sich folgende Aufgliederung:

Autochthone	786 000
Umsiedler	298 000
Repatrianten	268 000.

Der heutige Stand der bodenständigen deutschen Bevölkerung in der Provinz Oberschlesien läßt sich nach den Herkunftsgebieten der Aussiedler bemessen, die in den Jahren
1957, 1958, 1959 und 1960 in die Bundesrepublik übersiedelten. Von insgesamt 207 074
Personen, die im Rahmen dieser Transporte ausreisen konnten, kamen 99 173 aus der
Provinz Oberschlesien, 22 914 aus dem eigentlichen Polen und der Rest aus anderen ostdeutschen Gebieten. Man kann also damit rechnen, daß unter Berücksichtigung des natürlichen Bevölkerungszuwachses seit 1955 in der Provinz Oberschlesien noch an 700 000
deutsche Staatsangehörige wohnen, die sich ganz überwiegend zum deutschen Volkstum
bekennen. Die Maßnahmen der polnischen Verwaltung zielen darauf hin, diese deutsche
Volksgruppe zu entnationalisieren. Diesem Ziel dient vor allem der Zwang zum Besuch
ausschließlich polnischer Schulen und die Zurückdrängung der noch immer weitverbreiteten deutschen Sprache.

Zahlreiche Berichte weisen darauf hin, daß zwischen der deutschen Bevölkerung und den
nationalpolnischen Umsiedlern und Repatrianten ein gutes Verhältnis herrscht. Für die
Vorgänge in der Bundesrepublik besteht in Erinnerung an die deutsche Sozialkultur und
Gewerkschaftsarbeit in Oberschlesien reges Interesse.

Auch in Polnisch-Oberschlesien nach den Grenzen von 1937 sind noch Angehörige der
deutschen Volksgruppe zurückgeblieben. Ihre Zahl dürfte sich mit jener des polnischstäm-
migen Elements in Deutsch-Oberschlesien – soweit es zu den Autochthonen gezählt wurde –
ausgleichen. Nach diesen Angaben bietet gerade die deutsche Provinz Oberschlesien in den
Grenzen von 1937 das Bild einer zielbewußten Entnationalisierung einer starken deutschen
Bevölkerungsgruppe. Ohne die negativen Einwirkungen des herrschenden Regimes wären
in Oberschlesien die Voraussetzungen für nationale Zusammenarbeit und künftige Verständigung zwischen Deutschen und Polen gegeben.

Die hinsichtlich der anderen ostdeutschen Gebiete erwähnten Beschwerden über eine
inhumane Einschränkung der Familienzusammenführung, der Auswanderung und des
Paketverkehrs treffen auch auf Oberschlesien zu.

3. Die Deutschen in Polen

Im Westteil des polnischen Staatsgebiets innerhalb seiner Vorkriegsgrenzen leben heute
noch an 300 000 Deutsche, von denen die große Mehrheit den Zweisprachigen zugezählt
werden muß. Der Großteil dieser Zweisprachigen befindet sich in Ost-Oberschlesien.

Besonders traurig wird die Lage der alten Menschen ohne ausreichende Versorgung geschildert, die von ihren Angehörigen in West- und Mitteldeutschland nicht genügend unterstützt werden können. Von der Landsmannschaft der Weichsel- und Warthedeutschen wurden die bescheidenen Wünsche nach Erleichterung des Paket- und Besuchsverkehrs sowie nach Fortsetzung der Familienzusammenführung angemeldet.

4. Die Nationalitätenpolitik in der ČSSR

Die Zahl der noch in der Tschechoslowakei zurückgehaltenen Deutschen wird nach dortigen amtlichen Statistiken mit 163 000 beziffert, dürfte jedoch nach vorliegenden Anhaltspunkten 200 000 übersteigen. In den Gebieten des Braunkohlenbergbaues, der Gablonz-Haidaer Glasindustrie und im Egerland existieren noch zusammenhängende Gruppen der deutschen Bevölkerung, denen allerdings bis auf einige unter kommunistischer Leitung stehende private Kulturgruppen jedes kulturelle Eigenleben versagt wird. Schon in einem Bericht der »Föderalistischen Union Europäischer Volksgruppen« vom Februar 1959 wurde diese Diskriminierung der deutschen Volksgruppe in der Tschechoslowakei beanstandet. Seither hat eine neue Verfassung der ČSSR diese kulturelle Entrechtung einer hauptsächlich aus Facharbeitern und Bergleuten bestehenden deutschen Volksgruppe gesetzlich verankert, während anderen Volksgruppen (Ukrainern, Magyaren, Polen) ein kulturelles Eigenleben gesichert wird [2]. Im Paketverkehr mit der ČSSR wird ebenfalls die Einfuhr von Fibeln und sonstigen Lehrbehelfen in deutscher Sprache unterbunden.

Dessenungeachtet liegen aus der Tschechoslowakei noch 51 385 unerledigte Anträge auf Auswanderung in die Bundesrepublik vor, darunter 11 182 Fälle von Familienzusammenführungen und Härtefallregelungen. Wäre die Einbringung von Ausreiseanträgen nicht länger mit persönlichen Nachteilen verbunden, so würde sich nach verläßlichen Berichten das Bestreben nach Ausreise in die Bundesrepublik auf die Mehrheit der in der ČSSR lebenden Deutschen ausdehnen.

Von der sudetendeutschen Landsmannschaft werden eigene Radiosendungen von westdeutschen Rundfunkstationen für die Ostblockstaaten als eine wirksame Form der geistigen und moralischen Hilfe an die dort zurückgehaltenen Deutschen bezeichnet. Als Positivum ist anzuführen, daß es im Verlaufe von zehn Jahren nach Überwindung mannigfacher Schwierigkeiten den westdeutschen Sozialversicherungsträgern gelungen ist, den größten Teil der Versicherungsunterlagen der vertriebenen Sudetendeutschen aus der Tschechoslowakei zu besorgen. Bis zum 31. Dezember 1960 konnten 245 243 Originalunterlagen aus der ČSSR entgegengenommen und weitere 25 898 Fälle, bei denen kein Versicherungsverhältnis vorlag, geklärt werden. Im selben Zeitraum wurden 387 544 Anforderungen gestellt, so daß Anfang 1961 noch 116 403 Fälle unerledigt sind. Diese Ziffern beleuchten auch das Ausmaß der sozialpolitischen und rechtlichen Probleme, die nach den Vertreibungen übriggeblieben sind.

Von den 150 000 Deutschen in der Slowakei, deren Vorfahren über 800 Jahre dort gelebt haben, befinden sich noch etwa 20 000 Menschen im Lande. Hie und da singt noch eine Kulturgruppe deutsche Lieder. Darüber hinaus ist jedes freie Kulturleben unterbunden. Das Verhältnis dieser 20 000 Deutschen zur slowakischen Bevölkerung wird als ausgezeichnet geschildert.

5. Die deutschen Volksgruppen in Ungarn

Der in Ungarn verbliebene größere Teil der dortigen deutschen Volksgruppen – an 300 000 Menschen – war nach dem Abschluß der Austreibungen einem starken Entnationalisierungsdruck ausgesetzt. Seit den Vorgängen im Oktober 1956 ist allerdings eine gewisse

Stabilisierung des deutschen Schulwesens und des deutschen Sprachunterrichts zu verzeichnen. Kontakte durch Besuchsreisen aus Österreich und der Bundesrepublik sind relativ wenig behindert. Paketsendungen werden großzügiger behandelt als in anderen Ostblockländern. Literatursendungen und Spenden an gottesdienstlichen Hilfsmitteln werden ebenfalls zugelassen. Amtliche Unterlagen und Dokumente können in der Regel besorgt werden. Insgesamt bewerben sich noch 4 000 Ungarndeutsche um Ausreise in die Bundesrepublik, davon sind 1 800 Fälle von Familienzusammenführung.

6. Die Deutschen in Jugoslawien

Von dieser Volksgruppe, die vor dem Kriege über eine halbe Million Menschen zählte, sind fast 150 000 Opfer der Nachkriegsereignisse zu beklagen. Der Ausreise der dort verbliebenen Deutschen in die Bundesrepublik wurden relativ wenig Schwierigkeiten entgegengesetzt. Es dürften daher nur noch wenig mehr als 5 000 Jugoslawiendeutsche auf die Ausreise nach Westdeutschland warten. Die vollständige Enteignung der Deutschen nach dem Kriege ließ in Jugoslawien ebenso wie in anderen Ländern vermögensrechtliche Fragen offen. – Vorläufig ist noch keine Gräberpflege möglich, wie sie etwa in Polen oder der ČSSR durch Hilfseinrichtungen gestattet ist. Gegenüber den Völkern Jugoslawiens, mit denen die dortigen Deutschen in guter Nachbarschaft leben, besteht noch eine ausgesprochen positive Einstellung der Vertriebenen.

7. Die Deutschen in Rumänien

Es wird hervorgehoben, daß Rumänien nach dem Kriege keine Ausschreitungen gegen Deutsche erlebt hat. Rumänien selbst hat auch keine Austreibungen durchgeführt, wohl aber eine generelle Enteignung der Deutschen, die in Siebenbürgen seit 800 Jahren einen konstituierenden Bestandteil der dortigen Bevölkerung bildeten. Das entwurzelte Freibauerntum Siebenbürgens und die einst wohlhabende bäuerliche Bevölkerung des Banat sind in die Industrie abgedrängt worden. Im Handwerk wurden auch Einmannbetriebe enteignet. Dadurch ist eine früher zu 75 % bäuerliche Volksgruppe proletarisiert worden, bildet aber mit ihrer anerkannten wirtschaftlichen Tüchtigkeit noch immer ein wichtiges Element im Lande.

Einen schweren Aderlaß für die deutsche Volksgruppe in Rumänien bedeuteten die von der Sowjetregierung veranlaßten Deportationen in die Sowjetunion, von denen an 100 000 junge Deutsche, vor allem junge Frauen und Mädchen, betroffen wurden; ein großer Teil der Deportierten kehrte erst Anfang der fünfziger Jahre zurück.

Die Zahl der noch in Rumänien lebenden Deutschen wird mit rd. 400 000 angegeben. Davon sind etwa 180 000 Siebenbürger Sachsen und 220 000 Banater. In der Bundesrepublik befinden sich Angehörige dieser Volksgruppen, soweit sie vor den anrückenden russischen Truppen geflohen sind oder von der deutschen Wehrmacht aus Nordsiebenbürgen evakuiert wurden. Es wird betont, daß der größte Teil der noch in Rumänien lebenden Deutschen nach Deutschland auswandern möchte. Die Landsmannschaften der Banater Schwaben und der Siebenbürger Sachsen bejahen die Aufnahme diplomatischer oder sonstiger Beziehungen mit Rumänien, »wenn dieser Schritt im gesamtdeutschen Interesse liegt«, weil sie sich davon eine Erleichterung der Lage der dortigen Deutschen versprechen. Es sollte auch angestrebt werden, daß die Volksdeutschen, die aus Rumänien in die Bundesrepublik übersiedeln wollen, sich durch die Anmeldung zur Auswanderung keiner rumänischen Verfolgung aussetzen. Die Zahl der bisher vorliegenden 28 799 Anträge für Auswanderung ist deshalb relativ gering, weil die Antragstellung bisher mit wirtschaftlichen Nachteilen, vielfach auch mit dem Verlust des Arbeitsplatzes verbunden war. In der genannten Anzahl von Anträgen befinden sich 13 214 von Familienzusammenführungen und Härtefallregelungen. Im Rahmen dieser Bestandsaufnahme kam auch zur Sprache, daß sich in der rumänischen Südbukowina noch immer 4 000 Angehörige der einstmals blühenden deutschen Volksgruppe dieses östlichen österreichischen Kronlandes (Buchenlanddeutsche) befinden. Zur dortigen rumänischen und ukrainischen Bevölkerung bestehen noch immer die traditionell guten Beziehungen, auch von seiten der in der Bundesrepublik lebenden Buchenlanddeutschen. Rumänien ist das einzige Ostblockland, das unter den ausgewanderten Deutschen eine Rückkehrpropaganda entfaltet. Umsiedler können über die SBZ wieder in die alte Heimat zurückkehren, wo sie allerdings grundlegend veränderte Verhältnisse vorfinden.

8. Die Deutschen aus den baltischen Ländern und der Sowjetunion

Die Härte des Schicksals der von Hitler mißbrauchten deutschen Volksgruppen wurde in den Berichten über den Leidensweg der Deutschen aus den baltischen Ländern sichtbar. Durch die eingangs geschilderten Umsiedlungen, Rücksiedlungen und Verschleppungen haben die Deutschen Litauens, Estlands und Lettlands Verluste bis zu einem Drittel ihrer Gesamtzahl erlitten. Von den 52 000 Litauendeutschen leben noch etwa 4 000 in der alten Heimat. Zu den ehemaligen Mehrheitsvölkern in den baltischen Staaten – besonders zu ihren Emigrationen – formten sich unter dem Eindruck gemeinsam erlittener Katastrophen gute Beziehungen. Vielfach wurden z. B. nach dem Kriege zwangsrepatriierte Deutsche in einem Zustand völliger Erschöpfung von ihren litauischen, lettischen oder estnischen Nachbarn gastfreundlich aufgenommen.

Tragisch war das Schicksal der Rußlanddeutschen, die durch Kriegsvorgänge und -folgen und durch die Deportation der Bevölkerung der deutschen Siedlungsgebiete des europäischen und kaukasischen Raumes nach Sibirien (Omsk-Tomsk) und in die zentralasiatischen Sowjetrepubliken (Kasachstan) schätzungsweise 300 000 Menschen verloren haben. Vielfach wurden die Männer von ihren Familien getrennt und unter härtesten Bedingungen zur Zwangsarbeit angehalten.

Nach der Aufnahme diplomatischer Beziehungen zwischen der Bundesrepublik und der Sowjetunion gewährte ihnen die Sowjetregierung verschiedene Erleichterungen. Durch ein Dekret des Obersten Sowjet vom 28. September 1955 »Über die vorzeitige Befreiung der deutschen Staatsbürger, die von den Gerichtsorganen der UdSSR für Verbrechen gegen die Völker der Sowjetunion während des Krieges bestraft wurden« sind die über die deutsche Volksgruppe verhängten Kollektivstrafen gemildert worden. Ein weiteres Dekret vom 13. Dezember 1955 gewährte eine Amnestie für Sowjetbürger, »welche während des Großen Vaterländischen Krieges von 1941 bis 1945 die Okkupanten unterstützt haben«. Auf Grund dieser Maßnahmen konnten die Rußlanddeutschen die bisherigen Straflager und Internierungsorte verlassen, durften aber nicht in ihre alten Wohnorte zurückkehren. Trotzdem gelang in vielen Fällen eine Vereinigung der seit den Deportationen zerrissenen Familien. Besonders in den Aufbaugebieten Innerasiens strömten dann viele Rußlanddeutsche zusammen. Für sie werden neuerdings auch in Alma Ata deutsche Sendungen ausgestrahlt, außerdem dürfen wieder deutsche Zeitungen kommunistischen Inhalts gedruckt werden, und auch Anfänge gottesdienstlicher Betreuung sind zu verzeichnen. Das Drama der Rußlanddeutschen bildet ein wesentliches Element in der Gestaltung der Beziehungen zwischen der Bundesrepublik und der Sowjetunion. In der Bundesrepublik leben etwa 80 000 Rußlanddeutsche. Von diesen 20 000 Familien hat noch jede dritte einen nächsten

Angehörigen (Eltern, Kinder oder einen Ehegatten) in der Sowjetunion. Unter diesen Voraussetzungen sind bisher bei der Deutschen Botschaft in Moskau rd. 90 000 Anträge auf Rückführung nach Deutschland gestellt worden. Eine weitere Anzahl solcher Anträge ist beim Deutschen Roten Kreuz eingelaufen. Die wegen dieser humanitären Probleme von der Deutschen Botschaft geführten Verhandlungen gipfelten in der Unterzeichnung eines deutsch-sowjetischen Abkommens am 8. April 1958 über die Rückführung und Familienzusammenführung, deren Verwirklichung zur Berichtszeit noch Gegenstand eines weiteren Meinungsaustausches zwischen Bonn und Moskau ist. Von 1958 bis 1960 wurden fast 13 000 Deutsche aus der Sowjetunion in die Bundesrepublik entlassen.

Die menschliche Problematik hinter der Aufgabe einer Normalisierung der Beziehungen mit den Ostblockstaaten wird im Falle der Sowjetunion durch die folgenden Angaben der Suchdienst-Leitstelle des Deutschen Roten Kreuzes charakterisiert:

1. Es liegen dem Deutschen Roten Kreuz z. Z. 193 400 unerledigte Anträge auf Unterstützung von Ausreisebegehren aus der Sowjetunion in die Bundesrepublik Deutschland vor.

2. Davon stammen 11 400 von Angehörigen der Gruppe A, d. h. von Deutschen, die am 21. Juni 1941 bereits die deutsche Staatsangehörigkeit besaßen und sich deshalb auf die Regierungsvereinbarungen vom 8. April 1958 beziehen können. 13 500 Angehörige dieser Gruppe haben bereits Ausreisegenehmigung erhalten. Die Herstellung diplomatischer Beziehungen zur Sowjetunion hat also, weil sie Regierungsverhandlungen über Repatriierung möglich machte, für diese Gruppe tatsächlich eine konkrete Bedeutung gehabt.

3. 182 000 Anträge stammen von anderen in der Sowjetunion festgehaltenen Deutschen, und zwar ausnahmslos von Rußlanddeutschen. Für diese enthält die Regierungsvereinbarung keine konkrete Zusage, sondern nur das allgemeine Bekenntnis beider Regierungen zum Prinzip der Familienzusammenführung. Tatsächlich sind seit Abschluß der Regierungsverhandlungen vom April 1958 bis zur Vorlage dieses Berichtes nur ca. 400 Personen aus dieser großen Gruppe zur Ausreise in die Bundesrepublik gekommen (und zwar in Auswirkung der Anträge, die das Deutsche Rote Kreuz an das Sowjetische Rote Kreuz geschickt hat).

4. Von den 182 000 Deutschen in der Sowjetunion, deren Aussiedlungsanträge noch unerledigt sind, sind 152 000 sogenannte Administrativumsiedler: Personen, die während des Krieges nach Deutschland umgesiedelt und in Deutschland eingebürgert wurden und nach unseren Gesetzen also heute noch deutsche Staatsangehörige sind. Für diesen Personenkreis besteht damit also eine Sorgepflicht der Bundesregierung. Die Bundesregierung hat aber nur begrenzte Möglichkeiten, dieser Pflicht nachzukommen, weil diese Menschen von der Sowjetunion als Sowjetbürger angesehen werden.

5. Die übrigen 30 000 Personen, die Anträge gestellt haben, sind nichtumgesiedelte Sowjetbürger deutscher Volkszugehörigkeit. Allerdings haben 14 600 dieser Antragsteller nächste Angehörige in der Bundesrepublik, haben also nach § 94 des Bundesvertriebenengesetzes Einreisegenehmigung in die Bundesrepublik zu erhalten, wenn sie darum nachsuchen. Für diese Gruppe stützt sich die Bundesregierung auf das sowjetische Bekenntnis zum Prinzip der Familienzusammenführung.

Schlußbemerkung

Aus dem oben Dargelegten geht hervor, daß in den osteuropäischen Ländern und in der Sowjetunion menschliche Notstände erheblichen Umfanges bestehen, die teils völkerrechtliche Zuständigkeiten, teils moralische Verpflichtungen der Bundesrepublik berühren. Der deutschen Demokratie kann auch das Schicksal jener Volksdeutschen nicht gleichgültig bleiben, die durch Handlungen des Hitlerregimes in tragische Verstrickungen hineingezogen wurden. Eine weit ausschauende Friedenspolitik erfordert ein großzügiges Verständnis dafür, daß der Gedanke einer Kollektivschuld von Menschen des gleichen Sprach- und Kulturkreises endlich dem Gebot der Gerechtigkeit und dem Willen zur Versöhnung weichen sollte.

---

[1] Vgl. Außenpolitik April 1961/4, »Die deutsche Bevölkerung in der Sowjetunion«

[2] Artikel 25 der am 11. Juli 1960 beschlossenen »Verfassung der Tschechoslowakischen Sozialistischen Republik« hat folgenden Wortlaut: »Den Bürgern ungarischer, ukrainischer und polnischer Nationalität gewährleistet der Staat alle Möglichkeiten und Mittel zur Bildung in der Muttersprache und zu ihrer kulturellen Entwicklung.«

Quelle: 3. Deutscher Bundestag, Drucksache Nr. 2807, S. 1–8

---

140 Intensivierung der Ostpolitik

Berichterstattung des Bundestagsabgeordneten Wenzel Jaksch und Rede des Vorsitzenden des Ausschusses für auswärtige Angelegenheiten, Dr. Kopf, vor dem Deutschen Bundestag zur Osteuropa-Politik vom 14. Juni 1961 (Auszüge)

Jaksch (SPD): ... Die deutsche Außenpolitik steht im Hinblick auf das Verhältnis der Bundesrepublik zu den osteuropäischen Ländern und auch im Hinblick auf die künftigen Beziehungen eines wiedervereinigten Deutschlands zu der kraftvoll aufstrebenden osteuropäischen Völkerwelt vor Aufgaben, die weder mit einem oberflächlichen Wunschdenken noch mit Negation zu lösen sind.

Die Gliederung des vorliegenden Berichts entspricht der Vielschichtigkeit der Probleme, die zwischen dem dreigeteilten Deutschland und den osteuropäischen Ländern anstehen. Es wurde hierzu der Sprache der Fakten das Wort gegeben. Der Geist dieses Berichts wird aber vielleicht durch einen Kernsatz illustriert, den ich hier besonders hervorheben möchte. Ich darf diesen einen Satz wörtlich zitieren:

Die Völker Osteuropas sollen wissen, daß die deutsche Demokratie bereit ist, das Erbe Hitlers im Geiste Herders zu überwinden.

Es war mithin die Absicht des Ausschusses, dem Hohen Hause ein Dokument des Versöhnungswillens der deutschen Demokratie vorzulegen, welches in Warschau und Prag, in Budapest und Bukarest, in Sofia und Tirana und im ganzen Bereich Osteuropas zum Nachdenken über die großen Möglichkeiten einer umfassenden europäischen Friedensgestaltung anregen sollte. Nunmehr wäre es Sache dieser Regierungen, auch ihrerseits den guten Willen zu einer schrittweisen Annäherung zum Ausdruck zu bringen.

Gleichermaßen wurde die Notwendigkeit empfunden, auch gegenüber unseren westlichen Verbündeten die Position der deutschen Demokratie zu umreißen und damit einen Beitrag zur gemeinsamen Friedensplanung der vereinigten Demokratien zu leisten.

Nach dem Antrag des Ausschusses sollen der Bundesregierung gewisse wohlabgewogene Weisungen erteilt werden, die auch als Vollmacht für eine elastische und ideenreiche Osteuropapolitik aufgefaßt werden können.

Ich darf den entscheidenden Punkt dieses Antrages hier zitieren:

1. Die Bundesregierung wird aufgefordert, gemeinsam mit ihren Verbündeten eine Ostpolitik zu führen, deren Ziel die Wiederherstellung eines freien Gesamtdeutschlands ist, das auch mit der Sowjetunion und allen osteuropäischen Staaten friedliche und gedeihliche Beziehungen unterhält.

Zu diesem Ziel soll die Bundesregierung

jede sich bietende Möglichkeit ergreifen, um ohne Preisgabe lebenswichtiger deutscher Interessen zu einer Normalisierung der Beziehungen zwischen der Bundesrepublik und den osteuropäischen Staaten zu gelangen, den weiteren Ausbau der bestehenden Beziehungen zu diesen Staaten auf wirtschaftlichem, humanitärem, geistigem und kulturellem Gebiet anstreben,

bei der Gestaltung der Beziehungen zu Polen den besonderen psychologischen Belastungen des deutsch-polnischen Verhältnisses Rechnung tragen und gegenüber solchen Ländern, die deutsche Bevölkerungsteile deportiert oder deutsches Gebiet unter vorläufiger Verwaltung haben, bei der etwaigen Herstellung amtlicher Kontakte die jeweils erforderlichen völkerrechtlichen Vorbehalte geltend machen.

In Punkt 2 werden der Bundesregierung bestimmte Auflagen hinsichtlich einer besseren institutionellen Wahrnehmung der osteuropäischen Probleme erteilt. Mit Bedacht wurde davon abgesehen, hierzu ins einzelne gehende Vorschläge zu machen, die als Einmischung in die exekutiven Vollmachten der Bundesregierung aufgefaßt werden könnten. Im wesentlichen geht es im zweiten Teil des Antrags darum, die Bundesrepublik gegenüber den Regierungen und Völkern Osteuropas dialogfähig zu machen und auf lange Sicht für eine friedliche Entwirrung des Ost-West-Konflikts zu arbeiten.

Ein abschließendes Wort noch über die Motive dieser Berichterstattung. In der heutigen internationalen Lage liegt die innere Festigung der deutschen Demokratie mehr denn je im Interesse der freien Welt und der Sicherung des Weltfriedens überhaupt. Die Festigung der deutschen Demokratie erfordert durch die Herstellung und die Bewahrung eines brüderlichen Verständnisses zwischen den freien Deutschen in der Bundesrepublik und den versklavten Deutschen Mitteldeutschlands nicht zuletzt aber auch ein festes Zusammenstehen zwischen dem heimatverbliebenen und dem heimatvertriebenen Teil des deutschen Volkes. Deshalb schätze ich mich glücklich, hier einen Bericht vorlegen zu können, der einen gemeinsamen Standpunkt aller Fraktionen dieses Hauses zu wichtigen Lebensfragen des deutschen Volkes zum Ausdruck bringt und der von dem ehrlichen Bestreben zu einem friedlichen Zusammenleben aller europäischen Völker diktiert ist. Ich bitte daher das Hohe Haus um seine Zustimmung zu den in Drucksache 2740 gestellten Anträgen.

Ich darf vielleicht noch ein paar Worte zu dem Ergänzungsbericht sagen, Herr Präsident. Die Drucksache 2807 stellt eine Ergänzung zu dem Schriftlichen Bericht des Ausschusses für auswärtige Angelegenheiten dar, der dem Hause als Drucksache 2740 vorgelegt wurde. Hier wird der Umfang der rechtlichen, sozialen und humanitären Probleme behandelt, welche ihren Ursprung in den tragischen Vorgängen der Jahre 1939 bis 1945 haben und die bis zum heutigen Tage das Verhältnis zwischen dem deutschen Volke und den osteuropäischen Völkern belasten. Seit der Aufnahme diplomatischer Beziehungen zwischen der Bundesrepublik und der Sowjetunion haben wir es immer wieder erfahren, wie sehr diese ungelösten humanitären Probleme die Gestaltung der gegenseitigen Beziehungen beeinflussen. Wir stehen vor der Tatsache, daß die Katastrophenpolitik Hitlers auch Millionen deutscher Menschen außerhalb der Reichsgrenzen von 1937 in furchtbare Verstrickungen hineingezogen hat. Dazu gesellte sich nach Beendigung der Kriegshandlungen noch das Vertreibungsdrama der Ostdeutschen, der Sudetendeutschen, der Ungarndeutschen und der Jugoslawiendeutschen ...

Dieser Ergänzungsbericht erinnert die Staatsmänner in Ost und West an die Summe der Leiden, welche die Katastrophenpolitik Hitlers auch dem deutschen Volk auferlegt hat. Er richtet zugleich an die Regierungen der Ostblockstaaten den dringenden Appell, gegenüber dem Leid zerrissener Familien, gegenüber den menschlichen Bindungen von Nachbarn und Anverwandten und schließlich auch im Hinblick auf die kulturellen Bedürfnisse der betroffenen deutschen Bevölkerungen endlich – 16 Jahre nach Beendigung der Kampfhandlungen – die Gebote der Menschlichkeit und Gerechtigkeit walten zu lassen...

Dr. Kopf (CDU/CSU): ... Der Unterausschuß hat sich mit dem ihm überwiesenen Antrag der Fraktionen der SPD und FDP vom 23. Januar 1958, der sich auf die Herstellung diplomatischer Beziehungen mit Polen bezieht, und mit dem Antrag der Fraktion der FDP vom 5. November 1959, der die Frage des Verhältnisses der Bundesrepublik zu allen osteuropäischen Staaten betrifft, befaßt. Er hat sich seine Aufgabe keineswegs leicht gemacht, sondern versucht, das Thema der beiden Anträge in größere Zusammenhänge einzuordnen.

Wenn im Antrag des Ausschusses eine Reihe von Wünschen an die Bundesregierung gerichtet werden, so bringen damit der Ausschuß und das Hohe Haus zum Ausdruck, daß die grundsätzlichen Entscheidungen der auswärtigen Politik von einer möglichst breiten Basis getragen werden müssen und daß es die Rolle des Parlaments und insbesondere des Auswärtigen Ausschusses ist, die Tätigkeit der Bundesregierung auf dem Gebiete der auswärtigen Politik nicht nur mit wacher Aufmerksamkeit zu verfolgen, sondern auch mit Rat und Anregungen zu unterstützen. Den Vorschlägen des Auswärtigen Ausschusses wird besonderes Gewicht durch den Umstand verliehen, daß der Bericht und der ihm beigefügte Antrag im Unterausschuß und im Auswärtigen Ausschuß einstimmig angenommen worden sind.

Die Bundesrepublik bildet einen Teil der freien Welt. Sie ist Mitglied der atlantischen Gemeinschaft und der europäischen Gemeinschaften. Sie wünscht, daß Fragen, welche die Staaten der freien Welt gemeinsam berühren, im Wege der gegenseitigen Konsultation geprüft und geklärt werden. Das Parlament legt daher Wert darauf, daß die Ziele der deutschen Ostpolitik gemeinsam mit den Verbündeten der Bundesrepublik verfolgt und erstrebt werden.

Wenn als wichtigstes Ziel einer deutschen Ostpolitik die Wiederherstellung eines freien Gesamtdeutschlands bezeichnet wird, so wird damit zum Ausdruck gebracht, daß das Prinzip der Selbstbestimmung, dessen totaler Geltungsanspruch in allen Kontinenten bejaht wird, auch auf das geteilte Deutschland Anwendung findet. Dieses freie Gesamtdeutschland soll auch mit der Sowjetunion und allen osteuropäischen Staaten friedliche und gedeihliche Beziehungen unterhalten. Der Umstand, daß in den Oststaaten ein von einer anderen Ideologie bestimmtes wirtschaftliches und gesellschaftspolitisches System eingeführt ist, kann daher die Bundesrepublik nicht daran hindern, eine Normalisierung der Beziehungen zu den osteuropäischen Staaten zu erstreben. Allerdings darf diese Normalisierung nicht unter Preisgabe lebenswichtiger deutscher Interessen erfolgen.

In seiner Rede vom 18. Mai 1960 hat der polnische Ministerpräsident Cyrankiewicz folgendes ausgeführt:

»Wir betonen auch weiterhin, daß die Aufgabe der territorialen Forderungen der Bonner Regierung gegenüber unserem Land, die Anerkennung der Grenze an Oder und Neiße als unverletzliche polnisch-deutsche Grenze, die Aufgabe der Propaganda und der revanchistischen, revisionistischen Kampagne gegen Polen und die anderen sozialistischen Länder Voraussetzung für die Normalisierung der Beziehungen zwischen der Bundesrepublik Deutschland und Polen sind.«

Der Auswärtige Ausschuß hat in seinem Bericht zum Ausdruck gebracht, daß keine frei gewählte deutsche Regierung in der Lage wäre, die Herstellung diplomatischer Beziehungen zu Polen mit einem Verzicht auf eine friedensvertragliche Regelung der deutschen Ostgrenzen zu erkaufen. Die Aufrechterhaltung dieses Rechtsstandpunktes, der in Art. 7 des Generalvertrages vom 26. Mai 1952 in der Fassung des Protokolls von Paris vom 23. Oktober 1954 von unseren Verbündeten anerkannt worden ist, kann nicht als eine

Haltung des Revanchismus bezeichnet werden, zumal die Bundesrepublik wiederholt und in feierlicher Form ihren Verzicht auf jede Gewaltanwendung bekundet hat. Sosehr das deutsche Volk die Verbrechen des Hitler-Regimes verurteilt, so muß doch auch die Behauptung zurückgewiesen werden, daß die Bundesrepublik mit Hilter-Deutschland identisch sei. Nicht die Hetze solcher Kampagne, die die Bundesrepublik als den Störer des Weltfriedens bezeichnet, sondern nur der ernste Wille zur Verständigung kann die europäische Friedensordnung vorbereiten, die wir als ein Ziel unserer Bemühungen ansehen. Dabei gilt dieser unser Wille besonders auch der Herstellung eines guten Verhältnisses zu Polen, dem soviel Leid widerfahren ist.

Gegenüber allen Ländern, die deutsche Bevölkerungsteile deportiert haben oder deutsche Gebiete unter vorläufiger Verwaltung haben, sind nach der Auffassung des Ausschusses bei der etwaigen Herstellung amtlicher Kontakte die jeweils erforderlichen völkerrechtlichen Vorbehalte geltend zu machen. Bei der Prüfung des weiteren Vorgehens gegenüber den Oststaaten kann ferner das Problem nicht übersehen werden, daß das Vorhandensein von je zwei deutschen Vertretungen in den Hauptstädten der Oststaaten zum Anlaß der völkerrechtlichen Anerkennung des SBZ-Regimes genommen werden könnte.

Es wäre jedoch verfehlt, wollte man die Frage der Bereinigung und Verbesserung der Beziehungen zu den Oststaaten ausschließlich unter dem Gesichtspunkt diplomatischer Beziehungen betrachten. Der Ausschuß hat daher mit Recht den Gesamtkomplex unseres Verhältnisses zu Osteuropa einer Prüfung unterzogen und auf die Notwendigkeit hingewiesen, daß durch die Bemühungen um gegenseitige Verständigung neue Vertrauensgrundlagen geschaffen werden. In diesem Sinne hält der Ausschuß den weiteren Ausbau der bestehenden Beziehungen zu diesen Staaten auf wirtschaftlichem, humanitärem, geistigem und kulturellem Gebiet für erstrebenswert. Die deutsch-sowjetische Vereinbarung über den kulturellen und technisch-wirtschaftlichen Austausch vom 30. Mai 1959 hat eine Reihe von Möglichkeiten des kulturellen Austauschs ermöglicht. Kulturelle Beziehungen mit den Oststaaten setzen jedoch die Gegenseitigkeit voraus. Ihre Problematik und ihre Begrenzung sind in der Ungleichheit der inneren Struktur der Partner begründet. Einem Staat wie der Bundesrepublik, in dem das kulturelle Leben sich in voller Freiheit entfaltet, steht ein totalitärer Staat gegenüber, in dem jede kulturelle Betätigung auf die Staatsziele bezogen ist und der staatlichen Lenkung unterworfen bleibt. Diese bestehende Ungleichheit soll jedoch nicht davon abhalten, die Verstärkung und Vertiefung von Beziehungen auf humanitärem, geistigem und kulturellem Gebiet zu erstreben, wobei aber diese Beziehungen nicht in den Dienst der Propaganda für eine bestimmte Ideologie gestellt werden dürfen.

Der von der Arbeitsgruppe erarbeitete und vom Ausschuß gebilligte besondere Bericht, der unter der Bezeichnung »Die Schicksale der deutschen Bevölkerungen in Osteuropa und der Sowjetunion seit 1939« als Drucksache 2807 vorliegt, trägt Notwendigkeiten Rechnung, die beim Ausbau der humanitären Beziehungen zu den Oststaaten nicht unberücksichtigt bleiben dürfen. Dieser objektive Bericht stützt sich auf Auskünfte des Deutschen Roten Kreuzes und der Landsmannschaften. Wenn dieser Bericht den Leidensweg eines Teiles des deutschen Volkes darlegt, der durch Maßnahmen der Hitlerregierung ausgelöst und durch die Potsdamer Beschlüsse fortgesetzt worden ist und von Churchill als ein »Drama von ungeheuren Ausmaßen« bezeichnet worden ist, so besteht nicht die Absicht, die Gestaltung der künftigen Beziehungen zu den Oststaaten mit zusätzlichen Schwierigkeiten zu belasten, sondern in Form eines Tatsachenberichts noch einmal das Schicksal der deutschen Bevölkerung in den Oststaaten in die Erinnerung zurückzurufen.

Es erscheint aber auch als Gebot der Gerechtigkeit, daß den in der Bundesrepublik lebenden fremdsprachigen Minderheiten sowie den Bevölkerungsgruppen der staatenlosen Ausländer die Möglichkeit gewährleistet wird, ihre Traditionen, ihr kulturelles Erbe und ihre eigene Sprache zu pflegen. Nicht Assimilierung, sondern Erhaltung des kulturellen Erbes in seiner nationalen und sprachlichen Vielfältigkeit scheint uns eine europäische Aufgabe zu sein.

In Würdigung der Bedeutung einer gemeinsam mit unseren Verbündeten zu führenden deutschen Ostpolitik hält es der Ausschuß für notwendig, daß innerhalb des Auswärtigen Amtes der Ausbau der Ostabteilung vervollständigt wird. In Zusammenarbeit mit den bestehenden Forschungsinstituten sollen die mit Ostfragen befaßten Dienststellen personell so ausgebaut sein, daß sowohl der Gesamtkomplex Osteuropa als auch die Entwicklung innerhalb der einzelnen osteuropäischen Staaten ihrer Bedeutung gemäß behandelt werden.

Der Bericht des Auswärtigen Ausschusses will dazu beitragen, Grundlagen für eine geistig-politische Verständigung mit den Ländern und Völkern Osteuropas vorzubereiten.

Die Aufteilung der Welt in Bereiche konträrer Ideologien wird das deutsche Volk nicht davon abhalten, eine Verbesserung der Beziehungen zu allen Ländern und Völkern zu erstreben, die guten Willens sind. Als Ziel aber erscheint uns die Schaffung einer europäischen Friedensordnung, die alle Länder Europas umfaßt und in die sich auch das freie vereinte Deutschland freudig und verantwortungsvoll einordnet.

Quelle: 3. Deutscher Bundestag, 162. Sitzung vom 14. 6. 1961, S. 9364–9367

141 Appell an Chruschtschow

Ansprache des Bundeskanzlers Dr. Konrad Adenauer anläßlich der Gedenkstunde zum »Tag der Deutschen Einheit« im Plenarsaal des Bundeshauses am 17. Juni 1961 (Auszug)

Den Tag der Deutschen Einheit begehen wir dieses Jahr mit besonderem Ernst. Wir begehen ihn mit besonderem Ernst, weil der schwere Druck auf die Deutschen in der Zone sich wiederum gesteigert hat. Die ständig steigende Zahl der Deutschen, die aus der Zone zu uns fliehen, beweist es. Wir begehen ihn mit besonderem Ernst, weil, wenn nicht alle Zeichen trügen, im Laufe dieses Jahres, insbesondere auch nach Chruschtschows Rundfunkrede am letzten Donnerstag, neue Verhandlungen über Berlin von Sowjetrußland verlangt werden.

Die Zahl der Deutschen, die aus der Zone zu uns fliehen, steigt fast von Woche zu Woche. Diese Menschen, die zu uns flüchten, tun das unter Gefahr schwerster Strafen, wenn sie auf ihrer Flucht von den Polizisten der Zone erfaßt werden. Sie tun das unter Zurücklassung aller ihrer Habe, sie verlassen ihre Heimat, ihre Freunde, ihre Verwandten, weil sie den in der Zone herrschenden Druck, diese Unfreiheit, diese seelische und oft auch körperliche Not nicht länger ertragen können, weil sie in Freiheit leben wollen. Seitdem das Gebiet der Zone unter sowjetrussischer Herrschaft und später unter der Herrschaft deutscher Helfershelfer Sowjetrußlands steht, sind über drei Millionen Menschen zu uns in die Freiheit geflüchtet.

Sie flohen – das lassen Sie mich noch einmal wiederholen – unter Gefahr für Leib und Leben, unter Hinterlassung ihrer ganzen Habe. Es ist mir unverständlich, warum die Sowjetunion an ihrer Haltung in der Berlin-Frage und der Zonenfrage festhält.

Herr Chruschtschow selbst hat wiederholt die Berlin-Frage als einen Gefahrenherd für den Frieden der Welt erklärt. Er hat auch wiederholt erklärt, daß die Sowjetunion Frieden will. Warum hält die Sowjetunion an der Haltung in der deutschen Frage fest, die sie nach dem Zusammenbruch des Deutschen Reiches im Jahre 1945 eingenommen hat? Chru-

20. JULI 1944
ALBRECHT GRAF VON BERNSTORFF
EDUARD BRÜCKLMEIER · HERBERT GOLLNOW
HANS-BERND VON HAEFTEN · OTTO KIEP
ULRICH VON HASSELL · RICHARD KUENZER
HANS LITTER · ADAM VON TROTT ZU SOLZ
HERBERT MUMM VON SCHWARZENSTEIN
WERNER GRAF VON DER SCHULENBURG
SIE GABEN IHR LEBEN FÜR DIE
EHRE DES DEUTSCHEN VOLKES

20. 7. 1961: Enthüllung einer Gedenktafel zum 20. Juli 1944
in der Eingangshalle des Auswärtigen Amts

Der Präsident der Vereinigten Staaten von Amerika, John F. Kennedy,
an der Berliner Mauer am 26. 6. 1963
(v. l. n. r.: der Bundesminister für gesamtdeutsche Fragen, Barzel, Präsident Kennedy,
ganz rechts der Regierende Bürgermeister von Berlin, Brandt, Bundeskanzler Adenauer)

schtschow sieht doch aus der steigenden Zahl der aus der Zone Fliehenden, daß die kommunistische Staatsform nicht die Staatsform ist, die die Bewohner der Sowjetzone wollen. Wenn man 1945 in etwa verstehen konnte, daß die Sowjetunion sich dadurch, daß sie sich die Zone und den Ostsektor von Berlin aneignete, eine Schutzzone gegen ein neu erstehendes kriegslüsternes, Revanche verlangendes Deutschland schaffen wollte, so ist einem jetzt nach den vergangenen zwölf Jahren ihre Haltung nicht verständlich. Die Bundesrepublik Deutschland besteht jetzt zwölf Jahre. Sie hat bewiesen, daß sie ein überzeugter Gegner eines Angriffskriegs ist. Wie groß stünde die Sowjetunion vor der Welt und vor der Geschichte dieser Zeit, wenn sie die Hand zu einer guten Lösung der deutschen Frage böte. Sie würde auch damit beweisen, daß sie auch mit Taten zu der von ihr feierlich unterschriebenen These des Selbstbestimmungsrechts der Völker steht ...

Quelle: Bulletin vom 20. 6. 1961, Nr. 110, S. 1061 f.

142   Schaffung eines europäischen Statuts

Erklärung der Staats- bzw. Regierungschefs der Europäischen Wirtschaftsgemeinschaft bei ihrer Zusammenkunft in Bonn am 18. Juli 1961

Die Staats- bzw. Regierungschefs der Bundesrepublik Deutschland, Belgiens, Frankreichs, Italiens, Luxemburgs sowie der Ministerpräsident und der Minister für Auswärtige Angelegenheiten der Niederlande,

von dem Wunsche beseelt, die geistigen Werte und die politischen Überlieferungen, die ihr gemeinsames Erbe bilden, zu bekräftigen,

einig in dem Bewußtsein der großen Aufgaben, die Europa innerhalb der Gemeinschaft der freien Völker gestellt sind, um die Freiheit und den Frieden in der Welt zu wahren,

in dem Bestreben, die politischen, wirtschaftlichen, sozialen und kulturellen Bande, die zwischen ihren Völkern bestehen, insbesondere im Rahmen der Europäischen Gemeinschaften, zu stärken und auf dem Wege zur Einigung Europas fortzuschreiten,

in der Überzeugung, daß nur ein geeintes Europa in der Lage ist, verbündet mit den Vereinigten Staaten von Amerika und anderen freien Völkern, den Gefahren zu begegnen, die die Existenz Europas und die der ganzen freien Welt bedrohen, und daß es unerläßlich ist, die Energien, die Fähigkeiten und die Mittel aller derer zusammenzufassen, für die die Freiheit ein unveräußerliches Gut ist,

entschlossen, ihre politische Zusammenarbeit mit dem Ziele der Einigung Europas zu entwickeln und damit gleichzeitig das mit den Europäischen Gemeinschaften begonnene Werk fortzuführen,

in dem Wunsch, daß andere europäische Staaten, die bereit sind, in allen Bereichen die gleiche Verantwortung und die gleichen Verpflichtungen zu übernehmen, den Europäischen Gemeinschaften beitreten mögen,

haben beschlossen:

1. dem Willen zur politischen Einigung, der schon in den Verträgen zur Gründung der Europäischen Gemeinschaften enthalten ist, Form und Gestalt zu geben, zu diesem Zweck ihre Zusammenarbeit zu organisieren, deren Weiterentwicklung vorzusehen und ihr die Regelmäßigkeit zu sichern, die in fortschreitendem Maße die Voraussetzungen für eine gemeinsame Politik schaffen und es schließlich gestatten wird, das begonnene Werk durch Institutionen zu krönen;

449

2. in regelmäßigen Zeitabständen Zusammenkünfte zu dem Zwecke abzuhalten, ihre Ansichten zu vergleichen, ihre Politik miteinander abzustimmen und zu gemeinsamen Auffassungen zu gelangen, um die politische Einigung Europas zu fördern und so das Atlantische Bündnis zu stärken. Die notwendigen praktischen Vorkehrungen werden getroffen, um diese Zusammenkünfte vorzubereiten. Andererseits wird die Weiterführung einer aktiven Zusammenarbeit der Außenminister zur Stetigkeit des gemeinsamen Vorgehens beitragen. Die Zusammenarbeit der Sechs muß über den politischen Rahmen im eigentlichen Sinne hinausgehen; sie wird sich insbesondere auf den Bereich des Unterrichtswesens, der Kultur und der Forschung erstrecken, wo sie durch periodische Zusammenkünfte der beteiligten Minister sichergestellt wird;

3. ihre Kommission zu beauftragen, ihnen Vorschläge über Mittel und Wege vorzulegen, auf Grund deren die Einigung ihrer Völker so bald wie möglich in der Art eines Statuts ihren Ausdruck finden könnte.

Die Staats- bzw. Regierungschefs sind überzeugt, daß sie gerade durch eine derartige Ausgestaltung ihrer Zusammenarbeit die Ausführung der Verträge von Paris und Rom fördern werden. Sie sind ferner der Ansicht, daß ihre Zusammenarbeit die Reformen erleichtern wird, die im Interesse einer größeren Wirksamkeit der Gemeinschaften angebracht erscheinen sollten. Zu diesem Zweck haben sie beschlossen,

1. die verschiedenen Punkte der Entschließung des Europäischen Parlaments vom 29. Juni 1961 über die politische Zusammenarbeit der Mitgliedstaaten der Europäischen Gemeinschaften einer Prüfung unterziehen zu lassen;

2. die öffentliche Meinung stärker an dem begonnenen Werk zu beteiligen, indem man an das Europäische Parlament die Einladung ergehen läßt, seine Beratungen unter Mitarbeit der Regierungen auf die neuen Bereiche auszudehnen.

Kulturelle Zusammenarbeit

Die am 18. Juli 1961 in Bonn zusammengetretene Konferenz der Staats- bzw. Regierungschefs hat den von der Studienkommission abgefaßten Bericht über die Zusammenarbeit auf dem Gebiet des Hochschulwesens und der Forschung zur Kenntnis genommen.

Sie hat die Bildung eines Rats vorgesehen, der aus den Erziehungsministern bzw. den für die internationalen kulturellen Beziehungen zuständigen Ministern besteht und der von einem Kultursachverständigen-Ausschuß unterstützt wird, sowie den Abschluß einer oder mehrerer Übereinkünfte über folgende Angelegenheiten:

– Zusammenarbeit und Austausch zwischen den Universitäten der Mitgliedstaaten der Europäischen Gemeinschaften,

– den »europäischen Charakter«, der nationalen Universitäts- oder Forschungsinstituten zuerkannt werden kann,

– die Gründung einer Europäischen Universität in Florenz durch Italien, an deren geistigem Leben und an deren Finanzierung die sechs Regierungen sich beteiligen,

– gegebenenfalls die Schaffung anderer europäischer Institute für Hochschulunterricht oder wissenschaftliche Forschung.

Die Studienkommission hat den Auftrag erhalten, in kürzester Frist den Entwurf der Übereinkommen und der Dokumente fertigzustellen, die dazu bestimmt sind, diesen Plan einer kulturellen Zusammenarbeit in seiner Gesamtheit zu verwirklichen.

Quelle: Bulletin vom 20. 7. 1961, Nr. 132, S. 1289 f.

Gedächtnisrede des Bundesministers des Auswärtigen, von Brentano, am 20. Juli 1961 bei der Enthüllung einer Gedenktafel in der Eingangshalle des Auswärtigen Amts mit den Namen der Angehörigen des Auswärtigen Dienstes, die wegen ihres Widerstandes gegen das nationalsozialistische Regime im Zusammenhang mit den Ereignissen des 20. Juli 1944 hingerichtet wurden

Die Gedenktafel verzeichnet folgende Namen:

Albrecht Graf von Bernstorff
Eduard Brücklmeier
Herbert Gollnow
Hans-Bernd von Haeften
Ullrich von Hassel
Otto Kiep
Richard Kuenzer
Hans Litter
Herbert Mumm von Schwarzenstein
Friedrich Werner Graf von der Schulenburg
Adam von Trott zu Solz

Sie schließt mit dem Satz: »Sie gaben ihr Leben für die Ehre des deutschen Volkes!«

Es ist nicht leicht, den 20. Juli 1944 heute, nach 17 Jahren, zu deuten und zu verstehen. Am 20. Juli 1954 war ich in Berlin. Damals sprach der Bundespräsident Theodor Heuss, und zu Beginn seiner Rede sagte er, daß uns nichts tiefer bewegen könne als das Bewußtsein, an diesem Tage bekennen zu dürfen und danken zu können.

Wir, die wir diesen Tag und das, was ihm vorausging und was ihm folgte, erlebten und überlebten, sollten vielleicht schweigen. Denn wir waren Zeugen dieses inneren Konfliktes zwischen Pflicht und Gewissen, zwischen Gehorsam und Ehre, der die Menschen zum Aufstand trieb, derer wir heute in tiefer Achtung gedenken. Ich wage es nicht, auch nur den Versuch zu unternehmen, mich heute und hier mit diesem Widerstreit der Gefühle auseinanderzusetzen, der die Männer und Frauen des 20. Juli innerlich quälte und zerriß. Die Staatsführung, die sich anmaßte, im Namen des deutschen Volkes zu sprechen, hatte dieses Volk in beispiellose Verbrechen und die Welt in namenloses Unglück gestürzt. Trotzdem forderte sie von den Deutschen blinden Gehorsam.

Diese Forderung zu erfüllen bedeutete nichts anderes, als zum Mitschuldigen an Verbrechen und Mord zu werden. Den Gehorsam zu verweigern konnte bedeuten, das deutsche Volk dem Untergang auszuliefern. Denn die ganze Welt hatte sich zusammengeschlossen, um das deutsche Volk zu bestrafen für das, was unter Mißbrauch seines Namens an Unrecht und Verbrechen geschehen war. Und unter denen, die diese Strafe forderten, waren auch die, denen das sittliche Recht und der politische Auftrag fehlten, diese Aufgabe zu erfüllen.

Das ist es, was uns so tief bewegen und erregen muß: daß die Frage damals nicht nur lautete, zwischen Recht und Unrecht, zwischen Zwang und Freiheit zu wählen. Die schicksalhafte Verstrickung, in die das deutsche Volk hineingeführt war, und die geradezu diabolische Fragestellung an das deutsche Volk erheben den Konflikt, in dem diese Menschen sich befanden, aus dem Bereich des Politischen in den der sittlichen Verantwortlichkeit. Wir wissen, daß die Menschen, derer wir heute gedenken, sich dieser Fragestellung nicht entzogen haben. Das, was sie gedacht, das, was sie gesagt und was sie geplant haben, ist gottlob erhalten geblieben.

Ich will nicht den Versuch unternehmen, mit eigenen unzulänglichen Worten auszudrücken, was sie bewegte. Ich möchte sie selbst sprechen lassen. Einer von ihnen, Pater Delp, schrieb nach seiner Verhaftung: »In diesen Wochen der Gebundenheit habe ich dies erkannt, daß die Menschen immer verloren sind und dem Gesetz ihrer Umwelt, ihrer Verhältnisse, ihrer Vergewaltigungen verfallen, wenn sie nicht einer großen inneren Weite und Freiheit fähig sind. Wer nicht in einer Atmosphäre der Freiheit zu Hause ist, die unantastbar und unberührbar bleibt allen äußeren Mächten und Zuständen zum Trotz, der ist verloren. Die Geburtsstunde der menschlichen Freiheit ist die Stunde der Begegnung mit Gott.«

Er sagte das, was die anderen dachten, auch die, die er nicht kannte und die ihn nicht kannten. Denn gerade das ist das Geheimnis des 20. Juli, daß Menschen, die aus verschiedener politischer Vergangenheit, aus verschiedener sozialer Herkunft, aus verschiedener politischer Zielsetzung handelten, sich zu dem gemeinsamen Auftrag und zur gemeinsamen Verpflichtung bekannten. Sie taten es, ohne sich zu kennen, und sie taten es, wenn sie sich kennenlernten. Einer von denen, dessen Name auf der Tafel steht, die heute von mir enthüllt werden soll, Adam von Trott zu Solz, schrieb am Tage seiner Verurteilung zum Tode: »Es war alles ein aus der Besinnung und Kraft unserer Heimat aufsteigender Versuch, ihr in allen modernen Wandlungen und Erschwerungen unwandelbar bleibendes Recht und ihren tiefen unentbehrlichen Beitrag gegen den Übergriff fremder Mächte und Gesinnungen zu erhalten und zu vertreten.«

Das dachten sie, als sie sich zusammenschlossen zunächst im lautlosen Aufstand ihrer inneren Not und getrieben von der Unruhe ihres Gewissens. Und so kamen sie zusammen zu dem Entschluß, in Deutschland das zertretene Recht wiederaufzurichten und über alle Ordnungen des menschlichen Lebens wiedereinzusetzen: Gottesfurcht an Stelle von Gewalt und Terror, Wahrheit und Sauberkeit an Stelle von Lüge und Eigennutz zurückzugewinnen, weil die Lebensordnung eines Volkes wie die des einzelnen der absolut gültigen Normen ebenso bedarf wie der Rechtfertigung vor Gott. Und was sie wollten, haben sie auch uns hinterlassen. In dem Aufruf an das deutsche Volk steht ein Satz, den ich wiederholen möchte: »Unserer Väter wären wir nicht würdig, von unseren Kindern müßten wir verachtet werden, wenn wir nicht den Mut hätten, alles, aber auch alles zu tun, um die furchtbare Gefahr von uns abzuwenden und wieder Achtung vor uns selbst zu erringen.«

Aus allen Teilen des deutschen Volkes, aus allen Bereichen des öffentlichen Lebens schlossen sich die Menschen zusammen, die am 20. Juli vom Bekenntnis zur Aktion schritten. Sie folgten denen, die vor ihnen gehandelt hatten, und sie gaben denen ein Beispiel, die nach ihnen Freiheit und Leben hingaben, um die Überlebenden frei zu machen und ihnen die Verstrickung in das Handwerk des Mordes zu ersparen. Auch die Namen zahlreicher Angehöriger des Auswärtigen Amtes stehen auf dieser Ehrentafel des deutschen Volkes. Ich bin stolz darauf, ihr Andenken heute zu ehren, und ich verneige mich vor diesen Männern und vor ihren Angehörigen, die in dieser Stunde unter uns sind. Ich nenne die Namen, die auf dieser Tafel eingegraben sind: Albrecht Graf von Bernstorff, Eduard Brücklmeier, Herbert Gollnow, Hans-Bernd von Haeften, Ullrich von Hassel, Otto Kiep, Richard Kuenzer, Hans Litter, Herbert Mumm von Schwarzenstein, Friedrich-Werner Graf von der Schulenburg, Adam von Trott zu Solz.

Niemand sollte an dieser Tafel gleichgültig vorübergehen. Aber besonders für die jungen Angehörigen des Auswärtigen Dienstes muß die Erinnerung an diese Männer wachgehalten werden. Ihnen blieb es erspart, die Zeit des Dritten Reiches bewußt und in der Verantwortung mitzuerleben. Sie waren dem tragischer. Konflikt zwischen Pflicht und Gewissen nicht ausgesetzt. Der gemeinsame entschlossene Wille des deutschen Volkes mag uns davor bewahren, daß noch einmal Ähnliches in Deutschland geschieht. Sie, die in die Verantwortung hineinwachsen, haben die Pflicht der Wachsamkeit. Sie werden dieser Pflicht gerecht, wenn Sie sich immer bewußt bleiben, daß Gehorsam und Freiheit ihre Begrenzung finden in der sittlichen Bindung des einzelnen vor dem eigenen Gewissen, und was ist das Gewissen anderes als der Anruf Gottes an den Menschen. Der Gewissenlose ist nicht gehorsam, sondern unterwürfig, er ist nicht frei, sondern hemmungslos. Wenn wir diese Maßstäbe anerkennen, dann erfüllen wir das Vermächtnis der Toten, die um der Freiheit und der Ehre des deutschen Volkes willen ihr Leben gaben.

Quelle: Bulletin vom 21. 7. 1961, Nr. 133, S. 1301 f.

144   13. August 1961

Erklärung des Regierenden Bürgermeisters von Berlin, Willy Brandt, anläßlich der Sondersitzung des Deutschen Bundestages über die Absperrung Ostberlins, 18. August 1961

Herr Präsident! Meine Damen und Herren! Es kommt nicht häufig vor, daß vor diesem Hohen Hause von der Bundesratsbank aus das Wort ergriffen wird. Wenn ich heute namens des Landes Berlin vor Sie hintrete, dann spiegelt sich darin die außerordentliche Lage wider, in die wir gebracht wurden.

Es geht nicht um Berlin allein. Es geht um das kalte Ungarn, das sich im anderen Teil Deutschlands und im Ostsektor meiner Stadt vollzogen hat: Sie alle kennen die Bilder vom Stacheldraht, von den Betonpfählen und Betonmauern, von den Panzern, von den spanischen Reitern und von den feldmarschmäßig ausgerüsteten Soldaten. Was geschehen ist, ist mehr als ein schreiendes Unrecht.

Man muß die Unzahl menschlicher Tragödien im Auge haben, die sich in diesen Tagen abspielen. Mitten durch eine Stadt, in der es trotz der administrativen Teilung noch immer täglich vieltausendfache Verbindungen gab, sind die Betonpfähle einer Grenze eingerammt worden, die zu einer Art chinesischer Mauer ausgebaut wird.

Was zusammengehört, ist weiter auseinandergerissen, es wird brutal zerschlagen. Das Recht auf Freizügigkeit wurde zertrampelt. Dabei ist es primitives Menschenrecht, fliehen zu dürfen von einem Land in das andere. Um wieviel mehr gilt das erst, wenn es sich um die Flucht innerhalb eines Landes und innerhalb einer einzigen Stadt handelt.

Deshalb ist es die Meinung Berlins, daß vor allem eine Initiative ergriffen werden müßte, um die flagrante Verletzung der Menschenrechte international zu brandmarken. Der Schutz der Menschenrechte ist eine ureigene Aufgabe der Vereinten Nationen. Den Weg vor das Weltforum kann man sich nicht aufheben für den Fall, daß eine Welt zu brennen beginnt. *(Beifall bei der SPD und bei Abgeordneten der FDP.)*

Es ist schon heute ein Zustand eingetreten, der das Eingreifen internationaler Institutionen notwendig macht, zumal die unmittelbar Betroffenen nicht mehr glauben, die Akte des Rechtsbruchs und der Aggression ohne Gefährdung des Friedens wirksam zurückweisen zu können.

Die Menschen in der von Ulbricht geknebelten und von sowjetischen Panzern in Schach gehaltenen Zone und in dem von Ulbricht besetzten und annektierten Ostberlin sind voll Haß und Verzweiflung. Sie befinden sich in einem Gefühl grenzenloser Verlassenheit. *(Sehr wahr! bei der SPD.)*

Sie müssen ihre Empörung unterdrücken. Niemand von uns wird sie der Verzweiflung preisgeben wollen.

Auch aus diesem Grund ist es gut, daß der Deutsche Bundestag zusammengetreten ist, und es ist erfreulich, daß sich in diesen Tagen manche Zeichen der Verbundenheit, der

Solidarität gezeigt haben. Wir dürfen jetzt – das ist die Meinung Berlins – mit den Ulbricht-Leuten weder über Geschäfte reden noch sonst so tun, als sei nichts Besonderes passiert.

(Lebhafter Beifall im ganzen Hause.)

Für die Stadt Berlin ist eine neue Lage entstanden. Als Stätte täglicher menschlicher Begegnungen zwischen West und Ost ist sie ausgeschaltet worden. Ausgeschaltet worden ist aber auch das Ventil, durch das bisher der Überdruck aus dem Ulbricht-Staat entweichen konnte.

Meine Damen und Herren, mehr als 9 Millionen Karten für kulturelle Veranstaltungen sind im letzten Jahr an Ostberliner und Bewohner der Zonenrandgebiete ausgegeben worden. 60 000 Bürger meiner Stadt, die ihren Wohnsitz in Ostberlin haben, haben ihre Arbeit in Westberlin gefunden. Ich kenne aus diesen letzten Tagen Fälle, in denen Menschen nachts durch den Stacheldraht gekrochen sind, um sich von ihren Arbeitskollegen zu verabschieden, und mit Tränen in den Augen hinter den Stacheldraht zurückgingen, weil ihre Frauen, ihre Kinder und ihre Eltern drüben sind. Berlin ist nicht mehr der Ort, zu dem die Menschen kommen konnten, um die Luft der Freiheit zu atmen, um sich neue Kraft zu holen, bevor sie in ihren grauen Zonenalltag zurückkehrten.

Der Senat von Berlin – und dieses möchte ich dem Hohen Hause in aller Form zur Kenntnis bringen – hat im Rahmen seiner begrenzten Möglichkeiten getan oder eingeleitet, was die Lage erfordert. Er hat dafür gesorgt, daß die Ordnung in der Stadt aufrechterhalten wurde und daß das Wirtschaftsleben nicht in Unordnung geriet.

Ich muß von dieser Stelle aus herzlich darum bitten, daß jetzt erst recht Aufträge nach Berlin gegeben werden.

(Lebhafter Beifall im ganzen Hause.)

Das freiheitliche Berlin kann nicht leben ohne sein eigenes und das Vertrauen seiner Freunde in seine Lebensfähigkeit und Lebenskraft. Es wird noch mehr als bisher ausgebaut werden müssen zu einer großen modernen Stadt wirtschaftlichen und kulturellen Schaffens.

Meine Mitbürger haben Vertrauen in die für die Freiheit der Bevölkerung Westberlins, die Anwesenheit der alliierten Truppen in Westberlin und den Zugang von und nach Westberlin gegebenen alliierten Garantien. Ich bin nicht nur überzeugt, ich weiß es – und ich habe es meinen Mitbürgern auf einer großen Kundgebung dieser Tage gesagt –, daß das Überschreiten der dadurch gezogenen Linie mehr als ein Risiko wäre. Diese Garantien sind heute Garantien des Friedens. Sie sind die Basis unserer Existenz in Berlin. Aber das gilt auch für Westdeutschland und für den Westen überhaupt.

Die Berliner haben seit mehr als zwölf Jahren bewiesen, daß sie lieber Entbehrungen auf sich nehmen, als ihren Nacken unter das Joch einer neuen Diktatur zu beugen.

(Beifall im ganzen Hause.)

Heute kommt es dort und anderswo trotz bitterer Enttäuschungen mehr denn je darauf an, daß wir fest und entschlossen an der Seite unserer Freunde stehen.

(Erneuter Beifall im ganzen Hause.)

Gestern habe ich in einer Korrespondenz gelesen, was sich am Sonntag ereignet habe, sei »eine Maßnahme der Kommunisten in ihrem Machtbereich, nicht eine Maßnahme gegen die Freiheit im Bereich des Westens« gewesen. Ich halte diese Einschätzung für falsch.

(Sehr richtig! bei der SPD.)

Erstens werden die Interessen des freiheitlichen Berlin unmittelbar berührt, wie ich noch darlegen werde. Zweitens wird das Leben unseres gespaltenen Volkes tief berührt. Vor allem aber dürfte es keine Äußerung mehr geben, die indirekt den Akt der unrechtmäßigen Besetzung des Ostsektors entschuldigt.

(Beifall bei der SPD und bei Abgeordneten der übrigen Fraktionen.)

In diesen Tagen vollziehen sich nicht nur unzählige Einzelschicksale. In diesen Tagen geschieht etwas mit unserem Volk, und zwar in beiden Teilen unseres Landes. Die einen fragen die anderen, ob sie abgeschrieben werden. Die einen fragen die anderen, wie hoch wir, die wir frei sind, Rechtlichkeit und Solidarität achten.

Es ist schon einmal namenloses Unglück über unser Volk und über die Menschheit gekommen, weil wir Gesetz und Moral geringgeachtet haben, weil wir geglaubt haben, daß das Schicksal anderer uns wenig angehe, solange es uns nur gutgehe.
(Beifall bei der SPD.)

Der Regierende Bürgermeister von Berlin hat in diesen Tagen aus allen Teilen der Bevölkerung unzählige Beweise dafür erhalten, daß es falsch ist zu glauben, die Menschen in der Bundesrepublik würden nicht verstehen, was seit dem Sonntag in Berlin und in der Zone passiert ist. Unser Volk ist nicht der Kühlschrank-Ideologie zum Opfer gefallen. Unser Volk hat sich den Sinn für die gemeinsame Verantwortung bewahrt. Und das ist für unsere Landsleute drüben in der Zone wichtig zu wissen.
(Beifall bei der SPD und bei Abgeordneten der übrigen Fraktionen.)

Was in Ostberlin geschehen ist, das ist der Einmarsch einer Armee in ein Territorium, in dem sie nichts zu suchen hat.
(Lebhafter Beifall im ganzen Hause.)

Die sogenannte Volksarmee mit ihren Nebenorganisationen hat Ostberlin annektiert. Sie hat den Viermächtestatus unter ihren Panzerketten zermahlen.
(Zustimmung bei der SPD.)

Die Anordnungen, die dazu geführt haben, stammen vom sogenannten »Ministerrat der Deutschen Demokratischen Republik«. Die Anordnungen, die den S- und U-Bahn-Verkehr unterbrochen haben, sind vom sogenannten »Minister für Verkehrswesen der Deutschen Demokratischen Republik« unterzeichnet. Die Anordnungen, die den Bewohnern Ostberlins das Betreten Westberlins verboten haben, sind vom »Minister des Innern der Deutschen Demokratischen Republik« unterzeichnet. Die Erlaubnis für »friedliche Westberliner«, den Ostsektor der Stadt zu betreten, stammt vom Innenminister der sogenannten »Deutschen Demokratischen Republik«. Das gleiche gilt für die Anordnungen, die die Einwohner Westdeutschlands betreffen. Der Minister des Innern der sogenannten DDR hat den ausländischen Staatsangehörigen einschließlich der Angehörigen des Diplomatischen Corps und der Angehörigen der westlichen Besatzungsstreitkräfte gestattet, zunächst 13, im Augenblick 12 – ich weiß nicht, wie viele in Zukunft – Übergangsstellen in den Ostsektor zu benutzen. Für den Oberbürgermeister Ostberlins blieb die klägliche Aufforderung übrig, seinen Bürgern zu sagen, daß sie nicht mehr in Westberlin arbeiten dürfen, und sie aufzufordern, sich eine neue Arbeit zu suchen.

Die Zonenregierung hat ihre quasi Souveränität voll auf Ostberlin ausgedehnt. Sie hat Ostberlin annektiert, und sie hat diese Souveränität ausgeübt über alle – ich wiederhole: über alle –, die in Frage kommen könnten, Ostberlin zu betreten.
(Abg. Wehner: Sehr richtig!)

Das sind die nackten Tatsachen, an denen es nichts zu beschönigen gibt, über die man nicht hinweggehen kann, wenn man sich nicht selbst betrügen will.

Die Anerkennung der Tatsachen, die durch eine bewaffnete Macht geschaffen sind, ist eine denkbar starke Form der Anerkennung einer staatlichen Organisation. Wer in den letzten Tagen das Organ des Zentralkomitees der kommunistischen Einheitspartei, wer das »Neue Deutschland« gelesen hat, der weiß, welche Töne des Triumphes, der Genugtuung, des Stolzes und des Hohnes auf den Westen dort zu vernehmen sind. In den letzten Anordnungen der Zonenbehörden ist sogar die Sektorengrenze amtlich als – ich zitiere – die »Grenze der Deutschen Demokratischen Republik« bezeichnet worden.
(Hört! Hört! rechts.)

Das, was man dort bisher als Staatsgrenze bezeichnet hat – die Schlagbäume am Ostrand des Ostsektors – ist an den Potsdamer Platz und an das Brandenburger Tor vorverlegt worden.

Und dann kommt – wenn ich es richtig gelesen habe – der sowjetische Botschafter und erklärt, daß Ministerpräsident Chruschtschow die Lage in Berlin nicht weiter verschärfen wolle.

(Hört! Hört! bei der SPD.)

Solche Töne hat man früher schon von anderen gehört.

(Zustimmung bei der SPD.)

Man nimmt und sagt, im Augenblick sei es genug.

Selbstverständlich kann das Verhältnis zur Regierung der Sowjetunion – so haben es die Berliner dieser Tage vor dem Abgeordnetenhaus und an anderer Stelle gesagt, und so sage ich es auch hier – nicht unbeeinflußt bleiben durch den empörenden Rechtsbruch vom 13. August.

(Beifall bei der SPD sowie in der Mitte und rechts.)

Selbstverständlich können wir nicht so tun und werden wir nicht so tun, als ließe sich das Vorgefallene isolieren und ausklammern. Selbstverständlich können wir angesichts der flagranten Verletzung der Menschenrechte nicht über ein Kulturabkommen verhandeln, als ob nichts geschehen wäre.

(Beifall bei der SPD und bei der CDU/CSU.)

Es ist eine Selbstverständlichkeit, daß die, die Verantwortung tragen in Deutschland – die Bundesregierung und auf unserer bescheideneren Ebene der Senat von Berlin –, nichts zu tun beabsichtigen, was die internationale Lage verschlechtert. Es kann keine Stadt geben und es kann kein Volk geben, die die Sicherung des Friedens mehr wünschten als Berlin und als das deutsche Volk; und ich bin überzeugt, es wird dabei bleiben. Aber die Regierung der Sowjetunion darf nicht glauben, uns ins Gesicht schlagen zu können, und wir lächelten noch dazu.

(Lebhafter Beifall bei der SPD. – Beifall bei Abgeordneten der Mitte und rechts.)

Die über eine Viertelmillion Menschen, die vorgestern in Berlin freiwillig vor dem Rathaus zusammengekommen sind und empört und erbittert die Schande der letzten Tage in alle Welt gerufen haben, diese Menschen haben gemeinsam mit meinem Kollegen Amrehn und mir bekundet, daß sie kein Verständnis hätten für eine Haltung – irgendwo in der Bundesrepublik oder irgendwo in der westlichen Welt –, der die primitivste Selbstachtung fehlt. Ein Wurm krümmt sich noch, wenn er getreten wird.

Für die westlichen Schutzmächte bedeutet der vergangene Sonntag, daß sie aus jenen Viermächtevereinbarungen herausgedrängt worden sind, die sich auf Berlin als Ganzes beziehen. Die Erklärung der Warschauer-Pakt-Staaten und das, was die Zonenregierung, darauf gestützt, verkündet hat, bedeutet in Wirklichkeit auch, daß den Westmächten die Mitverantwortung für Deutschland als Ganzes streitig gemacht wird, und zwar noch vor dem vielerörterten separaten Friedensvertrag.

Unsere westlichen Schutzmächte haben in allem Ernst gestern auch in Moskau protestiert. Sie haben in voller Übereinstimmung mit uns die Verantwortung der Sowjetunion festgestellt. Sie haben diesen Einmarsch als illegal bezeichnet und die Rücknahme der damit verbundenen Maßnahmen verlangt. Das deckt sich auch mit der Meinung des Senats von Berlin und der Berliner Bevölkerung. Darüber hinaus haben die Westmächte in ihren Noten auf die Tatsache aufmerksam gemacht, »daß diese einseitige Abänderung des Vier-Mächte-Status von Berlin die Spannung und die bestehenden Gefahren nur vergrößern kann«. Diese Vergrößerung der Spannung ist eingetreten. Sie liegt in der einseitigen Schuld der Regierung der Sowjetunion,

(Abg. Wehner: sehr wahr!)

die nicht davon ablassen will, das aus Brutalität und Unfähigkeit zusammengesetzte Ulbricht-Regime zu stützen.
(Beifall.)

Die Regierung der Sowjetunion muß nachdrücklich darauf hingewiesen werden, wie gefährlich es ist, wenn sie auf dem Bruch der Viermächtevereinbarungen beharrt. Aber die von der Sowjetunion zerfetzten Viermächtevereinbarungen dürfen, ehe sie nicht wiederhergestellt sind, nicht zu einem Selbsthindernis des Westens werden, wenn es sich darum handelt, das zu tun, was im Interesse des freiheitlichen Berlin als Teil des freien Deutschland erforderlich ist. Die Verbindungen zwischen der Bundesrepublik und Westberlin dürfen nicht gelockert, sie müßten eher gestrafft werden.
(Beifall bei der SPD, der FDP und Abgeordneten der CDU/CSU.)

Die Bundesrepublik, die die völkerrechtliche Vertretung des Landes Berlin übernommen hat, darf auch keine internationalen Verträge schließen, ohne daß die Interessen Berlins gesichert sind.

Der Senat von Berlin würde es für gut halten, wenn sichtbare Zeichen der alliierten Präsenz und der alliierten Rechte erfolgten und wenn alle möglichen politischen Initiativen ergriffen würden. Der Senat erwartet außerdem, daß eine weltweite Aufklärung dieses neuen Unrechts unternommen wird, und er ist selbstverständlich bereit, dabei mitzuwirken.

Der Senat von Berlin hat vor dem Abgeordnetenhaus, vor der Berliner Bevölkerung und gegenüber der Bundesregierung betont, daß überzeugende, nichtmilitärische Maßnahmen ergriffen werden sollten. Er verbindet damit keine Vorwürfe an die Adresse der westlichen Verbündeten. Er hält nur nichts von sogenannten Gegenmaßnahmen, die ein schallendes Gelächter vom Potsdamer Platz bis Wladiwostok auslösen würden.
(Beifall bei der SPD und der FDP.)

Er hält nichts von Ankündigungen, denen nichts folgt.
(Erneuter, lebhafter Beifall bei der SPD und der FDP.)

Er hält mehr davon, daß unserem ganzen Volk ein möglichst klares Bild vermittelt wird von den tatsächlichen Gegebenheiten und von der veränderten Wirklichkeit, mit der wir es zu tun haben, wenn es nicht gelingt, den Rechtsbruch rückgängig zu machen. Alle Beteiligten müssen sich völlig darüber im klaren sein, daß die Maßnahmen des letzten Sonntags nur ein Auftakt gewesen sind. Sie waren der erste Akt eines Dramas, dessen zweiter Akt bereits angekündigt ist.

Der sowjetische Ministerpräsident hat die Hälfte seiner Forderungen für das, was er eine »Freie Stadt Westberlin« nennt, verwirklicht. Er hat sich, was er gefordert hat, selbst genommen. Durch derartige Teilerfolge ist der Appetit noch jeder Diktatur größer geworden.
(Beifall bei der SPD, der FDP und bei Abgeordneten der CDU/CSU.)

Das ist das eigentliche Gefährliche der Lage.

Der Regierende Bürgermeister von Berlin kann nur vor einer Haltung warnen, die eine Prämie für Vertragsbruch, eine Belohnung für Gewalt sein würde. Sie wäre eine Einladung für Ulbricht, die Politik der vollendeten Tatsachen fortzusetzen. Die Spannung wird nicht verschärft, indem man die Wahrheit sagt, sondern die Spannung wird verschärft, indem einseitige Akte des Unrechts begangen werden.
(Beifall.)

Wir haben in der Zeit vor diesen Ereignissen oft und wiederholt gehört, daß Verhandlungen nicht unter Drohungen stattfinden dürfen. So hieß es seinerzeit, das Ultimatum müsse weg, bevor man verhandeln könne. Der Westen wird unserer Meinung nach zu sichern haben, daß er nun nicht bei kommenden Verhandlungen den Zustand der vollendeten Erpressung akzeptiert.
(Beifall bei der SPD sowie bei Abgeordneten der CDU/CSU und der FDP.)

Wir haben gehört, daß bei der Pariser Konferenz auch über eine westliche Verhandlungs-initiative gesprochen worden ist. Es müßte absolut klar sein, daß Verhandlungen nur auf einer eindeutigen Rechtsbasis stattfinden können, es sei denn – was keiner von uns glauben darf –, man wäre bereit, in Anerkennung vollendeter Tatsachen über einen verschlechterten Status für Westberlin zu verhandeln.

Was am Sonntag geschehen ist – ich sage es noch einmal –, das ist keine unmittelbare Bedrohung Westberlins. Aber es ist ein tiefer Einschnitt im Leben unseres Volkes, und es ist auch ein Anschlag auf die westliche Gemeinschaft. Ich meine, daß es um die Glaub-würdigkeit geht, um die Glaubwürdigkeit der westlichen Politik.

Der zweite Akt der Erpressung, der separate Friedensvertrag, den ich nur Teilungsdiktat nennen kann, wird in aller Offenheit angedroht. Ein Teilungsdiktat bringt uns mehr als das Problem der Agententheorie. Es geht dabei nicht um Stempelfragen, sondern um das Ansinnen, daß die Bundesrepublik meineidig werden soll an den Landsleuten in der Zone.

Die Berliner stehen ganz gewiß nicht allein, wenn sie sagen: Die Bundesrepublik wird sich mit einem Teilungsdiktat nicht abfinden können.
(Beifall im ganzen Hause.)

Sie wird es niemals anerkennen können, nicht nur, weil sie ihre eigene Verfassung nicht brechen darf, die uns verbindlich auffordert, stellvertretend für alle Deutschen zu handeln. Das Grundgesetz verpflichtet die Bundesrepublik – wie es auch hier erneut gesagt worden ist –, sich um die Menschen in der sowjetisch besetzten Zone zu kümmern. Die Bundes-republik kann und darf ein Teilungsdiktat nicht anerkennen, ohne die Verfassung zu brechen.

Wir sind uns mit den Verbündeten einig, die ebenfalls die Wiedervereinigung vertraglich zum Ziele ihrer Politik gemacht haben. Auch sie könnten sich nicht mit einem Vertrag ab-finden, der das Gegenteil der gemeinsamen Politik bedeutet.

Die Preisgabe unserer Landsleute wird nicht stattfinden. Wir sind ein Volk – das haben die Berliner angesichts der Drohungen dieser Tage auf ihre Weise noch einmal zu zeigen gehabt –, ein Volk, das auch eine Selbstachtung hat. Recht und Moral verpflichten uns zu diesem Standpunkt. Diese Haltung ergibt sich aber auch aus unserer demokratischen Über-zeugung, denn ohne diese integre und unerschütterliche Haltung würden wir selbst, aus Schwäche oder Opportunismus, Wegbereiter eines neuen Nationalismus werden. Und niemand, dem der Friede etwas wert ist, in Ost und West, kann das wünschen.

Der Regierende Bürgermeister von Berlin weiß mit seinen Mitbürgern, daß wir vor schweren Monaten stehen. Hoffentlich werden wir uns darin bewähren.
(Anhaltender lebhafter Beifall bei der SPD. – Beifall bei der CDU/CSU und rechts.)

Quelle: 3. Deutscher Bundestag, 167. Sitzung vom 18. 8. 1961, S. 9773–9777

145   Unterdrückung von sechzehn Millionen Deutschen

Zweites deutsches Memorandum an die Teilnehmer der Konferenz blockfreier Staaten in Belgrad, 22. August 1961

Aide-mémoire

Die Bundesregierung hält es für ihre Pflicht, Ihre Regierung auf die gegenwärtige Lage in Berlin aufmerksam zu machen, die sich zu einer ernsten Gefahr für den Frieden ent-wickeln kann, nicht nur für den Frieden Mitteleuropas, sondern für den Frieden der gan-zen Welt, also auch der freien und neutralen Staaten.

Das Problem der Stadt Berlin ist erst akut geworden, seit die sowjetische Regierung seit November 1958 wiederholt mit ultimativen Forderungen und Drohungen versucht hatte, eine Änderung des Vier-Mächte-Status dieser Stadt zu erzwingen, das die Sowjetregierung selbst mitunterzeichnet hatte. Nunmehr sind die Sowjetregierung und – als ihr Werkzeug – das Ulbricht-Regime in der sowjetisch besetzten Zone Deutschlands zu schwerwiegenden einseitigen Handlungen übergegangen, die das Vier-Mächte-Abkommen flagrant verletzen.

Am 13. August hat das Sowjetzonen-Regime mit ausdrücklicher Billigung der sowjetischen Regierung quer durch Berlin eine Stacheldrahtbarriere errichtet. Damit sind die vertraglich garantierten Verkehrsverbindungen zwischen den beiden Hälften der Stadt zerrissen. Die 16 Millionen Deutschen, die in der sowjetisch besetzten Zone zurückgeblieben sind, sind nun gefangen in einem einzigen großen Konzentrationslager. Ihre Proteste werden von sowjetischen Truppen und ostzonaler Polizei rücksichtslos unterdrückt. Ein solcher Druck aber kann nur zu leicht zu Verzweiflungshandlungen der erbitterten Bevölkerung führen.

Die Bundesregierung betrachtet diese Entwicklung mit tiefer Sorge. Sie gibt aber die Hoffnung nicht auf, daß die für die gegenwärtige Lage Verantwortlichen Vernunft annehmen und die Gefahr des Weges erkennen, den sie mit ihren Vertragsverletzungen und einseitigen Maßnahmen beschritten haben.

Die Regierungen der USA, Großbritanniens und Frankreichs hatten im Einverständnis mit der Bundesregierung oft Vorschläge zur Verbesserung der Lage in Berlin gemacht. Da die Sowjetregierung aber keinen dieser Vorschläge akzeptierte, hielten sich die Westmächte und die Bundesregierung weiterhin strikt an den vereinbarten Vier-Mächte-Status der Stadt.

Die Sowjetregierung dagegen fordert ultimativ, die Westmächte sollten die sowjetischen Forderungen zur Änderung des Berliner Status bedingungslos akzeptieren. Wenn dies nicht geschehe, werde sie die von ihr beschlossenen Maßnahmen ohne Rücksicht auf die bestehenden Vereinbarungen durchführen. Mit den Absperrungsmaßnahmen vom 13. August beginnt sie nun, diese Drohungen wahrzumachen.

Eine solche Haltung steht im offenen Widerspruch zu dem, was die Bundesregierung unter »friedlicher Koexistenz« versteht. Wenn die Sowjetregierung – wie sie behauptet – wirklich friedliche Koexistenz will, sollte sie überzeugende Vorschläge zur Verbesserung des Status von Berlin machen. Solange diese Vorschläge aber nicht annehmbar sind, ist die Sowjetregierung gemäß den von allen zivilisierten Nationen anerkannten Grundsätzen des Völkerrechts verpflichtet, sich an die bestehenden und von ihr selbst mitunterzeichneten Vereinbarungen zu halten. Die bisherigen Vorschläge der Sowjetregierung waren jedoch unannehmbar, weil sie nur neue Konfliktsituationen geschaffen hätten. Dies trifft besonders auf die Forderung zu, dem westlichen Stadtteil Berlins den Status einer autonomen »Freistadt« mit eigener Regierung aufzudrängen. Heute ist West-Berlin wirklich frei. Durch den sowjetischen Vorschlag aber würde West-Berlin nicht zu einer freien, sondern einer eingeschlossenen Stadt. Sie wäre nur weiteren Rechtsbrüchen, Willkürakten und Schikanen des Sowjetzonen-Regimes ausgeliefert. Das einzige Ziel der kommunistischen Regierungen ist es, wie vor 13 Jahren den östlichen Stadtteil Berlins nun auch den westlichen Stadtteil mit seinen über zwei Millionen freiheitsbewußten Einwohnern unter ihre Herrschaft zu bringen. Denn die Ausdehnung der kommunistischen Herrschaft auf alle Staaten der Welt ist das offen erklärte Ziel des Sowjetblocks.

Künstliche staatsrechtliche Not- und Scheinkonstruktionen würden die Berlinfrage nicht lösen, sondern nur dem eben genannten kommunistischen Ziel dienen. Die gerechteste und einfachste Lösung wäre zweifellos, das gesamte deutsche Volk aufzurufen, in wirklich freier, von neutralen Beobachtern kontrollierter Entscheidung eine eigene Regierung zu wählen. Von diesem Augenblick an gäbe es keine Berlinfrage mehr. Die Westmächte haben mit Zustimmung der Bundesregierung schon verschiedene Vorschläge in diesem Sinne gemacht. Sie sind noch weitergegangen und haben, um alle etwaigen Befürchtungen der Sowjetregierung zu zerstreuen, Sicherheits- und Abrüstungsmaßnahmen vorgeschlagen, zuletzt in dem westlichen Friedensplan der Genfer Außenministerkonferenz. Die Sowjetregierung aber hat alle Lösungsversuche zurückgewiesen, die dem deutschen Volk eine wirkliche freie Selbstbestimmung zusicherten. Sie ist statt dessen dazu übergegangen, die Durchsetzung ihrer eigenen Pläne durch ein Fait accompli ihrer Satellitenregierung in Ost-Berlin einzuleiten, obwohl sie sich bewußt sein muß, daß die Westmächte ihre Rechte, die bestehenden Vereinbarungen über Berlin und die Freiheit der West-Berliner Bevölkerung verteidigen werden.

In dieser ernsten Lage wiederholt die Bundesregierung, daß die Deutschland- und Berlinfrage nur durch Verhandlungen und in allseitigem Einverständnis gelöst werden kann. Solche Verhandlungen aber können nur in einer ruhigen, von Ultimaten, Drohungen und Erpressungen freien Atmosphäre stattfinden. Wenn sie Erfolg haben sollen, dürfen sie nicht durch einseitige Maßnahmen und Vertragsverletzungen präjudiziert werden.

Die Bundesregierung würde es daher begrüßen, wenn Ihre Regierung und möglichst viele weitere neutrale Regierungen einen Appell an die Großmächte richten und sie auffordern, die bestehenden Vereinbarungen in der Deutschland- und Berlinfrage zu respektieren und jede einseitige Maßnahme zu vermeiden, die eine Übereinkunft durch Verhandlungen erschweren könnte.

Quelle: Bulletin vom 31. 8. 1961, Nr. 162, S. 1553

146   Entwicklungshilfe als Sicherheitspolitik

Grundsatzerklärung des Bundesministers für wirtschaftliche Zusammenarbeit, Walter Scheel, zur deutschen Entwicklungspolitik am 6. Januar 1962

In den letzten Jahren ist die Entwicklungspolitik immer stärker als neues politisches Phänomen eigenständig neben Außenpolitik, Wirtschaftspolitik und Sozialpolitik hervorgetreten. Die Bundesregierung hat dieser Tatsache durch die Bildung des Bundesministeriums für wirtschaftliche Zusammenarbeit Rechnung getragen.

Schon einmal, von 1949 bis 1953, gab es in der Bundesrepublik ein Bundesministerium dieses Namens, dessen Aufgabe allerdings der des heutigen Ministeriums entgegengesetzt war. Das erste Ministerium für wirtschaftliche Zusammenarbeit verwaltete damals die ERP-Mittel, die Deutschland, ebenso wie andere europäische Staaten, nach dem Zweiten Weltkrieg zum Wiederaufbau seiner zerstörten Industrie im Rahmen der Marshallplan-Hilfe von den Vereinigten Staaten von Amerika erhalten hat. Das zweite Ministerium dieses Namens dagegen kann jetzt die hilfsbedürftigen Entwicklungsländer beim Aufbau einer leistungsfähigen Wirtschaft unterstützen.

Die wirtschaftliche Zusammenarbeit der hochindustrialisierten Staaten des Westens mit den Entwicklungsländern wird in den kommenden Jahren ständig an Bedeutung gewinnen, dabei ist für einen sinnvollen Einsatz der deutschen Entwicklungshilfe, zu der neben der Finanzhilfe als Voraussetzung für deren wirksame Verwendung die technische und Bildungshilfe gehören, sowohl eine Abstimmung mit den westlichen Industriestaaten als auch eine langfristige Planung der eigenen Leistungen erforderlich.

Der Erfolg von Kapitalhilfen war in den letzten Jahren gelegentlich in Frage gestellt, weil die Geberländer zuwenig Einfluß auf die Verwendung der Mittel genommen haben. Deshalb ist es notwendig, die Wirksamkeit der Finanzhilfe in den Entwicklungsländern ständig zu beobachten und die Bedingungen für einen sinnvollen Einsatz der Entwicklungshilfe vor deren Gewährung gründlich zu untersuchen.

Die Wirksamkeit unseres politischen Handelns in den kommenden Jahren und damit letztlich der Bestand der westlichen Demokratien überhaupt wird davon abhängen, inwieweit es gelingt, die Probleme der Entwicklungshilfe zu lösen und damit die schon bestehenden freundschaftlichen Bindungen zu den Staaten zu festigen, die zur Überwindung ihrer wirtschaftlichen, sozialen und politischen Schwierigkeiten unsere Unterstützung benötigen. So betrachtet ist die Entwicklungshilfe ein wesentlicher Teil unserer Sicherheitspolitik.

Quelle: Bulletin vom 6. 1. 1962, Nr. 4, S. 31

147 Beginn der zweiten Phase in der EWG

Erklärung des Staatssekretärs des Auswärtigen Amts, Professor Dr. Carstens, vor der Bundespressekonferenz über die EWG-Verhandlungen in Brüssel, 15. Januar 1962

Meine Damen und Herren, wie Sie wissen, ist in der Nacht von Sonnabend auf Sonntag in Brüssel der Beschluß gefaßt worden, in die zweite Phase des Gemeinsamen Markts überzugehen. Gleichzeitig ist eine große Zahl von Verordnungen verabschiedet worden, die die Grundlage der gemeinsamen Agrarpolitik der Europäischen Wirtschaftsgemeinschaft bilden. Diese beiden Ereignisse stellen an und für sich schon in der EWG für die Erreichung der Ziele, die mit den Römischen Verträgen verfolgt wurden, sehr bedeutungsvolle Marksteine dar. Sicher wird nunmehr in einer zunehmenden Tendenz die Herstellung des einheitlichen Wirtschaftsraums, die Verschmelzung der sechs Volkswirtschaften der Mitgliedstaaten zu einer einheitlichen Volkswirtschaft ihren Lauf nehmen. Die Zölle sind seit dem 1. Januar 1962 um 40 % gegenüber den Ausgangszöllen gesenkt, d. h. die Zölle im Binnenhandel im Verkehr zwischen den Mitgliedstaaten. Für eine Reihe von Beschlüssen wird auf Grund des Übergangs in die zweite Phase künftig statt der Einstimmigkeit nur noch die qualifizierte Mehrheit erforderlich sein – kurzum: Für die Erreichung der Ziele der Verträge von Rom stellt dieses Ereignis ohne Zweifel einen ungewöhnlich bedeutungsvollen Punkt dar.

Aber ich glaube, noch wichtiger ist die Bedeutung dieser Beschlüsse im Hinblick auf die weltpolitische Lage im allgemeinen. In der weltweiten Auseinandersetzung zwischen der freien Welt und dem Kommunismus spielt die Stärkung Europas eine zentrale Rolle. Wenn es uns gelingt, Europa zu einigen, dann entsteht hier ein neues Kraftfeld, das dem Vordringen des expansiven Kommunismus einen Widerstand entgegenzusetzen geeignet ist. Der Zusammenschluß dieser europäischen Völker zeigt zugleich, daß selbst in den alten Nationen noch eine ganz erhebliche Kraft wohnt, und diese Kraft manifestiert sich in dem Willen, dieses Einigungswerk trotz aller Schwierigkeiten und Hindernisse fortzusetzen.

Schließlich widerlegt dieser Prozeß, der jetzt mit weiterer Beschleunigung vorangehen wird, die immer wiederholte These von dem Zerfall der kapitalistischen Welt und von der hoffnungslosen gegenseitigen Verfeindung der verschiedenen Kräfte in den einzelnen Ländern des freien Europa. Und letzten Endes ist es ja unverkennbar, daß die Einigung, die sich in Europa vollzieht, insbesondere die Einigung auf wirtschaftlichem Gebiet, ein Vorbild abgibt für ähnliche Bestrebungen in anderen Teilen der Welt. Sie kennen selbst Versuche in Südamerika und in Teilen Afrikas, bestimmte Staatengruppen zu wirtschaftlichen Einheiten zusammenzufassen. Alles das ist inspiriert und ausgelöst worden durch die Entwicklung, die sich hier in Europa abgezeichnet hat.

Zum zweiten sehe ich die politische Bedeutung dieses Ereignisses darin, daß nach meiner Überzeugung durch die Tatsache des vollzogenen Übergangs in die zweite Etappe die bevorstehenden Verhandlungen mit Großbritannien über den Beitritt Großbritanniens zur EWG erleichtert haben. Die Tendenzen, die in Großbritannien seit längerer Zeit zu dieser europäischen Gemeinschaft hinstreben, werden durch dieses Ereignis – davon bin ich überzeugt – einen neuen bedeutenden Auftrieb erhalten. Auch in Amerika wird der Erfolg positiv sein. Sie kennen die großartigen Pläne, die Präsident Kennedy in seiner jüngsten Botschaft an den amerikanischen Kongreß entwickelt hat. Ihre Verwirklichung beruht darauf, daß im europäischen Bereich Fortschritte gemacht werden.

Letzten Endes bin ich davon überzeugt, daß auch innerhalb des engeren europäischen Kreises diese in Brüssel gefaßten Beschlüsse ihre Wirkung zeitigen werden. Sie wissen, daß seit einigen Monaten eine sogenannte Studienkommission der sechs Partnerstaaten der EWG damit beschäftigt ist, ein europäisches politisches Statut auszuarbeiten, dessen Ziel die Schaffung einer europäischen politischen Union sein soll. Ich bin überzeugt, daß die Ereignisse der letzten Brüsseler Sitzung auch diesen Arbeiten Auftrieb geben werden. Denn das eine ist unbestreitbar richtig – es ist oft gesagt worden, aber ich glaube, es ist wert, es noch einmal besonders zu unterstreichen: In dem Maße, wie der wirtschaftliche Integrationsprozeß fortschreitet, entsteht ein Zwang auch zum politischen Zusammengehen. Auf dem Gebiet der Handelspolitik ist das evident. Wenn eine gemeinsame Handelspolitik betrieben werden soll, so kann das nur geschehen auf der Grundlage einer gemeinsamen Außenpolitik. Insofern wird also dieser zunächst im Wirtschaftlichen liegende Erfolg, der in Brüssel erzielt wurde, ausstrahlen in verschiedenste Richtungen, in den eigentlichen politischen Bereich hinein, und zwar sowohl im weltweiten wie im engeren europäischen Rahmen.

Quelle: Bulletin vom 17. 1. 1962, Nr. 11, S. 89 f.

148 Erfüllung der Bündnisverpflichtungen

Begründung des Gesetzentwurfes für die Verlängerung der Wehrdienstzeit auf 18 Monate durch den Bundesminitser für Verteidigung, Franz Josef Strauß, vor dem Deutschen Bundestag am 19. Januar 1962 (Auszüge)

Herr Präsident! Meine Damen und Herren! Der vorliegende Entwurf eines Zweiten Gesetzes zur Änderung des Wehrpflichtgesetzes versucht einerseits die Erfahrungen zu verwerten, die mit der Durchführung der Wehrpflicht seit dem Frühjahr 1957 gesammelt worden sind, es versucht zum anderen auch den veränderten Verhältnissen gerecht zu werden, die seit diesem Zeitpunkt gerade auf dem Gebiete des Arbeitsmarktes einschließlich der damit zusammenhängenden Folgen eingetreten sind. – Die Bundesrepublik Deutschland ist als Mitglied des Nordatlantischen Verteidigungspaktes verpflichtet, für die Verteidigung Europas, für die Verteidigung der gemeinsamen Freiheit der Partner der NATO einen angemessenen Beitrag zu leisten.

Der dem Hohen Hause vorliegende Entwurf eines Zweiten Gesetzes zur Änderung des Wehrpflichtgesetzes dient dem Ziel, die Verbände der Bundeswehr durch Verlängerung des vollen und auch verkürzten Grundwehrdienstes sowie durch gewisse Regelungen hinsichtlich der Wehrübungszeiten auf den Stand zu bringen, der nach den Anforderungen und Kriterien der NATO notwendig ist. Ich betone in diesem Zusammenhang, daß die Frage der Länge des Grundwehrdienstes unabhängig von der politischen Situation hätte ohnehin geprüft werden müssen, weil sich, wie ich in meinem ersten Satz erwähnte, eben gewisse Veränderungen seit dem Jahre 1957 ergeben haben, denen man Rechnung tragen muß...

Die Kritik an der Länge des Grundwehrdienstes in der Bundesrepublik hat in der NATO schon sehr frühzeitig eingesetzt. Ich darf mir ersparen, die einzelnen Dokumente dafür zu zitieren, Äußerungen des Stabschefs von General Norstad, General Schuyler, die Äußerungen, die in NATO-Konferenzen und ähnlichen Zusammenkünften gefallen sind.

Die NATO-Staaten, in denen ja in der überwiegenden Mehrzahl allgemeine Wehrpflicht in Europa, mit Ausnahme von Belgien und Luxemburg, besteht, haben längere Grundwehrdienstzeiten. Dänemark hat eine Dienstzeit von 16 Monaten. Frankreich hat eine Dienstzeit von 18 Monaten, die aber auf Grund der gegenwärtigen Umstände verlängert worden ist. Griechenland hat 24 bis 30 Monate, Italien 18 bis 24 Monate – für Heer und Luftwaffe 18, für die Marine 24 Monate –, Norwegen 16 Monate für das Heer und 18 Monate für Marine und Luftwaffe. Die Niederlande haben eine Dienstpflicht von 24 Monaten, Portugal hat eine Dienstpflicht von 18 bis 24 Monaten für das Heer, von 36 Monaten für die Luftwaffe und von 48 Monaten für die Marine. Die Türkei hat eine Dienstpflicht von 24 Monaten für Heer und Luftwaffe und von 36 Monaten für die Marine. Die USA haben eine Dienstpflicht von 24 Monaten.

Die Erhöhung der Wehrdienstzeiten bei uns ist nicht eine deutsche Sonderleistung, sondern stellt eine Angleichung an die in den anderen NATO-Ländern schon immer bestehende und nie aufgegebene Regelung dar. Wir können hier durchaus sagen, daß eine deutsche Feststellung, wir seien mit 12 Monaten in der Lage, dasselbe zu tun, was andere in 18 oder 24 Monaten erreichen, wohl eine uns nicht zustehende Übertreibung der in diesem Falle auch nicht gerade überragenden Fähigkeiten wäre...

Der Entwurf ist der Ausdruck unseres Willens und unserer Gesinnung, unsere Bündnisverpflichtungen loyal zu erfüllen, dasselbe zu tun, was die anderen NATO-Partner schon seit Jahren getan haben, und damit den Staatsmännern der NATO, der politischen Führung der NATO die Möglichkeit zu geben, die sie braucht, um eine Politik der Freiheit und des Friedens trotz aller Wolken und Schatten auch in Zukunft aufrechterhalten zu können. Mehr soll nicht erreicht werden. Ein Mehr wäre hier im Gegenteil vielleicht sogar ein Weniger. Es soll eine normale militärische Leistung, ein normaler militärischer Beitrag der Bundesrepublik auf Grund ihrer Größe, ihrer Leistungsfähigkeit und ihrer Bevölkerungszahl erreicht werden, mehr nicht...

Quelle: 4. Deutscher Bundestag, 11. Sitzung vom 19. 1. 1962, S. 261–268

149   Berlin bleibt Prüfstein

Memorandum der Bundesregierung vom 21. Februar 1962 in Beantwortung der sowjetischen Denkschrift vom 27. Dezember 1961 (Auszüge)

Die Denkschrift, die dem Botschafter der Bundesrepublik Deutschland in Moskau am 27. Dezember 1961 übergeben wurde, haben wir aufmerksam gelesen und sorgfältig geprüft. Wir stimmen mit ihr darin überein, daß »die Politik von allem befreit werden muß, was die Gefahr militärischer Konflikte und eine Verschlechterung der ohnehin gespannten Weltlage in sich birgt«. Ein Krieg, der in unserem Zeitalter nuklearer Waffen in Europa ausbräche, würde in der Tat eine unvorstellbare Katastrophe für die ganze Menschheit bedeuten.

Die Bundesregierung ist sich darüber im klaren, daß das deutsche Volk einen solchen Krieg kaum überstehen könnte, der wohl auch das sowjetische Volk vernichten würde, und daß daher alles unternommen werden muß, um einen derartigen Konflikt zu verhindern. In diesem Sinne ist auch die Bemerkung des Bundeskanzlers zu verstehen, als er dem sowjetischen Botschafter in Bonn sagte, er hoffe und wünsche, daß aus der Berlin-Krise kein nuklearer Krieg entstehe.

Die Bundesregierung hat wiederholt und feierlich erklärt, daß sie jede Gewaltanwendung zur Lösung politischer Probleme ablehnt. An diesem Grundsatz, den das ganze deutsche Volk billigt, wird sie stets festhalten, denn er entspricht sowohl ihren moralischen Grundanschauungen wie den Lebensinteressen des deutschen Volkes.

Den letzten Krieg, den das nationalsozialistische Regime verursacht hat und unter dem das sowjetische und das deutsche Volk so schwer zu leiden hatten, werden wir nie vergessen. Nur eine böswillige Propaganda kann behaupten, in der Bundesrepublik Deutschland machten sich Faschismus, Revanchismus und Angriffslust breit; diese Propaganda aber wird nur die Leichtgläubigen und selbst diese nur für kurze Zeit täuschen. Denn auf lange Sicht werden auch sie den Tatsachen mehr Glauben schenken als Verleumdungen.

Wir stimmen der sowjetischen Denkschrift zu, wenn sie erklärt, daß es vernünftig wäre, sich über die Abrüstung zu einigen. Die Gefahren des Wettrüstens sind so offensichtlich, daß jeder ein Ende dieses Rüstungswettlaufs herbeiwünschen muß. Die Bundesrepublik hat schon vor Jahren freiwillig darauf verzichtet, atomare, bakterielle und chemische Waffen herzustellen. Die Abrüstungsfrage würde sich sicher leichter lösen lassen, wenn alle Staaten sich den gleichen Beschränkungen unterwerfen würden. Dagegen glauben wir nicht, daß die Sowjetunion den Rüstungswettlauf gehemmt hat, als sie im September des vergangenen Jahres ihre atomaren Versuchsexplosionen wiederaufnahm. Sie hat damit nicht nur die Bemühungen um ein Versuchsstoppabkommen zunichte gemacht, sondern die gesamte Menschheit gesundheitlichen Gefährdungen ausgesetzt.

Die internationale Spannung, die seit dem Bau der Mauer in Berlin am 13. August 1961 einen bedrohlichen Charakter angenommen hatte, wurde durch die Atomexplosionen in der Sowjetunion weiter verschärft. Wir haben diese Entwicklung mit großer Sorge verfolgt, da Spannungen dieser Art stets die Gefahr militärischer Konflikte erhöhen. Daher begrüßen wir es, daß die Sowjetunion in der Denkschrift für die friedliche Lösung aller strittigen Fragen eintritt und sich bereit erklärt, die deutsch-sowjetischen Beziehungen durch eine geduldige, Schritt für Schritt vorgehende Politik zu verbessern und damit die Krise wieder zu entschärfen. Eine Bereinigung der Deutschland- und Berlin-Frage würde ohne Zweifel, wie auch von der Sowjetunion anerkannt wird, den Weg zu einer allgemeinen und kontrollierten Abrüstung erleichtern.

Viele Probleme, die nach dem Kriege zwischen uns und unseren ehemaligen Gegnern im Westen bestanden, sind friedlich und im Interesse aller Beteiligten gelöst worden, darunter so schwierige Fragen wie das Schicksal des Saargebiets und Grenzprobleme mit den anderen westlichen Nachbarn. Alle diese Komplexe wurden dem Willen der Bevölkerung entsprechend bereinigt. Es hat sich also gezeigt, daß es bei gutem Willen aller Beteiligten möglich ist, auch über delikate und verwickelte Probleme eine gerechte Einigung zu erzielen, die die Interessen der Bevölkerung wie der Regierungen berücksichtigt...

Wie schon gesagt, wünschen wir bessere Beziehungen zwischen der Sowjetunion und der Bundesrepublik Deutschland. Wir begrüßen es, daß die sowjetische Denkschrift den gleichen Wunsch ausspricht. Wir teilen die Ansicht des Ministerpräsidenten Chruschtschow, daß die Kriegsgefahr in Europa gebannt wird, wenn sich unsere beiden Völker wirklich aussöhnen und die noch zwischen unseren Nationen liegenden strittigen Fragen regeln.

Wenn es aber nicht bei Worten und Beteuerungen des guten Willens bleiben soll, müssen wir die Tatsachen, die uns trennen, klar sehen und aussprechen.

Das deutsch-sowjetische Verhältnis läßt sich nur normalisieren, wenn die Situation des deutschen Volkes normalisiert wird. Anomal ist die Spaltung des deutschen Volkes, besonders anomal sind die Zustände in der sogenannten DDR, und anomal ist die Mauer in Berlin. Diese Probleme gilt es zu lösen, wenn wir die deutsch-sowjetischen Beziehungen verbessern wollen. Wenn dies nicht sogleich möglich ist, dann sind wir nach dem Vorschlag der sowjetischen Denkschrift auch bereit, geduldig und Schritt für Schritt vorzugehen. Aber es wäre unrealistisch, vor den großen Fragen, die noch zwischen uns stehen, die Augen zu verschließen.

Zur Lösung des Deutschland- und Berlin-Problems haben sowohl die Sowjetunion wie die drei Westmächte und die Bundesrepublik im Laufe der vergangenen Jahre viele Vorschläge gemacht. Die Sowjetunion hat unsere Vorschläge nicht angenommen. Wir dagegen konnten und können keiner Lösung zustimmen, die den Willen des deutschen Volkes in den beiden Teilen unseres Landes und in Berlin unberücksichtigt läßt. Denn damit würden wir den Grundsatz des Selbstbestimmungsrechts der Völker aufgeben, der unsere Politik bestimmt. Wir sind bereit, das Unsere dazu beizutragen, damit ein dauerhaftes, spannungsfreies und gesundes Verhältnis des deutschen Volkes zu dem sowjetischen Volk und den Völkern Osteuropas hergestellt wird; aber wird eine Lösung der Deutschland- und Berlin-Frage, die über die Köpfe der Deutschen hinweg getroffen wird, wirklich gesund und von Dauer sein?

Die Sowjetunion wünscht den Abschluß eines Friedensvertrags. Auch wir, die wir mit unseren früheren Gegnern im Westen Freundschaft geschlossen haben und alle ernsthaften aus dem Kriege überkommenen Probleme aus dem Wege geräumt haben, wünschen einen Friedensvertrag mit der Sowjetunion. Und auch darin stimmen beide Seiten sicher überein, daß der Frieden gerecht und dauerhaft sein muß. Wie aber kann man einen gerechten und dauerhaften Frieden mit einem Volk schließen, das in mehrere voneinander abgeschnürte Teile zerrissen ist? Ein solcher Versuch kann doch offensichtlich nicht zu dem gewünschten Erfolg, einer Beseitigung der bestehenden Spannungen, führen.

Aus diesem Grunde sollten die beiden Fragenkomplexe, die in unlösbarer Verbindung stehen, nämlich der Abschluß eines Friedensvertrags und die Beseitigung der unnatürlichen und ungerechten Zerreißung des deutschen Volkes, im Zusammenhang gesehen werden. Es muß ein Weg gefunden werden, der das deutsche Volk wieder zusammenführt und den Abschluß eines gerechten und dauerhaften Friedens mit ganz Deutschland ermöglicht.

Wir erinnern daran, daß die sowjetische Regierung selbst vor gar nicht langer Zeit Erklärungen abgegeben hat, die in Übereinstimmung mit diesen Zielen zu stehen scheinen:

Am 23. Juli 1955 stimmte der sowjetische Regierungschef einer gemeinsamen Direktive der für die Lösung der Deutschland-Frage verantwortlichen Regierungschefs zu, in der folgender Satz steht:

»Die Regierungschefs, im Bewußtsein ihrer gemeinsamen Verantwortung für die Lösung des deutschen Problems und die Wiedervereinigung Deutschlands, sind übereingekommen, daß die deutsche Frage und die Frage der Wiedervereinigung Deutschlands durch freie Wahlen im Einklang mit den nationalen Interessen des deutschen Volkes als auch im Interesse der europäischen Sicherheit gelöst werden sollen.«

In dem sowjetischen Aide-mémoire vom 19. März 1958 heißt es:

»Um weitere falsche Gerüchte zu vermeiden, hält es die sowjetische Regierung für notwendig, erneut festzustellen, daß sie für den Abschluß eines einzigen Friedensvertrags mit ganz Deutschland eintritt.«

Wenn die Sowjetunion diese beiden Thesen weiterhin vertritt, nämlich die Wiedervereinigung Deutschlands durch freie Wahlen zuzulassen und einen einzigen Friedensvertrag mit ganz Deutschland abzuschließen, so sehen wir die konkrete Möglichkeit eines wirklichen Friedens. Ein solcher Frieden würde ein Unrecht beseitigen, die Gefahr von Konflikten in Europa bannen und die allgemeine Sicherheit in diesem Teil der Welt gewährleisten. Die Vorteile lassen sich nicht abschätzen, die sich daraus für das sowjetische Volk und für die anderen Völker Osteuropas, vor allem auch auf wirtschaftlichem Gebiet, ergeben würden...

Quelle: Bulletin vom 23. 2. 1962, Nr. 38, S. 315–318

150 Den Frieden sichern

Stellungnahme des Bundesministers für Verteidigung, Franz Josef Strauß, zum Verteidigungshaushalt 1962, 29. März 1962

Bei allen Diskussionen um den Ausgleich des diesjährigen Bundeshaushalts in der Öffentlichkeit spielt dessen größter Ausgabeposten, die Verteidigungslasten, eine gewichtige Rolle. Verständlicherweise fehlt es dabei nicht an Versuchen, die Möglichkeiten einer Verringerung dieser Lasten zu begründen oder gar ihre Notwendigkeit in Frage zu stellen. Bei den bequemen Forderungen, Ausgaben anderer Art aus Mitteln des Verteidigungshaushalts zu bestreiten, bleibt aber stets die leider unbequeme Tatsache unberücksichtigt, daß allein die Garantie unserer äußeren Sicherheit die Voraussetzung für sozialen Fortschritt und wachsenden Wohlstand, also für das menschenwürdige Leben unseres Volkes und damit jedes einzelnen Bürgers ist.

Bei unseren Verteidigungsausgaben handelt es sich ja keineswegs um Aufwendungen, die einem nationalen Prestige dienen sollen, das sich in militärischen Größenordnungen ausdrücken will, und schon gar nicht um Aufwendungen zum Aufbau einer nationalen deutschen Machtposition. Diese Zeiten sind endgültig vorbei, die politische Entwicklung ist darüber hinweggegangen. Heute hängt unser Schicksal allein von der Erfüllung unserer internationalen Verpflichtungen im Rahmen der Atlantischen Allianz ab, und dabei stellen diese im Gesamthaushalt zweifellos schwer ins Gewicht fallenden Verteidigungsausgaben nur ein Minimum dessen dar, was wir um unser selbst aufwenden müssen, um die Garantie unserer Sicherheit zu gewährleisten. Wie berechtigt meine für manchen vielleicht bestürzende Feststellung des »Minimums« ist, mag die Tatsache beweisen, daß heute im Sicherheitssystem der NATO die USA allein jährlich 50 Mrd. Dollar, die übrigen 14 Bündnispartner zusammen 15 Mrd. Dollar aufbringen. Doch so gewaltig diese Opfer auch sein mögen, die heute die Verteidigungsbereitschaft des Westens gewährleisten, sie stehen trotzdem in keinem Verhältnis zum entscheidenden Erfolg, der damit erzielt wird. Der Krieg ist heute kein Mittel der Politik mehr, wenn es auch weiterhin gelingt, die Abschreckung sinnvoll und glaubhaft zu erhalten.

Die der rapiden Entwicklung der Waffentechnik laufend angepaßte Perfektionierung der Abschreckung, bei der das Problem der »NATO als Atommacht« eine wesentliche Rolle spielt, macht es den sowjetischen Machthabern nicht nur unmöglich, ihr unverrückbares Ziel der Weltherrschaft des Kommunismus in Europa mit Gewalt anzustreben. Die Erkenntnis, daß Angriff heute Selbstmord bedeutet, gibt uns die reelle Chance, durch die Bereitschaft zur Verteidigung und eine vernünftige, im großen Rahmen planende und handelnde Politik jene Voraussetzungen zu schaffen, die letzten Endes auch in der Normalisierung der Beziehungen zwischen Deutschland und der Sowjetunion den Frieden in Zukunft sichern. Eine der wesentlichsten Voraussetzungen hierfür ist die Einheit Europas. Ein Scheitern dieser Einheit würde verhängnisvolle Entwicklungen heraufbeschwören, die wir wahrscheinlich nicht mehr einfangen könnten. Die Vielzahl europäischer Nationalstaaten ist dem bolschewistischen Koloß gegenüber politisch, militärisch, wirtschaftlich und sozial hilflos. Ein einiges, friedliches, in seiner Struktur demokratisches Europa aber, das entschlossen ist, seine Existenz zu verteidigen, wird auch im Zeitalter der Massenvernichtungstechnik den Menschen dieses Kontinents eine Lebenschance und eine echte Zukunftshoffnung bieten.

Die andere wesentliche Voraussetzung ist die Zusammenarbeit mit den Vereinigten Staaten. Denn heute wäre bereits auch ein vereintes Europa trotz seiner enormen wirtschaftlichen Kraft – wenn es allein stünde – zu klein, um die Fragen dieser Zeit lösen zu können und die Auseinandersetzung mit dem Kommunismus zu bestehen. Wie auf militärischem Gebiet, so vermag auf die Dauer auch im Bereich der Wirtschaft nur eine sich immer enger verflechtende Verbindung der atlantischen Partner der Herausforderung des Ostblocks zu begegnen. Diese Partnerschaft wird für Generationen die gewaltige Überlegenheit des freiheitlichen Systems demonstrieren können.

Daß sich diese großen politischen Ziele nur unter dem militärischen Schutz der westlichen Verteidigungsgemeinschaft verwirklichen lassen, unterstreicht die nicht zu überschätzende Wichtigkeit auch unseres deutschen Verteidigungsbeitrages und rechtfertigt das Opfer dieser gewaltigen Belastung. Es geht nicht nur darum, den Krieg zu verhindern, sondern auch darum, den Frieden zu gewinnen.

In der Bundesrepublik ist der Zweite Weltkrieg zwar materiell überwunden, politisch aber noch nicht liquidiert. Mit dem Werden eines vereinigten Europas und der Atlantischen Allianz sollte unsere Bereitschaft wachsen, wenn die Stunde gekommen ist, den Zweiten Weltkrieg auch politisch zu liquidieren und auch unser Verhältnis zum Osten zu normalisieren. Die entscheidende Grundfrage dabei aber ist, unter welchen Voraussetzungen – wenn überhaupt – Moskau bereit ist, dem deutschen Volk das Recht der freien Selbstbestimmung, der freien Gestaltung der inneren Lebensverhältnisse und das Recht der äußeren Sicherheit zuzugestehen. Diese Sicherheit kann im Zeitalter der Machtblöcke nur im Vereinigten Europa und in der Atlantischen Gemeinschaft gewährleistet sein.

Diese beiden elementaren Voraussetzungen müssen zwischen der Sowjetunion und uns geregelt werden. Sie können von uns allein mit den Sowjets nicht ausgehandelt werden. Solange hier nicht in vielleicht langwierigem diplomatischem Ringen zwischen West und Ost eine klare Antwort gefunden wird, ist die bisherige Haltung der Sowjetunion nur als Versuch zu werten, die Bundesrepublik zu isolieren, das werdende Europa zu zerschlagen und die militärisch moralische Struktur der NATO aufzuweichen.

Doch kann und wird einmal ein Ausgleich zwischen der UdSSR und Deutschland möglich sein, wenn sich in Moskau zwei Gesichtspunkte durchsetzen:

1. die Überzeugung, daß durch unsere Politik – Vereinigung Europas und Solidarität der NATO – weder ein gewaltsamer noch ein politischer sowjetischer Vormarsch zum Atlantik möglich und damit dieses Ziel der Weltrevolution nicht mehr erreichbar ist, und

2. die Überzeugung, daß die Aufgaben und die Zukunft der UdSSR – auch im Verhältnis zu China gesehen – eine Normalisierung der Verhältnisse in Mitteleuropa wünschenswert machen.

Setzt sich im Kreml diese Auffassung durch, kann die Stunde gekommen sein, in der wir gemeinsam mit unseren Bundesgenossen einen Schlußstrich unter eine der verhängnisvollsten Epochen menschlicher Geschichte ziehen können. Sind die Grundvoraussetzungen gegeben, die unseren moralischen Anspruch auf Sicherheit und Selbstbestimmung Gesamtdeutschlands in einem vereinten, friedlichen Europa gerecht werden, kann über alle anderen Probleme, die einer endgültigen Liquidierung des Zweiten Weltkrieges entgegenstehen, verhandelt werden. Hier wird sich der Bogen von der rein materiellen Liquidation bis zur Normalisierung des Verhältnisses zu den östlichen Nachbarländern spannen, wobei z. B. ein starkes, friedliches Polen, das in freier Selbstbestimmung sein Leben gestalten darf, einen wesentlichen Faktor für ein ausgeglichenes, befriedetes Europa darstellt.

Zweifellos wird dann unsere Bereitschaft politische und materielle Opfer fordern. Doch wenn es möglich sein wird, einen Status auszuhandeln, der es uns erlaubt, einen Großteil der heute für Sicherheitszwecke auszugebenden Mittel einzusparen, können diese Gelder dann zur materiellen Liquidation des Zweiten Weltkrieges verwendet werden. Voraussetzung dafür bleibt immer die Garantie unserer äußeren Sicherheit.

So ist auch der diesjährige Verteidigungshaushalt als wesentlichster Beitrag dafür zu werten, daß die politischen und militärischen Grundvoraussetzungen für eine dauerhafte Befriedung unseres Kontinents geschaffen werden können. Gelingt es, die abschreckende Kraft der Allianz glaubhaft zu erhalten, die Einigung Europas zu verwirklichen und die Atlantische Gemeinschaft weiter zu vertiefen, rückt das Endziel in greifbarere Nähe. Es kann nicht erreicht werden durch einen Wechsel der Allianzen, durch einen Allein- oder Geheimgang und nicht im Schachergeschäft des Ausspielens der west-östlichen Interessen. Nur gemeinsam mit unseren Partnern sind jene Voraussetzungen zu schaffen, die dem Frieden, der Freiheit und Einheit unseres Landes dienen. Dieses Ziel anzustreben scheint mir eine unserem historischen Auftrag gemäße, unserem Gewissen gegenüber konsequente und angesichts der aufzubringenden Opfer auch eine ehrliche und saubere Politik.

Quelle: Bulletin vom 29. 3. 1962, Nr. 61, S. 509 f.

151 Für eine politische Union Europas

Presseerklärung des Bundesministers des Auswärtigen, Dr. Gerhard Schröder, in Paris zum Fouchet-Plan einer europäischen politischen Union, 25. April 1962 (Auszug)

... Das für sie und uns bedeutendste Ereignis seit dem Ende des Zweiten Weltkriegs ist das Entstehen eines einigen Europa. Die drei europäischen Gemeinschaften haben das Gesicht unseres Kontinents in entscheidender Weise verändert. Die sechs Staaten sind im Begriff, eine gemeinsame Volkswirtschaft herzustellen, die zu den größten und bedeutendsten Wirtschaftsräumen der Welt gehört. Diese Entwicklung schreitet schneller, als man es hoffen durfte, fort. 1958 hätte niemand geglaubt, daß der Übergang in die zweite Etappe des Gemeinsamen Markts zu dem frühest möglichen Zeitpunkt am 1. Januar 1962 vollzogen werden würde.

Nur wenige hätten zu hoffen gewagt, daß im gleichen Zeitpunkt die Grundlagen für eine gemeinsame europäische Agrarpolitik gelegt sein würde und daß der Europäischen Wirtschaftsgemeinschaft damit die Bewältigung einer Aufgabe gelingen würde, die nicht einmal innerhalb mancher Staaten gelöst werden kann. Frankreich nimmt in dieser Entwicklung eine Stellung ein, die gleichfalls alle Hoffnungen und Erwartungen übertrifft. Anstatt die Schutzklauseln in Anspruch zu nehmen, die im EWG-Vertrag zugunsten von Frankreich vorgesehen waren, entwickelt sich die französische Wirtschaft als ein blühendes Glied des Gemeinsamen Markts. Dabei steht der Warenaustausch mit der Bundesrepublik Deutschland für sie an erster Stelle. In Einfuhr und Ausfuhr erreichte der deutsch-französische Handel eine Summe von 10 Mrd. DM im Jahre 1961.

Die bestehenden Wirtschaftsgemeinschaften müssen durch eine enge politische Union zwischen den Mitgliedstaaten ergänzt werden. Darüber besteht und bestand von jeher Einverständnis zwischen allen Partnern. Wenn trotzdem auf der Außenministerkonferenz noch keine Einigung erzielt wurde, so hat das zwei Gründe. Einmal bestehen Meinungsverschiedenheiten darüber, wie weit die europäische politische Union gehen solle. Einige der Mitgliedstaaten wollen weiter gehen als andere. Diese Schwierigkeiten sind nicht unüberwindlich. Man muß sich an das Sprichwort erinnern, daß das Bessere oft des Guten Feind ist, und man muß diesen Fehler in der Politik vermeiden.

Die andere Meinungsverschiedenheit bezieht sich auf die Teilnahme Großbritanniens. Einige der sechs Regierungen glauben, daß der Vertrag über die politische Union erst unterzeichnet werden sollte, wenn feststeht, daß Großbritannien der Europäischen Wirtschaftsgemeinschaft beitreten wird. Andere, und dazu gehören meine Regierung und die französische Regierung, möchten mit der politischen Union vorangehen in der sicheren Erwartung, daß Großbritannien sowohl der EWG wie dieser politischen Union beitreten wird. Ich hoffe sehr, daß sich die beiden noch bestehenden Meinungsverschiedenheiten überbrücken lassen werden, um so mehr, als ich den Eindruck habe, daß die britische Regierung, die über das Projekt der politischen Union laufend unterrichtet wurde, gegen das vorgesehene Statut keine Einwendungen erhebt und ihrerseits gar nicht verlangt, daß die Verhandlungen ausgesetzt werden, bis der Beitritt Großbritanniens zur EWG entschieden ist.

Die Bundesregierung wird alles in ihren Kräften Stehende tun, um das Projekt der europäischen politischen Union weiter zu fördern. Die Bundesregierung sieht in der politischen Union nicht nur eine notwendige Ergänzung der europäischen Gemeinschaften, sondern zugleich ein Mittel, um der Bedrohung der freien Welt durch den sowjetischen Kommunismus entgegenzutreten. Wir sitzen alle in einem Boot, und nur vereint sind wir in der Lage, unsere Freiheit zu behaupten.

Quelle: Bulletin vom 25. 4. 1962, Nr. 77, S. 653 f.

---

152 Deutschland und Europa

Auszüge aus einer Rede des Bundesministers des Auswärtigen, Dr. Gerhard Schröder, in Dortmund zum Thema »Deutschland, Europa und die freie Welt«, 4. Juni 1962

... Das Ergebnis des Zweiten Weltkriegs lautet in wenigen Sätzen: Deutschland ist nicht mehr das Machtzentrum Mitteleuropas; Europa nicht mehr der politische Mittelpunkt der Welt. Die Welt ist geteilt in einen freien und in einen kommunistisch beherrschten Teil. Die Spaltung aber ging und geht noch heute durch unser Volk.

Eine neue Entwicklung setzt ein. Die nationalen Gegensätze, die seit vielen Jahrhunderten die europäische Politik, ja die Weltpolitik überhaupt bestimmt hatten, beginnen in Westeuropa zu verblassen. Dieser Teil der Welt, der Kriege und Zerwürfnisse müde, besinnt sich wieder auf gemeinsame Werte und politische Grundanschauungen. Er sieht sich vom Kommunismus bedroht. Die Völker Europas suchen nach einer neuen Ordnung, nicht nur wegen der Gefahr aus dem Osten, sondern auch weil Wirtschaft und Wissenschaft, Technik, Verkehr und Waffenentwicklung Aufgaben in einer Größenordnung stellen, die selbst die größte europäische Nation nicht allein bewältigen könnte.

Es ist in diesem Zusammenhang ohne große Bedeutung, von welchem Zeitpunkt nach 1945 wir die neue deutsche Außenpolitik datieren. Sicher ist, daß unsere Möglichkeiten von

Anfang an sehr begrenzt waren. Die Möglichkeiten nutzen, ihre Grenzen aber nicht überschreiten – darin liegt der Schlüssel für eine erfolgreiche Außenpolitik. Wir Deutschen haben in unserer Geschichte leider nicht immer ein glückliches Augenmaß für unsere Möglichkeiten und Grenzen besessen und uns den Blick oft durch Gefühle, durch Wünsche oder durch politische Dogmen trüben lassen. Ja, es ist bemerkenswert, daß unsere Sprache vor rund hundert Jahren das Wort »Realpolitik« prägen mußte – heute sagt man wohl »pragmatische Politik« –, um eine Politik des Möglichen von einer Politik des Wunschdenkens oder dogmatischer Gebote abzusetzen; noch bemerkenswerter ist freilich, daß dieses Wort bei uns bald den Nebensinn »richtungslos, prinzipienlos und opportunistisch« erhielt. Nun, ich meine, daß die deutsche Außenpolitik von den realen Gegebenheiten ausgehen soll, daß wir eine Außenpolitik des Möglichen, nicht des Unmöglichen betreiben müssen. Das hat Konrad Adenauer getan. Das werden wir auch in Zukunft tun.

Wir sind, wie ich einleitend sagte, eine große Wirtschaftsmacht. Eine politische Großmacht im Sinne vergangener Epochen können wir nicht mehr werden, und es wäre falscher Ehrgeiz, dieses Ziel anzustreben. Wir sind uns vielmehr darüber klar, daß wir viele Probleme, die unser Schicksal bestimmen, allein und aus eigener Kraft nicht lösen können. Weder können wir die nukleare Abrüstung erzwingen noch die Verhandlungen darüber entscheidend beeinflussen. Weder können wir die Einheit Europas allein nach unseren Vorstellungen erreichen, noch können wir uns allein verteidigen. Weder können wir die Spaltung der Welt in zwei Lager überwinden noch allein die Einheit Deutschlands wiederherstellen. Diese Grenzen begreifen, heißt zugleich erkennen, daß wir diese und andere Aufgaben nur gemeinsam mit unseren Freunden und Verbündeten mit Aussicht auf Erfolg angehen können.

Das bedeutet keinen Verzicht auf eine selbständige Außenpolitik. Es ist nicht unsere Rolle, etwa nur die Entscheidungen unserer Alliierten durch Akklamation zu bestätigen. Nicht andere, sondern wir selbst haben die erste Verantwortung für unser Schicksal. Niemandem dürfen wir Risiken zumuten, die wir nicht selbst zu tragen bereit sind. Wir müssen unsere ganze Kraft für die gemeinsame Sache einsetzen. Auf die Dauer hält das Bündnis nur, wenn es eine Leistungsgemeinschaft mit gleichen Opfern ist. Jeder Fortschritt in der deutschen Frage hängt von dieser Einsicht ab ...

Bei dem Versuch, Europa politisch zu einigen, hatte man anfangs wohl die Schwierigkeiten unterschätzt, die einer solchen Umwandlung entgegenstanden. Aber auch aus Rückschlägen lernt man. Es war daher richtig, daß wir uns nach diesen Erfahrungen zunächst darauf konzentrierten, mit der Integration dort zu beginnen, wo sie am dringendsten notwendig und am ehesten zu erreichen war. In der Montan-Union, in EURATOM und schließlich der umfassendsten Organisation, der Europäischen Wirtschaftsgemeinschaft. Selbst Skeptiker mußten einsehen, daß Staaten, die in einer Verteidigungsgemeinschaft zusammenstehen, wirtschaftlich nicht nebeneinander oder gar gegeneinander arbeiten können. Große Projekte der modernen technischen Entwicklung, der Aufbau einer Atom-Energie-Produktion, um nur ein Beispiel zu nennen, waren von unseren Ländern einzeln nicht zu bewältigen. Wir mußten sie also entweder gemeinsam in Angriff nehmen oder uns mit dem Gedanken abfinden, daß Europa – seit Jahrhunderten Ausgangspunkt des wissenschaftlichen und technischen Fortschritts in der Welt – hoffnungslos hinter den Vereinigten Staaten von Amerika zurückbleiben und in wenigen Jahrzehnten zu den technisch minderentwickelten, zurückgebliebenen Regionen gehören würde ...

Der Gemeinsame Markt ist nicht gegen die Sowjetunion oder die übrigen Ostblockstaaten gerichtet. Wir sehen seine Aufgabe vielmehr darin, die materielle Sicherheit, Unabhängigkeit und Freiheit unserer Bürger zu erhöhen, wirtschaftliche Gegensätze oder Unterschiede auszugleichen und damit einen Beitrag zum Frieden und zur Stabilität Europas zu leisten. Die steigende Konjunktur in unserem großräumigen Markt wird die Nachfrage nach

Gütern aus anderen Ländern, auch denen des Ostblocks, erhöhen und zur Steigerung des Handels nicht nur mit der übrigen freien Welt, sondern auch den osteuropäischen Staaten beitragen. Die Fortschritte des Gemeinsamen Markts haben sich bereits jetzt günstig auf den Ost-West-Handel ausgewirkt: Der Gesamtumsatz des Handels zwischen den EWG-Ländern und den osteuropäischen Ländern hat sich von 1958 bis 1961 um rund 67 % erhöht.

Schon in unserem Memorandum an die Sowjetregierung vom 21. Februar haben wir darauf hingewiesen, daß wir uns eine noch regere Zusammenarbeit zwischen dem großen Wirtschaftspotential des Gemeinsamen Markts und den Ostblockstaaten vorstellen können, die von beträchtlichem Nutzen für alle Partner sein würde. Ich wiederhole, daß an eine solche Zusammenarbeit zu denken keineswegs unrealistisch ist, wenn dieses Ziel auch nur Schritt für Schritt und erst nach einer wirklichen, alle Teile befriedigenden Lösung der noch anstehenden politischen Fragen erreicht werden kann.

Die Erfolge der wirtschaftlichen Integration Europas – so befriedigend sie auch sind – können uns dennoch allein nicht genügen. Unsere wirtschaftliche Gemeinschaft verlangt auf die Dauer auch eine politische Einigung Europas ...

Die politische Einigung folgt nicht automatisch der wirtschaftlichen. Es bedarf vielmehr immer wieder politischer Entscheidungen, politischer Impulse und unablässiger Energie, um den wirtschaftlichen Einigungsprozeß mit dem politischen zu harmonisieren. Diese Harmonie aber ist notwendig. Ich kann mir keine europäische Gemeinschaft vorstellen, die wirtschaftlich eine Großmacht, politisch aber schwach und zu einheitlichen Aktionen unfähig ist.

Dabei ist es von entscheidender Bedeutung, die politischen Schritte zur richtigen Zeit zu tun. Das ist keine taktische oder methodische, sondern eine essentielle Frage, die über Erfolg oder Fehlschlag unseres großen Vorhabens entscheidet. Die Griechen hatten den rechten Zeitpunkt – Kairos – als Gottheit dargestellt, die man »beim Schopf« ergreifen mußte, wenn man einen Plan ins Werk setzen und erfolgreich beenden wollte. Mir scheint, wir müssen sehr darauf achten, daß uns dieser flüchtige Genius nicht entgeht und daß wir die Stunde Europas nicht versäumen.

Es ist kein Geheimnis, daß über die Form, die das künftige Europa politisch verbinden soll, noch Meinungsverschiedenheiten bestehen. Offensichtlich kann man sich über Wirtschaftsorganisationen leichter verständigen, weil dort die Tatbestände und die Entwicklungen zwingender und sichtbarer sind, sich meistens sogar in Zahlen ausdrücken lassen, während die politischen Tatbestände schwerer beweisbar sind, die politischen Institutionen oft erst bei kritischer Belastung zeigen, ob sie fest und tragfähig, oder ob sie zerbrechlich sind.

Die Geschichte hat unserer Generation die Aufgabe der europäischen Einigung in einer Zeit gestellt, da die Welt vielfachen Wandlungen unterworfen ist. Das Entwicklungstempo der Wirtschaft, Technik, der Strategie und des Verkehrs beschleunigt sich ständig. Wenn wir auch den »Geist der Weltgeschichte« nicht mit Sicherheit zu erkennen vermögen, so scheinen doch alle Symptome auf eine fortschreitende politische Einigung und engere Verflechtung der Nationen zu deuten.

Dieser Fortschritt hat seine eigenen Gesetze. Wir können ihn nicht unseren überkommenen politischen Vorstellungen anpassen, sondern wir müssen unsere Vorstellungen dem Fortschritt angleichen, wenn wir nicht überholt werden wollen. Vor dieser Notwendigkeit stehen übrigens nicht nur wir in der freien Welt, sondern ebenso die kommunistischen Regierungen ...

Mit besonderer Befriedigung sehen wir, daß Großbritannien sich dem Gemeinsamen Markt nähert. Wir wissen, wie politisch schwer dieser Entschluß einem Lande fallen mußte, das seinen Blick und seine Kraft seit Jahrhunderten auf andere Erdteile gerichtet hatte und das heute noch eng mit dem Commonwealth verbunden ist. Ich möchte noch einmal und deutlich erklären, daß die Bundesregierung alles tun wird, was in ihren Kräften steht, um den Beitritt Großbritanniens im Rahmen der Verträge zu ermöglichen. Übergangslösungen im Blick auf das Commonwealth werden sich nach Meinung der Bundesregierung finden lassen.

Wir sind der Auffassung, daß die geschichtliche Entwicklung Großbritannien heute mit zwingender Kraft auf die Europäische Gemeinschaft zuführt, um aus dieser Gemeinschaft den festen, starken Gegenpfeiler zu machen, auf dem das Bündnis Amerika–Europa diesseits des Atlantiks dauerhaft ruhen kann ...

Quelle: Bulletin vom 8. 6. 1962, Nr. 104, S. 897 ff.

153 Für eine »Atmosphäre der Beruhigung«

Aufzeichnung über das Gespräch zwischen dem Bundeskanzler Dr. Konrad Adenauer und dem Botschafter der UdSSR, Smirnow, am 6. Juni 1962 (Auszüge)

Der Herr Bundeskanzler empfing am 6. Juni 1962 um 17 Uhr den Botschafter der UdSSR, Smirnow, auf dessen Wunsch zu einer Unterredung, an der von deutscher Seite noch VLR I Dr. Osterheld teilnahm.

... Der Herr Bundeskanzler (führte) folgendes aus: »Er habe Gelegenheit gehabt, Herrn Chruschtschow persönlich kennenzulernen und einen Eindruck von ihm zu gewinnen. Er halte ihn für einen klugen, keineswegs fanatischen Menschen, der natürlich bestrebt sei, die Sowjetunion stark zu machen. Herr Chruschtschow vertrete immer wieder den Gedanken der Koexistenz. Auch er – der Herr Bundeskanzler – sei für eine Koexistenz, aber für eine wirkliche Koexistenz. Voraussetzung dafür sei allerdings, daß jeder Partner die Rechte des anderen respektiere und nicht verletze. Die gegenwärtige politische Lage berge große Gefahren in sich, er sei nicht gegen Verhandlungen, aber er habe die Befürchtung, daß man bei ihnen plötzlich vor einer Verschärfung der ganzen Situation und sehr unangenehmen Weiterungen stehe. Um diese Gefahren zu beseitigen, wolle er dem Botschafter nun einmal einige Gedanken darlegen, mit denen er sich seit langem beschäftigt habe. Chruschtschow gehe davon aus, daß im Westen ein verfaulter Kapitalismus herrsche, der bald zugrunde gehen werde. Er – der Herr Bundeskanzler – glaube, daß die Sowjetunion bestrebt ist, nicht nur politisch, sondern vor allem wirtschaftlich stark zu werden und daß, wenn dieses Ziel erreicht werde, gewisse aggressive Neigungen der Sowjetunion wegfallen würden. Bei dieser Überlegung gehe er ganz einfach von der alten Erfahrung aus, daß ein Land, dem es gutgehe, weniger Grund zur Aggressivität habe als ein Land, welches große Sorgen habe. Um aber ihre großen Wirtschaftspläne verwirklichen zu können, braucht die Sowjetunion eine Periode der Ruhe.

Ausgehend von diesen Gedanken bitte er den Botschafter, dem sowjetischen Regierungschef folgenden Gedanken mitzuteilen: Sollte man nicht einmal ernsthaft überlegen, zwischen den beiden Ländern – also der Sowjetunion und der Bundesrepublik Deutschland – für zehn Jahre eine Art Waffenstillstand, natürlich im übertragenen Sinne, zu schließen. Dies würde bedeuten, die Dinge während dieser Zeitspanne so zu lassen, wie sie sich jetzt darböten. Allerdings müsse dafür gesorgt werden, daß die Menschen in der DDR freier leben könnten, als es jetzt der Fall sei. In einer Periode von zehn Jahren könne eine Atmosphäre der Beruhigung eintreten, es könne ferner ein Verhältnis zwischen den beiden Ländern geschaffen werden, welches vor allem auf gegenseitiger Achtung beruhe. Die Bundesregierung respektiere die Sowjetunion und ihre Rechte, erwarte allerdings auch Gegenseitigkeit in dieser Beziehung. Man solle sich auf beiden Seiten einmal bemühen, zehn Jahre lang wirklich normale Verhältnisse eintreten zu lassen. Dann würde es auch mit der Verständigung über die strittigen, noch ungeklärten Fragen viel leichter werden ...

Es sei doch ein untragbarer, abscheulicher Zustand, fuhr der Herr Bundeskanzler fort, wenn, wie es kürzlich der Fall gewesen sei, Volkspolizisten einen Menschen, der versucht habe, schwimmend in den Westen zu gelangen, durch mehrere Schüsse töteten. Derartige Zwischenfälle seien höchst erregend und müßten aufhören. Der jetzige Zustand sei ein Ausfluß der Verhältnisse aus dem Kriege, wenn weiter eine Anzahl von Jahren unter erträglichen Verhältnissen ins Land gegangen seien, könne man mit diesen Residuen des Krieges leichter fertig werden ...

Der Herr Bundeskanzler betonte, daß es heute nur sein Ziel gewesen sei, dem Botschafter überhaupt einmal diese Idee zu unterbreiten, und zwar mit der Bitte, seinem Regierungschef ausführlich darüber zu berichten. Sollte Chruschtschow diesen Gedanken für erwägenswert halten, dann könne man über die Einzelheiten sprechen. Ihm gehe es in erster Linie darum, mal einen anderen, einen neuen Gedanken in die Diskussion zu bringen, um vielleicht auf diese Weise zu einer Entspannung und Verbesserung des Verhältnisses zwischen den beiden Ländern zu gelangen ...

Alle Staaten und selbstverständlich auch die Bundesrepublik Deutschland wünschten die Erhaltung des Friedens, doch glaube er, daß man durch ständiges Reden und endlose Verhandlungen nicht vorankäme, sondern daß dadurch die Lage schließlich bei ergebnislosem Ausgang der Besprechungen sich verschlimmern würde. Er halte daher den Zeitpunkt für gekommen, eine längere Pause in den Gesprächen über die deutsche Frage eintreten zu lassen, um dadurch Zeit zu gewinnen, sich der Lösung anderer wichtiger Probleme in der Welt widmen zu können. Er denke hierbei vor allem an die große Aufgabe, zu einer kontrollierten Abrüstung zu gelangen. Zur Zeit seien die Politiker jedoch derart stark durch die verschiedenen Aufgaben beansprucht, daß sie keine Zeit hätten, sich mit der notwendigen Sorgfalt und Ruhe diesem entscheidenden Problem zu widmen. Man müsse sich stets vor Augen halten, daß die Sowjetunion und die Bundesrepublik Nachbarn seien und auch bleiben würden. Sein Wunsch sei es, zu wirklich normalen Beziehungen zur Sowjetunion zu kommen ...

Abschließend wurde vereinbart, der Presse nichts über den Inhalt des Gesprächs mitzuteilen.

Quelle: Aus einer Aufzeichnung des Auswärtigen Amts

Das Sondergebiet Groß-Berlin und die Auswirkungen der Sperrmaßnahmen seit dem 13. August 1961, Bericht des Bundesministeriums für gesamtdeutsche Fragen vom 15. August 1962 (Auszüge)

Das Sondergebiet Groß-Berlin umfaßt 883,8 qkm; davon bilden 54,4 % (481,0 qkm) mit 2 207 984 Einwohnern das Gebiet von Berlin (West), 45,6 % (402,8 qkm) mit 1 071 775 Einwohnern Ostberlin, den Sowjetsektor von Groß-Berlin. Von den 20 Verwaltungsbezirken weisen 14 Bezirke Grenzen zwischen Berlin (West) und dem Sowjetsektor bzw. der Sowjetzone auf.

Gesamt	Zonengrenze	Sektorengrenze	Gebiet
Groß-Berlin	45,9 km	232 km	277,9 km
Berlin (West)	45,9 km	114,6 km	160,5 km
Ostberlin	45,9 km	117,4 km	163,3 km

Von den Grenzen verlaufen
    37 km überwiegend durch Wohngebiet
    17 km überwiegend durch Industriegebiet
    etwa   30 km durch Waldgebiet
    24 km durch Wasserläufe, Seen und Kanäle
    55 km auf Bahndämmen, durch Felder, Sumpfgebiet u. ä.

Die Sektorengrenze zwischen Berlin (West) und Ostberlin wurde vor dem 13. August 1961 täglich von 500 000 Berlinern überschritten. Jährlich besuchten 8 bis 10 Millionen Bewohner Ostberlins und der sowjetischen Besatzungszone Kultur- und Sportveranstaltungen in Berlin (West). Fast 30 Millionen Vorzugsfahrscheine wurden im Jahre 1960 in Verkehrsmitteln von Berlin (West) an Bewohner Ostberlins und der Sowjetzone verkauft. Bis zum 13. August 1961 standen für den intersektoralen Personenverkehr S- und U-Bahn als öffentliche Verkehrsmittel zur Verfügung.

Die kommunistischen Sperrmaßnahmen beendeten den Durchgangsverkehr von acht S-Bahn- und vier U-Bahn-Linien. Im sowjetischen Sektor wurden alle 48 S-Bahnhöfe für den Intersektorenverkehr gesperrt, von 33 U-Bahnhöfen in Ostberlin wurden 13 völlig geschlossen. Für den Intersektorenverkehr von Ausländern und Bürgern der Bundesrepublik Deutschland sind in Ostberlin nur auf den S- und U-Bahnhöfen Friedrichstraße je ein Sonderbahnsteig eingerichtet.

Die Sektoren- und Zonengrenze um Berlin (West) zerschneidet 193 Haupt- und Nebenstraßen; 62 führen nach Ostberlin, 131 in die Sowjetzone.

Vor dem 13. August 1961 konnte die Sektorengrenze zwischen Berlin (West) und dem sowjetischen Sektor an 81 Übergangsstellen überquert werden.

Am 13. August 1961 wurden 69 Übergangsstellen mit Stacheldraht abgesperrt oder zugemauert. 12 besonders bezeichnete Übergänge blieben zum Betreten des sowjetischen Sektors geöffnet.

Am 23. August 1961 wurden davon fünf Kontrollstellen geschlossen; somit standen am 15. August 1962 sieben Übergänge zur Verfügung.

Friedrichstraße:
Für Ausländer, Angehörige des diplomatischen Korps und der alliierten Streitkräfte.
Bornholmer Straße
Heinrich-Heine-Straße:
Für Bürger der Bundesrepublik Deutschland. Dieser Übergang ist gleichzeitig die Passierstelle für den Warenverkehr zwischen Berlin (West) und dem Sowjetsektor bzw. der Sowjetzone.
Chausseestraße
Invalidenstraße
Oberbaumbrücke
Sonnenallee:
Für Westberliner, die im Sowjetsektor arbeiten und einen Sonderausweis besitzen (etwa 6 000 Personen).
Die Absperrungen bestehen aus:
12 km Mauer
    (= etwa 7 200 cbm Betonplatten, das ist Material für 150 Einfamilienhäuser)

137 km Stacheldrahtverhau
(= 8 000 bis 10 000 km Stacheldraht)
450 000 bis 500 000 qm Schneisen, Todes- und Schußstreifen.

Zur genaueren Bewachung der Zonen- und Sektorengrenze wurden nach dem 13. August 1961 in und um Berlin 116 Wachtürme errichtet. Davon sind 84 im Zonengrenzbereich aufgestellt; 32 Wachtürme stehen entlang der Sektorengrenze, die durch Stadtgebiet verläuft.

An der Zonen- und Sektorengrenze wurden nach dem 13. August 1961 zur Übertragung von kommunistischen Propagandasendungen nach Berlin (West) Lautsprecher installiert. Mitte Juni 1962 belief sich ihre Zahl auf 209.

Ein besonders eklatantes Beispiel für die Unsinnigkeit der »Sicherungsmaßnahmen« bietet die Absperrung in der Bernauer Straße:

Die Bernauer Straße ist Sektorengrenzstraße zwischen den Verwaltungsbezirken Wedding (französischer Sektor) und Mitte (sowjetischer Sektor). Sie führt durch reines Wohngebiet. Sie liegt zwischen Schwedter Straße und Gartenstraße und hat eine Länge von 1,4 km. Grenzlinie ist die südliche Baufluchtlinie, d. h., die Wohnhäuser auf der nördlichen Seite und der Fahrdamm mit beiden Gehsteigen gehören zu Berlin (West). Die Gebäude auf der südlichen Straßenseite liegen schon im Sowjetsektor.

Als nach den Sperrmaßnahmen des 13. August 1961 zahlreiche Menschen aus ihren im Ostsektor gelegenen Wohnungen auf den schon zu Berlin (West) gehörenden Bürgersteig vor ihrem Haus flüchteten, begann die Volkspolizei, Türen und Fenster zu vermauern. Nachdem verzweifelte Ostberliner nicht vor einem Sprung aus dem dritten, vierten, ja fünften Stockwerk zurückgeschreckt waren, wurden die in Ostberlin gelegenen Häuser von der Volkspolizei zwangsweise geräumt. Nimmt man an, daß jedes der meist vier- bis fünfstöckigen Wohngebäude nur 15 Wohnungen hat, so mußten über 580 Wohnungen verlassen werden. Tatsächlich wird die Zahl der geräumten Wohnungen größer sein, da auch die Bewohner der Eckhäuser der Querstraßen evakuiert wurden. Allein bei der Hauptevakuierungsaktion in der Bernauer Straße am 24. September 1961 wurden fast 2 000 Menschen aus ihren Wohnungen vertrieben. Mehr als 50 Hauseingänge, darunter der Zugang zu der Versöhnungskirche, 37 Läden und 1 253 Fenster wurden zugemauert.

Die Gesamtlänge der zugemauerten Gebäude in der Bernauer Straße beträgt 750 m. Ferner wurden nach dem 13. August im Bereich der Bernauer Straße auf einer Länge von über 400 m Sperrmauern errichtet. Sechs aus Ostberlin einmündende Querstraßen wurden abgeriegelt und 250 m Sichtblenden aufgestellt.

Mehreren Dutzend Menschen gelang in der Bernauer Straße die Flucht nach Berlin (West). Zahlreiche Menschen wurden bei dem Sprung aus den Fenstern zum Teil schwer verletzt, für vier Ostberliner endete der Sprung in die Freiheit mit dem Tod.

Durch die sowjetzonale Abriegelung seit dem 13. August 1961 haben fast 10 000 Einwohner des freien Teiles der Stadt ihren Kleingarten oder ihr Grundstück mit Wochenendhaus in Ostberlin verloren. Schon im Jahre 1952 hatten 40 000 Einwohner von Berlin (West) infolge der damaligen sowjetzonalen Sperrmaßnahmen Grundstücke und Anwesen im Zonenrandgebiet entlang der Grenzen von Berlin (West) entschädigungslos eingebüßt.

Bis Anfang August 1961 hatten rund 53 000 Einwohner des Sowjetsektors eine Arbeitsstelle oder ein Angestelltenverhältnis mit Betrieben in Berlin (West). Diesen sogenannten »Grenzgängern« wurde vom 2. August an von den sowjetzonalen Behörden eine weitere Tätigkeit im freien Teil der Stadt unmöglich gemacht. Ebenso können rund 1 100 Schüler und mehr als 500 Studenten ihre Ausbildung und ihr Studium in Berlin (West) nicht mehr fortsetzen.

Die Zonen- und Sektorengrenzen in und um Berlin zerschneiden dichtbesiedelte Wohngebiete. Um der Ostberliner Bevölkerung jede Möglichkeit zur Flucht zu nehmen und jede

Verbindung mit den Einwohnern von Berlin (West) unmöglich zu machen, wurden zahlreiche Grenzhäuser, -straßen und -siedlungen von der sowjetzonalen Volkspolizei gewaltsam geräumt. Die schwerbewaffneten Räumkommandos erschienen ohne Ankündigung meist in den frühen Morgenstunden und überraschten die ahnungslosen Wohnungsinhaber und Hauseigentümer. Möbel und Hausrat wurden in kürzester Frist, nur notdürftig zusammengepackt, verladen und abtransportiert. Die zwangsevakuierten Familien wurden zunächst in notdürftig eingerichteten provisorischen Auffanglagern, meist Schulturnhallen, untergebracht. Ihr weiterer Aufenthaltsort ist nicht bekannt. Nach vorliegenden Angaben wurden 3 835 Bewohner des Sowjetsektors von diesen Maßnahmen betroffen.

Die Zwangsräumung wurde u. a. in folgenden Großaktionen durchgeführt:

Am 20. September 1961: in der Harzer Straße gegenüber dem Bezirk Neukölln/Berlin (West) 20 Häuser mit etwa 250 Familien und an der Späthbrücke gegenüber dem West-Berliner Ortsteil Britz 8 Einfamilienhäuser.

Vom 24. bis 27. September 1961: Grenzhäuser in der Bernauer Straße. Fast 2 000 Menschen mußten ihre Wohnungen räumen.

Am 30. September 1961: zahlreiche Grenzhäuser in Johannisthal im Ostberliner Verwaltungsbezirk Treptow.

Vom 14. bis 19. Oktober 1961: weitere Grenzhäuser in der Bernauer Straße und Eckhäuser bis zu 150 Meter in die Seitenstraßen hinein.

Am 26. Februar 1962: mehr als 30 Häuser in Groß-Ziethen gegenüber dem West-Berliner Verwaltungsbezirk Lichtenrade.

Am 27. Februar 1962: etwa 20 Häuser in Staaken gegenüber dem West-Berliner Verwaltungsbezirk Spandau.

Am 18. Juli 1962: Grenzhäuser in der Sebastianstraße gegenüber dem West-Berliner Bezirk Kreuzberg und am Schiffbauerdamm gegenüber dem Bezirk Tiergarten.

Am 26. Juli 1962: Es wird bekannt, daß die Behörden des Sowjetsektors die Grundstücke der Versöhnungskirchengemeinde in der Bernauer Straße enteignet haben. Dazu gehören die Versöhnungskirche, das Burckhardt-Ausbildungsheim für Gemeindeschwestern und das Gemeindehaus.

Am 9. August 1962: Mietshäuser an der Sektorengrenze in der Wollankstraße gegenüber dem West-Berliner Bezirk Wedding.

Ernste Zwischenfälle

1. Übergriffe und Unrechtshandlungen sowjetzonaler bewaffneter und uniformierter Organe
Bei der Verfolgung eines Flüchtlings drangen am 1. 9. 1961 ein Volkspolizeioffizier und vier Mann bei Heiligensee nach Berlin (West) ein und gaben mehrere Schüsse ab.

Am 30. 9. 1961, gegen 14.40 Uhr, gab ein sowjetzonaler Grenzsoldat an der Sperrmauer Bernauer Straße/Ecke Brunnenstraße auf einen Westberliner Polizeibeamten ohne erkennbaren Grund zwei Schüsse aus seiner Pistole ab.

Am 5. 10. 1961, gegen 12.00 Uhr, wurde ein Polizeibeamter von Berlin (West) an der Bernauer Straße in Berlin N 58 auf dem Gelände des Nordbahnhofs nach mehrmaliger Aufforderung, sich von der Sperrmauer weiter zurückzuziehen, von einem sowjetzonalen Grenzsoldaten beschossen, obwohl er sich eindeutig auf dem Gebiet von Berlin (West) befand.

Am 12. 10. 1961, nachts in Reinickendorf, in Nähe S-Bahnhof Wilhelmsruh, betraten 10 Angehörige der sowjetzonalen Volkspolizei unter Führung eines Offiziers das Gebiet von Berlin (West) und versuchten, in ein Wohnhaus einzudringen, wo sie einen geflüchteten Kameraden vermuteten.

Etwa 10 bis 15 Gewehrschüsse wurden in den Abendstunden des 13. 10. 1961 auf zwei 21jährige Flüchtlinge abgegeben, die in Berlin N 65 in der Schwedter Straße die Stacheldrahtsperren und die Mauer überkletterten, um nach Berlin (West) zu flüchten.

Die Schüsse schlugen diesseits der Mauer ein und gefährdeten Polizeibeamte und Fußgänger.

Am 5. 12. 1961 beschossen neun sowjetzonale Polizisten einen Flüchtling, der auf der Südseite des Britzer Zweigkanals bereits das Gebiet von Berlin (West) erreicht hatte, und zwangen ihn dadurch, durch den Stacheldraht nach Ostberlin zurückzukriechen. Auf einen Westberliner Zollbeamten, der die Volkspolizisten zur Einstellung des Feuers aufforderte, wurden zwei gezielte Schüsse abgegeben.

Am 13. 2. 1962, gegen 15.00 Uhr, forderten sowjetzonale Grenzsoldaten in Berlin N 65 die auf dem Gelände des Nordbahnhofs in Berlin (West) stehenden Polizeibeamten auf, ihren Beobachtungsstand zu verlassen. Als diese dem Verlangen nicht nachkamen, wurden sie beschossen, worauf sie das Feuer aus Notwehr erwiderten. Es kam zu einem mehrmaligen Schußwechsel.

Am 9. 4. 1962 durchbrach in Berlin NO 5 ein Lkw die Sperrmauer auf der Boyenstraße und blieb stecken. Die beiden Insassen verließen das Fahrzeug und flüchteten nach Berlin (West). Als sie bereits 100 m diesseits der Mauer waren, wurden sie von sowjetzonalen Grenzsoldaten beschossen, wodurch Einwohner von Berlin (West) gefährdet wurden.

Aus einem Fenster des Eckhauses Ruppiner Straße/Bernauer Straße wird am 21. 4. 1962 eine Westberliner Funkstreife von einem sowjetzonalen Grenzsoldaten beschossen. Die Westberliner Polizei erwidert das Feuer.

Am 30. 4. 1962, gegen 01.20 Uhr, wurde die Festnahme eines männlichen Flüchtlings durch sowjetzonale Grenztruppen in der Nähe der Klemkestraße in Berlin-Reinickendorf beobachtet. Nach Abgabe von ca. 15 Schuß aus einer Maschinenpistole wurde eine männliche Person in Zivilkleidung, die bereits bis zu einem Laufgraben gelangt war, mit erhobenen Händen abgeführt.

Einer der Schüsse schlug in einer Wohnung in Berlin (West) ein.

Am 17. 6. 1962 frühmorgens beschossen sowjetzonale Transportpolizisten in Pankow einen Flüchtling, der von einem Güterzug abgesprungen war, zwei Stacheldrahtzäune überklettert und schon Berlin (West) erreicht hatte.

Am 18. 7. 1962 durchschneidet am Wilhelmsruher Damm gegenüber dem Friedhof Rosenthal ein in Berlin (West) lebender Mann den Stacheldraht, um seiner Frau zur Flucht aus dem Sowjetsektor zu verhelfen. Er wird von sowjetzonalen Soldaten beschossen, Polizeibeamte von Berlin (West) geben ihm Feuerschutz. Der Mann bleibt unverletzt, über das Schicksal seiner Frau ist nichts bekannt.

2. Todesfälle als Folge der Sperrmaßnahmen

Am 19. 8. 1961, 12.15 Uhr, flüchteten zwei Ehepaare aus einem Hause auf der zum Sowjetsektor gehörenden Seite der Bernauer Straße nach Berlin (West). Sie hatten eine Wäscheleine am Fensterkreuz einer im ersten Stock gelegenen Wohnung befestigt und seilten sich daran ab. Bei dem 47jährigen Rolf Urban riß die Leine, so daß er auf den Bürgersteig stürzte und mit einem Unterschenkel-Trümmerbruch und anderen Verletzungen in ein Krankenhaus eingeliefert werden mußte, wo er am 15. 9. 1961 verstarb.

Am 22. 8. 1961, gegen 06.40 Uhr, sprang die 60jährige Ida Siekmann aus der 3. Etage ihres im Sowjetsektor gelegenen Wohnhauses in der Bernauer Straße auf den bereits zu Berlin (West) gehörenden Gehweg; sie war sofort tot.

Am 25. 9. 1961, 21.05 Uhr, sprang die 80jährige Rentnerin Olga Segler aus dem 2. Stock des Hauses Bernauer Straße 34 (Sowjetsektor) in ein Sprungtuch der Feuerwehr.

Sie erlitt einen starken Schock und Rückenprellungen, an deren Auswirkungen sie am nächsten Tage verstarb.

Am 29. 9. 1961 nahm sich die 81jährige Rentnerin Ida Zehnter in ihrer Wohnung im Sowjetsektor durch Einatmen von Leuchtgas das Leben.

Die Greisin hatte an die zuständige Bezirksverwaltung die Bitte gerichtet, nach Berlin (West) zu ihrer Tochter und den Enkelkindern übersiedeln zu dürfen.

Das Gesuch wurde abgelehnt mit dem Bescheid, daß man bereit wäre, sie vorzumerken, falls sie im Sterbefalle außerhalb des »Demokratischen Berlins« beerdigt werden wolle. »Bis zu diesem«, so hieß es wörtlich, »sicher nicht mehr fernen Zeitpunkt« müsse sie Bürgerin der Hauptstadt des Arbeiter-und-Bauern-Staates bleiben.

Die absendende Dienststelle und der Unterzeichner des Bescheides sind bekannt.

Der 19jährige Elektriker Philipp Held ist zwischen dem 8. 4. und 11. 4. 1962, als er vermutlich aus dem Sowjetsektor nach Berlin (West) durch die Spree schwimmen wollte, ums Leben gekommen.

Am 30. 4. 1962 erhielt die in Worms lebende Mutter des Held von der Staatsanwaltschaft des Sowjetsektors die Mitteilung, daß ihr Sohn »tödlich verunglückt« sei.

Obwohl ihr in diesem Schreiben gleichzeitig mitgeteilt wurde, daß die Leiche zur Bestattung freigegeben sei und sie wegen der Bestattung verfügen könne, erhielt sie bei einem noch am selben Tage geführten Telefongespräch von dem sowjetzonalen Staatsanwalt die Nachricht, daß die Leiche ihres Sohnes bereits eingeäschert worden sei.

In den frühen Morgenstunden des 11. 6. 1962 barg die Wasserschutzpolizei von Berlin (West) auf der Unterhavel bei Nikolskoje die Leiche der 54jährigen Krankenschwester Erna Kelm.

Sie hatte unter einem Schwimmgürtel am Körper wichtige Papiere verborgen.

Bei dem Versuch, aus der Sowjetzone schwimmend nach Berlin (West) zu flüchten, ist sie ertrunken.

Quelle: Verletzungen der Menschenrechte, Unrechtshandlungen und Zwischenfälle an der Berliner Sektorengrenze seit der Errichtung der Mauer (13. August 1961 – 15. August 1962), hrsg. vom Bundesministerium für gesamtdeutsche Fragen, Bonn und Berlin 1962, S. 17–25

155   Das deutsche Interesse an der Abrüstung

Erklärung der Bundesregierung zu den Verhandlungen der Genfer 18-Mächte-Abrüstungskonferenz, 1. September 1962

In Bonn werden die Verhandlungen der Genfer Abrüstungskonferenz mit großem Interesse verfolgt. Die Bundesregierung hat auf dem Gebiet der Abrüstung bedeutende Vorleistungen, beispielsweise mit dem Verzicht auf die Herstellung von ABC-Waffen, erbracht und würde jede Maßnahme dritter Mächte in der gleichen Richtung begrüßen. Die Bundesregierung hat auch stets ihre Bereitschaft erklärt, alle weltweiten Abrüstungsmaßnahmen zu unterstützen.

Die Bundesregierung würde es als einen Fortschritt ansehen, wenn es gelingen könnte, auf der Basis des von den USA und Großbritannien angebotenen Teilvertrages über die Einstellung der Kernwaffenversuche mit Wirkung vom 1. Januar 1963 ein Abkommen zu schließen. Die Bundesregierung begrüßt jede, auch die bescheidenste Verbesserung der gegenwärtigen Lage, u. a. auch, weil ihrer Auffassung nach die Lösung der friedensgefährdenden Probleme in Deutschland durch eine Entspannung auf anderen Gebieten erleichtert werden könnte. Umgekehrt gilt allerdings auch, daß eine Entspannung in Deutschland, vor allem durch die Wiederherstellung menschenwürdiger Zustände in der SBZ, dazu beitragen würde, Fragen der Abrüstung und der Sicherheit mit mehr Aussicht auf befriedigende Lösungen zu behandeln.

Quelle: Bulletin vom 1. 9. 1962, Nr. 162, S. 1377

156

Gemeinsames Kommuniqué nach Abschluß des Staatsbesuchs des französischen Staatspräsidenten, General de Gaulle, in der Bundesrepublik, 9. September 1962

Der Besuch des französischen Staatspräsidenten in Deutschland hat mit einer Reise nach Hamburg, München, Stuttgart und Ludwigsburg seinen Abschluß gefunden. Der überaus warme Empfang, den die Bevölkerung der rheinischen Städte General de Gaulle bereitet hatte, setzte sich auf dieser Reise in Kundgebungen von besonderer Herzlichkeit fort. Die Bekundungen der Freude und der Freundschaft bestätigten in eindrucksvoller Weise, daß die deutsch-französische Solidarität nicht nur eine Angelegenheit der beiden Regierungen, sondern der beiden Völker ist. Sie ist insbesondere ein Anliegen der Jugend, die diesem Bekenntnis auf der Ludwigsburger Kundgebung einen großartigen Ausdruck verlieh.

Beide Länder betrachten den Besuch des französischen Staatschefs als ein sehr wichtiges Ereignis der Nachkriegsgeschichte. Es ist ihr Wunsch, die europäische Einigung, zu der sie gemeinsam mit Italien und den Beneluxländern den Grundstein gelegt haben, mit ihrer Freundschaft im Zusammenwirken mit ihren Partnern zu fördern und auf diese Weise das europäische Werk beschleunigt aufzubauen. Ihre Solidarität soll ein immer stärkeres Element in der Zusammenarbeit aller freiheitsliebenden Völker werden, und sie soll ein Beispiel in den Bemühungen um die Erhaltung und Festigung des Friedens sein.

Quelle: Bulletin vom 11. 9. 1962, Nr. 168, S. 1425

157
»... bereit, über vieles mit sich reden zu lassen«

Erklärung des Bundeskanzlers Dr. Konrad Adenauer vor dem Deutschen Bundestag am 9. Oktober 1962 zur Deutschlandpolitik (Auszug)

... Mit großer Sorge verfolgt die Bundesregierung, welche Spannungen und welche Unsicherheit durch den Expansionsdrang des kommunistischen Systems in allen Teilen der Welt herrschen. Diese Unsicherheit hat zu einem beängstigenden Wettrüsten geführt. Wir teilen den Wunsch der meisten Völker, diesem Wettrüsten Einhalt zu gebieten und die Gefahr eines Krieges durch eine allgemeine und kontrollierte Abrüstung abzuwenden.
(Beifall bei den Regierungsparteien.)

Die Bundesregierung muß aber in diesem Zusammenhang vor Vorschlägen warnen, die nicht eine weltweite Abrüstung, sondern beispielsweise nur eine sogenannte europäische Sicherheitszone auf der Grundlage der Teilung Deutschlands zum Inhalt haben.
(Beifall bei der CDU/CSU.)

Derartige Vorschläge bringen uns der wirklichen Abrüstung keinen Schritt näher. Sie verewigen die Teilung Deutschlands, verschieben das Kräfteverhältnis zugunsten des Ostblocks und erhöhen damit die Unsicherheit in der Welt und die Gefahr eines alle vernichtenden Krieges. An einer »allgemeinen, vollständigen, kontrollierten Abrüstung« – lassen Sie mich das, meine Damen und Herren, nochmals betonen – »in einer friedlichen Welt« mitzuarbeiten ist die Bundesregierung, wie schon immer, auch in Zukunft bereit; für dieses Ziel ist sie bereit, alles zu tun und jedes Opfer zu bringen.

Die Sowjetunion hat im November 1958 die Berlin-Krise ausgelöst. Seitdem hält sie den Druck an dieser Stelle Europas und unseres Vaterlandes aufrecht. Seit der Errichtung der Mauer ist der unmenschliche Charakter des kommunistischen Regimes der Weltöffentlichkeit noch bewußter geworden. In Berlin stehen sich zwei Welten gegenüber, der kommunistische Imperialismus auf der einen Seite, Freiheit und Menschenwürde auf der anderen Seite. Die Bundesregierung weiß um die verständliche und berechtigte Verbitterung weiter Kreise besonders der Berliner Bevölkerung, die die Untaten des Gewaltregimes jenseits der Mauer und die blutigen Zwischenfälle an der Mauer miterleben muß. Sie kann der eigenen Bevölkerung nur immer wieder nahelegen, sich nicht provozieren zu lassen. Der Sowjetunion wird sie weiterhin klarmachen, daß es aussichtslos ist, auf einen Rückzug der freien Welt aus Berlin und auf einen Verzicht des deutschen Volkes auf das Recht der Selbstbestimmung zu rechnen.

(Beifall bei den Regierungsparteien und der SPD.)

Die Bundesregierung warnt daher auch vor dem Abschluß eines Separatvertrages mit Pankow. Dieser Vertrag wäre völkerrechtlich ein Nichts, da er ohne das deutsche Volk abgeschlossen werden müßte. Er wäre ein Vertrag der Sowjets mit sich selbst, aber auch ein brutaler Akt reiner Machtpolitik und eine unberechenbare Steigerung der Gafahr für alle Völker, eine Steigerung der bestehenden Weltkrise.

Die Bundesregierung vertraut darauf, daß die Freunde des deutschen Volkes in der Welt Vorschläge zur Unterzeichnung eines Separatvertrages zurückweisen. Sie bittet die Regierungen, mit denen sie politische Beziehungen unterhält, daß diese das Recht des deutschen Volkes auf Selbstbestimmung ebenso anerkennen, wie es die Bundesregierung als Sprecherin des ganzen deutschen Volkes gegenüber allen Staaten anerkennt, vor allem auch gegenüber den neu entstandenen und neu entstehenden Staaten in überseeischen Bereichen.

(Beifall bei den Regierungsparteien.)

Die Bundesregierung würde es nicht verstehen, meine Damen und Herren, wenn Staaten, mit denen sie freundschaftliche politische und wirtschaftliche Beziehungen unterhält und die für ihre Forderung auf Selbstbestimmung die Unterstützung des deutschen Volkes in Anspruch nehmen, den deutschen Anspruch auf Selbstbestimmung nicht anerkennen würden.

(Beifall bei den Regierungsparteien.)

Die Bundesregierung wiederholt deshalb ihre bereits früher abgegebene Erklärung, daß sie die Aufnahme diplomatischer Beziehungen mit dem SED-Regime oder die Unterzeichnung eines Separatfriedensvertrages mit der Zone als unfreundlichen Akt gegen das deutsche Volk und als Stellungnahme gegen die Wiedervereinigung und für die dauernde Spaltung Deutschlands ansehen muß.

(Beifall bei den Regierungsparteien.)

Meine Damen und Herren, man kann die Welt nicht damit täuschen, daß man aggressive Bestrebungen in den Mantel eines Friedensvertrages hüllt. Das deutsche Volk sehnt zutiefst eine dauerhafte Friedensordnung herbei. Leider will dies die Sowjetunion nicht; sie will ihren Machtbereich noch immer weiter ausdehnen; sie will den Westmächten eine Niederlage beibringen und ihren Willen Millionen freier Menschen aufzwingen. Und lassen Sie mich bei dieser Gelegenheit denen sagen, die von der Bundesregierung ständig Initiati-

1964: Das neue Dienstgebäude für die größte deutsche Auslandsvertretung,
Botschaft in Washington

Konferenz deutscher Botschafter vom 20. bis 22. 4. 1964 in Bonn
unter Leitung von Bundesminister des Auswärtigen Dr. Schröder

ven erwarten um der Geschäftigkeit willen: Solange die Sowjetunion auf der Teilung Deutschlands besteht, Westberlin unterjochen und die Bundesrepublik neutralisieren will, haben die meisten Initiativen, zu denen man aufgefordert wird, keinen Sinn.
(Beifall bei der CDU/CSU.)

In der gegenwärtigen Situation, meine Damen und Herren, muß die Bundesregierung eine Politik verfolgen, die Geduld, Härte und Zähigkeit miteinander verbindet – Geduld in der seelischen Auseinandersetzung mit der Zerreißung unseres Vaterlandes, Härte im Festhalten an unseren Lebensrechten und im Widerstand gegen Drohungen, Zuverlässigkeit bei der Stärkung des westlichen Bündnissystems und bei der Schaffung der Voraussetzungen, die in Gemeinschaft mit unseren Freunden ein Ost-West-Gespräch mit Aussicht auf Erfolg ermöglichen.
(Abg. Dr. Kohut: Die deutsche Initiative haben Sie nie gewollt! – Unruhe.)

Die kommunistische Berlin- und Deutschlandpolitik basiert auf der Hoffnung, daß die Deutschen infolge der ständigen Bedrohungen eines Tages resignieren. Wir haben dafür zu sorgen, daß sich diese Hoffnung nicht erfüllt. Hierin erblickt die Bundesregierung ihren wichtigsten Auftrag, und sie rechnet dabei fest auf Ihre Unterstützung, meine Damen und Herren vom Bundestag.

Lassen Sie mich, meine Damen und Herren, zum Abschluß noch ein Wort an die Sowjetunion richten.

Die Bundesregierung bemüht sich, die Beziehungen zur Sowjetunion zu verbessern. Sie kann es aber nur, wenn die Sowjetunion von den oben aufgeführten Zielen abgeht und zu einer wirklich friedlichen Regelung bereit ist.

Ich erkläre erneut, daß die Bundesregierung bereit ist, über vieles mit sich reden zu lassen, wenn unsere Brüder in der Zone ihr Leben so einrichten können, wie sie es wollen.
(Beifall bei den Regierungsparteien.)

Überlegungen der Menschlichkeit spielen hier für uns eine noch größere Rolle als nationale Überlegungen.
(Erneuter Beifall bei den Regierungsparteien.)

Möge auch die Sowjetunion erkennen, daß ihr nicht damit gedient ist, anderen Menschen eine fremde Lebensordnung aufzuzwingen. Sie gewinnt auf diese Weise keine Freunde, sie gewinnt nicht an Ansehen, und sie gewinnt dabei – im Gegensatz zu dem äußeren Anschein – auch nicht an Macht.

Nach wie vor, meine Damen und Herren, glaube ich nicht, daß es zu dem furchtbarsten aller Kriege kommen wird. Auch für die stärkste Macht würde sich der Einsatz nicht lohnen. Aber die freien Völker, meine Damen und Herren, müssen unter Führung der Vereinigten Staaten stark, wachsam und einig sein.
(Anhaltender lebhafter Beifall bei den Regierungsparteien.)

Quelle: 4. Deutscher Bundestag, 39. Sitzung vom 9. 10. 1962, S. 1639 f.

158   Zur Ökumenischen Versammlung

Grußwort des Bundeskanzlers Dr. Konrad Adenauer zur Eröffnung des II. Vatikanischen Konzils, 11. Oktober 1962

Das ganze deutsche Volk sieht dem II. Vatikanischen Ökumenischen Konzil mit großer Erwartung entgegen. Die Bedeutung, die wir diesem Ereignis beimessen, kommt darin zum Ausdruck, daß der deutsche Außenminister an der Spitze einer Delegation meine Regierung bei den Eröffnungsfeierlichkeiten vertreten wird.

In zahlreichen Gesprächen, die ich in der letzten Zeit mit führenden deutschen und ausländischen Persönlichkeiten hatte, standen auch Themen der Ökumenischen Versammlung im Vordergrund. Mit allen Christen meines Landes nehme ich tiefen Anteil an dieser Bekundung der Lebendigkeit und Kraft unseres Glaubens.

Wir sind überzeugt, daß das Konzil in einer Zeit, in der die Ideologie des Materialismus und des militanten Atheismus sich bedrohlich ausbreitet, der Einheit und Stärke des Christentums zum Wohle der Menschheit und des Friedens einen neuen mächtigen Impuls geben wird.

Quelle: Bulletin vom 11. 10. 1962, Nr. 189, S. 1597

Entschließung des Deutschen Bundestages vom 12. Oktober 1962 zur Berlin-Frage (Auszug)

. . .

5. Der Bundestag erklärt seine Entschlossenheit, alles zu unternehmen und alles zu tun, um die Freiheit in Berlin zu wahren. Die Bevölkerung West-Berlins darf gewiß sein, daß sie sich auf die Bundesrepublik verlassen kann. Gemeinsam mit den drei westlichen Schutzmächten und mit allen Partnern des westlichen Bündnisses wird die Freiheit in Berlin mit allen Mitteln verteidigt werden, die notwendig sind. Der Bundestag erklärt das im Bewußtsein der Verpflichtung des Grundgesetzes, sich für alle Deutschen verantwortlich zu wissen, gleichgültig, in welchem Teil Deutschlands sie leben. Den Landsleuten hinter der Mauer und den Todesstreifen versichert der Bundestag, daß alle Energie eingesetzt werden wird, um endlich auch für sie Menschlichkeit und Selbstbestimmung und für das ganze deutsche Volk Einheit in Frieden und Freiheit zu verwirklichen.

6. Der Bundestag bedauert, daß die sowjetische Politik die Erreichung dieses gerechten Zieles nicht nur erschwert, sondern darüber hinaus eine Verschärfung der internationalen Lage bewirkt hat.

Angesichts dieser Lage erwartet der Bundestag von der Bundesregierung, daß sie alle die Maßnahmen ergreift, die für die Sicherheit und Freiheit unseres Volkes erforderlich sind.

7. Der Bundestag fordert die Bundesregierung auf, mit ihren Verbündeten in Konsultationen einzutreten mit dem Ziel, seitens des Westens der Sowjetunion den Vorschlag zu machen, entsprechend der Verantwortung der Vier Mächte eine gemeinsame ständige Konferenz zur Lösung der deutschen Frage als Voraussetzung eines dauerhaften Friedens herbeizuführen.

Quelle: Bulletin vom 17. 10. 1962, Nr. 193, S. 1631

Rundfunk- und Fernsehansprache des Bundeskanzlers Dr. Konrad Adenauer zur Kuba-Krise, 26. Oktober 1962

Die Krise in Kuba ist die gefährlichste Bedrohung des Weltfriedens seit 1945. Man kann nicht davon sprechen, daß eine Entspannung bereits eingetreten sei. Man kann nur erwarten und mit daran arbeiten, daß eines Tages doch eine Entspannung kommen wird. Die Vereinigten Staaten von Amerika konnten und durften nicht zulassen, daß in ihrer fast unmittelbaren Nähe der Diktator Castro sein Herrschaftsgebiet auf Verlangen der Sowjetunion zur Errichtung von Raketenbasen hergab, durch die der Panama-Kanal, Teile von Südamerika und entscheidend wichtige Teile der Vereinigten Staaten aufs schwerste gefährdet wurden.

Die Ursache der verhältnismäßigen Zurückhaltung der Sowjetunion seit einiger Zeit wurde plötzlich durch die Entdeckung dieser Raketenbasen offenbar. Sowjetrußland wollte mit großer Heimlichkeit und Schnelligkeit diese Basen errichten, um dadurch die Vereinigten Staaten bei Verhandlungen gefügig zu machen.

Präsident Kennedy mußte den völligen Ausbau der Basen durch den Quarantäne-Gürtel von amerikanischen Kriegsschiffen, den er um die Insel legte, verhindern. Die Vereinigten Staaten waren das ihrer eigenen Freiheit und der Freiheit ihrer Partner schuldig.

Präsident Kennedy hat mir, ehe er seine große Rede am Montag, dem 22. Oktober, hielt, durch seinen Botschafter die von Flugzeugen aufgenommenen Fotografien der Raketenbasen zeigen lassen. Es kann gar keinem Zweifel unterliegen, daß der Anschlag Sowjetrußlands und seines Werkzeugs, des kubanischen Diktators, kurz vor seiner Vollendung stand. Die Amerikaner haben schnell und gut gehandelt. Ihr Präsident hat – ich betone es noch einmal – mit vollem Recht verlangt, daß der Ausbau der Stellungen eingestellt und die schon nach Kuba gebrachten nuklearen Raketen unschädlich gemacht und weggebracht würden.

Bisher hat sich kein Anzeichen dafür gezeigt, daß die Freiheit Berlins durch diese Vorgänge gefährdet ist. Die drei Westmächte und wir sind auf alle Fälle zum Schutze der Freiheit Berlins bereit.

In diesen gefahrvollen Tagen – gefahrvoll für die ganze freie Welt – wird das deutsche Volk zu seinen Verbündeten stehen. Die Bundesregierung unterrichtet die Vorsitzenden der drei Bundestagsfraktionen laufend über den Stand der Dinge. Bei besonderen Entwicklungen wird die deutsche Öffentlichkeit durch Presse, Rundfunk und Fernsehen unterrichtet werden.

Ich bitte das deutsche Volk, seine Ruhe auch in der nächsten Zeit zu bewahren. Alles – darauf kann es sich verlassen –, was in unserer Macht steht, werden wir für seine Sicherheit tun und einsetzen, um den Frieden zu erhalten.

Quelle: Bulletin vom 30. 10. 1962, Nr. 202, S. 1701

161 Indien und Deutschland

Rede des Bundespräsidenten Dr. h. c. Heinrich Lübke vor beiden Häusern des Indischen Parlaments am 27. November 1962 (Auszüge)

Mr. Chairman, Mr. Speaker, Mr. Prime Minister, Ladies and Gentlemen:

Ihre Einladung, vor den beiden Häusern des Indischen Parlaments zu sprechen, empfinde ich als eine besondere Auszeichnung. Ich stehe hier vor dem Parlament des größten demokratischen Staatswesens der Welt, dessen Bevölkerung in freier Wahl die Entscheidung über ihr Geschick vertrauensvoll in Ihre Hände gelegt hat. Es ist eine hohe ehrenvolle Aufgabe, die Ihnen von Ihrem Volk übertragen wurde, und ich beglückwünsche mich dazu, mein Volk vor Ihnen vertreten zu können.

Mit herzlicher Anteilnahme verfolgt die deutsche Öffentlichkeit die Entwicklung des modernen Indien. Sie beobachtet mit um so größerem Verständnis das Geschehen in Ihrem Land, weil dessen staatlicher Aufbau mit dem unseren viel Gemeinsames hat. Ähnlich wie die Bundesrepublik Deutschland gliedert sich ja auch Indien als Bundesstaat in Länder mit eigenen Länderparlamenten und hat ein aus zwei Kammern bestehendes Zentralparlament. Wir wissen also um die Bedeutung Ihrer täglichen Arbeit. Wir kennen und verstehen die Sorgen und Notwendigkeiten und teilen mit Ihnen die hohen Ideale, von denen Sie sich in Ihrem Bemühen leiten lassen. Mit besonderer Freude überbringe ich Ihnen die Grüße und die besten Wünsche des deutschen Volkes. Wir fühlen uns seit Generationen dem indischen Volk freundschaftlich verbunden, da das große kulturelle Erbe Indiens das deutsche Geistesleben vielfältig befruchtet hat.

Meine Freude über den Besuch in Ihrem Land wird sehr getrübt durch das für Sie so leidvolle Geschehen an den Grenzen im Nordosten und Nordwesten Indiens. Mit Bedauern, Entrüstung und Besorgnis sehen Regierung und Bevölkerung der Bundesrepublik Deutschland, wie sich Ihr Land in diesen Tagen einer heimtückischen Aggression erwehren muß. Seien Sie davon überzeugt, daß das ganze deutsche Volk mit seiner Sympathie auf Ihrer Seite steht. Wir wünschen Ihnen um so mehr Erfolg, als dieser Kampf auch der Wahrung des freiheitlichen demokratischen Systems gilt, von dem unsere beiden Völker glauben, daß es am ehesten der Würde freier Menschen entspricht.

In diesem Zusammenhang gedenke ich des großen Mahatma Gandhi, der zum geistigen Schöpfer des neuen Indiens wurde und dessen Name auch in Deutschland mit Bewunderung und Ehrfurcht genannt wird. Indiens Geschichte ist reich an bedeutenden Persönlichkeiten. Doch die Ideale, die das indische Volk in seinem Ringen um Unabhängigkeit beseelten, haben in der leuchtenden Gestalt Gandhis ihren klarsten Ausdruck gefunden: die Ideale des Rechts, der Freiheit und der Menschenwürde. Um sie aufzurichten und zu schützen, war er bereit, das Äußerste zu wagen.

Herr Ministerpräsident Nehru hat in einem Gespräch mit Tibor Mende auf diese Haltung hingewiesen und ausgeführt:

»Selbst Gandhi, der ein großer Pazifist war, sagte immer, es sei besser zu kämpfen, als Angst zu haben. Es sei besser, Gewalt zu gebrauchen, als davonzulaufen. Er meinte damit, daß man sich dem Bösen, dem schlechthin Bösen, nicht ergeben darf; daß man zwar lieber auf friedliche Weise Widerstand leisten soll, daß man aber, wenn das nicht möglich ist, mit militärischen Mitteln kämpfen muß. Man soll nie vor dem Bösen kapitulieren.« ...

Wir leben in einer unruhigen und gefährlichen Zeit, in der wir alle, wie nie zuvor, vor die Entscheidung gestellt sind, ob wir die Schöpfungen des Erfindergeistes zum Segen oder zum Untergang der Menschheit verwenden wollen.

Es ist daher notwendig, daß wir uns immer wieder der wesentlichen Ordnungsprinzipien erinnern, die wir unseren staatlichen Gemeinschaften gegeben haben. Wir alle wissen, daß es Menschen gibt, die Mißbrauch mit den Prinzipien treiben, die Ihnen und uns heilig sind. Diese Ordnungsprinzipien sind nicht dazu da, um hinter der Fassade wohlklingender ethischer Postulate nationalistische und ideologische Ambitionen und den brutalen Willen zur Macht desto besser entfalten zu können. Wir haben sie uns gesetzt, weil wir aus der Geschichte wissen, daß ohne sie die Menschheit dem Chaos verfällt. Wenn aber ihre Glieder diesen Grundsätzen entsprechen, dann können sie zusammen leben und wirken in der unteilbaren Harmonie, die als göttliches Gesetz das große Weltall wie den kleinsten Organismus zusammenhält.

Wir Deutsche wissen, wohin die Mißachtung dieser Prinzipien führt. Wir kennen den Krieg und hassen ihn, weil er entsetzliches Leid über die Menschen bringt. Deshalb sind uns die Worte, die Ihr hochverehrter Präsident Radhakrishnan in seiner Rundfunkansprache zum 15. Jahrestag der Unabhängigkeit Indiens fand, aus dem Herzen gesprochen. Er sagte:

»Weihen wir uns heute von neuem der Aufgabe, eine zusammenhaltende zweckmäßige

Gesellschaftsordnung auf den Prinzipien der Einheit, Freiheit, Gerechtigkeit und Zusammenarbeit zu entwickeln.«

Indien und Deutschland sehen bei aller Gemeinsamkeit im Grundsätzlichen manche Weltprobleme unserer Zeit mit verschiedenen Augen an und sind hinsichtlich des besten Weges zu ihrer Lösung nicht immer derselben Meinung. Indien hat sich für eine Politik der Bündnislosigkeit, des »non-alignment« entschieden. Wir Deutsche sind allein zur Verteidigung unserer Freiheit nicht imstande. Deshalb sind wir gezwungen, uns zur gemeinsamen Sicherung unserer bedrohten Lebensrechte und Lebenswerte mit anderen Völkern zusammenzuschließen, die in der gleichen Lage sind ...

Mit Bewunderung verfolgt das deutsche Volk Ihre Bemühungen um den Aufbau eines modernen sozialen Staatswesens und beglückwünscht Sie auch zu den Erfolgen, die Sie auf diesem Wege bereits erzielt haben. Wir haben um so mehr Verständnis für Ihr großes Aufbauwerk, als wir uns ja selbst nach dem schrecklichen Krieg, in den uns wahnwitzige Demagogen gestürzt hatten, aus einem riesigen Trümmerhaufen, aus Hunger, Obdachlosigkeit und Armut wieder haben emporarbeiten müssen. Jeder vierte Bewohner der Bundesrepublik war ein völlig besitzloser Vertriebener aus den vom Kommunismus besetzten Teilen Deutschlands. Unser Volk hat hart und unermüdlich in vertrauensvollem Zusammenwirken aller Schaffenden gearbeitet. Der Erfolg unserer Bemühungen beruhte auf der Tüchtigkeit unserer Arbeiter und Unternehmer und stützte sich auf die Hilfe, die uns unsere amerikanischen Freunde für den Start in ein neues freies Leben so großzügig gewährt haben.

Wir bemühen uns, nachdem unser Land wieder aufgebaut ist, im Rahmen unserer Kräfte jene Länder zu fördern, die in ihrer industriellen Entwicklung noch der Hilfe durch andere bedürfen. Wir wollen ihnen helfen, die Produktivität der Arbeit zu steigern und damit das Einkommen des einzelnen zu verbessern. So, wie die soziale Verpflichtung des einzelnen gegenüber der Gemeinschaft unseres Volkes zu einem Grundprinzip unseres staatlichen Lebens geworden ist, fühlt sich auch unser Volk als Ganzes der größeren Gemeinschaft der Völker sozial verpflichtet.

Damit ich nicht den Eindruck erwecke, daß diese Ausführungen nur theoretischen Wert haben, darf ich Sie darauf hinweisen, daß die Bundesrepublik Deutschland heute an führender Stelle unter den Ländern steht, die Entwicklungshilfe leisten. Die Hilfe der Bundesrepublik allein war im Jahre 1960 über dreimal so hoch wie die des gesamten kommunistischen Blocks. Ich erwähne dies nur, weil ich glaube, daß es notwendig ist, zu einer realistischeren Beurteilung der Leistungen zu gelangen, die von den freien Völkern einerseits und von den kommunistischen Ländern andererseits erbracht werden.

Erlauben Sie mir, nun noch mit einigen Worten auf das Problem einzugehen, das uns Deutschen am meisten am Herzen liegt. Das immer noch ungelöste und die ganze internationale Atmosphäre vergiftende Problem der gewaltsamen Abtrennung eines Teiles des deutschen Volkes von der Gesamtheit der Nation erfüllt uns mit Sorge und Schmerz, weil eine gerechte und friedliche Regelung bisher verhindert worden ist. Dabei darf ich Ihnen versichern, daß das deutsche Volk den Willen hat, auch mit Rußland und seinen Verbündeten zu einer Aussöhnung zu kommen. Sie sehen daraus, daß unsere Politik nicht von Revanchismus und Militarismus bestimmt wird.

17 Millionen meiner Landsleute sind gewaltsam von uns abgetrennt worden und werden gezwungen, unter einem undemokratischen, totalitären Regime zu leben, das sie innerlich ablehnen und immer ablehnen werden. Sie haben nicht die Möglichkeit, ihre Anklage öffentlich vor der Welt zu erheben. Deshalb bitte ich für sie um Ihr Verständnis. Wäre es nicht wider alle Gesetze der Natur, wenn sich der glücklichere Teil eines Volkes nicht für den bedrängten, in Unfreiheit lebenden einsetzte? Würden Sie, meine indischen Freunde, anders handeln als wir, wenn ein Viertel Ihres Volkes von Ihnen abgetrennt würde und in

Knechtschaft leben müßte? Wenn man um das besetzte Land Stacheldraht mit Minenfeldern anlegen würde und durch Ihre Hauptstadt eine Betonmauer baute, mit Scharfschützen dahinter, so daß Verwandte nicht mehr Verwandte und Freunde nicht mehr Freunde erreichen? Würden Sie anders reagieren als wir?

Es ist nicht möglich, eine dauerhafte Stabilisierung der internationalen Beziehungen zu erreichen, wenn ein Volk gewaltsam geteilt bleibt. Aber wir werden Geduld haben und diesen Konflikt nicht durch Gewalt zu lösen versuchen. Niemals werden wir den Glauben verlieren, daß sich ewiges Recht gegenüber vergänglicher Macht durchsetzen wird. An alle Völker der Welt und auch an Sie in Indien richten wir die Bitte, uns in diesem wichtigen Anliegen zu unterstützen.

Mit der Frage des zweigeteilten Deutschland hängt engstens zusammen die Frage des Status des freien Teiles unserer alten Hauptstadt Berlin, die im Wege der allmählichen Abschnürung von der freien Welt dem Machtbereich des Kommunismus einverleibt werden soll. Diese Fragen haben zu einer internationalen Spannung geführt, deren weiterer Entwicklung wir alle mit Sorge entgegensehen. Daher sind hier und da auch Stimmen der Ungeduld und der Angst laut geworden, die für eine möglichst rasche Lösung dieser Fragen plädieren, selbst wenn eine solche Lösung den unveräußerlichen Menschenrechten und den abgeschlossenen Verträgen widersprechen würde.

Niemand braucht um den Weltfrieden zu bangen, wenn sich alle freien Völker der Welt geschlossen mit dem ganzen moralischen Gewicht ihrer Vorstellungen von Menschenwürde, Recht und Freiheit einsetzen würden für alle Völker, die gegen ihren Willen in Unfreiheit und Knechtschaft leben müssen. Wir setzen dabei auf Indien, das Land Gandhis und derer, die sein großes Vermächtnis verwalten, auf Indien, das führende Land der »ungebundenen Welt«, auf Indien, das heute selbst unter der Gewalt leidet, besondere Hoffnungen.

Wir werden darin bestärkt durch die verständnisvollen Worte, die Ihr hochverehrter Präsident Radhakrishnan vor einem Jahr in der Frankfurter Paulskirche, wo im Jahre 1848 das erste frei gewählte deutsche Parlament tagte, anläßlich der Entgegennahme des deutschen literarischen Friedenspreises an uns gerichtet hat. In seiner Rede über die geistigen Grundlagen der Völkerverständigung und des Friedens sagte er damals über die Teilung Deutschlands:

»Die politische Erscheinungsform mag nicht existent sein, aber die geschichtliche und die kulturelle Erscheinungsform leben weiter, wie selbstvergessen und mit sich im Streit und ihrer Existenz nicht bewußt sie auch sein mögen. Der Weg zum Ziel mag lang und beschwerlich sein, voll Mühsal und Leiden, aber das Ziel wird schließlich doch erreicht werden.« ...

Quelle: Bulletin vom 29. 11. 1962, Nr. 220, S. 1869–1871

162   Deutsche Beteiligung an der MLF

Erklärung des Staatssekretärs von Hase über die geplante multilaterale Atomstreitmacht der NATO, 14. Januar 1963

Am 14. Januar 1963 hat der amerikanische Unterstaatssekretär Ball in Fortführung der Diskussion über das Ergebnis der Bahama-Konferenz zwischen Präsident Kennedy und Premierminister Macmillan nach der Unterrichtung des NATO-Rats in Paris die Bundesregierung eingehend durch einen Besuch in Bonn unterrichtet. Wie der Leiter des Presse-

und Informationsamtes der Bundesregierung, Staatssekretär von Hase, vor der Presse mitteilte, ist ein zweistündiges Gespräch im Bundeskanzleramt geführt worden. Auf deutscher Seite nahmen daran teil Bundeskanzler Dr. Adenauer, der Bundesminister des Auswärtigen, der Bundesminister der Verteidigung, die Staatssekretäre Globke, Hopf und Carstens sowie NATO-Botschafter Prof. Grewe; auf amerikanischer Seite Unterstaatssekretär Ball, Botschafter Dowling und der amerikanische NATO-Botschafter Finletter. Zu dem Gesamtkomplex der Bahama-Ergebnisse waren von deutscher Seite eine Reihe von Fragen gestellt worden. Dieser Fragenkomplex ist in der Diskussion erörtert und in außerordentlich begrüßenswerter Weise von den Amerikanern beantwortet worden.

Im Mittelpunkt unseres Interesses an der Bahama-Konferenz steht, wie Staatssekretär von Hase weiter erklärte, die Errichtung einer multilateralen Atomstreitmacht der NATO. Die Bundesregierung – und das hat der Bundeskanzler dem amerikanischen Unterstaatssekretär zugesagt – wird an dieser Bildung einer multilateralen Atomstreitmacht mitarbeiten. Der deutsche NATO-Botschafter wird die entsprechende Anweisung dazu von der Bundesregierung bekommen. Wir glauben, daß die Gespräche uns in Richtung auf eine gemeinsame schnelle Zusammenarbeit mit den anderen Bundesgenossen der NATO zum Zwecke einer wirksamen Verteidigung und Abwehr im Rahmen des Verteidigungsbündnisses wesentlich weitergebracht haben. Die Bundesregierung beurteilt diese Gespräche heute außerordentlich positiv.

Erläuternd erklärte Staatssekretär von Hase auf Fragen u. a.: Der Sinn der multilateralen Atomstreitmacht ist eine gleichmäßige Zusammenarbeit aller Mitglieder des Verteidigungsbündnisses. Es ist selbstverständlich, daß gerade im Rahmen dieser multilateralen Raketenstreitmacht innerhalb der NATO eine gleichmäßige Zusammenarbeit aller Mitglieder mit denselben Rechten und Pflichten, selbstverständlich gestaffelt nach dem Vermögen, erfolgt und daß die Bundesregierung hieran mit ihrer ganzen Kraft mitarbeiten wird. Die Frage der Ausgewogenheit der Rüstung hat, wie bei allen diesen Gesprächen, auch eine Rolle gespielt. Die Absicht der Bildung eines atomaren Dreierbündnisses hat auf seiten unserer amerikanischen Verbündeten nicht bestanden. Die Tatsache, daß die Bundesregierung sich so positiv zu der Zusammenarbeit innerhalb der multilateralen Atomstreitmacht äußert, mag Beweis dafür sein, daß wir diese Sorge nicht mehr teilen. Gerade durch dieses Projekt einer multilateralen Atomstreitmacht wird sozusagen ein guter Weg nach vorn beschritten, um eine Klassifizierung innerhalb des Bündnisses zu vermeiden.

Quelle: Bulletin vom 16. 1. 1963, Nr. 9, S. 69

163

Verlautbarung und Verbalnote der Bundesregierung über die Beendigung der Beziehungen zu Kuba vom 14. Januar 1963

Am 14. Januar 1963 um 18 Uhr MEZ ist der Regierung der Republik Kuba gleichzeitig in Bonn und in Havanna durch eine Verbalnote folgendes mitgeteilt worden:

Die Bundesregierung hat zur Kenntnis genommen, daß die kubanische Regierung diplomatische Beziehungen zu dem in der sowjetisch besetzten Zone Deutschlands herrschenden Regime aufgenommen hat. Die Bundesregierung erblickt darin eine schwere Verletzung der lebenswichtigen Belange des deutschen Volkes und sieht sich daher genötigt, die diplomatischen und konsularischen Beziehungen zu der Republik Kuba abzubrechen und die sich daraus ergebenden wirtschaftlichen Folgerungen zu ziehen. Weiter wird bekanntgegeben, daß sich die französische Regierung bereit erklärt hat, den Schutz der Interessen der Bundesrepublik Deutschland in Kuba zu übernehmen.

Die Verbalnote hat folgenden Wortlaut:

Das Auswärtige Amt beehrt sich, der Botschaft Kubas folgendes mitzuteilen:

Die Regierung der Bundesrepublik Deutschland hat zur Kenntnis genommen, daß die Regierung der Republik Kuba diplomatische Beziehungen zu dem in der sowjetisch besetzten Zone Deutschlands herrschenden Regime aufgenommen hat.

Die Bundesregierung hat niemals einen Zweifel daran gelassen, daß sie die Aufnahme diplomatischer Beziehungen zu diesem Regime durch Staaten, mit denen die Bundesrepublik diplomatische Beziehungen unterhält, als einen gegen die Lebensinteressen des deutschen Volkes gerichteten unfreundlichen Akt betrachtet. Ebensowenig hat die Bundesregierung keinen Zweifel daran gelassen, daß sie in einem solchen Falle ihre Beziehungen zu dem betreffenden Staat überprüfen müsse.

Die sowjetisch besetzte Zone Deutschlands ist kein Staat im völkerrechtlichen Sinne. Sie ist vielmehr ein Teil Deutschlands, der durch eine fremde Macht und ein von dieser eingesetztes Regime künstlich von dem übrigen Deutschland getrennt gehalten wird. Das Regime entspricht in keiner Weise dem Willen des deutschen Volkes, auch nicht dem Willen des Teiles, der in der Zone wohnt. Die Bevölkerung der Zone hatte niemals Gelegenheit, ihren Willen in demokratischer Weise kundzutun. Das dortige Regime hält sich nur mit Gewalt und unter dem Schutz der Truppen einer fremden Macht aufrecht.

Wie wenig das Regime dem tatsächlichen Willen der Bevölkerung entspricht, beweist die Tatsache, daß es nur durch die Anlage von Stacheldrahthindernissen und Minenfeldern längs der Demarkationslinie zum freien Teil Deutschlands und durch die Errichtung einer Mauer in Berlin den ständigen Strom von deutschen Menschen, die vor dem Terror-Regime fliehen mußten, zu unterbinden vermochte. Der Bestand dieses Regimes und die Tatsache, daß es der deutschen Bevölkerung in der sowjetisch besetzten Zone Deutschlands verweigert wird, ihren Willen kundzutun, stellen eine grobe Verletzung des Prinzips des Selbstbestimmungsrechts dar, das von allen Völkern der Welt anerkannt wird. Das Recht auf Selbstbestimmung steht auch dem deutschen Volke zu.

Der von der Bundesregierung gegenüber dem Regime in der sowjetisch besetzten Zone eingenommene Standpunkt entspricht der Auffassung der großen Mehrheit der Völkerrechtsgemeinschaft. Nur eine kleine Minderheit von Staaten, nämlich ausschließlich die kommunistischen, zu denen sich jetzt auch Kuba gesellt, hat die sowjetisch besetzte Zone Deutschlands anerkannt und mit ihr diplomatische Beziehungen aufgenommen.

Die Bundesregierung hat die zunehmende Annäherung der kubanischen Regierung an das Regime in der sowjetisch besetzten Zone Deutschlands mit wachsender Besorgnis verfolgt und dieser Besorgnis mehrfach Ausdruck gegeben. Sie hat gegenüber der unfreundlichen Haltung der kubanischen Regierung zur Bundesrepublik, die sich sowohl in Äußerungen offizieller Persönlichkeiten als auch in der kubanischen Presse gezeigt hat, größte Geduld bewiesen. Diese Geduld entsprach den traditionellen freundschaftlichen Gefühlen, die das deutsche Volk für das kubanische Volk empfindet.

Die Aufnahme diplomatischer Beziehungen Kubas zur sowjetisch besetzten Zone Deutschlands ist jedoch ein Akt, der das Prinzip des Selbstbestimmungsrechts der Völker auf das schwerste mißachtet und der geeignet ist, die Spaltung Deutschlands noch weiter zu vertiefen. Die Bundesregierung erblickt darin eine schwere Verletzung der lebenswichtigen Belange des deutschen Volkes und sieht sich daher genötigt, die diplomatischen und konsularischen Beziehungen zu der Republik Kuba abzubrechen und die sich daraus ergebenden wirtschaftlichen Folgerungen zu ziehen.

Die Bundesregierung bittet die Botschaft der Republik Kuba, die kubanische Regierung von Vorstehendem zu unterrichten.

Die Bundesregierung benutzt die Gelegenheit, die Botschaft der Republik Kuba erneut ihrer ausgezeichneten Hochachtung zu versichern.

Quelle: Bulletin vom 16. 1. 1963, Nr. 9, S. 69 f.

164 Bau des Euphrat-Dammes

Gemeinsames Kommuniqué zum Abschluß der deutsch-syrischen Gespräche über Entwicklungsprojekte, 14. Januar 1963

Vom 12. bis 14. Januar wurden in Damaskus Besprechungen zwischen der Regierung der Arabischen Republik Syrien, vertreten durch den Minister für Wirtschaft, Dr. Izzat Traboulsi, und den Minister der Finanzen, Khalil Kallas, und der Bundesrepublik Deutschland, vertreten durch den Minister für wirtschaftliche Zusammenarbeit, Walter Scheel, geführt.

Die Gespräche wurden im Geiste der traditionellen deutsch-arabischen und insbesondere der deutsch-syrischen Freundschaft geführt, die bei dieser Gelegenheit erneut bekräftigt und vertieft wurde. Minister Scheel überbrachte die Grüße und guten Wünsche der deutschen Bundesregierung für das syrische Volk, seinen Präsidenten und seine Regierung. Er hat darüber hinaus erneut die Absicht der Bundesrepublik Deutschland bekräftigt, zusammen mit der Arabischen Republik Syrien nach Kräften aufs engste zur Entwicklung der syrischen Wirtschaft zusammenzuarbeiten.

Im Kampf Syriens für ein besseres Leben seines Volkes spielt die Errichtung des Euphrat-Dammes zusammen mit anderen Projekten eine entscheidende Rolle. Minister Scheel hat mitgeteilt, daß die Bundesrepublik entschlossen ist, das Euphrat-Projekt gemeinsam mit der syrischen Regierung durchzuführen. Die Zusammenarbeit erstreckt sich auf die Finanzierung der ersten Baustufe des Euphrat-Projektes, mit der folgende Ziele verwirklicht werden sollen:

– Die Errichtung eines Dammes mit einer Stauhöhe von 300 m über NN, der in späteren Bauabschnitten auf die endgültige Höhe gebracht werden kann;
– die Errichtung eines Kraftwerkes mit einer Anfangsleistung von 200 000 kW;
– der Bau einer Verbund-Hochspannungsleitung zu den Verbrauchszentren;
– der Bau eines Kanalsystems für die Bewässerung von zunächst 200 000 ha Steppenböden und deren notwendiger Urbarmachung.

Die deutsche Regierung wird die in Devisen anfallenden Kosten für die Ausführungen der oben angeführten Arbeiten des Dammes sicherstellen. – Es wurde vereinbart, daß der Zinssatz des deutschen Kredits 3 3/4 Prozent nicht übersteigt und daß seine Rückzahlung innerhalb nicht weniger als 20 Jahren erfolgt.

Der Bau dieses Dammes, der ein Werk syrisch-deutscher Gemeinschaftsarbeit werden soll – ohne daß eine eventuelle spätere Beteiligung anderer Länder, die bereit sind, bei der Finanzierung zu helfen, ausgeschlossen werden sollte –, ist ein großes historisches, technisches und wirtschaftliches Unternehmen, das ein Optimum an Nutzen für die wirtschaftliche Entwicklung des syrischen Volkes erbringt. Die bereits begonnenen technischen Untersuchungen und die vor dem endgültigen Baubeginn noch notwendigen Vorarbeiten werden in Kürze abgeschlossen sein, so daß mit den Ausführungsarbeiten baldigst begonnen werden kann.

Diese große Aufgabe wird im Geiste einer echten Partnerschaft durchgeführt werden.

Quelle: Bulletin vom 18. 1. 1963, Nr. 11, S. 85 f.

Wortlaut der Gemeinsamen Erklärung und des Vertrages über die deutsch-französische Zusammenarbeit vom 22. Januar 1963

Gemeinsame Erklärung

Der Bundeskanzler der Bundesrepublik Deutschland, Dr. Konrad Adenauer, und der Präsident der Französischen Republik, General de Gaulle, haben sich

– zum Abschluß der Konferenz vom 21. und 22. Januar 1963 in Paris, an der auf deutscher Seite der Bundesminister des Auswärtigen, der Bundesminister der Verteidigung und der Bundesminister für Familien- und Jugendfragen; auf französischer Seite der Premierminister, der Außenminister, der Armeeminister und der Erziehungsminister teilgenommen haben,

– in der Überzeugung, daß die Versöhnung zwischen dem deutschen und dem französischen Volk, die eine Jahrhunderte alte Rivalität beendet, ein geschichtliches Ereignis darstellt, das das Verhältnis der beiden Völker zueinander von Grund auf neu gestaltet,

– in dem Bewußtsein, daß eine enge Solidarität die beiden Völker sowohl hinsichtlich ihrer Sicherheit als auch hinsichtlich ihrer wirtschaftlichen und kulturellen Entwicklung miteinander verbindet,

– angesichts der Tatsache, daß insbesondere die Jugend sich dieser Solidarität bewußt geworden ist, und daß ihr eine entscheidende Rolle bei der Festigung der deutsch-französischen Freundschaft zukommt,

– in der Erkenntnis, daß die Verstärkung der Zusammenarbeit zwischen den beiden Ländern einen unerläßlichen Schritt auf dem Wege zu dem vereinigten Europa bedeutet, welches das Ziel beider Völker ist,

mit der Organisation und den Grundsätzen der Zusammenarbeit zwischen den beiden Staaten, wie sie in dem heute unterzeichneten Vertrag niedergelegt sind, einverstanden erklärt.

Geschehen zu Paris am 22. Januar 1963 in zwei Urschriften in deutscher und französischer Sprache.

> Der Bundeskanzler
> der Bundesrepublik Deutschland:
> Adenauer
>
> Der Präsident
> der Französischen Republik:
> C. de Gaulle

Vertrag zwischen der Bundesrepublik Deutschland und der Französischen Republik über die deutsch-französische Zusammenarbeit

Im Anschluß an die Gemeinsame Erklärung des Bundeskanzlers der Bundesrepublik Deutschland und des Präsidenten der Französischen Republik vom 22. Januar 1963 über die Organisation und die Grundsätze der Zusammenarbeit zwischen den beiden Staaten wurden die folgenden Bestimmungen vereinbart:

I. Organisation

1. Die Staats- und Regierungschefs geben nach Bedarf die erforderlichen Weisungen und verfolgen laufend die Ausführung des im folgenden festgelegten Programms. Sie treten zu diesem Zweck zusammen, sooft es erforderlich ist und grundsätzlich mindestens zweimal jährlich.

490

2. Die Außenminister tragen für die Ausführung des Programms in seiner Gesamtheit Sorge. Sie treten mindestens alle drei Monate zusammen. Unbeschadet der normalen Kontakte über die Botschaften treten diejenigen leitenden Beamten der beiden Außenministerien, denen die politischen, wirtschaftlichen und kulturellen Angelegenheiten obliegen, allmonatlich abwechselnd in Bonn und Paris zusammen, um den Stand der vorliegenden Fragen festzustellen und die Zusammenkunft der Minister vorzubereiten. Ferner nehmen die diplomatischen Vertretungen und die Konsulate der beiden Staaten sowie ihre ständigen Vertretungen bei den internationalen Organisationen die notwendige Verbindung in den Fragen gemeinsamen Interesses auf.

3. Zwischen den zuständigen Behörden beider Staaten finden regelmäßige Zusammenkünfte auf den Gebieten der Verteidigung, der Erziehung und der Jugendfragen statt. Sie beeinträchtigen in keiner Weise die Tätigkeit der bereits bestehenden Organe – Deutsch-Französische Kulturkommission, Ständige Gruppe der Generalstäbe –, deren Tätigkeit vielmehr erweitert wird. Die Außenminister sind bei diesen Zusammenkünften vertreten, um die Gesamtkoordinierung der Zusammenarbeit zu gewährleisten.

a) Der Verteidigungs- und der Armeeminister treten wenigstens einmal alle drei Monate zusammen. Ferner trifft sich der französische Erziehungsminister in den gleichen Zeitabständen mit derjenigen Persönlichkeit, die auf deutscher Seite benannt wird, um die Ausführung des Programms der Zusammenarbeit auf kulturellem Gebiet zu verfolgen.

b) Die Generalstabschefs beider Staaten treten wenigstens einmal alle zwei Monate zusammen; im Verhinderungsfalle werden sie durch ihre verantwortlichen Vertreter ersetzt.

c) Der Bundesminister für Familien- und Jugendfragen oder sein Vertreter trifft sich wenigstens einmal alle zwei Monate mit dem französischen Hohen Kommissar für Jugend und Sport.

4. In jedem der beiden Staaten wird eine interministerielle Kommission beauftragt, die Fragen der Zusammenarbeit zu verfolgen. In dieser Kommission, der Vertreter aller beteiligten Ministerien angehören, führt ein hoher Beamter des Außenministeriums den Vorsitz. Ihre Aufgabe besteht darin, das Vorgehen der beteiligten Ministerien zu koordinieren und in regelmäßigen Abständen ihrer Regierung einen Bericht über den Stand der deutsch-französischen Zusammenarbeit zu erstatten. Die Kommission hat ferner die Aufgabe, zweckmäßige Anregungen für die Ausführung des Programms der Zusammenarbeit und dessen etwaige Ausdehnung auf neue Gebiete zu geben.

II. Programm
A. Auswärtige Angelegenheiten
1. Die beiden Regierungen konsultieren sich vor jeder Entscheidung in allen wichtigen Fragen der Außenpolitik und in erster Linie in den Fragen von gemeinsamem Interesse, um so weit wie möglich zu einer gleichgerichteten Haltung zu gelangen. Diese Konsultation betrifft unter anderem folgende Gegenstände:
– Fragen der Europäischen Gemeinschaften und der europäischen politischen Zusammenarbeit;
– Ost-West-Beziehungen sowohl im politischen als auch im wirtschaftlichen Bereich;
– Angelegenheiten, die in der Nordatlantikvertragsorganisation und in den verschiedenen internationalen Organisationen behandelt werden und an denen die beiden Regierungen interessiert sind, insbesondere im Europarat, in der Westeuropäischen Union, in der Organisation für Wirtschaftliche Zusammenarbeit und Entwicklung, in den Vereinten Nationen und ihren Sonderorganisationen.

2. Die auf dem Gebiet des Informationswesens bereits bestehende Zusammenarbeit wird zwischen den beteiligten Dienststellen in Bonn und Paris und zwischen den Vertretungen in Drittstaaten fortgeführt und ausgebaut.

3. Hinsichtlich der Entwicklungshilfe stellen die beiden Regierungen ihre Programme einander systematisch gegenüber, um dauernd eine enge Koordinierung durchzuführen. Sie prüfen die Möglichkeit, Vorhaben gemeinsam in Angriff zu nehmen. Da sowohl auf deutscher als auch auf französischer Seite mehrere Ministerien für diese Angelegenheit zuständig sind, wird es Sache der beiden Außenministerien sein, die praktischen Grundlagen dieser Zusammenarbeit gemeinsam festzulegen.

4. Die beiden Regierungen prüfen gemeinsam die Mittel und Wege dazu, ihre Zusammenarbeit im Rahmen des Gemeinsamen Marktes in anderen wichtigen Bereichen der Wirtschaftspolitik, zum Beispiel der Land- und Forstwirtschaftspolitik, der Energiepolitik, der Verkehrs- und Transportfragen, der industriellen Entwicklung ebenso wie der Ausfuhrkreditpolitik, zu verstärken.

B. Verteidigung

I. Auf diesem Gebiet werden nachstehende Ziele verfolgt:

1. Auf dem Gebiet der Strategie und der Taktik bemühen sich die zuständigen Stellen beider Länder ihre Auffassungen einander anzunähern, um zu gemeinsamen Konzeptionen zu gelangen. Es werden deutsch-französische Institute für operative Forschung errichtet.

2. Der Personalaustausch zwischen den Streitkräften wird verstärkt; er betrifft insbesondere die Lehrkräfte und Schüler der Generalstabsschulen; der Austausch kann sich auf die zeitweilige Abordnung ganzer Einheiten erstrecken. Zur Erleichterung dieses Austausches werden beide Seiten um den praktischen Sprachunterricht für das in Betracht kommende Personal bemüht sein.

3. Auf dem Gebiet der Rüstung bemühen sich die beiden Regierungen, eine Gemeinschaftsarbeit vom Stadium der Ausarbeitung geeigneter Rüstungsvorhaben und der Vorbereitung der Finanzierungspläne an zu organisieren.

Zu diesem Zweck untersuchen gemischte Kommissionen die in beiden Ländern hierfür betriebenen Forschungsvorhaben und nehmen eine vergleichende Prüfung vor. Sie unterbreiten den Ministern Vorschläge, die diese bei ihren dreimonatlichen Zusammenkünften prüfen und zu deren Ausführung sie die notwendigen Richtlinien geben.

II. Die Regierungen prüfen die Voraussetzungen, unter denen eine deutsch-französische Zusammenarbeit auf dem Gebiet des zivilen Bevölkerungsschutzes hergestellt werden kann.

C. Erziehungs- und Jugendfragen

Auf dem Gebiet des Erziehungswesens und der Jugendfragen werden die Vorschläge, die in den französischen und deutschen Memoranden vom 19. September und 8. November 1962 enthalten sind, nach dem obenerwähnten Verfahren einer Prüfung unterzogen.

1. Auf dem Gebiet des Erziehungswesens richten sich die Bemühungen hauptsächlich auf folgende Punkte:

a) Sprachunterricht

Die beiden Regierungen erkennen die wesentliche Bedeutung an, die der Kenntnis der Sprache des anderen in jedem der beiden Länder für die deutsch-französische Zusammenarbeit zukommt. Zu diesem Zweck werden sie sich bemühen, konkrete Maßnahmen zu ergreifen, um die Zahl der deutschen Schüler, die Französisch lernen, und die der französischen Schüler, die Deutsch lernen, zu erhöhen.

Die Bundesregierung wird in Verbindung mit den Länderregierungen, die hierfür zuständig sind, prüfen, wie es möglich ist, eine Regelung einzuführen, die es gestattet, dieses Ziel zu erreichen.

Es erscheint angebracht, an allen Hochschulen in Deutschland einen für alle Studierenden zugänglichen praktischen Unterricht in der französischen Sprache und in Frankreich einen solchen in der deutschen Sprache einzurichten.

b) Frage der Gleichwertigkeit der Diplome

Die zuständigen Behörden beider Staaten sollen gebeten werden, beschleunigt Bestimmungen über die Gleichwertigkeit der Schulzeiten, der Prüfungen, der Hochschultitel und -diplome zu erlassen.

c) Zusammenarbeit auf dem Gebiet der wissenschaftlichen Forschung

Die Forschungsstellen und die wissenschaftlichen Institute bauen ihre Verbindungen untereinander aus, wobei sie mit einer gründlicheren gegenseitigen Unterrichtung beginnen; vereinbarte Forschungsprogramme werden in den Disziplinen aufgestellt, in denen sich dies als möglich erweist.

2. Der deutschen und französischen Jugend sollen alle Möglichkeiten geboten werden, um die Bande, die zwischen ihnen bestehen, enger zu gestalten und ihr Verständnis füreinander zu vertiefen. Insbesondere wird der Gruppenaustausch weiter ausgebaut.

Es wird ein Austausch- und Förderungswerk der beiden Länder errichtet, an dessen Spitze ein unabhängiges Kuratorium steht. Diesem Werk wird ein deutsch-französischer Gemeinschaftsfonds zur Verfügung gestellt, der der Begegnung und dem Austausch von Schülern, Studenten, jungen Handwerkern und jungen Arbeitern zwischen beiden Ländern dient.

III. Schlußbestimmungen

1. In beiden Ländern werden die erforderlichen Anordnungen zur unverzüglichen Verwirklichung des Vorstehenden getroffen. Die Außenminister stellen bei jeder ihrer Zusammenkünfte fest, welche Fortschritte erzielt worden sind.

2. Die beiden Regierungen werden die Regierungen der übrigen Mitgliedstaaten der Europäischen Gemeinschaften über die Entwicklung der deutsch-französischen Zusammenarbeit laufend unterrichtet halten.

3. Dieser Vertrag gilt mit Ausnahme der die Verteidigung betreffenden Bestimmungen auch für das Land Berlin, sofern nicht die Regierung der Bundesrepublik Deutschland gegenüber der Regierung der Französischen Republik innerhalb von drei Monaten nach Inkrafttreten des Vertrages eine gegenteilige Erklärung abgibt.

4. Die beiden Regierungen können die Anpassungen vornehmen, die sich zur Ausführung dieses Vertrages als wünschenswert erweisen.

5. Dieser Vertrag tritt in Kraft, sobald jeder der beiden Vertragschließenden dem anderen mitgeteilt hat, daß die dazu erforderlichen innerstaatlichen Voraussetzungen erfüllt sind.

Geschehen zu Paris am 22. Januar 1963 in zwei Urschriften, jede in deutscher und französischer Sprache, wobei jeder Wortlaut gleichermaßen verbindlich ist.

Der Bundeskanzler
der Bundesrepublik Deutschland:
Adenauer

Der Bundesminister des Auswärtigen
der Bundesrepublik Deutschland:
Schröder

Der Präsident
der Französischen Republik:
C. de Gaulle

Der französische Premierminister:
Pompidou

Der französische Außenminister:
M. Couve de Murville

Quelle: BGBl. 1963, II, S. 705-710

Antwort des Bundesministers des Auswärtigen, Dr. Gerhard Schröder, in der Fragestunde des Deutschen Bundestages über die Unterstützung der Kongo-Aktion, 6. Februar 1963

Präsident D. Dr. Gerstenmaier: Ich rufe auf die Frage V/2 – des Herrn Abgeordneten Dr. Dr. h. c. Friedensburg:

Ist die Bundesregierung bereit, bei den Verhandlungen wegen einer Unterstützung der Kongo-Aktion die Vereinten Nationen und auch die Weltöffentlichkeit auf den moralischen und rechtlichen Widersinn hinzuweisen, wenn für das Kongogebiet die staatliche Einheit durch internationalen Machteinsatz erzwungen werden soll, obwohl sie lediglich auf dem Zufall der Kolonialherrschaft beruht und weder stammesmäßig, noch sprachlich, noch wirtschaftlich, noch geschichtlich, noch mit dem Willen der unmittelbar betroffenen Bevölkerung begründet werden kann, während zahlreiche maßgebende Mitglieder der Vereinten Nationen gleichzeitig dem deutschen Volke trotz seines zweitausendjährigen Einheitsbewußtseins und trotz des Willens der überwältigenden Mehrheit der Bevölkerung die Anerkennung der Zweistaatentheorie zumuten?

Zur Beantwortung der Herr Bundesaußenminister!

Dr. Schröder, Bundesminister des Auswärtigen: Die Antwort auf die zweite Frage lautet:

Die Bundesrepublik hat als Nichtmitglied der Vereinten Nationen keine Möglichkeit, in dieser Organisation in der vorgeschlagenen Weise Einfluß auszuüben. Sie versäumt aber selbstverständlich keine Gelegenheit, um vor der Weltöffentlichkeit den deutschen Anspruch auf Wiedervereinigung und Ausübung des Selbstbestimmungsrechts zu erheben. Wir erhoffen, daß die Afrikaner unsere Wiedervereinigungspolitik unterstützen. In gleicher Weise treten auch wir für die Einheit der afrikanischen Staaten ein und lehnen die Unterstützung von Sezessionsbestrebungen ab. Die Zentralregierung des Kongo/Léopoldville unter Adoula hat sich stärker für die Wiedervereinigung Deutschlands auf der Grundlage des Selbstbestimmungsrechts eingesetzt als viele andere afrikanische Staaten. Diese positive Stellung der Regierung Adoula zur Deutschlandfrage ist nicht zuletzt auf unser Eintreten für die Einheit des Kongo zurückzuführen.

Quelle: 4. Deutscher Bundestag, 57. Sitzung vom 6. 2. 1963, S. 2566

Kommuniqué und Interview mit dem Bundesminister des Auswärtigen, Dr. Gerhard Schröder, über die Wirtschaftsverhandlungen mit Polen, 7. März 1963

Kommuniqué

Am 7. März 1963 wurden die Wirtschaftsverhandlungen zwischen Regierungsdelegationen der Volksrepublik Polen und der Bundesrepublik Deutschland beendet. Sie führten zur Unterzeichnung eines dreijährigen Handelsabkommens. Die vereinbarten Warenlisten bilden die Grundlage für den Warenverkehr zwischen den beiden Ländern in den Jahren 1963–1965.

Die neue Vereinbarung trägt der Aufwärtsentwicklung des gegenseitigen Warenaustausches Rechnung. Sie berücksichtigt sowohl neue Liefer- und Abnahmemöglichkeiten, die sich aus der veränderten Produktions- und Marktlage ergeben, als auch den traditionellen Warenstrom. Dementsprechend wurden auf der polnischen Ausfuhrseite die Kontingente der gewerblichen Wirtschaft, insbesondere für Holz, chemische Erzeugnisse und Rohstoffe, verschiedene Maschinen und Ausrüstungen, Walzwerkerzeugnisse und andere Erzeugnisse der Schwer- und Leichtindustrie festgesetzt. Auch wurde der Fächer der Fertigprodukte erweitert und gegenüber den früheren Vereinbarungen spezifiziert. Auf dem Gebiet der Land- und Ernährungswirtschaft wurde eine Reihe von Kontingenten für Agrarerzeugnisse und Lebensmittel tierischen und pflanzlichen Ursprungs dem anwachsenden Volumen weitgehend angepaßt. Die polnischen Liefermöglichkeiten für Obst und Gemüse sowie Konserven wurden den Aufnahmemöglichkeiten des Marktes angeglichen.

Auch die deutsche Ausfuhr nach Polen wurde unter Zugrundelegung ihrer traditionellen Struktur den veränderten Gegebenheiten angepaßt. Die deutschen Lieferungen betreffen insbesondere Maschinen aller Art, chemische und pharmazeutische Erzeugnisse, Eisen und Stahl, Erzeugnisse der Ziehereien und Kaltwalzwerke, der Feinmechanik und der Optik, elektrotechnische Artikel sowie NE-Metalle, Halbmaterial und feuerfeste Erzeugnisse, deren Kontingente größtenteils erhöht werden konnten. Auf dem Gebiet des deutschen Agrarexports sind Kontingente unter anderem für Zuchtvieh, sonstige land- und forstwirtschaftliche Erzeugnisse sowie Fischereierzeugnisse vereinbart worden.

Darüber hinaus wurde eine besondere Vereinbarung über die Grundsätze erzielt, die für den Seeschiffahrtsverkehr zwischen der Bundesrepublik Deutschland und der Volksrepublik Polen maßgebend sein und auf der Grundlage der Gegenseitigkeit eine gleiche Behandlung der Seeschiffahrt beider Länder sicherstellen sollen.

Ferner ist die Errichtung einer Handelsvertretung der Bundesrepublik Deutschland in der Volksrepublik Polen vereinbart worden, die ihren Sitz in Warschau haben wird. Ihre Aufgabe wird ebenso wie die der bereits bestehenden Handelsvertretung der Volksrepublik Polen in der Bundesrepublik Deutschland darin liegen, die wirtschaftlichen Beziehungen zwischen den beiden Ländern zu fördern und insbesondere die Abwicklung des dreijährigen Handelsabkommens zu erleichtern. Zu diesem Zweck sollen die Leiter der beiden Handelsvertretungen in der Regel den Vorsitz in der Gemischten Kommission übernehmen, deren Zusammentritt in dem Handelsabkommen vorgesehen ist, um alle bei der Durchführung des Handelsabkommens auftauchenden Fragen gemeinsam zu klären und zu lösen.

Die Verhandlungen fanden in einer Atmosphäre gegenseitigen Verständnisses und des gemeinsamen Willens statt, die Handelsbeziehungen zwischen beiden Ländern zu beiderseitigem Vorteil zu konsolidieren und weiter auszubauen. Das Protokoll über die abgeschlossenen Vereinbarungen wurde für die Regierung der Bundesrepublik Deutschland von Ministerialdirektor Dr. Helmut Allardt und für die Regierung der Volksrepublik Polen von Vizeminister Franciszek Modrzewski unterzeichnet. Bei der Unterzeichnung war der polnische Außenhandelsminister, Dr. Trampczynski, anwesend.

Interview

Frage:

Herr Minister, welche Bedeutung messen Sie dem Abschluß des deutsch-polnischen Handelsabkommens in Warschau zu?

Antwort:

Bei der Beurteilung der in Warschau unterzeichneten Vereinbarungen muß man meiner Meinung nach verschiedene Gesichtspunkte unterscheiden:

Zunächst einmal sind hier praktische Fragen geregelt worden, deren Lösung im Interesse beider Länder liegt. Es sind Listen für den deutsch-polnischen Warenaustausch vereinbart worden, es wurde ein Protokoll über Fragen der Seeschiffahrt unterzeichnet, und man hat Einrichtungen geschaffen, die erforderlich sind, um den Handelsaustausch zwischen den beiden Ländern reibungslos durchzuführen – nämlich eine Gemischte Kommission zur Klärung und Lösung eventuell auftretender Schwierigkeiten und eine deutsche Handelsvertretung in Warschau. Mit der Einrichtung dieser Handelsvertretung wird für die deutschen Interessen in Warschau etwas geschaffen, das polnischerseits bei uns schon seit vielen Jahren existiert. Künftig werden beide Regierungen in dem anderen Land durch eine Handelsmission vertreten sein.

Damit habe ich mich zu der technischen Seite der Vereinbarungen geäußert. Das ist aber nur ein Teil der Sache. Wenn man etwas tiefer blickt, so ist nicht zu verkennen, daß dem Abschluß eines solchen, verschiedene Fragen behandelnden Abkommens auch eine politische Bedeutung zukommt.

In diesem Sinne möchte ich das soeben unterzeichnete Abkommen als einen wichtigen Schritt auf dem Wege zu einer Verbesserung unserer Beziehungen mit Polen sehen. Wir haben uns um das Zustandekommen dieser Vereinbarung viel Mühe gegeben. Ich meine, daß wir damit guten Willen bewiesen haben. Das dürfte auch von polnischer Seite anerkannt werden. In diesem Zusammenhang hoffe ich besonders, daß die Aufgeschlossenheit und Aufrichtigkeit, in der die Verhandlungen geführt wurden, auf beiden Seiten auch die weitere Gestaltung des deutsch-polnischen Verhältnisses bestimmen werden.

Frage:
Sie haben soeben von einem wichtigen Schritt gesprochen. Welche weiteren Schritte zur Verbesserung der deutsch-polnischen Beziehungen faßt die Bundesregierung ins Auge?

Antwort:
Wir haben jetzt zunächst einmal eine Plattform im Bereich der Wirtschaftsbeziehungen geschaffen. Diese Abmachungen gilt es nun in die Tat umzusetzen. Im Lichte der dabei gewonnenen Erfahrungen kann man sich dann überlegen, in welcher Richtung die nächsten Schritte zu machen sind. Ich denke hier zum Beispiel daran, daß bessere kulturelle und menschliche Kontakte zwischen den Deutschen in der Bundesrepublik und der polnischen Bevölkerung ein geeignetes Mittel sein könnten. Dafür habe ich mich bekanntlich seit langer Zeit eingesetzt. In diesem Zusammenhang möchte ich noch einmal meine Dortmunder Rede vom 4. Juni 1962 in Erinnerung bringen.

Frage:
In der Presse sind Ihre Bemühungen um eine Verbesserung der Beziehungen zu Polen bereits als ein »Unterlaufen« der Hallstein-Doktrin bezeichnet worden. Befürchten Sie nicht, daß die Einrichtung einer deutschen Handelsvertretung in Warschau andere Länder veranlassen könnte, ihrerseits Beziehungen zu Pankow aufzunehmen?

Antwort:
Ich sehe da wirklich keinen Zusammenhang. Wie ich schon eben sagte, bedeutet die Einrichtung der deutschen Handelsvertretung in Warschau die Schaffung des notwendigen Gegenstücks zu der seit langem in der Bundesrepublik bestehenden polnischen Handelsvertretung. Das beinhaltet nicht die Aufnahme diplomatischer oder auch nur konsularischer Beziehungen. Unsere politische Linie bleibt unberührt, daß die Aufnahme diplomatischer Beziehungen mit der Sowjetischen Besatzungszone durch dritte Staaten, mit denen die Bundesrepublik diplomatische Beziehungen unterhält, einen unfreundlichen Akt darstellt,

der die Spaltung Deutschlands vertiefen und verhärten würde. Dieser Tatbestand hat mit der vorliegenden Vereinbarung doch offensichtlich nichts zu tun. Ich halte es daher für zweckmäßig, sich mit dieser Vereinbarung selbst zu beschäftigen und keine weitergehenden Spekulationen anzustellen.

Quelle: Bulletin vom 8. 3. 1963, Nr. 43, S. 389 f.

168 Eröffnung der »Vogelfluglinie«

Ansprache des Bundespräsidenten Dr. h. c. Heinrich Lübke an Bord des dänischen Fähr-schiffes »Kong Frederik« am 14. Mai 1963 zur Eröffnung der neuen Verkehrsverbindung zwischen Dänemark und der Bundesrepublik Deutschland

Majestät, meine Damen und Herren!
Ich danke Euerer Majestät aufrichtig für die freundlichen Worte, die Sie für die Beziehungen zwischen unseren beiden Ländern gefunden haben. Diese Beziehungen haben in den letzten Jahren eine erfreuliche Entwicklung genommen. Ein bemerkenswerter Aufschwung ist besonders im wirtschaftlichen Austausch zwischen Dänemark und der Bundesrepublik zu verzeichnen, der sich in den letzten zehn Jahren verdreifacht hat. Ich freue mich sagen zu können, daß ich daran auch ein wenig persönlichen Anteil hatte, denn vor 10 Jahren trat ich als Minister für Ernährung, Landwirtschaft und Forsten in das Bundeskabinett ein und habe bald danach die ersten deutsch-dänischen Vertragsverhandlungen geführt. Diese Verhandlungen verliefen damals erfreulich und erfolgreich. In der späteren Entwicklung hat sich darin nichts geändert.

In jüngster Zeit sind in Dänemark Bedenken und Sorgen entstanden wegen der Auswirkungen der EWG auf den dänischen Außenhandel. Nach meiner festen Überzeugung können diese Schwierigkeiten nur vorübergehender Natur sein, denn die EWG braucht – wenn sie von Bestand sein soll – den Handelsaustausch auch mit dritten Ländern. Ich habe immer die Auffassung vertreten, daß sich die EWG eine autarke Handelspolitik nicht leisten kann. Auch die Mehrheit des deutschen Volkes denkt so. Wie eine kürzlich erfolgte Meinungsumfrage gezeigt hat, befürwortet die große Mehrheit der Deutschen den Beitritt Großbritanniens; das gleiche gilt naturgemäß in der einen oder anderen Form für die skandinavischen Staaten. Die Zusammenarbeit der europäischen Nationen ist eine der wesentlichen Tatsachen, welche unsere Epoche formen. Sie wirkt sich auf allen Gebieten des menschlichen Zusammenlebens aus, in der Politik wie in den kulturellen Beziehungen, in der Wirtschaft wie im Verkehr.

Die Vogelfluglinie, die wir heute einweihen, wird die Entwicklung guter Beziehungen zwischen unseren beiden Ländern weiter fördern. Sie ist eine Brücke, deren Pfeiler Deutschland und Dänemark sind und die Skandinavien mit den übrigen Ländern des freien Europa verbindet. Euere Majestät haben nicht nur an der Verwirklichung dieses Planes persönliches Interesse genommen, sondern haben hervorragenden Anteil an der Initiative, der seine Ausführung zu verdanken ist.

Ich erhebe mein Glas auf das Wohl aller derer, die der glücklichen Vollendung dieser völkerverbindenden Route ihre Kräfte gewidmet haben, und auf die europäische Einigung, deren Verwirklichung wir alle aus vollem Herzen wünschen.

Quelle: Bulletin vom 16. 5. 1963, Nr. 86, S. 753 f.

Verlautbarung über die Mexiko-Konferenz deutscher Botschafter in Lateinamerika, 31. Mai 1963

Vom 26. bis 31. Mai 1963 fand in Cuernavaca (Mexiko) unter Leitung des Bundesministers des Auswärtigen, Dr. Gerhard Schröder, eine Konferenz der deutschen Botschafter in Lateinamerika einschließlich des karibischen Raumes und leitender Beamter des Auswärtigen Amts statt. Frühere Botschafterkonferenzen im lateinamerikanischen Raum wurden 1954 in Montevideo und 1960 in Rio de Janeiro abgehalten. Die Veranstaltung dieser Konferenzen zeigt die große Bedeutung, die die Bundesregierung den Beziehungen Deutschlands mit den Ländern Lateinamerikas beimißt. Die Wahl Cuernavacas als Ort der gegenwärtigen Konferenz dokumentiert gleichzeitig die guten und engen Beziehungen, die zwischen Deutschland und Mexiko bestehen, und an deren Festigung und Ausbau der deutschen Regierung sehr gelegen ist.

Die Konferenz bot Gelegenheit zu einer gründlichen Prüfung des gegenwärtigen Standes der Beziehungen zwischen Deutschland und den lateinamerikanischen Staaten auf politischem, wirtschaftlichem und kulturellem Gebiet und zu einem Gedankenaustausch über sich daraus ergebende Folgerungen.

In seinen politischen Beziehungen zu den Staaten Lateinamerikas läßt sich Deutschland – ebenso wie in seiner gesamten Außenpolitik – von den Prinzipien der Gleichberechtigung, der Nichteinmischung und des Selbstbestimmungsrechts der Völker leiten. Die Konferenz stellte mit dankbarer Befriedigung fest, daß die lateinamerikanischen Staaten das Recht des deutschen Volkes auf Selbstbestimmung unterstützen.

Im Bereich der wirtschaftlichen Beziehungen wurde hervorgehoben, daß die Exporte der Staaten Lateinamerikas in die Mitgliedsländer der Europäischen Wirtschaftsgemeinschaft von 1958 bis 1962 um 35 %, d. h. in weit höherem Maße zugenommen haben als in andere Länder der Erde. Diese Tatsache zeigt, daß die wirtschaftliche Zusammenarbeit Europas keine Abschließung von anderen Handelspartnern zur Folge hat, sondern den Warenaustausch der EWG-Mitgliedsländer mit Lateinamerika belebt hat. Die deutsche Regierung wird sich auch in Zukunft dafür einsetzen, daß die Handelsbeziehungen der EWG nach außen weiter gefördert werden. In den Erörterungen bestätigte sich die Bedeutung, die die Stabilisierung der Rohstoffpreise für die Länder Lateinamerikas hat. Die deutsche Regierung wird sich bemühen, im Rahmen ihrer Möglichkeiten auf eine Lösung dieses wichtigen Problems hinzuwirken. Auf dem Gebiet der Entwicklungshilfe wurde neben der bilateralen Hilfe der große Anteil unterstrichen, den Deutschland zu den multilateralen Leistungen beiträgt, die den Ländern Lateinamerikas in den vergangenen Jahren zur Verfügung gestellt wurden. Im Bereich der bilateralen Hilfe wurde die Bedeutung hervorgehoben, die der technischen Hilfe gerade in Lateinamerika zukommt.

Schließlich wurde die enge kulturelle Verbindung zwischen Lateinamerika und Deutschland auf den Gebieten des Erziehungswesens, der Wissenschaft und der Kunst hervorgehoben. Der Name Alexander von Humboldts ist auch heute noch ein großes Vermächtnis und eine Verpflichtung.

Quelle: Bulletin vom 5. 6. 1963, Nr. 97, S. 858

Wortlaut des Gesetzes zu der Gemeinsamen Erklärung und zu dem Vertrag vom 22. Januar 1963 zwischen der Bundesrepublik Deutschland und der Französischen Republik über die deutsch-französische Zusammenarbeit vom 15. Juni 1963

In der Überzeugung,
- daß der Vertrag zwischen der Bundesrepublik Deutschland und der Französischen Republik vom 22. Januar 1963 die Aussöhnung und Freundschaft zwischen dem deutschen und dem französischen Volk vertiefen und ausgestalten wird;

mit der Feststellung,
- daß durch diesen Vertrag die Rechte und Pflichten aus den von der Bundesrepublik Deutschland abgeschlossenen multilateralen Verträgen unberührt bleiben;

mit dem Willen,
- durch die Anwendung des Vertrages die großen Ziele zu fördern, die die Bundesrepublik Deutschland in Gemeinschaft mit den anderen ihr verbündeten Staaten seit Jahren anstrebt und die ihre Politik bestimmen,

nämlich
die Erhaltung und Festigung des Zusammenschlusses der freien Völker, insbesondere einer engen Partnerschaft zwischen Europa und den Vereinigten Staaten von Amerika,
die Verwirklichung des Selbstbestimmungsrechts für das deutsche Volk und die Wiederherstellung der deutschen Einheit,
die gemeinsame Verteidigung im Rahmen des nordatlantischen Bündnisses und die Integrierung der Streitkräfte der in diesem Bündnis zusammengeschlossenen Staaten,
die Einigung Europas auf dem durch die Schaffung der europäischen Gemeinschaften begonnenen Wege unter Einbeziehung Großbritanniens und anderer zum Beitritt gewillter Staaten und die weitere Stärkung dieser Gemeinschaften,
den Abbau der Handelsschranken durch Verhandlungen zwischen der Europäischen Wirtschaftsgemeinschaft, Großbritannien und den Vereinigten Staaten von Amerika sowie anderen Staaten im Rahmen des »Allgemeinen Zoll- und Handelsabkommens«;

in dem Bewußtsein,
- daß eine deutsch-französische Zusammenarbeit, die sich von diesen Zielen leiten läßt, allen Völkern Nutzen bringen, dem Frieden in der Welt dienen und dadurch zugleich dem deutschen und dem französischen Volke zum Wohl gereichen wird;

hat der Bundestag das folgende Gesetz beschlossen:

Artikel 1
Der in Paris am 22. Januar 1963 unterzeichneten Gemeinsamen Erklärung des Bundeskanzlers der Bundesrepublik Deutschland und des Präsidenten der Französischen Republik sowie dem gleichzeitig unterzeichneten Vertrag zwischen der Bundesrepublik Deutschland und der Französischen Republik über die deutsch-französische Zusammenarbeit wird zugestimmt. Die Gemeinsame Erklärung und der Vertrag werden nachstehend veröffentlicht.

Artikel 2
Dieses Gesetz gilt auch im Land Berlin, sofern das Land Berlin die Anwendung dieses Gesetzes feststellt.

499

Artikel 3

(1) Dieses Gesetz tritt am Tage nach seiner Verkündung in Kraft.
(2) Der Tag, an dem die Gemeinsame Erklärung und der Vertrag nach Nummer 5 seiner Schlußbestimmungen in Kraft treten, ist im Bundesgesetzblatt bekanntzugeben.

Die verfassungsmäßigen Rechte des Bundesrates sind gewahrt.
Das vorstehende Gesetz wird hiermit verkündet.

Bonn, den 15. Juni 1963

Der Bundespräsident
Lübke
Der Bundeskanzler
Adenauer
Der Bundesminister des Auswärtigen
Dr. Schröder

Quelle: BGBl. 1963, II, S. 705

171 Kennedy in der Bundesrepublik

Gemeinsame Erklärung des Bundespressechefs von Hase und des Pressechefs des »Weißen Hauses«, Mr. Salinger, über den Staatsbesuch Präsident Kennedys in der Bundesrepublik, 24. Juni 1963

Der Bundeskanzler und Präsident Kennedy haben heute morgen ein Treffen unter vier Augen von fast zwei Stunden Dauer gehabt. Dabei wurden in herzlicher und offener Atmosphäre folgende Fragen besprochen:
1. die Bemühungen, einen Atomversuchsstopp zu erreichen;
2. die Handelsbeziehungen innerhalb der atlantischen Partnerschaft, und
3. die Grundfragen der multilateralen Atomstreitmacht.
Zu einem Treffen zusammen mit den Mitarbeitern, also mit den Außenministern usw., ist es heute vormittag nicht mehr gekommen. Während der Sitzung des Präsidenten und des Bundeskanzlers waren die Außenminister zusammen, und zwar mit folgenden Beratern: auf deutscher Seite die Kabinettsmitglieder Vizekanzler Erhard, Außenminister Schröder, Verteidigungsminister von Hassel sowie Staatssekretär Carstens und Botschafter Knappstein; auf amerikanischer Seite: State Secretary Rusk, Botschafter Duke, Mr. Tyler, Mr. Bundy und Botschafter McGhee.
Die Außenminister haben über folgende Fragen gesprochen: über die Wiedervereinigung und Berlin, über die innere Lage der sowjetischen Besatzungszone und ebenfalls – mehr im Detail – über die multilaterale Atomstreitmacht.
Nach Abschluß dieser beiden parallel laufenden Besprechungskreise – Kanzler/Präsident und die Außenminister – hat sich der Präsident zusammen mit Außenminister Schröder in das Palais des Bundespräsidenten begeben und dort seinen Besuch beim Bundespräsidenten gemacht. Etwa zehn Minuten später ist der Bundeskanzler in das Palais des Bundespräsidenten nachgekommen.

Quelle: Bulletin vom 25. 6. 1963, Nr. 108, S. 962

Darstellung des Berlin-Besuchs des Präsidenten der Vereinigten Staaten, John F. Kennedy, und Ansprache des Bundeskanzlers Dr. Konrad Adenauer vor dem Schöneberger Rathaus, 26. Juni 1963 (Auszüge)

Der vierte und letzte Tag des Deutschland-Besuchs von Präsident Kennedy brachte mit der persönlichen Repräsentanz des ersten Mannes der Vereinigten Staaten von Amerika in der geteilten Hauptstadt Berlin den Höhepunkt und zugleich den Ausklang des ebenso umfangreichen wie gedrängten Besuchsprogramms... Als am Morgen des 26. Juni pünktlich um 9.45 Uhr die Sondermaschine Präsident Kennedys auf dem Flugplatz Tegel aufsetzte, war fast die gesamte Bevölkerung Westberlins auf den Beinen, um dem hohen Gast nicht nur ihre herzliche Sympathie, sondern ihre Dankbarkeit und ihr Vertrauen in einem gewaltigen Jubel zu bekunden... Als Präsident Kennedy kurz vor 14 Uhr vor dem Schöneberger Rathaus ankam, füllte eine unübersehbare, nach Hunderttausenden zählende Menschenmenge den Rudolf-Wilde-Platz und alle angrenzenden Straßen. In dem Augenblick, als der amerikanische Präsident das Podium vor den Mikrophonen betrat, setzte ein solcher Jubel ein, daß alles andere minutenlang darin unterging. Sprechchöre riefen immer wieder den Namen des Präsidenten, der sich lächelnd und grüßend bedankte. Auch die Reden wurden immer wieder von begeisterten Zustimmungsrufen unterbrochen, besonders, als Präsident Kennedy den neben ihm stehenden General Clay lobte und in deutscher Sprache ins Mikrophon rief: »Ich bin ein Berliner!«...

Bundeskanzler Dr. Konrad Adenauer hielt (vor dem amerikanischen Präsidenten) folgende Ansprache:

»Meine lieben Freunde! Ihr seid hierhergekommen, um Präsident Kennedy zu hören, deswegen werde ich mich auf ganze wenige Sätze beschränken. Heute hat hier eine Volksabstimmung stattgefunden, die unüberhörbar ist in der ganzen Welt. Wir danken Präsident Kennedy für seine Reise nach Europa, für seine Reise in die Bundesrepublik Deutschland und besonders für seinen Besuch in diesem Teil der Bundesrepublik.

Die Berliner haben sich in diesen vergangenen Jahren ausgezeichnet durch Standhaftigkeit und Geduld. Heute vor fünfzehn Jahren, meine Freunde, auf den Tag am 26. Juni, trafen die ersten Flugzeuge der Luftbrücke ein, die damals Berlin gerettet haben. Ich möchte das gerade auch in Gegenwart von General Clay sagen. Und nun, meine Freunde, vergleichen wir die Zeit vor fünfzehn Jahren mit dem heutigen Stand in der Welt, der Bundesrepublik und Berlins, das dazu gehört, dann können wir sagen: Wir sind ein ganz gutes Stück weitergekommen, und wir werden noch weiter kommen dank der Hilfe unserer Freunde, dank unserer Standhaftigkeit und Geschlossenheit.«

Quelle: Bulletin vom 27. 6. 1963, Nr. 110, S. 181–183

Rede des Bundesministers des Auswärtigen, Dr. Gerhard Schröder, vor der Wirtschaftsvereinigung Eisen- und Stahlindustrie in Düsseldorf am 28. Juni 1963 (Auszüge)

... Bevor ich den Blick auf die Schwerpunkte unserer Außenpolitik richte, möchte ich die Ausgangslage der deutschen Politik kurz skizzieren. Deutschland ist heute im internationalen Maßstab wieder eine bedeutende Wirtschaftsmacht. Im Welthandel stehen wir nach den

Vereinigten Staaten von Amerika an zweiter Stelle. Zur Verteidigung Europas stellen wir von allen Bündnisstaaten der NATO den größten Anteil konventionell ausgerüsteter Truppen zur Verfügung. Unser politisches Gewicht ist ganz natürlich gewachsen.

Wir wissen aber, daß wir keine unserer Aufgaben allein lösen können, sondern nur zusammen mit unseren Freunden und Verbündeten. Nur mit ihnen ist unsere vornehmste Aufgabe zu lösen, nämlich die der Überwindung der Spaltung unseres Volkes. Und nur mit ihnen im Nordatlantischen Verteidigungsbündnis ist unser Schutz gesichert. Unsere Außenpolitik muß also bemüht sein, die Einigkeit unter den Verbündeten zu erhalten und zu festigen. Das Erfordernis der Einigkeit unter den Verbündeten haben gerade wir ständig vor Augen, vielleicht nicht zuletzt deswegen, weil wir eine unmittelbare, tägliche und mit den Händen greifbare, plastische Anschauung von der Kraft, den Möglichkeiten und den Absichten des potentiellen Gegners haben.

Unsere Lage bestimmt nicht nur unsere Ziele, sondern auch unsere außenpolitischen Methoden. Wir betreiben keine Außenpolitik mit undurchsichtigen, verborgenen Zielen. Unsere Ziele sind vielmehr klar ausgesprochen und eindeutig. Aus dem Nachkriegsstadium, lediglich Objekt der Weltpolitik zu sein, über das verhandelt wurde, das aber nicht handeln konnte, sind wir heraus. Für den Erfolg der Europäischen Gemeinschaften, für den politischen Zusammenhalt und die Sicherheit Europas ist unsere Mitarbeit von entscheidender Bedeutung. Wir kennen unsere Mitverantwortung und versuchen, ihr gerecht zu werden.

Ich sprach von unseren Zielen. Sie lassen sich leicht beschreiben mit den Worten: Frieden, Freiheit und gerechte Ordnung. Sie gehören innerlich zusammen, keines von ihnen ist aufgebbar. Sie sind die Orientierungspunkte unseres politischen Handelns. Daraus lassen sich folgende Aufgaben ableiten:

- jeden Angriff auf uns und unsere Freiheit zu verhindern;
- das Recht der Selbstbestimmung für unsere Landsleute in der Sowjetzone durchzusetzen;
- ein wirtschaftlich geeintes, zu gemeinsamem politischen Handeln fähiges, freies Europa zu schaffen;
- die engste Bindung zu den Vereinigten Staaten von Amerika zu halten und zu festigen;
- für ein nachbarschaftliches Verhältnis zu den osteuropäischen Staaten einzutreten.

. . .

Wir haben verschiedentlich den Wunsch nach besseren deutsch-sowjetischen Beziehungen ausgesprochen. Mit diesem Wunsch ist es uns durchaus ernst. Indessen dürfen wir nicht übersehen, daß das zentrale Problem in unseren Beziehungen die Berlin- und Deutschland-Frage ist. Sie bestimmt das Verhältnis zwischen uns und Moskau. Entscheidend verbessern läßt es sich nur, wenn in dieser Frage Fortschritte erzielt werden. Solange das nicht der Fall ist, haben wir nur einen engen Spielraum. Denn darüber darf kein Zweifel aufkommen: Das Selbstbestimmungsrecht der Deutschen in der Sowjetzone, die Freiheit und Lebensfähigkeit West-Berlins sind für uns keine Handelsobjekte.

Wir werden wahrscheinlich in einiger Zeit wieder mit der Sowjetunion über ein neues Wirtschaftsabkommen verhandeln, da das gegenwärtige mit diesem Jahr ausläuft. Über dieses Thema wollen wir uns demnächst mit der Industrie beraten.

Vielleicht könnte man mit Moskau auch über einen intensiveren Kulturaustausch zwischen uns und West-Berlin auf der einen und der Sowjetunion auf der anderen Seite sprechen.

Das sind allerdings nur kleine Schritte, und ich weiß nicht, ob sie die sowjetische Haltung in den entscheidenden politischen Fragen, die zwischen uns stehen, sehr beeinflussen werden. Angesichts der Verleumdungen, mit denen wir in amtlichen sowjetischen Dokumenten und Reden führender sowjetischer Politiker überschüttet werden, angesichts der unbeherrschten Haßpropaganda Moskaus gegen uns mag man sich fragen, ob wir damit auch nur die Atmosphäre im deutsch-sowjetischen Verhältnis verbessern können. Wir wollen trotzdem jede Gelegenheit nutzen, die zur Entspannung beitragen kann. Allerdings werden wir sorgfältig darauf achten, ob auch die sowjetische Regierung Schritte in dieser Richtung unternimmt.

Wie Sie wissen, haben wir kürzlich mit der polnischen Regierung Verhandlungen geführt, die befriedigend verlaufen sind. Wir haben ein Handelsprotokoll unterzeichnet und sind übereingekommen, in Warschau eine Handelsvertretung zu eröffnen. Damit wird unser Handel zwar nicht wesentlich ausgeweitet; der Warenaustausch mit Polen stellt uns vielmehr vor einige nicht leicht zu lösende Probleme. Wir müssen nämlich aus Polen Produkte einführen, die wir entweder selbst zur Genüge besitzen oder bereits aus dem Westen beziehen. Diese Politik steht im Einklang mit den Zielen unserer Ostpolitik. Ich habe vor einem Jahr in einer Rede in Dortmund darüber gesprochen. Lassen Sie mich einige wesentliche Sätze daraus in Erinnerung bringen und bekräftigen:

»Wir verfolgen weder heute noch morgen eine Revanchepolitik oder eine restaurative Politik. Unsere Politik ist nicht rückwärts, sondern vorwärts gewandt. Durch unsere Mitarbeit an der Neuordnung Westeuropas haben wir bereits gezeigt, daß wir über das Vorkriegseuropa hinaussehen. Die politische, wirtschaftliche und technische Entwicklung ist weiter fortgeschritten. Von ihr müssen wir ausgehen. Unser Ziel ist eine gerechte, auf friedlichen Vereinbarungen beruhende, neue europäische Ordnung, in der alle Völker frei und als gute Nachbarn miteinander leben. Auch die Völker des Warschauer Pakts gehören zu Europa.«

Damals regte ich an, bessere Kontakte mit den osteuropäischen Völkern herzustellen und auch die Möglichkeiten des Wirtschaftsaustausches zu prüfen.

Die Vereinbarungen nun, die wir kürzlich mit der polnischen Regierung getroffen haben, sind ein erster Schritt auf diesem Wege. Zu dieser Politik bewog uns der Wunsch, den amtlichen Kontakt zu den Staaten Osteuropas wiederherzustellen, die Atmosphäre zu entspannen, menschliche und kulturelle Beziehungen zu knüpfen und das Verständnis für die gegenseitigen Probleme zu fördern.

Wir wollen uns von den osteuropäischen Völkern nicht isolieren und sie nicht von uns. Mag die politische Dividende vorläufig auch nur gering sein, so hoffen wir doch, daß solche Berührungen jenseits der Ideologie im Laufe der Zeit für beide Teile auch politisch fruchtbar werden.

Ich hoffe, unsere näheren und ferneren Nachbarn in Osteuropa werden mit der Zeit erkennen, daß das Bild von dem militaristischen, revanchelüsternen Deutschen ein Schreckgespenst ist. Ich hoffe, sie werden erkennen, daß sie ihrer eigenen Propaganda zum Opfer fallen, wenn sie an dieses Zerrbild glauben, oder wenn sie gelegentlich bedauerliche Entgleisungen einzelner aufbauschen, die weder die Meinung unseres Volkes noch die Politik der Bundesregierung repräsentieren. Die Deutschen sind anders.

Ich habe schon vorhin von den Problemen gesprochen, die das Verhältnis zwischen uns und den Franzosen nach Kriegsende belasteten: schwierige, zum Teil historisch gewachsene Probleme und von Generation zu Generation vererbte Vorurteile. Seit Jahrhunderten hatten Deutsche und Franzosen Krieg gegeneinander geführt. Das wird nun nicht wieder geschehen. Doch ebensowenig wie mit den Franzosen wünschen wir, je wieder einen Krieg gegen die Polen, Russen oder irgendein anderes Volk Osteuropas zu führen.

Wir wünschen vielmehr die Politik, die wir mit der Warschauer Vereinbarung begonnen haben, fortzusetzen; wir sind bereit, auch mit anderen osteuropäischen Staaten, die daran interessiert sind, entsprechende Abkommen zu schließen.

Quelle: Bulletin vom 29. 6. 1963, Nr. 112, S. 1003–1007

*Erklärung der Bundesregierung zur Rechtslage des geteilten Deutschland anläßlich ihrer
Unterzeichnung des Moskauer Vertrages über ein Teilverbot der Kernwaffenversuche,
19. August 1963*

1. Die Bundesregierung begrüßt das Ziel dieses Vertrages, der weitere radioaktive Nieder-
schläge verhindern und damit dem Wohl der Menschheit dienen soll. Die Bundesregierung
hofft, daß der Vertrag einen ersten Schritt in Richtung auf eine allgemeine weltweite Abrüstung darstellt und daß er die Bereitwilligkeit erhöht, auch die Ursachen der politischen
Spannungen zu beseitigen, die die Völker und vor allem das deutsche Volk beunruhigen.
Damit gibt die Bundesregierung, die als einzige frei gewählte und rechtmäßig gebildete
deutsche Regierung berechtigt ist, für das ganze Deutschland zu sprechen, auch den Wünschen des gesamten deutschen Volkes Ausdruck. Dieses hat nach über 18 Jahren der
Spaltung, die zu den wesentlichsten Ursachen der internationalen Spannung gehört, ein
Recht auf seine Wiedervereinigung.

2. Die Bundesregierung, verpflichtet, die Belange des gesamten deutschen Volkes wahrzunehmen, erklärt, daß die Bundesrepublik Deutschland im Zusammenhang mit der Unterzeichnung, Ratifizierung und Durchführung dieses Vertrages kein Gebiet als Staat und
kein Regime als Regierung anerkennt, die sie nicht bereits anerkannt hat. Damit bringt die
Bundesrepublik Deutschland zum Ausdruck, daß sie auch weiterhin die sowjetische Besatzungszone nicht als Staat und die dort eingesetzten Stellen nicht als Regierung anerkennt.
Für die Bundesregierung werden daher im Rahmen dieses Vertrages keine vertraglichen
Beziehungen mit der sowjetischen Besatzungszone oder mit den dort eingesetzten Stellen
entstehen.

3. Die Bundesregierung weiß sich in ihren Grundauffassungen einig mit den Staaten
und Regierungen, mit denen sie freundschaftliche Beziehungen unterhält. Sie dankt bei
dieser Gelegenheit für die Unterstützung, die sie von diesen Staaten und Regierungen
erfahren hat.

Quelle: Bulletin vom 20. 8. 1963, Nr. 147, S. 1289

---

175 Wirtschaftsvereinbarungen mit Rumänien

*Mitteilung des Auswärtigen Amts zum deutsch-rumänischen Protokoll über eine beider-
seitige Errichtung von Handelsvertretungen, 17. Oktober 1963*

Nach Verhandlungen zwischen Regierungsdelegationen der Bundesrepublik Deutschland
und der rumänischen Volksrepublik wurde in Bukarest am 17. Oktober 1963 ein Protokoll
über die beiderseitige Errichtung von Handelsvertretungen unterzeichnet.

Die Aufgabe der Handelsvertretungen ist die Durchführung der zwischen den beiden
Staaten bestehenden oder abzuschließenden Handels- und Zahlungsabkommen.

Für die Regierung der Bundesrepublik Deutschland wurde das Protokoll von Ministerialdirektor Franz Krapf, für die Regierung der rumänischen Volksrepublik von dem stellvertretenden Außenminister Gheorghe Pele unterzeichnet. Die Verhandlungen verliefen
in einer guten und verständnisvollen Atmosphäre.

Quelle: Bulletin vom 19. 10. 1963, Nr. 186, S. 1624

Auszüge aus der Regierungserklärung des Bundeskanzlers Professor Dr. Ludwig Erhard
vor dem Deutschen Bundestag am 18. Oktober 1963

... Diese Regierung ist eine Koalitionsregierung, die auf vertrauensvoller Partnerschaft beruht. Sie stützt sich auf gemeinsam erarbeitete Grundsätze, wie sie auch in dieser Erklärung ihren Ausdruck finden.

Wir haben die materiellen Kriegsfolgen weitgehend überwunden und konnten durch den Aufbau einer blühenden Wirtschaft vielen dringenden sozialen Aufgaben genügen. Die demokratische Ordnung unseres Landes ist fest gefügt, und die Bundesrepublik hat im westlichen Bündnissystem Sicherheit gefunden. Aber unser Volk ist weiterhin geteilt. Der eine Teil darf sich der Freiheit erfreuen, der andere lebt in von außen aufgezwungener Unfreiheit. Das Einigungswerk Europas ist trotz ermutigender Anfänge keineswegs vollendet. Die freie Welt ermangelt noch jener festen Bindungen, die sie ihre politischen, wirtschaftlichen und sozialen Aufgaben glücklich bewältigen lassen ...

Die Freiheit ist ein so hoher und absoluter Wert, daß sich ein Volk selbst preisgibt, wenn es auf sie verzichtet. Es muß das Ziel unserer Politik bleiben, den kalten Krieg beenden zu helfen, den die Sowjets vor allem durch die Verweigerung des Selbstbestimmungsrechts für die Deutschen in der Zone seit eineinhalb Jahrzehnten führen. Die deutsche Politik wird deshalb nach innen wie nach außen immer weltweit orientiert und so freiheitlich gestaltet werden müssen wie nie zuvor in unserer Geschichte. Sie wird ihren Beitrag zur Stärkung der europäischen und atlantischen Zusammenarbeit leisten und sich dabei unverlierbar der schicksalhaften Bedeutung des engen Zusammengehens und Zusammenstehens mit allen unseren Verbündeten bewußt bleiben ...

... Die Bundesregierung hat immer wieder mit Nachdruck die Forderung nach einer allgemeinen, kontrollierten Abrüstung erhoben und hält an dieser Forderung fest.
(Beifall in der Mitte.)

Sie erscheint als der einzig sichere Weg, um den Ausbruch eines Krieges endgültig unmöglich zu machen. Aber da wir uns darüber im klaren sind, daß eine allgemeine und vollständig kontrollierte Abrüstung nur schrittweise verwirklicht werden kann, gebietet es unser Interesse, auch an weltweiten Teil-Maßnahmen mitzuwirken, sofern sichergestellt ist, daß sie das Kräfteverhältnis zwischen Ost und West nicht zu unserem Nachteil verschieben und uns nicht diskriminieren.

Es ist unsere Pflicht, immer erneut die Aufmerksamkeit der Welt auf die ungelöste deutsche Frage zu lenken. Die Bundesregierung erhebt auf Grund des Mandats, das das Grundgesetz und das deutsche Volk ihr erteilen, die Forderung, jede sich bietende Möglichkeit in den West-Ost-Gesprächen zu ergreifen, um hinsichtlich der Lösung des Deutschlandproblems Fortschritte zu erzielen.
(Beifall bei den Regierungsparteien.)

Denn darüber darf kein Zweifel sein: Die Deutschlandfrage ist eine der Hauptursachen für die Spannungen in der Welt, und man kann nicht hoffen, diese Spannungen zu beseitigen, wenn die Deutschlandfrage ungelöst bleibt.
(Beifall bei den Regierungsparteien und bei Abgeordneten der SPD.)

In keinem Falle werden wir eine Maßnahme zu akzeptieren bereit sein, die den unbefriedigenden Stand, in dem sich das Deutschlandproblem befindet, statt zu verbessern verschlechtern würde, sei es, daß durch sie die unnatürliche Teilung unseres Landes sanktioniert oder gefestigt würde, sei es, daß eine Anerkennung oder auch nur eine internationale Aufwertung des Regimes der sowjetisch besetzten Zone mit ihr verbunden wäre.

Dies bleibt ein allgemeiner Grundsatz unserer Politik, denn die Herrschaft, die in jenem Teil Deutschlands errichtet wurde, ist nichts anderes als eine Fremdherrschaft
(Sehr gut! bei der CDU/CSU)
und ein Gewaltsystem, das gegen den Willen der überwältigenden Mehrheit des unterdrückten Teiles unseres Volkes die freie Verbindung zwischen ihm und uns zerschneidet
(Beifall bei den Regierungsparteien und bei Abgeordneten der SPD)
und die Ausübung der elementarsten politischen und humanitären Rechte verhindert.
(Abg. Erler: Sehr wahr!)
Man sagt uns, die Teilung unseres Landes sei eine »Realität«, die hingenommen werden müsse. Sicher haben wir es hier mit einer Realität zu tun, aber mit einer unerträglichen.
(Zustimmung bei der CDU/CSU.)
Auch eine Krankheit ist eine Realität, und doch wird es niemandem einfallen, den zu tadeln, der sich vor ihr zu schützen und sie zu heilen sucht.
(Sehr gut! bei der CDU/CSU.)
Auch Unrecht ist Realität, und doch wird man alles daransetzen müssen, es zu beseitigen.
(Lebhafter Beifall im ganzen Hause.)
Vor allem aber ist, wenn schon die Teilung unseres Landes als eine Realität hingestellt wird, der Wille des deutschen Volkes zur Wiederherstellung seiner Einheit eine weit stärkere Realität; *(Erneuter lebhafter Beifall bei allen Fraktionen)*
denn die Geschichte lehrt, daß der elementare Drang eines Volkes, um seine Einheit und Freiheit zu ringen, zu den mächtigsten Kräften überhaupt gehört.

Die Sowjetunion wäre deshalb gut beraten, dieser Realität Rechnung zu tragen und dem ehrlichen Friedenswillen des deutschen Volkes zu vertrauen. Die sowjetische Haltung gegenüber der deutschen Frage beruht auf einem Irrtum, nämlich auf der Annahme, daß den sowjetischen Interessen besser durch die Teilung als durch die Wiederherstellung der Einheit Deutschlands gedient wäre. Hier dürfte das entscheidende Hemmnis für eine Normalisierung unserer Beziehungen zur UdSSR liegen. Wir wissen nicht, wieweit die sowjetische Regierung ihrer eigenen Propaganda Glauben schenkt, die von der Bundesrepublik Deutschland das Zerrbild eines Landes zeichnet, das nach Eroberungen strebt und in dem militärische Motive die Politik bestimmen. Wir werden nicht aufhören, diesen Propagandathesen die Wahrheit deutschen Lebens entgegenzustellen.
(Beifall bei den Regierungsparteien und bei Abgeordneten der SPD.)
Und es wird unser ständiges Bemühen sein, auch in unserem Verhältnis zur Sowjetunion eine auf gegenseitiger Achtung vor den Lebensrechten der beiden Völker beruhende Normalisierung herbeizuführen.

Die Bundesrepublik Deutschland ist ein freies Land. Jeder kann sich von den hier herrschenden Zuständen überzeugen. Jeder, dem es hier nicht gefällt, kann unser Land verlassen. Millionen von Besuchern aus allen Teilen der Welt sehen Jahr für Jahr die deutsche Wirklichkeit mit eigenen Augen. Auch die sowjetische Regierung und andere, die in ihre monotonen Anschuldigungen einfallen, sollten sich endlich davon überzeugen, daß das Mittel der Diffamierung gewiß am wenigsten geeignet ist, zu einer Entspannung beizutragen.
(Beifall bei den Regierungsparteien.)
Die Vorstellungen der Bundesregierung von der Lösung der deutschen Frage gehen von der Überlegung aus, daß alle Schritte notwendig mit Maßnahmen auf dem Gebiet der Sicherheit verbunden sein müssen. Wir sind uns bewußt, daß dabei auch die Interessen anderer Völker und Länder berührt werden. Ebenso, wie wir von unseren Nachbarn erwarten, daß sie Verständnis für unser Verlangen nach Freiheit und Wiederherstellung der Einheit unseres Volkes aufbringen, wollen und müssen wir bereit sein, ihren berechtigten Interessen Rechnung zu tragen.

Da die vier Mächte nach dem Kriege Verpflichtungen in bezug auf Deutschland als Ganzes übernommen haben, fallen ihnen bei der Regelung der Deutschland- und Sicherheits-Frage besondere Aufgaben zu. Diese könnten durch Bildung eines Gremiums der vier Mächte wahrgenommen werden, das seine Funktionen bis zu dem Zeitpunkt einer endgültigen Friedensregelung ausüben würde. Mit diesem Gedanken würde zugleich dem Beschluß des Deutschen Bundestages vom 9. Oktober 1962 Rechnung getragen werden.

Wir sind uns alle darüber klar, daß auf dem Wege zur Wiederherstellung der deutschen Einheit große Schwierigkeiten zu überwinden sind. Der Weg mag lang und dornenvoll sein; er wird uns Entbehrungen, materielle und auch psychische Belastungen auferlegen. Wir wollen in unserem Willen, in unserer Zähigkeit nie erlahmen und – wenn es not tut – entschlossen sein, Opfer auf uns zu nehmen.
(Beifall bei den Regierungsparteien und bei Abgeordneten der SPD.)

Am Ende dieses Weges muß nach der Überzeugung der Bundesregierung ein Friedensvertrag stehen, der von einer in freien Wahlen gebildeten gesamtdeutschen Regierung frei verhandelt und geschlossen wird. In diesem Vertrag – und nur in ihm – können und müssen die endgültigen Grenzen Deutschlands, das nach gültiger Rechtsauffassung in seinen Grenzen vom 31. Dezember 1937 fortbesteht, festgelegt werden.
(Beifall bei den Regierungsparteien.)

In der Zwischenzeit aber dürfen wir die Hände nicht in den Schoß legen. Unseren Brüdern und Schwestern in der Zone werden die Menschenrechte vorenthalten. Sie leben unter einem schweren Gewissenszwang und sind täglichen Verfolgungen ausgesetzt. Wir dürfen daher niemals in dem Bemühen nachlassen, für sie lebenswürdige Verhältnisse herstellen zu helfen. Und ebensowenig dürfen wir in dem Eifer erlahmen, die persönlichen Verbindungen zwischen den Menschen, die in beiden Teilen unseres Landes wohnen, neu zu knüpfen, zu festigen und den Besucher- und Reiseverkehr zwischen ihnen zu ermöglichen.

Dabei denken wir auch nicht zuletzt an das geteilte Berlin; die Mauer mahnt uns und die ganze Welt täglich an die Erfüllung dieser humanitären Verpflichtung. Wir werden alles in unseren Kräften Stehende tun, hier Erleichterungen und Verbesserungen herbeizuführen. Die Stellung der Bundesregierung zur Berlinfrage ist eindeutig. Die unabdingbaren Grundsätze der deutschen Berlinpolitik lauten dahin:

1. Die Anwesenheit der Westmächte und ihre Zuständigkeiten für Berlin beruhen auf internationalem Recht, und deshalb muß jede neue Vereinbarung über Berlin auf diesen Rechten aufbauen.

2. Der freie Zugang nach Berlin muß ungeschmälert aufrechterhalten bleiben.

3. Berlin gehört zum freien Teil Deutschlands. Die mit Billigung der Schutzmächte in den vergangenen Jahren durchgeführte enge politische, rechtliche und wirtschaftliche Verflechtung Berlins mit der Bundesrepublik ist ein Grundpfeiler für die Lebensfähigkeit der Stadt. Pläne zur Bildung einer sogenannten »Freien Stadt Westberlin« sind indiskutabel.
(Beifall bei den Regierungsparteien und bei Abgeordneten der SPD.)

4. Jede Vereinbarung über Berlin hat den eindeutigen Willen der Berliner zu achten, die in den letzten achtzehn Jahren der Welt mutig und unverzagt gezeigt haben, daß sie zu Deutschland und zur freien Welt gehören. *(Beifall im ganzen Hause.)*

Die Bundesregierung kann nicht aufhören zu fordern, daß die untragbaren, den Frieden der Welt gefährdenden Maßnahmen der Gewalthaber der Zone aufgehoben werden.

Die Bundesregierung wird der weiteren Verbesserung des Verhältnisses zwischen der Bundesrepublik Deutschland und den osteuropäischen Staaten ihre volle Aufmerksamkeit widmen. *(Zustimmung.)*

Sie ist bereit, mit jedem dieser Staaten Schritt für Schritt zu prüfen, wie man auf beiden Seiten Vorurteile abbauen und vorhandenen Sorgen und Befürchtungen den Boden entziehen kann. Im Zuge eines solchen Prozesses ist die Bundesregierung auch bereit, im Rahmen ihrer Möglichkeiten den Wirtschaftsaustausch mit diesen Ländern zu erweitern. In gleicher Weise begrüßt sie die Verstärkung kultureller Kontakte, wie sie sich mit einigen Ostblockländern bereits angebahnt haben.

Für die Bundesregierung bleibt die Nordatlantikpakt-Organisation ein Grundpfeiler ihrer Politik. Sie ist sich bewußt, daß die Sicherheit Europas und der Bundesrepublik Deutschland nur durch die NATO im Zusammenwirken der europäischen und nordamerikanischen Partner auf politischem und militärischem Gebiet gewährleistet werden kann. Die Bundesregierung unterstützt daher nachdrücklich alle Bemühungen, welche geeignet sind, die politische Zusammenarbeit der NATO-Partner zu vertiefen und die Integration der Verteidigungsmittel der NATO zu stärken.

Eine multilaterale nukleare Streitmacht würde einen wesentlichen Beitrag zur Verwirklichung dieser Ziele leisten. Die Bundesregierung beteiligt sich aktiv an den Verhandlungen über diesen Plan. Wir sind der Ansicht, daß eine solche vollintegrierte Streitmacht, über die keine einzelne Nation ein autonomes Verfügungsrecht besitzt, neue Wege der politischen und militärischen Zusammenarbeit im Rahmen der NATO weisen wird. Die Bundesregierung würde es deshalb begrüßen, wenn sich möglichst viele NATO-Staaten an dieser integrierten Streitmacht beteiligten.

Im Rahmen der NATO wird die Bundesregierung ihre bisherige Verteidigungspolitik fortsetzen. Diese Politik hat dazu beigetragen, der Bundesrepublik Deutschland und den Ländern des freien Europas Frieden und Unabhängigkeit zu bewahren. Wir sind uns mit unseren Verbündeten darin einig, daß wir angesichts der weltpolitischen Situation in unseren gemeinsamen Anstrengungen auf dem Gebiet der Verteidigung nicht nachlassen dürfen. Die Erhaltung der wirksamen Abschreckung vor jeder Form einer Aggression und die Organisation einer Schutz gewährenden Verteidigung sind nur in langfristiger Planung und kontinuierlicher Durchführung möglich.

Die Verteidigung des Territoriums der NATO ist unteilbar. Die einzelnen Staaten des Bündnisses können sich angesichts der Größe und Art ihrer Bedrohung nicht allein schützen. Die starken Verbände amerikanischer Truppen in Deutschland und die auf unserem Gebiet stationierten Truppen unserer anderen Bundesgenossen führen uns täglich vor Augen, wie weit unsere Bündnisgemeinschaft über die militärische Verklammerung hinaus immer mehr als eine Lebensgemeinschaft der Völker empfunden wird.

Unser Beitrag zur NATO muß in nächster Zeit vor allem in der Konsolidierung unserer Streitkräfte bestehen. Es gilt die Kampfkraft der Verbände der Bundeswehr zu erhöhen. Hierzu ist eine innere Festigung der militärischen Einheiten und eine ständige Modernisierung auf rüstungstechnischem Gebiet erforderlich. Gleichzeitig ist dem Aufbau der territorialen Verteidigung größte Sorgfalt zuzuwenden.

Die Bundeswehr ist sichtbarer Ausdruck unseres Verteidigungswillens. In acht Jahren ist hier eine beispielhafte Aufbauleistung vollbracht worden. Ich danke allen Soldaten, daß sie treu und unermüdlich ihren Dienst leisten für die Sicherheit unseres Volkes. *(Beifall im ganzen Hause.)*

Das deutsche Volk ist sich bewußt, wieviel es den Vereinigten Staaten beim Wiederaufbau seines Landes nach dem Kriege zu verdanken hat, *(Beifall)* wie sehr die Freiheit und Sicherheit der Bundesrepublik einschließlich Berlins von der Macht und Entschlossenheit der Vereinigten Staaten abhängen und welche hervorragende Rolle den Vereinigten Staaten bei der Wiederherstellung der Einheit Deutschlands zukommt. Es ist darum nur zu verständlich, daß das deutsche Volk der engen Freundschaft und Verbundenheit mit den Vereinigten Staaten, wie sie bei dem Besuch des Präsidenten Kennedy im Juni dieses Jahres eindrucksvoll demonstriert wurde, einen besonders hohen Wert beimißt. *(Allgemeiner Beifall.)*

Die Bundesregierung wird deshalb fortfahren, in allen Fragen gemeinsamen Interesses sich in enger und freundschaftlicher Konsultation mit der amerikanischen Regierung abzustimmen...

Die europäische Integration ist in ein kritisches Stadium geraten. Die Ursache hierfür ist wohl zum Teil in interessengebundenen Differenzierungen zu suchen, aber vom Grundsätzlichen her kommen die Zweifel aus der Überlegung, ob eine nur wirtschaftliche Integration ohne politische Bindungen dem praktischen Leben und den staatspolitischen Gegebenheiten der beteiligten Länder gerecht zu werden vermag. Aus dieser Sicht ist mit jeder weiteren Übertragung nationaler Souveränitätsrechte auf europäische Organe die Frage zu stellen, ob nicht der Abbau der nationalen Zuständigkeit und Verantwortung, so wie es die Römischen Verträge wollen, in dem Aufbau einer europäischen politischen Gestalt mit parlamentarisch-demokratischer Verantwortung eine Entsprechung finden muß.
(Allgemeiner Beifall.)

Die Bundesregierung wird deshalb ihr ganzes Bemühen darauf richten, durch neue Aktivität in der politischen Formierung Europas Fortschritte zu erreichen.

Dem gleichen Ziele soll auch der deutsch-französische Vertrag nutzbar gemacht werden. Er dokumentiert die Aussöhnung der beiden Völker und soll zu einer bewegenden Kraft für die Einigung Europas werden.
(Beifall.)

Alle Fragen der europäischen Politik rücken die Beziehungen zwischen dem deutschen und dem französischen Volk in den Mittelpunkt. Der Vertrag über gegenseitige Konsultation und Zusammenarbeit vom 22. Januar 1963 wird in der Folge mit immer mehr Leben zu erfüllen sein. Die Zusammenarbeit zwischen den beiden Völkern gründet sich auf gegenseitiges Verständnis und Vertrauen. Es liegt mir am Herzen, zu versichern, wie sehr ich bereit bin, in den Beziehungen der Bundesrepublik zu Frankreich diese Haltung und Gesinnung zu bezeugen.
(Lebhafter Beifall bei den Regierungsparteien und bei Abgeordneten der SPD.)

Die Bundesregierung hofft, daß das deutsch-französische Jugendwerk noch vor Ablauf dieses Jahres seine Tätigkeit aufnehmen wird, das den Austausch und die Begegnung einer großen Zahl von jungen Menschen beider Völker ermöglichen soll. Damit schaffen wir die beste Voraussetzung dafür, daß das Werk der Versöhnung und Freundschaft von den kommenden Generationen weitergetragen und zum Wohle unserer beiden Völker und Europas immer mehr gefestigt wird.

Mit der Pflege und dem Ausbau unserer Beziehungen zu Frankreich müssen einhergehen enge freundschaftliche Beziehungen zu den anderen europäischen Staaten, wie vor allem zu Großbritannien, das uns durch Bündnisverträge, durch die Anwesenheit seiner Truppen zum Schutze unseres Landes und durch eine gemeinsam mit uns vereinbarte Deutschland- und Berlin-Politik verbunden ist. Wir erachten die Bemühungen, die innereuropäischen Bande zu Großbritannien zu intensivieren, als einen wesentlichen Teil unserer europäischen Politik.
(Beifall bei der CDU/CSU.)

Wer eine europäische Aufgabe darin erkennt, in der weltweiten Auseinandersetzung unserem Kontinent den gebührenden Rang zu sichern und stärkeres Gewicht zu verleihen, wird auf die Dauer nicht darauf verzichten können, sowohl auf politischem wie auf wirtschaftlichem Felde eine Politik zu bejahen, die sich die Einigung aller freien Völker Europas zum Ziele setzt. Dabei sind wir uns bewußt, daß jedwede Stärkung Europas zugleich der Festigung der freien Welt zu dienen hat.

Ohne in diesem Zusammenhang die Frage der räumlichen Ausweitung der Europäischen Wirtschaftsgemeinschaft eingehender erörtern zu wollen, möchte ich doch darauf hinweisen, daß unser aller Bestreben darauf gerichtet bleiben muß, durch die Pflege und Vertiefung der wirtschaftlichen Beziehungen gegenüber Drittländern aufkommende Spannungen oder gar ein Auseinanderleben der Völker zu verhindern. Wenn auch eine sofortige Wiederaufnahme der Verhandlungen über den Beitritt Großbritanniens zum Gemeinsamen Markt derzeit nicht möglich erscheint, so gibt die Bundesregierung dieses Ziel nicht preis. Sie wird auch nicht aufhören, nach Mitteln und Wegen zu suchen, die Beziehungen zu den außerhalb der EWG stehenden Ländern zu intensivieren. Wir entsprechen damit Vorstellungen und Wünschen unserer europäischen Freunde. Die Bundesregierung begrüßt es deshalb auch, daß mit Griechenland und der Türkei und auch mit 18 Staaten Afrikas und Madagaskar Assoziierungsabkommen abgeschlossen werden konnten.

Eine enge Verflechtung mit der Weltwirtschaft bedeutet für die Europäische Wirtschaftsgemeinschaft nicht nur eine Lebensnotwendigkeit, sondern eine internationale Verpflichtung. Dies gilt besonders für Deutschland, dessen Wirtschaft in starkem Maße exportorientiert, aber auch einfuhrabhängig ist. Der EWG-Vertrag fordert in Art. 110, daß die Mitgliedstaaten »zu einer harmonischen Entwicklung des Welthandels, zur schrittweisen Beseitigung der Hemmnisse im internationalen Handelsverkehr und zum Abbau der Zollschranken beizutragen haben«. Ein »gemeinsamer Markt« darf nicht zu einem sich selbst genügenden Markt entarten.

(Beifall bei der SPD und Abgeordneten der Mitte.)

Eine solche Vorstellung entspräche auch nicht dem Geist der Römischen Verträge. Die »Kennedy-Runde« wird für die freie Welt zum Prüfstein ihrer Prinzipien.

(Abg. Dr. Schmid [Frankfurt]: Sehr richtig!)

Ich brauche kaum zu versichern, daß sich die Bundesregierung mit Nachdruck für einen Erfolg dieser GATT-Verhandlungen einsetzen wird. Dabei ist sich die Bundesregierung zu ihrem Teil dessen bewußt, daß es sich bei Verhandlungen dieser Art immer um ein Geben und Nehmen handelt. Mit der Bezeugung unseres guten Willens erwarten wir auch bei unseren Partnern Verständnis dafür, daß die Wahrung unserer Lebensinteressen nicht auf allen Gebieten beliebige Konzessionen zuläßt. *(Beifall bei den Regierungsparteien.)*

Die Bundesrepublik, die wegen der fortdauernden Spaltung Deutschlands nicht Mitglied der Vereinten Nationen ist, bekennt sich indessen zu deren Grundsätzen und Zielen. Das kommt in allen UN-Organisationen und Gremien, denen sie angehört, zum Ausdruck.

Unsere politischen und wirtschaftlichen Beziehungen zu den befreundeten Völkern des Nahen und Fernen Ostens, Afrikas und Südamerikas haben sich auf dem Fundament gegenseitiger Achtung und Gleichberechtigung in den vergangenen Jahren erfreulich fortentwickelt. Unsere Außenpolitik gegenüber diesen Ländern hat sich als richtig erwiesen; wir werden sie fortsetzen.

Das geteilte deutsche Volk hat stets besonderes Verständnis für das Verlangen anderer Völker nach Freiheit und Unabhängigkeit bewiesen. Es hofft und vertraut darauf, daß die Länder, die in Anwendung des Selbstbestimmungsrechts der Völker ihre nationale Selbständigkeit erlangt haben, auch für die deutsche Forderung, nämlich die Gewährung eben dieses Selbstbestimmungsrechts für unser Volk, Verständnis aufbringen.

(Beifall bei den Regierungsparteien.)

Die Bereitschaft zur Mitgestaltung einer über die nationalen Interessen hinausgreifenden Politik schließt für uns auch die Verpflichtung ein, einen Beitrag zur Entwicklungshilfe zu leisten. Wir folgen dabei dem in der innerdeutschen Politik verwirklichten Grundsatz, daß eine auf die Dauer wirksame und fruchtbare Hilfe zuerst beim Menschen und bei der Entwicklung seiner Fähigkeiten anzusetzen hat. Das aber bedeutet auch, daß wir uns in jenen Ländern allein mit der Veränderung der technologisch-ökonomischen Faktoren nicht zufriedengeben sollten. Wie in unserem eigenen Staat kommt auch dort dem Aufbau einer gesunden wirtschaftlichen Ordnung als dem Fundament demokratischer Staatswesen hohe Bedeutung zu.

Der Erfolg unseres Bemühens ist daran abzulesen, daß es uns in steigendem Maße gelungen ist, durch unsere multilateralen Leistungen, aber auch durch unsere bilateralen Maßnahmen Ansatzpunkte für eine wirksame Aufbauförderung in Entwicklungsländern zu geben und unsere Freunde unter den großen Geberländern davon zu überzeugen, daß wir mit ihnen einen wesentlichen Teil dessen leisten, was von den Industrienationen im Sinne einer weltweiten Verantwortung gemeinsam besorgt werden muß . . .

In einer Welt, die immer mehr in die Weite strebt, bedarf ein freies Volk eines gesunden nationalen Selbstbewußtseins. Nur wer sicher in sich selbst ruht und um seine Wurzeln weiß, wird diesen Weg gehen können, ohne sich zu verlieren.

Wir haben die Schuld, die während jener tragischen zwölf Jahre der Gewaltherrschaft im Namen Deutschlands allen Deutschen aufgebürdet wurde, schonungslos offenbart. Wir werden diese Schuld vollends abtragen, soweit Menschen dazu in der Lage sind. Darum betrachten wir die Wiedergutmachung als eine bindende Verpflichtung.

(Beifall in der Mitte. – Zustimmung des Abg. Schmid [Frankfurt].)

Wir wissen es zu würdigen, wenn Menschen aus ihrem eigenen Erleben heraus noch nicht bereit sind, sich mit dem neuen Deutschland zu versöhnen. Aber wir haben keinen Sinn für jene Bestrebungen, die aus vergangener Barbarei für alle Zeit eine deutsche Erbsünde herleiten und als politisches Mittel konservieren möchten.

(Beifall bei den Regierungsparteien und bei Abgeordneten der SPD.)

Unser Tun dient nicht nur der Stunde, dem Tag oder diesem Jahr. Wir haben die Pflicht, in Generationen zu denken und unseren Kindern und Kindeskindern ein festes Fundament für eine glückliche Zukunft zu bauen.

Ich lege vor jedem Bürger unseres Volkes das Versprechen ab, all meine Kraft, mein Wissen und meine ganze Erfahrung für die Sicherung unserer inneren und äußeren Freiheit, für die Festigung des demokratischen Lebens und für das Wohlergehen des deutschen Volkes einzusetzen. In einer sich bewegenden Welt werden wir nicht erstarren dürfen, aber wir haben die Pflicht, in der Verfolgung der Ziele unserer Politik fest zu bleiben.

Denn der Mensch, der zur schwankenden Zeit
auch schwankend gesinnt ist,
Der vermehrt das Übel und breitet es weiter
und weiter;
Aber wer fest auf dem Sinne beharrt, der bildet
die Welt sich.

Quelle: 4. Deutscher Bundestag, 90. Sitzung vom 18. 10. 1963, S. 4192–4208

Gemeinsames Kommuniqué anläßlich des Staatsbesuchs des Bundespräsidenten Dr. h. c. Heinrich Lübke in Japan, 9. November 1963 (Auszüge)

Der Präsident der Bundesrepublik Deutschland, Dr. h. c. Heinrich Lübke, ist in Begleitung von Frau Lübke und des Bundesministers des Auswärtigen, Dr. Gerhard Schröder und Frau Schröder, des Chefs des Bundespräsidialamtes, Staatssekretär von Herwarth, und weiterer hoher Beamter am 6. November 1963 zu einem Staatsbesuch in Japan eingetroffen, der bis zum 15. November dauern wird . . .

Der Bundespräsident übermittelte seinen japanischen Gastgebern den Dank des deutschen Volkes für das Verständnis und die Bereitwilligkeit, mit der die japanische Regierung stets das deutsche Verlangen nach Wiederherstellung der staatlichen Einheit unterstützt hat. Beide Seiten brachten den Wunsch zum Ausdruck, daß die teilweise Einstellung von Kernwaffenversuchen so bald wie möglich zu einer allgemeinen und kontrollierten Abrüstung führen möge. Sie waren sich darüber einig, daß sie sich für eine enge Zusammenarbeit zwischen Japan und der Europäischen Wirtschaftsgemeinschaft weiterhin einsetzen werden.

Mit Befriedigung wurde festgestellt, daß sich der Handelsverkehr und die wirtschaftliche Zusammenarbeit zwischen beiden Ländern laufend verstärkt haben. Die bisherigen Bemühungen zur Intensivierung der wirtschaftlichen Beziehungen sollen fortgesetzt werden.

Der Bundespräsident brachte seine Bewunderung für die Leistungen des japanischen Volkes und seiner Regierung beim wirtschaftlichen Aufbau zum Ausdruck und begrüßte den bevorstehenden Beitritt Japans zur Organisation für wirtschaftliche Zusammenarbeit und Entwicklung (OECD).

Beide Seiten drückten ihre Befriedigung über die seit hundert Jahren bestehenden engen Beziehungen auf dem Gebiet der Kultur und Wissenschaft aus und stimmten darin überein, diese Beziehungen – insbesondere auch durch die Zusammenarbeit im Rahmen des deutsch-japanischen Kulturabkommens und der seit 1958 bestehenden gemischten deutsch-japanischen Kulturkommission – weiter zu vertiefen. Zu diesem Zweck erklärten beide Seiten, daß die Bundesrepublik Deutschland ein Haus für das deutsche Kulturinstitut in Japan und Japan ein Kulturhaus in der Bundesrepublik Deutschland errichten werden, die für die Pflege der kulturellen Beziehungen zwischen beiden Völkern Mittelpunkt und Kraftquell werden sollen ...

Es wurde beschlossen, zusätzlich zu den normalen diplomatischen Kontakten in Zukunft abwechselnd in Bonn und Tokio einmal jährlich regelmäßige Außenministerkonsultationen über aktuelle Fragen der Weltpolitik und der gegenseitigen Beziehungen durchzuführen ...

Quelle: Bulletin vom 12. 11. 1963, Nr. 200, S. 1757 f.

178 Handelsabkommen mit Ungarn

Mitteilung des Auswärtigen Amts über Wirtschaftsverhandlungen mit Ungarn, 9. November 1963

In Budapest fanden Verhandlungen zwischen Delegationen der Bundesrepublik Deutschland und der Ungarischen Volksrepublik statt. Als Ergebnis dieser Verhandlungen wurde am 9. November 1963 zwischen der Regierung der Bundesrepublik Deutschland und der Regierung der Ungarischen Volksrepublik ein langfristiges Abkommen über den Handels- und Zahlungsverkehr und über die Errichtung von Handelsvertretungen abgeschlossen. Das Abkommen wurde im Namen der Regierung der Bundesrepublik Deutschland von Botschafter Freiherr von Mirbach und im Namen der Regierung der Ungarischen Volksrepublik von Botschafter Istvan Besk unterzeichnet.

Die Verhandlungen wurden in einer Atmosphäre gegenseitigen Verständnisses geführt. Beide Delegationen brachten den Standpunkt ihrer Regierungen zum Ausdruck, das Abkommen als ein Mittel für die Verbesserung ihrer Beziehungen zwischen den beiden Völkern zu betrachten. Es soll ferner einem weiteren Ausbau des gegenseitigen Handels dienen.

Quelle: Bulletin vom 12. 11. 1963, Nr. 200, S. 1758

Wortlaut einer Note des Beobachters der Bundesrepublik Deutschland bei den Vereinten Nationen an alle VN-Missionen, mit deren Entsendestaaten die Bundesregierung diplomatische Beziehungen unterhält, Ende November 1963

Im Verlauf der 18. Generalversammlung sind gegen die Bundesrepublik Deutschland sowohl vor der Generalversammlung als auch in ihren Ausschüssen in mündlichen und schriftlichen Erklärungen schwere Anschuldigungen erhoben worden. In diesen Erklärungen wurde behauptet, die Regierung der Bundesrepublik begünstige die rassische Diskriminierung, verfolge eine imperialistische und neokolonialistische Politik, streite den afrikanischen und asiatischen Völkern das Recht auf Selbstbestimmung ab und liefere sogar Waffen und andere militärische Ausrüstungsgegenstände zur Unterdrückung freiheitlicher Bestrebungen. Zur Erhärtung dieser falschen Beschuldigungen wurden aus dem Zusammenhang gerissene oder von Privatpersonen abgegebene Erklärungen und unverbürgte Zeitungsmeldungen angeführt.

Die Politik der Bundesrepublik Deutschland gegenüber den afrikanischen und asiatischen Staaten, die bei mehr als einer Gelegenheit öffentlich dargelegt worden ist, beruht auf dem fundamentalen Recht aller Völker, ihre volle Souveränität zu erlangen. Die Bundesregierung ist stets eine der ersten Regierungen gewesen, welche die Regierungen unabhängig gewordener Nationen anerkannt und diplomatische, auf der Grundlage der Gleichberechtigung beruhende Beziehungen zu ihnen hergestellt haben. Diese Beziehungen wurden durch viele Staatsbesuche afrikanischer und asiatischer Staatsoberhäupter in der Bundesrepublik Deutschland sowie durch die Besuche gefestigt, die Bundespräsident Dr. Heinrich Lübke seit seiner Wahl einer Reihe von afrikanischen und asiatischen Völkern abgestattet hat.

Bei diesen Gelegenheiten hat Bundespräsident Lübke oftmals die Grundsätze dieser Politik dargelegt, so bei seinem Besuch in der Republik Guinea im Jahre 1962, als er sagte: »Ich bin aufrichtig bestrebt, die Zusammenarbeit zwischen der Bundesrepublik Deutschland und den afrikanischen Völkern zu unterstützen. Die Bundesrepublik ist bemüht, diese Zusammenarbeit ohne versteckte politische Beweggründe zu fördern, denn mein Land ist der Auffassung, daß nur eine ehrliche, auf einem gerechten Interessenausgleich beruhende Zusammenarbeit letzten Endes dem Nutzen der beteiligten Länder dient und tatsächlich die Art von Zusammenarbeit darstellt, die am sichersten zu einer dauernden Freundschaft führt.« – Bei seinem Besuch in der Republik Senegal hob Bundespräsident Lübke auch seine Überzeugung hervor, daß die Selbstbestimmung ein heiliges Recht aller Völker ist.

Die Regierung der Bundesrepublik Deutschland ist ebenso davon überzeugt, daß politische Unabhängigkeit auf einer unabhängigen Wirtschaft und nationaler Eigenständigkeit beruhen muß. Die Bundesrepublik ist sich als einer der größten Abnehmer asiatischer und afrikanischer Erzeugnisse sehr wohl der Bedürfnisse und Vorhaben bewußt, die in den Entwicklungsländern bestehen, um die Wirtschaft dieser Länder mannigfaltiger zu gestalten und ihre Industrien zu entwickeln. Zu diesem Zweck gewährt sie – sowohl auf bilateraler als auch auf multilateraler Basis – Entwicklungskredite zu günstigeren Bedingungen, als sie deutsche Staatsangehörige und Firmen erhalten können. Außerdem gewährt sie technische und sonstige Hilfe in großem Umfang – und zwar sowohl unmittelbar als auch durch die Vereinten Nationen und auf anderem Wege.

Keine Hilfe oder Kapitalanlage staatlicher oder privater Natur wird jedoch ohne den ausdrücklichen Wunsch oder die ausdrückliche Zustimmung der betreffenden Regierung oder des betreffenden Landes gewährt. Eine solche Politik als »neokolonialistisch« bezeichnen zu wollen, ist absurd.

Allein aus Afrika studieren im gegenwärtigen Zeitpunkt mehr als 2 500 Studenten an deutschen Universitäten. Viele unter ihnen erhalten Stipendien aus Regierungs- oder sonstigen deutschen Quellen. Daneben erhalten mehrere hundert junge Männer und Frauen eine technische Ausbildung auf vielen Fachgebieten. Eine beträchtliche Anzahl dieser Studenten ist zur Fortsetzung ihrer Studien in die Bundesrepublik Deutschland gekommen, nachdem sie in der Sowjetunion, in Bulgarien und anderswo im Sowjetblock eine rassische Benachteiligung erfahren hatten. Sie alle können ebenso wie andere Gäste bezeugen, daß die Behauptung von einem Wiederaufleben des Rassenwahns in der Bundesrepublik absolut unwahr ist. Rassische Diskriminierung wird nach deutschem Gesetz strafrechtlich verfolgt.

Nach einem anderen in der Bundesrepublik Deutschland geltenden Gesetz ist sowohl für die Ausfuhr von Waffen und militärischer Ausrüstung als auch für den Transport solcher Waffen und Ausrüstungsgegenstände auf deutschen Schiffen eine besondere, von der Bundesregierung erteilte Genehmigung erforderlich. Eine solche Genehmigung wird für die Ausfuhr von Waffen und militärischer Ausrüstung jeder Art nach Südafrika, nach den portugiesischen Hoheitsgebieten in Afrika und nach allen sonstigen Spannungsgebieten regelmäßig verweigert.

In diesem Zusammenhang sollte darauf hingewiesen werden, daß alte Waffen deutschen Ursprungs, die vor oder während des Zweiten Weltkriegs hergestellt wurden, auf kommerziellen Wegen außerhalb Deutschlands verfügbar gewesen sind. Die Bundesregierung hat über diese Waffen keine Kontrolle.

Die Politik der Bundesrepublik Deutschland gegenüber den afrikanischen und asiatischen Nationen beruht auf dem Grundsatz gegenseitiger Freundschaft und Zusammenarbeit. Gewisse kommunistische Organe versuchen jedoch, diese guten Beziehungen durch Verbreitung falscher Anschuldigungen zu vergiften. Ihr Ziel ist es, die Bundesrepublik zu diskreditieren und damit die Aufmerksamkeit der Welt von einer der Hauptursachen der internationalen Spannung abzulenken: Der künstlichen, entgegen dem Wunsch des deutschen Volkes bestehenden Teilung Deutschlands.

Der Bevölkerung des von der Sowjetunion besetzten Teils von Deutschland wird seit über 18 Jahren das Recht auf Selbstbestimmung vorenthalten. Ein gegen den Willen des Volkes von einer ausländischen Macht eingesetztes und von fremden Truppen gestütztes Regime versucht, die künstliche Spaltung der nationalen Einheit und das unmenschliche Auseinanderreißen von Familien aufrechtzuerhalten. Die Regierung der Bundesrepublik Deutschland ist überzeugt, daß die freiheitsliebenden Völker Afrikas und Asiens keine Maßnahmen unterstützen werden, die dazu beitragen könnten, die Teilung Deutschlands zu verewigen, und daß sie weiterhin dem Streben eines anderen Volkes nach Einheit in Freiheit ihre volle Sympathie zuwenden werden.

Quelle: Bulletin von Ende November 1963

180 Erstes Passierschein-Abkommen

Gemeinsame Erklärung der Bundesregierung und des Senats von Berlin über das Passierschein-Protokoll, 17. Dezember 1963

Die Bundesregierung und der Senat von Berlin teilen mit, daß die Gespräche, die in diesen Tagen in Berlin stattfanden, um während der Weihnachtszeit Verwandtenbesuche von Westberlinern in Ostberlin zu ermöglichen, zu einem Ergebnis geführt haben.

Die Bundesregierung und der Senat von Berlin begrüßen dieses Ergebnis; sie sind sich darüber einig, daß der Rechtsstatus von Berlin durch diese Vereinbarung nicht geändert wird, und daß damit ebenfalls keinerlei Änderung der bisherigen Politik der Nichtanerkennung gegenüber dem Zonenregime verbunden ist. Die Vereinbarung über die zeitlich leider befristete Regelung dient – worüber alle für den Status von Berlin verantwortlichen Stellen übereinstimmen – ausschließlich dem Gebot der Menschlichkeit. Die Ost-Berliner Stellen haben schriftlich und mündlich zum Ausdruck gebracht, daß diese Regelung allein humanitären Zwecken dienen soll.

Es ist erfreulich, daß wenigstens in diesen Weihnachtswochen eine Lockerung der unmenschlichen Trennung erreicht werden konnte, unter der unser Volk seit Jahren leidet.

Quelle: Bulletin vom 18. 12. 1963, Nr. 223, S. 1987

181 Zur Regelung territorialer Konflikte

Antwort des Bundeskanzlers Professor Dr. Ludwig Erhard vom 18. Februar 1964 auf eine Botschaft des Vorsitzenden des Ministerrates der UdSSR, Nikita Chruschtschow, vom 31. Dezember 1963

Sehr geehrter Herr Vorsitzender!

Mit Befriedigung habe ich Ihrer Botschaft vom 31. Dezember 1963 entnommen, daß Sie Ihr Interesse einem Prinzip zuwenden, das seit langem Grundlage der Politik der Bundesregierung ist, nämlich dem Verzicht auf Gewaltanwendung bei der Regelung von Grenzfragen und territorialen Streitigkeiten. Es wird Ihnen bekannt sein, daß die Bundesrepublik Deutschland sich bereits vor zehn Jahren vertraglich gegenüber den ihr durch den Nordatlantikpakt und den Brüsseler Vertrag verbündeten Staaten verpflichtet hat, die Wiedervereinigung Deutschlands oder die Änderung der gegenwärtigen Grenzen der Bundesrepublik Deutschland nicht mit gewaltsamen Mitteln herbeizuführen und alle zwischen der Bundesrepublik Deutschland und anderen Staaten gegebenenfalls entstehenden Streitfragen mit friedlichen Mitteln zu lösen. Daher hat die Bundesregierung in Verhandlungen mit ihren Nachbarn alle Fragen ihrer Westgrenzen zur vollen Zufriedenheit der beteiligten Regierungen und in Übereinstimmung mit den Interessen der Bevölkerung geregelt. Ich bin der Überzeugung, daß es nach der Bildung einer gesamtdeutschen Regierung auch möglich sein wird, zu einer gerechten, die Interessen der betroffenen Bevölkerung berücksichtigenden Regelung über den Verlauf der deutschen Ostgrenze zu gelangen. Hier zeigt sich erneut, wie wichtig die Wiedervereinigung Deutschlands für die Entspannung und Normalisierung der Verhältnisse in Mitteleuropa ist.

So sehr ich es begrüße, daß Sie mit mir in der Ansicht übereinstimmen, daß zur Regelung von Grenz- und Territorialfragen keine Gewalt angewendet werden darf, so möchte ich doch auch den Gedanken hervorheben, daß Grenzen im Zeitalter des technischen Fortschritts und des hohen Entwicklungsstandes der Kommunikationsmittel nicht länger Trennungslinien zwischen Menschen und Völkern sein sollten. Das durch Staatsgrenzen ungehinderte Kennenlernen von Menschen anderer Völker, die Intensivierung des Reiseverkehrs zum Kennenlernen fremder Länder und der freie Austausch von Informationen, Zeitungen und Zeitschriften über die Grenzen hinweg sind eine Gewähr für eine Verbesserung des Verständnisses zwischen den Völkern und damit für die Erhaltung des Friedens. Zahlreiche europäische Staaten haben daher schon vor Jahren den Paßzwang für die Ein- und Ausreise abgeschafft. Selbstverständlich ist im Westen der Austausch von Informationen, Zeitungen und Zeitschriften frei von staatlicher Reglementierung. Wenn die Sowjetunion diesem Beispiel folgen würde, wäre dies ein bedeutsamer Schritt zur Förderung des Verständnisses zwischen den Völkern und ein Beitrag zur Festigung des Friedens und zur Entspannung.

Ein Widerspruch zu allen Entspannungsbemühungen und ein Anachronismus in unserem Zeitalter ist jedoch die Schaffung einer künstlichen Trennungslinie zwischen den Bewohnern einer Stadt, wie dies durch den Bau der Berliner Mauer geschah. Das Leid, das dieser brutale Akt für die Bevölkerung der geteilten Stadt hervorgerufen hat, ist in der ganzen Welt bekannt. Die Gewalttaten, die an Menschen begangen werden, die über die Mauer hinweg nach Westberlin zu gelangen versuchen, erschweren den Glauben an eine echte Entspannungsbereitschaft der UdSSR.

Getragen vom Gefühl der Verantwortung möchte ich Ihnen, Herr Vorsitzender, daher mit Nachdruck sagen, daß es nicht die Grenz- und Territorialprobleme sind, die die Hauptursache der Spannungen in den Beziehungen zwischen den Völkern bilden; Hauptursache der Spannungen in Europa ist vielmehr die künstliche Teilung Deutschlands. Dieser gefährliche Zustand kann nur beseitigt werden, wenn dem deutschen Volk endlich das Selbstbestimmungsrecht gewährt wird, das bereits in weiten Teilen der Welt seinen Siegeszug angetreten hat. Wie leicht die Teilung Deutschlands zu einer Gefahr für den Frieden werden kann, haben die Zwischenfälle auf der Autobahn nach Berlin gezeigt. Im Interesse des Friedens muß der Zugang nach Berlin frei von jeder Behinderung bleiben. Lassen Sie mich das mit allem Ernst sagen, und erlauben Sie mir, auf einen Widerspruch in Ihrer Botschaft vom 31. Dezember 1963 hinzuweisen. Sie betonen zwar, »daß historisch zustande gekommenen Grenzen mit dem notwendigen Verständnis begegnet werden muß«, sobald es sich aber um die Belange des deutschen Volkes handelt, nehmen Sie das »Recht des Stärkeren« in Anspruch. Wir alle wissen: Der Friede ist unteilbar. Alle Staatsmänner sollten jedoch bedenken, daß die Gerechtigkeit ebenfalls unteilbar ist.

Der Weg zur Verbesserung der Beziehungen zwischen Ost und West wird nicht leicht sein. Hierbei kommt auch der Abrüstung wesentliche Bedeutung zu. Ich verweise in diesem Zusammenhang auf die Vorschläge, die Präsident Johnson und Premierminister Douglas-Home in Beantwortung Ihres Briefes vom 31. Dezember 1963 gemacht haben.

Herr Vorsitzender, Sie haben mir zur Erläuterung Ihrer Politik eine ausführliche Botschaft übermittelt. Die Politik der Bundesregierung ist klar, einfach und für jedermann verständlich. Sie läßt sich in einem Satz wiedergeben: Friede, Gerechtigkeit und Selbstbestimmungsrecht in aller Welt; Friede, Gerechtigkeit und Selbstbestimmungsrecht für das deutsche Volk.

Hochachtungsvoll
Ludwig Erhard

Quelle: Bulletin vom 28. 2. 1964, Nr. 37, S. 325

182 Handelsabkommen mit Bulgarien

Mitteilung des Auswärtigen Amts über die deutsch-bulgarischen Wirtschaftsvereinbarungen, 6. März 1964

In Bonn fanden seit dem 5. Februar d. J. Verhandlungen zwischen Delegationen der Bundesrepublik Deutschland und der Volksrepublik Bulgarien statt. Als Ergebnis dieser Verhandlungen wurde am 6. März 1964 zwischen der Regierung der Bundesrepublik Deutschland und der Regierung der Volksrepublik Bulgarien ein langfristiges Abkommen über den Waren- und Zahlungsverkehr und über die Errichtung von Handelsvertretungen abgeschlossen. Es gilt bis zum 31. Dezember 1966 mit der Möglichkeit einer jährlichen Verlängerung. Das Abkommen wurde im Namen der Regierung der Bundesrepublik Deutschland von Staatssekretär Rolf Lahr und im Namen der Regierung der Volksrepublik Bulgarien vom Ersten Stellvertretenden Außenhandelsminister Ognjan Tichomirow unterzeichnet.

Das Abkommen, das die Errichtung einer Handelsvertretung der Bundesrepublik Deutschland in Sofia und einer Handelsvertretung der Volksrepublik Bulgarien in Frankfurt (Main) vorsieht, soll ferner einem weiteren Ausbau des gegenseitigen Handels dienen. Der vorgesehene jährliche Gesamtwarenaustausch ist unter Einbeziehung der Schätzbeträge auf landwirtschaftlichem Gebiet mit rd. 460 Mill. DM vereinbart worden; hinzu kommen Verkehrs- und Dienstleistungen, die in den Wirtschaftsbeziehungen zwischen beiden Ländern eine zunehmende Rolle spielen.

Auf dem landwirtschaftlichen Sektor wurden für die Einfuhr der Ernährungsgüter teils Schätzbeträge, teils Kontingente vereinbart. Schätzbeträge wurden vorgesehen u. a. für: Mais 30 000 t, Schweine 15 000 Stück, Schlachtgeflügel 2 500 t, Eier 10 000 t. Kontingente wurden vorgesehen u. a. für: Tafeltrauben 12 Mill. DM, pflanzliche Öle 12 Mill. DM, Tomaten 7,5 Mill. DM, Hülsenfrüchte 8 Mill. DM, Tomatenmark und geschälte Tomaten 7 Mill. DM, Ölsaaten 5 Mill. DM, Obstpulpe 4 Mill. DM, Erdbeeren 3 Mill. DM, tiefgefrorenes Obst 2 Mill. DM, Trockenobst und Obstpulver 2,5 Mill. DM und andere Obst- und Gemüsepositionen mehr.

Für die deutsche Einfuhr auf dem gewerblichen Sektor sind u. a. folgende größere Kontingente vereinbart worden: Tabak 22 Mill. DM, chemische Rohstoffe und Erzeugnisse 2 Mill. DM, NE-Metalle und Erze 15 Mill. DM, Erzeugnisse des Maschinenbaus 3 Mill. DM, Erzeugnisse der Elektrotechnik 2,5 Mill. DM, Erzeugnisse der Steine- und Erdenindustrie 1,3 Mill. DM. Auf der deutschen Ausfuhrseite sind auf dem landwirtschaftlichen Sektor Positionen im Werte von 8 Mill. DM vorgesehen.

Die wichtigsten deutschen Ausfuhrkontingente des gewerblichen Sektors sind: Erzeugnisse des Maschinenbaus und Anlagen 60 Mill. DM, Erzeugnisse der eisenschaffenden Industrie 50 Mill. DM, chemische und pharmazeutische Erzeugnisse 20 Mill. DM, Erzeugnisse der Ziehereien und Kaltwalzwerke 12 Mill. DM, Kunststoffe und Waren aus Kunststoff 8 Mill. DM, Erzeugnisse der Elektrotechnik 7 Mill. DM, Erzeugnisse des Fahrzeugbaus 5 Mill. DM. Die Warenlisten des Abkommens werden rückwirkend ab 1. Januar 1964 angewandt. Auf dem Verkehrsgebiet wurden Fragen der Seeschiffahrt, des Donauverkehrs und des Straßengüterverkehrs besprochen.

Beide Delegationen brachten den Standpunkt ihrer Regierungen zum Ausdruck, das Abkommen als ein Mittel für die Verbesserung der Beziehungen zwischen den beiden Ländern zu betrachten.

Quelle: Bulletin vom 7. 3. 1964, Nr. 43, S. 380

183   Normalisierung des Verhältnisses zu den Staaten Osteuropas

Rede des Bundesministers des Auswärtigen, Dr. Gerhard Schröder, vor dem evangelischen Arbeitskreis der CDU/CSU in München am 3. April 1964 (Auszüge)

Wir können über unsere Außenpolitik nur vernünftig sprechen, wenn wir ausgehen von der Lage, von der Macht und von den Möglichkeiten unseres Staates in der weltpolitischen Situation, wie sie ist. Die Geschichte lehrt uns, daß Außenpolitik scheitern kann, wenn sie die Unvereinbarkeit von Zielen und Möglichkeiten nicht sieht oder nicht sehen will.

Daraus ergibt sich für uns zweierlei: Wir dürfen uns nicht die Pose einer Weltmacht geben; wir dürfen unsere Ziele nicht weiter wählen, als wir gehen können. Und zum anderen: Unsere Lage, unsere wirtschaftliche und politische Macht, unsere noch unentwickelten Möglichkeiten legen uns eine offensichtliche Verantwortung auf. Sie verpflichten uns, am Aufbau Europas und an der Ordnung der Welt mitzuarbeiten. Sie verpflichten uns vor allem, für unsere große nationale Aufgabe – die Freiheit für die Deutschen in der Zone und die Einheit unserer Nation – in erster Linie selbst einzutreten. Niemand kann uns, niemand wird uns diese Aufgabe abnehmen. Wenn wir uns nicht selbst dafür einsetzen, werden unsere Landsleute jenseits der Mauer und des Sperrgürtels niemals frei, bleibt das eine Deutschland ein Traum. Unsere Interessen und unsere Verantwortung zwingen uns zu einem stärkeren außenpolitischen Engagement. Wir wollen und dürfen nicht Mitläufer der Geschichte sein ...

Wenn wir jetzt unseren künftigen Kurs erörtern wollen, müssen wir darüber hinaus auch die politischen Kräfte und Strömungen in der Welt berücksichtigen. Der Ausblick ist alles andere als beruhigend: Am politischen Horizont der Welt ziehen sich dunkle Wolken zusammen. Unordnung droht an vielen Orten emporzusteigen.

Die Kommunisten haben mit Kuba einen Brückenkopf auf der westlichen Halbkugel, mit Sansibar jetzt einen Stützpunkt vor der afrikanischen Küste gewonnen. Die Lage in vielen lateinamerikanischen Ländern ist labil. In Afrika brodelt es, und die Nachrichten der letzten Monate sind vielleicht nur Vorboten noch schlimmeren Unheils. In Südostasien ist die schon seit Jahren nur noch mühsam aufrechterhaltene Ordnung sehr gefährdet. Vor allem in Südvietnam ist die Lage kritisch. Das Verhältnis zwischen Indonesien und Malaysia ist mehr als gespannt. Und selbst vor Europas Haustür, in Zypern, ist ein Bürgerkrieg im Gange, der die Intervention der UNO nötig machte.

Wir würden uns einer Täuschung hingeben, wenn wir für alle diese Unruhen allein den Kommunismus verantwortlich machten. Für den Zerfall der Ordnung in den genannten Gebieten sind oft auch andere Gründe maßgebend. Daß der Kommunismus diese Situationen aber ausnutzt und daß sie ihm Vorschub leisten, brauche ich nicht erst zu beweisen. Die Kommunisten selbst machen daraus ja keinen Hehl. Ihre Weltbewegung ist zwar gespalten, aber auch einem auf verschiedenen Wegen zum gleichen Ziel vorstoßenden Kommunismus – mögen seine Aktionen im einzelnen auch unkoordiniert sein – können Erfolge beschieden sein, wenn seine Gegner ihn unterschätzen.

Einzelaktionen der Westmächte werden die Ordnung nicht immer herstellen können. Löschtrupps, die von einem Herd der Unruhe zum anderen eilen, werden der Gefahr schwerlich Herr. Und mit etwas Entwicklungshilfe hier und da ist es erst recht nicht getan. Nur eine enge Zusammenarbeit zwischen den Vereinigten Staaten von Amerika und den freien Staaten Europas, nur ein gemeinsamer Plan und gemeinsames Handeln können die drohenden Gefahren bannen. Aber an dieser Gemeinsamkeit fehlt es.

Wir sollten uns nicht mit dem Gedanken trösten, daß der früher sogenannte »monolithische Block« der Kommunisten Sprünge bekommen hat. Er tritt gegenüber der freien Welt nach wie vor weitgehend geschlossen auf. Nach wie vor wird auch heute noch die Weltpolitik beherrscht von dem Gegensatz zwischen den USA und der Sowjetunion. Neu ist allerdings, daß sie sich in einem Krieg gegenseitig vernichten würden – und den größten Teil der Menschheit dazu. Damit leben wir heute in einer Situation, für die es in der Geschichte kein Beispiel gibt.

Das nukleare Patt der beiden Atomgiganten hat offensichtlich zentrifugale Kräfte geweckt oder gestärkt und nationale Aspirationen und Ambitionen wiederbelebt. Präsident Kennedy hat einmal gesagt, das Jahr 1962 sei vielleicht der Wendepunkt in der Gezeitenströmung der internationalen Politik gewesen, von dem an die Gezeiten endlich und stark zugunsten einer Welt der Freiheit und Mannigfaltigkeit zu wirken begonnen hätten. Die

Tendenz zu einer pluralistischen Entwicklung in der Weltpolitik ist in der Tat nicht zu übersehen. Am Rande des Spannungsfelds und überall dort, wo das Kräftegleichgewicht der beiden Lager nicht entscheidend beeinträchtigt wird, ist politisches Handeln möglich geworden, das sich weniger als bisher nach Washington oder Moskau ausrichtet. Und je mehr sich das Verhältnis zwischen der freien und der kommunistischen Welt entspannt, desto kleiner, aber auch schwieriger und gefährlicher wird das Spannungsfeld.

Für uns, die wir im Zentrum dieses Spannungsbereichs leben, ist die entscheidende Frage, ob wir tatsächlich in eine dauerhafte Periode der Entspannung eingetreten sind. Das ist einstweilen keineswegs sicher. Ich will meine Zweifel begründen: Die Sowjets wollen nach wie vor den Kommunismus auf die ganze Welt ausdehnen. Darin unterscheiden sie sich nicht von den chinesischen Kommunisten. In ihrer aufschlußreichen Polemik mit Peking betonen sie immer wieder, daß der Unterschied lediglich in der Methode liegt. Sie hoffen, ihr Ziel in einer – wohlgemerkt: zeitlich begrenzten – sogenannten »Friedlichen Koexistenz« leichter und sicherer zu erreichen als durch einen Krieg...

Ich bin weit davon entfernt, die sowjetische Wirtschaftskraft zu unterschätzen. Die schon erwähnten sowjetischen Fortschritte in einigen Produktionszweigen, vor allem auch die Erfolge in der Raketen- und Raumschiffahrt, sind unbestreitbar. Das Gesamtbild der sowjetischen Wirtschaftsentwicklung ist jedoch recht trübe, und die sorgenvollen Kommentare der sowjetischen Führer zu diesem Thema sind verständlich.

Die sowjetische Wirtschaft ist nun aber aus vielen Gründen viel stärker als die der westlichen Industrieländer ein Instrument der Politik. Infolgedessen wirkt sich die wirtschaftliche Krise auch besonders stark auf die sowjetische Außenpolitik aus. Sicher würde Ministerpräsident Chruschtschow heute dem Westen gegenüber eine ganz andere Sprache führen, wenn er nicht die wirtschaftlichen Schwierigkeiten im eigenen Lande hätte.

Daher ist es auch noch zu früh zu sagen, ob die zur Zeit zurückhaltendere Außenpolitik Moskaus eine Epoche wirklicher Entspannung einleitet, oder ob sie nur, wie frühere Phasen, eine Pause im kalten Krieg ist. Ich möchte ein endgültiges Urteil zurückstellen. Denn immer noch wird das sowjetische Dogma aufrechterhalten – und die sowjetische Propaganda hat sich in letzter Zeit öfter als bisher zu ihm bekannt –, daß der Kommunismus in der freien Welt nicht nur mit friedlichen und parlamentarischen Mitteln, sondern auch mit sogenannten »nichtfriedlichen Mitteln«, d. h. mit Gewalt und Bürgerkrieg, die Macht ergreifen soll. So steht es z. B. auch im neuen sowjetischen Parteiprogramm. Es ist also Vorsicht am Platze. Es wäre ein Fehler, zu glauben, man brauche solche Äußerungen nicht ernst zu nehmen. Das Programm der kommunistischen Partei der Sowjetunion meint mit seinen Worten genau das, was es sagt. Die Erfahrung hat die Kommunisten ja auch gelehrt, daß sie die Macht nur mit Gewalt erringen können.

Trotzdem ziehe ich aus dem Gesagten keineswegs den Schluß, daß wir nun zu den Methoden des kalten Krieges zurückkehren sollten. Im Gegenteil, der Westen sollte weiter auf Entspannung hinwirken. Dabei schließen wir eine eigene Beteiligung an peripheren Entspannungsmaßnahmen keineswegs aus. Wir haben das bewiesen, als wir das Moskauer Teststoppabkommen mitunterzeichneten. Eine wirkliche und dauerhafte Entspannung aber wird erst dann möglich sein, wenn die zentralen politischen Fragen gelöst sind. Entspannung schaffen heißt Spannung beseitigen. Das geht nicht ohne die Beseitigung der Spannungsherde. Diese lassen sich nicht durch Gewalt »befrieden«, sondern nur mit den Prinzipien des Rechts »behandeln«.

Eine zentrale Frage und Ursache für die Spannung in Europa aber ist, daß die Sowjetunion den Deutschen in der Zone das Selbstbestimmungsrecht verweigert. Für andere Völker in der ganzen Welt hat sie es wiederholt gefordert. Allein für das deutsche Volk soll es nach dem Willen der Sowjets nicht gelten. Und wenn wir es fordern, dann nennt man das, um die schon erwähnte TASS-Erklärung vom 7. März zu zitieren, eine »demagogische

Deklaration«. Die Sowjetregierung hat damit klargemacht, daß ihre sogenannte Entspannungspolitik sich nicht auf Deutschland und Berlin erstreckt. Als ein wesentliches Ziel unserer Politik sehen wir es aber an, die engstmöglichen Verbindungen zwischen Berlin und uns zu erhalten. Berlin ist nur als Teil Deutschlands, dessen Hauptstadt es einmal wieder werden soll, lebensfähig. Es kann nur gedeihen, wenn es wirtschaftlich, kulturell und, soweit dies mit der Verantwortung der drei Westmächte vereinbar ist, auch politisch eng mit uns verbunden ist. Deswegen erheben wir den Anspruch, auch in internationalen Angelegenheiten für Berlin zu sprechen, und wir treten der sowjetischen These, daß Berlin eine selbständige staatsrechtliche Einheit bilde, entgegen. Wir können mit Befriedigung feststellen, daß uns die Durchsetzung dieses Standpunkts auch in jüngster Zeit wieder trotz größter Schwierigkeiten gelungen ist. Der Bund und Berlin müssen in dieser Frage untrennbar zusammenstehen...

Und der sowjetischen Regierung werden wir wieder und wieder sagen, daß eine auf Selbstbestimmung beruhende Ordnung in Mitteleuropa für alle unsere Nachbarn, auch für die Sowjetunion, von Vorteil sein wird. Wenn diese Einsicht erst langsam reift, nun, dann werden wir uns eben auf lange Fristen einstellen. Man sagt zwar, eine langfristige Politik sei in demokratischen Staaten schwerer durchzuhalten als in totalitären. Wir werden jedoch zeigen, daß auch wir einen langen Atem haben. Wir werden uns zwar weiterhin bemühen, die Mauer zu überwinden, die das Zonenregime errichtet hat; wir werden weiter versuchen, Verbindungen zu unseren Landsleuten auf der anderen Seite herzustellen und zu pflegen; aber wir werden keiner Regelung und keinem Abkommen zustimmen, das die Mauer und den Zonenzaun als endgültig anerkennt.

Die sowjetische Propaganda stellt uns ständig als Revanchisten und Angreifer hin. Um die osteuropäischen Staaten in Furcht vor uns zu halten, behaupten sie z. B. immer wieder, wir wollten die Gebiete jenseits der Oder-Neiße-Linie zurückerobern. In Wirklichkeit haben wir oft genug erklärt, der endgültige Verlauf der deutschen Ostgrenze solle friedlich und ohne Gewaltanwendung in einem Friedensvertrag mit Gesamtdeutschland festgelegt werden.

Die Vertreibung von Millionen ostdeutscher Landsleute aus ihrer Heimat war ein schweres Unrecht. Wir werden es jedoch nicht mit neuem Unrecht vergelten. Wir wollen nicht alte Wunden wieder aufreißen. Wir wollen ebenso wie mit unseren Nachbarn im Westen auch mit unseren östlichen Nachbarn in Frieden leben. Daher bemühen wir uns, unser Verhältnis zu den Staaten Osteuropas zu verbessern und soweit wie möglich zu normalisieren. Wir wollen auch mit ihnen Handel treiben und lange unterbrochene Kontakte wieder herstellen.

Besonders eng und fruchtbar waren früher einmal die kulturellen Bande zwischen uns und den osteuropäischen Staaten. Wir würden es begrüßen, wenn diese Bande neu geknüpft würden. Nachdem wir Handelsvereinbarungen abgeschlossen haben, ist die Bundesregierung deshalb bereit, mit den Staaten Osteuropas, die es wünschen, auch über einen intensiveren Kulturaustausch zu sprechen.

In unserer Osteuropapolitik erwarten wir keine überraschenden politischen Erfolge. Wenn wir aber unseren Kurs geduldig und folgerichtig weitersteuern, werden wir damit auch in Osteuropa das Verständnis für unsere Lage fördern. Die Polen z. B. sollten sich besonders gut in unsere Lage versetzen können; denn sie wissen aus ihrer eigenen Geschichte, daß ein Volk nicht für immer geteilt werden kann.

Ich glaube Anzeichen dafür zu sehen, daß in einigen osteuropäischen Staaten das Verständnis für die deutsche Frage wächst, daß sie sie selbständiger beurteilen als früher. Mir scheint ferner, daß wir in diesen Staaten mit unserem Wunsch nach einer wirklichen Entspannung auf mehr Verständnis stoßen als einstweilen noch bei der sowjetischen Regierung. Wir sollten das nicht zu gering einschätzen, denn das Gewicht dieser Staaten nimmt zu.

Noch aber leben wir mitten im europäischen Spannungszentrum. Wir sind daher mehr als andere Staaten, die sich an der Peripherie des Spannungsgebiets befinden, auf unsere Verbündeten angewiesen. Unsere Sicherheit wird nach wie vor garantiert durch das Atlantische Bündnis und die nukleare Macht der Vereinigten Staaten von Amerika. Es ist daher nur folgerichtig und lebenswichtig, daß wir alles tun, um die Verteidigungsmacht der NATO zu stärken und den Zusammenhang der Allianz zu erhalten...

Obwohl wir des amerikanischen Schutzes gewiß sind, ist es trotzdem notwendig, das europäische Verteidigungspotential zu erhöhen. Es ist ferner notwendig, die europäischen Staaten an der Verantwortung für die nukleare Strategie zu beteiligen. Daher der Plan, eine multilaterale Atommacht zu schaffen. Wir sehen in ihr ein zusätzliches wirksames Mittel, einen Gegner vor übereilten Schritten in unserer Hemisphäre zurückzuhalten und jedem Versuch, unsere Freiheit anzutasten, unüberschreitbare Grenzen zu setzen. Eingehende militärische Untersuchungen haben inzwischen ergeben, daß eine solche schwimmende Atomstreitmacht weit weniger verwundbar ist, als einige Kritiker ursprünglich angenommen hatten. Wir werden daher bei diesem Plan weiter tatkräftig mitwirken und haben die berechtigte Hoffnung, daß er verwirklicht wird.

Es wäre nun nutzlos, zu verschweigen, daß in der NATO auch divergierende Tendenzen sichtbar werden. Diese Entwicklung bereitet uns Sorge. Es war und ist ein schwieriges Unterfangen, 15 freie und gleichberechtigte Staaten in Friedenszeiten zu einer in allen wesentlichen Fragen gemeinsamen Haltung gegenüber dem potentiellen Gegner zu bewegen und ein gewaltiges, gemeinsames Verteidigungssystem aufzubauen. Allerdings haben Stalin und später Chruschtschow dieses Werk durch ihre aggressive Politik von Korea bis Kuba oft erleichtert. In unseren Tagen aber, wo der Wind aus dem Osten nicht mehr so steif weht, droht manche nationale Eigenwilligkeit die Schlagkraft und Bereitschaft der NATO zu beeinträchtigen. Wir werden uns bemühen, zum Ausgleich der Gegensätze nach Kräften beizutragen. Glücklicherweise können wir aber feststellen, daß gerade in den Fragen, die uns am meisten am Herzen liegen – ich meine die Deutschlandfrage und die Freiheit und Lebensfähigkeit Berlins –, alle unsere Verbündeten einig sind und daß sie diese Einigkeit bisher in jeder Krise überzeugend gezeigt haben. Ich bin davon überzeugt, daß sie das auch in Zukunft tun werden.

In anderen Fragen gibt es leider kein überzeugendes gemeinsames Konzept der Westmächte. Gerade jetzt, wo die weltpolitische Lage differenzierter und unübersichtlicher wird, wo Unruhen in vielen Erdteilen ausgebrochen sind und weitere Wirren drohen – gerade jetzt wäre eine koordinierte Politik der Westmächte notwendig. Ich teile nicht den Optimismus, mit dem heute mancher meint, bei einer fortschreitenden Entspannung zwischen Moskau und Washington würden sich alle Weltprobleme von selbst lösen. Wo immer möglich, werden wir dazu beitragen, das Auseinanderstrebende zusammenzuhalten. Dabei bleibt unser nächstes Ziel, die europäischen Staaten wirtschaftlich und politisch enger zusammenzuschließen...

Quelle: Bulletin vom 7. 4. 1964, Nr. 58, S. 503–507

184   Zum Münchener Abkommen von 1938

Auszug aus einer Rede des Bundeskanzlers Prof. Dr. Ludwig Erhard im Council on Foreign Relations in New York zur deutschen Ostpolitik, 11. Juni 1964

... Der einzige unmittelbare Nachbar der Bundesrepublik unter den osteuropäischen Staaten ist heute die Tschechoslowakei. Die Politik der Bundesrepublik Deutschland diesem Staat gegenüber ist in letzter Zeit bedauerlicherweise ins Zwielicht geraten. Ich erkläre daher hier ausdrücklich und eindeutig: Das Münchener Abkommen vom Jahre 1938 ist von Hitler zerrissen worden. Die Bundesregierung erhebt gegenüber der Tschechoslowakei keinerlei territoriale Forderungen und distanziert sich ausdrücklich von Erklärungen, die zu einer anderen Deutung geführt haben...

Quelle: Bulletin vom 12. 6. 1964, Nr. 93, S. 851

185 Gemeinsame außenpolitische Ziele mit den USA

Kommuniqué über den Besuch des Bundeskanzlers Professor Dr. Ludwig Erhard in den Vereinigten Staaten von Amerika, 12. Juni 1964

Präsident Johnson und Bundeskanzler Erhard trafen sich am 12. Juni 1964 in Washington. In ihrer Begleitung befanden sich Außenminister Rusk, Außenminister Schröder und andere Berater.

Der Präsident gab seiner Freude darüber Ausdruck, daß der Bundeskanzler nach seinem offiziellen Besuch in Kanada und nach seinem Besuch bei der Universität Harvard, wo ihm die Ehrendoktorwürde verliehen wurde, nach Washington gekommen sei und damit die Gelegenheit geschaffen habe, die internationale Lage zu erörtern und Fragen zu besprechen, die für die Vereinigten Staaten und die Bundesrepublik Deutschland von Interesse und Bedeutung sind.

Der Bundeskanzler und der Präsident sprachen über die Notwendigkeit, eine gerechte und friedliche Lösung für das Deutschland- und Berlin-Problem zu finden, und stimmten darin überein, daß die Bemühungen um eine solche Lösung fortgesetzt werden müssen. Sie waren übereinstimmend der Ansicht, daß die Lösung auf das Selbstbestimmungsrecht gegründet sein und die gesamte europäische Sicherheit berücksichtigen müsse. Jede geeignete Möglichkeit müsse ausgenutzt werden, um der Wiedervereinigung durch Selbstbestimmung näherzukommen. Solange Deutschland geteilt bleibt, kann es in Europa keine Stabilität geben.

Der Präsident und der Bundeskanzler nahmen Kenntnis von der Erklärung der Sowjetregierung, daß sie heute einen Vertrag über Freundschaft, gegenseitige Hilfe und Zusammenarbeit mit der sogenannten DDR unterzeichne. Sie stimmten darin überein, daß keine einseitige Maßnahme der Sowjetregierung in irgendeiner Weise die Rechte der drei Westmächte berühren oder die Verpflichtungen und die Verantwortung der Sowjetunion in Hinsicht auf Deutschland und Berlin modifizieren könne. Sie betonten, daß die Sowjetregierung allein verantwortlich für die Folgen jedes Versuchs einer Störung der alliierten Rechte sein würde, der sich aus der Anwendung des neuen Vertrags ergeben könnte. Sie stellten auch erneut fest, daß bis zur Einigung Deutschlands nur die frei gewählte und legitime Regierung der Bundesrepublik Deutschland und niemand anders für das deutsche Volk sprechen kann.

Der Präsident gab erneut der Entschlossenheit der Vereinigten Staaten Ausdruck, ihre Verpflichtungen in bezug auf Berlin einzuhalten und das Recht auf freien Zugang nach Westberlin sowie die Freiheit und Lebensfähigkeit der Stadt weiterhin zu wahren.

Der Präsident und der Bundeskanzler unterstrichen die Bedeutung einer Verbesserung der Beziehungen mit den osteuropäischen Ländern. Der Präsident sagte, daß die Vereinigten Staaten in vollem Umfange die von der Bundesrepublik mit diesem Ziel unternommenen Maßnahmen unterstützen. Sie sprachen die Überzeugung aus, daß Maßnahmen zur Verminderung der Kriegsgefahr und zur Herbeiführung einer Rüstungskontrolle auch dem Ziele der deutschen Wiedervereinigung dienen.

Der Präsident und der Bundeskanzler drückten ihre Genugtuung über die Fortschritte aus, welche die Länder der Atlantischen Gemeinschaft in ihrem Bemühen um politische Stabilität wie auch um wirtschaftliche und militärische Stärke gemacht haben. Sie betonten die fortdauernde Bedeutung der NATO für die Verteidigung und den Zusammenhalt des Westens. Sie stimmten darin überein, daß die geplante multilaterale Streitmacht diese militärische und politische Stärke bedeutend erhöhen würde und daß weiterhin alle Anstrengungen unternommen werden sollten, um zum Ende dieses Jahres ein Abkommen zur Unterzeichnung fertigzustellen. Der Bundeskanzler betonte sein Interesse an der Weiterentwicklung der politischen Zusammenarbeit unter den westeuropäischen Ländern.

Bei der Erörterung der internationalen Lage legte der Präsident die ernste Situation dar, der sich die Vereinigten Staaten und die freie Welt in Südostasien gegenübersehen. Er und der Bundeskanzler stimmten darin überein, daß das kommunistische Regime in Hanoi seine Aggression in Südvietnam und Laos einstellen muß. Die beiden Regierungschefs waren auch gemeinsam der Auffassung, daß die Regierung der Republik Vietnam in ihrem Widerstand gegen die Vietkong voll unterstützt werden muß. Der Bundeskanzler erklärte, daß seine Regierung die Hilfe für Südvietnam auf politischem und wirtschaftlichem Gebiet erweitern würde.

Der Bundeskanzler und der Präsident besprachen die gegenwärtig in Genf stattfindenden Verhandlungen der Kennedy-Runde und stimmten darin überein, daß eine Ausweitung des Handels mit allen Gütern und beträchtliche Zollsenkungen im Interesse aller Länder der freien Welt sein würden.

Sie erkannten übereinstimmend an, daß die Weiterführung der Wirtschaftshilfe für die Entwicklungsländer von lebenswichtiger Bedeutung sei, um die Bemühungen dieser Länder um die Erhaltung ihrer Unabhängigkeit und die Modernisierung und den Ausbau ihrer Wirtschaft so lange zu unterstützen, bis das weitere Wachstum ohne besondere Hilfe von außen gesichert sei.

Sie waren der Ansicht, daß eine Stärkung des privaten Sektors in weniger entwickelten Volkswirtschaften eine entscheidende Rolle in diesem Vorgang spielen könne, und sie erkannten das Bedürfnis nach staatlicher Hilfe wie auch nach privaten Investitionen aus dem Ausland für diesen Zweck an. Der Präsident unterstrich seine Absicht, den Umfang der amerikanischen Verpflichtungen und Leistungen aufrechtzuerhalten. Der Bundeskanzler wies seinerseits auf die erhebliche Erhöhung der Hilfszusagen der Bundesrepublik Deutschland im Jahre 1963 hin und erklärte, daß in jeder Weise versucht werden soll, den Umfang dieser Verpflichtungen im laufenden und im nächsten Jahr zu erweitern.

Der Präsident und der Bundeskanzler sprachen auch über die konstruktiven Schritte, die Deutschland bisher unternommen hat, um seinen hohen Zahlungsbilanzüberschuß zu verringern. Der Präsident drückte dem Bundeskanzler seine Anerkennung für die deutsche Hilfe bei den Bemühungen der Vereinigten Staaten aus, ihre Zahlungsbilanz auszugleichen.

Der Präsident und der Bundeskanzler waren sehr befriedigt über die Gelegenheit zu einem Gedankenaustausch über gemeinsame Probleme im Rahmen der ständigen Konsultationen, die für die Erhaltung enger Beziehungen zwischen den beiden Ländern unentbehrlich sind. Sie stellten erneut mit Genugtuung fest, daß ihre Regierungen eine feste Grundlage der Zusammenarbeit und des gegenseitigen Verständnisses bei dem gemeinsamen Wirken für den Frieden geschaffen haben.

Quelle: Bulletin vom 16. 6. 1964, Nr. 94, S. 865 f.

Glückwunschadresse des Bundeskanzlers Professor Dr. Ludwig Erhard an Präsident Nasser anläßlich der Versammlung der Staats- und Regierungschefs der Organisation der afrikanischen Einheit in Kairo, 17. Juli 1964

Exzellenz! Zur zweiten Versammlung der Staats- und Regierungschefs der Organisation der afrikanischen Einheit übermittle ich Euerer Exzellenz meine und der Bundesregierung besten Wünsche für einen erfolgreichen Verlauf der Konferenz. Mit großem Interesse habe ich die Entwicklung der Organisation in diesem ersten Jahre ihres Bestehens verfolgt.

Das deutsche Volk begrüßt die Bemühungen der Organisation der afrikanischen Einheit, jener Organisation, die ihre ganze Kraft einsetzt, um die neugewonnene Unabhängigkeit der afrikanischen Staaten durch Schaffung stabiler wirtschaftlicher und sozialer Verhältnisse zu festigen.

Mit Genugtuung hat das deutsche Volk festgestellt, daß diese Besinnung auf Afrika Sie nicht daran hindert, Ihre Stimme zu erheben, wenn auch außerhalb Ihres Kontinents die Gesetze der Menschlichkeit und Gerechtigkeit mit Füßen getreten werden. Einem Teil des deutschen Volkes wird – 20 Jahre nach Beendigung des Krieges – noch immer die Selbstbestimmung, und dem ganzen deutschen Volk wird durch äußeren Zwang noch immer die nationale Einheit vorenthalten. Die Bundesregierung und das ganze deutsche Volk teilen die Überzeugung der afrikanischen Länder, daß es das unveräußerliche Recht der Völker ist, ihr eigenes Schicksal zu bestimmen.

Ich hoffe, daß diese zweite Versammlung der Staats- und Regierungschefs Afrika auf dem Wege zur Einheit und Solidarität seiner Staaten einen Schritt weiterbringen und damit zur Erhaltung des Friedens in der Welt beitragen wird.

Quelle: Bulletin vom 21. 7. 1964, Nr. 114, S. 1089

187   Besuch Adschubejs in der Bundesrepublik

Mitteilung über das Gespräch des Bundeskanzlers Professor Dr. Ludwig Erhard mit dem Chefredakteur der »Iswestija« und Schwiegersohn Chruschtschows, Adschubej, am 28. Juli 1964 (Auszug)

Der Bundeskanzler hatte am 27. Juli 1964 ... den Botschafter der UdSSR auf dessen Wunsch zu einem etwa einstündigen Gespräch empfangen. Der sowjetische Botschafter hatte dabei die Auffassungen des sowjetischen Regierungschefs Chruschtschow dargelegt und hierüber eine Aufzeichnung hinterlassen. Am 28. Juli empfing der Bundeskanzler im Beisein der Bundesminister Dr. Schröder und Dr. Westrick den Chefredakteur der sowjetischen Zeitung »Iswestija«, Adschubej, der von dem Redakteur der »Iswestija«, Poljanow, begleitet war. Das über einstündige offene Gespräch behandelte beiderseits interessierende Fragen. Auf Bitte von Adschubej schloß sich an das Gespräch in dem erwähnten Personenkreis ein kurzes Gespräch unter vier Augen mit dem Bundeskanzler an.

Die Darlegungen des sowjetischen Botschafters ließen erkennen, daß nach Auffassung des sowjetischen Regierungschefs trotz der weitgehenden Meinungsverschiedenheiten ein persönlicher Gedankenaustausch zwischen den Regierungschefs nützlich sein könne. Der Bundeskanzler hat in beiden Gesprächen die deutsche Auffassung dargelegt und erläutert.

Er hat die deutsche Bereitschaft zu einem Gespräch mit dem sowjetischen Ministerpräsidenten in Bonn über einen uneingeschränkten Themenkreis bestätigt. Die sowjetischen Gesprächspartner werden über die in Bonn geführten Gespräche in Moskau berichten.

Quelle: Bulletin vom 30. 7. 1964, Nr. 120, S. 1142

188 »Kein Weg zurück nach Rapallo«

Erklärung des Bundeskanzlers Professor Dr. Ludwig Erhard vor der Presse in Bonn am 25. September 1964 zu dem bevorstehenden Besuch des sowjetischen Ministerpräsidenten Chruschtschow (Auszug)

... Das zweite Thema, das die Öffentlichkeit beschäftigt hat, natürlich und verständlicherweise, das ist der vereinbarte Besuch des sowjetrussischen Regierungschefs bei uns in Bonn. Ich werde nachher natürlich gefragt werden, welche Erwartungen sich meinerseits oder seinerseits damit verbinden. Ich möchte hier die Antworten nicht alle vorwegnehmen, ich möchte Ihnen sozusagen auch nicht die Pointen rauben, ich möchte nur sagen, daß natürlich durch das Attentat auf den deutschen Botschaftsangehörigen Schwirkmann eine sehr negative Wirkung eingetreten ist, auch rein atmosphärisch. Sie wissen, daß wir sofort einen Schritt unternommen haben, daß wir eine völlig unbefriedigende, unzureichende Antwort erhalten haben. Gestern ist deshalb ein neuer Schritt bei der russischen Regierung vereinbart worden. Ich glaube, es wäre darum gut, nicht jetzt darüber zu rätseln, wie die Erledigung dieses Falles erfolgen wird. Wir bleiben auf unserem Standpunkt, daß wir uns damit nicht abfinden können und daß die bisherige Antwort unzureichend und unbefriedigend ist, aber ich würde weitere Kombinationen daran in diesem Augenblick nicht anstellen wollen.

Es ist selbstverständlich, um das gleich hinzuzufügen, daß jede Deutung des Chruschtschowbesuches falsch wäre, die etwa dahin ginge, als wolle Deutschland einen Alleingang, eine zweiseitige Lösung mit Sowjetrußland überhaupt ins Auge fassen. Das ist nicht der Fall, und noch weniger, wenn das überhaupt zu sagen notwendig ist, gibt es einen Weg zurück nach Rapallo. Es ist selbstverständlich, daß wir in das Gesprächsthema, das, wie Sie wissen – insbesondere auf Grund meines Verlangens –, anerkanntermaßen ganz offen ist, die Probleme Deutschland und Berlin einschließen, und daß auch die unmittelbare Verantwortung der Schutzmächte für Berlin und der Signatarmächte des Deutschlandvertrages angesprochen ist. Von dieser Linie werden wir uns nicht ein Jota entfernen ...

Quelle: Bulletin vom 30. 9. 1964, Nr. 147, S. 1357 f.

189 Zur Konferenz der blockfreien Staaten

Telegramm des Bundeskanzlers Professor Dr. Ludwig Erhard an Präsident Nasser anläßlich der Eröffnung der Konferenz der blockfreien Staaten in Kairo am 5. Oktober 1964 und Erklärung des Bundespressechefs Staatssekretär von Hase zum Abschluß der Kairoer Konferenz vom 14. Oktober 1964

Exzellenz!
    Dem zweiten Treffen der Staatsoberhäupter und Regierungschefs der ungebundenen Staaten übermittle ich Euerer Exzellenz meine und der Bundesregierung besten Wünsche für einen erfolgreichen Konferenzverlauf.

Das deutsche Volk begrüßt die Bemühungen der ungebundenen Staaten, ihre Kräfte dafür einzusetzen, den Frieden in der Welt zu erhalten und den Wohlstand ihrer Völker durch Schaffung stabiler wirtschaftlicher und sozialer Verhältnisse zu fördern.

Der Frieden in der Welt ist untrennbar damit verbunden, daß allen Völkern das Recht auf Freiheit und Selbstbestimmung zugestanden wird. Heute – 20 Jahre nach Beendigung des Krieges – hat ein Teil des deutschen Volkes noch immer nicht die Möglichkeit, sein Recht auf Selbstbestimmung auszuüben und seinem Willen nach Wiederherstellung der Einheit der deutschen Nation Ausdruck zu verleihen.

Die Bundesregierung ist der Überzeugung, daß die berechtigten Forderungen des deutschen Volkes bei den ungebundenen Ländern Verständnis und Unterstützung finden.

Ich hoffe, daß diese zweite Konferenz der Staatsoberhäupter und Regierungschefs ungebundener Länder dazu beitragen wird, die Welt auf dem Weg zur friedlichen Zusammenarbeit einen Schritt weiterzubringen.

Zum Ergebnis der Kairoer Konferenz der nichtgebundenen Staaten erklärte Bundespressechef Staatssekretär von Hase:

Die deutsche Regierung hat den Verlauf der soeben abgeschlossenen Konferenz der nichtgebundenen Staaten in Kairo mit der Aufmerksamkeit verfolgt, die der weltpolitischen Bedeutung dieses Ereignisses zukommt. Sie ist sich der bedeutenden Rolle bewußt, die die Konferenzen dieser Staaten in dem Bemühen um friedliche und gerechte zwischenstaatliche Beziehungen ausgefüllt haben und weiterhin ausfüllen werden.

Die deutsche Regierung hat mit großer Befriedigung davon Kenntnis genommen, daß die Konferenz dem schweren Schicksal der geteilten Völker ihre Anteilnahme gezeigt und sich für gerechte und dauerhafte Lösungen auf der Grundlage der Wiedervereinigung ausgesprochen hat. Sie sieht darin eine Bestätigung des Rechts auf Selbstbestimmung auch der deutschen Nation. Sie dankt den Konferenzteilnehmern für das Verständnis, das sie in ihren Reden und Entschließungen der Lebensfrage des deutschen Volkes entgegengebracht haben.

Quelle: Bulletin vom 6. 10. 1964, Nr. 149, S. 1373 und Nr. 153, S. 1418

190 Politische Pressionen der DDR

Ansprache des Bundeskanzlers Professor Dr. Ludwig Erhard über den Deutschlandfunk anläßlich des Passierscheinabkommens, 7. Oktober 1964

Meine lieben Landsleute!

Sie dürfen wieder mit Ihren Verwandten aus West-Berlin zusammentreffen. Wir wollen uns – sei's hüben oder drüben – freuen. Alle Bürger im freien Teil unseres Landes werden in Gedanken jene begleiten, die wieder einmal – wenn auch nur für Stunden – das genießen können, was überall in der weiten Welt, nur nicht in der Sowjetzone, das selbstverständliche, natürliche Recht aller Menschen ist.

Ich will aufrichtig sein und Ihnen nicht verhehlen, daß im freien Westen auch Stimmen der Besorgnis gegenüber der Passierschein-Übereinkunft laut wurden. Zu deutlich ist, wie sich auch jetzt wieder erwiesen hat, der dreiste kommunistische Versuch, unter dem Deckmantel der Menschlichkeit politische Pressionen auszuüben. Hier war Wachsamkeit geboten! Denn in der Tat: Keine Freude über ein noch so langersehntes Wiedersehen darf uns den

Blick dafür trüben, daß wir von den Kommunisten wahrlich mehr zu fordern haben als Passierscheine.

Wir pochen auf das gute Recht, daß – wie es menschlicher Gesittung entspricht – Mann und Frau, Mutter und Kind ohne Passierschein zueinander kommen können. Nicht mit Passierscheinen ist die Deutschlandfrage zu lösen, sondern nur mit der Wiederherstellung der Freiheit für jedermann, zu denken, zu reden und zu handeln, wie es das Gewissen ihm vorschreibt.

Die Kommunisten reden dauernd von Kontakten. Wir erinnern uns an die Zeit, als es diese Kontakte über Zonengrenzen hinweg noch gab. Nicht wir haben sie unterbrochen, nicht wir machten Demarkationslinien, die am grünen Tisch für Verwaltungszwecke festgelegt wurden, zu sogenannten »Staatsgrenzen«. Nicht wir haben diese sogenannten Staatsgrenzen vermint und mit Stacheldraht versehen.

Allein die Kommunisten haben die gesamtdeutschen Bande zerrissen und versuchen nun, für kleine menschliche Erleichterungen den höchsten politischen Preis zu erhalten – nämlich die Anerkennung der unrechtmäßigen, gefährlichen und von niemanden außer Ulbricht gewollten Spaltung der Nation. Man verlangt von uns die Bereitschaft, für ein kurzes Zusammensein die Anerkennung der Trennung, für Tage der Vernunft eine Ewigkeit des Wahnwitzes hinzunehmen.

Nein, meine lieben Landsleute, diesen hohen Preis zu bezahlen sind wir nicht bereit. Solange ein fremdes Besatzungsregime – und etwas anderes ist die SED-Regierung nicht – sich anmaßt, für Menschen zu sprechen, denen es die primitivsten Grundrechte vorenthält, solange man Menschen, die von einem Teil Deutschlands in den anderen kommen wollen, niederschießen läßt, so lange wird es in Europa und damit in der Welt keinen wahren Frieden geben.

Gewiß werden wir alles tun, was Ihre Lage in Ostberlin und in der Zone zu erleichtern vermag. Aber wir werden die Spalter der Nation daran hindern, sich als Sachwalter der Menschlichkeit aufzuspielen und von uns die Anerkennung zu erhandeln, die sie von Ihnen, meine Mitbürger, nie erlangen konnten.

Der Westen Deutschlands ist ohne Illusionen. Wir wissen, daß die Zone nur mit Hilfe der sowjetischen Besatzungsmacht existiert. Drei Millionen Flüchtlinge können von dieser traurigen »Realität« berichten. Aber was letztlich zählt, ist nicht, was in diesem primitiven Sinne real, sondern allein das, was recht ist und vor der Geschichte bestehen wird. Die Teilung unseres Landes mag noch eine Realität sein – sie ist und bleibt trotzdem ein brutales Verbrechen. Davon kann kein Passierscheinabkommen ablenken.

Es gibt nur ein Deutschland, in dem wir eines Tages wieder gemeinsam leben werden. Nützen Sie die karg bemessene Frist des Zusammenseins, um diese alten Bindungen zu stärken. Und bleiben wir uns alle gemeinsam der Macht bewußt, die von unserem Willen zur Einheit in Frieden ausgeht.

Quelle: Bulletin vom 9. 10. 1964, Nr. 151, S. 1389

191

Kabinettsbeschluß über die Regelung der Zuständigkeit auf dem Gebiete der Entwicklungshilfe, 14. und 20. Oktober 1964

Das Bundeskabinett hat am 14. Oktober 1964 folgende Regelung über die Zuständigkeiten auf dem Gebiete der Entwicklungshilfe verabschiedet:

1. Für die Grundsätze des Programms und die Koordinierung der Entwicklungshilfe ist das Bundesministerium für wirtschaftliche Zusammenarbeit (BMZ) zuständig. Die Mitwirkung der beteiligten Ressorts, insbesondere des Auswärtigen Amtes und des Bundeswirtschaftsministeriums, ist sicherzustellen.

2. Aufgabe des Bundeswirtschaftsministeriums ist die Planung und Durchführung der Kapitalhilfe-Projekte unter Nutzbarmachung des fachlichen Wissens der übrigen Ressorts. Grundsätze und Programm der Kapitalhilfe sind zwischen BMZ und Bundeswirtschaftsministerium einvernehmlich zu erarbeiten.

3. In der gleichen Weise soll für die technische Hilfe das BMZ zuständig sein.

4. Das Auswärtige Amt hat die Zuständigkeit für alle politischen Fragen.

In Ergänzung der in Nr. 154 des Bulletin vom 16. Oktober 1964 veröffentlichten Mitteilung über die Regelung der Zuständigkeiten auf dem Gebiet der Entwicklungshilfe wird folgendes mitgeteilt:

1. Für die Grundsätze, das Programm und die Koordinierung der Entwicklungspolitik ist das BMZ zuständig. – Unbeschadet der Regelung, die das AA betrifft (Ziffer 4), ist die Mitwirkung der beteiligten Ressorts – insbesondere des BMWi – sicherzustellen.

2. Aufgabe des BMWi ist die Planung und Durchführung der Kapitalhilfe-Projekte unter Nutzbarmachung des fachlichen Wissens der übrigen Ressorts. – Grundsätze und Programm der Kapitalhilfe sind zwischen BMZ und BMWi einvernehmlich zu erarbeiten.

3. In der in Ziff. 2 Abs. 1 genannten Weise soll für die Technische Hilfe (im weiteren Sinne) das BMZ zuständig sein.

4. Das AA hat die Zuständigkeit für alle politischen Fragen. Die Grundsätze und das Programm der Entwicklungspolitik sind daher vom BMZ und AA gemeinsam zu erarbeiten. – Die Entscheidung über die einzelnen Hilfsmaßnahmen bedarf seiner Zustimmung. Es hat hinsichtlich dieser Maßnahmen ein Vorschlagsrecht.

5. Unter Berücksichtigung der besonderen Stellung des AA soll im übrigen die Beteiligung der Ressorts an der internationalen Zusammenarbeit ihrer Beteiligung an der Entwicklungspolitik entsprechen.

6. Dem Lenkungsausschuß obliegt die Koordinierung der Entwicklungshilfen. – Für diesen Zweck bedient er sich der Referentenausschüsse für Kapitalhilfe und Technische Hilfe. – Die Mitwirkung der Ressorts in diesen Ausschüssen wird durch ihre fachliche Zuständigkeit bestimmt.

Quelle: Bulletin vom 16. 10. 1964, Nr. 154, S. 1424 und Nr. 155, S. 1435

192 Deutsch-schweizerische Zoll- und Grenzvereinbarungen

Verträge zwischen der Bundesrepublik Deutschland und der Schweizerischen Eidgenossenschaft a) über die Einbeziehung der Gemeinde Büsingen am Hochrhein in das schweizerische Zollgebiet, b) über die Bereinigung der Grenze im Abschnitt Konstanz-Neuhausen am Rheinfall, vom 23. November 1964 (Auszüge)

DER PRÄSIDENT DER BUNDESREPUBLIK DEUTSCHLAND
und
DER SCHWEIZERISCHE BUNDESRAT,
von dem Wunsche geleitet, die sich aus der besonderen geographischen Lage der Gemeinde Büsingen am Hochrhein ergebenden Beziehungen zur Schweizerischen Eidgenossenschaft

den beiderseitigen Interessen anzupassen, sind übereingekommen, einen Vertrag über die Einbeziehung der Gemeinde Büsingen am Hochrhein in das schweizerische Zollgebiet zu schließen.

Sie haben zu diesem Zweck zu ihren Bevollmächtigten ernannt:

Der Präsident der Bundesrepublik Deutschland:
Herrn Ministerialdirektor a. D. Gerrit von Haeften

Der Schweizerische Bundesrat:
Herrn Minister Professor Dr. Rudolf L. Bindschedler,
Rechtsberater des Eidgenössischen Politischen Departements,

die nach Austausch ihrer in guter und gehöriger Form befundenen Vollmachten folgendes vereinbart haben:

. . .

Artikel 1
Das von der Schweiz umgebene Gebiet der Gemeinde Büsingen am Hochrhein, im folgenden »Büsingen« genannt, das vom deutschen Zollgebiet ausgeschlossen bleibt, wird unbeschadet der politischen Zugehörigkeit zur Bundesrepublik Deutschland dem schweizerischen Zollgebiet angeschlossen.

Artikel 2
(1) In Büsingen finden, soweit im folgenden nicht Sonderregelungen vorgesehen sind, die schweizerischen (eidgenössischen und kantonalen) Rechts- und Verwaltungsvorschriften Anwendung, die sich auf folgende Gegenstände beziehen:
a) Zölle;
b) Ein-, Aus- und Durchfuhr von Waren;

. . .

(2) Soweit nach Absatz 1 schweizerisches Recht Anwendung findet und im folgenden nichts anderes bestimmt ist, steht Büsingen Schaffhauser Gebiet gleich und kommt der Gemeinde Büsingen am Hochrhein die gleiche Rechtsstellung wie einer Gemeinde des Kantons Schaffhausen zu.

(3) Soweit nach den in Absatz 1 für anwendbar erklärten schweizerischen Rechts- und Verwaltungsvorschriften die Anwendung dieser Vorschriften oder die Erteilung von Bewilligungen an das Vorliegen von rechtlichen Voraussetzungen gebunden ist, die die Einwohner von Büsingen nicht erfüllen können, gelten diese Voraussetzungen als erfüllt, wenn sie nach den deutschen Rechtsvorschriften vorliegen oder nicht erforderlich sind.

(4) Soweit nach Absatz 1 schweizerisches Recht Anwendung findet und im folgenden nichts anderes bestimmt ist, wird es von schweizerischen Behörden vollzogen. Personen, die von den in Büsingen anzuwendenden schweizerischen Rechts- und Verwaltungsvorschriften oder durch den Vollzug solcher Vorschriften betroffen werden, stehen in bezug auf Rechtsbehelfe und Rechtsschutzinstanzen den schweizerischen Einwohnern des übrigen schweizerischen Zollgebietes gleich.

. . .

Artikel 16
(1) Im Verkehr zwischen Büsingen und der Schweiz ist für Deutsche und Schweizerbürger ein Grenzübertrittspapier nicht erforderlich. Eine Grenzabfertigung findet nicht statt.
(2) Das Recht auf die Durchführung polizeilicher Kontrollen bleibt unberührt.

. . .

Artikel 24

(1) Die Strafhoheit der Vertragsstaaten, insbesondere hinsichtlich der auf ihrem Gebiet begangenen strafbaren Handlungen, bleibt grundsätzlich unberührt.

. . .

Artikel 43

Dieser Vertrag gilt auch für das Land Berlin, sofern nicht die Regierung der Bundesrepublik Deutschland gegenüber dem Schweizerischen Bundesrat innerhalb von drei Monaten nach Inkrafttreten des Vertrages eine gegenteilige Erklärung abgibt.

Artikel 44

(1) Dieser Vertrag bedarf der Ratifikation; die Ratifikationsurkunden sollen so bald wie möglich in Bern ausgetauscht werden.

(2) Dieser Vertrag tritt einen Monat nach Austausch der Ratifikationsurkunden in Kraft.

(3) Dieser Vertrag gilt zunächst für zwölf Jahre. Nach Ablauf dieser Frist gilt er für unbestimmte Zeit weiter; jeder Vertragsstaat hat jedoch das Recht, ihn mit einer Frist von zwei Jahren zu kündigen.

Zu Urkund dessen haben die Bevollmächtigten diesen Vertrag unterzeichnet und mit ihren Siegeln versehen.

Geschehen zu Freiburg im Breisgau am 23. November 1964 in zwei Urschriften in deutscher Sprache.

Für die Bundesrepublik Deutschland:
C. v. Haeften

Für die Schweizerische Eidgenossenschaft:
Bindschedler

DER PRÄSIDENT DER BUNDESREPUBLIK DEUTSCHLAND
und
DER SCHWEIZERISCHE BUNDESRAT,
von dem Wunsche geleitet, den Verlauf der Grenze im Abschnitt Konstanz–Neuhausen am Rheinfall durch Austausch flächengleicher Gebietsteile zu vereinfachen und den natürlichen Verhältnissen sowie den beiderseitigen Interessen besser anzupassen, sind übereingekommen, einen Vertrag zu schließen.

Sie haben zu diesem Zweck zu ihren Bevollmächtigten ernannt:
Der Präsident der Bundesrepublik Deutschland:
Herrn Ministerialdirektor a. D. Gerrit von Haeften
Der Schweizerische Bundesrat:
Herrn Minister Prof. Dr. Rudolf L. Bindschedler,
die nach Austausch ihrer in guter und gehöriger Form befundenen Vollmachten folgendes vereinbart haben:

Artikel 1

(1) Die Schweizerische Eidgenossenschaft tritt an die Bundesrepublik Deutschland ab:

a) In der Gemeinde Kreuzlingen, Kanton Thurgau, eine Fläche von 43 m² zwischen den Grenzsteinen 15 bis 17 (Plan Nr. 1);

b) in der Gemeinde Hemishofen, Kanton Schaffhausen, eine Fläche von 10 489 m² zwischen den Grenzsteinen 308 bis 323 (Plan Nr. 3);

c) in den Gemeinden Büttenhardt und Opfertshofen, Kanton Schaffhausen, eine Fläche von 128 732 m² zwischen den Grenzsteinen 700 bis 709 (Plan Nr. 5);

d) in der Gemeinde Merishausen, Kanton Schaffhausen, eine Fläche von 300 000 m² zwischen den Grenzsteinen 667 bis 682 (Plan Nr. 5);

e) in der Gemeinde Merishausen, Kanton Schaffhausen, eine Fläche von 19 000 m² zwischen den Grenzsteinen 653 bis 656 (Plan Nr. 6);

f) in der Gemeinde Bargen, Kanton Schaffhausen, eine Fläche von 31 000 m² zwischen den Grenzsteinen 632 bis 637 und eine Fläche von 2 000 m² zwischen den Grenzsteinen 645 bis 646 (Plan Nr. 6);

g) in der Gemeinde Neuhausen am Rheinfall, Kanton Schaffhausen, eine Fläche von 398 m² zwischen den Grenzsteinen 13 bis 15 (Plan Nr. 7);

h) in der Gemeinde Schleitheim, Kanton Schaffhausen, eine Fläche von 38 250 m² zwischen den Grenzsteinen 427 bis 478 (Pläne Nr. 8 und 9).

(2) Die Bundesrepublik Deutschland tritt an die Schweizerische Eidgenossenschaft ab:

a) In der Gemeinde Konstanz, Kreis Konstanz, eine Fläche von 43 m² zwischen den Grenzsteinen 15 bis 17 (Plan Nr. 1);

b) in der Gemeinde Oehningen, Kreis Konstanz, eine Fläche von 5 390 m² zwischen den Grenzsteinen 415 bis 418 a (Plan Nr. 2);

c) in der Gemeinde Oehningen, Kreis Konstanz, eine Fläche von 99 m² zwischen den Grenzsteinen 321 bis 322 (Plan Nr. 3);

d) in der Gemeinde Rielasingen, Kreis Konstanz, eine Fläche von 5 000 m² zwischen den Grenzsteinen 222 bis 225 (Plan Nr. 4);

e) in der Gemeinde Wiechs am Randen, Kreis Konstanz, eine Fläche von 428 732 m² innerhalb der Grenzsteine 1 bis 47 (Plan Nr. 5);

f) in der Gemeinde Wiechs am Randen, Kreis Konstanz, eine Fläche von 52 000 m² zwischen den Grenzsteinen 646 bis 653 (Plan Nr. 6);

g) in der Gemeinde Altenburg, Kreis Waldshut, eine Fläche von 398 m² zwischen den Grenzsteinen 13 bis 15 (Plan Nr. 7);

h) in den Gemeinden Stühlingen, Weizen und Grimmelshofen, Kreis Waldshut, eine Fläche von 38 250 m² zwischen den Grenzsteinen 444 bis 474 (Pläne Nr. 8 und 9).

(3) Die Grenzbereinigungen sind in den Plänen, die diesem Vertrag als Anlagen Nr. 1 bis 9 beigefügt sind und dessen integrierenden Bestandteil bilden, im einzelnen dargestellt. Geringfügige Änderungen, die sich bei der Absteckung, Vermarkung und Vermessung der bereinigten Grenze ergeben, bleiben vorbehalten.

. . .

Quelle: BGBl. 1967, II, S. 2030–2037 und S. 2041

---

193 Einladung an Präsident Nasser

Mitteilung der Pressestelle des Bundespräsidenten über eine Einladung an Präsident Nasser, 24. November 1964

Der Bundespräsident hat den für einige Tage in Ägypten weilenden Bundestagspräsidenten D. Dr. Eugen Gerstenmaier gebeten, den Präsidenten der Vereinigten Arabischen Republik Gamal Abdel Nasser in seinem Namen in die Bundesrepublik Deutschland einzuladen. Gleichzeitig wurde der deutsche Botschafter in der VAR, Dr. Georg Federer, vom Auswärtigen Amt beauftragt, die offizielle Einladung des Bundespräsidenten zu überbringen.

Quelle: Bulletin vom 24. 11. 1964, Nr. 171, S. 1585

Aufrufe der Bundesregierung und des Deutschen Bundestages vom 20. November 1964
und vom 9. Dezember 1964 über die Bekanntgabe nationalsozialistischer Gewalttaten

Am 20. November 1964 erließ die Bundesregierung folgenden Aufruf zur Bekanntgabe nationalsozialistischer Gewalttaten:

»Die überwiegende Mehrzahl nationalsozialistischer Verbrechen ist durch alliierte und deutsche Gerichte abgeurteilt worden. Bei einer weiteren Anzahl von Straftaten wurde die Strafverfolgung eingeleitet.

Entschlossen, nationalsozialistisches Verbrechen zu sühnen und verletztes Recht wiederherzustellen, fordert die Regierung der Bundesrepublik Deutschland angesichts der Tatsache, daß die Verjährung der vor dem 9. Mai 1945 begangenen Verbrechen aus verfassungsrechtlichen Gründen nicht verlängert werden kann, nunmehr alle Regierungen, Organisationen und Einzelpersonen im In- und Ausland auf, in ihrer Hand befindliches Material über Taten und Täter, die bisher in der Bundesrepublik noch nicht bekannt sind, im Original, in Ablichtung oder auf Mikrofilm der Zentralstelle der Landesjustizverwaltungen zur Verfolgung nationalsozialistischer Gewalttaten in Ludwigsburg, Schorndorfer Straße 28, unverzüglich zur Verfügung zu stellen.

Alle Vertretungen der Bundesrepublik Deutschland im Ausland nehmen für die Zentralstelle bestimmte Materialien zur Weiterleitung entgegen.«

Der Aufruf wurde am gleichen Tage in der Pressekonferenz durch den Staatssekretär des Presse- und Informationsamtes der Bundesregierung verlesen.

Der Deutsche Bundestag hat sich durch den Beschluß vom 9. Dezember 1964 dem Aufruf angeschlossen.

Der Wunsch der Bundesregierung und des Bundestages, Material über noch nicht bekannte NS-Verbrechen zu erhalten, wurde in der Folgezeit den Regierungen der Staaten förmlich mitgeteilt, in denen den Umständen nach solches Material noch vorhanden sein könnte. Hierbei handelt es sich um folgende Staaten:

Albanien, Belgien, Bulgarien, Dänemark, Finnland, Frankreich, Griechenland, Großbritannien, Israel, Italien, Jugoslawien, Kanada, Luxemburg, Niederlande, Norwegen, Österreich, Polen, Rumänien, Tschechoslowakei, Sowjetunion, Ungarn, Vereinigte Staaten.

Keiner der soeben genannten Staaten hat seine Mitwirkung bei der Suche nach einschlägigem Material verweigert, verschiedene haben sie ausdrücklich zugesagt.

Quelle: 4. Deutscher Bundestag, Drucksache Nr. 3124, S. 36

Vertrag zwischen der Bundesrepublik Deutschland und dem Königreich der Niederlande
über die seitliche Abgrenzung des Festlandsockels in Küstennähe vom 1. Dezember 1964

DIE BUNDESREPUBLIK DEUTSCHLAND
und
DAS KÖNIGREICH DER NIEDERLANDE,
in der Erwägung, daß eine einvernehmliche seitliche Abgrenzung des an ihre Hoheitsgebiete angrenzenden Festlandsockels der Nordsee für das küstennahe Gebiet vordringlich

ist und daß die Teilgrenze im Anschluß an die im Zusatzabkommen vom 14. Mai 1962 zum Ems-Dollart-Vertrag vom 8. April 1960 getroffene gemeinschaftliche Regelung zu ziehen ist,
haben folgendes vereinbart:

Artikel 1

(1) Die Grenze zwischen dem deutschen und dem niederländischen Anteil am Festlandsockel der Nordsee verläuft bis zum 54. Breitengrad Nord von dem nördlichen Endpunkt der im Zusatzabkommen vom 14. Mai 1962 zum Ems-Dollart-Vertrag vom 8. April 1960 vereinbarten Linie, die den Grenzbereich der Emsmündung in der Längsrichtung teilt, auf der kürzesten Linie über die Punkte E1 und E2 zum Punkt E3.

(2) Die Koordinaten (nach den deutschen Seekarten Nr. 50, Ausgabe 1956, VII und Nr. 90, Ausgabe 1964, V) des Punktes E1 sind: 53° 45′06″ N, 6° 19′56″ O, des Punktes E2: 53° 48′56″ N, 6° 15′49″ O, des Punktes E3: 54° 00′00″ N, 6° 06′26″ O.

Artikel 2

(1) Die Bestimmungen dieses Vertrages berühren nicht die Frage des Verlaufs der Staatsgrenze in der Emsmündung. Jede Vertragspartei behält sich insoweit ihren Rechtsstandpunkt vor.

(2) Eine Entscheidung nach Artikel 46 Abs. 2 des Ems-Dollart-Vertrages läßt diesen Vertrag unberührt.

Artikel 3

Dieser Vertrag gilt auch für das Land Berlin, sofern nicht die Regierung der Bundesrepublik Deutschland gegenüber der Regierung des Königreichs der Niederlande innerhalb von drei Monaten nach Inkrafttreten des Vertrages eine gegenteilige Erklärung abgibt.

Artikel 4

(1) Dieser Vertrag bedarf der Ratifikation; die Ratifikationsurkunden sollen so bald wie möglich in Den Haag ausgetauscht werden.

(2) Dieser Vertrag tritt an dem Tag in Kraft, der auf den Tag des Austausches der Ratifikationsurkunden folgt.

Geschehen zu Bonn am 1. Dezember 1964 in zwei Urschriften in deutscher und niederländischer Sprache, wobei jeder Wortlaut gleichermaßen verbindlich ist.

Für die Bundesrepublik Deutschland:
Carstens
Für das Königreich der Niederlande:
G. E. van Ittersum

Quelle: BGBl. 1965, II, S. 1141–1143

---

196 Der Getreidepreis

Ansprache des Bundesministers für Wirtschaft, Kurt Schmücker, vor dem EWG-Ministerrat in Brüssel über den Beschluß der Bundesregierung zur Senkung des Getreidepreises, 1. Dezember 1964 (Auszüge)

... Mit allem Freimut möchte ich bekennen, daß die Bundesrepublik Deutschland es leicht hatte, von ihrem Beginn an für Europa einzustehen. Für uns war die Wiederherstellung normaler Lebensverhältnisse mit dem europäischen Zusammenschluß identisch. Erst in der Normalisierung traten bei uns Probleme auf, die bei den anderen Ländern seit Jahren existieren. Ich sage das, weil es einer Gemeinschaft gar nicht zuträglich ist, wenn jemand sich selber rühmt, das meiste oder mehr als andere getan zu haben. Die Einigung lebt von der Gegenseitigkeit, niemals von der Behauptung, mehr beigetragen zu haben als andere; allenfalls lebt sie von dem Bemühen, mehr zu tun als der Partner. Darum möchte ich auch nur insoweit danach fragen, was bisher geleistet worden ist, als es uns den Mut gibt, auf dem Erreichten aufzubauen. Doch mag dies noch so viel und erfolgreich sein, angesichts des Ganzen ist es so lange zu wenig, bis wir dieses Ganze geschafft haben. Und nur nach dem Gesamterfolg werden wir von den Bürgern unserer Staaten gefragt – und auch von jenen Bürgern, die für sich selber Sonderbedingungen verlangen. Hier das Mögliche mit dem Notwendigen zu verbinden, macht die Politik so reizvoll.

Vor wenigen Wochen hat die deutsche Regierung erneut Vorschläge zur Europapolitik vorgelegt. Sie waren eine aktuelle Zusammenfassung von Gedanken, wie sie in allen Mitgliedsländern der EWG diskutiert werden. Die Vorschläge sind in diesem Kreis freundlich aufgenommen worden. Die Resonanz in unserem eigenen Land war lebhaft. Bundeskanzler Prof. Dr. Ludwig Erhard hat es verstanden, in der Bundesrepublik vor allem diejenigen anzusprechen, die um des Ganzen willen in ihrem eigenen Bereich Zugeständnisse und, wie ich meine, erhebliche Zugeständnisse machen müssen. Den Kritikern war es ein Schönheitsfehler, daß in dem deutschen Europa-Dokument die Formulierungen über den Europäischen Agrarmarkt zu wenig konkret sind. Den Eingeweihten war es jedoch klar, daß mit diesem Dokument der Auftakt gegeben werden sollte, in Deutschland selbst die größte Hürde zu nehmen.

Ich bin glücklich, daß es mir während meiner Ratspräsidentschaft als dem in der Bundesrepublik für die Koordinierung der mit der EWG zusammenhängenden Fragen zuständige Bundesminister vergönnt ist, Ihnen heute im Auftrag des Bundeskanzlers mitzuteilen, daß die deutsche Bundesregierung mit der Senkung des deutschen Getreidepreises einverstanden ist. Der Bundesregierung ist es gelungen, eine parlamentarische Mehrheit für diesen Beschluß sicherzustellen. Das war schwer und ist mit erheblichen finanziellen Auswirkungen verbunden. Darüber hinaus ist es dem Bundeskanzler gelungen, die deutschen Bauern für seinen Vorschlag zu gewinnen. Dieser Erfolg war Zeit und Mühen wert. Ich sollte aber auch angesichts der Zustimmung des Deutschen Bauernverbands zur Senkung des Getreidepreises dieser Standesvertretung hier im Rat meinen Dank und die Anerkennung sagen dürfen. Unsere deutschen Bauern unterscheiden sich in nichts in der Europabegeisterung von ihren Landsleuten der anderen Berufe und in nichts von den Berufskollegen der befreundeten anderen fünf Staaten. Wir sollten nun keine Zeit verlieren, dieses unser Europa zu bauen. Der Weg zur politischen Einigung Europas aber geht über die EWG!

Ich wiederhole noch einmal: Die Bundesregierung Deutschlands ist damit einverstanden, den deutschen Getreidepreis zu senken, damit ein gemeinsames Preisniveau herbeigeführt und damit weiter der entscheidende Schritt zur Verwirklichung des gemeinsamen Agrarmarkts getan werden kann. Die Bundesregierung weiß, daß die Frage des Getreidepreises nicht nur für Deutschland, sondern für die Gemeinschaft und für jedes Land der Gemeinschaft von weittragender Bedeutung ist. Sie unterschätzt daher nicht die Probleme, die sich für jede der sechs Regierungen in diesem Zusammenhang ergeben. Sie glaubt allerdings, daß von ihr selbst hierbei eine Entscheidung gefordert wird, die für sie wohl noch schwieriger ist als für die Mehrzahl ihrer Partner. Es ist zweifellos ein außergewöhnlicher Vorgang, wenn eine Regierung von einem Berufsstand ihres Landes verlangt, auf etwa 10 % seiner gesamten Einkünfte zu verzichten – der Einkünfte, die dieser Berufsstand gemäß den nationalen wirtschaftlichen Kriterien als legitim ansehen darf und die er überdies – gemessen an der Einkommensentwicklung aller anderen Berufsstände – sogar als zu gering betrachtet. Wir alle mühen uns mit landwirtschaftlichen Problemen ab. Aber dieses Mühen beschränkt sich im allgemeinen darauf, allzu weitgehende Preiserhöhungswünsche abzulehnen oder, wenn es hart wird, auf einem Preisstopp zu bestehen. Aber keine Regierung hat in den letzten Jahren eine empfindliche Preisherabsetzung durchführen müssen. Diejenigen unter Ihnen, die in jüngster Zeit mit der eigenen Landwirtschaft gerungen haben, um sehr viel bescheidenere Ziele durchzusetzen, mögen ermessen, vor welcher Entscheidung die deutsche Regierung stand . . .

Die Zustimmung zu dem gemeinsamen Getreidepreis ist für die deutsche Regierung nicht nur wirtschaftlich bedeutend, sondern insgesamt von außerordentlicher politischer Tragweite. Sie tut diesen Schritt in der festen politischen Erwartung, daß er zu einem auslösenden Moment für ein rasches Fortschreiten in der europäischen Integration in allen Bereichen werden wird. Wir wissen, daß dabei auch andere Zugeständnisse machen müssen. Wir möchten in aller Offenheit bei dieser Gelegenheit die Erwartung aussprechen, daß die Bereitschaft zu diesen Zugeständnissen auch vorhanden bleiben wird. Der Gemeinsame Markt muß einen harmonischen Fortschritt in allen seinen Bereichen haben. Wenn wir hier beim Agrarmarkt zu einer Verkürzung der Übergangszeit von $2^{1}/_{2}$ Jahren kommen, so glauben wir, daß dies sich auch auf alle anderen Bereiche auswirken muß.

An dieser Stelle möchte ich keinen großen Katalog von Fragen ausbreiten, sondern nur auf wenige Fragen eingehen, die uns für das Gelingen dieses Ziels besonders wichtig erscheinen. Der eine Punkt betrifft – und das wird Sie nicht überraschen – die Kennedy-Runde. Schon seit einiger Zeit haben sich die Regierungen der Gemeinschaft bemüht, auf ein gewisses Gleichgewicht zwischen der Erarbeitung der gemeinsamen Agrarpolitik und der Durchführung der Kennedy-Runde zu achten. Das muß nach deutscher Auffassung auch weiterhin geschehen. Wir sollten nun nicht mehr zögern, das Ziel einer linearen Zollsenkung von 50 % für die nicht in den Ausnahmelisten enthaltenen Waren zu einer Verhandlungsdirektive an die Kommission zu machen. Für das Gelingen der Kennedy-Runde ist es aber auch unerläßlich, daß wir auf dem Agrarbereich zu annehmbaren Lösungen mit unseren Vertragspartnern kommen. Wir hoffen, daß die Gemeinschaft auch hier den gleichen Geist wie bei der Verabschiedung der Ausnahmelisten zeigen wird. Wir müssen die Kommission ermutigen, in diesen Verhandlungen, die ein Stück gemeinsamer Handelspolitik sind, flexibel und anpassungsfähig zu sein, damit wir vorankommen. Es ist unsere Ansicht, daß der Abschluß der Kennedy-Runde und die Verwirklichung der gemeinsamen Agrarpolitik zusammengehören.

Die deutsche Regierung ist ferner der Meinung, daß die Steuergrenzen zwischen den Mitgliedstaaten beseitigt werden sollten. Die Gemeinschaft sollte dies zu einem politischen Ziel machen. Der Rat sollte die Kommission bitten, uns möglichst bald einen Plan vorzulegen, der die Beseitigung dieser Grenzen bis zum Ende der Übergangszeit vorsieht.

Das Ziel dieser Vorschläge, die die deutsche Regierung als ein Ganzes gewertet haben möchte, ist es, mit der Lösung der Getreidepreisfrage den Prozeß der wirtschaftlichen Einigung Europas in seiner Gesamtheit ein kräftiges Stück voranzubringen. Wenn es uns gelingt, mit der Lösung der Getreidepreisfrage die gemeinsame Agrarpolitik bis zum 1. Juli 1967 weitgehend zum Abschluß zu bringen, wenn wir bis dahin im Zusammenhang mit dem Wegfall der inneren Zollgrenzen auch die notwendigen Beschlüsse zum Wegfall der Steuergrenzen gefaßt haben, und wenn wir mit der Durchführung der Kennedy-Runde bis dahin die Außenbeziehungen unserer Gemeinschaft auf eine solide Grundlage gestellt haben werden, dann ist der vollständige Gemeinsame Markt zum Greifen nahe. Dieses Ziel lohnt es, jetzt eine große Anstrengung zu unternehmen, zu der ein jeder seine Beiträge und, wenn es sein muß, auch sein Opfer bringen sollte. Gelingt uns das, so wird damit unsere Gemeinschaft ihre Kraft erneut bewiesen haben. Sie wird gezeigt haben, daß sie stärker ist, als es in der letzten Zeit vielleicht manchmal den Anschein hatte. Der Gedanke der europäischen Zusammengehörigkeit und Zusammenarbeit wird sich erneut bewährt haben.

Wenn wir das erhoffen dürfen, dann ist nach Auffassung der deutschen Regierung aber auch der Zeitpunkt gekommen, die europäische Zusammenarbeit auf den bisher vernachlässigten Gebieten, d. h. im sogenannten politischen Bereich, erneut in Angriff zu nehmen. Die deutsche Regierung hat den Wunsch und sie erwartet, daß die Vorschläge, die sie in diesem Zusammenhang gemacht hat, von ihren Partnern mit der gleichen Bereitschaft zur Mitarbeit aufgenommen werden, von der sie selbst in der Frage des Getreidepreises ein Beispiel gegeben zu haben glaubt.

Quelle: Bulletin vom 8. 12. 1964, Nr. 180, S. 1659

197

Erklärung des Bundespressechefs Staatssekretär von Hase zur Situation im Nahen Osten, 15. Februar 1965

Die Bundesregierung tut ihr Möglichstes, um die Situation im Nahen Osten zu entspannen. Sie hat deshalb im Interesse der Stabilität im Nahen Osten bekanntlich die Erklärung abgegeben, daß künftig keine Waffenlieferungen in Spannungsgebiete stattfinden. Dieser Beschluß ist nicht auf ein bestimmtes Land bezogen, sondern gilt allgemein und grundsätzlich und gibt der Bundesregierung auf diesem Wege eine objektive Norm und die Handlungsfreiheit wieder zurück.

Der Bundeskanzler hat über den Leiter der israelischen Handelsmission, Dr. Shinnar, ein Angebot an Israel gemacht, um zu einer einvernehmlichen Regelung bezüglich der Restabwicklung aus einem Hilfsprogramm an Israel zu kommen. Das hat der Bundeskanzler dem israelischen Ministerpräsidenten außerdem noch in einem Brief, den Dr. Shinnar mitgenommen hat, zusammengefaßt dargestellt.

Ägypten gegenüber ist klargemacht worden – zuletzt in dem Gespräch, das der Bundesminister des Auswärtigen am 13. Februar 1965 mit dem ägyptischen Botschafter Mansur gehabt hat –, was der Ulbricht-Besuch, den der Bundeskanzler ganz klar als einen feindseligen Akt Ägyptens gegenüber dem deutschen Volk und der Bundesregierung gekennzeichnet hat, bedeuten würde. Ich möchte hier offiziell erklären, daß die Durchführung des Ulbricht-Besuchs in Kairo das Ende jeder wirtschaftlichen Hilfeleistung der Bundesrepublik Deutschland für Ägypten bedeuten würde.

In Kommentaren der Weltpresse ist die Auffassung vertreten worden, die Bundesregierung habe in dieser Situation vieles falsch gemacht. Das läßt sich retrospektiv immer leicht sagen. Ich möchte nur eines unterstreichen: Die Motive und die Gesinnung, aus denen heraus die Bundesregierung sich um eine Stabilität im Nahen Osten bemüht hat, sind ohne jeden Zweifel ehrenhaft und sind lange Zeit von einem Erfolg begleitet gewesen. Wir bekennen uns jedenfalls nach wie vor zu diesen Bemühungen. Wir bekennen uns auch weiterhin zu der Verantwortung, die deutschen Hypotheken der Vergangenheit zu tragen. Von diesen Grundsätzen wird sich die Bundesregierung und wird sich das deutsche Volk auch dann nicht abbringen lassen, wenn es im Ausland hier und da Stimmen gibt, die die zwanzigjährigen redlichen und opfervollen Bemühungen des deutschen Volkes in dieser Hinsicht in einem Bade ausschütten wollen. Dazu ist noch zu sagen, daß dann eine über hundertjährige ungetrübte deutsch-arabische Freundschaft sozusagen über Nacht vergessen werden und umschlagen soll in einen feindseligen Akt, der uns mit Ulbricht angetan werden soll, von dem schließlich auch Staatspräsident Nasser wissen muß, wen er sich als Gast eingeladen hat.

Quelle: Bulletin vom 17. 2. 1965, Nr. 29, S. 225

Rede des Bundeskanzlers Professor Dr. Ludwig Erhard vor dem Deutschen Bundestag über die Nahost-Politik, 17. Februar 1965

Zu Beginn der Aussprache zum Einzelplan des Bundeskanzleramts möchte ich zu einigen außenpolitischen Fragen, vor allem zur Lage in Nahost, Stellung nehmen. Lassen Sie mich zunächst erklären, daß gerade auch in diesem Problemkreis unserer Politik unser Vorgehen von der Wahrnehmung deutscher Interessen bestimmt wird.

Das mag selbstverständlich erscheinen, aber es zu betonen scheint notwendig, weil im Ablauf der Ereignisse – jedenfalls nach vielen schriftlichen und mündlichen Äußerungen – dieser oberste Grundsatz unterzugehen droht. Manches Verkennen der Lage ist verständlich, denn im Nahen Osten überschneiden sich politische Kraftlinien verschiedenster Richtungen und unterschiedlichen Gewichts. Um so entscheidender ist es, daß die Bundesregierung und die politisch verantwortlichen Kräfte in Deutschland in diesen Fragen soweit als nur immer möglich eine gemeinsame Haltung bezeugen. Achten wir dabei nicht so sehr auf den Beifall oder das Mißfallen des Tages, sondern seien wir uns bewußt, daß wir durch eine Gewitterzone hindurch müssen, in der wir vor schwierige Situationen gestellt sein werden.

Es sind drei Tatsachen, an denen die deutsche Politik gerade auch im Nahen Osten nicht vorbeigehen kann:

Unser Verhältnis zu Israel und zur gesamten jüdischen Welt ist nach wie vor von der Tatsache einer tragischen und noch nicht vergessenen Vergangenheit überschattet. Dann ist es die Spaltung unseres Vaterlands, die von der sowjetischen Politik, zunehmend gerade auch von den neuen Machthabern, dazu mißbraucht wird, um ihr Satrapenregime in Pankow in der nicht gebundenen Welt politisch hoffähig zu machen. Hinzu kommt die zunehmende Zerklüftung der Welt in eine Fülle gegensätzlicher, verfeindeter oder sich mißtrauender Kräfte, die die deutsche Politik vor noch schwierigere Aufgaben als in der Vergangenheit stellt.

1. Die Spannungen mit Ägypten sind nicht entstanden, weil Deutschland Israel Waffen lieferte, sondern weil die Regierung in Kairo, die mit kommunistischer Hilfe selbst in einem unerhörten Maße aufrüstete, Ulbricht einlud. Israel hat bekanntlich von vielen Seiten militärische Ausrüstung erhalten. Wegen eines Teils unserer so gearteten Hilfe, die wir in einer Ausnahmesituation gewährten, und in der wir uns in Übereinstimmung mit unseren Alliierten befanden, sind nun Schwierigkeiten aufgetreten. Sie kennen die Stellungnahme des israelischen Ministerpräsidenten Eschkol, die er in der Knesseth abgab. Wir haben wohl Verständnis für die Lage Israels, und wir werden uns weiter um ein gutes Verhältnis zu diesem Land und zum jüdischen Volk bemühen. Niemand aber kann auch bestreiten, daß wir aus dem Gefühl einer tiefen moralischen Verpflichtung außerordentliche Leistungen erbracht haben.

Die Bundesregierung hat sich gleichzeitig um eine Normalisierung der Verhältnisse im Nahen Osten bemüht. Den arabischen Staaten gegenüber konnten unsere Beziehungen auf eine lange Tradition nie getrübter Freundschaft gestützt werden. Unsere Beziehungen zu Israel hingegen waren auf das schwerste belastet. Deutschland stand und steht unter der Schuld, die ihm das »Dritte Reich« aufgebürdet hat. Dem Frieden wäre ein guter Dienst geleistet worden, wenn die arabischen Staaten, deren stolze Geschichte viele Beispiele von Größe und Edelmut aufweist, die Ehrenschuld des deutschen Volkes gegenüber den Juden besser verstanden und ihrer Tilgung durch die Bundesrepublik nicht ständig Schwierigkeiten in den Weg gelegt hätten.

Wir schulden niemandem eine Erklärung für unsere Unterstützung Israels im Ringen um seine Existenz. Wir schulden aber auch niemandem den Verzicht auf das Leben unserer

Nation. Unsere Sympathien für unsere ehemaligen jüdischen Mitbürger gründen sich auf eine jahrhundertealte Schicksalsgemeinschaft. Die Wiedergutmachung dessen, was in den zwölf Jahren nationalsozialistischer Herrschaft geschah, ist für uns Deutsche ein Wert, den wir um unseres eigenen Friedens willen ohne Rücksicht auf politische Verhältnisse hoch einschätzen.

Ich verhehle nicht, daß ich von der Reaktion der israelischen Regierung auf unser Angebot enttäuscht bin. Wir haben unsere Leistungen an Israel stets als eine Pflicht verstanden, aber wir glauben, nach mehr als einem Jahrzehnt getreulicher Erfüllung Grund zu der Hoffnung zu haben, daß man in unserem Handeln unsere redliche Gesinnung anerkennen würde. Wir haben keine eingegangene Verpflichtung einseitig aufgekündigt, sondern lediglich das Verlangen nach einer einvernehmlichen Ablösung einer restlichen Verpflichtung ohne materielle Benachteiligung Israels vorgeschlagen. Wenn von einem Gesinnungswandel und einem moralischen Versagen gesprochen wird, weil wir in einer schweren Konfliktsituation an das Verständnis Israels appellierten, so raubt man damit dem deutschen Volke die Hoffnung, daß es überhaupt möglich sein könnte, begangenes Unrecht durch Opfer wiedergutzumachen.

Der Bundestag und die Öffentlichkeit haben sich auch mit der Frage befaßt, wieweit die Ausrüstungshilfe für Israel und andere Staaten mit den Fraktionen erörtert worden ist. Lassen Sie mich dazu folgendes sagen:

Die Verantwortung für die Ausrüstungshilfe trägt die Bundesregierung. Sie hat wegen der politischen Bedeutung nach Abklärung mit den damaligen Vorsitzenden der Fraktionen von Brentano, Ollenhauer und Mende Vertreter der Fraktionen des Hohen Hauses vor ihren Entscheidungen laufend unterrichtet und die Projekte wiederholt abgestimmt.

Was die Lieferungen an Israel angeht, so kam es im Jahre 1962 zu ersten Verhandlungen über ein längerfristiges Hilfsprogramm. In der Sitzung vom 28. März 1962 war im Haushaltsausschuß Einverständnis darüber erzielt worden, daß sich das Bundesverteidigungsministerium vor Inangriffnahme von Projekten der Ausrüstungshilfe mit je zwei Abgeordneten der Fraktionen verständigen solle. Nach einer Besprechung, die das Verteidigungsministerium am 18. Juni 1962 mit den Vertretern der Fraktionsvorsitzenden, den Abgeordneten Dr. Kliesing, Dräger, Erler, Dieckmann und Schulz, führte, wurden folgende Abgeordnete seitens der Fraktionen benannt:

Für die CDU/CSU die Abgeordneten Dr. Kliesing und Leicht, für die SPD durch Schreiben des Abg. Erler vom 20. Juni 1962 die Abgeordneten Dr. Mommer und Dr. Schäfer und für die FDP durch Schreiben des Abg. Schulz vom 24. Juni 1962 die Abgeordneten Dr. Dehler und Dr. Emde.

Diese Abgeordneten wurden in der Folgezeit über alle Vorhaben der Ausrüstungshilfe für Israel unterrichtet. Die erste Unterrichtung der als Vertreter der Fraktionen benannten Abgeordneten fand am 13. Dezember 1962 statt. Anwesend waren die Herren Abg. Dr. Kliesing und Leicht für die CDU, Dr. Schäfer und Dr. Mommer für die SPD. Da die Herren Abg. der FDP an diesem Tage nicht teilnehmen konnten, wurde die Unterrichtung am 17. Dezember 1962 nachgeholt.

Weitere Unterrichtungen fanden in der Folgezeit statt, so am 5. Februar 1963, am 10. Februar 1964, am 30. Juni 1964, am 7. Oktober 1964 und am 10. Februar 1965. Der Kreis der sechs Abgeordneten war ab Mitte Juni 1964 um je einen weiteren Vertreter jeder Fraktion, nämlich um die Abg. Dr. Jäger (CSU), Wischnewski (SPD) und Frhr. v. Mühlen (FDP), erweitert worden. Aus den Unterlagen ergibt sich, daß vor allem in der Besprechung vom 20. Februar 1964 die politischen Aspekte des Hilfsprogramms für Israel erörtert wurden. Dabei wurde von allen Beteiligten erneut das Einverständnis zur Durchführung des Vorhabens zum Ausdruck gebracht.

Ich hielt mich für verpflichtet, diese Tatsachen dem Hohen Hause mitzuteilen.

2. Wir haben der Sorge der arabischen Welt über die deutschen Waffenlieferungen an Israel unter Beachtung unserer Abmachungen mit Israel Rechnung zu tragen versucht. Über unsere Lebensfragen aber scheint sich die VAR hinwegsetzen zu wollen. Geordnete Beziehungen zwischen den beiden Völkern setzen gegenseitige Rücksichtnahme voraus. Wir haben stets durch Taten bewiesen, wie ernst es uns um die Bewahrung einer alten Freundschaft ist. Darum haben wir ein Recht zu fragen, wie es jetzt um den Beweis der ägyptischen Freundschaft steht. Wer Ulbricht als Staatsoberhaupt eines souveränen Volkes behandelt, paktiert mit den Spaltern der deutschen Nation. Das ist ein feindseliger Akt. Denn wer die Spaltung Deutschlands gutheißt, kann sich nicht ein Freund des deutschen Volkes nennen.

Die Bundesregierung hat wiederholt erklärt, daß sie zwei Dinge nicht hinzunehmen gewillt ist: Die Zwangsherrschaft in der Zone und die widernatürliche Spaltung Deutschlands.

Wer in der Welt das Recht der Selbstbestimmung des deutschen Volkes nicht anerkennt, sondern die unrechtmäßigen und unmenschlichen Zustände durch engere politische Beziehungen zu jenem Zwangsregime ausdrücklich sanktioniert, muß damit rechnen, daß die Bundesrepublik daraus – wie bereits erklärt – wirtschaftliche und gegebenenfalls darüber hinaus auch politische Konsequenzen zieht.

Ulbricht ist der Exponent jenes unmenschlichen Zwangsregimes in der Zone. Er ist von den Sowjets als Statthalter eingesetzt. Seine Stellung stützt sich auf die russischen Divisionen in der Zone. Präsident Nasser kann diese fragwürdige Politik Ulbrichts nicht unbekannt sein, und er kennt sie auch. Er muß wissen – und ich benutze diese Gelegenheit dazu, es noch einmal klarzustellen –, daß unsere Beziehungen zu Ägypten durch diesen Besuch aufs schwerste belastet werden. Wir werden unsere Wirtschaftshilfe einstellen. Politische Schritte werden wir uns vorbehalten.

Gleichzeitig aber möchte ich mit allem Nachdruck erklären, daß wir unsere Freundschaft zu jenen Staaten besonders pflegen werden, die für unsere nationalen Belange eintreten: Das sind der Anspruch auf Selbstbestimmung und Wahrung der Menschenrechte.

3. Ich glaube, daß es geboten erscheint, sich in diesem Hohen Hause und im deutschen Volk über die ernsten Belastungsproben klarzuwerden, denen sich unsere Deutschlandpolitik ausgesetzt sieht.

Wir dürfen keinen Zweifel darüber aufkommen lassen, daß wir dieser Gefahr mit aller Festigkeit begegnen werden. Es wäre sinnlos und unwahrhaftig, in wortreichen Entschließungen und Treuekundgebungen Bekenntnisse zur Selbstbestimmung und zur Wiedervereinigung abzugeben, wenn wir angesichts einer ernsten Anfechtung dieser Grundsätze und unseres Alleinvertretungsrechts zu resignieren oder gar zu kapitulieren bereit sein würden.

Wir müssen gerade in dieser in immer mehr Parteiungen zerfallenden Welt auf diesem Recht bestehen. Und wenn uns jemand sagen sollte: »Werft doch die sogenannte Hallstein-Doktrin über Bord!« – so können wir nur antworten: Es geht hier um keinen »Fetisch«, sondern um das Leben und die Zukunft von 17 Millionen deutscher Menschen. Es geht um die Grundlagen eines kommenden Friedens und um allgemeingültige, sittliche Maximen, an denen wir auch um der übrigen an sie glaubenden Menschheit willen nicht rütteln lassen wollen.

4. Die VAR, die die kommunistische Gefahr im Innern bisher erfolgreich bekämpft hat, kann nicht blind gegenüber den Folgen sein, die ein weiteres Vordringen des kommunistischen Blocks im Nahen Osten mit sich bringen würde. Nur zu dem Zweck aus dem ganzen Nahost-Raum ein Pulverfaß zu machen, aber nicht etwa aus Liebe zu den Arabern, hat die Sowjetunion seit Jahren Milliardenwerte an Kriegsmaterial in den Nahen Osten eingeschleust. Es ist einfach nicht wahr, daß die in vergleichsweise geringem Umfang an Israel geleisteten deutschen Lieferungen eine Gefahr für die Araber darstellen. Es trifft aber

ebensowenig zu, daß eine Umwandlung des noch ausstehenden Restes in nicht-militärische Leistungen die Verteidigungsfähigkeit Israels in Frage stellen würde.

Im übrigen ist der von Ulbrichts Seite offen zur Schau getragene judenfeindliche Opportunismus ein schlechter Ersatz für die ehrliche Partnerschaft eines freien Volkes.

5. Die Nachfolger Chruschtschows haben das Etikett »Entspannungspolitik« nur nach außen beibehalten. Ihre Maßnahmen im osteuropäischen Bereich, ihr Eingreifen in Südostasien lassen vielmehr vermuten, daß sie wieder zu einer offenen imperialistischen Politik zurückkehren wollen. Sie wollen dabei offensichtlich das Anwachsen nationalistischer Tendenzen in manchen der neuen Staaten und die Gegensätze in weiten Teilen der Welt ihren Zielen nutzbar machen. Der Weltkommunismus hat auch seine militärischen Aggressionen zeitweilig verlagert. An anderen Stellen schürt er statt dessen mit arbeitsteiligen Methoden Unterwühlung, Bürgerkriege, Rassen- und Völkerverhetzung.

Die Bundesrepublik Deutschland ist einen friedlichen Weg gegangen. Unter Entbehrungen und Opfern haben die Deutschen ihr Land wieder aufgebaut. Unter Entbehrungen und Opfern haben sie sich bemüht, Schulden abzutragen, die ihnen das »Dritte Reich« aufgebürdet hat. Unter Entbehrungen und Opfern haben sie aber auch jenen Staaten in Afrika, Asien und Lateinamerika geholfen, deren wirtschaftlich-technische Entwicklung noch am Anfang steht. Dieses redliche Verhalten der Deutschen gibt niemandem das moralische Recht zu Erpressungen oder Beschimpfungen. Die Bundesregierung wird mit aller Festigkeit und Entschlossenheit zu verhindern suchen, daß die gewaltsame Teilung unseres Vaterlands zum Objekt politisch-wirtschaftlicher Spekulationen herabgewürdigt wird. Wer den Deutschen staatliche Einheit, Freiheit und Selbstbestimmung verweigert, kann von ihnen keine Unterstützung bei der Verfolgung eigener nationaler Ziele erwarten.

Der Kommunismus in all seinen Spielarten spekuliert seit je auf die Uneinigkeit und den Zerfall der freien Welt. Er fühlt sich ermutigt, weil er heute statt der früheren geschlossenen Einheit des Westens gelegentliche Gruppierungen und Auflockerungstendenzen zu erkennen meint. Die Gefahren werden um so größer, je weniger deutlich sich die Geschlossenheit des Westens repräsentiert und sich gerade dadurch die kommunistischen Länder zu neuen Aggressionen ermutigt fühlen.

Ich will in diesem Zusammenhang gleichwohl der Erwartung Ausdruck geben, daß wir in den nächsten Monaten mit der Solidarität und Unterstützung unserer Verbündeten in der Deutschlandfrage und ihren Auswirkungen im Nahen Osten rechnen können. Wir vertrauen darauf, daß die guten Beziehungen innerhalb der freien Völker gefestigt und vertieft werden.

Wir wollen das Unsere dazu beitragen, getreu dem Deutschland-Vertrag, dem NATO-Vertrag und all unseren anderen internationalen Verpflichtungen. Wir erwarten Solidarität und Verständnis für unsere Lage und Haltung bei allen Völkern, die guten Willens sind und denen gleich uns Selbstbestimmung, Freiheit und Frieden die höchsten Werte bedeuten.

Quelle: Bulletin vom 19. 2. 1965, Nr. 31, S. 245

199   Zur Verfolgung nationalsozialistischer Straftaten

Stellungnahme des Bundespressechefs Staatssekretär von Hase zur Frage der Verjährung von NS-Verbrechen, 24. Februar 1965

Das Kabinett hat sich in seiner heutigen Sitzung mit dem Bericht des Bundesministers der Justiz befaßt, der dem Deutschen Bundestag zum 1. März 1965 über die Verfolgung nationalsozialistischer Straftaten zu erstatten ist. Bundesjustizminister Dr. Bucher berichtete über die Grundzüge des Berichtsentwurfs, der vom gesamten Kabinett gebilligt wurde und nunmehr an den Bundestag geht.

Nach dem Beschluß des Bundestags vom 8. Dezember 1964 soll der Bundesminister der Justiz berichten,

1. ob in allen in Betracht kommenden Mordfällen Ermittlungen eingeleitet worden sind und die Unterbrechung der Verjährung sichergestellt ist;

2. gegebenenfalls, ob die Bundesregierung bereit ist, die Frage der Verjährungsverlängerung rechtzeitig gemeinsam mit dem Deutschen Bundestag zu prüfen, falls sie zu der Überzeugung gelangt, daß auf andere Weise eine Strafverfolgung solcher Mordtaten nicht gesichert werden kann.

Der Bericht behandelt infolgedessen sowohl die Strafverfolgung durch die ehemaligen Besatzungsmächte, beginnend mit dem Internationalen Militärgerichtshof in Nürnberg, wie die Strafverfahren im Ausland, in erster Linie also in den seinerzeit besetzten Gebieten, die Strafverfolgung durch deutsche Justizbehörden in der sowjetischen Besatzungszone und dem Sowjetsektor in Berlin und schließlich die Strafverfolgung durch Gerichte und Staatsanwaltschaften in der Bundesrepublik Deutschland. Er behandelt die Aufrufe der Bundesregierung und des Bundestags an die Weltöffentlichkeit und ihre Auswirkungen, die systematische Sichtung der Archive und des zur Verfügung stehenden Dokumentenmaterials und schließlich die Schlußfolgerungen dieser »Bestandsaufnahme«.

Der Bericht beweist, daß der Wille zur Ahndung nationalsozialistischer Untaten eine Strafverfolgungsaktion ausgelöst hat, deren Ausmaße in der Rechtsgeschichte einmalig sind. Die deutschen Justizbehörden haben, sobald sie dazu in der Lage waren, eine so systematische Aufklärung der NS-Verbrechen begonnen, daß heute die Ermittlungen nur bei wenigen Tatkomplexen noch nicht abgeschlossen sind. Insgesamt sind über 70 000 Deutsche wegen Kriegs- und NS-Verbrechen verurteilt worden. Gegen weitere 13 000 Beschuldigte sind in der Bundesrepublik noch Verfahren anhängig, bei denen die Verjährung bereits unterbrochen ist oder noch rechtzeitig vor dem 9. Mai 1965 unterbrochen wird.

Um alle Möglichkeiten einer restlosen Aufklärung der unter der Gewaltherrschaft begangenen Straftaten zu erschöpfen, haben die Bundesregierung am 20. November 1964 und der Deutsche Bundestag am 9. Dezember 1964 Appelle mit der Bitte um Mitarbeit an die Weltöffentlichkeit gerichtet. Auf Grund dieser Appelle ist uns weiteres Material, insbesondere aus einigen Ostblockstaaten, zur Verfügung gestellt worden, das zur restlosen Aufklärung bereits bekannter Tatkomplexe dienen kann und auch die Kenntnis bisher noch unbekannter Straftaten und Täter vermittelt hat. Es ist allerdings kaum verständlich, daß es dieser Aufrufe noch bedurfte und daß beispielsweise in der sowjetisch besetzten Zone nach den eigenen Angaben ihrer Machthaber tonnenweise Material vorhanden sein soll, das nach 20 Jahren von den Funktionären der Zone noch nicht ausgewertet worden ist. Der Verdacht propagandistischen Mißbrauchs ist hier wohl kaum von der Hand zu weisen.

Der Bericht der Bundesregierung stellt abschließend fest, daß entgegen der bisherigen Annahme die Möglichkeit nicht ausgeschlossen werden kann, daß nach dem 8. Mai 1965 neue Straftaten bekannt werden, die Anlaß zu weiteren Ermittlungen geben müßten. Die Bundesregierung wird den Deutschen Bundestag in seinem Bemühen unterstützen, unter Wahrung rechtsstaatlicher Grundsätze eine Möglichkeit zu schaffen, daß der Gerechtigkeit Genüge getan wird.

Quelle: Bulletin vom 25. 2. 1965, Nr. 35, S. 273

Erklärung der Bundesregierung zur Lage im Nahen Osten vom 9. März 1965

Die Bundesregierung hat in mehreren Sitzungen eingehend die Nahost-Lage geprüft. Die Fraktionsvorsitzenden aller Parteien des Deutschen Bundestags wurden unterrichtet. Die USA, Großbritannien und Frankreich wurden wegen ihrer besonderen Verantwortung für Gesamtdeutschland konsultiert.

Die Bundesregierung stellt fest, daß durch die Einladung Ulbrichts in die VAR und die jeden Deutschen provozierende Aufnahme, die er dort gefunden hat, die politischen Beziehungen zwischen der Bundesrepublik Deutschland und der VAR auf das schwerste belastet wurden.

Nach dem Besuch Ulbrichts müssen alle arabischen Staaten wissen, daß die Politik von Präsident Nasser die immer bewährte traditionelle Freundschaft zwischen der gesamten arabischen Welt und Deutschland zu stören oder sogar zu zerstören geeignet ist. Die Bundesregierung bedauert diese von Präsident Nasser eingeleitete Entwicklung, die dem kommunistischen Einfluß im arabischen Raum zunehmend freie Bahn gibt.

Das deutsche Volk diesseits und jenseits der Zonengrenze erwartet, daß seine Lebensinteressen respektiert werden. Ulbricht ist der Repräsentant einer kommunistischen Minderheit, die hinter Mauer und Stacheldraht nur mit Hilfe einer ausländischen Macht 17 Millionen unserer Landsleute unterdrückt. Dies ist der Regierung der VAR nicht unbekannt, und sie hat vor allen Völkern, die durch das Selbstbestimmungsrecht zur Unabhängigkeit gelangt sind, dieses Unrecht gebilligt.

Es gibt nur ein deutsches Volk. Nach seinem Willen ist die Regierung der Bundesrepublik Deutschland die alleinige Sachwalterin aller Deutschen. Alle unsere Verbündeten unterstützen nachdrücklich diesen Anspruch. Unsere diplomatischen Beziehungen zu 97 souveränen Ländern, die ihrerseits keine diplomatischen Beziehungen zur SBZ unterhalten, sind überzeugender Ausdruck dieses Tatbestandes.

Nach sehr sorgfältiger Prüfung der Gesamtlage und eingehender Erwägung aller möglichen Entwicklungen auch außerhalb der unmittelbaren deutschen Nahost-Interessen hat der Bundeskanzler entschieden:

1. Die Einladung und die Aufnahme Ulbrichts durch die Regierung der VAR ist von der Bundesregierung mit der Einstellung der Wirtschaftshilfe beantwortet worden. Das bedeutet, daß die Bundesrepublik sich nicht an dem zweiten ägyptischen Fünfjahresplan beteiligt. Sie nimmt auch nicht an den vorbereitenden Verhandlungen teil. Die Bundesrepublik gewährt der VAR keine weitere Kapitalhilfe und lehnt es ab, Ägypten einen neuen Plafond für längerfristige staatlich verbürgte Kredite einzuräumen. Die laufenden Vorhaben werden zur Zeit – selbstverständlich unter Anwendung der Grundsätze des internationalen Rechts – einer Überprüfung unterzogen.

2. Dem in der sowjetischen Besatzungszone lebenden Teil des deutschen Volkes ist das selbstverständliche Recht jedes Volkes auf Selbstbestimmung durch ein Gewaltregime genommen. Eine Aufwertung dieser Zwangsherrschaft wird von der Bundesrepublik Deutschland als unfreundlicher Akt betrachtet und durch jeweils dem Einzelfall angemessene Maßnahmen beantwortet werden.

3. Die Bundesregierung strebt die Aufnahme diplomatischer Beziehungen zu Israel an. Dieser Schritt ist geeignet, zu einer Normalisierung der Verhältnisse beizutragen. Er richtet sich gegen keinen arabischen Staat.

4. Die Bundesregierung hat durch ihre Entscheidung, in Spannungsgebiete künftig keine Waffen mehr zu liefern, und eine Restlieferung im Einvernehmen mit Israel umzuwandeln, zu einer klaren Nahost-Politik einen wichtigen Beitrag geleistet. Die Bundesregierung

legt Wert darauf, in diesem Zusammenhang zu erklären, daß jede Einflußnahme auf ihre Politik in diesem Raum, insbesondere auch auf die Gestaltung ihres Verhältnisses zu Israel – von welchem Konfliktpartner der Nahost-Situation auch immer –, zurückgewiesen wird.

5. Gemeinsam mit ihren Verbündeten, die wiederholt an die Mitverantwortung der Bundesrepublik Deutschland für Ruhe und Frieden im Nahen Osten appelliert haben, wird die Bundesregierung durch ihre Anwesenheit um den Abbau von Spannungen bemüht bleiben.

Quelle: Bulletin vom 9. 3. 1965, Nr. 41, S. 325

201   Zur Entschließung der Arabischen Liga

Erklärung des Bundespressechefs Staatssekretär von Hase über das Verhältnis der Bundesrepublik zu Israel und den arabischen Staaten, 15. März 1965

Die Israelmission in Köln hat heute der Bundesregierung den gestrigen Beschluß des israelischen Kabinetts notifiziert. Ich möchte im Namen der Bundesregierung diesen Beschluß über die Annahme des Angebotes der Bundesregierung zur Aufnahme diplomatischer Beziehungen mit Befriedigung zur Kenntnis nehmen. Abg. Birrenbach wird Mitte dieser Woche zur Fortführung der eingeleiteten Gespräche über alle Punkte, die in der Erklärung der Bundesregierung vom 7. März Israel betreffen, wieder nach Tel Aviv reisen. Ich möchte weiter mit Genugtuung feststellen, daß die deutsche Öffentlichkeit und alle Parteien des Deutschen Bundestages sehr positiv auf den Entschluß der Bundesregierung, diplomatische Beziehungen mit Israel aufzunehmen, reagiert haben.

Dann möchte ich auch gleich, um viele Fragen von heute vormittag sozusagen in einer Antwort zu vereinen, eine erste Stellungnahme abgeben zu der Entschließung der 13 Staaten der Arabischen Liga. Diese gestern bekanntgegebene Entschließung hat die Bundesregierung zur Kenntnis genommen. Die Resolution, die auch auf die beiden Gipfelkonferenzen der Arabischen Liga Bezug nimmt, wird sorgfältig geprüft werden, insbesondere auch nach Eingang weiterer diplomatischer Berichte aus den einzelnen Hauptstädten der Arabischen Liga. Schon jetzt möchte ich für die Bundesregierung feststellen, daß die Regierung einen Abbruch diplomatischer Beziehungen durch die arabischen Staaten oder andere nicht wiedergutzumachende Schritte außerordentlich bedauern würde. Die Bundesregierung ist an einem guten Verhältnis zu allen arabischen Staaten sehr interessiert. Sie hat die arabischen Sorgen wegen der Lage im Nahen Osten sehr ernst genommen.

Die Bundesregierung ist überzeugt, mit ihren Entscheidungen zu der Waffenfrage besonders im Interesse auch der arabischen Staaten einen Entspannungsbeitrag zur Nahostlage erbracht zu haben. Die Bundesregierung wird unverändert ihre Bemühungen fortsetzen, ihre arabischen Gesprächspartner von der Klarheit und Ausgewogenheit und im Interesse aller liegenden Politik, wie sie sich in der am 7. März bekanntgegebenen Erklärung der Bundesregierung darstellt, zu überzeugen.

Quelle: Bulletin vom 17. 3. 1965, Nr. 47, S. 373

Veröffentlichung des Presse- und Informationsamtes der Bundesregierung anläßlich des zehnten Jahrestages des Beitritts der Bundesrepublik Deutschland zur NATO, 5. Mai 1965

Heute vor zehn Jahren, am 5. Mai 1955, wurden die Pariser Verträge ratifiziert. Das Besatzungsstatut und die Hohen Kommissariate wurden aufgehoben; die Bundesrepublik Deutschland trat als souveräner, gleichberechtigter Partner dem kollektiven Sicherheitssystem der NATO bei. Drei Tage später wurde in Paris vor dem Obersten Hauptquartier der Alliierten Streitkräfte Europa, SHAPE, die schwarz-rot-goldene Fahne aufgezogen.

Gestützt auf das einsichtsvolle Ja der Mehrheit des deutschen Volkes zur Landesverteidigung, konnte die Bundesregierung in den vergangenen zehn Jahren die Bundeswehr aus einem Kader von 1 100 Freiwilligen zu einer für die Verteidigung Europas wichtigen Streitmacht ausbauen. Mit dieser einzigartigen Leistung – die 12. deutsche Heeresdivision wurde am 10. April 1965 der NATO unterstellt – sind die Verpflichtungen aus den Pariser Verträgen heute voll erfüllt. Alle deutschen Streitkräfte – bis auf die Territorialverteidigungen – sind bereits im Frieden der NATO unterstellt.

Zehn Jahre nach dem Beitritt der Bundesrepublik zur NATO bieten die deutschen Streitkräfte in Zahlen folgendes Bild:

Personalstärke:	
Heer	278 000
Luftwaffe	93 000
Marine	31 000
Territorialreserve	36 000
insgesamt	438 000

Gliederung: *Heer:* 1 Gebirgsdivision, 1 Luftlandedivision, 3 Panzerdivisionen, 7 Panzergrenadier-Divisionen. *Luftwaffe:* 3 Transportgeschwader, 2 Jagdgeschwader, 5 schwere Jabo-Geschwader, 3 leichte Jabo-Geschwader, 2 schwere Aufklärungsgeschwader, 1 leichtes Aufklärungsgeschwader, 6 Flugabwehrraketen-Bataillone (NIKE), 9 Flugabwehrraketen-Bataillone (HAWK), 2 Flugkörper-Geschwader (Pershing). *Marine:* 3 Marinefliegergeschwader, 1 Landungsgeschwader, 2 Zerstörergeschwader, 1 Küstenwachgeschwader, 1 Flottendienstgeschwader, 1 Marinedienst- und Seenotgeschwader, 1 U-Boot-Geschwader, 5 Schnellbootgeschwader, 5 Minensuchgeschwader, 1 Minenschiffgeschwader, 1 Geleitgeschwader.

Die NATO besteht nun 16 Jahre. Sie hat ihre Hauptaufgabe erfüllt: Das sowjetische Vordringen in Mitteleuropa ist zum Stehen gekommen; seit Gründung der NATO ist kein Zentimeter europäischen Bodens mehr unter kommunistische Herrschaft geraten. Dennoch besteht kein Zweifel, daß das Atlantische Bündnis in einer kritischen Phase seiner Entwicklung steht. Die Ursachen dieser Krise liegen zum Teil darin, daß das Bündnis erfolgreich war: Das Gefühl für die kommunistische Bedrohung ist geschwunden. In der öffentlichen Meinung mancher Bündnisländer ist die Versuchung groß, an den enormen Kosten für die immer teurer werdende Rüstung zu sparen und Entspannungs- und »Verdünnungs«-Vorschlägen zu folgen.

Hinzu kommen die inneren Probleme der Allianz. Ein guter Kenner der Verhältnisse hat vor kurzem die NATO »die Summe der bilateralen Beziehungen der Vereinigten Staaten zu einzelnen europäischen Ländern« genannt; in der Tat werfen die ungeheure Überlegenheit des amerikanischen Potentials einerseits und die amerikanischen Verpflichtungen in Gegenden, die weit außerhalb des NATO-Geltungsbereichs liegen, andererseits viele ungelöste Fragen auf.

Andere Sorgen, die der Allianz zu schaffen machen, sind organisatorischer und geostrategischer Natur. Ohne Zweifel bedarf nach 16 Jahren auch die Kommandostruktur einer Überprüfung. Aber alle Probleme und Sorgen, denen sich die NATO heute gegenübersieht, können und dürfen den Ausblick in die Zukunft nicht verdunkeln. Die Erfolge und Leistungen der NATO sind gewaltig; als erstes und mächtiges bereits im Frieden erprobtes politisches und militärisches Bündnis ist sie ohne Beispiel in der Geschichte. Ihre Erhaltung, ihre Stärkung und ihr weiterer Ausbau sind lebensnotwendig für den ganzen freien Westen. Für Europa und namentlich für die Bundesrepublik Deutschland ist und bleibt die NATO der Garant für Freiheit und Frieden.

Quelle: Bulletin vom 5. 5. 1965, Nr. 78, S. 621

203 Wiedervereinigung und europäische Sicherheit

Deutschland-Erklärung der drei Westmächte und Stellungnahme des Staatssekretärs von Hase, 12. Mai 1965

Der Leiter des Presse- und Informationsamtes der Bundesregierung, Staatssekretär von Hase, nahm auf der Pressekonferenz am 12. Mai 1965 zur Deutschland-Erklärung der Westmächte [1] wie folgt Stellung:

Die Bundesregierung begrüßt die in der Dreimächte-Erklärung zum Ausdruck gekommene Haltung der verbündeten Regierungen. In der Dreimächte-Erklärung wird die Überzeugung ausgesprochen, daß die Bundesregierung mit den drei Mächten darin übereinstimme, daß die Lösung der deutschen Frage nur auf friedlichem Wege und unter Bedingungen erreicht werden könne, die auf Grund einer allgemeinen Übereinstimmung die Sicherheit aller europäischen Staaten gewährleiste. Die Bundesregierung vertritt in der Tat seit jeher diese Grundsätze, nämlich:

1. Die Wiederherstellung der Einheit Deutschlands ist ein notwendiger Bestandteil der gesamteuropäischen Zusammenarbeit im Dienste des Friedens.

2. Gleichzeitig mit der Wiedervereinigung und dem Abschluß eines Friedensvertrages muß ein europäisches Sicherheitssystem entwickelt werden, das allen Freiheit und Sicherheit verbürgt.

[1] Die Erklärung hat folgenden Wortlaut:

Die Regierungen der Französischen Republik, des Vereinigten Königreichs und der Vereinigten Staaten von Amerika haben kürzlich zusammen mit der Regierung der Bundesrepublik Deutschland das deutsche Problem und die Aussichten für eine Wiederaufnahme diesbezüglicher Erörterungen mit der Regierung der Sowjetunion erneut geprüft. Sie haben dies auf Grund der Verpflichtungen und Verantwortlichkeiten getan, die ihnen seit dem Ende des 2. Weltkrieges hinsichtlich Deutschlands einschließlich Berlins und der Zugänge dorthin obliegen und die sie mit der Regierung der Sowjetunion teilen.
Die Möglichkeiten, in dieser Frage an die sowjetische Regierung heranzutreten, werden unter Berücksichtigung der Aussichten, dabei zu nützlichen Ergebnissen zu gelangen, weiterhin geprüft.
Die drei Regierungen sind der Auffassung, daß ohne eine wirkliche Lösung des deutschen Problems, die auf der Ausübung des Selbstbestimmungsrechts in den beiden Teilen Deutschlands beruht, die Lage in Europa als Ganzem ungewiß bleiben und infolgedessen der Friede auf diesem Kontinent nicht in vollem Maße gesichert sein wird. Diese Lösung ist nicht nur im Interesse des deutschen Volkes erforderlich, das seine Wiedervereinigung verlangt, sondern auch im Interesse aller europäischen und anderer beteiligter Völker.
Selbstverständlich kann die unerläßliche Regelung nur auf friedlichem Wege und unter Gegebenheiten erreicht werden, zu denen eine allgemeine Übereinkunft zur Gewährleistung der Sicherheit aller europäischen Staaten gehört. Die drei Regierungen sind überzeugt, daß die Regierung der Bundesrepublik Deutschland, die feierlich auf die Anwendung von Gewalt verzichtet hat, hierin mit ihnen übereinstimmt. Sie erklären erneut, daß im Interesse des Friedens in Europa und in der Welt die nötigen Entscheidungen nicht auf unbestimmte Zeit vertagt werden können.

Quelle: Bulletin vom 13. 5. 1965, Nr. 83, S. 657

Gemeinsames Kommuniqué, Schreiben des Bundeskanzlers Professor Dr. Ludwig Erhard an Ministerpräsident Eschkol sowie Erklärung der Bundesregierung zur Aufnahme diplomatischer Beziehungen mit Israel vom 12. Mai 1965

Gemeinsames Kommuniqué

Die Regierung der Bundesrepublik Deutschland auf Grund einer ihr von dem Bundespräsidenten erteilten Ermächtigung und die israelische Regierung sind übereingekommen, zwischen ihren beiden Ländern diplomatische Beziehungen aufzunehmen.

Der Bundeskanzler an Ministerpräsident Eschkol

Bonn, den 12. Mai 1965

Sehr geehrter Herr Ministerpräsident!

Die Haltung der Bundesrepublik Deutschland in der Vergangenheit beweist, daß sie sich der besonderen Lage der Deutschen gegenüber den Juden in aller Welt einschließlich Israel bewußt ist. Es erfüllt mich mit Genugtuung, daß eine Einigung über den Austausch voller diplomatischer Beziehungen zwischen unseren beiden Ländern erzielt worden ist.

Mit Befriedigung stelle ich ferner fest, daß es gelungen ist, die aus früheren Vereinbarungen mit Israel über Waffenlieferungen noch ausstehenden Restlieferungen in gegenseitigem Einvernehmen umzuwandeln.

Die Bundesregierung ist bereit, in naher Zukunft, das heißt in etwa zwei bis drei Monaten, in Gespräche mit der israelischen Regierung über künftige wirtschaftliche Hilfe einzutreten.

Was die Frage der Tätigkeit deutscher Fachleute im Ausland angeht, so ist ein großer Teil der deutschen Wissenschaftler, Techniker und Experten, die im militärischen Bereich in Ländern außerhalb der NATO tätig waren, während der letzten Monate nach Deutschland zurückgekehrt. Die Bundesregierung hat Grund zu der Annahme, daß ein weiterer Teil der noch verbliebenen Experten, vor allem derer, die im Raketenbau beschäftigt sind, gleichfalls die Absicht hat, in nächster Zeit nach Deutschland zurückzukehren. Die deutschen Behörden gehen mit den gesetzlich dafür vorgesehenen Mitteln gegen solche Personen vor, die deutsche Staatsangehörige ohne Erlaubnis zur Aufnahme einer wissenschaftlichen, technischen oder Sachverständigentätigkeit im militärischen Bereich ins Ausland abzuwerben suchen.

Ich hoffe, daß die von unseren beiden Regierungen getroffene Entscheidung über die Herstellung voller diplomatischer Beziehungen den Weg in eine glücklichere Zukunft der Beziehungen unserer beiden Völker ebnen wird.

Mit dem Ausdruck meiner ausgezeichneten
Hochachtung
gez. Unterschrift

Erklärung der Bundesregierung
zur Aufnahme der diplomatischen Beziehungen zwischen der Bundesrepublik Deutschland und Israel

Deutschland und Israel haben am 12. Mai 1965 diplomatische Beziehungen aufgenommen. Damit wurde ein seit langem nach einer Regelung drängendes Problem der deutschen Politik gelöst und ein wichtiger Schritt auf dem Wege zu einer Normalisierung der Verhältnisse im Nahen Osten getan.

Die Entscheidung der beiden Regierungen dient nicht allein den Interessen der unmittelbar betroffenen Völker.

Einer Aufnahme diplomatischer Beziehungen zu einem früheren Zeitpunkt stand die Erinnerung an die Schrecken der Vergangenheit entgegen. Außerdem geriet das deutsch-israelische Verhältnis bald nach Wiederherstellung der deutschen Souveränität in das Spannungsfeld der Konflikte im Nahen Osten. Die Auseinandersetzung um das Alleinvertretungsrecht der Bundesrepublik Deutschland in diesem Raum erschwerte später eine dem inzwischen erreichten Stand der Verbindungen zwischen Israel und Deutschland entsprechende Regelung. Den letzten Ausschlag hat nicht eine Verkettung äußerer Umstände, sondern die Überzeugung gegeben, daß es sich um eine Sache handelt, die um ihrer selbst willen getan werden muß.

Die Bundesregierung ist überzeugt, mit der Entscheidung des Bundeskanzlers der Sache des Friedens einen Dienst erwiesen zu haben. Die Aufnahme diplomatischer Beziehungen zwischen der Bundesrepublik und Israel richtet sich gegen niemanden und schadet keinem, insbesondere nicht den Völkern der arabischen Staaten, denen das deutsche Volk sich in Freundschaft verbunden weiß.

Die Restlieferungen aus der Waffenabsprache mit Israel sind durch eine einmalige wirtschaftliche Leistung ziviler Natur an Israel ersetzt worden. Es sind keine geheimen Vereinbarungen getroffen worden.

Die durch Bundeskanzler Erhard eingeleitete und nunmehr vollzogene Aufnahme diplomatischer Beziehungen bedeutet einen entscheidenden Schritt in der von der Bundesregierung konsequent verfolgten Politik, mit allen Völkern der Welt in Frieden und Freundschaft zusammenzuarbeiten. Die Bundesregierung kann erwarten, daß ihre Entscheidung richtig gewürdigt wird.

Quelle: Bulletin vom 14. 5. 1965, Nr. 84, S. 665 f.

205 Bundesaußenminister Schröder über eine Zusammenarbeit mit Osteuropa

Artikel des Bundesministers des Auswärtigen, Dr. Gerhard Schröder, in der Oktober-Ausgabe 1965 der Zeitschrift »Foreign Affairs« über Deutschland und Osteuropa (deutscher Text – Auszüge)

I.

Die osteuropäischen Staaten sind erst vor einigen Jahren wieder in das innere Blickfeld westlicher Politik zurückgekehrt. Über ein Jahrzehnt waren sie nicht unserem Denken, wohl aber unserem Handeln entzogen. Die meisten Wege, die wir nach Osten beschritten, führten durch eine frostige und eintönige politische Landschaft an einhundert Millionen Osteuropäern und an ihren Hauptstädten vorbei, unmittelbar nach Moskau. Die Völker Osteuropas und – wie wir heute sehen – auch die osteuropäischen Regierungen haben nicht freiwillig abseits gestanden und nicht freiwillig darauf verzichtet, ihre eigene Zukunft und ihr Verhältnis zur Welt selbst zu gestalten. Solange aber auf Fragen in osteuropäischen Hauptstädten als Antwort nur Moskaus Stimme zu hören war, blieb den Ländern des Westens keine Wahl, als mit denen zu sprechen, deren Wort allein Gewicht hatte.

Das ist inzwischen anders geworden. Beginnend mit den Ereignissen in Polen im Jahre 1956 und dem ungarischen Volksaufstand, bahnten sich in den osteuropäischen Ländern wichtige und vielleicht entscheidende Entwicklungen an, die ihr Verhältnis zur Sowjetunion wie auch ihre Beziehungen untereinander und zur westlichen Welt zunehmend beeinflußten. Die Individualität der einzelnen osteuropäischen Staaten wurde wieder spürbar. Wir sahen, daß das nationale Interesse eine beständigere politische Kraft ist als die ideologische Maxime und daß selbst die jahrelange Übung eines »proletarischen Internationalismus« das Bedürfnis nach internationalen Beziehungen, wie wir sie verstehen, nicht verdrängt hatte. Damit wurde es wieder sinnvoll, die osteuropäischen Staaten als Subjekte der internationalen Politik zu betrachten.

Der deutschen Politik ist gelegentlich vorgeworfen worden, sie hätte diese Entwicklungen erst spät erkannt und dann noch gezögert, die erforderlichen Schlüsse zu ziehen und Entscheidungen zu treffen. Diesen Vorwurf halte ich für unberechtigt. In den Jahren 1960 und 1961 hat ein parlamentarischer Unterausschuß eingehend die Voraussetzungen und Möglichkeiten einer deutschen Osteuropapolitik untersucht. Er zog dabei Sachverständige aus Wissenschaft und Forschung, aus der Politik und aus den Ministerien zu Rate. Obgleich in dieser Zeit die Wandlungstendenzen erst in ihren Anfängen erkennbar waren, gelangte der Ausschuß zu Ergebnissen, die für die deutsche Politik richtungweisend geworden sind. Auf Antrag des Ausschusses nahm der Deutsche Bundestag am 14. Juni 1961 einstimmig eine Entschließung an, in der es heißt: »Die Bundesregierung wird aufgefordert, gemeinsam mit ihren Verbündeten eine Ostpolitik zu führen, deren Ziel die Wiederherstellung eines freien Gesamtdeutschland ist, das auch mit der Sowjetunion und allen osteuropäischen Staaten friedliche und gedeihliche Beziehungen unterhält. Zu diesem Ziel soll die Bundesregierung jede sich bietende Möglichkeit ergreifen, um ohne Preisgabe lebenswichtiger deutscher Interessen zu einer Normalisierung der Beziehungen zwischen der Bundesrepublik und den osteuropäischen Staaten zu gelangen.«

Die Wandlungen im kommunistischen Machtbereich haben uns, im eigentlichen Sinne des Wortes, sprachlos gemacht. Weder können wir weiterhin vom »Ostblock« oder dem »sowjetischen Block« sprechen, noch schon von einem »Commonwealth sozialistischer Staaten«. Wir haben die »osteuropäischen Satelliten« noch nicht neu benennen können und behelfen uns mit der Bezeichnung »osteuropäische Staaten«, wissend, daß damit die spezifischen Bindungen dieser Länder an die Sowjetunion keinen treffenden Ausdruck finden.

Die Unsicherheit unseres Vokabulars entspricht der Unübersichtlichkeit der politischen Szenerie in Osteuropa und der Vielfalt der Entwicklungen in den einzelnen osteuropäischen Staaten. Die Tendenzen zur Liberalisierung im Innern wie die Bemühungen um größere Selbständigkeit nach außen sind von Land zu Land verschieden. Dennoch sind ihnen die Grundzüge gemein. Osteuropäische Staaten beginnen – vorerst auf außenwirtschaftlichem Gebiet und tastend auch schon in der Außenpolitik – ein bescheidenes, aber dennoch relevantes Maß von Selbständigkeit zu zeigen. Sie erscheinen uns wieder als Nationen. Neu ist hierbei nicht, daß die nationalen Eigenschaften der osteuropäischen Völker in Erscheinung treten; die Individualcharaktere dieser Völker blieben auch in den Zeiten strengster sowjetischer Herrschaft erhalten. Neu ist vielmehr, daß die osteuropäischen Regierungen beginnen, diese Eigenarten und Interessen in ihre Überlegungen einzubeziehen und bei innen- und außenpolitischen Entscheidungen zu berücksichtigen, auch dann, wenn sie von den Interessen der Sowjetunion abweichen oder gar mit ihnen kollidieren. Das trifft sie allmählich zu neuen und ihnen gemäßeren Formen in ihren Beziehungen untereinander, zur Sowjetunion und zu den Staaten des Westens.

Es ist wichtig festzustellen, daß diese Tendenzen nur bei den Regierungen der osteuropäischen Staaten sichtbar werden, nicht aber in der sowjetisch besetzten Zone Deutschlands. Dies ist verständlich, wenn man im Sinn behält, daß die Triebkraft für die neuen Entwicklungen in Osteuropa das geschichtlich gewachsene Nationalbewußtsein ist. Wo diese Kraft fehlt, kann es keine eigenständige Politik geben. Wollte das Ulbricht-Regime eine deutsche Politik betreiben, die dem Willen des deutschen Volkes diesseits und jenseits des Eisernen Vorhangs entspricht, so müßte es den Weg zur Wiedervereinigung frei machen und sich damit selbst aufgeben. Zu einer solchen, am nationalen Interesse orientierten Politik ist aber das Zonenregime weder bereit noch fähig. Im Gegensatz zu der allgemeinen Entwicklung muß es weiterhin engste Anlehnung an Moskau suchen. Das zeigt sich in dem sogenannten Freundschaftsvertrag, den Ostberlin und die Sowjetunion am 12. Juni 1964 unterzeichnet haben. Während die osteuropäischen Länder heute freier und selbstbewußter auftreten, ist das Zonenregime von der sowjetischen Machtpolitik wie eh und je völlig abhängig geblieben.

Die Entwicklung in Osteuropa wird häufig als ein Auflösungsprozeß charakterisiert. Ich halte diese Bezeichnung für unzutreffend. Wandlungen brauchen nicht zu einer Auflösung, Lockerungen nicht zum Bruch zu führen. Unabhängig von der fortbestehenden und glaubhaften sowjetischen Drohung, jede offene Desertion mit allen Mitteln zu verhindern, gebieten auch die nationalen Interessen der osteuropäischen Staaten die Beibehaltung enger und guter Beziehungen zu ihrem großen Nachbarn sowohl auf wirtschaftlichem wie auf militärischem Gebiet. Auch die ideologischen Gemeinsamkeiten werden erhalten bleiben, schon weil dies dem Selbsterhaltungstrieb der osteuropäischen Führungsgruppen entspricht. Die Gefahr für die westliche Politik liegt heute nicht sosehr im Übersehen als in einer Überschätzung der Wandlungen in Osteuropa und ihrer Bedeutung. Wir dürfen nicht verkennen, daß die osteuropäischen Regierungen kommunistische Regierungen sind, die ihre innen- und außenpolitischen Endziele nicht geändert haben, und daß sie – außer soweit sie eine erkennbar nationale Politik betreiben – immer noch der Unterstützung durch die Mehrheit der Bevölkerung entbehren. Wir müssen auch sehen, daß die Wandlungen, die wir beobachten und begrüßen, unsere Politik nicht nur erleichtern; die Lösung eines Problems wird nicht dadurch vereinfacht, daß an Stelle konstanter nunmehr variable Faktoren treten. Wir sollten das Argument der Verfechter des Polyzentrismus nicht mit leichter Hand abtun, daß Vielfalt nicht Schwäche, sondern Stärke bedeutet.

II.

Dem Westen erwachsen hieraus neue Aufgaben. Die deutsche Regierung sieht sie und ist bereit, zu ihrer Lösung beizutragen. Der deutschen Politik stehen hierzu mancherlei Möglichkeiten zur Verfügung; sie darf aber auch nicht die besonderen Hindernisse übersehen, die sich gerade einem deutschen Engagement in Osteuropa entgegenstellen.

Trotz der langen und engen Beziehungen zwischen Deutschland und Osteuropa, die sicher nicht immer glücklich, über die Jahrhunderte gesehen aber doch für beide Seiten fruchtbar gewesen sind, und trotz der Kontakte, die sich auch nach dem letzten Krieg aus Wirtschaftsverkehr und Kulturaustausch ergaben, ist Osteuropa für die deutsche Politik heute noch nahezu eine Terra incognita. Der Zweite Weltkrieg hat im Verhältnis zwischen dem geteilten Deutschland und den osteuropäischen Ländern einen geistigen und politischen Ausnahmezustand hinterlassen. Die erste amtliche Vertretung der Bundesrepublik Deutschland in Osteuropa, die Handelsvertretung Warschau, wurde erst im September 1963 eröffnet. Im vergangenen Jahr folgten unsere Handelsvertretungen in Bukarest, Budapest und Sofia. In den westlichen Nachbarstaaten konnte die deutsche Regierung schon im Jahre 1950 die ersten ständigen Vertretungen einrichten ...

Es gibt gelegentlich Stimmen, die zu bedenken geben, wir sollten die Wiedervereinigung Deutschlands weniger als eine programmatische Forderung unserer Politik sehen, sondern als einen historischen Prozeß, der der heilenden Hand der Zeit überlassen werden müsse. Ich glaube, daß dieser Gedanke unrealistisch ist. Eine solche Politik der Resignation müßte den Deutschen jenseits des Eisernen Vorhangs alle Hoffnung nehmen; sie würde dazu beitragen, den widernatürlichen und ungerechten Zustand der Teilung zu verfestigen, ohne doch Europa Ruhe und Sicherheit zu geben, und sie würde einen gefährlichen Spannungs-herd in der Mitte Europas auf unabsehbare Zeit erhalten.

Die wachsende Ungeduld der deutschen Bevölkerung über das Fortbestehen der Teilung Deutschlands findet zunehmend politischen Ausdruck. Keine deutsche Regierung könnte von der Wiedervereinigung abrücken, denn sie ist auf eine Verfassung vereidigt, die ihr aufgibt, für alle Deutschen zu handeln und die deutsche Einheit wiederherzustellen. Sie könnte die Vollendung dieses Auftrags nicht allein der heilenden Hand der Zeit überlassen, ebensowenig, wie eine amerikanische Regierung sich etwa der verfassungsmäßigen Ver-pflichtung »to secure the blessings of liberty to ourselves and our posterity« auf unbe-stimmte Zeit entziehen könnte.

Wir können auch nicht, ohne alle Deutschen angehört zu haben, heute Stellung nehmen zu territorialen Fragen, die erst in einem Friedensvertrag für ganz Deutschland geregelt werden können. Wir haben wiederholt und feierlich versichert, daß wir die Frage der deutschen Ostgrenze friedlich und nicht gewaltsam geordnet wissen wollen.

Eine wirkliche Entspannung erfordert, wie es zuletzt in der gemeinsamen Erklärung der drei Westmächte vom 26. Juni 1964 festgestellt worden ist, die Ausübung des Selbst-bestimmungsrechts in ganz Deutschland. Um dieses elementare Menschenrecht zu verwirk-lichen, kann es nicht das Ziel unserer Politik sein, falsche Hoffnungen zu wecken, sondern das Verhältnis zwischen Ost und West so vertrauensvoll zu gestalten, daß erst die klei-neren, dann aber auch die großen Spannungsherde beseitigt werden können.

Zu diesem Ziel führt kein schneller Weg. Ein guter Anfang wäre gemacht, wenn die osteuropäischen Staaten einsähen, daß die deutsche Frage eine nationale Frage ist und nicht – wie die sowjetischen Führer es wiederholt ausgesprochen haben – eine gesellschaftliche; wenn sie anerkennten, daß nicht zwei gegensätzliche Gesellschaftssysteme in Deutschland miteinander ringen, sondern daß ein Volk wieder zur Einheit finden will. Es gibt Zeichen dafür, daß in manchen osteuropäischen Hauptstädten schon heute mehr Verständnis für den nationalen Charakter der Deutschlandfrage zu finden ist als in Moskau. Mühevoller wird es sein, die osteuropäischen Staaten und die Sowjetunion zu überzeugen, daß ein geeintes Deutschland ihren nationalen Interessen besser entspricht als die Aufrechterhaltung eines ständigen Spannungsherdes im Herzen Europas; daß Deutschland ihre Sicherheit nicht gefährdet, daß Deutschland vielmehr bereit ist, seine Kräfte mit denen der osteuropäischen Völker zur weiteren Entwicklung des gesamten Kontinents zu vereinen.

Ich erwarte nicht, daß uns, wenn wir das Vertrauen der osteuropäischen Staaten wieder-gewonnen haben, die Wiedervereinigung in den Schoß fällt. Das Schlagwort »Der Weg zur Wiedervereinigung führt über Warschau« ist eine Halbwahrheit, mehr noch als die Mei-nung, er führe nur über Moskau. Aber wir hoffen bei unserer Forderung nach Selbst-bestimmung auf das Verständnis aller Staaten, die sich von der Teilung Deutschlands und von der Wiederherstellung seiner Einheit berührt fühlen.

Unsere Politik gegenüber den osteuropäischen Staaten ist nicht gegen Moskau gerichtet noch verfolgt sie den Zweck – wie die sowjetische Propaganda es gelegentlich behauptet –, die Staaten untereinander zu verfeinden oder einen Keil zwischen sie und die Sowjetunion zu treiben. Ein solcher Versuch wäre vermutlich außerdem erfolglos. Keine deutsche Regie-rung wäre so unvernünftig, das ohnehin gespannte deutsch-sowjetische Verhältnis noch zusätzlich dadurch zu belasten, daß sie die osteuropäischen Staaten gegen ihren beherrschen-den Nachbarn aufzubringen versucht.

III.

. . .

Voraussetzung für eine Verbesserung der Beziehungen auf kulturellem und wissenschaft-lichem Gebiet ist Gegenseitigkeit, nicht in einem engen, mechanischen Sinn, sondern in der

Weise, daß beide Seiten aus den gegebenen Möglichkeiten Vorteile ziehen. Es wäre verfehlt, Student gegen Student oder Künstler gegen Künstler aufzurechnen. Doch zu einer gegenseitigen Annäherung kann der Austausch nur führen, wenn den Deutschen wie den Völkern in Osteuropa vergleichbare Gelegenheit gegeben wird, sich einander vorzustellen und sich übereinander zu unterrichten. Hiervon sind wir leider noch weit entfernt.

Die Mitglieder unserer Handelsvertretungen werden allein durch ihre Präsenz in den osteuropäischen Hauptstädten in wachsendem Maße zu nützlichen Gesprächspartnern. Sie können die immer zahlreicheren deutschen Besucher in Osteuropa, Wirtschaftsvertreter, Journalisten oder Wissenschaftler, beraten und ihnen Kontakte vermitteln. Vor allem können sie im täglichen Verkehr mit den amtlichen Stellen ihres Gastlandes dazu beitragen, falsche Vorstellungen über die Bundesrepublik Deutschland zu berichtigen. Der Erfolg solchen stillen Wirkens ist noch nicht meßbar. Die Voraussetzungen für eine erfolgreiche Betätigung dürften aber in Osteuropa gegeben sein. Es könnte zum Nachdenken anregen, daß – anders als die Sowjetunion – keiner der osteuropäischen Staaten unsere schriftliche Bitte um Hilfe bei der Aufklärung nationalsozialistischer Kapitalverbrechen in einer unannehmbar beleidigenden oder unsachlichen Form beantwortet hat.

Wir stehen heute erst am Anfang unserer Beziehungen zu Osteuropa. Die großen Aufgaben liegen noch vor uns; wir wollen diesen Austausch erweitern. Wir wollen aber nicht nur austauschen, sondern uns auch einander annähern. Unsere Politik gegenüber den einzelnen osteuropäischen Staaten wird weiterhin differenziert sein. Es kommt nicht nur auf unseren guten Willen an, sondern vor allem auch auf eine entsprechende Bereitschaft der osteuropäischen Staaten. Wir werden nicht mit aufsehenerregenden Vorschlägen vorsprechen, sondern ebenso geduldig wie aufmerksam sich jeweils bietende Gelegenheiten abwarten.

Eine Verbesserung der Beziehungen ist auch im engeren politischen Bereich anzustreben. Ich spreche vom engeren politischen Bereich, weil ich der Auffassung bin, daß wirtschaftliche oder kulturelle Annäherung schon Politik ist. Selbst wenn unsere westliche Denkweise es erlaubt, Wirtschaft und Kultur von Politik zu abstrahieren, der Marxismus-Leninismus gestattet es nicht; er hat damit nicht ganz unrecht.

Das politische Gespräch zwischen Deutschland und osteuropäischen Staaten muß sich organisch entwickeln. Nichts wäre verfehlter, als übereilt zu handeln. Es wird zunächst die Aufgabe beider Seiten sein, eine günstige Gesprächsatmosphäre zu schaffen, wozu wir, soweit wir nur können, beitragen möchten. Auch die osteuropäischen Staaten könnten hierbei helfen. So wäre z. B. eine gütliche Einigung über humanitäre Fragen ein wesentlicher Fortschritt. In Osteuropa leben noch zahlreiche Menschen deutscher Abstammung, die zu ihren in Deutschland wohnenden Verwandten ausreisen wollen. Die deutsche Regierung fühlt sich verpflichtet, diesen Menschen zur Erfüllung ihres Wunsches zu verhelfen, zumal sie in den osteuropäischen Ländern oft unter dem Mißtrauen gegenüber allem Deutschen zu leiden haben, das der Nationalsozialismus in Osteuropa hinterlassen hat. In dem Maße, in dem durch beiderseitige Beweise guten Willens das Vertrauen wächst, wird die Grundlage für politische Gespräche geschaffen.

Es gibt natürlich Grenzen für ein politisches Entgegenkommen. Die deutsche Politik kann nicht für kurzfristige Erfolge in der Annäherung an Osteuropa langfristige Ziele aufs Spiel setzen.

Oft wird die Frage gestellt, ob eine Aufnahme diplomatischer Beziehungen zu allen oder zu einigen osteuropäischen Staaten neue Perspektiven eröffnen würde. Die theoretischen Einwendungen, die gegen einen solchen Schritt gelegentlich erhoben werden, sind nicht stichhaltig. Nach der Erklärung der Bundesregierung vom 28. Juni 1956 könnten wir zu den osteuropäischen Ländern ebensogut diplomatische Beziehungen aufnehmen, wie wir das seinerzeit gegenüber der Sowjetunion getan haben. Wir müssen jedoch stets darauf bedacht sein, daß unser Recht auf Alleinvertretung Deutschlands in der Welt nicht gefährdet oder gar beeinträchtigt wird.

In Voraussagen über die Entwicklung in Osteuropa sollte große Vorsicht geübt werden. Viele, vielleicht die meisten Kräfte, die das Geschehen in dieser Region bewegen, sind sowohl unserer Einsicht wie unserer Einwirkung entzogen. Wohl können wir den Drang der osteuropäischen Regierungen nach größerer Selbständigkeit und den Wunsch der osteuropäischen Völker nach einem größeren Maß von Freiheit als konstante Faktoren in unsere politische Rechnung einstellen; ebenso müssen wir aber, wie das letzte Jahrzehnt gezeigt hat, mit Ereignissen rechnen, die unsere Bemühungen hemmen. Solche Rückschläge würden gewiß nicht zu einer völligen Umkehr führen; einmal gewährte oder erkämpfte Freiheiten lassen sich nicht ganz entziehen. Möglich ist auch – hierfür bieten die letzten Jahre gleichfalls Beispiele –, daß die Entwicklungen einen schnelleren Verlauf nehmen, als wir heute erwarten.

Wir müssen auf diese Eventualitäten vorbereitet sein. Daraus folgt, daß wir keine starre und bis in die Einzelheiten festgelegte Politik gegenüber den osteuropäischen Staaten planen dürfen, daß wir vielmehr genug Elastizität bewahren müssen, um uns jeder Änderung in der Lage der osteuropäischen Staaten und in ihrer Bereitschaft – oder auch Reserve – zu Kontakten mit der westlichen Welt anpassen zu können. Wir sollten weder Vorleistungen auf eine ungewisse Zukunft erbringen noch – unter dem Eindruck der heutigen Situation – Grundsätze aufstellen, mit denen wir uns morgen vielleicht neue Wege versperren.

Die Politik gegenüber Osteuropa verlangt Vorsicht und Umsicht. Sie fordert Zurückhaltung und Takt. Oft wird es ratsamer sein, auf eine Initiative eines osteuropäischen Staates zu warten, als selbst mit voreiligen Vorschlägen hervorzutreten.

Diese Überlegungen gelten vor allem für die deutsche Politik. Sie können aber auch von allgemeinem Interesse sein, wenn der Westen über die Voraussetzungen und die Ziele einer sinnvollen Osteuropapolitik einig ist und sich auch über ihre Mittel und Wege verständigen will.

Quelle: Bulletin vom 21. 9. 1965, Nr. 155, S. 1253–1256

Rede des Staatssekretärs des Auswärtigen Amts, Professor Dr. Carstens, bei dem Empfang der deutschen Aussteller der Internationalen Chemieausstellung in Moskau vom 22. September 1965 (Auszug) und Erklärung nach seiner Rückkehr aus Moskau am 27. September 1965

... Wir sind der Überzeugung, daß eine Intensivierung des beiderseitigen Warenaustauschs nicht nur im wirtschaftlichen Interesse unserer beiden Länder liegt, sondern daß gute Handelsbeziehungen sich auch günstig auf die allgemeinen Beziehungen auswirken werden. In diesem Monat jährt sich zum 10. Male der Tag, an dem unsere Regierungen die Aufnahme diplomatischer Beziehungen vereinbart haben. Beide Seiten gingen davon aus, daß die Herstellung und Entwicklung normaler Beziehungen zwischen der Bundesrepublik Deutschland und der Sowjetunion zur Lösung der ungeklärten Fragen, die das ganze Deutschland betreffen, beitragen werde. Dazu ist es bisher nicht gekommen. Die Bundesregierung hofft und erwartet jedoch, daß es bei gutem Willen und geduldigen Bemühungen aller Beteiligten möglich sein wird, die großen Fragen der deutsch-sowjetischen Beziehungen in einer für beide Seiten zufriedenstellenden Weise zu lösen und damit der Stärkung des Friedens in Europa und in der Welt zu dienen.

Ich wünsche der Internationalen Chemieausstellung in Moskau im Namen der Regierung der Bundesrepublik Deutschland einen vollen Erfolg.

Erklärung des Staatssekretärs Carstens vor dem Deutschen Fernsehen

Ich habe die Gelegenheit meiner Anwesenheit in Moskau dazu benutzt, um eine größere Zahl von Gesprächen zu führen über die politischen, die wirtschaftlichen und kulturellen Fragen. Und ich glaube sagen zu können, daß diese Gespräche nützlich waren. Sie haben mir die Gelegenheit gegeben, unseren Standpunkt zu diesen Fragen darzulegen und besonders darzulegen, daß die Wiedervereinigung Deutschlands das oberste Ziel nicht nur der Bundesregierung, sondern des ganzen deutschen Volkes bleibt. Die Gespräche haben in einer höflichen Atmosphäre stattgefunden, wenn sich auch naturgemäß die Standpunkte in einigen wichtigen politischen Fragen unvereinbar gegenüberstanden.

Quelle: Die Bemühungen der deutschen Regierung und ihrer Verbündeten um die Einheit Deutschlands 1955–1966, hrsg. vom Auswärtigen Amt, Bonn 1966, S. 540

---

207 Für Wiederaufnahme der Agrarverhandlungen

Erklärung des EWG-Ministerrates zur Agrarpolitik, 26. Oktober 1965

I.
Auf der Tagung des Ministerrats am 25./26. Oktober in Brüssel fand ein eingehender Gedankenaustausch über das von der Kommission am 22. Juli 1965 unterbreitete Memorandum und über die allgemeine Lage der Gemeinschaft seit der Ratstagung vom 30. Juni statt.

II.
Die Regierungen der Bundesrepublik Deutschland, Belgiens, Italiens, Luxemburgs und der Niederlande erklären noch einmal feierlich, daß die Verträge von Paris und Rom entsprechend den darin enthaltenen Grundsätzen im Hinblick auf eine schrittweise Verschmelzung der Wirtschaft der Staaten sowohl auf gewerblichem als auch auf landwirtschaftlichem Gebiet weiterhin durchgeführt werden müssen. Allein auf Grund einer solchen Politik kann sich Europa entfalten, den Lebensstandard seiner Bevölkerung erhöhen und seinen Einfluß in der Welt geltend machen. Die Regierungen sind der Auffassung, daß die Lösung der Probleme, vor denen die Gemeinschaften stehen, im Rahmen der Verträge und der bestehenden Organe gefunden werden muß.

Sie sind überzeugt, daß die am 30. Juni unterbrochenen Verhandlungen so rasch wie möglich wiederaufgenommen werden müssen. Zu diesem Zweck prüften die Delegationen die Vorschläge in den beiden Teilen des Memorandums der Kommission. Sie erklärten sich mit den Grundprinzipien einverstanden, die es ihres Erachtens ermöglichen sollen, die Verhandlungen zu Sechs zum Erfolg zu führen. Sie beauftragten den Präsidenten des Rates, der französischen Regierung dies zur Kenntnis zu bringen und sie dringend zu ersuchen, ihren Platz in den Organen der Gemeinschaft wieder einzunehmen. Sie sind überzeugt, daß es danach unter Anwendung der Gemeinschaftsverfahren möglich sein wird, die nötigen Verordnungen zu erlassen, um die gemeinsame Agrarpolitik im Rahmen einer harmonischen Entwicklung der Gemeinschaft zu vervollkommnen.

III.

Die Delegationen haben ferner den Präsidenten des Rates angesichts der Erklärungen des Präsidenten der Französischen Republik vom 9. September und des französischen Außenministers vom 20. Oktober beauftragt, die französische Regierung im Rahmen des Vertrags von Rom aufzufordern, sich mit ihnen zu einer außerordentlichen Tagung des Ministerrats in Brüssel zusammenzufinden. Diese Tagung könnte ausnahmsweise lediglich in Anwesenheit der Minister stattfinden, wie es die Geschäftsordnung des Rates vorsieht. Auf der Tagesordnung sollte lediglich die Prüfung der allgemeinen Lage der Gemeinschaft stehen.

Es wäre äußerst wünschenswert, daß diese Tagung so bald wie möglich stattfindet.

Quelle: Bulletin vom 29. 10. 1965, Nr. 174, S. 1400

Erklärung des Bundeskanzlers Professor Dr. Ludwig Erhard vor dem Deutschen Bundestag am 10. November 1965 (Auszug zur Deutschland- und Sicherheitspolitik)

... Das Nordatlantische Bündnis hat sich bewährt. Die große militärische Macht unserer Allianz hat Westeuropa geschützt und schützt es weiterhin. Die NATO bildet die Grundlage unserer Verteidigungspolitik.

Sie ist außerdem seit langem ein wichtiges politisches Konsultationsorgan der Verbündeten. In Krisenzeiten hat uns die NATO auch politisch geholfen. Ihre Mitglieder haben sich stets für die Wiedervereinigung Deutschlands in Freiheit eingesetzt.

Angesichts der waffentechnischen Entwicklungen kann die NATO ihre Aufgabe jedoch nur erfüllen, wenn sie bereits im Frieden so organisiert ist, daß sie jeden Gegner davon abhält, einen Angriff zu wagen oder Erpressungen zu versuchen. Die Funktion der Waffen als Mittel der Politik hat sich in unseren Vorstellungen gewandelt. Sie sind für uns und alle friedliebenden Völker nicht mehr dazu bestimmt, einen Krieg zu führen, sondern ihn durch ihre Abschreckungskraft zu verhindern. Immer mehr werden sie ein Instrument politischer Strategie, die auf friedlichen Ausgleich gerichtet ist.

Die Bundesregierung glaubt, daß eine Anpassung der NATO an neue politische und militärische Sachverhalte notwendig ist. Insbesondere müssen jene Probleme gelöst werden, die sich aus der Tatsache ergeben, daß nunmehr einige Mitglieder der Allianz über eigene Kernwaffen verfügen, andere aber nicht. An der nuklearen Verteidigung müssen indessen die Bundesgenossen nach dem Grad ihrer Bedrohung und dem Grad ihrer Lasten beteiligt werden.

Wir denken dabei an Formen einer gemeinsamen nuklearen Organisation und beteiligen uns an den Beratungen mit den verbündeten Mächten. Wir haben wiederholt bekundet, daß wir keine nationale Kontrolle über Kernwaffen anstreben. Wir sollten aber nicht von jeder nuklearen Beteiligung deshalb ferngehalten werden, weil wir ein geteiltes Land sind. Die Spaltung Deutschlands ist ein Unrecht. Dem darf nicht ein zweites dadurch hinzugefügt werden, daß man uns, die wir Wesentliches für das westliche Bündnis tun, die Verteidigung gegen die offene Bedrohung aus dem Osten erschwert. Solche Ansichten schwächen die Allianz, gleichzeitig bestärken sie die Sowjets, auf der Spaltung unseres Kontinents zu beharren...

Quelle: Bulletin vom 11. 11. 1965, Nr. 179, S. 1445–1447

Rede des Ministerialdirektors im Auswärtigen Amt, Dr. Harkort, zum Thema »Wirtschafts-politik und Außenpolitik« in der Evangelischen Akademie Loccum am 9. Dezember 1965 (Auszug)

... Wie dargelegt, ist Außenwirtschaftspolitik ein eigenständiger Teil der Außenpolitik und insoweit nicht ihr Mittel, ihr Werkzeug. Hier ist darüber zu sprechen, ob die Wirtschafts-politik ein Mittel ist oder sein kann im Dienst nicht-wirtschaftlicher, spezifisch außen-politischer, rein außenpolitischer Zielsetzungen, oder wie Sie das nennen wollen. Auf die Frage der Eigengesetzlichkeit der Marktwirtschaft und damit der Eignung der Wirtschafts-politik als Mittel der reinen Außenpolitik werde ich später noch eingehen, wenn ich den möglichen Gegensatz Wirtschaftspolitik/Außenpolitik behandle. Jetzt möchte ich an drei praktischen Beispielen die Wirtschaftspolitik als Mittel der Außenpolitik vorführen: am Interzonenhandel, an der Europäischen Wirtschaftsgemeinschaft, an der Entwicklungs-politik.

Die sowjetische Besatzungszone wird nicht als Staat anerkannt, offizielle Verbindungen zu ihr fehlen. Gleichwohl fördert die Bundesregierung den Interzonenhandel. Sie tut das nicht wegen seiner wirtschaftlichen Bedeutung; das wirtschaftliche Interesse der Zone am Interzonenhandel ist weit größer als das unsere. Warum also? Der Interzonenhandel ist gegenwärtig das stärkste reale Band zwischen den beiden Teilen Deutschlands; wir wollen es erhalten. Der Interzonenhandel ist ein wichtiges politisches Instrument, um den freien Zugang von Berlin und nach Berlin zu sichern. Dies Instrument der Sicherung bleibt nur wirksam, wenn die Sowjetzone von unseren Lieferungen abhängig bleibt. Deshalb das Bemühen, den Interzonenhandel auszubauen, insbesondere im Bereich der Investitions-güter.

Nächst der Wiedervereinigung und zusammen mit der Sicherung einer starken NATO ist die politische Integration Europas, im Rahmen einer loseren atlantischen Gemeinschaft, das Hauptziel unserer Außenpolitik vom Beginn der Bundesrepublik Deutschland an. Die Europäische Verteidigungsgemeinschaft, im Zusammenhang mit ihr stehend der Versuch, direkt eine Europäische Politische Gemeinschaft zu errichten, schlug fehl. Aber der Gedanke der politischen Integration überlebte diese Mißerfolge. Wenn seine Verwirklichung nicht aufgegeben werden sollte, blieb nur noch der Weg oder Umweg, mit einer wirtschafts-politischen Integration zu beginnen. Dieser Weg, bereits begonnen mit der Errichtung der Montanunion, wurde auf der Konferenz von Messina fortgesetzt, es folgten die Brüsseler Verhandlungen, die Unterzeichnung der Römischen Verträge, seit 1958 ist die Europäische Wirtschaftsgemeinschaft eine Realität, deren Lebensfähigkeit und Zukunft bis vor ein paar Monaten wenige bezweifelt haben.

Weil der Text der Römischen Verträge nichts über das politische Ziel eines politisch ge-einigten Europas enthält, hat man später vielfach behauptet, die mit der EWG verfolgten Ziele seien rein wirtschaftspolitisch: die Schaffung eines großen Raumes mit binnenmarkt-ähnlichen Wirtschaftsverhältnissen. Historisch ist das ganz sicher falsch. Genügt nicht ein Blick auf die Zusammensetzung der Sechsergemeinschaft: Warum gerade mit diesen Fünf und nicht mit anderen Partnerstaaten, mit leichter harmonisierbaren Wirtschaftsinteres-sen –, wenn nur die Schaffung eines großen Wirtschaftsgebiets und nicht mehr gemeint war?

Wer an den Verhandlungen über die Römischen Verträge teilgenommen hat oder die Arbeit aller an der EWG Beteiligten verfolgt hat, kann nicht annehmen, daß irgend jemand, damals oder heute, geglaubt hat: Die EWG für sich allein garantiere die politische Integra-tion Europas. Es war immer klar: Die politische Integration kommt nicht ohne neue politische Aktion. Aber man hat, und ich meine mit Recht, stets angenommen, daß die wirtschaftspolitische Integration (ich erinnere übrigens daran, daß auch Wirtschaftspolitik schon Politik ist) den Erfolg eines neuen, auf die politische Integration gerichteten Impulses wirksam vorbereiten könne und müsse, daß ohne eine solche Vorbereitung das große politische Ziel wenig Chancen habe.

Ich sage das, um zu zeigen, daß die EWG ein Beispiel großen Stils dafür ist, wie Wirtschaftspolitik als Mittel der Außenpolitik verwendet werden kann. Beweist die derzeitige Brüsseler Krise, daß sie ein untaugliches Mittel war? Mir scheint, nein. Zwar hat ein wichtiger Partner sich gegen das Konzept der wirtschaftlichen und der politischen Integration gestellt, das die anderen fünf nicht aufgegeben haben, dessen baldige Verwirklichung aber auch ihnen schwieriger scheint angesichts bestimmter außenpolitischer Tendenzen eben dieses Partners. Mit der Rückkehr des sechsten Mitglieds nach Brüssel wäre diese politische Schwierigkeit zwar nicht behoben, aber die Vorbereitung, von der ich sprach, könnte weitergehen in der Erwartung einer später günstigeren Konstellation für den großen politischen Schritt. Das wirtschaftspolitische Interesse des z. Z. abwesenden Partners (und letztlich auch sein politisches) am Fortbestand der EWG ist so groß, daß – trotz allem – die Rückkehr wahrscheinlicher ist als das Wegbleiben auf die Dauer. Dann kann es in Brüssel, wenn auch vielleicht zunächst mit gedämpfterem Trommelklang, wieder richtig weitergehen. –

Entwicklungspolitik als Mittel der Außenpolitik. Darüber spricht sich zur Zeit in Loccum leichter als in Bonn, wo dieses Thema etwas heikel geworden ist, wie mir scheint unnötigerweise. Nach der hier verwendeten Definition ist die Gestaltung der Gesamtbeziehungen zu den Entwicklungsländern und damit auch die Entwicklungspolitik Teil der Außenpolitik, ein sehr wichtig gewordener Teil der Außenpolitik. Wenn man ganz genau sein will: der Außenpolitik nicht nur gegenüber den Entwicklungsländern, sondern auch gegenüber den anderen Ländern, die Entwicklungshilfe leisten; diese anderen Industrieländer nehmen es uns bekanntlich politisch sehr übel, wenn wir zu wenig Entwicklungshilfe leisten.

Entwicklungshilfe, sei es Technische Hilfe, sei es Kapitalhilfe, sei es Handelshilfe, soll die Entwicklungsländer in den Stand setzen, ihre wirtschaftlichen und ihre sozialen Verhältnisse schneller zu verbessern, als es ihre eigenen schwachen Kräfte erlauben. Die Motive für die Entwicklungspolitik sind vielfältig: humanitäre, das Elend in vielen dieser Länder ist unvorstellbar; wirtschaftlich, nur wirtschaftlich kräftigere Länder sind lohnende Absatzmärkte, können nachgefragte Waren liefern, bieten Investitionschancen; die Milderung, in der amerikanischen Formel, des Gefälles zwischen der nördlichen und der südlichen Welt, Vorbedingung für ein erträgliches Zusammenleben von reicheren und ärmeren Völkern im nachkolonialen Zeitalter; schließlich rein nationalpolitische Ziele, es sei nur die Verteidigung des Alleinvertretungsanspruchs unseres Staates genannt.

Nun, jedes dieser Motive für die Entwicklungspolitik ist klarerweise auch ein Motiv der deutschen Außenpolitik; jedes der so motivierten Ziele ist auch ein Ziel der deutschen Außenpolitik und das Mittel, ihnen nachzukommen, eben die Entwicklungspolitik, ein Mittel der deutschen Außenpolitik. Zu einem anderen Resultat gelangt man freilich, wenn man als Außenpolitik nur die Bemühung entweder um nationalpolitische Ziele im engsten Sinn oder um rein tagespolitische Erfolge ansieht – sicherlich eine unzulässige Verengung.

Ein ganz anderes Problem ist es natürlich, welchen Zielen im Bereich der Entwicklung die Außenpolitik jeweils den Vorrang vor anderen gibt; und wieder ein anderes, für die Erreichung welcher außenpolitischen Ziele die Entwicklungspolitik ein geeignetes, weniger geeignetes oder ungeeignetes Mittel ist.

Darauf komme ich gleich zurück, nachdem ich noch ein paar Worte, dem Aufbau dieses Referats entsprechend, über die Außenpolitik, die reine Außenpolitik als Mittel der Wirtschaftspolitik gesagt habe.

Die Zeiten, da ein Kreuzer in den Hafen lief, um an die Zahlung rückständiger Schulden zu erinnern, sind vorbei. Der Erwerb von Kolonien, die Errichtung von Protektoraten, um Absatz und Liefermärkte zu sichern, gehört der Vergangenheit an. Was heute die Außenpolitik für die Wirtschaftspolitik leisten kann, ist die Schaffung freundschaftlicher oder normaler politischer und rechtlich gesicherter Beziehungen, auf deren Grundlage die wirtschaftlichen gedeihen. Das geschieht durch die tägliche diplomatische Arbeit, unterstützt durch die Öffentlichkeitsarbeit in den schon früher erwähnten vielfältigen Formen ...

Quelle: Akten des Auswärtigen Amts

210 Präsident de Gaulle und die NATO

Erklärung des Bundesministers des Auswärtigen, Dr. Gerhard Schröder, vor dem Deutschen Bundestag zur französischen NATO-Politik, 17. März 1966 (Auszüge)

... Frankreich hat, wie Sie alle wissen, in den letzten Tagen und Wochen seinen 14 Partnern in der nordatlantischen Allianz mitgeteilt, daß es die französische Stellung in diesem Bündnis einer tiefgreifenden Revision unterziehen will. Schon seit längerer Zeit hatte die französische Regierung bei verschiedenen Gelegenheiten zum Ausdruck gebracht, daß sie zwar an dem atlantischen Bündnis festhalten wolle, die gegenwärtige Organisation dieses Bündnisses jedoch für nicht mehr zeitgemäß halte. Frankreich hat allerdings niemals konkrete Vorschläge zur Änderung der Organisation gemacht.

In seiner Pressekonferenz am 21. Februar dieses Jahres hat nun der Herr französische Staatspräsident die von Frankreich jetzt beabsichtigten Schritte erstmals genauer dargelegt. In Schreiben an mehrere Regierungschefs und in den Memoranden, die in der vergangenen Woche den verbündeten Regierungen übergeben und anschließend veröffentlicht worden sind, hat die französische Regierung weitere Einzelheiten mitgeteilt. Diese Erklärungen haben im wesentlichen folgenden Inhalt: Frankreich fordert zur Wiederherstellung seiner vollen Souveränität, die nach seiner Auffassung durch die gegenwärtige Struktur der Allianz beeinträchtigt ist, daß alle Verbände und Einrichtungen verbündeter Staaten auf französischem Boden keinem anderen als französischem Oberbefehl unterstellt werden, seine Truppen auf fremdem Boden, d. h. die französischen Streitkräfte in Deutschland, ebenfalls allein unter französischem Oberbefehl stehen.

Hierzu verlangt Frankreich eine Änderung der Vereinbarungen über die auf französischem Boden stationierten amerikanischen und kanadischen Einheiten und Einrichtungen und die Beendigung der Unterstellung seiner bisher dem NATO-Oberbefehlshaber Europa assignierten Land- und Luftstreitkräfte in Deutschland. Es beabsichtigt, seine Mitarbeit in den integrierten Kommandobehörden des Oberbefehlshabers Europa – SHAPE – und des Kommandobereichs Europa Mitte – AFCENT – einzustellen, und fordert schließlich die Verlegung dieser beiden Hauptquartiere. Zugleich bekundet es seine Absicht, Mitglied der NATO-Allianz zu bleiben, auch über das Jahr 1969 hinaus, vorausgesetzt, daß keine grundlegenden Veränderungen im Ost-West-Verhältnis eintreten.

Zur Begründung dieser einschneidenden Maßnahmen beruft sich Frankreich auf die seit 1949 veränderte Weltlage. Die Bedrohung der westlichen Welt habe sich vermindert, Europa sei nicht mehr das Zentrum internationaler Krisen, schließlich besitze Frankreich jetzt nukleare Waffen, die sich ihrer Natur nach einer Integration entzögen. Frankreich sei heute eine Nuklearmacht und dadurch in die Lage versetzt, die damit verbundene politische und strategische Verantwortung selbst in die Hand zu nehmen. Alles dies schließe ein Verbleiben Frankreichs in der integrierten Verteidigung der NATO aus.

Frankreich bietet seinen Verbündeten Verhandlungen über die sich aus diesen Entscheidungen ergebenden Fragen an, vor allem über eine neue Form der Zusammenarbeit der französischen Streitkräfte mit denen der Verbündeten. In dem der Bundesregierung zugestellten Memorandum erklärt sich die französische Regierung bereit, mit uns zusammen die Lage zu prüfen, die sich für die in Deutschland stationierten französischen Streitkräfte und für die Einrichtungen ergibt, welche Frankreich der Bundeswehr nach dem Abkommen vom 25. Oktober 1960 in Frankreich zur Verfügung stellt.

Das Hohe Haus wird verstehen, daß es heute noch nicht möglich ist, eine umfassende Analyse und eine umfassende Bewertung der militärischen und politischen Auswirkungen des französischen Schrittes zu geben ...

Ich möchte mich deshalb heute auf einige erste grundsätzliche Bemerkungen beschränken.

Erstens. Die angekündigten französischen Maßnahmen berühren das atlantische Bündnis in seinem Kern. Alle Partner werden die sich daraus ergebende Lage gemeinsam zu prüfen haben. Sie haben damit bereits begonnen. Auf der Ministerratstagung der Westeuropäischen Union in London, von der ich gerade komme, hat ein erster Meinungsaustausch stattgefunden, der eine Übereinstimmung zwischen Großbritannien, Italien, den Niederlanden, Belgien, Luxemburg und Deutschland zeigte.

Zweitens. Die Bundesrepublik Deutschland ist im Jahre 1955 einem Allianzsystem beigetreten, bei dem Geben und Nehmen, Rechte und Pflichten in einem ausgewogenen Verhältnis stehen. Die Verträge vom Oktober 1954, welche das Besatzungsregime in der Bundesrepublik Deutschland beendeten und zu ihrer Aufnahme in die NATO führten, bilden eine politische und rechtliche Einheit. Zu ihnen gehören sowohl der Deutschland-Vertrag, der den drei Verbündeten ein Stationierungsrecht für ihre Streitkräfte einräumt, wie die grundlegende Entschließung des NATO-Rats zur Durchführung von Artikel IV der Londoner Schlußakte, in der das Prinzip der Unterstellung der Streitkräfte der Verbündeten in Kontinental-Europa unter ein gemeinsames NATO-Oberkommando und die Befugnisse dieses Oberbefehlshabers verankert sind.

Dieses Vertragssystem hat sich in der Vergangenheit bewährt. Es hat uns und unseren Partnern den Frieden gesichert und einen wesentlichen Beitrag, oder sage ich lieber: den wesentlichen Beitrag zur Stabilität der westlichen Welt geleistet.

Die Bundesregierung ist auch heute davon überzeugt, daß nur eine bereits im Frieden gemeinsam vorbereitete Verteidigung mit gemeinsamer operativer Planung und unter einheitlichem Befehl – eben das System der »integrierten« Verteidigung – Aussicht bietet, einen potentiellen Gegner von einem Angriff abzuhalten. Sie verharrt dabei nicht etwa in den gewohnten Denkformen, sondern sie sieht angesichts der ständig fortschreitenden Waffentechnik in der Integration die einzige Möglichkeit, die Sicherheit der Allianz zu gewährleisten, weil nur so im Falle eines Angriffs die Automatik der notwendigen Verteidigungsmaßnahmen gesichert ist. Mit diesem System ist die Präsenz der militärischen Macht der Vereinigten Staaten in Europa eng verbunden. Ohne dieses System wäre den kleineren Nationen die Möglichkeit genommen, sich an einer modernen Verteidigung gleichberechtigt und verantwortlich zu beteiligen.

Drittens. Sicher hat sich die Weltlage seit 1949 geändert. Wir vermögen aber nicht der Behauptung zu folgen, die Bedrohung Westeuropas habe sich vermindert und Europa sei nicht mehr ein Zentrum internationaler Krisen.

Die Warschau-Pakt-Staaten und insbesondere die Sowjetunion haben ihr militärisches Potential in Mittel- und Osteuropa erheblich verstärkt und modernisiert. Die Sowjetunion besitzt die stärkste konventionelle Streitmacht in der Welt und verfügt über eine große Zahl von Kernwaffen. Die Masse ihres militärischen Potentials ist im Westen ihres Herrschaftsbereichs konzentriert. Wir unterstellen den östlichen Regierungen nicht die Absicht, den Westen militärisch anzugreifen. Indes ist nach unserer Auffassung das Maß der Bedrohung nicht allein von den jeweiligen Absichten des möglichen Gegners abhängig. Entscheidend bleibt vielmehr das auf der Gegenseite vorhandene Potential. Im Hinblick hierauf besteht – leider – für das NATO-Bündnis noch kein Anlaß, in seinen Verteidigungsanstrengungen und in seiner Wachsamkeit nachzulassen . . .

Viertens: Die Bundesregierung ist, wie gesagt, der Ansicht, daß die von Frankreich angekündigten Schritte zur Neuregelung seines Verhältnisses zur Allianz nicht den einzelnen Mitgliedstaat, sondern die Gesamtheit der Verbündeten angehen. Sie wird daher die Probleme, welche sich aus den von Frankreich beabsichtigten Maßnahmen ergeben, mit den übrigen Verbündeten beraten. Diese bereits begonnenen vertraulichen Beratungen werden wegen der Bedeutung der aufgeworfenen Probleme geraume Zeit in Anspruch nehmen.

Fünftens. Die angekündigten französischen Maßnahmen betreffen die Bundesrepublik Deutschland insoweit besonders, als Frankreich seine im Bundesgebiet stationierten Streitkräfte aus der NATO-Unterstellung herauslösen will. Die Bundesregierung ist auch hier der Ansicht, daß die damit verbundenen Probleme nicht sie allein, sondern die Partner der Verträge von 1954 angehen.

Meine Damen und Herren, ich möchte hinzufügen, daß die Bundesregierung sich in ihrer Politik weiterhin von dem Geist leiten lassen wird, der zur Aussöhnung zwischen dem deutschen und dem französischen Volk geführt hat.
(Beifall bei den Regierungsparteien und bei Abgeordneten der SPD.)

Wir sind der Überzeugung, daß Aussöhnung und Freundschaft zwischen den beiden großen Nachbarvölkern ein dauerndes Element der beiderseitigen Politik sind und bleiben müssen.
(Beifall bei den Regierungsparteien und bei Abgeordneten der SPD.)

Sechstens. Schließlich möchte ich noch sagen, daß die Bundesrepublik Deutschland die gegenwärtige Entwicklung nicht zum Anlaß nehmen wird, eigene vertragliche Bindungen gegenüber der Gesamtheit ihrer Partner in Frage zu stellen.
(Allgemeiner Beifall.)

Das, was in der Allianz an militärischer und politischer Zusammenarbeit erreicht worden ist, wollen wir erhalten und wollen wir mehren.

Herr Präsident, meine Damen und Herren, die kommenden Wochen werden gewiß manche Schwierigkeiten mit sich bringen. Wir werden daher gemeinsam mit dem Hohen Haus besonnen und fest bleiben müssen. Dabei sollten wir mit dem freundschaftlichen Freimut sprechen, den die Lage von uns verlangt.
(Beifall bei den Regierungsparteien und bei Abgeordneten der SPD.)

Quelle: 5. Deutscher Bundestag vom 17. 3. 1966, S. 1438–1440

211   Friedensnote der Bundesregierung

Note der Bundesregierung zur deutschen Friedenspolitik an alle Regierungen der Staaten, zu denen sie diplomatische Beziehungen unterhält, 25. März 1966

I.

Das deutsche Volk will in Frieden und Freiheit leben. Seine größte nationale Aufgabe sieht es darin, die Teilung zu überwinden, unter der es seit vielen Jahren leidet. Die Regierung der Bundesrepublik Deutschland hat mehrfach erklärt, daß das deutsche Volk bereit wäre, für seine Wiedervereinigung auch Opfer auf sich zu nehmen. Es ist entschlossen, diese Aufgabe nur mit friedlichen Mitteln zu lösen.

Der Gedanke an einen neuen Krieg, der ganze Länder und Völker und selbst Erdteile vernichten würde, ist ihm unerträglich. Es will dazu beitragen, daß sich eine solche Katastrophe niemals ereignen kann; und in diesem Wunsche weiß es sich mit allen vernünftigen Menschen einig.

Seit vielen Jahren bemühen sich die Regierungen, die politischen Probleme zu lösen, die den Spannungen zwischen den Mächten zugrunde liegen, und die Gefahren abzuwenden, die sich aus dem Wettrüsten, vor allem aus der Zunahme der Massenvernichtungswaffen, ergeben. Das Ergebnis dieser Anstrengungen ist enttäuschend. Die entscheidenden Fragen sind ungelöst, und der Wille, sie überhaupt ernsthaft zu erörtern, ist bei den einzelnen Atommächten nicht gleich stark.

Die Regierung der Bundesrepublik Deutschland ist nach wie vor der Ansicht, daß eine weltweite, allgemeine und kontrollierte Abrüstung das Ziel sein muß. An diesem Ziel ändert sich auch nichts durch eine monotone Propaganda, die den Standpunkt der Bundesregierung zu den Fragen der Abrüstung und Sicherheit in Zweifel zu ziehen und zu mißdeuten sucht.

Getragen von der Sorge um die weitere Entwicklung beehrt sie sich deshalb, der . . . . Regierung [1] in dieser Note ihre Friedenspolitik zusammenhängend darzustellen und einige Vorschläge zur Abrüstung, Rüstungskontrolle und europäischen Sicherheit zu unterbreiten.

II.

Die Bundesregierung ist der Ansicht, daß – guten Willen und redliche Absichten auf jeder Seite vorausgesetzt – auch die schwierigsten Probleme zwischen den Völkern auf friedliche und gerechte Weise gelöst werden können. So hat sie sich mit Deutschlands Nachbarn im Westen über alle Fragen verständigt, die nach dem Kriege zwischen ihnen offengeblieben waren.

Das deutsche Volk wünscht in einem guten Verhältnis zu allen seinen Nachbarn, also auch den osteuropäischen, zu leben. Die Bundesregierung hat daher auf mannigfache Weise versucht, die Beziehungen zu den Staaten und Völkern Osteuropas zu verbessern. Wenn man berücksichtigt, daß manche diese Politik mit unbegründetem Mißtrauen beobachten oder sie sogar nach Kräften zu hintertreiben suchen, sind die Ergebnisse, im Ganzen gesehen, doch befriedigend; sie ermutigen die Bundesregierung, diesen Kurs fortzusetzen.

Obwohl die Bundesregierung sich besondere Mühe gab, das Verhältnis zu Polen zu pflegen, das von allen osteuropäischen Nationen im Zweiten Weltkrieg am meisten gelitten hatte, konnte sie hier nur geringe Fortschritte erzielen. Die polnische Regierung ist zwar offensichtlich an einem regeren deutsch-polnischen Handel interessiert, hat aber bisher nicht erkennen lassen, daß ihr an einer Verständigung zwischen den beiden Völkern gelegen ist. Sie erschwert vielmehr die von uns erstrebten kulturellen Kontakte, tritt dafür ein, daß die Teilung Deutschlands weiter aufrechterhalten wird, und verlangt gleichzeitig von der Bundesregierung die Anerkennung der Oder-Neiße-Linie, obwohl allgemein bekannt ist, daß die Regelung der Grenzfragen nach den alliierten Vereinbarungen des Jahres 1945 bis zum Abschluß eines Friedensvertrages mit ganz Deutschland aufgeschoben ist und daß Deutschland völkerrechtlich in den Grenzen vom 31. Dezember 1937 fortbesteht, solange nicht eine frei gewählte gesamtdeutsche Regierung andere Grenzen anerkennt.

Wenn zu gegebener Zeit die Polen und die Deutschen über die Grenze in dem gleichen Geiste sprechen, der den Ausgleich zwischen Deutschland und seinen westlichen Nachbarn herbeigeführt hat, dann werden auch Polen und Deutsche sich einigen. Denn in dieser Frage darf weder die Leidenschaft noch allein die Macht des Siegers entscheiden, hier muß die Vernunft siegen.

Die Bundesregierung hat in den vergangenen Jahren mit Polen, Rumänien, Ungarn und Bulgarien amtliche Beziehungen aufgenommen. Sie bemüht sich um solche Beziehungen auch zur Tschechoslowakei und würde es begrüßen, wenn sich wieder ein freundlicheres Verhältnis zwischen der Bevölkerung jenes Staates und dem deutschen Volk ergeben würde.

Die Bundesregierung ist der Auffassung, daß das Münchener Abkommen aus dem Jahre 1938 von Hitler zerrissen wurde und keine territoriale Bedeutung mehr hat. Sie erhebt daher, wie sie mehrfach erklärt hat, gegenüber der Tschechoslowakei keine territorialen Ansprüche; sie betont, daß dies die verantwortliche Darstellung der deutschen Politik ist.

Die Bundesregierung verfolgt weder eine Revanchepolitik noch eine restaurative Politik. Ihr Blick ist nicht rückwärts, sondern vorwärts gewandt. Ihr Ziel ist eine gerechte, auf friedlichen Vereinbarungen beruhende europäische Ordnung, in der alle Völker frei und als gute Nachbarn miteinander leben können. Auch die Sowjetunion und die osteuropäischen Staaten sind Teil Europas.

Schon durch ihre Mitarbeit an der Neugestaltung Westeuropas hat die Bundesregierung gezeigt, daß sie über die Verhältnisse Vorkriegseuropas hinausblickt. Sie sucht neue Formen internationaler Zusammenarbeit, weil sie überzeugt ist, daß die alte nationalstaatliche Ordnung unseres Erdteils den großen politischen, wirtschaftlichen und technischen Aufgaben unserer Zeit nicht mehr gewachsen ist. Diese Aufgaben lassen sich nur gemeinschaftlich lösen.

Daher hat sich die Bundesregierung an allen Vorhaben beteiligt, die auf einen europäischen Zusammenschluß hinsteuern. Nirgendwo hat der Gedanke einer Einigung Europas solchen Widerhall gefunden wie in der Bundesrepublik Deutschland, die sogar in ihrem Grundgesetz die Abtretung von Hoheitsrechten an übernationale Organisationen vorsieht. Eine Politik nun, die auf internationale Zusammenarbeit und Zusammenschlüsse gerichtet ist, dient dem Frieden; sie braucht den Frieden, wenn sie ihre Ziele erreichen will.

III.

Dieser Frieden ist aber nicht gesichert. Die Regierung der UdSSR hat wiederholt verkündet, sie wünsche keinen Krieg. Die Bundesregierung geht davon aus, daß dieser Wunsch ernst gemeint ist. Die sowjetischen Versicherungen werden jedoch entwertet durch ganz eindeutige und massive Drohungen, wie sie nicht selten an die Bundesregierung gerichtet wurden, z. B. in der Note der sowjetischen Regierung vom 5. Februar 1963, wo es heißt:

»Man kann sich unschwer vorstellen, daß im Falle eines thermonuklearen Krieges die mächtigen und konzentrierten Schläge der Raketen- und Kernwaffen unausbleiblich über Westdeutschland hereinbrechen und daß es einen dritten Weltkrieg nicht überleben würde.«

Und am 16. Januar 1963 erklärte der damalige sowjetische Ministerpräsident in Ost-Berlin, die Bundesrepublik Deutschland »werde, wenn ein Krieg ausbricht, schon in der ersten Stunde abbrennen wie eine Kerze«.

Noch im vergangenen Monat behaupteten sowjetische Marschälle, »jeden beliebigen Gegner in kürzester Zeit von der Erde hinwegfegen zu können«; sie erklärten, »die Arroganz der westdeutschen Revanchisten zwinge sie dazu, ihr Pulver trocken zu halten«, aber man habe ja die Mittel, »um die Hitzköpfe abzukühlen«. – In einer solchen Sprache zeigt sich eine Einstellung, die die Bundesregierung nur mit Sorge betrachten kann. Sie hat dazu um so mehr Anlaß, als die Sowjetunion tatsächlich über die stärksten Landstreitkräfte Europas verfügt und darüber hinaus ein sehr großes Arsenal von Atom- und Wasserstoffbomben, Trägerraketen und eine Flotte von Atombombern sowie Raketen-U-Booten besitzt. Sowohl ihre konventionellen wie ihre nuklearen Streitkräfte hat sie im Westen ihres Machtbereiches konzentriert.

IV.

Die Bundesrepublik Deutschland hatte bis 1955 keine eigenen Truppen. Ihre Sicherheit beruhte allein auf dem Schutz, den ihr die westlichen Alliierten gewährten. Erst im Mai 1955 trat sie der NATO bei und begann den Aufbau der Bundeswehr. Heute hat die Bundesrepublik Deutschland eine Verteidigungsmacht, besitzt aber keine Kernwaffen und verfügt auch nicht über sie.

Die Bundesrepublik Deutschland hat schon in den Pariser Verträgen des Jahres 1954 auf die Herstellung von Massenvernichtungswaffen, insbesondere von atomaren Waffen, verzichtet und sich insoweit einer internationalen Kontrolle durch die Westeuropäische Union unterworfen.

Die Bundesregierung ist entschlossen, sich im Verein mit ihren Verbündeten gegen jeden Angriff auf ihre Freiheit zu verteidigen. Für einen Angriffskrieg ist sie nicht gerüstet. Sie wäre auch gar nicht imstande, ihn zu führen, weil sie alle ihre Kampfverbände der NATO, einem nur auf die Verteidigung eingestellten Bündnis, unterstellt hat. Im Rahmen dieses Bündnisses tritt sie zusammen mit anderen Alliierten dafür ein, daß alle Bündnispartner an der Verantwortung für die nukleare Verteidigung beteiligt werden. Dagegen strebt sie – wie sie wiederholt erklärt hat – den nationalen Besitz atomarer Waffen nicht an.

Ihre Politik ist darauf gerichtet, die Sicherheit in Europa zu erhöhen und eine Lage zu schaffen, in der Drohungen, Pressionen, Ultimaten und jede Form von Gewaltanwendung unmöglich werden. Ihr Ziel ist es, die Ursachen für die politischen Spannungen zu beseitigen. Daher tritt sie sowohl für eine Lösung der deutschen Frage wie für eine konsequente Abrüstungspolitik ein, die zur Friedenssicherung beiträgt.

Bei diesen allgemeinen Hinweisen will es die Regierung der Bundesrepublik Deutschland jedoch nicht belassen. Sie beehrt sich daher, der . . . . . Regierung [1] folgende Gedanken und Vorschläge zur Abrüstung und Sicherung des Friedens zu unterbreiten:

V.

1. Die Bundesregierung ist sich der Gefahren bewußt, die mit einer Weiterverbreitung der Atomwaffen verbunden sind. Wenn eine umfassende Regelung des Nichtverbreitungsproblems sich als zu schwierig erweist, hält es die Bundesregierung für ratsam, schrittweise vorzugehen. Offensichtlich gibt es für einen Staat nur zwei Möglichkeiten, in den Besitz von Kernwaffen zu kommen: entweder diese Waffen selbst zu produzieren oder sie von einer Atommacht zu erhalten. Beide Möglichkeiten sollten ausgeschlossen werden.

Was die erste Möglichkeit betrifft, so hat die Bundesrepublik Deutschland – wie erwähnt – schon im Jahre 1954 auf die Herstellung atomarer Waffen verzichtet und sich insoweit einer internationalen Kontrolle unterworfen. Darauf aufbauend appelliert die Bundesregierung an alle Nichtnuklearstaaten, die Militärallianzen in Ost und West angehören, den gleichen Verzicht auszusprechen und sich einer entsprechenden internationalen Kontrolle zu unterwerfen. Weitere Schritte, die allianzfreien Staaten betreffend, sollten hinzukommen.

Um auch die zweite Möglichkeit der Verbreitung von Kernwaffen auszuschalten, regt die Bundesregierung an, daß die Nuklear-Mächte übereinkommen, keine Kernwaffen in die nationale Kontrolle anderer Länder zu geben.

2. Niemand wird behaupten können, daß das Wettrüsten mit atomaren Vernichtungswaffen die Sicherheit in Europa und der Welt erhöht.

Die Bundesregierung erklärt sich daher bereit, einem Abkommen zuzustimmen, in dem die in Frage kommenden Staaten sich verpflichten, die Zahl der Atomwaffen in Europa nicht weiter zu erhöhen, sondern sie stufenweise zu verringern. Ein solches Abkommen müßte sich auf ganz Europa erstrecken, das Kräfteverhältnis insgesamt wahren, eine wirksame Kontrolle vorsehen und mit entscheidenden Fortschritten bei der Lösung der politischen Probleme in Mitteleuropa verbunden werden.

3. Die Bundesrepublik Deutschland hat sich als Empfängerland von spaltbarem Material internationalen Kontrollen unterworfen, die sicherstellen, daß dieses Material nicht zur Herstellung von Kernwaffen verwendet wird. Als Lieferland ist die Bundesrepublik Deutschland bereit, in ihren Lieferverträgen mit Empfängerländern außerhalb des Euratom-Gebietes allgemein entsprechende Kontrollen durch die Internationale Atom-Energie-Organisation zu fordern. Sie geht davon aus, daß andere Lieferländer die gleiche Auflage machen.

4. Die Bundesrepublik Deutschland hat bereits mit ihren westlichen Verbündeten Gewaltverzichtserklärungen ausgetauscht. Da die Regierungen der Sowjetunion und einiger osteuropäischer Staaten wiederholt ihre – wenn auch unbegründete – Sorge über einen deutschen Angriff ausgedrückt haben, schlägt die Bundesregierung vor, auch mit den Regierungen der Sowjetunion, Polens, der Tschechoslowakei und jedes anderen osteuropäischen Staates, der dies wünscht, förmliche Erklärungen auszutauschen, in denen jede Seite gegenüber dem anderen Volk auf die Anwendung von Gewalt zur Regelung internationaler Streitfragen verzichtet.

5. Um das Mißtrauen vor angeblichen deutschen Aggressionsabsichten zu zerstreuen, schlägt die Bundesregierung ferner bilaterale Vereinbarungen mit der sowjetischen, polnischen, tschechoslowakischen, ungarischen, rumänischen und bulgarischen Regierung über den Austausch militärischer Beobachter bei Manövern der Streitkräfte vor.

6. Schließlich ist die Bundesregierung bereit, an einer Weltabrüstungskonferenz oder an jeder anderen Abrüstungskonferenz, soweit sie Erfolg versprechen, teilzunehmen und in konstruktivem Geist mitzuarbeiten.

VI.

Die Bundesregierung ist der Ansicht, daß diese Anregungen und Vorschläge im gegenwärtigen Stadium am ehesten Aussicht haben, verwirklicht zu werden. Sie ist sich jedoch darüber klar, daß es weiterreichender Vorschläge bedarf, wenn man der Welt in jeder Hinsicht Sicherheit geben und sie vor dem Risiko eines nuklearen Krieges bewahren will. Sie ist bereit, auch an solchen umfassenderen Plänen mitzuarbeiten, glaubt jedoch, daß alle Bemühungen um Sicherheit, Abrüstung und Rüstungskontrolle nur dann entscheidenden und dauerhaften Erfolg haben, wenn man Schritt für Schritt auch die Ursachen der Spannung in der Welt beseitigt. In Europa heißt das vor allem, die Deutschlandfrage in gerechter Weise lösen, indem man dem gesamten deutschen Volk das Recht gewährt, frei über seine politische Lebensform und sein Schicksal zu bestimmen.

1 Hier ist die Regierung des betreffenden Landes namentlich angesprochen
Quelle: Bulletin vom 26. 3. 1966, Nr. 42, S. 329 ff.

212 Hospitalschiff »Helgoland«

Abkommen zwischen der Regierung der Bundesrepublik Deutschland und der Regierung der Republik Vietnam über den Einsatz des Hospitalschiffs »Helgoland« vom 28. März 1966

DIE REGIERUNG DER BUNDESREPUBLIK DEUTSCHLAND
und
DIE REGIERUNG DER REPUBLIK VIETNAM
auf der Grundlage der zwischen beiden Staaten und ihren Völkern bestehenden freundschaftlichen Beziehungen,

in der Erwägung, daß die Regierung der Bundesrepublik Deutschland den Wunsch hat, in Vietnam humanitäre Hilfe zu leisten und daher im Einvernehmen mit der Regierung der Republik Vietnam ein Hospitalschiff des Roten Kreuzes mit Zivilpersonal nach Vietnam entsenden wird,

in dem Wunsche, die Tätigkeit dieses Hospitalschiffs, seines Sanitätspersonals sowie seiner seemännischen Besatzung zu erleichtern,

sind wie folgt übereingekommen:

Artikel 1

Das Deutsche Rote Kreuz in der Bundesrepublik Deutschland als anerkannte nationale Rotkreuz-Gesellschaft entsendet im Auftrag und mit Einwilligung der Regierung der Bundesrepublik Deutschland das Hospitalschiff »Helgoland« für die kostenlose Betreuung der durch die Ereignisse betroffenen kranken und verwundeten Zivilpersonen.

Artikel 2

(1) Das Sanitätspersonal des Hospitalschiffs wird seine humanitäre Tätigkeit sowohl an Bord des Schiffes selbst als auch an Land in einer Ambulanz ausüben, wo über die Aufnahme der Patienten an Bord des Schiffes entschieden wird und leichtere Fälle behandelt werden.

(2) Der Standort des Hospitalschiffs und der Ambulanz wird von beiden Regierungen im gegenseitigen Einvernehmen festgelegt; der Standort wird zunächst Saigon sein.

Artikel 3

Die Leitung und die Verantwortung für den gesamten Betrieb des Hospitalschiffs und der Ambulanz obliegt dem Leitenden Arzt.

Artikel 4

(1) Das Hospitalschiff und die Ambulanz tragen als Schutzzeichen das rote Kreuz auf weißem Grund. Das Sanitätspersonal trägt die Dienstkleidung des Deutschen Roten Kreuzes.

(2) Das Hospitalschiff mit der Ambulanz erhält von der Regierung der Republik Vietnam eine Urkunde, die deren Eigenschaft als Zivilkrankenhaus bezeugt und deren ausschließlich humanitäre Bestimmung feststellt.

(3) Die Einrichtungen und die an Bord des Schiffes sowie in der Ambulanz befindlichen Gegenstände und die vom Deutschen Roten Kreuz benutzten Beförderungsmittel aller Art genießen Befreiung von jeder Durchsuchung und Beschlagnahme. Es sind jedoch die von vietnamesischen Behörden gesuchten Personen an die zuständigen Behörden auf deren Ersuchen herauszugeben. Das gleiche gilt für Gegenstände, die unerlaubt an Bord des Schiffes oder in die Ambulanz gebracht worden sind.

Artikel 5

(1) Die Regierung der Republik Vietnam unterstützt das Deutsche Rote Kreuz bei der Erfüllung seiner Aufgaben; sie gewährleistet Schutz und Hilfe für Schiff, Ambulanz und Personal.

(2) Die Regierung der Republik Vietnam stellt für die an Land zu errichtende Ambulanz ein Grundstück in erforderlicher Größe kostenlos zur Verfügung.

(3) Die Regierung der Republik Vietnam hilft dem Deutschen Roten Kreuz bei der Anstellung einheimischen Hilfspersonals und gewährt die für den Betrieb von Hospitalschiff und Ambulanz erforderlichen Erleichterungen.

Artikel 6

(1) Das Deutsche Rote Kreuz kann unter Einhaltung der innervietnamesischen postalischen Bestimmungen

a) für den Nachrichtenverkehr zwischen Deutschland und dem Hospitalschiff die Post- und Fernmeldeeinrichtungen Vietnams in Anspruch nehmen,

b) für die Verbindung zwischen Schiff und Ambulanz Ultrakurzwellen-(VHF)Sende- und Empfangsanlagen betreiben.

(2) Die vom Deutschen Roten Kreuz benutzten Kraftfahrzeuge werden nach den für die vorübergehende Einfuhr maßgeblichen vietnamesischen Vorschriften zugelassen und können mit dem internationalen Führerschein gefahren werden. Gegen Vorlage des internationalen Führerscheins wird innerhalb eines Monats ein vietnamesischer Führerschein ausgestellt.

Artikel 7

(1) Über den Liegeplatz des Hospitalschiffs verständigt sich der Leitende Arzt unmittelbar mit den zuständigen vietnamesischen Behörden. Der Liegeplatz soll so beschaffen sein, daß das Deutsche Rote Kreuz seine humanitäre Tätigkeit möglichst wirksam und ungehindert ausüben kann und daß zwischen Schiff und Ambulanz ein ständiger und schneller Zubringerdienst gewährleistet ist.

(2) Für den Fall, daß das Hospitalschiff nicht am Kai festmacht, verpflichtet sich die Regierung der Republik Vietnam, den Zubringerdienst zwischen Schiff und Ambulanz in jeder Weise zu erleichtern. Soweit hierfür zusätzliche Kosten entstehen, werden diese von der Regierung der Bundesrepublik Deutschland erstattet (Artikel 10).

(3) Liegegebühren und sonstige Abgaben werden nicht erhoben.

Artikel 8

(1) Die Regierung der Bundesrepublik Deutschland versorgt auf ihre Kosten Schiff und Ambulanz; die Versorgung mit Trink- und Brauchwasser obliegt der Regierung der Republik Vietnam.

(2) Sollten sich wegen der Versorgung von Schiff und Ambulanz Schwierigkeiten ergeben, so wird die Regierung der Republik Vietnam auf Ersuchen des Leitenden Arztes die benötigten Versorgungsgüter und Dienstleistungen gegen Bezahlung (Artikel 10) zur Verfügung stellen.

Artikel 9

(1) Das Hospitalschiff, seine Einrichtung und Ausrüstung, die Ambulanz sowie sämtliche für den Betrieb von Schiff und Ambulanz eingeführten Güter sind von Abgaben aller Art, Einfuhrverboten und Beschränkungen befreit. Die Regierung der Republik Vietnam wird für die schnelle und ungehinderte Überführung dieser Güter an Schiff und Ambulanz sorgen.

(2) Da Hospitalschiff und Ambulanz kostenlos tätig werden, unterliegt ihr Betrieb keinerlei Steuern und Abgaben.

Artikel 10

(1) Beide Regierungen führen Buch über die von der Regierung der Republik Vietnam dem Hospitalschiff und der Ambulanz zur Verfügung gestellten Sach- und Dienstleistungen.

(2) Die Regierung der Bundesrepublik Deutschland erstattet der Regierung der Republik Vietnam die Kosten für derartige Sach- und Dienstleistungen gegen Vorlage der Abrechnungen.

(3) Vereinbarungen über die Bereitstellung von Sach- und Dienstleistungen, ihre Ver-

buchung und ihre Erstattung werden von beiden Regierungen jeweils von Fall zu Fall getroffen.

(4) Verbindlichkeiten für Sach- und Dienstleistungen, die das Hospitalschiff und die Ambulanz unmittelbar oder über vietnamesische Stellen von anderen Regierungen erhalten, werden zwischen der Regierung der Bundesrepublik Deutschland und den betreffenden anderen Regierungen unmittelbar geregelt.

Artikel 11

Über die Ausstattung des Hospitalschiffs mit vietnamesischen Zahlungsmitteln und über den Wechselkurs werden beide Regierungen, soweit dies erforderlich wird, besondere Vereinbarungen treffen. Hierbei wird das Hospitalschiff nicht schlechter gestellt werden als ähnliche Einrichtungen anderer Staaten oder internationaler Organisationen.

Artikel 12

(1) Das vom Deutschen Roten Kreuz entsandte Sanitätspersonal und die seemännische Besatzung des Hospitalschiffs sowie deren Familienangehörige genießen folgende Rechte:

a) Der Leitende Arzt und der Kapitän des Hospitalschiffs genießen Befreiung von der Zivil- und Strafgerichtsbarkeit, wie dies von der vietnamesischen Regierung bestimmten Mitgliedern diplomatischer Vertretungen eingeräumt wird;

b) die übrigen Mitglieder des Sanitätspersonals und der seemännischen Besatzung des Hospitalschiffs sowie deren Familienangehörige haben diejenigen Vorrechte, die Völkerrecht und Courtoisie den Mitgliedern diplomatischer Vertretungen einräumen.

(2) Die Regierung der Republik Vietnam wird dem vom Deutschen Roten Kreuz entsandten Sanitätspersonal und der seemännischen Besatzung des Hospitalschiffs Dienstausweise ausstellen, die die Eigenschaft der Träger als Angehörige des ordentlichen und ausschließlich für den Betrieb und die Verwaltung des Hospitalschiffs bestimmten Personals bescheinigen. Diese Dienstausweise können auch in der Form eines Stempelaufdrucks in die vom Deutschen Roten Kreuz ausgestellten Ausweise ausgestellt werden. Ferner wird die Regierung der Republik Vietnam die Armbinden des Sanitätspersonals und der seemännischen Besatzung des Hospitalschiffs mit dem Stempel der zuständigen Behörde versehen.

Artikel 13

(1) Die Regierung der Bundesrepublik Deutschland wird die Schäden ersetzen, die das Sanitätspersonal und die Besatzung des Schiffes bei der Durchführung dieses Abkommens einem vietnamesischen Staatsangehörigen zufügen, soweit nach dem in Vietnam geltenden Recht ein Anspruch auf Ersatz des Schadens besteht.

(2) Die Regierung der Republik Vietnam wird die Schäden ersetzen, die vietnamesische Staatsangehörige der Bundesregierung, dem Deutschen Roten Kreuz, dem Sanitätspersonal und der Besatzung des Schiffes zufügen, soweit nach dem in Vietnam geltenden Recht ein Anspruch auf Ersatz des Schadens besteht.

Artikel 14

Jede Auslegung und Änderung der Bestimmungen dieses Abkommens erfolgt durch Notenaustausch zwischen beiden Regierungen.

Artikel 15

Dieses Abkommen gilt auch für das Land Berlin, sofern nicht die Regierung der Bundesrepublik Deutschland gegenüber der Regierung der Republik Vietnam innerhalb von drei Monaten nach Inkrafttreten eine gegenteilige Erklärung abgibt.

Artikel 16

Dieses Abkommen tritt mit seiner Unterzeichnung in Kraft.

Geschehen zu Saigon am 28. März 1966 in vier Urschriften, je zwei in deutscher und französischer Sprache, wobei jeder Wortlaut gleichermaßen verbindlich ist. Bei Meinungsverschiedenheiten über die Auslegung des Abkommens ist der französische Text maßgebend.

Für die Regierung
der Bundesrepublik Deutschland
Dr. Schmidt-Horix

Für die Regierung
der Republik Vietnam
Dr. Tran Van Do

Quelle: BGBl. 1966, II, S. 323–326

---

213   Funktionsfähigkeit der NATO muß erhalten bleiben

Erklärung der Bundesregierung zugunsten eines integrierten atlantischen Verteidigungssystems im Anschluß an die Kabinettsitzung vom 6. April 1966

1. Deutschland will auch zukünftig ein bereits in Friedenszeiten integriertes atlantisches Verteidigungssystem beibehalten, weil es die wirksamste Garantie für die Freiheit und Sicherheit aller Mitgliedstaaten der NATO bietet. Die Bundesregierung begrüßt die mit dieser Haltung übereinstimmende Erklärung von 14 NATO-Mitgliedern vom 18. März 1966.

2. Die französischen Maßnahmen machen – unbeschadet der grundsätzlichen und rechtlichen Einwendungen, die sie bei den NATO-Partnern gefunden haben – Untersuchungen über eine Reihe von Fragenkomplexen erforderlich, u. a. über

– Rückwirkungen auf die militärische Situation und auf die Verteidigungsplanung,
– Maßnahmen zur Erhaltung der vollen Verteidigungsfähigkeit des Bündnisses,
– französische Truppen in Deutschland,
– Verlegung von NATO-Dienststellen in Gebiete außerhalb Frankreichs.

In diesem Zusammenhang wird auch die Möglichkeit einer Vereinfachung und Straffung von NATO-Einrichtungen geprüft.

Die Bundesregierung beabsichtigt, in Übereinstimmung mit ihren Partnern diese Fragenkomplexe innerhalb der zuständigen NATO-Gremien mit allen anderen NATO-Partnern zu erörtern.

3. Frankreich hat mitgeteilt, daß es seine in Deutschland stationierten Truppen, die auf Grund der Londoner Schlußakte und des einstimmigen NATO-Rats-Beschlusses vom Oktober 1954 bisher dem NATO-Oberbefehl für Europa unterstellt waren, zum 1. Juli 1966 diesem Oberbefehl entziehen wird. Die französische Regierung hat sich bereit erklärt, über die Frage des weiteren Verbleibs dieser Truppen in Deutschland mit der Bundesregierung zu verhandeln. Die Bundesregierung begrüßt diese Bereitschaft. Sie sieht die französischen Truppen in Deutschland als wichtigen Bestandteil der gemeinsamen Verteidigung an. Dementsprechend müßten diese Truppen auch künftig einen fest umrissenen Auftrag im Rahmen der gemeinsamen Verteidigung der NATO übernehmen und mit den NATO-Streitkräften in einer zu vereinbarenden Weise zusammenarbeiten. Diese Frage geht die NATO insgesamt an.

4. Es ist ferner notwendig, über die Stationierung der französischen Truppen in Deutschland eine Vereinbarung zu treffen, die den veränderten Verhältnissen Rechnung trägt. Alle Möglichkeiten des Deutsch-Französischen Vertrages vom 22. Januar 1963 sind zu nutzen. Die Bundesregierung wird sich auch insoweit mit der amerikanischen und britischen sowie mit den anderen NATO-Regierungen abstimmen. Sie geht dabei von der Voraussetzung aus, daß die Rechte und Verpflichtungen im Verhältnis der Bundesrepublik Deutschland zu diesen anderen Partnern nicht berührt werden.

5. Ziel aller Bemühungen muß sein, die Funktionsfähigkeit des Bündnisses im Interesse der Freiheit und Sicherheit aller Partner in voller Wirksamkeit aufrechtzuerhalten.

Quelle: Bulletin vom 7. 4. 1966, Nr. 48, S. 377

214 Absage des Redneraustausches durch die SED

Erklärung des Bundespressechefs Staatssekretär von Hase zur Ablehnung des geplanten Redneraustausches durch die SED, 29. Juni 1966

Die Ablehnung des Redneraustausches durch die SED ist ein Beweis für die innere Schwäche des Zonenregimes. Wer den freien Austausch politischer Argumente scheut, offenbart dadurch seine Furcht vor dem Urteil der Bevölkerung.

Es ist bezeichnend, wieviel Lügen, Verleumdungen und Phrasen aufgewendet worden sind, um das Nein zum Redneraustausch zu verschleiern.

Es kennzeichnet die Situation in der Sowjetzone, wenn die SED es vorzieht, vor der Weltöffentlichkeit die Verantwortung dafür zu übernehmen, daß die Demonstration des freien Wortes in der Zone verhindert wird.

Die Anteilnahme der gesamten deutschen Öffentlichkeit an der Diskussion über den Redneraustausch hat den Geist der Zusammengehörigkeit des ganzen Volkes und seinen Willen zur Lösung der deutschen Frage auf der Grundlage des Selbstbestimmungsrechtes gestärkt.

Das demokratische Selbstbewußtsein und das Gefühl der Überlegenheit der Freiheit gegenüber diktatorischem Zwang haben durch diesen Ausgang der Auseinandersetzung neuen Auftrieb erhalten.

Die Bundesregierung wird ihre Politik der Intensivierung aller vertretbaren Kontakte unbeirrt fortsetzen.

Quelle: Bulletin vom 1. 7. 1966, Nr. 87, S. 691

215 Bundeskanzler Erhard – Präsident Johnson

Erklärung des Bundeskanzlers Professor Dr. Ludwig Erhard über seine Gespräche mit dem Präsidenten der Vereinigten Staaten von Amerika, Lyndon B. Johnson, vor dem Deutschen Bundestag am 5. Oktober 1966 (Auszüge)

Herr Präsident, meine Damen und Herren!
Ich möchte heute dem Hohen Hause über die Gespräche berichten, die ich am 26. und 27. September in Washington mit dem Präsidenten der Vereinigten Staaten von Amerika in gewohnter Freundschaft geführt habe. Es war dies unsere fünfte Begegnung.

Die Gewißheit, daß wir mit unseren amerikanischen Freunden auch kontroverse Fragen in aller Offenheit besprechen können, ohne gleich befürchten zu müssen, daß unsere Freundschaft Schaden nimmt, ließen mich nicht zögern, diese Probleme in diesem Augenblick anzusprechen und den Versuch zu machen, sie einer Klärung näherzubringen ...

In dem gemeinsamen Abschlußkommuniqué sind die Ergebnisse der Washingtoner Besprechungen bereits eingehend dargelegt worden, sie sind Ihnen daher bekannt. Ich darf mich deshalb heute darauf beschränken, einige wesentliche Punkte hervorzuheben.

In unserem Gedankenaustausch über Europa konnte ich feststellen, daß die amerikanische Europapolitik nach wie vor von dem Gedanken bestimmt wird, daß die Vereinigten Staaten zur Aufrechterhaltung von Freiheit, Sicherheit und Wohlstand in der Welt eines starken Partners in einem geeinten Europa bedürfen. Ich habe den Eindruck gewonnen, daß das amerikanische Interesse an der europäischen Einigung unvermindert groß ist und daß die Vereinigten Staaten alles daransetzen wollen, die Bande mit Europa zu vermehren und enger zu gestalten.

Ich habe meinerseits gegenüber meinen amerikanischen Gesprächspartnern das Ziel unserer Außenpolitik, die europäische Einheit zu festigen, erneut hervorgehoben und auf die jahrelangen deutschen Bemühungen auf diesem Gebiet hingewiesen. Die Notwendigkeit, Europa zu einen, wird meines Erachtens zukünftig wieder stärker in das politische Bewußtsein treten. Die Bundesregierung läßt sich durch Hindernisse und Schwierigkeiten nicht entmutigen, und wir werden jede sich bietende Möglichkeit, Fortschritte zu erzielen, zu nutzen wissen.

Die Ost-West-Beziehungen und die Suche nach Möglichkeiten, sie zu verbessern, waren ebenfalls Gegenstand der Erörterungen. Präsident Johnson und ich waren frei von Illusionen über die Haltung der Sowjetunion. Aber wir waren uns auch darüber einig, daß wir – jeder im Rahmen seiner Möglichkeiten – nach Wegen zu einer Verbesserung der Beziehungen zur Sowjetunion suchen wollen. Wir stimmten darin überein, daß diese Politik keinen Selbstzweck darstellt, sondern nur dann sinnvoll ist, wenn sie in eine gesamteuropäische Lösung und in die deutsche Wiedervereinigung einmünden würde. Deutschland hat ein unmißverständliches ureigenes Interesse daran, daß die Spannungen zwischen den Machtgruppierungen abgebaut werden und ein Ausgleich erzielt wird, der uns nicht zuletzt in Europa erlaubt, in einer der europäischen Geschichte und geistigen Einheit entsprechenden Weise miteinander zu verkehren ...

Die Bundesregierung wird immer bereit sein, den berechtigten Sicherheitsinteressen aller unserer Nachbarn Rechnung zu tragen. Aber sie hat vor allem auch die Pflicht, darüber zu wachen, daß unsere eigene Sicherheit nicht gefährdet wird.

Sie trägt die Verantwortung dafür, daß wir die Unverletzbarkeit unseres Landes und die Freiheit unserer Bürger gewährleisten können. Deshalb wird die deutsche Regierung den Wert der Vorschläge für Abrüstungs- und Sicherheitsvereinbarungen auch daran messen müssen, ob diese Vereinbarungen auch Deutschlands Sicherheit garantieren. In diesem Zusammenhang erscheint mir die amerikanische positive Bewertung unserer Osteuropa-Politik – wie sie auch in dem Kommuniqué zum Ausdruck kommt – als besonders wichtig und ermutigend.

Bei der Erörterung der weltpolitischen Lage beschäftigte meine amerikanischen Gesprächspartner naturgemäß vordringlich die Sorge um die Entwicklung in Vietnam. Ich habe dargelegt, daß die Bundesregierung für die amerikanische Politik in Südostasien Verständnis hat und daß wir Südvietnam im Rahmen der für uns bestehenden Möglichkeiten vor allem auf humanitärem Gebiet unterstützen. Die Verteidigung dieses Bereiches durch die USA ist ein Beweis der Bedeutung, die die Vereinigten Staaten ihren internationalen Verpflichtungen beimessen.

Der amerikanische Präsident hat mir seine Dankbarkeit für unsere Haltung in der Vietnam-Frage ausgedrückt.

Bevor ich auf die Frage des Devisenausgleichs zu sprechen komme, lassen Sie mich einige Worte zu der Anwesenheit amerikanischer Truppen in Deutschland sagen. Ich habe in meinem Gespräch mit Präsident Johnson auch darauf hingewiesen, daß die Truppen unserer Freunde auf deutschem Boden nicht nur zu unserem Schutz, sondern auch zu ihrem eigenen und zu dem der anderen Bündnispartner stehen. Das Atlantische Bündnis beruht auf Voraussetzungen, die in gemeinsamen ethischen und politischen Grundlagen verankert sind; es dient der Verteidigung der Freiheit aller Bündnispartner.

Ich habe dem Präsidenten zur Frage des Devisenausgleichs dargelegt, daß wir zu unseren Verpflichtungen stehen, daß wir aber größte Schwierigkeiten haben, das laufende Abkommen, welches uns zum vollen Ausgleich der Devisenbelastung durch Rüstungskäufe in den USA verpflichtet, in der vorgesehenen Frist bis zum 30. Juni 1967 zu erfüllen. Der Präsident hat Verständnis für unsere Schwierigkeiten gezeigt, gleichzeitig aber auf die Probleme hingewiesen, die für die amerikanische Zahlungsbilanz bestehen. Wir suchen eine Lösungsmöglichkeit, die beiden Seiten annehmbar sein könnte, und zwar auf folgender Basis:

1. Wir werden uns bemühen, im Zusammenwirken mit der Bundesbank das laufende Devisenausgleichsabkommen zu erfüllen, soweit zahlungsbilanzwirksame Finanzregelungen in Frage kommen, wobei für Teilbeträge unserer Gesamtverpflichtung eine angemessene Stundung notwendig erscheint. Die Aufträge werden bis zum 30. Juni 1967 im großen Rahmen bezeichnet, ihre förmliche Erteilung, Abwicklung und Bezahlung werden jedoch erst nach einem im einzelnen noch auszuarbeitenden Plan während eines längeren Zeitraumes nach dem Stichtag erfolgen.

2. Für die Zeit nach dem Ablauf des jetzigen Abkommens sollten die Amerikaner ihrerseits sich damit einverstanden erklären, daß ab 1. Juli 1967 nur noch ein bestimmter Teil ihrer Devisenausgaben ausgeglichen wird und daß der Ausgleich in Zukunft auch nicht ausschließlich durch Rüstungskäufe stattfinden kann.

3. Die damit zusammenhängenden Fragen sollen in dem auch im Kommuniqué erwähnten Dreiergespräch zusammen mit Großbritannien erörtert werden.

Die Amerikaner waren noch nicht bereit, unserem Vorschlag für die zukünftige Regelung zuzustimmen. Sie wiesen darauf hin, daß man durch eine Festlegung der Höhe des zukünftigen Devisenausgleichs im gegenwärtigen Zeitpunkt dem Ergebnis der Beratungen der Drei-Mächte-Kommission vorgreifen würde.

Immerhin ist die amerikanische Seite – und darin sehe ich ein wichtiges Ergebnis der Besprechungen – nicht im unklaren gelassen worden, daß wir uns in Zukunft nur noch einen Teil ihrer Devisenausgaben auszugleichen in der Lage sehen. Wir werden indessen weiter um den devisenmäßigen Ausgleich des laufenden Abkommens bemüht sein. Wie das im einzelnen bewerkstelligt werden soll, wird zur Zeit geprüft.

Ich habe mit dem amerikanischen Präsidenten eingehend die Lage in der Nordatlantischen Allianz erörtert. Wir sind uns darüber im klaren, daß die Maßnahmen, welche Frankreich hinsichtlich der zukünftigen Gestaltung seiner Beziehungen zum Bündnis getroffen hat, die NATO-Allianz vor große Schwierigkeiten stellt. Die Allianz wird diese Probe bestehen. Schwierig gestalten sich die Verhandlungen im NATO-Rahmen über den Auftrag der französischen Truppen.

Wir hoffen sehr, daß sich in den NATO-Verhandlungen bald eine Regelung abzeichnen wird. Soweit es sich um die bilaterale Regelung mit Frankreich handelt, so sind wir überzeugt, daß diese beiderseits befriedigend gestaltet werden kann . . .

Angesichts der schweren Lasten, welche eine moderne Verteidigung in steigendem Maße den Völkern auferlegt und angesichts der vielfältigen anderen ungelösten Aufgaben, welche der Menschheit gestellt sind, haben wir in Washington unser gemeinsames großes Interesse an einer baldigen Beendigung des Wettrüstens und an Fortschritten in der allgemeinen und kontrollierten Abrüstung bekundet. Das gleiche gilt für den gemeinsamen Wunsch, der Verbreitung von Kernwaffen in nationale Verfügungsgewalt ein Ende zu setzen. Sollte es hierüber zu bindenden internationalen Abmachungen kommen, so dürfen diese jedoch nicht das in der Charta der Vereinten Nationen verankerte Recht auf kollektive Selbstverteidigung beeinträchtigen. Ich habe bei dem amerikanischen Präsidenten Verständnis für diese Gedankengänge gefunden. Wir sind beide der Ansicht, daß innerhalb des Bündnisses nukleare Arrangements getroffen werden sollten, um die nichtnuklearen Verbündeten angemessen an der nuklearen Verteidigung zu beteiligen.

Ich habe dem Präsidenten gesagt, daß wir nicht auf die Verwirklichung einer bestimmten Form dieser Gemeinschaftslösung drängen. Jedoch dürfte sich eine Lösung dieses Problems nicht in einer reinen Konsultation erschöpfen, sondern sie sollte den nichtnuklearen Partnern eine angemessene echte Mitverantwortung einräumen . . .

Selbstverständlich wurde der Deutschlandfrage bei meinen Gesprächen mit Präsident Johnson wiederum zentrale Bedeutung zuerkannt. Ich darf hier mit Genugtuung und Dankbarkeit feststellen, daß der amerikanische Präsident erneut größtes Verständnis für die Schicksalsfrage des deutschen Volkes gezeigt und uns seine volle Unterstützung in der Wiedervereinigungspolitik zugesichert hat. Wir waren uns darüber einig, daß einer Lösung der deutschen Frage auf der Grundlage des Selbstbestimmungsrechts aus Gründen der Menschlichkeit wie auch im Interesse eines dauerhaften Friedens in Europa großer und entscheidender politischer Rang zukommt und daß die Freiheit Berlins erhalten werden muß . . .

Deutschland und die Vereinigten Staaten verkörpern in ihrem Verhältnis zueinander einen wichtigen weltpolitischen Faktor. Wir erkennen unsere deutsche Position im größeren Zusammenhang des Verhältnisses Europas zu den Vereinigten Staaten. Die Bundesregierung ist nach wie vor – und sie weiß sich damit im Einklang mit dem ganzen Hohen Haus und der deutschen Öffentlichkeit – der Überzeugung, daß eine Politik, die die europäische Zusammenarbeit zu einem wesentlichen Element der Stärkung der freien Welt als einer unlösbaren Gemeinschaft ausgestalten will, zugleich den Rang und die Geltung Europas in der Weltpolitik erhöht.

Diese Überzeugung ist so fest und wohlbegründet, daß auch die im Zuge eines Prozesses von weittragender geschichtlicher Bedeutung unvermeidlich auftretenden Schwierigkeiten und Hindernisse uns nicht dazu veranlassen können, unsere Politik der integrierten Verteidigung und die der europäischen Zusammenarbeit zu vernachlässigen oder gar preiszugeben.

Wir wollen ein starkes Europa, wir wollen die europäische Einheit als Eckpfeiler der Atlantischen Allianz auf der Grundlage eines engen Zusammenwirkens Frankreichs und Deutschlands.

Das Nordatlantische Verteidigungsbündnis bietet uns, unbeschadet offener strategischer Fragen, die Gewähr, daß wir gegenüber übermächtiger Bedrohung nicht allein stehen. Angesichts unseres eigenen Beitrages zur Verteidigung der freien Welt und ihrer Ideale anerkennen unsere Verbündeten, daß wir in allen Fragen, die das Schicksal unseres Volkes heute und in geschichtlicher Sicht angehen, mitbestimmen.

Unsere Sache ist die der freien Welt!

Wir haben darum in den Gesprächen mit unseren amerikanischen Freunden – und wir werden dies mit allen unseren Verbündeten auch weiterhin tun – die deutsche und nicht minder die europäische Sache zugleich zu vertreten.

Quelle: Bulletin vom 7. 10. 1966, Nr. 133, S. 1041–1043

Regierungserklärung des Bundeskanzlers Dr. h. c. Kurt Georg Kiesinger vor dem Deutschen Bundestag am 13. Dezember 1966 (Auszug zur Außenpolitik)

... Alle unsere Bemühungen um die innere Ordnung, um wirtschaftliches Wachstum und um soziale Gerechtigkeit haben freilich nur Sinn und Bestand, wenn es gelingt, den Frieden und eine freiheitliche Lebensordnung zu bewahren.

Daß der Friede bewahrt werde, ist die Hoffnung aller Völker, und das deutsche Volk wünscht dies nicht weniger als die anderen. Darum ist der Wille zum Frieden und zur Verständigung der Völker das erste Wort und das Grundanliegen der Außenpolitik dieser Regierung. Zwar dient jede Außenpolitik unmittelbar den Interessen des eigenen Volkes, aber in einer Welt, in welcher die Schicksale der Völker so eng miteinander verknüpft sind, darf sich niemand der Mitverantwortung für diese Welt und für den Frieden in dieser Welt entziehen.

Die deutsche Regierung tritt daher für eine konsequente und wirksame Friedenspolitik ein, durch die politische Spannungen beseitigt und das Wettrüsten eingedämmt werden. Wir werden an Vorschlägen zur Rüstungskontrolle, Rüstungsminderung und Abrüstung mitarbeiten. Die Bundesrepublik hat gegenüber ihren Bündnispartnern auf die Herstellung von Atomwaffen verzichtet und sich entsprechenden internationalen Kontrollen unterworfen. Wir streben keine nationale Verfügungsgewalt über Atomwaffen und keinen nationalen Besitz an solchen Waffen an.

Wir sind entschlossen, mit allen Völkern Beziehungen zu unterhalten, die auf Verständigung, auf gegenseitiges Vertrauen und auf den Willen der Zusammenarbeit gegründet sind.

Dies gilt auch für unser Verhältnis zur Sowjetunion, obwohl unsere Beziehungen immer noch durch das ungelöste Problem der Wiedervereinigung unseres Volkes belastet sind. Ich gehörte im Jahre 1955 bei unserem Besuch in Moskau – erlauben Sie mir diese persönliche Erinnerung – zu denjenigen, die mit Nachdruck für die Aufnahme diplomatischer Beziehungen zwischen der Bundesrepublik und der Sowjetunion eintraten. Sicherlich hat die Entwicklung dieser Beziehungen die Erwartungen auf beiden Seiten enttäuscht. Das soll für uns kein Anlaß sein, unsere Bemühungen um eine Verständigung Schritt für Schritt und um zunehmendes, gegenseitiges Vertrauen zu verringern.

In meiner letzten Rede im Deutschen Bundestag am 1. Oktober 1958 in Berlin habe ich gesagt, das deutsche Volk hege weder Feindschaft noch Haß gegen die Völker der Sowjetunion, es möchte mit ihnen im Gegenteil in guter, friedlicher Nachbarschaft leben und es denke auch nicht daran, sich in die inneren Verhältnisse der Sowjetunion einzumischen. Ich habe hinzugefügt, es möge für die Sowjetunion im Zusammenhang mit der Wiedervereinigung Deutschlands Probleme geben, deren Lösung ihr schwierig scheine. Politische Klugheit und weitblickender Verständigungswille auf allen Seiten würden aber solche Schwierigkeiten überwinden können. Ich bin auch heute noch dieser Überzeugung. Und diese Regierung wird nach dieser Überzeugung handeln. Die letzte Bundesregierung hat in der Friedensnote vom März dieses Jahres auch der Sowjetunion den Austausch von Gewaltverzichtserklärungen angeboten, um erneut klarzustellen, daß sie nicht daran denke, unsere Ziele anders als mit friedlichen Mitteln anzustreben. Die Bundesregierung wiederholt heute dieses auch an die anderen osteuropäischen Staaten gerichtete Angebot. Sie ist bereit, das ungelöste Problem der deutschen Teilung in dieses Angebot einzubeziehen.

Im übrigen hoffen wir, das gegenseitige Verständnis und Vertrauen durch die Entwicklung unserer wirtschaftlichen, geistigen und kulturellen Beziehungen beständig zu fördern und zu vertiefen, um so die Voraussetzungen für künftige erfolgreiche Gespräche und Verhandlungen zu schaffen.

Deutschland war jahrhundertelang die Brücke zwischen West- und Osteuropa. Wir möchten diese Aufgabe auch in unserer Zeit gern erfüllen. Es liegt uns darum daran, das Verhältnis zu unseren östlichen Nachbarn, die denselben Wunsch haben, auf allen Gebieten des wirtschaftlichen, kulturellen und politischen Lebens zu verbessern und, wo immer dies nach den Umständen möglich ist, auch diplomatische Beziehungen aufzunehmen.

In weiten Schichten des deutschen Volkes besteht der lebhafte Wunsch nach einer Aussöhnung mit Polen, dessen leidvolle Geschichte wir nicht vergessen haben und dessen Verlangen, endlich in einem Staatsgebiet mit gesicherten Grenzen zu leben, wir im Blick auf das gegenwärtige Schicksal unseres eigenen geteilten Volkes besser als in früheren Zeiten begreifen. Aber die Grenzen eines wiedervereinigten Deutschlands können nur in einer frei vereinbarten Regelung mit einer gesamtdeutschen Regierung festgelegt werden, einer Regelung, die die Voraussetzungen für ein von beiden Völkern gebilligtes, dauerhaftes und friedliches Verhältnis guter Nachbarschaft schaffen soll.

Auch mit der Tschechoslowakei möchte sich das deutsche Volk verständigen. Die Bundesregierung verurteilt die Politik Hitlers, die auf die Zerstörung des tschechoslowakischen Staatsverbands gerichtet war. Sie stimmt der Auffassung zu, daß das unter Androhung von Gewalt zustande gekommene Münchener Abkommen nicht mehr gültig ist. Gleichwohl bestehen noch Probleme, die einer Lösung bedürfen, wie zum Beispiel das des Staatsangehörigkeitsrechts. Wir sind uns unserer Obhutspflicht gegenüber den sudetendeutschen Landsleuten bewußt und nehmen sie ernst. Diese Vertriebenen haben, wie das tschechoslowakische Volk zuvor, bitteres Leid und Unrecht erfahren. Der Bundesregierung liegt daran, dieses trübe Kapitel der Geschichte unserer Völker zu beenden und ein Verhältnis vertrauensvoller Nachbarschaft herzustellen.

Mit den Vereinigten Staaten von Amerika sind wir durch vielfache, freundschaftliche Beziehungen und im Nordatlantischen Pakt eng verbunden, dessen Festigung und zeitgerechte Fortentwicklung uns ein wichtiges Anliegen ist. Diese Regierung wird keine der großen Hilfen vergessen, die uns die Vereinigten Staaten in den vergangenen beiden Jahrzehnten geleistet haben. Sie weiß, daß das Bündnis mit den Vereinigten Staaten und den übrigen Partnern des Nordatlantischen Pakts auch heute und in der Zukunft, die wir zu überblicken vermögen, für uns lebenswichtig ist.

Jedes Bündnis ist nur so viel wert und hat nur so viel Festigkeit wie das Vertrauen der Bündnispartner zueinander, daß ihre vitalen Interessen vom Partner verstanden und berücksichtigt werden. Das gilt auch für die Beziehungen zwischen den Vereinigten Staaten und uns. Vielleicht haben wir in den vergangenen Jahren im Verhältnis zu den Vereinigten Staaten manchmal zu sehr unsere eigenen Sorgen, Nöte und Anliegen betont, was ja bei einem schwächeren und bedrängten Partner naheliegt, und darüber übersehen, daß auch eine große Macht wie die Vereinigten Staaten ihre Sorgen und Probleme hat, für die sie bei ihren Verbündeten Verständnis und, wo dies möglich ist, Unterstützung erwartet. Fast wider Willen ist diese mächtige Nation nach dem letzten Krieg in eine Lage geraten, die sie in allen Kontinenten engagiert. Wir sollten dies nicht vergessen und uns überlegen, wie wir zu unserem Teil an der Bewahrung des Weltfriedens entschiedener als bisher Mitverantwortung übernehmen können. Freilich muß sich jedes europäische Land, das dazu entschlossen ist, eingestehen, daß seine eigenen Kräfte begrenzt sind und daß die europäischen Völker einen viel stärkeren Beitrag für den Frieden in der Welt und die Wohlfahrt der Völker leisten könnten, wenn sie ihre Kräfte miteinander verbänden.

Wir sind daher davon überzeugt, daß die wirtschaftliche und politische Einigung Europas ebenso im Interesse der europäischen Völker wie in dem der Vereinigten Staaten liegt. Und ich wage die Hoffnung auszusprechen, daß eines Tages auch die Sowjetunion in einem solchen einigen Europa ein wesentliches Element der Friedensordnung in unserer Welt erblicken wird. Das mag manchem als eine zu kühne Hoffnung erscheinen, aber die Größe der Aufgabe verlangt von uns, daß wir den Mut haben, über die aktuellen Sorgen und Probleme hinaus eine zukünftige Friedensordnung auf diesem Planeten vorauszudenken.

Wir wollen aber den Willen zur Einigung Europas nicht als Vorwand dafür benützen, das, was uns jetzt zu tun möglich ist, zu unterlassen. Daher ist diese Regierung entschlossen, in einer der Kraft und den Möglichkeiten unseres Volkes angemessenen Weise ihren Beitrag für einen gerechten und dauerhaften Frieden zu leisten.

Die bestehenden Europäischen Gemeinschaften, welche die vorangegangenen Regierungen der Bundesrepublik mit beständiger Energie gefördert haben, haben große Fortschritte erzielt. Wir werden auf den konsequenten Ausbau der Europäischen Wirtschaftsgemeinschaft und ihrer Institutionen hinwirken. Die Gemeinschaft der Sechs soll allen europäischen Staaten offenstehen, die sich zu ihren Zielen bekennen. Besonders würden wir eine Teilnahme Großbritanniens und anderer EFTA-Länder an den Europäischen Gemeinschaften begrüßen. Wir wünschen, unsere Beziehungen zu Großbritannien fortschreitend zu entwickeln und zu vertiefen. Wir werden die enge und vertrauensvolle Zusammenarbeit mit Italien fortsetzen. Dies gilt gleichermaßen für die Niederlande, Belgien und Luxemburg. Diese Regierung wird entschieden darauf drängen, daß gleichzeitig mit der inneren Entwicklung des Gemeinsamen Marktes eine weltoffene Handelspolitik betrieben wird. Sie wird sich daher mit Nachdruck für einen erfolgreichen Abschluß der Kennedy-Runde einsetzen.

Die entscheidende Rolle für die Zukunft Europas fällt der Entwicklung des deutsch-französischen Verhältnisses zu.

Die vom Osten und Westen erhoffte europäische Friedensordnung ist ohne ein enges und vertrauensvolles Verhältnis zwischen Deutschland und Frankreich nicht denkbar. Weitblickende Staatsmänner in unseren Nachbarländern, in den Vereinigten Staaten und in der Sowjetunion haben diese elementare Tatsache, wenn auch unter verschiedenen Gesichtspunkten, erkannt.

In ihrer Haltung gegenüber Frankreich läßt sich die Bundesregierung von folgenden Erwägungen leiten:

1. Aus den Fakten der europäischen Geographie und aus der Bilanz der Geschichte unseres Kontinents ergibt sich unter den Bedingungen der Gegenwart ein besonders hohes Maß an Übereinstimmung der Interessen unserer beiden Völker und Länder.

2. Gemeinsam mit Frankreich, dem ältesten Verbündeten Amerikas in Europa, halten wir ein solides Bündnis zwischen den freien, sich einigenden Nationen Europas und den Vereinigten Staaten von Amerika für unerläßlich, wie immer auch die Struktur dieses Bündnisses angesichts einer sich wandelnden Welt künftig gestaltet werden wird. Wir weigern uns, uns eine falsche und gefährliche Alternative der Wahl aufreden zu lassen.

3. Mit Frankreich treten wir ein für die Wiederherstellung der historisch gewachsenen europäischen Völkerfamilie, ein Ziel, das die Beendigung der geschichtswidrigen und unnatürlichen Zerreißung unseres Volkes einschließt.

4. Die deutsch-französische Zusammenarbeit, die wir wünschen, richtet sich gegen kein anderes Volk und Land. Sie ist vielmehr Kristallisationspunkt einer Politik, die sich die Einigung Europas zum Ziel gesetzt hat. Sie ist unerläßlich, wenn Europa ein mitverantwortlicher Partner werden soll. Jenes Europa, das »mit einer Stimme« spricht, wie es amerikanische Staatsmänner forderten, setzt eine ständig wachsende Übereinstimmung der deutschen und der französischen Politik voraus. Europa kann nur mit Frankreich und Deutschland, nicht ohne oder gar gegen eines der beiden Länder gebaut werden. Worauf es ankommt, sind praktische Schritte auf dem Wege zur Einigung, nicht die unnachgiebige Verfolgung von idealen Vorstellungen. Das Wünschenswerte darf das Mögliche nicht verhindern.

5. Für die Verbesserung des Verhältnisses zu den osteuropäischen Nachbarn ist eine deutsch-französische Zusammenarbeit auf möglichst vielen Gebieten von größtem Wert.

6. Aus allen diesen Gründen wünscht die Bundesregierung, die im Deutsch-Französischen Vertrag vom 22. Januar 1963 enthaltenen Chancen zur Koordinierung der Politik beider Länder so konkret wie möglich zu nützen. Sie wird dafür Vorschläge unterbreiten.

Die besonderen Gegebenheiten unserer beiden Nationen werden auch in Zukunft in manchen Fragen Unterschiede von Interessen und von Meinungen aufweisen. Die Bundesregierung ist jedoch überzeugt, daß solche Probleme geringer wiegen als die für das Schicksal unserer beiden Völker und Europas gebieterische Notwendigkeit zu einer immer weitere Bereiche umfassenden wirtschaftlichen, technologischen, kulturellen, militärischen und politischen Zusammenarbeit.

Wir sind unseren Verbündeten dafür dankbar, daß sie unseren Standpunkt in der Frage unseres geteilten Volkes und seines Rechtes auf Selbstbestimmung unterstützen. Die politischen Gegebenheiten haben die Wiedervereinigung unseres Volkes bisher verhindert. Und noch ist nicht abzusehen, wann sie gelingen wird. Auch in dieser für unser Volk so entscheidend wichtigen Frage geht es uns um Frieden und Verständigung. Wir sind keine leichtfertigen Unruhestifter, denn wir wollen ja gerade den Unruheherd der deutschen Teilung, die auch eine europäische Teilung ist, durch friedliche Verständigung beseitigen und unserem Volk seinen Frieden mit sich und mit der Welt wiedergeben.

Auch diese Bundesregierung betrachtet sich als die einzige deutsche Regierung, die frei, rechtmäßig und demokratisch gewählt und daher berechtigt ist, für das ganze deutsche Volk zu sprechen. Das bedeutet nicht, daß wir unsere Landsleute im anderen Teil Deutschlands, die sich nicht frei entscheiden können, bevormunden wollen. Wir wollen, soviel an uns liegt, verhindern, daß die beiden Teile unseres Volkes sich während der Trennung auseinanderleben. Wir wollen entkrampfen und nicht verhärten, Gräben überwinden und nicht vertiefen. Deshalb wollen wir die menschlichen, wirtschaftlichen und geistigen Beziehungen mit unseren Landsleuten im anderen Teil Deutschlands mit allen Kräften fördern. Wo dazu die Aufnahme von Kontakten zwischen Behörden der Bundesrepublik und solchen im anderen Teil Deutschlands notwendig ist, bedeutet dies keine Anerkennung eines zweiten deutschen Staates. Wir werden diese Kontakte von Fall zu Fall so handhaben, daß in der Weltmeinung nicht der Eindruck erweckt werden kann, als rückten wir von unserem Rechtsstandpunkt ab.

Die Bundesregierung ist um die Ausweitung des innerdeutschen Handels, der kein Außenhandel ist, bemüht. Sie wird dabei auch eine Erweiterung von Kreditmöglichkeiten anstreben und gewisse organisatorische Maßnahmen zur Verstärkung der innerdeutschen Kontakte ins Auge fassen.

Die Bundesregierung will alles tun, um die Zugehörigkeit Berlins zur Bundesrepublik zu erhalten, und gemeinsam mit dem Senat und den Schutzmächten prüfen, wie die Wirtschaft Berlins und seine Stellung in unserem Rechtsgefüge gefestigt werden können.

Wir wollen, was zum Wohl der Menschen im gespaltenen Deutschland möglich ist, tun und was notwendig ist, möglich machen.

In unserer auswärtigen Politik werden wir alle traditionellen, guten Beziehungen, die uns mit vielen Völkern der Erde verbinden, bewahren und vertiefen.

Seit dem Ende des letzten Krieges sind in Asien und Afrika viele neue Staaten entstanden, die nun um ihre innere Ordnung und um ihre wirtschaftliche Konsolidierung ringen. Das deutsche Volk, insbesondere seine Jugend, verfolgt diese Entwicklung mit lebhafter Anteilnahme und Sympathie. Unsere Politik, die sich für einen gerechten und dauerhaften Frieden in der Welt verantwortlich weiß, muß diese Völker beim Aufbau ihres wirtschaftlichen und staatlichen Lebens im Rahmen ihrer Möglichkeiten nach besten Kräften unterstützen. Das gilt auch für die Länder Lateinamerikas. Wir erinnern uns dabei an die große Hilfe, die wir selbst und andere europäische Länder nach dem letzten Weltkrieg durch den Marshallplan erhalten haben.

Mit zehn arabischen Staaten haben wir zur Zeit bedauerlicherweise keine diplomatischen Beziehungen. Wir vertrauen aber darauf, daß die traditionell gute Zusammenarbeit im beiderseitigen Interesse bald wiederaufgenommen und fortentwickelt werden kann.

Unter Mißbrauch des Namens unseres Volkes sind gegen jüdische Menschen grauenhafte Verbrechen begangen worden. Diese gestalteten unser Verhältnis zu Israel problematisch und schwierig. Es wurde durch die Aufnahme diplomatischer Beziehungen verbessert und gefördert. Die Bundesregierung wird auf diesem Wege fortschreiten.

Die Regierungserklärung hat darauf verzichtet, in der bisher üblichen Weise die ganze Breite der politischen Aufgaben aufzufächern. Sie wollte Neues sagen, wo jetzt Neues zu sagen und zu wagen ist: in der Finanzpolitik, der Wirtschaftspolitik, der Außenpolitik und der Deutschlandpolitik. Es ist nicht die Erklärung einer Regierung, die aus einem glänzenden Wahlsieg, sondern aus einer von unserem Volk mit tiefer Sorge verfolgten Krise hervorging. Aber gerade diese Tatsache verleiht ihr ihre Kraft: zu entscheiden, was entschieden werden muß, ohne Rücksicht auf ein anderes Interesse als das des gemeinen Wohls oder, ich sage es, der Nation und des Vaterlandes.

Dies ist nicht die Geburtsstunde eines neuen Nationalismus in Deutschland, nicht in dieser Regierung, nicht in diesem Hohen Hause und nicht in unserem Volk! Auch bei den letzten Landtagswahlen hat sich die überwältigende Mehrheit der Wähler, in Hessen 92,1 %, in Bayern 92,6 %, zu den demokratischen Parteien bekannt, die während der beiden letzten Jahrzehnte den Aufbau eines demokratischen Staates und die Eingliederung der Bundesrepublik Deutschland in die europäische, die westliche Völkerfamilie vollzogen haben, deren Ideale und deren politisches Ethos wir teilen.

Wenn wir unser Volk von unserem redlichen Willen durch Wort und Tat überzeugen, wenn wir auch den Stil unseres politischen Lebens von dem Verdacht des Interessenschachers oder des ehrgeizigen Ränkespiels befreien, wenn wir ohne Arroganz, aber mit Würde die Sache unseres Volkes vor der Welt vertreten, wenn wir, wie wir es beschworen haben, unsere Kraft dem deutschen Volke widmen, seinen Nutzen mehren, Schaden von ihm wenden, das Grundgesetz und die Gesetze des Bundes wahren und verteidigen, unsere Pflichten gewissenhaft erfüllen und Gerechtigkeit gegenüber jedermann üben werden, dann wird dieses Volk in der Bundesrepublik, vor allem seine Jugend, und einmal das ganze deutsche Volk seinem freien demokratischen Staat vertrauen und zu ihm stehen in Glück und Not.

Quelle: Bulletin vom 14. 12. 1966, Nr. 157, S. 1268–1270

217 Stationierung französischer Truppen in Deutschland

Deutsch-französische Regierungsvereinbarung über das Stationierungsrecht und die Statusfragen der französischen Truppen in der Bundesrepublik Deutschland vom 21. Dezember 1966

Bonn, den 21. Dezember 1966

Sehr geehrter Herr Minister,

mit Schreiben vom 21. Dezember 1966 haben Euere Exzellenz mir die nachstehende Erklärung der Regierung der Französischen Republik zur Kenntnis gebracht:

»Die Regierung der Französischen Republik nimmt den von der Regierung der Bundesrepublik Deutschland zum Ausdruck gebrachten Wunsch zur Kenntnis, daß die französischen Streitkräfte im Gebiet der Bundesrepublik Deutschland bleiben.

Die Regierung der Französischen Republik erklärt hierzu ihrerseits unter Bezugnahme auf Artikel 4 Absatz 2 des ›Vertrages über die Beziehungen zwischen der Bundesrepublik Deutschland und den Drei Mächten‹, daß, ungeachtet des Artikels 3 des ›Vertrages über den Aufenthalt ausländischer Streitkräfte in der Bundesrepublik Deutschland‹, die Ausübung des Aufenthaltsrechts der französischen Streitkräfte im Gebiet der Bundesrepublik Deutschland, soweit diese betroffen ist, das Einverständnis der Regierung der Bundesrepublik Deutschland voraussetzt.«

Ich beehre mich, Ihnen mitzuteilen, daß die Regierung der Bundesrepublik Deutschland diese Erklärung zustimmend zur Kenntnis nimmt.

Genehmigen Sie, sehr geehrter Herr Minister, den Ausdruck meiner ausgezeichneten Hochachtung.

gez. Willy Brandt

Seiner Exzellenz
Herrn Couve de Murville
Außenminister der Französischen Republik

Paris

Bonn, den 21. Dezember 1966

Sehr geehrter Herr Minister,

mit Schreiben vom 21. Dezember 1966 haben Euere Exzellenz mir das Folgende zur Kenntnis gebracht:

»Die Regierung der Französischen Republik und die Regierung der Bundesrepublik Deutschland halten es gemeinsam für angebracht, gewisse Einzelheiten der Anwendung des ›Abkommens zwischen den Parteien des Nordatlantikvertrags über die Rechtsstellung ihrer Truppen‹ vom 19. Juni 1951 und des ›Zusatzabkommens zu dem Abkommen zwischen den Parteien des Nordatlantikvertrages über die Rechtsstellung ihrer Truppen‹ vom 3. August 1959 auf die französischen Streitkräfte in Deutschland näher zu bestimmen.

Sie sind deshalb wie folgt übereingekommen:

I. Die Flagge der Französischen Republik und die der Bundesrepublik Deutschland werden über allen Anlagen der französischen Streitkräfte in Deutschland gemeinsam gehißt; die Residenzen des Oberkommandierenden, der Armeekorps-Befehlshaber und der Divisionskommandeure sind ausgenommen.

II. Im Falle eines Wechsels des Oberkommandierenden der französischen Streitkräfte in Deutschland wird die Regierung der Bundesrepublik Deutschland rechtzeitig über die Wahl des von der französischen Regierung für dieses Amt bestimmten Generals unterrichtet.

III. Die Regierung der Französischen Republik nimmt die Absicht der Regierung der Bundesrepublik Deutschland zur Kenntnis, die gegenwärtigen Standorte der Einheiten und Einrichtungen der französischen Streitkräfte im Bundesgebiet nicht in Frage zu stellen.

Jede Änderung der Standorte, die sich als erforderlich erweist, wird zwischen den beiden Regierungen nach den Erfordernissen der gemeinsamen Verteidigung vereinbart.

IV. Die Gesamtstärke und die Gliederung der im Bundesgebiet stationierten französischen Streitkräfte und das von diesen Streitkräften im Bundesgebiet gelagerte Material werden der Regierung der Bundesrepublik Deutschland jährlich bekanntgegeben.

V. 1. Die Bewegungen, welche die französischen Streitkräfte im Bundesgebiet außerhalb ihrer normalen Standorte vom Regiment an aufwärts zum Zwecke von Manövern oder Übungen oder zu jedem anderen Zwecke durchführen, erfolgen nach vorheriger Anmeldung; diese Anmeldung geschieht 14 Tage vor dem Zeitpunkt der beabsichtigten Truppenbewegungen. Sie wird durch die Behörden der französischen Streitkräfte dem Beauftragten

577

der Regierung der Bundesrepublik Deutschland beim Oberkommandierenden der französischen Streitkräfte in Deutschland übermittelt.

Liegt innerhalb einer Frist von 7 Tagen nach der Anmeldung keine Äußerung des Beauftragten der Regierung der Bundesrepublik Deutschland vor, so bedeutet dies, daß die deutschen Behörden keine Einwendungen erheben.

Erhebt der Beauftragte der Regierung der Bundesrepublik Deutschland vor Ablauf der Frist von 7 Tagen Einwendungen, so werden beide Seiten im Geiste der Zusammenarbeit nach Artikel 3 Absatz 1 des Zusatzabkommens vom 3. August 1959 ein Einvernehmen anstreben.

Die vorgenannten Fristen werden verkürzt, wenn in Ausnahmefällen die Truppenbewegungen dringend durchgeführt werden müssen.

Die Bestimmungen des Artikels 57 des Zusatzabkommens vom 3. August 1959 bleiben unberührt.

2. Der Grenzübertritt geschlossener französischer Einheiten vom Regiment an aufwärts wird dem Beauftragten der Regierung der Bundesrepublik Deutschland 14 Tage im voraus angemeldet. Diese Frist wird verkürzt, wenn in Ausnahmefällen der Grenzübertritt dringend durchgeführt werden muß.

Die Grenzübergangsstellen dieser Einheiten werden zwischen den Behörden der französischen Streitkräfte und dem Beauftragten der Regierung der Bundesrepublik Deutschland im gegenseitigen Einvernehmen festgelegt.

Den Einzel- oder Sammelmarschbefehlen der Mitglieder der französischen Streitkräfte wird eine Übersetzung in deutscher Sprache beigefügt.

3. Unbeschadet der Beibehaltung der in Kraft befindlichen Verfahren werden die Manöver und Übungen, welche die französischen Streitkräfte in Deutschland außerhalb ihrer Liegenschaften abhalten, bei dem Beauftragten der Regierung der Bundesrepublik Deutschland gemäß den Bedingungen des Zusatzabkommens vom 3. August 1959 angemeldet.

VI. Die vorstehenden Bestimmungen berühren nicht diejenigen französischen Streitkräfte, welche die Rechte und Verantwortlichkeiten der Französischen Republik in Berlin wahrzunehmen haben.

Ich beehre mich, Euere Exzellenz zu bitten, mir das Einverständnis der Regierung der Bundesrepublik Deutschland zu dem vorstehenden Text zu bestätigen.«

Ich beehre mich, Euerer Exzellenz das Einverständnis der Regierung der Bundesrepublik Deutschland mit diesem Text zu bestätigen.

Genehmigen Sie, sehr geehrter Herr Minister, den Ausdruck meiner ausgezeichneten Hochachtung.

gez. Willy Brandt

Seiner Exzellenz
Herrn Couve de Murville
Außenminister der Französischen Republik

Paris

Quelle: Bulletin vom 23. 12. 1966, Nr. 161, S. 1304 f.

Antwort des Bundesministers des Innern, Lücke, auf eine Frage des Abgeordneten Genscher (FDP) über den Fortbestand der alliierten Vorbehaltsrechte in der Fragestunde des Deutschen Bundestages vom 18. Januar 1967 (Auszüge)

Vizepräsident Dr. Mommer: ... Dann rufe ich die Frage VI/9 des Abgeordneten Genscher auf:

Hält die Bundesregierung den Fortbestand der alliierten Vorbehaltsrechte nach Artikel 5 Absatz 2 des Deutschlandvertrages weiterhin für vereinbar mit den deutschlandpolitischen, außenpolitischen und sicherheitspolitischen Interessen der Bundesrepublik?

Bitte, Herr Minister!

Lücke, Bundesminister des Innern: Die Bundesregierung ist der Auffassung, daß diese Vorbehaltsrechte der Drei Mächte so bald wie möglich und vollständig abgelöst werden sollen. Für die Ablösung bedarf es nach Art. 5 Abs. 2 des Deutschlandvertrages der Verabschiedung einer deutschen Notstandsverfassung. Die Bundesregierung hat dies wiederholt vor diesem Haus erklärt und hat dabei in dankenswerter Weise die Zustimmung der Sprecher aller Fraktionen gefunden. Die Bundesregierung ist bemüht, den neuen Entwurf der Notstandsverfassung in Kürze den gesetzgebenden Körperschaften vorzulegen ...

Dieses Verlangen entspricht auch dem im Deutschlandvertrag eindeutig zum Ausdruck gelangten Willen sämtlicher Vertragschließenden. Nur auf diese Weise können wir für die Zukunft klare Rechtsverhältnisse schaffen. Nur auf diese Weise können wir sicherstellen, daß allen Verantwortlichen, Parlamentariern, Regierungsmitgliedern, Beamten und Soldaten – das haben die Fallex-Übungen erwiesen –, Gewissenskonflikte erspart bleiben, in die wir geraten könnten, wenn es vor der Verabschiedung einer deutschen Notstandsverfassung, was Gott verhüten möge, in der Bundesrepublik zu einer Notstandssituation käme und die Drei Mächte gezwungen wären, von ihren Vorbehaltsrechten Gebrauch zu machen.

Die Bundesregierung wird daher in Kürze – so war es vor Jahresfrist vorgesehen – den gesetzgebenden Körperschaften einen neuen Regierungsentwurf einer deutschen Notstandsverfassung vorlegen ...

Nun die wichtige Frage: Sind die alliierten Vorbehalte durch die Entwicklung – was immer auch geschehen ist – erloschen? Die Auffassung, daß die alliierten Vorbehaltsrechte der Drei Mächte erloschen seien, ist rechtlich nicht haltbar. Ich würde dringend bitten, daß diese Diskussion trotz aller Härte, mit der sie geführt wird, so geführt wird, wie es der Rechtslage entspricht. Die Auffassung, daß die Vorbehaltsrechte erloschen seien, steht auch im Widerspruch zur Rechtsauffassung der Regierungen der Drei Mächte. Auch das wurde im Gremium erörtert. Die Drei Mächte haben es auch in allen bisher mit ihnen geführten Gesprächen – seit 1965 habe ich selbst Gespräche geführt – als selbstverständlich angesehen, daß die Vorbehaltsrechte weiter bestehen. Hieran hat sich auch durch die jüngste Entwicklung in rechtlicher Hinsicht nicht das geringste geändert.

Die Bundesregierung befürchtet zwar nicht, daß die Drei Mächte ihre Vorbehaltsrechte rücksichtslos gebrauchen würden, falls es zu einer Notstandssituation käme und die Vorbehaltsrechte ausgeübt werden müßten. Die Bundesregierung hält es jedoch für an der Zeit, diese noch aus der Besatzungszeit stammenden Notstandsvollmachten der drei ehemaligen Besatzungsmächte nunmehr durch eine hieb- und stichfeste deutsche Notstandsverfassung abzulösen ...

Quelle: 5. Deutscher Bundestag, 84. Sitzung vom 18. 1. 1967, S. 3922 und 3933

Erklärung des Bundeskanzlers Dr. h. c. Kurt Georg Kiesinger vor dem Deutschen Bundestag am 18. Januar 1967 (Auszug)

... Zum Schluß, meine Damen und Herren, möchte ich das für unsere Zukunft wohl wichtigste Ergebnis meiner Gespräche mit Präsident de Gaulle hervorheben: Es ist das Zusammenwirken der beiden Regierungen auf dem weiten Feld einer europäischen Ostpolitik.

Es ist das Ziel dieser Bundesregierung, das deutsche Verhältnis zu den osteuropäischen Nationen und zur Sowjetunion aufzulockern und zu entspannen. Diese unsere Absicht stimmt mit den Absichten des französischen Präsidenten überein, vor allem deshalb, weil sich diese unsere Politik gegen niemanden richtet, auch nicht gegen Rußland. Sie darf nicht mit den Maßstäben konventioneller Diplomatie gemessen werden, jener konventionellen Diplomatie, die allzu leicht ein Motiv des Unruhestiften-wollens vermutet. Das ist nicht unsere Absicht. Wir haben sogar Verständnis dafür, daß man uns im Osten zur Zeit noch kritisch und skeptisch gegenübersteht. Von 1939 bis heute ist so viel geschehen, daß unser Vorhaben manchem unrealistisch anmuten mag.

Aber, meine Damen und Herren, jedes Volk braucht, wenn es überhaupt Politik im Sinne eines großen Entwurfs und nicht nur im Sinne der administrativen Bewältigung von Einzelproblemen und Tagesfragen betreiben will, das, was Toynbee die historische Herausforderung genannt hat. Die friedliche Neugestaltung unserer Beziehungen zum Osten und darin eingeschlossen die Lösung der deutschen Frage sehen wir als eine solche Herausforderung, als die große Aufgabe unserer Generation an.

In diesem Sinne begrüße ich es, daß Herr Breschnew in Gorki gesagt hat, die Sowjetunion werde alle vernünftigen und für den Frieden in Europa nützlichen Schritte – darunter auch die entsprechenden Schritte der Bundesrepublik Deutschland, sollte sie welche unternehmen – natürlich unterstützen.

Es entspricht meiner Absprache mit dem französischen Präsidenten, daß die Bundesregierung derartige Schritte erwägt, in dem Bemühen, gemeinsam eine gerechte und dauerhafte europäische Friedensordnung mitzugestalten.

Gerade unser Zusammenwirken mit Frankreich, dessen friedliche Absichten nicht bezweifelt werden können – Absichten, welche in unseren Gesprächen einen besonders deutlichen, ja beherrschenden Ausdruck gefunden haben –, sollte für unsere östlichen Nachbarn auch ein Beweis unseres aufrichtigen Willens sein, Lösungen der zwischen uns schwebenden und uns noch trennenden Probleme im Vollzug eines Prozesses der fortschreitenden Entspannung zu suchen und zu finden.

Wir finden es an der Zeit, daß auch unsere östlichen Nachbarn diese klare, durch keinerlei Mentalreservationen eingeschränkte Politik nicht länger als bösartigen Revanchismus verdächtigen, sondern sie trotz aller noch bestehenden Verschiedenheit der Auffassungen als das erkennen, was sie ist und sein will: eine weitgespannte Politik des Friedens und der Verständigung, die sich eine glückliche Zukunft ganz Europas zum Ziele gesetzt hat.

Quelle: Bulletin vom 20. 1. 1967, Nr. 6, S. 41

Bundeskanzler Dr. h. c. Kurt Georg Kiesinger vor der Auslandspresse in Bad Godesberg zur
Außenpolitik, 20. Januar 1967 (Auszüge)

Frage:

Herr Bundeskanzler, geben Sie diesen großangelegten und weitgesteckten Zielen, eine
europäische Friedensordnung zu schaffen, Priorität vor der Erweiterung der EWG?

Antwort:

Ich glaube, hier besteht kein Gegensatz. Ich bin überzeugt, daß, je fester Westeuropa
zusammenwächst, desto eher auch die Interessenlagen, auch für den Osten, auch für die
Sowjetunion, geschaffen werden, die es der Sowjetunion und unseren östlichen Nachbarn insgesamt vorteilhaft erscheinen lassen können, diesen europäischen Antagonismus zu
überwinden. Ich glaube, daß man sehr wohl beides tun kann, da es ja auch keine Gegensätze
der Auffassungen gibt, sowohl was Frankreich und Deutschland anlangt, aber auch, was alle
in der EWG jetzt und in Zukunft vereinigten Länder betrifft. Ich glaube im Gegenteil, ein
aufgegliedertes, ein zersplittertes westliches Europa würde für eine Politik der Überwindung
des Antagonismus in Europa gar keine wirkliche Chance bieten.

Frage:

Es besteht also kein Grund zu Befürchtungen, daß die französische Hilfe, die Ihrer Ostpolitik versprochen worden ist, auf Kosten des englischen Beitritts in die EWG geht?

Antwort:

Wir haben natürlich in Paris über diese Fragen gesprochen. Sie kennen ja die vorläufige
Haltung Frankreichs in dieser Frage, Sie kennen auch unsere eigene Haltung. Das ist einer
der Punkte gewesen, in denen wir – was ich bei diesen Besprechungen ja grundsätzlich versucht habe – unsere verschiedenen Positionen ganz klar einander gegenübergestellt haben.
Es wird sich jetzt beim Besuch Mr. Wilsons herausstellen, ob die französische und die englische Auffassung in dieser für uns alle sehr wichtigen Frage zur Deckung zu bringen sind.
Aber mit unserer Politik einer europäischen Friedensordnung oder der Entspannung Osteuropas gegenüber hat diese Frage selbst unmittelbar nichts zu tun.

Frage:

Herr Bundeskanzler, darf ich dann fragen, ob Sie bereit sind, Herrn Wilson auch aktiv in
den Bemühungen Englands, der EWG beizutreten, zu unterstützen?

Antwort:

Natürlich. Das haben wir in der Regierungserklärung auch gesagt. Wir können ja nicht
nur Worte machen. Wenn etwas in einer Regierungserklärung steht, dann bedeutet das ja
ein Programm, ganz abgesehen davon, daß sehr harte deutsche Interessen uns darauf hinweisen. Sie wissen, daß unsere Handelsbilanzüberschüsse vor allem aus dem EFTA-Raum
kommen, die dann zum Ausgleich anderswo gebraucht werden müssen. Also hier ist natürlich mit einer Unterstützung zu rechnen.

Die Frage, die Sie stellen, ist die: Wenn sich ein Gegensatz zwischen der französischen
und der britischen Auffassung herausstellt, welcher Art ist er? Ist er prinzipieller Art oder
nicht? Wenn er prinzipieller Art ist – und ich fürchte, er ist es –, dann werden die Dinge
allerdings außerordentlich schwierig werden, und dann werden die Sechs und Großbritan-

nien mit großer Sorgfalt und großer Behutsamkeit an die Lösung des Problems herangehen müssen. Aber ich will nicht den Propheten spielen; wir warten einmal ab, was in den nächsten Tagen kommt.

Frage:

Glauben Sie, Herr Bundeskanzler, daß die EWG-Gipfelkonferenz in Rom einen Wendepunkt in der europäischen Frage bedeuten kann?

Antwort:

Sie könnte einen Wendepunkt natürlich in der einen oder anderen Richtung bedeuten. Ich finde, man sollte die Augen nicht davor verschließen, daß hier tatsächlich eine prinzipiell verschiedene Konzeption der europäischen Zukunft vorhanden ist. So wie ich es sehe, neigt General de Gaulle eher jener von Winston Churchill in seiner berühmten Zürcher Rede erstmals entworfenen Konzeption einer kontinentaleuropäischen Gemeinschaft zu, aus Gründen, die ich jetzt nicht zu analysieren brauche. Großbritannien wünscht nun – und das scheint diesmal sehr ernsthaft zu sein – unter jeder Bedingung, die notwendig ist, einzutreten.

Ich erhoffe mir von der Römischen Konferenz kein so spektakuläres Ergebnis, sondern einen Beginn eines zu einer guten Lösung hinfindenden Gesprächs. Man wird nicht nur dahin kommen, um feierliche Reden zu halten, eine Art europäischen Honoratiorenkongreß abhalten, sondern man wird auch miteinander sprechen, auch ohne Tagesordnung. Ich könnte mir denken, daß man am Ende der Konferenz sagt, in einiger Zeit treffen sich unsere Außenminister wieder, oder es treffen sich nach einer weiteren Zeit auch die Ministerpräsidenten, die Regierungschefs wieder; das könnte ein Neuanfang sein, und dann müßte man eben sehen, wie man sich zusammenfindet.

Frage:

Senator Mansfield und 40 andere Senatoren forderten gestern abend in Washington eine Verminderung der amerikanischen Truppen in Europa. Wie ist Ihre Meinung dazu?

Antwort:

Ich würde es bedauern, wenn Amerika seine Truppenstärke hier vermindern würde. Das ist einer der Punkte gewesen, in denen sich auch bei dem Gespräch in Paris unsere Meinungen ganz klar unterschieden. Ich erklärte Präsident de Gaulle, daß wir im Gegensatz zu Frankreich in einem integrierten System der NATO bleiben wollten und daß wir glaubten, daß unsere Interessen es erforderten, daß die amerikanischen Truppen in unverminderter Stärke bei uns blieben. Das ist ein Wunsch, eine Auffassung.

Wir müssen uns natürlich mit anderen amerikanischen Auffassungen konfrontieren lassen, und man wird sehen, was dabei herauskommt. Aber jedenfalls ganz klares Statement: Wir haben nicht den Wunsch nach einer Verminderung der amerikanischen Truppen, selbst wenn uns Offset noch so viel Kummer macht – womit ich nicht gesagt haben will, daß es für uns nicht schwierig sein wird.

. . .

Frage:

Herr Bundeskanzler, Sie sprachen von Widerständen Frankreichs und von prinzipiellen Widerständen. Würde dadurch nicht eine Situation eintreten, daß es wieder einmal fünf gegen eins steht, und würde das die deutsch-französische Freundschaft nicht zu einer Illusion machen?

Antwort:

Ich würde nicht sagen zu einer Illusion; aber das ist mit das ernsteste Problem in unseren Beziehungen, daran ist gar kein Zweifel.

Frage:

Herr Bundeskanzler, Ihre Vorgänger haben sich von Zeit zu Zeit in dem Sinne ausgedrückt, den Vereinigten Staaten in Vietnam moralische Unterstützung zu geben. Teilen Sie diesen Standpunkt, oder würden Sie Ihren Standpunkt anders ausdrücken?

Antwort:

Es ist schwer, dafür eine Formel zu finden. Ich habe Präsident de Gaulle natürlich auch dazu meine Meinung gesagt. Ich wies ihn darauf hin, daß wir ein geteiltes Land seien, daß im freien Teil dieses Landes amerikanische Truppen zu unserem Schutze stünden und daß wir uns daher der Beurteilung Frankreichs zum Vietnamkrieg nicht anschließen könnten. Ich glaube, ich muß es bei dieser Feststellung belassen.

Frage:

Herr Bundeskanzler, können Sie versichern, daß die Wiederaufnahme der diplomatischen Beziehungen zu den arabischen Staaten nicht zu Lasten Israels geht, weder im Hinblick auf die bevorstehende neue Wirtschaftshilfe noch im Hinblick auf neue Beziehungen?

Antwort:

Wir wollen es natürlich so versuchen. Das ist ja das Problem unserer nahöstlichen Politik – wenn Sie so wollen. Wir wollen natürlich zur arabischen Welt wieder normale Beziehungen unterhalten. Aber ich habe ja auch in meiner Regierungserklärung klipp und klar gesagt, daß wir, was Israel anlangt, den begonnenen Weg weitergehen werden.

Frage:

Zum Hassuna-Besuch in Bonn – deutsch-arabische Beziehungen?

Antwort:

Ich begrüße die Möglichkeit dieser Begegnung. Wir freuen uns darauf, ihn zu sehen, und ich hoffe ihn auch zu sehen. Wir wollen tun, was in unseren Kräften steht, um einen Weg zu gehen, der uns auf der einen Seite die Normalisierung unserer Beziehungen zu den arabischen Staaten erlaubt, uns andererseits natürlich aber auch ermöglicht, die begonnene Politik mit Israel fortzusetzen.

Wir wollen uns aus regionalen Konflikten heraushalten, aber wir wollen uns – ich will es ganz ehrlich und offen sagen – auch hier auf diesem Gebiet nicht in eine gefährliche Alternative bringen oder zwingen lassen.

Frage:

Herr Bundeskanzler, der französische Außenminister Couve de Murville hat nach Ihrem Besuch gesagt, Sie seien dem französischen Standpunkt in vielen Punkten nähergekommen. In welchen Punkten? Wo decken sich deutsch-französische Interessen und wo nicht?

Antwort:

Ich weiß nicht, ob Herr Couve de Murville diesen Ausspruch getan hat im Blick auf den vergangenen Winter und Sommer des Mißvergnügens; es kann ja sein, daß er das gemeint hat. Daraus ist die Folgerung gezogen worden, als ob wir manchen französischen Vorstellungen entgegengekommen wären, in bezug auf Grenzfragen zum Beispiel. Ich glaube nicht, daß man unseren Gesprächen diese Deutung geben kann. Unsere französischen Gastgeber

583

waren in dieser Frage äußerst taktvoll, und wir haben uns in diese Grenzproblematik nicht vertieft. Ich habe den Präsidenten auf meine Regierungserklärung hingewiesen und gesagt, jeder Satz, der darin stehe, sei wirklich so gemeint, wie er formuliert sei, sei also nicht irgendeine Beschwichtigungsformel.

Ich glaube, der eigentliche Fortschritt ist erreicht worden in diesem Entschluß, gemeinsam – ich kann es eben nur wiederholen – den europäischen Antagonismus überwinden zu helfen, diese dauerhafte und gerechte europäische Friedensordnung herbeizuführen zu versuchen, einschließlich des deutschen Problems, aber eben im Prozeß der Entspannung und der Annäherung.

Ich habe ja schon gesagt, was den Eintritt Großbritanniens in die EWG und was unsere Haltung den Vereinigten Staaten gegenüber anlangt, daß sich hier deutliche Nuancen, ja Differenzierungen der Meinungen gezeigt haben. Aber wir haben zum Schluß festgestellt – ich muß das ausdrücklich betonen –, daß es trotz dieser Unterschiede möglich ist, jene gemeinsame und dauernde Zusammenarbeit durchzuführen, die wir erneut in Paris beschlossen haben.

Frage:
Ich möchte wieder auf die diplomatischen Beziehungen zurückkommen. Wann werden die diplomatischen Beziehungen zu Rumänien aufgenommen?

Antwort:
Wir sind ja noch im Gespräch miteinander, aber wir hoffen, bald den Besuch von Herrn Manescu zu empfangen, und ich würde mich freuen, wenn nach den ermutigenden Gesprächen, die in Bukarest geführt worden sind, die Normalisierung unserer Beziehungen in Kürze stattfinden würde.

Frage:
Heute morgen gab es einige Berichte über die Aufnahme von Gesprächen mit Jugoslawien. Wäre die Bundesregierung bereit, diplomatische Beziehungen mit Jugoslawien aufzunehmen trotz der Anerkennung der »DDR«?

Antwort:
Ich hatte in einer Pressekonferenz auf eine Frage, ob wir bereit wären, diplomatische Beziehungen auch mit Jugoslawien aufzunehmen, gesagt: Wenn es die Umstände erlauben, ja. Die Tatsache der Anerkennung Ostberlins durch die Länder stellt uns natürlich vor ein besonderes Problem, das wir mit diesen Ländern auf eine pragmatische Weise zu lösen versuchen unter gegenseitiger Respektierung der Rechtsstandpunkte. Unter diesen Voraussetzungen und Gegebenheiten sind wir natürlich auch bereit, mit Jugoslawien, mit dem uns ja schon sehr viele praktische Verbindungen verbinden, unsere Beziehungen zu normalisieren.
. . .

Frage:
In der letzten Zeit gab es ziemlich viele Indikationen und Spekulationen über die Reihenfolge, in der Beziehungen zu verschiedenen osteuropäischen Staaten angeknüpft werden sollen. Hat die Bundesregierung irgendeine feste Prioritäts- oder Wunschliste, wie die Reihenfolge aussehen sollte, oder überläßt sie das den Ereignissen?

Antwort:
Wir haben keinen festen Fahrplan. Die Dinge ergeben sich. Man kann nicht sagen, daß wir etwa gesagt hätten, erst mit diesem und dann mit jenem Lande, aus irgendeiner Wertung

heraus, sondern es hat sich nun einmal so ergeben, daß mit Rumänien die ersten Kontakte anläßlich der Reise von Herrn Schmücker und etwas vorher schon zustande gekommen sind. Aber wir haben einfach den Wunsch, mit unseren östlichen Nachbarn, die es wünschen und die jenes pragmatische Arrangement mit uns treffen, von dem ich gesprochen habe, unsere Beziehungen zu normalisieren und freundschaftlich zu gestalten.

. . .

Frage:
Herr Bundeskanzler, Sie haben betont, daß Sie in der Frage der Aufnahme der Beziehungen mit Ostblockländern eine pragmatische Lösung suchen. Es ist auch von deutscher Seite unterstrichen worden, daß es verschiedene Überlegungen gibt. Können Sie die Lösung, die auch in der deutschen Frage angeklungen ist, bestätigen?

Antwort:
Ich will gar nicht ausweichen. Unsere Beziehungen zu unseren östlichen Nachbarn haben besonderen Charakter; das ist einfach aus der geschichtlichen Entwicklung seit dem Zweiten Weltkrieg zu erklären. In Anerkennung dieser besonderen Gegebenheiten haben wir im August 1955 diplomatische Beziehungen mit der Sowjetunion aufgenommen. So ist es auch jetzt mit unseren östlichen Nachbarn. Wir sehen das als einen Fall eigener Art an, den wir pragmatisch lösen müssen. Im übrigen können wir nur hoffen, daß diejenigen Länder, die bis jetzt unseren Rechtsstandpunkt anerkannt haben, diesen auch in der Zukunft beibehalten werden.

Frage:
Herr Bundeskanzler, Sie haben von der Überwindung der Spannungen in Europa gesprochen und auch von den Beziehungen zu östlichen Nachbarn und zur »DDR«. Anfangs gab es große Hoffnungen; wie sehen Sie die nähere Zukunft?

Antwort:
Das ist ein recht weitgespanntes Programm. Auch das haben wir in der Regierungserklärung angesprochen. Wir wollen auch diese Beziehungen, soviel an uns liegt, bei Wahrung unseres Rechtsstandpunktes – wir werden diesen Rechtsstandpunkt beibehalten – entkrampfen. Die andere Seite wird ihre Standpunkte festhalten. Wir machen uns keine Illusion darüber, daß sie ihren Rechtsstandpunkt aufgeben würde.
Aber wir können uns eine Entwicklung denken, die trotzdem zu dieser Entkrampfung führen wird. Das würde uns vor allem deswegen freuen, weil wir auf diese Weise ein Auseinanderleben unseres Volkes verhindern könnten, aber auch darum, weil es zu einer Entspannung in Gesamteuropa beitragen könnte. Auch hier geht es wie in dem anderen Bereich nicht darum, vor irgendwelchen anderen Standpunkten oder vor anderen Forderungen einfach zu kapitulieren, sondern zu versuchen, so wie wir den europäischen Antagonismus durch einen geduldigen und behutsamen Prozeß überwinden wollen, auch diesen deutschen Antagonismus zu überwinden.

Quelle: Bulletin vom 24. 1. 1967, Nr. 7, S. 52–54

Rede des Bundesministers des Auswärtigen, Willy Brandt, vor der Beratenden Versammlung des Europarats in Straßburg über Entspannungspolitik in Europa, 24. Januar 1967 (Auszug)

Herr Präsident, meine Damen und Herren!

... Wir Deutsche sind uns bewußt, daß ein immer stärkerer Zusammenschluß der Völker Europas dringend erforderlich ist: weil unsere Völker entschiedener als bisher Mitverantwortung für die Bewahrung des Weltfriedens übernehmen müssen; weil nur die Verbindung der begrenzten Kräfte der einzelnen Völker es ihnen ermöglicht, diese Aufgabe zu erfüllen und Europa den ihm gebührenden Platz in der heutigen Welt zu sichern.

Die wirtschaftliche und politische Einigung Europas ist daher eines der großen Ziele, auf die die deutsche Politik sich richtet. Daß ich heute hier stehe, mag auch als ein Zeichen dafür gelten, welche Bedeutung wir dabei dem Europarat zumessen.

Die Förderung der bestehenden europäischen Gemeinschaften ist seit deren Gründung eine Konstante der deutschen Politik. Die Gemeinschaft der Sechs soll nach unserer Überzeugung allen europäischen Staaten offenstehen, die sich zu ihren Zielen bekennen. Daß wir die Teilnahme Großbritanniens und anderer EFTA-Staaten begrüßen würden, brauche ich nicht zu betonen. Es liegt in der Natur unserer Vorstellungen von einer möglichst umfassenden Kooperation und entspricht außerdem unseren eigenen Interessen.

Die enge deutsch-französische Zusammenarbeit, der für die Zukunft Europas eine entscheidende Rolle zufällt, ohne in die Rechte anderer einzugreifen, ist neu belebt. Die Feststellung schließlich, daß die deutsche Regierung bestrebt ist, mit jedem ihrer befreundeten Nachbarn auch bilateral vertrauensvoll zusammenzuarbeiten, soll das Bild abrunden.

Auf allen diesen Wegen streben wir demselben Ziel zu: der Einigung Europas. Diese Einigung liegt zunächst im Interesse jener europäischen Völker, die unmittelbar daran mitwirken. Doch hoffen wir, eines Tages werde auch in Osteuropa, nicht zuletzt in der Sowjetunion, die Erkenntnis zum Durchbruch kommen, daß ein solch einiges Europa ein entscheidendes Element der von uns erstrebten stabilen Friedensordnung in der Welt bilden kann und soll.

Es geht also einmal um den inneren Ausbau und die Ausweitung der europäischen Gemeinschaften. Zum anderen geht es um die Verstärkung der wirtschaftlichen, technischen, wissenschaftlichen, kulturellen und – wo es möglich ist – auch politischen Zusammenarbeit mit den osteuropäischen Völkern und Staaten. Solche Zusammenarbeit ist der Prüfstand für Entspannung in unserem Teil der Welt.

In der Tat zeichnet sich der Beginn einer gesamteuropäischen Interessengemeinschaft ab. Sie geht über das allen gemeinsame Interesse an der Vermeidung eines selbstmörderischen Krieges hinaus. Sie drückt sich in praktischer Zusammenarbeit aus. Auf gewissen Gebieten und zwischen verschiedenen Partnern in Ost- und Westeuropa wird ein Ausgleich der Interessen erprobt.

Diesen noch beschränkten Raum auszufüllen ist Aufgabe einer europäischen Entspannungspolitik. Praktische Erfolge können Entwicklungen in Gang setzen, die eines Tages einen Interessenausgleich auch auf Gebieten ermöglichen, auf denen er heute noch nicht zu erreichen ist.

Die deutsche Regierung ist entschlossen, diesen Weg zu gehen. Wir werden die Politik einer Entspannung in Europa nicht mit Vorbedingungen belasten. Sie ist gegen niemand gerichtet, vor allem nicht gegen die Sowjetunion, den Verbündeten der anderen ost- und südosteuropäischen Staaten. Wir orientieren uns – unbeschadet der ungelösten nationalen Probleme – am Generalnenner der Friedenssicherung. Wir verfolgen die Politik der Entspannung, um das gemeinsame Ziel einer dauerhaften Friedensordnung in Europa zu erreichen.

Dabei gilt es nüchtern zu erkennen, daß die Politik der Entspannung nicht das Ziel selbst ist. Damit will ich sagen:

1. Entspannung ist kein Zauberwort. Der Begriff selbst läßt die Spannungen und die Gegensätze zwischen Ost und West nicht verschwinden. Auch Entspannungspolitik ist Politik in dem Sinne, daß um den Ausgleich gegensätzlicher Ziele und Interessen gerungen wird.

2. Entspannung ist kein Selbstzweck. Sie soll einen Interessenausgleich ermöglichen, der die Grundlagen für eine dauerhafte europäische Friedensordnung schafft. Entspannungspolitik ist keine Kapitulation und keine Flucht vor der Wirklichkeit, sondern der Versuch, zunehmend Gebiete gemeinsamen Interesses und der Zusammenarbeit zu finden.

3. Entspannung ist ein umfassendes Vorhaben. Natürlich sind nicht alle Probleme auf einmal zu lösen. Man muß anfangen, wo es möglich ist. Mit kleinen Schritten, wo große noch nicht möglich sind. Aber der Blick muß stets auf größere Lösungen gerichtet sein.

Die Bundesregierung will ihren Beitrag zur Entspannung in Europa leisten. Die Probleme Europas wie die Probleme Deutschlands lassen sich nicht in einem Klima des Kalten Krieges regeln. Wir streben deshalb eine umfassende Verbesserung unserer Beziehungen zu allen osteuropäischen Staaten an. Wir streben einen umfassenden wirtschaftlichen, wissenschaftlichen und kulturellen Austausch an. Wir hoffen, diplomatische Beziehungen aufnehmen zu können. Wir haben Gespräche und Verhandlungen eingeleitet. Es wird zu persönlichen Kontakten mit Repräsentanten osteuropäischer Regierungen kommen.

Schwierigkeiten und Enttäuschungen werden uns nicht entmutigen. Das zum Teil verständliche Mißtrauen und die Schatten einer unheilvollen Vergangenheit werden der Einsicht weichen, daß man mit Deutschland als einem vertrauenswürdigen Partner in der Gemeinschaft der europäischen Völker rechnen kann. Eine solche Politik erfordert Offenheit gegenüber allen Beteiligten. Nur sie kann Reserven abbauen und jenes Vertrauen schaffen, das im Verhältnis der Völker unseres Kontinents zueinander erforderlich ist.

Das gilt natürlich gerade auch für das Verhältnis zwischen Deutschland und der Sowjetunion. Man macht es uns nicht leicht; aber wir werden keinen Zweifel daran aufkommen lassen, daß es unser Wunsch ist, mit Moskau ins Gespräch zu kommen. Auf den Gebieten des Handels, der Kultur und der Wissenschaft können sich Bausteine für den Ausbau der Beziehungen finden. Ich weiß, die Regierung der Sowjetunion will bis auf weiteres nicht über die Einheit Deutschlands sprechen. Aber ich denke, sie will über den Frieden in Europa sprechen. Wir wollen es auch. Die Meinungen dazu mögen im einzelnen noch beträchtlich auseinandergehen. Aber niemand, der sich die Mühe der Auseinandersetzung mit uns macht, wird den billigen Vorwurf aufrechterhalten können, wir seien Militaristen und Revanchisten. In Wirklichkeit haben wir unseren östlichen Nachbarn Gewaltverzichtserklärungen vorgeschlagen, und wir haben die Sowjetunion wissen lassen, daß wir bereit sind, die Problematik der deutschen Teilung in diesen Gewaltverzicht einzubeziehen.

Es trifft also nicht zu, wenn man uns propagandistisch unterstellt, wir wollten uns die Tür zu gewaltsamen Veränderungen offenhalten. Ebensowenig trifft es zu, wenn man uns vorwirft, wir wollten uns den anderen Teil Deutschlands »einverleiben«. Wir wollen auch unsere 17 Millionen im anderen Teil Deutschlands nicht isolieren, sondern wir tragen schwer daran, daß sie isoliert gehalten werden.

Was die Beschuldigung des Militarismus angeht, so darf ich auch hier darauf aufmerksam machen, daß die Bundesrepublik Deutschland, wie kaum ein zweiter Staat, ihre Bereitschaft bewiesen hat, auf nationale Hoheitsrechte zu verzichten, wenn das einer dauerhaften Friedensordnung dient. Unser Einsatz für die europäische Integration ist bekannt. Ebenso ist bekannt, daß unsere Streitkräfte – nach denen unser Volk sich nicht gedrängt hat – in einem gemeinschaftlichen Rahmen eingegliedert sind. Der Verzicht auf die Produktion nuklearer Waffen entspricht unserer Überzeugung, und dieser Verzicht unterliegt einer wirksamen internationalen Kontrolle ebenso wie die friedliche Verwendung spaltbaren Materials. Die Bundesrepublik hat, was die Nichtverbreitung nuklearer Waffen angeht, keine Sonderinteressen, sondern die natürlichen Interessen, die es mit anderen nichtnuklearen Staaten teilt.

Ungeachtet der bis heute negativen Haltung der Behörden in Ostberlin wird die Bundesregierung auch ihre Bemühungen fortsetzen, die innerdeutsche Lage zu entkrampfen. Entspannung in Europa muß unserer Überzeugung nach Entspannung in Deutschland einschließen.

Mir ist durchaus nicht daran gelegen, ein propagandistisches Zerrbild des kommunistisch beherrschten Teiles meines Vaterlandes zu zeichnen. Ohne jeden Zweifel hat man dort zum Beispiel bedeutende Fortschritte im wirtschaftlichen Wiederaufbau machen können. Dies ist meinen Landsleuten, die dort leben, nicht leichtgefallen. Sie hegen einen verständlichen Stolz auf das Erreichte. Dennoch kommt niemand daran vorbei: Die Mauer in Berlin steht, der Todesstreifen von der Ostsee bis zur tschechoslowakischen Grenze besteht, und wir können nicht den Blick vor dem Unrecht verschließen oder uns daran gewöhnen oder uns damit abfinden.

Wir werden dennoch oder besser: gerade deshalb den politisch möglichen Rahmen innerdeutscher Kontakte voll auszunutzen versuchen, damit die beiden Teile unseres Volkes sich nicht weiter auseinanderleben.

Wir streben ein geregeltes Nebeneinander in Deutschland an, das geeignet sein kann, weitergehende Lösungen der Deutschlandfrage vorzubereiten. Ich bin davon überzeugt, daß die kommunistischen Führer in Ostberlin unseren zähen und illusionslosen Bemühungen auf die Dauer um so weniger werden ausweichen können, je mehr unsere Freunde in Europa die besondere Lage Deutschlands und deren europäische Wirkungen im Auge behalten...

Quelle: Bulletin vom 26. 1. 1967, Nr. 8, S. 59 f.

222 Diplomatische Beziehungen zu Rumänien

Gemeinsames deutsch-rumänisches Kommuniqué über die Aufnahme diplomatischer Beziehungen zwischen der Bundesrepublik Deutschland und der Sozialistischen Republik Rumänien vom 31. Januar 1967

Das Auswärtige Amt teilt mit: Auf Einladung des Bundesministers des Auswärtigen, Willy Brandt, stattet der Außenminister der Sozialistischen Republik Rumänien, Corneliu Manescu, der Bundesrepublik Deutschland vom 30. Januar bis 3. Februar 1967 einen offiziellen Besuch ab.

Während seines Aufenthaltes in Bonn am 30. und 31. Januar wurde der rumänische Außenminister von Bundeskanzler Dr. Kurt Georg Kiesinger empfangen. Am 1. Februar wird der rumänische Außenminister Köln und Düsseldorf, am 2. Februar München besuchen. Er wird mit den Ministerpräsidenten des Landes Nordrhein-Westfalen und des Landes Bayern zusammentreffen.

Der Bundesminister des Auswärtigen, Willy Brandt, und der Außenminister der Sozialistischen Republik Rumänien, Corneliu Manescu, führten Gespräche über den Stand und die Entwicklung der Beziehungen zwischen der Bundesrepublik Deutschland und der Sozialistischen Republik Rumänien sowie über internationale Fragen von gemeinsamem Interesse.

Beide Seiten brachten ihre Genugtuung über die günstige Entwicklung des wirtschaftlichen und kulturellen Austausches zwischen ihren Ländern zum Ausdruck. Sie unterstrichen, daß sie die vielfältige Zusammenarbeit zwischen ihren Ländern weiter pflegen und vertiefen werden.

In diesem Geiste sind die Regierung der Bundesrepublik Deutschland und die Regierung der Sozialistischen Republik Rumänien übereingekommen, diplomatische Beziehungen aufzunehmen und diplomatische Vertreter im Range von außerordentlichen und bevollmächtigten Botschaftern auszutauschen.

Beide Seiten sind überzeugt, daß dies zur Entwicklung des gegenseitigen Verständnisses zwischen der Bundesrepublik Deutschland und der Sozialistischen Republik Rumänien im Interesse beider Länder beitragen und damit dem Frieden und der Sicherheit, der dauerhaften Verständigung und dem friedlichen Zusammenleben der Völker Europas sowie der internationalen Entspannung dienen wird.

Die Gespräche sind offen, sachlich und aufrichtig geführt worden.

Außenminister Manescu hat den Bundesaußenminister zu einem offiziellen Besuch in der Sozialistischen Republik Rumänien eingeladen. Der Bundesaußenminister hat die Einladung dankend angenommen. Ein Termin wird auf diplomatischem Weg vereinbart werden.

Bonn, den 31. Januar 1967

Quelle: Bulletin vom 2. 2. 1967, Nr. 11, S. 81

---

223 Probleme des Atomsperrvertrages

Der Bundesminister des Auswärtigen, Willy Brandt, in der Fragestunde des Deutschen Bundestages am 1. Februar 1967 zum Atomsperrvertrag (Auszüge)

Präsident D. Dr. Gerstenmaier: Ich rufe die Fragen III/4 und III/5 des Herrn Abgeordneten Dr. Schulze-Vorberg auf:

Teilt die Bundesregierung Befürchtungen, daß der in Genf verhandelte Atomsperrvertrag auch auf dem Gebiet der friedlichen Nutzung der Kernenergie Verzichte und Einschränkungen für die Staaten bringen könnte, die bisher nicht zu den Atomwaffenbesitzern zählen?

Wie gedenkt die Bundesregierung die sich – aus dem in Frage III/4 Erwähnten – abzeichnenden Nachteile für die deutsche Wissenschaft und Wirtschaft abzuwenden?

Brandt, Bundesminister des Auswärtigen: Herr Abgeordneter, die Bundesregierung prüft gegenwärtig in einem intensiven Meinungsaustausch mit ihren Bündnispartnern und in Fühlungnahme mit anderen Nichtkernwaffenstaaten den Stand der Bemühungen um einen Nichtverbreitungsvertrag. In diesem Stadium handelt es sich weitgehend um vertrauliche Erörterungen. Ich werde morgen die Möglichkeit haben, nachdem schon eine solche Sitzung stattgefunden hat, in dem vertraulichen und vertrauensvollen Gespräch mit dem Auswärtigen Ausschuß des Bundestages, an dem mir liegt, darüber zu berichten, wie sich uns die Arbeiten am Nonproliferations-Vertrag gegenwärtig darstellen.

Der Nichtverbreitungsvertrag – wenn er zustande kommt –, der also die Verhinderung einer Ausbreitung von Kernwaffen zum Ziel hat, erhält eine besondere Problematik dadurch, daß eine Grenze zwischen der Anwendung der Kernenergie für militärische und für zivile Zwecke gezogen werden muß. Hier wäre beispielsweise zu nennen das Problem von Kernexplosionen für friedliche Zwecke, wie Kanal- und Dammbau, Kavernenherstellung für die Ausbeutung von Erdgaslagern und anderen Rohstoffen. Zu diesem Problem hat der amerikanische Delegierte Adrian Fisher im August vorigen Jahres vor der Achtzehn-Mächte-Abrüstungskommission in Genf bemerkenswerte Ausführungen gemacht. Da es nicht möglich sei – so sagte er –, zwischen nuklearen Sprengmitteln für friedliche Zwecke und solchen für militärische Zwecke zu unterscheiden, und weil Sprengvorrichtungen für friedliche Zwecke leicht zu Atomwaffen umgebaut werden könnten, müßte die Produktion aller nuklearen Sprengmittel ohne Rücksicht auf ihre Bestimmung verboten sein. Durch ein solches Verbot – der Vertrag soll dann ja auch wahrscheinlich mit Revisionsbestimmungen auf unbegrenzte Dauer abgeschlossen werden – wären zumindest auf längere Zeit erhebliche Beeinträchtigungen der zivilen Atomindustrie der Nichtkernwaffenstaaten nicht auszuschließen, insbesondere, wenn sich das Verbot auch auf die dazugehörige Technologie erstrecke.

Unabhängig von der Verbotsregelung stellt sich die Frage, ob und inwieweit durch den Verzicht auf militärische Nutzung der Kernenergie die zivile Tätigkeit auf nuklearem Gebiet ungebührlich beeinträchtigt werden könnte. Die Gefahren einer Behinderung unter dem Vorwand, daß ein bestimmtes Forschungsvorhaben oder eine industrielle Tätigkeit auf atomarem Gebiet unter Umständen auch der militärischen Nutzung – und sei es auch nur vorbereitend oder indirekt – dienen könnte, wären um so größer, je allgemeiner der Vertrag formuliert sein würde.

Sie haben alle, meine Damen und Herren, am Sonntag oder Montag in den Zeitungen die Note der Sowjetregierung, die Erklärung der Sowjetregierung vom 28. Januar, gelesen, in der sich die Regierung jener Macht gegen das wendet, was sie so bezeichnet: Ausnutzung der engen Verflechtung der Möglichkeiten für friedliche und militärische Benutzung der neuesten Errungenschaften der Atomtechnik durch – wie es dort heißt – die militaristischen Kreise der Bundesrepublik Deutschland.

Tatsächlich, Herr Abgeordneter, geht es für uns und für andere auch darum, daß durch den Nichtverbreitungsvertrag der bereits bestehende technologische Abstand zwischen den Kernwaffenstaaten und den Nichtkernwaffenmächten nicht noch weiter vergrößert wird. Die Kernwaffenstaaten haben aus militärischen nuklearen Programmen zum Teil erheblichen Nutzen für den zivilen Bereich der Kernenergie ziehen können. Für die Bundesregierung ist es eine entscheidende Frage, wie negative Auswirkungen des Atomsperrvertrags auf den zivilen Bereich der Kernenergie abgewendet werden können.

Wir bemühen uns um angemessene Lösungen zusammen mit den verbündeten und anderen befreundeten Mächten ...

Die Bundesregierung ist bemüht, auf den verschiedenen Wegen, die ihr zur Verfügung stehen, darauf hinzuwirken, daß der Nichtverbreitungsvertrag auf seinen eigentlichen Zweck konzentriert wird, d. h. auf die Verhinderung der Weiterverbreitung von Atomwaffen. Die friedliche Nutzung der Kernenergie sollte durch den Vertrag nicht nur nicht ungebührlich behindert, sondern ihr sollten erweiterte Möglichkeiten eröffnet werden.

Auf dem Gebiet von Kernexplosionen zu friedlichen Zwecken ist das Angebot der Vereinigten Staaten von Interesse, solche Sprengungen für Nichtkernwaffenstaaten unter angemessenen Sicherheitsvorkehrungen vorzunehmen. Auch an eine internationale Lösung wäre zu denken, etwa so, daß eine internationale Agentur solche Aufgaben durchführt. Schließlich müssen die Nichtkernwaffenstaaten auch einen Anspruch anmelden, daß sie an den Erfahrungen und Kenntnissen, die die Kernwaffenmächte aus der militärischen Beschäftigung mit der Kernenergie für friedliche Zwecke gewinnen, zu angemessenen Bedingungen teilhaben können.

Präsident D. Dr. Gerstenmaier: Eine Zusatzfrage des Herrn Abgeordneten Schulze-Vorberg.

Dr. Schulze-Vorberg (CDU/CSU): Herr Bundesminister – bei aller Würdigung der Vertraulichkeit der Verhandlungen, von der Sie eingangs sprachen –, darf man versuchen, den Vertrag so zu charakterisieren: Ist es richtig, daß nach allen bisher bekannten Entwürfen die atomar gerüsteten Staaten keinerlei Einschränkung ihrer eigenen Atomrüstung auf sich nehmen wollen, der geplante Vertrag also insofern mit Abrüstung oder Rüstungskontrolle – jedenfalls zwischen den Großmächten – eigentlich nichts zu tun hat?

Brandt, Bundesminister des Auswärtigen: Das kann ich so nicht bestätigen, Herr Abgeordneter. Ich habe den Eindruck, daß der Gegenstand, nach dem Sie fragen, zwischen den beiden Mächten noch nicht zu Ende diskutiert ist. Diese würden dann, wenn sie sich geeinigt hätten, in Genf darüber berichten bzw. den in Genf teilnehmenden anderen 15 Staaten – es sind zwei plus 15; Frankreich nimmt ja nicht teil – ihren Entwurf unterbreiten. Es geht also um das Problem der Kontrolle. Die Frage, ob und wie der Zusammenhang zwischen Nichtverbreitung und Rüstungskontrolle, Rüstungsbegrenzung und Abrüstung deutlich gemacht wird, wäre selbst dann noch nicht beantwortet, wenn dieser Gegenstand in einem Entwurf der beiden Hauptmächte nicht behandelt würde. Denn dann würde ohne jeden Zweifel – das ergibt sich schon aus unseren bisherigen Konsultationen – diese Frage eine entscheidende Rolle spielen, sei es in der Auseinandersetzung um eine Präambel, sei es in einer Auseinandersetzung über eine »declaration of intent«, eine Absichtserklärung derer, die den Entwurf unterbreiten, oder derer, die ihm zustimmen sollen.

. . .

Dr. Schulze-Vorberg (CDU/CSU): Herr Bundesminister, wie beurteilt die Bundesregierung die Tatsache, daß die Sowjetunion ein atomares Abwehrsystem aufbaut oder, wie Marschall Malinowski wiederholt in Reden erklärt hat, sogar schon aufgebaut hat, daß diese Frage für Nordamerika zur Entscheidung ansteht, während Westeuropa ungeschützt ist und nach diesem Vertrag, wenn alle Meldungen, die bisher allgemein zugänglich sind, zutreffen, auch bleiben soll?

Brandt, Bundesminister des Auswärtigen: Herr Abgeordneter, ich bin auf sehr unvollständige Nachrichten über das Anti-Raketensystem, an das Sie denken, angewiesen. Wir haben aber alle, auch wenn wir uns nur auf allgemein zugängliche Informationsquellen stützen, lesen können, was der Präsident der Vereinigten Staaten zu diesem Gegenstand gesagt hat und was sein Verteidigungsminister gesagt hat. Jeder muß ein Gefühl dafür haben, was es bedeuten würde, wenn dies der Ausgangspunkt zu einer zweiten großen Welle des Wettrüstens zwischen den Weltmächten würde. Ich will nicht bezweifeln, daß sich hieraus auch Auswirkungen auf die Diskussion über und die Stellungnahme zu einem Vertrag über die Nichtverbreitung von nuklearen Waffen ergeben könnten.

. . .

Moersch (FDP): Sind Sie also der Meinung, Herr Minister, daß eine Unterschrift unsererseits unter den Atomwaffensperrvertrag deswegen aus wirtschaftlichen und wissenschaftlichen Gründen weniger problematisch ist, als es hier in manchen Fragen anklang, weil wir in EURATOM eine supranationale Verbindung für die friedliche Nutzung der Kernenergie besitzen?'

Brandt, Bundesminister des Auswärtigen: Herr Abgeordneter, ich halte – wenn ich das sagen darf – eine Diskussion über Unterschrift oder Nichtunterschrift für unsere Sache nicht förderlich. Ich habe dieser Tage einmal gelesen, daß ein von mir sehr geschätztes Mitglied

des Hohen Hauses gesagt habe, Deutschland werde bedingungslos für einen Nichtweiterverbreitungsvertrag sein. Das könnte ich mir so nicht zu eigen machen.
(Beifall bei den Regierungsparteien.)
Ich muß wissen, was da drinsteht.
(Erneuter Beifall bei den Regierungsparteien.)
Ich würde jedenfalls in der Regierung und anderswo dafür eintreten, für einen Nichtverbreitungsvertrag zu sein, der uns nicht diskriminiert
(Sehr gut! in der Mitte)
und der den Nichtnuklearen auf dem von uns eingangs erörterten Gebiet keinen zusätzlichen technologischen Abstand im Verhältnis zu den Weltmächten zumutet.
(Sehr gut! in der Mitte.)
Dies ist noch nicht alles. Aber ich glaube, dies ist mit der entscheidende Punkt.
(Beifall bei den Regierungsparteien.)
. . .

Präsident D. Dr. Gerstenmaier: Eine Zusatzfrage des Herrn Abgeordneten Dr. Mommer.

Dr. Mommer (SPD): Herr Bundesaußenminister, unterstützt die Bundesregierung die Bestrebungen, die in einer fast einstimmig angenommenen Resolution der Vereinten Nationen zum Ausdruck gekommen sind, in naher Zukunft eine Konferenz der nichtnuklearen Staaten zustande zu bringen und dort die gemeinsamen sicherheitspolitischen und technologischen Interessen dieser Staaten zu vertreten?

Brandt, Bundesminister des Auswärtigen: Herr Abgeordneter, ich habe nicht den Eindruck, daß es zu einer solchen Konferenz so rasch kommt – wenn überhaupt –, daß von dort noch wesentliche Einwirkungen auf den Prozeß ausgehen könnten, der möglicherweise in der zweiten Hälfte Februar von Genf seinen Ausgang nimmt. Darum halte ich mehr von dem Verfahren, das wir selbst wie andere eingeleitet haben, wegen verschiedener wichtiger Fragen, die durch dieses Vertragswerk ausgelöst werden, mit den Regierungen Kontakt aufzunehmen, die sich in etwa der gleichen Interessenlage befinden. Das gilt für einige große Grundsätze, das gilt für einige Fragen innerhalb der Allianz, und es gilt für einige Fragen im europäischen Bereich. Ich glaube, wir kommen damit weiter, als wenn wir uns jetzt auf eine Konferenz fixierten. Außerdem sind wir ja dort rein vom Verfahren her im Nachteil, wie wir alle wissen, weil wir nicht UN-Mitglied sind und auf ein solches Verfahren eben auch nur sehr bedingt Einfluß ausüben könnten, wenn es zu einer solchen Konferenz käme.

Dr. Mommer (SPD): Danke.

Präsident D. Dr. Gerstenmaier: Zusatzfrage der Frau Abgeordneten Dr. Diemer-Nicolaus.

Frau Dr. Diemer-Nicolaus (FDP): Herr Bundesminister, in einer vorhin von Ihnen gegebenen Antwort sprachen Sie davon, daß der Vertrag keine Diskriminierung für Deutschland enthalten dürfte. Ich möchte Sie bitten, zu sagen, wann Sie eine Diskriminierung für gegeben erachten würden.

Brandt, Bundesminister des Auswärtigen: Ich bin für diese Zusatzfrage sehr dankbar, Frau Abgeordnete; denn sie gibt mir die Möglichkeit, noch einmal davon zu sprechen, daß ich nicht nur möchte, daß Deutschland nicht diskriminiert wird. Ich möchte vielmehr, daß die schutzwürdigen Interessen aller Staaten gesichert werden,
(Beifall bei den Regierungsparteien)

und ich möchte, daß die nichtnuklearen Mächte im Verhältnis zu den nuklearen nicht diskriminiert werden, z. B. auf dem hier erörterten technologischen Gebiet.

Präsident D. Dr. Gerstenmaier: Zweite Zusatzfrage der Frau Abgeordneten Dr. Diemer-Nicolaus.

Frau Dr. Diemer-Nicolaus (FDP): Was würden Sie unter einer Diskriminierung verstehen?
(Oh-Rufe bei den Regierungsparteien.)

Brandt, Bundesminister des Auswärtigen: Ich glaube, daß der Gang der Erörterung zu diesem Punkt schon einige Hinweise gegeben hat.
(Beifall bei den Regierungsparteien.)
Ich sage jetzt ganz offen, selbst das, worüber wir zuletzt sprachen, wäre objektiv eine Diskriminierung: Wenn einige Mächte – ich sage es jetzt einmal bewußt – den technischen Fortschritt dadurch monopolisierten, daß sie das, was sich aus der militärischen Befassung mit der Kernenergie ergibt, allein für ihre zivile Produktion auszuwerten begännen.

Quelle: 5. Deutscher Bundestag, 90. Sitzung vom 1. 2. 1967, S. 4164–4169

224   Für eine Politik der Gewaltlosigkeit

Entwurf einer Gewaltverzichtserklärung der Bundesregierung gegenüber der Sowjetunion (am 7. Februar 1967 dem sowjetischen Botschafter Zarapkin übergeben)

»Die Bundesrepublik Deutschland gibt ihrer Überzeugung Ausdruck, daß eine Entspannung der Beziehungen zwischen den Staaten Europas den Wünschen der Völker in West und Ost entspricht und zur Festigung der europäischen Sicherheit dient. Sie hat sich in ihrer Note vom 25. März 1966 bereit erklärt, an der Verwirklichung von Schritten teilzunehmen, die auf dieses Ziel gerichtet sind, und angeboten, mit der Sowjetunion und anderen osteuropäischen Staaten förmliche Erklärungen über den Verzicht auf Gewalt bei der Regelung internationaler Streitfragen auszutauschen.

Die Sowjetunion hat ihrerseits, ebenso wie ihre Verbündeten, in der Bukarester Deklaration vom 5. Juli 1966 bekundet, daß sie im Interesse der europäischen Sicherheit eine Verbesserung der Beziehungen zwischen den Staaten Europas mit verschiedener Gesellschaftsordnung wünscht. Sie hat betont, daß sich ein Verzicht auf Drohung mit Gewalt oder Anwendung von Gewalt ohne Zweifel günstig auf die Lage in Europa auswirken wird.

Ausgehend von der beiderseitigen Absicht, zur Bildung einer dauerhaften Grundlage für Frieden und Sicherheit in Europa beizutragen, bekräftigt die Bundesrepublik Deutschland die Verpflichtung, ihre Politik in Übereinstimmung mit den Grundsätzen der Charta der Vereinten Nationen, insbesondere deren Artikel 2, zu gestalten. Sie erklärt, daß sie sich bei der Behandlung von Streitfragen mit der Sowjetunion oder einem ihrer Verbündeten auch in Zukunft nur friedlicher Mittel bedienen wird und daß sie auf Anwendung von Gewalt oder Drohung mit Gewalt zur Regelung solcher Streitfragen verzichtet. Die Bundesrepublik Deutschland verpflichtet sich insbesondere, bei der Verfolgung ihrer Ziele in der Deutschlandfrage auf Anwendung von Gewalt oder Drohung mit Gewalt zu verzichten.«

Quelle: Aus den Akten des Auswärtigen Amts

Denkschrift der Bundesregierung an die Mitglieder des Genfer Abrüstungsausschusses vom
7. April 1967

A.

Mit allen Völkern teilt das deutsche Volk den Wunsch nach dauerhaftem Frieden. Es
fürchtet die selbstmörderische Wirkung der modernen Massenvernichtungswaffen und verabscheut jede Politik der Gewaltanwendung.

Die Bundesrepublik Deutschland hat nicht nur der Anwendung von Gewalt als einem
Mittel ihrer Politik feierlich abgesagt, sondern bereits am 3. Oktober 1954 auf die Herstellung von nuklearen, bakteriologischen und chemischen Waffen endgültig verzichtet und
sich entsprechenden Kontrollen unterworfen. Sie hat damit konkrete Beiträge zur Nichtverbreitung von Kernwaffen und zur Rüstungsbegrenzung geleistet. Diesem Beispiel sind
bisher ähnliche Schritte anderer Staaten noch nicht gefolgt. Die Bundesrepublik Deutschland
würde es begrüßen, wenn die durch die Kernwaffen entstehenden Gefahren durch ein weltweit annehmbares Abkommen vermindert werden könnten.

Die Welt hat in den letzten zwei Jahrzehnten Spannungsperioden durchleben müssen, in
denen Kernwaffen einerseits abschreckend wirkten, andererseits aber auch einen gefährlichen Einfluß auf Entstehung und Verlauf von Krisen ausübten.

Die verheerende Wirkung der Kernwaffen verpflichtet die Regierungen der Welt nicht
nur, das nukleare Wettrüsten zu beenden; das Interesse der Menschheit fordert es, mit
nuklearer Abrüstung zu beginnen. Nur auf diesem Wege kann eine internationale Friedensordnung geschaffen werden, die allen Nationen, großen und kleinen gleichermaßen, eine
gedeihliche Entwicklung in Freiheit, Unabhängigkeit und Würde verbürgt. Deutschland ist
weiterhin entschlossen, gemeinsam mit anderen Ländern für dieses Ziel zu wirken.

Die Abrüstungsverhandlungen der großen Kernwaffenmächte haben zwar Teilerfolge in
der Rüstungskontrolle erbracht, das nukleare Wettrüsten jedoch keineswegs beendet. Um
so dringender bleibt die Notwendigkeit echter Abrüstung. Eine internationale Regelung
der Nichtverbreitung von Kernwaffen könnte sich als Vorstufe wirksamer Friedenssicherung
erweisen, wenn ihr Schritte der Abrüstung folgten.

Kernwaffen gewähren Macht; sie zu besitzen ist dennoch – jedenfalls für die Bundesrepublik Deutschland – kein erstrebenswertes Privileg. Kernwaffen legen den Besitzmächten
eine hohe Verantwortung auf; ihr Besitz darf aber nicht zum Kriterium einer weiterreichenden Ungleichheit zwischen den Gliedern der Völkergemeinschaft werden. Dies gilt vor allem
für das Gebiet der friedlichen Nutzung der Kernenergie.

B.

Die Regierung der Bundesrepublik Deutschland läßt sich von folgenden Erwägungen zu
den Fragen einer weltweiten Regelung der Nichtverbreitung von Kernwaffen leiten, die
gegenwärtig im Mittelpunkt des allgemeinen Interesses stehen.

I. Erforderliche Abrüstungsmaßnahmen

Es ist das Ziel aller friedliebenden Völker, daß alle Länder auf die Entwicklung, Herstellung, Weitergabe und den Empfang von Kernwaffen verzichten.

Gegenwärtig wird ein Vertrag diskutiert, durch den lediglich die Nichtkernwaffenmächte
wesentliche Selbstbeschränkungen und Verpflichtungen übernehmen würden. Es handelt
sich also zunächst nur um eine Teillösung des eigentlichen Problems. Dieser konstruktive
Beitrag der Nicht-Kernwaffenmächte zur Festigung des Friedens würde erleichtert und
fruchtbar, wenn er die Vorstufe einer umfassenden Regelung wäre. Die Welt kann bei
einem beschränkten NV-Vertrag nicht stehen bleiben. Sie braucht umfassendere Lösungen.

Den Kernwaffenmächten obliegt es, die weitere Entwicklung immer gefährlicherer Waffen einzustellen, die vorhandenen Bestände, einschließlich der Träger, nicht weiter zu vermehren, ihren Abbau einzuleiten, mit der Produktion spaltbaren Materials für militärische Zwecke aufzuhören und einen vollständigen Testbann zu erzielen.

Wenn die Kernwaffenmächte ihre Bereitschaft zu eigenen Schritten der Rüstungsbegrenzung und Rüstungsminderung konkret bekunden, wäre ein begrenzter Nichtverbreitungsvertrag der Beginn internationaler Zusammenarbeit zur echten Friedenssicherung im nuklearen Zeitalter. Es sollte geklärt werden, wie diese Zusammenarbeit in den weiteren Phasen der Entwicklung gesichert werden kann. Nur so kommt es zu einer gerechten Ausgewogenheit der Rechte und Pflichten der Kernwaffenmächte und Nichtkernwaffenmächte gemäß Resolution Nr. 2028 der XX. Vollversammlung der Vereinten Nationen. Die Vollziehung der zugesagten Abrüstungsmaßnahmen könnte in jeder weiteren Phase des Abrüstungsprozesses im Lichte der gemeinsamen Ziele durch eine internationale Instanz überprüft werden.

II. Entspannung der Beziehungen zwischen den beteiligten Staaten

Die Regelung der Nichtverbreitung von Kernwaffen sollte die bestehenden internationalen Spannungen vermindern und eine der Voraussetzungen zur Verbesserung der Beziehungen zwischen allen Vertragsstaaten schaffen. Im Anwendungsbereich des Vertrages sollten die beteiligten Staaten ihr Verhältnis zueinander als entlastet ansehen, in diesem Bereich auf gegenseitige Beschuldigungen verzichten und sich dem gemeinsamen Ziel der umfassenden allgemeinen und kontrollierten Abrüstung zuwenden.

Keine Kernwaffenmacht sollte ihr Potential zu Zwecken politischer Drohung, politischen Druckes oder politischer Erpressung gegen Nichtkernwaffenmächte gebrauchen. Dieses Versprechen sollte Bestandteil der Nichtverbreitungsregelung sein. Die Nichtkernwaffenmächte leisten durch ihren Verzicht auf die nukleare Option einen positiven Entspannungsbeitrag. Sie erwarten mit Recht, daß die Kernwaffenmächte sich ihnen gegenüber zu einem konstruktiven Wohlverhalten verpflichten. Die Einhaltung dieses Versprechens der Kernwaffenmächte könnte durch eine internationale Instanz überwacht werden.

III. Sicherheitsprobleme der Nichtkernwaffenmächte

Der Verzicht der Nichtkernwaffenmächte auf die nukleare Option bei einer Nichtverbreitungsregelung wirft für sie, wenn auch auf verschiedene Weise, zahlreiche Sicherheitsprobleme auf. Das Streben dieser Länder, sich gegen vorhandene oder entstehende Sicherheitsrisiken soweit wie möglich zu sichern, verdient Verständnis und Sympathie. Der Verzicht auf Kernwaffen sollte so gestaltet werden, daß er nicht zu einer Quelle besonderer Gefährdung, sondern ein Fortschritt auf dem Wege zu einer stabileren Friedensordnung wird. Diejenigen, die als erste einen Beitrag dazu leisten, haben Anspruch darauf, daß die Völkergemeinschaft die dadurch entstehende Einseitigkeit ausgleicht.

IV. Friedliche Nutzung der Kernenergie

Eine sachgerechte Lösung des Problems der Nichtverbreitung könnte dazu beitragen, vorhandene wissenschaftliche, technische, industrielle und wirtschaftliche Kapazitäten der Kernenergie zu friedlichen Zwecken zu entwickeln und ein für allemal für den zivilen Bereich zu sichern. Regelungen, die den militärischen und den zivilen Bereich nicht klar abgrenzen, würden sich hingegen hemmend auf die friedliche Verwertung der Kernenergie auswirken und den Fortschritt erschweren. Die freie Nutzung der Kernenergie zu friedlichen Zwecken muß daher allen beteiligten Staaten ohne Einschränkung gewährleistet werden. Dies sollte ausdrücklich festgelegt werden.

Die bilaterale und internationale Zusammenarbeit auf den Gebieten der wissenschaftlichen Forschung und Entwicklung, der industriellen und kommerziellen Nutzung im

Bereich der Kernenergie sollte gefördert werden. Dies gilt besonders für die Entwicklungsländer, denen die Vorteile der Nutzung der Kernenergie nicht versagt bleiben dürfen.

Kernsprengsätze zu friedlichen Zwecken sollten auf Grund einer internationalen Regelung und unter Kontrolle den Nichtkernwaffenmächten zur Verfügung gestellt werden, sobald die technische Entwicklung dies gestattet und solange eine Unterscheidung militärischer und ziviler Kernexplosionen technisch nicht möglich ist.

Die Kernwaffenmächte sollten sich verpflichten, die Nichtkernwaffenmächte an den Erkenntnissen und Ergebnissen, die sie aus der militärischen Beschäftigung auf nuklearem Gebiet gewinnen, teilhaben zu lassen, soweit diese für die friedliche Nutzung der Kernenergie von Bedeutung sind. Diese Verpflichtung der Kernwaffenstaaten ist wichtig, damit der technologische Abstand zwischen Kernwaffenstaaten und Nichtkernwaffenstaaten nicht noch zunimmt, sondern allmählich überbrückt wird.

V. Kontrollen

Die Bundesrepublik Deutschland befürwortet ein allgemeines Kontrollsystem, durch das der Mißbrauch der Kernenergie zu Waffenzwecken verhindert wird. Dieses Kontrollsystem soll die Nichtverbreitungsregelung wirksam überprüfen, ohne sich als Belastung oder Benachteiligung auszuwirken. Bereits vorhandene bewährte Kontrollsysteme sollten in ihrer Wirksamkeit nicht beeinträchtigt werden. Weltweite Annehmbarkeit ist ein Kriterium, das auch die Modalitäten des Kontrollsystems bestimmen muß. Die Gleichbehandlung der Vertragspartner würde die weltweite Verhandlung des Vertrages beträchtlich erleichtern.

VI. Gleichberechtigte Zusammenarbeit aller beteiligten Staaten bei der Verwirklichung aller Ziele der Nichtverbreitung

Wegen der unterschiedlichen Bewaffnung der Kernwaffenmächte und der Nichtkernwaffenmächte ist eine zukunftsweisende Regelung der Nichtverbreitung von Kernwaffen nur auf der Grundlage prinzipieller Gleichberechtigung der Mitglieder der Völkergemeinschaft und in enger Zusammenarbeit aller beteiligten Staaten zur Erreichung der vereinbarten Ziele denkbar.

In einem begrenzten Nichtverbreitungsvertrag würden die Nichtkernwaffenmächte, im Gegensatz zu den Kernwaffenmächten, einen besonderen Verzicht erbringen und sich Beschränkungen im Dienst des universalen Zieles der Abrüstung auferlegen. Die Kernwaffenmächte würden die Vorleistungen der Nichtkernwaffenmächte zunächst nicht durch weitreichende eigene Beschränkungen ausgleichen. Die vorhandenen Massenvernichtungswaffen würden weiterhin eine potentielle Bedrohung der Menschheit darstellen.

Ein Nichtverbreitungsvertrag darf diese tatsächlichen Ungleichheiten zuungunsten der Nichtkernwaffenmächte nicht auch noch institutionalisieren und damit möglicherweise verewigen. Daher sollten die Verfahrensbestimmungen von Anfang an klarstellen, daß die Verwirklichung der Ziele der Nichtverbreitung alle beteiligten Staaten verpflichtet. Die nichtnuklearen Länder sind keine Staaten minderen Rechtes, sondern Wegbereiter einer fortschrittlichen Friedenspolitik. Ihr Verzicht erfolgt in der Erwartung, daß er zu einer Ausgewogenheit von Leistung und Gegenleistung im gesamten Bereich der nuklearen Abrüstung führen wird. Die Kernwaffenmächte sind aufgerufen, die nächsten Schritte zu tun. Ziel ist und bleibt die Befreiung der Menschheit von der Angst um ihren eigenen Bestand.

C.

Die Bundesrepublik Deutschland hofft, mit dieser Denkschrift einen positiven Beitrag zu den bevorstehenden Verhandlungen über einen weltweit annehmbaren Nichtverbreitungsvertrag zu leisten.

Quelle: Bulletin vom 19. 5. 1967, Nr. 52, S. 441 f.

Erklärung des Bundeskanzlers Dr. h. c. Kurt Georg Kiesinger vor dem Deutschen Bundestag
zur Deutschlandpolitik, 12. April 1967

In der Regierungserklärung vom 13. Dezember 1966 hat die Bundesregierung folgende Leitsätze ihrer Deutschlandpolitik verkündet: »Wir wollen, soviel an uns liegt, verhindern, daß
die beiden Teile unseres Volkes sich während der Trennung auseinanderleben. Wir wollen
entkrampfen und nicht verhärten, Gräben überwinden und nicht vertiefen. Deshalb wollen
wir die menschlichen, wirtschaftlichen und geistigen Beziehungen mit unseren Landsleuten im anderen Teil Deutschlands mit allen Kräften fördern.«

Der VII. Parteitag der SED ist ein Anlaß, auf diese Leitsätze erneut hinzuweisen. Denn
mit Sorge müssen wir feststellen, daß sie bei den Verantwortlichen im anderen Teil
Deutschlands noch kein Echo gefunden haben, ja, daß die Absichten der Bundesregierung
gröblich entstellt werden. Die Führung der SED behauptet, die Bundesregierung hindere
Entspannung und Verständigung in Europa.

Diese Behauptung ist falsch. Die Bundesregierung will Entspannung. Das Ziel ihrer Entspannungspolitik ist eine europäische Friedensordnung, die von allen Beteiligten als gerecht
und dauerhaft empfunden werden kann. In ihrem Rahmen werden alle europäischen Staaten
zum Wohle ihrer Völker zusammenarbeiten können. In dieser Friedensordnung soll auf
jede Anwendung von Gewalt verzichtet, Gefahr und Last der Rüstungen abgebaut und
Recht und Würde aller Menschen geachtet werden.

Die Bundesregierung will Entspannung auch zwischen beiden Teilen Deutschlands. Eine
innerdeutsche Entspannung ist Bestandteil und Funktion der europäischen Entspannung.
Beides ist unlösbar miteinander verbunden. Wäre denn eine europäische Entspannung denkbar ohne eine Aufhebung der Spannungen innerhalb Deutschlands? Wäre eine innerdeutsche Entspannung denkbar ohne eine Verbesserung der Beziehungen innerhalb Europas?

Es ist die Aufgabe aller in Deutschland lebenden und politisch handelnden Menschen zu
prüfen: Was kann – ungeachtet der zwischen beiden Teilen Deutschlands bestehenden prinzipiellen Gegensätze – praktisch getan werden, um die Not der Spaltung unseres Volkes zu
erleichtern und dadurch die Voraussetzungen für eine Entspannung innerhalb Deutschlands zu schaffen.

Dafür gibt es viele Möglichkeiten, zum Beispiel:

I. Maßnahmen zur Erleichterung des täglichen Lebens für die Menschen in den beiden
Teilen Deutschlands, wie

a) verbesserte Reisemöglichkeiten vor allem für Verwandte, mit dem Ziel der Entwicklung eines normalen Reiseverkehrs,

b) Passierscheinregelungen in Berlin und zwischen den Nachbargebieten beider Teile
Deutschlands,

c) Erleichterung des Zahlungsverkehrs durch innerdeutsche Verrechnung und beiderseitige Bereitstellung von Reisezahlungsmitteln,

d) Erleichterung des Empfangs von Medikamenten und Geschenksendungen,

e) Ermöglichung der Familienzusammenführung, insbesondere der Kinderrückführung.

II. Maßnahmen zur verstärkten wirtschaftlichen und verkehrspolitischen Zusammenarbeit, wie

a) Ausweitung und Erleichterung des innerdeutschen Handels, dazu auch öffentliche
Bürgschaften und Einräumung von Kreditlinien,

b) Austausch zwischen den beiderseitigen Energiemärkten, Herstellung einer rationellen
Elektrizitätsverbundwirtschaft,

c) gemeinsamer Ausbau oder Herstellung neuer Verkehrsverbindungen, insbesondere Brücken, Autostraßen, Wasserstraßen, Eisenbahn,

d) verbesserte Post- und Telefonverbindungen, insbesondere Wiederherstellung des Telefonverkehrs in ganz Berlin,

e) Erörterung wirtschaftlicher und technischer Zweckgemeinschaften.

III. Rahmenvereinbarungen für den wissenschaftlichen, technischen und kulturellen Austausch, wie

a) entbürokratisierter Verkehr zwischen Hochschulen, Forschungsinstituten und wissenschaftlichen Gesellschaften,

b) zeitgemäße Formen der wissenschaftlichen und technischen Zusammenarbeit,

c) schrittweise Freigabe des ungehinderten Bezugs von Büchern, Zeitschriften und Zeitungen,

d) Besuche von Jugendgruppen und Schulklassen,

e) freier innerdeutscher Sportverkehr,

f) freier Austausch und Verkehr kultureller Vereine und Institutionen.

Die Bundesregierung ist bereit, auch andere Vorschläge zu prüfen. Ihr kommt es darauf an, alles zu tun, um die Spaltung Europas und Deutschlands im Wege der Verständigung zu beenden.

Quelle: Bulletin vom 14. 4. 1967, Nr. 38, S. 313

Erklärung des Bundeskanzlers Dr. h. c. Kurt Georg Kiesinger vor dem Deutschen Bundestag über die Haltung der Bundesregierung gegenüber den Ereignissen im Nahen Osten, 7. Juni 1967 (Auszug)

... Meine Damen und Herren, ich habe in meiner Regierungserklärung schon darauf hingewiesen, daß die gesamte Arbeit, die wir im Innern zu vollbringen haben, nicht gesichert wäre, wenn es nicht gelingen würde, in der Welt den Frieden zu erhalten. Es war nicht vorauszusehen, daß schon bald nach jener Feststellung, von dem lange schwelenden Krisenherd in Vietnam abgesehen, unmittelbar vor den Toren Europas ein neuer großer Konflikt ausbrechen, ja ein Krieg entstehen würde.

In diesem Konflikt hat die Bundesregierung folgende Stellung eingenommen. Sie hat die Entwicklung des Konflikts mit tiefster Sorge verfolgt, und sie bedauert es aus tiefstem Herzen, daß es zum Ausbruch des Krieges im Nahen Osten gekommen ist. Sie setzt ihre Hoffnung darauf, daß es dem Sicherheitsrat der Vereinten Nationen gelingen werde, die Einstellung der Kampfhandlungen zu veranlassen. Sie erwartet von den Großmächten, daß sie innerhalb und außerhalb der Vereinten Nationen ihren ganzen Einfluß geltend machen, um den Konflikt zu begrenzen und schnell zu beenden.

(Beifall bei den Regierungsparteien.)

Es ist nicht anzunehmen, daß eine unmittelbare Gefährdung unserer eigenen Sicherheit eintritt. Aber der Ablauf des Konflikts wird starke Wirkung auf die weitere Entwicklung der Weltpolitik haben. Darüber sollten sich alle, insbesondere die großen Mächte, im klaren sein und nicht der Versuchung erliegen, um augenblicklicher Vorteile, scheinbarer Vorteile willen das größere und wichtigere Werk einer weltweiten Entspannungs- und Friedenspolitik zu gefährden.

(Erneuter Beifall bei den Regierungsparteien.)

Die Bundesregierung hat sich zu einer Politik der Nichteinmischung entschlossen, um einer Verschärfung des Konflikts vorzubeugen und sich eine Grundlage für ihre Mitwirkung an der Befriedung und positiven Entwicklung im Nahen Osten zu erhalten. Sie wird trotz des Konflikts versuchen, die Verbindungen zu den Ländern jenes Raums aufrechtzuerhalten. Das gilt auch für die Gebiete der Wirtschaft und des Handels. Aber sie wird, dem Grundsatz der Nichteinmischung getreu, keine Waffen an die kriegführenden Parteien liefern und darüber wachen, daß dieser ihr Beschluß strikt beachtet wird.

Die Bundesregierung kann und will aber deutsche Bürger nicht daran hindern, humanitäre Aufgaben in jenem Raum und auch in den Kampfgebieten zu erfüllen. Die Bundesregierung hat den Staatsangehörigen, die sich im Spannungsgebiet aufhalten, empfohlen, das Spannungsgebiet zu verlassen. Das Auswärtige Amt hat seit dem 24. Mai die für derartige Fälle vorgesehenen Planungen in Kraft gesetzt. Es hat im Zusammenwirken mit anderen Ressorts und insbesondere mit den deutschen Flug- und Schiffahrtsgesellschaften alle erforderlichen Maßnahmen getroffen, um deutschen Staatsangehörigen und dem deutschen Eigentum den größtmöglichen Schutz und, falls notwendig, die Möglichkeit der Evakuierung zu geben. Die schnell wechselnde Lage im Kampfgebiet macht es erforderlich, alle Planungen flexibel zu halten und gegebenenfalls schnell Entschlüsse zu fassen. Die Bundesregierung steht in ständigen Konsultationen mit den befreundeten und verbündeten Mächten. Sie hat ferner die interessierten Regierungen über die deutsche Beurteilung der Lage und die von der Bundesregierung getroffenen politischen Entscheidungen eingehend unterrichtet.

Meine Damen und Herren, ich halte es aber für notwendig, doch noch das folgende Wort in diesem Zusammenhang zu sagen. Auf dem Hintergrund der jüngsten Geschichte unseres Volkes ist es wahrhaft tragisch, daß die Machthaber im anderen Teil Deutschlands durch ein in jeder Weise unverantwortliches Verhalten den Konflikt zu schüren versuchen.
(Beifall bei den Regierungsparteien.)

Sie tun dies offenbar nur, weil sie hoffen, im Elend und Grauen des Krieges, wenn die Einsichten durch Leidenschaften getrübt werden, einen Fetzen Anerkennung für ihr Regime erhalten zu können . . .

Quelle: 5. Deutscher Bundestag, 111. Sitzung vom 7. 6. 1967, S. 5268

Antwortbrief des Bundeskanzlers Dr. h. c. Kurt Georg Kiesinger an den Vorsitzenden des Ministerrates der DDR, Willi Stoph, vom 13. Juni 1967

BUNDESREPUBLIK DEUTSCHLAND
DER BUNDESKANZLER   Bonn, den 13. Juni 1967

Herrn
Willi Stoph
Vorsitzender des Ministerrats
x 1000 Berlin

Sehr geehrter Herr Vorsitzender,
Ihren Brief vom 10. Mai 1967 habe ich erhalten [1]. Leider geht er auf meine Regierungserklärung vom 12. April 1967 nicht ein; ich füge ihren Wortlaut bei. Sinn und Zweck dieser Erklärung ist: Solange grundlegende Meinungsverschiedenheiten eine gerechte Lösung der Deutschen Frage verhindern, muß im Interesse des Friedens unseres Volkes und der Ent-

spannung in Europa nach innerdeutschen Regelungen gesucht werden, welche die menschlichen, wirtschaftlichen und geistigen Beziehungen zwischen den Deutschen in Ost und West soweit wie möglich fördern.

Sie hingegen sagen: Alles oder Nichts! Sie erheben Forderungen nach der politischen und völkerrechtlichen Anerkennung einer Spaltung Deutschlands, die dem Willen der Menschen in beiden Teilen unseres Vaterlandes widerspricht. Sie machen die Erfüllung dieser Ihrer Forderungen zur Voraussetzung von Gesprächen. Wollte ich wie Sie verfahren, so müßte ich eine unverzügliche, geheime und international kontrollierte Volksabstimmung fordern. In der gegenwärtigen Lage führt uns eine solche Konfrontation jedoch nicht weiter. Dagegen halte ich es für geboten, darüber zu sprechen, wie wir verhindern können, daß die Deutschen in der Zeit der erzwungenen Teilung sich menschlich auseinanderleben. Das darf um so weniger in einer Epoche geschehen, in der sogar lange verfeindete europäische Völker immer näher zusammenrücken! Das Leben im geteilten Deutschland muß erträglicher werden. Es ist die Pflicht aller Verantwortlichen, nach besten Kräften dazu beizutragen.

Das Wohl unseres Volkes gebietet, die Spannungen in Deutschland nicht zu vermehren, sondern zu mindern. Mit unserer Rechtsauffassung, an der wir uneingeschränkt festhalten, beabsichtigen wir alles andere als die Bevormundung der Menschen im anderen Teil Deutschlands. Nur solange es diesen Menschen versagt bleibt, ihren Willen über das Schicksal unserer Nation zweifelsfrei zu bekunden, obliegt es der frei gewählten Bundesregierung, auch für sie zu sprechen.

Auch Sie bejahen die Verantwortung, unserem Volk den Frieden zu erhalten. Zu den zahlreichen Schritten, die die Bundesregierung zur Sicherung dieses Friedens unternommen hat, gehört unser feierlicher Verzicht auf Gewalt zur Durchsetzung politischer Ziele. Er gilt allgemein und duldet keine Ausnahme. Deshalb muß die Bundesregierung mit allem Nachdruck darauf bestehen, daß auch im anderen Teil Deutschlands auf die Anwendung von Gewalt verzichtet wird.

Sie fordern mich auf, von den »Realitäten« auszugehen. Die Realität, die Sie und ich anerkennen müssen, ist der Wille der Deutschen, ein Volk zu sein. Ich schlage deshalb vor, daß von Ihnen und von mir zu bestimmende Beauftragte ohne politische Vorbedingungen Gespräche über solche praktischen Fragen des Zusammenlebens der Deutschen aufnehmen, wie sie in meiner Erklärung vom 12. April enthalten sind.

Mit vorzüglicher Hochachtung
gez. Kiesinger

[1] Brief des Vorsitzenden des Ministerrats der DDR, Willi Stoph, an den Bundeskanzler der Bundesrepublik Deutschland, Kurt Georg Kiesinger, vom 10. Mai 1967

Sehr geehrter Herr Bundeskanzler!
Staatsrat und Ministerrat der Deutschen Demokratischen Republik haben mehrfach die Initiative für die Normalisierung der Beziehungen zwischen beiden deutschen Staaten ergriffen. So schlug der Vorsitzende des Staatsrats der DDR und Erste Sekretär des Zentralkomitees der Sozialistischen Einheitspartei Deutschlands, Walter Ulbricht, auf dem VII. Parteitag bekanntlich die Aufnahme von Verhandlungen zwischen der Regierung der Deutschen Demokratischen Republik und der Regierung der westdeutschen Bundesrepublik vor . . .
Der Vorsitzende des Staatsrats der DDR, Walter Ulbricht, hat in seiner Neujahrsbotschaft 1967 Vorschläge für die nächsten Schritte, die im Interesse des Friedens und der Entspannung gegangen werden sollten, unterbreitet und sie vor kurzem erneut bekräftigt. Ausgehend hiervon schlage ich Ihnen vor, in direkte Verhandlungen einzutreten mit dem Ziel, ordnungsgemäße Vereinbarungen herbeizuführen über:
die Aufnahme normaler Beziehungen zwischen beiden deutschen Staaten;
den Verzicht beider deutscher Staaten auf die Anwendung von Gewalt in den gegenseitigen Beziehungen;
die Anerkennung der gegenwärtig bestehenden Grenzen in Europa, insbesondere der Grenze zwischen beiden deutschen Staaten;
die Herabsetzung der Rüstungsausgaben beider deutscher Staaten um jeweils die Hälfte;
den Verzicht beider deutscher Staaten auf Besitz, Verfügungsgewalt oder Beteiligung an der Verfügungsgewalt über Kernwaffen in jeglicher Form sowie über ihre Bereitschaft zur Teilnahme an einer atomwaffenfreien Zone in Mitteleuropa;
das Eintreten der Regierung der DDR und der Regierung der Bundesrepublik für normale Beziehungen beider

deutscher Staaten zu den anderen europäischen Staaten und für die Herstellung diplomatischer Beziehungen aller europäischen Staaten zu beiden deutschen Staaten.

Die Regierung der Deutschen Demokratischen Republik ist auch bereit, Vorschläge der Regierung der Bundesrepublik zur Regelung dieser und anderer Grundfragen zu prüfen.

Es ist verständlich, daß eine Vereinbarung über die Normalisierung der Beziehungen zwischen beiden deutschen Staaten der erste und wichtigste Schritt ist, der eine wesentliche Quelle der Spannungen in Europa zum Versiegen bringen und zugleich eine ordnungsgemäße Regelung vieler Fragen zwischen der DDR und der Bundesrepublik ermöglichen würde. Wir wiederholen in diesem Zusammenhang unsere Vorschläge zur Entwicklung normaler zwischenstaatlicher Beziehungen, u. a. auf den Gebieten der Wirtschaft und des Handels, des Verkehrs, des Post- und Fernmeldewesens, und erneuern unsere Bereitschaft zum Abschluß entsprechender ordnungsgemäßer Abkommen.

Notwendig ist, daß die Bundesregierung, ausgehend von den Realitäten, ihre ebenso rechtswidrige wie unfriedliche Alleinvertretungsanmaßung aufgibt. Wenn die Bundesregierung wirklich für einen Gewaltverzicht zwischen beiden deutschen Staaten wäre, wie sie mehrfach erklärte, so kann dies nicht unter Umgehung der Deutschen Demokratischen Republik über dritte Staaten erfolgen. Mit der notwendigen friedensichernden Wirkung und völkerrechtlichen Verbindlichkeit kann der Gewaltverzicht nur zwischen den unmittelbar Beteiligten, der Regierung der Deutschen Demokratischen Republik und der Regierung der westdeutschen Bundesrepublik, vereinbart werden.

Wenn Ihrer Regierung wirklich daran gelegen sein sollte, das Verhältnis zwischen beiden deutschen Staaten zu entkrampfen, dann wäre es auch eine zwingende Notwendigkeit, daß die Bundesregierung ihren finanziellen und anderen Verpflichtungen gegenüber der Deutschen Demokratischen Republik nachkommt. Dabei handelt es sich um die Ihnen bekannten umfangreichen Verpflichtungen der westdeutschen Bundesrepublik und die hohen Schulden einzelner Bundesministerien.

Gelegentliche Erklärungen der Bundesregierung, daß sie an einer Entwicklung des Handels mit der Deutschen Demokratischen Republik oder an anderen wirtschaftlichen Regelungen interessiert sei, stehen im Widerspruch zu den von der Bundesregierung selbst geschaffenen und die DDR diskriminierenden Schranken, deren Beseitigung die Regierung der Deutschen Demokratischen Republik wiederholt gefordert und weiterhin fordert.

Die Regierung der Bundesrepublik Deutschland sollte sich in dieser Zeit, da die Lösung dringender Probleme im Interesse der Erhaltung des Friedens und der Sicherheit unerläßlich ist, endlich von den Realitäten leiten lassen. Das hartnäckige Negieren der im Ergebnis des Zweiten Weltkriegs entstandenen realen Lage in Europa widerspricht den Interessen der europäischen Sicherheit und kann der westdeutschen Bevölkerung selbst nur zum Nachteil gereichen. Es ist an der Zeit, die Beziehungen zwischen beiden deutschen Staaten zu normalisieren.

Zur Aufnahme entsprechender Verhandlungen, die von den Außenministern beider deutscher Staaten vorbereitet werden können, lade ich Sie zu einem noch zu vereinbarenden Termin in den Amtssitz der Regierung der Deutschen Demokratischen Republik ein. Ich wäre auch bereit, mich mit Ihnen in Ihrem Amtssitz in Bonn zu treffen.

Ich sehe Ihrer Antwort entgegen.

Mit vorzüglicher Hochachtung
gez. Stoph
Vorsitzender des Ministerrats der
Deutschen Demokratischen Republik

(Quelle: Neues Deutschland, Nr. 129, 12. Mai 1967)

Quelle: Bulletin vom 15. 6. 1967, Nr. 63, S. 533

229

Ansprache des Bundeskanzlers Dr. h. c. Kurt Georg Kiesinger anläßlich des Staatsaktes zum »Tag der deutschen Einheit« im Plenarsaal des Deutschen Bundestages, 17. Juni 1967

Exzellenzen, meine Damen und Herren!

Wir begehen den Tag der deutschen Einheit 14 Jahre nach jenem gescheiterten Versuch, die Spaltung unseres Volkes durch einen verzweifelten Aufstand einfacher Menschen zu überwinden. Für Millionen junger Deutscher ist, was damals geschah, Geschichte, die sie nur vom Hörensagen kennen, nichts anderes, als wenn sie von den beiden Weltkriegen, den Hitlerjahren, der Weimarer Republik und der versunkenen Zeit davor erfahren.

Aber es gibt einen Tatbestand, den wir alle, jung und alt, vor Augen haben: daß jenseits der Elbe deutsche Menschen unter einem ihnen aufgenötigten politischen System, in einer ihnen aufgezwungenen Trennung von ihren Landsleuten im Westen Deutschlands leben müssen. Sollte auch dieser sichtbare Tatbestand für viele von uns kein Stachel mehr im Herzen sein? Es gibt eine Art von Resignation, die an Zynismus, eine Art von Gleichgültigkeit, die an Gewissenlosigkeit, und eine Art von Naivität, die an Torheit grenzt. Es gibt aber auch glatt eingespielte Denkgewöhnungen und einen bequemen Formelkult, der das tönende Wort an die Stelle mühevollen politischen Denkens und Handelns setzt. Und keine

Gelegenheit verführt die dafür Anfälligen zu dieser Torheit eher als die jährliche Wiederkehr dieses Gedenktages.

Ich habe nicht die Absicht, bei dieser zur Tradition gewordenen Gedenkstunde im Haus des Deutschen Bundestages in diesen Fehler zu verfallen. Dem 17. Juni 1953 und den Opfern, die er kostete, werden wir am ehesten gerecht, wenn wir uns mit Ernst und Redlichkeit der großen Sache zuwenden, um die es den Menschen im anderen Teil Deutschlands in jenen Tagen ging: um die Freiheit und Einheit unseres Volkes.

Mit Ernst und Redlichkeit! Das heißt, daß wir zwar nicht, wie man uns von drüben und von Moskau rät, die angeblichen Realitäten anerkennen, indem wir sie politisch und völkerrechtlich bestätigen. Aber es heißt, daß wir ohne Scheuklappen sehen, was ist, auch das, was in den vergangenen 14 Jahren geworden ist.

Ich widerstehe der Versuchung eines geschichtlichen Rückblicks, denn ein solcher dürfte sich ja nicht auf die Entwicklung in beiden Teilen Deutschlands beschränken. Er müßte den Gang der Weltpolitik in diesen langen Jahren ins Auge fassen, in die das deutsche Problem eingeflochten ist, von Anbeginn bis zu dieser Stunde.

Wir wissen, daß keine Art von Gewalt, weder von innen noch von außen, die deutsche Frage lösen kann. Gewalt als Ultima ratio der Politik wird in einer Welt, in der von jedem Punkte des Planeten aus der ganze Friede gefährdet werden kann, ohnehin zu einem immer bedenklicheren Phänomen. Darum hat unser Angebot des Austausches von Gewaltverzichtserklärungen eine prinzipielle, die deutsche Frage zwar einschließende, aber sich nicht auf sie beschränkende Bedeutung.

Da wir also den Frieden wollen, erstreben wir auch die Lösung der deutschen Frage mit den Mitteln des Friedens. Uns wird vom Osten vorgeworfen, wir wollten uns den anderen Teil Deutschlands »einverleiben«. Wir wollen nichts dergleichen. Die Machthaber im anderen Teil Deutschlands verkünden unverblümt, daß sie als Voraussetzung einer etwaigen Wiedervereinigung die Angleichung der gesellschaftlichen und politischen Ordnung in der Bundesrepublik an ihr System fordern, gleichviel, ob die Menschen hier dies wünschen oder ablehnen. Wir aber sagen mit aller Deutlichkeit, daß wir unsere Landsleute drüben nicht bevormunden, sie zu nichts zwingen wollen, was nicht ihrem Wunsch und Willen entspricht. Nur solange sie selbst nicht frei entscheiden können, was sie wollen, sprechen wir für sie und werden wir nicht aufhören, für sie zu sprechen.

Dies ist der Kern unserer Wiedervereinigungspolitik, dies ist darum auch das Kernstück unserer Auseinandersetzungen mit den Verantwortlichen im anderen Teil Deutschlands, aber auch mit allen, die jene Verantwortlichen stützen oder lenken. Das ist keine Anmaßung, wie man uns vorwirft, das ist unsere Gewissenspflicht.

Wenn dem so ist, wenn die politischen Positionen sich so hart gegenüberstehen, so müssen wir uns ehrlich fragen, ob Bemühungen um eine friedliche Lösung überhaupt einen Sinn haben, ob wir nicht, statt trügerische Hoffnungen zu wecken, warten müssen, bis der Geschichte etwas Rettendes einfällt, und uns bis dahin darauf beschränken, das zu bewahren, was uns geblieben ist: unsere eigene Freiheit und die Verweigerung der Anerkennung eines zweiten deutschen Staates durch die freie Welt. Eine solche rein defensive Politik würde – das ist meine feste Überzeugung und die Überzeugung der Regierung der Großen Koalition – von Jahr zu Jahr in größere Bedrängnis führen. Sie würde uns nicht nur keinen Schritt vorwärts bringen, sie könnte uns auch das gar nicht bewahren, was sie bewahren will, denn die Zeit wirkt nicht für uns.

Darum hat sich diese Regierung zu einer neuen, beweglicheren Politik gegenüber dem Osten entschlossen: sowohl gegenüber unseren östlichen Nachbarn wie im innerdeutschen Verhältnis gegenüber den Verantwortlichen im anderen Teil Deutschlands. Beides sind Aspekte einer politischen Konzeption, welche auf der Prämisse beruht, daß Europa nicht darauf verzichten kann, eine seine politische Spaltung überwindende zukünftige Friedensordnung zu entwerfen, in welcher auch die deutsche Frage ihre gerechte Lösung finden kann. Wer das utopisch findet, der sollte bedenken, was es bedeuten würde, auf einen solchen Entwurf zu verzichten. In der Politik darf gewiß das Wort aus dem »Faust« nicht gelten: »Den lieb ich, der Unmögliches begehrt« – aber dem Kurzsichtigen oder Kleinmütigen wird oft etwas unmöglich scheinen, was sich dem kühneren Zugriff als möglich erweist.

Das rechte Augenmaß für das Mögliche zu haben heißt aber nicht nur, daß man aussichtslose Abenteuer vermeidet, es bedeutet auch, daß man, wo der Blick der anderen stumpf ist, das wirklich Mögliche doch noch erspäht. Keine große Politik hat anders als so begonnen.

Der Weg zu dieser europäischen Friedensordnung mag, ja wird lang und mühselig sein; vielleicht wird er uns auch nicht ans ersehnte Ziel führen. Diese Möglichkeit des Scheiterns können wir nicht ausschließen, aber es ist der einzige Weg, der uns die Chance des Erfolges verspricht.

Ich habe nicht erwartet, daß unsere Politik, unsere neue Politik im Osten offene Ohren finden werde. Solange man drüben mit unserer Kapitulation rechnet, wird man sich unzugänglich zeigen und unsere Politik als ein arglistiges Manöver darstellen, welches die Solidarität der sozialistischen Länder aufbrechen, einen Keil zwischen die Sowjetunion und ihre Verbündeten treiben und Ulbricht und sein Regime isolieren wolle.

Wir werden uns dadurch nicht beirren lassen. Sollte man da oder dort im Osten glauben, man brauche dieses absurde Zerrbild eines revanchelüsternen Deutschland, um die gefährdete Solidarität zu kräftigen, so haben wir etwas Besseres anzubieten: den Beweis eines um Vertrauen ringenden Volkes, dem es darum geht, in Osteuropa und zusammen mit den Ländern Osteuropas ein neues politisches Klima der Verständigung und, wo immer möglich, der Zusammenarbeit anzubahnen.

Die Taktik, als Voraussetzung für die Zusammenarbeit, ja auch nur für ein Gespräch, die völlige Unterwerfung des Anderen unter den eigenen Standpunkt zu verlangen, muß den Eindruck erwecken, daß sie eben deshalb angewendet wird, weil man Gespräche und Zusammenarbeit verhindern möchte.

Wir dagegen halten es für eine bewährte Methode, zunächst Gelände zu suchen, das man gemeinsam betreten kann, um die großen Streitfragen vorerst auszuklammern. Dieses Verfahren, das ein wichtiges Instrument in einer Politik der Entspannung darstellt, hat seine Probe im Verkehr zwischen Staaten bestanden.

Wir werden zu dieser Politik auch durch den Blick auf die Entspannungsbemühungen anderer Völker im Verhältnis des Westens zum Osten ermutigt. Entspannung darf nicht auf eine resignierende Hinnahme oder gar auf eine Besiegelung des Status quo hinauslaufen. Wo immer in der Welt eine Politik des Status quo bei widerstreitenden Lebensinteressen der betroffenen Völker als dauerhafte Befriedigung mißverstanden wird, schafft man einen Krankheitsherd, der jeden Augenblick epidemisch werden kann. Darum müssen wir nach Methoden der Entspannung suchen, die den Herd der Krankheit durch eine geduldige Therapie eingrenzen und schließlich beseitigen.

Wir werden daher in unseren therapeutischen Bemühungen um gesündere Beziehungen mit den Ländern und Völkern des europäischen Ostens fortfahren. Wir werden für diese Bemühungen um wirkliche Entspannung, um allmähliche Überwindung der Gegensätze, um einen dauerhaften Frieden in Europa beharrlich um Verständnis und Unterstützung werben – im Westen wie im Osten, wie unter den jungen Völkern.

Da es, wie ich eingangs sagte, darum geht, das deutsche Problem mit Ernst und Redlichkeit zu bedenken, dürfen wir der Frage nicht ausweichen, wie sich diese unsere Politik der Entspannung als Voraussetzung der Überwindung der Spaltung unseres Volkes vereinbaren läßt mit unserem westlichen Bündnis und mit unserem Bemühen um die Einigung Europas. Schließt das eine das andere nicht aus? Liegt hier nicht ein tragischer Widerspruch des Denkens und Empfindens unserer gesamten Politik vor?

Deutschland, ein wiedervereinigtes Deutschland, hat eine kritische Größenordnung. Es ist zu groß, um in der Balance der Kräfte keine Rolle zu spielen, und zu klein, um die Kräfte um sich herum selbst im Gleichgewicht zu halten. Es ist daher in der Tat nur schwer vorstellbar, daß sich ganz Deutschland bei einer Fortdauer der gegenwärtigen politischen Struktur in Europa der einen oder der anderen Seite ohne weiteres zugesellen könnte. Eben darum kann man das Zusammenwachsen der getrennten Teile Deutschlands nur eingebettet sehen in den Prozeß der Überwindung des Ost-West-Konflikts in Europa.

Die Bundesrepublik Deutschland kann ebenso wie ihre Verbündeten eine weitschauende Entspannungspolitik nur führen auf der Grundlage der eigenen Freiheit und Sicherheit. Die atlantischen und die europäischen Mitglieder des Bündnisses sind deshalb heute wie früher aufeinander angewiesen. Aber unsere Bündnisse und unsere Gemeinschaften haben keine aggressiven Ziele. Sie würden ihren Sinn verfehlen, wenn es ihnen zwar gelänge, in einer machtpolitisch kritischen Region eine lange Waffenruhe zu sichern, wenn aber zugleich die Spannungen akkumuliert und die schließliche Entladung um so verheerender sein würde. Deshalb müßte die Entwicklung folgerichtig zu einem Interessenausgleich zwischen den Bündnissen im Westen und im Osten und schließlich zu einer Zusammenarbeit führen – einer unentbehrlichen Zusammenarbeit, angesichts der Krisenherde in allen Regionen unserer Welt, der rapiden Veränderungen überall, die lebensgefährlich werden müssen, wenn sie wie ungebändigte Sturmfluten alles und alle mit sich reißen.

Angesichts dieser Veränderungen unserer Welt erscheinen viele alte Gegensätze und Frontstellungen heute schon sinnlos. Morgen könnten sie sich als selbstmörderisch erweisen, denn es zeichnen sich mögliche Konflikte ab, denen gegenüber sich unsere heutigen fast harmlos ausnehmen. Wir müssen hoffen, daß diese Einsicht zunehmend das politische Denken und Handeln im Osten und Westen beeinflussen wird.

In diesem Zusammenhang findet auch die Lösung der deutschen Frage ihren Ort, und unser Verhältnis zum anderen Teil Deutschlands muß im Rahmen solcher Überlegungen bedacht werden. Die Einigung unseres Volkes kann, so wie die Dinge liegen, gegenwärtig nicht durch Gespräche zwischen Vertretern der Bundesrepublik und den Verantwortlichen im anderen Teil Deutschlands herbeigeführt werden – ganz gewiß schon darum nicht, weil von uns die politische und rechtliche Anerkennung eines zweiten deutschen Staates, also die Besiegelung der Teilung Deutschlands, in solchen Gesprächen verlangt wird. Aber auch die weltpolitische Problematik, in die das deutsche Problem eingeflochten ist, macht Gespräche mit der Macht notwendig, welche das Regime im anderen Teil Deutschlands lenkt und stützt und gegen deren Willen – der 17. Juni 1953 hat es bitter bewiesen – eine Einigung Deutschlands nicht gelingen wird.

Was aber zwischen uns und den Verantwortlichen im anderen Teil Deutschlands möglich ist, das sind Gespräche und Vereinbarungen, welche die durch die erzwungene Spaltung geschaffene Not lindern und die menschlichen, wirtschaftlichen und geistigen Beziehungen zwischen den Deutschen bessern sollen, welche verhindern sollen, daß das deutsche Volk sich von Jahr zu Jahr auseinanderlebt. Diese innere Entkrampfung oder Entgiftung entspräche unserem großen Entwurf einer künftigen europäischen Friedensordnung; sie könnte ihr hilfreich dienen.

Diesem Willen entsprach auch die Erklärung der Bundesregierung vom 12. April dieses Jahres; ihn drückte erneut meine Antwort auf den Brief aus, den mir Herr Stoph nach unserer Erklärung vom 12. April übersandt hat. Leider enthielt der Brief aus Ostberlin wieder die Forderung der Anerkennung der Teilung unseres Vaterlandes, während unser Vorschlag übergangen wurde, über jene Fragen zu sprechen, über die gegenwärtig allein mit Aussicht auf Erfolg verhandelt werden kann.

Ich wiederhole daher, daß wir uns auf Scheinverhandlungen nicht einlassen werden, die nur der bisher von der freien Welt verweigerten internationalen Anerkennung Ost-

berlins dienen sollen. Wir sind aber zu ernsthaften Gesprächen über ernsthafte Möglichkeiten innerdeutscher Regelungen, die den von mir genannten Zielen dienen, jederzeit
bereit. Möge man drüben, möge auch die Sowjetunion, mögen unsere anderen östlichen
Nachbarn erkennen, daß unsere Vorschläge einen ehrlichen und wichtigen Beitrag zur
Anbahnung eines europäischen Friedens darstellen, den alle Völker ersehnen.

Wir alle – im Osten wie im Westen – stehen vor einer weltpolitischen Situation, für die
es kein Vorbild, keine Präzedenzfälle gibt. Wenn je das Wort »historia vitae magistra«
einmal gelten konnte – heute läßt uns die Geschichte als Lehrmeisterin im Stich; ja, es
könnte sein, daß sie uns gar den Blick auf die Zukunft verstellt, die ganz neue Gedanken,
neue Entwürfe, neuen unbefangenen Wagemut von allen Beteiligten fordert.

Alfred Webers Wort über den »Abschied von der bisherigen Geschichte« muß ernst
genommen und tiefer begriffen werden, als er selbst es vor zwanzig Jahren verstand, von
uns und von den anderen. Hüben wie drüben wird man sich aus eingefahrenen Denk- und
Willensbahnen lösen müssen, wenn wir alle die künftige Geschichte nicht als wehrlose
Opfer, sondern allen Zwängen der Entwicklung zum Trotz als ihre Gestalter erfahren
wollen.

Quelle: Bulletin vom 20. 6. 1967, Nr. 64, S. 541 f.

230 Zur Nahost-Politik der Bundesregierung

Memorandum der Bundesregierung über ihre Nahost-Politik an den Präsidenten der Voll-
versammlung der Vereinten Nationen, überreicht vom Ständigen Beobachter der Bundes-
republik Deutschland bei den Vereinten Nationen, Botschafter Frhr. von Braun, 26. Juni
1967

Exzellenz,
auf Weisung der Regierung der Bundesrepublik Deutschland und unter Bezug auf Tagesordnungspunkt 5 der 5. Notsondersitzung der Vollversammlung beehre ich mich, Ihnen
folgende, die Auffassung meiner Regierung zu obigem Tagesordnungspunkt wiedergebende
Erklärung zu übermitteln. Ich bin dem verehrten Vertreter der Volksrepublik Ungarn bei
den Vereinten Nationen besonders dankbar dafür, daß er die Frage der Politik meiner Regierung zur gegenwärtigen Lage im Nahen Osten aufgeworfen hat, und beehre mich, Eure
Exzellenz in Erwiderung auf sein Schreiben vom 22. Juni 1967 (Dokument a/6728) um
Zirkulierung dieses Schreibens und der darin enthaltenen Erklärung als offizielles Dokument der Vollversammlung zu bitten:

Im Nahen Osten ist in den vergangenen Wochen eine gefährliche, den Weltfrieden be-
drohende Lage entstanden. Auf Verlangen der großen Mehrzahl der Regierungen der Welt
ist eine Notsondersitzung der Vereinten Nationen einberufen worden. Die Bundesrepublik
Deutschland gehört den Vereinten Nationen nicht als Mitglied an. Sie hat aber durch ihre
Politik sowie durch ihre Zugehörigkeit zu allen VN-Sonderorganisationen und durch ihre
Beiträge zu zahlreichen Hilfsprogrammen der Vereinten Nationen bewiesen, daß sie auf das
höchste an der Bewahrung des Friedens und an internationaler Entspannung interessiert
ist.

Das deutsche Volk kennt aus eigener bitterer Erfahrung die Grauen und Schrecken des
Krieges. Es weiß, daß Gewalt und Krieg keine geeigneten Mittel zur Erreichung nationaler
Ziele oder zur Lösung internationaler Streitfragen sind.

In Übereinstimmung mit dem Friedenswillen des deutschen Volkes hat die Regierung der Bundesrepublik Deutschland seit jeher ihre Politik darauf gerichtet, die internationale Entspannung zu fördern, eine weltweite und wirksame Abrüstung anzustreben und auf die Anwendung von Gewalt zur Lösung von Streitfragen zu verzichten. Sie hat bereits vor 13 Jahren auf die Herstellung von atomaren, bakteriologischen und chemischen Waffen verzichtet.

Diese Grundsätze bestimmen auch die Politik der Regierung der Bundesrepublik Deutschland im Verhältnis zur Lage im Nahen Osten. Sie war bemüht, zu den Völkern dieses Raumes stets enge und freundschaftliche Beziehungen zu unterhalten. Grundlage dieser Beziehungen war die Achtung des Selbstbestimmungsrechts der Völker und die Anerkennung der Souveränität ihrer Staaten. Zu keiner Zeit in der Geschichte hat das deutsche Volk im Nahen Osten eigensüchtige politische Ziele verfolgt. Allerdings hat es mit den Staaten dieses Raumes stets einen engen kulturellen und wirtschaftlichen Austausch gepflegt, der beiden Seiten zum Vorteil gereicht.

Die Regierung der Bundesrepublik Deutschland lehnt es ab, anderen souveränen Regierungen wie ein Lehrmeister »gute Ratschläge« zu erteilen. Sie weiß, daß die Völker des Nahen Ostens ihre Unabhängigkeit erkämpft haben und sich nicht von neuem fremder Bevormundung unterwerfen wollen. Einziges Ziel der deutschen Politik ist deshalb, mit den Völkern des Nahen Ostens auf der Grundlage von Vertrauen, gegenseitiger Achtung und Würde zusammenzuarbeiten.

Bedauerlicherweise hat die Regierung der Bundesrepublik Deutschland erleben müssen, daß von dritter Seite versucht worden ist, die jüngste Krise im Nahen Osten zur Erreichung egoistischer Ziele auszunutzen. Sie verweist hierzu auf das von dem Delegierten Ungarns dem Präsidenten der Vollversammlung übermittelte Memorandum (VN-Dokument a/6728).

Gewisse Kreise im anderen Teil Deutschlands, aber auch in einigen wenigen anderen Staaten haben geglaubt, dieser Zeitpunkt sei für eine Verleumdungskampagne gegen die Bundesrepublik Deutschland günstig. Die Regierung der Bundesrepublik Deutschland bedauert dies nicht nur, weil die gegen sie gerichteten Behauptungen jeder Grundlage entbehren, sondern um so mehr, als nach ihrer Auffassung die gegenwärtige Lage im Nahen Osten – insbesondere im Hinblick auf die große Not der Bevölkerung in den vom Kriege betroffenen Gebieten – für derartige Propaganda-Aktionen denkbar ungeeignet ist. Vielmehr sollten nach ihrer Auffassung alle Anstrengungen gemacht werden, durch konstruktive Friedensvorschläge und humanitäre Hilfsmaßnahmen zu einer Milderung und, wenn möglich, zu einer Lösung der vorhandenen Probleme beizutragen.

Die Vereinten Nationen sind besonders aufgefordert, zu einer solchen friedlichen und gerechten Lösung beizutragen. Die Bundesregierung hat diese Ansicht vertreten, als diese Spannungen im Nahen Osten stiegen und bevor die Feindseligkeiten begannen, und möchte sie bei dieser Gelegenheit wiederholen.

Es ist die absurde Beschuldigung erhoben worden, daß die Bundesrepublik Deutschland durch Waffenlieferungen an Israel, die angeblich im März zugenommen hätten, zu der Entstehung und Verschärfung der Krise beigetragen habe. Diese Beschuldigungen sind falsch und werden durch ständige Wiederholung nicht wahrer.

Es trifft zu, daß die Bundesrepublik Deutschland bis zum Frühjahr 1965 Waffen und Kriegsmaterial im Werte von 45 Millionen US-Dollar an Israel und Waffen und Kriegsmaterial im Werte von 30 Millionen US-Dollar an arabische Staaten geliefert hat. Dies entspricht weniger als 2 Prozent der gesamten Waffenlieferungen in den Raum in den letzten 12 Jahren, die nach internationalen Schätzungen einen Gesamtwert von 4 bis 5 Milliarden US-Dollar hatten und an denen sich viele Staaten beteiligt haben. In Anbetracht der wachsenden Spannungen in der Region beschloß die Regierung der Bundesrepublik Deutschland im Frühjahr 1965, keine Waffen oder Kriegsmaterial mehr nach Nahost zu liefern, und hat seither diese Entscheidung strikt befolgt. Sie ist fest entschlossen, an diesem Beschluß auch in der Zukunft festzuhalten.

Es ist die Auffassung meiner Regierung, daß die Regierungen sich enthalten sollten, Spannungen, die nicht auf den Nahen Osten bezogen sind, auf die äußerst schwierigen Probleme dieser Region zu übertragen, und daß insbesondere die dort vorhandenen Probleme im gegenwärtigen Stadium nicht mit Verleumdungen nach Art des kalten Krieges belastet werden sollten. Die Bundesrepublik Deutschland bemüht sich um eine Verringerung der Spannungen. Falsche Anschuldigungen, die ihren Ursprung in der europäischen Lage haben, können diese Bemühungen nur gefährden.

Die Regierung der Bundesrepublik Deutschland ist der wohlerwogenen Auffassung, daß es höchste Zeit ist, endlich das Gespenst des Krieges und der Vernichtung aus dem Nahen Osten zu verbannen, damit die der gesamten dortigen Bevölkerung innewohnenden Fähigkeiten, ihr Einfallsreichtum und ihr Talent für eine friedliche Aufbauarbeit genutzt werden können.

Unmittelbar nach Beendigung der Feindseligkeiten im Nahen Osten hat die Regierung der Bundesrepublik Deutschland ihre Bereitschaft erklärt, der betroffenen Bevölkerung, insbesondere den dringend hilfebedürftigen Flüchtlingen, humanitäre Hilfe zu leisten. Die ersten deutschen Sendungen mit Lebensmitteln, Medikamenten und Kleidung sind bereits eingetroffen; diese Lieferungen werden fortgesetzt.

Der Bundeskanzler hat in seiner Rede vom 24. Juni 1967 alle Staaten der Welt aufgefordert, ihre Rivalitäten einzustellen und sich zu einem gemeinsamen Wiederaufbauwerk im Nahen Osten zusammenzuschließen. Die Regierung der Bundesrepublik Deutschland ist fest entschlossen, sich an einem solchen Programm zu beteiligen.

Quelle: Bulletin vom 5. 7. 1967, Nr. 71, S. 609 f.

---

231   Entwicklungshilfe für Jordanien

Mitteilung des Bundesministeriums für wirtschaftliche Zusammenarbeit über Entwicklungshilfe im Nahen Osten, 1. August 1967

Durch gezielte und rasch wirksame Entwicklungshilfe will die Bundesregierung dem vom Krieg im Nahen Osten am schwersten getroffenen Land, Jordanien, helfen.

Der Bundesminister für wirtschaftliche Zusammenarbeit, Hans-Jürgen Wischnewski, hatte bereits am 26. Juni 1967 bei einem Besuch in Amman mit der jordanischen Regierung deren Hilfewünsche erörtert und die grundsätzliche Bereitschaft der Bundesregierung angekündigt, Jordanien mit Krediten und technischer Hilfe bei seiner wirtschaftlichen Entwicklung zu unterstützen. Als erster Erfolg des Blitzbesuches des Ministers wird in Bonn gewertet, daß sich Jordanien an den wirtschaftlichen Boykottmaßnahmen anderer arabischer Länder gegen die Bundesrepublik nicht beteiligt. Die jordanischen Hilfswünsche lagen am 26. Juli den Erörterungen einer interministeriellen Arbeitsgruppe zugrunde, die sich in Bonn mit der Vorbereitung eines Hilfsprogramms für Jordanien befaßte.

Die erörterten entwicklungspolitischen Maßnahmen, über die im einzelnen noch von den interministeriellen Referentenausschüssen für Kapital- und technische Hilfe beschlossen werden muß, liegen vor allem auf dem Gebiet der Verbesserung der landwirtschaftlichen Produktion und der Neuerschließung landwirtschaftlicher Anbauflächen durch Schädlingsbekämpfung und Bewässerung, auf dem Gebiet der technischen Berufsausbildung und der weiteren geologischen Erschließung vorhandener Bodenschätze.

Die Arbeitsgruppe legte besonderen Wert darauf, daß die Entwicklungsprojekte sowohl der Rehabilitierung der jordanischen Flüchtlinge, die etwa ein Drittel der jordanischen Gesamtbevölkerung ausmachen, als auch der gesamtwirtschaftlichen Entwicklung des Landes dienen.

Vor kurzem hatte der interministerielle Ausschuß für Entwicklungspolitik unter Vorsitz von Ministerialdirektor Dr. Sonnenhol einem neuen Kredit in Höhe von 40 Mill. DM zugestimmt, mit dem sich die Bundesregierung am Bau einer Eisenbahnlinie zum Transport jordanischen Phosphats zu dem ebenfalls mit deutscher Hilfe ausgebauten Hafen Akaba beteiligen will. Die Bahnlinie und der Hafen Akaba werden es Jordanien ermöglichen, ab 1970 jährlich ca. zwei Millionen Tonnen Phosphat zu exportieren.

Quelle: Bulletin vom 1. 8. 1967, Nr. 81, S. 694

232 Europäische Fortschritte

Erklärung des Bundesministers des Auswärtigen, Willy Brandt, vor dem Deutschen Bundestag zur Europapolitik, 13. Oktober 1967 (Auszüge)

Herr Präsident, meine Damen und Herren!

Heute sind es auf den Tag zehn Monate, seit die Regierung der Großen Koalition vor dem Bundestag jene Regierungserklärung abgegeben hat, die ihre Richtschnur ist und bleibt. Es gibt keinen Grund, die Politik des Friedens, der Entspannung und der Kooperationsbereitschaft zu ändern, die im vergangenen Dezember festgelegt worden ist. Es ist eine Politik, die die Regierung geschlossen vertritt...

Aussöhnung und Zusammenarbeit, wie wir sie mit den osteuropäischen Völkern anstreben, sind in Westeuropa bereits eine Tatsache geworden. Die Politik der wirtschaftlichen und politischen Einigung Europas ist ein wesentliches Element für die Organisierung des Friedens in unserer Welt. Die Zusammenarbeit und Einigung Europas ist gegen niemand gerichtet. In einer gefährlichen Zeit einer zerstrittenen Welt sollte sie vielmehr ein Beispiel dafür sein, wie die Völker durch friedliches Zusammenwirken zu Wohlstand und Sicherheit gelangen.

Mit Genugtuung können wir feststellen, daß die Europäischen Gemeinschaften seit der Bundestagsdebatte vom 22. Februar 1967 Fortschritte gemacht haben. Die Verschmelzung der Organe der drei Europäischen Gemeinschaften ist ein erster Schritt zur Vereinfachung und Rationalisierung der Arbeit. Die gemeinsame Kommission unter der Leitung des Präsidenten Jean Rey findet das volle Vertrauen und die Unterstützung der Bundesregierung. Bei dieser Gelegenheit liegt mir daran, als Bundesminister des Auswärtigen und zugleich für die Bundesregierung zu sagen, mit welcher Wertschätzung wir uns der bahnbrechenden Aktivität des Präsidenten Professor Hallstein erinnern. Wir freuen uns mit ihm, wenn ihm morgen in Metz die Robert-Schuman-Medaille verliehen werden wird.

Der erfolgreiche Abschluß der Kennedy-Runde ist auch ein Erfolg für die Europäische Wirtschaftsgemeinschaft. Sie ist dabei als Gemeinschaft aufgetreten und hat wesentlich zum Gelingen dieser überaus wichtigen Verhandlungen beigetragen.

Die Beitrittsanträge Großbritanniens, Irlands, Dänemarks und Norwegens sowie der Antrag Schwedens bestätigen die bisherige erfolgreiche Entwicklung der Europäischen Wirtschaftsgemeinschaft. Sie stellen uns aber auch vor eine der großen Optionen der europäi-

18. bis 28. 5. 1965: Staatsbesuch der britischen Königin, Elisabeth II.,
in der Bundesrepublik

13. 1. 1967: Bundeskanzler Kiesinger und Bundesminister des Auswärtigen Brandt in Paris am Grabmal des Unbekannten Soldaten

schen Politik: Soll und darf der Graben, der westeuropäische Länder voneinander trennt, erhalten bleiben? Sollen und dürfen europäische Staaten mit demokratischer Tradition und wirtschaftlicher Maturität vom europäischen Einigungswerk ausgeschlossen bleiben?

Wir haben in der Regierungserklärung vom 13. Dezember 1966 gesagt: »Die Gemeinschaft der Sechs soll allen europäischen Staaten offenstehen, die sich zu ihren Zielen bekennen. Besonders würden wir eine Teilnahme Großbritanniens und anderer EFTA-Länder begrüßen.« Diese grundsätzliche Orientierung ist für uns maßgebend gewesen. Deshalb stimmen wir auch dem zu, was die drei Fraktionen durch ihre Entschließung erstreben. Wir haben gegenüber niemandem ein Hehl daraus gemacht, daß der Beitritt Großbritanniens und anderer EFTA-Länder im deutschen Interesse liegt, wirtschaftlich wie politisch. Aber wir haben nicht versäumt, alle sich im Zusammenhang mit dem Beitritt dieser Länder zu den Europäischen Gemeinschaften stellenden Probleme sorgfältig zu prüfen. Wir kamen zu dem Ergebnis, daß diese Probleme sich mit jenem Maß guten Willens lösen lassen, mit dem wir uns bereits an den Verhandlungen beteiligt haben, die zur Gründung der Europäischen Wirtschaftsgemeinschaft geführt haben.

Inzwischen liegt auch die Stellungnahme der Kommission der Europäischen Gemeinschaften zu diesen Anträgen vor. Das Hohe Haus wird verstehen, daß ich kurz vor der Debatte im Ministerrat über dieses Dokument mir eine gewisse Zurückhaltung auferlegen muß. So viel kann jedoch gesagt werden: Die Stellungnahme der Kommission gibt ein umfassendes Bild der Probleme, die sich im Laufe der Beitrittsverhandlungen stellen werden. Die Bundesregierung kann sich dem Grundsatz der Kommission anschließen, daß neu beitretende Staaten den Vertrag in seiner heutigen Form und die bisher ergangenen Entscheidungen annehmen müssen. Sie müssen auch bereit sein, die allgemeinen Zielsetzungen der Europäischen Gemeinschaften für die Zukunft sich zu eigen zu machen.

Mit der Kommission sind wir der Meinung, daß die mit einem Beitritt verbundenen wirtschaftlichen Probleme lösbar sind, wenn ein positiver politischer Entschluß der Mitgliedstaaten der Europäischen Gemeinschaften erst einmal zu Verhandlungen geführt hat. Die in dem Dokument der Kommission analysierten Probleme, darunter so schwierige wie das Agrarproblem und das Währungsproblem, sollten im Gespräch mit Großbritannien und den übrigen beitrittswilligen Ländern geklärt werden. Die Bundesregierung wünscht, daß es bald zu solchen Gesprächen kommt.

Manchmal ist gefragt worden, was die Bundesregierung denn tue, um die Erweiterung der Europäischen Gemeinschaften aktiv zu fördern. Hierzu ist zu sagen, daß der EWG-Vertrag für die Aufnahme neuer Mitglieder Einstimmigkeit vorschreibt. Wir respektieren diese Vorschrift. Wir haben unsere Haltung in den Organen der Gemeinschaft und in bilateralen Konsultationen und Besprechungen klargemacht. Wir meinen, daß die historische Gelegenheit, auf dem Weg nach Europa voranzukommen, nicht versäumt werden darf. Wir gehen dabei von der Erwartung aus, daß die Antragsteller bereit sind, an einem einigen Europa ohne Vorbehalte mitzuwirken.

Sie werden verstehen, daß die Sorge um die Erhaltung des Geschaffenen legitim ist und eine ernsthafte Prüfung verdient. Wir haben die Argumente der französischen Regierung nicht auf die leichte Schulter genommen, sondern halten unsere guten Dienste bereit, um zu einem Ausgleich der noch stark divergierenden Auffassungen beizutragen.

Es muß allerdings auch die Frage gestellt werden, welche Lage in Europa eintreten würde, wenn die Erweiterung der Europäischen Gemeinschaften nicht gelänge. Es wäre bestimmt keine einfache Lage. Es ist auch nicht zu verkennen, daß die wirtschaftliche Auseinanderentwicklung im westlichen Europa für verschiedene Länder schon jetzt ernste Probleme geschaffen hat. Das uns befreundete Dänemark wird hierdurch beispielsweise besonders schwer betroffen.

Neben dem inneren Ausbau der Europäischen Wirtschaftsgemeinschaft zur Wirtschaftsunion und der Erweiterung der Gemeinschaften wird auch die Verschmelzung der drei europäischen Gemeinschaften auf die Tagesordnung kommen. Wenn unsere Partner den Vorschlägen des deutschen Ratspräsidenten folgen, wird der Beitritt Großbritanniens und der übrigen EFTA-Länder dadurch nicht erschwert, sondern erleichtert werden ...

Wenn ich zu den Europäischen Gemeinschaften zurückkehren darf:

Sie haben beachtliche Erfolge aufzuweisen; wenn aber Europa seine wirtschaftliche Wachstumsrate und Konkurrenzfähigkeit auf dem Weltmarkt aufrechterhalten will, so müssen auf einigen technologischen Gebieten, die für die Entwicklung moderner Industriezweige von entscheidender Bedeutung sind, größere Fortschritte gemacht werden. Die Vereinigten Staaten gaben 1964 3,7 % ihres Bruttosozialprodukts, d. h. über 21 Mrd. Dollar, für Forschung und technische Entwicklung aus. Die EWG-Länder hingegen haben mit einem Betrag von knapp 3,5 Mrd. Dollar nicht einmal 2 % ihres Bruttosozialproduktes in ihre Zukunft investiert.

Am 31. Oktober dieses Jahres wird der Ministerrat der Europäischen Gemeinschaften die Probleme der technologischen Zusammenarbeit in Europa eingehend erörtern. Die Bundesregierung wird dabei initiativ werden und geeignete Vorschläge unterbreiten. Wir begrüßen es, daß der Antrag der drei Fraktionen auch eine Entschließung des Aktionskomitees für die Vereinigten Staaten von Europa über die Gestaltung der technologischen Entwicklung der Europäischen Gemeinschaften enthält. Sie ist der Ansicht, daß der Ministerrat beschließen sollte, die bereits begonnenen Arbeiten zur Schaffung der für Forschung und Entwicklung notwendigen Rahmenbedingungen beschleunigt fortzusetzen. Insbesondere sollten gefördert werden die Steuerharmonisierung, das europäische Patent- und Gesellschaftsrecht und die Liberalisierung des Kapitalverkehrs. Außerdem sollte geprüft werden, ob vorrangig auf folgenden Gebieten Möglichkeiten der Zusammenarbeit bestehen:

Informationsverarbeitung und -verbreitung,
Umweltbelästigung,
Ozeanographie,
Entwicklung neuer Werkstoffe und Verkehrsmittel,
Meteorologie.

Im engen Zusammenhang damit stehen unsere Bemühungen, zu einem realistischen dritten Forschungsprogramm von EURATOM zu kommen. Daß der Beitritt Großbritanniens mit seinem beachtlichen Potential bei den Bemühungen, den technologischen Rückstand Europas zu vermindern, eine wesentliche Bedeutung haben würde, liegt auf der Hand. Der Sinn der europäischen Einigung liegt auch darin, daß unser Kontinent Anschluß gewinnt an die Dimensionen des 21. Jahrhunderts.

Wenn die Europäischen Gemeinschaften sich so ausweiten und entwickeln, wie die Bundesregierung dies wünscht, so wird ihre Rolle in der Welt wirtschaftlich und politisch gestärkt werden. Die engen Beziehungen zu den Vereinigten Staaten, die auf dem Gebiet der Handelspolitik schon in der Kennedy-Runde hergestellt wurden, werden auf andere Gebiete ausgedehnt werden können. Die Vision eines selbständigen Europa, das mit einer Stimme spricht und ebenbürtig neben die Vereinigten Staaten tritt, kann dann Wirklichkeit werden.

Die Beziehungen zwischen den Vereinigten Staaten und den Europäischen Gemeinschaften sind heute bereits eng. Ein amerikanischer Botschafter ist bei den Gemeinschaften akkreditiert. In der OECD, im GATT und im Internationalen Währungsfonds geht eine weniger spektakuläre, aber wirkungsvolle Zusammenarbeit vor sich. Die Bundesregierung ist dafür, diese Zusammenarbeit weiter zu intensivieren. Dabei wird auch der Gedanke eines Verbindungsausschusses von Nutzen sein können.

Die europäische Einigung soll jener »konsequenten und wirksamen Friedenspolitik« dienen, durch die die politischen Spannungen zwischen Ost und West beseitigt werden sollen.

Alle Bestrebungen, die Gemeinschaften für dieses Ziel nutzbar zu machen, finden die Unterstützung der Bundesregierung. Sie ist überzeugt, daß die Zusammenarbeit, zu der sich die westeuropäischen Völker bereit gefunden haben, auch für die Beziehungen zwischen Ost- und Westeuropa von Bedeutung sein wird. Die europäische Einigung ist nicht nur kein Hindernis für den Ausgleich der Interessen, sondern sie wird sich als ein stabilisierender Faktor erweisen.

Auch die Sowjetunion und die anderen osteuropäischen Länder sind gut beraten, wenn sie die Europäischen Gemeinschaften realistisch einschätzen. Die wirtschaftliche Leistungsfähigkeit einer, zumal erweiterten Europäischen Wirtschaftsgemeinschaft mit einer optimalen Koordinierung der Osthandelspolitik wird den osteuropäischen Ländern ihr wohlverstandenes Interesse an einem sich ausdehnenden Ost-West-Handel noch klarer vor Augen führen. Wir denken dabei auch, wie in dem vorliegenden Antrag ausgeführt ist, an einen verstärkten Austausch technologischer Kenntnisse. Gerade hier bietet sich für die Ost-West-Zusammenarbeit ein Feld an, das für den Frieden und die Wohlfahrt der europäischen Völker von entscheidender Bedeutung ist.

Für die Bundesregierung besteht kein Gegensatz zwischen ihren Bemühungen um die Einigung der westeuropäischen Länder und dem Ziel der Zusammenarbeit mit Osteuropa. Nach wie vor handelt es sich darum, daß die Europäischen Gemeinschaften wirtschaftlich und politisch gestärkt werden. Aber die durch die Einigung vergrößerte Potenz soll dem Dialog zwischen West- und Osteuropa dienen mit dem Ziel, über die unterschiedlichen Systeme hinweg eine auf gesunden Interessen beruhende Zusammenarbeit einzuleiten.

Was die politische Zusammenarbeit und Einigung Europas angeht, so sind unsere Erwartungen im Vergleich zu den unmittelbaren Nachkriegsjahren gedämpft worden. Wir werden für eine solche Entwicklung zur politischen Einheit größere Zeiträume zugrunde legen müssen. Gleichwohl ist die Bundesregierung der Überzeugung, daß die mit der Europäischen Wirtschaftsgemeinschaft unwiderruflich gewordene Entwicklung eines Tages in eine vertragliche Form der politischen Zusammenarbeit Europas münden wird. Dieser Prozeß wird nicht so perfektionistisch verlaufen, wie es von manchen erhofft worden ist; aber er wird auch nicht die Eigenart der europäischen Völker auslöschen, wie es von anderen befürchtet wird. Die Zusammenarbeit und Einigung Europas entspricht der Logik unserer Zeit, der sich auf die Dauer keiner entziehen kann. Nur durch die Zusammenfassung der – begrenzten – Kräfte der einzelnen Völker können wir Europa einen guten Platz in der Welt von morgen sichern. Nur auf diese Weise können wir seiner Stimme gebührend Gewicht verschaffen. Nur auf diesem Wege werden wir Europäer imstande sein, für die Bewahrung des Weltfriedens und die Wohlfahrt der Völker volle Mitverantwortung zu übernehmen...

Quelle: Bulletin vom 14. 10. 1967, Nr. 112, S. 957–960

233 Meinungsaustausch über Gewaltverzicht

Aide-mémoire der Bundesregierung an die Regierung der Sowjetunion vom 14. Dezember 1967

1. Seit über einem Jahr finden informelle und vertrauliche Gespräche zwischen dem Auswärtigen Amt und dem Botschafter der Sowjetunion über den deutschen Vorschlag für einen Austausch von Erklärungen über den Gewaltverzicht statt. Die sowjetische Seite hat erklärt, daß sie sich grundsätzlich positiv zu der Idee verhält, mit der Bundesrepublik Deutschland

Erklärungen über den Gewaltverzicht auszutauschen oder ein Abkommen darüber abzuschließen.

2. Am 7. Februar 1967 überreichte Staatssekretär Schütz dem sowjetischen Botschafter Entwürfe zur Frage des Austausches von Gewaltverzichtserklärungen.

Am 12. Oktober 1967 teilte der sowjetische Botschafter dem Bundesminister des Auswärtigen mit, er sei von seiner Regierung beauftragt worden, das Gespräch über einen eventuellen Austausch von Gewaltverzichtserklärungen fortzusetzen. In diesem Zusammenhang überreichte der sowjetische Botschafter eine Erklärung, in der u. a. der Wunsch der sowjetischen Regierung ausgedrückt wurde, völlige Klarheit darüber zu haben, »ob die Bundesregierung bereit sein wird, auch mit der Deutschen Demokratischen Republik ein Übereinkommen über den Austausch von Gewaltverzichtserklärungen zu den gleichen Bedingungen wie mit anderen sozialistischen Staaten abzuschließen«.

3. Am 21. November 1967 fand ein weiteres Gespräch mit dem Bundesminister des Auswärtigen statt, um das Botschafter Zarapkin gebeten hatte, bevor die Bundesregierung Gelegenheit hatte, zu der Erklärung des sowjetischen Botschafters vom 12. Oktober 1967 Stellung zu nehmen. Der Botschafter überreichte dabei ein weiteres Dokument, in dem es einleitend heißt: »Die sowjetische Seite hat die Entwürfe für die Gewaltverzichtserklärungen, die am 7. Februar 1967 vom Staatssekretär der Bundesrepublik Deutschland, Schütz, dem sowjetischen Botschafter in Bonn übergeben wurden, aufmerksam studiert. Dabei wurden auch die mündlichen Erklärungen beachtet, die von verantwortlichen Vertretern der Bundesrepublik Deutschland zu dieser Frage, insbesondere in bezug auf die gleichberechtigte Beteiligung der DDR am Austausch derartiger Erklärungen, gegeben wurden.

Die sowjetische Regierung hält es für notwendig, im Geiste völliger Offenheit Klarheit hinsichtlich der Ziele und Absichten der Seiten bei einem eventuellen Austausch von Erklärungen über die Nichtanwendung von Gewalt in den gegenseitigen Beziehungen zu schaffen.«

In den weiteren Teilen dieses Dokuments und der diesem als Anlage beigefügten Entwürfe für eine Erklärung der Regierung der UdSSR und für eine Erklärung der Bundesregierung werden die erwähnten Ziele und Absichten der sowjetischen Seite ausführlich dargestellt.

Der Bundesminister des Auswärtigen sagte bei Entgegennahme der Dokumente sorgfältige Prüfung zu und versicherte dem Botschafter, daß er bald wieder von sich hören lassen werde. Er begrüßte die in den Dokumenten enthaltene Erklärung, wonach die Sowjetunion eine Verbesserung der Beziehungen anstrebe. Man müsse nun im Zuge der Prüfung sehen, inwieweit man den sowjetischen Vorschlägen zustimmen könne oder wo man eigene neue Vorschläge unterbreiten müsse.

Botschafter Zarapkin sagte abschließend, der Herr Minister habe die sowjetischen Absichten durchaus richtig verstanden. Die Sowjetunion wünsche nicht nur eine Normalisierung der Beziehungen, sondern gute Beziehungen zur Bundesrepublik Deutschland.

4. Bevor es möglich war, die von dem Bundesminister zugesagte und unverzüglich eingeleitete eingehende Prüfung abzuschließen, hat die Regierung der UdSSR dem Geschäftsträger der Bundesrepublik Deutschland in der UdSSR am 8. Dezember 1967 eine Erklärung der Sowjetregierung überreicht, deren Ton und Geist in keiner Weise den vorstehend wiedergegebenen Äußerungen der sowjetischen Seite in der Frage des Gewaltverzichts entspricht. Auch der Inhalt der Erklärung vom 8. 12. 1967 steht im Widerspruch zu dem Ergebnis der bisherigen Gespräche:

a) Entgegen der auf Wunsch von Botschafter Zarapkin ausdrücklich vereinbarten Vertraulichkeit der Gespräche werden einzelne Elemente der in dem Exposé vom 21. 11. 1967 dargelegten Absichten und Ziele der sowjetischen Seite öffentlich behandelt.

b) Während Botschafter Zarapkin die Erklärung des Bundesministers am 21. 11. 1967, man müsse im Zuge der Prüfung der Dokumente sehen, inwieweit man den sowjetischen Vorschlägen zustimmen könne oder wo man eigene neue Vorschläge unterbreiten müsse, ohne zu widersprechen annahm, macht die Erklärung vom 8. 12. nunmehr den Austausch von Gewaltverzichtserklärungen ausdrücklich von verschiedenen Bedingungen abhängig.

c) Während die von dem Bundesminister des Auswärtigen ausdrücklich zugesagte Prüfung der sowjetischen Dokumente noch im Gange war, behauptet die Sowjetregierung in ihrer Erklärung vom 8. 12. 1967, die Regierung der Bundesrepublik Deutschland stemme sich unter verschiedenen Vorwänden dagegen, »in entsprechender völkerrechtlicher Form mit der DDR Erklärungen über Nichtanwendung von Gewalt in den gegenseitigen Beziehungen auf einer mit anderen sozialistischen Ländern gleichen Grundlage auszutauschen«. Diese Feststellung ist vor allem wegen der Verwendung der Worte »in entsprechender völkerrechtlicher Form« befremdlich, da sich eine derartige Formulierung in den der Bundesregierung zugänglich gemachten sowjetischen Dokumenten überhaupt nicht findet.

5. Die Bundesregierung würde es bedauern, wenn sie unter diesen Umständen daran zweifeln müßte, ob die sowjetische Seite an einer Fortsetzung der von der deutschen Seite vorgeschlagenen Gespräche über eine Verbesserung der gegenseitigen Beziehungen durch den Austausch von Erklärungen über den Gewaltverzicht interessiert ist.

Die Bundesregierung ist nach wie vor bereit, die sowjetischen Dokumente zu prüfen, zu ihnen Stellung zu nehmen, eigene Vorschläge zu machen und die Gespräche in konstruktivem Geist fortzusetzen.

Quelle: Die Politik des Gewaltverzichts. Eine Dokumentation der deutschen und sowjetischen Erklärungen zum Gewaltverzicht 1949 bis Juli 1968, hrsg. vom Presse- und Informationsamt der Bundesregierung, Bonn 1968, S. 23–25

234   Gegen die sowjetische Einmischung

Verbalnote der Bundesregierung an das sowjetische Außenministerium vom 22. Dezember 1967

Die Botschaft der Bundesrepublik Deutschland begrüßt das Ministerium des Äußeren der Union der Sozialistischen Sowjetrepubliken und beehrt sich, im Zusammenhang mit der Erklärung der Sowjetregierung vom 8. Dezember 1967 folgende Erklärung der Regierung der Bundesrepublik Deutschland zu übermitteln.

Die Regierung der UdSSR hält es offensichtlich für richtig, sich in gewissen Abständen kritisch zur Innen- und Außenpolitik der Bundesrepublik Deutschland zu äußern. So hat sie sich am 28. Januar 1967 veranlaßt gesehen, in einer längeren Erklärung auf die angebliche Erstarkung des Militarismus und des Neonazismus in der Bundesrepublik hinzuweisen.

Am 19. Juli 1967 folgte eine Erklärung führender sowjetischer Kreise über die vermeintlichen Gefahren, die von einer international üblichen Notstandsgesetzgebung in der Bundesrepublik ausgehen. Am 8. Dezember 1967 waren der Militarismus und der Neonazismus erneut Gegenstand einer Regierungserklärung.

Die Bundesregierung hat es nicht für angebracht gehalten, die genannten Erklärungen, die jede eine Einmischung in die inneren Angelegenheiten der Bundesrepublik Deutschland darstellten, zu beantworten. Sie ist der Auffassung, daß es den Bemühungen um Verständigung und Entspannung nicht dienlich ist, eine gegenseitige Polemik zu entfalten.

Die Bundesregierung hat es vorgezogen, der Sowjetregierung im Juni 1967 Gespräche über alle beiderseits interessierenden Fragen vorzuschlagen. Dazu gehörte übrigens auch die von der Bundesregierung erbetene Unterstützung durch die Sowjetregierung bei der Verfolgung von Nazi-Verbrechen.

Die Bundesregierung hatte gehofft, daß die Sowjetregierung dieser Initiative durch die Bereitschaft zu konstruktiven Gesprächen entsprochen hätte. Die Bundesregierung bedauert daher die neue sowjetische Regierungserklärung, die mit ihrem drohenden Ton im internationalen Verkehr ungewöhnlich ist.

Insbesondere zeichnet die Erklärung ein völlig verzerrtes Bild der deutschen Innenpolitik wie auch der in aller Welt bekannten Politik der Bundesregierung, ihre Ziele nur mit friedlichen Mitteln zu verfolgen. Die erklärte Bereitschaft der Bundesregierung, mit der Sowjetunion und ihren Verbündeten Erklärungen über den Gewaltverzicht auszutauschen, ist ein Beweis für diese Haltung.

Die Regierung der Bundesrepublik Deutschland weist die Erklärung der Sowjetregierung als Einmischung in die inneren Angelegenheiten und als Entstellung ihrer Außenpolitik entschieden zurück.

Die Ausführungen der sowjetischen Erklärung sind um so unverständlicher, als in der gleichen Erklärung zutreffend festgestellt wird, daß die Anschauungen und Stimmungen der Mehrheit der in der Bundesrepublik Deutschland lebenden Deutschen keineswegs mit »eingefleischten Revanchisten und Neonazis« zu identifizieren sei. Diese überwältigende Mehrheit ist es, die durch die Parteien des Deutschen Bundestags vertreten wird. Diese Mehrheit ist es, deren Wille die Friedenspolitik der Bundesregierung trägt.

Das deutsche Volk und seine verfassungsmäßigen Organe werden die freiheitliche demokratische Grundordnung zu schützen wissen. Die Bundesregierung hofft, daß die Sowjetunion ihren Teil dazu beitragen wird, daß das deutsche Volk auf friedlichem Wege seine Einheit wiedergewinnt und seinen Beitrag zu einer europäischen Friedensordnung leisten kann.

Die Botschaft der Bundesrepublik Deutschland benutzt auch diese Gelegenheit, das Ministerium des Äußeren der Union der Sozialistischen Sowjetrepubliken erneut ihrer Hochachtung zu versichern.

Quelle: Bulletin vom 28. 12. 1967, Nr. 153, S. 1291

235   Zu den deutsch-polnischen Beziehungen

Antworten zur Ostpolitik vom Parlamentarischen Staatssekretär beim Bundesminister des Auswärtigen, Gerhard Jahn, in der Fragestunde des Deutschen Bundestages am 19. Januar 1968 (Auszüge)

Vizepräsident Dr. Jaeger: Damit komme ich zu den Fragen aus der Drucksache V/2464. Zuerst die Frage 21 des Abgeordneten Ertl:

Was beabsichtigt die Bundesregierung zu tun, um den polnischen Außenminister Rapacki nach dessen Erklärung vom 3. Januar von der Ehrlichkeit ihrer Ostpolitik zu überzeugen?

Jahn, Parlamentarischer Staatssekretär beim Bundesminister des Auswärtigen: Die Bundesregierung hat an dieser Stelle am 13. Dezember 1966 und am 13. Oktober 1967 zur Frage der deutsch-polnischen Beziehungen erklärt, sie wünsche ein von beiden Völkern gebilligtes, dauerhaftes und friedliches Verhältnis guter Nachbarschaft. Sie hat Verständnis für den Wunsch des polnischen Volkes, in gesicherten Grenzen zu leben, und stellt daher nicht die

Rechtsposition in den Vordergrund, sondern den Versöhnungswillen. Wir sind auf der Grundlage dieser Erklärung jederzeit zu einem deutsch-polnischen Gespräch über die künftige Gestaltung der Beziehungen zwischen unseren Völkern und Staaten bereit.

Die Bundesregierung ist sich der Tatsache bewußt, daß unsere Bemühungen, die deutsch-polnischen Beziehungen zu verbessern, bisher keinen sichtbaren Erfolg gehabt haben. Wir werden jedoch nicht nachlassen, unseren Willen zu Frieden, Verständigung und Versöhnung immer wieder kundzutun. Da auch das polnische Volk den Frieden will, muß es nach unserer Überzeugung eines Tages zur Verständigung kommen.

Vizepräsident Dr. Jaeger: Eine Zusatzfrage, Herr Abgeordneter Ertl.

Ertl (FDP): Herr Staatssekretär, trifft es zu, daß der polnische Außenminister Rapacki in seiner jüngsten Erklärung gefordert hat, die Bundesregierung müsse, um ihren guten Willen sichtbar zu machen, die Existenz zweier deutscher Staaten und die bestehenden Grenzen anerkennen?

Jahn, Parlamentarischer Staatssekretär beim Bundesminister des Auswärtigen: Es ist richtig, daß der polnische Außenminister eine Reihe von Vorbedingungen gesetzt hat. Nur, Herr Kollege Ertl, wir haben immer wieder erklärt – und wir bleiben dabei –, nach unserer Auffassung sollte es möglich sein, über die zwischen den beiden Ländern bestehenden Fragen ein offenes Gespräch zu führen.

Vizepräsident Dr. Jaeger: Eine zweite Zusatzfrage, Herr Abgeordneter Ertl.

Ertl (FDP): Darf ich aus dieser Antwort und auch aus Ihrer ersten Antwort schließen, daß die Bundesregierung es nicht wegen Grenzfragen zu Schwierigkeiten kommen lassen würde?

Jahn, Parlamentarischer Staatssekretär beim Bundesminister des Auswärtigen: Das ist eine sehr mißverständliche Frage, Herr Kollege Ertl. Was heißt, »daß die Bundesregierung es nicht wegen Grenzfragen zu Schwierigkeiten kommen lassen würde«? Die Bundesregierung hat ihre Bereitschaft erklärt, über alle zwischen den beiden Ländern bestehenden Fragen mit Polen zu sprechen. Da kann sich die Bundesregierung nicht anders verhalten, als sie es bisher getan hat, nämlich zu sagen: Wir führen dieses Gespräch ohne Vorbedingungen . . .

Vizepräsident Dr. Jaeger: . . . Ein Zusatzfrage, Herr Abgeordneter Dr. Marx.

Dr. Marx (Kaiserslautern) (CDU/CSU): Herr Staatssekretär, teilen Sie meine Auffassung, daß die von Herrn Kollegen Ertl genannten Bedingungen nicht gerade die geeignete Methode sind, die von der Bundesregierung gewünschte vorurteilslose Diskussion mit der polnischen Regierung führen zu können?

Jahn, Parlamentarischer Staatssekretär beim Bundesminister des Auswärtigen: Vorbedingungen sind überhaupt keine Erleichterung für ein Gespräch, Herr Kollege Marx.

Quelle: 5. Deutscher Bundestag, 148. Sitzung vom 19. 1. 1968, S. 7626

*Gemeinsame Erklärung über die Wiederaufnahme diplomatischer Beziehungen zwischen
der Bundesrepublik Deutschland und der Sozialistischen Föderativen Republik Jugoslawien
sowie Erklärung der Bundesregierung vom 31. Januar 1968*

Die Regierung der Bundesrepublik Deutschland und die Regierung der Sozialistischen Föderativen Republik Jugoslawien sind übereingekommen, mit Wirkung vom heutigen Tage
diplomatische Beziehungen aufzunehmen. Sie werden so bald wie möglich diplomatische
Vertretungen im Range von Botschaften errichten und Botschafter austauschen.

Beide Regierungen sind davon überzeugt, daß die Wiederaufnahme diplomatischer Beziehungen dazu beitragen wird, die gegenseitigen Beziehungen zu fördern und zu erweitern. Sie sind ebenso davon überzeugt, daß dieser Entschluß der beiden Regierungen dem
Bedürfnis nach verstärkter friedlicher Zusammenarbeit zwischen den europäischen Staaten
entspricht und einen positiven Beitrag zu dem Prozeß der Entspannung in Europa darstellt.

Bonn, den 31. Januar 1968

Der Sprecher der Bundesregierung, Staatssekretär Günter Diehl, gab am 31. Januar 1968
vor der Bundespressekonferenz in Bonn zur Wiederaufnahme der diplomatischen Beziehungen zwischen der Bundesrepublik Deutschland und der Sozialistischen Föderativen
Republik Jugoslawien folgende Erklärung ab:

Die Bundesregierung begrüßt es, daß die deutsch-jugoslawischen Gespräche über die
Wiederaufnahme diplomatischer Beziehungen zu einem erfolgreichen Abschluß gekommen
sind. Die Politik der Bundesregierung ist auf eine gerechte und dauerhafte Friedensordnung
in Europa gerichtet. Auch die Wiederherstellung diplomatischer Beziehungen zu Jugoslawien dient diesem Ziel. Die Bundesregierung hat ihre Rechtsauffassung und die Grundsätze ihrer Politik zu einer solchen Friedensordnung in ihrer Regierungserklärung vom
13. Dezember 1966 dargelegt. Sie ist davon überzeugt, daß die übrige Staatenwelt auch
weiterhin diese Bemühungen der Bundesrepublik Deutschland unterstützt.

Quelle: Bulletin vom 1. 2. 1968, Nr. 13, S. 97

---

*Ansprache des Bundesministers für Wirtschaft, Professor Dr. Karl Schiller, vor der 2. Welt-
handelskonferenz in Neu-Delhi am 5. Februar 1968 (Auszüge)*

... Meine Regierung und das deutsche Volk teilen die Sorgen der Entwicklungsländer und
unterstützen ihre Bemühungen. Unser Schicksal ist zugleich ihr Schicksal. Wir wissen, daß
sich niemand auf eine nationale Insel des Wohlstandes zurückziehen kann. Wir, die alten
Industrieländer und die Entwicklungsländer, leben in einer Welt. Der Premierminister
von Indien, Frau Gandhi, hat vollkommen recht, wenn sie sagt: »Für die entwickelten
Länder geht es nicht darum, ob sie es sich leisten können, den Entwicklungsländern zu helfen, sondern ob sie es sich leisten können, ihnen nicht zu helfen.« Wir alle, die wir hier
versammelt sind, haben auch mit besonderer Aufmerksamkeit die in der Charta von Algier

niedergelegten Vorstellungen und Wünsche der Entwicklungsländer sehr eingehend studiert. Ich ziehe daraus den Schluß: Es gibt auch kein sogenanntes Naturgesetz, gemäß welchem die alten Industrieländer stets höhere Zuwachsraten ihres Per-Capita-Einkommens im Vergleich zu den Entwicklungsländern aufweisen. Der Fortschritt muß weltweite Ausmaße annehmen. Diesen Fortschritt können wir nur in der gemeinsamen Anstrengung einer weltweiten Allianz für den Fortschritt zwischen Nord und Süd verwirklichen. Deutschland ist sich seiner Mitverantwortung bewußt. Wir wissen, daß eine dauerhafte, gerechte Friedensordnung nur zu erreichen ist, wenn die großen sozialen und wirtschaftlichen Unterschiede in dieser Welt vermindert werden.

Dazu bedürfen wir stets des Geistes der Verantwortung, des Realismus und des Mutes. Ein Wort zum Realismus: Wir stehen hier vor dem Problem, den Entwicklungsprozeß, der sich in den alten Industrieländern über viele Jahrzehnte und sogar Jahrhunderte erstreckt hat, zeitlich zu raffen. Dieser Prozeß erfordert, daß die Investitionen in den Entwicklungsländern synchron und koordiniert erfolgen. Ihre optimale Nutzung muß rasch möglich sein. Deshalb kommt es in besonderem Maße darauf an, wirtschaftliches Denken walten zu lassen, um Fehlinvestitionen möglichst zu vermeiden. Deshalb darf ich wohl sagen: Entwicklungspolitik beruht auf politischer Ökonomie und nicht auf einem politischen Mythos! Das bedeutet auch, daß die Hilfe der Industrieländer von einer adäquaten Wirtschafts- und Finanzpolitik in den Entwicklungsländern begleitet sein muß. Der Aufbau in den Entwicklungsländern hängt gleichzeitig weitgehend von einem hohen wirtschaftlichen Wachstum in den alten Industrieländern ab. Nur ein angemessenes Wachstum in den alten Industrieländern verschafft das nötige Potential für Entwicklungshilfe. Nur ein angemessenes Wachstum in jenen Ländern bringt zugleich die erforderliche Nachfrage nach den Exporten der Entwicklungsländer. Ein Beispiel ist die Bundesrepublik Deutschland. 1966/67 haben sich die Auswirkungen einer konjunkturellen Rezession besonders deutlich gezeigt. Unsere Einfuhr ging 1967 um $3^{1}/_{2} \%$ zurück, die Ausfuhr wuchs dagegen um 8 %. Durch Eingreifen unserer Regierung ist es jedoch gelungen, seit Mitte 1967 eine Wende herbeizuführen. Aufgrund von zwei öffentlichen Konjunkturprogrammen und monetären Erleichterungen rechnen wir für 1968 mit einer solchen Expansion unserer Gesamtnachfrage, daß die Einfuhr 1968 um ca. 10 % ansteigt. Die wirtschaftswissenschaftlichen Forschungsinstitute und die internationalen Organisationen – wie z. B. die OECD – sehen für den europäischen Kontinent eine ähnliche günstige Entwicklung voraus.

All dies bedeutet eine grundsätzliche Wandlung; eine geräuschlose Revolution in den alten Industrieländern hat das Laissez-faire-Prinzip vergangener Tage hinweggefegt. Die neue Stabilitäts- und Wachstumspolitik, die man dort jetzt verfolgt, ist nicht nur für die alten Industrieländer selbst geboten. In dieser modernen Welt ist sie zugleich eine unerläßliche Voraussetzung für den Aufbau der neuen Länder ...

Viele Entwicklungsländer erkennen sehr richtig, daß sich der Abstand zwischen ihrem eigenen wirtschaftlichen Wachstum und dem der Industrieländer vergrößert. Sie sind besorgt, daß das Wachstumsziel des »Entwicklungsjahrzehnts« nicht erreicht wird. Wir müssen diesen Abstand durch Taten und nicht durch Worte überbrücken. Wir müssen daher die Gründe für diese Entwicklung sehr genau analysieren. Es steht den alten Industrieländern nicht an, den Entwicklungsländern einseitige Ratschläge zu erteilen. Es steht den reichen Ländern mit ihren orthodoxen und herkömmlichen Weisheiten nicht an, die armen Länder mit Seelenmassage zu bearbeiten. Wir müssen schonungslos die Fehlentwicklungen auf beiden Seiten erkennen.

Die Wirtschaft der meisten Entwicklungsländer steht noch auf einer zu schmalen Basis. Über 80 % ihrer Devisenerlöse entfallen auf die Ausfuhr von Grundstoffen. In der Zwischenzeit besteht das entscheidende Problem in dem Aufbau einer breiteren, einer vielfältigeren Produktion. Veraltete Wirtschafts- und Sozialverhältnisse, Kapitalmangel und oft zu geringe Ausstattung mit Know-how erschweren diese Aufgabe. In dieser Hinsicht ist der soziale Strukturwandel in den Entwicklungsländern nicht zu umgehen. Entwicklung ist nicht nur ein technologisches, sondern in erster Linie ein Problem sozialer Reformen. Alle Hilfe für diese Länder wird umsonst sein, wenn sie nur alte Sozialstrukturen aufrechterhält oder wenn der Verlauf der Entwicklung nur auf eine Art Basar-Kapitalismus hinausläuft. Der notwendige Wandel erfordert die Integration der Entwicklungsländer in das System der internationalen Arbeitsteilung. Der weltweite Wettbewerb ist in der Tat ein permanenter Motor für den sozialen Wandel und für Neuerungen. Sicher kann Hilfe nicht durch Handel allein ersetzt werden, aber jede Hilfe muß durch die Kanäle des internationalen Handels getragen, fortgesetzt und vervielfältigt werden. Unter diesem Aspekt müssen nicht nur die Zollschranken und sonstigen Hemmnisse im Handel zwischen den Industrieländern und den Entwicklungsländern gesehen werden. Auch zwischen den Entwicklungsländern selbst sind Handelsschranken bedauerlich. Daraus ergibt sich die Notwendigkeit einer engen internationalen Zusammenarbeit.

Die Industrieländer müssen bereit sein, in zunehmendem Maße Erzeugnisse der Entwicklungsländer aufzunehmen. Wir müssen die entsprechenden Anpassungen unserer eigenen Wirtschaftsstruktur vornehmen, damit gewisse Produktionen stärker ihre Standorte in den Entwicklungsländern finden können.

Der Erfolg der Kennedy-Runde war ein großer Schritt zum Abbau bestehender Handelshemmnisse. Es ist deshalb für uns alle von großer Bedeutung, die im vergangenen Jahr in Genf gefaßten Beschlüsse in die Tat umzusetzen. Meine Regierung hält es für außerordentlich wichtig, daß die Industrieländer ihre Schwierigkeiten, die sich daraus ergeben könnten, nur durch interne Anpassungsmaßnahmen überwinden. Wir warnen nachdrücklich davor, daß neue Restriktionsmaßnahmen in einigen Ländern, wie sie sich anzukündigen scheinen, den Erfolg der Kennedy-Runde schmälern könnten. Neue Handelshemmnisse würden eine gefährliche Enttäuschung nicht nur innerhalb der alten Industrieländer, sondern natürlich auch für die Entwicklungsländer bedeuten. Wir müssen alles in unseren Kräften Stehende tun, um einen solchen Rückschlag zu vermeiden. Darüber hinaus bin ich der Meinung, daß wir eine neue Anstrengung zu einer weiteren Phase des weltweiten Abbaus von Handelshemmnissen machen sollten. Eine mögliche Antwort auf die drohende Wiederauferstehung des alten Protektionismus könnte daher lauten: Sollten wir nicht versuchen, den Zeitplan der Kennedy-Runde zu kürzen? Eine echte Gefahr besteht darin, daß sie verzögert wird!

Im Anschluß an meine Bemerkungen zu den allgemeinen Prinzipien der Handels- und Entwicklungspolitik möchte ich nun einige spezielle Themen der Konferenz ansprechen.

1. Für eine Vielzahl von Entwicklungsländern werden auch in Zukunft die Erlöse aus Rohstoffexporten eine wesentliche Einnahmequelle bleiben.

Mein Land hat in der Vergangenheit bei der Behandlung aller Grundstofffragen mitgewirkt. Wir haben guten Willen und Kompromißbereitschaft bewiesen. Wir wollen auch weiterhin an pragmatischen Lösungsmöglichkeiten mitarbeiten. Als Beispiel möchte ich unsere Teilnahme an den Verhandlungen über ein internationales Kakao-Abkommen erwähnen.

Regelungen auf pragmatischer Grundlage für Rohstoffe mit extremen Erlösschwankungen haben für eine Übergangszeit ganz sicher ihre Bedeutung. Langfristig jedoch schaden sie sogar, wenn sie Preisfixierungen entgegen den vorherrschenden Markttendenzen beinhalten. Dann würden diese Preisfixierungen den Prozeß der Substitution von Naturprodukten nur beschleunigen. Das System wäre dann ein Schlag ins Wasser.

Die Bundesrepublik Deutschland ist einer der wichtigsten und expansivsten Märkte für die Grundstoffausfuhr der Entwicklungsländer. Das von der deutschen Wirtschaftspolitik eingeleitete stetige Wachstum wird zu einem vernünftigen Anstieg dieser Exporte führen. Dies darf aber nicht darüber hinwegtäuschen, daß der Weltbedarf an Grundstoffen auf die

Dauer von dem technologischen Fortschritt, insbesondere in den Industrieländern, beeinflußt wird. Deshalb gewinnen Produktion und Ausfuhr von Halb- und Fertigwaren für die Entwicklungsländer selbst zunehmende Bedeutung.

2. Der Ihnen vorliegende Zollpräferenzvorschlag der OECD wird von uns voll unterstützt. Dem uneingeweihten Beobachter mag der bisherige Fortschritt gering erscheinen. Wer aber die damit verbundenen Schwierigkeiten kennt, wird anders denken. Wir sollten ein Einvernehmen über die wesentlichen Grundsätze eines allgemeinen Präferenzsystems auf dieser Konferenz anstreben. Gewiß wird sich eine Reihe schwieriger Fragen in den Besprechungen ergeben. Unter anderen Fragen denke ich dabei an die zur Zeit noch bestehenden Regionalpräferenzen. Lösungen können hier nur unter Berücksichtigung der Interessen aller Entwicklungsländer gefunden werden.

3. Die finanzielle Entwicklungshilfe steht bekanntlich unter dem Druck der wachsenden Verschuldung der Entwicklungsländer. Angemessenere Bedingungen für die öffentliche Kapitalhilfe und größeren Spielraum für private Investitionen können viel zur Milderung der Schwierigkeiten beitragen. Wir werden versuchen, bis zum Ende dieses Jahres in vollem Umfang die von der OECD und ECOSOC empfohlenen Bedingungen zu erreichen. Wir sind auch weiterhin bereit, an notwendigen Maßnahmen zu einer Konsolidierung der Kredite auf multilateraler Basis teilzunehmen. Unsere Regierung hat in ihrer neuen fünfjährigen Finanzplanung der Kapitalhilfe an die Entwicklungsländer eine besondere Priorität eingeräumt. In den Jahren von 1967 bis 1971 werden sich die Haushaltsmittel für die öffentliche Entwicklungshilfe um 11 % jährlich erhöhen. Damit werden sie fast doppelt so schnell wachsen wie das deutsche Sozialprodukt. Dieser Anteil unterstreicht unsere Bereitschaft, unsere Kapitalhilfeleistungen im Sinne der 1 %-Empfehlung der ersten Welthandelskonferenz zu steigern.

4. Durch eine Reihe von Maßnahmen, insbesondere das Entwicklungs-Steuergesetz, fördert die Bundesrepublik Deutschland private Investitionen in Entwicklungsländern. Aber in Wirklichkeit stoßen viele Investoren bekanntlich im Ausland auf große Schwierigkeiten. Trotzdem sollten wir alle die Funktion privater Investoren zur Schließung finanzieller Lücken in den Entwicklungsländern anerkennen. Öffentliche Kapitalhilfen der Industrieländer sind besonders geeignet für Investitionen in der Infrastruktur und in der Basisindustrie. Aber privates Kapital ist besonders nützlich für die sekundären Investitionen, d. h. für die Bedürfnisse der Verarbeitungsindustrie in den Entwicklungsländern. Die Entwicklungsländer sollten versuchen, mehr und mehr die Systeme gemischter öffentlicher und privater Finanzierung zu akzeptieren. Sie bieten einen maximalen Multiplikator für die öffentliche Kapitalhilfe, und in diesem Zusammenspiel besteht kein Grund, privaten Investoren zu mißtrauen. Hier müssen wir unsere Zusammenarbeit verstärken, mehr als anderswo wird hier das Wort »Partnerschaft« zu einem wirklichen Testfall.

5. Die Regierung der Bundesrepublik Deutschland folgt mit Interesse den Arbeiten über eine Ergänzungsfinanzierung, die dabei helfen soll, eine Unterbrechung des Entwicklungsprozesses in einem Lande zu verhindern, wenn die Exporterlöse zurückbleiben. Die deutsche Delegation wird – wie bisher – in konstruktivem Geist an der weiteren Behandlung dieses Problems mitarbeiten.

6. Ich möchte meine Bemerkungen zu einigen Aspekten der finanziellen Zusammenarbeit nicht abschließen, ohne zu erwähnen, daß meine Regierung zur Teilnahme an einer zweiten Aufstockung der IDA-Mittel bereit ist, d. h. eine Steigerung um 60 %! ...

Quelle: Information des Bundesministeriums für Wirtschaft, Prof. Dr. Karl Schiller: »Reden zur Wirtschaftspolitik 3«, S. 161–169

Interview des Bundesministers des Auswärtigen, Willy Brandt, mit der Deutschen Presse-Agentur über die Beziehungen zu den arabischen Staaten, 15. Februar 1968 (Auszug)

Frage:

Die Bundesregierung hatte bereits im vergangenen Jahr Initiativen ergriffen, um mit den arabischen Ländern wieder normale diplomatische Beziehungen herzustellen. Wie beurteilen Sie, Herr Minister, jetzt die Aussichten für eine Normalisierung?

Antwort:

Die Bundesregierung hat sich ehrlich bemüht, das traditionell gute und freundschaftliche Verhältnis zu allen arabischen Staaten wiederherzustellen. Diese Bemühungen haben durch den Krieg im Nahen Osten im vergangenen Juni zwar vorübergehend einen Rückschlag erlitten. Ich glaube aber, daß sich die Aussichten seit einigen Monaten wieder gebessert haben. Nicht nur in Erklärungen gegenüber der Öffentlichkeit, sondern auch in inoffiziellen Kontakten mit verschiedenen arabischen Regierungen haben wir klargestellt, daß uns an einer ausgewogenen Nahost-Politik gelegen ist und daß wir an einem freundschaftlichen Verhältnis mit allen arabischen Staaten interessiert sind. Aus dem Verlauf dieser Kontakte habe ich den Eindruck gewonnen, daß die Bereitschaft der arabischen Länder, das Verhältnis zu uns zu normalisieren, größer geworden ist.

Frage:

Besteht nach Ihrer Ansicht in einem Teil der arabischen Länder, die 1965 die Beziehungen abbrachen, Interesse an einer Wiederaufnahme der diplomatischen Beziehungen?

Antwort:

Ich möchte das bejahen. Auch auf arabischer Seite wird die Frage der diplomatischen Beziehungen heute offensichtlich mit mehr Realismus und Nüchternheit betrachtet. Beide Seiten wissen, daß diplomatische Beziehungen nicht aufgenommen werden, damit die Diplomaten auf Cocktail-Empfänge gehen. Mit dem Austausch von Botschaftern will man sich doch die Plattform dafür schaffen, der anderen Regierung die eigenen Interessen direkt erläutern zu können und für den eigenen Standpunkt in bilateralen oder in internationalen Fragen Verständnis zu finden.

Schon aus diesem Grund glaube ich, daß die arabischen Länder heute wieder ein stärkeres Interesse an der Wiederaufnahme der Beziehungen besitzen. Denn sie würden ja dann bessere Möglichkeiten haben, ihre Ansichten zur Geltung zu bringen. Das gilt für bilaterale ebenso wie für regionale und internationale Fragen.

. . .

Quelle: Bulletin vom 21. 2. 1968, Nr. 23, S. 185

---

239   Hilfe für Süd-Vietnam

Verlautbarung des Bundesministeriums des Innern über eine Soforthilfeaktion für Süd-Vietnam vom 22. Februar 1968

Angesichts der Notlage der südvietnamesischen Bevölkerung hat die Bundesregierung auf Bitten der vietnamesischen Regierung eine Soforthilfeaktion vorbereitet, mit der die Notlage der Zivilbevölkerung gelindert werden soll.

Nahrungsmittel, Medikamente, Verband- und Impfstoffe, Decken und Bekleidung sowie hygienische Artikel im Werte von über 5 Mill. DM sollen in den nächsten 14 Tagen per Schiff nach Vietnam gesandt werden. Ein Teil der dringend benötigten Arzneimittel soll schon früher auf dem Luftwege nach Saigon und Da Nang gebracht werden.

Im einzelnen sind an Nahrungsmitteln vorgesehen: Reis für 1 Mill. DM, Trockenfisch für 0,5 Mill. DM, 200 000 Dosen Fleischkonserven sowie 100 t Trockenmilch; 50 000 Kinder können damit für 3 Wochen mit 1 l Milch täglich versorgt werden.

Die Arzneimittelspende soll etwa 150 t umfassen und vor allem Blutersatzmittel, Antibiotika, Medikamente für die Erste Hilfe, Verbandstoffe und Impfstoffe enthalten. Etwa 10 t dieser Arzneimittelspende sollen auf dem Luftwege vorab nach Vietnam geschickt werden.

Insbesondere für die Flüchtlinge und die Menschen, die ihr gesamtes Hab und Gut verloren haben, sind 100 000 leichte Decken sowie leichte Stoffe für 250 000 DM bestimmt.

Um Krankheiten und Seuchen zu verhindern, soll die Soforthilfe der Bundesrepublik auch Desinfektionsmittel zur Trinkwasserbereitung, DDT-Pulver, Seife, Handtücher und ähnliches enthalten.

Die Hilfsgüter werden in den nächsten 10 bis 14 Tagen zusammen mit dem Nachschub für die laufenden deutschen Hilfsprojekte für Vietnam mit einem Charterschiff nach Vietnam befördert werden.

Die Bundesregierung wird weiterhin ständig prüfen, welche Hilfe der notleidenden vietnamesischen Bevölkerung auf Grund der jeweiligen Erfordernisse und unserer Möglichkeiten gegeben werden kann.

Quelle: Bulletin vom 22. 2. 1968, Nr. 24, S. 196

240 Für eine demokratische Lösung der nationalen Frage

Rede des Bundesministers für gesamtdeutsche Fragen, Herbert Wehner, vor dem Deutschen Bundestag über einen Interessenausgleich zwischen den Bündnissen in Ost und West, 14. März 1968 (Auszüge)

... Das wirkliche Kriterium für unser innerdeutsches Verhältnis ... ist: Die drüben für die Politik Verantwortlichen können der Nation, der sie selbst angehören und die sie nicht leugnen können und auch oft nicht leugnen wollen, nicht geben, was die Nation braucht und was die Nation ist. Das ist ihre besondere Lage. Und nun vertrösten sie die, die ihrer politischen Gewalt ausgesetzt sind, sie würden das nachholen, sie, die die Verantwortung haben. Wann nachholen, der Nation zu geben, was der Nation gehört und ihr gebührt? Wenn sie diese Nation mit ihrer eigenen politischen Ideologie durchtränkt oder von ihr Besitz ergriffen haben, dann käme die Nation zu ihrem Recht. Das ist ein hochinteressanter Vorgang, denn da gibt es also etwas, mit dem auch dort zu rechnen ist, und da rate ich allen zu einer gewissen Bescheidenheit gegenüber manchen früher gefällten Urteilen und auch gegenüber manchen Vorurteilen. Nicht, indem ich sage: Warten wir mal alles ab! Nein! Das Kriterium ist, daß wir und erst recht die, die drüben leben müssen, es dort mit für die Politik Verantwortlichen zu tun haben, die, weil sie bestimmte Sachen nicht können, in anderen so tun, als könnten sie viel mehr als alle anderen zusammen. Und das ist noch nicht das Schlechteste, was man im Laufe der nächsten und der übernächsten Zeit noch wird feststellen können.

Das zweite, was ich gerne zu dieser unserer ersten Diskussion sagen wollte: Wir hatten auch insofern Glück, als wir eine Diskussion erleben, die, gleichgültig, von welchem Punkt aus der einzelne in sie eingreift, die ganze Nation zu fassen sucht und nicht den einen oder anderen Sektor. Das haben wir selten. Ich bitte um Entschuldigung, ich bin kein Zensor: Aber das ist eigentlich für den Anfang nicht schlecht – für den Anfang. Wir haben ja auch noch Zeit, uns weiter und intensiver mit diesen Sachen zu befassen.

Erlauben Sie mir zu sagen, was unser Problem ist. Nicht als ob ich den Generalnenner wüßte, aber in meiner Art, mich auszudrücken, ist das Problem unserer Politik – und das ist auch das Problem dieses Berichtes über die Lage der Nation und alles dessen, was wir in diesem Zusammenhang und unter diesem Dach zu besprechen haben –, die demokratische Lösung der nationalen Frage des deutschen Volkes möglich zu machen, soweit unser Beitrag das möglich machen kann.

Herr Barzel hat heute morgen in einem anderen Zusammenhang gesagt, daß wir eben auch deutlich sehen – und jeder würde es deutlich sehen –, daß die Lösung der deutschen Frage unsere eigenen Kräfte übersteigt. So ungefähr habe ich Sie wohl richtig verstanden. Und er hat gesagt, daß es sich um ein weltpolitisches Problem handelt. Sicher aber ohne uns – darin sind wir uns wahrscheinlich einig, aber auch sonst müßte ich es sagen – würde sich überhaupt nichts bewegen, vielleicht sogar gerade deshalb, weil es ein weltpolitisches Problem ist. Manche werden sagen: Es ist eins, und deswegen können manche anderen Probleme, wenn dieses Problem nicht endlich gelöst wird, auch nicht gelöst werden. Andere werden sagen: Benützen wir das als Alibi dafür, daß wir in anderen Fragen machen, was uns leichter fällt oder was wir besser können. Das hat auch hier zwei Seiten.

Ich darf auf das Problem zurückkommen. Das Problem unserer Politik ist – ich halte dafür, so zu sagen –, die demokratische Lösung der nationalen Frage unseres deutschen Volkes möglich zu machen. Und wenn gefragt worden ist, ja, wenn gesagt worden ist – sowohl gefragt als auch gesagt –, wir müßten doch unserem Volk etwas Ermutigendes sagen: Im Grunde wäre es etwas Ermutigendes, wenn unser Volk Leute am Werke sähe, die diesem Problem von allen Seiten immer wieder und unverdrossen beizukommen versuchen. Denn da kriegen wir ja auch das, was so oft von manchen – ich verstehe nicht, wieso – vermißt wird, etwas, was zu unserem Nationenbegriff auch noch den Staatsbegriff hinzufügt: die Bundesrepublik als ein Gemeinschaftswerk der Deutschen aus ganz verschiedenen Landschaften unseres gespaltenen und geteilten Deutschland, ein Gemeinschaftswerk, an dem Nord- und Süddeutsche, West-, Mittel-, Ostdeutsche, Deutsche aus Siedlungsgebieten, die außerhalb der alten Reichsgrenzen lagen, mitgewirkt haben. Die haben das zusammen gemacht, aus Trümmern und Dreck eine Stätte gemacht, in der man leben kann, in der man bauen kann, von der aus man ringen kann um die demokratische Lösung der nationalen Frage des deutschen Volkes,
(Beifall bei den Regierungsparteien)
von der man durch die Erfahrung weiß, daß sie lösbar ist. Natürlich nicht im Alleingang; das gehört zu den Erfahrungen, die jeder auf seine Weise und mit seinen eigenen Kosten in diesen Jahrzehnten hat lernen müssen ...

Quelle: 5. Deutscher Bundestag, 160. Sitzung vom 14. 3. 1968, S. 8367–8372

241   Konstruktive Ostpolitik

Der Bundesminister des Auswärtigen, Willy Brandt, zum Thema »German Policy towards the East« in der April-Ausgabe 1968 der Zeitschrift »Foreign Affairs« (Auszug)

... In einem grundlegenden Punkt hat sich die politische Zielsetzung geändert: Früher ging man in den Hauptstädten unserer Verbündeten und in Bonn davon aus, daß ein Ausgleich mit der Sowjetunion, eine Überbrückung der machtpolitischen Interessengegensätze in

Mitteleuropa nicht denkbar sei, wenn nicht das Problem der Teilung Deutschlands vorher gelöst werde. Hieraus ergab sich die Forderung, daß jeder Schritt der großen Mächte aufeinander zu, zumindest soweit er sich auf Europa bezog, zugleich ein Schritt des Abbaus der Teilung Deutschlands sein müsse. Damit sollte eine Sanktionierung dieser Teilung, ein Festschreiben des ungelösten Hauptproblems Europas, verhindert werden. Dieser Gedanke ist im Kern richtig geblieben, nicht aber in seiner Zuspitzung, für die Wiedervereinigung Deutschlands die Priorität zu verlangen.

Unsere Politik geht heute stärker aus vom Zusammenhang zwischen der europäischen Entwicklung und dem deutschen Problem. Sie konzentriert sich darauf, den gegenwärtigen Status quo des Mißtrauens, der Spannungen und der Gegensätze zum Besseren zu ändern. Wenn sie Erfolg haben soll, darf sie weder von der einen noch von der anderen Seite mit Vorbedingungen belastet werden, die eine Vorwegnahme dessen bedeuten, was erst erreicht werden soll. Hieraus ergibt sich, daß uns ein langer und mühsamer Weg bevorsteht. Er ist an vielen Stellen durch Geröll verschüttet, das mit Geduld und gutem Willen von beiden Seiten weggeräumt werden muß. Je weniger eine Seite bereit ist, der anderen auf diesem Weg entgegenzukommen, desto langwieriger wird der Prozeß der Entspannung, der wirkliche Ausgleich der Interessen und die Errichtung einer europäischen Friedensordnung.

Von zentraler Bedeutung ist unser Verhältnis zur Führungsmacht in der Gruppe der sozialistischen Staaten, zur Sowjetunion. Diese Erkenntnis ergibt sich von selbst aus der Bewertung der weltpolitischen Gegebenheiten, der Machtverhältnisse und der Interessenlage in Osteuropa. Sowenig es das Ziel oder auch nur eine Nebenabsicht unserer neuen Ostpolitik ist, Ostberlin zu isolieren, so wenig ist es unsere Absicht, Differenzen zwischen der Sowjetunion und ihren Verbündeten herbeizuführen oder auszunutzen, auch wenn das in der Propaganda des Ostens behauptet wird.

Eine der wichtigsten Realitäten der gegenwärtigen politischen Lage ist die Tatsache, daß die Sowjetunion zu einer modernen Weltmacht herangewachsen ist, also zu einer Macht, deren Interessen und Einwirkungsmöglichkeiten weltweit sind. Die Macht der Sowjetunion ist in Europa besonders spürbar. Hieran kann man nicht vorbeigehen. Wir werden uns weiterhin bemühen, die Beziehungen zur Sowjetunion, die bei weitem nicht so gut sind wie wir sie uns wünschen, zu verbessern. Wir versuchen zunächst in den Bereichen zu Gesprächen zu kommen, in denen eine Verständigung jetzt möglich sein könnte. Das würde für verschiedene Bereiche der bilateralen Beziehungen gelten. Aber es gibt auch erste Ansätze für die Erörterung schwierigerer Fragen. Eines Tages hoffen wir – in vertrauensvoller Abstimmung mit den USA und unseren europäischen Verbündeten – alle Probleme zwischen unseren Staaten offen besprechen und damit erste Schritte zu ihrer Bewältigung tun zu können. Vernunft und Sachlichkeit, so hoffen wir, werden sich hier eines Tages durchsetzen. Die erforderliche Geduld bringen wir mit.

Eine weitere Realität ist darin zu sehen, daß die Sowjetunion mit einer Reihe anderer Staaten durch vielfältige Verbindungen politischer, ideologischer und wirtschaftlicher Natur verknüpft und der andere Teil Deutschlands, die DDR, in dieses Kräftefeld eng einbezogen ist.

Wir würden diese Tatsachen nicht genügend in Rechnung stellen, wenn wir eine Entspannungspolitik um Ostberlin herum betreiben wollten. Eine solche Politik würde einen wichtigen Bereich, auf dem wir eine besondere Verantwortung haben und in dem man von uns Deutschen etwas erwartet, zum Schaden gerade des erstrebten Abbaus von Spannungen vernachlässigen. Das Ringen um einen gesicherten Frieden in Europa läßt sich nicht parzellieren, weder regional noch in der Sache. Dies sehen wir auch an den politischen und militärischen Ereignissen in anderen Erdteilen, in denen wir nicht selbst engagiert sind.

Auch der andere Teil Deutschlands ist eine Realität. Dieser innerdeutsche Bereich, wie er sich aufgrund der Spaltung darstellt, ist in besonderem Maße unserer Verantwortung und unserer Sorge im Rahmen einer weiterreichenden Entspannungspolitik zugeordnet. In ihm haben wir Deutschen Pflichten und Möglichkeiten, die uns mehr als andere Nationen betreffen. Unsere Politik bedeutet, daß wir bereit sind, das Verhältnis zu diesem Teil Deutschlands anders zu ordnen, als es bisher geschehen ist. Wir haben allerdings klargestellt, daß eine völkerrechtliche Anerkennung dieses Teiles Deutschlands, in dem ein Viertel des deutschen Volkes lebt, gerade aufgrund dieser besonderen Beziehung (special relationship) unmöglich ist. Wir würden uns damit außerdem die Entscheidung in einer Frage aufladen, deren Lösung nicht allein von uns abhängt. Wir sind davon überzeugt, daß kein anderes Volk, dem ein vergleichbares Schicksal bereitet würde, sich anders verhalten würde. Auch dieser Wille der großen Mehrheit eines ganzen Volkes ist eine politische Realität. Dies weiß man in Ostberlin genausogut. Wir hoffen, daß auch in Ostberlin das Wort von der Verantwortung für das ganze deutsche Volk, das dort unter anderen gesellschaftspolitischen Aspekten so oft zitiert wurde, einen solchen Schritt, mit dem man sich gegen die Geschichte stellen würde, nie zulassen wird. Dieser Verantwortung für ein Volk kann sich keiner entziehen. Wenn wir dafür unsere Stimme erheben, wenn wir damit – wie wir wissen – der überwältigenden Mehrheit der Deutschen im westlichen wie im östlichen Teil unseres Landes Ausdruck verleihen, so ist das durchaus kein Majorisierungsanspruch. Vielmehr geben wir damit dieser Gemeinsamkeit des Willens, wieder zueinander zu gelangen, Ausdruck.

Unsere gegenwärtige Deutschlandpolitik geht davon aus, daß die Auflösung der deutschen Teilung ein Prozeß sein wird, dessen Dauer niemand voraussagen kann. Wir müssen jetzt das tun, was jetzt möglich ist, sonst verfallen wir einem Wunschdenken oder der Resignation. Beides wäre nicht zu verantworten, allerdings auch nicht, den Weg des geringsten Widerstandes zu gehen oder dem DDR-Regime gegen unsere Überzeugung eine demokratische Legitimation zu bescheinigen.

Unsere jetzige Aufgabe ist es, uns um ein geregeltes Nebeneinander der beiden deutschen Teile zu bemühen. Wir wollen die Tragik der Teilung mindern, unter der viele Deutsche bitter leiden. Wir wollen das Gefühl, zusammenzugehören, erhalten und stärken...

Quelle der deutschen Übersetzung: Aus den Akten des Auswärtigen Amts

Note der Bundesregierung vom 9. April 1968 zum Gewaltverzicht in Beantwortung der sowjetischen Memoranden vom 12. Oktober und 21. November 1967

Die Regierung der Bundesrepublik Deutschland hat die Memoranden der Regierung der UdSSR vom 12. Oktober und 21. November 1967, die Entwürfe für Erklärungen über den gegenseitigen Gewaltverzicht vom gleichen Tage sowie die sowjetische Antwort vom 29. Januar 1968 auf das Aide-mémoire des Auswärtigen Amts vom 14. Dezember 1967 aufmerksam geprüft. Es ist ihr eine Befriedigung, feststellen zu können, daß die Regierung der UdSSR eine Verbesserung ihrer Beziehungen zur Bundesrepublik Deutschland anstrebt. Die Regierung der Bundesrepublik Deutschland läßt sich gegenüber der Sowjetunion von dem gleichen Bestreben leiten und begrüßt die Bereitschaft der Regierung der UdSSR, »im Geiste völliger Offenheit Klarheit hinsichtlich der Ziele und Absichten beider Seiten bei einem Austausch von Erklärungen über die Nichtanwendung von Gewalt in den gegenseitigen Beziehungen zu schaffen«. Die Regierung der Bundesrepublik Deutschland hält es deshalb im Sinne dieser Erklärung für nützlich und notwendig, die Grundsätze und Ziele zu erläutern, die sie veranlaßt haben, der Sowjetunion und anderen Mitgliedern des Warschauer Paktes den Austausch von Erklärungen über den Gewaltverzicht vorzuschlagen.

I.

In einer Welt, in der die Schicksale der Völker im Guten wie im Bösen so eng miteinander verknüpft sind, darf sich niemand der gemeinsamen Aufgabe entziehen, den Frieden zu bewahren und das Verständnis zwischen den Völkern zu fördern. Die Regierung der Bundesrepublik Deutschland fühlt sich dieser Aufgabe verpflichtet und sieht ihre vornehmste Aufgabe in der Erhaltung und Festigung des Friedens. Sie wünscht insbesondere dazu beizutragen, daß die Völker und Staaten Europas, die durch so viel Leid gegangen sind, sich zusammenfinden, um ihre Begabungen und Möglichkeiten dem Frieden und dem Fortschritt nutzbar zu machen. Als Voraussetzung hierfür muß die unselige Spaltung in Ost und West mit ihren Antagonismen überwunden und eine Friedensordnung geschaffen werden, die gerecht und dauerhaft ist.

Die Bundesrepublik Deutschland hat mit ihren westlichen Nachbarn endlich eine dauerhafte Aussöhnung gefunden. Sie hat den festen Willen, auch mit den osteuropäischen Ländern und der Sowjetunion zu einer Aussöhnung zu gelangen und mit ihnen in guter Nachbarschaft zu leben. Sie weiß, daß dieses Ziel nicht von einem Tag auf den anderen zu erreichen sein wird. Viele Probleme, die zwischen den Völkern und Staaten stehen, sind heute noch nicht reif für eine Lösung. Wir können aber einer Aussöhnung und den Grundlagen einer Friedensordnung näherkommen, wenn wir zielbewußt und beharrlich das jeweils Mögliche tun.

Eines ist schon heute möglich: der feierliche gegenseitige Verzicht auf Anwendung und Androhung von Gewalt bei den Bemühungen um eine gerechte Lösung der Probleme.

Die Regierung der Bundesrepublik Deutschland schlägt daher vor, bald entsprechende Abmachungen zu treffen und damit günstigere Voraussetzungen für die Regelung jener Fragen zu schaffen, die heute noch zwischen uns und unseren osteuropäischen Nachbarn stehen.

Besteht erst einmal die Gewißheit, daß Krieg und Gewalt als Mittel internationaler Auseinandersetzungen in Europa ausgeschlossen sind und daß alle Fragen ausschließlich zum Gegenstand friedlicher Verhandlung gemacht werden, dann ist Wesentliches zur Überwindung von Mißtrauen und Furcht getan.

Ein gegenseitiger Verzicht auf Anwendung und Androhung von Gewalt ist nach Ansicht der Regierung der Bundesrepublik Deutschland der geeignete Ausgangspunkt für weitere Schritte zur Festigung der Sicherheit in Europa. Sie erinnert in diesem Zusammenhang an die deutschen Vorschläge, in ganz Europa eine stufenweise Verringerung von atomaren Waffen und einen Austausch von Manöverbeobachtern zu vereinbaren. Die durch solche gemeinsamen Schritte gesteigerte Sicherheit und das wachsende gegenseitige Vertrauen könnten dann die Durchführung weiterer Maßnahmen zur Verringerung der Konfrontation sowie die Lösung anderer politischer Probleme im Interesse Europas erleichtern.

II.

Die Bundesrepublik Deutschland hat sich seit ihrer Gründung zum Prinzip des Gewaltverzichts bekannt und entsprechende Verpflichtungen in ihrer Verfassung und in internationalen Verträgen mit ihren Verbündeten übernommen. Nach Artikel 25 des Grundgesetzes für die Bundesrepublik Deutschland vom 23. Mai 1949 sind die allgemeinen Regeln des Völkerrechts Bestandteil des Bundesrechts. Da die in Artikel 2, Ziff. 3 und 4 der Charta der Vereinten Nationen niedergelegten Grundsätze über die Regelung internationaler Streitfälle und über den Verzicht auf Drohung mit Gewalt oder die Gewaltanwendung zu den allgemeinen Regeln des Völkerrechts gehören, ist die Bundesregierung verfassungsmäßig zur Beachtung dieser Grundsätze verpflichtet.

Die Bundesrepublik Deutschland hat in dem Vertrag mit den Vereinigten Staaten von Amerika, dem Vereinigten Königreich von Großbritannien und Nordirland und der Französischen Republik vom 26. 5. 1952/23. 10. 1954 über die Beziehungen zwischen der Bundesrepublik Deutschland und den drei Mächten förmlich bestätigt, daß sie ihre Politik in Einklang mit den Prinzipien der Satzung der Vereinten Nationen halten wird.

Die Bundesrepublik Deutschland hat mit ihrem Beitritt zum Nordatlantikvertrag auch die Verpflichtung des Artikels I dieses Vertrages vom 4. 4. 1949 übernommen,

»in Übereinstimmung mit der Satzung der Vereinten Nationen jeden internationalen Streitfall, an dem sie beteiligt sind, auf friedlichem Wege so zu regeln, daß der internationale Friede, die Sicherheit und die Gerechtigkeit nicht gefährdet werden, und sich in ihren internationalen Beziehungen jeder Gewaltandrohung oder Gewaltanwendung zu enthalten, die mit den Zielen der Vereinten Nationen nicht vereinbar ist«.

Darüber hinaus hat die Regierung der Bundesrepublik Deutschland am 3. Oktober 1954 in völkerrechtlich verbindlicher Form folgende Erklärung abgegeben:

»Die Bundesrepublik Deutschland hat sich bereit erklärt, ihre Politik gemäß den Grundsätzen der Satzung der Vereinten Nationen zu gestalten, und nimmt die in Art. 2 dieser Satzung enthaltenen Verpflichtungen an. Nach ihrem Beitritt zum Nordatlantikpakt und zum Brüsseler Vertrag erklärt die Bundesrepublik Deutschland, daß sie sich aller Maßnahmen enthalten wird, die mit dem streng defensiven Charakter dieser beiden Verträge unvereinbar sind. Insbesondere verpflichtet sich die Bundesrepublik Deutschland, die Wiedervereinigung Deutschlands oder die Änderung der gegenwärtigen Grenzen der Bundesrepublik Deutschland niemals mit gewaltsamen Mitteln herbeizuführen und alle zwischen der Bundesrepublik Deutschland und anderen Staaten gegebenenfalls entstehenden Streitfragen mit friedlichen Mitteln zu lösen.«

Die Regierung der Bundesrepublik Deutschland ist bereit, auch mit der Regierung der UdSSR Verhandlungen über die Formulierungen von gegenseitigen Erklärungen über den Gewaltverzicht aufzunehmen.

Der Gewaltverzicht würde auf diese Weise auch im direkten Verhältnis der beiden Regierungen und Völker bestätigt und spezifisch auf die Probleme dieses Verhältnisses bezogen werden.

Die Regierung der Bundesrepublik Deutschland ist weiterhin bereit, mit jedem Mitgliedstaat des Warschauer Paktes in Verhandlungen über den Verzicht auf die Anwendung und Androhung von Gewalt einzutreten. Die Bundesregierung geht davon aus, daß die beteiligten Regierungen bei solchen Verhandlungen über den Inhalt etwaiger Vereinbarungen und über diejenigen sonstigen Fragen entscheiden werden, über die sie im Zusammenhang mit einem Gewaltverzicht Einvernehmen erzielen wollen.

Die Regierung der Bundesrepublik Deutschland ist bereit, als einen Schritt im Prozeß der Entspannung und der Annäherung beider Teile Deutschlands, die sich gegenseitig nicht als Ausland ansehen, auch mit dem anderen Teil Deutschlands über einen verbindlichen Gewaltverzicht zu sprechen. Sie hat diese Bereitschaft in dem Bericht des Bundeskanzlers vom 11. März 1968 über die Lage der Nation im geteilten Deutschland ausdrücklich bekräftigt.

Die Regierung der Bundesrepublik Deutschland ist der Ansicht, daß zunächst Klarheit über Form und Inhalt der deutschen und der sowjetischen Gewaltverzichtserklärung geschaffen werden sollte. Dies sollte in den von der Bundesregierung angestrebten Verhandlungen mit der sowjetischen Regierung geschehen. Der Zeitpunkt für die bilateralen direkten Gespräche mit den übrigen Mitgliedern des Warschauer Paktes sollte im gegenseitigen Einvernehmen bestimmt werden.

III.

Die Regierung der UdSSR hat vorgeschlagen, im Zusammenhang mit den Überlegungen über den Austausch von Gewaltverzichtserklärungen auch andere Fragen zu behandeln. Da viele dieser Fragen sehr komplizierte Probleme aufwerfen und zum Teil auch die Rechte und Interessen dritter Staaten berühren, ist die Regierung der Bundesrepublik Deutschland der Auffassung, daß schrittweise vorgegangen werden sollte. Sie hält zunächst eine Vereinbarung über den Verzicht der Anwendung oder Androhung von Gewalt für wünschenswert.

Zu den von der sowjetischen Regierung aufgeworfenen Fragen legt die Regierung der Bundesrepublik Deutschland ihre Auffassung im folgenden noch einmal dar:

1. Die Regierung der Bundesrepublik Deutschland sieht wie die Regierung der UdSSR in einem weltweit annehmbaren Vertrag über die Nichtverbreitung von Kernwaffen auch ein Mittel, in Europa den Frieden zu festigen und weitere Schritte der Entspannung zu erleichtern, insbesondere wenn damit ein Ausschluß von Druck, Drohung und Erpressung verbunden wäre. Die Regierung der Bundesrepublik Deutschland hofft, daß ein solcher Vertrag zustande kommen wird und alle Partner an dem zur Diskussion stehenden Austausch von Gewaltverzichtserklärungen ihm beitreten werden. Dann müßte dieser Schritt nach ihrer Vorstellung eine grundlegende Verbesserung der Beziehungen zwischen der Bundesrepublik Deutschland und der Sowjetunion und den anderen osteuropäischen Ländern zur Folge haben. In diesem Sinne hatte die Regierung der Bundesrepublik Deutschland bereits in ihrer Denkschrift vom 7. April 1967 zu den Abrüstungsverhandlungen folgendes ausgeführt:

»Die Regelung der Nichtverbreitung von Kernwaffen sollte die bestehenden internationalen Spannungen vermindern und eine der Voraussetzungen zur Verbesserung der Beziehungen zwischen allen Vertragsstaaten schaffen. Im Anwendungsbereich des Vertrages sollten die beteiligten Staaten ihr Verhältnis zueinander als entlastet ansehen, in diesem Bereich auf gegenseitige Beschuldigungen verzichten und sich dem gemeinsamen Ziel der umfassenden allgemeinen und kontrollierten Abrüstung zuwenden.«

2. Die Bundesrepublik Deutschland erhebt keine »Gebietsansprüche« gegen irgend jemand.

Die Regierung der Bundesrepublik Deutschland bedauert, daß ihre Politik, die auf der Gewährung des allen Völkern zustehenden Selbstbestimmungsrechts an das deutsche Volk und auf eine friedliche Überwindung der unseligen Teilung der deutschen Nation gerichtet ist, als »Territorialansprüche« oder als »Revanchismus« mißdeutet wird.

3. In der Regierungserklärung vom 13. Dezember 1966 hat die Bundesregierung ihre Haltung in der Grenzfrage, an Polen gewandt, wie folgt präzisiert:

»In weiten Schichten des deutschen Volkes besteht der lebhafte Wunsch nach einer Aussöhnung mit Polen, dessen leidvolle Geschichte wir nicht vergessen haben und dessen Verlangen, endlich in einem Staatsgebiet mit gesicherten Grenzen zu leben, wir im Blick auf das gegenwärtige Schicksal unseres eigenen geteilten Volkes besser als in früheren Zeiten begreifen. Aber die Grenzen eines wiedervereinigten Deutschlands können nur in einer frei vereinbarten Regelung mit einer gesamtdeutschen Regierung festgelegt werden, einer Regelung, die die Voraussetzungen für ein von beiden Völkern gebilligtes, dauerhaftes und friedliches Verhältnis guter Nachbarschaft schaffen soll.«

4. In der gleichen Regierungserklärung vom 13. Dezember 1966 hat die Regierung der Bundesrepublik Deutschland erklärt:

»Auch mit der Tschechoslowakei möchte sich das deutsche Volks verständigen. Die Bundesregierung verurteilt die Politik Hitlers, die auf die Zerstörung des tschechoslowakischen Staatsverbandes gerichtet war. Sie stimmt der Auffassung zu, daß das unter Androhung von Gewalt zustande gekommene Münchener Abkommen nicht mehr gültig ist.«

5. Die Bundesrepublik Deutschland respektiert den gegenwärtigen Status von Berlin, die Rechte und Pflichten der Vier Mächte. Der Bundeskanzler hat in seiner am 1. März 1968 dem sowjetischen Botschafter in Bonn überreichten Antwort auf die Mitteilung der Regierung der UdSSR vom 6. Januar 1968 nach ausführlicher Darlegung der rechtlichen Grundlagen des Verhältnisses zwischen Bund und Berlin zum Ausdruck gebracht, daß es nicht die Absicht der Regierung der Bundesrepublik Deutschland sei, diesen Zustand »unter Umgehung alliierter Beschlüsse« zu verändern.

6. Die Regierung der Bundesrepublik Deutschland hat am 22. Dezember 1967 zu der Erklärung der Regierung der UdSSR vom 8. Dezember 1967 Stellung genommen, in der die sowjetische Regierung – wie schon früher – auf die angebliche Aktivierung der militaristischen und neonazistischen Kräfte in der Bundesrepublik Deutschland hinwies.

Die Regierung der Bundesrepublik Deutschland wird die freiheitlich-demokratische Grundordnung in der Bundesrepublik Deutschland zu schätzen wissen. Ihre Politik ist, wie die sowjetische Regierung weiß, ganz auf die Wahrung und Festigung des Friedens gerichtet.

7. Was die wiederholt geäußerten Auffassungen der sowjetischen Regierung über die Bedeutung der Potsdamer Abmachungen von 1945 betrifft, ist es nach Ansicht der Regierung der Bundesrepublik Deutschland nicht ihre Sache, sich über Gültigkeit, Auslegung und Geltungsbereich von Vereinbarungen zu äußern, an denen sie nicht beteiligt ist.

8. Die Regierung der Bundesrepublik Deutschland fragt sich, was die sowjetische Seite mit dem Hinweis bezweckt, daß nach sowjetischer Auffassung die Art. 53, Ziff. 1 und 107 der Charta der Vereinten Nationen noch heute Zwangsmaßnahmen gegen einen ehemaligen Feindstaat zur Durchsetzung der gemeinsamen Kriegsziele sanktionieren. Die genannten Bestimmungen der Satzung der Vereinten Nationen sind als unmittelbare Folge des Krieges für die damaligen Gegner der Siegermächte für angebracht gehalten worden. Wenn die Regierung der UdSSR mit der Bundesregierung in dem Wunsche übereinstimmt, die Anwendung von Gewalt oder die Drohung mit Gewalt aus den gegenseitigen Beziehungen auszuschließen, dann würde es dem Sinn und Zweck einer solchen Vereinbarung widersprechen, wenn sich die sowjetische Regierung durch Hinweis auf Bestimmungen der Satzung der Vereinten Nationen die Anwendung von Gewalt gegenüber zahlreichen friedlichen europäischen Staaten, einschließlich der Bundesrepublik Deutschland dennoch ausdrücklich vorbehält. Ein solcher Vorbehalt würde den Gewaltverzicht einseitig jeder praktischen Bedeutung entkleiden.

Es ist aber, wie es in der Erklärung der Karlsbader Konferenz vom 26. 4. 1967 richtig heißt, »höchste Zeit, in Europa neue, auf wahrhafte Entspannung und gegenseitiges Vertrauen gestützte Beziehungen herbeizuführen«.

IV.
Die Regierung der Bundesrepublik Deutschland stellt zusammenfassend folgendes fest:
1. Da es im gemeinsamen Interesse der Sowjetunion und der Bundesrepublik Deutschland liegt, den Gewaltverzicht als einen ersten, wesentlichen Schritt zur Entspannung und Sicherheit in Europa anzusehen, sollte er nicht mit erschwerenden Voraussetzungen belastet werden.

2. Die Bundesregierung ist bereit, mit jedem Mitgliedstaat des Warschauer Paktes Verhandlungen über den Austausch von Erklärungen über den Gewaltverzicht in verbindlicher Form aufzunehmen. Sie ist auch bereit, mit dem anderen Teil Deutschlands über einen verbindlichen Gewaltverzicht zu sprechen.

3. Sie geht davon aus, daß der deutsch-sowjetische Meinungsaustausch zwischen gleichberechtigten Partnern auf der Grundlage der Achtung der Souveränität und der Nichteinmischung in die inneren Verhältnisse geführt wird und daß beide Seiten bestrebt sind, diese

Grundsätze und den Gedanken gleicher Bedingungen auch für die Ausarbeitung etwaiger Vereinbarungen oder Erklärungen anzuwenden.

Die Regierung der Bundesrepublik Deutschland ist daher bereit, unverzüglich in Verhandlungen mit der sowjetischen Regierung über die Formulierung von gegenseitigen Erklärungen über den Gewaltverzicht einzutreten, wobei sie ihren Entwurf vom 7. Februar 1967, der in dem sowjetischen Memorandum vom 21. 11. 1967 auch erwähnt ist, als einen geeigneten Ausgangspunkt ansieht.

Quelle: Die Politik des Gewaltverzichts. Eine Dokumentation der deutschen und sowjetischen Erklärungen zum Gewaltverzicht 1949 bis Juli 1968, hrsg. vom Presse- und Informationsamt der Bundesregierung, Bonn 1968, S. 28—33

243 Schutz und Sicherung der Menschenrechte

Ansprache des Bundesministers der Justiz, Dr. Gustav W. Heinemann, auf der VN-Konferenz in Teheran aus Anlaß des »Jahres der Menschenrechte 1968«, 24. April 1968

Frau Präsidentin, Exzellenzen, meine Damen und Herren!

Es ist mir eine Ehre, als Vertreter der Bundesrepublik Deutschland zu Ihnen sprechen zu dürfen.

Erst zwei Dezennien sind vergangen, seitdem in Paris die Allgemeine Erklärung der Menschenrechte von der Vollversammlung angenommen und damit dieses großartige Dokument des Freiheitsstrebens der Menschheit geschaffen wurde. Ihre Schöpfer verliehen den dort aufgestellten Postulaten eine bedeutende moralische Autorität. In zahlreichen internationalen Vereinbarungen wurden seitdem diese Rechte und Freiheiten bestätigt; sie haben darüber hinaus bei den Formulierungen der Rechte des Menschen in zahlreichen Verfassungen vor allem der neuen Staaten als Richtlinie gedient. Mit Fug und Recht ist gesagt worden, die Erklärung von 1948 sei heute schon Gemeingut der Menschheit.

Auch in meinem Land, der Bundesrepublik Deutschland, wird die weltweite Bedeutung des Jahres der Menschenrechte gewürdigt und anerkannt. Bei unserer Mitarbeit in den Sonderorganisationen der Vereinten Nationen haben wir erfahren, wie gerade die Einzelarbeit dieser Organisationen wesentlich ist, um das Gebäude des Schutzes der Menschenrechte durch praktische Maßnahmen auszufüllen und zu sichern. Es soll dem letzten Ziel der Vereinten Nationen, nämlich der Herstellung und Sicherung einer universellen Friedensordnung, dienen.

Aber nur wenn der einzelne Mensch innerhalb seines Landes den Schutz seiner Menschenrechte genießt, können auch im internationalen Bereich ihre Verwirklichung gelingen und das im Verhältnis der Staaten und Völker gegenseitige Vertrauen sich festigen.

Bis zur Gründung der Vereinten Nationen war diese Aufgabe den Einzelstaaten aufgegeben, da sich das Völkerrecht nur mit dem Verhältnis der einzelnen Staaten zueinander befaßt und noch nicht dazu vorgedrungen war, auch den einzelnen Menschen zum Träger von völkerrechtlich gesicherten Rechten zu machen. Der Übergang von der Epoche des internationalen Rechtes als des Rechtes zwischen Staaten zu der neuen Epoche, in der der Mensch in das Blickfeld des Völkerrechts tritt, ist eine höchst bedeutsame Stufe der Entwicklung.

Eine ähnliche Entwicklung, wie wir sie auf dem Gebiete des Völkerrechts feststellen können, läßt sich auch innerhalb der Staaten beobachten. Unter dem Eindruck der Entwicklung der internationalen Menschenrechte tritt der Einzelmensch auch im Verfassungsrecht auf. Es dürfte durchaus symbolische Bedeutung haben, daß heute in stärkerem Maße als früher viele Verfassungen mit den Rechten des Menschen beginnen, ehe sie sich der Staatsordnung zuwenden, und damit zum Ausdruck bringen, daß das Ziel jeder Staatstätigkeit die Sorge für den Menschen ist.

Dieser Gedanke ist gerade in meinem Lande in Erinnerung an einen dunklen Zeitabschnitt unserer eigenen Geschichte mit besonderem Nachdruck aufgegriffen worden. Um die Trennung von diesen Jahren eindeutig zu unterstreichen, beginnt unser 1949 beschlossenes Grundgesetz mit den Worten:

»Die Würde des Menschen ist unantastbar. Sie zu achten und zu schützen ist Verpflichtung aller staatlichen Gewalt. Das deutsche Volk bekennt sich darum zu unverletzlichen und unveräußerlichen Menschenrechten als Grundlage jeder menschlichen Gemeinschaft, des Friedens und der Gerechtigkeit in der Welt.«

Die Verwandtschaft der in diesem und anderen Artikeln des Grundgesetzes gewährleisteten Grundrechte mit den entsprechenden Grundsätzen in der Allgemeinen Erklärung der Menschenrechte vom 10. Dezember 1948 ist offenkundig. Sie beweist ein hohes Ausmaß innerstaatlicher Verwirklichung der Allgemeinen Erklärung in unserem Lande. Die Konsequenz, mit der dies geschehen ist, wird aus der Bestimmung des Grundgesetzes erkennbar, derzufolge die Grundrechte für alle Organe der Staatsgewalt als unmittelbar geltendes Recht verbindlich sind. Da aber bekanntlich Rechte und Rechtsbehelfe von geringem Wert sind, ist darüber hinaus bestimmt, daß für jedermann, der durch die öffentliche Gewalt in seinen Rechten verletzt wird, der Weg zu einem Gericht offensteht.

Diese Verwirklichung der in Art. 8 der Allgemeinen Erklärung enthaltenen Gedanken hat in geradezu revolutionärer Weiterentwicklung der Sicherung der Menschenrechte dazu geführt, daß sich in Deutschland jedermann mit der Behauptung, er sei in seinen Grundrechten verletzt worden, an unabhängige Gerichte wenden kann. Vor diesen müssen sich auch alle öffentlichen Behörden wie einfache Staatsbürger verantworten.

Im Zuge dieser Entwicklung ist meinem Land seit 1945 die Gerichtsorganisation erheblich ausgebaut worden, um das in einem demokratischen Rechtsstaat notwendige Gleichgewicht der sogenannten Dritten Gewalt gegenüber der Legislative und Exekutive zu stärken. Nach Erschöpfung aller Rechtsmittel zu den ordentlichen Gerichten für Zivil- und Strafsachen, den Verwaltungs-, Arbeits-, Sozial- und Finanzgerichten steht schließlich jedermann die Möglichkeit offen, die Wahrung seiner Grundrechte durch Verfassungsbeschwerde beim Bundesverfassungsgericht nachprüfen zu lassen.

Der so breite Freiheitsbereich, den die Gesetze und die Verfassung der Bundesrepublik Deutschland unseren Bürgern sichert, hat zur Folge, daß extremistische Gruppen von rechts und links die Möglichkeit haben, lautstark Ansichten zum Ausdruck zu bringen, die in keiner Weise von meiner Regierung geschätzt werden. Wie jeder, der in einer wirklich freien und demokratischen Gesellschaft lebt, versteht, ist dies ein Teil des Preises, den wir für unsere Freiheit bezahlen. Das bedeutet aber nicht, daß diese extremistischen Gruppen in irgendeiner Weise die große Masse der deutschen Bürger vertreten, von denen mehr als 90 Prozent regelmäßig für demokratische Parteien gestimmt haben.

Ich stimme der Verurteilung des Nazismus durch den verehrten Delegierten der Ukraine zu, aber seine Ansichten über die Bedeutung des Neo-Nazismus in Deutschland teile ich nicht. Die Regierung, der ich angehöre, beobachtet die NPD sorgfältig und wird nicht zulassen, daß sie eine Gefahr für uns selbst und für andere Nationen wird.

In diesem Zusammenhang ist darauf hinzuweisen, daß in meinem Lande die Sicherung der in der Allgemeinen Erklärung der Menschenrechte aufgeführten Grundrechte in zwei Systemen erfolgt. Über die judizielle Sicherung der klassischen Freiheitsrechte habe ich schon gesprochen. Die Sicherung der nicht minder wichtigen sozialen Grundrechte hat der Verfassunggeber dem einfachen Gesetzgeber übertragen, der auf diesem Gebiet in vielfacher Weise tätig geworden ist, um den verfassungsrechtlich festgelegten Grundsatz zu verwirklichen, daß die Bundesrepublik Deutschland nicht nur ein Rechtsstaat, sondern auch ein Sozialstaat ist. Als Beispiel erwähne ich, daß der Hilfsbedürftige nach der neuen Gesetzgebung einen einklagbaren Anspruch auf Sozialhilfe besitzt. Diese intensive Gesetzgebungstätigkeit auf dem Gebiete der sozialen Grundrechte hat es möglich gemacht, daß die Bundesrepublik Deutschland in der Lage war, die Europäische Sozialcharta mit nur geringem Vorbehalt anzunehmen.

Auch im übrigen hat sich mein Land um eine internationale Kontrolle innerstaatlicher Grundrechte in weitgehendem Maße bemüht. Die Bundesrepublik gehört zu den ersten zehn Staaten, die durch ihre Ratifikation die Europäische Menschenrechtskonvention völkerrechtlich in Kraft gesetzt haben. Sie hat auch das Zusatzprotokoll zu der Konvention über Garantie des Eigentums, des Elternrechts und der freien Wahlen ratifiziert. Noch in diesem Jahr wird sie dasjenige Zusatzprotokoll, welches insbesondere den Schutz vor Vertreibung enthält, ratifizieren.

Die in dem Europäischen Konventionswerk gewährleisteten Rechte und Freiheiten geben bei uns jedem einzelnen, sei er Inländer oder Ausländer, das Recht, seine Ansprüche unmittelbar vor den – nationalen – Gerichten einzuklagen.

Darüber hinaus hat meine Regierung auch durch besondere Erklärungen die Zuständigkeit der Europäischen Menschenrechtskommission für Individualbeschwerden anerkannt und sich der Gerichtsbarkeit des Europäischen Gerichtshofes für Menschenrechte unterworfen. Damit hat sich die Bundesrepublik Deutschland hinsichtlich der Menschenrechte einer weitreichenden internationalen Kontrolle unterstellt.

Die bereits dargelegte enge Verbindung zwischen der Europäischen Menschenrechtskonvention sowie der Europäischen Sozialcharta einerseits und den Pakten der Vereinten Nationen über bürgerliche und politische Rechte sowie über wirtschaftliche, soziale und kulturelle Rechte andererseits wird es der Bundesrepublik Deutschland erheblich erleichtern, sich auch diesen Pakten anzuschließen. Das gleiche galt für das bereits im vorigen Jahr unterzeichnete Übereinkommen der Vereinten Nationen zur Beseitigung jeder Form von Rassendiskriminierung, das mein Land bald zu ratifizieren gedenkt.

Die Bundesrepublik Deutschland begrüßt es besonders, daß in Artikel I der beiden Menschenrechtskonventionen von 1966 der Grundsatz der Selbstbestimmungsrechte der Völker in so deutlicher Weise betont wird. Es ist dasjenige Recht, das für viele Staaten der heutigen Welt den Weg zur Unabhängigkeit eröffnet und beachtliche Fortschritte für sie ermöglicht hat. Als gleichberechtigte Mitglieder der Völkerfamilie nehmen sie hierbei den ihnen zustehenden Platz in der Welt ein.

Durch den Grundsatz des Selbstbestimmungsrechts wird aber auch den Völkern, deren nationale Gemeinschaft durch außenpolitische Ereignisse zerrissen wurde, erneut das Recht bestätigt, über ihren politischen Status und damit über ihre staatliche Einheit entscheiden zu können. Die Freiheit, als Nation ihre wirtschaftliche, soziale und kulturelle Entwicklung bestimmen und verfolgen zu können, ist ein unschätzbarer Wert, bedeutet sie doch auch das Recht, zwischen verschiedenen gesellschaftlichen Systemen eine freie Wahl treffen zu können.

Ich darf hier den Präsidenten der Vollversammlung der Vereinten Nationen, Herrn Manescu, zitieren, der in seiner Grußbotschaft zum Tag und Jahr der Menschenrechte an die Aufgabe der Vereinten Nationen erinnert, sich vor allem darum zu bemühen, »die Achtung vor der Persönlichkeit aller Völker zu gewährleisten, wie für ihr Recht, ihr eigenes soziales System ohne fremde Einmischung zu wählen«.

Bei aller Befriedigung über die erzielten Fortschritte müssen wir uns doch bewußt bleiben, daß nur eine ständige Verbesserung der Sicherung der Menschenrechte die Grundlage des friedlichen Zusammenlebens der Völker wirklich dauerhaft machen kann. Ebenso ist aber auch nicht zu verkennen, daß die Wahrung des Friedens in der Welt die unerläßliche

Grundbedingung für die fortschreitende Verwirklichung des Menschenrechtsschutzes ist. Wir alle wissen, daß auch heute, 20 Jahre nach der Verkündung der Erklärung der Menschenrechte, ständig und an vielen Orten Handlungen begangen werden, bei denen die Weltöffentlichkeit sich schmerzlich und voll Schrecken der mangelnden Wirksamkeit der menschenrechtlichen Normen bewußt wird. Wäre nicht das Weltjahr der Menschenrechte und insbesondere dieser Kongreß ein guter Anlaß, einen Appell an die Weltöffentlichkeit zu richten gegen jegliche Form der Gewalt und Grausamkeit?

Meine Regierung hat es bedauert, daß der Gedanke eines Hochkommissars für die Menschenrechte noch nicht verwirklicht werden konnte. Wir sind überzeugt, daß eine solche zentrale Stelle, die alle Entwicklungen auf menschenrechtlichem Gebiet verfolgt und in eindrucksvollen Berichten der Weltöffentlichkeit darlegt, von unschätzbarem Wert wäre.

Ich möchte noch zu einem weiteren Punkt, der in den Verhandlungen dieses Kongresses eine große Bedeutung haben wird und an dem meine Regierung ein besonderes Interesse nimmt, einige Worte sagen. Ich meine die Frage der Beseitigung der Rassendiskriminierung, zum Beispiel die Apartheidspolitik, die als Punkt 1 auf der Tagesordnung steht.

Bei der Unterzeichnung der Konvention der Vereinten Nationen über die Beseitigung jeglicher Form von Rassendiskriminierung hat der Bundesminister des Auswärtigen, Willy Brandt, die Auffassung meiner Regierung in folgende Erklärung zusammengefaßt:

»Die deutsche Regierung stimmt den Zielen dieses Abkommens vollauf zu. Sie ist überzeugt, daß jede Doktrin rassischer Überlegenheit moralisch falsch, ungerecht und gefährlich ist. Darüber hinaus verhindert jede Diskriminierung zwischen Menschen aus Gründen der Rasse, Farbe oder Volkszugehörigkeit freundschaftliche Beziehungen unter den Völkern. Für rassische Diskriminierung gibt es keine Rechtfertigung, wo immer sie stattfindet.«

Ich benutze die Gelegenheit, diese Erklärung hier zu wiederholen und damit dieser Konferenz den Willen meiner Regierung zu verdeutlichen, sich jeder Rassendiskriminierung mit allen Kräften entgegenzustellen.

Neben der Konvention über die Beseitigung der Rassendiskriminierung sollen den von ihr verfolgten Zielen vor allem die Pakte von 1966 über wirtschaftliche, soziale und kulturelle Rechte sowie über staatsbürgerliche und politische Rechte dienen. Die Vollversammlung der Vereinten Nationen hat alle Staaten aufgefordert, diese Pakte zu unterzeichnen und zu ratifizieren. Ich freue mich, im Namen meiner Regierung mitteilen zu können, daß die Bundesrepublik Deutschland diese Pakte unterzeichnen wird. Hierin sehen wir einen konkreten Beitrag zum Internationalen Jahr der Menschenrechte.

Lassen Sie mich schließen mit einem Wort des Dankes an die Iranische Regierung, die mit der freundlichen Aufnahme dieses Kongresses in vollendeter Weise die großzügige iranische Gastfreundschaft bewiesen hat.

Vor 2500 Jahren, als sich die Völkergemeinschaft des persischen Weltreiches bildete, erließ Cyrus der Große die erste Proklamation über die Rechte der Menschen. Ich möchte es daher als gute Vorbedeutung für das Gelingen des Werkes dieses Kongresses bezeichnen, daß er hier im Iran stattfindet, und hoffe, daß von ihm neue Impulse ausgehen für die Menschenrechte, für das Streben der Menschheit nach Selbstachtung und Würde.

Quelle: Sonderdruck aus der Zeitschrift »Vereinte Nationen«, April 1968

Der Bundesminister des Auswärtigen, Willy Brandt, bei der offiziellen Trauerfeier für Lega-
tionsrat Hasso Freiherr Rüdt von Collenberg am 15. Mai 1968 in Bödingheim (Auszug)

Täglich kommt sie zu uns, die Nachricht vom tausendfachen Tod in Vietnam. Aber eine
dumpfe Gewohnheit hat viele von uns stumpf gemacht gegenüber der blinden Gewalt.

Diesmal ist es einer aus unserer Mitte, der in den Kriegswirren sein Leben verlor. Und in
der Nähe dieses Todes empfinden wir – unmittelbarer, greifbarer – die Sinnwidrigkeit von
Krieg und Morden.

Was uns so unbegreiflich erscheint, ist die Tatsache, daß hier ein Mann der blinden Gewalt zum Opfer fiel, zu dessen ganz eigenen, konkreten Aufgaben menschliche Hilfe
gehörte.

Dieser Tod ist mehr als ein privater Schicksalsschlag. Er geht uns alle an, und damit meine
ich nicht nur uns im Auswärtigen Dienst, sondern alle in unserem Volk. In dieser Stunde
sitzen sich in Paris die Vertreter zweier Regierungen gegenüber in dem Versuch, einen
Ansatz dafür zu finden, wie einem dunklen Kapitel der Zeitgeschichte ein Ende zu setzen
sei. Das blutige Geschehen in Südostasien hat weit über die Grenzen eines hartgeprüften
Landes hinaus gewirkt. Es hat Bewegung, Unfrieden, Zwietracht getragen auch in unsere
Gesellschaft, in unseren Staat. Manches Mal drohte das Streiten um Recht und Unrecht dieses Krieges auszuarten in allzu einseitiges Werten.

Die Morde an den deutschen Ärzten in Hué und dieser Tod in Saigon werden manche
zum Überdenken und zur Einsicht geführt haben, daß es mit den allzu einfachen Antworten wahrlich nicht getan ist.

Die Eltern und Angehörigen beklagen den ihnen sinnlos erscheinenden schweren Verlust. Freunde, Kollegen und Vorgesetzte trauern um einen jungen Menschen, dessen weitgespannte Anlagen und Fähigkeiten und dessen charakterliche Eigenschaften nun keine
Erfüllung mehr finden können.

Uns ist noch in frischer Erinnerung, wie Hasso Freiherr Rüdt von Collenberg sehr wach
die Ereignisse in Vietnam beobachtete, wie er sie abgewogen und mit gutem Augenmaß
wertete, wie er in Monaten wachsender Schrecken als Geschäftsträger die Botschaft besonnen
lenkte, wie er in schwerer Krise den Landsleuten in gelassener Ruhe zur Seite stand.

Von Natur aus zurückhaltend, bei aller Lebensfreude und Fähigkeit zum Humor eher in
sich gekehrt – so habe ich mir sagen lassen –, trat das bestimmende Merkmal seines Wesens
besonders stark hervor in der Situation, vor der er sich fand: Ich meine damit das Verant-
wortungsgefühl.

Die Zeugnisse, die uns in diesen Tagen von Freunden, Korrespondenten, ausländischen
Diplomaten und Regierungen erreichten, beweisen, daß Legationsrat von Rüdt die ihm
gestellte Aufgabe mit seiner ganzen Kraft zu erfüllen suchte. Er hat den von ihm erwählten
Beruf mit Hingabe ausgeübt; er hat ihn ausgefüllt...

Quelle: Bulletin vom 16. 5. 1968, Nr. 62, S. 523

Ansprache des Bundesministers des Auswärtigen, Willy Brandt, vor den Missionschefs afrikanischer Länder südlich der Sahara am 16. Mai 1968 in Bonn (Auszüge)

Afrika hat in den vergangenen Jahren eine immer größere Bedeutung erlangt. Die Bundesrepublik Deutschland ist sich dieser Bedeutung bewußt. Die Bundesregierung ist darum bemüht, ihre Zusammenarbeit mit den afrikanischen Staaten im Interesse beider Seiten kontinuierlich weiterzuentwickeln und womöglich zu verstärken.

Durch seine heute 40 souveränen Staaten hat Afrika heute fast ein Drittel aller Stimmen in den Vereinten Nationen und allen weltweiten Organisationen. Damit hat es einen wesentlichen Anteil an der Verantwortung für den Frieden und an der Gestaltung der internationalen Beziehungen übernommen. Bonn ist nach Washington der Regierungssitz, an dem die größte Anzahl von afrikanischen Staaten durch residierende Botschaften vertreten ist. Darüber freuen wir uns. Wir sind ja selbst auch fast ohne Ausnahme durch residierende Botschafter in den afrikanischen Hauptstädten vertreten.

Als zweitgrößte Handelsnation der Welt und viertwichtigstes Geberland für Entwicklungshilfe stehen wir in einem engen Wirtschaftsaustausch mit Afrika. Hinzu kommen die zahlreichen kulturellen und geistigen Kontakte. Die Vielfalt dieser Beziehungen zeigt unser starkes Interesse an Afrika, an einer guten Zukunft dieses großen Kontinents.

Bekanntlich haben wir vom 28. März bis 2. April in Abidjan die dritte Konferenz unserer in Afrika südlich der Sahara akkreditierten Botschafter durchgeführt. Nach dem Besuch, den ich Ende 1963 als Berliner Bürgermeister in mehreren afrikanischen Staaten gemacht hatte, vermittelte mir diese Konferenz neue wertvolle Erkenntnisse. Wir hatten in Abidjan mit unseren Missionschefs einen Meinungsaustausch über Grundfragen unserer Außenpolitik, und natürlicherweise standen im Mittelpunkt unserer Erörterungen die Beziehungen der Bundesrepublik zu den Staaten Afrikas. Hierbei hat die wirtschaftliche Zusammenarbeit einen zentralen Platz eingenommen. Die Leitlinien unserer Afrikapolitik wurden neu durchdacht. Darüber möchte ich heute einiges sagen . . .

Die Aufnahme Großbritanniens in die EWG – für die wir sind und die auch kommen wird – könnte eine Ausdehnung der Zusammenarbeit auf die dem Commonwealth angehörenden 12 afrikanischen Staaten erleichtern und das Freundschaftsverhältnis zwischen Europa und Afrika verstärken. Sie würde darüber hinaus die politische und wirtschaftliche Annäherung der anglophonen und frankophonen Staaten Afrikas fördern können . . .

Dieses Ziel der europäischen Einigung liegt – dies möchte ich nachdrücklich unterstreichen – auch im Interesse der Völker Afrikas. Ein in Frieden und Sicherheit geordnetes Europa wird ein kraftvolles Element der Stabilität sein. Und Stabilität mit Fortschritt ist es, was die jungen Nationen brauchen, was die Welt braucht, damit die Menschheit menschenwürdig existieren kann.

Die traditionellen Handelsströme werden durch den wirtschaftlichen Zusammenschluß in Europa auf lange Sicht nicht beeinträchtigt. Ich sage das im Hinblick auf verständliche Befürchtungen, die von den Ländern geäußert werden, die vorwiegend auf Rohstoff-Lieferungen angewiesen sind. Der große Binnenmarkt der EWG ist bei stetig steigender Wirtschaftskraft immer aufnahmefähiger geworden. Seine Erweiterung wird ihn noch aufnahmefähiger machen. Und nicht zuletzt ist die Bundesregierung immer darauf bedacht, daß ihre traditionellen Handelsbeziehungen durch europäische Entwicklungen nicht Schaden leiden.

Unsere Beziehungen zu den Ländern der Dritten Welt, über Afrika hinaus, sind also eng verflochten mit der Politik der europäischen Einigung. Trotzdem hat die Bundesrepublik Deutschland natürlich auch ihre eigene weltpolitische Qualität und ihren eigenen weltpolitischen Standort. Er läßt sich wie folgt bestimmen:

Wir verfolgen in keinem Kontinent, also auch nicht in Afrika, eigene machtpolitische Ziele. Wir sind daran interessiert, daß bestehende Konflikte beendet werden und neue Konflikte möglichst nicht entstehen. Wo wir an der Beilegung von Konflikten mitwirken können, werden wir es tun.

Zu einer wichtigen Einzelfrage: Wir liefern keine Waffen in Spannungsgebiete.

Zu den kürzlich bei der Ministerratstagung der OAE (Organisation für Afrikanische Einheit) und jetzt wieder in den Vereinten Nationen aufgestellten Behauptungen, daß unter anderen Nationen auch die Bundesrepublik Deutschland militärische Ausrüstung an die Republik Südafrika liefere, stellt die Bundesregierung erneut fest, daß sich an ihrer Haltung gemäß ihrer Erklärung vom 19. Dezember 1963 nichts geändert hat. Der Beobachter der Bundesrepublik Deutschland bei den Vereinten Nationen hat damals dem Generalsekretär der Vereinten Nationen mitgeteilt, daß diese seit langem keine Genehmigung zur Ausfuhr von Kriegswaffen, Munition und Spezialmaschinen für die Herstellung von Waffen und Munition nach der Südafrikanischen Republik erteilt habe und entschlossen sei, an dieser Politik festzuhalten. Diese Zusicherung ist nach wie vor Grundlage unserer Politik.

Als deshalb bei der Ministerratstagung der OAE in Addis Abeba im Februar 1968 derartige Anschuldigungen erhoben wurden, hat der deutsche Botschafter in Äthiopien am 1. März 1968 unverzüglich den Generalsekretär der OAE in dieser Angelegenheit aufgesucht und auf die deutsche Haltung gemäß der oben zitierten Erklärung an den Generalsekretär der Vereinten Nationen hingewiesen.

Der deutsche Botschafter erläuterte dem Generalsekretär, daß wir diese Anschuldigungen für eine Wiederholung altbekannter und oft widerlegter Propagandaverleumdungen hielten. Falls dem Generalsekretär der OAE jedoch Beweismaterial für die Anschuldigungen vorliege, bäte die Bundesregierung um Übermittlung. Bis heute ist beim Auswärtigen Amt kein Beweismaterial eingegangen.

Lassen Sie mich an einem Einzelbeispiel das Ausmaß und die Methode dieser Verleumdungen demonstrieren. In Deutschland, in zahlreichen anderen Staaten von Ost wie West und auch in Südafrika werden Pflanzenschutzmittel und Schädlingsbekämpfungsmittel erzeugt, die für die Landwirtschaft von entscheidender Bedeutung sind und an deren Entwicklung deutsche Firmen wesentlich beteiligt gewesen sind. Diese Mittel haben giftige Komponenten, mit denen man auch Menschen töten kann. Uns aber nun zu unterstellen, wir wären deshalb Lieferanten von Giftgasen und Handlanger für die Vernichtung von Menschen im südlichen Afrika, ist ein Höhepunkt der Verleumdung. Nein, diese angeblichen Enthüllungen dienen nur einem Zweck, nämlich das gute Verhältnis zwischen den Staaten Afrikas und der Bundesrepublik Deutschland zu vergiften, und wir bedauern, daß die Unseriosität solcher Informationen nicht immer genügend erkannt wird.

Die Politik der Bundesregierung gegenüber Afrika folgt den Prinzipien der Charta der Vereinten Nationen. Wir bekennen uns zum Prinzip der Selbstbestimmung und lehnen jede Rassentrennung und Rassendiskriminierung ab. Deshalb hat sich die Bundesregierung auch dem Beschluß des Sicherheitsrates der Vereinten Nationen von 1966 über die Handelsbeziehungen zu Süd-Rhodesien angeschlossen, wodurch sich unsere Einfuhren 1967 bereits halbiert hatten. Auch sind wir 1967 dem Übereinkommen zur Beseitigung jeder Form von Rassendiskriminierung beigetreten. In diesen Fragen gibt es für uns keinerlei Zweideutigkeit.

Lassen Sie mich hier auch in allem Freimut ein Wort zu unseren Wirtschaftsbeziehungen mit Südafrika und den portugiesischen Gebieten sagen: Diese Wirtschaftsbeziehungen haben eine lange Tradition. Wir hatten keinen Anlaß, mit dieser Tradition plötzlich und einseitig zu brechen, zumal wir als ein auf Export angewiesener Industriestaat auch die Interessen unserer Wirtschaft wahren müssen. Wir haben außerdem seit langem die Erfahrung gewonnen, daß man Handel und Politik nicht ohne Not koppeln soll. Deshalb sind wir für den Ausbau der Wirtschaftsbeziehungen selbst zu solchen Staaten, mit denen wir erhebliche politische Kontroversen haben. Im übrigen muß man auch in diesem Zusammenhang Lippenbekenntnis und Wirklichkeit unterscheiden. Viele Warenströme fließen heute in aller Welt aus politischen Rücksichten über dritte Länder, um das Bestimmungsland zu verschleiern.

Wir sind im übrigen der Meinung, daß niemandem damit geholfen wäre, wenn die zum Teil bereits hochentwickelten Volkswirtschaften im südlichen Afrika bewußt zerstört würden. Gerade im Hinblick auf die gute Zukunft, die wir für ganz Afrika wünschen, wäre dies kurzsichtig und schädlich. Unsere Einstellung zu den ungelösten politischen Problemen des afrikanischen Kontinents bleibt davon unberührt ...

Die Länder Afrikas haben ihre eigenen Traditionen, ihre eigene alte Geschichte. Die Entkolonisierung in Afrika südlich der Sahara verlief im ganzen gesehen ohne schärfere Auseinandersetzungen. So ist auf beiden Seiten die Bereitschaft zur Zusammenarbeit geblieben. Aus politisch-historischen Gründen war die deutsche Verbindung zu Afrika in den vergangenen Jahrzehnten geringer geworden. Wir haben aber bei den Regierungen der neuen Staaten eine große Bereitschaft zum Vertrauen und zur Freundschaft gefunden, die wir zu schätzen wissen. Wir sind bereit zu helfen, wo wir es können.

Doch jedes Land muß seiner Lage und seinen Interessen entsprechend selbst die ihm eigene Form entwickeln und mit Leben erfüllen. Dabei wird es zu neuen gesellschaftlichen Strukturen kommen, von denen vielleicht die europäischen oder ganz allgemein die entwickelten Länder profitieren können; denn wir haben keinen Grund zur Überheblichkeit. Der hohe Entwicklungsstand unserer Technik beweist noch nicht, daß wir, was menschliche Substanz und das Zusammenleben der Menschen angeht, von anderen Kulturen nichts lernen könnten.

Wir hoffen auch, daß neben den politischen und wirtschaftlichen Kontakten die Zusammenarbeit auf anderen Gebieten immer enger und für beide Seiten fruchtbarer wird. Ich denke hier nicht zuletzt an das, was uns die große Begabung der Afrikaner auf künstlerischem Gebiet wie Theater, Tanz, Musik, bildende Kunst, Dicht- und Erzählungskunst, aber auch im Sport und vielen anderen Bereichen vermitteln kann.

Wir verstehen, wenn die afrikanischen Länder ihren Handel und ihren kulturellen Austausch auch mit dem anderen Teil Deutschlands entwickeln wollen. Wir warnen jedoch vor dem Mißbrauch dieses Interesses. Natürlich kann die Bundesrepublik nicht auf die Wahrung ihrer Interessen verzichten. Jedes Land ist frei, sich seine Freunde zu wählen. Das gilt auch für die Bundesrepublik Deutschland. Diese Grundlage unserer Beziehungen zu den Ländern Afrikas muß allen Beteiligten klar sein. Und ich freue mich, sagen zu können, daß unsere Beziehungen zu Afrika sich auf dieser Grundlage erfreulich entwickelt haben. Wir werden auch künftig bereit sein, Mitverantwortung zu übernehmen bei der Überwindung des großen Problems unserer Zeit, der immer noch wachsenden Kluft im Lebensstandard zwischen den Industrieländern und den Entwicklungsländern. Wir müssen dazu beitragen, dieses Gefälle abzubauen.

Unsere Wirtschaftsbeziehungen zu Afrika können noch ausgebaut werden. Die Fortsetzung der Entwicklungshilfe dient diesem Ziel. Trotz unserer gegenwärtig schwierigen Haushaltslage und der erforderlichen Sparmaßnahmen werden wir auf zwei Gebieten weiterhin unsere Leistungen erhöhen: für die wissenschaftliche Forschung und für die Entwicklungshilfe.

Es hat in unserem Land um die Entwicklungshilfe manche Diskussion gegeben. Heute steht fest, daß die Mehrheit unserer Bevölkerung dieses Mittel der wirtschaftlichen Zusammenarbeit befürwortet. Es hat sich somit die richtige Erkenntnis durchgesetzt, daß Entwicklungshilfe dem Interesse beider Partner zugute kommt. Das ist ein wichtiger Punkt. Wir betrachten die Entwicklungshilfe als Hilfe zur Selbsthilfe. Entscheidend ist ihr wirtschaftlicher Nutzen. Deshalb ist sie zugleich auch eine Hilfe für uns selbst: Für unsere Wirtschaft, unseren Export, für die Entwicklung aufnahmefähiger Märkte, für die Sicherung von Arbeitsplätzen. Wir brauchen uns nicht zu scheuen, diese Wahrheit auszusprechen. Die Entwicklungsprojekte sollen deshalb wirklich im beiderseitigen Interesse liegen. Hier ist von den Industrieländern in den Anfangsjahren nicht weniger gesündigt worden als von manchen Entwicklungsländern.

Beim Stichwort Entwicklungshilfe muß ich noch einmal auf die deutsche und europäische Einigungspolitik zurückkommen, weil hier ein bedeutsamer Zusammenhang besteht. Einmal muß ich daran erinnern, weil es manchmal vergessen wird, daß die Bundesrepublik mit 34 Prozent an den Mitteln des Entwicklungsfonds der EWG beteiligt ist. Aber die Leistungsfähigkeit der Bundesrepublik ist nicht unbegrenzt. Das gleiche gilt für die Leistungsfähigkeit Europas. Es muß jedem einleuchten, daß ein friedlich geeintes Europa wesentlich mehr zu leisten imstande wäre.

Was für ein nicht mehr verfeindetes Europa gilt, gilt erst recht für ein geeintes Deutschland. Wenn einer unserer Arme nicht ständig festgebunden wäre durch die erzwungene Teilung, wenn wir nicht gezwungen wären, gewaltige Beträge in die Verteidigung zu stecken, dann könnten wir ein Vielfaches an Kräften frei machen für die gemeinsamen Aufgaben zum Wohle der Menschheit. Das sollten die Regierungen der Entwicklungsländer sich vor Augen halten, wenn sie über Fragen der europäischen Politik zu urteilen haben.

Im übrigen möchte ich betonen, daß ich mir schon heute ein wesentlich gesteigertes Interesse wichtiger Zweige der deutschen Wirtschaft an der Zusammenarbeit mit Afrika vorstellen kann. Dabei scheue ich nicht den absurden Vorwurf des ökonomischen Imperialismus, der uns von gewisser Seite begegnet. Ich verspreche mir auch viel davon, wenn wir die kulturellen, wissenschaftlichen und technischen Kontakte konkret und zielstrebig ausbauen.

Afrika selbst hat noch große innere Probleme zu lösen. Wir sind uns der Probleme bewußt, die mit der Entkolonialisierung zutage getreten sind. Ich denke an die Überwindung des Stammesdenkens und die Entfaltung eines Nationalbewußtseins, an die Vielfalt von Sprachen und Religionen, an die Umwandlung von traditionellen Lebensformen in die Erfordernisse einer modernen Gesellschaftsordnung, an die Wirtschaftsschwierigkeiten durch die sprunghafte Zunahme der Bevölkerung infolge verbesserter hygienischer Bedingungen – um nur einige der Probleme herauszugreifen.

Der Prozeß der Entkolonialisierung hat aber auch viele Energien freigesetzt und beachtliche Fortschritte ermöglicht. Ich denke hierbei insbesondere an das Erziehungs- und Bildungswesen, an den Gesundheitsdienst, den Ausbau der Landwirtschaft und die Industrialisierung, die Verbesserung der Infrastruktur. Wir alle haben die Zuversicht, daß die Entwicklung zu weiteren Fortschritten führen wird.

Die Bundesregierung begrüßt das Streben der afrikanischen Staaten nach wachsender wirtschaftlicher und politischer Einheit. Sie wird die Bemühungen um regionale Zusammenarbeit unterstützen und sieht hierin einen wichtigen Schritt, um größere Absatzmärkte zu schaffen und damit die Industrialisierung zu fördern. Sie sieht ferner in der Organisation der Afrikanischen Einheit (OAE) mit ihren Grundsätzen der Achtung vor der Souveränität und der territorialen Integrität sowie der Forderung nach friedlicher Beilegung aller Konflikte zwischen den Mitgliedstaaten einen bedeutenden Beitrag zur Stabilisierung des Kontinents.

Jedes Land möchte unabhängig sein. Und doch begibt unsere Welt sich in einen Zustand immer stärkerer gegenseitiger Abhängigkeiten. Das gilt sogar für die Mächtigsten. Die Zukunftsaufgaben, nicht nur in Europa, nicht nur in Afrika, sind nur in Gemeinsamkeit zu bewältigen. Die Welt wird in verhältnismäßig kurzer Zeit mit dem Problem konfrontiert sein, den nackten Hunger einer sich sprunghaft vermehrenden Bevölkerung bekämpfen zu müssen. Sie kann es sich deshalb nicht länger leisten, auch nur das Geringste zu zerstören.

Es gilt gemeinsam aufzubauen, und zwar so rasch wie möglich, wenn jeder einzelne in der Familie der Völker sich trotz der zwangsläufigen Abhängigkeiten frei und voll entfalten will. Diese Aufgabe ist uns allen gestellt.

Quelle: Bulletin vom 17. 5. 1968, Nr. 63, S. 533–536

Erklärung des Bundeskanzlers Dr. h. c. Kurt Georg Kiesinger vor dem Deutschen Bundestag zur Einführung des Paß- und Visumzwanges durch die DDR, 20. Juni 1968

Herr Präsident, meine Damen und Herren!

Unter dem Vorwand, die Verabschiedung der Vorsorgegesetze in der Bundesrepublik habe eine neue Lage geschaffen, hat Ostberlin am 11. Juni Maßnahmen verkündet, die es seit Jahren vorbereitet hatte. Es führt Paßzwang und gebührenpflichtige Sichtvermerke für Reisen in die Zone und für den Verkehr von und nach Berlin ein. Es belastet den Personen- und Güterverkehr zwischen Berlin und dem übrigen Bundesgebiet mit einer »Steuerausgleichsabgabe«. Es ordnet an, daß Westberliner Reisende bei der Beantragung von Visa gezwungen werden, sich als Bürger der angeblich selbständigen politischen Einheit Westberlin zu bezeichnen. Es verlangt auf den Warenbegleitscheinen eine ähnliche Formel. Diese widerrechtlichen Maßnahmen erschweren und bedrohen den ungehinderten Zugang nach Berlin.

Das SED-Regime hat sich damit erneut Rechte angemaßt, die im Widerspruch zu internationalen Vereinbarungen stehen. Zugleich versucht es mit dieser Aktion, die Bemühungen um Zusammenarbeit und Entspannung in Europa zu stören. Die Regierung der UdSSR billigt diese Maßnahmen, obwohl sie vorgibt, überall in der Welt für Frieden und Entspannung einzutreten.

Die Verantwortlichen im anderen Teil Deutschlands haben sich damit erneut über die auch von ihnen nicht wegzuleugnende Einheit der deutschen Nation brutal hinweggesetzt.

In einer Zeit, in der überall in Europa Reisebeschränkungen beseitigt werden, richten sie mitten in Deutschland zusätzlich zur Mauer und zum Stacheldraht weitere künstliche Hindernisse auf.

Der Anspruch des SED-Regimes auf Anerkennung als souveräner Staat wird durch Paß- und Visumzwang nicht glaubwürdiger. Durch rechtlich unerhebliche erzwungene Unterschriften im Reise- und Güterverkehr wird auch kein rechtswidriger Sonderstatus für Westberlin geschaffen. Die Legitimation einer Regierung beruht nicht auf ihrer Fähigkeit, administrative Schikanen zu verordnen, sondern allein auf dem Willen des Volkes.

Was immer die Machthaber in Ostberlin erfinden mögen, um die Teilung unserer Nation mit fremder Hilfe zu vertiefen, kann den Willen des deutschen Volkes zur Einheit nicht schwächen.

Wir werden uns durch solche Störungen nicht davon abhalten lassen, uns mit aller Energie für den Zusammenhalt des deutschen Volkes einzusetzen. Solange die Teilung nicht überwunden ist, ist es der unbezweifelbare Wille aller Deutschen, daß wenigstens jenes Maß an Verständigung erreicht wird, das den Menschen ein erträgliches Miteinanderleben erlaubt.

Den Machthabern drüben geht es allein um ihre eigene Anerkennung. In Wahrheit ist das, was in Ostberlin Anerkennung der DDR genannt wird, die Forderung auf Kapitulation der Mehrheit der Deutschen vor dem Alleinherrschaftsanspruch einer Minderheit.

Die drei Westmächte haben unverzüglich in einer ersten gemeinsamen Antwort auf die rechtswidrigen Ostberliner Maßnahmen den Paß- und Visumzwang sowie die anderen Erschwernisse für den innerdeutschen Personen- und Güterverkehr verurteilt. Sie haben erklärt, daß diese Maßnahmen im Gegensatz zu seit langer Zeit bestehenden internationalen Abkommen und Übungen stehen und dem Ziel einer Entspannung in Europa widersprechen.

Sie haben damit die Auffassung erneut bekräftigt, die sie in ausführlicher Form am 26. Juni 1964 dargelegt haben. Damals wiesen sie den Versuch der Sowjetunion zurück, eigene Verpflichtungen und Verantwortlichkeiten auf Ostberlin zu übertragen.

Sie sagten damals:

Es ist klar, daß ein Abkommen, das die Sowjetunion mit der sogenannten DDR abschließt, die sowjetischen Verpflichtungen oder Verantwortlichkeiten aus Abkommen und Abmachungen mit den Drei Mächten über Deutschland einschließlich Berlins und des Zugangs dorthin nicht berühren kann. Die Drei Regierungen sind der Auffassung, daß die Sowjetunion durch diese Verpflichtungen gebunden bleibt, und sie werden weiterhin die sowjetische Regierung für die Erfüllung ihrer Verpflichtungen verantwortlich halten.

Sie stellten weiter fest, Berlin sei keine »selbständige politische Einheit«, und innerhalb Deutschlands und Berlins gebe es keine Staatsgrenzen, vielmehr nur eine »Demarkationslinie« und die »Sektorengrenzen«.

Ich danke dem Präsidenten der Vereinigten Staaten für seine ermutigende Botschaft, in der er angesichts der neuen Bedrohung Berlins versichert, daß die amerikanische Unterstützung des freien Berlins und des Zieles eines in Frieden wiedervereinigten Deutschland so fest sei wie eh und je.

Die Bundesregierung steht mit den drei verbündeten Regierungen in engster Verbindung. Konsultationen in der NATO sind im Gange. Wir müssen gemeinsam auf die Rücknahme der rechtswidrigen Maßnahmen der SED hinwirken. Die Sowjetunion, ohne deren Billigung Ostberlin nicht handeln kann, muß nachdrücklich auf die Gefahren hingewiesen werden, falls sie etwa den eingeschlagenen Weg fortsetzen sollte.

Die Bundesregierung hat stets erklärt, daß sie den Status Berlins, die Rechte und Pflichten der Vier Mächte respektiert und nicht daran denkt, ihn in Frage zu stellen. Solange die Deutschlandfrage nicht gelöst werden kann, bleibt die Aufrechterhaltung dieses Status ein wesentliches Element des Friedens in Europa.

In diesem Rahmen nimmt die Bundesregierung ihre eigene Verantwortung für Berlin und seine Bevölkerung wahr. Sie tut dies nicht, um zu provozieren oder um Rechte und Interessen anderer Mächte zu beeinträchtigen. Sie sucht im Gegenteil auch in Berlin Entspannung und Verständigung zu fördern.

Sie hat deshalb in ihrer Mitteilung an die Regierung der Sowjetunion vom 1. März 1968 ausdrücklich ihre Bereitschaft erklärt, mit allen Vier Mächten zusammenzuarbeiten, wenn dies den Gesamtbelangen Berlins förderlich ist. Der Wortlaut dieser Mitteilung, der die drei Westmächte zugestimmt haben, wird heute der Öffentlichkeit bekanntgegeben, um die fortgesetzten Verleumdungen der Politik der Bundesregierung durch die Sowjetunion und Ostberlin zu widerlegen.

Innerhalb ihres eigenen Verantwortungsbereichs hat die Bundesregierung am 17. Juni, am Tage der deutschen Einheit, in einer Sondersitzung des Kabinetts Sofortmaßnahmen zur Stärkung der Lebensfähigkeit Berlins beschlossen. Die Bundesregierung ist dem Hohen Hause dankbar, daß die Fraktionen des Deutschen Bundestages den Entwurf des neuen Berlinhilfegesetzes als Initiativgesetz einbringen und noch vor der Sommerpause verabschieden wollen.

Die Bundesregierung wird dafür sorgen, daß die finanziellen Lasten aufgefangen werden, die die neuen Maßnahmen des SED-Regimes den einzelnen Menschen und der Wirtschaft auferlegen.

Wir werden uns, meine Damen und Herren, durch die Maßnahmen Ostberlins nicht zu falschen – vielleicht erwarteten – Maßnahmen provozieren lassen. Unsere Politik der Entspannung und der Zusammenarbeit mit den osteuropäischen Staaten wird fortgesetzt.

Unser Verständigungsangebot schließt nach wie vor den anderen Teil Deutschlands ein. Die Bundesregierung erinnert erneut an ihre Vorschläge vom 12. April 1967, an meine beiden Briefe an den Vorsitzenden des Ministerrats, Herrn Stoph, und an ihre Bereitschaft, Regelungen über gegenseitigen Gewaltverzicht zu treffen. Diese Vorschläge bleiben aufrechterhalten, obwohl die Verantwortlichen in Ostberlin bisher nur in der Sprache und mit Maßnahmen des kalten Krieges geantwortet haben.

Die Bundesregierung hält an den Grundlinien ihrer Deutschlandpolitik fest. Sie denkt nicht daran, ihrerseits zu einer Politik neuer Spannungen beizutragen. Sie ist vielmehr der Überzeugung, daß allein der Wille zu einer friedlichen Entwicklung auch in Deutschland den Weg zu einer glücklichen Zukunft Europas anbahnen kann.

Die Bundesregierung hält aber bei aller Verständigungsbereitschaft ebenso unbeirrbar daran fest, für das ganze deutsche Volk das unbestreitbare Recht zu fordern, über seine staatliche Einheit und seine politische Lebensform in Freiheit selbst zu bestimmen.

Quelle: Bulletin vom 21. 6. 1968, Nr. 77, S. 649 f.

247 »Das Signal von Reykjavik«

Anhang zum Schlußkommuniqué der NATO-Ministerratstagung in Reykjavik: Erklärung der Außenminister und Vertreter der am NATO-Verteidigungsprogramm beteiligten Länder über eine beiderseitige und ausgewogene Truppenverminderung, 25. Juni 1968

1. In ihrer Tagung am 24. und 25. Juni 1968 in Reykjavik erinnerten die Minister an den oft erklärten starken Wunsch ihrer Länder nach Fortschritt auf dem Gebiet der Abrüstung und Rüstungskontrolle.

2. Die Minister gehen davon aus, daß die ungelösten Probleme, die noch immer den europäischen Kontinent spalten, durch friedliche Mittel geregelt werden müssen. Sie sind überzeugt, daß das Endziel einer dauerhaften Friedensordnung in Europa eine Atmosphäre des Vertrauens voraussetzt und nur schrittweise erreicht werden kann. Im Bewußtsein des offensichtlichen und beträchtlichen Interesses aller europäischen Staaten an diesem Ziel sind die Minister der Auffassung, daß Maßnahmen auf diesem Gebiet einschließlich ausgewogener und beiderseitiger Truppenverminderungen beträchtlich zu einer Verminderung der Spannung und einer weiteren Verringerung der Kriegsgefahr beitragen können.

3. Die Minister nahmen Kenntnis von der bedeutsamen Arbeit, welche die Mitgliedsregierungen innerhalb des Nordatlantikrats bei der Prüfung möglicher Vorschläge für solche Verminderungen gemäß Absatz 13 des von den Ministern im Dezember 1967 gebilligten »Berichts über die künftigen Aufgaben der Allianz« geleistet haben. Insbesondere nahmen sie von der Arbeit im Ausschuß der politischen Berater Kenntnis, die darauf abzielt, Vergleichsgrundlagen zu erstellen und alternative Möglichkeiten zur Erreichung ausgewogener Truppenverminderungen, insbesondere im mittleren Teil Europas, zu analysieren.

4. Die Minister betonten die Notwendigkeit, daß das Bündnis militärisch wirksam bleiben und ein Kräftegleichgewicht zwischen der NATO und dem Warschauer Pakt in Europa sicherstellen müsse. Da die Sicherheit der NATO-Länder und die Aussichten auf beiderseitige Truppenverminderungen geschwächt würden, wenn nur die NATO Verminderungen vornähme, bekennen sich die Minister zu dem Gedanken, daß das militärische Gesamt-

16. 5. 1968: Bundesminister des Auswärtigen Willy Brandt spricht zu den bei der
Bundesregierung akkreditierten afrikanischen Botschaftern im Großen Sitzungssaal
des Auswärtigen Amts

7. 1. 1969: Neujahrsempfang des Bundespräsidenten für das Diplomatische Korps in Bonn.
In der Mitte der Doyen des Diplomatischen Korps
und Apostolische Nuntius, Erzbischof Dr. Corrado Bafile

potential der NATO nicht vermindert werden sollte, es sei denn im Rahmen eines nach Umfang und zeitlichem Ablauf ausgewogenen Systems beiderseitiger Truppenverminderungen.

5. Die Minister wiesen daher die Ständigen Vertreter an, ihre Arbeit nach Maßgabe der nachstehenden vereinbarten Grundsätze fortzusetzen und zu vertiefen:

a) Beiderseitige Truppenverminderungen sollen auf Gegenseitigkeit beruhen und nach Umfang und zeitlichem Ablauf ausgewogen sein.

b) Beiderseitige Verminderungen sollen einen wesentlichen und bedeutsamen Schritt darstellen und dazu dienen, den jetzigen Grad der Sicherheit bei verminderten Kosten aufrechtzuerhalten, jedoch nicht so geartet sein, daß sie eine nachteilige Veränderung der Lage in Europa zur Folge haben könnten.

c) Beiderseitige Verminderungen sollen mit dem Ziel in Einklang stehen, in Europa allgemein und zwischen den Beteiligten Vertrauen zu schaffen.

d) Zu diesem Zweck soll jede neue Abmachung hinsichtlich der Truppen mit den lebenswichtigen Sicherheitsinteressen aller Parteien vereinbar und wirksam durchführbar sein.

6. Die Minister bekräftigen die Bereitschaft ihrer Regierungen, mit anderen interessierten Staaten konkrete und praktische Schritte im Bereich der Rüstungskontrolle zu erkunden.

7. Die Minister sind sich insbesondere einig, daß ein Prozeß eingeleitet werden sollte, der zu beiderseitigen Truppenverminderungen führt. Sie beschlossen, zu diesem Zweck alle notwendigen Vorbereitungen für eine Erörterung dieses Themas mit der Sowjetunion und anderen Ländern Osteuropas zu treffen; sie rufen diese Länder auf, sich dieser Suche nach Fortschritt auf dem Wege zum Frieden anzuschließen.

8. Die Minister wiesen ihre Ständigen Vertreter an, ihre Arbeit auf der Grundlage dieser Erklärung fortzusetzen.

Quelle: Bulletin vom 27. 6. 1968, Nr. 81, S. 706

248

Ansprache des Bundeskanzlers Dr. h. c. Kurt Georg Kiesinger in Bad Godesberg aus Anlaß der Vollendung der Europäischen Zollunion, 1. Juli 1968

Exzellenzen, meine Damen und Herren!

Dieser 1. Juli 1968, der uns die Vollendung der Europäischen Zollunion bringt, ist in der Tat ein sehr wichtiger Markstein in der Geschichte der europäischen Einigung. Ich möchte ihn zum Anlaß nehmen, um im Namen der Bundesregierung all denen herzlich zu danken, deren Arbeit dazu beigetragen hat, diesen Tag herbeizuführen. Das gilt vor allem für die Europäische Kommission, deren drei deutsche Mitglieder heute unter uns sind, die unter der Leitung von Präsident Rey im vergangenen Jahr unter sehr schwierigen Umständen ihr Amt übernommen hat. Das gilt aber auch vor allem für die früheren Mitglieder der europäischen Exekutiven, allen voran Präsident Hallstein. Auch ich möchte mich dem Dank und dem Respekt anschließen, der ihnen soeben gezollt worden ist.

Dies ist ein Tag der Freude und Genugtuung für uns, aber er ist auch ein Anlaß, uns auf unsere Sorgen zu besinnen. Die Mühen um die europäische Einigung drohen durch eine Reihe von Umständen in eine Sackgasse zu geraten. Leider sind sich nicht mehr alle Mitglieder der Europäischen Gemeinschaften über die Ziele, über die Methoden und über die Ausweitung der Gemeinschaften über den Rahmen der bisherigen Mitglieder hinaus einig. Es kommt hinzu, daß insbesondere im vergangenen Jahr in einer Reihe von Mitgliedsländern erhebliche Schwierigkeiten interner Art aufgetreten sind, die vielleicht dazu beigetragen haben, die Energie, die für dieses große Einigungswerk notwendig ist, ein wenig zu schwächen.

Aber wenn es wahr ist, daß solche inneren Schwierigkeiten beseitigt werden müssen, wenn man zur europäischen Einigung kommen soll – denn eine Einigung von kranken Mitgliedern kann kein gesundes Ganzes zustande bringen –, so bleibt es ebenso wahr, daß derartige innere Schwierigkeiten leichter überwunden werden können, wenn wir auf dem Weg zur europäischen Einigung deutliche Fortschritte machen und wenn wir diese Fortschritte den Völkern anschaulich machen können.

Es ist daher höchste Zeit, daß wir diese Stagnation überwinden, daß wir es insbesondere nicht zulassen, daß über die Auseinandersetzung um den Beitritt weiterer Mitglieder der innere Ausbau der Gemeinschaften ebenfalls gehemmt wird. Das bedeutet, daß wir starke, neue Impulse geben müssen; das heißt, daß wir einmal den Rahmen, den die Römischen Verträge gesteckt haben, mit voller Energie und beschleunigt ausfüllen müssen, ja, daß wir daran denken müssen, die Aufgabengebiete über den damaligen Rahmen hinaus zu erweitern. Das bedeutet weiter, daß wir trotz aller Schwierigkeiten mit Energie, mit Realismus und undoktrinär denen, die ebenfalls Mitglieder der Gemeinschaft werden wollen, den Weg zur Gemeinschaft bahnen helfen, und das bedeutet endlich, daß wir das letzte und große Ziel unserer Bemühungen, die politische Einigung Europas, nicht aus den Augen verlieren dürfen.

Jeder denkende Europäer weiß, daß, wenn es uns nicht gelingt, so bald wie möglich ein solidarisches weltpolitisches Verhalten der Europäer herzustellen, wir immer mehr von der Mitgestaltung der Zukunft unserer Welt ausgeschlossen bleiben werden, ja, daß wir es eines Tages hinnehmen müßten, daß andere über unser Geschick, über das Geschick der verzettelten europäischen Kräfte und Staaten bestimmen würden. Das darf nicht geschehen! Deswegen bedarf es neuer Impulse, neuen Mutes, neuer Taten.

Ich hoffe, daß das kommende Jahr, daß der neue Abschnitt, in den wir nun hineingehen, ein Abschnitt solcher großen Impulse und großen Taten sein wird. Dieses Europa, das wir im Auge haben, soll nicht nur eine glückliche Zukunft Europas sichern. Es wird auch ein starker friedenstiftender Faktor in unserer Welt sein, weil dieses neue Europa sich nicht feindlich abschließen will gegen irgend jemand und gegen irgendeine Himmelsrichtung, weil es bereit ist, in dieser Welt den Frieden und die Gerechtigkeit zu sichern.

Wir Deutsche dürfen hoffen, daß im Verlauf dieses Prozesses dann auch unser großes nationales Anliegen, die Einheit unseres Volkes wiederherzustellen, erfüllt werden wird.

Was die Bundesregierung tun kann, wird sie tun. Sie wird jede Chance nützen, um das große Einigungswerk voranzutreiben, dessen Fundament die Europäische Kommission und ihre Mitglieder bisher gelegt haben. Darauf werden wir mit neuem Mut und neuer Entschlossenheit weiterbauen.

Quelle: Bulletin vom 2. 7. 1968, Nr. 83, S. 725

249 Störung der Gewaltverzichts-Gespräche

Erklärung des Bundesministers des Auswärtigen, Willy Brandt, auf einer Pressekonferenz in Bonn anläßlich der Veröffentlichung der Dokumentation zum Gewaltverzicht, 12. Juli 1968

Meine Damen und Herren,

Sie haben heute die seltene Gelegenheit, einen unmittelbaren und umfassenden Einblick in einen noch keineswegs abgeschlossenen Prozeß diplomatischer Verhandlungen zu tun.

Die Regierung der Sowjetunion hat es aus uns nicht bekannten Gründen für richtig gehalten, Teile des Meinungsaustausches über das deutsche Angebot einer Vereinbarung über

Gewaltverzicht, der sich über nahezu zwei Jahre erstreckt, der Öffentlichkeit bekanntzugeben. Die Bundesregierung ist daher nicht mehr an die vereinbarte Vertraulichkeit gebunden. Ich glaube, daß die Öffentlichkeit Anspruch darauf hat, wahrheitsgemäß zu erfahren, was wir gesagt und geschrieben haben. Deshalb legt die Bundesregierung heute jene Dokumente vor, die in diesem Zusammenhang von Bedeutung sind und die zum Verständnis der von der Regierung der UdSSR veröffentlichten sowjetischen Dokumente unentbehrlich sind.

Die Dokumente sprechen für sich selbst. Sie zeigen das aufrichtige Bemühen der Bundesregierung, mit den Ländern Osteuropas und insbesondere mit der Sowjetunion zu einem neuen, auf gegenseitiges Vertrauen gegründeten Verhältnis zu gelangen.

Wir sind der Auffassung, daß es in erster Linie darauf ankommt, die Furcht und das Mißtrauen aus dem Leben der Völker und Staaten zu beseitigen. Uns scheint der feierliche gegenseitige Verzicht auf die Anwendung von Gewalt und auf die Drohung, Gewalt anzuwenden, ein guter Anfang auf diesem Wege zu sein. Wir wissen, und andere sollten auch wissen, daß das ganze deutsche Volk – nach allem, was hinter ihm liegt, nichts mehr wünscht, als daß Gewalt und Drohung für immer aus den zwischenstaatlichen Beziehungen verschwinden. Deshalb haben wir dieses Angebot gemacht an die Sowjetunion, an Polen, Ungarn, die Tschechoslowakei, an Rumänien und Bulgarien, und auch gegenüber dem anderen Teil Deutschlands.

Wir glauben, daß ein solcher Gewaltverzicht die Atmosphäre verbessern und die Spannungen verringern wird und daß damit eine der Grundlagen geschaffen wird für die friedliche Lösung der vielen, komplizierten Probleme, die Europa heute belasten und quälen.

Demgegenüber ist die Regierung der UdSSR offensichtlich der Auffassung, daß ein Verzicht auf Gewalt und auf Drohung mit Gewalt so lange nicht in Frage kommt, als die Bundesrepublik Deutschland sich nicht bedingungslos alle einseitig von der Sowjetunion aufgestellten Forderungen zu eigen macht. In ihrem Aide-mémoire vom 5. Juli 1968 beansprucht die Regierung der UdSSR auf Grund längst überholter Bestimmungen der Charta der Vereinten Nationen über das Verhältnis zwischen Siegern und Besiegten aus dem Zweiten Weltkrieg für sich sogar das Recht, auch nach einem feierlichen gegenseitigen Gewaltverzicht einseitig Gewalt gegen den Partner des Gewaltverzichtes anwenden zu können.

Obwohl die von der Sowjetunion angeschnittenen Themen in keinem direkten, sachlichen Zusammenhang mit dem Thema des Gewaltverzichtes stehen, hat die Bundesregierung sich bereit erklärt, in die Gespräche über den Gewaltverzicht auch andere Sachfragen einzubeziehen. Gleichzeitig hat sie zu jedem einzelnen Punkt ihre Auffassung dargelegt. Die Argumente der Bundesregierung werden in dem sowjetischen Aide-mémoire vom 5. Juli 1968 ignoriert und praktisch nicht behandelt.

Ich bedaure sehr, daß statt einer ruhigen und sachlichen Diskussion der Probleme weite Abschnitte des sowjetischen Memorandums in einem polemischen Ton gehalten sind und Angriffe gegen die Bundesregierung enthalten, deren Unbegründetheit sich allein schon aus den Ihnen vorliegenden Dokumenten ergibt.

Auf die Einzelheiten des letzten sowjetischen Memorandums möchte ich heute nicht eingehen. Die Bundesregierung wird es zu gegebener Zeit nach eingehender Prüfung beantworten. Eines möchte ich aber schon jetzt feststellen:

Wir lehnen die Gewalt als Mittel in internationalen und in innerdeutschen Auseinandersetzungen leidenschaftlich ab. Wir sind und bleiben bereit, dies ohne jede Bedingung durch feierliche, gegenseitige Verpflichtungen gegenüber jedem einzelnen Mitglied des Warschauer Paktes zu bekräftigen.

Schließlich möchte ich auf die Präambel zum Vertrag über die Nichtverbreitung von Atomwaffen aufmerksam machen. Der vorletzte Satz jener Präambel beginnt mit den

Worten: »In dem Wunsch, die internationale Entspannung zu fördern und das Vertrauen zwischen den Staaten zu stärken.« Der während der Verhandlungen im Rahmen der Vereinten Nationen in New York hinzugefügte letzte Absatz der Präambel lautet:

»... eingedenk dessen, daß die Staaten nach der Charta der Vereinten Nationen in ihren internationalen Beziehungen jede gegen die territoriale Unversehrtheit oder die politische Unabhängigkeit eines Staates gerichtete oder sonst mit den Zielen der Vereinten Nationen unvereinbare Androhung oder Anwendung von Gewalt unterlassen müssen.«

Hier handelt es sich, wie in Erklärungen anderer Staaten in New York bereits herausgestellt wurde, um den in Artikel 2 der VN-Charta vereinbarten allgemeinen Grundsatz des Gewaltverzichtes. Wir meinen, daß dieser Grundsatz auch im Verhältnis zwischen der UdSSR und der Bundesrepublik Deutschland uneingeschränkt gelten muß.

Quelle: Die Politik des Gewaltverzichts. Eine Dokumentation der deutschen und sowjetischen Erklärungen zum Gewaltverzicht 1949 bis Juli 1968, hrsg. vom Presse- und Informationsamt der Bundesregierung, Bonn 1968, S. 46 f.

250   Völkerrechtswidrige Aktion in der ČSSR

Stellungnahme der Bundesregierung zur Intervention der Staaten des Warschauer Paktes in der Tschechoslowakei vom 21. August 1968

1. Die Bundesregierung sieht mit Bedauern, daß wir Deutschen Zeuge sein müssen der Bedrückung eines Nachbarvolkes, mit dem unser Volk in guten freundschaftlichen Beziehungen zu leben wünscht.

2. Sie hält die Aktion der Staaten des Warschauer Paktes, die daran beteiligt sind, für eine völkerrechtswidrige Aktion und eine unzulässige Einmischung in die inneren Angelegenheiten der Tschechoslowakei.

3. Die Bundesregierung weist mit Entschiedenheit alle Versuche zurück – wie sie in den letzten Stunden und auch in den letzten Tagen schon unternommen worden sind –, sie in den Kreis der äußeren Urheber dieser Aktion einzubeziehen, und sie verweist mit Nachdruck auf die betonte Zurückhaltung, die die Bundesregierung in den vergangenen Monaten gegenüber den Vorgängen in der Tschechoslowakei eingenommen hat und die in krassem Gegensatz stehen zu den dauernden Pressionen und Interventionsankündigungen des anderen Teils Deutschlands.

4. Die Bundesregierung geht davon aus, daß die Erklärung, die die sowjetische Regierung sowohl öffentlich als auch gegenüber einigen NATO-Staaten bereits abgegeben hat, daß sich diese Aktion auf diesen Raum beschränken wird und nicht gegen andere Staaten gerichtet ist, auch zutreffend ist.

Abschließend möchte ich im Namen der Bundesregierung sagen:

Die Deutschen wünschen weiterhin eine europäische Friedensordnung, in der auf Anwendung von Gewalt und Drohung mit Gewalt verzichtet wird. Es geht nicht um die Herstellung oder Wiederherstellung früherer Machtverhältnisse, sondern um die Verständigung der Völker auch dann, wenn sie unter verschiedenen sozialen Ordnungen leben müssen.

Quelle: Bulletin vom 22. 8. 1968, Nr. 102, S. 873

Rede des Bundesministers des Auswärtigen, Willy Brandt, auf der Konferenz der nicht-nuklearen Staaten in Genf am 3. September 1968 (Auszüge)

... Die Bundesrepublik Deutschland hat gegenüber ihren Bündnispartnern auf die Herstellung von Atomwaffen verzichtet und sich entsprechenden internationalen Kontrollen unterworfen. Sie strebt keine nationale Verfügungsgewalt über Atomwaffen und keinen Besitz an solchen Waffen an. Sie bekräftigt ihre Haltung. Ihre Sicherheit liegt in einer Allianz. Zugleich teilen wir als einer der nichtnuklearen Staaten die allgemeine Forderung nach dem Ausschluß von Druck und Drohung mit Gewalt.

Von der Resolution des Sicherheitsrates vom 19. Juni 1968 und den damit zusammenhängenden Erklärungen der drei Kernwaffenmächte ebenso wie vom Ausschluß im letzten Präambelsatz des NV-Vertrages bis zu einem ausgewogenen Sicherheitsgefüge ist es noch ein weiter Weg.

Sehen wir es realistisch: Solange die Kernwaffen nicht allseitig abgeschafft sind, können sie als Mittel der Abschreckung und der kollektiven Selbstverteidigung nicht ausgeschaltet werden.

Offensichtlich reicht es nicht, die nukleare Aggression oder ihre Androhung zu verbieten, um den Sicherheitsinteressen der nichtnuklearen Staaten und ihrem legitimen Wunsch zu entsprechen, sich in Würde und Unabhängigkeit zu entwickeln. Zweifellos kann der Einsatz konventioneller Waffen eines Nuklearstaates Sicherheit und Unabhängigkeit eines nichtnuklearen Staates gefährden; er brauchte nicht einmal mit seinem nuklearen Potential zu drohen. Daraus ergibt sich die Forderung, daß die Staaten untereinander auf die Anwendung von Gewalt verzichten sollen. Sowohl die Nichtnuklearen untereinander wie die Nuklearmächte gegenüber den Nichtnuklearen. Die einzig legitime Ausnahme bliebe auch dann das Recht auf individuelle und kollektive Selbstverteidigung nach Artikel 51 der UN-Satzung.

Für die Beziehungen zwischen den Staaten kann nur das im übrigen ausnahmslose generelle Gewaltverbot, wie es in den Grundsätzen der Charta der Vereinten Nationen enthalten ist, friedensfördernde Wirkung haben. Es ist daher nicht zulässig, den Gewaltverzicht selektiv auf gewisse Staaten zu beschränken. Auf uns bezogen füge ich außerdem hinzu: Wir billigen niemandem ein Interventionsrecht zu!

Es stellt sich die Frage, ob der übergeordnete Grundsatz des Gewaltverzichts nicht der unerläßliche Ausgangspunkt ist, den diese Konferenz für eine Entschließung oder für eine Konvention über die Sicherheit der Nichtkernwaffenstaaten nehmen könnte. Die deutsche Delegation ist bereit, eigene Vorschläge zu machen und an sachgerechten Vorschlägen anderer mitzuarbeiten.

Wir werden anstreben, daß jegliche Aggression mit nuklearen, biologischen, chemischen und konventionellen Waffen sowie die direkte oder indirekte Androhung einer solchen Aggression als ein Verstoß gegen den allgemeingültigen Grundsatz der Gewaltlosigkeit verboten werden, wie es auch in den Prinzipien des Artikel 2 der Charta der Vereinten Nationen niedergelegt ist. Der Verzicht auf die Anwendung und Androhung jeglicher Form von Druck und Gewalt, die die territoriale Integrität und politische Unabhängigkeit eines Staates bedrohen könnte, sollte allgemein erneuert werden. Die Staaten sollten ihre Verpflichtung bekräftigen, die internationalen Beziehungen auf der Grundlage der souveränen Gleichheit und der Selbstbestimmung der Völker zu gestalten und auftretende Streitigkeiten auf friedlichem Wege zu regeln. Sie sollten eine möglichst ausgedehnte internationale Zusammenarbeit mit dem Ziele vereinbaren, die Prinzipien der Charta der Vereinten Nationen auf dem Gebiete der Abrüstung und Rüstungskontrolle zu verwirklichen und damit einen Schritt zur Befreiung der Menschheit von der Furcht zu tun.

Die Bundesrepublik Deutschland hat den Vertrag der lateinamerikanischen Länder über eine atomwaffenfreie Zone ebenso begrüßt wie die Beschlüsse der Organisation für Afrikanische Einheit, die auch dort zu einer atomwaffenfreien Zone führen könnten. Europa ist nicht in der glücklichen Lage, kernwaffenfrei zu sein. Die Entfernung bereits vorhandener Kernwaffen ohne gefährliche Veränderungen des gesamten Gleichgewichts, also unter Berücksichtigung der Sicherheitsinteressen aller Beteiligten, ist eine schwierige und nicht schnell lösbare Aufgabe.

Die Bundesregierung hat sich dafür eingesetzt, daß aus Europa eine Zone der Entspannung wird als Vorstufe einer dauerhaften Friedensordnung. Sie hat vorgeschlagen: Abbau der Konfrontation, wechselseitigen Verzicht auf Gewalt, Normalisierung der Beziehungen mit den Staaten Ost- und Südosteuropas, geregeltes Nebeneinander auf deutschem Boden, erleichterten Austausch in Kultur, Wirtschaft und Wissenschaft. Diesen Bemühungen ist ein schwerer Schlag versetzt worden. Dennoch bleiben wir bereit, für eine europäische Zone friedlicher Nachbarschaft zu wirken, die allmählich zu konstruktivem Miteinander führt und in der die gefährliche Konfrontation abgebaut werden kann. Wir befürworten daher weiterhin einen ausgewogenen, gegenseitigen Abbau der Truppenkontingente, mit dem auch eine angemessene Regelung des Problems der in dieser Region stationierten Kernwaffen verbunden werden könnte. Dabei gibt es übrigens einige Berührungspunkte mit den bekannten polnischen Vorschlägen. Im Dezember 1967 habe ich vor dem Deutschen Bundestag darauf hingewiesen, daß wir bereit sind, an einem Abkommen mitzuwirken, das im Zuge einer ausgewogenen Verminderung aller Streitkräfte auch zur stufenweisen Verringerung der Kernwaffen in ganz Europa führt. Diese Bereitschaft gilt weiter.

Ich möchte nicht verhehlen, daß meine Regierung in der gegenwärtigen Weltlage Maßnahmen der Sicherheit, die sich in Resolutionen, Deklarationen oder Konventionen niederschlagen, nur als ergänzende Stützen ihrer Sicherheit ansehen kann. Es muß der Welt gelingen, wesentliche Ursachen der Unsicherheit der Nichtnuklearen schrittweise abzubauen, das heißt zur wirklichen nuklearen Abrüstung im Zusammenhang mit einer Abrüstung der riesigen konventionellen Rüstungspotentiale auch der Nuklearwaffenmächte vorzustoßen.

Die Kernwaffenmächte sind aufgerufen, konkrete Schritte zu tun. An uns Nichtkernwaffenstaaten liegt es, sie nicht aus ihren Verpflichtungen zu entlassen und verhandlungsfähige Lösungsvorschläge zu unterstützen.

Wir sollten unser Augenmerk auch auf den Abbau gewisser Trägerwaffen für nukleare Sprengköpfe richten. Wenn es zu Verhandlungen über interkontinentale Raketen kommt, wie die Vereinigten Staaten und die Sowjetunion sie angebahnt haben, sollte der Abbau auch anderer Fernraketen in ganz Europa einbezogen werden...

Eine Hauptaufgabe dieser Konferenz ist es, Forschung, Entwicklung und Nutzung der Kernenergie zu friedlichen Zwecken zu sichern und zu fördern.

Freiheit für Forschung und Entwicklung ist die Voraussetzung für die Förderung der friedlichen Verwendung von Kernenergie. Niemand und nichts darf Forschung und Entwicklung auf diesem Gebiet behindern oder unterbinden. Die Bundesregierung mißt der Erklärung Bedeutung bei, die die amerikanische Regierung hierzu vor den Vereinten Nationen am 15. Mai 1968 abgegeben hat.

Auch die Sicherungsmaßnahmen müssen strikt darauf beschränkt sein, den Mißbrauch von spaltbarem Material für Kernwaffenzwecke zu verhindern. Dem dient das Prinzip der instrumentierten Spaltstoff-Flußkontrolle an strategischen Punkten. Zu seiner Realisierung unternehmen wir in der Bundesrepublik Deutschland erhebliche Anstrengungen. Die Arbeiten, an denen auch die IAEO interessiert ist, werden im Kernforschungszentrum Karlsruhe durchgeführt.

Wir möchten Ihnen Gelegenheit geben, sich an Ort und Stelle mit diesen Arbeiten vertraut zu machen. Ich darf daher im Namen der Bundesregierung die interessierten Delegierten zu einem Besuch im Kernforschungszentrum Karlsruhe einladen, in dem auch die moderne Reaktorentechnik der schnellen Brüter entwickelt wird.

Unsere nukleare Tätigkeit findet im Rahmen der Europäischen Atomgemeinschaft statt. Sie verfügt über ein seit über zehn Jahren wirksames Kontrollsystem, das bei einem Verifikationsabkommen mit der IAEO erhalten bleiben muß.

Die Nuklearenergie ist eine der großen Hoffnungen aller Länder, die unter einem Mangel an natürlichen Energiequellen leiden. Wie anders wollen sie den Hunger der Massen bekämpfen, der zu einer Katastrophe für die ganze Menschheit werden kann!

Die Bundesrepublik will die Resultate ihrer Arbeit nicht für sich behalten, sondern mit allen Völkern zusammenarbeiten und ihre Erfahrungen teilen. Wir sind bereit, diese Zusammenarbeit zu verstärken: durch erweiterten Austausch von Informationen und technischen Erfahrungen, durch Einbeziehung in die Programme deutscher Kernforschungszentren und deutscher Forschungseinrichtungen, durch Stipendien und Entsendung von Experten. Auf jede mögliche Weise möchten wir die zahlreichen bereits bestehenden Kontakte enger knüpfen und neue herstellen.

Am 10. September 1926, also vor 42 Jahren, hielt Gustav Stresemann hier jene Rede, mit der er Deutschland in die damalige Gemeinschaft, den Völkerbund, einführte. Viele seiner Forderungen sind noch immer offen, die Aufgaben unerfüllt. Wenn sich heute ein deutscher Außenminister darauf beruft, so in dem Bewußtsein, welch furchtbaren Preis viele Völker und das deutsche Volk selbst bezahlen mußten, weil Briands und Stresemanns Warnungen mißachtet wurden.

Die deutsche Außenpolitik ist manchen Entstellungen und sogar Verleumdungen ausgesetzt. Entstellungen kann niemand ganz entgehen, Verleumdungen weise ich mit Nachdruck zurück. Ich tue dies als jemand, den keiner mit den Verbrechen Hitlers in Verbindung bringen kann und der trotzdem seinen Teil der nationalen Gesamthaftung trägt.

Wir haben aus der Geschichte gelernt. Die Bundesrepublik Deutschland verfolgt konsequent eine Politik, die an die Stelle des Gleichgewichts des Schreckens eine Friedensordnung in diesem Kontinent setzen will. Hierzu gibt es keine vernünftige Alternative...

Quelle: Bulletin vom 4. 9. 1968, Nr. 109, S. 932–934

252   Zur Lage nach dem Einmarsch in die ČSSR

Rede des Bundeskanzlers Dr. h. c. Kurt Georg Kiesinger vor dem Deutschen Bundestag am 25. September 1968 (Auszug)

... Der Einmarsch der Invasionstruppen in die Tschechoslowakei in der Nacht vom 20. auf den 21. August traf die zuständigen Stellen der NATO nicht unvorbereitet, obwohl der genaue Zeitpunkt dieses Einmarsches von niemandem vorausgesehen werden konnte. Alle uns vorliegenden Informationen deuten darauf hin, daß die sowjetische Führung diesen Entschluß erst kurz zuvor gefaßt hatte.

Die Lage war damals dadurch gekennzeichnet, daß die sowjetischen Truppenbewegungen eindeutig mit dem begrenzten Auftrag einer Besetzung der Tschechoslowakei erkannt worden waren. Ich habe noch in jener Nacht alle erforderlichen Maßnahmen veranlaßt.

Am frühen Morgen des 21. August hielt ich vor der Kabinettsitzung eine Lagebesprechung ab, an der neben dem Bundestagspräsidenten auch die Vertreter aller Fraktionen des

Bundestages teilnahmen. In dieser Besprechung und in der darauffolgenden Kabinettsitzung wurde die Okkupation der Tschechoslowakei als eine offene Verletzung ihrer Souveränität und als eine völkerrechtswidrige Einmischung in die inneren Angelegenheiten dieses Staates einmütig verurteilt.

In den Mittagsstunden des gleichen Tages suchte mich der sowjetische Botschafter Zarapkin auf. Wie alle sowjetischen Botschafter in den großen Hauptstädten der Welt hatte auch Herr Zarapkin den Auftrag seiner Regierung erhalten, uns zu versichern, daß der Einmarsch auf Ersuchen der tschechoslowakischen Regierung erfolgt sei.

(Hört! Hört! in der Mitte.)

Der Botschafter erklärte weiter, daß sich diese Aktion gegen keinen anderen Staat richte und daß sie auch den Beziehungen zur Bundesrepublik, denen die sowjetische Regierung große Bedeutung zumesse, keinen Schaden zufügen wolle.

(Hört! Hört! in der Mitte.)

Ich wies den Botschafter auf die Widersprüche hin, die sich aus seiner Mitteilung und aus den der Öffentlichkeit vorliegenden Nachrichten ergäben, wonach die tschechoslowakische Führung mit dem Einmarsch nicht einverstanden sei und gegen ihn protestiert habe. Ich wandte mich auch entschieden gegen propagandistische Versuche, die Politik der Bundesregierung in Zusammenhang mit diesen Ereignissen zu bringen, und wies auf die strikte Politik der Nichteinmischung hin, die wir verfolgt hatten.

Ich habe mich an jenem 21. August nicht darauf beschränkt, die Invasion zu verurteilen. Es stellte sich ja sofort zwangsläufig die Frage nach einer Überprüfung der von dieser Regierung geführten und von diesem Hohen Haus gestützten Ostpolitik. Dazu habe ich im Kabinett und vor der Öffentlichkeit am gleichen Tage erklärt: »Es gibt keine Alternative zu der Politik der Anbahnung einer europäischen Friedensordnung. Es besteht also weder eine Möglichkeit noch ein Grund, diese unsere Politik zu ändern.«

In den folgenden Tagen konnte dann unsere Bevölkerung die erschütternden Ereignisse in unserem Nachbarland dank der umfassenden publizistischen Berichterstattung genau verfolgen.

In der Kabinettsitzung vom 28. August hat die Bundesregierung die Lage in der Tschechoslowakei dann noch einmal gründlich geprüft und erörtert. Sie erklärte dazu:

1. Die völkerrechtswidrige Invasion der Tschechoslowakei hat deren Souveränität tiefgreifend verletzt und eine schwere internationale Krise hervorgerufen.

Diese Krise kann infolgedessen nur beendet werden, wenn die Souveränität des tschechoslowakischen Volkes vollständig wiederhergestellt und die Invasion rückgängig gemacht wird.

Die Bundesregierung hofft, daß diese Erkenntnisse sich auch in der Führung der Sowjetunion durchsetzen werden.

2. Die Sicherheit der Bundesrepublik Deutschland ist durch das Nordatlantische Bündnis gewährleistet, das in der Lage ist, Freiheit und Sicherheit aller seiner Mitglieder wirksam zu verteidigen.

3. Die Vorgänge in Osteuropa haben gezeigt, daß es mehr denn je notwendig ist, rücksichtslose Machtpolitik durch eine dauerhafte Friedensordnung zu ersetzen, die allen europäischen Staaten Sicherheit verbürgt. Die Bundesregierung wird daher ihre bisherige realistische und illusionslose Arbeit für eine europäische Friedensordnung fortsetzen.

4. Diese Politik kann ohne gefährliches Risiko und mit der Aussicht auf Erfolg nur geführt werden auf der festen Grundlage der Europäischen Gemeinschaft und des atlantischen Bündnisses.

Die Bundesregierung wird dafür eintreten, daß diese Fundamente der deutschen, europäischen und alliierten Politik verstärkt werden.

5. Die Bundesregierung bekräftigt ihre Entschlossenheit, auf dem Wege zu einer Frie-

densordnung alle offenen oder strittigen Fragen unter Verzicht auf Gewalt ausschließlich mit friedlichen Mitteln durch Verhandlungen zu lösen.

Es versteht sich von selbst, daß sie dies auch von anderen Völkern erwartet.

Am 2. September meldete sich der Botschafter der Sowjetunion noch einmal bei mir. Er verlas dabei eine vorbereitete Erklärung, die einen allgemeinen und einen auf die Bundesrepublik bezogenen Teil enthielt. In den Konsultationen mit befreundeten Regierungen stellte sich dann heraus, daß ähnliche Erklärungen, die im allgemeinen Teil mehr oder weniger gleichlautend waren, auch anderswo, insbesondere bei den NATO-Mitgliedstaaten, durch die sowjetischen Botschafter übermittelt worden waren. In diesem allgemeinen Teil der Erklärung wurde der Einmarsch in die Tschechoslowakei diesmal mit den Verpflichtungen begründet, welche die Länder des sozialistischen Lagers zur Wahrung ihres Zusammenhalts gegenseitig übernommen hätten. Es wurde dann eine Interpretation der tschechisch-sowjetischen Verhandlungen, die am 27. August beendet worden waren, gegeben. Die Hoffnungen – so hieß es weiter –, die im Ausland auf die konterrevolutionären Kräfte gesetzt worden seien, seien zunichte gemacht worden. Niemandem werde es jemals gestattet werden, auch nur ein einziges Glied aus der Gemeinschaft der sozialistischen Länder herauszubrechen. In der Erklärung wurde dann der Bundesregierung vorgeworfen, sie zeige eine feindselige Haltung gegenüber der Sowjetunion und den verbündeten sozialistischen Staaten. Wenn die Bundesregierung diese Politik nicht aufgebe, so werde sie die Verantwortung für die Folgen eines derartigen Kurses zu übernehmen haben.

(Hört! Hört!)

Die Sowjetunion – so fuhr der Botschafter fort – suche keine Komplikationen mit irgendeinem Staat, auch nicht mit der Bundesrepublik. Die Beziehungen könnten sich jedoch nur verbessern, wenn die Bundesrepublik ihre Versuche, die in Europa bestehenden Grenzen zu verändern, die Sicherheit der sozialistischen Länder zu verletzen und sich in deren innere Angelegenheiten und in die Beziehungen der sozialistischen Länder untereinander einzumischen, in eindeutiger Form aufgebe.

(Hört! Hört!)

Die sowjetische Regierung sei von dem Wunsch erfüllt, die zwischen ihr und anderen Ländern bestehenden Beziehungen auf der Grundlage der gegenseitigen Berücksichtigung rechtmäßiger Ansprüche und Interessen zum Zwecke der Festigung des Friedens in Europa und der ganzen Welt zu erhalten und weiterzuentwickeln. Dies gelte natürlich auch gegenüber der Bundesrepublik Deutschland.

Ich hielt es, meine Damen und Herren, für geboten, dem sowjetischen Botschafter sofort zu antworten. Dabei sagte ich ihm, es sei natürlich nie die Absicht der Bundesregierung gewesen, Zwist in das Lager der sozialistischen Länder zu tragen, ebensowenig wie es ihr Ziel gewesen sei, irgendein sozialistisches Land von der Sowjetunion zu trennen. Zur Lösung ihres großen nationalen Problems, der Wiedervereinigung Deutschlands, brauche sie ja die Zusammenarbeit gerade mit der Sowjetunion und schließlich eine entsprechende Übereinkunft mit der sowjetischen Regierung.

Was diese Bundesregierung seit ihrem Bestehen unternommen habe, sei der Versuch gewesen, die Beziehungen zu allen östlichen Nachbarstaaten – zu allen! – zu verbessern, Mißtrauen und Furcht zu beseitigen und das gegenseitige Verständnis zu fördern. Es habe dabei nicht eine einzige Aktion der Bundesregierung gegeben, die sich gegen die Interessen der Sowjetunion gerichtet habe. Die Bundesregierung habe auch nie versucht, irgend etwas gegen die Sicherheit der sozialistischen Länder zu unternehmen. Ihre Mitgliedschaft im atlantischen Bündnis sei, wie es der Zweck dieses Bündnisses meine, rein defensiver Natur, und sie habe sich auch niemals in die inneren Angelegenheiten der sozialistischen Länder eingemischt. Sie beabsichtige das auch nicht in Zukunft zu tun. Wenn die sowjetischen Forderungen aber darauf hinausliefen, daß die Bundesregierung den Gedanken an eine friedliche Wiedervereinigung Deutschlands aufgeben solle, so müsse ich darauf mit aller Klarheit antworten, daß wir dazu nicht in der Lage seien,

(Beifall bei den Regierungsparteien)

und ich könne nicht zugeben, daß dieses berechtigte Mühen, in dem wir im übrigen von vielen, vielen anderen Ländern freundschaftlich unterstützt werden, eine feindselige Haltung gegenüber der Sowjetunion darstelle.

Ich fragte bei dieser Gelegenheit den Botschafter, ob ich aus der Äußerung, es werde niemandem jemals gestattet werden, auch nur ein einziges Mitglied aus der Gemeinschaft der sozialistischen Länder herauszubrechen, die deutlich genug auf den anderen Teil Deutschlands gezielt war, den Schluß ziehen müsse, daß es ein neues Element in der sowjetischen Außenpolitik gebe dahingehend, daß die Sowjetunion die deutsche Teilung als definitiv betrachte und jeden Versuch, die Teilung mit friedlichen Mitteln zu überwinden, als eine feindselige Politik gegen die Sowjetunion ansehe. Botschafter Zarapkin antwortete, es gehe eben um die gegenwärtige Lage in Europa. Diese Lage müsse von der Bundesregierung anerkannt werden. Dann verwies der Botschafter auf die, wie er meinte, »positiven und konstruktiven Teile« der von ihm übermittelten Erklärung. – Soweit diese denkwürdige Unterhaltung ...

Quelle: 5. Deutscher Bundestag, 185. Sitzung vom 25. 9. 1968, S. 10049–10056

---

253   Entschließung des Bundestages

Wortlaut der Entschließung des Deutschen Bundestages zur Lage nach dem Einmarsch in die ČSSR, 25. September 1968

Der Bundestag stellt fest:

1. Der Deutsche Bundestag hat stets die Bemühungen der Bundesregierungen um eine konsequente und wirksame Friedenspolitik gegenüber allen Staaten unterstützt. Diese Politik ist auf eine europäische Friedensordnung gerichtet. Sie wird fortgesetzt, obgleich sie durch den Einmarsch in die Tschechoslowakei einen empfindlichen Rückschlag erlitten hat.

2. Der Deutsche Bundestag verurteilt den Einmarsch in die Tschechoslowakei als einen völkerrechtswidrigen Gewaltakt. Die Besetzung der ČSSR ist ein schweres Hindernis auf dem Wege zu einer europäischen Friedensordnung.

3. Der Einmarsch in die Tschechoslowakei ist auf die einhellige Empörung der ganzen Welt gestoßen. Die Sowjetunion versucht, ihre Verantwortung für die Besetzung der Tschechoslowakei auf andere, auch auf die Bundesrepublik Deutschland, abzuschieben. Ihre haltlosen Beschuldigungen sollen offenkundig von der sowjetischen Aggression ablenken.

4. Die Angriffe der Sowjetunion richten sich gegen lebenswichtige Positionen der deutschen Politik, die vertraglich und politisch gemeinsam von den USA, Großbritannien, Frankreich und der Bundesrepublik Deutschland vertreten werden.

5. Der Deutsche Bundestag wird zu keiner Zeit und unter keinen Umständen davon abgehen, daß das Selbstbestimmungsrecht der Völker zentraler Grundsatz der internationalen Politik sein muß und durch keine militärische Macht gebeugt werden darf. Die USA, Großbritannien, Frankreich und die Bundesrepublik Deutschland haben sich im Deutschlandvertrag völkerrechtlich bindend verpflichtet, bis zum Abschluß einer friedensvertraglichen Regelung zusammenzuwirken, um mit friedlichen Mitteln ihr gemeinsames Ziel zu verwirklichen: ein wiedervereinigtes Deutschland, das eine freiheitliche, demokratische Ver-

fassung besitzt und in die Gemeinschaft der europäischen Völker eingebettet ist. Die Völker Europas werden einen dauerhaften und gerechten Frieden nicht finden, solange unserem Volke die Teilung aufgezwungen bleibt.

6. Unsere Verbündeten und die ganz überwiegende Mehrheit der Völker haben bekundet, daß sie die Bundesregierung als die einzige deutsche Regierung ansehen, die frei und rechtmäßig gebildet ist. Sie spricht auch für jene, denen mitzuwirken bisher versagt ist. Die Anerkennung des anderen Teiles Deutschlands als Ausland oder als zweiter souveräner Staat deutscher Nation kommt nicht in Betracht.

7. Der Deutsche Bundestag wird alle Verhandlungen und Maßnahmen der Bundesregierung unterstützen, die zum Wohle der Menschen im gespaltenen Deutschland und im Interesse des Zusammenhaltes der Nation möglich sind.

8. Der Deutsche Bundestag hält fest am Viermächtestatus für ganz Berlin und weist Versuche, das freie Berlin politisch und rechtlich zu isolieren, zurück. Der Deutsche Bundestag fördert die Bemühungen der Bundesregierung, die drei Westmächte bei der Ausübung ihrer Verantwortlichkeiten für die Erhaltung des ungehinderten freien Zugangs nach Berlin sowie der Sicherheit und Lebensfähigkeit der Stadt zu unterstützen. Desgleichen tritt er dafür ein, daß die engen gewachsenen Bindungen zwischen Berlin und dem Bund gewahrt und gefördert werden.

9. Der Deutsche Bundestag bekräftigt die Erklärung der Bundesregierung vom 13. Dezember 1966 über unseren Willen zur Aussöhnung und zum friedlichen Zusammenleben des deutschen Volkes mit dem polnischen Volke und mit den Völkern der ČSSR.

10. Sicherheit und Freiheit der Bundesrepublik Deutschland beruhen auf dem atlantischen Bündnis. Der Deutsche Bundestag wird deshalb alle notwendigen Anstrengungen der Bundesregierung unterstützen, die atlantische Allianz zu festigen und zu stärken. Er spricht die Erwartung aus, daß einseitige Verminderungen der Streitkräfte der Allianz in Europa unterbleiben.

11. Der Deutsche Bundestag tritt für internationale Vereinbarungen über gleichwertige Maßnahmen zur Rüstungskontrolle, Rüstungsbegrenzung und Abrüstung ein. Die Bundesrepublik Deutschland hat gegenüber ihren Bündnispartnern auf die Herstellung von atomaren, biologischen und chemischen Waffen verzichtet und sich entsprechenden internationalen Kontrollen unterworfen. Sie strebt keine nationale Verfügungsgewalt über Atomwaffen und keinen nationalen Besitz an solchen Waffen an.

12. Das Grundgesetz verbietet die Störung des friedlichen Zusammenlebens der Völker und den Angriffskrieg. Die Bundesrepublik Deutschland richtet ihre Politik an den Grundsätzen der Satzung der Vereinten Nationen aus. Der Deutsche Bundestag lehnt Gewalt als Mittel der Politik ab.

13. Kein anderer Staat hat das Recht, sich in die inneren Angelegenheiten der Bundesrepublik Deutschland einzumischen oder gar mit Gewalt zu intervenieren. Gegen eine sowjetische Bedrohung schützt uns das nordatlantische Bündnis.

14. Die bestehenden europäischen Gemeinschaften müssen im Innern ausgebaut, miteinander verschmolzen und erweitert werden.

15. Nur in enger Zusammenarbeit aller Völker Europas wird unser Kontinent eine Ordnung des Friedens schaffen und seinen politischen, wirtschaftlichen, wissenschaftlichen und kulturellen Einfluß in der Welt wahren und stärken können. Dann erst kann Europa den Beitrag zur Lösung der großen Probleme dieser Welt leisten, der von unserem Kontinent erwartet wird.

Quelle: Bulletin vom 1. 10. 1968, Nr. 123, S. 1068

Auszug aus der Rede des Bundesministers des Auswärtigen, Willy Brandt, vor dem Deutschen Bundestag im Verlauf der außenpolitischen Debatte vom 2. September 1968

... Ich verstehe durchaus, wenn viele Mitbürger empört oder gar verzweifelt fragen, weshalb es denn der famosen Staatenordnung im Jahre 1968 nicht möglich ist, mit dem Krieg in Vietnam fertig zu werden, mit dem Blutvergießen in Nigeria/Biafra Schluß zu machen. Oder – in unserer unmittelbaren Nachbarschaft, in der ČSSR – ein »zweites München« nicht stattfinden zu lassen. Oder warum wir nicht mit Sicherheit sagen können, daß andere Länder in Südosteuropa militärischer Bedrohung und Erpressung keinesfalls ausgesetzt sein könnten.

So fragen viele im Lande, gerade auch viele der jungen Deutschen; und das ist mehr als verständlich. Dieser Zustand ist einer der Gründe für die Unruhe in der jungen Generation. Ich will allerdings gleich hinzufügen, daß ich damit nicht die Unruhe meine, die von einer kleinen extremistischen – um nicht zu sagen: nihilistischen – Minderheit mit ebensoviel Unverfrorenheit wie Arroganz geschürt wird; Arroganz auch, was die Beurteilung der Verhältnisse in fremden Ländern angeht.

Ich sage dies auch unter dem noch frischen Eindruck der skandalösen und beschämenden Vorgänge, die sich vor wenigen Tagen in Frankfurt beim Besuch des Staatspräsidenten der Republik Senegal abgespielt haben. Ich muß allen Ernstes und vor unserem Volk fragen, wohin wir kommen, wenn ein respektierter ausländischer Gast nicht mehr in die Bundesrepublik kommen kann, ohne unbehelligt den Ort zu erreichen, an dem er beispielsweise durch den Außenminister begrüßt werden soll, wenn er vor Pflastersteinen nicht sicher ist, wenn seine Nationalflagge angetastet wird.

Ich will nicht Außenminister dieser Bundesrepublik Deutschland sein, wenn in diesem Land die Gastfreundschaft nicht mehr gewährleistet ist. Für meine eigene Person füge ich hinzu: Ich werde die Mitbürger, vor allem die Arbeitnehmer in Betrieben, fragen, ob sie es zulassen und ob sie zusehen wollen, daß ausländische Gäste Belästigungen und Demütigungen ausgesetzt werden.

Es geht dabei außerdem darum, daß wir nicht gesonnen sind, die Ergebnisse zwanzigjähriger Aufbauarbeit von Extremisten oder Pöbel zerstören zu lassen.

Ich habe als junger Mann eine deutsche Republik zugrunde gehen sehen. Das wollen und werden wir nicht noch einmal erleben. Wir erlebten, wohin Intoleranz, Haß und Gewalttätigkeit führen. Sie führen letzten Endes in den Krieg. Sie resultieren in Millionen Toten und in zerstörten Städten. Und daran wollen wir nicht noch einmal mitschuldig werden. Deshalb muß unser Volk auch nach der anderen Seite hin den neuen Nazis, wie immer sie sich nennen mögen, eine Abfuhr erteilen.

Nachdem ich dies aus gegebenem Anlaß gesagt habe, füge ich auch heute hinzu: Verhärtung des Denkens ist gegenüber der jungen Generation ebenso schädlich wie Verweichlichung des Empfindens. Ich denke nicht daran, von »den« Studenten, auch nicht von den »linken« Studenten schlechthin, zu reden, wenn ich eine extreme Minderheit meine. Ich denke schon gar nicht daran, die junge Generation zu verurteilen. Im Gegenteil, ich verstehe, wenn sie, die nicht terrorisiert, trotzdem kopfscheu wird angesichts des Widerspruchs zwischen alten Strukturen und modernen Möglichkeiten oder – auf diese unsere Debatte heute bezogen – angesichts der Ohnmacht, der schrecklichen Ohnmacht, die wir alle empfinden und die die Jugend wohl noch stärker empfindet und die zum Trauma werden kann. Ich meine die Ohnmacht gegenüber den Rechtsbrüchen, der Gewalt und dem Blutvergießen in der Welt, in der wir leben ...

Quelle: Bulletin vom 1. 10. 1968, Nr. 123, S. 1062–1064

Rede des Bundesministers für gesamtdeutsche Fragen, Herbert Wehner, vor dem Deutschen Bundestag am 18. Oktober 1968 (Auszüge)

... Da ist zunächst die Frage, ob Grund zur Irritation deshalb besteht, weil der Bundeskanzler davon gesprochen hatte, wir und alle übrigen Völker – er hat gesagt: insbesondere die der westlichen Welt – stünden vor der Notwendigkeit, ja sogar unter dem Zwang einer Überprüfung der bisherigen Politik. Es ist weiter zu fragen, ob es der Position oder der Situation, in der wir uns befinden, entspricht, zu verlangen, die Regierung oder der Bundeskanzler müsse, wenn von einer Überprüfung geredet werde, eigentlich gleich sagen, was anders gemacht werden müsse.

Nun, meines Erachtens hatte der Bundeskanzler recht, wenn er die Bedeutung der im Zusammenhang mit den Vorgängen in der und um die ČSSR zum Teil schon zutage getretenen, aber teils auch noch nicht bloßliegenden Faktoren hervorheben wollte. Ich mache Sie darauf aufmerksam: Die noch nicht zutage getretenen, die noch nicht bloßliegenden Faktoren verdienen unsere Aufmerksamkeit mindestens ebenso wie jene, die schon zutage getreten sind.

Täuschen Sie sich bitte nicht, täuschen wir uns nicht – ich schließe mich selbst ein – durch die Annahme, es könne das, was da geschehen ist, durch Causerien aus der Welt geschafft oder besänftigt werden. Ich sage Ihnen – ohne jemandem zu nahe treten zu wollen: Wenn man den Vorgang ČSSR in seiner Gesamtheit und in dem Rahmen, in dem er sich abspielt – denn er ist ja noch lange nicht abgeschlossen –, unterschätzt, dann vermag man nicht richtig einzuschätzen, welche Bedeutung das hat, was die »Moskauer Doktrin« genannt werden kann, von der ja auch der Bundeskanzler gesprochen hat.

Das eine ist, daß für die nächste Zukunft der kommunistisch regierten Länder der Vorgang ČSSR in seiner Gesamtheit und in seinen Ausdehnungen sehr schwerwiegend ist. Die übrige Welt befände sich aber in einem groben Irrtum, wenn sie annähme, es seien lediglich oder vorwiegend diese Länder betroffen. Ich möchte nicht, daß wir uns bei den Erörterungen über unsere Politik einem solchen Irrtum mehr, als es menschlich unvermeidlich ist, hingeben.

Was meine ich nun, wenn ich sage: »Wer den Vorgang ČSSR unterschätzt«? Erstens unterschätzt man ihn, wenn man annimmt, es sei ein Verkehrsunfall; zweitens, wenn man meint, es handle sich um einen innerkommunistischen Vorgang; drittens, wenn man erwartet, es sei ein kurzfristiger Vorgang oder er ließe sich wie ein Kavaliersdelikt bald wieder ausgleichen; viertens, wenn man mehr oder weniger die von den Wortführern der Invasionsgruppe aufgestellten Behauptungen, die zur Begründung ihres Vorgehens dienen sollen, übernimmt oder sich durch sie dazu verleiten läßt, in der einen oder anderen Behauptung das berühmte Körnchen Wahrheit oder den Schlüssel zur Aufklärung für alles erfahren zu haben.

Meine Damen und Herren, ich finde, es ist keine Schande, zuzugeben, daß man ernstlich prüfen müsse, was alles den Vorgängen zugrunde liegt, und wenn man sagt, dies sei Grund genug zu einer Überprüfung auch der eigenen Politik. Damit, so möchte ich sagen, wird doch nicht in Frage gestellt, was man bisher getan hat, sondern – sofern man es hat – im Instrumentarium der politischen Mittel und Möglichkeiten nach den Instrumenten gesucht, die genau passen. Das ist das Entscheidende...

Im tschechoslowakischen Nachbarland wird unter Aufbietung aller Kraft versucht, die unter den Bedingungen einer militärischen Okkupation, die jetzt vertraglich besiegelt ist, und einer wirtschaftlichen Vormundschaft möglichen Formen nationaler Existenz mit gedrosselter demokratischer Selbstbestimmung zu finden und auszuprobieren...

Aber während das vor sich geht, hat auf der weltpolitischen Bühne schon ein neuer Akt begonnen. Dieser Akt ist von dem Außenminister der Union der Sozialistischen Sowjetrepubliken, Gromyko, mit seiner Rede in der Vollversammlung der Vereinten Nationen eingeleitet worden. Es wäre unzureichend, darin lediglich eine Begleiterscheinung oder eine Folge des Vorgangs ČSSR zu sehen. Es wäre sogar unzureichend, darunter nur oder hauptsächlich eine sozusagen mit erhobener Stimme ausgesprochene Warnung an andere zu verstehen, die im Zusammenhang mit dem Vorgang ČSSR unruhig geworden sind. Auch das wäre unzureichend.

In Wirklichkeit – ich meine das ganz unpathetisch – sind die Völker der Welt vor die Frage gestellt, welche Rollen ihnen in diesem Akt auf der weltpolitischen Bühne zugedacht sind oder welche sie zu übernehmen gedenken. Da müssen sie einen Moment nach Luft schnappen, wenn sie erkennen, was das nämlich in Wirklichkeit bedeuten wird. Das Schicksal der ČSSR stellt in diesem Akt nur ein Bild oder eine Szene dar – ohne damit dieses Schicksal verringern zu wollen.

Die Vereinten Nationen und die einzelnen Staaten in der Welt – die einen etwas mehr fühlbar, die anderen weniger fühlbar – sind vor die Frage gestellt, ob sie folgende Bedingungen hinnehmen wollen.

Erstens. Die kommunistisch regierten Länder im unmittelbaren Moskauer Einflußbereich unterliegen einem Sonderrecht.

Zweitens. Die Beziehungen dieser Länder zur übrigen Welt dürfen den von Moskau bestimmten Rahmen nicht überschreiten oder lockern.

Drittens. Versuchen sie es dennoch, so werden sie militärisch, politisch und wirtschaftlich zur Einhaltung der Moskauer Doktrin genötigt.

Viertens. Die übrige Welt hat sich aller Versuche zu enthalten, mit den unter diesem Sonderrecht stehenden Ländern andere Beziehungen anzubahnen oder zu unterhalten, als Moskau sie zuläßt.

Fünftens. Wer von Moskau verdächtigt oder gar bezichtigt wird, normale zwischenstaatliche Beziehungen auch zu den Ländern, die unter diesem Sonderrecht stehen, anzustreben, der wird zum Feind des Friedens erklärt.

Ich sage das unpathetisch. Das sind die Feststellungen, an denen man nicht vorbeikommt, mit denen man sich befassen und schließlich fertig werden muß.

Vom sowjetischen Außenminister ist betont worden, zwischen dieser Doktrin und Moskaus, d. h. seiner eigenen Regierung Entschlossenheit, den Frieden und die internationale Sicherheit zu verteidigen, bestehe kein Widerspruch. Ich nehme das so, wie es gesagt worden ist, und meine, genaugenommen kann das dann also, richtig verstanden, nur folgendes bedeuten: Frieden und internationale Sicherheit – es sind seine Begriffe; aber es sind ja allgemein gebräuchliche Begriffe, wenn es ihnen auch so geht, wie es eben der Bundeskanzler in bezug auf einige andere Begriffe einmal angeleuchtet hat – werden davon abhängig gemacht, daß Moskau dieses Sonderrecht aufrechtzuerhalten imstande ist oder daß es Frieden und internationale Sicherheit nur geben wird, wenn sich alle anderen Staaten mit der Moskauer Doktrin abfinden. Da müssen Sie auch eine Weile den Atem anhalten, meine Damen und Herren, wenn Sie daran denken, was das nämlich heißen wird.

Für uns Deutsche jedenfalls ist diese Frage keine lediglich akademische Frage. Denn der Teil Deutschlands und unseres Volkes, den die Sowjetregierung als Glied der Gemeinschaft der kommunistisch regierten Länder bezeichnet, unterliegt nach ihrem Willen denselben Gesetzen, d. h. Gewalten, die wir jetzt in unserem südöstlichen Nachbarland ČSSR angewandt sehen.

Es ist dieser Tage in Potsdam – beinahe hätte ich gesagt: Wo könnte es anders sein? – eine Jahreszahl gefeiert worden für irgendeine Akademie des Rechtes. Das »Neue Deutschland« hat am 16. die grundlegende Rede des Staatsratsvorsitzenden wiedergegeben, auf die hier in der Debatte von Herrn Barzel kurz hingewiesen worden ist. Gestern, am 17., konnte man die Rede des prominenten sowjetischen Gastes, eines Professors, nachlesen, der – und in diesem Zusammenhang zitiere ich diesen seinen Satz – dort gesagt hat:

Die Grenzen der DDR haben nicht nur nationale, sondern auch internationale Bedeutung; sie sind Grenzen des Friedens, die Trennungslinie zwischen Sozialismus und Imperialismus.

So heißt das in der anmaßenden Ausdrucksweise eines sowjetischen Professors der Rechte, der den russischen Imperialismus als Jurist sozialistisch zu rechtfertigen sucht. Das ist der Tatbestand.

Deswegen sage ich: Für uns ist das nicht einfach eine akademische Angelegenheit, nein, wir müssen wissen, in diese Dimension will die Moskauer Regierung die deutschen Fragen gebracht sehen, und unter dieser Doktrin steht für sie Frieden und internationale Sicherheit. Beides muß man sich immer wieder vergegenwärtigen, und es ist nicht zuviel gesagt, wenn man bemerkt, daß sich für die deutsche Politik, aber auch für die Politik anderer Nationen, in Europa vor allem wie aber auch sonst in der Welt, aus dieser Doktrin erhebliche und, wie ich meine, ernste Folgerungen ergeben ...

Dann kommen wir zu einer vierten Überlegung unter dieser Auswahl von Gedanken. Wir nehmen den Gedanken einer – ich hörte das dieser Tage – Achse Bonn-Ostberlin-Moskau auf. Das heißt, wir unterwerfen uns selbst der Doktrin und lassen alles andere beiseite. Dann haben wir es mit ziemlicher Sicherheit mit den Forderungen zu tun, die Ostberlin beim SED-Parteitag 1967 – um nur die letzten zu nehmen – aufgestellt und in diesem Jahr zum Fundament und zum Gerüst seiner DDR-Verfassung gemacht hat, jetzt einmal in unseren Bereich hineinprojiziert. Die Forderungen des SED-Parteitages vom Jahre 1967 sind inzwischen weiterentwickelt worden. Sie sollen uns zu einem »friedliebenden« Staat umkrempeln, der allerdings dem Frieden der Welt nicht als gleichberechtigter Partner dienen könnte, das muß man dabei wissen.

Wie sehr übrigens auch offizielle Kommunisten Gefangene ihrer eigenen Doktrinen und Theorien sein können, konnte man unlängst am Beispiel einer großen Warschauer Zeitung sehen. Darin sind auch diejenigen in Deutschland als im Grunde genommen verdächtig und gefährlich denunziert worden, die geneigt wären, die kommunistische Formel vom Status quo, der nicht angerührt und verändert werden dürfe, hinzunehmen. Denn die offiziellen Kommunisten argwöhnen, auch dies sei nur eine besonders raffinierte Art und Weise, die kommunistische Macht untergraben zu wollen. Mit anderen Worten: Was sie für sich selbst in Anspruch nehmen, das darf ein anderer keineswegs für sich in Anspruch nehmen, nämlich politisch um die Lösung von Streitfragen zu ringen ohne Androhung oder Anwendung von Gewalt. Jedem anderen wird sofort unterstellt, er wolle hier die Politik nur als eine Fortsetzung des Krieges mit anderen Mitteln betreiben.

Damit will ich diese von manchen unter den gegenwärtigen Umständen ins Auge gefaßten oder als denkbare Lösung angesehenen Möglichkeiten hinter mir lassen ...

Ich bezweifle nicht, daß sich die Moskauer Doktrin auf längere Sicht als unhaltbar erweisen muß, weil sie die kommunistisch regierten Länder unter eine deren Entwicklung schließlich hemmende und unerträgliche Vormundschaft stellt. Aber für den Frieden und die internationale Sicherheit muß mehr getan werden, als diesen Widerspruch der Moskauer Doktrin zu den Interessen auch kommunistisch regierter Länder zur Wirkung kommen zu lassen; denn das gebieten die Interessen der Völker, und wir hier sollten bereit und fähig sein, unseren konstruktiven Beitrag zu leisten. Wir sollten ihn auch anbieten.

Ohne von anderen mehr verlangen zu wollen, als wir selbst zu tun bereit sind, und ohne als Lehrmeister auftreten zu wollen, müssen wir uns selbst immer wieder in Erinnerung bringen und den anderen zurufen und auch von uns aus darauf hinwirken: Europa muß mehr werden als ein bloßer geographischer oder historischer Begriff – er wird heute fast ausschließlich so verwendet, und man meint, er hätte genügend Inhalt –, auch mehr als ein Schlagwort oder ein Richtungweiser zu einem fernen Ziel . . .

Wir haben es mit der Notwendigkeit zu tun, mehr denn je Bereitschaft zu Kooperation in Europa und auch Fähigkeit – was noch viel schwerer ist – zu Kooperation in Europa zustande bringen zu helfen. Bereitschaft – die erklärt man fortgesetzt. Fähigkeit – da stößt man sich an den Institutionen; die einen an ihrer EWG, die anderen an ihrer EFTA und wieder andere an noch anderen Institutionen. Das ist sehr, sehr schwierig. Ich meine also Fähigkeit zu kooperativerem Verhältnis und Verhalten, das über die bisher entwickelten institutionalisierten Formen hinausgeht, ohne diese zu vernachlässigen; denn dann wäre man auch wieder unten.

Es ist doch wohl nicht zu bestreiten: Solange der Osten Europas nicht zu Kooperation mit dem übrigen Europa imstande ist – was immer die Gründe dafür sein mögen –, muß dieses übrige Europa, ohne deshalb zu einem Block werden zu wollen, wenigstens das Maß eigener Kooperation zu erreichen versuchen, das es möglich macht, die Voraussetzungen für das, was man Koexistenz mit dem Osten nennt, zu gewährleisten und die Ansätze zu bilden zu einmal kommenden kooperativeren Beziehungen, auch zwischen ost- und westeuropäischen Staaten, wenn diese auch nur sehr allmählich heranreifen werden.

Es mag angesichts des Dramas in der und um die ČSSR zur Zeit noch vermessen erscheinen, solche Forderungen oder Vorschläge zu erwägen. Aber ich halte es für falsch, dies einfach dem Lauf der Zeit überlassen zu wollen. Heute ist es unvermeidlich, daß die durch die Invasion in die ČSSR gestörten Sicherheitsverhältnisse durch das nordatlantische Bündnis zum Gegenstand eigener militärischer Vorkehrungen für die Gewährleistung der Sicherheit des durch dieses Bündnis gedeckten Territoriums gemacht werden. Aber es wäre irrig anzunehmen, darin erschöpfe sich die Aufgabe des Westens oder darin erschöpfe sich das, was wir dazu beizutragen hätten, wenn wir ein wenig Licht auch für die eigentlichen deutschen Fragen mit herbeiführen helfen wollen. So lebensnotwendig unter den gegebenen Verhältnissen die militärische Funktionsfähigkeit des nordatlantischen Bündnisses ist, so wesentlich es, meine ich, außerdem sein würde, wenn etwa die europäische Gemeinschaft der Sechs jetzt über ihren Schatten zu springen vermöchte – und wäre es auch nur im Zeitlupentempo – und – außer Marktordnungen, die sicher vortrefflich sind – einige lebenswichtige Fortschritte in Richtung umfassenderer Kooperationen zustande zu bringen vermöchte, so dürfte sich europäische Aktivität auch darin nicht erschöpfen. Bei verantwortungsbewußten Staatsmännern, politisch verantwortlichen Menschen müssen diese Ereignisse und muß auch diese Doktrin zu Überlegungen und Schritten führen, die mindestens den Meinungsaustausch zwischen möglichst vielen europäischen Regierungen bewirken und eine Art von Synchronisation von Handlungen ermöglichen. Dabei sollte man auch, ohne diese zu verletzen, über institutionalisierte Verhältnisse hinauszuwirken versuchen . . .

Jedenfalls unser Volk sollte alles daransetzen – amtlich und auch nicht amtlich meine ich das –, daß rundherum erkennbar wird: Die Deutschen wollen helfen, mit an Europa zu bauen, nicht einer bestimmten anderen Doktrin wegen, sondern weil sie wie kaum ein anderes Volk für die Zukunft ihres eigenen Volkes darauf angewiesen sind, daß aus Europa mehr wird als Formeln, die sich aneinander reiben.

Wenn dazu noch kommt, daß man aus den vielen Begegnungen und auch aus den Versuchen, wie wir in schwieriger Situation unsere Fragen zu klären bemüht sind, den Eindruck von uns mitnimmt, daß wir ehrlich Recht und Respekt vor dem Recht bei uns selbst und auch im Verhältnis zu anderen wünschen und zu halten bemüht sind, nun, dann werden wir etwas haben, von dem man später sagen wird: unter schwierigen Verhältnissen auch eine wichtige Leistung.

Damit dieser Eindruck, auf den es heute sehr ankommt, mehr sein kann als ein freundlicher Schimmer, der eine Art von politischer Trümmerlandschaft etwas verschönt, müssen wir im gespaltenen Deutschland tun, was möglich ist, um auch über die Demarkationslinien hinweg unbefangen über das zu sprechen, was dazu helfen kann, unserem Volk die Last der Spaltung zu erleichtern. Ich meine, wir haben in dieser Hinsicht nichts von dem zurückzunehmen oder zu bereuen, was wir angeboten haben, wozu wir Ansätze geliefert haben. Wir sind imstande und auch bereit, das sogar weiterzuentwickeln, so souverän wie nur möglich, aber nicht, es dem Mißbrauch oder der Täuschung anheimfallen zu lassen, die von anderen damit getrieben werden.

Ich darf hier, weil die Diskussionen, wenn auch nicht in diesem Hause zur Zeit, aber mit ihrem Widerhall in Ausschüssen und draußen um das Haus herum diese Fragen doch drängender erscheinen lassen, darauf hinweisen: Wir sind – ich jedenfalls fühle mich dazu auch durch meinen Eid verpflichtet – dazu verpflichtet, dafür zu wirken, daß unser gesamtes deutsches Volk in freier Selbstbestimmung die Einheit und die Freiheit Deutschlands vollenden kann. Wir haben in unserer Regierungserklärung vom Dezember erklärt, daß wir die Landsleute im anderen Teil unseres Vaterlands nicht bevormunden wollen. Wir haben keinen Zweifel daran gelassen. Wir werden es auch immer wieder beweisen, daß uns das Ernst ist, daß wir unser Ziel auch nicht durch Gewalt oder durch Androhung von Gewalt zu erreichen suchen werden. Auch diese unsere Politik steht unter dem Leitwort des Willens zu Frieden und zu Verständigung. Wenn die Menschen im anderen Teil Deutschlands einwandfrei in eigener, freier Entscheidung bestimmen können, wie sie mit uns zu leben wünschen, so respektieren wir ihre Entscheidung.

Daß die innerdeutschen Demarkationslinien oder Grenzen von uns nicht angetastet werden, das haben wir nicht nur betont, sondern hinlänglich bewiesen. Daß übrigens auf unserer Seite auf keinen geschossen wird, der von Deutschland nach Deutschland will, das ist auch erwiesen, wird von manchen aber schon vergessen. Unsererseits jedenfalls steht einem vernünftigen Modus vivendi nichts im Wege. Wir suchen dabei weder nach Arbeit über dieses schreckliche Pensum hinaus noch nach Betätigungsplätzen bei anderen, denen wir Modelle anbieten oder aufdrängen wollten für die Art, wie sie ihre kommunistische Ordnung ändern oder umgestalten sollten; das soll und muß deren Sache sein. Aber wir werden jetzt sehr schweren Belastungsproben ausgesetzt sein, und das heißt für viele Menschen: Sie werden ganz schweren Enttäuschungen hinsichtlich dieser Doktrin ausgeliefert sein, die nicht, Herr Mischnick, etwas ist, was einfach so hingesagt worden ist, die auch nicht etwas ist, was funkelnagelneu ist; die Bestandteile dieser Doktrin waren für den, der sich ernsthaft mit den Verhältnissen beschäftigt, leider schon sehr lange erkennbar; ich will das nicht im einzelnen beleuchten.

Angesichts einer solchen Zäsur, mit der wir es zu tun haben werden, wird es gut sein, wenn die Bereitschaft und dann auch die Fähigkeit zum In-Ordnung-Bringen und In-Ordnung-Halten unseres eigenen Instrumentariums und unserer auch geistigen und seelischen Arsenale nicht nur beteuert, sondern auch in Handlungen umgesetzt werden.

Deswegen habe ich – und ich bitte Sie dafür noch nachträglich um Entschuldigung – Wert darauf gelegt, in meiner eigenen Weise einiges zu dieser Situation, die die innerdeutsche Wirklichkeit wahrscheinlich sehr drückend machen wird für die, die sich einfach kneten lassen, einiges zu sagen, um erklären zu helfen, gerade im Zusammenhang mit Debatten, bei denen es im Grunde genommen darum geht, unser Eigenes zu tun, damit unser Staat seine Handlungsfähigkeit und seine Bewegungsfähigkeit behalte und sie, wenn möglich, noch steigere. Er wird sie wahrlich nötig haben. – Ich danke Ihnen für Ihre Geduld.

Quelle: 5. Deutscher Bundestag, 190. Sitzung vom 18. 10. 1968, S. 10301–10307

Ansprache des Regierenden Bürgermeisters von Berlin, Klaus Schütz, anläßlich der Übergabe seines Amtes als Präsident des Bundesrates am 25. Oktober 1968 (Auszug)

... Gestatten Sie mir jetzt einen ganz persönlichen Dank an die Mitglieder dieses Hohen Hauses. Vor einem Jahr bin ich, wenige Tage nach meiner Wahl zum Regierenden Bürgermeister von Berlin, von Ihnen zum Präsidenten gewählt worden. Trotz heftiger Polemik aus Ostberlin habe ich dieses Amt sofort und ohne Zögern übernommen, weil ich der Auffassung war und bin, daß Berlin alle die Rechte und Pflichten wahrnehmen muß, die nicht im Widerspruch zu dem tatsächlichen, dem gewachsenen Status der Stadt stehen. Diese Rechte und Pflichten richten sich gegen niemand; sie wahrzunehmen ist keine Provokation, sondern ein selbstverständlicher Bestandteil der über Jahre hinweg gehandhabten engen Bindungen Berlins an das Rechts-, Wirtschafts- und Finanzsystem der Bundesrepublik. Ich danke Ihnen allen, daß Sie dies verstanden und im letzten Jahr mitgetragen haben.

Schließlich spricht der Regierende Bürgermeister von Berlin all denen seinen Dank aus, die mit dafür gesorgt haben, daß Berlin in diesem Jahr die politische, finanzielle und moralische Hilfe bekommen hat, die es braucht, um in eine gesicherte Zukunft zu gehen. Wir werden Ihre Hilfe weiter brauchen. Und die Berliner sind sicher, daß sie in diesem Haus Freunde haben.

Dieses letzte Jahr hat – gerade weil es in mancher Hinsicht ein schwieriges Jahr war – gezeigt, daß die Länder der Bundesrepublik Deutschland sehr wohl in der Lage sind, ihre Aufgaben zu meistern. Unsere bundesstaatliche Ordnung hat sich bewährt, und wir tun gut daran, auch in Zukunft mit ihr – aber auch an ihr – zu arbeiten; zum Nutzen der Bürger überall in Deutschland.

Quelle: Bulletin vom 29. 10. 1968, Nr. 138, S. 1213 f.

Rede des Bundesministers des Auswärtigen, Willy Brandt, auf der Generalkonferenz der UNESCO in Paris am 6. November 1968

Friede ist nicht nur Abwesenheit von Krieg und Gewalt, obwohl wir wissen, daß es Völker gibt, die heute schon dafür dankbar wären. Friede verlangt auch Freisein von Unterdrückung, von Hunger, von Unwissenheit. Nur so können die Menschen und die Völker ihre Fähigkeiten frei und verantwortlich entfalten.

Eine dauerhafte und gerechte Friedensordnung erfordert gleichwertige Entwicklungschancen für alle Völker. Hieran kann die UNESCO in hervorragender Weise mitwirken. Die Bundesrepublik Deutschland möchte dieses Wirken nach Kräften unterstützen.

Bei uns liegt, wie Sie wissen werden, die Kulturhoheit bei den einzelnen Ländern. Dem Außenminister obliegt jedoch, auch in Fragen der Erziehung und Kultur, die Vertretung gegenüber dem Ausland und in internationalen Organisationen. Aus dieser Verantwortung möchte ich Ihnen dreierlei sagen.

Erstens: Wir bekennen uns nachdrücklich zur intellektuellen und moralischen Solidarität, wie sie in der Präambel der UNESCO-Verfassung gefordert wird.

Zweitens: Uns liegt daran, den internationalen Dialog methodisch und sachlich zu fördern. Und wenn ich es so unbescheiden hinzufügen darf: Neben den furchtbaren und schrecklich folgenreichen Irrtümern der deutschen Geschichte ist die Kunst des Dialogs mit Andersdenkenden eine vornehme Tradition unserer geistigen Entwicklung; davon zeugt unsere Literatur ebenso wie unsere Wissenschaft.

Drittens: Einer Reihe von konkreten UNESCO-Vorhaben gelten unser besonderes Interesse und unsere aktive Sympathie.

Friedliches Miteinander erfordert Mut zur Solidarität. Es zwingt zu größeren Anstrengungen, den Egoismus zu überwinden. Dies ist das Gebot der Stunde. Und dieses Gebot gilt für Ost und West ebenso wie für Nord und Süd. Überspitzter Nationalismus und erzwungene Gemeinschaften sind Formen des Egoismus, die das Zusammenleben der Völker nicht befruchten, sondern belasten. Sie führen zu ungerechten Unterschieden, zu künstlichen Unterscheidungen und vertiefen den Abstand von Mensch zu Mensch, von Nation zu Nation.

Andere haben es vor mir gesagt, ich sage es trotzdem noch einmal: Wenn die Menschheit nicht neuen, schweren, unübersehbaren Gefahren ausgesetzt werden soll, so muß die Kluft zwischen Reichen und Armen, zwischen Wissenden und Unwissenden, zwischen Hungernden und Satten geschlossen werden. Nur so sichert man den Frieden von morgen. Dieser Kampf ist heldenhaft, obwohl er nicht mit Panzern und Gewehren ausgetragen wird.

Die UNESCO käme nicht gut weg, wenn sie nur die Frage zu beantworten hätte: Wieviel Divisionen? Sie kommt besser weg, wenn man weiß, daß im Ringen um die Welt von morgen die Vermittlung von Wissen zu einer entscheidenden Waffe geworden ist. Nun wissen wir alle aus bitterer Erfahrung, daß es politischen Analphabetismus, geistige Unreife, moralische Verwirrung gibt, obwohl die Menschen lesen und schreiben können. Trotzdem bleibt richtig: Wenn die Menschen nicht einmal lesen und schreiben können, wird man mit ihnen nur sehr bedingt als verantwortlichen Staatsbürgern rechnen können. Deshalb ist es gut, daß die UNESCO viel Mühe darauf verwendet, den Analphabetismus zu überwinden.

Ebenso wichtig ist es, das Schul- und Erziehungswesen in aller Welt zu verbessern. Die Bereitschaft zur Solidarität wird noch konkreter herausgefordert, wenn es darum geht, die wissenschaftlich-technische Zusammenarbeit zwischen den weiter fortgeschrittenen und den weniger fortgeschrittenen Nationen energisch voranzutreiben. Wirklich nach vorn führt nur die Teilung und Verbreitung von Wissen. Wenn die UNESCO die Aufgabe meistert, die von einer weltweiten Umschichtung des Wissens handelt, wird sie dem unteilbaren Frieden, den sich unsere Völker ersehnen, ihren historischen Dienst geleistet haben.

Die technische Zivilisation ist dabei, sich über den Erdball auszubreiten. Und gleichzeitig erleben wir, wie junge Menschen vielerorts gegen diese Zivilisation und gegen gewachsene Gesellschaftsordnungen rebellieren.

Das ist ein Vorgang, in dem es viele Besonderheiten gibt, in dem aber auch allgemeine Tendenzen unverkennbar sind. Zu den einfachsten Erklärungen gehört: Die Jugend mißt das, was ist, nicht an dem, was war – in unserem Fall, als Ergebnis eines mörderischen Krieges –, sondern an dem, was sein könnte. Aber handelt es sich nicht auch um ein Aufbegehren gegen Phänomene der Entfremdung und Entseelung? Steckt nicht hinter manchen lautstarken Protesten die Frage nach der »Freiheit wofür«? Werden wir nicht nachdrücklich darauf hingewiesen, daß materielle Besserstellung und technische Perfektion kein letztes Ziel bieten? Zeigt sich nicht, daß politische Entscheidungsvorgänge immer weniger übersichtlich und damit auch schwerer verständlich werden? Sehen wir uns nicht der Befürchtung gegenüber, der Mensch könne verplant, er könne zu einem manipulierbaren Roboter degradiert werden?

Niemand von uns sollte zu alt sein, diesen Fragen nachzugehen. Gar so verwunderlich ist es wohl nicht, wenn junge Menschen aufbegehren gegen das Mißverhältnis zwischen veralteten Strukturen und neuen Möglichkeiten. Wenn sie protestieren gegen den Widerspruch von Schein und Wirklichkeit. Wenn sie an einer Politik verzweifeln, die sich zwar Postulate setzt, sich jedoch bei Rechtsbrüchen, bei Gewaltanwendung, Unterdrückung und Blutvergießen als ohnmächtig erweist.

Ich bin nicht dafür, jungen Menschen nach dem Mund zu reden. Ich bin gegen Konzessionen, wo es um Intoleranz und Gewalttätigkeiten geht. Hier gebieten es Verantwortung und Respekt vor denen, die nach uns kommen, nicht nachzugeben. Aber ich meine, wir dürfen uns nicht abriegeln. Zuhören ist nicht genug. Wir müssen uns der Herausforderung stellen mit der Bereitschaft, uns selbst in Frage zu stellen und hinzuzulernen.

Nur mit der jungen Generation können wir den Kampf um den Frieden gewinnen. Sie muß davon überzeugt sein, daß ein weltweites friedliches Miteinander sich nur voll entfalten kann, wenn die Gewalt als Mittel politischer Auseinandersetzungen gebannt wird.

Der generelle und ausnahmslose Verzicht auf die Anwendung von Gewalt und auf Drohung mit Gewalt gehört zu den Grundlagen der Politik der Regierung, für die ich spreche. Es war deshalb nur folgerichtig, daß wir bei der Konferenz der Nichtkernwaffen-Staaten in Genf zugunsten des Gewaltverzichts und Gewaltverbots eine Resolution eingebracht haben, die zu unserer Genugtuung mit einer starken Mehrheit angenommen worden ist. Ich unterstreiche von dieser Stelle aus unsere Bereitschaft, alle Streitfragen in verbindlicher Weise mit anderen Regierungen auf dem Wege der Verhandlung zu klären oder aus der Welt zu schaffen.

Die Bundesrepublik Deutschland bedroht niemanden. Sie hat – übrigens als erster Staat der Welt – gegenüber ihren Bündnispartnern vertraglich auf die Herstellung aller A-, B- und C-Waffen verzichtet. Sie ist entschlossen, einem europäischen Friedenssystem den Weg zu ebnen und sich an ausgewogenen Abrüstungsmaßnahmen zu beteiligen. Sie weiß sich mit allen einig, die nicht wollen, daß elementare Lebensrechte eines Volkes verletzt werden. Sie wäre bereit, durch Abrüstung frei werdende Kapazitäten für friedliche und konstruktive Zwecke einzusetzen. Ich meine, dies ist eine Perspektive, der wir gerade auf dem Boden der UNESCO Beachtung schenken sollten.

Wir haben festgestellt, wie ähnlich die Interessen vieler Staaten sind – unabhängig von der Gesellschaftsordnung und unabhängig von ihrer geographischen Entfernung –, wo es um die Sicherung ihrer friedlichen Entwicklung und ihres künftigen Wohlstands geht. Hier gibt es gemeinsame Interessen vieler Staaten, die keine Weltmächte sind, die auch nicht die Ambition haben, Großmächte zu werden, und die dennoch nicht nur auf dem gleichen Recht bestehen, sich frei und ohne Sorge entwickeln zu können, sondern die auch vor ihrer weltpolitischen Mitverantwortung nicht zurückweichen wollen. In den Jahren, die vor uns liegen, wird es – wie ich vermute – zunehmend solche Gebiete gemeinsamer Interessen geben.

Quelle: Willy Brandt, Reden und Interviews 1968–1969, hrsg. vom Presse- und Informationsamt der Bundesregierung, Bonn o. J., S. 83–86

258 Embargo gegenüber Südrhodesien

Aufzeichnung des Auswärtigen Amts über die Politik der Bundesregierung gegenüber Südrhodesien vom 22. Januar 1969 (Auszug)

Die Bundesrepublik Deutschland hat sich, ohne Mitglied der Vereinten Nationen zu sein, aus Solidarität mit der Weltorganisation, den Völkern Afrikas und insbesondere mit dem befreundeten Großbritannien den Embargobeschlüssen des Weltsicherheitsrates gegen Südrhodesien angeschlossen.

Bereits 1965 hatte die deutsche Regierung die Ausfuhr von Waffen, Munition und Flugzeugen nach Südrhodesien verboten. Am 18. Februar 1967 schloß sie sich dem am 16. Dezember 1966 verhängten Teilembargo an. Auf der Ausfuhrseite ging es dabei um Kraft- und Luftfahrzeuge, auf der Einfuhrseite um die wichtigsten Produkte Südrhodesiens. Allerdings sah sich die Bundesregierung aus rechtlichen Erwägungen nicht in der Lage, in laufende Privatverträge einzugreifen, die bereits vor der Resolution des Weltsicherheitsrates bestanden. Dies hatte zur Folge, daß insbesondere nicht unbeträchtliche Mengen von Rohkupfer aus Südrhodesien in die Bundesrepublik gelangten. Diese Lieferungen kamen aber im September 1968 endgültig zum Erliegen.

Auch die Resolution des Weltsicherheitsrats vom 29. Mai 1968 über das verschärfte Südrhodesien-Embargo wurde nach Klärung der teilweise komplizierten rechtlichen Erfordernisse mit Wirkung vom 9. November 1968 in deutsches Recht umgesetzt. Auch diesmal mußten die laufenden Verträge ausgenommen werden. Es steht jedoch bereits fest, daß nur noch Warensendungen geringen Umfangs von den Sanktionen nicht erfaßt werden.

Entsprechend der Resolution des Weltsicherheitsrats wurden außer Ein- und Ausfuhr auch der Transit durch Deutschland einschließlich der deutschen Freihäfen, die Beförderung südrhodesischer oder für Südrhodesien bestimmter Waren auf deutschen Schiffen und Flugzeugen sowie der Kapitalverkehr unterbunden.

Die deutsche Einfuhr hat sich aufgrund der ersten deutschen Embargomaßnahmen 1967 auf weniger als 16 Mio $ ermäßigt und damit gegenüber dem Vorjahr halbiert. Durch die verschärften Embargomaßnahmen ist die Einfuhr im Oktober auf 0,291 Mio $ und im November auf 0,1 Mio $ drastisch zurückgegangen. Die Ausfuhren unterlagen zunächst nur vereinzelten Embargobestimmungen. Aufgrund der neuen Vorschriften hat sich auch die Ausfuhr stark vermindert und betrug im November nur noch 0,264 Mio $ gegenüber einem Durchschnitt der vorhergehenden 22 Monate von 1,1 Mio $ ...

Quelle: Aus den Akten des Auswärtigen Amts

259

Aufzeichnung des Auswärtigen Amts über die Abhaltung der Bundesversammlung in Berlin, 14. Februar 1969

1. Die Bundesversammlung hat bisher dreimal in ununterbrochener Folge (1954, 1959, 1964) in Berlin stattgefunden. Das geschah mit Zustimmung der für die Sicherheit Westberlins verantwortlichen Schutzmächte. Dieses Ereignis hat in der Vergangenheit niemals zu vermehrten Spannungen um Berlin oder zu einer Verschlechterung der internationalen Lage geführt. Behauptungen dieser Art, wie sie von der sowjetischen Regierung im Hinblick auf die bevorstehende Bundesversammlung geäußert worden sind, entbehren jeder Grundlage.

2. Der Zusammentritt der Bundesversammlung in Berlin bedeutet keinen Verstoß gegen gültige internationale Vereinbarungen über Berlin. Der Viermächte-Status der Stadt, der nach wie vor für ganz Berlin gilt, wird davon nicht berührt. Die Bundesregierung respektiert die internationalen Vereinbarungen, durch welche die Vier Mächte die deutsche Hauptstadt unter ihre gemeinsame Verwaltung gestellt haben. Unter Vorbehalt ihrer Rechte hinsichtlich Berlins haben die drei westlichen Schutzmächte die Herstellung enger Bindungen zwischen Berlin und der Bundesrepublik Deutschland genehmigt.

3. Die engen Bindungen zwischen Westberlin und der Bundesrepublik sind eine uner-

läßliche Bedingung für die politische und wirtschaftliche Lebensfähigkeit der Stadt. Wenn die Bundesrepublik daher an diesen Bindungen festhält, so leistet sie damit einen notwendigen Beitrag für eine gesicherte Existenz der Stadt. Damit kommt sie zugleich Verpflichtungen nach, die ihr aus geltenden internationalen Vereinbarungen obliegen.

4. Die bestehenden engen Bindungen zwischen Berlin und der Bundesrepublik entsprechen auch dem politischen Willen der Berliner Bevölkerung, die in ihrer Zugehörigkeit zum Wirtschafts-, Sozial- und Finanzsystem der Bundesrepublik Deutschland eine Garantie ihres politischen Selbstbestimmungsrechts und ihres wirtschaftlichen Wohlergehens erblickt. Sie hat ihre Einstellung in der Vergangenheit so oft und so eindrucksvoll bekundet, daß darüber kein Zweifel besteht.

5. Wenn Ausschüsse des Deutschen Bundestages oder die Bundesversammlung in Berlin tagen, so kommen darin nur die engen Beziehungen zwischen Westberlin und der Bundesrepublik, auf denen die Lebensfähigkeit dieses Teils der Stadt beruht, zum Ausdruck. Die Sitzungen dieser demokratischen Institutionen in Berlin sind gegen niemanden gerichtet und können auch von niemandem als Provokation empfunden werden.

6. Es ist daran zu erinnern, daß dementsprechend weder die Sowjetunion noch die DDR bei den Alliierten oder bei der Bundesregierung Protestschritte unternommen haben, als am 17. Juli 1954 die Bundesversammlung zum erstenmal in Berlin tagte. Anläßlich der ersten Plenarsitzung des Deutschen Bundestages in Berlin vom 19. bis 22. Oktober 1955 begrüßte die Volkskammer der DDR die Bundestagsabgeordneten mit einem freundlichen Telegramm, und das Organ des Zentralkomitees der Sozialistischen Einheitspartei Deutschlands »Neues Deutschland« brachte in Leitartikeln Genugtuung darüber zum Ausdruck, »daß die Bundestagsabgeordneten endlich den Weg nach Berlin gefunden haben«.

7. Weder von seiten der USA, Großbritanniens oder Frankreichs noch von seiten der Bundesrepublik Deutschland sind Schritte unternommen worden, die darauf hinauslaufen, den auf völkerrechtlichen Vereinbarungen beruhenden Status Berlins zu verändern. Demgegenüber hat die Sowjetunion in der Vergangenheit zugelassen und läßt auch weiterhin zu, daß der für ganz Berlin geltende Rechtsstatus von der Regierung der DDR, die ihren Sitz in Ostberlin gewählt hat, nicht beachtet wird. Mit Wissen und mit Billigung der Sowjetunion ist der östliche Teil Berlins nahezu vollständig in den Staatsapparat der DDR eingegliedert worden.

Während die Bundesrepublik Deutschland nach wie vor gewährleistet, daß Westberlin nicht vom Bund regiert wird, nimmt die DDR Ostberlin als ihre Hauptstadt in Anspruch und übt dort uneingeschränkt Regierungsgewalt aus.

Während Gesetzgebungsakte der Bundesrepublik Deutschland nur dann für Westberlin Wirkung erlangen, wenn sie durch das Abgeordnetenhaus in einem besonderen Verfahren übernommen worden sind, werden Gesetze der DDR im Ostteil der Stadt vielfach unmittelbar angewendet.

Während das Bundesverfassungsgericht für Westberlin grundsätzlich nicht zuständig ist, erstreckt sich die Judikatur der Gerichte in der DDR ohne Einschränkung auf Ostberlin.

Während in Westberlin keine Wehrpflicht besteht und die entsprechenden Gesetze der Bundesrepublik dort keine Geltung haben, erstreckt sich die Militärgesetzgebung und die militärische Organisation der DDR in vollem Umfang auf Ostberlin. In regelmäßigen Abständen werden dort mit Zustimmung der sowjetischen Behörden Militärparaden und andere Veranstaltungen der Nationalen Volksarmee abgehalten. Die Ostberliner Industrie ist seit langem in die Rüstungswirtschaft der DDR einbezogen. Auch bei der Aufstellung paramilitärischer Verbände im anderen Teil Deutschlands wurde Ostberlin nicht ausgenommen.

Die Verbindungen innerhalb Berlins wurden mit Billigung der Sowjetunion systematisch eingeschränkt und durch die rechtswidrigen und unmenschlichen Absperrungsmaßnahmen vom 13. August 1961 nahezu vollständig abgebrochen. Darüber hinaus ist es der Regierung der DDR wiederholt gestattet worden, die Verkehrsverbindungen zwischen Westberlin und der Bundesrepublik Deutschland behindernden Regelungen zu unterwerfen.

Angesichts dieser Umstände kann niemand im Zweifel darüber sein, wo der Rechtsstatus der Stadt tatsächlich in Frage gestellt wird.

Von Sprechern der sowjetischen Regierung wird geltend gemacht, daß Befugnisse der sowjetischen Besatzungsbehörden in Berlin auf Organe der DDR übertragen worden seien. Damit bezieht sich die Sowjetunion offenbar auf den Briefwechsel der Außenminister Dr. Bolz (DDR) und W. W. Sorin (UdSSR) über die Kontrolle der Grenzen der DDR und der Verbindungswege nach Berlin, der im Anschluß an die Verhandlungen über den Moskauer Vertrag vom 20. 9. 1955 stattgefunden hat, sowie auf den Vertrag über Freundschaft, gegenseitigen Beistand und Zusammenarbeit zwischen der Sowjetunion und der DDR vom 12. 6. 1964.

Mit solchen Vereinbarungen kann die faktische Aushöhlung des Viermächte-Status, wie er für Ostberlin vollzogen worden ist, nicht gerechtfertigt werden. Eine Änderung des auf Vereinbarungen der Vier Mächte beruhenden Rechtsstatus von Berlin ist rechtswirksam nur wiederum durch Vereinbarung der Vier Mächte möglich. Keine von ihnen kann sich einseitig ihrer Verantwortlichkeiten, die sie vertraglich übernommen hat, entledigen. Es wäre im Gegenteil die Pflicht der sowjetischen Behörden, darüber zu wachen, daß auch im Ostteil der Stadt der besondere Status Berlins respektiert wird.

8. Die Vorwürfe der sowjetischen Regierung gegen die Bundesrepublik Deutschland im Zusammenhang mit der vorgesehenen Wahl des Bundespräsidenten in Berlin werden auch nicht dadurch glaubhafter, daß erneut auf die Teilnahme von Mitgliedern der NPD an der Bundesversammlung hingewiesen wird. Die verfassungsmäßigen Organe der Bundesrepublik Deutschland haben in der Vergangenheit wiederholt bewiesen, daß sie mit verfassungsfeindlichen Bestrebungen fertig zu werden wissen. In der Bundesrepublik Deutschland wird die Verfassungsmäßigkeit der NPD zur Zeit von den dafür zuständigen Organen in einem rechtsstaatlichen Grundsätzen entsprechenden Verfahren geprüft.

Aufgrund der Existenz einer radikalen und undemokratischen Minderheit, gegen die von seiten der zuständigen deutschen Organe erst nach einem Verbot des Bundesverfassungsgerichtes eingeschritten werden kann, können die bestehenden Bindungen zwischen der Bundesrepublik und Westberlin nicht in Frage gestellt oder diskreditiert werden.

9. Der bevorstehende Zusammentritt der Bundesversammlung in Berlin ist ein Ereignis, dessen friedlicher und demokratischer Charakter unmöglich verkannt werden kann. Die Bundesregierung beobachtet daher mit Sorge die feindselige Polemik, die gegen diesen bereits zur Tradition gewordenen Vorgang gerichtet wird. Sie sieht darin einen Grund zu der Befürchtung, daß jene Intoleranz, die sich heute gegen die Abhaltung der Bundesversammlung in Berlin richtet, schon morgen weitere Elemente der lebenswichtigen Bindungen Berlins an die Bundesrepublik Deutschland in Frage stellen könnte. Jeder Eingriff in die ausschließliche Zuständigkeit der für die Sicherheit Westberlins verantwortlichen Mächte muß aber die Gefahr verschärfter Spannungen um Berlin heraufbeschwören. Die Bundesregierung, deren Politik auf eine Verminderung der Spannungen in Mitteleuropa gerichtet ist, gibt ihrer Hoffnung Ausdruck, daß im Zusammenwirken aller für den gegenwärtigen Status Berlins Verantwortlichen eine solche Entwicklung vermieden werden kann.

10. Über alle Fragen, die zu Kontroversen Anlaß geben werden, kann und muß verhandelt werden. Solche Gespräche können aber nicht vor dem Hintergrund von Pressionen, die letztlich nur die Menschen in Berlin treffen, geführt werden. Keine Seite darf sich von Prestige-Gesichtspunkten leiten lassen.

Quelle: Aus den Akten des Auswärtigen Amts

Interview des Bundeskanzlers Dr. h. c. Kurt Georg Kiesinger im Zweiten Deutschen Fernsehen über die Lage in Berlin, 2. März 1969 (Auszug)

Frage:

Herr Bundeskanzler, wie bewerten Sie den jüngsten Schritt – die sowjetische Erklärung über die Nichtgarantierung der Sicherheit in den Luftkorridoren – in diesem Nervenkrieg?

Antwort:

Sie haben das Wort schon gesagt: Nervenkrieg. Es ist eine Steigerung dieses Nervenkrieges, auf die wir mit Ruhe reagieren müssen. Wir mußten dies erwarten. Wir sind nicht allein. Wir haben die drei Schutzmächte an unserer Seite. Erst gestern habe ich mit den drei Botschaftern vereinbart, daß wir in engster Konsultation bleiben und daß wir alle Maßnahmen gemeinsam beraten, die notwendig sind, um jeder denkbaren möglichen Entwicklung begegnen zu können.

Es geht nicht nur um den aktuellen Anlaß, nämlich die Abhaltung der Bundesversammlung in Berlin, es ist nur ein Anlaß. Es geht um den alten Kampf, um Berlin, und das heißt nicht um ein paar Quadratkilometer Fläche Erde, sondern um 2,3 Millionen Menschen, freie Menschen, die dort leben, die mit uns verbunden sind und die mit uns verbunden bleiben wollen.

Frage:

Man hat immer gehört, die Alliierten betrachten die Zugangswege nach Berlin als das, was sie die essentials, die lebenswichtigen Bestandteile ihrer Berlinpolitik betrachten. Würde von einer Gefährdung der Verkehrswege, auch in der Luft, möglicherweise ein solches lebenswichtiges politisches essential berührt werden?

Antwort:

Da ist gar kein Zweifel, daß dies so wäre. Der Zugang zu Berlin ist eben eine der Grundbedingungen dafür, daß Berlin leben kann, und in dieser Frage haben sich die Schutzmächte immer sehr fest gezeigt. Dieser Zugang zu Berlin ist nicht nur der Zugang für Personen, sondern er betrifft natürlich auch den Zugang und den Rückfluß von Gütern aus Berlin und die Erhaltung der wirtschaftlichen Lebensfähigkeit, wirtschaftlichen Lebenskraft. Diese Menschen in Berlin wollen freie Menschen bleiben, wollen leben können, d. h. auch arbeiten können also, und wollen mit uns verbunden bleiben. Das sind die drei großen Anliegen.

Um mit dem letzteren anzufangen: Deswegen ist es für die Menschen in Berlin wichtig, daß von Zeit zu Zeit symbolische Akte dieser Verbundenheit gesetzt werden, d. h., daß von Zeit zu Zeit der Bundespräsident hingeht, der Bundeskanzler, daß von Zeit zu Zeit Ausschüsse des Bundestages dort tagen. Früher hat sogar das Plenum des Bundestages bis 1965 gelegentlich in Berlin getagt. Das ist dann nachher nicht mehr aufgenommen worden, und so sehen auch sehr viele Berliner in der Tatsache, daß die Bundesversammlung in Berlin abgehalten wird, ein starkes Symbol der Zusammengehörigkeit Westberlins mit der Bundesrepublik. Bei allem zugegebenen Sonderstatus Berlins besteht eben diese Verbindung mit uns, die Verbindung, die von der Sowjetunion bestritten wird, indem von ihr und den Machthabern im anderen Teil Deutschlands die Formel von der selbständigen politischen Einheit Berlins als ein polemischer Streitbegriff gebraucht wird. Jetzt haben wir diese Note der Sowjetunion an Ostberlin, in welcher angeregt wird, wegen angeblicher Produktion militärischer Güter in Berlin, die dann heimlich nach der Bundesrepublik verfrachtet werden sollen, Maßnahmen zu treffen.

Frage:
Aber das hängt ja mit dem unmittelbaren Anlaß gar nicht zusammen?

Antwort:
Äußerlich nicht, aber ich habe keinen Zweifel, daß es innerlich insgeheim mit diesem Anlaß verbunden wird. Daß das alles Unsinn ist und nicht wahr ist und vor allem die Beschuldigung gegen uns, die Bundesregierung, daß so etwas mit unserem Wissen und Willen geschähe, wie ich überhaupt einmal ganz klar sagen muß: Gerade das, was von der Seite der Sowjetunion und natürlich schon lange von Ostberlin uns, der Bundesregierung, vorgeworfen wird, wäre das Törichteste, was wir tun könnten.

Wir wollen ja gar keine Änderung des Status von Berlin haben. Wir wollen das bewahren, was geworden ist in den Beziehungen zwischen Berlin und uns. Und wir wollen niemandem wieder einen berechtigten Anlaß zur Kritik, zu dem Hinweis geben, wir hätten das Völkerrecht verletzt, noch auch nur den Schein und den Vorwand eines solchen Anlasses. Alle die Behauptungen, wir steckten immer mehr und mehr Behörden nach Berlin, wir würden in Berlin junge Leute für die Bundeswehr anwerben, das ist einfach nicht wahr.

Frage:
Die Berliner sind gar nicht wehrpflichtig?

Antwort:
Natürlich nicht! Und auch die Anwerbung von Freiwilligen geschieht nicht. Niemals sind in Berlin Freiwillige angeworben worden. Es kann sein, daß eine Zeitung, die in der Bundesrepublik erscheint und auch in Berlin gelesen wird, mal eine Annonce enthält, bei der Freiwillige geworben werden, aber die Annonce wird auch in Österreich und in der Schweiz oder sonstwo im Ausland gelesen. Das ist also alles Unsinn. Und ich würde, wenn ich von solchen Dingen erführe, sogar sofort dagegen einschreiten, weil ich der Meinung bin: Wenn wir den Status Berlins halten wollen, dann müssen wir uns auch an das Recht halten, auf das wir uns berufen.

Frage:
Verbirgt sich hinter den Scheinvorwürfen nicht die alte These von Nikita Chruschtschow aus dem Jahre 1958, Berlin läge auf dem Territorium der sogenannten »DDR«?

Antwort:
Das ist ja eine These, die immer wieder wiederholt wird. Ich glaube, Herr Ulbricht hat einmal die stärkste Formel gebraucht: Westberlin gehöre politisch und geographisch zur »DDR«. Chruschtschow prägte den Begriff der »Freien Stadt Berlin«. Jetzt heißt es »die selbständige politische Einheit«. Natürlich, es ist der alte Kampf um Westberlin, das da mittendrin als eine Insel der freien Welt liegt. Und das ist natürlich den Machthabern drüben ein Stachel im Fleisch.

Und deswegen immer und immer wieder der neu aufflammende Streit bei jedem sich bietenden Anlaß, die Vorwürfe des Revanchismus, des Militarismus, der Kriegstreiberei gegen uns, die ja gar niemand mehr in der Welt ernst nimmt.

Frage:
Wie würde, Herr Bundeskanzler, nun die Position Berlins im Kalkül der Bundesregierung, der deutschen Politik in der Zukunft aussehen?

Antwort:
Ich würde also so sagen: Es kommt in erster Linie uns auf das Los der Berliner an. Und

das heißt, sie sollen freie Menschen bleiben, sie sollen arbeiten und leben können in der Stadt, die sie lieben, in der sie geblieben sind, und sie sollen mit uns verbunden bleiben, verbunden bleiben unter Berücsichtigung des Sonderstatus, den Berlin eben immer noch hat. Es sind zwar Berliner Abgeordnete im Bundestag. Sie haben kein Stimmrecht. Sie werden nicht nach unserem Wahlrecht dort gewählt. Die vom Bundestag beschlossenen Gesetze müssen erst transformiert werden usw. – wohlbekannte Dinge.

Daß die Menschen mit uns verbunden bleiben, dafür ist eben wichtig, daß solche Aktionen in Berlin stattfinden, daß Symbole gesetzt werden. Die sind gerade für die Berliner besonders wichtig. Und da entzündete sich auch ein gewisser Streit nicht, aber eine gewisse Meinungsverschiedenheit, wie wichtig es zum Beispiel sei, die Bundesversammlung auch diesmal in Berlin stattfinden zu lassen. Und in diesem Zusammenhang gibt es natürlich auch verschiedene Meinungen darüber, ob es richtig sei oder nicht richtig sei, die Frage der Abhaltung der Bundesversammlung in Berlin überhaupt zum Gegenstand eines Verständigungsgespräches mit der Sowjetunion zu machen.

Frage:
Nun, Herr Bundeskanzler, Sie haben in den letzten zehn Tagen in einem, fast möchte ich sagen, dramatischen Rennen mit der Zeit versucht, noch so etwas wie einen politischen Tauschhandel zu machen. Würden Sie sich in dem Zusammenhang das Wort »Tauschhandel« gefallen lassen?

Antwort:
Nein, das würde ich mir nicht gefallen lassen. Das ist kein Tauschhandel, sondern der Sinn dieser Bemühungen war, abgesehen davon, daß es in einer unruhigen und verworrenen Welt immer eine gute Sache ist, wenn zwei Länder, die einen großen Streit miteinander haben, beweisen, daß sie auch mitten in dieser Streitsituation verstehen, eine Frage friedlich zu lösen. Es ist kein Tauschhandel, sondern es ist einfach die Frage: Was ist besser für Berlin und die Berliner, daß wir als ein Symbol der politischen Zusammengehörigkeit die Bundesversammlung dort abhalten oder daß wir etwas für sie herausholen, was für die Dauer ihre Position verbessert. Das ist die ganze Frage.

Frage:
Und das wären nicht nur Passierscheine, sondern . . .?

Antwort:
Ich habe auch das Wort Passierscheine nicht gerne in diesem Zusammenhang gebraucht. Es hat sich nun einmal eingebürgert. Ich habe von der Freizügigkeit innerhalb Berlins gesprochen mit der Forderung, daß die Berliner in der Zukunft nicht mehr anders behandelt werden als die Besucher aus der Bundesrepublik. Das ist das eine. Und es müßten natürlich noch manche andere Dinge folgen. Es geht aber auch um Gespräche in einem verbesserten Klima, denn das ist ja auch die Frage: Gibt dieser Anlaß die Möglichkeit, unsere Beziehungen zur Sowjetunion zu verbessern oder nicht. So etwas muß man immer einmal wieder versuchen. Nur, die Aussicht, ein besseres Klima zu bekommen, kann uns natürlich nicht dazu bewegen, eine so schwerwiegende politische Entscheidung zu treffen, wie es die Verlegung der Bundesversammlung ist. Deswegen muß ein überzeugender Beitrag der Verständigung von vornherein aus dem Osten kommen. Und das fällt dem Osten, wie es scheint, außerordentlich schwer, zumal, wenn es ja nicht nur mit Moskau, sondern auch mit Ostberlin zu tun hat.

. . .

Quelle: Bulletin vom 4. 3. 1969, Nr. 27, S. 225 f.

Übersicht über die Grundprobleme der Entwicklungspolitik von dem Bundesminister für wirtschaftliche Zusammenarbeit, Dr. Erhard Eppler, 4. April 1969 (Auszüge)

... Es fehlt nicht an Literatur über Entwicklungspolitik. Aber es fehlt an einer praktischen Grundformel für das, was wir wollen. Eine solche Grundformel hat sich nun herausgeschält aus langen Diskussionen. Sie lautet:

Generalformel zur Entwicklungspolitik

Das wirtschaftliche und soziale Gefälle zwischen den industrialisierten Zonen und den Entwicklungsgebieten der Erde erhält Abhängigkeiten und schafft Konflikte.

Entwicklungspolitik soll Völkern helfen, sich selbst zu helfen, damit sie sozial und wirtschaftlich aufholen, ihre Gesellschaft nach eigenen Zielen zu modernisieren und in der weltweiten Interdependenz über die gemeinsame Zukunft mitbestimmen können.

Entwicklungspolitik macht politische Kräfte, wirtschaftliche Interessen und solidarische Hilfsbereitschaft dem sozialen und politischen Ausgleich dienstbar und bringt sie zu optimaler Wirksamkeit.

Entwicklungspolitik fordert die Lernfähigkeit auch unserer Gesellschaft heraus, ihre Bereitschaft, die Sorgen anderer Völker zu teilen und ihre Entscheidungen ernst zu nehmen. Entwicklungspolitik ist Ansatz zu einer Weltinnenpolitik. Sie tut das Nächstliegende in einer revolutionären Weltlage.

Entwicklungspolitik zielt auf Frieden. Sie beweist und mobilisiert Hoffnung.

Ich möchte versuchen, diese Formel in 13 Punkten zu erläutern.

(1) Wirtschaftliche Gefälle

Ausgangspunkt ist das Nord-Süd-Gefälle. Das wirtschaftliche Gefälle läßt sich leicht messen: Das durchschnittliche Pro-Kopf-Einkommen in den USA beträgt 13 160 DM, in der BRD 6 040 DM, in Indien 257 DM, in Ruanda 160 DM. Das Gefälle wird nicht flacher, sondern im ganzen steiler. Auch wenn in einigen Entwicklungsräumen in den letzten Jahren Wachstumsraten erzielt wurden, die nahe denen der Industrieländer (5,1 %) oder sogar darüber lagen (Nahost 7,2 %; Ostasien 4,9 %; Lateinamerika 4,7 %), so wird gerade in entscheidenden Ländern das wirtschaftliche Wachstum durch den Geburtenüberschuß (bis zu 3 %) nahezu neutralisiert.

(2) Soziales Gefälle

Das innerhalb der Entwicklungsländer herrschende starke soziale Gefälle sei an folgendem Beispiel dargestellt: Geht man davon aus, in einem Lande stünden im Schnitt 2 500 Primärkalorien pro Kopf und Tag zur Verfügung, und unterstellt man weiter, daß 10 % der Bevölkerung gut, also mit genügend tierischem Eiweiß, ernährt werden, wozu etwa 10 000 Kalorien nötig sind, so können 90 % der Bevölkerung nur noch 1 666 Kalorien pro Kopf und Tag erhalten. Der Unterschied zwischen 2 500 und 1 666 Primärkalorien ist aber die Differenz zwischen Unterernährung und Hunger. Dazu kommt, daß soziale Sicherheit in unserem Sinne in den meisten Entwicklungsländern fast unbekannt ist. Anders gesagt: Das Gefälle zwischen den breiten Schichten der Industrieländer und der großen Masse der Menschen in der Dritten Welt ist größer, als Durchschnittszahlen ahnen lassen. Es geht also um das soziale Gefälle innerhalb der Entwicklungsländer ebenso wie um das soziale Gefälle zwischen Nord und Süd.

(3) Abhängigkeiten

Manches Volk in Afrika hat, nachdem der Rausch der politischen Unabhängigkeit verflogen war, ernüchtert und verbittert festgestellt, daß mit politischer Unabhängigkeit wenig gewonnen ist, solange man kein Geld hat, das eigene Budget auszugleichen, keine Devisen, um Industrie-Ausrüstungen zu kaufen, keine Waren, die sich auf dem Weltmarkt aus eigener Kraft behaupten können.

Daß dem so ist, entspringt nicht der abgründigen Bosheit einiger Kapitalisten, sondern den Gesetzen, nach denen sich Macht bildet und auswirkt, solange es Menschen gibt. Ökonomische Abhängigkeit von kommunistischen Ländern kann noch wesentlich ungemütlicher sein als solche von westlichen Nationen.

Ökonomische Unabhängigkeit kann man weder einklagen noch dekretieren. Man kann sie nur erreichen, indem man auf den »take off«-Punkt hinarbeitet, von dem aus das wirtschaftliche Wachstum ohne fremde Hilfe nach eigenen Vorstellungen abläuft, und indem man sich schließlich am Weltmarkt durchsetzt. Entwicklungspolitik will helfen, diesen Punkt zu erreichen.

Dabei stehen wir Deutschen weniger als andere unter Verdacht, neue Abhängigkeiten anzustreben. Wir sind weder eine Weltmacht, noch waren wir seit 1918 eine Kolonialmacht.

In keinem Land haben wir uns so engagiert, daß daraus neue politische Abhängigkeiten entstanden wären. Auch unsere privaten Investitionen (bisher ganze 4 Mrd. in Entwicklungsländern gegenüber 10 Mrd. in Industrieländern) ließen sich noch vervielfachen, ehe daraus ernsthafte Abhängigkeitsverhältnisse entstehen könnten. Der größte private Beitrag der BRD zur Entwicklungshilfe im Jahre 1968 waren Kapitalaufnahmen der Weltbank auf dem deutschen Kapitalmarkt in Höhe von mehr als 1 Milliarde DM.

(4) Konflikte

Daß das Nord-Süd-Gefälle Konflikte schafft, ist inzwischen zur Binsenweisheit geworden.

In einer Welt, wo jeder von jedem weiß oder doch wissen kann, ist nicht anzunehmen, daß sich 2/3 der Menschheit damit abfinden werden, hungrig zuzusehen, wie man sich anderswo der Gefahren des Überflusses erwehrt. Sicher wäre es unrealistisch zu hoffen, daß in wenigen Jahrzehnten die Entwicklungsländer den Anschluß an die Industrieländer finden könnten. Aber es muß wenigstens gelingen, den Abstand von Jahr zu Jahr etwas zu verringern, statt zu vergrößern. Gelingt es nicht, so sollten wir uns nicht wundern, wenn Verzweiflung und Haß nicht nur Konflikte schaffen, sondern auch die rationale Anstrengung solcher Konflikte verhindern.

(5) Selbsthilfe

Keine Gesellschaft kann allein von außen entwickelt werden. Sie muß sich selbst entwickeln. Heute bringen die Entwicklungsländer 80 % ihrer Investitionen selbst auf, nur 20 % kommen von außen. Dieser Prozentsatz mag sich verschieben: Immer steht die eigene Anstrengung an erster Stelle.

Was wir auch tun, muß sich einfügen in die Pläne, die national oder regional entworfen werden. Unser Beitrag wird um so wirksamer sein, je exakter er sich einpaßt in das, was die Entwicklungsländer, was andere Industrieländer und was die großen internationalen Organisationen planen und durchführen. Und nur wenn alle Maßnahmen der Ausbildung, der Infrastruktur, der Produktion und Verwaltung ineinandergreifen, ist Entwicklung möglich.

Sonst gibt es Straßen, auf denen niemand fährt; Schulen, deren Absolventen keine Arbeitsplätze finden; Fabriken, denen es an ausgebildeten Kräften fehlt; Märkte, die niemand erschließt, und Produktionen, für die sich kein Markt findet.

Vieles von dem, was sich in reifen Industriegesellschaften von selbst ergibt, muß am Beginn des Entwicklungsprozesses genau koordiniert und geplant werden.

(6) Nach einigen Zielen modernisieren

Seit einigen Jahren beginnt man sich genauere Gedanken zu machen, wie Entwicklungshilfe auf die sozialen Strukturen in der Dritten Welt wirkt. Man hört den reichlich pauschalen Vorwurf, Entwicklungshilfe gebe der herrschenden Schicht Geld zur Unterdrückung der Massen in die Hand. Dies ist sicher falsch.

Bei unserer Technischen Hilfe bezahlen wir deutsche Experten und ihre Ausrüstung, seien es Landwirte, Tierärzte, Gewerbelehrer, Fernmeldetechniker, Geologen oder Bewässerungsfachleute. Und bei der Kapitalhilfe bezahlen wir – mit langfristigen, niedrig verzinslichen Krediten – die Aufträge, die ein Entwicklungsland an deutsche oder andere Firmen vergibt, wenn einmal der Bau einer Brücke oder einer Düngemittelfabrik ausgehandelt ist.

Trotzdem bleibt die Frage nach der Wirkung unserer Hilfe auf die sozialen Strukturen der Empfängerländer. Unsere Hilfe dynamisiert Strukturen. Wo ein Staudamm gebaut wird, gerät einiges in Bewegung: Bauern erhalten neues Land, größere Ernten verlangen nach Vermarktungsorganisationen, Elektrizität verändert das Leben ganzer Regionen. Technische Schulen schaffen nicht nur neue Fertigkeiten, sondern neue Denkformen und Bedürfnisse. Insofern wollen wir dazu beitragen, veraltete, entwicklungshemmende Denk- und Sozialstrukturen zu überwinden.

Aber es ist nicht unsere Sache, anderen das Ziel eines solchen Wandlungsprozesses vorzuschreiben. Wollten wir es versuchen, würden wir das Gegenteil erreichen. Wir können allenfalls unsere organisatorischen Erfahrungen auf dem Gebiet der Gewerkschaften und Genossenschaften anbieten, die Diskussion fördern, Probleme bewußt machen. Dies tun unsere politischen Stiftungen. Aber Entwicklungspolitik ist nicht Mission, weder für unsere Gesellschaftsform noch für irgendeine andere. Wir sind nicht der Maßstab, nach dem andere zu messen sind.

Aber wir haben auch keinen Anlaß, anderen die Gesellschaftsmodelle Dritter aufzudrängen. Es ist nicht unsere Aufgabe, anderer Leute Revolutionen zu machen. Aber wir können unseren Rat anbieten, wenn sie sich über ihre eigenen Ziele klarwerden wollen.

(7) Interdependenz

Entwicklungspolitik geht davon aus, daß auf dem klein gewordenen Globus keiner vom anderen völlig unabhängig ist. Den kostspieligen Luxus des absolut autonomen Nationalstaates können sich die Entwicklungsländer noch weniger leisten als die Industrieländer. Niemand wird auf die Dauer Verständnis dafür haben, daß etwa der Handel der Entwicklungsländer unter sich oft durch hohe Zollmauern beschränkt oder gar unterbunden wird.

Aber im System allgemeiner Interdependenz können die Entwicklungsländer nicht Objekte unseres mehr oder weniger guten Willens sein, sondern nur Subjekte in einem Verhältnis der Partnerschaft. Entwicklungsländer und Industrieländer haben gemeinsam die Aufgabe, die »gute alte Erde« für alle zu einem Ort zu machen, auf dem es sich einigermaßen menschenwürdig leben läßt.

(8) Motive und Interessen

Es gibt eine wenig fruchtbare Diskussion darüber, was das Motiv unserer Entwicklungspolitik sei. Als ob es jemals ein einziges Motiv gäbe, aus dem heraus Menschen handeln! Deshalb haben wir formuliert: »Entwicklungspolitik macht politische Kräfte, wirtschaftliche Interessen und solidarische Hilfsbereitschaft dem sozialen und politischen Ausgleich dienstbar und bringt sie zu optimaler Wirksamkeit.«

Politik ohne Interessen, außerhalb des politischen Kräftefeldes, hat es nie gegeben und wird es nie geben. Natürlich hat Entwicklungspolitik mit wirtschaftlichen Interessen zu tun. Dabei sind allerdings langfristige und kurzfristige Interessen zu unterscheiden.

Ein Fünftel unseres Volkseinkommens stammt aus dem Export. Davon gehen wiederum 80 % in Industrieländer, in reiche Länder. Wir haben also ein Interesse daran, daß weitere kaufkräftige Märkte entstehen: unsere Handelspartner von morgen. Und es ist durchaus natürlich, wenn deutsche Firmen sich schon heute um Kontakte zu diesen Ländern bemühen. Insofern laufen wirtschaftliche Interessen und entwicklungspolitische Ziele über eine weite Strecke parallel. Es steht nirgendwo geschrieben, daß uns schaden müßte, was anderen nützt, oder anderen schaden müßte, was uns nützt. Es mag Fälle geben, wo das Interesse einer deutschen Firma an einer Lieferung zusammenfällt mit einem Erfordernis der Entwicklungspolitik. Es gibt andere Fälle, wo beides nicht zusammenfällt.

Es ist völlig legitim, wirtschaftliche Interessen in diesem Lande für die Entwicklungspolitik nutzbar zu machen. Illegitim wäre lediglich das umgekehrte Verfahren: Entwicklungspolitik zum ausführenden Organ wirtschaftlicher Interessen zu degradieren. Wo dies versucht wird – es geschieht selten –, wird die Entwicklungspolitik sich zu wehren haben.

Daß Entwicklungspolitik ohne ethische Impulse nicht möglich ist, widerspricht dem nicht. Es ist für die Wirkung nicht entscheidend, ob jemand zum Ausgleich zwischen Nord und Süd beiträgt, weil er zu der vernünftigen Erkenntnis gekommen ist, daß dies in seinem eigenen langfristigen Interesse liegt, weil er das Ansehen seines Landes ändern will, weil er ein Mindestmaß sozialer Gerechtigkeit anstrebt oder weil ihn das eine oder andere Wort des Neuen Testaments nicht losläßt.

Was auch immer den Entwicklungsländern weiterhilft, muß von uns aufgegriffen, koordiniert und in ein Entwicklungskonzept eingefügt werden, ganz gleich, aus welchen Motiven es kommt.

(10) Lernprozeß

. . .

(11) Weltinnenpolitik

. . .

(12) Das Nächstliegende in einer revolutionären Weltlage

Daß wir in einer revolutionären Welt leben, ist beinahe schon ein Gemeinplatz. Entwicklungspolitik ist keine Ideologie der Weltverbesserung. Sie hat kein Patentrezept. Sie wartet nicht auf die ideale Gesellschaft.

Sie versucht, das unerläßlich Nötige gerade noch rechtzeitig zu tun. Sie träumt nicht von der heilen Welt, sie will auch die Welt nicht interpretieren, sie will sie verändern, bescheiden, aber beharrlich, Schritt für Schritt. Sie ist ein nüchternes Geschäft für nüchterne Menschen.

(13) Frieden und Hoffnung

Wenn Entwicklungspolitik sich als Friedenspolitik begreift, meint sie nicht den Frieden des Status quo. Entwicklungspolitik setzt Prozesse in Gang, die alles andere als ruhig verlaufen werden. Niemand weiß, was uns an Erschütterungen und Umwälzungen in der Dritten Welt bevorsteht.

Die Gesellschaften Asiens, Afrikas und Lateinamerikas haben ihr altes statisches Gleichgewicht verloren, für immer verloren. Entwicklungspolitik will die Chance erhöhen, daß sie im technischen Zeitalter ein neues, dynamisches Gleichgewicht finden.

Man mag einwenden, die Chancen dazu seien gering. Die Möglichkeit, daß die Bevölkerungsexplosion alle Entwicklungsanstrengungen wegfegt, läßt sich nicht von der Hand

670

weisen. Es ist nicht nur möglich, sondern sogar wahrscheinlich, daß die Menschheit mit ihren Problemen nicht fertig wird. Es mag sein, daß wir Katastrophen entgegengehen.

Daß es Entwicklungspolitik gibt, daß sie gerade von der jungen Generation leidenschaftlich diskutiert wird, zeigt, daß wir noch nicht resigniert haben.

Ohne Hoffnung gibt es keine Entwicklungspolitik. Aber ohne Entwicklungspolitik gibt es auch nicht mehr viel Hoffnung.

Quelle: Pressemitteilungen des Bundesministeriums für wirtschaftliche Zusammenarbeit, Entwicklungspolitik, Sondernummer vom 11. 4. 1969

262   Innenpolitische Aspekte der Außenpolitik

Rede des Bundeskanzlers Dr. h. c. Kurt Georg Kiesinger auf der Unternehmertagung der Landesvereinigung der industriellen Arbeitgeberverbände Nordrhein-Westfalens e. V. in Düsseldorf am 24. April 1969 (Auszüge)

... Meine Damen und Herren! Wir hatten gestern eine außerordentlich schwierige Kabinettsitzung, die sich von morgens 9 Uhr bis tief in die Nacht hinein erstreckte, und wir sind mit unserem Programm nicht ganz fertig geworden ...

Wir haben uns gestern mit einer Zwischenbilanz zum Atomsperrvertrag befaßt. Ich habe es der Öffentlichkeit bekanntgemacht, daß ich nicht der Meinung bin, daß uns die Umstände drängen – und auch unsere Verbündeten drängen uns nicht –, hier eine Unterschrift zu setzen, ohne daß das Optimum dessen, was geklärt und erreicht werden kann, auch wirklich geklärt und erreicht ist. Und daran ist auch unsere Wirtschaft auf das höchste interessiert. – So haben wir gestern denn auch beschlossen.

Die zweite ernste Frage waren die Methoden des Kampfes gegen den Links- und Rechtsextremismus oder -radikalismus. Hier steht zur Wahl, entweder diesen Rechts- und Linksradikalismus mit den gegebenen politischen und rechtlichen Möglichkeiten zu bekämpfen, oder, etwa im Falle der NPD, einen Verbotsantrag beim Bundesverfassungsgericht zu stellen.

Man kann über die Frage, wie man es machen soll, streiten, nur über eines sind wir uns alle allerdings einig, daß wir streiten, und zwar nach beiden Seiten streiten.

Wir haben gestern, so wie es mein Wunsch war, so entschieden, vor diesem Bundestagswahlkampf keine Verbotsmaßnahmen einzuleiten, das heißt, weder einen Verbotsantrag gegen die NPD beim Bundesverfassungsgericht zu stellen noch vorläufig Maßnahmen gegen die neue KPD einzuleiten. Wir werden die DKP allerdings sorgfältig auf ihre Entwicklung hin beobachten, um festzustellen, ob sie sich nicht letztlich doch als eine Ersatz- oder Nachfolgeorganisation der verbotenen KPD entpuppen wird.

Und selbstverständlich hatten wir uns auch mit den studentischen Revolutionären, insbesondere mit dem SDS, auseinanderzusetzen. Nicht mit den unruhigen Studenten. Ich wäre unglücklich, wenn Studenten nicht unruhig wären. Hier kamen wir aus gut erwogenen Gründen zu dem Ergebnis, daß wir hinsichtlich des SDS von den Ordnungs- und Rechtsmitteln, aber dann auch konsequent und energisch, Gebrauch machen müssen, die es uns erlauben, diese Revolutionäre zu bekämpfen.

In Sachen NPD hat uns, obwohl das vom Innenminister vorgelegte Material schwerwiegender Natur ist, auch der Gedanke bewegt, daß wir ja nicht damit rechnen können, daß bis zur Bundestagswahl eine Entscheidung des Bundesverfassungsgerichts ergehen könnte. Wir wollen diesen Leuten, von denen manche guten Willens, wenn auch politisch befangen sind, von denen andere ein wenig Anleihe an der Ideologie einer unseligen Vergangenheit genommen haben – wir wollen es gerade diesen letzteren nicht leicht machen, indem wir ihnen das Argument in die Hände spielen: Aha, sie haben uns in offener Feldschlacht vor den Wählern nicht zu bekämpfen gewagt und haben daher dieses Mittel des Verbotsantrages gewählt.

Ich glaube, meine Damen und Herren, daß es uns gelingen wird, die deutsche Wählerschaft davon zu überzeugen, daß diese radikale Partei, wie immer wir sie sehen mögen, mit der wir im Inneren ohne weiteres unter den gegebenen Umständen fertig werden, doch gewaltigen Schaden am Ansehen unseres Volkes im Ausland tut. Das sollte unser Volk bei der Wahl am 28. September bedenken.

Nun haben wir noch vor uns eine Entscheidung in der schwierigen Frage der Verjährung von Mordtaten. Sie wissen, daß das mit einer Entscheidung zusammenhängt, die der Bundestag 1965 getroffen hat, als mit Blick auf die ersten Jahre nach dem Krieg gesagt wurde, man müsse den Beginn des Verjährungszeitraumes von 20 Jahren eben um vier Jahre verlängern, da man in jenen ersten Jahren gar nicht die Gelegenheit gehabt habe, entsprechende Straftaten zu erforschen und zu verfolgen.

Nun läuft diese Frist am 31. Dezember dieses Jahres ab. Es ist ganz selbstverständlich, daß wir die schwierige Entscheidung – wie immer man entscheidet, ist sie schwierig – nicht dem nächsten Bundestag, der dann nur wenige Wochen für diese Entscheidung zur Verfügung hätte, überlassen können. Wir müssen das schon auf unsere eigenen Schultern nehmen.

Ich glaube, daß ich schon so viel sagen kann, ohne daß ich das Ergebnis der heutigen Kabinettsitzung vorwegnehme, daß wir zwar nicht damit einverstanden sein können, daß auch die schlimmsten Verbrecher aus jener Zeit straflos mit Berufung auf Verjährung ausgehen könnten, daß wir aber andererseits dem Gedanken von Schuld und Verstrickung – und das heißt auch dem Gedanken der Gnade, wie immer man das dann methodisch durchführen möge – gerecht werden.

Wir suchen also – und sind entschlossen, sie zu finden – eine differenzierte Entscheidung, von der ich gewiß bin, daß sie dem Willen der überwältigenden Mehrheit unseres Volkes entspricht. Da sagt man: Macht, wo immer es geht, unter dem Gedanken der Gnade Schluß für viele, viele, die in der damaligen Zeit hineinverstrickt waren in den gewaltigen Machtapparat, der damals unser aller Schicksal bestimmte, und unterscheidet sie von denen, denen man wirklich die entscheidende Verantwortung für das, was geschah, zusprechen muß. – Ich hoffe, daß diese Entscheidung so gelingen wird ...

Quelle: Bulletin vom 26. 4. 1969, Nr. 53, S. 445–447

263 Vor einer neuen Phase der Ostpolitik

Rede des Bundesministers des Auswärtigen, Willy Brandt, auf dem Überseetag in Hamburg am 7. Mai 1969 (Auszug)

... Wir stehen vor einer neuen Phase von Kontakten und Gesprächen zwischen Ost und West.

Hier wird es zunächst darum gehen, ob die amerikanische Bereitschaft zu Besprechungen über die Limitierung interkontinentaler strategischer Waffen von der Sowjetunion positiv beantwortet wird. Dafür liegen Anzeichen vor. Dabei wird es in der ersten Runde im wesentlichen darum gehen, die Balance neu zu stabilisieren, d. h. einen Wettlauf zur Einführung neuer Systeme zu vermeiden. Niemand gibt sich einer Illusion darüber hin, daß es schwierig, kompliziert sein und lange Zeit brauchen wird, ehe diese Bemühungen Erfolg haben können. Erst im Falle des Erfolgs wird man darangehen können, das vorhandene Arsenal zu reduzieren, was dann natürlich im besonderen Maße die Interessen der Europäer berührt.

Die Sowjetunion hat im März mit den anderen Staaten des Warschauer Pakts eine europäische Sicherheitskonferenz vorgeschlagen. Ich glaube, die NATO hat gut daran getan, diesen Gedanken nicht rundweg abzulehnen. Dazu hätten wir auch nicht raten können, wenngleich wir keinen Illusionen nachjagen und wie unsere Verbündeten der Auffassung sind, daß eine derartige Konferenz den realen Gegebenheiten Rechnung tragen, d. h. unter Beteiligung der Vereinigten Staaten und Kanadas stattfinden müßte. Es gibt für unseren Teil Europas keine Sicherheit ohne die Vereinigten Staaten.

Eine gesamteuropäische Konferenz ist keine neue Idee. Deshalb muß die Idee noch nicht schlecht sein. Aber eine solche Konferenz sollte wirklich eine gesamteuropäische sein. Mit anderen Worten: Sie sollte auch die nicht in einem der beiden Militärsysteme gebundenen Staaten beteiligen. Wenn es darum geht, nach Wegen zu suchen, um die Konfrontation der Blöcke zu überwinden und auf diese Weise ein neues, besseres System der Sicherheit vorzubereiten, so berührt das die Interessen aller europäischen Staaten, also auch die Finnlands und Schwedens, Österreichs und der Schweiz, Jugoslawiens und Albaniens, Spaniens und Irlands. Es versteht sich von selbst, daß alle diese Länder selbst zu entscheiden haben, ob sie an einer derartigen Konferenz teilnehmen würden. Es kann aber keinem Zweifel unterliegen, daß eine Ablehnung durch die Mehrzahl dieser Staaten einer derartigen Konferenz den Charakter einer bloßen Begegnung der beiden Paktsysteme geben würde. Dies ist nicht unser Interesse, denn es kann nicht unsere Absicht sein, auf diese Weise zu einer Verfestigung des Blockdenkens beizutragen, das insoweit gleichbedeutend ist mit der Spaltung Europas.

Diese und andere Überlegungen führen dazu, daß die Vorbereitungen für eine derartige Konferenz sehr sorgfältig getroffen werden müssen. Es wäre auch falsch, verfrühte und übertriebene Hoffnungen zu wecken. Die Zusammenkunft der Vertreter von etwa 30 Staaten kann ohne ausreichende, vor allem inhaltliche Vorbereitung sehr leicht ausarten in den Austausch von Deklarationen, Anschuldigungen und Vorschlägen, die stärker für die nationale und internationale Öffentlichkeit als für den Verhandlungsraum bestimmt sind. Dies würde der Idee und dem Instrument der europäischen Sicherheit keinen guten Dienst erweisen. Es ist deshalb jedenfalls von mir aus nur konstruktiv gemeint, wenn ich sage, daß es jetzt nicht um den Zeitpunkt einer Konferenz geht, sondern um eine verantwortliche Diskussion über Methodik und Themen. Dazu möchte ich hier selbst einen Beitrag leisten.

In der Budapester Erklärung der Staaten des Warschauer Paktes heißt es, »eine der Hauptvoraussetzungen für die Gewährleistung der europäischen Sicherheit« seien

a) »die Unverletzbarkeit der in Europa bestehenden Grenzen, darunter der Oder-Neiße-Grenze und auch der Grenze zwischen der DDR und der Bundesrepublik Deutschland«,

b) »die Anerkennung der Existenz der DDR und der Bundesrepublik Deutschland«,

c) »der Verzicht der Bundesrepublik Deutschland auf ihren Anspruch, das ganze deutsche Volk zu vertretern«, sowie

d) »ihr Verzicht auf den Besitz von Atomwaffen in jeder Form«.

Als ich dies las, ist mir natürlich die Vokabel »Hauptvoraussetzungen« aufgefallen. Wäre die Erfüllung dieser bekannten, wenn auch modifizierten sowjetischen Forderungen zur Voraussetzung für das Zustandekommen einer Konferenz erklärt worden, so hätte man Budapest allein als Propaganda-Appell betrachten müssen. Der sowjetische Botschafter hat mir im Auftrag seiner Regierung erklärt, daß es sich dabei nicht um Vorbedingungen für eine solche Konferenz handele, sondern daß dies Themen seien, über die auf der Konferenz gesprochen werden müsse. Eine Verständigung darüber betrachtet die Sowjetunion als Hauptvoraussetzung für die europäische Sicherheit.

Es ist demnach festzustellen, daß die Sowjetunion und die anderen Staaten, die den Budapester Appell unterzeichnet haben, von der Auffassung ausgehen, daß die genannten Fragen alle Völker Europas interessieren und angehen, daß es sich um eine Thematik handelt, die die Sicherheit aller berührt. Ich halte diese Feststellung deshalb für wichtig, weil damit ein großes Hindernis für das innerdeutsche Gespräch beseitigt sein kann.

Die genannten Themen in dem Dokument von Budapest waren nämlich bisher ein wesentlicher Bestandteil der Forderungen der Regierung der DDR gegenüber der Bundesregierung. Sowohl in den Reden wie in den Dokumenten der in Ostberlin Verantwortlichen sind eben diese Fragen, wie die Oder-Neiße-Linie, Atomwaffen, »München« und anderes, zu einer Voraussetzung der Gesprächsbereitschaft überhaupt gemacht worden. Nach Budapest dürfte klar sein, wie es in der Tat auch den Realitäten entspricht, daß all dies keine bilateralen Fragen sind, die zwischen den beiden Teilen Deutschlands zu regeln wären, sondern daß dies Fragen der europäischen Sicherheit sind, die alle Staaten Europas interessieren. Nachdem die DDR zu den Unterzeichnern des Budapester Appells gehört, müßte man hoffen dürfen, daß damit auch die nichtrealistischen Voraussetzungen für Gespräche zwischen Bonn und Ostberlin entfallen.

Wenn ich sage, hoffen dürfen, so bedeutet das nicht, daß meine Hoffnung sehr groß ist. Aber man muß auch auf die Nuancen achten. Vom Münchener Abkommen ist in der Budapester Erklärung nicht mehr die Rede; diese Frage kann in der Tat bilateral ausgeräumt werden. Für bemerkenswert halte ich auch, daß die DDR uns in dem Budapester Appell, gemeinsam mit anderen, so bezeichnet, wie wir heißen, nämlich Bundesrepublik Deutschland, während sie im Hausgebrauch noch immer Schwierigkeiten hat, an der Propagandabezeichnung »westdeutsche Bundesrepublik« vorbeizukommen.

Auch etwas anderes ist bezeichnend: Die Budapester Erklärung spricht von der »Anerkennung der Existenz der DDR«, nicht von einer völkerrechtlichen Anerkennung. Dies ist wohl kein Zufall. Die Sowjetunion weiß ebenso wie viele andere in Ost und West, daß die Menschen in Magdeburg und Dresden für uns nun einmal keine Ausländer sein können. Wir haben außerhalb jeden Zweifels klargemacht, daß das Verlangen nach völkerrechtlicher Anerkennung gleichbedeutend wäre damit, jeden möglichen Fortschritt zu blockieren. In voller Kenntnis dieser Situation sind eine Reihe von Formulierungen entstanden, die im deutsch-sowjetischen Gespräch über Gewaltverzicht eine Rolle gespielt haben. Solche Formulierungen wurden gelegentlich auch von Ulbricht benutzt. Jetzt tauchten sie, von der DDR mitunterzeichnet, im Budapester Appell auf und können eben nur bedeuten, daß der Gedanke einer völkerrechtlichen Anerkennung nicht weiterverfolgt wird.

Die letzten Äußerungen aus der DDR, insbesondere die des Politbüromitgliedes Erich Honecker auf der 10. Tagung des ZK, stehen dazu im Widerspruch, denn dort heißt es wieder, die völkerrechtliche Anerkennung durch die Bundesrepublik sei die Voraussetzung jeder Verhandlung. Wir haben es also einerseits mit Erklärungen sowjetischer Persönlichkeiten zu tun, die ernst genommen werden müssen. Und wir haben es andererseits mit der Tatsache zu tun, daß die Führung der DDR versucht, sich von der Unterschrift in Budapest zu lösen und neue Barrieren aufzubauen. Man spielt heute in Ostberlin eine Rolle, die verbal genauso unkonform ist, wie die Truppenparade mit dem Stechschritt am 1. Mai es gewesen ist.

Im Interesse der Klarheit halte ich es für erforderlich, daß die möglichen Wirkungen des Budapester Appells nicht durch Doppelzüngigkeit in Frage gestellt werden. Für die Bundesrepublik selbst erscheint es gerade nach dieser Erfahrung noch wichtiger als vorher, daß das innerdeutsche Verhältnis geklärt wird, bevor es eine derartige Sicherheitskonferenz gibt.

Mit anderen Worten: Schon um keine unliebsamen Überraschungen zu erleben, erscheint es mir dringend erforderlich, daß wir durch nichtdiskriminierende, gleichberechtigte Verhandlungen zwischen Bonn und Ostberlin, wie sie 1967 in den Briefen des Bundeskanzlers an den Vorsitzenden des Ministerrats vorgeschlagen wurden, eine Klärung des Verhältnisses zwischen den beiden deutschen Teilen erreichen. Sonst würde eine europäische Sicherheitskonferenz zusätzlich zu anderen Belastungen durch eine übersteigerte Vorführung deutscher Querelen von ihren eigentlichen Aufgaben abgelenkt werden.

Die Bundesrepublik hat die Zone verlassen, in der sie den Eindruck erwecken konnte, als stelle sie unerfüllbare Bedingungen auf, indem sie jeden Fortschritt in der Entspannung von Schritten zur Wiedervereinigung abhängig macht. Heute hat es den Anschein, als benutze die DDR jede Möglichkeit, um Fortschritte in der Entspannung von der Vertiefung der Teilung abhängig zu machen. Dies wird nicht gelingen. Die Interessen Europas und die Interessen der Völker sind auf die Erhaltung des Friedens und den Abbau von Spannungen gerichtet. Wer sich dagegen sperrt, der wird diese Entwicklung vielleicht verzögern, weil sie in sich widerspruchsvoll und schwierig ist. Aber er wird sie nicht verhindern. Sie geht notfalls über unsere Köpfe hinweg oder um uns herum.

Die Bundesregierung hat die notwendigen Konsequenzen gezogen. Wir haben eigene Beiträge zum Abbau der Spannungen geleistet. Das Bündnis ist heute bereit, über gleichmäßige Truppenverringerungen zu sprechen. Auch dies könnte eine gute Vorbereitung für eine Sicherheitskonferenz sein.

Als Beweis dafür, daß bei aller Schnelligkeit und Hektik die Weltgeschichte sich ziemlich langsam voranbewegt, möchte ich mich selbst zitieren dürfen. Es ist in diesem Falle vielleicht entschuldbar, weil das Zitat einen gewissen Neuigkeitswert hat. Es stammt aus einer Aufzeichnung, die ich als Berliner Bürgermeister im Spätsommer 1964 dem amerikanischen Außenminister zugestellt habe. Es heißt darin:

»Fragen der Kommunikation mit osteuropäischen Staaten und Völkern, der praktischen Kooperation und des zweckmäßigen politischen Verhaltens haben begonnen, eine größere Rolle zu spielen. Das westliche politische Denken geht zunehmend davon aus, die osteuropäischen kommunistischen Staaten nicht mehr als bloße Satelliten der Sowjetunion zu betrachten... Natürlich kann es nicht im westlichen Interesse liegen, Illusionen über den Charakter der osteuropäischen Regime aufkommen zu lassen. Es wäre jedoch töricht, ideologische Auflagen für Kommunikationen machen zu wollen. Die westliche Politik wird sich auf Maßnahmen im wirtschaftlichen und kulturellen Bereich zu konzentrieren, den jeweiligen osteuropäischen Staat als vollwertigen Partner zu würdigen, aber auch dessen militärische und ideologische Bindung in Rechnung zu stellen haben...«

Es hieß weiter:

»Von großer psychologischer und in der weiteren Entwicklung auch tatsächlicher Bedeutung ist die Erörterung und Entwicklung von gemeinsamen technischen Großprojekten. In erster Linie wäre an Vorhaben im Rahmen einer gesamteuropäischen Energiewirtschaft zu denken wie z. B. den Zusammenschluß von Versorgungslinien (Öl, Gas, elektrische Energie), die zu einem Lieferungsverband vielfältiger Form führen und das Bewußtsein europäischer Zusammengehörigkeit und Gesamtverantwortung nach dem Prinzip eines wohlabgewogenen gegenseitigen Vorteils fördern könnten.«

Ich habe damals zum Beispiel eine europäische Konferenz der Verkehrsminister für langfristige Planungen angeregt und eine Reihe anderer Gebiete bezeichnet, auf denen Einzelinteressen europäische Gesamtinteressen berühren.

Das ist jetzt knapp fünf Jahre her, aber ich sehe nicht, daß sich die Aufgabe geändert hätte. Als ich im Budapester Appell ähnliche Merkposten fand, kam es mir vor, als träfe ich einen alten Bekannten. Ich glaube, das zeigt nur, daß es sich bei solchen Überlegungen um Vorhaben handelt, die das Leben selbst stellt. Ich weiß ja nicht, wie lange es brauchen wird, um die Teilnehmer an einer europäischen Sicherheitskonferenz um einen Tisch zu versammeln, aber ich frage mich, ob wir, die Wirtschaft und die Wissenschaft und die Regierungen in Ost und West, so lange warten müssen mit dem, was nützlich und möglich ist auf dem Gebiete der Kooperation, bis das zustande kommt, was wünschenswert ist, nämlich die Verbesserung der europäischen Sicherheit.

Ich finde, wir sollten keine Zeit verlieren. Wenn wir auf dem Gebiet wirtschaftlicher und technologischer Verbindungen und Interessen weiterkommen und wirkliche Fortschritte erzielen, dann werden dadurch auch andere Fragen gefördert. Dann wird dadurch die politische Entwicklung günstig beeinflußt. Dann wird Mißtrauen abgebaut und neues Kapital an Vertrauen geschaffen, und gegen diese Sorte von Kapital können wohl auch regierende Kommunisten nichts einwenden . . .

Quelle: Bulletin vom 8. 5. 1969, Nr. 59, S. 498 f.

264 Zur Frage der polnischen Westgrenze

Stellungnahme des Bundesministers des Auswärtigen, Willy Brandt, vor der Bundespressekonferenz zu den Erklärungen des Ersten Sekretärs der Polnischen Vereinigten Arbeiterpartei, Wladislaw Gomulka, über die Westgrenze Polens, 19. Mai 1969

1. Der Erste Sekretär der Vereinigten Polnischen Arbeiterpartei, Gomulka, hat sich am Sonnabend auf einer Kundgebung in Warschau ausführlich zu der Frage der polnischen Westgrenze geäußert.

Diese Äußerungen sind bemerkenswert, weil auf Polemik weitgehend verzichtet wurde.

2. Die Auffassung der Bundesregierung zur Frage der polnischen Westgrenze ergibt sich aus der Regierungserklärung vom 13. 12. 1966. Darin heißt es: »In weiten Schichten des deutschen Volkes besteht der lebhafte Wunsch nach einer Aussöhnung mit Polen, dessen leidvolle Geschichte wir nicht vergessen haben und dessen Verlangen, endlich in einem Staatsgebiet mit gesicherten Grenzen zu leben, wir im Blick auf das gegenwärtige Schicksal unseres eigenen geteilten Volkes besser als in früheren Zeiten begreifen. Aber die Grenzen eines wiedervereinigten Deutschland können nur in einer frei vereinbarten Regelung mit einer gesamtdeutschen Regierung festgelegt werden, einer Regelung, die die Voraussetzung für ein von beiden Völkern gebilligtes, dauerhaftes und friedliches Verhältnis guter Nachbarschaft schaffen soll.«

3. Darüber hinaus haben wir verschiedentlich betont, daß uns nichts daran hindern soll, schon vorher, also vor einem Friedensvertrag, eine beide Seiten befriedigende Lösung mit Polen gemeinsam zu erörtern und vorzubereiten. Ich verweise auf die Erklärungen des Bundeskanzlers vor dem Bundestag ebenso wie auf meine eigenen Stellungnahmen.

4. Ich möchte nicht verkennen, daß die Ausführungen Gomulkas zum erstenmal seit vielen Jahren die Bereitschaft zu einem Gespräch mit der Bundesrepublik erkennen lassen. Ich bin nach wie vor der Auffassung, daß die Aussöhnung mit Polen eine Aufgabe von ähnlich geschichtlichem Range ist wie die Aussöhnung mit Frankreich. Sie wird nicht weniger schwierig und nicht weniger zeitraubend sein. Dazu darf man keine Vorbedingungen stellen. Dies gilt für alle Beteiligten. Maximalismus ist ein Hindernis, das es überall als solches zu erkennen gilt.

5. Bekanntlich verfolgt die Bundesregierung eine Politik des Friedens und der Entspannung. Unsere Vorstellungen eines Gewaltverzichts sind Ausdruck der Tatsache, daß es

nach Meinung der Bundesrepublik Deutschland keine Änderungen der bestehenden Grenzen in Europa durch Gewalt geben soll, mit anderen Worten, Änderungen nur dann, wenn alle Beteiligten sich darüber verständigen. Solange die Bundesrepublik Deutschland besteht, hat sie ohnehin keine Grenze mit der Volksrepublik Polen.

6. Ich möchte noch einmal unsere Bereitschaft unterstreichen, auch mit Polen Gewaltverzichtserklärungen in aller Form auszutauschen und damit die Vertrauensbasis zu schaffen, auf der dann die friedlichen Beziehungen zwischen den Staaten normalisiert werden können.

Ein Gespräch zwischen der Bundesrepublik Deutschland und der Polnischen Republik könnte auch im Zusammenhang mit Fragen der europäischen Sicherheit von Interesse sein.

7. Ich halte es nicht für nützlich, unsere sachliche Gesprächsbereitschaft durch lange Erklärungen und Wiederholungen zu entwerten, und bitte um Verständnis, wenn ich mich auf diese Ausführungen beschränke. Allerdings muß ich in aller Offenheit sagen, daß es für uns keinen Verzicht auf eine friedensvertragliche Regelung geben kann und daß wir dabei die berechtigten Interessen des deutschen Volkes zu vertreten haben.

Quelle: Aus den Akten des Auswärtigen Amts

265   Zurückweisung des sowjetischen Interventionsanspruches

Aufzeichnung des Auswärtigen Amts über den Interventionsanspruch der Sowjetunion sowie die Artikel 53 und 107 der VN-Satzung (sog. Feindstaatenklausel), 14. Mai 1969 (Auszug)

1. Mit Memorandum vom 21. November 1967 erklärte die sowjetische Regierung unter ausdrücklicher Berufung auf die obengenannten Bestimmungen der VN-Satzung, daß »gegen die Wiederaufnahme der aggressiven Politik seitens eines ehemaligen feindlichen Staates ... entsprechende Maßnahmen getroffen werden könnten«.

Die Bundesregierung hat hierzu in ihrem Memorandum an die Regierung der Sowjetunion vom 9. April 1968 erklärt:

»Die Regierung der Bundesrepublik Deutschland fragt sich, was die sowjetische Seite mit dem Hinweis bezweckt, daß nach sowjetischer Auffassung die Artikel 53 Ziffer 1 und 107 der Charta der Vereinten Nationen noch heute Zwangsmaßnahmen gegen einen ehemaligen Feindstaat zur Durchsetzung der gemeinsamen Kriegsziele sanktionieren ... Wenn die Regierung der UdSSR mit der Bundesregierung in dem Wunsche übereinstimmt, die Anwendung von Gewalt oder die Drohung mit Gewalt aus den gegenseitigen Beziehungen auszuschließen, dann würde es dem Sinn und Zweck einer solchen Vereinbarung widersprechen, wenn sich die sowjetische Regierung durch Hinweis auf Bestimmungen der Satzung der Vereinten Nationen die Anwendung von Gewalt gegenüber zahlreichen friedlichen europäischen Staaten einschließlich der Bundesrepublik Deutschland dennoch ausdrücklich vorbehält ...«

2. Die Artikel 53 und 107 der VN-Satzung geben der Sowjetunion kein Recht, Zwangsmaßnahmen gegen die Bundesrepublik Deutschland zu ergreifen, wie dies von sowjetischer Seite angedeutet wird:

– Die Artikel 53 und 107 sind in einer bestimmten historischen Situation am Ende des Zweiten Weltkrieges entstanden. Obwohl die beiden Bestimmungen nach wie vor formal Bestandteil der VN-Satzung sind, entsprechen sie angesichts der seit 1945 eingetretenen Entwicklung nicht mehr der heutigen Situation.

– Selbst wenn aber die volle Gültigkeit beider Bestimmungen angenommen würde, gäben sie der Sowjetunion keine Interventionsrechte gegen die Bundesrepublik Deutschland. Sie besagten nämlich lediglich, daß die Siegermächte des Zweiten Weltkrieges bei Kriegsfolgemaßnahmen oder präventiven Handlungen zur Verhinderung neuer Aggressionen ehemaliger Feindstaaten von den besonderen Kautelen der VN-Satzung befreit sein sollen. Dagegen sagen Artikel 53 und 107 nichts darüber, ob und unter welchen Umständen solche Maßnahmen zulässig sind. Dies ergibt sich ausschließlich aus dem Völkerrecht, dem die Bundesrepublik Deutschland wie jeder andere souveräne Staat untersteht. Das Völkerrecht verbietet einseitige gewaltsame Interventionen, gewährt der Sowjetunion also kein Interventionsrecht gegen die Bundesrepublik Deutschland.

Da keine Siegermacht des Zweiten Weltkrieges ein Recht zur bewaffneten Intervention in der Bundesrepublik Deutschland besitzt, wären gewaltsame Interventionen, die unter Berufung auf angebliche Siegerrechte und Artikel 53/107 erfolgen würden, völkerrechtswidrige Aggressionen, gegen die das Recht auf individuelle oder kollektive Selbstverteidigung besteht und die somit den Bündnisfall nach Artikel 5 NATO-Vertrag auslösen würden.

Demgemäß ist der sowjetische Anspruch von der britischen (16. 9. 1968), amerikanischen und französischen (17. 9. 1968) Regierung durch Presse-Erklärungen zurückgewiesen worden. Die Außenminister der drei Westmächte haben zuletzt noch auf der NATO-Ministerkonferenz in Washington am 10./11. April d. J. erklärt, die sowjetischen Thesen erneut zurückweisen zu wollen (»repudiate«), wenn sie wieder vorgebracht werden sollten ...

Quelle: Aus den Akten des Auswärtigen Amts

Grundsatzerklärung der Bundesregierung zur Deutschland- und Friedenspolitik, die allen Regierungen, zu denen die Bundesrepublik Deutschland Beziehungen unterhält, notifiziert wurde, 30. Mai 1969

1. Die Bundesregierung hält fest an der grundlegenden Verpflichtung der Präambel des Grundgesetzes, die das ganze deutsche Volk auffordert, in freier Selbstbestimmung die Einheit und Freiheit Deutschlands zu vollenden.

2. Für die Überwindung der Spaltung des deutschen Volkes im Frieden ist auch der Kontakt zwischen den beiden Teilen Deutschlands und ist die direkte Begegnung ihrer Menschen unentbehrlich. Die Bundesregierung wiederholt ihre bisherigen Angebote an die Verantwortlichen im anderen Teil Deutschlands, durch innerdeutsche Vereinbarungen auf diesem Wege Fortschritte zu machen. Sie hofft, daß die Regierungen und die Weltöffentlichkeit diese Bestrebungen unterstützen.

3. Die Regierung der Bundesrepublik Deutschland führt ihre Friedenspolitik konsequent fort. Sie ist entschlossen, mit allen Völkern Beziehungen zu unterhalten, die auf Verständigung, auf gegenseitiges Vertrauen und auf den Willen zur Zusammenarbeit begründet sind. Ihr besonderes Ziel ist eine europäische Friedensordnung, die auch die Spaltung Deutschlands überwindet. Sie weiß sich hierin einig mit ihren Partnern im Nordatlantischen Bündnis und in den Europäischen Gemeinschaften.

4. Die Bemühungen der Bundesregierung und ihrer Verbündeten für den Frieden in Europa und zur Überwindung der Spaltung Deutschlands werden erschwert durch unfreundliche Akte, die die Spaltung Deutschlands vertiefen. Eine von gegenseitigem Vertrauen

getragene Freundschaft und Zusammenarbeit ist daher nur mit denjenigen Ländern möglich, die sich in der Grundfrage der nationalen Einheit auf die Seite des deutschen Volkes stellen.

5. Die nationale Einheit wird von der Ostberliner Regierung mißachtet, infolgedessen kann eine Unterstützung dieser Regierung nur als eine Handlung gewertet werden, die dem Recht des deutschen Volkes auf Selbstbestimmung zuwiderläuft. Die Bundesregierung muß daher die Anerkennung der DDR als unfreundlichen Akt betrachten. Sie wird in einem solchen Fall ihre Haltung und ihre Maßnahmen gemäß den Interessen des ganzen deutschen Volkes von den gegebenen Umständen abhängig machen.

Quelle: Bulletin vom 3. 6. 1969, Nr. 70, S. 597

---

267   Modifizierung der »Hallstein-Doktrin«

Erklärung der Bundesregierung zur Anerkennung der DDR durch Kambodscha, den Irak und den Sudan, 4. Juni 1969

1. Gestützt auf die Erklärung der Bundesregierung vom 30. Mai 1969, hat die Bundesregierung beschlossen, den deutschen Botschafter in Pnom Penh abzuberufen und die Tätigkeit der deutschen Botschaft einzustellen. Die wirtschaftliche und technische Hilfe soll auf die Abwicklung der bereits abgeschlossenen Verträge beschränkt, neue Vereinbarungen sollen nicht getroffen werden.

2. Das Verhalten der irakischen und der sudanesischen Regierung in der Deutschland-Frage hat die Aussichten auf eine Normalisierung und Verbesserung der Beziehungen zwischen der Bundesrepublik Deutschland und diesen Ländern, für die positive Ansätze vorhanden waren, vorerst zunichte gemacht.

3. Die Bundesregierung wird sich durch die Haltung der Regierungen in Bagdad und Khartoum nicht in ihren freundschaftlichen Gefühlen gegenüber den arabischen Völkern beirren lassen. Sie wird vielmehr ihre Bemühungen fortsetzen, zu den arabischen Staaten, soweit diese dazu bereit sind, ein gutes Verhältnis zu pflegen oder wiederherzustellen. Das mit Erfolg eingeleitete besondere Hilfsprogramm für die Palästina-Flüchtlinge wird fortgesetzt.

Quelle: Bulletin vom 7. 6. 1969, Nr. 72, S. 623

---

268   Zur Verjährung von NS-Verbrechen

Informationserlaß des Auswärtigen Amts an einige Auslandsvertretungen über die Aufhebung der Verjährung bei Mord und Völkermord, 12. Juni 1969

1. Der Bundestag hat in seiner gestrigen Sitzung die Verjährung von NS-Verbrechen behandelt und dabei in dieser Frage eine Einigung erzielt.

2. Der Debatte lagen drei Gesetzentwürfe zugrunde. Nach dem Regierungsentwurf soll die Verjährung bei Mord und Völkermord ganz aufgehoben werden, sofern nicht bereits Verjährung eingetreten ist. Der Entwurf wurde auf eindrucksvolle Weise vom Bundesminister der Justiz, Prof. Ehmke, begründet. Der Minister vertrat den Standpunkt, daß 1. die Strafverfolgung nationalsozialistischer Mordtaten auch über den 31. Dezember 1969 hinaus sichergestellt werden müsse, 2. die Entscheidung über diese Frage noch in dieser Legislatur-

periode erfolgen solle und 3. die Änderung der Verjährungsregelung allgemein ohne gesetzliche Differenzierung erfolgen müsse.

Eine sogenannte »differenzierte Lösung«, wie sie in letzter Zeit auch von verschiedenen Abgeordneten vorgeschlagen worden war, lehnte der Minister ab. Nach seiner Ansicht bestehe kein Bedürfnis für eine Teilamnestie von Mordgehilfen in untergeordneter Stellung oder eine Beschränkung der Verfolgung auf Exzeßtäter, da die Praxis der Gerichte unbedeutende Tatgehilfen seit Jahren unbestraft lasse. Darüber hinaus habe der BGH mit seiner Entscheidung vom 20. Mai 1969 eine »differenziertere Lösung« überflüssig gemacht. Nach dieser Entscheidung sind alle Straftaten von NS-Mordgehilfen, denen das Mordmerkmal »niedrige Beweggründe« gefehlt habe, auf Grund einer im vergangenen Jahr erfolgten Änderung von § 50 Abs. 2 StGB bereits zum 8. Mai 1960 verjährt.

Dem Verlangen eines großen Teils unseres Volkes, endlich einen Schlußstrich unter die Vergangenheit zu ziehen, setzte der Minister seine Ansicht entgegen, daß der unseligen These von der Kollektivschuld des deutschen Volkes wirksam nur begegnet werden könne, wenn die tatsächlichen Mörder gestellt und zur Verantwortung gezogen würden.

Weitere wesentliche Punkte der Rede des Bundesjustizministers wurden den Vertretungen bereits mit Informationsfunk in deutscher, englischer und französischer Sprache übermittelt.

3. Die Fraktionen der CDU/CSU und der SPD legten eigene, inhaltlich weitgehend übereinstimmende Gesetzentwürfe vor, nach denen die Verjährungsfrist bei Mord von 20 auf 30 Jahre erhöht und bei Völkermord aufgehoben werden soll. Beide Fraktionen gingen davon aus, daß eine weitere Frist von 10 Jahren genügen müsse, die noch unbekannten Verbrechen der NS-Zeit aufzuklären und abzuurteilen, und daß die Suche nach einer »differenzierteren Lösung« durch die BGH-Entscheidung überflüssig wurde.

4. Der Bundestag beschloß, die drei Gesetzentwürfe dem Rechtsausschuß zu überweisen. Es besteht nach der nunmehr erzielten Übereinstimmung zwischen der Bundesregierung und den beiden Koalitionsfraktionen kein Zweifel, daß der Rechtsausschuß einen einheitlichen Gesetzentwurf in Kürze verabschieden und der Bundestag das Gesetz noch in dieser Legislaturperiode verabschieden wird. Die rechtzeitige und ausreichende Verlängerung der Verfolgungsfrist für NS-Mordtaten kann damit als gesichert betrachtet werden.

Damit dürfte die seit Monaten im In- und Ausland währende Unsicherheit und Unruhe über die Verjährung von NS-Verbrechen ihr Ende finden. Gleichzeitig ist damit ein Problem, das auch innenpolitisch eine erhebliche Belastung darstellte, im Zusammenwirken der die Bundesregierung tragenden Parteien bewältigt worden. Die Vertretungen werden gebeten, in den Ländern, die der Verjährung aus verständlichen Gründen besondere Aufmerksamkeit geschenkt haben, das Ergebnis der gestrigen Bundestagsdebatte auf geeignete Weise im Rahmen der politischen Öffentlichkeitsarbeit bekanntzumachen.

Quelle: Aus den Akten des Auswärtigen Amts

269

Bericht des Bundeskanzlers Dr. h. c. Kurt Georg Kiesinger »Über die Lage der Nation im geteilten Deutschland« vor dem Deutschen Bundestag am 17. Juni 1969 (Auszug)

... Meine Damen und Herren, die Grundordnungen in beiden Teilen Deutschlands unterscheiden sich heute in ihren Strukturen und Zielsetzungen mehr denn je.

Unser vor 20 Jahren entstandenes Grundgesetz hat einen freiheitlichen, demokratischen und sozialen Rechtsstaat errichtet. Es hat die Menschenwürde und die menschliche Freiheit zum höchsten Prinzip für jede staatliche Tätigkeit erhoben und in den Grundrechten verankert, deren Wesensgehalt auch vom Gesetzgeber nicht angetastet werden darf. In den Jahren der Geltung des Grundgesetzes ist bei uns eine lebendige gesellschaftliche und staatliche Ordnung herangewachsen, die jedem ein Leben in Freiheit und unserem Volk Wohlstand und soziale Gerechtigkeit gesichert hat.

Dieses Grundgesetz und diese Ordnung werden wir verteidigen. Wer eine Totalrevision des Grundgesetzes fordert, wie dies gelegentlich Mode ist, der müßte schon etwas Besseres anzubieten haben. Dieses Grundgesetz ist das beste und freiheitlichste Grundgesetz, die beste und freiheitlichste Verfassung, die dieses Volk jemals besaß.

Im Gegensatz zu diesem unserem Grundgesetz läßt die bisherige Entwicklung im anderen Teil Deutschlands, vor allem die neue Verfassung der »DDR« vom April 1968, für die Existenz eines freiheitlichen und sozialen Gemeinwesens keinen Raum. Die rechtliche und die gesellschaftliche Ordnung werden allein von den politischen Normen der kommunistischen Einheitspartei bestimmt. Die in den Händen der Partei konzentrierte Macht ist uneingeschränkt. Statt der Gewaltenteilung herrscht Gewaltenkonzentration. Die Grundrechte – sie tragen nur diesen Namen – sind ausgewählt, ihr Wesensgehalt bleibt ungeschützt, und eine Reihe von Grundrechten fehlt völlig. Eine unabhängige Institution, die über die Einhaltung der Verfassung wacht, gibt es nicht.

Die erzwungene Spaltung unseres Landes und unseres Volkes ist wahrhaftig bitter genug. Aber das Bitterste ist die Tatsache, daß unsere Landsleute drüben genötigt sind, in einer gesellschaftlichen und politischen Zwangsordnung leben zu müssen, ohne die Möglichkeit zu haben, sich frei zu entscheiden. Die von der Sowjetunion im Zusammenhang mit ihrer die ganze Welt erregenden gewaltsamen Intervention in der Tschechoslowakei verkündete Theorie besagt, daß ein Land, das dem kommunistischen Lager angehöre, niemals mehr das Recht habe, aus ihm auszuscheiden. Das bedeutet klipp und klar, daß nach dem Willen der Sowjetunion und der Machthaber im anderen Teil Deutschlands unsere von uns getrennten Landsleute wider ihren Willen für immer im kommunistischen Lager verbleiben müßten. Eine Wiedervereinigung Deutschlands ließe sich nach dieser Doktrin nur so verwirklichen, daß auch die Bundesrepublik in das sozialistische Lager einbezogen würde. Das ist in der Tat als Ziel in der neuen Verfassung ausdrücklich angekündigt.

Meine Damen und Herren, ich meine, dies sollte auch jenen Beschwichtigern und Beschönigern bei uns zu denken geben, die einer Anerkennung der »DDR« das Wort reden.

Natürlich sind wir mit der Tatsache konfrontiert, daß drüben 17 Millionen Menschen von Machthabern regiert werden, die sie nicht frei gewählt haben, und Gesetzen gehorchen müssen, denen sie nicht frei zugestimmt haben. Aber diese 17 Millionen empfinden sich nicht – ich wiederhole es immer und immer wieder – als Staatsvolk, so wie es die Völker im europäischen Osten offensichtlich tun. Und eben darin liegt der grundlegende Unterschied zwischen ihnen und den Völkern des »sozialistischen Lagers«. Es fehlt also ihre Zustimmung nicht nur zum Regime und zu der ihnen aufgenötigten »Verfassung«, sondern auch zu der bloßen Existenz eines sogenannten zweiten deutschen Staates.

Eine Anerkennung durch uns oder durch andere könnte diese fehlende Bestätigung nicht ersetzen. Eine Anerkennung würde Unrecht als Recht bestätigen und gegen den allgemein anerkannten Grundsatz der Selbstbestimmung verstoßen. Dazu sind die 60 Millionen Deutschen im freien Teil unseres Vaterlandes, ihre gesetzgebenden Körperschaften und ihre Regierung nicht befugt. Eine Anerkennung würde im übrigen die Freiheit Berlins auf die Dauer auf das äußerste gefährden oder zerstören. Denn das freie Berlin lebt von der Aussicht auf eine Wiedervereinigung unseres Volkes in Frieden und in Freiheit.

Wie wir zu einer Anerkennung der »DDR« durch andere Staaten stehen, hat die Bundesregierung durch ihre Erklärung vom 30. Mai 1969, die allen Regierungen übermittelt worden ist, deutlich gemacht. Sie stellt darin fest:

»Die Bemühungen der Bundesregierung und ihrer Verbündeten für den Frieden in Europa und zur Überwindung der Spaltung Deutschlands werden erschwert durch unfreundliche Akte, die die Spaltung Deutschlands vertiefen. Eine von gegenseitigem Vertrauen getragene Freundschaft und Zusammenarbeit ist daher nur mit denjenigen Ländern möglich, die sich in der Grundfrage der nationalen Einheit auf die Seite des deutschen Volkes stellen.

Die nationale Einheit wird von der Ostberliner Regierung mißachtet, infolgedessen kann eine Unterstützung dieser Regierung nur als eine Handlung gewertet werden, die dem Recht des deutschen Volkes auf Selbstbestimmung zuwiderläuft. Die Bundesregierung muß daher die Anerkennung der DDR als unfreundlichen Akt betrachten.«

Wir haben uns mit dieser Grundsatzerklärung zu unserer Deutschlandpolitik nicht zu Gefangenen eines starren Automatismus gemacht. Wir handeln von Fall zu Fall, wie es die gegebenen Umstände und die Interessen des ganzen deutschen Volkes verlangen.

Das Selbstbestimmungsrecht des deutschen Volkes wurde bis heute von der großen Mehrheit der Staaten respektiert. Und lassen Sie es mich einmal sagen: Ich sehe darin einen großen Erfolg der deutschen Außenpolitik. Außer den sozialistischen Staaten, die schon bisher dieses Recht durch Anerkennung verletzt haben, haben in den vergangenen Wochen – leider – die drei arabischen Staaten Irak, Sudan und Syrien und Kambodscha die »DDR« völkerrechtlich anerkannt.

Im Falle der arabischen Staaten hat, wie Sie wissen, der Konflikt mit Israel und die diesem Land feindselige Haltung der Machthaber der »DDR« die entscheidende Rolle gespielt. Wir unsererseits wünschen die Erhaltung der Freiheit des israelischen Staates. Das wird uns nicht hindern, mit den arabischen Ländern normale, ja freundschaftliche Beziehungen zu entwickeln, wenn sie selbst dazu bereit sind. Wir wünschen und erhoffen auch aus diesem Grunde eine rasche, friedliche und gerechte Lösung des gefährlichen Konflikts im Nahen Osten.

Im Falle Kambodschas haben wir im Sinne unserer Grundsatzerklärung gehandelt, ohne die diplomatischen Beziehungen abzubrechen. Dies hat nun die kambodschanische Regierung vollzogen, wahrscheinlich auf Grund von Überlegungen, die sich als sehr trügerisch erweisen können.

Meine Damen und Herren, unsere eigenen Bemühungen, Kontakte zum anderen Teil Deutschlands zu pflegen, mögen manchen Ausländer zu der Frage veranlassen, warum wir anderen Staaten verwehren, was wir selbst anstreben. Aber unsere Kontakte zielen weder auf eine rechtliche noch auf eine faktische Anerkennung. Der Sinn dieser Kontakte ist, die Härte der Teilung für unser Volk zu mildern und die Einheit des deutschen Volkes über die Spaltung hinaus zu bewahren. Der Sinn der Anerkennung aber ist das genaue Gegenteil. Darüber lassen die Machthaber im anderen Teil Deutschlands keinen Zweifel. Die Anerkennung soll die Spaltung vertiefen.

Die Bundesregierung hat auch in den zurückliegenden 15 Monaten – von Fall zu Fall im Zusammenwirken mit Bundestag und Bundesrat – das in der Regierungserklärung vom 13. Dezember 1966 konzipierte und im Jahre 1967 erweiterte Programm zur Verbesserung und Neuordnung der innerdeutschen Beziehungen fortgesetzt.

Sie hat am 21. April 1969 die Bestellung von Beauftragten sowie die Einrichtung paritätisch besetzter gesamtdeutscher Kommissionen zur Vorbereitung von Vereinbarungen als denkbar bezeichnet.

Die Bundesregierung hat ferner erklärt, daß auch der Abschluß eines Vertrages zur Regelung der innerdeutschen Beziehungen für eine Übergangszeit nicht ausgeschlossen sei.

Schon am 11. März 1968 habe ich die Bereitschaft der Bundesregierung, den Gewaltverzicht auch gegenüber dem anderen Teil Deutschlands vertraglich zu regeln, ausdrücklich zugesichert. Auf dem Gebiet des Interzonenhandels und des Postverkehrs sind einige begrenzte Fortschritte gemacht worden.

Aber im ganzen genommen hat sich die Lage jedoch eher verschärft. Die innerdeutschen Beziehungen sind durch die Machthaber in Ostberlin mit einer Reihe von Schikanen im Berlin- und Interzonenverkehr belastet worden, wie Sie wissen. Am 12. Juni 1968 wurde die Paß- und Visapflicht im Reise- und Transitverkehr eingeführt. Seit dem 1. Juli 1968 wird bei »Beförderungsleistungen westdeutscher und Westberliner Unternehmer auf Straßen und Wasserstraßen der DDR« eine Steuerausgleichsabgabe erhoben.

Das ostdeutsche Regime bekämpft alles noch Gemeinsame in Deutschland, vor allem auch noch bestehende gesamtdeutsche Gesellschaften und Organisationen, vor allem künstlerischer, musischer und wissenschaftlicher Art, die Mitglieder in beiden Teilen Deutschlands haben.

Besonders schmerzlich ist, daß sich die ständige Behinderung nun auch auf die Organisation der Evangelischen Kirche in Deutschland ausgewirkt hat. Die regionalen Synoden der evangelischen Kirchen im anderen Teil Deutschlands sind dabei, die Satzung eines »Bundes evangelischer Kirchen in der DDR« zu erarbeiten. Aber, meine Damen und Herren, wir teilen die Gewißheit der evangelischen Christen in unserem Lande, daß eine auferlegte organisatorische Trennung das Bewußtsein der Zusammengehörigkeit und den Geist der Einheit nicht zu zerstören vermag.

Meine Damen und Herren, überall, wo Menschen nicht in Freiheit leben können, bleibt ihnen keine andere Wahl, als bei aller Distanz zum herrschenden Regime Kompromisse zu schließen, um ein Mindestmaß an persönlicher und beruflicher Sicherheit zu finden. Das gilt auch für die junge Generation drüben, die nie eine andere politische Wirklichkeit gekannt hat. Über diese junge Generation klagen die Machthaber, sie komme den Forderungen der sozialistischen Gesellschaft nur da nach, wo ihr berufliches Weiterkommen auf dem Spiel stehe. Ein verschärftes politisches Strafrecht, welches am 1. August 1968 in Kraft gesetzt wurde, zu einer Zeit also, in der wir unser politisches Strafrecht auf ein Mindestmaß reduzierten, soll jeden Widerstand abschrecken. Die warnenden Beispiele des 17. Juni 1953, des ungarischen Aufstandes 1956 und des 21. August 1968 in der Tschechoslowakei, das jahrzehntelange vergebliche Warten auf einen Wandel der Verhältnisse erzeugten notwendigerweise eine weitverbreitete Gleichgültigkeit gegenüber der Politik, die man den kommunistischen Funktionären überläßt. Familie und Beruf sind diejenigen Bereiche des Lebens, in die sich die Menschen drüben zurückgezogen haben, weil sie dort am ehesten die Geborgenheit und die Kameradschaft finden, die das Leben erträglich machen. Das heißt aber keineswegs, daß die Menschen drüben durch die jahrelange geistige und politische Unfreiheit abgestumpft wären. Wir wissen, daß trotz ihrer realistischen Einschätzung der Gegebenheiten ihr Wille zur Freiheit und ihr Wunsch nach einer friedlichen Wiedervereinigung mit uns fortbesteht.

Das Ostberliner Regime bleibt ständig bemüht, den Status quo in Berlin zu seinen Gunsten zu verändern. Das Ringen um Berlin erreichte einen Höhepunkt, als der Versuch unternommen wurde, uns durch Drohungen und Erpressungen davon abzubringen, die Bundesversammlung in Berlin abzuhalten. Gemeinsam mit den drei westlichen Schutzmächten wehrten wir diesen Versuch ab. Am 5. März 1969 wurde Dr. Gustav Heinemann in Berlin zum neuen Bundespräsidenten gewählt. Er wird am 1. Juli Bundespräsident Dr. Heinrich Lübke ablösen, welcher nach Jahren hingebender Ausübung seines hohen Amtes für diesen Zeitpunkt seinen Rücktritt erklärt hat. Wir werden Gelegenheit haben, ihm unseren Dank bei seinem Ausscheiden zu sagen.

Die Bundesregierung hat in ihrer Grundsatzerklärung vom 30. Mai sich noch einmal in feierlicher Weise zu der verpflichtenden Präambel des Grundgesetzes bekannt, die das ganze deutsche Volk auffordert, in freier Selbstbestimmung die Einheit und Freiheit Deutschlands zu vollenden. Sie macht sich keine Illusionen darüber, wie schwierig es sein wird, dieses Ziel mit friedlichen Mitteln – und sie allein wollen wir einsetzen – zu erreichen, und welch lange Geduld und durchhaltende Energie dazu notwendig sein wird. Letzten Endes, das wissen wir alle, hängt das Gelingen dieser Einigung wesentlich von einer großen europäischen Verständigung, von der schrittweisen Anbahnung jener europäischen Friedensordnung ab, innerhalb derer auch die Spaltung Deutschlands überwunden werden kann. Meine Damen und Herren, die Notwendigkeit der ausharrenden Geduld stellt unser Volk vor eine harte Probe. Es ist leichter, in vorübergehenden kritischen Situationen zusammenzustehen, als lang dauernden Zermürbungsprozessen Widerstand zu leisten und in der Unabsehbarkeit, ja der vermeintlichen Vergeblichkeit des Bemühens nicht abzustumpfen oder die Nerven zu verlieren.

Wer die Lage richtig sieht, wird weder Illusionen nachjagen noch resignieren. Er wird unbeirrt um Vertrauen und Unterstützung und Verständigung werben.

Er wird sich, so meine ich, auch hüten, dieses unser großes nationales Problem und damit das Selbstbestimmungsrecht unseres Volkes heillos zu zerreden und durch die Verwirrung, die er dadurch in unserem eigenen Volk und in der Welt schafft, vielleicht zu zerstören.

Die breiten Schichten unseres Volkes verstehen diese Situation und verhalten sich entsprechend. Auch die Millionen Heimatvertriebenen und Flüchtlinge haben diese ausharrende Geduld und den Willen zu einer friedlichen Lösung in den vergangenen zwei Jahrzehnten bewiesen. Sie verdienen es wahrhaftig, von uns gegen leichtfertige und ungerechtfertigte Schmähungen nachdrücklich in Schutz genommen zu werden.

Meine Damen und Herren, nichts, was sich seit dem letzten Bericht zur Lage der Nation ereignet hat, ändert etwas an der von der Bundesregierung eingeleiteten Außen- und Deutschlandpolitik.

Darum bleibt es bei den Prinzipien dieser Politik: Offenheit, Verständigungsbereitschaft und Gewaltverzicht, ohne Preisgabe unseres guten Rechtes. Darum bleibt es bei unseren Angeboten an die Machthaber im anderen Teil Deutschlands, daß wir uns über Maßnahmen verständigen, die verhindern, daß die Spaltung vertieft wird, und die helfen, die Härte der Trennung für unser Volk zu mildern.

Freilich hat der 21. August 1968 den Bemühungen um Verständigung und um Festigung des Friedens einen schweren Schlag versetzt. Daß die Machthaber im anderen Teil Deutschlands an dieser Intervention gegen die Tschechoslowakei teilgenommen haben, kennzeichnet ihre Gesinnung und ihre Politik. In Artikel 7 der neuen Verfassung von 1968 wird die »enge Waffenbrüderschaft der Nationalen Volksarmee mit den Armeen der Sowjetunion und anderer sozialistischer Staaten« verfassungsrechtlich verankert. Das ist der deutliche Beweis für die volle Abhängigkeit des Regimes von der Sowjetunion.

Östliche Propaganda hat uns vorgeworfen, wir hätten uns in die Entwicklung in der Tschechoslowakei eingemischt. Wir haben diese Lüge sofort mit allem Nachdruck zurückgewiesen. Wir werden uns auch in Zukunft in die inneren Verhältnisse anderer Völker nicht einmischen.

Die 17 Millionen drüben sind freilich kein anderes Volk.

Aber wir bleiben bereit, unsere Beziehungen mit allen Völkern Osteuropas, die dies auch wünschen, ständig zu verbessern. Dies entspricht, wie wir immer wieder feststellen, dem Willen der großen Mehrheit unseres Volkes.

Es ist nach dem 21. August 1968 einleuchtender als je, daß unser Volk nicht bereit ist, das Atlantische Bündnis, das in diesem Jahr auch 20 Jahre lang besteht, in Frage zu stellen. Die Existenz dieses Bündnisses ist auf dem Wege zu einer europäischen Friedensordnung, die wir wollen, kein Hindernis, sondern vielmehr eine unerläßliche Voraussetzung für das Gelingen des ganzen schwierigen Unternehmens. Die NATO hat uns, die Nationen des freien Europa, davor bewahrt, uns einer sowjetischen Vorherrschaft beugen zu müssen oder zu einem bloßen Schutzgebiet der Vereinigten Staaten zu werden. Das Bündnis und unser Beitrag durch unsere Bundeswehr sichern uns unsere Freiheit und unsere kulturelle und wirtschaftliche Entfaltung.

Am 5. November 1968 wurde Richard Nixon zum Präsidenten der Vereinigten Staaten von Amerika gewählt. Der neue Präsident hat kurz nach seinem Amtsantritt Europa besucht und seine Bündnispolitik erläutert. Er hat deutlich gemacht, daß auch nach seinem Willen die USA im Bündnis zwar führen, aber nicht herrschen wollen, daß daher am Entscheidungsprozeß in der Allianz alle Partner teilnehmen sollen.

Von Anfang an richtete das deutsche Volk, richteten die Väter des Grundgesetzes in der Bundesrepublik ihre Hoffnung nicht nur auf den Wiederaufbau der eigenen staatlichen Existenz und auf die Wiedergewinnung der deutschen Einheit. Das deutsche Volk wollte, wie es im Grundgesetz ausgedrückt ist, als gleichberechtigtes Glied in einem vereinigten Europa dem Frieden der Welt dienen. Heute, nach zwanzig Jahren einer in manchem erfolgreichen, in vielem enttäuschenden Entwicklung ist, wie jede öffentliche Umfrage zeigt, dieser Wille unseres Volkes nicht schwächer geworden. Als lebenskräftiges Volk, als festgefügter Staat begreifen wir uns als Teil einer werdenden europäischen Gemeinschaft, die aus der zusammengefaßten Kraft ihrer Mitglieder die eigene Stärke gewinnt.

Unser Volk begreift: Nur ein vereinigtes Europa kann verhindern, daß andere über das Geschick seiner Völker bestimmen, nur ein vereinigtes Europa wird imstande sein, die Zukunft unserer Welt mitzugestalten. Diese Erkenntnis drückte der deutschen Außenpolitik während der langen Kanzlerschaft Konrad Adenauers ihren Stempel auf. Die Bundesrepublik wurde Mitglied des Europarates, der Montanunion, der Westeuropäischen Union, der Europäischen Wirtschaftsgemeinschaft und der Atomgemeinschaft.

Die Bundesregierung hat diese Politik fortgesetzt. Leider erwies sich der Streit um den Beitritt Großbritanniens als ein schweres Hindernis auf dem weiteren Weg zur Einigung. Die Bundesregierung ist unentwegt für eine Beteiligung Großbritanniens in Wort und Tat eingetreten. Wir haben es dabei aber nicht zugelassen, daß der Konflikt in der Frage des Beitritts anderer die bestehende Gemeinschaft gefährdete oder gar zerstörte. Wir haben, trotz des Gegensatzes unserer Meinungen hinsichtlich der Erweiterung der Gemeinschaft, Frankreich und Deutschland nicht auseinandertreiben lassen im Interesse unserer beiden Länder und im Interesse der Zukunft Europas.

Am 27. April dieses Jahres ist General de Gaulle zurückgetreten. Dieser große französische Staatsmann hat sich seit vielen Jahren um eine enge Zusammenarbeit unserer beiden Völker bemüht. Dafür verdient er den Dank unseres Volkes. Am vergangenen Sonntag ist Georges Pompidou zum neuen Präsidenten der Französischen Republik gewählt worden. Er hat während seiner Amtszeit als Ministerpräsident an der Entwicklung der deutsch-französischen Beziehungen führenden Anteil gehabt. Wir sind bereit, zusammen mit seiner Regierung diese für ganz Europa so wichtigen Beziehungen unserer beiden Völker auch in Zukunft im Geiste des Deutsch-Französischen Vertrages weiterzuentwickeln.

Meine Damen und Herren, die Politik der europäischen Einigung tritt nun in ihr drittes Jahrzehnt. Es kann sein, daß noch in diesem Jahr die europäische Entwicklung wieder in Bewegung kommt. Die Bundesregierung wird auch im Wahljahr keine Gelegenheit versäumen, die ihr zukommende Verantwortung wahrzunehmen.

Die westeuropäische Einigung wird sich nicht, wie manche meinen, als Behinderung einer größeren europäischen Verständigung erweisen, im Gegenteil, sie soll und wird sie erleichtern. Um dieses Ziel zu erreichen, sind wir bereit, an den Bemühungen um Entspannung, das heißt um die Beseitigung der bestehenden Konflikte und um Abrüstung und Rüstungsbeschränkung, teilzunehmen. Beides, Abrüstung und Rüstungsbeschränkung einerseits und Beseitigung der bestehenden Konflikte andererseits, steht in einem nicht zu übersehenden Zusammenhang. Nach der Meinung der Bundesregierung sollte am Anfang dieser Bemühungen die vertragliche Sicherung des Verzichts auf Gewalt stehen.

Ich erinnere an die Entschließung des Deutschen Bundestages vom 26. September 1968, in der es heißt:

Der Deutsche Bundestag tritt für internationale Vereinbarungen über gleichwertige Maßnahmen zur Rüstungskontrolle, Rüstungsbegrenzung und Abrüstung ein. Die Bundesrepublik Deutschland hat gegenüber ihren Bündnispartnern auf die Herstellung von atomaren, biologischen und chemischen Waffen verzichtet und sich entsprechenden internationalen Kontrollen unterworfen. Sie strebt keine nationale Verfügungsgewalt über Atomwaffen und keinen nationalen Besitz an solchen Waffen an.

Was den Atomsperrvertrag betrifft, so hat die Bundesregierung seit geraumer Zeit Maßstäbe für ihre Haltung aufgestellt. Im Laufe der Zeit konnten Verbesserungen erreicht werden, einige wesentliche Fragen sind aber noch zu klären ...

Quelle: Bulletin vom 18. 6. 1969, Nr. 78, S. 669–671

270 Abkommen über Devisenausgleich

Mitteilung des Auswärtigen Amts über das neue deutsch-amerikanische Abkommen über einen Devisenausgleich vom 9. Juli 1969

Die deutsche und amerikanische Delegation gaben am 9. Juli 1969 den Abschluß eines neuen Abkommens bekannt über den Ausgleich der den amerikanischen Streitkräften in Deutschland in den US-Haushaltsjahren 1970 und 1971 entstehenden Devisenkosten.

Die Delegationen haben in dieser Woche vom 7. bis 9. Juli 1969 die dritte und letzte Runde ihrer Verhandlungen geführt.

Das Abkommen sieht einen Devisenzufluß in Höhe von 6,08 Milliarden DM in die Vereinigten Staaten vor. Dieser Zufluß wird durch Beschaffung von US-Waren und -Dienstleistungen in Höhe von 3,7 Milliarden DM (61 Prozent des Gesamtbetrages) und durch finanzielle Maßnahmen in Höhe von 2,38 Milliarden DM (39 Prozent des Gesamtbetrages) erreicht.

Die Einzelheiten sind folgende:	Millionen DM
Militärische Beschaffungen in den Vereinigten Staaten	3 200
»Einfrieren« von Zinserträgen der Bundesrepublik Deutschland auf US-Treasury-Konten	130
Darlehen der Bundesregierung an die amerikanische Regierung (rückzahlbar nach 10 Jahren)	1 000
Erwerb von US-Eximbank- und Marshall-Plan-Forderungen	475
Zivile öffentliche Beschaffungen der Bundesrepublik Deutschland in den Vereinigten Staaten	500
Transfer von Mitteln in die Vereinigten Staaten zur Förderung deutscher Investitionen	600
Vorzeitiger Schuldentransfer der Bundesrepublik Deutschland an die Vereinigten Staaten	175
	6 080

Außerdem wurde ein besonderer Zinssatz in Höhe von 3,5 Prozent für das Regierungsdarlehen und für bestimmte Depots bei der US-Treasury vereinbart.

Für die Eximbank- und Marshall-Plan-Forderungen ist ein durchschnittlicher Zinssatz von teils 4, teils 5 Prozent vorgesehen.

Die amerikanische Delegation stand unter Leitung von Deputy Undersecretary of State, Nathaniel Samuels; Leiter der deutschen Delegation war Staatssekretär Günther Harkort vom Auswärtigen Amt.

Quelle: Bulletin vom 11. 7. 1969, Nr. 92, S. 792

271   Diplomatische Beziehungen zum Jemen

Deutsch-jemenitisches Kommuniqué anläßlich der Wiederaufnahme der diplomatischen Beziehungen vom 15. Juli 1969

Die Regierung der Bundesrepublik Deutschland und die Regierung der Arabischen Republik Jemen sind übereingekommen, wieder diplomatische Beziehungen aufzunehmen. Diese Entscheidung tritt mit dem heutigen Tage in Kraft. Ein Austausch von Botschaftern wird so bald wie möglich stattfinden. Die beiden Regierungen haben ferner beschlossen, auf wirtschaftlichem und technischem Gebiet eng zusammenzuarbeiten.

Die beiden Regierungen sind überzeugt, daß die Wiederaufnahme diplomatischer Beziehungen und ihre enge Zusammenarbeit das zwischen den beiden Völkern bestehende freundschaftliche Verhältnis weiter festigen werden.

Quelle: Aus den Akten des Auswärtigen Amts

272   EWG-Assoziierung afrikanischer Länder

Assoziierungsabkommen zwischen der Europäischen Wirtschaftsgemeinschaft und den mit dieser Gemeinschaft assoziierten afrikanischen Staaten und Madagaskar vom 29. Juli 1969 (»Jaunde II«) [1]*, Denkschrift der Bundesregierung (Auszüge)*

Vorbemerkung
Der Text der Denkschrift zum Abkommen zur Erneuerung einer Assoziation zwischen der Europäischen Wirtschaftsgemeinschaft und den assoziierten afrikanischen Staaten und Madagaskar wurde auf der Grundlage eines Entwurfs des Generalsekretariats des Rates erarbeitet...

TEIL I

Einleitung

1. Vorgeschichte
Durch den am 25. März 1957 unterzeichneten Vertrag zur Gründung der Europäischen Wirtschaftsgemeinschaft (EWG-Vertrag) wurden die im Anhang IV zu diesem Vertrag aufgeführten außereuropäischen Länder und Hoheitsgebiete, die seinerzeit sämtlich noch besondere Beziehungen zu Belgien, Frankreich, Italien oder den Niederlanden unterhielten und von diesen EWG-Mitgliedstaaten jeweils völkerrechtlich vertreten wurden, mit der Gemeinschaft assoziiert. Die Assoziation, deren Grundzüge insbesondere im Vierten Teil des EWG-Vertrages (Artikel 131 bis 136) festgelegt sind, war für einen ersten Zeitabschnitt von 5 Jahren gemäß den dem EWG-Vertrag als Anhang beigefügten Durchführungsabkommen näher geregelt worden. Dieses Durchführungsabkommen sollte nach Beendigung

seiner Geltungsdauer, also Ende des Jahres 1962, gemäß Artikel 136 des EWG-Vertrages durch Beschluß des Rates der EWG für einen weiteren Zeitabschnitt erneuert werden.

In dem Zeitraum bis zur Beendigung des Durchführungsabkommens wurden jedoch die meisten der assoziierten Länder und Hoheitsgebiete unabhängige, souveräne Staaten.

Das im EWG-Vertrag (Artikel 136 Absatz 2) für die Fortsetzung der Assoziation nach Ablauf des bisherigen Durchführungsabkommens vorgesehene Verfahren – Festlegung der Bestimmungen für einen neuen Zeitabschnitt durch Beschluß des Rates – konnte für die Neuregelung der Assoziierung der überseeischen souveränen Staaten nicht mehr angewandt werden, da ein Beschluß des Rates die unabhängig gewordenen Länder nicht rechtlich binden konnte. Statt dessen war es erforderlich, die neuen Assoziationsbedingungen mit den überseeischen Staaten als nunmehr selbständigen Völkerrechtssubjekten auszuhandeln und ein entsprechendes Abkommen mit ihnen in der Form eines völkerrechtlichen Vertrages abzuschließen.

Die Verhandlungen zwischen der Gemeinschaft und den assoziierten afrikanischen Staaten und Madagaskar (AASM) wurden am 6./7. Dezember 1961 in Paris aufgenommen. Am 20. Dezember 1962 wurden die Texte des neuen Assoziierungsabkommens von der Gemeinschaft und den Mitgliedstaaten einerseits und den AASM andererseits paraphiert. Sie wurden am 20. Juli 1963 in Jaunde von den Vertragsparteien unterzeichnet.

Das Vertragswerk bestand aus folgenden Texten:
– dem Assoziierungsabkommen mit 64 Artikeln und einem Anhang,
– sieben Protokollen im Anhang zum Assoziierungsabkommen,
– einem Abkommen über die Erzeugnisse, die unter die Zuständigkeit der Europäischen Gemeinschaft für Kohle und Stahl (EGKS) fallen,
– elf in der Schlußakte zusammengefaßten Beschlüssen oder Erklärungen.

Um die Anwendung des Abkommens durch die Gemeinschaft und die Mitgliedstaaten sowie die Finanzierung der Hilfe der Gemeinschaft zu regeln, schlossen die Mitgliedstaaten untereinander zwei interne Abkommen ab, die sie ebenfalls in Jaunde unterzeichneten:
– das Interne Abkommen über die zur Durchführung des Abkommens über die Assoziation zwischen der EWG und den assoziierten afrikanischen Staaten und Madagaskar zu treffenden Maßnahmen und die dabei anzuwendenden Verfahren,
– das Interne Abkommen über die Finanzierung und Verwaltung der Hilfe der Gemeinschaft.

Die im Rat vereinigten Vertreter der Mitgliedstaaten gaben ferner eine Absichtserklärung zugunsten derjenigen dritten Länder ab, die hinsichtlich ihrer Wirtschaftsstruktur und Produktion mit den assoziierten Staaten vergleichbar sind. Darin wird die Bereitschaft zum Ausdruck gebracht, auf Wunsch dieser Länder Verhandlungen über den Beitritt zu diesem Assoziierungsabkommen, über ein selbständiges Assoziierungsabkommen oder auch über ein Handelsabkommen zu führen.

Das Abkommen vom 20. Juli 1963, abgedruckt im Bundesgesetzblatt, Teil II, 1964, Seite 289 ff., trat am 1. Juni 1964 in Kraft; es galt gemäß seinem Artikel 59 bis zum 31. Mai 1969.

Die Bedingungen für die Fortsetzung der Assoziation mit denjenigen überseeischen Ländern und Gebieten, die nach wie vor besondere Beziehungen zu Frankreich und den Niederlanden unterhalten (ÜLG) [2], legte der Rat gemäß Artikel 136 EWG-Vertrag durch einen besonderen Beschluß fest, dessen Bestimmungen denjenigen des Assoziierungsabkommens sachlich weitgehend entsprachen. Die für die ÜLG vorgesehene finanzielle Hilfe wurde – zusammen mit der finanziellen Hilfe für die assoziierten Staaten und der Hilfe für die französischen überseeischen Departements [3] – im Internen Finanzabkommen geregelt ...

Teil II

Erläuterung des Abkommens

Das vorliegende Abkommen ähnelt weitgehend dem früheren. Es hat dieselbe Titelfolge und eine ähnliche, wenn auch erweiterte Folge von Anhängen. Aus dem alten Abkommen sind mehr Artikel unverändert als in veränderter Form übernommen worden; die Organe sind die gleichen und die eingeführten Mechanismen ähnlich. Gleichwohl enthält der neue Text Verbesserungen und Neuerungen gegenüber dem früheren. Auf Grund der gesammelten Erfahrungen wurde die Assoziation auch in mancher Hinsicht elastischer gestaltet.

I. Grundsätze

Die Grundsätze des vorangegangenen Abkommens sind unverändert in die Präambel des neuen Assoziierungsabkommens übernommen worden. Sie werden darüber hinaus in Artikel 1 wiederholt. Damit sind sie unmittelbar Bestandteil des Abkommens. Nach Artikel 1 soll die Zusammenarbeit zwischen den Vertragsparteien in dem Bestreben gefördert werden, die wirtschaftliche und soziale Entwicklung der AASM [4] durch Erweiterung des Handelsverkehrs sowie durch finanzielle Maßnahmen und technische Zusammenarbeit zu begünstigen. Die Vertragsparteien wollen ferner ihre wirtschaftlichen Beziehungen entwickeln, die Wirtschaftsstruktur und die wirtschaftliche Unabhängigkeit der AASM verstärken, die Industrialisierung dieser Staaten fördern, die regionale Zusammenarbeit in Afrika begünstigen und zur weiteren Entwicklung des Welthandels beitragen.

In diesem Zusammenhang ist die Vereinbarung der Vertragsparteien von Bedeutung, daß dieses Abkommen der Verwirklichung eines allgemeinen Präferenzsystems zugunsten aller Entwicklungsländer und der Teilnahme der AASM an einem solchen System nicht entgegensteht (Protokoll Nr. 4).

Die Mitgliedstaaten haben sich erneut bereit erklärt, im Wege von Verhandlungen mit den dritten Ländern, die einen entsprechenden Antrag stellen und hinsichtlich ihrer Wirtschaftsstruktur und Produktion mit den AASM vergleichbar sind, den Abschluß von Abkommen anzustreben, die zu einer der folgenden Lösungen führen können: Beitritt zu diesem Abkommen; Assoziierungsabkommen mit gegenseitigen Rechten und Pflichten, insbesondere auf dem Gebiet des Warenverkehrs; Handelsabkommen zur Erleichterung und Förderung des Handels zwischen der Gemeinschaft und diesen Ländern. Durch diese Erklärung wird der offene Charakter der Assoziationspolitik betont.

Die Bemühung der Gemeinschaft, die nachteiligen Auswirkungen der den AASM gewährten Präferenzen auf dritte Entwicklungsländer zu verringern, fand in der Absicht Ausdruck, die Sätze des Gemeinsamen Zolltarifs für tropische Erzeugnisse bei Inkrafttreten des Assoziationsabkommens erneut zu senken.

Auf dem Gebiet der finanziellen und technischen Zusammenarbeit werden die Mitgliedstaaten ihre Leistungen um annähernd ein Viertel erhöhen. Die Gemeinschaft wird sich verstärkt darum bemühen, die Industrialisierung in den AASM zu fördern und die Hilfe möglichst wirksam zu gestalten...

Der Assoziationsrat, bestehend aus den Mitgliedern des Rates der Europäischen Gemeinschaften, Mitgliedern der Kommission und je einem Regierungsmitglied der assoziierten Staaten, tritt mindestens einmal jährlich zusammen. Der Vorsitz alterniert zwischen dem Rat der Europäischen Gemeinschaften und den AASM. In bestimmten im Abkommen geregelten Fällen kann der Assoziationsrat Beschlüsse fassen, die für die Vertragsparteien verbindlich sind. Der Assoziationsrat wird durch einen Assoziationsausschuß unterstützt, der in der Regel auf Botschafterebene tagt. Über die Aufgaben des Ausschusses befindet der Assoziationsrat in seiner Geschäftsordnung. Auf den Tagungen des Assoziationsrates oder des Assoziationsausschusses ist ein Vertreter der EIB anwesend, wenn die Tagesordnungspunkte den Zuständigkeitsbereich der EIB berühren.

Die Parlamentarische Konferenz der Assoziation, die sich paritätisch aus Mitgliedern des Europäischen Parlaments und Mitgliedern der Parlamente der AASM zusammensetzt, tritt einmal jährlich zusammen. Der Assoziationsrat legt ihr alljährlich einen Tätigkeitsbericht vor. Die Konferenz kann Entschließungen verabschieden, die jedoch keine verbindliche Wirkung haben.

Dem Schiedsgericht werden Streitfälle über Auslegung oder Anwendung des Abkommens vorgelegt, über die auch im Assoziationsrat keine Einigung herbeigeführt werden kann. Seine Schiedssprüche sind für die am Streit beteiligten Parteien verbindlich. Je zwei Richter werden auf Vorschlag des Rates der Europäischen Gemeinschaften und der AASM, der fünfte (Präsident) vom Assoziationsrat bestellt. Die Satzung ist nunmehr im Anhang zum Assoziationsabkommen (Protokoll Nr. 8) enthalten. Das Schiedsgericht wurde während der Geltungsdauer des vorangegangenen Abkommens nicht in Anspruch genommen.

Hervorzuheben ist die durch die paritätische Zusammensetzung der drei Assoziationsorgane sowie des Assoziationsausschusses zum Ausdruck kommende Gleichberechtigung aller Vertragsparteien ...

[1] Das Abkommen trat am 1. 1. 1971 in Kraft.
Außerdem hat die EWG folgende Abkommen geschlossen:

Griechenland	assoziiert seit 1. 11. 1962
Türkei	assoziiert seit 1. 12. 1964
Marokko	assoziiert seit 1. 9. 1969
Tunesien	assoziiert seit 1. 9. 1969
Malta	assoziiert seit 1. 4. 1971
Spanien	Präferenzabkommen seit 1. 10. 1970
Israel	Präferenzabkommen seit 1. 10. 1970
VAR	Präferenzabkommen wird verhandelt
Libanon	Präferenzabkommen wird verhandelt
Zypern	bestätigte am 5. 8. 1970 seinen Assoziierungsantrag von 1962

Ein algerischer Assoziierungsantrag liegt seit 18. 12. 1963 vor. Die aus der ehemaligen Einbeziehung in die EWG resultierende Sonderstellung verzögert den Verhandlungsbeginn.
Die Gemeinschaft hat ferner mit den drei ostafrikanischen Staaten Kenia, Tansania und Uganda das Assoziierungsabkommen von Arusha vom 24. 9. 1969 geschlossen (vgl. Dokument vom gleichen Datum).
Mit Jugoslawien (seit 1. 5. 1970) und Iran bestehen nichtpräferenzielle Abkommen.
Die Verhandlungen mit Japan und Argentinien über den Abschluß von Handelsabkommen laufen zur Zeit.
[2] ÜLG — Überseeische Länder und Gebiete, die besondere Beziehungen zu Frankreich und den Niederlanden unterhalten (Saint Pierre und Miquelon, französisches Territorium der Afar und Issa, Komoren-Archipel, Neukaledonien und dazugehörige Gebiete, französische Niederlassungen in Ozeanien, die australen und antarktischen Gebiete; Surinam und Niederländische Antillen)
[3] Französische überseeische Departements — Guadeloupe, Franz.-Guayana, Martinique, Réunion
[4] AASM — assoziierte afrikanische Staaten und Madagaskar (Burundi, Dahome, Elfenbeinküste, Gabun, Kamerun, Demokratische Republik Kongo (Kinshasa [Zaire]), Volksrepublik Kongo (Brazzaville), Madagaskar, Mali, Mauretanien, Niger, Obervolta, Ruanda, Senegal, Somalia, Togo, Tschad, Zentralafrikanische Republik)
Quelle: Denkschrift der Bundesregierung vom 6. 3. 1970 zum 2. Jaunde-Abkommen, 6. Deutscher Bundestag, Drucksache Nr. 483, S. 141–153

273

Vertrag über die Zusammenarbeit zwischen der Bundesrepublik Deutschland und dem Goethe-Institut zur Pflege deutscher Sprache und Kultur im Ausland e. V., München, vom 31. Juli 1969 (Auszüge)

§ 1

(1) Das Auswärtige Amt betraut aufgrund seiner Zuständigkeit für die Auswärtige Kulturpolitik das Goethe-Institut in Übereinstimmung mit dessen Satzung mit der Ausführung folgender Aufgaben, im folgenden als »Vertragsaufgaben« bezeichnet:

a) Erteilung und Förderung des Deutschunterrichts an Erwachsene im Ausland
b) Ausbildung und Fortbildung ausländischer Deutschlehrer und Germanisten

c) Entwicklung und Verbesserung der Unterrichtsmethoden und Hilfsmittel für den deutschen Sprachunterricht

d) Durchführung kultureller Veranstaltungen im Ausland.

(2) Die Betätigung des Auswärtigen Amts auf diesen Gebieten sowie entsprechende Aufträge an Dritte werden hierdurch nicht berührt. Vor wichtigen Maßnahmen dieser Art wird das Goethe-Institut gehört.

(3) Das Goethe-Institut führt die Vertragsaufgaben im Rahmen der kulturpolitischen Richtlinien des Auswärtigen Amts in eigener Verantwortung aus. Soweit ausnahmsweise in einem Einzelfall aus politischen Gründen eine Entscheidung des Auswärtigen Amts erforderlich wird, ist das Goethe-Institut nach Möglichkeit vorher zu hören.

§ 2

(1) Das Auswärtige Amt und das Goethe-Institut arbeiten eng zusammen und unterrichten sich gegenseitig. Sie treten in der Regel zweimal jährlich zu Planungsbesprechungen zusammen, um die Arbeit abzustimmen und zu koordinieren.

(2) Das Auswärtige Amt macht den amtlichen Auslandsvertretungen, das Goethe-Institut seinen Zweigstellen im Ausland eine loyale Zusammenarbeit zur Pflicht.

. . .

§ 3

(1) Zur Durchführung der Vertragsaufgaben unterhält das Goethe-Institut Kulturinstitute (Zweigstellen und Dozenturen mit einer eigenen Wirtschaftsführung) im Ausland.

(2) Für die Errichtung oder Schließung von Kulturinstituten ist die Einwilligung des Auswärtigen Amts erforderlich. Einem Vorschlag des Auswärtigen Amts auf Errichtung oder Schließung eines Kulturinstituts wird das Goethe-Institut entsprechen.

(3) Die Regelung von Statusfragen obliegt dem Auswärtigen Amt. Das Auswärtige Amt ist bestrebt, den rechtlichen Status der Zweigstellen und Dozenturen des Goethe-Instituts im Ausland sowie ihrer Mitarbeiter im Benehmen mit dem Goethe-Institut so zu regeln, daß diesem die Durchführung seiner Aufgaben ermöglicht und erleichtert wird [1].

. . .

Bonn, den 31. Juli 1969

Auswärtiges Amt In Vertretung	Goethe-Institut zur Pflege deutscher Sprache und Kultur im Ausland e. V.
gez. Harkort	gez. Pfeiffer
gez. Werz	gez. Ross
gez. Oppler	gez. Hessdörfer

[1] Zum Vertrag gehören ein Briefwechsel, der u. a. Näheres über die Zusammenarbeit und Abstimmung in regelmäßigen Planungsbesprechungen regelt, ferner Grundsätze für die Zusammenarbeit zwischen den Auslandsvertretungen und den Zweigstellen des Goethe-Instituts vom 31. Juli 1969. Ziff. 1–3 der Grundsätze lauten (auszugsweise):

Ziffer 1
Die Auslandsvertretungen und die Zweigstellen des Goethe-Instituts arbeiten eng und vertrauensvoll zusammen und unterrichten sich über alle die gemeinsame Arbeit betreffenden Fragen gegenseitig. Die Auslandsvertretung bemüht sich, der Zweigstelle bestmögliche Arbeitsbedingungen zu verschaffen.

Ziffer 2
Die Verantwortung der zuständigen Auslandsvertretung für kulturelle Angelegenheiten innerhalb des Amtsbezirks wird von der Wahrnehmung der Vertragsaufgaben durch die Zweigstellen und Dozenturen des Goethe-Instituts nicht berührt.

Ziffer 3
Für die Programmgestaltung des Instituts ist der Leiter der Zweigstelle oder Dozentur verantwortlich. Die Auslandsvertretung wird so rechtzeitig von der Programmplanung unterrichtet, daß sie dazu Stellung nehmen und gegebenenfalls das Programm noch geändert werden kann . . .

Quelle: Aus den Akten des Auswärtigen Amts

Bericht an den VN-Generalsekretär über die in der Bundesrepublik Deutschland getroffenen Maßnahmen gegen Nazismus und Rassendiskriminierung vom 11. August 1969

I.

Die Bundesregierung begrüßt Inhalt und Forderungen der von der Generalversammlung der Vereinten Nationen am 19. Dezember 1968 angenommenen Entschließung 2438 (XXIII) und legt hiermit einen Bericht über die geltenden gesetzlichen Vorschriften und andere Maßnahmen vor, durch die das Entstehen von Nazismus und die Verbreitung rassendiskriminierenden Gedankenguts in der Bundesrepublik Deutschland verhindert werden.

II.

Die Bundesrepublik Deutschland hat durch ihre völkerrechtlichen Verpflichtungen, ihre Verfassung und ihre Gesetze Vorsorge getroffen, daß Nazismus und Rassendiskriminierung innerhalb ihrer Grenzen nicht aufkommen können. Randerscheinungen werden durch Maßnahmen der Exekutive schon in den Ansätzen erkannt und den Gerichten zur Aburteilung überwiesen. Dabei sind sich alle Verantwortlichen bewußt, daß die beste Garantie gegen rassistisches und rechtsradikales Gedankengut die Haltung der deutschen Bürger ist, die in ihrer überwältigenden Mehrheit jede Form von Rassismus und Nazismus ablehnen.

III.

Grundlage für die Verhinderung von Rassendiskriminierung ist das Internationale Abkommen zur Beseitigung jeder Form von Rassendiskriminierung, das von der Bundesrepublik am 16. Mai 1969 ratifiziert worden ist. Bei der Hinterlegung der Ratifikationsurkunde hat die Regierung der Bundesrepublik Deutschland zum Ausdruck gebracht, daß sie den Zielen dieses Übereinkommens vollauf zustimmt und überzeugt ist, daß jede Doktrin rassischer Überlegenheit moralisch falsch, ungerecht und gefährlich ist. Sie hat ferner erneut ihre Überzeugung zum Ausdruck gebracht, daß jede Diskriminierung von Menschen aus Gründen der Rasse, Farbe oder Volkszugehörigkeit freundliche Beziehungen unter den Völkern verhindert und es für Rassendiskriminierung keine Rechtfertigung gibt, wo immer sie stattfindet.

Die deutsche Rechtsordnung entspricht den Forderungen des Internationalen Abkommens in jeder Beziehung, wie sich aus folgenden Abschnitten ergeben wird.

IV.

Das Grundgesetz der Bundesrepublik Deutschland garantiert eine freiheitliche demokratische Staatsordnung. Es ist geprägt von dem Gedanken der Toleranz des Staates gegenüber seinen Bürgern und der Bürger untereinander. Dies kommt vor allem in den Grundrechten zum Ausdruck, die in den Art. 1 bis 19 des Grundgesetzes geregelt sind.

Oberster Grundsatz ist die Unantastbarkeit der Würde des Menschen. Die Menschenrechte sind als Grundlage jeder menschlichen Gemeinschaft, des Friedens und der Gerechtigkeit in der Welt anerkannt. Jeder Bürger hat das Recht auf freie Entfaltung seiner Persönlichkeit, das Recht auf ungestörte Religionsausübung sowie das Recht der freien Meinungsäußerung. Auch die Rechte der Versammlungsfreiheit und der Vereinigungsfreiheit gehören zu den unverletzlichen Grundrechten.

Insbesondere aber bestimmt das Grundgesetz in Art. 3, daß alle Menschen vor dem Gesetz gleich sind und niemand wegen seiner Abstammung, seiner Rasse oder seiner Heimat und Herkunft benachteiligt werden darf. Haß, Unduldsamkeit und Diskriminierung gegenüber Personen oder Personengruppen anderer Hautfarbe, Rasse oder Abstammung sind also von der Verfassung untersagt. Darüber hinaus sind der Staat und seine Organe zur Toleranz verpflichtet.

Zur Verhinderung nazistischer Tendenzen bestimmt das Grundgesetz in Art. 139, daß die zur »Befreiung des deutschen Volkes vom Nationalsozialismus und Militarismus« erlassenen Vorschriften weiterhin Gültigkeit haben.

Die Verfassung beschränkt sich aber nicht auf Verhaltensvorschriften für die Staatsorgane. Sie verpflichtet auch den einzelnen Bürger, seine Rechte und Interessen dem Prinzip der Toleranz unterzuordnen. Wer gegen dieses Prinzip verstößt, hat mit den von den Gesetzen vorgeschriebenen, harten Maßnahmen zu rechnen.

So bestimmt Art. 18 des Grundgesetzes, daß derjenige, der die Freiheit der Meinungsäußerung, insbesondere die Pressefreiheit, die Versammlungsfreiheit oder die Vereinigungsfreiheit zum Kampf gegen die freiheitliche demokratische Grundordnung mißbraucht, diese Grundrechte verwirkt. Zur freiheitlichen demokratischen Grundordnung gehören vor allem die Achtung vor den Menschenrechten und die Respektierung des Gleichheitsgrundsatzes. Wer daher seine Grundrechte zur Förderung des Hasses oder der Diskriminierung von Mitbürgern mißbraucht, die sich durch ihre Rasse, ihre Hautfarbe oder ihre Abstammung von anderen Bürgern unterscheiden, verliert diese Grundrechte. Für die Feststellung der Verwirkung ist das Bundesverfassungsgericht zuständig. Wie ernst es der Regierung mit dieser Schutzvorschrift ist, hat der Bundesminister des Innern vor kurzem dadurch bewiesen, daß er gegen den Herausgeber der rechtsradikalen »Deutschen Nationalzeitung« einen Antrag beim Bundesverfassungsgericht auf Verwirkung des Grundrechts der freien Meinungsäußerung und der Pressefreiheit gestellt hat.

Auch Vereinigungen unterliegen in der Bundesrepublik dem Gebot der Toleranz gegenüber anderen Völkern und Rassen. Art. 9 des Grundgesetzes und § 3 des Vereinsgesetzes bestimmen ausdrücklich, daß Vereinigungen, deren Zweck oder deren Tätigkeit sich gegen den Gedanken der Völkerverständigung richtet, zu verbieten sind. Hiernach ist gegen jede Vereinigung einzuschreiten, die rassische, religiöse oder nationale Intoleranz propagiert.

Die bisherige Verbotspraxis hat gezeigt, daß die gesetzlichen Voraussetzungen für ein wirksames Eingreifen vollauf genügen. Sowohl der Bund wie die einzelnen Länder haben von der Möglichkeit eines Verbots wiederholt Gebrauch gemacht. Bemerkenswert ist, daß die verbotenen Organisationen und Vereinigungen ganz geringe Mitgliederzahlen hatten und ausnahmslos bloße Randerscheinungen gewesen sind.

Auch für die politischen Parteien gilt das Verbot, die freiheitliche demokratische Grundordnung zu beeinträchtigen oder auf ihre Beseitigung auszugehen. Dieser Tatbestand wäre beispielsweise erfüllt, wenn eine Partei rassistisches oder nazistisches Gedankengut vertritt oder fördert. Nach den Vorschriften von Art. 21 des Grundgesetzes ist eine solche Partei durch das Bundesverfassungsgericht zu verbieten. Diese Bestimmung ist bereits einige Male gegen radikale Parteien angewendet worden, so gegen die rechtsradikale »Sozialistische Reichspartei«, die im Jahre 1952 vom Bundesverfassungsgericht aufgelöst wurde.

In letzter Zeit wurde immer wieder die Forderung erhoben, auch gegen die rechtsstehende Nationaldemokratische Partei Deutschlands (NPD) einen Verbotsantrag zu stellen. Die Bundesregierung hat sich wiederholt mit dieser Frage befaßt, ist aber zu dem Ergebnis gekommen, daß Verbotsmaßnahmen wenige Monate vor einer Bundestagswahl als staatliche Beeinträchtigung der Freiheit der Wahl verstanden werden könnten. Sie ist der Ansicht, daß man in einem Wahljahr zunächst dem Wähler die Entscheidung darüber überlassen sollte, ob eine rechtsstehende Partei im Parlament vertreten sein soll oder nicht. Die deutschen Wähler haben sich seit Bestehen der Bundesrepublik regelmäßig mit der überwältigenden Mehrheit von über 92 % für die demokratischen Parteien entschieden und rechts- wie linksradikalen Parteien verwehrt, länger als eine Wahlperiode dem Bundestag anzugehören.

Auch die Bundesländer haben in ihre Verfassung die Forderung rassischer Toleranz und das Verbot nationalsozialistischer Betätigung aufgenommen. So bestimmt Art. 4 der Verfassung des Landes Rheinland-Pfalz, daß Beleidigungen wegen der Zugehörigkeit zu einer Rasse strafrechtlich zu verfolgen sind. In Art. 24 der Verfassung des Landes Berlin heißt es, daß sich auf die freie Meinungsäußerung nicht berufen darf, wer nationalsozialistische oder andere totalitäre oder kriegerische Ziele verfolgt.

V.

Neben diesen verfassungsrechtlichen Bestimmungen gibt es zahlreiche Gesetze, die es den staatlichen Organen, insbesondere den Strafverfolgungsbehörden, ermöglichen, Verstöße gegen das Gebot der Rassentoleranz und gegen das Verbot der Verbreitung von Nazi-Ideologie wirksam zu verfolgen.

So stellt das Strafgesetzbuch in § 86 die Verbreitung von Propagandamitteln, die von einer verfassungswidrigen Vereinigung stammen oder geeignet sind, Bestrebungen einer ehemaligen nationalsozialistischen Organisation fortzusetzen, unter Strafe. Schon die Verbreitung von nazistischen Symbolen ist verboten.

Seit dem Bestehen der Bundesrepublik gehen die Strafverfolgungsbehörden gegen alle Straftaten, die auf nazistische oder rassistische Hintergründe schließen lassen, rasch und unerbittlich vor. So hat sich die Zahl der einschlägigen Straftaten, von denen im übrigen nur ein geringfügiger Teil aus politischer Überzeugung begangen wurde, im Laufe der letzten Jahre ständig vermindert.

Die von den deutschen Gerichten in diesem Zusammenhang verhängten Strafen sind streng. Seit 1960 wurden 20 Zuchthausstrafen, 34 Gefängnisstrafen von einem bis zu fünf Jahren, 75 Gefängnisstrafen zwischen sechs Monaten und einem Jahr und 325 Gefängnisstrafen unter sechs Monaten ausgesprochen. Unter den Verurteilten befanden sich auch Ausländer. Gegen 30 ausländische Faschisten wurden Grenzüberwachungsmaßnahmen oder Einreiseverbote angeordnet.

Ein »Gesetz über die Verbreitung jugendgefährdender Schriften« stellt sicher, daß Publikationen, die Rassenhaß erzeugen könnten oder den Krieg verherrlichen, in eine Verbotsliste aufgenommen werden. Bei der Indizierung dieser Publikationen gelten besonders strenge Maßstäbe.

VI.

Über die gesetzlichen Vorkehrungen hinaus bemüht sich die Bundesregierung, durch aufklärende Maßnahmen das Aufkommen von Rassenhaß von vornherein auszuschließen und den Gedanken der Völkerverständigung und der Toleranz in allen Schichten der Bevölkerung zu fördern.

Ein wichtiges Instrument hierfür ist die »Bundeszentrale für politische Bildung«. Sie ist dem Bundesministerium des Innern unterstellt und arbeitet eng mit dem Presse- und Informationsamt der Bundesregierung zusammen. Die besondere Aufmerksamkeit der Bundeszentrale gilt der geistig-politischen Auseinandersetzung mit allen Formen des Radikalismus und der Bekämpfung von Vorurteilen jeder Art. Die Verhinderung von Rassendiskriminierung und nazistischer Tendenzen gehört daher zu ihren Hauptaufgaben. Die Bundeszentrale verfügt über eine Vielzahl außerordentlich breitenwirksamer Instrumente: Publikationen, von denen manche in Millionenauflagen verbreitet werden, Filme, ein alljährlich durchgeführtes »Preisausschreiben«, an dem sich seit Jahren jeweils über eine Million Schüler beteiligen, Tagungen, Seminare und anderes mehr. Zu Presse, Rundfunk und Fernsehen unterhält sie enge Kontakte. Daneben fördert sie die bildungspolitische Tätigkeit zahlreicher unabhängiger Institutionen und Verbände.

Die vielen Einrichtungen, die sich neben der Bundeszentrale und den entsprechenden

Landeszentralen der politischen Information und der Aufklärung über die Prinzipien demokratischer Toleranz widmen und eine Förderung durch staatliche Stellen erfahren, können hier nicht aufgeführt werden. Erwähnt sei nur der »Arbeitskreis Deutscher Bildungsstätten«, in dem sich eine Reihe solcher Einrichtungen zusammengeschlossen hat. Neben der überregionalen Bildungsarbeit gibt es auf der Ebene der Länder und Kommunen erfolgreiche Bemühungen um die politische Bildungsarbeit und die Erziehung zur Toleranz anderer Menschen gegenüber. Hier sind u. a. die Volkshochschulen zu nennen, die über ein Netz von 1100 Einzelinstituten und rund 4000 Außenstellen verfügen. Sie sind in Landesverbänden und im Deutschen Volkshochschulverband zusammengefaßt. Darüber hinaus arbeiten sie mit den Gewerkschaften in der Arbeitsgemeinschaft »Arbeit und Leben« zusammen.

In Erkenntnis der zukunftsentscheidenden Bedeutung, die dem Weltbild der heranwachsenden Jugend zukommt, wird in der Bundesrepublik Deutschland alles getan, um die Jugendlichen frühzeitig mit der freiheitlichen Ordnung des Grundgesetzes vertraut zu machen, ihnen den Geist der Verständigung und Freundschaft mit allen Menschen und Völkern zu vermitteln und sie gegen alle Versuchungen der rassischen, nationalen und religiösen Intoleranz immun zu machen. Hierbei steht an erster Stelle der Unterricht in den allgemeinbildenden und berufsbildenden Schulen. Alle Länder der Bundesrepublik haben durch ihre Verfassungen, Schulgesetze und Unterrichtsrichtlinien die Erziehungsziele in Übereinstimmung mit der Erklärung der Menschenrechte der Vereinten Nationen und der Europäischen Konvention zum Schutz der Menschenrechte und Grundfreiheiten definiert. Mit der politischen Erziehung in den Schulen wird erreicht, daß sich demokratisches Verhalten und Toleranz anderer Menschen und anderer Völker und Rassen gegenüber vom Kindesalter an in selbstverständlicher Form entwickeln.

Darüber hinaus wird versucht, möglichst viele Jugendliche auch außerhalb der Schule zu erreichen. Die außerschulische politische Bildung der Jugend wird vor allem im Rahmen des *Bundesjugendplans* vom Bundesministerium für Familie und Jugend in Zusammenarbeit mit den Ländern und den Trägern der freien Jugendarbeit gefördert.

Mit den Mitteln des Bundesjugendplans unterstützt die Bundesregierung den Austausch mit der Jugend anderer Länder. Die internationale Jugendarbeit wird in den Richtlinien für den Bundesjugendplan als eine der wichtigsten Aufgaben genannt. Erfahrungsgemäß ist die internationale Begegnung der Jugend ein überaus wertvolles Mittel, um etwaige Vorurteile gegen die Rasse, Hautfarbe oder nationale Herkunft anderer Menschen zu beseitigen. In den letzten Jahren konnten die Kontakte deutscher Jugendlicher mit Jugendlichen aus europäischen und außereuropäischen Ländern, besonders Afrikas und Asiens, wesentlich durch die erhöhten Förderungsmittel aus dem Bundesjugendplan verstärkt werden. 1967 haben rund 700 000 junge Menschen aus dem In- und Ausland an internationalen Jugendbegegnungen teilgenommen. Die Tendenz geht dahin, diese Kontakte weiter zu vermehren und auszubauen.

Die deutsche Jugend sucht die freie und friedliche Annäherung aller Völker. Rassenhaß ist ihr fremd. Ein eindrucksvolles Dokument für das Bemühen der Jugend um internationale Verständigung und Zusammenarbeit ist, um nur ein Beispiel für die geistige Haltung der großen Mehrheit der heutigen deutschen Jugend zu geben, die Resolution der 34. Vollversammlung (1967) des Deutschen Bundesjugendringes, dem Jugendverbände mit insgesamt über sieben Millionen Mitgliedern angehören. In dieser Resolution, in deren Mittelpunkt der Gedanke der »Solidarität der Menschheit« steht, heißt es:

»Die Bemühungen um den Frieden werden immer mehr zu einem Schwerpunkt der Arbeit in den Jugendverbänden. Viele junge Menschen sind über die zunehmende Gefährdung des Friedens in der Welt beunruhigt. Sie wollen sich für ein friedliches Zusammenleben aller Menschen einsetzen ... Die Mitgliederverbände des Deutschen Bundesjugendringes werden aufgefordert, ihre internationalen Begegnungen verstärkt auch zum Abbau von Vorurteilen unter den Völkern und für eine bessere Zusammenarbeit zu nutzen.«

VII.

Rundfunk, Fernsehen, Film und Buchhandel sind auf die freiheitliche demokratische Grundordnung verpflichtet und gehalten, das Prinzip der Toleranz gegenüber anderen Völkern und Rassen und gegenüber den Minderheiten im eigenen Volk zu achten.

Dies gilt insbesondere für die Massenmedien. So bestimmt das Gesetz über den Hessischen Rundfunk: »Die Darbietungen sollen ... dem Frieden, der Freiheit und der Völkerverständigung dienen« (§ 3 Abs. 2) und »Sendungen, die Vorurteile oder Herabsetzungen wegen der Nationalität, Rasse, Farbe ... eines Einzelnen oder einer Gruppe behandeln, sind nicht gestattet« (§ 3 Abs. 3). Das Gesetz über den Bayerischen Rundfunk (§ 3 Abs. 6) besagt: »Insbesondere sind Sendungen verboten, die Vorurteile gegen Einzelne oder Gruppen wegen ihrer Rasse, ihres Volkstums ... verursachen oder zu deren Herabsetzung Anlaß geben können.« Ähnliche Bestimmungen finden sich in den Satzungen des »Südwestfunks«, des »Süddeutschen Rundfunks« und des »Senders Freies Berlin«.

Wer die Programme der Rundfunk- und Fernsehanstalten der Bundesrepublik verfolgt, wird feststellen, daß sie sich streng im Rahmen dieser Bestimmungen halten. Darüber hinaus erfüllen sie eine bedeutende erzieherische Aufgabe. Viele ihrer Sendungen tragen wesentlich zum besseren Verständnis anderer Völker und Rassen und damit zum Abbau von Vorurteilen bei.

Die deutsche Filmindustrie, die in ihrer Produktion völlig frei ist, hat sich in den »Grundsätzen der freiwilligen Selbstkontrolle der Filmwirtschaft« folgende Verpflichtung selbst auferlegt: »Kein Film soll Themen und Handlungen darstellen, die rassenhetzerische Tendenzen fördern.« Es versteht sich von selbst, daß staatliche Subventionen nur für solche Filme in Frage kommen, die diesem Grundsatz entsprechen.

Auch der deutsche Buchhandel hat sich in den Dienst der Völkerverständigung und der Bekämpfung von Rassendiskriminierung gestellt. Dies wird besonders deutlich durch die Stiftung eines »Friedenspreises des Deutschen Buchhandels«. Das von den Verlegern und Buchhändlern der Bundesrepublik verabschiedete Statut der Stiftung bestimmt:

»I. Der Zweck der Stiftung ist die Förderung des Gedankens des Friedens, der Menschlichkeit und der Verständigung der Völker untereinander.

II. Der Friedenspreis soll ... einer Persönlichkeit des geistigen Lebens verliehen werden, die ... zur Verwirklichung dieses Gedankens beigetragen hat. Der Preis wird ohne Unterschied der Nation, der Rasse und des Bekenntnisses verliehen.«

Den Friedenspreis erhielten bisher u. a. Sarvepalli Radhakrishnan, Albert Schweitzer, Martin Buber. Preisträger des letzten Jahres (1968) war Léopold Sédar Senghor. In der Verleihungsurkunde, die dem senegalesischen Staatsmann, Dichter und Philosophen in Anwesenheit des Bundespräsidenten überreicht wurde, heißt es: »Durch die Verleihung des Friedenspreises ehren wir dankbar den Mut und die Kraft eines Mannes, dessen Leben der Freundschaft und dem Frieden zwischen den Völkern, den Rassen und den Religionen gewidmet ist.«

VIII.

Diese Maßnahmen zur Bekämpfung von Rassenhaß und Rassendiskriminierung waren erfolgreich und haben rassische Vorurteile in der Bundesrepublik fast vollständig verschwinden lassen.

Der Erfolg wird unter anderem dadurch bestätigt, daß die Zahl der afrikanischen und asiatischen Studenten in der Bundesrepublik seit Jahren stark zunimmt. Im Jahre 1950 war diese Zahl noch gering. 1956 betrug sie bereits 5 400. Im Sommersemester 1968 studierten in der Bundesrepublik 9 891 Studenten aus Afrika und Asien, darunter 905 aus Indonesien, 774 aus Syrien, 686 aus Indien, 686 aus der VAR, 438 aus Irak, 432 aus Jordanien, 341 aus Ghana, 255 aus Nigeria, 68 aus dem Sudan und 30 aus Tansania. Das sind über 40 % der insgesamt 23 568 ausländischen Studenten, die rund 10 % aller Studierenden an den Universitäten der Bundesrepublik ausmachen. Hinzu kommt die wachsende Zahl der vom Bund geförderten Praktikanten aus Afrika und Asien (1960–68: 7 710 Stipendiaten).

Diese Zahlen sprechen für sich. Sie werden nur von wenigen Ländern des Westens überboten und vor allem in jenen Staaten kaum erreicht, die glauben, der BRD Rassendiskriminierung und Nazismus vorwerfen zu können.

IX.
Auf Grund der in diesem Bericht dargestellten gesetzlichen und anderen Maßnahmen kann zusammenfassend festgestellt werden, daß die Bundesrepublik Deutschland seit Jahren alles getan hat, um auf ihrem Staatsgebiet alle Bestrebungen zur Förderung von Nazismus und Rassismus auszumerzen. Nazismus und Rassendiskriminierung sind daher in der Bundesrepublik ohne Bedeutung und können auch in Zukunft nicht zu einer Gefahr werden.

Quelle: Aus den Akten des Auswärtigen Amts

275   Zum Verbot von B- und C-Waffen

Mitteilung des Auswärtigen Amts über ein Memorandum der Bundesregierung zur Frage des Verbots der Herstellung und Anwendung biologischer und chemischer Waffen vom 12. September 1969

Die Bundesregierung hat zur Frage des Verbots der Herstellung und Anwendung der biologischen und chemischen Waffen (B- und C-Waffen) ein Memorandum ausgearbeitet, das am 12. September 1969 durch den Beobachter der Bundesrepublik Deutschland bei den Vereinten Nationen in New York an das Generalsekretariat der Vereinten Nationen und an die Delegationen der Mitgliedstaaten und gleichzeitig durch den Beobachter der Bundesrepublik Deutschland beim europäischen Büro der Vereinten Nationen in Genf an die Mitglieder des Genfer Abrüstungsausschusses verteilt wird.

Die Bundesregierung möchte mit dem Memorandum einen konstruktiven Beitrag zur aktuellen Diskussion über das Problem der B- und C-Waffen im Genfer Abrüstungsausschuß und in der bevorstehenden VN-Vollversammlung mit dem Ziel eines weltweiten vertraglichen Verbots dieser Massenvernichtungswaffen leisten.

Das Memorandum der Bundesregierung hat folgenden Wortlaut:

1. Durch die Vorlage des Sachverständigenberichts der Vereinten Natinen über B- und C-Waffen am 1. Juli 1969 ist die internationale Aufmerksamkeit erneut eindringlich auf die Gefahren, die von diesen Massenvernichtungswaffen ausgehen, gelenkt worden. Eine vertragliche Regelung zur Eindämmung dieser Gefahren mit dem Ziel ihrer endgültigen Beseitigung ist eines der Hauptthemen der Beratungen in den Vereinten Nationen und der Genfer Konferenz des Abrüstungsausschusses geworden.

2. Die Regierung der Bundesrepublik Deutschland teilt die Sorgen der Staaten, die um eine Festigung des Friedens und Erhöhung der Sicherheit besorgt sind. Sie ist aktiv an den Bemühungen um eine Abrüstung und Rüstungskontrolle auch der biologischen und chemischen Waffen beteiligt. Sie hat schon in einem früheren Stadium der Verhandlungen zur Eindämmung der Gefahren der Atomwaffen auf die möglichen Auswirkungen anderer

Massenvernichtungsmittel, nämlich der B- und C-Waffen, und auf die Notwendigkeit ihrer Beseitigung hingewiesen.

3. Die Bundesrepublik Deutschland hat selbst konkrete Beiträge zur Beseitigung von biologischen und chemischen Waffen geleistet. Deutschland ist Signatarstaat des Genfer Protokolls von 1925, das die Anwendung von biologischen und chemischen Waffen im Kriege ächtet. Die Bundesrepublik Deutschland hat darüber hinaus bereits am 23. Oktober 1954 auf die Herstellung von biologischen und chemischen Waffen verzichtet. Sie hat entsprechende multinationale Kontrollen angenommen.

Der deutsche Produktionsverzicht betrifft folgende Waffen (Anlage II, Abschnitt II und III zum Protokoll Nr. III über die Rüstungskontrolle zum Brüsseler Vertrag vom 23. Oktober 1954):

»II. Chemische Waffen

(a) Als chemische Waffen gelten alle Einrichtungen oder Geräte, die eigens dazu bestimmt sind, die erstickenden, toxischen, reizerregenden, lähmenden, wachstumsregelnden, die Schmierwirkung zerstörenden und katalytischen Eigenschaften irgendeiner chemischen Substanz für militärische Zwecke auszunutzen.

(b) Vorbehaltlich der unter (c) getroffenen Regelung sind chemische Substanzen, die derartige Eigenschaften besitzen und für die Verwendung in Einrichtungen und Geräten gemäß (a) in Frage kommen, in dieser Definition einbegriffen.

(c) Von dieser Definition gelten als ausgenommen die unter (a) und (b) genannten Geräte und die Mengen von chemischen Substanzen, die nicht über den zivilen Friedensbedarf hinausgehen.

III. Biologische Waffen

(a) Als biologische Waffen gelten alle Einrichtungen oder Geräte, die eigens dazu bestimmt sind, schädliche Insekten oder andere lebende oder tote Organismen oder deren toxische Produkte für militärische Zwecke zu verwenden.

(b) Vorbehaltlich der unter (c) getroffenen Regelung sind in dieser Definition Insekten, Organismen und ihre toxischen Produkte eingeschlossen, soweit sie nach Art und Menge für die Verwendung in den unter (a) genannten Einrichtungen oder Geräten in Frage kommen.

(c) Von dieser Definition gelten als ausgenommen die unter (a) und (b) aufgeführten Einrichtungen und Geräte sowie die Mengen von Insekten, Organismen und ihren toxischen Produkten, die über den zivilen Friedensbedarf nicht hinausgehen.«

4. Die Bundesrepublik Deutschland hält sich strikt an die eingegangenen Verpflichtungen. Sie stellt weder biologische noch chemische Kampfmittel her, noch besitzt sie biologische oder chemische Waffen für Einsatzzwecke.

5. Die Bundesregierung würde es begrüßen, wenn die durch biologische und chemische Waffen entstehenden Gefahren durch einen weltweit angenommenen ähnlichen Verzicht eliminiert werden könnten. Der Wunsch der Bundesregierung fand nachhaltigen Ausdruck in der Rede des Bundesministers des Auswärtigen, Willy Brandt, auf der Konferenz der Nichtkernwaffenstaaten in Genf am 3. September 1968, in der u. a. ausgeführt wurde:

»Das Genfer Protokoll von 1925 definiert die chemischen und bakteriologischen Waffen nicht. Wenn das Problem der B- und C-Waffen erörtert wird, sollten diese Waffen konkret bestimmt werden. Dabei könnten die Definitionen im Rahmen des deutschen Herstellungsverzichts von 1954 von Nutzen sein. Wir bieten unsere Mitarbeit und Unterstützung für alle Bemühungen an, die – ohne Diskriminierung – auf eine wirksame Neugestaltung des Verbots der B- und C-Waffen gerichtet sind, mit dem Ziel, der Menschheit die Furcht vor ihnen zu nehmen.«

6. Eine internationale vertragliche Regelung des Verbots von B- und C-Waffen sollte beide Massenvernichtungswaffen zusammen umfassen. Wo zunächst Teillösungen erreichbar sind, sollten sie nicht deswegen ausgeschlossen bleiben, weil eine Gesamtregelung noch nicht erreichbar ist. Es sollte jedoch im Vertrag eine möglichst enge Verbindung mit dem Ziel hergestellt werden, ein umfassendes Verbot aller Massenvernichtungswaffen möglichst bald weltweit vertraglich festzulegen.

Quelle: Bulletin vom 16. 9. 1969, Nr. 116, S. 994

276 EWG-Assoziierung von Tansania, Uganda und Kenia

Abkommen zur Gründung einer Assoziation zwischen der Europäischen Wirtschaftsgemeinschaft und den Partnerstaaten der Ostafrikanischen Gemeinschaft – der Vereinigten Republik Tansania, der Republik Uganda und der Republik Kenia vom 24. September 1969 (»Arusha-Abkommen«), Denkschrift der Bundesregierung (Auszug) [1]

Anläßlich der Unterzeichnung des Abkommens zwischen der Europäischen Wirtschaftsgemeinschaft (EWG) und den assoziierten afrikanischen Staaten und Madagaskar (AASM), die am 20. Juli 1963 in Jaunde stattfand, haben die im Rat vereinigten Vertreter der Regierungen der Mitgliedstaaten der EWG eine Absichtserklärung gegenüber denjenigen Ländern abgegeben, die hinsichtlich ihrer Wirtschaftsstruktur und Produktion mit den assoziierten Staaten vergleichbar sind. Darin wurde die Bereitschaft zum Ausdruck gebracht, auf Wunsch dieser Länder Verhandlungen über den Abschluß entweder eines Beitrittsabkommens zu dem Abkommen von Jaunde oder eines selbständigen Assoziierungsabkommens oder auch eines Handelsabkommens zu führen. Die Vertreter der Mitgliedstaaten haben bei dieser Gelegenheit – im Bewußtsein der Bedeutung eines Ausbaus der Zusammenarbeit und des Handels zwischen den afrikanischen Staaten – den Wunsch zum Ausdruck gebracht, zu einer Zusammenarbeit auf der Grundlage völliger Gleichberechtigung und freundschaftlicher Beziehungen unter Wahrung der Grundsätze der Satzung der Vereinten Nationen zu gelangen.

Die Regierungen der Partnerstaaten der Ostafrikanischen Gemeinschaft haben am 25. September 1963 einen Antrag auf Aufnahme von Verhandlungen im Sinne dieser Absichtserklärung gestellt. Nachdem im Februar 1964 Sondierungsgespräche stattgefunden hatten, entschlossen sich die Regierungen der Partnerstaaten der Ostafrikanischen Gemeinschaft, den Abschluß eines selbständigen Assoziierungsabkommens zu beantragen, das – nach dem Vorbild des Abkommens von Jaunde – Bestimmungen über den Handelsverkehr, das Niederlassungsrecht, die Dienstleistungen, den Zahlungs- und Kapitalverkehr sowie über die notwendigen Organe enthalten sollte [2].

Die Verhandlungen über ein Assoziierungsabkommen zwischen der Gemeinschaft und den Partnerstaaten der Ostafrikanischen Gemeinschaft wurden im März 1965 aufgenommen und im Mai 1968 beendet. Am 26. Juli 1968 wurden die Texte des Abkommens von der Gemeinschaft und den Mitgliedstaaten einerseits sowie den Partnerstaaten der Ostafrikanischen Gemeinschaft andererseits unterzeichnet...

[1] Das Abkommen trat am 1. 1. 1971 in Kraft.
[2] Im Gegensatz zum Jaunde-Abkommen (s. Dokument vom 29. 7. 1969) enthält das Arusha-Abkommen keine finanzielle und technische Hilfe.

Quelle: Einleitung der Denkschrift der Bundesregierung vom 10. 4. 1970 zum »Arusha-Abkommen«, Bundesrats-Drucksache Nr. 204/70, S. 98

Ansprache des Bundesministers des Auswärtigen, Walter Scheel, anläßlich der Übernahme des Auswärtigen Amts am 22. Oktober 1969 (Auszüge)

... Meine Damen und Herren, ich möchte ein paar Bemerkungen zur Politik machen und zu der Art der Zusammenarbeit, wie ich sie mir vorstelle. Es kommt – so glaube ich – ganz selten vor, daß ein Außenminister alle seine Vorgänger nicht nur persönlich gekannt hat, sondern daß ihn mit jedem auch ganz persönliche Erlebnisse und persönliche Beziehungen verbinden. Mit Konrad Adenauer, der mein erster Kabinettschef war und von dem ich viele Regeln des Regierens gelernt habe; persönliche Beziehungen mit Heinrich von Brentano, diesem noblen Chef dieses Hauses, mit dem zusammen ich im Parlament gemeinsam wirken konnte; Gerhard Schröder, mit dem mich Freundschaft verbindet, und nun mit meinem direkten Vorgänger, der mein Kabinettschef ist.

Mir fällt die Aufgabe zu, die Kontinuität der Politik zu wahren und ihr neue Impulse zu geben. Wir beziehen uns in unserer Außenpolitik auf die Friedensnote aus dem Frühjahr des Jahres 1966 und gleichermaßen auf die Regierungserklärung der vorigen Regierung vom Dezember 1966. Das fällt mir um so leichter, als ich auch als Vorsitzender der Oppositionspartei der Regierungserklärung der letzten Regierung, was die Außenpolitik angeht, in vollem Umfang zugestimmt habe. Diese Verbindung zwischen Kontinuität und der Notwendigkeit, neue Impulse zu setzen, wird die nächsten Jahre bestimmen.

Ich bin nicht ohne eigene Erfahrungen, ohne Ansichten über dieses Amt und über den Umgang mit den Menschen in diesem Amt. Ich weiß, daß gewisse Konstanten in der auswärtigen Politik Gültigkeit haben. Ich war fünf Jahre lang Stellvertreter des Außenministers in der Zeit, in der ich selber Angehöriger der Bundesregierung war.

Das komplizierte Kräftefeld aus geographischen, militärischen, psychologischen und geschichtlichen Faktoren stellt uns unter Sachzwänge, die wir nicht aus eigener Kraft beseitigen können. Der Spielraum der Politik ist für alle kleiner geworden, für uns ist er nicht sehr groß. Diese Feststellung enthebt uns aber nicht der Verpflichtung, unseren vollen Beitrag, den Beitrag eines Volkes mit vielfältigen Erfahrungen und reichhaltigen Möglichkeiten für die Freiheit in der Welt zu leisten. Für Frieden und Sicherheit, für Gleichwertigkeit der Chancen, zur Entspannung und Verständigung von Ost und West, zur Behebung des technologischen Gefälles zwischen Nord und Süd, für ein Europa, das aus seiner Geschichte lernte, und für Deutschland, das seine Rolle neu zu bestimmen hat.

Wir sind ein mündiger Staat, zur Zusammenarbeit mit allen Völkern der Erde bereit, ohne Ambitionen aus einer vergangenen Welt, aber fähig und auch willens, unseren Interessen Geltung und Achtung zu verschaffen. Dieser Staat wird seine Verpflichtungen und Aufgaben nach draußen nur erfüllen können, wenn Reformen im Inneren, insbesondere im Bildungswesen und in der Gesellschaftspolitik, ein Gemeinwesen schaffen, das seinen Platz in der Welt ohne alle Verkrampfung einnimmt.

Es wird für mich sicherlich gar nicht einfach sein, in der Außenpolitik die Mittel zu finden, politische Entscheidungen in konkretes Handeln zu übertragen. Ich will das weder tun, indem ich die Politik im Umherziehen formuliere, noch etwa, indem ich den Versuch machen würde, Außenpolitik zu definieren in einer Art Alchimistenküche geheimer Kabinettsitzungen. Ich bin ein Mann des Dialogs, und so werde ich auch in diesem Amt zu arbeiten versuchen. Ich suche das Gespräch mit Ihnen, ich suche die Entscheidungen, die zu treffen sind, in der Zusammenarbeit mit Ihnen zu finden und über das Instrument des Amtes in die Wirklichkeit umzusetzen...

Der Herr Bundeskanzler hat darauf hingewiesen, daß ich der Reformkommission angehört habe, die sich Gedanken darüber gemacht hat, wie man den Auswärtigen Dienst den

Erfordernissen der modernen Zeit anpassen kann. Ich bin zwar dafür, diesen und jenen Zopf abzuschneiden, aber ich habe mich immer peinlich gehütet, dabei die Frisur zu verderben. Das soll auch in dieser Beziehung gelten. Ich möchte also am ersten Tage unserer Zusammenarbeit sagen, daß ich großes Vertrauen in dieses Ministerium habe. Ich möchte Sie alle herzlich bitten, daß Sie mir das Maß an Vertrauen entgegenbringen, das ich auf Sie setze.

Quelle: Bulletin vom 24. 10. 1969, Nr. 130, S. 1102 f.

278

Regierungserklärung des Bundeskanzlers Willy Brandt vor dem Deutschen Bundestag am 28. Oktober 1969, Auszüge zur Deutschland- und Außenpolitik

I. Kontinuität und Erneuerung

Herr Präsident, meine Damen und Herren!

Wir sind entschlossen, die Sicherheit der Bundesrepublik Deutschland und den Zusammenhalt der deutschen Nation zu wahren, den Frieden zu erhalten und an einer europäischen Friedensordnung mitzuarbeiten, die Freiheitsrechte und den Wohlstand unseres Volkes zu erweitern und unser Land so zu entwickeln, daß sein Rang in der Welt von morgen anerkannt und gesichert sein wird. Die Politik dieser Regierung wird im Zeichen der Kontinuität und im Zeichen der Erneuerung stehen.

Unser Respekt gebührt dem, was in den vergangenen Jahren geleistet worden ist – im Bund, in den Ländern und in den Gemeinden, von allen Schichten unseres Volkes. Ich nenne die Namen Konrad Adenauer, Theodor Heuss und Kurt Schumacher stellvertretend für viele andere, mit denen die Bundesrepublik Deutschland einen Weg zurückgelegt hat, auf den sie stolz sein kann. Niemand wird die Leistungen der letzten zwei Jahrzehnte leugnen, bezweifeln oder geringschätzen. Sie sind Geschichte geworden.

Die Beständigkeit unserer freiheitlichen Grundordnung ist am 28. September erneut bestätigt worden. Ich danke den Wählern für die eindeutige Ablehnung des Extremismus, den es weiterhin zu bekämpfen gilt.

Unsere parlamentarische Demokratie hat 20 Jahre nach ihrer Gründung ihre Fähigkeit zum Wandel bewiesen und damit ihre Probe bestanden. Dies ist auch außerhalb unserer Grenzen vermerkt worden und hat unserem Staat zu neuem Vertrauen in der Welt verholfen.

Die strikte Beachtung der Formen parlamentarischer Demokratie ist selbstverständlich für politische Gemeinschaften, die seit gut 100 Jahren für die deutsche Demokratie gekämpft, sie unter schweren Opfern verteidigt und unter großen Mühen wiederaufgebaut haben. Im sachlichen Gegeneinander und im nationalen Miteinander von Regierung und Opposition ist es unsere gemeinsame Verantwortung und Aufgabe, dieser Bundesrepublik eine gute Zukunft zu sichern ...

II. Deutschlandpolitik

Diese Regierung geht davon aus, daß die Fragen, die sich für das deutsche Volk aus dem Zweiten Weltkrieg und aus dem nationalen Verrat durch das Hitlerregime ergeben haben, abschließend nur in einer europäischen Friedensordnung beantwortet werden können. Niemand kann uns jedoch ausreden, daß die Deutschen ein Recht auf Selbstbestimmung haben, wie alle anderen Völker auch.

Aufgabe der praktischen Politik in den jetzt vor uns liegenden Jahren ist es, die Einheit der Nation dadurch zu wahren, daß das Verhältnis zwischen den Teilen Deutschlands aus der gegenwärtigen Verkrampfung gelöst wird.

Die Deutschen sind nicht nur durch ihre Sprache und ihre Geschichte – mit ihrem Glanz und ihrem Elend – verbunden; wir sind alle in Deutschland zu Haus. Wir haben auch noch gemeinsame Aufgaben und gemeinsame Verantwortung: für den Frieden unter uns und in Europa.

20 Jahre nach Gründung der Bundesrepublik Deutschland und der DDR müssen wir ein weiteres Auseinanderleben der deutschen Nation verhindern, also versuchen, über ein geregeltes Nebeneinander zu einem Miteinander zu kommen.

Dies ist nicht nur ein deutsches Interesse, denn es hat seine Bedeutung auch für den Frieden in Europa und für das Ost-West-Verhältnis. Unsere und unserer Freunde Einstellung zu den internationalen Beziehungen der DDR hängt nicht zuletzt von der Haltung Ostberlins selbst ab. Im übrigen wollen wir unseren Landsleuten die Vorteile des internationalen Handels und Kulturaustausches nicht schmälern.

Die Bundesregierung setzt die im Dezember 1966 durch Bundeskanzler Kiesinger und seine Regierung eingeleitete Politik fort und bietet dem Ministerrat der DDR erneut Verhandlungen beiderseits ohne Diskriminierung auf der Ebene der Regierungen an, die zu vertraglich vereinbarter Zusammenarbeit führen sollen. Eine völkerrechtliche Anerkennung der DDR durch die Bundesregierung kann nicht in Betracht kommen. Auch wenn zwei Staaten in Deutschland existieren, sind sie doch füreinander nicht Ausland; ihre Beziehungen zueinander können nur von besonderer Art sein.

Anknüpfend an die Politik ihrer Vorgängerin, erklärt die Bundesregierung, daß die Bereitschaft zu verbindlichen Abkommen über den gegenseitigen Verzicht auf Anwendung oder Androhung von Gewalt auch gegenüber der DDR gilt.

Die Bundesregierung wird den USA, Großbritannien und Frankreich raten, die eingeleiteten Besprechungen mit der Sowjetunion über die Erleichterung und Verbesserung der Lage Berlins mit Nachdruck fortzusetzen. Der Status der unter der besonderen Verantwortung der Vier Mächte stehenden Stadt Berlin muß unangetastet bleiben. Dies darf nicht daran hindern, Erleichterungen für den Verkehr in und nach Berlin zu suchen.

Die Lebensfähigkeit Berlins werden wir weiterhin sichern. West-Berlin muß die Möglichkeit bekommen, zur Verbesserung der politischen, wirtschaftlichen und kulturellen Beziehungen der beiden Teile Deutschlands beizutragen.

Wir begrüßen es, daß der innerdeutsche Handel wieder zunimmt. Hierzu haben auch die Erleichterungen beigetragen, die durch die Vereinbarung am 6. Dezember 1968 eingetreten sind. Die Bundesregierung hält einen weiteren Ausbau der nachbarlichen Handelsbeziehungen für wünschenswert.

Wir haben das bisherige Ministerium für gesamtdeutsche Fragen entsprechend seinen Aufgaben in Ministerium für innerdeutsche Beziehungen umbenannt. Die Deutschlandpolitik insgesamt kann nicht Sache eines Ressorts sein. Sie ist eine ständige Aufgabe der ganzen Regierung und umfaßt Aspekte der Auswärtigen Politik, der Sicherheits- und Europapolitik ebenso wie die Bemühungen um den Zusammenhalt unseres Volkes und um die Beziehungen im geteilten Deutschland.

. . .

Bei alledem dürfen wir nicht vergessen: Nur der Friede macht unsere Welt sicher; nur auf der Grundlage der Sicherheit kann der Friede sich ausbreiten. Diese Erkenntnis teilen wir mit den meisten Völkern dieser Erde. Die Bundesregierung ist entschlossen, dazu den deutschen Anteil zu leisten im Bewußtsein ihrer besonderen Verantwortung in Europa und nach besten Kräften, die wir aber nicht überschätzen.

Wir werden die Initiative des Herrn Bundespräsidenten aufgreifen und die Friedensforschung – im Wissen um die begrenzte Zahl der dafür gegenwärtig zur Verfügung stehenden Kräfte – koordinieren, ohne die Unabhängigkeit dieser Arbeit zu beeinträchtigen. Wir wollen auch damit einen deutschen Beitrag für die Befriedung der von Krisen und Kriegen zerrissenen Welt leisten. Es liegt im nationalen Interesse, die internationale Zusammenarbeit zu verstärken, damit die Völker ihre Umwelt besser verstehen. Professor Karl Friedrich von Weizsäcker hat sich bereit erklärt, der Bundesregierung auf diesem Gebiet beratend zur Seite zu stehen.

Zur notwendigen internationalen Zusammenarbeit gehört der Austausch geistiger Leistungen. Die Darstellung der deutschen Kultur im Ausland wird sich künftig stärker darauf richten, anderen Völkern neben den unvergänglichen Leistungen der Vergangenheit ein Bild dessen zu vermitteln, was in dieser Zeit des Überganges auch in Deutschland an geistiger Auseinandersetzung und fruchtbarer Unruhe tägliche Wirklichkeit ist.

Die Bundesrepublik Deutschland wird ihre Zusammenarbeit mit den Ländern Afrikas, Lateinamerikas und Asiens im Geiste der Partnerschaft ausbauen.

Am Vorabend der Zweiten Entwicklungsdekade erklärt sie:

Wir werden zu einer gemeinsamen Strategie der Entwicklung beitragen und Anregungen aus dem Bericht der Pearson-Kommission in Betracht ziehen. Die Bundesregierung wird sich bemühen, das dort vorgesehene Ziel für die öffentlichen Leistungen an der Entwicklungshilfe durch eine Steigerungsrate von durchschnittlich 11 Prozent im Jahr zu erreichen.

Wir werden Wege suchen, um Rückflüsse aus Mitteln der öffentlichen Kapitalhilfe wieder voll für Zwecke der Entwicklungshilfe zu verwenden.

Die Zahl der deutschen Entwicklungsexperten und Entwicklungshelfer wird erhöht mit dem Ziel, sie bis zur Mitte der siebziger Jahre zu verdoppeln.

Die Bundesregierung wird fortfahren, die Qualität der deutschen Hilfe zu verbessern. Dazu wird sie Planung und Durchführung der Entwicklungshilfe vereinfachen und straffen. Partnerschaft mit den Ländern der Dritten Welt ist nicht allein Sache des Staates. Daher wird die Bundesregierung auch alle nichtstaatlichen Initiativen fördern, die den Entwicklungsprozeß in diesen Ländern beschleunigen können.

Die Welt kann von einem wirtschaftlich starken Lande wie dem unsrigen eine liberale, den Handel aller Länder fördernde Außenwirtschaftspolitik erwarten. Dazu tragen wir durch unsere eigenen Bemühungen und durch unsere Beteiligung in allen mit dem Welthandel befaßten Organisationen bei. Ebenso wollen wir den Handel der Entwicklungsländer fördern; ich nenne hier nur die universellen Präferenzen für Waren aus den Entwicklungsländern.

Die Außenpolitik dieser Bundesregierung knüpft an die Friedensnote vom März 1966 und die Regierungserklärung vom Dezember 1966 an. Die in diesen Dokumenten niedergelegte Politik hat damals die Zustimmung aller Fraktionen dieses Hauses erhalten. Der Wille zu Kontinuität und konsequenter Weiterentwicklung gestattet es, auf Wiederholungen zu verzichten.

Die Bundesregierung beabsichtigt, in den Vereinten Nationen und in anderen internationalen Organisationen verstärkt mitzuarbeiten. Dies gilt auch für weltweite Abkommen der Abrüstung und Rüstungsbegrenzung, die zunehmend Bedeutung gewinnen. Die

Bundesregierung wird dabei die Politik fortsetzen, die ich als Außenminister am 3. September 1968 auf der Konferenz der Nichtkernwaffenmächte in Genf entwickelt habe.

Wir unterstreichen die grundsätzliche Bereitschaft, mit allen Staaten der Welt, die unseren Wunsch nach friedlicher Zusammenarbeit teilen, diplomatische Beziehungen zu unterhalten und die bestehenden Handelsbeziehungen zu verstärken.

Die Bundesregierung lehnt jede Form von Diskriminierung, Unterdrückung und fremder Beherrschung ab, die das friedliche Zusammenleben der Völker in unseren Tagen immer von neuem gefährdet.

Das Nordatlantische Bündnis, das sich in den zwanzig Jahren seiner Existenz bewährt hat, gewährleistet auch in Zukunft unsere Sicherheit. Sein fester Zusammenhalt ist die Voraussetzung für das solidarische Bemühen, zu einer Entspannung in Europa zu kommen.

Welche der beiden Seiten der Sicherheitspolitik wir auch betrachten, ob es sich um unseren ernsten und nachhaltigen Versuch zur gleichzeitigen und gleichwertigen Rüstungsbegrenzung und Rüstungskontrolle handelt oder um die Gewährleistung ausreichender Verteidigung der Bundesrepublik Deutschland: Unter beiden Aspekten begreift die Bundesregierung ihre Sicherheitspolitik als Politik des Gleichgewichts und der Friedenssicherung. Und ebenso versteht sie unter beiden Aspekten die äußere Sicherheit unseres Staates als eine Funktion des Bündnisses, dem wir angehören und als dessen Teil wir zum Gleichgewicht der Kräfte zwischen West und Ost beitragen.

Wir brauchen zu unserer Sicherheit Freunde und Verbündete, so wie sie zu ihrer Sicherheit uns und unseren Beitrag brauchen. Ohne gegenseitiges Vertrauen in die politische Stabilität dieser Einsicht sind weder Bündnis noch Sicherheit aufrechtzuerhalten. Wir werden deshalb in und gegenüber dem Bündnis die bisherige Politik fortsetzen und erwarten dies auch von unseren Bündnispartnern und von ihren Beiträgen zur gemeinsamen Sicherheitspolitik und zu den vereinbarten gemeinsamen Sicherheitsanstrengungen.

So wie das westliche Bündnis defensiv ist, so ist auch unser eigener Beitrag dazu defensiv. Die Bundeswehr ist weder nach ihrer Erziehung und Struktur noch nach ihrer Bewaffnung und Ausrüstung für eine offensive Strategie geeignet. Die Bundesregierung wird an dem ihrer Verteidigungspolitik zugrunde liegenden Defensivprinzip keinen Zweifel lassen.

Die engen Beziehungen zwischen uns und den Vereinigten Staaten von Amerika schließen für die Bundesregierung jeden Zweifel an der Verbindlichkeit der Verpflichtungen aus, die von den USA nach Vertrag und Überzeugung für Europa, die Bundesrepublik und West-Berlin übernommen worden sind. Unsere gemeinsamen Interessen bedürfen weder zusätzlicher Versicherungen noch sich wiederholender Erklärungen. Sie sind tragfähig für eine selbständigere deutsche Politik in einer aktiveren Partnerschaft.

Die Bundesregierung wird sich gemeinsam mit ihren Verbündeten konsequent für den Abbau der militärischen Konfrontation in Europa einsetzen. Sie wird zusammen mit ihnen auf gleichzeitige und ausgewogene Rüstungsbeschränkung und Truppenreduzierung in Ost und West hinwirken.

Zur Thematik einer Konferenz, die der europäischen Sicherheit dienen soll, bekräftigt die Bundesregierung die Haltung, die in dem am 12. September 1969 in Helsinki übergebenen Memorandum eingenommen worden ist. Eine derartige Konferenz kann nach sorgfältiger Vorbereitung eine wichtige Etappe auf dem Wege zu größerer Sicherheit bei geringerer Rüstung und zu Fortschritten zwischen den Partnern Ost- und Westeuropas werden.

Unter den gegenwärtigen Spannungsherden ist der Konflikt im Nahen Osten besonders besorgniserregend. Die Bundesregierung meint, daß es im Interesse der betroffenen Völker läge, eine Lösung zu finden, wie sie in der Entschließung des Sicherheitsrates der Vereinten Nationen vom 22. November 1967 angeboten wurde. Wir wünschen gute Beziehungen zu allen Staaten dieser Region und bestätigen die Entschlossenheit, keine Waffen in Spannungsgebiete zu liefern.

Wir vereinigen uns mit allen Staaten und nicht zuletzt mit den gequälten, betroffenen Menschen in dem Wunsch, daß der Krieg in Vietnam endlich beendet wird durch eine politische Lösung, die von allen Beteiligten gebilligt werden kann. Wir bekräftigen unsere Bereitschaft, am Wiederaufbau beider zerstörter Landesteile mitzuwirken.

XIII. *Europäische Zusammenarbeit und Verständigung*

Der bevorstehenden Konferenz der Sechs in Den Haag kommt eine besondere Bedeutung zu. Sie kann darüber entscheiden, ob Europa in den sachlich miteinander verknüpften Themen des inneren Ausbaus, der Vertiefung und der Erweiterung der Gemeinschaft einen mutigen Schritt nach vorn tut oder in eine gefährliche Krise gerät. Die Völker Europas warten und drängen darauf, daß die Staatsmänner der Logik der Geschichte den Willen zum Erfolg an die Seite stellen.

Der deutsch-französische Gleichklang kann dabei ausschlaggebend sein. Die Bundesregierung ist bereit, den engen vertraglichen Bindungen jene Unverbrüchlichkeit zu verleihen, die beispielgebend sein sollte für die Art der Beziehungen, die zwischen europäischen Partnern heute hergestellt werden können.

Die Erweiterung der Europäischen Gemeinschaft muß kommen. Sie braucht Großbritannien ebenso wie die anderen beitrittswilligen Länder. Im Zusammenklang der europäischen Stimmen darf die britische keineswegs fehlen, wenn Europa sich nicht selbst schaden will. Wir haben mit Befriedigung verfolgt, daß für die ausschlaggebenden Kräfte der britischen Politik weiterhin die Überzeugung gilt, Großbritannien brauche seinerseits Europa. Es ist an der Zeit, so meinen wir, den sicher schwierigen und vermutlich auch zeitraubenden Prozeß einzuleiten, an dessen Ende die Gemeinschaft auf einer breiteren Grundlage stehen wird.

Im Zusammenhang damit wird die Bundesregierung darauf hinwirken, daß die Gemeinschaft neue Formen wirtschaftlicher Zusammenarbeit mit den Staaten Europas entwickelt, die ihr nicht beitreten können oder wollen.

Die Bundesregierung wird die Entwicklung einer engeren politischen Zusammenarbeit in Europa mit dem Ziel fördern, eine gemeinsame Haltung dieser Staaten in weltpolitischen Fragen Schritt um Schritt aufzubauen. Wir wissen uns darin auch besonders einig mit Italien und den Beneluxstaaten.

Unser nationales Interesse erlaubt es nicht, zwischen dem Westen und dem Osten zu stehen. Unser Land braucht die Zusammenarbeit und Abstimmung mit dem Westen und die Verständigung mit dem Osten.

Auf diesem Hintergrund sage ich mit starker Betonung: Das deutsche Volk braucht den Frieden im vollen Sinne dieses Wortes auch mit den Völkern der Sowjetunion und allen Völkern des europäischen Ostens. Zu einem ehrlichen Versuch der Verständigung sind wir bereit, damit die Folgen des Unheils überwunden werden können, das eine verbrecherische Clique über Europa gebracht hat.

Dabei geben wir uns keinen trügerischen Hoffnungen hin: Interessen, Machtverhältnisse und gesellschaftliche Unterschiede sind weder dialektisch aufzulösen, noch dürfen sie vernebelt werden. Aber unsere Gesprächspartner müssen auch dies wissen: Das Recht auf Selbstbestimmung, wie es in der Charta der Vereinten Nationen niedergelegt ist, gilt auch für das deutsche Volk. Dieses Recht und dieser Wille, es zu behaupten, können kein Verhandlungsgegenstand sein.

Wir sind frei von Illusionen zu glauben, das Werk der Versöhnung sei leicht oder schnell zu vollenden. Es handelt sich um einen Prozeß; aber es ist an der Zeit, diesen Prozeß voranzubringen.

In Fortsetzung der Politik ihrer Vorgängerin erstrebt die Bundesregierung gleichmäßig verbindliche Abkommen über den gegenseitigen Verzicht auf Anwendung oder Androhung von Gewalt. Die Bereitschaft dazu gilt – ich darf es wiederholen – auch gegenüber der DDR. Ebenso unmißverständlich will ich sagen, daß wir gegenüber der uns unmittelbar benachbarten Tschechoslowakei zu den Abmachungen bereit sind, die über die Vergangenheit hinausführen.

Die Politik des Gewaltverzichts, die die territoriale Integrität des jeweiligen Partners berücksichtigt, ist nach der festen Überzeugung der Bundesregierung ein entscheidender Beitrag zu einer Entspannung in Europa. Gewaltverzichte würden eine Atmosphäre schaffen, die weitere Schritte möglich macht.

Diesem Zweck dienen auch gemeinsame Bemühungen, um den Handel, die technische Kooperation und den kulturellen Austausch zu fördern.

Die Bundesregierung verzichtet heute bewußt darauf, über den in dieser Erklärung gesetzten Rahmen hinaus Festlegungen vorzunehmen oder Formeln vorzutragen, welche die von ihr erstrebten Verhandlungen erschweren könnten. Sie ist sich bewußt, daß es Fortschritte nur geben kann, wenn die Regierungen in den Hauptstädten der Staaten des Warschauer Vertrages eine kooperative Haltung einnehmen.

XIV. *Politische Entscheidungen*

Kurzfristig wird die Bundesregierung eine Reihe von Entscheidungen treffen, die ihren Willen zur kontinuierlichen und konsequenten Weiterführung der bisherigen Politik beispielhaft deutlich machen wird:

1. Die Bundesregierung wird auf der Konferenz in Den Haag darauf hinwirken, daß wirksame Maßnahmen zur Vertiefung und Erweiterung der Gemeinschaft und zur verstärkten politischen Zusammenarbeit eingeleitet werden.

2. Sie wird das Angebot der Vereinigten Staaten von Amerika aufgreifen, die deutsche industrielle Leistungskraft auf begrenzten Gebieten der Weltraumforschung zu beteiligen.

3. Sie wird sich aktiv beteiligen an den Arbeiten des vom Rat der Nordatlantikpaktorganisation eingesetzten Ausschusses für die Probleme der modernen Gesellschaft.

4. Sie wird demnächst das sowjetische Aide-mémoire zum Thema Gewaltverzicht beantworten und einen Termin für die von der Sowjetunion angeregten Verhandlungen in Moskau vorschlagen.

5. Sie wird der Regierung der Volksrepublik Polen einen Vorschlag zur Aufnahme von Gesprächen zugehen lassen, mit dem sie die Ausführungen Wladislaw Gomulkas vom 17. Mai 1969 beantwortet.

6. Sie wird den Vertrag über die Nichtverbreitung von Atomwaffen unterzeichnen, sobald – entsprechend den Beschlüssen der letzten Bundesregierung – die noch ausstehenden Klärungen herbeigeführt sind.

. . .

Quelle: Bulletin vom 29. Oktober 1969, Nr. 132, S. 1121–1128

279
        . . . eine deutsche Nation

Rede des Bundeskanzlers Willy Brandt vor dem Deutschen Bundestag zum Abschluß der zweitägigen Aussprache über die Regierungserklärung, 30. Oktober 1969

Meine Damen und Herren! Die Regierungserklärung ist darauf angelegt gewesen, in der Innenpolitik durchschaubar zu machen, welche Selbstbindungen diese Bundesregierung – kontrollierbar für jedermann – eingeht. Dies gilt auch für die Außenpolitik. Trotzdem konnte – ich sage es noch einmal – die Bundesregierung dies um so leichter tun, als sie ausdrücklich mit diesem Bezug auf den außenpolitischen Teil der Regierungserklärung der Großen Koalition vom 13. Dezember 1966 hingewiesen hat.

Nach manchem, was gestern gegensätzlich vorgetragen wurde, liegt mir sehr daran, an dieser Stelle und in dieser Zusammenfassung zu unterstreichen, warum und mit welcher Betonung die Bundesregierung in ihrer Erklärung gesagt hat: Niemand kann uns ausreden, daß auch die Deutschen wie alle anderen Völker ein Recht auf Selbstbestimmung haben und daß die Bundesregierung im Zusammenhang mit der konkreten Politik, mit konkret anstehenden Verhandlungen oder Gesprächsversuchen gesagt hat: Das Recht auf Selbstbestimmung, wie es in der Charta der Vereinten Nationen niedergelegt ist, gilt auch für das deutsche Volk; dieses Recht und der Wille, es zu behaupten, können kein Verhandlungsgegenstand sein. Dies war in der Kontroverse etwas untergegangen. Um es zu unterstreichen, brauchten wir nicht den Hinweis auf die Verfassung oder ein Urteil des Bundesverfassungsgerichts. Selbst wenn es diese Bestimmung im Grundgesetz nicht gäbe, lebte dieses Recht, müßte es in jedem einzelnen von uns und in unserem gemeinsamen politischen Willen leben, was sonst auch kontrovers sein mag.

Ich sage hier mit allem Ernst: Dieses Recht würde nichts wert sein, wenn der Wille dazu in den Menschen in Deutschland, wo immer sie leben, nicht lebendig bliebe.

Natürlich wird es von unserer praktischen Politik abhängen – und ich gebe jetzt nicht den Begriff »Begriffsakrobatik« zurück –, wieweit das Bewußtsein der Zusammengehörigkeit der einen Nation wach bleibt. In dieser Frage bin ich selber übrigens nicht pessimistisch. Das Bewußtsein, einer Nation anzugehören, wird – weil man auch anderswo nicht völlig an dem Empfinden der Menschen vorbei kann – sogar durch die Regierenden in Ostberlin und in der durch sie geschaffenen Verfassung nicht geleugnet, nicht zu leugnen versucht.

Herr Professor Hallstein hat gestern bemängelt, daß wir uns in dieser Regierungserklärung für die nächsten vier Jahre nicht noch einmal ausdrücklich zu den Vereinigten Staaten von Europa oder – in der Terminologie von Herrn Kollegen Kiesinger – zum politisch geeinigten Europa bekannt hätten. Nun, wir haben, nicht im Gegensatz dazu, nicht durch ein Abrücken von diesen Zielsetzungen, sondern ohne das Ziel aus dem Auge zu verlieren, das festgehalten, was in den nächsten Monaten und in diesen vier Jahren getan werden muß. Wenn wir das erreichen, dann sind wir einen Riesenschritt, nein, mehrere große Schritte weitergekommen.

Wir haben – um die Parallele dazu zu geben –, was die deutschen Dinge angeht, in der Tat keine Antwort zu geben versucht. Wir haben uns das nicht zugetraut; dies bekenne ich. Wir haben keine Antwort darauf gegeben, in welcher Form die Deutschen eines Tages im Rahmen einer europäischen Friedensordnung sich wieder begegnen, miteinander leben und an ihrer gemeinsamen Zukunft arbeiten werden. Diese Frage haben wir in der Tat nicht beantwortet. Wir haben statt dessen gesagt, was die Regierung in dieser Legislaturperiode in der Deutschlandpolitik zu bewegen versuchen will. Da bitte ich doch nach der Kontroverse des gestrigen Tages noch einmal die Regierungserklärung, ihren Wortlaut und Sinn im Zusammenhang zu sehen. Dann, glaube ich, wird das klare Programm, das auf eine wenn auch noch so schwierige Veränderung der Verhältnisse abzielt, deutlicher werden.

Der Kollege Gradl hat gestern abend von seinen Sorgen gesprochen, daß der Graben noch tiefer werden könnte, daß man im Ausland annehmen könnte, die Deutschen hätten sich mit dem jetzigen Zustand, hätten sich mit der permanenten unsinnigen Teilung abgefunden. Ich habe die Sorge verstanden, aus der diese Sätze gesprochen worden sind, und ich habe sie trotzdem bedauert – bedauert deswegen, weil ich glaubte, dieser Zweifel wäre am besten nicht aufgekommen. Aber da er aufgekommen ist, muß ich dazu noch etwas sagen dürfen. Wir müssen so über diese Dinge weiter miteinander sprechen, daß insoweit kein Zweifel bleibt. Denn sonst versäumten wir unsere Pflicht, für die wohlverstandenen Interessen des deutschen Volkes zu sprechen. Das ist ja die Pflicht, an die wir, auf die heutige Situation bezogen, noch einmal erinnert worden sind und der wir uns stellen.

Es ist mir und der ganzen Bundesregierung jedenfalls sehr ernst mit unserer Absicht, auch mit der DDR, was immer sie von den übrigen Partnern des Warschauer Paktes unterscheidet, zu einem verbindlichen Gewaltverzicht zu kommen. Dafür ist die DDR auch, was immer sie sonst von anderen unterscheiden mag, handlungsfähig, obwohl die Beziehungen zu uns, wie wir gesagt haben, nur von besonderer Art sein können. Dafür spielen nun für mich die stärker juristisch betonten Erwägungen zum Thema Volkssouveränität, wie ich zugebe, nicht dieselbe Rolle wie andere, weil es sich mir so darstellt, als komme es darauf an, daß die Politik die Voraussetzung dafür schafft, daß der Souverän Volk eines Tages wieder zur Geltung kommen kann.

Im übrigen wissen wir alle: Die Vier Mächte haben in den Deutschland als Ganzes betreffenden Fragen jene Vorbehaltsrechte und Pflichten, die in diesem Hause niemand antasten will. Auch daran muß erinnert werden, wenn wir über Volkssouveränität, auf Deutschland als Ganzes bezogen, sprechen. Es muß an diese Pflichten und Rechte auf Berlin bezogen ganz besonders erinnert werden. Und hier, für unsere praktische Politik in der jetzt unmittelbar vor uns liegenden Zeit, geht es um das, was die Bundesregierung im Rahmen ihrer Handlungsfähigkeit tun will und tun kann, soweit die Regierenden in Ostberlin dazu bereit sind. Daß dabei für die Menschen etwas Sichtbares und Fühlbares herauskommen muß, ist für mich selbstverständlich, und ich bitte, mir zu glauben: Der frühere Regierende Bürgermeister von Berlin weiß auch noch als Bundeskanzler um die Nöte der Menschen im geteilten Deutschland; sie waren ihm dort ein Jahrzehnt lang – nein, zwei Jahrzehnte lang noch näher, als sie anderen sein können.

Ich will, da die Zeit fortschreitet, meine Bemerkungen zum Thema des Bundesbevollmächtigten in Berlin hier nicht noch ausweiten. Wir können darauf zurückkommen, auch darauf, wie oft man in Berlin mit der Nase darauf gestoßen worden ist, wo die Grenzen unserer Macht liegen – nicht nur früher, nicht nur damals. Das ist die eigentliche Statusminderung im geteilten Deutschland in den letzten Jahren. Sie lag noch unter der Regierung Adenauer darin, daß keiner von uns etwas tun konnte, als Oststaaten sagten: Wir bestimmen: »Kein Berliner mit dem Bundespaß darf in diese Länder reisen.« Ich habe nicht gesehen, daß irgendeiner uns hat helfen können, das zu ändern. Genausowenig wie im vergangenen Jahre, Herr Kollege Kiesinger, als es um jene Art von Machtausübung ging, mit den Transitvisa, wie es die anderen nennen; da stießen wir auch hart an die Grenze dieser so ausgeübten Gewalt durch einen »Staat DDR« oder, wie andere es zu nennen vorziehen, »ein staatsähnliches Phänomen«. Das macht keinen großen Unterschied für das, um was es tatsächlich für die betroffenen Menschen geht.

Aber mir geht es um folgendes. In der Regierungserklärung steht – abgesehen von dem, was ich in Erinnerung gebracht habe –, auf die Selbstbestimmung bezogen:

1. Wir wollen den anderen Teil, die Menschen, die dort leben, um die es immer geht – soweit wir darauf Einfluß haben –, nicht um die Vorteile ihrer Teilnahme am Handel und am kulturellen Austausch bringen. Ich denke, das ist im wesentlichen nicht bestritten worden; das hat keine eigentliche Rolle gespielt.

2. Wir sind bereit, mit der Regierung in Ostberlin auf gleicher Basis ohne Diskriminierung zu reden. Wir greifen das frühere Angebot auf. Wir haben unsere Themen. Die mögen mit ihren Themen kommen.

3. Wir stellen einen Zusammenhang her, nicht nur aus enger deutscher Sicht, sondern aus der Sorge um den Frieden in Europa und um eine Verbesserung der Verhältnisse zwischen West und Ost, einen Zusammenhang zwischen diesem Ringen um innerdeutsche Regelungen und der Art, in der sich die DDR anderen gegenüber darstellen möchte. Wir stellen diese Verbindung her und sagen: Das erste kann nicht ohne Einfluß bleiben auf das

zweite. Insofern hängt es von Ostberlin nicht zuletzt selbst ab, was aus der Art wird, wie man ihm begegnet durch andere.

4. Sagen wir: Für uns ist das kein Ausland, sondern für uns geht es um besondere Beziehungen, Beziehungen besonderer Art.

Ich darf offen sagen – aber das hängt vielleicht wieder damit zusammen, daß ich selbst nicht Jurist bin: Mir ist manches an der Anerkennungsdiskussion nicht nur hier, sondern auch sonst schon in diesen Jahren etwas zu akademisch erschienen. Das liegt eben daran, daß ich zu lange erfahren habe, wo die Grenzen der Macht liegen und wie wenig in konkreten Situationen einem damit gedient ist, Formeln für die Wirklichkeit zu halten.

Aber ich bin noch eine Antwort auf die verständliche Frage schuldig, welche Haltung die Bundesregierung zur Frage der Beziehungen zwischen der DDR und Drittländern über den von mir allgemein erwähnten Zusammenhang hinaus einnehmen wird. Ich fand, die Antwort war klar, die der Außenminister gestern gegeben hat.

Aber wenn es gewünscht wird, bin ich gerne bereit, sie zu ergänzen. Ich bin gern bereit, sie in voller Übereinstimmung mit dem Herrn Außenminister zu ergänzen und zu sagen:

1. Es interessiert nicht nur uns – ich ließ es eben schon anklingen –, sondern alle, jedenfalls alle, denen es um den Frieden in Europa geht, wie sich Ostberlin zu dem einstellt, was die Bundesregierung in Anlehnung an die Schritte der vorigen vorschlägt, offeriert, zur Diskussion stellt. Und es interessiert nicht nur uns, weil es nicht nur ein deutsches Problem ist, sondern auch andere, ob es zu Vereinbarungen kommen wird, die im Interesse der Menschen und des Friedens liegen. Das ist der eine Punkt.

2. Wir hoffen und erwarten, daß die – um die Terminologie hier ganz genau zu beachten – uns verbündeten und befreundeten Staaten, jene Staaten, die mit uns auf dem einen oder anderen Gebiet zusammenarbeiten, unserem Bemühen die gebührende Beachtung schenken und dieses Bemühen nicht erschweren. Eine andere Haltung wäre weder hilfreich noch freundlich.

3. Wir hoffen und erwarten, daß die mit uns verbündeten und befreundeten Staaten – die Staaten, mit denen wir arbeiten – weiterhin für das Recht auf Selbstbestimmung, das in unserer Regierungserklärung diese eindeutige Rolle spielt, Verständnis zeigen und uns dabei unterstützen, daß der Weg zur Lösung unserer nationalen Fragen nicht versperrt und verbaut wird.

4. Wo dies doch – und überhaupt – geschieht, werden wir unseren eigenen Interessen entsprechend von Fall zu Fall entscheiden.

Der Außenminister hat dem Hohen Hause gestern schon gesagt, daß die großen Botschaften vor Abgabe der Regierungserklärung eine Vorunterrichtung erhalten hätten. Ich kann dem Hohen Hause mitteilen, daß heute in Übereinstimmung zwischen dem Außenminister und mir – es ist nicht üblich, dem Hohen Hause den Text hier vorzutragen – alle unsere Auslandsvertretungen im Sinne dessen, wovon ich eben sprach, instruiert worden sind.

Meine Damen und Herren, ich habe eben gesagt: »entsprechend unseren eigenen Interessen«. Darauf kommt es an. Ich habe im vergangenen Jahr von mehr als einem Außenminister gehört, man habe lange darauf gewartet, daß die deutsche Stimme auf Gebieten vernehmlicher werde, in denen es nicht nur um Proteste und Belehrungen, die sich aus der deutschen Frage im engeren Sinne des Wortes ergeben, geht. Es geht also nicht nur um das innerdeutsche Bemühen um Erleichterungen und Verbesserungen, sondern es geht auch und gerade bei diesem ganzen so schwierigen Thema darum, einen verbreiterten Aktionsraum für die Vertretung unserer Interessen in der Welt zu schaffen.

Und ob nun die Zeichen auf Sturm stehen oder ob man – was in jedem Falle stimmen wird – in allen Teilen der Welt und in allen Blöcken und Gruppierungen vor großen Wandlungen steht, wir müssen dabei, ohne uns zu überheben, unsere eigene Rolle spielen und dabei weniger jammern und mehr gestalten.

Meine Damen und Herren, man hat die Kontinuität der Politik dieser Regierung bezweifelt. Es wäre ein Mißverständnis zu glauben, Kontinuität sei nichts als Fortsetzung des Bestehenden. Dann brauchten wir übrigens keine Wahlen und keine politische Auseinandersetzung. Kontinuität ist kein Lineal. Der Historiker Mommsen hat für einige Kritiker einen Merksatz geprägt, den ich Ihnen nicht vorenthalten möchte. Er lautet: *Man kann auch dadurch vom rechten Wege abkommen, daß man zu lange auf dem geraden bleibt.*

Nach meinem Verständnis der Kontinuität unserer Politik könnte ich auch sagen: Der politische Gegensatz zu »keine Experimente« ist nicht einfach »Experimente«, sondern der Gegensatz ist »keine Angst vor Experimenten«. Das ist der Leitsatz unserer Politik.

Quelle: Bulletin vom 4. 11. 1969, Nr. 133, S. 1130–1132

280

Rede des Bundespräsidenten Dr. Gustav W. Heinemann im Prinsenhof in Delft anläßlich seines Staatsbesuchs in den Niederlanden, 26. November 1969

Majestät, Königliche Hoheit,
Herr Bürgermeister, meine Damen und Herren!

Ebenso herzlich, wie Sie meine Frau und mich soeben begrüßt haben, möchte ich Ihnen für den freundlichen Empfang danken, den Sie uns heute hier in Den Haag bereiten.

Es ist nicht das erste Mal, daß ich Ihre schöne Stadt besuche. Jedes Mal fängt mich ihre Atmosphäre und besonders die des Binnenhofs, von dem aus Ihr Land durch viele Jahrhunderte hindurch in guten wie in bösen Zeiten regiert worden ist, von neuem ein. Erinnerungen werden wach an dramatische historische Ereignisse, die leider nur allzuoft kriegerischer Natur waren. Aber es ist tröstlich zu sehen, daß wenigstens der Binnenhof, dessen Architektur den niederländischen Geist und Charakter in besonders ausdrucksvoller Weise widerspiegelt, alle Wechselfälle der Geschichte überstanden hat.

Der deutsche Betrachter, in dessen Erinnerung das, was sich in den Niederlanden und damit auch in Den Haag zwischen 1940 und 1945 abspielte, natürlich besonders lebendig ist, denkt bei solcher Gelegenheit auch mit Hochachtung an die Entschlossenheit und die Tatkraft, mit der das niederländische Volk sein Schicksal nach Ablauf der schrecklichen Besatzungsperiode wieder in die Hand genommen und einen modernen Industriestaat geschaffen hat, dessen heutige Kraft erheblich über dieses Land hinausreicht.

Der Name Ihrer Stadt, Herr Bürgermeister, hat von alters her weit über die Grenzen des Landes hinaus einen besonderen Klang gehabt. Sind doch gerade aus Den Haag immer wieder weltweite Impulse zur Sicherung des Friedens und zur Minderung der Schrecken des Krieges ausgegangen.

Hier hat sich schon Hugo Grotius darum bemüht, die streitenden Parteien im Kriege zwischen den Niederlanden und Spanien einander näherzubringen, und hier hat er die Erfahrungen gesammelt, die er nach seiner Flucht in Paris in seinem berühmten Werk »De Jure Belli ac Pacis« verarbeitet hat.

Hier fand sich 1893 zum erstenmal die Haager Konferenz für internationales Privatrecht zusammen, die als »Plattform für die internationale Zusammenarbeit im Recht« bezeichnet wird. Es ist vielleicht das größte Verdienst dieser Konferenz, daß sie die universale Idee von der Verantwortung und Verpflichtung der Staaten gegenüber dem internationalen Rechtsverkehr über alle Kriege hinweg bis in die heutige Zeit bewahrt hat.

Hier traten 1900 Repräsentanten aller europäischen Staaten, Japans und der Vereinigten Staaten von Amerika zusammen, um einen neuen Anlauf zur friedlichen Schlichtung internationaler Streitigkeiten und zur Aufstellung von Verhaltensnormen für miteinander im Krieg befindliche Mächte zu nehmen.

Auch nach dem Zweiten Weltkrieg – 1948 – war wiederum Den Haag Gastgeber einer europäischen Parlamentarierkonferenz, die dem Gedanken einer großen europäischen Union lebhaften Ausdruck verlieh. Ihnen allen wird, wie auch mir als einem der deutschen Teilnehmer an jenem Europa-Kongreß in Den Haag im Jahre 1948, die große Rede Churchills und sein flammender Appell zum Zusammenschluß der europäischen Staaten im Gedächtnis geblieben sein. Für uns Deutsche bleibt sie auch deshalb unvergeßlich, weil der britische Staatsmann damals Deutschland in seine Überlegungen einbezog und Europa zur Versöhnung mit dem ehemaligen Gegner aufrief.

Die große Hoffnung der ersten Nachkriegsjahre aber auf das Zustandekommen einer auch den Osten umfassenden europäischen Union ist leider bisher an dem Ost-West-Konflikt gescheitert.

Den Haag war im vergangenen Jahr schließlich auch der Ort, an dem europäische Politiker die Bilanz aus zwanzig Jahren westeuropäischer Einigungsversuche zu ziehen und ein Zukunftsprogramm zu entwerfen versuchten. Sie taten dies – trotz der in der Zwischenzeit erzielten, nicht unbeträchtlichen Fortschritte – im Hinblick auf die in den letzten Jahren immer stärker knirschenden Bremsen mit unverkennbarer Sorge.

Hoffen wir, daß die in der nächsten Woche hier stattfindende Gipfelkonferenz der EWG-Staaten dazu beitragen wird, das Schiff endlich wieder flottzumachen.

Herr Bürgermeister, das Streben nach der Einswerdung Europas und die Suche nach Frieden in der Welt, für die Ihre Stadt Symbol geworden ist, erfüllen Ihr Volk und das meine mit gleich hohen Erwartungen. Wir haben uns nach dem furchtbaren Kapitel des Dritten Reiches im gemeinsamen Bemühen um diese Ziele glücklich wieder zusammengefunden. Ich bin überzeugt, daß diese Gleichgerichtetheit der Interessen die Bande zwischen unseren beiden Ländern auch in Zukunft weiter festigen wird. Ich hoffe, es wird uns, zusammen mit unseren gemeinsamen Bundesgenossen, gelingen, in nicht allzu ferner Zeit die ersehnte Einigung im europäischen Raum Wirklichkeit werden zu lassen.

Quelle: Bulletin vom 28. 11. 1969, Nr. 114, S. 1228

Erklärung und Note der Bundesregierung aus Anlaß der Unterzeichnung des Vertrages über die Nichtverbreitung von Kernwaffen am 28. November 1969

Die Regierung der Bundesrepublik Deutschland

(1) begrüßt es, daß das Prinzip der Nichtverbreitung von Kernwaffen nunmehr weltweit in einem Vertrag verfestigt worden ist, und weist darauf hin, daß die Bundesrepublik Deutschland bereits im Oktober 1954 im Brüsseler Vertrag auf die Herstellung nuklearer, biologischer und chemischer Waffen verzichtet hat und entsprechende Kontrollen angenommen hat;

(2) bekräftigt ihre Erwartung, daß der Vertrag ein Meilenstein auf dem Wege zur Abrüstung, zur internationalen Entspannung und zum Frieden sein wird und daß er einen gewichtigen Beitrag zur Schaffung einer auf die Sicherheit unabhängiger Völker und den Fortschritt der Menschheit gründenden internationalen Gemeinschaft leistet;

(3) geht davon aus, daß der Vertrag der Bundesrepublik Deutschland gegenüber so ausgelegt und angewendet wird wie gegenüber den anderen Vertragsparteien;

(4) geht davon aus, daß die Sicherheit der Bundesrepublik Deutschland durch die NATC gewährleistet bleibt; sie bleibt ihrerseits den kollektiven Sicherheitsregelungen der NATC uneingeschränkt verpflichtet;

(5) geht davon aus, daß die Resolution Nr. 255 des Sicherheitsrates der Vereinten Nationen sowie die diesen zugrunde liegenden Absichtserklärungen der Vereinigten Staaten, Großbritanniens und der Sowjetunion uneingeschränkt auch für die Bundesrepublik Deutschland gelten;

(6) stellt fest, daß die in der Präambel des Vertrags enthaltenen Grundsätze und die in Artikel 2 der Charta der Vereinten Nationen niedergelegten völkerrechtlichen Prinzipien, die jede gegen die territoriale Unversehrtheit oder die politische Unabhängigkeit eines Staates gerichtete Androhung oder Anwendung von Gewalt ausschließen, unabdingbare und auch für die Bundesrepublik Deutschland uneingeschränkt geltende Voraussetzungen des Vertrags selbst sind;

(7) unterzeichnet den Vertrag in der Erwartung, daß er auch andere Abkommen über das Verbot der Anwendung und Androhung von Gewalt, die der Sicherung des Friedens in Europa dienen, fördert;

(8) stellt fest, daß die Bundesrepublik Deutschland in einer Lage, in der sie ihre höchsten Interessen gefährdet sieht, frei bleiben wird, unter Berufung auf den in Artikel 51 der Satzung der Vereinten Nationen niedergelegten völkerrechtlichen Grundsatz, die für die Wahrung dieser Interessen erforderlichen Maßnahmen zu ergreifen;

(9) unterzeichnet den Vertrag in der Überzeugung, daß er den europäischen Zusammenschluß nicht behindert;

(10) betrachtet den Vertrag nicht als einen Endpunkt, sondern vielmehr als Ausgangspunkt für die im Vertrag selbst zu dessen natürlicher Ergänzung und wirksamer Durchführung vorgesehenen Verhandlungen über die Abrüstung, die friedliche Nutzung der Kernenergie und die sich für die friedliche Anwendung der Kernenergie ergebenden Vorteile;

(11) betont, daß die Forschung, Entwicklung und Nutzung der Kernenergie für friedliche Zwecke und die inter- sowie multinationale Zusammenarbeit auf diesem Gebiet durch den Vertrag nicht nur nicht beeinträchtigt werden darf, sondern sogar gefördert werden soll, besonders bei den Nichtkernwaffenstaaten;

(12) stellt fest, daß keine Unvereinbarkeit zwischen den Zielen des Nichtverbreitungsvertrags und des EURATOM-Vertrags besteht;

(13) geht davon aus, daß die in Artikel III des NV-Vertrags beschriebenen Übereinkünfte zwischen der IAEO und EURATOM auf der Grundlage des Prinzips der Verifikation geschlossen werden und daß die Verifikation in einer Weise erfolgt, welche die politischen, wissenschaftlichen, wirtschaftlichen und technischen Aufgaben der Europäischen Atomgemeinschaft nicht beeinträchtigt;

(14) besteht darauf, daß die Sicherungsmaßnahmen entsprechend dem Wortlaut und Geist des Vertrags nur auf Ausgangs- und besonderes spaltbares Material und in Übereinstimmung mit dem Grundsatz einer wirksamen Sicherung des Spaltstoffflusses an bestimmten strategischen Punkten Anwendung finden. Sie geht davon aus, daß die im Vertrag verwendeten Worte »Ausgangsmaterial« und »besonderes spaltbares Material« – vorbehaltlich von der Bundesrepublik Deutschland ausdrücklich angenommener Änderungen – die im gegenwärtigen Wortlaut des Artikels XX der Satzung der IAEO festgelegte Bedeutung haben;

(15) geht davon aus, daß jede Vertragspartei bestimmt, welche »Ausrüstung und Materialien« für sie unter die Exportauflage des Artikels III Absatz 2 fallen. Die Bundes-

epublik Deutschland wird dabei lediglich solche Auslegungen und Definitionen der Begriffe »Ausrüstungen und Materialien« akzeptieren, denen sie ausdrücklich zugestimmt hat;

(16) bekräftigt die Notwendigkeit einer Regelung der Frage der Kontrollkosten in einer Weise, die den Nichtkernwaffenstaaten keine unbilligen Lasten aufbürdet;

(17) erklärt, daß die Bundesrepublik Deutschland den NV-Vertrag erst dann zu ratifizieren beabsichtigt, wenn zwischen EURATOM und der IAEO ein dem Artikel III des NV-Vertrages entsprechendes Abkommen abgeschlossen ist, das nach Form und Inhalt die Voraussetzungen der Ziffern 13, 14, 15 und 16 dieser Erklärung erfüllt, und die Vereinbarkeit mit dem Vertrag zur Gründung der Europäischen Atomgemeinschaft festgestellt worden ist;

(18) betont die entscheidende Bedeutung, die sie im Interesse der wirtschaftlichen und wissenschaftlichen Chancengleichheit der Erfüllung der Zusage der Vereinigten Staaten und Großbritanniens hinsichtlich der Kontrolle ihrer friedlichen nuklearen Anlagen beimißt, und hofft, daß auch andere Kernwaffenstaaten entsprechende Zusagen abgeben werden;

(19) bekräftigt ihre Auffassung, daß bis zum Abschluß des Abkommens zwischen der IAEO und EURATOM die zwischen EURATOM und den Vertragsparteien des NV-Vertrags getroffenen Liefervereinbarungen in Kraft bleiben und nach Inkrafttreten des NV-Vertrags Lieferabkommen im Interesse eines ungehinderten Austausches von Kenntnissen, Ausrüstungen und Material zu friedlichen Zwecken von allen zusätzlichen politischen und administrativen Beschränkungen befreit werden sollten.

Die Regierung der Bundesrepublik Deutschland unterzeichnet heute in Washington, London und Moskau, den Hauptstädten der drei Verwahrregierungen, den Vertrag über die Nichtverbreitung von Kernwaffen.

Am gleichen Tage übergibt die Regierung der Bundesrepublik Deutschland den Verwahrregierungen – bei gleichzeitiger Unterrichtung der Regierungen aller Staaten, mit denen die Bundesrepublik Deutschland diplomatische Beziehungen unterhält – den Wortlaut einer Note, mit der sie diese Erklärung den genannten Regierungen zur Kenntnis bringt. Die Note enthält auch die bekannten deutschen Interpretationen des NV-Vertrags zur Sicherung des friedlichen Bereichs und des Verifikationsabkommens, das zwischen der IAEO und EURATOM gemäß Artikel III des NV-Vertrags zu schließen ist.

Die Bundesregierung übermittelte am 28. November 1969 an die Regierungen aller Staaten, mit denen die Bundesrepublik Deutschland diplomatische Beziehungen unterhält, folgende Note:

Die Regierung der Bundesrepublik Deutschland beehrt sich, der Regierung
mitzuteilen, daß die Bundesregierung heute, am 28. November 1969, den Vertrag über die Nichtverbreitung von Kernwaffen unterzeichnet.

Sie legt aus diesem Anlaß die Voraussetzungen dar, unter denen sie den Vertrag unterzeichnet.

Sie hat heute eine Note gleichen Inhalts an die Regierungen der Vereinigten Staaten von Amerika, des Vereinigten Königreichs von Großbritannien und Nordirland und der Union der Sozialistischen Sowjetrepubliken in ihrer Eigenschaft als Depositarregierungen des Nichtverbreitungsvertrages übermittelt.

I.

Die Bundesregierung geht davon aus,
– daß der Vertrag der Bundesrepublik Deutschland gegenüber so ausgelegt und angewendet wird wie gegenüber den anderen Vertragsparteien;

- daß die Sicherheit der Bundesrepublik Deutschland und ihrer Verbündeten weiterhin durch die NATO oder ein entsprechendes Sicherheitssystem gewährleistet bleibt;
- daß die Resolution Nr. 255 des Sicherheitsrats der Vereinten Nationen sowie die dieser zugrunde liegenden Absichtserklärungen der Vereinigten Staaten, der Sowjetunion und Großbritanniens uneingeschränkt auch für die Bundesrepublik Deutschland gelten;
- daß der Vertrag den Zusammenschluß der europäischen Staaten nicht behindert;
- daß die Vertragsparteien die im Vertrag vorgesehenen Abrüstungsverhandlungen, insbesondere auf dem Gebiet der nuklearen Waffen, alsbald aufnehmen werden.

II.
Die Bundesregierung erklärt, daß
- mit Unterzeichnung dieses Vertrages keine völkerrechtliche Anerkennung der DDR verbunden ist;
- für die Bundesrepublik Deutschland daher auch im Rahmen dieses Vertrages keine völkerrechtlichen Beziehungen zur DDR entstehen.

III.
Soweit die friedliche Nutzung der Kernenergie und das mit der IAEO abzuschließende Überprüfungsabkommen betroffen sind, geht die Bundesregierung von folgendem aus:

a) Beschränkung auf den Vertragszweck
Der Zweck des Vertrages ist, die gegenwärtigen Nichtkernwaffenstaaten daran zu hindern, Kernwaffen und sonstige Kernsprengkörper herzustellen oder sonstwie zu erwerben. Die Bestimmungen des Vertrages sind daher ausschließlich auf die Verwirklichung dieses Zieles gerichtet. Keinesfalls führen diese Bestimmungen zu einer Beschränkung der Verwendung von Kernenergie für andere Zwecke durch die Nichtkernwaffenmächte.

b) Forschung und Entwicklung
Freiheit von Forschung und Entwicklung ist von wesentlicher Bedeutung für die Förderung der friedlichen Verwendung von Kernenergie, und es steht für die Bundesrepublik Deutschland außer Zweifel, daß der Vertrag niemals so ausgelegt oder angewandt werden kann, daß er Forschung und Entwicklung auf diesem Gebiet behindert oder unterbindet. Die Bundesregierung hat die Erklärung des amerikanischen Ständigen Vertreters bei den Vereinten Nationen vom 15. Mai 1968 und insbesondere folgende Feststellungen daraus zur Kenntnis genommen:
»... Jegliche Besorgnis ist unbegründet, dieser Vertrag würde Nichtkernwaffenstaaten Verbote oder Beschränkungen hinsichtlich der Möglichkeit zur Entwicklung ihrer Fähigkeiten auf dem Gebiete der Kernwissenschaft und -technik auferlegen«;
»Dieser Vertrag fordert von keinem Staat, einen Status technologischer Abhängigkeit hinzunehmen oder von Entwicklungen in der Kernforschung ausgeschlossen zu sein«;
»Das gesamte Gebiet der mit der Erzeugung elektrischer Energie verbundenen Kernwissenschaft ... wird allen, die es nutzen wollen, nach diesem Vertrag zugänglicher werden. Hierzu gehört nicht nur die gegenwärtige Generation von Kernwaffenreaktoren, sondern auch die fortgeschrittene, noch in der Entwicklung befindliche Technologie von Schnellen Brutreaktoren, die bei der Erzeugung von Energie gleichzeitig mehr spaltbares Material erzeugen, als sie verbrauchen«;
und
»Viele Nationen betreiben gegenwärtig Forschung auf einem noch fortgeschritteneren Gebiet der Wissenschaft, nämlich dem der gesteuerten thermonuklearen Fusion. Die künftigen Entwicklungen dieser Wissenschaft und Technologie könnten durchaus zum

Reaktor der Zukunft führen, in dem der Vorgang der Spaltung von Uran oder Plutonium durch Verschmelzungsreaktionen von Wasserstoffisotopen als Energiequelle ersetzt
wird. Die Technologie der gesteuerten thermonuklearen Fusion ist vom Vertrage nicht
betroffen ...«

c) Beweislast

Im Zusammenhang mit Artikel III Absatz 3 und Artikel IV des Vertrages ist keine
nukleare Tätigkeit auf dem Gebiet der Forschung, Entwicklung, Herstellung oder Verwendung zu friedlichen Zwecken untersagt noch kann die Lieferung von Kenntnissen,
Material und Ausrüstungen Nichtkernwaffenstaaten allein auf der Grundlage von Unterstellungen verweigert werden, daß eine derartige Tätigkeit oder eine derartige Lieferung
zur Herstellung von Kernwaffen oder sonstigen Kernsprengkörpern verwendet werden
kann.

d) Austausch von Informationen

Artikel IV begründet für Vertragsparteien, die hierzu in der Lage sind, die Verpflichtung
zusammenzuarbeiten, um zur Weiterentwicklung der Anwendung der Kernenergie für
friedliche Zwecke beizutragen. Daher erwartet die Bundesregierung, daß Maßnahmen zur
Beschränkung des unbehinderten Flusses wissenschaftlicher und technologischer Informationen überprüft werden, damit der weitestmögliche Austausch von wissenschaftlichen und
technologischen Informationen für friedliche Zwecke gefördert wird.

e) Sonstige Kernsprengkörper

Beim gegenwärtigen Stand der Technik sind Kernsprengkörper Vorrichtungen, die in
Bruchteilen von Sekunden in unkontrollierter Weise eine große Menge von Kernenergie
unter Entwicklung von Stoßwellen freisetzen, d. h. Vorrichtungen, die als Kernwaffen verwendet werden können.

Die Bundesregierung ist gleichzeitig der Auffassung, daß der Nichtverbreitungsvertrag
Fortschritte auf dem Gebiet der Entwicklung und Anwendung der Technologie der friedlichen Verwendung von Kernsprengmitteln nicht behindern darf.

f) Sicherungs- und Verifikationsabkommen

Es besteht keine Unvereinbarkeit zwischen den Zielen des Nichtverbreitungsvertrages
und des EURATOM-Vertrages. In bezug auf die Sicherungsmaßnahmen, die in seinem Artikel III vorgesehen sind, beschränkt sich der Nichtverbreitungsvertrag darauf, auf die
Abkommen zu verweisen, die noch mit der IAEO zu schließen sind und deren Inhalt daher
noch nicht festlegt.

Die in Artikel III Absatz 1 und 4 beschriebenen Sicherungsabkommen mit der IAEO
können von den Vertragsparteien nicht nur »einzeln«, sondern auch »zusammen mit anderen Staaten« abgeschlossen werden. Die Staaten, die einer Organisation angehören, deren
Tätigkeit mit der der IAEO verwandt ist, genügen der Verpflichtung zum Abschluß dadurch, daß die betreffende Organisation das Abkommen mit der IAEO schließt, wie es auch
in Artikel XVI des IAEO-Statuts und im IAEO-Sicherungssystem vorgesehen ist.

Die Kontrollverpflichtung außerhalb des eigenen Hoheitsgebietes gemäß Artikel III Absatz 1 besteht nur dann, wenn eine nichtnukleare Vertragspartei die beherrschende und
wirksame Verfügungsgewalt über eine nukleare Anlage hat.

Um zu vermeiden, daß die Durchführung des NV-Vertrages mit der Einhaltung der Bestimmungen des EURATOM-Vertrags unvereinbar ist, müssen die Überprüfungsmaßnah-
men so definiert werden, daß die Rechte und Pflichten der Mitgliedstaaten und der Gemeinschaft unberührt bleiben, entsprechend der Stellungnahme, die die Kommission auf Grund
des Artikel 103 des EURATOM-Vertrages abgegeben hat.

Zu diesem Zweck wird die Kommission der Europäischen Gemeinschaften in Verhandlungen mit der IAEO eintreten müssen.

Die Regierung der Bundesrepublik Deutschland beabsichtigt, den NV-Vertrag so lange nicht zur Ratifizierung vorzulegen, bis die Verhandlungen zwischen der Kommission und der IAEO zu einer Einigung geführt haben.

IV.

Die Regierung der Bundesrepublik Deutschland bekräftigt die anliegende Erklärung, die sie bei Unterzeichnung des NV-Vertrages abgegeben hat.

Quelle: Bulletin vom 29. 11. 1969, Nr. 145, S. 1233–1235

*Rede des Bundeskanzlers Willy Brandt auf der EWG-Gipfelkonferenz in Den Haag am
1. Dezember 1969 (Auszüge)*

Wenn es gut stünde um Europa, hätten wir uns heute hier nicht getroffen. Wenn unsere Gemeinschaft bereits mit einer Stimme zu sprechen hätte, dann wäre unser Hauptthema die Außenpolitik: der Frage einer europäischen Friedensordnung, die Verhandlungen mit den Staaten Osteuropas, unsere Interessen angesichts des Konflikts im Nahen Osten.

Statt dessen wird Erfolg oder Mißerfolg unserer Konferenz mit Recht daran abgelesen werden, ob wir das Schiff der Europäischen Gemeinschaft wieder in ein freies Fahrwasser bringen. Konzentriert auf unsere engeren Probleme, werden wir den notwendigen Entscheidungen nicht ausweichen können, damit unsere Mitbürger wieder verstehen, daß Europa mehr ist als eine Frage von Marktordnungen. Und damit die Jugend sieht, daß Europa mehr ist als die Erinnerung an eine düster-gloriose Vergangenheit.

Dabei sind wir uns sicher einig, daß unsere Gemeinschaft kein neuer Block, sondern eine exemplarische Ordnung sein soll, die als Bauelement einer ausgewogenen gesamteuropäischen Friedensordnung taugt. In diesem Sinne sucht die Bundesrepublik Deutschland die Verständigung mit dem Osten in Zusammenarbeit und Abstimmung mit ihren Partnern im Westen.

Die Verbindung, die wir miteinander eingegangen sind, soll unauflöslich sein und immer enger werden. Wenn wir die notwendige Harmonisierung erreichen wollen, müssen wir uns gegenseitig stützen, d. h., wir müssen praktisch Solidarität üben. Für die deutsche Bundesregierung erkläre ich, daß wir dazu bereit sind. Diese Bereitschaft wird von der Zustimmung unserer öffentlichen Meinung getragen.

Aber unsere Öffentlichkeit will natürlich auch wissen, welche Konsequenzen sich aus den europäischen Verpflichtungen für sie ergeben. Wie alle anderen, so muß auch die deutsche Regierung dartun können, daß die von ihr geforderten Leistungen sinnvoll, angemessen und überschaubar sind und daß der mit dem westeuropäischen Zusammenschluß eingeschlagene Weg der politisch richtige ist.

Wir setzen uns hier nicht an die Stelle der etablierten gemeinschaftlichen Institutionen. Hier geht es um mehr als um eine angehobene Form der notwendigen Brüsseler Routine.

Deshalb sage ich in allem Freimut: Der Deutsche Bundestag und die öffentliche Meinung meines Landes erwarten, daß ich von dieser Konferenz nicht ohne konkrete Vereinbarungen in der Frage der Erweiterung der Gemeinschaft zurückkehre.

Diese Frage beschäftigt uns seit Jahren. Kraft des Vertrages gehört sie zu den Grundfragen unserer Gemeinschaft, und nirgends stand geschrieben, daß wir uns diesem Thema erst nach der Übergangsperiode zuwenden dürften. Die deutsche Haltung ist seit Jahren bekannt. Ich meine, wir dürfen dieses Thema nicht länger vor uns herschieben.

Erstens hat die Erfahrung gezeigt, daß das Hinausschieben der Erweiterung die Gemeinschaft zu lähmen droht.

Zweitens entspricht es den gemeinsamen Interessen, wenn die Gemeinschaft sich zu einer Zeit erweitert, in der wir uns um ein engeres Zusammenwachsen zwischen West und Ost bemühen.

Drittens muß die Gemeinschaft über den Kreis der Sechs hinauswachsen, wenn sie sich wirtschaftlich und technologisch neben den Giganten behaupten und ihrer weltpolitischen Verantwortung nachkommen will.

Ich zögere nicht, ein viertes Argument hinzuzufügen: Wer befürchtet, daß sich das wirtschaftliche Gewicht der Bundesrepublik Deutschland zum Nachteil der Ausgewogenheit innerhalb der Gemeinschaft auswirken könnte, der sollte auch deswegen für die Erweiterung sein.

Jedenfalls sage ich: Ohne England und die anderen beitrittsbereiten Staaten kann Europa nicht werden, was es sein soll und was es sein kann.

Auf Grund der Erörterungen, die dieser Konferenz voraufgegangen sind, habe ich den Eindruck, daß wir uns in bezug auf die Erweiterung grundsätzlich einig sind, und das ist nicht zu unterschätzen. Ich möchte mich hier besonders an den französischen Staatspräsidenten wenden: Wenn Frankreich unseren klaren Willen, die Gemeinschaft zu vollenden und auszubauen, heute mit dem Vertrauen beantwortet, dessen es zur Erweiterung bedarf, dann ist das für uns Grund zur Genugtuung und zum Beifall . . .

Diesen Darlegungen zur Haltung meiner Regierung möchte ich nur noch hinzufügen, daß wir zwischen einem mutigen Schritt nach vorn und einer gefährlichen Krise zu wählen haben.

Ich sage hier nichts anderes als bei mir zu Hause: Die Völker Europas warten und drängen darauf, daß die Staatsmänner der Logik der Geschichte den Willen zum Erfolg an die Seite stellen. Europa braucht unseren Erfolg.

Wenn ich noch einmal auf die junge Generation aufmerksam mache, so, um Sie von dem Wunsch der Bundesregierung zu unterrichten, ein Europäisches Jugendwerk zu errichten. Wir fühlen uns dabei ermutigt durch die im ganzen sehr guten Erfahrungen, die wir mit dem Deutsch-Französischen Jugendwerk gemacht haben.

Weltpolitisch sollte unsere sich festigende und erweiternde Gemeinschaft ein doppeltes Ziel verfolgen: Durch Vereinigung seiner Ressourcen soll sie Europa instand setzen, sich wirtschaftlich, wissenschaftlich und technisch neben den Supermächten zu behaupten und dadurch seine Identität zu bewahren. Zugleich soll sie Europa befähigen, kraftvoll an der großen Aufgabe mitzuwirken, die den Industrieländern immer dringlicher gestellt wird: der Entwicklungspolitik.

Wir können unseren Idealen – dem Frieden und der Menschlichkeit – keinen besseren Dienst leisten.

Quelle: Bulletin vom 2. 12. 1969, Nr. 146, S. 1241–1243

Kommuniqué der Konferenz der Staats- und Regierungschefs der EWG-Mitgliedstaaten in Den Haag vom 2. Dezember 1969

1. Die Staats- bzw. Regierungschefs und die Außenminister der EWG-Mitgliedstaaten kamen auf Initiative der Regierung der Französischen Republik und auf Einladung der niederländischen Regierung am 1. und 2. Dezember 1969 in Den Haag zusammen. Am zweiten Tage wurde die Kommission der Europäischen Gemeinschaften zur Teilnahme an den Arbeiten der Konferenz eingeladen.

2. Angesichts des bevorstehenden Eintritts in die Endphase des Gemeinsamen Marktes vertraten sie die Auffassung, es sei Pflicht der Träger der höchsten politischen Verantwortung in den Mitgliedstaaten, eine Bilanz des bisher Geleisteten zu ziehen, ihre Entschlossenheit zur Fortsetzung dieses Werkes zu bekunden und die Leitlinien für die Zukunft abzustecken.

3. Rückblickend stellten sie fest, daß wohl nie zuvor unabhängige Staaten eine weitergehende Zusammenarbeit verwirklicht haben, und waren einhellig der Auffassung, die Gemeinschaft sei gerade wegen der erzielten Fortschritte heute an einem Wendepunkt ihrer Geschichte angelangt. Dem Jahresende kommt daher über die sich darum ergebenden technischen oder juristischen Probleme hinaus als Termin wesentliche politische Bedeutung zu. Der Eintritt in die Endphase des Gemeinsamen Marktes heißt ja nicht nur die Unumstößlichkeit des bisher von den Gemeinschaften Erreichten anerkennen, sondern einem vereinten Europa den Weg bahnen, das seine Verantwortung in der Welt von morgen übernehmen und den Beitrag leisten kann, der seiner Tradition und Aufgabe entspricht.

4. Die Staats- bzw. Regierungschefs bekräftigen daher ihren Glauben an die politischen Zielsetzungen, die der Gemeinschaft ihren ganzen Sinn und ihre Tragweite verleihen, sie bekunden ihre Entschlossenheit, ihr Werk zu Ende zu führen, und sie betonen ihr Vertrauen auf den schließlichen Erfolg ihrer Bemühungen. Soll eine ungewöhnliche Quelle der Entwicklung, des Fortschritts und der Kultur nicht versiegen, soll das Gleichgewicht der Welt erhalten und der Friede gewahrt bleiben, so ist nach ihrer gemeinsamen Überzeugung ein Europa unerläßlich, das Staaten in sich vereint, deren wesentliche Interessen bei Wahrung der nationalen Eigenart übereinstimmen, ein Europa, das seines eigenen Zusammenhalts gewiß ist, das zu seiner Freundschaft mit anderen Staaten steht und das sich der ihm zukommenden Aufgaben bewußt ist, die internationale Entspannung und die Verständigung der Völker – in erster Linie zwischen den Völkern des ganzen europäischen Kontinents – zu fördern.

Die Europäischen Gemeinschaften bleiben unbestritten der Urkern, aus dem die europäische Einheit sich entwickelt und ihren Aufschwung genommen hat. Der Beitritt anderer Länder unseres Kontinents zu diesen Gemeinschaften gemäß den in den Römischen Verträgen vorgesehenen Modalitäten würde zweifellos dazu beitragen, den Gemeinschaften zu Dimensionen zu verhelfen, die mehr und mehr dem heutigen Stand der Wirtschaft und der Technologie entsprechen. Auch die Schaffung besonderer Bindungen zu anderen europäischen Staaten, die diesen Wunsch geäußert haben, sollte dazu beitragen. Eine solche Entwicklung würde es Europa gestatten, seiner weltoffenen Tradition treu zu bleiben und seine Anstrengungen zugunsten der Entwicklungsländer zu steigern.

5. Hinsichtlich der Vollendung der Gemeinschaften haben die Staats- bzw. Regierungschefs den Willen ihrer Regierungen bekräftigt, von der Übergangszeit in die Endphase der Europäischen Gemeinschaft einzutreten und somit Ende 1969 die endgültigen Finanzregelungen der gemeinsamen Agrarpolitik festzulegen.

Sie vereinbarten, im Rahmen dieser Finanzregelungen unter Berücksichtigung aller gegebenen Interessen, die Beiträge der Mitgliedstaaten im Verfahren des Artikels 201 des

EWG-Vertrages schrittweise durch eigene Einnahmen zu ersetzen mit dem Ziel, fristgerecht zu einer vollständigen Finanzierung der Haushalte der Gemeinschaften zu gelangen; desgleichen kamen sie überein, die Haushaltsbefugnisse des Europäischen Parlaments zu verstärken.

Die Frage der direkten Wahl wird weiter vom Ministerrat geprüft.

6. Sie forderten die Regierungen auf, im Rat die bereits unternommenen Anstrengungen für eine bessere Beherrschung des Marktes durch eine landwirtschaftliche Erzeugungspolitik, die eine Beschränkung der Haushaltslasten gestattet, zügig fortzusetzen.

7. Die Annahme einer Finanzregelung für die Endphase schließt ihre einstimmig vorzunehmende Anpassung insbesondere an eine erweiterte Gemeinschaft nicht aus, wobei jedoch die Grundsätze dieser Regelung nicht verfälscht werden dürfen.

8. Sie bekräftigten ihren Willen, den für die Stärkung der Gemeinschaft und für ihre Entwicklung zur Wirtschaftsunion erforderlichen weiteren Ausbau beschleunigt voranzutreiben. Sie sind der Auffassung, daß der Prozeß der Integration zu einer Gemeinschaft der Stabilität und des Wachstums führen muß. Zu diesem Zweck sind sie übereingekommen, daß im Rat, ausgehend vom Memorandum der Kommission vom 12. Februar 1969 und in enger Zusammenarbeit mit dieser, im Laufe des Jahres 1970 ein Stufenplan für die Errichtung einer Wirtschafts- und Währungsunion ausgearbeitet wird. Die Entwicklung der Zusammenarbeit in Währungsfragen sollte sich auf die Harmonisierung der Wirtschaftspolitik stützen.

Sie sind übereingekommen, die Möglichkeit der Errichtung eines europäischen Reservefonds prüfen zu lassen, zu dem eine gemeinsame Wirtschafts- und Währungspolitik hinführen müßte.

9. Sie bekräftigten ihren Willen, die technologische Aktivität der Gemeinschaft zu intensivieren und insbesondere durch Gemeinschaftsprogramme die industrielle Forschung und Entwicklung in den wichtigen Spitzenbereichen zu koordinieren und zu fördern und die dazu nötigen Finanzmittel bereitzustellen.

10. Sie halten außerdem neue Bemühungen für notwendig, um bald ein nach den Erfordernissen des modernen industriellen Managements gestaltetes Forschungsprogramm für die Europäische Atomgemeinschaft auszuarbeiten, das den wirksamsten Einsatz des Gemeinsamen Forschungszentrums ermöglichen soll.

11. Sie bekundeten erneut ihr Interesse an der Schaffung der Europäischen Universität.

12. Die Staats- bzw. Regierungschefs halten eine Reform des Sozialfonds im Rahmen einer weitgehenden Abstimmung der Sozialpolitik für angebracht.

13. Sie bekräftigten ihre Übereinstimmung hinsichtlich des Grundsatzes der Erweiterung der Gemeinschaft, wie sie in Artikel 237 des Romvertrages vorgesehen ist.

Soweit die beitrittswilligen Staaten die Verträge und deren politische Zielsetzung, das seit Vertragsbeginn eingetretene Folgerecht und die hinsichtlich des Ausbaus getroffenen Optionen akzeptieren, haben die Staats- bzw. Regierungschefs der Eröffnung von Verhandlungen zwischen der Gemeinschaft und den beitrittswilligen Staaten zugestimmt.

Sie waren sich einig, daß die für die Erarbeitung einer gemeinsamen Verhandlungsbasis unerläßlichen Vorbereitungen innerhalb nützlichster und kürzester Frist durchgeführt werden können; diese Vorbereitungen sollen nach übereinstimmender Auffassung in sehr positivem Geist getroffen werden.

14. Sobald die Verhandlungen mit den beitrittswilligen Staaten eröffnet sind, werden mit den anderen EFTA-Mitgliedstaaten, die diesen Wunsch äußern, Gespräche über ihr Verhältnis zur EWG eingeleitet.

15. Sie beauftragten die Außenminister mit der Prüfung der Frage, wie, in der Perspektive der Erweiterung, am besten Fortschritte auf dem Gebiet der politischen Einigung erzielt werden können. Die Minister werden dazu vor Ende Juli 1970 Vorschläge machen.

16. Den hier beschlossenen Maßnahmen für die schöpferische Gestaltung und das Wachstum Europas steht eine größere Zukunft offen, wenn die Jugend daran engen Anteil hat; dieses Anliegen haben die Regierungen beherzigt, und die Gemeinschaften werden sich dessen annehmen.

Quelle: Bulletin vom 4. 12. 1969, Nr. 148, S. 1262

284   Beginn der deutsch-sowjetischen Verhandlungen

Stellungnahme der Bundesregierung zum Beginn der deutsch-sowjetischen Verhandlungen in Moskau vom 8. Dezember 1969

Die Bundesregierung begrüßt den für den 8. Dezember 1969 vereinbarten Beginn der deutsch-sowjetischen Verhandlungen als ein Zeichen der möglichen Normalisierung unserer Beziehungen zum europäischen Osten.

Die Tatsache, daß die Sowjetunion den Vorschlag der Bundesregierung für Datum, Ort und Verhandlungsebene für den Beginn der Gespräche aufgegriffen hat, vermittelt den Eindruck, daß es auch der sowjetischen Regierung um einen baldigen Beginn der Sachberatungen geht.

Die Botschaft der Bundesrepublik in Moskau ist mit Instruktionen für die erste Verhandlungsphase versehen worden.

Die Bundesregierung erklärt im übrigen erneut ihre Bereitschaft, mit allen anderen Mitgliedstaaten des Warschauer Paktes Abkommen über den Gewaltverzicht abzuschließen.

Quelle: Bulletin vom 9. 12. 1969, Nr. 150, S. 1273

285   Deutsch-niederländisch-britische Zusammenarbeit

Mitteilung des Presse- und Informationsamtes der Bundesregierung über ein Abkommen zur Entwicklung und Nutzung des Gasultrazentrifugenverfahrens für die Urananreicherung sowie die deutsch-niederländisch-britische Erklärung vom 18. Dezember 1969

Das Bundeskabinett hat am 18. Dezember 1969 – ebenso wie die Regierungen des Königreichs der Niederlande und des Vereinigten Königreichs Großbritannien und Nordirland – seine Zustimmung zum Entwurf eines Abkommens erteilt, mit dem die drei Staaten ihre Zusammenarbeit bei der Entwicklung und Nutzung des Gasultrazentrifugenverfahrens für die Urananreicherung vereinbaren. Der Entwurf muß vor seiner Unterzeichnung noch der Kommission der Europäischen Gemeinschaften zur Stellungnahme vorgelegt werden.

Die Bedeutung des Abkommens liegt darin, daß hiermit der erste Schritt zur Schaffung einer europäischen Urananreicherungskapazität für die Deckung des künftigen Brennstoffbedarfs der Kernkraftwerke in Westeuropa getan wird.

Die in Europa und den Vereinigten Staaten überwiegend gebauten Kernkraftwerksreaktoren benötigen für ihren Betrieb Kernbrennstoffe, in denen das spaltbare Uranisotop 235 höher angereichert ist als im Natururan, nämlich bis auf etwa 4 Prozent gegenüber dem natürlichen Gehalt von 0,7 Prozent. Der weitaus größte Teil des Bedarfs der westlichen Welt wird heute aus den Vereinigten Staaten gedeckt. Die USA haben (ursprünglich für überwiegend militärische Zwecke) sehr große Anreicherungsanlagen nach dem Diffusionsprinzip errichtet. Dieses Prinzip beruht auf der unterschiedlichen Geschwindigkeit, mit der die in einer gasförmigen Verbindung (UF₆) enthaltenen Uranisotopen U 235 und U 238 durch eine Vielzahl dünner Membranen diffundieren. Anlagen nach dem gleichen Prinzip und ebenfalls unter militärischen Gesichtspunkten, aber von viel kleineren Dimensionen, haben England und Frankreich gebaut. Trotz einer weitgehenden Sättigung des militärischen Bedarfs in den USA können alle diese Anlagen den Bedarf der Kernkraftwerke in der westlichen Welt voraussichtlich Ende der siebziger Jahre nicht mehr decken.

Die Frage, wie zusätzliche Kapazitäten zu schaffen sind, beschäftigt seit einiger Zeit alle an der friedlichen Nutzung der Kernenergie interessierten Industrienationen der Welt. Im Vordergrund stehen dabei wirtschaftliche Überlegungen, insbesondere die Frage, ob eine andere Anreicherungsmethode wirtschaftlicher sein könnte als das besonders bei kleinen Produktionseinheiten äußerst kostspielige Diffusionsverfahren. Zur Auswahl stand neben dem Trenndüsenverfahren, dessen industrielle Reife aber noch nicht abzusehen ist, das Trennverfahren mit Hilfe besonders schnell laufender Zentrifugen, in denen das im Gas vorhandene Isotopengemisch unter dem Einfluß der Zentrifugalkraft teilweise entmischt wird. Dieses Verfahren, an dem auch in anderen Ländern (Frankreich, Japan, USA) seit Jahren gearbeitet wird, haben die drei Länder, die jetzt zusammenarbeiten wollen, auf einen Stand gebracht, der die Fortsetzung der Arbeiten in industriellem Maßstab aussichtsreich erscheinen läßt.

Nach dem vorliegenden Entwurf werden zwei Organisationen gegründet: eine Organisation für Planung und Bau von Zentrifugen und Anlagen (Generalunternehmer) und eine weitere Organisation für den Betrieb der Anreicherungsanlagen. Unternehmen oder Unternehmergruppen aus den drei Staaten sind zu je einem Drittel an beiden Organisationen beteiligt. Die Beteiligung von Stellen und Unternehmen aus weiteren Staaten ist vorgesehen. Der Sitz der Anreicherungsorganisation wird im Vereinigten Königreich, der des Generalunternehmers in der Bundesrepublik Deutschland sein. Anreicherungsanlagen werden zunächst in Almelo (Niederlande) und Capenhurst (Großbritannien) errichtet, die 1972 eine jährliche Trennarbeitskapazität von 50 t erreichen sollen.

Von deutscher Seite wird sich an der Anreicherungsorganisation die Firma Uranit, Uran-Isotopentrennungs-GmbH, Jülich, und am Generalunternehmer die Gesellschaft für nukleare Verfahrenstechnik mbH, Bensberg (GnV) beteiligen. An der Uranit sind die Firmen NUKEM, Gelsenberg AG und die Farbwerke Hoechst AG, an der Gesellschaft für nukleare Verfahrenstechnik die Firmen Dornier GmbH, ERNO-Raumfahrttechnik GmbH, INTER-ATOM und MAN beteiligt.

Die Kontrolle der friedlichen Verwendung wird im Rahmen der Bestimmungen des EURATOM-Vertrages und gegebenenfalls zu treffender Vereinbarungen mit der Internationalen Atomenergieorganisation (IAEO) in Wien sichergestellt.

Zum Abschluß der Verhandlungen über das deutsch-niederländisch-britische Übereinkommen über die Zusammenarbeit bei der Entwicklung und Nutzung des Gaszentrifugenverfahrens zur Herstellung angereicherten Urans wurde folgende Erklärung veröffentlicht:

1. Die Regierungen der Bundesrepublik Deutschland, des Königreichs der Niederlande und des Vereinigten Königreichs Großbritannien und Nordirland haben die Bestimmungen eines Übereinkommens über die Zusammenarbeit bei der Entwicklung und Nutzung des Gaszentrifugenverfahrens zur Urananreicherung gebilligt. Die deutsche und die nieder-

ländische Regierung werden in Kürze den Entwurf des Übereinkommens gemäß Artikel 103 des EURATOM-Vertrages an die Kommission der Europäischen Gemeinschaften übermitteln. Die drei Regierungen beabsichtigen, das Übereinkommen zu unterzeichnen, sobald das in jenem Artikel vorgesehene Verfahren abgeschlossen ist.

2. Forschungs- und Entwicklungsarbeiten zum Gaszentrifugenverfahren sind seit einer Reihe von Jahren in den drei Ländern unabhängig voneinander durchgeführt worden, und in jedem Land ist nun der Punkt erreicht worden, bei dem die industrielle Nutzung in Angriff genommen werden kann. Die drei Regierungen sind der Ansicht, daß das rasche Anwachsen des Bedarfs an angereichertem Uran für Kernkraftwerke es als wesentlich erscheinen läßt, in Westeuropa eine erhebliche und steigende Urananreicherungskapazität zu schaffen. Sie sind der Auffassung, daß das Gaszentrifugenverfahren unter europäischen Bedingungen die wirtschaftlich meistversprechende Anreicherungsmethode sein wird. Sie glauben, daß eine Zusammenarbeit auf diesem Gebiet fortschrittlicher Technologie die europäische technologische Zusammenarbeit im allgemeinen stärken und daß die gemeinsame industrielle Nutzung dieser Technologie zur wirtschaftlichen Integration Europas beitragen wird.

3. Die drei Länder sind, wie sie vom Beginn ihrer Verhandlungen an klargemacht haben, bereit, mit europäischen oder anderen Ländern zusammenzuarbeiten, die an der Urananreicherung mittels des Gaszentrifugenverfahrens interessiert sind. In Anbetracht der Dringlichkeit, mit der Entwicklung und Nutzung des Gaszentrifugenverfahrens in Europa einen Anfang zu machen, und mit Rücksicht auf die Tatsache, daß die drei Länder, jedes für sich, auf diesem Weg schon recht weit fortgeschritten sind, haben sie es für richtig gehalten, ihre Aufmerksamkeit zum größten Teil darauf zu richten, die industrielle Zusammenarbeit auf einer Dreierbasis in Gang zu bringen. Ihre Bereitschaft, eine Zusammenarbeit mit anderen Ländern zu erwägen, ist jedoch bereits dadurch dargetan worden, daß schon informelle Gespräche mit den Regierungen Italiens und Belgiens, den beiden Ländern, die bisher ihr Interesse förmlich dargelegt haben, geführt worden sind.

4. Die drei Regierungen werden die Errichtung und den Betrieb gemeinsamer Industrieunternehmen zum Bau und Betrieb von Zentrifugen-Anreicherungsanlagen und zur sonstigen Nutzung des Verfahrens auf kommerzieller Grundlage fördern. Ihre Forschungs- und Entwicklungsanstrengungen werden integriert werden, und die Verantwortung hierfür wird so schnell wie möglich von den gemeinsamen Industrieunternehmen übernommen werden.

5. Hinsichtlich der industriellen und finanziellen Regelungen wurde folgendes Einverständnis erzielt.

6. Im Rahmen der Zusammenarbeit werden zwei hauptsächliche Unternehmen ins Auge gefaßt, die sogenannte Anreicherungsorganisation und der sogenannte Generalunternehmer. In jedem Fall werden je ein Drittel der Anteile am gemeinsamen Industrieunternehmen von einem kommerziellen Unternehmen oder einer Gruppe solcher Unternehmen übernommen werden, die von jeder der drei Regierungen benannt werden; der Vorstand eines jeden der beiden Unternehmen wird aus gleich vielen Vertretern jedes der drei betreffenden Unternehmen oder Konsortien bestehen. Diese nationalen Unternehmen werden sich in Kürze treffen, um eine baldige Errichtung des Generalunternehmers und der Anreicherungsorganisation vorzubereiten.

7. Die Anreicherungsorganisation wird Tochtergesellschaften gründen, die die anfänglichen Anlagen in Almelo und Capenhurst sowie weitere Anlagen, die in Zukunft zur Deckung des in den drei Ländern oder anderswo entstehenden Bedarfs errichtet werden, erwerben und betreiben sollen. Die Anreicherungsorganisation wird grundsätzlich jeweils mindestens 51 Prozent des Gesellschaftskapitals jeder Tochtergesellschaft übernehmen. Ihr Sitz wird im Vereinigten Königreich liegen.

8. Der Generalunternehmer wird für die Anreicherungsorganisation oder ihre Tochter-

gesellschaften Anlagen zur Anreicherung von Uran mit Gaszentrifugen planen und errichten sowie Zentrifugen für diesen Zweck entwerfen und herstellen. Er wird – vorbehaltlich der Zustimmung der drei Regierungen gemäß dem Zusammenarbeitsübereinkommen – ferner in der Lage sein, Anreicherungsanlagen oder Zentrifugen in vierten Ländern zu verkaufen und dorthin Lizenzen für die einschlägige Technik zu vergeben. Sein Sitz wird in der Bundesrepublik Deutschland sein.

9. Das Anfangsprogramm für die Zusammenarbeit wird die Errichtung, die Inbetriebnahme und den Betrieb von Urananreicherungsanlagen mit einer Trennarbeitsleistung von insgesamt 350 Tonnen pro Jahr umfassen, zusammen mit denjenigen Einrichtungen, die zur Bereitstellung von Zentrifugen für diesen Zweck erforderlich sind.

10. Anreicherungsanlagen für das Anfangsprogramm werden in Capenhurst, Vereinigtes Königreich, und in Almelo, Niederlande, errichtet. Voraussichtlich wird in jeder der beiden Anlagen im Jahre 1972 eine Trennarbeitskapazität von 50 Jahrestonnen erreicht werden.

11. Die Erweiterung der Anlagen über 50 Jahrestonnen hinaus und bis zu einer Gesamtkapazität beider Anlagen zusammen von 350 Jahrestonnen wird sich entsprechend dem Anwachsen des Anreicherungsbedarfs in den drei Ländern und je nach weiteren Aufträgen, die gegebenenfalls aus anderen Ländern angenommen werden, vollziehen.

12. Über eine Erweiterung der Kapazität über das Anfangsprogramm von 350 Jahrestonnen hinaus werden zu gegebener Zeit die gemeinsamen Industrieunternehmen entscheiden.

13. Um eine wirksame Aufsicht über die gemeinsamen Industrieunternehmen zu gewährleisten, werden die drei Regierungen einen Gemeinsamen Ausschuß einsetzen. Seine Hauptaufgaben werden darin bestehen, Fragen der Sicherungsmaßnahmen bezüglich der Nichtverbreitung von Kernwaffen, der Sicherheit und Geheimhaltung sowie von Vereinbarungen mit anderen Ländern oder mit internationalen Organisationen zu erörtern und zu entscheiden. Seine Beschlüsse bedürfen der Einstimmigkeit. Bis zur Einsetzung des Gemeinsamen Ausschusses wird ein Vorbereitungsausschuß aus Beamten tätig sein, der seine Arbeit bereits aufgenommen hat.

14. Die drei Regierungen sind sich voll ihrer Verantwortung in bezug auf die Nichtverbreitung von Kernwaffen, der sie größte Bedeutung beimessen, bewußt; ihre Zusammenarbeit wird in voller Übereinstimmung mit ihrer Politik und mit ihren internationalen Verpflichtungen auf diesem Gebiet stehen. Entsprechende internationale Sicherungsmaßnahmen werden angewendet werden; diese werden die Maßnahmen des von der Europäischen Atomgemeinschaft eingerichteten Sicherheitskontrollsystems und diejenigen Maßnahmen umfassen, die sich aus zusätzlichen Verpflichtungen auf Grund von Abkommen mit der Internationalen Atomenergie-Organisation ergeben können. Die drei Regierungen werden alle geeigneten Maßnahmen ergreifen, um den weiteren Schutz der geheimhaltungsbedürftigen technischen Informationen zu gewährleisten. Sie sind der Ansicht, daß die Schaffung internationaler Unternehmen zur Entwicklung und Nutzung des Gaszentrifugenverfahrens einen wesentlichen Beitrag nicht nur zur Entwicklung der friedlichen Verwendung der Kernenergie, sondern auch für die Sache der Nichtverbreitung von Kernwaffen darstellen wird. Die drei Regierungen werden sicherstellen, daß Informationen, Ausrüstungen und Material, über die sie für die Zwecke oder als Ergebnis der Zusammenarbeit verfügen, nicht von einem Nichtkernwaffenstaat oder zu seiner Unterstützung bei der Herstellung oder dem anderweitigen Erwerb von Kernwaffen oder anderen nuklearen Sprengvorrichtungen verwendet werden.

Quelle: Bulletin vom 7. 1. 1970, Nr. 2, S. 14 f.

Auszüge aus dem Bericht des Bundeskanzlers Willy Brandt »Über die Lage der Nation« vor dem Deutschen Bundestag am 14. Januar 1970

. . .

II.

Was nun unser heutiges Thema angeht, so ist festzustellen:

25 Jahre nach der bedingungslosen Kapitulation des Hitler-Reiches bildet der Begriff der Nation das Band um das gespaltene Deutschland. Im Begriff der Nation sind geschichtliche Wirklichkeit und politischer Wille vereint. Nation umfaßt und bedeutet mehr als gemeinsame Sprache und Kultur, als Staat und Gesellschaftsordnung. Die Nation gründet sich auf das fortdauernde Zusammengehörigkeitsgefühl der Menschen eines Volkes.

Niemand kann leugnen, daß es in diesem Sinne *eine* deutsche Nation gibt und geben wird, so weit wir vorauszudenken vermögen. Im übrigen: auch oder, wenn man so will, selbst die DDR bekennt sich in ihrer Verfassung als Teil dieser deutschen Nation.

Wir müssen, so meine ich, eine historische und eine politische Perspektive haben, wenn über die Lage der Nation gesprochen wird, wenn wir die Forderung auf Selbstbestimmung für das deutsche Volk bekräftigen. Die Geschichte, die Deutschland durch eigene Schuld, jedenfalls nicht ohne eigene Schuld, geteilt hat, wird darüber entscheiden, wann und wie diese Forderung verwirklicht werden kann. Aber so lange die Deutschen den politischen Willen aufbringen, diese Forderung nicht aufzugeben, so lange bleibt die Hoffnung, daß spätere Generationen in einem Deutschland leben werden, an dessen politischer Ordnung die Deutschen in ihrer Gesamtheit mitwirken können.

Auch in einer europäischen Friedensordnung werden die nationalen Komponenten ihren Rang haben. Aber bis zur Selbstbestimmung der Deutschen in einer solchen Friedensordnung wird es ein langer, ein weiter und ein schwerer Weg sein. Die Länge und Schwere dieses Weges dürfen uns nicht davon abhalten, in dieser Phase der Geschichte, wenn es möglich ist, zu einem geregelten Nebeneinander zwischen den beiden Staaten in Deutschland zu kommen. Es geht um den deutschen Beitrag in einer internationalen Lage, in der sich, um mit den Worten Präsident Nixons zu sprechen, ein Übergang von der Konfrontation zur Kooperation vollziehen soll.

Die Bundesregierung, meine Damen und Herren, hat diesem Hohen Hause einige Materialien über die Entwicklung der deutschen Frage und über den Stand der innerdeutschen Beziehungen vorgelegt (vgl. Bulletin Nr. 5 vom 14. Januar 1970). Sie arbeitet an einem Bericht, der einen umfassenden Vergleich der Verhältnisse in der Bundesrepublik und in der DDR auf den verschiedensten Lebensbereichen enthalten wird. Schon die Vorarbeiten zu diesem größeren Bericht haben bereits die Erkenntnis erbracht oder bestätigt, je nachdem, daß die unter dem Namen Konvergenztheorie bekanntgewordene Auffassung falsch und richtig zugleich ist; falsch, weil sich die beiden Staaten in Deutschland nicht automatisch aufeinander zuentwickeln; richtig, weil die Notwendigkeiten der modernen Industriegesellschaft in West und Ost zu Maßnahmen, Entwicklungen und auch Reformen zwingen, unabhängig davon, welche politischen und gesellschaftlichen Bedingungen gegeben sind. So ist es auch zu erklären, daß manche technischen und wissenschaftlichen Vorhaben und die Behandlung einiger Strukturprobleme auf verschiedenen Gebieten in den beiden Teilen Deutschlands in die gleiche Richtung weisen. Diese Tatsachen sind, objektiv betrachtet, ermutigend.

Allerdings: In den beiden staatlichen und gesellschaftlichen Ordnungen, die es nun schon seit mehr als zwei Jahrzehnten auf deutschem Boden gibt, drücken sich völlig verschiedene und nicht zu vereinbarende Vorstellungen darüber aus, wie die Einheit Deutschlands, wie eine gemeinsame Zukunft aussehen soll und wie sie zu erreichen sein könnte. Niemand darf sich der trügerischen Hoffnung hingeben, den Auseinandersetzungen entgehen zu können, die unausweichlich sind, weil Deutschland eben nicht nur staatlich gespalten ist, sondern weil sich auf seinem Boden völlig unterschiedliche Gesellschaftssysteme gegenüberstehen. In diesem Punkt sind wir uns mit Ulbricht einig: Zwischen unserem System und dem, was drüben Ordnung geworden ist, kann es keine Mischung, keinen faulen Kompromiß geben. . . .

Im übrigen bleibt es dabei: Bundesrepublik und DDR sind füreinander nicht Ausland. Und es bleibt auch dabei: Eine völkerrechtliche Anerkennung der DDR kommt für uns nicht in Betracht.

Es ist absurd, wenn die Ostberliner Polemik in diesem Zusammenhang behauptet, wir wollten die DDR zu »Bonner Inland« machen oder ihr einen Kolonialstatus aufnötigen.

Im übrigen, meine Damen und Herren, führt es nicht weiter, wenn die sogenannten »verständigungsbereiten« oder, wie man drüben sagt, »friedliebenden« Kräfte in der Bundesrepublik aufgefordert werden, ihren Einfluß zu verstärken. Es würde ja, wie die Dinge liegen, auch nicht weiterführen, wenn wir die verständigungsbereiten Kräfte, die es in Ostberlin und in der DDR gibt, aufforderten, sich stärker als bisher gegen die Dogmatiker und die linken Reaktionäre durchzusetzen, denen ihre Machtpositionen wichtiger sind als der Frieden der europäischen Völker.

Die Bundesregierung wird diesen Leuten nicht den Gefallen tun, in eine bloße Gegenpolemik zu verfallen. Sie wird die objektiv möglichen historischen Entwicklungen zur Verbesserung der Beziehungen zwischen den beiden Teilen Europas und den beiden Teilen Deutschlands aktiv fördern. Profiteure der Spaltung gibt es in Ost und West. Die Menschen in Ost und West leiden darunter.

In dem Bemühen, im eigenen Lager den Nachweis gebührlicher Betriebsamkeit zu führen, ist von Ostberlin aus durch die dortigen Propagandisten dieser Tage unter anderem gefordert worden, den Entwurf eines Vertrages, den der Staatsratsvorsitzende Ulbricht unserem Bundespräsidenten Heinemann geschickt hat, zum Objekt einer Volksabstimmung in der Bundesrepublik zu machen. Nun: Das Richtigste an diesem Dokument ist zunächst einmal die Überschrift, die Bezeichnung »Entwurf«. Ich möchte meinerseits diesen, meinen Bericht, den ich Ihnen zu geben habe, nicht zur Propaganda benutzen; die Sache, um die es geht, ist ernst.

Ich möchte aber in aller Klarheit sagen: Ein Vertrag zwischen der DDR und uns darf nicht, darf nie zu einer Nebelwand werden, hinter der alle die Menschen belastenden Tatbestände unverändert liegen. Zum anderen: Wenn man schon – wie es die Ostberliner Propaganda versucht hat – mit dem Gedanken einer Volksabstimmung spielt, dann könnte ich mir noch andere Fragen vorstellen, als die nach dem Ulbrichtschen Entwurf!

Wir haben es mit einer bemerkenswerten Entwicklung zu tun. Die Staaten des Warschauer Paktes haben – die DDR ausgenommen trotz mancher Einschränkungen – den guten Willen der Bundesrepublik verstanden.

Sie haben darauf aufmerksam gemacht, daß Worten Taten folgen müssen. Das entspricht unserer Überzeugung, nämlich, daß dies überall beachtet werden sollte.

In der DDR gibt es führende Kräfte, die sich in immer neuen Forderungen überschlagen, gerade in diesen letzten Tagen. Ein hohes Maß an Sturheit ist ihnen dabei durchaus zuzuerkennen. Ich will drei Beispiele nennen.

Das erste ist dies: Die DDR-Regierung fordert von uns die völkerrechtliche Anerkennung. Die anderen Staaten des Warschauer Pakts erwarten von uns Verträge mit der DDR, und zwar solche, die – natürlich könnte man sagen – ebenso verbindlich sein müssen wie die mit ihnen, den anderen genannten Staaten, geschlossenen.

Ein zweites Beispiel: Die DDR verlangt von der Bundesregierung, sie müsse die Pariser Verträge überprüfen und ihre Verpflichtungen im Atlantischen Bündnis reduzieren oder gar abwickeln. Die Sowjetunion und andere Staaten des Warschauer Paktes betonen, daß eine europäische Sicherheitskonferenz in dieser Zeitspanne, in der wir leben, durch den blockiert wird, der den Abbau oder die Auflösung der bestehenden Bündnisse auf die Tagesordnung setzen will; selbst die Frage einer gleichwertigen Truppenreduzierung scheint dort gegenwärtig nicht überall für aktuell oder opportun gehalten zu werden.

Ich brauche hier vor diesem Hohen Hause, meine Damen und Herren, kaum zu unterstreichen, daß für die Bundesregierung weder die Pariser Verträge noch unsere Verpflichtungen im Atlantischen Bündnis zur Diskussion stehen.

Ein drittes Beispiel: Die DDR-Regierung erklärt, sie habe schon vor 20 Jahren die Oder-Neiße-Linie endgültig als Friedensgrenze anerkannt, und zwar, wie es wörtlich heißt, »im Namen aller Deutschen, also auch im Namen der westdeutschen Bevölkerung«.

Nun, ich weiß nicht, ob diese Erklärung der Regierung Polens angenehm in den Ohren geklungen hat. Die Logik dieser Erklärung würde dazu führen, daß die polnische Westgrenze für uns kein Thema zu sein hat. Nach allem, was ich weiß, ist die Volksrepublik Polen nicht dieser Auffassung.

Ich frage wirklich, meine Damen und Herren, welchen Grad von Anmaßung die Bundesrepublik und andere europäische Staaten, und zwar nicht nur solche im Westen, seitens der Führung der DDR noch zu erwarten haben. An ihrer Besserwisserei und an ihrem Wesen wird jedenfalls Europa nicht genesen. Wer auch nur über ein Minimum an Selbstachtung und Wirklichkeitssinn verfügt, muß es ablehnen, wenn in Ostberlin versucht wird, allen anderen Bedingungen aufzuzwingen, unter denen die Verhältnisse in Europa eben nicht verbessert werden können.

Lassen Sie mich, meine Damen und Herren, gleich hinzufügen: Politische Bemühungen müssen unter bestimmten Umständen auch dann unternommen werden, wenn die Aussicht auf Erfolg gering ist. Die reine Negationshaltung, die hier und da, wenn ich die öffentlichen Erörterungen vergangener Tage und Wochen richtig verstanden habe, auch bei uns geübt und verlangt wird, wäre das Gegenteil von Politik, ja wäre in Wahrheit der Verzicht des deutschen Volkes auf die Regelung seiner eigenen Angelegenheiten.

Patriotismus verlangt die Erkenntnis dessen, was ist, und den Versuch, immer wieder herauszufinden, was möglich ist. Er verlangt den Mut zum Erkennen der Wirklichkeit. Dies ist nicht gleichbedeutend damit, daß man diese Wirklichkeit als wünschenswert ansieht oder daß man auf die Hoffnung verzichtet, sie ließe sich im Laufe längerer Zeiträume ändern. Aber die Aufrichtigkeit, ohne die keine Politik auf Dauer geführt werden kann, verpflichtet uns, so meine ich, keine Forderungen zu erheben, deren Erfüllung in den Bereich der illusionären Wunschvorstellungen gehört. Und sie verpflichtet uns, miteinander natürlich auch unsere Bevölkerung davor zu bewahren, von Rattenfängern ins Verderben geführt zu werden.

Ich bin für die »Stunde der Wahrheit«, von der kürzlich wieder einmal die Rede war. Dazu gehört dann auch, daß in diesem Hause nicht anders gesprochen wird als draußen im Lande und daß man den Landsleuten nicht Hoffnungen macht, die nicht verwirklicht werden können. Es ist Augenauswischerei, wenn man den Eindruck vermittelt, Politik müsse immer kurzfristig sichtbare Erfolge haben. Der Respekt vor dem mündigen Staatsbürger verlangt, daß man ihm Schwierigkeiten nicht vorenthält.

Bewußt auf diesem Hintergrund sage ich: Es muß, es kann und schließlich wird verhandelt werden zwischen Bonn und Ostberlin. Auch im Verhältnis zu Ostberlin ist es mit dem argumentativen Schlagabtausch nicht getan. Aber es gibt unsererseits unverzichtbare Orientierungspunkte:

1. das Recht auf Selbstbestimmung,

2. das Streben nach nationaler Einheit und Freiheit im Rahmen einer europäischen Friedensordnung,

3. die Zusammengehörigkeit mit West-Berlin ohne Beeinträchtigung der Verantwortung der Vier Mächte für ganz Berlin,

4. die Bundesregierung respektiert – und wird respektieren – die Rechte und Verantwortlichkeiten, die die Drei Mächte in bezug auf Deutschland als Ganzes und Berlin haben. Wir denken nicht daran, daran zu rütteln oder rütteln zu lassen. Darin sind auch Bindungen enthalten, sowohl für die Bundesregierung wie für die Regierungen der Drei Mächte. Ich, meine Damen und Herren, habe lange genug in Berlin gewirkt, um zu wissen, daß es Dinge gibt, für die unsere Schultern zu schmal sind und an denen uneingeschränkte Souveränität anzustreben die Bundesrepublik kein Interesse hat.

Alles, was wir im Verhältnis zur DDR beabsichtigen, wird die genannten Rechte der Drei Mächte nicht berühren. Wir haben natürlich dennoch bereits begonnen, wie das unter Verbündeten und Freunden üblich ist, [darüber die] drei Regierungen zu konsultieren.

IV.

Meine Damen und Herren, die uns allen bekannten Unterlagen lassen erkennen, wie fest und durch wie viele Bande die Bundesrepublik mit dem Westen, die DDR mit dem Osten verbunden sind. Ich denke nicht daran, einigen Leuten den Gefallen zu tun, in eine fruchtlose Diskussion darüber einzutreten, warum das so gekommen ist und wer allein dafür möglicherweise anzuklagen sei. Die meisten von uns haben darauf ihre Antwort, ich glaube, eine in diesem Hause weithin übereinstimmende Antwort. Einiges wird noch die Geschichtsforschung beschäftigen. Die Regierungen haben von dem auszugehen, was ist; sie haben nach vorn zu sehen und ins Auge zu fassen, was aus dem Heute entwickelt werden kann für ein besseres Morgen.

Dabei wollen wir uns bitte alle im klaren darüber sein, daß es auf dieser Welt nicht allzu viele Menschen gibt, außerhalb unseres Volkes, die sich angesichts der Eventualität begeistern, daß die 60 und die 17 Millionen, daß das eine und das andere Wirtschaftspotential, von den Armeen nicht zu sprechen, zusammenkommen. Aber auch ein Streit darüber lohnte jetzt kaum. Ich will nur deutlich machen, was ich in diesem Zusammenhang für die Wahrheit halte: Es gibt trotz allem noch die Einheit der Nation. Die Einheit der Deutschen hängt von vielen Faktoren ab. Doch wohl nicht in erster Linie, jedenfalls nicht allein, von dem, was in der Verfassung steht, sondern von dem, was wir tun. Nicht in erster Linie oder allein von dem, was in Verträgen steht, sondern davon, wieweit wir andere Staaten als Freunde gewinnen. Weniger von Potsdam 1945 als vielmehr von der Überwindung der europäischen Spaltung in den siebziger, achtziger und, wenn es sein muß, in den neunziger Jahren.

Professor Hermann Heimpel hat schon 1955 mit der Distanz des Historikers ein Ausrufungszeichen gesetzt, als er uns, die deutsche Öffentlichkeit, darauf aufmerksam machte, daß es kein ein für allemal gegebenes Recht auf Wiedervereinigung gebe und daß wir einem Prozeß gegenüberstünden, dessen Chancen auch verspielt werden können.

Die Einheit der Deutschen ist eine Chance; mehr nicht, aber auch nicht weniger. Daß wir sie nicht verspielen, liegt, bei allem Augenmaß für das begrenzte Gewicht der Bundesrepublik, für die Rechte der Vier Mächte, für die Interessen aller unserer europäischen Nachbarn, bei uns allen, die wir in der Bundesrepublik politische Verantwortung tragen. Unser Ziel muß sein, wie Herbert Wehner es formuliert hat, dem eigentlichen Souverän, dem deutschen Volk, zur Geltung zu verhelfen.

Meine Damen und Herren, dabei gibt es nicht mehr nur eine deutsche Frage, sondern man muß, wenn von Deutschland die Rede ist, von deutschen Fragen, von mehreren deutschen Fragen sprechen, die als Einzelprobleme unterschiedlich betrachtet und nicht mehr wie man es etwa in den fünfziger Jahren versuchte, einfach einheitlich beantwortet werden können. Heute müssen sie unterschiedlich, wenn auch nicht losgelöst voneinander und vor allem nicht isoliert betrachtet werden.

Wenn ich »deutsche Fragen, mehrere deutsche Fragen« sage, dann denke ich an das, woran wir alle in diesem Zusammenhang denken:

– das Schicksal der Ostprovinzen und ihrer Menschen, der Vertriebenen, der dort Verbliebenen, der dort Angesiedelten und der dort inzwischen Geborenen; die sowjetisch besetzte Zone (SBZ), aus der die DDR, die drei Westzonen, aus denen die Bundesrepublik Deutschland wurde – beide keine Provisorien mehr, beide von wirtschaftlichem Rang und beide engste Partner einer der beiden Supermächte

– und nicht zuletzt die Realität West-Berlin, Teil einer Vier-Mächte-Stadt unter der uneingeschränkten Oberhoheit der Drei Mächte, dazu im Auftrag der Drei Mächte die Bindungen an die Wirtschafts-, Finanz- und Rechtsordnung des Bundes und die Vertretung nach außen durch die Bundesregierung.

Dies ist die Lage, etwas knapp dargestellt, und über jedes dieser Probleme, die sich für Deutschland stellen, läßt sich jederzeit mehr sagen. Aber angesichts dieser Lage, die wir kennen und die uns bedrückt und die uns seit so vielen Jahren begleitet, stellt sich die Frage: Was sind die Ziele, an denen deutsche Politik in diesem Zusammenhang orientiert sein soll?

Die erste Antwort ist die, daß wir die Teile Deutschlands, die heute freiheitlich geordnet sind, frei halten müssen oder – wie man gesagt hat – daß die Bundesrepublik sich selbst anerkennen muß.

Die zweite Antwort ist die, daß wir alle Probleme nur in Frieden lösen wollen und dürfen.

Die dritte Antwort ist, daß wir unseren Beitrag leisten, damit mehr Menschenrechte eingeräumt und praktiziert werden. Dies sind die Orientierungspunkte.

Hinzu tritt logisch die Frage: Wie kann deutsche Politik diese Ziele durchsetzen? Das geht nicht mehr mit den traditionellen Mitteln des Nationalstaates, sondern nur noch im Bündnis mit anderen. Ich glaube überhaupt, es wird in Zukunft keine politischen Lösungen von Wichtigkeit mehr geben außerhalb von Bündnissen, Sicherheitssystemen oder Gemeinschaften.

Nicht nationalstaatlich und in traditionellem Sinn werden in Zukunft deutsche Probleme von Wichtigkeit behandelt werden können, sondern nur in schrittweisem Bemühen um eine europäische Friedensordnung.

Es geht also darum, Wirklichkeiten, Realitäten zu erkennen und zu respektieren – dies nicht etwa gar, um bestehendes Unrecht resignierend hinzunehmen, sondern um sehr realitätsbezogen unseren Beitrag dazu zu leisten im Laufe der Jahre, daß den Grenzen in Europa der Charakter des Trennenden genommen wird.

. . .

VII.

In Ostberlin hat man sich daran gestoßen, daß wir die Formulierung gebraucht haben, die beiden deutschen Staaten könnten füreinander nicht Ausland sein. Dies habe keine völkerrechtliche Bedeutung, so hält man uns entgegen. Ich habe mich dazu vorhin schon geäußert; ich will das jetzt nicht vertiefen, sondern ich sage: Es hat jedenfalls eine eminent praktische Bedeutung. Es entspricht vor allen Dingen Realitäten, von denen die andere Seite so gerne spricht, sie allzuoft aber nur einseitig sieht. Es bestehen eben intensivere verwandtschaftliche Beziehungen zwischen den Menschen in Leipzig und in Hamburg als zwischen den Menschen in Leipzig und in Mailand oder in Warschau. Und das Verhältnis der Steglitzer zu den Lichtenbergern ist eben ein anderes als zwischen den Lichtenbergern und den Bewohnern des 6. Arrondissement in Paris.

Gibt es eine Mauer durch Paris, Prag, London oder Warschau? Gibt es für irgendeines unserer Nachbarvölker eine blutende Grenze im Innern, so wie sie uns aufgezwungen ist, diesem deutschen Volk, mit Tausenden von Schießereien und einer noch immer nicht abgeschlossenen Liste von Todesopfern!

Warum hatten wir von Beziehungen besonderer Art gesprochen? Natürlich nicht, um eine Vormundschaft zu schaffen, aber natürlich auch nicht, um die Absurdität aufrechtzuerhalten, die heute die Besonderheit zwischen uns darstellt, daß man nämlich aus der Bundesrepublik leichter in die Tschechoslowakei, nach Ungarn und nach Rumänien reisen kann als aus der DDR und daß man selbst aus der DDR leichter in diese Länder reisen kann als – von dort aus gesehen – in den anderen Teil Deutschlands oder schon gar nicht zu sprechen von Westberlin und Ostberlin.

Wenn die Führung der SED diese Besonderheiten ablehnte, dann wären wir ganz einer Meinung. *Diese* Besonderheiten sollte es in Zukunft nicht mehr geben. Es sind nämlich Besonderheiten der Nichtbeziehungen oder Negativ-Beziehungen.

Die beiden Staaten auf deutschem Boden sind nicht nur Nachbarn, sondern sie sind Teile einer Nation mit weiterhin zahlreichen Gemeinsamkeiten. Was liegt näher, als daß sie praktische Fragen möglichst vernünftig miteinander regeln? Wir sind dazu bereit. Wir sind bereit, jene Vereinbarungen schaffen zu helfen, die auf den Gebieten der Wirtschaft, der Wissenschaft, des Verkehrswesens und der Post, der Kultur, des Sports, des Informationsaustauschs usw. zu beiderseits akzeptablen Regelungen führen können. Auf diese Weise würde zunächst einmal der Nachholbedarf erfüllt, den wir im Vergleich zu den Beziehungen beider Staaten zu Dritten haben. Dieser Nachholbedarf muß erfüllt werden, bevor wir zu besonders engen Beziehungen kommen, wie sich das für zwei staatliche Ordnungen einer Nation gehören sollte.

Man kann verstehen, daß es der Regierung in Ostberlin um politische Gleichberechtigung, auch um gewisse abstrakte Formalitäten geht. Man muß aber auch Verständnis dafür haben, daß die Bundesregierung nur dann über vieles mit sich reden lassen wird, wenn dabei gleichzeitig auch Erleichterungen für die Menschen im geteilten Deutschland herauskommen.

Das Wohl der Staaten ist wenig wert, wenn es nicht zugleich das Wohl seiner Bürger ist.

VIII.

Nun sagt die Regierung der DDR, sie sei zu Verhandlungen bereit. Wir haben das zur Kenntnis genommen. Wir sind dazu ebenfalls bereit, wie mit anderen Mitgliedern des Warschauer Paktes. Die Bundesregierung schlägt der Regierung der DDR Verhandlungen auf der Basis der Gleichberechtigung und Nichtdiskriminierung über den Austausch von Gewaltverzichtserklärungen vor. Nachdem der Meinungsaustausch darüber mit der Sowjetunion im Gange ist – ohne daß freilich über einen positiven Ausgang schon irgend etwas gesagt werden könnte –, halten wir es für praktisch, in entsprechende Verhandlungen auch mit der Regierung der DDR einzutreten. Sie würden einen guten Rahmen dafür bieten, in einem breit angelegten Meinungsaustausch alle Fragen zu erörtern, die für ein geregeltes Verhältnis der beiden Seiten von Bedeutung sind. Dabei geht es natürlich nicht, daß die eine Seite sagt: Dies ist mein Vertragsentwurf; er kann nur angenommen werden. Wenn das die Haltung der DDR wäre, gäbe es nur die Ablehnung.

Es liegt nach unserer Auffassung im Interesse einer Übereinkunft, wenn über alle, beide Seiten interessierenden und miteinander zusammenhängenden Fragen ein direkter Meinungsaustausch stattfindet, bevor man sich auf die Formulierung von Einzelheiten festlegt. Dies ist das übliche praktikable Verfahren. Es findet z.B. zur Zeit zwischen der Bundesrepublik und der Sowjetunion eben auf diese Weise statt. Dieser Meinungsaustausch oder diese Verhandlungen, wie immer man das nennen will, können bald beginnen. Jede Seite muß dabei frei sein, alle Punkte auf den Tisch zu legen, die sie zu erörtern wünscht. Ich möchte sagen: Ein Vertrag kann nicht am Anfang, sondern er muß am Ende von Verhandlungen stehen.

Dem Vorsitzenden des Ministerrats der DDR werde ich demnächst einen entsprechenden Vorschlag machen.

Die Bundesregierung wird sich hierbei von folgenden Grundsätzen leiten lassen:

1. Beide Staaten haben ihre Verpflichtung zur Wahrung der Einheit der deutschen Nation. Sie sind füreinander nicht Ausland.

2. Im übrigen müssen die allgemein anerkannten Prinzipien des zwischenstaatlichen Rechts gelten, insbesondere der Ausschluß jeglicher Diskriminierung, die Respektierung der territorialen Integrität, die Verpflichtung zur friedlichen Lösung aller Streitfragen und zur Respektierung der beiderseitigen Grenzen.

3. Dazu gehört auch die Verpflichtung, die gesellschaftliche Struktur im Gebiet des anderen Vertragspartners nicht gewaltsam ändern zu wollen.

4. Die beiden Regierungen und ihre Beauftragten sollten eine nachbarschaftliche Zusammenarbeit anstreben, vor allem die Regelung der fachlich-technischen Zusammenarbeit, wobei gemeinsame Erleichterungen in Regierungsvereinbarungen festgelegt werden können.

5. Die bestehenden Rechte und Verantwortlichkeiten der Vier Mächte in bezug auf Deutschland als Ganzes und Berlin sind zu respektieren.

6. Die Bemühungen der Vier Mächte, Vereinbarungen über eine Verbesserung der Lage in und um Berlin zu treffen, sind zu unterstützen.

Man könnte sich auch über weitere Punkte verständigen. Dabei muß klar sein, daß eine Regelung der Beziehungen zwischen den beiden Seiten nicht zeitlich beschränkt sein darf. Sie muß mit der Perspektive der Verbesserung gelten für die Zeit, in der es diese beiden Staaten gibt.

IX.

Für die Bundesregierung kann ich abschließend erklären, daß unser Verhalten von einer kühlen und realistischen Einschätzung der Situation bestimmt ist. Dies bedeutet, daß die Bundesregierung mit dem ernsten Willen zu ernsten Verhandlungen und dem Wunsch nach einer möglichst positiven Entwicklung in die Verhandlungen geht mit der Sowjetunion, mit Polen, mit der DDR und mit anderen; daß sie sich über die Schwierigkeiten dieser Verhandlungen keinerlei falsche Hoffnungen macht; daß sie bei den festen Positionen, die sie hat und halten wird, nicht ausschließen kann, daß diese Bemühungen scheitern, obwohl sie dies gewiß nicht wünscht.

Aber ich sage noch einmal: Die Bundesregierung unterwirft sich selbst und die anderen genannten Regierungen dem Test der Ernsthaftigkeit der Bemühungen um Entspannung und Frieden.

Im übrigen möchte ich noch ein Wort zu den in der öffentlichen Debatte gelegentlich apostrophierten »Vorleistungen« sagen. Es hat in der Bundesrepublik eine Zeit gegeben, in der beachtliche deutsche Vorleistungen nach Westen als Ausweis besonderer staatsmännischer Klugheit und Weitsicht galten. Man kann in der Tat gut sehen, daß sich dies für die Bundesrepublik weithin ausgezahlt hat an Vertrauen, das wir gewonnen haben, an Gleichberechtigung und Nichtdiskriminierung.

Wenn wir begonnen haben – die vorige Regierung, diese Regierung, ich sage: mit einigen anderen Akzenten, mit einigen anderen methodischen Vorstellungen –, nach den Schrecken des Krieges auch im Osten um Vertrauen zu werben, dann ist das eine schwere und eine große Aufgabe. Man wäre versucht, denjenigen kleinmütig und im Grunde auch nicht genügend an die patriotische Pflicht gebunden zu nennen, der angesichts dieser Aufgabe fragt: Was bekommt ihr eigentlich dafür?

Den Frieden sicherer zu machen, für unser ganzes Volk – ist das nichts? Der Freundschaft mit den Völkern des Westens, des Nordens und Südens, das Vertrauen, den Ausgleich und schließlich hoffentlich eines Tages auch einmal sogar die Freundschaft mit den Völkern des Ostens hinzuzufügen – ist das nichts? Und wird nicht Deutschland danach selbst mehr Sicherheit und einen besseren Frieden haben? Werden nicht seine Menschen, jeder einzelne, davon profitieren? Um es mit diesem Wort zu sagen: Weil es weniger Furcht geben wird; weil die Lasten geringer werden; weil sich Menschen wieder sehen werden, die sich Jahre nicht sehen konnten; weil vielleicht zwei Menschen aus den beiden Staaten in Deutschland heiraten können, die heute unmenschlicher Zwang trennt.

Dies sind die Maßstäbe, im großen, im kleinen, aber immer auf den Menschen bezogen, denen sich diese Regierung stellt, und zwar in aller Nüchternheit, in klarem Bewußtsein der Schwierigkeiten, der Länge des Weges, eines Risikos, das wohlkalkuliert ist.

Dies ist die Aufgabe, der wir uns stellen können, weil wir selbstbewußt sind und gute Freunde haben.

Quelle: Bulletin vom 15. 1. 1970, Nr. 6, S. 49–56

287 Deutsch-lateinamerikanische Zusammenarbeit

Rede des Bundesministers des Auswärtigen, Walter Scheel, anläßlich eines Informationsgesprächs mit den Botschaftern Mittel- und Südamerikas am 10. Februar 1970 in Bonn (Auszug)

Exzellenzen, meine Damen und Herren!

Auf diese Gelegenheit, mit Ihnen, den Vertretern eines uns so eng und freundschaftlich verbundenen Kontinents, das bereits von meinem Amtsvorgänger begonnene Gespräch fortzusetzen, habe ich mit besonderer Freude gewartet. Der damalige Erfolg ermutigt mich zu dem Versuch, diese Zusammenkünfte zu einer ständigen Einrichtung zu machen, von der ich hoffe, daß sie sowohl Ihnen als auch mir und meinen Mitarbeitern Nutzen bringen wird.

Die neue Bundesregierung hat ihre ersten hundert Tage hinter sich. In ihrer Regierungserklärung und im Bericht zur Lage der Nation hat sie ihr Programm entwickelt und begonnen, es zu verwirklichen. Sachkundige und professionelle Beobachter wie Sie haben das, was sich bei uns vollzieht, mit Sicherheit einer scharfen Analyse unterzogen und ihren Regierungen berichtet.

Das macht es jedoch sicher nicht überflüssig, aus dem Munde des deutschen Außenministers eine Darlegung der deutschen Verhältnisse zu erhalten, wie wir sie sehen und wie sie eingebettet sind in die internationale Lage. Unsere Probleme sind nicht zu isolieren. Wir können nicht erwarten, sie allein zu lösen. Wir brauchen Freunde. Freunde müssen einander verstehen, ihre Interessen erkennen und respektieren und aufeinander abstimmen.

Daß Sie die Partner dieser Unterhaltung sind, unterstreicht unser Vertrauen zu Lateinamerika; es soll Ihnen zugleich zeigen, wie hoch diese Regierung das politische Gewicht Lateinamerikas veranschlagt.

Wir haben mit großer Anteilnahme das erwachende Bewußtsein einer eigenen lateinamerikanischen Persönlichkeit, wie es vornehmlich im Konsensus von Viña del Mar zum Ausdruck kam, verfolgt. Wir sehen mit Ihnen in dieser »personalidad latino-americana« einen neuen außenpolitischen Faktor und glauben, daß eine Berücksichtigung im weltpolitischen Kräftespiel für jede Regierung ein Gebot der Vernunft sein muß.

Die Beziehungen Deutschlands zu jedem der von Ihnen vertretenen Länder und zu ihrer Gesamtheit beruhen aber nicht nur auf Erwägungen der Vernunft. Die nie ernsthaft gestörte Freundschaft zwischen Deutschland und Lateinamerika findet ihren festen und dauerhaften Grund in einer geistig-kulturellen Gemeinschaft. Sie wird gespeist aus dem Bewußtsein des gemeinsamen Ursprungs unserer Kultur und findet ihren Ausdruck in gemeinsamen Wertvorstellungen von Freiheit, Menschenwürde und Selbstbestimmungsrecht.

Diese geistige Verbundenheit zwischen uns kam eindrucksvoll zur Geltung, als wir den 200. Geburtstag Alexander von Humboldts am 24. September 1969 feierten.

Der Geist Humboldts hat für uns alle nicht nur Bedeutung für die Vergangenheit; er ist auch lebendige Gegenwart, denn Humboldts Interesse und Arbeit galten der Erforschung der Natur und der Anwendung ihrer Kräfte zum Nutzen der Menschen. Den gleichen Zielen dienen die Bemühungen der modernen Wissenschaft und Technologie. In diesem Bereiche mit Ihnen zusammenzuarbeiten und die Ergebnisse dieser Forschung vielen Nationen und Menschen zugute kommen zu lassen ist unser Bestreben.

Erste Schritte zur Verwirklichung einer gemeinsamen Arbeit auf diesem Gebiete sind bereits in den Abkommen mit Argentinien und Brasilien getan worden. Weitere Schritte sollen folgen. Es ist gewiß kein Zufall, daß gerade im Verhältnis zu zwei lateinamerikanischen Ländern unser außenpolitisches Instrumentarium diese neue Dimension gewinnen konnte, deren Bedeutung in Zukunft sicher noch wachsen wird.

Andererseits haben wir als Nicht-Mitglied der Vereinten Nationen es immer dankbar empfunden, daß uns die lateinamerikanischen Staaten in den Sonderorganisationen der Vereinten Nationen, besonders in den wissenschaftlich-technischen Gremien, stets unterstützt haben. Unsere Länder verfolgen dort häufig gemeinsame Interessen, z. B. im Hinblick auf die Erweiterung des Gouverneursrates der IAEO in Wien. Wir hoffen, daß auch die Bundesrepublik Deutschland entsprechend ihrer ausgedehnten wirtschaftlichen Nutzung der Kernenergie einen ständigen Sitz im Gouverneursrat erhält. Die Bundesregierung würde es begrüßen, wenn die lateinamerikanischen Länder in der IAEO eine dahin zielende Reform unterstützen.

Im Bereich der herkömmlichen Politik kann ich mit großer Befriedigung auf die Pflege des politischen Dialogs verweisen, die auch im vergangenen Jahre durch zahlreiche Besuche von Mitgliedern unseres Kabinetts und unseres Parlaments erfolgten und die durch hohe Besuche und durch einen breiten Strom interessierter Persönlichkeiten aus allen Lebensbereichen Ihrer Länder erwidert wurden. Ich glaube, daß die bei diesen Gelegenheiten geführten Gespräche sich als für beide Seiten nutzbringend erwiesen haben.

Nur wenn wir gegenseitig unsere Standpunkte kennen und sie aufeinander abstimmen, können unsere Länder die ihnen zukommende politische Rolle ausfüllen, bei der Sicherung des Weltfriedens gleichberechtigt mitzuwirken.

In der deutschen öffentlichen Meinung wächst die Einsicht in diese Zusammenhänge. Auch in den deutschen Massenmedien nimmt diese Erkenntnis zu. Der Berichterstattung über Lateinamerika wird jetzt mehr Raum eingeräumt als früher. Allerdings entspricht das dort gezeichnete Bild nicht immer unseren Vorstellungen.

Eine gute gemeinsame Politik bedarf aber auch eines gesunden Wirtschaftsaustauschs. Auch hier bestehen zwischen unseren Ländern grundsätzlich gute und enge Wirtschaftsbeziehungen, die auf einer langen Tradition beruhen. Sie haben u. a. ihren Ursprung darin, daß Deutschland und die Länder Lateinamerikas sich in vieler Hinsicht handelspolitisch wirksam ergänzen. Wir wissen aber auch, daß diese unsere Wirtschaftsbeziehungen nicht frei von gelegentlicher Kritik sind, die sich handelspolitisch vornehmlich aus unseren Verpflichtungen gegenüber multilateralen Organisationen und aus unserer Mitgliedschaft in den Europäischen Gemeinschaften ergeben.

Der Ausweitung der traditionellen Handelsräume sind Grenzen gesetzt, neue Wege müssen gegangen werden. Wir unterstützen daher nicht nur die berechtigten Belange Lateinamerikas in den Europäischen Gemeinschaften, sondern auch die Bemühungen der lateinamerikanischen Länder um den Aufbau junger Industrien für Versorgung und Export. Wir sehen darin eine Möglichkeit, daß die lateinamerikanischen Länder ihre Handelsposition verbessern und neue, weltweite Verbindungen aufbauen können.

Das Vertrauen, das die deutsche Wirtschaft in die Entwicklung Lateinamerikas setzt, kommt in den erheblichen privaten deutschen Investitionen dort zum Ausdruck. Etwa 2,6 Mrd. DM netto haben deutsche private Investoren in der Nachkriegszeit in Lateinamerika angelegt. Das sind 60 Prozent unserer Nachkriegsinvestitionen in Entwicklungsländern. Der Realwert dürfte mehr als doppelt so hoch liegen.

Auch auf dem Gebiet der Entwicklungshilfe versucht die Regierung der Bundesrepublik Deutschland, Lateinamerika bei der Lösung seiner Probleme zu helfen. Der relativ hohe Entwicklungsstand der Länder Lateinamerikas macht es möglich, diese Hilfe in ungleich stärkerem Maße als in anderen industriellen Aufbaugebieten der Welt auf privatwirtschaftlicher Grundlage zu gewähren. Die deutsche Regierung fördert die privaten Investitionen durch Garantien und Steuermaßnahmen. Bei dieser Betrachtungsweise nimmt Lateinamerika in der deutschen Entwicklungshilfe, weltweit gesehen, den zweiten Platz hinter Asien ein.

Besondere Bedeutung messen wir unserer Technischen Hilfe für Lateinamerika bei. Sie wird auf einer Vielzahl von Gebieten gewährt, wobei es einer unserer Grundsätze ist, unsere Fördermaßnahmen in die nationalen Entwicklungspläne unserer Partner einzufügen. Im Laufe der Jahre haben sich gewisse Schwerpunkte gebildet: die Förderung des gewerblichen Ausbildungswesens, die Zusammenarbeit mit den Universitäten, Beratung auf dem Gebiet der Land- und Forstwirtschaft, Mithilfe bei der Bodenerforschung und schließlich Förderung der industriellen Entwicklung und des Exports.

Die Entwicklung ist im Fluß, wir halten eine laufende Beobachtung im Interesse guter Beziehungen für erforderlich. Die deutsche Regierung hat daher nach den Besuchen meines Amtsvorgängers, des jetzigen Bundeskanzlers Brandt, in Lateinamerika und den Gesprächen, die die Herren Staatssekretäre Duckwitz und Lahr 1968 dort führen konnten, eine interministerielle Arbeitsgruppe geschaffen, deren Aufgabe es ist, sich laufend mit allen Fragen, die in unseren Beziehungen zu Lateinamerika von Bedeutung sind, zu befassen und Empfehlungen abzugeben, die zur Lösung grundsätzlicher Fragen und zu einer Vertiefung der Beziehungen zwischen unseren Ländern beitragen können...

Quelle: Bulletin vom 12. 2. 1970, Nr. 19, S. 181 f.

288 Sicherheit durch Kräftegleichgewicht

Interview des Bundesministers der Verteidigung, Helmut Schmidt, mit der Zeitung »Die Welt« über das Gleichgewicht der Macht in Europa, 16. Februar 1970 (Auszüge)

Frage:
Von amerikanischen Ministern und aus dem Kongreß ist zu hören, daß die Zeit der Truppenreduzierung auch ohne Abmachung mit dem Warschauer Pakt über gleichwertige und gleichzeitige beiderseitige Truppenverminderung in Europa nah zu sein scheint. Kann man amerikanische Soldaten beispielsweise durch deutsche ablösen?

Antwort:
Ich will mich im Augenblick nur auf das beziehen, was amerikanische Senatoren und Zeitungen sagen, und die amerikanische Regierung aus dem Spiel lassen, in deren Willen,

ihre Zusagen einzuhalten, ich keinen Zweifel setze. Aber es ist ganz richtig, daß in der öffentlichen Meinung und in der veröffentlichten Meinung Amerikas eine große Kampagne immer mehr Raum gewinnt, die darauf abzielt, die amerikanischen Truppen in Europa einseitig zu verringern. Ich kann das nur mit großer Sorge betrachten.

Es ist nicht primär eine militärische Frage, wie viele amerikanische Soldaten hier stehen; es ist primär eine politische Frage. Immerhin stehen im östlichen Teil Mitteleuropas auf fremdem Boden etwa 30 sowjetische Divisionen, mechanisierte und Panzerdivisionen. Ihnen stehen im westlichen Teil Mitteleuropas nur fünf Divisionen der anderen Weltmacht gegenüber. Das Ganze ist nicht eine Frage der Fliegenbeinchenzählerei, nicht eine Frage, wieviel Panzer, Flugzeuge und Soldaten der eine oder der andere hat.

Hier handelt es sich darum, ob in einer Phase der Weltgeschichte, in der zwei Supermächte einander über den ganzen Erdball hinweg gegenüberstehen, auf dem europäischen Kontinent das Gleichgewicht zwischen diesen beiden Weltmächten nur noch gefühlsmäßig, aber nicht mehr tatsächlich gehalten wird.

Eine einseitige Verringerung der amerikanischen Truppen, ihre Ablösung durch belgische, holländische, deutsche, französische und britische Soldaten würde – ganz abgesehen davon, daß sie personell, finanziell und politisch kaum möglich erscheint – das prekäre Machtgleichgewicht in Europa aus den Angeln heben. Die amerikanischen Truppen sind in diesem machtpolitischen Kräfteverhältnis als Faktor der Sicherheitspolitik unersetzlich. Soldaten europäischer Länder können diese strategisch-politische Funktion der Amerikaner in Europa nicht übernehmen.

Europäische Truppen können das Machtgleichgewicht, das auch in Europa zwischen Sowjets und Amerikanern aufrechtzuerhalten nötig ist, nicht stabilisieren. Die Abschreckungswirkung, die von den US-Streitkräften in Europa ausgeht, ist ungleich größer als die, die europäische Armeen je haben könnten.

Insofern gehen auch einige amerikanische Stimmen, die jüngst ziemlich laut ertönten, am Kernproblem der amerikanischen Präsenz in Europa vorbei. Gewiß ist nötig, daß die europäischen NATO-Partner ihren Willen und ihren Beitrag zur gemeinsamen Verteidigung zeigen – aber das tun sie seit langem und auch ganz eindeutig. Es ist in diesem Zusammenhang zu beklagen, daß in der inneramerikanischen Diskussion zum Teil auch mit falschen, die Leistung der Bundesrepublik verkleinernden Angaben argumentiert wird.

Im übrigen ist das öffentliche Gezerre nichtzuständiger Personen über Devisen-Offset oder »Burden-Sharing« der amerikanischen Stationierungskosten zum Teil nur als taktisches Manöver zu verstehen. Es schadet der westlichen Verhandlungsposition hinsichtlich beiderseitiger Rüstungsbegrenzungen, und es übersieht, daß der Wert amerikanischer Präsenz in Europa eben nicht allein in militärischen Ziffern, sondern vielmehr im politischen Gewicht liegt.

Frage:
Können Sie dies an einem Beispiel erläutern?

Antwort:
Das Paradebeispiel ist das Mittelmeer. Wenn man sich vorstellt, daß der amerikanische Kongreß aus Gründen der Haushaltsersparnis die 6. US-Flotte aus dem Mittelmeer herauszöge, etwa mit dem Argument, man könne sie innerhalb von 14 Tagen wieder zurückkehren lassen, dann wird evident, welche politischen Auswirkungen im Libanon, in der VAR, in Libyen, in Algerien, in der Türkei, in Griechenland, in Italien, in Frankreich eintreten würden. Die Präsenz der Amerikaner im Mittelmeer ist von höchster psychologisch-politischer Bedeutung. Jeder der Verantwortlichen in der Atlantischen Allianz wie in allen Anrainerländern des Mittelmeeres weiß das, denn jeder sieht das stetige militärische und politische Vordringen der Sowjetunion im östlichen Mittelmeer und in den arabischen Staaten.

Ähnlich verhält es sich mit der Präsenz amerikanischer Soldaten auf dem europäischen Kontinent. Ein einseitiger amerikanischer Abzug, ohne daß gleichzeitig auch die sowjetischen Kräfte in vergleichbarer Weise verringert würden, müßte zu einer Verschiebung des psychologisch-politischen Gleichgewichts in Europa mit langfristigen, tiefgreifenden Konsequenzen führen, die dann allerdings später auch in Amerika als eine schwere Schädigung der amerikanischen Weltmachtposition erkannt werden würden. Dann könnte es allerdings zu spät sein.

Frage:

Wie könnten die westeuropäischen Staaten gegenüber der Hegemonialmacht Sowjetunion Sicherheit finden, wenn das amerikanische Gegengewicht in Europa fehlte, wenn die Amerikaner Westeuropa nur noch aus der Distanz mit strategischen Nuklearwaffen abdeckten, vielleicht auch gleichzeitig mit einem Sicherheitssystem von Rüstungskontrollen absicherten? Könnte dann die politische Pression der sowjetischen Hegemonialmacht auf Westeuropa so groß werden, daß die westeuropäischen Staaten sich ihr fügen müßten, daß sie Anlehnung an Moskau in der Hoffnung auf eine russische Friedenshegemonie über Europa suchen müßten?

Antwort:

Ich will in der Konsequenz so weit nicht gehen. Es handelt sich um zwei hegemoniale Weltmächte. Wir haben es mit einer Doppelhegemonie zu tun. Wer als eine von zwei Hegemonialmächten ein Terrain räumt, zum Beispiel den westlichen Teil Mitteleuropas, setzt zwangsläufig dieses Gebiet dem wachsenden Einfluß der anderen Hegemonialmacht aus. Wie groß dieser Einfluß wird, wie schnell er wächst, ist eine andere Frage. Aber es bietet sich in Nordeuropa ein Beispiel, das zu denken geben muß. Kräfteverhältnisse und Machtgleichgewicht sind von der politischen Dynamik bestimmt.

. . .

Frage:

Rüstungsverminderung in Europa bedeutet ja auch eine Verhandlung über Truppenstärken.

Haben die Sowjettruppen neben ihrer strategischen nicht auch eine zweite Funktion, die der politischen Kontrolle? Ebendiese ist ja doch beim Einmarsch in die ČSSR sehr stark in den Vordergrund getreten. Einmal sind die sowjetischen Truppen Besatzungstruppen, und als solche haben sie eine politische oder Militärpolizei-Kontrollfunktion, und zum anderen sind sie natürlich strategische Elemente.

Wie soll man dieses Problem lösen, wenn die Sowjetunion davon ausgeht, daß ihre eigenen Verbündeten sowjetrussischer Sicherheitsstreitkräfte auf ihrem Territorium bedürfen?

Antwort:

Lassen Sie mich zu dem zweiten Teil der Frage zunächst antworten. Wenn die Sowjetunion ernsthaft daran festhalten sollte, daß sie aus diesen von Ihnen so genannten militärpolizeilichen Kontrollzwecken heraus auf dem gegenwärtigen Umfang ihrer Besatzungstruppen bestehen müßte, wenn dies das Ergebnis wäre, das würde dann unverzeihlich sein, wenn die Amerikaner gleichwohl ihre Truppen verringerten. Denn diese sowjetischen Truppen im östlichen Teil Mitteleuropas haben ja gleichzeitig die von Ihnen zuerst genannte Funktion außerdem noch, und es ist eben inzwischen nicht mehr wahr, was man noch zu Zeiten des Admirals Radford (1953) glauben konnte.

Mitte der fünfziger Jahre hat man in Washington geglaubt, daß dieses enorme zahlenmäßige Übergewicht sowjetischer Truppen in Mitteleuropa ausgeglichen werden könne durch ein entsprechendes nukleares Übergewicht der USA. Dieses nukleare Übergewicht ist längst dahin. Es ist nicht wiederzugewinnen, es soll auch von Washington aus gesehen nicht mehr erzielt werden, sondern die SALT-Gespräche haben ja das erklärte und tatsächliche Ziel, ein Gleichgewicht der nuklearstrategischen Rüstung zu stabilisieren.

Es ist für alle überschaubare Zukunft unwiederbringlich die Möglichkeit dahin, auch nur theoretisch das sowjetische Übergewicht durch eine amerikanische nukleare Überlegenheit auszugleichen. Dies hat schon 1962 im Juni der amerikanische Verteidigungsminister McNamara vorhergesehen in seiner berühmten Rede in Ann Arbor; das ist jetzt acht Jahre her. Es hat fünf Jahre gebraucht, bis die übrigen europäischen Partner des Nordatlantikpaktes dieses offiziell begriffen hatten, aber seit 1967 haben sie es begriffen; es wäre völlig unsinnig, wenn man in Amerika heute zur alten Theorie des Admirals Radford und zur Stolperdrahtfunktion einiger weniger nachbleibender amerikanischer Truppen in Europa zurückkehren wollte.

Lassen Sie mich noch einen anderen Punkt anschneiden. Das enorme Mißtrauen auf beiden Seiten – im Osten wie im Westen – in die erklärten Ziele des Partners oder der gegenüberstehenden Weltmacht spielen natürlich eine große Rolle bei all diesen Dingen. Es spielt auch das Mißtrauen der Sowjets gegenüber der Bundesrepublik Deutschland eine Rolle, genau wie wir keinen Grund haben, auf jeden freundlichen Toast, der bei Wodka oder bei Krimsekt ausgebracht wird, unsere Außenpolitik zu gründen. Auch wir haben keinen Grund, nicht nur Vertrauen entgegenzubringen, sondern auch sehr sorgfältig zu kalkulieren. Trotzdem meine ich, daß viel getan werden kann, um mehr Vertrauen hervorzurufen. Dazu gehört, daß man dem anderen die eigenen Besorgnisse so offen wie nur denkbar darstellt.

Ich selbst bin zu diesem Zweck zweimal im Laufe der letzten drei Jahre in Moskau gewesen und habe zum Beispiel die Frage gestellt: Wenn ihr Sowjets uns, den Deutschen, ein Sicherheitssystem für Europa vorschlagt, in dem wir sicherer leben sollten als bisher, dann müßt ihr uns klarmachen, was dann die Vorteile dieses Systems sind für die Deutschen im Vergleich zu ihrem gegenwärtigen Frieden. Der gegenwärtige Friede ist nicht hundertprozentig gesichert, aber immerhin hat er 25 Jahre gehalten. Welche Vorteile gewinnen wir, wenn wir uns auf ein bisher ziemlich nebulös bleibendes System einlassen sollen?

Die sowjetischen Antworten darauf sind, wie gesagt, nebulös. Die Russen können sich das selbst nicht ganz vorstellen, welche Vorteile wir davon gewönnen. Sie können sich durchaus vorstellen, welche Vorteile sie gewinnen. Ich halte es für notwendig, daß wir die sowjetischen Interessen richtig erkennen und zum Teil auch anerkennen lernen.

Die Sowjets müssen erkennen, daß andere Völker andere Interessen haben. Zu diesem gegenseitigen Verständnis mag beitragen, wenn man mehr Berührung miteinander hat, als das früher der Fall war. Deshalb begrüße ich solche Gespräche sehr. Und ich war ja einer der Vorreiter in der deutschen Publizistik und Politik für solche Gespräche, wie sie gegenwärtig in Warschau und in Moskau von uns geführt werden. Aber ich bin auch für ganz kleine Schritte zu haben, zum Beispiel haben die Sowjets seit Potsdamer Zeiten offizielle Militärmissionen in Westdeutschland. Ich habe nichts dagegen, daß wir einen regelrechten sowjetischen Militärattaché in Bonn bekämen.

Ich würde dann natürlich gern – da wir für Gleichberechtigung im internationalen Verkehr sind – einen deutschen Militärattaché in Moskau sehen. Er würde dort zwar sehr viel weniger zu sehen bekommen als der sowjetische in Bonn, aber immerhin würde der sowjetische Militärattaché in Bonn beurteilen können, ob die Bundeswehr wirklich, wie die sowjetische Propaganda behauptet, aggressiv ist. Nichtsdestoweniger würde ich eine unterschiedliche Beobachterstellung in beiden Ländern in Kauf nehmen wollen, denn mir liegt daran, daß die Sowjets selbst beurteilen lernen, daß die Bundeswehr zur Defensive, wie ich vorhin sagte, befriedigend geeignet, zum Angriff völlig ungeeignet ist.

In diesem Zusammenhang will ich an den Vorschlag erinnern, den schon der frühere deutsche Außenminister Schröder gemacht hat: Austausch von Manöverbeobachtern. Wir können sowieso gegenseitig unsere Manöver durch den Funkabhorchdienst genau verfolgen, die Sowjets unsere und wir die der Sowjets. Ich meine, man ist sich sowieso darüber klar, was der andere gerade übt und wofür das militärisch und vielleicht politisch bedeutsam ist, was er übt. Es liegt also gar kein Grund vor, Beobachter von den Manövern fernzuhalten, auch das könnte zum gegenseitigen Verständnis und zum Gewinn von Vertrauen durchaus dienlich sein.

Frage:
Herr Minister, es ist wiederholt der Vorschlag gemacht worden, daß die deutschen Streitkräfte und mit ihnen vielleicht auch die übrigen westeuropäischen Truppen im NATO-Verband die taktischen Trägerwaffen, die die Vereinigten Staaten ihnen ohne nukleare Munition übergeben haben – unter amerikanischer Kontrolle und im amerikanischen Befehlsstrang –, abgeben sollten, um so einen Beitrag zur Entspannung und zum Beginn einer konstruktiven Sicherheitspolitik zu leisten.

Antwort:
Ich denke, daß die Qualität der taktisch zu verwendenden Nuklearwaffen durchaus ein Gegenstand von Verhandlungen über beiderseitige Rüstungsverringerungen sein sollte, wenn es sich um insgesamt ausgewogene Verringerungen handelt. Solange aber überhaupt nichts verabredet wird, würde ich es für undenkbar halten, daß auf der westlichen Seite Mitteleuropas nebeneinander Divisionen stünden – der Amerikaner und Briten, später auch wieder der Franzosen –, die mit solchen Waffen ausgerüstet sind, und dazwischen dann holländische, belgische, deutsche Divisionen, die entsprechende Trägermittel für solche Waffen nicht zur Verfügung hätten. Die nuklearen Sprengköpfe selber bleiben ja jedenfalls in der Verfügung der Amerikaner.
Man muß sich auch vorstellen, was geschähe, wenn alle Truppen der nicht nuklear gerüsteten Mächte solche Trägermittel nicht mehr besäßen. Das liefe darauf hinaus, daß 30 sowjetische Divisionen mit taktischen Nuklearwaffen fünf amerikanischen mit taktischen Nuklearwaffen gegenüberstünden. Ich erinnere an dieses Zahlenverhältnis, um darauf aufmerksam zu machen, daß dies nicht nur etwa ein Problem der europäischen Staaten ist, sondern ein Problem der militärischen Gesamtkonfrontation auf europäischem Boden.

Frage:
Müßte man nicht auch noch die Luftstreitkräfte und die taktischen Seestreitkräfte in die Berechnung des Kräfteverhältnisses einschließen?

Antwort:
Die Luftstreitkräfte ganz gewiß. Wenn ich es richtig verstehe, möchten die Sowjets bei den Gesprächen über die Begrenzung der strategischen Rüstungen am liebsten zwar die taktischen Luftstreitkräfte der NATO als Träger für nukleare Waffen einbeziehen, dagegen nicht die nuklearen Mittelstreckenraketen, die in Europa nur die Sowjets besitzen, nicht aber der Westen.
Was die taktischen Seestreitkräfte angeht, so scheint mir das Problem für die europäischen Staaten einstweilen noch nicht gegeben zu sein, da deren Flotten nicht über nukleare Trägerwaffen verfügen – mit Ausnahme der sowjetischen Marine natürlich. Aber zum Beispiel für die Bundesrepublik oder Dänemark besteht hier kein Problem. Das Wesentliche sind in dieser Beziehung die Luftwaffen und eben vor allem die sowjetischen Mittelstreckenraketen, die auf Westeuropa gerichtet sind oder gerichtet werden können und die Westeuropa unmittelbar, ständig und wirksam bedrohen.

Frage:

Hier handelt es sich um die etwa 700?

Antwort:

Ja, um die vielzitierten 700; sie nicht einzubeziehen in ein Abkommen würde dazu führen, daß hier ein Ungleichgewicht zugunsten der Sowjetunion konsolidiert würde.

Frage:

Herr Minister, wie kann man sich gleichwertige Rüstungsverminderungen auf der Basis 30:5, was die Sowjetunion und die USA in Europa angeht, vorstellen?

Antwort:

Im Grunde ist das Problem gekennzeichnet durch eine tiefe Asymmetrie. Diese Asymmetrie beginnt schon auf der Landkarte, wenn man die Räume und die Entfernungen vergleicht. Die Räume östlich der Demarkationslinie sind sehr viel weiter und dünner besiedelt als die Räume westlich der Demarkationslinie, und die heimatlichen Ausmarschbasen sind für die Sowjetarmee sehr viel näher als für die US-Streitkräfte. Schon von daher besteht eine grundlegende Asymmetrie, die durch keinerlei Vereinbarungen aufgehoben werden kann. Die Geographie will es so. Keine Sicherheitskonferenz kann den Weltatlas verändern wollen.

Es besteht zweitens die Asymmetrie, von der Sie gesprochen haben, zum Beispiel 30:5 Divisionen, drittens die Asymmetrie, daß die Sowjets mit 700 Mittelstreckenraketen nach Europa hineinreichen können, der Westen jedoch nicht mit entsprechenden Raketen von Westeuropa aus in die Sowjetunion oder in die sowjetisch geschützten Gebiete Osteuropas hineinreichen kann, weil solche Waffen im Westen nicht existieren.

Frage:

Wie steht es mit den taktischen Luftstreitkräften? Da verfügt die Sowjetunion doch auch über eine erhebliche quantitative Überlegenheit in Europa?

Antwort:

Das ist wohl richtig. Trotzdem glaube ich, daß, wenn man die Qualität, die technischen und taktischen Fähigkeiten und das Personal mit einbezieht, man hier von einem Gleichgewicht sprechen darf. Ich will zusammenfassend sagen: Wegen der auf vielen Gebieten gegebenen Asymmetrie des Kräfteverhältnisses und der Situation in Europa erscheint manchen eine gleichwertige Verringerung der militärischen Kräfte von vornherein als außerordentlich schwierig. Auf der anderen Seite kann man sich die Sache auch relativ einfach vorstellen, indem man von gleichmäßigen prozentualen Verringerungen auf beiden Seiten spricht, ohne sich dabei sonderlich von den Verschiedenheiten der Geographie berühren zu lassen.

Diejenigen in Amerika, die eine einseitige Verringerung amerikanischer Kräfte in Europa befürworten, lassen sich sowieso von der fundamentalen Asymmetrie nicht beeinflussen. Wenn wir noch lange diese Leute allein reden und etwa zu Teilerfolgen kommen ließen, würde die Asymmetrie durch einseitigen Kräfteschwund nur noch größer werden.

Frage:

Ist das nicht eine ungünstige Ausgangslage für die Aufnahme von Verhandlungen, wenn diese zu dem Zweck geführt werden sollen, den freiwilligen einseitigen Verzicht auf eigene Stärke als Verhandlungsgegenstand anzubieten, weil der andere ja dann nicht zu verhandeln, sondern nur zu warten braucht?

Antwort:

Wenn die Vereinigten Staaten im Ernst in Verhandlungen einzutreten gewillt sind und erklären würden, Verhandlungen über gleichmäßige, gleichwertige beiderseitige Rüstungsbegrenzungen zwischen den beiden Pakten führen zu wollen, dann hätte das nur Sinn, wenn gleichzeitig die inneramerikanische Opposition begreifen würde, daß sie die Position der eigenen Regierung nicht im Vorwege untergraben darf. Gleichzeitige Rüstungsbegrenzungen können nur dann mit Erfolg angestrebt werden, wenn man die grundlegende Asymmetrie Europas nicht auch noch zum Vorteil des Gegenübers zu vertreten trachtet.

Im übrigen ist aber in den alten polnischen Vorschlägen Rapackis und Gomulkas von vornherein die Asymmetrie

a) anerkannt,
b) hinsichtlich des für die Zukunft gemachten Vorschlages berücksichtigt worden.

Wenn man sich die Gebiete anschaut, die die polnischen Vorschläge seit 1956 in die Zone begrenzter und kontrollierter Rüstungen einbeziehen wollen, dann springt ins Auge, daß diese Pläne angesichts der geographischen Asymmetrie mit Recht ein sehr viel größeres ostwärts der Demarkationslinie liegendes Gebiet einbeziehen als westwärts liegende Gebiete.
. . .

Frage:

Können wir noch einmal auf SALT zurückkommen? Nach Ihrer Unterredung mit Verteidigungsminister Debré in Paris war erklärt worden, daß Sie sich besonders auch mit der Perspektive dieser amerikanisch-sowjetrussischen Gespräche über die Möglichkeiten zur Begrenzung der strategischen Rüstungen unterhalten haben und daß da europäische Interessen und auch europäische Sorgen anzumelden seien. Können Sie dazu etwas sagen?

Antwort:

Es ist richtig, daß wir darüber gesprochen haben, und wir haben auch beide gemeint, daß es notwendig ist, zum Beispiel zwischen Paris und Bonn dieses Gespräch in Zukunft noch zu vertiefen. Grundsätzlich liegt es im Interesse der Bundesrepublik Deutschland, daß durch SALT das strategische Gleichgewicht zwischen den beiden Giganten stabilisiert wird. Wir können überhaupt kein Interesse an einem fortgesetzten Rüstungswettlauf haben. Er würde uns in Mitleidenschaft ziehen. Wir haben also ein Interesse daran, daß die Gespräche zwischen Washington und Moskau über eine Begrenzung der strategischen Rüstung zum Erfolg führen. Auf der anderen Seite wissen unsere amerikanischen Freunde und weiß auch die Sowjetunion, daß die europäischen Staaten eigene Interessen verfolgen müssen, die bei den SALT-Konferenzen mit zur Disposition stehen.

Ich will auf zwei Beispiele eingehen: Wenn etwa Verabredungen getroffen werden sollten über die Begrenzung strategischer Rüstungen, die zwar einerseits die in Europa vorhandenen Flugzeuge, soweit sie in der Lage sind, nukleare Waffen zu verwenden, einbeziehen würden, nicht jedoch die sowjetischen Mittelstreckenraketen, dann wäre dies zum Beispiel für die Bundesrepublik Deutschland, aber auch für andere westeuropäische Staaten ein nicht akzeptables Risiko.

Ein anderes Beispiel: Wenn es zu bestimmten Verabredungen über Raketenabwehrraketen (ABM) kommen sollte, etwa zu Absprachen, die die Etablierung bestimmter ABM-Systeme bei den beiden Weltmächten endgültig gestattet, wird natürlich im Laufe absehbarer Jahre die Frage gestellt werden, wie es dann auf diesem Feld mit dem Schutz Europas gegen fremde Raketen aussieht?

Ich erwähne die beiden Beispiele, um darzutun, daß europäische Interessen durchaus berührt sind. Deswegen bemüht sich ja auch die amerikanische Regierung außerordentlich sorgfältig um eine ständige Orientierung und Konsultation ihrer europäischen Partner.

Man soll gleichwohl nicht daran vorbeisehen, daß jeder Erfolg von SALT, den wir, ich wiederhole es, wünschen müssen, natürlich der Stabilisierung der Doppelhegemonie dient.

Frage:

Herr Minister, Sie haben bei Beginn der Diskussion über die ABM-Systeme einmal gesagt, daß Raketenabwehrschirme in Amerika und in der UdSSR die militärische und damit die sicherheitspolitische Lage in Europa weiter destabilisieren könnten, weil unterhalb dieses Doppelschirms die konventionellen Kräfte und die taktischen Nuklearwaffen der beiden Mächte für einen begrenzten Krieg, für eine Drohung mit Gewalt, für Okkupationen fremden Gebiets und für politische Pressionen aufgewertet würden. Wie steht es damit in der Perspektive von SALT?

Antwort:

Ich will noch einmal sagen, daß im Augenblick das Ergebnis der SALT-Verhandlungen nicht abgeschätzt werden kann. Man kann auch noch nicht abschätzen, wie viele Jahre diese Verhandlungen dauern werden. Wenn ich mich daran erinnere, wie viele Jahre die Verhandlungen über den Atomteststopp-Vertrag gedauert haben oder diejenigen über den Nonproliferationsvertrag, dann spricht die Erfahrung dafür, daß SALT noch lange dauern kann. Es ist schwer, die Ergebnisse vorauszusehen. Andererseits führt Ihre Fragestellung mich zur Wiederholung einer Bemerkung, die ich vorhin auch schon in anderem Zusammenhang gemacht habe.

Wenn man etwa unterstellt, daß SALT zur endgültigen Stabilisierung eines Gleichgewichts zwischen den beiden Supermächten auf dem Felde der nuklearstrategischen Rüstung führt, dann wird es um so notwendiger, nicht etwa einseitig auf dem konventionellen Felde das Gleichgewicht zu zerstören. Das heißt, eine Stabilisierung auf dem Felde der nuklearstrategischen Rüstung verlangt geradezu notwendigerweise nach einer Stabilisierung auch des konventionellen Gleichgewichts, verbietet notwendigerweise einen einseitigen Abzug der Amerikaner aus Europa.

Frage:

Wird ein Resultat von SALT konventionelle Streitkräfte und Rüstungspotentiale aufwerten, abwerten oder unbeeinflußt lassen?

Antwort:

Der Tendenz nach aufwerten. Diese Tendenz würde auch dann eintreten und ist schon eingetreten, und sie würde weiterhin sich bemerkbar machen, wenn SALT nicht zu Ergebnissen führen sollte. Einfach deshalb, weil die politischen Führungen in Washington wie in Moskau wissen, daß sie gegeneinander Nuklearwaffen praktisch nie einsetzen und deshalb auch nicht androhen können.

Die Überzeugung der politischen Führungskader in Washington und in Moskau, daß gegenüber der entgegenstehenden Weltmacht nukleare Waffen nicht benutzt werden können, verbreitet sich von Jahr zu Jahr mehr. Es ist eine zutreffende Überzeugung. Auch wenn SALT scheitern sollte, wird im Verhältnis zwischen den beiden Weltmächten und in all den Spannungszonen, in denen sie sich gegenüberstehen, zum Beispiel im Nahen Osten, zum Beispiel in Europa, die politische Bedeutung konventioneller Machtmittel steigen.

. . .

Quelle: Bulletin vom 20. 2. 1970, Nr. 24, S. 237–244

Beschlüsse der Bundesregierung zur Entwicklungspolitik in der Zweiten Entwicklungs-
dekade vom 26. Februar 1970

Die Bundesregierung hat sich am 26. Februar mit den Zielen und Maßnahmen der Entwicklungspolitik für die Zweite Entwicklungsdekade befaßt.

Die Vereinten Nationen haben das Jahrzehnt von 1971 bis 1980 zur Zweiten Entwicklungsdekade erklärt, in der eine gemeinsame internationale Aktion für die beschleunigte
gesellschaftliche und wirtschaftliche Entwicklung der Länder der Dritten Welt unternommen werden muß. Der »Vorbereitende Ausschuß für die Zweite Entwicklungsdekade der
Vereinten Nationen«, in dem die Bundesrepublik mitarbeitet, legt Grundsätze einer entwicklungspolitischen Strategie fest.

Die Bundesregierung hat für ihre Entwicklungspolitik in der Zweiten Entwicklungsdekade unter anderem folgende Grundsätze beschlossen:

1. Die Bundesrepublik Deutschland wünscht einen konstruktiven Beitrag zur Zweiten
Entwicklungsdekade zu leisten und ist bereit, ihre eigene Entwicklungspolitik in den Rahmen der internationalen Strategie einzupassen.

2. Die Bundesregierung akzeptiert das von den Vereinten Nationen für die Zweite Entwicklungsdekade festgelegte Wachstumsziel von durchschnittlich 6 % des Bruttosozialprodukts im Jahr.

3. Das wirtschaftliche Wachstum der Entwicklungsländer ist mit grundlegenden sozialen
Zielen, insbesondere auf dem Gebiet der Beschäftigung und der Einkommensverteilung,
in Einklang zu bringen. Die Bundesregierung achtet darauf, mit möglichst arbeitsinten-
siven, aber auch zugleich konkurrenzfähigen Projekten breite Kreise der Bevölkerung zu erfassen. Vor Beginn aller Kapitalhilfe- und Technische-Hilfe-Projekte sollen die zu erwartenden sozialstrukturellen Auswirkungen untersucht werden.

4. Die Durchsetzung der Ziele der Zweiten Entwicklungsdekade erfordert materielle
Anstrengungen. Die Bundesrepublik hat 1968 1,25 % ihres Bruttosozialprodukts in Form
von privaten und öffentlichen Nettoleistungen in die Entwicklungsländer geleitet; dieses Ergebnis ist allerdings auf den verhältnismäßig großen Umfang an privaten Leistungen zurückzuführen. Die Bundesregierung wird sich bemühen,

1. dieses Niveau zu halten und

2. etwa 0,7 Prozent ihres Bruttosozialprodukts bis zum Ende der Dekade in Form von
öffentlichen Nettoleistungen zu erbringen.

5. Die Bundesregierung stimmt der Empfehlung der Pearson-Kommission zu, daß die
Industrieländer 20 Prozent ihrer öffentlichen Mittel für Entwicklungshilfe über multilaterale
Organisationen leiten sollen.

6. Die Bundesregierung unterstützt die Bemühungen, durch Zusammenarbeit von multilateralen Institutionen und bilateralen Gebern eine Koordinierung der Entwicklungshilfe-
Projekte zu erreichen.

7. Die Bundesregierung ist sich bewußt, daß die stark zunehmende Verschuldung der
Entwicklungsländer im kommenden Jahrzehnt zu einem der ernstesten Probleme der Entwicklungsländer werden wird. Sie hat Verständnis für die Forderung der Entwicklungsländer
nach günstigen Konditionen für Entwicklungskredite und bemüht sich, die im Februar 1969
im DAC beschlossene Verbesserung der Konditionen einzuhalten. Bei notwendig werdenden
Umschuldungen bevorzugt die Bundesregierung Lösungen, die dem jeweiligen Einzelfall
angepaßt sind und eine langfristige Konsolidierung zum Ziel haben.

8. Nach Auffassung der Bundesregierung sollten die bestehenden Lieferbindungen von
allen Geberländern schrittweise abgebaut werden.

9. Verbundprojekte zwischen Kapital- und Technischer Hilfe sollen verstärkt werden.

10. Die Bundesregierung befürwortet ein möglichst umfassendes Zollpräferenzsystem zugunsten der Entwicklungsländer.

11. Die Bundesregierung mißt der regionalen Zusammenarbeit der Entwicklungsländer zur Schaffung größerer Wirtschaftsräume besondere Bedeutung bei.

12. Die Bundesregierung wird sich um eine bessere Vorbereitung von Fachkräften auf ihre Aufgaben in der Entwicklungshilfe bemühen. Sie strebt den längerfristigen Einsatz besonders qualifizierter Fachkräfte der Entwicklungshilfe an.

13. Die Bundesregierung strebt die Zusammenarbeit der Freiwilligendienste in multilateralen Projekten an.

14. In der Entwicklungspolitik der Bundesregierung hat die Bildungs- und Ausbildungshilfe im kommenden Jahrzehnt vorrangige Bedeutung. Deshalb wird sie insbesondere das höhere und technische Erziehungswesen, die Lehreraus- und -fortbildung, Reformmaßnahmen auf dem Gebiet des Primarschulwesens, den Aufbau leistungsfähiger Berufsausbildungssysteme fördern.

15. Die Bundesregierung ist der Auffassung, daß sozialer und wirtschaftlicher Fortschritt der Entwicklungsländer durch unkontrolliertes Bevölkerungswachstum erschwert wird. Sie betrachtet Familienplanung vornehmlich als Bildungsaufgabe. Die Entscheidung über die Einführung von Programmen zur Familienplanung sollte jedem Land selbst überlassen bleiben. Die Bundesregierung ist bereit, den Entwicklungsländern bei der Familienplanung zu helfen; hierbei gibt sie der multilateralen Hilfe den Vorrang.

16. Zur Verbesserung der Ernährungslage in den Entwicklungsländern wird die Bundesregierung insbesondere Vorhaben zur Verbesserung der Proteinversorgung unterstützen. Sie wird prüfen, inwieweit Agrarüberschüsse gezielt zur Förderung der Entwicklung, vor allem zur Schließung der Eiweißlücke, eingesetzt werden können.

17. Nach Auffassung der Bundesregierung sind die von den Entwicklungsländern erwarteten strukturellen Anpassungsmaßnahmen in den Industrieländern aus entwicklungspolitischer Sicht berechtigt und werden in der Bundesrepublik Deutschland mit den Interessen und Möglichkeiten der deutschen Strukturpolitik und Raumordnungspolitik in Einklang zu bringen sein.

Bei ihren Beschlüssen ist die Bundesregierung davon ausgegangen, daß die Zweite Entwicklungsdekade von entscheidender Bedeutung für das künftige Verhältnis zwischen Entwicklungs- und Industrieländern sein wird. Die Verantwortung für die wirtschaftlichen und sozialen Fortschritte in der Welt ist unteilbar. Entwicklungspolitik muß als gemeinsame Anstrengung in einer ständig enger werdenden Welt begriffen werden. Die Bundesregierung hält daher eine aktive Entwicklungspolitik für die Zweite Entwicklungsdekade für unerläßlich.

Quelle: Handbuch der Entwicklungshilfe, 79. Lieferung, Juli 1970, S. 1–3

---

290 Treffen Brandt – Stoph in Erfurt

Grundsätzliche Ausführungen des Bundeskanzlers Willy Brandt bei dem Treffen mit dem Vorsitzenden des Ministerrats der DDR, Willi Stoph, in Erfurt am 19. März 1970 (Auszüge)

Herr Vorsitzender des Ministerrats, meine Herren!

Niemand wird überrascht sein, daß ich vieles ganz anders sehe, als es aus der Sicht der Regierung der DDR vorgetragen wurde. Wir wollen hier nichts verniedlichen. Es käme allerdings auch nichts dabei heraus, wenn wir gegenseitig Rechnungen über die hinter uns liegenden 20 oder 25 Jahre aufmachen wollten. Die Situation gebietet vielmehr, nach solchen Gebieten zu suchen, auf denen es die beiderseitigen Interessen gestatten, Fortschritte für den Frieden und für die Menschen zu erreichen.

Bevor ich mich zur Sache äußere, möchte ich mich für die freundliche Aufnahme bedanken, die Sie uns hier in Erfurt haben zuteil werden lassen. Die sorgfältige Vorbereitung durch unsere Mitarbeiter gewährleistet den korrekten Ablauf unserer Begegnung. Ich würde mich freuen, wenn Sie allen Beteiligten und Helfern in Ihrer Regierung, im Bezirk und in der Stadt Erfurt sagen lassen würden, wie sehr ich ihre Arbeit zu würdigen weiß.

In wenigen Wochen sind 25 Jahre vergangen, seit die nationalsozialistische Gewaltherrschaft im Zusammenbruch des Deutschen Reiches endete. Dieses Ereignis verbindet uns alle, die wir hier am Tische sitzen, was auch sonst uns trennen mag.

Die Welt war erfüllt von dem Grauen über die Untaten, die im deutschen Namen verübt, über die Zerstörungen, die angerichtet worden waren. Für dieses Geschehen haften wir alle, wohin auch immer uns das Schicksal gestellt haben mag. Diese Haftung, für die uns die Welt mit gutem Grund in Anspruch nahm, ist eine der Ursachen für die gegenwärtige Lage in Deutschland.

Aber keine historische Auseinandersetzung bringt uns jetzt weiter. Daß der Weg der deutschen Nation sich teilte, daß er nach 1945 nicht in staatlicher Einheit beschritten werden konnte, mag der einzelne, mögen viele als tragisch empfinden – ungeschehen machen können wir es nicht.

Deshalb habe ich eingangs gesagt: Die Situation gebietet, nach Bereichen zu suchen, in denen es möglich ist, Fortschritte für den Frieden und für die Menschen in Deutschland zu erreichen.

Dieser 19. März kann für alle Deutschen, für die Bewohner der Bundesrepublik Deutschland wie für die der DDR, ein wichtiger Tag sein. Zum erstenmal seit Bestehen der beiden Staaten treffen sich die Regierungschefs, um Fragen von gemeinsamem Interesse zu beraten.

Nicht nur der Verstand ist in Anspruch genommen – auch Gefühle schwingen mit, wenn wir hier einander gegenübersitzen. Wir sind uns auf beiden Seiten sicher auch bewußt, daß unsere Zusammenkunft weit über die Grenzen Deutschlands hinaus große Aufmerksamkeit findet.

Unsere gemeinsame Geschichte ist in den letzten Tagen befragt worden, was Erfurt für die Deutschen schon alles bedeutet hat. Hier war es beispielsweise, wo Napoleon am 2. Oktober 1808 zu Goethe sagte: »Die Politik ist das Schicksal!«

Hier in Erfurt wurde am 20. März 1850 auch der damals letzte Versuch unternommen, Deutschland auf zugleich friedliche und demokratische Weise zu vereinigen.

Für einen Sozialdemokraten liegt es außerdem nahe, an die Rolle zu denken, die das Erfurter Programm des Jahres 1891 für die aufstrebende deutsche Arbeiterbewegung gespielt hat. Wie immer man dieses Programm ideengeschichtlich einordnet – wieviel Unglück wäre dem deutschen Volk, wäre Europa und der ganzen Welt erspart geblieben, wenn sich der Wille zur Demokratie, der Wille zu größerer sozialer Gerechtigkeit und der Wille zum Frieden rechtzeitig durchgesetzt hätten!

Nachdem die Nation dem Untergang geweiht schien, wurde ihr – wenn auch unter sehr unterschiedlichen Bedingungen – die Chance zum Neubeginn gegeben. Dies gilt für den Wiederaufbau in beiden Teilen Deutschlands. Neue Städte sind aus den Ruinen entstanden. Wirtschaft und Wissenschaft haben einen achtunggebietenden Stand erreicht.

Die Aufteilung in zwei voneinander getrennte Staatswesen wird weiterhin eine grundverschiedene Bewertung erfahren, je nachdem, ob man sie von der einen oder von der anderen Warte aus betrachtet. Daß man die Auseinanderentwicklung überwiegend als ein Übel betrachtete, wird dadurch deutlich, daß man es für notwendig hielt und hält, der jeweils anderen Seite die Schuld oder die Verantwortung anzulasten.

Deutsche Politik nach 1945 war – bei allen Aufbauleistungen hüben und drüben – nicht zuletzt eine Funktion der Politik der Mächte, die Deutschland besiegt und besetzt hatten. Die Machtkonfrontation zwischen Ost und West überwölbt seitdem die deutsche Situation und teilt Europa. Wir können diese Teilung nicht einfach ungeschehen machen. Aber wir können uns bemühen, die Folgen dieser Teilung zu mildern und aktiv zu einer Entwicklung beizutragen, die sich anschickt, die Gräben zuzuschütten, die uns trennen in Europa und damit auch in Deutschland.

Dabei gehe ich aus von der fortdauernden und lebendigen Wirklichkeit einer deutschen Nation. Ich weiß mich frei von nationalistischen Vorstellungen vergangener Zeiten. Aber ich bin ziemlich sicher, daß die nationalen Komponenten selbst im Prozeß europäischer und internationaler Zusammenschlüsse ihre Geltung nicht verlieren werden. Die starken Bande der gemeinsam erlebten und gemeinsam zu verantwortenden Geschichte, der keiner entfliehen kann, die Bande der Familie, der Sprache, der Kultur und all jener Unwägbarkeiten, die uns Zusammengehörigkeit fühlen lassen, sind eine Realität. Eine Politik, die versuchen würde, dieses Fundament nationaler Existenz zu leugnen oder zu mißachten, wäre nach meiner Überzeugung zum Scheitern verurteilt.

Von dieser Realität gilt es genauso auszugehen wie von der Tatsache, daß in Deutschland, in seinen tatsächlichen Grenzen von 1970, zwei Staaten entstanden sind, die miteinander leben müssen. Hinsichtlich der Bewertung der jeweils anderen Gesellschaftsordnung gibt es zwischen uns tiefgreifende Differenzen. Diese Meinungsverschiedenheiten entheben uns jedoch nicht der Aufgabe, den Frieden in Europa sicherer zu machen und zwischen unseren beiden Staaten – in der Perspektive einer europäischen Friedensordnung – eine geregelte Form friedlicher Koexistenz zu suchen.

Nur wenn wir diese Aufgabe sehen, erhält unsere Begegnung den rechten Sinn. Nur wenn wir sie lösen, können wir vor der Geschichte bestehen. Niemand wird sich in bezug auf die Schwierigkeiten, die ihrer Lösung entgegenstehen, falsche Hoffnungen machen dürfen. Die Bürger unserer Staaten sind realistisch genug, um zu wissen, daß nicht einmal dann, wenn auf beiden Seiten der gleiche Wille vorhanden wäre, die beiden Regierungschefs heute die staatliche Einheit herstellen könnten. Die Weltlage würde dies nicht gestatten, ohne daß eine gefährliche Unruhe hervorgerufen würde.

Aber wir sollten über den Tag hinaus gemeinsam versuchen, die Interessen unserer Staaten und die Interessen der Mächte, mit denen unsere Staaten verbündet sind, so in Einklang zu bringen, daß dies dem Frieden und den Menschen zugute kommt. Das gegenwärtige Verhältnis zwischen den beiden Staaten auf deutschem Boden ist ja nicht zuletzt deshalb zu beklagen, weil diese Beziehungen zwischen den Menschen in den beiden Teilen auf eine Ebene herabgedrückt worden sind, die tief unterhalb der Schwelle liegt, auf der fremde Staaten und ihre Bürger miteinander verkehren. Diese negative Sonderlage gilt es aufzulockern und nach Möglichkeit zu überwinden.

Entspannung statt Spannung, Sicherung des Friedens statt militärischer Konfrontation – dies sind die Ziele meiner Regierung. Und ich weiß, daß ich dabei von den verantwortlichen Kräften in der Bundesrepublik Deutschland gestützt werde.

Es ist ungewöhnlich, daß unsere heutige Besprechung in der Sache nicht durch Beamte vorbereitet wurde, wie es sonst zwischen Staaten üblich ist, sondern daß wir mit einem Spitzengespräch beginnen. Auch das kennzeichnet die Besonderheit unserer Beziehungen. Die Probleme, denen wir uns gegenübersehen, sind so groß, daß ohne direkte Kontakte auf Regierungsebene nicht einmal ein Anfang gemacht werden könnte. Bis zum heutigen Tage ist die Spaltung unseres Volkes immer mehr vertieft worden.

An diesem Punkt setzt unsere gemeinsame Verantwortung ein: für das, was wir heute tun oder auch nicht tun, um die Beziehungen der beiden Staaten zueinander zu regeln, können wir nicht mehr die Geschichte im allgemeinen oder Hitler im besonderen verantwortlich machen. Verantwortlich sind wir jetzt selbst.

Meine Mitarbeiter und ich sind ohne die Illusion hierhergekommen, die Auffassungen ließen sich durch freundliches Zureden oder durch die bloße Tatsache, daß wir uns überhaupt treffen, in Übereinstimmung bringen. Wir sehen die prinzipiellen Unterschiede und stellen sie nüchtern fest. Dennoch glaube ich, daß keiner von uns auf den Versuch verzichten sollte, die Auffassungen des anderen so kennenzulernen, daß er sie in seiner eigenen Politik richtig bewerten kann.

Wir müssen von der Lage ausgehen, wie sie ist. Es ist offensichtlich, daß die Beziehungen zwischen Ost und West sich nicht wesentlich verbessern können, wenn die Beziehungen im Herzen Europas gestört bleiben. Das bedeutet, daß die beiden Regierungen einen ehrlichen Versuch unternehmen müssen, einen Weg zu finden, der zum Nutzen unserer beiden Staaten, zum Nutzen des deutschen Volkes, zum Nutzen der Sicherheit auf unserem Kontinent gegangen werden muß und gegangen werden kann.

Dabei hoffe ich, daß ich die Bereitschaft der Regierung der DDR finde, den Blick nach vorn zu richten, damit wir nicht zu Gefangenen einer dunklen Vergangenheit werden.

Es ist unbestreitbar, daß es zwischen den Bewohnern unserer beiden Staaten Beziehungen besonderer Art gibt, wie sie zwischen den Bewohnern sonstiger, auch miteinander befreundeter oder verbündeter Staaten nicht bestehen.

Es gibt also Gemeinsamkeiten, die es zwischen anderen Staaten nicht gibt. Auch die Auseinandersetzungen, die wir miteinander austragen, sind von anderer Art als die zwischen fremden Völkern. Sie sind auf die Einheit der Nation bezogen.

Es gibt andere Gemeinsamkeiten. Die Bundesrepublik Deutschland und die DDR sind Mitglieder von Paktsystemen, die – hoch gerüstet – auf deutschem Territorium einander gegenüberstehen. Sie tragen dazu bei, daß in Europa ein Gleichgewicht der Kräfte herrscht, welches in den zurückliegenden Jahren den Krieg verhindert hat und heute relative Sicherheit gewährt. Aber wirklicher Friede und Sicherheit können auf die Dauer nur in einer europäischen Friedensordnung gefunden werden, in der mit der Konfrontation der Blöcke auch der Antagonismus der beiden Staaten in Deutschland beendet wird.

Die Bundesregierung betrachtet den Frieden als das höchste Gut. Wir sind uns sicher darin einig, daß von deutschem Boden kein Krieg mehr ausgehen darf.

Die beiden deutschen Staaten haben weder das Recht noch die Möglichkeit, durch Gewalt oder Androhung von Gewalt die Ziele zu verfolgen, die ihnen in ihren Verfassungen gestellt sind. Niemals kann ein demokratisches, friedliebendes, einheitliches Deutschland durch Krieg oder Bürgerkrieg hergestellt werden.

Dieses Ziel ist außerdem zwar den Worten nach den beiden deutschen Staaten gemeinsam; seinem Inhalt nach sind Ihre und unsere Vorstellungen jedoch weit voneinander entfernt. Wir stehen zum freiheitlichen und sozialen Rechtsstaat, wie er im Grundgesetz der Bundesrepublik beschrieben ist. Aber weshalb sollen wir hier über ein Thema streiten, das doch wohl nur die Geschichte beantworten kann! Wir dürfen es allerdings der geschichtlichen Entwicklung nicht unmöglich machen, daß die Gräben, die die Staaten Europas heute trennen, zugeschüttet werden. Wir dürfen es nicht unmöglich machen, daß das deutsche Volk in freier Selbstbestimmung darüber entscheidet, wie es zusammenleben will.

Über einen weiteren Punkt, der für unsere beiden Regierungen von Bedeutung ist, sollte es ebenfalls keine Unklarheit geben.

Angesichts der Vier-Mächte-Abkommen über Deutschland aus den Jahren nach 1944 können Übereinkünfte zwischen unseren beiden Staaten bestehende Rechte der Vier Mächte weder berühren noch ersetzen. Dies gilt auch für unsere Vereinbarungen mit den Drei Mächten ebenso wie für die der DDR mit der Sowjetunion. Dies gilt überhaupt für die von uns eingegangenen bilateralen oder multilateralen Verträge. Diese Abkommen brauchen und sollten uns aber nicht hindern, die Barrieren zwischen uns abzubauen.

Wenn ich auf die Vier-Mächte-Abkommen und auf unsere Vereinbarungen mit den Drei

Mächten verweise, so nicht zuletzt wegen Berlin. Ich muß Sie bitten, diese Feststellung sehr ernst zu nehmen. Wir wollen den Status Berlins nicht ändern, solange die deutsche Frage nicht gelöst ist. Ich meine, man kann nicht auf der einen Seite die Anerkennung der Realitäten und auf der anderen Seite eine einseitige Änderung der gegebenen Lage verlangen.

Die Tatsache, daß West-Berlin nicht durch den Bund verwaltet wird, hat die Drei Mächte nicht daran gehindert, der Bundesregierung bestimmte Aufträge zu geben, z. B. West-Berlin nach außen zu vertreten oder für die wirtschaftliche Lebensfähigkeit des Landes Berlin zu sorgen. Tatsächlich unterscheidet sich West-Berlin in wirtschaftlicher, finanzieller, rechtlicher und kultureller Hinsicht nicht von der BRD; Berlin gehört insoweit voll mit uns zusammen. Weder die Drei Westmächte noch die BRD, noch die unmittelbar betroffenen Berliner wären mit einer Änderung des von den Vier Mächten festgesetzten Status von Berlin einverstanden, die zu einer Änderung dieser Bindungen führen würde.

Es ist Sache der Vier Mächte, zu entscheiden, wie sie ihre oberste Gewalt in Berlin ausüben wollen. Wenn eine Verständigung zwischen ihnen über eine Verbesserung der gegenwärtigen Lage erfolgt, würde die Bundesregierung dies begrüßen.

Jedenfalls möchte ich keinen Zweifel lassen: Für meine Regierung sind Bemühungen zur Normalisierung und Entspannung in der Mitte Europas untrennbar verbunden mit Entspannung und Normalisierung der Situation in und um Berlin.

Ich möchte nun ganz gewiß nicht der Tatsache ausweichen, daß der Vorsitzende des Staatsrates der DDR unserem Bundespräsidenten am 18. Dezember vergangenen Jahres den Entwurf eines Vertrages über die Aufnahme gleichberechtigter Beziehungen zwischen unseren Staaten übermittelt hat. Die Bundesregierung hat sich seitdem mit der Prüfung der Gegenstände des Vertragsentwurfs befaßt. Allerdings halten wir wenig davon, Vertragsentwürfe zu publizieren, bevor man über die darin enthaltenen Punkte überhaupt in ein Gespräch gekommen ist. Die Haltung der Bundesregierung war davon bestimmt zu versuchen, zunächst in einen Meinungsaustausch einzutreten. Deshalb hat sie keinen Gegenentwurf vorgelegt.

Ziel dieses Meinungsaustausches soll es sein, festzustellen, ob wir in Verhandlungen eintreten können, an deren Ende vertragliche Regelungen der Beziehungen zwischen der BRD und der DDR stehen. Dabei ist es für meine Regierung selbstverständlich, daß ein Vertrag oder ein Abkommen zwischen uns die gleiche Verbindlichkeit haben muß wie jedes Abkommen, das unsere Regierungen mit dritten Staaten schließen . . .

Um in diesem Sinne wirksam helfen zu können, sollten wir auch eine ausgewogene Beschränkung der Streitkräfte und der Rüstungen in Ost und West anstreben. Wir Deutsche sollten beispielhaft sein bei den Bemühungen um Abrüstung und Rüstungskontrolle, und wir sollten die Kraft aufbringen, bei voller Loyalität gegenüber unseren Bündnissen in einen konstruktiven Wettbewerb einzutreten.

Alle Bemühungen um die Förderung friedlicher Beziehungen in der Welt sind nur dann glaubhaft und überzeugend, wenn wir unter uns und für unsere Bürger Frieden schaffen. Zur Normalisierung der Beziehungen genügen nicht allein förmliche Dokumente; die Menschen hüben und drüben müssen von der Normalisierung etwas haben. Hier bietet sich ein weites Feld, das ich nur andeutungsweise abstecken möchte. Einzelheiten werden künftigen Begegnungen und sicher auch eingehenden Beratungen auf anderer Ebene vorbehalten bleiben müssen.

Ich denke vor allem und in erster Linie an menschliche Not, der wir abhelfen sollten, soweit es in unserer Macht steht. Um zwei Beispiele zu nennen: Wo Kinder noch nicht mit ihren Eltern vereint sind, sollten wir Wege finden, sie zusammenkommen zu lassen. Wo Verlobte diesseits und jenseits der Grenze aufeinander warten, sollten wir ihnen die Heirat ermöglichen.

Mit Genugtuung stelle ich fest, daß die Abwärtsentwicklung im Handel aufgefangen werden konnte. Wir sollten unsere zuständigen Behörden beauftragen, sich mit den positiveren Daten der letzten anderthalb Jahre nicht zufriedenzugeben. Auch sollten wir auf den Gebieten der Wirtschaft und der Technik einen wesentlich stärkeren Austausch anstreben.

Dies gilt auch für andere Gebiete. Im Straßenverkehr sollten wir eine sinnvolle Abstimmung des Fernstraßenbaus mit den Planungen unserer und anderer Länder vornehmen und die Eröffnung weiterer Grenzübergänge und andere Erleichterungen der Kommunikation herbeiführen. Eine Beschleunigung des Reisezugverkehrs, die Schaffung eines einheitlichen Frachtrechts mit durchgehenden Tarifen und eine Verbesserung der technischen Kontakte zwischen den Eisenbahnverwaltungen erscheint wünschenswert. Auch auf dem Gebiet der Binnenschiffahrt sind Verbesserungen möglich. Im Interesse verbesserter Verbindungen zwischen Einzelpersonen und Firmen mit ihren Partnern im jeweils anderen Teil Deutschlands sollten wir Vereinbarungen treffen, um den Telefon-, Telegramm- und Fernschreibverkehr zu verstärken, auch andere Einrichtungen des Fernmeldewesens besser zu nutzen und die Schwierigkeiten im Verrechnungsverkehr zu überwinden. Schließlich denke ich an zahlreiche praktische und administrative Probleme, die sich aus dem Ziehen der Grenzlinie ergeben haben und wo örtliche Probleme zu lösen sind.

Es wäre gewiß ein Fortschritt, wenn wir zwischen den beiden Staaten in Deutschland und in Berlin jedenfalls so viel an Besuchsmöglichkeiten, an Kulturaustausch, an sportlichen Begegnungen erreichen könnten, wie es sie beispielsweise zwischen der Bundesrepublik Deutschland und verschiedenen Staaten Osteuropas heute schon gibt.

Dies wäre allerdings erst ein bescheidener Anfang. Nur: Wir müssen ja überhaupt erst einmal anfangen, wenn wir es mit einer Normalisierung ernst meinen und wenn Verträge nicht eine leere Schale bleiben sollen.

Darüber hinaus sage ich in aller Offenheit: In meiner Vorstellung muß eine wirkliche Normalisierung zur Überwindung innerdeutscher Grenzverhaue und Mauern beitragen. Sie symbolisieren die beklagenswerte Besonderheit unserer Lage. Daran läßt sich von heute auf morgen vermutlich nichts ändern. Es muß aber Ziel und Sinn unserer Bemühungen sein, Fortschritte zu erzielen, die mehr Freizügigkeit bringen und den Menschenrechten Raum schaffen. Wir werden jedenfalls unsere Auffassungen hierzu weiter vertreten.

Ich gehe davon aus, daß unsere Beziehungen auf der Grundlage der Nichtdiskriminierung und der Gleichberechtigung errichtet werden müssen. Niemand von uns kann für den anderen handeln, keiner von uns kann den anderen Teil Deutschlands draußen vertreten. Dies ist das Ergebnis einer Entwicklung, die wir – mit welchen Gefühlen auch immer – erkennen.

Als Zielvorstellung müssen beide Staaten in Deutschland ein besonders enges Verhältnis anstreben, auch wenn es zunächst schon ein Fortschritt wäre, überhaupt zu Beziehungen zu kommen, wobei ich die Orientierungspunkte im Auge behalten werde, die ich in meiner Rede vor dem Deutschen Bundestag am 14. Januar dieses Jahres aufgezählt habe.

Keiner darf den anderen bevormunden wollen. Ich bin nicht hierhergekommen, um die Abschaffung irgendwelcher Bindungen der DDR oder irgendwelcher Gesellschaftsformen zu fordern. Ebensowenig denke ich daran, entsprechende Forderungen an die Bundesrepublik Deutschland zu akzeptieren.

Herr Vorsitzender, ich möchte gerne im weiteren Verlauf unserer heutigen und späteren Unterhaltungen auf eine Reihe wichtiger Einzelfragen zu sprechen kommen, die Sie in der Darlegung des Standpunktes der Regierung der DDR hier vorgetragen haben, ebenso wie ich Sie bitten muß, das, was ich vorgetragen habe, sorgfältig zu prüfen.

Nur eines muß ich schon bei dieser Gelegenheit sagen dürfen: Wenn ich nicht im einzelnen widerspreche, so gehen Sie sicher mit mir davon aus, daß ich mich Ihrer Beurteilung verschiedener Aspekte der innenpolitischen Entwicklung in der Bundesrepublik Deutschland, der Beurteilung einzelner politischer Gruppierungen und Persönlichkeiten, daß ich mich auch der Analyse, die Sie in bezug auf die Entwicklung der Bundesrepublik Deutschland und das Entstehen der beiden Staaten in Deutschland gezogen haben, überwiegend nicht anschließe...

Ich habe von den Verfassungen unserer beiden Staaten gesprochen, die in der Perspektive auf ein einheitliches Deutschland konzipiert sind. Dies gilt auch für die Verträge, die die Bundesrepublik Deutschland ebenso wie die DDR abgeschlossen hat. In unserem Vertrag mit den Drei Westmächten ist ebenso wie in Ihrem Freundschaftsvertrag mit der Sowjetunion die staatliche Einheit als Möglichkeit enthalten. Es gibt sogar auf beiden Seiten eine Reihe von Formulierungen, die in diesem Zusammenhang von einem Ziel sprechen. Dabei muß völlig klar sein, daß sich weder in den Verträgen noch in den Absichten und Zielen an dieser auf das Selbstbestimmungsrecht bezogenen Perspektive etwas ändern wird.

Schon aus diesen Gründen bin ich der Überzeugung, daß sowohl der Begriff völkerrechtliche Anerkennung als auch der Begriff der Nichteinmischung in die inneren Angelegenheiten nicht das trifft, worum es bei der Herstellung gleichberechtigter Beziehungen zwischen der Bundesrepublik Deutschland und der DDR geht. Vielmehr wird jeder der beiden Staaten die gleichen Verpflichtungen zu übernehmen haben, das zu respektieren, was in der Kompetenz jeder der beiden Regierungen auf ihrem Territorium geregelt ist. Dazu gehört dann auch, daß diffamierende Angriffe gegen die Bundesrepublik Deutschland und ihre führenden Persönlichkeiten unterbleiben. Auch dies ist ein Teil der Nichtdiskriminierung zwischen unseren Staaten. Die Grundsätze der Nichtdiskriminierung und Gleichberechtigung dürfen nicht unser Ziel berühren, dem eigentlichen Souverän, dem deutschen Volk, eines Tages zur Geltung zu verhelfen.

Herr Vorsitzender, aus Ihren Ausführungen und aus meinen Darlegungen ergibt sich, daß wir allenfalls am Anfang eines langen und mühseligen Weges stehen. Aber auch ein zweites kann sich ergeben: daß wir trotz allem, was war, und trotz allem, was uns trennt, bereit sind, uns auf diesen Weg zu begeben. Wir können das Trennende nicht außer acht lassen. Wir sollten aber die Fragen in den Vordergrund rücken, in denen eine Einigung möglich sein könnte.

Daß wir heute zunächst vorbereitete Erklärungen abgaben, ist verständlich angesichts der außergewöhnlichen Umstände, die die Regierungschefs zweier Staaten in Deutschland zum erstenmal zusammengeführt haben. Wir sollten jedoch nunmehr unserem Meinungsaustausch jene vertraulichere Form geben, die nach aller Erfahrung im Interesse der Sache liegt und den Anschein vermeidet, als solle nur zum Fenster hinaus geredet werden. Ich würde es begrüßen, wenn wir bereits am heutigen Nachmittag nach dieser Methode verfahren könnten. Wir würden uns damit übrigens auch dem Stil anpassen, der für den Meinungsaustausch der Regierung der Sowjetunion und der Regierung der Volksrepublik Polen mit der Bundesregierung maßgebend ist.

Bevor ich zum Abschluß komme, möchte ich Sie, Herr Vorsitzender, einladen, demnächst in die Bundesrepublik Deutschland zu kommen, um das heutige Gespräch fortzusetzen.

Auf das weitere Vorgehen möchte ich am Nachmittag zu sprechen kommen. Lassen Sie mich jetzt nur soviel sagen: Nachdem wir uns heute ausgesprochen haben, sollten wir Beauftragte benennen, die – unterstützt von einigen Mitarbeitern – bis zu unserer zweiten Zusammenkunft – ich denke an Anfang Mai – auswerten, was von beiden Seiten an Vorschlägen unterbreitet worden ist. Sie sollten außerdem einen Katalog der zu prüfenden Fragen aufstellen, über den uns bei der zweiten Zusammenkunft zu berichten wäre. Auf Grund dieses Katalogs könnten wir dann auch das weitere Verfahren erörtern, insbesondere die künftigen Aufgaben unserer Beauftragten bzw. Kommissionen. Dabei könnte es zweckmäßig sein zu überlegen, ob wir ihnen nicht am Sitz unserer Regierungen angemessene permanente Arbeitsmöglichkeiten geben sollen.

Dies sind meine prozeduralen Vorschläge. Sie mögen allzu maßvoll erscheinen. Aber wir können den zweiten Schritt nicht vor dem ersten tun. Nur wenn wir behutsam und realistisch ans Werk gehen, können wir dem gerecht werden, was unsere eigenen Landsleute und darüber hinaus viele Menschen in Ost und West von uns erwarten.

Quelle: Bulletin vom 20. 3. 1970, Nr. 39, S. 377–381

291

Erlaß des Bundesministers des Auswärtigen, Walter Scheel, an die Auslandsvertretungen, 16. April 1970 (Auszüge)

An alle
diplomatischen und berufskonsularischen Vertretungen
der Bundesrepublik Deutschland im Ausland

Betr.: Spiele der XX. Olympiade München 1972

Die Olympischen Sommerspiele 1972 in München und Kiel werden mehr noch als bisher die Aufmerksamkeit der Welt auf die Bundesrepublik Deutschland lenken. Wir müssen uns bewußt sein, daß das Interesse der Völker vermutlich stärker und kritischer sein wird als bei Ländern, in denen die Olympischen Spiele bisher ausgerichtet worden sind. Die Erinnerung an die Olympiade in Berlin 1936, an unsere historische Vergangenheit und nicht zuletzt das Bewußtsein unserer besonderen politischen Lage werden dabei eine nicht unerhebliche Rolle spielen.

Zwar richtet nach den Statuten des Internationalen Olympischen Komitees nicht ein Land, sondern eine Stadt die Spiele aus, am Erfolg oder Mißerfolg wird jedoch das ganze Land, seine ganze Bevölkerung gemessen werden.

Somit bietet sich für uns eine einmalige Gelegenheit, das aus dem weltweiten Interesse am Sport erwachsende Interesse für die Darstellung unserer Entwicklung und unseres Staatswesens zu erschließen und dem Ausland ein Bild des modernen Deutschland mit allen seinen politischen, wirtschaftlichen, sozialen und kulturellen Aspekten zu vermitteln...

Die Bundesregierung mißt der Vorbereitung und dem Ablauf der Spiele besondere Bedeutung bei. Ich bitte Sie daher, der Vorbereitung und der Durchführung der Spiele der XX. Olympiade München 1972 Ihre besondere Aufmerksamkeit und Beachtung zu widmen, um so zum Gelingen dieser größten internationalen Sportveranstaltung beizutragen[1].

Auf die Ausführungen des Herrn Bundeskanzlers zu diesem Thema vom 23. März 1970 (Bulletin Nr. 42 vom 25. März 1970) weise ich besonders hin.

gez. Scheel

---

[1] Am 6. Mai 1970 veröffentlichte das Bulletin des Presse- und Informationsamts der Bundesregierung (Nr. 62, S. 577) folgende Mitteilung des Auswärtigen Amts: Der bisherige Generalkonsul der Bundesrepublik Deutschland in New York, Dr. h. c. Klaus Curtius, ist mit Wirkung vom 1. April 1970 zum Beauftragten des Auswärtigen Amts beim Organisations-Komitee für die Spiele der XX. Olympiade München 1972 bestellt worden. Dr. Curtius führt den Titel Botschafter. Er hat seinen Sitz in München.

Quelle: Aus den Akten des Auswärtigen Amts

Erklärung des Bundesministers des Auswärtigen, Walter Scheel, vor dem Deutschen Bundes-
tag über die Bemühungen zur Freilassung des später ermordeten Botschafters Karl Graf
von Spreti, 17. April 1970

Herr Präsident, meine sehr verehrten Damen, meine Herren!

Die Bundesregierung hat dem Hohen Hause und der Öffentlichkeit eine umfassende Dar-
legung aller mit der Entführung und dem tragischen Ende des deutschen Botschafters in
Guatemala, Graf von Spreti, zusammenhängenden Tatsachen und Ereignisse übermittelt.
Diese liegt Ihnen nun als Drucksache vor.

Der Bericht gibt lückenlos den chronologischen Ablauf der Entwicklung wieder. Er stützt
sich auf den Telegrammwechsel der Botschaft in Guatemala und anderer Außenstellen mit
der Zentrale, auf Telefonate und mündliche Mitteilungen des Sonderbeauftragten der Bundesregierung, Ministerialdirektor Hoppe, und des deutschen Geschäftsträgers in Guatemala,
Botschaftsrat Mikesch.

In Ergänzung dieses Berichtes möchte ich Ihnen, meine Damen und Herren, die Motive
erläutern, die das in der Dokumentation dargestellte Handeln bestimmt haben. Damit sollen
gleichzeitig die in der Öffentlichkeit aufgeworfenen kritischen Fragen beantwortet werden.

Nach der Entführung unseres Botschafters haben wir die Situation wie folgt gesehen:

Wir waren primär auf die Mitwirkung und den guten Willen der guatemaltekischen Regierung angewiesen, die die Staatsgewalt im Lande ausübt und allein die von den Entführern zunächst gestellten Bedingungen zu erfüllen in der Lage war, nämlich die Freilassung
von Gefangenen zu bewirken. Darüber hinaus hatten wir uns um die Vermittlung Dritter
zu bemühen, welche die verhärteten Verhandlungspositionen hätten beeinflussen können.
Schließlich mußten wir eigene Kontakte zu den Entführern suchen.

All dies ist geschehen. Ein spektakuläres Auftreten der Bundesregierung gleich nach der
Entführung hätte die Verhandlungsbereitschaft der guatemaltekischen Regierung nach
unserer Einschätzung nicht erhöht. Daß ihre Verhandlungsbereitschaft nur sehr begrenzt
war, stellte sich später heraus.

Der Sonderbeauftragte der Bundesregierung, Ministerialdirektor Hoppe, war mit allen
erforderlichen Vollmachten ausgestattet. Er verfügt über eigene mehrjährige Lateinamerika-
Erfahrungen und entsprechende Sprachkenntnisse. Er hat alles in seiner Macht Stehende
getan, um das Leben des Botschafters zu retten. Doch schon das Bekanntwerden seiner Entsendung veranlaßte die Rebellen, ihre Forderungen heraufzuschrauben. Die Entsendung
eines Staatssekretärs hätte sicher eine ähnliche Wirkung gehabt.

Auch die Frage des Lösegeldes ist in der Öffentlichkeit lebhaft debattiert worden. Natürlich war die Bundesregierung bereit, zur Rettung des Botschafters Lösegeld zu zahlen. Eine
öffentliche Erklärung der Bundesregierung, sie werde bedingungslos jede Lösegeldforderung
erfüllen, konnte jedoch niemals erwogen werden. Damit hätten wir nur aller Welt vor
Augen geführt, wie einträglich es sein kann, deutsche Diplomaten zu entführen, und dafür
geradezu einen neuen Anreiz geschaffen. Gegen solche Angebote bestanden auch innerhalb
des Diplomatischen Korps in Guatemala erhebliche Bedenken. Sie hätten letztlich auch keine
Wirkung gehabt; denn diesen Entführern ging es nicht in erster Linie um Geld – sie wuß-
ten genau, daß sie von uns Geld hätten haben können –, ihnen kam es auf die Freilassung
der Gefangenen an.

Nachdem die guatemaltekische Regierung die Forderung der Entführer abgelehnt hatte,
wurde es um so wichtiger, einen unmittelbaren Kontakt zu den Entführern zu finden, um
zu einem Arrangement zu gelangen. Viele Ortskundige haben bis zuletzt auf ein solches
Arrangement gehofft.

Unsere Vertretung in Guatemala und der Sonderbeauftragte haben keine Mühe gescheut, diesen Kontakt zustande zu bringen. Es erwies sich als unmöglich; die Erpresser blieben konsequent im Untergrund und traten mit der Umwelt nur durch Hinweise auf Fundstellen deponierter Briefe oder durch kurze Telefonanrufe von unbekannten Standorten aus in Berührung.

So wurde der nächtliche Bereitschaftsdienst der Botschaft in der Nacht vom 3. zum 4. April um Mitternacht telefonisch ersucht, man möge sich in eine bestimmte Straße begeben, dort liege ein Paket zur Abholung bereit. Der Anrufer legte nach dieser Mitteilung sofort wieder auf. Das Paket, das Angehörige der Botschaft kurz nach Mitternacht an der angegebenen Stelle fanden, enthielt die bekannten fünf Briefe des Botschafters an den Staatspräsidenten, den Außenminister, den Nuntius, den Sohn des Ermordeten und den Geschäftsträger. Die Kontakte der Rebellen mit dem Nuntius bestanden darin, daß sie an Stellen, die ein Auffinden gewährleisteten, Briefe deponierten.

Erst am letzten Tage, am Sonntag, dem 5. April, um 14.45 Uhr Ortszeit, traten die Terroristen von einem unbekannten Ort aus in unmittelbare telefonische Verbindung mit dem Nuntius und sprachen mit ihm etwa zwei Minuten lang. Jedes Bemühen des Nuntius, diesen Anruf zu einer Verhandlung auszuweiten, blieb vergeblich. Die Terroristen verlangten stereotyp die sofortige Zusicherung der Freilassung der Gefangenen. Da der Nuntius diese Zusage nicht geben konnte, beendeten die Terroristen den Anruf mit der Erklärung, die Frist für Graf Spreti laufe in 20 Minuten ab.

Zu keinem Zeitpunkt spielte die Lösegeldfrage eine wesentliche Rolle.

Die vielfältigen Bitten der Botschaft um Hinweise an Mitglieder der deutschen Kolonie, an Experten der technischen Hilfe, Vertreter der Stiftungen, Einheimische, Bekannte und Unbekannte führten alle nicht weit. Ein deutscher Nachrichtendienst ist in Guatemala nicht vorhanden.

Wir haben uns mit dieser negativen Feststellung nicht begnügt, sondern andere Dienste angesprochen, ohne daß dies eine Spur ergeben hätte. Von seiten der Entführer gab es auf unsere Kontaktversuche nicht die geringste Reaktion. Selbst wenn eine Fühlungnahme gelungen wäre, bliebe zu bedenken, daß hierdurch die guatemaltekische Regierung aus ihrer völkerrechtlichen und menschlichen Verantwortung nicht hätte entlassen werden dürfen. Bei einem Scheitern direkter Verhandlungsversuche hätte sie – vermutlich froh, der Verantwortung ledig zu sein – eine Schuld dafür der Bundesregierung angelastet.

Es ist notwendig, darauf hinzuweisen, daß ein Kontakt zu Entführern nicht hergestellt werden kann, wenn diese sich ihm entziehen wollen. Dieses ist eine einfache Regel aus der Kriminologie, und sie hat sich im vorliegenden Falle bestätigt.

Deshalb ist einige Skepsis angebracht, wenn jetzt, nachdem die Tragödie sich vollzogen hat, Leute mit angeblich weitreichenden Beziehungen auftreten, die von sich behaupten, sie hätten einen Kontakt zu den Entführern vermitteln können, wenn man sie nur rechtzeitig eingeschaltet hätte. Alle diese Landeskundigen und Experten, die uns ja nicht bekannt waren, sie meldeten sich zu spät. Sie haben der Bundesregierung ihre Dienste nicht angeboten, als der Botschafter Graf von Spreti noch lebte.

Sämtliche Entscheidungen des Auswärtigen Amtes, die den Ablauf der Ereignisse in unserem Sinne beeinflussen sollten, sind nach sorgfältigster Prüfung der Umstände und Konsequenzen von den dafür zuständigen Beamten vorbereitet und in ständiger Abstimmung mit mir getroffen worden.

Sie können sicher sein, daß im Auswärtigen Amt und besonders in der Botschaft in Guatemala die dazu notwendige Sachkenntnis und Vertrautheit mit den lateinamerikanischen Verhältnissen vorhanden ist.

Durch Fernschreiber und Telefon mit der Zentrale zu jeder Minute verbunden, habe ich von meinem Urlaubsort aus in der sachlich gebotenen Weise auf die Entscheidungen Einfluß genommen. In dem Augenblick, in dem Aussicht bestand, mit den Entführern zu direkten Verhandlungen zu kommen, habe ich meinen Urlaub abgebrochen; Graf Spreti lebte noch, und wir alle hatten Hoffnung.

Selbstverständlich habe ich mir mehr als einmal die Frage gestellt, ob wir wirklich alles getan haben, um das Leben unseres Botschafters zu retten. Ich kann darauf auch hier und heute nur antworten: Wir haben alles getan, was in unserer Macht lag. Und doch konnten wir jene irregeleiteten und in ihrem kaltblütigen Haß uns so fremden Menschen nicht daran hindern, den Grafen Spreti zu töten.

Die Kritik an meinem Entschluß, nach Ablauf dieser Ereignisse nach Guatemala zu fliegen, um den toten Botschafter heimzuholen, ist mir nie recht begreiflich gewesen. Ich habe mich zu der Reise entschlossen in einer spontanen menschlichen Reaktion gegenüber der schwergeprüften Familie des Ermordeten. Ich habe diese Reise zugleich aber als eine Möglichkeit betrachtet, etwas für die Sicherheit der in Guatemala lebenden Deutschen zu tun; und es sind Tausende, die dort leben. Meine Anwesenheit dort sollte schließlich allen Staaten, in denen es ähnliche Gefahren gibt, demonstrativ vor Augen führen, welche schwerwiegende und grundsätzliche Bedeutung die Bundesregierung diesem unerhörten Fall zumißt.

Es war der bisher erste und einzige Fall, in dem die Entführer eines Diplomaten die erpresserische Morddrohung tatsächlich ausgeführt haben. Ihr eigentliches Ziel haben sie damit nicht erreicht, es sei denn das, Schrecken und Terror zu verbreiten.

Wie gesagt, dies war der erste Fall, und wir können im Interesse geordneter internationaler Beziehungen nur hoffen, daß sich ein solches Verbrechen niemals wiederholt.

Die Gefühle der Empörung und Erbitterung durften jedoch nicht der einzige Maßstab für die Reaktion der Bundesregierung gegenüber Guatemala sein. Der vielfach geforderte vollständige Abbruch der diplomatischen Beziehungen wäre eine Überreaktion gewesen, die die Sicherheit unserer Diplomaten in Lateinamerika und in anderen gefährdeten Teilen der Welt weiter beeinträchtigt hätte, weil er potentiellen Entführern ein noch stärkeres Druckmittel gegenüber ihren eigenen Regierungen in die Hand geben würde. Ferner ist zu bedenken, daß in Guatemala viele Deutsche und Deutschstämmige leben, die den unmittelbaren Kontakt zur Bundesrepublik brauchen und deren Interessen gegenüber der guatemaltekischen Regierung vertreten werden müssen. Sie haben uns dringend ersucht, die Beziehungen nicht vollständig abzubrechen.

Es ist der Bundesregierung auch der Vorwurf gemacht worden, sie habe die bürgerkriegsähnliche Situation in Guatemala zu spät erkannt und ihre Vertretung zu lange dort gelassen. Bei einer solchen Sicht der Dinge müßten wir in einer beträchtlichen Zahl von Ländern unsere diplomatischen Vertretungen schließen. Das liegt weder im Interesse der in solchen Ländern lebenden Deutschen noch im wohlverstandenen Interesse der Bundesrepublik.

Meine Damen und Herren, das sinnlose Opfer von Graf von Spreti darf uns nicht zu Maßnahmen verleiten, die andere Unschuldige, unsere Landsleute in Guatemala und die Bevölkerung des Landes treffen würden. Es stellt uns vielmehr vor die Aufgabe, keine Anstrengungen zu scheuen, um der Wiederholung solcher Tragödien in der Zukunft entgegenzuwirken.

Wir wissen um diese Verpflichtung, sie hat unser Handeln bestimmt und wird es weiter bestimmen.

Eine besondere Arbeitsgruppe des Auswärtigen Amtes hat sofort die Richtlinien für Ausnahmesituationen, die jede Auslandsvertretung hat, im Lichte dieser bestürzenden Entwicklung überprüft. Erste ergänzende Weisungen sind bereits in der letzten Woche ergangen. Weitere Maßnahmen werden vorbereitet.

Wir stehen dazu auch in Fühlung mit befreundeten Regierungen. Der Herr Bundeskanzler hat das Problem bei seinem Besuch in Washington zweimal mit Präsident Nixon erörtert. Ich habe mit dem italienischen Außenminister Moro in Rom darüber gesprochen. Wir haben Kontakte mit Großbritannien und mit den Niederlanden. Der deutsche Vertreter in der WEU hat die Bildung einer Arbeitsgruppe vorgeschlagen, die sich mit diesem Problem beschäftigen wird.

Unsere Überlegungen gehen schließlich dahin, im Rahmen der Vereinten Nationen etwa durch Ergänzung der Wiener Konventionen neue und erweiterte Normen zum Schutz der Diplomaten zu erarbeiten.

Meine Damen und Herren, es gilt, alles zu unternehmen, um anarchischer Gewalt durch organisierte internationale Bemühungen entgegenzuwirken.

Quelle: Bulletin vom 21. 4. 1970, Nr. 54, S. 501 f.

293 — Treffen Brandt – Stoph in Kassel

Auszüge aus der Erklärung des Bundeskanzlers Willy Brandt gegenüber dem Vorsitzenden des Ministerrates der DDR, Willi Stoph, während der Vormittagssitzung in Kassel am 21. Mai 1970; 20-Punkte-Memorandum der Bundesregierung über die Grundsätze und Vertragselemente für die Regelung gleichberechtigter Beziehungen zwischen der Bundesrepublik Deutschland und der DDR

Herr Vorsitzender des Ministerrats, meine Herren!

Ich freue mich, Sie, sehr geehrter Herr Vorsitzender, und Ihre Begleitung hier in Kassel zu unserer zweiten Begegnung begrüßen zu können. Damit verbinde ich die Hoffnung, daß es uns trotz aller Meinungsverschiedenheiten in grundsätzlichen und in praktischen Fragen gelingen möge, Fortschritte zu erzielen ... [Unterbrechung des Bundeskanzlers durch den Vorsitzenden des Ministerrates der DDR]

Mir erscheint es nicht richtig, unser Treffen mit polemischen Erklärungen zu belasten. Deshalb begnüge ich mich jetzt damit, Ihnen zu versichern, daß Verdächtigungen und Unterstellungen, denen meine Regierung fast täglich ausgesetzt ist, weder der Sache dienen noch uns von unserer Überzeugung abbringen. Sie sind auch nicht geeignet, die öffentliche Meinung auf unserer Seite vorteilhaft zu beeinflussen ...

Wenn die DDR nichts anderes vorzutragen hätte als Anklagen und Beschuldigungen, als Forderungen und Bedingungen, dann würden wir der Bedeutung dieses Treffens, den Erwartungen der Menschen und unserer weitreichenden Aufgabe nicht gerecht.

In der Hoffnung und in der Annahme, daß dem nicht so ist, möchte ich Ihnen vorschlagen, daß wir den heutigen Tag dazu benutzen, um uns über die Aufnahme von Verhandlungen zu verständigen und Einzelheiten des Verfahrens abzusprechen. Zu den Abmachungen, die ich im Auge habe, sollte ein Vertrag gehören, der die Grundlage für die Regelung der Beziehungen zwischen unseren Staaten bildet. Die Bundesregierung hat für einen solchen Vertrag eine Reihe von Grundsätzen und Inhalten entwickelt und damit auch zu dem Entwurf Stellung genommen, den der Vorsitzende des Staatsrates der DDR am 18. Dezember 1969 dem Herrn Bundespräsidenten übermittelt hatte. An einige dieser Grundsätze, von denen ich Ihnen, Herr Vorsitzender, mit Schreiben vom 22. Januar 1970 Kenntnis gab, habe ich schon in Erfurt erinnert ...

Die Bundesregierung hat über die Elemente eines Vertrages zwischen unseren beiden Staaten ihre Vorstellungen entwickelt. Ich möchte sie Ihnen sogleich im einzelnen vortragen. Die Bundesregierung ist der Auffassung, daß die vertragliche Regelung unserer Beziehungen in einem unauflösbaren Wechselverhältnis zu dem Inhalt der vertraglichen und sonstigen Beziehungen zwischen unseren Staaten steht. So ist auf unserer Seite auch – bei allen sonstigen Unterschieden – der Vertragsentwurf der DDR verstanden worden.

Unsere Vorstellungen über Grundsätze und Vertragselemente für die Regelung gleichberechtigter Beziehungen zwischen der Bundesrepublik Deutschland und der Deutschen Demokratischen Republik lauten wie folgt:

1. Die Bundesrepublik Deutschland und die Deutsche Demokratische Republik, die in ihren Verfassungen auf die Einheit der Nation ausgerichtet sind, vereinbaren im Interesse des Friedens sowie der Zukunft und des Zusammenhalts der Nation einen Vertrag, der die Beziehungen zwischen den beiden Staaten in Deutschland regelt, die Verbindung zwischen der Bevölkerung und beiden Staaten verbessert und dazu beiträgt, bestehende Benachteiligungen zu beseitigen.

2. Der Vertrag soll in den verfassungsgemäß vorgesehenen Formen den gesetzgebenden Körperschaften beider Seiten zur Zustimmung zugeleitet werden.

3. Die beiden Seiten sollen ihren Willen bekunden, ihre Beziehungen auf der Grundlage der Menschenrechte, der Gleichberechtigung, des friedlichen Zusammenlebens und der Nichtdiskriminierung als allgemeinen Regeln des zwischenstaatlichen Rechts zu ordnen.

4. Beide Seiten unterlassen jede Androhung oder Anwendung von Gewalt gegeneinander und verpflichten sich, alle zwischen ihnen anhängigen Fragen mit friedlichen Mitteln zu lösen. Dies umschließt die Achtung der territorialen Integrität und der Grenzen.

5. Beide Seiten respektieren die Unabhängigkeit und Selbständigkeit jedes der zwei Staaten in Angelegenheiten, die ihre innere Hoheitsgewalt betreffen.

6. Keiner der beiden deutschen Staaten kann für den anderen handeln oder ihn vertreten.

7. Die vertragschließenden Seiten erklären, daß niemals wieder ein Krieg von deutschem Boden ausgehen darf.

8. Sie verpflichten sich, alle Handlungen zu unterlassen, die geeignet sind, das friedliche Zusammenleben der Völker zu stören.

9. Beide Seiten bekräftigen ihren Willen, alle Bemühungen um Abrüstung und Rüstungskontrolle zu unterstützen, die der Erhöhung der Sicherheit Europas dienen.

10. Der Vertrag muß von den Folgen des Zweiten Weltkrieges und von der besonderen Lage Deutschlands und der Deutschen ausgehen, die in zwei Staaten leben und sich dennoch als Angehörige *einer* Nation verstehen.

11. Die jeweiligen Verpflichtungen gegenüber der Französischen Republik, dem Vereinigten Königreich von Großbritannien und Nordirland, den Vereinigten Staaten von Amerika und der Union der Sozialistischen Sowjetrepubliken, die auf den besonderen Rechten und Vereinbarungen dieser Mächte über Berlin und Deutschland als Ganzes beruhen, bleiben unberührt.

12. Die Viermächte-Verhandlungen über Berlin und Deutschland werden respektiert. Das gleiche gilt für die Bindungen, die zwischen West-Berlin und der Bundesrepublik Deutschland entstanden sind.

Beide Seiten verpflichten sich, die Bemühungen der Vier Mächte um eine Normalisierung der Lage in und um Berlin zu unterstützen.

13. Beide Seiten werden prüfen, auf welchen Gebieten Kollisionen zwischen der Gesetzgebung der beiden Staaten bestehen; sie werden darauf hinwirken, daß Kollisionen beseitigt werden, um Nachteile für Bürger beider Staaten in Deutschland zu vermeiden. Dabei werden sie von dem Grundsatz ausgehen, daß die Hoheitsgewalt jeder Seite sich auf ihr Staatsgebiet beschränkt.

14. Der Vertrag soll Maßnahmen vorsehen, die den gegenseitigen Reiseverkehr erweitern und das Ziel der Freizügigkeit anstreben.

15. Die Probleme, die sich aus der Trennung von Familien ergeben, sollen einer Lösung zugeführt werden.

16. Den Kreisen und Gemeinden an der gemeinsamen Grenze sollte ermöglicht werden, die dort bestehenden Probleme nachbarschaftlich zu lösen.

17. Beide Seiten sollten ihre Bereitschaft bekräftigen, die Zusammenarbeit unter anderem auf den Gebieten des Verkehrs, des Post- und Fernmeldewesens, des Informationsaustauschs, der Wissenschaft, der Erziehung, der Kultur, der Umweltfragen und des Sports im Interesse des gegenseitigen Vorteils zu intensivieren und zu erweitern sowie Verhandlungen über die Einzelheiten aufzunehmen.

18. Für den Handel zwischen den beiden Seiten gelten weiterhin die bestehenden Abkommen, Beauftragungen und Vereinbarungen. Die Handelsbeziehungen sollen weiter ausgebaut werden.

19. Die beiden Regierungen ernennen Bevollmächtigte im Ministerrang und errichten Dienststellen für die Ständigen Beauftragten der Bevollmächtigten. Die Aufgaben der Bevollmächtigten und ihrer Beauftragten werden im einzelnen festgelegt. Ihnen werden am Sitz der jeweiligen Regierung Arbeitsmöglichkeiten gegeben und die notwendigen Erleichterungen und Vergünstigungen gewährt.

20. Die Bundesrepublik Deutschland und die Deutsche Demokratische Republik werden auf der Grundlage des zwischen ihnen zu vereinbarenden Vertrages die notwendigen Vorkehrungen treffen, um ihre Mitgliedschaft und Mitarbeit in internationalen Organisationen zu regeln.

Soweit, Herr Vorsitzender, der Wortlaut der Grundsätze und Elemente, den ich hiermit auch schriftlich überreiche. Diese Vorschläge sollten zusammen mit dem Vertragsentwurf der DDR und sonstigen Erklärungen und Anregungen, die jeder von uns vorgebracht hat oder weiterhin vorbringen will, Gegenstand des weiteren Meinungsaustausches sein. Dabei sollte auch geprüft werden, welche Fragen alsbald praktisch in Angriff genommen und gelöst werden können und welche Fragen nur im Zusammenhang mit der grundsätzlichen Regelung der Beziehungen zwischen den beiden Staaten behandelt werden können. Wir werden hierzu im Laufe der weiteren Verhandlungen konkrete Vorschläge machen.

In Erfurt hatte ich mich im einzelnen auch zu Berlin geäußert. Dem will ich jetzt nur folgendes hinzufügen: Die Bundesregierung begrüßt das begonnene Gespräch der Vier Mächte. Sie ist der Überzeugung, daß Fortschritte bei den Bemühungen um eine Normalisierung in und um Berlin auch für den weiteren Fortgang der Verhandlungen zwischen unseren beiden Regierungen bedeutend sein würden.

Im Augenblick möchte ich mich auf diese Bemerkungen beschränken. Ich gehe davon aus, daß Sie, Herr Vorsitzender, die Absicht haben, zunächst Ihrerseits eine Erklärung abzugeben. Danach sollten wir uns über den weiteren Ablauf des heutigen Tages verständigen.

Quelle: Bulletin vom 22. 5. 1970, Nr. 70, S. 669–671

Ansprache des Staatssekretärs des Auswärtigen Amts, Georg Ferdinand Duckwitz, anläßlich seines Ausscheidens aus dem Auswärtigen Dienst am 1. Juni 1970 (Auszüge)

Meine Damen und Herren, dieses unser Auswärtiges Amt ... ist ein ungemein fein und vielschichtig zusammengesetztes Instrumentarium. Es muß dies schon von seiner Aufgabe her sein, die ja eine grundsätzlich andere ist als die anderer Ministerien, was – wie wir wissen – eben diesen anderen Ministerien im allgemeinen schwerfällt, anzuerkennen. Der zweite Grund liegt in der menschlichen Komponente. Der Maßstab, den wir bei der Auswahl und bei der späteren weiteren Ausbildung unserer Mitarbeiter anlegen müssen, muß entsprechend der sie erwartenden und von ihnen zu bewältigenden Aufgaben ein anderer sein als der allgemein übliche. Ich habe mich immer mit Vehemenz dagegen gewehrt, wenn behauptet wird, das Auswärtige Amt und seine Mitglieder zögen aus diesen einfachen Feststellungen den Schluß, sie seien etwas »Besseres«, oder auch: in diesem Hause gebe sich die Elite des deutschen Beamtentums ein Stelldichein. Als ob Elite etwas wäre, was dem Inhaber eines Amtes automatisch zufällt, und nicht etwas, was durch Arbeit, innere Haltung und untadelige Gesinnung schwer erworben werden muß. Hüten wir uns vor derlei törichtem und dem Amt schädlichem Gerede, das nur dazu angetan ist, das ohnehin im Rampenlicht der Öffentlichkeit stehende Auswärtige Amt noch – im Sinne der Wochenblätter – »interessanter« zu machen, als uns allen lieb ist.

Die Aufgaben des Amts und damit notwendigerweise auch seiner Diener sind vielschichtig, kompliziert und allen Gebieten des Lebens verhaftet. Sicherlich haben auch wir Spezialisten und müssen sie haben, aber auch von ihnen kann sich keiner der Einsicht verschließen, daß seine Tätigkeit letztlich eine politische ist. Und jeder von Ihnen, ganz gleich, wo er seine Tätigkeit ausübt, ist ein Rad oder Rädchen in diesem großen politischen Getriebe, das reibungslos laufen muß, wenn es seine Aufgabe erfüllen soll, ein zuverlässiges Instrument in der Hand des Chefs der Behörde, des Ministers zu sein. Das ist in erster Linie die Aufgabe des Staatssekretärs, an deren Erfolg oder Mißerfolg er mit Recht gemessen wird. – Mir hat in meiner Amtsführung immer das Beispiel des alten preußischen Generalstabs vorgeschwebt: ein in sich geschlossenes, von selbstverständlicher Disziplin und kameradschaftlicher Verbundenheit getragenes Gebilde, das nach außen als eine anonyme Einheit auftritt, die in allen wichtigen Fragen nur einen Sprecher hat: den obersten Chef. Ich gebe zu, daß dieses Wunschbild möglicherweise den heute üblich gewordenen Methoden der Selbstdarstellung nicht mehr entspricht, aber wir sollten darauf hinarbeiten, daß das diesem Wunschbild zugrunde liegende Prinzip mehr Geltung bekommt. Es wäre dem Amt und seinen Aufgaben zuträglicher. Zugleich würde manche Quelle gestopft, aus der das mitunter recht trübe Wasser der Indiskretion und unverantwortlicher Schwätzereien fließt, die größeren Schaden anrichten als fehlerhafte Entschlüsse, die revidiert werden können...

Mir scheint, es sind vor allem zwei Stützen, die das Wesen unseres Dienstes kennzeichnen: das Gefühl der inneren Freiheit und die Bereitschaft zum Vertrauen. Der Dienst für und an der Freiheit bedingt die innerdienstliche Freiheit auch für uns; das gegenseitige Vertrauen bedingt Disziplin oder, besser gesagt, die Bereitschaft zur Loyalität. Bei Freiheit und Vertrauen tritt die Frage nach parteipolitischen und anderen Glaubensbekenntnissen in den Hintergrund. Wo Freiheit und Vertrauen bestehen, ist keine Gefahr für die Arbeits- und Leistungsfähigkeit des Auswärtigen Dienstes...

Quelle: Aus den Akten des Auswärtigen Amts

295   Zur deutschen Haltung im Nahost-Konflikt

Erlaß des Auswärtigen Amts über die Vertragsgrundlagen der deutschen Nahostpolitik vom 5. Juni 1970

1. Die Grundlagen der deutschen Nahostpolitik sind in der Regierungserklärung vom 28. Oktober 1969 Abschnitt XII Absatz 10 und 17 und in einer Reihe von Presseinterviews (vgl. Bulletin Nr. 153 vom 13. 12. 1969, S. 1297, und Nr. 4 vom 13. 1. 1970, S. 27) niedergelegt.

Sie orientiert sich im übrigen an folgenden Leitgedanken:
a) Die Mitverantwortung für den Frieden der Welt;
b) die Erhaltung und, wo notwendig, Wiedergewinnung der Freundschaft der arabischen Völker;
c) die Respektierung unseres tragischen Verhältnisses zum jüdischen Volk.

Sie wird erschwert durch die Verknüpfung der Beziehungen zu Israel und den arabischen Staaten mit dem Ost-West-Problem und der Spaltung Deutschlands. Unsere ausgezeichneten Beziehungen zu Jordanien – dem am schwersten vom Nahostkonflikt betroffenen arabischen Land – und zu anderen arabischen Ländern zeigen aber, daß gute Beziehungen zu Israel ein freundschaftliches Verhältnis zu arabischen Ländern nicht ausschließen. Die Bundesregierung bemüht sich, ihr Verhältnis zu den arabischen Staaten weiter zu verbessern. Dieser Wunsch ist auch von einer Reihe von arabischen Regierungen, zu denen wir keine diplomatischen Beziehungen unterhalten, zum Ausdruck gebracht worden.

2. Die Bundesregierung hat im Nahostkonflikt nicht Partei ergriffen. Wesentlicher Ausdruck dieser Politik ist die Ablehnung von Waffenlieferungen in das nahöstliche Spannungsgebiet. Sie hält die Nahostresolution des Sicherheitsrats vom 22. 11. 1967 für eine geeignete Grundlage zur friedlichen Lösung des Konflikts, sie tritt für ihre Durchführung ein, ohne jedoch zu einzelnen Elementen Stellung zu nehmen. Sie betont, daß wir die Entschließung in ihren verschiedenen Teilen als einen Kompromiß ansehen, der in seiner Gesamtheit betrachtet werden sollte. Diese Auffassung ist der arabischen und israelischen Seite bekannt. Die Bundesregierung unterstützt, wo immer möglich, alle Bemühungen um eine Lösung des Konflikts; ihre Einflußmöglichkeiten sind jedoch gering, da sie weder eine Großmacht noch in einer Reihe von arabischen Ländern hinreichend vertreten ist.

Quelle: Aus den Akten des Auswärtigen Amts

296 Vorbereitung der Moskauer Verhandlungen

Sechs Richtlinien des Bundeskabinetts für die deutsch-sowjetischen Verhandlungen, 7. Juni 1970

Die Bundesregierung wird sich bei den Verhandlungen über einen Gewaltverzicht mit der Sowjetunion von folgenden Erwartungen leiten lassen:

1. Die Beziehungen zwischen der BRD und der Sowjetunion sollen sich künftig genauso auf den Grundsatz des Verzichts auf Drohung mit Gewalt oder der Androhung von Gewalt stützen, wie es bisher schon zwischen der BRD und den drei Westmächten der Fall ist. Das gilt auch für die Unverletzlichkeit der territorialen Integrität aller Staaten und ihrer Grenzen.

Auch für Meinungsverschiedenheiten oder Streitfragen, die nach Abschluß eines Gewaltverzichtsabkommens noch bestehen, muß die Drohung mit Gewalt oder die Anwendung von Gewalt ausscheiden.

2. Die Haltung der Bundesregierung zur Berlin-Frage bleibt unberührt. Es wird davon ausgegangen, daß die Vier-Mächte-Verhandlungen dazu führen, die enge Verbindung zwischen der BRD und West-Berlin sowie den ungehinderten Zugang nach West-Berlin zu sichern. Ohne eine solche Sicherung wird ein Gewaltverzichtsvertrag nicht in Kraft gesetzt werden können.

3. Die Geltung der bestehenden Verträge und Vereinbarungen mit Dritten bleibt von dem zu schließenden Abkommen unberührt. Das schließt den Deutschlandvertrag ein.

4. Das Recht der Deutschen auf Selbstbestimmung wird durch den zu schließenden Ver-

trag nicht berührt. Das Grundgesetz, seine Präambel eingeschlossen, steht nicht zur Verhandlung.

5. Die Bundesregierung geht davon aus, daß die von ihr erstrebten Abkommen mit der Sowjetunion, mit Polen und anderen Staaten des Warschauer Paktes, insbesondere die Regelung der Beziehungen zur DDR auf der Grundlage der von ihr in Kassel vorgelegten 20 Punkte, zur Herstellung und Entwicklung normaler Beziehungen führen und betrachtet diese Politik für ein besseres Zusammenleben der Völker, zur Sicherung des Friedens in Europa als eine Einheit.

6. Die Bundesregierung stellt mit Befriedigung fest, daß diese Politik von den drei Westmächten, den Mitgliedstaaten der WEU und des Atlantischen Bündnisses voll gebilligt und unterstützt wird.

Quelle: »Der Vertrag vom 12. August 1970«, hrsg. vom Presse- und Informationsamt der Bundesregierung, Bonn 1970, S. 155 f.

---

297   Zur Freilassung des Botschafters von Holleben

Auszug aus einer Rede des Bundesministers des Auswärtigen, Walter Scheel, vor dem Deutschen Bundestag: Erklärung zur Freilassung des Botschafters Ehrenfried von Holleben, 17. Juni 1970

Herr Präsident! Meine sehr verehrten Damen, meine Herren!

Gestatten Sie mir, daß ich ... ein Wort zu dem uns allen beglückenden Ereignis sage, daß der seit Tagen von Entführern festgehaltene Botschafter der Bundesrepublik Deutschland Ehrenfried von Holleben wieder bei seiner Familie ist. Ich möchte der brasilianischen Regierung für die Zusammenarbeit in diesem Fall danken. Sie hat Gesichtspunkte der Innenpolitik gegenüber der Sorge um das Leben eines Diplomaten zurückgestellt. Sie hat das Völkerrecht vor das nationale Recht gestellt. Ich glaube, dafür sollten wir der brasilianischen Regierung danken ...

Quelle: Bulletin vom 19. 6. 1970, Nr. 84, S. 839

---

298   Bundeskanzler Brandt im Vatikan

Ansprache des Bundeskanzlers Willy Brandt anläßlich der Audienz bei Seiner Heiligkeit Papst Paul VI. am 13. Juli 1970

Eure Heiligkeit!

Es ist mir eine große Ehre, dem Heiligen Stuhl als Kanzler der Bundesrepublik Deutschland heute einen offiziellen Besuch abstatten zu können.

Mit besonderer Freude benutze ich diesen Anlaß, Eurer Heiligkeit die Gefühle der Verehrung zum Ausdruck zu bringen, die das deutsche Volk und die Bundesregierung für Ihre Person und Ihr großes Werk empfinden. Die Glückwünsche, die Eure Heiligkeit anläßlich des 50jährigen Priesterjubiläums aus allen Teilen der Welt empfangen haben, sind ein eindrucksvolles Zeugnis der Sympathie für das unermüdliche und erfolgreiche Wirken Eurer Heiligkeit zum Segen der Kirche und der Welt.

Die Mahnungen und Beschwörungen Eurer Heiligkeit zum Frieden und zum sozialen Ausgleich finden auch in Deutschland echten Widerhall und herzliche Zustimmung.

Wir teilen aus tiefster Überzeugung die Auffassung, daß in der von Spannungen und Unruhen erfüllten Gegenwart der Kampf um die Erhaltung des Friedens des vollen Einsatzes aller verantwortungsbewußten Kräfte bedarf.

Die Bundesregierung ist daher auch ihrerseits bemüht, mit allen ihr zur Verfügung stehenden friedlichen Mitteln an einer Minderung der Spannungen in der Welt mitzuarbeiten. In diesem Geiste hat sie, mit voller Billigung ihrer westlichen Verbündeten, den Versuch unternommen, ihren Beziehungen zu ihren östlichen Nachbarn nach jahrelanger Verhärtung eine neue Grundlage zu geben. Bei der Schwierigkeit der hier zu bewältigenden Probleme kann allerdings mit schnellen Lösungen nicht gerechnet werden.

Die Bundesregierung wird aber den von ihr eingeschlagenen Weg einer Entspannung weiterverfolgen, um auf diese Weise zu einer Lösung der im Herzen Europas noch offenen Probleme im Sinne der Menschlichkeit und des Ausgleichs beizutragen. Sie wird darüber hinaus den sozialen Problemen innerhalb und außerhalb ihrer Grenzen weiterhin ihre besondere Aufmerksamkeit zuwenden – ist doch eine echte Entwicklung aller Völker der beste Garant für den Frieden.

Das Verhältnis zwischen Kirche und Staat ist in der Bundesrepublik durch ein aufrichtiges Verständnis auf der Grundlage der bestehenden Vereinbarungen gekennzeichnet. Ich bin überzeugt, daß sich aufkommende Probleme auch in Zukunft im Geiste gegenseitiger Achtung und Verantwortung lösen lassen werden.

Die Fortschritte auf dem Gebiete der Ökumenischen Bewegung, die gerade auch Eurer Heiligkeit ein Herzensanliegen sind, haben in Deutschland, einem Lande, in dem die beiden christlichen Bekenntnisse etwa gleich stark vertreten sind, ein lebhaftes Echo gefunden. Diese Fortschritte tragen bei zu einem tieferen Verständnis zwischen den verschiedenen Kirchen und ihrer gemeinsamen Verantwortung bei der Lösung ihrer weltweiten Aufgaben.

Mit besonderer Dankbarkeit gedenkt das deutsche Volk des Verständnisses, das seine Probleme und Sorgen stets bei Eurer Heiligkeit gefunden haben. Auf unzähligen Gebieten, innerhalb und außerhalb seiner Grenzen, arbeitet es an den großen Werken der Kirche mit. Es ist sein tiefempfundener Wunsch, daß das unermüdliche Wirken Eurer Heiligkeit im Dienste des Friedens zum Segen der ganzen Menschheit gereichen möge.

Quelle: Bulletin vom 15. 7. 1970, Nr. 96, S. 941

299 Der deutsche Standpunkt zu Cabora Bassa

Aide-mémoire des Auswärtigen Amts zum Projekt des Staudammes Cabora Bassa vom 11. August 1970

I.

1. Die Bundesrepublik Deutschland bekennt sich zu den universalen Prinzipien des Selbstbestimmungsrechts der Völker und der Rassengleichheit. Andernfalls müßte sie die Grundlage ihrer Deutschlandpolitik verleugnen und würde sich mit ihrer eigenen Verfassung in Widerspruch setzen, die jede Rassendiskriminierung in Deutschland ausdrücklich verbietet.

Sie hat sich daher dem 1963 gefaßten Beschluß des Sicherheitsrates der Vereinten Nationen gegen die Apartheidpolitik Südafrikas angeschlossen und ist dem Internationalen Übereinkommen der Vereinten Nationen zur Beseitigung jeder Form der Rassendiskriminierung beigetreten.

2. Die Bundesrepublik Deutschland liefert keine Waffen in das südliche Afrika.

Gegen Südafrika hat die deutsche Regierung bereits vor den entsprechenden Entschließungen des Sicherheitsrates der Vereinten Nationen ein umfassendes Waffenembargo verhängt, das sich auf Waffen und Maschinen zu ihrer Herstellung erstreckt; sie denkt auch nicht daran, dieses Embargo aufzuheben oder zu lockern.

Die Bundesrepublik Deutschland liefert weder Waffen in die portugiesischen Gebiete in Afrika noch Waffen zur Verwendung in diesen Gebieten. Portugal erhält von ihr nur im Rahmen des NATO-Bündnisses Waffen. Diese Lieferungen sind an die Bedingungen geknüpft, daß die Waffen nicht in Afrika verwendet werden (Endverbleibsklausel). Auf der anderen Seite geht die deutsche Regierung davon aus, daß die Bedeutung der NATO für die Sicherheit Europas auch in Afrika erkannt wird.

3. Wo es zu multilateralen Entscheidungen gekommen ist, wie bei den vom Sicherheitsrat beschlossenen Wirtschaftssanktionen gegen Rhodesien, hat sich die Bundesrepublik Deutschland diesen vorbehaltlos angeschlossen und sie strikt durchgeführt. Anfang März d. J. hat sie auch ihr Generalkonsulat in Salisbury und das Wahlkonsulat in Bulawayo geschlossen.

4. Die Bundesrepublik Deutschland unterstützt humanitäre Aktionen der Vereinten Nationen und andere Organisationen zugunsten der Menschen im südlichen Afrika. So hat sie u. a. einen Beitrag zum Erziehungs- und Ausbildungsfonds der Vereinten Nationen für Flüchtlinge aus dem südlichen Afrika geleistet.

5. Die Bundesrepublik Deutschland kann die Verhältnisse im südlichen Afrika nicht von sich aus ändern oder entscheidend beeinflussen. Nur eine Politik der Entspannung und der Beseitigung von Rassenschranken kann die Probleme dieser Region lösen. Die deutsche Regierung wird diesen Zielen weiterhin ihre volle Unterstützung leihen.

II.

Die Bundesrepublik Deutschland hat seit langem die Erfahrung gewonnen, daß man Handel und Politik grundsätzlich nicht miteinander koppeln soll. Deshalb führt sie ihre Wirtschaftsbeziehungen selbst zu solchen Staaten fort, mit denen sie erhebliche politische Kontroversen hat; sie macht sie jedenfalls nicht davon abhängig, ob ihr die politische und gesellschaftliche Ordnung anderer Länder oder deren internationale Politik zusagen.

Es liegt nach deutscher Auffassung übrigens im Interesse aller Nationen – nicht nur der Industrieländer –, daß sich der internationale Handel ungehemmt von Schranken und Behinderungen aller Art entfalten kann. Auf dieses Ziel wirkt die deutsche Regierung in allen internationalen Gremien hin. So tritt sie für weltweite Präferenzen zugunsten der Entwicklungsländer ein.

Für die großen Handelsnationen ist es ein Gebot der Sicherung ihrer Existenz, daß sie ihre Wirtschaftsbeziehungen von politischen Wertungen freihalten. Nur ein weltweiter und freier Handelsverkehr setzt sie überdies instand, im größtmöglichen Umfang Entwicklungshilfe an die Länder der Dritten Welt zu geben, diese Leistungen weiter zu steigern und dazu beizutragen, daß das große Vorhaben der zweiten Entwicklungsdekade zu einem weltweiten Erfolg wird.

III.

Die deutschen Ausfuhrbürgschaften sind ein Instrument der Exportförderung, Maßnahmen dieser Art sind heute in allen exportorientierten Industrieländern üblich und schaffen für die deutsche Industrie die gleiche Wettbewerbssituation, wie sie für die ausländische Konkurrenz besteht. Diese Bürgschaften werden nach wirtschaftlichen, nicht nach politischen Gesichtspunkten gewährt und bedeuten genausowenig wie die ihnen zugrunde liegenden Liefergeschäfte eine Billigung der politischen Situation im Bestellerland. Die deutsche Regierung tritt hierbei lediglich als Versicherer auf, um den deutschen Exporteuren gegen Prämienzahlung einen Teil des Risikos abzunehmen, das jedes Ausfuhrgeschäft mit sich bringt.

IV.

Von den Bürgschaften streng zu unterscheiden ist die deutsche Entwicklungshilfe, die für nicht-selbständige Gebiete nicht gegeben wird.

Seit Erlangung ihrer Unabhängigkeit haben die afrikanischen Staaten von der Bundesrepublik Deutschland umfangreiche technische Hilfe und Kapitalhilfe erhalten. Die deutsche Regierung wird diese Hilfe in Zukunft verstärkt fortsetzen.

V.

Das Cabora-Bassa-Projekt wurde international ausgeschrieben. Um den Auftrag bemühten sich mehrere internationale Konsortien. Der Zuschlag fiel schließlich an das Konsortium, an dem auch deutsche Firmen beteiligt sind.

Die Bundesregierung hat Ende 1967 dem Antrag deutscher Firmen stattgegeben, die geplanten Lieferungen und die dafür vorgesehene langfristige Finanzierung durch Bundesbürgschaften abzusichern. Weder damals noch in der Folgezeit wurden von afrikanischer Seite Bedenken erhoben. Sie werden seit Mitte vorigen Jahres geltend gemacht. Inzwischen ist die deutsche Regierung durch ihre Zusagen bereits rechtlich gebunden und auch der französischen Regierung gegenüber im Wort. Lieferungen der beteiligten Firmen haben im Vertrauen auf diese Zusage inzwischen begonnen.

Der Cabora-Bassa-Damm benötigt ein halbes Jahrzehnt bis zu seiner Fertigstellung und weitere Jahrzehnte, um sich wirtschaftlich voll auszuwirken. Die Bundesregierung hofft und wünscht, daß sich in diesem Zeitraum die wirtschaftliche, politische und soziale Lage im gesamten Einzugsbereich des Dammes ändern und bessern wird. Sie legt daher auch besonderen Wert auf enge wirtschaftliche Zusammenarbeit mit den Staaten im südlichen und südöstlichen Afrika, die ihre Unabhängigkeit errungen haben.

Quelle: Aus den Akten des Auswärtigen Amts

300   Der deutsch-sowjetische Vertrag vom 12. August 1970

Der Wortlaut des Vertrages zwischen der Bundesrepublik Deutschland und der Union der Sozialistischen Sowjetrepubliken vom 12. August 1970 sowie die Dokumente [1]: *Brief zur deutschen Einheit und Note der Bundesrepublik Deutschland an die drei Westmächte.*

Die Hohen Vertragschließenden Parteien
in dem Bestreben, zur Festigung des Friedens und der Sicherheit in Europa und in der Welt beizutragen,
in der Überzeugung, daß die friedliche Zusammenarbeit zwischen den Staaten auf der Grundlage der Ziele und Grundsätze der Charta der Vereinten Nationen den sehnlichen Wünschen der Völker und den allgemeinen Interessen des internationalen Friedens entspricht,
in Würdigung der Tatsache, daß die früher von ihnen verwirklichten vereinbarten Maßnahmen, insbesondere der Abschluß des Abkommens vom 13. September 1955 über die Aufnahme der diplomatischen Beziehungen, günstige Bedingungen für neue wichtige Schritte zur Weiterentwicklung und Festigung ihrer gegenseitigen Beziehungen geschaffen haben,
in dem Wunsche, in vertraglicher Form ihrer Entschlossenheit zur Verbesserung und Erweiterung der Zusammenarbeit zwischen ihnen Ausdruck zu verleihen, einschließlich der wirtschaftlichen Beziehungen sowie der wissenschaftlichen, technischen und kulturellen Verbindungen, im Interesse beider Staaten,
sind wie folgt übereingekommen:

Artikel 1

Die Bundesrepublik Deutschland und die Union der Sozialistischen Sowjetrepubliken betrachten es als wichtiges Ziel ihrer Politik, den internationalen Frieden aufrechtzuerhalten und die Entspannung zu erreichen.

Sie bekunden ihr Bestreben, die Normalisierung der Lage in Europa und die Entwicklung friedlicher Beziehungen zwischen allen europäischen Staaten zu fördern, und gehen dabei von der in diesem Raum bestehenden wirklichen Lage aus.

Artikel 2

Die Bundesrepublik Deutschland und die Union der Sozialistischen Sowjetrepubliken werden sich in ihren gegenseitigen Beziehungen sowie in Fragen der Gewährleistung der europäischen und der internationalen Sicherheit von den Zielen und Grundsätzen, die in der Charta der Vereinten Nationen niedergelegt sind, leiten lassen. Demgemäß werden sie ihre Streitfragen ausschließlich mit friedlichen Mitteln lösen und übernehmen die Verpflichtung, sich in Fragen, die die Sicherheit in Europa und die internationale Sicherheit berühren, sowie in ihren gegenseitigen Beziehungen gemäß Artikel 2 der Charta der Vereinten Nationen der Drohung mit Gewalt oder der Anwendung von Gewalt zu enthalten.

Artikel 3

In Übereinstimmung mit den vorstehenden Zielen und Prinzipien stimmen die Bundesrepublik Deutschland und die Union der Sozialistischen Sowjetrepubliken in der Erkenntnis überein, daß der Friede in Europa nur erhalten werden kann, wenn niemand die gegenwärtigen Grenzen antastet.

- Sie verpflichten sich, die territoriale Integrität aller Staaten in Europa in ihren heutigen Grenzen uneingeschränkt zu achten;
- sie erklären, daß sie keine Gebietsansprüche gegen irgend jemand haben und solche in Zukunft auch nicht erheben werden;
- sie betrachten heute und künftig die Grenzen aller Staaten in Europa als unverletzlich, wie sie am Tage der Unterzeichnung dieses Vertrages verlaufen, einschließlich der Oder-Neiße-Linie, die die Westgrenze der Volksrepublik Polen bildet, und der Grenze zwischen der Bundesrepublik Deutschland und der Deutschen Demokratischen Republik.

Artikel 4

Dieser Vertrag zwischen der Bundesrepublik Deutschland und der Union der Sozialistischen Sowjetrepubliken berührt nicht die von ihnen früher abgeschlossenen zweiseitigen und mehrseitigen Verträge und Vereinbarungen.

Artikel 5

Dieser Vertrag bedarf der Ratifikation und tritt am Tage des Austausches der Ratifikationsurkunden in Kraft, der in Bonn stattfinden soll.

Geschehen zu Moskau
am 12. August 1970 in zwei Urschriften, jede in deutscher und russischer Sprache, wobei jeder Wortlaut gleichermaßen verbindlich ist.

Für die Bundesrepublik Deutschland	Für die Union der Sozialistischen Sowjetrepubliken
Willy Brandt *Walter Scheel*	*Alexej N. Kossygin* *Andrej A. Gromyko*

Brief zur deutschen Einheit

Die Bundesregierung übergab anläßlich der Vertragsunterzeichnung im sowjetischen Außenministerium folgenden Brief:

Sehr geehrter Herr Minister,
im Zusammenhang mit der heutigen Unterzeichnung des Vertrages zwischen der Bundesrepublik Deutschland und der Union der Sozialistischen Sowjetrepubliken beehrt sich die Regierung der Bundesrepublik Deutschland festzustellen, daß dieser Vertrag nicht im Widerspruch zu dem politischen Ziel der Bundesrepublik Deutschland steht, auf einen Zustand des Friedens in Europa hinzuwirken, in dem das deutsche Volk in freier Selbstbestimmung seine Einheit wiedererlangt.
Genehmigen Sie, Herr Minister, die Versicherung meiner ausgezeichnetsten Hochachtung.

Walter Scheel

Note der
Bundesrepublik Deutschland
an die drei Westmächte

Den Botschaftern der drei Westmächte in Moskau wurden am 7. August 1970, noch vor Paraphierung des Vertrages zwischen der Bundesrepublik Deutschland und der Union der Sozialistischen Sowjetrepubliken, gleichlautende Verbalnoten übergeben.
Nachstehend der Text der Verbalnote der Botschaft der Bundesrepublik Deutschland an die Botschaft der Vereinigten Staaten von Amerika:

Botschaft
der
Bundesrepublik Deutschland
in Moskau   7. August 1970

Die Botschaft der Bundesrepublik Deutschland begrüßt die Botschaft der Vereinigten Staaten von Amerika und hat die Ehre, im Auftrag ihrer Regierung folgende Note mit der Bitte zu übergeben, den Inhalt derselben auf dem schnellsten Wege der Regierung der Vereinigten Staaten zur Kenntnis zu bringen:
Die Regierung der Bundesrepublik Deutschland beehrt sich, im Zusammenhang mit der bevorstehenden Unterzeichnung eines Vertrages zwischen der Bundesrepublik Deutschland und der Union der Sozialistischen Sowjetrepubliken folgendes mitzuteilen:

Der Bundesminister des Auswärtigen hat im Zusammenhang mit den Verhandlungen den Standpunkt der Bundesregierung hinsichtlich der Rechte und Verantwortlichkeiten der Vier Mächte in bezug auf Deutschland als Ganzes und Berlin dargelegt.
Da eine friedensvertragliche Regelung noch aussteht, sind beide Seiten davon ausgegangen, daß der beabsichtigte Vertrag die Rechte und Verantwortlichkeiten der Französischen Republik, des Vereinigten Königreichs von Großbritannien und Nordirland, der Union der Sozialistischen Sowjetrepubliken und der Vereinigten Staaten von Amerika nicht berührt.
Der Bundesminister des Auswärtigen hat in diesem Zusammenhang dem sowjetischen Außenminister am 6. August 1970 erklärt:
Die Frage der Rechte der Vier Mächte steht in keinem Zusammenhang mit dem Vertrag, den die Bundesrepublik Deutschland und die Union der Sozialistischen Sowjetrepubliken abzuschließen beabsichtigen, und wird von diesem auch nicht berührt.

763

Der Außenminister der Union der Sozialistischen Sowjetrepubliken hat darauf die folgende Erklärung abgegeben:

Die Frage der Rechte der Vier Mächte war nicht Gegenstand der Verhandlungen mit der Bundesrepublik Deutschland.

Die Sowjetregierung ging davon aus, daß die Frage nicht erörtert werden sollte.

Die Frage der Rechte der Vier Mächte wird auch von dem Vertrag, den die UdSSR und die Bundesrepublik Deutschland abzuschließen beabsichtigen, nicht berührt. Dies ist die Stellungnahme der Sowjetregierung zu dieser Frage.

Die Botschaft der Bundesrepublik Deutschland benutzt auch diesen Anlaß, die Botschaft der Vereinigten Staaten von Amerika ihrer ausgezeichneten Hochachtung zu versichern.

Gleichlautende Noten wurden an die Französische Botschaft in Moskau sowie an die Botschaft des Vereinigten Königreichs von Großbritannien und Nordirland in Moskau gesandt.

[1] *Vgl. hierzu auch die im sogenannten Bahrpapier zusammengefaßte gemeinsame Verhandlungsgrundlage:*
1. Die Bundesrepublik Deutschland und die Union der Sozialistischen Sowjetrepubliken betrachten es als wichtiges Ziel ihrer Politik, den internationalen Frieden aufrechtzuerhalten und die Entspannung zu erreichen.
Sie bekunden ihr Bestreben, die Normalisierung der Lage in Europa zu fördern, und gehen hierbei von der in diesem Raum bestehenden wirklichen Lage und der Entwicklung friedlicher Beziehungen auf dieser Grundlage zwischen allen europäischen Staaten aus.
2. Die Bundesrepublik Deutschland und die Union der Sozialistischen Sowjetrepubliken werden sich in ihren gegenseitigen Beziehungen sowie in Fragen der Gewährleistung der europäischen und internationalen Sicherheit von den Zielen und Prinzipien, die in der Satzung der Vereinten Nationen niedergelegt sind, leiten lassen.
Demgemäß werden sie ihre Streitfragen ausschließlich mit friedlichen Mitteln lösen und übernehmen die Verpflichtung, sich in Fragen, die die europäische Sicherheit berühren, sowie in ihren bilateralen Beziehungen gemäß Artikel 2 der Satzung der Vereinten Nationen, der Drohung mit Gewalt oder der Anwendung von Gewalt zu enthalten.
3. Die BRD und die SU stimmen in der Erkenntnis überein, daß der Friede in Europa nur erhalten werden kann, wenn niemand die gegenwärtigen Grenzen antastet.
Sie verpflichten sich, die territoriale Integrität aller Staaten in Europa in ihren heutigen Grenzen uneingeschränkt zu achten.
Sie erklären, daß sie keine Gebietsansprüche gegen irgend jemand haben und solche in Zukunft auch nicht erheben werden.
Sie betrachten heute und künftig die Grenzen aller Staaten in Europa als unverletzlich, wie sie am Tage der Unterzeichnung dieses Abkommens verlaufen, einschließlich der Oder-Neiße-Linie, die die Westgrenze der Volksrepublik Polen bildet, und der Grenze zwischen der BRD und der DDR.
4. Das Abkommen zwischen der Bundesrepublik Deutschland und der Union der Sozialistischen Sowjetrepubliken berührt nicht die früher abgeschlossenen zweiseitigen und mehrseitigen Verträge und Abkommen beider Seiten.
5. Zwischen der Regierung der Bundesrepublik Deutschland und der Regierung der Union der Sozialistischen Sowjetrepubliken besteht Einvernehmen darüber, daß das von ihnen zu schließende Abkommen über . . . (einzusetzen die offizielle Bezeichnung des Abkommens) und entsprechende Abkommen (Verträge) der Bundesrepublik Deutschland mit anderen sozialistischen Ländern, insbesondere die Abkommen (Verträge) mit der Deutschen Demokratischen Republik (vgl. Ziffer 6), der Volksrepublik Polen und der Tschechoslowakischen Sozialistischen Republik (vgl. Ziffer 8), ein einheitliches Ganzes bilden.
6. Die Regierung der Bundesrepublik Deutschland erklärt ihre Bereitschaft, mit der Regierung der Deutschen Demokratischen Republik ein Abkommen zu schließen, das die zwischen Staaten übliche gleiche verbindliche Kraft haben wird wie andere Abkommen, die die Bundesrepublik Deutschland und die Deutsche Demokratische Republik mit dritten Ländern schließen. Demgemäß will sie ihre Beziehungen zur Deutschen Demokratischen Republik auf der Grundlage der vollen Gleichberechtigung, der Nichtdiskriminierung, der Achtung der Unabhängigkeit und der Selbständigkeit jedes der beiden Staaten in Angelegenheiten, die ihre innere Kompetenz in ihren entsprechenden Grenzen betreffen, gestalten.
Die Regierung der Bundesrepublik Deutschland geht davon aus, daß sich auf dieser Grundlage, nach der keiner der beiden Staaten den anderen im Ausland vertreten oder in seinem Namen handeln kann, die Beziehungen der Deutschen Demokratischen Republik und der Bundesrepublik Deutschland zu dritten Staaten entwickeln werden.
7. Die Regierung der Bundesrepublik Deutschland und die Regierung der Union der Sozialistischen Sowjetrepubliken bekunden ihre Bereitschaft, im Zuge der Entspannung in Europa und im Interesse der Verbesserung der Beziehungen zwischen den europäischen Ländern, insbesondere zwischen der Bundesrepublik Deutschland und der Deutschen Demokratischen Republik, Schritte zu unternehmen, die sich aus ihrer entsprechenden Stellung ergeben, um den Beitritt der Bundesrepublik Deutschland und der Deutschen Demokratischen Republik zur Organisation der Vereinten Nationen und zu deren Sonderorganisationen zu fördern.
8. Zwischen der Regierung der Bundesrepublik Deutschland und der Regierung der Union der Sozialistischen Sowjetrepubliken besteht Einvernehmen darüber, daß die mit der Ungültigkeit des Münchener Abkommens verbundenen Fragen in Verhandlungen zwischen der Bundesrepublik Deutschland und der Tschechoslowakischen Sozialistischen Republik in einer für beide Seiten annehmbaren Form geregelt werden sollen.

9. Die Regierung der Bundesrepublik Deutschland und die Regierung der Union der Sozialistischen Sowjetrepubliken werden die wirtschaftlichen, wissenschaftlich-technischen, kulturellen und sonstigen Beziehungen zwischen der Bundesrepublik Deutschland und der Union der Sozialistischen Sowjetrepubliken im Interesse beider Seiten und der Festigung des Friedens in Europa fortentwickeln.

10. Die Regierung der Bundesrepublik Deutschland und die Regierung der Union der Sozialistischen Sowjetrepubliken begrüßen den Plan einer Konferenz über Fragen der Festigung der Sicherheit und Zusammenarbeit in Europa und werden alles von ihnen Abhängende für ihre Vorbereitung und erfolgreiche Durchführung tun.

Quelle: »Der Vertrag vom 12. August 1970«, hrsg. vom Presse- und Informationsamt der Bundesregierung, Bonn 1970, S. 7–19

---

301   Der Vertrag von Moskau und die deutsche Ostpolitik

Antwortbrief des Bundeskanzlers Willy Brandt an den Vorsitzenden der CDU/CSU-Fraktion des Deutschen Bundestages, Dr. Rainer Barzel, vom 15. August 1970

Sehr geehrter Herr Kollege Barzel,
entsprechend meiner Zusage in unserem Gespräch am 10. August habe ich Ihr Schreiben vom gleichen Tage [1] dem Kabinett in seiner Sitzung vom 11. August zur Kenntnis gebracht.

Nach eingehender Prüfung des von Bundesminister Scheel ausgehandelten und am 7. August 1970 paraphierten Vertragsentwurfs und der in diesem Zusammenhang bedeutsamen politischen und rechtlichen Fragen, unter Berücksichtigung des Grundgesetzes, unserer vertraglichen Bindungen und der Haltung unserer Verbündeten sowie in Abwägung der ihr zur Kenntnis gebrachten Einstellung der im Deutschen Bundestag vertretenen Parteien ist die Bundesregierung zu der Überzeugung gelangt, daß die Unterzeichnung des Vertrages den Interessen des deutschen Volkes und der Bundesrepublik Deutschland dient. Ich habe daher zusammen mit dem Bundesminister des Auswärtigen den Vertrag zwischen der Bundesrepublik Deutschland und der Sowjetunion am 12. August 1970 in Moskau für die Bundesrepublik Deutschland unterzeichnet. Er wird zu gegebener Zeit gemäß Artikel 59 Abs. 2 des Grundgesetzes den gesetzgebenden Körperschaften zur Zustimmung unterbreitet werden.

Die Bundesregierung sieht in dem Abschluß dieses Vertrages einen ersten Schritt zur Erfüllung ihrer in der Regierungserklärung vom 28. Oktober 1969 verkündeten Politik. »Unser nationales Interesse erlaubt es nicht, zwischen dem Westen und dem Osten zu stehen. Unser Land braucht die Zusammenarbeit und die Abstimmung mit dem Westen und die Verständigung mit dem Osten. Das deutsche Volk braucht den Frieden im vollen Sinne dieses Wortes auch mit den Völkern der Sowjetunion und allen Völkern des europäischen Ostens.«

In diesem Sinne beabsichtigt sie, auch mit den Regierungen Polens und der Tschechoslowakei vertragliche Vereinbarungen abzuschließen.

Im Verfolg ihrer in der Regierungserklärung verkündeten und bei den Begegnungen von Erfurt und Kassel bekräftigten Deutschlandpolitik strebt die Bundesregierung an, mit der Regierung der DDR zu einer vertraglichen Regelung ihrer Beziehungen zu gelangen.

Die Bundesregierung unterstützt die Bemühungen der vier für Deutschland als Ganzes und Berlin verantwortlichen Mächte, zu einer befriedigenden Regelung der Lage in und um Berlin zu gelangen; sie ist überzeugt, daß die am 12. August 1970 erfolgte Unterzeichnung des Vertrages mit der Sowjetunion dies fördern wird.

Die Bundesregierung hofft, bei der künftigen Behandlung dieser Verträge und Regelungen im Parlament eine breite Mehrheit zu finden. Sie ist schon aus diesem Grund bereit, Ihrem Vorschlag zu entsprechen und alsbald in vertrauliche Gespräche einzutreten, um eine Verständigung über die den Interessen unseres Volkes und Landes entsprechende Politik in den genannten Bereichen zu suchen.

Ich schlage vor, daß wir im September hierüber miteinander in Verbindung treten.

> Mit vorzüglicher Hochachtung
> Ihr
> gez. Brandt

---

[1] Schreiben des CDU/CSU-Fraktionsvorsitzenden Dr. Rainer Barzel an Bundeskanzler Willy Brandt vom 10. August 1970

Hochverehrter Herr Bundeskanzler!

Die CDU/CSU-Bundestagsfraktion hat in dem beigefügten einstimmigen Beschluß vom 26. Mai 1970 zur Europapolitik nach Westen und nach Osten Stellung genommen. Dieser Beschluß bleibt die Richtschnur unserer Entscheidungen.

Von Anfang an haben wir die Bemühungen um die schnellere und vollständigere Vereinigung des freien Europa und die um Ausgleich mit den Staaten Mittel- und Osteuropas als Einheit angesehen. Auch die Bemühungen der Bundesregierung um die Festigung des freien Berlin, die Verbesserung der Lage in ganz Deutschland, die beabsichtigten Verträge mit der Sowjetunion, mit Polen und der Tschechoslowakei haben wir immer im Zusammenhang beurteilt. Auch daran halten wir fest.

Deshalb hatten wir der Bundesregierung empfohlen, die Unterschrift unter einen paraphierten deutsch-sowjetischen Vertrag erst zu leisten, wenn in den anderen Bereichen, vor allem hinsichtlich Berlins und der innerdeutschen Probleme, befriedigende Lösungen vorliegen.

Wir sind bereit, in vertraulichen Gesprächen mit der Bundesregierung im einzelnen darzulegen, was nach Meinung der CDU/CSU-Bundestagsfraktion unter befriedigenden Lösungen dieser Fragen zu verstehen ist, und eine Verständigung darüber herbeizuführen.

Der deutsch-sowjetische Vertragsentwurf erfüllt zwar einige Erwartungen der CDU/CSU-Bundestagsfraktion, läßt aber entscheidende Bedenken fortbestehen. Die CDU/CSU-Bundestagsfraktion vermag ein ausgewogenes Verhältnis von Leistung der Bundesrepublik Deutschland und Gegenleistung der Sowjetunion bisher nicht zu erkennen. Sie sieht für die Menschen im gespaltenen Deutschland noch keinen Vorteil. Anders als bei der Politik früherer Bundesregierungen, die z. B. zur Aussöhnung mit Frankreich führten und dabei die Grundlage für die Schaffung der Europäischen Gemeinschaften legten, vermögen wir in dem deutsch-sowjetischen Vertragsentwurf konstruktive, in die Zukunft gerichtete Elemente und Prinzipien einer besseren, friedlichen Ordnung für alle Europäer nicht zu erkennen.

Dieser Vertragsentwurf, sein Text, seine Interpretationen, seine Folgewirkungen und die Zusammenhänge bedürfen sorgfältiger Prüfung. Das erfordert die vertrauliche Kenntnis der Vorgänge und der Protokolle. Der Vertrag kann abschließend erst beurteilt werden, wenn diese Prüfung erfolgt ist und Ergebnisse auch hinsichtlich Berlins, hinsichtlich der innerdeutschen Fragen, Polens und der Tschechoslowakei vorliegen. Die Bundesregierung selbst hält das Inkraftsetzen eines solchen Vertrages erst nach einer befriedigenden Berlinlösung für möglich. Wir fordern die Bundesregierung auf – auch im Hinblick auf den in den Gesprächen mit der Sowjetunion als verbindliche Absichtserklärung niedergelegten Leitsatz Nr. 1, nach dem alle ostpolitischen Abmachungen eine Einheit bilden – dem Bundestag alle diese Verabredungen und Verträge als einheitliches Ganzes vorzulegen. Die CDU/CSU-Bundestagsfraktion jedenfalls wird alle Einzelheiten aus den Zusammenhängen beurteilen und sieht auch deshalb den Zeitpunkt eines endgültigen Votums zum Entwurf eines deutsch-sowjetischen Vertrags nicht gekommen.

Unser Urteil wird, wie wir immer wieder betont haben, sich danach richten, ob die deutsche Frage in der Substanz offenbleibt, ob eine Verbesserung der Beziehungen, eine Minderung bestehender Spannungen und Verbesserungen für die Menschen erreicht werden.

Ausdrücklich betonen wir nochmals, daß die Vereinigung des freien Europa und die Pflege der Atlantischen Allianz für uns die Basis jeder Ostpolitik ist und bleibt. Unser Gesamturteil wird auch davon bestimmt sein, ob Fortschritte in diesen Bereichen möglich werden. (Quelle: Bulletin vom 12. 8. 1970, Nr. 107, S. 1069)

Quelle: Bulletin vom 17. 8. 1970, Nr. 109, S. 1156

---

302 Bundesaußenminister Scheel zur Ratifizierung des Moskauer Vertrages

Erklärung des Bundesministers des Auswärtigen, Walter Scheel, vor dem Deutschen Bundestag zur Ostpolitik am 9. Oktober 1970 (Auszüge)

Ich habe, meine verehrten Damen und Herren, in New York über 30 Gespräche geführt, beginnend mit dem Generalsekretär der UNO, auch mit vielen dort sich aufhaltenden Außenministern. Wenn ich den Eindruck dieser Gespräche vorwegnehmen darf, dann muß ich besonders dies sagen: Alle Gesprächspartner sehen in unserer Ostpolitik – und diese Ostpolitik ist ein Begriff geworden, der auch in Fremdsprachen in Deutsch ausgedrückt

wird – einen wesentlichen Beitrag zur Entspannung. Alle unsere Gesprächspartner wissen aber, daß diese Ostpolitik nicht isoliert steht, sondern daß sie die Ergänzung unserer Westpolitik ist, die auf dem Gedanken der Allianz und der Integration unverändert fest aufbaut.
(Beifall bei den Regierungsparteien.)

Natürlich stand das Deutschlandthema im Mittelpunkt der Gespräche, und die Frage Berlin wurde von allen Gesprächspartnern nicht nur berührt, sondern mit großem Ernst diskutiert. Auch die übrige Welt – das kann man sogar generalisieren – hat begriffen, daß es von dem Zustandekommen einer befriedigenden Berlinregelung abhängt, ob die von uns praktizierte Politik der Auflockerung den osteuropäischen Ländern gegenüber das Ziel, der Entspannung zu dienen und Entspannung herbeizuführen, erreicht oder nicht, ob sich nach 25 Jahren im europäischen Ost-West-Verhältnis tatsächlich jener Wandel abzeichnet, den die Völker dieses Kontinents nach den schrecklichen Erfahrungen zerstörerischer Kriege alle so sehr herbeisehnen.
(Beifall bei der SPD.)

Die Bundesregierung ist davon überzeugt, daß ein positives Resultat der Viererverhandlungen über Berlin möglich ist, ein Resultat, das dann den Weg zu einer tiefgreifenden atmosphärischen Verbesserung im Verhältnis auch zu unseren östlichen Nachbarn freilegen würde. Uns, meine Damen und Herren, liegt an dieser Berlin-Regelung um so mehr, als eine Ratifizierung des Moskauer Vertrags durch uns erst möglich ist, wenn eine befriedigende Regelung des Berlinproblems erfolgt ist.
(Beifall bei den Regierungsparteien.)

Ich stelle damit kein juristisches Junktim
(Zuruf von der CDU/CSU: Was heißt das?)
zwischen Moskauer Vertrag und Berlin-Resultat her. Daß aber ein enger politischer Zusammenhang zwischen den Einzelverhandlungen über die einzelnen Teile der von uns angestrebten vertraglichen Gesamtplanung vorliegt, darüber besteht kein Zweifel. Ich weiß mich in diesem Punkt einig mit allen, für die das Ziel einer konstruktiven Ostpolitik ein Gesamtvertragswerk ist, das eine Regelung oder einen Modus vivendi in allen zwischen uns und Osteuropa anhängigen Fragen gewährleistet. Auch unseren Gesprächspartnern ist bekannt, daß das Zustandekommen dieser Berlinregelung, die einen humanitären und einen rechtlichen Aspekt hat, nämlich die Bestätigung der bestehenden Bindungen zwischen Bund und Berlin,
(Beifall bei der CDU/CSU. – Abg. Wohlrabe: Auch einen politischen?)
eine entscheidende Grundlage unserer Ostpolitik darstellt. In dieser Frage muß Klarheit herrschen; es darf keine Unklarheit bestehen.
(Beifall im ganzen Hause.)

Meine Damen und Herren! Ich bin auf diesen Punkt eingegangen, um einer unnötigen Diskussion über diese Frage vor allem in den nächsten Tagen und Wochen entgegenzuwirken.
(Abg. Freiherr von und zu Guttenberg: Sehr gut!)

Denn jeder von uns weiß, daß diese Erörterung uns nichts nützt, gleich, von welcher Seite der Betrachtung des Problems sie geführt wird. Sie nützt uns nichts, am allerwenigsten nützt sie den Berlinern.

Ich meine, genauso unzweckmäßig wäre die Erörterung des Themas, ob nun die vier Alliierten, vor allem aber, ob unsere drei westlichen Verbündeten in diesen Berlinverhandlungen unter besonderem Zeitdruck stehen oder nicht. Alle diese Dinge sind zu kompliziert, um übers Knie gebrochen zu werden.
(Sehr richtig! bei der CDU/CSU.)

Alle diese Fragen sind zu ernst, um fortgesetzt zum Gegenstand spekulativer Erörterungen gemacht zu werden.

(Beifall im ganzen Hause. – Zurufe von der CDU/CSU: Herr Schütz! – Abg. Wohlrabe: Sagen Sie das Herrn Schütz, das ist doch der schlimmste!)

Meine Bitte lautet: Bei der Diskussion des Berlinproblems und von Berlinproblemen: Vorsicht, Zurückhaltung, aber auch Selbstsicherheit.

(Sehr gut! bei der CDU/CSU.)

Meine Damen und Herren, der Beifall in der Mitte freut mich deswegen besonders, weil ich mit dem, was ich gesagt habe – Sie werden es an der Blickrichtung gemerkt haben –,

(Zuruf von der CDU/CSU: Immer geradeaus! – Heiterkeit)

das ganze Parlament gemeint habe, aber sicherlich auch ganz besonders die CDU/CSU-Fraktion.

(Beifall bei den Regierungsparteien.)

Unsere Außenpolitik ist bei aller Unterschiedlichkeit des Einzelauftrages ein unteilbares Ganzes. Ich will damit sagen, daß wir uns stets der inneren Verflechtung unserer politischen Aktionen bewußt sein sollten, die auf Sicherheit auf der einen Seite und auf die Eröffnung besserer Zukunftsaussichten auf der anderen Seite zugleich abgestellt sind ...

Die Bundesregierung wird weiterhin zielstrebig und zugleich sehr überlegt vorzugehen haben, auch eingedenk der Tatsache, daß eine zu frühzeitige Darlegung nicht ausgereifter Positionen niemandem nützen kann. Was wir tatsächlich wollen, geht eindeutig aus dem Text des Moskauer Vertrages hervor. Er kennt keine Geheimabsprachen. Es gibt keine geheimen Annexe dieses Vertrages. Wenn dem aber so ist, wenn es das nicht gibt, dann sollte wenig Anlaß bestehen, sich an Hand des Vertragstextes in Interpretationsversuchen zu üben.

(Beifall bei den Regierungsparteien.)

Herr Breschnew sagte am 2. Oktober in Baku, es sei absolut unbegründet, Vermutungen darüber anzustellen, welche Seite durch den Vertrag zwischen der UdSSR und der Bundesrepublik Deutschland mehr und welche weniger gewinnt.

(Abg. Dr. Barzel: Verlesen Sie auch seine Rede in Alma-Ata!)

»Alle gewinnen in gleich hohem Maße, die sozialistischen Länder, die Bundesrepublik Deutschland und alle diejenigen, die an der Festigung des Friedens in Europa und an der Milderung der internationalen Spannungen interessiert sind.«

Insoweit zitiere ich Breschnew. In diesem Punkte weiß ich mich mit ihm einig. Meine Damen und Herren, weitere Auseinandersetzungen, weitere Interpretationsversuche gehören in das Reich der politischen Semantik, der Sprachwissenschaft.

(Abg. Freiherr von und zu Guttenberg: Auch Herr Schukow?)

– Ich meine ja alle, die sich darüber hinaus an weiteren Interpretationen versuchen.

Diese Feststellung gilt auch für das Schreiben, das wir den Vertragspartnern in der Wiedervereinigungsfrage zugesandt haben. Auch hier gibt es keine Unklarheiten, und es darf auch keine Unklarheiten geben. Unser Standpunkt steht fest, und Herr Gromyko ist in keinem Zweifel darüber, daß die friedliche Verfolgung des Ziels der Vereinigung der Deutschen nicht im Widerspruch zum Vertrag steht. Wir können und wir wollen nicht ausschließen, daß die Grenze zwischen den beiden Teilen Deutschlands einmal einvernehmlich aufgehoben wird, gleichgültig, welche völkerrechtliche Konstruktion in Europa in dieser Zeit die Möglichkeit dazu geben wird. Ich habe dies dem Außenminister der UdSSR in Moskau gesagt, und ich habe dem auch hier nichts hinzuzufügen, meine Damen und Herren.

Diese klare Linie wird auch für unsere Abmachungen mit Polen gelten. Ich hatte in New York Gelegenheit, darüber mit dem polnischen Vize-Außenminister Winiewicz auch im Hinblick auf meine Anfang November geplante Reise nach Warschau und im Zusammenhang mit dem Besuch der polnischen Delegation in Bonn zu sprechen. Unsere Position ist eindeutig. Ein Vertrag mit Warschau darf nicht die Rechte und Verantwortlichkeiten der

26. 2. 1969: Der Präsident der Vereinigten Staaten von Amerika, Richard Nixon, spricht vor dem Deutschen Bundestag

Ansprache des Bundesministers des Auswärtigen Walter Scheel
bei der Trauerfeier im Plenarsaal des Deutschen Bundestages am 13. 4. 1970
für den am 6. 4. 1970 in Guatemala ermordeten deutschen Botschafter
Karl Graf von Spreti

Vier Mächte in bezug auf Deutschland als Ganzes berühren. Ich habe heute morgen in der Fragestunde Gelegenheit gehabt, darüber noch Einzelheiten zu sagen, so daß ich es mir ersparen kann, das jetzt hier zu tun.

Wir werden aber neben dieser völkerrechtlichen Frage, die eine Rolle für einen Vertragsabschluß spielen wird, auch besonders die humanitären Aspekte einer deutsch-polnischen Vereinbarung zu klären haben. Ich hoffe, daß die polnische Regierung die Bedeutung versteht, die wir z. B. auch Reiseerleichterungen im Verkehr zwischen der Bundesrepublik und Polen beimessen. Ich weiß auch, daß hier rechtliche Probleme auftauchen. Aber hierzu möchte ich bemerken, daß die Bundesregierung in ihrem Verhältnis zur DDR z. B. unter Beweis gestellt hat, daß juristische Erwägungen gegebenenfalls hinter dem Ziel humanitärer Erleichterungen zurückzutreten haben. Ich will nicht verschweigen, daß ich in dieser Bereitschaft, die wir gezeigt haben, eine erhebliche politische Leistung erblicke. Vielleicht erleichtert es diese Andeutung, daß für unseren Standpunkt Verständnis aufgebracht wird. Ich möchte, meine Damen und Herren, noch vor meiner Reise nach Warschau über all diese Fragen mit Ihnen in den dafür zuständigen Gremien, aber auch mit den interessierten Kreisen und Gruppen anderer Art sprechen.

Eine Frage, deren Klärung der Bundesregierung ebenfalls ganz besonders am Herzen liegt, ist das Verhältnis zu unserem unmittelbaren Nachbarn, zur Tschechoslowakei. In den nächsten Tagen wird ein Beamter des Auswärtigen Amtes nach Prag reisen, um erste Kontakte herzustellen. Auch hier wollen wir mit Behutsamkeit den Weg suchen, der eine Normalisierung unserer Beziehungen zur Tschechoslowakei erleichtern soll. Eine einvernehmliche Regelung der anhängigen Rechtsfragen sollte nach Auffassung der Bundesregierung möglich sein...

Diese Bundesrepublik Deutschland hat mehr Nachbarstaaten und mehr Nachbarvölker als irgendein anderes Land in Europa. Man umschreibt diesen Zustand gewöhnlich mit der besonderen geographischen Lage, in der wir uns befinden. Aber hinter dieser Formel von der besonderen geographischen Lage verbirgt sich doch nichts anderes als die ganz besondere Verantwortung, die ein Volk, die ein Land, die ein Staat wegen dieser seiner Lage für den Frieden auf unserem Kontinent hat. Diese Verantwortung wiederum ist unteilbar. Sie ist nicht nur Verantwortung der Regierung, sie ist auch Verantwortung der Opposition; sie ist zugleich Verantwortung der Publizisten, aber auch und nicht zuletzt Verantwortung aller Bürger, aller Demokraten in dieser Bundesrepublik Deutschland. Unsere Chance, in der Außenpolitik die Ziele zu erreichen, die wir uns vorgenommen haben und die wir uns vornehmen mußten, ist abhängig vom Maß der Verantwortung, vom Verantwortungsbewußtsein all derer, die ich hier genannt habe.

Wir wollen in diesem Europa als gleichberechtigter Partner gute Nachbarn unserer Nachbarn sein. Wir wollen Vertrauen erhalten und Vertrauen gewinnen, weil wir den Frieden erhalten wollen, weil wir den Frieden sichern müssen.

Quelle: 6. Deutscher Bundestag, 71. Sitzung vom 9. 10. 1970, S. 3945–3949

303 »Sicherheitsprobleme im Lichte des Moskauer Vertrags«

Vortrag des Staatssekretärs des Auswärtigen Amts, Dr. Paul Frank, vor Kommandeuren der Bundeswehr am 21. Oktober 1970 (Auszüge)

... Lassen Sie mich mit einem Zitat aus dem ersten Kapitel des Weißbuches 1970 »Zur Sicherheit der Bundesrepublik Deutschland und zur Lage der Bundeswehr« beginnen.

Es handelt sich dort um eine programmatische Definition der Sicherheitspolitik der Bundesrepublik Deutschland:

»Die Sicherheitspolitik jeder Bundesregierung muß Gewähr leisten für das Überleben der Bundesrepublik und ihrer Bürger. Überleben ist dabei im weitesten Sinne aufzufassen – physisch, politisch, sozial und moralisch. Auf die Erhaltung des Friedens, unserer freien Lebensform und unseres Wohlstandes kommt es ebenso an wie auf die Bewahrung des ungebrochenen Willens zu friedfertiger Selbstverwirklichung. Dieses rein defensive Ziel, Freiheit, Unabhängigkeit und Unversehrtheit der Bundesrepublik zu behaupten, wäre bei den gegenwärtigen Kräfteverhältnissen in der Welt nicht zu erreichen, wenn die Bundesrepublik auf sich allein gestellt wäre. Daran wird sich im 70er Jahrzehnt nichts ändern. Sicherheit läßt sich auch künftig nur auf ein breites und festes Fundament westlicher Gemeinsamkeit gründen.«

Damit sind die Ausgangspunkte unserer Sicherheitspolitik, von denen mein Beitrag ausgehen soll, klar bestimmt.

Auf die mir gestellte Frage nach den Sicherheitsproblemen im Lichte des Moskauer Vertrages – besser: des gesamten von uns angestrebten Vertragswerks – gibt es zwei voreilige Antworten:

Erstens die Antwort, daß sich unsere Sicherheit durch den Deutsch-Sowjetischen Vertrag vom 12. August verbessert habe: Schließlich bedeute jeder Verzicht auf Gewaltanwendung durch einen potentiellen Gegner automatisch einen – wenn auch unwägbaren – Sicherheitszuwachs.

Diese Antwort macht es sich etwas zu leicht.

Die zweite voreilige Antwort, die das Gegenteil behauptet, daß sich nämlich unsere Sicherheit durch den Deutsch-Sowjetischen Vertrag verringert habe, ist eine unhaltbare Vereinfachung.

Die Wahrheit ist komplexer und differenzierter zugleich, wie alle Fragen der Sicherheit und Außenpolitik. Auf diesen Gebieten, wo so viele Faktoren, nicht zuletzt die psychologischen, von bestimmendem Einfluß sind, gibt es keine einfachen Wahrheiten...

Die Ausgangsfrage lautet: Was bezweckt der Vertrag?

Der Deutsch-Sowjetische Vertrag ist der Versuch, durch einen vertraglichen Gewaltverzicht auf der Grundlage des territorialen Status quo das Verhältnis zwischen den Vertragspartnern zu verbessern. Es ist kein Vertrag über Abrüstung. Darum enthält er auch keinerlei Bestimmungen über Rüstungskontrolle, Rüstungsverminderung, atomwaffenfreie Zonen und dergleichen. Dennoch ist der Vertrag wegen möglicher psychologischer Rückwirkungen auf die Verteidigungsbereitschaft des Westens von unmittelbarer sicherheitspolitischer Bedeutung. Dies wird klar, wenn man sich vergegenwärtigt, in welcher militärpolitischen Szenerie der Vertrag spielt. Die harten Fakten des bestehenden Kräfteverhältnisses in Mitteleuropa müssen im Gedächtnis bleiben. Dieses Kräfteverhältnis ist recht ungleichgewichtig. Die NATO arbeitet seit Jahren an einer detaillierten Studie der »relative force capabilities«. Das Londoner Institut für Strategische Studien legt alljährlich seine Vergleichsanalyse als »The Military Balance« vor. Erst jüngst hat sich die Bundesregierung offiziell zum Stärkevergleich Ost/West geäußert, indem sie die relevanten Feststellungen im Weißbuch 1970 billigte. Der gemeinsame Tenor aller Studien, so sehr sie in Details voneinander abweichen mögen, ist in den Aussagen des Weißbuches enthalten:

»Es gibt kein konventionelles Gleichgewicht in Zentraleuropa« (S. 20). »In Mitteleuropa unterhält der Warschauer Pakt wesentlich stärkere konventionelle Streitkräfte als die NATO. Sie sind weit stärker, als dies für die Abwehr eines Angriffs aus dem Westen nötig oder für die Aufrechterhaltung der sowjetischen Vorherrschaft erforderlich wäre... Zudem erhöhen die Sowjetunion und ihre Verbündeten – anders als der Westen – ihre Verteidigungsanstrengungen von Jahr zu Jahr weiter« (S. 19 f.).

Statt Zahlen zu nennen, will ich nur am Rande auch auf die Tatsache hinweisen, daß die an sich dem kontinentalen Denken verhaftete Sowjetunion maritim heute in einem außergewöhnlichen Tempo aufrüstet.

Eines steht jedenfalls fest: Die NATO und wir würden unverantwortlich handeln, wenn wir unsere Sicherheitsvorkehrungen vorwiegend auf eine spekulative Einschätzung des künftigen Verhaltens der Führungsmacht und der Mitglieder des Warschauer Paktes abstellten. Absichten können sich über Nacht verändern; ein Bündnis, seine integrierte Struktur und eine vernachlässigte Streitmacht lassen sich nur über sehr lange Zeiträume hin auf- oder wieder aufbauen.

Diese Überlegung gilt um so mehr, als uns gerade der Osten das Beispiel eines Bündnissystems gibt, das keinerlei sicherheitspolitische Risiken einzugehen bereit ist. Er hat sich in den letzten Jahren vielmehr zusätzlich durch ein Netz bilateraler Verteidigungabsprachen systematisch abgesichert. Moskau versteht die Risiken, die sich aus einem Machtvakuum ergeben, richtig einzuschätzen, und operiert auch in der »Ära der Verhandlungen« von einer uneingeschränkten Machtbasis aus: Man denke an den Fortgang des Wettrüstens während des Verlaufs der SALT-Gespräche.

Es versteht sich daher von selbst, daß die Bundesregierung der Aufrechterhaltung der amerikanischen militärischen Präsenz in Europa und der damit verbundenen Erstreckung des amerikanischen Nuklearschirmes auf die Allianz auch nach Abschluß des Vertragswerkes unverändert die größte Bedeutung beimißt und hierfür, wie am 1. Oktober in Brüssel beschlossen wurde, auch finanzielle Opfer zu tragen bereit ist. Es ist auch folgerichtig, daß die Bundesregierung – so der Bundeskanzler am 12. August 1970 – unrichtigen oder illusionären Schlüssen in dieser Hinsicht nachdrücklich entgegenwirkte. Der Kanzler sagte:

»Dieser Vertrag beeinträchtigt in keiner Weise die feste Verankerung der Bundesrepublik und ihrer freien Gesellschaft im Bündnis des Westens. Die zuverlässige Partnerschaft mit Amerika bleibt ebenso gewahrt wie die Aussöhnung mit Frankreich« (Bulletin Nr. 108, S. 1084).

Ich bin davon überzeugt, daß die Führung der Sowjetunion diese Haltung versteht. Sie – die uns ständig die Anerkennung im deutschen Bereich tatsächlich oder angeblich bestehender »Realitäten« empfiehlt – weiß um die Realität, daß *unser* Sicherheitsinteresse auf absehbare Zeit unsere Verankerung in einem Bündnis mit den westlichen Nuklearmächten und unseren Nachbarstaaten im Westen voraussetzt. Wir haben hierüber auch bei den Verhandlungen in Moskau keinen Zweifel gelassen.

Wesentlich ist folgende Erkenntnis:

Bei dem Vertrag handelt es sich um einen Beitrag zur Entspannung, der aus einer Gesamtverbesserung der Beziehungen ein *Mehr* an Sicherheit bringen soll. Nicht jedoch handelt es sich um eine Veränderung der Sicherheitsgegebenheiten im engeren Sinn. Der Verzicht auf Gewalt, die Respektierung des territorialen Status quo und die wirtschaftliche und technologische Zusammenarbeit mit der Sowjetunion sind zusätzliche Entspannungselemente. Es ist nicht beabsichtigt, diese Elemente als selbständige Faktoren in die bisherige Gleichung einzusetzen und gegen andere Sicherheitsfaktoren aufzurechnen oder im Bündnis für eine Verminderung der Verteidigungsanstrengungen einzutreten.

Der Deutsch-Sowjetische Vertrag fügt sich in die sicherheitspolitische Konzeption ein, wie sie schon in der Regierungserklärung vom 28. Oktober 1969 wie folgt umrissen worden war:

Welche der beiden Seiten der Sicherheitspolitik wir auch betrachten, ob es sich um unseren ernsten und nachhaltigen Versuch zur gleichzeitigen und gleichwertigen Rüstungsbegrenzung und Rüstungskontrolle handelt oder um die Gewährleistung ausreichender Verteidigung der Bundesrepublik Deutschland: unter beiden Aspekten begreift die Bundesregierung ihre Sicherheitspolitik als Politik des Gleichgewichts und der Friedenssicherung. Und ebenso versteht sie unter beiden Aspekten die äußere Sicherheit unseres Staates als eine Funktion des Bündnisses, dem wir angehören und als dessen Teil wir zum Gleichgewicht der Kräfte zwischen Ost und West beitragen.

Quelle: Aus den Akten des Auswärtigen Amts

304 »Das Mögliche in Wirklichkeit zu verwandeln«

Stellungnahme des Bundesministers des Auswärtigen, Walter Scheel, auf einer Pressekonferenz anläßlich der Konsultationen der Außenminister der sechs Mitgliedstaaten der Europäischen Gemeinschaft in München am 19. November 1970

Ich bin überzeugt, daß dieses Außenministertreffen eine entscheidende Etappe auf dem Wege zur politischen Einigung Europas darstellt. Als deutscher Außenminister bin ich besonders glücklich, daß diese erste Konsultation auf deutschem Boden stattfinden konnte. Sie unterstreicht die Priorität, die die Bundesregierung der Politik der europäischen Einigung einräumt.

Mit dieser Konferenz ist ein Prozeß einer sich ständig verdichtenden außenpolitischen Zusammenarbeit unter den sechs Gemeinschaftsstaaten in Gang gesetzt worden. An ihm sind die vier Beitrittskandidaten in einer auch für sie annehmbaren Weise beteiligt. Er ist mit dem Europäischen Parlament und der Kommission der Europäischen Gemeinschaft wirksam verbunden. Damit ist endlich der Schritt gelungen, um den Europa sich in der Vergangenheit erfolglos bemüht hat.

Die Staats- und Regierungschefs haben auf ihrer Konferenz in Den Haag am 1. und 2. Dezember 1969 die Außenminister mit der Prüfung der Frage beauftragt, »wie, in der Perspektive der Erweiterung«, die Europäischen Gemeinschaften »am besten Fortschritte auf dem Gebiet der politischen Einigung erzielen können«. Die Minister haben die ihnen gestellte Aufgabe termingerecht gelöst. Sie haben einen Stufenplan für die politische Einigung Europas ausgearbeitet. Innerhalb dieses Plans wurde zunächst die erste Etappe definiert. Wir sind Realisten. Über das Unmögliche nachzudenken, es in wohlklingende Formulierungen zu fassen, bringt uns nicht weiter. Das Mögliche anzupacken, es in Wirklichkeit zu verwandeln, bedeutet hingegen Fortschritt.

Für die erste Phase der politischen Einigung ist ein Konsultationsmechanismus vorgesehen. Das Politische Komitee, bestehend aus den politischen Direktoren der sechs Außenministerien, tritt mindestens viermal jährlich zusammen. Es bereitet die Konsultationen der Minister vor und erledigt die Aufgaben, die ihm von den Ministern übertragen werden. Die Außenminister kommen mindestens alle sechs Monate zusammen. Wenn schwerwiegende Umstände oder die Wichtigkeit der anstehenden Themen dies rechtfertigen, kann an Stelle der Ministertagung eine Konferenz der Staats- bzw. Regierungschefs einberufen werden. Außerdem sind außerordentliche Konsultationen auf der Ebene der Minister und des Politischen Komitees vorgesehen. Den Vorsitz führt der Außenminister bzw. politische Direktor desjenigen Staates, der im Rat der Europäischen Gemeinschaften die Präsidentschaft innehat.

Der Konsultationsmechanismus verzichtet zunächst auf eine starre, vorgegebene Institutionalisierung. Dies geschah auch aus Rücksicht auf die Beitrittskandidaten. In dem Verfahren selbst stecken jedoch die erforderlichen *Ansätze* für eine pragmatisch fortschreitende Institutionalisierung. Sie treten im Bericht, im Politischen Komitee sowie in der Benennung ines Beamten der beteiligten Außenministerien als verantwortlichem Gesprächsführer ̣eutlich in Erscheinung. Die Ministerien werden auf diese Weise »kurzgeschaltet«.

Zu den Konsultationen selbst: Die Minister sind übereingekommen, Vertraulichkeit zu ̣ahren. Das erleichtert Ihnen Ihre Aufgabe als Journalisten nicht, das weiß ich. Es ist ̣edoch unerläßlich. Wir wollen keine Reden zum Fenster hinaus halten. »We mean busi- ̣ness.«

Mit diesem Ziele vor Augen sind wir übereingekommen, die diplomatischen Vertretungen ̣n Drittstaaten und bei internationalen Organisationen mit einer identischen Weisung zu ̣ersehen, in der das Verfahren zu einer engen Zusammenarbeit auch auf diplomatischer ̣Ebene geregelt wird. Wir haben ferner dafür Sorge getragen, daß die im Bericht vorgesehene ̣nultilaterale Zusammenarbeit zwischen unseren Außenministerien in Gang gesetzt wird. ̣Das geschieht künftig so, daß ein Land, das seine Partner über aktuelle und wichtige Vor- ̣gänge zu unterrichten wünscht, dies nicht mehr in der hergebrachten bilateralen Weise tut, ̣sondern die Vertreter der Botschaften der fünf EG-Länder am Orte *gemeinsam* zur Unter- ̣richtung zu sich bittet. Will ein anderes Außenministerium auf eine solche Unterrichtung reagieren, etwa indem es diese kommentiert oder ergänzt, so geschieht auch dies wieder in der von mir skizzierten multilateralen Weise. Außerdem ist in jedem Außenministerium und an jeder Botschaft der Gemeinschaftsstaaten in Mitgliedstaaten der EG ein bestimmter Beamter mit der Wahrnehmung der Aufgaben, die sich aus dem Bericht ergeben, betraut. Dadurch ist ein dichtes und effizientes Netz geschaffen worden, das über den Konsultations- mechanismus hinaus die Kontinuität und die Wirksamkeit der außenpolitischen Zusam- menarbeit gewährleistet.

Morgen fliege ich mit meinen Kollegen Harmel, Thorn und Pedini nach Straßburg, um – wie der Bericht es vorsieht – mit dem politischen Ausschuß des Europäischen Parlaments über das Ergebnis der Konsultationen zu sprechen. Am 2. Dezember findet in Brüssel der ebenfalls im Bericht vorgesehene Meinungsaustausch zu zehnt statt, das sind die sechs EG-Außenminister mit ihren Kollegen der vier beitrittswilligen Staaten Großbritannien, Dänemark, Irland und Norwegen.

Wir wissen: heute haben wir den ersten Schritt in die richtige Richtung getan. Europa wird eines Tages mit *einer* Stimme sprechen. Wir sind fest entschlossen, alles in unseren Kräften Stehende zu tun, die politische Union Europas zustande zu bringen.

Quelle: Bulletin vom 24. 11. 1970, Nr. 162, S. 1719

305   Atlantische Interdependenz

Kommuniqué der Ministertagung des Nordatlantikrates in Brüssel vom 4. Dezember 1970 (Auszüge)

1. Der Nordatlantikrat trat am 3. und 4. Dezember 1970 in Brüssel zu einer Minister- tagung zusammen. An dieser Tagung nahmen Außen-, Verteidigungs- und Finanzminister teil.

2. Die Minister erklärten erneut, daß das politische Ziel der Allianz in der gemeinsamen Suche nach Frieden besteht, und zwar durch Initiativen, die auf die Entspannung und die Schaffung einer gerechten und dauerhaften Friedensordnung in Europa mit geeigneten Sicherheitsgarantien gerichtet sind.

3. Der Rat nahm eine Botschaft Präsident Nixons entgegen, in der die Zusage gegeben wird, daß die Vereinigten Staaten bei entsprechender Verhaltensweise der übrigen Bündnis-

partner ihre eigenen Streitkräfte in Europa beibehalten und verbessern und sie nur im Rahmen beiderseitiger Maßnahmen auf östlicher wie auf westlicher Seite verringern würden. Die Minister brachten ihre tiefe Befriedigung über die in dieser Erklärung enthaltene erneute Bekräftigung der Solidarität innerhalb der Allianz zum Ausdruck.

4. Die Minister prüften die Entwicklung der internationalen Lage seit ihrer letzten Tagung in Rom im Mai. Sie stellten fest, daß 1970 ein Jahr ausgedehnter diplomatischer Aktivität der Mitgliedsregierungen der Allianz war, um Kontakte, Gespräche und Verhandlungen mit den Mitgliedern des Warschauer Paktes und mit anderen europäischen Staaten in Gang zu setzen oder zu intensivieren. Die Minister befaßten sich insbesondere mit den Gesprächen über die strategische Rüstungsbegrenzung, den von der Bundesrepublik Deutschland mit der Sowjetunion und Polen ausgehandelten Verträgen, den innerdeutschen Beziehungen, Berlin und der Lage im Mittelmeerraum.

5. Die Minister begrüßten die Wiederaufnahme der Verhandlungen zwischen den Vereinigten Staaten und der Sowjetunion über die strategische Rüstungsbegrenzung im November in Helsinki. Sie brachten die Hoffnung zum Ausdruck, daß die Gespräche bald zu einem Abkommen führen, das Frieden und Sicherheit in Europa und in der Welt stärkt.

6. Die Minister nahmen die Unterzeichnung des Vertrags zwischen der Bundesrepublik Deutschland und der Sowjetunion am 12. August 1970 und die Paraphierung des Vertrags zwischen der Bundesrepublik Deutschland und der Volksrepublik Polen am 18. November 1970 mit Befriedigung zur Kenntnis. Sie begrüßten diese Verträge als Beiträge zur Minderung der Spannungen in Europa und als wichtige Elemente des Modus vivendi, den die Bundesrepublik Deutschland mit ihren östlichen Nachbarn herstellen will. Die Minister nahmen zur Kenntnis, daß im Zusammenhang mit den Verträgen klargestellt und im Notenwechsel zwischen der Bundesrepublik Deutschland und den Drei Mächten festgehalten wurde, daß die Rechte und Verantwortlichkeiten der Vier Mächte für Berlin und Deutschland als Ganzes bis zu einer Friedensregelung, die auf der freien Entscheidung des deutschen Volkes und auf den Interessen der europäischen Sicherheit beruhen würde, unberührt bleiben. Die Minister begrüßten den Beginn eines Meinungsaustauschs zwischen der Bundesrepublik Deutschland und der DDR und brachten die Hoffnung zum Ausdruck, daß dieser Meinungsaustausch den Boden für echte Verhandlungen zwischen beiden Seiten vorbereitet. Die Minister befaßten sich ebenfalls mit dem Fortgang der Vier-Mächte-Gespräche in Berlin.

7. Bei der Prüfung der Lage in bezug auf Berlin und Deutschland erinnerten die Minister an die in der Brüsseler Erklärung vom 4. Dezember 1969 (Ziff. 10) getroffene Feststellung, daß konkrete Fortschritte auf diesen beiden Gebieten einen bedeutsamen Beitrag zum Frieden darstellen und bei ihrer Beurteilung der Aussichten für eine Verbesserung des Ost-West-Verhältnisses großes Gewicht besitzen würden. Diese Aussichten würden in der Tat in Frage gestellt, wenn die derzeitigen Berlin-Verhandlungen kein befriedigendes Ergebnis haben würden. Unter Berücksichtigung dieser Tatsache betonten die Minister die Bedeutung der Sicherung des ungehinderten Zugangs nach Berlin, der Verbesserung der innerstädtischen Verbindungen und allseitiger Respektierung der zwischen den Westsektoren Berlins und der Bundesrepublik Deutschland bestehenden Bindungen, die mit Zustimmung der Drei Mächte hergestellt worden sind. Sie unterstrichen die Notwendigkeit eines Einverständnisses zwischen der Bundesrepublik Deutschland und der DDR über eine auf dem Verhandlungswege gefundene Regelung ihrer gegenseitigen Beziehungen, welche die Besonderheiten der Situation in Deutschland berücksichtigt.

. . .

14. Die Minister stellten fest, daß die Studien der Allianz über die verschiedenen Aspekte der Frage der beiderseitigen und ausgewogenen Truppenverminderungen seit

hrer Tagung in Rom weitere Fortschritte gemacht haben, und wiesen den Ständigen Rat an, diese Frage weiter zu prüfen.

15. Die Minister der am integrierten Verteidigungsprogramm der NATO beteiligten Staaten unterstrichen erneut die Bedeutung, die sie beiderseitigen und ausgewogenen Truppenverminderungen als Mittel zur Verringerung der Spannungen und zum Abbau der militärischen Konfrontation in Europa beimessen, und erinnerten an die zu dieser Frage im Jahre 1968 in Reykjavik und im Mai dieses Jahres in Rom herausgegebenen Erklärungen. Sie stellten fest, daß die Mitglieder des Warschauer Pakts nicht unmittelbar auf diese Erklärungen reagiert, sondern die Möglichkeit einer späteren Diskussion der Frage der Verminderung ausländischer Streitkräfte auf dem Gebiet europäischer Staaten erwähnt haben.

16. Die Minister erneuerten ihre Einladung an interessierte Staaten, auf der Grundlage ihrer Erklärung von Rom exploratorische Gespräche zu führen, und erklärten sich bereit, in diesem Rahmen die verschiedenen Möglichkeiten der Truppenverminderungen im Mittelabschnitt Europas einschließlich der möglichen beiderseitigen und ausgewogenen Verminderung von Stationierungsstreitkräften als Teil eines einheitlichen Programms zur Verminderung sowohl von Stationierungs- wie von einheimischen Streitkräften zu prüfen.

17. Die Minister bekräftigten ihr starkes Interesse an echten Abrüstungs- und Rüstungskontrollmaßnahmen. In diesem Zusammenhang brachten sie ihre Befriedigung über die Fortschritte zum Ausdruck, die in Richtung auf ein Verbot der Stationierung von Massenvernichtungswaffen auf dem Meeresboden erzielt worden sind. Sie waren ferner der Auffassung, daß die Fortführung der Maßnahmen und Studien der Bündnispartner auf allen Gebieten der Abrüstung einschließlich der Fragen der biologischen und chemischen Waffen von wesentlicher Bedeutung ist. Sie beauftragten den Ständigen Rat mit der weiteren Prüfung dieser Fragen.

18. Die Minister unterstützten die vom Rat vor kurzem an die verbündeten Regierungen gerichtete Empfehlung, unmittelbar mit Arbeiten zu beginnen, um, wenn möglich bis 1975, aber spätestens bis zum Ende dieses Jahrzehnts, das absichtliche Ablassen von Öl und Ölabfällen in die Weltmeere zu unterbinden. Dieses und die übrigen Ergebnisse, die vom Umweltausschuß in diesem Jahrzehnt erzielt worden sind, wurden von den Ministern begrüßt als Beweis dafür, daß die Bündnispartner in wirksamer Weise ihre Möglichkeiten kombinieren, um die Lösung von Umweltproblemen auf nationaler und internationaler Ebene zu fördern.

19. Die Minister prüften einen Bericht über die Tätigkeit der Konferenz der Nationalen Rüstungsdirektoren und der ihr unterstellten Organe über die Förderung der Zusammenarbeit bei der Forschung, Entwicklung und Produktion militärischen Geräts während der vier Jahre ihres Bestehens. Sie stellten fest, daß es sich trotz der ausgezeichneten Fortschritte, die auf dem Gebiet des Informationsaustausches über Rüstungsgüter erzielt worden sind, nur als möglich erwies, relativ wenige feste NATO-Vorhaben für die gemeinsame Entwicklung und Produktion von Gerät zu vereinbaren. Sie erkannten an, daß zur Überwindung der Hindernisse, die einer engeren Zusammenarbeit im Wege stehen, eine stärkere politische Unterstützung notwendig wäre. Sie waren sich einig in der Notwendigkeit eines positiveren Herangehens an dieses Problem, um die finanziellen und betrieblichen Vorteile der umfassenderen Einführung gemeinsam entwickelten und produzierten Gerätes zu erzielen.

20. Die Minister der am integrierten Verteidigungsprogramm der NATO beteiligten Länder traten am 2. Dezember 1970 als Verteidigungs-Planungsausschuß zusammen.

21. Die Minister konzentrierten sich bei ihren Erörterungen auf eine im Mai dieses Jahres in Angriff genommene umfassende Studie der Verteidigungsprobleme der Allianz in den siebziger Jahren. Sie gaben die in der Anlage enthaltene Erklärung zur Veröffentlichung frei.

22. Die Minister bestätigten, daß sich die NATO zur Gewährleistung der Sicherheit in der siebziger Jahren auch weiterhin auf das miteinander verbundene Konzept der Verteidigung und Entspannung stützen wird. Sie bekräftigten erneut den Grundsatz, daß die militärisch Gesamtstärke der NATO nicht vermindert werden sollte, es sei denn im Rahmen eine Systems von nach Umfang und zeitlichem Ablauf ausgewogenen, beiderseitigen Truppen verminderungen. Sie waren sich darin einig, daß von den Ost-West-Verhandlungen nu dann ein Erfolg zu erwarten ist, wenn die NATO eine wirksame Abschreckung und Verteidigung aufrechterhält. Die Minister bekräftigten die Fortgeltung der NATO-Strategie der flexiblen Abwehrreaktion, die die Vorneverteidigung, die Verstärkung der Flanken und die Möglichkeit einer schnellen Mobilmachung einschließt und die Aufrechterhaltung einer militärischen Schlagkraft erfordert, die eine entsprechende Reaktion auf jede Aggression ermöglicht. Sie nahmen das stetige Wachstum der unmittelbaren und mittelbaren sowjetischen Verteidigungsausgaben sowie die Anzeichen dafür, daß die Sowjetunion ihre Streitkräfte einschließlich ihrer Seestreitkräfte, deren Stärke und Reichweite im besonderen Maße angewachsen sind, ständig weiter verstärkt, zur Kenntnis. Sie betonten daher die Notwendigkeit von Verbesserungen in der konventionellen Abschreckung sowie der Aufrechterhaltung einer ausreichenden und modernen taktischen und strategischen nuklearen Abschreckung.

23. Da die Sicherheit der NATO unteilbar ist, unterstreichen die Minister die besondere militärische und politische Rolle der in Europa präsenten nordamerikanischen Streitkräfte als nicht ersetzbaren Beitrag zur gemeinsamen Verteidigung. Gleichzeitig begrüßten sie den bedeutsamen Beschluß von am integrierten Verteidigungsprogramm der NATO beteiligten europäischen Mitgliedstaaten, eine gesteigerte gemeinsame europäische Anstrengung zur Stärkung der Verteidigungskraft der Allianz zu unternehmen. Die Schaffung eines besonderen europäischen Programms zur Stärkung der Verteidigung mit umfangreichen zusätzlichen Maßnahmen wird die Verteidigungskraft der NATO und ihre Möglichkeiten zur Krisenbeherrschung auf Gebieten, einschließlich des Fernmeldewesens, die in der AD-70-Studie aufgeführt sind, in bedeutsamer Weise stärken [1].

24. Im Zusammenhang mit dieser Studie beauftragten die Minister den Verteidigungsplanungsausschuß in Ständiger Sitzung, ein geeignetes Programm aufzustellen und dafür Sorge zu tragen, daß jeder nur mögliche Fortschritt erzielt wird.

25. Die Minister nahmen die von den Mitgliedstaaten für das Jahr 1971 eingegangenen Streitkräfteverpflichtungen zur Kenntnis und billigten den Fünf-Jahres-Streitkräfteplan für den Zeitraum 1971–75. Sie erteilten Weisungen für die Ausarbeitung eines Streitkräfteplans für den nächsten Planungszeitraum der NATO.

26. Die Minister betrachteten die Anzeichen des stetigen Anwachsens der sowjetischen militärischen Stärke im Mittelmeerraum mit Besorgnis. Sie waren der Auffassung, daß derartige Entwicklungen eine immer stärkere Bedrohung der Sicherheit der Allianz darstellen könnten. Die Minister äußerten sich zustimmend zu den Maßnahmen, die zur Verbesserung der Verteidigung der Allianz im Mittelmeerraum getroffen worden sind. Unter Bezugnahme auf ihr am 11. Juni 1970 in Brüssel herausgegebenes Kommuniqué gaben die Minister Weisung, die Ausarbeitung und Durchführung weiterer zweckdienlicher Maßnahmen mit großer Dringlichkeit in Angriff zu nehmen.

27. Auf dem Gebiet der Krisenbeherrschung prüften die Minister die für politische Konsultationen auf hoher Ebene und für Führungszwecke geschaffenen Fernmeldeeinrichtungen; sie vereinbarten eine Anzahl bedeutsamer Maßnahmen zur Verbesserung und Erweiterung dieser entscheidend wichtigen Anlagen. Sie forderten zusätzliche Anstrengungen zur Verbesserung des zivilen Bereitschaftsstandes und der zivilen Verteidigung. Sie nahmen die bei verschiedenen Verteidigungsstudien erzielten Fortschritte zur Kenntnis. Sie stellten darüber hinaus fest, daß die Entwicklung modernen Geräts zu gesteigerten Kosten sich

wahrscheinlich fortsetzen wird, und betonten, daß die zukünftigen Modernisierungsprogramme Gelegenheit zu verstärkter Zusammenarbeit bieten werden.

28. Die Ministertagung bot darüber hinaus den Verteidigungsministern, die den Ausschuß für Nukleare Verteidigungsfragen bilden (Belgien, Bundesrepublik Deutschland, Dänemark, Griechenland, Großbritannien, Italien, Kanada, Niederlande, Norwegen, Portugal, Türkei und Vereinigte Staaten), Gelegenheit, die kürzlichen Arbeiten der Nuklearen Planungsgruppe sowie künftige Pläne zu prüfen. Auf Grund der Empfehlung des Ausschusses für Nukleare Verteidigungsfragen billigte der Verteidigungs-Planungsausschuß die Grundsatzdokumente, die die Nukleare Planungsgruppe auf ihrer Tagung in Venedig im Frühjahr ausgearbeitet und im Oktober in Ottawa fertiggestellt hatte. Diese Dokumente befinden sich in Übereinstimmung mit der NATO-Strategie der flexiblen Abwehrreaktion.

. . .

1 Vgl. hierzu auch die Ziff. 12 und 13 der Gemeinsamen Erklärung der NATO-Verteidigungsminister auf der Jahrestagung des Komitees für Verteidigungsplanung der NATO (DPC) am 2. Dezember 1970 in Brüssel:
12. Das Vorhandensein umfangreicher nordamerikanischer Streitkräfte in Europa ist für eine wirksame Abschreckung und Verteidigung und als Demonstration der Solidarität der NATO politisch und militärisch notwendig. Ihr Ersatz durch europäische Streitkräfte wäre keine Lösung. Gleichzeitig hängt ihre Bedeutung eng mit wirksamen und verstärkten europäischen Verteidigungsanstrengungen zusammen. Zehn europäische Länder haben sich daher miteinander beraten, um festzustellen, welche Möglichkeiten für sie einzeln und gemeinsam bestehen, einen größeren Beitrag zur Gesamtverteidigung des Vertragsgebietes zu leisten.
13. Infolgedessen haben die zehn Staaten beschlossen, ein besonderes europäisches Verstärkungsprogramm zu verabschieden, das über die bestehenden Pläne beträchtlich hinausgeht und dem Zweck dient, die Verteidigungskraft der Allianz auf bestimmten Gebieten, die in der laufenden Studie als besonders bedeutsam bezeichnet werden, zu verstärken. Dieses Programm umfaßt:
   a) einen zusätzlichen gemeinsamen Beitrag in Höhe von 420 Millionen – verteilt auf fünf Jahre – zur gemeinsamen NATO-Infrastruktur zwecks Beschleunigung des integrierten NATO-Fernmeldesystems und für Maßnahmen zum Schutz der Luftstreitkräfte;
   b) zahlreiche wichtige Verstärkungen und Verbesserungen nationaler Streitkräfte mit einem Kostenaufwand von wenigstens 450 bis 500 Millionen Dollar in den nächsten fünf Jahren sowie weitere sehr erhebliche Beträge in den darauffolgenden Jahren;
   die betreffenden Streitkräfte werden ausnahmslos der NATO unterstellt;
   c) weitere bedeutsame Finanzmaßnahmen zur Verbesserung der gemeinsamen Verteidigungskraft in einer Gesamthöhe von 79 Millionen Dollar in den nächsten zwei Jahren.
Die Vereinigten Staaten und Kanada begrüßten dieses Programm und bekräftigten erneut ihre Absicht, ihre Streitkräfte ohne wesentliche Kürzungen in Europa zu belassen. (Bulletin vom 10. 12. 1970, Nr. 173, S. 1890)
Quelle: Bulletin vom 10. 12. 1970, Nr. 173, S. 1885–1888

306 Der deutsch-polnische Vertrag vom 7. Dezember 1970

Wortlaut des Vertrages zwischen der Bundesrepublik Deutschland und der Volksrepublik Polen über die Grundlagen der Normalisierung ihrer gegenseitigen Beziehungen vom 7. Dezember 1970 sowie die Dokumente: Note der Bundesregierung an die drei Westmächte, Gemeinsames Kommuniqué über den Besuch des Bundeskanzlers in Warschau und Information der Volksrepublik Polen

Die Bundesrepublik Deutschland
und die
Volksrepublik Polen

in der Erwägung, daß mehr als 25 Jahre seit Ende des Zweiten Weltkrieges vergangen sind, dessen erstes Opfer Polen wurde und der über die Völker Europas schweres Leid gebracht hat,

eingedenk dessen, daß in beiden Ländern inzwischen eine neue Generation herangewachsen ist, der eine friedliche Zukunft gesichert werden soll, *in dem Wunsche*, dauerhafte Grundlagen für ein friedliches Zusammenleben und die Entwicklung normaler und guter Beziehungen zwischen ihnen zu schaffen,

in dem Bestreben, den Frieden und die Sicherheit in Europa zu festigen,

in dem Bewußtsein, daß die Unverletzlichkeit der Grenzen und die Achtung der territorialen Integrität und der Souveränität aller Staaten in Europa in ihren gegenwärtigen Grenzen eine grundlegende Bedingung für den Frieden sind,

sind wie folgt übereingekommen:

Artikel I

(1) Die Bundesrepublik Deutschland und die Volksrepublik Polen stellen übereinstimmend fest, daß die bestehende Grenzlinie, deren Verlauf im Kapitel IX der Beschlüsse der Potsdamer Konferenz vom 2. August 1945 von der Ostsee unmittelbar westlich von Swinemünde und von dort die Oder entlang bis zur Einmündung der Lausitzer Neiße und die Lausitzer Neiße entlang bis zur Grenze mit der Tschechoslowakei festgelegt worden ist, die westliche Staatsgrenze der Volksrepublik Polen bildet.

(2) Sie bekräftigen die Unverletzlichkeit ihrer bestehenden Grenzen jetzt und in der Zukunft und verpflichten sich gegenseitig zur uneingeschränkten Achtung ihrer territorialen Integrität.

(3) Sie erklären, daß sie gegeneinander keinerlei Gebietsansprüche haben und solche auch in Zukunft nicht erheben werden.

Artikel II

(1) Die Bundesrepublik Deutschland und die Volksrepublik Polen werden sich in ihren gegenseitigen Beziehungen sowie in Fragen der Gewährleistung der Sicherheit in Europa und in der Welt von den Zielen und Grundsätzen, die in der Charta der Vereinten Nationen niedergelegt sind, leiten lassen.

(2) Demgemäß werden sie entsprechend den Artikeln 1 und 2 der Charta der Vereinten Nationen alle ihre Streitfragen ausschließlich mit friedlichen Mitteln lösen und sich in Fragen, die die europäische und internationale Sicherheit berühren, sowie in ihren gegenseitigen Beziehungen der Drohung mit Gewalt oder der Anwendung von Gewalt enthalten.

Artikel III

(1) Die Bundesrepublik Deutschland und die Volksrepublik Polen werden weitere Schritte zur vollen Normalisierung und umfassenden Entwicklung ihrer gegenseitigen Beziehungen unternehmen, deren feste Grundlage dieser Vertrag bildet.

(2) Sie stimmen darin überein, daß eine Erweiterung ihrer Zusammenarbeit im Bereich der wirtschaftlichen, wissenschaftlichen, wissenschaftlich-technischen, kulturellen und sonstigen Beziehungen in ihrem beiderseitigen Interesse liegt.

Artikel IV

Dieser Vertrag berührt nicht die von den Parteien früher geschlossenen oder sie betreffenden zweiseitigen oder mehrseitigen internationalen Vereinbarungen.

Artikel V

Dieser Vertrag bedarf der Ratifikation und tritt am Tage des Austausches der Ratifikationsurkunden in Kraft, der in Bonn stattfinden soll.

Zu Urkund dessen haben die Bevollmächtigten der Vertragsparteien diesen Vertrag unterschrieben.

Geschehen zu Warschau am 7. Dezember 1970 in zwei Urschriften, jede in deutscher und polnischer Sprache, wobei jeder Wortlaut gleichermaßen verbindlich ist.

Für die	Für die
Bundesrepublik Deutschland	Volksrepublik Polen
Willy Brandt	Józef Cyrankiewicz
Walter Scheel	Stefan Jedrychowski

Note der Bundesregierung an die drei Westmächte

Den Botschaftern der drei Westmächte in Bonn wurden am 19. November 1970 nach der am 18. November erfolgten Paraphierung des Vertrages zwischen der Bundesrepublik Deutschland und der Volksrepublik Polen gleichlautende Verbalnoten übermittelt.

Nachstehend der Text der Verbalnote an die Botschaft des Vereinigten Königreichs Großbritannien und Nordirland:

Auswärtiges Amt

An die
Königlich Britische Botschaft
Bonn

Das Auswärtige Amt hat die Ehre, der Königlich Britischen Botschaft nachstehend eine Note der Regierung der Bundesrepublik Deutschland vom heutigen Tage an die Regierung des Vereinigten Königreichs Großbritannien und Nordirland zu übermitteln:

»Die Regierung der Bundesrepublik Deutschland beehrt sich, der Regierung des Vereinigten Königreichs Großbritannien und Nordirland den anliegenden Wortlaut eines Vertrages über die Grundlagen der Normalisierung ihrer gegenseitigen Beziehungen zwischen der Bundesrepublik Deutschland und der Volksrepublik Polen zur Kenntnis zu bringen, der am 18. November in Warschau paraphiert worden ist.

Im Laufe der Verhandlungen, die zwischen der Regierung der Bundesrepublik Deutschland und der Regierung der Volksrepublik Polen über diesen Vertrag geführt worden sind, ist von der Bundesregierung klargestellt worden, daß der Vertrag zwischen der Bundesrepublik Deutschland und der Volksrepublik Polen die Rechte und Verantwortlichkeiten der Französischen Republik, des Vereinigten Königreichs Großbritannien und Nordirland, der Union der Sozialistischen Sowjetrepubliken und der Vereinigten Staaten von Amerika, wie sie in den bekannten Verträgen und Vereinbarungen ihren Niederschlag gefunden haben, nicht berührt und nicht berühren kann. Die Bundesregierung hat ferner darauf hingewiesen, daß sie nur im Namen der Bundesrepublik Deutschland handeln kann.

Die Regierung der Französischen Republik und die Regierung der Vereinigten Staaten von Amerika haben gleichlautende Noten erhalten.«

Das Auswärtige Amt benutzt diesen Anlaß, die Königlich Britische Botschaft erneut seiner ausgezeichnetsten Hochachtung zu versichern.

Bonn, den 19. November 1970

Gemeinsames Kommuniqué über den Besuch des Bundeskanzlers in Warschau

Auf Einladung des Vorsitzenden des Ministerrats der Volksrepublik Polen, Józef Cyrankiewicz, hielt sich der Bundeskanzler der Bundesrepublik Deutschland, Willy Brandt, vom 6. bis 8. Dezember 1970 zu einem offiziellen Besuch in Warschau auf. Er wurde begleitet von dem Stellvertreter des Bundeskanzlers und Bundesminister des Auswärtigen, Walter Scheel, den Staatssekretären Egon Bahr, Conrad Ahlers und Georg Ferdinand Duckwitz sowie einer Reihe namhafter Persönlichkeiten aus Politik, Kultur und Wirtschaft.

Bundeskanzler Brandt und Bundesaußenminister Scheel sowie der Vorsitzende des Ministerrats, Cyrankiewicz, und Außenminister Jedrychowski unterzeichneten am 7. Dezember 1970 den Vertrag zwischen der Bundesrepublik Deutschland und der Volksrepublik Polen über die Grundlagen der Normalisierung ihrer gegenseitigen Beziehungen.

Während des Besuches fand ein Gespräch des Bundeskanzlers mit dem Ersten Sekretär des ZK der Polnischen Vereinigten Arbeiterpartei, Wladyslaw Gomulka, statt. Bundeskanzler Willy Brandt und Bundesaußenminister Walter Scheel hatten ferner Unterredungen mit dem Vorsitzenden des Ministerrats, Józef Cyrankiewicz, und Außenminister Stefan Jedrychowski.

Die den Bundeskanzler begleitenden Persönlichkeiten hatten Gelegenheit zu Gesprächen mit entsprechenden Vertretern der polnischen Seite.

Die Gespräche fanden in einer sachlichen Atmosphäre statt und erwiesen sich als nützlich und fruchtbar.

Beide Seiten legten ihren Standpunkt in aller Offenheit dar. Sie brachten ihre Genugtuung über die Unterzeichnung des Vertrages zum Ausdruck und stellten fest, daß seine Verwirklichung einen Schlußstrich unter die Vergangenheit zieht und die Voraussetzung für eine Wende in den Beziehungen zwischen beiden Staaten schaffen soll. Sie kamen überein, daß die Bundesrepublik Deutschland und die Volksrepublik Polen unmittelbar nach dem Inkrafttreten des Vertrages miteinander diplomatische Beziehungen aufnehmen werden.

Der durch die Unterzeichnung des Vertrages begonnene Normalisierungsprozeß soll nach Auffassung beider Seiten den Weg zur Beseitigung der noch bestehenden Probleme im Bereich der zwischenstaatlichen und menschlichen Beziehungen [1] ebnen.

Beide Seiten haben ihre Entschlossenheit bekräftigt, geleitet von den Bestimmungen des von ihnen unterzeichneten Vertrages, weitere Schritte zur vollen Normalisierung und umfassenden Entwicklung ihrer Beziehungen zu unternehmen. Dies gilt insbesondere auf wirtschaftlichem, wissenschaftlich-technischem, wissenschaftlichem und kulturellem Gebiet.

Im Prozeß der Normalisierung kommt der jungen Generation beider Länder eine besondere Rolle zu.

Beide Seiten sind sich darüber einig, daß der unterzeichnete Vertrag als Grundlage der Normalisierung der Beziehungen zwischen der Bundesrepublik Deutschland und der Volksrepublik Polen nicht nur für beide Staaten von großer Bedeutung ist, sondern auch einen wesentlichen Beitrag zur Entspannung in Europa darstellt.

Beide Seiten führten einen ausführlichen Meinungsaustausch über eine Reihe von aktuellen Problemen der gegenwärtigen internationalen Lage. Sie bekennen sich zu dem Prinzip der friedlichen Zusammenarbeit der Staaten zu gegenseitigem Nutzen, unbeschadet unterschiedlicher Gesellschaftsordnungen. Sie treten für eine weitere Entspannung ein und werden sich für die Vorbereitung und erfolgreiche Durchführung einer Konferenz über Fragen der Sicherheit und Zusammenarbeit in Europa einsetzen.

Beide Seiten betrachten es als wünschenswert, den Meinungsaustausch über Fragen von gemeinsamem Interesse auf entsprechenden Ebenen fortzusetzen. Insbesondere haben sie beschlossen, institutionelle Formen zu schaffen für die gemeinsame Erörterung von Problemen, die mit der Erweiterung der wirtschaftlichen Zusammenarbeit zwischen beiden Ländern zusammenhängen.

Der Bundeskanzler der Bundesrepublik Deutschland, Willy Brandt, lud den Vorsitzenden des Ministerrats der Volksrepublik Polen, Józef Cyrankiewicz, zu einem offiziellen Besuch der Bundesrepublik Deutschland ein. Diese Einladung wurde angenommen; der Zeitpunkt des Besuches wird später festgelegt werden.

¹ Information der Regierung der Volksrepublik Polen
Die Regierung der Volksrepublik Polen hat die Bundesregierung mit nachstehender Information über Maßnahmen zur Lösung humanitärer Probleme unterrichtet:
1. Im Jahre 1955 hat die polnische Regierung dem Polnischen Roten Kreuz empfohlen, eine Vereinbarung mit dem Roten Kreuz der BRD über die Familienzusammenführung abzuschließen, auf Grund deren bis 1959 aus Polen etwa eine Viertelmillion Menschen ausgereist ist. In den Jahren von 1960 bis 1969 sind im normalen Verfahren zusätzlich etwa 150 000 Menschen aus Polen ausgereist. Bei der Aktion der Familienzusammenführung hat sich die polnische Regierung vor allem von humanitären Gründen leiten lassen. Sie war und ist jedoch nicht damit einverstanden, daß ihre positive Haltung in der Frage der Familienzusammenführung für eine Emigration zu Erwerbszwecken von Personen polnischer Nationalität ausgenutzt wird.
2. In Polen ist bis heute aus verschiedenen Gründen (z. B. enge Bindung an den Geburtsort) eine gewisse Zahl von Personen mit unbestreitbarer deutscher Volkszugehörigkeit und von Personen aus gemischten Familien zurückgeblieben, bei denen im Laufe der vergangenen Jahre das Gefühl dieser Zugehörigkeit dominiert hat. Die polnische Regierung steht weiterhin auf dem Standpunkt, daß Personen, die auf Grund ihrer unbestreitbaren deutschen Volkszugehörigkeit in einen der beiden deutschen Staaten auszureisen wünschen, dies unter Beachtung der in Polen geltenden Gesetze und Rechtsvorschriften tun können.
Ferner werden die Lage von gemischten Familien und getrennten Familien sowie solche Fälle polnischer Staatsangehöriger berücksichtigt werden, die entweder infolge ihrer veränderten Familienverhältnisse oder infolge der Änderung ihrer früher getroffenen Entscheidung den Wunsch äußern werden, sich mit ihren in der BRD oder in der DDR lebenden nahen Verwandten zu vereinigen.
3. Die zuständigen polnischen Behörden verfügen nicht einmal annähernd über solche Zahlen von Anträgen auf Ausreise in die BRD, wie sie in der BRD angegeben werden. Nach den bisherigen Untersuchungen der polnischen Behörden können die Kriterien, die zu einer eventuellen Ausreise aus Polen in die BRD oder die DDR berechtigen, einige Zehntausende Personen betreffen. Die polnische Regierung wird daher entsprechende Anordnungen erlassen, zwecks sorgfältiger Untersuchung, ob die Anträge, die eingereicht worden sind, begründet sind und zwecks Prüfung derselben in möglichst kurzer Zeit.
Die polnische Regierung wird das Polnische Rote Kreuz ermächtigen, vom Roten Kreuz der BRD Listen über die Personen entgegenzunehmen, deren Anträge sich im Besitz des DRK befinden, um diese Listen mit den entsprechenden Zusammenstellungen, die sich bei den zuständigen polnischen Behörden befinden, zu vergleichen und sorgfältig zu prüfen.
4. Die Zusammenarbeit des Polnischen Roten Kreuzes mit dem Roten Kreuz der BRD wird in jeder erforderlichen Weise erleichtert werden. Das Polnische Rote Kreuz wird ermächtigt werden, Erläuterungen des DRK zu den Listen entgegenzunehmen, und das DRK über das Ergebnis der Prüfung übermittelter Anträge durch die polnischen Behörden unterrichten. Das Polnische Rote Kreuz wird darüber hinaus ermächtigt sein, gemeinsam mit dem Roten Kreuz der BRD alle praktischen Fragen zu erwägen, die sich aus dieser Aktion etwa ergeben könnten.
5. Was den Personenverkehr anbelangt, und zwar im Zusammenhang mit Besuchen von Familienangehörigen, so werden die zuständigen polnischen Behörden nach Inkrafttreten des Vertrages über die Grundlagen der Normalisierung der Beziehungen zwischen den beiden Staaten die gleichen Grundsätze anwenden, die gegenüber anderen Staaten Westeuropas üblich sind.
Quelle: »Der Vertrag zwischen der Bundesrepublik Deutschland und der Volksrepublik Polen«, hrsg. vom Presse- und Informationsamt der Bundesregierung, Bonn 1970, S. 7–18

307 Zur auswärtigen Kulturpolitik

Leitsätze des Auswärtigen Amts für die auswärtige Kulturpolitik, Dezember 1970

I. Grundsätze

I. 1. Auswärtige Kulturpolitik der siebziger Jahre

Unsere auswärtige Kulturpolitik ist internationale Zusammenarbeit im kulturellen Bereich. Sie ist Teil unserer Außenpolitik, einer Außenpolitik, die der Sicherung des Friedens in der Welt dienen will. Sie muß daher zum wechselseitigen Verständnis der inneren Entwicklung der einzelnen Nationen beitragen, den gesellschaftlichen Wandel, die stürmische Entwicklung von Wissenschaft und Technik sowie die politischen Veränderungen in der Welt berücksichtigen und vor allem auch helfen, Bande zwischen den Menschen verschiedener Nationalität zu knüpfen.

I. 2. Erweiterung des Kulturbegriffs

Die auswärtige Kulturpolitik wird sich künftig intensiver als bisher mit den kulturellen und zivilisatorischen Gegenwartsproblemen befassen. Der Kulturbegriff muß daher weitergefaßt werden. Kultur ist heute nicht mehr ein Privileg elitärer Gruppen, sondern ein Angebot an alle. Sie ist Teil des dynamischen Prozesses der Veränderungen in unserer Gesellschaft, der den Weg zu internationaler Zusammenarbeit aller gesellschaftlichen Gruppen vorzeichnet. Das bedeutet eine beträchtliche Ausdehnung und weitere Differenzierung unserer Kulturarbeit im Ausland.

Die Pflege kultureller Beziehungen im Sinne der bisherigen Konzeption bleibt auch in Zukunft ein wesentliches Element unserer auswärtigen Kulturpolitik. Bisher hat die auswärtige Kulturpolitik sich vornehmlich auf die Förderung der Beziehungen zum Ausland im akademischen und künstlerischen Bereich, auf die Verbreitung der deutschen Sprache und die Unterstützung von deutschen Schulen im Ausland erstreckt. Diese Aufgaben bleiben wichtig; Mittel und Formen müssen jedoch einer veränderten Welt angepaßt werden.

I. 3. Tragender Pfeiler der Außenpolitik

Mehr denn je sind heute alle Nationen in ihrer Existenz aufeinander angewiesen. Im internationalen Konzert ist das politische Gewicht der Bundesrepublik Deutschland neben ihren wirtschaftlichen vornehmlich von ihren geistigen Leistungen abhängig. Hier bildet die auswärtige Kulturpolitik das Bindeglied zu anderen Völkern. Sie dient dabei der internationalen Verständigung und der Friedenssicherung. Daher ist die auswärtige Kulturpolitik ein tragender Pfeiler unserer Außenpolitik.

I. 4. Weltoffenheit und Verständigung

Kulturleistungen einzelner Nationen sind heute immer mehr im internationalen Bezug zu sehen. Regierungen, die einer kulturellen Zusammenarbeit mit anderen Nationen ausweichen, die sich hinter nationalen Grenzen abkapseln möchten und nicht den Vergleich und den Erfahrungsaustausch über die Grenze suchen, laufen Gefahr, daß die Kultur ihres Landes hinter den weltweiten kulturellen Entwicklungen zurückbleibt. Auswärtige Kulturpolitik bedeutet Internationalität und Weltoffenheit, besonders in einer Welt, die sich ökonomisch mehr und mehr integriert. Sie soll die Beziehungen mit anderen Völkern, mit ihren Institutionen, Gruppen und einzelnen im Bereich von Kultur, Wissenschaft und Gesellschaft fördern und vertiefen. Dabei ist darauf zu achten, daß die Aufgabe Verständigung und Zusammenarbeit lautet, daß also alles zu vermeiden ist, was als Einmischung in die inneren Angelegenheiten anderer Länder erscheinen könnte.

I. 5. Information, Austausch, Zusammenarbeit

Auswärtige Kulturpolitik ist nicht nur Information über unsere Kultur, sondern auch Austausch und Zusammenarbeit. Neben die Information muß heute das Angebot treten, die eigene Wirklichkeit, d. h. die Leistungen und Möglichkeiten des eigenen Landes, einzubringen in einen lebendigen Austausch zwischen den Völkern. Was wir geben, ist nur so viel wert, wie unsere Bereitschaft zu nehmen. Offenheit für das andere ist daher ein Prinzip unserer auswärtigen Kulturpolitik.

I. 6. Zwei deutsche Staaten

Die deutsche Teilung ist eine unübersehbare Tatsache in allen Bereichen unserer Politik. Sie wird dort empfindlich spürbar, wo die kulturellen und gesellschaftlichen Vorstellungen aufeinanderstoßen. Doch macht die harte Konfrontation die Teilung nicht erträglicher, noch trägt sie zu ihrer Überwindung bei. Solange die Kooperation wegen der unterschiedlichen inneren Ordnungen in vielen Bereichen erschwert, wenn nicht ausgeschlossen ist, bildet daher der Wettbewerb das angemessene Prinzip. Dabei müssen zugleich die Gemeinsamkeiten in Geschichte und Kultur lebendig bleiben. Die Betonung dieser Gemeinsamkeiten ist ein Ziel unserer Politik.

Konkurrenz wird auch innerhalb der internationalen Organisationen sichtbar. Unser Verhalten richtet sich dort nach der Regierungserklärung vom 28. Oktober 1969, in der es heißt: »Unsere und unserer Freunde Einstellung zu den internationalen Beziehungen der DDR hängt nicht zuletzt von der Haltung Ost-Berlins selbst ab. Wir wollen unseren Landsleuten die Vorteile des internationalen Handels- und Kulturaustausches nicht schmälern.«

I. 7. Multilaterale Beziehungen

Eine Politik, die Austausch und Weltoffenheit betonen will, wird internationalen Organisationen und multilateralen Abmachungen ihre Aufmerksamkeit widmen. Hier hat die Bundesrepublik Deutschland einen Nachholbedarf zu decken, wenn sie mit dieser Politik überzeugen will.

Unsere auswärtige Kulturpolitik wird sich daher künftig in verstärktem Maße dem Ausbau der multilateralen Beziehungen und der Mitarbeit in den internationalen Organisationen zuwenden. Die deutsche Beteiligung an der UNESCO als der weltweiten Organisation im kulturellen Bereich muß personell, konzeptionell und finanziell noch verstärkt werden.

Mit Vorrang sollen alle Bemühungen unterstützt werden, die der europäischen Einigung dienen und die die gemeinsamen kulturellen und geistigen Grundlagen der Völker Europas verdeutlichen. Kulturelle Veranstaltungen zusammen mit anderen europäischen Ländern in Drittländern, kulturelle Vorhaben europäischer Länder in der Bundesrepublik Deutschland sowie die Zusammenarbeit gesellschaftlicher Gruppen innerhalb der europäischen Staatengemeinschaft verdienen besondere Förderung.

II. Maßnahmen

II. 1. Gesamtplanung

Unsere auswärtige Kulturpolitik ist langfristig angelegt. Sie erfordert eine ständig zu überprüfende Gesamtplanung.

Während in manchen Bereichen der auswärtigen Politik auf schwer vorhersehbare Situationen pragmatisch reagiert werden muß, sind in der Kulturpolitik langfristige Strategien erforderlich. Jede Verzettelung der Mittel muß vermieden werden.

Bei der Planung sind unter Anwendung moderner technischer Methoden verstärkt Informationen auszuwerten, Bedarfs- und Zielgruppenanalysen zu erstellen und laufend Kontrollen der Wirkung kulturpolitischer Maßnahmen vorzunehmen.

II. 2. Regionalisierung

Zwischen den Regionen der Welt muß stärker als bisher differenziert und das Instrumentarium der auswärtigen Kulturpolitik den spezifischen Verhältnissen der Regionen angepaßt werden. Dadurch kann die regionale Schwerpunktbildung verfeinert werden. Die Intensivierung der Beziehungen zu den Ländern der sich entwickelnden Welt und die Erneuerung des Austausches mit den Staaten des europäischen Ostens sind Beispiele für solche Schwerpunkte.

Die Regionalisierung ermöglicht auch eine bessere Abstimmung zwischen den in dem einzelnen Land durchzuführenden Maßnahmen und führt damit zu der unerläßlichen instrumentalen Schwerpunktbildung.

II. 3. Überprüfung der Instrumente

Die Instrumente der bisherigen auswärtigen Kulturpolitik sind im Hinblick auf die neuen Aufgaben vielfach unzulänglich. Eine gründliche Überprüfung, die vor eingewurzelten Interessen nicht haltmachen darf, ist daher notwendig. Der wissenschaftlichen und gesellschaftspolitischen Information durch die Kulturinstitute wird erheblich mehr Bedeutung beizumessen sein. Das bestehende Netz der deutschen Auslandsschulen, die in ihrer gegenwärtigen Zahl und Verteilung das Ergebnis ungeplanter Entwicklung sind, ist an dem Plan eines wünschenswerten Systems solcher Schulen zu messen.

Die deutsche Sprache ist Träger, nicht Ziel unseres Wirkens im Ausland. Es gibt traditionelle deutsche Sprachgebiete, in denen die Förderung des Deutschen verstärkt werden kann; in anderen Teilen der Welt dürfte es für die Ziele des Austausches und der Zusammenarbeit zweckmäßiger sein, sich der jeweils gebräuchlichsten Sprache als Kommunikationsmittel zu bedienen.

II. 4. Zwischenstaatliche Gesellschaftspolitik

Die neuen Aufgaben aus dem Bereich der zwischenstaatlichen Gesellschaftspolitik werden in erster Linie von den freien gesellschaftlichen Organisationen wie Gewerkschaften, Kirchen, Frauenverbänden, Jugendorganisationen in eigener Verantwortung wahrgenommen. Da diese Arbeit für die Verständigung und internationale Zusammenarbeit besondere Bedeutung hat, wollen wir sie im Rahmen der gegebenen Möglichkeiten unter Respektierung der Unabhängigkeit dieser Organisationen unterstützen.

Der Schwerpunkt der kulturellen Zusammenarbeit und der Herstellung von Kontakten zwischen gesellschaftlichen Gruppen liegt dabei auf Jugendaustausch, Erwachsenenbildung und Sport. Aus diesem Zusammenwirken in Teilbereichen wächst das wechselseitige Verständnis für die inneren Entwicklungen der Völker.

II. 5. Betreuung und Nachbetreuung

Ein Bereich der auswärtigen Kulturpolitik, der noch erheblich zu verbessern wäre, ist die Betreuung von ausländischen Lernenden in der Bundesrepublik Deutschland und die Nachbetreuung derjenigen, die nach ihrer Ausbildung bei uns in ihre Heimat zurückgekehrt sind.

Wenn wir diesen Personenkreis als Freunde für die Bundesrepublik Deutschland gewinnen und erhalten wollen, müssen wir dafür sorgen, daß die Ausländer bei uns berufsbezogen betreut werden und die Verbindung mit ihnen auch nach ihrer Rückkehr in die Heimat aufrechterhalten bleibt. Dazu gehört, daß wir ihnen nach Abschluß ihrer Ausbildung bei der Eingliederung in das Berufsleben helfen, daß sie über Deutschland informiert bleiben und sie zu deutschen Veranstaltungen in ihrem Heimatland regelmäßig hinzugezogen werden.

II. 6. Ausbildung

Der Erfolg unserer auswärtigen Kulturpolitik hängt entscheidend davon ab, daß das im Ausland tätige Personal für diese Aufgaben entsprechend ausgesucht, ausgebildet und fortgebildet wird. Die Kulturreferenten werden im Ausland als Gesprächspartner geistig anspruchsvoller Kreise tätig und müssen über eine weite Skala von Sachgebieten informieren. Diese Aufgabe setzt eine vielseitige Bildung und eine gründliche Vorbereitung voraus. Die Kulturreferenten müssen eingehende Kenntnisse der kultur- und gesellschaftspolitischen Verhältnisse im künftigen Gastland erwerben. Ihre fortgesetzte Unterrichtung über die kultur- und gesellschaftspolitische Entwicklung in Deutschland sowie periodisch sich wiederholende Informationsseminare in der Heimat müssen sicherstellen, daß sie jeweils mit dem neuesten Stand der Entwicklung vertraut sind. Die Qualität ihrer Berichterstattung bestimmt die Zuverlässigkeit der Gesamtplanung.

Entsprechendes gilt für die Auswahl und Ausbildung der Angehörigen unserer Kulturinstitute, der Wissenschaftler und Lektoren sowie der Lehrer im Ausland. Voraussetzung für ihre Auslandsverwendung ist neben ihrer beruflichen Befähigung die Bereitschaft, sich für die Ziele der auswärtigen Kulturpolitik einzusetzen, sowie Kontaktfähigkeit und Initiative. Eine systematische Vorbereitung auf die Aufgaben im Ausland und die besonderen Verhältnisse im Gastland sind unumgänglich.

II. 7. Haushalt

Die Aufstockung der Mittel für unsere Kulturarbeit im Ausland hat mit den Aufgaben nicht Schritt gehalten. Trotz ständiger Bemühungen konnten die Vorstellungen des Auswärtigen Amts über den notwendigen Finanzbedarf im Bundeshaushalt nicht verwirklicht werden. Eine Analyse der Ausgaben des Kulturhaushalts ergibt, daß die disponiblen Mittel zugunsten der festgeschriebenen Leistungen laufend abnehmen.

In dieser Situation kommt es zunächst darauf an, die bisherige Konzeption und die aus ihr entwickelten Maßnahmen auf ihre Bedeutung im Licht des erweiterten Kulturbegriffs zu überprüfen und dementsprechend Prioritäten neu zu setzen. Hierbei muß den vorstehenden Überlegungen Rechnung getragen werden. Die erforderlichen Umschichtungen dürfen durch die zu erwartenden Einwendungen nicht gehindert werden.

Darüber hinaus bleibt es eine dringende Aufgabe, im Rahmen der Finanzplanung eine Verbesserung der finanziellen Grundlagen für eine dynamische Entwicklung der auswärtigen Kulturpolitik zu erreichen.

III. Zusammenarbeit

III. 1. Regierungsstellen allgemein

Die auswärtige Kulturpolitik berührt die Arbeit mehrerer Bundesministerien. Darüber hinaus sind die Länder und Kommunen direkt und über die Ständige Konferenz der Kultusminister maßgeblich an ihr beteiligt. Die Kooperation verläuft im allgemeinen zufriedenstellend, doch ergeben sich Rivalitäten, die der sachlichen Arbeit schaden und eine Zersplitterung der außenpolitischen Wirkung mit sich bringen. Es ist notwendig, einen Ausgleich zwischen der Verantwortung des Auswärtigen Amts für die auswärtigen Beziehungen und der Zuständigkeit der beteiligten Bundesministerien sowie der Länder und Kommunen im Hinblick auf eine Einheitlichkeit der auswärtigen Politik zu finden. Die Kulturabteilung und die Auslandsvertretungen sehen es als eine wesentliche Aufgabe an, den innerdeutschen

Dienststellen bei der Ausübung ihrer internationalen Funktionen behilflich zu sein, insbesondere sie zu beraten und sie über die besonderen Verhältnisse im Gastland zu informieren.

III. 2. Regierungsstellen im einzelnen

Bei der Zusammenarbeit mit einigen Regierungsstellen, die besonders umfangreiche Aufgaben im Bereich der auswärtigen Kulturpolitik haben, ist unter Wahrung der Koordinierungsfunktion des Auswärtigen Amts folgendes zu berücksichtigen:

Auf dem Gebiet der Entwicklungshilfe bildet der Erlaß des Bundeskanzlers vom 23. Dezember 1964 die Grundlage für die Zusammenarbeit zwischen dem Auswärtigen Amt und dem Bundesministerium für wirtschaftliche Zusammenarbeit. Danach sind die Grundsätze und das Programm der Entwicklungspolitik auch auf dem Gebiet der Bildungshilfe vom Bundesministerium für wirtschaftliche Zusammenarbeit und Auswärtigem Amt einvernehmlich zu erarbeiten. Entscheidungen über einzelne Bildungshilfemaßnahmen bedürfen der Zustimmung des Auswärtigen Amts; es hat hinsichtlich dieser Maßnahmen ein Vorschlagsrecht.

Der Ausbau der internationalen Wissenschaftsbeziehungen gewinnt für die auswärtige Kulturpolitik wachsende Bedeutung. Diese Entwicklung erfordert eine möglichst enge Zusammenarbeit zwischen Auswärtigem Amt und Bundesministerium für Bildung und Wissenschaft, vorzugsweise unter den Gesichtspunkten der außenpolitischen Zielsetzung der Bundesregierung, der Schwerpunktbildung und der Einordnung in übernationale Kriterien.

III. 3. Mittlerorganisationen für die Kulturarbeit

In der Ausführung der auswärtigen Kulturpolitik ist neben den Regierungsressorts eine Vielzahl von Mittlerorganisationen unterschiedlicher Zielsetzung, Rechtsform und Finanzierung tätig. Politische und technische Gründe sprechen dafür, an dem Grundsatz einer Arbeitsteilung zwischen staatlichen Stellen und Mittlerorganisationen festzuhalten.

Den staatlichen Stellen obliegt – unter systematischer Beteiligung der Mittlerorganisationen – die Planung und Koordinierung, während die technische Durchführung der Maßnahmen grundsätzlich Mittlerorganisationen zu übertragen ist.

Gleichzeitig ist sicherzustellen, daß die Arbeitsbereiche der Mittlerorganisationen klar bestimmt und voneinander abgegrenzt werden, um Überschneidungen, Rivalitäten oder Doppelarbeit zu vermeiden.

III. 4. Zusammenarbeit innerhalb der Auslandsvertretungen

Die Erweiterung des Begriffs der auswärtigen Kulturpolitik soll keine Änderung in der Aufgabenabgrenzung der Kultur-, Presse-, Wissenschafts- und Sozialreferenten zur Folge haben. Eine wirksame Durchführung der Kulturpolitik neuer Prägung erfordert aber ein enges Zusammenwirken der beteiligten Referenten und eine Koordinierung durch den Leiter der Auslandsvertretung.

IV. Schlußwort

Diese Leitsätze enthalten eine gedankliche Konzeption. Der neue Gesamtplan für die auswärtige Kulturpolitik wird auf den Leitsätzen aufbauen. Sie bilden schon jetzt eine feste Grundlage für die weitere Gestaltung der Arbeit.

Die Anpassung der auswärtigen Kulturpolitik an die Erfordernisse einer sich rasch wandelnden Welt ist Teil der Reformbemühungen, die die Bundesregierung unternimmt. In unserem Beitrag zum internationalen kulturellen Austausch müssen wir, wie es in der Regierungserklärung vom 28. Oktober 1969 hieß, unseren Partnern auch ein Bild dessen vermitteln, »was in dieser Zeit des Übergangs auch in Deutschland an geistiger Auseinandersetzung und fruchtbarer Unruhe tägliche Wirklichkeit ist«. Dies verlangt von allen, die mitwirken, Hingabe und eigenes Engagement.

Vor allem aber kommt es darauf an, das Ziel der auswärtigen Kulturpolitik, der Verständigung zwischen den Menschen und so der Sicherung des Friedens zu dienen, nie aus den Augen zu verlieren.

Quelle: »Leitsätze für die auswärtige Kulturpolitik«, hrsg. vom Auswärtigen Amt, Bonn 1970

308 Zum 100. Jahrestag der Reichsgründung

Erklärung des Bundeskanzlers Willy Brandt zum 100. Jahrestag der Reichsgründung am 18. Januar 1971

Heute jährt sich zum 100. Mal der Tag, an dem das Deutsche Reich proklamiert worden ist. Es war das Ergebnis eines militärischen Sieges und das Werk Bismarcks, eines der großen Staatsmänner unseres Volkes.

Unser Bundespräsident hat die historische Bedeutung dieses Tages und den Gang der Geschichte bis in unsere Zeit gewürdigt. Ich möchte dem nur wenige Worte in diesem Kreise hinzufügen.

Nicht erst unsere Generation muß sich mit der Frage auseinandersetzen, was der Deutschen Vaterland sei und welche innere und äußere politische Gestalt es findet.

Die deutsche Nation lebt. Es gab sie lange vor dem 18. Januar 1871. Es gibt sie auch heute, obwohl auf dem Boden des Bismarck-Reiches nun zwei Staaten existieren. Und sie wird weiterleben trotz aller Versuche, eine zweite deutsche Nation zu proklamieren. Das Grundgesetz ruft uns auf, die Einheit und Freiheit Deutschlands in freier Selbstbestimmung zu vollenden.

Die Lösung von vor 100 Jahren entsprach den damaligen Einsichten und Möglichkeiten. Die weltpolitische Situation heute verlangt neue Formen des politischen Zusammenlebens und Zusammenwirkens der Deutschen, die heute in zwei scharf abgesetzten und nicht vermischten Gesellschaftsformen leben.

Das Ereignis von 1871 kann heute kein Vorbild sein. Es ist zu einem Teil der Geschichte unseres Volkes geworden. Die Bundesregierung wird, auch wenn die Widerstände im anderen Teil Deutschlands noch so groß sind, ihren Weg weitergehen. Es ist der Weg, der den Einsichten und Möglichkeiten von heute entspricht.

Wirken und Leistung Bismarcks sind jedoch ein bleibendes Beispiel dafür, daß nur kluges und mutiges Handeln, nicht aber tatenloses Abwarten, uns den gesetzten Zielen näherbringt.

Mir liegt daran, noch zwei Feststellungen hinzuzufügen.

Erstens empfinden wir gerade an einem Tag wie diesem die glückliche Wandlung, die im Verhältnis zu unserem französischen Nachbarvolk eingetreten ist. Zum anderen haben wir die Erkenntnis gewonnen und lassen uns von ihr leiten, daß eine gute Zukunft für das deutsche Volk nur im Rahmen europäischer Lösungen möglich ist.

Quelle: Bulletin vom 19. 1. 1971, Nr. 5, S. 35

*Erklärung des Bundesministers für wirtschaftliche Zusammenarbeit, Dr. Erhard Eppler, zur
Situation deutscher Entwicklungshelfer in Guinea am 20. Januar 1971*

Die Bundesregierung hat die von der Regierung in Guinea aufgestellten Anschuldigungen
gegen die in Guinea tätigen Deutschen mehrfach scharf zurückgewiesen.

Die Nachricht über den angeblichen Selbstmord des inhaftierten Leiters eines deutschen
Entwicklungsprojektes, Hermann Seibold, trifft die Bundesregierung um so härter, als sie
auf direktem Wege ebenso wie durch afrikanische Regierungen, internationale Organisationen und durch informelle Kontakte versucht hat, die Verantwortlichen in Guinea zur Einhaltung der Regeln der internationalen Zusammenarbeit zu bewegen, die den Schutz der
entsandten Experten auf der Grundlage der Menschenrechte einschließen.

Die Bundesregierung fordert die unverzügliche und vollständige Aufklärung der Umstände des angeblichen Selbstmordes von Hermann Seibold. Sie würde es begrüßen, wenn
die Organisation für Afrikanische Einheit sich an der Aufklärung beteiligen würde.

Die Bundesregierung sieht in der Entwicklungshilfe kein Werkzeug von kurzfristigen
Interessen. Um so mehr muß sie darauf bestehen, daß ihre Entwicklungshilfe und die darin
Tätigen nicht zu Opfern politischer Leidenschaften werden.

Die Bundesregierung hat daher schon unmittelbar nach der Ausweisung der deutschen
Experten ihre Entwicklungshilfe an Guinea eingestellt.

Die Behandlung deutscher Experten in Guinea ist der erste Fall dieser Art in der Geschichte unserer Entwicklungshilfe. Ein solcher Fall darf sich auch im Interesse der Entwicklungsländer nicht wiederholen.

Die Bundesregierung dankt den afrikanischen Regierungen, die sich für die inhaftierten
Deutschen verwandt haben, und bittet sie, ihre Bemühungen um Adolf Marx fortzusetzen
und so dazu beizutragen, daß der Gedanke unserer Partnerschaft mit den Völkern Afrikas
keinen Schaden leidet.

Quelle: Bulletin vom 21. 1. 1971, Nr. 7, S. 53

*Antwort der Bundesregierung auf eine Große Anfrage der Fraktionen der SPD und der
FDP über die Außenpolitik der Bundesregierung, 26. Januar 1971 (Auszüge)*

...
Frage 2
    Wie beurteilt die Bundesregierung die bestehende politische Zusammenarbeit der Staaten
der Europäischen Gemeinschaften und die politische Partnerschaft in der NATO?

Antwort:
I. Zusammenarbeit in der EG

Die Bundesregierung sieht die bestehende außenpolitische Zusammenarbeit der Staaten der
Europäischen Gemeinschaften noch nicht als ausreichend an. Durch die außenpolitischen
Konsultationen der Sechs ist immerhin ein erfolgversprechender praktischer Anfang ge-
macht.

Die Entwicklung der europäischen Einigung hatte lange darunter gelitten, daß einer wirtschaftlichen Integration nichts Gleichwertiges auf dem politischen Gebiet entsprach. Die Gipfelkonferenz von Den Haag am 1. und 2. Dezember 1969 brachte hier einen wesentlichen Fortschritt. Die Außenminister der sechs EG-Staaten wurden mit der Prüfung der Frage beauftragt, »wie in der Perspektive der Erweiterung« der Europäischen Gemeinschaften »am besten Fortschritte auf dem Gebiet der politischen Einigung erzielt werden können«. Mit dem fristgerecht in Luxemburg verabschiedeten »Bericht der Außenminister an die Staats- bzw. Regierungschefs der Mitgliedstaaten der Europäischen Gemeinschaften« vom 27. Oktober 1970 wurde diese außenpolitische Zusammenarbeit in Gang gesetzt; eine Art »Stufenplan« für die politische Einigung Europas definiert die erste Etappe dieser Einigung. Eine Überprüfung des Erreichten soll spätestens nach zwei Jahren stattfinden.

Inzwischen haben in gutem Einvernehmen die erste Konsultation der Außenminister der Sechs am 19. November 1970 in München und der erste Meinungsaustausch zu zehnt, d. h. der Sechs und der vier Beitrittswilligen, am 2. Dezember in Brüssel stattgefunden. Das Europäische Parlament und die Kommission der Europäischen Gemeinschaften werden an dieser Zusammenarbeit wirksam beteiligt.

Die außenpolitische Zusammenarbeit der Sechs sieht einen mehrstufigen Konsultationsmechanismus vor. Auf eine ausdrückliche Institutionalisierung wird zunächst verzichtet. Ansätze hierzu bieten jedoch das Politische Komitee, ferner die Bestimmung, daß jedes beteiligte Außenministerium einen Gesprächspartner für die Zusammenarbeit benennt. Diese Gesprächspartner stehen im engen direkten Kontakt. Das Politische Komitee ist bereits mehrfach zusammengetreten. Bei diesen Treffen hat sich gezeigt, daß alle Beteiligten zu konstruktiver Zusammenarbeit entschlossen sind.

Inzwischen ist auch die im Bericht vorgesehene ständige Routine-Zusammenarbeit der sechs Außenministerien eingeleitet worden. Die Unterrichtung über wichtige außenpolitische Ereignisse erfolgt nicht nur bilateral. Die Vertreter der Botschaften der anderen fünf EG-Länder am Ort werden jeweils gemeinschaftlich unterrichtet.

Über die Bestimmungen des Berichts hinaus haben die Außenminister die außenpolitische Zusammenarbeit intensiviert. Die diplomatischen Vertretungen der sechs EG-Staaten in Drittländern und bei internationalen Organisationen sind mit einer identischen Weisung versehen worden, die das Verfahren für eine enge Zusammenarbeit auf diplomatischer Ebene regelt.

Zusammenfassend läßt sich sagen, daß mit dem neuen Modus der Zusammenarbeit erfolgversprechende Erfahrungen gemacht wurden. Der Bericht von Luxemburg ist ein wichtiger Schritt auf dem beschwerlichen Wege zu einer umfassenden Einigung Europas – einem Europa, das, wie es im Haager Kommuniqué heißt, »seine Verantwortung in der Welt von morgen übernehmen und einen Beitrag leisten kann, der seiner Tradition und seiner Aufgabe entspricht«. Dieser Entwicklungsprozeß, dessen Tempo naturgemäß nicht durch den deutschen Partner allein bestimmt wird, soll nach Auffassung der Bundesregierung in eine gemeinsame europäische Politik einmünden.

II. Zusammenarbeit in der NATO

Die politische Partnerschaft in der NATO ist eine wesentliche Grundlage unserer Außen- und Sicherheitspolitik. Die Bundesregierung weiß, daß sie ihre Politik der Verständigung und Friedenssicherung nur dann erfolgreich führen kann, wenn sie sich auf die Solidarität ihrer Verbündeten in der Allianz stützen kann und ihre Politik in die gemeinsamen Bemühungen der Verbündeten um Entspannung in Europa eingebettet bleibt.

Die Atlantische Allianz beruht auf der Gemeinsamkeit der Sicherheitsinteressen ihrer Mitglieder. Ständiges und gemeinsames Bemühen der Mitglieder der Allianz um die Aufrechterhaltung ihrer Verteidigungsfähigkeit sind notwendig, um die Sicherheit zu gewähr-leisten. Ein stabiles politisches und militärisches Kräfteverhältnis in Europa ist gleichzeitig Voraussetzung einer erfolgversprechenden Politik der Verständigung und Entspannung in Europa.

In Übereinstimmung mit dem von der Ministerkonferenz der NATO im Dezember 1967 angenommenen Bericht über die künftigen Aufgaben der Allianz, dem sogenannten Harmel-Bericht, dienen die Bemühungen der Allianz um die Überwindung der Ost-West-Gegen-sätze und die Erhaltung der Verteidigungsfähigkeit dem gleichen Ziel der Sicherung des Friedens in Europa. Auf beiden Gebieten, die einander ergänzen, war die Zusammenarbeit in der Allianz im vergangenen Jahr eng und fruchtbar.

Die politische Partnerschaft in der NATO ist lebendig und wirksam. Sie sichert ein ver-trauensvolles Verhältnis der Bündnispartner und ermöglicht eine eingehende und fort-gesetzte Abstimmung in allen wichtigen politischen Fragen. Dies gilt besonders für die Probleme des Ost-West-Verhältnisses. Die Verbündeten sind sich einig, daß jeder Bündnis-partner an der Förderung besserer Beziehungen zur Sowjetunion und den osteuropäischen Staaten mitwirken soll. In diesem Sinne verfolgen die NATO-Partner eine aktive Politik der Entspannung.

Sie findet ihren Ausdruck in den Initiativen zu einem Abbau der militärischen Konfron-tation in Europa, welche auf Grund intensiver gemeinsamer Studien vorbereitet werden. Die Ministerkonferenz der NATO hat am 27. Mai 1970 eine Erklärung beschlossen, in der alle interessierten Staaten aufgefordert werden, exploratorische Gespräche über beider-seitige und ausgewogene Truppenverminderungen in Europa unter besonderer Berück-sichtigung Mitteleuropas aufzunehmen. Damit hat sich die Allianz die von der Bundes-regierung seit langem vertretene Auffassung zu eigen gemacht, daß es an der Zeit ist, die Verminderung der militärischen Konfrontation in den Ost-West-Dialog einzuführen.

Dazu zählt auch der wichtige Bereich der strategischen Rüstungsbegrenzung, über den die Vereinigten Staaten und die Sowjetunion seit Ende 1969 verhandeln. Das enge und ver-trauensvolle Verhältnis im Bündnis gestattet es den Vereinigten Staaten, diese vitale Frage eingehend mit ihren Verbündeten zu beraten und ihnen damit Gelegenheit zu geben, ihre Interessen angemessen zur Geltung zu bringen.

Die Verbündeten prüfen ferner die Möglichkeiten einer sorgfältig vorbereiteten und erfolgversprechenden Konferenz über die Sicherheit und Zusammenarbeit in Europa, die neben Fortschritten in der Frage des Abbaus der militärischen Konfrontation die Zusam-menarbeit zwischen Ost und West auf wirtschaftlichem, wissenschaftlichem und kulturellem Gebiet fördern soll.

Ein weiteres bedeutsames Ergebnis der engen Zusammenarbeit der NATO-Partner war die Verabschiedung der Studie über die Sicherheit der Allianz in den siebziger Jahren durch die Verteidigungsminister der NATO am 2. Dezember 1970. Sie ist das Ergebnis einer gründlichen Analyse der für die Verteidigungsfähigkeit der Allianz maßgeblichen Faktoren, die auf Anregung von Präsident Nixon unternommen worden ist. Die gemeinsam erarbei-teten Schlußfolgerungen sind ein Zeichen für den Willen der Allianzpartner, auch in den kommenden Jahren das Nötige dafür zu tun, damit ein stabiles politisches und militärisches Kräfteverhältnis in Europa den Frieden auf unserem Kontinent sicherer macht. Ein bedeut-samer Beitrag dazu ist die Zusicherung Präsident Nixons in seiner Botschaft an die Minister-konferenz in Brüssel vom 3. Dezember 1970, daß die Vereinigten Staaten bei entsprechen-dem Verhalten der übrigen Bündnispartner ihre Streitkräfte in Europa beibehalten und ver-bessern und sie nur im Rahmen beiderseitiger Maßnahmen auf östlicher wie auf westlicher Seite verringern würden.

Die europäischen Mitglieder der NATO haben ihre Zusammenarbeit verstärkt; sie tragen dadurch ihrer wachsenden Verantwortung für die gemeinsame Sicherheit Rechnung. Der

Beschluß über die Errichtung eines europäischen Verteidigungsverstärkungsprogramms vom 2. Dezember 1970 ist ein wichtiger Schritt auf diesem Weg.

Die Partnerschaft in der NATO hat zu einer solidarischen Haltung der Verbündeten in allen wesentlichen Punkten geführt. Die Kommuniqués der zwei Ministersitzungen der NATO im vergangenen Jahr machen dies deutlich. Die Bundesregierung hat in allen Bereichen der Zusammenarbeit wesentliche Beiträge erbracht. Sie wird auch in Zukunft daran mitarbeiten, die Partnerschaft in der NATO zu erhalten und die sehr befriedigenden Ergebnisse der Zusammenarbeit der Allianz weiterzuentwickeln.

...

Frage 4
Wie hat die Bundesregierung sichergestellt, daß ihre Ostpolitik in jeder Phase mit dem Vorgehen unserer Verbündeten auf den übrigen Ebenen des Ost-West-Dialogs abgestimmt ist?

Antwort
Die Bundesregierung stimmt ihre Ost- und Deutschland-Politik mit ihren Verbündeten auf mehreren Ebenen regelmäßig ab: durch indirekten Meinungsaustausch der Regierungschefs, auf dem klassischen Weg durch Vermittlung der Botschaften in Bonn und in den Hauptstädten unserer Verbündeten, durch spezielle bilaterale und multilaterale Konsultationen der Außenminister sowie der Politischen Abteilungen der Außenministerien und vor allem im Ständigen Rat der NATO in Brüssel.

Die Konsultationen der Bundesregierung mit den Drei Mächten, die in der Deutschland- und Berlin-Frage besondere Verantwortlichkeiten tragen, sind so intensiv wie nur irgend möglich. Jeder Schritt, der diesen Bereich berührt, wird in einem speziellen Organ, der Bonner Vierergruppe, eingehend beraten. Die Vierergruppe, die sich aus Vertretern des Auswärtigen Amtes und der Bonner Botschaften der Drei Mächte zusammensetzt, ist während der regen politischen Tätigkeit des vergangenen Jahres fast täglich zusammengetreten. Außerdem treffen sich der Staatssekretär des Auswärtigen Amtes und die Botschafter der Drei Mächte zusätzlich jeden Monat, um die laufenden Angelegenheiten der Deutschland- und Berlin-Frage umfassend zu erörtern. Am Vorabend der halbjährlichen NATO-Ministerratstagungen begegnen sich die Außenminister der Bundesrepublik und der Drei Mächte regelmäßig zur Behandlung der anstehenden Fragen der Deutschland- und Berlin-Politik.

Der Bundesminister des Auswärtigen hatte unmittelbar vor seinen Moskauer Verhandlungen einen Meinungsaustausch mit den Außenministern der Drei Mächte. Der Bundeskanzler hat die Staats- bzw. Regierungschefs der drei Westmächte unmittelbar nach Unterzeichnung der Verträge mit der UdSSR und mit der Volksrepublik Polen in Briefen über die Bedeutung der Vertragswerke und die Ergebnisse der Besprechungen unterrichtet.

Durch Fortsetzung dieser engen Konsultation wird auch weiterhin sichergestellt werden, daß die Ostpolitik der Bundesregierung in jeder Phase mit der gemeinsamen Friedenspolitik des Westens in Übereinstimmung und mit dem Vorgehen unserer Verbündeten auf den übrigen Ebenen des Ost-West-Dialogs abgestimmt ist.

Frage 5
Welche Auswirkungen hat unsere Deutschland- und Ostpolitik auf die westeuropäische Integration, auf die NATO und auf unsere internationale Position, insbesondere in den überregionalen Organisationen?

Antwort
Für die Bundesregierung sind die Deutschland- und Ostpolitik, die Europa- und Bündnispolitik und die Politik gegenüber der Dritten Welt Teile *eines* politischen Konzepts. Die

Haager Gipfelkonferenz der »Sechs«, die die westeuropäische Zusammenarbeit entscheidend gefördert hat, fand im gleichen Zeitraum statt wie der Beginn der Gespräche in Moskau. Die erste politische Diskussion der »Sechs« in München (November 1970) lag zwischen der Unterzeichnung der Verträge von Moskau und Warschau. Das Bemühen der Bundesregierung, ihr Verhältnis zu den osteuropäischen Staaten zu bereinigen, ist Teil einer von allen Bundesgenossen einmütig verfolgten Friedens- und Entspannungspolitik und geht Hand in Hand mit dem Streben nach einer engeren politischen Zusammenarbeit im Westen und einer Verbesserung unserer Zusammenarbeit mit der Dritten Welt und unserer Stellung in internationalen Organisationen.

...

Frage 6
Welchen Stellenwert gibt die Bundesregierung in ihrer Außenpolitik, sowohl nach Westen als auch nach Osten, der Forderung des Grundgesetzes nach freier Selbstbestimmung unseres Volkes? Wie sind in diesem Zusammenhang die mit der Sowjetunion und Polen abgeschlossenen Verträge zu bewerten?

Antwort
In ihrer Regierungserklärung vom 28. Oktober 1969 hat die Bundesregierung festgestellt:
»Diese Regierung geht davon aus, daß die Fragen, die sich für das deutsche Volk aus dem Zweiten Weltkrieg und aus dem nationalen Verrat durch das Hitlerregime ergeben haben, abschließend nur in einer europäischen Friedensordnung beantwortet werden können. Niemand kann uns jedoch ausreden, daß die Deutschen ein Recht auf Selbstbestimmung haben wie alle anderen Völker auch.«

Sie hat weiter erklärt:
»Das Recht auf Selbstbestimmung, wie es in der Charta der Vereinten Nationen niedergelegt ist, gilt auch für das deutsche Volk. Dieses Recht und dieser Wille, es zu behaupten, können kein Verhandlungsgegenstand sein.«

Demgemäß hat der Bundeskanzler in dem Bericht zur Lage der Nation am 14. Januar 1970 für die Politik der Bundesregierung vier unverzichtbare Orientierungspunkte genannt. Erster dieser Orientierungspunkte ist das Recht auf Selbstbestimmung.
Die Bundesregierung hat ferner in ihrer Erklärung vom 18. September 1970 festgestellt, daß der deutsch-sowjetische Vertrag das »nationale Ziel der deutschen Einheit durch Selbstbestimmung« nicht beeinträchtigt. Bei den Verhandlungen mit der Sowjetunion zielte die deutsche Verhandlungsführung von Anfang an darauf ab, das Selbstbestimmungsrecht entsprechend seiner Bedeutung im Vertrag zu verankern. Dies ist in der Präambel geschehen. Die Ziele und Grundsätze der Vereinten Nationen, auf die der zweite Absatz der Präambel Bezug nimmt, schließen das Selbstbestimmungsrecht der Völker ein. Darüber hinaus hat die Bundesregierung ihren Standpunkt zur Frage der deutschen Einheit zum Ausdruck gebracht:
– Im Brief zur deutschen Einheit: Die Bundesregierung stellt hier fest, daß der Vertrag nicht im Widerspruch zu dem politischen Ziel der Bundesrepublik Deutschland steht, auf einen Zustand des Friedens in Europa hinzuwirken, in dem das deutsche Volk seine Einheit wiedererlangt.
– Durch die Bezugnahme auf den deutsch-sowjetischen Notenwechsel vom 13. September 1955 in der Präambel des Vertrages.
– Durch den Hinweis auf die fortdauernde Gültigkeit früher abgeschlossener Verträge und

Vereinbarungen gemäß Artikel 4, der sich insbesondere auch auf den von uns mit den drei Verbündeten geschlossenen Deutschland-Vertrag und den deutsch-sowjetischen Notenwechsel vom 31. September 1955 bezieht.
- Durch die Bezugnahme im Grenzartikel (Artikel 3 des Moskauer Vertrags) auf das Prinzip des Gewaltverzichts. In den Moskauer Verhandlungen bestand Einigkeit, daß der Vertrag einer einvernehmlichen Aufhebung oder Änderung von Grenzen nicht im Wege steht.
- Durch die Erklärung des Bundesaußenministers über die Fortgeltung der Rechte und Verantwortlichkeiten der Vier Mächte in bezug auf Deutschland als Ganzes und Berlin.

Bei den Verhandlungen mit Polen legte die Bundesregierung ebenfalls Wert darauf, daß unsere rechtlichen Positionen im Hinblick auf die Deutschland-Frage voll gewahrt bleiben. In Artikel IV des Vertrages und im Notenwechsel zwischen der Bundesregierung und den Regierungen der drei westlichen Alliierten ist klargestellt, daß die Rechte der Vier Mächte und unsere mit den Regierungen der drei Westmächte geschlossenen Verträge von dem neuen Vertrag unberührt fortbestehen.

. . .

Frage 8
In welchem Umfang hat die Ostpolitik der Bundesregierung den Weg zur Lösung humanitärer Probleme – vor allem im Hinblick auf die Familienzusammenführung – frei gemacht?

Antwort
Das langfristig gesetzte Ziel unserer Politik gegenüber den osteuropäischen Nachbarstaaten ist die Normalisierung der gegenseitigen und vor allem auch der menschlichen Beziehungen. Dieses Ziel bestimmt ganz besonders die mit dem deutsch-polnischen Vertrag eingeleitete Entwicklung. Im Rahmen dieser Zielsetzung, über die volles Einvernehmen mit der polnischen Regierung besteht, sind in den deutsch-polnischen Gesprächen und Verhandlungen im Interesse einer Pflege menschlicher Beziehungen die humanitären Probleme eingehend erörtert worden, die heute noch ungelöst sind und eine Normalisierung der Beziehungen behindern.
Die polnische Regierung hat in den Verhandlungen Verständnis für die Bedeutung gezeigt, die wir der Lösung dieser menschlichen Probleme beimessen.
- Sie hat eine beschleunigte Abwicklung der noch offenen Umsiedlungswünsche in Aussicht gestellt. Dabei soll die Möglichkeit zur Umsiedlung nicht auf Fälle der Familienzusammenführung beschränkt bleiben.
- Darüber hinaus soll diese Möglichkeit Personen deutscher Volkszugehörigkeit auch dann eingeräumt werden, wenn sie keine Verwandten im Bundesgebiet haben. Eine entsprechend erweiterte Zusammenarbeit der Rotkreuzgesellschaften beider Länder wurde eingeleitet.
- Die polnische Regierung hat ferner eine Erleichterung von Verwandtenbesuchen nach Inkrafttreten des Vertrages in Aussicht gestellt.

Grundsätzlich können im deutsch-polnischen Verhältnis alle humanitären und sonstigen Fragen erörtert werden, die sich bei einer Normalisierung der Beziehungen stellen. Dies ist ein entscheidender Fortschritt gegenüber dem bisherigen Zustand.
Die Bundesregierung hat auch im Laufe der deutsch-sowjetischen Gespräche den Komplex der Rückführung und Familienzusammenführung erörtert. Die rechtliche Grundlage bildet – neben den internationalen Rotkreuzvereinbarungen über die Familienzusammenführung, denen auch das Sowjetische Rote Kreuz beigetreten ist – weiterhin die beiderseitige Repa-

triierungserklärung vom 8. April 1958. Es besteht Einverständnis darüber, daß die beiderseitigen Rotkreuzgesellschaften in Übereinstimmung mit ihren Regierungen über Schritte und Wege beraten, um Verbesserungen in diesem wichtigen Bereich und eine schnellere Abwicklung von Repatriierungsfällen zu verwirklichen.

Frage 9

Wie hat die Bundesregierung bei Abschluß der Verträge mit der Sowjetunion und Polen sichergestellt, daß die Rechte und Verpflichtungen der Alliierten in bezug auf Berlin und Deutschland als Ganzes unangetastet bleiben?

Antwort

Die Bundesregierung ist rechtlich nicht in der Lage, durch Verträge die Rechte der Alliierten anzutasten. Darüber hinaus hat sie in den Verträgen mit der Sowjetunion und der Volksrepublik Polen für die Aufnahme eines Artikels gesorgt, der klarstellt, daß diese Verträge die von den Parteien bereits geschlossenen zweiseitigen oder mehrseitigen internationalen Vereinbarungen nicht berühren. In den Verhandlungen mit beiden Partnern hat die Bundesregierung darauf hingewiesen, daß sie sich damit insbesondere auf den Vertrag über die Beziehungen zwischen der Bundesrepublik Deutschland und den Drei Mächten (Deutschland-Vertrag) vom 26. Mai 1952/23. Oktober 1954 bezieht.

In Moskau hat der Bundesminister des Auswärtigen im Zusammenhang mit den Verhandlungen den Standpunkt der Bundesregierung hinsichtlich der Rechte und Verantwortlichkeiten der Vier Mächte in bezug auf Deutschland als Ganzes und Berlin dargelegt. Eine friedensvertragliche Regelung steht noch aus. Der beabsichtigte Vertrag kann die Rechte und Verantwortlichkeiten Frankreichs, Großbritanniens, der UdSSR und der USA daher nicht berühren. Der sowjetische Außenminister hat ausdrücklich bestätigt, daß die Frage der Vier-Mächte-Rechte von dem Vertrag nicht berührt wird. – Die Bundesregierung hat darüber mit den drei Westmächten einen Notenwechsel geführt, der veröffentlicht worden ist.

Auch in den Verhandlungen mit der Volksrepublik Polen hat die Bundesregierung klargestellt, daß der Vertrag die Rechte und Verantwortlichkeiten der Vier Mächte, wie sie in den bekannten Verträgen und Vereinbarungen ihren Niederschlag gefunden haben, nicht berührt und nicht berühren kann. Auch darüber hat die Bundesregierung mit den Drei Mächten Noten ausgetauscht.

In beiden Fällen haben die Westmächte in ihren Antwortnoten erklärt, daß auch nach ihrer Auffassung die Rechte und Pflichten der Vier Mächte in bezug auf Deutschland als Ganzes und Berlin durch die Verträge der Bundesrepublik Deutschland mit der UdSSR bzw. mit der Volksrepublik Polen nicht berührt werden können.

Schließlich hat die Bundesregierung auch für die vertragliche Regelung mit der DDR festgestellt, daß die jeweiligen Verpflichtungen gegenüber den Vier Mächten, die auf den besonderen Rechten und Vereinbarungen dieser Mächte über Berlin und Deutschland als Ganzes beruhen, unberührt bleiben (Punkt 11 der Kasseler Grundsätze und Vertragselemente).

Die Vier-Mächte-Verantwortlichkeit ist eine Garantie für den Frieden in Europa. Sie bezieht sich u. a. auf Deutschland als Ganzes. Sie stützt damit unsere Hoffnung auf eine schließliche Regelung der schwerwiegenden Probleme in der Mitte Europas, die vor der Geschichte bestehen kann.

Quelle: Bulletin vom 26. 1. 1971, Nr. 9, S. 73–80

Bekanntmachung des Kulturabkommens zwischen der Bundesrepublik Deutschland und der Regierung der Föderativen Republik Brasilien vom 27. Januar 1971

In Bonn ist am 9. Juni 1969 ein Kulturabkommen zwischen der Regierung der Bundesrepublik Deutschland und der Regierung der Föderativen Republik Brasilien unterzeichnet worden.

Das Abkommen ist nach seinem Artikel 18 am 17. Dezember 1970 in Kraft getreten; es wird nachstehend veröffentlicht.

Bonn, den 27. Januar 1971   Der Bundesminister des Auswärtigen
                                                      In Vertretung
                                                      Frhr. v. Braun

Die Regierung der Bundesrepublik Deutschland
und
die Regierung der Föderativen Republik Brasilien

in dem Bestreben, die Zusammenarbeit auf kulturellem Gebiet in freundschaftlichem Geiste zu erhalten und zu erweitern sowie die traditionellen Kulturbeziehungen und das gegenseitige Verständnis zwischen den beiden Völkern zu verstärken, sind übereingekommen, ein Kulturabkommen abzuschließen, und haben folgendes vereinbart:

Artikel 1
Jede Vertragspartei wird bemüht sein, den Austausch auf den Gebieten der Erziehung, Kultur und Wissenschaft zwischen Deutschen und Brasilianern zu fördern und hierzu die Schaffung kultureller Einrichtungen im eigenen Land zu unterstützen, welche der Verbreitung der Sprache und der sonstigen kulturellen Werte der anderen Vertragspartei sowie der Verwirklichung der allgemeinen Ziele dieses Abkommens dienen.

Artikel 2
(1) Die Regierung der Bundesrepublik Deutschland wird sich bemühen, die Einrichtung von Dozenturen, Lektoraten und Kursen zur Unterweisung in der portugiesischen Sprache und brasilianischen Kultur an Universitäten und sonstigen Hochschulen sowie die Gründung von Instituten für brasilianische Studien zu fördern.

(2) Die Regierung der Föderativen Republik Brasilien wird sich bemühen, den Unterricht in der deutschen Sprache und Kultur an Universitäten und sonstigen Hochschulen aufrechtzuerhalten und zu fördern. Die der Bundesaufsicht unterstehenden öffentlichen oder privaten höheren Schulen sind berechtigt, die deutsche Sprache als Wahlpflichtfach in ihren Lehrplan aufzunehmen.

Artikel 3
(1) Jede Vertragspartei wird bestrebt sein, wenn besondere Umstände es erfordern, im Rahmen der in ihrem Land geltenden Gesetze und in einer später noch festzulegenden Anzahl die Einrichtung von Schulen oder Lehrgängen für Schüler mit der Staatsangehörigkeit des anderen Landes zuzulassen, deren Eltern sich auf Zeit innerhalb ihres Hoheitsgebietes niedergelassen haben. Der Lehrplan wird demjenigen des Ursprungslandes der Schüler entsprechen, wobei zusätzlich jeweils Deutsch bzw. Portugiesisch als Pflichtfach gelehrt wird.

(2) Das Land, in dem diese Schulen liegen, ist nicht verpflichtet, die Gültigkeit der von den oben erwähnten Schulen und Lehrgängen erteilten Zeugnisse anzuerkennen.

Artikel 4

Jede Vertragspartei wird bemüht sein, die Beziehungen zwischen den beiderseitigen Universitäten, sonstigen Hochschulen und anderen kulturellen und wissenschaftlichen Einrichtungen sowie den Austausch von Professoren, Wissenschaftlern, Lehrern, Studenten und Schülern zu fördern.

Artikel 5

Jede Vertragspartei wird bemüht sein, Studenten mit abgeschlossenem Hochschulstudium, Fachkräften, Forschern, Wissenschaftlern oder Künstlern der anderen Vertragspartei Stipendien zur Fortbildung auf ihren verschiedenen Fachgebieten zu verleihen.

Artikel 6

Jede Vertragspartei wird bemüht sein, den Austausch von Veröffentlichungen und Dokumenten amtlicher und nichtamtlicher Art wie auch den Austausch von Veröffentlichungen und Dokumenten zwischen den Universitäten und sonstigen Hochschulen, Akademien, wissenschaftlichen Gesellschaften und kulturellen Einrichtungen im Hoheitsgebiet der beiden Vertragsparteien zu fördern und zu erleichtern.

Artikel 7

Jede Vertragspartei wird bestrebt sein, der anderen Partei bei deren kulturellen Unternehmungen auf ihrem Hoheitsgebiet Erleichterungen zuteil werden zu lassen, insbesondere für die Veranstaltung von Ausstellungen auf den Gebieten der Wissenschaft und Kunst, die Verbreitung und Übersendung von Büchern und anderen Veröffentlichungen, die Reproduktion von Kunstwerken, Vorträge, Seminare und Konzerte, Theater- und Ballettaufführungen, Vorführungen von Kultur- und Spielfilmen, Rundfunk- und Fernsehübertragungen, Schallplatten- und Tonbandaufnahmen sowie für sonstige der Verbreitung ihrer kulturellen Werte und dem Bekanntmachen ihrer touristischen Sehenswürdigkeiten dienende Mittel.

Artikel 8

Jede Vertragspartei wird bemüht sein, im Rahmen der einschlägigen gesetzlichen Bestimmungen auf ihrem Hoheitsgebiet die Einfuhr sowie die etwaige Ausfuhr von wissenschaftlichen Instrumenten, von Lehrmaterial, Kunstwerken, Büchern und Dokumenten oder sonstigen kulturellen Gegenständen der anderen Vertragspartei zu erleichtern, die zur wirksamen Durchführung der in diesem Abkommen vorgesehenen Betätigung beitragen oder die als Ausstellungsmaterial zeitlich begrenzter Ausstellungen in das Ursprungsland zurückkehren sollen.

Artikel 9

(1) Jede Vertragspartei wird bemüht sein, Studenten, die Staatsangehörige der anderen Vertragspartei sind, die Zulassung zu ihren Bildungsanstalten nach Maßgabe der in ihrem Hoheitsgebiet geltenden Bestimmungen zu ermöglichen. In dieser Hinsicht wird jede Vertragspartei die Möglichkeiten und Voraussetzungen für die gegenseitige Anerkennung von akademischen Graden, Diplomen und Hochschulzeugnissen zur Feststellung ihrer Gleichwertigkeit prüfen.

(2) Zeugnisse über die erfolgreiche Ablegung der ersten und zweiten deutschen Staatsprüfung für das Lehramt in deutscher Sprache an Gymnasien sowie Zeugnisse des Goethe-

Instituts in München über die Befähigung zur Erteilung deutschen Sprachunterrichts befähigen deren Inhaber auch zur Erteilung deutschen Sprachunterrichts an brasilianischen Unterrichtsstätten der gleichen Stufe. Die von den philosophischen Fakultäten Brasiliens ausgestellten Lehrbefähigungsdiplome für Literatur- und Sprachunterricht an höheren Schulen befähigen deren Inhaber auch zur Erteilung portugiesischen Sprachunterrichts an solchen deutschen Lehranstalten.

Artikel 10
Jede Vertragspartei wird bestrebt sein, im Bereich ihres Hoheitsgebietes die Lizenzerteilung zur Wiedergabe von Kunstwerken und musikalischen Kompositionen sowie zur Übersetzung literarischer, wissenschaftlicher und technischer Werke von Autoren, die Staatsangehörige der anderen Vertragspartei sind, im Einklang mit den internationalen Verpflichtungen der Vertragsparteien und unter Beachtung der gesetzlichen Bestimmungen über das Urheberrecht zu fördern.

Artikel 11
Jede Vertragspartei wird sich dafür einsetzen, daß die in ihrem Gebiete verwendeten Schulbücher eine zutreffende Vorstellung vom Lebensstil und der Kultur des anderen Landes vermitteln.

Artikel 12
Jede Vertragspartei wird bestrebt sein, die Durchführung von Ferienkursen für Lehrkräfte und Studierende des anderes Landes zu fördern.

Artikel 13
Jede Vertragspartei wird bestrebt sein, Besuche von Einzelpersonen und Gruppen, welche die Kultur der anderen Vertragspartei repräsentieren, durch Einladungen und die Gewähr von Beihilfen zu fördern.

Artikel 14
Jede Vertragspartei wird bestrebt sein, im Rahmen des Möglichen auf die Austragung sportlicher Wettkämpfe zwischen beiden Ländern und auf die Zusammenarbeit ihrer der Pflege und Betreibung von Leibesübungen gewidmeten Organisationen hinzuwirken.

Artikel 15
(1) Zur Erteilung von Anregungen und Empfehlungen und zur Beratung der Vertragsparteien wird ein Ständiger Gemischter Deutsch-Brasilianischer Ausschuß gebildet. Dieser Ausschuß besteht aus zwei Abteilungen, einer deutschen am Sitz der Regierung der Bundesrepublik Deutschland und einer brasilianischen mit Sitz in Brasilia.

(2) Jede Abteilung besteht aus einem Vorsitzenden sowie zwei deutschen und zwei brasilianischen Mitgliedern. Der Vorsitzende der deutschen Abteilung ist ein deutscher, der Vorsitzende der brasilianischen Abteilung ein brasilianischer Staatsangehöriger.

(3) Der Vorsitzende der deutschen Abteilung sowie die deutschen Mitglieder beider Abteilungen werden vom Bundesminister des Auswärtigen der Bundesrepublik Deutschland im Benehmen mit den beteiligten Bundesministern und den Kultusministern der Länder der Bundesrepublik Deutschland ernannt. Der Vorsitzende der brasilianischen Abteilung sowie die brasilianischen Mitglieder beider Abteilungen werden vom Außenminister der Föderativen Republik Brasilien im Benehmen mit dem Erziehungs- und Kultusminister bestellt.

(4) Die beiden Abteilungen des Ständigen Gemischten Ausschusses treten nach Bedarf, mindestens aber alle zwei Jahre zusammen. Für die ordnungsgemäße Besetzung des

Gesamtausschusses genügt es, wenn an den Sitzungen der einen Abteilung der Vorsitzende oder ein von diesem bestimmtes Mitglied der anderen Abteilung teilnimmt. Den Vorsitz führt jeweils der Vorsitzende der Abteilung, in deren Land die Sitzung stattfindet.

(5) Der Ständige Gemischte Ausschuß und jede Abteilung können Sachverständige als fachliche Berater hinzuziehen.

Artikel 16
Im Sinne dieses Abkommens bedeutet das Wort »Land« außer in Artikel 15 Absatz 3 und in Artikel 17 die Bundesrepublik Deutschland.

Artikel 17
Dieses Abkommen gilt auch für das Land Berlin, sofern nicht die Regierung der Bundesrepublik Deutschland gegenüber der Regierung der Föderativen Republik Brasilien innerhalb von drei Monaten nach Inkrafttreten des Abkommens eine gegenteilige Erklärung abgibt.

Artikel 18
Jede der beiden Vertragsparteien benachrichtigt die andere über den Abschluß der nach ihrem Verfassungsrecht für das Inkrafttreten dieses Abkommens erforderlichen Formalitäten. Das Abkommen tritt dreißig Tage nach dem Zugang der letzten Benachrichtigung in Kraft und gilt bis zu dem Ablauf von sechs Monaten nach dem Tage der Kündigung durch eine der Vertragsparteien.

Geschehen zu Bonn am 9. Juni 1969 in vier Urschriften, je zwei in deutscher und in portugiesischer Sprache, wobei jeder Wortlaut gleichermaßen verbindlich ist.

Für die
Regierung der Bundesrepublik Deutschland
Willy Brandt

Für die
Regierung der Föderativen Republik Brasilien
José de Magalhães Pinto

Quelle: BGBl. 1971, II, S. 117–121

Mitteilung des Auswärtigen Amts über die Unterzeichnung des deutsch-dänischen und deutsch-niederländischen Festlandsockel-Vertrages am 28. Januar 1971

Am 28. Januar 1971 wurden in Kopenhagen zwei bilaterale Verträge mit Dänemark und den Niederlanden über die Abgrenzung des deutschen Anteils am Festlandsockel unter der Nordsee unterzeichnet. Diese Verträge mit unseren Nachbarstaaten an der Nordsee waren am 30. Oktober 1970 in Den Haag von einer deutschen, einer niederländischen und einer dänischen Delegation paraphiert worden. Damit hatten die seit einiger Zeit auf der Grundlage des Urteils des Internationalen Gerichtshofes vom 20. Februar 1969 geführten dreiseitigen Verhandlungen über die Aufteilung des Festlandsockels und der in ihm liegenden vermuteten Bodenschätze, wie z. B. Erdgas und Erdöl, ihren Abschluß gefunden. Im britischen und norwegischen Anteil sind bereits große Funde gemacht worden.

Die im wesentlichen gleichlautenden Verträge legen die bisher strittigen Grenzen des Schelfanteils gegenüber Dänemark und den Niederlanden endgültig fest. Der deutsche Anteil umfaßt hiernach rund 36 000 km² und reicht bis zur Nordseemitte, wo er an den britischen Schelfanteil stößt. Im übrigen sehen die Verträge Regelungen für die Aufsuchung und Gewinnung von Bodenschätzen und für die Beilegung von Meinungsverschiedenheiten vor. Sie sollen nach Erteilung der Zustimmung durch die nationalen Parlamente in Bonn ratifiziert werden. Mit dem Inkrafttreten der drei Verträge mit Dänemark, den Niederlanden und Großbritannien – dieser letzte Vertrag wird vorbereitet – ist der Festlandsockel unter der Nordsee in seiner Gesamtheit endgültig unter die Anliegerstaaten aufgeteilt.

Quelle: Bulletin vom 30. 1. 1971, Nr. 13, S. 124

313   Europäische Wirtschafts- und Währungsunion

Erklärung des Presse- und Informationsamtes der Bundesregierung über die Einigung im Ministerrat der Europäischen Gemeinschaft, 9. Februar 1971

Die Bundesregierung begrüßt die am 9. Februar 1971 im Ministerrat der Europäischen Gemeinschaft erzielte Einigung über die stufenweise Verwirklichung einer Wirtschafts- und Währungsunion im Laufe der nächsten zehn Jahre.

Mit diesem Beschluß wurde ein weiterer entscheidender Teil des von den Staats- und Regierungschefs im Dezember 1969 erteilten Auftrags erfüllt. Die Europäische Gemeinschaft erhält mit der Wirtschafts- und Währungsunion eine neue Qualität. Der Gemeinschaft werden im Laufe des Prozesses schrittweise neue Befugnisse und Verantwortungen übertragen, die einer parlamentarischen Kontrolle auf Gemeinschaftsebene unterliegen.

Nach gemeinsamer Auffassung aller Mitgliedstaaten soll die Gemeinschaft zu einer Gemeinschaft der Stabilität und des Wachstums werden und ihren Beitrag zur internationalen Arbeitsteilung verstärken.

Für die Gestaltung der Gemeinschaft in der Endstufe sind bereits jetzt wichtige Grundsätze festgelegt worden, anhand deren beim Übergang in die zweite Stufe über den weiteren Weg bis zur Vollendung der Wirtschafts- und Währungsunion zu entscheiden sein wird.

Im Interesse der Stabilitätspolitik kommt dabei der Sicherung der effektiven Parallelität zwischen wirtschafts- und währungspolitischen Fortschritten besondere Bedeutung zu. Für die Einhaltung dieser unerläßlichen Parallelität wurden die notwendigen Vorkehrungen getroffen.

Die Schaffung der Wirtschafts- und Währungsunion ist nicht nur ein Vorgang von großer politischer Bedeutung, sondern auch ein entscheidender Schritt vorwärts auf dem Wege zur Einigung Europas. Die Bundesregierung stellt mit Genugtuung fest, daß alle Mitgliedstaaten in Brüssel dazu beigetragen haben, gemäß den richtungweisenden Vorschlägen des Werner-Plans die Voraussetzungen dafür zu schaffen, daß die Union eine harmonische und konsequente Weiterentwicklung des Gemeinsamen Marktes sein wird.

Quelle: Bulletin vom 12. 2. 1971, Nr. 22, S. 233

Mitteilung des Bundesministeriums für wirtschaftliche Zusammenarbeit über die vom Bundeskabinett am 11. Februar 1971 verabschiedete entwicklungspolitische Konzeption für die Zweite Entwicklungsdekade (Auszug)

A. Künftige Akzente der deutschen Entwicklungspolitik in der Zweiten Entwicklungsdekade

Die Bundesregierung wird in ihren Zielsetzungen, Grundsätzen und Aktivitäten für die Zweite Entwicklungsdekade unter Berücksichtigung der Ausführungen in den Abschnitten B bis F im Rahmen ihrer finanziellen Möglichkeiten folgende Akzente setzen:

1. Globale Entwicklungsstrategie
Die Bundesregierung unterstützt grundsätzlich die qualitativen und quantitativen Ziele, die international für die Zweite Entwicklungsdekade gesetzt sind. Sie unterstützt auch durch ihre bilaterale Entwicklungspolitik die Entwicklungsstrategie der Vereinten Nationen. Sie erstrebt ein effizientes System multilateraler Hilfe und intensivere Formen bilateral-multilateraler Zusammenarbeit.

2. Integrierte Entwicklungshilfe
Die Bundesregierung will enge und flexible Zusammenarbeit zwischen staatlicher und nichtstaatlicher Entwicklungshilfe. Wie die staatliche sollte sich auch die Entwicklungshilfe nichtstaatlicher Institutionen an den Zielen des jeweiligen Eintwicklungslandes und an ihren Prioritäten orientieren. In partnerschaftlicher Kooperation sollen ständig Informationen und Erfahrungen ausgetauscht und Absichten abgestimmt werden. Die staatliche Entwicklungspolitik wird in der Zweiten Entwicklungsdekade verstärkt auf kritische Würdigung und Unterstützung der Öffentlichkeit angewiesen sein, um zusätzliche Hilfsquellen zu erschließen und Strukturanpassungen in der Bundesrepublik Deutschland zu erleichtern.

3. Länderbezogene Aktivitäten
Die entwicklungspolitischen Entscheidungen sollen künftig stärker als bisher auf der Grundlage länderbezogener Hilfeprogramme getroffen werden, in denen der Differenziertheit der Entwicklungsländer besser Rechnung getragen, Prioritäten für Projekte festgelegt, die Vielzahl isolierter Einzelprojekte zu einem konsistenten Programm zusammengefaßt und die Anstrengungen von Industrie- und Entwicklungsländern besser koordiniert werden können. Aus diesem Grunde werden im Gesamtrahmen der deutschen Entwicklungspolitik die länderbezogenen Hilfeprogramme verstärkt.

4. Darstellung und Anpassung des Instrumentariums
a) Konzentrierter Einsatz und sektorale und regionale Einpassung
Im Vergleich zu den Aufgaben in Entwicklungsländern werden die Mittel immer knapp sein. Ein konzentrierter Einsatz der Instrumente in einzelnen Ländern, Sektoren und Regionen ist nötig. Dabei soll der Koordinierung der Instrumente besondere Beachtung geschenkt werden. Zuschüsse, Kredite, materielle und personelle Hilfe sind in flexiblen Kombinationen einzusetzen und, soweit angängig, in größeren Vorhaben zu verbinden.

Die Bundesregierung wird auch Beiträge zu begrenzten regionalen und sektoralen Programmen der Entwicklungsländer leisten.

b) Anpassung der Bedingungen
Die Bedingungen der öffentlichen Entwicklungshilfe sind unter Berücksichtigung der Lage der Entwicklungsländer flexibler und günstiger zu gestalten. Dazu sollen vor allem beitra-

Unterzeichnung des deutsch-sowjetischen Vertrages am 12. 8. 1970 in Moskau
Am Konferenztisch v. l. n. r.: Bundesminister des Auswärtigen Walter Scheel,
Bundeskanzler Willy Brandt, Ministerpräsident Alexej N. Kossygin,
Außenminister Andrej A. Gromyko
Stehend im Hintergrund zwischen Brandt und Kossygin
der Generalsekretär der KPdSU, Breshnew

Das Bündnis: Sicherheit und Entspannung

gen: ein höherer Anteil der Zuschüsse, die rasche Erfüllung der Empfehlung der Organisation für wirtschaftliche Zusammenarbeit und Entwicklung (Organization for Economic Cooperation and Development – OECD) über Kreditkonditionen sowie unsere Bemühungen um den Abbau der Lieferbindung und die Beteiligung an Landeswährungskosten.

5. Schwerpunktbereiche
Folgende Bereiche werden von besonderer Bedeutung sein:

a) Bekämpfung von Arbeitslosigkeit und Unterbeschäftigung, vor allem durch Förderung arbeitsintensiver Landwirtschafts-, Infrastruktur- und Industrievorhaben sowie von Jugend- und Freiwilligendiensten.

b) Arbeits- und umweltorientiertes Bildungssystem zur Aktivierung der Fähigkeit zur Selbsthilfe, vor allem durch Förderung von Berufsbildungsorganisationen sowie unmittelbar anwendbarer und ausbaufähiger Grunderziehung insbesondere außerhalb des formalen Schulwesens. Dabei sind auch Massenmedien einzusetzen.

c) Strukturverbesserung in ländlichen Regionen, vor allem durch Förderung einer produktiven und diversifizierten Landwirtschaft, einschließlich vor- und nachgelagerter Sektoren sowie einer leistungsfähigen Infrastruktur mit gewerblichen Arbeitsplätzen außerhalb der Ballungszentren.

d) Ausweitung und Diversifizierung des gewerblichen Sektors, vor allem durch Förderung produktiver Vorhaben im Bereich besonders entwicklungswirksamer Industrien, devisensparender bzw. devisenbringender Projekte sowie von Maßnahmen zur Steigerung der Ausfuhren der Entwicklungsländer insbesondere im Bereich der Produktentwicklung und Vermarktung.

e) Stärkung der Planungs- und Organisationsfähigkeit der Entwicklungsländer, vor allem durch Beratung und Managementhilfen für zentrale Stellen, Organisationen und Wirtschaftsunternehmen, gemeinsame Erarbeitung der wissenschaftlichen Grundlagen und Fortbildung von hochqualifiziertem Personal.

f) Unmittelbare Hilfe zur Verbesserung der Lebensbedingungen, vor allem durch Förderung von Organisationen, Zentren und integrierten Programmen für Familienplanung, Gesundheits- und Ernährungshilfe. Auch hier wird die Förderung der Kommunikationsmittel wichtiger werden.

B. Ziele und Grundsätze der deutschen Entwicklungspolitik

Die Bundesregierung strebt im Einklang mit dem Strategie-Dokument der Vereinten Nationen (VN) als Ziel für die Zweite Entwicklungsdekade die Förderung des wirtschaftlichen und sozialen Fortschritts der Entwicklungsländer in einem System weltweiter Partnerschaft an, um die Lebensbedingungen der Bevölkerung in diesen Ländern zu verbessern. Dies liegt auch im Interesse der Bundesrepublik Deutschland. Wirtschaftlich werden dadurch Voraussetzungen für den erweiterten Austausch von Gütern und Dienstleistungen im beiderseitigen Interesse geschaffen. Wirksame Entwicklungspolitik festigt die internationale Stellung der Bundesrepublik Deutschland. Sie vergrößert langfristig die Chancen der Friedenssicherung.

Entwicklungspolitik fügt sich damit in die Gesamtpolitik der Bundesrepublik und in das Geflecht ihrer auswärtigen Beziehungen ein. Erfolg kann nur eine Entwicklungspolitik haben, die in Zusammenarbeit mit den Entwicklungsländern, den anderen Geberländern sowie internationalen Institutionen und Organisationen ständig den Ausgleich der Interessen aller Beteiligten erstrebt. Sie taugt nicht als Instrument kurzfristiger außenpolitischer Erwägungen.

Die Bundesregierung versucht nicht, den Partnerländern politische sowie gesellschafts-

oder wirtschaftspolitische Vorstellungen aufzudrängen. Sie entscheidet in enger Kooperation mit dem jeweiligen Entwicklungsland und anderen Partnern, welche Maßnahmen sie entsprechend ihren Möglichkeiten, ihren Vorstellungen und ihrem Instrumentarium unterstützen will.

Entwicklungspolitik hat eigene Methoden und Instrumente. Sie bedarf aber der Ergänzung durch Maßnahmen in anderen Bereichen der deutschen Politik. Als Teil der Gesamtpolitik der Bundesregierung muß sie daher mit anderen Zielsetzungen der Bundesregierung abgestimmt werden.

Die entwicklungspolitische Zusammenarbeit wird in wachsendem Umfang in der Form partnerschaftlicher Kooperation durchzuführen sein.

Wirksame Entwicklungshilfe ist angewiesen auf die Zustimmung und Zusammenarbeit breiter Bevölkerungsschichten in Entwicklungsländern. Die gesellschaftlichen Gruppen unseres Volkes sind an der Zusammenarbeit mit Entwicklungsländern aktiv zu beteiligen. Die Bundesregierung ist bereit, die Arbeit dieser Gruppen auch künftig finanziell zu unterstützen.

Der Außenwirtschaftspolitik kommt für den Fortschritt der Entwicklungsländer entscheidendes Gewicht zu. Die Bundesregierung wird besonders darauf hinwirken, daß die Handelspolitik der Europäischen Gemeinschaften (EG) den lebenswichtigen Interessen der Entwicklungsländer verstärkt Rechnung trägt. Sie wird vor allem auch darum bemüht sein, daß das System allgemeiner Handelspräferenzen gegenüber den Entwicklungsländern verwirklicht und ausgebaut wird.

Die Bundesregierung anerkennt die große Bedeutung des privaten Kapitaltransfers in Entwicklungsländer. Deren eigene Aufgabe ist es, ausländische Investitionen nach ihren eigenen Zielen und Prioritäten zu lenken und zu fördern. Die Bundesregierung begrüßt ihrerseits insbesondere private Direktinvestitionen, die partnerschaftlich angelegt sind und z. B. durch technologische Ausstrahlung, Nutzung und Entfaltung heimischer Ressourcen, Ergänzung einheimischer Produktionsstrukturen, Exportdiversifizierung und Beschäftigung in besonderem Maße den wirtschaftlichen und gesellschaftlichen Bedürfnissen der Entwicklungsländer dienen.

Die Bundesregierung wird sich am länderbezogenen wie am globalen internationalen Informationsaustausch und an der entwicklungspolitischen Kooperation aktiv beteiligen. Sie wird multilaterale Organisationen in finanzieller und personeller Hinsicht weiterhin unterstützen. Die Bundesregierung wird konstruktiv vor allem in den internationalen Institutionen mitwirken, in denen Empfehlungen und Beschlüsse von grundsätzlicher entwicklungspolitischer Bedeutung ausgearbeitet werden, und insbesondere die Bemühungen unterstützen, die auf eine Steigerung der Effizienz im Bereich der multilateralen Zusammenarbeit gerichtet sind.

. . .

Quelle: Bulletin vom 17. 2. 1971, Nr. 25, S. 263 f.

315 Deutsche Leistungen für die WHO

Memorandum der Bundesregierung über den Umfang der Mitarbeit der Bundesrepublik Deutschland in der Weltgesundheitsorganisation, 16. Februar 1971

I.

1. Vom 4. bis 28. Mai 1971 wird in Genf die 24. Weltgesundheitsversammlung stattfinden. Im Verlauf dieser Versammlung werden acht Mitglieder des Exekutivrates neu gewählt werden.

2. Die Regierung der Bundesrepublik Deutschland strebt auf Grund ihrer intensiven Zusammenarbeit mit der WHO nunmehr an, zum zweitenmal in den Exekutivrat gewählt zu werden.

II.

1. Die Regierung der Bundesrepublik Deutschland beteiligt sich seit vielen Jahren an den mannigfachen Arbeiten der WHO. Sie hat als drittgrößter Beitragszahler der Organisation über ihre pflichtgemäße Beteiligung an dem ordentlichen Programm der Organisation hinaus stets Wert darauf gelegt, auf dem Gebiet des Gesundheitswesens intensiv zur Lösung nationaler und internationaler Schwerpunktaufgaben beizutragen. In diesem Geiste sind von ihr auch die von der Weltgesundheitsorganisation neu ausgearbeiteten Internationalen Gesundheitsvorschriften angenommen worden. Auch außerhalb der WHO arbeitet sie in den verschiedensten zwischenstaatlichen Organisationen auf dem Gebiet des Gesundheitswesens mit zahlreichen Staaten eng zusammen und hat beim Aufbau und Ausbau nationaler Entwicklungsdienste geholfen. Das hohe Niveau der medizinischen Forschung im privaten und staatlichen Bereich sowie des Gesundheitswesens in der Bundesrepublik Deutschland unterstützen die deutsche Mitarbeit.

2. Zu dem Umfang der Mitarbeit der Bundesrepublik Deutschland an der WHO darf im einzelnen auf folgende Leistungen hingewiesen werden:

   a) Die Bundesrepublik hat die internationale Zentralstelle für Krebsforschung in Lyon 1965 mitbegründet. Ihr Jahresbeitrag belief sich 1970 auf rd. 550 000,– DM.

   b) Die Bundesrepublik Deutschland arbeitet mit großem Einsatz an dem von der WHO geförderten Programm zur Erforschung und Bekämpfung von Herz-, Kreislauferkrankungen mit. Zu diesem Zweck finanziert sie in Heidelberg ein Modellzentrum.

   c) Mit zusätzlichen Mitteln beteiligt sie sich an den von der WHO eingeleiteten Programmen der psychiatrischen Versorgung und des Umweltschutzes. 1970 fanden in der Bundesrepublik Deutschland zwei Arbeitstagungen statt.

   d) 1969 und 1970 stellte die Bundesregierung jeweils DM 80 000,– zur Erforschung und Bekämpfung der Tollwut bereit. Es ist beabsichtigt, 1971 den gleichen Betrag zu leisten.

   e) Ein anderer freiwilliger Betrag in Höhe von DM 100 000,– diente 1970 der Weiterführung des Programms zur Warnung vor Arzneimittelnebenwirkungen (Drug Monitoring).

   f) In akuten Notfällen hat die Bundesrepublik Deutschland stets großzügige Spenden zur Linderung allgemeiner menschlicher Not zur Verfügung gestellt, z. B. Impfstoff im Werte von DM 60 000,– zur Bekämpfung der 1970 in einigen Mitgliedstaaten ausgebrochenen Choleraepidemie.

   g) Die Bundesregierung hat Dezember 1970 für die Finanzierung des Malariaausrottungsprogramms der WHO in mittelamerikanischen Ländern 2,5 Mio DM zugesagt.

   h) Die Bundesregierung arbeitet aktiv an dem Stipendienprogramm der WHO mit. Sie vergibt Stipendien und bildet Stipendiaten aus, um den persönlichen internationalen Erfahrungsaustausch und die Fortbildung qualifizierter Sachverständiger zu fördern.

Quelle: Aus den Akten des Auswärtigen Amts

Erklärung der Bundesregierung zu der bevorstehenden Wiedereröffnung der Genfer Konferenz des Abrüstungsausschusses (CCD), 23. Februar 1971

1. Die Bundesregierung mißt einer allgemeinen, ausgewogenen und ausreichend kontrollierten Abrüstung vor allem auf dem Gebiet der Massenvernichtungswaffen, aber auch im Bereich der konventionellen Waffen große Bedeutung für die Erhaltung und Festigung des Weltfriedens bei.

Die Bundesregierung hat deshalb die Arbeit der Konferenz des Abrüstungsausschusses in Genf und die Erörterung ihrer Arbeitsergebnisse sowie andere Abrüstungsfragen durch die XXV. Vollversammlung der Vereinten Nationen mit besonderer Aufmerksamkeit verfolgt.

Sie würdigt die Arbeit des 1. (Politischen) Ausschusses und des Plenums der XXV. Vollversammlung der Vereinten Nationen zu Abrüstungsfragen als einen wertvollen Beitrag zur Erreichung des auch von ihr angestrebten Ziels, den Frieden sicherer zu machen. Die Bundesrepublik Deutschland ist zur Zeit daran gehindert, sich innerhalb der Vereinten Nationen an der Abrüstungsdiskussion zu beteiligen. Sie bekräftigt aber erneut ihre Bereitschaft, jede Lösung zu fördern und an ihr teilzunehmen, die geeignet ist, dem Ziel einer ausgewogenen und ausreichend kontrollierten Abrüstung näherzukommen.

2. Die Bundesregierung begrüßt das Ergebnis der Abrüstungsdebatte der XXV. Vollversammlung. Mit der Billigung des vom Genfer Abrüstungsausschuß ausgearbeiteten Entwurfs für einen Vertrag zur Freihaltung des Meeresbodens von Kern- und anderen Massenvernichtungswaffen und der damit ermöglichten Auslegung des Vertrages zur Unterzeichnung wurde ein weiterer Schritt auf dem Gebiet der weltweiten Rüstungsbegrenzung getan. Die Bundesregierung erklärt ihre Absicht, dem Meeresbodenvertrag, dessen Zielsetzung sie von Anfang an unterstützt hat, beizutreten.

Die Bundesregierung hat mit Befriedigung die Resolution 2663 A (XXV) über die Kontrolle eines vollständigen Teststopps durch einen internationalen seismischen Datenaustausch zur Kenntnis genommen. Bekanntlich hat die Bundesrepublik Deutschland gegenüber dem Generalsekretär der Vereinten Nationen bereits im April 1970 ihre Bereitschaft erklärt, sich an einem internationalen Austausch seismischer Daten zu beteiligen. Die Bundesregierung hofft, damit zum Zustandekommen eines vollständigen Teststopps für Nuklearwaffen beizutragen.

Die Bundesregierung begrüßt ausdrücklich die Resolution 2662 (XXV) über ein B- und C-Waffen-Verbot. Sie ist der Auffassung, daß die in dieser Resolution niedergelegten allgemeinen Grundsätze eine brauchbare Grundlage für eine weltweit akzeptable Lösung bieten. Die Bundesrepublik Deutschland, die bereits 1954 in völkerrechtlich verbindlicher Weise auf die Herstellung von A-, B- und C-Waffen verzichtet hat, ist an einer umfassenden Lösung dieser Fragen besonders interessiert.

Die Bundesregierung würdigt ferner die Resolution 2661 o (XXV) über ein umfassendes Abrüstungsprogramm und die Resolution 2667 (XXV) über wirtschaftliche und soziale Folgen des Wettrüstens. Beide Resolutionen machen in eindringlicher Weise auf die Fülle der noch ungelösten Probleme und auf die Konsequenzen aufmerksam, die sich daraus ergeben. Die Bundesregierung begrüßt die Vorbereitung eines Berichts über die wirtschaftlichen und sozialen Folgen des Wettrüstens durch den Generalsekretär der Vereinten Nationen.

3. Die während der XXV. Vollversammlung der Vereinten Nationen auf dem Gebiet der Abrüstung gegebenen Impulse lassen die Bundesregierung hoffen, daß es während der am 23. Februar 1971 beginnenden Sitzungsperiode des Genfer Abrüstungsausschusses zu wei-

teren Fortschritten kommen möge. Die Bundesregierung ist bereit, hierzu in konsequenter Verfolgung ihrer Friedenspolitik nach besten Kräften beizutragen.

Quelle: Bulletin vom 24. 2. 1971, Nr. 28, S. 295

317   Übergabe des Archäologischen Instituts

Mitteilung über die Rückgabe des Deutschen Archäologischen Instituts in die Zuständigkeit des Auswärtigen Amts, 26. Februar 1971 (Auszüge)

In einer Feierstunde am 26. Februar 1971 in Berlin übergab der Bundesminister des Innern, Hans-Dietrich Genscher, dem Bundesminister des Auswärtigen, Walter Scheel, das Deutsche Archäologische Institut in die Zuständigkeit des Auswärtigen Amtes ...

Das Deutsche Archäologische Institut wurde 1829 in Rom als preußisches Institut gegründet. Nach 1874 wurde es ein Institut des Deutschen Reichs und erstmals in den Geschäftsbereich des Auswärtigen Amts eingeordnet. 1934 wurde es dem Reichsministerium für Wissenschaft, Erziehung und Volksbildung übergeben. Nach dem Krieg übernahm zunächst der Senat von Berlin die treuhänderische Verwaltung des Instituts. 1953 erhielt das Bundesministerium des Innern die Zuständigkeit.

Das Deutsche Archäologische Institut arbeitet außerhalb der Bundesrepublik Deutschland in Griechenland, Irak, Iran, Italien, Jemen, Spanien, Türkei, Tunesien und in der Vereinigten Arabischen Republik. In einigen dieser Länder hat es besondere Abteilungen. Da der Schwerpunkt der Arbeit im Ausland liegt, ist diese mit der auswärtigen Kulturpolitik naturgemäß eng verbunden.

Quelle: Bulletin vom 3. 3. 1971, Nr. 31, S. 328

318   Zur Reform des Auswärtigen Dienstes

Zusammenfassung des Berichts der Kommission für die Reform des Auswärtigen Dienstes, 12. März 1971

Aufgaben der auswärtigen Politik

1. Die Wahrnehmung außenpolitischer Interessen ist nicht mehr allein eine Frage des Verkehrs von Regierung zu Regierung. Sie hat heute alle politisch wirksamen Kräfte und gesellschaftlichen Formierungen einzubeziehen. Auch unter den veränderten Verhältnissen sind ständige Vertretungen im Ausland notwendig.

Außenwirtschaftspolitik

2. Die Qualität der wirtschaftlichen Beziehungen zum Ausland ist wesentliches Element der deutschen Außenpolitik. Die Aufgabe, mit klassischen Mitteln den Export zu fördern, tritt in den Aufgaben der Auslandsvertretungen zurück.
3. Je nach der wirtschaftlichen Struktur des Gastlandes ist von nach Art und Umfang unterschiedlichen Bedürfnissen des Staates und der Wirtschaft auszugehen. Unter diesem Aspekt lassen sich die Auslandsvertretungen gruppieren nach Missionen in

- den europäischen und überseeischen hochentwickelten Ländern,
- den wenigen anderen europäischen und den fortgeschrittenen Entwicklungsländern,
- allen übrigen Ländern außer den Staatshandelsländern,
- den Staatshandelsländern.

4. Die heutige personelle Besetzung der Auslandsvertretungen trägt der Aufgabenstellung oft nicht Rechnung. Die Wirtschaftsreferate sind weitgehend noch so organisiert, wie es den Bedürfnissen der ersten Nachkriegszeit entsprach. Die Kommission empfiehlt eine Neubewertung der Funktionen an den Auslandsvertretungen für die Pflege der außenwirtschaftlichen Beziehungen unter Einschluß der wirtschaftlichen Fragen der Entwicklungshilfe.

5. Doppel- und Dreifacharbeit der Auslandsvertretungen, der Auslandshandelskammern und der Bundesstelle für Außenhandelsinformation ist durch eine klare Aufgabenabgrenzung zu vermeiden.

Entwicklungspolitik

6. In Entwicklungsländern ist Entwicklungspolitik die primäre Fragestellung, mit der die Leiter der Vertretungen konfrontiert sind. Wegen der zunehmenden Bedeutung und des wachsenden Umfangs der Entwicklungshilfe in der Zweiten Entwicklungsdekade muß die Personalausstattung vor allem im mittleren und gehobenen Auswärtigen Dienst, dem auf diesem Gebiet viel mehr Aufgaben als bisher übertragen werden können, verbessert werden.

7. Bei der Aus- und Fortbildung des gehobenen und höheren Auswärtigen Dienstes muß in Zukunft ein noch größeres Gewicht auf die besonderen Probleme wirtschaftlicher und sozialer Art, wie sie in Entwicklungsländern auftreten, gelegt werden.

8. Mit der Einrichtung von Länderbeobachtern in den Entwicklungsländern entstand die Gefahr einer Doppelarbeit, insbesondere einer zweigleisigen Berichterstattung.

Die Kommission betont, daß es grundsätzlich nicht richtig ist, wenn sich einzelne Ressorts eigene Informationssysteme im Ausland aufbauen.

Die Förderung des Kulturaustausches

9. Die auswärtige Kulturpolitik soll die Grundlage für ein besseres gegenseitiges Verständnis der Völker und für eine gemeinsame Lösung der geistigen Aufgaben, die heute der Welt gestellt sind, legen. Das Prinzip des Kulturaustausches, nicht das des einseitigen Kulturangebots prägt eine so verstandene auswärtige Kulturpolitik.

10. Auslandskulturarbeit und politische Öffentlichkeitsarbeit im Ausland haben viele Berührungspunkte. Jeder Rigorismus bei der Abgrenzung beider Bereiche ist verfehlt.

11. In der praktischen Kulturarbeit im Ausland ist eine Vielzahl von Organisationen tätig. Das Konzept des Auswärtigen Amts, ihnen die praktische Auslandskulturarbeit zu übertragen, ist richtig. Dabei ist eine Flurbereinigung notwendig. Die Tätigkeiten dieser Organisationen müssen durch das Auswärtige Amt und die Auslandsvertretungen koordiniert werden.

Wissenschaftspolitik im Auswärtigen Dienst

12. Angesichts der stetig wachsenden Bedeutung der wissenschaftlichen Forschung und der technischen Entwicklung sollten weitere Auslandsvertretungen eigene Wissenschaftsreferenten erhalten.

13. Um den wechselseitigen Informationsfluß zu fördern, empfiehlt die Kommission, beim Bundesminister für Bildung und Wissenschaft einen beratenden Ausschuß zu bilden,

der zu einer wirkungsvolleren Arbeit der Wissenschaftsreferenten im Ausland beitragen sollte.

Zwischenstaatliche Gesellschaftspolitik, Sozialpolitik

14. Sozialreferenten sollten an den bilateralen Vertretungen in den Ländern, deren sozialpolitischen Verhältnissen die Bundesregierung besonderes Gewicht beimißt oder wo die
Bedeutung der Sozialpartner dies erfordert, eingesetzt werden. Außerdem sollten die
Vertretungen bei den internationalen Organisationen, die sich mit sozialpolitischen
Fragen befassen, Sozialreferenten erhalten.
15. Da die Gewerkschaften für die politische und die soziale Wirklichkeit in vielen Ländern
eine große Bedeutung haben, empfiehlt es sich, Referenten einzusetzen, die auf Grund
ihres Werdeganges möglichst guten Zugang zu den Gewerkschaften des Gastlandes
finden.

Informationspolitik und Öffentlichkeitsarbeit

16. Das Auswärtige Amt hat keine Presse- und Informationsabteilung. Trotz gewisser Bedenken hat die Kommission nicht vorgeschlagen, diese Situation zu ändern. Allerdings
ist eine enge personelle Verzahnung zwischen Auswärtigem Dienst und der Auslands-
abteilung des Presse- und Informationsamtes Voraussetzung einer reibungslosen Zusammenarbeit.

*Die Wahrnehmung konsularrechtlicher Aufgaben und der Schutz deutscher Staatsangehöri-
ger im Ausland*

17. Die Novellierung des Konsulargesetzes von 1867 ist überfällig. Dabei muß der Kreis
der Personen, die für konsularrechtliche Aufgaben kraft Gesetzes ermächtigt sind oder
ermächtigt werden können, erheblich erweitert werden.
18. Die Gebührensätze, die die Auslandsvertretungen für Amtshandlungen erheben, müssen
neu festgesetzt werden.

Erfordernisse der Koordinierung

19. Angesichts der wachsenden Vielfalt und Interdependenz der auswärtigen Angelegenheiten hängt die erfolgreiche Vertretung deutscher Interessen davon ab, daß in der
Pflege der internationalen Beziehungen eine einheitliche Politik erkennbar zur Geltung
kommt. Dies gilt für den bilateralen wie für den multilateralen Bereich.
20. Durch praktikable und wirksame Verfahren frühzeitiger Koordination muß sichergestellt werden, daß die aus der Fachbereichsverantwortung der Ressorts fließenden Aktivitäten in Einklang mit der Gesamtkonzeption der auswärtigen Politik sind, für die
die Ressortverantwortung beim Bundesminister des Auswärtigen liegt.

Organisation und Arbeitsweise des Auswärtigen Dienstes

21. Das Auswärtige Amt sollte im Prinzip regional gegliedert werden, damit die einen
bestimmten geographischen Raum betreffenden Informationen aus den verschiedenen
außenpolitischen Aufgabenbereichen in einer Arbeitseinheit ausgewertet werden können.
22. Kleinstvertretungen in Afrika und in Mittelamerika sollten zu leistungsfähigeren größeren Botschaften, deren Leiter in mehreren Ländern akkreditiert würden, zusammengefaßt werden. Die Zahl der Berufskonsulate sollte verringert werden.

23. Für den organisatorischen Aufbau der Auslandsvertretungen gibt es kein starres Schema; entscheidend sind Art und Größe der Vertretung und die Aufgabenschwerpunkte.
24. Der Auftrag, das eigene Volk gegenüber allen Teilen des anderen im Gastland zu vertreten, richtet sich auch an die Konsuln und bestimmt im wesentlichen ihre Funktion. Die Botschafter sollten gegenüber den konsularischen Vertretungen ihres Amtsbereiches ein Weisungsrecht erhalten.

Fragen des Personaleinsatzes

25. Mitarbeiter des gehobenen und des höheren Auswärtigen Dienstes werden an den Auslandsvertretungen und im Auswärtigen Amt teilweise unterwertig beschäftigt.
26. Voraussetzung eines laufbahngerechten Personaleinsatzes im gehobenen und höheren Dienst ist eine Verstärkung des mittleren Dienstes um ungefähr 200 Mitarbeiter.
27. Konsularische Funktionen sollten soweit wie möglich Mitarbeitern im gehobenen und im mittleren Dienst übertragen werden.
28. Geeignete Beamte des gehobenen Dienstes, die in jüngeren Jahren bereits für den Aufstieg in den höheren Dienst in Frage kommen, sollten die Gelegenheit erhalten, an der Laufbahnausbildung des höheren Dienstes teilzunehmen.
29. Der Stellenkegel des Auswärtigen Amtes sollte entsprechend den Vorschlägen dieses Berichts und im Vergleich zu den anderen Ressorts verbessert werden.
30. Eine längerfristige Personalplanung ist dringend erforderlich. Vor Versetzungen sollte eine gezielte Vorbereitung auf die neuen Aufgaben erfolgen. Der Amtsvorgänger sollte seinem Nachfolger die Amtsgeschäfte übergeben und ihn einarbeiten können. Für die Lösung der Probleme des Personaleinsatzes ist eine Personalreserve erforderlich, die im höheren Dienst auf zehn Prozent zu veranschlagen ist.
31. Die Kommission empfiehlt eine Änderung des im Auswärtigen Dienst praktizierten Beurteilungssystems.
32. Das Problem der Altersversorgung nichtdeutscher Ortskräfte in Ländern ohne ausreichende soziale Sicherung muß gelöst werden.
33. Für Beamte bestimmter Besoldungsgruppen im Auswärtigen Dienst sollte ein neues Rechtsinstitut des Wartestandes geschaffen werden. In diesen Wartestand sollten Beamte versetzt werden können, für die aus fachlichen, persönlichen oder gesundheitlichen Gründen eine Verwendungsmöglichkeit im Auswärtigen Dienst zeitweilig nicht besteht.
34. Die Amtsbezeichnungen im Auswärtigen Dienst sollten vereinfacht werden.
35. Die durchschnittliche Einsatzdauer an einem Dienstort sollte verlängert werden.

Ausbildung und Fortbildung

36. Die Laufbahnausbildung aller Laufbahnen sollte zentral in einer gemeinsamen Ausbildungsstätte erfolgen.
37. Die Ausbildung der Anwärter des höheren Dienstes sollte möglichst praxisnah gestaltet werden.
38. Der Vorbereitungsdienst für den gehobenen Dienst muß von dem Berufsbild eines gehobenen Auswärtigen Dienstes, das den tatsächlichen Verhältnissen nicht mehr entspricht, abgehen. In der Ausbildung sind die Fachgebiete Wirtschaft, Entwicklungshilfe, Kultur- und Öffentlichkeitsarbeit stärker als bisher zu betonen.
39. Der mittlere Dienst ist in der Laufbahnausbildung auf eine Erweiterung seiner Funktionen vorzubereiten.
40. Die spezialisierende Fortbildung muß in Zukunft Kernstück der Fortbildungsmaßnahmen im Auswärtigen Dienst sein. Nur so wird – zusammen mit einer langfristigen Personalplanung – dem Bedürfnis nach einer Spezialisierung auch des allgemeinen Personals Rechnung getragen.

41. Eine Sonderform der Fortbildung, die im Auswärtigen Dienst besondere Bedeutung hat, ist die gezielte Vorbereitung auf neue Aufgaben im Ausland.

42. Die Erweiterung der Sprachkenntnisse der Mitarbeiter des Auswärtigen Dienstes ist notwendig. Das Sprachausbildungsprogramm muß erweitert werden.

43. Den Ehefrauen der Mitarbeiter des Auswärtigen Dienstes sollte die Teilnahme an allen Formen des Sprachunterrichts ermöglicht werden.

Der Einsatz von Spezialisten im Auswärtigen Dienst

44. Der Einsatz von Spezialisten wird in Zukunft umfangmäßig zunehmen.

45. Der einzelne Spezialist sollte – auch bei permanenter fachspezifischer Aufgabenstellung – grundsätzlich nur auf Zeit in den Auswärtigen Dienst übernommen werden.

46. Bei besonderer Eignung und Bewährung sollte das Auswärtige Amt im Einvernehmen mit den abgebenden Stellen Spezialisten auf Dauer in den Auswärtigen Dienst übernehmen können.

47. Wenn besondere Sachkenntnisse an Auslandsvertretungen nur gelegentlich benötigt werden, sollten Experten ad hoc entsandt werden.

Einzelfragen

48. Die Kommission empfiehlt, die Auslandsbesoldung und verschiedene andere dienstrechtliche Vorschriften neu zu regeln. Die Festsetzung der Dienst- und Versorgungsbezüge sollte vom Auswärtigen Amt an die Bundesbesoldungsstelle abgegeben werden.

49. Die Gesundheitsfürsorge muß verbessert werden.

50. Zumindest an den größeren Auslandsvertretungen sollten echte Personalvertretungen eingerichtet werden.

51. Der Bund sollte grundsätzlich die Auslandsvertretungen in eigenen Gebäuden unterbringen. Mietgrundstücke sollten bei den ständig steigenden Mieten nur ausnahmsweise als Dauerlösung vorgesehen werden.

52. Die Kommission hat darauf verzichtet, ohne Rücksicht auf die finanziellen Auswirkungen ein Idealmodell des deutschen Auswärtigen Dienstes zu entwerfen und darauf hinzielende Empfehlungen auszusprechen.

Mit der Vorlage dieses Berichts an den Bundesminister des Auswärtigen hat sie ihr Mandat erfüllt. Sie erwartet, daß die Bundesregierung die Öffentlichkeit über die Folgerungen, die sie aus diesem Bericht zu ziehen gedenkt, unterrichten wird.

Quelle: Aus den Akten des Auswärtigen Amts

319

Antwort des Bundesministers der Verteidigung, Helmut Schmidt, auf die Großen Anfragen der Fraktionen der SPD und FDP sowie der Fraktion der CDU/CSU am 18. März 1971 (Auszug)

Die Großen Anfragen der Fraktionen der SPD und FDP und der CDU/CSU geben der Bundesregierung Gelegenheit, dem Deutschen Bundestag ihre Sicherheitspolitik darzustellen. Die Bundesregierung gibt die nachstehende Antwort auf der Grundlage, wie sie sich weitgehend bereits im Weißbuch 1970 und in den Beschlüssen des Bündnisses vom Dezember

1970 und in der Antwort der Bundesregierung vom 26. Januar 1971 auf die Große Anfrage der Fraktionen der SPD und FDP (Drucksache VI/1728) dokumentiert hat.

Die Sicherheit der Bundesrepublik Deutschland

(Antwort auf die Frage 4 der Fraktionen der SPD, FDP sowie auf die Fragen A. 1 bis 8 und B. 5 bis 6 der Fraktion der CDU/CSU)

Die Sicherheitspolitik der Bundesrepublik Deutschland geht von der Regierungserklärung vom 28. Oktober 1969 aus. Sie trägt zur Sicherung des Friedens in Europa bei und damit zur Sicherheit des eigenen Landes. Die Bundesregierung nimmt die Verpflichtungen sehr ernst, die sie als Partner im Bündnis übernommen hat. Dazu gehört wesentlich auch die Sorge um die Soldaten und die zivilen Mitarbeiter der Bundeswehr. Im Bündnis leisten wir unseren militärischen Beitrag zum Gleichgewicht der Kräfte mit der Bundeswehr.

Die Bundesregierung stellt fest:

1. Das westliche Bündnis ist für unsere Sicherheit und für die Sicherheit unserer Partner unerläßlich.

2. Die Aufrechterhaltung des globalen Gleichgewichts der Kräfte bleibt notwendig. Dazu muß in Europa ein ausreichendes Gegengewicht zum militärischen Potential der Sowjetunion und des Warschauer Paktes erhalten bleiben. Die Bundesrepublik Deutschland leistet einen angemessenen Beitrag.

3. Die substantiell ungeschmälerte Präsenz der Vereinigten Staaten in Europa ist Voraussetzung für einen stabilen Frieden in Europa, solange eine Einigung über beiderseitige ausgewogene Truppenverminderungen nicht erreicht ist.

4. Die europäischen NATO-Partner verstärken ihre militärische Zusammenarbeit weiter, um die Verteidigungsfähigkeit zu erhalten.

5. Die Bemühungen um Entspannung und die Anstrengungen für Verteidigung sind nicht voneinander zu trennen.

6. Die Bundesregierung erhält und verbessert die Kampfkraft der Bundeswehr durch Umgestaltung und Modernisierung.

Das Kräfteverhältnis

Das strategische Gleichgewicht besteht fort. Die Sowjetunion verstärkt seit Jahren die Bemühungen, ihr strategisches Potential zu vermehren und zu verbessern. Die Regierung der Vereinigten Staaten orientiert ihre Sicherheitspolitik an den Kriterien der Hinlänglichkeit und der Haltung der Fähigkeit, als Antwort auf einen nuklearen Angriff einen ausreichenden nuklearen Gegenschlag führen zu können. Das Bündnis zwischen Westeuropa und den Vereinigten Staaten bleibt für die Glaubwürdigkeit der Abschreckung, also für die Verhütung des Krieges, unerläßlich. Beide Weltmächte verhandeln in Helsinki und Wien über eine Begrenzung der strategischen Waffen (SALT) [1]. Die Bundesregierung begrüßt diese Bemühungen. Sie hofft, daß sie zu einem positiven Ergebnis führen.

Die Bundesregierung hat in ihrer Antwort auf die Kleine Anfrage der Fraktion der CDU/CSU vom 1. Juni 1970 (Drucksache VI/878) ausführlich die Entwicklung des militärischen Potentials des Warschauer Paktes und der Nordatlantischen Verteidigungsgemeinschaft seit 1965 behandelt. Sie tat dies auch im »Weißbuch 1970«. Seither haben sich wesentliche Veränderungen nicht ergeben. Es ist davon auszugehen, daß das militärische Potential des Warschauer Paktes auch in Zukunft erhalten, modernisiert und in bestimmten Bereichen weiter verstärkt wird. Gemeinsam mit ihren Verbündeten beobachtet die Bundesregierung die Entwicklung dieses Potentials aufmerksam. Sie weiß, daß ein ausreichendes militärisches Gegengewicht erhalten bleiben muß – nicht nur, um Krieg zu verhüten, sondern auch, um eine Schmälerung der politischen Entscheidungsfreiheit der Bundesrepublik Deutschland und ihrer Verbündeten zu verhindern.

Die NATO verabschiedete im vergangenen Jahr einen Bericht über die »Verteidigungspolitik der Allianz in den siebziger Jahren« (AD 70)[2]. Die europäischen Partner in der NATO beschlossen ein Programm, das ihre Verteidigungsmaßnahmen koordiniert und die Gesamtverteidigung verstärkt.

Was das Bündnis als Ganzes beschlossen hat, wirkt sich auch auf die Entscheidungen der Bundesregierung aus. Sie beteiligt sich nicht nur an den Entscheidungen des Bündnisses, sie orientiert auch ihre eigenen Verteidigungsanstrengungen und damit die Entwicklung der Bundeswehr an diesen Kriterien. Dies macht die defensive Aufgabenstellung der Bundeswehr deutlich.

So entspricht beispielsweise die neue Heeresstruktur den Forderungen der gemeinsamen Strategie der flexiblen Reaktion und dem Ziel der Vorneverteidigung durch eine stärkere Betonung der konventionellen Bewaffnung.

Gleichfalls wird die in den siebziger Jahren anstehende Umrüstung der fliegenden Verbände der Luftwaffe diesen Gesichtspunkten voll Rechnung tragen.

Die Bundesregierung muß die Veränderungen im maritimen Bereich – hervorgerufen durch stärkere Aktivität der Sowjetunion auf den Meeren – ebenfalls in ihre Politik einbeziehen. Die Konsequenzen werden Auswirkungen für die Bundesmarine haben. Die Entwicklung eines neuen Marine-Konzepts wird im Laufe dieses Jahres abgeschlossen werden.

Die Bundesrepublik und das Bündnis

Die Mitglieder der Nordatlantischen Allianz haben ein gemeinsames Sicherheitsbedürfnis. Die NATO ist ein Bündnis souveräner Staaten. Die politische und militärische Zusammenarbeit in der NATO basiert auf dem Ausgleich der Interessen.

Die enge Zusammenarbeit hat sich im Jahre 1970 erneut bewährt. Die Allianz faßte weitreichende Beschlüsse – besonders auf den Ministertagungen im Mai in Rom und im Dezember in Brüssel. Hierzu haben die europäischen Verteidigungsminister in der Eurogroup einen wesentlichen Beitrag geleistet. Das Bündnis erzielte in allen wesentlichen Fragen Übereinstimmung.

1. Die Allianz hat die Entwicklung der Ost-West-Beziehungen geprüft. Sie unterstützt die Verständigungspolitik der Bundesregierung gegenüber Osteuropa und begrüßt die zwischen der Bundesrepublik und der Sowjetunion sowie der Volksrepublik Polen unterzeichneten Verträge als Beitrag zur Minderung der Spannungen in Europa – nämlich als Modus vivendi bis zu einem endgültigen Friedensvertrag. Die Bundesregierung betrachtet ihre Deutschland- und Ostpolitik als Teil der Bemühungen der Allianzpartner um eine Politik der Entspannung in Europa. Sie weiß, daß Entspannungspolitik die Fortführung der Verteidigungsbemühungen voraussetzt. Diese Politik entspricht der Konzeption des Harmel-Berichtes, der von den NATO-Außenministern im Dezember 1967 angenommen und in der Substanz von der Allianz seither immer wieder bekräftigt wurde. Der Bericht legt fest, daß Entspannung und Verteidigung einander ergänzen müssen, um den Frieden in Europa zu sichern.

2. Die NATO erzielte erneut volle Übereinstimmung über die Kriterien, die bei einer Regelung der Lage in und um Berlin beachtet werden müssen. Sie stellte klar, daß eine solche Regelung Voraussetzung für multilaterale Kontakte und Sondierungen mit den interessierten Regierungen über eine Konferenz zur Sicherheit und Zusammenarbeit in Europa ist.

3. Die Notwendigkeit der Präsenz amerikanischer Streitkräfte in Europa wurde bekräftigt. Präsident Nixon schrieb in einem Brief an die Ministertagung der NATO Anfang

Dezember: »Wir sind uns darin einig, daß die konventionellen Streitkräfte der NATO nicht nur beibehalten, sondern in bestimmten entscheidenden Bereichen verstärkt werden müssen. Vorausgesetzt, daß unsere Verbündeten ähnlich handeln, werden die Vereinigten Staaten ihre eigenen Streitkräfte in Europa beibehalten und verbessern und werden sie nicht verringern, sofern unsere Gegner keine entsprechende Gegenleistung erbringen.« Damit hat Präsident Nixon in Übereinstimmung mit allen Regierungen der verbündeten Staaten einseitige Truppenverminderungen abgelehnt.

4. Die bisherige NATO-Strategie der Abschreckung und Verteidigung, die aus der flexiblen Reaktion und der Vorneverteidigung besteht, ist weiterhin notwendig und gültig. Auch in Zukunft wird sie eine zweckdienliche Mischung aus nuklear und konventionell ausgerüsteten Streitkräften erfordern. Die Abstimmung über die mit dem Einsatz nuklearer Waffen verbundenen Fragen machte Fortschritte.

5. Die Minister der am integrierten Verteidigungsprogramm der NATO beteiligten Länder verabschiedeten den Bericht »AD 70«. Sie stellten fest, »daß die sowjetische militärische Stärke über die Gewährleistung der Sicherheit der Sowjetunion hinaus stetig wächst und einen eindrucksvollen Rückhalt für die weitreichende Geltendmachung sowjetischen Einflusses und sowjetischer Präsenz darstellt, wobei sie immer wieder Fragen hinsichtlich der damit verbundenen Absichten aufwirft. Die mittelbaren und unmittelbaren Verteidigungsausgaben der Sowjetunion sind von 1965 bis 1969 real jedes Jahr um durchschnittlich fünf bis sechs Prozent erhöht worden, und alle Anzeichen deuten darauf hin, daß die Sowjetunion ihre Stärke immer weiter erhöht.« Die Minister entschieden deshalb, der Verbesserung der konventionellen Kampfkraft der NATO in den siebziger Jahren Priorität einzuräumen.

6. Die europäischen Verteidigungsminister beschlossen ein europäisches Verstärkungsprogramm zur NATO-Verteidigung (EDIP) [3]. Die fortdauernde amerikanische Präsenz in Europa wird damit erleichtert. EDIP ist auch ein bedeutender Fortschritt in der militärischen Zusammenarbeit der europäischen Bündnispartner. Das europäische Verstärkungsprogramm erstreckt sich über fünf Jahre und umfaßt außer Maßnahmen im nationalen Bereich unter anderem die Verbesserung des NATO-Fernmeldewesens und den Bau von Schutzanlagen auf Flugplätzen. Es kostet etwa 3,6 Milliarden DM. Die Bundesrepublik wird davon etwas mehr als 1,7 Milliarden DM tragen. Das sind zusätzliche Leistungen, die zum größeren Teil im Finanzplan beim Einzelplan 60 berücksichtigt sind. Ein solches europäisches Zusatzprogramm hat es im Bündnis bislang nicht gegeben. Es stellt einen wichtigen Fortschritt auf dem Wege zu einer stärkeren europäischen Identität innerhalb der Allianz dar und ist von großer Bedeutung für die Aufrechterhaltung der amerikanischen Truppenpräsenz in Europa.

7. Die Allianz strebt beiderseitige und ausgewogene Truppenverminderungen (MBFR) [4] in Mitteleuropa an. Sie hat 1968 und erneut 1970 alle interessierten Staaten zu einer positiven Einstellung gegenüber den westlichen Vorschlägen aufgefordert. Die Studien über die damit verbundenen Fragen machen weitere Fortschritte. Die Bundesrepublik beteiligt sich aktiv an diesen Allianz-internen Bemühungen. Das Bündnis hält beiderseitige ausgewogene Truppenverminderungen für ein geeignetes Mittel, die militärische Konfrontation in Europa abzubauen und auch auf diese Weise die Spannungen zu verringern. Die Mitglieder des Warschauer Paktes haben in ihren bisherigen Reaktionen lediglich die Möglichkeit einer Diskussion der Frage der Verminderung ausländischer Streitkräfte auf dem Gebiet europäischer Staaten erwähnt.

8. Die Bundesregierung prüft gemeinsam mit ihren Verbündeten die Möglichkeit, eine Konferenz oder eine Reihe von Konferenzen über die Sicherheit und Zusammenarbeit in Europa einzuberufen. Ihrerseits hält sie multilaterale Kontakte zwischen den interessierten Regierungen über solch eine Konferenz auf jeden Fall erst dann für möglich, wenn die Berlin-Gespräche einen befriedigenden Abschluß gefunden haben. Eine Konferenz über Sicher-

heit ohne eine Behandlung der Frage beiderseitiger ausgewogener Truppenverminderungen würde einen wesentlichen Problemkreis, nämlich die militärische Konfrontation und ihre Folgen, außer acht lassen. Die Bundesregierung hält eine angemessene Behandlung dieses Themas auf Zusammenkünften über die Sicherheit Europas für unerläßlich.

9. Die Entwicklung im Mittelmeerraum gibt Grund zur Besorgnis. Die Allianz hält erhöhte Wachsamkeit für unerläßlich. Ebenso sorgfältig wird die Entwicklung an der Nordflanke der NATO beobachtet.

Die 1970 im Bündnis erzielten Ergebnisse entsprechen den unmittelbaren Interessen der Bundesrepublik. Die Bundesregierung war an ihrem Zustandekommen aktiv und teilweise initiativ beteiligt. Sie hält an den im Bündnis entwickelten Grundsätzen für die gemeinsame Sicherheitspolitik fest. Die Bundesregierung hat nicht die Absicht, substantiell die von vorhergehenden Bundesregierungen konzipierte und praktizierte Sicherheitspolitik zu verändern.

Die Zusammenarbeit im Bündnis erstreckte sich nicht allein auf die Tätigkeit der NATO und der europäischen Gruppe. Auch die bilaterale Zusammenarbeit zwischen den Partnern wurde intensiviert. Ein neues Devisenausgleichsabkommen zwischen der Bundesrepublik Deutschland und Großbritannien ist soeben abgeschlossen worden. Entsprechende Verhandlungen mit der Regierung der Vereinigten Staaten haben begonnen. Die Zusammenarbeit auf dem Rüstungssektor wurde fortgesetzt, vor allem mit den Vereinigten Staaten, aber auch mit Frankreich, das nach den Vereinigten Staaten in der Rüstung der wichtigste Partner der Bundesrepublik ist, sowie mit Großbritannien und anderen Bündnispartnern. Die militärische Zusammenarbeit mit Frankreich, das an der militärischen Integration des Bündnisses nach wie vor nicht teilnimmt, weist positive Tendenzen auf.

. . .

[1] SALT = Strategic Arms Limitation Talks
[2] AD 70 = Alliance Defence in the Seventies
[3] EDIP = European Defence Improvement Program
[4] MBFR = Mutual Balanced Force Reductions

Quelle: Bulletin vom 15. 5. 1971, Nr. 75, S. 803 ff.

---

320 Für Frieden im östlichen Mittelmeer

===

Stellungnahme des Chefs des Presse- und Informationsamtes der Bundesregierung, Conrad Ahlers, zur Haltung der Bundesregierung im Nahost-Konflikt, 1. April 1971

1. Ich möchte die Äußerungen des ägyptischen Außenministers Riad zum Anlaß nehmen, die Haltung der Bundesregierung zum Nahost-Konflikt wie folgt zusammenzufassen: Die Bundesregierung mißt, wie sie verschiedentlich betont hat, der baldigen Herbeiführung einer Friedenslösung im Nahen Osten große Bedeutung für ganz Europa bei. Sie ist der Auffassung, daß die Entschließung des Weltsicherheitsrats vom 22. November 1967 die geeignete Grundlage für eine Friedensregelung ist. Die Entschließung des Sicherheitsrats geht davon aus, daß in einer Regelung zwei Grundsätzen Rechnung getragen wird: dem Rückzug der Streitkräfte aus den besetzten Gebieten und dem Recht aller Staaten der Region, in Souveränität, Unabhängigkeit und Sicherheit zu leben. Wie der Bundeskanzler bei anderer Gelegenheit erklärt hat, befürworten wir die Verwirklichung dieser Grundsätze. Wir vertreten in unserer Außenpolitik allgemein die Auffassung, daß in der heutigen Zeit die Gewalt kein Mittel zur Erreichung territorialer Veränderungen mehr sein darf.

Die Bundesregierung sieht für sich selber nur wenig Möglichkeiten, direkt zu einer Friedensregelung im Nahen Osten beizutragen. Sie unterstützt jedoch alle Bemühungen, die der Herbeiführung eines Friedens dienen können. Dies gilt insbesondere für die Vorschläge, die der UN-Vermittler, Botschafter Jarring, gemacht hat. Die Bundesregierung hofft, daß die Bestrebungen Botschafter Jarrings bald zu einem Erfolg führen werden.

2. Hinsichtlich der Wiederherstellung der diplomatischen Beziehungen ist die Bundesregierung der Auffassung, daß eine Normalisierung des Verhältnisses zu allen arabischen Staaten im Interesse beider Seiten liegt. Sie glaubt jedoch, daß die Wiederherstellung der Beziehungen nicht mit Vorbedingungen verbunden werden sollte. Gute Beziehungen sind nur möglich auf der Grundlage gegenseitigen Vertrauens und Verständnisses.

Quelle: Aus den Akten des Auswärtigen Amts

321 Gespräch mit Prag

Kommuniqué über die in Prag begonnenen deutsch-tschechoslowakischen Gespräche, 1. April 1971

Am 31. März und 1. April 1971 wurden im tschechoslowakischen Außenministerium Gespräche über Fragen der gegenseitigen Beziehungen zwischen der BRD und der ČSSR geführt.

Die Gespräche führten der stellvertretende Außenminister Klusak vom tschechoslowakischen Außenministerium und Staatssekretär Frank vom Auswärtigen Amt.

Der Gedankenaustausch verlief in offener und sachlicher Atmosphäre.

Beide Seiten kamen überein, daß sie die Gespräche zu einem noch zu vereinbarenden Zeitpunkt fortführen werden.

Quelle: Bulletin vom 3. 4. 1971, Nr. 52, S. 536

322 Sicherheitspolitik – Teil der Außenpolitik

Ansprache des Generalinspekteurs der Bundeswehr, General Ulrich de Maizière, zum Thema »Bemerkungen zur Landesverteidigung – Gedanken zur Sicherheitspolitik im NATO-Bündnis und zur inneren Situation der Bundeswehr« in Siegen am 7. April 1971 (Auszüge)

... Zu den Instrumenten der Sicherheitspolitik gehören neben militärischen vor allem politische Mittel. Aber die militärischen Mittel haben großes Gewicht bei der Herstellung eines relativen Gleichgewichts der Kräfte. Unser militärischer Beitrag zu diesem Gleichgewicht ist in der Gesamtrechnung klein, weil die nuklearen strategischen Waffen der Weltmächte auf der Waagschale so schwer wiegen. Aber dort, wo sie hingestellt ist, hat die Bundeswehr – eingeflochten in die Bündnisstreitkräfte – ihre politische und militärische Bedeutung. Sie ist in der gegebenen Situation eine der Voraussetzungen dafür, daß die deutsche Politik ein gewisses Maß an Bewegungsfreiheit besitzt und damit Gestaltungswillen entwickeln kann.

Die Politik der Bundesregierung kann sich ihren auf eine stabilere Friedensordnung gerichteten Zielen nur nähern, wenn sie auf ein Bündnis abgestützt ist, das ihr Sicherheit gewährt. Sie kann sich aber auf das Bündnis nur abstützen, wenn sie auch einen militärischen Beitrag liefert. Zusammenarbeit im Bündnis ist immer ein gegenseitiges Geben und Nehmen. Nur die vereinten Kräfte der Allianz schaffen das Gegengewicht, das angesichts der militärischen Stärke und der militärischen Möglichkeiten des Warschauer Paktes Bemühungen um Verständigung, um Ausgleich, um Abbau übersteigerter Rüstungen aussichtsreich macht. Es ist wie bei dem Versuch, ein Schleusentor zu öffnen. Die schweren Flügel lassen sich bewegen, wenn der Druck auf die beiden Seiten ausgeglichen ist. Die Trennung kann aufgehoben werden, wenn das Niveau der Kräfte ausgeglichen ist.

Erst im Dezember 1970 hat das Atlantische Bündnis nach mehrmonatigen gemeinsamen Studien und Beratungen ein bemerkenswertes Dokument verabschiedet, das sich mit den Perspektiven der Verteidigung des Bündnisses in den siebziger Jahren befaßt. Die Bundesregierung hat sich voll mit allen Punkten dieses Dokuments (genannt AD 70) identifiziert. Das Dokument hat eine deutlich stabilisierende Wirkung auf das Bündnis ausgeübt. Es bestätigt die seit dem Bericht des belgischen Ministers Harmel von 1967 gültige doppelte Zielsetzung der Allianz, nämlich Verteidigung und Entspannung.

Es hat darüber hinaus große Bedeutung, weil seine Überlegungen mit zu der bis dahin durchaus offenen Entscheidung Präsident Nixons beigetragen haben, jedenfalls bis Mitte 1972 die amerikanischen Streitkräfte in ihrer Substanz unvermindert in Europa zu belassen und sie nur im Rahmen eines beiderseitigen gleichzeitigen und ausgewogenen Abbaus von Truppen auf östlicher und auf westlicher Seite zu verringern. Angesichts des innenpolitischen Drucks in den USA ist diese amerikanische Zusage vom Ministerrat der NATO zu Recht als erneute Bekräftigung der Solidarität innerhalb der Allianz gewertet worden.

Das Dokument hat sich in der Sache eindeutig ausgesprochen. Ziffer 12 sagt:

»Das Vorhandensein umfangreicher nordamerikanischer Streitkräfte in Europa ist für eine wirksame Abschreckung und Verteidigung und als Demonstration der Solidarität der NATO politisch und militärisch notwendig. Ihr Ersatz durch europäische Streitkräfte wäre keine Lösung.«

Ich darf hier hinzufügen, daß die amerikanische Präsenz im Mittelmeer, dargestellt vor allem durch die sechste amerikanische Flotte, für die Erhaltung des Gleichgewichts im europäischen Raum von gleicher Wichtigkeit ist wie die Anwesenheit amerikanischer Truppen in Mitteleuropa. Das Mittelmeer ist im Bewußtsein vieler Deutscher vor allem ein sonniges Ferienziel. In Wirklichkeit aber spielt sich dort ein zähes Ringen um die Herrschaft auf See und um den Einfluß auf die Küstenländer ab, das die Friedensordnung in Europa nachhaltig beeinflussen kann ...

Ich werte die inzwischen erfolgreich abgeschlossenen Verhandlungen der zehn europäischen Staaten innerhalb der NATO als einen Beweis dafür, daß sich ein angemessener Ausgleich zwischen den USA und den europäischen Bündnispartnern innerhalb der Allianz finden lassen kann. Das Ergebnis der Verhandlungen ist ein Verstärkungsprogramm der europäischen Bündnispartner, das neben Verbesserungen in den eigenen Streitkräften vor allem eine Beschleunigung und europäische Finanzierung bestimmter Infrastrukturvorhaben vorsieht, die zu den schwachen Stellen des Verteidigungssystems gehören. Es ist das erste Mal seit Bestehen der NATO, daß sich die europäischen Partner des Bündnisses zu einer gemeinsamen Anstrengung dieser Art zugunsten des ganzen Bündnisses zusammengefunden haben. Der Bundesminister der Verteidigung und der niederländische Verteidigungsminister den Toom haben entscheidenden Anteil an diesem Ergebnis.

Dieses Ergebnis ist aus der schon erwähnten nüchternen Beurteilung der Lage hervorgegangen. Das Dokument stellt illusionslos fest, daß die Verteidigungsausgaben der europäischen Staaten von 1964 bis 1969 real um 4 Prozent zurückgegangen seien, während die Sowjetunion ihre Ausgaben real jährlich um 4 bis 5 Prozent gesteigert habe. Zudem erklären die Verteidigungsminister in dem Dokument, sie könnten bestimmte beunruhigende Merkmale in der internationalen Situation nicht ignorieren.

Wörtlich heißt es:

»Die bisher vorliegenden Anzeichen legen den Schluß nahe, daß die Sowjetunion in der Absicht, ihren politischen Einfluß auszudehnen und zu stärken, ihre Beziehungen zu anderen Staaten auf der Grundlage von Vorstellungen handhabt, von denen einige der Entspannung nicht dienlich sind. So steht insbesondere der sowjetische Begriff der Souveränität in klarem Gegensatz zu den Grundsätzen der Vereinten Nationen.« Soweit die Einschätzung der Politik der Sowjetunion.

Es folgt in der AD 70 dann eine Beurteilung der militärischen Stärke der Sowjetunion. Von ihr wird gesagt, sie wachse über die Gewährleistung der Sicherheit der Sowjetunion ständig hinaus und stelle einen eindrucksvollen Rückhalt für die weitreichende Geltendmachung sowjetischen Einflusses und sowjetischer Präsenz dar, wobei sie – wie es wörtlich heißt –, immer wieder Fragen hinsichtlich der damit verbundenen Ziele aufwirft.

Ich habe das in solcher Ausführlichkeit vorgetragen, weil das Interesse der Publizistik sich verständlicherweise vordringlich auf alle jene Ansätze der Politik richtet, die der Entspannung gewidmet sind, der Entspannung nicht als Selbstzweck, sondern als Wegbereiterin von Vereinbarungen, die einen stabileren Frieden nach menschlichem Vermögen zu sichern vermögen. Bei dieser Akzentuierung der Publizistik, die den Interessen und Hoffnungen der Öffentlichkeit – und gewiß auch des Soldaten – entgegenkommt, geht oft die Kenntnis davon verloren, daß sich die Regierungen durchaus bewußt sind, wie vieldeutig die Absichten der Sowjetunion auf manchen Gebieten sind; es wird auch oft übersehen, wie eindeutig sich militärisch messen läßt, daß wir noch nicht in einer Phase der Verminderung der militärischen Konfrontation stehen.

Die Position der Allianz und ihrer Mitgliedsländer während dieser Zeit der Sondierungen und Verhandlungen würde geschwächt werden, wenn die NATO ihre Streitkräfte einseitig verminderte; so steht es in dem von den Ministern verabschiedeten Dokument. Und weiter: »... und zwar insbesondere zu einer Zeit, in der sie sich einem stetigen Anwachsen der sowjetischen militärischen Stärke gegenübersieht, die sich vor allem auf dem strategisch-nuklearen Gebiet und bei den Seestreitkräften zeigt.«

Soweit die Beurteilung im NATO-Rat, der – ich wiederhole das – die Bundesregierung uneingeschränkt zugestimmt hat. Die Beurteilung ist – so meine ich – eindeutig. Ihre Klarheit ist zugleich fest verknüpft mit der Feststellung, daß die Regierungen der Mitgliedstaaten keinen Zweifel an ihrer Bereitschaft zulassen, die vielfältigen Verhandlungen und Gespräche zwischen West und Ost mit dem Ziel der Entspannung zu fruchtbaren Ergebnissen kommen zu lassen. Die Vielfalt der von den Bündnispartnern entwickelten Kontakte reicht von den Gesprächen zwischen USA und der Sowjetunion über eine Begrenzung der strategischen Rüstungen, dem Angebot beiderseitiger ausgewogener und gleichzeitiger Truppenverminderungen in Mitteleuropa bis hin zu den Verträgen der Bundesregierung über Gewaltverzicht.

Vom Standpunkt der Sicherheitspolitik sind es – um ein gängiges Bild zu gebrauchen – zwei Seiten derselben Medaille:

– Auf der *einen* Seite die Erhaltung der Möglichkeit des Bündnisses, einem Angreifer unerträglichen Schaden zuzufügen und ihn dadurch von einem Angriff abzuhalten, sowie der Fähigkeit, jeder dennoch versuchten Aggression entschieden entgegenzutreten,

– auf der *anderen* Seite die Herbeiführung politischer Verhältnisse, welche eine Anwendung von Gewalt zu politischen Zwecken von vornherein als überflüssig oder zumindest wenig erstrebenswert erscheinen lassen.

Mit einem Satz: Sicherheit und Entspannung sind die zwei Seiten derselben Medaille.

Quelle: Bulletin vom 15. 4. 1971, Nr. 57, S. 589–592

Erklärung des Chefs des Presse- und Informationsamtes der Bundesregierung, Conrad Ahlers, über das Verhältnis der Bundesrepublik Deutschland zu Chile, 22. April 1971

Dann wurde ausgiebig über den Fall Chile gesprochen und die Entscheidung der chilenischen Regierung, diplomatische Beziehungen mit der DDR aufzunehmen. Das Kabinett hat die Entscheidung bedauert, die – wie bisherige Erfahrungen lehren – geeignet ist, die von uns angestrebte Regelung des Verhältnisses zwischen den beiden deutschen Staaten zu stören und die Bemühungen der Bundesregierung um Entspannung in Mitteleuropa zu erschweren. Diese Entscheidung bedeutet auch eine Belastung der traditionell freundschaftlichen Beziehungen zwischen der Bundesrepublik Deutschland und Chile. Die Bundesregierung wird infolgedessen prüfen, wie der Gesamtbereich der bilateralen Beziehungen zu Chile in der Zukunft gestaltet werden kann. Auch die Frage der Entwicklungshilfe bildet einen Teil des Gesamtbereichs der Beziehungen und wird daher in die Prüfung einbezogen. Die laufenden Verträge werden aber erfüllt. Das Kabinett hat sich bei diesem Beschluß von der Erwartung leiten lassen, daß die BRD große Interessen an Chile hat und daß auch die Lage der deutschen Kolonie berücksichtigt werden muß. Auf der anderen Seite besteht natürlich kein Anlaß, diejenigen Länder in ihrem Verhalten zu ermutigen, die mit dem Gedanken der Anerkennung der DDR spielen und damit der Politik der Bundesregierung schaden.

Quelle: Aus den Akten des Auswärtigen Amts

Kommuniqué über das Stuttgarter Konsultationsgespräch im Rahmen des deutsch-französischen Vertrages zu Fragen der kulturellen Zusammenarbeit, 30. April 1971 (Auszüge)

Der Bevollmächtigte der Bundesrepublik Deutschland für kulturelle Angelegenheiten im Rahmen des Vertrages über die deutsch-französische Zusammenarbeit, Ministerpräsident Dr. Hans Filbinger, empfing am 28. und 29. April 1971 in Stuttgart den französischen Erziehungsminister Olivier Guichard und seine Delegation zu einem Konsultationsgespräch nach dem deutsch-französischen Vertrag.

Der französische Erziehungsminister und der Bevollmächtigte
– billigten die von einer deutsch-französischen Expertengruppe erarbeiteten Vorschläge für die Ordnung der gemeinsamen Abschlußprüfung an den deutsch-französischen Gymnasien. Diese gemeinsame Prüfungsordnung soll schon im Sommer 1972 Grundlage der ersten gemeinsamen deutsch-französischen Abschlußprüfung sein, die in beiden Ländern den uneingeschränkten Zugang zu den Hochschulen eröffnen soll. Die Gesprächspartner kamen überein, daß diese gemeinsame Prüfungsordnung nach Billigung durch die zuständigen Stellen durch eine bilaterale Vereinbarung rechtzeitig in Kraft gesetzt werden soll,
– unterrichteten einander über den Stand der Überlegungen und Planungen zur Gründung weiterer deutsch-französischer Gymnasien in ihren Ländern und gaben der Hoffnung Ausdruck, daß sowohl in Frankreich als auch in Deutschland bald weitere Schulen dieses Typs geschaffen werden können,
– beschlossen, sich für die Einrichtung weiterer zweisprachiger Züge an deutschen und französischen Gymnasien einzusetzen, und nahmen in Aussicht, die Zahl der zweisprachigen Züge so rasch wie möglich beträchtlich zu erhöhen,

- nahmen mit Befriedigung davon Kenntnis, daß nunmehr auch ein Programm zum Austausch von Sprachlehrern der Oberstufe der Gymnasien verwirklicht werden kann, das die Schüler der Abschlußklassen besser als bisher sprachlich und methodisch auch auf das Studium im Nachbarland vorbereiten soll,
- vereinbarten, eine deutsch-französische Arbeitsgruppe einzusetzen mit dem Auftrag, die Möglichkeiten und Voraussetzungen zur Intensivierung der deutsch-französischen Zusammenarbeit im Hochschul- und Wissenschaftsbereich zu prüfen und Vorschläge für die Verwirklichung zu erarbeiten,
- erörterten die mit dem Austausch von französischen Lehrerinnen der Écoles Maternelles mit deutschen Kindergärtnerinnen und Lehrerinnen zusammenhängenden Probleme, die sich insbesondere ergeben, wenn die auf der Vorschulstufe begonnene Einführung der Kinder in die Sprache des Partnerlandes auf der Grundschulstufe weitergeführt wird. Die Gesprächspartner vereinbarten, die Zahl der Teilnehmerinnen an dem Austauschprogramm von je 60 auf je 100 zu erhöhen, um die Fortführung des Programms in der Grundschulstufe und soweit wie möglich auch seine Ausdehnung auf weitere Städte zu ermöglichen,
- erörterten den derzeitigen Stand der Bemühungen zur Änderung der im Hamburger Abkommen enthaltenen Bestimmungen über die Sprachenfolge zugunsten des Französischunterrichts. Der französische Erziehungsminister betonte wiederholt und mit Nachdruck das Interesse, das die französische Regierung an einer Änderung des Hamburger Abkommens hat, die dem Französischen denselben Rang einräumen würde wie den anderen Fremdsprachen. Der Bevollmächtigte und der Präsident der Ständigen Konferenz der Kultusminister der Länder in der Bundesrepublik Deutschland legten eingehend die verfassungsrechtliche und bildungspolitische Lage in der Bundesrepublik Deutschland dar. Beide Seiten gaben der Hoffnung Ausdruck, daß in dieser Frage bald eine zufriedenstellende Lösung gefunden werden kann ...

Der Bevollmächtigte und der französische Erziehungsminister stimmten darin überein, daß die gegenseitige Information und Zusammenarbeit im Bereich der Berufsausbildung sowohl für die deutsch-französischen Beziehungen als auch für das gemeinsame Streben beider Länder nach einem geeinten Europa von besonderer Bedeutung ist. Sie vereinbarten, in den künftigen Konsultationsgesprächen den Problemen der Berufsausbildung ihre besondere Aufmerksamkeit zu widmen. Ziel der gemeinsamen Bemühungen ist eine Koordinierung und Annäherung der beiderseitigen Systeme der Berufsausbildung, die es ermöglichen soll, daß Deutsche in Frankreich und Franzosen in Deutschland ohne zusätzliche Umschulung ihren Beruf erfolgreich ausüben können.

Die Gesprächspartner kamen überein, eine deutsch-französische Expertengruppe einzusetzen mit dem Auftrag, das französische und das deutsche Berufsbildungssystem zu vergleichen und Vorschläge für eine enge Zusammenarbeit und Koordinierung auf diesem Gebiet zu erarbeiten. Weiter schlagen sie vor, auch Berufsschullehrer in den Austausch einzubeziehen ...

Der französische Erziehungsminister und der Bevollmächtigte bekräftigten ihre Auffassung, daß eine möglichst frühzeitige gegenseitige Unterrichtung über Planungen und Entwicklungstendenzen im Schul- und Hochschulwesen notwendig und nützlich ist, damit sich die Erziehungssysteme beider Länder nicht weiter auseinanderentwickeln, sondern im Geiste des Vertrages über die deutsch-französische Zusammenarbeit allmählich einander annähern. Minister Guichard erklärte sich bereit, in naher Zukunft vor den Kultusministern der deutschen Länder über Reformen und Planungen im französischen Schulwesen zu berichten.

Quelle: Aus den Akten des Auswärtigen Amts

Äußerung des Bundeskanzlers Willy Brandt in einem Interview für die »Hannoversche Presse« über die politischen Kontakte der Bundesrepublik Deutschland zur Volksrepublik China, 30. April 1971 (Auszug)

Frage:

Denken Sie an Verhandlungen mit Peking, nachdem sich das Klima zwischen den USA und China offenbar positiv verändert hat? Da wir keine diplomatischen Beziehungen zu Formosa-China unterhalten, wäre das doch relativ problemlos. Oder sollten zunächst einmal die Gespräche über einen Handelsvertrag aufgenommen werden?

Antwort:

Die Bereitschaft der Bundesregierung, normale und gute Beziehungen zu allen Staaten zu entwickeln, gilt selbstverständlich auch gegenüber der Volksrepublik China. Schon die Regierung der Großen Koalition hat übrigens die Meinung vertreten, daß ein so großes und wichtiges Volk wie das chinesische nicht in der Isolierung leben, sondern an der internationalen Zusammenarbeit beteiligt sein sollte.

Wir haben allerdings den Eindruck, daß die Regierung in Peking – was ihr gutes Recht ist – von ihrer eigenen Beurteilung der Lage in Europa und in Deutschland ausgeht und daß hierbei ihre Auseinandersetzungen mit der Sowjetunion eine wesentliche Rolle spielen. Wir werden unsererseits nicht den Eindruck aufkommen lassen, als versuchten wir, aus dieser Kontroverse Honig zu saugen. Wir wissen, wo Deutschland liegt und was wir zunächst in Ordnung bringen müssen. Im übrigen sage ich aber noch einmal: Mehr Kontakt mit der Volksrepublik China erscheint mir sinnvoll und wünschenswert.

. . .

Quelle: Aus den Akten des Auswärtigen Amts

Erklärung des Bundeskanzlers Willy Brandt über beide deutsche Fernsehanstalten zu den Maßnahmen der Bundesregierung für eine Stabilisierung der Währung am 9. Mai 1971

Sie alle waren und sind in diesen Tagen Zeugen des Ringens um die Stabilität unserer Währung. Sie werden auch gespürt haben, wie mühsam es ist, dieses Ringen erfolgreich zu bestehen.

Erneut ist deutlich geworden, daß es für uns keine Insel der Stabilität gibt. Aber es darf auch keinen Zweifel daran geben, daß wir im Rahmen unserer Möglichkeiten alles tun wollen, um mehr Stabilität zu erzielen.

Die Bundesregierung ist für die immensen Dollarzuflüsse ebensowenig verantwortlich wie für die Preissteigerungen, die in fast allen anderen Ländern höher liegen als bei uns. Aber es ist die Pflicht der Bundesregierung, das zu tun, was nach ihrer Überzeugung im Interesse unseres Landes jetzt notwendig ist.

Wir werden nun für einige Zeit den Wechselkurs der Mark freigeben. Das bedeutet, daß vorübergehend ausländische Währungen im Kurswert fallen und dadurch nicht nur der ausländische Geldzufluß gebremst wird, sondern auch unsere Importe verbilligt werden. Eine Aufwertung ist nicht vorgesehen. Außerdem werden wir ein binnenwirtschaftliches

Stabilitätsprogramm verwirklichen. Diese Maßnahmen dienen in erster Linie dem Ziel, den Preisauftrieb zu dämpfen, der uns allen Sorge bereitet. Denn jeder von uns verspürt, daß übermäßige Preissteigerungen zu sozialen Ungerechtigkeiten führen. Daß sie die Konkurrenzfähigkeit unserer Wirtschaft beeinträchtigen. Daß sie hohe Lohnforderungen nach sich ziehen. Und daß sie die für unsere gemeinsame Zukunft wichtigen öffentlichen Investitionen von Bund, Ländern und Gemeinden zu stark beschneiden. Ein wichtiger Grund für diese Preissteigerungen liegt in dem starken Geldzustrom aus dem Ausland. Dies ist zwar ein Vertrauensbeweis für den Wert unserer Mark und die Leistungskraft unserer Wirtschaft, aber dieser Geldzustrom verminderte die Möglichkeiten der Bundesregierung und der Bundesbank, die Hochkonjunktur unter Kontrolle zu halten. Deshalb mußte etwas dagegen getan werden.

Selbstverständlich bleiben wir uns unserer europäischen Verantwortung bewußt. Aber ausufernde Preissteigerungen sind kein geeigneter Ausdruck europäischer Gemeinsamkeit.

Unsere gute wirtschaftliche Entwicklung hat bisher dafür gesorgt, daß trotz der Preissteigerungen die Realeinkommen der meisten Menschen weiter gestiegen sind. Aber diese Entwicklung ist keine Sicherung dagegen, daß die Gefahr eines wirtschaftlichen Rückschlages auf uns zukommt. Die Bundesregierung will eine solche Gefahr vermeiden und hat deshalb zu außergewöhnlichen Mitteln gegriffen. Aber lassen Sie mich gleich hinzufügen: Wir sind auf das Verständnis und die Mithilfe der großen gesellschaftlichen Gruppen entscheidend angewiesen.

Ich möchte den Ministern Scheel und Schiller ausdrücklich für das Ergebnis danken, das sie in der langen Sitzung in Brüssel erzielt haben. Es ist ihnen gelungen, das Verständnis unserer Partner dafür zu gewinnen, daß die gegenwärtige Situation einschneidende Maßnahmen der Bundesregierung erfordert.

Auf dieses Verständnis – das wir anderen gegenüber oft bewiesen haben – sind wir auch am Dienstag angewiesen, wenn die Agrarminister über Sonderregelungen für unsere Landwirtschaft beschließen müssen, deren Einkommen durch Schwankungen im Wechselkurs der Mark geschmälert werden können. Die Bundesregierung hält es für ihre selbstverständliche Pflicht, den deutschen Bauern auch in dieser Lage behilflich zu sein.

Ich weiß, daß auch Teile unserer gewerblichen Wirtschaft von unseren Beschlüssen zeitweilig betroffen sein werden. Ich weiß aber auch, daß unser Wohlstand auf den Leistungen der Industrie, auf der Schaffenskraft aller Arbeitnehmer und auf dem unternehmerischen Geist beruht. Ich möchte Ihnen deshalb versichern, daß ich diese Gesichtspunkte auch bei unseren zukünftigen Entscheidungen voll berücksichtigen werde. Sie können sicher sein: Die Bundesregierung hat das Wohl des Ganzen im Auge.

Quelle: Bulletin vom 13. 5. 1971, Nr. 73, S. 761

327 Unterstützung der Ost-West-Verhandlungen

Kommuniqué der NATO-Ministerkonferenz in Lissabon, 4. Juni 1971

1. Der Nordatlantikrat trat am 3. und 4. Juni in Lissabon zu einer Ministertagung zusammen.

2. Es bleibt das politische Ziel des Atlantischen Bündnisses, den Frieden durch Entspannungsinitiativen in Europa, verbunden mit wirksamen Sicherheitsgarantien, zu errichten. Das Bündnis bleibt für den Frieden und die Stabilität in Europa sowie für die Sicherheit aller seiner Mitglieder unentbehrlich.

3. Die Minister prüften die internationale Lage, wobei sie ihre Aufmerksamkeit insbesondere auf Europa und den Mittelmeerraum richteten.

4. Sie bewerteten die Fortschritte der verschiedenen Initiativen, die Mitgliedstaaten im Rahmen der vereinbarten Politik des Bündnisses unternommen haben, um Kontakte, Sondierungen und Verhandlungen mit Mitgliedern des Warschauer Pakts und anderen europäischen Staaten zu intensivieren. Zweck aller dieser Initiativen ist es, gerechte Lösungen für die grundlegenden Probleme der europäischen Sicherheit zu suchen und somit eine echte Verbesserung der Ost-West-Beziehungen zu erreichen. Sie nahmen die erzielten Ergebnisse mit Befriedigung zur Kenntnis und gaben der Hoffnung Ausdruck, daß die Fortführung dieser Bemühungen zu weiteren Fortschritten auf dem Weg zur Entspannung führen möge. Die Verbündeten standen über die diplomatischen Tätigkeiten in enger Konsultation und werden diese fortsetzen.

5. Die Minister begrüßten die fortgesetzten Verhandlungen zwischen den Vereinigten Staaten und der UdSSR, die eine Begrenzung der offensiven und defensiven strategischen Waffen zum Ziel haben. Sie nahmen die hierüber im Nordatlantikrat geführten nützlichen Erörterungen zur Kenntnis. Außerdem begrüßten die Minister die Übereinkunft zwischen den USA und der UdSSR vom 20. Mai über den Rahmen der weiteren Verhandlungen. Sie gaben der aufrichtigen Hoffnung Ausdruck, daß dies die Erörterungen erleichtern und zur baldigen Erreichung konkreter Ergebnisse führen möge, durch die die gemeinsamen Sicherheitsinteressen der Nordatlantischen Allianz und die Stabilität in der Welt gefördert werden.

6. Bei der Prüfung der Berlin-Frage unterstrichen die Minister die Notwendigkeit, die Ursachen der Unsicherheit in und um Berlin abzubauen. Während der vergangenen 25 Jahre ergab sich ein Großteil der Spannungen, die das Ost-West-Verhältnis in Europa charakterisieren, aus der Situation in und um Berlin. Daher würden die Minister ein erfolgreiches Ergebnis der Berlin-Gespräche als ein ermutigendes Anzeichen für die Bereitschaft der Sowjetunion betrachten, sich an den Bemühungen der Allianz um eine substantielle und dauerhafte Verbesserung der Ost-West-Beziehungen in Europa zu beteiligen.

7. Die Minister bekräftigten daher ihre volle Unterstützung der Bemühungen der Regierungen Frankreichs, des Vereinigten Königreichs und der Vereinigten Staaten, ein Abkommen über Berlin zu erreichen. Sie teilten die Ansicht der drei Regierungen, daß es das Ziel der Verhandlungen sei, auf festen Verpflichtungen beruhende spezifische Verbesserungen ohne Beeinträchtigung des Status von Berlin zu erreichen. In diesem Zusammenhang betonten sie, wie wichtig es sei, über den unbehinderten Personen- und Güterverkehr zwischen der Bundesrepublik Deutschland und den Westsektoren Berlins, über Verbesserungen der Bewegungsfreiheit für die Bewohner der Westsektoren und über die Respektierung der Bindungen zwischen den Westsektoren und der Bundesrepublik, wie sie sich mit Zustimmung der drei Regierungen entwickelt haben, zu Vereinbarungen zu gelangen.

8. Die Minister waren der Ansicht, daß Fortschritte in den Gesprächen zwischen deutschen Stellen über einen Modus vivendi, der die besonderen Gegebenheiten in Deutschland berücksichtigt, einen wichtigen Beitrag zur Entspannung in Europa darstellen würden.

9. Nachdem die Minister die Aussichten für die Herstellung multilateraler Kontakte, welche die wesentlichen Probleme der Sicherheit und der Zusammenarbeit in Europa zum Gegenstand haben, geprüft hatten, unterstrichen sie erneut die Bedeutung, die sie einem erfolgreichen Abschluß der Berlin-Verhandlungen beimessen. Mit Befriedigung nehmen sie zur Kenntnis, daß diese Verhandlungen in eine aktive Phase getreten sind und es gestatten, in den letzten Wochen Fortschritte zu verzeichnen. Sie hoffen, daß vor ihrem nächsten Zusammentreffen die Berlin-Verhandlungen zu einem erfolgreichen Abschluß gelangt sind und sodann multilaterale Gespräche mit dem Ziel aufgenommen werden können, zu einer Konferenz über Sicherheit und Zusammenarbeit in Europa zu führen. In diesem Geiste

forderten sie den Ständigen Rat auf, im Rahmen seiner üblichen Beratungen über die internationale Lage seine regelmäßigen Prüfungen der bei allen Kontakten und Gesprächen über die Sicherheit und Zusammenarbeit in Europa erreichten Ergebnisse fortzusetzen, damit er unverzüglich zur Aufnahme multilateraler Gespräche Stellung nehmen könne.

10. Im Hinblick auf diese multilateralen Kontakte widmete sich der Ständige Rat aktiv den Vorbereitungen für die Erörterung von Sach- und Verfahrensfragen möglicher Ost-West-Verhandlungen und legte den Ministern einen Bericht hierüber vor. Der Bericht betonte, daß ein erfolgreiches Ergebnis solcher Verhandlungen auf der allgemeinen Beachtung der Grundsätze zwischenstaatlicher Beziehungen, wie sie von den Ministern in früheren Kommuniqués und Erklärungen aufgeführt worden sind, beruhen müsse. Die verschiedenen Möglichkeiten, Zusammenarbeit zwischen Ost und West auf dem Gebiet der Wirtschaft, der Technik, der Wissenschaft, der Kultur und der Umweltfragen zu entwickeln, wurden eingehend untersucht. Der Bericht prüfte ferner im einzelnen die wesentlichen Elemente einer Übereinkunft, die wünschenswert wäre, um die für die Entwicklung internationaler Zusammenarbeit in allen Bereichen so notwendige größere Freizügigkeit von Menschen, Ideen und Informationen zu fördern.

11. Die Minister nahmen diese Studien zur Kenntnis und wiesen den Ständigen Rat an, sie fortzuführen, solange multilaterale Ost-West-Kontakte noch nicht eingeleitet sind. Die Minister betonten, daß sie ihre bilateralen Sondierungsgespräche mit allen interessierten Staaten mit Nachdruck fortsetzen werden.

12. Die Minister nahmen den vom Ständigen Rat vorbereiteten Bericht über die Lage im Mittelmeerraum zur Kenntnis. Während sie die laufenden Bemühungen zur Wiederherstellung des Friedens im östlichen Mittelmeer begrüßten, stellten sie fest, daß die Entwicklungen in dieser Region insgesamt weiterhin zu Besorgnis Anlaß geben. Im Lichte der Schlußfolgerungen dieses Berichts wiesen sie den Ständigen Rat an, seine Beratungen über diese Lage fortzusetzen und darüber bei ihrer nächsten Konferenz zu berichten.

13. Die verbündeten Regierungen, welche die Erklärungen von Reykjavik im Jahre 1968 und Rom im Jahre 1970 abgaben und die Ziffern 15 und 16 des Kommuniqués von Brüssel 1970 billigten, haben die Sowjetunion und andere osteuropäische Länder immer wieder aufgefordert, mit ihnen gegenseitige und ausgewogene Truppenverminderungen zu erörtern. Sie bekräftigten, daß der Abbau der militärischen Konfrontation in Europa – worauf MBFR abzielt – für die Erhöhung von Sicherheit und Stabilität wesentlich ist.

14. Vor diesem Hintergrund begrüßten die Minister, die diese Regierungen vertreten, die Antwort der sowjetischen Führung, die eine mögliche Bereitschaft andeutet, Verminderungen von Streitkräften und Rüstungen in Mitteleuropa in Erwägung zu ziehen. Diese sowjetischen Reaktionen, die einer weiteren Klärung bedürfen, finden ebenso wie diejenigen anderer Staaten größte Aufmerksamkeit von seiten des Bündnisses.

15. In dem Bemühen festzustellen, ob eine gemeinsame Grundlage besteht, auf der Verhandlungen über gegenseitige und ausgewogene Truppenverminderungen geführt werden können, drückten diese Minister die Bereitschaft ihrer Regierungen aus, auf der Basis der in Ziffer 3 der Erklärung von Rom [1] enthaltenen Überlegungen die Sondierungen mit der Sowjetunion sowie mit anderen interessierten Regierungen fortzusetzen und zu intensivieren. Sie haben ihrer Ansicht Ausdruck verliehen, sobald es praktikabel erscheint, zu Verhandlungen überzugehen. Zu diesem Zweck kamen diese Minister überein, daß Minister-Stellvertreter oder hohe Beamte zu einem möglichst frühen Zeitpunkt in Brüssel zusammentreten sollen, um die Ergebnisse der exploratorischen Kontakte zu prüfen und um Sach- und Verfahrensfragen für gegenseitige und ausgewogene Truppenverminderungen zu beraten.

16. Diese Minister erklärten ferner, daß sie bereit sind, zu gegebener Zeit einen oder mehrere Vertreter zu ernennen, die dem Rat für die Führung weiterer exploratorischer

Gespräche mit der sowjetischen Regierung und den anderen interessierten Regierungen verantwortlich wären, und daß sie bereit sind, schließlich Zeit, Ort, organisatorische Vorbereitung und Tagesordnung für Verhandlungen über gegenseitige und ausgewogene Truppenverminderungen festzulegen.

17. Bei der Prüfung anderer Entwicklungen im Bereich der Rüstungskontrolle und Abrüstung nahmen diese Minister den Abschluß eines Vertrages über das Verbot der Stationierung von Massenvernichtungswaffen auf dem Meeresboden als einen bedeutsamen Schritt vorwärts zur Kenntnis. Die Minister der Allianz nahmen mit Befriedigung die Arbeit zur Kenntnis, die von der Konferenz des Abrüstungsausschusses geleistet wird, um eine Vereinbarung über das Verbot bakteriologischer Waffen und Toxine zu erzielen. Sie bekräftigten die Bedeutung, die sie wirksamen, einer angemessenen Verifikation unterliegenden und mit der Sicherheit aller Staaten zu vereinbarenden Rüstungskontroll- und Abrüstungsmaßnahmen beimessen, und forderten den Ständigen Rat auf, die Bemühungen und Studien der Allianz auf allen Gebieten der Rüstungskontrolle und Abrüstung fortzuführen.

18. Die Minister gaben ihrer Befriedigung über den eindrucksvollen Fortschritt Ausdruck, den der Ausschuß über Umweltfragen nach dem Bericht des Generalsekretärs erzielt hat. Sie nahmen insbesondere den wichtigen Beitrag der Verbündeten zur Bekämpfung der Meeresverschmutzung durch Öl und zur Entwicklung der Sicherheit im Straßenverkehr zur Kenntnis. Sie begrüßten die Tatsache, daß intensiv an Problemen der Verschmutzung von Küsten- und Binnengewässern sowie der Katastrophenhilfe gearbeitet wird. Ferner begrüßten sie den Beitrag, den der Ausschuß geleistet hat, um den Regierungen und der Öffentlichkeit die Probleme der modernen Technologie und die Gefahren, die der modernen Gesellschaft aus der Verschlechterung der Umweltbedingungen erwachsen, bewußt zu machen. Sie stellten fest, daß viele Mitgliedsländer des Bündnisses neue Regierungsstellen eingerichtet haben, um diese Probleme zu meistern. Die Minister nahmen insbesondere zur Kenntnis, daß der Nutzen der Bemühungen der Verbündeten nicht auf die Länder der Allianz beschränkt geblieben ist, sondern sich auch in anderen Ländern wie auch in umfassenderen internationalen Organisationen ausgewirkt hat.

19. Die Minister bedauerten das bevorstehende Ausscheiden von Manlio Brosio, der sie von seiner Absicht, vom Amt des Generalsekretärs der Organisation zurückzutreten, unterrichtet hatte. In ihren Würdigungen unterstrichen die Minister, in welch hervorragender Weise Herr Brosio die Organisation unter oft schwierigen Umständen geführt habe, und hoben die Geduld und die Zähigkeit hervor, die sein unermüdliches Wirken sowohl für die Verteidigung als auch die Entspannung ausgezeichnet haben. Sie drückten ihm ihre hohe Anerkennung für seine hervorragenden Dienste aus, die er in den vergangenen sieben Jahren dem Bündnis und dem Frieden geleistet hat.

20. Der Rat bat den Außenminister der Niederlande, Joseph Luns, vom 1. Oktober 1971 an das Amt des Generalsekretärs der Organisation zu übernehmen. Herr Luns teilte dem Rat mit, daß er dieser Bitte Folge leisten werde.

21. Die nächste Ministertagung des Nordatlantikrats wird im Dezember 1971 in Brüssel stattfinden.

22. Die Minister baten den Außenminister Italiens, in seiner Eigenschaft als Ratspräsident dieses Kommuniqué in ihrem Namen auf diplomatischem Wege allen anderen interessierten Regierungen, einschließlich neutraler und ungebundener Regierungen, zuzuleiten.

---

¹ Ziffer 3 der Erklärung von Rom hat folgenden Wortlaut:
3. Die Minister fordern die interessierten Staaten auf, exploratorische Gespräche über beiderseitige und ausgewogene Truppenverminderungen in Europa, unter besonderer Berücksichtigung Mitteleuropas, zu führen. Sie sind übereinstimmend der Auffassung, daß die Verbündeten in solchen Gesprächen die nachstehenden Überlegungen vortragen würden:
a) Beiderseitige Truppenverminderungen müßten mit den lebenswichtigen Sicherheitsinteressen des Bündnisses ver-

einbar sein und sich nicht zum militärischen Nachteil einer Seite auswirken, wobei Unterschiede, die aus geographischen und sonstigen Umständen erwachsen, zu berücksichtigen sind;

b) Truppenverminderungen müßten auf Gegenseitigkeit beruhen und nach Umfang und zeitlichem Ablauf abgestuft und ausgewogen sein;

c) Truppenverminderungen müßten in dem betroffenen Gebiet Stationierungs- und einheimische Streitkräfte und ihre Waffensysteme umfassen;

d) um die Einhaltung von Abkommen über beiderseitige und ausgewogene Truppenverminderungen zu gewährleisten, müssen ausreichende Verifizierung und Kontrollen vorgesehen werden.

Quelle: Bulletin vom 8. 6. 1971, Nr. 86, S. 913–915

328

Erklärung des Regierungssprechers von Wechmar vor der Bundespressekonferenz zum Problem des Exports von Kriegswaffen, 16. Juni 1971 (Auszüge)

von Wechmar:

Das Bundeskabinett hat heute Grundsätze für den Export von Kriegswaffen und sonstigen Rüstungsgütern verabschiedet. Diese Grundsätze orientieren sich vornehmlich am deutschen Sicherheitsinteresse unter Berücksichtigung der außenpolitischen Bedürfnisse der Bundesrepublik. Die Bundesregierung will mit diesen Grundsätzen auch auf internationaler Ebene Bestrebungen zur Beschränkung des Kriegswaffenhandels unterstützen, Abrüstungsmaßnahmen fördern und die friedliche Zusammenarbeit unter den Völkern stärken und den Frieden auf diese Weise sicherer machen.

. . .

Die Grundsätze sind in einem besonderen Ausschuß der Bundesregierung vorberaten worden. Ich bin vom Kabinett nicht ermächtigt worden, Ihnen Einzelheiten mitzuteilen. Es wird sie sicher interessieren zu erfahren, daß die Bundesregierung schon seit längerer Zeit keine Kriegswaffen in Spannungsgebiete mehr geliefert hat und daß die Absicht besteht, künftig auch grundsätzlich keine Kriegswaffen mehr an andere Länder außerhalb der NATO zu liefern.

Frage:

Fallen unter diese Richtlinien nur Waffenlieferungen der Bundesregierung oder auch kommerzielle Lieferungen von Privatfirmen?

von Wechmar:

In der Mitteilung heißt es: Grundsätze für den Export von Kriegswaffen und sonstigen Rüstungsgütern. Da ist keine Beschränkung hinsichtlich der jeweiligen Lieferanten enthalten.

Frage:

Werden die gegenwärtigen Bestimmungen über Waffenlieferungen durch diese neuen Grundsätze nur erhärtet oder teilweise auch aufgeweicht?

von Wechmar:

Sie engen den Kriegswaffenexport weiter ein. Es ist eine restriktive, keine ausweitende Maßnahme.

Quelle: Aus den Akten des Auswärtigen Amts

*Erklärung des Bundesministers des Auswärtigen, Walter Scheel, in Luxemburg am 23. Juni
1971 über das Ergebnis der Beitragsverhandlungen mit den Gemeinschaftländern in Brüssel*

Eine wichtige Runde in den Beitrittsverhandlungen mit Großbritannien konnte heute in den
frühen Morgenstunden erfolgreich abgeschlossen werden. Die Beteiligten können zufrieden
sein. Es konnten gute, faire Kompromisse erzielt werden, die den Interessen der Gemeinschaft und denen der beitrittswilligen Länder gerecht werden.

Europa hat damit in diesem Jahr bereits den zweiten entscheidenden Schritt zur Einigung
getan. Nach den Beschlüssen über die Errichtung der Wirtschafts- und Währungsunion am
9. Februar 1971 bedeutet dieser 23. Juni, daß Großbritannien dem Gemeinsamen Markt
beitreten kann. Die Verhandlungen darüber haben vor nur knapp einem Jahr begonnen.

Diese hinter uns liegende Zeitspanne ist damit die erfolgreichste seit der Gründung der
EWG. Der auf der Konferenz in Den Haag im Dezember 1969 aufgestellte Zeitplan hat sich
als nicht zu ehrgeizig erwiesen. Wir haben sogar mehr erreicht, als viele je erwartet hätten.
Die Entwicklung hat denen recht gegeben, deren Zuversicht in die Kraft der europäischen
Idee ungebrochen geblieben ist.

Es ist uns übertriebener Optimismus vorgeworfen worden. Dies geschieht oft, wenn
Ideen als Konkretziele angestrebt werden. Aber auch weitgesteckte Ziele können mit Energie
und Zähigkeit erreicht werden. In intensiver Kleinarbeit, im harten Ringen um Lösungen
im einzelnen verwirklicht sich die »konkrete Utopie« des einigen Europas.

Alle Beteiligten, die Mitgliedsregierungen und die britische Regierung, besonders auch
die Kommission der Europäischen Gemeinschaften, haben zu dem gemeinsamen Erfolg
beigetragen. Alle hatten den festen Willen, diesmal nicht wieder zu scheitern. Die Verhandlungen wurden, wenn auch hart in der Sache, in communautairem Geist geführt.

Auch die deutsche Diplomatie kann an dem heutigen Tage Genugtuung empfinden. Ihr
beharrliches Bemühen, prinzipielle Hindernisse auszuräumen und zu praktischen Kompro-
missen zu kommen, hat Früchte getragen.

Die Erweiterung der EWG kann das entscheidende politische Ereignis dieses Jahrzehnts
in Europa sein. Mit ihr entsteht nicht nur ein europäischer Markt von der Größe und Bedeutung des amerikanischen. Sie ist die Grundlage dafür, daß Europa in der Welt als Faktor
der Stabilität und des Friedens wirken kann.

Wir haben heute einen Schritt getan, der historische Bedeutung hat.

Quelle: Bulletin vom 26. 6. 1971, Nr. 98, S. 1082 f.

330 Tilgung der Nachkriegswirtschaftshilfe

*Verlautbarung des Bundesministeriums für Wirtschaft und Finanzen über die vorzeitige
Rückzahlung der letzten Tilgungsrate für die Nachkriegswirtschaftshilfe, 30. Juni 1971*

Am 30. Juni 1971 hat der Bund die letzte Tilgungsrate in Höhe von 345 Mill. DM auf die
Nachkriegswirtschaftshilfe der USA an die Deutsche Bundesbank geleistet. Damit findet ein
bedeutsamer Vorgang in der jüngeren Wirtschaftsgeschichte unseres Landes seinen formalen Abschluß.

Die USA hatten nach Beendigung des Zweiten Weltkrieges mittels des Marshallplan-
Programmes für den Wiederaufbau der durch den Krieg zerstörten Länder Westeuropas

großzügige Wirtschaftshilfe geleistet. Daß dabei auch das im Krieg unterlegene Land berücksichtigt wurde, verdient besonders hervorgehoben zu werden. Die Bundesrepublik Deutschland erhielt von den USA bis Mitte 1951 eine Nachkriegswirtschaftshilfe (ohne Überschußgüter) von insgesamt 3 Mrd. $. Der Beitrag, den diese Hilfeleistung zum Wiederaufbau unseres Landes geleistet hat, ist unbestritten und von Bundesregierung und Parlament oftmals anerkannt worden.

Im Abkommen aus dem Jahre 1953 haben die USA in großzügiger Weise zugestanden, daß von den gesamten Hilfeleistungen nur ein Betrag von 1 Mrd. $ zurückbezahlt zu werden braucht. Der unerwartet rasche wirtschaftliche Wiederaufstieg in der Bundesrepublik ermöglichte es dem Bund, bereits im Jahre 1959 einen Betrag von 150 Mill. $ vorzeitig zu tilgen. Im Jahre 1961 wurden 587 Mill. $ und im Jahre 1966 die noch verbliebenen 196 Mill. $ über die Bundesbank vorzeitig an die USA zurückgezahlt. Mit den vorzeitigen Tilgungen leistete die Bundesrepublik nicht zuletzt auch einen willkommenen Beitrag zur Entlastung der amerikanischen Zahlungsbilanz. Soweit die Tilgungen von der Bundesbank geleistet wurden, wurde diese Gläubigerin des Bundes. Die hieraus resultierende Verpflichtung des Bundes gegenüber der Bundesbank wurde nunmehr mit der eingangs erwähnten Tilgungsleistung von 345 Mill. DM restlos getilgt mit dem Ergebnis, daß die gesamte Nachkriegswirtschaftshilfe knapp in der Hälfte der ursprünglich vorgesehenen Zeit abgewickelt werden konnte.

Quelle: Bulletin vom 2. Juli 1971, Nr. 102, S. 1122

331 Das EWG-Nahostpapier

Erläuterungen des Bundesministers des Auswärtigen, Walter Scheel, vor dem Deutschen Bundestag zur Frage einer gemeinsamen Nahostpolitik der EWG, 19. Juli 1971 (Auszüge)

... Nun hat gerade dieses Thema in den letzten Tagen die deutsche und die internationale Öffentlichkeit lebhaft beschäftigt. Das hat seinen Grund. Zunächst stellt sich nämlich die Frage, ob denn die Mitglieder der EWG, ob denn die Europäer überhaupt ein Recht haben, sich mit dem Konflikt im Nahen Osten zu beschäftigen. Und dann ist es dieses völlig Neue. Da versuchen sechs Länder, von denen jedes natürlich seine eigene Politik im Nahostraum betreibt, und zwar unterschiedliche Politik, wie man weiß, über gemeinsame Analysen zu gemeinsamer Meinung und danach zu gemeinsamem Handeln zu kommen.

Lassen Sie mich zunächst ein paar Worte zur Nahostpolitik der Bundesrepublik sagen, um danach zu untersuchen, ob sie mit der sich entwickelnden EWG-Haltung vereinbar ist.

Die Bundesregierung tritt in ihrer Außenpolitik allgemein für die Erhaltung oder Wiederherstellung des Friedens in der Welt ein. Das ist der oberste Grundsatz, von dem sie sich insbesondere auch in ihrer Nahostpolitik leiten läßt. Die Frage, ob Krieg oder Frieden im Nahen Osten herrscht, berührt die Interessen Europas und der Bundesrepublik in direkter Weise, und wir unterstützen daher alle Bemühungen um eine friedliche Beilegung des Nahostkonflikts.

Die Nahost-Entschließung des Sicherheitsrats der Vereinten Nationen von 1967 ist nach langwierigen und schwierigen Erörterungen zustande gekommen und stellt nach unserer Auffassung die beste Grundlage für die Herbeiführung einer den Interessen aller Völker dieser Region dienenden friedlichen Lösung des Konflikts dar. Eine Regelung, die den Grundsätzen der Nahost-Resolution Rechnung trägt, müßte in freier Vereinbarung die Zustimmung aller Beteiligten finden. Dafür gibt jetzt die Jarring-Mission den Rahmen ab. Wir sind bereit, jederzeit alles in unserer Macht Stehende zu tun, um zu ihrem Erfolg beizutragen und nach Wiederherstellung des Friedens in diesem Raum bei seiner sozialen und wirtschaftlichen Stabilisierung mitzuwirken.

Den Ländern dieser Region gegenüber strebt die Bundesrepublik ein ausgewogenes Verhältnis an. Die guten, sich weiter entwickelnden Beziehungen zu Israel haben ihren besonderen Charakter durch das, was im deutschen Namen den Juden angetan wurde. Niemand kann sich aus seiner Geschichte stehlen. Andererseits liegt es sowohl in unserem Interesse als auch im Interesse der Nahostländer, daß wir den Versuch machen, in absehbarer Zeit die diplomatischen Beziehungen zu den arabischen Ländern wiederherzustellen, zu denen sie seit 1965 unterbrochen sind. Manch besonnene Stimme aus der arabischen Welt gerade in den letzten Tagen ist hier mit Aufmerksamkeit beachtet worden.

Meine Damen und Herren, der von den Direktoren der sechs europäischen Außenministerien erarbeitete Bericht trägt diesen Grundsätzen, nach denen die Bundesrepublik ihre Nahostpolitik orientiert, Rechnung. Er wurde – das möchte ich hier unterstreichen – von den sechs Außenministern einstimmig gebilligt. Er stellt somit ein gemeinsames Dokument der Sechs dar ...

EWG-Nahostpapier und Sicherheitsratsentschließung sind klar zu unterscheiden; es sind zwei verschiedene Dinge. Das letzte ist eine Empfehlung an den Generalsekretär der Vereinten Nationen, das erste ein Arbeitspapier der an der politischen Zusammenarbeit der europäischen Staaten beteiligten Regierungen. Es enthält nicht eine Auslegung der Nahost-Resolution des Sicherheitsrats, sondern eine eigene, auf der Resolution aufbauende Konzeption der Sechs, die sich insbesondere von der inneren Ausgewogenheit der Nahost-Entschließung des Sicherheitsrats leiten läßt.

Meine verehrten Kollegen, anläßlich meines Besuchs in Israel hatte ich Gelegenheit, die deutsche Nahostpolitik in all ihren Aspekten zu erläutern. Sie zielt, wie ich eben sagte, darauf ab, gute Beziehungen zu allen Staaten dieser Region zu unterhalten. Ich hatte auch Gelegenheit, die Motive darzustellen, von denen sich die beteiligten Minister bei ihrer Erörterung der Lage im Nahen Osten leiten lassen. Ich habe u. a. ausgeführt, daß das Dokument der Sechs natürlich nicht die Haltung eines einzelnen Partners reflektiert, sondern eine gemeinsame Meinung aller an den Konsultationen beteiligten Regierungen. Ich habe ferner das Bemühen der europäischen Regierungen begründet und erläutert, in Fragen gemeinsamen politischen Interesses mit einer Stimme zu sprechen, und deutlich gemacht, daß die Haltung der Sechs oder der Zehn naturgemäß eine andere ist als die unkoordinierte Meinung einzelner Regierungen.

Quelle: 6. Deutscher Bundestag, 133. Sitzung vom 19. 7. 1971, S. 7758 f.

332 Für eine Neuordnung des Weltwährungssystems

Erklärung des Bundesministers für Wirtschaft und Finanzen, Professor Dr. Karl Schiller, über eine Neuordnung der internationalen Währungsbeziehungen, 27. August 1971

1. Das für die Bundesrepublik Deutschland seit dem 10. Mai 1971 gültige System freier Wechselkursbildung hat sich in den Veränderungen der internationalen Währungsbeziehungen gerade der letzten Wochen besonders bewährt.

2. Seit dem Beginn dieser Woche ist für die wichtigsten europäischen Währungen eben-

falls ein Regime von beweglichen Wechselkursen eingeführt worden, sei es durch Freigabe der Wechselkurse in einer Richtung, sei es durch »kontrolliertes Floating«, sei es durch Erweiterung der Bandbreiten. Durch diese größere Flexibilität in der internationalen Wechselkursbildung hat sich das Kursbild an den Devisenbörsen wesentlich geglättet. An den deutschen Märkten sind die vielfach befürchteten hektischen Kursausschläge ausgeblieben. Durch diese Ausweitung der freien Devisenmärkte sowie durch die de-facto-Aufwertungen anderer Währungen hat sich der Aufwertungseffekt der D-Mark gegenüber dem Dollar, wie er sich in den Tagen vor der Schließung der Devisenbörsen am 16. August 1971 herausgebildet hatte, vermindert.

3. Die vollständige oder teilweise Freigabe der Wechselkurse wichtiger Währungen hat in wenigen Tagen zu einer Veränderung der Währungsrelationen gegenüber dem Dollar geführt.

Seit dem 23. August befinden wir uns tatsächlich schon in einem Prozeß der Neuordnung der internationalen Währungsbeziehungen. Die Kräfte des Marktes sollten auch in der nächsten Zukunft in einem möglichst weltweiten Umfang zur Geltung kommen. Devisenkontrollen können die Währungsrelationen nur verzerren. Sie würden darüber hinaus die Tendenzen zur Erhöhung der Handelshemmnisse begünstigen. Allen protektionistischen Tendenzen sollten wir vielmehr energisch entgegenwirken.

4. Die vergrößerte Flexibilität in der internationalen Wechselkursbildung bereitet eine Neubewertung der Währungsparitäten auf realistischer und dauerhafter Basis durch multilaterale Vereinbarungen vor. Das ist die Voraussetzung für den Abbau neu eingeführter Handelshemmnisse und für die Sicherung des freien Welthandels.

5. Damit es zu dieser weltweiten Neufestsetzung realistischer Währungsparitäten kommt, ist die Bundesregierung auch bestrebt, innerhalb der Europäischen Gemeinschaft die Voraussetzungen für ein baldiges Ingangsetzen der Europäischen Währungsunion im Sinne einer Stabilitätsgemeinschaft zu schaffen. Dafür wären Absprachen über vorläufige interne Leitkurse, entsprechende Aktionen der Zentralbanken sowie flexiblere Außenkurse der Gemeinschaft erforderlich. Die Bundesregierung ist nach wie vor zu den dafür notwendigen Gesprächen bereit.

6. Der derzeitige Zustand größerer Flexibilität in der internationalen Wechselkursbildung stellt eine seltene Chance für eine sachgerechte Neuordnung des Weltwährungssystems dar. Die vorausschauende Währungspolitik der Bundesregierung hat für die Bundesrepublik dazu die Weichen gestellt. Deshalb kann unsere Bevölkerung der weiteren Entwicklung mit Ruhe entgegensehen.

Quelle: Bulletin vom 27. 8. 1971, Nr. 123, S. 1322

333 Unterzeichnung des Viermächte-Abkommens über Berlin

Erklärung der Bundesregierung zu der Unterzeichnung des Viermächte-Abkommens über Berlin, 3. September 1971

1. Die Bundesregierung hat von der Unterzeichnung des Viermächte-Abkommens, die heute von den Botschaftern Frankreichs, Großbritanniens, der Sowjetunion und der Vereinigten Staaten in Berlin vollzogen worden ist, auf Grund einer amtlichen Mitteilung der Botschafter Frankreichs, Großbritanniens und der Vereinigten Staaten Kenntnis genommen. Sie hat nach einem Bericht des Bundesministers des Auswärtigen die Texte des Ab-

kommens und der begleitenden Dokumente im Lichte der ständigen und engen Konsultationen mit den Drei Mächten abschließend geprüft.

2. Die Bundesregierung stellt fest, daß die vier für Berlin verantwortlichen Mächte mit der heute vollzogenen Einigung die tragfähige Grundlage einer befriedigenden Berlin-Regelung geschaffen haben. Diese selbst wird vorliegen, wenn die im Viermächte-Abkommen vorgesehenen ergänzenden Vereinbarungen zwischen der Bundesregierung bzw. dem Senat von Berlin und der Regierung der DDR geschlossen und mit dem Viermächte-Abkommen durch das heute ebenfalls paraphierte Viermächte-Schlußprotokoll zu einem Ganzen zusammengebunden sind.

Die Bundesregierung begrüßt, daß praktische Regelungen gefunden werden konnten, ohne daß der Status Berlins geändert und die Rechtsstellung der für Berlin (West) verantwortlichen Drei Mächte beeinträchtigt wurde.

3. Die Bundesregierung sieht in diesen praktischen Regelungen wesentliche Verbesserungen für Berlin (West) und seine Einwohner:
   - Der zivile Verkehr zwischen dem Bundesgebiet und Berlin (West) wird unbehindert, seine Abfertigung an den Übergangsstellen vereinfacht und erleichtert sein.
   - Die Bewegungsfreiheit der Einwohner von Berlin (West) wird vergrößert werden. Sie werden wieder den Ostteil der Stadt wie auch die DDR besuchen können.
   - Berlin (West) wird von der Bundesrepublik Deutschland auch gegenüber der Sowjetunion so vertreten werden können, wie es von ihr im größten Teil der Welt seit vielen Jahren vertreten wird. Die Einwohner von Berlin (West) werden in der Sowjetunion den bisher entbehrten konsularischen Schutz der Bundesrepublik Deutschland genießen können [1]. Die Teilnahme der Stadt und ihrer Einwohner am weltweiten internationalen Austausch wird nicht mehr beeinträchtigt sein.

4. Die engen Bindungen, die zwischen Berlin (West) und der Bundesrepublik Deutschland in allen Lebensbereichen bestehen und die dem Bewußtsein der Zusammengehörigkeit entsprechen, sind in ihrem Bestand und in ihrer Entwicklungsmöglichkeit bestätigt und bekräftigt worden. Die Bundesregierung betrachtet dies als einen entscheidenden Gewinn für die Lebensfähigkeit der Stadt.

5. Das Viermächte-Abkommen hat das rechtliche Grundverhältnis zwischen der Bundesrepublik Deutschland und Berlin (West) nicht geändert. Dieses Grundverhältnis wird nach wie vor nicht nur durch deutsches Verfassungsrecht, sondern auch durch alliierte Vorbehaltsrechte bestimmt. Das deutsche Verfassungsrecht, d. h. die einschlägigen Vorschriften des Grundgesetzes und der Berliner Verfassung, bleibt unverändert; es wird jedoch weiterhin von den alliierten Vorbehaltsrechten überlagert. Alle Bundesregierungen haben diese vorrangigen alliierten Rechte stets als im Interesse der Sicherheit Berlins liegend betrachtet und respektiert. In der Verantwortung, die ihnen für Berlin und seine Sicherheit obliegt, haben die Alliierten kraft dieses Vorrangs deutsches Verfassungsrecht dergestalt suspendiert, daß Berlin (West) nicht vollgültig in die Verfassungsorganisation des Bundes einbezogen ist und nicht vom Bund regiert wird.

6. Die Sicherung der lebensnotwendigen Bindungen zwischen Berlin (West) und der Bundesrepublik Deutschland setzt eine Klarstellung voraus, wie die Drei Mächte die ihnen vorbehaltenen Rechte hinsichtlich Berlins ausüben werden. Diese Klarstellung haben die Alliierten in dem Viermächte-Abkommen gegeben [2]. Die Beschränkungen, die sich daraus für die Tätigkeit des Bundes und seiner Organe in Berlin ergeben, hält die Bundesregierung für vertretbar, weil die lebenswichtigen Bindungen aufrechterhalten und entwickelt werden können. In diesem Rahmen
   - werden Bundesorgane in Berlin (West) in Erscheinung treten können,
   - bleibt das geltende Verfahren für die Anwendbarkeit der Gesetzgebung der Bundesrepublik Deutschland in Berlin (West) wie auch die Anwendung von Gesetzen durch

die in seinen Angelegenheiten tätigen Verwaltungs- und Gerichtsinstanzen unverändert,

– wird an der Anwesenheit von Behörden und Einrichtungen des Bundes in Berlin nichts geändert.

7. Die Bundesregierung ist sich bewußt, daß die Berlin-Regelung, deren erste Stufe jetzt vorliegt, die Berlin-Frage insgesamt nicht zu lösen vermag, dies vielmehr erst im Rahmen einer Regelung der deutschen Frage möglich sein wird. Sie erwartet jedoch von der noch zu vollendenden Berlin-Regelung eine krisenfreie Entwicklung in und um Berlin. Eine solche Entwicklung wird nicht nur die Lebensfähigkeit der Stadt stärken, sondern auch die Entspannung im Zentrum Europas fördern. Beides ist gleichermaßen für eine Entwicklung in Deutschland unentbehrlich, die dem Auftrag des Grundgesetzes gerecht wird.

[1] Auszug aus Anlage IV des Vier-Mächte-Abkommens:
»2. Unter der Voraussetzung, daß Angelegenheiten der Sicherheit und des Status nicht berührt werden, wird sie (die Regierung der Union der Sozialistischen Sowjetrepubliken) ihrerseits keine Einwände haben gegen
a) die Ausübung der konsularischen Betreuung für Personen mit ständigem Wohnsitz in den Westsektoren Berlins durch die Bundesrepublik Deutschland;
b) die Ausdehnung von völkerrechtlichen Vereinbarungen und Abmachungen, die die Bundesrepublik Deutschland schließt, auf die Westsektoren Berlins in Übereinstimmung mit den festgelegten Verfahren, vorausgesetzt, daß die Ausdehnung solcher Vereinbarungen und Abmachungen jeweils ausdrücklich erwähnt wird;
c) die Vertretung der Interessen der Westsektoren Berlins durch die Bundesrepublik Deutschland in internationalen Organisationen und auf internationalen Konferenzen;
d) die Teilnahme von Personen mit ständigem Wohnsitz in den Westsektoren Berlins gemeinsam mit Teilnehmern der Bundesrepublik Deutschland am internationalen Austausch und an internationalen Ausstellungen oder Tagungen internationaler Organisationen und internationalen Konferenzen in diesen Sektoren sowie Ausstellungen mit internationaler Beteiligung, wobei berücksichtigt wird, daß Einladungen durch den Senat oder gemeinsam durch die Bundesrepublik Deutschland und den Senat ausgesprochen werden.«
[2] Auszug aus Anlage II des Vier-Mächte-Abkommens:
1. »In Ausübung ihrer Rechte und Verantwortlichkeiten erklären sie (die Regierung der Französischen Republik, des Vereinigten Königreichs und der Vereinigten Staaten von Amerika), daß die Bindungen zwischen den Westsektoren Berlins und der Bundesrepublik Deutschland aufrechterhalten und entwickelt werden, wobei sie berücksichtigen, daß diese Sektoren wie bisher kein Bestandteil (konstitutiver Teil) der Bundesrepublik Deutschland sind und auch weiterhin nicht von ihr regiert werden. Die Bestimmungen des Grundgesetzes der Bundesrepublik Deutschland und der in den Westsektoren Berlins in Kraft befindlichen Verfassung, die zu dem Vorstehenden in Widerspruch stehen, sind suspendiert worden und auch weiterhin nicht in Kraft.
2. Der Bundespräsident, die Bundesregierung, die Bundesversammlung, der Bundesrat und der Bundestag, einschließlich ihrer Ausschüsse und Fraktionen, sowie sonstige staatliche Organe der Bundesrepublik Deutschland werden in den Westsektoren Berlins keine Verfassungs- oder Amtsakte vornehmen, die in Widerspruch zu Absatz 1 stehen.«

Quelle: Bulletin vom 3. 9. 1971, Nr. 127, S. 1359

334　　　　　　　　　　　　　　　　　　　　　Besuch des Bundeskanzlers auf der Krim

Kommuniqué über das Treffen zwischen dem Bundeskanzler der Bundesrepublik Deutschland, Willy Brandt, und dem Generalsekretär des ZK der KPdSU, L. I. Breshnew, vom 16. bis 18. September 1971

In voller Loyalität zu ihren Bündnispartnern besprachen beide Seiten zahlreiche internationale Probleme, die für beide Seiten von Interesse sind, in besonderem Maße die Entwicklung der Lage in Europa ...

Die erstrangige Bedeutung des am 12. August 1970 durch die Sowjetunion und die Bundesrepublik Deutschland unterzeichneten Vertrages für Gegenwart und Zukunft der Beziehungen zwischen den beiden Ländern wurde unterstrichen ...

W. Brandt und L. I. Breschnew besprachen Fragen betreffend die Ratifizierung dieses Vertrages durch den Obersten Sowjet der UdSSR und den Deutschen Bundestag der Bundesrepublik Deutschland und gaben ihrer festen Überzeugung Ausdruck, daß das baldige Inkrafttreten des Vertrages zwischen der UdSSR und der BRD sowie des Vertrages der

Volksrepublik Polen mit der Bundesrepublik Deutschland eine entscheidende Wende in den Beziehungen zwischen den genannten Ländern ermöglichen und eine umfassende, dauerhafte, langfristige Zusammenarbeit zum Nutzen der heutigen und künftigen Generationen dieser Länder sowie deren Nachbarn und zur Festigung des Friedens in Europa einleiten wird. Beide Seiten stellten übereinstimmend fest, daß sie diese Entwicklung wünschen und daß sie die Belastungen der Vergangenheit überwinden und dadurch der Verwirklichung der Ideen der friedlichen Zusammenarbeit sowohl in den zwischenstaatlichen Beziehungen als auch zwischen den Bürgern und den verschiedenen gesellschaftlichen Organisationen dienen wollen.

Ausgehend hiervon nahm die Erörterung der mit der Unterzeichnung des Viermächte-Abkommens am 3. September dieses Jahres durch Frankreich, die UdSSR, Großbritannien und die USA zusammenhängenden Fragen großen Raum ein. Dieses Abkommen stellt einen großen Schritt auf dem Wege der europäischen und internationalen Entspannung dar.

Beide Seiten stimmen darin überein, daß das Zustandekommen dieses Abkommens gute Voraussetzungen für weitere praktische Schritte schafft, die auf die Gesundung der Lage im Zentrum Europas, auf die Festigung der Sicherheit und die Entwicklung der Zusammenarbeit auf dem Kontinent gerichtet sind.

Einen wichtigen Platz nahmen in den Gesprächen die Fragen der Vorbereitung der Konferenz über Fragen der Sicherheit und Zusammenarbeit in Europa ein. Es wurde festgestellt, daß die Entwicklung in Europa eine solche Konferenz unter Teilnahme der USA und Kanada fördert. Die Sowjetunion und die Bundesrepublik wollen demnächst untereinander und mit ihren Verbündeten sowie mit anderen europäischen Staaten Konsultationen führen, um die Abhaltung einer solchen Konferenz zu beschleunigen.

Beide Seiten haben ihre Auffassungen zur Frage der Verminderung von Truppen und Rüstungen in Europa – ohne Nachteile für die Beteiligten – dargelegt. Dabei stellten sich übereinstimmende Elemente in ihren Positionen heraus. Sie sind überzeugt, daß die Lösung dieses schwierigen Problems die Grundlagen des europäischen und internationalen Friedens wirksam festigen würde. Die Zukunft in Europa ebenso wie in anderen Gebieten der Welt soll nicht auf militärischer Konfrontation, sondern auf der Grundlage gleichberechtigter Zusammenarbeit und Gewährleistung der Sicherheit für jeden einzelnen sowie für alle Staaten zusammen gebaut werden.

Die allgemeine Normalisierung der Beziehungen zwischen der Bundesrepublik Deutschland und der Deutschen Demokratischen Republik auf der Grundlage der vollen Gleichberechtigung, der Nichtdiskriminierung, der Achtung der Unabhängigkeit und der Selbständigkeit der beiden Staaten in Angelegenheiten, die ihre innere Kompetenz in ihren entsprechenden Grenzen betreffen, erscheint heute möglich und wird eine große Bedeutung haben. Einer der wichtigsten Schritte in dieser Richtung wird im Zuge der Entspannung in Europa der Eintritt dieser beiden Staaten in die Organisation der Vereinten Nationen und ihre Sonderorganisationen sein. Entsprechend ihrer früher erzielten Übereinkunft werden die Bundesrepublik und die Sowjetunion eine solche Lösung dieser Frage in angemessener Weise fördern.

In den Gesprächen des Bundeskanzlers und des Generalsekretärs wurde die Entwicklung der bilateralen Beziehungen zwischen der UdSSR und der BRD ausführlich behandelt. Beide Seiten kamen zu der Schlußfolgerung daß es umfangreiche Möglichkeiten für den Ausbau der Zusammenarbeit zwischen beiden Ländern auf verschiedensten Gebieten gibt, die für beide Seiten von Nutzen sein wird und Buchstaben und Geist des Vertrages vom 12. August 1970 entspräche.

Dementsprechend sollen die Handelsbeziehungen, die Beziehungen auf wissenschaftlich-technischem und kulturellem Gebiet sowie auf den Gebieten des Sports und des

Jugendaustausches erweitert werden. Sie erklärten ihre Bereitschaft, alsbald entsprechende Abkommen zu schließen.

Für den Ausbau der wirtschaftlichen Zusammenarbeit soll eine gemischte Kommission geschaffen werden.

W. Brandt und L. I. Breschnew vertraten die Ansicht, daß die entstehende Praxis des Meinungsaustausches und der Konsultationen auf verschiedenen Ebenen zwischen der UdSSR und der BRD sowohl über bilaterale Beziehungen wie internationale Probleme nützlich ist und fortgesetzt werden soll. In diesem Zusammenhang wurde mit Befriedigung festgestellt, daß sich die Außenminister beider Länder demnächst in New York und im Spätherbst in der Sowjetunion treffen werden.

Postvereinbarung mit der DDR vom 30. September 1971

1. Am 30. September ist in Ostberlin ein Protokoll über Fragen des Post- und Fernmeldeverkehrs von Vertretern des Bundesministeriums für das Post- und Fernmeldewesen und dem Ministerium für Post und Fernmeldewesen der DDR unterzeichnet worden. (Text im Bulletin des Presse- und Informationsamts der Bundesregierung vom 2. Oktober 1971.) In der Vereinbarung sind u. a. folgende Punkte geregelt worden:

– einmalige Zahlung von 250 Millionen DM zur Abgeltung der von der DDR bis zum 31. 12. 1966 erbrachten Mehrleistungen im Post- und Fernmeldeverkehr (Zahlungsfrist: 15. 12. 1971). Damit werden auch Forderungen der DDR gegen West-Berlin abgegolten.
– Zahlung der früher vereinbarten Jahrespauschale für Mehrleistungen der DDR-Post in Höhe von 30 Millionen DM bis einschließlich 1976.
– Schaltung von zusätzlichen Fernsprech- und Telexleitungen sowie Verbesserung der technischen Anlagen (Automatisierung etc.).
– Einrichtung einer Richtfunkstrecke für die Übertragung von Fernsehsendungen (nach Maßgabe einer besonderen Vereinbarung vom gleichen Tage).
– Verkürzung der Laufzeiten für Briefe, Päckchen und Pakete. Eine Verbesserung der Versandbestimmungen für Geschenksendungen aus der Bundesrepublik wurde in Aussicht gestellt.
– Schaltung von weiteren 60 Fernsprechleitungen, 6 Telexleitungen und 12 Leitungen für den Telegrammverkehr zwischen West-Berlin und der DDR sowie Verbesserung der technischen Anlagen.

2. Unter fachlichen Gesichtspunkten entspricht die Vereinbarung voll unseren Wünschen. Sie bringt wesentliche und umfassende Verbesserungen im Post- und Fernmeldeverkehr zwischen den beiden deutschen Staaten.

In politischer Hinsicht sehen wir in der Regelung einen wichtigen Schritt zur Normalisierung der Beziehungen. Besonders bedeutsam ist die Einbeziehung Berlins (West) in die Vereinbarung. Die DDR hat damit in einem wichtigen Bereich der bestehenden Bindungen anerkannt, daß Berlin durch die Bundesrepublik vertreten wird, und zwar sowohl in Verhandlungen wie auch beim Abschluß eines Abkommens. Wir hoffen, daß diese Fragen in den nun begonnenen Verkehrsverhandlungen mit der DDR in entsprechender Weise gelöst werden können.

Die Berlin (West) betreffenden Punkte der Postvereinbarung stellen eine Regelung im Sinne von Teil II C Absatz 3 des Viermächte-Abkommens vom 3. September 1971 und der Anlage III Absatz 4 und 5 zu diesem Abkommen dar. Beide Seiten haben anläßlich der Unterzeichnung ihr Einverständnis erklärt, daß die betreffenden Punkte in das Viermächte-Schlußprotokoll (mit dem die Berlin-Regelung in Kraft gesetzt werden soll) aufgenommen werden. Sie haben dies den Vier Mächten mitgeteilt.

Quelle: Aus den Akten des Auswärtigen Amts

336 Freiheit der Meinungsäußerung

Auszug aus der Ansprache des Bundesministers des Auswärtigen, Walter Scheel, vor der Personalversammlung des Auswärtigen Amts am 5. Oktober 1971

. . .

Auch heute, so meine ich, ist das Recht auf eine freie Meinung nichts Selbstverständliches. Der lange Weg von Marquis Posas Forderung nach Gedankenfreiheit zu den Freiheiten unserer modernen, rechtsstaatlich geordneten Industriegesellschaft war weder bequem noch naturnotwendig, noch frei von tragischen Rückschlägen. Diese Entwicklung ist nicht irreversibel. Das Erreichte kann nur bewahrt werden, indem wir es fortentwickeln. Gerade wir hier in Deutschland haben unsere besonderen Erfahrungen mit Meinungsbildung, Freiheit der Meinungsbildung und der praktischen Anwendung dieser Freiheit. Es war wohl Salvador de Madariaga, der einmal gesagt hat: Wenn die Deutschen lernen würden, in der richtigen Weise ungehorsam zu sein, würde das Europa helfen. Auch das ist ein schwieriges Problem: In der richtigen Weise von seiner Meinungsfreiheit Gebrauch zu machen.

Ich sehe keinen Anlaß, angesichts der verfassungsmäßigen Garantien der klassischen Grundfreiheiten zu sagen: Jetzt brauchen wir uns um nichts mehr zu kümmern. Ich meine, in einer von Konflikten und Widersprüchen erfüllten komplexen Gesellschaft, in einer Welt, in der die glanzvollste Vervollkommnung der Technik mit den dunkelsten Unzulänglichkeiten des Menschen immer noch zusammenfallen, wachsen Ansprüche und Kritik an unseren politischen Ordnungen und ihren Zielen. Die Unruhe und Herausforderung, mit denen gerade junge Menschen, die engagierte Jugend, uns konfrontieren, geben der Kritik einen vielstimmigen, manchmal, wie das bei jungen Menschen so ist, unharmonischen, manchmal sogar disharmonischen, aber in jedem Fall unüberhörbaren Ausdruck.

Viele dieser Ansprüche sind berechtigt, viel von dieser Kritik wird von uns geteilt. Um ihr gerecht zu werden, gilt es, die von den Generationen vor uns erkämpften Rechten und Freiheiten im Rahmen unseres Grundgesetzes weiter zu entwickeln und auszuweiten. Und ich betone das Wort »gerecht«: denn Freiheit ohne Gerechtigkeit mündet in Anarchie und schlägt dann für den Einzelnen in ihr Gegenteil um.

Die Wandlung der gewachsenen Ordnung zu einer freieren und besseren Gesellschaft kann nicht allein Sache des Gesetzgebers sein, das liegt auf der Hand. Den Spielraum, den ich mir in diesem Staat und an meinem Arbeitsplatz wünsche, den muß ich zuerst meinen Kollegen und Nachbarn freigeben. Und damit vom politischen Raum zum dienstlichen, zum Arbeitsplatz, zum Betrieb, und das heißt zu unserem Betrieb: unserem mehr als 100jährigen Amt mit seinen Erfahrungen und seinen Traditionen, seinen säkularen Verkrustungen auch,

833

die bei aller Neugestaltung und Straffung, zuweilen immer noch vernehmbar in vergessenen Fugen knirschen. Wir sollten unser Gehör für diese Knirschlaute schärfen ...

Mit allem Nachdruck stelle ich ... fest: Jeder im Auswärtigen Dienst hat sein Recht zur freien Meinungsbildung. Jeder soll sein eigenes Urteil erarbeiten und vertreten, wie andere mündige Bürger in unserem Staate auch. Ja, es ist sogar so, daß der Beamte nicht nur ein Recht zur freien Meinungsbildung hat, sondern Heuss hat einmal gesagt: Die Pflicht zum Widerspruch ist beim Beamten im Gehalt einbegriffen.

In der Auswärtigen Politik gewinnt dies erhöhtes Gewicht durch die besondere Sachkenntnis, Ihre Sachkenntnis. Wo sie Ihr unmittelbares Arbeitsgebiet betrifft und von denjenigen Ihrer Vorgesetzten und von geltenden Weisungen abweicht, ist es Ihr Recht und, ich zitiere noch einmal Heuss, Ihre Pflicht, diese Auffassungen, abweichende Auffassungen darzulegen und zu begründen. Ein Dienst, der auf die eigene Meinungsbildung seiner Mitglieder, auf die innere Diskussion seiner Arbeitsrichtlinien verzichtet, wäre ein untaugliches Werkzeug zur Verwirklichung einer intelligenten und zeitgemäßen Auswärtigen Politik.

Ein offener und kritischer Geist ist die Voraussetzung für jede Mitarbeit an der Willensbildung des Auswärtigen Amts. Wer zu sehr bei seiner Arbeit nach oben schielt, der trübt den vollen Blick für den Gegenstand seiner Arbeit. Mit diplomatischem Einfrieren der Ideen müssen Geschmeidigkeit und Schlagkraft des Apparates erstarren. Deswegen brauchen wir die volle Freiheit der Idee in diesem Amt. Dabei ist selbstverständlich, daß jeder Angehörige unseres Dienstes mit seiner ganzen Arbeitskraft und loyal zur Verwirklichung der getroffenen Entscheidungen beiträgt. Ebenso selbstverständlich ist, daß jeder, der damit befaßt ist, diese Entscheidungen und deren Begründung nach außen vertreten muß, und zwar mit dem vollen Einsatz seiner Persönlichkeit auch da, wo er selbst einmal anderer Auffassung ist. Das sind nun einmal die Regeln, die im Wesen unserer parlamentarischen Demokratie und auch im Wesen des Berufsbeamtentums liegen, das ja die Grundlage auch unseres Ministeriums ist. Es gibt eben eine Zäsur: Die Meinungsbildung muß frei sein, sie ist notwendig, um eine Entscheidung herbeiführen zu können. Aber wenn eine Entscheidung getroffen ist, dann muß für die Exekution einer solchen Entscheidung die Solidarität des ganzen Auswärtigen Dienstes die sichere Grundlage für den Erfolg sein.

Man hat dem Auswärtigen Dienst vorgeworfen, daß diese Notwendigkeit eine Art Schizophrenie zur Regel mache. Nun, ... der Diplomat tut gut daran, seinen Blick für diesen Zug bei anderen und bei sich selbst zu schärfen. In der Sache, die hier allerdings zur Rede steht, ist keine Schizophrenie vonnöten. Sie wissen, daß es für diejenigen unter uns, die erhöhte Verantwortung tragen, besondere Lösungen gibt, falls sie wirklich einmal mit ihren Überzeugungen in Konflikt geraten. Ich spreche hier nicht von Fällen, in denen der Beamte pflichtgemäß auf Rechtswidrigkeiten aufmerksam machen muß. Das, glaube ich, ist doch ein besonderes Problem. Im übrigen aber, meine ich, genügen Intelligenz, d. h. Unterscheidungsvermögen, Phantasie und eine Gesinnung, die fest auf unserer verfassungsmäßigen Ordnung seht, um unsere Pflicht zu tun. Das sind Voraussetzungen, die ich allerdings auch von jedem der Mitarbeiter erwarten darf. Weit weniger Phantasie ist erforderlich, sich die Folgen für unsere Arbeit in unserem Dienst auszumalen, wenn wir diese Grundsätze aufgeben würden.

Vollends bedarf es für Sie, die Sie auf praktische Erfahrungen im Auswärtigen Dienst zurückblicken, keiner besonderen Vorstellungskraft, um die Weiterungen zu ermessen, zu denen uns ein Verzicht auf dienstliche Diskretion führen würde. Vertrauen ist die unerläßliche Grundlage der Arbeit in diesem verantwortungsvollen Dienst, im großen wie im kleinen. Das gilt nicht zuletzt auch oder gerade für die amtlich geheimgehaltenen Kenntnisse, die Ihnen anvertraut werden. Wer amtliche Geheimnisse preisgibt, der gefährdet die Politik, für die sich diese verfassungsmäßig gebildete Regierung entschieden hat. Wer nun diese Preisgabe mit moralischen, politischen oder sonstigen Argumenten billigt, wie ich das in der Diskussion der letzten Monate hier und da in der Öffentlichkeit gehört habe, der gefährdet die demokratische Ordnung unseres Staates, zu der auch die amtliche Geheimhaltungspflicht gehört ...

In der Öffentlichkeit sind aber auch andere Stimmen laut geworden. Stimmen, die einem unbegrenzten Recht auf Information das Wort reden ohne Rücksicht auf andere und höhere Interessen der Allgemeinheit. Wiederum brauche ich Ihnen nicht darzutun, wie unrealistisch ein solcher Anspruch auf ein unbegrenztes Recht der Information etwa auf militärischem, aber auch auf politischem Gebiet ist. Hunderterlei Rücksichten auf Empfindlichkeiten, auf Prestige der Staaten und der Mitspieler in unseren auswärtigen Beziehungen würden die Aushandlungen von Vereinbarungen im vollen Scheinwerferlicht des modernen Informationstheaters erschweren, wohl sogar ganz unmöglich machen. Es ist heute ohnehin schon schwer genug, ja fast ausgeschlossen, Verhandlungen mit der nötigen Diskretion zu führen. Verhandlungen werden dadurch gewiß nicht leichter.

Man hat neuerdings in aller Öffentlichkeit angedeutet, von einem Diplomaten anderer parteipolitischer Couleur als derjenigen seines Ministers könne man eine loyale Erfüllung seines Auftrags gar nicht erwarten. Das würde mich in eine besonders schwierige Lage bringen, weil ich, wenn ich die Statistiken richtig lese, offensichtlich eine Mehrheit gegen mich haben würde. Man dürfte dem Beamten anderer Couleur sogar unterstellen, daß er der Politik seiner Regierung entgegenarbeite. Solche Andeutungen, glaube ich, darf ich für den Auswärtigen Dienst im Einverständnis mit allen Beschäftigten dieses Ministeriums mit Nachdruck zurückweisen. Sie rühren nicht weniger an die tragenden Grundlagen unserer Arbeit als die von mir erwähnte naive Forderung nach totaler Information.

Meine sehr verehrten Damen, meine Herren, vier Wochen nachdem der jetzige Bundeskanzler die Leitung des Auswärtigen Amts antrat, das seit seiner Errichtung in Bonn ja von Angehörigen der CDU verantwortlich geführt worden war, teilte er den Mitarbeitern des Auswärtigen Dienstes mit: »Vor und seit meiner Amtsübernahme habe ich erfahren, wie gute Traditionen des deutschen Auswärtigen Dienstes im In- und Ausland gepflegt werden. Dazu gehört vor allem die loyale Mitarbeit durch eine freie, an der Sache orientierte Meinungsbildung. Nur so können die Stellungnahmen und Vorschläge jeder Arbeitseinheit der Zentrale, jeder Vertretung im Ausland und jedes Einzelnen ihre Bedeutung für die Vorbereitung der politischen Entscheidung erhalten.« Ich füge dem hinzu, daß ich dieselbe Erfahrung gemacht habe, seit ich dieses Auswärtige Amt übernahm ...

Quelle: Aus den Akten des Auswärtigen Amts

Zeittafel

1945

5.6.1945 Berliner Erklärung der Oberbefehlshaber der Vier Mächte: Übernahme der obersten Regierungsgewalt in Deutschland durch die Regierungen der Vier Mächte. Einsetzung des Alliierten Kontrollrats mit Sitz in Berlin. Aufteilung Deutschlands innerhalb seiner Grenzen vom 31.12.1937 in vier Besatzungszonen. Gemeinsame Besetzung von Groß-Berlin und Einrichtung einer Interalliierten Kommandantur für die Verwaltung des Gebietes Groß-Berlin.

1.7.1945 Räumung Sachsens, Thüringens und von Teilen Mecklenburgs durch USA und UK und Übergabe an die Sowjets im Austausch für die Besetzung der drei westlichen Sektoren Berlins durch Truppen der drei Westmächte.

17.7. bis Konferenz der Staats- und Regierungschefs der UdSSR, der USA und Groß-
2.8.1945 britanniens in Potsdam (Konferenz von Potsdam). 2.8.1945: Mitteilung über die Dreimächtekonferenz (sog. Potsdamer Abkommen).

30.8.1945 Übernahme der Verwaltung des Saargebietes durch eine französische Kommission.

10.9. bis Erste Tagung des auf der Potsdamer Konferenz vereinbarten Rates der
2.10.1945 Außenminister der Vier Mächte in London über Friedensverträge mit Deutschlands ehemaligen Verbündeten (Konferenz ohne Erfolg, weil nicht einmal Einigung über die Tagesordnung möglich).

13.9.1945 Amtliche Bekanntmachung der Sowjetischen Militärverwaltung über die Errichtung von zentralen deutschen Verwaltungen für Wirtschaft, Transport, Post und Telegraphen, Gesundheits- und Volksbildungswesen, Handel und Versorgung, Industrie, Landwirtschaft, Finanzen, Arbeit und Soziales, Justiz in der sowjetischen Besatzungszone Deutschlands.

24.10.1945 Inkrafttreten der von 51 Staaten unterzeichneten Charta der Vereinten Nationen. In Artikel 53 und 107 werden Zwangsmaßnahmen und Vorbehalte gegenüber jedem Staat geregelt, der während des Zweiten Weltkrieges Feind eines der Unterzeichnerstaaten gewesen ist (Feindstaatenklauseln).

6.11.1945 Konstituierung des Länderrats der US-Zone in Stuttgart.

1946

14.1.1946 Pariser Reparationsabkommen.

15.2.1946 Berufung eines Zonenbeirates aus Vertretern der deutschen Verwaltung, der Parteien und der Gewerkschaften zur Beratung der Britischen Militärregierung mit Sitz in Hamburg.

25.4. bis Zweite Tagung (I. Session) des Rates der Außenminister in Paris zur Vor-
16.5.1946 bereitung von Friedensverträgen mit den ehemaligen Verbündeten Deutschlands.
II. Session vom 16.6. bis 12.7.1946 (Keine Einigung in der Deutschlandfrage).

9.8.1946 Anglo-amerikanische Übereinkunft, ein alliiertes Zweimächteamt (Bipartite Board) zu schaffen und in den beiden Zonen deutsche Stellen zur Förderung der wirtschaftlichen Zusammenarbeit zu errichten.

5.9.1946 Vereinbarung des Britischen mit dem US-Militärgouverneur über den wirtschaftlichen Zusammenschluß der beiden Zonen.

5. bis 11. 9. 1946	Konferenz von Vertretern der Länder der amerikanischen und britischen Zone Beschluß zur Errichtung von Verwaltungsräten für Wirtschaft (Minden), Verkehr (Frankfurt/M.), Ernährung und Landwirtschaft (Stuttgart), Post- und Fernmeldewesen (Frankfurt/M.) sowie eines gemeinsamen Deutschen Finanzrates (Stuttgart).
6. 9. 1946	Rede des amerikanischen Außenministers James F. Byrnes in Stuttgart über die Notwendigkeit der wirtschaftlichen Einheit Deutschlands und die Belebung seiner wirtschaftlichen Kräfte sowie die Stärkung der deutschen Selbstverantwortung in Politik und Wirtschaft (Wandel der US-Deutschland-Politik).
4. 10. 1946	Interzonenkonferenz der Regierungschefs der Länder und Städte der britischen und amerikanischen Zone in Bremen. Vorschläge zur Bildung eines »Deutschen Länderrates«.
4. 11. bis 11. 12. 1946	Dritte Tagung des Rates der Außenminister in New York. Einigung über die Friedensverträge mit den ehemaligen Verbündeten Deutschlands. Die deutsche und österreichische Frage auf Verlangen des sowjetischen Außenministers bis zum März 1947 vertagt.
2. 12. 1946	Unterzeichnung des Abkommens über die wirtschaftliche Vereinigung der amerikanischen und britischen Zone mit Wirkung vom 1. 1. 1947.

1947

1. 1. 1947	Übernahme der Wirtschaftsverwaltung der amerikanischen und britischen Zone durch den »Verwaltungsrat für Wirtschaft« in Minden. Vereinigtes Wirtschaftsgebiet (Bizone) geschaffen. Am 18. 1. erstes Interzonenhandels-Abkommen.
10. 2. 1947	Unterzeichnung der Friedensverträge mit Bulgarien, Finnland, Italien, Rumänien und Ungarn in Paris.
1. 3. 1947	Übertragung der legislativen, exekutiven und richterlichen Gewalt auf die Länder der US-Zone gemäß Proklamation Nr. 4 der US-Militärregierung.
10. 3. bis 24. 4. 1947	Vierte Tagung des Rates der Außenminister in Moskau. Beschluß, die deutschen Kriegsgefangenen bis zum 31. 12. 1948 zurückzuführen. Erste Konferenz über deutschen Friedensvertrag (diesbezügliche Vorschläge der Außenminister der Westmächte am Widerstand des sowjetischen Außenministers gescheitert).
12. 3. 1947	Kongreßbotschaft des amerikanischen Präsidenten Harry S. Truman: Unterstützung der freien Völker im Kampf gegen die kommunistische Bedrohung. (»Truman-Doktrin«)
14. 3. 1947	Beschluß der Ministerpräsidenten der amerikanischen Zone, ein »Deutsches Büro für Friedensfragen« zu errichten.
29. 5. 1947	Abkommen zwischen der amerikanischen und britischen Militärregierung über die Einrichtung eines Wirtschaftsrates für das Vereinigte Wirtschaftsgebiet mit Sitz in Frankfurt/M. »bis zur Errichtung von Regierungs- und Verwaltungsstellen für ganz Deutschland«.
5. 6. 1947	Rede des US-Außenministers, George C. Marshall, vor der Harvarduniversität. Aufforderung an die Völker Europas, sich zu einem gegenseitigen wirtschaftlichen Hilfs- und Wiederaufbauprogramm zusammenzuschließen. Deutschland soll in dieses Programm einbezogen sein. Die USA sind bereit, die hierzu nötige Wirtschaftshilfe zu leisten (Marshall-Plan).

6. bis Einzige Konferenz aller deutschen Länderchefs in München zur Erörterung der
8. 6. 1947 wirtschaftlichen Notlage Deutschlands (scheitert mit der Abreise der Ministerpräsidenten der sowjetischen Besatzungszone bereits am Vorabend der Konferenz).

10. 6. 1947 Anglo-amerikanisches »Abkommen vom 29. 5. 1947 über die Neugestaltung
der zweizonalen Wirtschaftsstellen« in Kraft getreten.

25. 6. 1947 Konstituierung des von den Landtagen der »Bizone« gewählten Zweizonen-
Wirtschaftsrates in Frankfurt/M. Oberstes Organ des Vereinigten Wirtschaftsgebietes zur Koordinierung der Wirtschaft beider Zonen (sog. »Erster Wirtschaftsrat«).

12. 7. bis Konferenz von 14 europäischen Ländern in Paris über den Marshall-Plan. Die
22. 9. 1947 Sowjetunion hatte die Mitarbeit abgelehnt, sie zwingt Polen und die Tschechoslowakei, ihre Mitarbeit ebenfalls zu versagen. (Der Marshall-Plan bleibt
damit praktisch auf Westeuropa begrenzt; Teilnahme der drei westlichen Besatzungszonen Deutschlands wird vorgesehen.)

25. 11. 1947 Zweites Interzonenhandels-Abkommen mit Laufzeit vom 1. 4. bis 30. 9. 1948.

25. 11. bis Fünfte Tagung des Rates der Außenminister in London (keine Einigung
15. 12. 1947 über eine Friedensregelung mit Deutschland).

6. bis Tagung des von der SED einberufenen I. Volkskongresses im sowjetischen
8. 12. 1947 Sektor Berlins.

1948

7. 1. 1948 Erste deutsch-alliierte Konferenz (Länderchefs der beiden Zonen und die Militärgouverneure der amerikanischen und britischen Zone) über die Neuorga-
nisation der Zweizonenverwaltung. Beschlüsse zur Umbildung des Wirtschaftsrates, Schaffung einer zweiten Kammer aus Vertretern der Länder, Errichtung
eines Deutschen Obergerichtshofes und einer Zentralbank für das Vereinigte
Wirtschaftsgebiet.

9. 2. 1948 Zweiter Wirtschaftsrat der Bizone gebildet.

12. 2. 1948 Bildung einer Deutschen Wirtschaftskommission als Zentralorgan für die
sowjetische Besatzungszone. Mitglieder von der Sowjetischen Militäradministration ernannt, dazu später Abgeordnete der inzwischen gleichgeschalteten
Parteien und der Massenorganisationen.

23. 2. bis Londoner Sechsmächtekonferenz (Westmächte und Beneluxstaaten). Ergebnis:
2. 6. 1948 Einigung über eine Teillösung der Deutschlandfrage, da jede weitere Verhandlung mit der UdSSR aussichtslos erscheint.

6. 3. 1948 Londoner Empfehlungen der Sechsmächtekonferenz: Zusammenarbeit der Drei
Mächte in Westdeutschland, föderatives Regierungssystem für Deutschland,
Teilnahme Deutschlands an der internationalen Ruhrkontrolle.

17. 3. 1948 Wahl des Deutschen Volksrates durch den II. Deutschen Volkskongreß im
sowjetischen Sektor Berlins. Ausarbeitung einer Verfassung für die Deutsche
Demokratische Republik angekündigt.

19. 3. 1948 Londoner Empfehlungen der Sechsmächtekonferenz sind Vorwand für die
Sowjets, den Alliierten Kontrollrat zu verlassen. Damit ist die oberste Kon-
trollinstanz der Besatzungsmächte arbeitsunfähig.

20. 3. 1948 Marschall Sokolowski verläßt mit seinen Mitarbeitern den Alliierten Kontroll-rat, der dadurch aktionsunfähig wird.

1. 4. 1948 Beginn der Störungen des interalliierten Berlin-Verkehrs durch die Sowjetische Militäradministration.

16. 4. 1948 Unterzeichnung des Abkommens über die wirtschaftliche Zusammenarbeit in Europa (Marshall-Plan) in Paris. Organisation des Europäischen Wirtschafts-rates gegründet (Organization for European Economic Cooperation: OEEC).

2. 6. 1948 Schlußkommuniqué der Londoner Sechsmächtekonferenz (nach Wiederauf-nahme der Besprechungen am 20. 4. 1948). Anerkennt die Notwendigkeit, »dem deutschen Volk die Möglichkeit zu geben, auf der Basis einer freien und demokratischen Regierungsform die schließliche Wiederherstellung der gegen-wärtig nicht bestehenden deutschen Einheit zu erlangen«. Empfehlung, die Ministerpräsidenten der westdeutschen Länder zu ermächtigen, eine verfas-sunggebende Versammlung einzuberufen. Sehr weitgehende Sicherheitsmaß-nahmen beschlossen, u. a. Einrichtung einer militärischen Sicherheits- und einer internationalen Ruhrkontrollbehörde.

21. 6. 1948 Währungsreform in den drei Westzonen, weil die vorgesehene gesamtdeutsche Währungsreform wegen des sowjetischen Boykotts des Alliierten Kontroll-rates nicht zustande kommen konnte.

23. 6. 1948 Währungsreform in der sowjetischen Besatzungszone und Gebiet von Groß-Berlin durch den sowjetischen Oberbefehlshaber angeordnet. Mitteilung der drei westlichen Stadtkommandanten, daß die sowjetischen Anweisungen in den westlichen Sektoren keine Gültigkeit haben.

26. 6. 1948 Beginn der organisierten Luftversorgung Berlins über die Luftbrücke der amerikanischen Streitkräfte, denen sich die Royal Air Force ab 28. 6. an-schließt.

1. 7. 1948 Gemeinsame Sitzung der Militärgouverneure der drei Westzonen mit den elf westdeutschen Ministerpräsidenten in Frankfurt/M. Übergabe von drei auf den Londoner Empfehlungen vom 19. 3. 1948 beruhenden Dokumenten (»Frankfurter Dokumente«): 1. Vorschläge für die Einberufung einer verfas-sunggebenden Versammlung zwecks Zusammenschluß der westdeutschen Länder. 2. Anregungen für eine innerdeutsche Neugliederung der Länder-grenzen. 3. Leitsätze für ein Besatzungsstatut.

8. bis Konferenz der westdeutschen Länderchefs in Koblenz. Beschluß, den im
10. 7. 1948 1. Frankfurter Dokument erteilten Auftrag anzunehmen und die Einberufung einer verfassunggebenden Versammlung vorzubereiten.

1. 9. 1948 Beginn der Tagung des Parlamentarischen Rates in Bonn. Wahl Dr. Konrad Adenauers zum Präsidenten.

30. 11. 1948 Einberufung einer außerordentlichen Stadtverordnetenversammlung im Ost-sektor Berlins durch die SED. Diese erklärt den rechtmäßigen Magistrat für abgesetzt und bildet einen provisorischen Magistrat unter SED-Führung. Die-ser wird von der UdSSR anerkannt. Damit die verwaltungsmäßige Spaltung Groß-Berlins vollzogen.

28. 12. 1948 Londoner Sechs-Mächte-Abkommen über die Einsetzung einer Internationalen Ruhrbehörde (Ruhrstatut). Westdeutschland in dieser Behörde zunächst durch die drei Militärgouverneure vertreten.

1949

19. 3. 1949	Annahme des Verfassungsentwurfs durch den Deutschen Volksrat.
4. 4. 1949	Unterzeichnung des Nordatlantikpaktes in Washington durch die Außenminister von zwölf Staaten.
6. bis 8. 4. 1949	Deutschlandkonferenz der drei Westmächte in Washington. Abkommen über die Fusion der drei Westzonen, über Besatzungsstatut, Dreimächtekontrolle und Revision des Demontageprogramms.
22. 4. 1949	Ruhrstatut in Kraft getreten.
5. 5. 1949	Gründung des Europa-Rates.
8. 5. 1949	Verabschiedung des Grundgesetzes (GG) für die Bundesrepublik Deutschland durch den Parlamentarischen Rat.
12. 5. 1949	Ende der Berlin-Blockade.
23. 5. 1949	Grundgesetz für die Bundesrepublik Deutschland nach Unterzeichnung durch die Mitglieder des Parlamentarischen Rates in Kraft getreten.
23. 5. bis 20. 6. 1949	Siebente Konferenz des Rates der Außenminister in Paris. Keine Einigung in der Deutschlandfrage zu erzielen. Jessup-Malik-Abkommen über die Beendigung der Berlin-Blockade bestätigt. Freizügigkeit des Verkehrs in Deutschland vereinbart. Die Außenminister der drei westlichen Alliierten unterzeichnen in Paris die Charta der Hohen Kommission in Deutschland.
14. 8. 1949	Wahlen zum Ersten Deutschen Bundestag.
7. 9. 1949	Konstituierung des Deutschen Bundestages und Bundesrates.
12. 9. 1949	Theodor Heuss zum Bundespräsidenten gewählt.
15. 9. 1949	Der Deutsche Bundestag wählt Konrad Adenauer (CDU) zum ersten Bundeskanzler.
20. 9. 1949	Erstes Kabinett Adenauer.
21. 9. 1949	Inkrafttreten des Besatzungsstatuts für die Bundesrepublik; Ende der Militärregierung und Amtsantritt der Alliierten Hohen Kommission.
23. 9. 1949	Der erste Atomwaffenversuch in der Sowjetunion wird bekannt.
1. 10. 1949	Die Sowjetunion protestiert in Noten an die Westmächte gegen die Errichtung eines westdeutschen Staates. Die Volksrepublik China wird in Peking proklamiert.
7. 10. 1949	Die Verfassung der DDR tritt in Kraft. Otto Grotewohl wird zum Ministerpräsidenten gewählt. Die Bundesregierung bezeichnet in einer Erklärung das im anderen Teil Deutschlands errichtete Regime als rechtswidrig, da es entstanden sei, ohne daß die Bevölkerung der sowjetisch besetzten Zone die Möglichkeit einer freien Willensäußerung gehabt habe.
8. 10. 1949	Die erste innerdeutsche Vereinbarung seit Beendigung der Blockade, das Frankfurter Abkommen, bildet die Grundlage des Interzonenhandels für die kommenden Jahre.
11. 10. 1949	Wilhelm Pieck zum Präsidenten der DDR gewählt.
15. 10. 1949	Die Sowjetunion nimmt mit der DDR diplomatische Beziehungen auf.
25. 10. 1949	Die Alliierte Hohe Kommission überträgt der Bundesregierung das Recht, die Bundesrepublik im Europäischen Wirtschaftsrat (OEEC) zu vertreten.

31. 10. 1949 Bundesrepublik Mitglied des Europäischen Wirtschaftsrates (OEEC).

10. 11. 1949 Die Alliierte Hohe Kommission ermächtigt die Bundesregierung, Handels- und Zahlungsabkommen mit anderen Staaten abzuschließen sowie konsularische und wirtschaftliche Vertretungen im Ausland zu errichten.

20. 11. 1949 Schaffung einer Verbindungsstelle zur Alliierten Hohen Kommission.

22. 11. 1949 Petersberger Abkommen zwischen der Bundesrepublik und den drei Westmächten wird unterzeichnet.

25. 11. 1949 Das Organisationsbüro für die konsularisch-wirtschaftlichen Vertretungen der Bundesrepublik im Ausland nimmt seine Tätigkeit auf.

30. 11. 1949 Die Bundesregierung tritt dem – seit dem 2. April 1949 in Kraft befindlichen – Abkommen über eine internationale Ruhrkontrolle (Ruhrstatut) bei.

3. 12. 1949 Bundeskanzler Adenauer lehnt in einem Interview im Cleveland Plain Dealer eine Remilitarisierung Deutschlands ab, gibt aber gleichzeitig seine Bereitschaft zur Stellung eines deutschen Kontingents in einer europäischen Armee bekannt.

15. 12. 1949 Der amerikanische Hohe Kommissar und der Bundeskanzler unterzeichnen ein Abkommen über wirtschaftliche Zusammenarbeit (Marshall-Plan).

1950

13. 1. 1950 Die Sowjetunion zieht aus dem Sicherheitsrat der Vereinten Nationen aus (bis 1. 8. 1950).

16. 1. 1950 Bundeskanzler Adenauer erklärt den Widerstand der Bundesregierung gegen jede Regelung, die das Saargebiet von Deutschland trenne.

26. 1. 1950 Der Bundestag ratifiziert das Marshall-Plan-Abkommen.

1. 2. 1950 Ernennung eines Bevollmächtigten der Bundesrepublik Deutschland in Berlin (West).

3. 3. 1950 In Paris werden zwölf Wirtschaftskonventionen zwischen Frankreich und dem Saarland unterzeichnet.
Der erste Transport von Polen ausgewiesener Deutscher trifft im Lager Friedland ein.

7. 3. 1950 Adenauer schlägt in einem Interview mit dem amerikanischen Journalisten Kingsbury Smith eine politische Union zwischen Frankreich und Deutschland vor.

10. 3. 1950 Die Bundesregierung legt vor dem Bundestag Rechtsverwahrung gegen die Konventionen ein, die am 3. März zwischen Frankreich und dem Saargebiet geschlossen worden waren.

16. 3. 1950 Der britische Oppositionsführer, Winston Churchill, spricht sich als erster führender Politiker für einen deutschen Verteidigungsbeitrag aus.

22. 3. 1950 Die Bundesregierung appelliert erstmalig an alle Deutschen, an die vier Besatzungsmächte und an die Weltöffentlichkeit, die deutsche Einheit durch freie, gesamtdeutsche Wahlen wiederherzustellen.

1. 4. 1950 Die Alliierte Hohe Kommission überreicht der Bundesregierung die Einladung des Europarats zum Beitritt.

1. 4. 1950 Dienststelle für Auswärtige Angelegenheiten im Bundeskanzleramt errichtet.

16. 4. 1950 Erster Besuch von Bundeskanzler Adenauer in Berlin.

2. 5. 1950 Der Sonderbotschafter für den Marshall-Plan, W. Averell Harriman, erklärt, Berlin werde so lange amerikanische Unterstützung erhalten, bis es eine freie Stadt in einem geeinten Deutschland geworden sei.

4. 5. 1950 Die sowjetische Regierung erklärt, die Rückführung deutscher Kriegsgefangener – seit der Kapitulation 1 939 063 – sei, abgesehen von Verurteilten und Kranken, abgeschlossen. Diese Erklärung wird von der Bundesregierung zurückgewiesen.

9. 5. 1950 Vorschlag des französischen Außenministers Robert Schuman zur Ablösung des Ruhrstatuts und zur Gründung einer Europäischen Gemeinschaft für Kohle und Stahl (Schuman-Plan).

11. bis Londoner Konferenz der Außenminister der drei Westmächte über die Deutsch-
13. 5. 1950 landpolitik und Berlin-Frage.

1. 6. 1950 Das Gesetz der Alliierten Hohen Kommission zur Verhinderung der deutschen Wiederaufrüstung vom 30. März 1950 tritt in Kraft.

6. 6. 1950 In Warschau erklären die Regierungen Polens und der DDR die Oder-Neiße-Linie zur endgültigen deutsch-polnischen Grenze (»Friedens- und Freundschaftsgrenze«).

9. 6. 1950 Die Bundesregierung stellt in einer Erklärung fest, daß die Regierung der DDR nicht legitimiert sei, in einem Vertrag mit der polnischen Regierung die Festlegung der Oder-Neiße-Linie als endgültige deutsch-polnische Grenze zu garantieren.

15. 6. 1950 Der Bundestag beschließt den Beitritt der Bundesrepublik zum Europarat.

16. 6. 1950 Deutsches Generalkonsulat in London als erste konsularische Auslandsvertretung der Bundesrepublik.

25. 6. 1950 Beginn des Koreakrieges.
Der Sicherheitsrat der Vereinten Nationen verurteilt (bei Abwesenheit der Sowjetunion) den Angriff Nordkoreas auf Südkorea.

4. 7. 1950 Der amerikanische Hohe Kommissar, John J. McCloy, erklärt in Frankfurt, die Westmächte würden einen Angriff auf Westdeutschland als einen Angriff gegen sich selbst betrachten.

7. 7. 1950 Die Vereinten Nationen schaffen ein gemeinsames Oberkommando der Hilfstruppen unter amerikanischem Oberbefehl zur Unterstützung Südkoreas.

11. 7. 1950 Der französische General Charles de Gaulle bezeichnet in einem Interview als erster Franzose eine deutsche Wiederaufrüstung als unvermeidbar.

26. 7. 1950 Der Deutsche Bundestag fordert in einer Entschließung, eine übernationale Bundesgewalt und einen europäischen Sicherheitspakt durch den Europarat zu schaffen.

7. 8. 1950 Die Bundesrepublik assoziiertes Mitglied des Europarates in Straßburg.

11. 8. 1950 Die Beratende Versammlung des Europarates nimmt den Vorschlag des britischen Oppositionsführers, Winston Churchill, eine europäische Armee unter Einbeziehung deutscher Kontingente zu schaffen, mit Mehrheit an.

18. 8. 1950 Bundeskanzler Adenauer fordert in einem Interview mit der New York Times eine Verstärkung der Alliierten Streitkräfte in Europa und als Gegengewicht zur sowjetzonalen Kasernierten Volkspolizei Verteidigungstruppen der Bundesrepublik Deutschland.

29. 8. 1950 Bundeskanzler Adenauer übermittelt den Hohen Kommissaren ein Sicherheits-memorandum und stellt die grundsätzliche Bereitschaft der Bundesrepublik zu einem eigenen Verteidigungsbeitrag fest.

12. bis Die New Yorker Außenministerkonferenz der drei Westmächte erklärt die
14. 9. und Bundesregierung als einzig vertretungsberechtigt für das deutsche Volk und
18. 9. 1950 beschließt die Prüfung einer deutschen Beteiligung an der Verteidigung Euro-pas. Die Sicherheit der Bundesrepublik gegen jeden denkbaren Angriff wird garantiert.

16. 9. 1950 Der SPD-Vorsitzende Kurt Schumacher äußert sich in einer Rede in Stuttgart kritisch und skeptisch zur Frage der Wiederbewaffnung Deutschlands.

18. 9. 1950 Beginn einer erfolgreichen Offensive des Vietminh in Indochina.

19. 9. 1950 Die 17 Mitgliedstaaten der OEEC, darunter die Bundesrepublik Deutschland, gründen in Paris die Europäische Zahlungsunion (EZU).

19. 9. 1950 New Yorker Garantie-Erklärung der drei Westmächte für Berlin.

23. 9. 1950 Im Zusammenhang mit deutsch-westalliierten Konsultationen nach der New Yorker Konferenz der drei westlichen Außenminister gibt der französische Hohe Kommissar, François Poncet, bekannt, daß fünf deutsch-alliierte Kom-missionen ein neues Petersberger Abkommen ausarbeiten werden.

29. 9. 1950 Die DDR wird in den Rat für gegenseitige Wirtschaftshilfe (Comecon) auf-genommen.

1. 10. 1950 Note des Bundeskanzlers an die Alliierte Hohe Kommission zur Einberufung einer verfassunggebenden deutschen Nationalversammlung.

9. 10. 1950 Aus Protest gegen die Wiederaufrüstungspolitik des Bundeskanzlers tritt Bundesinnenminister Gustav Heinemann zurück.

17. 10. 1950 Im Hinblick auf die Lage in Indochina sagen die USA Frankreich für 1951 Rüstungshilfe im Wert von 2,4 Mrd. Dollar zu.

24. 10. 1950 Der französische Ministerpräsident René Pleven legt einen Plan für eine euro-päische Armee vor als Voraussetzung für einen Beitrag Deutschlands zur Ver-teidigung Europas.

26. 10. 1950 Theodor Blank (CDU) übernimmt die Leitung der neugeschaffenen Dienst-stelle des Beauftragten des Bundeskanzlers für die mit der Stationierung der alliierten Truppen zusammenhängenden Fragen (Dienststelle Blank).

3. 11. 1950 Die sowjetische Regierung schlägt in Noten an die drei Westmächte vor, die Frage der Einhaltung des Potsdamer Abkommens bezüglich der Entmilitarisie-rung Deutschlands zu erörtern.

4. 11. 1950 Unterzeichnung der Europäischen Konvention zum Schutz der Menschenrechte und Grundfreiheiten in Straßburg.

8. 11. 1950 Bundeskanzler Adenauer begrüßt in einer Regierungserklärung vor dem Bun-destag den Pleven-Plan als wertvollen Beitrag für die europäische Integration und fordert als Voraussetzung für einen deutschen Beitrag zur Verteidigung Westeuropas Gleichberechtigung für die Bundesrepublik.

10. 11. 1950 Beitritt der Bundesrepublik zur Satzung der Ernährungs- und Landwirtschafts-organisation (FAO) der Vereinten Nationen vom 16. 10. 1945.

26. 11. 1950 Chinesische Offensive gegen die UN-Truppen in Nordkorea.

29. 11. 1950 Die Truppen der Vereinten Nationen in Korea treten einen allgemeinen Rück-zug an.

2.12.1950 Bundeskanzler Adenauer erklärt in Duisburg, angesichts der Gefahr eines sowjetischen Angriffs sei ein deutscher Verteidigungsbeitrag auf der Basis der Gleichberechtigung notwendig.

12.12.1950 Der Vorsitzende der SPD, Kurt Schumacher, tritt in einem Interview mit dem Journalisten Kingsbury Smith für eine internationale Armee ein, in der die Deutschen volle Gleichberechtigung erhalten sollten.

16.12.1950 Wegen des Koreakrieges wird in den USA der nationale Notstand verkündet.

19.12.1950 Die drei westlichen Außenminister konferieren in Brüssel über Fragen des deutschen Verteidigungsbeitrages und einer Revision des Besatzungsstatuts. General Eisenhower wird zum Obersten Alliierten Befehlshaber (NATO) in Europa ernannt.

23.12.1950 In Saigon wird ein Waffenhilfeabkommen zwischen den USA und den drei assoziierten Staaten Indochinas (Vietnam, Laos, Kambodscha) unterzeichnet.

1951

1.1.1951 Indien erklärt als erster Staat den Kriegszustand mit Deutschland formell für beendet.

9.1.1951 Vertreter der Alliierten Hohen Kommission und der Bundesregierung erörtern die Frage, wie Deutschland an der gemeinsamen Verteidigung Europas (Pleven-Plan) teilnehmen kann.

15.1.1951 Bundeskanzler Adenauer lehnt den Vorschlag des Ministerpräsidenten der DDR, Otto Grotewohl, vom 30.11.1950 ab, einen paritätisch zusammengesetzten Gesamtdeutschen Konstituierenden Rat zu bilden.

23.1.1951 Der Oberbefehlshaber der NATO-Streitkräfte in Europa, Dwight D. Eisenhower, gibt in Frankfurt eine Ehrenerklärung für die deutschen Soldaten ab.

15.2.1951 In Paris beginnt auf Einladung der französischen Regierung eine Konferenz über die im Pleven-Plan vorgeschlagene Europaarmee.

1.3.1951 Errichtung der späteren Bundesstelle für Außenhandelsinformation.

5.3. bis Vertreter der Vier Mächte treten in Paris zusammen, um die Tagesordnung
22.6.1951 für eine neue Konferenz des Rates der Außenminister über die Deutschlandfrage vorzubereiten. Diese Vorkonferenz wird nach 73 Sitzungen ergebnislos abgebrochen.

6.3.1951 Die Alliierte Hohe Kommission veröffentlicht die Dokumente über erhöhte außenpolitische Vollmachten der Bundesrepublik, über die Revision des Besatzungsstatuts, über die formelle Anerkennung der deutschen Auslandsschulden durch die Bundesrepublik und über ihre Mitwirkung bei der Rohstoffverteilung für die gemeinsame Verteidigung.

9.3.1951 Note der Bundesregierung an die westalliierten Regierungen zur Frage gesamtdeutscher Wahlen.

15.3.1951 Am 15. März übernimmt Bundeskanzler Adenauer das neugeschaffene Amt des Bundesaußenministers. Am gleichen Tage wird das Auswärtige Amt als Bundesministerium gegründet und die bisher dem Bundeskanzleramt angegliederte Dienststelle für Auswärtige Angelegenheiten in das Auswärtige Amt überführt.

2.4.1951 Walter Hallstein wird erster Staatssekretär des Auswärtigen Amtes.

18. 4. 1951 Die Außenminister der Bundesrepublik Deutschland, Frankreichs, Italiens und der Beneluxstaaten unterzeichnen in Paris den Vertrag für eine Europäische Gemeinschaft für Kohle und Stahl (EGKS).

21. 4. 1951 Die Bundesrepublik erklärt ihren Beitritt zum Allgemeinen Zoll- und Handelsabkommen (GATT, Zustimmungsgesetz vom 10. 8. 1951).

5. 5. 1951 Die Bundesrepublik wird vollberechtigtes Mitglied des Europarates, das Saargebiet bleibt assoziiertes Mitglied.

11. 5. 1951 Wiedergutmachungsgesetz und anschließende Gesetzgebung für die Regelung der Wiedergutmachung nationalsozialistischen Unrechts für die im In- und Ausland lebenden Geschädigten.

16. 5. 1951 Die Bundesrepublik wird in die Weltgesundheitsorganisation aufgenommen.

12. 6. 1951 Die Bundesrepublik wird in die Internationale Arbeitsorganisation (ILO) aufgenommen.

14. bis Erster offizieller Besuch des Bundeskanzlers in Italien (erster Besuch des deut-
18. 6. 1951 schen Regierungschefs im Ausland überhaupt).

21. 6. 1951 Die Bundesrepublik wird in die UNESCO aufgenommen.

26. 6. 1951 Der amerikanische Hohe Kommissar John McCloy erklärt in einer Rundfunkrede über Rias Berlin, der deutsche Verteidigungsbeitrag dürfe nur in Form einer Streitmacht erfolgen, die integraler Bestandteil einer größeren internationalen Organisation sei.

9. 7. 1951 Großbritannien gibt die Beendigung des Kriegszustandes mit Deutschland bekannt (am 13. 7. folgt Frankreich, am 24. 10. die USA).

10. 7. 1951 In Korea beginnen Waffenstillstandsverhandlungen.

12. 7. 1951 In Washington paraphieren die Vertreter der USA, Australiens und Neuseelands einen Sicherheitspakt (ANZUS).

5. 9. 1951 Die Bundesrepublik wird in den Beirat des Hohen Kommissars der Vereinten Nationen für Flüchtlinge aufgenommen.

8. 9. 1951 Auf einer Konferenz in San Franzisko unterzeichnen die Alliierten des Zweiten Weltkrieges (mit Ausnahme der UdSSR, Polens und der Tschechoslowakei) einen Friedensvertrag mit Japan. Die USA und Japan schließen ein Sicherheitsabkommen.

12. bis Die Außenminister der drei Westmächte konferieren in Washington über die
14. 9. 1951 Deutschlandpolitik.

27. 9. 1951 Die Bundesregierung erklärt ihre Bereitschaft zur Wiedergutmachung gegenüber Israel.

4. 10. 1951 Bundeskanzler Adenauer fordert die vier Besatzungsmächte auf, freie Wahlen in Gesamtdeutschland unter internationaler Kontrolle zu ermöglichen.

6. 10. 1951 Stalin bestätigt einen Atomwaffenversuch der Sowjetunion.

8. 10. 1951 Die ägyptische Regierung leitet die Aufhebung von Verträgen mit Großbritannien ein, welche die Stationierung britischer Truppen am Suezkanal und das englisch-ägyptische Kondominium über den Sudan regeln.

17. 10. 1951 In Ägypten wird der Belagerungszustand proklamiert. Beginn eines Kleinkrieges in der Suezkanal-Zone.

22. 10. 1951 Der Beitritt der Türkei zur NATO wird in London protokolliert.

25. 10. 1951 Die konservative Partei gewinnt die Unterhauswahlen in Großbritannien. Winston Churchill wird Premierminister (26. 10.).

2.11.1951 Der Präsident der DDR, Wilhelm Pieck, übermittelt Bundespräsident Theodor Heuss ein Einladungsschreiben zu einer Zusammenkunft.

7.11.1951 Bundespräsident Theodor Heuss lehnt die Einladung Piecks ab.

19. bis Straßburger Konferenz zwischen 14 Mitgliedern des Kongresses der USA und
23.11.1951 einer 20köpfigen Sonderdelegation der Beratenden Versammlung des Europarats über Probleme einer europäischen Union.

22.11.1951 Der Bundestag ermächtigt die deutschen Delegierten im Europarat zur Vereinbarung eines europäischen Verfassungsentwurfs.
Die Außenminister der Westmächte und Bundeskanzler Adenauer billigen auf einer Konferenz in Paris den Entwurf eines Generalvertrages über die Beziehungen der Bundesrepublik zu den drei Mächten.

28.11.1951 Der britische Außenminister Anthony Eden lehnt eine Beteiligung britischer Truppen an einer integrierten europäischen Armee ab.

3. bis Bundeskanzler Adenauer reist zu einem offiziellen Besuch nach London.
7.12.1951

5.12.1951 Bildung des Nordischen Rates (Schweden, Norwegen, Dänemark, Island).

20.12.1951 Die UNO-Vollversammlung in New York beschließt gegen die Stimmen des Ostblocks, eine internationale Kommission zur Untersuchung der Voraussetzungen für gesamtdeutsche Wahlen nach beiden Teilen Deutschlands zu entsenden.

30.12.1951 An die Stelle der amerikanischen Behörde für den Marshall-Plan (ECA) tritt das Amt für gegenseitige Sicherheit (MSA), das die auslaufenden Geschäfte des Marshall-Plans sowie das amerikanische Auslandshilfeprogramm durchführt.

1952

11.1.1952 Konferenz der drei Westmächte über die militärische Lage in Indochina mit Beobachtern Kanadas, Australiens und Neuseelands in Washington.
Der Bundestag ratifiziert den Vertrag über die Gründung der Europäischen Gemeinschaft für Kohle und Stahl (EGKS).

26. bis Auf einer Außenministerkonferenz der Bundesrepublik, Belgiens, Frankreichs,
27.1.1952 Italiens, Luxemburgs und der Niederlande über Fragen der Europäischen Verteidigungsgemeinschaft vertritt Staatssekretär Hallstein als Vertreter der Bundesrepublik die Auffassung, daß erst die Aufnahme in die NATO die völlige Gleichheit zwischen der Bundesrepublik und ihren Vertragspartnern herstellen würde.

8.2.1952 Der Deutsche Bundestag stimmt gegen die Stimmen der SPD grundsätzlich einem deutschen Verteidigungsbeitrag zu.

10.2.1952 Eine Konferenz der Außenminister der sechs Mitglieder der EGKS in Luxemburg beauftragt die Versammlung der Montanunion mit der Ausarbeitung eines Vertragsentwurfs über die Gründung einer Europäischen Politischen Gemeinschaft.

11.2.1952 Die französische Nationalversammlung stimmt einer Europäischen Verteidigungsgemeinschaft (EVG) unter gleichberechtigter deutscher Beteiligung bedingt zu.

20. bis	Tagung des Nordatlantikrates in Lissabon. Der Rat beschließt die Aufstellung
25. 2. 1952	von insgesamt 50 Divisionen in Europa bis Ende des Jahres, die Hälfte davon als Kadereinheiten. Außerdem wird Einigung über die NATO-Infrastruktur und die Errichtung eines Generalsekretariates in Paris erzielt.
29. 2. 1952	Die Bundesregierung weist in einem Schreiben an den Generalsekretär des Europarates auf die Einschränkung der politischen Grundfreiheiten an der Saar hin.
1. 3. 1952	Die Insel Helgoland wird wieder in deutsche Verwaltung übernommen.
10. 3. 1952	Die sowjetische Regierung richtet an die drei Westmächte eine Note mit dem Vorschlag, unverzüglich die Frage eines Friedensvertrages mit Deutschland zu erörtern. Sie fügt Grundzüge eines Friedensvertrages bei.
16. 3. 1952	Besuch einer Kommission der Vereinten Nationen zur Prüfung der Voraussetzungen freier Wahlen in ganz Deutschland in Bonn (keine Zulassung der Kommission in Ostberlin).
20. 3. 1952	Bundeskanzler Adenauer erklärt, er habe mit dem französischen Außenminister Schuman Besprechungen eingeleitet, um schon vor Abschluß des Friedensvertrages zu einer europäischen Lösung der Saarfrage zu gelangen.
25. 3. 1952	In ihrer Antwort auf den sowjetischen Vorschlag für Friedensvertragsverhandlungen vom 10. 3. 1952 fordern die Westmächte freie Wahlen als Voraussetzung einer Einigung Deutschlands.
3. 4. 1952	Der Bundestag beauftragt die Bundesregierung (angesichts der sowjetischen Note vom 10. 3.), die Verhandlungen über die EVG und die Ablösung des Besatzungsstatuts fortzusetzen.
23. 4. 1952	Bundeskanzler Adenauer bezeichnet die deutsch-französischen Saarverhandlungen als gescheitert.
24. 4. 1952	Bundeskanzler Adenauer stellt in einem Interview mit dem Publizisten Ernst Friedländer fest, daß Verträge, die durch Bundestag und Bundesrat ratifiziert werden würden, keine vollendeten Tatsachen für einen gesamtdeutschen Staat schaffen; die Einheit in Freiheit sei das oberste Ziel jeder deutschen Politik.
28. 4. 1952	Der Friedensvertrag zwischen Japan und 48 Staaten, der amerikanisch-japanische Sicherheitsvertrag, der Beistandspakt zwischen den USA, Australien und Neuseeland (ANZUS) und ein Beistandspakt der USA mit den Philippinen treten in Kraft.
6. 5. 1952	Der ständige NATO-Rat billigt in Paris den Text eines Zusatzprotokolls zum Atlantikpakt, das eine automatische Beistandsverpflichtung zwischen den Mitgliedern der NATO und der EVG enthält, d. h. die Bundesrepublik in das NATO-System einbezieht.
21. 5. 1952	Erklärung der Alliierten Kommandantur in Berlin über die Einbeziehung von Berlin (West) in internationale Verträge und Verpflichtungen der Bundesrepublik.
24. bis	Erste Außenministerkonferenz der Westmächte und der Bundesregierung nach
25. 5. 1952	dem Kriege in der Bundesrepublik.
26. 5. 1952	In Bonn wird der »Vertrag über die Beziehungen zwischen der Bundesrepublik Deutschland und den drei Mächten« mit den Zusatzverträgen (Truppenvertrag, Finanzabkommen, Überleitungsvertrag sowie Anhänge über Hilfeleistung an Berlin und Satzung des Schiedsgerichts) unterzeichnet.

27. 5. 1952 In Paris wird der Vertrag über die Europäische Verteidigungsgemeinschaft (EVG) unterzeichnet. Die Außenminister der drei Westmächte geben eine Garantieerklärung für die EVG einschließlich Berlin ab und sichern die fortdauernde Stationierung von Truppen auf dem Kontinent zu.

29. 5. 1952 General Ridgway übernimmt von General Eisenhower das Oberkommando der Alliierten Streitkräfte in Europa.

6. 6. 1952 Der Bundestagsabgeordnete Karl Georg Pfleiderer schlägt in einer Rede in Waiblingen die Einrichtung eines besatzungsfreien deutschen Gebietes zwischen Rhein und Oder, die Aufstellung einer nationalen deutschen Armee und die Beschränkung der alliierten Besatzung auf Brückenköpfe im Westen und Osten vor.

25. 7. 1952 Der Vertrag über die Gründung der Europäischen Gemeinschaft für Kohle und Stahl (EGKS) tritt in Kraft. Jean Monnet wird Präsident der Hohen Behörde. Die EGKS löst das Ruhrstatut ab.

14. 8. 1952 Die Bundesrepublik wird Mitglied des Internationalen Währungsfonds und der Internationalen Bank für Wiederaufbau und Entwicklung.

20. 8. 1952 Der Vorsitzende der SPD, Kurt Schumacher, stirbt. Erich Ollenhauer wird am 27. September sein Nachfolger als Parteivorsitzender und am 7. Oktober als Vorsitzender der SPD-Bundestagsfraktion.

10. 9. 1952 Die Gemeinsame Versammlung der EGKS konstituiert sich in Straßburg und wählt Paul Henri Spaak zum ersten Präsidenten.
In Luxemburg unterzeichnen Bundeskanzler Adenauer und der israelische Außenminister M. Sharett ein Abkommen zwischen der Bundesrepublik Deutschland und dem Staate Israel über Wiedergutmachungsleistungen.

19. 9. 1952 Der Präsident des Deutschen Bundestages, Dr. Ehlers, empfängt eine Delegation aus Ostberlin.

21. 9. 1952 Der Bundestagsabgeordnete Ernst Lemmer (CDU) wendet sich gegen die Politik der Stärke und fordert baldige Verhandlungen mit der Sowjetunion über die Deutschlandfrage.

3. 10. 1952 Erster Atombombenversuch Großbritanniens im Pazifik.

1. 11. 1952 Die USA bringen auf Eniwetok im Pazifik die erste Wasserstoffbombe zur Explosion.

4. 11. 1952 Dwight D. Eisenhower wird zum Präsidenten der USA gewählt.

18. 11. 1952 Der Bundestag verwahrt sich in einer Entschließung gegen die Einschränkung der Grundrechte im Saargebiet und verweigert den angekündigten Landtagswahlen (2. Dezember) die Anerkennung, da die pro-deutschen Parteien nicht zugelassen sind.

2. 12. 1952 Presseerklärung des britischen Foreign Office über die Wiederaufrüstung in der DDR (mehr als 100 000 Mann).

22. 12. 1952 In Bonn wird Inter Nationes e. V. als eine aus Mitteln der öffentlichen Hand finanzierte, gemeinnützige Vereinigung zur Förderung zwischenstaatlicher Beziehungen gegründet.

24. 12. 1952 Stalin erklärt in einem Interview mit der New York Times im Gegensatz zu früheren Äußerungen, ein Krieg zwischen den USA und der Sowjetunion sei nicht unvermeidlich. Er betont das Interesse der Sowjetunion an einer Beendigung des Koreakrieges.

12. 1. 1953 James B. Conant wird Nachfolger McCloys als amerikanischer Hoher Kommissar in Deutschland.

13. 1. 1953 Der Oberkommandierende der NATO in Europa, General Ridgway, fordert die sofortige Aufstellung deutscher Streitkräfte.

20. 1. 1953 Eisenhower tritt sein Amt als Präsident der USA an. Außenminister wird John Foster Dulles.

11. 2. 1953 Frankreich leitet dem Interimsausschuß der EVG Entwürfe für Zusatzprotokolle zum EVG-Vertrag zu.

27. 2. 1953 Das Londoner Schuldenabkommen zwischen der Bundesrepublik einerseits sowie Belgien, Ceylon, Dänemark, Frankreich, Griechenland, Großbritannien, Iran, Irland, Italien, Jugoslawien, Kanada, Liechtenstein, Luxemburg, Norwegen, Pakistan, Schweden, Schweiz, Spanien, Südafrika und den USA andererseits wird unterzeichnet.

5. 3. 1953 Tod Josef Stalins.

6. 3. 1953 Georgij Malenkow tritt das Amt des sowjetischen Ministerpräsidenten an.

9. 3. 1953 Die in Straßburg tagende Konferenz der Außenminister der Montanunion nimmt den von der Ad-hoc-Versammlung ausgearbeiteten Verfassungsentwurf für eine Europäische Politische Gemeinschaft entgegen und beschließt, diesen Entwurf den Regierungen der sechs Mitgliedstaaten zur Stellungnahme zuzuleiten.

10. 3. 1953 Der Generalsekretär der Vereinten Nationen, Trygve Lie, tritt zurück.

19. 3. 1953 Der Deutsche Bundestag ratifiziert den Deutschlandvertrag und den EVG-Vertrag.

7. 4. 1953 Der Schwede Dag Hammerskjöld wird zum Generalsekretär der Vereinten Nationen gewählt.

1. bis Erster offizieller Besuch des Bundeskanzlers in den Vereinigten Staaten von
17. 4. 1953 Amerika.

9. 4. 1953 Deutsch-amerikanisches Kulturabkommen unterzeichnet.

25. 4. 1953 Zwischen der Bundesrepublik, den übrigen Mitgliedern der EVG sowie Großbritannien und den USA wird ein Abkommen über die Höhe des deutschen Verteidigungsbeitrages für 1953/54 geschlossen (monatlich 950 Mio. DM).

27. 4. 1953 In Kairo beginnen Verhandlungen über den Abzug der britischen Truppen aus der Suezkanal-Zone.

12. 5. 1953 General Alfred Gruenther wird als Nachfolger von General Ridgway zum NATO-Oberbefehlshaber in Europa ernannt.

20. 5. 1953 In Paris werden weitere Konventionen zwischen Frankreich und dem Saarland unterzeichnet.

3. 6. 1953 Der Freundschafts-, Handels- und Konsularvertrag zwischen Deutschland und den USA vom Jahre 1923 tritt vorläufig wieder in Kraft.

10. 6. 1953 Der Bundestag fordert in einer einstimmigen Entschließung eine Viermächtekonferenz über freie Wahlen in ganz Deutschland, die Bildung einer freien gesamtdeutschen Regierung und den Abschluß eines Friedensvertrages, der die Handlungsfreiheit Gesamtdeutschlands sichert.

17. 6. 1953 Volksaufstand in Ost-Berlin und in der DDR.

1.7.1953	Bundeskanzler Adenauer legt dem Deutschen Bundestag ein Sofortprogramm zur Wiedervereinigung vor.

1.7.1953 Bundeskanzler Adenauer legt dem Deutschen Bundestag ein Sofortprogramm zur Wiedervereinigung vor.
Entschließung des Deutschen Bundestages zur Wiedervereinigung aus Anlaß des Aufstandes in Ost-Berlin und der Sowjetzone.

10.7.1953 In einer Note an die Sowjetunion bieten die USA die Lieferung von Lebensmitteln für die DDR an.

15.7.1953 Die drei Westmächte schlagen in Anlehnung an die Entschließung des Bundestages vom 10. Juni der UdSSR die Einberufung einer Viermächtekonferenz vor, die die Frage freier Wahlen in ganz Deutschland mit den erforderlichen Garantien, die Bildung einer gesamtdeutschen Regierung mit voller Handlungsfreiheit sowie den österreichischen Staatsvertrag behandeln soll.

27.7.1953 Unterzeichnung eines Waffenstillstandsabkommens in Korea.

20.8.1953 Der erste Wasserstoffbombenversuch in der Sowjetunion wird bekanntgegeben.

2.9.1953 Die Westmächte laden die Sowjetunion zu einer Viererkonferenz über Deutschland ein.

3.9.1953 Die Europäische Konvention der Menschenrechte tritt in Kraft.

6.9.1953 Wahlen zum Zweiten Deutschen Bundestag.

7.9.1953 Nikita S. Chruschtschow wird zum Ersten Sekretär des Zentralkomitees der KPdSU gewählt.

28.9.1953 In ihrer Antwort auf die Note der Westmächte vom 2.9. erklärt sich die Sowjetunion zu einer Konferenz der Außenminister über die Deutschlandfrage bereit, in Verbindung mit einer Konferenz der vier Großmächte unter Hinzuziehung der Volksrepublik China über den Abbau internationaler Spannungen.

9.10.1953 Der Deutsche Bundestag wählt Konrad Adenauer (CDU) zum zweiten Mal zum Bundeskanzler.

20.10.1953 Zweites Kabinett Adenauer.

4. bis
7.12.1953 Konferenz der Regierungschefs der drei Westmächte auf Bermuda.

14.12.1953 Der Vorsitzende der Vereinigten Stabschefs der USA, Admiral Radford, gibt Einzelheiten der amerikanischen Verteidigungsplanung bekannt; danach sollen die Kosten vermindert und das Schwergewicht auf die Luftwaffe und die atomare Ausrüstung gelegt werden.

1954

11.1.1954 In Washington beginnen Vorgespräche zwischen Vertretern der USA und der Sowjetunion zu Verhandlungen über die Kontrolle der Atomenergie.

12.1.1954 In einer Rede in New York umreißt der amerikanische Außenminister Dulles die neue, auf dem Einsatz von Atomwaffen basierende Strategie der »massiven Vergeltung«.

21.1.1954 In den USA läuft das erste atomar angetriebene U-Boot »Nautilus« vom Stapel.

25.1. bis
18.2.1954 Eine Viermächtekonferenz in Berlin bleibt ohne Ergebnis für die deutsche Frage.

26.2.1954 Der Bundestag billigt ein Gesetz zur Ergänzung des Grundgesetzes, das die Wehrhoheit der Bundesrepublik begründet.

25. 3. 1954 Die sowjetische Regierung proklamiert die Souveränität der DDR, ausgenommen die Funktionen, die mit der Gewährleistung der Sicherheit in Zusammenhang stehen und sich aus den Verpflichtungen ergeben, die der UdSSR aus dem Viermächteabkommen erwachsen.

26. 4. 1954 Beginn der Genfer Ostasienkonferenz (Teilnehmer: Die vier Großmächte, Volksrepublik China, Kambodscha, Laos, Vietnam sowie die 15 Staaten, die im Rahmen der Vereinten Nationen Truppenkontingente in Korea gestellt hatten).

7. 5. 1954 Die französische Festung Dien Bien Phu in Nordvietnam wird vom Vietminh erobert.

20. 6. 1954 Bundeskanzler Adenauer fordert in einer Rede in Düsseldorf die Wiederherstellung der Souveränität der Bundesrepublik, unabhängig von der Ratifizierung des EVG-Vertrages.

24. 6. 1954 Vertreter der amerikanischen und britischen Regierung sichern der Bundesregierung in Erklärungen die Wiederherstellung der vollen außenpolitischen Souveränität zu.

2. 7. 1954 Bundeskanzler Adenauer fordert in einem Interview, daß Frankreich den EVG-Vertrag in unveränderter Form ratifiziere.

21. 7. 1954 Die Genfer Ostasienkonferenz endet mit Waffenstillstandsabkommen für Kambodscha, Laos und Vietnam.

27. 7. 1954 Großbritannien einigt sich mit Ägypten über die Räumung der Suezkanal-Zone durch die britischen Streitkräfte.

9. 8. 1954 Gesetz über den Beitritt der Bundesrepublik Deutschland zu der VN-Konvention vom 9. Dezember 1948 über die Verhütung und Bestrafung des Völkermordes.

30. 8. 1954 Die französische Nationalversammlung lehnt jede weitere Aussprache über den EVG-Vertrag und damit dessen Ratifizierung ab.

8. 9. 1954 Gründung der Südostasiatischen Verteidigungsorganisation (SEATO) in Manila durch die USA, Großbritannien, Frankreich, Australien, Neuseeland, die Philippinen, Thailand und Pakistan.

10. 9. 1954 Die Westmächte lehnen eine von der Sowjetunion vorgeschlagene Konferenz über die europäische Sicherheit als aussichtslos ab.

28. 9. bis Die Londoner Neunmächtekonferenz (Belgien, Bundesrepublik, Frankreich,
3. 10. 1954 Italien, Kanada, Luxemburg, Niederlande, Großbritannien, USA) beschließt die Souveränität der Bundesrepublik, den Beitritt der Bundesrepublik zum Brüsseler Pakt und zur NATO und erbringt Zusicherungen der USA, Großbritanniens und Kanadas, ihre Truppen auf dem europäischen Kontinent zu belassen.

19. bis In den vier Pariser Konferenzen – einer Viermächtekonferenz der drei West-
23. 10. 1954 mächte und der Bundesrepublik, einer Neunmächtekonferenz der Unterzeichnerstaaten der Londoner Akte, einer Konferenz der 14 NATO-Mitglieder und der Bundesrepublik sowie einer Zweimächtekonferenz zwischen der Bundesrepublik und Frankreich – werden die in der Londoner Akte festgehaltenen Beschlüsse sowie ein deutsch-französisches Abkommen über das europäische Statut der Saar endgültig formuliert, vertraglich geregelt und unterzeichnet (Pariser Verträge).

29. 10. 1954 Neuer deutsch-amerikanischer Freundschafts-, Handels- und Schiffahrtsvertrag von Außenminister Dulles und Bundeskanzler Adenauer in Washington unterzeichnet.

18. 12. 1954 Der NATO-Rat setzt unter Abänderung der Beschlüsse von Lissabon die Soll-Stärke der NATO-Streitkräfte in Mitteleuropa auf 30 Divisionen fest. Ausgleich für diese Verringerung ist die verstärkte Ausrüstung mit taktischen Atomwaffen.

27. bis Die französische Nationalversammlung billigt die Aufnahme der Bundesrepu-
30. 12. 1954 blik Deutschland in die NATO und die Westeuropäische Union (WEU).

1955

19. 1. 1955 Ein Angriff der Volksrepublik China auf in nationalchinesischem Besitz befindliche Inseln löst eine Krise aus.

25. 1. 1955 Die Sowjetunion beendet den Kriegszustand mit Deutschland.

19. 2. 1955 Adenauer spricht sich für Ost-West-Verhandlungen – jedoch erst nach der Ratifizierung der Pariser Verträge – aus.

24. 2. 1955 Türkei und Irak schließen den Bagdadpakt (Beitritt Großbritanniens am 30. 3. 1955, Pakistans am 23. 9. 1955, des Iran am 4. 11. 1955).

27. 2. 1955 Der Bundestag ratifiziert die Pariser Verträge.

28. bis Besuch des dänischen Ministerpräsidenten und Außenministers H. C. Hansen
30. 3. 1955 in der Bundesrepublik. Abschluß eines Abkommens über die Rechte der dänischen und deutschen Minderheiten in beiden Ländern.

5. 4. 1955 Der britische Premierminister Winston S. Churchill tritt zurück. Sein Nachfolger wird Anthony Eden.

16. 4. 1955 In Reaktion auf den Bagdadpakt erklärt die Sowjetunion, sie werde die Unabhängigkeit der Staaten des Mittleren Ostens verteidigen.

18. bis Die Konferenz von 29 afrikanischen und asiatischen Staaten in Bandung be-
24. 4. 1955 gründet ein Eigengewicht der »Dritten Welt«.

20. 4. 1955 Die USA und die Bundesrepublik hinterlegen in Bonn die Ratifikationsurkunden für das Protokoll über die Beendigung des Besatzungsregimes (Deutschlandvertrag) sowie für die Verträge über den Aufenthalt ausländischer Streitkräfte in der Bundesrepublik (Truppen-, Finanz- und Steuerverträge). Großbritannien und Frankreich hinterlegen ihre Ratifikationsurkunden zu diesen Verträgen am 5. Mai.

1. 5. 1955 Die deutschen diplomatischen Vertretungen in Washington, London und Paris werden in Botschaften umgewandelt.

5. 5. 1955 Die Souveränität der Bundesrepublik wird proklamiert.
Das deutsch-französische Abkommen über das Europäische Statut der Saar (Saar-Statut) tritt in Kraft.
In der »Erklärung über Berlin« hebt die Alliierte Kommandantur in Berlin das »kleine Besatzungsstatut« vom 14. Mai 1949 auf und regelt die Prinzipien der Beziehungen zwischen der Alliierten Kommandantur und dem Senat von Berlin (West).
In Brüssel hinterlegen die Bundesrepublik, Frankreich und Großbritannien die Ratifizierungsurkunden zum Vertrag über die Gründung der Westeuropäischen Union.

7. 5. 1955 Die Außenminister der sieben WEU-Staaten (Großbritannien, Frankreich, Italien, die Beneluxländer und die Bundesrepublik Deutschland) treten in Paris zur konstituierenden Sitzung des WEU-Rates zusammen.

9. 5. 1955 Aufnahme der Bundesrepublik in die NATO.

14. 5. 1955 Die Ostblockstaaten schließen einen Sicherheitspakt (Warschauer Pakt).

15. 5. 1955 Die vier Großmächte schließen mit Österreich einen Staatsvertrag, der Österreichs Souveränität wiederherstellt.

27. 5. 1955 Bundeskanzler Adenauer bezeichnet die kontrollierte Abrüstung als entscheidende Frage bei der bevorstehenden Genfer Gipfelkonferenz; er lehnt eine Neutralisierung Deutschlands ab.

1. bis Die Konferenz von Messina der Außenminister der Mitglieder der EGKS be-
2. 6. 1955 schließt die Gründung eines gemeinsamen europäischen Marktes.

2. 6. 1955 Belgrader Deklaration der UdSSR und Jugoslawiens (Wiederaufnahme freundschaftlicher Zusammenarbeit).

6. 6. 1955 Die Dienststelle Blank wird in das Bundesministerium für Verteidigung umgewandelt; der Sicherheitsbeauftragte Theodor Blank (CDU) wird zum ersten Bundesverteidigungsminister ernannt.

7. 6. 1955 Heinrich von Brentano (CDU) übernimmt das Amt des Bundesaußenministers.
Die Regierung der UdSSR lädt Bundeskanzler Adenauer und Mitglieder seiner Regierung zu einem Besuch in Moskau ein und schlägt die Aufnahme von diplomatischen und Handelsbeziehungen vor.

8. 6. 1955 Die Bundesregierung begrüßt den Vorschlag der Sowjetunion zur Aufnahme der Beziehungen.

30. 6. 1955 Abkommen zwischen der Bundesrepublik und den USA über gegenseitige Verteidigungshilfe.

18. bis Konferenz der Regierungschefs der vier Großmächte in Genf unter Beteiligung
23. 7. 1955 von Beobachterdelegationen der Bundesrepublik und der DDR.

27. 7. 1955 Der österreichische Staatsvertrag tritt in Kraft.

5. 8. 1955 Europäisches Währungsabkommen (EWA) und Protokoll über die vorläufige Anwendung unterzeichnet.

8. bis Eine deutsche Regierungsdelegation unter Leitung von Bundeskanzler Ade-
14. 9. 1955 nauer besucht Moskau. Die Aufnahme diplomatischer Beziehungen zwischen der Bundesrepublik und der Sowjetunion wird beschlossen. Die Sowjetunion verpflichtet sich zur Rückführung der deutschen Kriegsgefangenen.

20. 9. 1955 Die sowjetische Regierung erklärt in einem Vertrag über die Beziehungen zwischen der UdSSR und der DDR diese zum souveränen Staat.

23. 9. 1955 Der Deutsche Bundestag billigt einstimmig die Aufnahme diplomatischer Beziehungen mit der Sowjetunion.

10. 10. 1955 Bundespräsident Heuss ernennt die ersten Soldaten der neuen deutschen Streitkräfte.

23. 10. 1955 Im Saargebiet lehnen 67,7 v. H. der stimmberechtigten Wähler das Saar-Statut ab.

26. 10. 1955 Der österreichische Nationalrat beschließt die immerwährende Neutralität.

27. 10. bis Konferenz der Außenminister der vier Großmächte in Genf. Die drei West-
15. 11. 1955 mächte legen einen Plan zur Wiedervereinigung Deutschlands vor.
              Am 2. November schlägt die UdSSR ihrerseits die Bildung eines Gesamtdeut-
              schen Rates vor. Dem begegnen die Westmächte am 4. November mit einem
              Vorschlag zur Bildung einer Vier-Mächte-Kommission zwecks Vorbereitung
              freier Wahlen in ganz Deutschland.

 1. 12. 1955 Regierungserklärung zum Ergebnis der Genfer Außenministerkonferenz.

    8. bis Auf einer Konferenz der diplomatischen Vertreter der Bundesrepublik im
10. 12. 1955 Ausland weist Bundesaußenminister von Brentano auf die Folgen hin, die
              eine Aufnahme diplomatischer Beziehungen zur DDR durch dritte Staaten für
              deren Verhältnis zur Bundesrepublik auslösen würde (Hallstein-Doktrin).

11. 12. 1955 Interview des Leiters der Politischen Abteilung des Auswärtigen Amtes, Grewe,
              über die Durchsetzung des Alleinvertretungsrechts.

14. 12. 1955 16 Staaten werden in die Vereinten Nationen aufgenommen.

16. 12. 1955 Der NATO-Ministerrat bestätigt in einem Kommuniqué das Alleinvertre-
              tungsrecht der Bundesregierung und bekräftigt die Solidarität der westlichen
              Allianz mit der Deutschlandpolitik der Bundesrepublik.

1956

 7. 1. 1956 Der sowjetische Botschafter Sorin überreicht in Bonn sein Beglaubigungs-
              schreiben.

31. 1. 1956 Der Saarländische Landtag beschließt in einer Grundsatzerklärung die Anglie-
              derung des Saargebietes an die Bundesrepublik Deutschland.

  14. bis Zwanzigster Parteitag der KPdSU. Abkehr vom Stalinismus.
25. 2. 1956

21. 2. 1956 Die Bundesrepublik Deutschland wird Mitglied der Europäischen Wirtschafts-
              kommission des Wirtschafts- und Sozialrates der Vereinten Nationen.

 1. 3. 1956 Aus Anlaß des Eintreffens des ersten Botschafters der Bundesrepublik in Mos-
              kau stellt die sowjetische Nachrichtenagentur TASS in einer Deutschland-
              Erklärung fest, daß direkte Verhandlungen der beiden deutschen Staaten der
              einzige Weg zur Wiedervereinigung seien.

10. 3. 1956 Abschluß deutsch-jugoslawischer Wirtschaftsverhandlungen.

19. 3. bis Londoner Abrüstungskonferenz (USA, UdSSR, Großbritannien, Frankreich
 5. 5. 1956 und Kanada).

 7. 4. 1956 Beitritt der Bundesrepublik zum Abkommen vom 7. 12. 1944 über die Inter-
              nationale Zivilluftfahrt (ICAO).

14. 5. 1956 Im Zuge der atomaren Ausrüstung der sowjetischen Streitkräfte wird ihre
              Verringerung um 1,2 Millionen Mann beschlossen.

29. 5. 1956 Außenministerkonferenzen in Venedig zur Gründung von EWG und EURATOM.

 4. 6. 1956 Die Regierungschefs der Bundesrepublik und Frankreichs kommen auf einer
              Konferenz in Luxemburg überein, daß das Saargebiet bis zum 1. Januar 1957
              politisch und bis zum 1. Januar 1960 wirtschaftlich der Bundesrepublik ange-
              gliedert wird.

21. 6. 1956 Erste Entschließung des Bundestages zur Entwicklungshilfe. Im Haushalt des
              Auswärtigen Amtes werden dafür 50 Millionen DM bereitgestellt.

  28. bis Ein Streik in Posen führt zu einem Aufruhr der Bevölkerung, der mit Hilfe der
30. 6. 1956 Armee gebrochen wird.

19. 7. 1956 Die USA ziehen ihr Angebot finanzieller Hilfe zum Bau des Assuandamms zurück.

26. 7. 1956 Ägypten verstaatlicht die Suezkanalgesellschaft.

30. 7. 1956 Deutsch-britischer Konsularvertrag unterzeichnet.

 7. 9. 1956 Der deutsche Botschafter in Moskau überreicht der sowjetischen Regierung ein erstes Memorandum der Bundesregierung zur Frage der Wiedervereinigung.

24. 9. 1956 Deutsch-belgischer Grenzberichtigungsvertrag und deutsch-belgisches Kulturabkommen unterzeichnet.

25. 9. 1956 Bundeskanzler Adenauer spricht sich in Brüssel für eine europäische Föderation unter Beteiligung Großbritanniens und gegen Perfektionismus bei der Integration aus.

19. 10. 1956 Eine sowjetische Delegation unter Führung Chruschtschows besucht Warschau.
Die Sowjetunion und Japan beenden den Kriegszustand.

21. 10. 1956 Wladyslaw Gomulka wird Erster Sekretär des Zentralkomitees der Polnischen Vereinigten Arbeiterpartei.

23. 10. 1956 Ausbruch des Volksaufstandes in Ungarn. Er wird von sowjetischen Truppen bis 11. 11. 1956 niedergeschlagen.
Gründung der Internationalen Atomenergieorganisation (IAEO).

24. 10. 1956 Der Erste Sekretär der Polnischen Vereinigten Arbeiterpartei gibt ein Reformprogramm bekannt, das mehr individuelle Freiheiten in Polen verheißt (»Polnischer Oktober«).

27. 10. 1956 Deutschland und Frankreich schließen ein Abkommen über die Saar.
Vertrag zwischen Luxemburg, Frankreich und der Bundesrepublik über die Schiffbarmachung der Mosel (Moselvertrag).

29. 10. 1956 Israel greift Ägypten an.

31. 10. 1956 Nach Ablauf eines Ultimatums (vom 30. 10.) beginnt eine britisch-französische Luftoffensive gegen Ägypten.

 5. 11. 1956 Französische und britische Truppen landen am Suezkanal.
Der sowjetische Ministerpräsident Bulganin droht mit dem Einsatz von Raketen gegen London und Paris.

 6. 11. 1956 Waffenstillstand am Suezkanal. Der Suezkanal wird durch versenkte Schiffe blockiert; Israel hält die Sinai-Halbinsel besetzt.

30. 11. 1956 Bundesaußenminister von Brentano bietet Polen Garantien dafür an, daß die Bundesrepublik auf eine gewaltsame Lösung der Grenzfragen (Oder-Neiße-Linie) verzichtet.

1957

 1. 1. 1957 Das Saarland wird als 11. Bundesland in die Bundesrepublik eingegliedert. Die wirtschaftliche Eingliederung wird am 6. Juli 1959 abgeschlossen.

30. 1. 1957 Eisenhower-Doktrin gegen kommunistische Machtübernahmen im Nahen Osten (akzeptiert von Libyen, Libanon, Irak, Türkei, Iran, Saudi-Arabien, Afghanistan und Pakistan).

12. 2. 1957 Die sechs EWG-Staaten erklären vor dem OEEC-Rat ihre Bereitschaft zur aktiven Mitarbeit am Projekt einer europäischen Freihandelszone.

14. 2. 1957 Bildung einer Arbeitsgruppe aus Vertretern der Regierungen der drei Westmächte und der Bundesregierung, die sich mit der Deutschlandfrage befassen soll.

27. 2. 1957 Bundeskanzler Adenauer fordert in Beantwortung einer persönlichen Botschaft des sowjetischen Ministerpräsidenten Bulganin vom 5. Februar zu Fragen der Abrüstung und der deutsch-sowjetischen Beziehungen, die vorgeschlagenen deutsch-sowjetischen Verhandlungen sollten sich nicht nur auf die Frage eines Handelsvertrages sowie den Abschluß einer Konvention über kulturelle und wissenschaftlich-technische Zusammenarbeit und einer Konsular-Konvention, sondern auch auf die Frage der in der UdSSR noch zurückgehaltenen Deutschen erstrecken.

18. 3. 1957 Beginn der Londoner Abrüstungskonferenz (ergebnislos abgebrochen am 6. 9. 1957).

25. 3. 1957 Die Außenminister Belgiens, Frankreichs, Italiens, Luxemburgs, der Niederlande und der Bundesrepublik unterzeichnen die Römischen Verträge zur Gründung der Europäischen Wirtschaftsgemeinschaft (EWG) und zur Gründung der Europäischen Atomgemeinschaft.

1. 4. 1957 Generalleutnant Dr. Hans Speidel tritt als Befehlshaber der Landstreitkräfte der NATO in Mitteleuropa sein neues Amt an.

27. 4. 1957 Die sowjetische Regierung warnt in einer Note an die Bundesregierung vor den Konsequenzen einer »atomaren Aufrüstung« in der Bundesrepublik.

29. 4. 1957 Ein Übereinkommen zur friedlichen Beilegung von Streitigkeiten zwischen Mitgliedern des Europarats wird unterzeichnet.

9. bis Der Bundestag diskutiert die Frage der atomaren Bewaffnung der Bundes-
10. 5. 1957 wehr.

15. 5. 1957 Erster Wasserstoffbombenversuch Großbritanniens.

20. 5. 1957 Die Bundesregierung lehnt in einem an die Regierung der UdSSR gerichteten und am 24. Mai in Moskau übergebenen Memorandum zur Frage der Wiederherstellung der deutschen Einheit Verhandlungen mit der DDR, ein Ausscheiden der Bundesrepublik aus der NATO und die Pläne zur Bildung einer deutschen Konföderation ab.

26. 5. 1957 Die Sowjetunion gibt den erfolgreichen Abschuß einer interkontinentalen ballistischen Rakete bekannt.

15. 6. 1957 Bundeskanzler Adenauer und Außenminister von Brentano in Wien zur Unterzeichnung eines Vertrages mit Österreich zur Regelung vermögensrechtlicher Beziehungen.

5. 7. 1957 Der Deutsche Bundestag ratifiziert die »Römischen Verträge« (EWG- und Euratom-Vertrag). In einer Entschließung befürwortet der Bundestag die Assoziierung von dritten Ländern in Form einer Freihandelszone.

23. 7. 1957 In Moskau beginnen deutsch-sowjetische Verhandlungen über die Handelsbeziehungen, einen Konsularvertrag und die Repatriierung der in der UdSSR noch zurückgehaltenen Deutschen.

29. 7. 1957 Die Botschafter der drei Westmächte und Außenminister von Brentano unterzeichnen in Berlin ein 12-Punkte-Programm über die gemeinsame Politik der Wiedervereinigung Deutschlands (Berliner Erklärung).

15. 9. 1957 Wahlen zum Dritten Deutschen Bundestag.

1. 10. 1957 Die am 29. Juli von der Bundesregierung unterzeichneten Statuten der Internationalen Atomenergiekommission (IAEO) werden ratifiziert.

2. 10. 1957 Der polnische Außenminister Rapacki unterbreitet der VN-Vollversammlung den Vorschlag einer kernwaffenfreien Zone aus beiden Teilen Deutschlands und Polen.

4. 10. 1957 Erfolgreicher Start des ersten künstlichen Erdsatelliten (»Sputnik«) in der Sowjetunion.

19. 10. 1957 Die Bundesrepublik bricht die diplomatischen Beziehungen zu Jugoslawien wegen Aufnahme von diplomatischen Beziehungen zwischen Jugoslawien und der DDR ab (erstmalige Anwendung der sogenannten »Hallstein-Doktrin«).

22. 10. 1957 Der Deutsche Bundestag wählt Konrad Adenauer (CDU) zum dritten Mal zum Bundeskanzler.

29. 10. 1957 Bildung des dritten Kabinetts Adenauer.

21. 11. 1957 Ein deutsch-italienischer Freundschafts-, Handels- und Schiffahrtsvertrag wird in Rom unterzeichnet.

17. 12. 1957 Erster Abschuß einer Interkontinentalrakete der USA.

1958

1. 1. 1958 Die Verträge über die Europäische Wirtschaftsgemeinschaft (EWG und EURATOM) treten in Kraft.

6. 1. 1958 Die UdSSR protestiert beim UN-Generalsekretär gegen die Einbeziehung des Landes Berlin in internationale Verträge der Bundesrepublik.

15. 1. 1958 Bundeskanzler Adenauer spricht sich gegen den Rapacki-Plan aus.

20. 1. 1958 Bundeskanzler Adenauer lehnt in einem Antwortschreiben an den sowjetischen Ministerpräsidenten Bulganin dessen Vorschlag vom 8. Januar ab, die Wiedervereinigung Deutschlands auf dem Wege der Konföderation herbeizuführen.

1. 2. 1958 Gründung der Vereinigten Arabischen Republik (Ägypten und Syrien).

22. 2. 1958 Abkommen zwischen den USA und Großbritannien über die Lieferung von Mittelstreckenraketen.

19. 3. 1958 Konstituierung des Europäischen Parlaments gemäß den Römischen Verträgen.

20. bis In einer Debatte des Bundestages betont Bundesverteidigungsminister Strauß
25. 3. 1958 die wehrpolitische Notwendigkeit einer modernen atomaren Ausrüstung der Bundeswehr.

23. 3. 1958 Ein von der SPD, unterstützt durch den DGB, gegründeter Arbeitsausschuß »Kampf dem Atomtod« eröffnet in Frankfurt eine erste Kampagne.

27. 3. 1958 Der sowjetische Ministerpäsident Bulganin tritt zurück. Parteichef Chruschtschow übernimmt auch das Amt des Ministerpräsidenten.

18. 4. 1958 Deutsch-britisches Kulturabkommen in London unterzeichnet.

25. 4. 1958 Unterzeichnung des deutsch-sowjetischen Abkommens über allgemeine Fragen des Handels und der Seeschiffahrt, des deutsch-sowjetischen Konsularvertrages und Bestätigung einer Vereinbarung über Repatriierungsfragen.

9. 5. 1958 Der Parteivorstand der SPD verabschiedet einen Entschließungsentwurf zur Wehrpolitik. Die Landesverteidigung wird bejaht, jedoch die Wehrpflicht und Atombewaffnung der Bundeswehr abgelehnt.
Die Unvereinbarkeit zwischen der Wiedervereinigung und der Zugehörigkeit zur NATO wird betont.

1. 6. 1958 General Charles de Gaulle wird im Verlauf einer schweren innenpolitischen Krise französischer Ministerpräsident.

6. 6. 1958 Der amerikanische Außenminister Dulles spricht sich vor dem außenpolitischen Ausschuß des Senats in Washington für die Einbeziehung eines wiedervereinigten Deutschlands in die westliche Allianz und gegen Pläne zu einer Neutralisierung Deutschlands aus.

30. 6. 1958 Außenminister von Brentano überreicht den ausländischen Missionen ein Memorandum über die Behinderung menschlicher Kontakte durch die Behörden der DDR.

2. 7. 1958 Der Deutsche Bundestag fordert einstimmig die Bildung eines Viermächtegremiums für die Lösung der deutschen Frage.

15. 7. 1958 Sowjetischer Vorschlag eines Vertrages über Freundschaft und Zusammenarbeit der europäischen Staaten (Teilabzug ausländischer Truppen, Luftinspektion, kernwaffenfreie Zone).

1. 10. 1958 Der Deutsche Bundestag bekräftigt in einer Entschließung den Grundsatz eines freien Willensentscheids zur Wiederherstellung der staatlichen Einheit Deutschlands.

31. 10. 1958 Beginn von Verhandlungen zwischen den drei Atommächten über die Einstellung der Kernwaffenversuche.

10. 11. 1958 Der sowjetische Ministerpräsident Nikita S. Chruschtschow fordert in einer Rede in Moskau, die Westmächte sollten auf die »Reste des Besatzungsregimes in Berlin« verzichten.

14. 11. 1958 Aufgrund der Ablehnung durch Frankreich scheitert der Plan einer europäischen Freihandelszone. Das Zwischenstaatliche Komitee der OEEC unter Vorsitz des britischen Ministers Reginald Maudling bricht die Verhandlungen ab.

27. 11. 1958 Die UdSSR fordert die Westmächte ultimativ zum Abzug aus Berlin binnen 6 Monaten auf. Beginn einer permanenten Berlin-Krise.

14. 12. 1958 Die Außenminister der drei Westmächte und der Bundesrepublik bestätigen auf einer Konferenz in Paris ihre Entschlossenheit, ihre Rechte in Berlin zu wahren.

16. 12. 1958 Die Außenminister der NATO-Staaten erinnern an die Zugehörigkeit Berlins zum Schutzbereich der NATO.

18. 12. 1958 Die Versammlung der Westeuropäischen Union in Paris protestiert gegen ultimative Drohung der Sowjetunion in der Berlin-Frage.

29. 12. 1958 Aufgrund eines Europäischen Währungsabkommens werden die D-Mark und die Währungen von neun anderen westeuropäischen Staaten frei austauschbar. Die Europäische Zahlungsunion (EZU) wird zum 1. Januar 1959 aufgelöst.

1959

1. 1. 1959 Die ersten Maßnahmen zum Abbau der Handelsschranken zwischen den EWG-Mitgliedstaaten treten in Kraft.

5. 1. 1959 Die Bundesregierung lehnt in einer Note an die Sowjetunion die Errichtung einer »Freien Stadt West-Berlin«, die Anerkennung der DDR sowie eine Konföderation der beiden deutschen Staaten ab.

8.1.1959 Charles de Gaulle wird im Rahmen einer neuen Verfassung französischer Staatspräsident.

10.1.1959 Die Sowjetunion legt einen Entwurf für einen Friedensvertrag mit Deutschland vor.

18.1.1959 Außenminister von Brentano weist eine Note der sowjetischen Regierung vom 10. Januar 1959 zurück, in der die 29 Teilnehmerstaaten des Krieges gegen Deutschland sowie die Bundesrepublik und die DDR aufgefordert wurden, innerhalb von zwei Monaten eine Friedenskonferenz unter deutscher Beteiligung einzuberufen.

16.2.1959 Die drei Westmächte und die Bundesrepublik treten in Noten an die UdSSR Versuchen entgegen, unter dem Druck eines Ultimatums die Viermächteverantwortung für Deutschland zu beseitigen und die Deutschlandfrage im sowjetischen Sinne zu lösen.

19.2.1959 Dreimächtevertrag über Zypern (Großbritannien, Griechenland, Türkei).

18.3.1959 Die SPD legt einen Deutschlandplan vor.

2. bis Aus Anlaß der Zehnjahres-Jubiläumstagung des NATO-Rates bekräftigen die
4.4.1959 Außenminister der NATO-Staaten ihre Entschlossenheit, die Grundsätze ihrer Berlin-Erklärung vom 16. Dezember 1958 aufrechtzuerhalten.

15.4.1959 Der amerikanische Außenminister Dulles tritt zurück (gestorben am 24.5.1959). Sein Nachfolger wird Christian Herter.

11.5. bis Die Außenminister der Vier Mächte treten in Genf zu einer Deutschlandkonfe-
5.8.1959 renz zusammen. Delegationen der Bundesrepublik und der DDR nehmen als Beobachter teil.

3.6.1959 Der amerikanische Präsident Eisenhower bezeichnet die Respektierung der Rechte und Pflichten der Westmächte in Berlin als Mindestbedingung für seine Teilnahme an einer Gipfelkonferenz mit der UdSSR.

1.7.1959 Heinrich Lübke wird zum Bundespräsidenten gewählt.

26. bis Präsident Eisenhower erneuert bei seinem Besuch in Bonn die Berlin-Garantie.
27.8.1959

29.8.1959 Der sowjetische Ministerpräsident Chruschtschow erklärt, daß für neu aufzunehmende Berlin-Verhandlungen keinerlei Frist gesetzt sei.

30.8.1959 Bundeswirtschaftsminister Erhard empfiehlt eine Assoziation zwischen der EWG und der Kleinen Freihandelszone.

31.8.1959 In einer Gedenkrede zum 20. Jahrestag des Beginns des Zweiten Weltkrieges bringt Bundeskanzler Adenauer den Wunsch des deutschen Volkes zum Ausdruck, mit Polen in Freundschaft zu leben.

8.9.1959 Berlins Regierender Bürgermeister, Willy Brandt, nennt vier Grundsätze der Berlin-Politik:
Berlin (West) gehört zum freien Teil Deutschlands. – Das Selbstbestimmungsrecht der Berliner darf nicht geschmälert werden. – Vier-Mächte-Verantwortung in und für Berlin. – Recht auf freien Zugang nach Berlin.

15. bis Besuch Chruschtschows in den USA.
27.9.1959

13.10.1959 Bundeskanzler Adenauer erklärt in Bad Godesberg vor der Auslandspresse, die EWG-Staaten seien bereit, Großbritannien auf wirtschaftlichem Gebiet entgegenzukommen.

13.10.1959	Bundeskanzler Adenauer spricht sich für allgemeine kontrollierte Abrüstung als Hauptthema einer Gipfelkonferenz aus und lehnt den Rapacki-Plan ab.
3.11.1959	Der französische Staatspräsident de Gaulle äußert sich gegen das System der militärischen Integration der NATO.
1.12.1959	Internationales Abkommen zur Entmilitarisierung der Antarktis.
15. bis 22.12.1959	Der NATO-Rat bekräftigt während seiner Jahrestagung erneut seine Berlin-Erklärung vom Dezember 1959.
19. bis 21.12.1959	Konferenz der Staats- und Regierungschefs der drei Westmächte und der Bundesrepublik. Im Abschlußkommuniqué heißt es, daß eine Gipfelkonferenz mit der UdSSR wünschenswert sei.
23.12.1959	Gesetz über die friedliche Verwendung der Kernenergie und den Schutz gegen ihre Gefahren (Atomgesetz – Kernstück des Atomenergierechts der BRD).

1960

4.1.1960	Unterzeichnung der Konvention der Europäischen Freihandelsvereinigung (EFTA) durch Dänemark, Großbritannien, Norwegen, Österreich, Portugal, Schweden und die Schweiz.
20.1. bis 20.2.1960	Kongo-Konferenz in Brüssel (Unabhängigkeit des Kongo).
26.10.1960	Zehnjähriger Verteidigungspakt USA – Japan.
13.2.1960	Erster Atomwaffenversuch Frankreichs in der Sahara.
2.3.1960	Hilfsleistungen der Bundeswehr für die durch ein Erdbeben schwer getroffene Stadt Agadir (Marokko).
11.3.1960	Der Deutsche Bundestag verurteilt die Zwangskollektivierung der Landwirtschaft in der DDR.
15.3. bis 28.6.1960	Zehn-Mächte-Konferenz über die Abrüstung in Genf.
25.3.1960	Chruschtschow fordert einen Friedensvertrag mit Deutschland und droht mit dem Abschluß eines Separatfriedens zwischen der Sowjetunion und der DDR.
3.4.1960	Das amerikanische Außenministerium erklärt, die vom sowjetischen Ministerpräsidenten (am 25. März während seines Frankreichbesuchs) aufgestellte Behauptung, ein einseitiger Friedensvertrag mit der DDR werde die Berlin-Abkommen beenden, entbehre jeder Grundlage.
8.4.1960	Abkommen zwischen der Bundesrepublik und den Niederlanden über Wiedergutmachung und die Grenzziehung.
12.4.1960	Die Bundesregierung bringt der Sowjetregierung Einzelheiten ihres freiwilligen Verzichts auf Waffenproduktion, der zahlenmäßigen Begrenzung ihrer Streitkräfte und der Rüstungskontrolle aufgrund des Brüsseler Vertrags zur Kenntnis.
27.4.1960	Die Beratende Versammlung des Europarates spricht sich gegen die Zwangskollektivierung der Landwirtschaft in der DDR aus.
16. bis 17.5.1960	Eine Gipfelkonferenz der Großmächte scheitert noch vor ihrem eigentlichen Beginn (U-2-Zwischenfall).
31.5.1960	De Gaulle erklärt sich gegen eine supranationale europäische Einigung und für eine Konföderation der europäischen Staaten.

15. 6. 1960 Die Bundesregierung unterstreicht in Beantwortung sowjetischer Abrüstungsvorschläge ihre Bereitschaft, jedem Abrüstungsabkommen der Großmächte beizutreten.

21. 6. 1960 Bundeskanzler Adenauer spricht sich vor der CDU-Bundestagsfraktion für
eine Fortführung der bisherigen Politik und gegen eine gemeinsame Außenpolitik mit der SPD aus.

30. 6. 1960 In einer außenpolitischen Bundestagsdebatte erklärt die SPD-Fraktion ihre
Bereitschaft, die Außenpolitik der Bundesregierung in ihren Grundlinien zu
unterstützen. Beginn der »Gemeinsamen Außenpolitik« der im Bundestag vertretenen Parteien.

20. 7. 1960 Eine »Polaris«-Rakete wird von einem getauchten amerikanischen U-Boot ab-
geschossen.

29. 8. 1960 Die DDR erläßt Beschränkungen für den Verkehr zwischen West- und Ost-
Berlin.

24. 9. 1960 Entschließung der Beratenden Versammlung des Europarates gegen die Verletzung der Menschenrechte in der DDR.

30. 9. 1960 Die Bundesregierung kündigt wegen der Beschränkungen im innerdeutschen
Reiseverkehr das Interzonen-Handelsabkommen.
Die Bundesrepublik Mitglied im Gouverneursrat der Internationalen Atom-
energie-Organisation.

26. 10. 1960 Die drei Westmächte erklären in Noten an die sowjetische Regierung erneut,
daß die UdSSR die Verantwortung für den Verkehr innerhalb und nach Berlin,
insbesondere für die Luftkorridore, trage.

8. 11. 1960 John F. Kennedy wird zum Präsidenten der USA gewählt.

10. 11. bis Auf einem Konzil der kommunistischen Parteien in Moskau treten Differenzen
1. 12. 1960 zwischen der KPdSU und der KP Chinas zutage.

13. 12. 1960 General Adolf Heusinger wird zum Vorsitzenden des Militärausschusses der
NATO gewählt.

14. 12. 1960 Die 18 westeuropäischen OEEC-Mitglieder sowie die USA und Kanada unterzeichnen in Paris das Übereinkommen zur Umwandlung der OEEC in die
neue Organisation für wirtschaftliche Zusammenarbeit und Entwicklung
(OECD).

15. bis Konferenz von Brazzaville über die Zusammenarbeit afrikanischer Staaten.
19. 12. 1960

16. bis Der in Paris tagende NATO-Rat nimmt ein Angebot der USA zur Kenntnis,
18. 12. 1960 der NATO Polaris-U-Boote überlassen zu wollen.

19. bis Der EWG-Ministerrat stimmt Vorschlägen der Kommission über die Einbe-
20. 12. 1960 ziehung der Landwirtschaft in den Gemeinsamen Markt zu.

31. 12. 1960 Unterzeichnung eines neuen deutsch-sowjetischen Handelsabkommens in Bonn.

1961

20. 1. 1961 Amtsantritt von John F. Kennedy als Präsident der Vereinigten Staaten von
Amerika.

10. bis Auf der in Paris stattfindenden Konferenz der Staats- und Regierungschefs der
11. 2. 1961 sechs EWG-Staaten werden eine engere politische Zusammenarbeit und die
Intensivierung politischer Beratungen auch mit Großbritannien vereinbart.

22. bis 23. 2. 1961	Bundeskanzler Adenauer kommt in London mit dem britischen Premier Macmillan überein, die Westeuropäische Union als Bindeglied zwischen den sechs EWG-Staaten und Großbritannien auszubauen.
19. bis 21. 3. 1961	Der amerikanische Unterstaatssekretär George Ball führt in Bonn Besprechungen über die deutsche Beteiligung an der Entwicklungshilfe.
10. 4. 1961	Bundeskanzler Adenauer spricht sich in Bonn vor amerikanischen Journalisten für eine Stärkung der NATO und eine stärkere Betonung der amerikanischen Führungsrolle innerhalb der NATO aus.
18. 4. 1961	Die Westmächte legen in Genf einen Vertragsentwurf über die Einstellung von Kernwaffenversuchen vor.
12. 5. 1961	Die Verhandlungen über eine Erneuerung des deutsch-sowjetischen Kulturabkommens werden unterbrochen, weil die Sowjetunion es ablehnt, Berlin (West) in den neuen Vertrag einzubeziehen. Der amerikanische Sonderberater Henry A. Kissinger spricht sich auf einer Pressekonferenz in Bonn für eine Stärkung der konventionellen Streitkräfte im Rahmen der westlichen Verteidigung aus.
3. bis 4. 6. 1961	Treffen Kennedys mit Chruschtschow in Wien.
9. 7. 1961	Unterzeichnung des Vertrages über die Assoziierung Griechenlands mit der EWG in Athen.
17. 7. 1961	Die Westmächte bekräftigen in getrennten Antwortnoten auf das sowjetische Deutschland-Memorandum vom 4. Juni ihre Rechte in Berlin und schlagen erneut Verhandlungen vor.
18. 7. 1961	Treffen der Staats- und Regierungschefs der sechs EWG-Staaten in Bonn. Eine Studienkommission wird mit der Ausarbeitung eines Europäischen Politischen Statuts beauftragt (Fouchet-Kommission).
5. bis 7. 8. 1961	Die Außenminister der drei Westmächte und der Bundesrepublik beschließen auf einer Konferenz in Paris, vorbereitende Maßnahmen zu treffen, um einer kritischen Situation in Berlin begegnen zu können.
7. 8. 1961	Ministerpräsident Chruschtschow kündigt in einer Rundfunkrede eine Verstärkung der sowjetischen Streitkräfte an den Westgrenzen und die Einberufung von Reservisten an.
9. 8. 1961	Großbritannien beantragt die Aufnahme in die EWG.
13. 8. 1961	Auf Anordnung der DDR-Behörden werden die Sektorengrenzen zwischen Ost- und West-Berlin sowie die Stadtgrenze abgeriegelt; an den Sektorengrenzen wird mit dem Bau einer Mauer begonnen und der Verkehr zwischen beiden Teilen Berlins gesperrt. Bürger der DDR dürfen diese Grenzen nur noch mit besonderer Genehmigung passieren.
15. 8. 1961	Die drei westlichen Stadtkommandanten protestieren in Schreiben an den sowjetischen Kommandanten gegen die Sperrmaßnahmen an der Sektorengrenze.
19. bis 21. 8. 1961	Der amerikanische Vizepräsident Lyndon B. Johnson besucht in Begleitung von General Lucius D. Clay Bonn und Berlin.
23. 8. 1961	Die westlichen Stadtkommandanten protestieren gegen neue Abriegelungsmaßnahmen in Berlin. An der Sektorengrenze gehen amerikanische Panzer in Stellung.

Die sowjetische Regierung weist in gleichlautenden Noten an die Westmächte darauf hin, daß die Luftkorridore nach Berlin zur Einschleusung westdeutscher »Agenten, Revanchisten und Militaristen« mißbraucht würden. West-Berlin gehöre nicht zur Bundesrepublik; deshalb könne sich die Kompetenz von Amtsstellen der Bundesrepublik nicht auf Berlin erstrecken.

24. 8. 1961 Das erste Todesopfer bei einem Fluchtversuch an der Berliner Mauer.

Die amerikanische Regierung erklärt die in der sowjetischen Note vom 23. 8. erhobenen Anschuldigungen für falsch.

26. 8. 1961 In gleichlautenden Noten an den sowjetischen Botschafter in Ost-Berlin, Perwuchin, bezeichnen die Botschafter der drei Westmächte in der Bundesrepublik die Beschränkungen an den Sektorenübergängen als Verletzung des Viermächtestatuts von Berlin und fordern die Sicherung des uneingeschränkten Zugangs nach Berlin.

1. bis Die Belgrader Konferenz blockfreier Staaten fordert in einer 27-Punkte-Er-
6. 9. 1961 klärung u. a. die Lösung der Berlin- und Deutschlandfrage ohne Gewalt oder Androhung von Gewalt. Außerdem wird die Beteiligung der blockfreien Staaten an allen Abrüstungskonferenzen und Kontrollkommissionen gefordert.

3. 9. 1961 Appell des Präsidenten der USA und des britischen Premiers Macmillan an Ministerpräsident Chruschtschow über die Einstellung aller Kernwaffenversuche in der Atmosphäre.

21. 9. 1961 In New York beginnen Gespräche zwischen den Außenministern der USA und der Sowjetunion, Rusk und Gromyko, über die Berlin- und Deutschlandfrage. Wahlen zum Vierten Deutschen Bundestag.

30. 10. 1961 Die im Juli von der Bonner Konferenz der Staats- und Regierungschefs der sechs EWG-Staaten eingesetzte Studienkommission leitet den fertiggestellten Entwurf für ein Europäisches Politisches Statut (Fouchet-Plan) den Regierungen zu.

7. 11. 1961 Konrad Adenauer wird vom Bundestag zum vierten Mal zum Bundeskanzler gewählt.

14. 11. 1961 Gerhard Schröder wird Außenminister, Walter Scheel Minister für wirtschaftliche Zusammenarbeit (Entwicklungshilfe) der Bundesrepublik.

16. 11. 1961 Bundeskanzler Adenauer bezeichnet in einem Interview es als dringendste Aufgabe seiner bevorstehenden Gespräche mit dem amerikanischen Präsidenten, in der Berlinfrage eine einheitliche westliche Auffassung wiederherzustellen.

20. bis Arbeitsbesuch von Bundeskanzler Adenauer beim amerikanischen Präsidenten
22. 11. 1961 Kennedy.

25. 11. 1961 Interview des Chefredakteurs der »Iswestija«, Alexej Adschubej, mit Präsident Kennedy über die sowjetisch-amerikanischen Beziehungen und Fragen der internationalen Sicherheit.

15. bis Die Außenminister der sechs EWG-Staaten erzielen keine Einigung über den
16. 12. 1961 am 31. Oktober veröffentlichten Entwurf der Fouchet-Kommission für ein Europäisches Politisches Statut.

14. 1. 1962 Der EWG-Ministerrat beschließt die Integration der Landwirtschaft und damit den Übergang zur zweiten Stufe des Gemeinsamen Marktes (1962–1965).

10. 2. 1962 Der sowjetische Ministerpräsident Chruschtschow schlägt vor, die am 14. März in Genf beginnende Abrüstungskonferenz zu einem Gipfeltreffen auszudehnen. Die Westmächte lehnen diesen Vorschlag ab.

21. 2. 1962 Eine Denkschrift der Bundesregierung an die Regierung der UdSSR betont die Freundschaft der Bundesrepublik zum Westen sowie die Bereitschaft zur Verbesserung der Beziehungen zum Osten.

28. 2. 1962 Der amerikanische Außenminister Rusk spricht sich in einem Fernsehinterview für die Schaffung einer Internationalen Behörde zur Überwachung des freien Zugangs nach Berlin und gegen eine Anerkennung der DDR aus.

14. 3. bis Konferenz des 18-Mächte-Abrüstungsausschusses der Vereinten Nationen in
20. 12. 1962 Genf.

18. 3. 1962 Der Vertrag von Evian beendet den Algerienkrieg Frankreichs (seit 1952).

26. 3. 1962 Im Rahmen der Genfer Abrüstungskonferenz kommen der amerikanische und der sowjetische Außenminister überein, ihre Kontakte in der Deutschland-Frage fortzusetzen.

28. 3. 1962 Der polnische Außenminister Rapacki schlägt in Genf erneut die Schaffung einer kernwaffenfreien Zone in Europa vor.

29. 3. 1962 Die Bundesregierung unterzeichnet in London das Übereinkommen zur Gründung der Europäischen Organisation für die Entwicklung und den Bau von Raumfahrzeugen (ELDO).

17. 4. 1962 Die Verhandlungen über ein Europäisches Politisches Statut der EWG-Staaten werden abgebrochen.

26. 4. 1962 Der amerikanische Außenminister Rusk erklärt, seine Regierung halte den freien Zugang nach Berlin und Befugnisse der DDR-Behörden an den Zugangswegen nicht für unvereinbar.

30. 4. bis Der Vorsitzende der CDU/CSU-Bundestagsfraktion, Brentano, äußert gegen-
1. 5. 1962 über Präsident Kennedy Vorbehalte wegen der Stellung der DDR in der geplanten Kontrollbehörde für den Berlinverkehr.

15. 5. 1962 Der französische Staatspräsident de Gaulle spricht sich in einer Pressekonferenz gegen eine Änderung des Berlin-Statuts und gegen eine internationale Zugangsbehörde aus.

22. 5. 1962 Die Bundesregierung macht der amerikanischen Regierung in einem Memorandum Änderungsvorschläge zum Plan einer internationalen Kontrollbehörde für den Berlinverkehr.

14. 6. 1962 Die Bundesregierung unterzeichnet in Paris den Vertrag über die Gründung einer Europäischen Organisation zur Erforschung des Weltraums (ESRO).

10. 7. 1962 Die Westmächte lehnen einen Vorschlag des sowjetischen Ministerpräsidenten ab, ihre in West-Berlin stationierten Einheiten durch Truppen anderer Staaten zu ersetzen.

12. 7. 1962 Die sowjetische Nachrichtenagentur TASS berichtet, die UdSSR bestehe auf dem Abzug der Truppen aus West-Berlin und werde eventuell einen Sonderfrieden mit der DDR abschließen.

| 3. bis | Technische Konferenz der Vereinten Nationen über die Internationale Weltkarte |
| 22.8.1962 | 1:1 Mill. (Weltkartenkonferenz) in Bonn. Erste VN-Konferenz in der BRD. |

5.8.1962 Die Verhandlungen über den Beitritt Großbritanniens zur EWG werden vertagt.

17.8.1962 Erschießung Peter Fechters an der Berliner Mauer durch DDR-Grenzposten bei seinem Fluchtversuch nach Berlin (West). (17.–20.8. Demonstrationen gegen die Ermordung.)

22.8.1962 Die sowjetische Kommandantur in Berlin wird aufgelöst.

29.8.1962 In einem vertraulichen Schreiben bietet Bundeskanzler Adenauer dem sowjetischen Ministerpräsidenten Chruschtschow einen Burgfrieden an, um Fortschritte in der deutschen Frage zu ermöglichen.

17.9.1962 Die Sowjetunion erklärt den Viermächtestatus Berlins für beendet. Die amerikanische Regierung weist diese Erklärung zurück.

27.9.1962 Bundesaußenminister Schröder bezeichnet vor dem Bundestagsausschuß für Auswärtige Angelegenheiten den Beitritt Großbritanniens zur EWG als vordringliches Ziel der deutschen Europapolitik.

28.9.1962 Der amerikanische Verteidigungsminister McNamara erklärt in Washington, der freie Zugang nach Berlin werde mit allen Mitteln gesichert werden.

5.10.1962 Der amerikanische Kongreß erklärt seine Solidarität mit Berlin.

9.10.1962 Bundeskanzler Adenauer fordert in einer Erklärung vor dem Bundestag Selbstbestimmung für das ganze deutsche Volk und nennt als kurzfristiges Ziel seiner Politik die Erlangung von menschlichen Erleichterungen für die Bevölkerung der DDR.

10.10.1962 Papst Johannes XXIII. eröffnet das Zweite Vatikanische Konzil.

22.10.1962 Die Vereinigten Staaten verhängen eine Seeblockade über Kuba, um die Fertigstellung eines sowjetischen Raketenstützpunktes dort zu verhindern (Kuba-Krise). Am 27. Oktober erklärt die Sowjetunion ihre Bereitschaft zur Auflösung des Stützpunktes. Die Vereinigten Staaten lösen dafür ihre Raketenstellungen in der Türkei auf.

10.12.1962 Konferenz von Colombo zur Beendigung des indisch-chinesischen Grenzkonflikts.

12.12.1962 Die Außenminister der drei Westmächte und der Bundesrepublik kommen in Paris überein, daß der Sowjetunion keine neuen Vorschläge zur Berlin-Frage gemacht werden sollen und daß kein Anlaß für Berlingespräche bestehe.

| 13. bis | Auf der Tagung des NATO-Rates fordert der amerikanische Verteidigungs- |
| 15.12.1962 | minister McNamara eine Verstärkung der konventionellen Streitkräfte, damit bei örtlich begrenzten Konflikten in Europa nicht sofort Kernwaffen eingesetzt werden müßten (Strategie der »flexiblen Reaktion«). |

18.12.1962 Die Bundesregierung folgt einer Empfehlung des NATO-Rats und verhängt über die UdSSR ein Embargo für Großstahlrohre, die von den USA als strategische Güter betrachtet werden.

| 18. bis | Bei einem Treffen in Nassau (Bahamas) vereinbaren die Regierungschefs der |
| 21.12.1962 | USA und Großbritanniens, Kennedy und Macmillan, die Lieferung von »Polaris«-Raketen für britische U-Boote, die einer noch zu schaffenden gemeinsamen Atomstreitmacht der NATO (MLF) unterstellt werden sollen. |

14. 1. 1963 Der amerikanische Unterstaatssekretär Ball unterrichtet die Bundesregierung über die Nassau-Konferenz und betont das Interesse der USA an der Bildung einer multilateralen Atomstreitmacht (MLF) mit oder ohne Frankreich. Bundeskanzler Adenauer sichert die Mitarbeit der Bundesrepublik zu.

Der französische Staatspräsident de Gaulle spricht sich auf einer Pressekonferenz gegen einen Beitritt Großbritanniens zur EWG »zum gegenwärtigen Zeitpunkt« aus und lehnt eine Teilnahme Frankreichs an der MLF ab.

17. 1. 1963 Frankreich fordert die unbefristete Vertagung der Beitrittsverhandlungen zwischen der EWG und Großbritannien.

Der Auswärtige Ausschuß des Deutschen Bundestages appelliert an die Bundesregierung, sowohl bei den EWG-Verhandlungen in Brüssel als auch bei dem bevorstehenden Besuch des Bundeskanzlers in Paris auf den Beitritt Großbritanniens als Vollmitglied der EWG zu drängen.

22. 1. 1963 In Paris wird der Vertrag über die deutsch-französische Zusammenarbeit unterzeichnet.

25. 1. 1963 Die Bundesregierung bekräftigt in einer Erklärung ihre Auffassung, daß der Beitritt Großbritanniens zur EWG aus politischen und wirtschaftlichen Gründen notwendig sei und die Beitrittsverhandlungen fortgesetzt werden sollten.

29. 1. 1963 Abbruch der Beitrittsverhandlungen zwischen der EWG und Großbritannien.

5. bis
7. 2. 1963 Staatssekretär Carstens unterrichtet die amerikanische Regierung über die Ansichten der Bundesregierung zu den Auswirkungen des deutsch-französischen Vertrages und versichert, daß dieser Vertrag keinerlei Rückwirkungen auf das Bündnis der Bundesrepublik mit den USA habe. Die Amerikaner regen an, der Deutsche Bundestag möge die Ratifizierung des deutsch-französischen Vertrages mit einer Resolution über das unveränderliche Festhalten der Bundesrepublik am NATO-Pakt verbinden.

5. 2. 1963 Protest der Sowjetunion gegen den deutsch-französischen Vertrag.

6. 2. 1963 In seiner Regierungserklärung zum deutsch-französischen Vertrag betont Bundeskanzler Adenauer den Wert der NATO für die Sicherheit der Bundesrepublik und fordert ein Mitspracherecht der nichtatomaren Mächte bei Planung und Einsatz von Atomwaffen. Er erklärt die Bereitschaft der Bundesrepublik, sich an einer multilateralen Atomstreitmacht der NATO zu beteiligen.

20. 2. 1963 Die Sowjetunion legt den Entwurf eines Nichtangriffspaktes zwischen den Staaten des Warschauer Paktes und der NATO vor.

7. 3. 1963 Unterzeichnung eines dreijährigen Handelsabkommens zwischen der Bundesrepublik und Polen.

26. 3. 1963 Ein Gespräch zwischen dem amerikanischen Außenminister Rusk und dem sowjetischen Botschafter Dobrynin in Washington leitet eine neue Phase der Sondierungsgespräche über Berlin ein.

1. 4. 1963 Gemeinsames Memorandum der USA und Großbritanniens über die Einstellung der Kernwaffenversuche.

4. 4. 1963 Bundeskanzler Adenauer kommt in Gesprächen mit Vertretern der Regierungsparteien überein, in den Entwurf des Zustimmungsgesetzes zum deutsch-französischen Vertrag eine Präambel aufzunehmen, die den amerikanischen Anregungen vom 5. bis 7. Februar entspricht.

8. 4. 1963 Die UdSSR protestiert in Noten an die USA, Großbritannien und die Bundesrepublik gegen die geplante Beteiligung der Bundesrepublik an einer multilateralen NATO-Atomstreitmacht.

16. 5. 1963 Der Deutsche Bundestag billigt mit großer Mehrheit den deutsch-französischen Vertrag und verabschiedet die Präambel zum Ratifizierungsgesetz.

20. 6. 1963 Eine direkte Nachrichtenverbindung zwischen Washington und Moskau (»Heißer Draht«) wird eingerichtet.

23. bis Der amerikanische Präsident John F. Kennedy besucht die Bundesrepublik.
26. 6. 1963

24. 6. 1963 In Gegenwart von Präsident Kennedy und Bundespräsident Lübke wird in Bonn der Deutsche Entwicklungsdienst (DED) gegründet.

15. 7. 1963 In einer Rede in Tutzing entwickelt der Berliner Senatsdirektor Bahr die Politik des »Wandels durch Annäherung«, die in den folgenden Jahren die Ost- und Deutschlandpolitik beeinflußt.

19. 7. 1963 Bundesaußenminister Schröder macht die Zustimmung zu einem Nichtangriffspakt zwischen der NATO und dem Warschauer Pakt von einer konkreten Besserung in der Berlin- und Deutschlandfrage abhängig.

20. 7. 1963 Ein Assoziationsabkommen zwischen der EWG und 18 afrikanischen Staaten wird geschlossen.

5. 8. 1963 Die Außenminister der USA, Großbritanniens und der UdSSR unterzeichnen in Moskau ein Abkommen über die Einstellung der Kernwaffenversuche in der Atmosphäre, im Weltraum und unter Wasser.

19. 8. 1963 Die Bundesrepublik tritt dem Teststoppabkommen bei.

1. 9. 1963 General Johann Adolf Graf Kielmansegg wird Befehlshaber der Landstreitkräfte der NATO in Mitteleuropa.

18. 9. 1963 Errichtung einer Deutschen Handelsvertretung in Warschau.

2. 10. 1963 Der »Zehnerclub« des Internationalen Währungsfonds zur Untersuchung von Problemen des Weltwährungssystems tritt unter Beteiligung der Bundesrepublik zusammen.

11. 10. 1963 Bundeskanzler Adenauer tritt zurück.

16. 10. 1963 Der Deutsche Bundestag wählt Ludwig Erhard (CDU) zum Bundeskanzler.

17. 10. 1963 In Bukarest wird ein deutsch-rumänisches Protokoll über die beiderseitige Errichtung von Handelsvertretungen unterzeichnet.

9. 11. 1963 In Budapest wird ein langfristiges Abkommen zwischen der Bundesrepublik und Ungarn über den Handels- und Zahlungsverkehr sowie über die Errichtung von Handelsvertretungen abgeschlossen.

22. 11. 1963 Der amerikanische Präsident Kennedy wird ermordet. Sein Nachfolger wird Lyndon B. Johnson.

12. 12. 1963 Altbundespräsident Prof. Dr. Theodor Heuss gestorben.

17. 12. 1963 In Berlin wird – nach Zustimmung durch die Bundesregierung – ein Protokoll über die Ausgabe von Passierscheinen an West-Berliner für Verwandtenbesuche im Ostsektor der Stadt in der Zeit vom 18. Dezember 1963 bis 5. Januar 1964 unterzeichnet.

24. 12. 1963 Das erste langfristige deutsch-rumänische Abkommen über den Warenverkehr wird abgeschlossen.

31. 12. 1963 Der sowjetische Ministerpräsident Chruschtschow fordert in einer Botschaft an alle Staaten den Verzicht auf Gewaltanwendung bei der Regelung von Gebietsstreitigkeiten und die Garantie der bestehenden Grenzen gegen gewaltsame Veränderungen.

1964

14. bis Anläßlich eines Arbeitsbesuchs von Bundeskanzler Erhard in Paris bietet der
15. 2. 1964 französische Präsident de Gaulle für den Fall des Ausbrechens eines militärischen Konflikts um Berlin oder die Bundesrepublik den sofortigen Einsatz der französischen Atomwaffen an.

16. 2. 1964 Ein außerordentlicher Parteitag der SPD wählt Berlins Regierenden Bürgermeister Willy Brandt als Nachfolger Erich Ollenhauers zum Vorsitzenden der SPD und zum Kanzlerkandidaten.

24. 2. 1964 Die Bundesrepublik erkennt die am 18. 1. proklamierte Volksrepublik Sansibar nicht an, weil diese diplomatische Beziehungen zur DDR aufgenommen hat.

6. 3. 1964 In Bonn wird zwischen der Bundesrepublik Deutschland und der Volksrepublik Bulgarien ein langfristiges Abkommen über den Waren- und Zahlungsverkehr und über die Errichtung von Handelsvertretungen abgeschlossen.

22. 3. 1964 Bundeskanzler Erhard erklärt auf dem Kongreß der Ostdeutschen Landsmannschaften in Bonn, es gebe keinen Verzicht auf die Gebiete jenseits der Oder-Neiße-Linie.

26. 5. 1964 Einweihung des Moselkanals durch die Staatsoberhäupter von Luxemburg, Frankreich und der Bundesrepublik in Trier.

11. 6. 1964 In einer Rede in New York betont Bundeskanzler Erhard die Bereitschaft der Bundesregierung zur Abrüstung und stellt fest, daß sie für sich allein keine Verfügungsgewalt über atomare Waffen anstrebe. Er erklärt das Münchner Abkommen von 1938 für ungültig: Die Bundesrepublik erhebe keinerlei territoriale Forderungen gegenüber der ČSSR.

12. bis Die UdSSR und die DDR schließen einen Freundschafts- und Beistandspakt
13. 6. 1964 (am 25. 9. in Kraft).

18. 6. 1964 Vertreter der NATO-Staaten unterzeichnen ein Abkommen, aufgrund dessen die USA den Verbündeten in verstärktem Maße Informationen über nukleare Entwicklungen zur Verfügung stellen.

26. 6. 1964 Die Regierungen der drei Westmächte bekräftigen in einer gemeinsamen Erklärung zum Freundschaftsvertrag zwischen der UdSSR und der DDR vom 12. Juni ihre Mitverantwortung für ganz Berlin.

18. 7. 1964 Die sowjetische Regierung lehnt in ihrer Antwort auf die Noten der Westmächte zur deutschen Frage erneut das deutsche Selbstbestimmungsrecht ab.

28. 7. 1964 Bundeskanzler Erhard erklärt aus Anlaß seines Empfangs des sowjetischen Journalisten Adschubej seine Bereitschaft zu einem Gespräch mit dem sowjetischen Ministerpräsidenten Chruschtschow.

1. 7. 1964 Bundespräsident Dr. h. c. Heinrich Lübke in Berlin zum Bundespräsidenten wiedergewählt.

7. 8. 1964 Eine Resolution des amerikanischen Kongresses schafft die Voraussetzung für das Eingreifen der USA im Vietnamkrieg mit militärischen Mitteln. Vietnam wird zum Hauptproblem der amerikanischen Politik.

3. 9. 1964 Der sowjetische Botschafter in Bonn überbringt das grundsätzliche Einverständnis Chruschtschows, eine Einladung in die Bundesrepublik zu politischen Gesprächen mit Bundeskanzler Erhard anzunehmen.

21. 9. 1964 Otto Grotewohl stirbt. Sein Nachfolger als Ministerpräsident der DDR wird Willi Stoph.

5. bis Konferenz der blockfreien Staaten in Kairo.
10. 10. 1964

14. 10. 1964 Der sowjetische Ministerpräsident Chruschtschow wird von seinen Partei- und Staatsämtern abgelöst. Neuer Parteichef wird Leonid Breshnew, Ministerpräsident Alexej Kossygin.

16. 10. 1964 Erster Atomwaffenversuch in der Volksrepublik China.

18. 10. 1964 Nach einem Wahlsieg der Labour Party wird Harold Wilson britischer Ministerpräsident.

13. 11. 1964 Die Bundesregierung veröffentlicht Vorschläge für eine Intensivierung der Zusammenarbeit westeuropäischer Staaten.

14. 11. 1964 Tod des früheren Bundesaußenministers Heinrich von Brentano.

30. 11. 1964 Die Bundesregierung hinterlegt die Ratifikationsurkunde zum Moskauer Teststopp-Vertrag.

2. 12. 1964 Der französische Ministerpräsident Pompidou betont die Notwendigkeit eines eigenen nuklearen Abschreckungspotentials, einer »force de frappe«, für Frankreich.

15. 12. 1964 Die Mitglieder der EWG beschließen nach schwierigen Verhandlungen den gemeinsamen Markt für Getreide.

1965

5. 1. 1965 Der Bundesminister für gesamtdeutsche Fragen, Mende, erläutert in einem Interview die Vorschläge, mit denen die Bundesregierung eine Lösung der deutschen Frage im Rahmen der Viermächte-Verantwortung anstrebt.

18. 1. 1965 In Noten an die Westmächte und die Bundesrepublik protestiert die Sowjetunion gegen die angeblich geplante Verlegung von Atomminen an der Ostgrenze der Bundesrepublik. In Erklärungen vom selben Tage und in Antwortnoten (23. 4.) weisen die USA und die Bundesrepublik den sowjetischen Protest als gegenstandslos zurück.

19. bis Die Warschauer-Pakt-Staaten kündigen Gegenmaßnahmen gegen die geplante
20. 1. 1965 integrierte Atomstreitmacht der NATO (MLF) an.

21. 1. 1965 Der Bundestag empfiehlt der Bundesregierung einstimmig die Bestellung eines Beauftragten für Abrüstung und Rüstungskontrolle (am 14. 7. 1965 wird Botschafter Schnippenkoetter dazu ernannt).

24. 2. 1965 Bundeskanzler Erhard lädt den sowjetischen Ministerpräsidenten Kossygin zu einem Besuch nach Bonn ein. Kossygin erklärt am 28. Februar, er sei an einem Besuch in Bonn nicht interessiert.

7. 3. 1965 Bundeskanzler Erhard kündigt in einer Erklärung zur Lage im Nahen Osten an, die Bundesregierung werde sich um Aufnahme diplomatischer Beziehungen zu Israel bemühen.

8. 4. 1965 Ein Vertrag über die Fusion von EGKS, EURATOM und EWG wird unterzeichnet.

30. 4. 1965 Der sowjetische Außenminister Gromyko erklärt aus Anlaß seines Besuchs in Paris, Frankreich und die UdSSR seien sich einig, daß die Nachkriegsgrenzen Deutschlands nicht angetastet und keine Atomwaffen an die Bundesrepublik abgegeben werden dürften.

12. 5. 1965 Während der Tagung des NATO-Rates in London bezeichnen die Drei Mächte in einer Deutschlanderklärung die Lösung der Deutschlandfrage auf der Grundlage der Selbstbestimmung als Voraussetzung für den Frieden in Europa.

13. 5. 1965 Die Bundesrepublik nimmt mit Israel diplomatische Beziehungen auf. Die arabischen Staaten (ausgenommen Libyen, Tunesien und Marokko) brechen daraufhin die Beziehungen zur Bundesrepublik ab.

1. 7. 1965 In der Europäischen Wirtschaftsgemeinschaft entsteht wegen der gescheiterten Agrarverhandlungen eine Krise. Frankreich boykottiert den Ministerrat und die Kommission.

9. 7. 1965 Bundesaußenminister Schröder unterstreicht in einem Interview mit den »Düsseldorfer Nachrichten« die Bedeutung der deutschen Ostpolitik für die Wiedervereinigung und befürwortet gemeinsame westliche Schritte, um das wohlverstandene eigene Interesse der Sowjetunion und der osteuropäischen Staaten an der Wiedervereinigung Deutschlands zu wecken.

17. 8. 1965 Der Vertreter der USA legt auf der Genfer Abrüstungskonferenz einen Entwurf für einen Vertrag gegen die Weiterverbreitung von Atomwaffen vor.

11. bis Die Bundesregierung weist Äußerungen des polnischen Ministerpräsidenten
12. 9. 1965 Jozef Cyrankiewicz zurück, die Oder-Neiße-Linie sei im Potsdamer Abkommen als polnische Westgrenze festgelegt. Es gelingt nicht, die französische Regierung zu einer Berichtigung der polnischen Behauptung zu bewegen, Präsident de Gaulle teile die polnische Auffassung.

20. 10. 1965 Der Deutsche Bundestag wählt Ludwig Erhard (CDU) zum zweiten Mal zum Bundeskanzler.

1966

7. 1. 1966 Die Bundesregierung äußert ihr Verständnis für den amerikanischen Standpunkt im Vietnam-Konflikt.

12. 1. 1966 Bundesaußenminister Schröder erklärt in einer außenpolitischen Debatte des Bundestages, die Bundesregierung sehe keine aktuelle Notwendigkeit für die Errichtung einer europäischen Atommacht.

27. 1. 1966 Der Deutsche Bundestag spricht sich in einer EWG-Debatte gegen das von der französischen Regierung geforderte Vetorecht bei Entscheidungen des EWG-Ministerrates aus und lehnt jede Schwächung der Stellung der EWG-Kommission ab.

29. 1. 1966 Aufgrund einer Vereinbarung im Ministerrat der EWG über die Stellung der EWG-Kommission nimmt Frankreich die Arbeit in den Organen der EWG wieder auf.

7. 2. bis Offener Briefwechsel zwischen der SED und der SPD über einen Meinungs-
18. 3. 1966 austausch (u. a. Austausch von Rednern).

17. bis Die vom Sonderausschuß der NATO eingesetzte Arbeitsgruppe für nukleare
18. 2. 1966 Planung konstituiert sich in Washington.

21. 2. 1966 Präsident de Gaulle kündigt an, Frankreich werde aus der militärischen Integration der NATO ausscheiden.

7. 3. 1966 Bundeskanzler Erhard unterstreicht in einem Brief an den französischen Präsidenten, die Bundesregierung halte unbeirrbar an der militärischen Integration in der NATO fest.

10. 3. 1966 Die UNO-Vertreter der drei Westmächte erklären – unter Bezugnahme auf einen vom Ostblock unterstützten Antrag der DDR auf Mitgliedschaft in der UNO (vom 28. Februar) – in einem Schreiben an den Präsidenten des Sicherheitsrates, daß die Regierung der Bundesrepublik Deutschland die einzige Regierung sei, »die befugt ist, in internationalen Angelegenheiten namens des deutschen Volkes zu sprechen«.

11. 3. 1966 In einer Note an alle Mitglieder der NATO erläutert Frankreich seine Absicht, aus der integrierten Organisation der NATO auszuscheiden. Am 7. 3. hatte Staatspräsident de Gaulle diese Absicht schon in einer persönlichen Note an den amerikanischen Präsidenten Johnson, am 9. 3. an die Regierungschefs Großbritanniens, der Bundesrepublik und Italiens begründet.

16. 3. 1966 Der Bundestag spricht sich für eine Erhaltung der Integration in der NATO aus. Alle NATO-Partner müßten gemeinsam die Lage nach dem Ausscheiden Frankreichs prüfen.

25. 3. 1966 Der amerikanische Außenminister Rusk fordert die Bundesregierung auf, ihre Zustimmung für die geplante Lieferung von Stahlwerken an die Volksrepublik China zu überprüfen.
Die Bundesregierung übermittelt allen ausländischen Regierungen, zu denen die Bundesrepublik diplomatische Beziehungen unterhält, sowie den Regierungen der osteuropäischen und arabischen Staaten eine Note zur deutschen Friedenspolitik.

29. 3. 1966 Der sowjetische Parteichef Breshnew schlägt anläßlich des 23. Parteitages der KPdSU Maßnahmen zur Verbesserung der internationalen Lage, darunter auch Abrüstungsmaßnahmen, vor.

6. 4. 1966 Die Bundesregierung besteht in einer Fünf-Punkte-Erklärung an Frankreich darauf, daß die französischen Truppen in Deutschland auch nach dem Ausscheiden Frankreichs aus der NATO-Integration Bestandteil der gemeinsamen Verteidigung sein müssen.

14. 4. 1966 Die SPD schlägt der SED vor, daß der Parteivorsitzende Brandt und seine Stellvertreter Erler und Wehner auf einer SED-Veranstaltung in Chemnitz sprechen. SED-Vertreter könnten auf einer SPD-Kundgebung in Hannover auftreten.

29. 4. 1966 Das Auswärtige Amt legt ein Weißbuch über »Die Bemühungen der deutschen Regierung und ihrer Verbündeten um die Einheit Deutschlands 1955–1966« vor.

9. 5. 1966 Erster Wasserstoffbombenversuch in der Volksrepublik China.

28. 6. 1966 General Graf Kielmansegg wird Oberbefehlshaber der Streitkräfte der NATO in Mitteleuropa.

29. 6. 1966 Die SED sagt unter Hinweis auf den Alleinvertretungsanspruch der Bundesregierung und das Gesetz über »freies Geleit« den Redneraustausch mit der SPD ab.

2. 7. 1966 Erster französischer Kernwaffenversuch im Pazifik.

4. bis Die Staaten des Warschauer Pakts schlagen auf einer Konferenz der Partei-
6. 7. 1966 und Regierungschefs in Bukarest die Einberufung einer europäischen Sicherheitskonferenz vor.

5. bis Besuch von Bundeswirtschaftsminister Schmücker in Rumänien.
7. 9. 1966

19. bis Auf der Tagung der Atlantikpakt-Vereinigung (ATA) in München spricht sich
23. 9. 1966 Bundesverteidigungsminister von Hassel im Namen der Bundesregierung für
eine abgestufte Abschreckung und eine Strategie der »flexiblen Reaktion« aus.

24. bis Besuch von Bundeskanzler Erhard in Washington. In Gesprächen mit dem
28. 9. 1966 amerikanischen Präsidenten Johnson kann weder in der Frage des Devisenausgleichs noch in der erstrebten atomaren Mitverantwortung Einigung erzielt
werden.

10. 11. 1966 Der Ständige Rat der NATO hebt das Röhrenembargo gegenüber dem Ostblock
aus dem Jahre 1962 auf.

30. 11. 1966 Bundeskanzler Erhard erklärt den Rücktritt der Bundesregierung.

1. 12. 1966 Der Deutsche Bundestag wählt Kurt Georg Kiesinger (CDU) zum Bundeskanzler. Eine Koalition von CDU/CSU und SPD wird gebildet. Außenminister
wird Willy Brandt, Gerhard Schröder wird Verteidigungsminister.

14. 12. 1966 Der neue Bundesminister für gesamtdeutsche Fragen, Herbert Wehner, erklärt, die diplomatische Anerkennung der DDR hänge u. a. von dem Grad der
demokratischen Legitimierung der DDR-Regierung ab.

21. 12. 1966 Die Bundesrepublik und Frankreich einigen sich über die Regelung des weiteren Verbleibs französischer Truppen auf deutschem Territorium.

31. 12. 1966 In einer Neujahrsbotschaft legt der Staatsratsvorsitzende der DDR, Ulbricht,
ein Zehn-Punkte-Programm zur Bildung einer Konföderation der beiden deutschen Staaten vor.

1967

19. 1. 1967 Unterzeichnung des deutsch-französischen Regierungsabkommens über die gemeinsame Errichtung eines Forschungsinstituts mit einem Höchstflußreaktor
in Grenoble.

30. 1. bis Als Gast der Bundesregierung besucht der rumänische Außenminister Corneliu
3. 2. 1967 Manescu die Bundesrepublik in offizieller Mission. Die Aufnahme von diplomatischen Beziehungen wird beschlossen.

31. 1. 1967 Ein Entwurf der Bundesregierung über eine gemeinsame Gewaltverzichtserklärung wird dem sowjetischen Botschafter in Bonn übergeben.

7. 2. 1967 Die sowjetische Regierung weist die deutsche Note vom 31. 1. 1967 zurück
und lehnt den Rechtsstandpunkt der Bundesregierung auf Vertretung des deutschen Volkes ab.

8. bis Die Außenminister der Warschauer-Pakt-Staaten beraten in Warschau über
10. 2. 1967 ihre Politik gegenüber der Bundesrepublik. In der Frage der Aufnahme diplomatischer Beziehungen werden unterschiedliche Auffassungen bekannt.

10.2.1967 Die Bundesrepublik unterzeichnet ein internationales Übereinkommen zur Beseitigung der Rassendiskriminierung.

21.2.1967 In Genf tritt die Abrüstungskonferenz wieder zusammen. Die UdSSR wirft der Bundesrepublik vor, sie versuche die Bemühungen um einen internationalen Atomsperrvertrag zu verhindern.

22.2.1967 Tod des Vorsitzenden der SPD-Bundestagsfraktion, Fritz Erler.

27.2.1967 Bundeskanzler Kiesinger kritisiert in einer Rede vor dem Verein Union-Presse in Bonn die unzureichende Unterrichtung der Bundesregierung durch die USA in Fragen des Atomsperrvertrages.
Die Wiederaufnahme der diplomatischen Beziehungen zwischen der Bundesrepublik und Jordanien wird beschlossen.

9.3.1967 Bundesaußenminister Brandt erklärt in Berlin, bei dem Alleinvertretungsrecht der Bundesrepublik handele es sich allein um die politisch-moralische Pflicht, in deutschen Angelegenheiten in der Welt tätig zu sein und sich um die deutsche Frage zu kümmern, so gut es gehe.

15. und Die DDR schließt mit Polen und der Tschechoslowakei zweiseitige Freund-
17.3.1967 schafts- und Beistandsverträge (zum Schutz vor der Bundesrepublik).

5.4.1967 Der amerikanische Vizepräsident Hubert H. Humphrey erörtert mit Bundeskanzler Kiesinger in Bonn Fragen des Atomwaffensperrvertrages.

7.4.1967 Denkschrift der Bundesregierung über den Atomwaffensperrvertrag an die 18 Teilnehmer der Genfer Abrüstungskonferenz.

17.4.1967 Der Staatsratsvorsitzende der DDR, Walter Ulbricht, nennt die Bedingungen für eine Verständigung beider deutscher Staaten und schlägt ein Treffen der Regierungschefs, Kiesinger und Stoph, vor.

19.4.1967 Der erste Bundeskanzler der Bundesrepublik Deutschland, Konrad Adenauer, stirbt im Alter von 91 Jahren.

24. bis Konferenz der europäischen kommunistischen und Arbeiterparteien in Karlovy
26.4.1967 Vary (Karlsbad).

27.4.1967 Der Bundestag diskutiert über den amerikanischen Vorentwurf für ein Verbot der Weitergabe von Kernwaffen.
Bundesaußenminister Brandt erklärt, die Bundesregierung wünsche keinen Atomsperrvertrag, der lebenswichtige Interessen der Bundesrepublik, wie die ungehinderte Nutzung der Kernenergie zu friedlichen Zwecken, beeinträchtige.

8. bis XX. Vollversammlung der Weltgesundheitsorganisation (WHO) in Genf. Zum
27.5.1967 ersten Mal ein Vertreter der Bundesrepublik im Vollzugsrat der WHO.

9.5.1967 Die Verteidigungsminister der NATO (ohne Frankreich) einigen sich in Paris über eine neue, bis 1972 geltende Verteidigungsplanung. Sie verzichten auf eine massive Vergeltung mit Nuklearschlag und entscheiden sich statt dessen für eine Doktrin der flexiblen Abwehr.

10.5.1967 Großbritannien, Irland und Dänemark (11.5.) beantragen die Aufnahme in die Europäischen Gemeinschaften.
Mit einem Schreiben des Ministerpräsidenten der DDR, Stoph, an Bundeskanzler Kiesinger beginnt ein direkter Meinungsaustausch zwischen den beiden Regierungschefs.

17.5.1967 Auf Beschluß der Bundesregierung werden künftig Schreiben von DDR-Ministern angenommen.

27. 5. bis	Während eines Staatsbesuches des iranischen Herrscherpaares kommt es in
4. 6. 1967	zahlreichen Städten der Bundesrepublik zu Demonstrationen und Zusammenstößen mit der Polizei.
5. bis	Israelisch-arabischer Krieg.
10. 6. 1967	
21. 6. 1967	Der Ministerpräsident der DDR, Willi Stoph, äußert zum Briefwechsel mit Bundeskanzler Kiesinger, normale menschliche Beziehungen setzten normale Beziehungen zwischen den Staaten voraus.
30. 6. 1967	Die im Rahmen der »Kennedy-Runde« geführten Zollverhandlungen des Allgemeinen Zoll- und Handelsabkommens (GATT) führen nach mehr als vierjähriger Dauer zu Zollsenkungen, die über einen Zeitraum von 5 Jahren durchschnittlich 35 % ausmachen werden.
1. 7. 1967	Der am 8. April 1965 unterzeichnete Vertrag zur Einsetzung eines Gemeinsamen Rats und einer Gemeinsamen Kommission der Europäischen Gemeinschaften tritt in Kraft. Zu einem späteren Zeitpunkt sollen auch die Verträge fusioniert werden. Jean Rey wird Präsident der neugebildeten Kommission.
4. 7. 1967	Die deutsche Handelsvertretung in Bukarest wird in eine Botschaft umgewandelt.
31. 7. 1967	Erklärung der Bundesregierung über Beteiligung an konstruktiven und koordinierten Maßnahmen von Ost und West für den Nahen Osten und über die Bereitschaft zu wirkungsvoller Hilfe in Nahost.
3. 8. 1967	Bundesaußenminister Willy Brandt unterzeichnet während seines Rumänienbesuchs (bis 7. August) in Bukarest ein deutsch-rumänisches Abkommen über wirtschaftlich-technische Zusammenarbeit. In Prag wird ein deutsch-tschechoslowakisches Handelsabkommen unterzeichnet und der Austausch von Handelsmissionen vereinbart.
16. 8. 1967	Die Bundesregierung verfügt die Aufhebung der (im Frühjahr 1961 eingeführten) Widerrufsklausel im Interzonenhandel.
6. 9. 1967	Der französische Staatspräsident de Gaulle stattet der Volksrepublik Polen einen siebentägigen Besuch ab, in dessen Verlauf er Erklärungen zur Frage der deutsch-polnischen Grenze abgibt, die in der Bundesrepublik Gegenäußerungen auslösen.
18. 9. 1967	Der Ministerpräsident der DDR, Willi Stoph, lehnt in einem Schreiben an den Bundeskanzler die am 13. Juni von Bundeskanzler Kiesinger vorgeschlagenen Verhandlungen über menschliche Erleichterungen ab.
26. 9. 1967	Deutsch-britisch-französische Vereinbarung über die europäischen Airbusprojekte unterzeichnet.
29. 9. 1967	Bundeskanzler Kiesinger teilt in seiner Antwort auf den Stoph-Brief vom 18. September mit, daß der Staatssekretär des Bundeskanzleramtes jederzeit bereit sei, über die Vorschläge des Bundeskanzlers zu verhandeln. Stoph lehnt am 6. Oktober den Staatssekretär des Bundeskanzleramtes als Gesprächspartner ab.
15. 11. 1967	Aufnahme diplomatischer Beziehungen zu Kambodscha.
6. 12. 1967	In einer Regierungserklärung zur Verteidigungspolitik erklärt Bundesverteidigungsminister Schröder vor dem Bundestag, daß die deutschen Verteidigungsausgaben nicht weiter eingeschränkt werden dürften und daß eine deutsche Beteiligung an den taktischen Atomstreitkräften der NATO notwendig sei.

12. 12. 1967 Die NATO übernimmt offiziell die Strategie der »flexiblen Reaktion«.

13. bis Der NATO-Ministerrat berät einen Ausschußbericht (Harmel-Bericht) über
14. 12. 1967 die zukünftigen Aufgaben der Allianz. Als Hauptaufgaben werden genannt:
die Aufrechterhaltung eines angemessenen militärischen Potentials und die
Suche nach Fortschritten im Verhältnis zu den Staaten in Osteuropa.

15. 12. 1967 Außenminister Brandt erklärt vor dem Bundestag, die Bundesregierung werde
sich nachdrücklich für die Aufnahme von Verhandlungen über den Beitritt
Großbritanniens zu den Europäischen Gemeinschaften einsetzen.

19. 12. 1967 Der Ministerrat der Europäischen Gemeinschaften erzielt keinen einstimmigen
Beschluß zur Aufnahme von Verhandlungen über einen Beitritt Großbritanniens. Damit sind die britischen Bemühungen zunächst gescheitert.

22. 12. 1967 Die Bundesregierung weist eine sowjetische Note vom 8. Dezember, die sich
mit angeblichem Neo-Nazismus, Militarismus und Revanchismus in der Bundesrepublik befaßt, als »Einmischung in die inneren Angelegenheiten und als
Entstellung ihrer Außenpolitik« zurück.

1968

3. bis Die Kommunistische Partei der Tschechoslowakei wählt Alexander Dubček zum
5. 1. 1968 Ersten Sekretär.

6. 1. 1968 Der polnische Außenminister Rapacki fordert ein gesamteuropäisches Abkommen über den Gewaltverzicht, das den Rahmen für den schrittweisen
Aufbau eines europäischen Sicherheitssystems bilden könne. Am 11. 1. erklärt
Bundesaußenminister Brandt seine Bereitschaft zur Diskussion dieses Vorschlags.

31. 1. 1968 Wiederaufnahme der diplomatischen Beziehungen zwischen der Bundesrepublik und Jugoslawien.

5. 2. 1968 Bundeswirtschaftsminister Schiller erläutert auf der Zweiten Welthandelskonferenz in Neu-Delhi (1. Februar bis 29. März) den deutschen Standpunkt zu
Handels- und Entwicklungsproblemen. Die deutsche Regierungsdelegation
trägt in Neu-Delhi dazu bei, daß die Konferenz den angestrebten Umfang der
finanziellen Entwicklungshilfe auf ein Prozent des Bruttosozialprodukts der
Geberländer erhöht; das entspricht einer etwa 25prozentigen Steigerung gegenüber der bisherigen Zielsetzung.

26. 2. bis Ein Konsultativtreffen der kommunistischen Parteien in Budapest zur Vorbe-
5. 3. 1968 reitung einer kommunistischen Weltkonferenz zeigt Differenzen innerhalb
des Kommunismus. Die rumänische Delegation reist vorzeitig ab. Die Parteien
Albaniens, Jugoslawiens, Kubas, Nordkoreas, Nordvietnams und Chinas sind
nicht vertreten.

8. 3. 1968 In einem Memorandum an die Delegierten der Genfer Abrüstungskonferenz
macht die Bundesregierung Änderungs- und Ergänzungsvorschläge zum vorliegenden neuen amerikanisch-sowjetischen Entwurf eines Atomsperrvertrages.

11. 3. 1968 Bundeskanzler Kiesinger gibt vor dem Bundestag den ersten Bericht über die
Lage der Nation im geteilten Deutschland ab.

28. 3. bis Konferenz der deutschen Botschafter in Afrika (Abidjan).
2. 4. 1968

1. 4. 1968 General Jürgen Bennecke wird zum Oberbefehlshaber der Streitkräfte der NATO in Mitteleuropa ernannt.

6. 4. 1968 Durch Referendum wird in der DDR eine neue Verfassung eingeführt.

9. 4. 1968 Aide-mémoire der Bundesregierung zum Gewaltverzicht dem sowjetischen Botschafter Zarapkin übergeben.

13. 4. 1968 Die DDR verbietet Ministern und Beamten der Bundesrepublik den Transit nach West-Berlin durch ihr Gebiet. Am 19. 4. protestieren die drei Westmächte gegen diese Anordnung.

3. 5. 1968 Konstituierende Sitzung des Deutsch-Französischen Ausschusses für wirtschaftliche und industrielle Zusammenarbeit in Bonn.

8. 5. 1968 Auf der Generalkonferenz der Weltgesundheitsorganisation (WHO) in Genf schlägt der Vertreter der Bundesregierung den Behörden der DDR vor, ein Innerdeutsches Amt für Öffentliche Gesundheit und für technische Kontakte mit der WHO zu errichten.

27. 5. 1968 Die Botschafter der USA, Großbritanniens und Frankreichs in der Bundesrepublik übergeben Bundesaußenminister Brandt gleichlautende Erklärungen, in denen die drei Regierungen ihre Bereitschaft ausdrücken, nach Inkrafttreten der Notstandsverfassung auf ihre bisherigen Vorbehaltsrechte gemäß Artikel 5 Absatz 2 des Deutschlandvertrages zu verzichten.

29. 5. 1968 Mit der Verabschiedung des neuen Staatsschutzgesetzes (Achtes Strafrechtsänderungsgesetz) durch den Deutschen Bundestag wird die Einfuhr von Presseerzeugnissen aus der DDR für die Zeit vom 1. 10. 1968 bis 31. 3. 1969 gestattet.

12. 6. 1968 Die DDR führt die Paß- und Visapflicht für den Transitverkehr zwischen West-Berlin und der Bundesrepublik ein.

20. 6. 1968 Als Reaktion auf die am 11. Juni von der DDR eingeführten Visagebühren im Berlin-Verkehr beschließt der NATO-Rat, künftig bei Reisegenehmigungen für DDR-Funktionäre in NATO-Länder eine Gebühr zu erheben.

24. bis Der NATO-Rat spricht sich anläßlich einer Ministertagung in Reykjavik für
25. 6. 1968 den schrittweisen Aufbau einer dauerhaften Friedensordnung in Europa aus und für ausgewogene beiderseitige Truppenverminderungen (Signal von Reykjavik). Bundesaußenminister Brandt schlägt einen Austausch von Gewaltverzichtserklärungen zwischen der Bundesrepublik und der DDR vor.

1. 7. 1968 Die Zollunion der Europäischen Gemeinschaften tritt in Kraft.
Die USA, Großbritannien und die Sowjetunion unterzeichnen den Vertrag über die Nichtverbreitung von Atomwaffen.

8. 7. 1968 Bei der UNESCO in Paris wird eine Vertretung der Bundesrepublik errichtet.

12. 7. 1968 Die Bundesregierung veröffentlicht einen zweijährigen deutsch-sowjetischen Notenwechsel über Gewaltverzicht, nachdem die sowjetische Regierung die vereinbarte Vertraulichkeit gebrochen hatte.

14. 7. 1968 Bundesverkehrsminister Leber erklärt die Bereitschaft der Bundesregierung, mit der DDR schriftliche Vereinbarungen über den gegenseitigen Transitverkehr auf den Binnenwasserstraßen beider Teile Deutschlands zu treffen.

26. 7. 1968 In Arusha (Tansania) wird ein Assoziierungsabkommen zwischen der EWG und den drei Staaten der Ostafrikanischen Gemeinschaft (seit 1. Dezember 1967) Kenia, Tansania und Uganda unterzeichnet.

29. 7. bis 1. 8. 1968	Konferenz der sowjetischen und tschechoslowakischen Parteiführungen in Cierna (Schwarzau an der Theiß).
3. 8. 1968	Konferenz der Parteiführungen Bulgariens, Ungarns, der DDR, Polens, der UdSSR und der Tschechoslowakei in Bratislava (Preßburg).
9. 8. 1968	Der Staatsratsvorsitzende der DDR, Walter Ulbricht, unterbreitet vor der Volkskammer neue Vorschläge für die Sicherung des Friedens in Europa und zur Normalisierung der Beziehungen zwischen beiden deutschen Staaten.
16. 8. 1968	Bundeswirtschaftsminister Schiller erklärt sich zu einem Gespräch mit dem DDR-Außenhandelsminister Sölle bereit. Das Gespräch kommt jedoch wegen der Intervention des Ostblocks in der ČSSR (21. August) nicht zustande.
21. 8. 1968	Truppen der Sowjetunion, Bulgariens, der DDR, Polens und Ungarns besetzen die Tschechoslowakei.
28. 8. 1968	Die Bundesregierung gibt eine Fünf-Punkte-Erklärung zur Lage in der ČSSR und über ihre Auswirkungen auf die deutsche Politik ab.
29. 8. bis 29. 9. 1968	Genfer Konferenz der nichtatomaren Staaten.
23. 9. 1968	Der VN-Generalsekretär U Thant stellt in einer Pressekonferenz fest, daß die Feindstaatenklauseln der VN-Charta der Sowjetunion nicht das Recht gäben, einseitig in der Bundesrepublik Deutschland zu intervenieren.
26. 9. 1968	In der Moskauer »Prawda« erscheint ein Aufsatz, in dem Souveränität und Selbstbestimmung der Nationen dem Prinzip der Unteilbarkeit des sozialistischen Gebiets und seiner gemeinsamen Verteidigung unter Hinweis auf die Besetzung der Tschechoslowakei untergeordnet werden (sogenannte »Breshnew-Doktrin«).
30. 9. 1968	Aus Anlaß des 30. Jahrestages des Münchner Abkommens erklärt die Bundesregierung erneut, daß sie dies unter Zwang zustande gekommene Abkommen als nicht mehr gültig betrachte und daß sie daraus keine territorialen Ansprüche gegen die Tschechoslowakei herleite, sondern deren Unabhängigkeit und die Unversehrtheit der tschechoslowakischen Grenzen respektiere.
9. 10. 1968	Bundesaußenminister Brandt unterzeichnet in New York die im Generalsekretariat der Vereinten Nationen aufliegenden Internationalen Pakte über wirtschaftliche, soziale und kulturelle Grundrechte sowie über staatsbürgerliche und politische Grundrechte.
5. 11. 1968	Richard Nixon wird zum Präsidenten der USA gewählt.
9. 11. 1968	Verordnungen der Bundesregierung treten in Kraft, die – in Anlehnung an die vom VN-Sicherheitsrat am 29. Mai gegen Südrhodesien verhängten Wirtschaftssanktionen – jegliche Einfuhr aus und die Ausfuhr aller Güter nach Südrhodesien untersagen.
20. bis 22. 11. 1968	Auf Einladung von Bundeswirtschaftsminister Schiller erörtern die Notenbankpräsidenten und Fachminister der »Zehner-Gruppe« (Belgien, Bundesrepublik Deutschland, Frankreich, Großbritannien, Italien, Japan, Kanada, die Niederlande, Schweden und die USA) die durch Gerüchte über eine Aufwertung der D-Mark ausgelöste internationale Währungskrise.
6. 12. 1968	Zwischen Vertretern der Bundesrepublik und der DDR werden in Berlin neue Vereinbarungen über eine Ausweitung des Interzonenhandels unterzeichnet.

1969

10. 1. 1969 Der sowjetische Botschafter in Bonn, Zarapkin, erklärt in einem Gespräch mit Bundesaußenminister Brandt, die UdSSR wünsche, daß die seit der Besetzung der ČSSR unterbrochenen deutsch-sowjetischen Gespräche wiederaufgenommen würden.

16. 1. 1969 Der NATO-Ausschuß für Verteidigungsplanung beschließt in Brüssel, angesichts der Besetzung der ČSSR durch die Warschauer-Pakt-Staaten die Verteidigungsanstrengungen zu verstärken. Das Bundeskabinett hatte am 15. Januar einen Mehrbetrag an Haushaltsmitteln in Höhe bis zu 2,5 Mrd. DM genehmigt.

20. 1. 1969 Der neugewählte amerikanische Präsident Nixon tritt sein Amt an.

31. 1. 1969 Der Vorsitzende der SPD, Bundesaußenminister Brandt, erklärt sich für die Unterzeichnung des Atomsperrvertrages.

7. 2. 1969 Bundeskanzler Kiesinger erklärt vor dem Bundestag, solange die Sowjetunion nicht auf ihren Interventionsanspruch gegenüber der Bundesrepublik verzichte und die Möglichkeit eines Mißbrauchs nicht ausgeschaltet sei, könne die Bundesregierung den Atomsperrvertrag nicht unterschreiben.

8. 2. 1969 Die DDR-Regierung erläßt mit Wirkung vom 15. Februar ein Durchreiseverbot für die Mitglieder der nach West-Berlin einberufenen Bundesversammlung sowie für Bundeswehrangehörige und Mitglieder des Verteidigungsausschusses des Bundestages.

13. 2. 1969 Die sowjetische Regierung protestiert gegen die beabsichtigte Wahl des Bundespräsidenten in Berlin.

14. 2. 1969 In London treffen die Vertreter der WEU-Staaten zu einer Konsultation über die Lage im Nahen Osten zusammen. Frankreich lehnt diese Konsultation ab und bleibt der Sitzung fern. Am 17. 2. kündigt der französische Botschafter in London den Boykott der WEU an.

14. 2. 1969 Die sowjetische Regierung protestiert gegen das Zusammentreten der Bundesversammlung in Berlin.

17. 2. 1969 Die Bundesregierung legt ihr erstes Verteidigungs-Weißbuch vor.

26. bis Besuch des neuen amerikanischen Präsidenten Nixon in Bonn und Berlin
27. 2. 1969 (West).

1. 3. 1969 Die drei Westmächte weisen in einer gemeinsamen Erklärung sowjetische Behauptungen bezüglich einer militärischen Aktivität der Bundesrepublik in Berlin (West) als grundlos zurück.

2. 3. 1969 Am Ussuri findet ein Gefecht zwischen sowjetischen und chinesischen Grenztruppen statt. In den folgenden Wochen kommt es zu mehreren Grenzzwischenfällen, begleitet von heftigen gegenseitigen Vorwürfen der Sowjetunion und der Volksrepublik China.

5. 3. 1969 Gustav Heinemann wird in Berlin zum neuen Bundespräsidenten gewählt.

6. 3. 1969 Die UNO-Botschafter der drei Westmächte bekräftigen in einem Schreiben an Generalsekretär U Thant erneut ihre Ansicht, daß nur die Bundesrepublik das Recht habe, für das deutsche Volk zu sprechen.

17. 3. 1969 Anläßlich einer Tagung des Politischen Beratenden Ausschusses des Warschauer Pakts fordern die Ostblockstaaten die Einberufung einer gesamteuropäischen Sicherheitskonferenz.

11. 4. 1969 Der NATO-Ministerrat drückt seine Bereitschaft aus, alle geeigneten Möglichkeiten für die Aufnahme von fruchtbaren Ost-West-Verhandlungen zu nutzen.

25. 4. 1969 Die Bundesregierung erklärt sich vor dem Bundestag zu vertraglichen Vereinbarungen mit der DDR bereit, wendet sich aber gegen eine völkerrechtliche Anerkennung.

28. 4. 1969 Der französische Staatspräsident de Gaulle tritt zurück. Am 19. Juni wird Georges Pompidou zu seinem Nachfolger gewählt.

5. 5. 1969 In einem Memorandum an alle europäischen Staaten, Kanada und die USA erklärt die Regierung Finnlands ihre Bereitschaft, eine europäische Sicherheitskonferenz in Helsinki auszurichten.

17. 5. 1969 Der polnische Parteichef Gomulka schlägt der Bundesrepublik in einer Rede in Warschau den Abschluß eines Staatsvertrages vor, durch den alle strittigen Fragen beseitigt werden sollen.

28. 5. 1969 Bundeskanzler Kiesinger äußert in einer Rede in Mannheim seine Bereitschaft, jederzeit mit der polnischen Regierung über gemeinsame Probleme zu verhandeln.

30. 5. 1969 Die Bundesregierung beschließt eine Grundsatzerklärung, in der die Anerkennung der DDR durch dritte Staaten erneut als unfreundlicher Akt bezeichnet wird.

17. 6. 1969 Bundeskanzler Kiesinger gibt dem Deutschen Bundestag seinen zweiten »Bericht über die Lage der Nation im geteilten Deutschland«.

4. 7. 1969 Vertrag zwischen der Bundesrepublik Deutschland und der Französischen Republik über den Ausbau des Rheins zwischen Kehl/Straßburg und Neuburgweier/Lauterburg.

16. 7. 1969 In London wird grundsätzliches Einverständnis über ein Abkommen zum Ausgleich der Devisenausgaben der britischen Streitkräfte in der Bundesrepublik für die Zeit vom 1. April 1969 bis 31. März 1971 erzielt.

20. 7. 1969 Die Amerikaner Armstrong und Aldrin landen als erste Menschen auf dem Mond.

24. bis Auf Einladung der sowjetischen Regierung reist der FDP-Vorsitzende Walter
25. 7. 1969 Scheel mit seinen beiden Stellvertretern, Wolfgang Mischnick und Hans-Dietrich Genscher, nach Moskau.

6. bis Die Botschaften der drei Westmächte in Moskau bekunden gegenüber der
7. 8. 1969 sowjetischen Regierung ihr Interesse an Gesprächen über eine Verbesserung der Beziehungen zwischen den beiden Teilen Deutschlands sowie der Lage innerhalb Berlins und auf seinen Zufahrtswegen.

20. bis Der Vorsitzende der SPD-Bundestagsfraktion, Helmut Schmidt, und seine
23. 8. 1969 Stellvertreter Alex Möller und Egon Franke besuchen auf Einladung des Vorsitzenden der Unionskammer des Obersten Sowjet, Spiridonow, Moskau.

8. bis Erster Besuch des neugewählten französischen Staatspräsidenten, Georges
9. 9. 1969 Pompidou, in Bonn.

12. 9. 1969 Die Bundesregierung läßt dem Generalsekretär und allen Mitgliedstaaten der UNO ein Memorandum zustellen, in dem sie sich für ein umfassendes Verbot aller biologischen und chemischen Waffen einsetzt.

12. 9. 1969 Die UdSSR schlägt der Bundesregierung die Aufnahme von Verhandlungen über ein Gewaltverzichtsabkommen in Moskau vor.

21. 10. 1969 Der Deutsche Bundestag wählt Willy Brandt (SPD) zum Bundeskanzler. Außenminister wird Walter Scheel (FDP).

24. 10. 1969 Die Bundesregierung beschließt mit Wirkung vom 27. Oktober die Aufwertung der D-Mark um 8,5 Prozent.

30. bis Die Außenminister der Warschauer-Pakt-Staaten fordern die Abhaltung einer
31. 10. 1969 gesamteuropäischen Sicherheitskonferenz in der ersten Hälfte des Jahres 1970 in Helsinki.

15. 11. 1969 Der deutsche Botschafter in Moskau, Allardt, übergibt im sowjetischen Außenministerium eine Note, in der die Bundesregierung den Wunsch nach baldigen deutsch-sowjetischen Verhandlungen über einen gegenseitigen Gewaltverzicht betont und dem von der sowjetischen Regierung vorgeschlagenen Konferenzort Moskau zustimmt.

17. 11. 1969 In Helsinki beginnen Vorgespräche zwischen Vertretern der USA und der UdSSR zu Verhandlungen über die Begrenzung der strategischen Rüstung (SALT).

21. 11. 1969 Der Leiter der deutschen Handelsmission in Warschau, Heinrich Böx, überreicht im polnischen Außenministerium eine Note der Bundesregierung, in der Gespräche über alle gemeinsam interessierenden Probleme vorgeschlagen werden.

24. 11. 1969 Die USA und die UdSSR ratifizieren den Atomwaffensperrvertrag.

28. 11. 1969 Die Bundesrepublik tritt dem Atomwaffensperrvertrag bei.

1. bis Konferenz der Staats- und Regierungschefs der EWG-Staaten in Den Haag.
2. 12. 1969 Die Teilnehmer einigen sich über die erneute Aufnahme von Verhandlungen mit den beitrittswilligen Staaten.

5. 12. 1969 Die Außenminister der NATO-Staaten erneuern ihren Vorschlag an die Staaten des Warschauer Pakts, über eine nach Zeit und Umfang ausgewogene beiderseitige Truppenverminderung in Europa zu verhandeln.

8. 12. 1969 In Moskau beginnen zwischen Außenminister Gromyko und Botschafter Allardt deutsch-sowjetische Gespräche über den von der Bundesregierung angebotenen Austausch von Gewaltverzichtserklärungen.

16. 12. 1969 Die drei Westmächte schlagen der UdSSR Vier-Mächte-Gespräche über eine Verbesserung der Situation in Berlin und auf den Zugangswegen nach Berlin vor.

16. 12. 1969 Der EWG-Ministerrat einigt sich auf eine gemeinsame Einfuhrpolitik gegenüber der Sowjetunion und den anderen Ostblockstaaten.

18. 12. 1969 Der Vorsitzende des Staatsrats der DDR, Ulbricht, schlägt in einem Schreiben an Bundespräsident Heinemann die Aufnahme diplomatischer Beziehungen vor. Ein Vertragsentwurf ist dem Schreiben beigelegt.

22. 12. 1969 Der Ministerrat der Europäischen Gemeinschaften einigt sich in Brüssel über die Regelung für die eigenen Einnahmen der Gemeinschaften.

14. 1. 1970 Bundeskanzler Brandt unterbreitet dem Bundestag den »Bericht zur Lage der Nation«.

22. 1. 1970 Bundeskanzler Brandt schlägt dem Vorsitzenden des Ministerrats der DDR, Stoph, in einem Schreiben die Aufnahme von Verhandlungen auf Ministerebene über den Austausch von Gewaltverzichtserklärungen vor.

30. 1. 1970 Der Staatssekretär im Bundeskanzleramt, Egon Bahr, trifft im Rahmen der deutsch-sowjetischen Gespräche über einen Gewaltverzicht mit dem sowjetischen Außenminister Gromyko zum ersten einer langen Reihe von vertraulichen Gesprächen zusammen.

4. 2. 1970 Beginn von deutsch-polnischen Sondierungsgesprächen in Warschau (Duckwitz – Winiewicz).

11. 2. 1970 Der Ministerpräsident der DDR, Stoph, schlägt Bundeskanzler Brandt in Beantwortung seines Schreibens vom 22. Januar ein Treffen in Ost-Berlin vor.

19. 3. 1970 Zum ersten Mal treffen sich in Erfurt mit Bundeskanzler Brandt und Ministerpräsident Stoph die Regierungschefs der beiden deutschen Staaten zu einem Gespräch über die innerdeutschen Beziehungen.

26. 3. 1970 Die Botschafter der drei Westmächte in der Bundesrepublik und der sowjetische Botschafter in der DDR treffen sich in West-Berlin zu einem ersten vertraulichen Gespräch über das Berlinproblem.

6. 4. 1970 Ermordung des deutschen Botschafters in Guatemala, K. Graf v. Spreti, durch Terroristen.

16. 4. 1970 In Wien beginnen die amerikanisch-sowjetischen Verhandlungen über die Begrenzung der strategischen Rüstung (SALT).

21. 5. 1970 Bundeskanzler Brandt und Ministerpräsident Stoph treffen sich zu einem weiteren Gespräch über die innerdeutschen Beziehungen in Kassel.

26. bis Die Vertreter der NATO-Staaten bekunden anläßlich einer Ministertagung
27. 5. 1970 des Nordatlantikrats in Rom ihr Verständnis und ihre Unterstützung für die Entspannungsbemühungen der Bundesregierung gegenüber Osteuropa. Sie erklären sich zu allseitigen Sondierungsgesprächen über die Einberufung einer europäischen Sicherheitskonferenz bereit, sobald Fortschritte bei den laufenden Verhandlungen über Deutschland und Berlin erzielt worden seien.

5. bis Der Ministerrat der WEU tagt in Bonn. Frankreich nimmt zum ersten Mal seit
6. 6. 1970 Februar 1969 wieder an den Beratungen teil.

7. 6. 1970 Das Bundeskabinett verabschiedet sechs Richtlinien für die deutsch-sowjetischen Verhandlungen.

21. bis Auf einer Konferenz in Budapest fordern die Außenminister der Mitgliedstaa-
22. 6. 1970 ten des Warschauer Pakts die baldige Vorbereitung einer gesamteuropäischen Konferenz, bei der auch die Frage der Verringerung ausländischer Streitkräfte auf dem Territorium europäischer Staaten behandelt werden soll.

30. 6. 1970 In Luxemburg werden die Beitrittsverhandlungen zwischen den Europäischen Gemeinschaften und Großbritannien, Irland, Dänemark sowie Norwegen eröffnet.

1. 7. 1970 Als Nachfolger des Belgiers Jean Rey wird der Italiener Franco Malfatti Präsident der Kommission der Europäischen Gemeinschaften.

26. 7. 1970 Bundesaußenminister Scheel reist zur Aufnahme offizieller Gewaltverzichts-verhandlungen mit der Sowjetunion nach Moskau.

7. 8. 1970 Die Außenminister der Sowjetunion und der Bundesrepublik schließen die Gewaltverzichtsverhandlungen mit der Paraphierung eines Vertrages ab.

12. 8. 1970 Bundeskanzler Brandt und Ministerpräsident Kossygin sowie die Außen-minister Scheel und Gromyko unterzeichnen in Moskau das deutsch-sowjetische Gewaltverzichtsabkommen.

20. 8. 1970 Die in Moskau tagenden Partei- und Regierungschefs der Warschauer-Pakt-Staaten begrüßen das deutsch-sowjetische Gewaltverzichtsabkommen als Bei-trag zur Entspannung in Europa.

8. bis In Lusaka (Sambia) findet die dritte Gipfelkonferenz der blockfreien Staaten
10. 9. 1970 statt.

28. 9. 1970 Tod des ägyptischen Staatspräsidenten Gamal Abd el Nasser.

1. 10. 1970 Die Verteidigungsminister der europäischen Gruppe in der NATO beschließen eine gemeinsame Aktion, um durch eine Umverteilung der Lasten im Bündnis den Verbleib der amerikanischen Streitkräfte in Europa zu unterstützen.

8. 10. 1970 Die Kommission der Europäischen Gemeinschaften veröffentlicht den Bericht der unter dem Vorsitz des luxemburgischen Ministerpräsidenten Werner ste-henden Arbeitsgruppe über die stufenweise Verwirklichung der Wirtschafts- und Währungsunion.

9. 10. 1970 General Johannes Steinhoff wird zum Vorsitzenden des Militärausschusses der NATO gewählt.

27. 10. 1970 Die Außenminister der Mitgliedstaaten der Europäischen Gemeinschaften einigen sich im Hinblick auf die Schaffung einer Politischen Gemeinschaft auf ein Verfahren für regelmäßige Konsultationen.

30. 10. 1970 Der sowjetische Außenminister Gromyko trifft sich in Kronberg im Taunus mit Bundesaußenminister Scheel zu einer Konsultation über die Berlin-Gespräche der vier Großmächte und allgemeine politische Fragen.

2. 11. 1970 Bundesaußenminister Scheel trifft in Warschau zu Verhandlungen über eine Normalisierung des deutsch-polnischen Verhältnisses ein.

9. 11. 1970 Tod des ehemaligen französischen Staatspräsidenten Charles de Gaulle.

18. 11. 1970 In Warschau wird der deutsch-polnische Vertrag von den Außenministern der beiden Staaten paraphiert.

27. 11. 1970 Im Rahmen des am 29. Oktober vereinbarten innerdeutschen Meinungsaus-tausches treffen sich die Staatssekretäre Bahr und Kohl zu einem ersten ver-traulichen Gespräch in Ost-Berlin.

2. 12. 1970 Die Verteidigungsminister der europäischen Gruppe in der NATO einigen sich auf ein Fünfjahresprogramm zur Verbesserung der europäischen Verteidi-gung, das zusätzliche Ausgaben in Höhe von rund 1 Mrd. Dollar vorsieht.

7. 12. 1970 Die Regierungschefs und Außenminister der Bundesrepublik und Polens unter-zeichnen in Warschau den am 18. November paraphierten Vertrag.

16. 12. 1970 Beginn von Streiks und Aufständen polnischer Arbeiter in den Städten Danzig, Gdingen, Zoppot.

20. 12. 1970 Rücktritt des polnischen KP-Chefs W. Gomulka; Nachfolger wird E. Gierek.

28. 1. 1971   Bundeskanzler Brandt unterbreitet dem Bundestag den »Bericht zur Lage der Nation«.

8. bis   Der Ministerrat der Europäischen Gemeinschaften einigt sich auf einen Stufen-
9. 2. 1971   plan, der im Laufe von zehn Jahren zu einer Wirtschafts- und Währungsunion innerhalb der Gemeinschaften führen wird.

11. 2. 1971   Die Bundesregierung verabschiedet ihre Konzeption für die Entwicklungshilfe im Rahmen der von den Vereinten Nationen proklamierten Zweiten Entwicklungsdekade.
Mehr als vierzig Staaten unterzeichnen in Washington, London und Moskau den von der Vollversammlung der Vereinten Nationen am 7. 12. 1970 verabschiedeten Entwurf eines Vertrages über das Verbot der Stationierung von Massenvernichtungswaffen auf dem Meeresboden.

25. 2. 1971   Der amerikanische Präsident Nixon fordert in einem Bericht an den Kongreß über die Außenpolitik der USA die Aufnahme von Verhandlungen über eine ausgewogene Truppenreduzierung in Ost und West, sobald eine Regelung des Berlinproblems erreicht sei.

18. 3. 1971   In Bonn wird ein neues deutsch-britisches Devisenausgleichsabkommen mit einer Laufzeit von fünf Jahren unterzeichnet. Danach zahlt die Bundesrepublik an Großbritannien bei unverminderter Aufrechterhaltung der britischen Truppenpräsenz in der Bundesrepublik 110 Millionen DM jährlich.

25. 3. 1971   Beginn schwerer Unruhen in Ostpakistan.

6. 4. 1971   Zwischen Chile und der DDR werden diplomatische Beziehungen aufgenommen.

15. 4. 1971   Die polnische Zeitung »Zycie Warszawy« veröffentlicht Einzelheiten aus einem am 26. März bei den Viermächtegesprächen über Berlin unterbreiteten sowjetischen Verhandlungspapier.

16. 4. 1971   Der amerikanische Präsident Nixon erklärt, seine Regierung sei grundsätzlich bestrebt, die Beziehungen zwischen den USA und der Volksrepublik China zu normalisieren.

19. 4. 1971   Der Ministerrat der Westeuropäischen Union (WEU) bekräftigt seine Übereinkunft, daß die Vorbereitungen für eine europäische Sicherheitskonferenz erst aufgenommen werden sollten, wenn eine befriedigende Berlinregelung gefunden sei.

22. 4. 1971   Der Sprecher der Bundesregierung, Ahlers, bekräftigt deren Standpunkt, daß die Verträge mit der Sowjetunion und Polen dem Bundestag erst dann zur Ratifizierung vorgelegt werden sollten, wenn eine befriedigende Berlin-Regelung erreicht sei.

26. bis   Auf ihrer vierteljährlichen informellen Konferenz in Hamburg kommen die für
27. 4. 1971   Währungsfragen zuständigen Minister der Mitgliedstaaten der Europäischen Gemeinschaft überein, sich rechtzeitig vor der Erstellung der nationalen Haushaltspläne budgetpolitisch abzustimmen.

30. 4. 1971   Der Generalsekretär der Vereinten Nationen, U Thant, untersagt den Angehörigen seines Generalsekretariats die weitere Teilnahme an Veranstaltungen in West-Berlin.

3. 5. 1971 Der Staatsratsvorsitzende der DDR, Walter Ulbricht, legt sein Amt als Erster Sekretär des Zentralkomitees der SED nieder. Zu seinem Nachfolger wird Erich Honecker gewählt.

5. 5. 1971 Wegen starker spekulativer Devisenzuflüsse aus dem Ausland werden die Devisenbörsen der Bundesrepublik geschlossen.

9. 5. 1971 Im Anschluß an eine Sondersitzung des Ministerrats der EWG beschließt die Bundesregierung die Freigabe der Wechselkurse der Deutschen Mark auf unbestimmte Zeit.

14. 5. 1971 Der sowjetische Parteichef Breshnew bekräftigt in einer Rede in Tiflis das Interesse der Sowjetunion an einer Verringerung der Streitkräfte und Rüstungen in Mitteleuropa.

17. bis Staatsbesuch von Bundespräsident Heinemann in Rumänien.
20. 5. 1971

20. 5. 1971 In Moskau und Washington werden Erklärungen veröffentlicht, daß die USA und die Sowjetunion im Rahmen ihrer Gespräche über eine Begrenzung der strategischen Rüstung (SALT) übereingekommen seien, sich in der Folgezeit auf eine Ausarbeitung einer Vereinbarung über die Begrenzung des Aufbaus von Raketenabwehrsystemen zu konzentrieren. Im Zusammenhang damit sollen auch Maßnahmen im Hinblick auf die Beschränkung der strategischen Offensivwaffen vereinbart werden.

4. 6. 1971 In einem Kommuniqué zum Abschluß ihrer Frühjahrskonferenz in Lissabon äußern sich die Außenminister der NATO-Staaten zu dem sowjetischen Interesse an Verhandlungen über eine ausgewogene gegenseitige Truppenreduzierung in Europa.
Die Außenminister wählen ihren niederländischen Kollegen Dr. Joseph Luns als Nachfolger des Italieners Manlio Brosio zum Generalsekretär der NATO.

10. 6. 1971 Die Regierung der USA hebt ein seit 21 Jahren bestehendes Handelsembargo gegen die Volksrepublik China auf.

15. 6. 1971 Die Bundesregierung beschließt Richtlinien, die den Export von Kriegswaffen und Rüstungsgütern in Länder außerhalb der NATO und in Spannungsgebiete weiter einschränken.
Bundeskanzler Brandt bezeichnet in einer Rede in Washington einen »symbolischen Schritt« als Möglichkeit für die Einleitung des angestrebten ausgewogenen Truppenabbaus in Mitteleuropa.

23. 6. 1971 In den Luxemburger Verhandlungen zwischen der EWG und Großbritannien wird eine Einigung erzielt, die den Weg in die Europäischen Gemeinschaften für die beitrittswilligen Länder öffnet.

7. 7. 1971 Die britische Regierung veröffentlicht ein Weißbuch zur Frage des Beitritts zu den Europäischen Gemeinschaften.

9. bis Geheimverhandlungen zwischen dem Berater des amerikanischen Präsidenten
11. 7. 1971 Kissinger, und dem Ministerpräsidenten der Volksrepublik China, Chou En-lai.

15. 7. 1971 In Peking und Washington wird bekanntgegeben, daß Präsident Nixon eine Einladung zu einem Besuch der Volksrepublik China angenommen hat.

9. 8. 1971 Die Sowjetunion und Indien schließen einen Freundschaftsvertrag.

15. 8. 1971	Der amerikanische Präsident Nixon verkündet ein Wirtschaftsprogramm zur Bekämpfung von Arbeitslosigkeit, Inflation und internationaler Spekulation. Die Konvertibilität des Dollar in Gold und andere Reservemittel wird vorübergehend aufgehoben; eine zehnprozentige Importsteuer, sowie ein befristeter Preis- und Lohnstopp werden eingeführt.
3. 9. 1971	Die Botschafter der vier Großmächte unterzeichnen ein Abkommen zur Regelung der Berlinfrage.
16. bis 18. 9. 1971	Besuch des Bundeskanzlers in der Sowjetunion.
20. 10. 1971	Bundeskanzler W. Brandt erhält den Friedensnobelpreis.
26. 10. 1971	Die Volksrepublik China wird neues Mitglied der Vereinten Nationen (mit 76 gegen 35 Stimmen bei 17 Enthaltungen).
28. 10. 1971	Das britische Unterhaus entscheidet sich mit 356 : 244 Stimmen für den Beitritt zur Europäischen Gemeinschaft.

Statistischer Teil

Tabellenübersicht

V. Internationale Organisationen

VI. Außenhandel und Entwicklungspolitik

VII. Wiedergutmachung und humanitäre Hilfe

VIII. Auswärtige Kulturpolitik

IX. Öffentlichkeitsarbeit

I. Allgemeines

1   Fläche, Einwohnerzahl, Bevölkerungsdichte

Land	Jahr	Fläche in qkm	Einwohnerzahl in 1 000	Bevölkerungs- dichte pro qkm
Deutsches Reich	1937	470 440	67 831	144
Gebiet der drei westlichen Besatzungszonen	1946	245 574	45 691	186
BRD	1950	245 770	49 843	203
	1961[1]	248 454	56 175	226
	1970[2]	248 469	61 195	246
Die zwölf unter westlicher Kontrolle befindlichen Bezirke Großberlins	1946	481	2 013	4 184
Berlin (W)	1950	481	2 147	4 464
	1961	481	2 197	4 569
	1970	481	2 134	4 446
Die acht unter sowjetischer Kontrolle befindlichen Bezirke Großberlins	1946	403	1 175	2 916
Ostberlin	1950	403	1 190	2 952
	1961	403	1 055	2 619
	1970	403	1 085	2 692
Gebiet der sowjetischen Besatzungszone	1946	106 770	16 006	150
DDR[3]	1950	107 266	16 410	153
	1961	107 897	16 024	149
	1970	107 775	15 956	148
Länge der Grenzen: Deutsches Reich	1937		6 284 km	
Bundesrepublik Deutschland	1970		4 209 km	
davon Demarkationslinie zur DDR			1 346 km	
DDR	1970		2 464 km	

[1] Gebietszuwachs durch die Rückkehr des Saarlandes am 1. Januar 1957 (2 567 qkm) sowie durch Neuvermessung
[2] Die Differenz in den Flächenangaben zu 1961 erklärt sich wie folgt:
  – Unterschiede in den jeweiligen Vermessungsgrundlagen
  – Rückfall von Gebieten aufgrund des Grenzvertrages mit Belgien am 24. September 1956 (14 qkm)
  – Rückfall von Gebieten aufgrund des Ausgleichsvertrages mit den Niederlanden am 8. April 1960 (68 qkm)
[3] Die Differenzen in den Flächenangaben für die DDR erklären sich aus Unterschieden in den jeweiligen Vermessungsgrundlagen. In den Zahlen für die DDR ist Ostberlin, das ursprünglich nicht zum eigentlichen Gebiet der sowjetischen Besatzungszone gehörte, nicht enthalten.

Quelle: Statistische Jahrbücher des Deutschen Reiches, der Bundesrepublik Deutschland und der DDR; Einzelangaben Statistisches Bundesamt, Wiesbaden

2

Zugänge in den Grenzdurchgangslagern und über das nichtkommunist'
Ausland aufgenommene Aussiedler von 1950 bis 31. 12. 1970

Aussiedler/Vertriebene	Zugänge in den Grenzdurchgangslagern						
	1950 bis 31. 12. 1970	1950/52	1953	1954	1955	1956	1957
I. Aussiedler	630 302	72 280	8 296	10 390	13 202	25 302	107 690
davon aus: a) Ostgebiete des Deutschen Reiches (Gebietsstand: 31. 12. 37)	342 458	21 499	131	600	805	13 976	85 572
b) Übrige Aussiedlungsgebiete	287 844	50 781	8 165	9 790	12 397	11 326	22 118
davon: Danzig	10 316	–	2	22	17	673	2 422
Polen	55 804	21 247	14	40	38	1 025	10 313
Memelland	8 250	–	–	–	–	15	26
Baltische Staaten	5 687	1 782	–	4	2	62	399
Sowjetunion	8 401	2	–	14	152	939	481
Tschechoslowakei	80 301	16 978	63	128	184	954	762
Ungarn	8 732	190	15	43	98	160	2 193
Rumänien	26 267	1 070	15	8	44	176	384
Jugoslawien	81 486	7 254	7 972	9 481	11 839	7 314	5 130
Bulgarien, Albanien u. a. sowie ohne Angabe	2 600	2 258	84	50	23	8	8
II. Über das nichtkommunistische Ausland aufgenommene Vertriebene	49 877	13 351	7 114	5 032	2 586	6 043	6 256
Gesamt: I und II	680 179	85 631	15 410	15 422	15 788	31 345	113 946	1̣

Quelle: Der Bundesminister des Innern; Abteilung Angelegenheiten der Vertriebenen, Flüchtlinge und Kriegsgeschädigten
Az: Vt – I 6c – 6838

	1960	1961	1962	1963	1964	1965	1966	1967	1968	1969	1970
	18 171	16 414	15 733	14 869	20 100	23 867	27 813	26 227	23 201	29 873	18 590
	6 126	8 128	8 791	8 645	11 956	13 163	15 810	9 700	7 610	8 674	4 847
	12 045	8 286	6 942	6 224	8 144	10 704	12 003	16 527	15 591	21 199	13 743
	291	117	137	58	174	90	96	112	53	59	47
	1 364	1 058	730	819	1 481	1 392	1 409	1 044	772	803	732
	2 108	68	465	66	59	31	37	87	37	17	18
	611	61	159	36	28	27	39	61	19	8	18
	511	216	269	107	147	307	1 169	944	542	291	304
	1 394	1 207	1 228	973	2 712	3 210	5 925	11 628	11 854	15 602	4 207
	319	194	264	286	387	724	608	316	303	414	517
	2 124	3 303	1 675	1 321	818	2 715	609	440	614	2 675	6 519
	3 308	2 053	2 003	2 543	2 332	2 195	2 078	1 881	1 391	1 325	1 372
	15	9	12	15	6	13	33	14	6	5	9
	998	747	682	614	743	475	380	248	196	166	359
	19 169	17 161	16 415	15 483	20 843	24 342	28 193	26 475	23 397	30 039	18 949

3   **Die Aufnahme der Vertriebenen aus Ostmittel-, Ost- und Südosteuropa**
(ohne den natürlichen Bevölkerungszuwachs der in der Bundesrepublik
Deutschland und Berlin [West] bereits befindlichen Vertriebenen)

Herkunftsgebiet	Gesamtzahl [1]	Aufnahme in der Bundesrepublik und Berlin (West)	
		bis 1950	Gesamtzahl Ende 1970 [2]
Deutsche Ostgebiete	6 310 900	4 541 200	5 037 900
Danzig	262 800	230 200	231 800
Memelgebiet	86 900	48 900	76 100
Litauen	35 200	⎫	21 900
Lettland	47 200	⎬ 61 000	32 800
Estland	15 200	⎭	10 200
Sowjetunion	58 000	51 200	46 800 [3]
Polen	848 200	419 600	717 000
Tschechoslowakei	2 821 400	1 917 800	2 368 800
Ungarn	249 200	178 200	215 100
Rumänien	271 100	149 500	206 500
Jugoslawien	383 400	148 000	280 800
Bulgarien	1 800	1 200	1 400
Zusammen	11 391 300	7 746 800	9 247 100

[1] Gesamtzahl der Vertriebenen, Aussiedler und Umsiedler
[2] In der Gesamtzahl der Vertriebenen sind enthalten die bis 1950 Vertriebenen sowie die von 1950 bis 1970 direkt oder indirekt über die DDR und das freie Ausland aus den Herkunftsgebieten in die Bundesrepublik Deutschland und nach Berlin (West) gekommenen Vertriebenen, Aussiedler und Umsiedler, abzüglich der später in das westliche Ausland Ausgewanderten.
[3] Die im Vergleich zu 1950 niedrigere Gesamtzahl erklärt sich aus der Abwanderung in das Ausland nach erfolgter Aufnahme in der Bundesrepublik.

Zusammengestellt im Auswärtigen Amt nach Angaben in: Statistisches Taschenbuch über die Heimatvertriebenen, Wiesbaden 1953; Gesamterhebung zur Klärung des Schicksals der deutschen Bevölkerung in den Vertreibungs- gebieten. Bände I–III, München 1965; Statistische Rundschreiben des Bundesministers des Innern, Abteilung Angelegenheiten der Vertriebenen, Flüchtlinge und Kriegsgeschädigten, Bonn. — Vgl. auch Alfred Bohmann: Menschen und Grenzen, Band 1–3, Köln 1969/70.

4   **Flüchtlinge aus der SBZ/DDR und Berlin (Ost)**
Antragsteller im Bundesnotaufnahmeverfahren

Zeitraum der Antragstellung	Antragsteller insgesamt	davon	
		Flüchtlinge	Übersiedler [3]
1949	129 245	129 245 [1]	–
1950	197 788	197 788	–
1951	165 648	165 648	–
1952	182 393	182 393	–
1953	331 390	331 390	–
1954	184 198	184 198	–
1955	252 870	252 870	–
1956	279 189	279 189	–
1957	261 622	261 622	–
1958	204 092	204 092	–
1959	143 917	143 917	–
1960	199 188	199 188	–
1961	207 026 [2]		–
darunter 14. 8.–31. 12. 61	51 624	51 624	–
1962	21 356	16 741	4 615
1963	42 632	12 967	29 665
1964	41 876	11 864	30 012
1965	29 552	11 886	17 666
1966	24 131	8 456	15 675
1967	19 573	6 385	13 188
1968	16 036	4 902	11 134
1969	16 975	5 273	11 702
1970	17 519	5 047	12 472

[1] 1949 bis 1960 enthalten eine unbedeutende Zahl von Familienzusammenführungen.
[2] Nach dem Bau der Mauer (13. 8. 1961) hat sich die Struktur der Antragsteller stark verändert; eine Unterteilung nach Flüchtlingen und Übersiedlern wurde notwendig. Unter den Flüchtlingen werden auch die Sperrbrecher, d. h. Personen, die unter Gefahr für Leib und Leben Sperrmauer und Demarkationslinie überwunden haben, ausgewiesen.
[3] Bei den Übersiedlern handelt es sich um Personen, die nach dem 13. August 1961 mit Genehmigung von DDR-Stellen – zwecks Familienzusammenführung – in das Bundesgebiet gekommen sind; es sind fast ausnahmslos aus dem Erwerbsleben ausgeschiedene alte und hilfsbedürftige Personen, überwiegend Frauen. Dieser Personenkreis wird statistisch erst ab zweitem Halbjahr 1962 erfaßt.

5   **Wahlen zum Deutschen Bundestag 1949–1969 [1]**

Wahljahr	Wähler			Parteien (proz. Anteil u. Abgeordnete)									
	Berechtigte (in 1 000)	Wähler (in 1 000)	Wahlbeteiligung (in v. H.)	SPD		CDU/CSU		FDP		DP		Sonstige	
				v. H.	Abg.	v. H.	Abg.	v. H.	Abg.	v. H.	Abg.	v. H.	Abg.
1949	31 207,6	24 495,6	78,5	29,2	131	31,0	139	11,9	52	12,1	17	15,8	63
1953	33 120,9	28 479,6	86,0	28,8	151	45,2	243	9,5	48	4,0	15	12,5	30
1957	35 400,9	31 072,9	87,8	31,8	169	50,2	270	7,7	41	3,8	17	6,5	–
1961	37 440,7	32 849,6	87,7	36,2	190	45,3	242	12,8	67	–	–	5,7	–
1965	38 510,4	33 416,2	86,8	39,3	202	47,6	245	9,5	49	–	–	3,6	–
1969	38 677,2	33 523,1	86,7	42,7	224	46,1	242	5,8	30	–	–	5,4	–

[1] Bundesgebiet ohne Berlin. Quelle: Statistisches Jahrbuch für die Bundesrepublik Deutschland 1960/1970

6 Sitze der Parteien in den Länderparlamenten (Stand: 1. November 1971)
Wahlergebnisse der ersten und der beiden letzten Landtagswahlen

Landtag	Datum der Landtagswahl	Abgeordnete insgesamt	SPD	CDU CSU in Bayern	FDP	NPD	Sonstige
Baden-Württemberg	9. 3. 1952 [1]	121	38	50	23	–	10 [2]
	26. 4. 1964	120	47	59	14	–	–
	28. 4. 1968	127	37	60	18	12	–
Bayern	1. 12. 1946	180	54	104	9	–	13
	20. 11. 1966	204	79	110	–	15	–
	22. 11. 1970	204	70	124	10	–	–
Bremen	12. 10. 1947	100	46	24	17 [3]	–	13 [4]
	1. 10. 1967	100	50	32	10	8	–
	10. 10. 1971	100	59	34	7	–	–
Hamburg	13. 10. 1946	110	83	16	7	–	4 (KPD)
	27. 3. 1966	120	74	38	8	–	–
	22. 3. 1970	120	70	41	9	–	–
Hessen	1. 12. 1946	90	38	28	14	–	10 (KPD)
	6. 11. 1966	96	52	26	10	8	–
	8. 11. 1970	110	53	46	11	–	–
Nieder-sachsen	20. 4. 1947	149	65	57	13	–	14 [5]
	4. 6. 1967	149	66	63	10	10	–
	14. 6. 1970	149	75	74	–	–	–
Nordrhein-Westfalen	10. 4. 1947	216	64	92	12	–	48 [6]
	10. 7. 1966	200	99	86	15	–	–
	14. 6. 1970	200	94	95	11	–	–
Rheinland-Pfalz	18. 5. 1947	101	34	48	11	–	8 (KPD)
	23. 4. 1967	100	39	49	8	4	–
	21. 3. 1971	100	44	53	3	–	–
Saarland	5. 10. 1947	50	17 [10]	–	3	–	30 [7]
	27. 6. 1965	50	21	23	4	–	2 [8]
	14. 6. 1970	50	23	27	–	–	–
Schleswig-Holstein	20. 4. 1947	70	43	21	–	–	6 [9]
	23. 4. 1967	73	30	34	4	4	1 [9]
	25. 4. 1971	73	32	40	–	–	1 [9]
Berlin (West)	20. 10. 1946	130	63	29	12 [11]	–	26 (SED)
	12. 3. 1967	137	81	47	9	–	–
	14. 3. 1971	138	73	54	11	–	–

[1] Wahl zur Verfassunggebenden Landesversammlung
[2] davon KPD 4
[3] BDV (Bremer Demokratische Volkspartei)
[4] davon KPD 10, DP (Deutsche Partei) 3
[5] davon KPD 8, Zentrum 6
[6] davon KPD 28, Zentrum 20
[7] davon CVP (Christliche Volkspartei des Saarlandes) 28, KP 2
[8] SVP (Saarländische Volkspartei)
[9] SSW (Südschleswigscher Wählerverband)
[10] SPS (Sozialdemokratische Partei Saar)
[11] Liberal-Demokratische Partei

Quelle: Statistisches Jahrbuch 1966, 1968, 1970, Landesvertretung Bayern, Hessen, Berlin, Deutsches Handbuch der Politik

II. Der Auswärtige Ausschuß des Bundestages

7 Vorsitzende und ihre Stellvertreter 1949–1971

Wahl-periode	Datum	Vorsitzender	Stellvertreter
I.	7. 9. 1949– 7. 9. 1953	Abgeordneter Dr. Schmid (SPD)	Abgeordneter D. Dr. Gerstenmaier (CDU/CSU)
II.	6. 10. 1953–24. 11. 1954	Abgeordneter D. Dr. Gerstenmaier (CDU/CSU)	Abgeordneter Dr. Schmid (SPD)
	25. 11. 1954– 6. 10. 1957	Abgeordneter Kiesinger (CDU/CSU)	Abgeordneter Dr. Schmid (SPD)
III.	15. 10. 1957–29. 1. 1959	Abgeordneter Dr. Kopf (CDU/CSU)	Abgeordneter Dr. Schmid (SPD)
	29. 1. 1959–25. 5. 1960	Abgeordneter Dr. Furler (CDU/CSU)	Abgeordneter Dr. Schmid (SPD)
	25. 5. 1960–15. 10. 1961	Abgeordneter Dr. Kopf (CDU/CSU)	Abgeordneter Dr. Schmid (SPD)
IV.	17. 10. 1961–17. 10. 1965	Abgeordneter Dr. Kopf (CDU/CSU)	Abgeordneter Mattick (SPD)
V.	19. 10. 1965–19. 10. 1969	Abgeordneter Dr. Kopf (CDU/CSU)	Abgeordneter Mattick (SPD)
VI.	20. 10. 1969	Abgeordneter Dr. Schröder (CDU/CSU)	Abgeordneter Mattick (SPD)

8

Die Mitglieder des Auswärtigen Ausschusses (Stand: 1. November 1971)
Vorsitzender: Abg. Dr. Schröder (CDU/CSU)
Stellvertretender Vorsitzender: Abg. Mattick (SPD)

Fraktion	Ordentliche Mitglieder Abgeordnete	Stellvertretende Mitglieder Abgeordnete
CDU/CSU	Amrehn	Dr. Furler
	Dr.-Ing. Bach	Dr. Gradl
	Dr. Becher	Dr. Heck
	Dr. Dr. h. c. Birrenbach	Frau Kalinke
	Blumenfeld	Kiep
	Frau Brauksiepe	Dr. Kraske
	Dr. Czaja	Lenze
	von Eckardt	Dr. Martin
	Freiherr von und zu Guttenberg	Dr. Mikat
	Dr. Hallstein	Dr. Schulze-Vorberg
	Dr. Jaeger	Strauß
	Dr. Kliesing	Stücklen
	Majonica	Wagner
	Dr. Marx	Dr. Freiherr von Weizsäcker
	Dr. Schröder	Dr. Wörner
	Frau Dr. Wolf	Baron von Wrangel
SPD	Bartsch	Dr. Arndt
	Dr. Beermann	Dr. Dr. h. c. Bechert
	Brück	Behrendt
	Corterier	Flämig
	Dr. Hupka	Frau Dr. Focke
	Kern	Dr. Haack
	Mattick	Hansing
	Dr. Müller	Dr. Hein
	Raffert	Heyen
	Dr. Schmid	Kaffka
	Schwabe	Dr. Kreutzmann
	Dr. Seume	Lenders
	Wehner	Marx
	Wienand	Frau Renger
	Wischnewski	Würtz
FDP	Dr. Achenbach	Freiherr von Kühlmann-Stumm
	Borm	Mertes

III. Der Auswärtige Dienst

9 **Die Bundesminister des Auswärtigen und die Staatssekretäre des Auswärtigen Amts seit 1951**

Die Bundesminister des Auswärtigen		Kabinett
Dr. h. c. Konrad Adenauer	15. 3.1951– 6. 6.1955	Adenauer
Dr. Heinrich von Brentano	7. 6.1955–17.10.1961	Adenauer
Dr. Gerhard Schröder	14.11.1961–30.11.1966	Adenauer
		Erhard
Dr. h. c. Willy Brandt	1.12.1966–20.10.1969	Kiesinger
Walter Scheel	21.10.1969	Brandt

Die Staatssekretäre des Auswärtigen Amts	
Prof. Dr. Walter Hallstein [1]	2. 4.1951– 7. 1.1958
Dr. Hilger van Scherpenberg	30. 1.1958– 1. 5.1961
Prof. Dr. Karl Carstens	2. 5.1961–15.12.1966
Klaus Schütz	16.12.1966–18.10.1967
Georg Ferdinand Duckwitz	27.10.1967–31. 5.1970
Dr. Paul Frank	1. 6.1970

Im Juli 1960 wurde das Amt eines weiteren Staatssekretärs geschaffen [2]

Prof. Dr. Karl Carstens	28. 7.1960– 1. 5.1961
Rolf Lahr	25. 8.1961–28. 2.1969
Dr. Günther Harkort	18. 3.1969–31. 5.1970
Sigismund Frhr. von Braun	1. 6.1970

Parlamentarischer Staatssekretär (ab April 1967)

Gerhard Jahn	17. 4.1967–21.10.1969
Prof. Dr. Ralf Dahrendorf	21.10.1969– 2. 7.1970
Karl Moersch	3. 7.1970

[1] Seit dem 6. 9. 1950 als Staatssekretär des Bundeskanzleramts auch für die »Dienststelle für Auswärtige Angelegenheiten« zuständig
[2] Beide Staatssekretäre bearbeiten ihren jeweiligen Geschäftsbereich, der aus dem Organisationsplan ersichtlich ist, verantwortlich nach den Weisungen des Bundesministers des Auswärtigen

10 Haushaltsausgaben des Auswärtigen Amts für einige wichtige Verwaltungsb‹
(in DM)

Rechnungsjahr	Personalausgaben		Sachausgaben		Einmalige Ausgabe. Investitionsausg.	
	Zentrale	Vertretungen	Zentrale	Vertretungen	Zentrale	Vert
1949	532 800	–	124 300	20 800	493 700	
1950	2 500 000	5 069 400	804 200	1 678 100	2 511 100	6 (
1951	5 470 300	25 420 200	2 154 000	6 773 100	2 969 400	7 !
1952	8 553 100	49 227 800	3 220 800	10 517 600	17 896 850	10 (
1953	9 470 800	48 262 700	4 186 300	9 496 000	16 928 300	6 5
1954	12 234 900	72 763 000	4 987 700	15 456 000	12 269 200	13 (
1955	13 421 000	81 500 600	5 756 500	16 135 000	6 385 200	13 6
1956	14 125 700	87 299 200	6 603 400	15 974 000	57 871 900	12 0
1957	15 859 200	95 229 400	8 942 600	18 653 000	35 795 400	17 1
1958	17 845 200	120 796 100	13 062 400	22 555 300	2 561 000	22 4
1959	18 558 600	126 368 500	12 119 000	22 612 000	51 997 600	9 3
1960	17 994 600	126 563 800	13 319 000	23 807 400	2 602 200	15 9‹
1961	20 729 900	118 617 100	14 370 800	25 559 000	1 561 800	10 6‹
1962	22 258 200	123 298 200	17 073 100	27 965 000	1 376 800	25 4:
1963	23 172 600	125 351 500	18 168 400	27 905 000	1 519 900	29 8(
1964	26 415 600	134 200 600	18 814 600	31 593 000	1 215 600	15 0;
1965	27 040 700	143 754 100	19 403 100	32 635 000	970 900	20 8(
1966	33 636 700	158 256 000	22 968 100	35 540 000	1 699 800	23 19
1967	37 257 200	175 152 000	23 490 000	38 249 000	2 565 700	18 76
1968	39 278 700	186 095 700	24 038 200	40 240 000	6 583 000	12 63
1969	55 359 500[2]	192 748 000[2]	11 727 400[2]	38 290 000[2]	4 277 800[2]	15 11
1970	62 244 800	208 095 000	12 541 700	44 117 000	2 167 200	28 44
1971	65 245 800	234 575 000	13 905 400	48 355 000	8 655 200	28 20

[1] Die Gelder für den Neubau des Dienstgebäudes des Auswärtigen Amts wurden im Haushaltsplan der Allgemeinen Finanzverwaltung bereitgestellt.

[2] Die Folge dieser Ausgabengruppen wurde 1969 durch eine Umgestaltung des Haushaltsplanschemas unterbrochen. Die Einzelpositionen bei den Personalausgaben und den Sachausgaben wurden dadurch neu verteilt und die Gruppe der Einmaligen Ausgaben auf die reinen Investitionsausgaben reduziert. Infolgedessen sind die für 1969 nachgewiesenen Positionen mit den entsprechenden Vorjahresziffern nicht unmittelbar vergleichbar.

außerordentliche Ausgaben Dienstgebäude AA	Ausbildung für den Auswärtigen Dienst	Arbeitsdelegationen, Kommissionen und Verhandlungssekretariate; deutsche Beteiligung an vertraglich vereinbarten Schiedsgerichten
–	55 000	–
(35 000)[1]	410 500	787 800
(2 230 000)[1]	380 300	1 308 500
3 735 000	243 500	10 261 750
3 000 000	398 900	8 714 300
4 424 500	344 400	9 131 200
–	347 500	1 700 000
–	291 400	1 301 000
–	320 600	1 751 000
–	282 400	1 935 000
–	198 000	2 054 000
–	198 000	2 078 000
–	214 500	1 800 500
–	244 500	2 063 700
–	271 400	2 048 200
–	300 000	1 670 100
–	310 000	1 450 000
–	400 000	1 455 000
–	400 000	1 425 000
–	360 000	1 342 600
–	237 800	1 180 000
–	252 400	1 332 800
–	412 100	1 305 000

11 Haushaltsausgaben des Auswärtigen Amts für ausgewählte Aufgabenbereich
(in DM)

Rechnungsjahr	Pflege kultureller, humanitärer und wissenschaftlicher Beziehungen zum Ausland	Förderung des deutschen Schulwesens im Ausland	Beschaffung wirtschaftlicher Materialien für den Außenhandel	Unterstützungen und Hilfsmaßnahmen für Deutsche im Ausland	Einlad auslär Persör zum E Bunde Deutse
1949	–	–	–	100 000	
1950	600 000	200 000	130 000	2 385 000	
1951	1 050 000	300 000	130 000	2 030 000	
1952	2 200 000	600 000	200 000	775 000	40
1953	3 500 000	1 580 000	200 000	3 765 000	40
1954	6 800 000	3 000 000	350 000	2 620 000	40
1955	12 000 000	10 000 000	350 000	2 300 000	41
1956	15 000 000	12 000 000	350 000	1 850 000	55
1957	18 000 000	14 000 000	350 000	2 310 000	55
1958	23 200 000	27 000 000	300 000	2 180 000	30
1959	28 000 000	33 600 000	300 000	1 750 000	60
1960	45 344 000	50 506 000	300 000	1 400 000	70
1961	81 006 000	47 476 000	270 000	1 772 000	80
1962	117 902 000	44 830 000	330 000	1 837 000	80
1963	119 055 000	46 775 500	330 000	1 817 000	80
1964	117 665 000	51 933 000	260 000	1 697 000	75
1965	128 496 000	56 500 000	120 000	1 605 000	712
1966	142 607 100	72 600 000	140 000	1 560 000	720
1967	145 095 100	77 332 000	100 000	1 530 000	720
1968	151 105 000	78 024 500	100 000	1 430 000	700
1969	157 679 500	98 225 000	95 000	1 596 500	720
1970	181 656 100	126 000 000	95 000	1 720 000	720
1971	194 835 700	136 145 400	95 000	1 965 000	720

1 Die hier aufgeführten Mittel wurden 1950–1956 außerhalb der Haushalte des Auswärtigen Amts ausgebracht. Sie wurden jedoch 1950–1956 vom Bundesminister des Auswärtigen parlamentarisch vertreten und von der Dienststelle für Auswärtige Angelegenheiten/Auswärtiges Amt verwaltet.
2 Ab 1962 auf den Haushalt des Bundesministerium für wirtschaftliche Zusammenarbeit übergegangen.

...in-poli... d po- sen- r Or- en ute	Beiträge, die aus Mitgliedschaft oder Mitarbeit in internationalen Organisationen erwachsen	Europarat und verwandte Gebiete [1]	Entwicklungshilfe [2]	NATO-Verteidigungshilfe, Ausrüstung- u. Ausbildungshilfe	Unmittelbare humanitäre Hilfsmaßnahmen im Ausland
	7 000	–	–	–	–
600	30 000	(2 365 000)	–	–	–
600	1 280 000	(1 257 600)	–	–	–
000	1 798 700	(1 806 500)	300 000	–	–
000	1 989 000	(2 251 500)	825 000	–	–
000	3 145 800	(2 454 300)	625 000	–	4 433 400
000	2 529 100	(2 185 000)	625 000	–	4 000 000
000	4 618 800	(1 860 000)	51 250 000	–	3 200 000
000	9 768 800	2 027 400	52 000 000	–	3 600 000
000	13 472 200	2 014 400	54 000 000	–	3 600 000
000	14 042 400	2 489 400	57 000 000	–	–
000	15 317 000	2 553 900	59 000 000	–	–
000	19 686 500	2 533 900	85 000 000	–	–
000	21 848 400	2 972 400	–	–	–
500	23 727 200	2 857 700	–	–	–
500	23 197 700	3 862 700	–	–	–
000	23 627 700	4 163 500	–	–	–
500	33 340 500	4 919 700	–	87 000 000	–
500	35 735 300	5 316 400	–	86 000 000	5 000 000
500	39 422 700	6 128 000	–	90 000 000	3 000 000
500	36 179 400	6 578 000	–	82 000 000	13 000 000
000	40 350 800	6 625 000	–	93 000 000	13 000 000
000	43 081 200	7 710 000	–	92 800 000	13 000 000

12   **Der Etat des Auswärtigen Amts im Rahmen des Gesamthaushalts der Bundesrepublik Deutschland**

Rechnungsjahr	Bundeshaushalt DM	Etat des AA DM	Anteil in v. H.	Bemerkungen
1949	1 474 862 300	1 226 600	0,08	Etat des Organisationsbüros für die konsularisch-wirtschaftlichen Vertretungen im Ausland. Verbindungsstelle zur Alliierten Hohen Kommission. Im Etat des Bundeskanzleramts
1950	16 270 625 760	22 039 000	0,14	Dienststelle für Auswärtige Angelegenheiten und konsularisch-wirtschaftliche Vertretungen des Bundes im Ausland. Im Etat des Bundeskanzleramts
1951	21 073 062 400	56 427 000	0,27	Etat des Auswärtigen Amts
1952	23 354 927 300	85 804 550	0,37	
1953	27 849 280 600	117 924 200	0,42	Der Etat des Auswärtigen Amts enthält erstmalig Mittel für die Zentrale Rechtsschutzstelle
1954	27 173 779 900	156 491 900	0,58	
1955	30 595 770 900	174 762 600	0,57	
1956	35 022 460 700	238 521 300	0,68	
1957	37 393 768 600	262 333 400	0,70	Der Etat des Auswärtigen Amts enthält erstmalig die Ausgaben für Angelegenheiten des Europarates und verwandte Gebiete
1958	38 723 742 900	331 787 100	0 86	
1959	39 788 903 900	328 854 800	0,83	
1960	41 937 596 100	400 456 300	0,95	
1961	48 149 257 300	455 174 800	0,95	
1962	53 404 353 300	441 235 900	0,82	Die Ausgaben für Entwicklungshilfe sind auf das BMZ [1] übergegangen
1963	56 846 849 200	450 342 800	0,79	
1964	60 345 900 000	448 558 100	0,74	
1965	63 948 900 000	482 828 900	0,75	
1966	68 906 092 800	641 354 000	0,93	
1967	77 014 370 300	671 205 900	0,87	
1968	80 656 759 400	698 753 000	0,87	
1969	83 346 017 700	733 173 500	0,88	
1970	90 945 761 300	844 900 100	0,93	
1971	100 144 629 700	931 956 800	0,93	

[1] Der Bundesminister für wirtschaftliche Zusammenarbeit

13   **Beschäftigte im Auswärtigen Dienst 1874–1971**
Zentrale und Auslandsvertretungen; höherer Dienst gesondert

Jahr	Inland		Ausland		In- und Ausland	
	Gesamtzahl	davon höherer Dienst	Gesamtzahl	davon höherer Dienst	Gesamtzahl	davon höherer Dienst
1874	99	27	246	115	345	142
1914	588	73	1 287	278	1 875	351
1923 [1]	1 330	132	701	301	2 031	433
1928 [1]	734	90	1 435	382	2 169	472
1937	913	103	1 746	371	2 659	474
1953	1 022	226	2 389	670	3 411	896
1961	1 606	399	4 157	880	5 763	1 279
1971 [2]	1 852	417	4 518	836	6 370	1 253

[1] Die Zahlen für die Jahre 1923 und 1928 enthalten nicht die Bediensteten der Vereinigten Presseabteilung der Reichsregierung, die haushaltsmäßig zum Auswärtigen Amt gehörte.
[2] Stand: Juni 1971

14   **Diplomatische und berufskonsularische Vertretungen 1874–1971**

Jahr	Bot-schaften	Gesandt-schaften	Minister-residen-turen	Diplo-matische Agen-turen (Vertre-tungen)	Vertre-tungen bei inter-nat. Org.	General-konsu-late	Konsu-late	Handels-vertre-tungen	Schutz-macht-vertre-tungen	Gesamt
1874	4	14	8	–	–	7	26	–	–	59
1914	9	23	7	1	–	33	100	–	–	173
1923	9	38	–	–	–	29	36	–	–	112
1937	15	36	–	–	–	37	83	–	–	171
1953	22	24	–	3	–	22	27	1	–	99
1961	79	5	–	–	6	33	51	1	–	175
1971 [1]	99	–	–	–	8	61	17	5	11	201

[1] Stand: 1. November 1971

15 **Entwicklung der zahlenmäßig größten Auslandsvertretungen**
Personalstärke des höheren Dienstes (einschließlich Kanzler)

	1937	1952	1958	1964	1970
London	11	17	31	31	33
Moskau	6	–	13	13	19
Paris	11	12	32	33	31
Washington	12	17	37	40	44
EG (Europ. Gemeinschaft, Brüssel)	–	–	10	18	22
NATO (Paris, seit 1967 Brüssel)	–	–	29	32	33

16   **Entwicklung des Nachrichtenverkehrs des Auswärtigen Amts**
Telegramme und Fernschreiben (Ein- und Ausgänge)

1874	786
1923	2 190
1952	12 829
1953	17 548
1954	22 329
1955	29 859
1956	37 369
1957	35 581
1958	46 334
1959	49 979
1960	65 553
1961	87 059
1962	91 230
1963	98 712
1964	106 932
1965	113 436
1966	125 340
1967	126 900
1968	165 804
1969	170 859
1970	202 361

17   **Schriftverkehr des Auswärtigen Amts**
Ein- und Ausgänge ohne Telegramme und Fernschreiben

1952	691 439
1953	828 611
1954	948 055
1955	1 042 651
1956	1 071 012
1957	1 151 405
1958	1 137 906
1959	1 243 313
1960	1 303 644
1961	1 293 867
1962	1 251 246
1963	1 256 063
1964	1 340 643
1965	1 418 290
1966	1 450 796
1967	1 420 767
1968	1 447 776
1969	1 418 245
1970	1 462 966

IV. Diplomatische Beziehungen

Bundespräsident Professor Dr. Theodor Heuss

1956	14.–22. 5. 1956 Griechenland	1958	28. 5.– 3. 6. 1958	Kanada
			4.–23. 6. 1958	Vereinigte
1957	5.–13. 5. 1957 Türkei			Staaten von
	18.–26. 11. 1957 Italien			Amerika
	27.–28. 11. 1957 Vatikan		20.–23. 10. 1958	Großbritannien

Bundespräsident Dr. h. c. Heinrich Lübke

1961	20.–23. 6. 1961 Frankreich	1966	22.–26. 2. 1966	Madagaskar
	5.– 7. 7. 1961 Schweiz		26.–28. 2. 1966	Kenia
			28. 2.– 4. 3. 1966	Kamerun
1962	11.–15. 1. 1962 Liberia		4.– 8. 3. 1966	Togo
	15.–18. 1. 1962 Guinea		8.–12. 3. 1966	Mali
	18.–21. 1. 1962 Senegal		12.–16. 3. 1966	Marokko
	27.–31. 3. 1962 Österreich		22.–28. 11. 1966	Mexiko
	15.–21. 11. 1962 Pakistan			
	21.–26. 11. 1962 Thailand	1967	2.– 6. 3. 1967	Korea
	26. 11.– 5. 12. 1962 Indien		6.– 8. 3. 1967	Thailand
			8.–11. 3. 1967	Malaysia
1963	23.–27. 10. 1963 Iran		11.–15. 3. 1967	Nepal
	28. 10.– 3. 11. 1963 Indonesien		15.–19. 3. 1967	Afghanistan
	6.–18. 11. 1963 Japan		9.–16. 6. 1967	Kanada
	18.–23. 11. 1963 Philippinen			
		1968	3.– 5. 2. 1968	Frankreich
1964	24.–29. 4. 1964 Peru		25.–30. 4. 1968	Tunesien
	29. 4.– 4. 5. 1964 Chile			
	4.– 7. 5. 1964 Argentinien	1969	5.–10. 2. 1969	Elfenbeinküste
	7.–14. 5. 1964 Brasilien		10.–14. 2. 1969	Niger
	20.–26. 10. 1964 Äthiopien		14.–18. 2. 1969	Tschad

Bundespräsident Dr. Dr. Gustav W. Heinemann

1969	24.–27. 11. 1969 Niederlande	1971	22.–25. 3. 1971	Venezuela
			25.–29. 3. 1971	Kolumbien
1970	7.–17. 5. 1970 Japan		29.–31. 3. 1971	Ecuador
	9.–11. 6. 1970 Dänemark		17.–20. 5. 1971	Rumänien
	23.–26. 6. 1970 Schweden			
	9.–12. 9. 1970 Norwegen			
	12. 11. 1970 Frankreich			

Bundeskanzler Dr. h. c. Konrad Adenauer

Land	Datum	Land	Datum
Belgien	18.–22. 8.1954	Italien	22.–25. 7.1952
Belgien	24.–26. 9.1956	Italien	23.–27. 3.1957
Frankreich	11.–19. 4.1951	Italien	20.–21. 1.1960
Frankreich	20.–23.11.1951	Italien	23.–25. 1.1960
Frankreich	28.–31.12.1951	Italien	18.–19. 9.1963
Frankreich	18.–21. 3.1952	Japan	25.3.– 1. 4.1960
Frankreich	22.–25. 7.1952	Luxemburg	8.–12. 9.1952
Frankreich	22.–23. 6.1953	Luxemburg	5.10.1955
Frankreich	11.–14.12.1953	Luxemburg	4.– 5. 6.1956
Frankreich	18.–20. 5.1954	Niederlande	26.–28.11.1953
Frankreich	19.–23.10.1954	Österreich	13.–15. 6.1957
Frankreich	7.–12. 5.1955	Sowjetunion	8.–14. 9.1955
Frankreich	6.11.1956	Türkei	18.–25. 3.1954
Frankreich	18.–20. 2.1957	Vatikan	22. 1.1960
Frankreich	14.–15. 9.1958	Vatikan	16.–17. 9.1963
Frankreich	1.– 2.12.1959	Vereinigte Staaten von Amerika	1.–19. 4.1953
Frankreich	18.–21.12.1959	Vereinigte Staaten von Amerika	26.10.– 3.11.1954
Frankreich	4.– 5. 3.1959	Vereinigte Staaten von Amerika	12.–19. 6.1955
Frankreich	29.–30. 7.1960	Vereinigte Staaten von Amerika	8.–15. 6.1956
Frankreich	8.–11. 2.1961	Vereinigte Staaten von Amerika	23.–30. 5.1957
Frankreich	9.12.1961	Vereinigte Staaten von Amerika	26.–30. 5.1959
Frankreich	2.– 8. 7.1962	Vereinigte Staaten von Amerika	12.–24. 3.1960
Frankreich	20.–23. 1.1963	Vereinigte Staaten von Amerika	11.–18. 4.1961
Frankreich	21.–22. 9.1963	Vereinigte Staaten von Amerika	20.–22.11.1961
Griechenland	9.–17. 3.1954		
Großbritannien	3.– 8.12.1951		
Großbritannien	14.–19. 2.1952		
Großbritannien	27.9.– 3.10.1954		
Großbritannien	16.–19. 4.1958		
Großbritannien	17.–19.11.1959		
Großbritannien	22.–23. 2.1961		
Iran	27.3.– 2. 4.1957		
Italien	14.–23. 6.1951		

Bundeskanzler Prof. Dr. Ludwig Erhard

Land	Datum	Land	Datum
Belgien	23.–24. 4.1964	Luxemburg	4. 5.1964
Dänemark	8.– 9. 7.1964	Niederlande	2.– 3. 3.1964
Frankreich	20.–22.11.1963	Norwegen Schweden	28.8.– 4. 9.1966
Frankreich	14.–15. 2.1964		
Frankreich	19.–20. 1.1965	Vereinigte Staaten von Amerika	24.–27.11.1963
Frankreich	7.– 8. 2.1966	Vereinigte Staaten von Amerika	11.–13. 6.1964
Großbritannien	15.–16. 1.1964	Vereinigte Staaten von Amerika	31.5.– 5. 6.1965
Großbritannien	29.–30. 1.1965	Vereinigte Staaten von Amerika	24.–27. 9.1966
Großbritannien	23.–25. 5.1966		
Italien	27.–29. 1.1964		
Kanada	9.–10. 6.1964		
Kanada	31.5.– 5. 6.1965		

Bundeskanzler Dr. h. c. Kurt Georg Kiesinger

Afghanistan	12.–15. 9. 1968	Japan	16.–22. 5. 1969
Belgien	14.–15. 11. 1968	Österreich	27.–29. 3. 1969
Birma	22.–24. 11. 1967	Pakistan	26.–28. 11. 1967
Ceylon	24.–26. 11. 1967	Portugal	24.–27. 10. 1968
Frankreich	13.–14. 1. 1967	Spanien	27.–30. 10. 1968
Frankreich	15.–16. 2. 1968	Türkei	5.– 9. 9. 1968
Frankreich	13.–14. 3. 1969	Vereinigte Staaten	14.–17. 8. 1967
Großbritannien	23.–25. 10. 1967	von Amerika	
Indien	20.–22. 11. 1967	Vereinigte Staaten	31. 3.– 5. 4. 1969
Iran	9.–12. 9. 1968	von Amerika	
Italien	29.–31. 5. 1967	Vereinigte Staaten	5.– 9. 8. 1969
Italien	31. 1.– 4. 2. 1968	von Amerika	

Bundeskanzler Dr. h. c. Willy Brandt

Dänemark	13.–14. 2. 1970	Norwegen	23.–25. 4. 1970
Frankreich	30.–31. 1. 1970	Polen	6.– 8. 12. 1970
Frankreich	25.–26. 1. 1971	Sowjetunion	11.–13. 8. 1970
Großbritannien	2.– 4. 3. 1970	Sowjetunion	16.–18. 9. 1971
Großbritannien	5. 5. 1971	Tunesien	9. 1. 1970
Italien	23.–25. 11. 1970	Vatikan	12.–14. 7. 1970
Jamaika	12.–14. 6. 1971	Vereinigte Staaten	5.–11. 4. 1970
Kenia	14.–15. 1. 1971	von Amerika	
Niederlande	1.– 2. 12. 1969	Vereinigte Staaten	14.–19. 6. 1971
		von Amerika	

20 Staatsbesuche in der Bundesrepublik

1954	8.–14. 11. 1954	Kaiser Haile Selassie I. von Äthiopien
1955	23. 2.– 5. 3. 1955	Schahanschah von Iran Mohammad Reza Schah Pahlavi Aryamehr
1956	18.–26. 6. 1956	Präsident Dr. Achmed Sukarno von Indonesien
	16.–23. 9. 1956	König Paul von Griechenland
	8.–14. 10. 1956	Präsident Dr. William Tubman von Liberia
	3.– 9. 12. 1956	Präsident Giovanni Gronchi von Italien
1958	7.–15. 5. 1958	Präsident Celâl Bayar der Türkei
1959	16.–19. 11. 1959	Präsident Sékou Touré von Guinea
1960	3.– 6. 3. 1960	Präsident Dr. Manuel Prado von Peru
	27. 6.– 1. 7. 1960	Präsident Dr. Arturo Frondizi von Argentinien
	25. 7.– 2. 8. 1960	König Bhumibol Adulyadej von Thailand

1961	16.–23. 1. 1961	Präsident Feldmarschall Mohammad Ayub Khan von Pakistan
	15.–24. 5. 1961	Präsident Sylvanus Olympio von Togo
	8.–11. 11. 1961	Präsident Léopold Sédar Senghor von Senegal
1962	11.–19. 4. 1962	Präsident General Ibrahim Abboud von Sudan
	21.–27. 5. 1962	Präsident Erzbischof Makarios von Zypern
	6.–14. 6. 1962	Präsident Modibo Keita von Mali
	27. 8.– 4. 9. 1962	Präsident Philibert Tsiranana von Madagaskar
	4.– 9. 9. 1962	Präsident General Charles de Gaulle von Frankreich
1963	5.– 7. 4. 1963	Präsident Lopez Mateos von Mexiko
	29. 4.– 4. 5. 1963	Präsident Ahmadou Ahidjo von Kamerun
	23.–26. 6. 1963	Präsident John F. Kennedy der Vereinigten Staaten
	31. 7.– 3. 8. 1963	Präsident Antonio Segni von Italien
	6.–14. 8. 1963	König Mohammed Zahir Schah von Afghanistan
1964	21.–28. 5. 1964	König Mahendra Bir Bihram Schah Deva von Nepal
	23.–26. 6. 1964	Bundespräsident Dr. Adolf Schärf von Österreich
	25. 11.– 3. 12. 1964	König Hussein II. von Jordanien
	7.–14. 12. 1964	Präsident Park Chung Hee von Korea
1965	6.–15. 4. 1965	Präsident Aden Abdulla Osman von Somalia
	18.–28. 5. 1965	Königin Elizabeth II. von Großbritannien
	6.–10. 7. 1965	Präsident Giuseppe Saragat von Italien
	19.–22. 7. 1965	Präsident Eduardo Frei von Chile
	29. 11.– 2. 12. 1965	König Hassan II. von Marokko
1966	18.–22. 7. 1966	Präsident Habib Bourguiba von Tunesien
1967	11.–18. 4. 1967	Präsident François Tombalbaye von Tschad
	27. 5.– 4. 6. 1967	Schahanschah von Iran Mohammad Reza Schah Pahlavi Aryamehr
	5.–12. 7. 1967	Präsident Félix Houphouet-Boigny der Elfenbeinküste
1968	4.–10. 4. 1968	Präsident Diori Hamani von Niger
	17.–20. 10. 1968	Vorsitzender General Ne Win von Birma
1969	17.–26. 3. 1969	Präsident Joseph D. Mobutu von Kongo (Kinshasa)
	14.–19. 4. 1969	Tuanku Ismail Nasiruddin Shah von Malaysia
1970	27. 4.– 6. 5. 1970	Präsident Dr. Kenneth D. Kaunda von Sambia
	4.– 6. 9. 1970	Präsident General Soeharto von Indonesien
	19.–24. 10. 1970	Präsident Cevdet Sunay der Türkei
1971	27.–30. 4. 1971	der König der Belgier, Baudouin
	11.–13. 10. 1971	Kaiser Hirohito von Japan
	26.–29. 10. 1971	Königin Juliane der Niederlande

Jahr	Besuche in der Bundesrepublik Deutschland			Gesamt	Auslandsreisen			Gesamt
	Staatsoberhäupter [1]	Regierungschefs	Außenminister		Bundespräsident	Bundeskanzler	Bundesminister des Auswärtigen	
1949	–	–	1	*1*	–	–	–	–
1950	–	–	2	*2*	–	–	–	–
1951	–	–	2	*2*	–	5	–	*5*
1952	–	1	3	*4*	–	5	–	*5*
1953	–	2	5	*7*	–	4	–	*4*
1954	1	5	3	*9*	–	7	–	*7*
1955	1	3	1	*5*	–	4	1	*5*
1956	4	5	2	*11*	1	4	5	*10*
1957	–	2	1	*3*	3	5	10	*18*
1958	1	6	6	*13*	3	2	5	*10*
1959	2	7	16	*25*	–	5	5	*10*
1960	4	6	12	*22*	–	6	10	*16*
1961	5	5	4	*14*	2	5	13	*20*
1962	7	10	12	*29*	7	1	13	*21*
1963	10	6	11	*27*	4	6	12	*22*
1964	11	9	12	*32*	5	9	20	*34*
1965	12	6	12	*30*	–	4	9	*13*
1966	5	4	17	*26*	7	5	12	*24*
1967	11	6	14	*31*	6	8	7	*21*
1968	10	7	22	*39*	2	8	25	*35*
1969	6	8	20	*34*	4	6	25	*35*
1970	10	11	27	*48*	5	10	47	*62*
Gesamt	100	109	205	*414*	49	109	219	*377*

[1] Staatsbesuche und nichtoffizielle Besuche

Kaiserlich Äthiopische Botschaft	Bonn Brentanostraße 1	28. 10. 1954
Königlich Afghanische Botschaft	Bonn-Ückesdorf Liebfrauenweg 1 a	27. 4. 1955
Argentinische Botschaft	Bonn Adenauer-Allee 50–52	28. 2. 1952
Australische Botschaft	Bonn-Bad Godesberg Kölner Straße 107	23. 3. 1950
Botschaft von Barbados	London W. 8 229/231 Kensington High Street	29. 9. 1967
Königlich Belgische Botschaft	Bonn Kaiser-Friedrich-Straße 22	12. 5. 1951
Botschaft der Birmanischen Union	Bonn Am Hofgarten 1–2	14. 5. 1955
Bolivianische Botschaft	Bonn Venusbergweg 50	28. 1. 1953
Botschaft der Republik Botsuana	London S. W. 1 3 Buckingham Gate	29. 6. 1967
Brasilianische Botschaft	Bonn-Bad Godesberg Dreizehnmorgenweg 10	19. 11. 1951
Königlich Britische Botschaft	Bonn Friedrich-Ebert-Allee 77	5. 5. 1955 [1]
Botschaft der Republik Burundi	Wachtberg-Niederbachem Drosselweg 2	24. 9. 1963
Botschaft von Ceylon	Bonn-Bad Godesberg Rolandstraße 52	4. 1. 1956
Botschaft von Chile	Bonn-Bad Godesberg Koblenzer Straße 37/39	23. 8. 1951
Botschaft von Costa Rica	Bonn-Bad Godesberg Plittersdorfer Straße 122	23. 11. 1953
Königlich Dänische Botschaft	Bonn Pfälzer Straße 14	11. 6. 1951
Botschaft der Republik Dahome	Bonn-Bad Godesberg Rüdigerstraße 6	15. 6. 1961

Botschaft der Dominikanischen Republik	Bonn Martinstraße 8	28. 4. 1952
Botschaft von Ecuador	Bonn Maargasse 10	13. 10. 1953
Botschaft der Republik Elfenbeinküste	Bonn-Bad Godesberg Bachemer Straße 25	9. 1. 1961
Botschaft von El Salvador	Bonn-Bad Godesberg Schloßstraße 17	20. 2. 1956
Französische Botschaft	Bonn-Bad Godesberg Rheinaustraße	5. 5. 1955 [1]
Botschaft der Republik Gabun	Bonn-Bad Godesberg Friedrichstraße 16	7. 3. 1961
Botschaft der Republik Gambia	London W. 8 The Gambia House 28 Kensington Court	8. 7. 1971
Botschaft der Republik Ghana	Bonn Adenauer-Allee 73 a	14. 7. 1959
Königlich Griechische Botschaft	Bonn-Bad Godesberg Rheinallee 76	29. 6. 1951
Botschaft von Guatemala	Bonn-Bad Godesberg Ziethenstraße 16	9. 2. 1960
Botschaft von Guyana	London S. W. 1 28 Cockspur Street	29. 9. 1967
Botschaft von Haiti	Bonn-Bad Godesberg Rheinallee 33	4. 2. 1956
Nuntiatur des Heiligen Stuhls	Bonn-Bad Godesberg Turmstraße 29	4. 4. 1951
Botschaft von Honduras	Bonn-Bad Godesberg Burgstraße 18	10. 7. 1961
Indische Botschaft	Bonn Adenauer-Allee 262/264	4. 4. 1951
Botschaft der Republik Indonesien	Bonn Kurt-Schumacher-Straße 2	8. 5. 1953
Kaiserlich Iranische Botschaft	Köln-Marienburg Parkstraße 5	16. 2. 1950
Botschaft von Irland	Bonn-Bad Godesberg Mittelstraße 39	11. 6. 1951
Botschaft von Island	Bonn-Bad Godesberg Kronprinzenstraße 4	26. 11. 1952

Botschaft des Staates Israel	Bonn-Bad Godesberg Ubierstraße 78	24. 8.1965
Italienische Botschaft	Bonn-Bad Godesberg Karl-Finkelnburg-Straße 51	4. 4.1951
Botschaft von Jamaika	Bonn-Bad Godesberg Am Kreuter 1	9.11.1967
Japanische Botschaft	Bonn-Bad Godesberg Kölner Straße 139	24. 3.1952
Botschaft der Arabischen Republik Jemen Diplomatische Bez. abgebr. 14. 5. 65, Wiederaufn. 15. 7. 69	Bonn-Bad Godesberg Schloßstraße 12	19. 2.1954
Königlich Jordanische Botschaft Diplomat. Bez. abgebr. 13. 5. 65, Wiederaufn. 27. 2. 67	Bonn-Bad Godesberg Wurzerstraße 106	23. 6.1956
Botschaft der Sozialistischen Föderativen Republik Jugoslawien Diplomat. Bez. abgebr. 19. 10. 57, Wiederaufn. 31. 1. 68	Bonn-Bad Godesberg Schloßstraße 1	6. 7.1951
Botschaft der Bundesrepublik Kamerun	Bonn-Bad Godesberg Rheinallee 53	9. 1.1961
Kanadische Botschaft	Bonn Friedrich-Wilhelm-Straße 18	16. 8.1951
Botschaft der Republik Kenia	Bonn-Bad Godesberg Hohenzollernstraße 12	4. 8.1964
Botschaft von Kolumbien	Bonn Friedrich-Wilhelm-Straße 35	22. 6.1950
Botschaft der Volksrepublik Kongo (Brazzaville)	Bonn-Bad Godesberg Rheinallee 45	26.10.1962
Botschaft der Demokratischen Republik Kongo	Bonn-Bad Godesberg Im Meisengarten 133	9. 4.1962
Botschaft der Republik Korea	Bonn Adenauer-Allee 124	20. 9.1957
Gesandtschaft des Königreichs Laos	Paris 16e 74 Avenue Raymond-Poincaré	18.12.1959
Botschaft des Königreichs Lesotho	London S. W. 1 16 A St. James's Street	13. 1.1968
Botschaft von Liberia	Bonn Poppelsdorfer Allee 43	4. 9.1953

Botschaft der Arabischen Republik Libyen	Bonn Argelanderstraße 1	5. 6. 1961
Großherzoglich Luxemburgische Botschaft	Bonn Bonn-Center Bundeskanzler-Platz H I 1104	4. 4. 1951
Botschaft der Republik Madagaskar	Bonn-Bad Godesberg Rolandstraße 48	18. 12. 1961
Botschaft von Malawi	Bonn Bonn-Center Bundeskanzler-Platz H I 1103	4. 8. 1964
Botschaft von Malaysia	Bonn-Bad Godesberg Kronprinzenstraße 52	7. 8. 1962
Botschaft der Republik Mali	Bonn-Bad Godesberg Luisenstraße 54	7. 1. 1961
Botschaft von Malta	Brüssel Chaussée de Charleroi 92	24. 11. 1967
Botschaft des Königreichs Marokko	Bonn-Bad Godesberg Mittelstraße 35	25. 1. 1957
Botschaft der Islamischen Republik Mauretanien	Bonn-Bad Godesberg Friedrichstraße 8	6. 5. 1961
Botschaft von Mauritius	Paris 17e 68 Boulevard de Courcelles	9. 9. 1971
Botschaft der Vereinigten Mexikanischen Staaten	Köln-Bayenthal Eugen-Langen-Straße 10	8. 10. 1952
Gesandtschaft von Monaco	Bern Jubiläumsstraße 97	7. 1. 1952
Königlich Nepalesische Botschaft	Bonn-Bad Godesberg Im Hag 15	2. 9. 1958
Neuseeländische Botschaft	Bonn Bonn-Center Bundeskanzler-Platz H I 902	12. 7. 1966
Botschaft von Nicaragua	Bonn-Bad Godesberg Heerstraße 41	26. 7. 1955
Königlich Niederländische Botschaft	Bonn Sträßchensweg 2	4. 4. 1951
Botschaft der Republik Niger	Bonn-Bad Godesberg Dürenstraße 9	5. 4. 1962

Botschaft der Bundesrepublik Nigeria	Bonn-Bad Godesberg Kennedy-Allee 35	28. 7. 1961
Königlich Norwegische Botschaft	Bonn-Bad Godesberg Gotenstraße 163	12. 5. 1951
Botschaft der Republik Obervolta	Bonn-Bad Godesberg Wendelstadtallee 18	23. 3. 1962
Österreichische Botschaft	Bonn Poppelsdorfer Allee 55	6. 1. 1956
Botschaft der Islamischen Republik Pakistan	Bonn-Bad Godesberg Rheinallee 24	23. 2. 1952
Botschaft von Panama	Bonn-Bad Godesberg Lützowstraße 1	17. 12. 1951
Botschaft von Paraguay	Bonn-Bad Godesberg Plittersdorfer Straße 121	28. 1. 1953
Botschaft von Peru	Bonn Mozartstraße 34	28. 6. 1951
Botschaft der Philippinen	Bonn-Bad Godesberg Friedrich-Ebert-Straße 25	5. 3. 1956
Botschaft von Portugal	Bonn-Bad Godesberg Dollendorfer Straße 15	11. 1. 1951
Botschaft der Republik Ruanda	Bonn-Bad Godesberg Koblenzer Straße 91	30. 7. 1963
Botschaft der Sozialistischen Republik Rumänien	Köln-Bayenthal Oberländerufer 68	14. 7. 1967
Botschaft der Republik Sambia	Bonn-Bad Godesberg Mittelstraße 39	9. 12. 1966
Königlich Schwedische Botschaft	Bonn Allianzplatz, Haus I An der Heuss-Allee 2–10	4. 4. 1951
Schweizerische Botschaft	Köln 51 Bayenthalgürtel 15	4. 4. 1951
Botschaft der Republik Senegal	Bonn Bonn-Center Bundeskanzler-Platz	9. 1. 1961
Botschaft der Republik Sierra Leone	Bonn-Bad Godesberg Ubierstraße 88	25. 9. 1969
Botschaft der Demokratischen Republik Somalia	Bonn-Bad Godesberg Max-Franz-Straße 13	4. 6. 1962

Spanische Botschaft	Bonn Schloßstraße 4	30. 5. 1951
Botschaft der Republik Südafrika	Köln Heumarkt 1	20. 3. 1954
Botschaft des Königreichs Swasiland	London S. W. 1 58, Pont Street	27. 3. 1969
Botschaft der Vereinigten Republik Tansania	Bonn-Bad Godesberg Friedrichstraße 25	6. 8. 1962
Königlich Thailändische Botschaft	Bonn-Bad Godesberg Ubierstraße 65	22. 5. 1953
Botschaft der Republik Togo	Bonn-Bad Godesberg Beethovenstraße 13	19. 10. 1961
Botschaft von Trinidad und Tobago	London S. W. 1 42 Belgrave Square	13. 1. 1970
Botschaft der Republik Tschad	Bonn-Bad Godesberg Rheinallee 34	8. 9. 1961
Türkische Botschaft	Bonn-Bad Godesberg Utestraße 47	15. 8. 1951
Tunesische Botschaft	Bonn-Bad Godesberg Kölner Straße 103	15. 11. 1957
Botschaft der Republik Uganda	Bonn-Bad Godesberg Dürenstraße 36	5. 11. 1964
Botschaft der Union der Sozialistischen Sowjetrepubliken	Rolandseck b. Bonn	7. 1. 1956
Botschaft von Uruguay	Bonn-Bad Godesberg Heerstraße 16	12. 10. 1950
Botschaft von Venezuela	Bonn-Bad Godesberg Arndtstraße 16	28. 4. 1952
Botschaft der Vereinigten Staaten von Amerika	Bonn-Bad Godesberg Mehlemer Aue	5. 5. 1955 [1]
Botschaft der Republik Vietnam	Bonn-Bad Godesberg Viktoriastraße 28	28. 11. 1957
Botschaft der Zentralafrikanischen Republik	Bonn-Bad Godesberg Rheinallee 23	12. 7. 1963
Botschaft der Republik Zypern	Bonn-Bad Godesberg Ubierstraße 73	25. 1. 1961
Finnische Handelsvertretung	Bonn-Bad Godesberg Am Ännchenplatz	18. 1. 1952

[1] Frankreich, Großbritannien und USA waren bis 4. Mai 1955 durch Hohe Kommissare vertreten

Baden-Württemberg

Stuttgart
Belgien, Konsulat
Bolivien, Konsulat
Brasilien, Konsulat
Costa Rica, Konsulat
Dänemark, Konsulat
Dahome, Konsulat
El Salvador, Konsulat
Frankreich, Generalkonsulat
Ghana, Generalkonsulat
Griechenland, Generalkonsulat
Großbritannien, Generalkonsulat
Guatemala, Konsulat
Indien, Generalkonsulat
Island, Konsulat
Italien, Generalkonsulat
Jordanien, Konsulat
Jugoslawien, Generalkonsulat
Libanon, Konsulat
Malta, Konsulat
Mexiko, Konsulat
Monaco, Konsulat
Nicaragua, Konsulat
Niederlande, Konsulat
Norwegen, Konsulat
Österreich, Konsulat
Panama, Konsulat
Peru, Konsulat
Portugal, Konsulat
Schweden, Konsulat
Schweiz, Generalkonsulat
Spanien, Konsulat
Südafrika, Republik von, Konsulat
Togo, Konsulat
Tschad, Konsulat
Türkei, Generalkonsulat
Vereinigte Staaten von Amerika,
   Generalkonsulat

Baden-Baden
Frankreich, Konsulat
Österreich, Konsulat

Freiburg i. Br.
Frankreich, Konsulat
Italien, Vizekonsulat
Jugoslawien, Vizekonsulat
Liberia, Konsulat
Madagaskar, Konsulat
Panama, Konsulat
Schweiz, Konsulat

Friedrichshafen
Frankreich, Konsularagentur

Heidelberg
Costa Rica, Vizekonsulat

Heilbronn
Honduras, Konsulat

Konstanz
Schweiz, Konsularagentur

Mannheim
Dänemark, Konsulat
Frankreich, Konsularagentur
Niederlande, Vizekonsulat
Peru, Konsulat

Ravensburg
Senegal, Konsulat

Ulm
Griechenland, Konsulat

Bayern

München
Argentinien, Konsulat
Belgien, Generalkonsulat
Bolivien, Konsulat

Brasilien, Generalkonsulat
Ceylon, Generalkonsulat
Chile, Konsulat
Costa Rica, Konsulat

Dänemark, Konsulat
Dahome, Konsulat
Dominikanische Republik, Konsulat
Ecuador, Generalkonsulat
Frankreich, Generalkonsulat
Griechenland, Generalkonsulat
Großbritannien, Generalkonsulat
Guatemala, Konsulat
Haiti, Konsulat
Honduras, Konsulat
Indien, Generalkonsulat
Iran, Generalkonsulat
Irland, Konsulat
Island, Konsulat
Israel, Konsulat
Italien, Generalkonsulat
Japan, Generalkonsulat
Jordanien, Konsulat
Jugoslawien, Generalkonsulat
Kolumbien, Konsulat
Korea, Generalkonsulat
Libanon, Konsulat
Luxemburg, Konsulat
Malta, Konsulat
Marokko, Konsulat
Mexiko, Konsulat
Monaco, Konsulat
Nepal, Konsulat
Niederlande, Generalkonsulat
Norwegen, Konsulat
Österreich, Generalkonsulat
Pakistan, Generalkonsulat
Panama, Konsulat
Peru, Konsulat
Philippinen, Generalkonsulat
Portugal, Konsulat

Ruanda, Generalkonsulat
Schweden, Konsulat
Schweiz, Generalkonsulat
Senegal, Konsulat
Somalia, Generalkonsulat
Spanien, Generalkonsulat
Südafrika, Republik von, General-
  konsulat
Thailand, Generalkonsulat
Togo, Konsulat
Türkei, Generalkonsulat
Uruguay, Konsulat
Vereinigte Staaten von Amerika,
  Generalkonsulat
Zentralafrik. Rep., Konsulat
Zypern, Generalkonsulat

Fürth/Bay.
Mexiko, Konsulat

Nürnberg
Bolivien, Konsulat
El Salvador, Konsulat
Griechenland, Konsulat
Italien, Vizekonsulat
Österreich, Konsulat
Panama, Generalkonsulat
Peru, Konsulat
Türkei, Konsulat

Schweinfurt
Schweden, Vizekonsulat

Würzburg
Griechenland, Konsulat

Berlin

Argentinien, Konsulat
Australien, Mil.-Mission mit kons.
  Funktionen
Belgien, Mil.-Mission mit kons.
  Funktionen
Bolivien, Konsulat
Brasilien, Konsulat
Ceylon, Konsulat

Chile, Konsulat
Costa Rica, Konsulat
Dahome, Konsulat
Dänemark, Kons.-Abt. der Mil.-
  Mission
Dominikanische Republik, Konsulat
Ecuador, Konsulat
El Salvador, Konsulat

Frankreich, Generalkonsulat
Ghana, Konsulat
Griechenland, Mil.-Mission mit kons.
    Funktionen
Großbritannien, Generalkonsulat
Haiti, Konsulat
Honduras, Konsulat
Indien, Generalkonsulat
Indonesien, Konsulat
Irland, Konsulat
Island, Konsulat
Italien, Generalkonsulat
Japan, Generalkonsulat
Jordanien, Konsulat
Kolumbien, Konsulat
Libanon, Konsulat
Luxemburg, Konsulat
Malta, Konsulat
Mexiko, Konsulat
Nicaragua, Konsulat
Niederlande, Generalkonsulat

Norwegen, Mil.-Mission mit kons.
    Funktionen
Österreich, Delegation mit kons.
    Funktionen
Pakistan, Konsulat
Panama, Konsulat
Paraguay, Konsulat
Peru, Konsulat
Portugal, Konsulat
Schweden, Generalkonsulat
Schweiz, Delegation mit kons.
    Funktionen
Senegal, Konsulat
Spanien, Generalkonsulat
Togo, Konsulat
Türkei, Generalkonsulat
Uruguay, Generalkonsulat
Vereinigte Staaten von Amerika,
    Kons.-Abt. der US-Mission
Zentralafr. Rep., Konsulat

Bremen

Bremen
Belgien, Konsulat
Bolivien, Konsulat
Chile, Konsulat
Costa Rica, Konsulat
Dänemark, Konsulat
Dahome, Konsulat
Ecuador, Generalkonsulat
El Salvador, Konsulat
Frankreich, Konsulat
Ghana, Generalkonsulat
Großbritannien, Konsulat
Guatemala, Konsulat
Haiti, Generalkonsulat
Honduras, Konsulat
Irland, Konsulat
Italien, Vizekonsulat
Jordanien, Konsulat
Kolumbien, Generalkonsulat
Mexiko, Konsulat

Nicaragua, Konsulat
Niederlande, Konsulat
Norwegen, Generalkonsulat
Österreich, Konsulat
Panama, Generalkonsulat
Paraguay, Konsulat
Peru, Generalkonsulat
Portugal, Konsulat
Schweden, Konsulat
Senegal, Konsulat
Spanien, Generalkonsulat
Togo, Konsulat
Türkei, Generalkonsulat
Uruguay, Konsulat
Vereinigte Staaten von Amerika,
    Generalkonsulat

Bremerhaven
Island, Konsulat
Schweden, Vizekonsulat

Hamburg

Argentinien, Generalkonsulat
Australien, Generalkonsulat
Belgien, Generalkonsulat
Bolivien, Generalkonsulat
Brasilien, Generalkonsulat
Ceylon, Generalkonsulat
Chile, Generalkonsulat
Costa Rica, Generalkonsulat
Dänemark, Generalkonsulat
Dahome, Konsulat
Dominikanische Republik,
    Generalkonsulat
Ecuador, Generalkonsulat
Elfenbeinküste, Konsulat
El Salvador, Generalkonsulat
Finnland, Zweigstelle der Handels-
    vertretung
Frankreich, Generalkonsulat
Gabun, Konsulat
Ghana, Generalkonsulat
Griechenland, Generalkonsulat
Großbritannien, Generalkonsulat
Guatemala, Generalkonsulat
Haiti, Generalkonsulat
Honduras, Generalkonsulat
Indien, Generalkonsulat
Indonesien, Generalkonsulat
Iran, Generalkonsulat
Irland, Generalkonsulat
Island, Generalkonsulat
Italien, Generalkonsulat
Jamaika, Konsulat
Japan, Generalkonsulat
Jordanien, Konsulat
Jugoslawien, Generalkonsulat
Kambodscha, Konsulat
Kanada, Generalkonsulat
Kolumbien, Generalkonsulat

Kongo, Dem. Rep., Generalkonsulat
Korea, Generalkonsulat
Libanon, Konsulat
Liberia, Generalkonsulat
Madagaskar, Konsulat
Malawi, Konsulat
Malaysia, Konsulat
Malta, Konsulat
Mexiko, Generalkonsulat
Monaco, Konsulat
Nicaragua, Generalkonsulat
Niederlande, Generalkonsulat
Niger, Konsulat
Nigeria, Generalkonsulat
Norwegen, Generalkonsulat
Österreich, Generalkonsulat
Pakistan, Konsulat
Panama, Generalkonsulat
Paraguay, Generalkonsulat
Peru, Generalkonsulat
Philippinen, Generalkonsulat
Portugal, Generalkonsulat
Schweden, Generalkonsulat
Schweiz, Generalkonsulat
Senegal, Konsulat
Sierra Leone, Generalkonsulat
Spanien, Generalkonsulat
Südafrika, Republik von,
    Generalkonsulat
Thailand, Generalkonsulat
Togo, Konsulat
Tschad, Konsulat
Türkei, Generalkonsulat
Uruguay, Konsulat
Venezuela, Generalkonsulat
Vereinigte Staaten von Amerika,
    Generalkonsulat
Zypern, Generalkonsulat

Hessen

Frankfurt a. M.
Argentinien, Generalkonsulat
Belgien, Generalkonsulat
Brasilien, Konsulat
Chile, Generalkonsulat

Costa Rica, Konsulat
Dänemark, Konsulat
Dominikanische Republik,
    Generalkonsulat
Ecuador, Konsulat

El Salvador, Konsulat
Finnland, Zweigstelle der Handels-
vertretung
Frankreich, Generalkonsulat
Ghana, Konsulat
Griechenland, Generalkonsulat
Großbritannien, Generalkonsulat
Guatemala, Generalkonsulat
Haiti, Konsulat
Indien, Generalkonsulat
Island, Konsulat
Italien, Generalkonsulat
Japan, Generalkonsulat
Jugoslawien, Generalkonsulat
Kolumbien, Konsulat
Libanon, Konsulat
Liberia, Konsulat
Luxemburg, Konsulat
Malta, Konsulat
Marokko, Konsulat
Mexiko, Konsulat
Nepal, Konsulat
Niederlande, Generalkonsulat
Norwegen, Konsulat
Österreich, Konsulat

Pakistan, Konsulat
Panama, Generalkonsulat
Paraguay, Konsulat
Peru, Konsulat
Portugal, Konsulat
Schweden, Konsulat
Schweiz, Generalkonsulat
Spanien, Generalkonsulat
Tansania, Konsulat
Thailand, Generalkonsulat
Togo, Konsulat
Türkei, Generalkonsulat
Uruguay, Konsulat
Vereinigte Staaten von Amerika,
Generalkonsulat

Hochheim a. M.
Monaco, Konsulat

Messel
Senegal, Konsulat

Wiesbaden
Dahome, Generalkonsulat

Niedersachsen

Hannover
Belgien, Konsulat
Bolivien, Konsulat
Brasilien, Konsulat
Chile, Konsulat
Dänemark, Konsulat
Dahome, Konsulat
Dominikanische Republik, Konsulat
El Salvador, Konsulat
Griechenland, Generalkonsulat
Großbritannien, Generalkonsulat
Guatemala, Konsulat
Honduras, Konsulat
Irland, Konsulat
Island, Konsulat
Italien, Konsulat
Jordanien, Konsulat
Malta, Konsulat
Marokko, Generalkonsulat

Mexiko, Konsulat
Nicaragua, Konsulat
Niederlande, Konsulat
Norwegen, Konsulat
Österreich, Konsulat
Panama, Konsulat
Peru, Konsulat
Schweden, Konsulat
Schweiz, Konsulat
Senegal, Konsulat
Spanien, Konsulat
Südafrika, Republik von,
Konsulat
Türkei, Generalkonsulat
Tunesien, Konsulat

Cuxhaven
Island, Konsulat
Schweden, Vizekonsulat

Emden
Niederlande, Konsulat
Schweden, Konsulat

Oldenburg
Belgien, Vizekonsulat

Osnabrück
Niederlande, Konsulat

Salzgitter
El Salvador, Konsulat

Wilhelmshaven
Dänemark, Vizekonsulat
Schweden, Vizekonsulat

Wolfsburg
Brasilien, Konsulat

Nordrhein-Westfalen

Düsseldorf
Argentinien, Konsulat
Belgien, Generalkonsulat
Bolivien, Generalkonsulat
Brasilien, Generalkonsulat
Chile, Konsulat
Costa Rica, Vizekonsulat
Dahome, Konsulat
Dänemark, Konsulat
Dominikanische Rep., Konsulat
Frankreich, Generalkonsulat
Gabun, Konsulat
Ghana, Generalkonsulat
Griechenland, Generalkonsulat
Großbritannien, Generalkonsulat
Guatemala, Konsulat
Haiti, Generalkonsulat
Honduras, Generalkonsulat
Island, Konsulat
Japan, Generalkonsulat
Jordanien, Konsulat
Jugoslawien, Konsulat
Kamerum, Konsulat
Kanada, Generalkonsulat
Kolumbien, Konsulat
Kongo, Dem. Rep., Konsulat
Libanon, Konsulat
Madagaskar, Generalkonsulat
Marokko, Generalkonsulat
Mexiko, Konsulat
Nepal, Generalkonsulat
Niederlande, Generalkonsulat
Norwegen, Konsulat
Österreich, Generalkonsulat
Pakistan, Generalkonsulat
Panama, Konsulat
Portugal, Generalkonsulat
Schweden, Konsulat
Schweiz, Generalkonsulat
Spanien, Generalkonsulat
Südafrika, Republik von, General-
konsulat
Swasiland, Konsulat
Tansania, Konsulat
Togo, Konsulat
Uruguay, Konsulat
Vereinigte Staaten von Amerika,
Generalkonsulat

Aachen
Belgien, Konsulat
Brasilien, Konsulat
Chile, Konsulat
Luxemburg, Konsulat
Niederlande, Konsulat

Bielefeld
Griechenland, Konsulat
Guatemala, Konsulat
Österreich, Konsulat

Bochum
Marokko, Konsulat

926

Bonn
Costa Rica, Konsulat
Mexiko, Konsulat
Niger, Konsulat

Dortmund
Griechenland, Konsulat
Italien, Vizekonsulat
Niederlande, Konsulat
Österreich, Konsulat

Duisburg
Niederlande, Konsulat
Schweiz, Konsularagentur

Essen
Chile, Konsulat
Niederlande, Konsulat
Peru, Konsulat
Schweden, Vizekonsulat
Türkei, Konsulat
Zypern, Generalkonsulat

Gelsenkirchen
Belgien, Konsulat

Hennef
San Marino, Generalkonsulat

Kleve
Niederlande, Konsulat

Köln
Belgien, Konsulat
Brasilien, Konsulat
Costa Rica, Konsulat
El Salvador, Konsulat
Griechenland, Generalkonsulat
Island, Konsulat
Italien, Generalkonsulat
Liberia, Konsulat
Malta, Konsulat
Monaco, Konsulat
Nicaragua, Konsulat
Niederlande, Konsulat
Österreich, Konsulat
Panama, Konsulat
Paraguay, Konsulat
Schweden, Konsulat
Senegal, Konsulat
Türkei, Generalkonsulat
Tunesien, Generalkonsulat

Münster/Westf.
Niederlande, Konsulat
Paraguay, Konsulat

Neuß
Portugal, Konsulat

Solingen
Belgien, Konsulat
Paraguay, Konsulat

Wuppertal
Panama, Konsulat

Rheinland-Pfalz

Mainz
Bolivien, Konsulat
Frankreich, Konsulat
Haiti, Generalkonsulat
Madagaskar, Konsulat
Österreich, Konsulat
Panama, Generalkonsulat
Peru, Konsulat

Spanien, Vizekonsulat
Tschad, Konsulat

Ludwigshafen
Kolumbien, Konsulat

Trier
Brasilien, Konsulat
Frankreich, Konsulat

Saarland

Saarbrücken
Belgien, Konsulat
Bolivien, Konsulat
Dahome, Konsulat
Frankreich, Generalkonsulat
Griechenland, Generalkonsulat
Italien, Konsulat
Luxemburg, Konsulat

Madagaskar, Konsulat
Niederlande, Konsulat
Österreich, Konsulat
Schweiz, Konsularagentur
Senegal, Konsulat

Saarlouis
Frankreich, Konsularagentur

Schleswig-Holstein

Kiel
Belgien, Konsulat
Chile, Konsulat
Dänemark, Konsulat
El Salvador, Konsulat
Liberia, Konsulat
Norwegen, Konsulat
Österreich, Konsulat
Panama, Konsulat
Schweden, Konsulat
Togo, Konsulat
Türkei, Konsulat

Elmshorn
Island, Konsulat

Flensburg
Dänemark, Konsulat
Kamerun, Konsulat

Lübeck
Dänemark, Konsulat
Island, Konsulat
Kamerun, Konsulat
Norwegen, Konsulat
Österreich, Konsulat
Schweden, Konsulat

Rendsburg
Niederlande, Konsulat
Schweden, Konsulat

Afrika

Ägypten
Botschaft Kairo
errichtet 16. Oktober 1952 als Botschaft;
diplomatische Beziehungen durch damalige VAR
abgebrochen 13. Mai 1965,
Italien Schutzmacht

Konsulat Alexandria
errichtet 15. Mai 1954

Äquatorialguinea *siehe Kamerun*

Äthiopien
Botschaft Addis Abeba
errichtet 14. Januar 1954 als Gesandtschaft,
ab 12. Mai 1956 Botschaft

Algerien
Botschaft Algier
errichtet 24. April 1956 als Generalkonsulat,
ab 1. Oktober 1962 Botschaft;
diplomatische Beziehungen durch Algerien
abgebrochen 14. Mai 1965,
Schweiz Schutzmacht

Botsuana *siehe Sambia*

Burundi
Botschaft Bujumbura
errichtet 24. Januar 1963

Dahome
Botschaft Cotonou
errichtet 15. Oktober 1962

Elfenbeinküste
Botschaft Abidjan
errichtet 14. Dezember 1959 als Außenstelle
des Konsulats Dakar,
ab 7. August 1960 Botschaft

Gabun
Botschaft Libreville
errichtet 13. April 1962

Gambia *siehe Senegal*

Ghana
Botschaft Accra
errichtet 28. Mai 1956 als Konsulat,
ab 26. Juni 1957 Botschaft

Guinea
Botschaft Conakry
errichtet 23. Juli 1959;
diplomatische Beziehungen durch Guinea
abgebrochen 30. Januar 1971,
Italien Schutzmacht

Kamerun
Botschaft Jaunde
errichtet 1. Januar 1960.
Die Vertretung ist zugleich für *Äquatorial-
guinea* zuständig

Außenstelle Duala
errichtet 1. Februar 1971

Kenia
Botschaft Nairobi
errichtet 7. September 1952 als
Generalkonsulat,
ab 18. Dezember 1963 Botschaft.
Der Leiter der Vertretung nimmt
zugleich die Befugnisse eines Konsuls
für die britische Kronkolonie *Seychellen*
wahr.

Kongo
(Demokr. Republik; seit 27. 10. 1971 in
Republik Zaire umbenannt)
Botschaft Kinshasa
errichtet 27. April 1954 als Konsulat,
ab 30. November 1958 Generalkonsulat,
ab 25. Juli 1960 Botschaft

Kongo
Botschaft Brazzaville
errichtet 15. August 1960

Lesotho

Botschaft Maseru
errichtet 15. Februar 1968,
aus haushaltswirtschaftlichen Gründen
geschlossen 30. Juni 1971.
Der Leiter der Vertretung in Blantyre/Malawi ist zugleich als Botschafter in *Lesotho* akkreditiert.

Liberia

Botschaft Monrovia
errichtet 23. Juli 1953 als Generalkonsulat,
ab 12. Januar 1955 Botschaft

Libyen

Botschaft Tripolis
errichtet 3. Juni 1955 als Generalkonsulat,
ab 5. Juni 1961 Botschaft

Außenstelle Bengasi
errichtet Mai 1956

Madagaskar

Botschaft Tananarive
errichtet 27. Juni 1960.
Der Leiter der Vertretung ist zugleich als
Botschafter in *Mauritius* akkreditiert.

Malawi

Botschaft Blantyre
errichtet 3. Februar 1964 als Konsulat,
ab 6. Juli 1964 Botschaft.
Der Leiter der Vertretung ist zugleich als
Botschafter in *Lesotho* und *Swasiland*
akkreditiert.

Mali

Botschaft Bamako
errichtet 9. November 1960

Marokko

Botschaft Rabat
errichtet 26. März 1957

Generalkonsulat Casablanca
errichtet 8. Oktober 1955 als Handelsvertretung,
ab 1. Dezember 1956 Konsulat,
ab 13. August 1966 Generalkonsulat

Außenstelle Tanger
errichtet 20. Juni 1957 als Außenstelle
Tetuan,
am 3. Oktober 1960 nach Tanger verlegt

Mauretanien

Botschaft Nouakchott
errichtet 8. August 1963

Mauritius *siehe Madagaskar*

Niger

Botschaft Niamey
errichtet 11. Januar 1963

Nigeria

Botschaft Lagos
errichtet 4. Januar 1954 als Konsulat,
ab 4. Oktober 1960 Botschaft

Konsulat Kaduna
errichtet 14. April 1965

Obervolta

Botschaft Ouagadougou
errichtet 31. Januar 1963

Ruanda

Botschaft Kigali
errichtet 13. Februar 1963

Sambia

Botschaft Lusaka
errichtet 24. September 1964 als Konsulat,
ab 24. Oktober 1964 Botschaft.
Der Leiter der Vertretung ist zugleich als
Botschafter in *Botsuana* akkreditiert.

Senegal

Botschaft Dakar
errichtet 15. Dezember 1955 als Konsulat,
ab 20. Juni 1960 Botschaft.
Der Leiter der Vertretung ist zugleich als
Botschafter in *Gambia* akkreditiert.

Sierra Leone

Botschaft Freetown
errichtet 5. September 1961

Somalia

Botschaft Mogadischu
errichtet 17. Mai 1960 als Konsulat,
ab 1. Juli 1960 Botschaft

Sudan

Botschaft Khartum
errichtet 15. Juli 1955 als Verbindungsstelle,
ab 12. März 1956 Gesandtschaft,
ab 21. Oktober 1959 Botschaft;
diplomatische Beziehungen durch den Sudan
abgebrochen 16. Mai 1965,
Frankreich Schutzmacht

Südafrika

Botschaft Pretoria
errichtet 26. Februar 1951 als
Generalkonsulat,
ab 22. Januar 1952 Gesandtschaft,
ab 15. April 1954 Botschaft

Generalkonsulat Johannesburg
errichtet 19. Oktober 1953 als Konsulat,
ab 16. Oktober 1964 Generalkonsulat

Generalkonsulat Kapstadt
errichtet 18. August 1952 als Konsulat,
ab 25. August 1966 Generalkonsulat.
Der Leiter der Vertretung ist zugleich
Konsul für die britische Kronkolonie *St.
Helena und Nebengebiete.*

Konsulat Durban
errichtet 19. August 1971

Konsulat Windhuk-Südwestafrika
errichtet 28. Februar 1953

Swasiland *siehe Malawi*

Tansania

Botschaft Daressalam
errichtet 1. Oktober 1956 als Wahlkonsulat,
ab 22. August 1961 Konsulat,
ab 9. Dezember 1961 Botschaft

Togo

Botschaft Lome
errichtet 16. Dezember 1959 als Außenstelle
des Konsulats Dakar,
ab 27. April 1960 Botschaft

Tschad

Botschaft Fort Lamy
errichtet 14. Februar 1963

Tunesien

Botschaft Tunis
errichtet 11. September 1956

Uganda

Botschaft Kampala
errichtet 2. Juli 1962 als Konsulat,
ab 9. Oktober 1962 Botschaft

Zentralafrikanische Republik

Botschaft Bangui
errichtet 22. Dezember 1961

Britisches Hoheitsgebiet
Südrhodesien

Generalkonsulat Salisbury
errichtet 22. September 1953;
in Befolgung VN-Beschlusses am 12. März
1970 geschlossen

Portugiesische Überseeprovinzen

Mosambik
Generalkonsulat Lourenço Marques
errichtet 26. Juni 1953 als Konsulat,
ab 9. September 1969 Generalkonsulat

Angola
Generalkonsulat Luanda
errichtet 29. Mai 1954 als Konsulat,
ab 3. Oktober 1969 Generalkonsulat

Argentinien
Botschaft Buenos Aires
errichtet 30. Dezember 1951

Konsulat Córdoba
errichtet 15. November 1954 in Rosario,
am 1. November 1959 nach Córdoba verlegt

Konsulat Posadas
errichtet 3. Januar 1955,
aus haushaltswirtschaftlichen Gründen
30. Juli 1960 geschlossen

Barbados *siehe Guyana*

Bolivien
Botschaft La Paz
errichtet 30. Dez. 1952 als Gesandtschaft,
ab 13. Juli 1954 Botschaft

Brasilien
Botschaft Brasilia
errichtet 10. Juli 1951 in Rio de Janeiro,
am 23. April 1971 nach Brasilia verlegt

Generalkonsulat Curitiba
errichtet 16. Februar 1954 als Konsulat,
ab 5. März 1970 Generalkonsulat

Generalkonsulat Porto Alegre
errichtet 1. September 1952 als Konsulat,
ab 15. Juni 1969 Generalkonsulat

Generalkonsulat Recife
errichtet 12. Dezember 1952 als Konsulat,
ab 5. März 1970 Generalkonsulat

Generalkonsulat Rio de Janeiro
errichtet 10. Juli 1951 als Botschaft,
ab 1. September 1971 Generalkonsulat

Generalkonsulat Sao Paulo
errichtet 6. Mai 1952

Konsulat Belo Horizonte
errichtet 4. September 1954,
ab 1. Juni 1970 Wahlkonsulat aus
haushaltswirtschaftlichen Gründen

Chile
Botschaft Santiago de Chile
errichtet 4. Februar 1952

Generalkonsulat Concepción
errichtet 18. November 1957 als Konsulat,
ab 3. September 1970 Generalkonsulat

Generalkonsulat Valparaiso
errichtet 5. November 1953

Costa Rica
Botschaft San José
errichtet 7. Oktober 1952 als Gesandtschaft,
ab 11. Januar 1957 Botschaft

Dominikanische Republik
Botschaft Santo Domingo
errichtet 11. September 1953 als
Gesandtschaft,
ab 25. März 1955 Botschaft.
Der Leiter der Vertretung
ist zugleich Generalkonsul für die
amerikanischen Außengebiete Puerto Rico
und die *Amerikanischen Jungferninseln*

Ecuador
Botschaft Quito
errichtet 4. Juli 1952 als Gesandtschaft,
ab 14. März 1955 Botschaft

Generalkonsulat Guayaquil
errichtet 1. Juni 1955 als Konsulat,
ab 10. September 1969 Generalkonsulat

Guatemala
Botschaft Guatemala-Stadt
errichtet 4. August 1960

Guyana
Botschaft Georgetown
errichtet 12. August 1964 als Konsulat,
ab 26. Mai 1966 Botschaft.
Der Leiter der Vertretung ist zugleich als
Botschafter in *Barbados* akkredidiert.

Haiti
Botschaft Port-au-Prince
errichtet 23. Sept. 1953 als Gesandtschaft,
ab 4. November 1966 Botschaft

Honduras
Botschaft Tegucigalpa
errichtet 26. Januar 1961

Jamaika
Botschaft Kingston
errichtet 10. Februar 1958 als Konsulat,
ab 6. Februar 1963 Botschaft.
Der Leiter der Vertretung nimmt zugleich
die Befugnisse eines Generalkonsuls für die
britischen Überseegebiete *Bahama-Inseln*,
Bermuda, Britisch-Honduras, Kaimaninseln,
Turks- und *Caicosinseln* wahr.

Kanada
Botschaft Ottawa
errichtet 13. Februar 1951 als Generalkonsulat,
ab 8. November 1951 Botschaft

Generalkonsulat Montreal
errichtet 2. September 1952

Generalkonsulat Toronto
errichtet 24. Februar 1953 als Konsulat,
ab 18. Juli 1961 Generalkonsulat

Generalkonsulat Vancouver
errichtet 21. August 1952 als Konsulat,
ab 4. September 1969 Generalkonsulat

Konsulat Edmonton
errichtet 4. Februar 1956

Konsulat Winnipeg
errichtet 26. April 1954

Kolumbien
Botschaft Bogotá
errichtet 13. Januar 1953 als Gesandtschaft,
ab 7. April 1953 Botschaft

Konsulat Barranquilla
errichtet 30. August 1954,
aus haushaltswirtschaftlichen Gründen
1. April 1957 Wahlkonsulat

Konsulat Cali
errichtet 18. Mai 1955,
aus haushaltswirtschaftlichen Gründen
1. April 1959 geschlossen

Kuba
Botschaft Havanna
errichtet 22. Juli 1953 als Gesandtschaft,
ab 17. Juni 1954 Botschaft;
diplomatische Beziehungen durch
Bundesrepublik Deutschland abgebrochen
14. Januar 1963;
Frankreich Schutzmacht

Mexiko
Botschaft Mexiko-Stadt
errichtet 29. August 1952

Konsulat Monterrey
errichtet 13. Oktober 1955 als Wahlkonsulat,
ab 13. Februar 1957 Konsulat,
aus haushaltswirtschaftlichen Gründen
1. April 1959 geschlossen

Nicaragua
Botschaft Managua
errichtet 13. Oktober 1954 als Gesandtschaft,
ab 26. Mai 1960 Botschaft

Panama
Botschaft Panama
errichtet 20. Februar 1953 als Gesandtschaft,
10. September 1959 Botschaft

Paraguay
Botschaft Asunción
errichtet 1. Oktober 1952 als Gesandtschaft,
ab 17. März 1954 Botschaft

Peru
Botschaft Lima
errichtet 4. September 1952

El Salvador
Botschaft San Salvador
errichtet 7. Oktober 1952 als Gesandtschaft,
ab 23. Dezember 1954 Botschaft

Trinidad und Tobago
Botschaft Port-of-Spain
errichtet 23. August 1963.
Der Leiter der Botschaft ist zugleich Konsul
für die britischen Überseegebiete *Assoziierte
Staaten (Antigua, Dominica, Grenada,
Santa Lucia, St. Christoph-Nevis-Anguilla)*,
*Britische Jungferninseln, Montserrat, St.
Vincent.*

933

Uruguay
Botschaft Montevideo
errichtet 29. Dezember 1951 als
Gesandtschaft,
ab 17. Juli 1956 Botschaft

Venezuela
Botschaft Caracas
errichtet 28. April 1952 als Gesandtschaft,
ab 15. Juni 1955 Botschaft

Vereinigte Staaten von Amerika
Botschaft Washington
errichtet 2. Juli 1951 als Diplomatische
Vertretung,
ab 6. Mai 1955 Botschaft

Generalkonsulat Boston
errichtet 15. Oktober 1953 als Konsulat,
ab 30. September 1964 Generalkonsulat

Generalkonsulat Chicago
errichtet 23. Januar 1951

Generalkonsulat Cleveland
errichtet 2. Oktober 1956 als Konsulat,
ab 19. September 1969 Generalkonsulat

Generalkonsulat Detroit
errichtet 25. November 1952 als Konsulat,
ab 10. Oktober 1966 Generalkonsulat

Generalkonsulat Houston
errichtet 5. Februar 1954 als Konsulat,
ab 19. September 1969 Generalkonsulat

Generalkonsulat Los Angeles
errichtet 24. März 1952 als Konsulat,
ab 18. Januar 1955 Generalkonsulat

Generalkonsulat New Orleans
errichtet 15. Dezember 1951 als Konsulat,
ab 4. Oktober 1955 Generalkonsulat

Generalkonsulat New York
errichtet 28. Juni 1950

Generalkonsulat San Francisco
errichtet 7. Juli 1951

Generalkonsulat Seattle
errichtet 1. Dezember 1952 als Konsulat,
ab 7. Juli 1969 Generalkonsulat

Konsulat Atlanta
errichtet 20. Mai 1951

Konsulat Minneapolis
errichtet 1. Februar 1957,
aus hauswirtschaftlichen Gründen 1. April
1959 geschlossen

Konsulat Philadelphia
errichtet 2. Januar 1957

Konsulat St. Louis
errichtet 16. Dezember 1952 als Konsulat
Kansas City, am 2. Mai 1969 nach
St. Louis verlegt

Asien

Afghanistan
Botschaft Kabul
errichtet 22. Dezember 1954 als
Gesandtschaft,
ab 29. Oktober 1958 Botschaft

Birma
Botschaft Rangun
errichtet 11. Februar 1955 als
Gesandtschaft,
ab 3. Januar 1962 Botschaft

Ceylon
Botschaft Colombo
errichtet 9. Dezember 1953 als
Gesandtschaft,
ab 9. Dezember 1958 Botschaft.
Der Leiter der Vertretung ist zugleich als
Botschafter in den *Malediven* akkreditiert.

Indien
Botschaft New Delhi
errichtet 22. April 1952

Generalkonsulat Bombay
errichtet 12. Mai 1951

Generalkonsulat Kalkutta
errichtet 20. März 1954 als Konsulat,
ab 24. September 1954 Generalkonsulat

Generalkonsulat Madras
errichtet 15. November 1954 als Konsulat,
ab 30. November 1964 Generalkonsulat

Indonesien
Botschaft Djakarta
errichtet 25. Juni 1952

Irak
Botschaft Bagdad
errichtet 19. September 1953 als
Gesandtschaft,
ab 5. November 1956 Botschaft;
diplomatische Beziehungen durch den Irak
abgebrochen am 12. Mai 1965,
Frankreich Schutzmacht

Iran
Botschaft Teheran
errichtet 1. Oktober 1953 als
Gesandtschaft,
ab 20. Juni 1955 Botschaft

Israel
Botschaft Tel Aviv
errichtet 19. August 1965

Japan
Botschaft Tokyo
errichtet 19. April 1952

Generalkonsulat Osaka/Kobe
errichtet 18. Mai 1953

Jemen (Arabische Republik)
Botschaft Sanaa
errichtet 30. April 1960 als Gesandtschaft,
ab 1. September 1963 Botschaft;
diplomatische Beziehungen durch den Jemen
abgebrochen 14. Mai 1965,
als Botschaft wiedereröffnet 15. Juli
1969

Jemen (Demokratische Volksrepublik)
Botschaft Aden
errichtet 1. Dezember 1965 als Konsulat,
ab 19. Dezember 1967 Botschaft;
geschlossen 27. Oktober 1969, diplomatische
Beziehungen suspendiert

Jordanien
Botschaft Amman
errichtet 17. November 1953 als Zweigstelle
der Gesandtschaft Bagdad,
ab 1. März 1955 Gesandtschaft,
ab 25. Oktober 1959 Botschaft;
diplomatische Beziehungen durch Jordanien
abgebrochen 13. Mai 1965, als Botschaft
wiedereröffnet 27. Februar 1967

Khmer-Republik
Botschaft Phnom Penh
errichtet 19. Februar 1964 als Vertretung,
ab 15. November 1967 Botschaft;
diplomatische Beziehungen durch das damalige Kambodscha abgebrochen 11. Juni 1969,
Frankreich Schutzmacht

Korea
Botschaft Seoul
errichtet 8. Oktober 1956 als Generalkonsulat,
ab 12. September 1957 Gesandtschaft,
ab 10. Oktober 1958 Botschaft

Kuwait
Generalkonsulat Kuwait
errichtet 4. November 1963 als Konsulat,
ab 7. Juni 1971 Generalkonsulat.
Zuständig zugleich für *Bahrein, Befriedetes
Oman, Katar* und *Sultanat Oman*.

Laos *siehe Thailand*

Libanon
Botschaft Beirut
errichtet 20. Mai 1953 als Gesandtschaft,
ab 2. Oktober 1958 Botschaft;
diplomatische Beziehungen durch den
Libanon abgebrochen 14. Mai 1965,
Frankreich Schutzmacht

Malaysia
Botschaft Kuala Lumpur
errichtet 23. September 1957 als Botschaft.
Der Leiter der Botschaft nimmt zugleich die
Befugnisse eines Konsuls für das britische
Überseegebiet *Brunei* wahr.

Malediven *siehe Ceylon*

Nepal
Aufnahme diplomatischer Beziehungen
durch Akkreditierung des Leiters der Botschaft New Delhi am 21. April 1958.

Botschaft Katmandu
errichtet 3. November 1963

Pakistan
Botschaft Islamabad, Sitz Rawalpindi
errichtet 14. Mai 1952 in Karatschi,
am 14. Januar 1966 nach Rawalpindi verlegt

Generalkonsulat Dacca
errichtet 1. Oktober 1957 als Konsulat,
ab 28. September 1964 Generalkonsulat

Generalkonsulat Karatschi
errichtet als Botschaft am 14. Mai 1952,
ab 14. Januar 1966 Dienststelle der Botschaft Islamabad,
ab 4. Januar 1968 Generalkonsulat

Philippinen
Botschaft Manila
errichtet 9. Februar 1956 als Gesandtschaft,
ab 7. März 1958 Botschaft.
Ein Beamter der Vertretung nimmt zugleich
die Befugnisse eines Konsuls für die amerikanischen Außengebiete *Guam* und *Wake*
sowie die unter der Treuhandverwaltung der
Vereinigten Staaten von Amerika stehenden
Pazifikinseln *(Karolinen, Marianen* und
Marschallinseln) wahr.

Saudi-Arabien
Botschaft Djidda
errichtet 23. September 1955 als
Gesandtschaft,
ab 9. Juni 1959 Botschaft;
diplomatische Beziehungen durch Saudi-

Arabien abgebrochen 13. Mai 1965,
Italien Schutzmacht

Singapur
Botschaft Singapur
errichtet 18. Mai 1953 als Generalkonsulat,
ab 24. Dezember 1965 Botschaft

Syrien
Botschaft Damaskus
errichtet 14. Oktober 1952 als Gesandtschaft,
ab 3. April 1958 Generalkonsulat,
ab 22. Oktober 1961 Botschaft;
diplomatische Beziehungen durch Syrien
abgebrochen 13. Mai 1965,
Frankreich Schutzmacht

Konsulat Aleppo
errichtet 9. Oktober 1959;
im Zuge des Abbruchs der diplomatischen
Beziehungen geschlossen 25. Juli 1966,
Frankreich Schutzmacht

Thailand
Botschaft Bangkok
errichtet 22. Dezember 1952 als
Gesandtschaft,
ab 24. Januar 1956 Botschaft.
Die Botschaft ist zugleich als Gesandtschaft
für *Laos* tätig. Der ständige Vertreter des
Botschafters ist seit 1962 Geschäftsträger a. i.
für Laos mit Sitz in Bangkok.

Vietnam
Botschaft Saigon
errichtet 12. Dezember 1955 als Handelsvertretung,
ab 12. Juni 1957 Gesandtschaft,
ab 25. April 1960 Botschaft

Britische Überseegebiete
Generalkonsulat Hongkong
errichtet 27. Juli 1953.
Der Leiter der Vertretung ist zugleich Konsul
für die portugiesische Überseeprovinz
Macau. (Das Generalkonsulat ist zugleich
zuständig in Paß- und Sichtvermerk-
angelegenheiten für die *Republik China*
[Taiwan]).

Australien/Ozeanien

Australien
Botschaft Canberra
errichtet 9. Juli 1952

Generalkonsulat Melbourne
errichtet 19. Juni 1953 als Konsulat,
ab 2. Dezember 1966 Generalkonsulat

Generalkonsulat Sydney
errichtet 1. Dezember 1955.
Der Leiter der Vertretung nimmt zugleich die
Befugnisse eines Konsuls für die *Britischen*

Salomonen und das britisch-französische
Kondominium *Neue Hebriden* wahr.

Konsulat Perth
errichtet 29. Juni 1954,
aus haushaltswirtschaftlichen Gründen
1. April 1969 geschlossen

Neuseeland
Botschaft Wellington
errichtet 10. November 1953 als
Gesandtschaft,
ab 1. Januar 1964 Botschaft

Europa

Belgien
Botschaft Brüssel
errichtet 15. November 1950 als Generalkonsulat,
ab 27. Juni 1951 Botschaft

Generalkonsulat Antwerpen
errichtet 10. Dezember 1953

Generalkonsulat Lüttich
errichtet 6. Oktober 1952 als Konsulat,
ab 1. Februar 1959 Generalkonsulat

Bulgarien
Handelsvertretung Sofia
errichtet 19. Oktober 1964

Dänemark
Botschaft Kopenhagen
errichtet 10. Januar 1951 als Generalkonsulat,
ab 27. Juni 1951 Botschaft

Konsulat Apenrade
errichtet 10. Mai 1954

Finnland
Handelsvertretung Helsinki
errichtet 22. März 1953

Frankreich
Botschaft Paris
errichtet 7. Juli 1950 als Generalkonsulat,
ab 11. Juli 1951 Diplomatische Vertretung,
ab 26. Mai 1955 Botschaft.
Ein Beamter der Botschaft nimmt zugleich die
Befugnisse eines Konsuls für die französischen Übersee-Territorien *Französisch-Poly-
nesien (Austral-[Tubuai-]Inseln, Gambier-
inseln, Gesellschaftsinseln, Tuamotu-Inseln)*
sowie *St. Pierre* und *Miquelon* wahr.

Generalkonsulat Bordeaux
errichtet 10. August 1953 als Konsulat,
ab 8. Mai 1968 Generalkonsulat

Generalkonsulat Lille
errichtet 8. Dezember 1952 als Konsulat,
ab 6. Oktober 1966 Generalkonsulat

Generalkonsulat Lyon
errichtet 5. April 1954 als Konsulat,
ab 28. September 1967 Generalkonsulat

Generalkonsulat Marseille
errichtet 5. Mai 1951.
Der Leiter der Vertretung ist zugleich
Generalkonsul für das *Fürstentum Monaco*
und für *Andorra* mit Dienstsitz in Marseille.

937

Generalkonsulat Nancy
errichtet 4. Oktober 1958 als Konsulat,
ab 21. Juli 1964 Generalkonsulat

Griechenland
Botschaft Athen
errichtet 7. Dezember 1950 als Generalkonsulat,
ab 12. Juli 1951 Botschaft

Generalkonsulat Saloniki
errichtet 20. März 1956 als Konsulat,
ab 5. September 1967 Generalkonsulat

Irland
Botschaft Dublin
errichtet 26. Juli 1951 als Gesandtschaft,
ab 16. Dezember 1959 Botschaft

Island
Botschaft Reykjavik
errichtet 16. Dezember 1952 als Gesandtschaft,
ab 6. Januar 1956 Botschaft

Italien
Botschaft Rom
errichtet 2. Dezember 1950 als General-
konsulat,
ab 1. Juni 1951 Botschaft.
Der Leiter der Vertretung ist zugleich
Ständiger Vertreter der Bundesrepublik
Deutschland bei der Ernährungs- und Land-
wirtschaftsorganisation der Vereinten
Nationen (FAO) in Rom.

Generalkonsulat Genua
errichtet 15. September 1952

Generalkonsulat Mailand
errichtet 16. Mai 1951;
zugleich zuständig für *San Marino*

Generalkonsulat Neapel
errichtet 3. Juni 1953 als Konsulat,
ab 2. September 1966 Generalkonsulat

Konsulat Palermo
errichtet 2. Dezember 1952

Jugoslawien
Botschaft Belgrad
errichtet 13. Juni 1951 als Generalkonsulat,
ab 24. April 1952 Botschaft;
diplomatische Beziehungen durch Bundesrepublik abgebrochen 19. Oktober 1957,
als Botschaft wiedereröffnet 7. Februar 1968

Generalkonsulat Zagreb (Agram)
errichtet 4. Januar 1954 als Konsulat,
ab 12. Dezember 1967 Generalkonsulat

Luxemburg
Botschaft Luxemburg
errichtet 13. April 1951 als Generalkonsulat,
ab 23. April 1951 Gesandtschaft,
ab 11. April 1956 Botschaft

Malta
Botschaft Valletta
errichtet 16. Februar 1965

Niederlande
Botschaft Den Haag
errichtet 28. Juni 1951.
Ein Beamter der Botschaft nimmt zugleich die
Befugnisse als Konsul für die *Niederländi-
schen Antillen* und *Surinam* wahr.

Generalkonsulat Amsterdam
errichtet 24. Oktober 1950

Generalkonsulat Rotterdam
errichtet 3. März 1952 als Konsulat,
ab 11. Juli 1956 Generalkonsulat

Konsulat Maastricht
errichtet 24. Februar 1955,
aus haushaltswirtschaftlichen Gründen
ab 19. Mai 1971 Wahlkonsulat

Norwegen
Botschaft Oslo
errichtet 11. August 1951 als Gesandtschaft,
ab 30. August 1955 Botschaft

Konsulat Bergen
errichtet 16. Januar 1954

Österreich
Botschaft Wien
errichtet 21. November 1953 als Wirtschafts-
delegation,
ab 21. Dezember 1955 Botschaft

Generalkonsulat Graz
errichtet 30. Oktober 1956 als Konsulat,
ab 7. September 1970 Generalkonsulat
Büro Klagenfurt
errichtet 30. Oktober 1956

Generalkonsulat Salzburg
errichtet 28. März 1956

Konsulat Bregenz
errichtet 22. August 1956,
aus haushaltswirtschaftlichen Gründen ab
1. Juli 1961 Wahlkonsulat

Konsulat Innsbruck
errichtet 3. September 1956

Konsulat Linz
errichtet 14. August 1956

Polen
Handelsvertretung Warschau
errichtet 18. September 1963

Portugal
Botschaft Lissabon
errichtet 10. November 1952
als Gesandtschaft,
ab 16. Oktober 1956 Botschaft

Konsulat Porto
errichtet 20. Mai 1955

Rumänien
Botschaft Bukarest
errichtet 6. Mai 1964 als Handelsvertretung,
ab 4. Juli 1967 Botschaft

Schweden
Botschaft Stockholm
errichtet 5. März 1951 als Generalkonsulat,
ab 26. Juni 1951 Gesandtschaft,
ab 13. April 1956 Botschaft

Generalkonsulat Göteborg
errichtet 24. Oktober 1952 als Konsulat,
ab 13. Oktober 1954 Generalkonsulat

Konsulat Malmö
errichtet 1. Oktober 1954

Schweiz
Botschaft Bern
errichtet 6. Mai 1952 als Gesandtschaft,
ab 22. Juli 1957 Botschaft

Generalkonsulat Basel
errichtet 7. Juni 1951

Generalkonsulat Genf
errichtet 16. März 1953 (siehe auch
Vertretung bei den internationalen
Organisationen in Genf)

Generalkonsulat Zürich
errichtet 7. Juni 1951;
zugleich zuständig für *Liechtenstein*

Spanien
Botschaft Madrid
errichtet 6. November 1952

Generalkonsulat Barcelona
errichtet 27. Juni 1953

Außenstelle Palma de Mallorca
errichtet 10. November 1959 als
Wahlkonsulat,
ab 1. April 1968 Außenstelle
des Generalkonsulats Barcelona

Generalkonsulat Bilbao
errichtet 5. April 1954 als Konsulat,
ab 26. August 1969 Generalkonsulat

Tschechoslowakei
Handelsvertretung Prag
errichtet 18. Februar 1968

Türkei
Botschaft Ankara
errichtet 21. Juni 1952

Generalkonsulat Istanbul
errichtet 24. Oktober 1950

Generalkonsulat Izmir
errichtet 27. Juli 1953 als Konsulat,
ab 16. August 1967 Generalkonsulat

Konsulat Iskenderun
errichtet 16. Dezember 1955,
aus haushaltswirtschaftlichen Gründen
31. März 1960 geschlossen

Ungarn
Handelsvertretung Budapest
errichtet 15. Juli 1964

UdSSR
Botschaft Moskau
errichtet 12. März 1956

Vatikanstadt
Botschaft der Bundesrepublik Deutschland
beim Heiligen Stuhl
errichtet 1. Juni 1954

Vereinigtes Königreich
Botschaft London
errichtet 16. Juni 1950 als Generalkonsulat,
ab 20. Juni 1951 Diplomatische Vertretung,
ab 26. Mai 1955 Botschaft

Generalkonsulat Edinburgh
errichtet 9. November 1953 in Glasgow
als Konsulat,
nach Edinburgh verlegt 6. Mai 1959,
ab 7. August 1969 Generalkonsulat

Generalkonsulat Liverpool
errichtet 31. August 1954 als Konsulat,
ab 31. Juli 1969 Generalkonsulat

Zypern
Botschaft Nikosia
errichtet 12. April 1955 als Konsulat,
ab 20. August 1960 Botschaft

Vertretungen bei zwischen- und überstaatlichen Organisationen

Der Beobachter der Bundesrepublik Deutschland bei den Vereinten Nationen, New York
errichtet 2. Oktober 1952

Vertretung der Bundesrepublik Deutschland
bei den internationalen Organisationen in
Genf.
Der Beobachter der Bundesrepublik
Deutschland beim Büro der Vereinten
Nationen in Genf
errichtet 16. März 1953 als Generalkonsulat

Vertretung der Bundesrepublik Deutschland
bei der Organisation der Vereinten Nationen
für Erziehung, Wissenschaft und Kultur
(UNESCO), Paris
errichtet 8. Mai 1968

Vertretung der Bundesrepublik Deutschland
bei den internationalen Organisationen in
Wien
errichtet 29. Juni 1970

Vertretung der Bundesrepublik Deutschland
beim Europarat,
Straßburg
errichtet 2. November 1954

Vertretung der Bundesrepublik Deutschland
bei der Organisation für wirtschaftliche
Zusammenarbeit und Entwicklung (OECD),
Paris
errichtet 1. November 1949

Vertretung der Bundesrepublik Deutschland
bei der Nordatlantikpakt-Organisation,
Brüssel
errichtet 9. Mai 1955 in Paris,
am 16. Oktober 1967 nach Brüssel verlegt

Vertretung der Bundesrepublik Deutschland
bei den Europäischen Gemeinschaften,
Brüssel
errichtet 1. September 1958

V. Internationale Organisationen

25 A **Mitgliedschaft der Bundesrepublik Deutschland in weltweiten und regionalen zwischenstaatlichen Organisationen**
Stand: September 1971 [1]

	Gesamtzahl	BRD Mitglied in
1951	60	24
1956	69	50
1961	82	75
1966	96	85
1971	126	114

[1] ohne außereuropäische Regionalorganisationen

25 B **Mitgliedschaft der Bundesrepublik Deutschland in wichtigen internationalen zwischenstaatlichen Organisationen**

I. VN-Sonderorganisationen	Mitgliedschaft [1] seit
Ernährungs- und Landwirtschaftsorganisation (FAO)	1950
Internationale Arbeitsorganisation (ILO)	1951
Erziehungs-, Wissenschafts- und Kulturorganisation (UNESCO)	1951
Weltgesundheitsorganisation (WHO)	1951
Weltbank	1952
Internationaler Währungsfonds (IMF)	1952
Internationale Fernmelde-Union (ITU)	1952
Weltorganisation für Meteorologie (WMO)	1954
Weltpostverein (UPU)	1955
Internationale Finanzkorporation (IFC)	1956
Internationale Organisation für Zivilluftfahrt (ICAO)	1956
Zwischenstaatliche Beratende Seeschiffahrtsorganisation (IMCO)	1959
Internationale Entwicklungsorganisation (IDA)	1960

Die Bundesrepublik Deutschland ist im VN-Bereich ferner an folgenden Gremien und Organisationen beteiligt:

Hoher Flüchtlingskommissar (UNHCR)	1952
Weltkinderhilfswerk (UNICEF)	1952
Hilfswerk für arabische Flüchtlinge (UNRWA)	1952
Entwicklungsprogramm der Vereinten Nationen (UNDP) bzw. Vorläufer dieses Programms	1952
Wirtschaftskommission für Europa (ECE)	1956
Internationale Atomenergie-Organisation (IAEO)	1957

[1] In den Fällen, in denen Jahreszahlen vor 1949 aufgeführt sind, setzt die Bundesrepublik Deutschland die von dem Deutschen Reich begründete Mitgliedschaft fort.

Rauschgift-Kommission	1962
Welternährungsprogramm (WFP)	1962
Welthandelskonferenz (UNCTAD)	1964
Ausbildungs- und Forschungsinstitut der Vereinten Nationen (UNITAR)	1966
Sonderfonds für industrielle Projekte (SIS)	1966
Organisation für Industrielle Entwicklung (UNIDO)	1966
Weizenhandelsübereinkommen von 1967, für die Bundesrepublik in Kraft seit	1969
Nahrungsmittelhilfsübereinkommen von 1967, für die Bundesrepublik in Kraft seit	1969
Internationales Kaffeeübereinkommen von 1968	1968
Bevölkerungsfonds der Vereinten Nationen (UNFPA)	1970
Ausschuß für die Beseitigung der Rassendiskriminierung (»Rassendiskriminierungsausschuß«), laut Vertrag vom 7. 3. 1966, für die Bundesrepublik in Kraft seit	1969
4. internationales Zinnübereinkommen	1971

II. Weltweite internationale Organisationen außerhalb des VN-Bereichs

Internationales Büro für Maße und Gewichte (besteht seit 1875)	1876
Internationaler Verband für den Schutz von Werken der Literatur und der Kunst (Berner Union) (besteht seit 1886)	1887
Übereinkommen der Haager Friedenskonferenzen von 1899 und 1907 (Ständiger Schiedshof)	1900/1910
Internationaler Verband für den Schutz des gewerblichen Eigentums (Pariser Union) (besteht seit 1883)	1903
Internationaler Verband für die Veröffentlichung der Zolltarife (besteht seit 1890)	1904
Internationales Tierseuchenamt (besteht seit 1924)	1928
Internationales Weinamt (besteht seit 1924)	1929
Bank für internationalen Zahlungsausgleich (IZU) (besteht seit 1930)	1930
Allgemeines Zoll- und Handelsabkommen (GATT)	1951
Internationales Institut zur Vereinheitlichung des Privatrechts (UNIDROIT)	1951
Rat für die Zusammenarbeit auf dem Gebiet des Zollwesens	1952
Internationales Kälteinstitut	1954
I.–IV. Genfer Rotkreuz-Abkommen (von 1949) [2]	1955
Welturheberrechtsabkommen (WUA)	1955
Internationaler Ausschuß für den Internationalen Suchdienst	1955
Internationale Kommission für Fischerei im Nordwest-Atlantik	1957
Internationale Union für die Erhaltung der Natur und der natürlichen Hilfsquellen (IUCN/Internationaler Naturschutz)	1958
Internationales Büro für das Ausstellungswesen (besteht seit 1931)	1958
Internationales Zucker-Übereinkommen 1958	1959
Internationale Organisation für das gesetzliche Meßwesen (OIMC) v. 12. 10. 1955, für die Bundesrepublik in Kraft seit	1960
Zwischenstaatliche Ozeanographische Kommission	1960
Internationales Sekretariat für Freiwilligendienst (ISUS)	1962
Internationale Kommission für Fischerei im Nordost-Atlantik	1963
Internationale Studienzentrale für die Erhaltung und Restaurierung von Kulturgut	1964
Übereinkommen zur Vorläufigen Regelung für ein Weltweites Kommerzielles Satelliten-Fernmeldesystem (INTELSAT)	1964
Internationale Büro für Hydrographie (besteht seit 1921)	1967
Internationaler Rat für Meeresforschung (besteht seit 1902)	1968
Internationaler Verband für den Schutz von Pflanzenzüchtung	1968
Internationale Kommission für die Fischerei im Südost-Atlantik	1969
Weltorganisation zum Schutze des geistigen Eigentums (WIPO)	1970

[2] Davor liegen ältere Übereinkommen, deren Vertragsparteien das Deutsche Reich war und die z. T. im Verhältnis zu solchen Staaten noch gelten, die dem Abkommen von 1949 nicht beigetreten sind.

III. Regionale bzw. der Aufgabenstellung nach im Teilnehmerkreis beschränkte internationale Organisationen (nicht VN-Bereich)

	Mitgliedschaft seit
Zentralkommission für die Rheinschiffahrt (ZKR)	1868
Organisation für wirtschaftliche Zusammenarbeit und Entwicklung (OECD)	1949
Europarat	1951
Europäische Gemeinschaft für Kohle und Stahl (EGKS)	1952
Rat für Zusammenarbeit auf dem Gebiet des Zollwesens (Brüsseler Zollrat)	1952
Europäische Verkehrsminister-Konferenz (ECMT)	1953
Zwischenstaatliches Komitee für Europäische Auswanderung (ICEM)	1954
Europäische Organisation für Kernphysikalische Forschung (CERN)	1954
Europäische Organisation für experimentelle photogrammetrische Untersuchung	1954
Europäische Pflanzenschutzorganisation	1954
Westeuropäische Union (WEU)	1955
Nordatlantikvertrags-Organisation (NATO)	1955
Pflanzenschutzorganisation für Europa und den Mittelmeerraum	1955
Internationale Kommission für das Personenstandswesen (CIEC)	1956
Internationale Moselgesellschaft m. b. H.	1956
Europäische Atomgemeinschaft (EURATOM)	1958
Europäische Wirtschaftsgemeinschaft (EWG)	1958
Europäische Organisation für Kernenergie (ECCA)	1958
Europäische Konferenz der Post- und Fernmeldeverwaltung (CEPT)	1959
Europäische Gesellschaft für die Chemische Aufarbeitung bestrahlter Kernbrennstoffe (EUROMECHIC)	1959
Europäische Gesellschaft für die Finanzierung von Eisenbahnmaterial (EUROFIMA)	1959
Übereinkommen zur Errichtung einer Sicherheitskontrolle auf dem Gebiet der Kernenergie (Europäische Kernenergie-Agentur)	1959
Internationale Kommission zum Schutze der Mosel gegen Verunreinigung	1962
Internationale Kommission zum Schutze der Saar gegen Verunreinigung	1962
Europäische Organisation für Luftsicherheit (EUROCONTROL)	1963
Europäische Konferenz über Fernmeldeverbindung durch Satelliten (CETS)	1963
Europäische Organisation für Weltraumforschung (ESRO)	1964
Internationale Studienzentrale für die Erhaltung und Restaurierung von Kulturgut	1964
Europäische Organisation für die Entwicklung von Raumfahrzeugen und Trägerraketen (ELDO)	1964
Europäische Organisation für Astronomische Forschung in der Südlichen Hemisphäre (ESO)	1964
Internationale Kommission zum Schutze des Rheins gegen Verunreinigung	1965

	1960	1961	1962	
Beiträge zum regulären Haushalt				
Wirtschaftskommission für Europa (ECE)	133 750	140 000	140 000	
Rauschgiftkommission	30 000	36 250	36 250	
Internationales Büro für die Todeserklärung Verschollener (IBD)	1 000	750	525	
Welthandelskonferenz (UNCTAD)	–	–	–	
Organisation für industrielle Entwicklung (UNIDO)	–	–	–	
Andere Beiträge				
Entwicklungsprogramm der Vereinten Nationen (UNDP)	1 750 000	5 330 000	7 500 000	8 0
Bevölkerungsfonds der Vereinten Nationen (UNFPA)	–	–	–	
Sonderfonds für industrielle Projekte (SIS)	–	–	–	
Weltkinderhilfswerk (UNICEF)	625 000	1 375 000	1 375 000	1 50
Hilfswerk für arabische Flüchtlinge (UNRWA)	250 000	250 000	625 000	62
Hoher Flüchtlingskommissar der Vereinten Nationen (UNHCR)	220 000	220 000	375 000	30
Ausbildungs- und Forschungsinstitut der Vereinten Nationen (UNITAR)	–	–	–	–
Welternährungsprogramm (WFP)	–	–	2 667 000	2 66
Beteiligung an VN-Sonderaktionen				
Kongo Wirtschaftsfonds	–	–	3 000 000	–
Verlegung des Tempels von Kalabscha (UNESCO-Projekt in Nubien)	–	250 000	1 000 000	62
Zypern-Hilfe (UNFICYP)	–	–	–	–
Beteiligung des Bundes an der Sanierungsanleihe der Vereinten Nationen	–	–	10 000 000	2 000

64	1965	1966	1967	1968	1969	1970
2 937	205 377	309 197	359 689	373 286	379 599	443 284
0 987	49 647	69 787	76 412	71 203	82 494	84 239
336	353	482	482	–	–	–
-	125 000	168 332	360 504	493 632	617 504	557 169
-	–	–	–	–	–	656 536
00 000	8 000 000	8 000 000	9 000 000	9 000 000	10 250 000	11 202 186
-	–	–	–	–	–	1 502 732
-	–	1 000 000	1 000 000	1 000 000	750 000	–
00 000	1 500 000	1 500 000	1 500 000	1 562 500	1 812 000	2 650 000
00 000	500 000	500 000	750 000	2 225 000	3 085 193	3 234 367
00 000	300 000	300 000	300 000	325 000	325 000	409 836
-	–	75 000	75 000	75 000	75 000	75 000
567 000	2 650 000	2 650 000	2 650 000	2 650 000	5 384 605	5 714 240
50 000	–	–	–	–	–	–
75 000	75 000	75 000	75 000	75 000	–	–
500 000	2 000 000	2 000 000	1 000 000	1 000 000	1 000 000	1 000 000
-	–	–	–	–	–	–

	1960	1961	1962	
VN-Sonderorganisationen und Atomenergie-Organisation				
Internationale Arbeitsorganisation (ILO)	407 500	446 400	482 425	6
Ernährungs- und Landwirtschafts- organisation der Vereinten Nationen (FAO)	681 350	756 350	750 000	1 1
Erziehungs-, Wissenschafts- und Kulturorganisation der Vereinten Nationen (UNESCO)	700 000	756 375	802 500	1 0
Weltgesundheitsorganisation (WHO)	870 000	969 475	1 166 500	1 6!
Weltbank (IBRD) (Kapitalanteil)	9 334 000	7 800 000	7 800 000	7 8(
Internationale Entwicklungsorganisation (IDA)	12 190 000	10 200 000	10 200 000	10 12
Internationale Organisation für Zivilluftfahrt (ICAO)	249 250	238 250	221 675	79
Weltpostverein (UPU)	16 650	16 650	18 750	1
Internationale Fernmeldeunion (ITU)	63 625	107 500	107 500	13
Weltorganisation für Meteorologie (WMO)	37 500	31 500	30 500	4
Zwischenstaatliche Beratende Seeschiffahrtsorganisation (IMCO)	13 500	12 500	15 000	1.
Internationale Atomenergie-Organisation (IAEA)	356 825	392 750	387 500	471
	27 929 950	29 329 750	48 701 125	39 777

64	1965	1966	1967	1968	1969	1970
273	810 901	888 765	997 774	1 107 689	1 216 202	1 461 939
3 363	1 348 363	2 374 792	2 321 042	2 607 642	2 607 642	2 817 108
3 600	1 668 078	1 668 078	2 115 929	2 115 929	2 335 384	2 335 384
2 395	2 158 290	3 081 710	3 722 650	4 023 690	4 654 810	4 612 180
—	—	2 300 000	3 450 000	3 450 000	3 450 000	3 450 000
0 000	24 200 000	24 200 000	24 200 000	39 000 000	39 000 000	39 000 000
8 965	851 442	1 069 353	1 233 313	1 193 861	1 219 854	1 301 901
9 050	26 970	26 930	39 880	44 070	47 667	67 898
30 640	152 500	214 470	210 000	210 182	223 798	255 228
65 269	78 291	100 591	99 377	162 125	169 777	213 325
20 499	26 756	31 966	27 067	31 312	37 547	40 751
17 674	499 837	696 555	763 250	674 577	852 453	1 012 184
43 988	47 226 805	53 301 008	56 327 369	73 471 698	79 576 529	84 097 487

947

VI. Außenhandel und Entwicklungspolitik

27 **Die Entwicklung des Welthandels und des Außenhandels der Bundesrepublik Deutschland 1950–1970** (in Mio Dollar)

Jahr	Außenhandel der BRD	Veränderung gg. Vorjahr in v H	Welthandel	Veränderung gg. Vorjahr in v H	Anteil der BRD am Welthandel in v H
1950	4 684		113 650		4,1
1951	6 976	+ 48,9	155 450	+ 36,8	4,5
1952	7 891	+ 13,1	151 800	— 2,4	5,2
1953	8 232	+ 4,3	166 900	+ 9,9	4,9
1954	9 862	+ 19,8	172 700	+ 3,5	5,7
1955	11 960	+ 21,3	192 000	+ 11,2	6,2
1956	14 006	+ 17,1	212 500	+ 10,7	6,6
1957	16 127	+ 15,1	231 400	+ 8,9	7,0
1958	16 228	+ 0,6	221 600	— 4,2	7,3
1959	18 342	+ 13,0	237 100	+ 7,0	7,7
1960	21 597	+ 17,7	263 500	+ 11,1	8,2
1961	23 727	+ 9,9	275 000	+ 4,4	8,6
1962	25 664	+ 8,2	292 100	+ 6,2	8,8
1963	27 722	+ 8,0	316 400	+ 8,3	8,8
1964	30 939	+ 11,6	354 300	+ 10,0	8,7
1965	35 523	+ 14,8	383 800	+ 8,3	9,3
1966	38 323	+ 7,9	419 200	+ 9,2	9,1
1967	39 305	+ 2,6	441 600	+ 5,3	8,9
1968	45 181	+ 11,5	487 100	+ 10,3	9,3
1969	54 201	+ 20,0	554 000	+ 13,7	9,8
1970	64 169	+ 18,4	631 300 [1]	+ 14,0	10,2
Zunahme 1950/1960		+ 361 %		+ 132 %	
Zunahme 1960/1970		+ 197 %		+ 140 %	
Zunahme 1950/1970		+ 1 270 %		+ 455 %	

[1] vorläufiges Ergebnis

Quelle: United Nations: Yearbook of International Trade Statistics 1955/1960, 1967, 1968 — Monthly Bulletin of Statistics, Febr. 1971

28　　**Die Entwicklung des Warenhandels der EWG**
　　　　（in Mio Dollar）

1. Innergemeinschaftlicher Handel		Einfuhr	Ausfuhr
	1958	6 790	6 864
	1970	42 800	43 301
		= + 530 v H	= + 531 v H
2. mit Drittländern	1958	16 156	15 911
	1970	45 621	45 198
		= + 182 v H	= + 184 v H
3. mit den EFTA-Ländern [1]	1958	3 608	4 970
	1970	10 715	14 884
		= + 197 v H	= + 199 v H
4. mit Drittländern ohne EFTA	1958	12 548	10 941
	1970	34 906	30 314
		= + 178 v H	= + 177 v H

[1] Einschließlich Island ab Januar 1970

Quelle: Statistisches Amt der Europäischen Gemeinschaften, »Außenhandel, Monatsstatistik« 1971 Nr. 3

29　　**Prozentualer Anteil des innergemeinschaftlichen Warenhandels
　　　　am gesamten Warenhandel**
　　　　（in v H）

	Einfuhr		Ausfuhr	
	1958	1970	1958	1970
Bundesrepublik Deutschland	25,6	44,4	27,3	40,2
Belgien–Luxemburg	46,6	58,9	45,1	68,6
Niederlande	41,9	55,9	41,6	62,0
Frankreich	21,9	48,9	22,2	48,8
Italien	21,4	41,1	23,6	42,9
EWG zusammen	29,6	48,4	30,1	48,9

Quelle: Statistisches Amt der Europäischen Gemeinschaften, »Außenhandel, Monatsstatistik« 1971 Nr. 3

30   **Finanzielle Leistungen der Bundesrepublik Deutschland an die Europäischen Gemeinschaften 1958–1970** (in Mio DM) [1]

1958	114,1	1965	167,7
1959	196,2	1966	257,1
1960	170,0	1967	570,3
1961	257,5	1968	2 068,9
1962	411,2	1969	2 997,2
1963	135,1	1970	2 149,0
1964	150,6		

[1] Beiträge zur Finanzierung von Verwaltungsausgaben der Europäischen Wirtschaftsgemeinschaft und der Europäischen Atomgemeinschaft sowie Leistungen an die Fonds:
— Europ. Ausrichtungs- und Garantiefonds für die Landwirtschaft,
— Europ. Sozialfonds,
— Europ. Entwicklungsfonds,
— Forschungs- und Investitionshaushalt
Quelle: Bundesministerium für Wirtschaft und Finanzen

31   **Gesamte bilaterale Netto-Entwicklungsleistungen der Bundesrepublik Deutschland von 1950–1970** (in Mio DM) [1]

Kontinent		Bilat. Zuwendungen	Bilat. öffentl. Kredite	Garant. private Exportkredite	Privat-investitionen	Gesamt
Afrika	nördl. d. Sahara	291,3	636,9	821,5	498,2	2 247,9
	südl. d. Sahara	927,0	1 660,8	814,9	494,1	3 896,8
	nicht aufteilbar	103,0	–	–	–	103,0
		1 321,3	2 297,7	1 636,4	992,3	6 247,7
Amerika	Mittel	112,0	183,5	531,1	2 200,9	3 027,5
	Süd	657,8	1 129,9	2 630,9	3 058,9	7 477,5
	nicht aufteilbar	140,2	–	0,3	–	140,5
		910,0	1 313,4	3 162,3	5 259,8	10 645,5
Asien	Naher Osten [2]	3 711,3	1 108,1	1 694,7	666,6	7 180,7
	Süd	774,2	4 342,4	796,4	210,1	6 123,1
	Süd-Ost	323,4	942,4	642,0	166,6	2 074,4
	Fern-Ost	97,4	179,5	845,2	53,6	1 175,7
	nicht aufteilbar	90,4	431,8	–	–	522,2
		4 996,7	7 004,2	3 978,3	1 096,9	17 076,1
Ozeanien		–	–	–	0,9	0,9
Europa		459,9	2 574,8	2 269,2	2 900,9	8 204,8
Summe d. aufteilbaren Leistungen		7 687,9	13 190,1	11 046,2	10 250,8	42 175,0
Überregional		866,2	70,7	–	87,4	1 024,3
Summe aller bilateralen Leistungen		8 554,1	13 260,8	11 046,2	10 338,2	43 199,3

[1] ohne reinvestierte Erträge und private Entwicklungshilfe
[2] einschließlich 3,45 Mrd. DM Wiedergutmachungen an Israel

32   **Netto-Leistungen der Bundesrepublik Deutschland an Entwicklungsländer und multilaterale Stellen 1950–1970**
(in Mio DM)

Sektor der Leistungen	1950 bis 1960	1961 bis 1968	1969	1970	1950 bis 1970
A. Bilaterale Netto-Leistungen	*11 860,1*	*24 068,3*	*6 299,9*	*4 533,2*	*46 761,5*
I. Öffentliche Leistungen	4 518,7	13 465,9	1 833,0	1 997,2	21 814,8
1. Kredite (einschl. Umschuldungen) [1], davon	2 183,8	8 962,7	1 019,6	1 094,6	13 260,7
a) Entwicklungshilfe-Kredite	607,1	7 721,9	956,8	803,3	10 089,1
b) Sonstige öffentl. Kredite	1 576,7	1 240,8	62,8	291,3	3 171,6
2. Zuwendungen (Entwicklungshilfe) Techn. Hilfe, Wiedergutmachungen und sonstige Zuschüsse	2 334,9	4 503,2	813,4	902,6	8 554,1
II. Private Leistungen	7 341,4	10 602,4	4 466,9	2 536,0	24 946,7
1. Private Entwicklungshilfe [2]	–	–	–	284,6	284,6
2. Kredite und Direktinvestitionen	2 318,4	6 222,9	3 508,6	1 566,0	13 615,9
3. Exportkredite (Nettozuwachs)	5 023,0	4 379,5	958,3	685,4	11 046,2
B. Multilaterale Nettoleistungen	*2 837,7*	*4 393,8*	*1 651,1*	*919,9*	*9 802,5*
I. Zuwendungen (öffentl. Entwicklungshilfe) [3]	785,1	1 998,5	500,8	496,9	3 781,3
II. Kredite, davon	2 052,6	2 395,3	1 150,3	423,0	6 021,2
öffentlich	1 776,2	699,9	265,6	192,1	2 402,6
privat	276,4	1 695,4	1 415,9	230,9	3 618,6
Gesamte Netto-Leistungen, davon	14 697,8	28 462,1	7 951,0 [4]	5 453,1	56 564,0
öffentlich	7 080,0	16 164,3	2 068,2	2 686,2	27 998,7
privat	7 617,8	12 297,8	5 882,8	2 766,9	28 565,3
Anteil in %:					
öffentlich	48	57	26	49	49
privat	52	43	74	51	51

[1] alle Kredite mit Laufzeit über mehr als 1 Jahr
[2] Leistungen privater Organisationen (Kirchen, Gewerkschaften, Verbände, Stiftungen usw.) aus Eigenmitteln; 1969 erstmalig erfaßt mit 196,2 Mio DM, ab 1970 anrechenbar auf die Leistungen
[3] Zuschüsse und Kapitalzeichnungen für multilaterale Stellen (EWG, VN, Weltbank, IDA, usw.)
[4] ohne Erstattungsteil für Getreidelieferungen ab 1961

Quelle: Bundesminister für wirtschaftliche Zusammenarbeit

33   Amtliche und nichtamtliche Entwicklungshelfer
Anzahl und Gastländer 1971

Staat	Anzahl	Staat	Anzahl
Europa:	9	**Asien:**	493
Griechenland	4	Afghanistan	119
Spanien	1	Bhutan	1
Türkei	2	China (Taiwan)	2
Zypern	2	Indien	164
		Indonesien	56
		Irak	2
Afrika:	822	Israel	3
Algerien	23	Jordanien	3
Äthiopien	47	Libanon	6
Botsuana	1	Malaysia	7
Burundi	5	Nepal	30
Dahome	33	Pakistan	28
Elfenbeinküste	95	Philippinen	3
Gabun	2	Rep. Korea	5
Ghana	43	Rep. Vietnam	4
Kamerun	46	Syrien	1
Kenia	88	Thailand	59
Dem. Rep. Kongo	13		
Lesotho	8	**Lateinamerika:**	485
Madagaskar	21		
Malawi	14	Argentinien	2
Mali	1	Bolivien	93
Marokko	6	Brasilien	142
Mauritius	1	Chile	46
Niger	14	Costa Rica	1
Nigeria	26	Dominikanische Republik	3
Obervolta	21	Ecuador	53
Ruanda	6	Guatemala	12
Sambia	49	Honduras	1
Senegal	24	Jamaika	42
Tansania	25	Kolumbien	2
Togo	26	Mexiko	5
Tschad	2	Paraguay	3
Tunesien	137	Peru	66
Uganda	29	Uruguay	1
Zentralafrikanische Republik	16	Venezuela	13
		Insgesamt:	1809

Quelle: Deutscher Entwicklungsdienst,
Arbeitsgemeinschaft für Entwicklungshilfe,
Dienste in Übersee,
Internationaler christlicher Friedensdienst e. V.,
Weltfriedensdienst

34 Entwicklungshelfer des Deutschen Entwicklungsdienstes
(Stand: 15. 1. 1971)

Land	G	CDS	TH	SCH	HIV	LW	DED-Büro	Gesamt
Afrika								
Äthiopien	1	16	4	1	–	–	3	25
Dahomey	11	20	–	–	–	–	3	34
Elfenbeinküste	18	6	10	–	–	2	1	37
Ghana	11	–	15	–	4	6	1	37
Kamerun	5	9	6	5	4	6	3	38
Kenia	14	8	10	6	–	2	–	40
Niger	–	–	3	–	–	3	1	7
Ruanda	–	–	–	–	–	2	–	2
Sambia	–	3	47	1	–	5	2	58
Tansania	3	1	16	24	–	–	1	45
Tschad	1	–	–	–	–	–	–	1
Togo	11	3	–	–	–	–	2	16
Tunesien	14	2	19	1	2	6	2	46
Uganda	9	1	–	1	–	6	2	19
Gesamt	98	69	130	39	10	38	21	405
Asien								
Afghanistan	10	12	18	11	–	23	1	75
Indien	8	31	47	–	–	–	5	91
Malaysia	–	6	24	7	–	–	2	39
Nepal	–	5	9	3	–	9	2	28
Thailand	2	8	19	2	–	–	1	32
Gesamt	20	62	117	23	–	32	11	265
Lateinamerika								
Bolivien	5	32	14	4	–	1	2	58
Brasilien	20	25	30	10	–	9	3	97
Chile	5	4	13	9	–	9	3	43
Ecuador	–	16	31	3	–	–	2	52
Jamaika	–	14	23	4	–	–	1	42
Peru	2	22	11	9	–	–	3	47
Gesamt	32	113	122	39	–	19	14	339
Global	150	244	369	101	10	89	46	1009

G = Gesundheitswesen
CDS = »Community Development« und Sozialarbeit
TH = Technisch-handwerkliche Programme
SCH = Schulen und Hochschulen
HIV = Handel, Industrie und Verwaltung
LW = Landwirtschaftliche Entwicklung

VII. Wiedergutmachung und humanitäre Hilfe

35   Wiedergutmachung nationalsozialistischen Unrechts

I. Bereits geleistet [1]

Bundesentschädigungsgesetz (BEG)	29,3 Mrd. DM
Bundesrückerstattungsgesetz (BRüG)	3,4 Mrd. DM
Israelvertrag	3,5 Mrd. DM
Globalverträge mit 12 Staaten	1,0 Mrd. DM
sonstige Leistungen (öffentl. Dienst u. a.)	3,2 Mrd. DM
Gesamt:	40,4 Mrd. DM

II. Voraussichtlich noch zu leisten (bis 1975)

Bundesentschädigungsgesetz (BEG)	9,7 Mrd. DM
Bundesrückerstattungsgesetz (BRüG)	0,8 Mrd. DM
sonstige Leistungen (öffentl. Dienst u. a.)	1,5 Mrd. DM
Gesamt:	12,0 Mrd. DM

III. Gesamtzahlungen bis 1975 (I und II) (vorläufige Schätzungen)

Bundesentschädigungsgesetz (BEG)	39,0 Mrd. DM
Bundesrückerstattungsgesetz (BRüG)	4,2 Mrd. DM
Israelvertrag	3,5 Mrd. DM
Globalverträge mit 12 Staaten	1,0 Mrd. DM
sonstige Leistungen (öffentl. Dienst u. a.)	4,7 Mrd. DM
Gesamt:	52,4 Mrd. DM

IV. Rentenleistungen

Außer den genannten Leistungen werden noch Rentenleistungen nach
dem BEG bis über das Jahr 2000 hinaus zu zahlen sein, die schätzungsweise mehr als 25 bis 30 Mrd. DM zusätzlich erfordern werden   25–30   Mrd. DM

Gesamtvolumen der Wiedergutmachung   rd. 80,0 Mrd. DM

Die Leistungen nach dem Bundesentschädigungsgesetz verteilen sich
– grob geschätzt – wie folgt:
1/3 an Empfänger im Inland
2/3 an Empfänger im Ausland (davon die Hälfte an Empfänger in
Israel)
Leistungen nach dem Bundesrückerstattungsgesetz
1/4 an Empfänger im Inland
3/4 an Empfänger im Ausland (davon 53,3 v. H. an Empfänger in
Israel)

---

[1] Stand: 1. Januar 1971

1966	Flüchtlingsbetreuung	
	Jugenddorf Thu Duc	
	Hospitalschiff Helgoland	8 378 503,– DM

1967	Flüchtlingsbetreuung	
	Jugenddorf Thu Duc	
	SOS-Kinderdorf	
	Waisenhaus Phuoc Hoa	
	Hospitalschiff Helgoland	16 869 548,– DM

1968	Flüchtlingsbetreuung	
	Jugenddorf Thu Duc	
	Modell-Sozialzentrum Tan Hoa	
	Ausbildungszentrum für Sozialarbeiter bei Saigon	
	SOS-Kinderdorf	
	Waisenhaus Phuo Hoa	
	Hospitalschiff Helgoland	18 483 122,– DM

1969	Flüchtlingsbetreuung	
	Landkrankenhaus Da Nang	
	Jugenddorf Thu Doc	
	Modell-Sozialzentrum Tan Hoa	
	Ausbildungszentrum für Sozialarbeiter bei Saigon	
	8 Sozialzentren in Saigon	
	Studentenwohnheim	
	Hospitalschiff Helgoland	24 547 111,– DM

1970	Flüchtlingsbetreuung	
	Landkrankenhaus Da Nang	
	Jugenddorf Thu Duc	
	Ausbildungszentrum für Sozialarbeiter bei Saigon	
	Modell-Sozialzentrum Tan Hoa	
	8 Sozialzentren in Saigon	
	Hospitalschiff Helgoland	24 247 117,– DM

	Gesamt	92 525 401,– DM

Quelle: Der Bundesminister des Innern

37   **Hilfe für die UNRWA 1968–1970 [1]**

Zahlungen, die in den Jahren 1968 bis 1970 an die UNRWA mit Einverständnis der Regierungen des Libanon und Jordaniens geleistet wurden, zur Durchführung folgender Projekte:

	1968	1969	1970
Flüchtlingsstipendien	901 288,—	1 119 032,—	678 810,—
Gewerbeschule »Wadi Seer«, Jordanien		4 296 277,—	2 234 173,—
Winterfestmachung des Lagers Baqua, Jordanien	4 000 000,—	2 828 636,—	148 586,—
Gesundheitsfürsorge in den Lagern Jordaniens		388 109,—	398 629,—
Gesundheitszentrum Lager »Zerka«, Jordanien		219 507,—	120 967,—
Kindergesundheitszentrum im »Neuen Lager« bei Amman, Jordanien		62 716,—	30 468,—
Unterstützung der Flüchtlingsschüler der Technischen Schule »Beit Hanina«, Jerusalem		49 804,—	
Elementar- und Sekundärschulen in den Lagern Jordaniens		515 212,—	286 362,—
Einrichtung einer Bibliothek			40 000,—
Insektiziden für Lager Jordaniens		367 965,—	
Infrastrukturverbesserungen der Notlager in Ostjordanien			906 800,—
Notunterkünfte in und um Notlager Jordaniens			1 646 544,—
Zusatzspeisung für Kinder und Mütter in Lagern Ostjordaniens			1 414 608,—
Ausrüstung und Betriebskosten für Schulen im Libanon			1 312 940,—
Stipendien für Flüchtlingsschüler und -oberschüler an privaten Schulen im Libanon			729 627,—
Gesamt DM	4 901 288,—	9 847 249,—	9 948 514,—

[1] UNRWA = United Nations Relief and Works Agency for palestine refugees in the near east (Hilfswerk für arabische Flüchtlinge)

38   **Ausgaben des Auswärtigen Amts für humanitäre Hilfsmaßnahmen im Ausland 1968–1. 9. 1971**

außerhalb der Entwicklungshilfe
und mit Ausnahme der Hilfsprogramme für Vietnam

1968			**DM**
15. 2. 1968	Verschiffung von Nahrungs- mitteln für arabische Kriegsopfer		153 000,—
	Beitrag an Caritas zur Betreuung Bedürftiger im Ausland		7 210 000,—
	Beitrag an Diakonisches Werk zur Betreuung Bedürftiger im Ausland		7 640 000,—
18. 9. 1968	Verschiffung von Butteröl für Flüchtlinge im Nahen Osten		14 699,—
	Beitrag an DRK für Unterstüt- zung Bedürftiger im Ausland		6 500 000,—
10. 12. 1968	Bürgerkrieg in Südjemen Behandlung von Kriegsverletzten		44 798,—
	Gesamt		21 562 497,—

1969			**DM**
9. 2. 1969	Flutkatastrophe in der Südtürkei	Geldspende	13 914,—
25. 3. 1969	Kosten der Heilbehandlung ver- letzter Südjemeniten		46 028,45
26. 3. 1969	Spende von Gummistiefeln für Flüchtlingskinder in Jordanien		30 025,—
26. 3. 1969	Seefracht für Verschiffung von Spenden nach Nahost		186 086,—
25. 4. 1969	Spende einer Blutbank für die VAR		520 000,—
7. 5. 1969	Brandkatastrophe in Rabat, Marokko	Geldspende	19 541,58
4. 6. 1969	Luftfrachtkosten für Medika- mentenspende für Uganda		18 915,15
4. 6. 1969	Zyklonkatastrophe in Madagaskar	Geldspende	8 196,—
6. 6. 1969	Sturmkatastrophe in Ostpakistan	Geldspende	58 236,21
30. 6. 1969	Spende eines VWs für Taub- stummenschule in Accra/Ghana		10 160,—
1. 7. 1969	Spende eines VW-Pritschen- wagens für Gesundheitsdienst in Uganda		10 549,—
9. 7. 1969	Spende eines VW-Kranken- wagens für Rotes Kreuz von Sierra Leone		13 853,15
6. 8. 1969	Flutkatastrophe Andhra Pradesh (Madras)	Geldspende	15 000,—

28. 8.1969	Zivile Unruhen in Kuala Lumpur	Spende an National Relief Fund	13 198,—
10. 11. 1969	Transport von Kleiderspende nach Algerien		20 000,—
10. 11. 1969	Überschwemmungskatastrophe in Tunesien	Geldspende	50 144,—
11. 11. 1969	Spende an DRK zwecks Hilfe für jordanische Flüchtlinge		100 000,—
12. 11. 1969	Ankauf von Insektiziden für Jemen		38 239,—
12. 11. 1969	Spende von Medikamenten und medizinischen Geräten für Jemen		70 000,—
15. 11. 1969	Überschwemmung in Tunesien	Katastrophen- hilfe (Material und Personal)	4 950 627,—
17. 11. 1969	Seuche in Niger	Medikamenten- spende	50 000,—
21. 11. 1969	Erdbebenkatastrophe in Banja Luka, Jugoslawien	Personalhilfe und Sachspenden	354 776,—
8. 12. 1969	Unwetterkatastrophe in Guatemala	Geldspende	19 901,—
8. 12. 1969	Unwetterkatastrophe in Südkorea	Geldspende	20 000,—
9. 12. 1969	Hungersnot in Somalia	Milchpulver- spende	11 266,—
10. 12. 1969	Spende von 2 Ambulanzfahr- zeugen an Libanon		76 000,—
30. 12. 1969	Ausweisungen aus Ghana	Unterstützung der Flüchtlinge	50 000,—

Zwischensumme	6 774 655,54

Beitrag an DRK für Unterstüt- zung Bedürftiger im Ausland	8 681 700,—
Beitrag an Caritas für Unterstüt- zung Bedürftiger im Ausland	13 941 125,—
Beitrag an Diakonisches Werk für Unterstützung Bedürftiger im Ausland	13 664 125,—
Sonderbeitrag für UNICEF, Nigeriafonds	250 000,—
Sonderbeitrag zur Unterstützung Arbeit der Organisation »Terre des hommes«	250 000,—

Gesamt	43 561 605,54

			DM
13. 1. 1970	Ärztliche Betreuung	Heilbehandlung ver- letzter und kranker Ausländer in Deutschland	81 589,03
15. 1. 1970	Unwetterschäden Zypern	Geldspende	12 000,—
16. 1. 1970	Erdbeben Banja Luka	Baumaterialien	280 000,—
19. 1. 1970	Überschwemmung Ceylon	Geldspende	31 387,31
4. 2. 1970	Zyklon Madagaskar	Geldspende	7 500,—
22. 1. 1970	Hochwasser Marokko	Geldspende	20 000,—
17. 2. 1970	IKRK Genf	Gefangenenbetreuung Spende	50 000,—
4. 3. 1970	Hochwasser Tunesien	Baumaterialien	170 000,—
24. 3. 1970	Polio Bolivien	Impfstoff	3 616,—
26. 3. 1970	Flutkatastrophe Indien	Geldspende	19 560,—
10. 4. 1970	Überschwemmung Tunesien	Transport von Baumaterialien	104 309,—
16. 4. 1970	Erdbeben Türkei	Sachspenden	469 970,—
5. 5. 1970	Meningitisepidemie Niger	Medikamentenspende	29 442,06
13. 5. 1970	Seuche Somalia	Medikamentenspende	24 445,—
2. 6. 1970	Flutkatastrophe Rumänien	Sachspenden	9 349 802,40
2. 6. 1970	Unruhen Jordanien	Medikamentenspende und Finanzierung von anderen Hilfsmaßnahmen	503 040,—
23. 6. 1970	Erdbeben Peru	Materialspenden	3 801 092,—
6. 8. 1970	Med. Ausstattung des Roten Halbmonds, Jordanien	Medizinische Geräte	7 451,14
18. 8. 1970	Hochwasser Ostpakistan	Medikamente	35 809,20
25. 8. 1970	Betreuung der Kinder in kriegs- geschädigten Gebieten Nigerias	Spende an UNICEF (Sonderfonds)	1 000 000,—
16. 9. 1970	Hungersnot Jemen	Lebensmittel	64 000,—
22. 9. 1970	Überschwemmung Indien	Geldspende GK Bombay, Kalkutta	30 000,—
5. 10. 1970	Flutkatastrophe Barbados	Geldspende	5 000,—
7. 10. 1970	Unwetter Nepal	Geldspende	10 000,—
16. 10. 1970	Überschwemmung Genua	Geldspende	17 421,—
19. 10. 1970	Unwetter Philippinen	Geldspende und Medikamente	60 334,11
5. 10. 1970	Hochwasser Dahome	Geldspende	13 159,—
10. 11. 1970	Cholera Äthiopien	Impfstoff	955,—
1. 12. 1970	Flutkatastrophe Ostpakistan	Sachspenden und personelle Hilfe	4 992 915,—
18. 12. 1970	Med. Ausstattung Syrien	Spende Ärztetaschen	6 124,88
22. 12. 1970	Choleraepidemie Mali	Medizin und Fracht	6 588,—
	Gesamt		21 207 510,13

6. 1.1971	Hochwasserkatastrophe in Malaysia	Geldspende		36 000,—
14. 1.1971	Choleraepidemie in Togo	Medikamentenspende		6 000,—
20. 1.1971	Erdbeben in Kolumbien	Spende eines UNIMOG		41 447,—
4. 2.1971	Cholera in Niger	Medikamente		32 300,—
4. 2.1971	Cholera in Obervolta	Medikamente		30 678,—
15. 2.1971	Cholera in Dahome	Medikamente		28 950,—
16. 2.1971	Flutkatastrophe in Pakistan	Materialbeschaffung		469 038,—
24. 2.1971	Erdbeben in Tuskania	Geldspende		20 000,—
3. 3.1971	Ärztliche Behandlung verschiedener Ausländer in Deutschland			28 773,—
12. 3.1971	Polioepidemie in Ekuador	Medikamentenspende		39 939,—
15. 3.1971	Choleraepidemie in Nigeria	Medikamentenspende		53 624,—
18. 3.1971	Ärztliche Beratung des Blutbankdienstes in der VAR	Entsendung eines Sachverständigen		1 790,—
7. 4.1971	Flecktyphusepidemie in Burundi	Medikamentenspende		11 832,—
13. 4.1971	Cholera in Gabun	Medikamentenspende		40 660,—
23. 4.1971	Hungersnot in Kenia	Lufttransport von Milchpulver		59 965,—
17. 5.1971	Erdbeben in Burdur, Türkei	Geldspende		10 000,—
26. 5.1971	Bürgerkrieg in Ceylon	Transport von Medikamenten		42 000,—
28. 5.1971	Flüchtlingsnot in Indien	Geldspende an VN-Flüchtlingskommissar		1 000 000,—
7. 6.1971	Erdbeben in Türkei bei Bingol	Sachspenden und Transport		48 299,—
21. 6.1971	Not pakistanischer Flüchtlinge in Indien	Geldspende an VN-Flüchtlingskommissar		2 000 000,—
1. 7.1971	Not pakistanischer Flüchtlinge in Indien	Charterflugkosten für Hilfsmaterial		450 000,—
5. 7.1971	Kinderlähmungsepidemie in Dominikanischer Republik	Medikamentenspende		10 500,—
6. 7.1971	Not pakistanischer Flüchtlinge in Indien	Hilfsmaterial		2 000 000,—
20. 7.1971	Not pakistanischer Flüchtlinge in Indien	Charterflugkosten für Hilfsmaterial		450 000,—
4. 8.1971	Cholera im Tschad	Medikamentenspende		32 043,—
4. 8.1971	Erdbeben in Chile	Hilfsmaterial		98 270,—
6. 8.1971	Not pakistanischer Flüchtlinge in Indien	Geldspende an VN-Flüchtlingskommissar		4 000 000,—
10. 8.1971	Not pakistanischer Flüchtlinge in Indien	Charterflugkosten		525 000,—
17. 8.1971	Cholera in Mauretanien	Medikamentenspende		30 478,—
17. 8.1971	Not pakistanischer Flüchtlinge in Indien	Beschaffung v. Hilfsmaterial		4 000 000,—
20. 8.1971	Cholera in Senegal	Medikamentenspende		39 561,—
	Gesamt			15 637 147,—

VIII. Auswärtige Kulturpolitik

39   **Finanzielle Aufwendungen des Auswärtigen Amts für die Kulturarbeit und Schulen im Ausland 1952–1971**

Jahr	Kulturfonds DM	Schulfonds DM	Gesamt Mio DM
1952	2 200 000	600 000	2,8
1953	3 500 000	1 500 000	5,0
1954	6 800 000	3 000 000	9,8
1955	12 000 000	10 000 000	22,0
1956	15 000 000	12 000 000	27,0
1957	18 000 000	14 000 000	32,0
1958	23 000 000	27 000 000	50,0
1959	28 000 000	33 600 000	61,6
1960	45 344 000	50 506 000	95,8
1961	81 006 000	47 476 000	128,5
1962	117 902 000	44 830 000	162,7
1963	119 055 000	50 604 210	169,6
1964	111 781 750	51 933 000	163,7
1965	119 501 280	56 500 000	176,0
1966	142 607 100	72 600 000	215,2
1967	145 015 100	77 332 000	222,3
1968	151 105 000	78 024 500	229,1
1969	157 679 500	98 225 000	255,9
1970	181 656 100	126 000 000	307,6
1971	194 835 700	136 095 400	330,9

Partnerland	Ort und Datum der Unterzeichnung	in Kraft seit
1. USA	Notenwechsel 9. 4. 1953	9. 4. 1953
2. Frankreich	Paris 23. 10. 1954	28. 7. 1955
3. Spanien	Bonn 10. 12. 1954	14. 3. 1956
4. Italien	Bonn 8. 2. 1956	9. 12. 1957
5. Griechenland	Athen 17. 5. 1956	16. 6. 1957
6. Norwegen	Oslo 29. 5. 1956	9. 3. 1957
7. Belgien	Brüssel 24. 9. 1956	22. 3. 1957
8. Chile	Santiago 20. 11. 1956	24. 5. 1959
9. Japan	Tokyo 14. 2. 1957	10. 10. 1957
10. Türkei	Ankara 8. 5. 1957	9. 6. 1958
11. Großbritannien	London 18. 4. 1958	17. 4. 1959
12. UdSSR	Vereinbarung über kulturellen und techn.- wissenschaftl. Austausch 30. 5. 1959	30. 5. 1959 (zeitlich begrenzt bis 1961; nicht erneuert wegen des Berlin-problems)
13. VAR	Kairo 11. 11. 1959	16. 10. 1960
14. Kolumbien	Bogotá 11. 10. 1960	18. 11. 1965
15. Afghanistan	Kabul 18. 4. 1961	14. 6. 1963
16. Niederlande	Den Haag 27. 4. 1961	21. 4. 1962
17. Pakistan	Rawalpindi 9. 11. 1961	30. 12. 1962

Partnerland	Ort und Datum der Unterzeichnung	in Kraft seit
18. Südafrika	Kapstadt 11. 6. 1962	25. 12. 1963
19. Peru	Lima 20. 11. 1964	14. 1. 1966
20. Irak	Bagdad 30. 1. 1965	(wegen Abbruchs der Beziehungen nicht weiterbehandelt)
21. Portugal	Lissabon 20. 10. 1965	29. 12. 1966
22. Tunesien	Bonn 19. 7. 1966	13. 3. 1967
23. Bolivien	La Paz 4. 8. 1966	21. 9. 1970
24. Guinea	Conakry 23. 11. 1967	(nicht in Kraft getreten)
25. Senegal	Bonn 23. 9. 1968	1. 7. 1969
26. Ecuador	Quito 13. 3. 1969	22. 3. 1970
27. Indien	New Delhi 20. 3. 1969	11. 9. 1969
28. Rumänien	Formlose Vereinbarung über den kulturellen Austausch durch Programmlisten Bukarest 12. 5. 1969	zeitlich begrenzt (Mai 1969 bis April 1971)
29. Korea	Seoul 16. 5. 1970	(noch nicht in Kraft getreten)
30. Brasilien	Bonn 9. 6. 1969	17. 12. 1970
31. Jugoslawien	Bonn 28. 7. 1969	26. 1. 1970
32. Zypern	Nikosia 4. 2. 1971	(noch nicht in Kraft getreten)

IX. Öffentlichkeitsarbeit

A   **Die seit Bestehen der Bundesrepublik Deutschland vom Auswärtigen Amt zur Außen- und Deutschlandpolitik herausgegebenen Weißbücher und ähnliche amtliche Veröffentlichungen**
(Stand: 1. Oktober 1971)

Denkschrift der Bundesregierung zur Frage des Beitritts zum Europarat. Bonn: Auswärtiges Amt 1950. 64 S.

Denkschrift der Bundesregierung zur Saarfrage. Bonn: Auswärtiges Amt 1950. 42 S.

Aktenstücke zur Beurteilung des Grotewohlbriefes. Veröffentl. i. Auftr. der Bundesregierung. Bonn: Deutscher Bundesverlag 1951. 70 S.

Deutsche Auslandsschulden. Dokumente zu den internationalen Verhandlungen Oktober 1950 bis Juli 1951. Hrsg. vom Auswärtigen Amt, dem Bundesministerium der Finanzen, dem Bundesministerium für Wirtschaft und dem Bundesministerium für den Marshallplan. Hameln 1951. 216 S.
Dass. als Sonderheft in engl. und franz. Sprache.

Materialien zum Vertrag über die Gründung der Europäischen Gemeinschaft für Kohle und Stahl (Schumanplan). Zusammengestellt vom Auswärtigen Amt. Bonn 1951. 57 S.
Dass., Ausg. 1952.

Materialien über EVG-Vertrag und Deutschlandvertrag. Bonn: Auswärtiges Amt 1952. (hektogr.) Getr. Pag.

Dokumente zu den Bemühungen der Bundesregierung und des Bundestages um die Wiedervereinigung Deutschlands in Frieden und Freiheit. Bonn: Auswärtiges Amt 1953. 85 S.

Neueste Dokumente zur Frage der Wiedervereinigung. Bonn: Auswärtiges Amt 1953. 16 S.

Europa. Dokumente zur Frage der europäischen Einigung. Hrsg. vom Auswärtigen Amt. Bonn 1953. VI, 393 S.
(Ausg. 1962 s. u.)

Gutachten zu Fragen einer europäischen Agrargemeinschaft. Hrsg. vom Auswärtigen Amt. Bonn 1953. VI, 459 S.

Satzung der Europäischen Gemeinschaft. Materialien. Bonn: Auswärtiges Amt 1953. (hektogr.) 292 S.

964

Der deutsche Verteidigungsbeitrag. Dokumente und Reden. Hrsg. vom Auswärtigen Amt. Bonn 1954. 122 S.

Materialien zur Außenministerkonferenz in Genf. August 1955. Hrsg. vom Auswärtigen Amt. Bonn 1955. 38 S.

Die Außenministerkonferenz in Genf vom 27. Oktober bis 16. November 1955. Dokumente und Materialien. Hrsg. vom Auswärtigen Amt. Bonn 1955. 424 S.

Die Wiedervereinigung Deutschlands. Jüngste Entwicklung und gegenwärtiger Stand. Darstellung und Dokumente (Stand: 1. Mai 1957). Hrsg. vom Auswärtigen Amt der Bundesrepublik Deutschland. Bonn 1957. 81 S.
Dass., Ausg. in engl. und franz. Sprache.

Dokumente zur Außenministerkonferenz in Genf. Mai 1959. Hrsg. vom Auswärtigen Amt. Stand: Anfang Mai 1959. Bonn 1959. 291 S.

Dokumentation der Genfer Außenministerkonferenz 1959. Zusammengestellt im Auftrag des Auswärtigen Amts von Heinrich von Siegler. Bd. 1.2. Bonn 1959.

Dokumente zum Fehlschlag der Pariser Gipfelkonferenz vom Mai 1960. Hrsg. vom Auswärtigen Amt. Bonn 1960. 171 S.
(Dokumente zur auswärtigen Politik. Sonderlfg.)

Dokumente zur Genfer Expertenkonferenz über die Verhütung von Überraschungsangriffen vom November bis Dezember 1958. Hrsg. vom Auswärtigen Amt. Bonn 1960. 121 S.
(Dokumente zur auswärtigen Politik. Sonderlfg.)

Dokumente zu den Genfer Verhandlungen der Zehnmächte-Abrüstungskommission (März bis Juni 1960). Zusammengestellt im Auftrag des Auswärtigen Amts durch die Deutsche Gesellschaft für Auswärtige Politik. Bonn 1961. 169 S.
(Dokumente zur auswärtigen Politik. Sonderlfg.)

Memorandum über die völkerrechtliche Lage Deutschlands. Bonn: Auswärtiges Amt 1961. 14 S.
Dass., Ausg. in engl., franz. und span. Sprache.

Europa. Dokumente zur Frage der europäischen Einigung. Hrsg. im Auftrag des Auswärtigen Amts. Bd. 1–3. Bonn 1962.
(Forschungsinstitut der Deutschen Gesellschaft für Auswärtige Politik. Dokumente und Berichte, Bd. 17)
(Ausg. 1953 s. o.)

Gibt es zwei deutsche Staaten? Drei Beiträge zur Rechtslage Deutschlands. Hrsg. vom Auswärtigen Amt. Bonn 1963. 67 S.

Die Bemühungen der deutschen Regierung und ihrer Verbündeten um die Einheit Deutschlands 1955–1966. Hrsg. vom Auswärtigen Amt. Bonn 1966. 562 S.

Presse- und Informationsamt der Bundesrepublik

Das deutsch-alliierte Vertragswerk. Hrsg. vom Presse- und Informationsdienst der Bundesregierung. Bonn 1951. 47 S.

Die Viererkonferenz in Berlin 1954. Reden und Dokumente. Hrsg. vom Presse- und Informationsamt der Bundesregierung. Bonn u. Berlin 1954. 314 S.

Die Berliner Konferenz der vier Mächte 1954. Die Argumente im Querschnitt. Hrsg. vom Presse- und Informationsamt der Bundesregierung. Bonn 1954. 75 S.

Die Konferenz der neun Mächte in London vom 28. September bis 3. Oktober 1954. Die Rede des Bundeskanzlers Konrad Adenauer vor dem Deutschen Bundestag am 5. Oktober 1954. Die Londoner Akte. Hrsg. vom Presse- und Informationsamt der Bundesregierung. Bonn 1954. 48 S.

Europa und die deutsche Wiedervereinigung. Bericht des Ausschusses für Allg. Angelegenheiten an die Beratende Versammlung des Europarats in Straßburg, vorgtr. am 20. Oktober 1955 vom Berichterstatter M. de Menthon, Frankreich. Rede von Staatssekretär Hallstein. Entschließung der Beratenden Versammlung vom 26. Oktober 1955. Hrsg. vom Presse- und Informationsamt der Bundesregierung. Bonn 1955. 47 S.

Berlin und die NATO. Ausz. aus den Vertragstexten und Kommuniqués des Nordatlantikrates. Hrsg. vom Presse- und Informationsamt der Bundesregierung. Bonn 1961. 16 S.

Für Frieden und Entspannung. Eine Dokumentation über die deutschen Bemühungen um Frieden und Entspannung. 1949 bis August 1968. Veröffentl. durch das Presse- und Informationsamt der Bundesregierung. Bonn 1968. 30 S.

Die Politik des Gewaltverzichts. Eine Dokumentation der deutschen und sowjetischen Erklärungen zum Gewaltverzicht. 1949 bis Juli 1968. Veröffentl. durch das Presse- und Informationsamt der Bundesregierung. Bonn 1968. 47 S.

Vertrag über die Nichtverbreitung von Kernwaffen. Dokumentation zur deutschen Haltung und über den deutschen Beitrag. Veröffentl. durch das Presse- und Informationsamt der Bundesregierung. Bonn 1969. 69 S.

Erfurt, 19. März 1970. Eine Dokumentation. Hrsg. vom Presse- und Informationsamt der Bundesregierung. Bonn 1970. 120 S.
Dass., Ausg. in engl., franz. und span. Sprache.

Kassel, 21. Mai 1970. Eine Dokumentation. Hrsg. vom Presse- und Informationsamt der Bundesregierung. Bonn 1970. 97 S.
Dass., Ausg. in engl., franz., ital. und span. Sprache.

Der Vertrag vom 12. August 1970 zwischen der Bundesrepublik Deutschland und der Union der Sozialistischen Sowjetrepubliken. Hrsg. vom Presse- und Informationsamt der Bundesregierung. Bonn 1970. 264 S.
Dass., Ausg. in engl., franz. und span. Sprache.

Der Vertrag zwischen der Bundesrepublik Deutschland und der Volksrepublik Polen. Hrsg. vom Presse- und Informationsamt der Bundesregierung. Bonn 1970. 288 S.
Dass., Ausg. in engl., franz., ital. und span. Sprache.

Das Viermächte-Abkommen über Berlin vom 3. September 1971. Hrsg. vom Presse- und Informationsamt der Bundesregierung. Bonn 1971. 198 S.

Die Tätigkeit der Bundesregierung im ersten Jahr des Bestehens der Bundesrepublik. Veröffentl. von dem Presse- und Informationsamt der Bundesregierung. Bonn 1950. 24 S.

Deutschland im Wiederaufbau. Tätigkeitsbericht der Bundesregierung für das Jahr ... Hrsg. vom Presse- und Informationsamt der Bundesregierung. Bonn 1951–1961.

1950. VI, 120 S.	1955. XVI, 457 S.
1951. XI, 239 S.	1956. XVI, 517 S.
1952. 246 S.	1957. XX, 549 S.
1953. 345 S.	1958. XX, 570 S.
1954. 380 S.	1949–1959 u. 1959. 649 S.

Deutsche Politik. Tätigkeitsbericht der Bundesregierung. Hrsg. vom Presse- und Informationsamt der Bundesregierung. Bonn 1961–1967.

1960. XVI, 585 S.	1964. XVI, 407 S.
1961. XXIV, 595 S.	1965. XXXV, 385 S.
1962. VIII, 510 S.	1966. XX, 344 S.
1963. XXII, 509 S.	

Jahresbericht der Bundesregierung. Hrsg. vom Presse- und Informationsamt der Bundesregierung. Bonn 1968 ff.

1967. XIX, 555, 101 S.	1969. 747 S.
1968. 620, 142 S.	1970. 777 S.

Leistung und Erfolg. Die Bundesregierung berichtet. (1966 unter dem Titel: Politik 1966. Das zweite Kabinett Erhard.) Hrsg. vom Presse- und Informationsamt der Bundesregierung. Bonn 1956–1968.

1955. 176 S.	1962. 169 S.
1956. 175 S.	1963. 189 S.
1957. 172 S.	1964. 187 S.
1958. 173 S.	1965. 189 S.
1949–1959. 171 S.	1966. 189 S.
1960. 172 S.	1967. 190 S.
1961. 172 S.	1968 nicht erschienen

Bonner Almanach. Informationen der Bundesregierung. Hrsg. vom Presse- und Informationsamt der Bundesregierung. Bonn 1969 ff.
1969. 302 S.
1970. 349 S.
1971. 317 S.

Bundesministerium für innerdeutsche Beziehungen [1]

Die Bemühungen der Bundesrepublik Deutschland um Wiederherstellung der Einheit Deutschlands durch gesamtdeutsche Wahlen. Dokumente und Akten. Im Auftrag der Bundesregierung hrsg. vom Bundesministerium für gesamtdeutsche Fragen.
Bonn: Deutscher Bundesverlag 1951. 55 S.
Dass., 2. erw. Aufl. Oktober 1952. 112 S.
       3. erw. Aufl. April 1953. 118 S.
       4. erw. Aufl. Oktober 1953. 153 S.
       N. F. Januar 1954. 28 S.
       N. F. Juni 1955. 202 S.
       Ausg. 1958. T. 1–3.
       1. Oktober 1949 bis Oktober 1953. 153 S.
         (Nachdr. der 4. erw. Aufl.)
       2. November 1953 bis Dezember 1955. 290 S.
       3. System. Register. 58 S.

Dokumente und Akten zur Frage: Deutsche Einheit in Freiheit und Frieden. Hrsg. vom Bundesministerium für gesamtdeutsche Fragen. Bonn 1951. 92 S.
Dass., 2. erw. Aufl. 1951. 95 S.

Der große Wahlbetrug am 15. Oktober 1950 in der sowjetischen Besatzungszone. Dokumente und Tatsachen. Hrsg. vom Bundesministerium für gesamtdeutsche Fragen. Bonn 1950. 84 S.

Wahlfälschungen, Wahlbehinderungen, Wahlbeeinflussungen in der sowjetisechn Besatzungszone 1945–1950. Dokumente und Tatsachen. Hrsg. vom Bundesministerium für gesamtdeutsche Fragen. Bonn 1951. 60 S.

Dokumente des Unrechts. Das SED-Regime in der Praxis. Hrsg. vom Bundesministerium für gesamtdeutsche Fragen. Zusammengestellt vom Untersuchungsausschuß Freiheitlicher Juristen. Folge 1–6. Bonn 1952–1964.
1. 1952. 48 S.
2. 1955. 56 S.
3. 1957. 68 S.
4. 1959. 44 S.
5. 1962. 48 S.
6. 1964. 47 S.

Unrecht als System. Dokumente über die planmäßigen Rechtsverletzungen in der Sowjetzone Deutschlands. Hrsg. vom Bundesministerium für gesamtdeutsche Fragen. Zusammengestellt vom Untersuchungsausschuß Freiheitlicher Juristen. T. 1–4. Bonn u. Berlin 1952–1962.
1. 1952. 293 S.
2. 1952–1954. 1955. 293 S.
3. 1954–1958. 1958. 284 S.
4. 1958–1961. 1962. 291 S.

Juni-Aufstand. Dokumente und Berichte über den Volksaufstand in Ostberlin und in der Sowjetzone. Hrsg. vom Bundesministerium für gesamtdeutsche Fragen. Berlin 1953. 64 S.

---

[1] Bis 1969 Bundesministerium für gesamtdeutsche Fragen

Die Sperrmaßnahmen der Sowjetzonenregierung an der Zonengrenze und um Westberlin. Hrsg. vom Bundesministerium für gesamtdeutsche Fragen. Bonn 1953. 147 S.

Der Volksaufstand vom 17. Juni 1953. Denkschrift über den Juni-Aufstand in der sowjetischen Besatzungszone und in Ostberlin. Hrsg. vom Bundesministerium für gesamtdeutsche Fragen. Bonn 1953. 88 S.

Der Verkehr zwischen der Bundesrepublik, Berlin und der Sowjetzone. Dokumente und Berichte unter Berücksichtigung der wichtigsten sowjetzonalen Bestimmungen. Stand: Oktober 1955. Hrsg. v. d. Presse- und Informationsstelle des Bundesministeriums für gesamtdeutsche Fragen. Berlin 1955. 2,98 Bl.

Die Wahlen in der Sowjetzone. Dokumente und Berichte. Hrsg. vom Bundesministerium für gesamtdeutsche Fragen. Bonn 1956. 102 S.
Dass., 3. erw. Aufl. 1958. 119 S.
    4. erw. Aufl. 1960. 143 S.
    5. erw. Aufl. 1963. 208 S.
    6. erw. Aufl. 1964. 218 S.

Dokumente zur Deutschlandpolitik. Hrsg. vom Bundesministerium für gesamtdeutsche Fragen. Frankfurt a. M., Berlin 1961 ff.
Bisher erschienen: R. 3: Vom 5. Mai 1955 bis 9. November 1958. Bd. 1. 2,1.2., 3,1.2.3., 4,1.2.3. 1961–1969.

Die Flucht aus der Sowjetzone und die Sperrmaßnahmen des kommunistischen Regimes vom 13. August 1961 in Berlin. Hrsg. vom Bundesministerium für gesamtdeutsche Fragen. Bonn u. Berlin 1961. 159 S.

Verletzungen der Menschenrechte, Unrechtshandlungen und Zwischenfälle an der Berliner Sektorengrenze seit Errichtung der Mauer (13. August 1961–15. August 1962). Im Auftrag der Bundesregierung hrsg. vom Bundesministerium für gesamtdeutsche Fragen. Berlin 1962. 27 S.
Dass., 2. durchges. Nachdr. 1962. 27 S.
Dass., Ausg. in engl., franz. und span. Sprache.

Aufzeichnung über die Verletzung der Menschenrechte in der sowjetischen Besatzungszone Deutschlands. Hrsg. vom Bundesministerium für gesamtdeutsche Fragen. Bonn u. Berlin 1966. 68 S.
Dass., Ausg. in engl., franz. und span. Sprache.

Texte zur Deutschlandpolitik. 13. Dezember 1966 – 29. September 1967. Hrsg. vom Bundesministerium für gesamtdeutsche Fragen. Bonn u. Berlin 1967. 147 S.

Dass., 2. durchges. u. erg. Aufl., Bd. 1 ff., 1968 ff.
1. 13. Dezember 1966–5. Oktober 1967. 171 S.
2. 13. Oktober 1967–30. Juni 1968. 261 S.
3. 1. Juli 1968–31. August 1969. 300 S.
4. 28. Oktober 1969–23. März 1970. 387 S.
5. 20. März 1970–24. Juni 1970. 362 S.
6. 29. Juni 1970–26. Januar 1971. 383 S.

Bundesministerium der Verteidigung

Weißbuch 1969 zur Verteidigungspolitik der Bundesregierung. Hrsg. vom Bundesminister der Verteidigung. Veröffentl. durch das Presse- und Informationsamt der Bundesregierung. Bonn 1969. 88 S.

Weißbuch 1970 zur Sicherheit der Bundesrepublik Deutschland und zur Lage der Bundeswehr. Im Auftrage der Bundesregierung hrsg. vom Bundesminister der Verteidigung. Veröffentl. durch das Presse- und Informationsamt der Bundesregierung. Bonn 1970. 211 S.

Ehem. Bundesministerium für Vertriebene, Flüchtlinge und Kriegsgeschädigte

Dokumentation der Vertreibung der Deutschen aus Ost-Mitteleuropa. In Verb. mit . . . bearb. von Theodor Schieder. Hrsg. vom Bundesministerium für Vertriebene, Flüchtlinge und Kriegsgeschädigte. Bd. 1–5. Beih. 1–3. Ortsreg. Bonn 1953–1963.

Dokumente deutscher Kriegsschäden. Evakuierte, Kriegssachgeschädigte, Währungsgeschädigte. Die geschichtliche und rechtliche Entwicklung. Hrsg. vom Bundesministerium für Vertriebene, Flüchtlinge und Kriegsgeschädigte. Bd. 1–5. Beih. 1.2. Bonn 1958–1967.

C Gedenkveranstaltungen des Auswärtigen Amts

9. 5. 1958 Gedenkrede des Bundesministers des Auswärtigen, Dr. Heinrich von Brentano, aus Anlaß des 80. Geburtstags des früheren Reichsministers des Auswärtigen, Dr. Gustav Stresemann (geb. am 10. 5. 1878), und der Enthüllung eines von der Europa-Union gestifteten Bronzereliefs im Auswärtigen Amt. Bulletin Nr. 87 vom 13. 5. 1958, S. 873–875.

20. 7. 1961 Gedenkrede des Bundesministers des Auswärtigen, Dr. Heinrich von Brentano, bei der Enthüllung der Ehrentafel für die Opfer des 20. Juli 1944 im Auswärtigen Amt. Bulletin Nr. 133 vom 21. 7. 1961, S. 1301–1302; Gedenkschrift des Auswärtigen Amts.

26. 6. 1962 Walther Rathenau. Zum Gedenken an die vierzigjährige Wiederkehr seines Todestages (24. 6. 1922). Beitrag des Auswärtigen Amts im Bulletin Nr. 113 vom 26. 6. 1962, S. 987–988.

5. 10. 1962 Gedenkrede des Staatssekretärs des Auswärtigen Amts, Prof. Dr. Karl Carstens, aus Anlaß des 100. Geburtstages des früheren Staatssekretärs des Auswärtigen Amts und Botschafters Dr. Wilhelm Solf in der Universität Bonn. Bulletin Nr. 199 vom 25. 10. 1962, S. 1683–1684.

1. 4. 1965 Gedenkfeier des Auswärtigen Amts zum 150. Geburtstag des Reichskanzlers Otto Fürst von Bismarck.
Einführung: Staatssekretär des Auswärtigen Amts, Prof. Dr. Karl Carstens.
Gedenkansprache: Prof. Dr. Theodor Schieder.
Gedenkschrift des Auswärtigen Amts.

14. 4. 1966 Gedenkfeier des Auswärtigen Amts zum 30. Jahrestag des Todes von Botschafter Leopold von Hoesch (10. 4. 1936).
Gedenkansprache: Staatssekretär des Auswärtigen Amts, Prof. Dr. Karl Carstens.
Gedenkschrift des Auswärtigen Amts.

28. 9. 1967 Gedenkfeier des Auswärtigen Amts zum 100. Geburtstag des früheren Reichsministers des Auswärtigen, Dr. Walther Rathenau (geb. am 29. 9. 1867).
Einführung: Staatssekretär des Auswärtigen Amts, Klaus Schütz.
Gedenkansprache: Prof. Dr. Theodor Schieder.
Gedenkschrift des Auswärtigen Amts.

10. 5. 1968 Gedenkfeier des Auswärtigen Amts zum 90. Geburtstag des früheren Reichsministers des Auswärtigen, Dr. Gustav Stresemann.
Gedenkansprache des Staatssekretärs des Auswärtigen Amts, Georg Ferdinand Duckwitz.
Gedenkschrift des Auswärtigen Amts; Bulletin Nr. 60 vom 14. 5. 1968, S. 505 bis 509.

6. 9. 1968 Gedenkfeier des Auswärtigen Amts zum 40. Jahrestag des Todes des früheren Reichsministers des Auswärtigen und Botschafters Dr. Ulrich Graf Brockdorff-Rantzau (gest. am 8. 9. 1928).
Gedenkansprache des Staatssekretärs des Auswärtigen Amts, Georg Ferdinand Duckwitz.
Gedenkschrift des Auswärtigen Amts.

20. 6. 1969 Gedenkfeier des Auswärtigen Amts zum 65. Geburtstag des früheren Bundesministers des Auswärtigen, Dr. Heinrich von Brentano.
Gedenkansprache des Bundesministers des Auswärtigen, Willy Brandt.
Gedenkschrift des Auswärtigen Amts; Bulletin Nr. 83 vom 25. 6. 1969, S. 709 bis 711.

9. 1. 1970 Hundertjahrfeier des Auswärtigen Amts mit einer Ansprache des Bundesministers des Auswärtigen, Walter Scheel, und dem Festvortrag von Prof. Golo Mann. Jubiläumsschrift »100 Jahre Auswärtiges Amt 1870–1970« mit einem Geleitwort des Bundesministers des Auswärtigen, Walter Scheel.
Bulletin Nr. 3 vom 8. 1. 1970, S. 17–18.

Anhang

Abkürzungsverzeichnis

AA	Auswärtiges Amt
AASM	Assoziierte Afrikanische Staaten und Madagaskar
ABC-Waffen	Atomare, bakteriologische und chemische Waffen
ABM	Anti-ballistic missiles (Raketenabwehrraketen)
Abt.	Abteilung
Ad 70	Alliance Defence in the Seventies (Die Verteidigung der Allianz in den siebziger Jahren)
AFCENT	Allied Forces Central Europe (NATO-Hauptquartier Europa Mitte)
AHK	Alliierte Hohe Kommission
ANZUS	Australia–New Zealand–United States (Vertrag)
ATA	Atlantic Treaty Association (Atlantikpakt-Vereinigung)
Aufl.	Auflage
Ausg.	Ausgabe
A-Waffen	Atomwaffen
Az.	Aktenzeichen
BC-Waffen	bakteriologische und chemische Waffen
Bd.	Band
BDV	Bremer Demokratische Volkspartei
Beih.	Beiheft
Benelux	Zoll- und Wirtschaftsunion zwischen Belgien, Niederlande (Nederland) und Luxemburg
BGBl.	Bundesgesetzblatt
BGH	Bundesgerichtshof
BMWi	Bundesminister für Wirtschaft
BMZ	Bundesminister für wirtschaftliche Zusammenarbeit
BP	Bayernpartei
BRD	Bundesrepublik Deutschland
CCD	Conference of the Committee on Disarmament
CDU	Christlich Demokratische Union
COMECON	Council for Mutual Economic Assistance (Rat für gegenseitige Wirtschaftshilfe der Warschauer-Pakt-Staaten)
CPIT	China Committee for the Promotion of International Trade (Komitee zur Förderung des Außenhandels der Volksrepublik China)
ČSSR	Česk-Slovenka Socjalistyczna Republika (Tschechoslowakische Sozialistische Republik)
CSU	Christlich Soziale Union
CVP	Christliche Volkspartei des Saarlandes
DAAD	Deutscher Akademischer Austauschdienst
DDR	Deutsche Demokratische Republik

DED	Deutscher Entwicklungsdienst
dem.	demokratisch
DfAA	Dienststelle für Auswärtige Angelegenheiten
DGB	Deutscher Gewerkschaftsbund
DKP	Deutsche Kommunistische Partei
DM	Deutsche Mark
DP	Deutsche Partei
DRK	Deutsches Rotes Kreuz
DRP	Deutsche Reichspartei
dt.	deutsch
ECA	1. Economic Cooperation Administration (USA) 2. Economic Commission for Africa (Wirtschaftskommission für Afrika der Vereinten Nationen)
ECAFE	Economic Commission for Asia and the Far East (Wirtschaftskommission für Asien und den Fernen Osten der Vereinten Nationen)
ECE	Economic Commission for Europe (Wirtschaftskommission für Europa der Vereinten Nationen)
ECLA	Economic Commission for Latin America (Wirtschaftskommission für Lateinamerika der Vereinten Nationen)
ECOSOC	Economic and Social Council (Wirtschafts- und Sozialrat der Vereinten Nationen)
EDIP	European Defence Improvement Program (Europäisches Programm zur Verbesserung der Verteidigung)
EFTA	European Free Trade Association (Europäische Freihandelsvereinigung)
EG	Europäische Gemeinschaften
EGKS	Europäische Gemeinschaft für Kohle und Stahl
EIB	Europäische Investitionsbank
ELDO	European Launching Development Organization (Europäische Organisation für die Entwicklung und den Bau von Raumfahrzeugen)
ERP	European Recovery Program (Marshall-Plan)
erw. Aufl.	erweiterte Auflage
ESRO	European Space Research Organization (Europäische Organisation zur Erforschung des Weltraums)
EURATOM	Europäische Atomgemeinschaft
EVG	Europäische Verteidigungsgemeinschaft
EWA	Europäisches Währungsabkommen
EWG	Europäische Wirtschaftsgemeinschaft
Eximbank	Export-Import-Bank (USA)
EZU	Europäische Zahlungsunion
FAO	Food and Agricultural Organization (Ernährungs- und Landwirtschaftsorganisation der Vereinten Nationen)
FDP	Freie Demokratische Partei
ff.	und folgende
GARIOA	Government and Relief in Occupied Areas (Hilfsfond für die besetzten Gebiete)
GATT	General Agreement on Tariffs and Trade (Allgemeines Zoll- und Handelsabkommen)

GB/BHE	Gesamtdeutscher Block/Bund der Heimatvertriebenen und Entrechteten
Ges.	Gesellschaft
GG	Grundgesetz
IAEO	International Atomic Energy Organization (Internationale Atomenergiebehörde)
IARA	Inter-Allied Reparations Agency (Interalliiertes Amt für Reparationen)
ICAO	International Civil Aeronautic Organization (Internationale Zivilluftfahrtorganisation)
IDA	International Development Association (Internationale Entwicklungsorganisation)
IFC	International Finance Corporation
IKRK	Internationales Komitee vom Roten Kreuz
ILO	International Labour Organization (Internationale Arbeitsorganisation der Vereinten Nation)
IMF	International Monetary Fund (Internationaler Währungsfond)
JEIA	Joint Export Import Agency (Außenhandels-Büro der 3 westlichen Besatzungsmächte)
kgl.	königlich
KP	Kommunistische Partei
KPD	Kommunistische Partei Deutschlands
KPdSU	Kommunistische Partei der Sowjetunion
KVP	Kasernierte Volkspolizei
LDP	Liberal-Demokratische Partei
MBFR	Multilateral Balanced Force Reductions (mehrseitige ausgewogene Reduzierung von Streitkräften)
MC 70	Military Committee Directive No. 70
MLF	Multilateral Nuclear Force (Multilaterale Atomstreitmacht)
MSA	Mutual Security Agency (Behörde für gegenseitige Sicherheit)
NATO	North Atlantic Treaty Organization (Nordatlantikpaktorganisation)
N. F.	Neue Folge
NPD	Nationaldemokratische Partei Deutschlands
NPG	Nuclear Planning Group (Nukleare Planungsgruppe der NATO)
NS	Nationalsozialismus, nationalsozialistisch
NSDAP	Nationalsozialistische Deutsche Arbeiterpartei
NV-Vertrag	Nichtverbreitungsvertrag (Atomsperrvertrag)
NWDR	Nordwestdeutscher Rundfunk
OAE	Organisation für Afrikanische Einheit
OECD	Organization for Economic Cooperation and Development (Organisation für wirtschaftliche Zusammenarbeit und Entwicklung)
OEEC	Organization for European Economic Cooperation (Organisation für europäische wirtschaftliche Zusammenarbeit)
Rep.	Republik
Rias	Rundfunk im amerikanischen Sektor (Berlin)

SACEUR	Supreme Allied Commander Europe (Oberbefehlshaber der NATO in Europa)
SALT	Strategic Arms Limitation Talks (Gespräche über die Begrenzung der strategischen Waffen)
SBZ	sowjetisch besetzte Zone
SDS	Sozialistischer Deutscher Studentenbund
SEATO	Southeast Asia Treaty Organization (Südostasiatischer Sicherheitspakt)
SED	Sozialistische Einheitspartei Deutschlands
SEW	Sozialistische Einheitspartei Westberlins
SHAPE	Supreme Headquarters Allied Powers Europe (NATO-Hauptquartier Europa)
Sonderlfg.	Sonderlieferung
SPD	Sozialdemokratische Partei Deutschlands
SPS	Sozialdemokratische Partei Saar
SRP	Sozialistische Reichspartei
SSW	Südschleswigscher Wählerverband
StEG	Staatliche Erfassungsgesellschaft für öffentliches Gut GmbH
StGB	Strafgesetzbuch
SU	Sowjetunion
SVP	Saarländische Volkspartei
T.	Teil
TAC	Technical Assistance Committee (Komitee für technische Hilfe der VN)
TASS	Telegrafnoje Agenstwo Sowjetskowo Sujusa (Sowjetische Nachrichtenagentur)
Tb	Taschenbuch
UdSSR	Union der Sozialistischen Sowjetrepubliken
üLG	überseeische Länder und Gebiete
UK	United Kingdom of Great Britain and Northern Ireland (Vereinigtes Königreich von Großbritannien und Nordirland)
UN	United Nations (Vereinte Nationen)
UNO	United Nations Organization (Organisation der Vereinten Nationen)
UNESCO	United Nations Educational, Scientific and Cultural Education (Organisation für Erziehung, Wissenschaft und Kultur der Vereinten Nationen)
UNICEF	United Nations International Children's Emergency Fund (Weltkinderhilfswerk)
UNRWA	United Nations Relief and Works Agency (Hilfsorganisation der Vereinten Nationen für die arabischen Flüchtlinge)
US	United States (Vereinigte Staaten)
USA	United States of America (Vereinigte Staaten von Amerika)
VAR	Vereinigte Arabische Republik
vgl.	vergleiche
VN	Vereinte Nationen
VR	Volksrepublik
WEU	Westeuropäische Union
WHO	World Health Organization (Weltgesundheitsorganisation)
ZK	Zentralkomitee

978

Sachregister

Personenregister

Organisationsplan und Karten

Der Bundesmini

W

(MB) Ministerbüro

(Koord) **Koordinator für die deutsch-französische Zusammenarbeit**

(StS) **Staatssekretär**
Dr. Paul Frank
Geschäftsbereich: Abt. Pol, V, Z, Prot, Inspekteurwesen

(BStS) Büro Staatssekretäre

Prot Protokoll	**Z** Personal- und Verwaltungsabteilung		**Pol** Politische Abteilung			Unt
Vertreter	**Unterabteilung Z A** Personal	**Unterabteilung Z B** Verwaltung	**Unterabteilung I A**	**Unterabteilung I B**	**Unterabteilung II A**	Beau regie Abrü
ot 1 aatsbesuche, ranstaltungen, Orden	**Z A 1** Allgemeine Personalangelegenheiten, Personal bei inter- u. supranationalen Organisationen	**Z B 1** Organisation	**I A 1** Europäische Einigung u. Politische Zusammenarbeit; Nichtstaatliche europäische Organisationen; Westeuropäische Union (nichtmilitärische Angelegenheiten)	**I B 2** Mittel- u. Südamerika, Karibischer Raum	**II A 1** Außenpolitische Fragen, die Berlin und Deutschland als Ganzes betreffen.	**II B 1** Allgeme weltweite Rüstung Instruktic delegatic konferer
ot 2 emde Missionen und Konlate, Zeremoniell	**Z A 2** Höherer Dienst; Wahlkonsuln	**Z B 2** Ministerialbürodirektor		**I B 3** Afrika südlich der Sahara	**II A 2** Deutsche Ostfragen	
eremoniell	**Z A 3** Ausbildung und Fortbildung		**I A 3** Frankreich, Andorra, Monaco, Belgien, Niederlande, Luxemburg	**I B 4** Naher Osten u. Nordafrika	**II A 3** Sonderfragen der Ost-West-Beziehungen	**II B 2** Europäis nale begrenzi trolle
	Z A 4 Gehobener, mittlerer u. einfacher Dienst; Arbeiter		**I A 4** Portugal, Spanien, Italien, San Marino, Heiliger Stuhl, Griechenland, Türkei, Zypern, Malta, Malteser-Ritter-Orden	**I B 5** Süd-, Südost- und Ostasien, Australien, Neuseeland, Ozeanien	**II A 4** Sowjetunion	**II B 3** Überwac spektion: technolo liche Fra auf dem und Rüs politisch sche Fr schung
nspekteurwesen	**Z A 5** Sprachendienst	**Z B 3** Dienstgrundstücke (Ausl.) u. Sachverwaltung				
		Z B 4 Haushalt und Finanzen	**I A 5** Vereinigte Staaten von Amerika, Vereinigtes Königreich, Gemeinsame Fragen des Commonwealth, Kanada, Irland, Nordische Staaten, Österreich, Schweiz, Liechtenstein		**II A 5** Polen, Tschechoslowakei, Jugoslawien, Albanien, Bulgarien, Rumänien, Ungarn	
	Z A 6 Gesundheitsdienst	**Z B 5** Besoldung	**I A 7** NATO, WEU (militärische Angelegenheiten) und Verteidigung		**Dienststelle Berlin**	
otschafter z. b. V. (1)						
otschafter z. b. V. (2)		**Z B 6** Chiffrier- u. Fernmeldewesen				
	Z B 9 Geheimschutz	**Z B 7** Bibliothek u. Geogr.-Kartogr. Dienst				
	V P Vorprüfungsstelle	**Z B 8** Politisches Archiv u. Historisches Referat				

Gruppe I C

I C 1
Vereinte Nationen; Politische Fragen der VN-Sonderorganisationen, der weltweiten zwischenstaatlichen und nichtstaatlichen internationalen Organisationen

Koordinierung humanitärer Hilfsmaßnahmen

L 3
Informationsreferat Ausland

...ster des Auswärtigen
...ter Scheel

L 4
Presssereferat

(StS) Staatssekretär
Sigismund Frhr. von Braun
Geschäftsbereich: Abt. III und IV (außer Ref. IV 7)

(PStS) Parlamentarischer Staatssekretär
Karl Moersch, MdB
Zugeteilt: Ref. L 1, L 2, IV 7

III
Abteilung für Handelspolitik, Entwicklungspolitik und Europäische wirtschaftliche Integration

IV
Kulturabteilung

V
Rechtsabteilung

PI
Planungsstab

...rabteilung II B

...agter der Bundes-
...ng für Fragen der
...ung und Rüstungs-
kontrolle

Unterabteilung III A

Unterabteilung III B

Vertreter

V 3
Staats- und Verwaltungsrecht

L 1
Parlaments- und Kabinettsreferat

L 2
Inlandsreferat

...e Abrüstung und
... Maßnahmen der
...ontrolle.
... der Beobachter-
... für Abrüstungs-
...en (Genf)

...he Sicherheit; Regio-
...rüstung, Rüstungs-
...g und Rüstungskon-

...ng (Kontrolle, In-
...und Verifikation),
...sche und wirtschaft-
...ebiet der Abrüstung
...ngskontrolle; Außen-
...und sicherheitspoliti-
...en der Friedensfor-

III A 1
Grundsatzfragen der Außenwirtschaftspolitik

III A 3
Grundsatzfragen internationaler wirtschaftl. Zusammenarbeit; OECD, GATT; wirtschaftspol. Fragen im Rahmen der Vereinten Nationen, insbes. Welthandelskonferenz; internationale Rohstoffpolitik

III A 4
Internationale Wirtschaftsfragen der Verteidigung, des Verkehrs, des Post- u. Fernmeldewesens u. des Fremdenverkehrs

III A 5
Wirtschaftsbeziehungen zum Westen

III A 6
Wirtschaftsbeziehungen zum Osten; Ost-West-Handel

III A 7
Internationale Zusammenarbeit auf dem Gebiet der friedlichen Nutzung der Kernenergie, der Weltraumerschließung und der Ozeanographie

III A 8
Internationale Zusammenarbeit auf dem Gebiet der naturwissenschaftlichen Forschung, der technischen Entwicklung und der Umweltprobleme

III B 1
Außenpolitische Grundsätze der Entwicklungshilfe; Grundsätze der Kapitalhilfe u. der Gewährleistungen im Außenhandel u. Kapitalexport

III B 2
Außenpolitische Grundsatzfragen der Technischen Entwicklungshilfe

III B 4
Mittel- und Südamerika, Karibischer Raum

III B 5
Afrika südlich der Sahara

III B 6
Naher Osten und Nordafrika

III B 7
Süd- und Ostasien

IV 1
Gesamtplanung der auswärtigen Kulturpolitik

IV 2
Kulturarbeit internationaler staatlicher Organisationen; Gästeprogramm der Bundesrepublik Deutschland

IV 3
Jugend, Sport, Kirchliche Angelegenheiten

IV 4
Schulwesen, Kulturinstitute

IV 5
Wissenschaft, Hochschulen; Deutsches Archäologisches Institut

IV 6
Kunst, Film, Rundfunk, Fernsehen, Buchwesen

IV 7
Zwischenstaatliche Gesellschaftspolitik, Erwachsenenbildung; Kirchliche Entwicklungshilfe

IV 8
Regionale Kulturplanung – West –

IV 9
Regionale Kulturplanung - Ost -

IV 10
Regionale Kulturplanung – Entwicklungsländer – Bildungshilfe

V 4
Strafrecht, Steuer- u. Zollrecht

V 5
Zivilrecht und Zivilprozeßrecht

V 6
Arbeits- und Sozialrecht

V 7
Kriegsfolgen: Aus Krieg u. Besatzung entstandene Fragen, Stationierung ausländischer Truppen, Auslandsschulden, beschlagnahmtes Auslandsvermögen, Wiedergutmachung, beamtenrechtliche Kriegsfolgen

Gruppe Völkerrecht

V 1
Allgemeines Völkerrecht

V 8
Völkerrechtliche Verträge

V 2
Gesandtschafts- und Konsularrecht, internationales Verkehrsrecht

---

III C Beauftragter für Vertragsverhandlungen aus dem Bereich der Abteilung III

Gruppe III E
Europäische wirtschaftliche Integration

III E 1
Grundsatzfragen, Institutionen, Assoziierungen, innerer Ausbau der Europäischen Gemeinschaften

III E 2
Handelspolitik und Agrarpolitik der Europäischen Gemeinschaften

KARTE 1

SWEDEN

OSTSEE

Bornholm

Memel

Tilsit

Königsberg ℗₁ Insterburg Gumbinnen

Lauenburg Goldap
Stolp

Danzig Elbing
Köslin Marienburg ℗₂ Lyck
Kolberg Allenstein Johannisburg
Neustettin Neidenburg

Stettin Deutsch Krone
Prenzlau Stargard Schneidemühl
Eberswalde Weichsel

Oder Landsberg WARSCHAU
BERLIN Küstrin
Frankfurt/O. ℗₂ Warthe
Schwiebus

P O L E N

Grünberg Warthe
Cottbus Sorau Glogau

Bunzlau
Bautzen Liegnitz Breslau
Dresden Görlitz
Hirschberg Schweidnitz Brieg Kreuzburg
Waldenburg Oder Oppeln
Glatz Neisse Hindenburg Weichsel
Gleiwitz Beuthen
Ratibor

PRAG
TSCHECHOSLOWAKEI

0	50	100	150	200 km

Donau
WIEN

REICH

Legende

⊢⊣⊢⊣ Internationale Grenzen

⊢⊣⊢⊣ Grenze Deutschlands 1937

▲▲▲ Weitestes Vordringen amerikanisch-britischer Truppen nach Osten (bis 7.5.1945)

—— Demarkationslinie zwischen den amerikanisch-britischen und sowjetischen Truppen (8.5. – 30.6.1945)

⋮⋮⋮ Von amerik.-brit. Truppen ab 30.6.1945 geräumtes Gebiet

▬▬▬ Grenzen der Besatzungszonen

●●●●●● Oder-Neiße-Linie und Demarkationslinie in Ostpreußen

℗₁ gemäß Potsdamer Abkommen unter sowj. Verwaltung gestelltes Gebiet

℗₂ gemäß Potsdamer Abkommen unter poln. Verwaltung gestelltes Gebiet

▥ Berlin unter Vier-Mächte-Verwaltung

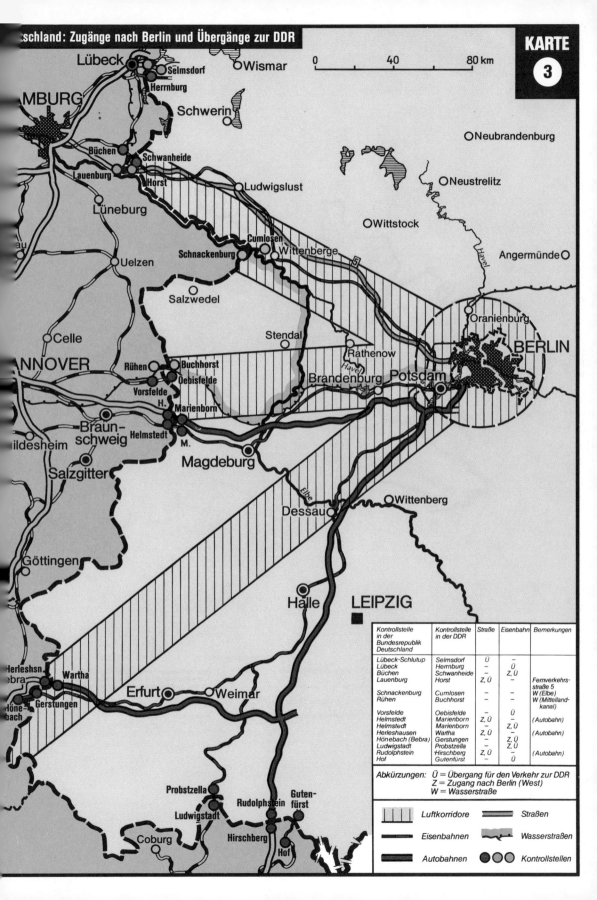

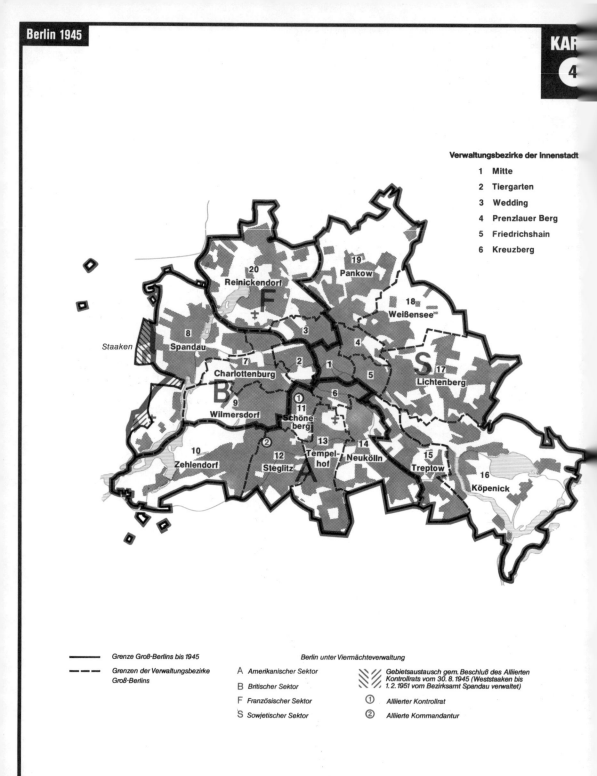

Verwaltungsbezirke der Innenstadt

1 Mitte
2 Tiergarten
3 Wedding
4 Prenzlauer Berg
5 Friedrichshain
6 Kreuzberg

	Grenze Groß-Berlins bis 1945		Berlin unter Viermächteverwaltung
- - -	Grenzen der Verwaltungsbezirke Groß-Berlins	A Amerikanischer Sektor	▨▨ Gebietsaustausch gem. Beschluß des Alliierten Kontrollrats vom 30. 8. 1945 (Weststaaken bis 1. 2. 1951 vom Bezirksamt Spandau verwaltet)
		B Britischer Sektor	
		F Französischer Sektor	① Alliierter Kontrollrat
		S Sowjetischer Sektor	② Alliierte Kommandantur

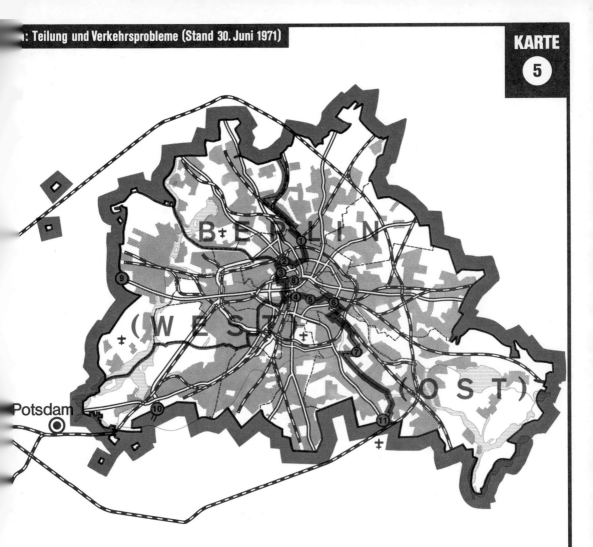

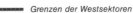

Sektorenübergänge innerhalb Berlins:

① Friedrichstraße (»Checkpoint Charlie«),
für Ausländer, Angehörige des Diplomatischen Korps und der alliierten Schutzmächte

② Bornholmer Straße und

③ Prinzenstraße/Heinrich-Heine-Straße
für Deutsche mit Wohnsitz in der Bundesrepublik Deutschland

④ Chausseestraße,

⑤ Invalidenstraße,

⑥ Oberbaumbrücke und

⑦ Sonnenallee
für Deutsche mit Wohnsitz in den Westsektoren, die in Ostberlin arbeiten und Sonderausweise besitzen, sowie für Inhaber von Passierscheinen

⑧ S- und U-Bahnhof Friedrichstraße
Übergang für Bahnbenutzer

Kontrollstellen an Straßen- und Autobahnübergängen zwischen Berlin (West) und der DDR:

⑨ Heerstraße (Fernverkehrsstraße 5)

⑩ Dreilinden (Autobahn)

⑪ Waltersdorfer Chaussee
für den Zugang von Reisenden zum Flughafen Schönefeld

▬▬ Gesamtgebiet mit Vier-Mächte-Status

▬▬ Grenze zwischen den Westsektoren und dem Ostsektor

▬ ▬ Grenzen der Westsektoren

--------- Bezirksgrenzen

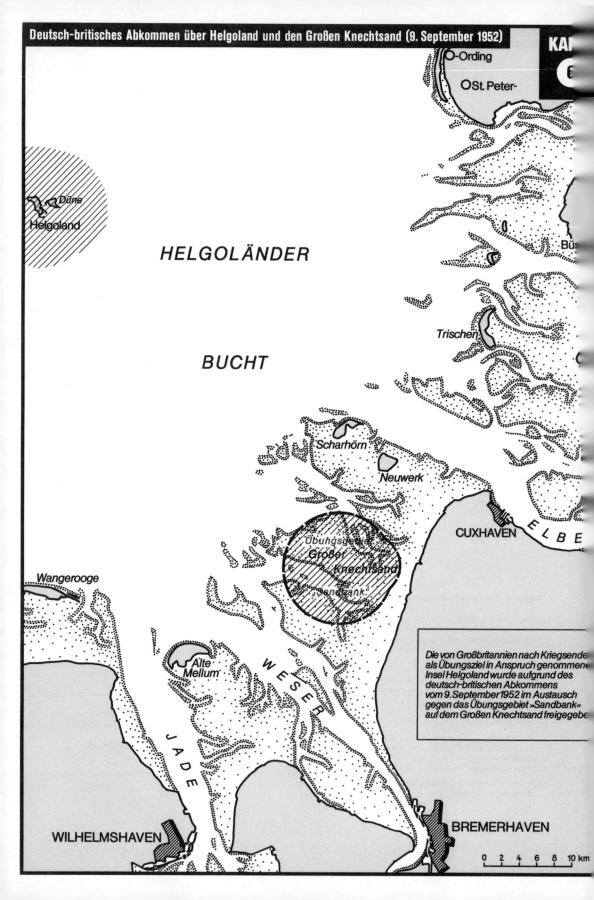

Deutsch-britisches Abkommen über Helgoland und den Großen Knechtsand (9. September 1952)

O-Ording

OSt. Peter-

Düne

Helgoland

Büs

HELGOLÄNDER

Trischen

BUCHT

Scharhörn

Neuwerk

CUXHAVEN

ELBE

Übungsgebiet
Großer
Knechtsand

Wangerooge

"Sandbank"

Die von Großbritannien nach Kriegsende
als Übungsziel in Anspruch genommene
Insel Helgoland wurde aufgrund des
deutsch-britischen Abkommens
vom 9. September 1952 im Austausch
gegen das Übungsgebiet »Sandbank«
auf dem Großen Knechtsand freigegeben

Alte
Mellum

WESER

JADE

WILHELMSHAVEN

BREMERHAVEN

0 2 4 6 8 10 km

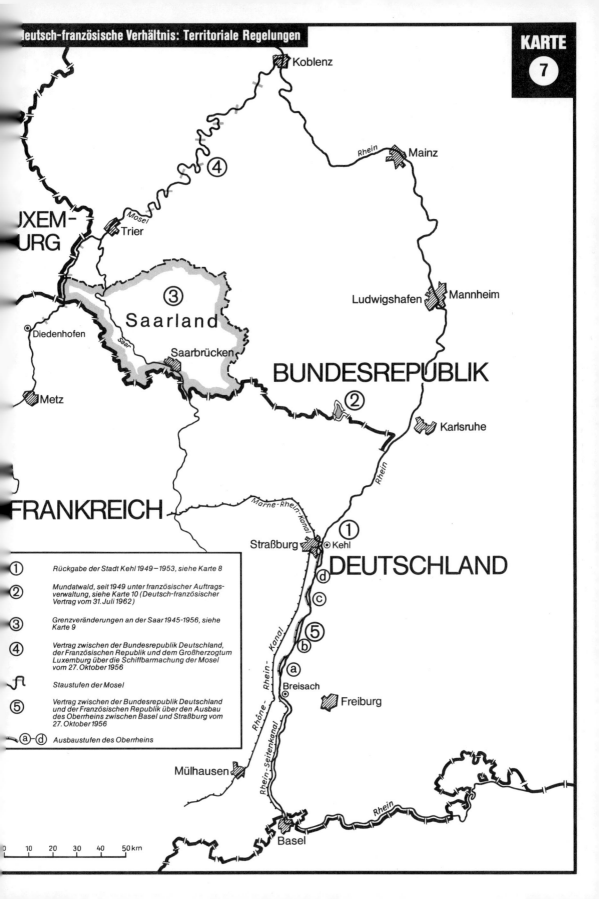

Koblenz

Rhein

Mainz

④

Mosel

Trier

LUXEM-
BURG

③

Saarland

Diedenhofen

Saarbrücken

Ludwigshafen

Mannheim

BUNDESREPUBLIK

Metz

②

Karlsruhe

Rhein

FRANKREICH

Marne-Rhein-Kanal

① Rückgabe der Stadt Kehl 1949–1953, siehe Karte 8

② Mundatwald, seit 1949 unter französischer Auftragsverwaltung, siehe Karte 10 (Deutsch-französischer
Vertrag vom 31. Juli 1962)

③ Grenzveränderungen an der Saar 1945-1956, siehe
Karte 9

④ Vertrag zwischen der Bundesrepublik Deutschland,
der Französischen Republik und dem Großherzogtum
Luxemburg über die Schiffbarmachung der Mosel
vom 27. Oktober 1956

Staustufen der Mosel

⑤ Vertrag zwischen der Bundesrepublik Deutschland
und der Französischen Republik über den Ausbau
des Oberrheins zwischen Basel und Straßburg vom
27. Oktober 1956

ⓐ-ⓓ Ausbaustufen des Oberrheins

Straßburg

Kehl

①

DEUTSCHLAND

ⓓ

ⓒ

⑤

Rhône-Rhein-Kanal

ⓑ

ⓐ

Breisach

Freiburg

Rhein-Seitenkanal

Mülhausen

Rhein

Basel

0 10 20 30 40 50 km

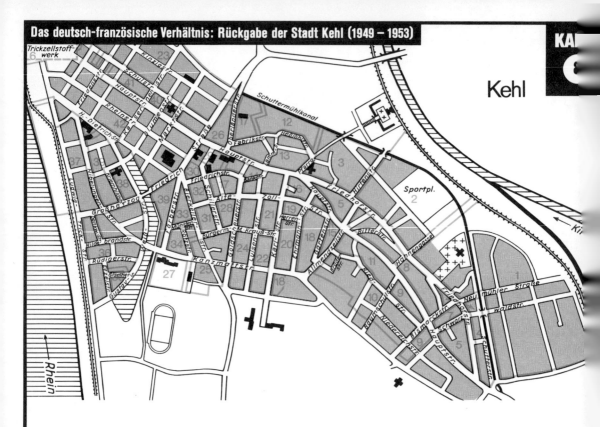

Kehl

**Rückgabe der von Frankreich 1945 besetzten Stadt Kehl in 42 Teilabschnitten aufgrund
des Washingtoner Abkommens vom 8. April 1949**

1949:	1) 29. 7.	2) 9. 9.	3) 25. 10.	4) 9. 12.		1952:	24) 30. 1.	25) 10. 3.	26) 19. 4.	27) 21. 5.
							28) 11. 9.	29) 28. 10.	30) 12. 12.	31) 20. 12.
1950:	5) 19. 1.	6) 1. 3.	7) 3. 3.	8) 17. 3.			32) 23. 12.			
	9) 22. 4.	10) 23. 5.	11) 13. 6.	12) 19. 7.						
	13) 17. 8.	14) 20. 9.	15) 9. 10.	16) 1. 12.		1953:	33) 20. 1.	34) 28. 1.	35) 9. 2.	36) 23. 2.
1951:	17) 1. 2.	18) 21. 7.	19) 17. 8.	20) 6. 9.			37) 10. 3.	38) 17. 3.	39) 24. 3.	40) 27. 3.
	21) 6. 11.	22) 27. 12.	23) 31. 12.				41) 4. 4.	42) 6. 4.		

(Die blauen Ziffern 1 – 42 bezeichnen die einzelnen Freigabeabschnitte)

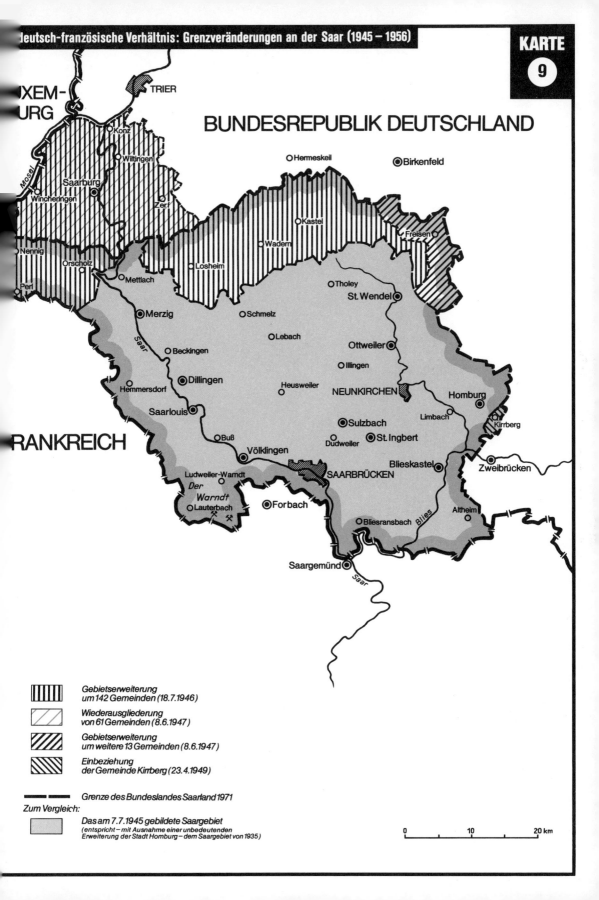

BUNDESREPUBLIK DEUTSCHLAND

FRANKREICH

LUXEM-
BURG

TRIER

Konz
Wiltingen
Saarburg
Wincheringen
Zerf

Hermeskeil
Birkenfeld

Kastel
Freisen

Nennig
Orscholz
Perl
Mettlach

Wadern
Losheim

Merzig
Schmelz
Lebach

Tholey
St. Wendel

Ottweiler
Illingen

Beckingen

Dillingen
Hemmersdorf

Heusweiler
NEUNKIRCHEN

Homburg
Limbach

Saarlouis

Buß
Völklingen

Sulzbach
Dudweiler
St. Ingbert

Kirrberg

Ludweiler-Warndt
Der
Warndt
Lauterbach

Forbach

Blieskastel
Zweibrücken

Bliesransbach
SAARBRÜCKEN
Bliese
Altheim

Saargemünd
Saar

Saar
Mosel

Legende:

||Gebietserweiterung
um 142 Gemeinden (18.7.1946)|
|---|---|
||Wiederausgliederung
von 61 Gemeinden (8.6.1947)|
||Gebietserweiterung
um weitere 13 Gemeinden (8.6.1947)|
||Einbeziehung
der Gemeinde Kirrberg (23.4.1949)|

— — — Grenze des Bundeslandes Saarland 1971

Zum Vergleich:

Das am 7.7.1945 gebildete Saargebiet
(entspricht – mit Ausnahme einer unbedeutenden
Erweiterung der Stadt Homburg – dem Saargebiet von 1935)

0   10   20 km

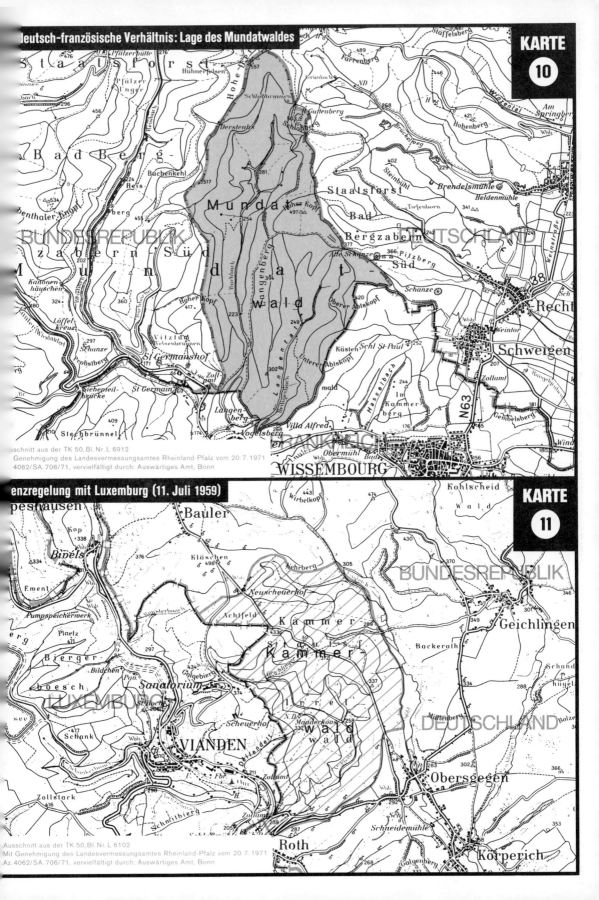

Deutsch-französische Verhältnis: Lage des Mundatwaldes

KARTE 10

Ausschnitt aus der TK 50, Bl. Nr. L 6912
Genehmigung des Landesvermessungsamtes Rheinland-Pfalz vom 20.7.1971
4062/SA.706/71, vervielfältigt durch: Auswärtiges Amt, Bonn

enzregelung mit Luxemburg (11. Juli 1959)

KARTE 11

Ausschnitt aus der TK 50, Bl. Nr. L 6102
Mit Genehmigung des Landesvermessungsamtes Rheinland-Pfalz vom 20.7.1971
Az. 4062/SA.706/71, vervielfältigt durch: Auswärtiges Amt, Bonn

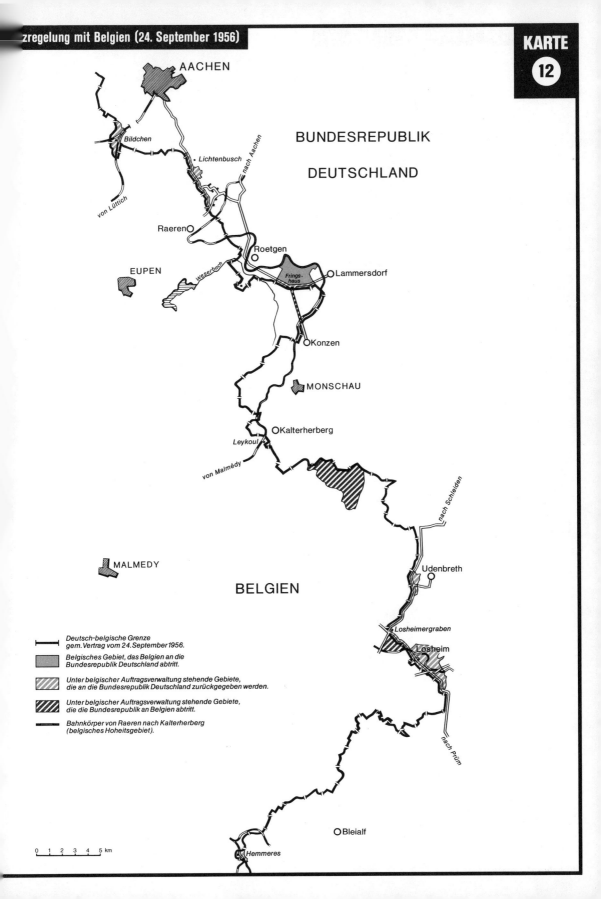

AACHEN

Bildchen

• *Lichtenbusch*

nach Aachen

BUNDESREPUBLIK

DEUTSCHLAND

von Lüttich

Raeren ○

Roetgen
○

Weserbach

Frings-
haus

○ Lammersdorf

EUPEN

○ Konzen

MONSCHAU

○ Kalterherberg

Leykoul

von Malmédy

nach Schleiden

MALMEDY

Udenbreth
○

BELGIEN

○ Losheimergraben

Losheim

nach Prüm

Bahnkörper von Raeren nach Kalterherberg
(belgisches Hoheitsgebiet).

○ Bleialf

0 1 2 3 4 5 km

○ *Hemmeres*

Deutsch-belgische Grenze
gem. Vertrag vom 24. September 1956.

Belgisches Gebiet, das Belgien an die
Bundesrepublik Deutschland abtritt.

Unter belgischer Auftragsverwaltung stehende Gebiete,
die an die Bundesrepublik Deutschland zurückgegeben werden.

Unter belgischer Auftragsverwaltung stehende Gebiete,
die die Bundesrepublik an Belgien abtritt.

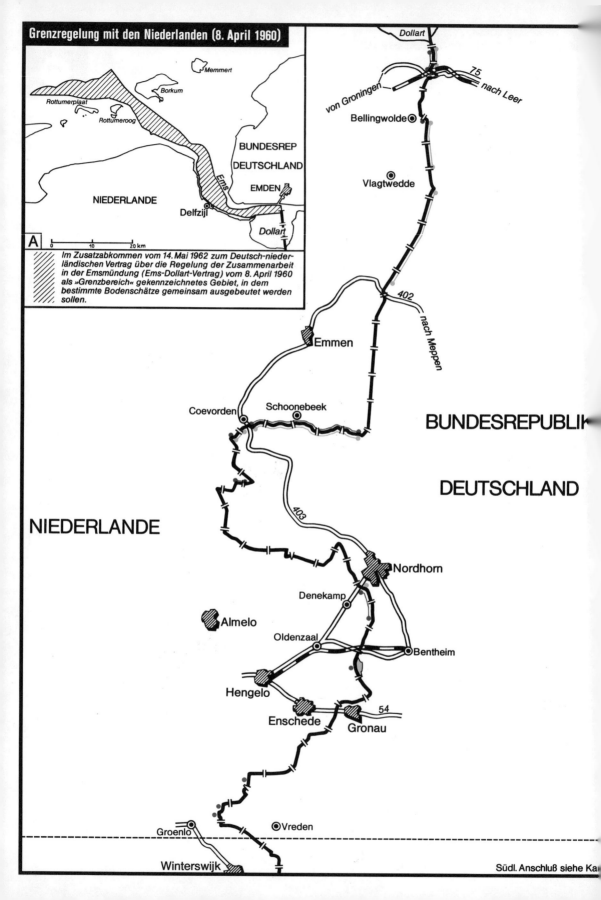

Memmert

Borkum

Rottumerplaat

Rottumeroog

Ems

BUNDESREP
DEUTSCHLAND

NIEDERLANDE

Delfzijl

EMDEN

Dollart

A | 0 | 10 | 20 km

Im Zusatzabkommen vom 14. Mai 1962 zum Deutsch-niederländischen Vertrag über die Regelung der Zusammenarbeit
in der Emsmündung (Ems-Dollart-Vertrag) vom 8. April 1960
als »Grenzbereich« gekennzeichnetes Gebiet, in dem
bestimmte Bodenschätze gemeinsam ausgebeutet werden
sollen.

Dollart

von Groningen

75

nach Leer

Bellingwolde

Vlagtwedde

402

nach Meppen

Emmen

Coevorden

Schoonebeek

BUNDESREPUBLIK

DEUTSCHLAND

403

NIEDERLANDE

Nordhorn

Denekamp

Almelo

Oldenzaal

Bentheim

Hengelo

Enschede

Gronau

54

Groenlo

Vreden

Winterswijk

Südl. Anschluß siehe Ka

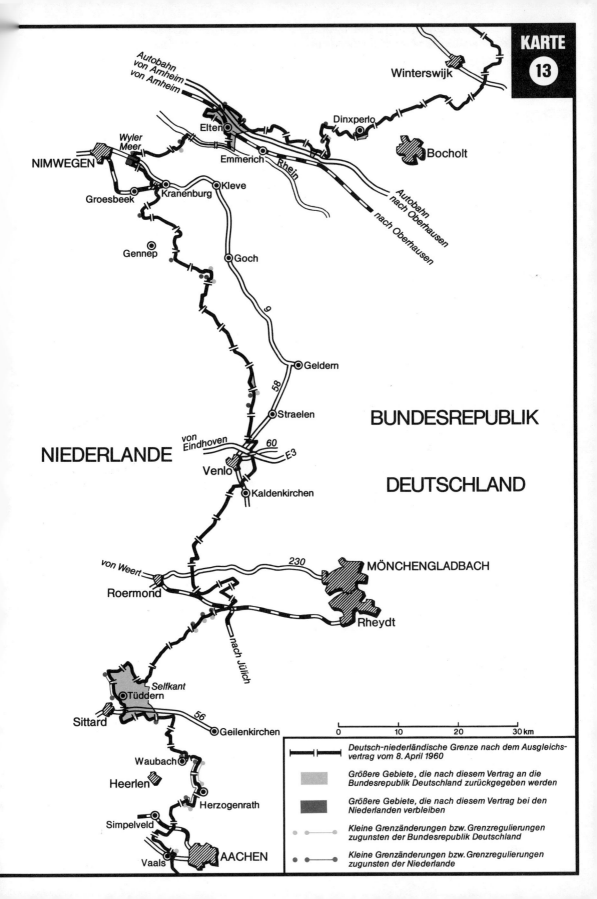

KARTE
13

Winterswijk

Autobahn
von Arnheim
von Arnheim

Elten

Dinxperlo

Bocholt

Wyler
Meer

NIMWEGEN

Emmerich

Rhein

Kranenburg

Kleve

Autobahn
nach Oberhausen
nach Oberhausen

Groesbeek

Gennep

Goch

9

Geldern

58

NIEDERLANDE

BUNDESREPUBLIK

Straelen

von
Eindhoven

60

E3

DEUTSCHLAND

Venlo

Kaldenkirchen

230

MÖNCHENGLADBACH

von Weert

Roermond

Rheydt

nach Jülich

Selfkant

Tüddern

Sittard

56

Geilenkirchen

0   10   20   30 km

Waubach

Heerlen

Herzogenrath

Simpelveld

Vaals

AACHEN

Deutsch-niederländische Grenze nach dem Ausgleichsvertrag vom 8. April 1960

Größere Gebiete, die nach diesem Vertrag an die
Bundesrepublik Deutschland zurückgegeben werden

Größere Gebiete, die nach diesem Vertrag bei den
Niederlanden verbleiben

Kleine Grenzänderungen bzw. Grenzregulierungen
zugunsten der Bundesrepublik Deutschland

Kleine Grenzänderungen bzw. Grenzregulierungen
zugunsten der Niederlande

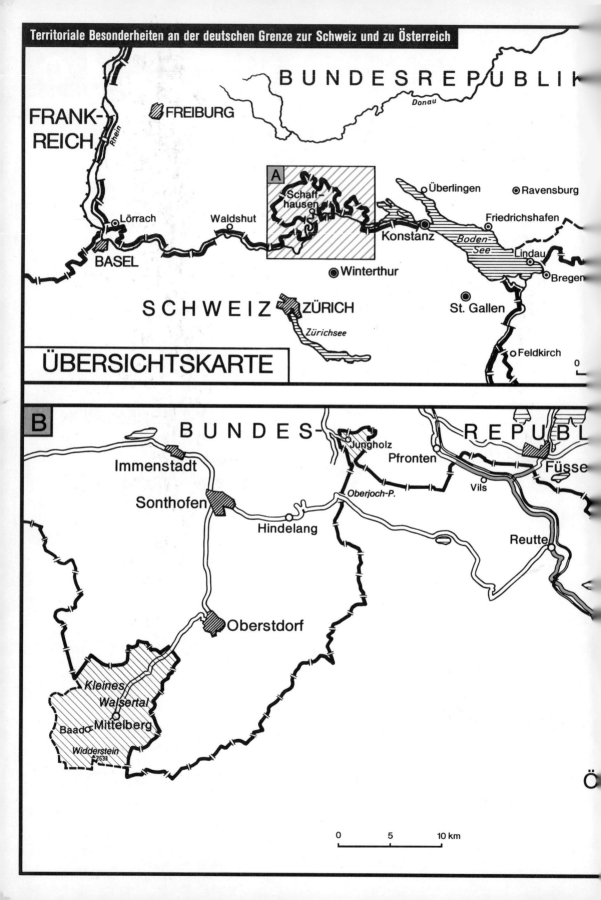

Territoriale Besonderheiten an der deutschen Grenze zur Schweiz und zu Österreich

FRANK-REICH

BUNDESREPUBLIK

Donau

FREIBURG

Rhein

A

Schaff-hausen

Überlingen

Ravensburg

Lörrach

Waldshut

Konstanz

Friedrichshafen

Boden-See

BASEL

Lindau

Winterthur

Bregenz

SCHWEIZ

ZÜRICH

St. Gallen

Zürichsee

Feldkirch

0

ÜBERSICHTSKARTE

B

BUNDES-

REPUBL

Immenstadt

Jungholz

Pfronten

Füsse

Sonthofen

Oberjoch-P.

Vils

Hindelang

Reutte

Oberstdorf

Kleines Walsertal

Baad

Mittelberg

Widderstein
▲2533

Ö

0   5   10 km